Psicopatologia
UMA ABORDAGEM INTEGRADA

Dados Internacionais de Catalogação na Publicação (CIP)
(Câmara Brasileira do Livro, SP, Brasil)

Barlow, David H.
  Psicopatologia : uma abordagem integrada /
David H. Barlow, V. Mark Durand, Stefan G. Hofmann ; tradução
técnica Silmara Batistela. -- 3. ed. -- São Paulo : Cengage
Learning, 2020.

  Título original: Abnormal psychology
  8. ed. norte-americana.
  ISBN 978-65-555-8002-0

  1. Distúrbios mentais 2. Doenças mentais 3. Psicologia
patológica 4. Psicopatologia I. Durand, V. Mark. II. Hofmann,
Stefan G. III. Batistela, Silmara. IV. Título.

20-52993

NLM-WM 100

CDD-616.89

Índice para catálogo sistemático:
1. Psicopatologia 616.89
Cibele Maria Dias – Bibliotecária – CRB-8/9427

Psicopatologia
UMA ABORDAGEM INTEGRADA

Tradução da 8ª edição norte-americana

David H. Barlow
Boston University

V. Mark Durand
University of South Florida – St. Petersburg

Stefan G. Hofmann
Boston University

Tradutora técnica dos trechos novos da 8ª edição norte-americana
Revisora técnica da tradução da 8ª edição norte-americana
Silmara Batistela
Graduada em psicologia pela Universidade Estadual de Londrina (UEL).
Mestre e doutora pelo departamento de psicobiologia da Universidade Federal de São Paulo/Escola Paulista de Medicina (Unifesp/EPM).
Docente do curso de Psicologia do Centro Universitário São Camilo.

Austrália • Brasil • México • Cingapura • Reino Unido • Estados Unidos

Psicopatologia – Uma abordagem integrada
Tradução da 8ª edição norte-americana
3ª edição brasileira
David H. Barlow, V. Mark Durand e Stefan G. Hofmann

Gerente editorial: Noelma Brocanelli

Editora de desenvolvimento: Gisela Carnicelli

Supervisora de produção gráfica: Fabiana Alencar Albuquerque

Título original: Abnormal psychology – An integrative approach 8th edition
(ISBN 13: 978-1-305-95044-3)

Tradução técnica dos trechos novos da 8ª edição norte-americana: Silmara Batistela

Tradução dos trechos novos da 7ª edição norte-americana: Noveritis do Brasil

Revisão técnica da tradução da 7ª edição norte-americana: Thaís Cristina Marques dos Reis

Revisão técnica da tradução da 8ª edição norte-americana: Silmara Batistela

Cotejo e revisão: Fábio Gonçalves, Beatriz Simões Araújo, Luicy Caetano de Oliveira e Bel Ribeiro

Diagramação: PC Editorial Ltda.

Capa: Raquel Braik Pedreira

Imagem da capa: Andriy_A/Shutterstock

Indexação: Piscilla Lopes

© 2016, 2015, 2012 Cengage Learning
© 2021 Cengage Learning Edições Ltda.

Todos os direitos reservados. Nenhuma parte deste livro poderá ser reproduzida, sejam quais forem os meios empregados, sem a permissão, por escrito, da Editora. Aos infratores aplicam-se as sanções previstas nos artigos 102, 104, 106 e 107 da Lei nº 9.610, de 19 de fevereiro de 1998.

Esta editora empenhou-se em contatar os responsáveis pelos direitos autorais de todas as imagens e de outros materiais utilizados neste livro. Se porventura for constatada a omissão involuntária na identificação de algum deles, dispomo-nos a efetuar, futuramente, os possíveis acertos.

A Editora não se responsabiliza pelo funcionamento dos sites contidos neste livro que possam estar suspensos.

Para informações sobre nossos produtos, entre em contato pelo telefone 0800 11 19 39

Para permissão de uso de material desta obra, envie seu pedido para
direitosautorais@cengage.com

© 2021 Cengage Learning. Todos os direitos reservados.

ISBN-13: 978-65-555-8002-0
ISBN-10: 65-555-8002-X

Cengage Learning
Condomínio E-Business Park
Rua Werner Siemens, 111 – Prédio 11 – Torre A – Conjunto 12
Lapa de Baixo – CEP 05069-900 – São Paulo – SP
Tel.: (11) 3665-9900 – Fax: (11) 3665-9901
SAC: 0800 11 19 39

Para suas soluções de curso e aprendizado, visite
www.cengage.com.br

Impresso no Brasil
Printed in Brazil
1. impr. – 2021

Para minha mãe,
Doris Elinor Barlow-Lanigan,
por
sua influência multidimensional
em toda a minha vida.
D. H. B.

Para Wendy e Jonathan,
cuja paciência, compreensão
e amor me deram a
oportunidade de completar
este ambicioso projeto.
V. M. D.

Para Benjamin e Lukas
por me ajudar a integrar
as muitas dimensões
da vida
S. G. H.

Sobre os autores

David H. Barlow é um pioneiro e líder internacionalmente reconhecido em psicologia clínica. Professor de psicologia e psiquiatria da Boston University, é fundador e diretor emérito do Center for Anxiety and Related Disorders, uma das maiores clínicas de pesquisa sobre o assunto no mundo. De 1996 a 2004, dirigiu os programas de psicologia clínica na Boston University. De 1979 a 1996, foi professor emérito da University at Albany – State University of New York. De 1975 a 1979, foi professor de psiquiatria e psicologia da Brown University, onde também fundou o programa de estágio em psicologia clínica. De 1969 a 1975, foi professor de psiquiatria da University of Mississippi, onde fundou o programa de residência de psicologia da Faculdade de Medicina. É graduado pela University of Notre Dame, fez mestrado na Boston College e é Ph.D. pela University of Vermont.

Membro (bolsista, pesquisador) de todas as grandes associações psicológicas, Dr. Barlow recebeu muitos prêmios em honra de sua excelência em conhecimento, incluindo o National Institute of Mental Health Merit Award, por suas contribuições a longo prazo para o esforço na pesquisa clínica; o Distinguished Scientist Award para aplicações da psicologia da American Psychological Association (APA); e o James McKeen Cattell Fellow Award da Association for Psychological Science, honrando os indivíduos por sua vida dedicada às conquistas intelectuais significativas em pesquisa psicológica aplicada. Outros prêmios incluem o Distinguished Scientist Award from the Society of Clinical Psychology (Prêmio Notável Cientista da Sociedade de Psicologia Clínica) da American Psychological Association e um certificado de apreciação da seção da APA de psicologia clínica das mulheres pelo "extraordinário comprometimento com o avanço das mulheres na psicologia".

Ele foi agraciado com um doutorado honorário em Ciências da University of Vermont, um doutorado honorário em Letras Humanas do William James College, bem como com o prêmio C. Charles Burlingame do Institute of Living em Hartford, Connecticut, "por sua excelente liderança em pesquisa, educação e atendimento clínico". Em 2014, foi premiado com uma Menção Presidencial da American Psychological Association "por sua dedicação e paixão de longo prazo pelo avanço da psicologia por meio da ciência, educação, treinamento e prática".

Também recebeu prêmios de contribuição vitalícia/carreira da Psychological Associations de Massachusetts, de Connecticut, e da Califórnia, bem como do Centro Médico da University of Mississippi e da Association for Behavioral and Cognitive Therapies. Em 2000, foi nomeado professor visitante honorário no Hospital Geral do Exército de Libertação do Povo Chinês e na Escola de Pós-graduação de Medicina em Pequim, China, e em 2015 foi nomeado presidente honorário da Canadian Psychological Association. Além disso, a Grand Rounds in Clinical Psychology da Brown University foi nomeada em sua homenagem. Durante o ano acadêmico de 1997-1998, atuou como Fritz Redlich Fellow no Center for Advanced Study in the Behavioral Sciences em Palo Alto, Califórnia. Sua pesquisa tem sido continuamente financiada pelo National Institute of Mental Health por mais de 40 anos.

Dr. Barlow editou vários periódicos, incluindo *Clinical Psychology: Science and Practice and Behavior Therapy*, atuou no conselho editorial de mais de 20 revistas e atualmente é editor chefe da série "Tratamentos que funcionam" da Oxford University Press.

Publicou mais de 600 artigos acadêmicos e escreveu mais de 65 livros e manuais clínicos, incluindo *Anxiety and its disorders*, 2ª edição, Guilford Press; *Clinical handbook of psychological disorders: a step-by-step treatment manual*, 5ª edição, Guilford Press; *Single-case experimental designs: strategies for studying behavior change*, 3ª edição, Allyn e Bacon (com Matthew Nock e Michael Hersen); *The scientist-practitioner: research and accountability in the age of managed care*, 2ª edição, Allyn e Bacon (com Steve Hayes e Rosemary Nelson-Gray); *Mastery of your anxiety and panic*, Oxford University Press (com Michelle Craske); e, mais recentemente, *The unified protocol for transdiagnostic treatment of emotional disorders* com o Unified Team na Boston University. Os livros e os manuais foram traduzidos em mais de 20 idiomas, incluindo árabe, chinês e russo.

Foi um dos três psicólogos da força-tarefa responsável por revisar o trabalho de mais de mil profissionais da saúde mental que participaram da elaboração do *DSM-IV* e continuou como Assessor da força-tarefa do *DSM-5*. Também presidiu a força-tarefa da APA para Diretrizes de Intervenção Psicológica, que criou um modelo para as diretrizes da prática clínica. Seu programa atual de pesquisa se concentra na natureza e no tratamento dos transtornos de ansiedade e transtornos emocionais relacionados.

Em seu tempo livre, joga golfe, esquia e recolhe-se em sua casa em Nantucket Island, onde adora escrever, caminhar pela praia e visitar os amigos.

V. Mark Durand é conhecido mundialmente como uma autoridade na área de transtorno do espectro autista. É professor de psicologia na University of South Florida – St. Petersburg, onde fundou o Dean of Arts e Sciences e é vice-chanceler para assuntos acadêmicos. Dr. Durand é membro da American Psychological Association. Recebeu mais de 4 milhões de dólares de financiamento federal desde o início de sua carreira para estudar a natureza, a avaliação e o tratamento dos problemas comportamentais em crianças com deficiências. Antes de se mudar para a Flórida, atuou em várias posições de liderança na University at Albany, incluindo a de diretor associado do treinamento clínico do programa de doutorado em psicologia de 1987 a 1990, catedrático do Departamento de Psicologia de 1995 a 1998 e reitor interino de Arts and Sciences de 2001 a 2002. Fundou o Center for Autism and Related Disabilities (Centro para Autismo e Transtornos Relacionados) na University at Albany, State University of New York. Obteve seu bacharelado, mestrado e Ph.D. – todos em psicologia – na State University of New York-Stony Brook.

Dr. Durand recebeu o University Award for Excellence in Teaching em SUNY-Albany (Prêmio universitário de excelência em ensino) em 1991 e o Chancellor's Award for Excellence in Research and Creative Scholarship (Prêmio por excelência em pesquisa e conhecimento criativo) na University of South Florida – St. Petersburg em 2007. Foi nomeado membro do Princeton Lecture Series em 2014 por sua obra na área do transtorno do espectro autista. Foi eleito presidente da Divisão 33 da American Psychological Association (Deficiências Intelectuais e de Desenvolvimento/Transtornos do Espectro Autista) em 2019. Atualmente é membro do Conselho Consultivo Profissional da Autism Society of America e está no conselho administrativo da Association of Positive Behavioral Support. Foi coeditor do *Journal of Positive Behavior Interventions*, atua em inúmeros conselhos editoriais e tem mais de 125 publicações sobre comunicação funcional, programação educacional e terapia comportamental. Seus livros incluem *Severe behavior problems: a functional communication training approach*; *Sleep better! A guide to improving sleep for children with special needs*; *Helping parents with challenging children: positive family intervention*; vencedor de múltiplos prêmios nacionais *Optimistic parenting: hope and help for you and your challenging child*; e o mais recente *Autism spectrum disorder: a clinical guide for general practitioners*.

Dr. Durand desenvolveu um tratamento único para problemas graves de comportamento que atualmente é obrigatório em vários estados dos Estados Unidos e é utilizado no mundo inteiro. Além disso, desenvolveu um instrumento de avaliação que é utilizado internacionalmente e foi traduzido para mais de 15 idiomas. Mais recentemente, desenvolveu uma abordagem inovadora para ajudar famílias com seus filhos desafiadores (Parentalidade Otimista), que foi validado em um ensaio clínico de cinco anos. Tem sido consultado pelos departamentos de educação de vários estados e pelos departamentos de Justiça e de Educação dos Estados Unidos. Seu programa de pesquisa atual inclui o estudo de modelos de prevenção e tratamentos para problemas graves, como comportamento autolesivo.

Em seu tempo de lazer, pratica corrida de longa distância e já completou três maratonas.

Stefan G. Hofmann é especialista internacional em psicoterapia para transtornos emocionais. É professor de psicologia na Boston University, onde é diretor do Laboratório de Pesquisa em Psicoterapia e Emoção. Nasceu em uma pequena cidade perto de Stuttgart, na Alemanha, o que pode explicar seu forte sotaque alemão. Estudou psicologia na University of Marburg, Alemanha, onde concluiu seu bacharelado, mestrado e doutorado. Uma breve bolsa de estágio para passar algum tempo na Stanford University se transformou em uma carreira mais longa de pesquisa nos Estados Unidos. Ele acabou se mudando para os Estados Unidos, em 1994, para se juntar à equipe do Dr. Barlow na University at Albany – State University de Nova York, e mora em Boston desde 1996.

Dr. Hofmann tem um programa de pesquisa ativamente financiado que estuda vários aspectos dos transtornos emocionais com ênfase particular nos transtornos de ansiedade, terapia cognitivo-comportamental e neurociência. Mais recentemente, tem se interessado por abordagens de *mindfulness*, como ioga e práticas de meditação, como estratégias de tratamento de transtornos emocionais. Além disso, tem sido um dos líderes em métodos de pesquisa translacional para aumentar a eficácia da psicoterapia e prever o resultado do tratamento usando métodos da neurociência.

Ganhou muitos prêmios de prestígio profissional, incluindo o Prêmio Aaron T. Beck de Contribuições Significativas e Duradouras para o Campo da Terapia Cognitiva pela Academy of Cognitive Therapy. É membro da American Psychological Association e da Association for Psychological Science e foi presidente de várias sociedades profissionais nacionais e internacionais, incluindo a Association for Behavioral and Cognitive Therapies e a International Association for Cognitive Psychotherapy. Foi assessor do processo de desenvolvimento e membro do subgrupo de trabalho de Transtorno de Ansiedade do *DSM-5*. Como parte disso, participou das discussões sobre as revisões dos critérios do DSM-5 para vários transtornos de ansiedade, especialmente transtorno de ansiedade social, transtorno de pânico e agorafobia. Dr. Hofmann é um pesquisador da Thomson Reuters altamente citado.

Dr. Hofmann foi o editor-chefe da revista científica *Cognitive Therapy and Research* e também é o editor associado da revista científica *Clinical Psychological Science*. Publicou mais de 300 artigos em periódicos revisados por pares e 15 livros, incluindo *An introduction of modern CBT* (Wiley-Blackwell) e *Emotion in therapy* (Guilford Press). No lazer, ele gosta de brincar com os filhos. Gosta de viajar para mergulhar em novas culturas, fazer novos amigos e se reconectar aos antigos. Quando o tempo permite, ele ocasionalmente estuda e toca flauta.

Sumário

Prefácio xix

1 Comportamento atípico no contexto histórico 1

Compreendendo a psicopatologia 2
O que é transtorno psicológico? 3
A ciência da psicopatologia 5
Conceitos históricos do comportamento atípico 8

A tradição sobrenatural 9
Demônios e bruxas 9
Estresse e melancolia 9
Tratamentos para possessão 10
Histeria em massa 11
Histeria em massa em tempos modernos 11
A lua e as estrelas 11
Comentários 12

A tradição biológica 12
Hipócrates e Galeno 12
O século XIX 13

O desenvolvimento dos tratamentos biológicos 14
Consequências da tradição biológica 15

A tradição psicológica 15
Terapia moral 15
Reforma psiquiátrica e declínio da terapia moral 17
Teoria psicanalítica 17
Teoria humanista 23
O modelo comportamental 24

O presente: o método científico e uma abordagem integradora 27

Resumo 28
Termos-chave 28
Respostas da verificação de conceitos 28

2 Uma abordagem integrada da psicopatologia 30

Modelos unidimensional *versus* multidimensional 31
O que causou a fobia de Judy? 31
Resultados e comentários 33

Contribuições genéticas para a psicopatologia 34
A natureza dos genes 34
Novos desenvolvimentos no estudo dos genes e do comportamento 35
A interação entre os genes e o ambiente 36
A herança epigenética e não genômica do comportamento 39

A neurociência e suas contribuições para a psicopatologia 41
O sistema nervoso central 41
A estrutura do cérebro 43
O sistema nervoso periférico 45
Neurotransmissores 47
Implicações para a psicopatologia 51
Influências psicossociais sobre a estrutura e o funcionamento do cérebro 52
Interações entre fatores psicossociais e sistemas neurotransmissores 54

Efeitos psicossociais sobre o desenvolvimento da estrutura e do funcionamento do cérebro 55
Comentários 56

Ciências comportamental e cognitiva 57

Condicionamento e processos cognitivos 57
Desamparo aprendido 58
Aprendizagem social 58
Aprendizagem preparada 58
A ciência cognitiva e o inconsciente 59

Emoções 60

A fisiologia e a finalidade do medo 60
Os fenômenos emocionais 61
Os componentes da emoção 61
A raiva e o seu coração 62

Emoções e psicopatologia 63

Fatores culturais, sociais e interpessoais 64

Vodu, mau-olhado e outros medos 64
Gênero sexual 64
Efeitos sociais sobre saúde e comportamento 65
Incidência global dos transtornos psicológicos 67

Desenvolvimento do ciclo de vida 67

Conclusões 69

Resumo 70

Termos-chave 70
Respostas da verificação de conceitos 70

3 Avaliação clínica e diagnóstico 71

Avaliando transtornos psicológicos 72

Conceitos-chave em avaliação 73
Entrevista clínica 74
Exame físico 77
Avaliação comportamental 77
Testes psicológicos 81
Testes neuropsicológicos 86
Neuroimagem: imagens do cérebro 86
Avaliação psicofisiológica 88

Diagnosticando transtornos psicológicos 89

Elementos de classificação 90
O diagnóstico antes de 1980 93
DSM-III e *DSM-III-R* 93
DSM-IV e *DSM-IV-TR* 93
DSM-5 94
Criando um diagnóstico 97
Além do *DSM-5*: dimensões e espectro 100

Resumo 101

Termos-chave 101
Respostas da verificação de conceitos 101

4 Métodos de pesquisa 102

Examinando o comportamento atípico 103

Conceitos importantes 103
Componentes básicos de uma pesquisa 103
Significância estatística *versus* significância clínica 106
O cliente "mediano" 106

Tipos de métodos de pesquisa 107

Estudando casos individuais 107
Pesquisa por correlação 107

Pesquisa por experimentação 109
Desenhos experimentais de caso único 112

Genética e comportamento ao longo do tempo e das culturas 114

Estudando a genética 114
Estudando o comportamento ao longo do tempo 118
Estudando o comportamento nas culturas 120
Poder de um programa de pesquisa 121

Replicação 122
Ética na pesquisa 122

Resumo 124

Termos-chave 124
Respostas da verificação de conceitos 124

5 Transtornos de ansiedade, transtornos relacionados a trauma e a estressores, transtorno obsessivo-compulsivo e transtornos relacionados 125

A complexidade dos transtornos de ansiedade 126

Ansiedade, medo e pânico: algumas definições 126
Causas da ansiedade e transtornos relacionados 128
Comorbidade dos transtornos de ansiedade e transtornos relacionados 131
Comorbidade com transtornos físicos 132
Suicídio 132

Transtornos de ansiedade 133

Transtorno de ansiedade generalizada 133

Descrição clínica 134
Estatísticas 135
Causas 136
Tratamento 137

Transtorno de pânico e agorafobia 138

Descrição clínica 139
Estatísticas 140
Causas 143
Tratamento 145

Fobia específica 148

Descrição clínica 148
Estatísticas 150
Causas 151
Tratamento 153

Transtorno de ansiedade social (fobia social) 155

Descrição clínica 155
Estatísticas 156

Causas 157
Tratamento 158

Trauma e transtornos relacionados a trauma e a estressores 161

Transtorno de estresse pós-traumático (TEPT) 161

Descrição clínica 161
Estatísticas 163
Causas 166
Tratamento 167

Transtorno obsessivo-compulsivo e transtornos relacionados 170

Transtorno obsessivo-compulsivo 170

Descrição clínica 170
Estatísticas 173
Causas 173
Tratamento 174

Transtorno dismórfico corporal 175

Cirurgia plástica e outros tratamentos médicos 179

Outros transtornos obsessivo-compulsivos e transtornos relacionados 179

Transtorno de acumulação 179
Tricotilomania (transtorno de arrancar o cabelo) e transtorno de escoriação (*skin picking*) 180

Resumo 183

Termos-chave 184
Respostas da verificação de conceitos 184

6 Transtorno de sintomas somáticos, transtornos relacionados e transtornos dissociativos 187

Transtorno de sintomas somáticos e transtornos relacionados 188

Transtorno de sintomas somáticos 189

Transtorno de ansiedade de doença 190
Descrição clínica 191
Estatísticas 192
Causas 193
Tratamento 195

Fatores psicológicos que afetam outras condições médicas 196

Transtorno conversivo (transtorno de sintomas neurológicos funcionais) 196
Descrição clínica 196
Transtornos intimamente relacionados 197
Processos mentais inconscientes 199
Estatísticas 200
Causas 200
Tratamento 202

Transtornos dissociativos 202

Transtorno de despersonalização/ desrealização 203

Amnésia dissociativa 204

Transtorno dissociativo de identidade 207
Descrição clínica 207
Características 208
TDI pode ser simulado? 208
Estatísticas 210
Causas 211
Sugestionabilidade 212
Contribuições biológicas 212
Memórias reais e falsas 213
Tratamento 215

Resumo 217
Termos-chave 217
Respostas da verificação de conceitos 217

7 Transtornos do humor e suicídio 220

Compreendendo e definindo transtornos do humor 221
Visão geral sobre depressão e mania 222
Estrutura dos transtornos do humor 223
Transtornos depressivos 225
Critérios adicionais de definição para transtornos depressivos 226
Outros transtornos depressivos 233
Transtornos bipolares 236
Critérios adicionais de definição para transtornos bipolares 237

Prevalência dos transtornos do humor 240
Prevalência em crianças, adolescentes e adultos mais velhos 240

Influências do desenvolvimento do ciclo vital nos transtornos do humor 241
Entre culturas 243
Entre indivíduos criativos 243

Causas dos transtornos do humor 244
Dimensões biológicas 244
Estudos adicionais sobre a estrutura e o funcionamento do cérebro 248
Dimensões psicológicas 248
Dimensões sociais e culturais 253
Uma teoria integrada 255

Tratamento dos transtornos do humor 257
Medicações 257

Eletroconvulsoterapia e estimulação magnética transcraniana 261
Tratamentos psicológicos para depressão 262
Tratamentos combinados para depressão 265
Prevenindo a reincidência da depressão 266
Tratamentos psicológicos para o transtorno bipolar 267

Suicídio 269

Estatísticas 269
Causas 270
Fatores de risco 270
O suicídio é contagioso? 272
Tratamento 273

Resumo 275

Termos-chave 276

Respostas da verificação de conceitos 276

8 Transtornos alimentares e transtornos do sono-vigília 279

Principais tipos de transtornos alimentares 280

Bulimia nervosa 282
Anorexia nervosa 285
Transtorno de compulsão alimentar 287
Estatísticas 288

Causas dos transtornos alimentares 291

Dimensões sociais 291
Dimensões biológicas 295
Dimensões psicológicas 296
Modelo integrador 297

Tratamento dos transtornos alimentares 298

Tratamento com drogas 299
Tratamentos psicológicos 299
Prevenindo os transtornos alimentares 303

Obesidade 304

Estatísticas 304
Padrões de alimentação desordenada nos casos de obesidade 305

Causas 306
Tratamento 307

Transtornos do sono-vigília: as principais dissonias 310

Visão geral dos transtornos do sono-vigília 310
Transtorno de insônia 312
Transtornos de hipersonolência 316
Narcolepsia 317
Transtornos do sono relacionados à respiração 319
Transtorno do sono-vigília do ritmo circadiano 320

Tratamento dos transtornos do sono 322

Tratamentos médicos 322
Tratamentos ambientais 323
Tratamentos psicológicos 323
Prevenindo os transtornos do sono 324
Parassonias e seus tratamentos 325

Resumo 328

Termos-chave 329

Respostas da verificação de conceitos 329

9 Transtornos físicos e psicologia da saúde 332

Fatores psicológicos e sociais que influenciam a saúde 333

Saúde e comportamento relacionado à saúde 333
Fisiologia do estresse 335
Contribuições para a resposta ao estresse 336

Estresse, ansiedade, depressão e excitação 337
Estresse e resposta imunológica 338

Efeitos psicossociais sobre os transtornos físicos 341

Aids 341

Câncer 344

Problemas cardiovasculares 346

Hipertensão 347

Doença cardíaca coronariana 349

Dor crônica 353

Síndrome da fadiga crônica 356

Tratamento psicossocial dos transtornos físicos 359

Biofeedback 359

Relaxamento e meditação 360

Programa abrangente de redução do estresse e da dor 361

Drogas e programas de redução do estresse 362

Negação como um meio de enfrentamento 363

Modificação de comportamentos para promoção da saúde 363

Resumo 368

Termos-chave 368

Respostas da verificação de conceitos 368

---

10 Disfunções sexuais, transtornos parafílicos e disforia de gênero 371

O que é sexualidade normal? 372

Diferenças de gênero 374

Diferenças culturais 376

O desenvolvimento da orientação sexual 376

Panorama das disfunções sexuais 378

Transtornos do desejo sexual 379

Transtornos da excitação sexual 380

Transtornos do orgasmo 382

Transtornos de dor sexual 384

Avaliação do comportamento sexual 385

Entrevistas 385

Exame médico 385

Avaliação psicofisiológica 386

Causas e tratamentos da disfunção sexual 386

Causas da disfunção sexual 386

Tratamento da disfunção sexual 391

Transtornos parafílicos: descrição clínica 395

Transtorno fetichista 396

Transtornos voyeurista e exibicionista 396

Transtorno transvéstico 397

Transtornos do sadismo sexual e do masoquismo sexual 399

Transtorno pedofílico e incesto 400

Transtornos parafílicos em mulheres 401

Causas dos transtornos parafílicos 402

Avaliação e tratamento dos transtornos parafílicos 403

Tratamento psicológico 404

Tratamento com drogas 406

Disforia de gênero 406

Definindo a disforia de gênero 407

Causas 409

Tratamento 410

Resumo 413

Termos-chave 414

Respostas da verificação de conceitos 414

11 Transtornos relacionados a substâncias, transtornos aditivos e transtornos do controle de impulsos 417

Perspectivas sobre transtornos relacionados a substâncias e transtornos aditivos 418
Níveis de envolvimento 419
Temas relativos ao diagnóstico 421

Depressores 422
Transtornos relacionados ao álcool 422
Transtornos relacionados a sedativos, hipnóticos e ansiolíticos 428

Estimulantes 430
Transtornos relacionados a estimulantes 430
Transtornos relacionados ao tabaco 433
Transtornos relacionados à cafeína 434

Transtornos relacionados a opioides 436

Transtornos relacionados a *cannabis* 436

Transtornos relacionados a alucinógenos 438

Outras drogas de abuso 441

Causas dos transtornos relacionados à dependência de substâncias 443

Aspectos biológicos 443
Aspectos psicológicos 445
Aspectos cognitivos 446
Aspectos sociais 447
Aspectos culturais 447
Modelo integrador 448

Tratamento dos transtornos relacionados a substâncias 450
Tratamentos biológicos 451
Tratamentos psicossociais 452
Prevenção 455

Transtorno do jogo 457

Transtornos do controle de impulsos 458
Transtorno explosivo intermitente 458
Cleptomania 458
Piromania 459

Resumo 460
Termos-chave 460
Respostas da verificação de conceitos 461

12 Transtornos da personalidade 464

Visão geral dos transtornos da personalidade 465
Aspectos dos transtornos da personalidade 465
Modelos categórico e dimensional 466
Grupos dos transtornos da personalidade 467
Estatísticas e desenvolvimento 467
Diferenças de gênero 469
Comorbidade 470
Transtornos da personalidade em estudo 470

Transtornos da personalidade do grupo A 471

Transtorno da personalidade paranoide 472
Transtorno da personalidade esquizoide 474
Transtorno da personalidade esquizotípica 475

Transtornos da personalidade do grupo B 477
Transtorno da personalidade antissocial 477
Transtorno da personalidade *borderline* 486
Transtorno da personalidade histriônica 490
Transtorno da personalidade narcisista 491

Transtornos da personalidade do grupo C 493

Transtorno da personalidade evitativa 493
Transtorno da personalidade dependente 494

Transtorno da personalidade obsessivo-compulsiva 495

Resumo 498

Termos-chave 498
Respostas da verificação de conceitos 498

13 Espectro da esquizofrenia e outros transtornos psicóticos 501

Perspectivas sobre a esquizofrenia 502
Personagens pioneiros no diagnóstico da esquizofrenia 502
Identificando os sintomas 503

Descrição clínica, sintomas e subtipos 505
Sintomas positivos 505
Sintomas negativos 508
Sintomas desorganizados 509
Subtipos históricos da esquizofrenia 511
Outros transtornos psicóticos 511

Prevalência e causas da esquizofrenia 515
Estatísticas 515
Desenvolvimento 515

Fatores culturais 516
Influências genéticas 517
Influências neurobiológicas 520
Influências psicológicas e sociais 524

Tratamento da esquizofrenia 526
Intervenções biológicas 526
Intervenções psicossociais 528
Tratamento em diferentes culturas 532
Prevenção 533

Resumo 534

Termos-chave 534
Respostas da verificação de conceitos 534

14 Transtornos do neurodesenvolvimento 537

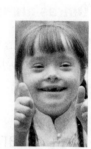

Visão geral dos transtornos do neurodesenvolvimento 538
O que é típico? O que é atípico? 539

Transtorno de déficit de atenção/hiperatividade 541

Transtorno específico da aprendizagem 547

Transtorno do espectro autista 551
Tratamento do transtorno do espectro autista 556

Deficiência intelectual (transtorno do desenvolvimento intelectual) 558
Causas 561

Prevenção de transtornos do neurodesenvolvimento 565

Resumo 567

Termos-chave 567
Respostas da verificação de conceitos 567

15 Transtornos neurocognitivos 570

Perspectivas sobre os transtornos neurocognitivos 571

Delirium 572
Descrição clínica e estatísticas 572
Tratamento 573
Prevenção 574

Transtornos neurocognitivos maiores e leves 574
Descrição clínica e estatísticas 575
Transtorno neurocognitivo devido à doença de Alzheimer 578
Transtorno neurocognitivo vascular 580

Outras condições médicas que causam o transtorno neurocognitivo 581
Transtorno neurocognitivo induzido por substância/medicamento 586
Causas do transtorno neurocognitivo 586
Tratamento 589
Prevenção 593

Resumo 595
Termos-chave 595
Respostas da verificação de conceitos 595

16 Serviços de saúde mental: questões legais e éticas 598

Perspectivas sobre leis de saúde mental 599

Restrição civil 600
Critérios para a restrição civil 600
Mudanças procedimentais que afetam a restrição civil 602
Uma visão panorâmica da restrição civil 605

Custódia criminal 605
Defesa por insanidade 606
Reações à defesa por insanidade 607
Jurisprudência terapêutica 609
Competência para ser julgado 609
Dever de informação 610

Profissionais da saúde mental como peritos 610

Direitos do paciente e diretrizes para a prática clínica 611
Direito ao tratamento 611
Direito de recusar tratamento 612
Os direitos dos participantes em pesquisas 612
Diretrizes para a prática clínica e diretrizes para a prática baseada em evidências 613

Conclusões 616

Resumo 616
Termos-chave 616
Respostas da verificação de conceitos 616

Apêndice – Sugestões de instrumentos para investigação dos principais transtornos mentais 617
Glossário 621
Referências bibliográficas 633
Índice de nomes 731
Índice remissivo 755
Classificações do *DSM-5* 771

Prefácio

A ciência é uma área que está em constante evolução, mas vez ou outra algo inovador acontece e altera nossa forma de pensar. Por exemplo, os biólogos evolucionistas, que há muito supuseram que o processo de evolução era gradual, repentinamente tiveram de ajustar para os indícios que afirmam que a evolução acontece aos trancos e barrancos em resposta a eventos ambientais catastróficos, como impactos de meteoros. Do mesmo modo, a geologia foi revolucionada pela descoberta de placas tectônicas.

Até pouco tempo, a ciência da psicopatologia havia sido compartimentalizada, com os psicopatologistas examinando os efeitos separados das influências psicológicas, biológicas e sociais. Essa abordagem ainda é refletida nas considerações da mídia popular que descreve, por exemplo, um gene recém-descoberto, uma disfunção biológica (desequilíbrio químico) ou experiências no início da infância como "causas" de um transtorno psicológico. Essa maneira de pensar ainda domina discussões de causalidade e tratamento em alguns livros didáticos de psicologia: "Os pontos de vista psicanalíticos desse transtorno são...", "os pontos de vista biológicos são..." e, muitas vezes, em um capítulo separado, "as abordagens para o tratamento psicanalítico para este transtorno são...", "as abordagens do tratamento cognitivo comportamental são..." ou "as abordagens do tratamento biológico são...".

Na primeira edição deste texto, tentamos fazer algo bem diferente. Achamos que a área havia avançado até o ponto em que estava pronta para uma abordagem integrada, em que as interações intrincadas dos fatores biológicos, psicológicos e sociais são explicadas da maneira mais clara e convincente possível. Recentes e surpreendentes avanços no conhecimento confirmam essa abordagem como a única maneira viável de compreender a psicopatologia. Para dar apenas dois exemplos, o Capítulo 2 contém uma descrição de um estudo demonstrando que os eventos estressantes da vida podem levar à depressão, mas que nem todos mostram essa resposta. Em vez disso, o estresse é mais provável de causar depressão em indivíduos que já carregam determinado gene que influencia a serotonina nas sinapses cerebrais. Do mesmo modo, o Capítulo 9 descreve como a dor da rejeição social ativa os mesmos mecanismos neurais no cérebro que a dor física. Além disso, toda a seção sobre genética foi reescrita para destacar a nova ênfase na interação gene-ambiente, junto do pensamento recente dos principais geneticistas comportamentais, de que o objetivo de fundamentar a classificação dos transtornos psicológicos na base sólida da genética é fundamentalmente falho. As descrições da área emergente da epigenética, ou a influência do ambiente na expressão genética, também são tecidas no capítulo, junto de novos estudos sobre a capacidade aparente dos ambientes extremos em se sobrepor aos efeitos das contribuições genéticas. Os estudos que elucidam os mecanismos da epigenética ou especificamente como os eventos ambientais influenciam a expressão genética são descritos.

Esses resultados confirmam a abordagem integrada neste livro: os transtornos psicológicos não podem ser explicados apenas por fatores genéticos ou ambientais, mas surgem de sua interação. Agora compreendemos que os fatores psicológicos e sociais afetam diretamente a função neurotransmissora, e até mesmo a expressão genética. Dessa forma, não podemos estudar os processos comportamentais, cognitivos ou emocionais sem apreciar a contribuição dos fatores biológicos e sociais para a expressão psicológica e psicopatológica. Em vez de compartimentalizar a psicopatologia, usamos uma abordagem mais acessível que reflete precisamente o estado atual de nossa ciência clínica.

Como colegas, você sabe que compreendemos alguns transtornos melhor do que os outros. Mas esperamos que compartilhe nossa empolgação em transmitir aos alunos o que já sabemos sobre as causas e os tratamentos da psicopatologia e o quão longe ainda temos de ir para compreender essas interações complexas.

Abordagem integrada

Como observado anteriormente, a primeira edição de *Psicopatologia – Uma abordagem integrada* foi a pioneira de uma nova geração de livros didáticos sobre psicologia atípica, o que oferece uma perspectiva integrada e multidimensional. (Reconhecemos tais abordagens unidimensionais biológicas, psicossociais e sobrenaturais como tendências históricas.) Incluímos evidências substanciais e atuais das influências recíprocas da biologia e do comportamento e das influências psicológicas e sociais na biologia. Nossos exemplos prendem a atenção do aluno; por exemplo, discutimos as contribuições genéticas para o divórcio, os efeitos das experiências social e comportamental precoces na função e estrutura cerebral posterior, novas informações sobre a relação das redes sociais com o resfriado comum, e os novos dados sobre os tratamentos psicossociais para o câncer. Observamos que, no fenômeno da memória implícita e na visão cega, que podem ter paralelos em experiências dissociativas, a ciência psicológica verifica a existência do inconsciente (embora não se assemelhe muito com o caldeirão fervente de conflitos imaginados por Freud). Apresentamos novas evidências que confirmam os efeitos dos tratamentos psicológicos no fluxo neurotransmissor e na função cerebral. Reconhecemos a área muitas vezes negligenciada da teoria da emoção por suas ricas contribuições para a psicopatologia (p. ex., os efeitos da raiva na doença cardiovascular). Tecemos os achados científicos com base no estudo das emoções junto de descobertas comportamentais, biológicas, cognitivas e sociais para criar uma tapeçaria integrada da psicologia.

Influências do desenvolvimento do ciclo vital

Nenhum ponto de vista moderno da psicopatologia pode ignorar a importância dos fatores do desenvolvimento do ciclo de vida na manifestação e tratamento da psicopatologia. Os estudos que destacam as janelas do desenvolvimento para a influência do ambiente na expressão genética são explicados. Do mesmo modo, embora incluamos um capítulo sobre "Transtornos do neurodesenvolvimento" (Capítulo 14), consideramos a importância do desenvolvimento por todo o texto; discutimos a ansiedade infantil e geriátrica, por exemplo, no contexto do capítulo "Transtornos de ansiedade, transtornos relacionados a trauma e a estressores e transtornos obsessivo-compulsivo e transtornos relacionados" (Capítulo 5). Esse sistema de organização, que é em grande parte consistente com o *DSM-5*, ajuda os alunos a perceber a necessidade de estudar cada transtorno desde a infância, passando pela vida adulta, até a velhice. Destacamos achados sobre as considerações do desenvolvimento em seções separadas de cada capítulo de transtorno e, conforme apropriado, discutimos de que maneiras específicas os fatores do desenvolvimento afetam a causa e o tratamento.

Abordagem do pesquisador clínico

Estendemo-nos um pouco para explicar por que a abordagem do pesquisador clínico para a psicopatologia é tanto prática quanto ideal. Como a maioria de nossos colegas, vemos isso como algo mais do que a simples constatação da maneira de como as descobertas científicas se aplicam à psicopatologia. Mostramos como cada clínico contribui com o conhecimento científico geral por meio de observações clínicas astutas e sistemáticas, análises funcionais dos estudos de caso individuais e observações sistemáticas das séries dos casos em contextos clínicos. Por exemplo, explicamos como as informações sobre os fenômenos dissociativos, fornecidas por teóricos psicanalíticos de antigamente, permanecem relevantes ainda atualmente. Também descrevemos os métodos formais usados por pesquisadores clínicos, mostrando como os projetos da pesquisa abstrata são realmente implantados nos programas de pesquisa.

Casos clínicos de pessoas reais

Enriquecemos o livro com histórias clínicas autênticas para ilustrar os achados científicos sobre as causas e o tratamento da psicopatologia. Gerenciamos clínicas ativas há anos, portanto, 95% dos casos são de nossos próprios arquivos, e estes proporcionam um quadro fascinante de referência para os achados que descrevemos. Os inícios da maioria dos capítulos incluem uma descrição do caso, e a maior parte da discussão da última teoria e pesquisa está relacionada a esses casos bastante humanos.

Transtornos em detalhes

Cobrimos a maioria dos transtornos psicológicos em 11 capítulos, concentrando-nos nas três maiores categorias: descrição clínica, fatores causais e tratamento e resultados. Damos atenção considerável aos estudos de caso e aos critérios do *DSM-5*, e incluímos dados estatísticos, como as taxas de prevalência e incidência, proporção entre os gêneros, idade de início e o curso geral ou o padrão para o transtorno como um todo. Uma vez que vários de nós foram nomeados conselheiros para a força tarefa do *DMS-5*, pudemos incluir as razões para as mudanças, assim como as mudanças em si. Do começo ao fim, exploramos como as dimensões biológica, psicológica e social podem interagir e causar um transtorno em particular. Por fim, abordando o tratamento e os resultados no contexto de transtornos específicos, oferecemos um sentido realístico da prática clínica.

Tratamento

Uma das inovações mais bem recebidas nas primeiras sete edições norte-americanas foi nossa estratégia de discussão sobre os tratamentos no mesmo capítulo que os próprios transtornos, em vez de o fazermos em um capítulo separado, uma abordagem que é apoiada pelo desenvolvimento de procedimentos de tratamento psicossocial e farmacológico específicos para cada transtorno. Mantivemos esse formato integrado e o melhoramos, e incluímos os procedimentos do tratamento nos termos-chave e no glossário.

Questões legais e éticas

Em nosso capítulo de encerramento, integramos muitas das abordagens e temas que foram discutidos por todo o livro. Incluímos os estudos de caso de pessoas que estiveram envolvidas diretamente em muitas questões legais e éticas e com o oferecimento de serviços de saúde mental. Também proporcionamos um contexto histórico para as perspectivas atuais de modo que os alunos possam compreender os efeitos das influências sociais e culturais nas questões legais e éticas.

Diversidade

Questões de cultura e gênero são integrantes do estudo da psicopatologia. Do início ao fim do texto, descrevemos o pensamento atual em relação a quais aspectos dos transtornos são culturalmente específicos e quais são universais, e em relação a fortes e às vezes enigmáticos efeitos dos papéis de gênero. Por exemplo, discutimos as informações atuais em tópicos como a diferença de gênero na depressão, como os transtornos de pânico são expressos de maneira diferente em várias culturas asiáticas, as diferenças éticas nos transtornos alimentares, o tratamento da esquizofrenia entre culturas distintas e as diferenças diagnósticas do transtorno de déficit de atenção/hiperatividade (TDAH) em garotos e garotas. Evidentemente, nosso campo crescerá em profundidade e em detalhes à medida que esses assuntos e outros se tornarem tópicos padrões de pesquisa. Por exemplo, por que alguns transtornos afetam sobretudo as mulheres e outros aparecem predominantemente nos homens? E por que essa observação às vezes muda de uma cultura para outra? Para responder a questões como essas, mantemo-nos muito próximos da ciência, enfatizando que gênero e cultura são cada um uma dimensão entre as muitas dimensões que constituem a psicopatologia.

Novidades desta edição

Atualização completa

Esse estimulante campo do saber muda a passos largos, e temos particular orgulho de, com nosso livro, mostrar a maioria dos recentes avanços. Por conseguinte, uma vez mais, cada capítulo foi cuidadosamente revisado para refletir as mais recentes pesquisas no campo dos transtornos psicológicos. Novas referências aparecem pela primeira vez nesta edição, e algumas das informações que nos trazem aturdem a imaginação. Materiais não essenciais foram eliminados, alguns tópicos foram acrescentados e os critérios do *DSM-5* foram incluídos como tabelas nos capítulos específicos sobre transtornos.

"Transtornos de ansiedade, transtornos relacionados a trauma e a estressores e transtorno obsessivo-compulsivo e transtornos relacionados" (Capítulo 5), "Transtornos do humor e suicídio" (Capítulo 7), "Transtornos alimentares e transtornos do sono-vigília" (Capítulo 8), "Transtornos físicos e psicologia da saúde" (Capítulo 9), "Transtornos relacionados a substâncias, transtornos aditivos e transtornos do controle de impulsos" (Capítulo 11), "Espectro da esquizofrenia e outros transtornos psicóticos" (Capítulo 13) e "Transtornos do neurodesenvolvimento" (Capítulo 14) foram os mais revisados para refletirem as novas pesquisas, porém todos os capítulos foram significativamente atualizados e inovados.

O Capítulo 1, "Comportamento atípico no contexto histórico", contém a nomenclatura atualizada para refletir os novos títulos no *DSM-5*, descrições atualizadas da pesquisa sobre mecanismos de defesa e descrições mais completas e profundas do desenvolvimento histórico das abordagens psicodinâmica e psicanalítica.

O Capítulo 2, "Uma abordagem integrada da psicopatologia", inclui uma discussão atualizada dos desenvolvimentos no estudo dos genes e do comportamento com foco na interação gene-ambiente; novos dados ilustrando o modelo da correlação gene-ambiente; novos estudos ilustrando a influência psicossocial na estrutura e função cerebrais no geral e no sistema neurotransmissor, especificamente; novos estudos ilustrando as influências psicossociais no desenvolvimento da estrutura e função cerebrais; seções atualizadas, revisadas e inovadas sobre a ciência cognitiva e comportamental, incluindo novos estudos ilustrando a influência da psicologia positiva na saúde mental e na longevidade; novos estudos que apoiam a forte influência das emoções, sobretudo raiva, na saúde cardiovascular; novos estudos ilustrando a influência do gênero na apresentação e no tratamento da psicopatologia; uma variedade de novos estudos poderosos que confirmam os fortes efeitos sociais na saúde e no comportamento; e novos estudos que confirmam o fenômeno intrigante da "migração" resultando em uma prevalência maior de esquizofrenia entre os indivíduos que vivem em áreas urbanas.

O Capítulo 3, "Avaliação clínica e diagnóstico", agora apresenta referências à "deficiência intelectual" em vez de "retardo mental", para ser consistente com o *DSM-5* e com as mudanças na área (uma nova discussão sobre como as informações do MMPI-2 – apesar de informativas – não necessariamente mudam como os pacientes são tratados e podem não melhorar seus resultados); uma descrição da organização e da estrutura do *DSM-5* junto das principais mudanças em relação ao *DSM-*

-IV; uma descrição dos métodos para coordenar o desenvolvimento do *DSM-5* com a próxima CID 11; e uma descrição das possíveis direções da pesquisa à medida que começamos a caminhar em direção ao *DSM-6*.

No Capítulo 4, "Métodos de pesquisa", um novo exemplo de como os cientistas comportamentais desenvolvem hipóteses de pesquisa é apresentado e um novo exemplo de desenhos longitudinais que visam investigar como o uso de palmadas prediz problemas comportamentais posteriores em crianças (Gershoff et al., 2012).

O Capítulo 5, intitulado "Transtornos de ansiedade, transtornos relacionados a trauma e a estressores e transtorno obsessivo-compulsivo e transtornos relacionados", é organizado de acordo com os três grupos principais de transtornos. Dois novos transtornos no *DSM-5* (transtorno de ansiedade de separação e mutismo seletivo) são apresentados, e a seção "Transtornos relacionados a trauma e a estressores" inclui não apenas o transtorno de estresse pós-traumático e o transtorno de estresse agudo, como também o transtorno de adaptação e o transtorno de apego reativo. O novo agrupamento final, "Transtorno obsessivo-compulsivo e transtornos relacionados", inclui não apenas o transtorno obsessivo-compulsivo, como também o transtorno dismórfico corporal, o transtorno de acumulação, e, por fim, tricotilomania (transtorno de arrancar o cabelo) e transtorno de escoriação (*skin-picking*). Algumas das revisões para o Capítulo 5 incluem o seguinte:

- Informações atualizadas sobre a neurociência e a genética do medo e da ansiedade.
- Informações atualizadas sobre as relações da ansiedade e transtornos relacionados com o suicídio.
- Informações atualizadas sobre a influência da personalidade e da cultura na expressão da ansiedade.
- Discussão atualizada sobre o transtorno de ansiedade generalizada, especialmente sobre abordagens de tratamento mais recentes.
- Informações atualizadas sobre a descrição, etiologia e tratamento para fobia específica, transtorno de ansiedade social e transtorno de estresse pós-traumático.

O agrupamento dos transtornos do Capítulo 6, agora intitulado "Transtorno de sintomas somáticos, transtornos relacionados e transtornos dissociativos", reflete uma grande mudança abrangente, sobretudo para o transtorno de sintomas somáticos, transtorno de ansiedade de doença e fatores psicológicos que afetam outras condições médicas. O capítulo discute as diferenças entre esses transtornos sobrepostos e fornece um resumo das causas e abordagens de tratamento desses problemas. Além disso, o Capítulo 6 agora tem uma discussão atualizada sobre o debate das falsas memórias relacionado ao trauma em indivíduos com transtornos dissociativos de identidade.

O Capítulo 7, "Transtornos do humor e suicídio", fornece uma discussão atualizada sobre a psicopatologia e o tratamento dos transtornos do humor do *DSM-5*, incluindo transtorno depressivo persistente, transtorno afetivo sazonal, transtorno perturbador da desregulação do humor, transtorno bipolar e suicídio. O capítulo discute novos dados sobre os fatores de risco genéticos e ambientais e fatores de proteção, como o oti-

PREFÁCIO **XXI**

mismo. Também está incluída uma atualização sobre os tratamentos farmacológicos e psicológicos.

Completamente reescrito e atualizado, o Capítulo 8, "Transtornos alimentares e transtornos do sono-vigília", contém novas informações sobre as taxas de mortalidade na anorexia nervosa; novas informações epidemiológicas sobre a prevalência dos transtornos alimentares em adolescentes; novas informações sobre a globalização crescente dos transtornos alimentares e obesidade; informações atualizadas sobre os padrões típicos de comorbidade que acompanham os transtornos alimentares; e novas e atualizadas pesquisas sobre as mudanças na incidência dos transtornos alimentares entre homens, diferenças étnicas e raciais sobre a imagem corporal e ideal de magreza associados aos transtornos alimentares, a contribuição substancial da desregulação emocional para a etiologia e manutenção da anorexia, o papel das amizades na etiologia dos transtornos alimentares, mães com transtornos alimentares que também restringem a ingestão de alimentos dos seus filhos, a contribuição dos pais e fatores da família na etiologia dos transtornos alimentares, contribuições biológicas e genéticas para as causas dos transtornos alimentares, incluindo o papel dos hormônios do ovário, tratamento transdiagnóstico aplicável a todos os transtornos alimentares, resultados de um grande ensaio clínico multinacional comparando a TCC à psicanálise no tratamento da bulimia, os efeitos da combinação de Prozac com TCC no tratamento de transtornos alimentares, diferenças étnicas e raciais em pessoas com transtorno de compulsão alimentar em busca de tratamento, o fenômeno da síndrome da alimentação noturna e seu papel no desenvolvimento da obesidade, e desenvolvimentos de novas políticas de saúde pública direcionadas à epidemia de obesidade.

A cobertura realinhada dos transtornos do sono-vigília, também no Capítulo 8, com novas informações sobre o sono em mulheres – incluindo os fatores de risco e protetores – uma seção atualizada sobre narcolepsia para descrever novas pesquisas sobre as causas desse transtorno, e novas pesquisas sobre a natureza e o tratamento de pesadelos agora estão incluídos.

No Capítulo 9, "Transtornos físicos e psicologia da saúde", trouxemos dados atualizados sobre as principais causas de morte nos Estados Unidos; uma revisão da profundidade crescente do conhecimento sobre a influência dos fatores sociais e psicológicos nas estruturas e função cerebrais; novos dados apoiando a eficácia do manejo do estresse em doenças cardiovasculares; uma revisão atualizada sobre os desenvolvimentos relativos a causas e tratamento da dor crônica; informações atualizadas eliminando certos vírus (XMRV e pMLV) como possíveis causas da síndrome da fadiga crônica; e revisão atualizada dos procedimentos psicológicos e comportamentais para prevenção de danos.

No Capítulo 10, "Disfunções sexuais, transtornos parafílicos e disforia de gênero", uma organização revisada que reflete o fato de os transtornos parafílicos e a disforia de gênero estarem em capítulos separados no DSM-5, e o transtorno da disforia de gênero não é, certamente, um transtorno sexual, mas um transtorno que reflete incongruência entre o sexo natal e o gênero expresso, além de outras revisões importantes – novos dados sobre as mudanças do desenvolvimento no comporta-

mento sexual desde a idade da primeira relação sexual até a prevalência e frequência do comportamento sexual na idade avançada; novos estudos contrastando diferentes atitudes e envolvimentos na atividade sexual das distintas culturas, mesmo na América do Norte; informações atualizadas sobre o desenvolvimento da orientação sexual; e uma descrição completamente atualizada da disforia de gênero com ênfase nas conceitualizações emergentes da expressão de gênero que estão em um *continuum*.

O Capítulo 10 também inclui informações atualizadas sobre os fatores que contribuem para a disforia de gênero, assim como as últimas recomendações sobre as opções de tratamento (ou a decisão de não tratar) para a não conformidade de gênero em crianças, uma descrição completa dos transtornos do desenvolvimento sexual (anteriormente chamado de intersexualidade) e uma descrição completamente reformulada dos transtornos parafílicos para refletir o sistema atualizado da classificação com uma discussão da controversa mudança no nome desses transtornos de parafilia para transtornos parafílicos.

O Capítulo 11 completamente revisado, "Transtornos relacionados a substâncias, transtornos aditivos e transtornos do controle de impulsos", contém nova discussão se a tendência de misturar bebidas energéticas cafeinadas ao álcool pode aumentar a probabilidade de abuso de álcool posterior; nova pesquisa sobre o uso crônico de MDMA ("ecstasy") levando a problemas de memória duradouros (Wagner et al., 2013); e nova pesquisa sobre os diversos fatores que predizem o uso de álcool precoce, incluindo quando os melhores amigos começam a beber, se os familiares estão em risco de dependência de álcool e a presença de problemas de comportamento em suas crianças (Kuperman et al., 2013).

O Capítulo 12, "Transtornos da personalidade", agora contém uma seção completamente nova sobre diferenças de gênero para refletir análises mais novas e sofisticadas dos dados de prevalência, e uma nova seção sobre criminalidade e transtorno da personalidade antissocial agora revisada para refletir melhor as mudanças no DSM-5.

O Capítulo 13, "Espectro da esquizofrenia e outros transtornos psicóticos", apresenta uma nova discussão do transtorno do espectro da esquizofrenia e a queda dos subtipos da esquizofrenia no DSM-5; novas pesquisas sobre os déficits na compreensão da prosódia emocional e seu papel nas alucinações auditivas (Alba-Ferrara et al., 2012); uma discussão sobre um novo transtorno psicótico proposto no DSM-5 para mais estudos – síndrome de psicose atenuada –; e uma nova discussão do uso da estimulação magnética transcraniana.

No Capítulo 14, os "Transtornos do neurodesenvolvimento", são apresentados, em vez de "Transtornos globais do desenvolvimento", para manter a consistência com as principais mudanças no DSM-5. Além disso, agora descreve uma nova pesquisa para mostrar que a interação gene-ambiente pode levar a problemas de comportamento posteriores em crianças com TDAH; nova pesquisa sobre TDAH (e sobre outros transtornos) que está descobrindo que em muitos casos as mutações ocorrem criando cópias extras de um gene em um cromossomo ou resultando na deleção dos genes (chamado de variação no número de cópias – CNVs); e novos achados de pesquisa que mostram uma variedade de mutações genéticas, incluindo os transtornos *de novo* (mutações genéticas que ocorrem no espermatozoide, no óvulo ou após a fertilização) que estão presentes naquelas crianças com deficiência intelectual (DI) de origem anteriormente desconhecida (Rauch et al., 2012).

O Capítulo 15, agora chamado "Transtornos neurocognitivos", contém descrições da pesquisa de avaliação da atividade cerebral (fMRI) em indivíduos durante episódios ativos de *delirium*, assim como após esses episódios; dados do Einstein Aging Study com relação à prevalência de um novo transtorno no *DSM-5*, transtorno neurocognitivo leve (Katz et al., 2012); e uma nova discussão sobre novos transtornos neurocognitivos (p. ex., transtorno neurocognitivo com corpos de Lewy, ou devido à doença do príon).

E o Capítulo 16, "Serviços de saúde mental: questões legais e éticas", apresenta uma breve, porém nova, discussão sobre a recente tendência atual para fornecer ao indivíduo o tratamento emergencial necessário, chamado tratamento ambulatorial assistido por ordem judicial (TAA, ou AOT da sigla em inglês), para evitar a reclusão em uma clínica de saúde mental (Nunley et al., 2013); uma nova discussão de uma grande metanálise mostrando que as ferramentas de avaliação de risco atuais são melhores para identificar as pessoas com baixo risco de serem violentas, mas é apenas marginalmente bem-sucedida em detectar com precisão quem será violento posteriormente (Fazel et al., 2012); e uma seção atualizada sobre normas jurídicas sobre a medicação involuntária. Muitas das reflexões trazidas neste capítulo são pertinentes a todos os contextos, de diversos países, por isso se justifica sua manutenção neste livro traduzido para o Brasil. No entanto, especificamente os aspectos legais e institucionais que são trazidos e comentados pelo autor são referentes aos EUA – inclusive alguns termos usados nesse país não parecem ter um equivalente no Brasil e em nossa língua.

Recursos adicionais

Além das mudanças destacadas anteriormente, *Psicopatologia – Uma abordagem integrada* apresenta outras características distintas:

- *Resultados finais de assimilação de conteúdo pelo aluno* no início de cada capítulo auxilia os professores a avaliar e mapear com precisão as questões em todo o capítulo. Os resultados são mapeados para as metas centrais da American Psychological Association.
- Em cada capítulo sobre transtorno há um recurso chamado *Controvérsias sobre o DSM*, que discute algumas das decisões contenciosas e árduas feitas no processo de criação do *DSM-5*. Os exemplos incluem a criação de novos, e às vezes controversos, transtornos que aparecem pela primeira vez no *DSM-5*, como o transtorno disfórico pré-menstrual, o transtorno de compulsão alimentar e o transtorno disruptivo da desregulação do humor. Outro exemplo é remover o "luto" dos critérios de exclusão para o diagnóstico do transtorno depressivo maior, de modo que alguém pode ser diagnosticado

com depressão maior mesmo que o disparador tenha sido a morte de um ente querido. Por fim, a alteração do título do capítulo sobre "parafilia" para "transtornos parafílicos" implica que os padrões parafílicos de excitação sexual, como pedofilia, não são transtornos por si só, mas apenas se tornam transtornos se causarem comprometimento ou dano a outros.

DSM-IV, DSM-IV-TR e DSM-5

Muito tem sido falado sobre a mistura de considerações políticas e científicas que resultaram no *DSM-5*, e naturalmente temos nossas próprias opiniões. (DHB teve a interessante experiência de estar na força-tarefa para o *DSM-IV* e foi conselheiro para a força-tarefa do *DSM-5*.) Psicólogos muitas vezes preocupam-se com os "problemas territoriais" que o padrão nosológico em nossa área – para o melhor ou para o pior – tornou-se, e com razão: nas edições anteriores do *DSM*, achados científicos algumas vezes deram lugar a opiniões pessoais. Para o *DSM-IV* e o *DSM-5*, no entanto, a maioria dos vieses profissionais foram deixados de lado enquanto a força-tarefa debateu quase que incessantemente os dados. Esse processo produziu novas informações suficientes para preencher qualquer revista de psicopatologia por um ano com revisões integrativas, reanálises de bases de dados existentes e novos dados das pesquisas de campo. Do ponto de vista acadêmico, o processo foi tanto estimulante quanto exaustivo. Este livro contém destaques de diversos debates que criaram a nomenclatura, assim como as atualizações recentes. Por exemplo, além das controvérsias anteriormente descritas, resumimos e atualizamos os dados e a discussão sobre o transtorno disfórico pré-menstrual, que foi designado como um novo transtorno no *DSM-5*, e sobre o transtorno misto de ansiedade-depressão, um transtorno que não se encaixava nos critérios finais. Os alunos podem observar, assim, o processo de fazer um diagnóstico, bem como a combinação de dados e a inferência que faz parte deles.

Também discutimos o intenso e contínuo debate sobre as abordagens categoriais e dimensionais para a classificação. Descrevemos alguns dos acordos que a força-tarefa fez para acomodar os dados, como o porquê de as abordagens dimensionais aos transtornos da personalidade não estarem no *DSM-5*, e o motivo pelo qual a proposta em fazê-lo foi rejeitada no último minuto e incluída na Seção III em "Condições para Estudos Posteriores", apesar de quase todos concordarem que esses transtornos não deveriam ser categoriais, mas, sim, dimensionais.

Prevenção

Olhando para o futuro da psicopatologia como uma área, parece que nossa capacidade de prevenir os transtornos psicológicos poderia ajudar muitas pessoas. Embora isso tenha sido, por longo tempo, objetivo de muitos, agora estamos no limiar de uma nova era para a pesquisa sobre prevenção. Cientistas de todo o mundo estão desenvolvendo metodologias e técnicas que possam nos oferecer, de maneira mais duradoura, formas de interromper a ação debilitante do custo emocional causado pelos transtornos relatados neste livro. Entretanto, realçamos os esforços cruciais de prevenção – como a prevenção de transtornos alimentares, suicídio e problemas de saúde, incluindo o HIV e lesões – em capítulos específicos, uma maneira de celebrar esses importantes avanços e estimular todos os que estão ligados a esse campo de conhecimento a continuar esse importante trabalho.

Características mantidas

Resumos visuais

No final de cada capítulo sobre transtorno, há uma página dupla de uma visão global que resume sucintamente causas, desenvolvimento, sintomas e tratamento de cada um dos transtornos abordados. Nossa abordagem integrada é evidente nesses diagramas, que mostram a interação dos fatores biológico, psicológico e social na etiologia e no tratamento dos transtornos. Os resumos visuais vão ajudar os professores a concluir as discussões, e os alunos vão apreciá-las como auxílios de estudo.

Pedagogia

Cada capítulo contém diversos quadros "Verificação de conceitos", que permitem que os alunos verifiquem sua compreensão em intervalos regulares. As respostas estão listadas no final de cada capítulo juntamente de um "Resumo" mais detalhado; os "Termos-chave" estão listados e, assim, formam uma espécie de esboço para que os alunos possam estudar.

Material de apoio ao estudante e ao professor

Estão disponíveis para download na página deste livro no site da Cengage:

- Slides de Power Point (em português) para professores e alunos.
- Manual do instrutor (em inglês) para professores.

Agradecimentos

Por fim, este livro, em todas as suas edições, não teria sido iniciado e certamente não teria sido concluído sem a inspiração e a coordenação de nossos editores sêniores na Cengage, Tim Matray e Carly McJunkin, que sempre mantiveram-se atentos ao jogo. Uma nota de agradecimento especial para a desenvolvedora de conteúdo sênior Tangelique Williams-Grayer e sua atenção para os detalhes e organização. O livro é muito melhor em razão de seus esforços. Esperamos trabalhar com você em muitas edições posteriores. Apreciamos a experiência das gerentes de marketing James Findlay e Jennifer Levanduski. Kimiya Hojjat e Katie Chen trabalharam muito, e com entusiasmos e organização do começo ao fim.

No processo de produção, muitas pessoas trabalharam tão arduamente quanto nós para concluir este projeto. Em Boston, Hannah Boettcher, Clair Cassiello-Robbins e Amantia Ametaj foram de grande auxílio na integração de uma imensa quanti-

dade de novas informações para cada capítulo. Sua habilidade em encontrar referências ausentes e rastrear informações foi notável, e Hannah e Jade Wu também lideraram a criação de um complemento extremamente útil detalhando todas as mudanças nos critérios diagnósticos segundo o *DSM-IV* para o *DSM-5* em um formato simples e fácil de ler. É pouco dizer que não teríamos conseguido sem vocês. Em St. Petersburg, o profissionalismo e a atenção aos detalhes de Ashley Smith ajudou a atenuar muito esse processo. Na Cengage, Vernon Boes orientou o *design* até o último detalhe. Michelle Clark e Ruth Sakata-Corley coordenaram todos os detalhes de produção com gentileza mesmo sob pressão. Agradecemos à Priya Subbrayal por seu comprometimento em localizar as melhores fotos possíveis.

Inúmeros colegas e alunos forneceram um *feedback* valoroso sobre as edições anteriores, e a eles expressamos nossa mais profunda gratidão. Embora nem todos os comentários tenham sido favoráveis, todos foram importantes. Os leitores que reservam um tempo para comunicar suas ideias oferecem a maior recompensa aos escritores e estudiosos.

Por fim, você compartilha conosco a tarefa de comunicar o conhecimento e as descobertas no estimulante campo da psicopatologia, um desafio que nenhum de nós empreende sem uma boa razão. Dentro do espírito da universidade, agradeceríamos imensamente seus comentários sobre o assunto e sobre o estilo deste livro, bem como recomendações para melhorá-lo no futuro.

Revisores

A criação deste livro foi estimulante e exaustiva, e não teríamos conseguido sem a assistência valiosa de colegas que leram um ou mais capítulos e fizeram comentários críticos extraordinariamente perceptivos, corrigiram erros, apontaram as informações relevantes e, na época, ofereceram novos *insights* que nos ajudaram a alcançar o modelo bem-sucedido e integrativo de cada transtorno.

Agradecemos os seguintes revisores da 8ª edição:
Kanika Bell, Clark Atlanta University; Jamie S Bodenlos, Hobart and William Smith Colleges; Lawrence Burns, Grand Valley State University; Don Evans, Simpson College; Susan Frankel, Lamar Community College; Tammy Hanna, Albertus Magnus College; Sarah Heavin, University of Puget Sound; Stephen T. Higgins, University of Vermont; Fiyyaz Karim, University of Minnesota; Maureen C. Kenny, Florida International University; Lissa Lim, California State University – San Marcos; Barbara S. McCrady, University of New Mexico; Winfried Rief, University of Marburg – Germany; Robert Rotunda, University of West Florida; Kyle Stephenson, Willamette University; Lynda Szymanski, St. Catherine University

Também agradecemos os revisores das edições anteriores:
Amanda Sesko, University of Alaska – Southeast; Dale Alden, Lipscomb University; Kerm Almos, Capital University; Frank Andrasik, University of Memphis; Robin Apple, Stanford University Medical Center; Barbara Beaver, University of Wisconsin; James Becker, University of Pittsburgh; Evelyn Behar,

University of Illinois – Chicago; Dorothy Bianco, Rhode Island College; Sarah Bisconer, College of William e Mary; Susan Blumenson, City University of New York, John Jay College of Criminal Justice; Robert Bornstein, Adelphi University; James Calhoun, University of Georgia; Montie Campbell, Oklahoma Baptist University; Robin Campbell, Brevard Community College; Shelley Carson, Harvard University; Richard Cavasina, California University of Pennsylvania; Antonio Cepeda-Benito, Texas A&M University; Kristin Christodulu, State University of New York – Albany; Bryan Cochran, University of Montana; Julie Cohen, University of Arizona; Dean Cruess, University of Connecticut; Sarah D'Elia, George Mason University; Robert Doan, University of Central Oklahoma; Juris Draguns, Pennsylvania State University; Melanie Duckworth, University of Nevada – Reno; Mitchell Earleywine, State University of New York – Albany; Chris Eckhardt, Purdue University; Elizabeth Epstein, Rutgers University; Donald Evans, University of Otago; Ronald G. Evans, Washburn University; Janice Farley, Brooklyn College, CUNY; Anthony Fazio, University of Wisconsin – Milwaukee; Diane Finley, Prince George's Community College; Allen Frances, Duke University; Louis Franzini, San Diego State University; Maximillian Fuhrmann, California State University – Northridge; Aubyn Fulton, Pacific Union College; Noni Gaylord-Harden, Loyola University – Chicago; Trevor Gilbert, Athabasca University; David Gleaves, University of Canterbury; Frank Goodkin, Castleton State College; Irving Gottesman, University of Minnesota; Laurence Grimm, University of Illinois – Chicago; Mark Grudberg, Purdue University; Marjorie Hardy, Eckerd College; Keith Harris, Canyon College; Christian Hart, Texas Women's University; William Hathaway, Regent University; Brian Hayden, Brown University; Stephen Hinshaw, University of California, Berkeley; Alexandra Hye-Young Park, Humboldt State University; William Iacono, University of Minnesota; Heidi Inderbitzen-Nolan, University of Nebraska – Lincoln; Thomas Jackson, University of Arkansas; Kristine Jacquin, Mississippi State University; James Jordan, Lorain County Community College; Boaz Kahana, Cleveland State University; Arthur Kaye, Virginia Commonwealth University; Christopher Kearney, University of Nevada – Las Vegas; Ernest Keen, Bucknell University; Elizabeth Klonoff, San Diego State University; Ann Kring, University of California – Berkeley; Marvin Kumler, Bowling Green State University; Thomas Kwapil, University of North Carolina – Greensboro; George Ladd, Rhode Island College; Michael Lambert, Brigham Young University; Travis Langley, Henderson State University; Christine Larson, University of Wisconsin – Milwaukee; Elizabeth Lavertu, Burlington County College; Cynthia Ann Lease, VA Medical Center, Salem, VA; Richard Leavy, Ohio Wesleyan University; Karen Ledbetter, Portland State University; Scott Lilienfeld, Emory University; Kristi Lockhart, Yale University; Michael Lyons, Boston University; Jerald Marshall, Valencia Community College; Janet Matthews, Loyola University – New Orleans; Dean McKay, Fordham University; Mary McNaughton-Cassill, University of Texas at San Antonio; Suzanne Meeks, University of Louisville; Michelle Merwin, University of Tennessee – Martin; Thomas Miller, Murray State University; Scott Monroe, University of Notre Dame; Greg Neimeyer, University of Florida; Sumie Okazaki, New York University; John Otey, South Arkansas University; Christopher Patrick, University of Minnesota; P. B. Poorman, University of Wisconsin – Whitewater; Katherine Presnell, Southern Methodist University; Lynn Rehm, University of Houston; Kim Renk, University of Central Florida; Alan Roberts, Indiana University – Bloomington; Melanie Rodriguez, Utah State University; Carol Rothman, City University of New York, Herbert H. Lehman College; Steve Schuetz, University of Central Oklahoma; Stefan Schulenberg, University of Mississippi; Paula K. Shear, University of Cincinnati; Steve Saiz, State University of New York – Plattsburgh; Jerome Small, Youngstown State University; Ari Solomon, Williams College; Michael Southam-Gerow, Virginia Commonwealth University; John Spores, Purdue University – North Central; Brian Stagner, Texas A&M University; Irene Staik, University of Montevallo; Rebecca Stanard, State University of West Georgia; Chris Tate, Middle Tennessee State University; Lisa Terre, University of Missouri – Kansas City; Gerald Tolchin, Southern Connecticut State University; Michael Vasey, Ohio State University; Larry Ventis, College of William e Mary; Richard Viken, Indiana University; Lisa Vogelsang, University of Minnesota – Duluth; Philip Watkins, Eastern Washington University; Kim Weikel, Shippensburg University of Pennsylvania; Amy Wenzel, University of Pennsylvania; W. Beryl West, Middle Tennessee State University; Michael Wierzbicki, Marquette University; Richard Williams, State University of New York – College at Potsdam; John Wincze, Brown University; Bradley Woldt, South Dakota State University; Nancy Worsham, Gonzaga University; Ellen Zaleski, Fordham University; Raymond Zurawski, St. Norbert College

1 Comportamento atípico no contexto histórico

RESUMO DO CAPÍTULO

Compreendendo a psicopatologia
   O que é transtorno psicológico?
   A ciência da psicopatologia
   Conceitos históricos do comportamento atípico

A tradição sobrenatural
   Demônios e bruxas
   Estresse e melancolia
   Tratamentos para possessão
   Histeria em massa
   Histeria em massa em tempos modernos
   A lua e as estrelas
   Comentários

A tradição biológica
   Hipócrates e Galeno
   O século XIX
   O desenvolvimento dos tratamentos biológicos
   Consequências da tradição biológica

A tradição psicológica
   Terapia moral
   Reforma psiquiátrica e declínio da terapia moral
   Teoria psicanalítica
   Teoria humanista
   O modelo comportamental

O presente: o método científico e uma abordagem integradora

Resultados finais de assimilação do conteúdo pelo aluno*

Descrever os conceitos-chave, os princípios e os temas gerais em psicologia	• Explicar por que a psicologia é uma ciência com objetivos primários de descrever, compreender, prever, controlar comportamentos e processos mentais [APA SLO 1.1b] • Utilizar a terminologia básica da psicologia, os conceitos e as teorias em psicologia para explicar o comportamento e os processos mentais [APA SLO 1.1a]
Desenvolver um conhecimento prático dos domínios de conteúdos da psicologia	• Resumir aspectos importantes da história da psicologia, incluindo figuras-chave, interesses centrais, métodos utilizados e conflitos teóricos [APA SLO 1.2C] • Identificar as características-chave dos principais domínios de investigação em psicologia (ex.: cognição e aprendizagem, psicologia do desenvolvimento, aspectos biológicos e socioculturais) [APA SLO 1.2a]
Utilizar o raciocínio científico para interpretar o comportamento	• Ver APA SLO 1.1b, supracitado • Incorporar vários níveis pertinentes de complexidade (ex.: celular, individual, grupo/sistema, social/cultural) para explicar o comportamento [APA SLO 2.1c]

*Parte deste capítulo disserta sobre os resultados finais de aquisição de conhecimento sugeridos pela American Psychological Association (2013), inclusos nas diretrizes de bacharéis em Psicologia. O escopo do capítulo concernente aos resultados está identificado acima pela APA Goal e pela APA Suggested Learning Outcome (SLO).[1]

Compreendendo a psicopatologia

Hoje, você pode ter saído da cama, tomado seu café, ido para suas aulas, estudado e, no final do dia, gozado da companhia de seus amigos antes de cair no sono. Provavelmente, não ocorreu a você que muitas pessoas fisicamente saudáveis não são capazes de fazer algumas ou nenhuma dessas coisas. O que elas têm em comum é um **transtorno psicológico**, uma disfunção psicológica associada a sofrimento ou prejuízo no funcionamento e uma resposta que não é típica ou culturalmente esperada. Antes de examinar o que isso significa, vamos observar a situação de um indivíduo.

JUDY ... A garota que desmaiava ao ver sangue

Judy, 16 anos, foi levada à nossa clínica para tratamento de transtornos de ansiedade após crescentes episódios de desmaio. Cerca de dois anos antes, em sua primeira aula de biologia, o professor mostrou um filme sobre a dissecação de uma rã para exemplificar diversos aspectos da anatomia.

Foi um filme com imagens vívidas de sangue, tecidos e músculos. Mais ou menos na metade da exibição, Judy se sentiu um pouco zonza e deixou a sala. Mas as imagens não saíam da sua mente. Ela continuou a ser atormentada por elas e, ocasionalmente, sentia-se nauseada. Começou a evitar situações nas quais poderia ver sangue ou feri-

mentos. Parou de ver revistas que poderiam trazer fotos de violência e sangue. Começou a achar difícil olhar carne vermelha crua, ou até mesmo curativos, porque eles traziam lembrança das imagens de sangue que a amedrontavam. Por fim, qualquer coisa que seus amigos ou parentes lhe diziam que trazia imagem de sangue ou ferimento fazia com que Judy tivesse a sensação de desmaio. A situação ficou tão séria que, se um de seus amigos gritasse "corta essa!", ela se sentia fraca.

Seis meses antes de visitar a clínica, Judy desmaiou de fato quando inevitavelmente viu alguém ensanguentado. Nem o médico da família nem outros médicos conseguiam achar nada de errado com ela. Quando foi encaminhada à nossa clínica, ela desmaiava de cinco a dez vezes por semana, frequentemente durante suas aulas. É óbvio que isso era problemático para ela e que a atrapalhava na escola; cada vez que Judy desmaiava, os outros estudantes se aglomeravam ao redor, tentando ajudá-la, e a aula era interrompida. Pelo fato de ninguém ter encontrado nada de errado, o diretor concluiu que ela estava sendo manipuladora e a suspendeu, mesmo sendo uma aluna excelente.

Judy estava sofrendo do que chamamos *fobia de sangue-injeção-ferimentos*. Sua reação era bastante severa e, em razão disso, preenchia critérios para **fobia**, um transtorno psicológico caracterizado por medo intenso e persistente de um objeto ou de uma situação. Muitas pessoas têm reações semelhantes, mas não tão graves, quando tomam injeção ou veem alguém ferido, com sangue visível ou não. Para aquelas que possuem um comportamento tão severo quanto Judy, essa fobia pode ser incapacitante. Elas devem evitar certas profissões, como medicina ou enfermagem, e têm tanto medo de agulhas e de injeções que as evitam mesmo quando precisam delas, o que coloca sua saúde em risco.

---

[1] NTT da tradução da 8ª edição norte-americana: No Brasil, as chamadas diretrizes curriculares nacionais (DCN) para a graduação em Psicologia são instituídas via MEC (Ministério da Educação) e Conselho Federal de Psicologia (CFP).

O que é transtorno psicológico?

Tendo em mente os problemas reais enfrentados por Judy, olhemos mais atentamente para a definição de transtorno psicológico ou **comportamento atípico** problemático: esse transtorno é uma disfunção psicológica em um indivíduo que está associada a sofrimento ou prejuízo no funcionamento, bem como a uma resposta que não é típica ou culturalmente esperada (ver Figura 1.1). Superficialmente, esses três critérios podem parecer óbvios, mas não foram facilmente caracterizados, e, dessa forma, vale explorar o que significam. Você verá, sobretudo, que ainda não foi desenvolvido nenhum critério que defina plenamente o transtorno psicológico.

Disfunção psicológica

Disfunção psicológica refere-se a uma desordem no funcionamento cognitivo, emocional ou comportamental. Por exemplo, ter um encontro deveria ser divertido. Mas se você experimenta um forte medo a noite toda e só quer voltar para casa, mesmo que não haja nada para temer, e se o medo ocorre a cada encontro, suas emoções não estão funcionando adequadamente. Entretanto, se todos os seus amigos concordam que a pessoa que convidou você para sair é perigosa de alguma forma, não seria "disfuncional" ter medo e evitar o encontro.

A disfunção estava presente em Judy: ela desmaiava ao ver sangue. Muitas pessoas experimentam uma versão em menor grau dessa reação (sentem-se enjoadas ao ver sangue), sem preencherem os critérios para o transtorno; assim, estabelecer o limite entre disfunção normal e atípico é difícil. Por essa razão, esses problemas são, com frequência, considerados em um *continuum* ou em uma dimensão em vez de categorizá-los como presentes ou ausentes (McNally, 2011; Stein et al. 2010; Widiger e Crego, 2013). Esse também é o motivo pelo qual apenas ter uma disfunção não é o suficiente para preencher critérios para um transtorno psicológico.

Sofrimento subjetivo ou prejuízo

Parece evidente que o comportamento deve estar associado a sofrimento para ser classificado como um transtorno, o que incorpora um componente importante e parece claro: o critério é cumprido se o indivíduo está demasiadamente perturbado. Podemos dizer que sem dúvida Judy estava muito aflita e sofria em razão de sua fobia. Contudo, devemos lembrar que somente esse critério não define o comportamento atípico. É bastante comum ficar angustiado – por exemplo, se alguém próximo vier a falecer. A condição humana é tal que o sofrimento e a angústia fazem parte da vida. E isso provavelmente não vai mudar. Além disso, para alguns transtornos, por definição, há ausência de sofrimento e angústia. Considere uma pessoa que se sente eufórica ao extremo, podendo agir impulsivamente como parte de um episódio maníaco. Como veremos no Capítulo 7, uma das principais dificuldades em relação a esse problema é que algumas pessoas gostam tanto do estado maníaco que relutam em começar um tratamento ou em segui-lo por muito tempo. Assim, definir um transtorno psicológico apenas pelo sofrimento subjetivo não funciona, embora o seu conceito contribua para uma boa definição.

O conceito de *prejuízo* é útil, embora não inteiramente satisfatório. Por exemplo, muitas pessoas se consideram tímidas ou preguiçosas. Isso não significa que elas sejam anormais. No entanto, se você é tão tímido que acha impossível namorar ou mesmo interagir com outras pessoas, e se você tenta impedir as interações mesmo que desejasse ter amigos, então seu funcionamento social está prejudicado.

Judy foi claramente prejudicada por sua fobia, mas muitas pessoas que têm reações semelhantes, menos graves, não são. Essa diferença ilustra mais uma vez a importante questão de que a maioria dos transtornos psicológicos são simplesmente expressões extremas de emoções, comportamentos e processos cognitivos considerados normais.

▲ Angústia e sofrimento fazem parte da vida e não constituem em si um transtorno psicológico.

FIGURA 1.1 O critério que define um transtorno psicológico.

Atípico ou socialmente não esperado

Finalmente, o critério para o qual a resposta seja *atípica* ou *socialmente não esperada* é importante, mas também insuficiente para determinar a anormalidade por si só. Às vezes, algo é considerado atípico porque não ocorre com frequência; e se desvia da média. Quanto maior o desvio, maior a anormalidade. É possível dizer que alguém é baixo ou alto de forma atípica, significando que a altura da pessoa se desvia substancialmente da média, mas isso não é uma definição de transtorno. Muitas pessoas estão longe da média no que se refere aos seus comportamentos, mas poucas seriam consideradas transtornadas. Poderíamos chamá-las de talentosas ou excêntricas. Muitos artistas, astros de cinema e atletas se encaixam nessa categoria. Por exemplo, não é normal usar um vestido feito inteiramente de carne, mas quando Lady Gaga se vestiu assim em uma premiação, isso não apenas aumentou como aprimorou seu *status* de celebridade. O romancista J. D. Salinger, que escreveu *O apanhador no campo de centeio*, refugiou-se em uma cidadezinha em New Hampshire e recusou-se a ver outras pessoas durante vários anos, mas continuou a escrever. Alguns cantores de rock do sexo masculino usam maquiagem pesada no palco. Essas pessoas são bem pagas e parecem adorar suas carreiras. Na maioria dos casos, quanto mais produtivo você é aos olhos da sociedade, mais excentricidades a sociedade tolerará. Por conseguinte, "desvio da média" não serve como uma boa definição para comportamento atípico problemático.

Outra visão considera que seu comportamento é um transtorno se você violar as normas sociais, mesmo se um número de pessoas for solidário com seu ponto de vista. Essa definição é muito útil, levando-se em conta importantes diferenças culturais nos transtornos psicológicos. Por exemplo, entrar em um estado de transe e acreditar estar possuído refletem um transtorno psicológico na maioria das culturas ocidentais, mas não em muitas outras sociedades, nas quais esses comportamentos são aceitos e esperados (ver Capítulo 6). (A perspectiva cultural é um importante aspecto de referência no decorrer deste livro.) Um exemplo dessa visão é oferecido por Robert Sapolsky (2002), proeminente neurocientista que, durante seus estudos, trabalhou de perto com a tribo Masai da África Oriental. Certo dia, Rhoda, amiga masai de Sapolsky, pediu-lhe que trouxesse o seu jipe o mais rapidamente possível para o vilarejo, onde uma mulher estava agindo com muita agressividade e ouvia vozes. A mulher tinha matado um bode com as próprias mãos. Sapolsky e diversos masai foram capazes de dominá-la e transportá-la para um centro médico local. Notando que aquela era uma oportunidade de aprender mais sobre a visão dos transtornos psicológicos dos masai, Sapolsky manteve o seguinte diálogo:

> "Então, Rhoda", comecei laconicamente, "o que você acha que tinha de errado com aquela mulher?"
> Ela olhou para mim como se eu fosse maluco.
> "Ela está louca."
> "Mas como você sabe?"
> "Ela está louca. Você não percebe isso nas atitudes dela?"
> "Mas como você concluiu que ela está louca? O que ela fez?"
> "Ela matou aquele bode."
> "Oh", eu disse com um desinteresse antropológico, "mas os masai matam bodes o tempo todo."
> Ela olhou para mim como se eu fosse um idiota. "Somente os homens matam bodes", disse ela.
> "Bem, por qual outro motivo você acredita que ela esteja louca?"
> "Ela ouve vozes."
> Novamente, fiz-me de bobo. "Oh, mas os masai ouvem vozes às vezes." (Em cerimônias antes de longos percursos conduzindo gado, os masai dançam em transe e dizem ouvir vozes.) E em uma sentença, Rhoda resumiu metade do que alguém precisa saber sobre psiquiatria transcultural.
> "Mas ela ouve vozes no momento errado." (p. 138)

Entretanto, um padrão social de *normalidade* tem sido erroneamente usado. Considere, por exemplo, a prática de confinar dissidentes políticos em instituições de saúde mental em razão de seus protestos contra as atitudes políticas de seus governos, o que era comum no Iraque antes da queda de Saddam Hussein e agora ocorre no Irã. Embora tal comportamento dissidente viole as normas sociais, por si só não seria causa de confinamento.

Jerome Wakefield (1999, 2009), em uma análise muito cuidadosa sobre o assunto, usa a definição taquigráfica de disfunção prejudicial. Um conceito relacionado também útil é determinar se o comportamento está ou não fora do controle do indivíduo (alguma coisa que a pessoa não queira fazer)

▲ Nós aceitamos comportamentos extremados de celebridades, tais como Lady Gaga, que não seriam tolerados em outros membros da nossa sociedade.

(Widiger e Crego, 2013; Widiger e Sarkis, 2000). Variantes dessas abordagens são mais frequentemente usadas na prática de diagnóstico atual, como foi ressaltado na quinta edição do *Diagnostic and Statistical Manual of Mental Disorders* (*DSM-5*), em português *Manual Diagnóstico e Estatístico de Transtornos Mentais* (*DSM-5*) (American Psychiatric Association, 2013), que apresenta a listagem atual dos critérios para os transtornos psicológicos (Stein et al., 2010). Essas abordagens conduzem nossa linha de pensamento no presente livro.

Uma definição aceita

Enfim, é difícil definir o que constitui um transtorno psicológico (Lilienfeld e Marino, 1995, 1999) – e o debate continua (Blashfield et al. 2014; McNally, 2011; Stein et al., 2010; Spitzer, 1999; Wakefield, 2003, 2009; Zachar e Kendler, 2014). A definição mais amplamente aceita utilizada no *Manual Diagnóstico e Estatístico de Transtornos Mentais* (5ª edição; *DSM-5*; Associação Americana de Psiquiatria, 2013) descreve disfunções comportamentais, psicológicas ou biológicas que são inesperadas em seu contexto cultural e associadas à presença de sofrimento e prejuízo no funcionamento ou aumento de risco de sofrimento, morte, dor ou prejuízo. Essa definição pode ser útil para equiparar culturas e subculturas se prestarmos atenção ao que é "funcional" ou "disfuncional" (ou fora de controle) em determinada sociedade. No entanto, nunca é fácil decidir o que representa disfunção, e alguns acadêmicos argumentam que as profissões da área de saúde nunca serão capazes de definir satisfatoriamente *doença* ou *transtorno* (ver, por exemplo, Lilienfeld e Marino, 1995, 1999; McNally, 2011; Stein et al., 2010; Zachar e Kendler, 2014). O melhor que podemos fazer é considerar de que forma a doença ou o transtorno aparente se encaixa em um perfil típico de um transtorno – por exemplo, transtorno depressivo maior ou esquizofrenia –, quando todos ou a maioria dos sintomas que os especialistas concordariam ser parte do transtorno estão presentes. Chamamos esse perfil típico de *protótipo* e, como descrito no Capítulo 3, os critérios diagnósticos segundo critérios do *DSM-5* encontrados no decorrer deste livro são todos protótipos. Isso significa que o paciente pode ter apenas algumas características ou sintomas do transtorno (um número mínimo) e ainda preencher critério para o transtorno porque seu conjunto de sintomas está próximo do protótipo. Mas uma das diferenças entre *DSM-5* e seu antecessor, *DSM-IV-TR*, é o acréscimo de estimativas dimensionais de gravidade dos transtornos específicos no *DSM-5* (American Psychiatric Association, 2013; Regier et al. 2009; Helzer et al. 2008). Deste modo, para os transtornos de ansiedade, por exemplo, a intensidade e a frequência de ansiedade dentro de um determinado transtorno, tal como o transtorno de pânico, são classificadas em uma escala de 0 a 4, em que 1 indicaria sintomas leves ou ocasionais e 4 indicaria sintomas contínuos e graves (Beesdo-Baum et al., 2012; LeBeau et al., 2012). Esses conceitos serão descritos de forma mais detalhada no Capítulo 3, no qual se discute o diagnóstico de transtorno psicológico.

Para um desafio final, leve o problema da definição de um transtorno psicológico um passo adiante e considere o seguinte: e se Judy vivesse aquela situação com tanta frequência que, após um tempo, nem seus colegas nem seus professores notassem, porque ela recuperava a consciência rapidamente? Além disso, e se Judy continuasse a obter boas notas? Desmaiar o

▲ Alguns comportamentos religiosos podem parecer incomuns para nós, mas são cultural ou individualmente apropriados.

tempo todo ante a mera ideia de sangue seria um transtorno? Estaria lhe causando prejuízo? Seria disfuncional? Angustiante? O que você pensa a respeito?

A ciência da psicopatologia

A **psicopatologia** é o estudo científico de transtornos psicológicos. Nesse campo atuam profissionais especialmente treinados, incluindo psicólogos clínicos e de aconselhamento, psiquiatras, assistentes sociais e enfermeiros especializados em psiquiatria, bem como terapeutas de casais e de família e conselheiros de saúde mental. Nos Estados Unidos, *psicólogos clínicos* e de *aconselhamento* podem receber o título de Doutor (ou, às vezes, de Ed.D., doutor em educação, ou de Psy.D., doutor em psicologia) e fazem um curso de graduação, com duração de aproximadamente cinco anos, que os prepara para conduzir pesquisas sobre causas e tratamento de transtornos psicológicos e para diagnosticar, avaliar e tratar esses transtornos. Embora haja uma grande quantidade de sobreposições, psicólogos de aconselhamento tendem a estudar e tratar ajustes e assuntos vocacionais relacionados a indivíduos relativamente saudáveis; já os psicólogos clínicos se concentram usualmente nos transtornos psicológicos mais graves. Além disso, os programas em cursos profissionais de psicologia, em que o título é frequentemente Psy.D., doutor em psicologia, têm como foco o treinamento clínico e a diminuição ou eliminação do treino para conduzir pesquisa. De maneira oposta, os programas de Ph.D. nas universidades integram o treinamento clínico e em pesquisa. Psicólogos com outras especialidades, como os psicólogos experimentais e sociais, concentram a investigação nos determinantes básicos do comportamento, mas não avaliam nem tratam os transtornos psicológicos.[2]

Em um primeiro momento, os *psiquiatras* obtêm um grau de M.D. em um curso de Medicina, então, ao longo de três a quatro anos de residência médica, especializam-se em Psiquiatria. Psiquiatras também investigam a natureza e as causas dos transtornos psicológicos, frequentemente com base em um ponto de vista biológico; fazem diagnósticos; e ofe-

---

[2] NRT da tradução da 7ª edição norte-americana: A descrição das profissões e carreiras que constam ao longo desta obra pertencem a um modelo norte-americano. No Brasil, há algumas diferenças.

recem tratamentos. Muitos desses profissionais prescrevem drogas ou outros tratamentos biológicos, embora a maioria também use tratamentos psicossociais.

Os *assistentes sociais da área de psiquiatria* geralmente podem obter título de mestre em serviço social por se especializarem em coletar informações relevantes para a situação social e familiar do indivíduo que sofre de um transtorno psicológico. Assistentes sociais também tratam de transtornos, frequentemente concentrando-se nos problemas familiares relacionados a eles. Os *enfermeiros da área de psiquiatria* têm títulos avançados, como mestrado ou até mesmo doutorado, e são especializados no cuidado e tratamento de pacientes com transtornos psicológicos, geralmente em hospitais, como parte de uma equipe de tratamento.

Por fim, os *terapeutas de casais*, *terapeutas familiares* e *conselheiros de saúde mental* dedicam um a dois anos para conquistar um título de mestre e são contratados para prestar serviços clínicos em hospitais ou clínicas, em geral sob supervisão de um clínico com título de doutor.

O pesquisador clínico

O mais importante desenvolvimento na história recente da psicopatologia é a adoção de métodos científicos para aprender mais sobre a natureza dos transtornos psicológicos, suas causas e seu tratamento. Muitos profissionais da área de saúde mental seguem uma abordagem científica em seu trabalho clínico e, por conseguinte, são chamados de **pesquisadores clínicos** (Barlow, Hayes e Nelson, 1984; Hayes, Barlow e Nelson-Gray, 1999). Profissionais da área de saúde mental podem atuar como pesquisadores clínicos em uma ou mais dentre três maneiras (ver Figura 1.2). Primeiro, eles podem acompanhar os mais recentes avanços científicos em sua área e, portanto, utilizar os mais atuais procedimentos de tratamento e de diagnóstico. Nesse sentido, são consumidores da ciência da psicopatologia para benefício de seus pacientes. Segundo, pesquisadores clínicos analisam seus próprios procedimentos de avaliação ou de tratamento para verificar se funcionam. Esses profissionais respondem não apenas por seus pacientes, mas também pelas agências governamentais e seguradoras que pagam pelos tratamentos e, por essa razão, eles devem demonstrar claramente se seus tratamentos são efetivos ou não. Terceiro, pesquisadores clínicos podem conduzir pesquisas, geralmente em clínicas ou hospitais, que produzam novas informações sobre transtornos ou sobre seu tratamento, tornando-se, assim, imunes aos modismos que impregnam nosso campo de trabalho, em geral, à custa de pacientes e de suas famílias. Por exemplo, novas "curas miraculosas" para transtornos psicológicos que são relatadas diversas vezes por ano na mídia não seriam usadas por um pesquisador clínico se não houvesse nenhuma sondagem de dados científicos mostrando que elas funcionam. Tais dados são oriundos de pesquisas que tentam três coisas básicas: descrever os transtornos psicológicos, determinar suas causas e tratá-las (ver Figura 1.3). Essas três categorias compõem uma estrutura organizacional que perpassa todo este livro e que é formalmente evidente nas discussões concernentes a transtornos específicos que discutiremos a partir do Capítulo 5. Um panorama geral neste momento propicia uma perspectiva mais nítida dos nossos esforços para compreender a anormalidade.

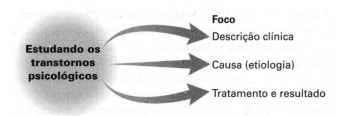

FIGURA 1.3 As três principais categorias que compõem o estudo e a discussão sobre transtornos psicológicos.

Descrição clínica

Em hospitais e clínicas, frequentemente dizemos que um paciente "apresenta" um problema específico ou um conjunto de problemas, ou simplesmente discutimos a **apresentação do problema**. *Apresentação* é um atalho tradicional para indicar por que a pessoa procurou a clínica. Descrever a apresentação do problema em Judy é o primeiro passo para determinar sua **descrição clínica**, que representa a combinação específica de comportamentos, pensamentos e sentimentos que constituem um transtorno específico. A palavra *clínica* refere-se tanto aos tipos de problema ou transtorno que você poderia encontrar em uma clínica ou hospital quanto às atividades relacionadas à avaliação e ao tratamento. No decorrer deste texto, existem excertos de muitos outros casos individuais, a maioria deles extraída de nossos arquivos pessoais.

Evidentemente, uma função importante da descrição clínica é especificar o que torna o transtorno diferente do comportamento típico ou de outros transtornos. Dados estatísticos também podem ser relevantes.

Por exemplo, quantas pessoas na população total apresentam o transtorno? Esse número é chamado de **prevalência** do transtorno. As estatísticas de quantos novos casos ocorrem durante determinado período, como em um ano, representam a **incidência** do transtorno. Outras estatísticas incluem a *proporção entre sexos* – ou seja, qual é a porcentagem de homens e mulheres que têm o transtorno – e a idade típica de manifestação, o que frequentemente difere de um transtorno para outro.

FIGURA 1.2 O exercício do pesquisador clínico.

Além de apresentarem sintomas diferentes, idade de manifestação e, possivelmente, uma proporção diferente entre os sexos e prevalência, a maioria dos transtornos segue um padrão individual, ou **curso**. Por exemplo, alguns transtornos, como a esquizofrenia (ver Capítulo 13), seguem um *curso crônico*, o que significa que tendem a durar um longo tempo, algumas vezes toda a vida. Outros transtornos, como os do humor (ver Capítulo 7), seguem um *curso episódico*, ou seja, o indivíduo provavelmente se recupera dentro de alguns meses e sofre uma recorrência do transtorno posteriormente. Esse padrão pode se repetir no decorrer da vida de uma pessoa. Ainda assim, outros transtornos podem ter um *curso limitado*, e isso significa que o transtorno vai melhorar sem tratamento em um período de tempo relativamente curto.

As diferenças na manifestação inicial estão diretamente relacionadas às diferenças no curso dos transtornos. Alguns têm um *início agudo*, começam repentinamente; outros se desenvolvem de forma gradual no decorrer de longo período, às vezes chamado *início insidioso*. É importante conhecer o curso típico de um transtorno para que possamos saber o que esperar no futuro e como melhor agir em relação ao problema. Essa é uma parte importante da descrição clínica. Por exemplo, se alguém está sofrendo de um transtorno leve com início agudo, que persistirá por um tempo limitado, podemos aconselhar a pessoa a não se preocupar com um tratamento dispendioso porque o problema desaparecerá em breve, como se fosse um resfriado comum. Entretanto, se for provável que o transtorno dure um tempo longo (tornando-se crônico), o indivíduo pode querer buscar tratamento e tomar outros caminhos apropriados. O curso antecipado de um transtorno é conhecido como **prognóstico**. Então, poderíamos dizer "o prognóstico é bom", ou seja, o indivíduo provavelmente vai se recuperar; ou "o prognóstico requer cuidados", isto é, o resultado provável não parece bom.

A idade do paciente é muito importante na descrição clínica. Um mesmo transtorno psicológico específico que ocorre na infância pode se apresentar de forma diferente na vida adulta ou na velhice. Crianças que experimentam ansiedade e pânico graves supõem estar sofrendo de algum mal físico, pois têm dificuldade de entender que, na verdade, o mal de que sofrem não é físico, mas psíquico. As crianças experimentam pensamentos e sentimentos diferentes dos adultos e, por isso, ansiedade e pânico nelas geralmente são erroneamente diagnosticados e tratados como transtornos médicos.

Chamamos o estudo das mudanças no comportamento ao longo do tempo *psicologia do desenvolvimento*, e nos referimos ao estudo das mudanças no comportamento atípico como *psicopatologia do desenvolvimento*. Quando você pensa sobre a psicologia do desenvolvimento, provavelmente imagina pesquisadores estudando o comportamento das crianças. Entretanto, em virtude do fato de mudarmos no decorrer de nossas vidas, os pesquisadores também estudam o desenvolvimento nos adolescentes, nos adultos e nos idosos. O estudo do comportamento atípico durante um ciclo de vida inteiro é chamado de *psicopatologia do desenvolvimento do ciclo de vida*. Esse campo é relativamente novo, mas está se expandindo com rapidez.

▲ As crianças experimentam o pânico e a ansiedade de maneira diferente dos adultos, por isso suas reações podem ser confundidas com sintomas de doença física.

Resultados de causa, tratamento e etiologia

A **etiologia**, ou o estudo das origens, tem a ver com o porquê de o transtorno começar (o que o causa) e inclui dimensões biológicas, psicológicas e sociais. Em razão de a etiologia dos transtornos psicológicos ser tão importante para essa área, dedicamos ao assunto um capítulo inteiro (Capítulo 2).

O tratamento é fundamental para o estudo dos transtornos psicológicos. Se uma nova droga ou tratamento psicossocial for bem-sucedido no tratamento de um transtorno, isso pode nos propiciar algumas pistas sobre a natureza do transtorno e suas causas. Por exemplo, se uma droga com um efeito específico conhecido dentro do sistema nervoso alivia certo transtorno psicológico, sabemos que alguma coisa naquela parte do sistema nervoso poderia também estar relacionada ao transtorno ou ajudando a mantê-lo. De forma semelhante, se um tratamento psicossocial designado para ajudar os pacientes a recuperar o sentido do controle sobre suas vidas é efetivo para determinado transtorno, um senso de controle diminuído pode ser um componente psicológico importante do transtorno em si.

Como veremos no próximo capítulo, a psicopatologia raramente é simples. Isso porque o *efeito* não necessariamente implica a *causa*. Para usar um exemplo comum, você poderia tomar uma aspirina para aliviar uma cefaleia de tensão desenvolvida durante um dia estressante fazendo exames. Se você então se sente melhor, isso não significa que a cefaleia foi causada pela ausência de aspirina. Não obstante, muitas pessoas procuram tratamento para transtornos psicológicos, e o tratamento pode oferecer indicações importantes sobre a natureza do transtorno.

No passado, os livros enfatizavam abordagens de tratamento em um sentido geral, com pouca atenção para o transtorno tratado. Por exemplo, um profissional de saúde mental poderia ser capacitado para uma única abordagem teórica, como psicanálise ou terapia comportamental (ambas descritas posteriormente no capítulo), e então usar aquela abordagem para todos os transtornos. À medida que nossa ciência tem avançado, desenvolvemos tratamentos efetivos específicos que nem sempre aderem completamente a uma abordagem teórica ou a outra, mas acrescentam uma compreensão mais profunda do transtorno em questão. Por esse motivo, não existem capítulos separados neste livro sobre tais tipos de abordagens de tratamento, como o psicodinâmico, o cognitivo-comportamental ou o humanista. Em vez disso, a mais recente e eficiente droga e tratamentos psicossociais (tratamentos não medicamentosos que focam em fatores psicológicos, sociais e culturais) são descritos no contexto de transtornos específicos de acordo com nossa perspectiva multidimensional integradora.

Após pesquisarmos muitas tentativas iniciais de descrever e tratar o transtorno mental, e, mais ainda, de compreender suas causas, podemos proporcionar uma perspectiva mais ampla das abordagens atuais. No Capítulo 2, examinamos interessantes concepções contemporâneas sobre causa e tratamento. No Capítulo 3, discutimos os esforços para descrever, ou classificar, o comportamento atípico. No Capítulo 4, revemos métodos de pesquisa – nossos esforços sistemáticos para descobrir os fatos subjacentes à descrição, à causa e ao tratamento que permitem que atuemos como pesquisadores clínicos. Do Capítulo 5 ao Capítulo 15, examinaremos transtornos específicos; nossa discussão está organizada, em cada caso, na familiar tríade descrição, causa e tratamento. Por fim, no Capítulo 16, examinamos os aspectos legais, profissionais e éticos relevantes em relação aos transtornos psicológicos e seu tratamento atualmente. Com essa visão panorâmica em mente, voltemos ao passado.

Conceitos históricos do comportamento atípico

Por centenas de anos, os seres humanos têm tentado explicar e controlar o comportamento problemático. No entanto, nossos esforços sempre adviram de teorias ou modelos de comportamento popular em determinada época. A finalidade desses modelos é explicar por que alguém está "agindo daquela maneira". Três modelos principais nos fizeram voltar até os primórdios da civilização.

Os seres humanos sempre supuseram que agentes externos a nossos corpos e o ambiente influenciavam nosso comportamento, pensamento e emoções. Esses agentes – que podem ser divindades, demônios, espíritos ou outros fenômenos, tais como campos magnéticos, a lua ou as estrelas – são as forças propulsoras por trás do *modelo sobrenatural*. Além disso, desde a era da Grécia antiga, a mente tem sido frequentemente chamada de *alma* ou *psique* e considerada como algo separado do corpo. Embora muitos possam pensar que a mente pode influenciar o corpo, e, por sua vez, o corpo pode influenciar a mente, a maioria dos filósofos procurou as causas do comportamento atípico em um ou noutro. Essa separação traz à luz duas tradições de pensamento sobre o comportamento atípico, resumidas como *modelo biológico* e *modelo psicológico*. Esses três modelos – o sobrenatural, o biológico e o psicológico – são muito antigos, mas continuam a ser utilizados até os dias de hoje.

Verificação de conceitos 1.1

Parte A

Escreva a letra de uma ou todas as seguintes definições de anormalidade nas lacunas: (a) violação da norma social, (b) prejuízo no funcionamento, (c) disfunção e (d) sofrimento.

1. Miguel, recentemente, começou a ficar triste e solitário. Embora ainda seja capaz de trabalhar e cumprir outras responsabilidades, ele acha que está sempre desanimado e anda preocupado com o que está acontecendo consigo. Qual das definições de anormalidade se aplica à situação de Miguel? _____

2. Há três semanas, Jane, de 35 anos, executiva da área de negócios, parou de tomar banho, recusa-se a sair do seu apartamento e começou a assistir a programas de auditório na televisão. Ameaças de que seria demitida falharam em trazê-la de volta à realidade, e ela continua a passar seus dias olhando fixamente para a tela da televisão. Qual das definições pode descrever o comportamento de Jane? _____

Parte B

Associe as seguintes palavras usadas em descrições clínicas com seus exemplos correspondentes: (a) apresentação do problema, (b) prevalência, (c) incidência, (d) prognóstico (e) curso e (f) etiologia.

3. Maria deveria recuperar-se rapidamente sem que nenhuma intervenção fosse necessária. Sem tratamento, John vai piorar rapidamente. _____

4. Três novos casos de bulimia foram relatados neste município no último mês e apenas um no município vizinho. _____

5. Elizabeth visitou o centro de saúde mental do *campus* em razão de seus crescentes sentimentos de culpa e ansiedade. _____

6. Influências biológicas, psicológicas e sociais contribuem para uma variedade de transtornos. _____

7. O padrão que um transtorno segue pode ser crônico, limitado ou episódico. _____

8. Quantas pessoas na população sofrem com o transtorno obsessivo-compulsivo? _____

A tradição sobrenatural

Em grande parte de nossa história, o comportamento desviante tem sido considerado um reflexo da batalha entre o bem e o mal. Quando confrontadas com o inexplicável, com o comportamento irracional e com o sofrimento e a revolta, as pessoas entendiam como o mal. Na verdade, no Império Persa de 900 a 600 a.C., todos os transtornos físicos e mentais eram considerados manifestação demoníaca (Millon, 2004). Barbara Tuchman, notável historiadora, escreveu uma crônica sobre a segunda metade do século XIV, período particularmente difícil para a humanidade, em *Um espelho distante*: o terrível século XIV (1978). Nesse texto, ela, com muita propriedade, capturou as tendências de opinião sobre as origens e o tratamento da insanidade durante aquele período tumultuado e desesperançoso.

Demônios e bruxas

Uma forte corrente de opinião colocou, de maneira forçada, as causas e o tratamento dos transtornos psicológicos no domínio do sobrenatural. Durante o último quartel do século XIV, religiosos e autoridades laicas apoiaram as superstições populares, e a sociedade passou a acreditar na realidade e no poder dos demônios e das bruxas. A Igreja Católica se dividiu, e um segundo segmento, com a inclusão de um papa, surgiu no sul da França para competir com Roma. Em reação a esse cisma, a Igreja Romana lutou contra o mal no mundo que acreditava estar por trás daquela heresia.

As pessoas recorriam cada vez mais à mágica e à bruxaria para resolver seus problemas. Durante essa época turbulenta, o comportamento bizarro das pessoas atormentadas pelos transtornos psicológicos era visto como ação do diabo ou das bruxas. Seguiu-se que os indivíduos dominados por maus espíritos eram considerados responsáveis por qualquer infortúnio experimentado pelos moradores das cidades, o que inspirou uma ação drástica contra os possuídos. Os tratamentos incluíam **exorcismo**, em que diversos rituais religiosos eram desenvolvidos para livrar a vítima dos maus espíritos. Outras abordagens incluíam tosar o cabelo da vítima em formato de cruz e amarrá-la a um muro próximo ao adro de uma igreja de maneira que pudesse se beneficiar ao ouvir a missa.

A convicção de que a bruxaria e as bruxas eram causas de loucura e de outros males continuou durante o século XV, e o mal continuou a ser o responsável por comportamentos inexplicáveis, mesmo após a fundação dos Estados Unidos, como ficou evidenciado em Salem, Massachusetts, pelo julgamento de bruxas no final do século XVII, o que resultou em vinte mulheres mortas por enforcamento.

Estresse e melancolia

Uma opinião igualmente forte, mesmo durante esse período, refletiu a visão esclarecida de que a insanidade era um fenômeno natural, causado pelo estresse mental ou emocional, e que ela era curável (Alexander e Selesnick, 1966; Maher e Maher, 1985a). A depressão e a ansiedade foram reconhecidas como doenças (Kemp, 1990; Shoeneman, 1977), embora sintomas como desespero e letargia fossem frequentemente identificados pela Igreja com o pecado da *apatia* ou preguiça (Tuchman, 1978). Tratamentos comuns eram repouso, sono e ambiente alegre e saudável. Outros tratamentos incluíam banhos, unguentos e diversas poções. De fato, durante os séculos XIV e XV, pessoas insanas, juntamente com as pessoas com deformidades físicas ou incapacitadas, eram transferidas de casa em casa nos vilarejos medievais, de forma que os vizinhos se revezavam para cuidar delas. Hoje, sabemos que é benéfica a prática de manter as pessoas que têm distúrbios psicológicos em sua própria comunidade (ver Capítulo 13). Voltaremos a este assunto quando discutirmos os modelos biológico e psicológico adiante neste mesmo capítulo.

No século XIV, Nicholas Oresme, bispo, filósofo e um dos conselheiros-chefe do rei da França, também sugeriu que a doença da melancolia (depressão) era a fonte de comportamentos bizarros, em vez de ser causada por demônios. Oresme ressaltou que muito da evidência de haver bruxaria e feitiçaria, particularmente entre aqueles considerados insanos, advinha de pessoas que eram torturadas e que, compreensivelmente, confessavam qualquer coisa.

Esses fluxos transversais conflituosos de explicações naturais e sobrenaturais para os transtornos mentais eram represen-

▲ Durante a Idade Média, às vezes, pensava-se que indivíduos com transtornos psicológicos estavam possuídos por espíritos demoníacos e, por essa razão, tentava-se fazer exorcismos por meio de rituais.

tados com maior ou menor veemência em diversos trabalhos históricos, dependendo das fontes consultadas pelos historiadores. Algumas pessoas presumiam que as influências demoníacas eram as explicações predominantes de comportamento atípico durante a Idade Média (por exemplo, Zilboorg e Henry, 1941); outros acreditavam que o sobrenatural teria pouca ou nenhuma influência. Como poderemos ver no tratamento do transtorno psicológico grave experimentado pelo rei da França, Carlos VI, no final do século XIV, ambas as influências eram fortes e, às vezes, alternavam-se no tratamento do mesmo caso.

CARLOS VI ... O rei louco

No verão de 1392, o rei da França, Carlos VI, estava sob forte estresse, em parte pela divisão da Igreja Católica. Enquanto conduzia seu exército à província da Bretanha, um ajudante militar próximo deixou sua lança cair, fazendo um ruído estrondoso. O rei, pensando ser um ataque, voltou-se contra seu próprio exército e matou diversos cavaleiros proeminentes antes de ser subjugado pelas costas. O exército marchou imediatamente de volta a Paris. Os tenentes e os conselheiros do rei concluíram que ele estava louco.

Nos anos seguintes, em seus piores momentos, o rei escondia-se em um canto do seu castelo, acreditava que seu corpo era feito de vidro, ou perambulava pelos corredores uivando como um lobo. Em outros momentos, não conseguia se lembrar quem ou o que era. Ele tornou-se medroso; e ficava irado sempre que via seu próprio brasão real e tentava destruí-lo caso fosse trazido para perto dele.

O povo de Paris estava arrasado com a aparente loucura de seu líder. Alguns pensavam que isso refletia a ira de Deus, porque o rei falhou ao tomar armas para acabar com o cisma da Igreja Católica; outros pensavam que isso fosse o aviso de Deus contra a tomada das armas; havia ainda os que pensavam que era a punição divina contra os impostos pesados (uma conclusão a que algumas pessoas poderiam chegar hoje). Contudo, a maioria pensava que a loucura do rei era causada por bruxaria, uma crença intensificada pela forte seca que havia atingido açudes e rios, fazendo com que o gado morresse de sede. Os mercadores lamentavam suas piores perdas em 20 anos.

Naturalmente, era dado ao rei o melhor tratamento disponível. O mais famoso curador da época era um médico de 92 anos, cujo programa de tratamento incluía mudar o rei para uma de suas residências no campo, onde se supunha que o ar era o mais puro do país. O médico prescreveu descanso, relaxamento e recreação. Após algum tempo, Carlos VI pareceu estar recuperado. O médico recomendou que o rei não fosse sobrecarregado com as responsabilidades de administrar o reino, alegando que, se ele tivesse poucas preocupações ou irritações, sua mente, aos poucos, se fortaleceria e, assim, melhoraria ainda mais.

Infelizmente o médico morreu, e a insanidade do rei voltou mais séria do que antes. Desta vez, entretanto, ele ficou sob a influência da causa transversal e conflitante do sobrenatural. "Um charlatão rude de más intenções e pseudomístico, chamado Arnaut Guilhem, teve permissão para tratar de Carlos sob a alegação de possuir um livro dado por Deus a Adão por meio do qual o homem poderia superar toda a aflição resultante do pecado original" (Tuchman, 1978, p. 514). Guilhem insistiu que a doença do rei era causada por bruxaria, mas seu tratamento não trouxe a cura.

Uma variedade de remédios e rituais de todos os tipos foi aplicada, mas nada funcionou. Oficiais de alto escalão e doutores da universidade que chamavam por "feiticeiros" eram descobertos e punidos. "Em certa ocasião, dois frades agostinianos, após não obterem nenhum resultado de encantamentos mágicos e de um líquido feito de pérolas poderosas, propuseram fazer incisões na cabeça do rei. Quando isso não foi permitido pelo conselho real, os frades acusaram de bruxaria aqueles que se opuseram às suas recomendações" (Tuchman, 1978, p. 514). Mesmo o próprio rei, durante seus momentos lúcidos, voltava a acreditar que a fonte da loucura era o mal e a bruxaria. "Em nome de Jesus Cristo", ele gritava, pranteando em sua agonia, "se houver algum de vocês que tenha relação com este mal de que eu sofro, eu lhe imploro não mais me torturar, antes, deixe-me morrer!" (Tuchman, 1978, p. 515).

Tratamentos para possessão

Com a conexão entre feitos malignos e o pecado de um lado e os transtornos psicológicos de outro, é lógico concluir que a pessoa que sofre do distúrbio é responsável pelo transtorno, que poderia, por sua vez, ser uma punição por feitos malignos. Isso parece familiar? A síndrome epidêmica da imunodeficiência adquirida (Aids/Sida) foi associada a uma crença similar entre algumas pessoas, em particular no final dos anos 1980 e início dos anos 1990. Pelo fato de o vírus da imunodeficiência humana (HIV) ser, nas sociedades ocidentais, mais prevalente entre indivíduos com orientação homossexual, muitas pessoas acreditavam que a doença advinha da punição divina pelo que eles consideravam um comportamento imoral. Essa concepção tornou-se menos comum quando o vírus da Aids se disseminou por outros segmentos da população, e ainda persiste.

A possessão, contudo, não está relacionada ao pecado, mas pode ser vista como involuntária e o indivíduo possuído como inocente. Além disso, os exorcismos pelo menos têm a virtude de ser relativamente indolores. Curiosamente, eles às vezes funcionam, como também funcionam outras formas de cura pela fé, por razões que exploraremos nos capítulos subsequentes. Mas, e se eles não funcionassem? Na Idade Média, se o exorcismo falhasse, algumas autoridades pensavam que algumas atitudes eram necessárias para tornar o corpo inabitável pelos espíritos maus, e muitas pessoas eram confinadas, surradas e sofriam outras formas de tortura (Kemp, 1990).

Em algum momento, um "terapeuta" criativo achou que pendurar pessoas sobre um poço cheio de cobras venenosas poderia assustar os espíritos demoníacos para fora de seus corpos possuídos (sem mencionar o quanto isso assustava as próprias pessoas). Por incrível que pareça, essa abordagem às vezes funcionava; ou seja, indivíduos com comportamentos mais perturbadores e estranhos de repente voltavam a si e viven-

10 PSICOPATOLOGIA

▲ Na hidroterapia, pacientes eram submetidos ao choque para voltarem a si por aplicação de água gelada.

ciavam o alívio dos sintomas, mas temporariamente. Naturalmente, tal procedimento era encorajador ao terapeuta e, assim, poços de serpentes foram construídos em muitas instituições. Vários outros tratamentos baseados no elemento terapêutico hipotético de choque foram desenvolvidos, incluindo imersão em água gelada.

Histeria em massa

Um outro fenômeno fascinante é caracterizado pelos surtos de comportamento bizarro em larga escala. Até os dias de hoje, esses episódios confundem historiadores e profissionais de saúde mental. Durante a Idade Média, eles apoiaram a noção de possessão demoníaca. Na Europa, grupos inteiros de pessoas eram simultaneamente compelidos a saírem na rua, dançando, gritando, delirando e pulando em padrões como se estivessem em uma festa selvagem tarde da noite (hoje é a chamada festa *rave*, mas acompanhada de música). Esse comportamento era conhecido por diversos nomes, inclusive Dança de São Vito e tarantismo. O mais interessante é que muitas pessoas juntas se comportavam dessa maneira estranha. Em uma tentativa de explicar o inexplicável, foram dadas várias razões além da possessão. Uma hipótese razoável foi a reação a picada de insetos. Outra possibilidade foi o que nós chamamos agora de *histeria em massa* (Veith, 1965). Considere o exemplo que segue.

Histeria em massa em tempos modernos

Em uma sexta-feira à tarde, um alarme soou avisando todos os médicos de um hospital comunitário para que comparecessem à sala de emergência imediatamente. De uma escola local em uma frota de ambulâncias chegavam 17 alunos e 4 professores que diziam sentir tontura, cefaleia, náusea e dores de estômago; uns vomitavam e outros hiperventilavam.

Todos os alunos e professores haviam estado em quatro salas de aula, duas de cada lado do corredor. O incidente começou quando uma garota de 14 anos disse que sentia um cheiro estranho que vinha de um respiradouro. Ela caiu no chão, gritando e reclamando que seu estômago doía e seus olhos ardiam. Logo, muitos alunos e a maioria dos professores das salas de aula adjuntas, que podiam ver e ouvir o que estava acontecendo, vivenciaram sintomas semelhantes. De 86 pessoas suscetíveis (82 alunos e 4 professores das quatro salas de aula), 21 pacientes (17 alunos e 4 professores) vivenciaram sintomas graves suficientes para serem atendidos em um hospital. A inspeção do prédio da escola pelas autoridades de saúde pública revelou que não houve causa aparente para tais reações, e os exames físicos realizados pela equipe de médicos não revelaram anormalidade física. Todos os pacientes receberam alta e rapidamente se recuperaram (Rockney e Lemke, 1992).

A histeria em massa pode simplesmente demonstrar o fenômeno de *contágio emocional*, em que a sensação de uma emoção se dissemina para outros ao nosso redor (Hatfield, Cacioppo e Rapson, 1994; Ntika et al. 2014; Wang, 2006). Se alguém perto de nós ficar com medo ou triste, é bem possível que, por um momento, também sintamos medo ou tristeza. Quando esse tipo de experiência chega a um completo surto de pânico, comunidades inteiras são afetadas (Barlow, 2002). Pessoas são também sugestionadas quando estão em estados emotivos elevados. Portanto, na medida em que uma pessoa identifica a "causa" do problema, outras provavelmente presumem que suas próprias reações têm a mesma origem. Numa linguagem popular, essa reação compartilhada é, às vezes, chamada de *psicologia das massas*. Até recentemente, assumia-se que as vítimas tinham de estar em contato umas com as outras para ocorrência do contágio, como estavam as garotas descritas acima em salas de aulas adjacentes. Mas ultimamente há casos documentados de contágio emocional ocorridos por meio de redes sociais, levantando a possibilidade de que os episódios de histeria em massa possam aumentar (Bartholomew, Wessely e Rubin, 2012; Dimin, 2013).

A lua e as estrelas

Paracelso, um médico suíço que viveu de 1493 a 1541, rejeitou as concepções de possessão demoníaca e sugeriu, em vez disso, que os movimentos da lua e das estrelas exercem profundo efeito no mecanismo mental das pessoas. Trazendo à luz o pensamento similar da Grécia antiga, Paracelso especulou que os efeitos gravitacionais da lua nos fluidos corporais poderiam

▲ Emoções são contagiosas e podem se transformar em histeria em massa.

ser uma causa possível de transtornos mentais (Rotton e Kelly, 1985). Essa teoria inspirou a criação da palavra *lunático*, que deriva do latim *luna*, que significa "lua". Você pode ouvir alguns amigos comentarem sobre algo louco que fizeram durante a noite quando dizem: "Deve ter sido a lua cheia". A crença de que corpos celestiais afetam o comportamento humano ainda existe, embora não haja evidência científica para apoiá-la (Raison, Klein e Steckler, 1999; Rotton e Kelly, 1985). Apesar de muita zombaria, milhões de pessoas ao redor do mundo estão convencidas de que seu comportamento é influenciado pelas fases da lua ou pela posição das estrelas. Essa crença é mais perceptível hoje em pessoas que são adeptas à astrologia e afirmam que seu comportamento e a maioria dos acontecimentos em suas vidas podem ser previstos pela relação entre o dia a dia e a posição dos planetas. Entretanto, nenhuma evidência séria tem confirmado tal conexão.

Comentários

A tradição sobrenatural está bem presente e viva na psicopatologia, embora esteja relegada, em sua maior parte, a pequenas seitas religiosas e a culturas primitivas. Membros de religiões organizadas na maior parte do mundo procuram a psicologia e a ciência médica para ajudar nos principais transtornos psicológicos; de fato, a Igreja Católica Romana requer que se esgotem todos os recursos médicos antes que soluções espirituais, como exorcismo, possam ser consideradas. Além disso, curas miraculosas são, às vezes, alcançadas por exorcismo, poções mágicas e rituais e outros métodos que parecem ter pouca ligação com a ciência moderna. É fascinante explorá-las quando de fato acontecem; voltaremos a esse tópico em capítulos posteriores. No entanto, tais casos são relativamente raros, e quase ninguém defenderia o tratamento espiritual para transtornos psicológicos graves, exceto, talvez, como último recurso.

A tradição biológica

Buscam-se as causas físicas dos transtornos mentais desde os primórdios da história. Foram importantes para a tradição psicológica: um homem, Hipócrates; uma doença, a sífilis; e as primeiras consequências da crença de que os transtornos psicológicos tinham causa biológica.

Hipócrates e Galeno

O médico grego Hipócrates (460-377 a.C.) é considerado o pai da medicina moderna ocidental. Ele e seus discípulos deixaram um conjunto de obras chamado *Corpo Hipocrático*, escrito entre 450 e 350 a.C. (Maher e Maher, 1985a), no qual eles sugeriam que os transtornos psicológicos poderiam ser tratados como qualquer outra doença. Eles não limitaram suas pesquisas para as causas da psicopatologia à área geral de "doença", porque acreditavam que os transtornos psicológicos pudessem também ser causados por patologias cerebrais ou por traumas na cabeça e que poderiam ser influenciados pela hereditariedade (genética). Essas são deduções notavelmente astutas para aquela época e têm sido apoiadas até anos recentes. Hipócrates considerava o cérebro a sede da sabedoria, da consciência, da inteligência e da emoção. Por conseguinte, os transtornos envolvendo essas funções estariam claramente localizados no cérebro. Hipócrates também reconheceu a importância das contribuições psicológicas e interpessoais para a psicopatologia, como os efeitos por vezes negativos do estresse familiar; em determinadas ocasiões, ele isolou pacientes de suas famílias.

O médico romano Galeno (por volta de 129-198 d.C.) adotou posteriormente as ideias de Hipócrates e de seus discípulos e as desenvolveu ainda mais, criando uma escola poderosa influente do pensamento dentro do contexto da tradição biológica que se estendeu até o século XIX. Um dos legados mais interessantes e influentes da abordagem hipocrático-galênica é a *teoria humoral* dos transtornos. Hipócrates afirmava que o funcionamento normal do cérebro estava relacionado aos quatro fluidos corporais, ou *humores*: o sangue, a bílis negra, a bílis amarela e a linfa (ou fleuma). O sangue vinha do coração; a bílis negra, do baço; a linfa, do cérebro; e a bílis amarela ou cólera, do fígado. Os médicos acreditavam que a doença resultava de um dos humores em excesso ou em escassez; por exemplo, pensava-se que muita bílis negra causava a melancolia (depressão). De fato, o termo *melancólico*, que significa "bílis negra", ainda é usado em sua forma derivativa *melancolia* para se referir a aspectos da depressão. A teoria humoral foi, talvez, o primeiro exemplo de associação de transtornos psicológicos com desequilíbrio químico, uma abordagem muito difundida hoje.

Os quatro humores foram relacionados ao conceito grego das quatro qualidades básicas: calor, secura, umidade e frio. Cada humor foi associado a uma dessas qualidades. Os termos derivados dos quatro humores ainda são aplicados a traços

▲ A sangria, remoção de sangue de pacientes, intencionava restaurar o equilíbrio de humores no corpo.

de personalidade. Por exemplo, o *sanguíneo* (com significado literal "vermelho, como sangue") descreve alguém que é muito corado em sua compleição, presumivelmente em função do sangue abundante que flui pelo corpo, e alegre e otimista, embora se pensasse que a insônia e o delírio eram causados por fluxo excessivo de sangue no cérebro. *Melancólico* significa depressivo (pensou-se que a depressão fosse causada pela bílis negra inundando o cérebro). Uma personalidade *fleumática* (originada do humor fleuma, linfa) indica apatia e morosidade, mas também pode significar calma em situações de estresse. Uma pessoa *colérica* (da bílis amarela ou cólera) é de temperamento quente (Maher e Maher, 1985a).

O excesso de um ou mais dos humores era tratado regulando-se o ambiente para aumentar ou diminuir o calor, a secura, a umidade ou o frio, dependendo de qual humor estivesse em desequilíbrio. Um motivo para que o médico tivesse transferido o Rei Carlos VI para uma localidade campestre menos estressante foi o de restaurar o equilíbrio de seus humores (Kemp, 1990). Além de descansar, ter boa alimentação e exercícios, dois tratamentos foram desenvolvidos. Um deles era a *sangria*, ou *flebotomia*, em que uma quantidade cuidadosamente mensurada de sangue era removida do corpo, na maior parte das vezes com sanguessugas. O outro era a indução do vômito; de fato, em um tratado muito conhecido sobre depressão, publicado em 1621, *Anatomia da melancolia*, Robert Burton recomendava comer tabaco e um repolho semicozido para induzir o vômito (Burton, 1621/1977). Há três séculos, Judy poderia ter sido diagnosticada com uma doença, um transtorno cerebral ou algum outro problema físico, provavelmente relacionado a algum humor excessivo, e, como tratamentos médicos adequados da época, seriam indicados repouso, dieta saudável, exercícios e demais prescrições.

Na China antiga e em toda a Ásia, existia uma ideia similar. Mas, em vez de "humores", os métodos chineses se concentravam no movimento do ar ou do "vento" em todo o corpo. Transtornos mentais inexplicáveis eram causados pelos bloqueios do vento ou presença de frio, vento negro (yin) em oposição ao quente, vento que sustenta a vida (yang). O tratamento consistia em restaurar o fluxo adequado de vento por meio de vários métodos, inclusive a acupuntura.

Hipócrates também cunhou a palavra *histeria* para descrever um conceito que aprendeu com os egípcios, que tinham identificado o que hoje chamamos *transtornos de sintomas somáticos*. Nesses transtornos, os sintomas físicos parecem ser resultado de uma patologia médica para a qual nenhuma causa física pode ser encontrada, como paralisia e alguns tipos de cegueira. Pelo fato de que esses transtornos ocorriam primariamente em mulheres, os egípcios (e Hipócrates) erroneamente presumiram que eles se restringiam a mulheres. Eles também presumiram uma causa: o útero vazio perambulava por várias partes do corpo em busca de concepção (a palavra grega para "útero" é *hysteron*). Numerosos sintomas físicos refletiam a localização do útero ambulante. A cura prescrita poderia ser casamento ou, ocasionalmente, fumigação da vagina para atrair o útero de volta ao seu lugar original (Alexander e Selesnick, 1966). O conhecimento da fisiologia eventualmente desaprovava a teoria do útero ambulante; entretanto, a tendência de estigmatizar as mulheres dramáticas como "histéricas" continuou imbatível até os anos 1970, quando os profissionais da saúde mental tornaram-se sensíveis ao estereótipo prejudicial do termo empregado. Como você verá no Capítulo 6, os transtornos de sintomas somáticos (e traços associados) não são limitados a um sexo ou outro.

O século XIX

A tradição biológica aumentou e diminuiu durante os séculos após Hipócrates e Galeno, mas foi revigorada no século XIX devido a dois fatores: a descoberta da natureza e causa da sífilis e o apoio forte advindo do psiquiatra norte-americano bem conceituado John P. Grey.

Sífilis

Os sintomas comportamentais e cognitivos daquilo que hoje conhecemos como *sífilis avançada*, doença sexualmente transmissível causada por um microrganismo bacteriano que entra no cérebro, incluem a crença de que alguém está tramando contra você (delírio de perseguição) ou que você é Deus (delírio de grandeza), bem como outros comportamentos bizarros. Embora esses sintomas sejam muitos semelhantes aos da *psicose* – transtorno psicológico caracterizado em parte por crenças que não estão baseadas na realidade (delírios), percepções que não se baseiam na realidade (alucinações), ou ambos –, os pesquisadores reconheceram que um subgrupo de pacientes aparentemente psicóticos se deterioravam permanentemente, tornando-se paralisados e morriam dentro de cinco anos a contar dos primeiros sintomas. Esse curso dos eventos contrastava com o da maioria dos pacientes psicóticos, que permaneciam bastante estáveis. Em 1825, a condição foi designada como doença, *paresia geral*, porque ela mostrava sintomas (apresentação) e um curso consistentes que resultavam em morte. A relação entre a paresia geral e a sífilis foi estabelecida gradualmente. A teoria de germe de doença de Louis Pasteur, desenvolvida por volta de 1870, facilitou a identificação do microrganismo bacteriano específico que causava a sífilis.

De igual importância foi a descoberta de uma cura para a paresia geral. Os médicos observaram uma recuperação surpreendente em pacientes com paresia geral que tinham contraído malária e deliberadamente injetaram em outros o sangue de um soldado que estava com malária. Muitos se recuperaram porque a febre alta "queimou" a bactéria da sífilis. Obviamente, esse tipo de experimento não seria eticamente possível nos dias de hoje. Posteriormente, os investigadores clínicos descobriram que a penicilina curava a sífilis, mas com a malarioterapia, "a loucura", e seus sintomas comportamentais e cognitivos associados, pela primeira vez foi relacionada a uma infecção tratável. Muitos profissionais da saúde mental supuseram, então, que causas e curas comparáveis poderiam ser descobertas para todos os transtornos psicológicos.

John P. Grey

O campeão da tradição biológica nos Estados Unidos foi o psiquiatra norte-americano mais influente da época, John P. Grey (Bockoven, 1963). Em 1854, Grey foi nomeado superintendente do Utica State Hospital, em Nova York, o maior do país. Ele

▲ No século XIX, os transtornos psicológicos foram atribuídos a estresse mental e emocional, então os pacientes eram frequentemente tratados de maneira solidária em ambientes calmos e higiênicos.

também se tornou editor do *American Journal of Insanity*, precursor do atual *American Journal of Psychiatry*, publicação carro-chefe da American Psychiatric Association. Na concepção de Grey, as causas de insanidade eram sempre físicas. Portanto, o paciente mentalmente doente deveria ser tratado como fisicamente doente. A ênfase estava novamente no descanso, na dieta, em sala com temperatura ambiente e ventilação adequados, abordagens usadas há séculos pelos terapeutas anteriores da tradição biológica. Grey até inventou um aparelho rotatório para ventilar o complexo hospitalar.

Sob a liderança de Grey, as condições nos hospitais foram bastante aprimoradas, e se tornaram instituições mais humanizadas e dignas de serem habitadas. Entretanto, nos anos posteriores essas instituições se tornaram tão grandes e impessoais que não era mais possível dar atenção individual.

De fato, os psiquiatras, no final do século XIX, ficaram alarmados com o tamanho e a impessoalidade crescentes dos hospitais psiquiátricos, e recomendou-se que fossem reduzidos. Quase cem anos antes, o movimento da comunidade de saúde mental foi bem-sucedido em reduzir a população dos hospitais psiquiátricos com a política muito controversa de "desinstitucionalização", em que os pacientes eram reintegrados em suas comunidades. Infelizmente, essa prática tem consequências tanto negativas quanto positivas, incluindo o grande aumento do número dos pacientes cronicamente incapacitados sem lar nas ruas de nossas cidades.

O desenvolvimento dos tratamentos biológicos

Pelo lado positivo, o interesse renovado na origem biológica dos transtornos psicológicos levou, recentemente, a um aumento grandioso da compreensão sobre as contribuições biológicas para a psicopatologia e para o desenvolvimento de novos tratamentos. Na década de 1930, as intervenções físicas da eletroconvulsoterapia e da cirurgia cerebral eram frequentes. Seus efeitos e os das novas drogas foram descobertos por acidente. Por exemplo, a insulina era ministrada para estimular o apetite em pacientes psicóticos que não estivessem comendo, mas também parecia acalmá-los. Em 1927, um médico vienense, Manfred Sakel, começou a ministrar dosagens cada vez mais altas até que os pacientes convulsionavam e ficavam temporariamente comatosos (Sakel, 1958). Alguns recuperavam a saúde mental, para a surpresa de todos, e sua recuperação era atribuída às convulsões. O procedimento tornou-se conhecido como *terapia por choque insulínico*, mas foi abandonado por ser muito perigoso, pois era comum resultar em coma prolongado ou até morte. Outros métodos utilizados para produzir convulsões deveriam ser encontrados.

Benjamin Franklin fez numerosas descobertas durante sua vida com as quais estamos familiarizados, mas a maioria das pessoas não sabe que ele acidentalmente descobriu, e depois confirmou experimentalmente em meados de 1750, que um eletrochoque leve e moderado na cabeça produzia uma breve convulsão e perda de memória (amnésia), mas que de outro modo era pouco prejudicial. Um médico holandês que era amigo e colaborador de Franklin tentou tal procedimento nele mesmo e descobriu que o choque também o fazia sentir-se "estranhamente eufórico" e ficou pensando se não poderia ser utilizado no tratamento da depressão (Finger e Zaromb, 2006, p. 245).

Nos anos 1920, o psiquiatra húngaro Joseph von Meduna observou independentemente que a esquizofrenia raramente era encontrada em epiléticos (o que posteriormente não se mostrou verdadeiro). Alguns de seus seguidores concluíram que convulsões cerebrais induzidas poderiam curar a esquizofrenia. Seguindo as sugestões sobre os possíveis benefícios de se aplicar o choque elétrico diretamente no cérebro – em especial, por dois médicos italianos, Ugo Cerletti e Lucio Bini, em 1938 –, um cirurgião em Londres tratou um paciente deprimido aplicando seis choques pequenos diretamente em seu cérebro, produzindo convulsões (Hunt, 1980). O paciente se recuperou. Embora bastante modificado, o tratamento de choque ainda existe. Os usos modernos e controversos da *eletroconvulsoterapia* estão descritos no Capítulo 7. É interessante que mesmo hoje ainda temos pouco conhecimento de como funciona.

Durante os anos da década de 1950, as primeiras drogas efetivas para transtornos psicóticos graves foram desenvolvidas de maneira sistemática. Antes dessa época, um número de substâncias medicinais, incluindo ópio (derivado da papoula), havia sido usado como sedativo, juntamente a incontáveis ervas e remédios populares (Alexander e Selesnick, 1966). Com a descoberta da *Rauwolfia serpentine* (mais tarde, renomeada, *reserpina*) e de outra classe de drogas chamadas *neurolépticas* (tranquilizantes maiores), pela primeira vez os processos alucinatórios e delirantes puderam ser reduzidos em alguns pacientes; essas drogas também controlaram a agitação e a agressividade. Outras descobertas incluíram as *benzodiazepinas* (tranquilizantes menores), que pareciam reduzir a ansiedade.

Nos anos 1970, as benzodiazepinas (conhecidas por nomes comerciais como Valium e Rivotril) estavam entre as drogas mais prescritas no mundo. Como as desvantagens e os efeitos colaterais dos tranquilizantes tornaram-se aparentes, além da sua efetividade limitada, as prescrições diminuíram um pouco (discutiremos as benzodiazepinas em mais detalhes nos capítulos 5 e 11).

Ao longo dos séculos, como Alexander e Selesnick demonstraram, "O modelo geral da terapia de drogas para doenças mentais foi de um entusiasmo inicial seguido por decepção" (1966, p. 287). Por exemplo, as bromidas, uma classe de drogas sedativas, foram usadas no final do século XIX e início do século XX para tratar a ansiedade e outros transtornos psicológicos. Na década de 1920, foram reportadas como efetivas para muitos sintomas psicológicos e emocionais graves. Em 1928, uma de cada cinco prescrições nos Estados Unidos era para bromidas. Quando seus efeitos colaterais, incluindo diversos sintomas físicos indesejáveis, tornaram-se conhecidos e a experiência começou a mostrar que sua efetividade geral era relativamente modesta, as bromidas saíram de cena.

Os neurolépticos também têm sido menos usados em razão de seus diversos efeitos colaterais, como tremores crônicos e inquietação motora. Entretanto, os efeitos positivos dessas drogas em alguns pacientes com sintomas psicóticos de alucinações, delírios e agitação revitalizaram tanto a pesquisa das contribuições biológicas para os transtornos psicológicos quanto a pesquisa para novas e mais potentes drogas, uma pesquisa que tem pago muitos dividendos, como documentado em capítulos posteriores.

Consequências da tradição biológica

No final do século XIX, Grey e seus colegas, ironicamente, reduziram ou eliminaram o interesse no tratamento de pacientes psiquiátricos porque pensavam que os transtornos mentais eram consequências de algumas das até então desconhecidas patologias cerebrais e seriam, portanto, incuráveis. O único curso disponível de ação era internar esses pacientes. Por volta da virada do século, algumas enfermeiras documentaram o sucesso clínico no tratamento de pacientes psiquiátricos, mas foram impedidas de tratar outros, pois receavam dar esperanças de cura para os familiares. No lugar do tratamento, o interesse se concentrou no diagnóstico, nas questões legais em relação à responsabilidade dos pacientes quanto às suas ações durante os períodos de insanidade e no estudo da própria patologia cerebral.

Emil Kraepelin (1856-1926) foi a figura dominante durante esse período e um dos fundadores da psiquiatria moderna. Ele era extremamente influente na defesa das principais ideias sobre a tradição biológica, mas pouco envolvido com tratamento. Sua última contribuição foi na área de diagnóstico e classificação, que discutiremos em detalhes no Capítulo 3. Kraepelin (1913) foi um dos primeiros a distinguir os diversos transtornos psicológicos, constatando que cada um poderia ter o início dos sintomas em determinada idade e ter tempo de curso diferente, que de alguma forma havia grupos diferentes de sintomas e que provavelmente eram provocados por causas diferentes. Muitas dessas descrições de transtornos esquizofrênicos ainda são úteis hoje.

No final de 1800, a abordagem científica para transtornos psicológicos e sua classificação havia começado com a busca por causas biológicas. Além disso, o tratamento era baseado em princípios humanizados. Havia muitos inconvenientes, entretanto, e o mais lamentável de todos foi que a intervenção ativa e o tratamento foram eliminados em alguns contextos, apesar da disponibilidade de algumas abordagens efetivas. É para eles que agora voltaremos nossa atenção.

Verificação de conceitos 1.2

Por milhares de anos, os seres humanos tentaram compreender e controlar o comportamento atípico. Verifique se compreendeu as teorias históricas e associe-as com os tratamentos usados para "curar" o comportamento atípico: (a) flebotomia; vômito induzido; (b) paciente colocado em ambientes socialmente facilitadores; e (c) exorcismo; ser queimado na estaca.

1. Causas sobrenaturais; demônios entravam nos corpos das vítimas e controlavam seus comportamentos.

2. A teoria humoral refletiu a crença de que o funcionamento normal do cérebro requeria um equilíbrio dos quatro fluidos ou humores corporais.

3. O comportamento mal adaptativo era causado por influências culturais e sociais precárias do ambiente.

A tradição psicológica

É um grande salto dos maus espíritos até a patologia do cérebro como causa para os transtornos psicológicos. Nos séculos intermediários, qual era a linha de pensamento que impulsionou o desenvolvimento psicológico, tanto normal quanto atípico, em um contexto interpessoal e social? De fato, essa abordagem tem uma tradição longa e distinta. Platão, por exemplo, pensava que as duas causas do comportamento mal adaptativo eram as influências sociais e culturais na vida de alguém e a aprendizagem que ocorria naquele ambiente. Se algo estivesse errado no ambiente, como o fato de os pais serem abusivos, os impulsos e as emoções da pessoa dominariam a razão. O melhor tratamento era reeducar o indivíduo por meio da discussão racional de maneira que o poder da razão predominasse (Maher e Maher, 1985a). Isso foi, em grande parte, um precursor das abordagens do **tratamento psicossocial** moderno, que focalizam não apenas fatores psicológicos, mas também sociais e culturais. Outros filósofos anteriores muito famosos, incluindo Aristóteles, também enfatizaram a influência do ambiente social e da aprendizagem precoce em psicopatologias posteriores. Esses filósofos escreveram sobre a importância das fantasias, dos sonhos e das cognições e, assim, anteciparam, em certa extensão, desenvolvimentos posteriores da ciência cognitiva e do pensamento psicanalítico. Eles também defenderam o cuidado humanizado e responsável das pessoas com transtornos psicológicos.

Terapia moral

Durante a primeira metade do século XIX, uma forte abordagem psicossocial dos transtornos mentais, chamada **terapia moral**, tornou-se influente. O termo *moral*, na realidade, significava "emocional" ou "psicológico", em vez de ser um código de conduta. Seus princípios básicos incluíam tratar pacientes institucionalizados da forma mais normal possível em um ambiente que encorajasse e reforçasse interações sociais normais (Bockoven, 1963), de forma que lhes garantisse muitas oportunidades de adequar seu contato social e interpessoal. Os relacionamentos eram cuidadosamente estimulados. A atenção individual claramente trazia consequências positivas para interações e comportamentos adequados, e restrição e isolamento eram eliminados.

Como com a tradição biológica, os princípios da terapia moral remontam a Platão e vão além dele. Por exemplo, os templos gregos de Asclepíades do século 6 a.C. alojavam os doentes crônicos, inclusive aqueles com transtornos psicológicos. Ali, os pacientes eram bem cuidados, massageados e ouviam música suave. Práticas similares e esclarecedoras foram evidenciadas em países mulçumanos no Oriente Médio (Millon, 2004). Mas a terapia moral como um sistema originou-se com Philippe Pinel (1745-1826), um famoso psiquiatra francês, e seu colaborador próximo Jean-Baptiste Pussin (1746-1811), superintendente do hospital parisiense La Bicêtre (Gerard, 1997; Zilboorg e Henry, 1941).

Quando Pinel chegou em 1791, Pussin já havia instituído reformas marcantes removendo todas as correntes utilizadas para restringir pacientes e instituindo intervenções psicológicas positivas e humanizadas. Pussin persuadiu Pinel a colaborar com as mudanças. Grande parte do crédito de Pinel foi obtida primeiro em La Bicêtre e depois no hospital para mulheres Salpétrière, onde convidou Pussin para juntar-se a ele (Gerard, 1997; Maher e Maher, 1985b; Weiner, 1979). Ali, novamente, eles instituíram uma atmosfera humana e socialmente facilitadora que produzia resultados "miraculosos".

Após William Tuke (1732-1822) ter seguido o exemplo de Pinel na Inglaterra, Benjamin Rush (1745-1813), geralmente considerado o fundador da psiquiatria norte-americana, introduziu a terapia moral em seus trabalhos iniciais no Hospital da Pensilvânia. Esta se tornou o tratamento de escolha nos principais hospitais. Os *manicômios* surgiram no século XVI, mas pareciam mais prisões que hospitais. Foi com o aumento da terapia moral na Europa e nos Estados Unidos que os manicômios se tornaram habitáveis e até mesmo terapêuticos.

Em 1833, Horace Mann, catedrático da junta de curadores do Worcester State Hospital, reportou 32 pacientes que tinham sido dados como incuráveis. Esses pacientes foram tratados com terapia moral, curados e reintegrados às suas famílias. De cem pacientes agressivos antes do tratamento, não mais do que 12 continuavam a ser violentos após um ano de tratamento. Antes do tratamento, 40 pacientes frequentemente rasgavam as roupas novas oferecidas pelos atendentes; apenas oito man-

Manicômios-fazendas[3] nos Estados Unidos rural

Em 1822, no encontro anual que ocorria na cidade de Nantucket, uma pequena ilha a 30 milhas da costa de Massachusetts, votou-se a favor da construção de manicômios-fazendas permanentes na cidade (Gavin, 2003). Após a guerra de 1812, Nantucket prosperou. O comércio se desenvolveu e foi o início da era da caça às baleias. Nesse mesmo contexto, os cidadãos queriam tomar conta dos menos afortunados. Inspirados pelas crenças modernas da época concernentes ao tratamento da insanidade, decidiu-se que os manicômios ficariam situados em um lugar longínquo da cidade, onde os pacientes poderiam trabalhar de maneira produtiva em um cenário rural calmo e agradável, com ar fresco, atendimento individualizado e condições de exercer atividades produtivas. Como era característico daqueles dias, os manicômios também cuidavam de pobres e idosos. Visto que o abuso de álcool era considerado a principal causa da pobreza, deslocar os manicômios o mais longe possível das tavernas parecia lógico e também um motivo para estabelecer a sua localização no campo. Mas o mais importante era que tanto o abuso de álcool quanto a insanidade eram considerados curáveis depois que a terapia moral e seus resultados positivos advindos do manicômio de McLean, próximo à Boston, chegaram à ilha. Assim, instituiu-se um planejamento de atividades que envolvia os pacientes em trabalho agrícola, na produção de vegetais, ovos e laticínios ou em trabalho nos campos de trigo e centeio ou em atividades pecuárias. Os idosos ou aqueles que não conseguiam trabalhar externamente trabalhavam de forma produtiva dentro dos quartos do manicômio, como com tecelagem. Em consonância com o tratamento da terapia moral, pensou-se que a maioria dos internos poderia recuperar-se em meio a essa atmosfera saudável e reparadora. E as fazendas, que tinham poucos recursos, passaram a ser bem geridas e se tornaram rentáveis para a cidade!

Após a construção do manicômio, os oficiais da cidade nomearam um Conselho de supervisores, líderes responsáveis em Nantucket, que logo se preocupou com o número de pessoas que visitavam o manicômio e ficavam presumivelmente atônitos com os insanos. Numa tentativa a mais de proteger os pacientes, a cidade aprovou uma lei que restringia as visitas apenas àqueles que as solicitavam por escrito e tinham uma boa razão para entrar no local. Infelizmente, no inverno de 1844, houve um grave incêndio. Apesar dos esforços heroicos de muitas pessoas da cidade, dez internos foram mortos e a estrutura foi destruída.

Por fim, outro manicômio foi construído, mas, dessa vez, apenas abrigava doentes e idosos que não conseguiam cuidar de si mesmos. Àquela altura, um novo manicômio do estado para insanos foi aberto longe da ilha e entendeu-se que seria de bom-tom transferir pessoas que sofriam de insanidade para essa grande (e impessoal) instituição estatal. Foram adotadas novas políticas em relação aos casos de pobreza (provavelmente para aqueles que não sofriam de nenhum vício de qualquer natureza), cujas medidas eram prover controle e assistência aos pobres, mantendo-os em suas casas e propiciando-lhes materiais e recursos mínimos, porém suficientes. Um novo "departamento de assistência ao pobre" foi criado na cidade para tal propósito. Dessa maneira, a terapia moral teve o seu momento de ascensão e decadência em uma pequena zona rural da Nova Inglaterra, que refletiu a tendência daquela época (Gavin, 2003).

---

[3] O termo original é "poor farm", usado para fazendas mantidas com dinheiro público para pessoas necessitadas. Trata-se de algo específico dos Estados Unidos, não havendo instituição equivalente no Brasil.

tiveram esse comportamento após certo tempo de tratamento. Na época, essas eram estatísticas notáveis, e seriam notáveis até em nossos dias (Bockoven, 1963).

Reforma psiquiátrica e declínio da terapia moral

Infelizmente, após a metade do século XIX, o tratamento humanizado declinou em função de uma convergência de fatores. Em primeiro lugar, era amplamente reconhecido que a terapia moral funcionava melhor quando o número de pacientes em uma instituição era de 200 ou menos, permitindo maior atenção individual ao paciente. Depois da Guerra Civil, enormes ondas de imigrantes chegaram aos Estados Unidos trazendo sua própria população de doentes mentais. O número de pacientes nos hospitais da época teve um aumento para 1 mil ou 2 mil e até mais. Embora os grupos de imigrantes não fossem entendidos como merecedores dos mesmos privilégios que os norte-americanos "nativos" (cujos ancestrais imigraram apenas 50 ou 100 anos antes!), a eles não eram dados os tratamentos morais, mesmo quando havia quantidade suficiente de funcionários nos hospitais.

Um segundo motivo para o declínio na terapia moral teve uma fonte improvável. A grande expedicionária Dorothea Dix (1802-1887) fez uma enorme campanha pela reforma no tratamento da insanidade. Como professora, Dix tinha trabalhado em diversas instituições e, tendo conhecimento, em primeira mão, das deploráveis condições impostas aos insanos, adotou como trabalho de sua vida a responsabilidade de informar ao público norte-americano e a seus líderes esses abusos. Seu trabalho ficou conhecido como **movimento de higiene mental**.

Além de melhorar os padrões dos cuidados, Dix trabalhou muito para assegurar que todos que precisassem de cuidados os receberiam, incluindo os desabrigados. Por meio de seus esforços, o tratamento humanizado tornou-se mais amplamente disponível nas instituições norte-americanas. À medida que sua carreira chegava ao fim, ela se tornava conhecida como uma heroína do século XIX.

Infelizmente, uma consequência não prevista dos esforços heroicos de Dix foi o substancial aumento do número de pacientes psiquiátricos. Esse influxo levou a uma rápida transição da terapia moral para o cuidado sob custódia, porque as equipes de funcionários dos hospitais eram inadequadas. Dix reformou os manicômios e inspirou a construção de numerosas novas instituições nos Estados Unidos e em outros países. No entanto, mesmo seus esforços e defesas incansáveis não puderam assegurar pessoal suficiente para permitir a atenção individualizada necessária à terapia moral. Um golpe final à prática da terapia moral foi a decisão, na metade do século XIX, de que a doença mental era causada por patologia cerebral e, por conseguinte, era incurável.

A tradição psicológica permaneceu adormecida por certo tempo, e só reemergiu no século XX em diversas escolas diferentes de pensamento. A primeira e grande abordagem foi a **psicanálise**, baseada na teoria elaborada por Sigmund Freud (1856-1939) sobre a estrutura da mente e o papel dos processos inconscientes na determinação do comportamento. A segunda foi o **behaviorismo**, associado a John B. Watson, Ivan Pavlov e B. F. Skinner, que focaliza como a aprendizagem e a adaptação podem afetar o desenvolvimento das psicopatologias.

▲ Dorothea Dix (1802-1887) deu início ao movimento de higiene mental e passou boa parte de sua vida em campanha pela reforma no tratamento dos doentes mentais.

Teoria psicanalítica

Você já sentiu como se alguém tivesse lançado um feitiço sobre você? Você já se sentiu hipnotizado pelo olhar de uma linda mulher ou de um homem bonito do outro lado da sala de aula, ou ao ser encarado pelo músico enquanto estava sentado bem na frente em um show? Se sim, você tem algo em comum com os pacientes de Franz Anton Mesmer (1734-1815) e com milhões de pessoas daquela época que foram hipnotizadas. Mesmer sugeria a seus pacientes que os problemas que tinham eram consequências de um fluido indetectável chamado "magnetismo animal", encontrado em todos os organismos vivos e que poderia ser bloqueado.

Mesmer fazia seus pacientes se acomodarem em uma sala escura, em torno de uma grande tina que continha substâncias químicas, da qual saíam varinhas que os tocavam. Vestido com uma túnica, ele então poderia identificar e dar pancadinhas em diversas áreas de seus corpos, onde o magnetismo animal estaria bloqueado, enquanto sugeria fortemente que eles estavam sendo curados. Em virtude dessas técnicas um tanto quanto incomuns, Mesmer era considerado um excêntrico e talvez um charlatão, a quem a medicina se opunha com rigor (Winter, 1998). De fato, ninguém menos que Benjamin Franklin colocou o magnetismo animal em teste, conduzindo um experimento brilhante em que os pacientes recebiam água magnetizada ou não magnetizada e eram sugestionados de que se sentiriam melhores. Nem o paciente nem o terapeuta sabiam qual água era, o que tornava o experimento "duplo-cego" (ver

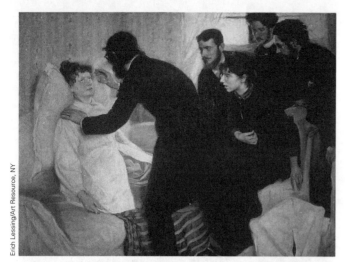

▲ Franz Anton Mesmer (1734-1815) e outros terapeutas da época usavam fortes sugestões para curar seus pacientes, que eram frequentemente hipnotizados.

Capítulo 4). Quando os indivíduos de ambos os grupos se sentiram melhor, Franklin concluiu que o magnetismo animal, ou mesmerismo, não era nada mais que uma forte sugestão (Gould, 1991; McNally, 1999). Entretanto, Mesmer é considerado o pai da hipnose, um estado em que sujeitos sugestionáveis parecem estar em transe.

Muitos cientistas e médicos importantes estavam interessados nos poderosos métodos de sugestão de Mesmer. Um dos mais conhecidos, Jean-Martin Charcot (1825-1893), foi o diretor do Hospital Salpêtrière, em Paris, onde Philippe Pinel havia introduzido tratamentos psicológicos diversas gerações antes. Neurologista importante, Charcot demonstrou que algumas técnicas do mesmerismo eram eficientes com certo número de transtornos psicológicos, e ele fez muito para legitimar a prática nascente da hipnose. De forma significativa, em 1885 um jovem chamado Sigmund Freud veio de Viena para estudar com Charcot.

Após voltar da França, Freud associou-se a Josef Breuer (1842-1925), que havia experimentado um procedimento hipnótico um tanto diferente. Enquanto seus pacientes estavam em estados altamente sugestionáveis de hipnose, Breuer pedia-lhes para descrever seus problemas, conflitos e medos com o maior número de detalhes possível. Breuer observou dois fenômenos importantes durante esse processo. Primeiro, os pacientes ficavam extremamente emotivos à medida que conversavam e sentiam-se bastante aliviados e melhoravam após voltarem do estado hipnótico. Segundo, raramente compreendiam a relação entre seus problemas emocionais e seus transtornos psicológicos. De fato, era difícil ou mesmo impossível para eles relembrar alguns dos detalhes que descreviam sob hipnose. Em outras palavras, o material parecia estar além da consciência do paciente. Observando isso, Breuer e Freud haviam "descoberto" a mente **inconsciente** e sua aparente influência na produção de transtornos psicológicos. Esse foi um dos mais importantes acontecimentos da história da psicopatologia e, na verdade, da psicologia como um todo.

Uma segunda conclusão foi de que é terapêutico recordar e reviver traumas emocionais que tenham estado inconscientes e libertar a tensão que os acompanha. Essa libertação de materiais emocionais tornou-se conhecida como **catarse**. Uma compreensão mais ampla da relação entre emoções atuais e fatos anteriores é chamada *insight*. Como veremos no decorrer deste livro, particularmente nos capítulos 5 e 6, sobre ansiedade e transtornos de sintomas somáticos, a existência de memórias e sentimentos "inconscientes" e a importância de elaborar informações carregadas emocionalmente têm sido verificadas e confirmadas.

As teorias de Freud e de Breuer baseavam-se nas observações de casos, algumas das quais eram feitas de maneira surpreendentemente sistemática para a época. Um exemplo é a clássica descrição de Breuer do tratamento dos sintomas "histéricos" de Anna O., em 1895 (Breuer e Freud, 1895/1957). Anna O. era uma jovem brilhante e atraente, perfeitamente saudável até chegar aos 21 anos. Um pouco antes de seus problemas começarem, seu pai desenvolveu uma séria doença crônica que o levou à morte. No decorrer da doença do pai, Anna O. cuidou dele e sentiu a necessidade de despender horas infindáveis ao lado de sua cama. Cinco meses após seu pai ter ficado doente, Anna observou que, durante o dia, sua visão ficava embaçada e que de tempos em tempos ela tinha dificuldade para movimentar o braço direito e ambas as pernas. Em pouco tempo, sintomas adicionais apareceram. Ela começou a ter alguma dificuldade para falar e seu comportamento se tornou muito imprevisível. Logo depois, ela consultou-se com Breuer.

Em uma série de sessões, Breuer tratava de um sintoma por vez por meio de hipnose, seguido da técnica de "falar sobre", associando cada sintoma a sua causa hipotética em circunstâncias em torno da morte do pai de Anna. Uma por vez, as

▲ Jean Charcot (1825-1893) estudou a hipnose e influenciou Sigmund Freud a considerar abordagens psicossociais no que tangia aos transtornos psicológicos.

▲ Josef Breuer (1842-1925) trabalhou no famoso caso de Anna O. e, com Sigmund Freud, desenvolveu a teoria da psicanálise.

▲ Bertha Pappenheim (1859-1936), que ficou famosa como "Anna O.", foi caracterizada como "histérica" por Breuer.

suas indisposições "histéricas" desapareceram, mas apenas após o tratamento ser administrado para cada respectivo comportamento. Esse processo de tratamento de um comportamento por vez preenche o requisito básico para esboços de conclusões científicas sobre os efeitos do tratamento em um estudo de caso individual, como você verá no Capítulo 4. Voltaremos a este fascinante caso de Anna O. no Capítulo 6.

Freud reuniu suas observações básicas e as enquadrou no **modelo psicanalítico**, a teoria mais abrangente já construída no desenvolvimento e estrutura de nossas personalidades. Ele também fez especulações sobre onde esse desenvolvimento poderia estar errado e produzir transtornos psicológicos. Embora muitas das concepções de Freud tenham mudado ao longo do tempo, os princípios básicos do funcionamento mental que ele originalmente propôs mantiveram-se constantes em seus escritos e ainda são aplicados pelos psicanalistas da atualidade.

Embora muito disso ainda não tenha sido comprovado, a teoria psicanalítica tem tido uma forte influência, e é ainda importante estar familiarizado com suas ideias básicas; o que segue é um breve esboço da teoria. Nós nos concentraremos nas três principais facetas: (1) a estrutura da mente e as distintas funções da personalidade, que às vezes se chocam umas com as outras; (2) os mecanismos de defesa com os quais a mente se defende desses choques ou conflitos; e (3) os estágios do desenvolvimento psicossexual precoce que oferecem os subsídios para nossos conflitos internos.

A estrutura da mente

A mente, de acordo com Freud, possui três principais partes ou funções: o id, o ego e o superego (ver Figura 1.4). Esses termos, como muitos da psicanálise, foram incorporados ao nosso vocabulário comum, mas, embora possa tê-los ouvido, você pode não estar ciente de seu real significado. O **id** é a fonte de nossos desejos sexuais e agressivos. É, basicamente, o animal que existe dentro de nós; se estiver completamente descontrolado, pode nos tornar estupradores e assassinos. A energia ou o impulso que guia o id é a *libido*. Mesmo hoje, algumas pessoas explicam a falta do desejo sexual como a ausência da libido. Uma fonte menos importante de energia, não tão bem conceituada por Freud, é o instinto de morte, ou *tânatos*. Esses dois impulsos básicos, diante da vida e da sensação de realização, de um lado, e da morte e da destruição, de outro, estão continuamente em oposição.

O id opera de acordo com o *princípio do prazer*, com a finalidade de maximizar o prazer e eliminar qualquer tensão ou conflitos associados. O objetivo do prazer, que é particularmente proeminente na infância, frequentemente entra em conflito com regras sociais e regulamentos, como veremos posteriormente. O id tem sua própria forma característica de processar informação; designado *processo primário*, esse tipo de pensamento é emocional, irracional, ilógico, repleto de fantasias e preocupado com sexo, agressão, egoísmo e inveja.

Felizmente para todos nós, na visão de Freud, os impulsos egoístas e às vezes perigosos do id não estão descontrolados. Na verdade, com apenas alguns meses de vida, nós nos conscientizamos de que devemos adaptar nossas exigências básicas ao mundo real. Em outras palavras, nós devemos encontrar maneiras de atender às nossas necessidades básicas sem ofender aqueles que estão ao nosso redor. Colocado de outra maneira, devemos agir de forma realista. A porção da nossa mente que garante que ajamos de maneira realista chama-se **ego** e opera de acordo com o *princípio da realidade* em vez de com o princípio do prazer. As operações cognitivas ou estilos de pensamento do ego são caracterizados pela lógica e pela razão e são chamados de *processo secundário*, em oposição ao processo primário ilógico e irracional do id.

▲ Sigmund Freud (1856-1939) é considerado o fundador da psicanálise.

A terceira estrutura importante da mente, o **superego**, ou o que poderíamos denominar consciência moral, representa os *princípios morais* instilados em nós por nossos pais e por nossa cultura. É a voz dentro de nós que nos importuna quando sabemos que estamos fazendo algo errado. A finalidade do superego é contrabalançar os potencialmente perigosos impulsos agressivos e sexuais do id e, assim, a base para conflitos é facilmente identificada.

O papel do ego é mediar o conflito entre o id e o superego, conciliando suas demandas com as realidades do mundo. O ego frequentemente é chamado executivo ou gerente de nossas mentes. Se ele medeia de maneira bem-sucedida, podemos alcançar realizações de vida mais criativas e intelectuais. Caso contrário, se o id ou o superego se tornarem fortes demais, o conflito dominará, e transtornos psicológicos se desenvolverão. Em razão de esses conflitos estarem todos dentro da mente, são chamados **conflitos intrapsíquicos**. Agora, pensemos novamente no caso de Anna O., no qual Breuer observou que os pacientes nem sempre podiam se lembrar de eventos emocionais importantes, porém desagradáveis. Com base nessa e em outras observações, Freud criou o conceito das estruturas mentais descritas nesta seção para explicar os processos inconscientes. Ele acreditava que o id e o superego eram quase completamente inconscientes. Somos conscientes apenas dos processos secundários do ego, que é uma parte relativamente pequena da mente.

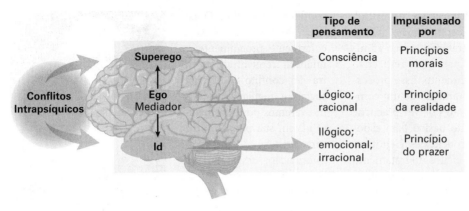

FIGURA 1.4 A estrutura da mente criada por Freud.

Mecanismos de defesa

O ego enfrenta uma batalha contínua para permanecer no topo dos antagônicos id e superego. Ocasionalmente, seus conflitos produzem ansiedade, que ameaça subjugar o ego. A ansiedade é um sinal que alerta o ego para instalar **mecanismos de defesa**, processos protetores inconscientes que mantêm sob controle as emoções primitivas associadas aos conflitos, de maneira que o ego possa continuar a funcionar adequadamente. Embora Freud tenha sido o primeiro a conceituar mecanismos de defesa, foi sua filha, Anna Freud, que desenvolveu essas ideias de forma mais ampla.

Todos nós utilizamos mecanismos de defesa em algum momento – eles são às vezes adaptativos e outras vezes mal adaptativos. Por exemplo, você já foi mal em um teste porque o professor foi injusto ao dar a sua nota? E então, quando chegou em casa, gritou com seu irmão mais novo e talvez com o cachorro? Esse é um exemplo do mecanismo de defesa do *deslocamento*. O ego decide de maneira adaptativa que expressar a raiva primitiva ao seu professor poderia não ser algo de seu interesse. Pelo fato de seu irmão ou de seu cachorro não terem autoridade para afetar você de forma adversa, sua raiva é deslocada para um deles. Algumas pessoas podem redirecionar a energia de ansiedade conflituosa ou subjacente para uma forma de vazão mais construtiva, como o trabalho, em que elas podem ser mais eficientes em função do redirecionamento. Esse processo é chamado *sublimação*.

Conflitos internos mais graves que produzem muita ansiedade ou outras emoções podem desencadear processos defensivos autodestrutivos ou sintomas. Sintomas fóbicos ou obsessivos são reações defensivas autodestrutivas especialmente comuns que, de acordo com Freud, refletem uma tentativa inadequada de lidar com uma situação internamente perigosa. Os sintomas fóbicos tipicamente incorporam elementos do perigo. Por exemplo, uma fobia de cães pode estar relacionada ao medo infantil da castração; ou seja, um conflito interno no homem que envolve um medo de ser atacado e castrado, um medo que é conscientemente expressado como medo de ser atacado e mordido por um cachorro, mesmo se ele souber que o cachorro é inofensivo.

Mecanismos de defesa têm sido submetidos a estudos científicos, e existe alguma evidência de que eles possam ser de potencial importância para o estudo da psicopatologia (Vaillant, 1992; 2012). Por exemplo, Perry e Bond (2012, 2014) perceberam que a redução dos mecanismos de defesa não adaptativos e o fortalecimento dos adaptativos, tais como humor e sublimação, correlacionavam-se com a saúde psicológica. Assim, o conceito de mecanismos de defesa – *estilos de enfrentamento*, na terminologia contemporânea – continua sendo importante para o estudo da psicopatologia.

Exemplos de mecanismos de defesa estão listados a seguir (APA, 2000a):

Negação: recusa reconhecer algum aspecto da realidade objetiva ou da experiência subjetiva que é visível para outras pessoas;

Deslocamento: transfere um sentimento sobre um objeto (ou uma resposta a ele) que causa desconforto para outra pessoa ou objeto, geralmente menos ameaçadores;

Projeção: atribui falsamente os próprios sentimentos, impulsos e pensamentos inaceitáveis para outra pessoa ou objeto;

Racionalização: encobre as verdadeiras motivações de atos, pensamentos e sentimentos por meio da elaboração de explicações confortadoras para si mesmo, mas incorretas;

Formação reativa: substitui comportamentos, pensamentos ou sentimentos por outros que são diretamente opostos àqueles inaceitáveis;

Repressão: bloqueia desejos, pensamentos ou experiências perturbadores da mente consciente;

Sublimação: direciona sentimentos ou impulsos potencialmente mal adaptativos para se tornarem comportamentos socialmente aceitos.

Estágios do desenvolvimento psicossexual

Freud também teorizou que, durante a infância e os primeiros anos de vida, passamos por certo número de **estágios de desenvolvimento psicossexual**, que têm um profundo e duradouro

▲ Anna Freud (1895-1982) com seu pai. Contribuiu para o conceito de mecanismos de defesa para o campo psicanalítico.

impacto. Isso tornou Freud um dos primeiros a considerar a perspectiva do desenvolvimento em relação ao estudo do comportamento atípico, o que observaremos com mais detalhes no decorrer deste livro. Os estágios – oral, anal, fálico, latência e genital – representam modelos distintos de gratificar nossas necessidades básicas e de satisfazer nossos impulsos de prazer físico. Por exemplo, o estágio oral, que geralmente se estende até dois anos após o nascimento, é caracterizado por um foco central na necessidade de comida. No ato de sugar, necessário para a alimentação, os lábios, a língua e a boca tornam-se o foco dos impulsos libidinais e, por conseguinte, a fonte principal de prazer. Freud levantou a hipótese de que, se não recebêssemos gratificação apropriada durante um estágio específico ou se um estágio em especial deixasse forte impressão em particular (que ele denominou *fixação*), a personalidade de um indivíduo refletiria aquele estágio no decorrer de toda sua vida adulta. Por exemplo, a fixação no estágio oral poderia resultar no ato excessivo de chupar o polegar e na ênfase no estímulo oral por meio do ato de comer, mastigar lápis ou roer as unhas. Características da personalidade adulta teoricamente associadas à fixação oral incluem dependência e passividade ou, em reação a essas tendências, rebeldia e cinismo.

Um dos conflitos psicossexuais mais controversos e frequentemente mencionados ocorre durante o estágio fálico (dos 3 até 5 ou 6 anos), caracterizado pela autoestimulação genital precoce.

Esse conflito é o assunto da tragédia grega *Édipo Rei*, na qual Édipo é destinado a matar seu pai e, sem saber, casar-se com sua mãe. Freud afirmava que todos os meninos pequenos revivem essa fantasia quando a autoestimulação genital é acompanhada por imagens de interações sexuais com suas mães. Essas fantasias, por sua vez, são associadas a fortes sentimentos de inveja e talvez raiva em relação a seus pais, com os quais eles se identificam, mas cujo lugar desejam tomar. Além disso, desenvolvem-se fortes medos de que o pai possa punir a lascívia removendo o pênis do filho – assim surge o fenômeno da **ansiedade de castração**. Esse temor ajuda o menino a controlar seus impulsos libidinosos relacionados à mãe. A batalha dos impulsos libidinosos de um lado e a ansiedade de castração de outro criam um conflito interno, ou intrapsíquico, chamado *complexo de Édipo*. O estágio fálico é ultrapassado somente se uma série de coisas acontecerem. Primeiro, a criança deve resolver o relacionamento ambivalente com seus genitores e reconciliar a raiva e o amor simultâneos que tem por seu pai. Se isso acontecer, ela vai canalizar seus impulsos libidinais em relacionamentos heterossexuais, ao passo que retém inocente afeição por sua mãe.

O conflito homólogo nas garotas, denominado *complexo de Electra*, é ainda mais controverso. Freud considerava a menina como aquela que espera substituir sua mãe e possuir seu pai. O âmago dessa posse é o desejo da menina de possuir um pênis a fim de ser mais parecida com seu pai e irmãos – daí advém a expressão *inveja do pênis*. De acordo com Freud, o conflito é resolvido de maneira bem-sucedida quando as mulheres desenvolvem relacionamentos heterossexuais saudáveis e intencionam ter um bebê, que ele entendeu como um substituto saudável para a ideia de ter um pênis. É desnecessário dizer que essa teoria em particular provocou consternação notável no decorrer dos anos por ser vista como sexista e degradante.

É importante lembrar que isso é teoria, e não fato; nenhuma pesquisa sistemática existe para apoiá-la.

Na visão de Freud, todos os transtornos psicológicos não psicóticos resultam de conflitos inconscientes subjacentes, da ansiedade resultante desses conflitos e da implementação dos mecanismos de defesa do ego. Freud chamou tais transtornos de **neuroses**, ou *transtornos neuróticos*, de um antigo termo que se referia a transtornos do sistema nervoso.

Avanços posteriores no pensamento psicanalítico

As teorias psicanalíticas originais de Freud foram bastante modificadas e se desenvolveram em várias direções, sobretudo por seus discípulos ou seguidores. Alguns teóricos simplesmente tomaram um componente da teoria psicanalítica e o desenvolveram de forma mais ampla. Outros romperam com Freud e tomaram novas direções.

Anna Freud (1895-1982), filha de Freud, concentrou-se na maneira como as reações defensivas do ego determinam nosso comportamento. Assim, ela foi a primeira proponente do moderno campo da **psicologia do ego**. Seu livro *O ego e os mecanismos de defesa* (1946) ainda é influente. De acordo com Anna Freud, o indivíduo acumula lentamente capacidades adaptativas, habilidades para o teste de realidade e de defesa. O comportamento atípico se desenvolve quando o ego não consegue regular tais funções, como postergar e controlar impulsos, ou ordenar defesas normais apropriadas para fortes conflitos internos. Em uma modificação posterior das teorias de Freud, Heinz Kohut (1913-1981) concentrou-se em uma teoria da formação do autoconceito e dos atributos cruciais do *self* que permite a um indivíduo progredir para a saúde ou, de forma controversa, desenvolver neurose. Essa abordagem psicanalítica tornou-se conhecida como **psicologia do *self*** (Kohut, 1977).

Uma área relacionada bastante popular hoje é a chamada **relações objetais**. O estudo das relações objetais teoriza sobre como as crianças incorporam as imagens, as memórias e, às vezes, os valores de uma pessoa que foi muito importante para elas e à qual elas eram (ou são) emocionalmente apegadas. O *objeto*, nesse sentido, refere-se a essas pessoas importantes, e o processo de incorporação é denominado *introjeção*. Objetos introjetados podem se tornar parte integrada do ego ou assumir papéis conflitantes na determinação da identidade, ou *self*. Por exemplo, seus pais podem ter concepções conflitantes sobre relacionamentos ou carreiras, que, por sua vez, podem ser diferentes de seu ponto de vista. Na medida em que essas diferentes posições são incorporadas o potencial para conflito emerge. Certo dia você pode ter um sentimento sobre a direção de sua carreira profissional e, no dia seguinte, sentir algo completamente diferente. De acordo com a teoria das relações objetais, você tende a ver o mundo por meio dos olhos da pessoa incorporada em seu *self*. Os teóricos das relações objetais enfocam como essas imagens incompatíveis se juntam para compor a identidade de uma pessoa e os conflitos que podem emergir.

Carl Jung (1875-1961) e Alfred Adler (1870-1937) foram estudantes de Freud que vieram a rejeitar suas ideias, formando suas próprias escolas de pensamento. Jung, recusando muitos dos aspectos sexuais da teoria de Freud, apresentou o conceito de **inconsciente coletivo**, um conhecimento acumulado pela sociedade e pela cultura, armazenado profundamente nas memórias individuais e que é transmitido de geração para geração. Jung também sugeriu que os desejos espirituais e religiosos têm tanta parte na natureza humana quanto os sexuais; essa ênfase e a ideia de inconsciente coletivo continuam a atrair a atenção dos místicos. Jung enfatizou a importância dos traços estáveis da personalidade, como introversão (tendência a ser tímido e introspectivo) e extroversão (tendência de ser amigável e expansivo).

Adler se concentrou em sentimentos de inferioridade e esforços por grandeza; criou o termo *complexo de inferioridade*. Diferentemente de Freud, tanto Jung quanto Adler acreditavam que a qualidade básica da natureza humana é positiva e que existe um direcionamento para a autorrealização (efetivação completa do potencial). Jung e Adler acreditavam que removendo barreiras para o crescimento interno e externo o indivíduo melhora e prospera.

Outros tomaram a teorização psicanalítica em direções diferentes, enfatizando o desenvolvimento no curso do ciclo vital e a influência da cultura e da sociedade sobre a personalidade. Karen Horney (1885-1952) e Erich Fromm (1900-1980) estão associados a essas ideias, mas o teórico mais conhecido é Erik Erikson (1902-1994). Sua maior contribuição foi a teoria do desenvolvimento no decorrer do ciclo de vida, em que descreveu, em alguns detalhes, as crises e os conflitos que acompanham oito estágios específicos. Por exemplo, no último desses estágios, a *velhice*, que começa em torno dos 65 anos, os indivíduos reveem sua vida e tentam dar sentido a ela, experimentando tanto a satisfação de terem concluído algumas metas ao longo da vida quanto o desespero por terem falhado em outras. Os avanços científicos corroboraram a sabedoria de considerar a psicopatologia de um ponto de vista do desenvolvimento.

Psicoterapia psicanalítica

Muitas técnicas da psicoterapia psicanalítica, ou psicanálise, são destinadas a revelar a natureza dos processos mentais inconscientes e dos conflitos por meio da catarse e do *insight*. Freud desenvolveu técnicas de **associação livre**, em que os pacientes são instruídos a dizer o que quer que lhes viesse à mente sem nenhuma censura. A associação livre tem a intenção de revelar material emocionalmente carregado que pudesse estar reprimido por ser muito doloroso ou ameaçador para ser trazido à consciência. Os pacientes de Freud deitavam-se em um divã, e ele se sentava atrás deles para que não se distraíssem. É por isso que o divã se tornou o símbolo da psicoterapia. Outras técnicas incluem a **análise dos sonhos** (ainda bastante popular hoje), na qual o terapeuta interpreta o conteúdo dos sonhos, supostamente refletindo o processo primário de pensamento do id, e relaciona sistematicamente os sonhos a aspectos simbólicos dos conflitos inconscientes. Esse procedimento é difícil, porque o paciente pode resistir aos esforços do terapeuta de revelar os conflitos reprimidos e sensíveis e negar as interpretações. A meta desse estágio da terapia é ajudar o paciente a ter *insights* sobre a natureza dos conflitos.

O relacionamento entre o terapeuta, chamado **psicanalista**, e o paciente é muito importante. No contexto desse relacionamento que se desenvolve, o terapeuta pode descobrir a natureza do conflito intrapsíquico do paciente. Isso acontece porque, em um fenômeno denominado **transferência**, os pacientes se relacionam com o terapeuta de forma semelhante à que se relacionavam com figuras importantes de sua infância, particularmente os pais. Pacientes que ressentem o terapeuta, mas não conseguem verbalizar um motivo para isso, podem estar restabelecendo ressentimentos da infância em relação a um dos pais. Com frequência, o paciente se apaixona profundamente por seu terapeuta, o que reflete fortes sentimentos positivos que existiam por um dos pais. No fenômeno da *contratransferência*, os terapeutas projetam alguns de seus próprios sentimentos ou questões, geralmente positivos, para o paciente. Os terapeutas são treinados para lidar com seus próprios sentimentos, bem como com os de seus pacientes, qualquer que seja o modo da terapia, e é estritamente contrário, em todos os cânones éticos das profissões da saúde mental, aceitar aberturas de pacientes que poderiam levar a relacionamentos fora da terapia.

A psicanálise clássica requer terapia de quatro a cinco vezes por semana de dois a cinco anos, em média, para analisar os conflitos inconscientes, resolvê-los e reestruturar a personalidade para restabelecer o ego. A redução de sintomas (transtornos psicológicos) é relativamente inconsequente, porque são apenas expressões dos conflitos intrapsíquicos subjacentes que surgem dos estágios de desenvolvimento psicossexual. Assim, eliminar uma fobia ou um episódio depressivo seria de pouco uso, a menos que o conflito subjacente fosse analisado adequadamente, pois é quase certo que algum outro conjunto de sintomas surgiria (*substituição de sintoma*). Em função dos extraordinários gastos com a psicanálise clássica e da falta de evidência de que ela é eficiente em aliviar transtornos psicológicos, raramente se utiliza essa abordagem hoje em dia.

Em algumas cidades grandes a psicanálise clássica ainda é praticada, mas muitos psicoterapeutas empregam livremente um conjunto de abordagens relacionadas chamado **psicoterapia psicodinâmica**. Embora os conflitos e seus processos inconscientes sejam ainda enfatizados, e esforços sejam feitos a fim de identificar mecanismos de defesa ativos e traumas, os terapeutas usam uma mistura eclética de táticas com um foco social e interpessoal. Sete táticas que caracterizam a psicoterapia dinâmica incluem: (1) foco no afeto e na expressão emocional dos pacientes; (2) exploração das tentativas dos pacientes de evitar tópicos ou de envolver-se em atividades que obstruem o progresso da terapia; (3) identificação de padrões em atitudes, pensamentos, sentimentos, experiências e relacionamentos dos pacientes; (4) ênfase nas experiências passadas; (5) foco nas experiências interpessoais dos pacientes; (6) ênfase na relação terapêutica; e (7) exploração dos desejos, sonhos ou fantasias dos pacientes (Blagys e Hilsenroth, 2000). Dois itens adicionais caracterizam a psicoterapia psicodinâmica. Primeiro, ela é significativamente mais breve que a psicanálise clássica. Segundo, os terapeutas psicodinâmicos tiram a ênfase da meta da reconstrução da personalidade e focam no alívio do sofrimento associado aos transtornos psicológicos.

Comentários

A psicanálise pura é mais de interesse histórico que de interesse corrente,[4] e a psicanálise clássica como tratamento tem perdido

---

[4] NTT da tradução da 8ª edição norte-americana: o Brasil, as teorias psicanalíticas ainda fazem parte das Diretrizes Nacionais para os cursos de graduação em Psicologia.

popularidade com o passar dos anos. Em 1980, o termo *neurose*, que especificamente implicava a visão psicanalítica dos transtornos psicológicos, foi retirado do *DSM*, o sistema oficial de diagnóstico da American Psychiatric Association.

Uma crítica fundamental à psicanálise é que ela não é científica, baseando-se nos relatos do paciente sobre acontecimentos que ocorreram há anos. Esses acontecimentos foram filtrados pela experiência do observador e então interpretados pelo psicanalista de maneira que certamente poderiam ser questionados, com a possibilidade de divergir de um analista para outro. Por fim, não tem havido nenhuma medida cuidadosa para nenhum desses fenômenos psicológicos e nenhum caminho óbvio para provar ou desacreditar as hipóteses básicas da psicanálise. Isso é importante porque a medida e a capacidade de provar ou desacreditar uma teoria são os fundamentos da abordagem científica.

Além disso, conceitos e observações psicanalíticos têm sido muito valiosos, não apenas para o estudo de psicopatologias e de psicoterapia dinâmica, mas também para a história das ideias na civilização ocidental. Cuidadosos estudos científicos de psicopatologia têm apoiado a observação dos processos mentais inconscientes, a noção de que as respostas emocionais básicas são frequentemente desencadeadas por conteúdos ocultos ou simbólicos e a compreensão de que as memórias dos acontecimentos em nossas vidas podem ser reprimidas e, de outra forma, habilmente evitadas. O relacionamento do terapeuta com o paciente, chamado *aliança terapêutica*, é uma área importante de estudo na maioria das estratégias terapêuticas. Esses conceitos, somados à importância de diversos estilos de enfrentamento ou mecanismos de defesa, aparecerão repetidamente no decorrer deste livro.

Muitas dessas ideias psicodinâmicas estão em curso de desenvolvimento por mais de um século, culminando nos escritos influentes de Freud (e.g., Lehrer, 1995), que contrastam com as explicações de bruxaria e as ideias de patologia cerebral incurável. Antes de Freud, a fonte do bem e do mal e dos desejos e proibições foi concebida como externa e espiritual, geralmente à guisa de demônios confrontando as forças do bem. A partir do ponto de vista psicanalítico, nós mesmos nos tornamos o campo de batalha dessas forças e somos inexoravelmente trazidos à luta, algumas vezes para o melhor, outras, para o pior.

Teoria humanista

Já vimos que Jung e Adler romperam com Freud. A discordância fundamental era em relação à verdadeira natureza da humanidade. Freud desenhou a vida como um campo de batalha no qual estamos continuamente diante do perigo de sermos subjugados por nossas mais tenebrosas forças. Jung e Adler, por outro lado, enfatizavam o lado otimista e positivo da natureza humana. Jung falava sobre estabelecer metas, olhando em direção ao futuro e concebendo nossa plenitude. Adler acreditava que a natureza humana atinge seu mais pleno potencial quando contribuímos com o bem-estar de outras pessoas e da sociedade em geral. Ele acreditava que todos nos esforçamos para alcançar níveis superiores de desenvolvimento intelectual e moral. Todavia, tanto Jung quanto Adler conservaram muitos dos princípios do pensamento psicodinâmico. Suas filosofias gerais foram adotadas em meados do

século por teóricos da personalidade e tornaram-se conhecidas como *psicologia humanista*.

A **autorrealização** era o lema desse movimento. O pressuposto subjacente é que todos nós podemos atingir nosso maior potencial em todas as áreas do funcionamento se tivermos liberdade para crescer. Inevitavelmente, uma variedade de condições pode bloquear nossa realização. Pelo fato de que toda pessoa é em sua essência boa e íntegra, a maioria dos bloqueios tem origem externa aos indivíduos. Condições de vida difíceis, vida estressante ou experiências interpessoais podem afastar uma pessoa do seu verdadeiro eu.

Abraham Maslow (1908-1970) foi mais sistemático ao descrever a estrutura da personalidade. Ele postulou uma *hierarquia de necessidades*, começando com nossas necessidades físicas mais básicas por alimentação e sexo e estendendo para as de autorrealização, amor e autoestima. As necessidades sociais, como amizade, ficam em algum lugar entre estas. Maslow criou a hipótese de que não podemos progredir na hierarquia até que tenhamos satisfeitas as necessidades dos níveis mais baixos.

Carl Rogers (1902-1987) é, do ponto de vista da terapia, o mais influente humanista. Rogers (1961) criou a terapia centrada no cliente, conhecida posteriormente como **terapia centrada na pessoa**. Nessa abordagem, o terapeuta assume papel passivo, fazendo o mínimo de interpretações possível. O objetivo é fornecer ao indivíduo a oportunidade de se desenvolver durante o curso da terapia, sem as restrições das ameaças ao *self*. Os teóricos humanistas têm grande crença na capacidade das relações humanas de promoverem esse crescimento. **Consideração positiva incondicional**, a completa e quase irrestrita aceitação da maioria dos sentimentos e atitudes do paciente, é crítica para uma abordagem humanista. A *empatia* é a compreensão da visão particular de mundo do indivíduo. O resultado esperado com a terapia centrada na pessoa é que os pacientes sejam mais francos e honestos consigo mesmos e avaliem suas tendências inatas em direção ao crescimento.

Como a psicanálise, a abordagem humanista teve um efeito substancial sobre as teorias das relações interpessoais. Por exemplo, os movimentos humanos potenciais, tão populares nos anos de 1960 e 1970, foram um resultado direto da teorização humanista. Essa abordagem também enfatizou a importância da relação terapêutica de maneira bastante diferente da de Freud. Em vez de entender a relação como um meio para um fim (transferência), os terapeutas humanistas acreditavam que os relacionamentos, incluindo o terapêutico, eram a mais positiva influência para facilitar o crescimento humano. De fato, Rogers trouxe contribuições substanciais para o estudo científico das relações terapeuta-cliente.

Não obstante, o modelo humanista ofereceu poucas informações para o campo da psicopatologia. Um dos motivos para isso é que seus proponentes, com algumas exceções, não tiveram muito interesse em fazer pesquisas que descobrissem ou criassem novos conhecimentos. Em vez disso, enfatizavam as experiências singulares, não quantificáveis, do indivíduo, reforçando que as pessoas eram mais diferentes do que parecidas. Como Maslow observou, o modelo humanista encontrou sua maior aplicação entre os indivíduos sem transtornos psicológicos. A aplicação da terapia centrada na pessoa no caso de transtornos psicológicos mais graves diminuiu substancialmente no decorrer das décadas, embora surjam periodicamente certas variações em algumas áreas da psicopatologia.

O modelo comportamental

À medida que a psicanálise se espalhava pelo mundo no início do século XX, eventos na Rússia e nos Estados Unidos ofereceriam um modelo psicológico alternativo tão poderoso quanto a psicanálise. O **modelo comportamental**, conhecido como *modelo cognitivo-comportamental* ou *modelo de aprendizagem social*, trouxe o desenvolvimento sistemático de uma abordagem mais científica para os aspectos psicológicos da psicopatologia.

Pavlov e o condicionamento clássico

Em seu clássico estudo que examinou por que os cachorros salivam antes de lhes ser dada a comida, o fisiologista Ivan Petrovich Pavlov (1849-1936), de São Petersburgo, Rússia, iniciou o estudo do **condicionamento clássico**, um tipo de aprendizagem em que um estímulo neutro é pareado a um outro estímulo, que elicia uma resposta até que ele (estímulo neutro) passe a eliciar aquela resposta. A palavra *condicionamento* (ou *resposta condicionada*) resultou de um acidente de tradução do original em russo. Pavlov estava realmente falando sobre uma resposta que ocorria somente na "condição" da presença de um evento ou situação particular (estímulo) – nesse caso, o som dos passos do assistente de laboratório no momento de o cão receber a comida. Assim, o termo "resposta condicional" teria sido mais preciso. O condicionamento é uma maneira pela qual adquirimos novas informações que, de alguma forma, são emocionais por natureza. Esse processo não é tão simples quanto parece inicialmente, e continuamos a descobrir muitos fatos sobre sua complexidade (Bouton, 2005; Craske, Hermans e Vansteenwegen, 2006; Lissek et al., 2014; Prenoveau et al. 2013; Rescorla, 1988). Todavia, pode ser bastante automático. Vejamos um exemplo bem atual.

Os psicólogos que trabalham em unidades de oncologia estudaram um fenômeno bem conhecido por muitos pacientes de câncer, enfermeiros, médicos e suas famílias. A quimioterapia, tratamento comum para algumas formas dessa doença, tem efeitos colaterais, incluindo náusea e vômitos fortes. Mas esses pacientes frequentemente sentiram náusea grave e vômitos apenas por ver o pessoal médico que administrou a quimioterapia ou qualquer equipamento associado ao tratamento, mesmo nos dias em que esse tratamento não era ministrado (Morrow e Dobkin, 1988; Kamen et al., 2014; Roscoe

▲ Ivan Pavlov (1849-1936) identificou o processo de condicionamento clássico, importante para muitos transtornos emocionais.

et al. 2011). Para alguns pacientes, essa reação associa-se a ampla variedade de estímulos que evocam pessoas ou coisas presentes durante a quimioterapia – qualquer um que esteja com uniforme de enfermeiro ou mesmo a visualização do hospital. A força da resposta a objetos ou pessoas semelhantes é geralmente uma função de quão semelhantes esses objetos ou pessoas são. Esse fenômeno é chamado *generalização de estímulo*, porque a resposta generaliza estímulos semelhantes. Em qualquer caso, essa reação particular é muito estressante e desconfortável, em especial se for associada com ampla variedade de objetos e situações. Os psicólogos têm desenvolvido tratamentos específicos para superar essa resposta (Mustian et al., 2011).

Independente de o estímulo ser alimentação, como no laboratório de Pavlov, ou quimioterapia, o processo de condicionamento clássico começa com um estímulo que eliciaria uma resposta em quase qualquer organismo e não requereria nenhuma aprendizagem; nenhuma condição precisa estar presente para a resposta ocorrer. Por esses motivos, o alimento ou a quimioterapia são denominados *estímulo incondicionado* (EI). A resposta natural ou não aprendida a esse estímulo – nesses casos, salivação ou náusea – é chamada *resposta incondicionada* (RI). É neste momento que o aprendizado entra. Como já vimos, qualquer pessoa ou objeto associado ao EI (alimento ou quimioterapia) adquire o poder de eliciar a mesma resposta, mas agora a resposta, em razão do fato de ter sido eliciada pelo *estímulo condicionado* ou condicional (EC), é chamada *resposta condicionada* (RC). Assim, o enfermeiro responsável pela administração da quimioterapia torna-se um estímulo condicionado. A sensação de náusea (ao ver o enfermeiro), que é quase a mesma sentida durante a quimioterapia, torna-se a RC.

Com estímulos incondicionados tão poderosos como a quimioterapia, uma RC pode ser aprendida logo na primeira vez. Entretanto, a maioria da aprendizagem desse tipo requer pareamentos repetidos do EI (por exemplo, a quimioterapia) ao EC (por exemplo, o uniforme do enfermeiro ou o equipamento hospitalar). Quando Pavlov começou a investigar esse fenômeno, ele substituiu os passos de seus assistentes no laboratório por um metrônomo para que pudesse quantificar os estímulos com mais precisão e, portanto, estudar a abordagem mais precisamente. O que também observou é que a apresentação do EC (por exemplo, o metrônomo) *sem* a comida por um período suficientemente longo eventualmente eliminaria a RC à comida. Em outras palavras, o cachorro aprendeu que o metrônomo não mais significava que a comida poderia estar a caminho. Esse processo foi chamado **extinção**.

Em razão de Pavlov ter sido fisiologista, era natural estudar esses processos em um laboratório e adotar uma postura científica em relação a eles. Isso requeria precisão ao medir e observar as relações e excluir explicações alternativas. Embora essa abordagem seja comum na biologia, não era de todo comum na psicologia naquela época. Por exemplo, era impossível para os psicanalistas mensurarem os conflitos inconscientes com precisão, ou mesmo observá-los. Mesmo antes, psicólogos experimentais como Edward Titchener (1867-1927) enfatizavam o estudo da **introspecção**. Os sujeitos simplesmente relatavam seus pensamentos e sentimentos interiores após experimentar determinados estímulos, mas os resultados dessa psicologia de "almanaque" foram inconsistentes e desencorajadores para muitos psicólogos experimentais.

Watson e o surgimento do behaviorismo

Um psicólogo norte-americano precursor, John B. Watson (1878-1958), é considerado o fundador do behaviorismo. Bastante influenciado pelo trabalho de Pavlov, Watson decidiu que basear a psicologia na introspecção era caminhar na direção errada; que a psicologia poderia ser tão científica quanto a fisiologia; e que ela não mais precisava da introspecção ou de quaisquer métodos não quantificáveis, tanto quanto a química ou a física (Watson, 1913). Esse ponto de vista está refletido em uma famosa citação de um artigo publicado por Watson em 1913: "A psicologia, como um behaviorista a entende, é um ramo objetivo puramente experimental da ciência natural. Sua meta teórica é a previsão e o controle do comportamento. A introspecção não constitui nenhuma parte essencial de seus métodos" (p. 158).

Watson passou muito tempo desenvolvendo a psicologia behaviorista como uma ciência empírica radical, mas penetrou brevemente no estudo da psicopatologia. Em 1920, ele e uma aluna, Rosalie Rayner, presentearam um menino de 11 meses chamado Albert com um inofensivo e fofinho rato branco. Albert não tinha medo do animalzinho e gostava de brincar com ele. Entretanto, cada vez que Albert tentava pegar o rato, os experimentadores faziam um barulho alto atrás dele. Após apenas cinco tentativas, Albert mostrou os primeiros sinais de medo quando o rato branco vinha para perto. Os experimentadores perceberam, então, que Albert demonstrava um leve medo de qualquer objeto branco peludo, mesmo de uma máscara de Papai Noel com uma barba branca felpuda. Você pode pensar que isso não é surpreendente, mas tenha em mente que esse foi um dos primeiros exemplos, registrados em um laboratório, da geração de medo por um objeto não previamente amedrontador. Claro, esse experimento seria considerado antiético para os padrões atuais, e foi descoberto que Albert talvez tivesse algum prejuízo neurológico que poderia ter contribuído para o desenvolvimento do medo (Fridlund et al. 2012), mas o estudo permanece como um experimento clássico.

Outra aluna de Watson, Mary Cover Jones (1896-1987), acreditava que se o medo pudesse ser aprendido ou classicamente condicionado dessa maneira, talvez pudesse ser desaprendido ou extinto. Ela trabalhou com um menino chamado Peter, que, aos dois anos e dez meses, já tinha bastante medo de objetos peludos. Jones decidiu trazer um coelho branco para dentro de uma sala em que Peter brincava por um curto período todos os dias. Ela também trouxe outras crianças, que não tinham medo de coelhos, para ficarem na mesma sala. Ela observou que o medo de Peter diminuía aos poucos. Cada vez que isso ocorria, ela trazia o coelho para mais perto. Às vezes, Peter tocava e até brincava com o animal (Jones, 1924a, 1924b), e anos mais tarde o medo não havia voltado.

▲ Mary Cover Jones (1896-1987) foi uma das primeiras psicólogas a usar técnicas comportamentais para restabelecer um paciente com fobia.

Os primórdios da terapia behaviorista

As implicações da pesquisa de Jones foram largamente ignoradas por duas décadas, dado o fervor associado aos conceitos mais psicanalíticos do desenvolvimento do medo. Mas, no final dos anos 1940 e início dos anos 1950, Joseph Wolpe (1915-1997), psiquiatra pioneiro da África do Sul, não satisfeito com as interpretações psicanalíticas da psicopatologia que predominavam, começou a procurar por algo mais. Ele voltou-se ao trabalho de Pavlov e se familiarizou com o campo mais amplo da psicologia comportamental. Desenvolveu uma série de procedimentos comportamentais para tratar seus pacientes, muitos dos quais sofriam de fobias. Sua técnica mais famosa foi denominada **dessensibilização sistemática**. A princípio, era similar ao tratamento do pequeno Peter: os indivíduos eram gradualmente apresentados a objetos ou a situações que temiam para que seu medo pudesse ser extinto; ou seja, eles poderiam testar a realidade e ver que nada de ruim acontecia na presença do objeto ou da cena fóbicos. Wolpe acrescentou outro elemento: seus pacientes tinham de fazer algo que fosse incompatível com o medo, enquanto estivessem na presença do objeto ou da situação temida. Pelo fato de não poder sempre reproduzir o objeto fóbico em seu consultório, Wolpe fazia seus pacientes *imaginarem* sistemática e cuidadosamente a cena fóbica e a resposta que eles escolhiam era o relaxamento, porque era conveniente. Por exemplo, Wolpe tratou de um rapaz que tinha fobia de cachorros; inicialmente, treinou-o para relaxar profundamente e então imaginar que estava olhando para um cão do outro lado do parque. Gradualmente, ele pôde imaginar o cachorro do outro lado do parque e permanecer relaxado, vivenciando pouco ou nenhum medo. Wolpe então fez que ele imaginasse que estava mais perto do cachorro. Por fim, o jovem imaginou que estava tocando o cachorro, mantendo-se relaxado, quase como em estado de transe.

Wolpe reportou o grande sucesso com a dessensibilização sistemática, uma das primeiras aplicações em larga escala da nova ciência do behaviorismo para a psicopatologia. Wolpe, trabalhando com os companheiros pioneiros Hans Eysenck e Stanley Rachman, em Londres, chamou essa abordagem de **terapia behaviorista**. Embora os procedimentos de Wolpe sejam raramente utilizados hoje, eles prepararam o caminho para os procedimentos de redução da ansiedade e do medo dos dias de hoje, com os quais fobias graves podem ser eliminadas em apenas um dia (ver Capítulo 5).

B. F. Skinner e o condicionamento operante

A influência de Sigmund Freud estendeu-se muito além da psicopatologia e alcançou muitos aspectos de nossa história cultural e intelectual. Apenas um outro cientista causou impacto semelhante: Burrhus Frederic (B. F.) Skinner (1904-1990). Em 1938, ele publicou *O comportamento dos organismos*, em que estabeleceu, de maneira abrangente, os princípios do *condicionamento operante*, um tipo de aprendizagem em que o comportamento muda em função do que se segue ao comportamento. Skinner observou logo no início que grande parte de nosso comportamento não era automaticamente eliciado por um EI e que deveríamos levar isso em conta. Nos anos que se seguiram, Skinner não confinou suas ideias aos laboratórios de psicologia experimental. Ele ampliou seus escritos, descrevendo, por exemplo, as aplicações potenciais de uma ciência do comportamento em nossa cultura. Alguns dos exemplos mais famosos de suas ideias estão no romance *Walden two* (Skinner, 1948), no qual ele descreve uma sociedade fictícia sob os princípios do condicionamento operante. Em outra obra bastante conhecida, *Beyond freedom and dignity* (1971) – com o título em português *Para além da liberdade e da dignidade* –, Skinner estabelece um manifesto mais amplo sobre os problemas que nossa cultura enfrenta e sugere soluções baseadas em sua própria visão de uma ciência do comportamento.

Skinner foi muito influenciado pela convicção de Watson de que uma ciência do comportamento humano deveria ser baseada em acontecimentos observáveis e nas relações entre esses eventos. O trabalho do psicólogo Edward L. Thorndike (1874-1949) também influenciou Skinner. Thorndike é mais conhecido pela *lei do efeito*, que estabelece que o comportamento é fortalecido (suscetível de ser repetido mais frequentemente) ou enfraquecido (provável de ocorrer menos frequentemente) dependendo das consequências desse comportamento. Skinner usou as noções bastante simples que Thorndike testou nos animais de laboratório, usando comida como reforçador, e desenvolveu-as em uma variedade de maneiras complexas para aplicar em muito do nosso comportamento. Por exemplo, se um garoto de cinco anos começa a gritar a plenos pulmões em um restaurante, incomodando as pessoas ao redor, é improvável que esse comportamento fosse eliciado automaticamente por um EI. Da mesma forma, é menos provável que repetisse esse comportamento no futuro se seus pais o repreendessem, o levassem para fora até o carro para se sentar por um momento ou consistentemente reforçassem um comportamento mais apropriado. Da mesma forma, se os pais considerassem esse comportamento bonitinho e engraçado, é provável que o menino agiria assim novamente.

Skinner cunhou o termo *condicionamento operante* porque o comportamento opera no ambiente e o modifica de alguma forma. Por exemplo, o comportamento do menino afeta o comportamento de seus pais e provavelmente o comportamento de outros clientes. Por conseguinte, ele muda o ambiente em que está. A maioria daquilo que fazemos socialmente oferece contexto para outras pessoas nos responderem de uma forma ou de outra, o que gera consequências em nosso comportamento. Isso também se aplica em relação a nosso ambiente físico, embora as consequências possam se dar a longo prazo (a poluição do ar eventualmente nos envenenará). Skinner preferia o termo **reforço** a "recompensa", porque conota o efeito sobre o comportamento. Skinner disse uma vez que se percebeu um pouco constrangido ao conversar continuamente sobre reforço tanto quanto os marxistas costumavam ver a luta de classes por toda parte. Mas ele salientou que tudo em nosso comportamento é governado em algum nível por reforço, o que pode ser disposto em uma variedade infinita de maneiras, em *esquemas de reforçamento*. Skinner escreveu um livro sobre diferentes esquemas de reforçamento (Ferster e Skinner, 1957). Ele também acreditava que usar punição como consequência é relativamente não efetivo a longo prazo e que a maneira básica de desenvolver novos comportamentos é reforçar positivamente o comportamento desejado. Como Watson, Skinner não via a necessidade de ir além do observável e do quantificável para estabelecer uma ciência satisfatória do comportamento. Ele não negava a influência da biologia ou a existência de estados subjetivos de emoção ou cognição; simplesmente explicava esses fenômenos como efeitos colaterais relativamente inconsequentes de uma história particular de reforço.

▲ B. F. Skinner (1904-1990) estudou o condicionamento operante, uma forma de aprendizado que é central para a psicopatologia.

O objeto de pesquisa de Skinner era geralmente animais, a maioria pombos e ratos. Usando esses novos princípios, Skinner e seus discípulos ensinaram aos animais uma variedade de truques, incluindo dançar, jogar pingue-pongue e tocar um piano de brinquedo. Para fazer isso, ele usava um procedimento chamado **modelagem**, processo de reforço de aproximações sucessivas de um comportamento final ou um conjunto de comportamentos. Por exemplo, se você quer que um pombo jogue pingue-pongue, primeiro ofereça uma bolinha de comida toda vez que mover a cabeça para uma bola de pingue-pongue lançada na direção dele. Gradualmente, você faz o pombo mover a cabeça cada vez mais para perto da bola de pingue-pongue, até que a toque. Por fim, receber uma bolinha de alimento é condição para o pombo rebater a bola com a cabeça.

Pavlov, Watson e Skinner contribuíram de forma significativa para a terapia behaviorista (ver, por exemplo, Wolpe, 1958), na qual os princípios científicos da psicologia são aplicados a problemas clínicos. Suas ideias contribuíram substancialmente para os tratamentos psicológicos atuais e serão referenciadas no decorrer deste livro.

Comentários

O modelo comportamental contribuiu muito para a compreensão e o tratamento da psicopatologia, como ficará claro nos capítulos que se seguem. Por outro lado, esse modelo é incompleto e inadequado para explicar o que agora sabemos sobre psicopatologia. No passado, havia pouco ou nenhum espaço para a biologia no behaviorismo, porque os transtornos eram considerados, em sua maior parte, reações ambientalmente determinadas. O modelo também falha em descrever o desenvolvimento da psicopatologia por meio do ciclo de vida. Avanços recentes no conhecimento de como as informações são processadas, tanto consciente quanto inconscientemente, acrescentaram uma camada de complexidade. Integrar todas essas dimensões requer um novo modelo de psicopatologia.

O presente: o método científico e uma abordagem integradora

Como William Shakespeare escreveu, "O que é passado é prólogo". Acabamos de rever três tradições ou maneiras de pensamento diferentes sobre as causas da psicopatologia: a sobrenatural, a biológica e a psicológica (posteriormente subdivididas em dois componentes históricos principais: o psicanalítico e o comportamental).

Explicações sobrenaturais da psicopatologia ainda estão conosco. As superstições prevalecem, incluindo crenças nos efeitos da lua e das estrelas sobre o nosso comportamento. Entretanto, essa tradição pouco influencia cientistas e outros profissionais. Os modelos biológico, psicanalítico e comportamental, por outro lado, continuam a aprofundar nosso conhecimento acerca da psicopatologia, como veremos no próximo capítulo.

Cada umas dessas tradições falhou em aspectos importantes. Primeiro, os métodos científicos não eram aplicados com frequência a teorias e tratamentos de uma tradição, grande parte em virtude de os métodos que teriam produzido a evidência necessária para confirmar ou não as teorias e tratamentos não estarem sendo desenvolvidos. Na falta de tal evidência, diversos modismos e superstições foram aceitos e, recentemente, provados como inverídicos ou inúteis. É comum novos modismos substituírem teorias verdadeiramente úteis e procedimentos de tratamento. O Rei Carlos VI foi submetido a uma variedade de procedimentos, alguns comprovadamente úteis, outros provando ser meros modismos e até mesmo prejudiciais. No Capítulo 4 descreveremos como usamos os métodos científicos para confirmar ou não as descobertas em psicopatologia. Em segundo lugar, os profissionais da saúde tendem a olhar para os transtornos psicológicos de maneira muito restrita, com base somente em seus pontos de vista. Grey presumiu que os transtornos psicológicos eram resultado de doença cerebral e que outros fatores não tinham nenhum tipo de influência. Watson acreditava que todos os comportamentos, incluindo o comportamento desorganizado, eram o resultado de influências psicológicas e sociais, e que a contribuição dos fatores biológicos era inconsequente.

Nos anos 1990, dois avanços como nunca visto surgiram para iluminar a natureza da psicopatologia: (1) a crescente sofisticação dos instrumentos científicos e da metodologia; e (2) a constatação de que nenhuma influência – biológica, comportamental, cognitiva, emocional ou social – ocorre de forma isolada. Literalmente, cada vez que pensamos, sentimos ou fazemos algo, o cérebro e o restante do corpo estão em intenso trabalho. Talvez não tão óbvio, entretanto, seja o fato de que nossos pensamentos, sentimentos e ações inevitavelmente influenciam a função e até mesmo a estrutura do cérebro, às vezes de modo permanente. Em outras palavras, nosso comportamento, tanto normal quanto atípico, é o produto de uma interação contínua de influências psicológicas, biológicas e sociais.

A visão de que a psicopatologia é multiplamente determinada teve seus primeiros adeptos. Talvez o mais notável tenha sido Adolf Meyer (1866-1950), considerado usualmente o decano da psiquiatria norte-americana. Ao passo que a maioria dos profissionais, durante a primeira metade do século, possuía concepções limitadas da causa da psicopatologia, Meyer firmemente enfatizou as contribuições semelhantes do determinismo biológico, psicológico e sociocultural. Embora tivesse alguns proponentes, foi cem anos antes que suas ideias se tornaram reconhecidas na área.

No ano 2000, ocorreu uma verdadeira explosão de conhecimento sobre a psicopatologia. Os jovens campos da ciência cognitiva e da neurociência começaram a crescer exponencialmente, enquanto aprendíamos mais sobre o cérebro e como processamos, lembramos e usamos as informações. Ao mesmo tempo, novas descobertas surpreendentes na ciência comportamental revelaram a importância da experiência anterior na determinação do desenvolvimento posterior. Estava claro que um novo modelo era necessário e que deveria considerar influências biológicas, psicológicas e sociais sobre o comportamento. Essa abordagem da psicopatologia combinaria as descobertas de todas as áreas com nossa rápida e crescente compreensão de como experimentamos a vida em diferentes períodos, da infância à velhice. Em 2010, o Instituto Nacional de Saúde Mental (NIMH, do inglês National Institute of Mental Health) estabeleceu um plano estratégico para apoiar mais pesquisas e o desenvolvimento do inter-relacionamento desses fatores com o objetivo de traduzir as descobertas científicas para o cenário de tratamento de primeira linha (Cuthbert, 2014; Insel, 2009; Sanislow, Quinn e Sypher, 2015). Ao longo deste livro exploraremos algumas dessas influências recíprocas entre neurociência, ciência cognitiva, ciência do comportamento e ciência do desenvolvimento e demonstraremos que o único modelo atualmente válido de psicopatologia é multidimensional e integrador.

Verificação de conceitos 1.3

Associe o tratamento com a teoria psicológica de comportamento correspondente: (a) modelo comportamental, (b) terapia moral, (c) teoria psicanalítica e (d) teoria humanista.

1. Tratar da forma mais normal possível os pacientes internados, encorajar a interação social e o desenvolvimento de relacionamentos. _____

2. Hipnose, psicanálise como associação livre e análise dos sonhos e equilíbrio do id, ego e superego.

_____

3. Terapia centrada na pessoa com consideração positiva incondicional. _____

4. Condicionamento clássico, dessensibilização sistemática e condicionamento operante.

_____

Resumo

Compreendendo a psicopatologia

▶ Um transtorno psicológico é (1) uma disfunção psicológica no indivíduo (2) que está associada com sofrimento ou prejuízo no funcionamento e (3) a uma resposta que não é típica ou culturalmente esperada. Todos os três critérios básicos devem ser atingidos; nenhum critério por si só identificado pode definir a essência da anormalidade.

▶ O campo da psicopatologia está relacionado ao estudo científico dos transtornos psicológicos. Profissionais especializados em saúde mental variam entre psicólogos clínicos e de aconselhamento até psiquiatras, assistentes sociais e enfermeiros psiquiátricos. Cada profissão requer um tipo específico de treinamento.

▶ Usando métodos científicos, os profissionais da saúde mental podem agir como pesquisadores clínicos. Eles não apenas acompanham as últimas descobertas como também usam os dados científicos para avaliar seu próprio trabalho e frequentemente conduzem pesquisas dentro de suas clínicas ou hospitais.

▶ A pesquisa sobre transtornos psicológicos está dividida em três categorias: descrição, causa e tratamento e resultados.

As tradições sobrenatural, biológica e psicológica

▶ Historicamente, existem três abordagens proeminentes para o comportamento atípico. Na tradição sobrenatural, esse comportamento era atribuído ao ambiente social ou a agentes externos a nossos corpos, como demônios, espíritos ou a influência da lua e dos astros; embora ainda viva, essa tradição tem sido substituída por perspectivas biológica e psicológica. Segundo a tradição biológica, os transtornos são atribuídos à doença ou aos desequilíbrios bioquímicos; na tradição psicológica, o comportamento atípico é atribuído ao desenvolvimento psicológico inadequado e ao contexto social.

▶ Cada tradição tem sua própria maneira de tratar os indivíduos que sofrem de transtornos psicológicos. Os tratamentos sobrenaturais incluem o exorcismo para livrar o corpo dos espíritos sobrenaturais. Os tratamentos biológicos geralmente enfatizam cuidado físico e pesquisa por curas médicas, especialmente drogas. As abordagens psicológicas usam os tratamentos psicossociais, começando com a terapia moral, incluindo a moderna psicoterapia.

▶ Sigmund Freud, fundador da terapia psicanalítica, ofereceu um conceito elaborado da mente inconsciente, muito do qual ainda está em conjectura. Em terapia, Freud concentrava-se em explorar os mistérios do inconsciente por meio de técnicas como a catarse, a livre associação e a análise dos sonhos. Ainda que os seguidores de Freud tenham desviado do seu caminho de diversas formas, a influência de Freud ainda pode ser sentida atualmente

▶ Um desenvolvimento da terapia freudiana é a psicologia humanista, que enfoca mais o potencial e a autorrealização humana do que os transtornos psicológicos. A terapia que evoluiu dessa abordagem é conhecida como terapia centrada na pessoa; o terapeuta oferece uma consideração positiva quase incondicional com os sentimentos e pensamentos do paciente.

▶ O modelo comportamental conduziu a psicologia para o domínio da ciência. Tanto a pesquisa quanto a terapia focalizam as coisas que são mensuráveis, incluindo técnicas como a dessensibilização sistemática, o reforçamento e a modelagem.

O presente: o método científico e uma abordagem integradora

▶ Com o aumento da sofisticação de nossos instrumentos científicos e novos conhecimentos advindos da ciência cognitiva, da ciência comportamental e da neurociência, observamos que nenhuma contribuição aos transtornos psicológicos ocorreu isoladamente. Nosso comportamento, tanto normal quanto atípico, é produto de uma interação contínua das influências psicológica, biológica e social.

Termos-chave

análise dos sonhos
ansiedade de castração
apresentação do problema
associação livre
autorrealização
behaviorismo
catarse
comportamento atípico
condicionamento clássico
conflitos intrapsíquicos
consideração positiva
    incondicional
curso
descrição clínica
dessensibilização sistemática
ego
estágios de desenvolvimento
    psicossexual
etiologia
exorcismo
extinção
fobia
id
incidência
inconsciente
inconsciente coletivo

introspecção
mecanismo de defesa
modelagem
modelo comportamental
modelo psicanalítico
movimento de higiene mental
neurose (plural neuroses)
pesquisador clínico
prevalência
prognóstico
psicanálise
psicanalista
psicologia do ego
psicologia do *self*
psicopatologia
psicoterapia psicodinâmica
reforço
relações objetais
superego
terapia centrada na pessoa
terapia do behaviorista
terapia moral
transferência
transtorno psicológico
tratamento psicossocial

Respostas da verificação de conceitos

1.1

Parte A
1. d; 2. b, c

Parte B
3. d; 4. c; 5. a; 6. f; 7. e; 8. b

1.2
1. c; 2. a; 3. b

1.3
1. b; 2. c; 3. d; 4. a

Linha do tempo de acontecimentos significativos

400 A.C.–1875

400 a.C.: Hipócrates sugere que os transtornos psicológicos têm tanto causas biológicas quanto psicológicas.

200 a.C.: Galeno sugeria que os comportamentos típico e atípico estavam relacionados aos quatro fluidos corporais ou humores.

1300

1300: A superstição impera desenfreadamente, segundo a qual os transtornos mentais são causados por demônios e bruxas; exorcismos são executados para livrar as vítimas de espíritos malignos.

1400: Concepção clara de que a insanidade é causada por momentos em que há estresse mental e emocional, e depressão e ansiedade novamente são considerados por alguns como transtornos.

400 A.C.

1500

1400–1800: Sangria e sanguessugas eram utilizados para livrar o corpo de fluidos que causavam doenças e para restaurar o equilíbrio químico.

1500: Paracelso sugere que a lua e as estrelas, não a possessão demoníaca, afetam o funcionamento psicológico das pessoas.

1793

1793: Philippe Pinel introduziu a terapia moral e tornou as instituições de doença mental francesas mais humanizadas.

1825–1875

1848: Dorothea Dix faz campanhas, de maneira bem-sucedida, para tratamentos mais humanizados nas instituições de saúde mental norte-americanas.

1825–1875: Sífilis é diferenciada dos outros tipos de psicose, e causada por uma bactéria específica; por último, a penicilina traz a cura da sífilis.

1848

1854: John P. Grey, superintendente do Hospital Utica, em Nova York, acredita que a insanidade é o resultado de causas físicas, e assim reduz a ênfase nos tratamentos psicológicos.

1870

1870: Louis Pasteur desenvolve sua teoria do germe da doença, que auxilia a identificar a bactéria que causa sífilis.

1848–1920

1895: Josef Breuer trata a "histérica" Anna O., que conduz ao desenvolvimento da teoria psicanalítica de Freud.

1900: Sigmund Freud publica a *Interpretação dos sonhos*.

1904: Ivan Pavlov recebe o Prêmio Nobel por seu trabalho em psicologia da digestão, que o leva a identificar os reflexos condicionados em cães.

1900

1920

1913: Emil Kraepelin classifica vários transtornos psicológicos de um ponto de vista biológico e publica obras sobre diagnóstico.

1920: John B. Watson faz o experimento com o medo condicionado no pequeno Albert usando um rato branco.

1930–1968

1930: Inicia-se o uso da terapia de choque insulínico, de tratamentos com eletrochoque e da cirurgia cerebral para tratar psicopatologias.

1938: B. F. Skinner publica *Comportamento dos organismos*, que descreve os princípios do condicionamento operante.

1930

1943: Publicado o *Inventário Multifásico de Personalidade de Minnesota* (MMPI).

1946: Anna Freud publica *Ego e os mecanismos de defesa*.

1943

1950

1950: As primeiras drogas efetivas para transtornos psicóticos graves são desenvolvidas. Psicologia humanista ganha alguma aceitação (baseada nas ideias de Carl Jung, Alfred Adler e Carl Rogers).

1952: A primeira edição do *Manual Diagnóstico e Estatístico de Transtornos Mentais (DSM-I)* é publicada.

1968

1958: Joseph Wolpe efetivamente trata pacientes com fobia utilizando a dessensibilização sistemática baseada nos princípios da ciência comportamental.

1968: *DSM-II* é publicado.

1980–2013

1990: Métodos de pesquisa cada vez mais sofisticados são desenvolvidos; nenhuma influência – biológica ou ambiental – é considerada causa de transtornos psicológicos isolados um do outro.

1980

1980: *DSM-III* é publicado.

1987: *DSM-III-R* é publicado.

1990s

1994: *DSM-IV* é publicado.

2000

2000: *DSM-IV-TR* é publicado.

2010

2013: *DSM-5* é publicado.

2 Uma abordagem integrada da psicopatologia

RESUMO DO CAPÍTULO

Modelos unidimensional *versus* multidimensional
O que causou a fobia de Judy?
Resultados e comentários

Contribuições genéticas para a psicopatologia
A natureza dos genes
Novos desenvolvimentos no estudo dos genes e do comportamento
A interação entre os genes e o ambiente
A herança epigenética e não genômica do comportamento

A neurociência e suas contribuições para a psicopatologia
O sistema nervoso central
A estrutura do cérebro
O sistema nervoso periférico
Neurotransmissores
Implicações para a psicopatologia
Influências psicossociais sobre a estrutura e o funcionamento do cérebro
Interações entre fatores psicossociais e sistemas neurotransmissores
Efeitos psicossociais sobre o desenvolvimento da estrutura e do funcionamento do cérebro
Comentários

Ciências comportamental e cognitiva
Condicionamento e processos cognitivos
Desamparo aprendido
Aprendizagem social
Aprendizagem preparada
A ciência cognitiva e o inconsciente

Emoções
A fisiologia e a finalidade do medo
Os fenômenos emocionais
Os componentes da emoção
A raiva e o seu coração
Emoções e psicopatologia

Fatores culturais, sociais e interpessoais
Vodu, mau-olhado e outros medos
Gênero sexual
Efeitos sociais sobre saúde e comportamento
Incidência global dos transtornos psicológicos

Desenvolvimento do ciclo de vida

Conclusões

Resultados finais de assimilação do conteúdo pelo aluno*	
• **Utilizar o raciocínio científico para interpretar o fenômeno psicológico. Esse resultado se aplica às indicações 1.1a e 1.1C do APA SLO.**	• Identificar os componentes básicos biológicos, psicológicos e sociais sobre as explicações comportamentais (ex.: inferências, observações, definições operacionais, interpretação) [APA SLO 2.1a] • Associar vários níveis pertinentes de complexidade (ex.: celular, individual, grupo/sistema, social/cultural) para explicar o comportamento [APA SLO 2.1C]
• **Desenvolver um conhecimento prático dos domínios de conteúdos da psicologia.**	• Identificar as características-chave dos mais importantes domínios de investigação em psicologia (ex.: cognição e aprendizagem, psicologia do desenvolvimento, aspectos biológicos e sociais) [APA SLO 1.2a]

*Parte deste capítulo trata dos resultados finais de aquisição de conhecimento sugeridos pela American Psychological Association (2013), inclusos nas diretrizes de bacharéis em Psicologia. O escopo do capítulo concernente aos resultados está identificado acima pela APA Goal e pela APA Suggested Learning Outcome (SLO).[1]

Você se lembra de Judy, do Capítulo 1? Sabíamos que ela sofria de fobia de sangue-injeção-ferimentos, mas não sabíamos por quê. Aqui, abordaremos a questão da causa. Este capítulo examina os componentes específicos de uma **abordagem multidimensional integrada** para a psicopatologia (ver Figura 2.1). As dimensões biológicas incluem fatores causais nos campos da genética e da neurociência. As dimensões psicológicas abrangem fatores causais do comportamento e dos processos cognitivos, incluindo desamparo aprendido, aprendizagem social, aprendizagem preparada e até mesmo processos inconscientes (porém de forma diferente daquela entendida nos tempos de Sigmund Freud). Influências emocionais contribuem de várias maneiras para a psicopatologia, como é o caso das influências sociais e interpessoais. Por fim, influências do desenvolvimento estão presentes em qualquer discussão sobre as causas de transtornos psicológicos. Você se familiarizará com essas áreas à medida que elas forem se relacionando à psicopatologia e conhecerá alguns dos mais recentes e relevantes avanços relacionados a transtornos psicológicos. Mas tenha em mente o que foi afirmado no capítulo anterior: nenhuma influência ocorre isoladamente. Cada dimensão – biológica ou psicológica – é fortemente influenciada pelas outras e pelo desenvolvimento, e elas se entrelaçam de várias formas complexas intrincadas para gerar um transtorno psicológico.

Aqui, explicamos brevemente por que adotamos um modelo integrado multidimensional de psicopatologia. Em seguida, predizemos diversas influências e interações causais utilizando o caso de Judy como pano de fundo. Depois disso, aprofundamo-nos mais nas influências causais específicas em psicopatologia, examinando tanto as últimas pesquisas quanto as maneiras integradas de visualizar o que sabemos.

Modelos unidimensional *versus* multidimensional

Dizer que a psicopatologia é causada por uma anormalidade física ou por um condicionamento é aceitar um modelo linear ou unidimensional, que tenta ligar a origem do comportamento a uma única causa. Esse modelo causal linear poderia afirmar que a esquizofrenia ou a fobia são causadas por um desequilíbrio químico ou pelo fato de o indivíduo ter crescido em meio a conflitos opressivos no ambiente familiar. Na psicologia e na psicopatologia, ainda é possível encontrar esse tipo de pensamento, mas a maioria dos cientistas e clínicos acredita que o comportamento atípico resulta de múltiplas influências. Um sistema ou um circuito de *feedback* pode gerar dados independentes em pontos diferentes, mas à medida que os dados se tornam parte do todo não podem mais ser considerados independentes. Essa perspectiva sobre a causalidade é *sistêmica*, que deriva da palavra *sistema*, e implica que nenhuma influência particular que contribua para a psicopatologia possa ser considerada fora do contexto. Contexto, neste caso, é a biologia e o comportamento do indivíduo, assim como a cognição, emoção e os meios social e cultural, porque qualquer um desses componentes do sistema inevitavelmente afeta os outros componentes, formando uma rede complexa. Esse é um modelo multidimensional.

O que causou a fobia de Judy?

Com base em uma perspectiva multidimensional, vamos analisar o que poderia ter causado a fobia de Judy (ver Figura 2.1).

Influências comportamentais

Em um primeiro momento, a causa da fobia de Judy poderia parecer óbvia. Ela viu um filme com cenas de sangue e ferimentos e não reagiu bem a isso. Sua reação, uma resposta incondicionada, passou a estar associada a situações semelhantes às cenas do filme, dependendo de quão similar elas fossem. Entretanto, a reação de Judy chegou a um extremo em que só de ouvir alguém dizer "corta essa!", ela já sentia náuseas. Esse

---

[1] NTT da tradução da 8ª edição norte-americana: No Brasil, as chamadas Diretrizes Curriculares Nacionais (DCN) para a graduação em Psicologia são instituídas via Ministério da Educação (MEC) e Conselho Federal de Psicologia (CFP).

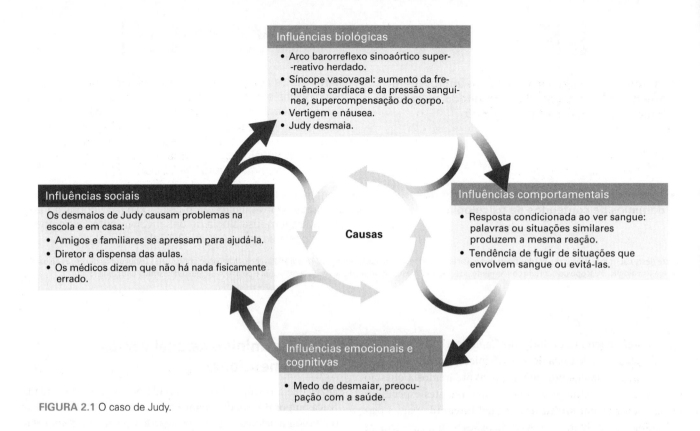

FIGURA 2.1 O caso de Judy.

é um caso simples de condicionamento clássico? Pode parecer que sim, mas há uma questão intrigante: por que outros jovens da turma de Judy não desenvolveram a mesma fobia? Pelo que ela soube, ninguém mais se sentiu nauseado.

Influências biológicas

Sabemos que há muito mais envolvido na fobia de sangue-injeção-ferimentos do que uma simples experiência condicionante, embora o condicionamento e a generalização do estímulo claramente contribuam para isso. Nós aprendemos muito sobre essa fobia (Antony e Barlow, 2002; Ritz, Meuret e Ayala, 2010; van Overveld, de Jong e Peters, 2011). Fisiologicamente, Judy experimentou uma *síncope vasovagal*, uma causa comum de desmaios. *Síncope* significa uma "sensação de desfalecimento" ou "desmaio" causada pela diminuição do fluxo sanguíneo para o cérebro. Quando ela viu o filme, ficou aflita, como muitas pessoas ficariam, e seus batimentos cardíacos e pressão sanguínea aumentaram, o que ela provavelmente não percebeu. Então seu corpo assumiu o controle, supercompensando imediatamente pela diminuição de sua resistência vascular, diminuindo sua frequência cardíaca, e, finalmente, diminuindo muito sua pressão arterial. A quantidade de sangue que chegava ao cérebro dela diminuiu até ocorrer a perda da consciência.

Uma causa possível para a síncope vasovagal é a reação exagerada de um mecanismo chamado *arco barorreflexo sinoaórtico*, que compensa aumentos súbitos de pressão sanguínea diminuindo-a. Curiosamente, a tendência de compensar em demasia parece ser hereditária, uma característica que parece explicar a alta taxa familiar de fobia de sangue-injeção-ferimentos. Você já se sentiu mal ao ver sangue? Se já, é possível que sua mãe, seu pai ou algum parente direto tenha a mesma reação. Em um estudo, 61% dos familiares de indivíduos que sofrem dessa fobia apresentaram condição semelhante, embora um tanto mais suave na maioria dos casos (Öst, 1992). Você deve estar pensando, então, que descobrimos a causa da fobia de sangue-injeção-ferimentos, e que tudo que precisamos fazer é desenvolver uma pílula para regular o barorreflexo. Há, porém, muitas pessoas com tendência à síncope grave que *não* desenvolvem fobias. Elas lidam com sua reação de várias maneiras, por exemplo, contraindo os músculos sempre que se deparam com sangue. Contrair a musculatura com rapidez aumenta a pressão sanguínea e previne a resposta de desmaio. Além disso, algumas pessoas com pouca ou nenhuma reação de síncope desenvolvem a fobia de qualquer maneira (Öst, 1992). Por conseguinte, a causa da fobia de sangue-injeção-ferimentos é mais complicada do que parece. Se disséssemos que a fobia é causada por uma disfunção biológica (uma reação vasovagal-superativa, provavelmente em função de um mecanismo particularmente sensível de barorreflexo) ou por uma experiência traumática (ter assistido a um filme repugnante) e posterior condicionamento, estaríamos em parte certos sobre ambas as considerações, mas, ao adotar um modelo causal unidimensional, estaríamos ignorando o ponto mais importante: para causar esse tipo de fobia, é preciso que ocorra uma *interação* complexa entre fatores emocionais, cognitivos, sociais, biológicos e comportamentais. Herdar uma forte reação de síncope definitivamente cria o risco de que uma pessoa desenvolva essa fobia, porém outras influências também estão envolvidas.

Influências emocionais

O caso de Judy é um bom exemplo de que a biologia influencia o comportamento. No entanto, comportamento, pensamentos e sentimentos também podem influenciar a biologia, às vezes de modo dramático. Que papel o medo e a ansiedade de Judy

▲ Pessoas que passam por um mesmo evento traumático terão reações diferentes a longo prazo.

desempenharam no desenvolvimento de sua fobia e de onde eles vieram? Emoções podem afetar as respostas fisiológicas, como, por exemplo, a pressão sanguínea, a frequência cardíaca e a respiração, em especial se soubermos racionalmente que não há nada a temer, como Judy sabia. No caso dela, o rápido aumento dos batimentos cardíacos, causado pela emoção, pode ter desencadeado um barorreflexo mais intenso. As emoções também mudaram a maneira como ela pensava sobre situações que envolviam sangue e ferimentos e a motivaram a se comportar de uma maneira que ela não queria, passando a evitar esse tipo de situação, mesmo se fosse importante não fazê-lo. Como veremos no decorrer deste livro, as emoções desempenham papel substancial no desenvolvimento de muitos transtornos.

Influências sociais

Somos animais sociais; por nossa natureza, tendemos a viver em grupos, como em famílias. Os fatores sociais e culturais contribuem diretamente com a biologia e com o comportamento. Os amigos e a família de Judy a amparavam sempre que desmaiava. Eles a ajudavam ou a prejudicavam? O diretor da escola a rejeitou e ignorou o problema. Que efeito esse comportamento teve sobre a fobia de Judy? Rejeição, em particular por parte de figuras de autoridade, pode tornar transtornos psicológicos piores do que seriam. Por outro lado, auxiliar somente quando alguém está tendo alguns sintomas nem sempre é positivo, porque os fortes efeitos da atenção social podem aumentar a frequência e a intensidade da reação.

Influências do desenvolvimento

Há outra influência que nos afeta: o passar do tempo. À medida que o tempo passa, muitas coisas sobre nós mesmos e sobre nosso ambiente mudam significativamente, fazendo com que reajamos de maneira diferente a cada idade. Assim, podemos entrar em um *período crítico de desenvolvimento*, quando somos mais ou menos reativos a determinada situação ou influência que em outros momentos. Voltando a Judy, é possível que ela tenha sido exposta antes a outras situações que envolviam sangue. Existem perguntas importantes a fazer: por que esse problema surgiu aos 16 anos e não antes? É possível que sua suscetibilidade a uma reação vasovagal fosse mais alta na adolescência? É pos-

sível que o momento de sua reação fisiológica, juntamente da visão do filme perturbador, ofereceram a combinação correta (mas infeliz) para desencadear sua grave resposta fóbica.

Resultados e comentários

Felizmente, Judy respondeu muito bem a um breve, mas intenso tratamento em nossa clínica e voltou à escola em sete dias. Aos poucos, ela foi sendo exposta, com sua cooperação, a palavras, imagens e situações que descreviam ou representavam sangue e ferimentos, procurando-se evitar quedas súbitas de pressão sanguínea. Começamos com algo suave, como a expressão "corta essa!". No final da semana, Judy estava testemunhando procedimentos cirúrgicos no hospital local.

Ela precisou de supervisão terapêutica próxima durante esse programa. Certo dia, quando voltava para casa com seus pais, após uma sessão noturna, teve a infelicidade de passar por um acidente automobilístico e viu uma vítima ensanguentada. Naquela noite, sonhou que pessoas ensanguentadas passavam através das paredes de seu quarto. Essa experiência fez com que ela solicitasse uma intervenção de emergência para reduzir sua angústia, mas isso não retardou seu progresso. (Programas para tratamento de fobias e transtornos de ansiedade relacionados estão descritos de forma mais completa no Capítulo 5. Aqui, são as questões da etiologia ou da causa que nos preocupa.)

Como você pode perceber, identificar as causas do comportamento atípico é um processo complexo e fascinante. Concentrar nos fatores biológicos ou comportamentais não nos daria uma visão completa das razões do transtorno de Judy; teríamos de considerar uma variedade de influências e identificar como elas poderiam interagir. A seguir, há uma discussão mais profunda que examina a pesquisa que fundamenta muitas influências biológicas, psicológicas e sociais que devem ser consideradas causas de qualquer transtorno psicológico.

Verificação de conceitos 2.1

A favor de um modelo integrado, os teóricos abandonaram a ideia de que um fator isolado explica o comportamento atípico. Associe cada uma das situações a seguir com sua(s) influência(s) mais provável(eis): (a) comportamental, (b) biológica, (c) emocional, (d) social e (e) de desenvolvimento.

1. O fato de que algumas fobias são mais comuns que outras (por exemplo, acrofobia e ofidiofobia) e poderem ter contribuído para a seleção natural de espécies no passado sugere que as fobias podem ser herdadas. Qual influência isso evidencia? _____

2. O esposo de Jan, Jinx, um homem rude que vivia desempregado, sempre procurou outras mulheres fora de seu casamento. Jan, felizmente já divorciada há anos, não entende por que o cheiro da loção pós-barba que Jinx usava lhe dá náusea. Qual influência explica melhor essa resposta? _____

3. Nathan, 16 anos, acha mais difícil se adaptar à recente separação dos pais do que sua irmã de 7 anos.

CAPÍTULO 2 – UMA ABORDAGEM INTEGRADA DA PSICOPATOLOGIA **33**

> Por quais influências esse sentimento pode ser explicado? _____
> 4. A causa provável da acrofobia de Juanita é que, quando era criança, experimentou um passeio traumático em uma roda-gigante. Sua forte reação emocional à altura pode manter ou aumentar seu medo. O desenvolvimento inicial da fobia é provavelmente resultado de influências _____; entretanto, influências _____ podem perpetuar a fobia.

Contribuições genéticas para a psicopatologia

O que faz você parecer com um de seus pais, ou com ambos, ou, talvez, com seus avós? Obviamente, os genes que você herdou deles. Os **genes** são moléculas muito longas de DNA (ácido desoxirribonucleico) presentes em vários locais nos cromossomos, dentro dos núcleos das células. Desde o trabalho pioneiro de Gregor Mendel, no século XIX, sabemos que características físicas como a cor dos cabelos ou dos olhos e, em certa extensão, o peso e a altura são determinadas ou sofrem forte influência de nossa herança genética. Entretanto, outros fatores ambientais também influenciam nossa aparência física. Até certo ponto, nosso peso e até nossa altura são afetados por fatores nutricionais, sociais e culturais. Consequentemente, nossos genes raramente determinam nosso desenvolvimento físico de maneira absoluta. Eles estipulam, isso sim, alguns limites ao nosso desenvolvimento. Até onde vamos dentro desses limites depende de influências ambientais.

Embora isso seja verdade no que se refere à maioria de nossas características, não é verdadeiro para todas elas. Algumas são determinadas por um ou mais genes, incluindo a cor natural dos cabelos e dos olhos. Alguns transtornos raros são determinados dessa mesma maneira, incluindo a doença de Huntington, um acometimento degenerativo do cérebro que se manifesta na meia-idade, geralmente por volta dos 40 anos. Essa doença ocorre em função de uma alteração genética que causa a deterioração de uma área específica do cérebro, os núcleos basais. Ela causa mudanças básicas, mas amplas na personalidade, no funcionamento cognitivo e, particularmente, no comportamento motor, incluindo tremores ou espasmos involuntários por todo o corpo. Ainda não descobrimos uma maneira de modificar ambientalmente o curso dessa doença. Outro exemplo de influência genética é um transtorno conhecido como fenilcetonúria (PKU), que pode resultar em deficiência intelectual. Esse transtorno, presente desde o nascimento, é causado pela incapacidade do corpo de metabolizar ("quebrar") a fenilalanina, um composto químico encontrado em muitos alimentos. Como a doença de Huntington, a PKU é causada por uma alteração em um único gene, com pouca contribuição de outros genes ou do ambiente. A PKU é herdada quando ambos os pais são portadores do gene, que passam à criança. Felizmente, pesquisadores descobriram uma maneira de corrigir esse transtorno: é possível alterar a forma como o ambiente interage com a expressão genética desse transtorno e a afeta. Detectando a PKU precocemente (algo comum hoje), podemos restringir a quantidade de fenilalanina na dieta do bebê até que ele se desenvolva ao ponto em que uma dieta normal não lhe prejudique o cérebro, geralmente entre seis e sete anos. Transtornos, como a doença de Huntington e a PKU, em que prejuízos cognitivos de vários tipos são características proeminentes, são abordados em mais detalhes nos capítulos 14 e 15.

Exceto em gêmeos idênticos, cada pessoa tem um conjunto único de genes que difere de qualquer outro. Em razão de haver muitas possibilidades de o ambiente influenciar nosso desenvolvimento, dentro das restrições impostas por nossos genes, existem diversos motivos para o desenvolvimento de diferenças individuais.

E quanto ao comportamento e às nossas peculiaridades, nossas preferências e aversões? Os genes influenciam a personalidade e, por extensão, o comportamento atípico? Essa questão de natureza (genes) *versus* estimulação (a educação e outras influências ambientais) é bem antiga na psicologia, e as respostas que começam a surgir são fascinantes. Antes de discuti-las, vamos revisar rapidamente o que sabemos sobre genes e fatores ambientais.

A natureza dos genes

Sabemos já há algum tempo que cada célula humana normal tem 46 cromossomos arranjados em 23 pares. Em cada par de cromossomos, um vem do pai e o outro, da mãe. Esses cromossomos podem ser vistos pelo microscópio, e é possível às vezes dizer quando carregam um defeito e prever qual problema causará.

Os primeiros 22 pares de cromossomos estão programados para o desenvolvimento do corpo e do cérebro; o último par, formado pelo que chamamos *cromossomos sexuais*, determina o sexo do indivíduo. Nas mulheres, ambos os cromossomos do 23º par são denominados *cromossomos X*. Nos homens, a mãe contribui com um *cromossomo X*, e o pai, com um *cromossomo Y*. Essa única diferença é responsável pela variação do sexo biológico. Anormalidades no par cromossômico sexual podem causar características sexuais ambíguas (ver Capítulo 10).

As moléculas de DNA que contêm genes têm estrutura de dupla-hélice, descoberta apenas há algumas décadas. Esse formato é como uma escada em espiral. Uma dupla-hélice são duas espirais entrelaçadas, que viram em direções opostas. Nes-

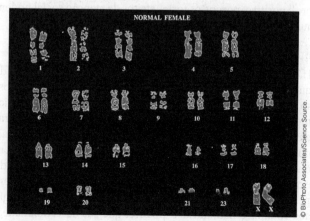

▲ Uma mulher normal tem 23 pares de cromossomos.

se espiral duplo estão os pares simples de moléculas ligadas e arranjadas em ordens diferentes. No cromossomo X estão aproximadamente 160 milhões de pares. A ordenação desses pares básicos influencia como o corpo se desenvolve e funciona.

Um *gene dominante* é aquele que faz parte de um par de genes que fortemente influencia um traço particular; precisamos apenas de um deles para determinar, por exemplo, a cor dos olhos ou dos cabelos. Um *gene recessivo*, ao contrário, deve fazer par com outro gene (recessivo) para determinar um traço. De outro modo, não terá nenhum efeito. A dominância do gene ocorre quando um membro de um par de genes é consistentemente mais forte do que o outro (por exemplo, o gene de olho castanho é dominante sobre o gene de olho azul). Quando temos um gene dominante, usando as leis de Mendel da genética, podemos predizer com bastante precisão quantos descendentes vão desenvolver certo traço, característica ou transtorno, dependendo se um ou ambos os pais carregam o gene dominante.

Na maioria das vezes, fazer predições não é simples. Muito do nosso desenvolvimento e, curiosamente, de nosso comportamento, nossa personalidade e mesmo nosso quociente de inteligência (QI) é provavelmente *poligênico*, ou seja, influenciado por muitos genes, cada um contribuindo apenas com um efeito mínimo; todos, por sua vez, podem ser influenciados pelo ambiente. O mesmo é válido para transtornos psiquiátricos (Geschwind e Flint 2015). Pelo fato de o *genoma* humano – um conjunto completo de genes de um indivíduo – ser formado por mais de 20 mil genes (U.S. Department of Energy Office of Science, 2009), interações poligênicas podem ser bastante complexas. Por essa razão, a maioria dos geneticistas utiliza, agora, procedimentos sofisticados como genética quantitativa e molecular, viabilizando a procura por padrões de influências em muitos genes (Kendler, 2011, 2013; Kendler, Jaffee e Roemer, 2011; Plomin e Davis, 2009; Rutter, Moffitt e Caspi, 2006). *Genética quantitativa* basicamente resume todos os efeitos mínimos dos muitos genes, sem necessariamente dizer quais deles são responsáveis por quais efeitos. *Genética molecular* concentra-se em examinar a estrutura genética atual com as tecnologias de crescentes avanços, tais como *microarranjos de DNA* (também conhecidos como *microarrays*, ou *chips* de DNA); essas tecnologias permitem ao cientista analisar milhares de genes de uma vez e identificar amplas redes de genes que podem contribuir para um traço em particular (Kendler, 2011; Plomin e Davis, 2009). Estudos como esses indicam que centenas de genes podem contribuir para a hereditariedade de um único traço (Hariri et al., 2002; Plomin et al., 1995; Rutter et al., 2006). É muito importante entender como os genes funcionam. Os genes exercem influências em nosso corpo e comportamento por meio de uma série de etapas que produzem proteínas. Embora todas as células contenham nossa estrutura genética inteira, apenas uma pequena proporção de genes em qualquer uma das células é "ativada" ou expressa. Dessa maneira, as células se especializam, algumas influenciam na função do fígado, e outras na personalidade. É interessante que os fatores ambientais, no que concerne às influências sociais e culturais, podem determinar se os genes vão ser "ativados" (Cole, 2011). Por exemplo, os cientistas descobriram, ao realizar pequisas com filhotes de ratos, que a ausência do comportamento materno normal de "lamber e higienizar" impede a expressão genética de um receptor glicocorticoide que controla os hormônios do estresse. Isso significa que ratos com cuidados maternais inadequados têm maior sensibilidade ao estresse (Meaney e Szyf, 2005). Existem evidências de que um modelo similar pode ser relevante em humanos (Dickens, Turkheimer e Beam, 2011; Hyman, 2009). Apresentaremos mais exemplos posteriormente neste capítulo, quando discutiremos a interação entre os genes e o ambiente. O estudo da expressão genética e a interação genético-ambiental é a atual fronteira dos estudos da genética (Kendler et al., 2011; Plomin e Davis, 2009; Rutter, 2006; Rutter et al., 2006; Thapar e McGuffin, 2009). No Capítulo 4 observaremos os métodos que os cientistas utilizam para estudar a influência dos genes. Aqui, nosso interesse se concentra em suas descobertas.

Novos desenvolvimentos no estudo dos genes e do comportamento

Os cientistas identificaram, de forma preliminar, a contribuição genética para os transtornos psicológicos e padrões comportamentais relacionados. As melhores estimativas atribuem aos genes cerca de metade de nossos traços permanentes da personalidade e capacidades cognitivas à influência genética (Rutter, 2006). Por exemplo, McClearn et al. (1997) compararam 110 pares de gêmeos idênticos, suecos de 80 anos ou mais, com 130 pares de gêmeos fraternais do mesmo sexo com idade

▲ Cientistas agora podem isolar o DNA para estudo.

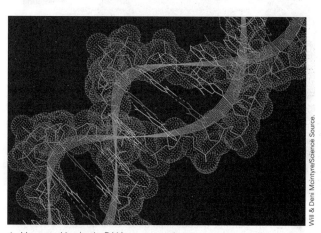

▲ Uma molécula de DNA, que contém genes, assemelha-se a um duplo espiral, ou hélice.

aproximada e descobriram que estimativas de hereditariedade para habilidades cognitivas específicas, tais como memória ou habilidade de perceber relações espaciais, variavam entre 32% e 62%. Esse trabalho constituiu os primeiros estudos importantes sobre gêmeos de diferentes grupos etários que mostraram resultados semelhantes (por exemplo, Bouchard et al., 1990). Além disso, uma pesquisa longitudinal que avaliou, e reavaliou após 35 anos, mais de 1.200 gêmeos confirmou que durante a fase adulta (do início da fase adulta até pouco depois da meia-idade), fatores genéticos determinavam a estabilidade das habilidades cognitivas, enquanto os ambientais eram responsáveis por quaisquer mudanças (Lyons et al., 2009). Em outros estudos, o mesmo cálculo de hereditariedade para traços de personalidade como timidez ou níveis de atividade variou entre 30% e 50% (Bouchard et al., 1990; Kendler, 2001; Loehlin, 1992; Rutter, 2006; Saudino e Plomin, 1996; Saudino, Plomin e DeFries, 1996).

Também foi notório que a adversidade da vida, como uma infância "caótica", pode se sobrepor à influência dos genes (Turkheimer et al., 2003). Por exemplo, um membro de um conjunto de gêmeos na pesquisa de Lyons et al. (2009) demonstrou marcante variabilidade ou mudança nas habilidades cognitivas quando seu ambiente mudou drasticamente em comparação ao outro gêmeo por motivo de algum acontecimento estressante, tal como morte de um ente querido.

No caso de transtornos psicológicos, evidências indicam que os fatores genéticos contribuem, em certo grau, com todos os transtornos, mas representam menos da metade das explicações. Isso significa que se um dos gêmeos idênticos tiver esquizofrenia, existe menos de 50% de probabilidade de o outro gêmeo também vir a tê-la (Gottesman, 1991). Índices menores ou similares existem para outros transtornos psicológicos (Kendler e Prescott, 2006; Rutter, 2006).

Nos últimos anos, geneticistas comportamentais chegaram a conclusões gerais sobre o papel dos genes e os transtornos psicológicos, importantes para a discussão deste capítulo de abordagens integradas da psicopatologia. Em primeiro lugar, é provável que se descubra que os genes específicos ou pequenos grupos genéticos estejam associados a determinados transtornos psicológicos, como sugerido em diversos e importantes estudos descritos adiante. No entanto, como discutido anteriormente, muito da evidência atual sugere que as contribuições para os transtornos psicológicos vêm de muitos genes, cada um com efeito relativamente pequeno (Flint, 2009; Rutter, 2006). É extremamente importante que reconheçamos essa probabilidade e que tentemos rastrear o grupo de genes implicados em vários transtornos. Os avanços em mapeamento do gene, genética molecular, bem como estudos de ligação gênica (*linkage*) auxiliam nessa difícil pesquisa (por exemplo, Gershon et al., 2001; Hettema et al., 2005). Em estudos de ligação gênica, cientistas pesquisam indivíduos que têm o mesmo transtorno, como, por exemplo, transtorno bipolar, e também compartilham outras características, como cor dos olhos; porque a localização do gene para a cor dos olhos é conhecida, isso permite que os cientistas tentem "ligar" as localizações conhecidas dos genes (para a cor dos olhos, neste exemplo) com a possível localização de um gene que contribui para o transtorno (Flint, 2009; ver Capítulo 4).

Em segundo lugar, como já visto, tornou-se cada vez mais claro que as contribuições genéticas não podem ser estudadas sem que se levem em conta interações com acontecimentos ambientais que acionam a vulnerabilidade genética ou que "ativam" genes específicos (Kendler et al., 2011; Rutter, 2010). É para esta questão fascinante que agora voltaremos a nossa atenção.

A interação entre os genes e o ambiente

Em 1983, Eric Kandel, neurocientista e ganhador do Prêmio Nobel, especulou que o processo de aprendizagem afeta mais do que o comportamento. Ele sugeriu que a própria estrutura genética das células pode mudar como resultado de aprendizagem se os genes que estavam inativos ou dormentes interagirem com o ambiente de tal maneira que se tornem ativos. Em outras palavras, o ambiente pode ativar certos genes. É possível que esse tipo de mecanismo leve a mudanças no número de receptores na extremidade de um neurônio, que, por sua vez, afetaria o funcionamento bioquímico do cérebro.

Embora Kandel não tenha sido o primeiro a propor essa ideia, ela teve enorme impacto. A maioria de nós supõe que o cérebro, como outras partes do corpo, pode ser influenciado pelas mudanças ambientais durante o seu desenvolvimento. Contudo, também supomos que, uma vez atingida a maturidade, a estrutura e o funcionamento de nossos órgãos internos e grande parte de nosso sistema fisiológico se adaptam ou, no caso do cérebro, se programam. A ideia corrente é de que o cérebro e suas funções são plásticos, sujeitos a contínuas mudanças em resposta ao ambiente, mesmo quanto à estrutura genética. Há hoje forte evidência que fundamenta essa concepção (Dick, 2011;

▲ As contribuições genéticas para o comportamento são evidentes em gêmeos criados separados. Quando estes irmãos se reencontraram, ambos eram bombeiros e descobriram muitas outras características e interesses em comum.

▲ Eric Kandel ganhou o prêmio Nobel em Medicina por estudar os efeitos de aprendizagem no funcionamento biológico, entre outras conquistas.

FIGURA 2.2 No modelo diátese-estresse, quanto maior for a vulnerabilidade subjacente, menor estresse será necessário para o surgimento de um transtorno.

Kendler et al., 2011; Landis e Insel, 2008; Robinson, Fernald e Clayton, 2008).

Com essas novas descobertas em mente, podemos explorar as interações genético-ambientais à medida que elas se relacionam com a psicopatologia. Dois modelos são relevantes, o diátese-estresse e o modelo da correlação gene-ambiente (ou modelo genes-ambiente recíprocos).

Modelo diátese-estresse

Durante anos, os cientistas admitiram um modelo específico de interação entre os genes e o ambiente. Segundo o **modelo diátese-estresse**, os indivíduos herdam tendências para expressar certos traços ou comportamentos, que podem então ser ativados em condições de estresse (ver Figura 2.2). Cada tendência herdada é uma *diátese*, que significa, literalmente, a existência de uma condição que torna alguém suscetível de desenvolver um transtorno. Quando ocorre determinado evento, como um certo tipo de estressor, o transtorno se desenvolve. Por exemplo, de acordo com o modelo diátese-estresse, Judy herdou a *tendência* de desmaiar ao ver sangue. Essa tendência é a diátese, ou **vulnerabilidade**, que poderia não se tornar proeminente até a ocorrência de certos acontecimentos ambientais. Para Judy, esse acontecimento foi a visão de um animal sendo dissecado quando ela estava em uma situação da qual não podia escapar nem para a qual podia fechar os olhos. O estresse de ver a dissecação sob essas condições ativou sua tendência genética para desmaiar. Juntos, esses fatores a levaram a desenvolver um transtorno. Se não tivesse estudado biologia, Judy poderia passar toda a vida sem nunca ter ciência dessa tendência, pelo menos em tal nível, embora pudesse ter sentido náusea ao ver pequenos cortes e machucados. Você pode ver que a diátese é de base genética e o estresse, ambiental, e que ambos devem interagir para produzir um transtorno.

Consideremos alguém que tenha herdado a vulnerabilidade para o transtorno por uso de álcool (alcoolismo), o que torna o indivíduo substancialmente diferente, por exemplo, de um amigo que não tem a mesma tendência. Durante a faculdade, ambos se envolvem em prolongadas rodadas de bebidas, mas somente aquele com os chamados genes aditivos começa a longa descida para o transtorno por uso de álcool. O amigo, não. Ter uma vulnerabilidade em particular não significa que você necessariamente desenvolverá o transtorno associado. Quanto menor a vulnerabilidade, maior o estresse requerido para produzir o transtorno; inversamente, quanto maior vulnerabilidade, menos estresse é necessário. Esse modelo de interações gene-ambiente é muito popular, embora, na visão da relação do ambiente com a estrutura e o funcionamento do cérebro, seja demasiadamente simplificado.

Essa relação foi demonstrada de forma bem apurada em um estudo de referência por Caspi et al. (2003). Esses pesquisadores estudaram um grupo de 847 indivíduos na Nova Zelândia que passaram por uma variedade de avaliações por mais de duas décadas, iniciadas aos três anos de idade. Eles observaram se os participantes, aos 26 anos, haviam se sentido deprimidos no decorrer do ano anterior. No total, 17% deles relataram que haviam experimentado um episódio depressivo maior durante o ano anterior e 3% relataram que sentiram tendência ao suicídio. Mas a parte crucial do estudo é que os pesquisadores também identificaram a composição genética dos indivíduos e, em particular, um gene que produz uma substância chamada *transportador químico*, que afeta a transmissão da serotonina no cérebro. A serotonina, um dos neurotransmissores, dos quais trataremos adiante neste capítulo, está particularmente implicada na depressão e transtornos correlatos. No entanto, o gene que Caspi e colaboradores estudaram surge em duas versões comuns, ou *alelos*: o alelo longo e o alelo curto. Havia razão para crer, com base em trabalho anterior com animais, que os indivíduos com pelo menos duas cópias do alelo longo (LL) eram capazes de lidar melhor com o estresse que os indivíduos com duas cópias do alelo curto (SS). Os pesquisadores foram capazes de testar essa relação porque registravam os acontecimentos estressantes da vida desses indivíduos. Em pessoas com dois alelos S, o risco de ter um episódio depressivo maior duplicava se elas tivessem pelo menos quatro acontecimentos estressantes, em comparação com sujeitos que experimentavam quatro eventos estressantes com dois alelos L. Contudo, a descoberta mais interessante diz respeito à experiência pela qual esses indivíduos passaram na infância. Pessoas com alelos SS que sofreram maus-tratos graves e estressantes na infância apresentavam mais que o dobro de risco de depressão na vida adulta, quando comparados aos indivíduos que portavam alelos SS, mas que não sofreram maus-tratos ou abuso (63% *versus* 30%). Para os indivíduos portadores de alelos LL, por outro lado, as experiências estressantes da infância não afetaram a incidência de depressão na vida adulta – 30% desse grupo se tornou deprimido, tendo vivido ou não situações estressantes e de maus-tratos durante a infância. (Essa relação é mostrada na Figura 2.3.) Portanto, diferente desse grupo SS, a depressão no grupo de alelos LL parece estar relacionada a estresse de seu passado recente, em vez de nas experiências da infância. Esse estudo foi

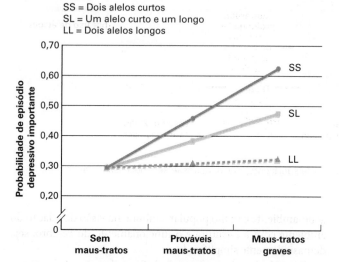

FIGURA 2.3 Interação entre os genes e o ambiente produzindo transtorno depressivo importante no adulto. Reimpresso com a permissão de Caspi, A. et al. (2003). Influence of life stress on depression: Moderation by a polymorphism in the 5-HTT gene. *Science*, v. 301, p. 386-389, © 2003 AAAS.)

importante para demonstrar de forma clara que nem genes nem experiências de vida (eventos ambientais) podem explicar isoladamente o surgimento de um transtorno como a depressão. O que ocorre é uma complexa interação dos dois fatores.

Outros estudos replicaram ou apoiaram essas descobertas (Binder, 2008; Karg, et al. 2011; Kilpatrick et al., 2007; Mercer et al., 2012; Rutter et al., 2006). Por exemplo, na pesquisa de Kilpatrick et al. (2007) sobre o desenvolvimento de transtorno de estresse pós-traumático (TEPT), 589 adultos que presenciaram os furacões no ano de 2004 na Flórida foram entrevistados e submetidos à coleta de DNA para exame de estrutura genética. Indivíduos com a mesma constituição genética (SS) que sinalizaram vulnerabilidade na pesquisa de Caspi et al. (2003) eram mais suscetíveis a desenvolver TEPT após os furacões do que aqueles com alelos LL. Mas um fator adicional também teve implicação. Se os indivíduos tinham uma base forte de relacionamento com amigos e familiares (sólido suporte social), estavam protegidos de desenvolver o TEPT mesmo se possuíssem uma composição genética vulnerável e se tivessem passado por uma situação traumática (furacão). Indivíduos com alto risco (grande exposição ao furacão, alelos SS e suporte social fraco) tinham 4,5 vezes mais risco de desenvolver o TEPT, bem como depressão.

Ainda, em um estudo com o mesmo grupo de indivíduos da Nova Zelândia, feito pelos mesmos pesquisadores, descrito anteriormente, Caspi et al. (2002) descobriram que um conjunto diferente de genes daqueles associados com depressão parece contribuir com o comportamento violento e antissocial em adultos. Mas, novamente, essa predisposição genética ocorre apenas se os indivíduos sofreram maus-tratos na infância. Ou seja, algumas crianças que foram maltratadas tornaram-se adultos violentos e antissociais, mas tinham quatro vezes mais chances de estuprar, roubar e agredir se tivessem uma certa composição genética do que aqueles que não a tivessem. Esses estudos requerem replicação. Na verdade, uma pesquisa subsequente sugere que não é somente uma variação genética que torna as pessoas suscetíveis a estresse e a outras influências ambientais (Risch et al., 2009; Goldman et al., 2010). Uma rede mais ampla de genes certamente exerce um papel no desenvolvimento da depressão ou de outros transtornos. Esses e outros estudos, entretanto, apoiam fortemente o modelo de interação gene-ambiente, que tinha somente apoio indireto até então (Uher, 2011).

Modelo da correlação gene-ambiente

Psicólogos, por meio de mais estudos, descobriram que a rede de inter-relações entre genes e ambiente é ainda mais complexa. Certas constatações atualmente indicam que a carga genética pode *aumentar a probabilidade* de um indivíduo experimentar acontecimentos estressantes durante a vida (ver Kendler, 2006, 2011; Rutter, 2006, 2010; Saudino et al., 1997; Thapar e McGuffin, 2009). Por exemplo, pessoas com vulnerabilidade genética para desenvolver certo transtorno, como fobia de sangue-injeção-ferimentos, podem também ter um traço de personalidade, digamos, uma impulsividade, que as expõem a pequenos acidentes que podem ter como resultado que elas vejam sangue. Em outras palavras, elas podem favorecer a ocorrência de acidentes porque se precipitam em situações ou vão a lugares sem se preocupar com a segurança física. Essas pessoas, então, podem ter determinada tendência genética para criar os próprios fatores de risco ambientais que desencadeiam a vulnerabilidade genética para fobia de sangue-injeção-ferimentos.

Esse é o **modelo da correlação gene-ambiente** ou modelo genes-ambiente recíprocos (Jaffee, 2011; Kendler, 2011; Thapar e McGuffin, 2009) (ver Figura 2.4). Algumas evidências indicam que isso se aplica ao desenvolvimento da depressão, porque algumas pessoas tendem a procurar relacionamentos difíceis ou outras circunstâncias que conduzem à depressão (Eley, 2011). Entretanto, esse não parece ser o caso do estudo da Nova Zelândia, descrito anteriormente (Caspi et al., 2003), pois os episódios estressantes durante a vida adulta ocorreram em média com a mesma frequência nos grupos SS e LL. McGue e Lykken (1992) aplicaram o modelo da correlação gene-ambiente a alguns dados fascinantes sobre a influência dos genes na taxa de divórcio. Por exemplo, se tanto você quanto seu cônjuge têm um gêmeo idêntico, e se ambos os gêmeos idênticos se divorciaram, a chance de você também se divorciar aumenta muito. Além disso, se seu gêmeo idêntico e seus pais e os pais do cônjuge se divorciaram, a chance de ocorrer o mesmo com você é de 77,5%. Por outro lado, se nenhum dos membros de sua família de qualquer lado se divorciou, a probabilidade de você se divorciar é de apenas 5,3%.

Este é o exemplo extremo, mas McGue e Lykken (1992) demonstraram que a probabilidade de você se divorciar duplica se o seu irmão gêmeo fraterno também for divorciado, quando comparamos à população em geral, e, se o seu gêmeo idêntico for divorciado, essa probabilidade aumenta em seis vezes. Por que isso aconteceria? Obviamente, nenhum gene causa o divórcio. Se até certo ponto ele é determinado pela genética, é quase certo que a tendência para se divorciar relaciona-se a vários traços herdados, como o fato de ser muito sensível, impulsivo ou irritável, adjetivos que tornam algumas pessoas difíceis de lidar (Jockin, McGue e Lykken, 1996). Outra possibilidade é que um traço herdado possa fazer que você provavelmente escolha um parceiro incompatível. Por exemplo, se você

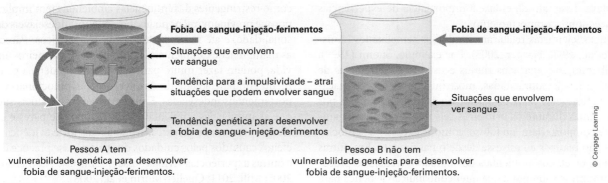

FIGURA 2.4 Modelo da correlação gene-ambiente.

é passivo e não se impõe, pode muito bem escolher um parceiro forte, dominante, com quem se torne impossível viver junto. Você se divorcia, mas então se sente atraído por outro indivíduo com aqueles mesmos traços de personalidade, com quem também é impossível conviver. Algumas pessoas atribuem esse tipo de padrão a um mau julgamento. Não obstante, não há dúvidas de que fatores sociais, interpessoais, psicológicos e ambientais desempenham papéis cruciais no fato de permanecermos casados, e é bem possível que nossos genes contribuam para a maneira como criamos nosso próprio ambiente.

A herança epigenética e não genômica do comportamento

Para tornar as coisas um pouco mais interessantes, mas também mais complicadas, relatórios recentes sugeriram que os estudos, até agora, têm enfatizado sobremaneira a amplitude da influência genética sobre nossas personalidades, nossos temperamentos e sua contribuição para o desenvolvimento de transtornos psicológicos (Mill, 2011). Essa ênfase em demasia pode ser, em parte, à maneira como esses estudos têm sido conduzidos (Moore, 2001; Turkheimer e Waldron, 2000). Várias linhas de evidências convergiram nos últimos anos para fortalecer essa conclusão.

Em estudos com animais em laboratório, Crabbe, Wahlsten e Dudek (1999) conduziram um experimento engenhoso em que três tipos diferentes de camundongos com diferentes composições genéticas foram colocados em ambientes virtualmente idênticos em três lugares diferentes: as residências acadêmicas dos geneticistas comportamentais citados. Cada camundongo de um dado tipo (por exemplo, tipo A) era geneticamente indistinguível de todos os outros camundongos daquele tipo em cada uma das universidades. Os autores do experimento fizeram de tudo para se certificar de que os ambientes (por exemplo, laboratório, gaiola e condições de iluminação) eram os mesmos em cada universidade. Por exemplo, cada local tinha o mesmo tipo de cama de serradura que era trocada no mesmo dia da semana. Se os animais tivessem de ser manuseados, todos eram manuseados ao mesmo tempo pelos autores do experimento usando o mesmo tipo de luva. Quando seus rabos eram marcados para identificação, usou-se o mesmo tipo de caneta. Se os genes determinam o comportamento dos camundongos, então, os camundongos com composições genéticas praticamente idênticas (tipo A) deveriam ter tido o mesmo desempenho nos três lugares em uma série de testes, e o mesmo para os tipos B e C de camundongos.

No entanto, os resultados não mostraram isso. Embora certo tipo de camundongo pudesse ter um desempenho semelhante em um teste específico nos três locais, em outros testes aquele tipo de camundongo se comportou de forma diferente. Robert Sapolsky, um proeminente neurocientista, concluiu: "As influências genéticas, em geral, são muito menos poderosas do que se acredita. O ambiente, mesmo atuando sutilmente, pode moldar e se manter nas interações biológicas que modelam quem somos" (Sapolsky, 2000, p. 15).

Em outro programa fascinante de pesquisa com roedores (Cameron et al., 2005; Francis et al., 1999; Weaver et al., 2004), estudiosos investigaram a reatividade ao estresse e como ela passou de geração em geração, utilizando um procedimento experimental chamado *adoção cruzada*, em que um rato filhote era dado para uma mãe de criação. Primeiro, demonstraram, como haviam feito outros pesquisadores, que o comportamento materno afetou a maneira como os jovens ratos toleravam o estresse. Se as mães eram calmas e zelosas, seus filhotes ficavam menos medrosos e mais capazes de tolerar o estresse. Não sabemos se esse efeito ocorre em razão de influências genéticas ou em razão de os ratos serem criados por mães calmas. É aqui que a adoção cruzada entra. Francis et al. (1999) pegaram alguns filhotes de ratos recém-nascidos de mães medrosas e suscetíveis ao estresse e colocaram-nos sob os cuidados de mães calmas. Outros animais permaneceram com suas mães estressadas. Com esse interessante experimento científico, Francis et al. (1999) demonstraram que o comportamento calmo e zeloso das mães poderia ser passado pelas gerações de ratos *independentemente de influências genéticas*, porque os ratos que provinham de mães estressadas, mas eram cuidados por mães calmas cresciam mais calmos e zelosos. Os autores concluíram que

> Essas descobertas sugerem que as diferenças individuais na expressão dos genes nas regiões do cérebro que regulam a reatividade ao estresse podem ser transmitidas de uma geração a outra por meio do comportamento. [...] Os resultados. [...] sugerem que o mecanismo para esse padrão de hereditariedade envolve diferenças nos cuidados maternos (p. 1.158).

Em estudos posteriores desse grupo (Cameron et al., 2005), os pesquisadores demonstraram que o comportamento maternal havia permanentemente alterado a resposta endócrina ao estresse, o que afetou a expressão genética. Mas esse efeito apenas ocorreu se a mãe era calma e carinhosa durante a primeira semana de vida do rato. Depois disso, não mais adiantava. Esse fato dá ênfase à importância de experiências precoces sobre comportamento.

Outros cientistas relataram resultados semelhantes (Anisman et al., 1998; Harper, 2005). Por exemplo, Suomi (1999), trabalhando com macacos rhesus e usando as estratégias de adoção cruzada supracitadas, mostrou que se jovens macacos geneticamente reativos e emocionais fossem cuidados por mães calmas durante os primeiros seis meses de vida, os animais se comportariam, no futuro, como se fossem não emocionais e não reativos ao estresse desde o nascimento. Em outras palavras, os efeitos ambientais dos cuidados maternos precoces parecem se sobrepor a qualquer contribuição genética para ansiedade, emotividade ou reação ao estresse. Suomi (1999) também demonstrou que esses macacos emocionalmente reativos cuidados por pais "calmos e zelosos" tinham o mesmo comportamento quando cuidavam dos próprios filhos e, assim, influenciavam e até invertiam a contribuição genética para a expressão dos traços de personalidade e de temperamento.

Fortes efeitos do ambiente também foram observados em seres humanos. Por exemplo, Tienari et al. (1994) descobriram que crianças cujos pais tinham esquizofrenia e que eram adotadas ainda bebês demonstraram uma tendência para desenvolver transtornos psiquiátricos (incluindo a esquizofrenia) apenas quando adotados por famílias disfuncionais. As crianças adotadas por famílias que dispensaram cuidados de alta qualidade não desenvolveram os transtornos. Assim, é muito simplista dizer que a contribuição genética para um traço de personalidade ou para um transtorno psicológico seja de aproximadamente 50%. Podemos discutir sobre uma contribuição hereditária (genética) apenas no contexto dos ambientes passado e presente do indivíduo (Dickens et al., 2011).

Em apoio a essa conclusão, Suomi (2000) demonstrou que para jovens macacos com um padrão genético específico associado a um temperamento altamente reativo (emocional ou suscetível aos efeitos do estresse), a privação de cuidados maternos precoces (interrupções na maternidade) terá um efeito poderoso sobre seu funcionamento neuroendócrino e sobre suas reações comportamentais e suas reações emocionais posteriormente. Entretanto, para animais que não portam essa característica genética, a privação materna terá um pequeno efeito, como foi constatado no estudo em humanos na Nova Zelândia por Caspi et al. (2003), e é provável que esse efeito será passado por gerações e gerações. Mas, como visto no exemplo de influências genéticas nas habilidades cognitivas (Turkheimer et al., 2003), ambientes iniciais extremamente caóticos podem substituir fatores genéticos e alterar a função neuroendócrina, aumentando a probabilidade para o desenvolvimento de transtornos posteriores de comportamento e emocionais (Dickens et al., 2011; Ouellet-Morin et al., 2008).

Como isso funciona? Embora o ambiente não possa mudar nosso DNA, ele pode mudar a expressão do gene. Parece que os genes são ativados ou desativados pelo material celular que está localizado bem do lado de fora do genoma ("epi", sufixo da palavra *epigenética*, significa sobre ou em cima) e que estresse, nutrição ou outros fatores podem afetar esse epigenoma, que é então imediatamente passado para a próxima geração e talvez para várias gerações (Arai et al., 2009; Mill, 2011). O próprio genoma não é alterado; assim, se o ambiente estressante ou inadequado desaparece, eventualmente o epigenoma se desvanece. Esses novos conceitos sobre o papel das contribuições genéticas

como restringentes das influências ambientais têm implicações porque previnem traços ou temperamentos indesejáveis da personalidade, e até mesmo transtornos psicológicos. Parece que as manipulações ambientais, em especial nos primeiros anos de vida, podem fazer muito para substituir a tendência geneticamente influenciada de desenvolver reações emocionais e comportamentais indesejadas. Embora as pesquisas atuais sugiram que as influências ambientais, como grupos de pares e escola, afetam a expressão genética, sendo a mais forte evidência a dos efeitos causados pelos cuidados dos pais na fase precoce da vida e outras experiências vividas nessa mesma fase (Cameron et al., 2005; Mill, 2011; Ouellet-Morin et al., 2008).

Não se pode constatar maior complexidade da interação das influências genéticas e ambientais do que no famoso caso de Chang e Eng, um par de gêmeos idênticos, unidos pelo peito, que nasceram em 1810, de pais que viviam na Tailândia (conhecida como Sião naquele tempo). Esses indivíduos, que eram artistas bem-sucedidos e viajavam ao redor do mundo fazendo suas exibições, deram origem ao nome "gêmeos siameses". O que é importante para o nosso propósito aqui é que esses gêmeos idênticos obviamente compartilhavam os mesmos genes, bem como ambientes idênticos por toda sua vida. Assim, a expectativa é de que se comportassem de maneira bastante parecida quanto a características de personalidade, temperamento e manifestação de transtornos psicológicos. No entanto, todos que conheciam esses gêmeos observavam que eles tinham personalidades muito distintas. Chang era propenso ao mau humor e à depressão e começou a beber continuamente. Eng, por outro lado, era alegre, quieto e pensativo (Moore, 2001).

Em suma, uma interação complexa entre genes e ambiente desempenha importante papel em todo transtorno psicológico (Kendler et al., 2011; Rutter, 2006, 2010; Turkheimer, 1998). A carga genética contribui para o comportamento, as emoções e os processos cognitivos e refreia a influência dos fatores ambientais, como o modo que se é criado (educação), sobre comportamentos posteriores, como ficou evidente no estudo da Nova Zelândia (Caspi et al., 2003) e suas replicações posteriores. Os acontecimentos ambientais, por sua vez, parecem afetar a própria estrutura genética, determinando se certos genes são ativados ou não (Kendler, 2011; Landis e Insel, 2008). Além do mais, fortes influências ambientais podem ser suficientes para se sobrepor à diátese genética. Assim, nem a natureza (genes) nem a criação (acontecimentos ambientais) isolados, mas sim uma interação complexa dos dois, influenciam o desenvolvimento de nosso comportamento e personalidade.

Verificação de conceitos 2.2

Determine se essas afirmativas relacionadas às contribuições genéticas da psicopatologia são verdadeiras (V) ou falsas (F).

1. _____ Os primeiros 20 pares de cromossomos programam o desenvolvimento do corpo e do cérebro.

2. _____ Não há genes individuais identificados que causam algum grande transtorno psicológico.

40 PSICOPATOLOGIA

3. _____ De acordo com o modelo diátese-estresse, pessoas herdam a vulnerabilidade para expressar certos traços e comportamentos que podem ser ativados sob certas condições de estresse.
4. _____ A ideia de que indivíduos podem ter uma carga genética que aumente a probabilidade de passarem por acontecimentos estressantes ao longo da vida e, portanto, desencadear a vulnerabilidade, vai ao encontro do modelo diátese-estresse.
5. _____ Acontecimentos ambientais isolados influenciam o desenvolvimento de nosso comportamento e personalidade.

A neurociência e suas contribuições para a psicopatologia

Saber como o sistema nervoso e, mais especificamente, o cérebro funcionam é fundamental para compreendermos o nosso comportamento, emoções e processos cognitivos. Esse é o foco da **neurociência**. Para entender as mais recentes pesquisas nesse campo, precisamos ter uma visão geral de como o cérebro e o sistema nervoso funcionam. O sistema nervoso humano inclui o *sistema nervoso central*, constituído pelo encéfalo e a medula espinhal, e o *sistema nervoso periférico*, composto pelo sistema nervoso somático e pelo sistema nervoso autônomo (ver Figura 2.5).

O sistema nervoso central

O sistema nervoso central (SNC) processa todas as informações recebidas de nossos órgãos dos sentidos e reage conforme necessário. Ele separa o que é relevante, como, por exemplo, determinado gosto ou um novo som, daquilo que não é, como uma visão familiar ou o tique-taque de um relógio; verifica os bancos de memória para determinar por que a informação é relevante e implementa a reação adequada, se é para responder a uma simples questão ou para tocar uma sonata de Mozart. Esse é um trabalho excessivamente complexo. A medula espinhal é parte do sistema nervoso central, mas sua função primária é facilitar a emissão das mensagens do encéfalo e para ele, que é outro componente importante do SNC e o órgão mais complexo do corpo. O cérebro usa uma média de 140 bilhões de células nervosas, chamadas de **neurônios**, para controlar nossos pensamentos e ação. Os neurônios transmitem informações por todo o sistema nervoso.

É importante compreender o que é um neurônio e como ele funciona. O neurônio típico contém um corpo celular central com dois tipos de ramificações. Um dos tipos é chamado *dendrito*. Os dendritos têm numerosos *receptores* que recebem, de outras células nervosas, mensagens na forma de impulsos químicos, que são convertidos em impulsos elétricos. O outro tipo de ramificação é denominado *axônio*, que transmite esses impulsos para outros neurônios. Qualquer célula nervosa pode ter conexões múltiplas com outros neurônios. Essas conexões são chamadas de *sinapses*. O cérebro tem bilhões de células nervosas, mais de 100 bilhões, segundo algumas estimativas, e trilhões de sinapses; daí é possível perceber quão complicado o

▲ O sistema nervoso central filtra a informação que é relevante para a situação atual. A cada momento percebemos o que se move ou muda mais do que o que se mantém igual.

sistema se torna, muito mais do que o mais poderoso computador já criado (ou que será algum dia). Inspiradas pelo Projeto do Genoma Humano, a Casa Branca anunciou em 2013 a iniciativa BRAIN (cérebro) (o acrônimo de Brain Research through Advancing Innovative Neurotechnologies, que significa Pesquisa do Cérebro por meio de Avanços em Neurotecnologias Inovadoras). O objetivo desse projeto altamente ambicioso é revolucionar nossa compreensão do cérebro humano, o qual organiza todas as facetas da nossa existência.

Os neurônios são os menores blocos de construção do cérebro, os quais formam uma rede altamente complexa de fluxo de informações. Dentro de cada neurônio, a informação é transmitida por meio de impulsos elétricos, chamados **potenciais de ação**, que seguem ao longo do axônio neuronal. O final de um axônio é chamado de **botão terminal**. Neurônios não são, na realidade, diretamente conectados uns aos outros. Existe um pequeno espaço pelo qual o impulso nervoso deve passar para chegar ao próximo neurônio. O espaço entre o botão terminal de um neurônio e o dendrito de outro é chamado **fenda sináptica**. O que acontece nesse espaço é de grande interesse para os psicopatologistas. As substâncias bioquímicas liberadas do axônio de um neurônio e que transmitem o impulso aos receptores do dendrito de outro neurônio são chamadas **neurotransmissores**, que são substâncias químicas armazenadas em vesículas nos botões terminais (ver figuras 2.6 e 2.12). Eles foram mencionados brevemente quando descrevemos a contribuição genética para a depressão no estudo na Nova Zelândia (Caspi et al., 2003). Somente nas últimas décadas começamos a entender sua complexidade. Agora, usando equipamentos e técnicas cada vez mais sensíveis, cientistas identificaram muitos tipos de neurotransmissores.

FIGURA 2.5 Divisões do sistema nervoso. (Reimpresso de Kalat, J. W. (2009). *Biological Psychology*, 10th edition, © 2009 Wadsworth.)

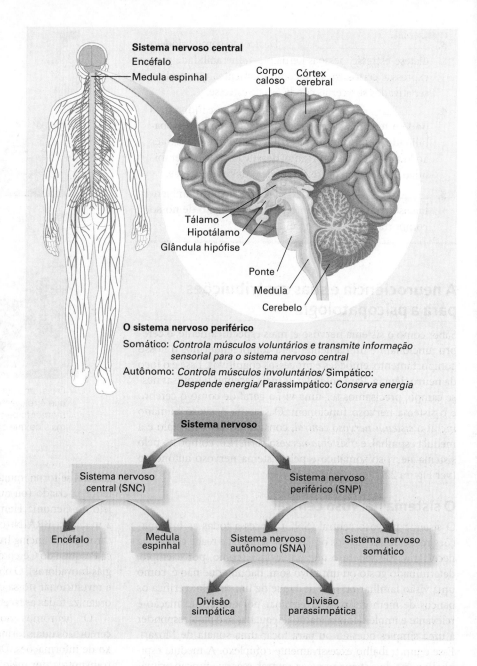

Além dos neurônios, há outro tipo de célula que compõe o sistema nervoso – células da *glia* (ou gliais). Muito embora ultrapassem o número de neurônios em uma proporção de dez para um, durante anos elas foram pouco estudadas porque os cientistas acreditavam que eram células passivas que meramente serviam para interligar e isolar neurônios (Koob, 2009). Mais recentemente, cientistas descobriram que a glia, na verdade, desempenha uma função ativa na atividade neural (Eroglu e Barres, 2010). Sabe-se agora que há diferentes tipos de células gliais com diversas funções específicas, algumas das quais servem para modular atividades neurotransmissoras (Allen e Barres, 2009; Perea e Araque, 2007). Compreender melhor a função das células gliais nos processos dos neurotransmissores é uma importante e nova área de pesquisa. Até o momento, a maioria das pesquisas avançadas da neurociência em psicopatologia concentrava-se nos neurônios.

Os principais neurotransmissores relevantes para a psicopatologia são: *noradrenalina* (também conhecida como nore-pinefrina), *serotonina, dopamina, ácido gama-aminobutírico (GABA)* e *glutamato*. Você verá esses termos muitas vezes neste livro. Alguns neurotransmissores são **excitatórios**, porque eles aumentam a probabilidade de disparo de neurônios, enquanto outros neurotransmissores são **inibitórios** porque eles diminuem a probabilidade desse disparo. Alguns neurônios podem receber aferências de neurotransmissores excitatórios e inibitórios.

Excessos e insuficiências de alguns neurotransmissores estão associados com diferentes grupos de transtornos psicológicos. Por exemplo, de início pensava-se que os níveis reduzidos de GABA estavam associados com ansiedade excessiva (Costa, 1985). Pesquisas anteriores (Snyder, 1976, 1981) relacionaram aumentos na atividade da dopamina com a esquizofrenia. Outras pesquisas descobriram correlações entre depressão e altos níveis de noradrenalina (Schildkraut, 1965) e, possivelmente, baixos níveis de serotonina (Siever, Davis e Gorman, 1991). Entretanto, pesquisas recentes, que serão des-

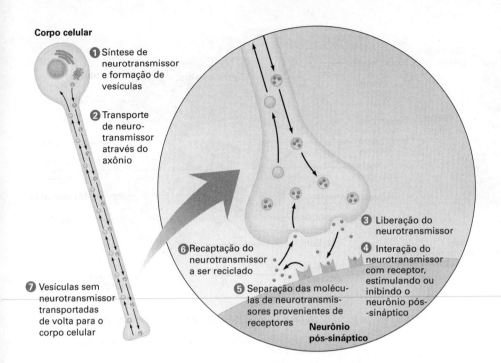

FIGURA 2.6 A transmissão de informação de um neurônio para outro. (Adaptado de Goldstein, B. (1994), *Psychology*, © 1994 Brooks/Cole Publishing Company.)

critas adiante neste capítulo, indicam que essas interpretações iniciais foram simplistas demais. Em vista de sua importância, retornaremos aos neurotransmissores brevemente.

A estrutura do cérebro

Ter uma visão geral do cérebro é útil porque muitas das estruturas descritas aqui são mencionadas posteriormente no contexto de transtornos específicos. Uma maneira de conceber o cérebro (ver Figura 2.7) é vê-lo em duas partes – *o tronco encefálico* e o *prosencéfalo*. O tronco encefálico é a parte mais baixa e antiga do cérebro. Encontrada na maioria dos animais, essa estrutura controla a maior parte das funções automáticas, como respiração, sono e movimentação de forma coordenada. O prosencéfalo é mais avançado e evoluiu mais recentemente.

A parte mais baixa do tronco encefálico, o *rombencéfalo*, contém a *medula*, a *ponte*, o *bulbo* e o *cerebelo*. O rombencéfalo regula muitas atividades automáticas, como a respiração, a ação de bombear do coração (batimentos cardíacos) e a digestão. O cerebelo controla a coordenação motora, e algumas pesquisas sugerem que anormalidades nessa parte do cérebro podem estar associadas ao transtorno do espectro autista, embora a conexão com a coordenação motora não esteja clara (Courchesne, 1997; Lee et al., 2002; Fatemi et al., 2012; ver Capítulo 14).

Também localizado no tronco encefálico está o *mesencéfalo*, que coordena os movimentos com dados sensoriais e contém partes do *sistema ativador reticular* (SAR), o qual contribui para os processos de excitação e de alerta, como quando estamos acordados ou dormindo.

No topo do tronco encefálico ficam o *tálamo* e o *hipotálamo*, que estão amplamente envolvidos com a regulação do comportamento e das emoções. Essas estruturas funcionam como um transmissor entre o prosencéfalo e as áreas mais baixas do tronco encefálico. Alguns anatomistas consideram o tálamo e o hipotálamo partes do prosencéfalo.

Na base do prosencéfalo, logo acima do tálamo e do hipotálamo, está o *sistema límbico*. *Límbico* significa "fronteiriço", assim chamado porque está localizado ao redor da extremidade do centro do cérebro. O sistema límbico, que figura predominantemente em muitas psicopatologias, inclui estruturas como o *hipocampo* (cavalo-marinho), *giro do cíngulo* (cinto), *septo* (divisória) e *amígdala* (amêndoa), todas nomeadas com base em seus formatos aproximados. Esse sistema ajuda a regular nossas experiências emocionais e expressões e, em certo nível, nossa capacidade de aprender e de controlar os impulsos. Está envolvido também com os impulsos básicos do sexo, da agressividade, da fome e da sede.

Os *núcleos da base*, também na base do prosencéfalo, incluem o *núcleo caudado*. Como danos a essa estrutura pode mudar nossa postura, fazendo-nos contorcer ou tremer, acredita-se que controla a atividade motora. Adiante, neste capítulo, apresentamos alguns achados bastante interessantes sobre o relacionamento dessa área com o transtorno obsessivo-compulsivo.

A maior parte do prosencéfalo é o *córtex cerebral*, que contém mais de 80% de todos os neurônios do sistema nervoso central. Essa parte do cérebro nos prové de qualidades distintamente humanas, permitindo-nos olhar para o futuro, planejar, raciocinar e criar. O córtex cerebral está dividido em dois hemisférios que, embora pareçam muito diferentes na estrutu-

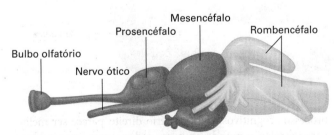

FIGURA 2.7a As três divisões do cérebro. (Reimpresso, sob permissão, de Kalat, J. W. (2009). *Biological Psychology*, 10th edition, © 2009 Wadsworth.)

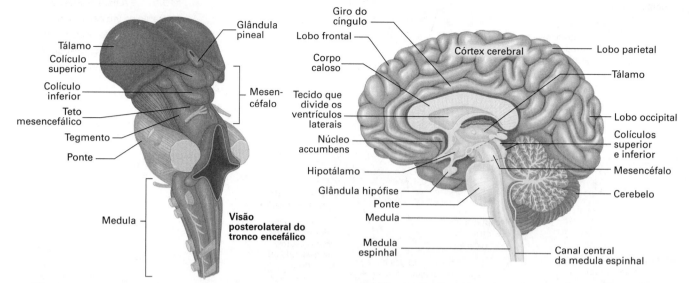

FIGURA 2.7b As principais estruturas do cérebro. (Reimpresso, sob permissão, de Kalat, J. W. (2009). *Biological Psychology*, 10th edition, © 2009 Wadsworth.)

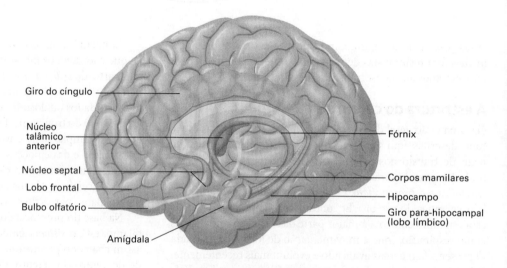

FIGURA 2.7c O sistema límbico. (Reimpresso, sob permissão, de Kalat, J. W. (2009). *Biological Psychology*, 10th edition, © 2009 Wadsworth.)

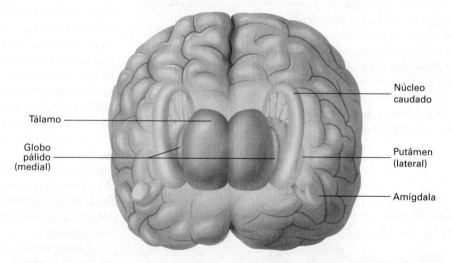

FIGURA 2.7d Os gânglios basais. (Reimpresso, sob permissão, de Kalat, J. W. (2009). *Biological Psychology*, 10th edition, © 2009 Wadsworth.)

ra e operem com relativa independência (ambos são capazes de perceber, pensar e lembrar); recentes pesquisas indicam que cada um tem especializações diferentes. O hemisfério esquerdo parece ser o responsável pelo processo verbal e por outros processos cognitivos. O hemisfério direito parece ser melhor para perceber o mundo ao nosso redor e para criar imagens. Os hemisférios podem desempenhar papéis diferentes em transtornos psicológicos específicos. Cada hemisfério con-

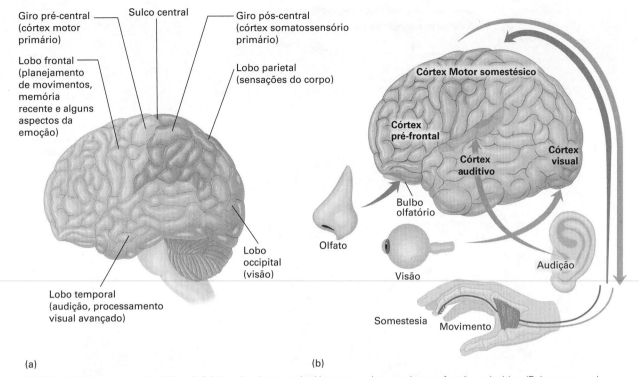

FIGURA 2.8 Algumas das principais subdivisões do córtex cerebral humano e algumas de suas funções primárias. (Reimpresso, sob permissão, de Kalat, J. W. (2009). *Biological Psychology*, 10th edition, © 2009 Wadsworth.)

siste em quatro áreas separadas, ou *lobos*: temporal, parietal, occipital e frontal (ver Figura 2.8). Cada um está associado a diferentes processos. Das primeiras três áreas, o *lobo temporal* é associado ao reconhecimento de várias imagens e sons e ao armazenamento da memória de longo prazo; o *lobo parietal*, com o reconhecimento de sensações de toque e monitoramento da posição corporal; o *lobo occipital* é associado à integração e à atribuição de sentido a vários dados visuais. Esses três lobos, localizados na parte de trás (posterior) do cérebro, funcionam juntos para processar visão, tato, audição e outros sinais de nossos sentidos.

O *lobo frontal* é o mais interessante do ponto de vista da psicopatologia. A parte da frente (ou anterior) do lobo frontal é chamada *córtex pré-frontal* e é responsável por complexas funções cognitivas, tais como pensar e raciocinar, planejar o futuro e memória de curto prazo. Essa área do cérebro sintetiza todas as informações recebidas de outras partes do cérebro e decide como responder. É o que permite que nos relacionemos com o mundo ao nosso redor e com as pessoas, fazendo que nos comportemos como animais sociais. Ao estudarmos áreas do cérebro em busca de pistas para a psicopatologia, a maioria dos pesquisadores se concentra no lobo frontal do córtex cerebral, bem como no sistema límbico e nos núcleos da base.

O sistema nervoso periférico

O sistema nervoso periférico coordena-se com o tronco encefálico para se certificar de que o corpo está funcionando adequadamente. Seus dois mais importantes componentes são o *sistema nervoso somático* e o *sistema nervoso autônomo*. O sistema nervoso somático controla os músculos, portanto, danos nessa área poderiam tornar difícil qualquer movimento voluntário, incluindo falar. O sistema nervoso autônomo envolve o *sistema nervoso simpático* e o *sistema nervoso parassimpático*. As atribuições primárias do Sistema Nervoso Autônomo são regular o sistema cardiovascular (por exemplo, os vasos do coração e os sanguíneos) e o sistema endócrino (por exemplo, as glândulas hipófise, adrenal, tireoide e as gônadas) e desempenhar diversas outras funções, incluindo ajudar na digestão e regular a temperatura corporal (ver Figura 2.9).

O *sistema endócrino* funciona de maneira um pouco diferente dos outros sistemas do corpo. Cada glândula endócrina produz seu próprio mensageiro químico, chamado **hormônio**, e libera-o diretamente na corrente sanguínea. As glândulas adrenais produzem a *epinefrina* (também chamada *adrenalina*) em resposta ao estresse, bem como os hormônios reguladores da concentração de sais; a glândula tireoide produz a *tiroxina*, que facilita o metabolismo energético e o crescimento; a hipófise é uma glândula mestre que produz uma variedade de hormônios reguladores; e as gônadas produzem hormônios sexuais, entre eles o estrogênio e a testosterona. O sistema endócrino está intimamente relacionado ao sistema imunológico; está também implicado em uma variedade de transtornos. Além de contribuir para transtornos físicos relacionados ao estresse, que serão discutidos no Capítulo 9, a regulação endócrina pode desempenhar algum papel na depressão, ansiedade, esquizofrenia e outros transtornos (McEwen, 2013). Algumas pesquisas descobriram, por exemplo, que pacientes depressivos podem responder melhor a uma medicação antidepressiva se for administrada em combinação com hormônio da tireoide (Nierenberg et al., 2006), ou, para alguns homens idosos que estão depressivos, a coadministração de testosterona pode melhorar os efeitos antidepressivos (Pope et al., 2003). Essa área de pesquisa interdisciplinar é denominada *psiconeuroendocrinologia* e é uma subárea crescente.

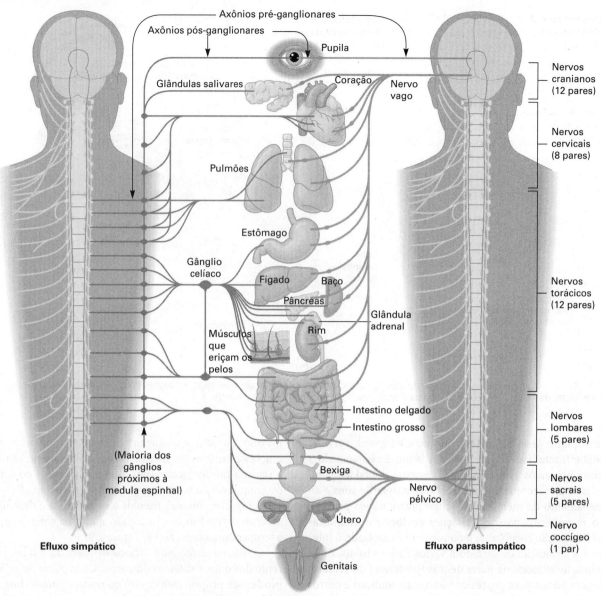

FIGURA 2.9 O sistema nervoso simpático (à esquerda) e o sistema nervoso parassimpático (à direita). (Reimpresso, sob permissão, de Kalat, J. W. (2009). *Biological Psychology*, 10th edition, © 2009 Wadsworth.)

As divisões simpática e parassimpática do sistema nervoso autônomo operam de maneira complementar. O Sistema Nervoso Simpático é responsável pela mobilização do corpo durante momentos de estresse ou perigo, rapidamente ativando os órgãos e as glândulas sob seu controle. Quando a divisão simpática entra em alerta, três coisas acontecem: o coração bate mais rápido, elevando o fluxo de sangue nos músculos; a respiração aumenta, permitindo que mais oxigênio entre no sangue e no cérebro; e as glândulas adrenais são estimuladas. Todas essas três alterações ajudam a nos mobilizar para a ação. Quando você lê a notícia de que uma mulher levantou um objeto pesado para salvar uma criança que estava presa, esteja certo de que o sistema nervoso simpático dela estava funcionando além da conta. Esse sistema medeia uma parte substancial de nossa reação de "emergência" ou de "alarme", que será discutida mais adiante neste capítulo e no Capítulo 5.

Uma das funções do sistema parassimpático é balancear o sistema simpático. Em outras palavras, em virtude de não podermos operar em um estado de hiperalerta e prontidão constante, o Sistema Nervoso Parassimpático assume a direção depois de o Sistema Nervoso Simpático estar ativo por um tempo, normaliza nosso estado de alerta e facilita o armazenamento de energia, ajudando no processo digestivo.

Uma conexão cerebral que está relacionada a alguns transtornos psicológicos envolve o hipotálamo e o sistema endócrino. O hipotálamo conecta-se à glândula hipófise adjacente, a controladora ou a coordenadora do sistema endócrino. A glândula hipófise, por sua vez, pode estimular a parte cortical das glândulas adrenais no topo dos rins. Como observamos, descargas de epinefrina tendem a nos energizar, estimulando-nos e tornando nossos corpos prontos para alguma ameaça ou desafio. Quando os atletas dizem que a adrenalina estava fluindo, significa que estavam excitados e prontos para a competição. A parte cortical das glândulas adrenais também produz o hormônio do estresse, o cortisol. O sistema é chamado *eixo hipotalâmico-hipofisário-adrenal*, ou *eixo HHA* (ver

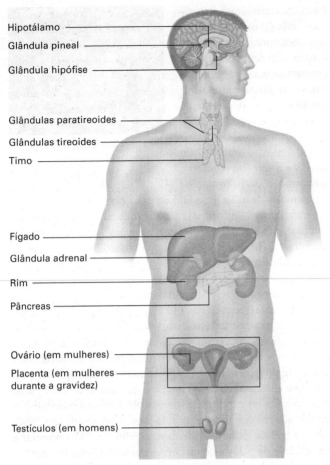

FIGURA 2.10 Localização de algumas das principais glândulas endócrinas. (Reimpresso, sob permissão, de Kalat, J. W. (2009). *Biological Psychology*, 10th edition, © 2009 Wadsworth.)

Figura 2.10), que tem sido relacionado a diversos transtornos psicológicos e é mencionado nos capítulos 5, 7 e 9. Há boas evidências mostrando que a desregulação do eixo HHA está relacionada com a depressão (Burke et al., 2005). Um estudo recente, conduzido por Gotlib et al. (2015) sugere que uma característica específica de um cromossomo, chamada telômero, parece modular o efeito da depressão e do cortisol. Telômeros são um tipo de estrutura que cobre as extremidades dos cromossomos para protegê-los de deterioração ou de ficarem emaranhados com cromossomos vizinhos. O estudo de Gotlib e colaboradores observou que as filhas de mães deprimidas tinham telômeros mais curtos do que as filhas de mães sem histórico de depressão. Além disso, telômeros mais curtos foram associados à maior resposta de cortisol ao estresse. No futuro, pode ser possível usar essa informação genética para encontrar modos de prevenir o desenvolvimento de depressão em pessoas vulneráveis pela identificação de indivíduos com telômeros mais curtos, e então treiná-las para serem mais resilientes em situações de estresse.

Essa breve visão geral nos proporciona uma noção da estrutura e do funcionamento do sistema nervoso. Novos procedimentos para estudar a estrutura e a função cerebrais que envolvem fotografar o funcionamento do cérebro serão discutidos no Capítulo 3. Aqui, concentramo-nos no que esses estudos revelam a respeito da natureza da psicopatologia.

Neurotransmissores

Os neurotransmissores no cérebro e nas demais partes do sistema nervoso que carregam as mensagens de um neurônio para outro continuam a receber intensa atenção dos psicopatologistas (Bloom e Kupfer, 1995; LeDoux, 2002; Iverson, 2006; Iverson e Iverson, 2007; Nestler, Hyman e Malenka, 2008). Um bom exemplo é a função do neurotransmissor serotonina em algumas pesquisas de interações gene-ambiente descritas anteriormente (por exemplo, Karg et al., 2011). Esta bioquímica foi descoberta somente nas últimas décadas, e apenas nos últimos anos desenvolvemos procedimentos mais sofisticados para estudá-la. Uma maneira de pensar os neurotransmissores é imaginá-los como correntes estreitas que fluem pelo oceano do cérebro. Algumas vezes, elas correm paralelamente a outras correntes, para em seguida se separarem novamente. Com frequência, parecem serpentear de forma aleatória, virando-se de volta sobre si mesmas antes de seguirem em frente. Neurônios sensíveis a um tipo de neurotransmissor se agrupam e formam caminhos de uma parte do cérebro a outra.

Esses caminhos podem se sobrepor aos de outros neurotransmissores, mas, em geral, terminam por tomar cursos separados (Bloom, Nelson e Lazerson, 2001; Dean et al., 1993). São milhares, talvez dezenas de milhares desses **circuitos cerebrais**, e estamos apenas começando a descobri-los e mapeá-los (Arenkiel e Ehlers, 2009). Neurologistas identificaram várias vias neurais que parecem desempenhar funções em diversos transtornos psicológicos (Fineberg et al., 2010; LeDoux, 2002, 2015; Stahl, 2008; Tau e Peterson, 2010).

Novos neurotransmissores são frequentemente descobertos, e os sistemas neurotransmissores existentes devem ser subdivididos em classificações separadas. As estimativas sugerem que mais de cem neurotransmissores diferentes, cada um com múltiplos receptores, funcionam em várias partes do sistema nervoso (Borodinsky et al., 2004; Kalat, 2013; Sharp, 2009). Além disso, os cientistas estão cada vez mais descobrindo agentes bioquímicos adicionais e gases com certas propriedades de neurotransmissores. Pelo fato de que esse campo dinâmico de pesquisa tem um fluxo considerável, a neurociência da psicopatologia é uma área de estudo estimulante que pode conduzir a novos tratamentos com drogas, entre outros avanços. Entretanto, as descobertas científicas que parecem se aplicar à psicopatologia hoje podem não mais ser relevantes amanhã. São necessários muitos anos de estudo antes que tudo esteja classificado.

Ainda é possível ler trabalhos que afirmam que determinados transtornos psicológicos são "causados" por desequilíbrio, excesso ou deficiência bioquímicos em determinados sistemas neurotransmissores. Por exemplo, a atividade anormal do neurotransmissor serotonina é frequentemente descrita como causadora de depressão, e as anormalidades do neurotransmissor dopamina têm sido relacionadas à esquizofrenia. Entretanto, evidências crescentes indicam que tais informações são por demais simplistas. Hoje percebemos que os efeitos da atividade neurotransmissora são menos específicos. Com frequência parecem estar relacionados à maneira como processamos informações (Harmer et al., 2009; Kandel, Schwartz e Jessell, 2000; LeDoux, 2002; Sullivan e LeDoux, 2004). Mudanças na atividade neurotransmissora podem tornar as pessoas mais ou menos suscetíveis a exibirem determinados tipos de comportamento em certas situações sem causar o comportamento de forma direta. Além disso, distúrbios gerais em nosso funcionamento são quase sempre associados a interações de vários neurotransmissores e não com alterações na atividade de um sistema qualquer (Fineberg et al., 2010; LeDoux, 2002; Stahl, 2008; Xing et al., 2006). Em outras palavras, as correntes se interceptam com tanta frequência que mudanças em um neurotransmissor resultam em mudanças em outros, em geral de uma maneira que os cientistas ainda não conseguem predizer.

A pesquisa sobre a função dos neurotransmissores concentra-se primeiro no que acontece quando os níveis de atividade mudam. É possível estudar isso de diversas formas. Podemos introduzir substâncias chamadas **agonistas**, que de fato *aumentam* a atividade de um neurotransmissor, mimetizando seus efeitos; substâncias chamadas **antagonistas**, que *diminuem* ou bloqueiam a ação de um neurotransmissor; ou substâncias denominadas **agonistas inversos**, que produzem efeitos *opostos* aos produzidos pelo neurotransmissor. Ao manipular sistematicamente a produção de um neurotransmissor em diferentes partes do cérebro, cientistas são capazes de aprender mais sobre seus efeitos. A maioria das drogas poderia ser classificada como agonista ou como antagonista, embora possam atingir esses resultados de diversas maneiras. Isto é, essas terapias com drogas funcionam aumentando ou diminuindo o fluxo de neurotransmissores específicos. Algumas delas inibem ou bloqueiam diretamente a produção de um neurotransmissor. Outras aumentam a produção de substâncias bioquímicas concorrentes que podem desativar um neurotransmissor. Há, ainda, drogas que não afetam os neurotransmissores diretamente, mas impedem as substâncias químicas de alcançarem o próximo neurônio, fechando ou ocupando os receptores daquele neurônio. Após um neurotransmissor ser liberado, ele é rapidamente degradado ou retirado da fenda sináptica, sendo levado de volta para o interior do neurônio que o liberou. Esse processo é chamado **recaptação**. Normalmente, a ação de um neurotransmissor é bastante breve para garantir que o sistema nervoso possa se ajustar rapidamente às mudanças ambientais e às demandas das situações. Algumas vezes, problemas psicológicos estão associados ao excesso de um neurotransmissor específico na fenda sináptica, e às vezes à falta de um neurotransmissor específico. Algumas drogas atuam bloqueando o processo de recaptação, levando assim à estimulação contínua do circuito cerebral; outras drogas atuam pela estimulação ou bloqueio da liberação de neurotransmissores na fenda sináptica ou bloqueando o receptor de um neurotransmissor.

Aqui nos concentraremos em vários neurotransmissores clássicos mais relevantes para a psicopatologia. Dois tipos de neurotransmissores, *monoaminas* e *aminoácidos*, têm sido estudados com vistas à psicopatologia. Esses são considerados neurotransmissores "clássicos" porque são sintetizados no nervo. Os neurotransmissores da classe monoamina incluem noradrenalina (também conhecida como norepinefrina), serotonina e dopamina. Os neurotransmissores aminoácidos incluem o ácido gama-aminobutírico (GABA) e o glutamato.

Glutamato e GABA

Dois neurotransmissores principais influenciam muito do que fazemos. Cada uma dessas substâncias está na categoria de aminoácido dos neurotransmissores. O primeiro, **glutamato**, é um transmissor excitatório que "ativa" muitos neurônios diferentes, conduzindo à ação. Um segundo tipo de neurotransmissor aminoácido é o **ácido gama-aminobutírico**, denominado também pela sigla **GABA**, um neurotransmissor inibitório. Assim, o trabalho do GABA é inibir (ou regular) a transmissão de informações

▲ Modelo do GABA criado por computador.

e potenciais de ação. Pelo fato de esses dois neurotransmissores trabalharem em sintonia para equilibrar o funcionamento cerebral, eles são referidos como "*chemical brothers*" ("irmãos químicos") (LeDoux, 2002). Glutamato e GABA operam de forma relativamente independente em um nível molecular, mas o equilíbrio relativo de cada um em uma célula determinará se o neurônio será ativado ou não.

Outra característica desses "irmãos químicos" é que agem rápido, uma vez que auxiliam o cérebro a acompanhar as muitas influências do ambiente que exigem ação ou inibição. Como é verdade para todo neurotransmissor, excesso ou baixa atividade pode causar alguns problemas sérios. Algumas pessoas que apreciam comida chinesa e que são sensíveis a glutamato podem ter experimentado reações adversas provenientes de um aditivo comum na comida chinesa denominado MSG. MSG significa glutamato de monossódio e pode aumentar a quantidade de glutamato no corpo, causando cefaleias, zumbido nos ouvidos ou outros sintomas físicos em certas pessoas. Retornaremos a alguns novos achados interessantes que envolvem os receptores específicos de glutamato quando discutirmos sobre os novos tratamentos para transtornos de ansiedade no Capítulo 5.

Como notamos previamente, o GABA reduz a atividade pós-sináptica, que, por sua vez, inibe uma variedade de comportamentos e emoções. O GABA foi descoberto antes do glutamato e tem sido estudado por um período mais longo; seu efeito mais conhecido é o de reduzir a ansiedade (Charney e Drevets, 2002; Davis, 2002; Sullivan e LeDoux, 2004; Griebel e Holmes, 2013). Cientistas descobriram que uma classe particular de drogas, as *benzodiazepinas*, ou tranquilizantes menores, faz com que as moléculas de GABA se fixem mais facilmente aos receptores de neurônios especializados. Dessa maneira, quanto mais alto o nível de benzodiazepina, mais o GABA se torna ligado aos receptores de neurônios, e mais calmos ficamos (até certo ponto). As benzodiazepinas possuem certas propriedades que podem levar à adição, e por isso os cientistas clínicos estão se empenhando para identificar outras substâncias que podem também modular os níveis de GABA; elas incluem certos esteroides naturais do cérebro (Eser et al., 2006; Gordon, 2002; Rupprecht et al., 2009).

Como com outros sistemas neurotransmissores, estamos cientes de que o efeito do GABA não é específico da ansiedade, mas possui uma influência muito maior. O sistema GABA percorre muitos circuitos distribuídos por todo o cérebro e parece reduzir toda a estimulação de alguma forma e moderar nossas respostas emocionais. Por exemplo, além de reduzir a ansiedade, os tranquilizantes menores têm um efeito anticonvulsivante, que relaxa os grupos musculares sujeitos a espasmos. Compostos de drogas que aumentam o GABA estão sob avaliação para tratamento de insônia (Monti, Möhler e Pandi-Perumal, 2010; Sullivan, 2012; Sullivan e Guilleminault, 2009; Walsh et al., 2008). Ademais, o sistema GABA parece reduzir níveis de raiva, hostilidade, agressão e talvez, e até mesmo, estados emocionais positivos, tais como sentimento de expectativa e prazer, o que torna o GABA um neurotransmissor inibitório generalizado, tanto quanto o glutamato tem função estimulatória generalizada (Bond e Lader, 1979; Lader, 1975; Sharp, 2009). Estamos aprendendo também que o sistema GABA não é apenas um sistema que opera de uma única maneira, mas é composto de um número de subsistemas. Diferentes tipos de receptores de GABA parecem agir de maneiras distintas, com talvez apenas um dos subtipos tendo uma afinidade com o componente benzodiazepina (D'Hulst, Atack e Kooy, 2009; Gray, 1985; LeDoux, 2002; Sharp, 2009). Portanto, a conclusão de que esse sistema é responsável pela ansiedade parece estar tão desatualizada quanto a conclusão de que o sistema serotonérgico é responsável pela depressão (ver a próxima seção).

Serotonina

O nome técnico da **serotonina** é 5-hidroxitriptamina (5HT). Pertence à categoria de neurotransmissores das monoaminas, junto da noradrenalina e da dopamina, discutidos a seguir. Aproximadamente seis circuitos principais de serotonina se propagam do mesencéfalo, dando voltas entre suas várias partes (Azmitia, 1978) (ver Figura 2.11). Em virtude da natureza muito difusa desses circuitos, muitos deles terminando no córtex, acredita-se que a serotonina influencia uma grande parcela de nosso comportamento, particularmente no que se refere à maneira como processamos informações (Harmer, 2008; Merens, Willem Van der Does e Spinhoven, 2007; Spoont, 1992). Foi uma desregulação geneticamente influenciada desse sistema que contribuiu para a depressão no estudo da Nova Zelândia relatado anteriormente (Caspi et al., 2003).

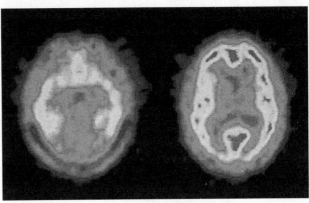
▲ Escaneamento tomográfico de emissão de pósitrons mostra a distribuição de neurônios serotoninérgicos.

O sistema da serotonina regula o comportamento, o humor e os processos de pensamento. Níveis de atividade serotoninérgica extremamente baixos estão associados a menor inibição, bem como a instabilidade, impulsividade e tendência a ter reações exageradas. Baixa atividade de serotonina tem sido associada a agressão, suicídio, reação impulsiva exagerada e comportamento sexual excessivo (Berman et al., 2009). Entretanto, esses comportamentos não *necessariamente* ocorrem se a atividade de serotonina estiver baixa. Outros fluxos cerebrais ou outras influências sociais ou psicológicas podem compensar a baixa atividade da serotonina. Por conseguinte, baixa atividade serotoninérgica pode nos tornar mais vulneráveis a determinados comportamentos problemáticos sem causá-los diretamente (como mencionamos previamente). Por outro lado, os altos níveis de serotonina podem interagir com o GABA para neutralizar o glutamato (o mesmo fato aparece com outros sistemas neurotransmissores).

Para tornar as coisas mais complexas, a serotonina tem efeitos um pouco diferentes a depender do tipo ou subtipo de receptores envolvidos. Há aproximadamente 15 tipos diferentes de receptores no sistema da serotonina (Olivier, 2015). Diversas classes de drogas afetam primariamente o sistema serotoninérgico, incluindo antidepressivos tricíclicos, tais como imipramina (conhecida pela marca Tofranil). Contudo, a classe de drogas chamadas inibidores seletivos de recaptação de serotonina (ISRSs), incluindo a fluoxetina (Prozac) (ver Figura 2.12), afeta a serotonina mais diretamente do que outras drogas, inclusive os antidepressivos tricíclicos. Os ISRSs são usados para tratar alguns transtornos psicológicos, particularmente ansiedade, transtornos do humor e alimentares. A medicação à base de erva-de-são-joão, disponível em muitas drogarias, também afeta os níveis de serotonina.

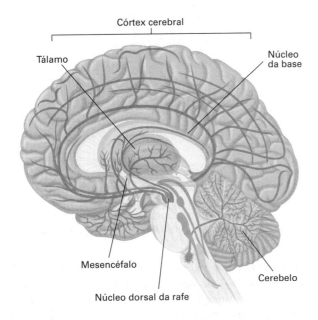

FIGURA 2.11 As principais vias de serotonina no cérebro.

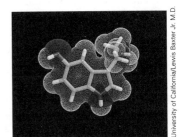
▲ Modelo da serotonina gerado por computador.

Noradrenalina

Um terceiro sistema neurotransmissor da classe das monoaminas importante para a psicopatologia é a **noradrenalina** (também conhecida como **norepinefrina**) (ver Figura 2.13). Já vimos que a nora-

Como os neurotransmissores funcionam
Os neurotransmissores são armazenados em pequenas vesículas na extremidade do neurônio Ⓐ. Um impulso elétrico faz com que as vesículas se fundam com a membrana externa, e o neurotransmissor é liberado na sinapse Ⓑ. Os neurotransmissores se difundem através da fenda e se ligam aos receptores, que são proteínas especializadas, no neurônio adjacente Ⓒ. Quando suficiente quantidade do neurotransmissor é absorvida, os receptores liberam essas moléculas, que são então quebradas ou reabsorvidas pelo primeiro neurônio e armazenadas para uso posterior Ⓑ.

Como as drogas serotoninérgicas agem
Prozac aumenta os efeitos de serotonina, impedindo-a de ser reabsorvida Ⓔ. Redux e fenfluramina (drogas antiobesidade) causam a liberação de serotonina extra na sinapse Ⓕ. Infelizmente, essas drogas foram proibidas pela FDA (Food and Drug Administration, dos Estados Unidos) por causa dos perigosos efeitos colaterais cardiovasculares (ver Capítulo 8).

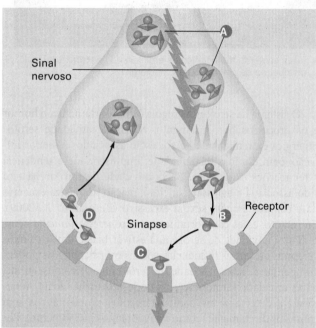
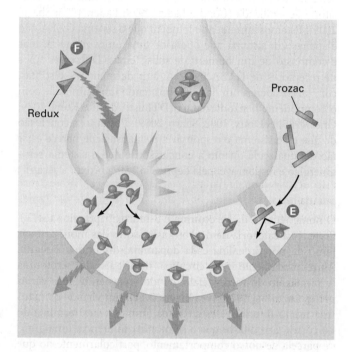

Variação do receptor
Há pelo menos 15 diferentes receptores de serotonina, cada um relacionado a uma função distinta.

FIGURA 2.12 Manipulação de serotonina no cérebro.

drenalina, como a adrenalina (ou epinefrina, conhecida como uma catecolamina), faz parte do sistema endócrino.

A noradrenalina parece estimular pelo menos dois grupos (e provavelmente diversos outros) de receptores denominados *alfa-adrenérgicos* e *beta-adrenérgicos*. Alguém em sua família pode estar tomando um tipo muito usado de droga chamado *betabloqueador*, particularmente se a pessoa sofrer de hipertensão ou se tiver dificuldades com a regulação dos batimentos cardíacos. Como o nome indica, essas drogas bloqueiam os betarreceptores de maneira que a resposta deles a uma descarga de norepinefrina seja reduzida, o que mantém a pressão sanguínea e os batimentos cardíacos baixos. No sistema nervoso central, um número de circuitos noradrenérgicos foi identificado. Um circuito importante começa no rombencéfalo, área que controla funções corporais básicas, como a respiração. Outro circuito parece influenciar as reações de emergência ou respostas de alerta

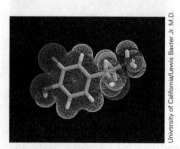
▲ Modelo da noradrenalina gerado por computador.

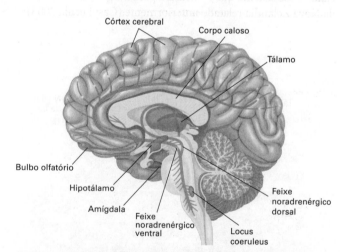

FIGURA 2.13 As principais vias da noradrenalina no cérebro humano. (Adaptado de Kalat, J. W. (2009). *Biological Psychology*, 10th edition, © 2009 Wadsworth.)

(Charney e Drevets, 2002; Gray e McNaughton, 1996; Sullivan e LeDoux, 2004) que ocorrem quando repentinamente nos vemos em uma situação de perigo, sugerindo que existe alguma relação entre estado de pânico e a noradrenalina (Charney et al., 1990; Gray e McNaughton, 1996). Entretanto, esse sistema, com todos os seus variados circuitos percorrendo todo o cérebro, age de forma mais geral para regular ou modular certas tendências comportamentais e não está diretamente envolvido em padrões específicos de comportamento ou em transtornos psicológicos.

Dopamina

Por fim, a **dopamina** é o principal neurotransmissor que faz parte da classe das monoaminas e que também é denominado como catecolamina devido à semelhança de sua estrutura química com a adrenalina e a noradrenalina. A dopamina está implicada na fisiopatologia da esquizofrenia (ver Figura 2.14) e em transtornos aditivos (Le Foll, Gallo, Le Strat, Lu e Gorwood, 2009). Algumas pesquisas também indicam que pode ter papel significativo na depressão (Dunlop e Nemeroff, 2007) e no transtorno de déficit de atenção e hiperatividade (Volkow et al., 2009). Você se lembra da reserpina, mencionada no Capítulo 1, que reduz comportamentos psicóticos associados à esquizofrenia? Essa droga e os tratamentos mais modernos com antipsicóticos afetam alguns sistemas de neurotransmissores, mas seu maior impacto pode ser devido ao bloqueio de receptores dopaminérgicos específicos, diminuindo a atividade da dopamina (ver, por exemplo, Snyder, Burt e Creese, 1976). Assim, por muito tempo pensou-se ser possível que na esquizofrenia os circuitos dopaminérgicos pudessem estar bastante ativos. A recente descoberta de drogas antipsicóticas de segunda geração, como a clozapina, que tem apenas efeitos fracos sobre certos receptores da dopamina, sugere que essa ideia talvez precise ser revista. No Capítulo 13, exploraremos de forma detalhada essa hipótese sobre a dopamina.

Em seus vários circuitos por regiões específicas do cérebro, a dopamina também parece ter um efeito mais geral, que pode ser descrito como um interruptor que ativa vários circuitos do cérebro possivelmente associados a certos tipos de comportamento. Quando esse interruptor é ativado, outros neurotransmissores podem inibir ou facilitar a expressão de emoções ou comportamentos (Armbruster et al., 2009; Oades, 1985; Spoont, 1992; Stahl, 2008). Circuitos dopaminérgicos se fundem e cruzam com circuitos de serotonina em vários pontos e, por conseguinte, influenciam grande parte dos mesmos comportamentos. Por exemplo, a atividade da dopamina está associada a comportamentos exploratórios, extrovertidos e de busca por prazer (Elovainio et al., 2005), e a serotonina está associada à inibição e à restrição; assim, em certo sentido, elas equilibram uma a outra (Depue et al., 1994).

Novamente, vemos que os efeitos de um neurotransmissor – nesse caso, dopamina – são mais complexos do que originalmente imaginamos. Pesquisadores descobriram pelo menos cinco receptores diferentes que são seletivamente sensíveis à dopamina (Owens et al., 1997; Girault e Greengard, 2004). Um dos tipos de droga que afeta os circuitos de dopamina é a L-dopa, um agonista de dopamina (que aumenta os níveis de dopamina). Um dos sistemas que a dopamina estimula é o sistema locomotor, que regula a capacidade de realizar movimentos coordenados e, uma vez ativado, é influenciado pela atividade da serotonina. Em função dessas conexões, deficiência de dopamina tem sido associada a transtornos como a doença de Parkinson, em que uma deterioração marcante no comportamento motor inclui tremores, rigidez dos músculos e dificuldade de discernimento. A L-dopa tem sido bem-sucedida em reduzir algumas dessas disfunções motoras.

Implicações para a psicopatologia

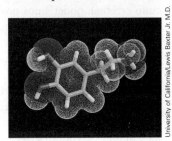

▲ Modelo da dopamina gerado por computador.

Os transtornos psicológicos geralmente combinam sintomas emocionais, comportamentais e cognitivos; assim, lesões (ou danos) identificáveis em estruturas específicas do cérebro, em sua maior parte, não causam tais transtornos. Até mesmo danos muito difundidos resultam, mais frequentemente, em déficits motores ou sensoriais que são, no geral, assunto da neurologia; os neurologistas costumam trabalhar com os neuropsicólogos para identificar lesões específicas. Entretanto, os psicopatologistas ultimamente também estão se concentrando sobre o papel mais abrangente do funcionamento cerebral no desenvolvimento da personalidade, com o objetivo de considerar como os diferentes tipos de personalidade biologicamente embasada poderiam ser mais vulneráveis a desenvolver determinados tipos de transtornos psicológicos. Por exemplo, as contribuições genéticas poderiam levar a padrões de atividade neurotransmissora que influenciassem uma personalidade. Assim, algumas pessoas impulsivas que gostam de correr risco podem ter baixa atividade serotoninérgica e alta atividade dopaminérgica.

Procedimentos para estudar as imagens do funcionamento cerebral têm sido aplicados a um número de transtornos, incluindo o *transtorno obsessivo-compulsivo* (TOC). Os indiví-

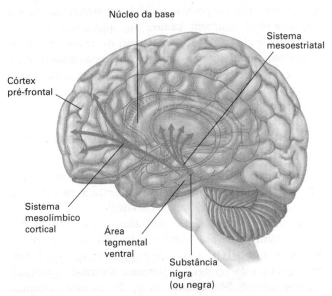

FIGURA 2.14 Duas principais vias da dopamina. O sistema mesolímbico está aparentemente envolvido com a esquizofrenia; o caminho para os núcleos basais contribui para o desenvolvimento de problemas no sistema locomotor, tais como discinesia tardia, que às vezes resultam da ação de drogas neurolépticas. (Adaptado de Kalat, J. W. (2009). *Biological Psychology*, 10th edition, © 2009 Wadsworth.)

duos que sofrem desse grave transtorno de ansiedade (descrito no Capítulo 5) têm pensamentos intrusivos e atemorizantes – por exemplo, acreditam que podem ter sido contaminados com veneno e que, por isso, envenenarão seus entes queridos se os tocarem. Para impedir essa drástica consequência, entregam-se a rituais compulsivos, como banhos muitos frequentes para tentar se livrar do veneno imaginado. Diversos pesquisadores descobriram diferenças intrigantes entre o cérebro de pacientes com TOC e o de outras pessoas. Embora o tamanho e a estrutura do cérebro sejam os mesmos, os pacientes com TOC têm elevada atividade na parte do lobo frontal do córtex cerebral, chamada *superfície orbital* (Chamberlain et al., 2008; Harrison et al., 2013). Também há atividade elevada no giro do cíngulo e, em menor extensão, no núcleo caudado, um circuito que se estende desde a seção orbital da área frontal do córtex até partes do tálamo. As atividades nessas áreas parecem estar correlacionadas, ou seja, se uma área estiver ativa, as outras também estarão. Essas áreas contêm diversos caminhos de neurotransmissores, e um dos mais concentrados é a serotonina.

Lembre-se de que um dos papéis da serotonina parece ser moderar nossas reações. O comportamento alimentar, o comportamento sexual e a agressividade são mais bem controlados se houver níveis adequados de serotonina. Pesquisas, sobretudo em animais, demonstram que as lesões (danos) que interrompem os circuitos de serotonina prejudicam a capacidade de ignorar avisos externos irrelevantes, tornando o organismo hiper-reativo. Assim, se houver dano ou interrupção nesse circuito cerebral, poderíamos nos perceber agindo em relação a cada pensamento ou impulso que entrasse em nossas cabeças.

Thomas Insel (1992) descreveu um caso originalmente relatado por Eslinger e Damasio (1985) de um homem que tinha sido bem-sucedido como contador, marido e pai de dois filhos antes de se submeter a uma cirurgia em razão de um tumor cerebral. Ele teve boa recuperação e parecia estar bem, mas no ano seguinte seu negócio faliu e ele se separou da família. Embora suas pontuações nos testes de QI tenham sido altas como sempre e todas as suas funções mentais estivessem intactas, ele se tornou incapaz de manter um emprego ou de chegar na hora para um encontro. O que estava causando esses problemas? Ele se entregava a rituais compulsivos longos e incontroláveis. A maior parte do seu dia era consumida por ações como lavar, vestir-se e arrumar coisas novamente no cômodo simples onde vivia. Em outras palavras, ele apresentava sintomas clássicos obsessivo-compulsivos. A parte de seu cérebro danificada pela remoção do tumor foi uma pequena área do córtex orbital frontal.

Essas informações parecem sustentar uma causa biológica para a psicopatologia – nesse caso, o TOC. Pode-se pensar que não há necessidade de considerar as influências sociais ou psicológicas aqui. No entanto, Insel e outros neurocientistas interpretaram essas descobertas com muita cautela. Primeiro, esse caso envolve apenas um indivíduo. Outros indivíduos com a *mesma* lesão poderiam reagir de maneira diferente. Além disso, estudos sobre imagens do cérebro costumam ser inconsistentes em relação a muitos detalhes importantes. Às vezes localizar o aumento ou diminuição de uma atividade é difícil porque os cérebros diferem em sua estrutura, assim como corpos e rostos. Ainda, o córtex orbital frontal está implicado em outros transtornos de ansiedade e talvez em outros transtornos emocionais (Gansler et al., 2009; Goodwin, 2009; Sullivan e LeDoux, 2004); assim, danos nessa área do cérebro podem simplesmente aumentar a influência negativa em termos gerais em vez de TOC, em específico. Portanto, há muito trabalho a ser feito, e a tecnologia deve melhorar antes que possamos ter certeza da relação do córtex orbital frontal com o TOC. É possível que a atividade nessa área seja simplesmente resultado do pensamento repetitivo e do comportamento ritualístico que caracteriza o TOC, em vez de ser uma causa. Para fazer uma simples analogia, se você estiver atrasado para a aula e começar a se apressar, mudanças radicais vão ocorrer por todo o seu corpo e cérebro. Se alguém que não sabia dessa sua pressa examinasse o escaneamento de seu cérebro, suas funções cerebrais pareceriam diferentes das do cérebro de uma pessoa que tivesse andado calmamente para a aula. Se você tivesse um bom desempenho na aula, um cientista poderia concluir erroneamente que sua função cerebral incomum "causou" sua inteligência. Também é importante observar que, atualmente, os neurocientistas se concentram muito mais na conexão entre certas áreas do cérebro (o circuito cerebral) do que na atividade de qualquer região particular do cérebro que possa estar associada a um transtorno mental específico (por exemplo, Whitfield-Gabrieli et al.).

Influências psicossociais sobre a estrutura e o funcionamento do cérebro

Enquanto psicopatologistas estão explorando as causas da psicopatologia, seja no cérebro, seja no ambiente, as pessoas estão sofrendo e precisando de tratamentos melhores.

Algumas vezes, os efeitos do tratamento nos dizem algo sobre a natureza da psicopatologia. Por exemplo, se um clínico pensa que o TOC é causado por uma função ou disfunção específica do cérebro ou por uma ansiedade aprendida por pensamentos assustadores ou repulsivos, essa concepção determinaria a escolha do tratamento, como notamos no Capítulo 1. Conduzir um tratamento em uma ou outra dessas causas teóricas do transtorno, ou então observar se o paciente se sente melhor, provam ou não a acurácia da teoria. A estratégia comum tem uma fraqueza sobrepujante. Ter sucesso ao tratar um paciente em estado febril ou com dor de dente ministran-

Transtorno obsessivo-compulsivo

Alto metabolismo de glicose na região orbital

Controle normal / Obsessivo-compulsivo

UCLA School of Medicine

▲ O funcionamento cerebral é alterado em pessoas com TOC, mas normaliza após tratamento psicossocial efetivo.

University of California/Lewis Baxter, Jr. M.D.

do-lhe aspirina não significa que a febre ou a dor de dente foi causada pela deficiência de aspirina, já que o efeito não implica uma causa. Assim, os motivos pelos quais um problema se desenvolve (os fatores de início) não são necessariamente os mesmos motivos pelos quais o problema ainda persiste (os fatores de manutenção). Para tratar o problema com eficiência, normalmente é mais importante conhecer e direcionar o foco aos fatores de manutenção do que aos fatores de início (por exemplo, as experiências particulares do passado que possam ter iniciado o problema). Entretanto, essa linha de evidência nos fornece algumas dicas sobre as causas da psicopatologia, particularmente quando ela é combinada com outra, uma evidência experimental mais direta.

Se você soubesse que alguém com TOC poderia ter, de alguma forma, uma falha no circuito cerebral, qual tratamento escolheria? Talvez recomendasse uma cirurgia do cérebro, ou neurocirurgia. A neurocirurgia para corrigir psicopatologia grave (às vezes chamada "psicocirurgia") é uma opção ainda escolhida nos dias atuais em certas ocasiões, em especial, como as de TOC, quando o sofrimento é excessivo e outros tratamentos não foram bem-sucedidos (Aouizerate et al., 2006; Bear et al., 2010; Denys et al., 2010; Greenberg et al., 2010; ver também Capítulo 5). No caso do contador descrito antes, a remoção do tumor cerebral parece ter eliminado inadvertidamente uma parte inibitória do circuito cerebral relacionado ao TOC. Lesões cirúrgicas muito precisas poderiam refrear a atividade descontrolada que parece acontecer nessa área particular do cérebro ou próxima dela desencadeando os sintomas de TOC. Esse resultado poderia ser bem-vindo se todos os demais tratamentos falhassem, embora a psicocirurgia seja usada muito raramente e não tenha sido estudada de forma sistemática.

Ninguém quer passar por uma cirurgia se houver tratamentos menos invasivos. Para usar a analogia de um aparelho de televisão que tenha desenvolvido o "transtorno" de ficar cheio de chuviscos, se você tivesse de rearranjar e reconectar os fios da placa de circuito toda vez que o transtorno ocorresse, a correção seria tarefa árdua. No entanto, se fosse possível apenas apertar alguns botões do controle remoto e eliminar os chuviscos, a correção seria mais simples e menos arriscada. O desenvolvimento de drogas que afetam a atividade neurotransmissora nos forneceu um desses botões. Hoje, temos drogas que, embora não sejam uma cura ou um tratamento efetivo em todos os casos, parecem ser benéficas no tratamento do TOC. Como é de esperar, a maioria delas age no aumento da atividade da serotonina de uma forma ou de outra.

Contudo, é possível atingir esse circuito cerebral sem cirurgia ou drogas? Seria possível o tratamento psicológico ser poderoso o suficiente para afetar o circuito de forma direta? A resposta parece ser sim. Para tomarmos um dos primeiros exemplos, Lewis R. Baxter e alguns colaboradores fizeram imagem cerebral de pacientes que não tinham sido tratados e deram um passo científico muito importante (Baxter et al., 1992). Eles trataram os pacientes com uma terapia cognitivo-comportamental, conhecida por ser eficiente quanto ao TOC, chamada *exposição e prevenção de resposta* (descrita com mais detalhes no Capítulo 5), e então refizeram a imagem cerebral. Em uma descoberta extraordinária que atraiu muita atenção no mundo da psicopatologia, Baxter e seus colaboradores notaram que o circuito cerebral foi mudado (normalizado) por uma

intervenção psicológica. A mesma equipe de pesquisadores replicou o experimento com um grupo diferente de pacientes e descobriu as mesmas mudanças das funções cerebrais (Schwartz et al., 1996). Em outros exemplos, equipes de investigação observaram mudanças na função cerebral após um tratamento psicológico bem-sucedido para depressão, TEPT, transtorno obsessivo-compulsivo, transtorno de pânico, transtorno de ansiedade social, fobias específicas e esquizofrenia (Barsaglini et al., 2014). Uma revisão das evidências sugere que, a depender do transtorno, a psicoterapia resulta em normalização dos padrões de atividade anormal, em recrutamento de áreas adicionais, as quais não mostravam ativação alterada antes do tratamento, ou em ambos os resultados. Um estudo mostrou que em duas horas de intensiva terapia de exposição para fobia específica houve mudanças drásticas na função cerebral, e esses efeitos persistiram por seis meses (Hauner et al., 2012).

O estudo dos efeitos placebo traz uma luz sobre fatores psicológicos que afetam diretamente a função cerebral. Lembre-se de que é comum que medicamentos inativos como placebo – que são apenas pílulas de açúcar, ou outros tratamentos "simulados" (inativos) – resultem em mudanças comportamentais e emocionais em pacientes, presumivelmente como resultado de fatores psicológicos, tais como o aumento da esperança e de expectativas ou efeito de condicionamento (discutido mais adiante, neste capítulo) (Brody e Miller, 2011). Diversos estudos recentes examinaram a condição sob a qual os placebos agem. Por exemplo, um estudo administrou medicações para dor ou para ansiedade depois de uma cirurgia por meio de uma bomba de infusão que ou o paciente podia ver, ou ficava escondida atrás de uma tela (Colloca et al., 2004). Muito embora a mesma dosagem de medicação tenha sido administrada, o efeito foi maior quando os pacientes sabiam que estavam recebendo a droga, porque eles podiam ver o funcionamento da bomba, comparado àqueles que recebiam a mesma medicação, porém, com a bomba escondida por trás da tela. Nenhum placebo foi, na verdade, administrado nesse estudo, mas a diferença de efeitos entre saber ou não se a droga estava sendo administrada foi considerada uma boa estimativa do efeito placebo. Em outro estudo, os pacientes com síndrome do intestino irritável (ver Capítulo 9) receberam um tratamento simulado (acupuntura) que não foi projetado para ser efetivo. O tratamento foi administrado em dois contextos: um de relação impessoal e outro de relação interpessoal terapêutica calorosa. A administração impessoal produziu melhores resultados do que qualquer tratamento (muito embora não houvesse nele ingrediente ativo), mas a adição de um relacionamento forte acrescentou substancialmente ao benefício terapêutico (Kaptchuk et al., 2008). Mas como e por que os placebos funcionam?

Em um estudo muito intrigante, Leuchter et al. (2002) trataram pacientes com transtorno depressivo maior com medicamentos antidepressivos ou com placebo. Medidas do funcionamento do cérebro mostraram que ambos os medicamentos antidepressivos e os placebos mudaram o funcionamento cerebral, mas de alguma forma em partes diferentes do cérebro, sugerindo diferentes mecanismos de ação para essas duas intervenções, ao menos no tratamento da depressão. Os placebos sozinhos não costumam ser tão efetivos quanto a medicação ativa, mas cada vez que os clínicos prescrevem pílulas, também estão tratando pacientes psicologicamente, introduzindo expectativas positivas de mudança, e essa intervenção muda o funcionamento cerebral. Petrovic et al. (2002), em um importante estudo, olharam também a maneira como as pílulas de placebo (em outras palavras, fatores psicológicos) podem mudar o funcionamento cerebral no contexto de tratamento da dor. A participantes saudáveis foi administrada (com seu consentimento) uma inofensiva, mas dolorosa condição em que sua mão esquerda era submetida a intenso calor. Esses participantes eram informados de que dois potentes analgésicos (medicamentos para redução da dor) seriam usados no experimento. De fato, uma dessas drogas era um opioide; a outra, um placebo. As drogas opioides eram usadas rotineiramente em situações médicas para aliviar dores fortes. Cada participante experimentava o estímulo doloroso em três condições diferentes: (1) sob a influência de uma droga opioide; (2) sob a influência de pílula de placebo, que acreditava ser uma droga opioide; e (3) sem nenhuma droga (apenas dor). Todos os participantes experimentaram cada condição múltiplas vezes, enquanto procedimentos de imagem cerebral monitoravam seu funcionamento cerebral (ver Capítulo 3) durante a administração do estímulo doloroso. Considerando-se que tanto a droga placebo quanto a droga opioide reduziram a dor abaixo do nível de quando não utilizaram nenhuma droga, os resultados surpreendentes indicaram que, diferente do estudo sobre depressão já descrito, ambos os tratamentos ativaram regiões coincidentes no cérebro, embora não idênticas, principalmente dentro do córtex cingulado anterior e no tronco encefálico. Essas áreas não foram ativadas durante a condição de apenas dor. Assim, parece que o córtex cingulado anterior é, ao menos em parte, responsável por controlar a resposta de dor no tronco encefálico, e que as expectativas cognitivas de alívio da dor criadas pela condição de placebo podem fazer esses circuitos cerebrais se ativarem. Ao que tudo indica, os tratamentos psicológicos são outro botão do controle remoto com os quais podemos mudar diretamente os circuitos cerebrais. Em um estudo de seguimento, os autores compararam em mais detalhes os mecanismos do efeito de opioides *versus* placebo no cérebro, e observaram que áreas do córtex cingulado anterior, ricas em opioide, estavam mais extensivamente ativadas durante o uso de opioide do que durante o uso de placebo como analgesia, enquanto a analgesia por placebo mostrou-se mais dependente de uma influência neocortical (de cima para baixo) (Petrovic et al., 2010). No geral, a literatura sugere que vários sistemas cerebrais e moduladores neuroquímicos, incluindo opioides e dopamina, parecem estar envolvidos no efeito placebo para a percepção de dor (Wager e Atlas, 2015).

Uma última área intrigante de pesquisa é explorar as formas específicas nas quais as drogas ou os tratamentos psicológicos ativos funcionam (em oposição ao placebo) em termos de mudança no funcionamento cerebral. As alterações do funcionamento do cérebro em função da droga ou do tratamento psicológico são semelhantes ou diferentes? Kennedy et al. (2007) trataram indivíduos que sofriam de transtorno depressivo maior com tratamento psicológico, terapia cognitivo-comportamental (TCC) ou com o medicamento antidepressivo venlafaxina. Embora algumas mudanças no cérebro fossem semelhantes nos três grupos, foram notadas diferenças complexas, principalmente como a TCC facilitou mudanças nos padrões de pensamento no córtex, que, por sua vez, afetou a parte emocional do cérebro. Às vezes isso é chamado mudança "de cima para baixo", porque se origina no córtex e reflete seus efeitos até a parte inferior do cérebro. As drogas, por outro lado, parecem funcionar mais como uma maneira "de baixo para cima", chegando às partes mais altas do córtex por último (onde ocorre o pensamento). Sabemos que algumas pessoas respondem melhor aos tratamentos psicológicos e outras respondem melhor às drogas e, por esta razão, essa pesquisa traz a esperança de que nós, um dia, conseguiremos os melhores tratamentos ou a melhor combinação de tratamentos com base na análise do funcionamento cerebral das pessoas. Nossa equipe conseguiu usar imagens cerebrais como uma ferramenta para prever a resposta à psicoterapia (Doehrmann et al., 2013; Whitfield-Gabrieli, 2016). Os resultados mostraram que uma maior ativação em certas áreas do cérebro envolvidas no processamento emocional e uma maior conectividade entre áreas corticais mais superiores e amígdala predizem melhor resultado após TCC para o transtorno de ansiedade social. Em uma próxima etapa, esse método pode ser usado para prever se um paciente específico responderá melhor à terapia com fármacos ou à psicoterapia. Por exemplo, se pesquisadores observarem que uma conexão maior (ou mais fraca) entre amígdala e áreas pré-frontais do cérebro predizem melhor resposta ao tratamento com TCC, mas pior resposta à terapia medicamentosa, essa informação poderia ser usada para oferecer ao paciente a opção mais promissora de tratamento, para cada paciente em particular. Esse é um exemplo de medicina de precisão (ou seja, adequar o melhor tratamento para cada paciente a fim de otimizar os resultados da terapia).

Interações entre fatores psicossociais e sistemas neurotransmissores

Diversos experimentos ilustram a interação entre fatores psicossociais e o funcionamento do cérebro sobre a atividade neurotransmissora, com implicações para o desenvolvimento de transtornos. Alguns até indicam que os fatores psicossociais afetam diretamente os níveis dos neurotransmissores. Em um experimento clássico, Insel et al. (1988) criaram dois grupos de macacos rhesus idênticos, exceto em sua capacidade de controlar coisas nas jaulas. Um grupo teve livre acesso a brinquedos e guloseimas, mas o outro recebia esses brinquedos e guloseimas somente quando o primeiro os pegava. Em outras palavras, os membros do segundo grupo tiveram o mesmo número de brinquedos e guloseimas, mas não podiam escolher o momento de pegá-los. Em todo caso, os macacos do primeiro grupo cresceram com um sentido de controle sobre as coisas; os do segundo grupo, não.

Posteriormente, todos os macacos receberam um agonista inverso do receptor benzodiazepínico, cujo efeito é *oposto* ao do neurotransmissor GABA; o resultado foi uma explosão de ansiedade. (Nas poucas vezes em que esse agente neuroquímico foi administrado em pessoas – geralmente cientistas que o administraram uns nos outros –, elas relataram que a experiência, mesmo por um período curto de tempo, foi uma das piores sensações que já tiveram na vida.) Quando essa substância foi injetada nos macacos, os resultados foram interessantes. Os macacos que foram criados com pouco controle sobre o ambiente. Corriam para um canto da jaula, onde se agachavam e mostravam graves sinais de ansiedade e pânico. Já os macacos

▲ Os macacos rhesus que receberam um neurotransmissor específico reagiram com raiva ou medo, dependendo de suas experiências psicológicas anteriores.

que tinham um senso de controle comportaram-se de forma bem diferente. Eles não pareciam ansiosos. Em vez disso, mostraram-se zangados e agressivos e chegaram a atacar outros macacos. Observou-se, então, que o mesmo nível de uma substância neuroquímica, agindo como neurotransmissor, produzia efeitos muito diferentes, dependendo da história psicológica e ambiental dos macacos.

O experimento de Insel et al. (1988) é um exemplo de interação significativa entre neurotransmissores e fatores psicossociais. Outros experimentos sugerem que as influências psicossociais afetam diretamente o funcionamento e talvez até a estrutura do sistema nervoso central. Os cientistas observaram que os fatores psicossociais mudam os níveis de atividade de muitos dos nossos sistemas neurotransmissores (Barik et al., 2013; Cacioppo et al., 2007; Marinelli e McCutcheon, 2014; Sandi e Haller, 2015).

Em um outro exemplo marcante da interação complexa entre fatores psicossociais, estrutura cerebral e funcionamento do cérebro, refletido em atividade neurotransmissora, Yeh, Fricke e Edwards (1996) observaram dois lagostins machos lutando para estabelecer o domínio em seu grupo social. Quando um deles venceu a batalha e ganhou domínio, os cientistas descobriram que a serotonina fez com que um conjunto específico de neurônios ficasse mais responsivo. Naquele que perdeu a batalha, a serotonina fez com que os mesmos neurônios ficassem menos responsivos. Dessa forma, ao contrário do experimento de Insel et al. (1988), em que os macacos receberam um agonista inverso do neurotransmissor, Yeh et al. (1996) descobriram que neurotransmissores de ocorrência natural têm efeitos diferentes, dependendo da prévia experiência psicossocial do organismo. Além disso, essa experiência afeta diretamente a estrutura dos neurônios na sinapse, alterando a sensibilidade dos receptores da serotonina. Eles também descobriram que os efeitos da serotonina são reversíveis se os perdedores se tornarem dominantes outra vez. De forma semelhante, Suomi (2000) demonstrou em primatas que experiências prévias de estresse produzem déficits na serotonina (bem como em outras mudanças neuroendócrinas) em indivíduos geneticamente suscetíveis, déficits que não acontecem na ausência de estresse inicial.

▲ Thomas Insel, que liderou a investigação no estudo dos macacos, conduz pesquisa sobre a interação de neurotransmissores e fatores psicossociais no National Institute of Mental Health, nos Estados Unidos, do qual é agora diretor.

Em um outro exemplo, Berton et al. (2006) descobriram, para sua surpresa, que engaiolar um camundongo grande que então "intimidava" um rato menor produziu mudanças no sistema dopaminérgico mesolímbico do rato menor. Essas mudanças estavam associadas ao fato de o rato menor não querer se juntar aos outros camundongos sob nenhuma circunstância. O rato menor escolheu ficar recluso. Curiosamente, o sistema mesolímbico está comumente associado à recompensa e até mesmo ao vício. Mas, nesse caso, certas químicas que produzem novos aprendizados e algumas mudanças positivas em outras partes do cérebro, especificamente o fator neurotrófico derivado do cérebro (BDNF, do inglês *brain-derived neurotrophic factor*;[2] uma proteína envolvida na aprendizagem pela estimulação de crescimento de novos neurônios), foram ativadas no sistema dopaminérgico mesolímbico por uma experiência psicossocial – "intimidação" – de tal forma que o sistema teve efeitos distintos sobre o rato do que geralmente acontece, por causa de sua experiência única. Isto é, a intimidação sofrida produziu BDNF, que mudou o funcionamento usual do sistema dopaminérgico mesolímbico, que facilitava o reforço e até mesmo o vício, para tornar fácil a evasão e o isolamento. Uma pesquisa mais recente considera que os receptores de glucocorticoides, localizados especificamente nos neurônios dopaminérgicos, facilitam e mantêm essa aversão social (Barik et al., 2013).

Efeitos psicossociais sobre o desenvolvimento da estrutura e do funcionamento do cérebro

Também parece que a própria estrutura dos neurônios, incluindo o número de receptores de uma célula, pode ser mudada por aprendizagem e experiência durante o desenvolvimento (Clemenson, Deng e Gage, 2015; Kandel, Dudai e Mayford, 2014), e que esses efeitos sobre o SNC continuam no decorrer da vida (Cameron et al., 2005; Spinelli et al., 2009; Suarez et al., 2009). Estamos começando agora a compreender como isso acontece (Clemenson et al., 2015; Kolb, Gibb e Robinson, 2003; Kolb e Whishaw, 1998; Miller, 2011). Por exemplo, William Greenough e seus colaboradores, em uma série de experimentos clássicos (Greenough, Withers e Wallace, 1990), estudaram o cerebelo, cuja função é coordenar e controlar o comportamento motor. Eles descobriram que o sistema nervoso de ratos criados em um ambiente variado, que exigiria muita aprendizagem e comportamento motor, desenvolveu-se de maneira diferente do sistema nervoso de ratos que eram sedentários. Os ratos ativos tiveram muito mais conexões entre as células

---

[2] NRT da tradução da 7ª ed. norte-americana: No original consta "*brain development neurotrophic factor*", mas o termo usado em pesquisas da área é o apontado no texto.

▲ William Greenough e seus colaboradores criaram ratos em um ambiente complexo que exigia aprendizagem significativa e comportamento motor, o que afetou a estrutura do cérebro dos animais. Isso dá suporte para o papel dos fatores psicológicos no desenvolvimento biológico.

nervosas no cerebelo e desenvolveram muito mais dendritos. Em um estudo de seguimento, Wallace, Kilman, Withers e Greenough (1992) relataram que essas mudanças estruturais no cérebro começavam em apenas quatro dias em ratos, sugerindo enorme plasticidade da estrutura cerebral como um dos resultados do experimento. De forma semelhante, o estresse durante o desenvolvimento inicial pode levar a mudanças substanciais no funcionamento do eixo HHA, já descrito neste capítulo, que, por sua vez, torna os primatas mais ou menos suscetíveis ao estresse em outras fases da vida (Barlow, 2002; Coplan et al., 1998; Gillespie e Nemeroff, 2007; Spinelli et al., 2009; Suomi, 1999). Pode ser semelhante a esse mecanismo aquele que foi responsável pelos efeitos do estresse inicial no desenvolvimento posterior da depressão em indivíduos geneticamente suscetíveis, no estudo da Nova Zelândia descrito anteriormente (Caspi et al., 2003). Experimentos mais recentes com macacos indicam que abrigar macacos em grupos maiores aumenta o volume de massa cinzenta em diversas partes do cérebro responsáveis pela cognição social. Isso acabou por se tornar um fato muito importante, uma vez que a cognição social – incluindo habilidade de interpretar expressões faciais e gestos, bem como prever o que outras pessoas provavelmente farão – torna uma pessoa mais bem-sucedida socialmente. Em macacos, aumenta a classificação social bem-sucedida (Sallet et al., 2011). Ainda mais intrigante é que alguns estudos recentes indicam que a densidade da massa cinzenta é aumentada em várias regiões do lobo temporal no cérebro de pessoas que têm maior número de contatos no Facebook. Claro que esses achados são apenas correlacionais no momento (Kanai, Bahrami, Roylance e Rees, 2012).

Assim, podemos concluir que a experiência psicológica inicial (ou seja, nos primeiros estágios da vida) afeta o desenvolvimento do sistema nervoso e, assim, determina a vulnerabilidade aos transtornos psicológicos mais tarde. Parece que a própria estrutura do sistema nervoso está em constante mudança como resultado da aprendizagem e da experiência, mesmo em idade avançada, e que algumas dessas mudanças se tornam permanentes (Kolb, Gibb e Gorny, 2003; Barlow et al., 2014). Essa plasticidade do sistema nervoso central ajuda a nos adaptar mais prontamente ao nosso ambiente. Esses achados serão muito importantes quando discutirmos as causas dos transtornos de ansiedade e do humor nos capítulos 5 e 7.

Comentários

Os circuitos específicos do cérebro envolvidos em transtornos psicológicos são sistemas muito complexos identificados pelas vias dos neurotransmissores que se distribuem no cérebro. A existência desses circuitos sugere que a estrutura e o funcionamento do sistema nervoso desempenham papéis importantes na psicopatologia. Porém outras pesquisas pontuam que os circuitos são bastante influenciados, talvez até criados, por fatores psicológicos e sociais. Além disso, tanto as intervenções biológicas, como drogas, quanto intervenções ou experiências psicológicas parecem ser capazes de alterar o circuito. Por conseguinte, não podemos considerar a natureza e a causa de transtornos psicológicos sem examinar fatores biológicos e psicológicos. Agora voltaremos a atenção para o exame dos fatores psicológicos.

Verificação de conceitos 2.3

Verifique sua compreensão sobre estruturas cerebrais e neurotransmissores. Associe cada alternativa com sua descrição: (a) lobo frontal, (b) tronco encefálico, (c) GABA, (d) mesencéfalo, (e) serotonina, (f) dopamina, (g) noradrenalina e (h) córtex cerebral.

1. Movimento, respiração e sono dependem da parte mais antiga do cérebro, presente na maioria dos animais. _____
2. Qual neurotransmissor liga-se aos receptores dos neurônios, inibindo a atividade pós-sináptica e reduzindo todo o estímulo? _____
3. Qual neurotransmissor é um interruptor que ativa diversos circuitos cerebrais? _____
4. Qual neurotransmissor parece estar envolvido nas reações de emergência e nas respostas de alerta? _____
5. Esta área contém parte do sistema reticular ativador e coordena o movimento com os dados sensoriais. _____
6. Qual neurotransmissor acredita-se que influencia a maneira como processamos as informações e modera ou inibe nosso comportamento? _____
7. Mais de 80% dos neurônios do sistema nervoso central humano estão nessa parte do cérebro, que nos provê qualidades distintas. _____
8. Essa área é responsável pela maior parte de nossa capacidade de memória, pensamento e raciocínio; além disso, nos torna animais sociais. _____

Ciências comportamental e cognitiva

Têm-se feito enormes progressos no que concerne à compreensão das influências cognitivas e comportamentais na psicopatologia. Algumas informações novas advêm do campo da **ciência cognitiva**, concernentes à maneira como adquirimos e processamos informações e como as armazenamos e recuperamos (um dos processos envolvidos na memória). Os cientistas também descobriram que nós não necessariamente temos conhecimento de grande parte do que se passa dentro de nossas cabeças. Em razão de esses processos cognitivos, tecnicamente, serem inconscientes, algumas descobertas evidenciam os processos mentais inconscientes, que são uma grande parte da teoria psicanalítica de Sigmund Freud (embora eles não pareçam muito mais com aqueles processos que ele previra). Um breve relato do pensamento atual sobre o que acontece durante o processo de condicionamento clássico nos inicia na nossa jornada.

Condicionamento e processos cognitivos

Durante os anos 1960 e 1970, os cientistas comportamentais descobriram, em animais de laboratório, a complexidade dos processos básicos do condicionamento clássico (Bouton, 2005; Bouton, Mineka e Barlow, 2001; Eelen e Vervliet, 2006; Meyers e Davis, 2002; Mineka e Zinbarg, 1996, 1998). Robert Rescorla (1988) concluiu que associar dois estímulos muito próximos no tempo (como a carne em pó e o metrônomo do laboratório de Pavlov) não é realmente importante nesse tipo de aprendizagem; no mínimo, é um resumo muito simplista. Em vez disso, uma variedade de constatações diferentes e processos cognitivos se combina para determinar o resultado final dessa aprendizagem, mesmo em animais mais inferiores como os ratos.

Tomando apenas um exemplo simples, Pavlov teria previsto que se a carne em pó e o metrônomo fossem pareados, digamos, 50 vezes, ocorreria certo nível de aprendizagem. Entretanto, Rescorla e outros pesquisadores descobriram que se um animal nunca tivesse visto carne em pó em momento algum, exceto durante as 50 tentativas seguindo o som do metrônomo, considerando-se que a carne era trazida para outro animal muitas vezes *entre* as 50 vezes em que o pó era associado ao metrônomo, os dois animais aprenderiam coisas diferentes; ou seja, ainda que o metrônomo e a carne em pó fossem associados 50 vezes para cada animal, o metrônomo era menos significativo para o segundo animal (ver Figura 2.15). Colocado de outra forma, o primeiro animal aprendeu que o som do metrônomo significava que a carne em pó viria a seguir; o segundo aprendeu que a carne às vezes vinha após o som, às vezes, sem o som. Essas duas condições diferentes que produzem dois resultados diferentes de aprendizagem são, de fato, noções do senso comum, mas que demonstram, juntamente a muitas descobertas científicas muito mais complexas, que os paradigmas básicos do condicionamento clássico (e operante) facilitam a aprendizagem da relação entre acontecimentos no ambiente.

Esse tipo de aprendizagem nos capacita a desenvolver ideias funcionais sobre o mundo, o que nos possibilita fazer julga-

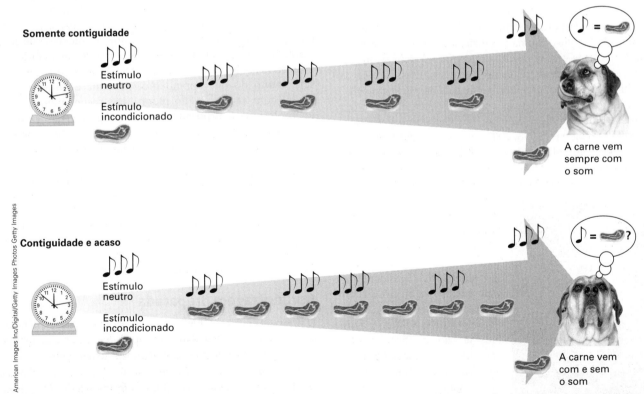

FIGURA 2.15 O experimento de Robert Rescorla que mostrou a contiguidade – emparelhando um estímulo neutro e um incondicionado – não resulta no mesmo tipo de condicionamento. O cão do grupo de somente contiguidade (no topo do quadro) passa pela experiência do procedimento de condicionamento usual: parear o som e a carne faz com que o som assuma propriedades da carne. Para o cão do grupo de contiguidade e acaso, a carne veio com e sem o som, fazendo com que o som se tornasse menos significativo.

mentos apropriados. Assim, podemos reagir de maneira que nos beneficiará, ou de forma que, pelo menos, não nos prejudicará. Em outras palavras, o processo cognitivo de informação, bem como o processo emocional, estão envolvidos quando o condicionamento ocorre, mesmo em animais.

Desamparo aprendido

De modo semelhante, Martin Seligman e seu colega Steven Maier, também trabalhando com animais, descreveram o fenômeno de **desamparo aprendido**, que ocorre quando ratos ou outros animais enfrentam condições sobre as quais não têm controle (Maier e Seligman, 1976). Se ratos são confrontados com uma situação em que, ocasionalmente, recebem choques nas patas, podem não apresentar prejuízo em seu funcionamento, caso tenham aprendido que é possível lidar com esses choques fazendo algo para evitá-los (digamos, apertar uma alavanca). No entanto, se os animais aprendem que seu comportamento não tem nenhum efeito sobre seu ambiente – às vezes, eles recebem choque, às vezes não, independentemente do que fazem –, eles se tornam "desamparados"; em outras palavras, desistem de tentar impedir e parecem desenvolver o equivalente a um estado de depressão.

Seligman tirou importantes conclusões dessas observações. Ele teorizou que o mesmo fenômeno poderia acontecer com pessoas que se deparam com estresse incontrolável em suas vidas. Um trabalho posterior revelou ser isso verdade com uma importante condição: pessoas tornam-se depressivas quando "decidem" ou "pensam" que pouco podem fazer com relação ao estresse da vida, mesmo quando parece aos olhos dos outros que algo pode ser feito. As pessoas partem de um *pressuposto* de que não têm controle de nada e se tornam depressivas (Abramson, Seligman e Teasdale, 1978; Miller e Norman, 1979). Revisitaremos essa importante teoria psicológica da depressão no Capítulo 7. Ela ilustra, uma vez mais, a necessidade de reconhecer que cada pessoa processa informações sobre acontecimentos no ambiente de maneiras diferentes. Essas diferenças cognitivas são um componente importante da psicopatologia.

Posteriormente, Seligman voltou sua atenção para um conjunto diferente de atribuições, que denominou *otimismo aprendido* (Seligman, 1998, 2002). Em outras palavras, se as pessoas que enfrentam estresse e dificuldades consideráveis em suas vidas demonstram uma atitude otimista e positiva, provavelmente funcionarão melhor, dos pontos de vista psicológico e físico. Voltaremos a esse assunto no decorrer deste livro, mas particularmente no Capítulo 9, quando tratamos dos efeitos dos fatores psicológicos na saúde. Consideremos este exemplo: em um estudo relatado por Levy et al. (2002), indivíduos entre 50 e 94 anos que se viam de forma positiva e tinham atitudes positivas em relação ao comportamento viveram sete anos e meio a mais do que aqueles que não tinham essas atitudes. Essa correlação foi ainda verdadeira após os pesquisadores fazerem o controle de acordo com idade, sexo, renda, bem como o isolamento e/ou a capacidade física para se envolver em atividades domésticas e sociais. Esse efeito é extremamente poderoso e excede o período de 1 ano a 4 anos extras de vida quando associados a outros fatores, como baixa pressão sanguínea, baixos níveis de colesterol e nenhum histórico de obesidade ou tabagismo. Esses resultados estão fortemente fundamentados por estudos mais recentes (Steptoe e Wardle, 2012). Estudos como esse despertaram o interesse em um novo campo de estudo chamado *psicologia positiva*, no qual os pesquisadores exploram fatores responsáveis pelas atitudes positivas e pela felicidade (Diener, 2000; Lyubomirsky 2001). Retornaremos ao assunto nos capítulos que descrevem transtornos específicos.

▲ Martin Seligman foi o primeiro a descrever o conceito de desamparo aprendido.

Aprendizagem social

Albert Bandura (1973, 1986), outro psicólogo influente, observou que os organismos não têm de passar por certos acontecimentos em seus ambientes para aprender efetivamente. Em vez disso, eles podem aprender a mesma coisa apenas observando o que acontece com um outro em determinada situação. Essa descoberta tornou-se bastante conhecida como **aprendizagem observacional** ou **modelação**. O importante é que, mesmo em animais, esse tipo de aprendizagem requer uma integração simbólica das experiências de outros com os julgamentos sobre aquilo que poderia acontecer consigo mesmo; em outras palavras, mesmo um animal que não seja muito inteligente para os padrões humanos, como, por exemplo, um macaco, deve tomar uma decisão sobre as condições nas quais suas próprias experiências seriam similares às dos animais que ele estivesse observando. Bandura expandiu suas observações para um conjunto de ideias no qual fatores comportamentais, cognitivos e influências ambientais convergiram para produzir a complexidade de comportamentos que confrontamos. Ele também especificou, em certos detalhes, a importância do contexto social para a aprendizagem, ou seja, muito do que aprendemos depende de nossas interações com as pessoas ao redor. Mais recentemente, essas ideias foram incorporadas a novas descobertas sobre as bases genéticas e biológicas do comportamento social em um novo campo de estudo chamado neurociência social (Cacioppo et al., 2007).

A ideia básica no trabalho de Bandura é que uma análise cuidadosa dos processos cognitivos pode produzir previsões científicas mais precisas do comportamento. Conceitos de probabilidade de aprendizagem, processamento de informações e atenção tornaram-se muito importantes em psicopatologia (Bar-Haim et al., 2007; Barlow, 2002; Davey, 2006; Lovibond, 2006; Yiend, 2010).

Aprendizagem preparada

É evidente que a biologia e, provavelmente, também nossa carga genética influenciam o que aprendemos. Essa conclusão baseia-se no fato de que aprendemos a temer alguns objetos muito mais facilmente do que outros. Em outras palavras, aprendemos os medos e as fobias de forma seletiva (Mineka e Sutton, 2006; Morris, Öhman e Dolan, 1998; Öhman, Flykt e Lundqvist, 2000; Öhman e Mineka, 2001; Rakison, 2009). Por que isso ocorre? De acordo com o conceito de **aprendizagem**

preparada, tornamo-nos altamente preparados para a aprendizagem sobre certos tipos de objetos ou situações no curso da evolução porque esse conhecimento contribui para a sobrevivência das espécies (Mineka, 1985; Seligman, 1971). Mesmo sem nenhum contato, é mais provável que aprendamos a temer mais cobras ou aranhas do que pedras ou flores, mesmo se soubermos racionalmente que uma cobra ou aranha é inofensiva (por exemplo, Fredrikson, Annas e Wik, 1997; Pury e Mineka, 1997). Na ausência da experiência, entretanto, é menos provável que tenhamos medo de armas, carros ou tomadas elétricas, mesmo que sejam potencialmente muito mais mortais.

Por que aprendemos tão rápido a temer cobras e aranhas? Uma possibilidade é que nossos ancestrais que evitaram cobras e aranhas esquivaram-se das variedades mortais desses animais, e assim sobreviveram em número maior para transmitir seus genes, dessa forma contribuindo para a sobrevivência da espécie. De fato, uma pesquisa recente descobriu que pode existir diferença de gênero para esse tipo de aprendizagem: mulheres são, peculiarmente, sensíveis a esse aprendizado; ao contrário, homens demonstram essa sensibilidade apenas aos 11 meses de idade (Rakison, 2009). Assim, a aprendizagem preparada pode ser responsável pelo grande número de incidência de ofidiofobia e aracnofobia em mulheres (ver Capítulo 5). Esta é apenas uma teoria, mas parece uma explicação provável. De acordo com essa teoria, se pensarmos na mulher exercendo a função de forrageadoras e coletoras, para ela seria mais importante desenvolver a tendência de evitar cobras e aranhas do que seria para os homens, em seu papel principal como caçadores, para o qual é inerente correr riscos (Rakison, 2009).

De qualquer maneira, alguma coisa dentro de nós reconhece a ligação entre certo sinal e um acontecimento ameaçador. Se você já passou mal por causa de uma bebida alcoólica exótica, as chances são de que você não cometa o mesmo erro novamente. Essa aprendizagem bem rápida ou "de única experiência" também ocorre em animais que comem alguma coisa que tem gosto ruim, que causa náusea ou que pode conter veneno. É fácil perceber que a sobrevivência está associada com aprendizagem rápida a fim de evitar um alimento venenoso. Entretanto, se os animais recebem choque em vez de ficarem envenenados ao comer certos alimentos, não aprendem essa associação de maneira tão rápida, provavelmente porque na natureza o choque não é uma consequência da alimentação, enquanto alimento é mais associado com ficar envenenado. Talvez essas associações seletivas também sejam facilitadas por nossos genes e dependam do contexto e da natureza do estímulo associado (Barlow, 2002; Cook, Hodes e Lang, 1986; Garcia, McGowan e Green, 1972; Mallan, Lipp e Cochrane, 2013).

A ciência cognitiva e o inconsciente

Avanços na ciência cognitiva revolucionaram nossos conceitos sobre o inconsciente. Não estamos cientes de quanto o nosso cérebro processa, mas o inconsciente não é necessariamente o caldeirão em ebulição dos conflitos emocionais primitivos imaginados por Freud. Em vez disso, parece que somos capazes de processar e armazenar informações, agir em relação a elas, sem ter a mínima consciência do que elas são ou por que estamos reagindo a elas (Bargh e Chartrand, 1999; Uleman,

Saribay e Gonzalez, 2008). Isso é surpreendente? Considere estes dois exemplos.

Lawrence Weiskrantz em um estudo clássico (1992) descreve um fenômeno chamado *visão cega* ou *visão inconsciente*. Ele relata o caso de um jovem que, por motivos médicos, teve uma pequena porção do córtex visual (centro de controle da visão no cérebro) cirurgicamente removida. Embora a operação tenha sido considerada bem-sucedida, o rapaz ficou cego de ambos os olhos. Mais tarde, durante testes rotineiros, um médico levantou sua mão ao lado esquerdo do paciente que, surpreendentemente, alcançou-a e a tocou. Depois, os cientistas chegaram à conclusão de que ele poderia não apenas alcançar objetos, mas também distinguir entre objetos e desempenhar a maior parte das funções geralmente associadas à visão. Quando lhe perguntavam sobre suas capacidades, o jovem dizia: "Não posso ver nada, nem mesmo uma coisa insignificante", tudo o que ele estava fazendo era por adivinhação.

O fenômeno, nesse caso, está associado com verdadeiro dano cerebral. Muito mais interessante, do ponto de vista da psicopatologia, é que a mesma coisa parece ocorrer em indivíduos saudáveis que foram hipnotizados (Hilgard, 1992; Kihlstrom, 1992); ou seja, indivíduos normais, sugestionados à cegueira, eram capazes de agir visualmente, mas não tinham consciência ou memória de suas capacidades visuais. Essa condição, que ilustra um processo de *dissociação* entre comportamento e consciência, é a base dos transtornos dissociativos discutidos no Capítulo 6.

O segundo exemplo, mais relevante para a psicopatologia, é chamado **memória implícita** (Bowers e Marsolek, 2003; Kandel et al., 2014; McNally, 1999; Schacter, Chiu e Ochsner, 1993). A memória implícita é aparente quando alguém age com base em fatos que aconteceram no passado, mas não consegue se lembrar deles. (Quando temos memória consciente, chamamos de *memória explícita*.) Mas a memória implícita pode ser muito seletiva para determinados eventos ou circunstâncias. Vimos, no Capítulo 1, um exemplo clínico de memória implícita no relato da história de Anna O., o caso clássico descrito por Breuer e Freud (1895/1957) que intencionava demonstrar a existência do inconsciente. Foi apenas depois da terapia que Anna O. se lembrou de eventos que circundavam a morte de seu pai e a conexão desses eventos à sua paralisia. Dessa forma, o comportamento de Anna O. (paralisia ocasional) foi evidentemente interligado às memórias implícitas da morte de seu pai. Muitos cientistas concluíram que as especulações de Freud sobre a natureza e a estrutura do inconsciente estavam além da evidência, mas a existência de processos inconscientes sempre foi demonstrada e devemos considerá-la no estudo da psicopatologia.

De quais métodos dispomos para estudar o inconsciente? A *caixa-preta* relaciona-se a sentimentos e cognições não observáveis inferidos a partir dos autorrelatos ou comportamentos de um indivíduo. Nas últimas décadas, psicólogos e neurocientistas, confiantes em estabelecer uma ciência do comportamento, voltaram para a caixa-preta aplicando novos métodos, na tentativa de revelar o não observável. Diversos métodos de estudo do inconsciente não observável têm sido possíveis graças aos avanços da tecnologia. Um deles é o paradigma Stroop, de nomeação de cores.

No paradigma Stroop, os sujeitos são submetidos a uma variedade de palavras, cada uma impressa em uma cor diferente. Essas palavras são mostradas bem rapidamente e, em seguida, pergunta-se o nome das cores nas quais elas estão impressas enquanto seu significado (por exemplo, solicita-se que a pessoa diga "azul" se vir a palavra "vermelho" impressa na cor azul) é ignorado. A nomeação de cores é demorada quando o significado da palavra atrai a atenção do sujeito, apesar dos esforços para se concentrar na cor; ou seja, o significado da palavra interfere na capacidade de o sujeito processar a informação da cor. Por exemplo, os experimentadores determinaram que as pessoas com certos transtornos psicológicos, como Judy, são muito mais lentas para nomear as cores de palavras associadas com seu problema (por exemplo, *sangue, ferimento* e *dissecação*) do que com cores que não tenham nenhuma relação com o transtorno. Assim, os psicólogos podem descobrir padrões particulares de significado emocional, mesmo se o sujeito não puder verbalizá-los ou não tiver consciência deles.

Recentemente, neurocientistas que pesquisam a cognição, usando mapeamento do cérebro por meio de imagens (imagem de ressonância magnética funcional [fMRI]), perceberam que as diferenças no processamento da atividade neural no cérebro dependem se a pessoa está ciente da informação ou não (Uehara et al., 2013; ver Capítulo 4). Geralmente, quanto maior a duração, a intensidade e a coerência da representação neural de uma parte de uma informação no cérebro, maior a probabilidade de a pessoa estar consciente ou ciente da informação (Schurger et al., 2010; Schwarzkopf e Rees, 2010; Kandel et al., 2014; Wimmer e Shohamy, 2012). Mas, até agora, esse trabalho foi executado apenas em experimentos com indivíduos saudáveis. Falta ainda verificar se a experiência inconsciente de uma pessoa com transtornos psicológicos será semelhante durante o escaneamento cerebral.

Esses progressos na compreensão da natureza da psicopatologia avançam à medida que discutimos transtornos específicos. Novamente, observe que essas descobertas sustentam as teorias de Freud sobre o inconsciente até certo ponto. No entanto, não se tem nenhuma hipótese sobre uma estrutura elaborada existente dentro da mente que está continuamente em conflito (id, ego e superego de Freud). E até o momento, não há evidência que sustente a existência de um inconsciente com uma estrutura tão complexa e arranjo de funções.

1. VERMELHO	6. VERDE	11. AZUL
2. ROXO	7. ROXO	12. ROXO
3. VERDE	8. MARROM	13. MARROM
4. AZUL	9. AZUL	14. VERMELHO
5. MARROM	10. VERMELHO	15. VERDE

▲ O paradigma Stroop. Peça para alguém marcar o tempo enquanto você nomeia as cores das palavras, mas não as palavras em si, e, depois, peça a mesma coisa novamente enquanto você as lê em voz alta. (Na página deste livro no site da Cengage você encontra esta figura em cores.)

Emoções

As emoções desempenham enorme papel em nossas vidas diárias e podem contribuir significativamente para o desenvolvimento da psicopatologia (Barrett, 2012; Gross, 2015; Kring e Sloan, 2010; Rottenberg e Johnson, 2007). Considere o medo. Você já se percebeu em uma situação realmente perigosa? Você já quase bateu o seu carro e soube, por segundos, o que aconteceria? Nadando em uma praia, percebeu que estava muito longe ou que tinha sido pego por uma correnteza? Você já quase caiu de certa altura, como de uma escada ou de um telhado? Em qualquer uma dessas situações, você deve ter sentido uma incrível onda de excitação. Como mostrou o primeiro grande teórico das emoções, Charles Darwin (1872), há mais de cem anos, esse tipo de reação parece ser programado em todos os animais, incluindo os seres humanos, o que sugere que tem uma função evolutiva útil. A reação de alerta que se ativa durante a emergência de ameaças potenciais à vida é chamada **resposta de fuga ou luta**. Se você for pego por uma correnteza no mar, a tendência quase instintiva é debater-se em direção à praia. Você pode até se dar conta, racionalmente, que seria melhor flutuar até que a corrente tomasse seu curso e, então, mais calmamente, você nadaria de volta. No entanto, em algum lugar bem dentro de você, os primitivos instintos de sobrevivência não permitirão que relaxe, ainda que se debater só provoque desgaste e aumente sua chance de afogamento. Ainda assim, esse mesmo tipo de reação poderia dar-lhe força para levantar um carro se seu irmão estivesse preso sob ele ou para lutar contra um agressor. A finalidade da impulsão rápida de adrenalina, quando sentimos estar em extremo perigo, é a de nos mobilizar para escapar do perigo (fugir) ou resistir a ele (lutar).

A fisiologia e a finalidade do medo

Como as reações físicas nos preparam para respondermos dessa maneira? O grande fisiologista Walter Cannon (1929) especulou sobre os motivos. O medo ativa nosso sistema cardiovascular. Os vasos sanguíneos se constringem, causando a elevação

▲ Charles Darwin (1809-1882) desenhou este gato amedrontado por um cão para mostrar a reação de fuga ou luta.

da pressão arterial e a diminuição do fluxo sanguíneo para as extremidades (dedos das mãos e dos pés). O excesso de sangue é redirecionado para os músculos esqueletais, onde fica disponível para os órgãos vitais que podem precisar em caso de emergência. As pessoas frequentemente ficam "brancas de medo", ou seja, ficam pálidas como resultado da diminuição do fluxo sanguíneo na pele. "Tremer de medo" e ficar com os cabelos em pé podem ser o resultado de calafrios e da piloereção (na qual os pelos do corpo ficam eriçados), reações que conservam calor quando os vasos sanguíneos estão comprimidos.

Esses ajustes defensivos podem produzir ondas de calor e de frio que ocorrem em situações de medo extremo. A respiração torna-se mais rápida e, geralmente, mais profunda para garantir o oxigênio necessário para dar velocidade à circulação sanguínea. Com o aumento da circulação sanguínea, o oxigênio vai para o cérebro em maior quantidade, estimulando os processos cognitivos e as funções sensoriais, que tornam a pessoa alerta e capaz de pensar com mais agilidade em situações de emergência. Uma quantidade maior de glicose (açúcar) é liberada do fígado para a corrente sanguínea, como forma de energizar diversos músculos e órgãos importantes, incluindo o cérebro. As pupilas se dilatam, presumivelmente para permitir uma visão melhor da situação. A audição torna-se mais precisa, e a atividade digestiva fica suspensa, resultando em um fluxo reduzido de saliva (a "boca seca" de medo). Em curto prazo, eliminar todo o resíduo do corpo e finalizar os processos digestivos preparam o organismo para a ação e atividades concentradas, por isso ocorre a pressão para urinar e defecar e, ocasionalmente, vomitar.

É fácil perceber por que a reação de fuga ou luta é fundamentalmente importante. Milênios atrás, quando nossos ancestrais viviam em circunstâncias instáveis, aqueles com reações fortes a emergências tinham mais chances de sobreviver aos ataques e a outros perigos do que aqueles cujas respostas eram fracas; e, assim, os genes dos sobreviventes chegaram até nós.

Os fenômenos emocionais

A **emoção** do medo é um sentimento subjetivo de terror, uma forte motivação para o comportamento (de fugir ou de lutar) e uma complexa resposta ou alerta fisiológico. Definir "emoção" é difícil, mas a maioria dos teóricos concorda que é ligada a uma *tendência de ação* (Barlow et al., 2014; Barlow, 2002; Lang, 1985, 1995; Lang, Bradley e Cuthbert, 1998); ou seja, uma tendência de se comportar de determinada maneira (por exemplo, escapar), evocada por um acontecimento externo (uma ameaça) ou por um estado afetivo (terror), acompanhada por uma (possível) resposta psicológica característica (Fairholme et al., 2010; Barrett, 2012; Gross, 2015; Izard, 1992; Lazarus, 1991, 1995). Qualquer experiência emocional é associada a tendências de aproximação ou de evitação. O propósito do estado afetivo é nos motivar a ter certo tipo de comportamento: se fugirmos, nosso temor, que é desagradável, será reduzido, e reduzir os sentimentos desagradáveis nos motiva a fugir (Campbell-Sills, Ellard e Barlow, 2015; Gross, 2015; Hofmann, 2007a; Öhman, 1996). Como Öhman (1996; Öhman, Flykt e Lundquist, 2000) mostra, a principal função das emoções pode ser compreendida como um meio sagaz, guiado pela evolução, para nos fazer executar o que temos de fazer para passar adiante nossos genes de maneira bem-sucedida às gerações vindou-

ras. Como você acha que isso funciona, com a raiva ou com o amor? Qual é o estado afetivo? Qual é o comportamento?

As emoções geralmente são estados temporários, de curta duração, que perduram de minutos a horas e ocorrem em resposta a um evento externo. O **humor** é um período mais persistente de afeto ou emotividade. No Capítulo 7, descreveremos os estados recorrentes ou duradouros de depressão ou de euforia (mania) como *transtornos do humor*. Entretanto, os *transtornos de ansiedade*, descritos no Capítulo 5, são caracterizados por ansiedade duradoura ou crônica e, por conseguinte, poderiam também ser chamados *transtornos do humor*. Alternativamente, ambos os transtornos, de ansiedade e do humor, poderiam ser denominados *transtornos emocionais*, um termo não usado formalmente em psicopatologia. Esse é apenas um exemplo das inconsistências ocasionais na terminologia da psicologia anormal. Ocasionalmente, você verá um termo relacionado, em particular nos capítulos 3 e 13, denominado **afeto**, que geralmente se refere à dimensão da valência (isto é, agradável ou positiva *versus* desagradável ou negativa) de uma emoção. Por exemplo, o afeto positivo é experienciado durante a alegria, enquanto o afeto negativo é experienciado durante a raiva e o medo). Junto com a dimensão do alerta (isto é, excitante ou muito alerta, ou excitação alta *versus* relaxante ou baixo alerta, excitação baixa), qualquer experiência emocional pode ser atribuída como um ponto nesse sistema bidimensional. Este sistema bidimensional é conhecido como **modelo circumplexo** das emoções (por exemplo, Colibazzi et al., 2010). Uma terceira dimensão (tempo) poderia ser adicionada para especificar se a experiência emocional é breve ou duradoura (por exemplo, surpresa *versus* alegria). Afeto também pode se referir ao tom emocional momentâneo que acompanha o que fazemos ou falamos. Por exemplo, se você tirou um A+ em uma prova, mas parece triste, seus amigos podem achar sua reação estranha porque seu afeto não é apropriado à situação. Finalmente, o termo estilo afetivo é usado algumas vezes para resumir pontos em comum dentre os estados emocionais característicos de um indivíduo. Desse modo, alguém que tenda a ser medroso, ansioso e deprimido tem um estilo afetivo negativo, enquanto um estilo afetivo positivo iria reunir, ou incluir, tendências a ser geralmente agradável, alegre, animado e assim por diante.

Os componentes da emoção

Os cientistas da emoção concordam que a emoção envolve três componentes relacionados – *comportamento*, *fisiologia* e *cognição* –, mas a maioria desses teóricos tende a se concentrar apenas em um ou outro componente (ver Figura 2.16). Os cientistas das emoções que se concentram no comportamento acreditam que os padrões básicos das emoções se diferenciam uns dos outros de maneiras fundamentais; por exemplo, a raiva pode se diferenciar da tristeza não apenas na maneira como é sentida, mas também do ponto de vista comportamental e fisiológico. Esses cientistas enfatizam que a emoção é uma maneira de comunicação entre membros de uma espécie. Uma das funções do medo é motivar a ação imediata e decisiva, como de se esquivar. Se você fica assustado, sua expressão facial rapidamente comunicará a possibilidade de perigo a outras pessoas, que podem não estar cientes de que uma ameaça é iminente. Sua expressão facial aumenta a chance de

CAPÍTULO 2 – UMA ABORDAGEM INTEGRADA DA PSICOPATOLOGIA **61**

Emoção e comportamento
- Padrões básicos do comportamento emocional (ficar imóvel, fugir, aproximar-se, atacar) que diferem de maneiras fundamentais.
- O comportamento emocional é um meio de comunicação.

Aspectos cognitivos da emoção
- Avaliações, atribuições e outras formas de processar o mundo ao seu redor são fundamentais à experiência emocional.

Fisiologia da emoção
- A emoção é uma função do cérebro que envolve (geralmente) as mais primitivas áreas do cérebro.
- A interligação direta entre essas áreas e os olhos pode permitir o processamento de emoção para evitar a influência dos processos cognitivos mais complexos.

FIGURA 2.16 A emoção tem três componentes importantes que se sobrepõem: comportamento, cognição e fisiologia.

elas sobreviverem, porque podem responder mais rapidamente à ameaça quando ela ocorrer. Esse pode ser um dos motivos pelos quais as emoções são contagiosas, como observamos no Capítulo 1, ao discutirmos a histeria em massa (Hatfield, Cacioppo e Rapson, 1994; Wang, 2006).

Outros cientistas concentram-se na fisiologia das emoções, mais notoriamente Cannon (1929). Em alguns estudos pioneiros, ele via a emoção primariamente como uma função cerebral. Pesquisas relacionadas a essa corrente sugerem que áreas do cérebro associadas à expressão emocional são geralmente mais antigas e primitivas do que as áreas associadas a processos cognitivos mais superiores, como o raciocínio.

Outra pesquisa demonstra uma interligação neurobiológica direta entre os centros emocionais do cérebro e partes dos olhos (retina) ou do ouvido que permitem a ativação da emoção sem que haja a influência dos processos cognitivos mais complexos (LeDoux, 1996, 2002; Öhman, Flykt e Lundqvist, 2000; Zajonc, 1984, 1998). Em outras palavras, você pode experimentar várias emoções rápida e diretamente sem necessariamente pensar sobre elas ou estar ciente de por que você se sente dessa forma.

Por fim, certo número de cientistas proeminentes se concentra em estudar os aspectos cognitivos da emoção. Entre eles se sobressai Richard S. Lazarus (por exemplo, 1968, 1991, 1995), o qual propôs que mudanças no ambiente de uma pessoa são avaliadas em relação ao impacto potencial que produzem sobre ela. O tipo de avaliação que se faz determina a emoção experimentada. Por exemplo, se em uma rua escura você vê alguém segurando uma arma, provavelmente vai avaliar a situação como perigosa e experimentará o medo. A avaliação seria muito diferente se você visse um guia turístico mostrando uma arma antiga em um museu. Lazarus sugeriu que o pensamento e os sentimentos não podem estar separados; outros cientistas cognitivos, por sua vez, argumentam que, embora os sistemas cognitivo e emocional interajam e se sobreponham, estão fundamentalmente separados (Teasdale, 1993). De fato, todos esses componentes da emoção – comportamento, fisiologia e cognição – são importantes, e os teóricos estão adotando abordagens mais integradas para estudar essas interações (Barrett, 2009, 2012; Gendron e Barrett, 2009; Gross, 2015; Hofmann, 2007a).

A raiva e o seu coração

Quando discutimos a fobia de Judy, observamos que o comportamento e a emoção podem influenciar fortemente a biologia. Os cientistas têm feito importantes descobertas sobre uma emoção conhecida, a raiva. Sabemos que as emoções com valência negativa, como a hostilidade e a raiva, aumentam o risco de uma pessoa desenvolver doença cardíaca (Chesney, 1986; MacDougall et al., 1985). Hostilidade contínua com explosões de raiva e supressão repetida e contínua de raiva contribuem mais para a morte por doença cardíaca do que outros conhecidos fatores de risco como tabagismo, hipertensão arterial e níveis de colesterol altos (Harburg et al., 2008; Williams et al., 1980).

Por que ocorre dessa forma? Em um estudo clássico, Ironson et al. (1992) pediram para algumas pessoas com doença cardíaca verificarem algo no passado que as fizeram ficar com muita raiva. Alguns desses acontecimentos tinham ocorrido há muito tempo. Em um dos casos, um indivíduo que tinha passado um tempo em um campo de prisioneiros de guerra japonês durante a Segunda Guerra Mundial ficava nervoso toda

▲ Nossa reação emocional depende do contexto. O fogo, por exemplo, pode ser ameaçador ou aconchegante.

vez que pensava nisso, em especial quando pensava sobre as indenizações pagas pelo governo dos Estados Unidos aos nipo--americanos que tinham estado em campos de concentração durante a guerra. Ironson e seus colaboradores compararam a experiência da raiva a eventos estressantes que aumentavam os batimentos cardíacos, mas que não estavam associados à raiva. Por exemplo, alguns participantes se imaginavam fazendo um discurso para se defender de uma acusação de roubo. Outros tentavam solucionar questões de aritmética com limite de tempo. Os batimentos cardíacos durante essas situações de raiva e de estresse foram comparados ao aumento dos batimentos cardíacos resultante de algum exercício (na bicicleta ergométrica). Os pesquisadores descobriram que a capacidade de o coração bombear sangue de forma eficiente pelo corpo caía significativamente durante a raiva, mas não durante o estresse ou o exercício. De fato, lembrar-se de ter sentido raiva era suficiente para causar o efeito da raiva. Se os participantes estivessem realmente com raiva, a eficiência do bombeamento caía ainda mais, colocando-os em risco de perigosos distúrbios do ritmo cardíaco (arritmias).

Esse estudo foi o primeiro a fornecer evidência de que a raiva afeta o coração por meio da diminuição da eficiência do bombeamento, pelo menos em pessoas que já tivessem doenças cardíacas. Isso foi confirmado em um amplo estudo de alto risco que examinou 13.171 participantes (Kucharska-Newton et al., 2014). A incidência de insuficiência cardíaca foi maior entre aqueles com forte traço de raiva, em comparação àqueles com fraco ou moderado traço de raiva, e os homens apresentaram maior risco para insuficiência cardíaca do que as mulheres.

Suarez et al. (2002) demonstraram como a raiva pode causar esse efeito. A inflamação produzida pelo sistema imunológico demasiadamente ativo em indivíduos hostis pode contribuir para o entupimento arterial (e para a diminuição da eficiência do bombeamento cardíaco).

Curiosamente, parece que adotar uma atitude de perdão pode neutralizar os efeitos tóxicos da raiva na atividade cardiovascular. Nas palavras do líder budista, Dalai Lama: "Guardar raiva é como engolir veneno e esperar que a outra pessoa morra". O antídoto para a raiva é o perdão, a compaixão e a bondade. Essas ideias são apoiadas por dados científicos. Por exemplo, Larsen et al. (2012) fizeram com que participantes pensassem a respeito de uma ofensa que sofreram por perspectivas de raiva ou de perdão, ou enquanto estavam distraídos, focados em um assunto neutro. Todos eles ficaram então distraídos concentrando-se em um assunto neutro por cinco minutos, depois dos quais eles puderam livremente remover a ofensa. Como esperado, pensar sobre a ofensa a partir da perspectiva da raiva teve efeitos negativos nas mensurações cardiovasculares (aumento da pressão arterial e da frequência cardíaca etc.), comparado com a condição de distração; porém, tomar a atitude de perdão não só reduziu a reatividade cardiovascular significativamente até o nível presente na condição de distração, mas também esses efeitos ainda estavam presentes durante o período seguinte de ruminação livre; e mesmo em comparação com a condição de distração de quando esse grupo começou a remoer a ofensa, causando aumentos na reatividade.

No seu conjunto, esses resultados fundamentaram fortemente os efeitos da raiva sobre o coração, mas podemos concluir que raiva em excesso causa ataques cardíacos? Esse seria outro exemplo do modelo causal unidimensional. Uma evidência crescente, incluindo os estudos que acabamos de mencionar, sugere que a raiva e a hostilidade contribuem para a doença cardíaca, mas muitos outros fatores fazem o mesmo, incluindo a vulnerabilidade biológica geneticamente determinada. No Capítulo 9, discutiremos a doença cardiovascular.

Emoções e psicopatologia

Sabemos que suprimir quase todo o tipo de resposta emocional, como raiva ou medo, aumenta a atividade do sistema nervoso simpático, que pode contribuir para uma psicopatologia (Barlow et al., 2014, Campbell-Sills et al., 2015; Fairholme et al., 2010). Outras emoções parecem ter um efeito mais direto. No Capítulo 5, estudaremos o fenômeno do *pânico* e sua relação com os transtornos de ansiedade. Uma possibilidade interessante é que o ataque de pânico seja a emoção do medo que ocorre na hora errada, quando não há nada para temer (Barlow, 2002). Alguns pacientes com transtornos do humor ficam excessivamente alegres e eufóricos. Eles acreditam que têm a vida sob controle, que podem fazer o que quiserem e gastar tanto dinheiro quanto desejarem porque tudo ficará bem. Cada pequeno acontecimento é a experiência mais maravilhosa e excitante que já tiveram. Esses indivíduos sofrem de *mania*, que é uma parte grave do transtorno do humor chamado *transtorno bipolar*, que será discutido no Capítulo 7. As pessoas que sofrem de mania geralmente alternam períodos de euforia com períodos de extrema tristeza e sofrimento, quando sentem que tudo está perdido e o mundo é um lugar sombrio e sem esperança. Durante sofrimento ou tristeza extrema, as pessoas não conseguem sentir prazer em viver e geralmente acham difícil levantar-se da cama e sair. Se a desesperança se torna aguda, elas correm risco de cometer suicídio. Esse estado emocional é denominado *depressão*, característica inerente a muitos transtornos do humor.

Emoções básicas, como medo, raiva, tristeza ou angústia e euforia, podem contribuir para muitos transtornos psicológicos e até defini-los. Emoções e humor também afetam os processos cognitivos: se seu humor está positivo, então suas associações, interpretações e impressões também tendem a ficar positivas (Diener, Oishi e Lucas, 2003). A impressão que você tem das pessoas que conheceu e até mesmo suas memórias de acontecimentos passados são vistas, em grande parte, de acordo com o seu humor no momento. Se você é constantemente negativo ou deprimido, suas memórias provavelmente serão desagradáveis. A pessoa pessimista ou deprimida vê o copo meio vazio. Considera-se que um otimista, por sua vez, vê o mundo por meio de óculos cor-de-rosa e o copo meio cheio. Essa é uma área rica de investigação para cientistas cognitivos e da emoção (Eysenck, 1992; Rottenberg e Johnson, 2007; Teasdale, 1993), particularmente daqueles interessados na íntima interconexão dos processos cognitivo e emocional. Os psicopatologistas estão começando a traçar um perfil da natureza da disrupção (ou do desajuste) da emoção e a entender como essas disrupções interferem no pensamento e no comportamento em diversos transtornos psicológicos (Barlow, Allen e Choate, 2004; Campbell-Sills et al., 2015; Gross, 2015; Hofmann et al., 2012; Kring e Sloan, 2010).

> ### Verificação de conceitos 2.4
>
> Confira sua compreensão sobre as influências comportamentais e cognitivas identificando as descrições. Escolha suas respostas entre (a) desamparo aprendido, (b) modelação, (c) aprendizagem preparada, (d) memória implícita.
>
> 1. Karen notou que toda vez que Tyrone se comportava bem no almoço, a professora o elogiava. Karen decidiu se comportar melhor para receber elogios. _____
>
> 2. Josh parou de tentar agradar seu pai porque ele nunca sabia se seu pai ficaria orgulhoso ou indignado. _____
>
> 3. Greg caiu no lago quando bebê e quase se afogou. Embora não tenha nenhuma recordação do acontecimento, Greg odeia ficar perto de lugares com grande quantidade de água. _____
>
> 4. Juanita quase morreu de medo por causa de uma tarântula, mesmo sabendo que ela provavelmente não a machucaria. _____

Fatores culturais, sociais e interpessoais

Dado o grande número de variáveis neurobiológicas e psicológicas que invadem nossas vidas, existe algum espaço para a influência de fatores sociais, interpessoais e culturais? Os estudos vêm demonstrando o poder substancial e profundo dessas influências. De fato, os pesquisadores estabeleceram agora que as influências culturais e sociais podem até matar uma pessoa. Considere o exemplo que segue.

Vodu, mau-olhado e outros medos

Em muitas culturas ao redor do mundo, os indivíduos podem sofrer de *transtornos de medo*, reações de pavor exageradas e outras respostas observáveis de medo e ansiedade. Um exemplo é o *susto* latino-americano, caracterizado por diversos sintomas baseados na ansiedade, incluindo insônia, irritabilidade, fobias e os sintomas somáticos marcantes de sudorese e aumento dos batimentos cardíacos (taquicardia). Contudo, o *susto* tem apenas uma causa: o indivíduo acredita ter se tornado objeto de magia negra ou bruxaria e fica subitamente atemorizado. Em algumas culturas, a influência sinistra é chamada de *mau-olhado* (Good e Kleinman, 1985; Tan, 1980), e o transtorno de medo resultante pode ser fatal. Cannon (1942), examinando o fenômeno haitiano da morte vodu, sugeriu que a sentença de morte pelo curandeiro pode criar um alerta autônomo intolerável no sujeito, que tem pouca capacidade de lidar com a situação porque não conta com nenhum apoio social. Ou seja, os amigos e a família ignoram o indivíduo depois de um breve período de luto porque presumem que a morte já ocorreu. No final das contas, a situação leva a danos nos órgãos internos e à morte. Assim, de acordo com todas as opiniões, um indivíduo que de um ponto de vista físico e psicológico goza de saúde perfeita repentinamente morre em razão de mudanças no ambiente social.

▲ Uma pessoa "possuída" recebe tratamento em um ritual vodu.

Medos e fobias são universais, ocorrem em todas as culturas. Entretanto, *o que* tememos é muito influenciado pelo ambiente social no qual vivemos. Pesquisadores israelitas e beduínos estudaram recentemente os medos de centenas de crianças judias e beduínas que moram na mesma região de Israel (Elbedour, Shulman e Kedem, 1997). Embora todas temessem acontecimentos potencialmente ameaçadores, as crianças judias, cuja sociedade enfatiza a individualidade e a autonomia, têm menos medos que as crianças beduínas, que cresceram em uma sociedade paternalista, na qual o grupo e a família são centrais e que ensina que devem ser cautelosas com o resto do mundo. Crianças beduínas e judias têm diferentes medos; as beduínas têm mais, e muitos deles centram-se na possível desintegração da família. Assim, fatores culturais influenciam a forma e o conteúdo da psicopatologia e podem ser distintos mesmo entre culturas que estão lado a lado.

Gênero sexual

O papel do gênero sexual tem efeito forte e às vezes enigmático para a psicopatologia (Kistner, 2009; Rutter, Caspi e Moffitt, 2006). Todos nós experimentamos ansiedade e medo, e as fobias são encontradas em todo o mundo. Mas as fobias têm uma característica peculiar: a probabilidade de ter uma fobia em particular é influenciada pelo gênero sexual. Por exemplo, é quase certo que alguém que relata fobia a insetos ou a pequenos animais grave o bastante para impedir passeios pelo campo ou visitar amigos na zona rural seja mulher, pois 90% das pessoas que têm essa fobia o são (possíveis razões para tais fobias foram mencionadas na página 59). Todavia, uma fobia social forte o bastante para afastar alguém de festas e encontros afeta igualmente homens e mulheres, mas talvez por diferentes motivos.

Acreditamos que essas diferenças substanciais têm a ver, ao menos em parte, com as expectativas culturais de homens e mulheres, ou com os *papéis de gênero*. Por exemplo, um número igual de homens e de mulheres pode ter uma experiência que poderia levar à fobia de insetos ou de pequenos animais, como ser picado por um deles, mas em nossa sociedade nem sempre é aceitável o homem mostrar ou mesmo admitir medo. Assim, é mais provável que um homem esconda ou suporte o

▲ Crianças judias, cuja cultura enfatiza a individualidade e a autonomia, têm menos medos que as crianças beduínas da mesma comunidade, cuja cultura se concentra no grupo e na família.

medo até que o supere. É mais aceitável para mulheres admitirem temor, e por isso a fobia se desenvolve. Para um homem, é mais aceitável ser tímido do que demonstrar medo, então, é mais provável que assuma o desconforto social.

Para evitar ou atenuar um ataque de pânico, uma experiência extrema de medo, alguns homens ingerem bebida alcoólica em vez de admitir que estão com medo (ver Capítulo 5). Em muitos casos, essa tentativa de enfrentamento leva ao transtorno por uso de álcool, que afeta muito mais homens do que mulheres (ver Capítulo 11). Um motivo para esse desequilíbrio nos gêneros é que há mais probabilidade de os homens automedicarem o medo e o pânico com álcool do que as mulheres e, fazendo isso, eles iniciam a descida na escorregadia ladeira da adição.

Parece que homens e mulheres respondem de maneira diferente ao tratamento psicológico padronizado (Felmingham e Bryant, 2012). Após terapia de exposição para transtorno de estresse pós-traumático (ver Capítulo 5), ambos os grupos se beneficiaram, mas as mulheres mantiveram ganhos bem melhores durante o período de acompanhamento. Os autores sugerem que a habilidade das mulheres de relembrar memórias emocionais mais do que os homens pode facilitar o processamento emocional e os ganhos no tratamento de longo prazo.

Grande parte dos casos de *bulimia nervosa*, transtorno alimentar grave, ocorre entre mulheres jovens. Por quê? Como veremos no Capítulo 8, a ênfase cultural na magreza feminina infesta as sociedades ao redor do mundo. As pressões para homens serem magros são menos aparentes e, entre os poucos que desenvolvem bulimia, uma porcentagem substancial é homossexual; para esses indivíduos, os imperativos culturais para ser magro estão presentes em muitas instâncias específicas (Rothblum, 2002).

Por fim, em uma excitante descoberta, Taylor (2002, 2006; Taylor et al., 2000) descreve uma única maneira por meio da qual mulheres de raças diferentes respondem ao estresse. Essa resposta é chamada "cuidar e ajudar" e se refere à proteção de si mesmas e de sua prole mediante um comportamento afetivo ("cuidar") e da formação de alianças com grupos sociais maiores, particularmente com outras mulheres ("ajudar"). Taylor et al. (2000) supuseram que essa resposta se adapta melhor à maneira como as mulheres respondem ao estresse, porque ela constrói um sistema cerebral de apego e cuidados, o que leva a um comportamento afetivo e afiliativo. Além disso, a resposta é caracterizada por processos neurobiológicos identificáveis no cérebro, típicos do gênero.

Nosso gênero sexual não causa a psicopatologia. Mas, em função de o papel de gênero ser um fator social e cultural que influencia a forma e o conteúdo do transtorno, nós observaremos atentamente essas questões nos capítulos que se seguem.

Efeitos sociais sobre saúde e comportamento

Muitos estudos demonstraram que quanto maior o número e a frequência de relacionamentos e contatos sociais, mais tempo uma pessoa vive (Miller, 2011). Por outro lado, quanto mais baixa a pontuação em um índice social que mensura a riqueza de vida social, mais curta será a expectativa de vida. Os estudos que documentam a descoberta foram relatados nos Estados Unidos (Berkman e Syme, 1979; House, Robbins e Metzner, 1982; Schoenbach et al., 1986), assim como na Suécia e na Finlândia. Foram considerados a saúde física e fatores de risco para a morte na juventude, como hipertensão, níveis elevados de colesterol e tabagismo, e ainda assim produzem o mesmo resultado. Os estudos também mostraram que os relacionamentos sociais parecem proteger os indivíduos contra muitos transtornos físicos e psicológicos, como hipertensão, depressão, transtorno por uso de álcool, artrite, progressão da Aids e baixo peso de recém-nascidos (Cobb, 1976; House, Landis e Umberson, 1988; Leserman et al., 2000; Thurston e Kubzansky, 2009). Por outro lado, o risco de depressão em pessoas que moram sozinhas é aproximadamente 80% mais alto do que para aquelas que moram com outras pessoas, com base no número de prescrições de medicação antidepressiva (Pulkki-Raback et al., 2012). Também, o isolamento social aumenta o risco de morte tanto quanto o cigarro, e mais do que o sedentarismo ou a obesidade (Holt-Lunstad, Smith e Layton, 2010). Curiosamente, não é apenas o número de contatos sociais que importa. É a própria percepção da solidão. Assim, algumas pessoas podem morar sozinhas com poucos efeitos nocivos. Outras podem se sentir solitárias apesar dos contatos sociais (Cacioppo et al., 2015; Cacioppo e William, 2008).

Mesmo o fato de pegarmos ou não um resfriado é fortemente influenciado pela qualidade e extensão de nossa rede social. Cohen, Doyle et al. (1997) usaram gotas nasais para expor 276 voluntários saudáveis a um de dois rinovírus diferentes (vírus de resfriado); mantiveram, então, os voluntários isolados por uma semana. Os autores mediram a extensão da participação em 12 tipos diferentes de relacionamento (por exemplo, esposa, pais, amigo, colega), bem como outros fatores, como tabagismo e qualidade ruim do sono, que provavelmente aumentam a suscetibilidade a resfriados. Os resultados foram surpreendentes: quanto maior a extensão dos laços sociais, menor a chance de pegar um resfriado, mesmo após todos os outros fatores terem sido levados em consideração (controlados). De fato, aqueles com menos laços sociais eram mais de quatro vezes mais suscetíveis de pegar um resfriado do que aqueles com o maior número de laços. Esse efeito se estende aos animais de estimação! Comparadas às pessoas sem animais de estimação, aquelas que os tinham apresentaram batimentos cardíacos e pressão sanguínea em repouso mais baixos e responderam com aumentos menores dessas variáveis durante a exposição de estressores em laboratórios (Allen, Bloscovitch e Mendes, 2002). Qual seria a causa disso? Uma vez mais, os fatores sociais e interpessoais parecem influenciar as variáveis psicológicas e neurobiológicas, como, por exemplo, o sistema imunológico – às vezes em um grau substancial (Cacioppo e William, 2008). Assim, não podemos estudar os aspectos psicológicos e biológicos dos transtornos psicológicos (ou os transtornos físicos, no que diz respeito ao assunto) sem considerar seus contextos social e cultural.

Já está claro que um ponto de vista multidimensional é necessário. Considere um experimento clássico com primatas que exemplifica os perigos de ignorar o contexto social. Macacos foram injetados com anfetamina, estimulante do sistema nervoso central (Haber Barchas, 1983). Surpreendentemente, a droga não teve nenhum efeito sobre o comportamento comum dos macacos. Quando os pesquisadores dividiram os macacos de acordo com a dominância ou a submissão em seus grupos, os efeitos surtidos foram extensos. A anfetamina aumentou o comportamento dominante nos primatas que eram superiores na hierarquia social e o comportamento submisso naqueles que estavam na parte inferior da hierarquia. Assim, os efeitos de um fator biológico (a droga) sobre as características psicológicas (o comportamento) não seriam interpretáveis a menos que o contexto social do experimento fosse considerado.

Retornando aos estudos com humanos, como os relacionamentos sociais têm um impacto tão profundo em nossas características físicas e psicológicas? Não sabemos com segurança, mas há pistas intrigantes (Cacioppo e William, 2008; Cacioppo et al., 2007). Algumas pessoas acham que os relacionamentos interpessoais dão sentido à vida e que quando se tem uma razão pela qual viver podem superar deficiências físicas e até mesmo retardar a morte. É possível que você já tenha ouvido a história de uma pessoa idosa que ultrapassou a expectativa de vida a fim de presenciar um acontecimento familiar significativo, como a formatura de um neto. Uma vez que o evento tenha acontecido, a pessoa morre. Outro evento comum é que, se um dos cônjuges de um longo relacionamento marital estável morre, em particular a esposa idosa, o outro frequentemente morre logo após, independentemente do estado de saúde. É possível também que as relações sociais facilitem comportamentos de promoção de saúde, como restrição no uso de álcool e de drogas, sono adequado e a busca por cuidados médicos (House, Landis e Umberson, 1988; Leserman et al., 2000).

Às vezes, uma convulsão social é uma oportunidade para estudar o impacto dos relacionamentos sociais no funcionamento do indivíduo. Muitas décadas atrás, quando os assentamentos israelenses na península do Sinai foram desmantelados e evacuados como parte das negociações de paz com o Egito, Steinglass, Weisstub e Kaplan De-Nour (1988) estudaram os residentes de uma comunidade israelita ameaçados pela dissolução. Eles descobriram que o ato de acreditar estar firmemente vinculado a um contexto social era tão importante quanto ter uma rede social. Ajustes precários de longo prazo foram mais bem previstos naqueles que *perceberam* que sua rede social estava se desintegrando, independentemente de ela estar ou não.

Em outro exemplo, o lugar onde você vive, seja na cidade, seja no campo, pode ser associado às suas chances de desenvolver esquizofrenia, um transtorno muito grave. Lewis et al. (1992) descobriram que a incidência de esquizofrenia era 38% maior em homens que tinham sido criados em cidades do que naqueles que tinham sido criados em zonas rurais. Sabemos há muito tempo que há mais esquizofrenia na cidade do que no campo, mas os pesquisadores acreditavam que os esquizofrênicos se mudavam para as cidades *após* desenvolver a doença ou que outros fatores urbanos endêmicos, como o uso de drogas ou relações familiares instáveis, poderiam contribuir para a divergência. Lewis e seus colaboradores controlaram esses fatores com cuidado, e agora parece que há algo a respeito das cidades além dessas influências que pode contribuir para o desenvolvimento da esquizofrenia (Boydell e Allardyce, 2011; Pedersen e Mortensen, 2006; Vassos et al., 2012). Uma meta-análise conduzida por Vassos et al. (2012) estimou que o risco para esquizofrenia no ambiente mais urbano é 2,37 vezes maior do que no ambiente mais rural.

Ainda não sabemos o que é. Esse achado, se replicado e comprovado, pode ser importante tendo em vista a migração em massa de indivíduos para áreas urbanas superlotadas, principalmente em países menos desenvolvidos.

Em síntese, não podemos estudar a psicopatologia sem considerar as influências sociais e interpessoais, e ainda temos muito a aprender. Muitos transtornos psicológicos importantes, tais como esquizofrenia e transtorno depressivo maior, parecem ocorrer em todas as culturas, mas eles parecem mudar de uma para a outra, porque os sintomas de cada pessoa são fortemente influenciados pelo contexto social e interpessoal (Cheung, 2012; Cheung, van de Vijver e Leong, 2011). Por exemplo, como veremos no Capítulo 7, a depressão na cultura ocidental se reflete em sentimento de culpa e de inadequação; em países desenvolvidos, em sofrimento físico, como fadiga ou doença.

Influências social e interpessoal na velhice

Por fim, o efeito social dos fatores sociais e interpessoais no que se refere à expressão de transtornos físicos e psicológicos podem diferir com a idade (Charles e Carstensen, 2010; Holland e Gallagher-Thompson, 2011). Grant, Patterson e Yager (1988) estudaram 118 homens e mulheres com idade de 65 anos ou mais que moravam sozinhos. Aqueles com menos contatos significativos e menos suporte social de parentes tiveram maiores níveis de depressão e apresentaram mais relatos de qualidade de vida insatisfatória. Quando esses indivíduos se tornaram fisicamente doentes, entretanto, conquistaram mais apoio de suas famílias do que aqueles que não se encontravam nesse estado. Essa observação aumenta a possibilidade infeliz de que pode ser vantajoso para o idoso ficar fisicamente doente para que consiga restabelecer o suporte social pelo qual vale a pena viver. Se outras pesquisas confirmarem esse achado, saberemos verda-

▲ Uma vida produtiva e longa geralmente inclui sólidos relacionamentos sociais e relações interpessoais.

▲ Em países em desenvolvimento, revolta pessoal por causa de conflitos políticos afeta a saúde mental.

deiramente o que parecia apenas intuitivo: o envolvimento com seus familiares antes de ficar doente poderia ajudar pessoas idosas a manter a saúde física (e de maneira significativa diminuir os gastos com a saúde).

O estudo de adultos mais velhos está crescendo a passos largos. Em 2010 estimou-se que havia 40 milhões de pessoas nos Estados Unidos (13% da população) com idade de 65 anos ou mais, e em 2030 espera-se que esse número chegue a 71,5 milhões (20% da população); esses são os dados estatísticos da Federal Interagency Forum on Aging-Related Statistics de 2012. Com isso, aumentará o número de adultos mais velhos com problemas de saúde mental, muitos dos quais não receberão cuidados apropriados (Holland e Gallagher-Thompson, 2011). Como se pode ver, compreender e tratar os transtornos experimentados por idosos é necessário e importante.

O estigma social

Outros fatores fazem com que a consideração de elementos sociais e culturais seja fundamental para o estudo da psicopatologia. Os transtornos psicológicos continuam a ter um estigma em nossa sociedade (Hinshaw e Stier, 2008). Ser ansioso ou deprimido é ser fraco e covarde. Ser esquizofrênico é ser imprevisível e louco. Por ferimentos em tempos de guerra, concedemos medalhas. Para ferimentos psicológicos, os soldados infelizes ganham desprezo e escárnio; qualquer um sabe disso se tiver assistido ao filme *Born on the Fourth of July* (com título em português *Nascido em 4 de Julho*), que ilustra a época da guerra do Vietnã, ao vencedor do Oscar de 2010 *The Hurt Locker* (no Brasil, sob o título *Guerra ao terror*), ou ao filme *Sniper Americano*, premiado com o Oscar de 2014, que retrata eventos no Iraque e no Afeganistão pós-invasão. É comum o paciente com transtornos psicológicos não procurar seu convênio médico por medo de um colega vir a saber do problema. Com muito menos apoio social do que para a doença física, há menos chance de haver uma completa recuperação e maior risco de suicídio, como percebemos nos Estados Unidos ao presenciar o retorno dos veteranos do Iraque e do Afeganistão. Nos Capítulos 3 e 16, discutiremos algumas das consequências das atitudes sociais em relação aos transtornos psicológicos.

Incidência global dos transtornos psicológicos

Avaliações importantes da Organização Mundial da Saúde (OMS) revelam que os transtornos mentais representam 13% do fardo mundial das doenças (OMS, 2015). Os problemas de saúde mental e comportamental em países em desenvolvimento são exacerbados por disputas políticas, mudanças tecnológicas e movimentos massivos das áreas rurais para as áreas urbanas. De 10% a 20% de todos os serviços médicos básicos em países pobres atendem pacientes com transtornos psicológicos, principalmente transtornos de ansiedade e do humor (incluindo tentativas de suicídio), bem como transtorno por uso de álcool, abuso de drogas e transtornos do desenvolvimento na infância (OMS, 2015). Os tratamentos para os transtornos como depressão e comportamentos aditivos, que são bem-sucedidos nos Estados Unidos, não podem ser administrados em países onde os cuidados com a saúde mental são limitados. No Camboja, durante e após a sangrenta liderança do Khmer Vermelho, todos os profissionais de saúde mental morreram ou desapareceram. A partir de 2006, apenas 26 psiquiatras estavam disponíveis para dar assistência a 12 milhões de pessoas. Na África subsaariana é ainda pior, com apenas um psiquiatra para cada 2 milhões de pessoas (OMS, 2011). Nos Estados Unidos, 200 mil profissionais de saúde mental servem 300 milhões de pessoas, e apenas uma em cada três pessoas com transtorno psicológico nos Estados Unidos já recebeu tratamento de qualquer tipo (Institute of Medicine 2001). Apesar dos maravilhosos esforços da Bill and Melinda Gates Foundation, não há menção sobre saúde mental entre as metas da iniciativa da fundação relacionada a "Grandes Desafios em Saúde Global". Os transtornos mentais – e especialmente os mais comuns, como os transtornos de ansiedade e depressão – não somente impõem grande sofrimento aos indivíduos acometidos, mas também levam a custos econômicos altos para a sociedade por serem subtratados (Laird e Clark, 2014). Essas chocantes estatísticas sugerem que, além de terem papel na causa, fatores sociais e culturais mantêm os transtornos porque a maioria das sociedades ainda não desenvolveu o contexto social adequado para preveni-los e aliviá-los. A mudança de atitude da sociedade é apenas um dos desafios que temos de encarar conforme o século se descortina.

Desenvolvimento do ciclo de vida

Os psicopatologistas do desenvolvimento do ciclo de vida pontuam que tendemos a olhar os transtornos psicológicos de uma perspectiva instantânea: concentramo-nos em um ponto particular da vida de uma pessoa e presumimos que isso representa a pessoa como um todo. É óbvio que essa maneira de olhar é inadequada. Olhe para sua vida nos últimos anos. A pessoa que você foi, digamos, há três anos é diferente da pessoa que você é agora, e a pessoa que você será em três anos terá mudado de maneira significativa, muito embora tendamos a ter um viés cognitivo que chamamos de ilusão do "fim da história", que nos faz pensar que mudaremos muito pouco nos próximos anos (Quoidbach, Gilbert e Wilson, 2013). Para entendermos a psicopatologia, devemos avaliar como as experiências, durante diferentes períodos do desenvolvimento, podem influenciar nossa vulnerabilidade a outros tipos de fatores estressantes ou a diferenciar os transtornos psicológicos (Charles e Carstensen, 2010; Rutter, 2002).

Mudanças importantes no desenvolvimento ocorrem em todos os momentos da vida. Por exemplo, a vida adulta, longe de ser um período estável, é muito dinâmica, pois importantes mudanças ocorrem até a velhice. Erik Erikson (1982) sugeriu que passamos por oito crises significativas durante nossas vidas, cada uma determinada por nossa maturidade biológica e pelas demandas sociais em momentos particulares. Diferente de Freud, que não considerava nenhum estágio de desenvolvimento além da adolescência, Erikson acreditava que crescemos e mudamos até depois dos 65 anos. Durante a fase mais madura da vida adulta, por exemplo, olhamos para trás e vemos nossas vidas com sentimento de gratidão ou de decepção.

Embora os aspectos da teoria do desenvolvimento psicossocial de Erikson tivessem sido criticados pela sua superficialidade e por falta de pesquisas que os apoiassem (Shaffer, 1993), demonstram uma abordagem abrangente do desenvolvimento humano defendida pelos estudiosos do desenvolvimento do ciclo de vida. Pesquisas básicas estão começando a confirmar a importância dessa abordagem. Em um experimento, Kolb, Gibb e Gorny (2003) colocaram animais em ambientes complexos em idade juvenil, adulta e mais madura, quando as capacidades cognitivas estivessem começando a declinar (senescência). Esses pesquisadores descobriram que o ambiente tinha efeitos diferentes sobre o cérebro desses animais, dependendo do estágio de desenvolvimento. Basicamente, os ambientes complexos e desafiadores aumentaram o tamanho e a complexidade dos neurônios em regiões corticais sensoriais e motoras nos animais adultos e idosos; diferentemente do que ocorreu nos grupos mais velhos, em animais muito jovens diminuíram o tamanho e a complexidade de neurônios na espinha. Não obstante, essa redução estava associada à melhora nas habilidades motoras e cognitivas quando os animais se tornam adultos, indicando que ambientes estimulantes podem afetar a função cerebral de uma maneira positiva em qualquer idade. Por exemplo, foi mostrado que a progressão de doenças que tipicamente começam na idade adulta ou no idoso, como a doença de Huntington, doença de Alzheimer, doença de Parkinson e até mesmo distúrbios genéticos, como síndrome do X frágil e síndrome de Down, podem ser postergadas ou ter o impacto diminuído por meio de enriquecimento ambiental (Nithianantharajah e Hannan, 2006). De fato, até mesmo experiências pré-natais parecem afetar a estrutura do cérebro, pois a prole de um animal hospedado em um ambiente complexo e variado durante período de gestaçao tem a vantagem de desenvolver mais circuitos cerebrais corticais complexos após o nascimento (Kolb, Gibb e Robinson, 2003). Você deve lembrar do estudo realizado por Cameron et

al. (2005), discutido neste capítulo, em que o comportamento das mães-rato na primeira semana de vida de seus filhotes, mas não depois disso, influenciou fortemente a capacidade de os filhotes lidarem com o estresse no decorrer da vida.

Assim, podemos inferir que a influência do estágio de desenvolvimento e das experiências iniciais tem impacto importante sobre o desenvolvimento e a apresentação de transtornos psicológicos, uma inferência que está sendo corroborada por eminentes psicólogos do desenvolvimento, como Laura Carstensen (Carstensen et al., 2003, 2011; Charles e Carstensen, 2010; Isaacowitz, Smith e Carstensen, 2003). Por exemplo, nos transtornos depressivos (do humor), crianças e adolescentes não recebem o mesmo benefício de drogas antidepressivas como acontece com os adultos (Hazell et al., 1995; Santosh, 2009), e para muitos deles essas drogas impõem riscos que não estão presentes em adultos (Santosh, 2009). Além disso, a distribuição por gênero da depressão é aproximadamente igual até a puberdade, quando se torna mais comum em meninas (Compas et al., 1997; Hankin, Wetter e Cheely, 2007).

O princípio de equifinalidade

Assim como uma febre, um comportamento ou transtorno pode ter várias causas. O princípio de **equifinalidade** é usado na psicopatologia do desenvolvimento para indicar que devemos considerar certo número de caminhos para determinado resultado (Cicchetti, 1991). Há muitos exemplos desse princípio: uma síndrome alucinatória pode ser um aspecto da esquizofrenia, mas também pode surgir pelo de abuso de anfetaminas; o *delirium*, que envolve dificuldade de concentração, frequentemente ocorre em adultos mais velhos após cirurgia, mas também pode resultar de deficiência de tiamina ou por causa de doença renal; o transtorno do espectro autista pode ocorrer em crianças cujas mães foram expostas à rubéola durante a gravidez, porém pode ocorrer em crianças cujas mães tiveram dificuldades durante o trabalho de parto.

Caminhos diferentes podem resultar da interação de fatores psicológicos e biológicos durante diversos estágios de desenvolvimento. A maneira como alguém enfrenta prejuízos em função de causas orgânicas pode ter um efeito profundo sobre seu funcionamento geral. Por exemplo, pessoas com dano cerebral documentado, de gravidade igual ou aproximada, podem ter diferentes níveis de transtorno. Aquelas que têm laços sociais saudáveis, família e amigos, bem como características de personalidade adaptativas, como confiança em sua capacidade de enfrentar desafios, podem experimentar apenas leves transtornos comportamentais e cognitivos, apesar da patologia orgânica. Aquelas sem apoio e que não têm personalidade adaptativa podem se tornar incapacitadas. Isso fica mais claro se pensarmos nas pessoas que têm alguma incapacidade física. Algumas delas, apesar de paraplégicas em consequência de algum acidente ou doença, tornaram-se superatletas ou se aperfeiçoaram em negócios ou artes. Outras pessoas na mesma condição tornaram-se deprimidas e sem esperança, fecharam-se ou, pior, deram um fim às suas vidas. Mesmo o conteúdo de delírios e alucinações, que podem acompanhar um transtorno, e o grau de medo em que essas pessoas se encontram ou a dificuldade de enfrentamento são determinados em parte por fatores sociais e psicológicos.

Os pesquisadores estão explorando não apenas o que faz certas pessoas experimentarem um transtorno em particular,

68 PSICOPATOLOGIA

mas também o que protege outras de terem as mesmas dificuldades. Se você estivesse interessado em por que alguém está deprimido, por exemplo, olharia primeiro para as pessoas que apresentam depressão. No entanto, você também poderia estudar pessoas em situações e contextos similares que não estão deprimidas. Um exemplo excelente dessa abordagem é a pesquisa sobre crianças "resilientes", o que sugere que os fatores sociais podem proteger algumas crianças de serem atingidas por experiências estressantes, como quando um ou ambos os pais sofrem de transtorno psiquiátrico (Cooper et al., 2007; Garmezy e Rutter, 1983; Becvar, 2013; Goldstein e Brooks, 2013). A presença de um amigo ou familiar que cuide e se importe pode compensar o estresse do ambiente e fazer com que a criança crie habilidades para lidar com situações desagradáveis e compreendê-las. Mais recentemente, os cientistas descobriram diferenças biológicas intensas na responsividade ao trauma e ao estresse como resultado de fatores de proteção, tais como suporte social, ter forte propósito ou significado da vida (Alim et al., 2008; Charney, 2004; Ozbay et al., 2007). Talvez se compreendermos melhor por que algumas pessoas não encontram os mesmos problemas que outras em circunstâncias similares, seria possível entender melhor os transtornos, ajudar os que sofrem com eles e até evitar a ocorrência de outros casos.

Conclusões

Examinamos as abordagens modernas da psicopatologia e percebemos que esse é um campo muito complexo. Nessa breve visão geral (ainda que possa não ter parecido breve), vimos que (1) a teoria psicanalítica, (2) as ciências cognitiva e comportamental, (3) as influências emocionais, (4) as influências sociais e culturais, (5) a genética, (6) a neurociência e (7) os fatores de desenvolvimento do ciclo de vida devem ser considerados quando pensamos na psicopatologia. Mesmo que nosso conhecimento seja incompleto, é possível notar que não poderíamos resumir um pensamento unidimensional típico de várias correntes históricas descritas no Capítulo 1.

Ainda assim, livros sobre transtornos psicológicos e reportagens que povoam a mídia com frequência descrevem as causas desses transtornos considerando uma única dimensão, sem analisar outras influências. Por exemplo, quantas vezes você já ouviu falar que um transtorno psicológico, como a depressão ou a esquizofrenia, é causado por um "desequilíbrio químico" sem considerar outras causas possíveis? Quando lemos que um transtorno é *causado* por um desequilíbrio químico, isso soa como se nada mais importasse, tudo o que se tem a fazer é corrigir o desequilíbrio na atividade neurotransmissora para "curar" o problema.

Com base nas pesquisas que vamos rever quando tratarmos de transtornos psicológicos específicos, não há nenhuma questão em que esses transtornos estejam associados à atividade neurotransmissora alterada e outros aspectos do funcionamento cerebral (um desequilíbrio químico). No entanto, aprendemos neste capítulo que um "desequilíbrio químico" poderia, por sua vez, ser causado por fatores psicológicos ou sociais, como estresse, fortes reações emocionais, interações familiares difíceis, mudanças causadas pelo envelhecimento ou, muito provavelmente, a interação de todos esses fatores.

Por conseguinte, é inapropriado e ilusório dizer que um transtorno psicológico é "causado" por um desequilíbrio químico, ainda que ele exista.

Da mesma maneira, quantas vezes você já ouviu que o transtorno por uso de álcool ou outros comportamentos aditivos foram causados por "falta de força de vontade", dando a entender que, se os indivíduos acometidos simplesmente desenvolvessem a atitude certa, poderiam superar o vício? Não há dúvida de que pessoas com adições graves podem muito bem ter problemas motivacionais e processos cognitivos inadequados, como em virtude da racionalização de seu comportamento ou de outras avaliações errôneas, ou da atribuição dos problemas ao estresse ou em razão de alguma outra desculpa "para tapear". Elas podem perceber de forma equivocada os efeitos do álcool sobre elas, e todas essas cognições e atitudes contribuem para desenvolver vícios. Contudo, considerar apenas os processos cognitivos sem levar em conta outros fatores, como os genes e a fisiologia cerebral, como causa dos vícios seria tão incorreto quanto dizer que a depressão é causada por um desequilíbrio químico. Os fatores interpessoais, sociais, culturais também contribuem intensamente para o desenvolvimento de comportamentos aditivos. Afirmar, então, que comportamentos aditivos como o transtorno por uso de álcool causados pela falta de força de vontade ou por um modo de pensar errôneo é extremamente simplista e incorreto.

Se há algo a aprender neste livro, é que não há apenas uma causa para os transtornos psicológicos. As causas são muitas e interagem umas com as outras, e devemos entender essa interação para avaliar completamente a origem dos transtornos psicológicos. Fazer isso requer uma abordagem integrada multidimensional. Nos capítulos que abordam transtornos psicológicos específicos, analisaremos casos como o de Judy e vamos considerá-los segundo a perspectiva integrada multidimensional. Todavia, primeiro, devemos explorar os processos de avaliação e diagnóstico usados para mensurar e classificar a psicopatologia.

Verificação de conceitos 2.5

Preencha as lacunas para completar essas afirmativas em relação aos fatores culturais, sociais e de desenvolvimento que influenciam a psicopatologia.

1. O que nós _____ é fortemente influenciado pelo ambiente social em que vivemos.

2. A probabilidade de ter uma fobia em particular é influenciada pelo _____ .

3. Um grande número de estudos demonstrou que quanto maior o número e a frequência de _____ e _____, mais tempo uma pessoa viverá.

4. Os efeitos dos fatores sociais e interpessoais sobre a expressão dos transtornos físicos e psicológicos podem variar com a _____ .

5. O princípio de _____ é usado na psicopatologia do desenvolvimento para indicar que devemos considerar certo número de caminhos para um determinado resultado.

Resumo

Modelos unidimensional *versus* multidimensional

▸ As causas do comportamento atípico são complexas e fascinantes. Transtornos psicológicos são causados por uma complexa interação entre a natureza (biologia) e a criação do indivíduo (fatores psicossociais).

▸ Para identificar as causas de um transtorno psicológico em uma pessoa, devemos considerar a interação de todas as dimensões relevantes: contribuições genéticas, o papel do sistema nervoso, processos comportamentais e cognitivos, influências emocionais, influências sociais e interpessoais e fatores de desenvolvimento. Assim, chegamos a uma abordagem multidimensional integrada para as causas dos transtornos psicológicos.

Contribuições genéticas para a psicopatologia

▸ A influência genética sobre muito do nosso desenvolvimento, comportamento, nossa personalidade e até mesmo sobre o nível de QI é poligênica, ou seja, influenciada por muitos genes. Esse também parece ser o caso do comportamento atípico, embora pesquisas tenham identificado pequenos grupos de genes específicos relacionados a alguns transtornos psicológicos principais.

▸ Estudando as relações causais na psicopatologia, os pesquisadores examinam as interações da genética e dos efeitos ambientais. No modelo diátese-estresse, os indivíduos são herdeiros de certas vulnerabilidades que os tornam suscetíveis a um transtorno, quando o tipo certo de estressor está associado. No modelo da correlação gene-ambiente, a vulnerabilidade genética do indivíduo em relação a determinado transtorno pode torná-lo mais propenso a experimentar o estressor que, por sua vez, desencadeará a vulnerabilidade genética e, assim, o transtorno. Em epigenética, os efeitos imediatos do ambiente (como experiências estressantes anteriores) influenciam as células que ativam e desativam certos genes. Esse efeito pode ser transmitido por várias gerações.

A neurociência e suas contribuições para a psicopatologia

▸ A ciência do cérebro e o campo da neurociência promete muito à medida que tentamos desvendar os mistérios da psicopatologia. No sistema nervoso, os níveis de atividade neurotransmissora e neuroendócrina interagem de forma muito complexa para modular e regular as emoções e o comportamento e contribuem para os transtornos psicológicos.

▸ As correntes de neurotransmissores, chamadas circuitos cerebrais, são importantes para a compreensão da psicopatologia. Com relação aos neurotransmissores que podem desempenhar algum papel fundamental, investigamos cinco: serotonina, ácido gama-aminobutírico (GABA), glutamato, noradrenalina e dopamina.

Ciências comportamental e cognitiva

▸ O campo relativamente novo da ciência cognitiva oferece uma perspectiva valiosa sobre como as influências cognitivas e comportamentais afetam a aprendizagem e a adaptação que cada um de nós experimenta ao longo da vida. Essas influências não apenas contribuem para os transtornos psicológicos, mas também podem modificar diretamente o funcionamento e a estrutura do cérebro, e mesmo a expressão genética. Examinamos algumas das pesquisas nesse campo observando o desamparo aprendido, a modelação, a aprendizagem preparada e a memória implícita.

Emoções

▸ As emoções têm impacto forte e direto sobre nosso funcionamento e desempenham um importante papel em muitos transtornos.

O humor, um período persistente de emotividade, é evidente nos transtornos psicológicos.

Fatores culturais, sociais e interpessoais

▸ As influências sociais e interpessoais afetam profundamente tanto os transtornos psicológicos quanto a biologia.

Desenvolvimento do ciclo de vida

▸ Considerando-se uma abordagem integrada multidimensional da psicopatologia, é importante lembrar o princípio de equifinalidade, segundo o qual devemos levar em conta os diversos caminhos para uma consequência final específica, e não apenas o resultado.

Termos-chave

abordagem multidimensional integrada
ácido gama-aminobutírico (GABA)
afeto
agonistas
agonistas inversos
antagonistas
aprendizagem preparada
botão terminal
ciência cognitiva
circuitos cerebrais
desamparo aprendido
dopamina
emoção
epigenética
equifinalidade
excitatório
fenda sináptica
genes
glutamato

hormônio
humor
inibitório
memória implícita
modelação (ou aprendizagem observacional)
modelo circumplexo
modelo da correlação gene-ambiente
modelo diátese-estresse
neurociência
neurônios
neurotransmissores
noradrenalina (também norepinefrina)
potenciais de ação
recaptação
resposta de fuga ou luta
serotonina
vulnerabilidade

Respostas da verificação de conceitos

2.1
1. b;
2. a (melhor resposta) ou c;
3. e;
4. a (inicial), c (manutenção)

2.2
1. F (primeiros 22 pares);
2. V;
3. V;
4. F (modelo recíproco gene--ambiente)
5. F (interação complexa de ambos, natureza e criação)

2.3
1. b; 2. c; 3. f; 4. g; 5. d; 6. e; 7. h; 8. a

2.4
1. b; 2. a; 3. d; 4. c

2.5
1. tememos;
2. gênero sexual;
3. relacionamentos sociais; contatos;
4. idade;
5. equifinalidade

70 PSICOPATOLOGIA

3 Avaliação clínica e diagnóstico

RESUMO DO CAPÍTULO

Avaliando transtornos psicológicos
Conceitos-chave em avaliação
Entrevista clínica
Exame físico
Avaliação comportamental
Testes psicológicos
Testes neuropsicológicos
Neuroimagem: imagens do cérebro
Avaliação psicofisiológica

Diagnosticando transtornos psicológicos
Elementos de classificação
O diagnóstico antes de 1980
DSM-III e *DSM-III-R*
DSM-IV e *DSM-IV-TR*
DSM-5
Criando um diagnóstico
Além do *DSM-5*: dimensões e espectro

Resultados finais de assimilação do conteúdo pelo aluno*

- **Utilizar o raciocínio científico para interpretar o comportamento:**

- Identificar os componentes biológicos, psicológicos e sociais fundamentais das explicações comportamentais (por exemplo, inferências, observações, definições operacionais e interpretações) [APA SLO 2.1a]

- **Descrever aplicações que empregam a resolução de problemas com base na disciplina:**

- Descrever exemplos de aplicações práticas e relevantes dos princípios psicológicos na vida diária [APA SLO 4.1, 4.4]

*Parte deste capítulo trata dos resultados finais de aquisição de conhecimento sugeridos pela American Psychological Association (2013), inclusos nas diretrizes de bacharéis em Psicologia. O escopo do capítulo concernente aos resultados está identificado acima pela APA Goal e pela APA Suggested Learning Outcome (SLO).[1]

Avaliando transtornos psicológicos

O processo de avaliação clínica e diagnóstico é essencial para o estudo da psicopatologia e, em última análise, para o tratamento dos transtornos psicológicos. A **avaliação clínica** é a avaliação e a medição sistemáticas dos fatores psicológicos, biológicos e sociais em um indivíduo que apresenta um possível transtorno psicológico. **Diagnóstico** é o processo a partir do qual se determina se um problema em particular que esteja afetando o indivíduo satisfaz todos os critérios de um transtorno psicológico como definido na quinta edição do *Manual Diagnóstico e Estatístico de Transtornos Mentais*, ou *DSM-5* (American Psychiatric Association, 2013[2]). Neste capítulo, após demonstrar a avaliação e o diagnóstico dentro do contexto de um caso real, examinamos o desenvolvimento do *DSM* em um sistema de classificação amplamente utilizado para o comportamento atípico. Então revisamos as várias técnicas de avaliação disponíveis para o clínico. Finalmente, abordamos os problemas de diagnóstico e os desafios de classificação relacionados.

FRANK ... Jovem, sério e ansioso

Frank foi encaminhado para uma de nossas clínicas para avaliação e possível tratamento de ansiedade e angústia graves, cujo foco estava em seu casamento. Ele chegou em seu uniforme de trabalho muito limpo (era mecânico). Relatou que tinha 24 anos e que era a primeira vez que visitava um profissional da saúde mental. Não estava certo de que realmente precisasse (ou quisesse) estar lá, mas sentia que estava começando a "desmoronar" em razão de suas dificuldades matrimoniais. Ele percebeu que não faria mal nenhum confirmar se poderíamos ajudar. O que segue é uma transcrição de partes da primeira entrevista.

TERAPEUTA: Que tipo de problemas vêm perturbando você durante o último mês?

FRANK: Estou começando a ter vários problemas matrimoniais. Eu me casei cerca de nove meses atrás; tenho estado tenso em meu lar e temos discutido muito.

TERAPEUTA: Isso é algo recente?

FRANK: Bem, não era tão ruim no início, mas ultimamente vem piorando. Também tenho me irritado em meu serviço e não consigo fazer meu trabalho.

Observe que sempre começamos solicitando que o paciente descreva, de forma relativamente aberta, as principais dificuldades que o levaram ao consultório. Quando lidamos com adultos ou crianças com idade suficiente (ou verbal o suficiente) para nos contar sua história, essa estratégia tende a quebrar o gelo. Ela também nos permite relacionar detalhes da vida do paciente revelados posteriormente na entrevista aos problemas centrais como se fossem vistos pelos olhos do paciente.

Após Frank descrever em pormenores seu principal problema, o terapeuta lhe perguntou a respeito do casamento, do trabalho e sobre outras circunstâncias atuais. Frank relatou que trabalhava em uma oficina de funilaria havia quatro anos e que, nove meses antes, casara-se com uma mulher de 17 anos. Após ter uma melhor ideia da situação atual, voltamos aos seus sentimentos de angústia e ansiedade.

TERAPEUTA: Quando você se sente nervoso no trabalho, é o mesmo tipo de sentimento que você tem em casa?

FRANK: Praticamente; não consigo me concentrar, muitas vezes eu me perco no que minha esposa está dizendo, o que a deixa magoada, e então nós discutimos.

TERAPEUTA: Você pensa em alguma coisa quando perde a concentração, como, por exemplo, em seu trabalho ou talvez em outras coisas?

FRANK: Ah, eu não sei; eu acho que eu só me preocupo muito.

TERAPEUTA: Com o que você se preocupa na maioria do tempo?

FRANK: Bom, eu me preocupo sobre ser demitido e não conseguir sustentar minha família. Na maior parte do tempo me sinto como se fosse sofrer alguma coisa – você sabe, ficar doente e não ser capaz de trabalhar. Acho que estou com medo de ficar doente e de fracassar em meu trabalho e em meu casamento, e meus pais e os pais dela me dizerem quão estúpido eu fui por ter me casado.

---

[1] NTT da tradução da 8ª edição norte-americana: No Brasil, as chamadas Diretrizes Curriculares Nacionais (DCN) para a graduação em Psicologia são instituídas via Ministério da Educação (MEC) e Conselho Federal de Psicologia (CFP).

[2] NRT da tradução da 7ª edição norte-americana: A versão em português do *DSM-5* foi publicada em 2014.

72 PSICOPATOLOGIA

Durante os primeiros dez minutos da entrevista, Frank parecia estar bastante tenso e ansioso; olhava para o chão enquanto falava. Para o terapeuta, olhava apenas ocasionalmente para fazer contato visual. Algumas vezes, sua perna direita balançava um pouco. Embora não fosse fácil perceber, porque ele olhava para baixo, Frank também fechava os olhos com força por um período de dois a três segundos. Era durante o tempo em que seus olhos estavam fechados que sua perna direita balançava.

A entrevista continuou por mais meia hora, explorando assuntos relacionados ao casamento e ao trabalho. Ficou cada vez mais evidente que Frank estava se sentindo inadequado e ansioso para lidar com as situações da sua vida. Àquela altura, ele estava mais à vontade e olhava um pouco mais para o terapeuta, mas continuava a fechar os olhos e a balançar a perna direita.

TERAPEUTA: Você tem consciência de que às vezes fecha os olhos enquanto está falando?
FRANK: Não tenho essa consciência o tempo todo, mas sei que faço isso.
TERAPEUTA: Você sabe há quanto tempo vem fazendo isso?
FRANK: Ah, não sei, talvez há um ou dois anos.
TERAPEUTA: Você pensa em alguma coisa quando fecha os olhos?
FRANK: Bem, na verdade, estou tentando não pensar em uma coisa.
TERAPEUTA: Como assim?
FRANK: Bem, eu tenho pensamentos estúpidos e amedrontadores, e... é difícil até falar sobre isso.
TERAPEUTA: Os pensamentos são amedrontadores?
FRANK: Sim, eu sempre acho que vou sentir um negócio, e eu estou tentando tirar isso da minha cabeça.
TERAPEUTA: Você poderia me falar mais sobre esse "sentir um negócio"?
FRANK: Bem, são aqueles terríveis pensamentos de cair e espumar pela boca e ficar com a língua para fora e se chacoalhar todo. Você sabe, tremores. Acho que chamam de epilepsia.
TERAPEUTA: E você está tentando tirar esses pensamentos de sua cabeça?
FRANK: Ah, faço o possível para tirar esses pensamentos da minha cabeça o mais rápido que puder.
TERAPEUTA: Percebi que você mexe a perna quando fecha os olhos. Isso faz parte?
FRANK: Sim, notei que se balanço a perna e rezo com fervor por certo tempo, os pensamentos vão embora.

(Trecho de Nelson, R. O. e Barlow, D. H., 1981. Behavioral assessment: basic strategies and initial procedures. In: Barlow, D. H. (Ed.). *Behavioral assessment of adult disorders*. Nova York: Guilford Press.)

O que há de errado com Frank? A primeira entrevista revela um jovem inseguro que está experimentando um estresse substancial à medida que questiona se é capaz de levar adiante o casamento e o emprego. Ele relata que ama muito a esposa e quer que o casamento dê certo; quanto ao trabalho, está tentando ser o mais responsável possível, pois é um trabalho que lhe traz muita satisfação e prazer. Por algum motivo, ele está tendo pensamentos perturbadores sobre convulsões. Agora, vamos considerar mais um caso para fins ilustrativos.

BRIAN ... Ideias suspeitas

Brian tinha 20 anos e havia sido recentemente dispensado do serviço militar. Ele foi encaminhado por um psiquiatra em outro Estado para avaliação de problemas sexuais. O que segue é uma transcrição abreviada.

TERAPEUTA: Qual seria o problema?
BRIAN: Sou homossexual.
TERAPEUTA: Você é homossexual?
BRIAN: Sim, e quero ser heterossexual. Quem quer ser gay?
TERAPEUTA: Você tem amigos ou amantes homossexuais?
BRIAN: Não, não ficaria perto dessas pessoas.
TERAPEUTA: Com que frequência você se envolve em situações homossexuais?
BRIAN: Bem, não me envolvi ainda, mas não é nenhum segredo que eu seja homossexual, é uma mera questão de tempo antes que aconteça, suponho.
TERAPEUTA: Você tem alguém específico em mente? Você se sente atraído por alguém?
BRIAN: Não, mas outros rapazes se sentem atraídos por mim. Posso dizer pela maneira como eles me olham.
TERAPEUTA: A maneira como olham para você?
BRIAN: Sim, o olhar deles.
TERAPEUTA: Alguém já o abordou ou disse alguma coisa sobre ser homossexual?
BRIAN: Não, não para mim; eles não teriam coragem. Mas sei que falam de mim pelas costas.
TERAPEUTA: Como você sabe?
BRIAN: Bem, às vezes os caras conversam no quarto ao lado e a única coisa sobre a qual eles falariam é que sou gay. (Nelson e Barlow, 1981, p. 20)

Aonde queremos chegar? De onde você acha que Brian tirou essas ideias? Como determinamos se Frank tem um transtorno psicológico ou se simplesmente é um entre muitos jovens sofrendo de estresse e tensões normais de um novo casamento que, talvez, pudesse melhorar com algumas sessões de aconselhamento matrimonial? A finalidade deste capítulo é exemplificar como os clínicos de saúde mental conduzem questões como essas de forma sistemática, avaliando pacientes a fim de estudar a natureza básica da psicopatologia, bem como elaborar diagnósticos e planos de tratamento.

Conceitos-chave em avaliação

O processo de avaliação clínica em psicopatologia é comparado a um funil (Antony e Barlow, 2010; Hunsley e Mash, 2010; Urbina, 2014). O clínico começa coletando uma grande quantidade de informações sobre muitos aspectos do funcionamen-

▲ Durante a primeira entrevista, o profissional de saúde mental foca no problema que trouxe a pessoa ao tratamento.

to do indivíduo para determinar onde pode estar a fonte do problema. Após obter um juízo preliminar do funcionamento geral da pessoa, o clínico estreita o foco descartando problemas em algumas áreas e concentrando-se em áreas que parecem mais relevantes.

Para entender como os clínicos avaliam os problemas psicológicos é necessário compreender três conceitos básicos que ajudam a determinar o valor de nossas avaliações: confiabilidade, validade e padronização (Ayearst e Bagby, 2010) (ver Figura 3.1). As técnicas de avaliação estão sujeitas a uma série de requisitos rigorosos, sem os quais não haverá evidência (pesquisa) de que tais técnicas realmente fazem o que são designadas a fazer. Um dos requisitos mais importantes dessas avaliações é que sejam confiáveis. A **confiabilidade** é o grau no qual uma medida é consistente. Imagine quão irritado você ficaria se tivesse uma dor de estômago, fosse a quatro médicos competentes e recebesse quatro diagnósticos diferentes e quatro tratamentos diferentes. Os diagnósticos não seriam confiáveis porque dois ou mais "avaliadores" (os médicos) não concordaram na conclusão. Esperamos, em geral, que apresentar os mesmos sintomas a médicos diferentes resulte em diagnósticos semelhantes. Uma maneira de os psicólogos melhorarem a confiabilidade é projetar cuidadosamente seus instrumentos de avaliação e, então, fazer pesquisas sobre eles para assegurar que dois ou mais avaliadores obterão as mesmas respostas (é o que se chama *confiabilidade entre avaliadores*). Eles também determinam se essas técnicas de avaliação têm estabilidade temporal. Em outras palavras, se na terça-feira você vai a um clínico que lhe diz que seu QI é 110, você espera um resultado semelhante se fizer o mesmo teste na quinta-feira. Isso é conhecido como *confiabilidade teste-reteste*. Voltaremos ao conceito de confiabilidade quando tratarmos de diagnósticos e classificação.

Validade é se algo mede o que está designado a medir – nesse caso, se uma técnica avalia o que deve avaliar. Comparar os resultados de uma medida de avaliação com os de outras que são mais conhecidas permite a determinação da validade da primeira medida. Essa comparação é chamada *validade concorrente* ou *descritiva*. Por exemplo, se os resultados de um teste de QI padrão, porém longo, forem essencialmente os mesmos de uma nova versão breve, você poderia concluir que essa versão breve teve validade concorrente. *Validade preditiva* é quão bem sua avaliação diz o que acontecerá no futuro. Por exemplo, ela indica quem irá bem ou não na escola (o que é uma das metas de um teste de QI)?

Padronização é o processo pelo qual um determinado conjunto de padrões ou normas é estabelecido para uma técnica para tornar seu uso consistente no decorrer de diversas medições. Os padrões podem ser aplicados aos procedimentos do teste, pontuação e dados de avaliação. Por exemplo, a avaliação poderia ser aplicada em um grande número de pessoas que diferem em fatores importantes, tais como faixa etária, raça, gênero, *status* socioeconômico e diagnóstico; suas pontuações seriam então combinadas com as de outros indivíduos semelhantes e, em seguida, utilizadas como padrão ou norma, para fins de comparação. Por exemplo, se você é um afro-americano do sexo masculino, de 19 anos, de classe média, sua pontuação em um teste psicológico deveria ser comparada com as pontuações de outros como você, e não com as pontuações de pessoas diferentes, como um grupo de mulheres asiáticas por volta dos 60 anos, de origem trabalhadora. A confiabilidade, a validade e a padronização são importantes para todas as formas de avaliação psicológica.

A avaliação clínica consiste em um número de estratégias e procedimentos que ajudam os clínicos a adquirir as informações necessárias para entender seus pacientes e ajudá-los. Esses procedimentos incluem uma entrevista clínica e, no contexto da entrevista, um exame de estado mental, que pode ser administrado formal ou informalmente; frequentemente um exame físico completo; observação e avaliação do comportamento; e testes psicológicos (se necessários).

Entrevista clínica

A entrevista clínica, cerne da maioria dos trabalhos clínicos, é utilizada pelos psicólogos, psiquiatras e outros profissionais da área da saúde mental. A entrevista fornece informações sobre o comportamento atual e passado, atitudes e emoções, bem como um histórico detalhado da vida do indivíduo e sobre o problema que se apresenta. Os clínicos determinam quando um problema específico começou e identificam outros fatos (por exemplo, estresse, traumas, doenças físicas) que poderiam

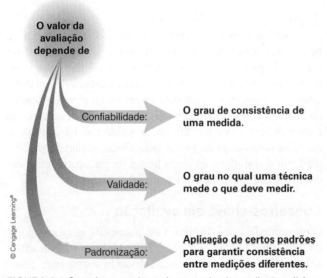

FIGURA 3.1 Conceitos que determinam o valor das avaliações clínicas.

ter acontecido mais ou menos na mesma época. Além disso, a maioria dos clínicos obtém pelo menos algumas informações sobre a história social e interpessoal passada e atual do paciente, incluindo constituição familiar (por exemplo, estado civil, número de filhos ou se é estudante universitário que vive com os pais), e sobre a educação do indivíduo. As informações sobre desenvolvimento sexual, posturas religiosas (atuais e passadas), preocupações culturais relevantes (como o estresse induzido por discriminação) e histórico educacional também costumam ser coletadas. Para organizar as informações obtidas durante uma entrevista, muitos clínicos usam o **exame do estado mental** ou exame psíquico.

O exame do estado mental

Em essência, o exame do estado mental, ou exame psíquico, envolve a observação sistemática do comportamento de alguém. Esse tipo de observação ocorre quando qualquer pessoa interage com outra. Todos nós, clínicos e não clínicos, realizamos pseudoexames de estados mentais diariamente. O desafio para os clínicos, naturalmente, é organizar as observações de forma que seja possível dispor de informações suficientes para determinar se um transtorno psicológico pode estar presente (Nelson e Barlow, 1981). Os exames do estado mental podem ser estruturados e detalhados (Wing, Cooper e Sartorius, 1974; Wiger e Mooney, 2015), mas, na maioria das vezes, são desenvolvidos de maneira rápida por clínicos experientes no decorrer da entrevista ou da observação de um paciente. O exame cobre cinco categorias:

1. *Aparência e comportamento.* O clínico observa qualquer comportamento físico manifesto, como o balançar das pernas de Frank, a vestimenta da pessoa, a aparência geral, a postura e a expressão facial. Por exemplo, um comportamento motor muito lento e que demanda esforço, às vezes chamado *retardo psicomotor*, pode ser sinal de depressão grave.
2. *Processos de pensamento.* Quando os clínicos escutam a fala de um paciente, têm uma boa ideia de quais são os processos de pensamento da pessoa. Eles poderiam procurar diversas coisas nesse discurso. Por exemplo, qual é o ritmo do discurso e como ele flui? A pessoa fala de maneira rápida ou lenta? E sobre a continuidade do que diz? Em outras palavras, faz sentido o que o paciente diz ou as ideias são apresentadas sem nenhuma conexão aparente? Em alguns pacientes com esquizofrenia, um padrão de discurso desorganizado, chamado *afrouxamento das associações* ou *descarrilamento*, é bastante observável. Às vezes, os clínicos fazem perguntas muito específicas. Se o paciente mostra dificuldade com a continuidade ou com o ritmo do discurso, um clínico pode perguntar: "Você pode pensar claramente ou há algum problema em organizar seus pensamentos? Seus pensamentos tendem a ser confusos ou vêm lentamente?".

    Além do ritmo ou fluxo e continuidade do pensamento, o que dizer sobre o conteúdo? Há alguma evidência de *delírios* (visões distorcidas da realidade)? Os delírios típicos podem ser *delírios de perseguição*, em que a pessoa acha que há alguém atrás dela para pegá-la o tempo todo, ou *delírios de grandeza*, em que se acredita que é todo-poderoso de alguma forma. A pessoa também pode ter *ideias de referência*; nesse caso, tudo o que alguém faz de alguma forma se relaciona a ela. O exemplo mais comum seria pensar

que uma conversa entre dois estranhos do outro lado da sala deve ser sobre você. As *alucinações* são coisas que uma pessoa vê, sente ou ouve, mas que não existem de fato. Por exemplo, o clínico pode dizer "Deixe-me lhe fazer algumas perguntas rotineiras que fazemos a todos. Você já viu ou ouviu coisas mesmo sabendo que não havia nada lá?"

Agora, pense novamente no caso de Brian. O questionamento extensivo de Brian não revelou nenhuma evidência de qualquer padrão de desejo, fantasia ou comportamento homossexual. De fato, ele tinha sido bastante ativo como heterossexual nos últimos anos e apresentava fortes padrões de fantasias heterossexuais. O que você diria sobre os processos de pensamento de Brian durante a entrevista? Que ideias ele estava expressando? Observe a conclusão que ele tirou quando viu outros homens olhando para ele. O que ele pensou quando um grupo de homens tinha uma conversa da qual ele não fazia parte? Esse é um exemplo de ideias de referência. Ou seja, Brian achava que tudo que alguém fizesse ou dissesse era sobre ele. No entanto, ele estava convencido sobre o fato de sua homossexualidade não ter nenhuma base na realidade. Era um delírio. Por outro lado, suas atitudes negativas com a homossexualidade, chamadas de *homofobia*, eram evidentes.

3. *Humor e afeto.* Determinar o humor e o afeto é parte importante do exame do estado mental. *Humor* é o estado emocional predominante do indivíduo, conforme observado no Capítulo 2. A pessoa parece estar muito triste ou sempre eufórica? A pessoa conversa de maneira depressiva ou desanimada? Quão generalizado é esse humor? Há momentos em que a depressão parece sumir? O *afeto*, por outro lado, se refere ao estado emocional que acompanha o que dizemos em determinado momento. Geralmente nosso afeto é "adequado", ou seja, rimos quando dizemos algo engraçado ou nos mostramos entristecidos quando conversamos sobre algo triste. Se um amigo acabou de lhe contar que a mãe dele morreu e está rindo por isso, ou se seu amigo acabou de ganhar na loteria e está chorando, você acharia isso estranho, no mínimo. Um clínico da área da saúde mental diria que o afeto de seu amigo é "inadequado". Você também poderia ver seu amigo conversar sobre várias coisas alegres e tristes sem nenhum tipo de afeto. Nesse caso, o clínico da saúde mental diria que o afeto dele é "embotado" ou "achatado".
4. *Funcionamento intelectual.* Os clínicos fazem uma estimativa por alto do funcionamento intelectual das pessoas apenas conversando com elas. Elas parecem ter um vocabulário razoável? Elas podem conversar usando abstrações e metáforas (como fazemos na maioria do tempo)? Como é a memória da pessoa? Geralmente os clínicos fazem algumas estimativas grosseiras da inteligência observável apenas se ela se desvia do normal, para concluir que a pessoa está acima ou abaixo da média de inteligência.
5. *Orientação.* O termo *orientação* se refere à nossa consciência sobre o que está ao nosso redor. O indivíduo sabe que dia é, que horas são, onde está, quem ele é e quem você é? A maioria de nós tem consciência desses aspectos. Pessoas com dano ou disfunção cerebral permanente – ou dano ou disfunção cerebral temporária, geralmente em consequência de drogas ou outros estados tóxicos – podem não saber

CAPÍTULO 3 – AVALIAÇÃO CLÍNICA E DIAGNÓSTICO **75**

a resposta para essas perguntas. Se o paciente sabe quem ele é e quem o clínico é e tem uma boa ideia do tempo e do lugar, o clínico diria que o paciente está "orientado", "autopsiquicamente" (para si mesmo) e "alopsiquicamente" (para tempo e espaço).

O que podemos concluir com base nas observações informais do comportamento? Basicamente, elas permitem que o clínico determine previamente quais áreas do comportamento e da condição do paciente devem ser avaliadas de forma mais detalhada e talvez mais formal. Se os transtornos psicológicos permanecem como uma possibilidade, o clínico levanta hipóteses de quais transtornos poderiam estar presentes. Esse processo, por sua vez, oferece melhor enfoque para as atividades de avaliação e de diagnóstico que estão por vir.

Voltando ao nosso caso, o que aprendemos com o exame do estado mental? (ver Figura 3.2) Observamos que o comportamento motor persistente de Frank na forma de balançar uma perna levou à observação da conexão (relação funcional) com seus pensamentos perturbadores em relação a convulsões. Além disso, a aparência dele estava apropriada e o fluxo e o conteúdo de sua fala eram razoáveis; sua inteligência estava dentro dos limites normais e ele estava orientado auto e alopsiquicamente. Frank demonstrava um humor ansioso; entretanto, seu afeto estava adequado ao que ele estava dizendo. Essas observações sugeriram que conduzíssemos o restante da entrevista clínica e das atividades de diagnóstico e de avaliação adicionais para identificar a possível existência de um transtorno caracterizado por pensamentos intrusivos, indesejados e pela tentativa de resistir a eles – o que se conhece, em outras palavras, como *transtorno obsessivo-compulsivo (TOC)*. Adiante descrevemos algumas das estratégias específicas de avaliação, dentre muitas que usaríamos no caso de Frank.

No geral, os pacientes têm uma boa ideia sobre suas principais preocupações ("estou deprimido"; "sou fóbico"); ocasionalmente, o problema relatado pelo paciente pode não ser considerado, após a avaliação, o principal problema aos olhos do clínico de saúde mental. O caso de Frank ilustra bem esse ponto: ele reclamava de angústia em relação aos problemas matrimoniais, mas o clínico determinou, após a entrevista inicial, que as dificuldades principais eram outras. Frank não estava tentando esconder nada do clínico, apenas não achava que seus pensamentos intrusivos eram o problema principal; além disso, conversar sobre eles era muito difícil porque eram bastante assustadores.

Esse exemplo ilustra a importância de conduzir a entrevista clínica de forma que seja possível ganhar a confiança e a empatia do paciente. Os psicólogos e outros profissionais da área de saúde mental são treinados em métodos que deixam os pacientes à vontade e facilitam a comunicação. Esses métodos incluem formas não ameaçadoras de buscar informações e habilidades apropriadas para escutar. As informações oferecidas pelos pacientes aos psicólogos e psiquiatras são protegidas pela lei da "comunicação privilegiada" ou confidencialidade na maioria dos Estados; ou seja, mesmo se as autoridades quiserem as informações que o terapeuta obtém do paciente, não podem ter acesso a elas sem o consentimento expresso do paciente. A única exceção a essa regra ocorre quando o clínico julga que, em função da condição do paciente, há algum dano ou perigo iminente ao paciente ou a outra pessoa. No começo da primeira entrevista, o terapeuta deve informar o paciente sobre a natureza confidencial da conversação e das condições (bastante raras) em que a confidencialidade não será mantida.

Apesar da garantia de confidencialidade e da habilidade de entrevista do clínico, às vezes os pacientes acham difícil fornecer informações delicadas. Em nossos arquivos pessoais, há o caso de um homem, no início de seus 20 anos, que fez terapia uma vez por semana durante cinco meses. Ele buscou ajuda para o que achava ser habilidades interpessoais inade-

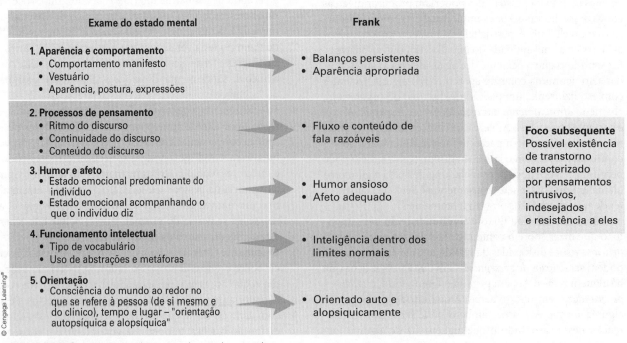

FIGURA 3.2 Componentes do exame do estado mental.

quadas e ansiedades que o impediam de se relacionar com outras pessoas. Somente após cinco meses, e quase por acaso, durante uma sessão particularmente emocional, ele revelou seu segredo. Ele tinha forte atração sexual por meninos pequenos e confessou que achava os pés deles e os objetos associados, como meias e sapatos, praticamente irresistíveis. Embora nunca tivesse abordado nenhum menino, tinha escondido em sua casa uma grande coleção de pequenas meias e calçados. A confidencialidade foi assegurada, e o terapeuta estava lá para ajudá-lo, então não havia motivo racional para não contar ao terapeuta. Entretanto, foi extremamente difícil para o paciente oferecer essas informações voluntariamente. É possível que durante os cinco meses de tratamento tenha havido sinais de que os problemas do paciente envolviam algo mais do que o comunicado, mas, se eles existiram, o terapeuta não os captou.

Entrevista clínica semiestruturada

Até há pouco tempo, a maioria dos clínicos, após treinamento, desenvolvia seus próprios métodos para coletar as informações necessárias dos pacientes. Diferentes pacientes que passavam por diferentes psicólogos ou por outros profissionais da área da saúde poderiam passar por entrevistas de diferentes tipos e estilos. As entrevistas não estruturadas não seguem nenhum formato sistemático. As *entrevistas semiestruturadas* são constituídas por questões cuidadosamente formuladas e testadas para obter informações úteis de maneira consistente, para que os clínicos possam assegurar que investigaram os aspectos mais importantes dos transtornos particulares (Galletta, 2013; Summerfeldt et al., 2010). Os clínicos também podem se basear em um conjunto de questões para conduzir assuntos específicos – por isso a denominação "semiestruturado". Uma vez que a formulação e a sequência das questões foram cuidadosamente elaboradas no decorrer de alguns anos, o clínico pode se sentir seguro de que uma entrevista semiestruturada cumprirá com seus propósitos. A desvantagem é que ela priva a entrevista da espontaneidade de duas pessoas conversando sobre um problema. Da mesma forma, se aplicada de maneira muito rígida, esse tipo de entrevista pode inibir o paciente de voluntariamente oferecer informações úteis que não sejam diretamente relevantes às questões apresentadas. Devido a essas limitações associadas às entrevistas semiestruturadas, aquelas totalmente estruturadas administradas por um computador não são muito populares, embora sejam utilizadas em algumas situações.

Um número crescente de profissionais da saúde mental utiliza as entrevistas semiestruturadas em sua rotina. Algumas são bastante especializadas. Por exemplo, o clínico de Frank, investigando um pouco mais sobre um possível transtorno obsessivo-compulsivo, poderia usar a Entrevista estruturada para ansiedade e transtornos relacionados segundo critérios do **DSM-5** (*ADIS-5*; Brown e Barlow, 2014). De acordo com esse esquema de entrevistas, como mostrado na Tabela 3.1, o clínico primeiro pergunta se o paciente é perturbado por pensamentos, imagens ou impulsos (obsessões) ou se se sente compelido a apresentar algum comportamento ou pensamento repetidamente (compulsões). Com base na escala de variação de 9 pontos, que varia de "nunca" a "constantemente", o clínico pede ao paciente para classificar a obsessão em duas medidas: persistência-sofrimento (quão frequentemente ela ocorre e quanto sofrimento causa) e resistência (os tipos de tentativas

que o paciente faz para se livrar da obsessão). Para as compulsões, o paciente oferece uma variação para a sua frequência.

Exame físico

Muitos pacientes com problemas vão primeiro a um clínico geral e fazem exames físicos. Se o paciente que apresenta problemas psicológicos não passou por um exame físico no ano anterior, o clínico pode recomendar que o faça, com particular atenção às condições médicas às vezes associadas com o problema psicológico específico. Muitos problemas que se apresentam como transtornos do comportamento, da cognição ou do humor podem, em um exame físico cuidadoso, mostrar relação evidente com um estado tóxico temporário. Esse estado pode ser causado por má alimentação, dose ou tipo errado de medicamento ou pelo começo de uma condição médica. Por exemplo, as dificuldades da tireoide, particularmente o hipertireoidismo (atividade excessiva da glândula tireoide), podem produzir sintomas que imitam certos transtornos de ansiedade, como o de ansiedade generalizada. O hipotireoidismo (baixa atividade da glândula tireoide) pode produzir sintomas consistentes com a depressão. Certos sintomas psicóticos, incluindo delírios ou alucinações, podem estar associados ao desenvolvimento de um tumor cerebral. A abstinência de cocaína frequentemente produz ataques de pânico, mas muitos pacientes que apresentam ataques do pânico são relutantes em oferecer informações sobre seu vício, o que pode levar a diagnóstico e tratamento inadequados.

Geralmente, os psicólogos e demais profissionais da área da saúde mental estão conscientes das condições médicas e do uso e abuso de drogas que contribuem para os problemas descritos pelo paciente. Se existir uma condição médica atual ou uma situação de abuso de drogas, o clínico deve averiguar se isso apenas coexiste ou se é causal, olhando para o início do problema. Se um paciente tem sofrido sérios surtos de depressão nos últimos cinco anos e no último ano também desenvolveu problemas de hipotireoidismo ou começou a tomar alguma droga sedativa, então o clínico não conclui que a depressão foi causada pela condição médica ou pela droga. Por outro lado, se a depressão se desenvolveu simultaneamente ao início das drogas sedativas e diminuiu quando as drogas foram suspensas, o clínico provavelmente concluiria que a depressão era parte de um transtorno do humor induzido por substância/medicamento.

Avaliação comportamental

O exame do estado mental é uma maneira de começar a perceber como as pessoas pensam, sentem e se comportam e de como essas ações podem contribuir para seus problemas ou mesmo explicá-los. A **avaliação comportamental** dá mais um passo neste processo, utilizando a observação direta para avaliar formalmente os pensamentos, os sentimentos e o comportamento de um indivíduo em situações ou contextos específicos. A avaliação comportamental pode ser muito mais apropriada do que qualquer entrevista no que se refere à avaliação de indivíduos que não são maduros o suficiente ou capazes de relatar seus problemas e experiências. Às vezes, as entrevistas clínicas fornecem informações limitadas de avaliação. Por exemplo, crianças muito pequenas ou indivíduos que não verbalizam, em razão da natureza de seus transtornos ou em função dos déficits ou comprometimento cognitivos, não

TABELA 3.1 Modelos de questões para avaliar transtorno obsessivo-compulsivo

1. Inquérito inicial

Atualmente, você está incomodado com pensamentos, imagens ou impulsos que se mantêm recorrentes e parecem inapropriados ou sem sentido, mas que você não consegue impedir que venham à mente? Sim _____ Não _____

Se sim, especifique: _____

_____

Atualmente, você se sente movido a repetir algum comportamento ou alguma coisa em sua mente várias vezes para tentar se sentir menos desconfortável? Sim _____ Não _____

Se sim, especifique: _____

2. Obsessões:

Para cada obsessão, faça classificações separadas de persistência/angústia e desistência usando as escalas e questões abaixo.

Persistência/Angústia (P/A):

Com que frequência as obsessões [vêm ou vinham] à sua mente? Quanto angustiante é ou era quando _____ vem à sua mente? (Qual é ou era a frequência?)

0	1	2	3	4	5	6	7	8
Nunca/ nenhuma angústia		Raramente/ angústia leve		Ocasionalmente/ angústia moderada		Frequentemente/ angústia intensa		Constantemente/ angústia extrema

Resistência:

Com qual frequência você [tenta ou tentou] livrar-se das obsessões ignorando, reprimindo, ou tentando neutralizá-las com algum pensamento ou ação?

0	1	2	3	4	5	6	7	8
Nunca		Raramente		Ocasionalmente		Frequentemente		Constantemente

P/D

1. Dúvida (por exemplo, com fechaduras, desligar aparelhos, conclusão ou precisão de tarefas)

_____ _____ _____ _____

2. Contaminação (por exemplo, contrair germes pelo contato com maçanetas, banheiro ou dinheiro etc.)

_____ _____ _____ _____

3. Impulsos sem sentido (por exemplo, gritar ou se despir em público)

_____ _____ _____ _____

4. Impulsos agressivos (por exemplo, ferir a si mesmo ou a outros, destruir objetos)

_____ _____ _____ _____

5. Imagens/pensamentos sexuais indesejáveis (por exemplo, pensamentos ou imagens obscenas angustiantes)

_____ _____ _____ _____

6. Imagens/pensamentos satânicos/religiosos indesejáveis (por exemplo, pensamentos ou impulsos de blasfêmia)

_____ _____ _____ _____

7. Prejudicar alguém acidentalmente (por exemplo, envenenar ou atropelar alguém sem querer)

_____ _____ _____ _____

8. Imagens horríveis (por exemplo, corpos mutilados)

_____ _____ _____ _____

9. Pensamentos ou imagens sem sentido (por exemplo, números, letras ou músicas)

_____ _____ _____ _____

10. Outro

_____ _____ _____ _____

11. Outro

_____ _____ _____ _____

3. Compulsões:

Para cada compulsão, classifique a frequência usando a escala de acordo com as questões abaixo.

PSICOPATOLOGIA

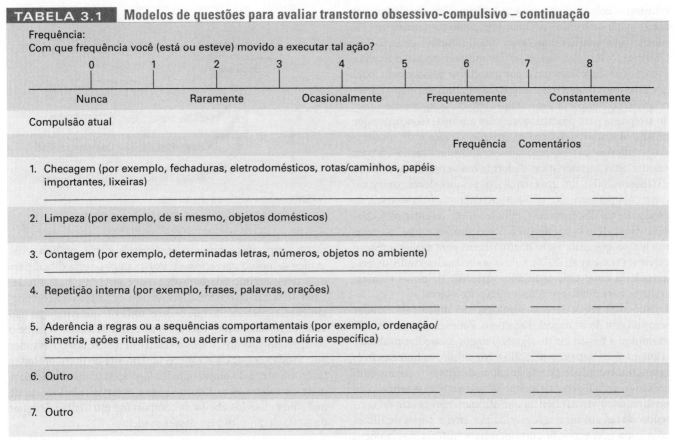

Fonte: Adaptada e reimpressa com permissão de Brown, T. A., e Barlow, D. H. (2013). *Anxiety and related disorders interview schedule for DSM-5 (ADIS.5)*. Nova York: Oxford University Press.

são bons candidatos para entrevistas clínicas. Como já mencionamos, às vezes as pessoas deliberadamente detêm as informações porque são constrangedoras, ou sem intencionalidade porque não têm consciência de que as informações são importantes. Além de conversar com o paciente sobre o problema no consultório, alguns clínicos vão até sua casa ou ao local de trabalho, ou mesmo à comunidade local para observá-lo e os problemas relatados diretamente. Outros estabelecem simulações de encenações em um ambiente clínico para ver como as pessoas se comportariam em situações semelhantes no cotidiano. Todas essas técnicas são tipos de avaliação comportamental.

Na avaliação comportamental, os comportamentos-alvo são identificados e observados com o objetivo de determinar os fatores que parecem influenciá-los. Pode parecer fácil identificar o que está incomodando uma pessoa em particular (ou seja, o comportamento-alvo), mas mesmo esse aspecto de avaliação pode ser um desafio. Por exemplo, quando a mãe de uma criança de sete anos que apresentava um transtorno da conduta grave buscou assistência em uma de nossas clínicas, ela contou ao clínico, depois de muita insistência, que o filho "não a escutava" e que às vezes tinha certa "atitude". A professora do menino, no entanto, pintou um quadro diferente. Ela falou abertamente sobre a violência verbal da criança – de suas ameaças às outras crianças e a ela mesma, ameaças que ela considerava muito seriamente. Para obter um quadro mais claro da situação no lar, o clínico visitou o local uma tarde. Cerca de 15 minutos após o início da visita, o garoto se levantou da mesa da cozinha sem retirar o copo que estava utilizando. Quando a mãe lhe pediu um tanto timidamente para colocar o copo sobre a pia, ele o apanhou e o jogou, espalhando cacos de vidro por toda a cozinha. Ele deu umas risadinhas e foi para o quarto assistir à televisão. "Viu", ela disse. "Ele não me escuta!"

Obviamente, a descrição da mãe sobre o comportamento do filho em casa não forneceu um quadro claro de como ele realmente era. Também não descreveu claramente a resposta dela aos impulsos violentos da criança. Sem a visita familiar, a avaliação do problema pelo clínico e as recomendações de tratamento teriam sido muito diferentes. Evidentemente, isso foi mais que simples desobediência. Desenvolvemos estratégias para ensinar à mãe como fazer pedidos ao filho e como agir se ele fosse violento.

Voltando a Frank e à sua ansiedade em relação ao casamento: como sabemos que ele está dizendo a "verdade" sobre seu relacionamento com a esposa? O que ele não está nos contando é importante? O que descobriríamos se observássemos Frank e sua esposa interagindo em casa ou em uma conversa conosco no ambiente clínico? A maioria dos clínicos afirma que um quadro completo dos problemas de uma pessoa requer observação direta em seus ambientes naturais. Contudo, ir à casa da pessoa, ao local de trabalho ou à escola nem sempre é possível ou prático, então os clínicos estabelecem situações *análogas* ou similares (Haynes et al., 2009). Por exemplo, um de nós estuda crianças com transtorno do espectro autista (um transtorno caracterizado por retraimento social e problemas de comunicação; ver Capítulo 14). Os motivos para comportamentos de autoagressão (chamados *autolesão*) são descobertos neste transtorno colocando as crianças em situações simuladas, tais como sentar-se sozinha em casa, brincando com um irmão, ou solicitar que conclua uma tarefa difícil (Durand et al., 2013). Observar como as crianças se comportam nessas diferentes situações ajuda a determinar por que elas se autoagridem, para que possamos estabelecer um tratamento bem-sucedido na eliminação do comportamento. Outros pesquisadores estão usando a hipnose para produzir avaliações análogas (condições que imitam os sintomas clínicos ou situações da vida real), induzindo os sintomas da psicopatologia em indivíduos saudáveis para estudar estas características de forma mais controlada (Oakley e Halligan, 2009). Em um exemplo, os pesquisadores estudaram distorções perceptivas e pensamento delirante (um sintoma de esquizofrenia discutido no Capítulo 13) em voluntários saudáveis, dando-lhes o anestésico alucinógeno ketamina, ao mesmo tempo que realizavam neuroimagens para avaliar a reação cerebral (Stone et al., 2015). Como pode ser observado, os pesquisadores estão utilizando uma variedade de novas técnicas criativas para estudar os transtornos psicológicos.

Algumas áreas da psicopatologia são difíceis de estudar sem lançar mão de modelos análogos. Por exemplo, um estudo examinou a tendência de alguns homens a assediar mulheres sexualmente (Bosson et al., 2015). No estudo, os homens tiveram a oportunidade de enviar clipes de filmes – alguns com conteúdo sexual potencialmente ofensivo e outros sem – para uma parceira virtual fictícia que afirmara não gostar de conteúdo sexual em filmes. A escolha por enviar clipes de filmes com conteúdo explícito correspondia à história dos homens de abuso sexual no passado. Este tipo de avaliação permitiu que os pesquisadores estudassem os aspectos do assédio sexual sem sujeitar outras pessoas a comportamentos negativos. Esses tipos de observações são utilizados ao desenvolver rastreamentos e tratamentos.

Os ACCs da observação

A avaliação observacional geralmente focaliza o aqui e o agora. Por conseguinte, a atenção do clínico está geralmente direcionada para o comportamento imediato e seus antecedentes (o que aconteceu logo antes do comportamento) e suas consequências (o que aconteceu em seguida) (Haynes, O'Brien e Kaholokula, 2011). Para usar o exemplo do garoto violento, um observador notaria que a sequência de fatos foi (1) a mãe lhe pediu para colocar o copo na pia (antecedente), (2) o menino jogou o copo (comportamento) e (3) a ausência de resposta da mãe (consequência). Essa sequência antecedente-comportamento-consequência (os ACCs[3]) poderia sugerir que o menino estava sendo reforçado em seu ataque violento, pois não tinha de limpar a bagunça. E, por não haver consequência negativa para seu comportamento (a mãe não ficou brava com ele nem o repreendeu), ele provavelmente voltaria a agir com violência se não quisesse fazer alguma coisa (ver Figura 3.3).

Esse é um exemplo de *observação informal*. Um problema com esse tipo de observação é que está baseado na lembrança do observador, bem como na interpretação que ele faz dos eventos. A *observação formal* envolve identificar comporta-

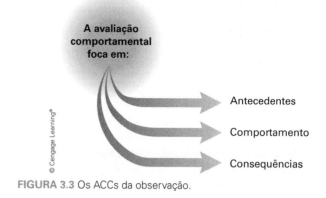

FIGURA 3.3 Os ACCs da observação.

mentos específicos que são observáveis e mensuráveis (chamados *definição operacional*). Por exemplo, seria difícil para duas pessoas concordarem sobre o que seria "ter uma atitude". Uma definição operacional, entretanto, esclarece esse comportamento, especificando que ocorre "toda vez que o menino não cumpre as solicitações razoáveis de sua mãe". Uma vez que o comportamento-alvo é selecionado e definido, um observador anota toda vez que ele acontece, juntamente do que o precedeu (antecedente) e do que aconteceu logo após (consequência). A meta de coletar essas informações é observar a existência de quaisquer modelos óbvios de comportamento e então designar um tratamento com base nesses modelos.

Automonitoramento

As pessoas podem também observar seus próprios comportamentos para identificar padrões, técnica conhecida como **automonitoramento** ou auto-observação (Haynes et al., 2011). Pessoas que estão tentando parar de fumar podem anotar o número de cigarros que fumaram, quantas vezes e os lugares onde o fizeram. Essa observação pode lhes dizer exatamente a extensão do problema (por exemplo, fumam dois maços por dia) e quais situações os levam a fumar mais (por exemplo, falar ao telefone). O uso de *smartphones* está se tornando comum nesse tipo de avaliação (por exemplo, Swenderman et al., 2015; Faurholt-Jepsen et al., 2015). O objetivo é ajudar os clientes a monitorar seu comportamento de forma mais conveniente. Quando os comportamentos ocorrem no âmbito particular (como a purgação feita por pessoas com bulimia nervosa), o automonitoramento é essencial. Uma vez que as pessoas com o problema estão na melhor posição para observar seu próprio comportamento no decorrer do dia, os clínicos frequentemente pedem aos pacientes para automonitorarem seus comportamentos a fim de obter informações mais detalhadas.

Uma maneira mais formal e estruturada de observar o comportamento é por meio de listas de verificação e *escalas de classificação de comportamento*, utilizadas como ferramentas de avaliação antes e durante o tratamento, periodicamente, para analisar as mudanças no comportamento do paciente (Maust et al., 2012). Entre os muitos instrumentos utilizados na avaliação de uma variedade de comportamentos, o *Brief Psychiatric Rating Scale* (Clarkin, Howieson e McClough, 2008) avalia 18 áreas gerais de interesse. Cada sintoma é classificado em uma escala de 7 pontos, de 0 (não presente) a 6 (extremamente grave). A escala de classificação rastreia transtornos psicóticos

---

[3] NRT da tradução da 7ª edição norte-americana: Na língua inglesa, e também em algumas traduções para a língua portuguesa, é utilizada a sigla ABC (antecedent-behavior-consequence).

moderados a graves e inclui itens como preocupações somáticas (preocupação com a saúde física, medo de doenças físicas, hipocondria), sentimento de culpa (autocensura, vergonha, remorso por comportamentos passados) e grandiosidade (opinião própria exagerada, arrogância, convicção de poderes ou habilidades incomuns) (American Psychiatric Association, 2006).

Um fenômeno conhecido como *reatividade* pode distorcer quaisquer dados observacionais. Toda vez que você observa como as pessoas se comportam, o mero fato de sua presença pode fazê-las mudar seu comportamento (Haynes et al., 2011). Para testar a reatividade, você pode dizer a um amigo que vai registrar toda vez que ele disser a palavra "tipo". Antes de você revelar sua intenção, no entanto, conte as vezes que seu amigo usa essa palavra em um período de cinco minutos. Provavelmente perceberá que ele usará a palavra com uma frequência bem menor quando você estiver registrando. Seu amigo reagirá à observação mudando o comportamento. O mesmo fenômeno ocorrerá se você observar seu próprio comportamento, ou se automonitorar. Os comportamentos que as pessoas querem potencializar, como falar mais na sala de aula, tendem a aumentar, e os comportamentos que querem minimizar, como fumar, tendem a diminuir quando elas estão se automonitorando (Cohen et al., 2012). Os clínicos às vezes dependem da reatividade da automonitoração para aumentar a efetividade dos tratamentos.

Testes psicológicos[4]

Somos confrontados com os chamados testes psicológicos na mídia popular quase toda semana: "Doze questões para testar seu relacionamento", "Novo teste para ajudá-lo a avaliar a paixão de seu companheiro", "Você é o tipo de personalidade Z?". Embora as pessoas não queiram admitir, muitos de nós já compraram revistas em algum momento para fazer um desses testes. Muitos deles não são mais que entretenimento, elaborados para fazer você pensar sobre o tópico (e para fazê-lo comprar a revista). No geral, são criados seguindo o propósito do artigo e incluem questões que, superficialmente, parecem fazer sentido. Estamos interessados nesses testes, pois queremos entender melhor o nosso comportamento e o de nossos amigos. Na verdade, eles nos dizem muito pouco.

Por outro lado, os testes utilizados para avaliar os transtornos psicológicos devem satisfazer os padrões estritos que temos observado. Eles devem ser confiáveis para que duas ou mais pessoas que apliquem o mesmo teste para o mesmo indivíduo cheguem à mesma conclusão sobre o problema e devem ser válidos para que meçam o que dizem estar medindo (Barker, Pistrang e Elliot, 2016).

Os testes psicológicos incluem ferramentas específicas para determinar respostas cognitivas, emocionais ou comportamentais que poderiam estar associadas a um transtorno específico e ferramentas mais gerais que avaliam características de personalidade mais permanentes, tais como a tendência a ser desconfiado. Por exemplo, testes de inteligência são delineados para determinar a estrutura e os padrões de cognição. Testes neuropsicológicos determinam a possível contribuição da lesão cerebral ou disfunção na condição do paciente. A neuroimagem utiliza tecnologia sofisticada para avaliar a estrutura e a função cerebral.

Testes projetivos

No Capítulo 1, vimos como Sigmund Freud mostrou a presença e a influência dos processos inconscientes nos transtornos psicológicos. Neste momento, devemos perguntar: "Se as pessoas não estão cientes de seus pensamentos e sentimentos, como nós as avaliamos?". Para lidar com esse problema intrigante, os psicanalistas desenvolveram medidas de avaliação conhecidas como **testes projetivos**. Eles incluem uma variedade de métodos nos quais estímulos ambíguos, como figuras de pessoas ou coisas, são apresentados à pessoa, que é solicitada a descrever o que vê. A teoria aqui é que as pessoas projetam sua própria personalidade e medos inconscientes em outras pessoas ou coisas – nesse caso, os estímulos ambíguos – e, sem perceber, revelam seus pensamentos inconscientes ao terapeuta.

Uma vez que esses testes possuem base na teoria psicanalítica, eles têm sido, e permanecem, controversos. Mesmo assim, o uso de testes projetivos é bastante comum, a maioria dos clínicos os administra no mínimo ocasionalmente e os cursos de formação profissional oferecem treinamento para seu uso (Butcher, 2009). Três dos mais utilizados são o teste das manchas de tinta de Rorschach, o Teste de Apercepção Temática e o método de completar sentenças.

Mais de 80 anos atrás, um psiquiatra suíço chamado Hermann Rorschach desenvolveu uma série de borrões de tinta inicialmente para estudar processos de percepção e então diagnosticar os transtornos psicológicos. O *teste das manchas de tinta de Rorschach* foi um dos primeiros testes projetivos. Em sua forma atual, o teste inclui dez cartões com manchas de tinta que servem como estímulos ambíguos (ver Figura 3.4). O exa-

FIGURA 3.4 Este borrão de tinta lembra as figuras ambíguas apresentadas no teste de Rorschach.

---
[4] NRT da tradução da 7ª edição norte-americana: No Brasil, existe um sistema de avaliação de testes psicológicos (Satepsi) que informa quais testes estão favoráveis ou desfavoráveis para uso profissional e é pertencente ao Conselho Federal de Psicologia. Conferir em http://satepsi.cfp.org.br/.

minador apresenta as manchas uma a uma para a pessoa que está sendo avaliada, que responde dizendo o que vê.

Embora Rorschach tenha defendido uma abordagem científica para estudar as respostas ao teste (Rorschach, 1951), ele morreu aos 38 anos, antes de ter desenvolvido completamente seu método de interpretação sistemática. Infelizmente, muito do uso inicial de Rorschach é extremamente controverso em razão da ausência de dados sobre sua confiabilidade ou validade, entre outros aspectos. Até pouco tempo atrás, os terapeutas aplicavam o teste da maneira que achavam adequada, embora um dos princípios de avaliação mais importantes seja o fato de o mesmo teste ser aplicado da mesma maneira toda vez, ou seja, de acordo com procedimentos padronizados. Se você encoraja alguém a dar respostas mais detalhadas durante uma sessão de testes, mas não durante uma segunda sessão, por exemplo, as respostas obtidas podem ser diferentes em razão da diferente aplicação do teste nas duas ocasiões – não devido a problemas com o teste ou com a aplicação por outra pessoa (confiabilidade entre avaliadores).

Para responder às preocupações sobre a confiabilidade e a validade, John Exner desenvolveu uma versão padronizada do teste de manchas de tinta de Rorschach, chamada *Sistema Compreensivo* (Exner, 2003). O sistema de Exner para aplicação e codificação do Rorschach especifica como os cartões deveriam ser apresentados, o que o examinador deveria dizer e como as respostas deveriam ser registradas (Mihura et al., 2012). A variação dessas etapas pode levar à variação nas respostas do paciente. Apesar das tentativas de padronizar o teste de Rorschach, seu uso permanece controverso. Os críticos de Rorschach questionam se as pesquisas sobre o Sistema Compreensivo sustentam seu uso como uma técnica válida de avaliação para pessoas com transtornos psicológicos (Mihura et al., 2012; Wood et al., 2015).

O *Teste de Apercepção Temática (TAT)* é talvez o mais conhecido teste projetivo, após o Rorschach. Ele foi desenvolvido em 1935 por Christiana Morgan e Henry Murray na Clínica de Psicologia de Harvard (Clarkin et al., 2008). O TAT consiste em uma série de 31 cartões – 30 com gravuras e 1 em branco –, embora apenas 20 cartões sejam geralmente utilizados durante cada aplicação. Diferentemente de Rorschach, que envolve solicitar uma descrição bastante direta do que o paciente avaliado vê, as instruções do TAT pedem à pessoa para contar uma história sobre a gravura. O aplicador do teste apresenta as gravuras e diz ao paciente: "Este é um teste de imaginação, uma forma de inteligência". A pessoa que está sendo avaliada pode "deixar a imaginação seguir seu caminho, seja em um mito, seja em um conto de fadas ou em uma alegoria" (Stein, 1978, p. 186). Novamente como Rorschach, o TAT é baseado na noção de que as pessoas vão revelar seus processos mentais inconscientes nas histórias sobre as gravuras (McGrath e Carroll, 2012).

Diversas variações do TAT têm sido desenvolvidas por diferentes grupos, incluindo o Teste de Apercepção Infantil (em inglês, Childen's Apperception Test – CAT) e a Técnica de Apercepção para Idosos (Senior Apperception Test – SAT). Além disso, modificações do teste evoluíram para o uso de uma variedade de grupos raciais e étnicos, incluindo afro-americanos, nativos americanos e pessoas da Índia, África do Sul e culturas da Micronésia do Pacífico Sul (Aronow, Weiss e Reznikoff, 2013; Bellak, 1975; Dana, 1996). Essas modificações envolveram mudanças não apenas na aparência das pessoas nas gravuras, mas também nas situações relatadas. Assim como o Sistema Compreensivo utilizado com o Rorschach, pesquisadores desenvolveram sistemas de pontuação formais para histórias TAT, incluindo Escala de Relações Objetais e Cognição Social (Social Cognition and Object Relations Scale – SCORS) (Stein et al., 2011; Westen, 1991).

Infelizmente, o TAT e suas variantes continuam a ser utilizadas de forma inconsistente. A interpretação das histórias que as pessoas contam sobre essas gravuras depende do quadro referencial do examinador, bem como do que o paciente pode dizer. Não é surpresa, portanto, que ainda haja um questionamento com relação ao seu uso na psicopatologia (Hunsley e Mash, 2011).

Apesar da popularidade e da padronização cada vez maior desses testes, a maioria dos clínicos que utilizam testes projetivos tem seus próprios métodos de aplicação e interpretação. Quando utilizados para quebrar o gelo, para fazer com que as pessoas se sintam à vontade e falem sobre como se sentem em relação ao que está acontecendo em suas vidas, os estímulos ambíguos desses testes podem ser ferramentas valiosas. Sua relativa falta de confiabilidade e validade, entretanto, torna-os menos úteis como testes diagnósticos. A preocupação em relação ao uso inadequado de testes projetivos deve nos lembrar da importância da abordagem do pesquisador clínico. Clínicos não são responsáveis apenas por saber como aplicar os testes, mas também devem estar cientes das pesquisas que sugerem que eles têm utilidade limitada como meio de diagnosticar psicopatologias.

Inventários de personalidade

As perguntas de testes psicológicos publicadas em revistas especializadas costumam fazer sentido quando lidas. Isso é chamado *validade de face* ou *aparente*: a redação das perguntas parece se encaixar no tipo de informação desejada. Todavia, isso é necessário? Paul Meehl, famoso psicólogo, apresentou seu posicionamento em relação ao assunto há mais de 60 anos e, consequentemente, influenciou todo um campo de estudo sobre **inventários de personalidade** (questionários de autorrelato que avaliam características pessoais) (Meehl, 1945). Simplificando, Meehl salientou que, nesse tipo de teste, o importante não é se as perguntas fazem sentido superficialmente, mas, sim, o que as respostas dessas questões predizem. Se descobrirmos que pessoas com esquizofrenia tendem a responder "verdadeiro" para "Eu nunca me apaixonei por ninguém", então, não importa se temos uma teoria de amor e de esquizofrenia. O que importa é que, se pessoas com determinados transtornos tendem, como grupo, a responder certas perguntas da mesma forma, esse padrão pode predizer quem mais tem esse transtorno. O conteúdo das questões se torna irrelevante; de novo, a importância reside naquilo que as respostas predizem.

Apesar de muitos inventários estarem disponíveis, olhamos para o inventário de personalidade mais utilizado nos Estados Unidos, o Inventário Multifásico de Personalidade de Minnesota (*Minnesota Multiphasic Personality Inventory – MMPI*). O MMPI, desenvolvido no final dos anos 1930 e início dos anos 1940, foi publicado pela primeira vez em 1943 (Hathaway e McKinley, 1943). Em total oposição aos testes projetivos, que se baseiam em teoria para uma interpretação, o MMPI e inventários semelhantes são fundamentados em uma abordagem *empírica*, ou seja, na coleta e avaliação de dados. A aplicação do MMPI é direta. O indivíduo que está sendo avaliado lê as afirmações e responde com "verdadeiro" ou "falso". A seguir, algumas proposições do MMPI:

- Choro facilmente
- Fico feliz sem motivo frequentemente
- Estou sendo seguido
- Sinto medo de coisas ou de pessoas que não podem me ferir

Existe pouco espaço para a interpretação das respostas do MMPI, diferentemente das respostas dos testes projetivos como o Rorschach e o TAT. Um problema com a aplicação do MMPI, entretanto, é o tempo e o tédio de responder a 550 itens da versão original e agora aos 567 itens do MMPI-2 (publicado em 1989). Uma versão do MMPI apropriada para adolescentes também está disponível – MMPI-A (publicado em 1992) – e outras versões estão sendo adaptadas para pessoas de diferentes culturas (Oka-zaki, Okazaki e Sue, 2009). As respostas individuais do MMPI não são examinadas; em vez disso, o padrão de respostas é revisado para ver se se parece com os padrões dos grupos de pessoas que apresentam transtornos específicos (por exemplo, um padrão semelhante a um grupo com esquizofrenia). Cada grupo é representado por escalas padronizadas separadas (Nichols, 2011) (ver Tabela 3.2).

Felizmente, os clínicos podem ter essas respostas pontuadas por computador; o programa também inclui uma interpretação dos resultados, reduzindo, assim, os problemas de confiabilidade. Uma preocupação que surgiu logo no início do desenvolvimento do MMPI foi o potencial de algumas pessoas minimizarem seus problemas; indivíduos habilidosos averiguariam a intenção de afirmações como "Preocupa-se em dizer algo que magoa as pessoas" e dariam respostas falsas. Para avaliar essa possibilidade, o MMPI inclui escalas adicionais que determinam a validade de cada aplicação. Por exemplo, na escala Mentira (*Lie*), uma afirmação é "Magoei uma pessoa quando zangado", que, quando respondida "falso" pode ser uma indicação de que a pessoa pode estar dando respostas fal-

TABELA 3.2 Escalas do MMPI-2

Escalas de validade	Características dos maiores pontuadores
Não consegue dizer (relatado como uma pontuação bruta) – (CNS)	Dificuldades de leitura, cautela, confusão e distraibilidade, depressão, rebeldia ou obsessividade
Inconsistência de Resposta Variável (Variable Response Inconsistency – VRIN)	Responde a questões de maneira inconsistente com transtorno psicológico
Inconsistência de Resposta Verdadeira (True Response Inconsistency – TRIN)	Responde a questões como todas verdadeiras ou todas falsas
Infrequência (F)	Exibe aleatoriedade de respostas ou psicopatologia psicótica
Volta F (F_b)	Muda o modo como as questões são respondidas no final do teste
Infrequência – Psicopatologia (F_r)	Alega mais sintomas psiquiátricos do que o esperado
Validade do sintoma (FBS)	Tenta parecer ter mais deficiências, mas não psicótico
Mentira (Lie – L)	Desonesto, enganoso e/ou defendido
Correção (K)	Pessoa é muito cautelosa e defensiva
Autoapresentação superlativa (S)	Acredita na bondade humana e nega falhas pessoais

Escalas clínicas	Características dos maiores pontuadores
Hipocondria	Somatizador, possíveis problemas médicos
Depressão	Disfórico, possivelmente suicida
Histeria	Altamente reativo ao estresse, ansioso e triste às vezes
Desvio psicopático	Antissocial, desonesto, possível abuso de droga
Masculinidade-feminilidade	Exibe falta de interesses masculinos estereotipados, estético e artístico
Paranoia	Exibe pensamento distorcido, ideias de perseguição, possivelmente psicótico
Psicastenia	Exibe confusão e desconforto psicológico, ansiedade extrema
Esquizofrenia	Confuso, desorganizado, possíveis alucinações
Mania	Maníaco, emocionalmente instável, autoavaliação irrealista
Introversão social	Muito inseguro e desconfortável em situações sociais, tímido

sas para parecer bom. As outras escalas são a de Infrequência, que mede as falsas declarações sobre problemas psicológicos ou determina se a pessoa está respondendo aleatoriamente; e a de Defesa Sutil, que avalia se a pessoa vê a si mesma de maneiras positivas não realistas (Nichols, 2011).

A Figura 3.5 é um *perfil* ou resumo de MMPI das pontuações de um indivíduo em avaliação clínica. Antes de dizermos por que esse homem de 27 anos (vamos chamá-lo James S.) estava sendo avaliado, vamos checar o que o relatório de MMPI nos diz sobre ele (observe que as pontuações foram obtidas na versão anterior do MMPI). Os primeiros três pontos de dados representam pontuações nas escalas de validade; as altas pontuações nessas escalas foram interpretadas para mostrar que James S. fez uma tentativa ingênua de parecer bom para o avaliador e pode ter tentado simular a condição de não ter nenhum problema. Outra parte importante de seu perfil é a pontuação bem alta na escala de desvio psicopático, que mede a tendência de se comportar de maneira antissocial. A interpretação dessa pontuação pelo clínico avaliador é que James S. é "agressivo, não confiável, irresponsável, incapaz de aprender com a experiência; pode inicialmente causar boa impressão, mas características psicopáticas vão emergir em interações mais longas ou em situações de estresse".

Por que James S. foi avaliado? Ele é um jovem cuja ficha criminal teve início na infância. Ele foi avaliado como parte de seu julgamento por sequestrar, estuprar e assassinar uma mulher de meia-idade. Durante seu julgamento, ele construiu várias histórias contraditórias para parecer inocente (lembre-se de suas altas pontuações nas escalas de validação), incluindo a de que seu irmão era o responsável. Entretanto, sua culpa era evidente e ele foi sentenciado à prisão perpétua. Suas respostas no MMPI foram semelhantes àquelas dos que agem de maneira violenta e antissocial.

O MMPI é um dos instrumentos de avaliação mais pesquisados em psicologia (Cox, Weed e Butcher, 2009; Friedman et al., 2014). A amostra de padronização original – as primeiras pessoas que responderam às afirmações e estabeleceram o padrão para as respostas – incluiu muitas pessoas de Minnesota que não apresentavam transtornos psicológicos e diversos grupos de pessoas que apresentavam transtornos específicos. As versões mais recentes desse teste, incluindo o MMPI – 2 – Formato revisado (Ben-Porath e Tellegen, 2008) eliminam problemas da versão original, em parte ocorridos em razão da

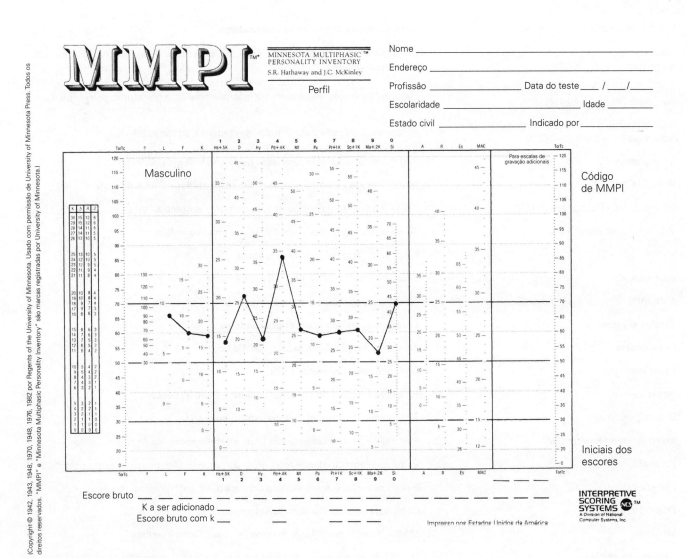

FIGURA 3.5 Formulário do Inventário Multifásico de Personalidade de Minnesota (Minnesota Multiphasic Personality Inventory, MMPI).

amostra seletiva original de pessoas e em parte resultante da redação das questões (Ranson et al., 2009). Por exemplo, algumas questões eram sexistas. Um item da versão original pede a quem está respondendo para dizer se sempre lamentou por ser mulher (Worell e Remer, 1992). Outro item afirma: "Qualquer homem que deseja trabalhar duro tem uma boa chance de ser bem-sucedido" (Hathaway e McKinley, 1943). Outros itens foram considerados insensíveis à diversidade cultural. Itens que tratam de religião, por exemplo, referiam-se quase exclusivamente ao cristianismo (Butcher et al., 1990). O MMPI-2 também foi padronizado com uma amostra que reflete dados do censo norte-americano de 1980, que inclui pela primeira vez os afro-americanos e os nativos americanos. Além disso, foram acrescentados novos itens que abordam elementos contemporâneos, como personalidade tipo A, baixa autoestima e problemas familiares.

A confiabilidade do MMPI é excelente quando interpretado de acordo com procedimentos padronizados, e milhares de estudos sobre o MMPI original atestam sua validade para variados problemas psicológicos (Nichols, 2011). Contudo, é necessário ter cuidado. Algumas pesquisas sugerem que as informações fornecidas pelo MMPI – embora informativas – não necessariamente mudam a forma como os clientes são tratados e podem não melhorar seus resultados (Lima et al., 2005).

Testes de Inteligência

"Ela deve ser muito inteligente. Ouvi dizer que o QI dela é 180!". O que é "QI"? O que é "inteligência"? E por que isso é importante para a psicopatologia? Como você deve saber, os testes de inteligência foram desenvolvidos com um propósito específico: indicar quem se sairia bem na escola. Em 1904, o psicólogo francês Alfred Binet e seu colaborador, Theodore Simon, foram encarregados pelo governo francês de desenvolver um teste que identificasse "aprendizes lentos" que se beneficiariam de ajuda adicional. Os dois psicólogos identificaram uma série de tarefas que presumivelmente mediam as habilidades de que as crianças precisavam para se sair bem na escola, incluindo tarefas que demandavam atenção, percepção, memória, raciocínio e compreensão verbal. Binet e Simon deram as séries originais de tarefas a um grande número de crianças; então, eliminaram aquelas séries que não separaram os aprendizes lentos das crianças que iam bem na escola. Após diversas revisões e aplicações em amostras, eles obtiveram um teste que era relativamente fácil de aplicar e que cumpria o objetivo desejado: predizer o sucesso acadêmico. Em 1916, Lewis Terman, da Universidade de Stanford, traduziu uma versão revisada desse teste para uso nos Estados Unidos; essa versão ficou conhecida como *teste Stanford-Binet*.

O teste oferecia uma pontuação chamada **quociente de inteligência**, ou **QI** Inicialmente, as pontuações de QI foram calculadas utilizando-se a *idade mental* da criança. Por exemplo, uma criança que tivesse acertado todas as questões no nível de 7 anos e nenhuma das questões do nível de 8 anos recebia uma idade mental de 7 anos. Essa idade mental era então dividida pela *idade cronológica* da criança (IC) e multiplicada por 100 para obter a pontuação do QI Entretanto, houve problemas ao usar esse tipo de fórmula para calcular a pontuação do QI Por exemplo, uma criança de 4 anos precisava pontuar apenas 1 ano acima de sua idade cronológica para obter uma pontuação de QI de 125, ao passo que uma criança de 8 anos tinha de pontuar 2 anos acima de sua idade cronológica para receber a mesma pontuação. Os testes atuais usam o chamado *desvio de QI*. A pontuação de uma pessoa é comparada apenas a pontuações de outras da mesma idade. A pontuação de QI é, portanto, uma estimativa de quanto o desempenho de uma criança na escola se desviará do desempenho médio de outras da mesma idade (Fletcher e Hattie, 2011).

Além da versão revisada de Stanford-Binet *(Stanford-Binet 5;* Roid, 2003), existe outro conjunto de testes de inteligência amplamente utilizado, desenvolvido pelo psicólogo David Wechsler. Os testes Wechsler incluem versões para adultos *(Wechsler Adult Intelligence Scale,* quarta edição, ou *WAIS-IV*), crianças *(Wechsler Intelligence Scale for Children,* quinta edição, ou *WISC-V*) e para crianças pequenas *(Wechsler Preschool and Primary Scale of Intelligence,* quarta edição, ou *WPPSI-IV*). Todos esses testes contêm *escalas verbais* (que medem vocabulário, conhecimento dos fatos, memória de curto prazo e habilidades de raciocínio verbal) e *escalas de execução* (que avaliam as capacidades psicomotoras, o raciocínio não verbal e a capacidade de aprender novas relações) (Weiss et al., 2015).

Um dos maiores enganos dos não psicólogos (e de um número considerável de psicólogos) é confundir QI com inteligência. Uma pontuação de QI significativamente mais alta do que a média significa que a pessoa tem maior chance de se sair bem na vida escolar. Por outro lado, uma pontuação significativamente mais baixa do que a média sugere que a pessoa poderá não ter um bom desempenho escolar. Uma pontuação de QI abaixo da média significa que a pessoa não seja inteligente? Não necessariamente. Primeiro, existem vários motivos para uma pontuação baixa. Por exemplo, se o teste de QI é aplicado em inglês e essa não for a língua nativa da pessoa, os resultados serão afetados.

Talvez mais importante, entretanto, seja o desenvolvimento contínuo de modelos que respondem à questão: "O que constitui a inteligência?". Lembre-se de que os testes de QI medem capacidades, tais como atenção, percepção, memória, raciocínio e compreensão verbal. Entretanto, essas habilidades representam a totalidade do que consideramos inteligência? Alguns teóricos recentes acreditam que aquilo que pensamos

▲ Esta criança está concentrada em um teste de avaliação psicológica padrão.

ser inteligência envolve muito mais, incluindo a capacidade de se adaptar ao ambiente, a capacidade de gerar novas ideias e a capacidade de processar as informações de forma eficiente (Gottfredson e Saklofske, 2009). Discutiremos posteriormente os transtornos que envolvem prejuízos cognitivos, como *delirium* e deficiência intelectual, e os testes de QI geralmente utilizados para avaliar esses transtornos. É importante ter em mente, no entanto, que discutiremos QI, e não necessariamente inteligência. Em geral, no entanto, os testes de QI tendem a ser confiáveis e, no que se refere à previsão do sucesso acadêmico, são instrumentos de avaliação válidos.

Testes neuropsicológicos

Existem testes sofisticados que podem identificar com precisão o local de uma disfunção cerebral. Felizmente, essas técnicas estão disponíveis e são relativamente baratas, e os avanços tecnológicos em teleconferências interativas têm gerado esforços para levar tais avaliações até pessoas em áreas remotas (Lezak et al., 2012). Os **testes neuropsicológicos** medem as capacidades em áreas como linguagem receptiva e expressiva, atenção e concentração, memória, habilidades motoras, capacidades perceptuais, aprendizagem e abstração, de tal maneira que o clínico pode fazer suposições instrumentalizadas sobre o desempenho da pessoa, bem como a possível existência de prejuízo cerebral. Em outras palavras, esse método de teste avalia a disfunção cerebral observando seus efeitos sobre a capacidade de a pessoa desempenhar certas tarefas. Embora não se possa verificar o dano, é possível ver seus efeitos.

Um teste neuropsicológico simples frequentemente utilizado com crianças é o Teste Gestáltico Visomotor de Bender *(Bender Visual-Motor Gestalt Test)* (Brannigan e Decker, 2006). A criança recebe uma série de cartões com desenhos de diversas linhas e formas. A tarefa da criança é copiar o que está desenhado no cartão. Os erros no teste são comparados aos resultados de testes de outras crianças da mesma idade; se o número de erros exceder certa quantidade, há suspeita de disfunção cerebral. Esse teste é menos sofisticado que outros testes neuropsicológicos, uma vez que não determina a natureza ou a localização do problema. No entanto, o Teste Gestáltico Visomotor de Bender pode ser útil para os psicólogos, pois oferece um instrumento de rastreamento simples, fácil de aplicar e que pode detectar possíveis problemas. Dois dos mais populares testes avançados de dano orgânico (cerebral) que permitem determinações mais precisas da localização do problema são a bateria neuropsicológica de Luria-Nebraska (*Luria-Nebraska Neuropsychological Battery*) (Golden, Hammeke e Purisch, 1980) e a bateria neuropsicológica de Halstead-Reitan (*Halstead-Reitan Neuropsychological Battery*) (Reitan e Davison, 1974). Eles oferecem uma bateria de testes elaborada para avaliar várias habilidades em adolescentes e adultos. Por exemplo, a bateria neuropsicológica de Halstead-Reitan inclui um teste rítmico (*Rhythm Test*) (que pede à pessoa para comparar batidas rítmicas para testar reconhecimento sonoro, atenção e concentração), o teste de preensão manual (*Strength of Grip Test*) (que compara a força de apertar das mãos direita e esquerda) e o teste de desempenho tátil (*Tactile Performance Test*) (que requer que o avaliando coloque blocos de madeira em um quadro com moldes enquanto está com os olhos vendados para

testar as habilidades de aprendizagem e memória) (McCaffrey, Lynch e Westervelt, 2011).

Pesquisas sobre a validade dos testes neuropsicológicos sugerem que eles podem ser úteis na detecção de danos orgânicos. Um estudo descobriu que as baterias de testes de Halstead-Reitan e de Luria-Nebraska eram equivalentes em suas capacidades de detectar danos e apresentaram cerca de 80% de acerto (Goldstein e Shelly, 1984). Contudo, esses tipos de estudo levantam a questão dos **falsos positivos** e **falsos negativos**. Para qualquer estratégia de avaliação, haverá momentos em que o teste mostrará um problema que não existe (falso positivo) e momentos em que nenhum problema é encontrado, quando, de fato, alguma dificuldade está presente (falso negativo). A possibilidade de falsos resultados é particularmente prejudicial em testes de disfunção cerebral; um clínico que falha em encontrar um dano existente pode ignorar um importante problema médico que precisa ser tratado. Felizmente, os testes neuropsicológicos são utilizados principalmente como instrumentos de rastreio e pareados com outras avaliações para melhorar a probabilidade de que problemas verdadeiros sejam detectados. Eles têm um bom desempenho com relação às medidas de confiabilidade e validade. Por outro lado, alguns desses testes podem levar horas para administração, correção, e interpretação e, portanto, são usados apenas quando há suspeita de transtornos específicos (por exemplo, transtornos do neurodesenvolvimento ou de aprendizagem).

Neuroimagem: imagens do cérebro

Há mais de um século sabe-se que muito do que fazemos, pensamos e lembramos é, em parte, controlado por áreas específicas do cérebro. Nos últimos anos, desenvolvemos a capacidade de olhar dentro do sistema nervoso e obter imagens cada vez mais precisas da estrutura e do funcionamento cerebrais, utilizando uma técnica chamada **neuroimagem** (Filippi, 2015). A neuroimagem pode ser dividida em duas categorias. Uma inclui procedimentos que examinam a estrutura do cérebro, como o tamanho de várias partes e se existe algum dano. Na segunda categoria, estão os procedimentos que examinam o funcionamento real do cérebro por meio do mapeamento do fluxo sanguíneo e de outras atividades metabólicas.

Imagens da estrutura do cérebro

A primeira técnica de neuroimagem, desenvolvida no início dos anos 1970, utiliza múltiplas exposições de raios X do cérebro em diferentes ângulos, ou seja, os raios X atravessam a cabeça diretamente. Como em qualquer raio X, eles são parcialmente bloqueados ou atenuados mais pelos ossos e menos pelo tecido cerebral. O grau de bloqueio é captado pelos detectores no lado oposto da cabeça. Um computador reconstrói as imagens de várias seções do cérebro. Esse procedimento, que leva cerca de 15 minutos, é denominado *escaneamento por tomografia axial computadorizada (TAC)* ou *escaneamento por TC*. Ele é relativamente não invasivo e tem se mostrado muito útil na identificação e localização de anormalidades estruturais e anatômicas do cérebro. Escaneamentos por TC são particularmente úteis na localização de tumores cerebrais, danos e outras anormalidades estruturais e anatômicas. Uma dificuldade, entretanto, é que esses escaneamentos, como todos os raios

86 PSICOPATOLOGIA

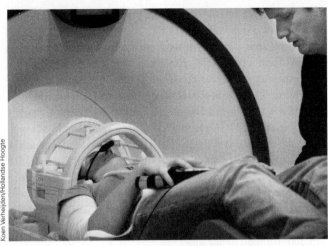

▲ Paciente sendo posicionado para um escaneamento por MRI.

X, envolvem radiação X repetida, o que oferece risco de dano celular (Filippi, 2015).

Vários procedimentos desenvolvidos mais recentemente oferecem maior resolução (especificidade e precisão) do que o escaneamento por TC sem os riscos inerentes dos testes com raios X. Uma técnica de escaneamento atualmente utilizada é chamada *imagem por ressonância magnética nuclear (MRI)*. A cabeça do paciente é colocada em um campo de alta força magnética pelo qual são transmitidos sinais de frequência de rádio. Esses sinais "estimulam" o tecido cerebral, alterando os prótons nos átomos de hidrogênio. A alteração é medida juntamente com o tempo que leva para os prótons "relaxarem" ou voltarem ao normal. Onde existem lesões ou danos o sinal é mais claro ou mais escuro (Filippi, 2015). Atualmente, existe uma tecnologia que permite ver o cérebro em camadas, o que possibilita um exame muito preciso da estrutura. Embora a MRI seja mais cara que o escaneamento por TC e leve cerca de 45 minutos, ela está mudando à medida que a tecnologia se aprimora. Versões mais novas dos procedimentos de MRI levam cerca de 10 minutos; o tempo e o custo estão diminuindo a cada ano. Outra desvantagem da MRI no momento é que a pessoa que se submete ao procedimento fica fechada em um tubo estreito com um rolo magnético ao redor da cabeça. As pessoas que são um tanto claustrofóbicas não toleram bem a MRI.

Embora os procedimentos de neuroimagem sejam muito úteis para identificar danos cerebrais, apenas recentemente têm sido utilizados para determinar anormalidades estruturais ou anatômicas que possam ser associadas a diversos transtornos psicológicos. Revisaremos alguns estudos preliminares nos próximos capítulos sobre transtornos específicos.

Imagens do funcionamento do cérebro

Diversos procedimentos amplamente utilizados são capazes de medir o real funcionamento do cérebro em vez de sua estrutura. O primeiro é chamado *tomografia por emissão de pósitron (PET-scan)*. Os indivíduos que se submetem à PET-scan recebem uma injeção de uma substância de contraste adicionada a isótopos radioativos, ou grupos de átomos que reagem distintamente. Essa substância interage com sangue, oxigênio ou glicose. Quando as partes do cérebro se tornam ativas, o sangue, o oxigênio ou a glicose avançam para essas áreas do cérebro, criando "pontos luminosos" captados por detectores que identificam a localização dos isótopos. Assim, podemos visualizar quais partes do cérebro estão funcionando e quais não estão. Para obtermos imagens claras, o indivíduo submetido ao procedimento deve permanecer imóvel por 40 segundos ou mais. Essas imagens podem ser superpostas a imagens de MRI para mostrar a localização precisa das áreas ativas. As PET-scans são úteis também para complementar os escaneamentos por MRI e por TC, localizando traumas em consequência de ferimentos na cabeça ou acidente vascular cerebral (AVC), bem como tumores cerebrais. O mais importante é que as PET-scans são utilizadas cada vez mais para buscar padrões variantes do metabolismo que poderiam estar associados a diversos transtornos. As recentes PET-scans demonstraram que muitos pacientes com demência inicial do tipo Alzheimer mostram metabolismo de glicose reduzido nos lobos parietais. Outras descobertas intrigantes têm sido relatadas para o transtorno obsessivo-compulsivo e o transtorno bipolar (ver Capítulos 5 e 7). A PET-scan é cara: cerca de US$ 6 milhões para instalar o equipamento e US$ 500 mil por ano para mantê-lo em funcionamento. Por conseguinte, esses aparelhos estão disponíveis apenas em grandes centros médicos.

Um segundo procedimento utilizado para avaliar o funcionamento cerebral é chamado *tomografia computadorizada por emissão fóton único (single photon emission computed tomography – SPECT)*. Ela funciona de forma muito parecida com a PET, embora um diferente marcador seja utilizado; esse procedimento é um pouco menos preciso. Seu custo é menor e requer um equipamento bem menos sofisticado para captar os sinais. Por esse motivo, a SPECT é usada com mais frequência do que a PET.

Os avanços mais interessantes envolvem os procedimentos de MRI desenvolvidos para trabalhar com muito mais rapidez que uma MRI regular (Filippi, 2015). Com tecnologia de informática sofisticada, esses procedimentos levam apenas milésimos de segundos, são capazes de tirar imagens do cérebro em funcionamento e gravar suas mudanças de um segundo a outro. Uma vez que esses procedimentos medem o funcionamento do cérebro, eles são denominados *MRI funcional* ou *fMRI*. Os procedimentos de fMRI substituíram em grande parte as PET-scans nos centros médicos de referência em imagens cerebrais, porque permitem aos pesquisadores uma resposta imediata do cérebro perante um evento breve, tal como ver um novo rosto. *BOLD-fMRI* ou fMRI dependente do nível de oxigênio no sangue, do inglês *Blood-Oxygen-Level-Dependent fMRI*, é atualmente a técnica de fMRI mais utilizada para estudar transtornos psicológicos (Filippi, 2015).

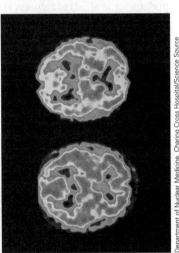

▲ PET-scans exibem áreas de alta e baixa atividade neurológica, como nestes escaneamentos de um cérebro afetado pelo HIV.

Capítulo 3 – Avaliação clínica e diagnóstico **87**

Algumas das pesquisas mais recentes em neuroimagem buscam visualizar o cérebro até o nível da sinapse. Essas novas tecnologias podem detectar atividade nos receptores de neuroquímicos, tais como dopamina e serotonina, permitindo, portanto, que os pesquisadores não apenas vejam a ação em áreas gerais, mas também diferenciem as atividades em locais receptores diferentes e específicos. Essas tecnologias utilizam ligantes neuroreceptores radiomarcados (químicas radioativas elaboradas para se ligarem em locais específicos dos receptores) em imagens SPECT e PET para estudar a distribuição e a densidade dos neuroreceptores (Filippi, 2015). Essa tecnologia em ascensão pode provar ser um modo mais preciso de aprender como o cérebro funciona.

Os procedimentos imagéticos cerebrais têm enorme potencial para esclarecer a contribuição dos fatores neurobiológicos para os transtornos psicológicos. Por exemplo, no Capítulo 5, veremos o que os procedimentos fMRI revelam sobre o funcionamento do cérebro em indivíduos como Frank, com transtorno obsessivo-compulsivo.

Avaliação psicofisiológica

Outro método utilizado para avaliar a estrutura e o funcionamento do cérebro especificamente e a atividade do sistema nervoso de maneira mais geral é chamado **avaliação psicofisiológica**. Como o termo diz, *psicofisiologia* refere-se a mudanças mensuráveis no sistema nervoso que refletem eventos emocionais e psicológicos. As medidas podem ser feitas tanto diretamente do cérebro como perifericamente de outras partes do corpo.

Frank tinha medo de ter convulsões. Se tivéssemos qualquer motivo para suspeitar que ele realmente pudesse ter períodos de perda de memória ou se ele exibisse um comportamento esquisito e semelhante ao transe, mesmo por um curto período, seria importante que ele fizesse um **eletroencefalograma (EEG)**. Medir a atividade elétrica no cérebro relacionada à descarga de um grupo específico de neurônios revela atividade das ondas cerebrais; as ondas cerebrais são decorrentes de corrente elétrica de baixa tensão que corre através dos neurônios. As ondas cerebrais de uma pessoa podem ser avaliadas tanto em estado de sono quanto de vigília. Em um EEG, os eletrodos são colocados diretamente sobre diversos lugares do couro cabeludo para registrar as diferentes correntes de baixa voltagem.

Nas últimas décadas, aprendemos muito sobre os padrões do EEG (Kim et al., 2008). Em geral, medimos a atividade elétrica em andamento no cérebro. Quando períodos breves de padrões de EEG são registrados em resposta a acontecimentos específicos, tais como ouvir um estímulo psicologicamente significativo, a resposta é chamada *potencial relacionado a evento (ERP,* do inglês *event-related potentials)* ou *potencial evocado.* Aprendemos que os padrões de EEG costumam ser afetados por fatores emocionais ou psicológicos e podem ser um índice dessas reações ou uma medida psicofisiológica. Em um adulto normal, saudável e relaxado, as atividades, quando acordado, são caracterizadas por um padrão regular de alterações na tensão denominado *ondas alfa.*

Muitos tipos de tratamento de redução de estresse tentam *aumentar* a frequência das ondas alfa, geralmente relaxando os pacientes de alguma maneira. O padrão da onda alfa está associado a relaxamento e calma. Durante o sono, passamos por diversos estágios de atividade cerebral, pelo menos parcialmente identificados por padrões de EEG. Durante o estágio mais profundo e relaxado, que, em geral, ocorre de uma a duas horas após a pessoa estar dormindo, os registros de EEG mostram um padrão de *ondas delta*. Essas ondas cerebrais são mais lentas e irregulares que as ondas alfa, o que é perfeitamente normal nesse estágio do sono. Veremos no Capítulo 5 que os ataques de pânico que ocorrem enquanto uma pessoa está dormindo profundamente surgem quase exclusivamente durante o estágio das ondas delta. Se a atividade frequente da onda delta ocorreu durante o estado de vigília, isso poderia indicar uma disfunção em áreas cerebrais específicas.

A avaliação psicofisiológica de outras respostas corporais também pode desempenhar um papel na avaliação. Essas respostas incluem batimentos cardíacos, respiração e *resposta eletrodérmica*, antigamente denominada *resposta galvânica da pele (galvanic skin response – GSR)*, uma medida da atividade das glândulas sudoríparas controlada pelo sistema nervoso periférico. Como vimos no Capítulo 2, o sistema nervoso periférico e, em particular, a divisão simpática do sistema nervoso autônomo são responsivos ao estresse e ao estímulo emocional.

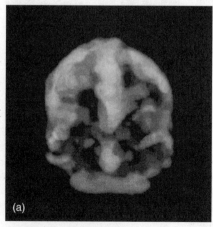
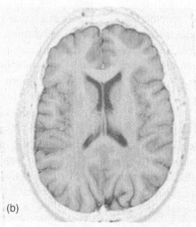
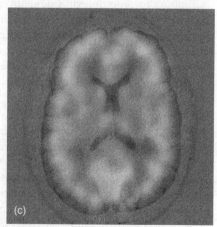

▲ Secção cerebral horizontal (a) em uma imagem SPECT revela claramente o dano no lobo parietal em uma pessoa com esquizofrenia. As imagens (b) e (c) são fotografias de IRM (imagem de ressonância magnética). As imagens SPECT mostram a atividade metabólica e indicam assim a relação entre o cérebro e o comportamento da pessoa. As imagens de IRM com resolução mais alta mostram variações do tecido.

A avaliação da resposta psicofisiológica aos estímulos emocionais é importante em muitos transtornos, um deles sendo o transtorno de estresse pós-traumático. Os estímulos, como visualizações e sons associados ao trauma, evocam fortes respostas psicofisiológicas, mesmo se o paciente não estiver totalmente ciente de que isso está acontecendo.

A avaliação psicofisiológica também é utilizada em casos de disfunções e transtornos sexuais. Por exemplo, a excitação sexual pode ser avaliada por meio da medida direta da circunferência peniana em homens ou pelo fluxo de sangue vaginal nas mulheres em resposta a estímulos eróticos, em geral filmes ou *slides* (ver Capítulo 10). Às vezes, o indivíduo pode não ter consciência de padrões específicos da excitação sexual.

As medidas fisiológicas também são importantes na avaliação e no tratamento de condições como enxaquecas e hipertensão (Hazlett-Stevens e Bernstein, 2012); elas formam a base para o tratamento que chamamos de *biofeedback*. No *biofeedback*, como explicaremos no Capítulo 9, os níveis de respostas fisiológicas, tais como leituras de pressão sanguínea, são o *feedback* para o paciente (oferecido continuamente) feito por medidores ou calibradores para que o paciente possa tentar regular essas respostas.

Entretanto, a avaliação psicofisiológica também tem seus limites: ela requer habilidade e conhecimento técnico. Mesmo quando administradas adequadamente, as medidas às vezes produzem resultados inconsistentes em razão de dificuldades de procedimento ou técnicas, ou pela natureza da própria resposta. Por esse motivo, somente os clínicos especializados em determinados transtornos em que essas medidas são particularmente importantes podem fazer amplo uso do equipamento de registro psicofisiológico, embora aplicações mais diretas, como monitoramento da frequência cardíaca durante exercícios de relaxamento, sejam mais comuns. Avaliações psicofisiológicas mais sofisticadas são mais utilizadas em investigações teóricas sobre a natureza de certos transtornos psicológicos, em particular dos transtornos emocionais (Barlow, 2002; Ovsiew, 2005).

Verificação de conceitos 3.1

Parte A

O exame do estado mental inclui cinco categorias: (a) aparência e comportamento, (b) processos de pensamento, (c) humor e afeto, (d) funcionamento intelectual e (e) orientação. Identifique qual parte do exame mental está sendo desempenhada nas situações a seguir:

1. Dr. Swan ouviu cuidadosamente o padrão discursivo de Joyce, observando sua velocidade, conteúdo e continuidade. Ele não percebeu nenhuma perda associativa, mas ouviu indicações de ideias delirantes e de alucinações visuais. _____

2. Andrew chegou à clínica acompanhado pela polícia, que o tinha encontrado de shorts, embora a temperatura fosse de –5 °C. Ele foi denunciado por alguém que o viu caminhando muito devagar na rua, fazendo caretas e falando sozinho. _____

3. Quando Lisa foi levada ao consultório do Dr. Miller, ele perguntou se ela sabia a data e o horário, sua identidade e onde estava. _____

4. Dr. Jones considerou que a risada de Tim era inapropriada após ele relatar seu incidente quase fatal, além disso observou que Tim parecia estar eufórico. _____

5. O vocabulário e a memória de Holly pareciam adequados, levando Dr. Adams a calcular que a sua inteligência estava dentro da média. _____

Parte B

Verifique sua compreensão sobre confiabilidade e validade marcando cada teste com C (para confiável) ou NC (para não confiável), V (para válido) ou NV (para não válido).

1. ____, ____ O EEG mostra a atividade elétrica no cérebro de alguém que tem convulsões

2. ____, ____ As manchas de tinta de Rorschach

3. ____, ____ Entrevistas estruturadas com respostas definidas

4. ____, ____ Completar sentenças

Diagnosticando transtornos psicológicos

Até agora, olhamos para o funcionamento de Frank em uma base muito individual, ou seja, observamos de perto seu comportamento, seus processos cognitivos e seu humor, e fizemos entrevista semiestruturada, avaliação do comportamento e testes psicológicos. Essas operações nos dizem o que é específico sobre Frank, não o que ele pode ter em comum com outros indivíduos.

Conhecer as semelhanças entre Frank e outras pessoas com relação aos seus problemas é importante por vários motivos. Se no passado as pessoas tiveram problemas ou perfis psicológicos semelhantes, podemos voltar e encontrar muitas informações sobre esses casos que podem ser aplicados ao caso de Frank. É possível verificar como os problemas começaram para essas outras pessoas, quais fatores pareceram influenciar e quanto tempo o problema ou o transtorno durou. Nos outros casos, os problemas desapareceram sozinhos? Se não, o que os manteve em andamento? Foi preciso tratamento? E o mais importante, quais tratamentos aliviaram o problema daqueles indivíduos? Essas questões são muito úteis porque evocam uma profusão de informações clínicas e de pesquisa que permitem ao pesquisador fazer certas inferências sobre o que acontecerá a seguir e quais tratamentos podem funcionar. Em outras palavras, o clínico pode formar conclusões gerais e estabelecer um *prognóstico*, um termo discutido no Capítulo 1 que se refere ao curso provável de um transtorno sob determinadas circunstâncias.

Ambas as estratégias são essenciais no estudo e no tratamento da psicopatologia. Se quisermos determinar o que é específico sobre personalidade, contextos culturais ou circunstâncias de um indivíduo, utilizamos o que é conhecido como

CAPÍTULO 3 – AVALIAÇÃO CLÍNICA E DIAGNÓSTICO **89**

estratégia idiográfica (Barlow e Nock, 2009). Essas informações nos permitem ajustar o tratamento à pessoa. No entanto, para tirar vantagem das informações acumuladas sobre um problema ou transtorno em particular, devemos ser capazes de determinar uma classe geral de problemas à qual o problema apresentado pertence. Isso é conhecido como **estratégia nomotética**. Em outras palavras, estamos tentando nomear ou classificar o problema. Quando identificamos um transtorno psicológico específico, como um transtorno do humor, no ambiente clínico, estamos fazendo um diagnóstico. Também podemos identificar um tipo ou grupo geral de problemas determinando um perfil de personalidade particular em um teste psicológico como o MMPI. Por exemplo, quando foi observado anteriormente na seção sobre MMPI que James S. obteve alta pontuação na escala de Desvio Psicopático, concluímos que ele compartilhava características de personalidade de agressividade e irresponsabilidade com outros que apresentavam pontuação elevada naquela escala. Antes de prosseguirmos, vamos definir alguns termos adicionais.

Uma vez que a classificação é uma parte integral da ciência e de nossa experiência humana, descrevemos seus diversos aspectos individualmente (Blashfield et al., 2014; Millon, 1991; Widiger e Crego, 2013). O termo **classificação** em si é amplo, referindo-se a qualquer esforço para construir grupos ou categorias e para designar objetos ou pessoas a essas categorias segundo seus atributos ou relações compartilhados – uma estratégia nomotética. Se a classificação se dá em um contexto científico, é mais comumente chamada **taxonomia**, que é a classificação de entidades para finalidades científicas, tais como insetos, rochas ou, se o assunto é psicologia, comportamentos. Se você aplica um sistema taxonômico a fenômenos psicológicos ou médicos ou a outras áreas clínicas, você emprega a palavra **nosologia**. Todos os sistemas de diagnóstico utilizados nos cenários de saúde, tais como aqueles para doenças infecciosas, são sistemas nosológicos. O termo **nomenclatura** descreve os nomes ou rótulos dos transtornos que constituem a nosologia (por exemplo, transtornos de ansiedade ou do humor). A maioria dos profissionais da saúde mental na América do Norte utiliza o sistema de classificação do *DSM-5* (American Psychiatric Association, 2013). Esse é o sistema oficial nos Estados Unidos e é amplamente utilizado em todo o mundo junto com a Classificação Internacional de Doenças (CID-10; World Health Organization, 1992) discutido a seguir. Um clínico se refere ao *DSM-5* para identificar um transtorno psicológico específico no processo de fazer um diagnóstico.

Nos últimos anos, ocorreram enormes mudanças na classificação da psicopatologia. Em razão de esses avanços afetarem em muito o trabalho dos clínicos, examinamos cuidadosamente os processos de classificação e de diagnóstico conforme eles são utilizados em psicopatologia. Primeiro, analisamos as diferentes abordagens, examinamos os conceitos de confiabilidade e validade à medida que são pertinentes ao diagnóstico e, então, discutimos nosso sistema atual de classificação, o *DSM-5*.

Elementos de classificação

A classificação é o coração de qualquer ciência, e muito do que dissemos sobre ela é senso comum. Se não fosse possível ordenar e rotular objetos ou experiências, os cientistas não poderiam comunicar-se uns com os outros e o conhecimento não avançaria. Cada um teria que desenvolver um sistema pessoal que não significaria nada para outra pessoa. Em um curso de biologia ou geologia, quando se estudam insetos ou rochas, a classificação é fundamental. Saber como uma espécie de insetos se diferencia de outra nos permite estudar seu funcionamento e suas origens. Quando se trata do comportamento ou de transtornos do comportamento humano, entretanto, o assunto da classificação torna-se polêmico. Algumas pessoas questionaram se é adequado ou ético classificar o comportamento humano. Mesmo entre os que reconhecem a necessidade da classificação, surgiram controvérsias importantes em diversas áreas. Na psicopatologia, por exemplo, as definições de "normal" e "anormal" são questionadas, bem como o pressuposto de que um comportamento ou cognição é parte de um transtorno e não de outro. Algumas pessoas prefeririam conversar sobre comportamento e sentimentos em um *continuum* de felicidade a tristeza ou de medo a não medo, em vez de criar categorias como mania, depressão e fobia. Por bem ou por mal, classificar o comportamento e as pessoas é algo que todos nós fazemos. Poucos conversam sobre as próprias emoções ou sobre as de outros usando um número em uma escala (em que 0 é totalmente infeliz e 100, totalmente feliz), embora essa abordagem possa ser bem mais precisa. ("Como você se sente sobre isso?" "Cerca de 65.") Em vez disso, conversamos sobre estar feliz, triste, com raiva, deprimido, amedrontado e assim por diante.

Abordagens categoriais e dimensionais

Para evitar que reinventemos a roda sempre que vemos um novo conjunto de comportamentos problemáticos e procuremos princípios gerais de psicopatologia, de que maneiras diferentes podemos classificar o comportamento humano? Já aludimos a duas possibilidades. Podemos ter distintas categorias de transtornos que têm pouco ou nada em comum umas com as outras; por exemplo, você ouve vozes vindo da geladeira (alucinação auditiva) e tem outros sintomas de esquizofrenia, ou não. Podemos também quantificar os diversos atributos de um transtorno psicológico com diversas dimensões, correspondendo a uma pontuação composta. Um perfil MMPI é um bom exemplo; outro é "dimensionalizar" um transtorno – por exemplo, a depressão em um *continuum* de sentir-se ligeiramente deprimido pela manhã (algo que a maioria de nós experimenta de vez em quando) até sentir-se tão deprimido e desanimado que o suicídio parece ser a única solução. Qual sistema é melhor? Cada um tem suas vantagens e desvantagens (Blashfield et al., 2014; Brown e Barlow, 2005; Helzer et al., 2008; LeBeau et al., 2015; Widiger, 2013). Vamos verificar os dois.

A **abordagem categorial clássica** (ou **pura**) para

▲ Emil Kraepelin (1856-1926) foi um dos primeiros psiquiatras a classificar transtornos psicológicos do ponto de vista biológico.

classificação tem origem no trabalho de Emil Kraepelin (1856-1926) e na tradição biológica no estudo da psicopatologia. Aqui, afirmamos que cada diagnóstico tem uma causa patofisiológica subjacente, tal como uma infecção bacteriana ou o mau funcionamento do sistema endócrino, e que cada transtorno é único. Quando os diagnósticos são considerados dessa maneira, as causas podem ser psicológicas ou culturais, em vez de patofisiológicas, mas há apenas um conjunto de fatores causais por transtorno que não se sobrepõe àqueles de outros transtornos. Uma vez que cada transtorno é fundamentalmente distinto de qualquer outro, precisamos de apenas um conjunto de critérios definidores que todos da categoria devem satisfazer. Se os critérios para um episódio depressivo maior são (1) presença de humor deprimido, (2) significativa perda ou ganho de peso sem dieta, (3) capacidade diminuída para pensar ou se concentrar, além de sete sintomas adicionais específicos, então, a fim de ser diagnosticado como depressão, um indivíduo deveria satisfazer todos os critérios. Nesse caso, de acordo com a abordagem categorial clássica, o clínico saberia a causa do transtorno.

As abordagens categoriais clássicas são bastante úteis na medicina. É extremamente importante para um médico fazer um diagnóstico preciso. Se um paciente tem febre acompanhada de dor abdominal, o médico deve determinar com rapidez se a causa é constipação ou apêndice infectado. Nem sempre isso é fácil, mas os médicos são treinados para examinar os sinais e sintomas cuidadosamente e, em geral, chegam à conclusão correta. Entender a causa dos sintomas (apêndice infectado) é saber qual tratamento será efetivo (cirurgia). Mas se alguém estiver deprimido ou ansioso, existe algum tipo semelhante de causa subjacente? Como observado no Capítulo 2, provavelmente não. A maioria dos psicopatologistas acredita que fatores psicológicos e sociais interagem com fatores biológicos para produzir um transtorno. Por conseguinte, apesar das crenças anteriores de Kraepelin e de outros pesquisadores na área biológica, o campo da saúde mental não adotou um modelo categorial clássico de psicopatologia. A abordagem categorial clássica é claramente inadequada para a complexidade dos transtornos psicológicos (Helzer et al., 2008; Regier et al., 2009; Widiger e Edmundson, 2011).

Uma segunda estratégia é a **abordagem dimensional**, em que observamos uma variedade de cognições, humores e comportamentos que o paciente apresenta e são quantificados em uma escala. Por exemplo, em uma escala de 1 a 10, um paciente poderia ser classificado como gravemente ansioso (10), moderadamente deprimido (5) e levemente maníaco (2) para criar um perfil do funcionamento emocional (10, 5, 2). Embora as abordagens dimensionais tenham sido aplicadas à psicopatologia no passado – em particular aos transtornos da personalidade (Blashfield et al., 2014; Helzer et al., 2008; Krueger et al., 2014; Widiger e Samuel, 2005) –, elas têm sido relativamente insatisfatórias (Brown e Barlow, 2009; Frances, 2009; Regier et al., 2009; Widiger e Edmundson, 2011). A maioria dos teóricos não concorda sobre quantas dimensões são necessárias; alguns dizem que uma dimensão é suficiente; outros identificaram até 33 (Millon, 1991, 2004).

Uma terceira estratégia para organizar e classificar os transtornos comportamentais tem recebido crescente apoio nos últimos anos como uma alternativa para abordagens categorial ou dimensional clássicas. É uma abordagem categorial, mas com

▲ Apesar da grande variação física, todos os cachorros pertencem à mesma classe de animais.

o detalhe de que basicamente combina algumas características a cada uma das abordagens anteriores. Chamada **abordagem prototípica**, essa alternativa identifica determinadas características essenciais de uma entidade a fim de que você (e outros) possa classificá-la, mas ela também permite determinadas variações não essenciais que não necessariamente alteram a classificação. Por exemplo, se alguém lhe pedisse para descrever um cachorro, você poderia facilmente dar uma descrição geral (as características categoriais, essenciais), mas você pode não descrever um cachorro específico. Há cachorros de diferentes cores, tamanhos e raças (variações dimensionais, não essenciais), mas todos partilham certas características caninas que lhe permitem classificá-los como diferentes dos gatos. Assim, é adequado requerer determinado número de critérios prototípicos e apenas alguns de um número adicional de critérios. Esse sistema não é perfeito porque existe uma opacidade maior nos limites das categorias e alguns sintomas são aplicados a mais de um transtorno. Por esse motivo, essas categorias são geralmente chamadas "difusas". Entretanto, ele tem a vantagem de se adaptar melhor ao estado atual de nosso conhecimento de psicopatologia do que uma abordagem categórica, e é relativamente fácil de utilizar.

Quando uma abordagem prototípica é utilizada para classificar um transtorno psicológico, são listadas muitas características ou propriedades possíveis do transtorno, e qualquer candidato deve preencher um número suficiente delas para se enquadrar naquela categoria. Considere os critérios do *DSM-5* para definir um episódio depressivo maior.

Como se pode ver, os critérios incluem muitos sintomas não essenciais, mas se você apresenta humor deprimido ou acentuada perda de interesse ou prazer na maioria das atividades e pelo menos quatro dos oito sintomas restantes, está próximo o suficiente do protótipo para preencher os critérios de um episódio depressivo maior. Uma pessoa pode apresentar humor deprimido, perda de peso significativa, insônia, agitação psicomotora e perda de energia, considerando que outra pessoa que também preenche os critérios de um episódio depressivo maior pode apresentar redução do interesse ou do prazer em atividades, fadiga, sentimentos de inutilidade, dificuldade para pensar ou se concentrar e ideação suicida. Embora ambas tenham os cinco sintomas requisitados que as tornam próximas do protótipo, parecem ser muito diferentes porque compartilham apenas um sintoma. Esse é um bom exemplo da categoria prototípica. O *DSM-5* está baseado nessa abordagem.

TABELA 3.1 Critérios para um episódio depressivo maior

Cinco (ou mais) dos seguintes sintomas estiveram presentes durante o mesmo período de duas semanas e representam uma mudança em relação ao funcionamento anterior; pelo menos um dos sintomas é (1) humor deprimido ou (2) perda de interesse ou prazer.

Nota: Não incluir sintomas nitidamente devidos a outra condição médica.

1. Humor deprimido na maior parte do dia quase todos os dias.
2. Acentuada diminuição do interesse ou prazer em todas ou quase todas as atividades na maior parte do dia, quase todos os dias.
3. Perda ou ganho significativo de peso sem estar fazendo dieta.
4. Insônia ou hipersonia quase todos os dias.
5. Agitação ou retardo psicomotor quase todos os dias.
6. Fadiga ou perda de energia quase todos os dias.
7. Sentimentos de inutilidade ou culpa excessiva ou inapropriada quase todos os dias.
8. Capacidade diminuída para pensar ou se concentrar, ou indecisão, quase todos os dias.
9. Pensamentos recorrentes de morte (não somente medo de morrer), ideação suicida recorrente sem um plano específico, uma tentativa de suicídio ou plano específico para cometer suicídio.

Fonte: Manual Diagnóstico e Estatístico de Transtornos Mentais, 5a ed. – DSM-5. Tab. 3.1. Artmed, Porto Alegre, 2014.

Confiabilidade

Qualquer sistema de classificação deveria descrever subgrupos específicos de sintomas evidentes que podem ser prontamente identificados por clínicos experientes. Se dois clínicos entrevistam o paciente em momentos diferentes em um mesmo dia (e supondo que a condição do paciente não mude durante o dia), os dois clínicos deveriam observar, e talvez mensurar, o mesmo conjunto de comportamentos e emoções. O transtorno psicológico pode, assim, ser identificado com confiabilidade (Chmielewski et al., 2015; Kraemer, 2014). Se o transtorno não está evidente para ambos os clínicos, os diagnósticos resultantes podem representar viés. Por exemplo, a maneira de se vestir de uma pessoa poderia provocar algum comentário. Um de seus amigos poderia dizer "Ela estava desleixada hoje". Outro poderia comentar "Não, ela é simples para se vestir". Talvez um terceiro amigo dissesse "Na verdade, achei que ela se vestiu até que bem". Você poderia se perguntar se todos viram a mesma pessoa. De qualquer forma, não há nenhuma confiabilidade nas observações. Fazer com que os amigos cheguem a um acordo quanto à aparência de alguém requer um conjunto cuidadoso de definições aceitas por todos eles.

Como observamos, sistemas não confiáveis de classificação estão sujeitos ao viés dos médicos em seus diagnósticos. Uma das categorias menos confiáveis na classificação atual é a área dos transtornos da personalidade – conjuntos de comportamentos inadequados e reações emocionais crônicas e peculiares que caracterizam a maneira de uma pessoa interagir com o mundo. Embora tenha ocorrido grande progresso, particularmente em relação a certos transtornos da personalidade, determinar a presença ou ausência desse tipo de transtorno, durante uma entrevista, ainda é muito complicado (Krueger et al., 2014). Em um estudo clássico, Morey e Ochoa (1989) pediram a 291 profissionais da área da saúde mental para descreverem um indivíduo com um transtorno da personalidade que tivessem visto há pouco tempo, juntamente de seus diagnósticos. Morey e Ochoa também coletaram desses clínicos informações detalhadas sobre os sinais e sintomas reais presentes nesses pacientes. Dessa forma foram capazes de determinar se o próprio diagnóstico, feito pelos clínicos, correspondia aos critérios objetivos para o diagnóstico como determinado pelos sintomas. Em outras palavras, o diagnóstico do clínico foi preciso, com base na presença de sintomas que realmente definem o diagnóstico?

Morey e Ochoa descobriram vieses substanciais nos diagnósticos. Por exemplo, por algum motivo, os clínicos menos experientes ou as mulheres diagnosticavam o transtorno da personalidade *borderline* mais frequentemente do que os critérios indicavam. Clínicos mais experientes e profissionais do sexo masculino diagnosticavam a condição com menos frequência do que os critérios indicavam.

Pacientes brancos, mulheres ou pobres foram diagnosticados com transtorno da personalidade *borderline* mais frequentemente do que os critérios indicavam. Embora o viés entre os médicos fosse sempre um problema potencial, quanto mais confiável a nosologia ou o sistema de classificação, menos provável era o erro durante o diagnóstico. A falta de concordância entre os clínicos ao diagnosticar os transtornos da personalidade indica que critérios mais confiáveis são necessários, e o caminho pode ser por meio de futuras revisões como as descritas a seguir (Krueger et al., 2014; veja Capítulo 12).

Validade

Além de ser confiável, um sistema de nosologia deve ser válido. Anteriormente, descrevemos *validade* como algo que mede aquilo que se propõe a medir. Existem diversos tipos de validade de diagnóstico. Em primeiro lugar, o sistema deveria ter uma *validade de construto*. Isso significa que os sinais e sintomas escolhidos como critérios para a categoria de diagnóstico estão consistentemente associados ou relacionados, e o que eles identificam se diferencia de outras categorias. Alguém que satisfaz os critérios para depressão deveria diferenciar-se de alguém que preenche os critérios para fobia social. Essa discriminação poderia ser evidente não apenas nos sintomas que se apresentam, mas também no curso de um transtorno e possivelmente na escolha do tratamento. Ela também pode predizer **agregação familiar** à medida que o transtorno é encontrado entre os familiares do paciente (Kupfer, First e Regier, 2002; Lillienfeld, 2014).

Além disso, um diagnóstico válido informa ao clínico o que é provável de acontecer com o paciente prototípico; ele pode predizer o curso de um transtorno e o provável efeito de um ou outro tratamento. Esse tipo de validade é frequentemente chamado *validade preditiva*, e às vezes *validade de critério*, quando o resultado é o critério pelo qual julgamos a utilidade da categoria diagnóstica (por exemplo, Klaus et al., 2015). Por fim, existe uma *validade de conteúdo*, que simplesmente significa que, se você cria critérios para um diagnóstico de, digamos, fobia social, ele deve refletir a maneira como a maioria dos especialistas da área pensa sobre fobia social, em oposição, digamos, à depressão. Em outras palavras, é preciso obter a rotulação adequada.

O diagnóstico antes de 1980

A classificação de psicopatologia, como diz o antigo adágio, tem um longo passado, mas uma história recente (Blashfield et al., 2014). Observações de sintomas depressivos, fóbicos ou psicóticos remontam às primeiras observações registradas do comportamento humano. Muitas dessas observações foram tão detalhadas e completas que hoje poderíamos fazer um diagnóstico das pessoas que elas descreviam. Contudo, apenas recentemente tentamos a difícil tarefa de criar uma nosologia formal útil para cientistas e médicos de todo o mundo. Em 1959, havia pelo menos nove sistemas diferentes de utilidade variável para classificar transtornos psicológicos mundialmente, mas apenas três dos nove sistemas listavam "transtorno fóbico" como uma categoria à parte (Marks, 1969). Uma razão para essa confusão é que é mais fácil falar em criar uma nosologia útil do que de fato fazê-lo.

Esforços iniciais para classificar a psicopatologia surgiram da tradição biológica, em particular do trabalho de Emil Kraepelin, como descrito no Capítulo 1 e mencionado anteriormente. Primeiro, Kraepelin identificou o que agora conhecemos como transtorno da esquizofrenia. O termo que ele usou naquela época foi *demência precoce* (*dementia praecox*) (Kraepelin, 1919). A demência precoce refere-se à deterioração do cérebro que, às vezes, ocorre em idades avançadas (demência) e se desenvolve antes do que supostamente tinha de acontecer, ou "prematuramente" (precoce). Essa denominação (que mais tarde mudou para *esquizofrenia*) refletiu a crença de Kraepelin de que a patologia do cérebro é a causa desse transtorno particular. O livro marco de Kraepelin de 1913 (*Psychiatry: a textbook for students and physicians*) descrevia não apenas a demência precoce, mas também o transtorno bipolar, então chamado *psicose maníaco-depressiva*. Kraepelin também descreveu uma variedade de síndromes orgânicas cerebrais. Outras figuras famosas em sua época, como o psiquiatra francês Philippe Pinel, caracterizaram os transtornos psicológicos, incluindo a depressão (melancolia), como entidades separadas; porém a teorização de Kraepelin de que transtornos psicológicos eram basicamente distúrbios biológicos produziu maior impacto sobre o desenvolvimento de nossa nosologia e levou a uma ênfase das estratégias categoriais clássicas.

Foi somente em 1948 que a Organização Mundial da Saúde (OMS) acrescentou uma seção classificando os transtornos mentais na sexta edição da *Classificação Internacional de Doenças e de Problemas Relacionados à Saúde (CID)*. Entretanto, esse sistema inicial não teve muita influência, nem o primeiro Manual Diagnóstico e Estatístico (*Diagnostic and Statistical Manual – DSM-I)*, publicado em 1952 pela American Psychiatric Association. Apenas no final dos anos 1960, os sistemas de nosologia começaram a influenciar de fato os profissionais da área da saúde mental. Em 1968, a American Psychiatric Association publicou uma segunda edição do Manual, o *DSM-II*, e em 1969, a OMS publicou a oitava edição da *CID*, quando líderes em saúde mental começaram a perceber a importância de ao menos tentar desenvolver um sistema uniforme de classificação. Não obstante, esses sistemas careciam de precisão, pois diferiam um do outro e traziam teorias etiológicas não provadas e não aceitas por todos os profissionais da área da saúde mental. Para tornar as coisas piores, os sistemas eram pouco confiáveis. Tornou-se comum dois profissionais da área da saúde mental olharem o mesmo paciente e tirarem conclusões muito diferentes com base na nosologia. Mesmo bem depois dos anos 1970, muitos países, como a França e a Rússia, tinham seus próprios sistemas de nosologia. Nesses países, os mesmos transtornos seriam nomeados e interpretados de forma diferente.

DSM-III e DSM-III-R

O ano de 1980 foi um marco para a história da nosologia, pois trouxe a terceira edição do Manual Diagnóstico e Estatístico (*DSM-III*) (American Psychiatric Association, 1980). Sob o comando de Robert Spitzer, o *DSM-III* afastou-se radicalmente de seus predecessores. Duas mudanças se sobressaíram. Primeiro, o *DSM-III* tentou fazer uma abordagem não teórica do diagnóstico com base em descrições precisas dos transtornos à medida que eles se apresentavam aos clínicos, em vez de fiar-se em teorias psicanalíticas ou biológicas de etiologia. Com esse enfoque, o *DSM-III* se tornou uma ferramenta para os clínicos que tinham pontos de vista variados. Por exemplo, em vez de classificar fobia dentro da vasta categoria "neurose", definida pelos conflitos intrapsíquicos e mecanismos de defesa, foi designada sua própria categoria em um grupo mais amplo, o de transtornos de ansiedade.

A segunda principal mudança no *DSM-III* foi que a especificidade e o detalhe com os quais os critérios para a identificação de um transtorno foram listados tornaram possível estudar sua confiabilidade e validade. Embora nem todas as categorias no *DSM-III* (e em sua revisão de 1987, o *DSM-III-R*) alcançassem perfeita ou mesmo boa confiabilidade e validade, esse sistema melhorou de forma significativa o que havia disponível anteriormente.

Apesar das inúmeras deficiências, como a baixa confiabilidade na identificação de alguns transtornos e decisões arbitrárias sobre os critérios para muitos transtornos, o *DSM-III* e o *DSM-III-R* tiveram um impacto substancial. Maser, Kaelber e Weise (1991) avaliaram o uso internacional de vários sistemas de diagnóstico naquele tempo e descobriram que o *DSM-III* tornou-se popular por vários motivos, principalmente devido ao seu formato descritivo preciso e à sua neutralidade com relação à suposição de uma causa para diagnóstico. O formato multiaxial, que enfatiza ampla abordagem do indivíduo como um todo em vez de um foco limitado sobre um transtorno isolado, também foi muito útil. Portanto, mais clínicos ao redor do mundo utilizaram o *DSM-III-R* no início dos anos 1990 do que o sistema projetado pela *CID* para ser aplicado internacionalmente (Maser et al., 1991).

DSM-IV e DSM-IV-TR

No final dos anos 1980, clínicos e pesquisadores perceberam mais uma vez a importância de um sistema mundial de nosologia consistente. A 10ª edição da Classificação Internacional de Doenças (*CID-10*; World Health Organization, 1992) seria publicada em 1992, e obrigações decorrentes de tratados exigem que os Estados Unidos utilizem os códigos da *CID-10* em todos os assuntos relacionados à saúde. Para tornar ambos, *CID-10* e *DSM*, tão compatíveis quanto possível, o trabalho prosseguiu mais ou menos simultaneamente na *CID-10* e na quarta edição do *DSM (DSM-IV)*, publicada em 1994. A força-tarefa do *DSM-IV* decidiu confiar o menos possível em um consenso de especialistas. Quaisquer mudanças no sistema de diagnóstico deveriam ser baseadas em sólidos dados científicos. Vários comitês tentaram examinar a volumosa literatura em todas as áreas pertinentes ao sistema de diagnóstico (Widiger et al., 1996; Widiger et al., 1998) e identificar grandes conjuntos de dados que poderiam ter sido coletados por outros motivos, mas que, com uma reanálise, seriam úteis para o *DSM-IV*. Por fim, 12 estudos diferentes e independentes ou estudos de campo examinaram a confiabilidade e a validade dos conjuntos alternativos de definições ou critérios e, em alguns casos, a possibilidade de criar novos diagnósticos. (Consultar Widiger et al., 1998; Zinbarg et al., 1994, 1998, para exemplos.)

Talvez a mudança mais significativa do *DSM-IV* tenha sido o fim da distinção entre transtornos organicamente fundamentados e transtornos psicologicamente fundamentados presentes nas edições anteriores. Como observado no Capítulo 2, sabemos agora que até os transtornos associados à patologia cerebral conhecida são substancialmente afetados por influências psicológicas e sociais. De maneira semelhante, os transtornos previamente descritos como psicológicos em sua origem certamente têm componentes biológicos, e é provável que tenham circuitos cerebrais identificáveis.

Em 2000, um comitê atualizou o texto que descreve a literatura de pesquisa que acompanha a categoria diagnóstica *DSM-IV* e fez pequenas alterações em alguns critérios para melhorar a consistência (First e Pincus, 2002; American Psychiatric Association, 2000a). Essa revisão de texto (*DSM-IV-TR*) ajudou a esclarecer muitos itens relacionados ao diagnóstico dos transtornos psicológicos.

DSM-5

Em quase 20 anos desde a publicação do *DSM-IV*, nosso conhecimento avançou consideravelmente e, após mais de dez anos de esforços concentrados, o *DSM-5* foi publicado em maio de 2013. Esse esforço grandioso foi realizado em colaboração com líderes internacionais que trabalharam simultaneamente na *CID-11* (lançada em junho de 2018, mas que entrará em vigor em janeiro de 2022), de forma que cada "grupo de trabalho" responsável por um conjunto de transtornos (por exemplo, transtornos de ansiedade) possuía um especialista internacional profundamente envolvido no trabalho do comitê. O consenso geral é que o *DSM-5* é altamente inalterado em comparação ao *DSM-IV*, embora alguns novos transtornos tenham sido introduzidos e outros, reclassificados. Houve também algumas alterações organizacionais e estruturais no manual diagnóstico em si. Por exemplo, o manual é dividido em três seções principais. A primeira apresenta o manual e descreve como melhor utilizá-lo. A segunda seção apresenta os transtornos em si, e a terceira inclui as descrições dos transtornos ou condições que necessitam de pesquisas adicionais antes de serem qualificados como diagnósticos oficiais.

O uso de eixos dimensionais para classificação de gravidade, intensidade, frequência ou duração de transtornos específicos de uma maneira relativamente uniforme em todos os transtornos também é uma característica do *DSM-5* (LeBeau et al., 2015). Por exemplo, para o transtorno de estresse pós-traumático (TEPT), LeBeau et al. (2014) desenvolveram a escala curta de TEPT para Pesquisa Nacional de Eventos Estressantes (*The National Stressful Events Survey PTSD Short Scale – NSES-SS2PTSD*), escala de autorrelato com nove itens desenvolvida com base em dados de um estudo nacional com adultos dos EUA (Kilpatrick, Resnick e Friedman, 2010). Essa escala foi revisada e aprovada pelo grupo de trabalho do *DSM-5* para avaliar a gravidade dos sintomas do TEPT nos últimos sete dias (American Psychiatric Association, 2013) e será descrita em mais detalhes no Capítulo 5.

Além das avaliações dimensionais da gravidade ou intensidade dos transtornos individuais, o *DSM-5* introduz medidas dimensionais transversais de sintomas. Essas avaliações não são específicas a um transtorno em particular, mas avaliam em um sentido global sintomas importantes que estão geralmente presentes em transtornos em quase todos os pacientes. Os exemplos incluem ansiedade, depressão e problemas com sono (Narrow et al., 2013). A ideia seria monitorar os sintomas, se presentes, durante o curso do tratamento para o transtorno apresentado.

Então, o transtorno bipolar pode ser diagnosticado e uma classificação dimensional do grau de ansiedade também presente pode ser oferecida, uma vez que o grau elevado de ansiedade parece predizer baixa resposta ao tratamento e, portanto, pode necessitar de tratamento adicional (Howland et al., 2009; Deckersbach et al., 2014). As questões sugeridas no *DSM-5* são: "Durante as últimas duas semanas, o quanto (ou com que frequência) você foi perturbado pelos seguintes problemas: 1) sentiu-se nervoso, ansioso, assustado, preocupado ou tenso, 2) sentiu pânico ou se sentiu amedrontado, 3) evitou situações que o deixam ansioso?" (American Psychiatric Association, 2013, p. 738). A pontuação do *DSM-5* seria uma escala de 0-4, em que 0 = sem ansiedade e 4 = ansiedade muito grave.

Observe que isso não representa uma alteração nas próprias categorias de transtornos; ao contrário, essas dimensões são adicionadas aos diagnósticos categoriais para oferecer aos clínicos mais informações para avaliação, planejamento de tratamento e monitoramento do tratamento. As alterações específicas para categorias do diagnóstico, bem como os diagnósticos, serão descritas em capítulos subsequentes.

▲ David Kupfer é o diretor da força-tarefa para a 5ª edição do *Manual Diagnóstico e Estatístico de Transtornos Mentais* (DSM), publicado em 2013.

▲ As diretrizes de diagnóstico segundo critérios do *DSM-5* levam as diretrizes culturais em consideração.

DSM-5 e Frank

No caso de Frank, as observações iniciais indicam um diagnóstico de transtorno obsessivo-compulsivo. Entretanto, ele também poderia ter traços de personalidade de longa permanência que o levassem a sistematicamente evitar o contato social. Nesse caso, poderia haver um diagnóstico de transtorno da personalidade esquizoide. As dificuldades matrimoniais e do trabalho seriam indicadas na etapa em que os clínicos observam problemas psicossociais ou ambientais que não são parte do transtorno, mas poderiam piorá-lo ou afetar o planejamento do tratamento. Da mesma forma, a gravidade ou o prejuízo geral poderiam ser classificados de forma dimensional periodicamente, conforme descrito anteriormente para o TEPT, para monitorar a resposta ao tratamento utilizando-se uma escala do *DSM-5* idealizada para esse objetivo (LeBeau et al., 2013).

É importante enfatizar que os prejuízos são uma determinação crucial ao fazer qualquer diagnóstico. Por exemplo, se alguém como Frank apresenta todos os sintomas de transtorno obsessivo-compulsivo, mas acha que esses sintomas são apenas levemente perturbadores em razão dos pensamentos intrusivos não serem muito graves e não acontecerem com frequência, essa pessoa não preencheria critérios de um transtorno psicológico. É essencial que os diversos comportamentos e cognições compreendidos no diagnóstico interfiram no funcionamento de maneira substancial. Assim, os critérios para os transtornos incluem a disposição de que o transtorno deve causar sofrimento ou prejuízo clinicamente significativo nas áreas social, ocupacional ou em outras áreas importantes do funcionamento. Os indivíduos que apresentam todos os sintomas citados, mas que não atravessam esse "limiar" de prejuízo, não poderiam ser diagnosticados com um transtorno. Conforme observado anteriormente, foi realizada uma alteração no *DSM-5* para tornar essa avaliação de gravidade e deficiência mais sistemática por meio do uso de uma escala dimensional. Em uma de nossas clínicas, temos aplicado algo similar há muitos anos (Brown e Barlow, 2014). Ou seja, além da classificação geral de prejuízo, o prejuízo especificamente associado com o transtorno (se presente) também é classificado. Utilizamos uma escala de 0 a 8, em que 0 é nenhum prejuízo e 8 é um prejuízo gravemente perturbador/incapacitante (em geral, a pessoa fica incapacitada de sair de casa e torna-se pouco funcional). O transtorno deve receber pelo menos classificação 4, no que se refere à gravidade (definitivamente perturbador ou incapacitante), para satisfazer os critérios para um transtorno psicológico. Muitas vezes, os transtornos, como o obsessivo-compulsivo, seriam classificados em 2 ou 3, significando que todos os sintomas existem, mas em formas muito leves para prejudicar o funcionamento; nesse caso, o transtorno seria denominado *subliminar*. Utilizando Frank como exemplo novamente, a gravidade de seu transtorno obsessivo-compulsivo seria classificada como 5.

Considerações sociais e culturais no *DSM-5*

Ao enfatizar os níveis de estresse no ambiente, o *DSM-III* e o *DSM-IV* facilitaram uma imagem mais completa do indivíduo. Além disso, o *DSM-IV* corrigiu uma omissão anterior, incluindo um plano para integrar influências sociais e culturais importantes no diagnóstico, uma característica que permanece no *DSM-5*. "Cultura" refere-se aos valores, conhecimentos e práticas que os indivíduos herdam em diferentes grupos étnicos, religiosos ou outros grupos sociais, assim como a forma de associação a esses grupos pode afetar a perspectiva desse indivíduo em sua experiência com os transtornos psicológicos (American Psychiatric Association, 2013). O plano, chamado "orientações para formulação cultural", permite que o transtorno seja descrito com base na perspectiva da experiência pessoal do paciente e considerando o grupo social e cultural primário, como hispânico ou chinês. A resposta a questões relacionadas à cultura sugeridas na Entrevista de Formulação Cultural do *DSM-5* (American Psychiatric Association, 2013) ajudará a atingir estes objetivos:

1. Alguns exemplos incluem: qual é o grupo cultural de referência primária do paciente? Para imigrantes recentes no país, bem como outras minorias étnicas, quão envolvidos eles estão na "nova" cultura *versus* na cultura anterior? Eles dominaram o idioma de seu novo país (por exemplo, o inglês dos Estados Unidos) ou o idioma ainda é um problema?
2. O paciente utiliza expressões e descrições de seu "antigo" país para descrever o transtorno? Por exemplo, *ataques de nervios* em subculturas hispânicas é um tipo de transtorno de ansiedade próximo do transtorno de pânico. O paciente

▲ Os tipos de deficiências aceitas em uma dada cultura são determinados socialmente.

aceita os modelos ocidentais de doença e transtorno para os quais há tratamento disponível pelos sistemas de saúde ou ele também tem um sistema de saúde alternativo em outra cultura (por exemplo, os médicos fitoterápicos nas subculturas chinesas)?

3. O que significa estar "incapacitado"? Quais "incapacidades" são aceitáveis em determinada cultura e quais não são? Por exemplo, é aceitável estar fisicamente doente, mas estar deprimido ou ansioso, não? Quais são os apoios familiares, sociais e religiosos típicos na cultura? Eles estão disponíveis para o paciente? O clínico entende a primeira língua do paciente, bem como o significado cultural do transtorno?

Essas considerações culturais não devem ser ignoradas ao fazer diagnósticos e planejar tratamentos; no decorrer deste livro, elas serão consideradas. Até agora, porém, não há nenhum suporte de pesquisas sobre a utilidade dessas diretrizes de formulação cultural (Aggarwal et al., 2013). O consenso é de que temos muito trabalho nessa área para tornar nossa nosologia de fato culturalmente sensível.

Críticas ao *DSM-5*

Uma vez que a colaboração entre grupos criadores da *CID-11* e do *DSM-5* foi muito bem-sucedida, está claro que o *DSM-5* e a seção de transtornos mentais da *CID-11* são os sistemas mais avançados de nosologia fundamentados cientificamente já desenvolvidos. Contudo, qualquer sistema nosológico deve ser considerado um trabalho em andamento (Brown e Barlow, 2005; Frances e Widiger, 2012; Millon, 2004; Regier et al., 2009; Smith e Oltmanns, 2009), e o *DSM-5* tentou organizar as operações permitindo revisões provisórias para as categorias na medida em que novas informações se tornaram disponíveis (American Psychiatric Association, 2013).

Há, ainda, categorias "imprecisas" que ficam obscuras em seus limites, tornando, às vezes, difíceis as decisões de diagnóstico. Como consequência, os indivíduos são diagnosticados com mais de um transtorno psicológico ao mesmo tempo, o que é chamado de **comorbidade**. Como podemos concluir algo em definitivo sobre o curso de um transtorno, a resposta ao tratamento ou a probabilidade de problemas associados se estamos lidando com combinações de transtornos (L. Allen et al., 2010; Brown e Barlow, 2009; Krueger et al., 2014)? Existe uma maneira de identificar características essenciais de transtornos comórbidos e, talvez, classificá-los dimensionalmente (Brown e Barlow, 2009; Rosellini et al., 2015)? A resolução desses problemas está à espera dos longos e lentos processos da ciência.

As críticas se concentram em dois outros aspectos do *DSM-5* e da *CID-11* prestes a entrar em vigor. Primeiro, os sistemas enfatizam muito a confiabilidade, às vezes à custa da validade. Isso é compreensível, porque a confiabilidade é difícil de atingir, a menos que se deseje sacrificar a validade. Se o único critério para estabelecer a depressão fosse ouvir o paciente dizer durante a entrevista "eu me sinto deprimido", o clínico poderia teoricamente alcançar a perfeita confiabilidade. Todavia, essa realização se daria à custa da validade, porque muitas pessoas com transtornos psicológicos diferentes, ou nenhum, ocasionalmente dizem que estão deprimidas. Assim, os clínicos poderiam concordar que a declaração aconteceu, mas isso seria de pouco uso (Meehl, 1989). Segundo, os métodos de construir nossa nosologia dos transtornos mentais têm uma tendência a perpetuar definições descartadas em décadas passadas, mesmo se elas fossem fundamentalmente falhas (Lilienfield, 2014). Alguns autores (por exemplo, Markon, 2013) acreditam que pode ser melhor começar do zero de vez em quando e criar um novo sistema de transtornos, ou vários novos sistemas, com base no conhecimento científico emergente e ver qual deles é o melhor, em vez de simplesmente ajustar definições antigas, mas isso é pouco provável de acontecer, pois envolve enorme esforço e custo e a necessidade de descartar conhecimento acumulado de versões anteriores.

Além da espantosa complexidade de categorizar a psicopatologia, os sistemas estão sujeitos à má utilização, que, em alguns casos, pode ser perigosa e prejudicial. As categorias de diagnóstico são apenas um formato conveniente para organizar observações que ajudam os profissionais a comunicar, estudar e planejar. Se solidificarmos uma categoria, literalmente a tornamos uma "coisa", supondo que tenha um significado que, na realidade, não existe. As categorias podem mudar de tempos em tempos com o advento de novos conhecimentos, então, nada é imutável. Se um caso cai nos vagos limites entre as categorias de diagnóstico, não devemos gastar toda a nossa energia tentando forçá-lo em uma ou outra categoria. É um pressuposto enganoso o de que tudo tem de se ajustar em determinado lugar.

Cuidado com rótulos e estigmas

Um problema relacionado que ocorre sempre que categorizamos as pessoas é a **rotulação**. Você deve se lembrar de Caco, o Sapo, de *Vila Sésamo*, que compartilhava conosco que "Não é fácil ser verde". Alguma coisa na natureza humana nos faz usar um rótulo, mesmo um tão superficial quanto o da cor da pele, para caracterizar a totalidade de um indivíduo ("Ele é verde... ele é diferente de mim"). Observamos o mesmo fenômeno em relação aos transtornos psicológicos ("Ele é esquizofrênico"). Além disso, se o transtorno é associado a qualquer prejuízo no funcionamento comportamental ou cognitivo, o rótulo adquire conotações negativas e contribui para o estigma, que é uma combinação de preconceitos, crenças negativas estereotipadas e atitudes, que resulta na redução das oportunidades de vida para o grupo desvalorizado em questão, tais como indivíduos com transtornos mentais (Hinshaw e Stier, 2008; Martinez et al., 2011; Parcesepe e Cabassa, 2013).

Houve muitas tentativas, com o passar dos anos, de categorizar a deficiência intelectual. A maioria das categorias foi baseada na gravidade do prejuízo ou no nível mais alto da capacidade de desenvolvimento que o indivíduo poderia alcançar. No entanto, os rótulos para essas categorias de prejuízo cognitivo precisaram ser alterados periodicamente à medida que se estabeleciam estigmas associados. Uma categorização anterior descrevia os níveis de gravidade como *débil* (menos grave), *imbecil* e *idiota* (mais grave). Quando esses termos foram introduzidos, eram neutros, simplesmente descreviam a gravidade do prejuízo cognitivo e de desenvolvimento de uma pessoa. Todavia, à medida que começaram a ser utilizados na linguagem comum, assumiram conotações negativas e adquiriram a carga de insultos. Conforme esses termos se tornaram pejorativos, foi necessário eliminá-los do léxico categórico e elaborar um novo conjunto de rótulos de classificação menos depreciativos. Um dos mais recentes avanços é categorizar a deficiência intelectual funcionalmente em relação aos níveis de apoio necessários para esses indivíduos. Em outras palavras, o grau de deficiência intelectual de uma pessoa é determinado pela quantidade de assistência de que ela precisa (ou seja, intermitente, limitada, extensiva e abrangente), em vez de ser determinado pela pontuação de QI (Lubinski, 2004; Luckasson et al., 1992). No *DSM-5*, o termo "retardo mental" foi retirado em favor do termo mais adequado "deficiência intelectual", que é ainda descrita como leve, moderada, grave ou profunda (American Psychiatric Association, 2013). Isso é consistente com as mudanças recentes feitas por outras organizações (ver Capítulo 14).

Em qualquer caso, uma vez rotulados, os indivíduos com transtorno podem se identificar com as conotações negativas associadas ao rótulo (Hinshaw e Stier, 2008). Isso afeta sua autoestima, embora Ruscio (2004) indique que significados negativos associados a rótulos não são necessariamente uma consequência de realizar um diagnóstico se retransmitidos com compaixão. Contudo, se você pensar sobre suas próprias reações com relação à doença mental, provavelmente reconhecerá a tendência de generalizá-la de forma inapropriada com base em rótulos. De fato, por vários motivos, Hinshaw e Stier (2008) observam que a estigmatização dos indivíduos com transtornos mentais está aumentando em vez de diminuir. É preciso lembrar que os termos da psicopatologia não descrevem pessoas, mas identificam padrões de comportamento que podem ou não acontecer em determinadas circunstâncias. Assim, se o transtorno for médico ou psicológico, devemos resistir à tentação de identificar a pessoa com o transtorno:

▲ Como esse homem seria rotulado? Stephen Hawking, um dos maiores físicos do mundo, é severamente debilitado pela esclerose lateral amiotrófica, uma doença degenerativa progressiva rara da medula espinhal. Uma vez que ele não pode usar suas cordas vocais ou mover seus lábios, Hawking digita suas palavras em um sintetizador de voz eletrônico que "fala" por ele. Ele utiliza sua impressão digital para autografar livros. "Eu tenho sorte", ele diz. "Não tenho nada a reclamar."

observe as diferentes implicações de "John é diabético" e "John é uma pessoa que tem diabetes".

Criando um diagnóstico

Durante as deliberações extensivas por milhares de pessoas que levaram à publicação de ambos os *DSM-IV* e *DSM-5*, foi considerado um certo número de categorias de diagnóstico potencialmente novas. Pelo fato de um de nós ser membro da força-tarefa do *DSM-IV*, o órgão supervisor da tomada de decisão final sobre a criação do *DSM*, e um conselheiro para o *DSM-5*, podemos oferecer exemplos para ilustrar como são criadas as categorias de diagnóstico. Em um caso, não foi incluído um novo diagnóstico potencial no *DSM-5*; em um segundo caso, foi criado um novo diagnóstico. Descrevemos agora cada caso brevemente.

Transtorno misto ansioso e depressivo

Consultórios médicos, clínicas, hospitais etc. são chamados *instituições de atenção primária à saúde*, porque são os primeiros locais aonde vai a pessoa com algum problema. Durante anos, pessoas que iam a esses locais reclamavam de dores menores que não tinham nenhuma fundamentação física. Elas também se queixavam de se sentirem nervosas, mergulhadas em tristeza e ansiedade. Os profissionais que examinavam esses indivíduos relatavam que os sintomas tanto de ansiedade quanto de depressão eram clássicos, mas não frequentes ou graves o bastante para atingir os critérios de um transtorno de ansiedade ou do humor.

A força-tarefa do *DSM-IV* estava preocupada com assuntos como esse por diversas razões. Primeiro, pelo fato de muitos indivíduos apresentarem sintomas menores de determinado transtorno, é importante assegurar limites altos o suficiente para que apenas pessoas que estejam claramente sofrendo de algum tipo de prejuízo possam se qualificar para a categoria. (*Limite* é o número mínimo de critérios necessários para chegar à definição de um transtorno.) O motivo principal dessa preocupação é que as implicações legais e políticas substanciais são contingentes para um diagnóstico. Ou seja, alguém que apresenta um transtorno psicológico que claramente o qualifica a um diagnóstico se torna parte do sistema médico-legal organizado e é elegível a solicitar ao governo ou aos convênios médicos (ou mover uma ação) um reembolso ou auxílios-doença. Esse dinheiro vem dos contribuintes, já sobrecarregados pelos aumentos repentinos dos custos com saúde. Evidentemente, se o sistema de diagnóstico incluir pessoas com sintomas menores, que não estão de fato prejudicadas, mas que apenas "se sentem para baixo" de vez em quando, ou não gostam de seu trabalho e querem um afastamento (uma solicitação muito comum em clínicas de saúde mental), o sistema de saúde ficaria ainda mais sobrecarregado e teria menos recursos para tratar pessoas com doenças mais graves. Contudo, se as pessoas experimentam sofrimento e prejuízo consideráveis de funcionamento, deveriam ser asseguradas por qualquer sistema de saúde. Por esses motivos, sintomas menores de ansiedade e depressão não foram considerados suficientemente graves para constituir um diagnóstico formal.

Em 1989, Klerman e Weissman, em relato em um amplo estudo de Wells et al. (1989), descobriram que os pacientes que afirmavam estarem ansiosos e ligeiramente deprimidos estavam prejudicados em diversas áreas quando comparados aos controles saudáveis e a pacientes em condições médicas crônicas. Era *pior* do que o prejuízo em muitos pacientes com condições crônicas, tais como doença cardíaca ou pulmonar. A evidência também sugeriu que esses indivíduos estavam impondo enormes encargos ao sistema de saúde, pois iam em grande número a clínicas comunitárias e de médicos particulares. Por conseguinte, concluímos que poderia ser muito valioso identificar essas pessoas e descobrir mais sobre a etiologia, o curso e a manutenção do problema. Os autores da *CID-10*, reconhecendo que esse fenômeno é prevalente no mundo, criaram uma categoria de *transtorno misto ansioso e depressivo*, mas não definiram ou criaram nenhum critério que permitisse uma análise mais aprofundada do transtorno potencial. Para explorar a possibilidade de criar uma nova categoria de diagnóstico (Zinbarg e Barlow, 1996; Zinbarg et al., 1994, 1998), foi conduzido um estudo com três metas específicas. Em primeiro lugar, se os profissionais da saúde mental administrassem as entrevistas semiestruturadas (ADIS-IV), descobririam pacientes que se encaixam na nova categoria? Ou um exame cuidadoso descobriria critérios para transtornos já existentes que foram negligenciados por profissionais da saúde que não estão bem treinados em identificar transtornos psicológicos? Em segundo lugar, se o transtorno misto ansioso e depressivo realmente existisse, seria mais prevalente nas instituições de atenção primária à saúde do que nos ambulatórios de saúde mental? Terceiro, quais conjuntos de critérios (por exemplo, tipo e número de sintomas) melhor identificariam o transtorno?

O estudo para responder a essas questões foi conduzido simultaneamente em sete diferentes lugares ao redor do mundo (Zinbarg et al., 1994, 1998). Os resultados indicaram que as pessoas que apresentam um número determinado de sintomas de ansiedade e depressão que *não se enquadraram* nos critérios para um transtorno existente de ansiedade ou humor (porque não tiveram certos sintomas mistos e/ou gravidade dos sintomas ansiosos e depressivos) eram comuns na atenção primária à saúde. Além disso, eram prejudicadas em seu funcionamento social e ocupacional e experimentavam muito sofrimento. Análises adicionais revelaram que essas pessoas poderiam ser distinguidas daquelas com ansiedade existente ou transtornos do humor com base em seus sintomas utilizando os procedimentos de avaliação detalhados cuidadosamente. Uma vez que essas pessoas pareceram tanto ansiosas quanto deprimidas, a nova categoria em potencial possuía validade de conteúdo. Esse estudo também estabeleceu alguns critérios importantes para determinar a validade de construto para a nova categoria de transtorno misto ansioso e depressivo.

Entretanto, uma vez que essa categoria era tão nova, não tínhamos informações sobre critérios adicionais importantes para o estabelecimento da validade de construto – como curso, resposta ao tratamento e a extensão que o transtorno agrega em famílias –, e ainda não pudemos verificar a confiabilidade do diagnóstico ou algo sobre a validade preditiva neste momento. Portanto, a decisão da força-tarefa do *DSM-IV* foi colocar esse diagnóstico de transtorno misto ansioso e depressivo no apêndice, que é reservado para novos diagnósticos em estudo, pela possibilidade de que se torne uma categoria completa de diagnóstico em edições futuras, pendente de mais pesquisas (First e Pincus, 2002). Desde a publicação do *DSM-IV*, vários estudos reavaliaram esse problema para observar se o transtorno misto ansioso e depressivo poderia ser incluído no *DSM-5* (por exemplo, Weisberg et al., 2005). A conclusão geral foi que, embora as pessoas apresentem esses sintomas, são relativamente raros na ausência de um transtorno de ansiedade ou humor, os sintomas mistos de ansiedade e depressão não duram muito tempo e foi muito difícil identificar a condição de forma confiável. Esses achados eliminaram considerações adicionais do transtorno misto ansioso e depressivo como um diagnóstico novo e separado no *DSM-5*; de fato, não foi nem adicionado à terceira seção, em que os transtornos que precisam de estudos adicionais se encontram, e provavelmente não será considerado em uma edição futura do *DSM*.

Transtorno disfórico pré-menstrual

O transtorno disfórico pré-menstrual evoca um assunto muito diferente, que deve ser considerado na criação de qualquer categoria de diagnóstico: viés e estigmatização. A avaliação dessa categoria extremamente controversa começou bem antes da publicação do *DSM-III-R*, em 1987. Os clínicos identificaram um pequeno grupo de mulheres que apresentavam graves, e às vezes incapacitantes, reações emocionais associadas à fase lútea final do período menstrual (Rivera-Tovar, Pilkonis e Frank, 1992). Na sequência, foram feitas propostas para considerar a inclusão desse transtorno no *DSM-III-R*. Em vista do sofrimento e dos prejuízos associados à condição, os proponentes argumentaram que as mulheres mereciam atenção, cuidados e suporte financeiro que a inclusão em uma categoria de diagnóstico ofereceria. Além disso, assim como com o transtorno misto ansioso e depressivo, a criação dessa categoria promoveria um aumento significativo nas pesquisas sobre a natureza e o tratamento do problema.

Não obstante, os argumentos contra a categoria foram dispostos juntamente a diversas frentes. Primeiro, os opositores observaram que havia poucas informações científicas sobre o tópico tanto na literatura clínica quanto na acadêmica. As informações disponíveis eram insuficientes para garantir a criação de uma nova categoria de diagnóstico. Mais importantes foram as objeções significativas de que o que poderia ser um estágio endocrinológico normal experimentado por todas ou pela maioria das mulheres seria estigmatizado como um transtorno psiquiátrico. As semelhanças aparentes com a categoria "histeria", descrita no Capítulo 1, também foram observadas. (Lembre-se de que este chamado transtorno foi diagnosticado exclusivamente em mulheres e caracterizado por uma variedade de queixas físicas incapacitantes sem base médica, cuja causa era considerada como o deslocamento do útero.) Foram levantadas questões sobre se o transtorno seria mais bem descrito como endocrinológico ou ginecológico em vez de mental. Uma vez que o transtorno disfórico pré-menstrual ocorre somente em mulheres, deveríamos incluir um transtorno masculino comparável? Por exemplo, a agressividade relacionada ao excesso de hormônios masculinos?

A força-tarefa do *DSM-III-R* decidiu colocar esse transtorno no anexo com a expectativa de promover estudos futuros. A força-tarefa também quis diferenciá-lo da síndrome pré-menstrual (SPM), que tem sintomatologia pré-menstrual menos grave e específica. Uma maneira de conseguir isso foi nomear a condição de *transtorno disfórico da fase lútea tardia (TDFLT)*.

Após a publicação do *DSM-III-R*, o TDFLT atraiu muita atenção no que se refere a pesquisas. Em 1991, alguns observadores estimaram que houve um artigo de pesquisa publicado por mês sobre TDFLT (Gold et al., 1996). Muitos resultados científicos foram acumulados, o que deu suporte à inclusão desse transtorno no *DSM-IV*. Por exemplo, embora sintomas vagos e menos graves da síndrome pré-menstrual (SPM) ocorram em 20% a 40% das mulheres (Severino e Moline, 1989), somente uma proporção muito pequena delas – cerca de 4,6% – sofre de sintomas mais graves e incapacitantes associados ao TDFLT (Rivera-Tovar e Frank, 1990). Além disso, um número significativo de mulheres com nenhum outro transtorno psicológico se enquadrou nos critérios do TDFLT. Entre outras descobertas que apoiam a inclusão desse transtorno no *DSM-IV* estão as anormalidades de diversos sistemas biológicos associados à disforia pré-menstrual clinicamente significativa (Gold et al., 1996) e com a revelação de que diversos tipos de tratamento prometem ser efetivos contra o TDFLT (por exemplo, consultar Stone, Pearlstein e Brown, 1991). Hurt e seus colaboradores, em uma reanálise de dados de 670 mulheres, recomendaram um conjunto de critérios para esse transtorno que não eram muito diferentes dos propostos no *DSM-III-R* (Hurt et al., 1992).

Não obstante, ainda havia argumentos contrários à inclusão desse transtorno no sistema de diagnóstico. A maioria deles cita a característica de estigmatização, alertando que o reconhecimento poderia confirmar a crença cultural de que a menstruação e a incapacidade resultante dela tornam as mulheres incapazes para posições de responsabilidade. (Houve diversos casos em que as acusações de uma condição menos grave de SPM foram utilizadas contra uma mãe na tentativa de ganhar a custódia de uma criança por parte do pai; ver Gold et al., 1996.) Aqueles que argumentam contra o transtorno também mostram que alguns dos sintomas são associados à raiva, o que não seria visto como inadequado em um homem.

Curiosamente, muitas mulheres que sofrem desse transtorno não têm problema com esse rótulo. Por outro lado, algumas que apresentam outros transtornos psicológicos, como depressão, recusam-se a aceitar a sugestão de um "problema psiquiátrico", insistindo que é realmente SPM (Rapkin, Chang e Reading, 1989). No início de 1994, a força-tarefa do *DSM-IV* decidiu reter o transtorno no apêndice, indicando a necessidade de mais estudos. Entre outros problemas, o comitê queria recolher mais dados sobre a prevalência dessa condição utilizando novos critérios e examinar mais cuidadosamente os dados na relação desse problema com os transtornos do humor existentes. Diversas descobertas adicionais de pesquisa indicaram que o nome *transtorno disfórico da fase lútea tardia* não era preciso, porque os sintomas poderiam não ser exclusivamente relacionados ao estado endócrino dessa fase. Por conseguinte, o nome foi alterado para *transtorno disfórico pré-menstrual (TDPM)*.

Desde 1994, as pesquisas continuam, e até aceleraram, sobre a natureza e o tratamento do TDPM, com milhares de artigos publicados deste tópico em geral (Bloch, Schmidt e Rubinow, 2014; Epperson et al., 2012; O'Brien et al., 2011; Hartlage et al., 2012; Pearlstein, 2010; Zachar e Kendler, 2014). Estudos epidemiológicos de todo o mundo apoiaram a existência de sintomas pré-menstruais incapacitantes em cerca de 2% a 5% das mulheres, com outros 14% a 18% apresentando sintomas moderados (Epperson et al., 2012; Cunningham et al., 2009; Gold, 1997; Ko et al., 1996; Pearlstein e Steiner, 2008). A American College of Obstetricians and Gynecology publicou também as diretrizes de prática clínica sistemática, recomendando tratamentos específicos (American College of Obstetricians and Gynecologists, 2002) e novas informações sobre o tratamento efetivo são frequentemente publicadas (Epperson et al., 2012; Freeman et al., 2009; Jang, Kim e Choi, 2014; Yonkers, 2015). Uma das dificuldades encontradas foi a distinção do TDPM das exacerbações pré-menstruais de outros transtornos, como o transtorno de compulsão alimentar periódica ou os transtornos do humor (Pearlstein et al., 2005). Hartlage et al. (2012) propuseram um método que considera a natureza e o ritmo dos sintomas, a fim de tornar válida a distinção entre o TDPM e as exacerbações pré-menstruais de outros transtornos. Por exemplo, os sintomas de TDPM devem estar ausentes ou presentes apenas de maneira leve na fase pós-menstrual. Da mesma forma, para distingui-lo de um transtorno do humor, alguns dos sintomas associados devem ser diferentes daqueles associados a um transtorno do humor, como certos sintomas físicos ou ansiedade. As evidências acumuladas parecem sugerir que o TDPM é considerado mais um transtorno do humor do que, por exemplo, um transtorno endócrino e deveria continuar a ser considerado um transtorno mental (Cunningham et al., 2009; Gold, 1999). O TDPM tem hoje respaldo suficiente para ser incluído como um transtorno psicológico distinto no *DSM-5*, no capítulo de transtornos do humor (consultar Capítulo 7).

Além do *DSM-5*: dimensões e espectro

O processo de alteração dos critérios dos diagnósticos existentes e a criação de novos diagnósticos continuarão à medida que a ciência avançar. Novas descobertas sobre circuitos cerebrais, processos cognitivos e fatores culturais que afetam nosso comportamento poderiam definir os critérios diagnósticos de maneira relativamente rápida.

Conforme mencionado, embora alguns novos transtornos tenham sido adicionados e outros realocados de uma seção para outra, no geral, o *DSM-5* não sofreu alterações substanciais em relação ao *DSM-IV*. Contudo, está claro para a maioria dos profissionais envolvidos nesse processo que a confiança exclusiva nas categorias discretas de diagnóstico não atingiu o objetivo de estabelecer um sistema satisfatório de nosologia (Blashfield et al., 2014; Krueger, Watson e Barlow, 2005; Lilienfeld, 2014; Krueger, Watson e Barlow, 2005; Frances e Widiger, 2012). Além dos problemas observados anteriormente com a comorbidade e os limites vagos entre as categorias de diagnóstico, poucas evidências emergiram para validar essas categorias, como, por exemplo, descobrir causas subjacentes específicas associadas a cada categoria (Regier et al., 2009). De fato, não foi descoberto nenhum marcador biológico, tal como um teste de laboratório que distinguisse um transtorno do outro (Frances, 2009; Widiger e Crego 2013; Widiger e Samuel, 2005). Também está claro que as categorias atuais necessitam de mais especificidade de tratamento. Ou seja, certos tratamentos, como as terapias cognitivo-comportamentais ou drogas antidepressivas específicas, são, de fato, efetivos para um grande número de categorias de diagnóstico que não deveriam ser tão semelhantes (Kennedy e Barlow, 2017). Portanto, embora algum progresso tenha sido alcançado, muitos estão começando a presumir que as limitações do atual sistema de diagnóstico são substanciais o bastante para que as contínuas pesquisas nessas categorias de diagnóstico nunca consigam descobrir as causas subjacentes ou ajudar a desenvolver novos tratamentos.

Pode ser o momento de uma nova abordagem. Uma sugestão fortemente apoiada pelos dois últimos diretores do National Institute of Mental Health (Hyman, 2010; Insel et al., 2010; Insel, 2014). A maioria das pessoas concorda que essa abordagem incorporará uma estratégia dimensional em uma extensão muito maior do que a adotada no *DSM-5* (Krueger e Markon, 2014; Widiger e Crego, 2013). O termo "espectro" é outro modo de descrever grupos de transtornos que compartilham certas bases biológicas, ou qualidades ou dimensões psicológicas. Por exemplo, no Capítulo 14 será apresentado um dos notáveis avanços no *DSM-5*, em que a expressão "síndrome de Asperger" (uma forma leve de transtorno do espectro autista) foi integrada ao transtorno autista em uma nova categoria do "transtorno do espectro autista". Mas também está claro a essa altura que a pesquisa não está suficientemente avançada para tentar uma virada para a abordagem dimensional ou de espectro, então as categorias no *DSM-5* em sua maioria parecem muito

com as categorias no *DSM-IV*, com algumas atualizações na linguagem e precisão e clareza melhoradas. Mas, em razão do avanço conceitual e das pesquisas durante o processo de criação do *DSM-5*, mais abordagens dimensionais conceitualmente substanciais e consistentes estão em desenvolvimento e podem estar prontas para a sexta edição do *DSM* em 10 a 20 anos.

Por exemplo, na área dos transtornos da personalidade, a maioria dos pesquisadores que estudam amostras clínicas de pacientes com transtornos da personalidade e amostras da comunidade concluiu que os transtornos da personalidade não eram qualitativamente distintos das personalidades de indivíduos com funcionamento normal em amostras de comunidade (Krueger et al., 2014; Trull, Carpenter e Widiger, 2013). Ao contrário, transtornos da personalidade simplesmente representam variantes de má adaptação e talvez extremos de traços de personalidade comuns (Widiger e Edmundson, 2011; Widiger, Livesley e Clark, 2009). Mesmo a estrutura genética da personalidade não é consistente com transtornos da personalidade categóricos discretos (ou separados). Ou seja, as disposições de personalidade definidas mais amplamente, tais como ser tímido e introvertido ou extrovertido, têm influência genética mais forte (carga genética maior) do que transtornos da personalidade definidos atualmente (First et al., 2002; Livesley e Jang, 2008; Livesley, Jang e Vernon, 1998; Rutter, Moffitt e Caspi, 2006; Widiger et al., 2009). Para transtornos de ansiedade e humor, Brown e Barlow (2009) propuseram um novo sistema dimensional de classificação com base em pesquisa prévia (Brown, Chorpita e Barlow, 1998), demonstrando que a ansiedade e a depressão têm mais em comum do que se pensava anteriormente e podem ser mais bem representadas como pontos em um *continuum* de afeto negativo ou um espectro de transtornos emocionais (consultar Barlow, 2002; Brown e Barlow, 2005, 2009; Roselline et al., 2015). Até mesmo para transtornos graves com influências genéticas mais fortes, tais como esquizofrenia, parece que estratégias de classificação dimensionais ou abordagens de espectro podem se revelar superiores (Ahmed et al., 2013; Charney et al., 2002; Harvey e Bowie, 2013; Widiger e Edmundson, 2011).

Ao mesmo tempo, novos avanços na área de neurociência que relatam a estrutura e o funcionamento do cérebro fornecerão informações importantes sobre a natureza dos transtornos psicológicos. Essas informações poderão então ser integradas a mais informações psicológicas, sociais e culturais no sistema de diagnóstico. Até mesmo os neurocientistas estão abandonando a noção de que grupos de genes ou circuitos cerebrais serão descobertos como especificamente associados às categorias de diagnóstico *DSM-5*, conforme observado no Capítulo 2. Em vez disso, presume-se agora que serão descobertos processos neurobiológicos associados a padrões ou traços cognitivos, emocionais ou comportamentais específicos (por exemplo, inibição comportamental) que não necessariamente correspondem estreitamente a categorias diagnósticas atuais.

Com isso em mente, podemos focar no estado atual de nosso conhecimento sobre uma variedade dos principais transtornos psicológicos. Mas, primeiramente, revisaremos a área mais importante de métodos e estratégias de pesquisa utilizadas para estabelecer novos conhecimentos de psicopatologia.

Verificação de conceitos 3.2

Identifique cada uma das seguintes afirmações relacionadas ao diagnóstico dos transtornos psicológicos como verdadeiro (V) ou falso (F).

1. _____ A abordagem categorial clássica para classificação presume que existe apenas um conjunto de fatores causais por transtorno, sem sobreposição entre os transtornos, e a abordagem prototípica utiliza características essenciais, definidoras, bem como uma gama de outras características.
2. _____ Como em versões anteriores, o *DSM-5* mantém uma distinção entre os transtornos de bases orgânica e psicológica.
3. _____ O *DSM-5* erradicou o problema de comorbidade, a identificação de dois ou mais distúrbios em um indivíduo de uma só vez, o que foi anteriormente causado por categorias imprecisas.
4. _____ Se dois ou mais médicos concordam sobre a classificação de um paciente, as avaliações são consideradas válidas.
5. _____ Um perigo na classificação psicológica é que um rótulo de diagnóstico pode ser utilizado para caracterizar pessoalmente o indivíduo como um todo.

Resumo

Avaliando transtornos psicológicos

- A avaliação clínica é a avaliação e a medida sistemáticas de fatores psicológicos, biológicos e sociais em um indivíduo com um possível transtorno psicológico; o diagnóstico é o processo de determinar se esses fatores satisfazem todos os critérios de um transtorno psicológico específico.
- A confiabilidade, a validade e a padronização são componentes importantes para determinar o valor de uma avaliação psicológica.
- Para avaliar diversos aspectos dos transtornos psicológicos, em um primeiro momento, os clínicos podem entrevistar e fazer um exame informal do estado mental do paciente. Observações mais sistemáticas do comportamento são chamadas de avaliação comportamental.
- Uma variedade de testes psicológicos pode ser usada durante a avaliação, incluindo testes projetivos, nos quais o paciente responde a estímulos ambíguos projetando pensamentos inconscientes; inventários de personalidade, nos quais o paciente responde a um questionário de autorrelato elaborado para avaliar seus traços de personalidade; e teste de inteligência, que oferece uma pontuação conhecida como quociente de inteligência (QI).
- Os aspectos biológicos dos transtornos psicológicos podem ser avaliados por meio de testes neuropsicológicos construídos para identificar possíveis áreas de disfunção cerebral. A neuroimagem pode ser utilizada para identificar a estrutura e o funcionamento do cérebro. Por fim, a avaliação psicofisiológica se refere às mudanças mensuráveis no sistema nervoso que refletem eventos emocionais ou psicológicos que poderiam ser relevantes para um transtorno psicológico.

Diagnosticando transtornos psicológicos

- O termo *classificação* se refere a qualquer esforço para construir grupos ou categorias e para designar objetos ou pessoas nas categorias segundo seus atributos ou relações compartilhadas. Os métodos de classificação incluem abordagens categorial clássica, dimensional e prototípica. O sistema atual de classificação, o Manual Diagnóstico e Estatístico, quinta edição (*DSM-5*), é fundamentado em uma abordagem prototípica em que determinadas características essenciais são identificadas, mas algumas variações "não essenciais" não mudam necessariamente a classificação. As categorias do *DSM-5* são baseadas nas descobertas empíricas para identificar os critérios para cada diagnóstico. Embora esse sistema seja o melhor até hoje em termos de fundamentos científicos, ele está longe de ser perfeito, e a pesquisa continua da melhor forma possível para classificar transtornos psicológicos.

Termos-chave

abordagem categorial clássica (ou pura)
abordagem dimensional
abordagem prototípica
agregação familiar
automonitoramento
avaliação clínica
avaliação comportamental
avaliação psicofisiológica
classificação
comorbidade
confiabilidade
diagnóstico
eletroencefalograma (EEG)
estratégia idiográfica
estratégia nomotética
exame de estado mental
falso negativo
falso positivo
inventários de personalidade
neuroimagem
nomenclatura
nosologia
padronização
quociente de inteligência (QI)
rotulação
taxonomia
testes neuropsicológicos
testes projetivos
validade

Respostas da verificação de conceitos

3.1

Parte A
1. b; 2. a; 3. e; 4. c; 5. d

Parte B
6. C, V; 7. NC, NV; 8. C, V; 9. NC, NV

3.2
1. V;
2. F;
3. F (ainda um problema);
4. F (confiável);
5. V

4 Métodos de pesquisa

RESUMO DO CAPÍTULO

Examinando o comportamento atípico
  Conceitos importantes
  Componentes básicos de uma pesquisa
  Significância estatística *versus* significância clínica
  O cliente "mediano"

Tipos de métodos de pesquisa
  Estudando casos individuais
  Pesquisa por correlação
  Pesquisa por experimentação
  Desenhos experimentais de caso único

Genética e comportamento ao longo do tempo e das culturas
  Estudando a genética
  Estudando o comportamento ao longo do tempo
  Estudando o comportamento nas culturas
  Poder de um programa de pesquisa
  Replicação
  Ética na pesquisa

Resultados finais de assimilação do conteúdo pelo aluno*	
• **Interpretar, desenhar e conduzir pesquisa básica em psicologia:**	• Descrever os métodos de pesquisa utilizados pelos psicólogos, incluindo suas respectivas vantagens e desvantagens [APA SLO 2.4a] • Definir e explicar o propósito dos conceitos-chave da pesquisa que caracterizam a pesquisa em psicologia (p. ex. hipóteses, definição operacional) [APA SLO 2.4c]
• **Incorporar fatores socioculturais em investigação científica:**	• Reconhecer as influências sistemáticas dos vieses sociocultural, teórico e pessoal na iniciativa de pesquisa e avaliar a efetividade com a qual os pesquisadores abordam outras influências de pesquisa em psicologia [APA SLO 2.5a].
• **Aplicar os padrões éticos na ciência psicológica e na prática:**	• Discutir questões éticas relevantes que refletem os princípios do Código de Ética da APA [APA SLO 3.1c]

*Parte deste capítulo trata dos resultados finais de aquisição de conhecimento sugeridos pela American Psychological Association (2013), inclusos nas diretrizes de bacharéis em Psicologia. O escopo do capítulo concernente aos resultados está identificado acima pela APA Goal e pela APA Suggested Learning Outcome (SLO).[1]

Examinando o comportamento atípico

Cientistas comportamentais exploram o comportamento humano da mesma forma que outros cientistas estudam atividades vulcânicas ou o impacto do uso do telefone celular nas células cerebrais: eles usam o método científico. Como já vimos, o comportamento atípico é um assunto desafiador em virtude da interação das dimensões biológica e psicológica. Raramente há respostas simples para questões como "Por que algumas pessoas têm alucinações?" ou "Como tratar alguém com tendência suicida?".

Além da complexidade óbvia da natureza humana, outro fator que dificulta o estudo objetivo do comportamento atípico é a inacessibilidade a muitos aspectos importantes desse fenômeno. Não podemos entrar na mente das pessoas, exceto de forma indireta. Felizmente, alguns indivíduos muito criativos aceitaram esse desafio e desenvolveram métodos engenhosos para estudar cientificamente quais comportamentos constituem problemas, por que pessoas sofrem de transtornos comportamentais e como tratá-los. Muitas questões críticas em relação ao comportamento atípico ainda precisam ser respondidas, e nossa expectativa é de que alguns de vocês se inspirem em assumi-las. Todavia, sabe-se que entender os métodos de pesquisa é extremamente importante para todos. Você ou alguém próximo poderá precisar dos serviços de um psicólogo, de um psiquiatra ou de outro profissional da área da saúde mental. Então, podem surgir questões como as seguintes:

- A agressão infantil é motivo de preocupação, ou apenas uma fase pela qual meu filho está passando?
- Os noticiários de TV relatam que ficar mais exposto ao sol alivia a depressão. Em vez de se consultar com um terapeuta, devo comprar uma passagem para o Havaí?

- Li na internet sobre os horrores do tratamento de choque. Será que deveria aconselhar meu vizinho a não deixar sua filha fazer esse tipo de tratamento?
- Meu irmão faz terapia há três anos e não parece melhor. Devo dizer a ele para procurar outro tipo de ajuda?
- Minha mãe está na casa dos 50 anos, mas parece que está se esquecendo das coisas. Amigos dizem que isso é da idade. Será que devo me preocupar?

Para responder a essas questões, é preciso estar atento às pesquisas. Quando você entender as maneiras corretas de obter informações – ou seja, a metodologia de pesquisa –, saberá quando está lidando com um fato, e não com ficção. Saber a diferença entre um modismo e uma abordagem estabelecida para um problema pode fazer a diferença entre meses de sofrimento e a rápida resolução de um problema perturbador.

Conceitos importantes

Como dissemos no início, neste livro examinamos diversos aspectos do comportamento atípico. Primeiro, "Quais problemas causam sofrimento e prejuízos no funcionamento?". Segundo, "Por que as pessoas se comportam de maneira incomum?". E terceiro, "Como podemos ajudá-las a se comportar de uma maneira mais adaptativa?". A primeira questão é sobre a natureza dos problemas que as pessoas relatam; exploramos estratégias de pesquisa que nos ajudam a respondê-la. A segunda questão considera as causas, ou *etiologia*, do comportamento atípico; exploramos as estratégias para descobrir por que um transtorno ocorreu. Por fim, pelo fato de querermos ajudar as pessoas que apresentam transtornos, descrevemos como os pesquisadores avaliam os tratamentos. Entretanto, antes de discutirmos estratégias específicas, devemos considerar as diversas maneiras de avaliar pesquisas.

Componentes básicos de uma pesquisa

O processo básico de pesquisa é simples. Você começa com uma suposição, chamada **hipótese**, sobre o que espera desco-

---

[1] NTT da tradução da 8ª edição norte-americana: No Brasil, as chamadas Diretrizes Curriculares Nacionais (DCN) para a graduação em Psicologia são instituídas via Ministério da Educação (MEC) e Conselho Federal de Psicologia (CFP).

CAPÍTULO 4 – MÉTODOS DE PESQUISA **103**

brir. Quando decide como vai testar essa hipótese, você formula um **desenho de pesquisa**, que inclui os aspectos que quer mensurar nas pessoas que está estudando (**variável dependente**) e as influências dessas características ou comportamentos (**variável independente**). Por fim, duas formas de validade são específicas para as pesquisas: validades interna e externa. A **validade interna** é a extensão em que estamos certos de que a variável independente está fazendo a variável dependente mudar. A **validade externa** se refere a quão bem os resultados se relacionam a aspectos fora do seu estudo – em outras palavras, quão bem suas descobertas descrevem indivíduos semelhantes que não estavam entre os participantes do estudo. Embora discutamos várias estratégias de pesquisa, todas têm esses elementos básicos. A Tabela 4.1 mostra os componentes essenciais de uma pesquisa.

Hipótese

Os seres humanos buscam ordem e propósito. Queremos saber por que o mundo funciona como funciona, e por que as pessoas se comportam de determinada maneira. Robert Kegan nos descreve como organismos "construtores de sentido", cujo esforço é dar constantemente sentido ao que está acontecendo ao nosso redor (Lefrançois, 1990). Na verdade, uma pesquisa fascinante em psicologia social nos diz que podemos ter uma motivação intensa para atribuir sentido ao mundo, especialmente se passarmos por situações que parecem ameaçar nosso sentido de ordem e significado (Heintzelman e King, 2014). E para aquelas pessoas que parecem não querer saber por que os outros se comportam da maneira que se comportam nós às vezes concluímos que isso é um transtorno psicológico (por exemplo, transtorno do espectro autista; ver Capítulo 14).

A familiar procura por sentido e ordem também caracteriza o campo do comportamento atípico. Quase por definição, o comportamento atípico desafia a regularidade e a previsibilidade que desejamos. É esse afastamento da norma que torna o estudo do comportamento atípico tão intrigante. Em uma tentativa de dar sentido a esses fenômenos, os cientistas comportamentais constroem hipóteses e as testam. Hipóteses nada mais são que suposições sobre o mundo (idealmente previstas revisando pesquisas anteriores sobre o assunto de interesse). Você pode acreditar que assistir a programas televisivos violentos torna as crianças agressivas. Você pode achar que a bulimia é influenciada pelo que a mídia estabelece como corpo feminino ideal. Você pode suspeitar que alguém que foi abusado quando criança tem a tendência de abusar de seu próprio filho ou de outrem. Essas preocupações são todas hipóteses testáveis.

Uma vez que um cientista decide o que estudar, o próximo passo é colocar isso em palavras que não sejam ambíguas e de forma que seja testável. Considere uma pesquisa de como o uso da droga MDMA (conhecida como "ecstasy"; ver Capítulo 11) afeta a memória de longo prazo (Wagner et al., 2012). Pesquisadores da Universidade de Colônia, na Alemanha, investigaram 109 jovens adultos durante um ano para ver se os que usavam a MDMA tinham um desempenho tão bom em testes de memória quanto aqueles que não usavam a droga. Nesse estudo, os pesquisadores tinham a seguinte pergunta de pesquisa: "O uso do MDMA durante o período de um ano leva à diminuição da performance cognitiva?". Obviamente, eles não sabem o que descobrirão até que o estudo esteja completo, mas construir a hipótese dessa maneira tornou-a testável. Se, por exemplo, as pessoas com histórico de uso de MDMA desempenhassem tarefas tão bem quanto aquelas que não fazem uso da droga, então outros efeitos podem ser estudados (como, por exemplo, alterações psicológicas, tais como depressão ou ansiedade, causadas pelo uso contínuo da droga). Esse conceito de **testabilidade** (a capacidade de apoiar uma hipótese) é importante para a ciência porque nos permite dizer, nesse caso, que (1) o uso regular de MDMA prejudica o aprendizado e a memória dos usuários, ou (2) não há nenhuma relação entre uso de MDMA e desempenho cognitivo. Os pesquisadores realmente encontraram uma forte relação entre o uso de MDMA e o fraco desempenho em alguns testes de aprendizagem visual, o que pode provar ser útil para compreender a natureza da droga, bem como ser instrutivo para usuários em potencial (Wagner et al., 2012).

Quando desenvolvem uma hipótese experimental, pesquisadores também especificam variáveis dependentes e independentes. Uma variável dependente é aquilo que é medido, e pode ser influenciado diretamente pelo estudo. Psicólogos que estudam o comportamento atípico tipicamente mensuram um aspecto do transtorno em questão, como comportamentos manifestos, autorrelatos de pensamentos e sentimentos ou sintomas biológicos. Na pesquisa de Wagner e seus colaboradores, a principal variável dependente (desempenho cognitivo) foi mensurada utilizando-se diversos tipos de medidas de aprendizagem e memória (p. ex. teste de repetição de dígitos, teste de Stroop, teste de ligar os pontos). As variáveis independentes são aqueles fatores que podem influenciar as variáveis dependentes e podem ser diretamente manipuladas pelos pesquisadores. A variável independente na pesquisa foi mensurada por relatórios de uso de MDMA – os usuários eram definidos pela ingestão de pelo menos 10 comprimidos no ano anterior

TABELA 4.1	**Componentes básicos de uma pesquisa**
Componente	**Descrição**
Hipótese	Uma suposição ou afirmação a ser fundamentada com base em dados.
Desenho de pesquisa	Um plano para testar a hipótese. É afetado pela questão abordada, pela hipótese e por considerações práticas.
Variável dependente	Alguns aspectos do fenômeno a serem mensurados podem ser alterados ou influenciados pela variável independente.
Variável independente	Um aspecto manipulado ou que se pensa influenciar as mudanças na variável dependente.
Validade interna	A extensão em que os resultados da pesquisa podem ser atribuídos à variável dependente.
Validade externa	A extensão em que os resultados da pesquisa podem ser generalizados e aplicados fora da pesquisa em questão.

à pesquisa. Em outras palavras, foi considerado que mudanças no uso de MDMA no decorrer de um ano influenciaram as habilidades cognitivas.

Validades interna e externa

Os pesquisadores do estudo de efeitos do MDMA sobre o desempenho cognitivo utilizaram as respostas obtidas por meio de uma bateria de testes neuropsicológicos. Suponhamos que eles descobriram que entre as pessoas no estudo, aquelas que usaram MDMA tiveram escores de QI mais baixo do que aquelas que não usaram MDMA. Em outras palavras, houve uma diferença sistemática (ou seja, de pontuação de QI) no grupo todo que usou MDMA. Esse fato influenciaria os dados de maneira que limitaria as conclusões da pesquisa sobre os efeitos do MDMA no desempenho cognitivo e, assim, mudaria o significado dos resultados. Essa situação, que tem relação com validade interna, é chamada de **variável confundidora**, definida como qualquer fator que ocorre em um estudo que faz com que os resultados não sejam interpretáveis, porque uma variável (nesse exemplo, um tipo de população estudada) diferente da variável independente (uso de MDMA) pode também influenciar a variável dependente (desempenho cognitivo). Claro, você pode salientar que muitos fatores diferentes podem afetar uma variável dependente, como a capacidade cognitiva, e você estaria certo. No exemplo dado aqui, no entanto, a variável confundidora é problemática porque difere sistematicamente entre os dois grupos que estão sendo comparados (usuários de MDMA e não usuários).

Os cientistas usam muitas estratégias para certificar a validade interna em seus estudos, três das quais discutiremos aqui: grupos controle, randomização e modelos análogos. Em um **grupo controle**, as pessoas são semelhantes ao grupo experimental de todas as formas, exceto que os membros do grupo experimental são expostos à variável independente e os do grupo controle não. Em virtude de os pesquisadores não poderem evitar que as pessoas se exponham a muitas coisas que poderiam afetar os resultados do estudo, eles tentam comparar as pessoas que recebem o tratamento com aquelas que passam por experiências semelhantes, exceto pelo tratamento (grupo controle). Por exemplo, cientistas estudando se um novo tipo de terapia reduz a ansiedade podem comparar pessoas que receberam a terapia com pessoas semelhantes, mas que não receberam a terapia. Os grupos controle auxiliam descartar explicações alternativas para os resultados (por exemplo, redução da ansiedade simplesmente devido a passagem do tempo), desse modo fortalecendo validade interna.

Randomização é o processo que designa pessoas para diferentes grupos da pesquisa de tal maneira que cada uma tenha chance igual de ser colocada em qualquer grupo. Os pesquisadores podem, por exemplo, aleatoriamente colocar pessoas em grupos na espera que haverá números aproximadamente iguais de pessoas específicas (por exemplo, pessoas com depressão mais grave) em todos os grupos. Alocar pessoas nos grupos por meio de estratégias como jogar uma moeda, ou usando uma tabela de números aleatórios, ajuda melhorar a validade interna, eliminando qualquer viés sistemático na distribuição. Se distribuição randômica não é utilizada, as pessoas algumas vezes "colocam-se nos grupos", e essa autosseleção pode afetar os resultados do estudo. Talvez um pesquisador que trate de pessoas com depressão ofereça-lhes a opção de estar no grupo de tratamento, que requer ir a uma clínica duas vezes por semana durante dois meses, ou no grupo controle em lista de espera, que significa aguardar o chamado para que sejam tratadas. Os indivíduos mais gravemente deprimidos podem não estar motivados a frequentar sessões de tratamento, então, escolherão o grupo da lista de espera. Se os membros do grupo em tratamento ficarem menos deprimidos depois de alguns meses, isso poderia acontecer em decorrência do tratamento ou em razão de os membros do grupo já estarem menos deprimidos. Definir os grupos de forma aleatória evita esses problemas.

▲ Estudar pessoas como parte de um grupo às vezes mascara as diferenças individuais.

Modelos análogos criam nas condições controladas em laboratório aspectos comparáveis (análogos) ao fenômeno em estudo (lembre-se de que descrevemos o uso de análogos na avaliação no Capítulo 3). Por exemplo, pesquisadores da bulimia podem pedir que voluntários bebam e comam no laboratório, questionando-os antes, durante e após para entender se comer daquela forma os faz sentir menos ou mais ansiosos, culpados e assim por diante. Se eles utilizaram voluntários de qualquer idade, gênero, raça ou histórico, poderiam descartar as influências das atitudes dos participantes com relação ao ato de comer, o que poderia não ser possível se o grupo tivesse apenas pessoas com bulimia. Dessa forma, esses estudos "artificiais" ajudam a melhorar a validade interna.

Em uma pesquisa, as validades interna e externa parecem estar frequentemente em oposição. De um lado, queremos controlar os mais diversos aspectos a fim de concluir que a variável independente (o aspecto do estudo que manipulamos) foi responsável pelas mudanças das variáveis dependentes (os aspectos do estudo que esperamos que mudem). Do outro, queremos os resultados para aplicarmos em pessoas que não sejam os sujeitos do estudo e em outros cenários; isso é **generalizabilidade**, quanto os resultados se aplicam a qualquer um em uma determinada população (por exemplo, pessoas com um transtorno específico). Se controlarmos todos os aspectos de um estudo a fim de que somente a variável independente mude, o resultado não será relevante na prática. Por exemplo, se você restringe a influência das questões de gênero sexual estudando apenas as pessoas do sexo masculino e se reduz as variáveis de faixa etária selecionando apenas pessoas entre 25 e 30 anos de idade e, por fim, se limita a pesquisa àqueles com nível superior, para que o nível educacional não seja um problema – então sua pesquisa (nesse caso, bacharéis do sexo masculino com idade entre 25 e 30 anos) pode não ser relevante para muitas outras populações. Dessa forma, as validades interna e externa estão, com frequência, inversamente relacionadas. Os pesquisadores tentam equilibrar essas duas relações e, como veremos neste capítulo, a melhor solução para alcançar tanto a validade interna quanto a externa pode ser a realização de diversos estudos relacionados.

Significância estatística *versus* significância clínica

A introdução da estatística é parte da evolução da psicologia, de uma disciplina pré-científica até uma disciplina científica. Os estatísticos reúnem, analisam e interpretam dados de pesquisas. Na pesquisa em psicologia, a significância estatística geralmente quer dizer que a probabilidade de obter por acaso o efeito observado é pequena. Como exemplo, considere um estudo que avalia se assistir a um vídeo projetado para promover humor positivo influencia a quantidade de alimento ingerido por indivíduos com transtorno alimentar (Cardi et al., 2015). O estudo observou que os participantes com anorexia nervosa consumiram 75 mililitros de suco de frutas após assistir ao vídeo positivo, em comparação à média de 38 mililitros consumidos pelos participantes com anorexia nervosa após assistir a um vídeo neutro. Essa diferença foi estatisticamente significativa. Entretanto, essa é uma diferença importante? A dificuldade está na distinção entre **significância estatística** (um cálculo matemático sobre a diferença entre grupos) e **significância clínica** (se a diferença foi significativa ou não para as pessoas afetadas) (Thirthalli e Rajkumar, 2009).

O exame mais detalhado dos resultados leva a uma inquietação em relação ao tamanho do efeito. Apesar dessa diferença no consumo entre os grupos humor positivo e humor neutro, no geral esses participantes com anorexia nervosa ingeriram menos suco do que o grupo de participantes sem transtorno alimentar (que consumiu, em média, aproximadamente 199 mililitros de suco). Portanto, a diferença não deve ser clinicamente significativa, porque ela não aumentou o consumo a níveis de indivíduos sem o transtorno.

Felizmente, a preocupação com a significância clínica dos resultados tem levado os pesquisadores a desenvolver métodos estatísticos que se concentram não apenas no fato de que os grupos são diferentes, mas também em quão grande essas diferenças são, ou no **tamanho do efeito** (*effect size*). Calcular as medidas estatísticas reais envolve procedimentos sofisticados que levam em consideração quanto cada pessoa tratada e não tratada em um estudo melhora ou piora (Durand e Wang, 2011; Fritz, Morris e Richler, 2012). Em outras palavras, em vez de olhar apenas para os resultados do grupo como um todo, também se consideram as diferenças individuais. Alguns pesquisadores usaram formas mais subjetivas para determinar se a mudança verdadeiramente importante resultou do tratamento. O falecido cientista comportamental Montrose Wolf (1978) defendia a avaliação que chamava *validade social*. Essa técnica envolve obter dados de uma pessoa que está sendo tratada, bem como outros dados significativos sobre a importância das mudanças que ocorreram. Em nosso exemplo, poderíamos perguntar aos participantes e aos membros de sua família se acharam que o vídeo positivo levou a mudanças duradouras no comportamento alimentar (por exemplo, comendo mais na semana seguinte ao estudo). Se o efeito do tratamento for extenso o suficiente para impressionar aqueles que estão diretamente envolvidos, é significativo no aspecto clínico. As técnicas estatísticas para medir o tamanho do efeito e avaliar os julgamentos subjetivos de mudança permitem que avaliemos melhor os resultados dos tratamentos.

O cliente "mediano"

Com frequência, olhamos os resultados dos estudos e fazemos generalizações sobre o grupo, ignorando as diferenças individuais. Kiesler (1966) rotulou a tendência de ver todos os participantes como um grupo homogêneo como o **mito da uniformidade dos pacientes**. Comparar os grupos de acordo com suas pontuações médias ("O grupo A melhorou 50% em relação ao grupo B") esconde importantes diferenças quanto às reações individuais das intervenções.

O mito da uniformidade dos pacientes leva os pesquisadores a generalizações imprecisas sobre os transtornos e seus tratamentos. Tomando o exemplo anterior, não seria surpreendente se os pesquisadores estudando o tratamento para o transtorno alimentar concluíssem que assistir vídeo positivo seria uma boa abordagem? E suponha que tenhamos descoberto que, embora alguns participantes melhorassem com tratamento, outros ficassem piores. Essas diferenças seriam calculadas na média da análise do grupo como um todo, mas, no caso da pessoa que continuasse sofrendo com sintomas de transtorno alimentar, faria pouca diferença que "na média" as pessoas tivessem melhorado. Em razão de as pessoas se diferenciarem de diversas maneiras, como idade, capacidades cognitivas, gênero e histórico de tratamento, uma simples comparação grupal pode ser enganosa. Os profissionais que tratam de todos os tipos de transtorno entendem a heterogeneidade de seus pacientes e, por conseguinte, não sabem se os tratamentos que são estatisticamente significativos serão efetivos para determinado indivíduo. Nas discussões sobre os diversos transtornos voltaremos a esse assunto.

Verificação de conceitos 4.1

Em cada uma das afirmações dadas, preencha as lacunas com um dos seguintes componentes: hipótese, variável dependente, variável independente, validade interna, validade externa ou variável confundidora.

1. Em um estudo de tratamento, a introdução do tratamento aos participantes é denominada _____.
2. Depois que o estudo de tratamento for concluído, você descobre que muitas pessoas do grupo controle receberam tratamento fora do estudo. Isso é chamado de _____.
3. Uma suposição do pesquisador sobre o que a pesquisa pode descobrir é chamada de _____.
4. A pontuação em uma escala de depressão melhorou para um grupo de tratamento depois da terapia. A alteração nessa pontuação seria denominada como uma alteração na _____.
5. Uma relativa falta de variáveis confundidoras em um estudo indicaria boa _____, enquanto boa generalização dos resultados seria chamada de boa _____.

Tipos de métodos de pesquisa

Pesquisadores que estudam o comportamento humano usam várias formas de pesquisa quando estudam as causas do comportamento. A seguir, examinaremos os estudos de caso individuais, a pesquisa correlacional, a pesquisa experimental e os estudos experimentais de caso único.

Estudando casos individuais

Considere o seguinte cenário: uma psicóloga pensa ter descoberto um novo transtorno. Ela observou diversos homens que parecem ter características muito semelhantes. Todos reclamam de um transtorno específico do sono: dormir durante o trabalho. Cada homem tem prejuízos cognitivos óbvios que ficaram evidentes durante as entrevistas iniciais e todos são muito parecidos fisicamente, têm perda significativa de cabelo e o físico em formato de pera. Por fim, seu estilo de personalidade é extremamente egocêntrico ou autocentrado. Com base nessas observações preliminares, a psicóloga surgiu com uma tentativa de nomenclatura, transtorno de Homer Simpson, e decidiu investigar essa condição e seus possíveis tratamentos. Mas qual é a melhor maneira de começar a explorar um transtorno relativamente desconhecido? Uma opção é usar o **método de estudo de caso**, em que um ou mais indivíduos que demonstrem padrões comportamentais e físicos são intensamente investigados (Yin, 2012).

Uma maneira de descrever o método de estudo de caso é observando o que ele não é. Ele não usa o método científico. Poucos esforços são feitos para assegurar a validade interna e, geralmente, muitas variáveis confundidoras estão presentes de maneira que possam interferir nas conclusões. Em vez disso, o método de estudo de caso vincula-se às observações de um clínico sobre as diferenças entre uma pessoa ou um grupo com um transtorno, pessoas com outros transtornos e pessoas com nenhum transtorno psicológico. O clínico geralmente coleta tantas informações quanto possíveis para obter uma descrição detalhada da pessoa. Historicamente, entrevistá-la rende grande quantidade de informações sobre os contextos pessoal e familiar, educação, saúde e histórico de trabalho, bem como sobre opiniões individuais sobre a natureza e as causas dos problemas que estão sendo estudados.

Estudos de caso são importantes na história da psicologia. Foi por meio da observação de dezenas de casos que Sigmund Freud desenvolveu a teoria psicanalítica e os métodos da psicanálise. A descrição de Freud e de Josef Breuer sobre Anna O. (ver Capítulo 1) levou ao desenvolvimento da técnica clínica conhecida como associação livre. Virginia Johnson e William Masters, pesquisadores da sexualidade, basearam seu trabalho em muitos estudos de caso e ajudaram a esclarecer vários mitos sobre o comportamento sexual (Masters e Johnson, 1966). Joseph Wolpe, autor do livro *Psychotherapy by reciprocal inhibition* (1958) (traduzido em português como *Psicoterapia por inibição recíproca*), baseou seu trabalho na dessensibilização sistemática em mais de 200 casos. Enquanto nosso conhecimento sobre a psicologia cresce, a confiança dos pesquisadores quanto à metodologia de estudo de caso gradualmente diminui.

Uma dificuldade de depender demais de casos individuais é que, às vezes, ocorrem coincidências que são irrelevantes para a condição em estudo. Infelizmente, as coincidências na vida das pessoas podem levar a conclusões equivocadas sobre o que causa determinadas condições e que tratamentos parecem ser eficientes. Visto que um estudo de caso não tem os controles de um estudo experimental, os resultados podem ser singulares para uma pessoa em particular sem que o pesquisador perceba ou pode resultar em uma combinação especial de fatores que não são óbvios. Complicar nossos esforços para compreender o comportamento atípico é a função de casos sensacionalistas na mídia. Por exemplo, em 16 abril de 2007, um atirador tirou 32 vidas, entre membros do corpo docente e estudantes, no *campus* da Universidade da Virgínia. Imediatamente depois desse bárbaro assassinato em massa houve especulação sobre o atirador, inclusive de que sofria *bullying*, que era solitário e versões de notas que ele escreveu contra os "garotos ricos", "charlatães enganadores" e "libertinagem" (Kellner, 2008). Tentou-se descobrir experiências da infância que pudessem explicar esse comportamento. Devemos ter cuidado, no entanto, sobre a conclusão de tais retratos sensacionalistas, já que muitas pessoas sofrem *bullying* quando crianças, por exemplo, mas não se tornam assassinas de dezenas de pessoas inocentes.

Os pesquisadores da psicologia cognitiva destacam que o público em geral e os próprios pesquisadores, infelizmente, são frequentemente mais influenciados por narrativas dramáticas do que por evidência científica (Nisbett e Ross, 1980). Lembrando a tendência de ignorar esse fato, destacamos neste livro descobertas de pesquisas. Para avançarmos em nossa compreensão da natureza, das causas e do tratamento do comportamento atípico, devemos nos proteger de conclusões prematuras e imprecisas.

Pesquisa por correlação

Uma das questões fundamentais colocadas pelos cientistas é se duas variáveis se relacionam uma com a outra. Uma relação estatística entre duas variáveis é chamada **correlação**. Por exemplo, a esquizofrenia está relacionada ao tamanho dos ventrículos (espaços) do cérebro? Pessoas que sofrem de depressão são mais propensas a ter atribuições negativas (explicações negativas de si mesmo ou de outros)? A frequência de alucinações é mais alta entre pessoas mais velhas? As respostas dependem de determinar como uma variável (número de alucinações) está relacionada com outra (idade). Diferentemente dos projetos experimentais, que envolvem manipular ou mudar condições, os desenhos correlacionais são usados para estudar fenômenos da maneira que eles acontecem. O resultado de um estudo correlacional – se as variáveis acontecem juntas – é importante para o progresso da pesquisa sobre o comportamento atípico.

Um dos clichês da ciência é que uma correlação não implica uma causação. Em outras palavras, duas coisas que ocorrem juntas não significa que uma causou a outra. Por exemplo, a ocorrência de problemas conjugais nas famílias está correlacionada a problemas comportamentais nos filhos (p. ex. Yoo e Huang, 2012). Se conduzirmos um estudo correlacional nessa área, descobriremos que, nas famílias com problemas conjugais, a tendência é haver filhos com problemas comportamentais; em famílias com menos problemas conjugais, é mais provável encontrar filhos com menos problemas comportamentais. A conclusão mais óbvia é que problemas conjugais causam problemas de comportamento nos filhos. Se fosse tão simples assim! A natureza da relação entre a discórdia do casal e os problemas de comportamento infantil pode ser explicada de várias maneiras. Pode ser que os problemas em um casamento causem um comportamento disruptivo nos filhos. Algumas evidências sugerem, entretanto, que o oposto pode ser verdade também: o comportamento disruptivo de crianças pode causar problemas conjugais (Rutter e Giller, 1984). Ainda, evidências sugerem que as influências genéticas podem exercer um papel nos transtornos da conduta e na discórdia conjugal (D'Onofrio et al., 2006; Lynch et al., 2006). Então, pais geneticamente mais inclinados a brigar e discutir passam esses genes para os filhos, que então têm grande tendência de se comportarem mal.

Esse exemplo demonstra os problemas na interpretação dos resultados de um estudo correlacional. Sabemos que a variável A (problemas conjugais) está correlacionada com a variável B (problemas comportamentais dos filhos). Não sabemos, com base nesses estudos, se A causa B (problemas conjugais causam problemas nos filhos), se B causa A (problemas dos filhos causam problemas conjugais) ou se uma terceira variável C causa ambos os problemas (influências genéticas nos problemas matrimoniais e nos problemas dos filhos).

A associação entre a discórdia conjugal e os problemas dos filhos apresenta **correlação positiva**. Isso significa que grande força ou quantidade em uma variável (uma grande quantidade de angústia conjugal) está associada a grande força ou quantidade na outra variável (mais comportamentos disruptivos dos filhos). Ao mesmo tempo, a força ou a quantidade mais baixa em uma variável (angústia conjugal) está associada a força ou quantidade mais baixa na outra (comportamento disruptivo). Se você tem dificuldade para elaborar os conceitos estatísticos, pense sobre essa relação matemática da mesma maneira como faria no caso de relacionamento social. Duas pessoas que estão se relacionando bem tendem a sair juntas: "Aonde eu for, você irá!". A correlação (**coeficiente de correlação**) é representada por +1,00. O sinal de adição significa que existe um relacionamento positivo, e 1,00, que é um relacionamento "perfeito", no qual as pessoas são inseparáveis. Obviamente, duas pessoas que se gostam não vão juntas a todos os lugares. A força de seu relacionamento varia entre 0,00 e +1,00 (0,00 significa que não existe nenhum relacionamento). Quanto mais alto for o número, mais forte é o relacionamento, independente de o número ser positivo ou negativo (por exemplo, uma correlação de +0,80 é "mais forte" do que uma correlação de +0,75). Espera-se, ainda como exemplo, que dois estranhos tenham um relacionamento 0,00, porque o comportamento deles não está relacionado; às vezes, eles vão a um mesmo lugar juntos, mas isso ocorre rara e aleatoriamente. Duas pessoas que se conhecem, mas não se gostam, seriam representadas por um sinal negativo, e um forte relacionamento negativo seria –1,00, o que significa "Onde quer que você esteja, não estarei lá!".

Usando essa analogia, os problemas conjugais nas famílias e os problemas comportamentais dos filhos têm correlação positiva relativamente forte representada por um número em torno de +0,50. Eles tendem a caminhar juntos. Por outro lado, outras variáveis são estranhas umas às outras. A esquizofrenia e a altura de alguém não estão relacionadas, então não combinam e provavelmente seriam representadas por um número perto de 0,00. Se A e B não têm correlação, seu coeficiente de correlação estaria próximo de 0,00. Outros fatores têm correlações negativas: quando um aumenta, outro diminui. (Ver Figura 4.1 para ilustração de correlações positivas e negativas.) Utilizamos um exemplo de **correlação negativa** no Capítulo 2, quando discutimos apoio social e doenças. Quanto maior o apoio social, é menos provável que uma pessoa se torne doente. A relação negativa entre apoio social e doença pode ser representada por um número como –0,40. Da próxima vez que alguém quiser terminar o relacionamento com você, pergunte se o propósito é enfraquecer a força da relação positiva para algo como +0,25 (amigos), para se tornarem completos estranhos em 0,00 ou ter uma relação negativa intensa chegando a –1,00 (inimigos).

Uma correlação nos permite observar se uma relação existe entre duas variáveis, mas não para tirar conclusões sobre se qualquer variável causa os efeitos. Esse é um problema de **direcionalidade**. Nesse caso, significa que não sabemos se A causa B, se B causa A ou se uma terceira variável C causa A e B. Por conseguinte, até mesmo uma relação extremamente forte entre duas variáveis (+0,90) não significa nada sobre causalidade.

Pesquisa epidemiológica

Cientistas costumam se ver como detetives procurando pela verdade ao estudar pistas. Um tipo de pesquisa correlacional que é muito parecido com o trabalho dos detetives é chamado **epidemiologia**, o estudo da incidência, da distribuição e das consequências de um problema particular ou um conjunto de problemas em uma ou mais populações. Os epidemiologistas esperam que rastrear um transtorno entre muitas pessoas fará

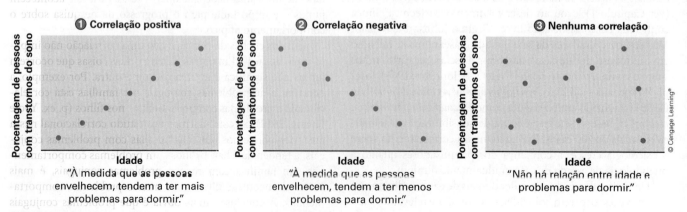

FIGURA 4.1 Esses três gráficos representam as correlações hipotéticas entre idade e problemas para dormir.

que encontrem pistas importantes do porquê o transtorno existe. Uma estratégia envolve determinar a *prevalência*, número de pessoas com um transtorno em determinado momento. Por exemplo, a prevalência de compulsão alcoólica (beber cinco ou mais doses de uma vez) entre estudantes do ensino superior nos Estados Unidos é de cerca de 40% (Substance Abuse and mental Health Services Administration, 2014). Uma estratégia relacionada é determinar a *incidência* de um transtorno, número estimado de novos casos durante um período específico. Por exemplo, a incidência de compulsão alcoólica entre alunos universitários diminuiu apenas levemente desde 1980 até o presente momento (Substance Abuse and Mental Health Services Administration, 2014), sugerindo que, apesar dos esforços para reduzir o consumo excessivo de álcool, ele continua sendo um problema. Os epidemiologistas estudam a incidência e a prevalência de transtornos entre diferentes grupos de pessoas. Por exemplo, dados de uma pesquisa epidemiológica indicam que a prevalência do abuso de álcool entre os afro-americanos é mais baixo do que entre os brancos (Substance Abuse and Mental Health Services Administration, 2012).

Embora a meta principal da epidemiologia seja determinar a extensão dos problemas médicos, ela é útil também no estudo dos transtornos psicológicos. No início do século XX, determinado número de norte-americanos demonstrava sintomas de um estranho transtorno mental. Os sintomas eram semelhantes aos da psicose orgânica, frequentemente causada por drogas alucinógenas ou por grandes quantidades de álcool. Muitos pacientes pareciam estar catatônicos (permaneciam imóveis por longos períodos) ou exibiam sintomas semelhantes aos da esquizofrenia paranoide. Era provável que as vítimas fossem pobres e afro-americanas, o que levou à especulação sobre a existência de uma inferioridade racial e de classe. Entretanto, usando os métodos de pesquisa epidemiológica, o pesquisador Joseph Goldberger descobriu correlações entre o transtorno e a dieta e identificou a causa: a deficiência de vitamina B, niacina, entre pessoas que tinham dietas precárias. Os sintomas foram eliminados com sucesso pela terapia de niacina e com a melhoria das dietas. A longo prazo, os benefícios das descobertas de Goldberger levaram à introdução, nos anos 1940, do pão enriquecido com vitaminas (Colp, 2009).

Os pesquisadores têm usado as técnicas epidemiológicas para estudar os efeitos do estresse sobre os transtornos psicológicos. Na manhã de 11 de setembro de 2001, aproximadamente três mil pessoas morreram em razão dos ataques terroristas na parte baixa de Manhattan, no Pentágono e na Pensilvânia. DeLisi e colaboradores (2003) entrevistaram um total de 1.009 homens e mulheres em Manhattan para avaliar suas reações emocionais ao ataque a longo prazo, em especial por estarem próximos às torres destruídas do World Trade Center. Esses pesquisadores descobriram que os indivíduos que tiveram as reações mais negativas a esse evento traumático foram os que tinham transtornos psicológicos preexistentes, aqueles que tiveram maior exposição ao ataque (por exemplo, sendo evacuados do World Trade Center) e as mulheres. As reações negativas mais comuns incluíam ansiedade e lembranças dolorosas. Esse é um estudo correlacional porque os pesquisadores não manipularam a variável independente. (O ataque não foi parte de um experimento.)

▲ Quanto mais apoio social as pessoas tiverem, menor a probabilidade de que fiquem doentes.

Se você tem acompanhado os trabalhos sobre o vírus da Aids, deve ter visto como os epidemiologistas estudam um problema. Acompanhando a incidência dessa doença entre diversas populações (homens homossexuais, usuários de drogas intravenosas, companheiros e filhos de indivíduos infectados) no início da epidemia (nos anos 1980), os pesquisadores obtiveram informações importantes sobre como o vírus é passado de pessoa a pessoa. Eles deduziram, com base nos tipos de comportamento dos membros desses grupos, que o vírus provavelmente se espalha pela transferência de fluidos corporais por meio de sexo sem proteção ou de agulhas hipodérmicas não esterilizadas. Como em outros tipos de pesquisa correlacional, a pesquisa epidemiológica não pode nos dizer, de forma conclusiva, o que causa um fenômeno em particular. Entretanto, o conhecimento sobre a predominância e o curso dos transtornos psicológicos são extremamente válidos para nossa compreensão porque coloca os pesquisadores na direção certa.

Pesquisa por experimentação

Um **experimento** envolve a manipulação de uma variável independente e a observação de seus efeitos. Manipulamos a variável independente para responder à questão da causalidade. Se observamos uma correlação entre apoio social e transtornos psicológicos, não podemos concluir quais desses fatores influenciaram os outros. É possível, entretanto, mudar a extensão do apoio social e ver se ocorre uma mudança que acompanha a prevalência dos transtornos psicológicos – em outras palavras, fazer uma experimentação.

O que esse experimento nos dirá sobre a relação entre essas duas variáveis? Se aumentamos o apoio social e não descobrimos nenhuma mudança na frequência dos transtornos psicológicos, isso pode significar que a ausência desse apoio não causa transtornos psicológicos. Por outro lado, se descobrimos que os transtornos psicológicos diminuem com o aumento do apoio social, podemos ter mais confiança de que a inexistência de apoio realmente contribui para tais transtornos. Entretanto, em razão de nunca estarmos 100% confiantes de que os experimentos são internamente válidos – de que nenhuma outra explicação é possível –, somos cuidadosos ao interpretar os resultados. Na seção a seguir, descrevemos os diferentes caminhos pelos quais os pesquisadores conduzem os experimentos e consideram como cada um leva à melhor compreensão do comportamento atípico.

Desenhos de grupos experimentais

Com os desenhos correlacionais, os pesquisadores observam grupos para verificar como diferentes variáveis estão associadas. Nos desenhos de grupos experimentais, os pesquisadores são mais ativos. Eles mudam uma variável independente para observar como o comportamento das pessoas no grupo é afetado. Suponha que pesquisadores delinearam uma intervenção para ajudar a reduzir a insônia em adultos mais velhos, que são particularmente afetados por essa condição (Karlin et al., 2015). Durante dez anos, eles trataram de alguns indivíduos para examinar se seus padrões de sono melhoravam. O tratamento é a variável independente, ou seja, ela não teria acontecido naturalmente. Os pesquisadores avaliaram os membros do grupo que receberam tratamento para verificar se o comportamento deles mudou em função da intervenção dos pesquisadores. Introduzir ou retirar uma variável de uma forma que não aconteceria naturalmente é chamado *manipular uma variável*.

Infelizmente, uma década mais tarde, os pesquisadores descobriram que os adultos que passaram por tratamento de problemas do sono ainda, como um grupo, dormem menos de oito horas por noite. O tratamento foi um fracasso? Talvez não. A questão que não pode ser respondida nesse estudo é o que teria acontecido aos membros do grupo se eles não tivessem se tratado. Talvez seus padrões de sono piorassem. Felizmente, os pesquisadores criaram métodos engenhosos para ajudar a desvendar essas questões complicadas.

Um tipo especial de desenho de grupo experimental tem sido cada vez mais usado no tratamento de transtornos psicológicos, e é o que chamamos de *ensaio clínico* (Durand e Wang, 2011; Pocock, 2013). Um ensaio clínico é um experimento utilizado para determinar a efetividade e a segurança de um tratamento ou tratamentos. O termo *ensaio clínico* implica um nível de formalidade com relação a como é conduzido. Como resultado, o ensaio clínico não é um desenho em si, mas um método de avaliação que segue algumas regras geralmente aceitas. Por exemplo, essas regras abrangem como se deve selecionar os sujeitos da pesquisa, quantos indivíduos devem ser incluídos no estudo, como eles devem ser inseridos nos grupos e como os dados devem ser analisados – e isso representa apenas uma lista parcial. Da mesma forma, os tratamentos são geralmente aplicados com protocolos formais para ter certeza de que todos foram tratados da mesma maneira.

Os termos usados para descrever esses experimentos podem ser confusos. "Ensaio clínico" é uma expressão abrangente usada para descrever uma categoria geral de estudos que segue padrões descritos previamente. Dentro da categoria de "ensaio clínico" existem os "ensaios clínicos randomizados", experimentos que empregam a randomização dos sujeitos da pesquisa dentro de cada grupo experimental. Outro subgrupo de ensaios clínicos é o "ensaio clínico controlado", utilizado para descrever experimentos que contam com condições controle que serão usadas para efeito de comparação. Por fim, o método mais usado para conduzir um ensaio clínico, que utiliza tanto a randomização como mais de uma condição controle, é chamado de "ensaio clínico controlado randomizado". A seguir, descreveremos a natureza dos grupos controle e randomização e discutiremos sua importância para o resultado da pesquisa para o tratamento.

Grupos controle

Uma resposta ao dilema "e se" é usar um grupo controle – pessoas que são semelhantes ao grupo experimental em todos os aspectos, exceto que não estão expostas à variável independente. No estudo prévio, observando o problema do sono em adultos mais velhos, suponha que outro grupo que não recebeu tratamento foi selecionado. Além disso, suponha que os pesquisadores também seguem esse grupo de pessoas, avaliando-o dez anos depois, e verificam seus padrões de sono nesse período de tempo. Eles provavelmente observarão que, sem intervenção, as pessoas tendem a dormir menos horas à medida que envelhecem (Cho et al., 2008). Os membros do grupo controle poderiam, então, dormir menos que as pessoas do grupo tratado, que poderiam por sua vez dormir menos do que há dez anos. O uso do grupo controle permite aos pesquisadores verificar se o tratamento ajudou os indivíduos tratados a evitar que o tempo de sono diminua no futuro.

Idealmente, um grupo controle é praticamente idêntico ao grupo experimental em aspectos como idade, gênero, contexto socioeconômico e problemas relatados. Além do mais, um pesquisador faria as mesmas avaliações antes e após a manipulação da variável independente (por exemplo, um tratamento) para pessoas de ambos os grupos. Quaisquer diferenças posteriores entre os grupos após a mudança, por conseguinte, seriam atribuídas somente ao que foi mudado.

As pessoas em um grupo de tratamento esperam melhorar. Quando o comportamento muda como resultado da expectativa de mudança em vez de ser resultado da manipulação por um experimentador, o fenômeno é conhecido como **efeito placebo** (da palavra latina *placebo*, que significa "agradar"). Por outro lado, pessoas do grupo controle podem ficar frustradas pelo fato de não estarem recebendo tratamento (da mesma forma, poderíamos rotular isso de *efeito frustro*, que significa "desapontar", do latim, *frustro*). Dependendo do tipo de transtorno que experimentam (por exemplo, depressão), o desapontamento pode piorar o quadro. Esse fenômeno também faz o grupo de tratamento parecer melhor quando comparado ao outro grupo.

Os **grupos controle placebo** formam um meio pelo qual os pesquisadores lidam com a questão da expectativa. A palavra *placebo* geralmente se refere aos medicamentos inativos, como pílulas de açúcar. O placebo é dado a membros do grupo controle para fazê-los acreditar que estão em tratamento (Kendall e Comer, 2014). Um controle com placebo em um estudo de medicação pode ser conduzido com relativa facilidade porque as pessoas no grupo não tratado recebem algo que parece com o medicamento administrado ao grupo de tratamento. Nos tratamentos psicológicos, entretanto, nem sempre é fácil criar algo que as pessoas acreditem que possam ajudá-las e que não inclua o componente que o pesquisador acredita ser eficiente. Os pacientes nesse tipo de grupo controle estão sempre fazendo uma parte da terapia verdadeira – por exemplo, fazem a mesma tarefa de casa que o grupo tratado –, mas não a parte que os pesquisadores acreditam ser responsável por melhorias.

▲ Em uma pesquisa comparativa de tratamento, diferentes tratamentos são administrados para grupos de pessoas comparáveis.

É possível considerar o efeito placebo como parte de qualquer tratamento (Kendall e Comer, 2011). Se alguém em tratamento melhora, você teria de atribuir a melhoria à combinação de tratamento e expectativa de melhora do paciente (efeito placebo). Os terapeutas querem que seus pacientes desejem melhorar; isso ajuda a fortalecer o tratamento. Entretanto, quando os pesquisadores conduzem um experimento para determinar a parcela de um tratamento particular responsável pelas mudanças observadas, o efeito placebo é fator confundidor que pode diluir a validade da pesquisa. Assim, os pesquisadores usam um grupo controle placebo para ajudar a distinguir os resultados de expectativas positivas dos resultados do tratamento real.

Um **controle duplo-cego** é uma variante do procedimento do grupo controle placebo. Como o nome sugere, não apenas os participantes do estudo são "cegos" ou não conscientes do grupo em que estão ou por qual tratamento estão passando (simples-cego) como também o são os pesquisadores ou terapeutas que oferecem o tratamento (duplo-cego). Esse tipo de controle elimina a possibilidade de um pesquisador influenciar o resultado. Por exemplo, um pesquisador que, comparando dois tratamentos, esperava que um fosse mais eficiente do que o outro poderia "se esforçar mais", caso o tratamento "preferencial" não estivesse funcionando tão bem quanto esperado. Por outro lado, se a expectativa era de que o tratamento não funcionasse, o pesquisador poderia não se esforçar tanto para dar certo. Essa reação pode não ser deliberada, mas acontece. Esse fenômeno é chamado *efeito do experimentador* (Dragioti et al., 2015). Se, entretanto, ambos os participantes e pesquisadores ou terapeutas estiverem "cegos", haverá uma chance menor de haver viés no resultado.

Um controle com placebo duplo-cego não funciona perfeitamente em todos os casos. Se a medicação é parte do tratamento, participantes e pesquisadores podem ser capazes de dizer se a receberam ou não na presença ou ausência de reações físicas (efeitos colaterais). Mesmo com intervenções puramente psicológicas, os participantes sabem se estão ou não recebendo um tratamento e podem alterar suas expectativas de melhoria em conformidade com isso.

Pesquisa comparativa de tratamento

Como alternativa ao uso de grupos controle sem tratamento para ajudar a avaliar os resultados, alguns pesquisadores comparam diferentes tratamentos. Nesse projeto, o pesquisador fornece diferentes tratamentos a dois ou mais grupos comparáveis de pessoas com um transtorno em particular e pode, assim, avaliar como cada tratamento ajudou as pessoas, ou mesmo se ajudou. Isso é chamado **pesquisa comparativa de tratamento**. No estudo do sono que discutimos, dois grupos de adultos mais velhos poderiam ser selecionados: um grupo receberia medicação para insônia e o outro sofreria uma intervenção cognitivo-comportamental, e os resultados seriam comparados.

O processo e o resultado do tratamento são dois assuntos importantes a serem considerados quando diferentes abordagens são estudadas. O *processo de pesquisa* enfoca os mecanismos responsáveis pela mudança de comportamento ou "por que isso funciona?". Em uma velha piada, alguém vai a um médico para uma cura milagrosa de resfriado. O médico prescreve uma nova droga e diz ao paciente que o resfriado irá embora em sete ou dez dias. Como sabemos, os resfriados geralmente melhoram entre sete e dez dias sem nenhuma droga miraculosa. A nova droga provavelmente não fez nada para a melhoria do paciente. O aspecto do processo de testar as intervenções médicas envolve avaliar os mecanismos biológicos responsáveis pelas mudanças. A medicação faz com que os níveis de serotonina abaixem, por exemplo, e é responsável pelas mudanças que observamos? De forma semelhante, prestando atenção às intervenções psicológicas, determinamos o que está "causando" as mudanças observadas. Esse fator é importante por diversos motivos. Primeiro, se entendemos o que são os "ingredientes ativos" do tratamento, podemos eliminar aspectos que não são importantes, economizando, assim, tempo e dinheiro do paciente. Vejamos um exemplo: um estudo de tratamento para ansiedade em jovens observou que a introdução de treinamento de relaxamento não acelerou o progresso do indivíduo no tratamento, enquanto a introdução de elementos de tratamento com foco em pensamentos e comportamentos o fez. Esses resultados permitem que os clínicos foquem seu tratamento somente nos aspectos mais prováveis de melhorar a ansiedade (por exemplo, reestruturação cognitiva e exposições; Peris et al., 2015). Ademais, saber o que é importante sobre nossas intervenções pode nos ajudar a criar versões mais poderosas e novas, que podem ser mais efetivas.

O resultado das pesquisas enfoca os aspectos positivos, negativos ou ambos do tratamento. Em outras palavras, isso funciona? Lembre-se, o *processo de tratamento* envolve descobrir por que ou como o tratamento funciona. Por outro lado, o *resultado do tratamento* envolve descobrir quais mudanças acontecem após o tratamento.

Desenhos experimentais de caso único

As inovações de B. F. Skinner na metodologia científica estão entre suas mais importantes contribuições para a psicopatologia. Skinner formalizou o conceito de **desenhos experimentais de caso único**. Esse método envolve o estudo sistemático de indivíduos em uma variedade de condições experimentais. Ele acreditava que era melhor saber muito sobre o comportamento de um indivíduo do que fazer apenas algumas observações de um grande grupo com a finalidade de apresentar a resposta "média". A psicopatologia está preocupada com o sofrimento de pessoas específicas, e essa metodologia tem nos ajudado a entender os fatores envolvidos na psicopatologia individual (Barlow, Nock e Hersen, 2009; Kazdin, 2011). Muitas aplicações, no decorrer deste livro, refletem os métodos skinnerianos.

O desenho experimental de caso único difere dos estudos de caso no uso de várias estratégias para melhorar a validade interna, dessa forma reduzindo o número de variáveis confundidoras. Como veremos, essas estratégias têm forças e fraquezas em comparação aos desenhos tradicionais de grupos. Embora usemos exemplos de pesquisa de tratamento para ilustrar o desenho experimental de caso único, ele, como outras estratégias de pesquisa, pode ajudar a explicar por que as pessoas se envolvem em um comportamento atípico e como tratá-lo.

Medidas repetidas

Uma das mais importantes estratégias usadas no desenho experimental de caso único é a de **medidas repetidas**, em que um comportamento é medido diversas vezes em lugar de apenas uma vez antes de mudar a variável independente e uma vez após isso. O pesquisador toma as mesmas medidas repetidamente para saber quão variável é o comportamento (quanto ele muda dia após dia?) e se ele mostra quaisquer tendências óbvias (está melhorando ou piorando?). Suponha que uma moça, Wendy, chegue ao consultório reclamando de sensação de ansiedade. Quando lhe pedimos para pontuar o nível de ansiedade, ela dis-

se 9 (10 é o pior). Após várias semanas de tratamento, Wendy pontua sua ansiedade em 6. Podemos dizer que o tratamento reduziu sua ansiedade? Não necessariamente.

Suponha que tenhamos medido a ansiedade de Wendy todos os dias durante as semanas antes da visita ao consultório (medidas repetidas) e observado que apresentava enormes variações. Em dias particularmente bons, ela dava uma nota de 5 a 7 para sua ansiedade. Em dias ruins, ficava entre 8 e 10. Suponha que, depois disso, mesmo após o tratamento, sua pontuação diária continuou a variar de 5 a 10. As pontuações 9 para sua ansiedade antes do tratamento e 6 depois dele podem apenas ter sido parte das variações diárias que ela experimentava normalmente. De fato, Wendy poderia ter tido um bom dia e relacionado 6 antes do tratamento, e ter tido um dia ruim e relacionado 9 após o tratamento, o que implicaria que o tratamento teria piorado o caso dela!

As medidas repetidas são parte de cada desenho experimental de caso único. Elas ajudam a identificar como uma pessoa está antes e após a intervenção, bem como se o tratamento colaborou para quaisquer mudanças. A Figura 4.2 resume a ansiedade de Wendy e as informações obtidas das medidas repetidas. O gráfico da parte superior mostra as classificações originais da ansiedade de Wendy antes e depois. O gráfico do meio mostra que, com classificações diárias, seus relatos são variáveis e que, devido ao acaso, a medição anterior provavelmente foi enganosa. Ela teve dias ruins e bons tanto antes quanto após o tratamento, e isso parecia não ter mudado muito.

O gráfico na parte inferior mostra uma possibilidade diferente: a ansiedade de Wendy estava decrescendo antes do tratamento, o que poderia ser obscurecido com as medições apenas antes e depois. Talvez ela estivesse melhorando por si mesma e o tratamento não tenha surtido muito efeito. Embora o gráfico do meio mostre como a **variabilidade** do dia a dia foi importante na interpretação do efeito do tratamento, o gráfico da parte inferior mostra como a própria **tendência** também pode ser importante para determinar a causa de qualquer mudança. Os três gráficos ilustram importantes partes das medidas repetidas: (1) o **nível** ou grau de mudança de comportamento com diferentes intervenções (parte superior); (2) a variabilidade ou grau de mudança com o passar do tempo (do meio); e (3) a tendência ou direção da mudança (parte inferior). Novamente, as pontuações antes e depois, por si sós, não mostraram o que causou as mudanças comportamentais.

Desenhos de retirada

Uma das estratégias mais comuns usadas em delineamento de caso único é o **desenho de retirada** (A-B-A), no qual um pesquisador tenta determinar se a variável dependente é responsável pelas mudanças no comportamento. O efeito do tratamento de Wendy poderia ser testado interrompendo-o por um período para ver se sua ansiedade aumentaria. Um delineamento simples tem três partes. Primeiro, a condição da pessoa é avaliada antes do tratamento, para estabelecer uma **linha de base**. Então vem a mudança na variável independente – no caso de Wendy, o começo do tratamento. Por fim, o tratamento é retirado ("retorno à linha de base") e o pesquisador avalia se o nível da ansiedade de Wendy muda novamente em função desse último passo. Se com o tratamento a ansiedade dela diminui

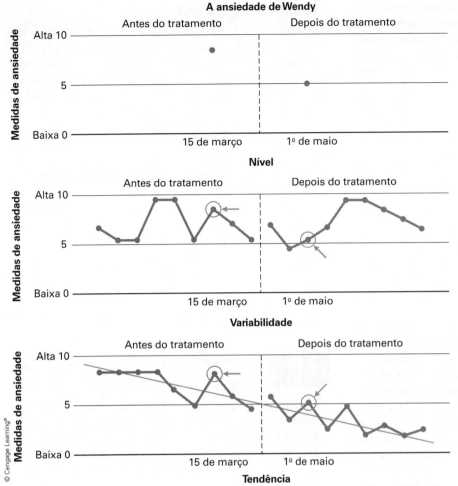

FIGURA 4.2 O primeiro gráfico parece mostrar a ansiedade de Wendy diminuindo significativamente depois do tratamento (nível de medida). Entretanto, quando se observam as medidas repetidas de antes e depois do tratamento, o gráfico do meio revela pouca mudança, porque sua ansiedade oscilou muito (variabilidade da medida). O terceiro gráfico ilustra um cenário diferente (tendência da medida) em que sua ansiedade também variou. No geral, houve um movimento descendente (melhora da ansiedade) até mesmo antes do tratamento, sugerindo que ela poderia melhorar sem ajuda. Examinar a variabilidade e a tendência pode propiciar mais informação sobre a verdadeira natureza da mudança.

dy envolvesse visualizar a si mesma em uma praia em uma ilha tropical. Seria muito difícil, se não impossível, impedi-la de imaginar alguma coisa. De forma semelhante, alguns tratamentos envolvem ensinar habilidades às pessoas, as quais seriam impossíveis desaprender. Se Wendy aprendeu a ser menos ansiosa em situações sociais, como poderia voltar ao estado anterior?

Diversos contra-argumentos apoiam o uso dos desenhos de retirada (Barlow et al., 2009). O tratamento é frequentemente retirado quando medicamentos estão envolvidos. As *drug holidays* (*férias da medicação*) são períodos de tempo quando o medicamento é retirado a fim de que os clínicos possam determinar se ele é responsável pelos efeitos do tratamento. Qualquer medicamento pode ter efeitos colaterais negativos e, em razão disso, a medicação desnecessária deveria ser evitada. Às vezes, a retirada do medicamento ocorre naturalmente. A suspensão não tem de ser prolongada; ainda que seja breve, pode esclarecer o papel do tratamento.

Linha de base múltipla

Outra estratégia de desenho experimental de caso único usada frequentemente e que não tem algumas das desvantagens de um desenho de retirada é o de **linha de base múltipla**. Em vez de interromper a intervenção para ver se é efetiva, o pesquisador começa o tratamento em diferentes momentos com variações de ambiente (casa ou escola), comportamentos (gritar com a esposa ou com chefe) ou pessoas. Como um exemplo de tratamento de ambientes diferentes, suponha que, após esperar um período e fazer medidas repetidas da ansiedade de Wendy, tanto em casa quanto no escritório (a linha de base), o clínico decide tratá-la primeiro em casa. Quando o tratamento começa a se mostrar efetivo, a intervenção poderia começar no trabalho. Se ela melhora apenas em casa após o início do tratamento, mas melhora no trabalho após o tratamento ser introduzido ali também, poderíamos concluir que o tratamento foi efetivo. Esse é um exemplo do uso de linha de base múltipla com variação de ambiente. A validade interna melhora com a linha de base múltipla? Sim. A qualquer momento em que outras explicações para os resultados podem ser descartadas, a validade interna é melhorada. A ansiedade de Wendy melhorou somente nos lugares em que ela foi tratada, o que descarta explicações concorrentes para a redução da sua ansiedade. Por exemplo, se ela tivesse ganhado na loteria ao mesmo tempo que o tratamento tivesse começado e sua ansiedade tivesse diminuído em todas as situações, não poderíamos concluir que sua condição tivesse sido afetada pelo tratamento.

em comparação à linha de base e piora após o tratamento ser retirado, o pesquisador pode concluir que o tratamento reduziu a ansiedade de Wendy.

Em que esse desenho difere de um estudo de caso? Uma diferença importante é que a mudança no tratamento é desenhada especificamente para mostrar se o tratamento causou alterações no comportamento. Embora os estudos de caso frequentemente envolvam tratamento, não incluem nenhum esforço para verificar se a pessoa teria melhorado sem o tratamento. Um delineamento de retirada (A-B-A) fornece aos pesquisadores uma visão mais clara de se o tratamento por si só causou ou não a mudança de comportamento.

Apesar das vantagens, os desenhos de retirada nem sempre são apropriados. O pesquisador é requisitado a remover o que poderia ser um tratamento efetivo, uma decisão que às vezes é difícil de justificar por motivos éticos. No caso de Wendy, um pesquisador teria de decidir se havia razão suficiente para arriscar torná-la deliberadamente ansiosa de novo. O delineamento de retirada é também inadequado quando o tratamento não pode ser removido. Suponha que o tratamento de Wen-

Suponha que um pesquisador quisesse avaliar a efetividade de um tratamento para os comportamentos problemáticos de uma criança. O tratamento poderia primeiro enfocar o choro da criança e, então, um segundo problema, como brigar com os irmãos. Se o tratamento foi efetivo primeiro somente em reduzir o choro e apenas após a segunda intervenção foi efetivo para reduzir brigas, o pesquisador poderia concluir que o tratamento, não qualquer outra coisa, contribuiu para as melhoras. Essa é uma linha de base múltipla com variação de comportamentos.

O desenho experimental de caso único às vezes é criticado porque tende a envolver um pequeno número de casos, deixando sua validade externa em dúvida. Em outras palavras, não podemos dizer que os resultados observados em poucas pessoas seriam os mesmos para todos. Entretanto, embora sejam chamados desenhos de *caso único*, pesquisadores podem usá-los com diversas pessoas ao mesmo tempo, em parte para lidar com o resultado da validade externa. Recentemente, estudamos a efetividade de um tratamento para problemas graves de comportamento de crianças com transtorno do espectro autista (Durand, 1999) (ver Figura 4.3). Ensinamos as crianças a se comunicarem em vez de se comportarem mal, utilizando um procedimento conhecido como *treinamento de comunicação funcional* (que discutiremos com mais detalhes no Capítulo 14). Usando uma linha de base múltipla, introduzimos esse tratamento a um grupo de cinco crianças. Nossas variáveis dependentes foram a incidência dos problemas comportamentais das crianças e suas recém-adquiridas habilidades de comunicação. Como a Figura 4.3 mostra, somente quando começamos o tratamento é que os problemas de comportamento melhoraram e a comunicação teve início. Esse desenho de linha de base múltipla nos permite descartar coincidência ou outra mudança na vida das crianças como explicação para a melhora.

Entre as vantagens do desenho de linha de base múltipla na avaliação de tratamentos é que ele não requer retirada; como vimos, retirar o tratamento às vezes é difícil ou impossível. Além disso, a linha de base múltipla, em geral, assemelha-se à maneira como o tratamento seria naturalmente implementado. Um clínico não pode ajudar um paciente com vários problemas simultaneamente, mas pode fazer medidas repetidas dos comportamentos relevantes e observar quando mudam. Um clínico que vê mudanças previsíveis e ordenadas relacionadas a onde e quando o tratamento é usado pode concluir que o tratamento é responsável pela mudança.

Genética e comportamento ao longo do tempo e das culturas

Examinar a origem e as estratégias para o tratamento de um problema ou transtorno comportamental de um indivíduo requer que vários fatores sejam considerados a fim de que influências múltiplas possíveis sejam levadas em conta. Os fatores incluem determinar quaisquer influências hereditárias, como o comportamento mudará ou permanecerá do mesmo jeito com o passar do tempo e os efeitos da cultura. Discutiremos esses assuntos, bem como a replicação e a ética da pesquisa, como elementos-chave no processo de pesquisa.

Estudando a genética

Nossa tendência é pensar a genética como características que herdamos de nossos pais: "Ele tem os olhos de sua mãe"; "Ela é magra, assim como seu pai"; "Ela é teimosa como sua mãe". Essa visão bastante simples de como nos tornamos as pessoas que somos sugere que como parecemos, pensamos, sentimos e nos comportamos são fatores predeterminados. Vimos no Capítulo 2 que a interação entre nossa composição genética e nossas experiências é o que determina como vamos nos desenvolver. A meta dos geneticistas comportamentais (pessoas que estudam a genética do comportamento) é desvendar o papel da genética nessas interações.

Os pesquisadores da genética examinam tanto os **fenótipos**, características observáveis ou o comportamento do indivíduo, quanto os **genótipos**, composição genética específica de uma pessoa. Por exemplo, alguém com síndrome de Down geralmente tem algum nível de deficiência intelectual e uma variedade de outras características físicas, como olhos amendoados e língua proeminente. Essas características são o fenótipo. O genótipo é o 21º cromossomo extra que causa essa síndrome.

▉▉▉ Verificação de conceitos 4.2

Analise sua compreensão em relação aos métodos de pesquisa indicando quais seriam mais apropriados em cada uma das seguintes situações. Escolha entre (a) estudo de caso, (b) correlação, (c) ensaios clínicos randomizados, (d) epidemiologia, (e) experimento e (f) desenho experimental de caso único.

1. Um pesquisador altera a intensidade do barulho muitas vezes para se certificar de como isso afeta a concentração de um grupo de pessoas. _____

2. Um grupo de pesquisadores utiliza a atribuição do acaso para incluir participantes em um de dois grupos de tratamento e utiliza protocolos publicados para se certificar de que será aplicado de maneira padronizada. _____

3. Um pesquisador quer investigar a hipótese de que quando as crianças chegam à adolescência ouvem música mais alta. _____

4. Um pesquisador está interessado em estudar uma mulher que não teve contato com a civilização e criou sua própria língua. _____

5. Um pesquisador quer estudar como diferentes tipos de música afetam uma criança de cinco anos de idade que nunca falou. _____

Nosso conhecimento dos fenótipos de diferentes transtornos psicológicos ultrapassa o conhecimento de genótipos, mas isso pode mudar em breve. Desde a descoberta da dupla-hélice, em 1953, por James Watson e Francis Crick, os cientistas sabem que temos de mapear a estrutura e a localização de cada gene em todos os 46 cromossomos se quisermos entender nos-

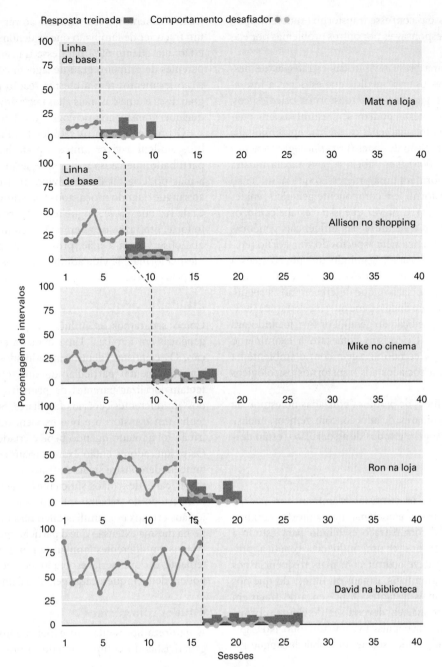

FIGURA 4.3 Essa figura mostra como o desenho de linha de base múltipla foi utilizado para ilustrar que o tratamento – treinamento de comunicação funcional – foi responsável pelas melhorias nos comportamentos das crianças. Os círculos representam com que frequência cada criança exibiu problemas comportamentais (chamados comportamento desafiador), e as áreas do gráfico em barras mostram com que frequência elas se comunicaram sem ajuda de um instrutor (denominado comunicação espontânea). (De Durand, V. M. (1999). Functional communication training using assistive devices: recruiting natural communities of reinforcement. *Journal of Applied Behavior Analysis, 32*(3), 247-267. Reimpresso sob permissão da Society for the Experimental Analysis of Human Behavior.)

sa herança genética. No início da década de 1990, cientistas do mundo todo, em um esforço coordenado, começaram o **projeto genoma humano** (*genoma* significa "todos os genes de um organismo"). Usando os últimos avanços da biologia molecular, os cientistas que trabalhavam nesse projeto completaram um esboço primário do mapeamento de aproximadamente 25 mil genes humanos. Esse trabalho identificou centenas de genes que contribuem para as doenças hereditárias. Essas descobertas representaram um progresso espantoso para decifrar a natureza da herança genética e o seu papel nos transtornos psicológicos.

Com o avanço da ciência a passos largos, o terceiro conceito é o foco de um estudo extenso – os **endofenótipos**. Os endofenótipos são os mecanismos genéticos que contribuem para os problemas subjacentes que causam os sintomas e as dificuldades experimentados pelas pessoas com transtornos psicológicos (Greenwood et al., 2016). No caso da esquizofrenia (um transtorno que discutiremos no Capítulo 13), por exemplo, os pesquisadores não estão procurando o "gene da esquizofrenia" (genótipo); em vez disso, estão tentando achar o gene ou genes responsáveis pelos problemas da memória de trabalho característicos de pessoas com esse transtorno (endofenótipo), bem como os genes responsáveis por outros problemas por elas experimentados.

O que segue é uma breve revisão das estratégias de pesquisa que os cientistas usam à medida que estudam a interação entre ambiente e genética nos transtornos psicológicos. Essas abordagens complexas podem ser resumidas em quatro categorias: epidemiologia genética básica, epidemiologia genética avançada, predição de genes (*gene finding*) e genética molecular (Kendler, 2005) (ver Tabela 4.2). A tabela mostra que essas categorias formam uma progressão que se inicia ao descobrir se um transtorno tem componente genético (epidemiologia genética básica). Uma vez que isso é estabelecido, os pesquisadores exploram a natureza das influências genéticas observando como a genética afeta aspectos do transtorno (epidemiologia genética avançada). Seguindo um pouco mais a fundo, os pesquisadores usam métodos estatísticos sofisticados (estudos de ligação e associação), que descreveremos a seguir, para descobrir exatamente onde o gene ou genes está(ão) localizado(s) no genoma (predição do gene). Por fim, focando nas estratégias biológicas, os cientistas começam a examinar o que esses genes fazem e como interagem com o ambiente na criação dos sintomas associados aos transtornos psicológicos (genética molecular).

As técnicas específicas de pesquisa utilizadas no estudo da genética – estudos familiares, de adoção, com gêmeos, análise de ligação gênica (*linkage*) e estudos de associação – estão descritos a seguir.

Estudos familiares

Nos **estudos familiares**, os cientistas examinam um padrão comportamental ou traço emocional no contexto familiar. O membro da família com o traço escolhido para estudo é chamado **probando**. Se houver uma influência genética, presumivelmente o traço deve ocorrer com mais frequência nos parentes de primeiro grau (pais, irmãos ou filhos) do que nos de segundo grau ou mais distantes. A presença do traço em parentes distantes, por sua vez, deveria ser, de alguma forma, um pouco maior do que na população como um todo. No Capítulo 1, conhecemos Judy, a adolescente com fobia de sangue-in-

jeção-ferimentos, que desmaiava ao ver sangue. A tendência de um traço ser de família, o que se denomina agregação familiar, é tão alta quanto 60% para esse transtorno, ou seja, 60% dos parentes de primeiro grau de alguém com fobia de sangue-injeção-ferimentos têm a mesma reação pelo menos em algum grau. Essa é uma das mais altas taxas de agregação familiar para qualquer transtorno psicológico que temos estudado.

O problema com os estudos familiares é que seus membros tendem a viver juntos e pode haver algo no ambiente partilhado que causa a alta agregação familiar. Por exemplo, a mãe poderia ter desenvolvido uma reação muito negativa ao sangue quando moça, após testemunhar um sério acidente. Cada vez que ela vê sangue tem uma resposta emocional muito forte. Em razão de as emoções serem contagiosas, os filhos, que observavam a mãe, provavelmente passarão a reagir da mesma forma. Na vida adulta, os filhos passam isso para seus próprios filhos.

Estudos de adoção

Como separamos as influências ambientais das influências genéticas em famílias? Uma maneira é com **estudos de adoção**. Os cientistas identificam adotados que têm um padrão comportamental particular ou um transtorno psicológico e tentam localizar parentes de primeiro grau que foram criados em diferentes cenários familiares. Suponha que um rapaz tenha um transtorno e que os cientistas descubram que seu irmão foi adotado quando bebê e criado em um lar diferente. Os pesquisadores então examinariam o irmão para ver se ele também demonstra sinais do transtorno. Se eles puderem identificar pares de irmãos suficientes (e geralmente o fazem após um período de trabalho intenso), são capazes de avaliar se os irmãos criados em famílias diferentes demonstram o transtorno na mesma extensão que o participante original. Se os irmãos criados em diferentes famílias têm o transtorno mais frequentemente do que seria esperado por acaso, os pesquisadores podem deduzir que a carga genética é um fator de contribuição.

Estudos com gêmeos

A natureza apresenta um experimento elegante que dá aos geneticistas do comportamento a possibilidade mais próxi-

---

TABELA 4.2 Abordagens básicas utilizadas para avaliar influências genético-ambientais em transtornos psicológicos

Abordagem	Método	Pergunta
Epidemiologia genética básica	Análises estatísticas de família, gêmeo e estudos de adoção	É um transtorno herdado (hereditariedade) e, caso positivo, quanto do transtorno é atribuído à genética?
Epidemiologia genética avançada	Análises estatísticas de família, gêmeo e estudos de adoção	Se o transtorno tem origem hereditária, quais são os fatores que influenciam o transtorno (por exemplo, a alteração é algo que ocorre no início do desenvolvimento, é diferente em homens e mulheres e as influências genéticas afetam os fatores de risco ambientais)?
Predição de genes (*gene finding*)	Análises estatísticas de famílias específicas ou indivíduos (estudos de ligação e/ou de associação)	Onde está o gene (ou genes) que influencia o transtorno?
Genética molecular	Análise biológica de amostras de DNA individuais	Que processos biológicos fazem com que os genes afetem a produção dos sintomas do transtorno?

Fonte: Adaptado de Kendler, K. S. (2005). Psychiatric genetics: A methodological critique. In: Andreasen, N. C. (Ed.). *Research advances in genetics and genomics*: implications for psychiatry (Tabela I, p. 6.). Washington, D.C.: American Psychiatric Publishing.

ma de observar o papel dos genes no desenvolvimento: os gêmeos idênticos (monozigóticos) (Jansen et al., 2015). Esses gêmeos não são apenas semelhantes, eles têm genes idênticos. Algumas mudanças ocorrem nos marcadores químicos (chamados marcadores epigenéticos) no útero, o que explica diferenças sutis mesmo em gêmeos idênticos (van Dongen et al., 2014). Os gêmeos fraternos (dizigóticos), por outro lado, surgem de diferentes células-ovo e têm somente cerca de 50% de seus genes em comum, como todos os parentes de primeiro grau. Em **estudos com gêmeos**, a questão científica óbvia é se os gêmeos idênticos partilham o mesmo traço – digamos, desmaiar ao ver sangue – com mais frequência do que os gêmeos fraternos. Determinar se um traço é partilhado é fácil em relação a alguns traços físicos, como altura. Como Plomin (1990) salienta, correlações de altura tanto para parentes de primeiro grau quanto para gêmeos fraternos são 0,45 e 0,90 para gêmeos idênticos. Essas descobertas mostram que a hereditariedade da altura é de cerca de 90%, então, aproximadamente 10% da variação é resultado de fatores ambientais. Mas o caso de gêmeos idênticos siameses com personalidades diferentes (ver Capítulo 2) nos faz lembrar que a estimativa de 90% é a contribuição *média*. Um gêmeo idêntico que sofreu grave abuso físico ou foi privado de alimentação apropriada poderia ter uma altura substancialmente diferente da do outro gêmeo.

Michael Lyons et al. (1995) conduziram um estudo de comportamento antissocial entre os membros do Vietnam Era Twin Registry (grupo de veteranos). Foram selecionados 8 mil gêmeos do sexo masculino que serviram o exército norte-americano de 1965 a 1975 para participar da pesquisa. Os pesquisadores descobriram que entre os gêmeos idênticos havia um grau maior de semelhança para traços antissociais do que entre os gêmeos fraternos. Houve maior diferença para o comportamento antissocial adulto – ou seja, o comportamento dos gêmeos idênticos foi mais semelhante do que o comportamento dos fraternos na fase adulta – do que o comportamento antissocial juvenil (o que quer dizer que os pares gêmeos idênticos e fraternos não adultos eram mais parecidos quando na infância do que na fase adulta). Os pesquisadores concluíram que o ambiente familiar exerce maior influência do que os fatores genéticos nos traços antissociais juvenis e que o comportamento antissocial na vida adulta é mais influenciado pelos fatores genéticos. Em outras palavras, após o indivíduo crescer e deixar sua família de origem, influências ambientais anteriores terão cada vez menos importância. Entretanto, essa metodologia para estudar a genética não é perfeita. Pode-se presumir que gêmeos monozigóticos têm a mesma composição genética e que gêmeos dizigóticos não têm. A questão complicada é se os gêmeos monozigóticos têm as mesmas experiências ou o mesmo ambiente que os gêmeos dizigóticos. Alguns gêmeos idênticos se vestem da mesma forma e até têm nomes parecidos. Os próprios gêmeos influenciam o comportamento um do outro e, em alguns casos, os monozigóticos podem afetar um ao outro mais que os dizigóticos (Johnson et al., 2009).

Uma maneira de tratar esse problema é combinando o estudo de adoção com o estudo com gêmeos. Se for possível encontrar gêmeos idênticos, um dos quais tenha sido adotado quando bem novo, podem-se estimar os papéis relativos dos genes e do ambiente (natureza *versus* educação) no desenvolvimento dos padrões comportamentais.

Análise de ligação gênica (*linkage*) e estudos de associação

Os resultados de uma série de estudos familiares com gêmeos e de adoção podem sugerir que um transtorno em particular tem um componente genético, mas não podem oferecer a localização do gene ou genes envolvidos. Existem duas estratégias genéticas para localizar o gene defectivo: a análise de ligação gênica (*linkage*) e os estudos de associação (Flanagan, 2015).

O princípio básico da **análise de ligação gênica** (*linkage*) é simples. Quando um transtorno familiar é estudado, outras características hereditárias são avaliadas ao mesmo tempo. Essas outras características, chamadas **marcadores genéticos**, são selecionadas porque conhecemos sua exata localização. Se uma combinação ou ligação é descoberta entre a herança do transtorno e a herança de um marcador genético, os genes do transtorno e o marcador genético estão provavelmente próximos um do outro no mesmo cromossomo. Por exemplo, o transtorno bipolar (depressão maníaca) foi estudado em uma grande família Amish (Egeland et al., 1987). Os pesquisadores descobriram que dois marcadores do cromossomo 11 – genes da insulina e um conhecido gene do câncer – foram ligados à presença do transtorno do humor naquela família, sugerindo que o gene do transtorno bipolar poderia estar no cromossomo 11. Infelizmente, embora esse seja um estudo de ligação gênica, ilustra o perigo de delinear conclusões prematuras com base na pesquisa. Esse estudo de ligação e um segundo estudo cuja pretensão era descobrir uma conexão entre transtorno bipolar e o cromossomo X (Baron et al., 1987) ainda precisam ser replicados; ou seja, diferentes pesquisadores não têm conseguido mostrar ligações similares em outras famílias (Merikangas e Risch, 2014).

De fato, a falta de condições para replicar as descobertas desses estudos é bastante comum (Flanagan, 2015). Esse tipo

▲ Os membros familiares geralmente assemelham-se uns aos outros na aparência física, mas sua genética compartilhada pode influenciar muitos outros aspectos de suas vidas.

de falha lança dúvidas sobre as conclusões de que apenas um gene é responsável por transtornos tão complexos. Esteja atento para essas limitações na próxima vez que ler no jornal ou ver na TV que certo gene foi identificado como causador de determinado transtorno.

A segunda estratégia para localizar genes específicos, os **estudos de associação**, também usa marcadores genéticos. Considerando-se que os estudos de ligação comparam os marcadores em um grande grupo de pessoas com um transtorno em particular, os estudos de associação comparam essas pessoas com outras sem o transtorno. Se determinados marcadores ocorrem significativamente com maior frequência nas pessoas com o transtorno, afirma-se que os marcadores estão próximos aos genes envolvidos com o transtorno. Esse tipo de comparação torna os estudos de associação mais capazes de identificar genes que podem apenas estar levemente associados ao transtorno. Ambas as estratégias de localização de genes específicos oferecem esclarecimentos sobre as origens de transtornos específicos e podem inspirar novas abordagens de tratamento (Flanagan, 2015).

Estudando o comportamento ao longo do tempo

Às vezes questionamos: "Como um transtorno ou um padrão de comportamento mudará (ou permanecerá o mesmo) com o passar do tempo?". Essa é uma pergunta importante por diversos motivos. Primeiro, a resposta nos ajuda a decidir se devemos tratar uma pessoa em particular. Por exemplo, devemos começar um programa caro e longo no caso de um jovem adulto que está deprimido desde que o avô faleceu? Provavelmente não se você souber que, com o apoio social adequado, a depressão diminuirá no decorrer dos próximos meses sem tratamento. Por outro lado, se você tiver motivos para acreditar que um problema provavelmente não desaparecerá por si só, poderia decidir por começar o tratamento. Por exemplo, como vamos ver mais à frente, a agressividade em crianças muito pequenas geralmente não desaparece naturalmente, por isso elas devem passar por um tratamento o mais cedo possível.

É importante também entender as mudanças do desenvolvimento no comportamento atípico, porque às vezes elas podem esclarecer como os problemas são criados e como se agravam. Por exemplo, você verá que alguns pesquisadores identificam recém-nascidos que correm o risco de ter transtorno do espectro autista (TEA) porque são irmãos de uma criança com TEA (ver Capítulo 14, no qual o TEA será discutido) e então são acompanhados no decorrer da infância até que alguns deles desenvolvam o transtorno. Esse tipo de estudo nos mostra que o padrão de início dos sintomas desse transtorno é, na verdade, muito diferente do que os pais relatam após o fato (eles tendem a se lembrar de mudanças drásticas no comportamento da criança quando, de fato, as mudanças ocorrem gradualmente) (Zwaigenbaum, Bryson e Garon, 2013). Os estudos prospectivos (que registram mudanças ao longo do tempo enquanto ocorrem) às vezes revelam diferenças dramáticas no desenvolvimento dos transtornos psicológicos ou seu tratamento em comparação com a informação descoberta por meio dos estudos retrospectivos (os quais pedem para que as pessoas se lembrem do que aconteceu no passado).

Pesquisa de prevenção

Um motivo adicional para estudar os problemas clínicos com o passar do tempo é que podemos planejar intervenções e oferecer serviços para preveni-los. Prevenir certas situações relacionadas à saúde mental pouparia famílias de muito sofrimento, bem como economizaria custos substanciais. A pesquisa de prevenção tem se expandido ao longo dos anos e inclui uma gama de abordagens. Esses diferentes métodos podem ser vistos em quatro grandes categorias: estratégias de desenvolvimento positivo (promoção da saúde), estratégias de prevenção universal, estratégias de prevenção seletiva e estratégias de prevenção indicada (Kalra et al., 2012). As *estratégias de desenvolvimento positivo* ou *promoção de saúde* envolvem esforços para abranger toda a população de pessoas – mesmo aquelas que correm risco – para prevenir problemas posteriores e promover comportamentos preventivos. A intervenção não é delineada para reverter um problema existente, mas, em vez disso, visa construir habilidades, por exemplo, para evitar que problemas se desenvolvam. Vale citar o exemplo do Seattle Social Development Program (Programa de Desenvolvimento Social de Seattle), que tem como objetivo fazer uma intervenção, junto a professores e pais, para promover o engajamento de crianças de escolas públicas do ensino fundamental de Seattle, localizadas em áreas de alta periculosidade, a desenvolver aprendizagem e comportamentos positivos. Embora essa abordagem não tenha como meta um problema em particular (por exemplo, uso de drogas), o seguimento a longo prazo dessas crianças sugere múltiplos efeitos positivos na conquista, reduções em delinquência, e menores chances de contrair uma doença sexualmente transmissível aos 30 anos (Bailey, 2009; Hill et al., 2014; Lonczak et al., 2002). *Estratégias de prevenção universal* concentram-se em populações inteiras e visam certos fatores de risco específicos (por exemplo, problemas de comportamento nas salas de aula do centro da cidade) sem ter como foco indivíduos específicos. A terceira abordagem de intervenção é a *prevenção seletiva*, que especificamente visa grupos inteiros de risco (por exemplo, crianças cujos pais faleceram) e projeta intervenções específicas com o objetivo de ajudá-los a evitar problemas futuros. Finalmente, tem-se a *prevenção indicada*, estratégia voltada para indivíduos que estão começando a mostrar sinais de problemas (por exemplo, sintomas de depressão), mas ainda não têm um transtorno psicológico.

Para avaliar a efetividade de cada uma dessas abordagens, as estratégias usadas na pesquisa de prevenção para examinar a psicopatologia com o passar do tempo combinam métodos de pesquisas individuais e em grupo, incluindo tanto os desenhos correlacionais quanto os experimentais. Olharemos a seguir dois dos mais frequentemente utilizados: os desenhos transversais e longitudinais.

Desenhos transversais (*cross-sectional*) Uma variação de pesquisa correlacional é comparar diferentes pessoas em diferentes idades. Para um **desenho transversal**, os pesquisadores tomam uma seção cruzada de uma população por meio de diferentes grupos etários e comparam-nos na mesma característica. Por exemplo, se estivessem tentando entender o desenvolvimento do abuso e dependência do álcool, seria possível tomar grupos de adolescentes de 12, 15 e 17 anos e avaliar seus pontos de vista em relação ao uso do álcool. Nessa comparação, Brown e Finn (1982) observaram fatos interessantes. Descobriram que 36% dos adolescentes de 12 anos pensavam que a finalidade primária de beber era ficar bêbado. Essa porcentagem aumentou para 64% com os adolescentes de 15 anos, mas caiu para 42% entre os de 17 anos. Os pesquisadores também descobriram que 28% dos adolescentes de 12 anos relataram beber com amigos pelo menos algumas vezes, uma taxa que aumentou para 80% entre os de 15 anos e 88% entre os de 17 anos. Brown e Finn usaram essas informações para desenvolver a hipótese de que o motivo para beber em excesso entre adolescentes era uma tentativa deliberada de ficar bêbado em vez de um erro de julgamento, uma vez que eles estavam sob a influência do álcool. Em outras palavras, os adolescentes, como um grupo, não bebiam em excesso por perderem o senso crítico após as primeiras doses ingeridas. Em vez disso, suas atitudes antes de beber pareciam influenciar o quanto de fato bebiam mais tarde.

Nos desenhos transversais, os participantes de cada grupo etário são chamados *coortes*. Brown e Finn estudaram três delas: de 12 anos, de 15 anos e de 17 anos de idade. Os membros de cada *coorte* tinham a mesma idade na mesma época, e todos foram expostos a experiências semelhantes. Ao mesmo tempo, os membros de uma *coorte* diferem dos de outras *coortes* em idade e em exposição às vivências culturais e históricas. Você esperaria que um grupo de adolescentes de 12 anos, no início da década de 1980, tivesse recebido uma grande quantidade de informações sobre uso de drogas e álcool (tal como o programa "Diga Não" – "Just Say No", em inglês), enquanto os adolescentes de 17 anos poderiam não tê-las recebido. As diferenças entre as *coortes* em relação às opiniões sobre o uso de álcool podem estar relacionadas a seus respectivos desenvolvimentos cognitivo e emocional, bem como às suas experiências diferentes. Esse **efeito *coorte***, o fator confundidor de idade e experiência, é uma limitação do desenho transversal.

Os pesquisadores preferem os desenhos transversais para estudar mudanças no decorrer do tempo em parte porque são mais fáceis de serem usados do que os desenhos longitudinais (discutidos a seguir). Além disso, alguns fenômenos são menos prováveis de serem influenciados por diferentes experiências culturais e históricas e, por conseguinte, são menos suscetíveis aos efeitos *coorte*. Por exemplo, a predominância da doença de Alzheimer em pessoas entre 60 e 70 anos – entendida como fortemente influenciada pela biologia – não é provável de ser afetada por diferentes experiências entre os participantes do estudo.

Uma questão não respondida pelos desenhos transversais é como os problemas se desenvolvem nos indivíduos. Por exemplo, as crianças que se recusam a ir à escola desenvolverão transtornos de ansiedade? Um pesquisador não pode responder a essa questão simplesmente comparando adultos com problemas de ansiedade e crianças que se recusam a ir à escola. Poderia ser perguntado aos adultos se eles eram ansiosos em relação à escola quando crianças, mas essa **informação retrospectiva** (olhar para o passado) é bem pouco precisa. Para obter um panorama mais claro de como os indivíduos se desenvolvem com o passar dos anos, os pesquisadores usam desenhos longitudinais.

Desenhos longitudinais Em vez de olhar para diferentes grupos de pessoas em idades diferentes, os pesquisadores podem acompanhar um grupo no decorrer do tempo e avaliar as mudanças que ocorrem diretamente em seus membros. A vantagem dos **desenhos longitudinais** é que não são prejudicados pelos problemas do efeito *coorte* e permitem aos pesquisadores avaliar mudanças individuais. (A Figura 4.4 ilustra tanto os desenhos transversais quanto os longitudinais.) Em um estudo dessa característica, os pesquisadores acompanharam um grande número de pacientes (3.440) acima de 17 anos para avaliar como o consumo de produtos lácteos estava associado com mudanças em seu peso. A cada três anos, os participantes realizavam um exame físico e preenchiam uma avaliação de frequência alimentar para determinar a quantidade de laticínio que eles consumiram no último ano. Os resultados desse estudo sugeriram que os participantes que consumiram três ou mais porções de laticínio por dia ganharam menos peso ao longo do ano do que aqueles que não consumiram (Wang et al., 2014). Esse estudo apoia os defensores do consumo saudável de laticínios, e mostra o valor de delineamentos longitudinais quando se avalia os resultados de saúde ao longo do tempo.

Imagine conduzir um estudo longitudinal importante. Não apenas o pesquisador deve perseverar durante meses e anos, mas também as pessoas que participam do estudo. Elas precisam ter vontade de continuar no projeto, e o pesquisador espera que elas não se mudem ou, pior, faleçam. A pesquisa longitudinal é onerosa e consome tempo; também está sujei-

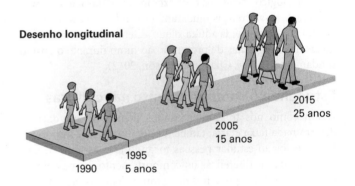

As mesmas pessoas acompanhadas ao longo do tempo

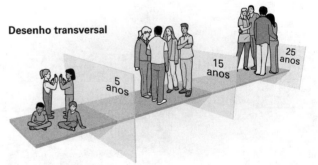

Pessoas de diferentes idades observadas ao mesmo tempo

FIGURA 4.4 Dois desenhos de pesquisa: longitudinal e transversal.

ta à possibilidade distinta de que a questão de pesquisa venha a se tornar irrelevante quando o estudo estiver completo. Por fim, os desenhos longitudinais podem sofrer de um fenômeno semelhante ao efeito *coorte* sobre os delineamentos transversais. O **efeito transgeracional** implica a tentativa de generalizar as descobertas a grupos cujas experiências são muito diferentes daquelas dos participantes do estudo. Por exemplo, o histórico de usuários de drogas que foram jovens adultos na década de 1960 e no início dos anos 1970 é bem diferente daquele de pessoas nascidas na década de 1990.

Às vezes os psicopatologistas combinam os delineamentos longitudinais e transversais em uma estratégia chamada **desenho sequencial**, que implica fazer repetidos estudos de diferentes *coortes* ao longo do tempo. Como um exemplo, podemos observar o trabalho de Laurie Chassin e seus colaboradores, que estudam as crenças de crianças em relação a uso do cigarro (Chassin et al., 2001). Esses pesquisadores acompanharam dez *coortes* de crianças no ensino fundamental e médio (desenho transversal) desde o início dos anos 1980 (desenho longitudinal). Por meio de questionários, eles acompanharam como as crianças (mais tarde adultos) viam os riscos para a saúde associados ao ato de fumar da juventude até meados dos 30 anos. Por exemplo, os pesquisadores perguntaram se elas acreditavam na seguinte afirmação: "Uma pessoa que se alimenta de forma correta e faz exercícios regularmente pode fumar sem que haja prejuízo para a saúde". Os resultados sugerem que como estudantes dos últimos anos do ensino fundamental (entre 11 e 14 anos), as crianças entendiam que fumar era menos arriscado para elas particularmente e acreditavam que haveria benefícios psicológicos positivos (por exemplo, fazê-las parecer mais maduras). Essas crenças mudaram à medida que entravam no ensino médio e na vida adulta, o que salienta a importância das metas dos programas de prevenção ao fumo durante o ensino fundamental (Macy, Chassin e Presson, 2012).

Estudando o comportamento nas culturas

Assim como nos tornamos focados demais ao estudarmos determinada faixa etária, também podemos perder importantes aspectos ao estudar pessoas focando apenas uma só cultura. Estudar as diferenças no comportamento das pessoas de diferentes culturas pode nos dizer muito sobre as origens e os possíveis tratamentos para comportamentos atípicos. Infelizmente, a maioria da literatura de pesquisa vem de culturas ocidentais, o que produz uma visão etnocêntrica da psicopatologia que pode limitar a compreensão dos transtornos e restringir a maneira como abordamos o tratamento (Christopher et al., 2014). Os pesquisadores da Malásia, onde se acredita que os transtornos psicológicos têm origem sobrenatural, descreveram um transtorno que chamam *sakit gila*, que tem algumas características da esquizofrenia, mas que difere de formas importantes (Csordas, 2015). Seria possível aprender mais sobre a esquizofrenia (e a *sakit gila*) comparando os transtornos entre si e as culturas nas quais são encontrados? A crescente conscientização sobre as diferenças culturais de nossa pesquisa está criando um aumento correspondente em pesquisas transculturais sobre psicopatologia.

Os desenhos que descrevemos são adaptados para estudar o comportamento atípico nas culturas. Alguns pesquisadores veem os efeitos de diferentes culturas como se fossem tratamentos distintos (Paniagua e Yamada, 2013). Em outras palavras, a variável independente é o efeito de diferentes culturas sobre o comportamento, em vez de, por assim dizer, o efeito de uma terapia cognitiva *versus* exposição simples para o tratamento de medos. Entretanto, é importante diferenciar entre olhar para uma cultura como um "tratamento" e nosso delineamento típico. Na pesquisa transcultural, não podemos designar aleatoriamente crianças de diferentes culturas e observar como elas se desenvolvem. As pessoas de diferentes culturas podem se diferenciar de várias maneiras importantes – como em seus contextos genéticos –, que poderiam explicar as variações de seus comportamentos por outros motivos que não a cultura.

As características de diferentes culturas também podem complicar os esforços de pesquisa. Os sintomas ou a descrição deles podem ser diferentes em sociedades distintas (Paniagua e Yamada, 2013). Os nigerianos que são deprimidos reclamam de peso ou calor na cabeça, sensação de formigamento na cabeça e nas pernas, sensação de queimação pelo corpo e de que a barriga está cheia de água (Ebigno, 1982; James, Jenkins e Lawani, 2012). Por outro lado, nos Estados Unidos as pessoas relatam sentimentos de inutilidade, de que são incapazes de começar e terminar qualquer coisa, perdem interesse em atividades rotineiras e têm ideias suicidas. Os chineses, por

▲ Os estudos longitudinais podem ser complicados pelo efeito transgeracional; por exemplo, jovens da década de 1960 compartilharam experiências distintas de experiências vividas por jovens dos dias atuais.

outro lado, são menos propensos a relatar sentimentos de depressão ou perda de interesse em fazer suas coisas prediletas, mas podem ter pensamentos suicidas ou sensação de inutilidade (Yu et al., 2012). Esses poucos exemplos ilustram que aplicar uma definição padronizada de depressão em diferentes culturas terá resultados muito diferentes (Corrigan, Druss e Perlick, 2014).

Um fator complicador adicional são as variações de tolerância, ou limites, para o comportamento atípico. Se as pessoas em diferentes culturas veem os mesmos comportamentos muito distintamente, os pesquisadores terão problemas para comparar as taxas de incidência e prevalência. Por exemplo, os costumes tradicionais dos chineses incluem conversar com os mortos e com divindades locais – comportamentos que podem ser característicos da esquizofrenia em outras culturas (Fuji et al., 2014). Compreender atitudes e costumes culturais é essencial para esse tipo de pesquisa (Paniagua e Yamada, 2013).

Por fim, a pesquisa de tratamento também é complicada por diferenças transculturais. As culturas desenvolvem modelos de tratamento que refletem seus próprios valores. No Japão, a hospitalização psiquiátrica é organizada segundo o modelo familiar, em que profissionais que ministram cuidados médicos assumem o papel de pais. O modelo familiar era muito comum em instituições psiquiátricas na América do Norte do século XIX, até que foi substituído pelo modelo médico atual (Colp, 2009). Na Arábia Saudita, as mulheres se cobrem ao sair de casa, o que impede que mostrem o rosto ao terapeuta; esse costume dificulta as tentativas de estabelecer uma relação terapêutica confiável e íntima paciente-terapeuta e pode também impedir que o terapeuta colete informações sobre o estado afetivo da paciente a partir de sua expressão facial (Ali, Liu e Humedian, 2004; Dubovsky, 1983; Mistry et al., 2009). Em virtude de a visão islâmica da medicina e da religião serem inseparáveis, os tratamentos médicos e religiosos são combinados (Tober e Budiani, 2014). Como você pode perceber, algo tão básico como comparar resultados de tratamento é bastante complexo em um contexto transcultural.

Poder de um programa de pesquisa

Quando examinamos diferentes estratégias de pesquisa de forma independente, como fizemos aqui, muitas vezes temos a impressão de que algumas abordagens são melhores que outras. É importante entender que isso não é verdade. Dependendo do tipo de questão que você está propondo e das limitações práticas inerentes à pergunta de pesquisa, qualquer uma das técnicas de pesquisa poderia ser apropriada. De fato, assuntos significativos obtêm resolução não por meio de um estudo perfeitamente delimitado, mas por meio de uma série de estudos que examinam diferentes aspectos do problema – em um programa de pesquisa. A pesquisa de um dos autores deste livro será utilizada para ilustrar como são respondidas as complexas perguntas de pesquisas, com uma variedade de diferentes desenhos de pesquisa.

Um de nós (Durand) estuda por que crianças com transtorno do espectro autista (ver Capítulo 14) demonstram comportamentos aparentemente irracionais, tais como autolesão (bater-se ou morder-se) ou agressão. A expectativa é de que quanto mais compreendermos por que o comportamento ocor-

▲ O mesmo comportamento – nesse caso, uma mulher usa roupas que mostram as pernas e não cobre a cabeça em público – seria aceitável em algumas culturas e em outras não.

re, melhores chances teremos de designar um tratamento efetivo. Em um estudo anterior, utilizamos o desenho de caso único (desenho de retirada) para testar a relação da atenção de um adulto e do comportamento de escapar de tarefas educacionais desagradáveis com esses comportamentos-problema (Carr e Durand, 1985). Descobrimos que algumas crianças se batem mais quando as pessoas as ignoram, e outras adotam tal atitude quando querem se livrar de uma lição de escola que para elas é difícil demais, o que nos mostra que esses comportamentos perturbadores podem ser compreendidos como uma forma primitiva de comunicação (por exemplo, "Por favor, venha aqui" ou "Isso é difícil demais"). Tal fato levou-nos a considerar o que aconteceria se ensinássemos essas crianças a se comunicarem conosco mais adequadamente (Durand, 1990). A série seguinte de estudos novamente utilizou os desenhos de caso único e demonstrou que ensinar maneiras mais aceitáveis de conseguir atenção ou ajuda dos outros reduziu significativamente esses comportamentos inadequados (p. ex., Durand e Carr, 1992). Várias décadas de pesquisa sobre esse tratamento (chamado de treinamento de comunicação funcional) demonstra seu valor ao melhorar de maneira significativa a vida de pessoas com esses problemas de comportamento outrora graves, reduzindo a gravidade do mau comportamento pela melhoria das habilidades de comunicação (Durand, 2012).

Uma das perguntas que afronta os pesquisadores nessa área é por que algumas crianças desenvolvem formas mais graves desses problemas de comportamento enquanto outras não. Para começar a responder a essa pergunta, conduzimos um estudo prospectivo longitudinal de três anos com mais de 100 crianças com transtorno do espectro autista para verificar quais fatores poderiam causar mais problemas (Durand, 2001). Estudamos crianças com três anos e depois com seis anos de idade para determinar o que sobre ela ou a família pode ter levado a problemas mais sérios. Descobrimos os dois seguintes fatores como os mais importantes indicadores de problemas comportamentais graves nas crianças: (1) os pais eram pessimistas quanto à sua própria capacidade de ajudar seus filhos ou (2) os pais estavam em dúvida sobre a capacidade de mudança de seu filho. Esses pais teriam "desistido" e permitido que seu filho ditasse muitas das rotinas dentro de casa (por exemplo, jantar na sala de estar, ou não ir ao cinema porque isso causaria birra) (Durand, 2001).

Esse achado importante nos leva então à próxima pergunta: será que poderíamos fazer com que pais pessimistas se tornassem mais otimistas, e isso ajudaria a impedir que seus filhos desenvolvessem problemas comportamentais graves? A resposta para essa pergunta dependia de um ensaio clínico randomizado para verificar se adicionar uma intervenção cognitivo-comportamental (descrita com mais detalhes nos capítulos posteriores sobre transtornos individuais) ajudaria a fazer com que pais pessimistas se tornassem otimistas. Nossa intenção era ensinar esses pais a examinar seus próprios pensamentos pessimistas ("Eu não tenho controle sobre meu filho", "Meu filho não vai melhorar por causa de seu transtorno") e substitui-los por conceitos mais esperançosos de sua vida ("Eu posso ajudar meu filho" ou "Meu filho pode melhorar seu comportamento"). Tínhamos a hipótese de que essa intervenção cognitiva os ajudaria a executar estratégias de parentalidade que oferecemos a eles (inclusive treinamento de comunicação funcional) e, por sua vez, melhorar os resultados de nossas intervenções comportamentais. Atribuímos aleatoriamente grupos de pais pessimistas que também tinham uma criança com graves problemas comportamentais a um grupo que os ensinou como trabalhar com seu filho ou a um grupo que utilizou as mesmas técnicas, mas também os ajudou a explorar seus pensamentos pessimistas e a ter uma visão melhor de si mesmos e de seu filho. Os tratamentos foram aplicados muito formalmente, usando protocolos escritos para ter certeza de que cada grupo havia recebido o tratamento proposto (Durand e Hieneman, 2008). Nossa descoberta foi que a adição de uma intervenção cognitivo-comportamental causou o efeito esperado: melhorar o otimismo e também os resultados comportamentais nas crianças (Durand et al., 2013).

Como esse exemplo indica, a pesquisa é conduzida em estágios, e um panorama completo de qualquer transtorno e de seu tratamento pode ser visto após observá-lo por perspectivas diferentes. Um programa integrado de pesquisa pode ajudar os pesquisadores a explorar diversos aspectos do comportamento atípico.

Replicação

O lema do Estado do Missouri é "Mostre-me". O lema da ciência poderia ser "Mostre-me de novo". Os cientistas, em geral, e os cientistas comportamentais, em particular, nunca estão realmente convencidos de que alguma coisa é "verdadeira". As pessoas são céticas quando surgem declarações sobre causas ou resultados de tratamentos. Replicar as descobertas é o que torna os pesquisadores confiantes de que o que estão estudando não é uma coincidência. Observamos quando descrevemos o método do estudo de caso que, se olharmos para um transtorno em apenas uma pessoa, não importa quão cuidadosa seja a maneira como descrevemos e documentamos isso, o fato é que, dessa forma, não podemos delinear conclusões sólidas.

A força de um programa de pesquisa está em sua capacidade de replicar descobertas de diferentes maneiras para estabelecer confiança nos resultados. Se você olhar para as estratégias de pesquisa que descrevemos, notará que a replicação é um dos aspectos mais importantes de cada uma delas. Quanto mais vezes um pesquisador repete um processo (e o comportamento que ele está estudando muda como esperado), mais seguro estará sobre o que causou as mudanças.

Ética na pesquisa

Uma questão final importante envolve a ética em realizar pesquisas em psicologia atípica. Por exemplo, a conveniência da demora no tratamento clínico para pessoas que precisam dele, apenas para satisfazer os requisitos de um desenho experimental, é bastante questionada. Um desenho experimental de caso único, o desenho de retirada (A-B-A), pode envolver a suspensão do tratamento por certo período. O tratamento também é interrompido quando os grupos controle placebos são usados em desenhos experimentais de grupo. Os pesquisadores continuam a discutir e alertar sobre a adequação de usar os ensaios controlados com placebo (Boot et al., 2013). A questão fundamental é: quando o interesse de um cientista em preservar a validade interna de um estudo ultrapassa o direito de tratamento do paciente?

Uma possível resposta envolve o **termo de consentimento livre e esclarecido** – um acordo formal do participante da pesquisa em cooperar em um estudo que inclui completa descrição da pesquisa e o papel do participante nela (Boot et al., 2013). O conceito de termo de consentimento livre e esclarecido tem sua origem nos testes de guerra após a Segunda Guerra Mundial. Revelações de que os nazistas forçaram os prisioneiros nos chamados experimentos médicos ajudou a estabelecer as diretrizes do termo de consentimento livre e esclarecido ainda usadas hoje. Em estudos que utilizam alguma forma de demora para tratamento ou retirada de tratamento, o participante é informado por que isso ocorrerá e dos riscos e benefícios, e a permissão para o procedimento é, então, obtida. Nos estudos de controle placebo, os participantes são informados que podem não receber um tratamento ativo (todos os participantes são "cegos", ou seja, não têm consciência do grupo do qual fazem parte), mas geralmente lhes é dada a opção de receber tratamento após o término do estudo.

Às vezes, o verdadeiro termo de consentimento livre e esclarecido é enganoso. Os componentes básicos são competência, voluntarismo, informações completas e compreensão por parte do participante (Snyder, 2012). Em outras palavras, os participantes devem ser capazes de consentir sua participação na pesquisa, devem se oferecer voluntariamente ou não ser coagidos a participar, ter todas as informações de que necessitam para tomar a decisão e entender o que sua participação envolverá. Em algumas circunstâncias, todas essas condições são difíceis de serem atingidas. As crianças, por exemplo, não reconhecem muito do que acontece durante a pesquisa. De maneira semelhante, os indivíduos com prejuízos cognitivos, como deficiência intelectual ou esquizofrenia, podem não entender seu papel ou seus direitos como participantes. Em estabelecimentos institucionais, os participantes deveriam não se sentir coagidos a fazer parte de pesquisas. E indivíduos de diferentes culturas podem ter diferentes perspectivas sobre o que é importante no termo de consentimento livre e esclarecido (Lakes et al., 2012).

Certas proteções gerais ajudam a assegurar que essas preocupações serão adequadamente gerenciadas. Primeiro, pesquisas na universidade e em estabelecimentos médicos devem ser aprovadas por Comitês de Ética (IRB; Fisher e Vacanti-Shova, 2012). Os comitês são constituídos por membros da universidade e pessoas da comunidade não acadêmicas, e sua finalidade é assegurar que os direitos dos participantes da pesquisa estão protegidos. A estrutura do comitê permite a outras pessoas, além do pesquisador, analisar os procedimentos de pesquisa para determinar se o devido cuidado está sendo tomado para preservar o bem-estar e a dignidade dos participantes.

Para salvaguardar os que participam de pesquisa psicológica e esclarecer as responsabilidades dos pesquisadores, a American Psychological Association (Associação Americana de Psicologia) publicou o *Ethical Principles of Psychologists and Code of Conduct* (Princípios Éticos da Psicologia e Código de Conduta), que inclui diretrizes gerais para conduzir pesquisas (Knapp et al., 2012a, 2012b). As pessoas nos experimentos de pesquisa devem ser protegidas tanto de prejuízos físicos quanto psicológicos. Além do item do termo de consentimento livre e esclarecido, esses princípios enfatizam a responsabilidade do pesquisador para com o bem-estar dos participantes da pesquisa, porque o pesquisador, no final das contas, deve assegurar o bem-estar dos participantes da pesquisa dando-lhes prioridade sobre qualquer outra consideração, incluindo o desenho experimental.

O prejuízo psicológico é difícil de definir, mas seu significado permanece sob a responsabilidade do pesquisador. Os pesquisadores devem manter em sigilo todas as informações obtidas dos participantes, que têm o direito de não revelar suas identidades em relação a todos os dados, tanto escritos quanto informais. Sempre que uma omissão de informações for considerada essencial à pesquisa, o pesquisador deve convencer um comitê de pares de que esse juízo está correto. Se a omissão de informações ou a ocultação for usada, os participantes devem ser esclarecidos, ou seja, devem ser informados, em uma linguagem que possam entender, sobre a finalidade verdadeira do estudo e por que foi necessário fazê-lo.

A Society for Research in Child Development (2007) endossou diretrizes éticas para pesquisa que visam a algumas questões específicas de pesquisas com crianças. Por exemplo, essas diretrizes não apenas solicitam confidencialidade, proteção contra prejuízos e esclarecimento, mas também requerem o consentimento dos responsáveis pelas crianças e das próprias crianças, se tiverem sete anos ou mais. Essas diretrizes especificam que a pesquisa deve ser explicada às crianças em linguagem que elas possam entender, a fim de que sejam capazes de decidir se desejam participar ou não. Muitos outros elementos éticos vão além da proteção dos participantes, incluindo como os pesquisadores lidam com os erros nas pesquisas, a fraude na ciência e a maneira mais apropriada de dar crédito a outras pessoas. Realizar um estudo envolve muito mais do que selecionar o desenho apropriado. Os pesquisadores devem ser cuidadosos com as questões que envolvem os direitos das pessoas no experimento, bem como com suas próprias condutas.

Um desenvolvimento final importante na área que ajudará a "dar seriedade" aos transtornos psicológicos é o envolvimento dos próprios usuários em importantes aspectos da pesquisa – referido como uma pesquisa-ação participativa (Chevalier e Buckles, 2013). A preocupação não só em relação a como as pessoas são tratadas nos estudos de pesquisa, mas também de que forma as informações são interpretadas e usadas impele muitas agências governamentais a oferecer orientação sobre como os sujeitos de pesquisa (por exemplo, aqueles com esquizofrenia, depressão e transtornos de ansiedade) devem ser envolvidos no processo. A esperança é que, se as pessoas que experimentam esses transtornos são parceiras para delinear, executar e interpretar essa pesquisa, a relevância do estudo e o tratamento dos seus participantes serão notoriamente melhorados.

Verificação de conceitos 4.3

Parte A
O que vem a seguir são algumas vantagens e limitações de métodos usados na pesquisa ao longo do tempo. Separe-os marcando T para desenho transversal e L para longitudinal.

1. _____ Mostra desenvolvimento individual

2. _____ Mais fácil

3. _____ Nenhum efeito de *coorte*

Limitações:

4. _____ Efeito de *coorte*

5. _____ Efeito transgeracional

6. _____ Nenhum dado de desenvolvimento individual

Parte B
Assinale V (verdadeiro) ou F (falso) nas afirmativas a seguir.

7. _____ Depois que os participantes são informados da natureza do experimento e de sua função nele, eles devem ter o direito de recusar ou concordar em assinar um termo de consentimento livre e esclarecido.

8. _____ Se o participante da pesquisa estiver em um grupo controle ou recebendo um placebo, o consentimento não é necessário.

9. _____ Pesquisas em universidades ou estabelecimentos de saúde devem ser aprovadas pelo Comitê de Ética que avalia se os participantes têm ou não capacidade cognitiva para se defenderem de algum prejuízo.

10. _____ Os participantes têm o direito de manter em sigilo sua identidade em todos os dados coletados e relatados.

11. _____ Quando uma omissão for essencial para a pesquisa, os participantes não têm de ser informados sobre o verdadeiro propósito do estudo.

Resumo

Examinando o comportamento atípico

▶ A pesquisa envolve estabelecer uma hipótese que é, então, testada. Em psicologia anormal, a pesquisa se concentra em hipóteses para explicar a natureza, as causas ou o tratamento de um transtorno.

Tipos de métodos de pesquisa

▶ O estudo de caso individual é usado para pesquisar um ou mais indivíduos em profundidade. Embora os estudos de caso exerçam um papel importante no desenvolvimento teórico da psicologia, não estão sujeitos ao controle experimental e devem necessariamente ser questionados em termos de validade interna e externa.

▶ A pesquisa por correlação pode nos dizer se existe uma relação entre duas variáveis, mas não nos diz se ela é causal. A pesquisa epidemiológica é um tipo de pesquisa correlacional que revela a incidência, a distribuição e as consequências de um problema em particular em uma ou mais populações.

▶ A pesquisa experimental pode seguir um ou dois desenhos: em grupo ou de caso único. Em ambos, uma variável (ou variáveis) é manipulada e os efeitos são observados com a finalidade de determinar a natureza de uma relação causal.

Genética e comportamento ao longo do tempo e das culturas

▶ A pesquisa genética concentra-se no papel da genética para o comportamento. Essas estratégias de pesquisa incluem estudos familiares, de adoção, com gêmeos, análises de ligações gênicas (*linkage*) e estudos de associação.

▶ As estratégias de pesquisa que averiguam a psicopatologia ao longo do tempo incluem desenhos transversais e longitudinais. Ambos têm como foco as diferenças no comportamento ou atitudes em diferentes idades, mas a primeira observa diferentes indivíduos com idades distintas e o último observa os mesmos indivíduos em diferentes idades.

▶ A pesquisa de prevenção pode ser contemplada em quatro grandes categorias: promoção da saúde ou estratégias de desenvolvimento positivo, estratégias de prevenção universal, estratégias de prevenção seletiva e estratégias de prevenção indicada.

▶ O quadro clínico, os fatores causais, o processo de tratamento e os resultados podem todos ser influenciados por fatores culturais.

▶ Quanto mais as descobertas de um programa de pesquisa forem replicadas, mais elas ganham credibilidade.

▶ A ética é importante para o processo de pesquisa, e suas diretrizes são ditadas por muitas organizações profissionais para assegurar o bem-estar de seus participantes.

▶ Preocupações éticas são vistas por meio do termo de consentimento livre e esclarecido e pela inclusão de usuários no delineamento de pesquisa e sua execução e interpretação.

Termos-chave

análise de ligação gênica (linkage)
coeficiente de correlação
controle duplo-cego
coorte
correlação
correlação negativa
correlação positiva
desenho de pesquisa
desenho de retirada
desenho experimental de caso único
desenho sequencial
desenhos longitudinais
desenho transversal
direcionalidade
efeito *coorte*
efeito placebo
efeito transgeracional
endofenótipos
epidemiologia
estudos com gêmeos
estudos de adoção
estudos de associação
estudos familiares
experimento
fator confundidor
fenótipos
generalizabilidade
genótipos
grupo controle

grupo controle placebo
hipótese
informação retrospectiva
linha de base
linha de base múltipla
marcadores genéticos
medidas repetidas
mito da uniformidade dos pacientes
modelos análogos
método de estudo de caso
nível
pesquisa comparativa de tratamento
probando
projeto genoma humano
randomização
significância clínica
significância estatística
tamanho do efeito
tendência
termo de consentimento livre e esclarecido
testabilidade
validade externa
validade interna
variabilidade
variável confundidora
variável dependente
variável independente

Respostas da verificação de conceitos

4.1
1. variável independente;
2. variável confundidora;
3. hipótese;
4. variável dependente;
5. validade interna, validade externa

4.2
1. e; 2. c; 3. b; 4. a; 5. f

4.3

Parte A
1. L; 2. T; 3. L; 4. T;
5. L; 6. T

Parte B
7. V; 8. F; 9. V; 10. V; 11. F

5 Transtornos de ansiedade, transtornos relacionados a trauma e a estressores, transtorno obsessivo-compulsivo e transtornos relacionados

RESUMO DO CAPÍTULO

A complexidade dos transtornos de ansiedade
  Ansiedade, medo e pânico: algumas definições
  Causas da ansiedade e transtornos relacionados
  Comorbidade dos transtornos de ansiedade e transtornos relacionados
  Comorbidade com transtornos físicos
  Suicídio

Transtornos de ansiedade

Transtorno de ansiedade generalizada
  Descrição clínica
  Estatísticas
  Causas
  Tratamento

Transtorno de pânico e agorafobia
  Descrição clínica
  Estatísticas
  Causas
  Tratamento

Fobia específica
  Descrição clínica
  Estatísticas
  Causas
  Tratamento

Transtorno de ansiedade social (fobia social)
  Descrição clínica
  Estatísticas
  Causas
  Tratamento

Trauma e transtornos relacionados a trauma e a estressores

Transtorno de estresse pós-traumático (TEPT)
  Descrição clínica
  Estatísticas
  Causas
  Tratamento

Transtorno obsessivo-compulsivo e transtornos relacionados

Transtorno obsessivo-compulsivo
  Descrição clínica
  Estatísticas
  Causas
  Tratamento

Transtorno dismórfico corporal
  Cirurgia plástica e outros tratamentos médicos

Outros transtornos obsessivo-compulsivos e transtornos relacionados
  Transtorno de acumulação
  Tricotilomania (transtorno de arrancar o cabelo) e transtorno de escoriação (*skin-picking*)

Resultados finais de assimilação do conteúdo pelo aluno*

• **Utilizar o raciocínio científico para interpretar o comportamento:**	• Identificar os componentes biológicos, psicológicos e sociais básicos das explicações comportamentais (ex.: inferências, observações, definições operacionais e interpretações) [APA SLO 2.1a]
• **Participar em pensamentos integradores e inovadores e soluções de problemas:**	• Descrever problemas de forma operacional para estudá-los empiricamente [APA SLO 2.3A, 2.4b]
• **Descrever as aplicações da psicologia:**	• Identificar corretamente os antecedentes e as consequências dos processos comportamentais e mentais [APA SLO 1.3b] • Descrever exemplos de aplicações práticas e relevantes dos princípios psicológicos na vida diária [APA SLO 1.3a]

* Partes deste capítulo tratam dos resultados finais de aquisição de conhecimento sugeridos pela American Psychological Association (2013), inclusos nas diretrizes de bacharéis em Psicologia. O escopo do capítulo concernente aos resultados está identificado anteriormente pela APA Goal e pela APA Suggested Learning Outcome (SLO).[1]

A complexidade dos transtornos de ansiedade

A ansiedade é complexa e misteriosa, como Sigmund Freud observou muitos anos atrás. De alguma forma, quanto mais aprendemos sobre ela, mais intrigante nos parece. A "ansiedade" é muito mais que um tipo específico de transtorno. É uma emoção tão envolvida com a psicopatologia, que nossa discussão explora sua natureza geral, tanto biológica quanto psicológica. A seguir, consideraremos o medo, uma emoção diferente em certo aspecto, porém claramente relacionada. O medo está relacionado ao ataque de pânico, o que propomos ser uma ocorrência quando não há nada a temer e, portanto, em um momento inadequado. Com essas ideias importantes em mente, vamos focar em transtornos específicos de ansiedade e outros relacionados a esta emoção.

Ansiedade, medo e pânico: algumas definições

Você já sentiu ansiedade? Essa é uma questão tola, você pode pensar, porque a maioria das pessoas sente algum grau de ansiedade quase todos os dias. Você fez uma prova hoje para a qual não estava "perfeitamente" preparado? No último fim de semana teve um encontro com alguma pessoa nova? E aquela entrevista de emprego que está por vir? Só de pensar nisso você pode ficar nervoso. No entanto, você já parou para pensar sobre a natureza da ansiedade? O que é? O que a causa?[1]

Ansiedade é um estado de humor negativo caracterizado por sintomas corporais de tensão física e apreensão em relação ao futuro (American Psychiatric Association, 2013; Barlow, 2002). Nos humanos, ela pode ser um sentido subjetivo de inquietação, um conjunto de comportamentos (parecer preocupado, ansioso ou inquieto), ou uma resposta fisiológica originada no cérebro e refletida no batimento cardíaco elevado e na tensão muscular. Em razão de o estudo da ansiedade ser difícil em seres humanos, a maioria das pesquisas tem

sido realizada em animais. Por exemplo, poderíamos ensinar a ratos de laboratório que um sinal luminoso significa um choque iminente. Os animais certamente ficarão ansiosos quando a luz surgir. Eles podem ficar inquietos, trêmulos e talvez se esconder em um canto. Poderíamos dar-lhes uma droga redutora de ansiedade e observar a diminuição da ansiedade em reação à luz. Entretanto, a ansiedade experimentada por um rato é a mesma experimentada por um ser humano? Parece semelhante, mas não sabemos com certeza. Poder-se-ia até argumentar que qualquer experiência emocional em humanos, incluindo medo e ansiedade, envolve consciência. Isso obviamente limitaria o que podemos dizer sobre as emoções humanas ao estudar animais (LeDoux, 2015). Assim, a ansiedade permanece um mistério; a jornada de descobertas está apenas começando. A ansiedade está também intimamente relacionada à depressão (Barlow, 2000, 2002; Brown e Barlow, 2005, 2009; Clark, 2005; Craske et al., 2009; Kessler et al., 2012), assim, muito do que dizemos aqui é pertinente ao Capítulo 7.

Sentir ansiedade não é agradável; então, por que parecemos programados para experimentá-la quase toda vez que fazemos algo importante? Surpreendentemente, em quantidade moderada, a ansiedade é boa para nós. Há mais de um século psicólogos têm conhecimento de que melhoramos nosso desempenho quando estamos um pouco ansiosos (Yerkes e Dodson, 1908). Você poderia não ter se saído tão bem naquele teste se não tivesse sentido ansiedade. Você foi um pouco mais encantador e animado naquele encontro no final de semana porque estava um pouco ansioso. E você estará mais bem preparado para aquela entrevista de emprego se estiver ansioso. Em resumo, o desempenho social, físico e intelectual é orientado e ampliado pela ansiedade. Sem ela, poucas pessoas realizariam seus feitos. Howard Liddell (1949) propôs essa ideia quando chamou a ansiedade de "sombra da inteligência". Ele acreditava que a capacidade do ser humano de planejar em detalhes o futuro tem relação com aquele sentimento corrosivo de que as coisas podem dar errado e que temos de estar bem preparados para elas. Em razão disso, a ansiedade é um estado de humor orientado para o futuro. Se tivesse de colocá-la em palavras, poderia dizer: "Algo pode dar errado e não sei se terei capacidade para lidar com isso, mas tenho de estar preparado

---

[1] NTT da tradução da 8ª edição norte-americana. No Brasil, as chamadas diretrizes curriculares nacionais (DCN) para a graduação em Psicologia são instituídas via Ministério da Educação (MEC) e Conselho Federal de Psicologia (CFP).

Transtorno de pânico: Steve

"Na primeira vez que isso aconteceu comigo, eu estava dirigindo numa estrada e senti como se tivesse um nó no meu peito. Sentia como se houvesse engolido algo que ficou preso e isso durou praticamente a noite toda... Eu sentia como se estivesse tendo um ataque cardíaco... Achei que era isso que estava acontecendo. Eu me senti muito em pânico. Um sentimento de calor me tomou todo o corpo. Eu me senti como se fosse desmaiar."

para tentar. Talvez seja melhor eu estudar um pouco mais (ou me olhar no espelho uma vez mais antes daquele encontro, ou pesquisar mais sobre aquela empresa antes da entrevista)".

Mas o que acontece quando você sente muita ansiedade? É possível que você falhe no teste porque não consegue se concentrar nas questões. Tudo o que pensa quando está muito ansioso é quão terrível será fracassar. A entrevista pode ser um fiasco pelo mesmo motivo. Naquele encontro com uma pessoa nova, você poderia passar a noite transpirando, com uma sensação de enjoo no estômago, incapaz de pensar até mesmo em algo razoavelmente interessante para dizer. O excesso de uma coisa boa pode ser prejudicial, e poucas sensações são mais prejudiciais do que a ansiedade grave fora de controle.

O que torna a situação pior é que a ansiedade grave geralmente não desaparece, ou seja, mesmo "sabendo" que não há nada a temer, continuamos ansiosos. Um exemplo desse tipo de irracionalidade envolve John Madden, locutor esportivo aposentado e ex-treinador profissional de futebol norte-americano que sofre de claustrofobia. Ele escreveu sobre sua ansiedade e a usou de forma bem-humorada em diversos comerciais de televisão. Madden, que durante sua carreira teve de narrar um jogo em Nova York em um domingo e, no dia seguinte, em São Francisco, não conseguiu viajar de avião por causa de sua claustrofobia. Por muito tempo ele viajou de trem por todo o país; mais tarde, utilizou um ônibus próprio bem equipado. Madden e muitas outras pessoas que sofrem de transtornos com base na ansiedade têm consciência de que há pouco a temer nas situações que consideram estressantes. Madden deve ter percebido há muito tempo que as viagens aéreas são as mais seguras e que, por meio delas, economiza tempo e mantém sua carreira lucrativa. Mesmo assim, ele não conseguiu abandonar o comportamento contraproducente.

Todos os transtornos discutidos neste capítulo são caracterizados por ansiedade excessiva, que toma formas diferentes. No Capítulo 2, você viu que o **medo** é a reação de alarme imediata ao perigo. Como a ansiedade, o medo pode ser benéfico. Ele nos protege ativando uma resposta massiva do sistema nervoso autônomo (aumento das batidas cardíacas e da pressão sanguínea, por exemplo) que, juntamente com outros sentidos subjetivos de terror, nos motiva a escapar (fugir) ou, se for preciso, atacar (lutar). Essa reação de emergência é chamada reação de fuga ou luta.

Há muitas evidências de que as reações de medo e ansiedade diferem psicológica e fisiologicamente (Barlow, 2002; Bouton, 2005; Craske et al., 2010; Todov, Fadok e Lüthi, 2015; Waddell, Morris e Bouton, 2006). Como vimos anteriormente, a ansiedade é um estado de humor orientado para o futuro, caracterizado por apreensão pela impossibilidade de prever ou controlar os eventos que estão por vir. O medo, por outro lado, é uma reação emocional imediata ao perigo atual, caracterizada por tendências de ações escapistas e por um disparo na divisão simpática do sistema nervoso autônomo (Barlow, Brown e Craske, 1994; Craske et al., 2010).

O que acontece se você experimentar a resposta de alarme de medo quando não há nada a temer – isto é, se for um alarme falso? Considere o caso de Gretchen, que esteve em uma de nossas clínicas.

Essa reação repentina e dominante se tornou conhecida como **pânico**, em referência ao deus grego Pan, que aterrorizava os viajantes com gritos horripilantes. Na psicopatologia, um **ataque de pânico** é definido como uma experiência abrupta de medo intenso ou desconforto agudo, acompanhada por sintomas físicos que geralmente incluem palpitações no coração, dor no peito, falta de ar e, possivelmente, vertigens.

Dois tipos básicos de ataques de pânico estão descritos no *DSM-5*: esperado e inesperado. Se você sabe que tem medo de lugares altos ou de dirigir em pontes longas, você pode ter um ataque de pânico nessas situações, mas não em qualquer outro lugar: este é um *ataque de pânico esperado*. Em contrapartida, você pode ter *ataques de pânico inesperados* se não tiver uma pista de quando ou onde o próximo ataque vai ocorrer. Mencionamos esses tipos de ataque porque eles têm um papel importante em vários transtornos de ansiedade. Ataques inesperados são importantes no transtorno de pânico. Ataques esperados são mais comuns em fobias específicas ou fobia social (ver Figura 5.1).

GRETCHEN... Atacada pelo pânico

"Aos 25 anos, eu tive meu primeiro ataque. Aconteceu algumas semanas após eu voltar do hospital. Meu apêndice havia sido retirado. A cirurgia correu bem e eu não estava em risco, o que me faz não entender o que aconteceu. Certa noite, acordei algumas horas após ter ido dormir – não estou certa de quanto tempo depois –, mas acordei com um vago sentimento de apreensão. Lembro-me de como meu coração começou a bater. E meu peito doeu; parecia que eu estava morrendo – que estava tendo um ataque cardíaco. E me senti meio estranha, como se estivesse fora do meu corpo. Parecia que o meu quarto estava encoberto por uma névoa. Corri para o quarto da minha irmã, mas me sentia como se fosse um fantoche ou um robô que estava sob o controle de alguém enquanto estava correndo. Acho que a assustei tanto quanto eu estava assustada. Ela chamou uma ambulância (Barlow, 2002)."

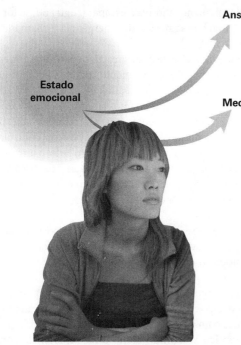

FIGURA 5.1 A relação entre ansiedade, medo e ataque de pânico.

TABELA 5.1 Critérios diagnósticos para ataque de pânico

Um ataque de pânico é um surto abrupto de medo intenso ou desconforto intenso que alcança um pico em minutos e durante o qual ocorrem quatro (ou mais) dos seguintes sintomas:

1. Palpitações, coração acelerado, taquicardia.
2. Sudorese.
3. Tremores ou abalos.
4. Sensações de falta de ar ou sufocamento.
5. Sensações de asfixia.
6. Dor ou desconforto torácico.
7. Náusea ou desconforto abdominal.
8. Sensação de tontura, instabilidade, vertigem ou desmaio.
9. Calafrios ou ondas de calor.
10. Parestesias (anestesia ou sensações de formigamento).
11. Desrealização (sensações de irrealidade) ou despersonalização (sensação de estar distanciado de si mesmo).
12. Medo de perder o controle ou "enlouquecer".
13. Medo de morrer.

Fonte: Manual Diagnóstico e Estatístico de Transtornos Mentais, 5a ed. – DSM-5. Tab. 5.1. Artmed, Porto Alegre, 2014.

Lembre-se de que o medo é um alarme emocional intenso acompanhado por uma onda de energia no sistema nervoso autônomo que nos motiva a fugir do perigo. O ataque de pânico de Gretchen parece ser uma emoção de medo? Várias evidências sugerem que sim (Barlow, 2002; Barlow, Chorpita e Turovsky, 1996; Bouton, 2005), incluindo similaridades nos relatórios de experiência de medo e pânico, tendências comportamentais semelhantes para fugir e processos neurobiológicos subjacentes semelhantes.

Ao longo dos anos, registramos ataques de pânico durante avaliações psicológicas de nossos pacientes (ver, por exemplo, Hofmann e Barlow, 1996). O aumento de respostas fisiológicas em um paciente é mostrado na Figura 5.2. Observe o aumento dramático e repentino no batimento cardíaco do minuto 11 para o minuto 13, acompanhado por aumentos na tensão muscular (frontalis EMG) e temperatura dos dedos. Esse aumento enorme de resposta do sistema nervoso autônomo atingiu o pico e desapareceu em 3 minutos. O ataque de pânico no laboratório ocorreu muito inesperadamente, do ponto de vista do paciente e do nosso. Como a figura apresenta, o medo e o pânico são experiências repentinas, o que é necessário para nos mobilizar para reagir instantaneamente ao perigo iminente.

Causas da ansiedade e transtornos relacionados

Você aprendeu nos capítulos 1 e 2 que reações emotivas excessivas não têm nenhuma causa simples e unidimensional, mas partem de múltiplas fontes. A seguir, exploramos as contribuições biológicas, psicológicas e sociais e como elas interagem para produzir a ansiedade e transtornos relacionados.

Contribuições biológicas

Evidências crescentes mostram que nós herdamos uma tendência a sermos tensos, irritados e ansiosos (Barlow et al., 2014; Clark, 2005; Eysenck, 1967; Gray e McNaughton, 2003). A tendência ao pânico também parece acontecer em famílias e provavelmente tem um componente genético que difere um pouco das contribuições genéticas para a ansiedade (Barlow, 2002; Craske e Barlow, 2014; Kendler, 2001; Ollendick e Muris, 2015). Como acontece com quase todos os traços emocionais e transtornos psicológicos, a ansiedade ou o pânico não parecem ser causados por um gene único (Gratten et al., 2014). Em vez disso, as contribuições de um conjunto de genes em várias áreas dos cromossomos nos tornam vulneráveis quando os fatores psicológicos e sociais certos estão em vigor. Além disso, uma vulnerabilidade genética não causa ansiedade e/ou pânico diretamente. Ou seja, estresse e outros fatores no ambiente podem "ativar" esses genes, como revisado no Capítulo 2 (Gelernter e Stein, 2009; Kendler, 2006; Owens et al., 2012; Rutter, Moffitt e Caspi, 2006; Smoller, 2013).

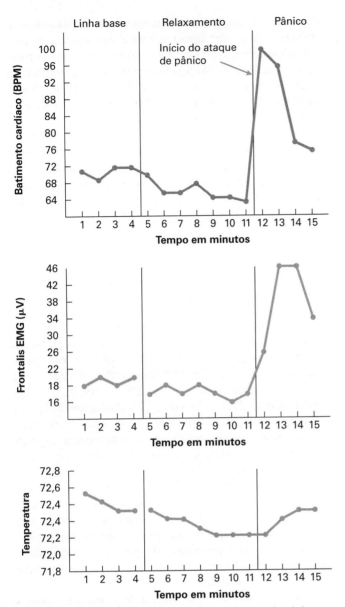

FIGURA 5.2 Medições fisiológicas durante um ataque de pânico. BPM, batimentos por minuto; EMG, eletromiografia. (Reproduzido com permissão de Cohen, A. S., Barlow, D. H. e Blanchard, E. B. (1985). Psychophysiology of relaxation-associated panic atacks. *Journal of Abnormal Psychology, 94*, 98, © 1985 pela American Psychiatric Association.)

A ansiedade também está associada a circuitos cerebrais específicos (Domschke e Dannlowski, 2010; Hermans et al., 2014; Tovote et al., 2015) e sistemas de neurotransmissão (Durant, Christmas e Nutt, 2010). Por exemplo, depleção do ácido gama-aminobutírico (GABA), parte do sistema GABA-benzodiazepínico, é associada ao aumento de ansiedade, embora a relação não seja tão direta. O sistema noradrenérgico também tem sido relacionado à ansiedade (Hermans et al., 2011), e evidências recentes de estudos com animais, bem como de estudos da ansiedade normal em humanos, sugerem que o sistema neurotransmissor serotoninérgico também está envolvido (Canli e Lesch, 2007). No entanto, nos últimos anos a atenção tem sido focada no papel do fator liberador de corticotrofina (CRF) como central para a expressão da ansiedade (e da depressão) e nos grupos de genes que aumentem a probabilidade de o sistema ser ativado (Essex et al., 2010; Durant et al., 2010; Khan et al., 2009; Smoller, Yamaki e Fagerness, 2005; Sullivan, Kent e Coplan, 2000). Isso acontece porque o CRF ativa o eixo hipotalâmico-hipofisário-adrenal (HHA), descrito no Capítulo 2, que é parte do sistema CRF; este tem efeitos de ampla variação nas áreas do cérebro envolvidas na ansiedade, incluindo o cérebro emocional (sistema límbico), particularmente o hipocampo e a amígdala, o *locus coeruleus* no tronco encefálico, o córtex pré-frontal, assim como o sistema neurotransmissor dopaminérgico. O sistema CRF também está diretamente relacionado com o sistema GABA-benzodiazepina e com os sistemas neurotransmissores serotoninérgicos e noradrenérgicos.

A área do cérebro mais frequentemente associada com a ansiedade é o sistema límbico (Britton e Rauch, 2009; Gray e McNaughton, 2003; Hermans et al., 2011; LeDoux, 2002, 2015; ver Figura 2.7c), que age como mediador entre o tronco encefálico e o córtex. O tronco encefálico, região mais primitiva, monitora e percebe as mudanças nas funções corporais e retransmite esses sinais de perigo potencial para processos corticais mais elevados por meio do sistema límbico. Jeffrey Gray, proeminente neuropsicólogo britânico, identificou um circuito cerebral no sistema límbico de animais que parece estar bastante relacionado com a ansiedade (Gray e McNaughton, 2003) e pode ser relevante para os seres humanos. Esse circuito vai da área septal e hipocampal no sistema límbico para o córtex frontal. (O sistema septo-hipocampal é ativado pelo CRF e mediado pelos trajetos dos sistemas serotoninérgico e noradrenérgico originados no tronco encefálico.) O sistema que Gray chama **sistema de inibição comportamental (SIC)** é ativado por sinais de acontecimentos inesperados vindos do tronco encefálico, como mudanças importantes no funcionamento corporal que podem sinalizar perigo. Os sinais de perigo em resposta a algo que vemos e que poderia ser ameaçador descem pelo córtex para o sistema septo-hipocampal. O SIC também recebe um grande estímulo da amígdala (LeDoux, 1996, 2002, 2015). Quando o SIC está ativado por sinais que surgem do tronco encefálico ou descem do córtex, nossa tendência é paralisar, sentir ansiedade e avaliar apreensivamente a situação para confirmar se o perigo está presente.

O circuito SIC é diferente do circuito envolvido no pânico. Gray e McNaughton (2003) e Graeff (2004) indentificaram o que Gray e outros autores chamam de **sistema de luta/fuga (SLF)**. Esse circuito origina-se no tronco encefálico e viaja pelas diversas estruturas do mesencéfalo, passando também pela amígdala, núcleo ventromedial do hipotálamo e massa cinzenta central. Quando estimulado em animais, esse circuito produz uma resposta imediata de alarme e fuga que se parece muito com o pânico nos humanos (Gray e McNaughton, 2003). O SLF é ativado parcialmente por deficiências de serotonina, sugerem Gray e McNaughton (2003) e Graeff (2004). Assim como acontece em outros transtornos de ansiedade (como transtorno de ansiedade social, que discutiremos mais adiante), a ativação de uma rede neural que envolve o córtex pré-frontal e a amígdala durante a execução de certas tarefas pode prever a resposta à TCC (Hahn et al., 2015). É provável que fatores em seu ambiente possam mudar a sensibilidade a esses circuitos cerebrais, tornando-o mais ou menos suscetível a desenvolver ansiedade e seus transtornos, um achado que tem sido demonstrado em diversos laboratórios (Francis et al., 2002; Stein, Schork e Gelernter, 2007). Por exemplo, um importante estudo sugere que fumar cigarros quando adolescente está associado com o risco aumentado de desenvolver transtornos de ansiedade quando adulto, em especial transtorno de pânico e transtorno de ansiedade generalizada (Johnson et al., 2000). Cerca de 700 adolescentes foram acompanhados até a vida adulta. Os adolescentes que fumaram 20 ou mais cigarros diariamente estavam 15 vezes mais propensos a desenvolver transtorno de pânico e cinco vezes mais propensos a desenvolver transtorno de ansiedade generalizada que adolescentes que fumaram menos ou não fumaram. A interação complexa entre o fumo e os transtornos de ansiedade foi corroborada por uma pesquisa mais recente (Leventhal e Zvolensky, 2015). O pensamento atual sobre a ligação entre o tabagismo e a ansiedade é que a sensibilidade à ansiedade (a tendência geral a temer sensações corporais, a qual discutiremos brevemente adiante), tolerância a angústia (quanto de angústia uma pessoa pode tolerar) e anedonia (a incapacidade de sentir prazer) contribuem para o tabagismo, o que poderia ser um motivo pelo qual tantas pessoas com ansiedade acham muito difícil parar de fumar. Estudos com imagem cerebral estão fornecendo mais informações sobre a neurobiologia da ansiedade e do pânico (Britton et al., 2013; Shin e Liberzon, 2010). Por exemplo, agora há um consenso geral de que em pessoas com transtornos de ansiedade o sistema límbico, incluindo a amígdala, é excessivamente responsivo à estimulação ou a novas informações (processamento anormal de baixo para cima); ao mesmo tempo, funções controladoras do córtex que regulariam a amígdala hiperexcitável são deficientes (processamento anormal de cima para baixo), compatível com o modelo SIC de Gray (Ellard, 2013; Britton e Rauch, 2009; Ochsner et al., 2009). Apesar dessas alterações biológicas, os tratamentos psicológicos, e em particular a TCC, podem efetivamente tratar esses transtornos em todas as faixas etárias (Kendall e Peterman, 2015; Hofmann et al., 2012).

Contribuições psicológicas

No Capítulo 2, revisamos algumas teorias sobre a natureza das causas psicológicas da ansiedade. Lembre-se de que Freud acreditava que a ansiedade era uma reação psíquica ao perigo, envolvendo a reativação de uma situação de medo infantil. Os teóricos comportamentais acreditavam que a ansiedade era um produto do condicionamento clássico, da modelação ou de outras formas de aprendizagem (Bandura, 1986). No entanto, novas e cumulativas evidências suportam um modelo integrado de ansiedade envolvendo uma variedade de fatores psicológicos (ver, por exemplo, Barlow, 2002; Barlow et al., 2014). Na infância, podemos adquirir a consciência de que os acontecimentos nem sempre estão sob nosso controle (Chorpita e Barlow, 1998; Gallagher, Bentley e Barlow, 2014). O *continuum* dessa percepção pode variar da confiança total em nosso controle sobre todos os aspectos da vida à profunda incerteza sobre nós mesmos e sobre nossa capacidade de lidar com eventos futuros. Se você está ansioso em relação ao dever de casa, por exemplo, pode se preocupar que terá um desempenho ruim no próximo exame, mesmo que todas as suas notas tenham sido excelentes. Uma "sensação de falta de controle" generalizada

pode se desenvolver prematuramente em função da educação e de outros fatores ambientais perturbadores ou traumáticos.

Curiosamente, as ações dos pais no início da infância parecem contribuir em muito para fomentar o senso de controle ou de falta de controle (Barlow et al., 2014; Bowbly, 1980; Chorpita e Barlow, 1998; Gunnar et al., 2015). De forma geral, parece que os pais que interagem de maneira positiva e previsível com os filhos e respondem às suas necessidades, particularmente quando a criança comunica a necessidade de atenção, alimentação, alívio da dor e assim por diante, desempenham uma função importante. Esses pais ensinam a seus filhos que estes têm controle sobre o ambiente e que as respostas deles têm um efeito sobre os pais e o ambiente. Além disso, os pais que fornecem uma "base segura", mas permitem que os filhos explorem o mundo e desenvolvam habilidades necessárias para enfrentar acontecimentos inesperados capacitam-nos a desenvolver um senso saudável de controle (Chorpita e Barlow, 1998). Por outro lado, pais superprotetores e intrusivos em demasia, e que "facilitam o caminho" para seus filhos, nunca deixando que experimentem nenhuma adversidade, criam uma situação em que os filhos nunca aprendem como enfrentar os problemas quando eles surgem. Por conseguinte, esses filhos não aprendem que podem controlar o ambiente. Uma variedade de evidências apoia essas ideias (Barlow, 2002; Chorpita e Barlow, 1998; Dan et al., 2011; Fulton et al., 2014; Gallagher et al., 2014; Gunnar e Fisher, 2006; White et al., 2006). O senso de controle (ou falta dele) que se desenvolve com essas experiências precoces é o fator psicológico que nos torna mais ou menos vulneráveis à ansiedade mais tarde.

Outra característica entre os pacientes com transtorno de pânico é a tendência geral a responder com medo aos sintomas de ansiedade. Isso é conhecido como uma *sensibilidade à ansiedade*, que parece ser um traço de personalidade importante na determinação de quem irá e quem não irá experienciar problemas com ansiedade sob certas condições estressantes (Reiss, 1991).

A maioria das causas psicológicas do pânico (em oposição às da ansiedade) invoca explicações cognitivas e de condicionamento que são difíceis de separar (Bouton, Mineka e Barlow, 2001). Assim, uma forte resposta de medo inicialmente acontece durante estresse extremo ou talvez como resultado de uma situação perigosa no ambiente (um alarme verdadeiro). Essa resposta emocional, então, associa-se com uma variedade de avisos internos e externos. Em outras palavras, esses avisos, ou estímulos condicionados, provocam a resposta de medo e uma suposição de perigo, mesmo que não haja perigo presente (Bouton, 2005; Bouton et al., 2001; Mineka e Zinbarg, 2006; Razran, 1961), sendo realmente um alarme aprendido ou falso. Este é o processo de condicionamento descrito no Capítulo 2. Os avisos externos são lugares ou situações semelhantes àquele em que o ataque de pânico inicial ocorreu. Os avisos internos são o aumento dos batimentos cardíacos ou da respiração que estão associados ao ataque de pânico inicial, mesmo que sejam devidos a circunstâncias perfeitamente normais, como a prática de atividade física. Dessa forma, quando seu coração bater mais rapidamente, você estará mais propenso a pensar ou talvez experimentar um ataque de pânico do que quando os batimentos estão normais. Além disso, você pode não estar ciente dos avisos ou gatilhos do medo extremo; ou seja, são inconscientes como demonstrado recentemente em pacientes com transtorno de pânico (Meuret et al., 2011). O trabalho experimental com animais demonstra que esses sinais ou alertas podem ir dos olhos diretamente para a amígdala no cérebro emocional sem passar pelo córtex, fonte da consciência (Bouton et al., 2001; LeDoux, 2002, 2015).

Contribuições sociais

Acontecimentos estressantes desencadeiam vulnerabilidades psicológicas e biológicas para a ansiedade. Em sua maioria, esses fatos são sociais e interpessoais por natureza – casamento, divórcio, dificuldades no trabalho, pressões para se destacar na escola, morte de um ente querido e assim por diante. Alguns podem ser físicos, como uma lesão ou enfermidade.

Os mesmos estressores podem provocar reações físicas, como dores de cabeça ou hipertensão, e reações emocionais, como ataques de pânico (Barlow, 2002). A maneira particular como reagimos ao estresse parece ser particular às famílias. Se você tem dores de cabeça quando sob estresse, há chance de que outras pessoas em sua família sintam o mesmo. Se tem ataques de pânico, outros membros de sua família provavelmente têm também. Essa descoberta sugere uma possível contribuição genética, pelo menos para os ataques de pânico iniciais.

Um modelo integrado

Reunindo os fatores de forma integrada, descrevemos uma teoria do desenvolvimento da ansiedade chamada "teoria da tripla vulnerabilidade" (Barlow, 2000, 2002; Barlow et al., 2014; Brown e Naragon-Gainey, 2013). A primeira vulnerabilidade (ou diátese) é a *vulnerabilidade biológica generalizada*. Podemos ver que a tendência de ser tenso ou hipersensível pode ser herdada. Mas uma vulnerabilidade biológica generalizada para desenvolver a ansiedade não é suficiente para produzi-la. A segunda vulnerabilidade é a *vulnerabilidade psicológica generalizada*. Ou seja, você também pode crescer acreditando que o mundo é perigoso e está fora de seu controle, podendo não ser capaz de enfrentar quando as coisas saem erradas com base em suas experiências primárias. Se essa percepção for forte, diz-se haver uma vulnerabilidade psicológica generalizada à ansiedade. A terceira é a *vulnerabilidade psicológica específica*, em que se aprende com as experiências precoces, como as ensinadas pelos pais, que algumas situações ou objetos são muito perigosos (mesmo se, de fato, não forem). Por exemplo, se um dos seus pais tem medo de cachorros, ou expressa ansiedade sobre ser avaliado negativamente pelos outros, você também pode desenvolver medo de cachorros ou de avaliação social. Essas vulnerabilidades triplas estão representadas na Figura 5.3 e serão revistas quando descrevermos cada transtorno de ansiedade e transtornos relacionados. Se uma pessoa está sob grande pressão, particularmente de estressores interpessoais, determinado estressor poderia ativar suas tendências biológicas de ser ansioso e suas tendências psicológicas de sentir que não é capaz de administrar a situação e de controlar o estresse. Uma vez que esse ciclo começa tende a se autoalimentar, de maneira que pode não parar mesmo quando um estressor em particular já tiver sido eliminado há tempos. A ansiedade pode ser geral, evocada por muitos aspectos de sua vida. Mas costuma estar focada em uma determinada área, como avaliação social ou escolar (Barlow, 2002).

Como visto anteriormente, o pânico também é uma resposta característica ao estresse que acontece em famílias e pode ter um componente genético separado do da ansiedade. Além disso, ansiedade e pânico estão intimamente relacionados (Barlow, 2002; Barlow et al., 2014; Suárez et al., 2009): a ansiedade aumenta a probabilidade do pânico. Essa relação faz sentido do ponto de vista evolutivo, porque a sensação de possível ameaça ou perigo futuro (ansiedade) deveria preparar-nos para agir instantaneamente com uma resposta de alarme se o perigo se torna iminente (Bouton, 2005). A ansiedade e o pânico não precisam ocorrer juntos, mas faz sentido que assim ocorram, frequentemente.

Comorbidade dos transtornos de ansiedade e transtornos relacionados

Antes de descrever os transtornos específicos de ansiedade, é importante observar que eles frequentemente coocorrem. Como descrevemos no Capítulo 3, a ocorrência de dois ou mais transtornos ao mesmo tempo em um indivíduo é cha-

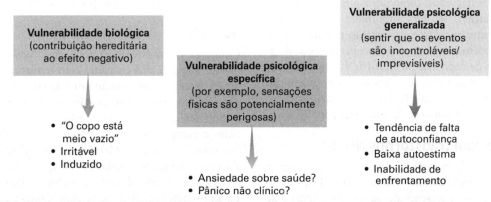

FIGURA 5.3 As três vulnerabilidades que contribuem para o desenvolvimento de transtornos de ansiedade. Se as três estiverem presentes, as chances aumentam consideravelmente de que um indivíduo vá desenvolver um transtorno de ansiedade depois de experimentar uma situação estressante. (Fonte Barlow, D. H. (2002: *Anxiety and its disorders: The nature and treatment of anxiety and panic*. 2. ed. Nova York: Guilford Press.)

mada *comorbidade*. As altas taxas de comorbidade para transtornos de ansiedade e transtornos relacionados (e depressão) enfatizam o fato de que todos esses transtornos partilham características comuns de ansiedade e pânico descritas aqui. Eles também partilham as mesmas vulnerabilidades – biológicas e psicológicas – de desenvolver ansiedade e pânico. Os vários transtornos diferem apenas no que diz respeito ao que ativa a ansiedade e, talvez, ao padrão de ataques de pânico. Naturalmente, se cada paciente com um transtorno de ansiedade ou transtorno relacionado também tiver todos os outros transtornos de ansiedade haverá menos sentido em distinguir transtornos específicos. Mas não é o caso, e, embora as taxas de comorbidade sejam altas, elas variam de transtorno para transtorno (Allen et al., 2010; Bruce et al., 2005; Tsao et al., 2002). Um estudo de grande escala concluído em um dos nossos centros examinou a comorbidade de transtornos de ansiedade e do humor do *Manual de Diagnóstico e Estatístico de Transtornos Mentais*, quarta edição *(DSM-IV-TR)* (Brown e Barlow, 2005; Brown et al., 2001). Os dados foram coletados por meio de entrevista semiestruturada com 1.127 pacientes cuidadosamente diagnosticados em nosso centro. Se examinarmos apenas as taxas de comorbidade no momento da avaliação, os resultados indicam que 55% dos pacientes que receberam um diagnóstico principal de um transtorno de ansiedade ou transtorno depressivo tiveram pelo menos um transtorno adicional de ansiedade ou de depressão no momento da avaliação. Se considerarmos que o paciente atendeu aos critérios para um diagnóstico adicional em qualquer momento de sua vida, em vez de apenas no momento da avaliação, a taxa aumenta para 76%.

Até então, o diagnóstico adicional mais comum para todos os transtornos de ansiedade foi de depressão maior, o que ocorreu em 50% dos casos no decorrer da vida dos pacientes, provavelmente devido às vulnerabilidades compartilhadas entre os transtornos de ansiedade e depressão, além da vulnerabilidade específica para o transtorno. Corroborando esse conceito estão os resultados de Blanco e colaboradores (Blanco et al., 2014), os quais relataram que os riscos para transtornos de ansiedade e depressão são mediados parcialmente por uma variável latente subjacente a ambos os transtornos (por exemplo, baixa autoestima e abuso sexual na infância), e parcialmente por efeitos específicos dos transtornos (por exemplo, histórico familiar de depressão como um fator de risco para a depressão nas crianças). Isso será importante quando discutirmos a relação entre ansiedade e depressão posteriormente neste capítulo. Também é importante a descoberta de que diagnósticos adicionais de depressão ou abuso de álcool ou drogas torna menos provável que você se recupere de um transtorno de ansiedade e mais provável que tenha recaídas caso se recupere (Bruce et al., 2005; Ciraulo et al., 2013; Huppert, 2009).

Comorbidade com transtornos físicos

Transtornos de ansiedade também coocorrem com várias condições físicas (Kariuki-Nyuthe e Stein, 2015). Um estudo importante indicou que a presença de qualquer transtorno de ansiedade foi única e significativamente associada a doença na tireoide, doença respiratória, doença gastrointestinal, artrite, enxaqueca e condições alérgicas (Sareen et al., 2006). Assim,

▲ Pessoas com determinadas condições físicas, como asma, geralmente apresentam um risco maior de transtornos de ansiedade.

as pessoas com essas condições físicas têm mais chances de desenvolver um transtorno de ansiedade, mas não de desenvolver qualquer outro transtorno psicológico. Além disso, o transtorno de ansiedade geralmente começa antes do transtorno físico, sugerindo (mas não provando) que algo sobre ter um transtorno de ansiedade pode causar ou contribuir com a causa de um transtorno físico. Finalmente, se alguém tiver um transtorno de ansiedade e um dos transtornos físicos mencionados anteriormente, sofrerá de maior prejuízo e pior qualidade de vida decorrente do problema físico e do problema da ansiedade, do que se o indivíduo tivesse apenas o transtorno físico (Belik, Sareen e Stein, 2009; Comer et al., 2011; Sareen et al., 2006). Outros estudos também descobriram a mesma relação entre os transtornos de ansiedade, particularmente o transtorno de pânico, doença cardiovascular (ver, por exemplo, Gomez-Caminero et al., 2005). Além disso, o *DSM-5* agora torna explícito que os ataques de pânico muitas vezes coocorrem com certas condições médicas, especialmente cardíacas, respiratórias, gastrointestinais e transtornos vestibulares (ouvido interno), apesar de a maioria desses pacientes não cumprir os critérios para transtorno de pânico (Kessler et al., 2006c).

Suicídio

Com base em dados epidemiológicos, Weissman et al. descobriram que 20% dos pacientes com transtorno de pânico tentaram suicídio. Eles concluíram que essas tentativas estavam associadas ao transtorno de pânico. Eles também concluíram que o risco de alguém com transtorno de pânico tentar o suicídio é comparável ao de indivíduos com depressão maior (Johnson, Weissman e Klerman, 1990; Weissman et al., 1989). Essa descoberta foi assustadora porque o transtorno de pânico é bastante preponderante, e os clínicos não estavam atentos para possíveis tentativas de suicídio desses pacientes no geral. Os pesquisadores também descobriram que mesmo pacientes com transtorno de pânico que não tiveram depressão corriam risco de suicídio.

O estudo de Weissman sugere que qualquer transtorno de ansiedade ou transtorno relacionado, não apenas de pânico, aumenta unicamente as chances de ter pensamentos sobre suicídio (ideação suicida) ou fazer tentativas suicidas (Sareen et al., 2006), mas a relação é mais forte com o transtorno de pânico e de estresse pós-traumático (Nepon et al., 2010; Sareen, 2011). Enquanto estudos anteriores sugeriram que transtorno de pânico não está associado ao comportamento suicida na ausência de outros fatores de risco (por exemplo, Warshaw, Dolan e Keller, 2000), um estudo epidemiológico posterior relatou que todos os transtornos de ansiedade estão associados com um risco aumentado para tentativas de suicídio e ideações suicidas, mesmo após considerar transtornos do humor, como distimia, transtorno depressivo maior e transtorno bipolar, assim como transtornos relacionados a substâncias (Thibodeau et al., 2013). Esses achados são consistentes com os resultados de outro estudo epidemiológico mostrando que todos os transtornos de ansiedade estão associados a tentativas de suicídio com intenção de morrer (Chartrand et al., 2012). Pessoas com transtorno de ansiedade generalizada e de ansiedade social envolvidas com automutilação deliberada mostraram-se especialmente mais propensas a se engajar neste comportamento várias vezes, e ao menos em uma dessas vezes havia uma tentativa de suicídio. Claramente, muitas questões sobre a relação entre suicídio e transtornos do humor e de ansiedade permanecem não esclarecidas.

Vamos nos voltar para uma descrição dos transtornos de ansiedade e transtornos relacionados. Tenha em mente que aproximadamente 50% dos indivíduos com esses transtornos apresentarão um ou mais transtornos adicionais de ansiedade ou de depressão e, talvez, alguns outros, em particular transtornos por abuso de substâncias, como será descrito posteriormente. Por este motivo, também consideramos novas ideias para classificar e tratar os transtornos de ansiedade que vão além de apenas olhar para transtornos únicos.

> 5. Eventos _____ da vida podem desencadear vulnerabilidades biológicas e psicológicas para a ansiedade.

Transtornos de ansiedade

Os transtornos tradicionalmente agrupados como de ansiedade incluem transtorno de ansiedade generalizada, transtorno de pânico e agorafobia, fobia específica e transtorno de ansiedade social, bem como dois novos transtornos, de ansiedade de separação e mutismo seletivo. Esses transtornos específicos de ansiedade são complicados pelos ataques de pânico ou por outras características que são o foco da ansiedade. No transtorno de ansiedade generalizada, o foco está presente em todos os eventos da vida diária. Portanto, consideramos primeiramente o transtorno de ansiedade generalizada.

Transtorno de ansiedade generalizada

Alguém da sua família se preocupa exageradamente ou é perfeccionista? Talvez você seja! A maioria de nós se preocupa em certo grau. Como dissemos, a preocupação pode ser útil. Ela nos ajuda a planejar o futuro, a ter certeza de que estamos preparados para um exame ou a revisar se pensamos em tudo antes de deixarmos a casa no feriado. Mas, e se você se preocupa indiscriminadamente com tudo? Além disso, e se a preocupação for improdutiva? Se independente do quanto você se preocupa, não consegue decidir o que fazer a respeito de um problema ou uma situação? E se você não consegue parar de se preocupar, mesmo sabendo que isso não lhe faz bem nem às pessoas ao redor? Essas características descrevem o **transtorno de ansiedade generalizada (TAG)**. Considere o caso de Irene.

Verificação de conceitos 5.1

Complete as seguintes declarações sobre a ansiedade e suas causas com os seguintes termos: (a) comorbidade, (b) ataque de pânico, (c) esperado, (d) neurotransmissores, (e) circuitos cerebrais e (f) estressantes.

1. Um _____ é uma experiência abrupta de medo intenso ou desconforto agudo acompanhado por sintomas físicos, como dor no peito e falta de ar.

2. Um ataque de pânico _____ ocorre geralmente em situações específicas, mas em nenhum outro contexto.

3. A ansiedade está associada com _____ (por exemplo, sistema de inibição comportamental ou sistema de luta/fuga) e sistemas _____ (por exemplo, noradrenérgico) específicos.

4. As taxas de _____ entre a ansiedade e os transtornos relacionados são altas porque partilham de características comuns da ansiedade e do pânico.

IRENE ... Regida pela preocupação

Irene era uma estudante universitária de 20 anos com uma personalidade envolvente, mas sem muitos amigos. Ela veio à clínica reclamando de ansiedade excessiva e dificuldade generalizada em controlar sua vida. Para Irene, tudo era uma catástrofe. Embora ela tivesse uma média de 3,7 pontos, estava convencida de que seria reprovada em todos os testes que fazia. Como resultado, ela repetidamente ameaçava desistir dos cursos depois de apenas algumas semanas de aula por temer que não entenderia o material.

Irene se preocupou até que desistiu da primeira faculdade que frequentou depois de um mês. Ela se sentiu depressiva por um tempo, então decidiu fazer algumas aulas na faculdade local, acreditando que poderia lidar melhor com a matéria. Depois de alcançar notas boas na faculdade de dois anos, ela se matriculou mais uma vez em uma faculdade de quatro anos. Pouco tempo depois, ela começou a ligar para a clínica em um estado extremo de agitação, dizendo que desistiria desta ou daquela aula porque não podia lidar com isso. Com grande dificuldade, seu terapeuta e seus pais a convenceram de permanecer nas aulas e procurar por mais ajuda. Em todas as aulas que Irene frequentou suas notas eram entre A e B, mas ela ainda se preocupava com cada prova e cada trabalho, com medo de fracassar e não conseguir entender ou concluir o trabalho.

Irene não se preocupava apenas com a escola. Ela também se preocupava com as relações com seus amigos. Sempre que estava com seu novo namorado, temia parecer boba e que ele perdesse o interesse por ela. Ela informou que cada encontro foi extremamente bom, mas sabia que o próximo provavelmente seria um desastre. À medida que o relacionamento progredia e algum contato sexual fosse natural, Irene estava preocupada que sua inexperiência fizesse com que seu namorado a considerasse ingênua e estúpida. No entanto, ela relatou que apreciava o contato sexual inicial e admitiu que ele parecia gostar também, mas estava convencida de que, na próxima vez, uma catástrofe aconteceria.

Irene também estava preocupada com sua saúde. Ela apresentava leve hipertensão, provavelmente em razão de estar com um pouco de sobrepeso. Também estava muito preocupada em comer os tipos ou quantidades erradas de comida. Ela ficou relutante em medir a pressão com medo de esta estar alta ou de se pesar com medo de não estar perdendo peso. Restringiu severamente sua alimentação e, como resultado, teve um episódio ocasional de compulsão alimentar, embora não o suficiente para justificar preocupação.

Embora Irene tivesse tido um ataque de pânico ocasional, essa não foi a principal questão para ela. Assim que o pânico diminuiu, ela se concentrou na próxima catástrofe possível. Além da alta pressão sanguínea, Irene apresentou dores de cabeça devidas à tensão e desconforto estomacal com muitos gases, diarreia ocasional e um pouco de dor abdominal. A vida de Irene era uma série de catástrofes iminentes. Sua mãe relatou que temia um telefonema de Irene, e muito mais uma visita, porque sabia que teria de ver sua filha passar por uma crise. Pelo mesmo motivo, Irene não tinha muitos amigos. Mesmo assim, quando desistia temporariamente da sua ansiedade, era divertido estar com ela.

Descrição clínica

Irene sofria de TAG, que é, de muitas maneiras, a síndrome básica que caracteriza cada transtorno de ansiedade e transtornos relacionados considerados neste capítulo (Brown, Barlow e Liebowitz, 1994). Os critérios do *DSM-5* especificam que por no mínimo seis meses a ansiedade e preocupação excessivas (expectativa apreensiva) devem estar presentes em mais dias do que não. Além disso, deve ser difícil desativar ou controlar o processo de preocupação. Isso é o que diferencia a preocupação patológica do tipo normal que todos sentimos ocasionalmente conforme nos preparamos para um evento ou desafio futuro. A maioria de nós se preocupa por um tempo, mas pode deixar o problema de lado e seguir em frente com outra tarefa. Mesmo que o próximo desafio seja grande, assim que acaba as preocupações desaparecem. Para Irene, nunca parava. Ela tinha outra crise assim que a atual acabava.

Os sintomas físicos associados à ansiedade generalizada e TAG diferem daqueles associados aos ataques de pânico e transtorno de pânico (explicado a seguir). Uma vez que o pânico está associado à excitação autonômica, presumivelmente como resultado de excitação do sistema nervoso simpático (por exemplo, aumento da frequência cardíaca, palpitações, transpiração e tremor), o TAG é caracterizado por tensão muscular, agitação mental (Brown, Marten e Barlow, 1995), susceptibilidade à fadiga (provavelmente resultante de tensão muscular excessiva crônica), alguma irritabilidade e dificuldade para dormir (Campbell-Sills e Brown, 2010). Focar a atenção é difícil, já que a mente muda rapidamente de crise para crise. Para as crianças, apenas um sintoma físico é necessário para diagnóstico de TAG e a pesquisa valida essa estratégia

TABELA 5.2 Critérios diagnósticos para transtorno de ansiedade generalizada

A. Ansiedade e preocupação excessivas (expectativa apreensiva), ocorrendo na maioria dos dias por pelo menos seis meses, com diversos eventos ou atividades (tais como desempenho escolar ou profissional).
B. O indivíduo considera difícil controlar a preocupação.
C. A ansiedade e a preocupação estão associadas com três (ou mais) dos seguintes seis sintomas (com pelo menos alguns deles presentes na maioria dos dias nos últimos seis meses).

Nota: Apenas um item é exigido para crianças.
 1. Inquietação ou sensação de estar com os nervos à flor da pele.
 2. Fatigabilidade.
 3. Dificuldade em concentrar-se ou sensações de "branco" na mente.
 4. Irritabilidade.
 5. Tensão muscular.
 6. Perturbação do sono (dificuldade em conciliar ou manter o sono, ou sono insatisfatório e inquieto).

D. A ansiedade, a preocupação ou os sintomas físicos causam sofrimento clinicamente significativo ou prejuízo no funcionamento social, profissional ou em outras áreas importantes da vida do indivíduo.
E. A perturbação não se deve aos efeitos fisiológicos de uma substância (p. ex., droga de abuso, medicamento) ou outra condição médica (p. ex., hipertireoidismo).
F. A perturbação não é mais bem explicada por outro transtorno mental (p. ex., ansiedade ou preocupação quanto a ter ataques de pânico no transtorno de pânico, avaliação negativa no transtorno de ansiedade social [fobia social]).

Fonte: Manual Diagnóstico e Estatístico de Transtornos Mentais, 5a ed. – DSM-5. Tab. 5.2. Artmed, Porto Alegre, 2014.

(Tracey et al., 1997). Pessoas com TAG se preocupam principalmente com os eventos cotidianos menores, uma característica que distingue o TAG de outros transtornos de ansiedade. Quando perguntados: "Você se preocupa excessivamente com coisas de pouca importância?", 100% das pessoas com TAG responderam "sim", comparados com aproximadamente 50% dos indivíduos com outros tipos de transtorno de ansiedade (Barlow, 2002). Acontecimentos importantes rapidamente são foco de ansiedade e preocupação também. Normalmente os adultos se concentram na possível infelicidade de seus filhos, saúde da família, responsabilidades com o trabalho e outras coisas menores, tais como tarefas domésticas ou chegar a tempo em compromissos. Crianças com TAG geralmente se preocupam com a competência acadêmica, atlética ou desempenho social, bem como questões familiares (Albano e Hack, 2004; Furr et al., 2009; Weems, Silverman e La Greca, 2000). Adultos mais velhos tendem a se concentrar, compreensivelmente, na saúde (Wetherell et al., 2010; Beck e Averill, 2004; Person e Borkovec, 1995); eles também têm dificuldades em dormir, o que parece tornar a ansiedade pior (Beck e Stanley, 1997; Brenes et al., 2009).

Estatísticas

Embora a preocupação e a tensão física sejam muito comuns, a ansiedade generalizada grave sofrida por Irene é bastante rara. Aproximadamente 3,1% da população atende os critérios para TAG durante um período de um ano (Kessler et al., 2005c) e 5,7% em algum ponto durante a vida (Kessler et al., 2005b). Apenas para adolescentes (idades entre 13 e 17) a prevalência num período de um ano é um pouco menor que 1,1% (Kessler et al., 2012). Esse ainda é um número alto, tornando o TAG um dos transtornos de ansiedade mais comuns. Taxas semelhantes são relatadas ao redor do mundo, como, por exemplo, na área rural da África do Sul (Bhagwanjee et al., 1998). Relativamente poucas pessoas com TAG procuram tratamento em comparação com pacientes com transtorno de pânico. As clínicas de tratamento de ansiedade como as nossas relatam que aproximadamente apenas 10% de seus pacientes atendem os critérios para TAG, comparados com 30% a 50% de pacientes que atendem os critérios para transtorno de pânico. Isso pode ser porque a maioria dos pacientes com TAG procura ajuda por meio de seus médicos de clínica geral; é nesses consultórios que eles são encontrados em grande número (Roy-Byrne e Katon, 2000; Wittchen, 2002).

Observa-se cerca de duas vezes mais mulheres com TAG do que homens em estudos epidemiológicos (nos quais indivíduos com TAG são identificados em pesquisas populacionais), os quais incluem pessoas que não necessariamente estão em busca por tratamento (Grant et al., 2005). No entanto, essa proporção pode ser específica para países desenvolvidos. No estudo da África do Sul mencionado anteriormente, o TAG era mais comum em homens. Nos Estados Unidos, a prevalência do transtorno é significativamente menor entre adultos asiáticos, hispânicos e negros em comparação com os brancos (Grant et al., 2005)

Algumas pessoas com TAG relatam o surgimento do distúrbio no princípio da vida adulta, geralmente em resposta a um estressor. Porém, a maioria dos estudos descobriu que o TAG está associado com um início precoce e mais gradual do que a maioria dos outros transtornos de ansiedade (Barlow, 2002; Brown et al., 1994; Beesdo et al., 2010; Sanderson e Barlow, 1990). A idade média do surgimento do transtorno é de 31 anos com base em entrevistas (Kessler et al., 2005b), mas, como Irene, muitas pessoas se sentem ansiosas e tensas durante toda a vida. Uma vez que se desenvolve, o TAG é crônico. Um estudo descobriu que a probabilidade de se ver livre dos sintomas após dois anos de acompanhamento médico é de somente 8% (Yonkers et al., 1996). Bruce et al. (2005) relataram que 12 anos após o início de um episódio de TAG, havia apenas 58% de chance de recuperação. No entanto, 45% dos indivíduos que se recuperaram estavam propensos a ter recaída mais tarde. Isso sugere que o TAG, como a maioria dos transtornos de ansiedade, segue um curso crônico, caracterizado pelo aumento e pela diminuição dos sintomas.

O TAG é prevalente entre os adultos mais velhos. No grande estudo de comorbidade nacional e sua replicação, o TAG foi o transtorno mais comum encontrado no grupo de pessoas com mais de 45 anos e o menos comum no grupo mais jovem, com idades entre 15 e 24 anos (Wittchen et al., 1994; Byers et al., 2010); as taxas prevalentes de TAG relatadas nos adultos mais velhos chegavam a 10%. Sabemos que o uso de tranquilizantes mais fracos na terceira idade é bastante alto. Por exemplo, em 2008 5,2% dos adultos nos Estados Unidos usaram benzodiazepínicos, e a porcentagem aumentou com a idade (Olfson, King e Schoenbaum, 2015). O estudo mostrou que apenas 2,6% dos indivíduos de 18 a 35 anos de idade, mas 8,7% das pessoas entre 65 e 80 anos teve ao menos uma prescrição de benzodiazepínico durante o ano. Não está muito claro porque tais drogas são prescritas com tal frequência para os idosos. Uma possibilidade é que podem não ser usadas exclusivamente para tratar a ansiedade. As drogas podem ser prescritas, de início, para problemas do sono ou outros efeitos secundários de doenças. Em qualquer caso, as benzodiazepinas (tranquilizantes mais leves) interferem na função cognitiva e colocam os idosos em riscos maiores de queda e quebra de ossos, particularmente dos quadris (Barlow, 2002). As principais dificuldades que impedem a investigação da ansiedade nos idosos incluem a ausência de bons instrumentos de avaliação e estudos de tratamento, em grande parte em razão da falta de interesse suficiente em pesquisas (Ayers, Thorp e Wetherell, 2009; Beck e Stanley, 1997; Campbell-Sills e Brown, 2010).

Em um estudo clássico, Rodin e Langer (1977) demonstraram que adultos mais velhos podem ser particularmente suscetíveis à ansiedade sobre a saúde ou outras situações da vida que diminuam qualquer controle que eles possam manter sobre os acontecimentos em suas vidas. Essa crescente falta de controle, perda da saúde e gradual perda das funções significativas podem ser um subproduto relacionado à maneira como os idosos são tratados nas culturas ocidentais. O resultado é o comprometimento substancial na qualidade de vida em idosos com TAG (Wetherell et al., 2004). Se fosse possível mudar nossas atitudes e comportamentos, poderíamos reduzir a frequência da ansiedade, da depressão e da morte antecipada dos idosos.

▲ Aproximadamente um em cada dez idosos sofre de transtorno de ansiedade generalizada.

Causas

O que causa o TAG? Aprendemos muito nos últimos anos. Assim como na maioria dos transtornos de ansiedade, parece haver uma vulnerabilidade biológica generalizada. Isso é refletido em estudos examinando uma contribuição genética ao TAG, embora Kendler et al. (1995; Hettema, Neale e Kendler, 2001; Hettema et al., 2005) tenham confirmado que o que parece ser herdado é a tendência para se tornar ansioso e não o TAG em si. Em consonância com esse achado, observou-se herdabilidade para um traço específico, chamado *sensibilidade à ansiedade*, que é a tendência a ficar angustiado em resposta a sensações alertantes decorrentes de crenças que essas sensações relacionadas à ansiedade têm consequências prejudiciais (Davies et al., 2015).

Por muito tempo o TAG foi um quebra-cabeças para os pesquisadores. Embora a definição do transtorno seja relativamente nova, surgida em 1980 no *DSM-III*, os clínicos e psicopatologistas trabalham com pessoas com ansiedade generalizada muito antes dos sistemas de diagnóstico terem sido desenvolvidos. Durante anos, os clínicos achavam que as pessoas ansiosas por motivos generalizados não tinham focalizado sua ansiedade em nada específico. Assim, essa ansiedade foi descrita como "flutuante". Mas agora os cientistas têm olhado mais de perto e descoberto algumas diferenças interessantes de outros transtornos de ansiedade.

As primeiras pistas das diferenças surgiram na receptividade psicológica de indivíduos com TAG. É interessante que esses indivíduos não respondem com tanta intensidade a estressores quanto aqueles com transtornos de ansiedade nos quais o pânico é mais proeminente. Diversos estudos descobriram que indivíduos com TAG mostram *menos receptividade* na maioria das medições fisiológicas, como batimentos cardíacos, pressão sanguínea, condutância dérmica e taxa respiratória (Borkovec e Hu, 1990; Roemer e Orsillo, 2013), do que indivíduos com outros transtornos de ansiedade. Além disso, os pacientes com TAG geralmente apresentam tônus vagal cardíaco mais baixo (o nervo vago é o maior nervo parassimpático que inerva o coração e diminui sua atividade), levando à *inflexibilidade autônômica*, porque o coração é menos responsivo a determinadas tarefas (Hofmann et al., 2005). Assim, pessoas com TAG têm sido chamadas de *restritores autonômicos* (Barlow, Chorpita e Turovsky, 1996; Thayer, Friedman e Borkovec, 1996).

Quando indivíduos com TAG são comparados com participantes saudáveis não ansiosos, a única medida fisiológica que distingue consistentemente o grupo com ansiedade é a tensão muscular – pessoas com TAG são cronicamente tensas (Andrews et al., 2010; Marten et al., 1993). Para entender esse fenômeno de tensão muscular crônica precisamos saber o que se passa na cabeça das pessoas com TAG. Com novos métodos da ciência cognitiva estamos começando a descobrir os processos mentais, às vezes inconscientes, em andamento no TAG (Teachman et al., 2012).

As evidências indicam que indivíduos com TAG são altamente sensíveis às ameaças em geral, particularmente àquelas que tenham relevância pessoal. Eles concentram sua atenção mais prontamente em fontes de ameaça que pessoas que não são ansiosas (Aikins e Craske, 2001; Roemer e Orsillo, 2013; Bradley et al., 1999). Essa alta sensibilidade pode ter surgido de experiências estressantes anteriores, com as quais foi aprendido que o mundo era perigoso e fora de controle e que não seria possível para essas pessoas enfrentá-lo (vulnerabilidade psicológica generalizada). Além disso, essa consciência aguçada da ameaça potencial, em particular se for pessoal, parece ser automática ou inconsciente. Usando o teste de nomeação de cores de Stroop, descrito no Capítulo 2, MacLeod e Mathews (1991) apresentaram palavras ameaçadoras em uma tela por somente 20 milésimos de segundo, descobrindo com isso que os indivíduos com TAG eram mais lentos para nomear as cores das palavras que os não ansiosos. Lembre-se de que nessa tarefa são apresentadas muito brevemente e os sujeitos são solicitados a nomear a cor, em vez de a palavra.[2] O fato de que as cores das palavras ameaçadoras foram nomeadas mais lentamente sugere que as *palavras* foram mais relevantes para as pessoas com TAG, o que interferiu na nomeação das cores ainda que as palavras não permanecessem tempo suficiente para que os indivíduos tivessem consciência delas. Pesquisadores usando outros paradigmas e em diferentes populações com ansiedade chegaram a conclusões parecidas (Bar-Haim et al., 2007; Sheppes et al., 2013).

Como os processos mentais se relacionam com a tendência de os indivíduos com TAG serem restritores autônomos? Tom Borkovec et al. observaram que, embora o crescimento autônomo periférico de indivíduos com TAG seja restrito, eles apresentaram processamento cognitivo intenso no lobo frontal, como indicado pela atividade medida por eletroencefalografia, particularmente no hemisfério esquerdo. Essa descoberta pode sugerir processos frenéticos e intensos ou preocupações sem o acompanhamento de imagens (o que seria refletido pela atividade no hemisfério direito do cérebro em vez de no esquerdo) (Borkovec, Alcaine e Behar, 2004). Borkovec sugere que esse tipo de preocupação pode ser o que faz que esses indivíduos sejam restritores autônomos (Borkovec, Shadick e Hopkins, 1991; Roemer e Orsillo, 2013). Ou seja, eles estão pensando tanto sobre problemas vindouros que não têm a capacidade de atenção restante para o processo importante de criação de

---

[2] NE: A figura colorida desta atividade está disponível na página deste livro no site da Cengage.

imagens de ameaça potencial, imagens que provocariam mais efeitos negativos substanciais e atividade autônoma. Em outras palavras, eles *evitam* imagens associadas à ameaça (Borkovec et al., 2004; Fisher e Wells, 2009). Do ponto de vista da terapia, é muito importante "processar" as imagens e o efeito negativo associado com a ansiedade (Craske e Barlow, 2006; Zinbarg, Craske e Barlow, 2006). Em virtude de as pessoas com TAG não parecerem se engajar nesse processo, podem impedir grande parte da insatisfação e da dor associadas com o efeito negativo e imagens, mas também não são capazes de trabalhar seus problemas e chegar a soluções. Por conseguinte, tornam-se preocupadas crônicas, com inflexibilidade autônoma acompanhada de tensão muscular muito grave. Assim, a preocupação intensa para um indivíduo com TAG pode se comportar como a evitação age para pessoas com fobia: previne a pessoa de encarar uma situação temerosa ou ameaçadora e, por esse motivo, a adaptação nunca ocorre. Esse é um dos principais déficits de como as pessoas com TAG tentam regular sua ansiedade intensa (Etkin e Schatzberg, 2011). Em resumo, algumas pessoas herdam a tendência a serem tensas (vulnerabilidade biológica generalizada) e desenvolvem um sentimento precoce de que eventos importantes em suas vidas podem ser incontroláveis e potencialmente perigosos (vulnerabilidade psicológica generalizada). Estresse significativo as torna apreensivas e vigilantes. Essa intensa preocupação, que resulta em mudanças fisiológicas, leva ao TAG (Roemer, Orsillo e Barlow, 2002; Turovsky e Barlow, 1996). O tempo vai dizer se o modelo atual está correto, embora haja muitos dados de suporte (Borkovec, Alcaine e Behar, 2004; Mineka e Zinbarg, 2006). De qualquer modo, ele é consistente com nossa visão da ansiedade como um estado de humor orientado para o futuro, focado no perigo ou na ameaça potencial, em oposição a uma reação de alarme ou de emergência ao perigo presente real. Um modelo de desenvolvimento do TAG é apresentado na Figura 5.4.

Tratamento

O transtorno de ansiedade generalizada (TAG) é bastante comum, e os tratamentos disponíveis, tanto por meio de drogas quanto psicológicos, são razoavelmente efetivos. As benzodiazepinas são prescritas com mais frequência para ansiedade generalizada, e evidências indicam que proporcionam algum alívio, pelo menos no curto prazo. Alguns poucos estudos consideram os efeitos dessas drogas por um período maior que oito semanas (Mathew e Hoffman, 2009), mas o efeito terapêutico é modesto. Além disso, as benzodiazepinas oferecem risco. Primeiramente, essas drogas parecem prejudicar o funcionamento cognitivo e motor (consulte, por exemplo, Hindmarch, 1990; van Laar, Volkerts e Verbaten, 2001). Especificamente, as pessoas não parecem ficar tão alertas no trabalho ou na escola quando estão ingerindo benzodiazepinas. As drogas podem prejudicar aqueles que dirigem e, no caso de idosos, parecem estar associadas a quedas, que resultam em fraturas do quadril (Ray et al., 1992; Wang et al., 2001). O mais importante: as benzodiazepinas parecem produzir tanto dependência psicológica quanto física, tornando difícil para as pessoas parar de tomá-las (Mathew e Hoffman, 2009; Noyes et al., 1991; Rickels et al., 1990). Convencionou-se que o melhor uso das benzodiazepinas é para o alívio da ansiedade em curto prazo associada

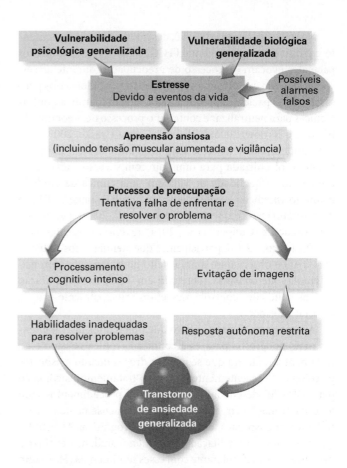

FIGURA 5.4 Um modelo integrado do TAG.

com crises temporárias ou acontecimentos estressantes, como problemas familiares (Craske e Barlow, 2006). Em tais circunstâncias, o médico pode prescrever benzodiazepina até que a crise seja resolvida, mas por um período de não mais que uma ou duas semanas. Há forte evidência para a utilidade de antidepressivos no tratamento de TAG, como a paroxetina (também chamada Paxil) (Rickels et al., 2006) e venlafaxina (também chamada Effexor) (Schatzberg, 2000). Essas drogas podem se provar uma melhor escolha (Brawman-Mintzer, 2001; Mathew e Hoffman, 2009).

No curto prazo, os tratamentos psicológicos parecem oferecer o mesmo benefício das drogas no tratamento do TAG, mas os primeiros mostram-se mais efetivos no longo prazo (Barlow, Allen e Basden, 2007; Newman et al., 2011; Roemer e Orsillo, 2013). Relatos recentes de inovações em tratamentos psicológicos breves são encorajadores. Pelo fato de sabermos agora que os indivíduos com TAG parecem evitar "sensações" de ansiedade e o efeito negativo associado com as imagens ameaçadoras, os clínicos designaram tratamentos para ajudá-los a processar as informações ameaçadoras no âmbito emocional, usando imagens, a fim de que experienciem (em vez de evitar sentir) as emoções associadas com as imagens. Esses tratamentos têm outros componentes, como ensinar os pacientes a relaxar profundamente para combater a tensão. Borkovec et al. descobriram que esse tratamento era significativamente melhor que um tratamento psicológico com placebo, não apenas no pós-tratamento, mas também durante um ano depois (Borkovec e Costello, 1993).

No início da década de 1990, desenvolvemos um tratamento cognitivo-comportamental (TCC) para o TAG, no qual os pacientes evocam o processo de preocupação durante as sessões de terapia e confrontam as imagens ameaçadoras e os pensamentos. O paciente aprende a usar a terapia cognitiva e outras técnicas para neutralizar e controlar o processo de preocupação (Craske e Barlow, 2006; Wetherell, Gatz e Craske, 2003). Em um estudo importante, uma adaptação breve desse tratamento também foi utilizada para diminuir com sucesso a ansiedade e melhorar a qualidade de vida em uma clínica de cuidado primário (médicos e enfermeiras de família), onde o TAG é uma reclamação frequente (Rollman et al., 2005). Cuijpers e colaboradores (Cuijpers et al., 2014) revisaram recentemente 41 estudos com 2.132 participantes que atendiam aos critérios para TAG e observaram amplo efeito do tratamento com psicoterapia, que consistia sobretudo em TCC, em comparação com as condições controle, que eram principalmente grupos de listas de espera.

Apesar desse sucesso, é claro que precisamos de tratamentos mais poderosos para essa condição crônica resistente ao tratamento, tanto no que se refere a drogas quanto a aspectos psicológicos. Recentemente, um novo tratamento psicológico para TAG foi desenvolvido e incorpora procedimentos com foco na aceitação em vez da evitação de pensamentos e sentimentos angustiantes, além de terapia cognitiva. As estratégias baseadas em meditação e *mindfulness* ajudam a ensinar o paciente a ser mais tolerante com esses sentimentos (Hofmann et al., 2010; Khoury et al., 2013; Orsillo e Roemer, 2011; Roemer e Orsillo, 2009; Roemer et al., 2002). Um ensaio clínico relatou algumas das mais altas taxas de sucesso na literatura (Hayes-Skelton, Roemer e Orsillo, 2013).

Existem evidências particularmente encorajadoras de que os tratamentos psicológicos são efetivos com crianças que sofrem de ansiedade generalizada (Albano e Hack, 2004; Furr et al., 2009). Em um grande ensaio clínico com 488 crianças com idade entre 7 e 17 anos, a TCC e o fármaco antidepressivo Sertralina (Zoloft) foram igualmente efetivos imediatamente após o tratamento, em comparação com uso de pílulas placebo para crianças com TAG e outros transtornos relacionados, mas a combinação de TCC e sertralina foi ainda melhor, com melhora substancial em 80% dos participantes *versus* 24% do grupo placebo (Walkup et al., 2008). Análises para acompanhamento mostraram que ansiedade mais grave e prejudicial, maior tensão nos cuidadores e um diagnóstico principal de transtorno de ansiedade social foram associados com resultados menos favoráveis (Compton et al., 2014). Além disso, terapias baseadas em *mindfulness* para TAG estão sendo adaptadas e testadas com jovens, observando-se alguns indicativos de sucesso (Semple e Burke, 2012). Da mesma forma, o progresso também é feito na adaptação de tratamentos psicológicos para idosos, como mostram estudos importantes (Beck e Stanley, 1997; Stanley et al., 2003; Wetherell, Lenze e Stanley, 2005). Um grande estudo clínico demonstrou muito claramente a eficiência desse tratamento para adultos acima de 60 anos comparado ao cuidado normal que receberam (Stanley et al., 2009).

Outras novas estratégias promissoras são treinar os pacientes para aumentar sua tolerância às incertezas sobre o futuro (Dugas, Schwartz e Francis, 2012) e mudar suas crenças sobre preocupações (Wells et al., 2010), porque muitas vezes os pacientes sentem uma forte necessidade de controlar o futuro e sustentar crenças desadaptativas sobre preocupações, o que tem sido referido como metacognições (cognições [crenças] sobre cognições [preocupações]).

Após tentar diferentes tipos de drogas, Irene foi tratada segundo a abordagem de TCC desenvolvida em nossa clínica e se descobriu muito mais capaz de enfrentar a vida. Ela completou a faculdade e a pós-graduação, casou-se e é bem-sucedida em sua carreira de conselheira em um lar de idosos. Mesmo agora, Irene encontra dificuldades para relaxar e parar de se preocupar. Ela continua a ter experiências leves a moderadas de ansiedade, particularmente sob estresse; ocasionalmente toma tranquilizantes mais fracos para apoiar suas habilidades de enfrentamento do problema.

▌▌║║║ Verificação de conceitos 5.2

Verdadeiro (V) ou falso (F)?

1. _____ O TAG é caracterizado por tensão muscular, agitação mental, irritabilidade, dificuldades para dormir e propensão à fadiga.

2. _____ Muitos estudos mostram que a maioria dos casos de TAG se inicia no começo da fase adulta como uma resposta imediata a um estressor.

3. _____ O TAG é prevalente em pessoas idosas e em mulheres em nossa sociedade.

4. _____ O TAG não possui base genética.

5. _____ O tratamento cognitivo-comportamental e outros tratamentos psicológicos para o TAG são provavelmente melhores que as terapias com drogas no longo prazo.

Transtorno de pânico e agorafobia

Você já teve um parente, talvez uma tia-avó excêntrica, que nunca saía de casa? As reuniões ou visitas familiares sempre tinham de ser na casa dela; ela nunca ia a nenhum outro lugar. A maioria das pessoas atribui o comportamento de sua velha tia a ela ser um pouco esquisita ou talvez não muito fã de viajar. Ela era muito calorosa e amigável quando as pessoas a visitavam e, assim, manteve contato com a família.

Sua tia pode não ter sido apenas excêntrica ou esquisita. Ela pode ter sofrido de um transtorno de ansiedade debilitante chamado **transtorno de pânico (TP)**, no qual os indivíduos experimentam ataques de pânico graves e inesperados; eles podem achar que estão morrendo ou perdendo o controle. Em muitos casos, mas não em todos, o TP é acompanhado por um transtorno estreitamente relacionado chamado **agorafobia**, que é o medo e a evitação de situações em que a pessoa se sinta insegura ou incapaz de voltar para casa ou ir para um hospital no caso de um ataque de pânico em desenvolvimento, ou sintomas de pânico ou outros sintomas físicos, como a perda do controle da bexiga. As pessoas desenvolvem agorafobia porque nunca sabem quando esses sintomas podem ocorrer. Em casos graves, as pessoas com agorafobia são incapazes de deixar a casa, às vezes, por anos a fio, como a senhora M.

SRA. M...   Autoencarcerada

Sra. M. tinha 67 anos e morava em um apartamento no segundo andar de um prédio sem elevador em uma região de classe média. Sua filha, já adulta, um dos poucos contatos remanescentes com o mundo, solicitou uma avaliação com o consenso da Sra. M. Toquei a campainha e entrei em um corredor estreito; a Sra. M. não estava à vista. Sabendo que ela morava no segundo andar, subi as escadas e bati à porta. Quando ouvi a Sra. M. me pedir para entrar, abri a porta. Ela estava na sala de estar e eu pude ver um esboço do restante do apartamento. A sala de estar estava na frente; a cozinha, nos fundos, junto a uma varanda. À direita das escadas estava o único quarto com um banheiro.

A Sra. M. estava contente em me ver e foi muito amigável, oferecendo-me café com biscoitos feitos em casa. Eu fui a primeira pessoa que ela via em três semanas. Durante 20 anos, a Sra. M. não havia deixado o apartamento, e há 30 anos sofria de transtorno de pânico com agorafobia.

À medida que me contava sua história, transmitia vívidas imagens de uma vida perdida. Ela ainda continuou a esforçar-se ante a adversidade e a fazer o melhor que podia com sua limitada existência. Mesmo áreas em seu apartamento assinalavam o potencial para provocar ataques de pânico. Ela não havia atendido à porta sozinha nos últimos 15 anos porque temia olhar para o corredor. Ela conseguia entrar na cozinha e ir até onde ficavam o fogão e a geladeira, mas nos últimos dez anos não tinha ido à parte da sala que dava para o quintal ou para a varanda. Assim, sua vida na última década tinha sido confinada ao quarto, à sala de estar e à metade da frente da cozinha. Ela contava com sua filha para lhe trazer compras e visitá-la uma vez por semana. O único visitante além da filha era o padre da paróquia, que vinha lhe ministrar a comunhão a cada duas ou três semanas, quando ele podia. O contato com o mundo externo era por meio da televisão e do rádio. Seu marido, que tinha abusado tanto do álcool quanto da Sra. M., havia morrido dez anos antes de causas relacionadas ao álcool. No início de seu casamento estressante, ela teve o primeiro ataque de pânico e gradualmente foi se retraindo. À medida que permanecia no apartamento, sentia-se relativamente livre do pânico. Por esse motivo, e em razão do fato de haver em sua mente poucos motivos, na proximidade do fim da vida, para se aventurar fora de casa, ela recusou o tratamento.

Descrição clínica

No *DSM-IV*, o transtorno de pânico e a agorafobia foram integrados em um transtorno chamado transtorno de pânico com agorafobia, mas os pesquisadores descobriram que muitas pessoas experienciavam transtorno de pânico sem desenvolver agorafobia e algumas pessoas desenvolviam agorafobia na ausência do transtorno de pânico (Wittchen et al., 2010). Com frequência, no entanto, eles aparecem juntos, então discutiremos ambos os transtornos nesta seção.

No início do capítulo conversamos sobre os fenômenos relacionados à ansiedade e ao pânico. No TP, a ansiedade e o pânico são combinados em uma relação intricada que pode se tornar tão devastadora quanto foi para a Sra. M. Muitas pessoas que têm ataques de pânico não necessariamente desenvolvem o transtorno de pânico. Para se enquadrar nos critérios do transtorno de pânico, uma pessoa deve experimentar um ataque de pânico inesperado e desenvolver ansiedade substancial pela possibilidade de ter outro ataque ou por implicações do ataque ou de suas consequências. Em outras palavras, a pessoa deve pensar que cada ataque é sinal de morte iminente ou de incapacitação. Alguns indivíduos não relatam preocupação sobre outro ataque, mas mudam o comportamento de maneira que indica a angústia que os ataques lhes causam. Eles podem evitar ir a certos lugares ou deixar de lado as obrigações domésticas por medo de que venha a ocorrer um ataque se forem muito ativos.

O termo *agorafobia* foi cunhado em 1871 por Karl Westphal, um médico alemão, e, no grego original, refere-se ao medo do mercado. Esse é um termo muito apropriado porque a *ágora*, o mercado público grego, era um lugar muito cheio em que havia muito alvoroço. Uma das áreas mais estressantes para os indivíduos com agorafobia atualmente são os centros comerciais, as *ágoras modernas*.

A maior parte do comportamento de esquiva agorafóbico é simplesmente uma complicação de ataques de pânico graves e inesperados (Barlow, 2002; Craske e Barlow, 1988; Craske e Barlow, 2014). Caso você tenha tido ataques de pânico inesperados e esteja com medo de ter outro, você quer estar em um lugar seguro ou pelo menos com uma pessoa que lhe transmita segurança, que saiba o que você está passando, caso ocorra outro ataque, a fim de que possa rapidamente ser levado para um hospital ou ao menos para seu quarto para deitar-se (o lar, no geral, é um lugar seguro). Sabemos que a ansiedade diminui em indivíduos com agorafobia se eles pensam que um local ou uma pessoa é "seguro", mesmo que não haja nada de efetivo que a pessoa possa fazer se algo ruim acontecer. Por esse motivo, quando essas pessoas com agorafobia se aventuram a sair de casa, sempre planejam uma escapada rápida (por exemplo, ficam muito perto da porta). Uma lista de situações típicas geralmente evitadas por alguém com agorafobia é encontrada na Tabela 5.1

Mesmo que o comportamento agorafóbico esteja intimamente ligado às ocasiões de pânico inicialmente, pode se tornar relativamente independente dos ataques de pânico (Craske e Barlow, 1988; White e Barlow, 2002). Em outras palavras, um indivíduo que não tivesse tido um ataque de pânico durante anos poderia ter uma forte esquiva agorafóbica, como a Sra.

TABELA 5.1	Situações típicas evitadas por pessoas com agorafobia
Shopping centers	Estar longe de casa
Carros (como motorista ou passageiro)	Ficar em casa sozinho
Ônibus	Esperar na fila
Trens	Supermercados
Metrôs	Lojas
Ruas largas	Multidões
Túneis	Aviões
Restaurantes	Elevadores
Teatros	Escadas rolantes

Fonte: Adaptado com permissão de Barlow, D. H. e Craske, M. G. (2007). *Mastery of your anxiety and panic* (4. ed., p. 5). Nova York: Oxford University Press.

M. A esquiva agorafóbica parece ser determinada pelo grau em que a pessoa pensa ser possível ter outro ataque (ou espera vir a tê-lo), do que pelo número e gravidade de ataques reais vividos. Assim, a esquiva agorafóbica é simplesmente uma maneira de enfrentar os ataques inesperados de pânico.

Outros métodos de enfrentamento dos ataques de pânico incluem usar (e algumas vezes abusar) de drogas e/ou de álcool. Alguns indivíduos não evitam as situações agorafóbicas, mas as suportam com "medo pavoroso". Por exemplo, pessoas que têm que ir para o trabalho todos os dias ou que têm que viajar como parte do trabalho sofrerão de agonia de ansiedade e pânico para atingir suas metas. Assim, temos as observações do *DSM-5* de que a agorafobia pode ser caracterizada tanto pela evitação de situações quanto por vivê-las com enorme medo e angústia. Como observado anteriormente, as pesquisas epidemiológicas identificaram um grupo de pessoas que parecem ter agorafobia sem nunca ter tido um ataque de pânico ou algum período temível qualquer. De fato, aproximadamente 50% dos indivíduos com agorafobia identificados nas pesquisas populacionais se enquadram nessa descrição, embora seja relativamente raro ver esses casos na clínica (Wittchen et al., 2010). Esses indivíduos podem ter outras experiências angustiantes imprevisíveis, como tonturas, possível perda de controle da bexiga ou intestino, de tal forma que nunca podem estar longe de um banheiro ou com medo de cair (particularmente idosos); qualquer experiência que possa ser constrangedora ou perigosa se distante de um local seguro ou sem a presença de uma pessoa confiável. A maioria dos pacientes com transtorno de pânico e esquiva agorafóbica também demonstra outro grupo de comportamentos esquivantes que chamamos *esquiva interoceptiva* ou esquiva de sensações físicas internas (Brown, White e Barlow, 2005; Craske e Barlow, 2014; Shear et al., 1997). Esses comportamentos envolvem retirar-se de situações ou atividades que poderiam produzir excitação fisiológica que de alguma forma se parecesse com o início de um ataque de pânico. Alguns pacientes evitam se exercitar porque isso produz atividade cardiovascular aumentada ou respiração mais rápida, o que lhes faz lembrar dos ataques de pânico e os faz

pensar que um deles poderia estar começando. Outros pacientes evitam banhos de sauna ou quaisquer locais em que possam transpirar. Os psicopatologistas estão começando a reconhecer que esse grupo de comportamentos de esquiva é tão importante quanto a esquiva agorafóbica mais clássica. Uma lista de situações ou atividades tipicamente evitadas dentro do cluster interoceptivo é encontrado na Tabela 5.2.

Estatísticas

O transtorno de pânico (TP) é muito comum. Aproximadamente 2,7% da população cumpre os critérios para TP durante um período de um ano (Kessler et al., 2005; Kessler et al., 2006b) e 4,7% os cumpre em algum ponto durante suas vidas, dois terços sendo mulheres (Eaton et al., 1994; Kessler et al., 2005c). Outro grupo menor (1,4% em algum momento durante suas vidas) desenvolve agorafobia sem nunca ter tido um completo ataque de pânico.

No geral, o surgimento do transtorno de pânico ocorre nos primeiros anos da vida adulta, do meio da adolescência até aproximadamente os 40 anos. A idade média de início é entre 20 e 24 anos (Kessler et al., 2005b). Sabe-se que os pré-adolescentes experimentam ataques de pânico inesperados e ocasionalmente transtorno de pânico, embora isso seja bastante raro (Albano, Chorpita e Barlow, 1996; Kearney et al., 1997). A maioria dos ataques de pânico iniciais não esperados começa na puberdade ou após essa fase. Além disso, muitas crianças pré-púberes examinadas por clínicos gerais têm sintomas de hiperventilação que podem muito bem ser ataques de pânico. Entretanto, essas crianças não relatam medo de morrer ou per-

TABELA 5.2	Atividades diárias interoceptivas geralmente evitadas por pessoas com agorafobia	
Subir lances de escada apressadamente	Envolver-se em discussões acaloradas
Sair de casa no calor intenso	
Tomar banho com as portas e janelas fechadas	Quartos quentes, abafados Carros quentes e abafados
Shoppings center ou lojas quentes, abafados	Usar sauna Longas caminhadas fazendo trilhas ou trilhas em campo
Caminhar fora de casa em tempo muito frio	Exercícios aeróbicos
Aeróbica	Tomar café ou qualquer bebida cafeinada
Levantar objetos pesados	Relações sexuais
Dançar	Assistir filmes de terror
Comer chocolate	Comer comidas pesadas
Levantar rapidamente	Ficar com raiva
Assistir filmes ou eventos esportivos excitantes	

Fonte: Adaptado com permissão de Barlow, D. H. e Craske, M. G. (2007). *Mastery of your anxiety and panic* (4. ed., p. 11). Nova York: Oxford University Press.

da do controle talvez porque não estejam em um estágio de desenvolvimento cognitivo em que possam fazer essas atribuições (Nelles e Barlow, 1988).

Um importante trabalho sobre a ansiedade nos idosos sugere que saúde e vitalidade são o foco principal da ansiedade nessa população (Mohlman et al., 2012; Wolitzky-Taylor et al., 2010). Em geral, a prevalência de TP ou transtorno de pânico em comorbidade com agorafobia diminui entre os idosos, de 5,7% em idades de 30 a 44 a 2,0% ou menos após os 60 anos (Kessler et al., 2005b).

Como dissemos, a maioria (75% ou mais) dos que sofrem de agorafobia são mulheres (Barlow, 2002; Myers et al., 1984; Thorpe e Burns, 1983). Por muito tempo não soubemos o porquê disso, mas agora parece que a explicação mais lógica é cultural (Arrindell et al., 2003a; Wolitzky-Taylor et al., 2010). É mais aceitável para mulheres relatarem medo e evitarem numerosas situações. No entanto, é esperado que os homens sejam mais fortes e corajosos para "enfrentar" tais situações. Quanto mais alta a gravidade da esquiva agorafóbica, maior a proporção de mulheres. Por exemplo, em nossa clínica, de um grupo de pacientes que sofriam de transtorno de pânico com agorafobia branda, 72% eram mulheres. Se a agorafobia fosse moderada, no entanto, a porcentagem seria de 81%. Similarmente, se a agorafobia fosse severa, a porcentagem seria de 89%.

O que acontece com os homens que têm ataques de pânico graves inesperados? A desaprovação cultural do medo é tão forte nos homens que a maioria deles enfrenta o pânico? A resposta parece ser "não". Uma grande proporção de homens com ataques de pânico inesperados enfrenta a situação de maneira culturalmente aceitável: consomem grande quantidade de álcool. Isso pode estabelecer uma estreita relação entre o uso de substâncias e a ansiedade, como mostrado em uma grande pesquisa (Grant et al., 2004).

O problema é que essas pessoas se tornam dependentes e muitos começam a longa espiral descendente para uma grave adicção. Assim, os homens podem acabar com um problema mais grave ainda. Esses homens são tão prejudicados pelo abuso de álcool que os clínicos podem não observar que também têm transtorno de pânico e agorafobia. Além disso, mesmo se bem-sucedidos ao tratar da adicção, o transtorno de ansiedade ainda requererá tratamento (McHugh, 2015).

Influências culturais

O transtorno de pânico ocorre no mundo todo, embora sua expressão possa variar de lugar para lugar. A prevalência de taxas para o transtorno de pânico mostra algum grau de variabilidade transcultural, com países asiáticos e africanos geralmente mostrando as taxas mais baixas. Esses achados refletem comparações multiétnicas nos Estados Unidos, com norte-americanos asiáticos apresentando as taxas mais baixas, e norte-americanos brancos as maiores taxas de prevalência (Asnaani et al., 2009; Lewis-Fernandez et al., 2010; Hofmann e Hinton, 2014). Além disso, taxas de recuperação de transtorno de pânico são mais baixas entre os afro-americanos em comparação com indivíduos brancos não latinos (Sibrava et al., 2013).

Além das diferenças nas taxas de prevalência e cronicidade, estudos interculturais também identificaram diferenças interessantes na expressão da ansiedade. No Capítulo 2, descrevemos um transtorno de medo repentino na América Latina que é chamado de *susto*, um transtorno caracterizado por sudorese, aumento da taxa de batimento cardíaco e insônia, mas não por relatos de ansiedade ou medo, embora um medo grave seja a causa. Uma síndrome relacionada à ansiedade e culturalmente definida, proeminente entre os latino-americanos, especialmente do Caribe, é chamada *ataque de nervos* (Hinton et al., 2008; Hinton, Lewis-Fernández e Pollack, 2009). Os sintomas de um *ataque* parecem muito similares aos do ataque de pânico, embora as manifestações como gritos incontroláveis e muito choro possam estar mais associadas ao *ataque* do que ao pânico.

▲ Michelle Craske demonstrou que a evitação agorafóbica é simplesmente um modo de lidar com o pânico. Ela e Ron Rapee, trabalhando com David H. Barlow, também desenvolveram um tratamento psicológico eficaz para o transtorno de pânico.

Por fim, Devon Hinton, psiquiatra e antropólogo, e seus colaboradores descreveram uma manifestação fascinante de transtorno de pânico entre refugiados Khmer (cambojano) e vietnamitas nos Estados Unidos. Indivíduos de ambos os grupos parecem sofrer de uma alta taxa de transtorno de pânico. Mas um número substancial desses ataques de pânico está associado com tontura ortostática (tontura ao levantar rápido demais) e "dor no pescoço". O grupo de Hinton observou que o conceito Khmer de *kyol goeu* ou "sobrecarga de vento" (muito vento ou gás no corpo, que pode causar a ruptura de vasos sanguíneos) torna-se o foco de um pensamento catastrófico durante ataques de pânico (Hinton e Good, 2009; Hinton et al., 2005; Hinton et al., 2008).

Pânico noturno

Tomemos novamente o caso de Gretchen, cujo ataque de pânico foi descrito anteriormente. Existe algo incomum no relato dela? Ela estava em sono profundo quando o ataque aconteceu. Aproximadamente 60% das pessoas com transtorno de pânico experimentam ataques noturnos (Craske e Rowe, 1997; Uhde, 1994). De fato, os ataques de pânico ocorrem mais frequentemente entre 1h30 e 3h30 do que em outros momentos. Em alguns casos, as pessoas têm medo de dormir. O que acontece com elas? Estão tendo pesadelos? As pesquisas indicam que não. Os ataques noturnos são estudados em laboratórios do sono. Enquanto os pacientes dormem, ficam ligados a um equipamento de eletroencefalograma que monitora as ondas cerebrais (ver Capítulo 3). Todos nós passamos por diversos estágios do sono que são refletidos em vários padrões no eletroencefalograma (os estágios do sono serão discutidos no Capítulo 8). Aprendemos que o ataque de pânico noturno acontece durante as ondas delta, ou ondas lentas do sono, que geralmente ocorrem após várias horas de sono, no seu estágio mais profundo. As pessoas com transtorno de

TABELA 5.3 Critérios diagnósticos para transtorno de pânico

A. Ataques de pânico recorrentes e inesperados.
B. Pelo menos um dos ataques foi seguido de um mês (ou mais) de uma ou de ambas as seguintes características:
   1. Apreensão ou preocupação persistente acerca de ataques de pânico adicionais ou sobre suas consequências (p. ex., perder o controle, ter um ataque cardíaco, "enlouquecer").
   2. Uma mudança desadaptativa significativa no comportamento relacionada aos ataques (p. ex., comportamentos que têm por finalidade evitar ter ataques de pânico, como a esquiva de exercícios ou situações desconhecidas).
C. A perturbação não é consequência dos efeitos psicológicos de uma substância (p. ex., droga de abuso, medicamento) ou de outra condição médica (p. ex., hipertireoidismo, doenças cardiopulmonares).
D. A perturbação não é mais bem explicada por outro transtorno mental (p. ex., os ataques de pânico não ocorrem apenas em resposta a situações sociais temidas, como no transtorno de ansiedade social).

Fonte: Manual Diagnóstico e Estatístico de Transtornos Mentais, 5a ed. – DSM-5. Tab. 5.3. Artmed, Porto Alegre, 2014.

TABELA 5.4 Critérios diagnósticos para agorafobia

A. Medo ou ansiedade marcantes acerca de duas (ou mais) das cinco situações seguintes:
   1. Uso de transporte público (p. ex., automóveis, ônibus, trens, navios, aviões).
   2. Permanecer em espaços abertos (p. ex., áreas de estacionamentos, mercados, pontes).
   3. Permanecer em locais fechados (p. ex., lojas, teatros, cinemas).
   4. Permanecer em uma fila ou ficar em meio a uma multidão.
   5. Sair de casa sozinho.
B. O indivíduo tem medo ou evita essas situações devido a pensamentos de que pode ser difícil escapar ou de que o auxílio pode não estar disponível no caso de desenvolver sintomas do tipo pânico ou outros sintomas incapacitantes ou constrangedores (p. ex., medo de cair nos idosos; medo de incontinência).
C. As situações agorafóbicas quase sempre provocam medo ou ansiedade.
D. As situações agorafóbicas são ativamente evitadas, requerem a presença de uma companhia ou são suportadas com intenso medo ou ansiedade.
E. O medo ou ansiedade é desproporcional ao perigo real apresentado pelas situações agorafóbicas e ao contexto sociocultural.
F. O medo, ansiedade ou esquiva é persistente, geralmente durando mais de seis meses.
G. O medo, ansiedade ou esquiva causa sofrimento clinicamente significativo ou prejuízo no funcionamento social, profissional ou em outras áreas importantes da vida do indivíduo.
H. Se outra condição médica (p. ex. doença inflamatória intestinal, doença de Parkinson) está presente, o medo, ansiedade ou esquiva é claramente excessivo.
I. Medo, ansiedade ou esquiva não é mais bem explicado pelos sintomas de outro transtorno mental – por exemplo, os sintomas não estão restritos a fobia específica, tipo situacional; não envolvem apenas situações sociais (como no transtorno de ansiedade social); e não estão relacionados exclusivamente a obsessões (como no transtorno obsessivo-compulsivo), percepção de defeitos ou falhas na aparência física (como no transtorno dismórfico corporal) ou medo de separação (como no transtorno de ansiedade de separação).

Fonte: Manual Diagnóstico e Estatístico de Transtornos Mentais, 5a ed. – DSM-5. Tab. 5.4. Artmed, Porto Alegre, 2014.

pânico começam a se sentir em pânico quando começam a mergulhar no sono delta e acordam no meio de um ataque. Por não haver nenhum motivo óbvio para essas pessoas estarem ansiosas ou em pânico quando em sono profundo, a maioria delas acha que está morrendo (Craske e Barlow, 1988; Craske e Barlow, 2014).

O que causa o pânico noturno? O que até agora se sabe é que a mudança nos estágios do sono para o sono de ondas lentas produz sensações físicas de "abandono", aterrorizantes para um indivíduo com transtorno de pânico (Craske et al., 2002). Esse processo será descrito em mais detalhes adiante, quando discutiremos as causas do transtorno de pânico. Diversos outros acontecimentos, que também ocorrem durante o sono, parecem pânico noturno e são erroneamente entendidos como causa do pânico noturno. Inicialmente, pensamos que esses eventos pudessem ser pesadelos, mas estas e outras atividades parecidas com os sonhos ocorrem durante um estágio caracterizado por movimentos oculares rápidos (sono REM), que geralmente acontece mais tarde no ciclo do sono. Por conseguinte, as pessoas não estão sonhando quando têm pânico noturno, uma conclusão consistente com os relatos de pacientes. Alguns terapeutas não estão cientes do estágio do sono associado com os ataques de pânico noturno; assim, afirmam que os pacientes estão "reprimindo" material onírico, talvez porque isso possa se relacionar com algum trauma anterior muito doloroso para ser admitido de forma consciente. Como vimos, isso é praticamente impossível porque os ataques de pânico noturno não ocorrem durante o sono REM, então não há nenhuma atividade bem desenvolvida de sonho ou pesadelo quando os ataques acontecem. Assim, não é possível para esses pacientes estar sonhando.

Alguns terapeutas afirmam que os pacientes com pânico noturno podem ter um transtorno respiratório chamado *apneia do sono*, uma interrupção da respiração que parece com o sufocamento. No geral, essa condição está presente em pessoas acima do peso. Contudo, a apneia manifesta-se num ciclo de despertar e adormecer que não é característico do pânico noturno.

Um fenômeno relacionado que ocorre em crianças é denominado *terror noturno*, que descreveremos com detalhes no Capítulo 8 (Durand, 2006). É comum as crianças acordarem imaginando que alguma coisa as está perseguindo pelo quarto. Elas gritam e chegam a sair da cama como se algo estivesse atrás delas. Entretanto, elas não acordam e não têm nenhuma lembrança do acontecimento pela manhã. Por outro lado, os indivíduos que experimentam ataques de pânico noturnos realmente acordam e mais tarde se recordam claramente do que aconteceu. O terror noturno também tende a acontecer em um estágio posterior do sono (estágio 4), associado com o sonambulismo.

Por fim, existe uma condição chamada *paralisia do sono* que parece culturalmente determinada. Você já escutou a expressão "a bruxa está guiando você"? Se você é branco, provavelmente não a conhece, mas se é afro-americano há chance de pelo menos conhecer alguém que teve essa experiência aterrorizante, porque parece ser mais comum nesse grupo étnico nos Estados Unidos (Bell, Dixie-Bell e Thompson, 1986; Neal-Barnett e Smith, 1997; Ramsawh et al., 2008). A paralisia do sono ocorre durante o estado transitório entre o sono e o despertar, quando uma pessoa não está nem dormindo nem acordada, e na maior parte das vezes quando está acordando. Durante esse período, o indivíduo é incapaz de se mover e experimenta uma onda de terror parecida com a de um ataque de pânico; ocasionalmente há alucinações vívidas. Uma explicação possível é que o sono REM está invadindo o ciclo do despertar. Isso parece provável porque uma característica deste sono é a ausência de movimento corporal. Outra são os sonhos vívidos, que poderiam ser considerados nas experiências de alucinação. Curiosamente, taxas de paralisia do sono variam muito de acordo com grupos étnicos e amostras. Sharpless e Barber (2011) mostraram que as taxas de paralisia do sono são mais altas entre as amostras afro-americanas na população geral (40,2%) e amostras psiquiátricas (44,3%) e também entre amostras de estudante americano-asiático (39,9%). Por outro lado, a taxa na população geral em todos os grupos é de 7,6%. Ramsawh et al. (2008) também relataram que os afro-americanos com paralisia do sono tinham mais histórico de algum trauma e diagnóstico mais frequente de transtorno de pânico e de estresse pós-traumático em comparação com afro-americanos sem a paralisia do sono. Ainda mais interessante é que o transtorno não parece acontecer nos negros nigerianos, cuja incidência é quase a mesma que nos brancos norte-americanos. Os motivos para essa distribuição não são claros, embora todos os fatores apontem para uma explicação cultural.

Causas

Não é possível entender o transtorno de pânico sem nos referirmos à tríade de fatores contribuintes mencionados no decorrer deste livro: biológico, psicológico e social. Uma forte evidência indica que a agorafobia se desenvolve após uma pessoa ter experimentado ataques de pânico inesperados (ou sensações semelhantes ao pânico), mas se a agorafobia vai se desenvol-

ver e o quão grave se tornará parece ser social e culturalmente determinado, como observamos antes. Os ataques de pânico e o transtorno de pânico, entretanto, parecem se relacionar mais aos fatores psicológicos e biológicos e à interação entre os dois.

No início do capítulo, discutimos o modelo da "tripla vulnerabilidade" de como os fatores biológicos, psicológicos e sociais podem contribuir para o desenvolvimento e a manutenção da ansiedade e de um ataque de pânico inicial inesperado (Bouton et al., 2001; Suárez et al., 2009; White e Barlow, 2002) (ver Figura 5.3). Como observado anteriormente, todos nós herdamos – alguns mais que outros – vulnerabilidade ao estresse, que é uma tendência a ser neurobiologicamente reativo em excesso aos acontecimentos da vida cotidiana (vulnerabilidade biológica generalizada). No entanto, algumas pessoas são mais propensas que outras a ter uma reação de alarme de emergência (ataque de pânico inesperado) quando confrontadas com acontecimentos produtores de estresse. Isso pode incluir estresse no trabalho ou na escola, morte de um ente querido, divórcio e acontecimentos positivos que são, ao mesmo tempo, estressantes, como se formar na faculdade e começar uma nova carreira, casar-se ou mudar de emprego. (Lembre-se de que outras pessoas podem ser mais propensas a ter dores de cabeça ou pressão sanguínea alta em resposta aos mesmos tipos de estresse.) Situações particulares rapidamente associam-se na mente de um indivíduo com sinais externos e internos presentes durante o ataque de pânico (Bouton et al., 2001). Da próxima vez que os batimentos cardíacos da pessoa subirem durante um exercício físico, ela poderá supor que está tendo um ataque de pânico (condicionamento). O exercício inofensivo é um exemplo do sinal interno ou de um estímulo condicionado para um ataque de pânico. Estar na sala de cinema quando o pânico ocorreu pela primeira vez seria um sinal externo que poderia se tornar um estímulo condicionado para ocorrências futuras. Em razão de esses sinais se tornarem associados aos numerosos estímulos internos e externos por meio de um processo de aprendizagem, podemos chamá-los de "alarmes aprendidos".

Contudo, nada disso faria muita diferença sem o próximo passo. Por que algumas pessoas pensam que algo terrível pode acontecer quando elas têm um ataque, mas outras não? Em um estudo importante, jovens mulheres em risco de desenvolver transtornos de ansiedade foram acompanhadas prospectivamente por vários anos. Essas mulheres que tinham um histórico de vários transtornos físicos e eram ansiosas sobre sua saúde tenderam a desenvolver transtorno de pânico em vez de algum outro transtorno de ansiedade, como transtorno de ansiedade social (Rudaz et al., 2010). Assim, essas mulheres podem ter aprendido na infância que sensações corporais inesperadas são perigosas, ao passo que outras pessoas que tinham ataques de pânico não tinham essa sensação. Essa tendência a acreditar que as sensações corporais inesperadas são perigosas reflete uma vulnerabilidade psicológica específica para desenvolver transtorno de pânico e outros relacionados. A sequência causal para o desenvolvimento de transtorno de pânico está descrita na Figura 5.5.

Aproximadamente de 8% a 12% da população tem um ataque de pânico ocasional inesperado, frequentemente durante um período de estresse intenso durante o ano anterior (Kessler e Chiu, 2006b; Mattis e Ollendick, 2002; Norton et al., 1985; Suárez et al., 2009; Telch, Lucas e Nelson, 1989). A maioria dessas pessoas não desenvolveu ansiedade (Telch et al., 1989). Apenas aproximadamente 5% desenvolvem ansiedade sobre futuros ataques de pânico e, portanto, atendem aos critérios para transtorno de pânico, e essas pessoas são aquelas suscetíveis a desenvolver ansiedade sobre a possibilidade de ter outro ataque de pânico (uma vulnerabilidade psicológica generalizada). O que acontece aos indivíduos que não desenvolvem ansiedade? Eles parecem atribuir o ataque a acontecimentos do momento, como uma discussão com um amigo, alguma coisa que comeram ou um dia ruim, e vão levando suas vidas, talvez experimentando um ataque de pânico ocasional quando novamente sob estresse. Isso foi ilustrado recentemente pelas experiências do jogador de golfe profissional Charlie Beljan, conhecido por seus amigos como um amante de diversões e espirituoso. Ao final de 2012, depois de ter ganho seu primeiro torneio da Associação de Jogadores de Golfe Profissionais, ele teve um ataque de pânico que pensou ser um ataque cardíaco. Determinado a terminar o torneio e com paramédicos o seguindo em um carrinho de golfe, Beljan cambaleou de jogada em jogada, às vezes tendo que se sentar no chão. No entanto, ele teve sua melhor partida do ano e, depois de terminar, foi de ambulância para o hospital, onde foi diagnosticado com ataque de pânico (Crouse, 2013). Reagindo à notícia, Bubba Watson, o campeão de 2012, informou que os ataques de pânico o levaram ao hospital pelo menos três vezes em sua carreira!

As teorias cognitivas influentes de David Clark (1986, 1996) explicam em mais detalhes alguns dos processos cognitivos que podem estar em andamento durante o transtorno de pânico. Clark enfatiza a vulnerabilidade psicológica específica de pessoas com esse transtorno ao interpretarem sensações físicas normais de maneira catastrófica. Em outras palavras, embora todos nós experimentemos aumento dos batimentos cardíacos após exercícios físicos, se você tiver uma vulnerabilidade psicológica ou cognitiva poderá interpretar a resposta como perigosa e ter um surto de ansiedade. Essa ansiedade, por sua vez, produz mais sensações físicas em razão da ação do sistema nervoso simpático; você percebe essas sensações adicionais como ainda mais perigosas, e um ciclo vicioso começa, resultando em um ataque de pânico. Assim, Clark enfatiza o processo cognitivo como o mais importante para o transtorno de pânico.

Uma hipótese de que o transtorno de pânico e a agorafobia evoluem de causas psicodinâmicas sugeriu que a perda precoce de um objeto e/ou a ansiedade da separação poderia predispor alguém a desenvolver essa condição quando adulto. A ansiedade de separação é o que uma criança poderia sentir ante a ameaça de separação ou com a separação real de um de seus responsáveis, como a mãe ou o pai. As tendências de personalidade dependente costumam caracterizar uma pessoa com ago-

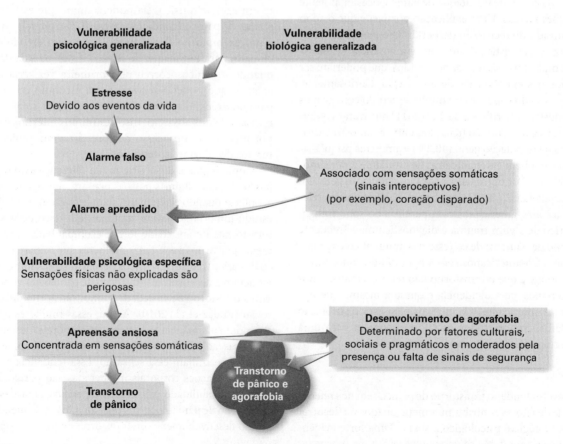

FIGURA 5.5 Um modelo das causas de transtorno de pânico com ou sem agorafobia. (Reimpresso com permissão de White, K. S. e Barlow, D. H. Panic disorder and agoraphobia. In: Barlow, D. H. (2002). *Anxiety and its disorders: The nature and treatment of anxiety and panic.* 2. ed. Nova York: Guilford Press. © 2002 by Guilford Press.)

rafobia. Essas características foram hipotetizadas como uma reação possível à separação precoce. Por conseguinte, apesar de algumas sugestões intrigantes, poucas evidências indicam que os pacientes que têm transtorno de pânico ou agorafobia experimentaram ansiedade de separação durante a infância com mais frequência que os indivíduos com outros transtornos psicológicos ou, no que diz respeito ao assunto, "normais" (Barlow, 2002; Thyer, 1993). Ainda é possível, entretanto, que o trauma da separação precoce possa predispor alguém a transtornos psicológicos em geral (o transtorno de ansiedade de separação é discutido a seguir).

Tratamento

Como observamos no Capítulo 1, as pesquisas sobre a efetividade de novos tratamentos são importantes para a psicopatologia. As respostas a determinados tratamentos, independente se forem medicamentosos ou psicológicos, podem indicar as causas do transtorno. Passaremos a discutir os benefícios e alguns prejuízos da medicação, das intervenções psicológicas e da combinação desses dois tratamentos.

Medicação

Um grande número de drogas que afetam tanto os sistemas neurotransmissores noradrenérgico, serotoninérgico ou o GABA-benzodiazepina, assim como algumas combinações, parece efetivo no tratamento do transtorno de pânico, incluindo benzodiazepinas de alta potência, os novos inibidores seletivos da recaptação de serotonina (ISRSs), como Prozac e Paxil, e os relacionados inibidores seletivos da recaptação de serotonina-noradrenalina (IRSNs), como a venlafaxina (Barlow, 2002; Barlow e Craske, 2013; Pollack, 2005; Pollack e Simon, 2009).

Existem vantagens e desvantagens para cada classe de drogas. ISRSs são atualmente as drogas indicadas para transtorno de pânico com base em todas as evidências disponíveis, embora a disfunção sexual pareça ocorrer em 75% ou mais de pessoas tomando essas medicações (Lecrubier et al., 1997a,b). Por outro lado, as benzodiazepinas de alta potência, como o alprazolam (Frontal), comumente usadas para o transtorno de pânico, funcionam com rapidez, mas têm sua suspensão dificultada pela dependência psicológica e física. Portanto, elas não são tão recomendadas quanto os ISRSs. No entanto, as benzodiazepinas seguem como a classe mais utilizada de drogas na prática (Blanco et al., 2004) e seu uso continua a aumentar (Comer, Mojtabai e Olfson, 2011). Adicionalmente, todas as benzodiazepinas afetam o funcionamento cognitivo e motor em certo nível. Portanto, as pessoas que tomam altas doses às vezes percebem que sua capacidade de dirigir ou estudar foi reduzida.

Aproximadamente 60% dos pacientes com transtorno de pânico livram-se dele desde que permaneçam num tratamento medicamentoso efetivo (Lecrubier et al., 1997a; Pollack e Simon, 2009), mas 20% ou mais deixam de tomar o medicamento antes do final do tratamento (Otto et al., 2009) e taxas de recaída são elevadas (aproximadamente 50%), uma vez que a medicação é interrompida (Hollon et al., 2005). A taxa de recaída é mais próxima de 90% para aqueles que param de tomar benzodiazepinas (ver, por exemplo, Fyer et al., 1987).

Intervenção psicológica

Os tratamentos psicológicos estão sendo comprovados como muito efetivos para o transtorno de pânico. Originalmente, esses tratamentos concentravam-se na redução da esquiva agorafóbica, usando estratégias com base na exposição a situações de medo. A estratégia dos tratamentos com base na exposição é organizar condições em que o paciente possa, aos poucos, encarar as situações temidas e aprender que não há nada a temer. A maioria dos pacientes com fobias está racionalmente ciente disso, mas deve ser convencida no aspecto emocional, bem como por meio de testar realmente a situação e confirmar que nada perigoso acontece. Às vezes, o terapeuta acompanha o paciente nos exercícios de exposição. Outras vezes, ajuda os pacientes a estruturarem seus próprios exercícios e lhes oferecem uma variedade de mecanismos psicológicos de enfrentamento para ajudá-los a completar os exercícios, no geral organizados do menos ao mais difícil. Uma amostra está listada na Tabela 5.3.

Os exercícios de exposição gradual, algumas vezes combinados com os mecanismos de enfrentamento para a redução de ansiedade, como relaxamento ou reeducação da respiração, provaram-se efetivos em ajudar os pacientes a superar o comportamento agorafóbico associado ao transtorno de pânico ou não (Craske e Barlow, 2014). Setenta por cento dos pacientes que se submetem a esses tratamentos melhoram substancialmente à medida que a ansiedade e o pânico são reduzidos, e a esquiva agorafóbica diminui bastante. Poucos, no entanto, chegam à cura, porque muitos ainda experimentam alguma ansiedade e ataques de pânico, embora em um nível menos grave.

Os tratamentos psicológicos efetivos desenvolvidos recentemente tratam o transtorno de pânico diretamente mesmo na ausência de agorafobia (Barlow e Craske, 2007; Clark et al., 1994; Craske e Barlow, 2014). O **tratamento para controle do pânico (TCP)** desenvolvido em uma de nossas clínicas se concentra em expor os pacientes com transtorno de pânico a grupos de sensações interoceptivas (físicas) que lhes lembrem os ataques de pânico. O terapeuta tenta criar "miniataques" no consultório fazendo os pacientes se exercitarem para aumentar os batimentos cardíacos ou girando-os em uma cadeira para deixá-los tontos. Uma variedade de exercícios tem sido desenvolvida para essa finalidade. Os pacientes também recebem terapia cognitiva. As atitudes básicas e as

TABELA 5.3	Tarefas de exposição a situações (da menos a mais difícil)
Fazer compras sozinho em um supermercado lotado por 30 minutos
Caminhar sozinho por 5 quarteirões longe de casa
Dirigir em uma rodovia movimentada por 8 quilômetros, com o cônjuge e sozinho
Comer em um restaurante sentado no centro
Assistir a um filme no cinema sentado na fileira do meio

Fonte: Adaptado com permissão de Barlow D. H., e Craske, M. G. (2007). *Mastery of your anxiety and panic* (4. ed., p. 133). Nova York: Oxford University Press.

percepções referentes à periculosidade das situações temidas, mas objetivamente inofensivas, são identificadas e modificadas. Como discutimos, muitas dessas atitudes e percepções estão além da consciência do paciente. Descobrir processos cognitivos inconscientes requer muita habilidade terapêutica. Às vezes, além da exposição às sensações interoceptivas e à terapia cognitiva, os pacientes são ensinados a relaxar ou respirar corretamente como forma de ajudá-los a enfrentar o aumento da ansiedade e a reduzir o excesso de excitação; no entanto, usamos essas estratégias com menos frequência porque descobrimos que não são necessárias.

Esses procedimentos psicológicos são bastante efetivos para o transtorno de pânico. Estudos de acompanhamento de pacientes que passam por TCP indicam que a maioria deles se mantém melhor após pelo menos dois anos (Craske e Barlow, 2014; Craske, Brown e Barlow, 1991). O comportamento agorafóbico remanescente pode ser tratado com exercícios de exposição mais padronizados.

No entanto, algumas pessoas tiveram recaída ao longo do tempo, então a nossa equipe colaborativa multicêntrica começou a investigar estratégias de longo prazo no tratamento do transtorno de pânico, incluindo a oferta de sessões de reforço após a terapia para prevenir recaídas. Na fase inicial, 256 pacientes com transtorno de pânico com todos os níveis de agorafobia completaram três meses do tratamento inicial com a terapia cognitivo-comportamental (Aaronson et al., 2008). Os pacientes que responderam muito bem ao tratamento foram randomizados para nove meses de sessões de reforço mensais (n=79), ou sem sessões de reforço (n=78), e depois acompanhados por mais 12 meses sem tratamento (White et al., 2013). As sessões de reforço produziram taxas de recaída significativamente menores (5,2%) e prejuízo laboral e social reduzido, comparados com a condição de avaliação sem sessões de reforço (18,4%) em 21 meses de acompanhamento (ver Figura 5.6). Assim, sessões de reforço destinadas a tornar mais sólidos os ganhos do tratamento para prevenir recaídas e compensar a recorrência do transtorno melhoraram o resultado no longo prazo para o transtorno de pânico e a agorafobia, mesmo naqueles pacientes que responderam bem ao tratamento inicialmente. Tratamentos similares também têm sido empregados com sucesso em crianças (Albon e Schneider, 2007) e adultos mais velhos (Hendriks et al., 2014).

Embora esses tratamentos sejam muito efetivos, são relativamente novos e ainda não estão disponíveis para muitos indivíduos que sofrem de transtorno de pânico, visto que administrá-los exige que os terapeutas tenham treinamento avançado (Barlow, Levitt e Bufka, 1999; McHugh e Barlow, 2010). Em razão disso, os investigadores estão avaliando novas e criativas formas de disponibilizar esses programas para as pessoas que deles precisam. Por exemplo, Michelle Craske et al. (2009) desenvolveram um guia de computador para ajudar novos médicos a implementar um programa cognitivo-comportamental para tratamento do transtorno de pânico (além de outros transtornos de ansiedade e depressão) diretamente

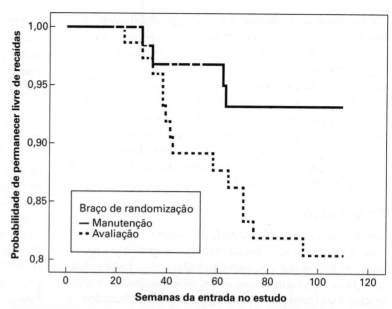

FIGURA 5.6 As taxas de recaída em pacientes com transtorno de pânico que receberam sessões de reforço após o tratamento em comparação com aqueles sem sessões de reforço.

em uma clínica de cuidados primários. Usando este programa chamado *Calm Tools for living* (ferramentas calmantes para viver), médico e paciente sentam lado a lado conforme ambos visualizam o programa na tela. O programa solicita aos médicos que se envolvam em tarefas terapêuticas específicas, como ajudar os pacientes a estabelecer uma hierarquia do medo, demonstrando habilidades de respiração ou desenhando exercícios de exposição. O objetivo do programa computadorizado é melhorar a integridade da terapia cognitivo-comportamental nas mãos de médicos novos e relativamente não treinados. Os resultados de um estudo recente demonstraram o sucesso desse programa em definições de cuidado primário em comparação com o tratamento usual (Craske et al., 2011). Este é um bom exemplo de uma direção importante de pesquisa nos tratamentos psicológicos com foco nos melhores métodos de disseminação desses tratamentos para atingir o maior número de pessoas que poderiam se beneficiar.

Tratamentos medicamentosos e psicológicos combinados

Em parte porque os médicos de cuidados de saúde primários são geralmente os primeiros a tratar pessoas que sofrem de transtorno de pânico, e tratamentos psicológicos não estão disponíveis nesses contextos, quando os pacientes são encaminhados para tratamento psicológico, eles muitas vezes já estão tomando medicamentos. Portanto, são questões importantes: como esses tratamentos se comparam? Funcionam em conjunto? Um importante estudo patrocinado pelo National Institute of Mental Health analisou os efeitos separados e combinados dos tratamentos psicológico e medicamentoso (Barlow et al., 2000). Neste estudo duplo-cego, os pacientes foram randomizados em cinco condições de tratamento: tratamento psicológico cognitivo-comportamental exclusivo (TCC); tratamento apenas com fármacos (foi usada a imipramina IMI – antidepressivo tricíclico; esse estudo começou antes que os ISRSs estivessem disponíveis); condição combinada de tratamento (IMI + TCC); e duas condições de "controle", uma usando apenas placebo (PBO) e outra, PBO + TCC (para determinar o nível em que qualquer vantagem de tratamento combinado se devesse à contribuição do placebo).

Os dados indicam que todos os grupos de tratamento responderam significativamente melhor que o grupo de placebo, mas aproximadamente o mesmo número de pacientes respondeu tanto às drogas como aos tratamentos psicológicos. O tratamento combinado não foi melhor que o individual.

Depois de seis meses adicionais de tratamento de manutenção (nove meses depois que o tratamento foi iniciado), durante o qual os pacientes foram vistos uma vez por mês, os resultados foram parecidos com os do tratamento inicial, exceto por haver uma ligeira vantagem para o tratamento combinado neste momento e uma diminuição no número de pessoas que responderam ao placebo. A Figura 5.7 mostra o último conjunto de resultados seis meses após o tratamento ser interrompido (quinze meses após o início). Nesse ponto, os pacientes em tratamento medicamentoso, independente de combinados ou não com a TCC, pioraram de alguma forma, e os que receberam o TPE sem a droga mantiveram a maior parte dos ganhos. Por exemplo, 14 de 29 pacientes (48% dos que começaram a fase dos seis meses seguidos de acompanhamento) que tomaram a droga combinada com a TCC (IMI + TCC) tiveram recaída, junto com os que desistiram durante esse período, contados como falhas (intenção de continuar). Quarenta por cento, ou 10 dos 25 pacientes que completaram a fase de acompanhamento, tiveram recaída. Observe que uma recaída muito mais baixa aparece nas condições que contêm a TCC. Assim, os tratamentos contendo TCC sem a droga foram superiores nesse ponto porque tiveram efeitos mais duradouros.

A maioria dos estudos mostra que os medicamentos, principalmente as benzodiazepinas, podem interferir nos efeitos de tratamentos psicológicos (Craske e Barlow, 2014). Além disso, as benzodiazepinas administradas por um longo período de tempo estão associadas com prejuízo cognitivo (Deckersbach et al., 2011). Por causa disso, nossa equipe colaborativa multicêntrica questionou se uma estratégia sequencial em que um tratamento fosse adiado até mais tarde e só administrado a esses pacientes que não responderam tão bem como esperado iria funcionar melhor do que administrar os dois tratamentos ao mesmo tempo. Este estudo, que foi a segunda parte de nossa pesquisa de estratégias de longo prazo descritas anteriormente (Payne et al., 2016), observou 58 dos 256 pacientes originais tratados com TCC que não responderam adequadamente ao tratamento inicial e randomizou esses pacientes para um estudo em que receberam TCC continuada ou a droga ISRS paroxetina. A paroxetina foi administrada por até 12 meses, ao passo que a TCC foi administrada por três meses. Ao final desse período de três meses, os pacientes que recebiam paro-

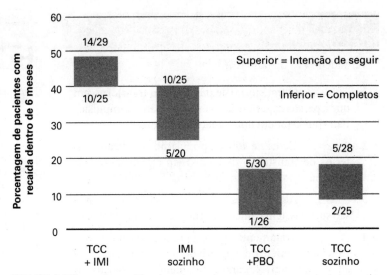

FIGURA 5.7 Taxas de recaída pós-tratamento em pacientes com transtorno de pânico. (Adaptado de Barlow et al., 2000. Cognitive-behavioral therapy, imipramine, or their combination for panic disorder: A randomized controlled trial. *Journal of the American Medical Association, 283*(19), 2529-2536.)

xetina responderam melhor que aqueles que receberam TCC, mas essas diferenças desapareceram no acompanhamento de um ano. Especificamente, 53% das respostas inadequadas recebendo paroxetina se tornaram respondentes em comparação com 33% dos que receberam TCC continuada, porém, aos 12 meses, os resultados foram de 56% e 53% respectivamente. Portanto, os médicos devem julgar se a resposta mais rápida entre os pacientes justifica o tratamento com o medicamento, sendo que a melhoria subsequente será a mesma em uma data posterior. Para alguns pacientes, a resposta mais rápida será muito importante. Outros podem ter menos interesse em tomar um medicamento e lidar com os efeitos colaterais potenciais sabendo que podem melhorar ao longo do tempo sem o medicamento.

E aqueles pacientes que já estão tomando medicamentos? No contexto de cuidados primários, adicionar a TCC ao tratamento dos pacientes já em medicação resultou em melhorias mais significativas comparadas com aqueles pacientes em medicação que não tiveram a TCC adicionada, de acordo com Craske et al. (2005). Ambos os estudos indicaram que uma abordagem de "cuidado sequenciado" em que o médico começa com um tratamento e, em seguida adiciona outro, se necessário, pode ser melhor que combinar os tratamentos desde o início.

Conclusões gerais desses estudos sugerem que não há vantagem em combinar medicamentos e terapia cognitivo-comportamental inicialmente para transtorno de pânico e agorafobia. Além disso, parece que os tratamentos psicológicos tiveram melhor desempenho em longo prazo (seis meses após o tratamento ter sido interrompido). Isso sugere que o tratamento psicológico deve ser oferecido inicialmente, seguido por um tratamento com medicamento para aqueles pacientes que não responderem adequadamente ou para aqueles aos quais o tratamento psicológico não está disponível.

Verificação de conceitos 5.3

Verdadeiro (V) ou falso (F)?

1. _____ O transtorno de pânico é um transtorno em que a pessoa experiencia ansiedade e pânico, impulsionada por estar em uma situação "insegura".
2. _____ Cerca de 40% da população atende aos critérios de transtorno de pânico em algum momento da vida.
3. _____ Algumas pessoas com transtorno de pânico são suicidas, têm pânico noturno e/ou são agorafóbicas.
4. _____ Tratamentos psicológicos como o de controle do pânico ou cognitivo-comportamental são altamente efetivos para o tratamento do transtorno de pânico.

Fobia específica

Lembra-se de Judy, no Capítulo 1? Quando ela viu o filme de um sapo sendo dissecado começou a sentir náuseas. Eventualmente, chegava a ponto de desmaiar se alguém dissesse "Corte fora". No início deste capítulo você leu sobre as dificuldades de John Madden em voar de avião. Judy e John Madden têm em comum o que chamamos de fobia específica.

Descrição clínica

Uma **fobia específica** é um medo irracional de um objeto ou de uma determinada situação que notadamente interfere na capacidade funcional de um indivíduo. Em versões anteriores do *DSM*, essa categoria era chamada fobia "simples" para distingui-la da condição mais complexa da agorafobia, mas hoje reconhecemos que não há nada simples em relação a esse transtorno. Muitos podem ter medo de algo que não é perigoso, como ir ao dentista, ou ter um medo exagerado de algo que é apenas um pouco perigoso, como dirigir um carro ou viajar de avião. As pesquisas indicam que medos específicos de uma variedade de objetos ou situações ocorrem na maior parte da população (Myers et al., 1984). No entanto, a grande frequência dos medos, mesmo os graves, faz as pessoas banalizarem o transtorno psicológico conhecido como fobia específica. Essas fobias podem ser extremamente incapacitantes, como vimos no caso de Judy. A Tabela 5.4 lista alguns outros exemplos de fobias particularmente prejudiciais vistas em nossas clínicas (Antony e Barlow, 2002).

Para pessoas como John Madden, por outro lado, as fobias são um incômodo, às vezes extremamente inconveniente, mas que não as impedem de se adaptar à vida administrando a fobia de alguma forma. No interior de Nova York e da Nova Inglaterra, certas pessoas têm medo de dirigir na neve. Algumas chegaram à nossa clínica tão fóbicas que, durante o inverno, estavam prontas para mudar-se daquelas regiões, mudar de emprego e de vida e ir para o sul. Essa é uma maneira de lidar com a fobia. No final deste capítulo abordaremos outras formas.

TABELA 5.5 Critérios diagnósticos para fobia específica

A. Medo ou ansiedade acentuados acerca de um objeto ou situação (p. ex., voar, altura, animais, tomar uma injeção, ver sangue).
   Nota: Em crianças, o medo ou a ansiedade pode ser expresso por choro, ataques de raiva, imobilidade ou comportamento de agarrar-se.
B. O objeto ou situação fóbica quase invariavelmente provoca uma resposta imediata de medo ou ansiedade.
C. O objeto ou situação fóbica é ativamente evitado ou suportado com intensa ansiedade ou sofrimento.
D. O medo ou ansiedade é desproporcional em relação ao perigo real imposto pelo objeto ou situação específica e ao contexto sociocultural.
E. O medo, ansiedade ou esquiva é persistente, geralmente com duração mínima de seis meses.
F. O medo, ansiedade ou esquiva causa sofrimento clinicamente significativo ou prejuízo no funcionamento social, profissional ou em outras áreas importantes da vida do indivíduo.
G. A perturbação não é mais bem explicada pelos sintomas de outro transtorno mental, incluindo medo, ansiedade e esquiva de situações associadas a sintomas do tipo pânico ou outros sintomas incapacitantes (como na agorafobia); objetos ou situações relacionados a obsessões (como no transtorno obsessivo-compulsivo); evocação de eventos traumáticos (como no transtorno de estresse pós-traumático); separação de casa ou de figuras de apego (como no transtorno de ansiedade de separação); ou situações sociais (como no transtorno de ansiedade social).

Especificar se:
1. **Animal** (p. ex., aranhas, insetos, cães).
2. **Ambiente natural** (p. ex., alturas, tempestades, água).
3. **Sangue-injeção-ferimentos** (p. ex., agulhas, procedimentos médicos invasivos).
4. **Situacional** (p. ex., aviões, elevadores, locais fechados).
5. **Outros** (p. ex., situações que podem levar a asfixia ou vômitos; em crianças, p. ex., sons altos ou personagens vestidos com trajes de fantasia).

Fonte: Manual Diagnóstico e Estatístico de Transtornos Mentais, 5a ed. – DSM-5. Tab. 5.5. Artmed, Porto Alegre, 2014.

A principal característica em comum entre Judy e John Madden é o critério do *DSM-5* do medo acentuado e ansiedade sobre um objeto específico ou situação. Ambos reconheceram que seu medo e ansiedade eram desproporcionais a qualquer perigo real. Eles passavam boa parte do tempo evitando situações em que a resposta fóbica pudesse ocorrer.

Aí terminam as semelhanças. De fato, existem tantas fobias quanto existem objetos e situações. A variedade de nomes gregos e em latim usados para descrever fobias surpreende a imaginação. A Tabela 5.4 mostra apenas as fobias começadas com a letra "a" de uma longa lista compilada por Jack D. Masser de dicionários médicos e outras diversas fontes (Maser, 1985). Esse tipo de lista tem pouco ou nenhum valor para as pessoas que estudam psicopatologia, mas mostra a extensão das fobias nomeadas.

TABELA 5.4 — Fobias começadas com "A"

Termo	Medo de:
Acarofobia	Insetos, ácaros
Achluofobia	Escuridão, noite
Acusticofobia	Sons
Acrofobia	Altura
Aerofobia	Medo de andar de avião, de correntes de ar
Agorafobia	Espaços abertos
Agiofobia	Atravessar a rua
Aichmofobia	Objetos pontiagudos, afiados, facas, objetos ou dedo apontado, ser tocado por dedo
Ailurofobia	Gatos
Algofobia	Dor
Amatofobia	Poeira
Amicofobia	Lacerações, arranhões, ser arranhado
Androfobia	Homens (e sexo com homens)
Anemofobia	Ventos, corrente de ar
Anginofobia	Angina (ataques rápidos de dor no peito)
Antropofobia	Sociedade humana
Antlofobia	Inundações
Apeirofobia	Infinidade, eternidade
Aphefobia	Contato físico, ser tocado
Apifobia	Abelhas, picada de abelha
Astrafobia	Relâmpagos, raios
Ataxiofobia	Doença de coordenação motora
Atefobia	Ruína
Aurorafobia	Aurora boreal
Autofobia	Estar sozinho, solidão, isolado

Fonte: Reimpressa com permissão de Maser, J. D. (1985). List of phobias. In: A. H. Tuma e J. D. Maser (Eds.). *Anxiety and the anxiety disorders* (p. 805). Mahwah, NJ: Erlbaum, © 1985 Lawrence Erlbaum Associates.

Antes da publicação do *DSM-IV* em 1994, não existia nenhuma classificação significativa das fobias específicas. Aprendemos, no entanto, que os casos de Judy e de John Madden representam tipos de fobias específicas que diferem de maneiras importantes. Quatro principais subtipos de fobia específica foram identificados: de sangue-injeção-ferimentos, situacional (como aviões, elevadores, ou locais fechados), ambiente natural (por exemplo, altura, tempestades e água) e animal. Uma quinta categoria, "outras", inclui as fobias que não se enquadram em nenhum dos quatro subtipos principais (por exemplo, situações que podem levar a sufocamento, vômito ou a contrair uma doença; ou, em crianças, a esquiva de sons altos ou de personagens fantasiados). Embora essa estratégia de subtipagem seja útil, também sabemos que a maioria das pessoas que sofrem de fobia tendem a ter múltiplas fobias de vários tipos (LeBeau et al., 2010; Hofmann, Lehman e Barlow, 1997).

Fobia de sangue-injeção-ferimentos

Como os subtipos de fobias se diferenciam? Já vimos uma distinção principal no caso de Judy. Em vez do aumento usual de atividade no sistema nervoso simpático e da frequência cardíaca e da pressão arterial, Judy experimentou uma queda acentuada na frequência cardíaca e pressão arterial, desmaiando como consequência. Muitas pessoas que sofrem de fobias e têm ataques de pânico relatam que sentem que vão desmaiar, mas nunca o fazem porque sua frequência cardíaca e pressão sanguínea estão, na verdade, aumentando. Portanto, as pessoas com **fobia do tipo sangue-injeção-ferimentos** sempre diferem em sua reação fisiológica em relação a pessoas com outros tipos de fobia (Barlow e Liebowitz, 1995; Hofmann, Alpers e Pauli, 2009; Öst, 1992). Também observamos no Capítulo 2 que a fobia de sangue-injeção-ferimentos ocorre com mais frequência em famílias que qualquer transtorno fóbico que conhecemos. Isso ocorre provavelmente porque as pessoas com essa fobia herdam uma forte resposta vasovagal ao sangue, a ferimentos ou à possibilidade de uma injeção, todos causando queda na pressão arterial e uma tendência a desmaiar. A fobia evolui a partir da possibilidade de ter esse tipo de resposta. A média de idade do início dessa fobia é por volta dos nove anos (LeBeau et al., 2010).

Fobia situacional

As fobias caracterizadas pelo medo de transporte público ou de lugares fechados são chamadas **fobias situacionais**. A claustrofobia, medo de lugares fechados pequenos, é situacional, assim como a fobia de avião. De início, os psicopatologistas pensaram que a fobia situacional era semelhante ao transtorno de pânico e agorafobia. A fobia situacional, bem como o transtorno de pânico e agorafobia, tendem a aparecer no meio da adolescência até os 20 e poucos anos (Craske et al., 2006; LeBeau et al., 2010). O modo como o transtorno de pânico, a agorafobia e as fobias situacionais se estendem nas famílias também é semelhante (Curtis, Hill e Lewis, 1990; Curtis et al., 1989; Fyer et al., 1990), com aproximadamente 30% dos parentes de primeiro grau tendo a mesma fobia ou outra semelhante. Mas algumas análises não apoiam a semelhança como algo mais que superficial (Antony, Brown e Barlow, 1997a, 1997b). A principal diferença entre a fobia situacional e o transtorno de pânico é que as pessoas com fobia situacional nunca experimentam ataques de pânico fora da presença do objeto ou da situação fóbica. Por conseguinte, elas podem relaxar quando não têm de confrontar a situação fóbica. As pessoas com transtorno de pânico, em contraste, poderiam experimentar ataques de pânico inesperados sem que houvesse sinais de que estariam para acontecer.

Fobia de ambiente natural

Algumas vezes, pessoas muito jovens desenvolvem medo de situações ou acontecimentos que ocorrem na natureza. Esses temores são chamados **fobias de ambiente natural**. Os principais exemplos são altura, tempestade e água. Esses medos também parecem caminhar juntos (Antony e Barlow, 2002; Hofmann et al., 1997): se você teme uma situação ou acontecimento relacionado a, por exemplo, águas profundas, é provável que tema também tempestades. Muitas dessas situações têm algum perigo associado; por conseguinte, o medo de suave a moderado pode ser relacionado a uma adaptação. Por exemplo, deveríamos ter cuidado com lugares altos ou com águas profundas. É possível que, de alguma maneira, estejamos preparados para temer essas situações; como discutimos no Capítulo 2, algo em nossos genes nos torna sensíveis a essas situações caso algum sinal de perigo esteja presente. Em qualquer caso, essas fobias têm um pico de idade de surgimento por volta dos sete anos. Não há fobias se houver apenas medos passageiros. Estes devem ser persistentes (durando, no mínimo, seis meses) e interferir significativamente no funcionamento da pessoa, levando-a a evitar viagens de barco ou férias de verão nas montanhas onde poderia ocorrer uma tempestade.

Fobia de animal

O medo de animais e insetos é denominado **fobia de animais**. Uma vez mais esse medo é comum, mas torna-se fóbico se houver uma interferência grave na vida da pessoa. Por exemplo, há casos em nossa clínica em que as pessoas com fobia de cobras ou camundongos são incapazes de ler revistas por medo de, inesperadamente, depararem-se com a imagem de um desses animais. Há muitos locais que essas pessoas não são capazes de ir, mesmo que queiram muito, tal como para o interior para visitar alguém. O medo experimentado por pessoas com fobias de animais é diferente de uma repulsa leve ordinária. A idade do surgimento dessa fobia, como a da fobia de ambiente natural, tem um pico em torno dos sete anos (Antony et al., 1997a; LeBeau et al., 2010).

▲ Muitas fobias específicas começam na infância, incluindo medo de animais.

Estatísticas

Os medos específicos ocorrem na maioria das pessoas. Os mais comumente encontrados na população são categorizados por Agras, Sylvester e Oliveau (1969), presentes na Tabela 5.5. Não é de surpreender que o medo de cobras e de altura está próximo do topo. A proporção entre os medos comuns é esmagadoramente maior no sexo feminino, com algumas poucas exceções, segundo dados dos autores. Entre essas exceções está o medo de altura, para o qual a proporção entre os sexos é praticamente igual. Poucas pessoas que relatam medos específicos se qualificam como fóbicas, mas, para aproximadamente 12,25% da população, seus medos se tornam graves o suficiente para ganhar o rótulo de "fobia". Durante um período de um ano, a prevalência é de 8,7% nas pessoas em geral (Kessler et al., 2005b), mas de 15,8% em adolescentes (Kessler et al., 2012). Essa é uma porcentagem muito alta, fazendo da fobia específica um dos transtornos psicológicos mais comuns nos Estados Unidos e em todo o mundo (Arrindell et al., 2003b). Assim como para os medos comuns, a proporção de sexo de quatro para um para fobias específicas é esmagadoramente feminina, o que também é bastante consistente em todo o mundo (Craske et al., 2006; LeBeau et al., 2010).

TABELA 5.5 Prevalência de medos intensos e fobias

Intenso medo	Prevalência por população de 1.000	Distribuição por sexo	EP por sexo
Cobras	253	M: 118 / F: 376	M: 34 / F: 48
Altura	120	M: 109 / F: 128	M: 33 / F: 36
Andar de avião	109	M: 70 / F: 144	M: 26 / F: 38
Local enclausurado	50	M: 32 / F: 63	M: 18 / F: 25
Doença	33	M: 31 / F: 35	M: 18 / F: 19
Morte	33	M: 46 / F: 21	M: 21 / F: 15
Ferimento	23	M: 24 / F: 22	M: 15 / F: 15
Tempestade	31	M: 9 / F: 48	M: 9 / F: 22
Dentista	24	M: 22 / F: 26	M: 15 / F: 16
Jornada sozinho	16	M: 0 / F: 31	M: 0 / F: 18
Ficar sozinho	10	M: 5 / F: 13	M: 7 / F: 11

EP, erro padrão.

Fonte: Adaptada com permissão de Agras, W. S., Sylvester, D. e Oliveau, D. (1969). The epidemiology of common fears and phobias. *Comprehensive Psychiatry*, *10*, 151-156, © 1969 Elsevier.

TABELA 5.6	Frequência de diagnóstico principal ou coprincipal de fobias específicas	
Tipo de fobia	Número 2005	Número 2006
Animal	1	4
Ambiente natural	4	2
Sangue e ferimentos	0	2
Situacional	11	6
Outras	5	5
Total	21	19

Nota: Os pacientes foram vistos na clínica de transtornos de ansiedade do autor (Center for Anxiety and Related Disorders) de 1º de janeiro de 2005 a 31 de outubro de 2006.

Ainda que as fobias possam interferir no funcionamento do indivíduo, apenas os casos mais graves chegam para tratamento, porque as pessoas mais moderadamente afetadas tendem a trabalhar suas fobias. Por exemplo, alguém com medo de altura maneja sua vida para que nunca tenha que estar num edifício ou em outro local alto. A Tabela 5.6 apresenta a distribuição dos 48 pacientes que chegaram à nossa clínica há muitos anos com uma fobia específica como problema primário e foram separados por tipo. Como se pode observar, as pessoas com fobias situacionais como dirigir, voar ou de lugares pequenos fechados procuram com mais frequência o tratamento.

A idade média de surgimento de fobia específica é sete anos, sendo o início mais precoce entre os transtornos de ansiedade, exceto transtorno de ansiedade por separação (veja mais adiante) (Kessler et al., 2005b). Uma vez que a fobia se desenvolve, tende a durar por toda a vida (percorre um curso crônico) (ver, por exemplo, Antony et al., 1997a; Barlow, 2002; Kessler et al., 2005b); assim, a questão do tratamento, descrita brevemente, torna-se importante.

Embora a maioria dos transtornos de ansiedade pareçam similares em adultos e crianças, os clínicos devem estar cientes dos tipos de medos e ansiedades normais vivenciados durante a infância para que possam distingui-los das fobias específicas (Albano et al., 1996; Silverman e Rabian, 1993). As crianças, por exemplo, mostram medo acentuado de vozes altas e pessoas estranhas. Com um ou dois anos, elas normalmente são ansiosas com relação a separar-se dos pais, e medos de animais e do escuro também se desenvolvem e podem persistir no quarto ou quinto ano de vida. O medo de monstros e de outras criaturas imaginárias pode começar em torno dos três anos e durar por muito tempo. Aos dez anos, as crianças podem temer a avaliação de outras pessoas e sentir-se ansiosas em relação à aparência física. Geralmente, os relatos de medo diminuem com a idade, embora medos relacionados ao desempenho em atividades, como fazer um teste ou falar na frente de um grupo grande, podem aumentar com a idade. Fobias específicas parecem diminuir com o avanço da idade (Ayers et al., 2009; Blazer, George e Hughes, 1991; Sheikh, 1992).

A prevalência de fobias específicas varia culturalmente (Hinton e Good, 2009). Os hispânicos são duas vezes mais propensos a relatar fobias específicas que os brancos norte-americanos não hispânicos (Magee et al., 1996) por motivos não muito claros. Uma variante de fobia na cultura chinesa é chamada *Pa-leng*, às vezes *frigo phobia* ou "medo do frio". *Pa-leng* pode ser entendido apenas no contexto de ideias tradicionais, neste caso, conceitos chineses de *yin* e *yang* (Tan, 1980). A medicina chinesa diz que deve haver um equilíbrio das forças *yin* e *yang* no corpo para a saúde ser mantida. *Yin* representa os aspectos frios, escuros, ventosos, enfraquecedores de energia da vida; *yang* refere-se aos aspectos quentes, brilhantes e produtores de energia da vida.

Indivíduos com *Pa-leng* têm um medo mórbido do frio. Eles meditam sobre a perda do calor corporal e podem usar diversas camadas de roupa mesmo em um dia quente. Podem reclamar de arroto e flatulência, o que indica a presença do vento e, por conseguinte, *yin* em excesso no corpo. Como foi discutido, essas ideias também desempenham um papel nos transtornos de ansiedade e nas fobias em outras culturas asiáticas (Hinton et al., 2009; Hinton et al., 2004).

Causas

Por muito tempo acreditamos que a maioria das fobias específicas começava com um acontecimento traumático incomum. Por exemplo, se alguém fosse mordido por um cachorro desenvolveria fobia de cães. Hoje, sabemos que não necessariamente é esse o caso (Barlow, 2002; Craske et al., 2006). Não significa dizer que as experiências traumáticas de condicionamento não resultam em posterior comportamento fóbico. Quase toda pessoa com uma fobia de sufocamento teve algum tipo de experiência com sufocamento. Um indivíduo com claustrofobia que esteve recentemente em nossa clínica relatou ter ficado preso em um elevador por um período muito longo. Esses são exemplos de fobias adquiridas por *experiência direta*, em que o perigo real ou dor resulta em uma resposta de alarme (um alarme verdadeiro). Esta é uma forma de desenvolver uma fobia, e há, no mínimo, três outras: *experimentando* um falso alarme (ataque de pânico) em uma situação específica, *observando* alguém experienciando medo extremo (experiência vicária) ou, nas condições certas, *ouvir* sobre o perigo.

Lembra-se da nossa discussão sobre os ataques inesperados de pânico? Estudos mostram que muitas pessoas com fobias específicas não experimentam necessariamente um alarme verdadeiro resultante de perigo real no surgimento de suas fobias. Muitos têm inicialmente um ataque de pânico inesperado em uma situação específica, relacionada, talvez, ao estresse diário. Uma fobia específica daquela situação pode, então, se desenvolver.

Isso ficou evidente em um estudo envolvendo pessoas com fobia de dirigir (Ehlers et al., 1994). Embora apenas uma minoria (14%) preenchesse o critério para transtorno de pânico, a maioria (81%) das pessoas com medo excessivo de dirigir carro relatou ter tido ataques de pânico. Quando questionadas sobre o principal motivo de sua fobia, somente 15% atribuiu-a a um acidente, enquanto 53% atribuiu-se a possibilidade de ter ataques de pânicos. Essas pessoas também estavam mais preocupadas com sintomas de ansiedade ao dirigir do que as pessoas fóbicas que justificaram outros motivos, não relacionados a acidentes, para sua fobia de dirigir.

CAPÍTULO 5 – TRANSTORNOS DE ANSIEDADE, TRANSTORNOS RELACIONADOS A TRAUMA E A ESTRESSORES... **151**

▲ Uma criança com transtorno de ansiedade de separação preocupa-se constantemente que se despedir de uma pessoa importante põe em perigo de maneira drástica tanto a pessoa amada quanto ela própria.

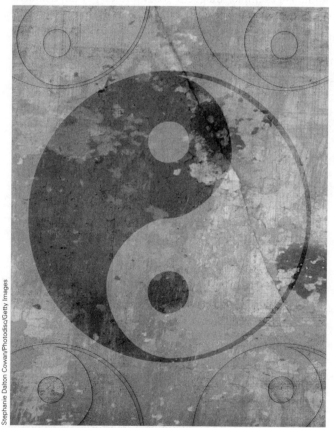

▲ A medicina chinesa é baseada no conceito de que *yin* (escuridão, frio, forças enervantes) e *yang* (brilho, calor, forças energizantes) devem estar em harmonia no corpo. Nesta representação tradicional do equilíbrio *yin-yang* observe que cada aspecto contém algo do outro.

Nós também aprendemos medos vicariamente. Ver alguém passar por uma experiência traumática ou sofrer intenso medo pode ser o suficiente para desencadear uma fobia no observador. Vimos que as emoções são contagiosas. Se alguém com quem você está sente-se feliz ou com medo, você provavelmente sentirá uma nuance de felicidade ou de medo também.

Isso foi ilustrado em um estudo recente, com crianças de 8 a 11 anos de idade que assistiram a um curta de animação, de 1980, no qual havia uma pessoa tentando fazer pontos em um jogo de basquete, numa tentativa de entrar para um time, enquanto era avaliada por juízes (Askew, Hagel e Morgan, 2015). Em um dos filmes, o resultado era neutro; a pessoa jogava a bola na cesta com pensamentos positivos aparecendo em um balão de pensamentos e expressões neutras, como se fosse uma prática de rotina. Em outro filme, a pessoa errava a cesta, escorregava e caía, enquanto pensamentos negativos apareciam nos balões de pensamento. Após assistir a esses filmes, as crianças preencheram um questionário sobre quanto medo achavam que sentiriam em uma situação semelhante. Os resultados mostraram que, em comparação com as crianças que assistiram ao filme neutro, aquelas que assistiram ao filme negativo, com resultado negativo, achavam que sentiriam mais medo e também mostraram maior viés atencional às ameaças sociais, que foram medidas por meio de um teste emocional seguindo o paradigma Stroop. Chamamos esse modelo de desenvolvimento de fobia de *transmissão de informação*.

Experiências aterrorizantes por si sós não criam fobias. Como dissemos, a verdadeira fobia também requer ansiedade sobre a possibilidade de outro evento traumático extremo ou alarme falso e propensão a evitar situações em que o evento terrível possa ocorrer. Se não desenvolvemos ansiedade, nossa reação presumivelmente estaria na categoria dos medos normais experimentados por mais da metade da população. O medo normal pode causar uma angústia leve, mas, no geral, é esquecido e ignorado. Este ponto é mais bem ilustrado por Peter DiNardo et al. (1988), que estudaram um grupo de fóbicos de cães, bem como um grupo combinado que não tinha a fobia. Apenas cerca de 50% dos fóbicos de cachorro tiveram um encontro assustador com um cão, que, em geral, envolvia uma mordida. No outro grupo de indivíduos que não tinham a fobia, no entanto, cerca de 50% também tinham tido um encontro assustador com um cão. Por que não se tornaram fóbicos, então? Eles não tinham desenvolvido ansiedade em relação a um outro encontro com um cão, diferente das pessoas que se tornaram fóbicas (refletindo uma vulnerabilidade psicológica generalizada). A Figura 5.8 apresenta um diagrama da etiologia da fobia específica.

Em resumo, diversas coisas devem acontecer para que uma pessoa desenvolva uma fobia. Em primeiro lugar, uma experiência de condicionamento traumático frequentemente desempenha um papel (até mesmo ouvir sobre um acontecimento aterrorizante é o suficiente para algumas pessoas). Segundo, é mais provável que o medo se desenvolva se estivermos "preparados", ou seja, parece que carregamos uma tendência hereditária de temer situações que sempre foram perigosas para a raça humana, como ser ameaçado por um animal selvagem ou ficar fechado em lugares pequenos (ver Capítulo 2).

Em terceiro, podemos também ser suscetíveis a desenvolver a ansiedade sobre a possibilidade de que determinado acontecimento ocorra novamente. Já discutimos os motivos biológicos e psicológicos da ansiedade e vimos que pelo menos uma fobia, a de sangue-injeção-ferimentos, é altamente hereditária

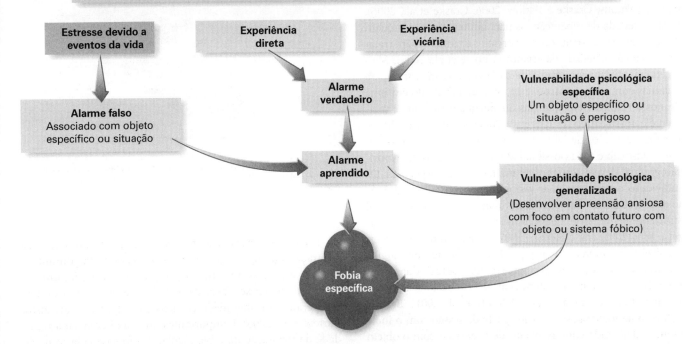

FIGURA 5.8 Modelo de várias formas pelas quais uma fobia específica pode se desenvolver. (Fonte: Barlow, D. H. (2002). *Anxiety and its disorders*: The nature and treatment of anxiety and panic. 2. ed. Nova York: Guilford Press.)

(Öst, 1989; Ayala, Meuret e Ritz, 2009; Page e Martin, 1998). Os pacientes com fobia de sangue provavelmente herdam também uma forte resposta vasovagal que os torna suscetíveis a desmaiar. Isso por si só não seria suficiente para torná-los fóbicos, mas combina-se com a ansiedade para produzir uma forte vulnerabilidade.

Fyer et al. (1990) demonstraram que perto de 31% dos parentes de primeiro grau de pessoas com fobias específicas também apresentam fobia, comparados com 11% dos parentes de primeiro grau de controles "normais". Mais recentemente, em um estudo colaborativo entre o centro clínico de Fyer e o nosso, replicamos esses resultados, encontrando uma prevalência de 28% em parentes de primeiro grau de pacientes com fobia em comparação a 10% em parentes de controle. O mais curioso é que parece que cada subtipo de fobia é "intrínseco", de maneira que aqueles parentes estavam propensos a ter tipos idênticos de fobia. Kendler, Karkowski e Prescott (1999a) e Page e Martin (1998) encontraram estimativas altas para hereditariedade de fobias específicas. Não sabemos com certeza se a tendência de fobias ocorrerem nas famílias se deve aos genes ou à modelação, mas as descobertas sugerem uma contribuição genética única para a fobia específica (Antony e Barlow, 2002; Hettema et al., 2005; Smoller et al., 2005).

Por fim, os fatores sociais e culturais são fortes determinantes de quem desenvolve e relata uma fobia específica. Na maioria das sociedades, é quase inaceitável os homens expressarem medos e fobias. Portanto, a esmagadora maioria das fobias específicas relatadas ocorre em mulheres (Arrindell et al., 2003b; LeBeau et al., 2010). O que acontece aos homens? É muito provável que tentem arduamente superar seus medos, expondo-se repetidamente às situações que lhes causam medo. Outra possibilidade é que eles enfrentam seus medos sem contar a ninguém e sem procurar tratamento (Antony e Barlow, 2002). Pierce e Kirkpatrick (1992) pediram para estudantes universitários do sexo masculino e feminino relatarem seus medos em duas ocasiões antes de assistir a uma gravação de algo aterrorizante. Antes da segunda avaliação, os sujeitos souberam que seus batimentos cardíacos seriam monitorados para avaliar a "veracidade" de seus relatos. Os relatos de mulheres foram os mesmos em ambas as ocasiões, mas os homens relataram substancialmente mais medo quando foi importante ser verdadeiro. Ginsburg e Silverman (2000) observaram que o nível do medo relatado em crianças com transtornos de ansiedade tinha uma função de papel de gênero, mas não sexo biológico. Ou seja, uma menina mais "masculina" relataria menos medo que uma garota mais "feminina", ilustrando a contribuição da cultura para o desenvolvimento de medo e fobia.

Tratamento

Embora o desenvolvimento das fobias seja relativamente complexo, o tratamento é bastante objetivo. Quase todos concordam que as fobias específicas exigem exercícios baseados em exposição estruturada e consistente (Barlow, Moscovitch e Micco, 2004; Craske et al., 2006). Entretanto, a maioria dos pacientes que se expõem ao que temem deve estar sob supervisão terapêutica. Os indivíduos que tentam conduzir os exercícios sozinhos fazem demais em muito pouco tempo e deixam-se vencer, fugindo da situação, o que pode fortalecer a fobia. Além disso, se temem ter outro ataque de pânico inesperado em determinada situação, é útil que sejam encaminhados à terapia como na maneira descrita para o transtorno de pânico (Antony, Craske e Barlow, 2006; Craske et al., 2006). Para ansiedade de separação, os pais muitas vezes são incluídos para ajudar a estruturar os exercícios e também para tratar sua reação à ansiedade da criança (Choate et al., 2005). Mais recentemente, um programa de uma semana intensiva para meninas com idades entre 8 e 11 anos desenvolvido em uma de nossas clínicas em que elas ali dormiam provou-se altamente bem-sucedido (Pincus et al., 2008; Santucci et al., 2009). Por fim, nos casos de fobia de sangue-injeção-ferimentos, em que o desmaio é uma possibilidade real, exercícios de exposição gradual devem ser feitos de maneira muito específica. Os indivíduos devem tensionar vários grupos musculares durante os exercícios de exposição para manter sua pressão arterial suficientemente elevada para completar a prática (Ayala, Meuret e Ritz, 2009; Öst e Sterner, 1987). Novas soluções tornam possível tratar muitas fobias específicas, incluindo de sangue, em uma única sessão, levando aproximadamente de duas a seis horas (ver, por exemplo, Antony et al., 2006; Craske et al., 2006; Hauner et al., 2012; Oar et al., 2015; Öst et al., 2001). Basicamente, o terapeuta passa a maior parte da sessão com o indivíduo trabalhando com exercícios de exposição com o objeto ou situação fóbicos. O paciente então aborda a situação fóbica em casa, ocasionalmente consultando-se com o terapeuta. É interessante que nesses casos não apenas a fobia desaparece, mas, na fobia de sangue, também diminui a tendência de experimentar a resposta vasovagal ao ver o sangue. É também claro agora, com base no trabalho de imagens cerebrais, que esses tratamentos mudam o funcionamento do cérebro modificando circuitos neurais em áreas como a amígdala, ínsula e córtex cingulado (Hauner et al., 2012). Após o tratamento, a resposta é diminuída nesta rede sensível ao medo, mas aumenta em áreas corticais pré-frontais, o que sugere que as avaliações mais racionais estavam inibindo apreciações emocionais de perigo. Portanto, esses tratamentos "reajustam" o cérebro (Paquette et al., 2003).

Transtorno de ansiedade de separação

Todos os transtornos de ansiedade e transtornos relacionados descritos neste capítulo podem ocorrer durante a infância (Rapee, Schniering e Hudson, 2009), mas há um deles que, até recentemente, foi identificado geralmente em crianças. O **transtorno de ansiedade de separação** é caracterizado por uma apreensão persistente e irreal em crianças de que algo acontecerá com seus pais ou com outras pessoas importantes para elas, ou que alguma coisa acontecerá consigo mesmas que as separará de seus pais (por exemplo, elas se perderão, serão sequestradas, mortas ou feridas em um acidente). As crianças que sofrem dessa fobia costumam se recusar a ir à escola e até a sair de casa, não porque tenham medo da escola, mas porque temem separar-se de seus entes queridos. Esses temores fazem com que se recusem a dormir sozinhas e podem ser caracterizados por pesadelos que envolvem possível separação e sintomas físicos, angústia e ansiedade (Barlow et al., 2003).

Tratamento comportamental rápido de uma fobia específica (cobras)

"Desde que me lembro, sempre tive medo de cobras... Eu sonho com cobras, é horrível."

Todas as crianças pequenas experimentam a ansiedade de separação em algum grau; esse medo geralmente diminui à medida que crescem e ficam mais velhas. Portanto, um clínico pode julgar se a ansiedade de separação é maior do que o esperado em uma idade em particular (Allen et al., 2010; Barlow et al., 2003). É importante também diferenciar a ansiedade de separação da fobia escolar. Na fobia escolar o medo é claramente relacionado a algo específico no contexto escolar; a criança consegue deixar os pais ou outras pessoas com as quais tem vínculo para ir a qualquer outro lugar que não a escola. Na ansiedade de separação, o ato de separar-se da figura paterna ou materna provoca ansiedade e medo; 4,1% das crianças apresentam ansiedade de separação em um nível suficientemente grave para cumprir os critérios para um transtorno (Shear et al., 2006). Há muitos anos descobriu-se que a ansiedade de separação, se não tratada, pode estender-se na idade adulta em aproximadamente 35% dos casos (Shear et al., 2006). Além disso, as evidências sugerem que omitimos este transtorno em adultos e que este ocorre em aproximadamente 6,6% dessa população em algum ponto da vida (Shear et al., 2006). Em alguns casos, o início ocorre na fase adulta, e não na infância. O foco da ansiedade em adultos é o mesmo: algum mal pode acometer entes queridos durante a separação (Manicavasagar et al., 2010; Silove et al., 2010). Com o reconhecimento de que o transtorno de ansiedade de separação ocorre em todo o ciclo da vida e é caracterizado por uma apresentação única, foi tomada a decisão de elevá-lo a um *status* de categoria diagnóstica no *DSM-5*. Como acontece com qualquer novo transtorno, a expectativa é que esse problema vá receber maior atenção do ponto de vista da investigação e que os indivíduos em todas as faixas etárias que sofrem desse problema vão encontrar mais facilmente a ajuda de que necessitam.

No tratamento do transtorno de ansiedade de separação em crianças, os pais são às vezes incluídos para ajudar a estruturar os exercícios e também para tratar suas reações à ansiedade infantil (Choate et al., 2005; Pincus et al., 2008). Mais recentemente, os pesquisadores exploraram o uso do treinamento em tempo real dos pais usando um pequeno microfone no ouvido para permitir que os terapeutas instruíssem ativamente os pais em como responder adequadamente quando a criança resiste à separação (Sacks et al., 2013; Puliafico, Comer e Pincus, 2012). Formatos inovadores de tratamento também tiveram sucesso demonstrado, incluindo, conforme observado, um programa intensivo de uma semana para garotas com ansiedade de separação, com idade entre 8 e 11 anos, em que as meninas dormiram na clínica no último dia do tratamento (Santucci et al., 2009).

Transtorno de ansiedade social (fobia social)

Você é tímido? Em caso positivo, você tem algo em comum com 20% a 50% dos estudantes universitários, dependendo de qual pesquisa você ler. Um número muito menor de pessoas que sofrem muito ao estar entre outras pessoas têm **transtorno de ansiedade social** (TAS), também chamado **fobia social**. Considere o caso de Billy, um garoto de 13 anos.

BILLY ... Muito tímido

Billy era um garoto-modelo em casa. Fazia seu dever de casa, nunca se metia em confusão, obedecia seus pais e era geralmente tão quieto e reservado que não chamava muita atenção. Quando chegou à escola secundária, no entanto, algo que seus pais tinham percebido anteriormente tornou-se dolorosamente evidente. Billy não tinha amigos. Ele não estava disposto a participar de atividades sociais ou desportivas relacionadas com a escola, mesmo que a maioria das outras crianças de sua turma fosse para esses eventos. Quando seus pais decidiram verificar a situação com a conselheira da escola, descobriram que ela estava a ponto de chamá-los. Ela informou que Billy não se socializava ou falava em sala de aula e ficava mal do estômago o dia todo se soubesse que seria chamado. Seus professores tinham dificuldade para conseguir algo mais que uma resposta "sim" ou "não" dele. O mais problemático é que ele havia sido encontrado escondido em um banheiro durante o almoço e disse que vinha fazendo isso há vários meses em vez de comer. Depois que Billy foi encaminhado para a nossa clínica, diagnosticamos um caso grave de transtorno de ansiedade social, um medo irracional e extremo de situações sociais. A fobia de Billy tomou a forma de vergonha extrema. Ele estava com medo de ser envergonhado ou humilhado na presença de quase todos, exceto seus pais.

Descrição clínica

O transtorno de ansiedade social é mais do que vergonha exagerada (Bogels et al., 2010; Hofmann, Alpers e Pauli, 2009). Os casos aqui descritos são típicos de muitos que aparecem de vez em quando na imprensa ao longo dos anos.

STEVE E CHUCK ... Estrelas do esporte?

No segundo tempo de um jogo de atletas famosos, Steve Sax do Dodger de Los Angeles, jogador da segunda base, lançou uma bola rasteira fácil, por cobertura para a primeira base, e quicou a bola pela primeira base, que passou Al Oliver, que estava a menos de 40 pés de distância. Foi um erro surpreendente, mesmo em um jogo de alto nível cheio de contratempos da liga. Mas os torcedores fanáticos de beisebol sabiam que essa era mais uma manifestação de um mistério ocorrido na temporada de 1983: Sax, 23, o novato do ano da Liga Nacional da temporada anterior, não conseguiu fazer jogadas rotineiras para a primeira base (de seus 27 erros daquela temporada, 22 eram de arremessos ruins).

Chuck Knoblauch ganhou um *Golden Glove Award* na segunda base em 1997, mas liderou a liga em erros em 1999 com 26 erros majoritariamente de arremessos. Locutores e repórteres observaram que seus lançamentos seriam fortes e no alvo para a primeira base se ele fizesse um jogo difícil e tivesse que virar rapidamente e jogar a bola "sem pensar". Mas se ele colocasse uma bola rasteira e tivesse tempo para pensar sobre a exatidão de seu lançamento, ele jogaria mal e lentamente e muitas vezes fora do alvo. Os locutores e repórteres concluíram que, já que o seu braço parecia bem nas jogadas difíceis, o problema devia ser "mental". Para a temporada de 2001 ele foi transferido para o campo à esquerda para evitar ter que fazer esse lance, e até 2003 estava fora do beisebol.

O jogador de futebol americano (NFL) Ricky Williams também interrompeu sua carreira em parte por causa da ansiedade social grave.

Enquanto Knoblauch continuou a lutar, Sax e Willians superaram seus problemas. Muitos outros atletas não tiveram tanta sorte. Esse problema não está limitado aos atletas, mas também é vivido por professores e artistas bem conhecidos. A atriz Scarlett Johansson evitou atuar na Broadway por muitos anos devido à intolerável ansiedade de desempenho, neste caso também chamado "medo do palco". A incapacidade de um atleta habilidoso para jogar uma bola de beisebol para a primeira base ou um artista experiente aparecer no palco, certamente não coincide com o conceito de "timidez" que nos é familiar. Muitos desses artistas podem muito bem estar entre os nossos cidadãos mais gregários. E se quando você está com outras pessoas preocupa-se continuamente sobre uma reação física que pode ter que será muito notável para os outros mas difícil de controlar? Por exemplo, o que acontece se você ficar corado a ponto de ficar continuamente constrangido? Ou se suas mãos suam tanto que você fica relutante em apertar as mãos das pessoas?

O que mantém essas condições aparentemente diferentes dentro da categoria de transtorno de ansiedade social? Billy, Knoblauch, Sax, Williams e Johansson (e qualquer pessoa que se preocupa em ficar corado ou suar excessivamente) vivenciaram medo ou ansiedade acentuados relativos a uma ou mais situações sociais ou de avaliação de desempenho. No caso de Billy, essas situações eram qualquer uma em que ele poderia ter que interagir com pessoas. Para Knoblauch e Johansson, eram específicos do desempenho de algum comportamento especial em público. Indivíduos com apenas ansiedade de desempenho, um subtipo do transtorno de ansiedade social, geralmente não têm dificuldade com interações sociais, mas quando precisam fazer algo específico na frente das pessoas, a ansiedade toma conta e eles se concentram na possibilidade de sentirem-se envergonhados. O tipo mais comum de ansiedade de desempenho, ao qual a maioria das pessoas pode se relacionar, é falar em público. Outras situações que comumente provocam ansiedade de desempenho são comer em um restaurante ou a assinatura de um papel ou cheque na frente de uma pessoa ou pessoas que estão assistindo. Reações físicas que provocam ansiedade incluem rubor, sudorese, tremores ou, para os homens, urinar em um banheiro público ("síndrome da bexiga tímida" ou parurese). Homens com esse problema precisam esperar até que um banheiro privado esteja disponível, uma tarefa difícil às vezes. O que esses exemplos têm em comum é que o indivíduo fica muito ansioso somente enquanto outros estiverem presentes e talvez assistindo e, de algum modo, avaliando o seu comportamento. Este é verdadeiramente o transtorno de ansiedade social, porque as pessoas não têm dificuldade para comer, escrever ou urinar se estiverem sozinhas. Somente quando há outras pessoas observando é que o comportamento se deteriora.

Estatísticas

Até 12,1% da população geral sofre de transtorno de ansiedade social em algum momento de suas vidas (Kessler et al., 2005b). Em um período de um ano, a prevalência é de 6,8% (Kessler et al., 2005b) e 8,2% em adolescentes (Kessler et al., 2012). Esse transtorno perde apenas para a fobia específica como transtorno de ansiedade prevalente, afligindo mais de 35 milhões de pessoas nos Estados Unidos, com base nas estimativas populacionais atuais. Muito mais pessoas são tímidas, mas não o suficiente para enquadrarem-se nos critérios da fobia social. Ao contrário de outros transtornos de ansiedade predominantes em mulheres (Hofmann, Alpers e Pauli, 2009; Magee et al., 1996), a proporção para o transtorno de ansiedade social é quase 50:50 entre os sexos (Hofmann e Barlow, 2002; Marks, 1985). No geral, 45,6% das pessoas que sofrem do transtorno procuraram ajuda profissional em um período de 12 meses (Wang et al., 2005). Geralmente começa na adolescência, com um pico de surgimento por volta dos 13 anos (Kessler et al., 2005b). Esse transtorno também tende a ser mais prevalente em pessoas jovens (18-29 anos), de baixa escolaridade, solteiras e de baixo nível socioeconômico. A prevalência entre os indivíduos com mais de 60 anos é menor que a metade da taxa mencionada anteriormente (6,6%) para indivíduos entre 18-29 anos (13,6%) (Kessler et al., 2005b).

Considerando-se as dificuldades de encontrar pessoas, não é surpreendente que uma porcentagem maior dos indivíduos com fobia social seja composta por solteiros em comparação à população geral. Nos Estados Unidos, os americanos brancos são tipicamente mais propensos ao diagnóstico de transtorno de ansiedade social (bem como transtorno de ansiedade generalizada e transtorno de pânico) quando comparados aos

TABELA 5.6 Critérios diagnósticos para transtorno de ansiedade social (fobia social)

A. Medo ou ansiedade acentuados acerca de uma ou mais situações sociais em que o indivíduo é exposto a possível avaliação por outras pessoas. Exemplos incluem interações sociais (p. ex., manter uma conversa, encontrar pessoas que não são familiares), ser observado (p. ex., comendo ou bebendo) e situações de desempenho diante de outros (p. ex., proferir palestras).
Nota: Em crianças, a ansiedade deve ocorrer em contextos que envolvem seus pares, e não apenas em interações com adultos.

B. O indivíduo teme agir de forma a demonstrar sintomas de ansiedade que serão avaliados negativamente (i.e., será humilhante ou constrangedor; provocará a rejeição ou ofenderá a outros). As situações sociais quase sempre provocam medo ou ansiedade.
Nota: Em crianças, o medo ou a ansiedade pode ser expresso chorando, com ataques de raiva, imobilidade, comportamento de agarrar-se, encolhendo-se ou fracassando em falar em situações sociais.

C. As situações sociais quase sempre provocam medo ou ansiedade.

D. As situações sociais são evitadas ou suportadas com intenso medo ou ansiedade.

E. O medo ou ansiedade é desproporcional à ameaça real apresentada pela situação social e o contexto sociocultural.

F. O medo, ansiedade ou esquiva é persistente, geralmente durando mais de seis meses.

G. O medo, ansiedade ou esquiva causa sofrimento clinicamente significativo ou prejuízo no funcionamento social, profissional ou em outras áreas importantes da vida do indivíduo.

H. O medo, ansiedade ou esquiva não é consequência dos efeitos fisiológicos de uma substância (p. ex., droga de abuso, medicamento) ou de outra condição médica.

I. O medo, ansiedade ou esquiva não é mais bem explicado pelos sintomas de outro transtorno mental, como transtorno de pânico, transtorno dismórfico corporal ou transtorno do espectro autista.

J. Se outra condição médica (p. ex., doença de Parkinson, obesidade, desfiguração por queimaduras ou ferimentos) estiver presente, o medo, a ansiedade ou a esquiva são claramente não relacionados ou é excessivo.

Especificar se:
Somente desempenho: Se o medo está restrito à fala ou ao desempenhar em público.

Fonte: Manual Diagnóstico e Estatístico de Transtornos Mentais, 5a ed. – DSM-5. Tab. 5.6. Artmed, Porto Alegre, 2014.

afro-americanos, hispano-americanos e asiático-americanos (Asnaani et al., 2010). Dados nacionais cruzados sugerem que as culturas asiáticas apresentam as menores taxas de TAS, ao passo que amostras de russos e americanos demonstram as taxas mais altas (Hofmann, Asnaani e Hinton, 2010). No Japão, a representação clínica de transtornos de ansiedade é mais bem resumida sob o rótulo *shinkeishitsu*. Uma das subcategorias mais comuns é chamada *taijin kyofusho*, que se assemelha ao transtorno de ansiedade social em algumas de suas formas

(Hofmann, Asnaani e Hinton, 2010; Kleinknecht et al., 1997). Japoneses com essa forma de transtorno temem fortemente que algum aspecto de sua apresentação pessoal (corar, gagueira, odor corporal e assim por diante) pareça repreensível, fazendo com que outras pessoas sintam-se envergonhadas. Assim, o foco da ansiedade nesse transtorno está na ofensa ou no constrangimento de outros em vez de envergonhar a si mesmo, como no transtorno de ansiedade social, embora esses dois transtornos se sobreponham consideravelmente (Dinnel et al., 2002). Homens japoneses com esse transtorno ultrapassam as mulheres, em uma proporção de 3:2 (Takahasi, 1989). Mais recentemente, foi estabelecido que esta síndrome é encontrada em muitas culturas ao redor do mundo, mas principalmente em culturas asiáticas (Vriends et al., 2013). No entanto, uma manifestação desse conjunto de sintomas chamada "síndrome de referência olfativa" foi relatada na América do Norte (Feusner, Phillips e Stein, 2010). A principal característica é mais uma vez a preocupação com a crença de que se está envergonhando e ofendendo outros com um odor corporal ruim. Como tal, parece assemelhar-se ao transtorno obsessivo-compulsivo (discutido a seguir) mais que ao transtorno de ansiedade social e parece responder a tratamentos psicológicos utilizados para tratar o transtorno obsessivo-compulsivo (Martin-Pichora e Antony, 2011).

Causas

Observamos que parecemos preparados pela evolução para temer determinados animais selvagens e situações perigosas no ambiente natural. Da mesma forma, parece que também estamos preparados para temer raiva, críticas ou rejeição de pessoas (Blair et al., 2008; Mineka e Zinbarg, 2006; Mogg, Philippot e Bradley, 2004). Em uma série de estudos, Öhman et al. (ver, por exemplo, Dimberg e Öhman, 1983; Öhman e Dimberg, 1978) observaram que nós aprendemos mais rapidamente a temer expressões de raiva do que outras expressões faciais e que esse medo diminui mais lentamente que os outros tipos de aprendizado. Lundh e Öst (1996) demonstraram que as pessoas com transtorno de ansiedade social que viram um número de fotos de faces iriam provavelmente lembrar das expressões críticas; Mogg et al. (2004) mostraram que os indivíduos com ansiedade social reconheceram mais facilmente faces com raiva do que faces "normais", enquanto os "saudáveis" se lembraram das expressões de aceitação (Navarrete et al., 2009). Outros estudos mostraram que os indivíduos com TAS reagem a faces com expressão de raiva com maior ativação da amígdala e menor controle cortical ou regulação que os "saudáveis" (Goldin et al., 2009; Stein et al., 2002). Fox e Damjanovic (2006) demonstraram que a região dos olhos especificamente é a área ameaçadora da face.

Por que deveríamos herdar uma tendência a temer faces com raiva? Nossos ancestrais provavelmente evitaram pessoas hostis, irritadas e dominadoras que poderiam atacá-los ou matá-los. De fato, em todas as espécies os indivíduos dominadores, os agressivos, os que ocupam altas posições na hierarquia social tendem a ser evitados. Possivelmente, os indivíduos que evitaram pessoas com expressões raivosas sobreviveram em maior número e puderam transmitir seus genes. Obviamente, isso é apenas uma teoria.

Jerome Kagan (por exemplo, Kagan, 2014a,b) demonstrou que algumas crianças nascem com um perfil temperamental ou traço de inibição ou de timidez que é evidente logo aos quatro meses de idade. Crianças de quatro meses com esse traço ficam mais agitadas e choram mais frequentemente quando apresentadas a brinquedos ou outros estímulos apropriados para a idade do que crianças sem esse traço. Há evidências de que indivíduos com excesso de inibição comportamental têm um risco aumentado para o desenvolvimento de comportamentos fóbicos (Essex et al., 2010; Hirschfeld et al., 1992).

▲ Jerome Kagan observou que a timidez é evidente nos primeiros quatro meses de idade e é provavelmente hereditária.

Um modelo da etiologia do TAS se assemelharia um pouco a modelos para o transtorno de pânico e fobia específica. Três caminhos são possíveis para o transtorno de ansiedade social, como exibido na Figura 5.10. Primeiro, alguém poderia herdar uma vulnerabilidade biológica generalizada para desenvolver ansiedade, uma tendência biológica para ser socialmente inibido, ou ambos. A existência de uma vulnerabilidade psicológica generalizada, como a crença de que eventos, particularmente os estressantes, são potencialmente incontroláveis, aumentariam a vulnerabilidade do indivíduo. Quando sob estresse, uma pessoa poderia ter ansiedade e aumento da atenção autocentrada, a ponto de isso perturbar seu desempenho, mesmo na ausência de um falso alarme (ataque de pânico). Em segundo lugar, em situações de estresse, alguém pode ter um ataque de pânico inesperado em uma situação social que se tornaria associada (condicionada) aos sinais sociais. O indivíduo se tornaria então ansioso com relação à possibilidade de ter ataques de pânico adicionais na mesma situação social ou semelhantes. Em terceiro lugar, alguém pode experimentar um trauma social real resultando em um alarme verdadeiro. A ansiedade, então, iria se desenvolver (ser condicionada) na mesma situação social ou em situações semelhantes. As experiências sociais traumáticas também podem se estender a períodos difíceis na infância. O início da adolescência, geralmente entre 12 e 15 anos, é o período em que as crianças podem ser brutalmente insultadas pelos colegas que estão tentando se fazer dominantes. Essa experiência pode produzir ansiedade e pânico que são reproduzidos em situações sociais futuras. Por exemplo, McCabe et al. (2003) observaram que 92% dos adultos com transtorno de ansiedade social em sua amostra sofreram provocação grave e assédio moral na infância, em comparação com apenas 35% a 50% entre as pessoas com outros transtornos de ansiedade.

Mas faz-se necessária a presença de mais um fator para um transtorno de ansiedade social. O indivíduo com as vulnerabilidades e as experiências descritas anteriormente deve também ter aprendido enquanto crescia que a avaliação social, em particular, pode ser perigosa, criando uma vulnerabilidade psicológica específica para desenvolver ansiedade social. A evidência indica que algumas pessoas com o TAS estão predispostas a concentrar sua ansiedade em eventos envolvendo avaliação social. Alguns investigadores (Bruch e Heimberg, 1994; Rapee e Melville, 1997) sugerem que os pais dos pacientes com transtorno de ansiedade social são significativamente mais socialmente medrosos e preocupados com a opinião dos outros do que os pais de pacientes com transtorno de pânico, passando para seus filhos essa preocupação (Lieb et al., 2000). Fyer et al. (1993) relataram que os parentes de pessoas com TAS têm um risco significativamente maior de desenvolvê-lo do que parentes de indivíduos sem o transtorno (16% *versus* 5%) – por isso a vulnerabilidade psicológica específica representada na Figura 5.9. Como é possível ver, uma combinação de eventos biológicos e psicológicos parece conduzir ao desenvolvimento do transtorno de ansiedade social.

Tratamento

Tratamentos efetivos foram desenvolvidos para TAS (Barlow e Lehman, 1996; Hofmann, 2007b; Hofmann e Otto, 2008; Hofmann e Smits, 2008; Heimberg e Magee, 2014). Clark et al. (2006) avaliaram um programa de terapia cognitiva que enfatizou experiências da vida real durante o tratamento para desfazer percepções automáticas de perigo. Esse programa beneficiou substancialmente 84% dos indivíduos em tratamento, e os resultados foram mantidos em um ano de acompanhamento. Esse resultado é o melhor até o momento para essa condição difícil e significativamente melhor do que as abordagens anteriores com as quais foi comparado. Estudos posteriores indicaram que esse tratamento foi claramente superior a um segundo tratamento muito confiável, a psicoterapia interpessoal, tanto imediatamente após o tratamento quanto dentro do período de um ano de acompanhamento, mesmo quando realizado em um centro especializado em tratamento com a psicoterapia interpessoal (Stangier et al., 2011).

Uma abordagem semelhante foi desenvolvida em nosso centro (Hofmann, 2007b; Hofmann e Otto, 2008). Esse tratamento tem como alvo especificamente fatores diferentes que mantêm o transtorno. Um motivo importante pelo qual o TAS é mantido na presença de exposição repetida a pistas sociais é o fato de os indivíduos com esse transtorno envolverem-se em uma variedade de comportamentos de esquiva e segurança para reduzir o risco de rejeição, os quais, de modo geral, impedem que os pacientes avaliem criticamente suas crenças catastróficas sobre quão envergonhados e tolos parecerão se tentarem interagir com alguém. Exposição a contratempos sociais focam diretamente as crenças dos pacientes ao confrontá-los com as consequências reais desses percalços, como o que poderia acontecer se você derramasse algo sobre si enquanto fala com alguém pela primeira vez (Hofmann e Otto, 2008). Como uma intervenção de grupo, esse tratamento foi associado a uma taxa de conclusão de 82% e a uma taxa de resposta de 73%, que foi mantida no acompanhamento de seis meses (Hofmann et al., 2013). Estudos com imagens cerebrais mostraram que medidas cerebrais

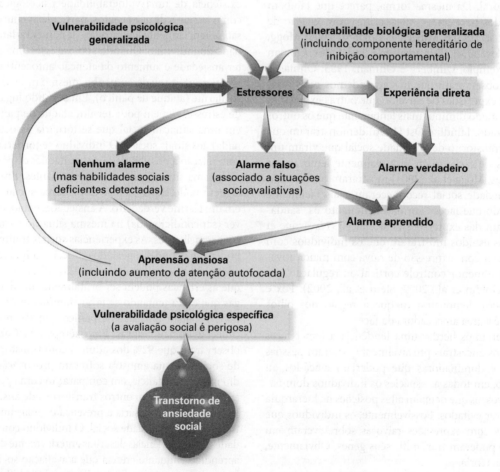

FIGURA 5.9 Modelo de várias maneiras pelas quais uma fobia específica pode se desenvolver. (Fonte: Barlow, D. H. (2002). *Anxiety and its disorders*: The nature and treatment of anxiety and panic. 2. ed. Nova York: Guilford Press.)

antes do tratamento podem fortemente predizer a extensão na qual a TCC reduz os sintomas em pacientes com transtorno de ansiedade social (Doehrmann et al., 2013; Whitfield-Gabrieli et al., 2016) e que a TCC leva a mudanças na atividade cerebral associada ao processamento emocional (Goldin et al., 2013; Klumpp, Fitzgerald e Phan, 2013; Månsson et al., 2013).

Adaptamos esses protocolos para o uso com adolescentes, envolvendo diretamente os pais no processo de tratamento em grupo. Resultados de inúmeros estudos sugerem que adolescentes com ansiedade social grave podem ter rendimento relativamente normal na escola e em outros contextos sociais depois de receber tratamento cognitivo-comportamental (Albano e Barlow, 1996; Garcia-Lopez et al., 2006; Masia-Warner et al., 2005; Scharfstein et al., 2011). Vários ensaios clínicos têm comparado as abordagens de tratamento individual e as de base familiar para o tratamento de jovens com ansiedade social, mostrando que, enquanto ambas as abordagens parecem ser igualmente eficazes (Barmish e Kendall 2005), o tratamento de base familiar parece superar o tratamento individual quando os pais da criança também têm um transtorno de ansiedade (Kendall et al., 2008). Um estudo mais recente de acompanhamento de longo prazo indica que os jovens que recebem a participação dos pais como parte do tratamento de ansiedade são significativamente mais propensos a não mais encaixarem-se no diagnóstico após um período de três anos após o tratamento (Cobham et al., 2010), e uma intervenção familiar pode até prevenir o surgimento de um transtorno de ansiedade em filhos de pais ansiosos (Ginsburg et al., 2015). Uma vez que a criança desenvolve o transtorno de ansiedade, o tratamento precoce com TCC pode ser bem-sucedido para tratar os sintomas ou prevenir problemas futuros com ansiedade (Benjamin et al., 2013; Ginsburg et al., 2014), com uma leve vantagem da TCC baseada na família sobre a TCC baseada na criança (Schneider et al., 2013).

Tratamentos medicamentosos efetivos também foram descobertos (Van Ameringen et al., 2009). Durante um tempo, os clínicos assumiram que os betabloqueadores (drogas que reduzem os batimentos cardíacos e a pressão sanguínea, como o Inderal) funcionariam em particular para a ansiedade de desempenho, mas as evidências parecem não apoiar essa afirmação (Liebowitz et al., 1992; Turner, Beidel e Jacob, 1994). Desde 1999, os ISRSs Paxil, Zoloft e Effexor receberam a aprovação da *Food and Drug Administration* para o tratamento do transtorno de ansiedade social, baseados em estudos mostrando efetividade em comparação com placebo (ver, por exemplo, Stein et al., 1998).

Vários estudos importantes compararam o tratamento psicológico com o medicamentoso. Um estudo impressionante comparou a terapia cognitiva de Clark, descrita anteriormente, com a droga ISRS (inibidor seletivo de receptação de serotonina) Prozac, junto de instruções para os pacientes com TAS tentarem se envolver em situações mais sociais (autoexposição). Um terceiro grupo recebeu placebo juntamente com as instruções para tentarem se engajar em atividades mais sociais. As avaliações foram conduzidas antes das 16 semanas de tratamento, no meio do tratamento, no pós-tratamento e três meses após as sessões incentivadoras. Finalmente, os pesquisadores acompanharam pacientes dos dois grupos de tratamento 12 meses

depois (Clark et al., 2003). Os resultados estão na Figura 5.10. Ambos os tratamentos foram bem, mas o tratamento psicológico foi substancialmente melhor em todos os momentos, com a maioria dos pacientes curados ou quase curados com poucos sintomas restantes. Além disso, os ganhos obtidos com a terapia cognitiva foram mantidos quando avaliados depois de cinco anos (Mortberg, Clark e Bejerot, 2011).

A evidência é mista sobre a utilidade de combinar ISRSs e drogas afins com tratamentos psicológicos. Davidson, Foa e Huppert (2004) descobriram que um tratamento cognitivo-comportamental e um ISRS eram comparáveis quanto à eficácia, mas que a combinação de ambos não era melhor que os dois tratamentos conduzidos individualmente.

Vários estudos sugerem que a adição da droga D-ciclose-rina (DCS) a tratamentos cognitivo-comportamentais pode melhorar a terapia de exposição (Chasson et al., 2010; Wilhelm et al., 2008). Neurocientistas que trabalham com ratos em laboratório, tais como Michael Davis, da Universidade de Emory, aprenderam que a DCS faz com que a extinção funcione mais rápido e dure mais tempo (Walker et al., 2002). Estudos posteriores indicam que essa droga funciona na amígdala, uma estrutura do cérebro envolvida na aprendizagem e desaprendizagem do medo e ansiedade. Ao contrário dos ISRSs, essa droga é conhecida por facilitar a extinção de ansiedade, modificando o fluxo no sistema neurotransmissor glutamato, como descrito no Capítulo 2 (Hofmann, 2007a). Inibidores seletivos de recaptação de serotonina e outros antidepressivos podem até interagir com a DCS para bloquear seu efeito facilitador na terapia de exposição (Andersson et al., 2015).

Quando usados em indivíduos que sofrem de TAS (ou transtorno de pânico), a DCS é administrada aproximadamente uma hora antes do ensaio de exposição ou extinção, e

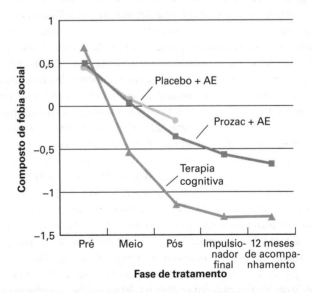

FIGURA 5.10 Resultados de uma comparação de Prozac e instruções para tentar mais interações sociais ou "autoexposição" (Prozac + AE), placebo e a mesma instrução (placebo + AE) e terapia cognitiva (TC) no tratamento de pacientes com fobia social generalizada. (Reimpresso com permissão de Clark et al. (2003). Cognitive therapy fluoxetine in generalized social phobia: A randomized placebo-controlled trial. *Journal of Consulting and Clinical Psychology, 71*, 1058-1067, © 2003 American Psychological Association.)

o indivíduo não toma a droga de forma contínua. Por exemplo, Michael Otto e colaboradores, em uma de nossas clínicas (Otto et al., 2010), fizeram uma intervenção cognitivo-comportamental em pacientes com transtorno de pânico com e sem a droga (ou seja, um grupo recebeu a droga e outro grupo recebeu um placebo, nem os pacientes nem os terapeutas sabiam qual grupo estava recebendo a droga e qual não estava, configurando um experimento duplo-cego). As pessoas que receberam o medicamento melhoraram significativamente mais durante o tratamento do que aquelas que não receberam. Isto é particularmente notável porque os sinais temidos por pessoas com transtorno de pânico são sensações físicas, e a droga DCS ajudou a extinguir a ansiedade desencadeada por sensações como frequência cardíaca ou respiração aumentadas. Nós (Hofmann et al., 2006; 2013) encontramos um resultado semelhante com o transtorno de ansiedade social. Uma extensão recente desse estudo mostrou que a DCS foi associada a uma taxa 24% a 33% mais rápida de melhoria na gravidade dos sintomas e de remissão em relação ao placebo durante um ciclo completo de doze semanas de intervenção de terapia cognitivo-comportamental (TCC). No pós-tratamento, a DCS não melhorou as taxas de resposta e de remissão da intervenção TCC, em comparação com o placebo (Hofmann et al., 2013). Esses resultados são consistentes com outros estudos sugerindo que a DCS inicia o efeito do tratamento mais cedo, mas não aumenta o ciclo completo da TCC (Hofmann, Sawyer e Asnaani, 2012). Se esses resultados forem reproduzidos, poderá ser possível tratar não só o transtorno de ansiedade social, mas também todos os transtornos de ansiedade em um período mais curto.

Mutismo seletivo

Agora agrupado com os transtornos de ansiedade no *DSM-5*, o mutismo seletivo (MS) é uma doença rara da infância caracterizada pela ausência de fala em um ou mais ambientes em que isso é socialmente esperado. Como tal, parece claramente motivado pela ansiedade social, uma vez que o fracasso em falar não é justificado pela falta de conhecimento da linguagem ou dificuldades físicas, nem é devido a outro transtorno no qual a fala é rara ou pode ser prejudicada como no transtorno do espectro autista. Na realidade, a fala no mutismo seletivo ocorre comumente em alguns contextos, como em casa, mas não em outros, como na escola, daí o termo "seletivo". Para satisfazer os critérios diagnósticos para MS, a falta da fala deve ocorrer durante mais de um mês e não pode ser limitada ao primeiro mês de escola. Outra evidência de que esse transtorno está fortemente relacionado com a ansiedade social são as altas taxas de comorbidade de MS e transtornos de ansiedade, particularmente o transtorno de ansiedade social (Bogels et al., 2010). De fato, em um estudo, praticamente 100% de uma série de 50 crianças com mutismo seletivo também cumpriu os critérios para transtorno de ansiedade social (TAS) (Dummit et al., 1997). Outro estudo recente descobriu substancialmente mais ansiedade social em crianças com MS do que um grupo controle sem MS (Buzzella, Ehrenreich-May e Pincus, 2011). Estimativas da prevalência do MS apontam, em média, aproximadamente 0,5% de crianças afetadas, sendo as meninas mais afetadas que os meninos (Kumpulainen, 2002; Viana, Beidal e Rabian, 2009).

Por que a ausência de fala em situações específicas emerge como sintoma específico no mutismo seletivo, em vez de outros comportamentos socialmente ansiosos? Ainda não há total clareza quanto a isso, mas há evidências de que pais bem-intencionados permitem esse comportamento por ser mais facilmente capazes de intervir e "falar pelas crianças" (Buzzella et al., 2011).

O tratamento emprega muitos dos mesmos princípios comportamentais cognitivos utilizados com sucesso no tratamento de ansiedade social em crianças, mas com uma maior ênfase na fala (Carpenter et al., 2014). Por exemplo, em uma de nossas clínicas utilizamos um programa especializado chamado *The Boston University Brave Buddies Camp*. Esse é um programa de tratamento de grupo intensivo com duração de uma semana para crianças de 4 a 8 anos que foram diagnosticadas com mutismo seletivo ou têm dificuldade para falar em situações sociais ou escolares com conhecidos e/ou desconhecidos. O *BU Brave Buddies Camp* oferece oportunidades guiadas para as crianças interagirem com uma série de novas crianças e adultos, participarem de atividades parecidas com a sala de aula (por exemplo, reuniões pela manhã, sentar em círculo, mostrar e contar fatos, projetos de grupo criativos), envolverem-se em passeios (por exemplo, para a biblioteca, para o parque) e participarem de jogos de socialização que promovem a participação verbal ("fala corajosa") e a fala espontânea. Esta abordagem utiliza intervenções comportamentais, tais como modelagem, diminuição de estímulos e modelação que permitem a exposição gradual às situações de fala; estas técnicas são combinadas com um sistema de recompensa comportamental pela participação no tratamento (Sacks et al., 2011; Furr et al., 2012). Os resultados desse programa têm sido muito encorajadores: 80% das 15 crianças que participaram desse acampamento iniciaram com sucesso o discurso e mantiveram a produtividade em um acompanhamento de dois anos. Infelizmente, esses programas altamente especializados não estão prontamente disponíveis no momento.

Verificação de conceitos 5.4

Identifique as seguintes fobias: (a) fobia de sangue-injeção-ferimentos, (b) acrofobia, (c) fobia de animal, (d) fobia social, (e) fobia de ambiente natural e (f) outros. A mesma fobia pode se aplicar a mais de uma declaração.

1. Mark não tinha amigos na escola e se escondia no banheiro dos meninos durante o almoço e os intervalos. _____
2. Dennis tem medo e evita tempestades. Não é surpreendente que, em sua primeira viagem de cruzeiro, descobriu que águas profundas o aterrorizavam também. _____
3. Rita estava tranquila no zoológico até que um velho medo tomou conta dela na exposição de insetos. _____

4. Armando adoraria comer peixe com seus amigos de pescaria, mas ele tem um medo excessivo de engasgar com uma espinha. _____

5. John teve de desistir de seu sonho de se tornar cirurgião, pois ele desmaia ao ver sangue.

   _____

6. Rachel recusou várias ofertas de trabalho lucrativas que envolviam falar em público e aceitou um emprego burocrático de baixa remuneração.

   _____

7. Farrah não pode visitar seus amigos que moram em áreas rurais porque ela tem medo de cobras.

Trauma e transtornos relacionados a trauma e a estressores

O *DSM-5* consolida um grupo de doenças anteriormente distintas que se desenvolvem após um evento de vida relativamente estressante, muitas vezes após um evento extremamente estressante ou traumático. Esse conjunto de transtornos relacionados a trauma e a estressores inclui transtorno de apego reativo na infância seguido de práticas inadequadas ou abusivas de criação, transtornos de adaptação caracterizados por ansiedade e depressão persistentes após um evento cotidiano estressante, e reações a trauma como estresse pós-traumático e transtorno de estresse agudo. Pesquisadores que trabalham nesta área concluíram que esses transtornos não se encaixavam tão bem em outras classes de distúrbios, como os transtornos de ansiedade anteriormente configurados. Isso porque todos os transtornos relacionados a trauma e a estressores compartilham de um evento estressante instigante seguido por respostas emocionais intensas. Além disso, uma ampla gama de emoções, como raiva, horror, culpa e vergonha, além de medo e ansiedade, pode estar implicada no surgimento dos transtornos, em particular no caso de transtorno de estresse pós-traumático (Friedman et al., 2011; Keane et al., 2011; Miller, Wolf e Keane, 2014). Começamos com uma descrição do transtorno de estresse pós-traumático.

Transtorno de estresse pós-traumático (TEPT)

Nos últimos anos, temos ouvido muito sobre os transtornos emocionais graves e de longa duração que podem ocorrer depois de uma variedade de eventos traumáticos. Para os norte-americanos, talvez os eventos traumáticos mais notórios do século XX tenham sido as guerras no Iraque e no Afeganistão, os ataques terroristas de 11 de setembro de 2001 ou furacões (como o furacão Sandy em 2012). Transtornos emocionais também podem ocorrer após agressão física (em particular, estupro), acidentes de carro, catástrofes naturais ou morte súbita de um ente querido. **Transtorno de estresse pós-traumático (TEPT)** é o mais conhecido desses transtornos.

Descrição clínica

O *DSM-5* descreve o evento configurador de TEPT como a exposição a um evento traumático durante o qual um indivíduo vivencia ou testemunha uma morte ou ameaça de morte, ferimentos graves ou ameaça de ferimentos graves, violação sexual ou ameaça de violação sexual. Saber que um evento traumático ocorreu a um membro próximo da família ou amigo ou enfrentar a exposição repetida a detalhes de um evento traumático (como para os socorristas de um ataque terrorista lidando com restos humanos) também são eventos causadores. Posteriormente, as vítimas revivem o acontecimento por meio de lembranças e pesadelos. Quando as lembranças ocorrem subitamente acompanhadas por forte emoção e as vítimas encontram-se revivendo o evento, estão tendo um *flashback*. As vítimas geralmente evitam tudo que lhes recorde o trauma. Elas comumente demonstram restrição ou entorpecimento da responsividade emocional, que pode ser disruptiva para os relacionamentos interpessoais. Às vezes, são incapazes de se lembrar de certos aspectos do acontecimento. É possível que tentem inconscientemente evitar a experiência da emoção, como as pessoas com transtorno de pânico, em virtude de as emoções intensas poderem trazer de volta as lembranças do trauma. Por fim, as vítimas são excitadas em excesso de maneira crônica, ficam alarmadas com facilidade e se irritam muito rapidamente. Nova no *DSM-5* é a adição de "comportamento imprudente ou autodestrutivo" nos critérios para TEPT como um sinal de aumento de excitação e reatividade. Outra novidade é a adição de um subtipo "com sintomas dissociativos" descrevendo as vítimas que não necessariamente reagem com a revivescência ou hipervigilância, características do TEPT. Em vez disso, os indivíduos com TEPT que experimentam dissociação têm menos excitação que o normal, juntamente com sentimentos (dissociativos) de irrealidade (Wolf et al., 2012; Wolf et al., 2012b). As vítimas com TEPT parecem responder de forma um pouco diferente ao tratamento caso preencham os critérios para o subtipo com sintomas dissociativos (Lanius et al., 2012).

O TEPT foi denominado pela primeira vez em 1980 no *DSM-III* (American Psychiatric Association, 1980), mas tem agora uma longa história. Em 1666, o diarista britânico Samuel Pepys testemunhou o Grande Incêndio de Londres, o que causou perda substancial de vidas e bens e deixou a cidade no caos por um tempo. Ele captou os eventos em um relatório que é lido ainda hoje. Mas Pepys não escapou dos efeitos daquele evento horrível. Seis meses depois, ele escreveu: "É estranho pensar como até hoje eu não consigo dormir uma noite sem grandes pesadelos com fogo; e esta noite não conseguia dormir até quase duas da manhã com pensamentos sobre fogo" (Daly, 1983, p. 66). Os critérios do *DSM-5* mostram que os sonhos recorrentes intrusivos do evento e dificuldades para dormir são características proeminentes do TEPT. Pepys descreveu sua culpa salvando a si mesmo e sua propriedade enquanto outros morriam. Ele também sentiu uma sensação de afastamento e anestesia de suas emoções a respeito do fogo, experiências comuns no TEPT (Keane e Miller, 2012).

Considere o caso dos Jones de uma de nossas clínicas.

Esse caso é incomum, porque não apenas Marcie desenvolveu TEPT, como também seu irmão mais velho de 8 anos. Além disso, Cathy, de 4 anos, e Susan, de 2, embora bem mais novas,

OS JONES ... Uma vítima, muitos traumas

Sra. Betty Jones e seus quatros filhos chegaram a uma fazenda para visitar um amigo (Sr. Jones estava trabalhando). Jeff, o filho mais velho, tinha 8 anos. Marcie, Cathy e Susan tinham 6, 4 e 2 anos, respectivamente. A Sra. Jones estacionou o carro na garagem e todos atravessaram o jardim para a porta da frente. De repente, Jeff ouviu algo rosnando próximo à casa. Antes que ele pudesse avisar aos outros, um grande pastor alemão saltou em Marcie, de 6 anos de idade, derrubando-a no chão e mordendo violentamente seu rosto. A família, atordoada demais para se mover, assistiu ao ataque impotente. Depois do que pareceu uma eternidade, Jeff precipitou-se sobre o cão e ele se afastou. O dono do cão, em estado de pânico, correu para uma casa próxima para obter ajuda. A Sra. Jones imediatamente pressionou os ferimentos faciais de Marcie em uma tentativa de parar o sangramento. O proprietário descuidou-se do cachorro, que permaneceu a uma distância curta, rosnando e latindo para a família aterrorizada. O cão foi preso e Marcie foi levada às pressas para o hospital. Fora de controle, Marcie teve de ser contida em uma maca até que os médicos da sala de emergência pudessem suturar os ferimentos.

mostraram sintomas do transtorno, assim como sua mãe (ver Tabela 5.7) (Albano et al., 1997). Jeff teve sintomas clássicos de culpa de um sobrevivente, relatando que deveria ter salvo Marcie ou, no mínimo, ter se colocado entre Marcie e o cão. Ambos, Jeff e Marcie, tiveram retrocesso no desenvolvimento, urinando na cama (enurese noturna) e tendo pesadelos e medos de separação. Além disso, Marcie, tendo sido amarrada e recebido anestesia local e pontos, ficou com medo de quaisquer procedimentos médicos e até mesmo de eventos rotineiros, como ter as unhas aparadas ou tomar banho. Além disso, ela se recusava a ficar na cama, algo de que sempre gostou, provavelmente porque isso lembrava o hospital. Jeff começou a chupar os dedos, o que não fazia há anos. Esses comportamentos, junto de intensa ansiedade de separação, são comuns particularmente em crianças pequenas (Eth, 1990; Silverman e La Greca, 2002). Cathy, de 4 anos, evidenciou um medo considerável e esquiva quando foi testada, mas negou que tivesse problemas quando foi entrevistada por um psicólogo infantil. Susan, de 2 anos, também tinha alguns sintomas, como mostrado na Tabela 5.7, mas era muito jovem para falar sobre eles. No entanto, por vários meses depois do trauma ela dizia repetidamente sem nenhum estímulo: "Cachorrinho mordeu minha irmã".

Uma vez que muitos indivíduos experimentam fortes reações a eventos estressantes que geralmente desaparecem em até um mês, o diagnóstico de TEPT não pode ser feito até, pelo menos, um mês após a ocorrência do evento traumático. No TEPT com *início tardio*, os indivíduos apresentam poucos ou nenhum sintoma imediatamente ou meses após um trauma, mas, pelo menos seis meses mais tarde, e talvez anos depois, desenvolvam o TEPT integralmente (O'Donnell et al., 2013).

TABELA 5.7 Sintomas de transtorno de estresse pós-traumático (TEPT) evidenciados por Marcie e seus irmãos

Sintomas	Jeff	Marcie	Cathy	Susan
Repetição do tema do trauma		x	x	x
Pesadelos	x	x	x	x
Reexperiência	x			
Angústia em exposição a estímulos semelhantes	x	x	x	
Comportamento de evitação para falar sobre o trauma	x	x		
Comportamento de evitação para lembrar do trauma	x			
Comportamento regressivo	x	x		
Dissociação	x	x		
Afeto restrito	x	x		
Perturbação do sono	x	x	x	x
Explosões de raiva	x	x		
Hipervigilância	x	x		
Reação de susto	x	x		
Cumprimento dos sintomas diagnósticos para TEPT segundo o *DSM-III-R*	x	x		

Fonte: Albano, A. M. et al. (1997) Behavioral assessment and treatment of PTSD in prepubertal children: Attention to developmental and innovative strategies in the case study of a family. *Cognitive and Behavioral Practice, 4,* 245-262.

O porquê de o início ser tardio em alguns indivíduos ainda não está claro.

Como observamos, o TEPT não pode ser diagnosticado até um mês após o trauma. No *DSM-IV*, um transtorno chamado **transtorno de estresse agudo** foi introduzido. Esse transtorno é semelhante ao TEPT, ocorrendo dentro do primeiro mês pós-trauma, mas o nome diferente enfatiza a reação muito grave que algumas pessoas apresentam imediatamente após o trauma (Cardeña e Carlson, 2011). De acordo com uma pesquisa recente, cerca de 50% das pessoas com transtorno de estresse agudo desenvolveram TEPT (Bryant, 2010; Bryant et al., 2011). Mas essas pesquisas também indicaram que até 52% de uma amostra de sobreviventes de um trauma que desenvolveram o TEPT não preencheram os critérios para o transtorno de estresse agudo no mês seguinte ao trauma (Bryant et al., 2011). O transtorno de estresse agudo foi incluído no *DSM-IV* porque muitas pessoas com reações iniciais graves a um trauma não podiam ser diagnosticadas de outra forma e, portanto, não podiam receber a cobertura de seguro para tratamento imediato. As pesquisas descritas acima confirmam que pessoas com reações iniciais graves ao estresse traumático são gravemente afetadas e podem se beneficiar do tratamento. Mas essas reações iniciais não são particularmente bons indicadores de quem vai desenvolver o TEPT.

Estatísticas

Determinar as taxas de prevalência de TEPT parece poder ser feito relativamente de modo direto: simplesmente observe as vítimas de um trauma e veja quantas delas estão sofrendo de TEPT. No entanto, numerosos estudos têm mostrado o predomínio notavelmente baixo do TEPT nas populações vítimas de traumas. Rachman, em um estudo clássico, focou cidadãos britânicos que enfrentaram diversos ataques aéreos durante a Segunda Guerra Mundial. Ele concluiu que

> "a grande maioria das pessoas suporta bem ataques aéreos, ao contrário da expectativa universal de pânico em massa. A exposição a bombardeios repetidos não produziu aumento significativo dos transtornos psiquiátricos. Embora reações de medo de curta duração tenham sido comuns, surpreendentemente poucas reações fóbicas persistentes surgiram" (Rachman, 1991, p. 162).

Resultados semelhantes foram observados em estudos clássicos posteriores a incêndios, terremotos e inundações (p. ex., Green et al., 1983).

Phillip Saigh (1984) fez algumas observações interessantes quando lecionava na American University em Beirute, no Líbano, pouco antes e durante a invasão de Israel no começo dos anos 1980. Saigh estava coletando questionários que mediam a ansiedade entre os estudantes universitários um pouco antes da invasão. Quando a invasão começou, metade desses alunos escapou para as montanhas ao redor e ficou em segurança. A outra metade enfrentou bombardeios por um período. Saigh continuou aplicando os questionários e encontrou um resultado surpreendente. Não havia nenhuma diferença significativa de longo prazo entre o grupo que ficou nas montanhas e o grupo que ficou na cidade, embora alguns estudantes da cidade que haviam sido expostos ao perigo e à morte mais proximamente tivessem desenvolvido reações emocionais que evoluíram para TEPT. Por outro lado, alguns estudos encontraram uma incidência bem alta de TEPT após o trauma. Grandes estudos estão disponíveis agora sobre a prevalência de TEPT em veteranos das guerras do Iraque e do Afeganistão. Com base nas experiências realizadas durante a guerra do Vietnã, os militares oficiais de saúde mental estavam muito preocupados que as taxas de TEPT pudessem chegar a 30% ou mais (McNally, 2012b). Uma pesquisa recente com mulheres que foram militares ativistas durante a guerra do Vietnã sugeriu que a taxa de prevalência de TEPT ao longo da vida entre as 4.219 mulheres que participaram da pesquisa era de 20,1% (Magruder et al., 2015). Por outro lado, os resultados de outros estudos são menos ruins que o esperado. Felizmente, os resultados são menos terríveis que o esperado. Com base em um estudo de mais de 47 mil membros das forças armadas, apenas 4,3% do pessoal desenvolveu TEPT. Para aqueles que vivenciaram exposição a combates a taxa aumentou para 7,6% *versus* 1,4% dentre aqueles que não vivenciaram combates (Smith et al., 2008). É claro que, dado o grande número de pessoas destacadas na última década, isso ascende para um grande número de soldados sofrendo com TEPT. Na população como um todo, as pesquisas indicam que 6,8% tiveram TEPT em algum momento de suas vidas (Kessler et al., 2005c156) e 3,5% durante o ano anterior (Kessler et al., 2005). Para adolescentes, a taxa correspondente é de 3,9% (Kessler et al., 2012). Breslau (2012) relata, com base em grandes pesquisas populacionais, a probabilidade de desenvolvimento do TEPT após um trauma específico. Os resultados são apresentados na Tabela 5.8. Como é possível ver, as maiores taxas estão associadas a experiências de estupro; ser mantido em cativeiro, torturado ou sequestrado; ou ser gravemente agredido. As taxas de TEPT após essas experiências, que Breslau agrupa sob o título "violência abusiva," são muito mais elevadas que em outras categorias. Mais trágicas ainda são as taxas de TEPT em mulheres que repetidamente sofreram abuso sexual. Em comparação com as pessoas que não foram vítimas, as taxas de TEPT são 2,4 a 3,5 vezes maiores para as mulheres que sofreram uma única agressão sexual ou estupro e 4,3 a 8,2 vezes maiores para aquelas que foram vítimas várias vezes (Walsh et al., 2012).

O que contribui para as discrepâncias entre a baixa taxa de TEPT em cidadãos que enfrentaram bombardeios e explosões em Londres e Beirute e a taxa relativamente alta em vítimas de violência grave? Os pesquisadores concluíram que, durante os bombardeios aéreos, muitas pessoas podem não experimentar diretamente os horrores da ameaça de morte, da morte real e do ataque direto. A exposição próxima ao trauma parece ser necessária para desenvolver esse transtorno (Friedman, 2009; Keane e Barlow, 2002). Isso também fica evidente entre veteranos do Vietnã, dentre os quais 18,7% desenvolveram TEPT com taxas de prevalência diretamente relacionadas à quantidade de exposição ao combate (Dohrenwend, Turner e Turse, 2006). Pesquisas com 76 vítimas do furacão Katrina, em 2005, também relatam uma duplicação de doenças mentais graves com base na extensão de exposição direta ao perigo (Kessler et al., 2006c). A conexão entre a proximidade do evento traumático e o desenvolvimento de TEPT foi bastante evidente depois da tragédia de 11 de setembro. Galea et al. (2002) tiveram acesso a uma amostra representativa de adultos que viviam ao sul

▲ A exposição a um evento traumático pode criar profundo medo e desamparo. Pessoas que sofrem de TEPT podem reviver tais sentimentos em *flashbacks*, revivendo involuntariamente o acontecimento aterrador.

TABELA 5.7 Critérios diagnósticos para transtorno de estresse pós-traumático

A. Exposição a episódio concreto ou ameaça de morte, lesão grave ou violência sexual em uma (ou mais) das seguintes formas:
   1. Vivenciar diretamente o evento traumático.
   2. Testemunhar pessoalmente o evento traumático ocorrido com outras pessoas.
   3. Saber que o evento traumático ocorreu com familiar ou amigo próximo. Nos casos de episódio concreto ou ameaça de morte envolvendo um familiar ou amigo, é preciso que o evento tenha sido violento ou acidental.
   4. Ser exposto de forma repetida ou extrema a detalhes aversivos do evento traumático (p. ex., socorristas que recolhem restos de corpos humanos; policiais repetidamente expostos a detalhes de abuso infantil).

   Nota: O Critério A4 não se aplica à exposição por meio de mídia eletrônica, televisão, filmes ou fotografias, a menos que tal exposição esteja relacionada ao trabalho.

B. Presença de um (ou mais) dos seguintes sintomas intrusivos associados ao evento traumático, começando depois de sua ocorrência:
   1. Lembranças intrusivas angustiantes, recorrentes e involuntárias do evento traumático.

   Nota: Em crianças acima de 6 anos de idade pode ocorrer brincadeira repetitiva na qual temas ou aspectos do evento traumático são expressos.
   2. Sonhos angustiantes recorrentes nos quais o conteúdo e/ou o sentimento do sonho estão relacionados ao evento traumático.
   3. Reações dissociativas (p. ex., *flashbacks*) nas quais o indivíduo sente ou age como se o evento traumático estivesse ocorrendo novamente. (Essas reações podem ocorrer em um *continuum*, com a expressão mais extrema na forma de uma perda completa de percepção do ambiente ao redor.)
   4. Sofrimento psicológico intenso ou prolongado ante a exposição a sinais internos ou externos que simbolizem ou se assemelhem a algum aspecto do evento traumático.
   5. Reações fisiológicas intensas a sinais internos ou externos que simbolizem ou se assemelhem a algum aspecto do evento traumático.

C. Evitação persistente de estímulos associados ao evento traumático, começando após a ocorrência do evento, conforme evidenciado por um ou ambos dos seguintes aspectos:
   1. Evitação ou esforços para evitar recordações, pensamentos ou sentimentos angustiantes acerca de ou associados de perto ao evento traumático.
   2. Evitação ou esforços para evitar lembranças externas (pessoas, lugares, conversas, atividades, objetos, situações) que despertem recordações, pensamentos ou sentimentos angustiantes acerca de ou associados de perto ao evento traumático.

D. Alterações negativas em cognições e no humor associadas ao evento traumático começando ou piorando depois da ocorrência de tal evento, conforme evidenciado por dois (ou mais) dos seguintes aspectos:
   1. Incapacidade de recordar algum aspecto importante do evento traumático (geralmente devido à amnésia dissociativa, e não a outros fatores, como traumatismo craniano, álcool ou drogas).
   2. Crenças ou expectativas negativas persistentes e exageradas a respeito de si mesmo, dos outros e do mundo (p. ex., "Sou mau", "Não se deve confiar em ninguém", "O mundo é perigoso", "Todo o meu sistema nervoso está arruinado para sempre").
   3. Cognições distorcidas persistentes a respeito da causa ou das consequências do evento traumático que levam o indivíduo a culpar a si mesmo ou os outros.
   4. Estado emocional negativo persistente (p. ex., medo, pavor, raiva, culpa ou vergonha).
   5. Interesse ou participação bastante diminuído em atividades significativas.
   6. Sentimentos de distanciamento e alienação em relação aos outros.
   7. Incapacidade persistente de sentir emoções positivas (p. ex., incapacidade de vivenciar sentimentos de felicidade, satisfação ou amor).

E. Alterações marcantes na excitação e na reatividade associadas ao evento traumático, começando ou piorando após o evento, conforme evidenciado por dois (ou mais) dos seguintes aspectos:
   1. Comportamento irritadiço e surtos de raiva (com pouca ou nenhuma provocação) geralmente expressos sob a forma de agressão verbal ou física em relação a pessoas e objetos.
   2. Comportamento imprudente ou autodestrutivo.
   3. Hipervigilância.
   4. Resposta de sobressalto exagerada.
   5. Problemas de concentração.
   6. Perturbação do sono (p. ex., dificuldade para iniciar ou manter o sono, ou sono agitado).

F. A perturbação (Critérios B, C, D e E) dura mais de um mês.

G. A perturbação causa sofrimento clinicamente significativo e prejuízo social, profissional ou em outras áreas importantes da vida do indivíduo.

H. A perturbação não se deve aos efeitos fisiológicos de uma substância (p. ex., medicamento, álcool) ou a outra condição médica.

TABELA 5.7 (continuação) Critérios diagnósticos para transtorno de estresse pós-traumático

Especificar se:
Com expressão tardia: Se todos os critérios diagnósticos não forem atendidos até pelo menos seis meses depois do evento (embora a manifestação inicial e a expressão de alguns sintomas possam ser imediatas).

Especificar se:
Com sintomas dissociativos: Os sintomas do indivíduo atendem aos critérios para transtorno de estresse pós-traumático e, além disso, em resposta ao estressor, o indivíduo apresenta sintomas persistentes ou recorrentes de despersonalização ou desrealização.

Fonte: Manual Diagnóstico e Estatístico de Transtornos Mentais, 5a ed. – DSM-5. Tab. 5.7. Artmed, Porto Alegre, 2014.

TABELA 5.8 Risco de transtorno de estresse pós-traumático (TEPT) associado a traumas específicos*

Risco condicional de TEPT por meio de	Traumas específicos, % TEPT (AE)
Violência abusiva	**20,9 (3,4)**
Combate militar	0 (0,0)**
Estupro	49,0 (12,2)
Ser mantido em cativeiro/torturado/sequestrado	53,8 (23,4)
Levar um tiro/ser esfaqueado	15,4 (13,7)
Abuso sexual diferente de estupro	23,7 (10,8)
Ser assaltado/ameaçado com uma arma	8,0 (3,7)
Ser espancado	31,9 (8,6)
Outros ferimentos ou choque	**6,1 (1,4)**
Acidente grave de carro	2,3 (1,3)
Outro acidente sério	16,8 (6,2)
Desastre natural	3,8 (3,0)
Doença que ameaça a vida	1,1 (0,9)
Doenças que ameaçam a vida dos filhos	10,4 (9,8)
Testemunhou morte/lesão grave	7,3 (2,5)
Encontrou um corpo	0,2 (0,2)
Aprender com os outros	**2,2 (0,7)**
Estupro de um parente próximo	3,6 (1,7)
Ataque de um parente próximo	4,6 (2,9)
Acidente de carro grave com um parente próximo	0,9 (0,5)
Outro acidente com um parente próximo	0,4 (0,4)
Morte repentina inesperada	**14,3 (2,6)**
Qualquer outro trauma	**9,2 (1,0)**

*Os nomes dos traumas foram abreviados.
**O risco é porquê nenhum desses casos civis foram sujeitos ao combate.

da 110th Street, em Manhattan, e descobriram que 7,5% deles relataram sintomas consistentes com o diagnóstico de transtorno de estresse agudo ou TEPT. Mas entre os entrevistados que viviam próximos ao World Trade Center (ao sul da Canal Street), a prevalência do transtorno foi de 20%. Outra vez, aqueles que viveram o desastre mais diretamente pareceram ter sido os mais afetados.

Além disso, dezenas de milhares de crianças de escolas públicas em Nova York que viviam perto do desastre tiveram pesadelos crônicos, medo de lugares públicos e outros sintomas de TEPT. Depois do ataque, um grande estudo conduzido com a ajuda de agências federais estimou que 75 mil crianças em idade escolar em Nova York, da 4ª à 12ª séries, ou 10,5% das crianças nessas séries, sofriam de TEPT depois dos ataques de 11 de setembro (Goodnough, 2002). Adicionalmente, 155 sofriam de agorafobia ou medo de sair de um local seguro, como suas casas. Muitas dessas crianças temiam usar transporte público. Dois terços das crianças pesquisadas viviam próximo ao World Trade Center ou em outros bairros diretamente afetados pela tragédia, como Staten Island, lar de muitos dos que foram mortos, ou Brooklyn, onde a fumaça se acumulou por vários dias. Também sabemos que depois que o TEPT aparece, a tendência é perdurar (ou seja, apresenta um curso crônico) (Breslau, 2012; Perkonigg et al., 2005). Uma vez que o diagnóstico de TEPT prevê tentativas de suicídio independente de qualquer outro problema, como abuso de álcool, cada caso deve ser cuidado seriamente (Wilcox, Storr e Breslau, 2009).

Mas essa é toda a história? Parece que não. Algumas pessoas experimentam os mais horripilantes e inimagináveis traumas e permanecem psicologicamente saudáveis. Para outras, até acontecimentos estressantes relativamente leves são suficientes para produzir um transtorno completo. Além disso, os sintomas de TEPT mudam ao longo do tempo, mais para algumas pessoas do que para outras, o que pode ser devido a diferenças individuais em resiliência, habilidades de enfrentamento, níveis de exposição ao trauma, adversidades precoces, estresse contínuo, e até a presença de lesões encefálicas leves (Berntsen et al., 2012; Bonnano, 2004; Bryant et al., 2013; Marmar et al., 2015; Nash et al., 2014). Para entender melhor por que o trauma influencia mais algumas pessoas do que outras, devemos considerar a etiologia do TEPT.

Causas

O TEPT é um transtorno para o qual sabemos a causa, pelo menos em relação ao evento precipitador: uma pessoa vivencia pessoalmente um trauma e desenvolve o transtorno. Entretanto, se alguém vai desenvolver o TEPT ou não é uma questão surpreendentemente complexa que envolve fatores biológicos, psicológicos e sociais. Sabemos que a intensidade da exposição à violência abusiva contribui para a etiologia do TEPT (Dohrenwend et al., 2012; Friedman, 2009), mas não é inteiramente responsável pelo transtorno. Para dar um exemplo particularmente dramático, aproximadamente 67% dos prisioneiros de guerra no Vietnã desenvolveram TEPT (Foy et al., 1987). Isso significa que 33% dos presos que resistiram ao encarceramento e tortura de longo prazo não desenvolveram a doença; talvez o mais conhecido entre o grupo é o senador John McCain. Da mesma forma, crianças que vivenciaram queimaduras graves são suscetíveis a desenvolver TEPT em proporção à gravidade das queimaduras e à dor associada a elas (Saxe et al., 2005). Em níveis mais baixos de trauma, algumas pessoas desenvolvem o TEPT, mas a maioria não. O que conta para essas diferenças?

Tal como acontece com outros transtornos, trazemos nossas próprias vulnerabilidades biológicas e psicológicas generalizadas. Quanto maior a vulnerabilidade, mais provável é o desenvolvimento do TEPT. Se certas características são recorrentes em sua família, você tem uma chance muito maior de desenvolver o transtorno. Um histórico familiar de ansiedade sugere uma vulnerabilidade biológica generalizada para TEPT. True et al. (1993) relataram que, dada a mesma quantia de exposição ao combate e um gêmeo com TEPT, um gêmeo monozigótico (idêntico) seria mais suscetível a desenvolver TEPT que um dizigótico (fraternal). A correlação dos sintomas em gêmeos idênticos estava entre 0,28 e 0,41, enquanto para os fraternos foi entre 0,11 e 0,24, o que sugere alguma influência genética no desenvolvimento do TEPT. No entanto, como ocorre com outros transtornos, existe pouca ou nenhuma evidência de que os genes causam diretamente o TEPT (Norrholm e Ressler, 2009). Em vez disso, o modelo de diátese de estresse descrito no Capítulo 2 é aplicável novamente, uma vez que os fatores genéticos predispõem indivíduos a serem facilmente estressáveis e ansiosos, o que aumenta a probabilidade de uma experiência traumática resultar em TEPT (Uddin et al., 2012). Isso foi demonstrado recentemente em um estudo com alunas de graduação que testemunharam um trágico tiroteio no campus da Northern Illinois University em 2008. Enquanto todas vivenciaram a mesma experiência traumática, características específicas do que é referido como o gene transportador de serotonina, que envolve dois alelos curtos (SS) descritos por aumentar a probabilidade de tornar-se deprimido, Capítulo 2 (Caspi et al., 2003), também aumentou a probabilidade de apresentação dos sintomas de estresse agudo após o tiroteio, embora outros fatores, como extensão da exposição ao tiroteio, tenham sido equalizados (Mercer et al., 2012). Wang et al. (2011) identificaram os mesmos fatores de risco genético em veteranos de combate.

Breslau, Davis e Andreski (1995; Breslau, 2012) demonstraram, em uma amostra aleatória de 1.200 indivíduos, que características como a tendência a ser ansioso, bem como fatores como escolaridade mínima, previam exposição a eventos trau-máticos em primeiro lugar e, portanto, um risco aumentado para TEPT. Breslau, Lucia e Alvarado (2006) elaboraram este achado mostrando que crianças de 6 anos de idade com problemas de externalização (*acting out*) eram mais suscetíveis a vivenciar um trauma (como abusos), provavelmente por causa de *acting out*, e posteriormente desenvolver o TEPT. Inteligência superior previu exposição reduzida a esses tipos de eventos traumáticos. Ou seja, personalidade e outras características, algumas delas pelo menos parcialmente hereditárias, podem predispor as pessoas à experiência do trauma, tornando provável que estejam nessas situações (de risco) em que a ocorrência do trauma é provável (Norrholm e Ressler, 2009). Esta é uma reminiscência dos estudos sobre interações gene-ambientais recíprocas que descrevemos no Capítulo 2, em que vulnerabilidades existentes, algumas delas hereditárias, podem ajudar a determinar o tipo de ambiente em que alguém vive e, portanto, o tipo de transtorno psicológico que a pessoa pode desenvolver.

Da mesma forma, parece haver uma vulnerabilidade psicológica generalizada descrita no contexto de outros transtornos baseada em experiências precoces com acontecimentos imprevisíveis e incontroláveis. A instabilidade familiar é um fator que pode resultar em um sentimento de que o mundo é um lugar potencialmente perigoso e incontrolável (Chorpita e Barlow, 1998; Suárez et al., 2009), por isso não é surpresa que os indivíduos de famílias instáveis estão em risco aumentado para desenvolver o TEPT se vivenciarem um trauma. A instabilidade familiar foi detectada como um fator de risco de pré-guerra para o desenvolvimento de TEPT em um estudo de mais de 1.600 veteranos de guerra do Vietnã de ambos os sexos (King et al., 1996, 2012).

Além disso, há certas características biológicas individuais (biomarcadores) que parecem aumentar a probabilidade de desenvolver TEPT. Em um estudo, Telch et al. (2012) pediram a 159 soldados, antes de sua ida para o Iraque, para inalar um ar enriquecido com 35% de dióxido de carbono. Inalar essa mistura de gases geralmente leva a fortes sintomas fisiológicos (falta de ar, formigamento, sudorese etc.) e ansiedade em algumas pessoas. Telch e colaboradores observaram que aqueles que relataram mais reatividade emocional à mistura de gases também experienciaram a zona de guerra como muito mais estressante depois que voltaram do Iraque. Esses soldados também apresentaram maior risco para desenvolver posteriormente sintomas de TEPT, ansiedade e estresse. Esse exemplo ilustra como certas vulnerabilidades podem levar a um transtorno quando a pessoa é exposta a estressores

Finalmente, fatores sociais têm um papel importante no desenvolvimento do TEPT (Ruzek, 2012; King et al., 2012). Os resultados de uma série de estudos são consistentes ao demonstrar que, se você tem um grupo de apoio forte e solidário ao seu redor, é muito menos provável que vá desenvolver TEPT após um trauma (Friedman, 2009). Esses fatores parecem ser verdadeiros em todo o mundo, visto que a reação ao trauma é semelhante em todas as culturas, como um estudo comparando adolescentes norte-americanos e russos demonstrou (Ruchkin et al., 2005). Em um estudo particularmente interessante, Vernberg La Greca, Silverman e Prinstein (1996) estudaram 568 crianças do ensino fundamental, três meses após o furacão Andrew ter atingido a costa do sul da Flórida. Mais de 55%

dessas crianças relataram níveis moderados a graves de sintomas de TEPT, um resultado típico para esse tipo de desastre (La Greca e Prinstein, 2002). Quando os autores examinaram os fatores que contribuíram para o desenvolvimento de sintomas de TEPT, o apoio social dos pais, amigos próximos, colegas de classe e professores foi um importante fator de proteção. De maneira semelhante, as estratégias de enfrentamento positivas que envolvem a resolução ativa dos problemas pareceram ser protetoras, considerando que ficar nervoso ou xingar outras pessoas estava associado com níveis mais altos de TEPT. Quanto mais ampla e profunda a rede de apoio social, menor a chance de desenvolver o TEPT. Um acompanhamento de longo prazo de crianças 9 e 21 meses depois que o Furacão Charley atingiu a Flórida em 2004 confirmou que fortes sistemas de suporte social reduziram a persistência de sintomas de estresse pós-traumático ao longo do tempo (La Greca et al., 2010).

Por que isso acontece? Como vimos no Capítulo 2, somos animais sociais e ter um grupo de pessoas amorosas em torno de nós afeta diretamente nossas respostas biológicas e psicológicas ao estresse. Uma série de estudos mostra que o apoio de entes queridos reduz a secreção de cortisol e a atividade do eixo hipotalâmico-hipofisário-adrenal (HHA) em crianças durante o estresse (ver, por exemplo, Tarullo e Gunnar, 2006). É provável que uma das razões para a elevada prevalência de TEPT em veteranos do Vietnã em comparação com os do Iraque e do Afeganistão seja a trágica ausência de suporte social quando do retorno dos veteranos do Vietnã.

Parece claro que o TEPT envolve uma série de sistemas neurobiológicos, particularmente elevado ou restrito fator de liberação de corticotropina (CRF), o que indica aumento de atividade no eixo HHA, como descrito anteriormente neste capítulo e no Capítulo 2 (Amat et al., 2005; Gunnar e Fisher, 2006; Shin et al, 2004; Shin et al, 2009; Yehuda, Pratchett e Pelcovitz, 2012). Excitação crônica associada ao eixo HHA e alguns outros sintomas de TEPT podem estar diretamente relacionados a mudanças no funcionamento e na estrutura do cérebro (Bremner, 1999; McEwen e Magarinos, 2004) que, por sua vez, influenciam a resposta ao tratamento (Rauch et al., 2014). Por exemplo, a evidência de dano ao hipocampo tem aparecido em grupos de pacientes com TEPT relacionado à guerra (Gurvits et al., 1996; Wang et al., 2010), adultos sobreviventes de abuso sexual na infância (Bremner et al., 1995) e bombeiros expostos a trauma extremo (Shin et al., 2004). O hipocampo é a parte do cérebro que desempenha importante papel regulador do eixo HHA e nos processos de aprendizagem e memória. Assim, se houver dano ao hipocampo, podemos esperar excitação persistente e crônica, bem como alguns prejuízos no aprendizado e na memória. Esses déficits de memória são evidentes em veteranos da Guerra do Golfo (Vasterling et al., 1998) e sobreviventes do Holocausto com TEPT, quando comparados com sobreviventes do Holocausto sem TEPT ou judeus adultos saudáveis (Golier et al., 2002). Felizmente, algumas evidências indicam que esse dano ao hipocampo pode ser reversível. Por exemplo, Starkman et al. (1999) relataram resultados de pacientes que tiveram algum dano ao seu hipocampo devido à doença de Cushing, que provoca ativação crônica do eixo HHA e aumento do fluxo de cortisol. Eles encontraram aumentos de até 10% em volume do hipocampo, após o tratamento bem-sucedido para essa doença. Estudos futuros confirmarão se as mudanças como resultado do trauma podem ser revertidas por meio de tratamento.

Anteriormente, descrevemos um ataque de pânico como uma resposta adaptativa de medo que ocorre em um momento inapropriado. Temos especulado que a "reação de alarme", que é um ataque de pânico, é semelhante no transtorno de pânico e no TEPT, mas no primeiro é um alarme falso. No TEPT, o alarme inicial é verdadeiro já que há perigo real presente (Jones e Barlow, 1990; Keane e Barlow, 2002). Se o alarme for grave o suficiente, podemos desenvolver uma reação condicionada ou aprendida de alarme a estímulos que nos lembra do trauma (por exemplo, ser levada para a cama pode ter lembrado Marcie da mesa da sala de emergência) (Lissek e Grillon, 2012). Podemos também desenvolver ansiedade sobre a possibilidade de experiências emocionais adicionais incontroláveis (tais como *flashbacks*, comuns no TEPT). Desenvolvermos ou não ansiedade depende, em parte, de nossas vulnerabilidades. Esse modelo de etiologia do TEPT é apresentado na Figura 5.11.

Tratamento

Do ponto de vista psicológico, a maioria dos clínicos concorda que as vítimas do TEPT deveriam encarar o trauma original, processar as emoções intensas e desenvolver procedimen-

FIGURA 5.11 Modelo de causas do transtorno de estresse pós-traumático. (Reimpresso com permissão de Barlow, D. H. (2002). *Anxiety and its disorders*: The nature and treatment of anxiety and panic. (2. ed.). Nova York: Guilford Press, © 2002 Guilford Press.)

tos efetivos para enfrentar e superar os efeitos debilitantes do transtorno (Beck e Sloan, 2012; Najavits, 2007; Monson, Resick e Rizvi, 2014). Na terapia psicanalítica, o processo de reviver o trauma emocional para aliviar o sofrimento é chamado *catarse*. A manobra aqui é organizar a reexposição de maneira que seja terapêutica e não traumática. Ao contrário do objeto de uma fobia específica, é difícil recriar um evento traumático, o que poucos terapeutas estão dispostos a tentar. Portanto, a *exposição imaginária*, em que o conteúdo do trauma e as emoções a ele associadas são trabalhadas sistematicamente, tem sido utilizada durante décadas sob uma variedade de nomes. Atualmente, a estratégia mais comum para alcançar este objetivo com adolescentes ou adultos é trabalhar com a vítima para que desenvolva uma narrativa da experiência traumática e expor os pacientes por um longo período de tempo à imagem (terapia de exposição prolongada), que é então revisada extensivamente no tratamento (Eftekhari et al., 2013; Foa, Gillihan e Bryant, 2013; Foa et al., 2013). Pesquisa recente sugere que os efeitos das práticas de exposição podem ser fortalecidos por estratégias de intervalar o tratamento de exposição com o sono. Os pacientes de tal estudo foram convidados a tirar um breve cochilo logo após a exposição, porque o aprendizado da extinção parece ocorrer durante o sono de ondas lentas e também porque a qualidade do sono reduz a ansiedade (Pace-Schott, Germain e Milad, 2015).

A terapia cognitiva para corrigir suposições negativas sobre o trauma, tais como acusar a si mesmo de alguma forma, sentir-se culpado, ou ambos, é outra parte do tratamento (Ehlers et al., 2014; Najavits, 2007; Monson et al., 2014).

Outra complicação é que as vítimas de trauma muitas vezes reprimem o lado emocional de suas memórias dos eventos e, algumas vezes, a memória em si. Isso acontece de forma automática e inconsciente. Ocasionalmente, com o tratamento, as lembranças voltam e fazem com que o paciente reviva o episódio dramaticamente. Embora isso possa ser assustador para o paciente e o terapeuta, pode ser terapêutico se administrado adequadamente. Há muitas evidências de que intervenções iniciais e estruturadas, aplicadas o mais breve possível após o trauma, são úteis na prevenção do desenvolvimento do TEPT (Bryant, Moulds e Nixon, 2003; Ehlers et al., 2003; Kearns et al., 2012), e essas abordagens psicológicas preventivas parecem mais efetivas do que as medicações (Shalev et al., 2012). Por exemplo, no estudo feito por Ehlers et al. (2003) sobre pacientes que experimentaram um acidente automobilístico assustador e estiveram claramente sob risco de desenvolver TEPT, somente 11% desenvolveram o transtorno após 12 sessões de terapia cognitiva, em comparação a 61% dos que receberam um manual detalhado de autoajuda, ou 55% dos que foram avaliados repetidas vezes com o passar do tempo mas sem nenhuma intervenção. Todos os pacientes que precisaram foram tratados com terapia cognitiva posteriormente. Por outro lado, existem indícios de que a participação das vítimas de traumas em uma única sessão de relatos na qual eram forçadas a expressar seus sentimentos, independente de estarem angustiadas ou não, pode ser prejudicial (Ehlers e Clark, 2003).

Tanto Marcie, a menina que foi mordida pelo cão, quanto seu irmão foram tratados simultaneamente em nossa clínica. A dificuldade principal era a relutância de Marcie a passar por

consulta com um médico ou se submeter a quaisquer exames físicos, então uma série de experiências foram organizadas, da menos à mais intensa (ver Tabela 5.9). Procedimentos que provocavam ansiedade leve em Marcie incluíam medir o pulso, deitar-se em uma mesa de exames e tomar um banho após se cortar acidentalmente. O desafio mais intenso foi ser amarrada e ficar presa na maca. Primeiro, Marcie viu o irmão passar por esses exercícios. Ele não tinha medo desses procedimentos, embora estivesse ansioso pelo fato de ficar preso em uma maca por causa do terror sentido por Marcie. Após ter observado seu irmão experimentar as situações com pouco ou nenhum medo, Marcie tentou um deles por vez. O terapeuta tirou fotografias dela e ela as guardou após completar o trabalho. Foi também solicitado a Marcie que desenhasse imagens das situações. O terapeuta e a família dela a parabenizavam à medida que completava cada exercício. Em virtude da idade de Marcie, ela não aderiu à recriação imaginária das memórias dos procedimentos médicos traumáticos. Portanto, seu tratamento ofereceu experiências destinadas a alterar suas atuais percepções das situações. O TEPT de Marcie foi tratado de maneira bem-sucedida e a culpa sentida por seu irmão reduziu pelo fato de ajudar no tratamento dela.

TABELA 5.9 Hierarquia de medo e esquiva para Marcie

	Classificação do medo pré-tratamento	Classificação do medo pós-tratamento
Ser amarrada em uma maca	4	0
Submeter-se a um eletrocardiograma	4	0
Submeter-se a um raio-X	4	0
Ter o coração auscultado por um médico com um estetoscópio	3	0
Deitar-se em uma mesa para exames	3	0
Tomar banho depois de ter sofrido um corte acidental	3	0
Permitir que o terapeuta colocasse curativo em um corte	2	0
Ter o coração auscultado por um terapeuta com um estetoscópio	1	0
Medir a pulsação	1	0
Permitir que o terapeuta examinasse a garganta com uma espátula	1	0

Fonte: Albano et al. (1997). Behavioral assessment and treatment of PTSD in prepubertal children: Attention to developmental and innovative strategies in the case study of a family. *Cognitive and Behavioral Practice, 4*, 254, © 1997 Association for Advancement of Behavior Therapy.

Nós agora temos evidências de que essas estratégias descritas produzem mudanças duradouras. Cento e quarenta e quatro mulheres sobreviventes de estupro que foram cuidadas com tratamentos psicológicos baseados em evidências foram reavaliadas de 5 a 10 anos após o tratamento. As diminuições significativas dos sintomas originalmente observados foram mantidas com pouca mudança nesse período (Resick et al., 2012). Outro importante estudo avaliou o tratamento para 40 casais heterossexuais e homossexuais em que um dos parceiros atendia aos critérios para TEPT. No entanto, nesse estudo o parceiro foi diretamente incluído no tratamento a fim de enfrentar as graves rupturas nos relacionamentos íntimos que muitas vezes acompanham o TEPT e podem levar à recaída (Monson et al., 2012). O resultado foi uma melhora significativa dos sintomas de TEPT, mas também na satisfação com o relacionamento, o que pode contribuir significativamente para o ajuste de longo prazo. Drogas também podem ser efetivas para tratamento dos sintomas de TEPT (Dent e Bremner, 2009; Schneier et al., 2012). Algumas delas, como os ISRSs (por exemplo, Prozac e Paxil), geralmente efetivos para transtornos de ansiedade em geral, têm se mostrado úteis para o TEPT, talvez porque aliviem a ansiedade grave e os ataques de pânico tão proeminentes nesse transtorno. Resultados promissores, porém mistos, foram relatados a partir do uso de d-ciclosserina (DCS) como estratégia de aumento da eficácia da TCC para TEPT (De Kleine et al., 2012; Litz et al., 2012; Rothbaum et al., 2014). O estudo de Litz et al. (2012) sugere que o aumento de DCS pode levar a resultados ainda piores que o placebo se a exposição durante a TCC não foi efetiva. De Klein et al. (2012) não encontraram efeito de melhora geral ao final da terapia, mas a DCS foi mais benéfica para indivíduos que tiveram TEPT mais grave antes da terapia e que precisavam de tratamento mais longo. De modo semelhante, Rothbaum et al. (2014) mostraram que para pessoas que respondem mais lentamente à TCC o acréscimo de DCS pode colocá-las em um curso para uma melhor resposta ao final do tratamento. No geral, DCS parece ter uma janela terapêutica bastante estreita, e pode não somente melhorar a aprendizagem de extinção, mas ainda aprimorar um processo chamado *reconsolidação* da memória de medo (que se refere ao processo no qual a memória de medo é reativada e armazenada novamente na memória de longo prazo). Isso pode melhorar as exposições "boas", mas também piorar as exposições "ruins" (Hofmann, 2014)

Verificação de conceitos 5.5

Combine o diagnóstico preliminar com os casos a seguir: (a) transtorno de estresse pós-traumático, (b) transtorno de estresse agudo e (c) transtorno de estresse pós-traumático com expressão tardia.

1. Judy testemunhou um tornado horrível destruir sua fazenda há três semanas. Desde então, ela teve muitos *flashbacks* do incidente, problemas para dormir e um medo de ir para fora de casa durante tempestades. _____

2. Seis semanas atrás, Jack se envolveu em um acidente de carro em que o motorista do outro carro morreu. Desde então ele não consegue entrar em um carro porque isso traz à tona a terrível cena que testemunhou. Pesadelos com o acidente o assombram e interferem em seu sono. Ele está irritadiço e perdeu o interesse por seu trabalho e seus *hobbies*. _____

3. Patrícia foi estuprada aos 17 anos, há 30 anos. Apenas recentemente ela tem tido *flashbacks* do evento, dificuldades para dormir e medo de contato sexual com seu marido. _____

Muitos outros transtornos além do TEPT estão inclusos nesta categoria geral. **Transtornos de adaptação** descrevem reações ansiosas ou depressivas ao estresse da vida que geralmente são mais leves do que se poderia ver no transtorno de estresse agudo ou TEPT, no entanto prejudicam, pois interferem no desempenho escolar ou profissional, no relacionamento interpessoal ou em outras áreas da vida (Friedman et al., 2011; Strain e Friedman, 2011). Às vezes, especialmente na adolescência, o estresse da vida pode provocar alguns problemas de conduta. Os eventos estressantes em si não seriam considerados traumáticos, mas fica claro que o indivíduo é incapaz de lidar com as demandas da situação e alguma intervenção é normalmente requerida. Se os sintomas persistirem por mais de seis meses após a remoção do estresse ou das suas consequências, o transtorno de adaptação pode ser considerado "crônico". No passado, o transtorno de adaptação foi frequentemente utilizado como uma categoria diagnóstica residual para pessoas com ansiedade ou depressão significativa associada a um estresse identificável que não cumpriam os critérios para outro transtorno do humor ou de ansiedade. Em parte, por essa razão, tem havido muito pouca pesquisa sobre essas reações. Presumivelmente, descreve os indivíduos com as vulnerabilidades biológicas e psicológicas mencionadas ao longo deste capítulo e que estão associadas a traços de ansiedade que surgem quando em confronto com eventos estressantes, embora não na extensão em que atenderiam aos critérios para outro transtorno mais grave.

Transtornos de apego referem-se a comportamentos perturbados e de desenvolvimento inapropriado em crianças, surgindo antes dos cinco anos, em que a criança não pode ou não consegue formar relações de ligação normais com os adultos cuidadores. Esses padrões seriamente mal-adaptativos são devidos a práticas inadequadas ou abusivas na infância. Em muitos casos, essas práticas de educação infantil inadequadas podem ser causadas por mudanças frequentes do cuidador principal em virtude de múltiplos lares adotivos, ou, eventualmente, negligência em casa. Em ambos os casos, o resultado é uma falha na satisfação das necessidades emocionais básicas da criança por afeto, conforto, ou mesmo em prover as necessidades básicas da vida diária. Esses transtornos são considerados reações patológicas a estresse extremo precoce (Kay e Green, 2013). Em edições anteriores do *DSM*, dois tipos distintos de apresentações foram incluídos na rubrica "transtorno de apego reativo". No *DSM-5* são descritos dois transtornos separados; o primeiro tipo retraído e inibido emocionalmente (transtorno de apego reativo), e o segundo indiscriminadamente desinibido socialmente (transtorno de interação social desinibida) (Zeanah e Gleason 2010; Gleason et al., 2011).

No **transtorno de apego reativo**, a criança vai muito raramente procurar um cuidador para proteção, apoio e nutrição e raramente responderá aos cuidadores que oferecerem esse tipo de cuidado. Geralmente, elas evidenciam falta de responsividade, afeto positivo limitado e emotividade elevada adicional, como medo e tristeza intensos. No **transtorno de interação social desinibida**, um conjunto similar de circunstâncias de educação infantil, talvez incluindo punição persistente precoce, resultaria em um padrão de comportamento em que a criança não apresenta nenhuma inibição perante adultos que se aproximam. Essa criança pode se envolver em comportamento inadequadamente íntimo, mostrando uma disposição para imediatamente acompanhar uma figura adulta desconhecida a um lugar qualquer sem verificação prévia com o cuidador. Esses padrões de comportamento foram combinados em um transtorno no *DSM-IV*, mas separados em dois diferentes distúrbios no *DSM-5* em parte por causa das diferentes apresentações de comportamento inadequado de vínculo (Gleason et al., 2011).

Transtorno obsessivo-compulsivo e transtornos relacionados

Outra nova classe de transtornos no *DSM-5* combina vários transtornos que compartilham uma série de características, como a presença de comportamentos repetitivos e alguns outros sintomas, curso semelhante e resposta ao tratamento (Abramowitz e Jacoby, 2015). Anteriormente, esses distúrbios tinham sido distribuídos em outras áreas do *DSM-IV*. Além do transtorno obsessivo-compulsivo, classificado como transtorno de ansiedade até antes do *DSM-5*, esse agrupamento agora inclui uma categoria diagnóstica separada para o transtorno de acumulação, transtorno dismórfico corporal, previamente localizado junto aos transtornos somatoformes, e tricotilomania, anteriormente agrupada com os transtornos de controle dos impulsos. Além disso, outro novo transtorno neste grupo é o transtorno de escoriação (*skin picking*). Começamos com o transtorno mais proeminente neste grupo, o obsessivo-compulsivo.

Transtorno obsessivo-compulsivo

Dentre as pessoas que sofrem de ansiedade e distúrbios relacionados, um paciente que precise de internação provavelmente tem **transtorno obsessivo-compulsivo** (TOC). Um paciente encaminhado para psicocirurgia (neurocirurgia para um transtorno psicológico) porque todos os tratamentos psicológicos e farmacológicos falharam e o sofrimento é insuportável, provavelmente tem TOC. O TOC é o devastador ponto culminante dos transtornos de ansiedade. Não é incomum para alguém com TOC experimentar ansiedade generalizada grave, ataques de pânico recorrentes, esquiva debilitante e depressão grave, todos ocorrendo simultaneamente aos sintomas obsessivo-compulsivos. Com o TOC, estabelecer um ponto de apoio

de controle e previsibilidade sobre os acontecimentos perigosos da vida parece tão desanimador, que as vítimas recorrem a magias e rituais.

Descrição clínica

Em outros transtornos de ansiedade, o perigo geralmente está em um objeto ou em uma situação externa, ou pelo menos na memória dessa situação. No TOC, o acontecimento perigoso é um pensamento, uma imagem ou um impulso que o paciente tenta evitar tanto quanto alguém com fobia de cobra evita este animal (Clark e O'Connor, 2005). Por exemplo, alguém já lhe disse para não pensar em elefantes cor-de-rosa? Se você realmente se concentra para não pensar em elefantes cor-de-rosa, usando de todos os meios mentais possíveis, observará como é difícil suprimir um pensamento ou uma imagem sugerida. Os indivíduos com TOC enfrentam essa batalha durante todo o dia, todos os dias, às vezes durante boa parte de suas vidas e geralmente perdem. No Capítulo 3 discutimos o caso de Frank, que experimentava pensamentos involuntários de epilepsia ou convulsões e orava ou balançava a perna para tentar se distrair. As **obsessões** são em sua maioria pensamentos, imagens ou impulsos intrusivos aos quais o indivíduo tenta resistir ou os quais tenta eliminar. As **compulsões** são os pensamentos ou as ações usados para suprimir as obsessões e oferecer alívio. Frank tinha tanto obsessões quanto compulsões, mas seu transtorno era leve se comparado ao caso de Richard.

RICHARD ... Escravizado por ritual

Richard, um calouro universitário de 19 anos cursando Filosofia, saiu da faculdade por seu comportamento ritualístico incapacitante. Ele abandonou a higiene pessoal, porque os rituais compulsivos que tinha de realizar durante a lavagem ou limpeza eram tão demorados que não podia fazer nada mais. O banho quase contínuo deu lugar a não tomar banho. Ele parou de cortar e de lavar seus cabelos e barba, escovar os dentes e trocar de roupa. Saía do quarto com pouca frequência e, para evitar rituais associados com o banheiro, defecava em folhas de papel, urinava em copos de papel e armazenava o lixo no armário. Comia somente tarde da noite, quando sua família já estava dormindo. Para poder comer, ele tinha que expirar completamente, fazendo muitos ruídos sibilantes, tosses e pigarros, e em seguida encher a boca com o máximo de comida que conseguia durante o tempo em que se mantinha sem ar nos pulmões. Ele poderia comer apenas uma mistura de manteiga de amendoim, açúcar, cacau, leite e maionese. Todas as outras comidas eram por ele consideradas contaminantes. Quando caminhava, dava pequenos passos na ponta dos pés enquanto olhava para trás, verificando e verificando novamente. Ocasionalmente, corria sem sair do lugar. Ele retirou seu braço esquerdo completamente da manga da camisa, como se estivesse aleijado e sua camisa fosse uma tipoia.

TABELA 5.8 Critérios diagnósticos para transtorno obssessivo-compulsivo

A. Presença de obsessões, compulsões ou ambas:
Obsessões são definidas por (1) e (2):
1. Pensamentos, impulsos ou imagens recorrentes e persistentes que, em algum momento durante a perturbação, são experimentados como intrusivos e indesejados e que, na maioria dos indivíduos, causam acentuada ansiedade ou sofrimento.
2. O indivíduo tenta ignorar ou suprimir tais pensamentos, impulsos ou imagens ou neutralizá-los com algum outro pensamento ou ação.

As compulsões são definidas por (1) e (2):
1. Comportamentos repetitivos (p. ex., lavar as mãos, organizar, verificar) ou atos mentais (p. ex., orar, contar ou repetir palavras em silêncio) que o indivíduo se sente compelido a executar em resposta a uma obsessão ou de acordo com regras que devem ser rigidamente aplicadas.
2. Os comportamentos ou os atos mentais visam prevenir ou reduzir a ansiedade ou o sofrimento ou evitar algum evento ou situação temida; entretanto, esses comportamentos ou atos mentais não têm uma conexão realista com o que visam neutralizar ou evitar ou são claramente excessivos.

Nota: Crianças pequenas podem não ser capazes de enunciar os objetivos desses comportamentos ou atos mentais.

B. As obsessões ou compulsões tomam tempo (p. ex., tomam mais de uma hora por dia) ou causam sofrimento clinicamente significativo ou prejuízo no funcionamento social, profissional ou em outras áreas importantes da vida do indivíduo.
C. Os sintomas obsessivo-compulsivos não se devem aos efeitos fisiológicos de uma substância (p. ex., droga de abuso, medicamento) ou a outra condição médica.
D. A perturbação não é mais bem explicada pelos sintomas de outro transtorno mental (p. ex., preocupações excessivas, como no transtorno de ansiedade generalizada; preocupação com a aparência, como no transtorno dismórfico corporal; dificuldade de descartar ou se desfazer de pertences, como no transtorno de acumulação; arrancar os cabelos, como na tricotilomania [transtorno de arrancar o cabelo]; beliscar a pele, como no transtorno de escoriação [*skin-picking*]; estereotipias, como no transtorno do movimento estereotipado; comportamento alimentar ritualizado, como nos transtornos alimentares; preocupação com substâncias ou jogo, como nos transtornos relacionados a substâncias e transtornos aditivos; preocupação com ter uma doença, como no transtorno de ansiedade de doença; impulsos ou fantasias sexuais, como nos transtornos parafílicos; impulsos, como nos transtornos disruptivos, do controle de impulsos e da conduta; ruminações de culpa, como no transtorno depressivo maior; inserção de pensamento ou preocupações delirantes, como nos transtornos do espectro da esquizofrenia e outros transtornos psicóticos; ou padrões repetitivos de comportamento, como no transtorno do espectro autista).

Especificar se:
Com *insight* bom ou razoável: O indivíduo reconhece que as crenças do transtorno obsessivo-compulsivo são definitivas ou provavelmente não verdadeiras ou podem ou não ser verdadeiras.
Com *insight* pobre: O indivíduo acredita que as crenças do transtorno obsessivo-compulsivo são provavelmente verdadeiras.
Com *insight* ausente/crenças delirantes: O indivíduo está completamente convencido de que as crenças do transtorno obsessivo-compulsivo são verdadeiras.

Especificar se:
Relacionado a tique: O indivíduo tem história atual ou passada de um transtorno de tique.

Fonte: Manual Diagnóstico e Estatístico de Transtornos Mentais, 5a ed. – DSM-5. Tab. 5.8. Artmed, Porto Alegre, 2014.

Como todas as pessoas com TOC, Richard tinha pensamentos e impulsos intrusivos e persistentes; no seu caso, estavam relacionados a sexo, agressão e religião. Seus vários comportamentos eram esforços para suprimir pensamentos sexuais e agressivos ou para afastar as consequências desastrosas que ele imaginava serem possíveis de acontecer caso não realizasse seus rituais. Richard realizava a maioria dos comportamentos repetitivos e atos mentais mencionados nos critérios do *DSM-IV*. As compulsões podem ser comportamentais (lavar a mão ou verificar) ou mentais (pensar em algumas palavras em uma ordem específica, contar, orar e assim por diante) (Foa et al., 1996; Purdon, 2009; Steketee e Barlow, 2002). O importante é que eles são investidos da crença de que reduzem o estresse ou evitam um evento temido. Geralmente as compulsões são "mágicas", podendo não ter nenhuma relação lógica com a obsessão.

Tipos de obsessões e compulsões

Com base em grupos associados estatisticamente, há quatro tipos principais de obsessões (Bloch et al., 2008; Mathews, 2009) e cada uma está associada a um padrão de comportamento compulsivo (ver Tabela 5.10). Obsessões de simetria representam a maioria das obsessões (26,7%), seguidas por "pensamentos ou ações proibidos" (21%), limpeza e contaminação (15,9%) e acumulação (15,4%) (Bloch et al., 2008). A simetria se refere a guardar coisas em perfeita ordem ou fazer algo de forma específica. Quando criança você tomava cuidado para não pisar nas rachaduras da calçada? Você e seus amigos podem ter feito isso por alguns minutos antes de se cansarem e pararem. Mas, e se você precisasse passar toda a vida evitando as rachaduras, tanto a pé quanto de carro, para impedir que algo ruim acontecesse? Isso não seria tão divertido. As pessoas com impulsos obsessivos agressivos (proibidos) podem sentir que estão prestes a gritar um palavrão dentro da igreja. Uma de nossas pacientes, uma mulher jovem e muito moralista, tinha medo de pegar ônibus, pois achava que se um homem se sentasse ao seu lado, ela passaria a mão no meio das pernas dele! De fato isso seria a última coisa que ela faria, mas o impulso era tão intenso que ela tentava de tudo para suprimi-lo e evitar tomar ônibus ou estar em outras situações em que o impulso pudesse ocorrer.

Determinados tipos de obsessões estão fortemente associados com alguns tipos de ritual (Bloch et al., 2008; Calamari et al., 2004; Leckman et al., 1997). Por exemplo, pensamentos ou ações proibidas, como indicado na Tabela 5.10, parecem levar a rituais de verificação. Rituais de verificação servem para prevenir um desastre ou catástrofe imaginados. A maioria deles é lógica, como verificar repetidamente o fogão para ver se está desligado, mas casos graves podem ser ilógicos. Por exemplo, Richard achava que se não comesse de uma maneira específica poderia ficar possuído. Se não desse pequenos passos e olhasse para trás algum desastre poderia acontecer com sua família. Um ato mental, como contar, também pode ser uma compulsão. Obsessões com simetria levam a ordenar e arranjar ou repetir rituais; obsessões com contaminação levam a rituais de lavagem que podem restaurar um senso de segurança e controle (Rachman, 2006). Como Richard, muitos pacientes seguem ambos os tipos de obsessões e compulsões.

Em raras ocasiões, os pacientes, particularmente as crianças, irão apresentar-se com compulsões, mas com pouca ou nenhuma obsessão identificável. Nós vimos uma criança de

Transtorno obssessivo-compulsivo: Chuck

"Eu sou um pouco obsessivo-compulsivo... É um pouco difícil lidar com isso. A parte obsessiva – eu tenho um pensamento em minha cabeça e não posso tirá-lo – está lá o tempo todo. Eu penso nisso quando vou dormir, eu penso nisso quando acordo... Eu sou um "verificador" – eu tenho que verificar coisas... Eu não cozinho, mas tenho que verificar o fogão todas as manhãs... nem sempre isso é racional."

8 anos que se sentia compelida a despir-se, vestir o pijama e entrar embaixo das cobertas de forma demorada toda noite; ela sempre repetia o ritual três vezes. A criança não deu nenhum motivo particular para esse comportamento; ela simplesmente precisava fazer.

Transtorno de tique e TOC

Também é comum o transtorno de tique, caracterizado por movimentos involuntários (movimentos súbitos dos membros, por exemplo), coocorrer em pacientes com TOC (especialmente crianças) ou em suas famílias (Browne et al., 2015; Grados et al., 2001; Leckman et al., 2010; Mataix-Cols et al., 2013). Tiques mais complexos com vocalizações involuntárias são referidos como transtorno de Tourette (Leckman et al., 2010; ver Capítulo 14). Em alguns casos, esses movimentos não são tiques, mas podem ser compulsões, como eram no caso de Frank no Capítulo 3, que ficava balançando a perna se os pensamentos de convulsões invadissem sua cabeça. Aproximadamente 10% a 40% das crianças e adolescentes com TOC também tiveram transtorno de tique em algum momento (Leckman et al., 2010). As obsessões no TOC relacionado ao tique são quase sempre relacionadas à simetria. O TCC também foi considerado bastante eficaz nos transtornos de tique (McGuire et al., 2015).

Observações num pequeno grupo de crianças apresentando TOC e tiques sugerem que esses problemas ocorreram depois de um surto de infecções na garganta. Esta síndrome foi referenciada a um transtorno autoimune pediátrico associado à infecção estreptocócica, ou "Pandas" (Leckman et al., 2010; Radomsky e Taylor, 2005). A apresentação de TOC nesses casos difere um pouco do TOC sem histórico de "Pandas" de várias formas. É provável que o grupo Pandas seja masculino; a experiência dramática no surgimento dos sintomas é associada a febre ou dor de garganta; têm remissões completas entre os episódios; apresentam remissão de sintomas durante a terapia com antibiótico; têm evidência de infecções anteriores por estreptococos; e apresentam-se com imperícia perceptível (Murphy et al., 2012). Recentemente, essa síndrome tem sido revista e ampliada sob

TABELA 5.10 Tipos de obsessões e compulsões associadas

Sintoma Subtipo	Obsessão	Compulsão
Simetria/exatidão/percepção de que algo está incorreto e deve ser corrigido ("just right")	As coisas precisam estar simétricas/alinhadas. Vontade de fazer coisas repetidamente até que estejam "certas"	Colocar coisas em uma determinada ordem. Repetir rituais
Pensamentos ou ações proibidas (agressivo/sexual/religioso)	Medo, compulsão para se machucar ou machucar os outros. Medo de ofender Deus	Verificação. Evitação. Pedidos repetidos para tranquilização
Limpeza/contaminação	Germes. Medo de germes ou contaminantes	Lavagem repetitiva ou excessiva. Usar luvas e máscaras para fazer tarefas diárias
Acumulação	Medo de jogar qualquer coisa fora	Coletar/guardar objetos com pouco ou nenhum valor real ou sentimental, como embalagens de alimentos

Fonte: Adaptado de Mathews (2009) e Bloch et al. (2008).

o termo Síndromes Pediátricas Neuropsiquiátricas Autoimunes (PANS) (Swedo, Leckman e Rose, 2012). A prevalência dessa condição ainda precisa ser determinada.

Estatísticas

As estimativas de prevalência de TOC variam de 1,6% a 2,3% (Calamari et al., 2012; Kessler et al., 2005b), e em um período de um ano a prevalência é de 1% (Calamari et al., 2012; Kessler et al., 2005c). Nem todos os casos que atendem aos critérios para TOC são graves como o de Richard. As obsessões e compulsões podem ser dispostas num *continuum*, assim como a maioria das características clínicas dos transtornos de ansiedade. Pensamentos intrusivos e perturbadores são comuns em indivíduos "normais" (Boyer e Lienard, 2008; Clark e Rhyno, 2005; Fullana et al., 2009). Spinella (2005) constatou que 13% de uma amostra "normal" de pessoas da comunidade tinham níveis moderados de obsessões ou compulsões que não eram graves o suficiente para cumprir os critérios diagnósticos para TOC.

Seria também incomum *não* ter um pensamento estranho ou intrusivo ocasionalmente. Muitas pessoas têm pensamentos bizarros, sexuais ou agressivos, em particular se estão entediadas, por exemplo, quando sentadas em sala de aula. Steketee e Barlow (2002) coletaram exemplos de pensamentos de pessoas comuns que não têm TOC. Alguns desses pensamentos estão listados na Tabela 5.11.

Você já teve algum desses pensamentos? A maioria das pessoas sim, mas são preocupações passageiras. Determinados indivíduos, entretanto, ficam atemorizados por tais pensamentos, considerando-os indícios de uma força de outro mundo, intrusiva e maléfica. Ao contrário de outros transtornos de ansiedade e relacionados, o TOC tem uma proporção de mulheres para homens que é próxima de um para um. Embora haja alguma evidência de que em crianças o transtorno acontece mais com meninos do que com meninas (Hanna, 1995), parece ser porque os meninos tendem a desenvolver o TOC mais cedo. No meio da adolescência, a proporção entre os sexos é aproximadamente igual (Albano et al., 1995). Idades do início variam da infância aos 30 anos, com idade média de início aos 19 anos (Kessler et al., 2005b). A idade média do início acontece mais cedo nos homens (dos 13 aos 15 anos) do que nas mulheres (dos 20 aos 24 anos) (Rasmussen e Eisen, 1990). Uma vez que o TOC se desenvolve, tende a se tornar crônico (Calamari et al., 2012; Steketee e Barlow, 2002).

Nos países árabes, o TOC é facilmente reconhecível, embora, como sempre, as crenças e preocupações culturais influenciem o conteúdo das obsessões e a natureza das compulsões. Na Arábia Saudita e no Egito as obsessões são primariamente relacionadas às práticas religiosas, especificamente quanto à ênfase muçulmana na limpeza. Os temas de contaminação são prevalentes também na Índia. Entretanto, o TOC parece semelhante entre as culturas. Estudos na Inglaterra, Hong Kong, Índia, Egito, Japão e Noruega encontraram tipos e proporções de obsessões e compulsões essencialmente semelhantes, assim como os do Canadá, Finlândia, Taiwan, África, Porto Rico, Coreia e Nova Zelândia (Horwath e Weissman, 2000; Weissman et al.,1994).

| **TABELA 5.11** | **Obsessões e pensamentos instrusivos relatados por amostras não clínicas*** |

Prejudicar

Impulso de pular de uma janela alta

Ideia de pular na frente de um carro

Impulso de empurrar alguém na frente de um trem

Desejar que uma pessoa morra

Enquanto segura um bebê, repentinamente sentir vontade de chutá-lo

Pensamentos de deixar um bebê cair

O pensamento que se esquecer de despedir de alguém essa pessoa pode morrer

Achar que pensar em coisas horríveis acontecendo com uma criança causa sua ocorrência

Contaminação ou doença

Pensamento de contrair uma doença em piscina pública ou outros locais públicos

Pensamento que posso ter contraído uma doença por tocar no assento de um vaso sanitário

Ideia que sempre há sujeira na minha mão

Comportamento inpropriado ou inaceitável

Ideia de xingar ou gritar com meu chefe

Pensamento de fazer alguma coisa vergonhosa em público, como esquecer de vestir blusa

Desejar que alguém não tenha sucesso

Pensamento de deixar escapar alguma coisa na igreja

Pensamento de atos sexuais "não naturais"

Dúvidas sobre segurança, memória e assim por diante

Pensamento que não tranquei a casa adequadamente

Ideia de que deixei minha chapinha no tapete e esqueci de tirá-la da tomada

Pensamento que deixei ligados o aquecedor e o fogão

Ideia que deixei o carro destrancado, quando sei que o tranquei

Ideia que os objetos não estão organizados perfeitamente

*Os exemplos foram obtidos de Rachman e De Silva (1978) e de pesquisa não publicada de Dana Thordarson, Ph.D., e Michael Kyrios, Ph.D. (comunicações pessoais, 2000). *Fonte*: Reimpresso com permissão de Steketee, G. e Barlow, D. H. (2002). Obsessive-compulsive disorder. In: Barlow, D. W. *Anxiety and its disorders*: The nature and treatment of anxiety and panic (2. ed., p. 529), © 2002 Guilford Press.

Causas

Muitos de nós às vezes têm pensamentos intrusivos, até mesmo aterrorizantes, e ocasionalmente nos envolvemos em comportamentos ritualísticos, especialmente quando estamos sob estresse (Parkinson e Rachman, 1981a, 1981b). Mas poucos de nós desenvolve TOC. Uma vez mais, assim como no caso do transtorno de pânico e do transtorno de estresse pós-traumático, a pessoa deve desenvolver a ansiedade focada na possibilidade de ter novamente pensamentos intrusivos.

Os pensamentos repetitivos, intrusivos e inaceitáveis do TOC podem ser regulados pelos circuitos cerebrais hipotéticos descritos no Capítulo 2. A tendência a desenvolver ansiedade com relação a ter pensamentos compulsivos adicionais pode ter os mesmos precursores biológicos e psicológicos generalizados que a ansiedade em geral (Barlow et al., 2014; Suárez et al., 2009).

Por que as pessoas com TOC concentram sua ansiedade em pensamentos intrusivos ocasionais em vez de na possibilidade de um ataque de pânico ou de alguma outra situação externa? Uma hipótese é que as primeiras experiências ensinaram-lhes que alguns pensamentos são perigosos e inaceitáveis, porque as coisas terríveis que estão pensando poderiam acontecer e elas seriam os responsáveis. Essas experiências precoces resultariam em uma vulnerabilidade psicológica específica para desenvolver o TOC. Quando pacientes com TOC equipam pensamentos com ações ou atividades específicas representadas pelos pensamentos, isso é chamado de *fusão pensamento-ação*. Esta fusão pode, por sua vez, ser causada por atitudes de excessiva responsabilidade e culpa desenvolvida durante a infância, quando até mesmo um pensamento ruim estava associado com má intenção (Clark e O'Connor, 2005; Steketee e Barlow, 2002; Taylor et al., 2012). Isso pode ser aprendido por meio do mesmo processo de informações erróneas que convenceu a pessoa com fobia de cobras que esses animais eram perigosos e poderiam estar por toda parte. Uma paciente acreditava que pensar em aborto era moralmente equivalente a fazê-lo. Richard finalmente admitiu ter fortes impulsos homossexuais, inaceitáveis para ele e para o pai, que era pastor, por isso acreditava que seus impulsos eram tão pecaminosos quanto ações reais. Muitas pessoas com TOC que creem nas premissas das religiões fundamentalistas, independente de serem cristãs, judaicas ou islâmicas, apresentam atitudes similares de responsabilidade elevada e fusão pensamento-ação. Diversos estudos mostraram que a força da crença religiosa, mas não o tipo de crença, estava associada com a fusão pensamento-ação e com a gravidade do TOC (Rassin e Koster, 2003; Steketee, Quay e White, 1991). Claro, a maioria das pessoas com crenças religiosas fundamentalistas não desenvolve TOC. Mas, e se a coisa mais assustadora da sua vida não for uma cobra, não for falar em público, mas um pensamento terrível que surge em sua mente? Você não consegue evitá-lo como faz no caso da cobra, então, resiste a esse pensamento, tentando suprimi-lo ou "neutralizá-lo" usando estratégias mentais e comportamentais, como se distrair, fazer orações ou verificação. Essas estratégias tornam-se compulsões, mas estão condenadas ao fracasso no longo prazo, porque essas estratégias falham e, na verdade, aumentam a frequência do pensamento que se tentou evitar (Franklin e Foa, 2014; Wegner, 1989).

Uma vez mais, para que esse transtorno se desenvolva, vulnerabilidades psicológicas e biológicas generalizadas devem estar presentes. Acreditar que alguns pensamentos são inaceitáveis e que, portanto, devem ser suprimidos (uma vulnerabilidade psicológica específica) pode colocar as pessoas em maior risco de desenvolvimento de TOC (Parkinson e Rachman, 1981b; Salkovskis e Campbell, 1994). Um modelo da etiolo-

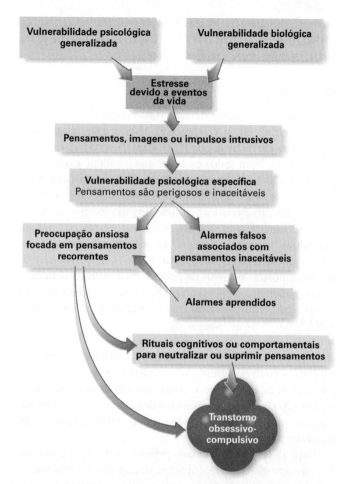

FIGURA 5.12 Modelo de causas do transtorno obsessivo-compulsivo. (Reimpresso com permissão de Steketee, G. e Barlow, D. H. (2002). Obsessive-compulsive disorder. In: *Anxiety and its disorders*: The nature and treatment of anxiety and panic (2. ed., p. 536). Nova York: Guilford Press, © 2002 Guilford Press.)

gia do TOC que é um pouco semelhante a outros modelos de transtorno de ansiedade é apresentado na Figura 5.12.

Tratamento

Os efeitos de drogas no TOC têm sido avaliados intensivamente (Dougherty, Rauch e Jenike, 2012; Stewart, Jenike e Jenike, 2009). As mais efetivas parecem ser as que inibem especificamente a recaptação da serotonina, como a clomipramina ou os ISRSs, que beneficiam mais de 60% dos pacientes com TOC, com nenhuma vantagem particular de uma droga sobre a outra. As recaídas muitas vezes ocorrem quando o uso do medicamento é interrompido (Dougherty et al., 2012; Lydiard, Brawman-Mintzer e Ballenger, 1996).

Tratamentos psicológicos altamente estruturados funcionam um pouco melhor do que os medicamentos, mas não estão prontamente disponíveis. A abordagem mais efetiva é chamada *exposição e prevenção de ritual* (EPR), um processo em que os rituais são prevenidos ativamente e o paciente é sistemática e gradualmente exposto aos pensamentos ou situações temidas (Abramowitz, Taylor e McKay, 2012; Franklin e Foa, 2014). Richard, por exemplo, seria sistematicamente exposto a objetos ou situações inofensivas que ele acreditava estarem contaminados, incluindo determinados alimentos e produtos químicos para uso doméstico, e seus rituais de lavagem e de verificação seriam evitados. Usualmente, isso pode ser feito simplesmente trabalhando com os pacientes para ver se eles de fato deixam de lavar as mãos ou fazer verificações. Nos casos graves, os pacientes podem ser hospitalizados e as torneiras removidas do lavatório do banheiro por um período para desencorajar a lavagem repetida. Por mais que os rituais sejam prevenidos, os procedimentos parecem facilitar "o teste de realidade", porque o paciente aprende logo, num nível emocional, que nenhum prejuízo resultará de ele executar ou não os rituais. Inovações mais recentes sobre tratamentos psicológicos baseadas em evidências para o TOC examinaram a eficácia de tratamentos cognitivos com foco na superestimação da ameaça, a importância e o controle dos pensamentos intrusivos, o sentido de responsabilidade excessiva presente em pacientes com TOC, que pensam que por si sós podem ser responsáveis por evitar uma catástrofe, bem como a necessidade de perfeccionismo e certeza presente nesses pacientes (Whittal e Robichaud, 2012). Os resultados iniciais indicaram que essas estratégias são efetivas, talvez tanto quanto a EPR.

Estudos avaliaram os efeitos combinados de tratamentos medicamentosos e psicológicos (Romanelli et al., 2014; Simpson et al., 2013; Tolin, 2011). Em um grande estudo (Foa et al., 2005), a EPR foi comparada com a droga clomipramina, bem como com uma condição combinada. A EPR, com ou sem a droga, produziu resultados superiores à droga sozinha, com 86% respondendo à EPR *versus* 48% ao medicamento. A combinação dos tratamentos não produziu nenhuma vantagem adicional. Da mesma forma, as taxas de recaída foram altas no grupo de medicação isolada quando a droga foi retirada. Além disso, medicações como os ISRS parecem ser eficazes em apenas um subgrupo de pacientes, possivelmente porque esses fármacos atenuam principalmente os sintomas, mas não corrigem os circuitos neurais desregulados (Ressler e Rothbaum, 2013). Assim, adicionar ERP a pessoas que continuam a ter sintomas de TOC, mesmo após o início de um ISRS, pode ser mais benéfico que administrar outra medicação (Simpson et al., 2013)

A psicocirurgia é um dos tratamentos mais radicais para o TOC. "Psicocirurgia" é um termo incorreto que se refere à neurocirurgia para um transtorno psicológico. Jenike et al. (1991) reviram os registros de 33 pacientes com TOC, a maioria dos casos extremamente graves e que fracassaram na resposta ao tratamento medicamentoso e ao tratamento psicológico. Depois de um procedimento cirúrgico específico para lesão no fascículo cingulado (cingulotomia), aproximadamente 30% se beneficiaram de maneira substancial. Similarmente, Rück et al. (2008) realizaram uma cirurgia relacionada (capsulotomia) em 25 pacientes que não tinham respondido a cinco anos de tratamento anterior; 35% (9 pacientes) tiveram benefícios importantes, mas seis dos nove pacientes sofreram efeitos colaterais adversos graves da cirurgia. Esses resultados parecem típicos dos procedimentos cirúrgicos (Greenberg, Rauch e Haber, 2010) e são semelhantes aos resultados de um procedimento chamado estimulação cerebral profunda, em que eletrodos são implantados por meio de pequenos furos no crânio e conectados a um dispositivo tipo marca-passo no cérebro. A vantagem

da estimulação cerebral profunda sobre a cirurgia mais tradicional é que ela é reversível (McLaughlin e Greenberg, 2012). Levando-se em conta que esses pacientes pareciam não ter nenhuma esperança de qualquer outro tratamento, a cirurgia merece ser considerada como último recurso.

Transtorno dismórfico corporal

Você já desejou poder mudar alguma parte da sua aparência? Talvez o tamanho do nariz ou a forma das orelhas? Muitas pessoas fantasiam sobre melhorar algo, mas algumas com aparência relativamente normal acham que são tão feias que se recusam a interagir com os outros ou não se comportam normalmente por medo de que as pessoas vão rir de sua feiura. Essa aflição curiosa é chamada **transtorno dismórfico corporal (TDC)** e em seu centro está a preocupação com algum defeito imaginado na aparência por alguém que tem aparência normal (Fang e Wilhelm, 2015). O transtorno tem sido referenciado como "feiura imaginada" (Phillips, 1991). Considere o caso de Jim.

JIM... Vergonha de ser visto

Aos vinte e poucos anos, Jim foi diagnosticado com suspeita de fobia social; ele foi indicado para nossa clínica por outro profissional. Jim tinha acabado de terminar a escola rabínica e havia recebido a oferta de uma posição na sinagoga em uma cidade próxima. No entanto, ele não se sentiu apto a aceitar por causa de suas marcantes dificuldades sociais. Recentemente, havia desistido de sair de seu pequeno apartamento por medo de encontrar com pessoas que ele conhecia e ser forçado a parar e interagir com elas.

Jim era um jovem de boa aparência, de altura média, com cabelos e olhos escuros. Embora estivesse um pouco deprimido, um exame do estado mental e uma breve entrevista com foco no funcionamento atual e histórico não revelaram nenhum problema notável. Não havia nenhum sinal de um processo psicótico (ele não estava desconectado da realidade). Então nos concentramos nas dificuldades sociais de Jim. Esperávamos os tipos usuais de ansiedade sobre interagir com as pessoas ou "fazer alguma coisa" (desempenhar) na frente delas. Mas essa não era a preocupação de Jim. Em vez disso, estava preocupado que todos, até mesmo seus bons amigos, estavam olhando para alguma parte do seu corpo que ele considerava grotesca. Ele relatou que pessoas estranhas nunca mencionariam sua deformidade e seus amigos tinham muita pena dele para fazer isso. Jim achava que sua cabeça era quadrada! Como a fera, em a *Bela e a Fera*, ele só podia imaginar que as pessoas reagiriam a ele com nada menos que repulsa. Jim não podia imaginar que as pessoas não observassem sua cabeça quadrada. Para esconder sua condição da melhor forma possível, Jim usava chapéus flexíveis e se sentia mais confortável no inverno, quando podia cobrir completamente a cabeça com um gorro grande. Para nós, Jim tinha aparência normal.

TABELA 5.9 Critérios diagnósticos para transtorno dismórfico corporal

A. Preocupação com um ou mais defeitos ou falhas percebidas na aparência física que não são observáveis ou que parecem leves para os outros.

B. Em algum momento durante o curso do transtorno, o indivíduo executou comportamentos repetitivos (p. ex., verificar-se no espelho, arrumar-se excessivamente, beliscar a pele, buscar tranquilização) ou atos mentais (p. ex., comparar sua aparência com a de outros) em resposta às preocupações com a aparência.

C. A preocupação causa sofrimento clinicamente significativo ou prejuízo no funcionamento social, profissional ou em outras áreas importantes da vida do indivíduo.

D. A preocupação com a aparência não é mais bem explicada por preocupações com a gordura ou o peso corporal em um indivíduo cujos sintomas satisfazem os critérios diagnósticos para um transtorno alimentar.

Especificar se:

Com dismorfia muscular: O indivíduo está preocupado com a ideia de que sua estrutura corporal é muito pequena ou insuficientemente musculosa. O especificador é usado mesmo que o indivíduo esteja preocupado com outras áreas do corpo, o que com frequência é o caso.

Com *insight* bom ou razoável: O indivíduo reconhece que as crenças do transtorno dismórfico corporal são definitivas ou provavelmente não verdadeiras ou que podem ou não ser verdadeiras.

Com *insight* pobre: O indivíduo acredita que as crenças do transtorno dismórfico corporal são provavelmente verdadeiras.

Com *insight* ausente/crenças delirantes: O indivíduo está completamente convencido de que as crenças do transtorno dismórfico corporal são verdadeiras.

Fonte: Manual Diagnóstico e Estatístico de Transtornos Mentais, 5a ed. – DSM-5. Tab. 5.9. Artmed, Porto Alegre, 2014.

Por muitos anos, o TDC foi considerado um transtorno somatoforme porque sua característica central é uma preocupação psicológica com problemas somáticos (físicos). Mas cada vez mais evidências indicam uma relação mais estreita com o TOC, levadas em conta para sua recolocação na seção de transtorno obsessivo-compulsivo e transtornos relacionados no *DSM-5*. Por exemplo, o TOC às vezes coocorre com o TDC e é encontrado entre os membros da família dos pacientes com esse transtorno (Chosak et al., 2008; Gustad e Phillips, 2003; Phillips et al., 2010; Phillips e Stout, 2006; Tynes, White e Steketee, 1990; Zimmerman e Mattia, 1998). Há outras similaridades. Pessoas com TDC reclamam de pensamentos persistentes, intrusivos e horríveis sobre sua aparência e se envolvem em comportamentos compulsivos olhando repetidamente no espelho para checar suas características físicas. O TDC e o TOC também têm aproximadamente a mesma idade de início e desenvolvem-se no mesmo curso. Um estudo de imagens cerebrais demonstrou funcionamento anormal do cérebro entre pacientes com TDC e com TOC (Rauch et al., 2003).

Para proporcionar uma ideia melhor dos tipos de preocupações que as pessoas com TDC apresentam para os profissionais de saúde, a localização de defeitos imaginados por 200 pacientes estão apresentadas na Tabela 5.12. O número médio de áreas corporais preocupantes para esses indivíduos era de cinco a sete (Phillips et al., 2005b). Em outro grupo de 23 adolescentes com TDC, 61% se concentravam em sua pele e 55% em seu cabelo (Albertini e Phillips, 1999). Uma variedade de rituais de verificação ou compensação são comuns em pessoas com o transtorno na tentativa de aliviar essas preocupações. Por exemplo, o bronzeamento excessivo é comum, com 25% de um grupo de 200 pacientes bronzeando-se para esconder defeitos da pele (Phillips et al., 2005b). Asseio excessivo e arrancar a pele também são comuns. Muitas pessoas com esse transtorno tornam-se fixadas por espelhos (Veale e Riley, 2001). Elas costumam verificar sua aparência presumidamente feia para ver se alguma alteração aconteceu. Outros evitam espelhos de forma quase fóbica. Compreensivelmente, ideação suicida, tentativas de suicídio e suicídio em si são consequências típicas desse transtorno (Phillips et al., 2005b; Zimmerman e Mattia, 1998). Pessoas com TDC também têm "ideias de referência", o que significa que pensam que tudo no mundo, de alguma forma, está relacionado a elas, neste caso ao seu defeito imaginado. Esse transtorno pode causar prejuízo considerável na vida do paciente. Muitos pacientes com casos graves ficaram presos dentro de casa por medo de mostrarem-se para outras pessoas.

Se esse transtorno lhe parecer estranho, você não está sozinho. Durante décadas esta condição, anteriormente conhecida como dismorfofobia (literalmente, medo da feiura), era considerada representativa de um estado delirante psicótico não

TABELA 5.12 Localização de defeitos imaginados nos 200 pacientes com transtorno dismórfico corporal

Localização	%	Localização	%
Pele	80	Aparência geral da face	19
Cabelo	58	Pequena constituição física	18
Nariz	39	Pernas	18
Estômago	32	Tamanho ou formato da face	16
Dentes	30	Queixo	15
Peso	29	Lábios	14,5
Seios	26	Braços ou pulsos	14
Nádegas	22	Quadril	13
Olhos	22	Bochechas	11
Coxas	20	Orelhas	11
Sobrancelhas	20		

Adaptado de Phillips et al. (2005b). Demographic characteristics, phenomenology, comorbidity, and family history in 200 individuals with body dysmorphic disorder. *Psychosomatics*, 46(4), 317-325. © 2005 The Academy of Psychosomatic Medicine.

percebido pelos indivíduos afetados, incapazes de se darem conta, mesmo que por um breve momento, de que suas ideias eram irracionais.

Por exemplo, em 200 casos examinados por Phillips et al. (2005b) e em 50 relatados por Veale et al. (1996), entre 33% e 50% dos participantes estavam convencidos de que seu defeito físico imaginado era real e uma fonte de preocupação razoável. Apesar de esta falta de *insight* estar também presente em aproximadamente 10% dos pacientes com TOC, é muito mais elevada no TDC, com base em comparações diretas de indivíduos com esses dois transtornos (Phillips et al., 2012). Isso é ilusório? Phillips et al. (2006b) olharam de perto as diferenças que podem existir entre tipos ilusórios e não ilusórios e não encontraram nada significante, além do fato de que o tipo ilusório era mais grave e encontrado em pacientes com menor grau de instrução. Outros estudos corroboraram essa falta de diferenças significantes entre esses dois grupos (Mancuso, Knoesen e Castle, 2010; Phillips et al., 2010). Também vale dizer que esses dois grupos responderam igualmente bem ao tratamento para TDC e que o grupo "ilusório" não respondeu aos tratamentos medicamentosos para transtornos psicóticos (Phillips et al., 2010). Assim, no *DSM-5*, os pacientes recebem diagnóstico de TDC, sendo "ilusórios" ou não.

A prevalência de TDC é difícil de estimar porque é muito natural que seja mantida em segredo. No entanto, as melhores estimativas mostram que o transtorno é mais comum do que pensávamos anteriormente. Sem algum tipo de tratamento, tende a ocorrer por toda a vida (Phillips, 1991; Veale et al., 1996). Um dos pacientes com TDC relatado por Phillips et al. (1993), sofreu com sua condição por 71 anos, desde os 9 anos. Se você acha que um amigo da faculdade parece ter, pelo menos, uma versão suave de TDC, provavelmente está correto. Estudos sugerem que até 70% dos estudantes universitários relatam pelo menos alguma insatisfação com seus corpos, com 4% a 28% destes parecendo atender a todos os critérios para o transtorno (Fitts et al., 1989; Phillips, 2005). Este estudo foi feito por meio de questionário e pode muito bem ter refletido a grande porcentagem de alunos preocupados apenas com o peso. Outro estudo investigou a prevalência de TDC, especificamente em uma amostra etnicamente diversificada de 566 adolescentes entre as idades de 14 e 19 anos. A prevalência geral de TDC nesse grupo foi de 2,2%, com as meninas adolescentes mais insatisfeitas com seus corpos que os meninos, e os afro-americanos de ambos os sexos mais satisfeitos com seus corpos do que os brancos, asiáticos e hispânicos (Mayville et al., 1999; Roberts et al., 2006). Em geral, cerca de 1% a 2% de indivíduos em amostras da comunidade e de 2% a 13% de amostras de estudantes atendem os critérios para TDC (Koran et al., 2008; Phillips et al., 2005b; Woolfolk e Allen, 2011). Uma proporção um pouco mais elevada de indivíduos com TDC está interessada em artes ou *design* em comparação com indivíduos sem TDC, refletindo, talvez, um forte interesse pela estética ou aparência (Veale, Ennis e Lambrou, 2002).

Esse transtorno também é incomum em clínicas de saúde mental, porque a maioria das pessoas com TDC procura outros tipos de profissionais de saúde, como cirurgiões plásticos e dermatologistas. O TDC é observado igualmente em homens e mulheres. Na série de 200 indivíduos relatada por Phillips et al. (2005b), 68,5% eram do sexo feminino, mas 62% de um grande número de indivíduos com TDC no Japão eram do sexo masculino. Geralmente há mais semelhanças do que diferenças entre homens e mulheres com o transtorno, mas algumas diferenças foram observadas (Phillips, Menard e Fay, 2006). Homens têm a tendência de se preocupar com a estrutura corporal, genitálias e queda de cabelo, além de tenderem a ter TDC mais grave. O foco em defeitos musculares e estrutura corporal é quase único para homens com o transtorno (Pope et al., 2005). As mulheres se concentram nas mais variadas áreas do corpo e estão mais propensas a ter um transtorno alimentar.

A idade de início varia do começo da adolescência aos 20 anos, com pico entre 16 e 17 anos (Phillips et al., 2005b; Veale et al., 1996; Zimmerman e Mattia, 1998). Muitas vezes os indivíduos são relutantes em procurar tratamento. Em muitos casos, um parente vai forçar a questão pedindo que o indivíduo procure ajuda; essa insistência pode refletir o impacto disruptivo do transtorno para os membros da família. A gravidade também é refletida na alta porcentagem (24%) das tentativas de suicídio ocorridas entre os 50 casos descritos por Veale et al. (1996); 27,5% dos 200 casos descritos por Phillips et al. (2005b); e 21% de um grupo de 33 adolescentes (Albertini e Phillips, 1999).

Um estudo com 62 pacientes ambulatoriais consecutivos com TDC descobriu que o grau de estresse psicológico, qualidade de vida e comprometimento foram geralmente piores que índices de pacientes com depressão, diabetes ou um recente infarto do miocárdio (ataque cardíaco) em várias medidas do questionário (Phillips et al., 2000). Resultados semelhantes foram relatados em uma amostra maior, de 176 pacientes (Phillips et al., 2005a). Assim, o TDC está entre os transtornos psicológicos mais sérios, e a depressão e o abuso de substâncias são consequências comuns do TDC (Gustad e Phillips, 2003; Phillips et al., 2010). Como você pode suspeitar, poucas pessoas com esse transtorno se casam. Além de refletir o sofrimento intenso que acompanha esse transtorno, Veale (2000) coletou informações sobre 25 pacientes com TDC que haviam procurado cirurgia estética no passado. Entre eles, nove pacientes que não podiam pagar a cirurgia, ou haviam sido recusados por outras razões, tentaram alterar sua aparência drasticamente com suas próprias mãos, muitas vezes com resultados trágicos. Um exemplo era um homem preocupado com sua pele, que acreditava ser muito "frouxa". Ele usou uma pistola de grampo em ambos os lados de seu rosto para tentar manter sua pele esticada. Os grampos caíram depois de 10 minutos e por pouco ele não danificou seu nervo facial. Em um segundo exemplo, uma mulher preocupada com sua pele e a forma de seu rosto puxou seus dentes para alterar a aparência de sua mandíbula. Outra mulher que estava preocupada com o que percebia como feiura em várias áreas do seu corpo e desejava uma lipoaspiração, mas não podia pagar, usou uma faca para cortar suas coxas e tentou espremer a gordura. O TDC também é obstinadamente crônico. Em um estudo prospectivo de 183 pacientes, apenas 21% tiveram alguma melhora ao longo de um ano, e 15% desse grupo recaíram durante o ano (Phillips et al., 2006b).

Pessoas com TDC reagem ao que pensam ser uma característica horrível ou grotesca. Assim, a psicopatologia está na reação à "deformidade" que outros não podem perceber.

Transtorno dismórfico corporal: Doug

"Eu não queria falar com ninguém... Eu estava com medo porque o que eu via no meu rosto... eles viam... Se eu podia ver, eles podiam também. E eu achava que havia tipo uma seta apontando para isso. E eu estava muito consciente. E eu sentia como se a única hora confortável era a noite, porque estava escuro."

Determinantes sociais e culturais de beleza e imagem do corpo definem muito o que é "deformado" (em nenhum lugar isso é mais evidente do que nos padrões culturais altamente variáveis de peso e forma do corpo, fatores que desempenham um papel importante nos transtornos alimentares, como você verá no Capítulo 8).

O que podemos aprender sobre o TDC com práticas de mutilação em todo o mundo? O comportamento das pessoas com o transtorno parece notavelmente estranho porque vai contra as práticas culturais atuais que colocam menos ênfase em alterar as características faciais. Em outras palavras, pessoas que apenas se conformam com as expectativas de sua cultura não apresentam o transtorno (como observado no Capítulo 1). No entanto, a cirurgia plástica estética, particularmente para o nariz e os lábios, ainda é amplamente aceita e, porque são frequentemente realizadas por pessoas ricas, carregam uma aura de *status* elevado. Sob essa ótica, o TDC pode não ser tão estranho. Tal como acontece com a maioria das psicopatologias, as atitudes e comportamentos característicos desse transtorno podem ser simplesmente um exagero de comportamentos típicos impostos culturalmente.

Sabemos pouco sobre a etiologia do transtorno dismórfico corporal. Quase não há informações sobre a recorrência nas famílias, portanto não podemos investigar uma contribuição genética específica. Da mesma forma, não há nenhuma informação significativa sobre fatores predisponentes biológicos ou psicológicos ou sobre vulnerabilidades. Especulações psicanalíticas são muitas, mas a maioria se concentra sobre o mecanismo de defesa de deslocamento, isto é, um conflito inconsciente subjacente provocaria muita ansiedade para ser admitido conscientemente, sendo então deslocado para uma parte do corpo.

O pouco de evidência que temos na etiologia vem do padrão de comorbidade do TDC com o TOC, como descrito anteriormente. As marcantes similaridades com o TOC sugerem que talvez haja padrões semelhantes de etiologia. Curiosamente, aproximadamente 15% de uma série de 100 pacientes com transtornos alimentares sofria de comorbidade do TDC, com preocupações dismórficas corporais não relacionadas a peso e forma (Kollei et al., 2013).

Um fato significativo é que há dois, e apenas dois, tratamentos para o transtorno dismórfico corporal com alguma evidência de efetividade, que são os mesmos com efetividade demonstrada para o tratamento do TOC. Primeiramente, medicamentos que bloqueiam a recaptação de serotonina, tais como clomipramina (Anafranil) e fluvoxamina (Luvox), proporcionam alívio, pelo menos para algumas pessoas (Hadley et al., 2006). Um estudo controlado sobre os efeitos de drogas sobre o TDC demonstrou que a clomipramina foi significativamente mais efetiva do que a desipramina, uma droga que não bloqueia especificamente apenas a recaptação de serotonina, para o tratamento de TDC, mesmo o do tipo delirante (Hollander et al., 1999). Um segundo estudo controlado relatou achados semelhantes com fluoxetina (Prozac), com 53% demonstrando uma boa resposta em comparação com 18% em tratamento com placebo depois de três meses (Phillips, Albertini e Rasmussen, 2002). Curiosamente, estes são os mesmos medicamentos que têm melhor efeito no TOC. Em segundo lugar, a exposição e prevenção de respostas, o tipo de terapia cognitivo-comportamental efetiva para TOC, também foi bem-sucedida para o TDC (McKay et al., 1997; Rosen, Reiter e Orosan, 1995; Veale et al., 1996; Wilhelm et al., 1999). No estudo de Rosen et al. (1995), 82% dos pacientes tratados com essa abordagem responderam à intervenção, embora esses pacientes tenham sido menos gravemente afetados pelo transtorno do que em outros estudos (Wilhelm et al., 1999; Williams, Hadjistavropoulos e Sharpe, 2006). Além disso, pacientes com TDC e TOC possuem taxas semelhantes de resposta a esses tratamentos (Saxena et al., 2001; Williams et al., 2006). Assim como acontece com o TOC, a terapia cognitivo-comportamental tende a produzir resultados melhores e mais duradouros em comparação à utilização exclusiva de medicação (Buhlmann et al., 2008). Mas o tratamento cognitivo-comportamental não está tão prontamente disponível como as drogas.

Outras pistas interessantes sobre as causas do transtorno dismórfico corporal vêm de explorações transculturais de transtornos semelhantes. Você pode se lembrar da variante japonesa do transtorno de ansiedade social, *taijin kyofusho*, em que os indivíduos podem acreditar que têm mau hálito ou odor corporal horrendo e, assim, evitar a interação social.

▲ Em várias culturas, a cabeça ou a face da criança é manipulada para produzir características desejadas, como a colocação de anéis para aumentar os pescoços dessas garotas birmanesas.

Mas pessoas com *taijin kyofusho* também apresentam todas as demais características do transtorno de ansiedade. Os pacientes que seriam diagnosticados com TDC em nossa cultura poderiam ser simplesmente considerados como tendo ansiedade social grave no Japão e na Coreia. Possivelmente, então, a ansiedade social é fundamentalmente relacionada ao TDC, uma ligação que nos daria mais indicações sobre a natureza desse transtorno. De fato, um estudo recente sobre o TDC em países ocidentais indica que as preocupações relacionadas com a avaliação negativa de sua aparência percebida pelos outros são tão importantes como a autoavaliação dos defeitos imaginados na aparência (Anson, Veale e de Silva, 2012). Estudos de comorbidade indicam que transtorno de ansiedade social, juntamente com o transtorno obsessivo-compulsivo, também são comumente encontrados em pessoas com transtorno dismórfico corporal (Fang e Hofmann, 2010; Phillips e Stout, 2006).

▲ Michael Jackson criança e adulto. Muitas pessoas alteram suas características por meio de cirurgia. No entanto, as pessoas com transtorno dismórfico corporal raramente ficam satisfeitas com os resultados.

Cirurgia plástica e outros tratamentos médicos

Pacientes com transtorno dismórfico corporal acreditam que são fisicamente deformados de algum modo e procuram médicos para tentar corrigir esses déficits (Woolfolk e Allen, 2011). Phillips et al. (2001) estudaram os tratamentos procurados pelos 289 pacientes com TDC, incluindo 39 crianças ou adolescentes, e descobriram que 76,4% tinham procurado esse tipo de tratamento e 66% estavam em tratamento. O tratamento dermatológico (pele) foi o mais frequente (45,2%), seguido por cirurgia plástica (23,2%). Olhando de outra maneira, em um estudo de 268 pacientes procurando por cuidado de um dermatologista, 11,9% atendiam aos critérios para TDC (Phillips et al., 2000).

Uma vez que as preocupações das pessoas com TDC envolvem principalmente a face ou a cabeça, não é de surpreender que o transtorno seja um grande negócio para o campo de cirurgia plástica, mas é um mau negócio. Esses pacientes não se beneficiam da cirurgia e podem retornar para cirurgia adicional ou, às vezes, processar por erro médico. Investigadores estimam que 8% a 25% de todos os pacientes que buscam cirurgia plástica podem ter TDC (Barnard, 2000; Crerand et al., 2004). Os procedimentos mais comuns são rinoplastia (cirurgias no nariz), *lifting* facial, elevação das sobrancelhas, lipoaspiração, aumento da mama e cirurgia para alterar a linha do maxilar. Entre 2000 e 2012, de acordo com a American Society of Plastic Surgeons (2012), o número total de procedimentos cosméticos aumentou 98%. O problema é que a cirurgia dessas pessoas com TDC raramente produz os resultados desejados. Esses indivíduos retornam para cirurgia adicional relativa ao mesmo defeito ou se concentrar em um novo defeito. Phillips et al. (2005a) relataram que 81% de 50 indivíduos que procuraram por cirurgia ou tratamentos cosméticos não estavam satisfeitos com o resultado. Em 88% de um grande grupo de pessoas com TDC procurando por tratamento médico ao invés de tratamento psicológico, a gravidade do transtorno e o sofrimento que o acompanha não mudou ou *aumentou* após a cirurgia. Resultados desanimadores ou negativos semelhantes são evidentes a partir de outras formas de tratamentos médicos, tais como tratamentos de pele (Phillips et al., 2001). É importante que os cirurgiões plásticos filtrem esses pacientes; muitos fazem isso com a colaboração de psicólogos treinados (Pruzinsky, 1988).

Outros transtornos obsessivo-compulsivos e transtornos relacionados

Transtorno de acumulação

Há muitos anos, um grupo de pacientes chamou a atenção de clínicas especializadas porque acumulavam objetos compulsivamente, temendo que, se jogassem algo fora, até mesmo um jornal de dez anos atrás, poderiam precisar dele urgentemente. Em primeiro lugar, as clínicas especializadas presumiram que essa era uma variante estranha do TOC, mas logo ficou evidente que se tratava de grande problema em si mesmo, como é óbvio para qualquer um que tenha visto a recente onda de programas de televisão que mostram indivíduos com esse transtorno em suas casas quase inabitáveis. Estimativas de prevalência variam entre 2% e 5% da população, o que é duas vezes mais do que a prevalência de TOC, com números quase iguais entre homens e mulheres e encontrada em todo o mundo (Frost, Steketee e Tolin, 2012). As três características principais desse problema são aquisição excessiva de coisas, dificuldade de descartar qualquer coisa e viver em desordem excessiva em condições mais bem caracterizadas como desorganização grave (Frost e Rasmussen, 2012; Grisham e Barlow, 2005; Steketee e Frost, 2007a, 2007b). Não é incomum casas e quintais de alguns pacientes chamarem a atenção das autoridades de saúde pública (Tolin, 2011). A casa e o quintal de uma paciente foram condenados pela prefeitura porque havia tanto lixo empilhado que a residência corria risco de incêndio. Entre o entulho estava uma coleção de 20 anos de lenços de papel usados! Embora aconteça pequenas porcentagens de incêndios nas casas das pessoas acumuladoras, esses incêndios representam 24% das fatalidades relatadas (Frost et al., 2012).

Basicamente, esses indivíduos costumam começar a adquirir objetos durante a adolescência e muitas vezes sentem grande prazer, até mesmo euforia, comprando ou colecionando diversos itens. Fazer compras ou colecionar coisas pode ser uma resposta a sentir-se deprimido ou para baixo e às vezes é

▲ Pessoas com transtorno de acumulação obsessiva-compulsiva têm tanto medo de jogar algo importante fora, que empilham as coisas em suas casas.

Pessoas que acumulam animais formam um grupo especial que agora está sendo investigado mais de perto. Ocasionalmente, artigos aparecem em jornais descrevendo casas ocupadas por um proprietário, geralmente uma mulher de meia-idade ou idosos, e 30 ou mais animais, muitas vezes gatos. Algumas vezes, alguns deles estão mortos, dispostos no chão ou a céu aberto ou armazenados no freezer. Além de possuir um número excepcionalmente elevado de animais, esses acumuladores são caracterizados pela insuficiência ou incapacidade de cuidar dos animais ou fornecer alojamentos adequados, o que resulta em ameaças à saúde e à segurança, devido às condições insalubres associadas aos resíduos animais acumulados (Frost, Patronek e Rosenfield, 2011). Um estudo comparou indivíduos que atendiam aos critérios para acumulação de animais com um grupo controle pequeno de não acumuladores que possuía também um grande número de animais (Steketee et al., 2011). Indivíduos em ambos os grupos eram principalmente mulheres brancas de meia-idade. Embora ambos os grupos tenham expressado fortes papéis de proteção, amor e apego particularmente intensos aos animais, o grupo de acumulação foi caracterizado pela atribuição de características humanas a seus animais, pela presença de relacionamentos atuais mais disfuncionais (com outras pessoas) e significativamente maiores preocupações quanto à saúde mental. De forma parecida com outros indivíduos com transtorno de acumulação, os acumuladores de animais normalmente têm pouca ou nenhuma percepção de que têm um problema, independente de viverem em condições sanitárias precárias com animais mortos e doentes.

chamado, em tom de brincadeira, de "terapia de varejo". Mas ao contrário da maioria das pessoas que gostam de fazer compras ou colecionar objetos, esses indivíduos sofrem de forte ansiedade e angústia relativa a não jogar nada fora, porque tudo tem algum potencial de uso ou valor sentimental em suas mentes, ou simplesmente se torna uma extensão de sua própria identidade. Suas casas ou apartamentos podem se tornar quase impossíveis de habitar. A maioria desses indivíduos não considera que têm um problema até que membros da família ou autoridades insistam para que procurem ajuda. Assim como acontece com o TOC, a extensão da percepção que os pacientes têm sobre a situação problemática de acumulação é especificada ao fazer o diagnóstico. A idade média em que essas pessoas procuraram tratamento foi de aproximadamente 50 anos, depois de muitos anos de acumulação (Grisham, Norberg e Certoma, 2012; Grisham et al., 2006). Muitas vezes vivem sozinhos (Frost e Rasmussen, 2012; Mataix-Cols et al., 2010). Uma análise cuidadosa sobre o que sabemos em relação a acumulação sugere que ela tem semelhanças e diferenças com o TOC e os transtornos de controle dos impulsos. Portanto, tem sido considerado como um transtorno separado e, agora, aparece como tal no *DSM-5*.

Por exemplo, o TOC tende a aumentar e diminuir, enquanto o comportamento de acumulação pode começar cedo na vida e piorar a cada década que passa (Ayers et al., 2010). Alterações cognitivas e emocionais associadas à acumulação às quais aludimos anteriormente incluem uma ligação emocional extraordinariamente forte com posses, um desejo exagerado de controle sobre os bens e déficits marcantes para decidir quando a posse deve ser mantida ou descartada (todos os bens são acreditados como igualmente valiosos). Um estudo analisou os mecanismos neurológicos da tomada de decisão sobre o que manter ou descartar entre os indivíduos com transtorno de acumulação comparado aos indivíduos com TOC sem acumulação. O estudo encontrou diferenças específicas em áreas do cérebro relacionadas com problemas ao identificar o significado emocional de um objeto e que geram resposta emocional adequada (Tolin et al., 2012).

A TCC é um tratamento promissor para o transtorno de acumulação (Tolin et al., 2015). Esses tratamentos desenvolvidos em nossa clínica ensinam as pessoas a atribuir valores diferentes a objetos e a reduzir a ansiedade em jogar fora itens que são um pouco menos valorizados (Grisham et al., 2012; Steketee e Frost, 2007a). Os resultados preliminares são promissores, mas os resultados são mais modestos do que os atingidos com o TOC. Além disso, são necessárias mais informações sobre os efeitos de longo prazo desses tratamentos. Pouco ou nada é sabido sobre intervenções efetivas para indivíduos que acumulam animais.

Tricotilomania (transtorno de arrancar o cabelo) e transtorno de escoriação (*skin picking*)

A necessidade de arrancar os próprios cabelos de qualquer parte do corpo, incluindo o couro cabeludo, sobrancelhas e braços, é chamada **tricotilomania**. Esse comportamento resulta em perda notável de cabelo, angústia e significativos prejuízos sociais. Esse transtorno pode às vezes ter consequências sociais graves, e, como resultado, as pessoas afetadas podem não medir esforços para esconder seu comportamento (Lochner et al., 2012; Grant et al., 2012). Arrancar os cabelos compulsivamente é mais comum do que se acreditava no passado, sendo observado entre 1% e 5% dos alunos universitários; as mulheres apresentam o problema com mais frequência que os homens (Scott, Hilty e Brook, 2003). Pode haver alguma influência genética sobre a tricotilomania, de acordo com um estudo que encontrou uma mutação genética única em um pequeno número de pessoas (Zuchner et al., 2006).

O **transtorno de escoriação** (*skin picking*) é caracterizado, como o nome diz, por beliscões repetitivos e compulsivos na pele, causando danos ao tecido (Grant et al., 2012). Muitas pessoas beliscam a própria pele de vez em quando, sem nenhum dano grave para a pele ou sofrimento ou prejuízo, mas para algo entre 1% e 5% da população, danos visíveis à pele ocorrem, por vezes necessitando de atenção médica. Pode haver constrangimento significativo, angústia e comprometimento quanto ao funcionamento social e no trabalho. Em um caso, uma jovem mulher gastava de duas a três horas por dia beliscando a pele, resultando em inúmeras cicatrizes e feridas abertas em seu rosto. Como resultado, ela muitas vezes se atrasava para o trabalho ou era incapaz de trabalhar se as feridas abertas estivessem muito ruins. Ela não se socializava com os amigos há mais de um ano (Grant et al., 2012). A escoriação também é um transtorno amplamente feminino.

Antes do *DSM-5*, ambos os transtornos eram classificados como de controle dos impulsos, mas foi estabelecido que esses distúrbios geralmente coocorrem com transtorno obsessivo-compulsivo e transtorno dismórfico corporal, bem como uns com os outros (Grant et al., 2012; Odlaug e Grant, 2012). Por essa razão, todos esses transtornos que compartilham comportamentos repetitivos e compulsivos agora são agrupados como transtornos obsessivo-compulsivos e transtornos relacionados no *DSM-5*. Independente desse agrupamento, há diferenças significativas entre eles. Por exemplo, indivíduos com transtorno dismórfico corporal podem beliscar a pele ocasionalmente para melhorar a aparência, o que não é o caso de indivíduos com transtorno de escoriação.

Até recentemente, pensava-se que os comportamentos repetitivos de arrancar o cabelo e beliscar a pele tinham o objetivo de aliviar o estresse ou a tensão. Enquanto esse parece ser o caso de muitos pacientes, um número considerável de indivíduos não se engaja nesse comportamento para aliviar a tensão e não evidenciam alívio de tensões. Por essa razão, os critérios diagnósticos referindo-se a alívio de tensão, presentes no *DSM-IV*, foram removidos no *DSM-5* (Nock, Cha e Dour, 2011).

Os tratamentos psicológicos, particularmente uma abordagem chamada "treinamento de reversão de hábitos", possuem a maior evidência de sucesso com esses dois transtornos. Nesse tratamento, os pacientes são cuidadosamente ensinados a ser mais conscientes do seu comportamento repetitivo, particularmente quando estão prestes a começar, e, em seguida, ensinados a substituí-los por um comportamento diferente, como mascar chiclete, aplicar uma loção calmante na pele ou algum outro comportamento inofensivo razoavelmente agradável. Os resultados podem se evidenciar em menos de quatro sessões, mas o procedimento exige trabalho em equipe entre o paciente e o terapeuta e o acompanhamento próximo do comportamento ao longo do dia (Nock et al., 2011). Os tratamentos com remédios, em sua maioria inibidores seletivos da recaptação de serotonina, mantêm alguma promessa, particularmente para a tricotilomania (Chamberlain et al., 2007), mas os resultados têm sido mistos com a escoriação (Grant et al., 2012).

Verificação de conceitos 5.6

Preencha os espaços em branco para fatos sobre o TOC.

1. _____ são pensamentos, imagens ou impulsos intrusivos e sem sentido que o indivíduo tenta suprimir ou eliminar.
2. As práticas de lavar, contar e verificar para suprimir obsessões e proporcionar alívio são chamadas _____.
3. A prevalência de vida útil do TOC é de aproximadamente _____, ou menos.
4. _____ é um tratamento radical para o TOC envolvendo uma lesão cirúrgica no feixe cingulado.

Controvérsias sobre o DSM: Na classificação da ansiedade e transtornos relacionados

Os transtornos de ansiedade como classificados no *DSM-5* são agora divididos em três grupos ou classes de distúrbios separados, e dez transtornos foram adicionados a esses grupos, pela divisão de transtornos existentes, realocação de distúrbios de outras seções de diagnóstico, tais como os transtornos somatoformes, ou pela introdução de novos transtornos que aparecem pela primeira vez no *DSM*. No Capítulo 3, introduziu-se a ideia de que concepções emergentes de psicopatologia nos movem para longe de uma ênfase nos diagnósticos (individuais) categóricos em direção a uma consideração de dimensões maiores, ou espectros, em que diagnósticos semelhantes e afins poderiam ser agrupados. Um espectro deste tipo consiste no que alguns chamam de transtornos emocionais, incluindo ansiedade e depressão (Leyfer e Brown, 2011). Mas como essa abordagem dimensional à psicopatologia mudaria a forma como fazemos diagnósticos? Recentemente especulamos sobre como um sistema de diagnóstico futuro usando abordagens dimensionais para transtornos emocionais podem funcionar (Brown e Barlow, 2009), e o desenvolvimento teórico emergente e a evidência empírica deveriam ser mais satisfatórios do que ter que considerar um número muito grande de diagnósticos individuais categóricos como representado neste capítulo, bem como nos capítulos 6 e 7 (Barlow et al., 2014). Para ilustrar essa abordagem, vamos primeiro considerar um caso da nossa clínica.

O Sr. S. era professor do ensino médio com cinquenta e poucos anos, que tinha sofrido um grave acidente de carro vários meses antes de nos procurar e estava sofrendo de sintomas relacionados àquele acidente. Estes incluíam memórias intrusivas do acidente, *flashbacks* do acidente em si que eram muito intensos emocionalmente, e imagens dos cortes e hematomas no rosto da esposa. Ele também tinha uma reação de surpresa muito forte a quaisquer sugestões que lhe lembrassem do acidente e evitava dirigir em certos locais que eram um pouco semelhantes àquele em que sofreu o acidente. Esses sintomas se intercalaram com um conjunto semelhante de sintomas que emergiram de uma série de experiências traumáticas ocorridas durante seu serviço na Guerra do Vietnã. Além desses sintomas de trauma, ele também passava muito de seu tempo se preocupando com vários eventos da vida, incluindo sua própria saúde e a de sua família. Ele também se preocupava com seu desempenho no trabalho e se seria mal avaliado por outros membros da equipe, independente de ter recebido avaliações boas para o seu ensino.

Depois de considerar tudo o que ele disse e de tê-lo avaliado clinicamente, os terapeutas descobriram que ele claramente atendia aos critérios de TEPT. Ele também atendia aos critérios para TAG dada a substancial preocupação que tinha diariamente sobre eventos da vida não relacionados ao trauma. Além disso, ele tinha uma leve depressão, talvez devido em parte a toda ansiedade que estava vivenciando. Em resumo, o paciente poderia ser diagnosticado com TEPT, embora tivesse características substanciais de TAG, bem como de depressão. Mas como seria se tentássemos descrever seus sintomas em uma série de dimensões em vez de verificar o atendimento dos critérios para uma categoria ou outra? A Figura 5.13 exibe uma versão simplificada de um sistema dimensional possível (Brown e Barlow, 2009). Nesse esquema dimensional, a "ansiedade" (AN) está representada à esquerda porque todos os indivíduos com ansiedade ou transtornos depressivos apresentam algum nível de ansiedade. Muitos indivíduos, mas não todos, também são deprimidos (DEP) (como o Sr. S.).

O Sr. S. teria alta pontuação para ansiedade e um pouco mais baixa para depressão. Ao olhar para o lado direito da figura, o Sr. S. apresentou muitos comportamentos de esquiva, bem como esquiva de sensações físicas (esquiva interoceptiva)

(AV-BI). Ele estava sentindo dificuldades principalmente para dirigir e evitava estímulos conectados com seu trauma anterior, recusando-se tanto quanto possível a se envolver em atividades ou conversas associadas à guerra. Outro tipo relativo de esquiva é quando você evita experimentar emoções intensas ou pensamentos sobre as experiências emocionais, o que chamamos esquiva cognitiva e emocional (AV-CE) e o Sr. S. também apresentou alta pontuação nesse aspecto.

Mas qual era o foco da ansiedade do Sr. S.? Aqui olhamos para cinco características que atualmente categorizam o diagnóstico de ansiedade e transtornos relacionados. Olhando primeiramente o foco do trauma (TRM), obviamente trata-se da maior pontuação no perfil do Sr. S. Ele também estava sofrendo de *flashbacks* com relação às experiências traumáticas, que como você se lembra são muito semelhantes a ataques de pânico e consistem em surtos autonômicos fortes, com aumento rápido dos batimentos cardíacos. Em seguida, ele teve alta pontuação em pânico e surtos autonômicos relacionados (PAS). Outros tipos de pensamentos obsessivos intrusivos não estavam presentes e ele teve pontuação baixa nesta dimensão (IC). Sua preocupação com a própria saúde e com a saúde de sua família fez com que ele tivesse alta pontuação na ansiedade somática (SOM), mas na ansiedade social (SOC) a pontuação não foi particularmente alta.

Como você pode ver, este perfil dimensional fornece uma imagem mais completa do quadro clínico do Sr. S. do que a simples observação de que ele preenchia os critérios para TEPT. Isso ocorre porque o perfil capta a intensidade relativa de uma série de características principais dos transtornos de ansiedade e do humor, que muitas vezes se apresentam juntos em pacientes que poderiam atender aos critérios para um único diagnóstico no atual sistema categórico. Esse perfil também captura o fato de que o Sr. S. tinha um pouco de depressão que estava abaixo do limite de gravidade para atendimento dos critérios para transtorno do humor. Sabendo de tudo isso, olhar para o perfil do Sr. S. na Figura 5.13 deve ajudar os clínicos a combinar a terapia mais adequada para os problemas apresentados.

Este é apenas um exemplo possível, mas fornece alguma ideia de como o sistema de diagnóstico pode parecer no futuro. Embora esse sistema não estivesse pronto para o *DSM-5* porque muito mais pesquisas são necessárias sobre como melhor fazê-lo funcionar, um sistema assim pode estar pronto para o *DSM-6*.

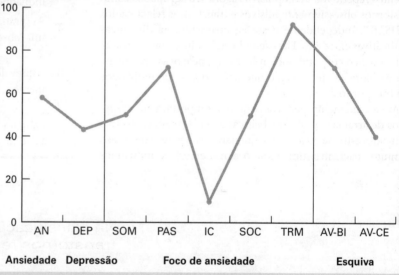

FIGURA 5.13 Proposta de um Diagnóstico dimensional (DSM-6) de um paciente com TEPT. AN, ansiedade; DEP depressão unipolar; SOM, ansiedade somática; PAS, pânico e surtos autonômicos relacionados; IC, cognições intrusivas; SOC, avaliação social; TRM, trauma passado; AV-BI, esquiva comportamental e interoceptiva; AV-CE, esquiva cognitiva e emocional. Pontuações mais elevadas no eixo y (0-100) indicam níveis mais elevados da dimensão do eixo x, mas, caso contrário, a métrica do eixo y é arbitrária e utilizada para fins ilustrativos. (Adaptado de Brown, T. A. e Barlow, D. H. A proposal for a dimensional classification system based on the shared features of DSM-IV anxiety and mood disorders: Implications for assessment and treatment. *Psychological Assessment, 21*(3), 267 © 2009 pela American Psychological Association. Reproduzido mediante autorização).

Resumo

A complexidade dos transtornos de ansiedade

- A ansiedade é um estado orientado para o futuro caracterizado por afeto negativo em que uma pessoa se concentra na possibilidade de perigo ou infortúnio incontrolável; por outro lado, o medo é um estado orientado para o presente caracterizado por fortes tendências escapistas e um impulso do ramo simpático do sistema nervoso autônomo em resposta ao perigo presente.
- Um ataque de pânico representa a resposta de alarme a um medo real quando não há perigo de fato.
- Os ataques de pânico podem ser (1) inesperados (sem aviso), ou (2) esperados (sempre ocorrendo em uma situação específica). O pânico e a ansiedade se combinam para criar diferentes transtornos de ansiedade e relacionados. Vários transtornos são agrupados sob o título Transtornos de ansiedade.

Transtorno de ansiedade generalizada

- No transtorno de ansiedade generalizada (TAG), a ansiedade se concentra em eventos diários menores e não apenas em uma preocupação maior.
- As vulnerabilidades genética e psicológica parecem contribuir para o desenvolvimento do TAG.
- Embora os tratamentos psicológicos e medicamentosos possam ser efetivos no curto prazo, os tratamentos medicamentosos não são mais efetivos do que os com placebo no longo prazo. O tratamento bem-sucedido pode ajudar os indivíduos com TAG a se concentrarem no que realmente está ameaçando suas vidas.

Transtorno de pânico e agorafobia

- No transtorno de pânico, que pode ou não ser acompanhado por agorafobia (um medo ou esquiva de situações consideradas "inseguras"), a ansiedade é concentrada no próximo ataque de pânico. Para algumas pessoas, a agorafobia se desenvolve na falta de ataques de pânico ou sintomas parecidos.
- Todos nós temos alguma vulnerabilidade genética ao estresse, e muitos tivemos uma reação neurobiológica exagerada a algum acontecimento estressante, que é um ataque de pânico. Os indivíduos que desenvolvem o transtorno de pânico desenvolvem a ansiedade em razão da possibilidade de ter outro ataque de pânico.
- Tanto os tratamentos psicológicos quanto os medicamentosos têm sido bem-sucedidos no tratamento do transtorno de pânico. Um método psicológico, o tratamento de controle de pânico, concentra-se em expor os pacientes a grupos de sensações que lhes façam recordar seus ataques de pânico. Para a agorafobia, a exposição terapeuticamente supervisionada a situações de medo é mais efetiva.

Fobia específica

- Nos transtornos fóbicos, o indivíduo evita situações que produzem ansiedade grave, pânico ou ambos. Na fobia específica, o medo é concentrado em um objeto ou situação particular.
- As fobias podem ser adquiridas passando por algum acontecimento traumático; também podem ser aprendidas vicariamente ou até mesmo ser ensinadas.
- O tratamento para as fobias é antes de tudo direto, com enfoque em exercícios estruturados e consistentes baseados na exposição.

Transtorno de ansiedade social (fobia social)

- O transtorno de ansiedade social é o medo de ficar perto de outras pessoas, particularmente em situações em que é preciso "desempenhar" algo na frente delas.
- Embora as causas da fobia social sejam semelhantes às das fobias específicas, o tratamento tem um foco diferente que inclui ensaiar ou representar socialmente as situações fóbicas. Além disso, os tratamentos medicamentosos têm sido efetivos.
- Vários transtornos também foram agrupados sob o título *Transtornos relacionados a trauma e a estressores*.

Transtorno de estresse pós-traumático

- O transtorno de estresse pós-traumático (TEPT) foca a evitação de pensamentos ou imagens de experiências traumáticas passadas.
- A causa precipitadora do TEPT é óbvia: uma experiência traumática. No entanto, a mera exposição não é suficiente. A intensidade da experiência parece ser um fator que leva o indivíduo a desenvolver o transtorno; as vulnerabilidades biológicas, bem como os fatores culturais e sociais, parecem também desempenhar um importante papel.
- O tratamento envolve expor novamente a vítima ao trauma e restabelecer um senso de segurança a fim de superar os efeitos debilitantes do TEPT.

Transtornos de adaptação

- Transtorno de adaptação é o desenvolvimento de ansiedade ou depressão na resposta a eventos cotidianos estressantes, mas não traumáticos.
- Indivíduos propensos a ansiedade ou depressão geralmente podem experimentar uma intensificação desses quadros durante os eventos estressantes da vida.

Transtornos de apego

- As crianças que vivenciam cuidados inadequados, abusivos ou ausentes na primeira infância não conseguem desenvolver relações normais de vínculo com os cuidadores, resultando em dois diferentes transtornos.
- O transtorno de apego reativo descreve crianças que são inibidas e emocionalmente retraídas e incapazes de formar vínculo com os cuidadores.
- O transtorno de interação social desinibida descreve crianças que se aproximam inadequadamente de estranhos, comportando-se como se tivessem uma forte relação de amor com eles.
- Vários transtornos também foram agrupados sob o título *Transtorno obsessivo-compulsivo e transtornos relacionados*.

Transtorno obsessivo-compulsivo

- O transtorno obsessivo-compulsivo (TOC) concentra-se em evitar pensamentos (obsessões) intrusivos aterrorizantes ou repulsivos ou em neutralizar tais pensamentos por meio do comportamento ritualístico (compulsões).
- Como em todos os transtornos de ansiedade, as vulnerabilidades biológicas e psicológicas parecem estar envolvidas no desenvolvimento do TOC.
- O tratamento medicamentoso parece alcançar sucesso modesto no tratamento do TOC. A abordagem de tratamento mais efetiva é um tratamento psicológico chamado Exposição e Prevenção de Ritual (EPR).

Transtorno dismórfico corporal

- No transtorno dismórfico corporal (TDC), uma pessoa com aparência normal é obsessivamente preocupada com algum defeito imaginado na aparência (feiura imaginada). Esses pacientes normalmente têm mais discernimento sobre seus problemas e podem procurar por cirurgia plástica como uma solução. As abordagens de tratamento psicológico também são semelhantes àquelas usadas para TOC e alcançam quase o mesmo sucesso.

Transtorno de acumulação

▶ O transtorno de acumulação é caracterizado pela excessiva aquisição de pertences, dificuldade de descartar qualquer objeto e viver em desordem excessiva em condições mais bem caracterizadas como desorganização grave.

▶ As abordagens de tratamento são semelhantes àquelas para TOC, embora não tenham tanto sucesso.

Tricotilomania (transtorno de arrancar o cabelo) e escoriação (*skin piking*)

▶ Arrancar o cabelo repetida e compulsivamente, resultando em perda notável de cabelo, ou beliscar a pele repetida e compulsivamente, deixando danos no tecido, caracterizam a tricotilomania e a escoriação, respectivamente.

Termos-chave

agorafobia
ansiedade
ataque de pânico
compulsões
fobia de ambiente natural
fobia de animais
fobia de tipo de sangue-injeção-ferimentos
fobia específica
fobia situacional
fobia social

medo
obsessões
pânico
sistema de inibição comportamental (SIC)
sistema de luta/fuga (SLF)
transtorno de ansiedade de separação
transtorno de ansiedade generalizada (TAG)

transtorno de ansiedade social (TAS)
transtorno de apego reativo
transtorno de escoriação
transtorno de estresse agudo
transtorno de estresse pós-traumático (TEPT)
transtorno de interação social desinibida
transtorno de pânico (TP)
transtorno dismórfico corporal (TDC)

transtorno obsessivo-compulsivo (TOC)
transtornos de adaptação
transtornos de apego
tratamento para controle do pânico (TCP)
tricotilomania

Respostas da verificação de conceitos

5.1
1. b; 2. c; 3. e, d; 4. a; 5. f

5.2
1. V;
2. F (mais gradual);
3. V;
4. F;
5. V

5.3
1. F (ataques de pânico ocorrem inesperadamente mesmo em situações "seguras");
2. F;
3. V;
4. V

5.4
1. d;
2. e;
3. c;
4. f;
5. a;
6. c;
7. c

5.5
1. b;
2. a;
3. c

5.6
1. obsessões;
2. compulsões;
3. 1,6%
4. psicocirurgia

Explorando os transtornos de ansiedade, os transtornos relacionados a trauma e a estressores, o transtorno obsessivo-compulsivo e transtornos relacionados

Pessoas com transtornos de ansiedade:
- Sentem uma tensão opressiva, apreensão ou medo quando não há sinal de perigo real
- Podem tomar atitudes extremas para evitar a fonte da sua ansiedade

Desencadeadores

Influências biológicas
- Vulnerabilidade herdada para ansiedade e/ou ataques de pânico
- Ativação de circuitos específicos do cérebro, neurotransmissores e sistemas neuro-hormonais

Influências sociais
- Apoio social reduz a intensidade das reações físicas e emocionais a agentes desencadeadores ou estresse
- Ausência de apoio social intensifica os sintomas

Causas

Influências comportamentais
- Evitação acentuada de situações e/ou de pessoas associadas ao medo, ansiedade ou ataques de pânico

Influências emocionais e cognitivas
- Aumento da sensibilidade para situações ou pessoas vistas como ameaças
- Sentimento inconsciente de que os sintomas físicos de pânico são catastróficos (intensifica a reação física)

Transtorno

TRATAMENTO PARA OS TRANSTORNOS DE ANSIEDADE

Terapia cognitivo-comportamental
- Exposição sistemática a situações ou pensamentos que provocam ansiedade
- Aprender a substituir pensamentos e comportamentos negativos por positivos
- Aprender novas habilidades de enfrentamento: exercícios de relaxamento, respiração controlada etc.

Tratamento com drogas
- Reduz os sintomas dos transtornos de ansiedade influenciando a química do cérebro
  - antidepressivos (Tofranil, Paxil, Effexor)
  - benzodiazepinas (Frontal, Rivotril)

Outros tratamentos
- Lidar com o estresse por meio de um estilo de vida saudável: descanso, exercícios, nutrição, apoio social, ingestão moderada de álcool e drogas

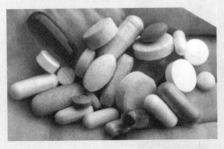

Explorando os transtornos de ansiedade, os transtornos relacionados a trauma e a estressores, o transtorno obsessivo-compulsivo e transtornos relacionados (cont.)

TIPOS DE TRANSTORNOS

Pânico

Pessoas com transtorno de pânico tiveram um ou mais ataques de pânico, são muito ansiosas e temem ter futuros ataques.

O que é um ataque de pânico?
A pessoa que passa pelo episódio de pânico sente:
- Apreensão que leva a um medo intenso
- Sensação de "estar enlouquecendo" ou perdendo o controle
- Sinais físicos de angústia: aceleração dos batimentos cardíacos, da respiração, tontura, náusea, sensação de ataque cardíaco ou morte iminente

Quando e por que os ataques de pânico acontecem?
Os ataques de pânico podem ser:
- Esperados – sempre ocorrem em uma situação específica
- Inesperados – ocorrem sem aviso

Fobias

Pessoas que sofrem de fobias evitam situações que desencadeiam a ansiedade e/ou pânico graves. Há três principais tipos:

Agorafobia
- Medo e evitação de situações, pessoas ou lugares onde seria pouco seguro ter um ataque de pânico: shoppings, mercearias, lojas, ônibus, aviões, túneis etc.
- Em situações extremas, incapacidade para sair de casa ou mesmo de um quarto específico
- Começa depois de um ataque de pânico e pode persistir por anos, mesmo que nenhum ataque ocorra

Fobia específica
- Medo de objeto ou situação específica que desencadeia o ataque: altura, espaços fechados, insetos, cobras ou viajar de avião
- Desenvolve-se a partir de experiências pessoais ou de outrem de um evento traumático com objeto ou situação desencadeadora ou por falta de informação

Transtorno de ansiedade social (fobia social)
- Medo de ser chamado para participar de alguma apresentação na qual pode receber julgamentos: falar em público, usar o banheiro público (para homens) ou em geral o que envolva interagir com pessoas

Outros tipos

Ansiedade generalizada
- Preocupação incontrolável e improdutiva com eventos do dia a dia
- Sentimento de catástrofe iminente mesmo depois de êxitos
- Incapacidade de interromper o ciclo ansiedade-preocupação; p. ex., Irene tinha medo de fracassar nos seus relacionamentos interpessoais na escola e temia por sua saúde, embora tudo parecesse bem
- Sintomas físicos e tensão muscular

Estresse pós-traumático
- Medo de reviver a experiência traumática: estupro, guerra, situações que ameaçam a vida etc.
- Pesadelos ou *flashbacks* (de um evento traumático)
- Evitação dos sentimentos intensos do evento por meio de entorpecimento emocional

Obsessivo-compulsivo
- Medo de pensamentos indesejáveis e intrusivos (obsessões)
- Ações ou pensamentos ritualísticos repetitivos (compulsões) designados para neutralizar os pensamentos indesejáveis; p. ex., Richard tenta suprimir os pensamentos "perigosos" sobre sexo, agressão e religião com rituais compulsivos de lavar as mãos e limpeza

6 Transtorno de sintomas somáticos, transtornos relacionados e transtornos dissociativos

RESUMO DO CAPÍTULO

Transtorno de sintomas somáticos e transtornos relacionados

Transtorno de sintomas somáticos

Transtorno de ansiedade de doença
- Descrição clínica
- Estatísticas
- Causas
- Tratamento

Fatores psicológicos que afetam outras condições médicas

Transtorno conversivo (transtorno de sintomas neurológicos funcionais)
- Descrição clínica
- Transtornos intimamente relacionados
- Processos mentais inconscientes
- Estatísticas
- Causas
- Tratamento

Transtornos dissociativos

Transtorno de despersonalização/ desrealização

Amnésia dissociativa

Transtorno dissociativo de identidade
- Descrição clínica
- Características
- TDI pode ser simulado?
- Estatísticas
- Causas
- Sugestionabilidade
- Contribuições biológicas
- Memórias reais e falsas
- Tratamento

Resultados finais de assimilação do conteúdo pelo aluno*

- **Participar com pensamentos integradores e inovadores e na resolução de problemas:**
- **Descrever aplicações que empregam a resolução de problemas com base na disciplina:**

- Descrever problemas de forma operacional para estudá-los empiricamente [APA SLO 2.3a]
- Identificar corretamente os antecedentes e as consequências dos processos comportamentais e mentais [APA SLO 1.3b]. Descrever exemplos de aplicações práticas e relevantes dos princípios psicológicos na vida diária [APA SLO 1.3a]

* Partes deste capítulo tratam dos resultados finais de aquisição de conhecimento sugeridos pela American Psychological Association (2013), inclusos nas diretrizes de bacharéis em Psicologia. O escopo do capítulo concernente aos resultados está identificado acima pela APA Goal e pela APA Suggested Learning Outcome (SLO).[1]

Você conhece alguém que é hipocondríaco? A maioria de nós conhece. Talvez seja você! A imagem popular dessa condição, agora chamada corretamente "transtorno de ansiedade de doença" pela quinta edição do *Manual Diagnóstico e Estatístico de Transtornos Mentais (DSM-5)* (American Psychiatric Association, 2013), é de alguém que exacerba o mais sutil sintoma físico. Muitas pessoas correm ao médico mesmo que não haja nada de errado com elas. Essa é uma tendência geralmente inofensiva que vira até mesmo alvo de piadas bem-humoradas. Mas para alguns indivíduos, a preocupação com a saúde ou a aparência torna-se tão intensa que passa a dominar sua vida. Seus problemas se encaixam sob o título geral de **transtornos de sintomas somáticos**. *Soma* significa corpo, e os problemas que preocupam essas pessoas parecem, inicialmente, ser transtornos físicos. O que os transtornos de sintomas somáticos têm em comum é que há uma resposta excessiva ou mal-adaptativa a sintomas físicos ou preocupações com a saúde associadas. Esses transtornos estão, às vezes, agrupados sob o rótulo de "sintomas físicos sem explicação médica" (Dimsdale et al., 2013; Woolfolk e Allen, 2011), mas em algumas situações a causa médica dos sintomas físicos aparentes é conhecida, porém o sofrimento emocional ou o nível de prejuízo em resposta ao sintoma é claramente excessivo e pode fazer com que a condição piore.

Você já se sentiu "deslocado" de si mesmo ou do ambiente? ("Este não sou realmente eu" ou "Esta não parece ser minha mão" ou "Existe algo irreal em relação a este lugar".) Durante essas experiências, algumas pessoas se sentem como se estivessem sonhando. Essas sensações tênues que a maioria das pessoas experimenta ocasionalmente são leves alterações, ou deslocamentos, da consciência ou identidade, chamadas de *dissociação* ou *experiências dissociativas*, mas elas são perfeitamente normais. Para alguns, essas experiências são tão intensas e extremas que perdem completamente a identidade e assumem uma nova, ou perdem a memória ou o senso de realidade e são incapazes de funcionar normalmente. Vamos discutir diversos tipos de **transtornos dissociativos** na segunda metade deste capítulo.

Os transtornos de sintomas somáticos e dissociativos estão muito relacionados historicamente e as evidências indicam que eles partilham de características comuns (Kihlstrom, Glisky e Anguilo, 1994; Prelior et al., 1993). Costumavam ser categorizados sob uma denominação geral: "neurose histérica". Você deve se lembrar (do Capítulo 1) que o termo *histeria* remonta ao médico grego Hipócrates e aos egípcios antes dele e sugere que as causas desses transtornos, que primeiro eram creditados mais às mulheres, podem ser investigadas no "útero ambulante". Contudo, o termo *histérico* passou a se referir mais aos sintomas físicos sem uma causa orgânica conhecida, ou ao comportamento dramático ou "histriônico" que se pensava ser característico do sexo feminino. Sigmund Freud (1894-1962) sugeriu que em uma condição chamada *histeria de conversão* sintomas físicos inexplicáveis indicavam a conversão de conflitos emocionais inconscientes em uma forma mais aceitável. O termo histórico *conversão* se mantém em uso (sem as implicações teóricas); entretanto, o termo *histérico*, tão preconceituoso e estigmatizante, não é mais utilizado.

O termo *neurose*, como definido na teoria psicanalítica, sugeriu uma causa específica para certos transtornos. Os transtornos neuróticos, especificamente, resultavam dos conflitos inconscientes subjacentes, da ansiedade que resultava desses conflitos e da implementação dos mecanismos de defesa do ego. A *neurose* foi descartada do sistema de diagnóstico em 1980 porque era muito vaga: aplicava-se a quase todos os transtornos não psicóticos e, em razão disso, implicava uma causa específica, mas não comprovada para esses transtornos.

Os transtornos de sintomas somáticos e os transtornos dissociativos não são bem compreendidos, mas há séculos têm intrigado os psicopatologistas e o público em geral. Uma compreensão mais completa oferece uma perspectiva rica sobre quais traços normais encontrados em todos nós podem evoluir para tornarem-se distorcidos, estranhos e para transtornos incapacitantes.

Transtorno de sintomas somáticos e transtornos relacionados

O *DSM-5* lista cinco transtornos básicos de sintomas somáticos e relacionados: transtorno de sintomas somáticos, transtorno de ansiedade de doença, fatores psicológicos que afetam outras condições médicas, transtorno conversivo e transtorno factício. Em cada um, os indivíduos estão patologicamente preocupados com o funcionamento do seu corpo. Os primeiros três

---

[1] NTT da tradução da 8ª edição norte-americana: No Brasil, as chamadas Diretrizes Curriculares Nacionais (DCN) para a graduação em Psicologia são instituídas via Ministério da Educação (MEC) e Conselho Federal de Psicologia (CFP).

transtornos abordados nesta seção – transtorno de sintomas somáticos, transtorno de ansiedade de doença e fatores psicológicos que afetam outras condições médicas – se sobrepõem consideravelmente, uma vez que cada um enfoca um sintoma somático específico, ou conjunto de sintomas, com o qual o paciente fica tão ansioso ou angustiado que esse sentimento acaba por interferir no seu funcionamento, ou a ansiedade ou sofrimento concentra-se na possibilidade de desenvolver uma doença, o que chamamos transtorno de ansiedade de doença.

Transtorno de sintomas somáticos

Em 1859, Pierre Briquet, médico francês, descreveu pacientes que vieram vê-lo com listas infindáveis de reclamações somáticas para as quais ele não conseguia encontrar nenhuma explicação médica (American Psychiatric Association, 1980). Apesar dessas descobertas negativas, os pacientes logo retornavam com as mesmas reclamações ou com novas listas contendo ligeiras variações. Por muitos anos, esse transtorno foi chamado de *síndrome de Briquet*, mas passou a ser chamado **transtorno de sintomas somáticos**. Considere o caso de Linda.

LINDA ... **Paciente em tempo integral**

Linda, uma mulher inteligente de 30 anos, veio à nossa clínica e parecia angustiada e aflita. Quando ela se sentou, relatou que foi um tanto difícil chegar ao consultório porque tinha problemas para respirar e inchaço considerável nas juntas das pernas e dos braços. Ela também referia dores por infecções crônicas no trato urinário e que, em algum momento, isso poderia fazer com que precisasse deixar a sala para ir ao toalete, mas estava extremamente feliz por estar em consulta. Pelo menos ela estava vendo alguém que poderia ajudá-la a aliviar seu sofrimento. Ela disse que sabia que teríamos que fazer uma entrevista inicial detalhada, mas já tinha informações que nos poupariam tempo. Nesse momento, ela pegou várias folhas de papel e as entregou. Uma seção, com cerca de cinco páginas, descrevia seus contatos com o sistema de saúde para *somente as principais dificuldades*. Horas, datas e diagnósticos potenciais e dias de internação estavam ali anotados. A segunda seção, com uma página e meia, consistia de uma lista de todas as medicações que ela havia tomado de acordo com suas várias queixas.

Linda achava que tinha alguma dessas várias infecções crônicas que ninguém diagnostica adequadamente. Ela começou a ter esses problemas na adolescência. Frequentemente falava sobre seus sintomas e medos com médicos e clérigos. Atraída pelos hospitais e clínicas médicas, ela decidiu entrar na escola de enfermagem depois do ensino médio. Durante o estágio, contudo, ela percebeu que sua condição física estava deteriorando rapidamente: parecia que pegava as doenças sobre as quais estava aprendendo. Uma série de acontecimentos emocionais estressantes resultou na desistência do curso de enfermagem.

Depois de desenvolver uma paralisia inexplicável nas pernas, Linda foi internada em um hospital psiquiátrico e após um ano conseguiu voltar a andar. No momento da alta, ela obteve o atestado de deficiência, que a restringia de trabalhos em tempo integral, e se ofereceu para trabalhar como voluntária no hospital local. Por causa de sua incapacidade laborativa crônica, porém flutuante, havia dias em que ela conseguia ir para o hospital e outros não. Atualmente, estava consultando um médico da família e seis especialistas que estavam monitorando diversos aspectos da sua condição física. Também estava vendo dois ministros do conselho pastoral.

Linda facilmente preenchia (e até superava) todos os critérios do *DSM-5* para transtorno de sintomas somáticos. Estava gravemente prejudicada e havia sofrido de sintomas de paralisia algum tempo atrás (que mencionamos como um sintoma conversivo). Pessoas com transtorno de sintomas somáticos nem sempre sentem a urgência de tomar uma atitude em relação a isso, mas continuamente se sentem fracas e doentes e evitam se exercitarem, pensando que isso as fará piorar (Rief, Hiller e Margraf, 1998). A vida de Linda sempre girou em torno de seus sintomas. Uma vez, ela disse ao seu terapeuta que seus sintomas eram sua identidade: sem eles, ela não saberia quem era. Ela queria dizer que não saberia como se relacionar com pessoas exceto no contexto no qual poderia discutir seus sintomas tanto quanto outras pessoas falam sobre o dia no escritório ou as conquistas de seus filhos na escola. Seus poucos amigos que não eram profissionais da área da saúde tinham paciência de se relacionar com ela de forma solidária, por meio do véu dos seus sintomas, e ela os considerava amigos porque "entendiam" seu sofrimento. O caso de Linda é um exemplo extremo de "fazer o papel de doente" descrito anteriormente.

Outro exemplo comum de um transtorno de sintomas somáticos seria a experiência de dor grave na qual os fatores psicológicos desempenham a função de manter e exacerbá-la mesmo que haja razões físicas claras ou não. Considere o caso da estudante de medicina.

A ESTUDANTE DE MEDICINA ... **Dor temporária**

Durante seu primeiro turno médico, uma estudante de medicina de 25 anos do terceiro ano, em excelente saúde, foi examinada no serviço de saúde estudantil em razão de dor abdominal intermitente que persistia há várias semanas. A estudante não relatou nenhuma história similar de dor. O exame físico não revelou nenhum problema, mas ela disse ao médico que recentemente havia se separado do marido. A estudante foi encaminhada ao serviço psiquiátrico. Nenhum outro problema psiquiátrico foi encontrado. Ela aprendeu técnicas de relaxamento e teve terapia de apoio para ajudá-la a enfrentar a atual situação estressante. A dor desapareceu posteriormente e ela concluiu o curso de medicina.

Mais uma vez, o importante fator dessa condição não é se o sintoma físico – nesse caso, a dor – tem uma causa médica nítida ou não, mas sim se os fatores psicológicos ou comportamentais, particularmente ansiedade e sofrimento, compõem a gravidade e os prejuízos associados aos sintomas físicos. A nova ênfase no *DSM-5* sobre os sintomas psicológicos desses transtornos é de grande utilidade para clínicos, uma vez que destaca as experiências psicológicas de ansiedade e de sofrimento centradas nos sintomas somáticos como o objetivo mais importante para o tratamento (Tomenson et al., 2012; Voigt et al., 2012). Mas uma importante característica desses sintomas físicos, como a dor, é que ela é real e dói por razões nitidamente físicas ou não (Dersh, Polatin e Gatchel, 2002; Asmundson e Carleton, 2009).

Transtorno de ansiedade de doença

O **transtorno de ansiedade de doença** era anteriormente chamado "hipocondria", que é ainda amplamente utilizado no senso comum. No transtorno de ansiedade de doença, como o conhecemos hoje, os sintomas físicos ou não estão presentes, ou são muito leves, mas a ansiedade grave centra-se na possibilidade de ter ou desenvolver uma doença séria. Se um ou mais sintomas físicos são relativamente graves e estão associados a ansiedade ou sofrimento, o diagnóstico seria transtorno de sintomas somáticos. Usando os critérios do *DSM-5*, em torno de apenas 20% dos pacientes que atendiam aos critérios diagnósticos para hipocondria pelo *DSM-IV* agora preenchem critérios para transtorno de ansiedade de doença, em parte porque eles não se queixam de qualquer sintoma somático, apesar de sentirem uma ansiedade séria a respeito de contrair alguma doença (Rief e Martin, 2014). Isso justificou a criação da categoria de transtorno de ansiedade de doença, para cobrir aquele segmento de 20% que não relatam sintomas. Novamente, no transtorno de ansiedade de doença, a preocupação é principalmente com a ideia de estar doente, em vez de sintoma físico em si. Em qualquer caso, a ameaça é tão real que mesmo que os médicos assegurem que não há doença isso parece não ajudar. Considere o caso de Gail.

TABELA 6.1 Critérios diagnósticos para transtorno de sintomas somáticos

A. Um ou mais sintomas somáticos que causam aflição ou resultam em perturbação significativa da vida diária.
B. Pensamentos, sentimentos ou comportamentos excessivos relacionados aos sintomas somáticos ou associados a preocupações com a saúde manifestados por pelo menos um dos seguintes:
  1. Pensamentos desproporcionais e persistentes acerca da gravidade dos próprios sintomas.
  2. Nível de ansiedade persistentemente elevado acerca da saúde e dos sintomas.
  3. Tempo e energia excessivos dedicados a esses sintomas ou a preocupações a respeito da saúde.
C. Embora algum dos sintomas somáticos possa não estar continuamente presente, a condição de estar sintomático é persistente (em geral mais de seis meses).

Especificar se:
Com dor predominante (anteriormente transtorno doloroso): este especificador é para indivíduos cujos sintomas somáticos envolvem predominantemente a dor.

Especificar se:
Persistente: um curso persistente é caracterizado por sintomas graves, prejuízo marcante e longa duração (mais de seis meses).

Especificar a gravidade atual:
Leve: apenas um dos sintomas especificados no critério B é satisfeito.
Moderada: dois ou mais sintomas especificados no critério B são satisfeitos.
Grave: dois ou mais sintomas especificados no critério B são satisfeitos, além da presença de múltiplas queixas somáticas (ou um sintoma somático muito grave).

Fonte: Manual Diagnóstico e Estatístico de Transtornos Mentais. 5a. ed. – DSM-5. Tab. 6.1. Artmed, Porto Alegre, 2014.

GAIL... Doença invisível

Gail casou-se aos 21 anos e tinha muitas expectativas quanto à nova vida. Assim como muitas crianças de uma família de classe média baixa, ela se sentia fraca e bastante negligenciada e ainda sofria de baixa autoestima. Um meio-irmão mais velho a repreendia e a desprezava quando estava bêbado. Sua mãe e seu padrasto recusavam-se a ouvi-la ou acreditar em suas queixas. Mas ela tinha a convicção de que o casamento resolveria tudo; ela era finalmente alguém especial. Infelizmente, as coisas não aconteceram desse jeito. Ela logo descobriu que seu marido tinha um caso com uma antiga namorada.

Três anos depois de seu casamento, ela veio à nossa clínica queixando-se de ansiedade e estresse. Ela estava trabalhando meio período como garçonete e passou a achar seu trabalho estressante. Embora soubesse que seu marido deixara de ver a ex-namorada, não conseguia tirar isso de sua cabeça.

Embora Gail inicialmente reclamasse de ansiedade e estresse, logo ficou claro que a maioria de suas preocupações estava relacionada à sua saúde. Toda vez que tinha pequenos sintomas físicos, como falta de ar e dor de cabeça, temia estar com alguma doença séria. Para ela, a dor de cabeça indicava tumor cerebral. A falta de ar era um ataque cardíaco iminente. Outras sensações eram associadas à possibilidade de Aids ou câncer. Gail relutava em dormir à noite por medo de parar de respirar. Evitava fazer exercícios, beber e até mesmo rir por causa das sensações que a incomodavam. Temia ir ao banheiro e usar telefones públicos porque podiam ser fontes de infecções.

O principal desencadeador de ansiedade e medo incontroláveis eram as notícias no jornal e na televisão. Cada vez que um artigo ou programa mostrava "a doença do mês", Gail se via irresistivelmente atraída por ela, observando atentamente os sintomas da doença. Por vários dias ela ficava vigilante, procurando por sintomas em si e nos outros e, com frequência, observando as sensações físicas que ela interpretaria como os sintomas iniciais. Ela até mesmo observava seu cão atentamente para ver se ele estava desenvolvendo a temida doença. Depois de vários dias, e com muito esforço, ela desistia desses pensamentos. Porém, se houvesse uma doença real em um amigo ou parente, isso a incapacitaria por vários dias.

Os medos de Gail se desenvolveram durante o primeiro ano de seu casamento, por volta do período em que ela descobriu que seu esposo tinha um caso. Primeiro, ela gastou mais dinheiro do que poderia indo a médicos. Ao longo dos anos, a cada consulta, ela ouviu as mesmas coisas dos médicos: "Não há nada de errado com você. Você é perfeitamente saudável". Por fim, ela parou de ir ao médico quando ela se convenceu de que as preocupações eram excessivas, mas seus medos ficaram, e ela se sentia péssima.

Descrição clínica

Você percebe alguma diferença entre Linda, que apresentava transtorno de sintomas somáticos, e Gail, que tinha transtorno de ansiedade de doença? Há com certeza muitas sobreposições (Creed e Barsky, 2004; Leibbrand, Hiller e Fichter, 2000), mas Gail de alguma forma se preocupava menos com o sintoma físico específico e mais com a ideia de que estava ou doente ou desenvolvendo uma doença. Os problemas de Gail são bastante típicos do transtorno de ansiedade de doença.

Pesquisas indicam que o transtorno de ansiedade de doença e o transtorno de sintomas somáticos partilham muitas características com ansiedade e transtornos do humor, em especial, transtorno de pânico (Craske et al., 1996; Creed e Barsky, 2004), incluindo idade semelhante de início das manifestações, características de personalidade e padrões de agregação familiar (que ocorre em famílias). De fato, os transtornos de ansiedade e do humor têm, na maioria das vezes, comorbidade com os transtornos de sintomas somáticos; ou seja, se indivíduos com transtornos de sintomas somáticos tiverem um diagnóstico adicional, é provável que sejam transtornos de ansiedade ou do humor (Creed e Barsky, 2004; Rief, Hiller e Margraf, 1998; Simon, Gureje e Fullerton, 2001; Wollburg et al., 2013).

Como observado, o transtorno de ansiedade de doença é caracterizado por ansiedade ou medo de que se tenha uma doença séria. Portanto, o problema essencial é a ansiedade, mas sua expressão é diferente daquela dos outros transtornos de ansiedade. No transtorno de ansiedade de doença, o indivíduo fica preocupado com os sintomas físicos, fazendo uma má interpretação deles como indicativo de uma enfermidade ou doença. Quase toda sensação física pode se tornar a base da preocupação. Alguns podem se concentrar nas funções corporais normais, tais como frequência cardíaca ou perspiração, outros em anormalidades físicas menores, como tosse. Algumas pessoas reclamam de sintomas vagos como dores e fadiga. Visto que o fator-chave desses transtornos é a preocupação com sintomas físicos, os indivíduos que sofrem deles quase sempre vão inicialmente ao médico da família. Eles voltam sua atenção para tratamentos com especialistas de saúde mental apenas depois que o médico da família descarta as possibilidades de condições médicas reais para seus sintomas.

Outro aspecto importante desse transtorno é que, apesar de os médicos assegurarem que tudo está bem e que o indivíduo está saudável, essa confirmação diagnóstica tem, na melhor das hipóteses, apenas um efeito a curto prazo. Não demora muito tempo para que pacientes como Gail e Linda procurem o consultório de outro médico, pressupondo que o anterior se esqueceu de algo. Isso acontece porque muitos desses indivíduos erroneamente acreditam que têm uma doença, uma crença inabalável que, às vezes, denominamos "convicção da doença" (Haenen et al., 2000). Dessa forma, concomitante à ansiedade concentrada na possibilidade de doença ou enfermidade, a convicção da doença é o aspecto fundamental do transtorno (Fergus e Valentiner, 2010; Woolfolk e Allen, 2011).

Se você acabou de ler o Capítulo 5, pode achar que pacientes com transtorno de pânico se parecem com os dois transtornos, particularmente pacientes com transtorno de ansiedade de doença. Pacientes com transtorno de pânico também interpretam erroneamente que certos sintomas físicos podem ser o início do próximo ataque de pânico, o qual acreditam poder matá-los. Craske et al. (1996) e Hiller et al. (2005) apontaram diversas diferenças entre o transtorno de pânico e os transtornos de sintomas somáticos. Embora todos os transtornos tenham características relacionadas a sintomas físicos, os pacientes com transtorno de pânico tipicamente temem catástrofes imediatas referentes aos sintomas que podem ocorrer durante os minutos que estão tendo o ataque de pânico, e essas preocupações diminuem entre os ataques. Os indivíduos com transtornos de sintomas somáticos, por outro lado, concentram-se no processo a longo prazo da doença (por exemplo, câncer ou Aids). Pacientes com esses transtornos continuam a buscar opiniões de outros médicos na tentativa de descartar (ou talvez confirmar) a doença e são mais propensos a exigir tratamentos médicos desnecessários. Apesar de numerosas confirmações de que são saudáveis, eles não se convencem e continuam desconfiados. Por outro lado, os pacientes com pânico continuam a acreditar que seus ataques de pânico podem matá-los, mas a maioria aprende rapidamente a parar

▲ No transtorno de ansiedade de doença, experiências e sensações normais são frequentemente transformadas em doenças que colocam a vida em risco.

de ir a médicos e pronto-socorros, onde são informados repetidamente de que não há nada de errado. Finalmente, as ansiedades dos indivíduos com transtorno de pânico tendem a se concentrar no conjunto específico de 10 ou 15 sintomas do sistema nervoso simpático associado a um ataque de pânico. As preocupações variam muito mais em transtornos de sintomas somáticos. Não obstante, provavelmente há mais semelhanças do que diferenças entre esses grupos.

Estatísticas

Podemos apenas fazer uma estimativa da prevalência de transtornos de sintomas somáticos na população em geral, a maior parte com base em estudos de transtornos similares do *DSM-IV* que foram definidos de forma um pouco diferente do atual *DSM-5*. Por exemplo, a prevalência de hipocondria do *DSM-IV*, que incluiria o transtorno de ansiedade de doença e o de sintomas somáticos, tem uma estimativa que varia de 1% a 5% (American Psychiatric Association de, 2000). Em dispositivos de atenção primária à saúde, a taxa de prevalência média de hipocondria é de 6,7%, mas chega a 16,6% para sintomas somáticos perturbadores, que se aproxima bastante da prevalência do transtorno de sintomas somáticos e do transtorno de ansiedade de doença agrupados nesses lugares (Creed e Barsky, 2004). A ansiedade de doença grave tem idade de início tardia, possivelmente porque mais problemas físicos de saúde ocorrem com o envelhecimento (El-Gabalawy et al., 2013).

O transtorno de Linda se desenvolveu durante sua adolescência. Uma série de estudos demonstra que os indivíduos mais suscetíveis a ter transtorno de sintomas somáticos são mulheres, solteiros e de grupos socioeconômicos mais baixos (ver, por exemplo, Creed e Barsky, 2004; Lieb et al., 2002). Além de uma variedade de queixas somáticas, os indivíduos podem ter queixas psicológicas, geralmente transtornos do humor ou ansiedade (Simms et al., 2012; Rief et al., 1998). Pacientes com esse transtorno que começaram a se consultar com psiquiatras relataram queixas psicológicas aparentemente intermináveis, inclusive sintomas psicóticos, além das queixas físicas (Lenze et al., 1999). Tentativas de suicídio que parecem ser mais atitudes manipuladoras do que esforços concretos para acabar com a vida também são situações frequentes (Chioqueta e Stiles, 2004). Obviamente, os indivíduos com transtornos de sintomas somáticos abusam ou fazem mau uso do sistema de saúde e por isso são responsáveis por um custo nove vezes mais alto do que de um paciente comum (Barsky, Orav e Bates, 2005; Hiller, Fichter e Rief, 2003; Woolfolk e Allen, 2011). Em um estudo, 19% das pessoas com esse transtorno estavam incapacitados (Allen et al., 2006). Embora os sintomas possam ir e vir, os transtornos de sintomas somáticos e o comportamento que acompanha a doença são crônicos e persistem até idade avançada.

As síndromes específicas de uma cultura, assim como acontece com transtornos de ansiedade, parecem se ajustar facilmente aos transtornos de sintomas somáticos (Kirmayer e Sartorius, 2007). Entre eles, podemos falar do transtorno de *koro*, no qual existe a crença, acompanhada por ansiedade grave e às vezes por pânico, de que os genitais estão retraindo para a cavidade abdominal. Grande parte das vítimas desse transtorno são homens chineses, embora possa ser encontrado entre mulheres; há poucos relatos sobre o problema nas cul-

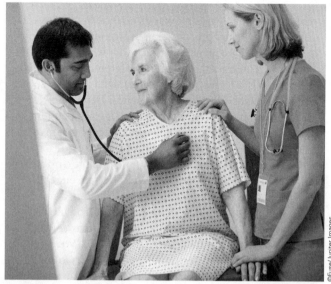

▲ No transtorno de sintomas somáticos, os contatos interpessoais primários envolvem cuidadores; os sintomas do indivíduo se tornam a sua própria identidade.

turas ocidentais. Por que o *koro* ocorre nas culturas chinesas? Rubin (1982) argumenta sobre a importância da função sexual entre homens chineses. Ele notou que esses típicos indivíduos que sofrem da doença se sentem culpados por masturbação excessiva, insatisfação com a relação sexual ou promiscuidade. Essas situações podem predispor homens a concentrarem a atenção nos seus órgãos sexuais, fato que pode exacerbar a ansiedade e a excitação emocional, assim como acontece nos transtornos de ansiedade.

Outro transtorno específico de uma cultura, prevalente na Índia, é uma ansiedade relacionada à preocupação de perder sêmen, obviamente algo que acontece durante a atividade sexual. O transtorno, chamado *dthat*, está associado a uma mistura vaga de sintomas físicos, incluindo tontura, fraqueza e fadiga. Esses sintomas de ansiedade ou de depressão de baixo grau são simplesmente atribuídos a um fator físico – perda do sêmen (Ranjith e Mohan, 2004). Outros sintomas somáticos pertencentes a determinada cultura associados a fatores emocionais incluem a sensação de calor na cabeça ou de algo rastejando por dentro, específicos nos pacientes africanos (Ebigno, 1986), e uma sensação de queimação nas mãos e nos pés em pacientes paquistaneses ou indianos (Kirmayer e Weiss, 1993).

Por muito tempo, pesquisadores pensaram que o sofrimento psicológico expressivo era uma queixa somática comum nos países em desenvolvimento ou não ocidentais. Mas uma busca mais acurada do problema mostrou que esse não parece ser o caso e que essa impressão resulta possivelmente da maneira como os estudos anteriores foram conduzidos (ver, por exemplo, Cheung, 1995). Portanto, chega-se à conclusão de que "somatizar" o sofrimento psicológico é comum e uniforme em todo o mundo (Gureje, 2004). É essencial examinar as causas médicas de queixas somáticas nos países em desenvolvimento, onde doenças infecciosas e parasitárias e condições físicas resultantes da nutrição precária são comuns e nem sempre fáceis de diagnosticar. A Tabela 6.1 apresenta dados de uma grande pesquisa da Organização Mundial da Saúde

TABELA 6.1 Frequência de duas formas de somatização em um estudo transcultural (N = 5.438)*

Localização	CID 10 Transtorno de somatização (%) Homens	Mulheres	Total de prevalência	Índice de sintomas somáticos (%) Homens	Mulheres	Total de prevalência
Ankara, Turquia	1,3	2,2	1,9	22,3	26,7	25,2
Atenas, Grécia	0,4	1,8	1,3	7,7	13,5	11,5
Bangalore, Índia	1,3	2,4	1,8	19,1	20,0	19,6
Berlim, Alemanha	0,3	2,0	1,3	24,9	25,9	25,5
Groningen, Holanda	0,8	4,1	2,8	14,7	19,9	17,8
Ibadan, Nigéria	0,5	0,3	0,4	14,4	5,0	7,6
Mainz, Alemanha	1,0	4,4	3,0	24,9	17,3	20,6
Manchester, Reino Unido	0	0,5	0,4	21,4	20,0	20,5
Nagasaki, Japão	0	0,2	0,1	13,3	7,9	10,5
Paris, França	0,6	3,1	1,7	18,6	28,2	23,1
Rio de Janeiro, Brasil	1,5	11,2	8,5	35,6	30,6	32,0
Santiago, Chile	33,8	11,2	17,7	45,7	33,3	36,8
Seattle, Washington, Estados Unidos	0,7	2,2	1,7	10,0	9,8	9,8
Xangai, China	0,3	2,2	1,5	17,5	18,7	18,3
Verona, Itália	0	0,2	0,1	9,7	8,5	8,9
Total	1,9	3,3	2,8	19,8	19,7	19,7

Nota: *Critérios para a Classificação Internacional de Doenças*. 10. ed. (CID-10) foram utilizados neste estudo.
* Mensurado na amostra de primeiro nível (entrada).
Fonte: Adaptado de Gureje et al. (1997). Somatization in cross-cultural perspective: a World Health Organization study in primary care. *American Journal of Psychiatry*, 154, 989-995.

sobre indivíduos que procuraram atenção primária à saúde com sintomas físicos sem explicação médica (um critério que deixou de ser exigido no *DSM-5*), cujos sintomas seriam suficientes ou não para preencher os critérios para os transtornos de sintomas somáticos. Note que as taxas são relativamente uniformes ao redor do mundo, assim como com relação à proporção de mulheres e homens (Gureje et al., 1997). No caso de o problema ser grave a ponto de preencher os critérios para o transtorno, a proporção de mulheres para homens é de aproximadamente 2:1.

Causas

Pesquisadores com pontos de vista diferentes convergem para a ideia de que existe um contínuo processo psicopatológico nos transtornos de sintomas somáticos. A má interpretação de sensações e sinais físicos como evidências de doença física é o ponto central, pois quase todos entendem que esses distúrbios são basicamente de cognição ou percepção com fortes contribuições emocionais (Adler et al., 1994; Olde Hartman et al., 2009; Taylor e Asmundson, 2004, 2009; Witthöft e Hiller, 2010).

Indivíduos com transtornos de sintomas somáticos experimentam sensações físicas comuns a todos nós, porém eles rapidamente concentram a sua atenção nessas sensações. Lembre-se de que o próprio ato de se concentrar em si mesmo aumenta a excitação e faz com que as sensações físicas pareçam mais intensas do que realmente são (ver Capítulo 5). Se você também tende a fazer uma má interpretação, como sendo sintomas de enfermidade, sua ansiedade aumenta ainda mais. O aumento da ansiedade produz outros sintomas físicos, criando, assim, um ciclo vicioso (ver Figura 6.1, que foi desenvolvida

TABELA 6.2 Critérios diagnósticos para transtorno de ansiedade de doença

A. Preocupação com ter ou adquirir doença grave.
B. Sintomas somáticos não estão presentes ou, se estiverem, são de intensidade apenas leve. Se uma outra condição médica estiver presente ou houver risco elevado de desenvolver uma condição médica (p. ex., presença de forte história familiar), a preocupação é claramente excessiva ou desproporcional.
C. Há alto nível de ansiedade com relação à saúde, e o indivíduo é facilmente alarmado a respeito do estado de saúde pessoal.
D. O indivíduo tem comportamentos excessivos relacionados à saúde (p. ex., verificações repetidas do corpo procurando sinais de doença) ou exibe evitação mal-adaptativa (p. ex., evita consultas médicas e hospitais).
E. Preocupação relacionada à doença presente há pelo menos seis meses, mas a doença específica que é temida pode mudar nesse período.
F. A preocupação relacionada à doença não é mais bem explicada por outro transtorno mental, como transtorno de sintomas somáticos, transtorno de pânico, transtorno de ansiedade generalizada, transtorno dismórfico corporal, transtorno obsessivo-compulsivo ou transtorno delirante, tipo somático.

Determinar o subtipo:
Tipo busca de cuidado: o cuidado médico, incluindo consultas ao médico ou realização de exames e procedimentos, é utilizado com frequência.
Tipo evitação de cuidado: o cuidado médico raramente é utilizado.

Fonte: Manual Diagnóstico e Estatístico de Transtornos Mentais. 5a. ed. – DSM-5. Tab. 6.2. Artmed, Porto Alegre, 2014.

para ser aplicada à hipocondria do *DSM-IV*, mas na verdade se aplica ao transtorno de sintomas somáticos e ao transtorno de ansiedade de doença do *DSM-5*) (Salkovskis, Warwick e Deale, 2003; Warwick e Salkovskis, 1990; Witthöft e Hiller, 2010).

Ao utilizar procedimentos provenientes da ciência cognitiva, tal como o teste Stroop (ver Capítulo 2), alguns pesquisadores (Hitchcock e Mathews, 1992; Pauli e Alpers, 2002) confirmaram que os participantes que sofrem desses transtornos mostram maior sensibilidade perceptiva aos sinais de doença. Eles também tendem a interpretar estímulos ambíguos como ameaçadores (Haenen et al., 2000). Assim, eles rapidamente se tornam conscientes (e temerosos) de qualquer sinal de uma possível doença ou enfermidade. Uma leve cefaleia, por exemplo, pode ser interpretada como um sinal indubitável de tumor cerebral. Smeets, de Jong e Mayer (2000) demonstraram que indivíduos com esse transtorno, comparados com os saudáveis, têm a atitude do "melhor prevenir do que remediar" para lidar até mesmo com o menor sintoma físico, para se livrarem deles o mais rápido possível. De maneira mais fundamental, eles têm o conceito restrito da saúde como uma condição totalmente livre de sintomas (Rief et al., 1998).

O que leva indivíduos a desenvolverem esse padrão de sensibilidade somática e crenças distorcidas? Embora não se tenha certeza, podemos dizer que é improvável que a resposta para essa questão esteja só em fatores biológicos ou psicológicos. Para alguns pacientes, as causas fundamentais desses transtornos são semelhantes àquelas dos transtornos de ansiedade (Barlow, 2002; Barlow et al., 2014). Por exemplo, evidências mostram que os transtornos de sintomas somáticos são observados em indivíduos de uma mesma família (Bell, 1994; Guze et al., 1986; Katon, 1993) e que existe uma modesta contribuição genética (Taylor et al., 2006). Mas essa contribuição pode ser não específica, como quando se tem uma tendência de responder em excesso ao estresse. Assim, pode ser indistinguível de uma contribuição genética não específica para os transtornos de ansiedade. A hiperresponsividade poderia combinar-se com uma tendência à visão negativa de que os acontecimentos da vida são imprevisíveis e incontroláveis e, por conseguinte, é preciso se proteger deles (Noyes et al., 2004; Barlow et al., 2014). Como observamos no Capítulo 5, esses fatores constituiriam vulnerabilidades biológicas e psicológicas para a ansiedade.

Por que essa ansiedade se concentra nas sensações físicas e na doença? Sabemos que crianças com esse tipo de preocupação relatam os mesmos tipos de sintoma que outros membros da família já relataram em algum momento (Kirmayer, Looper e Taillefer, 2003). Por conseguinte, é bastante possível, como ocorre no transtorno de pânico, que alguns indivíduos que desenvolvem transtorno de sintomas somáticos ou transtorno de ansiedade de doença tenham *aprendido* com membros da família a concentrar sua ansiedade em condições físicas e doenças específicas.

Três outros fatores podem contribuir para esse processo etiológico. Em primeiro lugar, esses transtornos parecem se desenvolver no contexto de um evento estressante da vida, assim como muitos transtornos, inclusive os de ansiedade. Tais eventos frequentemente envolvem doença ou morte (Noyes et al., 2004; Sandin et al., 2004). (O primeiro ano do casamento de Gail foi traumático e parece ter coincidido com o início de seu transtorno.) Em segundo, há uma tendência de as pessoas que desenvolvem esses transtornos terem vivenciado uma incidência desproporcional de doença na família quando eram crianças. Assim, mesmo se não desenvolveram transtornos de sintomas somáticos até a vida adulta, carregam fortes memórias da doença que poderiam tornar-se o foco da ansiedade. Em terceiro lugar, uma importante influência social e interpessoal pode estar envolvida (Noyes et al., 2003; Barlow et al., 2014). Algumas pessoas que vêm de famílias em que a doença é um assunto importante parecem ter aprendido que uma pessoa doente recebe mais atenção. Os "benefícios" de estar doente poderiam contribuir para o desenvolvimento do transtorno. Uma "pessoa doente" que recebe atenção crescente por estar

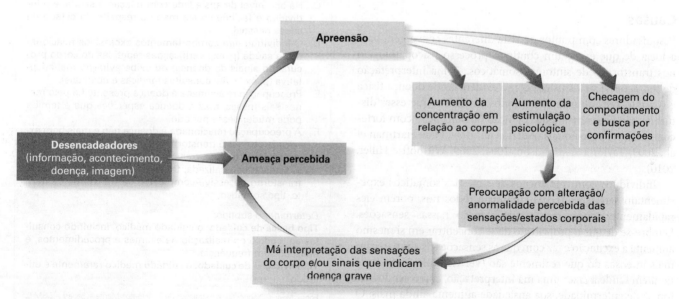

FIGURA 6.1 Modelo integrado de causas da hipocondria. (Com base em Warwick, H. M. e Salkovskis, P. M. (1990). Hypochondriasis. *Behavior Research Therapy, 28*, 105-117.)

nessa condição e consegue se esquivar do trabalho ou de outras responsabilidades é descrita como aquela que está se "fazendo de doente".

Tratamento

Costumava ser uma prática clínica comum revelar conflitos inconscientes por meio de psicoterapia psicodinâmica. No entanto, os resultados sobre a eficácia deste tipo de tratamento raramente foram relatados.

Estudos cientificamente controlados mostraram algum auxílio dos tratamentos cognitivo-comportamentais para a ansiedade de saúde (e.g., Bouman, 2014; Taylor e Asmundon, 2009) e também transtorno de sintoma somático (e.g., Kleinstäuber, Witthöft e Hiller, 2011; Sharma e Manjula, 2013; Witthoft e Hiller 2010; Woolfolk e Allen, 2011). Surpreendentemente, relatórios clínicos indicam que reasseguramento e educação podem ser efetivos em alguns casos com ansiedade de saúde (Haenen et al., 2000; Kellner, 1992) – "surpreendentemente", porque, por definição, pacientes com esses transtornos não deveriam se beneficiar com o reasseguramento sobre sua saúde. Entretanto, o reasseguramento geralmente é dado de maneira muito breve pelos médicos de família, que têm pouco tempo para oferecer apoio e confirmações posteriores que poderiam ser necessárias. Os profissionais da saúde mental podem muito bem ser capazes de oferecer reasseguramentos de maneira muito mais efetiva e sensível, devotar tempo suficiente para todas as preocupações que o paciente pode ter e prestar atenção ao "significado" dos sintomas (por exemplo, sua relação com o estresse do paciente). Fava et al. (2000) testaram essa ideia avaliando 20 pacientes que preenchiam os critérios para diagnóstico de hipocondria pelo *DSM-IV* em dois grupos. Um recebeu "terapia explicativa", em que o clínico revisava com detalhes a fonte e a origem dos sintomas. Esses pacientes foram avaliados imediatamente após a terapia e novamente no seguimento no sexto mês. O outro grupo, de lista de espera, não recebeu terapia explicativa até depois de aguardar os seis meses. Todos os pacientes receberam cuidados médicos. Em ambos os grupos, o fato de dedicar algum tempo para explicar em certos detalhes a natureza do transtorno do paciente de maneira educativa estava associado com uma redução significativa de medos e crenças sobre os sintomas somáticos e uma diminuição dos cuidados médicos, e esses ganhos foram mantidos no seguimento. Para o grupo da lista de espera, os ganhos do tratamento não aconteceram até que os pacientes receberam a terapia explicativa, sugerindo a efetividade desse tratamento. Esse é um pequeno estudo, o seguimento ocorreu por seis meses, mas os resultados são promissores (embora a terapia explicativa muito provavelmente tenha beneficiado aqueles com formas mais leves dos transtornos) (Taylor, Asmundson e Coons, 2005). A participação nos grupos de apoio também pode propiciar a essas pessoas o reasseguramento de que necessitam.

Existem agora avaliações de tratamentos mais consistentes (para uma revisão, ver Bouman, 2014). Por exemplo, Barsky e Ahern (2005) escolheram ao acaso 187 pacientes com hipocondria segundo os critérios do *DSM-IV* para receber seis sessões de terapia cognitivo-comportamental (TCC), executadas por terapeutas treinados, ou tratamento comum aplicado por médicos da atenção primária. A TCC se concentrou em identificar e desafiar as interpretações errôneas das sensações físicas relacionadas à doença e em mostrar aos pacientes como criar "sintomas" concentrando a atenção em certas regiões do corpo. Provocar os próprios sintomas convenceu muitos pacientes de que tais eventos estavam sob seu controle. Os pacientes também tiveram treinamento sobre como buscar menos reasseguramento em relação às suas preocupações. Os resultados podem ser visualizados na Figura 6.2 como pontuações no Índice de sintomas hipocondríacos de Whiteley. A TCC foi mais efetiva após o tratamento e nos dois momentos do seguimento tanto para os sintomas de hipocondria como para as mudanças gerais no funcionamento e na qualidade de vida. Mas os resultados ainda são "modestos", e muitos pacientes elegíveis se recusaram a participar do tratamento porque estavam convencidos de que seus problemas eram médicos, e não psicológicos. Em outra pesquisa, Allen et al. (2006) descobriram que 40% dos pacientes com transtorno de sintomas somáticos mais grave tratados com TCC (contra 7% de um grupo que recebeu cuidados médicos convencionais) apresentaram melhora clínica, e esses ganhos duraram pelo menos um ano. Escobar et al. (2007) reportaram constatações semelhantes. Curiosamente, uma pesquisa recente sugere que intervenções cognitivas não parecem ser necessárias para o tratamento de hipocondria (Weck et al., 2015). Esse estudo alocou randomicamente pacientes com hipocondria para receber apenas terapia cognitiva, terapia de exposição sem intervenções cognitivas explícitas, ou em lista de espera como grupo controle. Em comparação ao grupo controle, ambos os tratamentos resultaram em melhora dos sintomas de hipocondria, com alto tamanho de efeito. Apesar de o estudo ter encontrado uma redução significativa dos sintomas depressivos e queixas físicas em ambos os tratamentos em comparação com o grupo da lista de espera, os sintomas de ansiedade foram significativamente reduzidos apenas pelo tratamento de exposição. Os procedimentos de exposição consistiram em, repetidamente, confrontar o paciente a estímulos que são

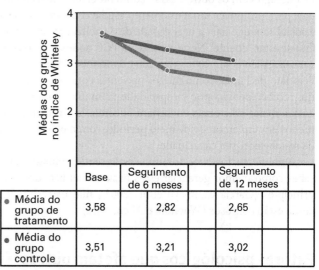

FIGURA 6.2 Redução dos sintomas de hipocondria após seis sessões de TCC ou cuidados médicos convencionais. (Adaptado de Barsky, A. J. e Ahern, D. K. (2005). Cognitive behavior therapy for hypocohondriasis: a randomized controlled trial. *JAMA, 291*, 1464-1470.)

relevantes para ansiedades de saúde (por exemplo, documentários sobre doenças) sem utilizar qualquer comportamento de prevenção e segurança (por exemplo, reasseguramento por médicos, verificação do abdômen quanto a câncer).

Alguns relatos recentes sugerem que a ação medicamentosa pode ajudar algumas pessoas com transtornos de sintomas somáticos (Fallon et al., 2003; Kjernisted, Enns e Lander, 2002; Kroenke, 2007; Taylor et al., 2005). Não é de surpreender que os mesmos tipos de droga (antidepressivos) são úteis para ansiedade e depressão. De acordo com um estudo, a TCC e a droga paroxetina (Paxil), um inibidor seletivo da recaptação de serotonina (ISRS), foram ambos efetivos, porém apenas a TCC foi significativamente diferente da condição na qual se utilizou um placebo. Especificamente, 45% do grupo de TCC, 30% do de Paxil e 14% do de placebo responderam ao tratamento entre todos os pacientes que participaram do estudo (Greeven et al., 2007).

Em nossa clínica, concentramo-nos, em primeiro lugar, em propiciar reasseguramento, reduzir o estresse e, em especial, reduzir a frequência do comportamento de buscar ajuda. Um dos padrões mais comuns é a tendência de a pessoa consultar inúmeros médicos especialistas para checar o sintoma da semana. Existe um extenso processo médico e físico para cada consulta com um novo médico (ou a algum que não visitou por um tempo), a um custo extraordinário para o sistema de saúde (Barsky et al., 2005; Witthöft e Hiller, 2010). Para limitar essas consultas durante o tratamento, estipulou-se que um médico seria responsável por fazer uma triagem de todas as queixas físicas. Consultas subsequentes ao especialista devem ser autorizadas por esse médico. No contexto de uma relação terapêutica positiva, a maioria dos pacientes costuma aceitar esse acordo.

Uma atenção terapêutica adicional tem o objetivo de reduzir as consequências de suporte que geram a atitude de se relacionar com outras pessoas significativas com base apenas nos sintomas físicos. São encorajados métodos mais apropriados de interagir com os outros, assim como procedimentos adicionais para promover um ajustamento saudável da vida pessoal e social sem que haja a necessidade de o paciente se apoiar no fato de estar "doente". Neste contexto, a TCC pode ser mais proveitosa (Allen et al., 2006; Mai, 2004; Woolfolk e Allen, 2011). Pelo fato de Linda, como muitos pacientes com esse transtorno, receber pensão por incapacidade laboratória do governo, outras metas adicionais envolviam encorajá-la a trabalhar ao menos em um emprego de meio período, com o objetivo final de restabelecer sua capacidade.

Atualmente, médicos de família estão sendo treinados para saber como melhor gerenciar esses pacientes utilizando esses princípios (Garcia-Campayo et al., 2002), mas os resultados ainda estão confusos (Woolfolk e Allen, 2011).

Fatores psicológicos que afetam outras condições médicas

Um transtorno de sintomas somáticos relacionado é chamado **fatores psicológicos que afetam outras condições médicas**.

O aspecto crucial desse transtorno é a presença de uma condição médica diagnosticada, como asma, diabetes ou dor grave causada por condições médicas conhecidas, como câncer, a qual é afetada de maneira adversa (aumento em frequência ou gravidade) por um ou mais fatores psicológicos ou comportamentais. Esses fatores teriam uma influência direta no curso ou talvez no tratamento da condição médica. Um exemplo disso é a presença de uma ansiedade grave que claramente piora uma condição de asma. Outro exemplo é um paciente diabético que nega a necessidade de checar regularmente os níveis de insulina e fazer intervenção quando preciso. Nesse caso, o padrão teria de ser consistente com a negligência da monitorização e a intervenção adequadas, mas o descaso é claramente um fator comportamental ou psicológico que afeta de forma adversa a condição médica. O diagnóstico precisaria ser distinto do desenvolvimento de estresse ou ansiedade em resposta a uma condição médica grave. Nesse caso, seria mais adequado dar o diagnóstico de transtorno de adaptação (ver Capítulo 5). No Capítulo 9, discutiremos a psicologia da saúde e a contribuição de fatores psicológicos para problemas físicos, inclusive doença cardiovascular, câncer, Aids e dor crônica.

Transtorno conversivo (transtorno de sintomas neurológicos funcionais)

O termo *conversão* tem sido utilizado desde a Idade Média (Mace, 1992), mas foi Freud que o disseminou, pois acreditava que a ansiedade, resultante dos conflitos inconscientes, era de alguma forma "convertida" em sintomas físicos. Assim, o indivíduo descarregava a ansiedade sem ter que experimentá-la. Como ocorre com os transtornos fóbicos, a ansiedade, que resulta de conflitos inconscientes, pode ser transferida para outro objeto. No *DSM-5*, o "transtorno de sintomas neurológicos funcionais" é um subtítulo do termo transtorno conversivo, porque é mais frequentemente usado por neurologistas que assistem a maioria dos pacientes que são diagnosticados com esse transtorno, e porque é mais conveniente para pacientes. A palavra "funcional" refere-se a um sintoma sem causa orgânica (Stone et al., 2010). É provável que o termo antigo "conversão" não seja mais utilizado nas futuras edições do *DSM*.

Descrição clínica

Transtornos conversivos geralmente têm a ver com mau funcionamento físico, como paralisia, cegueira ou dificuldade de falar (afonia), sem que alguma patologia orgânica ou física seja responsável por esse mau funcionamento orgânico. Grande parte dos sintomas conversivos indica que existe algum tipo de doença neurológica afetando os sistemas sensório-motores, embora possam mimetizar a maioria das disfunções físicas.

O transtorno conversivo fornece alguns dos exemplos mais intrigantes e, às vezes, surpreendentes da psicopatologia. O que poderia causar a cegueira de alguém quando todos os processos visuais estão normais, ou o que poderia fazer que uma pessoa tenha paralisia nas mãos e nas pernas quando não há indício de dano neurológico? Considere o caso de Eloise.

ELOISE... Desaprendendo a andar

Eloise sentou-se em cima das pernas, em uma cadeira, recusando-se a colocar os pés no chão. Sua mãe sentou-se perto dela, pronta para ver se ela precisaria se mover ou levantar. Sua mãe marcou a consulta e, com a ajuda de um amigo, carregou-a para dentro do consultório. Eloise era uma garota de 20 anos de idade com inteligência limítrofe, amigável e gentil, e que prontamente respondeu a todas as perguntas com um sorriso no rosto durante a entrevista inicial. Ela obviamente gostava de interação social.

A dificuldade de andar de Eloise se desenvolveu ao longo de 5 anos. Sua perna direita perdeu forças e ela começou a cair. Gradualmente, seu estado piorou a tal ponto que, seis meses antes de sua internação no hospital, Eloise só conseguia se mover rastejando no chão.

Os exames físicos não revelaram nenhum problema físico. Eloise apresentava um clássico caso de transtorno conversivo. Embora ela não estivesse paralisada, seus sintomas específicos incluíam fraqueza nas pernas e dificuldade de manter o equilíbrio, motivo pelo qual caía com frequência. Esse tipo particular de sintoma conversivo é chamado de *astasia-abasia*. Eloise morava com sua mãe, que trabalhava em uma loja de presentes na parte da frente da sua casa em uma pequena zona rural. Ela havia estudado em escolas que ofereciam programas de educação especial até quase completar 15 anos de idade; depois disso, não havia programas disponíveis para deficientes. Quando passou a ficar em casa, Eloise começou a ter cada vez mais dificuldades para andar.

TABELA 6.3 Critérios diagnósticos para transtorno conversivo (transtorno de sintomas neurológicos funcionais)

A. Um ou mais sintomas de função motora ou sensorial alterada.
B. Achados físicos evidenciam incompatibilidade entre os sintomas e as condições médicas ou neurológicas encontradas.
C. O sintoma ou déficit não é mais bem explicado por outro transtorno mental ou médico.
D. O sintoma ou déficit causa sofrimento clinicamente significativo ou prejuízo no funcionamento social, profissional ou em outras áreas importantes da vida do indivíduo ou requer avaliação médica.

Fonte: Manual Diagnóstico e Estatístico de Transtornos Mentais. 5a. ed. – DSM-5. Tab. 6.3. Artmed, Porto Alegre, 2014.

Além de cegueira, paralisia e afonia, os sintomas conversivos podem incluir mutismo total e perda de tato. Algumas pessoas têm convulsões, mas de provável origem psicológica, pois não há alterações significativas no eletroencefalograma (EEG). Essas "convulsões" são geralmente nomeadas de convulsões psicogênicas ou não epiléticas. Outro sintoma relativamente comum é o *globus hystericus*, que em português denominamos sensação globus, uma sensação de "bola" ou caroço na garganta que dificulta a deglutição, a alimentação e, às vezes, a fala (Finkenbine e Miele, 2004).

Transtornos intimamente relacionados

Distinguir entre reações conversivas, sintomas medicamente explicados e **simulação** (fingimento) é muitas vezes difícil. Vários fatores podem contribuir, mas um único sintoma amplamente considerado como um sinal diagnóstico provou não ser útil a tal distinção.

Por muito tempo, pensou-se que os pacientes com reações conversivas tinham a mesma qualidade de indiferença aos sintomas que pareciam estar presentes em algumas pessoas que sofriam de transtorno de sintomas somáticos grave. Essa atitude, que chamamos *la belle indifférence* (em português, usa-se também *indiferença afetiva*), foi considerada um marco das reações conversivas, mas, infelizmente, deixou de ser. Stone et al. (2006) descobriram que pessoas com transtornos físicos, às vezes, têm uma atitude blasé com relação a doenças, enquanto outras, com sintomas conversivos, ficam bastante aflitas. De maneira específica, apenas 21% de 356 pacientes com sintomas conversivos demonstraram *la belle indifférence* em comparação com 29% de 157 pacientes com doença orgânica.

Outros fatores podem ajudar a fazer essa distinção. Os sintomas conversivos parecem ser precipitados por estresse marcante. Normalmente esse estresse toma a forma de lesão física. Em um grande levantamento, 324 de 869 pacientes (37%) relataram lesão física prévia (Stone et al., 2009a). Porém, a ocorrência de estressor identificável não é um sinal confiável de transtorno conversivo, uma vez que muitos outros transtornos estão associados a acontecimentos estressantes, os quais ocorrem na vida de pessoas sem nenhum transtorno. Por essa razão, o critério diagnóstico no qual o transtorno conversivo é associado ao estresse precedente não aparece no *DSM-5*. Embora pessoas com sintomas conversivos possam funcionar normalmente, elas parecem desconhecer qualquer uma dessas capacidades ou dos estímulos sensoriais. Por exemplo, os indivíduos com sintoma conversivo de cegueira podem geralmente evitar objetos no seu campo visual, mas falam que não conseguem vê-los. De maneira semelhante, aqueles com paralisia nas pernas podem de repente levantar e correr quando há uma situação de emergência e ficarem atônitos pelo fato de conseguir fazer isso. É possível que ao menos algumas das pessoas que receberam curas milagrosas durante cerimônias religiosas estivessem sofrendo de reações conversivas. Esses fatores podem ajudar a distinguir transtornos físicos de base orgânica dos conversivos, utilizando técnicas modernas de diagnósticos disponíveis, mesmo assim, às vezes os médicos se enganam, muito embora isso não seja uma rotina. Por exemplo, Moene et al. (2000) reavaliaram cuidadosamente 85 pacientes diagnosticados com transtorno conversivo e descobriram que dez (11,8%) desenvolveram alguma evidência de transtorno neurológico aproximadamente dois anos e meio após o primeiro exame. Stone et al. (2005), resumindo alguns estudos, calcularam que a taxa de diagnósticos errôneos de transtorno conversivo, que são realmente problemas físicos, é de aproximadamente 4%, o que indica uma melhoria considerável em comparação a décadas anteriores. Em todo o caso, para fazer um diagnóstico de transtorno conversivo é crucial que se descartem as causas médicas dos sintomas e, considerando os avanços nos procedimentos de triagem médica, esse é o principal critério diagnóstico segundo o *DSM-5* (APA, 2013; Stone et al., 2010).

Alguns sintomas conversivos envolvem movimentos como tremores considerados involuntários. Mas o que faz um movimento ser voluntário ou involuntário? Cientistas tentaram descobrir por meio de uma pesquisa bem formulada (Voon et al., 2010). Eles avaliaram oito pacientes que apresentavam tremores sem base neurológica (tremores conversivos). Em um experimento bem elaborado, eles utilizaram o exame de imagem de ressonância magnética funcional (fMRI) para comparar a atividade cerebral durante o tremor conversivo e também a atividade cerebral no tremor voluntário "simulado", no qual os pacientes foram instruídos a tremer de propósito. Os pesquisadores descobriram que o tremor conversivo, quando comparado ao tremor voluntário, estava associado a menor atividade no córtex parietal inferior direito. Curiosamente, essa é uma área do cérebro que tem a função de comparar previsões internas com acontecimentos reais. Em outras palavras, se uma pessoa quer mover o braço e então decide fazê-lo e o move, essa área do cérebro determina se ocorreu a ação desejada. Visto que nós pensamos em fazer um movimento antes de realmente fazê-lo, o cérebro conclui (corretamente, na maioria dos casos) que nós fizemos com que o movimento ocorresse. Mas se a área do cérebro não está funcionando adequadamente, então o cérebro pode concluir que o movimento é involuntário.

Claro que não fica evidente se essa atividade cerebral é a causa ou o resultado de sintomas conversivos, mas as tecnologias sofisticadas de imagem cerebral podem eventualmente nos trazer uma compreensão maior de pelo menos uma parte do enigma de sintomas conversivos em algumas pessoas.

Pode ser, da mesma forma, difícil distinguir entre indivíduos que estejam de fato experimentando sintomas conversivos de maneira aparentemente involuntária daqueles que estejam simulando e que são muito bons em fingir sintomas. Quando os simuladores são expostos, sua motivação torna-se clara: eles estão tentando ficar livres de algo, como dificuldades no trabalho ou problemas com a justiça, ou estão tentando ganhar alguma coisa, como comodidade financeira. Os simuladores têm consciência do que estão fazendo e tentam manipular outros para obter o que desejam.

TABELA 6.4 Critérios diagnósticos para transtorno factício

A. Falsificação de sinais ou sintomas físicos ou psicológicos, ou indução de lesão ou doença, associada à fraude identificada.
B. O indivíduo se apresenta a outros como doente, incapacitado ou lesionado.
C. O comportamento fraudulento é evidente mesmo na ausência de recompensas externas óbvias.
D. O comportamento não é mais bem explicado por outro transtorno mental, como transtorno delirante ou outra condição psicótica.

Especificar:
Episódio único
Episódios recorrentes: dois ou mais eventos de falsificação de doença e/ou indução de lesão.

Fonte: Manual Diagnóstico e Estatístico de Transtornos Mentais. 5a. ed. – DSM-5. Tab. 6.4. Artmed, Porto Alegre, 2014.

Mais enigmático é o conjunto de condições denominado **transtornos factícios**, que ficam entre a simulação e os transtornos conversivos. Os sintomas estão sob controle voluntário, como na simulação, mas *não há razão óbvia* para produzir voluntariamente os sintomas, exceto, possivelmente, para assumir o papel de doente e receber maior atenção. Tragicamente, esse transtorno pode atingir outros membros da família. Um adulto, quase sempre uma mãe, pode propositadamente causar uma doença em seu filho, evidentemente para chamar a atenção e para que sintam pena dela por ser mãe de uma criança doente. Quando um indivíduo deliberadamente causa uma doença em alguém, estamos lidando com um *transtorno factício imposto a outro*; também conhecido anteriormente como *síndrome de Munchausen por procuração (SMPP)*. Em todo caso, é uma forma atípica de abuso infantil (Check, 1998). A Tabela 6.2 apresenta as diferenças entre o abuso infantil típico e o transtorno factício imposto a outra (síndrome de Munchausen por proxis).

O progenitor agressor recorre a táticas extremas para criar no filho a aparência de que ele é doente. Por exemplo, uma

TABELA 6.2 Abuso infantil associado à síndrome de Munchausen por procuração versus abuso infantil típico

	Abuso infantil típico	Abuso infantil atípico (síndrome de Munchausen por procuração)
Apresentação física da criança	Resulta do contato físico direto com a criança; sinais frequentemente detectados no exame físico	Apresentação falsa de uma doença médica ou cirúrgica aguda ou acidental, a qual geralmente não é evidente em exame físico
Realização do diagnóstico	O perpetrador não conduz à descoberta da manifestação do abuso	O perpetrador geralmente apresenta as manifestações do abuso ao sistema de saúde
Vítimas	As crianças são ou objetos de frustração e raiva ou recebem punição indevida ou inadequada	As crianças servem como vetor para que a mãe obtenha a atenção que deseja; raiva não é o principal fator causal
Consciência de abuso	Geralmente presente	Geralmente não está presente

Fonte: Reimpresso com permissão, de Check, J. R. (1998). Munchausen syndrome by proxy: An atypical form of child abuse. Journal of Practical Psychiatry and Behavioral Health, 4(6), p. 341, Tabela 6.2. © 1998 Lippincott, Williams & Wilkins.

mãe agitou a amostra de urina de seu filho com um absorvente interno utilizado durante a menstruação. Outra mãe misturou fezes no vômito da criança (Check, 1998). Em razão de a mãe geralmente estabelecer uma relação positiva com a equipe médica, a natureza verdadeira da doença fica, com frequência, insuspeita, e a equipe vê a progenitora como uma cuidadora notável, cooperativa e envolvida em oferecer bem-estar ao filho. Por esse motivo, a mãe é, no geral, muito bem-sucedida em escapar de suspeitas. Procedimentos úteis para avaliar a possibilidade de síndrome de Munchausen por procuração incluem uma experiência para separar a mãe do filho ou vigiar a criança por meio de vídeo quando estiver internada no hospital. Um estudo importante pareceu validar a utilidade da vigilância nos quartos da ala pediátrica onde havia suspeita de transtorno factício imposto a outro. Nesse estudo, 41 pacientes que apresentaram problemas físicos crônicos difíceis de diagnosticar foram monitorados por vídeo durante o período de internação. Em 23 desses casos, descobriu-se ser o diagnóstico transtorno factício imposto a outro, no qual os pais eram responsáveis pelos sintomas da criança, e em mais da metade desses 23 casos a vigilância assistida por vídeo foi o método utilizado para estabelecer o diagnóstico. Nos outros pacientes, testes laboratoriais ou o fato de "pegar a mãe no flagra", induzindo a doença do filho, confirmaram o diagnóstico. Em um caso, uma criança estava sofrendo de infecções por *Escherichia coli*, ou *E. coli*, recorrentes e câmeras pegaram a mãe injetando sua própria urina no equipamento intravenoso instalado na criança (Hall et al., 2000).

Processos mentais inconscientes

Os processos cognitivos inconscientes parecem desempenhar uma função em muitos aspectos da psicopatologia (embora não necessariamente como Freud previu), mas esse fenômeno é mais evidente do que quando tentamos distinguir entre os transtornos conversivos e as condições relacionadas. Para observarmos mais atentamente o processo mental "inconsciente" dessas condições, vamos relembrar brevemente o caso de Anna O. (ver Capítulo 2).

Como você deve se lembrar, quando Anna O. tinha 21 anos, cuidava de seu pai enfermo. Foi um momento difícil. Ela disse que depois de muitos dias ao lado do leito de seu pai, sua mente vagava. Repentinamente, ela se pegou imaginando (sonhando?) que uma cobra preta estava se movendo sobre a cama, pronta para morder seu pai. Ela tentou agarrar a cobra, mas seu braço direito estava dormente e ela não conseguia movê-lo. Ao olhar para o braço e para a sua mão, ela imaginou que os dedos tinham se transformado em pequenas cobras venenosas. Horrorizada, tudo o que ela conseguia fazer era rezar, e a única oração que lhe vinha à mente foi em inglês (a língua nativa de Anna O. era o alemão). Após isso, ela experimentava paralisia no braço direito toda vez que se lembrava da alucinação. A paralisia gradualmente se ampliou para todo o lado direito do seu corpo e, de vez em quando, para outras partes. Ela também experimentou outros sintomas conversivos, como surdez e, curiosamente, incapacidade para falar alemão, embora permanecesse fluente em inglês. Durante o tratamento de Josef Breuer, Anna O. reviveu suas experiências traumáticas em sua imaginação. Sob hipnose, ela foi capaz de recriar a horrível

alucinação. Quando se lembrou das imagens e as processou, a paralisia a deixou e ela recuperou a capacidade de falar alemão. Breuer chamou a reexperimentação terapêutica de acontecimentos emocionalmente traumáticos de *catarse* (purgar ou liberar). A catarse provou ser uma intervenção efetiva no caso de muitos transtornos emocionais, como foi observado no Capítulo 5.

Os sintomas de Anna O. eram realmente "inconscientes" ou ela percebia, em algum nível, que podia mover o braço e o restante do corpo, caso quisesse, e aquilo simplesmente servia para seu propósito de não fazê-lo? Essa questão atormentou os psicopatologistas por muito tempo. Atualmente, as informações (revisadas no Capítulo 2) sobre os processos cognitivos inconscientes se tornam importantes. Todos nós somos capazes de receber e processar informações em numerosos canais sensoriais (como visão e audição) sem estarmos conscientes delas. Você se lembra do fenômeno da visão cega ou da visão inconsciente? Weiskrantz (1980) e outros pesquisadores descobriram que pessoas com pequeno dano localizado em certas partes do cérebro identificam objetos no seu campo de visão, mas não têm nenhuma consciência daquilo que conseguem ver. Isso poderia acontecer com pessoas sem dano cerebral? Considere o caso de Célia.

Sackeim, Nordlie e Gur (1979) avaliaram a diferença potencial entre o processo inconsciente verdadeiro e a simulação, hipnotizando duas mulheres e oferecendo a cada uma a sugestão de cegueira total. Uma das mulheres foi sugestionada com a informação de que era extremamente importante que ela parecesse cega para qualquer pessoa que fosse. A segunda mulher não recebeu essas instruções. A primeira mulher, seguindo as instruções para parecer cega a todo custo, teve desempenho bem abaixo do esperado para uma tarefa de discriminação visual semelhante à da tarefa do triângulo reto. Em quase todo experimento, ela escolheu a resposta errada. A segunda mulher, com a sugestão hipnótica de cegueira, mas nenhuma instrução para "parecer" cega, teve desempenho perfeito em relação às tarefas de discriminação visual, embora ela relatasse que não conseguia ver coisa alguma. Como isso pode ser relevante para

---

CÉLIA ... Vendo através da cegueira

De repente, Célia, uma garota de 15 anos, tornou-se incapaz de enxergar.

Logo em seguida, ela recuperou parte da visão, mas esse sentido estava tão gravemente embaçado que ela não conseguia ler. Quando foi levada para a clínica para exames, os psicólogos organizaram uma série de testes sofisticados de visão que não requeriam que ela relatasse quando conseguia ou não enxergar. Uma das tarefas exigia que ela examinasse três triângulos dispostos em três telas separadas e apertasse um botão sob a tela que contivesse um triângulo reto. Célia teve um desempenho perfeito nesse teste sem estar consciente de que podia ver alguma coisa (Grosz e Zimmerman, 1970). Célia estava fingindo? É claro que não, ou ela propositadamente teria de cometer um erro.

identificar simulação? Em um caso anterior, Grosz e Zimmerman (1965) avaliaram um homem que parecia ter sintomas conversivos de cegueira. Eles perceberam que o indivíduo errou muito mais do que se escolhesse a resposta ao acaso em uma tarefa de discriminação visual. Informações posteriores de outras fontes confirmaram que era quase certo que ele simulava. Para rever essas distinções, alguém que fosse verdadeiramente cego teria de ter um nível de desempenho equivalente ao que é esperado para respostas ao acaso para tarefas de discriminação visual. As pessoas com sintomas conversivos, por outro lado, podem ver objetos em seus campos visuais e, por conseguinte, teriam um bom desempenho nessas tarefas, mas essa experiência é dissociada da consciência de visão. Simuladores e, talvez, os indivíduos com transtornos factícios fazem todo o possível para fingir que não conseguem enxergar.

Estatísticas

Vimos que o transtorno conversivo pode acontecer em conjunto com outros transtornos, particularmente com o de sintomas somáticos, como no caso de Linda. A paralisia de Linda acabou após diversos meses e não voltou, embora às vezes ela relatasse sentir-se "como se" estivesse voltando àquele estado. Transtornos de ansiedade e do humor comórbidos são também comuns (Pehlivanturk e Unal, 2002; Rowe, 2010; Stone et al., 2009b). Os transtornos conversivos são relativamente raros em instituições de saúde mental, mas lembre-se de que as pessoas que procuram ajuda para essa condição provavelmente consultarão neurologistas ou outros especialistas. A estimativa de prevalência em serviços de neurologia é alta, em média 30% (Rowe, 2010; Stone et al., 2009b). Um estudo estima que 30% de todos os pacientes encaminhados para centros de tratamento de epilepsia têm convulsões psicogênicas ou não epiléticas (Benbadis e Allen-Hauser, 2000; Schoenberg, Marsh e Benbadis, 2012).

Como no transtorno de sintomas somáticos grave, os transtornos conversivos são encontrados principalmente em mulheres (Brown e Lewis-Fernandez, 2011; Deveci et al., 2007) e tipicamente se desenvolvem durante a adolescência ou logo em seguida. Reações conversivas também foram relatadas em soldados expostos a combate mais árduo, principalmente durante a Primeira e a Segunda Guerra Mundial (Mucha e Reinhardt, 1970; Perez-Sales, 1990). Os sintomas conversivos frequentemente desaparecem com o passar do tempo, porém reaparecem da mesma forma ou com características semelhantes quando ocorre um novo estressor. Em determinado estudo, 56 pacientes com convulsões psicogênicas ou não epiléticas (16 homens e 40 mulheres) que tinham o transtorno por oito anos em média foram acompanhados ao longo de 18 meses após o diagnóstico inicial (Ettinger et al., 1999). No geral, o resultado foi ruim para esses pacientes: apenas cerca de metade deles se recuperou. Até mesmo entre os pacientes cujas convulsões melhoraram, a re-hospitalização foi frequente. Aproximadamente, 20% desse grupo tentou suicídio, e essa proporção não diferiu entre aqueles cujas convulsões melhoraram durante o período e aqueles que não tiveram melhora. Quando os pacientes acreditavam no diagnóstico de transtorno conversivo e percebiam que estavam em boa condição médica e com bom funcionamento no trabalho e em casa, tinham mais chances de se recuperar das convulsões de origem psicológica. Felizmente, as crianças e os adolescentes parecem ter um prognóstico melhor a longo prazo comparado aos adultos. Em um estudo na Turquia, um total de 85% de 40 crianças se recuperou quatro anos após os diagnósticos iniciais, e os indivíduos diagnosticados mais cedo tiveram uma perspectiva melhor de recuperação (Pehlivanturk e Unal, 2002). Em vista da consistência com a qual esse transtorno ocorre nos países ao redor do mundo, esse resultado provavelmente também seria válido em outros países. No início do capítulo, observamos que o transtorno conversivo e os transtornos dissociativos partilham de características comuns. Muitos estudos provam essa evidência (Brown e Lewis-Fernandez, 2011). Em um estudo, 72 pacientes com transtorno conversivo foram comparados com um grupo controle de 96 pacientes psiquiátricos que sofriam de diversos transtornos emocionais e que foram equiparados por sexo e faixa etária. Os sintomas dissociativos, tais como sentimentos de irrealidade, foram significativamente mais frequentes nos pacientes com transtorno conversivo do que no grupo controle, com base nas respostas de um questionário (Spitzer et al., 1999). Essa descoberta foi replicada em outro estudo envolvendo 54 pacientes com transtorno conversivo comparados com 50 pacientes equiparados que tinham transtornos do humor ou de ansiedade (Roelofs et al., 2002). Em outras culturas, alguns sintomas conversivos são aspectos comuns de rituais religiosos ou de cura. Nos Estados Unidos, convulsões, paralisias e transes são comuns em alguns grupos religiosos fundamentalistas das zonas rurais (Griffith, English e Mayfield, 1980) e são vistos como a evidência do contato com Deus. Os indivíduos que mostram tais sintomas são, assim, tidos com apreço por seus pares. Esses sintomas não preenchem os critérios de "transtorno", a menos que persistam e interfiram no funcionamento do indivíduo.

Causas

Freud descreveu quatro processos básicos no desenvolvimento do transtorno conversivo. Primeiro, na concepção freudiana, o indivíduo experiencia um evento traumático, um conflito inconsciente inaceitável. Segundo, pelo fato de o conflito e a ansiedade resultantes serem inaceitáveis, a pessoa reprime o conflito, tornando-o inconsciente. Terceiro, a ansiedade continua a aumentar e ameaça emergir na consciência, então o indivíduo a "converte" em sintomas físicos, por meio dos quais alivia a pressão de ter que lidar diretamente com o conflito. Essa redução da ansiedade é considerada um ganho primário ou um acontecimento de reforço que nutre o sintoma conversivo. Em quarto lugar, o indivíduo recebe mais atenção e simpatia dos entes queridos e consegue evitar uma situação ou tarefa difícil. Freud considerava essa atenção ou evitação um *ganho secundário*, o conjunto de acontecimentos secundários de reforço.

Acreditamos que Freud estava certo em pelo menos três pontos, mas possivelmente não no quarto, embora uma evidência sólida que apoie qualquer uma dessas ideias seja esparsa e a visão de Freud seja muito mais complexa do que apresentamos aqui. Frequentemente, indivíduos que sofrem de transtorno conversivo passaram por um evento traumático do qual devem ter conseguido escapar a todo custo (Brown e Lewis-Fernandez, 2011; Stone et al., 2009a). Pode ter sido um combate no qual a morte é iminente, ou uma situação interpessoal complicada. Visto que simplesmente fugir é inaceitável na maioria dos casos, ficar doente é uma alternativa socialmente aceitável, e por isso há uma substituição da primeira situação (fuga) pela

▲ Convulsões e transes que podem ser sintomas de transtorno conversivo são também comuns em alguns grupos religiosos fundamentalistas nas zonas rurais dos Estados Unidos.

segunda (doença); todavia ficar doente de propósito também é inaceitável; assim, essa motivação é retirada da consciência da pessoa. Por fim, em razão de o comportamento de fuga (os sintomas conversivos) ser bem-sucedido em certo grau ao obliterar a situação traumática, o comportamento continua até que o problema subjacente esteja resolvido. Uma pesquisa atual confirma essas hipóteses, pelo menos em parte (Wyllie et al., 1999). Nesse estudo, 34 pacientes crianças e adolescentes, 25 dos quais garotas, foram avaliados após receberem um diagnóstico de pseudoconvulsões com base psicológica (convulsões psicogênicas ou não epilépticas). Muitas dessas crianças e adolescentes apresentaram transtornos psicológicos adicionais, incluindo 32% de transtornos do humor e 24% de ansiedade de separação e recusa de ir à escola. Outros transtornos de ansiedade estiveram presentes em alguns pacientes adicionais.

Quando a amplitude do estresse psicológico na vida dessas crianças foi examinada, descobriu-se que a maioria teve estresse substancial, incluindo histórico de abuso sexual, recente divórcio dos pais ou morte de um membro familiar próximo, bem como abuso físico. Os autores concluíram, como outros estudos indicaram, que os principais transtornos do humor e o estresse ambiental grave, especificamente o abuso sexual, são comuns entre crianças e adolescentes com transtorno conversivo de pseudoconvulsões (Roelofs et al., 2002).

Em outra pesquisa, 15 adolescentes que na infância apresentaram problemas visuais de origem psicológica foram comparados com um grupo controle de adolescentes que tiveram problemas visuais na infância em consequência de problemas físicos conhecidos. Os adolescentes com transtornos conversivos tinham mais probabilidade de terem experimentado estresse e dificuldades de ajustamento, como dificuldades escolares substanciais ou perda de uma figura significativa em suas vidas e, em uma escala de avaliação, eles classificaram suas mães como superprotetoras e excessivamente participativas. Classificar mães como "excessivamente participativas" ou "superprotetoras" sugere que esses sintomas visuais de base psicológica podem ter sido tratados e reforçados em demasia (Wynick, Hobson e Jones, 1997).

A única etapa da progressão de Freud quanto aos eventos sobre os quais subsistem algumas dúvidas é a questão do ganho primário. A noção do ganho primário representa o aspecto da *la belle indifférence* (citada anteriormente), na qual os indivíduos parecem não ficar nem um pouco aflitos com os sintomas. Em outras palavras, Freud pensava que, em razão de os sintomas refletirem uma tentativa inconsciente de resolver um conflito, o paciente não se sentiria perturbado por eles. No entanto, testes formais dessa característica oferecem pouca sustentação à alegação de Freud. Por exemplo, Lader e Sartorius (1968) compararam pacientes com transtorno conversivo com grupos controle de pacientes que sofriam de ansiedade, mas que não tinham sintomas conversivos. Os pacientes com transtorno conversivo demonstraram ansiedade e excitação psicológica iguais ou maiores do que os pacientes do grupo controle. Da mesma maneira, Stone et al. (2006), em estudos anteriormente descritos sobre "indiferença" com relação aos sintomas conversivos, não viram nenhuma distinção concernente ao sofrimento causado por sintomas entre pacientes com transtorno conversivo ao compará-los com pacientes com doença orgânica.

Influências sociais e culturais também contribuem para o transtorno conversivo que, como no transtorno de sintomas somáticos, tende a acontecer em grupos com menos instrução educacional e de nível socioeconômico mais baixo, no qual o conhecimento sobre doenças não é bem desenvolvido (Brown e Lewis-Fernandez, 2011; Kirmayer et al., 2003; Woolfolk e Allen, 2011). Por exemplo, Binzer, Andersen e Kullgren (1997) observaram que 13% de uma série de 30 pacientes adultos com deficiências motoras em consequência de transtorno conversivo atingiram o ensino médio, em comparação com 67% de um grupo controle com sintomas motores de causa física. A experiência anterior com problemas físicos verdadeiros, geralmente entre outros membros familiares, tende a influenciar a escolha posterior de sintomas conversivos específicos; ou seja, os pacientes tendem a adotar sintomas com os quais estejam familiarizados (ver, por exemplo, Brady e Lind, 1961). Além disso, a incidência desses transtornos diminuiu no decorrer das décadas (Kirmayer et al., 2003). A explicação mais provável é que o crescente conhecimento sobre as causas reais dos sintomas físicos por ambos os pacientes e seus familiares elimina grande parte da possibilidade do ganho secundário, tão importante nesses transtornos.

Por fim, muitos sintomas conversivos parecem ser parte de uma constelação maior da psicopatologia. Linda teve transtorno de sintomas somáticos de ampla variação, bem como sintomas conversivos graves que resultaram em sua hospitalização. Em casos semelhantes, indivíduos podem ter uma vulnerabilidade biológica marcante para desenvolver o transtorno conversivo quando sob estresse, que inclui processos biológicos, como os discutidos no contexto do transtorno de sintomas somáticos. Os neurocientistas estão cada vez mais descobrindo uma forte conexão entre os sintomas conversivos e as partes do cérebro que regularam a emoção, tais como a amígdala, utilizando procedimentos de imagem cerebral (Bryant e Das, 2012; Rowe, 2010; Voon et al., 2010).

Em outros incontáveis casos, entretanto, fatores biológicos contribuintes parecem ser menos importantes do que a influência esmagadora dos fatores interpessoais (as atitudes da mãe de Eloise, por exemplo), como veremos na próxima seção. Você verá que a extensão do sofrimento dela e sua resolução bem-sucedida apontam para uma etiologia psicológica e social.

Tratamento

Embora alguns estudos sistemáticos controlados tenham avaliado a efetividade do tratamento para os transtornos conversivos, frequentemente tratamos dessas condições de saúde em nossas clínicas, como outros também o fazem (ver, por exemplo, Campo e Negrini, 2000; Moene et al., 2002, 2003), e nossos métodos seguem de perto nossa visão sobre etiologia. Visto que o transtorno conversivo tem bastante em comum com o transtorno de sintomas somáticos, muitos dos princípios de tratamento são semelhantes.

Uma estratégia principal utilizada ao tratar do transtorno conversivo é identificar e acompanhar os acontecimentos traumáticos e estressantes na vida dos indivíduos, se eles ainda estiverem presentes (na vida ou na memória). Assim como no caso de Anna O., reexperienciar ou reviver os eventos (catarse) é o primeiro passo coerente que a assistência terapêutica pode dar.

O terapeuta tem de trabalhar muito para reduzir quaisquer consequências de reforço ou de apoio aos sintomas conversivos (ganho secundário). Por exemplo, ficou claro que a mãe de Eloise achava conveniente que a filha permanecesse bastante tempo em um só lugar na maior parte do dia enquanto cuidava da loja na parte da frente da casa delas. A imobilidade de Eloise era, assim, reforçada pela atenção e preocupação materna. Qualquer mobilidade desnecessária era punida. O terapeuta deve colaborar tanto com o paciente quanto com a família para eliminar comportamentos autodestrutivos.

Muitas vezes, remover o ganho secundário é mais fácil de ser dito do que de ser feito. Eloise foi tratada com êxito na clínica. Por meio de intensivo trabalho diário com a equipe, ela foi capaz de caminhar novamente. Para conseguir isso, ela tinha de praticar caminhada todos os dias com apoio considerável, atenção e elogios da equipe. Quando sua mãe a visitava, a equipe percebia que ela falava o quanto sentia orgulho do progresso de Eloise, mas sua expressão facial, ou *afeto*, transmitia uma mensagem diferente. A mãe morava longe da clínica, então, não podia frequentar as sessões, mas prometeu aplicar o programa em casa após Eloise receber alta. Mas ela não fez isso. Um contato de seguimento seis meses após a alta de Eloise revelou que ela teve uma recaída e passava novamente quase todo o tempo em um cômodo na parte de trás da casa, enquanto a mãe cuidava dos negócios na parte da frente.

Seguindo programas cognitivo-comportamentais semelhantes, 65% de um grupo de 45 pacientes com principalmente conversões comportamentais motoras (por exemplo, dificuldade para caminhar) responderam muito bem ao tratamento. Curiosamente, a hipnose, que foi ministrada a cerca de metade dos pacientes, não conferiu nenhum benefício adicional à terapia cognitivo-comportamental (Moene et al., 2002, 2003).

Transtornos dissociativos

No início do capítulo, falamos que quando indivíduos se sentem deslocados de si mesmos ou de seu entorno, quase como se estivessem sonhando ou vivendo em câmera lenta, estão tendo experiências dissociativas. Morton Prince, fundador do *Journal of Abnormal Psycology*, notou mais de cem anos atrás que muitas pessoas, ocasionalmente, experimentam algo como a dissociação (Prince, 1906-1907). Dissociação pode ser experimentada após um acontecimento extremamente estressante, como, por exemplo, um acidente (Spiegel, 2010). Também é bem provável que ocorra quando você está cansado ou privado de sono, porque precisa estudar a noite inteira para uma prova (Giesbrecht et al., 2007). Se você já teve uma experiência dissociativa, pode não ter se incomodado muito, talvez porque soubesse a causa (Barlow, 2002). Em contrapartida, pode ter sido extremamente assustadora. Experiências transitórias de dissociação ocorrerão em cerca de metade da população em geral em algum momento de suas vidas, e estudos sugerem que, se uma pessoa experiencia um evento traumático, entre 31% e 66% terá essa sensação naquele momento (Hunter, Sierra e David, 2004; Keane et al., 2011). Visto que é difícil mensurar a dissociação, a conexão entre o trauma e a dissociação é controversa (Giesbrecht et al., 2008).

Verificação de conceitos 6.1

Faça o diagnóstico do transtorno de sintomas somáticos e transtornos relacionados descritos escolhendo uma das seguintes alternativas: (a) transtorno de ansiedade de doença, (b) transtorno de sintomas somáticos e (c) transtorno conversivo.

1. Emily se preocupa constantemente com sua saúde. Ela marca numerosas consultas médicas por causa de suas preocupações com câncer e outras doenças sérias – muito embora ela não relate sintomas físicos –, apenas para se certificar de que está bem. A ansiedade de Emily é exacerbada por cada pequeno incômodo (por exemplo, leves dores de cabeça e de estômago), que ela considera como indicações de doenças mais graves.

2. D.J. chegou ao consultório do Dr. Blake com uma pasta repleta de registros médicos, relatos de sintomas e listas de tratamentos e drogas prescritas. Diversos médicos monitoraram suas queixas, desde dor torácica persistente até dificuldades para deglutir. D.J. recentemente foi demitido devido a muitas licenças médicas.

3. Chad, de 16 anos de idade, perdeu o movimento de seus braços sem nenhuma causa médica. A paralisia chegou a tal ponto que ele não podia nem sequer levantar os braços. Chad não pode dirigir, pegar objetos ou executar tarefas necessárias do seu dia a dia.

Pesquisadores da Universidade de Stanford averiguaram as reações de jornalistas que testemunharam uma das primeiras execuções na Califórnia em muitas décadas, um acontecimento traumático para muitos (Freinkel, Koopman e Spiegel, 1994). O prisioneiro Robert Alton Harris, foi considerado culpado pelo assassinato particularmente brutal de dois garotos de 16 anos.

Como de costume, alguns jornalistas foram convidados para testemunhar a execução. Visto que havia vários embargos à execução, eles acabaram passando a noite na prisão enquanto Harris era levado para dentro e para fora da câmara de gás de maneira repetitiva, antes de enfim ser executado ao amanhecer. Algumas semanas depois, os jornalistas preencheram um questionário de reação de estresse agudo. Entre 40% e 60% dos jornalistas experimentaram vários sintomas dissociativos. Por exemplo, durante a execução, as coisas em volta deles pareciam irreais ou como em um sonho, e sentiram que o tempo havia parado. Eles também se sentiam como se fossem estranhos às pessoas e distantes de suas próprias emoções; boa parte deles se sentiu estranho a si mesmo. O fato de os jornalistas não terem dormido a noite inteira sem dúvida contribuiu com esses sentimentos dissociativos.

Esses tipos de experiência podem ser divididos em duas categorias. Durante um episódio de *despersonalização*, sua percepção se altera de forma que você perde o senso da sua própria realidade, como se estivesse em um sonho observando a si mesmo. Durante o episódio de **desrealização**, você perde o senso de realidade do mundo externo. As coisas parecem mudar de forma e tamanho; pessoas parecem estar mortas ou mecanizadas. Essas sensações de irrealidade são características dos transtornos dissociativos porque, de certo modo, são mecanismos psicológicos por meio do qual alguém "se dissocia" da realidade. A despersonalização é frequentemente parte de um grave conjunto de condições no qual a realidade, a experiência e até mesmo a identidade parecem se desintegrar. Quando estamos vivendo nosso dia a dia, temos comumente um excelente senso de quem somos e um conhecimento geral da identidade de outras pessoas. Temos consciência também dos acontecimentos que ocorrem ao nosso redor, de onde estamos e por que estamos ali. Enfim, exceto em ocasiões nas quais ocorrem pequenos lapsos, nossa memória permanece intacta para que acontecimentos que antecederam aquele momento atual fiquem nítidos em nossas mentes.

Mas o que acontece quando não conseguimos lembrar por que estamos em um determinado lugar ou até mesmo quem somos? O que ocorre se perdermos o senso de realidade daquilo que nos rodeia? Finalmente, o que acontece se não apenas nos esquecermos de quem somos, mas também começarmos a achar que somos outra pessoa – alguém que tem uma personalidade distinta, diferentes lembranças e até mesmo reações físicas diferentes, tais como alergias que nunca tivemos? Esses são exemplos de experiência de desintegração (Dell e O'Neil, 2009; Spiegel, 2010; Spiegel et al., 2013; van der Hart e Nijenhuis, 2009). Em cada caso há alterações no relacionamento com o eu, com o mundo e com os processos de memória.

Embora tenhamos muito que aprender sobre esses transtornos, descreveremos brevemente dois deles – o transtorno de despersonalização/desrealização e amnésia dissociativa – antes de examinar a fascinante condição do transtorno dissociativo de identidade. Como você verá, fatores sociais e culturais exercem intensa influência sobre os transtornos dissociativos. Mesmo em casos mais graves, a expressão da patologia não se distancia muito das formas social e culturalmente sancionadas (Giesbrecht et al., 2008; Kihlstrom, 2005a).

Transtorno de despersonalização/desrealização

Quando sentimentos de irrealidade se tornam tão graves e assustadores que passam a dominar a vida de uma pessoa, privando-a de um funcionamento normal, os médicos chegam ao diagnóstico raro de **transtorno de despersonalização/desrealização**. Considere o caso de Bonnie.

BONNIE ... Dançando para longe de si mesma

Bonnie, uma professora de dança com quase 30 anos, estava acompanhada de seu esposo quando pela primeira vez passou em consulta na clínica e queixou-se de que estava "enlouquecendo". Quando questionada sobre o que queria dizer com aquilo, ela disse: "É a coisa mais assustadora do mundo. Acontece frequentemente quando estou ministrando aulas de dança moderna. Estou na frente e me sinto concentrada no que faço. Então, quando estou demonstrando os passos, sinto como se não fosse realmente eu e que não tenho o controle de minhas pernas. Às vezes, sinto como se eu estivesse atrás de mim mesma me observando. Também vejo um túnel. É como se visse apenas um espaço estreito e reto na minha frente e acabo ficando totalmente separada do que está acontecendo ao meu redor. Então, começo a entrar em pânico, a suar e a tremer". Foi confirmado que os problemas de Bonnie começaram após ela ter fumado maconha pela primeira vez cerca de dez anos antes. Ela teve a mesma sensação assustadora, mas com a ajuda de amigos, ela conseguiu passar por aquilo. Recentemente, a sensação passou a acontecer com mais frequência e gravidade, particularmente quando ela estava ministrando aulas de dança.

Você deve se lembrar do Capítulo 5, em que discutimos o fato de que durante um ataque de pânico intenso muitas pessoas (aproximadamente 50%) experimentam sensações de irrealidade. As pessoas que passam por intenso estresse ou por um acontecimento traumático também podem experimentar esses sintomas, que de fato caracterizam o recentemente definido *transtorno de estresse agudo*. Sentimentos de despersonalização e desrealização são parte de vários transtornos (Giesbrecht et al., 2008; Spiegel et al., 2011; Spiegel et al., 2013). No entanto, quando a despersonalização e a desrealização graves são o problema primário, o indivíduo se enquadra nos critérios do transtorno de despersonalização/desrealização (APA, 2013). Pesquisas sugerem que esse transtorno existe em aproximadamente 0,8% a 2,8% da população (Johnson et al., 2006; Spiegel et al., 2011). Simeon et al. (2003) descreveram 117 casos divididos de modo aproximadamente igual entre homens e mulheres; a Tabela 6.3 ilustra dados de um estudo que utilizou os critérios do *DSM-IV* para esse transtorno (que são muito semelhantes aos critérios do *DSM-5*), que resume os dez sintomas mais comuns desses pacien-

TABELA 6.5 Critérios diagnósticos para transtorno de despersonalização/desrealização

A. Presença de experiências persistentes ou recorrentes de despersonalização, desrealização ou ambas:
   1. **Despersonalização:** Experiências de irrealidade, distanciamento ou de ser um observador externo dos próprios pensamentos, sentimentos, sensações, corpo ou ações (p. ex., alterações da percepção, senso distorcido do tempo, sensação de irrealidade ou senso de si mesmo irreal ou ausente, anestesia emocional e/ou física).
   2. **Desrealização:** Experiências de irrealidade ou distanciamento em relação ao ambiente (p. ex., indivíduos ou objetos são vivenciados como irreais, oníricos, nebulosos, inertes ou visualmente distorcidos).
B. Durante as experiências de despersonalização ou desrealização o teste de realidade permanece intacto.
C. Os sintomas causam sofrimento clinicamente significativo ou prejuízo no funcionamento social, profissional ou em outras áreas importantes da vida do indivíduo.
D. A perturbação não é atribuível aos efeitos fisiológicos de uma substância (p. ex., droga de abuso, medicamento) ou a outra condição médica (p. ex., convulsões).
E. A perturbação não é mais bem explicada por outro transtorno mental, como esquizofrenia, transtorno de pânico, transtorno depressivo maior, transtorno de estresse agudo, transtorno de estresse pós-traumático ou outro transtorno dissociativo.

Fonte: Manual Diagnóstico e Estatístico de Transtornos Mentais, 5a ed. – DSM-5. Tab. 6.5. Artmed, Porto Alegre, 2014.

TABELA 6.3 Escala de experiências dissociativas Escores de itens em 117 participantes com transtorno de despersonalização/desrealização (dispostos em frequência decrescente)

Descrição abreviada	Média	DP
Ambiente parece irreal	67,4	29,6
Mundo parece nebuloso	60,0	37,3
O corpo não pertence a si	50,6	34,7
Não ouve parte da conversa	43,6	29,3
Lugares familiares parecem estranhos	35,3	33,0
Perdido no tempo e no espaço	32,7	31,8
Não consegue lembrar se acabou de fazer ou pensar algo	31,6	28,8
Faz coisas difíceis com facilidade/espontaneidade	31,2	31,2
Age de forma diferente/sente-se como se fosse duas pessoas diferentes	28,7	32,5
Fala sozinho em voz alta quando está só	28,4	32,2

DP – Desvio padrão.

Adaptado de Simeon et al. (2003). Feeling unreal: a depersonalization disorder update of 119 cases. *Journal of Clinical Psychiatry*, 185, 31-36. © Physicians Post Graduate Press, Inc.

tes. Os sintomas começam aos 16 anos em média e o curso tende a ser crônico. Todos os pacientes estavam excessivamente prejudicados. Transtornos de ansiedade, do humor e da personalidade também são comumente encontrados nesses pacientes (Simeon et al., 2003; Johnson et al., 2006). Entre os 117 pacientes descritos, 73% sofriam também de transtornos do humor e 64% de transtornos de ansiedade em algum momento de suas vidas.

Duas pesquisas (Guralnik et al., 2007; Guralnik, Schmeidler e Simeon, 2000) compararam pacientes que sofriam do que chamamos hoje de transtorno de despersonalização/desrealização com um grupo equivalente de participantes sem transtorno em uma bateria de testes neuropsicológicos que avaliou a função cognitiva. Embora os indivíduos de ambos os grupos tivessem níveis de inteligência iguais, aqueles com transtorno de despersonalização/desrealização demonstraram um perfil cognitivo distinto, refletindo alguns déficits cognitivos específicos nas medidas de atenção, processamento da informação, memória de curto prazo e raciocínio espacial. Basicamente, esses pacientes se distraíam facilmente e demoravam para perceber e processar novas informações. Não está claro como esses déficits cognitivos e perceptivos se desenvolvem, mas parecem ter correspondência com os relatos de "visão em túnel" (distorções perceptivas) e de "esvaziamento da mente" (dificuldade de absorver novas informações), que caracterizam esses pacientes.

Aspectos específicos do funcionamento cerebral também estão associados à despersonalização (por exemplo, Sierra e Berrios, 1998; Simeon et al., 2000). Sierra et al. (2002) compararam a resposta de condutância da pele, uma medida psicofisiológica da resposta emocional (ver Capítulo 3), entre 15 pacientes com transtorno de despersonalização, 11 com transtornos de ansiedade e 15 pacientes controle sem nenhum transtorno. Os pacientes com transtorno de despersonalização demonstraram resposta emocional bastante reduzida em comparação com outros grupos, refletindo uma tendência de inibir seletivamente a expressão emocional. Estudos de imagens cerebrais confirmam as deficiências na percepção (Simeon, 2009; Simeon et al., 2000) e na regulação da emoção (Phillips et al., 2001). Outros estudos observam um desregulamento no eixo hipotálamo-pituitária-adrenocortical (HPA) entre esses pacientes, em comparação com os controles saudáveis (Simeon et al., 2001; Spiegel et al., 2013), sugerindo, uma vez mais, deficiências na resposta emocional. Os tratamentos psicológicos não foram sistematicamente estudados. Uma avaliação da droga Prozac não mostrou nenhum efeito de tratamento comparado ao placebo (Simeon et al., 2004).

Amnésia dissociativa

Talvez, entre os transtornos dissociativos graves, o mais fácil de entender seja a **amnésia dissociativa**, que inclui diversos padrões. Pessoas que não são capazes de se lembrar de nada, inclusive quem são, sofrem de **amnésia generalizada**. A amnésia generalizada pode acometer todas as informações autobiográficas ou se estender a um período no passado recente, ou seja, esquece-se o que aconteceu um ano ou seis meses antes. Considere os dois casos a seguir.

Bem mais comum do que a amnésia geral é a **amnésia localizada ou seletiva**, que seria a incapacidade de lembrar de acontecimentos específicos, geralmente traumáticos, que ocorreram em determinado momento. A amnésia dissociativa é comum em tempo de guerra (Cardeña e Gleaves, 2003; Spiegel et al., 2013). Sackeim e Devanand (1991) descrevem um caso interessante de uma mulher que foi abandonada pelo pai quando jovem e que, depois, foi forçada a fazer um aborto quando tinha 14 anos de idade. Alguns anos mais tarde, ela procurou tratamento devido a frequentes dores de cabeça. Na terapia, ela relatou eventos recentes em vez de o problema de fato (por exemplo, o aborto); mas, sob hipnose, reviveu, com intensa emoção, o aborto e se lembrou de que, posteriormente, havia sido estuprada por quem fez seu aborto. Ela também viu imagens de seu pai no funeral da tia dela, uma das poucas vezes que o viu. Após despertar do estado hipnótico, ela não se lembrava de ter reexperimentado aqueles acontecimentos e perguntou por que estava chorando. Nesse caso, a mulher não tinha amnésia em consequência dos *acontecimentos em si*, mas em função das *reações emocionais* intensas em relação a eles. A ausência de experiência subjetiva emocional, que frequentemente está presente no transtorno de despersonalização/desrealização, confirmada pelos estudos de imagem do cérebro (Phillips et al., 2001), torna-se muito proeminente aqui. Na maior parte dos casos de amnésia dissociativa, o esquecimento é muito seletivo para acontecimentos ou lembranças traumáticas, em vez de generalizadas.

TABELA 6.6 Critérios diagnósticos para amnésia dissociativa

A. Incapacidade de recordar informações autobiográficas importantes, geralmente de natureza traumática ou estressante, incompatível com o esquecimento normal.
Nota: A amnésia dissociativa consiste mais frequentemente em amnésia localizada ou seletiva de um evento ou eventos específicos ou amnésia generalizada da identidade e da história de vida.
B. Os sintomas causam sofrimento clinicamente significativo ou prejuízo no funcionamento social, profissional ou em outras áreas importantes do funcionamento.
C. A perturbação não é atribuível aos efeitos fisiológicos de uma substância (p. ex., álcool ou outra droga de abuso, medicamento) ou a uma condição neurológica ou médica (p. ex., convulsões complexas parciais, amnésia global transitória, sequelas de traumatismo craniano/lesão cerebral traumática, outra condição neurológica).
D. A perturbação não é mais bem explicada por transtorno dissociativo de identidade, transtorno de estresse pós-traumático, transtorno de estresse agudo, transtorno de sintomas somáticos ou transtorno neurocognitivo maior ou menor.

Especificar se:
Com fuga dissociativa: Viagem aparentemente proposital ou perambulação sem rumo associada à amnésia de identidade ou de outras informações autobiográficas importantes.

Fonte: Manual Diagnóstico e Estatístico de Transtornos Mentais, 5a ed. – DSM-5. Tab. 6.6. Artmed, Porto Alegre, 2014.

A mulher que perdeu a memória

Muitos anos atrás, uma mulher com pouco mais de 50 anos trouxe sua filha para uma de nossas clínicas porque a menina se recusava a frequentar a escola e por causa de outros comportamentos severamente disruptivos. O pai, que se recusava a vir à sessão, era briguento, bebia muito e, em certas ocasiões, era abusivo. O irmão da garota, agora com 20 e poucos anos, vivia em casa e era um peso para a família. Várias vezes por semana brigas emergiam, e com muitos gritos, empurrões e agressões, momentos em que os membros da família culpavam uns aos outros por seus problemas. A mãe, uma mulher de fibra, era a pacificadora responsável por manter a família unida. Aproximadamente a cada seis meses, no geral após uma briga familiar, a mãe perdia a memória, e a família a internava em um hospital. Após alguns dias longe do tumulto, ela recuperava a memória e voltava para casa, e o ciclo se repetia nos meses seguintes. Embora não tenhamos tratado dessa família (eles moravam muito longe), a situação se resolveu quando os filhos se mudaram e o estresse diminuiu.

Transtornos cognitivos como demência (discutidos no Capítulo 15) podem também ser caracterizados por esquecimento grave ou amnésia. Mas existem muitas diferenças entre transtornos cognitivos e amnésia dissociativa, como esboçado na Tabela 6.4.

Fuga dissociativa é um subtipo da amnésia dissociativa (Ross, 2009). Nesses casos curiosos, a perda da memória gira em torno de um incidente específico – uma viagem ou viagens inesperadas. Na maioria dos casos, os indivíduos partem e se percebem depois em um novo lugar, incapazes de se lembrar por que ou como foram parar ali.

Geralmente essas pessoas deixam para trás uma situação intolerável. Durante essas viagens, a pessoa algumas vezes assume uma nova identidade ou torna-se confusa a respeito de si mesma. Veja o caso de Jeffrey Ingram, um homem de 40 anos de idade do Estado de Washington que acabou indo parar em Denver inesperadamente.

JEFFREY ... Uma viagem problemática

Um homem que sofria de amnésia e que buscava sua identidade há mais de um mês voltou para casa, em Washington, com sua noiva na terça, mas ainda não se lembrava do passado ou o que aconteceu, segundo sua mãe.

Jeffrey Alan Ingram, 40, foi diagnosticado em Denver com fuga dissociativa, um tipo de amnésia.

Ele teve crises de amnésia no passado, talvez desencadeadas por estresse, desaparecendo uma vez por nove meses. Quando desapareceu desta vez, no dia 6 de setembro, ele estava a caminho do Canadá para visitar um amigo que estava morrendo de câncer, disse sua noiva, Penny Hansen.

"Eu acho que o estresse, a tristeza, a dor de ver seu melhor amigo morrer foi muito e me deixar foi o suficiente para ele chegar no estado de amnésia", Hansen contou à KCNC-TV.

Quando Ingram se deu conta de que estava em Denver, em 10 de setembro, não sabia quem era. Ele disse que ficou vagando por quase seis horas pedindo ajuda, e então acabou em um hospital, onde a policial Virginia Quinones disse que Ingram foi diagnosticado com um tipo de amnésia conhecida como fuga dissociativa.

Procurado por sua identidade. A identidade de Ingram foi descoberta na semana anterior, quando ele começou a aparecer em vários noticiários pedindo ajuda aos telespectadores. "Se alguém me reconhece, sabe quem eu sou, avise a alguém."

"O irmão de Penny ligou para ela imediatamente e disse: 'Você assistiu a essa edição de notícias?' e 'eu acho que Jeff está na televisão'", disse Marilyn Meehan, uma porta-voz de Hansen.

Hansen havia notificado o desaparecimento depois de Ingram não aparecer na casa de sua mãe em Bellingham, Washington, a caminho do Canadá, mas os policias procuraram por ele e não o encontraram.

Na segunda à noite, dois detetives policiais de Denver acompanharam Ingram em um voo para Seattle, onde ele reencontrou sua noiva.

Sua mãe, Doreen Tompkins, de Slave Lake, Alberta, estava em lágrimas quando falou sobre o esforço de seu filho, e o que a família enfrenta.

"Vai ser muito difícil novamente, mas sabe de uma coisa, eu consigo", falou ao noticiário da CTV de Edmonton, Alberta. "Eu consegui antes, consigo novamente. Conseguirei quantas vezes for preciso para ter meu filho."

A memória nunca é completamente recuperada. Ingram teve um episódio de amnésia em 1995, quando ele desapareceu a caminho de uma mercearia. Nove meses depois, foi encontrado em um hospital de Seatle, de acordo com os funcionários de Thurston County, Washington. Sua mãe disse que ele nunca recuperou a memória completamente.

Meehan, que trabalha com Hansen no serviço público de transporte, disse que o casal não dá entrevistas porque eles estão concentrados em recuperar a memória de Ingram.

"Eles estão dando um passo de cada vez", disse Meehan.

"Ele me disse que, mesmo que meu rosto não seja familiar para ele, o meu coração é", ela disse. "Ele não consegue lembrar da sua casa, mas disse que a casa onde está parece um lar para ele", disse ela.

© 2006 The Associated Press. Todos os direitos reservados. Este material não pode ser publicado, transmitido, reescrito ou redistribuído.

A amnésia dissociativa raramente acontece antes da adolescência e geralmente ocorre na fase adulta. É raro que apareça pela primeira vez em uma pessoa com 50 anos de idade

TABELA 6.4   Diferenças entre AD e amnésia em transtornos cognitivos

Diferenças	AD*	Transtornos cognitivos
Devido a um conhecido transtorno médico ou causa física	Não	Sim
Início relacionado com trauma psicológico/estresse extremo	Sim	Não
Exacerbado por estresse	Sim	Sim/não; ansiedade pode piorar a memória em transtornos cognitivos
Déficit de memória em relação a lembranças autobiográficas	Sim	Não, mas pode ter amnésia retrógrada circunscrita e/ou prejuízo generalizado nas lembranças autobiográficas que piora com a progressão da doença
Reversível com hipnose	Sim	Não
Melhora com sedativos hipnóticos (p. ex., entrevistas facilitadas por farmacoterapia)	Sim ou nenhuma alteração	Não, ou pode piorar
Variam a extensão e a natureza da intrusão dos elementos mentais dissociados à consciência	Sim	Não
Habilidade de aprender novas informações está intacta. Habilidade de manipular fatos e informações neutras é geralmente normal (p. ex. finanças, acontecimentos atuais etc.)	Sim	Não
Desorientação quanto à identidade pessoal geralmente ocorre em um estágio avançado da doença	Não	Sim

*AD: amnésia dissociativa.

▲ Jeffrey Alan Ingram chegou a Denver sem saber quem ele era ou por que estava lá, após ter desaparecido do Estado de Washington um mês antes.

(Sackeim e Devanand, 1991). Uma vez presente, os transtornos dissociativos persistem até a idade avançada. As estimativas de prevalência variam em torno de 1,8% a 7,3%, sugerindo que a amnésia dissociativa é a mais prevalente de todos os transtornos dissociativos (Spiegel et al., 2011).

Os episódios de fuga geralmente terminam subitamente e os indivíduos voltam para casa lembrando a maior parte do que aconteceu, mas não tudo. Nesse transtorno, a experiência desintegrativa é maior do que a perda de memória, pois envolve pelo menos algumas desintegrações de identidade, se não a completa adoção de uma nova identidade.

Um estado dissociativo aparentemente distinto não encontrado em culturas ocidentais é denominado *amok* (como em "*running amok*" – perder o controle, transtorno de fúria assassina). A maioria das pessoas que sofrem desse distúrbio são homens. A síndrome de amok tem atraído a atenção porque indivíduos no estado de transe têm ataques violentos de agressividade e às vezes matam animais e pessoas. Se a pessoa não chegar a cometer suicídio, ela não se lembrará do episódio. Amok está entre as muitas síndromes em que também há "perda de controle". Nas outras síndromes de perda de controle, o indivíduo entra em transe e, de repente, imbuído de uma misteriosa fonte de energia, corre ou foge por um longo tempo. Com exceção do amok, a porcentagem de prevalência desses transtornos em que a pessoa faz algo desse tipo é um pouco mais alta em mulheres, assim como acontece na maioria dos transtornos dissociativos. Entre as pessoas nativas do Ártico, o transtorno de perda de controle é chamado de *pivloktoq*. Entre a tribo Navajo, chama-se *frenzy witchcraft* (feitiçaria frenesi). Apesar dos termos culturalmente diferentes, com exceção do amok, os transtornos de fúria e/ou perda de controle parecem se assemelhar à fuga dissociativa.

Os transtornos dissociativos se diferenciam de maneiras importantes nas culturas. Em muitos lugares do mundo, os fenômenos dissociativos podem ocorrer como um transe ou possessão. Os tipos usuais de sintomas dissociativos, como mudanças repentinas de personalidade, são atribuídos à possessão de um espírito em uma cultura em particular. Frequentemente esse espírito solicita e recebe presentes ou favores da família e dos amigos da vítima. Como outros estados dissociativos, o transe ou a possessão parece ser mais comum em mulheres e, em geral, está associado com estresse ou trauma que, como nos estados de amnésia e de fuga dissociativas, é mais atual que do passado.

O transe e a possessão fazem parte de algumas práticas religiosas e culturais e não são considerados anormais em determinados contextos. Os transes dissociativos comumente acontecem na Índia, na Nigéria (onde são chamados *vinvusa*), na Tailândia (*phii pob*) e em outros países asiáticos e africanos (Mezzich et al., 1992; Saxena e Prasad, 1989; van Duijil, Cardeña e de Jong, 2005). Nos Estados Unidos, a dissociação culturalmente aceita costuma acontecer durante encontros de oração dos afro-americanos (Griffith et al., 1980), em rituais nativos norte-americanos (Jilek, 1982) e em sessões espíritas porto-riquenhas (Comas-Diaz, 1981). Entre os nativos das Bahamas e os afro-americanos do sul, as síndromes de transe são chamadas "sair do corpo". Os perfis de personalidades de 58 casos de **transtorno de transe dissociativo** em Singapura, delineados por meio de teste, revelaram que esses indivíduos tendem a ser nervosos, eufóricos e emocionalmente instáveis em relação às pessoas "saudáveis" de Singapura (Ng et al., 2002). Embora o transe e a possessão quase não sejam tão vistos nas culturas ocidentais, estão entre as formas mais comuns de estados dissociativos em outras partes do mundo. Quando o estado é *indesejável* e considerado patológico pelos membros da cultura, especialmente se o transe envolve a percepção de estar possuído por um espírito maligno ou outra pessoa (descrita a seguir), o indivíduo é diagnosticado com "outro transtorno dissociativo especificado (**transtorno dissociativo**)" (APA, 2013).

Transtorno dissociativo de identidade

Pessoas com **transtorno dissociativo de identidade (TDI)** podem adotar mais de cem novas identidades, todas coexistindo simultaneamente, embora o número médio seja 15. Em alguns casos, as identidades são completas, têm seu próprio comportamento, tom de voz e gestos. Mas em muitos casos apenas algumas características são distintas, porque as identidades são parcialmente independentes, então não é verdade que existam "múltiplas" personalidades completas. Contudo, o nome do transtorno foi alterado de transtorno de múltipla personalidade para TDI na edição anterior do *DSM, DSM-IV*. Vejamos o caso de Jonah, originalmente relatado por Ludwig et al. (1972).

Descrição clínica

Durante a hospitalização de Jonah, a equipe médica observou seu comportamento, quando ele tinha dores de cabeça e durante outros períodos dos quais ele não se lembrava. Ele alegava ter outros nomes nesses momentos, agia diferente e às vezes parecia ser outra pessoa, completamente diferente. A equipe identificou três identidades separadas, ou **alters**, em relação a Jonah. (*Alters* é o termo abreviado para as diferentes identidades ou personalidades no TDI.) O primeiro alter se chamava Sammy, que parecia racional, calmo e controlado. O segundo alter, King Young, parecia estar no comando de todas as atividades sexuais e estava particularmente interessado em ter o máximo de interações heterossexuais possíveis. O terceiro alter era violento e perigoso, Usoffa Abdulla. Jonah não sabia nada sobre os três alters. Sammy era o mais consciente sobre as personalidades. King Young e Usoffa Abdulla sabiam um pouco sobre as outras, mas de forma indireta.

JONAH ... Apagões desconcertantes

Jonah, negro, 27 anos, sofria de dores de cabeça que eram insuportavelmente dolorosas e duravam períodos cada vez mais longos. Além disso, não conseguia se lembrar de coisas que aconteciam quando sentia dor de cabeça, exceto que às vezes havia passado muito tempo. Por fim, após uma noite ruim, quando ele não suportava mais, conseguiu uma internação no hospital local. O que fez com que Jonah procurasse ajuda médica foi o fato de que outras pessoas falavam o que ele fazia durante os ataques de cefaleia. Por exemplo, disseram que na noite anterior ele tinha tido uma briga violenta com outro homem e tentou esfaqueá-lo. Ele escapou e foi baleado durante uma perseguição policial. A esposa de Jonah lhe contou que durante uma crise de dor ele a perseguiu, bem como a filha de 3 anos, do lado de fora de casa ameaçando-as com uma faca. Durante as dores de cabeça e enquanto era violento, ele chamava a si mesmo de "Usoffa Abdulla, filho de Ômega". Uma vez tentou afogar um homem em um rio. O homem sobreviveu, e Jonah escapou nadando um quarto de milha correnteza acima. Ele despertou na manhã do dia seguinte em sua própria cama, completamente encharcado e sem nenhuma lembrança do incidente.

TABELA 6.7 Critérios diagnósticos para transtorno dissociativo de identidade

A. Ruptura da identidade caracterizada pela presença de dois ou mais estados de personalidade distintos, descrita em algumas culturas como uma experiência de possessão. A ruptura na identidade envolve descontinuidade acentuada no senso de si mesmo e de domínio das próprias ações, acompanhada por alterações relacionadas no afeto, no comportamento, na consciência, na memória, na percepção, na cognição e/ou no funcionamento sensório-motor. Esses sinais e sintomas podem ser observados por outros ou relatados pelo indivíduo.

B. Lacunas recorrentes na recordação de eventos cotidianos, informações pessoais importantes e/ou eventos traumáticos que são incompatíveis com o esquecimento comum.

C. Os sintomas causam sofrimento clinicamente significativo e prejuízo no funcionamento social, profissional ou em outras áreas importantes da vida do indivíduo.

D. A perturbação não é parte normal de uma prática religiosa ou cultural amplamente aceita.

Nota: Em crianças, os sintomas não são atribuídos a amigos imaginários ou a outros jogos de fantasia.

E. Os sintomas não são atribuíveis aos efeitos fisiológicos de uma substância (p. ex., apagões ou comportamento caótico durante intoxicação alcoólica) ou a outra condição médica (p. ex., convulsões parciais complexas).

Fonte: Manual Diagnóstico e Estatístico de Transtornos Mentais, 5a ed. – DSM-5. Tab. 6.7. Artmed, Porto Alegre, 2014.

No hospital, os psicólogos determinaram que Sammy apareceu quando Jonah tinha 6 anos, logo depois de ter visto sua mãe esfaquear seu pai. A mãe de Jonah às vezes o vestia como uma garota em segredo. Em uma das ocasiões, logo depois de Sammy aparecer, King Young surgiu. Quando Jonah tinha 9 ou 10 anos de idade foi atacado brutalmente por um grupo de jovens brancos. Nesse ínterim, Usoffa Abdulla surgiu, dizendo que a razão de sua existência era proteger Jonah.

Os critérios do *DSM-5* para TDI incluem amnésia, como amnésia dissociativa. No TDI, entretanto, a identidade também é fragmentada. Quantas personalidades há em um corpo não tem muita importância, independentemente de existirem três, quatro ou até mesmo cem delas. Mais uma vez, a característica que define esse transtorno é que certos aspectos da identidade pessoal estão dissociados (Spiegel et al., 2013).

Características

A pessoa que se torna o paciente e pede tratamento geralmente é uma personalidade "hóspede". As personalidades hóspedes tentam manter vários fragmentos da identidade juntos, mas acabam sendo subjugadas. A primeira personalidade a procurar tratamento é raramente a personalidade original da pessoa. Geralmente, a personalidade hóspede se desenvolve posteriormente (Putnam, 1992). Muitos pacientes têm pelo menos um alter impulsivo que lida com a sexualidade e gera renda, às vezes agindo como prostituta. Em outros casos, todos os alters podem se abster de sexo. Alters transexuais não são raros. Por exemplo, uma mulher ágil e pequena pode ter um alter que representa um homem forte e poderoso que serve para protegê-la.

A transição de uma personalidade para outra é chamada *troca*. Geralmente a troca é instantânea (embora no cinema e na televisão seja estendida para efeito dramático). Durante as trocas, é possível que surjam transformações físicas. Postura, expressões faciais, padrões de rugas faciais e até mesmo deficiências físicas podem surgir. Em determinado estudo, mudanças de lateralidade (destro para canhoto ou vice-versa) aconteceram em 37% dos casos (Putnam et al., 1986).

TDI pode ser simulado?

As personalidades fragmentadas são "reais" ou é a pessoa que as simula para evitar responsabilidade ou estresse? Como no caso dos transtornos de conversão, é muito difícil responder a essa questão por diversos motivos (Kluft, 1999). Primeiro, evidências indicam que indivíduos com TDI são sugestionáveis (Bliss, 1984; Giesbrecht et al., 2008; Kihlstrom, 2005). É possível que os alters sejam criados em resposta a questões condutoras dos terapeutas, tanto durante a psicoterapia quanto durante o período em que a pessoa está em estado hipnótico.

KENNETH ... O estrangulador das encostas das colinas

Durante o final da década de 1970, Kenneth Bianchi estuprou e assassinou brutalmente dez mulheres jovens na área de Los Angeles e deixou seus corpos nus e visíveis nas encostas de diversas colinas. Apesar da evidência indiscutível de que Bianchi era o "estrangulador das encostas das colinas", ele continuou a declarar sua inocência, induzindo alguns profissionais a pensar que ele poderia ter TDI. Seu advogado trouxe um psicólogo clínico, que o hipnotizou e lhe perguntou se existia outra parte de Ken com a qual ele poderia falar. Adivinhe o que aconteceu. Alguém chamado "Steve" respondeu e disse que ele era responsável por todas as matanças. Steve também disse que Ken não sabia nada sobre os assassinatos. Com essa evidência, o advogado entrou com uma petição de inocência alegando insanidade.

A defesa recorreu a Martin Orne, distinto psicólogo e psiquiatra, já falecido, que era um dos principais especialistas mundiais em hipnose e em transtornos dissociativos (Orne, Dinges e Orne, 1984). Orne usou de procedimentos semelhantes aos que descrevemos no contexto da cegueira de conversão para determinar se Bianchi estava simulando o TDI ou se possuía mesmo um verdadeiro transtorno psicológico. Por exemplo, Orne sugeriu, durante uma entrevista com Bianchi, que um transtorno da personalidade múltipla verdadeiro incluiria pelo menos três personalidades. Bianchi logo produziu uma terceira personalidade. Entrevistando os amigos e parentes de Bianchi, Orne estabeleceu que não havia nenhuma corroboração independente de diferentes personalidades antes da detenção de Bianchi. Os testes psicológicos também falharam em mostrar diferenças significativas entre as personalidades; verdadeiras identidades fragmentadas costumam obter diferentes pontuações nos testes de personalidade. Diversos livros sobre psicopatologia foram descobertos no quarto de Bianchi, assinalando que, presumivelmente, ele havia estudado o assunto. Orne concluiu que Bianchi respondia como alguém simulando hipnose, não como alguém hipnotizado. Com base no testemunho de Orne, Bianchi foi considerado culpado e sentenciado à prisão perpétua.

Alguns pesquisadores estudaram a capacidade de os indivíduos fingirem experiências dissociativas. Spanos, Weeks e Bertrand (1985) demonstraram em um experimento que um estudante de faculdade poderia simular um alter se lhe fosse sugerido que a simulação era plausível, como na entrevista com Bianchi. Pediram para que todos os alunos de um grupo desempenhassem um papel de um acusado de assassinato clamando por inocência. Eles participaram exatamente da mesma entrevista que Orne fez com Bianchi, palavra por palavra. Cerca de 80% simularam uma personalidade alternativa a fim de evitar a convicção. Os grupos que receberam instruções mais vagas e nenhuma instrução direta de que uma personalidade

alternativa poderia existir foram muito menos propensos a usar uma em sua defesa.

Uma avaliação objetiva de memória, particularmente da memória implícita (inconsciente), revela que os processos de memória em pacientes com TDI não se diferenciam dos indivíduos saudáveis quando as metodologias da ciência cognitiva são usadas (Allen e Movius, 2000; Huntjens et al., 2002; Huntjens et al., 2003). Huntjens et al. (2006) mostraram que pacientes com TDI agiam mais como simuladores em relação a outras identidades sobre as quais eles não professam nenhuma memória (amnésia interidentitária), sugerindo assim a possibilidade de fingimento. Isso contrasta com os relatos de entrevistas com pacientes com TDI que sugerem que as memórias são diferentes de um alter para outro. Além disso, Kong, Allen e Glisky (2008) descobriram que, assim como com os participantes saudáveis, os pacientes com TDI que memorizaram palavras como uma personalidade conseguiram lembrá-las logo depois que trocaram de uma identidade para outra, ao contrário do autorrelato de amnésia interidentitária.

Essas descobertas sobre simulação e o efeito da hipnose levaram Spanos (1996) a sugerir que os sintomas do TDI poderiam, em sua maior parte, ser explicados pelos terapeutas que inadvertidamente sugeriram a existência de alters a indivíduos sugestionáveis, um modelo conhecido como "sociocognitivo", em razão de a possibilidade de fragmentos de identidade e de um trauma precoce serem socialmente reforçados por um terapeuta (Kihlstrom, 2005a; Lilienfeld et al., 1999). Um levantamento realizado por psiquiatras norte-americanos demonstrou pouco consenso sobre a validade científica do TDI, segundo os quais apenas um terço da amostra acredita que o diagnóstico deveria ter sido incluído sem restrições no *DSM* (Pope et al., 1999). (Voltaremos a esta questão quando discutirmos as falsas memórias.) O diagnóstico tomou o fascínio do público após livros, filmes e séries de TV populares surgirem com esse assunto. Chris Costner Sizemore foi o sujeito da vida real de um livro e filme popular – *As três faces de Eva*. Senhorita Sizemore, que usou o pseudônimo Evelyn Lancaster em seu livro, foi interpretada por Joanne Woodward, que posteriormente recebeu o Oscar de melhor atriz por seu papel no filme. Woodward depois também interpretou a psiquiatra que tratou outro paciente com TDI em uma minissérie para TV em 1976, *Sybil*. A paciente em *Sybil* foi interpretada por Sally Fields, que ganhou o prêmio Emmy por seu papel no seriado. Embora esses dois casos de TDI tenham se tornado muito populares, os críticos logo questionaram os relatórios dos pacientes e a precisão do diagnóstico. Por outro lado, no caso da Senhorita Sizemore, alguns testes objetivos sugerem que muitas pessoas com identidades fragmentadas não estão simulando consciente e voluntariamente (Kluft, 1991, 1999). Condon, Ogston e Pacoe (1969) examinaram a senhorita Sizemore e determinaram que uma das personalidades (Eve Black) mostrava um microestrabismo transitório (diferença de movimentos oculares laterais) que não era observado nas outras personalidades. Essas diferenças óticas foram confirmadas por S. D. Miller (1989), que demonstrou que pacientes com TDI tinham 4,5 vezes o número médio de mudanças no funcionamento ótico em seus

▲ O filme *As três faces de Eva*, de 1957, dramatiza o caso de Chris Sizemore, cujas experiências do transtorno dissociativo de identidade delinearam aos olhos do público esse diagnóstico considerado tão controverso.

alters do que os pacientes de controle que simulavam alters. Miller concluiu que as mudanças no nervo ótico, incluindo medidas de acuidade visual, refração e equilíbrio da musculatura ocular, seriam difíceis de fingir. Ludwig et al. (1972) constataram que as várias identidades de Jonah tinham respostas fisiológicas completamente diferentes quando ouvia palavras carregadas de emoção. Essas respostas incluíam alterações na atividade eletrodérmica, nas glândulas sudoríparas, que seriam do contrário imperceptíveis, e nas ondas do EEG. As imagens de ressonância magnética funcional (fMRI) mostraram alterações nas funções cerebrais em um paciente quando ele trocava de uma personalidade para outra. Esse paciente, em especial, mostrou alterações na atividade do hipocampo ao trocar a personalidade (Tsai et al., 1999). Uma série subsequente de pesquisas confirmou que vários alters têm um perfil psicofisiológico único (Cardeña e Gleaves, 2003; Putnam, 1997). Kluft (1999) sugere uma série de estratégias clínicas adicionais para diferenciar os simuladores dos pacientes que realmente sofrem de TDI, incluindo a observação de que os simuladores geralmente ficam impacientes para demonstrar seus sintomas e o fazem de forma natural, enquanto pacientes com TDI, ao contrário, são mais propensos a escondê-los.

ANNA O... Revelada

Vamos voltar uma vez mais ao famoso caso cujas ideias iniciais nos conduziram ao inconsciente e contribuíram para o desenvolvimento da psicanálise. Anteriormente descrevemos os sintomas conversivos de Anna O. concernentes à paralisia do seu braço direito, anestesia lateral direita e perda de capacidade de falar seu idioma nativo, o alemão (embora tivesse perfeito domínio do inglês). Quando Anna confrontou suas memórias traumáticas que refletiam o fato de ver seu pai morrer e o fato de ser sua enfermeira, ela cada vez mais recobrava suas habilidades físicas.

O nome verdadeiro de Anna O. era Bertha Pappenheim, e ela era uma mulher extraordinária. O que muitas pessoas não sabem é que ela nunca foi inteiramente curada por Breuer, que desistiu de tratá-la em 1882. Durante a década seguinte, ela foi internada várias vezes por causa das reincidências graves de seus sintomas conversivos, antes de começar aos poucos a se recuperar. Ela continuou a ser a pioneira do trabalho social e uma pessoa firmemente envolvida em campanhas contra o abuso sexual de mulheres (Putnam, 1992). Dedicou sua vida em favor da libertação de mulheres que estavam presas na prostituição e na escravidão por toda a Europa, Rússia e próximo ao Oriente. Arriscando sua própria vida, entrava em bordéis para libertar mulheres de seus cativeiros e de seus opressores. Escreveu uma peça, *Direitos da mulher*, que versava sobre homens sádicos e o contínuo abuso de mulheres. Fundou a Liga das Mulheres Judias de mulheres em 1904 e um lar para mães solteiras em 1907. Em reconhecimento pelas suas extraordinárias contribuições como uma das primeiras feministas militantes, o governo da Alemanha Ocidental posteriormente emitiu um selo comemorativo em sua honra (Sulloway, 1979).

Os amigos de Pappenheim comentavam que ela parecia levar uma "vida dupla". De um lado, era uma feminista radical e reformista. De outro, pertencia a uma elite cultural em Vienna do fim do século XIX. Fica evidente pelas notas de Breuer que havia duas Anna O., e que ela sofria de TDI. Uma personalidade era um tanto deprimida e ansiosa, mas relativamente normal. Mas em um instante ela se tornava melancólica e cheia de pressentimentos.

Breuer estava convencido de que durante esses momentos, "Anna" era outra pessoa, alguém que tinha alucinações e que era verbalmente abusiva. E era a segunda Anna O. que experimentava sintomas conversivos. A segunda falava apenas inglês ou fazia uma mistura ilegível de quatro ou cinco línguas. A primeira Anna falava fluentemente francês e italiano, bem como sua língua nativa, o alemão. De forma característica, uma personalidade não tinha nenhuma lembrança do que acontecia quando a outra estava "fora". Quase tudo podia causar a troca instantânea das personalidades – por exemplo, a visão de uma laranja, que era a fonte primária de alimento de Anna O., quando cuidou de seu pai moribundo. Putnam (1992, p. 36) relatou que, quando Pappenheim morreu de câncer, em 1936, "dizem que ela deixou dois testamentos escritos com caligrafias diferentes".

Estatísticas

Jonah tinha quatro identidades e Anna O., duas; o número médio de alter personalidades relatado pelos clínicos chega a quase 15 (Ross, 1997; Sackeim e Devanand, 1991). Entre as pessoas com TDI, a relação de mulheres para homens é alta, de 9 para 1, embora esses dados sejam fundamentados por estudos de caso acumulados, em vez de fundamentados em pesquisas de levantamento (Maldonado, Butler e Spiegel, 1998). O início quase sempre se dá na infância, frequentemente por volta dos 4 anos, embora seja em geral aproximadamente 7 anos depois da manifestação dos sintomas que o transtorno seja identificado (Maldonado et al., 1998; Putnam et al., 1986). Uma vez estabelecido, o transtorno tende a durar a vida toda quando não se faz tratamento. A forma que ele assume não parece variar substancialmente no ciclo de vida da pessoa, embora algumas evidências indiquem que a frequência das trocas diminuem com a idade (Sackeim e Devanand, 1991). Personalidades diferentes podem emergir em resposta a novas situações de vida, como foi o caso de Jonah.

Não há bons estudos epidemiológicos sobre a prevalência do transtorno na população em geral, embora os pesquisadores atualmente acreditem que seja mais comum do que anteriormente estimado (Kluft, 1991; Ross, 1997). Por exemplo, entrevistas semiestruturadas com um grande número de pacientes internados, e gravemente perturbados, encontraram taxas de prevalência de TDI entre 3% e 6% na América do Norte (Ross et al., 1991; Saxe et al., 1993) e aproximadamente 2% na Holanda (Firedl e Draijer, 2000). Em um levantamento, o melhor até o momento, realizado em uma comunidade, ou seja, fora do contexto clínico, encontrou-se a prevalência de 1,5% durante o ano anterior (Johnson et al., 2006).

Uma porcentagem muito grande de pacientes com TDI tem transtornos psicológicos simultâneos que podem incluir ansiedade, abuso de substâncias, depressão e transtornos da personalidade (Giesbrecht et al., 2008; Johnson et al., 2006; Kluft, 1999; Ross et al., 1990). Em uma amostra de mais de 100 pacientes, mais de sete diagnósticos adicionais foram observados em média (Ellason e Ross, 1997). Outro estudo com 42 pacientes documentou um padrão de transtornos da personalidade comórbida grave, incluindo sintomas *borderline* graves (Dell, 1998). Em alguns casos, essa alta taxa de comorbidade pode refletir o fato de que determinados transtornos, como o transtorno da personalidade *borderline*, partilham muitas características com o TDI – por exemplo, comportamento autodestrutivo e, às vezes, suicida, e instabilidade emocional. Alguns investigadores acreditam que a maioria dos sintomas do TDI pode ser mais bem explicada pelas características de transtorno da personalidade *borderline* (Lilienfeld e Lynn, 2003). Em virtude de as alucinações auditivas serem muito comuns, o TDI frequentemente é diagnosticado, de forma errada, como um transtorno psicótico. No TDI, as vozes são relatadas por pacientes como se viessem de dentro de suas cabeças, não de fora, como nos transtornos psicóticos. Pelo fato de os pacientes com TDI estarem geralmente conscientes de que as vozes são alucinações, não as relatam e tentam suprimi-las. Essas vozes com frequência os encorajam a fazer algo contra sua vontade, então, alguns indivíduos, particularmente em outras culturas, parecem estar possuídos por demônios (Putnam, 1997). Embora faltem estudos sistemáticos, o TDI parece ocorrer em uma variedade de culturas pelo mundo, particularmente como possessões, o que é uma manifestação de TDI (Boon e Draijer, 1993; Coons et al., 1991; Ross, 1997). Coons et al. (1991) descobriram relatos de TDI em 21 países.

Causas

É instrutivo examinar evidências atuais sobre as causas para todos os transtornos dissociativos, como faremos adiante, mas nossa ênfase aqui é na etiologia do TDI. As circunstâncias da vida que encorajam o desenvolvimento do transtorno parecem bastante claras em pelo menos um aspecto. Quase todos os pacientes que apresentam TDI relatam que sofreram abuso quando criança de maneira horrível e indescritível.

Imagine que você seja uma criança em uma situação como a descrita. O que você pode fazer? Você é jovem demais para fugir. E jovem demais para chamar as autoridades. Embora a dor seja insuportável, você não tem como saber se aquilo é incomum ou errado. Contudo, uma coisa você pode fazer. Pode fugir para um mundo de fantasias; pode ser outra pessoa. Se a fuga abranda a dor física e emocional por apenas um minuto ou torna a próxima hora suportável, há chances de que você escape novamente. Sua mente aprende que não existe limite para as identidades que podem ser criadas na medida do necessário. Quinze? Vinte e cinco? Uma centena? Tais números foram registrados em alguns casos. Você cria quantas forem necessárias para levar a vida. A maioria das pesquisas relata uma taxa muito alta de trauma infantil nos casos de TDI (Gleaves, 1996; Ross, 1997). Putnam et al. (1986) examinaram cem casos e descobriram que 97% dos pacientes havia experimentado traumas significativos, geralmente abuso sexual ou físico; 68% relataram incesto. Ross et al. (1990) relataram que, de 97 casos, 95% indicaram abuso físico ou sexual. Algumas crianças tinham sido enterradas vivas. Outras eram torturadas com fósforos, ferros de passar a vapor, lâminas de barbear ou vidro. Atualmente, pesquisadores corroboram a existência de pelo menos algum abuso sexual precoce em 12 pacientes com TDI cujos históricos foram extensivamente investigados, examinando antigos registros, entrevistando parentes e conhecidos, e assim por diante (Lewis et al., 1997), embora Kluft (1996, 1999) observe que alguns relatos feitos por pacientes não são verdadeiros, mas fabulações.

Nem todo trauma é causado por abuso. Putnam (1992) descreve uma jovem garota em uma zona de guerra que viu ambos os pais atingidos por uma explosão em um campo minado. Em uma reação extremamente emotiva, ela tentou apanhar os pedaços dos corpos e uni-los pedaço por pedaço.

Tais observações nos fazem chegar à conclusão de que o TDI está enraizado em uma tendência natural de escapar ou de "se dissociar" do afeto negativo relacionado com um abuso grave (Kluft, 1984, 1991). Uma carência de apoio social durante ou após o abuso também parece estar envolvida. Um estudo com 428 adolescentes gêmeos demonstrou que um alto e surpreendente índice de experiência dissociativa pode ser atribuído ao ambiente familiar caótico desprovido de apoio. Experiência individual ou fatores relacionados à personalidade também contribuíram para processos dissociativos (Waller e Ross, 1997).

O comportamento e as emoções que compõem os transtornos dissociativos parecem relacionados; por outro lado, há tendências normais presentes em todos nós até certo ponto. É bastante comum para indivíduos saudáveis, em outras condições, escaparem de alguma maneira da dor física ou emocional (Butler et al., 1996; Spiegel et al., 2013). Noyes e Kletti (1977) fizeram um levantamento de mais de cem sobreviventes de situações que envolviam risco de vida e descobriram que a maioria havia experimentado algum tipo de dissociação, tais como sentimentos de irrealidade, embotamento da dor física e emocional e até mesmo uma sensação de estar separado do próprio corpo. Amnésia e fuga dissociativa são reações que demonstram claramente um estresse grave pelas situações da vida. Mas o estresse da vida ou trauma está no presente, em vez de no passado, como no caso da mãe exausta que sofria de amnésia dissociativa. Muitos pacientes fogem de problemas legais ou de estresse grave em casa ou no trabalho (Sackeim e Devanand, 1991). Mas análises estatísticas sofisticadas indicam que as reações dissociativas "normais" diferem bastante das experiências patológicas que descrevemos (Waller, Putnam e Carlson, 1996; Waller e Ross, 1997) e que pelo menos algumas pessoas não desenvolvem experiências dissociativas patológicas graves, não importa quão intenso seja o estresse. Essas descobertas são consistentes com nosso modelo diátese-estresse, em que apenas tendo a vulnerabilidade (a diátese) alguém reage ao estresse com dissociação patológica.

Você deve ter observado que o TDI é muito semelhante, em sua etiologia, ao transtorno de estresse pós-traumático (TEPT). Ambas as condições caracterizam fortes reações emocionais ao experimentar um trauma grave (Butler et al., 1996). Lembre-se de que nem todo mundo vai experimentar TEPT após um trauma grave. Apenas pessoas que são biológica e psicologicamente vulneráveis à ansiedade correm risco de desenvolvê-lo em resposta a níveis moderados de trauma. À medida que a gravidade do trauma aumenta, entretanto, maior porcentagem de pessoas desenvolve TEPT como consequência, outras desenvolvem um subtipo dissociativo de TEPT (ver Capítulo 5). Algumas pessoas não se tornam vítimas do transtorno, mesmo após traumas graves, o que sugere que os fatores psicológicos e biológicos individuais interagem com o trauma para produzir o TEPT.

Uma perspectiva sugere que o TDI é um subtipo muito extremo do TEPT, com maior ênfase no processo de dissociação do que nos sintomas de ansiedade, embora ambos estejam presentes em cada transtorno (Butler et al., 1996). Algumas evidências também mostram que a "janela de desenvolvimento" da vulnerabilidade ao abuso que leva ao TDI fecha-se aproximadamente aos nove anos (Putnam, 1997). Logo após, é improvável que o TDI se desenvolva, embora o TEPT grave possa surgir. Se isso for verdade, esse é um bom exemplo do papel do desenvolvimento na etiologia da psicopatologia.

É preciso ressaltar que sabemos pouco sobre o TDI. Nossas conclusões baseiam-se em estudos de casos retrospectivos ou correlações, em vez de em pesquisas prospectivas de pessoas que podem ter passado por um trauma grave que parece conduzir ao TDI (Kihlstrom, 2005a; Kihlstrom, Glisky e Anguilo, 1994). Portanto, é difícil dizer que fatores biológicos e psicológicos poderiam contribuir, mas existem pistas sobre diferenças individuais que podem estar envolvidas.

Sugestionabilidade

Sugestionabilidade é um traço de personalidade distribuído normalmente entre a população, muito parecido com o peso e a altura. Algumas pessoas são mais sugestionáveis do que outras; algumas são relativamente imunes a isso e a maioria fica na média.

Você já teve algum amigo imaginário na infância? Muitas pessoas tiveram, e este é um sinal da habilidade de lidar com uma vida de fantasia rica que pode ser útil e adaptativa. Mas também parece correlacionar-se com o fato de que se é sugestionável ou facilmente hipnotizado (algumas pessoas equiparam os termos *sugestionabilidade* e *hipnotizabilidade*). Um transe hipnótico é muito parecido com a dissociação (Butler et al., 1996; Spiegel et al., 2013). As pessoas em um transe tendem a se concentrar em um aspecto do seu mundo e se tornam vulneráveis às sugestões dos hipnotizadores. Existe também o fenômeno da auto-hipnose, em que os indivíduos podem se dissociar da maior parte do mundo ao redor e se "autossugerir" que, por exemplo, não sentem dor em uma das mãos.

De acordo com o *modelo auto-hipnótico*, pessoas sugestionáveis são capazes de usar a dissociação como defesa contra um trauma grave (Putnam, 1991). Cerca de 50% dos pacientes com TDI lembram-se dos amigos imaginários da infância (Ross et al., 1990); se eles foram criados antes ou após o trauma não está totalmente claro. De acordo com essa concepção, quando o trauma se torna insuportável, a verdadeira identidade da pessoa se divide em múltiplas identidades dissociadas. A capacidade das crianças de distinguir claramente entre realidade e fantasia à medida que crescem pode fechar a janela do desenvolvimento de TDI aos nove anos, aproximadamente. Pessoas que são menos sugestionáveis podem desenvolver reação de estresse pós-traumático grave, mas não a reação dissociativa. Essas explicações são todas especulativas, uma vez que não há nenhum estudo controlado desse fenômeno (Giesbrecht et al., 2008; Kihlstrom, 2005b).

Contribuições biológicas

Como no TEPT, em que a evidência é mais sólida, é quase certo que haja uma vulnerabilidade biológica ao TDI, mas é difícil apontá-la. Por exemplo, no estudo extenso sobre gêmeos, mencionado anteriormente (Waller e Ross, 1997), nenhum dos fatores variantes ou causais identificáveis foi atribuído à hereditariedade: todo ele foi ambiental. Da mesma forma que nos transtornos de ansiedade, os traços hereditários mais básicos, como tensão e responsividade ao estresse, podem aumentar a vulnerabilidade. Por outro lado, assim como no TEPT, há alguma evidência de diminuição de volume do hipocampo e da amígdala nos pacientes com TDI comparados aos saudáveis (Vermetten et al., 2006).

Observações interessantes oferecem algumas pistas sobre a atividade cerebral durante a dissociação. Indivíduos com determinados transtornos neurológicos, particularmente os convulsivos, experimentam muitos sintomas dissociativos (Bowman e Coons, 2000; Cardeña et al., 1996). A crise epiléptica do lobo temporal medial pode estar especialmente associada a sintomas dissociativos (Bob, 2003). Pacientes com experiências dissociativas que têm transtornos convulsivos são claramente diferentes daqueles que não têm (Ross, 1997). Os pacientes convulsivos desenvolvem sintomas dissociativos na idade adulta que não estão associados a trauma, em claro contraste com pacientes com TDI sem transtornos convulsivos. Essa é uma área para estudos futuros (Hara et al., 2015).

Ferimentos na cabeça e danos cerebrais podem induzir à amnésia ou a outros tipos de experiências dissociativas. Essas condições, porém, são facilmente diagnosticadas, porque são generalizadas e irreversíveis e associadas com o trauma identificável na cabeça (Butler et al., 1996). Por fim, existe forte evidência de que a privação do sono produz sintomas dissociativos, tais como atividade alucinatória (Giesbrecht et al., 2007; van der Kloet et al., 2012). Na verdade, os sintomas de indivíduos com TDI parecem piorar quando se sentem cansados. Simeon e Abugal (2006) relatam que os pacientes com TDI "frequentemente o compararam com o *jet lag* desagradável, e sentem-se muito pior quando viajam entre diferentes fusos horários" (p. 210).

▲ Uma pessoa em transe hipnótico é sugestionável e pode se tornar absorvida em uma experiência em particular.

Memórias reais e falsas

Novamente, estudos de caso retrospectivos sugerem que indivíduos que apresentam dissociação, em especial TDI, podem ter passado por traumas graves, tais como abuso sexual, em um estágio precoce da vida, mas que se dissociaram da experiência traumática reprimindo a memória. Mas alguns cientistas clínicos argumentam que muitas das tais memórias são simplesmente resultados de sugestões de terapeutas descuidados que presumem que pessoas nessas condições sofreram abuso. Um dos assuntos mais controversos no campo da psicopatologia relaciona-se à questão do quanto as memórias de um trauma precoce, particularmente o abuso sexual, são, de fato, precisas. Essa questão não é específica para nenhum transtorno mental em particular. Pelo contrário, sempre que as decisões clínicas são baseadas na memória de uma pessoa, é importante considerar o fato de que memórias nem sempre são muito precisas ou mesmo verdadeiras, ainda que pareçam ser verdade. Algumas vezes, não conseguimos lembrar de coisas importantes que aconteceram e, outras, parece que lembramos de coisas que na verdade nunca aconteceram. Mas essa controvérsia muitas vezes surge no contexto do estudo de memórias traumáticas, particularmente como identificadas no TDI, por isso discutimos as pesquisas, prós e contras, sobre esse tópico importante, porque as apostas dessa controvérsia são enormes, com considerável oportunidade de prejudicar pessoas inocentes de cada lado da questão.

Se o abuso sexual precoce realmente aconteceu, mas não há lembrança dele em razão da amnésia dissociativa, é importante reexperimentar aspectos do trauma sob a supervisão de um terapeuta competente a fim de aliviar o sofrimento atual. Sem terapia, o paciente está propenso a sofrer indefinidamente de TEPT ou de um transtorno dissociativo. É fundamental que os perpetradores sejam responsabilizados por suas ações, visto que esse tipo de abuso é um crime e a prevenção deve ser uma meta importante.

Por outro lado, se as lembranças de um trauma precoce são inadvertidamente provocadas em resposta a sugestões de um terapeuta descuidado, mas parecem reais para o paciente, falsas acusações contra entes queridos podem levar a um rompimento familiar irreversível e, talvez, a sentenças de prisão injustas para os que são falsamente acusados como perpetradores. Há poucos anos, alegações supostamente imprecisas baseadas na falsa memória implicaram processos judiciais contra terapeutas que resultaram em milhões de dólares de indenizações por danos morais. Tal como acontece com a maioria dos problemas que atingem esse nível de contenção e desacordo, é claro que a resposta final não envolverá uma resolução de "tudo ou nada". Há evidências irrefutáveis de que as falsas memórias *podem* ser geradas por processos psicológicos razoavelmente bem compreendidos (Bernstein e Loftus, 2009; Ceci, 2003; Frenda, Nichols e Loftus, 2011; Geraerts et al., 2009; Lilienfeld et al., 1999; Loftus e Davis, 2006; McNally, 2003, 2012a; Shaw e Porter, 2015; Toth et al., 2011; Wilson et al., 2015). Alguns autores afirmam que as experiências traumáticas precoces possam causar amnésia dissociativa seletiva, com implicações substanciais para o funcionamento psicológico (Dahlenberg et al., 2012; Gleaves et al., 2004; Kluft, 1999; Spiegel et al., 2013). Por outro lado, outros questionam a suposição de que pessoas possam codificar experiências traumáticas sem serem capazes de recordá-las (por exemplo, Lynn et al., 2014)

Evidências que apoiam a existência de memórias distorcidas ou ilusórias vêm de experimentos como o realizado pela distinta psicóloga cognitiva Elizabeth Loftus e colaboradores (Loftus, 2003; Loftus e Davis, 2006). Loftus, Coan e Pickrell (1996) convenceram de forma bem-sucedida alguns indivíduos de que haviam ficado perdidos por muito tempo quando tinham aproximadamente 5 anos, o que não era verdade. Uma pessoa confiável foi recrutada para "plantar" a memória. Em um dos casos, um garoto de 14 anos ouviu de seu irmão mais velho que ele tinha se perdido em um centro comercial perto de onde morava quando tinha 5 anos, foi resgatado por um homem mais velho e que, enfim, reencontrou-se com sua mãe e seu irmão. Diversos dias depois de receber essa sugestão, o garoto relatou que se lembrava do evento e que se sentiu muito amedrontado quando estava perdido. Com o passar do tempo, o garoto lembrava mais e mais do acontecimento com detalhes, além daqueles que foram "plantados", incluindo a exata descrição do homem mais velho. Quando ele soube que o incidente nunca tinha acontecido, ficou muito surpreso e continuou a descrever detalhes do evento como se tivesse ocorrido. Mais recentemente, Bernstein e Loftus (2009) analisaram uma série de experimentos que demonstram que, por exemplo, criar uma falsa memória de se sentir mal depois de comer salada de ovo levou ao menor consumo desse alimento e a uma aversão a ele até quatro meses depois, durante um teste no qual os participantes não sabiam que estavam sendo testados em suas preferências alimentares.

Crianças pequenas não são muito confiáveis ao relatar detalhes de acontecimentos (Bruck et al., 1995), em especial eventos emocionais (Howe, 2007; Toth et al., 2011). Em uma pesquisa (Bruck et al., 1995), 35 meninas de 3 anos fizeram exame genital como parte de exame de rotina médica e outras 35 não o fizeram (grupo controle). Logo após o exame, com as mães presentes, foi pedido a cada garota que descrevesse onde o médico a tinha tocado. Foi-lhes dada uma boneca com anatomia correta e lhes perguntaram, fazendo com que apontassem o local exato na boneca onde o médico havia tocado. As descobertas indicaram que as crianças foram imprecisas em relatar o que havia acontecido. Aproximadamente 60% das que foram tocadas na região genital se recusaram a dizê-lo, independentemente de as bonecas terem ou não sido usadas. Por outro lado, entre as crianças no grupo controle, aproximadamente 60% indicaram inserções ou outros atos genitais intrusivos feitos pelo médico, ainda que nada do gênero tivesse acontecido.

Em outro conjunto de estudos (Ceci, 2003), foi solicitado a crianças de pré-escola que pensassem sobre acontecimentos reais que vivenciaram, como um acidente, e sobre acontecimentos fictícios, tais como ter de ir para o hospital para que os dedos fossem retirados de uma ratoeira. A cada semana, por dez semanas consecutivas, o entrevistador lhes pedia para escolher uma das cenas, pensar bastante e dizer se isso tinha acontecido com elas. As crianças então pensaram e visualizaram ambas as cenas reais e fictícias por um período de tempo prolongado. Após dez semanas consecutivas, as crianças eram examinadas por outro entrevistador, que não havia participado do experimento.

Ceci e colaboradores conduziram diversos experimentos usando esse paradigma (Ceci, 1995, 2003). Em determinado estudo, 58% das crianças em idade pré-escolar descreveram o acontecimento fictício como se tivesse realmente acontecido. Outras 25% relataram os acontecimentos fictícios como reais na maior parte do tempo. Além disso, as narrativas das crianças eram muito detalhadas e coerentes, adornadas de forma não sugerida originalmente. Mais impressionante foi o fato de que, em determinado estudo, 27% das crianças, quando souberam que suas memórias eram falsas, alegaram que realmente se lembravam do acontecimento.

Clancy e colaboradores, em um fascinante experimento, pesquisaram os processos da criação de falsa memória em um grupo que relatava ter recuperado lembranças de acontecimentos traumáticos improváveis de terem ocorrido: abdução por alienígenas. Entre os três grupos – o grupo que relatou ter recuperado memórias de abdução alienígena, o grupo que acreditava ter sido abduzido, mas não tinha lembrança do fato (memórias reprimidas) e o grupo que não tinha tais crenças ou memórias – surgiram algumas diferenças interessantes (Clancy et al., 2002; McNally, 2012). Aqueles que relataram ter recobrado e reprimido memórias de abdução também evidenciaram mais falsas lembranças e falsos reconhecimentos nos

testes cognitivos realizados em laboratórios e tiveram pontuações mais altas de sugestionabilidade e de depressão do que os participantes controle. Esses estudos coletivos indicam que as memórias são lábeis e podem ser facilmente distorcidas, particularmente em alguns indivíduos com certos traços e características de personalidade, tais como aqueles com capacidade imaginativa vívida (absorção) e com uma abertura para ideias incomuns (McNally, 2012a).

Mas também há muitas evidências de que os terapeutas precisam ser sensíveis a sinais de trauma que podem não ser completamente lembrados por pacientes que apresentam sintomas de TEPT ou de transtornos dissociativos. Mesmo se os pacientes forem incapazes de relatar ou de se lembrar de um trauma precoce, isso às vezes pode ser confirmado por meio de evidência de corroboração (Coons, 1994). Em um estudo, Williams (1994) entrevistou 129 mulheres com históricos documentados, como registros hospitalares, de terem sido sexualmente abusadas quando crianças. Trinta e oito por cento não se lembravam dos incidentes que haviam relatado às autoridades pelo menos 17 anos antes, mesmo com extensa sondagem de suas histórias de abuso. Essa falta de lembrança ficava mais extensa quando a vítima havia sofrido abuso quando era muito jovem ou quando conhecia o molestador. Porém, Goodman et al. (2003) entrevistaram 175 indivíduos com histórias documentadas de abuso sexual infantil e descobriram que a maior parte deles (81%) lembrava e reportou o abuso. Com mais idade, quando o abuso termina e há suporte emocional após a revelação do abuso, isto está associado a maiores taxas de revelações. McNally e Geraerts (2009) também apresentaram evidências sugerindo que algumas pessoas, após muitos anos, simplesmente esquecem essas experiências precoces e as recuperam quando se deparam com algo que as fazem lembrar fora da terapia. Nesse grupo, então, não é necessário invocar os conceitos de repressão, trauma ou falsa memória. É simples esquecimento. Em resumo, entre aqueles indivíduos que relataram memórias de abuso sexual, alguns podem ter passado por essa experiência e ter lembrança dela durante muito tempo, outros podem ter criado falsas memórias e alguns outros podem ter recobrado a memória de abuso sexual "reprimido" na terapia e, ainda, outras pessoas podem ter simplesmente se esquecido do incidente, porém podem se lembrar mais tarde.

Como essa controvérsia será resolvida? Em razão de as falsas memórias poderem ser criadas por sugestões fortes e repetitivas por uma figura de autoridade, os terapeutas devem estar conscientes das condições sob as quais isso é provável de ocorrer, em especial quando estão trabalhando com crianças pequenas. Isso requer conhecimento amplo dos mecanismos da memória e de outros aspectos do funcionamento psicológico e ilustra, uma vez mais, os perigos de lidar com psicoterapeutas inadequadamente treinados ou inexperientes. Histórias elaboradas de abusos satânicos de crianças que estavam sob o cuidado de mulheres idosas em creches são casos prováveis de memórias plantadas por terapeutas agressivos e negligentes, ou por coação de autoridades legais (Lilienfeld et al., 1999; Loftus e Davis, 2006; McNally, 2003). Em alguns casos, os responsáveis idosos têm sido sentenciados à prisão perpétua.

Por outro lado, muitas pessoas com transtorno dissociativo e TEPT têm sofrido abusos e traumas extremos documentados, fatos que poderiam, então, tornar-se dissociados da consciência. Pode ser que no futuro pesquisas descubram que a gravidade da amnésia dissociativa está diretamente relacionada à gravidade do trauma em indivíduos vulneráveis que possuem certos estilos específicos de enfrentamento (Toth et al., 2011), e esse tipo de reação dissociativa grave seja passível de ser comprovada como uma experiência qualitativamente diferente das dissociativas "normais" que todos nós temos de vez em quando, tais como um sentimento de irrealidade ou de não estarmos aqui por um ou outro momento (ver, por exemplo, Kluft, 1999; Waller et al., 1996). Defensores de ambos os lados concordam que a ciência clínica deve agir o mais rápido possível para especificar os processos em que é provável a implantação de falsas memórias e para definir as características presentes que indiquem experiências traumáticas reais, mas dissociadas (Frenda et al., 2011; Goodman, Quas e Ogle, 2010; Kihlstrom, 1997, 2005a; Lilienfeld et al., 1999; Pope, 1996, 1997). Até então, os profissionais da saúde mental devem ser extremamente cuidadosos para não prolongar o sofrimento desnecessário, tanto entre as vítimas do abuso real quanto entre as falsamente acusadas de terem cometido abuso (por exemplo, Lynn et al., 2014).

Tratamento

Indivíduos que experimentam amnésia dissociativa ou fuga dissociativa geralmente melhoram sozinhos e se lembram do que antes haviam esquecido. Os episódios são tão claramente relacionados ao estresse da vida cotidiana que a prevenção de futuros episódios envolve resolução terapêutica de situações angustiantes e aumento da força dos mecanismos de enfrentamento pessoais. Quando necessário, a terapia se concentra na lembrança do que aconteceu durante os estados de amnésia ou fuga, frequentemente com ajuda de amigos ou familiares que sabem o que aconteceu, para que os pacientes possam confrontar a informação e integrá-la na sua experiência consciente.

No caso do TDI, entretanto, o processo não é tão fácil. Com a própria identidade da pessoa despedaçada, reintegrar o indivíduo pode parecer desanimador. Felizmente, nem sempre é esse o caso. Embora nenhuma pesquisa controlada a respeito dos efeitos do tratamento tenha sido relatada, existem casos bem-sucedidos, documentados, sobre tentativas de reintegrar identidades por meio de psicoterapia de longo prazo (Brand et al., 2009; Ellason e Ross, 1997; Kluft, 2009). Não obstante, o prognóstico para a maioria das pessoas permanece obscuro. Coons (1986) descobriu que apenas 5 de 20 pacientes atingiram a integração completa de suas identidades. Ellason e Ross (1997) relataram que 12 pacientes de 54 (22,2%) alcançaram a integração dois anos após se apresentarem para tratamento, o que, na maioria dos casos, tem sido contínuo. Naturalmente, esses resultados poderiam ser atribuídos a outros fatores e não somente à terapia, porque não houve nenhuma comparação experimental (Powell e Howell, 1998).

Verificação de conceitos 6.2

Diagnostique os transtornos dissociativos descritos escolhendo uma das alternativas seguintes: (a) fuga dissociativa, (b) transtorno de despersonalização/desrealização, (c) amnésia generalizada, (d) transtorno dissociativo de identidade, (e) amnésia localizada.

1. Ann foi encontrada vagando pelas ruas, incapaz de se lembrar de qualquer informação pessoal importante. Após procurar na bolsa e encontrar um endereço, os médicos conseguiram entrar em contato com a mãe dela. Eles descobriram que Ann tinha acabado de sofrer um terrível acidente, do qual havia sido a única sobrevivente. Ann não conseguia se lembrar da mãe nem de nenhum detalhe do acidente. Ela estava aflita. _____

2. Karl foi levado para uma clínica por sua mãe. Ela estava preocupada porque às vezes o comportamento dele era muito estranho. A fala de Karl e a maneira de se relacionar com as pessoas e com as situações mudava dramaticamente, como se ele fosse uma pessoa diferente em cada ocasião. O que mais a incomodava e também a Karl é que ele não conseguia se lembrar de nada que tinha feito durante esses períodos. _____

3. Terry reclamava de se sentir fora do controle. Ela dizia que às vezes se sentia como se estivesse flutuando e olhando as coisas acontecerem com ela. Também experimentou uma visão em túnel e não se sentia envolvida com as coisas que aconteciam ao seu redor. Isso sempre lhe causava pânico e transpiração. _____

4. Henry tem 64 anos e chegou à cidade recentemente. Ele não sabe de onde veio nem como chegou a esse lugar. Sua carteira de habilitação prova seu nome, mas ele não está convencido disso. Ele tem boa saúde e não está tomando nenhum medicamento. _____

5. Carol não conseguia se lembrar do que tinha acontecido no último fim de semana. Na segunda-feira, ela foi internada em um hospital, pois apresentava cortes, machucados e contusões. Parecia também que ela tinha sido violentada. _____

As estratégias que os terapeutas usam hoje para o tratamento do TDI são baseadas na sabedoria clínica acumulada, bem como nos procedimentos que têm sido bem-sucedidos com o TEPT (Gold e Seibel, 2009; Keane et al., 2011; Maldonado et al., 1998; ver Capítulo 5). A meta fundamental é identificar sinais ou desencadeadores que provocam lembranças do trauma e/ou dissociação e neutralizá-los. Mais importante, o paciente deve confrontar e aliviar o trauma precoce e ganhar controle sobre os terríveis acontecimentos, pelo menos na medida em que eles se repetem na mente do paciente (Kluft, 2009; Ross, 1997). Para incutir esse senso de controle, o terapeuta deve, de maneira habilidosa e vagarosa, ajudar o paciente a visualizar e aliviar os aspectos do trauma, até que seja apenas uma lembrança muito ruim, e não um acontecimento corrente. Em virtude de a memória ser inconsciente, os aspectos da experiência frequentemente não são conhecidos nem do paciente nem do terapeuta, até que se manifestem durante o tratamento. A hipnose com frequência é usada para ter acesso às memórias inconscientes e trazer diversos alters para a consciência. Visto que o processo de dissociação é muito semelhante ao da hipnose, esse último pode ser uma maneira eficiente de acessar memórias traumáticas (Maldonado et al., 1998). (Naturalmente, não existe até agora nenhuma evidência de que a hipnose seja uma parte *necessária* do tratamento.) Sabemos que o TDI parece ter um curso crônico, e muito raramente melhora de forma espontânea, o que confirma que os tratamentos atuais, primitivos como são, têm alguma efetividade.

É possível que as memórias reemergentes do trauma desencadeiem outra dissociação. O terapeuta deve estar atento para evitar que isso aconteça. A confiança é importante para qualquer relacionamento terapêutico, mas essencial no tratamento do TDI. Ocasionalmente, a medicação é combinada com a terapia, mas existe pouca indicação de que isso ajude muito. Poucas evidências clínicas indicam que as drogas antidepressivas poderiam ser apropriadas em alguns casos (Kluft, 1996; Putnam e Loewenstein, 1993).

Controvérsias sobre o DSM: Alterações radicais na classificação

Como foi observado no início deste capítulo, o transtorno de sintomas somáticos e transtornos relacionados, bem como transtornos dissociativos são os transtornos mentais mais antigos reconhecidos. E, ainda assim, evidências recentes indicam que temos muito para aprender sobre a natureza deles e que nenhum dos grupos de transtornos pode abranger uma categoria uniforme que reflete características comuns para efeitos de classificação (Mayou et al., 2005). Por exemplo, o agrupamento de transtornos de sintomas somáticos foi baseado até recentemente na ideia de que a "somatização" é um processo comum, no qual um distúrbio mental se manifesta na forma de sintomas físicos. Os transtornos específicos, então, refletem as diferentes maneiras com as quais os sintomas podem se expressar fisicamente. Mas questões fundamentais foram levantadas, relativas à classificação desses transtornos (Noyes, Stuart e Watson, 2008; Voigt et al., 2010; Voigt et al., 2012).

Especificamente, e como observado no início do capítulo, todos os transtornos de sintomas somáticos partilham manifestações de sintomas somáticos acompanhados por distorções cognitivas na forma de má interpretação ou preocupações excessivas com os sintomas. Essas distorções cognitivas podem incluir ansiedade excessiva a respeito da saúde ou sintomas físicos, uma tendência de pensar o pior ou de forma "catastrófica" em relação a esses sintomas, e crenças intensas de que os sintomas físicos podem ser algo mais sério do que os profissionais da saúde já identificaram. Também, pessoas que apresentam esses transtornos fazem das preocupações com a saúde a parte central de suas vidas; em outras palavras, elas adotam o "papel de doente". Por essa razão, o *DSM-5* mudou substancialmente as definições desses transtornos, concentrando-as em duas principais: a gravidade e o número de sintomas físicos, bem como a gravidade da ansiedade com foco nos sintomas e no grau de mudança no comportamento como uma consequência dos sintomas. No transtorno de ansiedade de doença, o foco está somente na ansiedade grave sob a perspectiva de que uma pessoa está doente ou vai ficar doente, por isso, com exceção das queixas leves, os sintomas físicos não precisam sequer estar presentes. Explorações preliminares sobre a validade e a utilidade dessa estratégia indicam que essa nova abordagem dimensional, que reflete a gravidade de ambos os sintomas físicos e os psicológicos, podem ser muito úteis para clínicos para predizer o curso do transtorno e selecionar possíveis tratamentos (Noyes et al., 2008; Voigt et al., 2010; Voigt et al., 2012; Wollburg et al., 2013).

Outra vantagem dessa abordagem é que há menos pressão para os médicos fazerem determinações complicadas, como saber se os sintomas têm causas físicas, como era o caso do *DSM-IV*. Em vez disso, a combinação de sintomas físicos crônicos, acompanhados por fatores psicológicos de má interpretação dos sintomas e preocupações excessivas, é suficiente para fazer o diagnóstico. Essa nova categoria inclui fatores psicológicos que afetam outras condições médicas (ver Capítulo 9) e os transtornos factícios, porque todos envolvem a manifestação de sintomas físicos e/ou a preocupação com doença médica. Nem é necessário dizer que a própria natureza radical da mudança nessa categoria principal dos transtornos prova ser bem controversa, primeiramente porque existem pouquíssimos dados sobre a validade dessas novas categorias e até mesmo sobre a confiabilidade com a qual elas possam ser diagnosticadas. Mas parecem estar melhorando, e pesquisadores clínicos já se ocupam tentando confirmar ou não a utilidade dessa nova abordagem.

Resumo

Transtorno de sintomas somáticos e transtornos relacionados

▶ Indivíduos com transtorno de sintomas somáticos e transtornos relacionados são patologicamente preocupados com o funcionamento de seus corpos e levam suas preocupações para profissionais de saúde, que normalmente não acham nenhuma base médica identificável para tais queixas físicas.

▶ Há vários tipos de transtornos de sintomas somáticos. O transtorno de sintoma somático é caracterizado pelo foco em um ou mais sintomas físicos acompanhados por acentuada angústia focada no sintoma que é desproporcional à natureza ou à gravidade dos sintomas físicos. Essa condição pode dominar a vida do indivíduo e os relacionamentos interpessoais. O transtorno de ansiedade de doença é uma condição na qual o indivíduo acredita estar seriamente doente e fica ansioso ao pensar nessa possibilidade, muito embora não esteja sentindo nenhum sintoma físico no momento. No transtorno conversivo, há um mau funcionamento físico, como paralisia sem nenhum problema físico aparente. Distinguir entre as reações conversivas, distúrbios físicos reais e simulação ou falsificação é muitas vezes difícil. Ainda mais enigmático é o transtorno factício, no qual os sintomas do indivíduo são forjados e estão sob controle voluntário, como acontece com simulação, mas sem nenhuma razão aparente.

▶ As causas do transtorno de sintomas somáticos não são tão bem compreendidas. Os pacientes com esse transtorno costumam estar preocupados com sintomas físicos que afetam significativamente ou interferem em suas vidas. No caso do transtorno de ansiedade de doença (anteriormente conhecido como hipocondria), a pessoa vivencia ansiedade significativa sobre ter ou desenvolver uma séria doença. O último diagnóstico é semelhante a um transtorno de ansiedade. O tratamento do transtorno de sintoma somático varia de técnicas básicas de reasseguramento e apoio social a intervenções destinadas a reduzir o estresse e remover qualquer ganho secundário pelo comportamento. Recentemente, a terapia cognitivo-comportamental especificamente adaptada se mostrou bem-sucedida com essas condições.

Transtornos dissociativos

▶ Os transtornos dissociativos são caracterizados por alterações na percepção: um senso de deslocamento de si mesmo, do mundo ou das memórias.

▶ Os transtornos dissociativos incluem o transtorno de despersonalização/desrealização, em que o senso de realidade pessoal do indivíduo se perde temporariamente (despersonalização), como também acontece com o mundo externo (desrealização). Na amnésia dissociativa, o indivíduo não consegue se lembrar de informações pessoais importantes. Na amnésia generalizada, o indivíduo não consegue se lembrar de nada; mais comumente, a pessoa é incapaz de se lembrar de acontecimentos específicos que ocorrem durante um dado momento (amnésia localizada ou seletiva). Na fuga dissociativa, um subtipo de amnésia dissociativa, a perda de memória é combinada com súbitos desaparecimentos (viagens inesperadas). Em casos extremos, novas identidades, ou alters, podem ser formadas no transtorno dissociativo de identidade (TDI). Não se pode compreender inteiramente as causas dos transtornos dissociativos, mas estão frequentemente relacionadas à tendência de fugir psicologicamente de estresse ou de memórias de acontecimentos traumáticos.

▶ O tratamento de transtornos dissociativos envolve ajudar o paciente a reviver os acontecimentos traumáticos de uma maneira terapeuticamente controlada, a fim de desenvolver uma melhora nas habilidades de enfrentamento. No caso do TDI, a terapia é com frequência de longo prazo. É impreterível que haja um senso de confiança entre o paciente e o terapeuta quando se trata desse transtorno.

Termos-chave

alters
amnésia dissociativa
amnésia generalizada
amnésia localizada ou seletiva
desrealização
fatores psicológicos que afetam outras condições
fuga dissociativa
simulação
transtorno conversivo

transtorno de ansiedade de doença
transtorno de despersonalização/desrealização
transtorno de sintomas somáticos
transtorno de transe dissociativo
transtorno dissociativo
transtorno dissociativo de identidade (TDI)
transtorno factício

Respostas da verificação de conceitos

6.1
1. a; 2. b; 3. c

6.2
1. c; 2. d; 3. b; 4. a; 5. e

Explorando transtorno de sintomas somáticos e transtornos dissociativos

Esses dois conjuntos de transtornos dividem algumas características comuns e são fortemente associados historicamente à "neuroses histéricas". Ambos são relativamente raros e ainda não são bem entendidos.

TRANSTORNO DE SINTOMAS SOMÁTICOS E TRANSTORNOS RELACIONADOS
Caracterizados por uma preocupação patológica com funcionamento ou aparência física

Transtorno de ansiedade de doença	Características	Tratamento
Ansiedade elevada → Interpretação errônea de sensações físicas → **Causas** → Foco intensificado nas sensações	■ Ansiedade grave sobre problemas físicos que são clinicamente indetectáveis ■ Afeta mulheres e homens de forma homogênea ■ Pode surgir em qualquer idade ■ Evidente em diversas culturas	■ Psicoterapia para questionar as percepções de doença ■ Aconselhamento e/ou grupos de apoio para fornecer reasseguramentos

Transtorno de sintomas somáticos	Características	Tratamento
Isolamento social eventual → Desenvolvimento contínuo de novos sintomas → **Causas** → Simpatia e atenção imediatas	■ Relatos de múltiplos sintomas físicos sem base médica ■ Ocorre em famílias; provável base hereditária ■ Raro – mais prevalente em mulheres solteiras de grupos socioeconômicos menos favorecidos ■ Início geralmente na adolescência; muitas vezes persiste até a velhice	■ Difíceis de tratar ■ Terapia cognitivo-comportamental (TCC) para promover reasseguramento, reduzir o estresse e minimizar comportamentos de busca de ajuda ■ Terapia para ampliar a base de relacionamento com os outros

Transtorno conversivo	Características	Tratamento
Influências sociais (sintomas aprendidos por observação de doença ou lesão reais) → Estresse vital ou conflito psicológico → **Causas** → Reduzido por sintomas incapacitantes	■ Grave disfunção física (por exemplo, paralisia e cegueira) sem patologia física correspondente ■ As pessoas afetadas não têm, genuinamente, ciência de que podem funcionar normalmente ■ Pode coincidir com outros problemas, especialmente com o transtorno de sintomas somáticos ■ Mais prevalente em grupos socioeconômicos menos favorecidos, mulheres e homens sob estresse extremo (p. ex. soldados)	■ O mesmo que para o transtorno de sintomas somáticos, com ênfase na resolução do estresse ou conflito vitais e redução de comportamentos de busca de ajuda

Explorando transtorno de sintomas somáticos e transtornos dissociativos (cont.)

TRANSTORNOS DISSOCIATIVOS
Caracterizados pelo deslocamento de si mesmo (despersonalização) e da realidade objetiva (desrealização)

Etiologia semelhante ao transtorno de estresse pós-traumático

Causas

- Abusos graves durante a infância
  - A vida na fantasia é o único "escape"
  - O processo torna-se automático e, em seguida, involuntário

Interage com vulnerabilidade biológica

Alta sugestionabilidade é um possível traço

Controvérsia
A comunidade científica está dividida sobre a questão de múltiplas identidades ser uma experiência genuína ou simulada. Estudos demonstram que as "falsas memórias" podem ser criadas ("implantadas") pelos terapeutas. Outros testes confirmam que os vários alters são fisiologicamente distintos.

Transtorno	Características	Tratamento
Transtorno dissociativo de identidade (TDI)	■ A pessoa afetada adota novas identidades, ou alters, que coexistem simultaneamente; os alters podem ser personalidades completas e distintas ou apenas parcialmente independentes ■ Número médio de alters é 15 ■ Início na infância; afeta mais mulheres que homens ■ Os pacientes muitas vezes sofrem de outros transtornos psicológicos simultaneamente ■ Raro fora das culturas ocidentais	■ Psicoterapia de longo prazo pode reintegrar personalidades separadas em 25% dos pacientes ■ Tratamento do trauma associado, semelhante ao do transtorno de estresse pós-traumático; sem tratamento, a condição persiste ao longo da vida
Transtorno de despersonalização/ desrealização	■ Sentimentos graves e assustadores de deslocamento dominam a vida da pessoa ■ A pessoa afetada sente-se como um observador externo de seus próprios processos mentais ou corporais ■ Causa sofrimento significativo ou prejuízo no funcionamento, especialmente na expressão emocional e déficits na percepção ■ Alguns sintomas são semelhantes aos de transtorno de pânico ■ Raro; início geralmente na adolescência	■ Tratamentos psicológicos semelhantes àqueles para transtorno de pânico podem ser úteis ■ Estresses associados ao início do transtorno devem ser abordados ■ Tende a persistir ao longo da vida
Amnésia dissociativa	■ Generalizada: incapacidade de lembrar de qualquer coisa, incluindo a identidade; comparativamente rara ■ Localizada: incapacidade de lembrar de eventos específicos (geralmente traumáticos); ocorre frequentemente durante guerras ■ Mais comum que a amnésia geral ■ Início geralmente na fase adulta para ambos os tipos ■ Subtipo com Fuga dissociativa: perda de memória é acompanhada por viagens despropositadas ou sair caminhando desnorteado	■ Geralmente se autocorrige quando o estresse atual é resolvido ■ Se necessário, o tratamento se concentra na recuperação de informações perdidas
Transe dissociativo	■ As mudanças súbitas de personalidade acompanham um transe ou "possessão" ■ Causa sofrimento significativo e/ou prejuízo no funcionamento ■ Muitas vezes associado a estresse ou trauma ■ Prevalente ao redor do mundo, geralmente em um contexto religioso; raramente visto nas culturas ocidentais ■ Mais comum em mulheres que em homens	■ Pouco se conhece

7 Transtornos do humor e suicídio

RESUMO DO CAPÍTULO

Compreendendo e definindo transtornos do humor
 Visão geral sobre depressão e mania
 Estrutura dos transtornos do humor
 Transtornos depressivos
 Critérios adicionais de definição para transtornos depressivos
 Outros transtornos depressivos
 Transtornos bipolares
 Critérios adicionais de definição para transtornos bipolares

Prevalência dos transtornos do humor
 Prevalência em crianças, adolescentes e adultos mais velhos
 Influências do desenvolvimento do ciclo vital nos transtornos do humor
 Entre culturas
 Entre indivíduos criativos

Causas dos transtornos do humor
 Dimensões biológicas
 Estudos adicionais sobre a estrutura e o funcionamento do cérebro
 Dimensões psicológicas
 Dimensões sociais e culturais
 Uma teoria integrada

Tratamento dos transtornos do humor
 Medicações
 Eletroconvulsoterapia e estimulação magnética transcraniana
 Tratamentos psicológicos para depressão
 Tratamentos combinados para depressão
 Prevenindo a reincidência da depressão
 Tratamentos psicológicos para o transtorno bipolar

Suicídio
 Estatísticas
 Causas
 Fatores de risco
 O suicídio é contagioso?
 Tratamento

Resultados finais de assimilação do conteúdo pelo aluno*

• **Utilizar o raciocínio científico para interpretar o comportamento:**	• Identificar os componentes biológicos, psicológicos e sociais das explicações comportamentais (p. ex., inferências, observações, definições operacionais e interpretações) [APA SLO 2.1a]
• **Descrever os conceitos-chave, princípios e temas gerais em psicologia:**	• Analisar a variabilidade e continuidade dos processos comportamentais e mentais nas espécies animais e entre elas [APA SLO 1.2d2]
• **Envolver-se com pensamento inovador e integrativo e com resolução de problemas:**	• Descrever problemas de forma operacional para estudá-los empiricamente [APA SLO 2.3a]
• **Desenvolver um conhecimento prático dos domínios de conteúdo da psicologia:**	• Reconhecer os principais eventos históricos, perspectivas teóricas e figuras na psicologia e sua ligação às tendências de pesquisas contemporâneas [APA SLO 1.2c]
• **Descrever aplicações que empregam a resolução de problemas com base na disciplina:**	• Identificar corretamente os antecedentes e as consequências dos processos comportamentais e mentais [APA SLO 1.3c] • Descrever exemplos de aplicações práticas e relevantes dos princípios psicológicos na vida diária [APA SLO 1.3a]

* Partes deste capítulo tratam dos resultados finais de aquisição de conhecimento sugeridos pela American Psychological Association (2013), inclusos nas diretrizes de bacharéis em Psicologia. O escopo do capítulo concernente aos resultados está identificado acima pela APA Goal e pela APA Suggested Learning Outcome (SLO).[1]

Compreendendo e definindo transtornos do humor

Pense no último mês da sua vida. Esse período pode ter sido normal em muitos aspectos: você estudou durante a semana, socializou nos finais de semana e pensou no futuro de vez em quando. Talvez você tenha antecipado, com certo prazer, a diversão do próximo feriado ou do reencontro com um antigo amigo. Mas talvez em algum momento, durante o mês passado, você também se sentiu um pouco para baixo, porque tirou uma nota inferior à que esperava em uma prova, depois de estudar duro, rompeu com seu namorado ou namorada ou, pior ainda, um de seus avós faleceu. Pense a respeito de seus sentimentos durante esse período. Você ficou triste? Talvez se lembre de ter chorado. Talvez tenha ficado abatido e pareceu não conseguir juntar forças para estudar ou para sair com os amigos. Pode ser que, sem nenhum motivo, se sinta desse jeito de vez em quando e seus amigos achem que você é mal-humorado.

Se você é como a maior parte das pessoas, sabe que seu estado de humor vai passar. Você estará de volta ao seu velho eu em alguns dias ou uma semana. Se você nunca se sentiu para baixo e sempre viu apenas o que era bom em determinada situação, isso seria mais incomum (até para seus amigos) do que se ficasse deprimido de vez em quando. Os sentimentos de depressão (e de alegria) são universais, o que torna difícil entender os transtornos do humor, que podem ser tão incapacitantes que suicídios violentos parecem ser uma melhor opção do que continuar vivendo. Considere o caso de Katie.

---

[1] NTT da tradução da 8ª edição norte-americana: No Brasil, as chamadas Diretrizes Curriculares Nacionais (DCN) para a graduação em Psicologia são instituídas via Ministério da Educação (MEC) e Conselho Federal de Psicologia (CFP).

KATIE ... Depressão sazonal

Katie era uma garota atraente, mas muito tímida, de 16 anos, que chegou à nossa clínica com seus pais. Em função de sua ansiedade social considerável, Katie, por muitos anos, raramente havia interagido com qualquer pessoa fora de sua família. Ir para a escola foi difícil e, à medida que seus contatos sociais diminuíam, seus dias se tornavam vazios e enfadonhos. Quando tinha 16 anos, uma profunda e abrangente depressão bloqueava o sol da sua vida. Aqui está sua descrição posterior sobre o assunto:

"A experiência da depressão é como cair em um buraco profundo e escuro, do qual você não consegue sair. Você grita enquanto você cai, mas parece que ninguém ouve. Em certos dias, você flutua para cima sem esforço; em outros, deseja bater no fundo de tal maneira que nunca venha a cair novamente. A depressão afeta o modo como você interpreta os eventos. Ela influencia a maneira como você se percebe e como vê outras pessoas. Lembro-me de olhar para o espelho e achar que eu era a criatura mais feia do mundo. Depois, quando alguns destes pensamentos voltavam, aprendi a me lembrar que eles não me tinham ocorrido no dia anterior e que a probabilidade era de que eles não surgissem no dia seguinte ou no próximo. É algo um pouco parecido com a espera da mudança do tempo."

No entanto, aos 16 anos, nas profundezas do desespero, Katie não tinha tal perspectiva. Ela muitas vezes chorava por horas no final do dia. Havia começado a beber no ano anterior, com permissão dos pais, algo bastante estranho, porque os comprimidos prescritos pelo médico da família não surtiam efeito. Um copo de vinho no jantar deixava Katie calma por um tempo e, tanto ela quanto seus pais, desesperados, estavam dispostos a tentar qualquer coisa que pudesse torná-la uma pessoa mais funcional. Contudo, um copo não era o suficiente. Bebia com crescente frequência. Começou a beber para conseguir dormir. Foi uma maneira de escapar do que sentia: "Eu tinha pouca esperança de mudar de forma positiva. Também não achava que as pessoas próximas a mim tivessem esperança. Eu estava irritada, cínica e com uma grande dor emocional". A vida de Katie continuou em uma espiral descendente.

Por muitos anos, Katie pensou no suicídio como uma solução para sua infelicidade. Aos 13 anos, na presença de seus pais, ela relatou esses pensamentos ao seu psicólogo. Os pais choraram, e vê-los dessa forma afetou Katie profundamente. A partir daquele momento, ela nunca mais expressou seus pensamentos suicidas, embora permanecessem com ela. Com 16 anos, a preocupação com a própria morte tinha aumentado.

"Acho que foi um completo esgotamento. Estava cansada de lidar com a ansiedade e a depressão todos os dias. Logo me percebi tentando romper as poucas relações interpessoais com meus amigos mais íntimos, com minha mãe e com meu irmão mais velho. Era quase impossível conversar com eles. Eu ficava irritada e frustrada o tempo todo. Certo dia, fui além do limite. Minha mãe e eu tivemos um desentendimento a respeito de algo sem importância. Fui para meu quarto no qual mantinha uma garrafa de uísque ou de vodca ou de qualquer coisa que eu estivesse bebendo na época. Bebi o máximo que pude até que conseguisse me beliscar o mais forte possível sem sentir nada. Então, peguei uma faca bem afiada que guardava e cortei meu pulso profundamente. Não senti nada, a não ser o calor do sangue correndo de meu pulso.

O sangue escorreu pelo chão, próximo à cama na qual eu estava deitada. O súbito pensamento que me atingiu foi que eu tinha fracassado, que aquilo não fora o suficiente para causar minha morte. Eu me levantei e comecei a rir.

Tentei parar o sangramento com alguns panos. Fiquei calma e, estranhamente, satisfeita. Caminhei para a cozinha e chamei minha mãe. Não consigo imaginar como ela se sentiu quando viu minha camisa e minhas calças cobertas de sangue.

Ela foi surpreendentemente calma. Pediu-me para ver o corte e disse que o sangramento não pararia por si só, que eu precisava ir ao médico imediatamente. Eu me lembro que, quando o médico aplicou novocaína no corte, ele observou que eu deveria ter usado um anestésico antes de me cortar. Eu não senti a injeção ou os pontos.

Após esse episódio, os pensamentos suicidas se tornaram mais frequentes e muito mais reais. Meu pai me fez prometer que eu nunca faria aquilo novamente e eu lhe disse que não o faria, mas aquela promessa não significava nada para mim. Sabia que tinha de confortar suas dores e temores, não os meus, e minha preocupação com a morte continuou."

Pense um momento sobre sua própria experiência de depressão. Quais são os fatores principais que diferenciam seus sentimentos dos de Katie? Evidentemente, a depressão de Katie estava além das fronteiras da experiência normal em virtude da intensidade e da duração. Além disso, a depressão grave ou "clínica" interferia substancialmente em sua capacidade de funcionamento. Finalmente, diversos sintomas psicológicos e físicos associados acompanham a depressão clínica.

Algumas vezes, os transtornos do humor levam a consequências trágicas. Assim, o desenvolvimento de uma compreensão total é fundamental. Nas seções a seguir, descrevemos como várias experiências emocionais e sintomas se correlacionam para produzir transtornos do humor específicos. Oferecemos descrições detalhadas de diferentes transtornos do humor e examinamos os muitos critérios que os definem. Discutimos a relação entre ansiedade e depressão e as causas e o tratamento dos transtornos do humor. Concluímos com uma discussão sobre suicídio.

Visão geral sobre depressão e mania

Os transtornos descritos neste capítulo costumavam ser categorizados sob diferentes denominações generalizadas, como "transtornos depressivos", "transtornos afetivos" ou mesmo "neuroses depressivas". A partir da terceira edição do *Manual Diagnóstico e Estatístico de Transtornos Mentais (DSM-III)*, publicado pela American Psychiatric Association, em 1980, esses problemas foram agrupados sob o título **transtornos do humor**, porque são caracterizados por desvios graves no humor.

As experiências fundamentais de depressão e mania contribuem, individualmente ou em conjunto, para todos os transtornos do humor. Nós descreveremos cada estado e discutiremos suas contribuições para os diversos transtornos do humor. Em seguida, descreveremos brevemente os critérios de definição adicionais, características ou sintomas que definem transtornos específicos.

A depressão mais comumente diagnosticada e mais grave é chamada **episódio depressivo maior**. Os critérios do *DSM-5* descrevem-na como um estado de humor extremamente deprimido, com duração de pelo menos duas semanas, que inclui sintomas cognitivos (como sentimentos de inutilidade e indecisão) e funções físicas perturbadas (como padrões de sono alterados, mudanças significativas no apetite e de peso ou uma perda notável de energia) a tal ponto que até mesmo a menor atividade ou movimento exige um enorme esforço. O episódio é normalmente acompanhado por uma perda geral de interesse nas coisas e uma incapacidade em sentir qualquer prazer da vida, incluindo interações com a família ou amigos ou realizações no trabalho ou na escola. Apesar de todos os sintomas serem importantes, evidências sugerem que a maioria dos indicadores centrais de um episódio depressivo maior completo são as mudanças físicas (algumas vezes chamadas sintomas *somáticos* ou *vegetativos*) (Bech, 2009; Buchwald e Rudick-Davis, 1993; Keller et al., 1995; Kessler e Wang, 2009), juntamente com o "desligamento" comportamental e emocional, refletido pela baixa ativação comportamental (Dimidjian et al., 2011). *Anedonia* (perda de energia e incapacidade de se envolver em atividades prazerosas ou ter qualquer "diversão") é mais característica desses episódios graves de depressão do que, por exemplo, os relatos de tristeza ou angústia (Pizzagalli, 2014). Nem a tendência a chorar, que ocorre igualmente em indivíduos deprimidos e não deprimidos (em sua maioria mulheres, em ambos os casos), reflete a gravidade – ou mesmo a presença de um episódio depressivo (Vingerhoets et al., 2007). Essa anedonia reflete o fato de que esses episódios representam um estado de baixo afeto positivo e não apenas alto afeto negativo (Brown e Barlow, 2009). A duração de um episódio depressivo maior, se não tratado, é de aproximadamente quatro a nove meses (Hasin et al., 2005; Kessler e Wang, 2009).

O segundo estado fundamental nos transtornos do humor é a alegria, entusiasmo ou euforia extremamente exagerados. Na **mania**, os indivíduos encontram prazer extremo em todas as atividades; alguns pacientes comparam sua experiência diária de mania com um orgasmo sexual contínuo. Eles tornam-se extraordinariamente ativos (hiperativos), precisam de pouco sono e podem desenvolver planos grandiosos, acreditando que podem realizar qualquer coisa que desejem. O *DSM-5* destaca essa característica, adicionando "aumento anormal e persistente da atividade dirigida a objetivos ou da energia" ao critério "A" (veja a Tabela *DSM-5* 7.2; American Psychiatric Association, 2013). A fala geralmente é muito rápida e pode tornar-se incoerente, porque o indivíduo tenta expressar muitas ideias ao mesmo tempo; essa característica geralmente é chamada de *fuga de ideias*.

Os critérios do *DSM-5* para o episódio maníaco requerem duração de apenas uma semana, ou menor duração caso o episódio seja grave o bastante a ponto de necessitar de hospitalização. A hospitalização poderia ocorrer, por exemplo, se o indivíduo se envolvesse em situações autodestrutivas, gastando milhares de dólares na expectativa de ganhar milhões no dia seguinte. A irritabilidade muitas vezes faz parte de um episódio maníaco, geralmente próximo ao final. Paradoxalmente, estar ansioso ou deprimido, muitas vezes, também faz parte da mania, como descrito posteriormente. A duração de um episódio maníaco não tratado normalmente é de três a quatro meses (Angst, 2009; Solomon et al., 2010).

O *DSM-5* também define um **episódio hipomaníaco**, uma versão menos grave de um episódio maníaco, que não causa prejuízo acentuado no funcionamento social ou ocupacional e precisa durar apenas quatro dias, em vez de uma semana inteira. (*Hipo* significa "baixo"; assim, o episódio é abaixo do nível de um episódio maníaco.) Um episódio hipomaníaco não é, em si, necessariamente problemático, mas sua presença contribui para a definição de vários transtornos do humor.

Estrutura dos transtornos do humor

Os indivíduos que têm depressão ou mania sofrem de *transtorno do humor unipolar*, porque seu humor permanece em um único "polo" do *continuum* depressão-mania usual. A mania por si só (mania unipolar) provavelmente ocorre (Angst e Grobler, 2015; Baek, Eisner e Nierenberg, 2014; Tazici, 2014), mas parece ser rara, uma vez que a maioria das pessoas com transtorno do humor unipolar eventualmente desenvolve depressão. Por outro lado, episódios maníacos isolados podem ser de alguma forma mais frequentes em adolescentes (Merikangas et al., 2012). Caso a pessoa alterne entre depressão e mania, diz-se apresentar transtorno do humor bipolar, variando de um "polo" ao outro do *continuum* depressão-euforia. Entretanto, esse rótulo é, de certa forma, enganoso, ao passo que a depressão e a euforia podem não ser exatamente extremos opostos do mesmo estado de humor; embora relacionadas, elas são, com frequência, relativamente independentes. Um indivíduo pode experimentar sintomas maníacos, mas sentir-se deprimido ou ansioso ao mesmo

TABELA 7.1 Critérios para episódio depressivo maior

A. Cinco (ou mais) dos seguintes sintomas estiveram presentes durante o mesmo período de duas semanas e representam uma mudança em relação ao funcionamento anterior; pelo menos um dos sintomas é (1) humor deprimido ou (2) perda de interesse ou prazer.
Nota: Não incluir sintomas que sejam claramente atribuíveis a outra condição médica.

1. Humor deprimido na maior parte do dia, quase todos os dias, conforme indicado por relato subjetivo (p. ex., sente-se triste, vazio ou sem esperança) ou por observação feita por outra pessoa (p. ex., parece choroso). (**Nota:** Em crianças e adolescentes, pode ser humor irritável.)
2. Acentuada diminuição de interesse ou prazer em todas, ou quase todas, as atividades na maior parte do dia, quase todos os dias (conforme indicado por relato subjetivo ou observação feita por outra pessoa).
3. Perda ou ganho significativo de peso sem estar fazendo dieta (p. ex., mudança de mais de 5% do peso corporal em um mês) ou redução ou aumento do apetite quase todos os dias. (**Nota:** Em crianças, considerar o insucesso em obter o ganho de peso esperado.)
4. Insônia ou hipersonia quase diária.
5. Agitação ou retardo psicomotor quase todos os dias (observável por outras pessoas; não meramente sensações subjetivas de inquietação ou de estar mais lento).
6. Fadiga ou perda de energia quase todos os dias.
7. Sentimentos de inutilidade ou culpa excessiva ou inapropriada (que podem ser delirantes) quase todos os dias (não meramente autorrecriminação ou culpa por estar doente).
8. Capacidade diminuída para pensar ou se concentrar, ou indecisão quase todos os dias (por relato subjetivo ou observação feita por outra pessoa).
9. Pensamentos recorrentes de morte (não somente medo de morrer), ideação suicida recorrente sem um plano específico, tentativa de suicídio ou plano específico para cometer suicídio.

B. Os sintomas causam sofrimento clinicamente significativo ou prejuízo no funcionamento social, profissional ou em outras áreas importantes da vida do indivíduo.
C. O episódio não é atribuível aos efeitos fisiológicos de uma substância ou a outra condição médica.

Fonte: Manual Diagnóstico e Estatístico de Transtornos Mentais, 5a ed. – DSM-5. Tab. 7.1. Artmed, Porto Alegre, 2014.

tempo; ou estar deprimido com alguns sintomas de mania. Este episódio é caracterizado por ter **características mistas** (Angst, 2009; Angst et al., 2011; Hantouche et al., 2006; Swann et al., 2013). Pesquisas sugerem que episódios maníacos são definidos por características disfóricas (ansiosas ou depressivas) mais comumente do que se pensava, e a disforia pode ser grave (Cassidy et al., 2008; Swann et al., 2013). Em um estudo, 30% dos 1.090 pacientes hospitalizados por mania aguda tinham episódios mistos (Hantouche et al., 2006). Em outro estudo cuidadosamente delineado com mais de 4 mil pacientes, até dois terços deles com episódios depressivos bipolares também tinham sintomas maníacos, muitas vezes com pensamentos rápidos (fuga de ideias), distraibilidade e agitação. Esses pacientes também foram prejudicados mais gravemente que aqueles sem sintomas depressivos e maníacos concomitantes (Goldberg et al., 2009; Swann et al., 2013). Os raros indivíduos que sofrem de episódios maníacos isolados também atendem aos critérios do transtorno do humor bipolar, porque a experiência mostra que a maioria desses indivíduos pode tornar-se deprimida em um momento posterior. Em geral, modelos mais recentes veem o transtorno bipolar como uma condição em desenvolvimento, passando por diferentes estágios "de risco", com sintomas leves no começo da doença progredindo para um transtorno crônico posteriormente (Frank et al., 2015; Kupfer, Frank e Ritchey, 2015). No *DSM-5*, o termo "características mistas" exige especificar se está presente um episódio predominantemente maníaco ou predominantemente depressivo, e, em seguida, observar se sintomas suficientes da polaridade oposta estão presentes para satisfazer os critérios de características mistas.

É importante determinar o curso ou padrão temporal dos episódios depressivos ou maníacos. Por exemplo, eles tendem a recorrer? Se sim, o paciente se recupera totalmente por pelo menos dois meses entre os episódios (denominado "remissão completa") ou recupera-se apenas parcialmente, retendo alguns sintomas depressivos ("remissão parcial")? Os episódios depressivos se alternam com episódios maníacos ou hipomaníacos, ou não? A observação de todos esses padrões de transtornos do humor é importante pois contribuem para as decisões sobre qual diagnóstico é adequado.

A importância do curso temporal (padrões de recorrência e remissão) torna os objetivos do tratamento dos transtornos do humor, de alguma forma, diferentes dos de outros transtornos psicológicos. Os clínicos querem fazer todo o possível para trazer alívio ao episódio depressivo atual às pessoas como Katie, mas um objetivo igualmente importante é prevenir episódios futuros – em outras palavras, ajudar pessoas como Katie a ficarem bem por períodos maiores. Foram conduzidos estudos que avaliaram a efetividade do tratamento no que se refere à segunda meta (Cuijpers, 2015; Fava et al., 2004; Hollon, Stewart e Strunk, 2006; Otto e Applebaum, 2011; Teasdale et al., 2001).

TABELA 7.2 Critérios para episódio maníaco

A. Um período distinto de humor anormal e persistentemente elevado, expansivo ou irritável e aumento anormal e persistente da atividade dirigida a objetivos ou a energia, com duração mínima de uma semana e presente na maior parte do dia, quase todos os dias (ou qualquer duração, se a hospitalização se fizer necessária).

B. Durante o período de perturbação do humor e aumento da energia ou atividade, três (ou mais) dos seguintes sintomas (quatro se o humor é apenas irritável) estão presentes em grau significativo e representam uma mudança notável do comportamento habitual:
   1. Autoestima inflada ou grandiosidade.
   2. Redução da necessidade de sono (p. ex., sente-se descansado com apenas três horas de sono).
   3. Mais loquaz que o habitual ou pressão para continuar falando.
   4. Fuga de ideias ou experiência subjetiva de que os pensamentos estão acelerados.
   5. Distraibilidade (i.e., a atenção é desviada muito facilmente por estímulos externos insignificantes ou irrelevantes), conforme relatado ou observado.
   6. Aumento da atividade dirigida a objetivos (seja socialmente, no trabalho ou na escola, seja sexualmente) ou agitação psicomotora (i.e., atividade sem propósito não dirigida a objetivos).
   7. Envolvimento excessivo em atividades com elevado potencial para consequências dolorosas (p. ex., envolvimento em surtos desenfreados de compras, indiscrições sexuais ou investimentos financeiros insensatos).

C. A perturbação do humor é suficientemente grave a ponto de causar prejuízo acentuado no funcionamento social ou profissional ou para necessitar de hospitalização a fim de prevenir dano a si mesmo ou a outras pessoas, ou existem características psicóticas.

D. O episódio não é atribuível aos efeitos fisiológicos de uma substância (p. ex., droga de abuso, medicamento, outro tratamento) ou a outra condição médica.

Nota: Um episódio maníaco completo que surge durante tratamento antidepressivo (p. ex., medicamento, eletroconvulsoterapia), mas que persiste em um nível de sinais e sintomas além do efeito fisiológico desse tratamento, é evidência suficiente para um episódio maníaco e, portanto, para um diagnóstico do transtorno bipolar tipo I.

Fonte: Manual Diagnóstico e Estatístico de Transtornos Mentais, 5a ed. – DSM-5. Tab. 7.2. Artmed, Porto Alegre, 2014.

Transtornos depressivos

O *DSM-5* descreve vários tipos de transtornos depressivos. Esses transtornos diferem um do outro na frequência e gravidade dos sintomas depressivos e o curso dos sintomas (crônico – significando quase contínuo – ou não crônico). De fato, um forte conjunto de evidências indica que os dois fatores mais importantes para descrever os transtornos do humor são a gravidade e a cronicidade (Klein, 2010, e ver a seguir).

Descrições clínicas

O transtorno do humor mais facilmente reconhecido é o **transtorno depressivo maior**, definido pela presença de depressão e a ausência de episódios maníacos ou hipomaníacos, antes ou durante o transtorno. Sabe-se atualmente que a ocorrência de apenas um episódio depressivo isolado na vida é relativamente rara (Angst, 2009; Eaton et al., 2008; Kessler e Wang, 2009).

Se dois ou mais episódios depressivos ocorreram e foram separados por um período de pelo menos dois meses, durante os quais o indivíduo não esteve deprimido, diagnostica-se o transtorno depressivo maior **recorrente**. A recorrência é importante para predizer o curso futuro de um transtorno, assim como para escolher os tratamentos apropriados. De 35% a 85% das pessoas com ocorrência de um único episódio de transtorno depressivo maior experimentam posteriormente um segundo episódio (Angst, 2009; Eaton et al., 2008; Judd, 2000; Souery et al., 2012), com base em acompanhamentos de até 23 anos (Eaton et al., 2008). No primeiro ano conseguinte a um episódio, o risco de recorrência é de 20%, mas aumenta a até 40% no segundo ano (Boland e Keller, 2009). Devido a esta conclusão e outras posteriormente revisadas, cientistas clínicos concluíram recentemente que a depressão unipolar é frequentemente uma condição crônica, que aumenta e diminui ao longo do tempo, mas raramente desaparece (Judd, 2012). O número médio de episódios depressivos maiores no decorrer da vida é de 4 a 7; em uma grande amostra, 25% apresentaram seis ou mais episódios (Angst, 2009; Angst e Preizig, 1996; Kessler e Wang, 2009). A duração mediana de episódios depressivos maiores recorrentes é de quatro a cinco meses (Boland e Keller, 2009; Kessler et al., 2003), um pouco menor que o tempo médio do primeiro episódio.

Com base nesses critérios, como você diagnosticaria Katie? Ela sofria de humor gravemente deprimido, sentimentos de inutilidade, dificuldade de concentração, pensamentos recorrentes de morte, dificuldades do sono e perda de energia. Ela claramente enquadrava-se nos critérios de transtorno depressivo maior recorrente. Os episódios depressivos de Katie eram bastante graves, ela tendia a entrar e sair deles.

O **transtorno depressivo persistente (distimia)** compartilha muitos dos sintomas do transtorno depressivo maior, mas difere em seu curso. Pode haver menos sintomas (ao menos dois; consulte a Tabela *DSM-5* 7.4), mas a depressão permanece relativamente inalterada durante longos períodos, às vezes vinte, trinta anos ou mais (Angst, 2009; Cristancho, Kocsis e Thase, 2012; Klein, 2008; Klein, Shankman e Rose, 2006; Murphy e Byrne, 2012).

O transtorno depressivo persistente (distimia) é definido como humor deprimido, que continua por pelo menos dois anos, durante os quais o paciente não pode se ver livre de sinto-

Transtorno depressivo maior: Barbara

"Eu estive triste, deprimida por quase toda minha vida... Tive problemas na escola por um ano e meio... Houve períodos diferentes na minha vida em que eu quis acabar com aquilo tudo... Eu me odeio, eu realmente me odeio. Odeio minha aparência, odeio a maneira como me sinto. Odeio a maneira como converso com as pessoas... Eu faço tudo errado... Eu me sinto realmente sem esperança."

mas por mais de dois meses a cada momento, mesmo que não tenha todos os sintomas de um episódio depressivo maior. Refere-se a pacientes que foram anteriormente diagnosticados com transtorno distímico e outros transtornos depressivos (Rhebergen e Graham, 2014). O transtorno depressivo persistente difere de um transtorno depressivo maior no número de sintomas necessários e, sobretudo, em sua cronicidade. É considerado mais grave, uma vez que pacientes com depressão persistente apresentam maiores taxas de comorbidade com outros transtornos mentais, são menos responsivos ao tratamento e mostram uma taxa mais lenta de melhora ao longo do tempo. Klein et al. (2006), em estudo prospectivo com seguimento de dez anos, sugeriram que a cronicidade (*versus* não cronicidade) é a distinção mais importante no diagnóstico de depressão, independentemente de a apresentação sintomática preencher ou não os critérios para o transtorno depressivo maior (como mencionado), porque estes dois grupos (crônicos e não crônicos) parecem diferentes, não só no curso ao longo do tempo, mas também na história familiar e estilo cognitivo. Cerca de 20% dos pacientes com um episódio depressivo maior relatam cronicidade desse episódio por pelo menos dois anos, preenchendo assim os critérios para transtorno depressivo persistente (Klein, 2010).

Além disso, 22% das pessoas que sofrem de depressão persistente com menos sintomas (especificada como "com síndrome distímica pura", veja a seguir) eventualmente apresentam episódio depressivo maior (Klein et al., 2006). Esses indivíduos, que sofrem tanto de episódios depressivos maiores quanto de depressão persistente com menos sintomas, sofrem de **depressão dupla**. Tipicamente, alguns poucos sintomas depressivos desenvolvem-se primeiramente, talvez em idade precoce, e, em seguida, um ou mais episódios depressivos maiores ocorrem posteriormente, revertendo o padrão subjacente da depressão, uma vez que o episódio depressivo maior tenha seguido seu curso (Boland e Keller, 2009; Klein et al., 2006; Rubio et al., 2011). Por exemplo, Klein et al. (2006) observaram que a taxa de recaída de depressão entre pessoas que preenchiam os critérios para distimia segundo o DSM-IV foi de 71,4%. Considere o caso de Jack.

> **JACK... Uma vida estagnada**
>
> Jack, homem branco, divorciado, 49 anos, vivia com o filho de 10 anos na casa da mãe. Reclamou de depressão crônica e disse que finalmente percebeu que necessitava de ajuda. Jack relatou que tinha sido pessimista e preocupado durante a maior parte de sua vida adulta. Sentia-se um pouco deprimido e não se divertia muito.
>
> Ele tinha dificuldade para tomar decisões, era geralmente pessimista em relação ao futuro e pensava muito pouco a respeito de si mesmo. Durante os últimos vinte anos, o período mais longo que conseguiu lembrar em que seu humor foi "normal" ou menos deprimido durou apenas quatro ou cinco dias.
>
> Apesar das dificuldades, Jack conseguiu terminar a faculdade e fez mestrado em Administração Pública. As pessoas lhe diziam que seu futuro seria brilhante e que ele seria muito valorizado no governo estadual. Jack não pensava assim. Assumiu um emprego administrativo de baixo nível em uma agência estadual, pensando que poderia crescer em seu trabalho. Ele nunca o conseguiu; permaneceu na mesma mesa durante vinte anos.
>
> A esposa de Jack, farta de seu contínuo pessimismo, falta de autoconfiança e relativa incapacidade em apreciar os eventos diários, desencorajou-se e divorciou-se dele. Jack mudou-se para a casa da mãe a fim de que ela pudesse ajudar a cuidar do seu filho e dividir as despesas.
>
> Cerca de cinco anos antes de vir à clínica, Jack tinha vivido uma fase de depressão pior que qualquer outra. Sua autoestima ia de baixa a não existente. Em virtude de sua indecisão, ele se tornou incapaz de decidir qualquer coisa.
>
> Ele estava exausto todo o tempo e sentia como se houvesse chumbo nos braços e nas pernas, o que dificultava até sua movimentação. Ele se tornou incapaz de completar projetos ou de cumprir prazos. Sem esperança, começou a pensar em suicídio. Depois de tolerar um desempenho indiferente durante anos por parte de alguém de quem se esperava que subisse na carreira, os empregadores de Jack o dispensaram.
>
> Após cerca de seis meses, o episódio depressivo maior foi resolvido e Jack voltou ao estado crônico, porém mais leve, de depressão. Ele conseguia levantar-se da cama e fazer algumas coisas, embora ainda duvidasse de suas próprias capacidades. Entretanto, foi incapaz de conseguir outro emprego. Depois de vários anos de espera para que algo acontecesse, ele percebeu que era incapaz de resolver seus próprios problemas e que, sem ajuda, sua depressão continuaria. Após uma avaliação completa, determinou-se que Jack sofria de um caso clássico de depressão dupla.

O transtorno depressivo persistente é especificado, independente de o fato de um episódio depressivo maior ser ou não uma parte do quadro. Assim, uma pessoa pode atender aos critérios para o transtorno com "síndrome distímica pura", significando que não preencheu os critérios para um episódio depressivo maior, em pelo menos dois anos anteriores, "com episódio depressivo maior persistente", indicando a presença de um episódio depressivo maior ao longo de um período de, pelo menos, dois anos, ou "com episódios depressivos maiores intermitentes", que é a depressão dupla sofrida por Jack. Nestes casos, é importante observar se o paciente está atualmente em um episódio depressivo maior ou não. Tanto para o transtorno depressivo maior quanto para o transtorno depressivo persistente, uma representação das várias configurações do curso de depressão pode ser visto na Figura 7.1.

Critérios adicionais de definição para transtornos depressivos

Olhe novamente para a Tabela *DSM-5* 7.3, sobre os critérios diagnósticos do transtorno depressivo maior; note a seção na parte inferior que pede ao clínico para especificar as características do mais recente episódio depressivo. Estas instruções se encontram aqui devido a esses sintomas, ou *especificadores*, que podem ou não acompanhar um transtorno depressivo; quando acompanham, são geralmente úteis na determinação do tratamento mais efetivo ou curso provável.

Além de classificar a gravidade do episódio como leve, moderado ou grave, os médicos utilizam oito especificadores básicos para descrever transtornos depressivos. Estes são: (1) com características psicóticas (congruentes ou incongruentes ao humor), (2) com sintomas ansiosos (leve a grave), (3) com características mistas, (4) com características melancólicas, (5) com características atípicas, (6) com catatonia,

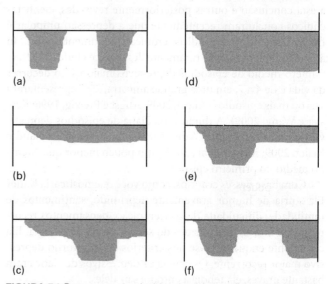

FIGURA 7.1 Representação pictórica de várias configurações do curso da depressão não bipolar. O eixo horizontal representa o tempo e o eixo vertical o humor, com a linha horizontal preta representando o humor eutímico, ou normal, e a magnitude da deflexão para baixo (a área cinza) refletindo a gravidade dos sintomas depressivos. O painel (a) é o transtorno depressivo maior não crônico (neste caso, recorrente, como dois episódios depressivos são representados). O painel (b) é o transtorno depressivo persistente com síndrome distímica pura. O painel (c) é a depressão dupla (episódio depressivo maior que ocorre no curso de transtorno depressivo persistente ou distimia). O painel (d) é o episódio depressivo maior crônico. O painel (e) é o episódio depressivo maior em remissão parcial. O painel (f) é a depressão maior recorrente sem recuperação completa entre os episódios.
(Fonte: Klein, D. N. (2010). Chronic depression: Diagnosis and classification. Current Directions in *Psychological Science 19*(2), 96-100.)

TABELA 7.3 Critérios diagnósticos para transtorno depressivo maior

A. Pelo menos um episódio depressivo maior (Tabela DSM-5 7.1 Critérios A-C).
B. A ocorrência do episódio depressivo maior não é mais bem explicada por transtorno esquizoafetivo, esquizofrenia, transtorno esquizofreniforme, transtorno delirante, outro transtorno do espectro da esquizofrenia e outro transtorno psicótico especificado ou transtorno da esquizofrenia e outro transtorno psicótico não especificado.
C. Nunca houve um episódio maníaco ou um episódio hipomaníaco.
   Nota: Essa exclusão não se aplica se todos os episódios do tipo maníaco ou do tipo hipomaníaco são induzidos por substância ou são atribuíveis aos efeitos psicológicos de outra condição médica.

Especificar o *status* clínico e/ou as características do episódio depressivo maior atual ou mais recente:

Episódio único ou recorrente
Leve, moderado, grave
Com sintomas ansiosos
Com características mistas
Com características melancólicas
Com características atípicas
Com características psicóticas congruentes com o humor
Com características psicóticas incongruentes com o humor
Com catatonia
Com início no periparto
Com padrão sazonal (somente episódio recorrente)
Em remissão parcial, em remissão completa

Fonte: Manual Diagnóstico e Estatístico de Transtornos Mentais, 5a ed. – DSM-5. Tab. 7.3. Artmed, Porto Alegre, 2014.

(7) com início do periparto e (8) com padrão sazonal. Alguns desses especificadores se aplicam apenas ao transtorno depressivo maior. Outros, tanto ao transtorno depressivo maior quanto ao transtorno depressivo persistente. Cada um é descrito de forma sucinta a seguir.

1. *Especificadores de características psicóticas.* Alguns indivíduos, no meio de um episódio maníaco ou depressivo maior, podem experimentar sintomas psicóticos, especificamente **alucinações** (ver ou ouvir coisas que não estão ali) e **delírios** (crenças mantidas fortemente, mas distorcidas) (Rothschild, 2013). Os pacientes também podem ter *delírios somáticos* (*físicos*), acreditando, por exemplo, que seus corpos estão apodrecendo internamente e se deteriorando do nada. Alguns podem ouvir vozes que lhes dizem quão maus e pecaminosos eles são (*alucinações auditivas*). Tais alucinações e delírios são chamados *congruentes com o humor* porque parecem estar diretamente relacionados à depressão. Em raras ocasiões, os indivíduos deprimidos podem ter outros tipos de alucinações ou delírios, como *delírios de grandeza* (acreditando, por exemplo, que são sobrenaturais ou extremamente talentosos) que não parecem estar em sintonia com o humor deprimido. Esta é uma alucinação ou delírio *incongruente com o humor*. Embora bastante rara, essa condição significa um tipo muito sério de episódio depressivo que pode progredir para a esquizofrenia (ou pode ser um sintoma de início de esquizofrenia). Delírios de grandeza que acompanham um episódio maníaco são congruentes com o humor. As condições em que os sintomas psicóticos acompanham os episódios depressivos são relativamente raras, ocorrem entre 5% e 20% dos casos identificados de depressão (Flores e Schatzberg, 2006; Ohayon e Schatzberg, 2002). As características psicóticas em geral estão associadas a uma má resposta ao tratamento, maior prejuízo e menos semanas com sintomas mínimos, em comparação a pacientes deprimidos não psicóticos durante um período de dez anos (Busatto, 2013; Flint et al., 2006).

2. *Especificador de sintomas ansiosos.* A presença e a gravidade da ansiedade que acompanha, seja na forma de transtornos de ansiedade comórbidos (sintomas de ansiedade que satisfazem os critérios para um transtorno de ansiedade) ou sintomas de ansiedade que não atendam a todos os critérios para transtornos (Goldberg e Fawcett, 2012; Murphy e Byrne 2012). Esta é talvez a mais importante adição dos especificadores para transtornos do humor no *DSM-5*. Para todos os transtornos depressivos e bipolares, a presença da ansiedade indica uma condição mais grave, com maior probabilidade de pensamentos suicidas e de suicídio consumado e prediz um pior resultado do tratamento.

3. *Especificador de características mistas.* Episódios predominantemente depressivos que possuem vários (pelo menos três) sintomas de mania, como descrito anteriormente, atenderiam a esse especificador, que se aplica a episódios depressivos maiores, tanto dentro do transtorno depressivo maior quanto do transtorno depressivo persistente.

4. *Especificador de características melancólicas.* Esse especificador aplica-se somente se forem preenchidos os critérios de um episódio depressivo maior, independentemente de estar ou não em contexto de transtorno depressivo persis-

▲ Enquanto sua noiva o esperava, Abraham Lincoln estava sofrendo de um episódio depressivo que era tão grave que o tornou incapaz de prosseguir com o casamento por vários dias.

TABELA 7.4 Critérios diagnósticos para transtorno depressivo persistente (Distimia)

A. Humor deprimido na maior parte do dia, na maioria dos dias, indicado por relato subjetivo ou por observação feita por outras pessoas, pelo período mínimo de dois anos.
   Nota: Em crianças e adolescentes, o humor pode ser irritável, com duração mínima de um ano.
B. Presença, enquanto deprimido, de duas (ou mais) das seguintes características:
   1. Apetite diminuído ou alimentação em excesso.
   2. Insônia ou hipersonia.
   3. Baixa energia ou fadiga.
   4. Baixa autoestima.
   5. Concentração pobre ou dificuldade em tomar decisões.
   6. Sentimentos de desesperança.
C. Durante o período de dois anos (um ano para crianças ou adolescentes) de perturbação, o indivíduo jamais esteve sem os sintomas dos critérios A e B por mais de dois meses.
D. Os critérios para um transtorno depressivo maior podem estar continuamente presentes por dois anos.
E. Jamais houve um episódio maníaco ou um episódio hipomaníaco e jamais foram satisfeitos os critérios para transtorno ciclotímico.
F. A perturbação não é mais bem explicada por um transtorno esquizoafetivo persistente, esquizofrenia, transtorno delirante, outro transtorno do espectro da esquizofrenia e outro transtorno psicótico especificado ou transtorno do espectro da esquizofrenia e outro transtorno psicótico não especificado.
G. Os sintomas não se devem aos efeitos fisiológicos de uma substância (p. ex., droga de abuso, medicamento) ou a outra condição médica (p. ex., hipotireoidismo).
H. Os sintomas causam sofrimento clinicamente significativo ou prejuízo no funcionamento social, profissional ou em outras áreas importantes da vida do indivíduo.

Especificar se:
Gravidade atual: Leve, moderada, grave
Com sintomas ansiosos
Com características mistas
Com características melancólicas
Com características atípicas
Com características psicóticas congruentes com o humor
Com características psicóticas incongruentes com o humor
Com início no periparto
Início precoce: Se o início ocorre antes dos 21 anos de idade.
Início tardio: Se o início ocorre aos 21 anos ou mais.
Especificar se (para os dois anos mais recentes de transtorno depressivo persistente):
Com síndrome distímica pura: Não foram satisfeitos todos os critérios para um episódio depressivo maior pelo menos nos dois anos precedentes.
Com episódio depressivo maior persistente: Foram satisfeitos todos os critérios para um episódio depressivo maior durante o período precedente de dois anos.
Com episódios depressivos maiores intermitentes, com episódio atual: São satisfeitos atualmente todos os critérios para um episódio depressivo maior, mas houve períodos de pelo menos oito semanas pelo menos nos dois anos precedentes com sintomas abaixo do limiar para um episódio depressivo maior completo.
Com episódios depressivos maiores intermitentes, sem episódio atual: Não são satisfeitos atualmente todos os critérios para um episódio depressivo maior, mas houve um ou mais episódios depressivos maiores pelo menos nos dois anos precedentes.
Em remissão parcial, em remissão completa.

Fonte: Manual Diagnóstico e Estatístico de Transtornos Mentais, 5a ed. – DSM-5. Tab. 7.4. Artmed, Porto Alegre, 2014.

tente. Os especificadores melancólicos incluem alguns dos sintomas somáticos (físicos) mais graves, como o despertar muito cedo, a perda de peso, a perda de libido (impulso sexual), culpa excessiva ou inapropriada e anedonia (interesse ou prazer diminuído em relação às atividades). O conceito de "melancólico" parece significar um tipo grave de episódio depressivo. Ainda não foi esclarecida a possibilidade desse descritor ser além de um ponto no *continuum* de gravidade do transtorno. (Johnson, Cueller e Miller, 2009; Klein, 2008; Parker et al., 2013; Sun et al., 2012).

5. *Especificador de características catatônicas.* Este especificador pode ser aplicado a episódios depressivos maiores se ocorrerem no contexto de uma ordem depressiva persistente ou não, e até mesmo a episódios maníacos, embora seja raro – e ainda mais raro na mania. Essa séria condição

envolve ausência total de movimento (estado de estupor) ou **catalepsia**, em que os músculos são ceráceos (como cera) e semirrígidos (como cera), e então os braços ou as pernas do paciente permanecem em qualquer posição que forem colocados. Os sintomas catatônicos também podem envolver movimento excessivo, mas aleatório ou sem propósito. A catalepsia era mais comumente associada à esquizofrenia, mas alguns estudos recentes sugerem que pode ser mais comum na depressão do que na esquizofrenia (Huang et al., 2013). Na teorização recente, esta resposta pode ser uma reação "estado final" comum para sentimentos de devastação iminente e é encontrada em muitos animais prestes a serem atacados por um predador (Moskowitz, 2004).

6. *Especificador de características atípicas.* Este aplica-se a ambos os especificadores de episódios depressivos, seja no contexto de transtorno depressivo persistente ou não. Enquanto a maioria das pessoas com depressão dorme menos e perde o apetite, os indivíduos com este especificador consistentemente dormem demais e comem demais durante a sua depressão e, portanto, ganham peso, levando a uma maior incidência de diabetes (Glaus et al., 2012; Kessler e Wang, 2009; Klein, 1989). Embora também tenham uma ansiedade considerável, conseguem reagir com interesse ou prazer a algumas coisas, o que não é o caso da maioria dos indivíduos deprimidos. Além disso, a depressão com características atípicas, em comparação com a depressão mais típica, está associada a uma maior porcentagem de mulheres e um início em idade mais precoce. O grupo atípico também tem mais e mais graves sintomas, mais tentativas de suicídio e maior taxa de transtornos comórbidos, incluindo o abuso de álcool (Bech, 2009; Blanco et al., 2012; Glaus et al., 2012; Matza et al., 2003).

7. *Especificador de início no periparto. Peri* significa "ao redor", neste caso, o período imediatamente antes e logo após o nascimento. Esse especificador pode ser aplicado tanto aos episódios depressivos maiores quanto aos maníacos. Entre 13% e 19% de todas as mulheres que dão à luz (uma em cada oito) satisfazem os critérios para o diagnóstico de depressão, referido como *depressão periparto*. Em um estudo, 7,2% preencheram os critérios para um episódio depressivo maior completo (Gavin et al., 2005). Tipicamente, maior incidência de depressão é encontrada no pós-parto (após o nascimento) em relação ao período da gestação em si (Viguera et al., 2011). Em outro recente estudo importante, 14% de 10 mil mulheres que deram à luz apresentaram resultado positivo para depressão em teste de rastreio do transtorno, e 19,3% dessas novas mães deprimidas tinham pensamentos sérios de autoagressão (Wisner et al., 2013). Durante o período periparto (gravidez e os seis meses imediatamente após o nascimento da criança), é importante o reconhecimento precoce de possíveis episódios psicóticos depressivos (ou maníacos), porque, em alguns casos trágicos, a mãe, no meio de um episódio, pode matar o recém-nascido (Purdy e Frank, 1993; Sit, Rothschild e Wisner, 2006). Pais não escapam inteiramente das consequências emocionais do nascimento. Ramchandani et al. (2005) acompanharam 11.833 mães e 8.431 pais por oito semanas após o nascimento de seus filhos. Das mães, 10% mostraram um aumento acentuado dos sintomas depressivos em uma escala de avaliação, bem como 4% dos pais. Se estendermos o período do primeiro trimestre a um ano após o nascimento, a taxa de depressão é de aproximadamente 10% para pais e até 40% para as mães. E a depressão em pais foi associada a resultados adversos emocionais e comportamentais nas crianças, 3,5 anos mais tarde (Paulson e Bazemore, 2010).

Mais reações menores de adaptação ao nascimento de uma criança – o chamado "*baby blues*" – duram normalmente alguns dias e ocorrem em 40% a 80% das mulheres entre um e cinco dias após o parto. Durante esse período, as novas mães podem se tornar chorosas e ter algumas mudanças de humor temporárias, mas estas são reações normais ao estresse do parto e desaparecem rapidamente; o especificador de início no periparto não se aplica a eles (O'Hara e McCabe, 2013; Wisner, Moses-Kolko e Sit, 2010). Porém, na depressão periparto, a maioria das pessoas, incluindo a própria mãe, tem dificuldades para entender o porquê de estar deprimida, uma vez que se afirma que esse é um período feliz. Muitas pessoas se esquecem de que extremo estresse pode ser ocasionado pela exaustão física, pela nova rotina, pela adaptação à amamentação e por outras mudanças que acompanham o nascimento. Há também algumas evidências de que mulheres com um histórico de depressão periparto que preenchem critérios para um episódio depressivo maior podem ser afetadas de forma diferente pelo rápido declínio dos hormônios reprodutivos que ocorre após o parto (Wisner, Parry e Piontek, 2002; Workman, Barha e Galea, 2012) ou podem apresentar elevado hormônio liberador de corticotrofina (ver Capítulo 2) na placenta (Meltzer-Brody et al., 2011; Yim et al., 2009), e esses fatores podem contribuir para a depressão periparto. Mas esses resultados precisam de replicação, porque todas as mulheres passam por mudanças muito substanciais nos níveis hormonais após o parto, mas apenas algumas desenvolvem um transtorno depressivo. Não há fortes evidências de que os níveis hormonais são significativamente diferentes em mulheres deprimidas e não deprimidas no periparto (Workman et al., 2012). Um exame meticuloso em mulheres com depressão periparto não revelou nenhuma diferença essencial entre as características desse transtorno do humor de outros (O'Hara e McCabe, 2013; Wisner et al., 2002). Portanto, a depressão periparto não exigiu uma categoria separada no *DSM-5* e é simplesmente um especificador para um transtorno depressivo (as abordagens de tratamento para a depressão periparto não diferem daquelas para a depressão não periparto).

8. *Especificador de padrão sazonal.* Este especificador temporal aplica-se ao transtorno depressivo maior recorrente (e também a transtornos bipolares). Ele acompanha episódios que ocorrem durante determinadas estações (por exemplo, a depressão de inverno). O padrão mais usual é o episódio depressivo que começa no final do outono e termina com o início da primavera. (No transtorno bipolar, os indivíduos podem se tornar deprimidos durante o inverno e maníacos durante o verão.) Esses episódios devem ter ocorrido por pelo menos dois anos, sem evidências de episódios depressi-

vos maiores não sazonais que ocorrem durante esse período. Essa condição é chamada **transtorno afetivo sazonal (TAS)**.

Embora alguns estudos relatem a ciclagem sazonal de episódios maníacos, a esmagadora maioria dos transtornos sazonais do humor envolve a depressão de inverno, cujas estimativas dizem afetar cerca de 2,7% dos norte-americanos (Lam et al., 2006; Levitt e Boyle, 2002). Mas de 15% a 25% da população pode ter algum tipo de vulnerabilidade para ciclagem sazonal do humor que não cumpre os critérios para um transtorno (Kessler e Wang, 2009; Lam e Sohn, 2005). Diferente dos tipos de depressão melancólicos mais graves, as pessoas com depressão de inverno tendem ao excesso de sono (em vez de sono diminuído) e ao apetite aumentado e ganho de peso (em vez de diminuição do apetite e perda de peso), sintomas compartilhados com os episódios depressivos atípicos. Embora o TAS pareça um pouco diferente de outros episódios depressivos maiores, os estudos de famílias ainda não revelaram nenhuma diferença significativa que sugira que as depressões de inverno sejam realmente um tipo separado (Lam e Lavitan, 2000).

Evidências emergentes sugerem que o TAS pode estar relacionado com as mudanças diárias e sazonais na produção de melatonina, hormônio secretado pela glândula pineal. Em razão de a exposição à luz suprimir a produção de melatonina, ela é produzida somente durante a noite. A produção de melatonina tende a aumentar no inverno, quando há menos luz do sol. Uma teoria é que a produção aumentada de melatonina poderia desencadear a depressão em pessoas vulneráveis (Goodwin e Jamison, 2007; Lee et al., 1998). Wehr et al. (2001) mostraram que a secreção de melatonina de fato aumenta no inverno, mas apenas em pacientes com TAS e não no grupo controle saudável (voltaremos a esse tópico quando discutirmos as contribuições biológicas para a depressão). Outra possibilidade é que os ritmos circadianos, que ocorrem em períodos de aproximadamente 24 horas, e são entendidos como relacionados ao humor, são atrasados no inverno. De acordo com essa "hipótese de mudança de fase", TAS é um resultado de desalinhamento circadiano, com atraso de fase, o que significa que o ritmo, ou o ciclo circadiano do paciente está desalinhado com o ciclo dia-noite ambiental. A exposição à luz brilhante e melatonina no momento da vigília, portanto, realinha o ritmo circadiano do paciente (Lewy et al., 2014). Voltamos para essas opções de tratamento a seguir.

Os fatores cognitivos e comportamentais estão também associados com o TAS (Rohan, 2009; Rohan, Sigmon e Dorhofer, 2003). Mulheres com TAS, comparadas com as mulheres não deprimidas, relataram mais pensamentos negativos autônomos no decorrer do ano e maior reatividade emocional à luz no laboratório, com a baixa luminosidade associada a um nível mais baixo do humor. A gravidade da preocupação ou da ruminação no outono prediz a gravidade do sintoma no inverno.

Como é de esperar, a prevalência do TAS é mais alta nos extremos das latitudes norte e sul, onde há menos luz solar no inverno. Um nome popular para esse tipo de reação é *febre da cabana (cabin fever)*. O TAS é bastante predominante em Fairbanks, Alasca, onde 9% da população parece se enquadrar nos critérios do transtorno e outros 19% têm alguns sintomas sazonais de depressão. O transtorno também parece bastante estável. Em um grupo de 59 pacientes, 86% experimentaram um episódio depressivo a cada inverno durante um período de observação de nove anos, e apenas 14% se recuperaram durante aquele período. Para 26 (44%) desses pacientes cujos sintomas eram mais graves desde o início, os episódios depressivos passaram a ocorrer também durante outras estações (Schwartz et al., 1996). As taxas em crianças e adolescentes estão entre 1,7% e 5,5%, de acordo com um estudo, com taxas mais altas nas meninas pós-púberes (Swedo et al., 1995).

Alguns clínicos concluíram que a exposição à luz brilhante pode diminuir a produção de melatonina em indivíduos com TAS (Lewy et al., 2014). Na fototerapia, um tratamento atual, a maior parte dos pacientes é exposta a duas horas de luz muito brilhante (2.500 lux) imediatamente após acordar. Se a exposição à luz for efetiva, em três ou quatro dias o paciente começa a observar elevação do humor e remissão da depressão de inverno em uma ou duas semanas. Pediu-se aos pacientes que evitassem as luzes brilhantes à noite (de shopping centers e similares), de maneira que não interferissem nos efeitos do tratamento da manhã. Contudo, esse tratamento não está livre de efeitos colaterais. Aproximadamente 19% dos pacientes sentem dores de cabeça, 17% têm fadiga ocular e 14% se sentem "ligados" (Levitt et al., 1993). Vários estudos controlados geralmente apoiam a efetividade da fototerapia (Eastman et al., 1998; Reeves et al., 2012; Terman, Terman e Ross, 1998; Golden et al., 2005; Martensson et al., 2015). Nesses estudos a luz da manhã foi comparada com a luz do anoitecer, que foi predita como menos efetiva, ou com um placebo. Em dois desses estudos (Eastman et al., 1998; Terman et al., 1998), um "gerador de íons negativos" inteligente serviu como um tratamento placebo em que os pacientes se sentaram na frente da caixa, pela mesma quantidade de tempo que na fototerapia, e "esperaram" que o tratamento funcionasse seguindo instruções do pesquisador, mas sem ver a luz. Os resultados, apresentados na Tabela 7.1, mostraram uma resposta significativamente melhor para luz da manhã em comparação à luz do anoitecer ou placebo. A luz do anoitecer foi melhor que a do placebo. O mecanismo de ação desse tratamento não foi completamente estabelecido,

▲ Fototerapia é um tratamento promissor para o transtorno afetivo sazonal, muitas vezes proporcionando alívio de sintomas depressivos em apenas alguns dias.

TABELA 7.1 Resumo das taxas de remissão

	Taxa de remissão % (Número de pacientes)		
	Luz da manhã	Luz do anoitecer	Placebo (gerador de íons negativos)
Terman et al., 1998			
Primeiro tratamento	54% (25 de 46)	33% (13 de 39)	11% (2 de 19)
Cruzado (*crossover*)	60% (28 de 47)	30% (14 de 47)	Não feito
Eastman et al., 1998			
Primeiro tratamento	55% (18 de 33)	28% (9 de 32)	16% (5 de 31)
Lewy et al., 1998			
Primeiro tratamento	22% (6 de 27)	4% (1 de 24)	Não feito
Cruzado	27% (14 de 51)	4% (2 de 51)	Não feito

mas um estudo indicou que a luz da manhã é superior à luz do anoitecer, porque a luz matutina produz melhoras no ritmo da melatonina, sugerindo que os avanços do ritmo circadiano são um fator importante no tratamento (Terman et al., 2001). Em qualquer caso, parece claro que a fototerapia é um tratamento importante para a depressão de inverno (Golden et al., 2005; Lam et al., 2006).

Aparentemente, fatores cognitivos e comportamentais únicos estão associados ao TAS, como observado anteriormente, o que sugere um papel importante da terapia cognitivo-comportamental (TCC). Em um relevante estudo de 177 adultos realizado por Rohan et al. (2015), cada participante recebeu terapia de luz ou TCC (duas vezes por semana em grupos, durante seis semanas). E foram avaliados durante o inverno seguinte e novamente dois anos após o tratamento. Ambos os tratamentos tiveram um efeito semelhante na depressão durante o inverno após o primeiro ano. No entanto, durante o segundo inverno, o grupo que passou pela TCC, em comparação ao grupo que recebeu a terapia de luz, mostrou menos sintomas graves de depressão, teve menor proporção de pessoas em recaída (27,3% *versus* 45,6%), e demonstrou maior proporção de remissões (68,3% *versus* 44,5%). Esses resultados sugerem que a TCC tem maior durabilidade que a terapia de luz para TAS, replicando e estendendo um estudo anterior (Rohan et al., 2007).

Início e duração

Geralmente, o risco de desenvolver depressão maior é bastante baixo até o início da adolescência, quando começa a aumentar de forma regular (linear) (Rohde et al., 2013). Um estudo longitudinal com 2.320 indivíduos do Estudo Longitudinal de Envelhecimento de Baltimore, abrangendo participantes de 19 a 95 anos, mostrou que sintomas de depressão seguiam um padrão de curva em U, de modo que os sintomas de depressão eram mais altos em jovens adultos, diminuíam ao longo da meia-idade adulta, e então aumentavam novamente em idade mais avançada, com pessoas mais velhas também experienciando um aumento no sofrimento associado a esses sintomas (Sutin et al., 2013). Outro achado alarmante é que a incidência de depressão, e consequente suicídio, parece estar aumentando constantemente. Kessler et al. (2003) compararam quatro grupos de diferentes idades e descobriram que 25% das pessoas entre 18 e 29 anos já tinham experienciado depressão maior, uma taxa muito mais elevada do que aquela para os grupos mais velhos, quando estavam nessa idade. Rohde et al. (2013) também observaram a incidência do transtorno depressivo maior em quatro faixas etárias, abrangendo um período de tempo mais longo. Eles descobriram que, em crianças de 5 a 12 anos, 5% tinham experimentado transtorno depressivo maior. Os números correspondentes na adolescência (entre 13 e 17 anos) foram de 19%; na idade adulta emergente (entre 18 e 23 anos), 24%; e na idade adulta jovem (entre 24 e 30 anos), 16%.

Como observamos anteriormente, a duração de episódios depressivos é variável, com alguns durando duas semanas; em casos mais severos, um episódio pode durar vários anos, com a duração típica do primeiro episódio sendo de dois a nove meses, quando não tratado (Angst, 2009; Boland e Keller, 2009; Rohde et al., 2013). Apesar de nove meses ser um tempo muito longo para sofrer com um episódio depressivo grave, as evidências indicam que, mesmo nos casos mais graves, a probabilidade de remissão do episódio dentro de um ano se aproxima de 90% (Kessler e Wang, 2009). Nos casos graves, em que o episódio dura cinco anos ou mais, pode-se esperar que 38% se recuperem (Mueller et al., 1996). Ocasionalmente, no entanto, os episódios podem não se resolver inteiramente, deixando alguns sintomas residuais. Neste caso, a probabilidade de um episódio subsequente com mais uma recuperação incompleta é muito mais elevada (Boland e Keller, 2009; Judd, 2012). A consciência desse aumento de probabilidade é importante para o planejamento do tratamento, porque o tratamento deve ser continuado por mais tempo nesses casos.

Os pesquisadores descobriram menor prevalência (0,07%) de sintomas depressivos persistentes leves em crianças do que em adultos (3% a 6%) (Klein et al., 2000), mas os sintomas tendem a ser estáveis ao longo da infância (Garber, Gallerani e Frankel, 2009). Kovacs et al. (1994) constataram que 76% de uma amostra de crianças com sintomas depressivos persistentes leves desenvolveu, posteriormente, transtorno depressivo maior.

O transtorno depressivo persistente pode durar de 20 a 30 anos ou mais, embora estudos tenham relatado uma duração média de aproximadamente cinco anos em adultos (Klein et al., 2006) e quatro anos em crianças (Kovacs et al., 1994). Klein et al. (2006), no estudo mencionado anteriormente, realizaram o seguimento de 97 adultos com distimia segundo o *DSM-IV* (agora conhecida como transtorno depressivo persistente, que é caracterizado por menos ou mais sintomas leves de depressão) por dez anos, constatando que 74% tinham se recuperado em algum momento, mas que 71% tiveram uma recaída. Toda a amostra de 97 pacientes passou cerca de 60% do período de dez anos de acompanhamento preenchendo os critérios para um transtorno do humor. Isso se compara aos 21% de um grupo de pacientes com transtorno depressivo maior, também acompanhados por dez anos. Ainda pior, os pacientes com transtorno depressivo persistente, com sintomas depressivos menos graves (distimia), eram mais propensos a tentar o suicídio do que um grupo de comparação com episódios (não persistentes) de transtorno depressivo maior durante um período de cinco anos. Como mencionado, é relativamente comum que os episódios depressivos maiores aconteçam concomitantemente com a distimia (agora transtorno depressivo persistente) como coocorrência (depressão dupla) (Boland e Keller, 2009; McCullough et al., 2000). Entre aqueles que tiveram transtorno depressivo persistente, até 79% apresentaram também um episódio depressivo maior em algum momento de sua vida. A Figura 7.2 apresenta dados sobre a evolução em dez anos dos pacientes com transtorno depressivo apenas, segundo critérios do *DSM-IV*, transtorno depressivo maior não crônico ou depressão dupla. O grupo com transtorno depressivo persistente, em média, permaneceu deprimido. O grupo de depressão dupla (um subconjunto do transtorno depressivo persistente) começa com sintomas mais graves, recupera-se de seu episódio depressivo maior, assim como Jack, mas continua a ter depressão grave após dez anos. O grupo com transtorno depressivo maior não crônico apresenta recuperação melhor (em média). Mais uma vez, esses resultados reforçam a importância primordial de considerar a cronicidade ou persistência quando se faz o diagnóstico de transtornos depressivos.

Do luto à depressão

No início do capítulo, perguntamos se você já se sentiu deprimido ou para baixo. Quase todo mundo já. Mas se alguém que você ama morreu – particularmente se a morte foi inesperada e a pessoa era um membro de sua família –, você pode, após a sua reação inicial ao trauma, ter experimentado uma série de sintomas depressivos, como ansiedade, entorpecimento emocional e negação (Shear, 2012; Shear et al., 2011; Simon, 2012). Às vezes, indivíduos experimentam sintomas muito graves, que requerem tratamento imediato, como um episódio depressivo maior completo, talvez com características psicóticas, ideação suicida ou perda de peso grave e tão pouca energia que o indivíduo não consegue funcionar (Maciejewski et al., 2007). Devemos confrontar a morte e processá-la do ponto de vista emocional. Todas as religiões e culturas têm rituais, tais como funerais e cerimônias fúnebres, que nos ajudam a lidar com nossas perdas, com o apoio e amor de nossos parentes e amigos (Bonanno e Kaltman, 2001; Gupta e Bonanno, 2011; Shear, 2012). Normalmente, o processo de luto natural atinge o pico nos primeiros seis meses, embora algumas pessoas fiquem enlutadas por um ano ou mais (Currier, Neimeyer e Berman, 2008; Maciejewski et al., 2007). A dor aguda que a maioria de nós sentiria eventualmente evolui para o que é chamado **luto integrado**, em que a finalidade da morte e suas consequências são reconhecidas e o indivíduo se ajusta à perda. Novas, amargas, mas em sua maior parte positivas, memórias da pessoa falecida, que já não estão dominando ou interferindo no funcionamento, são incorporadas à memória (Shear et al., 2011).

O luto integrado frequentemente se repete em datas significativas, como o aniversário de um ente querido, feriados e outras ocasiões, incluindo aniversário de morte. Estas são todas reações muito normais e positivas. De fato, profissionais da saúde mental ficam preocupados quando alguém não enluta após uma morte, porque o luto é uma maneira natural de confrontar e lidar com a perda. Quando a dor dura além do tempo normal, os profissionais de saúde mental ficam novamente preocupados (Neimeyer e Currier, 2009). Depois de seis meses a um ano, a chance de se recuperar do luto grave sem tratamento é consideravelmente reduzida e, para cerca de 7% das pessoas em luto, um processo normal torna-se um transtorno (Kersting et al., 2011; Shear et al., 2011). Nesta fase, os pensamentos suicidas aumentam substancialmente e se concentram principalmente em se juntar ao amado falecido (Stroebe, Stroebe e Abakoumkin, 2005). A capacidade de imaginar eventos no futuro é geralmente prejudicada, uma vez que é difícil pensar em um futuro sem o falecido (MacCallum e Bryant, 2011; Robinaugh e McNally, 2013). Os indivíduos também têm dificuldade de regular suas próprias emoções, que tendem a se tornar rígidas e inflexíveis (Gupta e Bonanno, 2011). Muitos dos fatores psicológicos e sociais relacionados a transtornos do humor em geral, incluindo um histórico de episódios depressivos anteriores, também predizem o desenvolvimento do que é chamado de síndrome do **luto complica-**

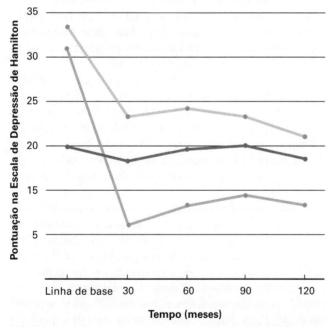

FIGURA 7.2 Pontuação na Escala de Depressão de Hamilton de pacientes com transtorno distímico com e sem episódios concomitantes de transtorno depressivo maior e pacientes com transtorno depressivo maior não crônico ao longo de um período de acompanhamento de dez anos. (Baseado em Klein, D., Shankman, S. e Rose, S. [2006]. Ten-year prospective follow-up study of the naturalistic course of dysthymic disorder and double depression. *American Journal of Psychiatry, 163*, 872-880. © American Psychiatric Association.)

▲ A rainha Vitória permaneceu em tamanho luto por seu marido, o príncipe Albert, que foi incapaz de executar sua função de monarca por vários anos após a morte dele. Em abril de 2013, Catherine Zeta-Jones procurou novamente ajuda para seu transtorno bipolar tipo II, uma condição para a qual recebeu tratamento durante anos.

do, embora esta reação possa se desenvolver sem um estado de depressão preexistente (Bonanno, Wortman e Nesse, 2004).

Em crianças e adultos jovens, a perda repentina de um dos pais torna-as particularmente vulneráveis à depressão grave, além do tempo normal de luto, o que sugere a necessidade de uma intervenção imediata em alguns casos (Brent et al., 2009; Melhem et al. 2011). Características do luto normal, do luto integrado e do luto complicado estão listadas na Tabela 7.2 (Shear et al., 2011). Na verdade, alguns pesquisadores propuseram que este grupo único de sintomas, combinado a outras diferenças, deve ser suficiente para fazer do luto complicado uma categoria distinta de diagnóstico, separada da depressão (Bonanno, 2006; Shear et al., 2011). Por exemplo, a saudade muito intensa no luto complicado parece estar associada à ativação do sistema neurotransmissor dopaminérgico; isto é, em contraste com o transtorno depressivo maior, em que a ativação desse sistema é reduzida (O'Connor et al., 2008). Além disso, estudos de imagem cerebral indicam que as áreas do cérebro associadas a relacionamentos íntimos e apego são ativas nas pessoas em luto, além de áreas do cérebro associadas com maiores respostas emocionais generalizadas (Gündel et al., 2003). O *Transtorno do luto complexo persistente* agora está incluído como um diagnóstico para estudos posteriores na seção III do *DSM-5*.

Em casos de luto complicado, os rituais destinados a nos ajudar a enfrentar e aceitar a morte não foram efetivos. Tal como acontece com as vítimas que sofrem de estresse pós-traumático, uma abordagem terapêutica é ajudar as pessoas em luto a reviver o trauma sob estreita supervisão (Shear et al., 2014). Geralmente, a pessoa enlutada é encorajada a falar sobre a pessoa amada, sobre a morte e sobre o significado da perda, enquanto experimenta todas as emoções associadas, até que possa se reconciliar com a realidade. Isso pode incluir a incorporação de emoções positivas associadas a lembranças do relacionamento nas intensas emoções negativas relacionadas à perda, e chegando à posição em que é possível lidar com a dor e a vida e possa continuar e, assim, alcançando um estado de luto integrado (Currier et al., 2008). Vários estudos demonstram que esta abordagem é bem-sucedida em comparação a tratamentos psicológicos alternativos que também focam na dor e na perda (Bryant et al., 2014; Shear et al., 2014; Simon, 2013).

TABELA 7.2 — Luto normal e luto complicado

Sintomas comuns de luto agudo que estão nos limites normais nos primeiros 6-12 meses após a perda:

Sentimentos de saudade recorrentes, fortes, querendo muito se reunir com a pessoa que morreu; possivelmente, até mesmo um desejo de morrer, a fim de estar com o ente querido falecido

Dores profundas de tristeza ou remorso, episódios de choro ou soluço, normalmente intercalados com períodos de suspensão temporária e até mesmo emoções positivas

Fluxo constante de pensamentos ou imagens do falecido pode ser vivido ou mesmo implicar experiências alucinatórias de ver ou ouvir a pessoa falecida

Dificuldade em aceitar a realidade da morte, desejando protestar contra ela; pode haver alguns sentimentos de amargura ou raiva com relação à morte

Sofrimento somático, p. ex. suspiro incontrolável, sintomas digestivos, perda de apetite, boca seca, sensação de vazio, perturbação do sono, fadiga, cansaço ou fraqueza, agitação, atividade sem objetivo, dificuldade para iniciar ou manter atividades organizadas e orientação prejudicada

Sentir-se desligado do mundo ou de outras pessoas, indiferente, não estar interessado ou estar irritado com os outros

Sintomas de luto integrado que estão dentro dos limites normais:

Sensação de ter se ajustado à perda

O interesse e senso de propósito, a capacidade de funcionar e a de sentir alegria e satisfação são restauradas

Sentimentos de solidão emocional podem persistir

Sentimentos de tristeza e saudade tendem a estar em segundo plano, mas ainda presentes

Pensamentos e memórias da pessoa falecida acessíveis e amargos, mas já não dominam a mente

Podem ocorrer experiências alucinatórias ocasionais com o falecido

Picos do luto em resposta a dias específicos ou outros lembretes periódicos da perda podem ocorrer

Luto complicado

Sintomas intensos e persistentes do luto agudo

Presença de pensamentos, sentimentos ou comportamentos que refletem preocupações excessivas ou distração a respeito das circunstâncias ou consequências da morte

Fonte: Shear, M. K. et al. (2011). Complicated grief and related bereavement issues for DSM-5. *Depression and Anxiety*, 28, 103-117.

Outros transtornos depressivos

O **transtorno disfórico pré-menstrual (TDPM)** e o **transtorno disruptivo da desregulação do humor**, ambos transtornos depressivos, foram adicionados ao *DSM-5*.

Transtorno disfórico pré-menstrual (TDPM)

A história do desenvolvimento de TDPM como um diagnóstico ao longo das últimas décadas foi descrita em detalhes no Capítulo 3. Resumidamente, clínicos identificaram um pequeno grupo de mulheres, de 2% a 5%, que sofriam de reações emocionais graves e por vezes incapacitantes durante o período pré-menstrual (Epperson et al., 2012). Porém, fortes objeções a respeito de tornar esta condição um diagnóstico oficial foram feitas, baseadas na preocupação de que as mulheres que vivenciavam um ciclo fisiológico mensal bastante normal, como parte de ser uma mulher, seriam agora classificadas como tendo um transtorno, o que seria muito estigmatizante. Como mencionado, a história desta controvérsia é descrita no Capítulo 3. Atualmente foi estabelecido com clareza que este pequeno grupo de mulheres difere em vários aspectos dos 20% a 40% das mulheres que têm sintomas pré-menstruais desconfortáveis (SPM) que, no entanto, não estão associados a prejuízo no funcionamento. Os critérios que definem TDPM são apresentados na Tabela 7.5 *DSM-5*. Como se pode ver, uma combinação de sintomas físicos, mudanças bruscas de humor e ansiedade estão associadas à incapacitação durante esse período (Hartlage et al., 2012). Todas as evidências indicam que o TDPM é considerado mais como um transtorno do humor, em oposição a um transtorno físico (como um transtorno endócrino), e, como apontado no Capítulo 3, a criação desta categoria diagnóstica deve ajudar às milhares de mulheres que sofrem desse transtorno, recebendo o tratamento necessário para aliviar seu sofrimento e melhorar o seu funcionamento.

Transtorno disruptivo da desregulação do humor

Crianças e adolescentes estão sendo diagnosticados com transtorno bipolar em taxas cada vez mais altas ao longo dos últimos anos. De fato, de 1995 a 2005, o diagnóstico de transtorno bipolar em crianças aumentou, em geral, 40 vezes e quadruplicou em hospitais comunitários norte-americanos (até 40%) (Leibenluft e Rich, 2008; Moreno et al., 2007). Por que o aumento? Muitos clínicos estão usando critérios diagnósticos muito mais amplos, que não correspondem às definições atuais de transtorno bipolar tipo I ou tipo II, mas se enquadram na categoria relativamente vaga de transtorno bipolar sem outra especificação (SOE), e incluem crianças com irritabilidade crônica, raiva, agressão, hiperestimulação e explosões de raiva

TABELA 7.5 Critérios diagnósticos para transtorno disfórico pré-menstrual

A. Na maioria dos ciclos menstruais, pelo menos cinco sintomas devem estar presentes na semana final antes do início da menstruação, que começam a *melhorar* poucos dias depois do início da menstruação e tornam-se *mínimos* ou ausentes na semana pós-menstrual.

B. Um (ou mais) dos seguintes sintomas deve estar presente:
   1. Labilidade afetiva acentuada (p. ex., mudanças de humor; sentir-se repentinamente triste ou chorosa ou sensibilidade aumentada à rejeição).
   2. Irritabilidade ou raiva acentuadas ou aumento nos conflitos interpessoais.
   3. Humor deprimido acentuado, sentimentos de desesperança ou pensamentos autodepreciativos.
   4. Ansiedade acentuada, tensão e/ou sentimentos de estar nervosa ou no limite.

C. Um (ou mais) dos seguintes sintomas deve adicionalmente estar presente para atingir um total de cinco sintomas quando combinados com os sintomas do Critério B.
   1. Interesse diminuído pelas atividades habituais (p. ex., trabalho, escola, amigos, passatempos).
   2. Sentimento subjetivo de dificuldade em se concentrar.
   3. Letargia, fadiga fácil ou falta de energia acentuada.
   4. Alteração acentuada do apetite; comer em demasia; ou avidez por alimentos específicos.
   5. Hipersonia ou insônia.
   6. Sentir-se sobrecarregada ou fora de controle.
   7. Sintomas físicos como sensibilidade ou inchaço das mamas, dor articular ou muscular, sensação de "inchaço" ou ganho de peso.

Nota: Os sintomas nos Critérios A-C devem ser satisfeitos para a maioria dos ciclos menstruais que ocorreram no ano precedente.

D. Os sintomas estão associados a sofrimento clinicamente significativo ou a interferência no trabalho, na escola, em atividades sociais habituais ou relações com outras pessoas (p. ex., esquiva de atividades sociais; diminuição da produtividade e eficiência no trabalho, na escola ou em casa).

E. A perturbação não é meramente uma exacerbação dos sintomas de outro transtorno, como transtorno depressivo maior, transtorno de pânico, transtorno depressivo persistente (distimia) ou um transtorno da personalidade (embora possa ser concomitante a qualquer um desses transtornos).

F. O Critério A deve ser confirmado por avaliações prospectivas diárias durante pelo menos dois ciclos sintomáticos. (**Nota:** O diagnóstico pode ser feito provisoriamente antes dessa confirmação.)

G. Os sintomas não são consequência dos efeitos fisiológicos de uma substância (p. ex., droga de abuso, medicamento, outro tratamento) ou de outra condição médica (p. ex., hipertireoidismo).

Fonte: Manual Diagnóstico e Estatístico de Transtornos Mentais, 5a ed. – DSM-5. Tab. 7.5. Artmed, Porto Alegre, 2014.

frequentes, que não estão limitados a um episódio ocasional (como poderia ser o caso, se a criança estivesse ciclando para um episódio maníaco, já que a irritabilidade às vezes acompanha episódios maníacos discretos).

Mas a observação mais importante é que essas crianças não mostram evidências de períodos de humor elevado (mania), que são um requisito para o diagnóstico de transtorno bipolar (Liebenluft, 2011). Pesquisas adicionais demonstraram que essas crianças com irritabilidade crônica e grave e dificuldade de regular suas emoções, resultando em frequentes explosões de raiva, estão em maior risco para transtornos depressivos e de ansiedade adicionais, em vez de episódios maníacos, e que não há nenhuma evidência de taxas excessivas de transtorno bipolar em suas famílias, o que se poderia esperar se essa condição fosse um transtorno bipolar verdadeiro. Foi também reconhecido que essa irritabilidade grave é mais comum que o transtorno bipolar, mas não foi bem estudada (Brotman et al., 2006). Essa irritabilidade está associada ao sofrimento substancial das próprias crianças, refletindo taxas cronicamente altas de afeto negativo e perturbação marcante da vida familiar. Embora essas definições mais amplas dos sintomas exibam algumas semelhanças com os sintomas de transtorno bipolar mais clássicos (Biederman et al., 2005; Biederman et al., 2000), o perigo é que essas crianças estão sendo mal diagnosticadas, podendo atender melhor aos critérios de categorias diagnósticas mais clássicas, tais como TDAH ou transtorno da conduta (ver Capítulo 14). Nesse caso, os tratamentos com drogas muito potentes para o transtorno bipolar, com efeitos colaterais substanciais, poderiam representar mais riscos que benefícios para essas crianças. Mas esses casos também diferem de condições mais típicas de transtorno da conduta ou TDAH, uma vez que é o afeto negativo intenso que parece estar conduzindo a irritabilidade e a incapacidade marcada para regular o humor. Tendo em vista as características distintivas dessa condição avaliada acima, pareceu muito importante descrever melhor essas crianças de até 12 anos, que sofrem por conta do diagnóstico denominado **transtorno disruptivo da desregulação do humor**, em vez de continuar a tê-las erroneamente diagnosticados com transtorno bipolar ou, talvez, transtorno da conduta (Roy, Lopes e Klein, 2014). Os critérios que definem este novo transtorno são apresentados na Tabela 7.6 *DSM-5*. Em um caso visto em nossa clínica, uma menina de 9 anos, vamos chamá-la Betsy, foi trazida por seu pai para avaliação de uma ansiedade grave. O pai descreveu uma situação em que Betsy, embora muito inteligente, de família de classe média alta, que ia bem na escola, estava continuamente irritável e cada vez mais incapaz de se relacionar bem em casa, gerando brigas intensas, especialmente com sua mãe, à menor provocação. Seu humor, então, se deteriorava até ter uma explosão de raiva agressiva, corria para o quarto dela e, de vez em quando, começava a jogar coisas. Ela começou a se recusar a fazer suas refeições com a família, uma vez que discussões difíceis surgiam muitas vezes, e tornou-se mais fácil permitir a ela comer em seu quarto. Considerando que nada mais parecia estar funcionando para acalmá-la, o pai recorreu a algo que ele costumava fazer quando ela era um bebê, levá-la para um longo passeio no carro da família. Depois de um tempo, Betsy começava a relaxar, mas durante um longo passeio virou-se para o pai e disse: "Papai, por favor, ajude-me a me sentir melhor, porque se eu continuar me sentindo assim, eu só quero morrer".

TABELA 7.6 Critérios diagnósticos para o transtorno disruptivo da desregulação do humor

A. Explosões de raiva recorrentes e graves manifestadas pela linguagem (p. ex., violência verbal) e/ou pelo comportamento (p. ex., agressão física a pessoas ou propriedade) que são consideravelmente desproporcionais em intensidade ou duração à situação ou provocação.

B. As explosões de raiva são inconsistentes com o nível de desenvolvimento.

C. As explosões de raiva ocorrem, em média, três ou mais vezes por semana.

D. O humor entre as explosões de raiva é persistentemente irritável ou zangado na maior parte do dia, quase todos os dias, e é observável por outras pessoas (p. ex., pais, professores, pares).

E. Os Critérios A-D estão presentes por doze meses ou mais. Durante esse tempo, o indivíduo não teve um período que durou três ou mais meses consecutivos sem todos os sintomas dos Critérios A-D.

F. Os Critérios A e D estão presentes em pelo menos dois de três ambientes (p. ex., em casa, na escola, com os pares) e são graves em pelo menos um deles.

G. O diagnóstico não deve ser feito pela primeira vez antes dos 6 anos ou após os 18 anos de idade.

H. Por relato ou observação, a idade de início dos Critérios A-E é antes dos 10 anos.

I. Nunca houve um período distinto durante mais de um dia durante o qual foram satisfeitos todos os critérios de sintomas, exceto a duração, para um episódio maníaco ou hipomaníaco.

Nota: Uma elevação do humor apropriada para o desenvolvimento, como a que ocorre no contexto de um evento altamente positivo ou de sua antecipação, não deve ser considerada como um sintoma de mania ou hipomania.

J. Os comportamentos não ocorrem exclusivamente durante um episódio de transtorno depressivo maior e não são mais bem explicados por outro transtorno mental (p. ex., transtorno do espectro autista, transtorno de estresse pós-traumático, transtorno de ansiedade de separação, transtorno depressivo persistente [distimia]).

K. Os sintomas não são consequência dos efeitos psicológicos de uma substância ou de outra condição médica ou neurológica.

Fonte: Manual Diagnóstico e Estatístico de Transtornos Mentais, 5a ed. – DSM-5. Tab. 7.6. Artmed, Porto Alegre, 2014.

Adultos com histórico de transtorno disruptivo da desregulação do humor têm maior risco de desenvolver transtornos do humor e ansiedade, bem como muitos outros resultados adversos à saúde. (Copeland et al., 2014). Um objetivo muito importante para o futuro imediato será o desenvolvimento e a avaliação de tratamentos para essa difícil condição, tanto psicológicos quanto medicamentosos. Por exemplo, é muito possível que os novos tratamentos psicológicos em desenvolvimento para a desregulação emocional grave em crianças possam ser úteis para essa condição (Ehrenreich et al., 2009).

Transtornos bipolares

A característica-chave de identificação dos transtornos bipolares é a tendência de episódios maníacos se alternarem com episódios depressivos maiores em uma interminável montanha-russa que vai dos picos da elação às profundezas do desespero. Além disso, os transtornos bipolares são paralelos de muitas maneiras aos transtornos depressivos. Por exemplo, um episódio maníaco poderia acontecer somente uma vez ou repetidas vezes. Considere o caso de Jane, descrito a seguir.

JANE ... Engraçada, inteligente e desesperada

Jane era a esposa de um conhecido cirurgião e a mãe amorosa de três filhos. A família morava em uma antiga casa de campo nos arredores da cidade, com espaço de sobra para os familiares e animais de estimação. Jane tinha quase 50 anos; os filhos mais velhos tinham saído de casa; o filho mais novo, de 16 anos, Mike, estava com dificuldades acadêmicas substanciais na escola e parecia ansioso. Jane trouxe Mike para a clínica para descobrir por que ele estava tendo problemas.

Quando entraram no consultório, observei que Jane estava bem vestida, asseada, cheia de vida e era agradável; ela tinha uma vivacidade em seu caminhar. Ela começou a falar sobre sua família maravilhosa e bem-sucedida antes mesmo de ela e Mike se sentarem em seus lugares. Mike, pelo contrário, era quieto e reservado. Ele parecia resignado e talvez aliviado de que ele teria que dizer pouco durante a sessão. No momento em que Jane se sentou, ela havia mencionado as virtudes pessoais e realização material de seu marido e o brilho e beleza de um dos seus filhos mais velhos, e ela estava a ponto de falar sobre o segundo filho. Porém, antes que terminasse, ela notou um livro sobre transtornos de ansiedade e, depois de ler vorazmente o título, começou uma ladainha de vários problemas relacionados à ansiedade que poderiam estar perturbando Mike.

Enquanto isso, Mike sentou-se no canto com um pequeno sorriso nos lábios que parecia estar mascarando um sofrimento considerável e incerteza sobre o que sua mãe poderia fazer a seguir. Tornou-se claro, conforme a entrevista progredia, que Mike sofria de transtorno obsessivo-compulsivo, que perturbava sua concentração dentro e fora da escola. Ele estava indo mal em todas as matérias.

Também ficou claro que a própria Jane estava no meio de um episódio hipomaníaco, evidente em seu entusiasmo desenfreado, percepções grandiosas, discurso "ininterrupto" e relato de que precisava de pouco sono nos últimos dias. Ela também se distraía facilmente, como quando mudou rapidamente de assunto, de descrever seus filhos ao livro sobre a mesa. Quando perguntada sobre seu próprio estado psicológico, Jane prontamente admitiu que ela era uma "maníaca-depressiva" (nomenclatura antiga para transtorno bipolar) e que ela alternava de forma bastante rápida entre sentir-se no topo do mundo e sentir-se depri-

mida; estava tomando medicação para a sua condição. Eu imediatamente me perguntei se as obsessões de Mike tinham alguma coisa a ver com a condição da sua mãe.

Mike foi tratado intensivamente por suas obsessões e compulsões, mas fez pouco progresso. Ele disse que a vida em casa era difícil quando sua mãe estava deprimida. Às vezes ela ia para a cama e ficava lá por três semanas. Durante esse tempo, parecia estar em um estado de estupor depressivo, essencialmente incapaz de se mover por alguns dias. Cabia às crianças cuidar de si mesmas e de sua mãe, a quem davam comida na boca. Grande parte da carga caiu sobre Mike, pois os irmãos mais velhos já tinham saído de casa. Os episódios depressivos graves de Jane remitiam depois de cerca de três semanas, e ela entraria imediatamente em um episódio de hipomania que poderia durar vários meses ou mais. Durante a hipomania, Jane era principalmente engraçada, divertida e uma ótima companhia – se você conseguisse falar uma palavra. A consulta com seu terapeuta, especialista na área, revelou que ele já havia prescrito uma série de medicamentos, mas foi até agora incapaz de controlar suas mudanças de humor.

Jane sofria de **transtorno bipolar tipo II**, em que os episódios depressivos maiores se alternam com os episódios hipomaníacos em vez dos maníacos completos. Vimos que os episódios hipomaníacos são menos graves. Embora Jane estivesse visivelmente "para cima", funcionava muito bem nesse estado de humor. Os critérios para o **transtorno bipolar tipo I** são os mesmos, exceto pelo fato de que o indivíduo experimenta um episódio maníaco completo. Como no conjunto de critérios para o transtorno depressivo maior, para os episódios maníacos serem considerados separados, deve haver um período livre de sintomas de pelo menos dois meses entre eles. Se isto não ocorre, o episódio é visto como uma continuação do último.

O caso de Billy, conforme veremos a seguir, ilustra um episódio maníaco completo. O primeiro contato com esse indivíduo ocorreu quando estava internado em um hospital.

BILLY ... O melhor do mundo em tudo

Antes de Billy chegar à enfermaria, você podia ouvi-lo rindo com uma voz profunda; soava como se estivesse tendo um momento maravilhoso. Quando a enfermeira o trouxe para a parte de baixo do saguão para apresentá-lo à equipe, ele mirou a mesa de pingue-pongue. Em voz alta, ele exclamou: "Pingue-pongue! Eu amo o pingue-pongue! Eu só joguei duas vezes, mas é isso que vou fazer enquanto estiver aqui; vou me tornar o maior jogador de pingue-pongue do mundo! E aquela mesa é linda! Vou começar a reformar essa mesa imediatamente e torná-la a melhor mesa de pingue-pongue no mundo. Vou lixá-la, desmontá-la e reconstruí-la até que brilhe e cada ângulo esteja perfeito!". Billy logo percebeu outra coisa que absorveu sua atenção.

Na semana anterior, ele esvaziou a conta bancária, pegou seus cartões de crédito e os dos pais idosos, com os quais morava, e adquiriu os mais extravagantes aparelhos de som estéreo. Ele achava que montaria o melhor estúdio de som da cidade e faria milhões de dólares alugando-o para pessoas que viriam de toda parte. Esse episódio precipitou sua internação.

Durante as fases de mania ou hipomania, os pacientes muitas vezes negam que têm um problema, uma das características de Billy. Mesmo depois de gastar enormes quantidades de dinheiro ou de tomar decisões insensatas de negócios, esses indivíduos, particularmente se estiverem no meio de um episódio maníaco pleno, são tão envolvidos com seu entusiasmo e expansividade que seu comportamento lhes parece razoável. A alta durante um estado maníaco é tão agradável que as pessoas podem parar de tomar a medicação durante os períodos de angústia ou desânimo, em uma tentativa de trazer um novo estado maníaco; este é um sério desafio para os profissionais.

Voltando ao caso de Jane, continuamos a tratar seu filho Mike durante vários meses. Fizemos pouco progresso antes de o ano escolar terminar. Devido ao fato de Mike estar indo tão mal, os diretores da escola informaram aos pais que ele não seria aceito no próximo ano. Mike e seus pais sabiamente decidiram que seria boa ideia ele sair de casa e fazer algo diferente por um tempo, e ele começou a trabalhar e viver em um resort de esqui e tênis. Vários meses depois, seu pai nos chamou para contar que as obsessões e compulsões de Mike tinham sumido completamente desde que saiu de casa. O pai pensava que Mike deveria continuar a viver no resort, onde entrou na escola local e estava com melhor desempenho acadêmico. Ele concordava com a avaliação anterior de que a condição de Mike poderia estar ligada ao seu relacionamento com a mãe. Vários anos depois, ouvimos dizer que Jane, em um estupor depressivo, cometeu suicídio, resultado muito trágico do transtorno bipolar.

Uma versão mais suave, porém mais crônica do transtorno bipolar, chamada **transtorno ciclotímico**, é semelhante em muitos aspectos ao transtorno depressivo persistente (Akiskal, 2009; Parker, McCraw e Fletcher, 2012). O transtorno ciclotímico é uma alternância crônica entre elevação do humor e depressão, que não alcança a gravidade dos episódios maníacos ou depressivos graves. Indivíduos com transtorno ciclotímico tendem a estar em um ou outro estado de humor por anos, com relativamente poucos períodos de humor neutro (ou eutímico). Esse padrão deve durar pelo menos dois anos (um ano para crianças e adolescentes) para cumprir os critérios para o transtorno. Indivíduos com transtorno ciclotímico alternam entre os tipos de sintomas depressivos leves, vividos por Jack durante seus estados distímicos, e os tipos de episódios hipomaníacos, vividos por Jane. Em nenhum dos casos havia comportamento grave o suficiente para necessitar de hospitalização ou de intervenção imediata. Em grande parte do tempo, tais indivíduos são considerados apenas mal-humorados. Entretanto, os estados de humor flutuantes são, por definição, substanciais o suficiente para interferir no funcionamento. Além disso, as pessoas com ciclotimia deveriam ser tratadas em razão de haver risco aumentado de desenvolver transtorno bipolar tipo I ou tipo II, mais graves (Akiskal, 2009; Goodwin e Jamison, 2007; Otto e Applebaum, 2011; Parker et al., 2012).

Critérios adicionais de definição para transtornos bipolares

Para transtornos depressivos, discutimos critérios de definição adicionais que podem ou não acompanhar um transtorno do humor, e notou-se que era importante identificar esses especificadores ou sintomas com a finalidade de planejar um tratamento mais efetivo. Todos esses mesmos especificadores aplicam-se a transtornos bipolares (ver Tabela 7.5 *DSM-5*). Particularmente, o especificador de características catatônicas se aplica principalmente a episódios depressivos maiores, sendo que raramente se pode aplicar a um episódio maníaco. O especificador de características psicóticas pode aplicar-se a episódios maníacos, durante os quais é comum ter delírios de grandeza. O especificador de sintomas ansiosos também está presente nos transtornos bipolares, tal como nos depressivos. Novo no *DSM-5* é o especificador de "características mistas" que, tal como em distúrbios depressivos, é utilizado para des-

TABELA 7.7 Critérios diagnósticos para o transtorno ciclotímico

A. Por pelo menos dois anos (um ano em crianças e adolescentes), presença de vários períodos com sintomas hipomaníacos que não satisfazem os critérios para episódio hipomaníaco e vários períodos com sintomas depressivos que não satisfazem os critérios para episódio depressivo maior.

B. Durante o período antes citado de dois anos (um ano em crianças e adolescentes), os períodos hipomaníaco e depressivo estiveram presentes por pelo menos metade do tempo, e o indivíduo não permaneceu sem os sintomas por mais que dois meses consecutivos.

C. Os critérios para um episódio depressivo maior, maníaco ou hipomaníaco nunca foram satisfeitos.

D. Os sintomas do Critério A não são mais bem explicados por transtorno esquizoafetivo, esquizofrenia, transtorno esquizofreniforme, transtorno delirante, outro transtorno do espectro da esquizofrenia e outro transtorno psicótico especificado ou transtorno do espectro da esquizofrenia e outro transtorno fisiológico não especificado.

E. Os sintomas não são atribuíveis aos efeitos fisiológicos de uma substância (p. ex., droga de abuso, medicamento) ou a outra condição médica (p. ex., hipertireoidismo).

F. Os sintomas causam sofrimento ou prejuízo clinicamente significativo no funcionamento social, profissional ou em outras áreas importantes da vida do indivíduo.

Especificar se:
Com sintomas ansiosos

Fonte: Manual Diagnóstico e Estatístico de Transtornos Mentais, 5a ed. – DSM-5. Tab. 7.7. Artmed, Porto Alegre, 2014.

Transtorno bipolar: Mary

"Whoo, whoo, whoo – no topo do mundo!... Vai ser um grande dia!... Estou incógnita para o Senhor Deus Todo-Poderoso. Estou trabalhando para ele. Tenho feito isso durante anos. Eu sou uma espiã. Minha missão é lutar pelo modo de vida norte-americano... A Estátua da Liberdade... Eu posso trazer vento, trazer a chuva, eu posso trazer a luz do Sol, eu posso fazer muitas coisas... Eu amo o ar livre."

crever o episódio depressivo ou maníaco principal, que têm alguns sintomas da polaridade oposta; por exemplo, um episódio depressivo com alguns sintomas maníacos. O especificador de padrão sazonal pode também aplicar-se a transtornos bipolares. Na apresentação habitual, indivíduos podem tornar-se deprimidos durante o inverno e maníacos durante o verão. Finalmente, episódios maníacos podem ocorrer no período periparto, mas principalmente após o parto.

Para a depressão, é importante determinar se um paciente sofrendo de episódio maníaco teve episódios de depressão maior ou mania no passado, também se deve verificar se o indivíduo esteve totalmente recuperado entre episódios passados. Da mesma maneira que é importante determinar se a distimia é precedida de um episódio depressivo maior (depressão dupla), também é importante determinar se a ciclotimia precede o início do transtorno bipolar. Isso ocorre porque a presença de ciclotimia prediz menor probabilidade de uma completa recuperação entre episódios (Akiskal, 2009).

Especificador de ciclagem rápida

Há um especificador exclusivo para os transtornos bipolares tipo I e tipo II: o especificador de ciclagem rápida. Algumas pessoas entram e saem rapidamente dos episódios maníacos ou depressivos. Um indivíduo com transtorno bipolar que apresenta pelo menos quatro episódios maníacos ou depressivos em um mesmo ano tem um padrão considerado de ciclagem rápida, que aparentemente é uma variedade grave do transtorno bipolar que não responde bem aos tratamentos padronizados (Angst, 2009; Kupka et al., 2005; Schneck et al., 2004; Schneck et al., 2008). Coryell et al. (2003) demonstraram uma probabilidade maior de tentativas de suicídio e episódios mais graves de depressão em 89 pacientes com um padrão de ciclagem rápida, em comparação com um grupo de ciclagem não rápida. Kupka et al. (2005) e Nierenberg et al. (2010) também descobriram que os sintomas desses pacientes eram mais graves em uma série de medidas. Algumas evidências indicam que o tratamento alternativo com drogas, tais como anticonvulsivantes e estabilizadores do humor, em vez de antidepressivos, pode ser mais efetivo com esse grupo de pacientes (Kilzieh e Akiskal, 1999).

Aproximadamente de 20% a 50% dos pacientes bipolares experienciam a ciclagem rápida. Destes, 60% a 90% são mulheres, uma taxa mais alta do que em outras variações do transtorno bipolar (ver, p. ex., Altshuler et al., 2010; Coryell et al., 2003; Kupka et al., 2005; Schneck et al., 2004) e esse achado foi consistente em dez estudos (Kilzieh e Akiskal, 1999). Na maioria dos casos, a ciclagem rápida tende a aumentar em frequência com o passar do tempo e pode alcançar estados muito graves em que os pacientes ciclam entre a mania e a depressão sem nenhuma interrupção. Quando essa transição direta de um estado de humor a outro ocorre, é chamada *troca rápida* ou *rápida troca de humor* e é uma forma de transtorno particularmente grave e resistente ao tratamento (MacKinnon et al., 2003; Maj et al., 2002). Curiosamente, um precipitante de ciclagem rápida pode ser a medicação antidepressiva que é prescrita para alguns indivíduos com transtorno bipolar, pois a frequência de ciclagem rápida é consideravelmente mais elevada entre aqueles que tomam antidepressivos, em comparação com aqueles que não o fazem (Schneck et al., 2008). Felizmente, a ciclagem rápida parece não ser permanente, pois apenas 3% a 5% dos pacientes continuam com ela por um período de cinco anos (Schneck et al., 2008), com 80% retornando a um padrão de ciclagem não rápida dentro de dois anos (Coryell et al., 2003). Há também casos de ciclos **ultrarrápidos** que duram somente de dias a semanas, e **ciclagem ultrarrápida** em casos nos quais as durações do ciclo são inferiores a 24 horas (Wilk e Hegerl, 2010). Na ciclagem ultrarrápida, as mudanças para depressão ocorreram à noite e as mudanças para mania ocorreram durante o dia, sugerindo que para pacientes com ciclos de humor de 48 horas ou menos, o processo de ciclagem está intimamente relacionado a aspectos circadianos.

Início e duração

A idade média de início para o transtorno bipolar tipo I é de 15 a 18 anos e para o transtorno bipolar tipo II, de 19 a 22, embora ambos os casos possam começar na infância (Angst, 2009; Judd et al., 2003; Merikangas e Pato, 2009). Isso é um pouco mais jovem que a idade média de início do transtorno depressivo maior, e transtornos bipolares começam de forma mais aguda; ou seja, eles se desenvolvem mais de repente (Angst e Sellaro, 2000; Johnson et al., 2009). Cerca de um terço dos casos de transtorno bipolar começa na adolescência, e o início é muitas vezes precedido de pequenas oscilações do humor ou leves flutuações ciclotímicas do humor (Goodwin e Jamison, 2007; Merikangas et al., 2007). Entre 10% e 25% das pessoas com transtorno bipolar tipo II progridem para transtorno bipolar I completo (Birmaher et al., 2009; Coryell et al., 1995).

Embora os transtornos unipolar e o bipolar tenham sido considerados transtornos distintos, Angst e Sellaro (2000), ao rever alguns estudos mais antigos, estimaram a taxa de indivíduos deprimidos que posteriormente passaram por um episódio maníaco pleno em quase 25%. Cassano et al. (2004), juntamente de Akiskal (2006) e Angst et al. (2010), constataram que até 67,5% dos pacientes com depressão unipolar vivenciaram alguns sintomas maníacos. Esses estudos levantam questões sobre a verdadeira distinção entre a depressão unipolar e o transtorno bipolar e sugerem que eles possam estar em um

TABELA 7.8 Critérios diagnósticos para o transtorno bipolar tipo II

A. Foram atendidos os critérios para pelo menos um episódio hipomaníaco e ao menos um episódio depressivo maior. Os critérios para um episódio hipomaníaco são idênticos àqueles para um episódio maníaco (veja a Tabela 7.2 *DSM-5*), com as seguintes distinções: 1) A duração mínima é de quatro dias; 2) Embora o episódio esteja associado a uma mudança clara no funcionamento, não é suficientemente grave a ponto de causar prejuízo acentuado no funcionamento social ou profissional ou para necessitar de hospitalização; 3) Não há características psicóticas.

B. Jamais houve um episódio maníaco.

C. A ocorrência do(s) episódio(s) hipomaníaco(s) e depressivo(s) maior(es) não é mais bem explicada por transtorno esquizoafetivo, esquizofrenia, transtorno esquizofreniforme, transtorno delirante, outro transtorno do espectro da esquizofrenia e outro transtorno psicótico especificado ou transtorno do espectro da esquizofrenia e outro transtorno psicótico não especificado.

D. Os sintomas de depressão ou a imprevisibilidade causada por alternância frequente entre períodos de depressão e hipomania causam sofrimento clinicamente significativo ou prejuízo no funcionamento social, profissional ou em outra área importante da vida do indivíduo.

Especificar episódio atual ou mais recente:
Hipomaníaco: Se atualmente (ou mais recentemente) em um episódio de hipomania.
Depressivo: Se atualmente (ou mais recentemente) em um episódio depressivo maior.

Especificar se:
Com sintomas ansiosos
Com características mistas
Com ciclagem rápida
Com características psicóticas congruentes com o humor
Com características psicóticas incongruentes com o humor
Com catatonia
Com início do periparto
Com padrão sazonal
Especificar o curso se todos os critérios para um episódio de humor não estão atualmente satisfeitos:
Em remissão completa, em remissão parcial
Especificar a gravidade se todos os critérios para um episódio de humor estão atualmente satisfeitos:
leve, moderada, grave

Fonte: Manual Diagnóstico e Estatístico de Transtornos Mentais, 5a ed. – DSM-5. Tab. 7.8. Artmed, Porto Alegre, 2014.

continuum (chamado de "espectro" em psicopatologia) (Johnson et al., 2009; Merikangas et al., 2011).

É relativamente raro alguém desenvolver transtorno bipolar após os 40 anos. Uma vez que ele aparece, o curso é crônico; isto é, mania e depressão se alternam indefinidamente. A terapia geralmente envolve o manejo do transtorno com manutenção das drogas de forma disciplinada que previnem a recorrência de episódios. O suicídio é uma consequência muito comum do transtorno bipolar, quase sempre ocorrendo durante episódios depressivos, como aconteceu no caso de Jane (Angst, 2009; Valtonen et al., 2007). Um amplo estudo sueco mostrou que, em média, comparadas à população geral, pessoas com transtorno bipolar morreram 8 a 9 anos mais cedo de várias condições médicas e suicídio (Crump et al., 2013). No entanto, quando os pacientes receberam tratamento precocemente, a taxa de mortalidade foi comparável àquela da população geral. O transtorno bipolar está associado a um alto risco de tentativas de suicídio e morte por suicídio, esta última sendo associada ao sexo masculino e um parente de primeiro grau que tenha cometido suicídio (Schaffer et al., 2015). O risco de suicídio não está limitado aos países ocidentais, mas ocorre em países de todas as partes do mundo (Merikangas et al., 2011).

Nos casos típicos, a ciclotimia é crônica e duradoura. Em cerca de um terço dos pacientes, as oscilações do humor ciclotímico evoluem para o transtorno bipolar completo (Kochman et al., 2005; Parker et al., 2012). Em uma amostra de pacientes ciclotímicos, 60% eram do sexo feminino, e a idade de início foi muitas vezes durante a adolescência ou antes, com alguns dados sugerindo a idade mais comum de início sendo de 12 a 14 anos (Goodwin e Jamison, 2007). É frequente o transtorno não ser reconhecido, e os que sofrem são considerados pessoas hipersensíveis, explosivas, mal-humoradas ou hiperativas (Akiskal, 2009; Goodwin e Jamison, 2007). Um subtipo de ciclotimia é baseado no predomínio de dois sintomas depressivos leves, um sobre a predominância de sintomas hipomaníacos e outro sobre uma distribuição igual de ambos.

Verificação de conceitos 7.1

Combine a descrição de cada caso escolhendo seu transtorno correspondente: (a) mania, (b) depressão dupla, (c) transtorno depressivo persistente, (d) episódio depressivo maior e (e) transtorno bipolar tipo I.

1. Na semana passada, como o faz a cada três meses, Ryan saiu com seus amigos, pagando rodadas de bebidas, socializando até de manhã e se sentindo no topo do mundo. Hoje Ryan não vai nem sair da cama para ir ao trabalho, ver os amigos ou até mesmo acender as luzes. _____

2. Sentindo-se certo de que ganharia na loteria, Charles foi a uma farra de compras por toda a noite, estourando o limite de todos os seus cartões de crédito sem nenhuma preocupação. Sabemos que ele fez isso várias vezes, sentindo extrema euforia, alegria e exaltação, de forma anormal. _____

3. Ayana teve alguns problemas de transtorno do humor no passado, apesar de estar melhor em alguns dias do que em outros. Em muitos dias, parece que ela está em um abismo. Embora ela consiga sobreviver, tem dificuldade em tomar decisões, porque não confia em si mesma. _____

4. Nas últimas semanas, Jennifer tem dormido muito. Ela se sente inútil, não consegue juntar forças para sair de casa e perdeu muito peso. Seu problema é o transtorno do humor mais comum e extremo. _____

5. Eusébio está sempre para baixo e um pouco triste, mas, ocasionalmente, ele torna-se tão deprimido que nada lhe agrada. _____

Prevalência dos transtornos do humor

Diversos grandes estudos epidemiológicos estimando a prevalência de transtornos do humor têm sido realizados nos últimos anos (Kessler e Bromet, 2013; Kessler e Wang, 2009; Merikangas e Pato, 2009). As melhores estimativas da prevalência mundial dos transtornos do humor sugerem que aproximadamente 16% da população apresentam transtorno depressivo maior ao longo da vida e cerca de 6% tiveram transtorno depressivo maior no último ano (Hasin et al., 2005; Kessler et al., 2003; Kessler et al., 2005). As taxas de prevalência para a combinação de transtorno depressivo persistente e depressão maior crônica são cerca de 3,5%, tanto para o ano anterior quanto ao longo da vida (Kessler e Wang, 2009). E para o transtorno bipolar as estimativas são de 1% de prevalência ao longo da vida e 0,8% durante o ano anterior (Merikangas e Pato, 2009; Merikangas et al., 2011). A semelhança das taxas ao longo da vida e no ano anterior para transtorno depressivo persistente (distimia) e transtornos bipolares reflete o fato de que esses transtornos são condições crônicas que duram a maior parte da vida da pessoa. Estudos indicam que as mulheres são duas vezes mais propensas a ter transtornos do humor do que os homens (Kessler, 2006; Kessler e Wang, 2009), mas o desequilíbrio na prevalência entre homens e mulheres é contabilizado somente pelo transtorno depressivo maior e transtorno depressivo persistente (distimia), pois os transtornos bipolares são distribuídos aproximadamente na mesma proporção entre homens e mulheres (Merikangas e Pato, 2009). Embora igualmente prevalente, há algumas diferenças em função do sexo no transtorno bipolar. Como mencionado anteriormente, as mulheres são mais propensas do que os homens a apresentar ciclagem rápida, mas também a serem ansiosas e estarem em uma fase depressiva, em vez de em uma fase maníaca (Altshuler et al., 2010). É interessante que a prevalência de transtorno depressivo maior e transtorno depressivo persistente (distimia) seja significativamente menor entre os negros que entre os brancos (Hasin et al., 2005), embora, mais uma vez, nenhuma diferença apareça em transtornos bipolares. Um estudo do transtorno depressivo maior em uma amostra da comunidade de afro-americanos encontrou uma prevalência de 3,1% durante o ano anterior (Brown et al., 1995) e outro estudo encontrou uma prevalência de 4,52% no ano anterior (Hasin et al., 2005) em comparação com 5,53% entre os brancos. O estado de saúde regular ou ruim foi o maior preditor da depressão em afro-americanos. Poucos desses indivíduos receberam o tratamento adequado, com apenas 11% entrando em contato com um profissional de saúde mental (Brown et al., 1995). Os nativos norte-americanos, por outro lado, apresentam uma prevalência significativamente maior de depressão (Hasin et al., 2005), apesar das dificuldades na tradução do conceito de depressão para culturas nativas norte-americanas sugerirem que esse dado precisa de mais estudo (Beals et al., 2005; Kaufmann et al., 2013; ver, mais adiante neste capítulo, a seção sobre cultura).

Prevalência em crianças, adolescentes e adultos mais velhos

As estimativas sobre a prevalência dos transtornos do humor em crianças e adolescentes variam muito, embora estudos mais sofisticados comecem a aparecer. A conclusão geral é que os transtornos depressivos ocorrem com menos frequência em crianças pré-púberes que em adultos, mas aumenta dramaticamente na adolescência (Brent e Birmaher, 2009; Garber et al., 2009; Kessler et al., 2012; Rohde et al., 2013; Rudolph, 2009). Entre crianças de 2 a 5 anos, as taxas de depressão maior são cerca de 1,5% e um pouco menor na infância mais tardia (Garber et al., 2009), mas até 20% a 50% das crianças apresentam alguns sintomas depressivos, que não são frequentes ou graves o suficiente para satisfazer os critérios diagnósticos, embora causem prejuízo (Kessler et al., 2001; Rudolph, 2009). Os adolescentes tiveram o transtorno depressivo maior com a mesma frequência que os adultos (Kessler et al., 2012; Rohde et al., 2013; Rudolph, 2009). Em crianças, a proporção entre os sexos para transtornos depressivos é de aproximadamente 50:50, mas isso muda dramaticamente na adolescência. O transtorno depressivo maior em adolescentes é em grande parte um transtorno feminino (vamos discutir mais diferenças de sexo na depressão mais adiante neste capítulo), como é em adultos, com a puberdade aparentemente desencadeando esse desequilíbrio entre os sexos (Garber e Carter, 2006; Garber et al., 2009; Hamilton et al., 2014; Nolen-Hoeksema e Hilt, 2009). Curiosamente, esse desequilíbrio entre os sexos não é evidente para a depressão mais leve.

▲ Entre os adolescentes, o transtorno depressivo mais grave ocorre principalmente em meninas.

A prevalência geral do transtorno depressivo maior em indivíduos com mais de 65 anos, geralmente, é de cerca de metade da população (Blazer e Hybels, 2009; Byers et al., 2010; Fiske, Wetherell e Gatz, 2009; Hasin et al., 2005; Kessler et al., 2003), talvez porque os eventos estressantes na vida que desencadeiam episódios depressivos maiores diminuam com a idade. Mas sintomas mais leves que não satisfaçam os critérios para transtorno depressivo maior parecem ser mais comuns entre os idosos (Beekman et al., 2002; Gotlib e Nolan, 2001) e podem estar associados a doenças e enfermidades (Delano-Wood e Abeles, 2005; Alexopoulos, 2005).

O transtorno bipolar parece ocorrer mais ou menos com a mesma taxa (1%) na infância, na adolescência e em adultos (Brent e Birmaher, 2009; Kessler et al., 2012; Merikangas e Pato, 2009). No entanto, as taxas de diagnóstico do transtorno bipolar nas clínicas aumentaram substancialmente, devido a um maior interesse e uma tendência controversa, descrita anteriormente, de ampliar os critérios diagnósticos em crianças, de modo que inclua o que agora é considerado como transtorno disruptivo da desregulação do humor. Considerando a cronicidade e gravidade dos transtornos do humor (Gotlib e Hammen, 2009), a prevalência em todas as faixas etárias é, de fato, alta, o que demonstra um impacto substancial não só nos indivíduos afetados e em suas famílias, mas também na sociedade.

Influências do desenvolvimento do ciclo vital nos transtornos do humor

A prevalência de transtornos do humor varia com a idade, e a idade e o desenvolvimento também impactam em muitas das características desses transtornos. Nós revisamos e destacamos estas características do desenvolvimento – primeiro para crianças e adolescentes e, em seguida, para os adultos mais velhos. Você pode supor que a depressão requer alguma experiência com a vida, que um acúmulo de eventos negativos ou desapontamentos pode criar o pessimismo que, em seguida, leva à depressão. Como muitas suposições razoáveis em psicopatologia, esta não é totalmente correta. Há algumas evidências de que bebês de 3 meses de idade podem tornar-se deprimidos! Os bebês de mães deprimidas exibem comportamentos depressivos marcantes (rostos tristes, lentidão de movimentos, falta de responsividade) até ao interagir com um adulto não deprimido (Garber et al., 2009; Guedeney, 2007). Se esse comportamento ou temperamento é causado por uma tendência genética herdada da mãe, se é resultado de padrões de interação precoce com uma mãe ou cuidador deprimido, ou se é uma combinação destes, ainda não está claro.

▲ As crianças de mães deprimidas podem apresentar comportamento depressivo com menos de um ano de idade.

A maioria dos pesquisadores concorda que os transtornos do humor são fundamentalmente semelhantes em crianças e em adultos (Brent e Birmaher, 2009; Garber et al., 2009; Weiss e Garber, 2003). Portanto, nenhum transtorno do humor "infantil" no *DSM-5* é específico para um estágio de desenvolvimento, com a exceção do transtorno disruptivo da desregulação do humor, que pode ser diagnosticado apenas até aos 12 anos. Isto é diferente dos transtornos de ansiedade, em que certo número de condições ocorre apenas no início do desenvolvimento. Parece claro, no entanto, que a "aparência" da depressão muda com a idade. Por exemplo, crianças menores de 3 anos podem manifestar depressão por expressões faciais tristes, irritabilidade, fadiga, inquietação e birra, assim como por problemas com alimentação e sono. No extremo, isto poderia transformar-se em transtorno disruptivo da desregulação do humor. Em crianças com idades entre os 9 e 12 anos, muitas dessas características não ocorreriam. Além disso, para crianças pré-escolares (de 6 anos ou menos), Luby et al. (2003) relatam a necessidade de pôr de lado o rigoroso requisito de duração estrita de duas semanas para depressão maior, porque é normal o humor flutuar nessa idade. No entanto, uma vez que a depressão se desenvolve, não se pode esperar que as crianças simplesmente "cresçam" (Luby, 2012). Por exemplo, um estudo recente conduzido por Luby et al. (2014) observou que depressão pré-escolar foi um preditor significativo e robusto para depressão posterior nas idades de 6 a 13 anos. A depressão pré-escolar também foi um fator de risco para outros problemas, como transtorno de ansiedade e transtorno de déficit de atenção e hiperatividade (TDAH) na idade escolar. Esses resultados são consistentes com um estudo anterior, mostrando que problemas emocionais e comportamentais em geral aos 3 anos de idade estiveram associados a um risco quase cinco vezes maior de ter um transtorno emocional ou comportamental aos 6 anos. Reciprocamente, mais de 50% das crianças que preenchiam critérios para um transtorno aos 6 anos já apresentavam problemas clinicamente significativos aos 3 anos (Bufferd et al., 2012).

Quanto à mania, crianças com menos de 9 anos parecem apresentar mais irritabilidade e oscilações emocionais, em comparação com os estados maníacos clássicos, especialmente irritabilidade (Fields e Fristad, 2009; Leibenluft e Rich, 2008), mas também é importante reconhecer que a irritabilidade por si só é insuficiente para diagnosticar a mania, porque está associada com muitos tipos diferentes de problemas na infância (não é específico para a mania). As oscilações emocionais, ou estados maníacos oscilantes que são menos distintos que nos adultos, também podem ser características das crianças, como também breves episódios maníacos ou de ciclagem rápida que duram apenas uma parte de um dia (Youngstrom, 2009).

Uma diferença de desenvolvimento entre as crianças e adolescentes em relação aos adultos diz respeito a padrões de comorbidade. Por exemplo, a depressão infantil (e a mania) é frequentemente associada, e às vezes confundida, com TDAH ou, mais frequentemente, transtorno da conduta, em que a agressão e até mesmo o comportamento destrutivo são comuns (Fields e Fristad, 2009; Garber et al., 2009). O transtorno da conduta e a depressão muitas vezes acontecem simultaneamente no transtorno bipolar. Mas, mais uma vez, muitas dessas crianças podem agora satisfazer os critérios do transtorno disruptivo da desregulação do humor, que colaboraria mais para esta comorbidade. De qualquer modo, o tratamento bem-sucedido da depressão subjacente (ou a recuperação espontânea) também resolve os problemas associados ao TDAH ou ao transtorno da conduta nesses pacientes. Os adolescentes com transtorno bipolar também podem ficar agressivos, impulsivos, sexualmente provocativos e propensos a acidentes (Carlson e Meyer, 2006; Carlson e Klein, 2014).

Qualquer que seja a apresentação, os transtornos do humor em crianças e adolescentes são muito sérios em razão das prováveis consequências (Garber et al., 2009). Fergusson e Woodward (2002), em um grande estudo prospectivo, identificaram 13% de um grupo de 1.265 adolescentes que desenvolveram transtorno depressivo maior entre 14 e 16 anos. Mais tarde, entre 16 e 21 anos, esse grupo esteve sob risco significativo de ocorrência de depressão maior, transtornos de ansiedade, dependência de nicotina, tentativas de suicídio e abuso de álcool e de outras drogas, assim como desempenho educacional inferior, e paternidade precoce em comparação com adolescentes que não estiveram deprimidos. Weissman et al. (1999) identificaram um grupo de 83 crianças com surgimento de transtorno depressivo maior antes da puberdade e as acompanharam ao longo de 10 a 15 anos. No geral, houve consequências ruins na fase adulta nesse grupo, com altas taxas de tentativas de suicídio e prejuízo social em comparação com crianças sem transtorno depressivo maior. Curiosamente, essas crianças pré-púberes tiveram mais propensão a desenvolver abuso de substâncias ou outros transtornos quando adultas do que continuar com a depressão, diferente do que ocorreu no caso de adolescentes com transtorno depressivo maior. Fergusson et al. (2005) constataram que a extensão e a gravidade dos sintomas depressivos na adolescência predisseram a extensão da depressão e comportamentos suicidas quando adulto. Evidentemente, tornar-se deprimido quando criança ou adolescente é um evento perigoso e ameaçador que deve ser imediatamente tratado ou prevenido, se possível. Felizmente, a TCC pode efetivamente evitar o início de episódios depressivos em jovens em risco (Beardslee et al., 2013).

Influências baseadas na idade em adultos mais velhos

O problema da depressão em idosos foi considerado só muito recentemente (Blazer, 2003; Wang e Blazer, 2015; Wittchen, 2012). Alguns estudos estimam que 14% a 42% dos residentes de lares para idosos podem experimentar episódios depressivos maiores (Djernes, 2006; Fiske et al., 2009). Em um grande estudo, os pacientes idosos deprimidos entre 56 e 85 anos foram acompanhados por seis anos; aproximadamente 80% não tiveram remissão, mas continuaram deprimidos (ou entraram e saíram da depressão) mesmo se os sintomas depressivos não tivessem sido graves o suficiente para se enquadrar nos critérios diagnósticos de um transtorno (Beekman et al., 2002). Depressões de início tardio estão associadas a dificuldades marcantes para dormir, transtorno de ansiedade de doença (ansiedade focada possivelmente em estar doente ou ferido de alguma forma) e agitação (Baldwin, 2009). Pode ser difícil diagnosticar a depressão em adultos mais velhos, porque as pessoas idosas, que se tornam fisicamente doentes ou começam a mostrar sinais de demência, podem se tornar deprimidas por isso, mas os sinais de depressão ou transtorno do humor seriam atribuídos à doença ou demência e, assim, ignorados (ver, por exemplo, Blazer e Hybels, 2009; Delano-Wood e Abeles, 2005). De fato, um total de 50% dos pacientes com doença de Alzheimer sofre de depressão comórbida, o que torna a vida mais difícil para as famílias (Lyketsos e Olin, 2002; Modrego, 2010).

Os transtornos de ansiedade acompanham a depressão de um terço a metade dos pacientes idosos, particularmente o transtorno de ansiedade generalizada e o transtorno de pânico (Fiske et al., 2009;. Lenze et al., 2000) e, quando o fazem, os pacientes são mais severamente deprimidos. No *DSM-5*, como descrito anteriormente, os clínicos devem agora especificar a presença e gravidade da ansiedade ao fazer o diagnóstico de um transtorno do humor, devido às implicações para a gravidade e o curso do transtorno do humor, assim como para o tratamento. Um terço sofre também de abuso de álcool comórbido (Devanand, 2002). Vários estudos têm mostrado que entrar na menopausa também aumenta as taxas de depressão entre as mulheres que nunca estiveram deprimidas (Cohen et al., 2006; Freeman et al., 2006). Isto pode ser devido a fatores biológicos, como alterações hormonais, ou a experiência de sintomas físicos perturbadores, ou a outros eventos vitais que ocorrem durante esse período. A depressão também pode contribuir para a doença física e para a morte na velhice (Blazer e Hybels, 2009). Ficar deprimido duplica o risco de morte nos pacientes idosos que sofreram ataque cardíaco ou acidente vascular cerebral (Schulz, Drayer e Rollman, 2002; Whooley e Wong, 2013). Wallace e O'Hara (1992), em um estudo longitudinal, constataram que os cidadãos idosos tornaram-se cada vez mais deprimidos durante um período de três anos. Eles sugerem, baseados em algumas evidências, que essa tendência está relacionada com o aumento de doenças e com o reduzido apoio social; em outras palavras, à medida que nos tornamos mais frágeis e solitários, o resultado psicológico é a depressão, que aumenta a probabilidade de nos tornarmos ainda mais fracos e termos menos apoio social (Wittchen, 2012). Bruce (2002) confirmou que a morte do cônjuge, a responsabilidade de cuidar do cônjuge doente e a perda da independência em função de problemas de saúde estão entre os fatores de risco mais preocupantes da depressão nessa faixa etária. Este círculo vicioso é mortal, porque as taxas de suicídio são maiores em adultos mais velhos do que em qualquer outra faixa etária (Conwell, Duberstein e Caine, 2002), embora as taxas tenham diminuído nos últimos tempos (Blazer e Hybels, 2009). Por outro lado, o otimismo evita a depressão após doenças médicas e promove longevidade. Por exemplo, Galatzer-Levy e Bonanno (2014) estudaram mais de 2 mil idosos entre seis anos antes de seu primeiro ataque cardíaco até quatro anos após. As pessoas tiveram maior probabilidade de morrer se ficassem deprimidas após seu primeiro ataque cardíaco em comparação com as pessoas que não se tornavam deprimidas. Porém, o otimismo mensurado antes do ataque de coração distinguiu todas as pessoas que ficaram deprimidas daquelas que não ficaram deprimidas após o primeiro ataque, sugerindo que o otimismo previa prospectivamente a depressão e, portanto, também a mortalidade após o primeiro ataque cardíaco. Aproximadamente metade da amostra do estudo era do sexo masculino, e os resultados foram semelhantes em ambos os sexos.

A diferença de gênero anterior nos casos de depressão diminui consideravelmente após os 65 anos. Na tenra infância, os meninos são mais propensos a ficar deprimidos do que as meninas, mas uma onda abrangente de depressão nas garotas adolescentes produz um desequilíbrio na proporção dos gêneros, que é mantida até a velhice, quando muitas mulheres se tornam deprimidas, mas crescentes números de homens também são afetados (Fiske et al., 2009). Da perspectiva do ciclo de vida, essa é a primeira vez, desde a tenra infância, que a proporção de depressão entre os sexos fica equilibrada.

Entre culturas

Observamos a forte tendência de a ansiedade assumir formas somáticas (físicas) em algumas culturas; em vez de conversar sobre medo, pânico ou ansiedade geral, muitas pessoas descrevem dor de estômago, dor no peito ou fraqueza cardíaca e dores de cabeça. Muitas das mesmas tendências existem para transtornos do humor nas várias culturas (Kim e Lopez, 2014), o que não é surpreendente dada a relação íntima entre ansiedade e depressão (Kessler e Bromet, 2013). Os sentimentos de fraqueza e de fadiga caracterizam particularmente a depressão que é acompanhada por lentidão mental ou física (Kleinman, 2004; Ryder et al., 2008). Algumas culturas têm suas próprias expressões idiomáticas para a depressão; por exemplo, os Hopi, uma tribo indígena norte-americana, dizem que estão "de coração partido" (Manson e Good, 1993), enquanto os homens aborígines na Austrália central que estão claramente deprimidos atribuem esse fato a fraqueza ou lesão do espírito (Brown et al., 2012).

Embora os sintomas somáticos que caracterizam os transtornos do humor pareçam mais ou menos equivalentes em todas as culturas, é difícil comparar os sentimentos subjetivos. A forma como as pessoas pensam a depressão pode ser influenciada pela visão cultural do indivíduo e do papel do indivíduo na sociedade (Kleinman, 2004; Ryder et al., 2008). Por exemplo, nas sociedades que se concentram no *indivíduo* em vez de se concentrar no *grupo*, é comum ouvir declarações do tipo "Eu me sinto triste" ou "Eu estou deprimido". Entretanto, nas culturas em que o indivíduo está integrado em um grupo maior, ele pode dizer: "Nossa vida perdeu o sentido", referindo-se ao grupo em que está inserido (Manson e Good, 1993).

Em localidades específicas, a prevalência da depressão pode ser muito diferente. Uma entrevista estruturada foi utilizada por Kinzie et al. (1992) para determinar o percentual de membros adultos de uma aldeia indígena norte-americana que apresentavam critérios para transtornos do humor. A prevalência ao longo da vida para qualquer transtorno do humor era de 19,4% em homens, 36,7% em mulheres e um total de 28%, aproximadamente quatro vezes mais alta que na população geral. Examinados por transtorno, quase todos os aumentos são devidos a taxas bastante elevadas da depressão maior. Os resultados, na mesma aldeia, para abuso de substâncias são semelhantes aos resultados para o transtorno depressivo maior (ver Capítulo 11). Hasin et al. (2005) encontraram uma porcentagem global um pouco mais baixa, de 19,17%, em uma aldeia diferente, que ainda era 1,5 vez maior que o percentual encontrado em caucasianos, uma diferença significativa. Beals et al. (2005), por outro lado, apresentaram uma prevalência significativamente mais baixa em duas tribos que eles estudaram, talvez devido a diferenças nos métodos de entrevista ou ao fato de as condições e a cultura serem muito diferentes de tribo para tribo. Ainda assim, as condições sociais e econômicas, terríveis em muitas reservas, cumprem todos os requisitos para uma grande crise de estresse crônico, fortemente relacionada ao aparecimento de transtornos do humor, particularmente o transtorno depressivo maior.

Entre indivíduos criativos

No início da história dos Estados Unidos, Benjamin Rush, um dos signatários da Declaração da Independência e um dos fundadores da psiquiatria norte-americana, observou algo curioso:

> A partir de uma parte do cérebro milagrosamente elevada, mas não doente, a mente às vezes descobre não só forças e agudezas incomuns, mas também certos talentos que nunca exibiram antes. Talentos para eloquência, poesia, música, pintura e engenho, raro em várias das artes mecânicas, são muitas vezes evoluídos nesse estado de loucura. (Rush, 1812, p. 153)

Esta observação clínica tem sido feita muitas vezes por milhares de anos, e não se aplica apenas à criatividade, mas também à liderança. Aristóteles salientava que os principais filósofos, poetas, políticos e artistas tinham tendência à "melancolia" (Ludwig, 1995).

Existe alguma verdade na crença de que o gênio está aliado à loucura? Diversos pesquisadores, incluindo Kay Redfield Jamison e Nancy Andreasen, tentaram descobrir isso. Os resultados são surpreendentes. A Tabela 7.3 lista um grupo de poetas norte-americanos famosos, muitos dos quais receberam o Prêmio Pulitzer. Como você pode ver, é quase certo que todos tiveram transtorno bipolar. Muitos cometeram suicídio. Esses oito poetas estão entre os 36 nascidos no século XX e estão representados no *The New Oxford Book of American Verse*, uma coleção reservada para os mais ilustres poetas do país. É certamente surpreendente que cerca de 20% desses 36 poetas exibiam transtorno bipolar, dada a sua prevalência na população ligeiramente menor que 1%. Goodwin e Jamison (2007) pensam que 20% é provavelmente uma estimativa conservadora, porque os 28 poetas restantes não foram estudados em detalhes suficientes para determinar se também sofriam de transtorno bipolar. Andreasen (1987) relatou resultados semelhantes aos apresentados na Tabela 7.3 em um estudo com outros 30 escritores criativos, e Kaufman (2001, 2002) observou

▲ A musicista Demi Lovato foi diagnosticada com transtorno bipolar durante o tratamento para outros problemas de saúde mental.

TABELA 7.3	Lista parcial dos principais poetas norte-americanos do século XX, nascidos entre 1895 e 1935, com histórico documentado de doença maníaco-depressiva (transtorno bipolar)			
Poeta	Prêmio Pulitzer de Poesia	Tratado para transtorno depressivo maior	Tratado para mania	Cometeu suicídio
Hart Crane (1899-1932)		X	X	X
Theodore Roethke (1908-1963)	X	X	X	
Delmore Schwartz (1913-1966)		X	X	
John Berryman (1914-1972)	X	X	X	X
Randall Jarrell (1914-1965)		X	X	X
Robert Lowell (1917-1977)	X	X	X	
Anne Sexton (1928-1974)	X	X	X	X
Sylvia Plath* (1932-1963)	X	X		X

* Plath, embora não tenha passado por tratamento para mania, era provavelmente bipolar tipo II.
Fonte: Goodwin, F. K. e Jamison, K. R. (1990). *Manic depressive illness*. Nova York, NY: Oxford University Press.

que esse efeito era muito mais comum em mulheres poetas, mesmo quando comparadas a outros artistas ou líderes. Por que poetas mulheres em particular? Kaufman e Baer (2002) se perguntam se as qualidades independentes e, por vezes, rebeldes, associadas à criatividade, podem ser mais estressantes em uma sociedade que coloca exigências sobre as mulheres para serem solidárias e gregárias.

Muitos artistas e escritores, suspeitos ou não de transtornos do humor, falam de períodos de inspiração quando os processos de pensamento se agilizam, os humores se exaltam e novas associações são geradas (Jamison, 1989, 1993). Talvez algo inerente em estados maníacos promova a criatividade, e os estudos recentes confirmam que a criatividade é especificamente associada a episódios maníacos e não a estados depressivos (Soeiro-de-Souza et al., 2011). Por outro lado, é possível que a vulnerabilidade genética para os transtornos do humor seja independentemente acompanhada por uma predisposição à criatividade (Richards et al., 1988). Em outras palavras, os padrões genéticos associados ao transtorno bipolar podem acarretar lampejos de criatividade. Estudos subsequentes confirmaram criatividade elevada em pacientes bipolares (mas não unipolares) em testes de criatividade, mesmo quando não estavam em estados maníacos ou depressivos e funcionando normalmente (referidos como sendo eutímicos) (Santosa et al., 2007; Srivastava et al., 2010; Strong et al., 2007). Estas ideias precisam ser confirmadas, mas o estudo da criatividade e liderança, tão valorizado em todas as culturas, pode muito bem ser reforçado por uma compreensão mais profunda da "loucura" (Goodwin e Jamison, 2007; Ludwig, 1995).

Causas dos transtornos do humor

No Capítulo 2, descrevemos a *equifinalidade* como o mesmo produto final resultante de causas possivelmente diferentes. Da mesma forma que podem haver muitos motivos para uma febre, é possível haver numerosas razões para a depressão. Por exemplo, um transtorno depressivo que surge no inverno tem um precipitante diferente do de uma depressão grave que acompanha a morte, ainda que os episódios possam

parecer bem semelhantes. Não obstante, os psicopatologistas estão identificando os fatores biológicos, psicológicos e sociais que parecem estar envolvidos na etiologia dos transtornos do humor, qualquer que seja o fator precipitador. Uma teoria integrada da etiologia dos transtornos do humor considera a interação das dimensões biológica, psicológica e social, e também observa a forte relação entre a ansiedade e a depressão. Antes de descrever essas interações, vamos rever a evidência pertinente a cada fator contribuinte.

Verificação de conceitos 7.2

Identifique cada uma das seguintes afirmações relacionadas à prevalência de transtornos do humor como verdadeiro (V) ou falso (F).

1. _____ As mulheres são cerca de duas vezes mais propensas que os homens a serem diagnosticadas com um transtorno do humor.

2. _____ Depressão requer alguma experiência de vida, o que indica que os bebês e as crianças pequenas não podem experimentar o transtorno.

3. _____ É muitas vezes difícil diagnosticar depressão nos idosos, porque seus sintomas são semelhantes aos de doenças clínicas ou demência.

4. _____ Os sintomas somáticos que caracterizam os transtornos do humor são praticamente equivalentes entre as culturas.

Dimensões biológicas

A realização de pesquisas para determinar a contribuição genética para um transtorno específico ou classe de transtornos é complexa e difícil de fazer. Mas várias estratégias tradicionais – como estudos familiares e de gêmeos – podem nos ajudar a estimar essa contribuição.

Influências familiares e genéticas

Em *estudos de famílias*, olhamos para a prevalência de determinada doença em parentes de primeiro grau de um indivíduo em que se sabe ter o transtorno (o *probando*). Verificou-se que, apesar da grande variabilidade, a taxa em parentes de probandos com transtornos do humor é sempre cerca de duas a três vezes maior do que em parentes controle, que não têm transtornos do humor (Lau e Eley, 2010; Klein et al., 2002; Levinson, 2009). O aumento da gravidade, a recorrência da depressão maior e a idade mais precoce de início no probando estão associados a maiores taxas de depressão em parentes (Kendler et al., 2007; Klein et al., 2002; Weissman et al., 2005).

A melhor evidência de que os genes têm algo a ver com transtornos do humor vem de *estudos com gêmeos*, em que examinamos a frequência com que os gêmeos idênticos (com genes idênticos) têm o transtorno, em comparação com gêmeos fraternos, que compartilham apenas 50% de seus genes (como todos os parentes de primeiro grau). Se existe uma contribuição genética, o transtorno deve estar presente em gêmeos idênticos a uma extensão muito maior do que em gêmeos fraternos. Uma série de estudos com gêmeos sugere que os transtornos do humor são hereditários (ver, por exemplo, Hodgson e McGuffin, 2013; Kendler et al., 1993; McGuffin et al., 2003). Um dado robusto é apresentado na Figura 7.3 (McGuffin et al., 2003). Como você pode ver, um gêmeo idêntico tem duas a três vezes mais chances de apresentar-se com um transtorno do humor do que um gêmeo fraterno, se o primeiro gêmeo tem um transtorno do humor (66,7% de gêmeos idênticos em comparação com 18,9% dos gêmeos fraternos, se o primeiro gêmeo tem transtorno bipolar; 45,6% *versus* 20,2%, se o primeiro gêmeo tem transtorno unipolar). Mas observe que se um gêmeo idêntico tem transtorno unipolar, as chances de um cogêmeo ter transtorno bipolar são escassas ou nenhuma. Em uma grande metanálise de estudos com gêmeos, Sullivan et al. (2000) estimaram a herdabilidade de depressão em 37%. Os fatores ambientais compartilhados têm pouca influência, enquanto 63% da variância na depressão podem ser atribuídos a fatores ambientais não compartilhados.

Dois relatos recentes sugerem diferenças de sexo na vulnerabilidade genética à depressão. Bierut et al. (1999) estudaram 2.662 pares de gêmeos do registro australiano de gêmeos e descobriram as taxas caracteristicamente mais altas de transtornos depressivos em mulheres. As estimativas da hereditariedade na mulher variaram de 36% a 44%, o que é consistente com outros estudos. Mas as estimativas para os homens foram menores, variando de 18% a 24%. Esses resultados estão de acordo, principalmente, com um importante estudo realizado com homens nos Estados Unidos por Lyons et al. (1998). Os autores concluem que os eventos ambientais desempenham um papel maior em causar depressão em homens que em mulheres.

Observe que os estudos apenas descreveram que o transtorno bipolar confere um risco elevado de desenvolver algum transtorno do humor em parentes próximos, mas não necessariamente transtorno bipolar. Essa conclusão apoia uma proposição já observada de que o transtorno bipolar pode ser uma variante mais grave dos transtornos do humor do que um transtorno fundamentalmente diferente. E assim, outra vez, com gêmeos idênticos, ambos tendo (concordantes para) um

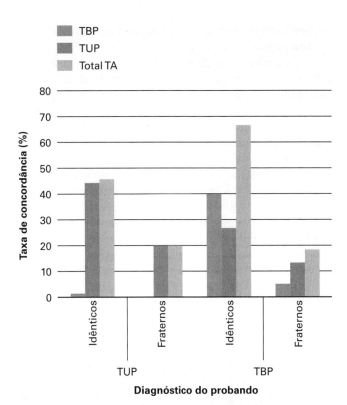

FIGURA 7.3 Concorrência dos tipos de transtornos do humor em gêmeos com transtorno afetivo (TA), unipolar (TUP) e bipolar (TBP). Fonte: Adaptado de McGuffin, P. et al. (2003). The heritability of bipolar affective disorder and the genetic relationship to unipolar depression. *Archives of General Psychiatry, 60*, 497-502, © 2003 American Medical Association.

transtorno do humor, 80% são também concordantes para polaridade. Em outras palavras, se um gêmeo idêntico é unipolar, existe 80% de chance de que o outro gêmeo seja unipolar, ao contrário de bipolar. Essa constatação sugere que esses transtornos podem ser herdados separadamente e, por conseguinte, ser transtornos separados no final das contas (Nurnberger, 2012; Nurnberger e Gershon, 1992).

McGuffin et al. (2003) concluíram que ambos os pontos, em parte, estão corretos. Basicamente, eles descobriram que as contribuições genéticas para a depressão em ambos os transtornos são as mesmas ou semelhantes, mas a genética da mania é distinta da genética da depressão. Assim, indivíduos com transtorno bipolar são geneticamente suscetíveis à depressão e, de maneira independente, à mania. Esta hipótese ainda requer confirmação posterior.

Embora essas constatações façam aumentar as questões sobre as contribuições relativas dos fatores psicossociais e genéticos aos transtornos do humor, robustas evidências sugerem que tais transtornos são familiares e é bastante provável que reflitam uma vulnerabilidade genética subjacente, em particular nas mulheres. Conforme descrito com certos detalhes no Capítulo 2, os estudos estão agora começando a identificar diferentes padrões de genes que podem explicar essa vulnerabilidade, pelo menos para alguns tipos de depressão (Bradley et al., 2008; Caspi et al., 2003; Garlow et al., 2005; Kendler, Aggen e Neale, 2013; Levinson, 2009; Nurnberger, 2012). Nesse campo complexo, é provável que muitos padrões adicionais de combinações genéticas sejam descobertos como contribuintes para variedades da depressão.

Concluindo, as melhores estimativas das contribuições genéticas para a depressão alcançam aproximadamente 40% para mulheres, mas parecem ser significativamente menores para os homens (por volta de 20%). As contribuições genéticas para o transtorno bipolar parecem ser de alguma forma maiores. Isso significa que 60% a 80% das causas de depressão podem ser atribuídas a fatores ambientais. Além disso, as recentes descobertas ressaltam a enorme heterogeneidade de associações genéticas com qualquer transtorno mental. Então, esses percentuais (40% para as mulheres, 20% para os homens) podem não refletir nenhum padrão de contribuição genética associada a grupos específicos de genes, mas talvez muitos padrões variados de diferentes grupos de genes (Kendler, Jaffee e Roemer, 2011; McClellan e King, 2010). Por exemplo, um dos nossos mais ilustres geneticistas comportamentais, Ken Kendler, apresentou (com seus colaboradores), recentemente um relatório, em que três fatores genéticos separados formam a base do transtorno de depressão maior, com um fator associado a sintomas cognitivos e psicomotores, um segundo associado ao humor e um terceiro a sintomas neurovegetativos (melancólicos) (Kendler et al., 2013). Como observamos no Capítulo 4, os geneticistas comportamentais segmentam os fatores ambientais em eventos partilhados por gêmeos (que recebem a mesma educação no mesmo lar e, talvez, passem pelos mesmos acontecimentos estressantes) e eventos não partilhados. Qual parte de nossa experiência causa a depressão? Existe ampla concordância de que são os eventos únicos não partilhados em vez dos que são partilhados que interagem com a vulnerabilidade biológica para causar a depressão (Lau e Eley, 2010; Plomin et al., 1997).

Depressão e ansiedade: mesmos genes?

Embora a maioria dos estudos tenha analisado transtornos específicos isolados, uma tendência crescente é examinar a hereditariedade de diversos grupos de transtornos. Evidências apontam para a hipótese de uma estreita relação entre depressão, ansiedade e pânico (assim como outros transtornos emocionais). Por exemplo, os dados de estudos familiares indicam que quanto mais sinais e sintomas de ansiedade e depressão existem em determinado paciente, maior será a taxa de ansiedade, depressão, ou ambos, em parentes de primeiro grau e filhos (Hudson et al., 2003; Leyfer e Brown, 2011). Em vários relatórios importantes de um grande conjunto de dados de mais de 2 mil gêmeos do sexo feminino, Kendler et al., 1987; Kendler et al., 1992b; Kendler et al., 1995) descobriram que os mesmos fatores genéticos contribuem para a ansiedade e a depressão. Explicações sociais e psicológicas pareciam esclarecer os fatores que diferenciam a ansiedade da depressão, em vez dos genes. Estes achados sugerem, novamente, que, com a possível exceção da mania, a vulnerabilidade biológica para transtornos do humor pode não ser específica para esse transtorno, mas pode refletir uma predisposição mais geral para transtornos de ansiedade ou do humor, ou, mais provavelmente, um temperamento básico subjacente a todos os transtornos emocionais, como o neuroticismo (Barlow et al., 2013). A forma específica do transtorno seria determinada pelos fatores

psicológicos, sociais ou biológicos adicionais específicos (Kilpatrick et al., 2007; Rutter, 2010; Slavich e Irwin, 2014).

Sistemas neurotransmissores

Os transtornos do humor foram o tema mais discutido nos mais extensos estudos neurobiológicos em comparação com qualquer outra área da psicopatologia, com a possível exceção da esquizofrenia. No Capítulo 2, observamos que os sistemas neurotransmissores têm muitos subtipos e interagem de muitas maneiras complexas uns com os outros e com os neuromoduladores (produtos do sistema endócrino). Pesquisas implicam baixos níveis de serotonina nas causas dos transtornos do humor, mas somente em relação a outros neurotransmissores, incluindo a noradrenalina e a dopamina (ver, por exemplo, Thase, 2005, 2009). Lembre-se de que a função primária aparente da serotonina é regular as reações emocionais. Por exemplo, somos mais impulsivos e nossos humores se alteram mais amplamente quando nossos níveis de serotonina estão baixos. Isso pode ocorrer em razão de uma das funções da serotonina ser regular os sistemas que envolvem a noradrenalina e a dopamina. De acordo com a hipótese "permissiva", quando os níveis de serotonina estão baixos, há "permissão" para que outros neurotransmissores variem de forma mais ampla, tornem-se desregulados e contribuam para as irregularidades do humor, incluindo a depressão. O pensamento atual é que o equilíbrio dos diversos neurotransmissores e sua interação com os sistemas de autorregulação são mais importantes do que o nível absoluto de qualquer neurotransmissor (Carver, Johnson e Joormann, 2009; Whisman, Johnson e Smolen, 2011; Yatham et al., 2012).

No contexto desse equilíbrio delicado, existe um contínuo interesse no papel da dopamina, particularmente na relação dos episódios maníacos, depressão atípica ou depressão com características psicóticas (Dunlop e Nemeroff, 2007; Garlow e Nemeroff, 2003; Thase, 2009). Por exemplo, o agonista da dopamina L-dopa parece produzir hipomania em pacientes bipolares (ver, por exemplo, Van Praag e Korf, 1975), juntamente de outros agonistas dopaminérgicos (Silverstone, 1985). O estresse crônico também reduz os níveis de dopamina e produz comportamento do tipo depressivo (Thase, 2009). Contudo, como ocorre também no caso de outras pesquisas nessa área, é bastante difícil pontuar, com certeza, quaisquer relações.

O sistema endócrino

Durante os últimos anos, a maioria da atenção foi deslocada de um foco sobre os neurotransmissores para o sistema endócrino e a "hipótese de estresse" da etiologia da depressão (Nemeroff, 2004). Essa hipótese se concentra sobre a hiperatividade no eixo hipotalâmico-hipofisário-adrenal (HHA) (discutido adiante), que produz os hormônios do estresse. Novamente, observe a semelhança com a descrição da neurobiologia da ansiedade no Capítulo 5 (ver, por exemplo, Barlow et al., 2014; Britton e Rauch, 2009; Charney e Drevets, 2002). Os pesquisadores interessaram-se pelo sistema endócrino quando eles observaram que os pacientes com doenças que afetavam esse sistema algumas vezes se tornavam deprimidos. Por exemplo, o hipotireoidismo, ou a doença de Cushing, que afeta o córtex adrenal, leva à secreção excessiva de cortisol e, frequentemente, à depressão (e à ansiedade).

No Capítulo 2, e novamente no Capítulo 5, sobre os transtornos de ansiedade, discutimos o circuito cerebral chamado eixo HHA, começando com o hipotálamo e percorrendo a glândula hipófise, que coordena o sistema endócrino (ver Figura 2.10). Os pesquisadores também descobriram que a atividade neurotransmissora no hipotálamo regula a liberação de hormônios e afeta o eixo HHA. Estes **neuro-hormônios** são um foco cada vez mais importante de estudo da psicopatologia (ver, por exemplo, Garlow e Nemeroff, 2003; Hammen e Keenan-Miller, 2013; Nemeroff, 2004; Thase, 2009). Existem milhares de neuro-hormônios. Determinar sua relação com os sistemas neurotransmissores antecedentes (bem como seus efeitos independentes no sistema nervoso central) é uma tarefa muito complexa. Uma das glândulas influenciadas pela hipófise é a região cortical da glândula adrenal, que produz o hormônio do estresse cortisol e completa o eixo HHA. O cortisol é chamado *hormônio do estresse*, porque se eleva durante os acontecimentos estressantes (discutiremos esse sistema com mais detalhes no Capítulo 9). Neste momento, é suficiente saber que os níveis de cortisol são elevados em pacientes deprimidos, uma constatação que faz sentido, considerando-se a relação entre a depressão e o estresse vital grave (Barlow et al., 2014; Bradley et al., 2008; Thase, 2009).

Essa conexão levou ao desenvolvimento do que se supôs ser um teste biológico para a depressão, o *teste de supressão com dexametasona* (TSD). A dexametasona é um glicocorticoide que suprime a secreção de cortisol em participantes saudáveis. Entretanto, quando essa substância é ministrada a pacientes que estiveram deprimidos, supressão muito *menor* foi observada em relação a participantes saudáveis, e o que realmente ocorreu não durou muito tempo (Carroll, Martin e Davies, 1968; Carroll et al., 1980). Aproximadamente, 50% dos pacientes mostram essa supressão reduzida, em particular se a depressão for grave (Rush et al., 1997). A ideia era que em pacientes deprimidos o córtex adrenal secretava cortisol suficiente para sobrepujar os efeitos de supressão da dexametasona. Essa teoria foi anunciada como importante, porque prometeu o primeiro teste laboratorial biológico para um transtorno psicológico. Entretanto, pesquisas posteriores demonstraram que os indivíduos com outros transtornos, em especial os de ansiedade, também demonstraram não supressão (Feinberg e Carroll, 1984; Goodwin e Jamison, 2007), eliminando a utilidade desse teste para diagnosticar a depressão.

Na última década, as pesquisas tomaram rumos positivos. Ao reconhecer que os hormônios do estresse são elevados em pacientes com depressão (e ansiedade), os pesquisadores começaram a focalizar as consequências dessas elevações. Constatações preliminares indicam que esses hormônios podem ser prejudiciais aos neurônios, pois diminuem um ingrediente-chave que mantém os neurônios saudáveis e em desenvolvimento. Você notou no Capítulo 5, sobre transtornos de ansiedade, que os indivíduos que experimentam níveis elevados de hormônios do estresse em um longo período sofrem a mesma diminuição de uma estrutura cerebral chamada *hipocampo*. O hipocampo, entre outras coisas, é o responsável pela monitoração dos hormônios do estresse e serve a importantes

funções, facilitando os processos cognitivos, como a memória de longo prazo. Mas a nova descoberta, pelo menos em animais, é que a superprodução em longo prazo de hormônios do estresse faz que o organismo seja incapaz de desenvolver novos neurônios (neurogênese). Assim, alguns teóricos suspeitam que a ligação entre elevação dos hormônios do estresse e a depressão é a supressão da neurogênese no hipocampo (Glasper, Schoenfeld e Gould, 2012; Heim, Plotsky e Nemeroff, 2004; Snyder et al., 2011; Thase, 2009). Evidências revelam que meninas saudáveis em risco de desenvolver depressão, porque suas mães sofrem de depressão recorrente, têm o volume do hipocampo reduzido em comparação a meninas com mães não deprimidas (Chen, Hamilton e Gotlib, 2010). Esse achado sugere que o baixo volume do hipocampo pode preceder e talvez contribuir para o surgimento da depressão. Os cientistas já observaram que tratamentos efetivos para a depressão, incluindo a eletroconvulsoterapia, parecem produzir a neurogênese no hipocampo, revertendo assim esse processo (Duman, 2004; Santarelli et al., 2003; Sapolsky, 2004). Mais recentemente, tem sido demonstrado, em animais de laboratório, que o exercício aumenta a neurogênese, o que poderia ser um mecanismo de ação em tratamentos psicológicos bem-sucedidos que utilizam o exercício, como a ativação comportamental descrita a seguir (Speisman et al., 2013). Apesar da forte evidência preliminar, esta é apenas uma teoria, que agora deve submeter-se ao lento processo de confirmação científica.

Sono e ritmos circadianos

Há anos sabemos que os distúrbios do sono eram uma marca registrada da maioria dos transtornos do humor. O mais importante, em pessoas que estão deprimidas, há um período significativamente mais curto depois de adormecer e antes de começar o *sono REM* (movimento rápido dos olhos). Como você deve se lembrar, de sua introdução à psicologia ou curso de biologia, existem duas grandes fases do sono: sono REM e sono não REM. Quando adormecemos, passamos por diversos subestágios de sono progressivamente mais profundos, durante os quais alcançamos a maior parte do descanso. Após cerca de 90 minutos, passamos a experienciar o sono REM, quando o cérebro aumenta sua atividade e começamos a sonhar. Os olhos se movem rapidamente sob as pálpebras, daí o nome sono de *movimento rápido dos olhos*. À medida que a noite prossegue, há quantidades crescentes de sono REM (discutiremos o processo do sono em mais detalhes no Capítulo 8). Além de entrar no sono REM mais rapidamente, pacientes deprimidos têm atividade REM mais intensa, e o estágio do sono mais profundo, chamado de *sono de ondas lentas*, não ocorre até mais tarde, se ocorrer (Jindal et al., 2002; Kupfer, 1995; Thase, 2009). Parece que algumas características do sono ocorrem apenas quando estamos deprimidos e não em outros momentos (Riemann, Berger e Voderholzer, 2001; Rush et al., 1986). Mas outras evidências sugerem que pelo menos nos casos mais graves, como a depressão recorrente, perturbações na continuidade do sono, bem como a redução do sono profundo, podem estar presentes, mesmo quando o indivíduo não está deprimido (Kupfer, 1995; Thase, 2009). Além disso, durações de sono incomumente curtas e longas foram associadas com um risco aumentado de depressão em adultos (Zhai, Zhang e Zhang, 2015).

Os padrões de perturbação do sono em crianças deprimidas são menos pronunciados que nos adultos, talvez porque as crianças têm o sono muito profundo, ilustrando mais uma vez a importância do estágio de desenvolvimento à psicopatologia (Brent e Birmaher, 2009; Garber et al., 2009). Mas os distúrbios do sono são ainda mais graves entre idosos deprimidos. Na verdade, a insônia, frequentemente experienciada por adultos mais velhos, é um fator de risco tanto para o aparecimento quanto para a persistência da depressão (Fiske et al., 2009; Perlis et al., 2006; Talbot et al., 2012). Em um interessante estudo, os pesquisadores descobriram que o tratamento direto da insônia, naqueles pacientes que têm tanto insônia quanto depressão, pode aumentar os efeitos do tratamento para a depressão (Manber et al., 2008). Os distúrbios do sono também ocorrem em pacientes bipolares, em que são particularmente graves, e se caracterizam não só pela latência de REM diminuída, mas também por insônia severa e hipersonia (sono excessivo) (Goodwin e Jamison, 2007; Harvey, 2008; Harvey, Talbot e Gershon, 2009). Talbot et al. (2012) estudaram a relação entre sono e humor em pacientes com transtorno bipolar que não estavam atualmente em um estado depressivo ou maníaco (interepisódios), em comparação com um grupo de pacientes que sofrem de insônia. Ambos os pacientes, bipolares e com insônia, tinham maior distúrbio do sono em comparação a um grupo controle saudável. Mas os pesquisadores descobriram que a relação entre sono e humor era bidirecional em ambos os grupos. Ou seja, humor negativo predisse perturbações do sono, e distúrbios do sono, posteriormente, resultaram em humor negativo. Foi demonstrado que o tratamento com TCC da insônia, de pacientes bipolares tipo I entre os episódios, reduz o risco de recaída e melhora o sono, o humor e o funcionamento (Harvey et al., 2015). Desse modo, parece que a relação entre sono e humor pode permear diferentes diagnósticos, e que tratar diretamente as perturbações do sono pode afetar positivamente o humor não somente na insônia, mas também nos transtornos do humor.

Outra descoberta interessante é que privar de sono os pacientes deprimidos, especialmente durante a segunda metade da noite, faz que haja melhora temporária na sua condição (Giedke e Schwarzler, 2002; Thase, 2009), particularmente em pacientes com transtorno bipolar em um estado depressivo (Johnson et al., 2009; Harvey, 2008), embora a depressão retorne quando os pacientes voltam a dormir normalmente. Em todo caso, em razão de os padrões do sono refletirem um ritmo biológico, pode haver uma relação entre o transtorno afetivo sazonal, os distúrbios do sono em pacientes deprimidos e uma perturbação mais geral nos ritmos biológicos (Soreca, Frank e Kupfer, 2009). Isso não seria surpreendente se fosse verdade, porque a maioria dos mamíferos é sensível à duração do dia nas latitudes em que moram, e esse "relógio biológico" controla o comer, o dormir e as mudanças de peso. Assim, um rompimento no ritmo circadiano poderia ser particularmente problemático para alguns indivíduos vulneráveis (Moore, 1999; Sohn e Lam, 2005; Soreca et al., 2009).

Finalmente, os perfis de sono anormais e, especificamente, distúrbios no sono REM e má qualidade do sono predizem uma resposta um pouco pior ao tratamento psicológico (Buysse et al., 1999; Thase, 2009; Thase, Simons e Reynolds, 1996), apoiando a potencial utilidade de tratar diretamente o sono prejudicado.

Estudos adicionais sobre a estrutura e o funcionamento do cérebro

A mensuração da atividade elétrica do cérebro por meio de eletroencefalograma (EEG) foi descrita no Capítulo 3, no qual também descrevemos um tipo de atividade de ondas cerebrais, as ondas alfa, que indicam sentimentos positivos e calmos. Na década de 1990, Davidson (1993) e Heller e Nitschke (1997) demonstraram que os indivíduos deprimidos exibem maior ativação anterior direita de seu cérebro, particularmente no córtex pré-frontal (e menor ativação esquerda e, correspondentemente, menor atividade de ondas alfa) que indivíduos não deprimidos (Davidson et al., 2002). Além disso, a ativação anterior direita é também encontrada em pacientes que não estão mais deprimidos (Gotlib, Ranganath e Rosenfeld, 1998; Tomarken e Keener, 1998), sugerindo que essa atividade cerebral poderia existir *antes* de o indivíduo tornar-se deprimido e representa vulnerabilidade à depressão. Estudos de acompanhamento mostraram que adolescentes filhos de mães deprimidas tendem a mostrar esse padrão, em comparação a filhos de mães não deprimidas (Tomarken et al., 2004), sugerindo também que esse tipo de atividade cerebral poderia tornar-se um indicador de uma vulnerabilidade biológica para a depressão (Gotlib e Abramson, 1999). Curiosamente, e em contraste, um estudo recente sugere que os pacientes do espectro bipolar (indivíduos com oscilações limítrofes de humor) mostram elevada, ao invés de diminuída, atividade relativa frontal esquerda no EEG e que essa atividade cerebral prediz o surgimento de um transtorno bipolar tipo I completo (Nusslock et al., 2012). Além de estudar o córtex pré-frontal e o hipocampo, os neurocientistas estão também estudando o córtex cingulado anterior e a amígdala em busca de pistas para a compreensão da função cerebral na depressão, e descobriram que algumas áreas são menos ativas e outras áreas são mais ativas em pessoas com depressão que em pessoas normais, confirmando os estudos de EEG mencionados (Davidson, Pizzagalli e Nitschke, 2009). Essas áreas do cérebro estão todas interligadas e parecem estar associadas ao aumento da inibição, assim como a déficits na busca dos objetivos desejados, que, por acaso, são características da depressão. Os cientistas esperam que estudos adicionais desses circuitos cerebrais levarão a uma compreensão mais profunda das origens das diferenças em indivíduos deprimidos, e se essas diferenças precedem a depressão e podem contribuir para sua causa, como alguns estudos sugerem, ou são simplesmente uma consequência de estar deprimido.

Dimensões psicológicas

Até agora, analisamos fatores genéticos e biológicos, incluindo resultados de estudos de neurotransmissores, do sistema endócrino, do sono e dos ritmos circadianos e atividade relativa em certas áreas do cérebro associadas à depressão. Mas esses fatores estão todos inextrincavelmente ligados às dimensões psicológicas e sociais, as quais os cientistas também estao descobrindo estar fortemente associadas à depressão. Vamos agora rever algumas dessas descobertas.

Eventos vitais estressantes

Estresse e trauma estão entre as únicas contribuições mais marcantes para a etiologia de todos os transtornos psicológicos. Isso se reflete em toda a psicopatologia e é evidente na ampla adoção do modelo diátese-estresse da psicopatologia, apresentado no Capítulo 2 (e referido ao longo deste livro), que descreve as possíveis vulnerabilidades genéticas e psicológicas. Na busca do que ativa essa vulnerabilidade (diátese), geralmente procuramos por um evento vital traumático ou estressante.

Estresse e depressão

Você pode achar que é suficiente perguntar às pessoas se algo sério aconteceu antes de terem desenvolvido depressão ou algum outro transtorno psicológico. A maioria das pessoas que desenvolve depressão relata perda de emprego, divórcio, ter um filho ou graduar-se na faculdade e começar uma carreira. Mas, como acontece com a maioria dos problemas em estudos da psicopatologia, o significado de um evento importante não é facilmente descoberto (Carter e Garber, 2011; Hammen, 2005; Hammen e Keenan-Miller, 2013; Monroe e Reid, 2009; Monroe, Slavich e Georgiades, 2009), ao passo que a maioria dos pesquisadores parou de simplesmente perguntar aos pacientes se algo de ruim (ou bom) aconteceu e começou a olhar para o contexto do evento, assim como seu significado para o indivíduo.

Por exemplo, perder o emprego é estressante para a maior parte das pessoas, mas é muito mais difícil para uns do que para outros. Algumas pessoas considerariam isso uma bênção. Se você foi demitido do cargo de gerente de uma grande empresa por causa de uma reestruturação, mas sua esposa é a presidente de outra companhia e ganha mais que o suficiente para manter a família, a demissão não parece ser tão ruim. Além disso, se você é um escritor ou artista aspirante que não tinha tempo para sua arte, ficar desempregado pode ser uma oportunidade, particularmente se sua esposa tivesse lhe dito, durante anos, para dedicar-se às atividades criativas.

Agora, considere perder o emprego se você é uma mãe solteira com dois filhos, vivendo de salário em salário e, devido a uma conta médica recente, você tem de escolher entre pagar a conta de energia elétrica ou comprar comida suficiente. O evento estressante é o mesmo, mas o contexto é diferente e transforma o significado do evento substancialmente. Para complicar o cenário ainda mais, pense por um minuto sobre como várias mulheres nessa situação podem reagir à perda do emprego. Uma mulher pode, muito bem, decidir que é um fracasso total e, portanto, torna-se incapaz de continuar sua vida e cuidar de seus filhos. Outra poderia reconhecer que a perda do emprego não foi culpa sua e, assim, aproveitar algum programa de treinamento para, de alguma forma, se reciclar. Dessa maneira, tanto o contexto do acontecimento quanto seus significados são importantes. Essa abordagem para estudar os acontecimentos da vida foi desenvolvida por George W. Brown (1989b) e seus colaboradores na Inglaterra, conforme representado na Figura 7.4.

Os estudos de Brown sobre os acontecimentos difíceis e a metodologia ainda estão em evolução. Psicólogos como Scott Monroe e Constance Hammen (Hammen, 2005; Monroe et al., 2009; Monroe et al., 1999; Dohrenwend e Dohrenwend, 1981) desenvolveram novos métodos. Um aspecto crucial é o viés inerente à lembrança de eventos. Se você perguntar a pessoas que estão deprimidas o que aconteceu quando elas ficaram assim há mais de cinco anos, provavelmente terá diferentes respostas das que elas dariam se não estivessem deprimidas. Em virtude dos humores atuais distorcerem as memórias, muitos pesquisadores concluíram que a única maneira útil de estudar os eventos estressantes da vida é acompanhar as pessoas *prospectivamente* para determinar de forma mais precisa a natureza exata dos eventos e sua relação com a psicopatologia posterior.

Em todo caso, ao resumir uma grande quantidade de pesquisas, fica evidente a estreita relação entre os eventos estressantes da vida e o surgimento dos transtornos do humor (Grant et al., 2004; Hammen, 2005; Kendler e Gardner, 2010; Monroe et al., 2009; Monroe e Reid, 2009). Ao mensurar o contexto dos acontecimentos e seu impacto em uma amostra aleatória da população, numerosos estudos descobriram uma relação marcante entre os acontecimentos graves e, em alguns casos, traumáticos e o surgimento da depressão (Brown, 1989a; Brown, Harris e Hepworth, 1994; Kendler et al., 1999b; Mazure, 1998). Eventos graves precedem todos os tipos de depressão, exceto, talvez, no caso de um pequeno grupo de pacientes com características melancólicas ou psicóticas que esteja vivenciando episódios subsequentes, nos quais a depressão surge independente de eventos da vida (Brown et al., 1994). Por exemplo, abuso sexual na infância (além de um histórico familiar de transtornos depressivo e de ansiedade) é um preditor significativo de um primeiro início de depressão em jovens adultos (Klein et al., 2013). Além disso, para pessoas com depressão recorrente, a ocorrência clara de um grave estresse vital anterior, ou no início do episódio mais recente, prediz uma pior resposta ao tratamento e um tempo maior antes da remissão (Monroe et al., 2009; Monroe, Kupfer e Frank, 1992), assim como maior probabilidade de recorrência (Monroe et al., 2009; Monroe et al., 1996). Embora o contexto e o significado sejam com frequência mais importantes que a natureza exata do evento em si, existem alguns eventos particularmente susceptíveis de levar à depressão. Um deles é o rompimento de um relacionamento, que é difícil tanto para adolescentes (Carter e Garber, 2011; Monroe et al., 1999) quanto para adultos (Kendler et al., 2003). Kendler et al. (2003) demonstraram, em um estudo de gêmeos, que se um gêmeo vivenciou uma perda, como a mor-

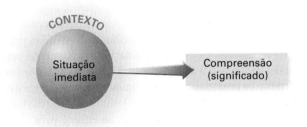

FIGURA 7.4 Contexto e significado em situações de estresse da vida. (Reimpresso, com permissão, de Brown, G. W. [1989b]. Life events and measurement. In: Brown, G. W.; Harris, T. O. (Eds.). *Life events and illness*. Nova York, NY: Guilford Press, © 1989 Nova York, NY: Guilford Press.)

te de um ente querido, será dez vezes mais propenso a ficar deprimido do que o gêmeo que não vivenciou a perda. Mas se um gêmeo também é humilhado pela perda, como, por exemplo, quando o namorado ou o marido a abandona pela melhor amiga, e ela ainda os vê todo o tempo, então, ela seria 20 vezes mais propensa a ficar deprimida do que a irmã gêmea com os mesmos genes que não tivesse experimentado essa situação. Os cientistas confirmaram que a humilhação, a perda e a rejeição social são os eventos de vida estressantes mais potentes e prováveis de levar à depressão (Monroe et al., 2009).

É evidente que há uma forte relação entre estresse e depressão, e os cientistas estão descobrindo que a conexão de causa e efeito entre os dois pode ir nos dois sentidos. Lembra-se do Capítulo 2, em que observamos que nossa carga genética poderia aumentar a probabilidade de vivenciarmos acontecimentos estressantes? Referimo-nos a isso como o *modelo de correlação gene-ambiente* (Kendler, 2011; Kendler, Jaffee e Roemer, 2011). Um exemplo são as pessoas que têm tendência para se envolver em relacionamentos difíceis em função de características de personalidade de base genética, que leva então à depressão. Kendler et al. (1999a) relatam que cerca de um terço da associação entre os eventos estressantes e a depressão não é o arranjo usual em que o estresse desencadeia a depressão, em vez disso, os indivíduos vulneráveis à depressão é que se colocam em ambientes com alto risco de estresse, como relacionamentos difíceis ou outras condições arriscadas em que são comuns os resultados ruins. O importante sobre o modelo recíproco é que pode acontecer em ambos os sentidos no mesmo indivíduo; o estresse desencadeia a depressão, e os indivíduos deprimidos criam ou procuram eventos estressantes. Curiosamente, se você perguntar às mães, elas tendem a dizer que seus filhos adolescentes deprimidos criaram o problema, ao passo que os adolescentes culpam o evento estressante em si (Carter et al., 2006; Eley, 2011). De acordo com o modelo recíproco, a verdade está em algum lugar entre esses dois pontos de vista. Além disso, a importância relativa da contribuição de fatores genéticos *versus* efeitos ambientais parece diferir dependendo da idade: enquanto a herdabilidade de sintomas de depressão (e ansiedade) é alta durante a infância, a importância dos efeitos ambientais aumenta com a idade (Nivard et al., 2015).

Estresse e transtorno bipolar

A relação entre eventos estressantes e o surgimento de episódios no transtorno bipolar também é forte (Alloy e Abramson, 2010; Goodwin e Jamison, 2007; Johnson, Gruber e Eisner, 2007; Johnson et al., 2008). Entretanto, diversas questões podem ser particularmente relevantes para as causas dos transtornos bipolares (Goodwin e Ghaemi, 1998). Em primeiro lugar, os eventos estressantes da vida tipicamente negativos desencadeiam a depressão, mas um conjunto um pouco diferente de eventos estressantes, mais positivos, parece desencadear a mania (Alloy et al., 2012; Johnson et al., 2008). Especificamente, a experiência associada ao esforço para alcançar metas importantes, como ser aceito na pós-graduação, obtenção de um novo emprego ou promoção, casar-se, ou qualquer meta que requer esforço para a popularidade ou sucesso financeiro, desencadeia a mania em indivíduos vulneráveis (Alloy et al., 2012). Segundo, o estresse parece desencadear inicialmente

mania e depressão, mas à medida que o transtorno progride, esses episódios se desenvolvem por si só. Em outras palavras, uma vez que o ciclo comece, um processo psicológico ou patofisiológico se inicia e faz com que o transtorno continue (ver, por exemplo, Post, 1992; Post et al., 1989). Terceiro, alguns dos precipitadores dos episódios maníacos parecem relacionados à perda de sono, como ocorre no período pós-parto (Goodwin e Jamison, 2007; Harvey, 2008; Soreca et al., 2009) ou como resultado do *jet lag* – quando o ritmo circadiano é perturbado (Alloy, Nusslock e Boland, 2015). Na maioria dos casos de transtorno bipolar, entretanto, os eventos estressantes da vida não apenas provocam recaídas, mas também impedem a recuperação (Alloy et al., 2009; Johnson e Miller, 1997).

Finalmente, apesar de quase todos que desenvolvem um transtorno do humor terem vivenciado um evento estressante significativo, a maioria das pessoas que experienciam tais eventos não desenvolve transtornos do humor. Embora os dados ainda não sejam tão precisos quanto gostaríamos, algo entre 20% e 50% dos indivíduos que vivenciam eventos graves desenvolvem transtornos do humor. Assim, entre 50% e 80% dos indivíduos *não* desenvolvem transtornos do humor ou, presumivelmente, qualquer outro transtorno psicológico. Mais uma vez, os dados apoiam fortemente a interação de eventos estressantes com algum tipo de vulnerabilidade: genética, psicológica ou, mais provavelmente, uma combinação das duas influências (Barlow, 2002; Haeffel e Hames, 2014; Kendler et al., 2005; Thase, 2009).

Somando uma vulnerabilidade genética (diátese) a um acontecimento grave (estresse), o que acontece? A investigação isolou um número de processos psicológicos e biológicos. Para ilustrar um, vamos voltar para Katie. Seu evento estressante era frequentar uma nova escola. Os sentimentos de Katie de perda de controle levam a outro fator psicológico importante na depressão: o desamparo aprendido.

KATIE ... Não há transições fáceis

"Eu era uma garota de 11 anos, muito séria e sensível, no limiar da puberdade, e prestes a iniciar uma aventura na qual muitas adolescentes e pré-adolescentes embarcam – a transição do ensino fundamental para o Médio. Uma nova escola, novas pessoas, novas responsabilidades, novas pressões. Academicamente, eu era uma boa aluna até este ponto, mas eu não me sentia bem comigo mesma e geralmente me faltava autoconfiança."

Katie começou a sentir as reações da ansiedade grave. Então, ela ficou muito doente, com gripe. Após se recuperar e tentar voltar à escola, descobriu que sua ansiedade estava pior. Mais importante, começou a sentir que estava perdendo o controle.

"À medida que olho para trás, consigo identificar acontecimentos que precipitaram minhas ansiedades e temores, mas, até então, tudo parecia acontecer de forma repentina e sem causa. Eu reagia emocional e fisicamente de uma maneira que não compreendia. Sentia que não tinha o controle das minhas emoções e do meu corpo. Dia após dia, desejava, como uma criança, que aquilo que estava acontecendo comigo terminasse de maneira mágica. Eu queria acordar um belo dia e descobrir que eu era aquela pessoa que fui vários meses atrás."

Desamparo aprendido

Como discutido no Capítulo 2, Martin Seligman descobriu que cães e ratos têm uma reação emocional muito interessante a acontecimentos sobre os quais não têm controle. Se os ratos recebem choques ocasionais, podem agir razoavelmente bem, caso consigam enfrentar os choques fazendo algo para evitá-los, por exemplo, apertar uma alavanca. Entretanto, se aprendem que nada do que fazem ajuda a evitar os choques, assim ficam indefesos, desistem e manifestam um equivalente animal da depressão (Seligman, 1975).

Os seres humanos reagem da mesma maneira? Seligman sugere que sim, mas apenas sob uma condição importante: as pessoas se tornam ansiosas e deprimidas quando decidem que não têm controle sobre o estresse em sua vida (Abramson, Seligman e Teasdale, 1978; Miller e Norman, 1979). Estes resultados evoluíram para um modelo importante, chamado **teoria da depressão pelo desamparo aprendido**. Muitas vezes, um ponto da teoria de Seligman, de que a ansiedade é a primeira resposta a uma situação estressante, é ignorado. A depressão pode seguir a desesperança acentuada sobre como lidar com os eventos de vida mais difíceis (Barlow, 1988, 2002). O estilo atribucional depressivo é (1) *interno*, quando o indivíduo atribui acontecimentos negativos aos fracassos pessoais ("é tudo minha culpa"); (2) *estável*, quando, após um acontecimento negativo particular ter acontecido, a atribuição de que "coisas ruins adicionais sempre serão minha culpa" permanece; (3) *global*, quando as atribuições se estendem por meio de ampla variedade de questões. A pesquisa continua nesse conceito interessante, mas é possível perceber como se aplica a Katie. De início, com a dificuldade de frequentar a escola, ela passou a acreditar que os acontecimentos estavam fora de seu controle e que ela era incapaz de enfrentá-los. Para ela, a situação ruim era sua culpa: "Eu me culpava pela minha falta de controle". O que se seguiu foi uma espiral descendente para um episódio depressivo maior.

Mas uma grande questão permanece: o desamparo aprendido é uma causa de depressão ou um efeito colateral correlacionado de tornar-se deprimido? Se for uma causa, o desamparo aprendido teria de existir *antes* do episódio depressivo. Os resultados de um estudo longitudinal clássico de cinco anos em crianças podem esclarecer algo sobre esse assunto. Nolen-Hoeksema, Girgus e Seligman (1992) relataram que o estilo atribucional negativo não predisse os sintomas posteriores de depressão em crianças pequenas; em vez disso, os eventos estressantes da vida pareciam ser o precipitador principal dos sintomas. Conforme as crianças em situação de estresse cresceram, no entanto, elas tenderam a desenvolver estilos cognitivos mais negativos, que tendem a predizer os sintomas de depressão em reação a eventos negativos adicionais. Nolen-Hoeksema et al. especularam que acontecimentos negativos significativos precoces na infância podem levar a estilos atribucionais negativos, tornando essas crianças mais vulneráveis aos episódios depressivos futuros quando eventos estressantes ocorrerem. Na verdade, a maioria dos estudos apoia a conclusão de que os estilos cognitivos negativos precedem e são um fator de risco para a depressão (Alloy e Abramson, 2006; Garber e Carter, 2006; Garber et al., 2009).

▲ De acordo com a teoria da depressão do desamparo aprendido, as pessoas ficam deprimidas quando acreditam que não têm controle sobre o estresse em suas vidas.

Este pensamento lembra os tipos de vulnerabilidades psicológicas teorizados como contribuintes ao desenvolvimento de transtornos de ansiedade (Barlow, 1988, 2002; Barlow et al., 2013). Ou seja, em uma pessoa que tem uma vulnerabilidade genética inespecífica para ansiedade ou depressão, os eventos vitais estressantes ativam uma sensação psicológica de que os eventos vitais são incontroláveis (Barlow, 2002; Chorpita e Barlow, 1998). Evidências sugerem que estilos atribucionais negativos não são específicos para a depressão, mas também caracterizam pessoas com ansiedade (Barlow, 2002; Hankin e Abramson, 2001; Barlow et al., 2013). Isso pode indicar que uma vulnerabilidade psicológica (cognitiva) não é mais específica para os transtornos do humor do que uma vulnerabilidade genética. Ambas podem ser a base de numerosos transtornos.

Abramson, Metalsky e Alloy (1989) revisaram a teoria do desamparo aprendido para tirar a ênfase das atribuições negativas e ressaltar o desenvolvimento de um senso de desamparo como causa crucial para muitas formas de depressão. Atribuições são importantes apenas na extensão em que contribuem para uma sensação de desesperança. Isso se encaixa bem com o pensamento recente sobre as diferenças cruciais entre ansiedade e depressão. Tanto os indivíduos ansiosos quanto os deprimidos sentem desamparo e acreditam que não têm controle, mas apenas na depressão realmente desistem e se tornam desesperançosos em relação a recuperar o controle (Alloy e Abramson, 2006; Barlow, 1991, 2002; Chorpita e Barlow, 1998).

Estilos cognitivos negativos

Em 1967, Aaron T. Beck (1967, 1976) sugeriu que a depressão pode resultar de uma tendência a interpretar os eventos cotidianos de maneira negativa. De acordo com Beck, as pessoas com depressão enxergam o pior em tudo; para elas, os menores reveses são as maiores catástrofes. Em seu trabalho clínico extensivo, observou que todos os seus pacientes deprimidos pensavam dessa maneira, então, começou a classificar os tipos de "distorções cognitivas" que caracterizavam esse estilo. Da longa lista que compilou, dois exemplos representativos são a *inferência arbitrária* e a *generalização*. A inferência arbitrária é evidente quando um indivíduo deprimido enfatiza os aspectos negativos em vez dos positivos. Um professor pode afirmar que é um terrível instrutor porque dois estudantes de sua sala de aula caíram no sono. Ele não considera outros motivos pelos quais eles poderiam ter feito isso (ficar na farra a noite toda, talvez) e "infere" que seu estilo de ensinar é ruim. Como exemplo da generalização, quando seu professor faz uma observação crítica em sua prova, você então presume que fracassará no curso apesar de um longo caminho de comentários muito positivos e boas notas em outros testes. Você está fazendo uma generalização a partir de uma pequena observação. De acordo com Beck, as pessoas deprimidas pensam desse jeito todo o tempo. Elas cometem distorções cognitivas pensando negativamente sobre si mesmas, sobre seu mundo imediato e sobre seu futuro; três áreas que são chamadas de **tríade cognitiva depressiva** (ver Figura 7.5).

Além disso, Beck teorizou que, depois de uma série de eventos negativos na infância, os indivíduos podem desenvolver um *esquema negativo* profundo, um sistema de crenças cognitivas negativas duradouro sobre algum aspecto da vida (Alloy et al., 2012; Beck, Epstein e Harrison, 1983; Gotlib e Krasnoperova, 1998; Young et al., 2014). Em um esquema de autoacusação, os indivíduos se sentem pessoalmente responsáveis por cada coisa ruim que acontece. Com um esquema de autoavaliação negativa, eles acreditam que nunca conseguem fazer nada corretamente. Do ponto de vista de Beck, essas distorções e esquemas cognitivos são automáticos, ou seja, não são necessariamente conscientes. De fato, um indivíduo pode não estar consciente de pensar negativa e ilogicamente. Assim, os eventos negativos menores podem levar a um episódio depressivo maior.

Uma variedade de evidências apoia uma teoria cognitiva de transtornos emocionais em geral e, em particular, a depressão (Gotlib e Joorman, 2010; Hammen e Keenan-Miller, 2013; Ingram, Miranda e Segal, 2006; Mazure et al., 2000). O pensamento dos indivíduos deprimidos é consistentemente mais negativo que o dos indivíduos não deprimidos (Gotlib e Abramson, 1999; Joormann, 2009) em cada dimensão da tríade cognitiva – o eu, o mundo e o futuro (ver, por exemplo, Garber e Carter, 2006). As cognições depressivas parecem emergir de métodos distorcidos e provavelmente automáticos de processar informações. As pessoas mais propensas à depressão têm maior probabilidade de se lembrar de acontecimentos negativos quando estão deprimidas do que quando não estão ou do que indivíduos não deprimidos (Gotlib et al., 2014).

As implicações dessa teoria são muito importantes. Ao reconhecer as distorções cognitivas e os esquemas subjacentes, nós podemos corrigi-los e aliviar a depressão e os transtornos emocionais relacionados. No desenvolvimento de maneiras de fazê-lo, Beck se tornou o pai da terapia cognitiva, um dos mais importantes desenvolvimentos na psicoterapia nos últimos 50 anos. Indivíduos com transtorno bipolar também apresentam estilos cognitivos negativos, mas com algumas diferenças. Os estilos cognitivos nesses indivíduos são caracterizados por esforço ambicioso para metas, perfeccionismo e autocrítica, para além dos estilos depressivos cognitivos mais usuais (Alloy e Abramson, 2010; Johnson et al., 2008).

Vulnerabilidade cognitiva para a depressão: uma integração

Seligman e Beck desenvolveram suas teorias de forma independente, e grandes evidências indicam que seus modelos são independentes, à medida que algumas pessoas podem ter uma perspectiva negativa (atitudes disfuncionais), enquanto outras podem explicar as coisas negativamente (atributos de desesperança) (Joiner e Rudd, 1996; Spangler et al., 1997). Não obstante, as premissas básicas que se sobrepõem a uma grande e considerável quantidade de evidências sugerem que a depressão sempre está associada com o estilo pessimista de explicações e com cognições negativas. Também existem evidências de que as vulnerabilidades cognitivas predispõem algumas pessoas a ver os eventos de maneira negativa, colocando-as em risco de depressão (ver, por exemplo, Abela et al., 2011; Alloy et al., 2012; Ingram, Miranda e Segal, 2006; Reilly-Harrington et al., 1999).

Grandes evidências que sustentam esta conclusão vêm do estudo Temple-Wisconsin da vulnerabilidade cognitiva para depressão, conduzido por Lauren Alloy e Lyn Abramson (Alloy e Abramson, 2006; Alloy et al., 2006). Os calouros da universidade que não estavam deprimidos na época da avaliação inicial foram avaliados por meses e meses por mais de cinco anos para

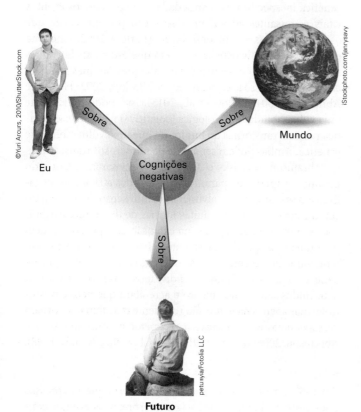

FIGURA 7.5 Tríade cognitiva de Beck para depressão.

que fosse possível determinar se tinham ou não vivenciado quaisquer acontecimentos estressantes ou episódios diagnosticáveis de depressão ou de outra psicopatologia. Na primeira avaliação, os pesquisadores determinaram se os estudantes eram cognitivamente vulneráveis a desenvolverem depressão ou não, tendo como base suas pontuações em questionários que mensuravam as atitudes disfuncionais e atribuições de desesperança. Os resultados indicaram que estudantes em alto risco, em função de suas atitudes disfuncionais, relataram taxas mais altas de depressão no passado, em comparação com o grupo de baixo risco. Contudo, os resultados realmente importantes advêm da porção prospectiva do estudo. Estilos cognitivos negativos realmente indicam vulnerabilidade à depressão posterior. Mesmo se os participantes nunca tivessem sofrido de depressão, os participantes de alto risco (que obtiveram altas pontuações nas medidas da vulnerabilidade cognitiva) foram de seis a 12 vezes mais propensos do que os participantes de baixo risco a apresentar um episódio depressivo maior. Além disso, 16% dos participantes de alto risco, contra apenas 2,7% dos participantes de baixo risco, tiveram episódios depressivos maiores, e 46% *versus* 14% tiveram sintomas depressivos menores (Alloy e Abramson, 2006). Em outro estudo importante, Abela e Skitch (2007) demonstraram que as crianças com alto risco de depressão, devido a uma mãe deprimida, mostraram estilos cognitivos depressivos quando sob pequeno estresse, ao contrário das crianças que não tinham risco. Finalmente, uma recente descoberta, um tanto quanto assustadora, sugere que esta vulnerabilidade cognitiva para depressão pode ser contagiosa (Haeffel e Hames, 2014). Neste estudo, os estudantes universitários que passaram a viver com companheiros de quartos com alto nível de vulnerabilidade começaram a desenvolver um estilo cognitivo semelhante ao longo do tempo, e também evidenciaram aumento dos sintomas depressivos. Todos esses dados sugerem que as vulnerabilidades cognitivas para o desenvolvimento da depressão realmente existem e, quando combinadas com vulnerabilidades biológicas, criam um caminho rumo à depressão.

Dimensões sociais e culturais

Vários fatores sociais e culturais contribuem para o surgimento ou para a manutenção da depressão. Entre eles, as relações matrimoniais, o gênero e o apoio social são os mais proeminentes.

Relações matrimoniais

A depressão e o transtorno bipolar são fortemente influenciados por estresse interpessoal (Sheets e Craighead, 2014; Vrshek-Schallhorn et al., 2015) e, principalmente, pela insatisfação conjugal, conforme sugerimos antes quando se observou que romper um relacionamento frequentemente leva à depressão (Davila, Stroud e Starr, 2009). Bruce e Kim (1992) coletaram dados de 695 mulheres e 530 homens casados e os entrevistaram novamente um ano mais tarde. Durante esse período, vários participantes se separaram ou se divorciaram de seus cônjuges, embora a maioria relatasse casamentos estáveis. Aproximadamente 21% das mulheres que relataram um rompimento conjugal durante o estudo tiveram depressão grave, uma taxa três vezes mais alta que a de mulheres que per-

maneceram casadas. Cerca de 17% dos homens que relataram rompimento conjugal desenvolveram depressão grave, uma taxa *nove vezes* mais alta que a dos homens que ficaram casados. Entretanto, quando os pesquisadores consideraram apenas os participantes sem histórico de depressão grave, 14% dos homens que se separaram ou se divorciaram durante o período tiveram depressão grave, o que ocorreu com aproximadamente 5% das mulheres. Em outras palavras, *somente os homens* correram o risco elevado de desenvolver um transtorno do humor pela primeira vez imediatamente após o rompimento conjugal. Ficar casado é mais importante para os homens que para as mulheres? Tudo leva a crer que sim.

Outro achado com um embasamento considerável é que a depressão que inclui transtorno bipolar, particularmente se continuada, pode levar à deterioração substancial nas relações conjugais (Beach, Jones e Franklin, 2009; Beach, Sandeen e O'Leary, 1990; Davila et al., 2009; Uebelacker e Whisman, 2006). Não é difícil descobrir o porquê. Estar perto de alguém que é constantemente negativo, mau-humorado e pessimista torna-se cansativo depois de um tempo. Pelo fato de as emoções serem contagiosas, o cônjuge começa a se sentir mal também. Esses tipos de interações precipitam argumentos ou, pior ainda, fazem o cônjuge não deprimido querer deixar a relação (Joiner e Timmons, 2009; Whisman, Weinstock e Tolejko, 2006).

Entretanto, o conflito no casamento parece provocar diferentes efeitos nos homens e nas mulheres. Parece que a depressão faz os homens retirarem-se da relação ou rompê-la. Para as mulheres, por outro lado, problemas no relacionamento costumam causar depressão. Assim, tanto para os homens quanto para as mulheres, a depressão e os problemas no relacionamento conjugal estão associados, mas a direção causal é diferente (Fincham et al., 1997), um resultado também encontrado por Spangler, Simons, Monroe e Thase (1996). Considerando esses fatores, Beach, Jones e Franklin (2009) sugerem que os terapeutas tratem ao mesmo tempo as relações matrimoniais perturbadoras e o transtorno do humor para assegurarem o maior nível de sucesso para o paciente e para uma chance maior de prevenir recaídas futuras. Indivíduos com transtorno bipolar são menos propensos a se casar e mais a se divorciar, caso se casem, embora aqueles que permanecem casados têm um prognóstico um pouco melhor, talvez porque seus cônjuges sejam úteis na regulação de seus tratamentos e em mantê-los sob medicação (Davila et al., 2009).

Transtornos do humor em mulheres

Dados sobre a prevalência dos transtornos do humor indicam desequilíbrios dramáticos de gênero. Embora o transtorno bipolar seja dividido igualmente entre homens e mulheres, quase 70% dos indivíduos com transtorno depressivo maior e transtorno depressivo persistente (distimia) são mulheres (Hankin e Abramson, 2001; Kessler, 2006; Kessler e Bromet, 2013). O que é particularmente impressionante é que esse desequilíbrio entre os gêneros é constante em todo o mundo, mesmo que as taxas globais do transtorno possam variar de país para país (Kessler e Bromet, 2013; Seedat et al., 2009; Weissman e Olfson, 1995; ver Figura 7.6). A proporção semelhante para a maioria dos transtornos de ansiedade é muitas vezes esquecida, especialmente o transtorno de pânico e o

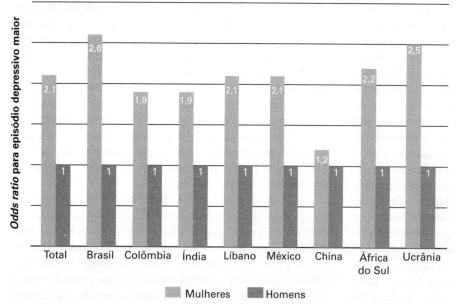

FIGURA 7.6 A disparidade entre os gêneros nos diagnósticos de depressão em todo o mundo, expressa em *odds ratio* (risco relativo). O *odds ratio* expressa a probabilidade comparativa de as mulheres experimentarem um episódio depressivo maior no ano anterior em relação aos homens. No Brasil, por exemplo, as mulheres foram 2,6 vezes mais propensas que os homens a relatar um episódio depressivo maior no ano anterior. (Adaptado de Bromet et al. [2011], p. 11 de 16.)

transtorno de ansiedade generalizada. As mulheres apresentam uma proporção ainda maior de fobias específicas, como observamos no Capítulo 2. O que poderia ser a causa disso?

Pode ser que as diferenças de gênero no desenvolvimento dos transtornos emocionais sejam fortemente influenciadas pelas percepções da incontrolabilidade (Barlow, 1988; Barlow et al., 2014). Se tiver a sensação de domínio sobre sua vida e sobre os acontecimentos difíceis que todos nós encontramos, você pode ter estresse ocasional, mas não vai sentir a desesperança central dos transtornos de ansiedade e do humor. A fonte dessas diferenças é cultural, nos papéis sexuais atribuídos a homens e mulheres em nossa sociedade. Os homens são fortemente encorajados a serem independentes, dominadores e assertivos; das mulheres, por outro lado, é esperado que sejam mais passivas, sensíveis às pessoas e, talvez, a contar mais com as outras pessoas do que os homens (necessidades de afiliação) (Cyranowski et al., 2000; Hankin e Abramson, 2001). Embora esses estereótipos estejam mudando aos poucos, eles ainda descrevem os papéis sexuais atuais em grande medida. Mas essa dependência e passividade culturalmente induzidas podem muito bem colocar as mulheres em maior risco de transtornos emocionais devido ao aumento da sensação de incontrolabilidade e desesperança. Há evidências de que os estilos parentais que incentivam papéis de gênero estereotipados estão envolvidos no desenvolvimento precoce da vulnerabilidade psicológica para depressão ou ansiedade posteriores (Chorpita e Barlow, 1998; Barlow et al., 2013; Suárez et al., 2009), em particular um estilo sufocador, superprotetor, que impeça a criança de desenvolver a iniciativa. Também interessante é o "aumento súbito" na depressão entre as meninas, mencionado anteriormente, que ocorre durante a puberdade. Muitos pensaram que isso poderia ter base biológica. Kessler (2006) observa, porém, que

a baixa autoestima emerge rapidamente em meninas na sétima série, se o sistema tem um ensino da sétima à nona série, mas a baixa autoestima entre as meninas não emerge até a nona série, quando a escola tem um jardim de infância até a escola primária, oitava série, e quatro anos do ensino médio[2] (Simmons e Blyth, 1987). Estes resultados sugerem que as meninas mais jovens que entram em uma nova escola, se na sétima, nona ou qualquer outra série, acham o ocorrido estressante. Além disso, as meninas que amadurecem mais cedo têm, fisicamente, mais sofrimento e depressão que as meninas que amadurecem mais tarde (Ge, Conger e Elder, 1996).

As mulheres tendem a valorizar mais as relações íntimas do que os homens, o que as pode proteger se os contatos sociais forem fortes, mas também pode colocá-las em risco. O rompimento desses relacionamentos, combinado com uma incapacidade de enfrentar separações, pode ser muito mais danoso para mulheres do que para homens (Kendler e Gardner, 2014; Nolen-Hoeksema e Hilt, 2009). Cyranowski et al. (2000) observam que a tendência de as garotas adolescentes expressarem agressividade rejeitando outras garotas, combinada com uma sensibilidade maior à rejeição, pode precipitar mais episódios depressivos nessas adolescentes em comparação com os rapazes. Kendler, Myers e Prescott (2005) também observaram que as mulheres tendem a ter contatos sociais maiores e mais íntimos do que os homens, e que os grupos de amigos que apoiam emocionalmente as protegem contra a depressão. Entretanto, os dados de Bruce e Kim (1992), revistos anteriormente, sugerem que, se o rompimento da relação matrimonial atinge o estágio do divórcio, os homens que antes viviam bem correm um risco maior de depressão.

Outra diferença de gênero importante foi sugerida por Susan Nolen-Hoeksema (1990, 2000; Nolen-Hoeksema, Wisco e Lyubomirsky, 2008). As mulheres, mais que os homens, tendem a ruminar sobre sua situação e a se culpar por estarem deprimidas. Este estilo de resposta prediz o desenvolvimento posterior de depressão quando sob estresse (Abela e Hankin, 2011). Os homens tendem a ignorar seus sentimentos, fazendo alguma atividade que os distraia (Addis, 2008). Esse comportamento masculino pode ser terapêutico porque "ativar" as pessoas (deixá-las ocupadas com alguma coisa) é um elemento comum de terapias bem-sucedidas para a depressão (Dimidjian et al., 2014; Jacobson, Martell e Dimidjian, 2001).

As mulheres estão em desvantagem em nossa sociedade: elas experimentam mais discriminação, pobreza, assédio sexual e abuso que os homens. Elas também recebem menos respeito e conquistam menos poder. Três quartos das pessoas que vivem em situação de pobreza nos Estados Unidos são

---

[2] NRT da tradução da 7ª edição norte-americana: De acordo com o sistema educacional dos EUA.

▲ Autoculpa e ruminação podem contribuir para as altas taxas de transtornos do humor entre as mulheres em comparação aos homens.

mulheres e crianças. Mulheres, em particular as mães solteiras, têm dificuldade para entrar no mercado de trabalho. Curiosamente, as mulheres casadas empregadas em tempo integral fora de casa relatam níveis de depressão não maiores que os dos homens casados empregados. As mulheres solteiras, divorciadas e viúvas apresentam significativamente mais depressão do que os homens nas mesmas categorias (Davila et al., 2009). Isso não necessariamente significa que alguém devesse buscar um emprego para evitar ficar deprimido. Na verdade, para um homem ou uma mulher, a sensação de domínio, controle e valorização no papel social de dono(a) de casa e pai (mãe) deveria estar associada a baixas taxas de depressão.

Por fim, outros transtornos podem refletir os estereótipos de papel de gênero, mas na direção oposta. Os transtornos associados com a agressividade, a hiperatividade e o abuso de substâncias ocorrem com muito mais frequência em homens do que em mulheres (Barlow, 1988, 2002). Identificar as razões para os desequilíbrios de gênero em toda a variedade dos transtornos psicopatológicos pode ser importante na descoberta das causas dos transtornos.

Apoio social

No Capítulo 2, examinamos o efeito poderoso das influências sociais sobre nosso funcionamento psicológico e biológico. Citamos diversos exemplos de como as influências sociais parecem contribuir para a morte precoce, como o mau-olhado, ou a ausência de suporte social na velhice. Não é surpreendente, então, a influência de fatores sociais quando alguém fica deprimido (Beach et al., 2009). Como um exemplo, o risco de depressão em pessoas que vivem sozinhas é quase 80% maior do que em pessoas que vivem com os outros (Pulkki-Råback et al., 2012). Em um estudo de referência anterior, Brown e Harris (1978) sugeriram pela primeira vez o importante papel do apoio social no início da depressão. Em um estudo de um grande número de mulheres que experimentaram grave estresse, eles descobriram que apenas 10% das mulheres que tinham um amigo no qual podiam confiar ficaram deprimidas, em comparação a 37% daquelas que não tinham um relacionamento de apoio próximo. Os estudos prospectivos posteriores confirmaram a importância do apoio social (ou da ausência dele) em predizer o surgimento dos sintomas depressivos posteriormente (ver, por exemplo, Joiner, 1997; Kendler, Kuhn et al., 2005; Monroe et al., 2009). A importância do suporte social na prevenção da depressão é validada na China (Wang, Wang e Shen, 2006) em todos os outros países em que foi estudada. Outros estudos estabeleceram a importância do apoio social para agilizar a recuperação de episódios depressivos (Keitner et al., 1995; Sherbourne, Hays e Wells, 1995). Em uma reviravolta interessante, vários estudos examinaram os efeitos do apoio social na aceleração da recuperação de ambos os episódios maníacos e depressivos em pacientes com transtorno bipolar, e eles trouxeram uma surpreendente descoberta. O contato social com apoio de amigos e familiares ajudou a acelerar a recuperação de episódios depressivos, mas não de episódios maníacos (Johnson et al., 1999; Johnson et al., 2008, 2009). Essa constatação destaca a qualidade diferente dos episódios maníacos (McGuffin et al., 2003). Em todo caso, essas e outras constatações relacionadas sobre a importância do suporte social levaram a uma excitante e nova abordagem terapêutica psicológica para os transtornos emocionais chamada psicoterapia interpessoal, que discutiremos adiante neste capítulo.

Vamos voltar uma vez mais a Katie. Refletindo sobre seus momentos e dias turbulentos quando a morte parecia mais recompensadora do que a vida, algo se projetava em sua mente:

> Meus pais são os verdadeiros heróis daqueles anos. Sempre admirarei a força, o amor e o compromisso deles. Meu pai tem ensino médio e minha mãe, ensino fundamental completo. Eles lidaram com assuntos legais, médicos e psicológicos muito complicados. Eles tiveram pouco apoio por parte de amigos ou profissionais, ainda que continuassem a fazer aquilo em que acreditassem ser o melhor. A meu ver, não há nenhuma demonstração maior de coragem e amor.

Os pais de Katie não tiveram o apoio social que poderia tê-los ajudado no decorrer daqueles anos difíceis, mas eles o deram a Katie. Voltaremos a esse caso mais tarde.

Uma teoria integrada

Como colocar tudo isso junto? Basicamente, depressão e ansiedade podem partilhar de uma vulnerabilidade biológica comum, geneticamente determinada (Barlow, 2002), descrita como uma resposta neurobiológica excessivamente ativa aos eventos estressantes da vida. Um padrão genético implicado nessa vulnerabilidade é na região polimórfica – ligada ao gene do transportador de serotonina, descrito anteriormente. Uma vez mais, essa vulnerabilidade é somente uma tendência geral de desenvolver depressão (ou ansiedade), em vez de uma vulnerabilidade específica à depressão ou ansiedade em si. Para entender as causas da depressão, devemos olhar para as vulnerabilidades psicológicas, assim como as experiências de vida que interagem com vulnerabilidades genéticas.

As pessoas que desenvolvem transtornos do humor também possuem uma vulnerabilidade psicológica vivenciada como sentimentos de inadequação para enfrentar as dificuldades, que as confrontam tanto quanto os estilos cognitivos depressivos. Como no caso da ansiedade, podemos desenvolver esse senso de controle na infância (Barlow, 2002; Chorpita e Barlow, 1998). Ele pode variar em um *continuum* de total confiança a uma completa incapacidade de enfrentamento. Quando as vulnerabilidades são acionadas, o processo pessimista de "desistir" parece crucial para o desenvolvimento da depressão (Alloy et al., 2000; Alloy e Abramson, 2006).

Estes processos psicológicos de enfrentamento inadequado e estilo cognitivo depressivo em combinação com certos padrões genéticos mencionados, compreendem o temperamento de neuroticismo ou afeto negativo (Barlow et al., 2014). Você vai se lembrar do Capítulo 5, em que o neuroticismo é associado a marcadores bioquímicos de estresse e depressão (ver, por exemplo, Nemeroff, 2004; Thase, 2009), bem como a níveis diferenciados de excitação de hemisférios diferentes no cérebro (assimetria hemisférica e ativação lateral de circuitos cerebrais específicos) (Barlow et al., 2013; Davidson et al., 2009; Liotti et al., 2002). Uma pesquisa recente ilustra as fortes associações entre as vulnerabilidades genéticas e psicológicas generalizadas (por exemplo, Whisman, Johnson e Smolen, 2011). Há também evidência relevante de que acontecimentos estressantes desencadeiam o surgimento da depressão na maior parte dos casos nesses indivíduos vulneráveis, em particular os episódios iniciais (Jenness et al., 2011). Como esses fatores interagem? O pensamento atual é que os eventos estressantes em indivíduos vulneráveis ativam hormônios do estresse que, por sua vez, têm amplos efeitos sobre sistemas neurotransmissores, particularmente aqueles que envolvem a serotonina, noradrenalina e sobre o sistema do fator de liberação de corticotrofina. Booij e Van der Does (2007) demonstram como a função neurotransmissora e os estilos cognitivos negativos interagem. Eles realizaram uma pesquisa com 39 pacientes que haviam sofrido um episódio de depressão maior e se recuperaram. Esses pacientes participaram de dois testes biológicos ou procedimentos "desafio", chamados depleção aguda de triptofano (ATD), que teve o efeito de reduzir temporariamente os níveis de serotonina. Isto é realizado facilmente, alterando a dieta durante um dia, restringindo a ingestão de triptofano (um precursor do funcionamento serononinérgico) e adicionando uma mistura de aminoácidos essenciais. Os participantes do experimento, é claro, foram plenamente informados sobre estes efeitos e colaboraram voluntariamente.

Booij e Van der Does (2007) descobriram que esse desafio biológico foi, como esperado, efetivo em induzir temporariamente uma variedade de sintomas depressivos em alguns desses indivíduos, mas que estes sintomas foram mais pronunciados nas pessoas que também tiveram evidência do marcador de vulnerabilidade cognitiva. Ou seja, a vulnerabilidade cognitiva avaliada antes do desafio biológico predisse claramente uma resposta depressiva. Curiosamente, um desafio com ATD não causou mudanças significativas no humor em amostras saudáveis; em vez disso, foram limitadas àqueles indivíduos vulneráveis à depressão.

O que temos até então é um mecanismo possível para o modelo de diátese-estresse. Por fim, parece evidente que fatores como o relacionamento interpessoal (Tsai, Lucas e Kawachi, 2015) ou o estilo cognitivo (Gotlib et al., 2014) podem nos proteger dos efeitos do estresse e, por consequência, de

desenvolver transtornos do humor. De forma alternativa, esses fatores podem, pelo menos, determinar se nos recuperaremos rapidamente desses transtornos ou não. Mas lembre-se que o transtorno bipolar, em particular a ciclagem para episódios maníacos, parece ter uma base genética um pouco diferente, assim como uma resposta diferente ao suporte social. Os cientistas estão começando a teorizar que indivíduos com transtorno bipolar, além dos fatores descritos até agora, também são altamente sensíveis à experiência de eventos vitais relacionados ao esforço para alcançar metas importantes, talvez por causa de um circuito cerebral hiperativo chamado sistema de aproximação comportamental (SAC) (Alloy e Abramson, 2010; Gruber, Johnson, Oveis e Keltner, 2008). Nestes casos, os eventos vitais estressantes mais positivos, mas ainda assim estressantes, como iniciar um novo emprego ou ficar acordado várias noites para terminar um importante trabalho dentro do prazo, podem precipitar um episódio maníaco em indivíduos vulneráveis, em vez de um episódio depressivo. Indivíduos com transtorno bipolar também são altamente sensíveis a perturbações do ritmo circadiano. Assim, indivíduos com transtorno bipolar podem ter circuitos cerebrais que os predispõem à depressão e à mania. A pesquisa dessa hipótese está apenas começando.

Em resumo, todos os fatores biológicos, psicológicos e sociais influenciam o desenvolvimento dos transtornos do humor, como mostra a Figura 7.7. Este modelo não leva em consideração a variada apresentação dos transtornos do humor – sazonal, bipolar e assim por diante –, embora a mania no transtorno bipolar pareça estar associada a contribuições genéticas únicas e seja desencadeada por eventos vitais relativamente únicos, como notado anteriormente. Entretanto, por que alguém com vulnerabilidade genética subjacente que passa por um acontecimento estressante desenvolve um transtorno do humor, em vez de um transtorno de ansiedade ou um transtorno de sintomas somáticos? Tal como acontece com os transtornos de ansiedade e outros transtornos de estresse, as circunstâncias psicossociais específicas, como experiências de aprendizagem anteriores, podem interagir com vulnerabilidades genéticas específicas e características de personalidade para produzir a rica variedade de transtornos emocionais.

Verificação de conceitos 7.3

Responda a estas perguntas sobre as diversas causas de transtornos do humor.

1. Liste cinco fontes biológicas que podem contribuir para transtornos do humor. _____ _____ _____ _____ _____

2. Quais fatores psicológicos podem ter um impacto sobre os transtornos do humor? _____ _____ _____

3. Nomeie várias dimensões sociais e culturais que contribuam para os transtornos do humor. _____ _____ _____

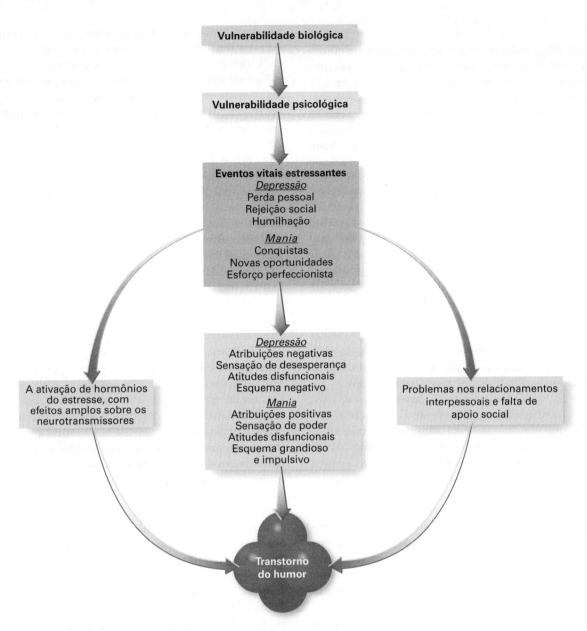

FIGURA 7.7 Um modelo integrado dos transtornos do humor.

Tratamento dos transtornos do humor

Os pesquisadores aprenderam muito sobre a neurobiologia dos transtornos do humor nos últimos anos. Descobertas sobre a complexa interação neuroquímica estão começando a esclarecer a natureza dos transtornos do humor. Como observamos, o efeito principal das medicações é alterar os níveis desses neurotransmissores e de outras substâncias neuroquímicas relacionadas. Outros tratamentos biológicos, como a eletroconvulsoterapia, afetam dramaticamente a química cerebral. Entretanto, um avanço mais interessante, entretanto, aludido por todo este livro, é que os poderosos tratamentos psicológicos também alteram a química cerebral. A taxa de tratamento ambulatorial de depressão aumentou substancialmente nos Estados Unidos nos vinte anos de 1987 a 2007. Mas quase todo esse aumento foi devido ao tratamento com drogas antidepressivas (aproximadamente 75% de todos os doentes tratados). O percentual que recebeu psicoterapia durante esse período, na verdade, diminuiu um pouco (Marcus e Olfson, 2010). Apesar desses avanços, a maioria dos casos de depressão permanece sem tratamento, porque nem os profissionais de saúde nem os pacientes a reconhecem e a identificam ou diagnosticam corretamente. Da mesma forma, muitos profissionais e pacientes não têm conhecimento da existência de tratamentos efetivos e bem-sucedidos (Delano-Wood e Abeles, 2005; Hirschfeld et al., 1997). Por esse motivo, é muito importante conhecer os tratamentos para depressão.

Medicações

Várias medicações são um tratamento efetivo da depressão. Há sempre informações sobre novas medicações ou sobre as últimas estimativas de efetividade de medicações mais antigas.

Antidepressivos

Quatro tipos básicos de medicações antidepressivas são utilizados para tratar transtornos depressivos: os inibidores seletivos de recaptação de serotonina (ISRSs), os inibidores mistos de recaptação, antidepressivos tricíclicos e inibidores da monoamina oxidase (MAO). É importante notar, de início, que há poucas diferenças, caso haja, na efetividade entre os diferentes antidepressivos; aproximadamente 50% dos pacientes obtêm algum benefício, com cerca de metade destes 50% chegando muito perto do funcionamento normal (remissão). Se as desistências forem excluídas e somente aqueles que completam o tratamento forem contados, o percentual de pacientes que receberam, pelo menos algum benefício aumenta para entre 60% e 70% (American Psychiatric Association, 2010), mas uma metanálise aprofundada indicou que os antidepressivos foram relativamente não efetivos para depressão leve a moderada em comparação com placebo. Apenas nos pacientes gravemente deprimidos há uma clara vantagem em tomar um antidepressivo em comparação com placebo (Fournier et al., 2010).

A classe de drogas atualmente considerada como a primeira escolha no tratamento medicamentoso para a depressão parece ter um efeito específico sobre o sistema neurotransmissor serotoninérgico (embora tais drogas afetem outros sistemas, em certa medida). Esses inibidores *seletivos* de recaptação de serotonina (ISRSs) bloqueiam especificamente a recaptação pré-sináptica da serotonina. Isso aumenta temporariamente os níveis de serotonina no local do receptor, mas uma vez mais o mecanismo de ação de longo prazo preciso é desconhecido, embora os níveis de serotonina sejam consequentemente aumentados (Gitlin, 2009; Thase e Denko, 2008). Talvez a droga mais conhecida nessa classe seja a *fluoxetina* (Prozac). Como muitas outras medicações, o Prozac foi inicialmente tomado como uma droga revolucionária, sendo capa da *Newsweek* (Cowley e Springen, 1990). Em seguida, estudos começaram a aparecer dizendo que poderia levar à ideação suicida, reações paranoides e, ocasionalmente, à violência (ver, por exemplo, Mandalos e Szarek, 1990; Teicher, Glod e Cole, 1990). O Prozac passou de uma droga maravilhosa aos olhos da imprensa a uma ameaça potencial à sociedade moderna. Nenhuma dessas conclusões era verdadeira. Os resultados indicaram que os riscos de suicídio com essa droga para a população geral não foram maiores que com qualquer outro antidepressivo (Fava e Rosenbaum, 1991) e a efetividade é aproximadamente a mesma que a de outros antidepressivos, incluindo os tricíclicos.

Vários anos atrás, as preocupações sobre os riscos de suicídio (aumento dos pensamentos, e assim por diante) veio à tona novamente, particularmente entre os adolescentes, e desta vez parece que as preocupações se justificam, pelo menos para adolescentes (Baldessarini, Pompili e Tondo, 2006; Berman, 2009; Olfson, Marcus e Schaffer, 2006). Essas descobertas levaram a avisos da Food and Drug Administration (FDA) e outras agências reguladoras em todo o mundo sobre essas drogas. Por outro lado, Gibbons et al. (2006) observaram que as taxas de suicídio reais foram menores nas regiões dos Estados Unidos onde as prescrições para ISRSs foram maiores. Além disso, os ISRSs também foram associados a uma ligeira, mas significativa, *diminuição* do suicídio entre adolescentes em comparação aos adolescentes deprimidos que não tomam essas drogas, com base em um grande levantamento na comunidade (Olfson et al., 2003). Estes achados são *correlacionais*, o que significa que não se pode concluir que o aumento de prescrições de ISRSs causaram as taxas de suicídio mais baixas. A investigação sobre esta importante questão vai continuar. Uma conclusão possível é que os ISRSs causam aumento dos pensamentos sobre suicídio nas primeiras semanas em alguns adolescentes, mas, uma vez que eles começam a ter efeitos terapêuticos, depois de um mês ou mais, podem prevenir que a depressão leve ao suicídio (Berman, 2009; Simon, 2006). O Prozac e outros ISRSs têm seu próprio conjunto de efeitos colaterais, os mais proeminentes dos quais são a agitação física, disfunção sexual, baixo desejo sexual (que é prevalente, ocorrendo em 50% a 75% dos casos), insônia e desconforto gastrointestinal. Esses efeitos colaterais, como um todo, parecem incomodar menos a maioria dos pacientes do que os efeitos colaterais associados aos antidepressivos tricíclicos, com a possível exceção da disfunção sexual. Outra classe de antidepressivos (por vezes denominadas *inibidores mistos da recaptação*) parece ter mecanismos de ação neurobiológica um pouco diferentes. O mais conhecido, a venlafaxina (Effexor), está relacionado a antidepressivos tricíclicos, mas atua de forma ligeiramente diferente, bloqueando a recaptação de noradrenalina, assim como da serotonina. Alguns efeitos colaterais associados aos ISRSs são reduzidos com a venlafaxina, bem como o risco de danos ao sistema cardiovascular. Outros efeitos colaterais típicos permanecem, incluindo náusea e disfunção sexual.

A Tabela 7.4 mostra os antidepressivos comumente prescritos.

Os *inibidores da MAO* funcionam de forma diferente. Como seu nome sugere, eles bloqueiam a enzima MAO, que degrada os neurotransmissores como a noradrenalina e a serotonina. O resultado é próximo ao efeito dos tricíclicos. Em razão de não serem degradados, os neurotransmissores inundam a sinapse, levando a uma nova regulação. Os inibidores da MAO parecem ser tão efetivos quanto os tricíclicos (American Psychiatric Association, 2010), com alguns efeitos colaterais a menos. Algumas evidências sugerem que eles são relativamente mais efetivos para depressão com características atípicas (American Psychiatric Association, 2010; Thase e Kupfer, 1996). Mas inibidores da MAO são usados com muito menos frequência por causa de duas consequências poten-

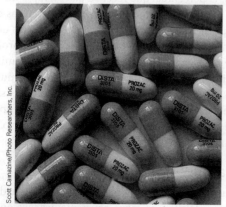

▲ Das drogas sintéticas para a depressão, a fluoxetina (Prozac) é a mais amplamente utilizada.

TABELA 7.4	Antidepressivos mais comumente prescritos: classes, nomes das drogas, dosagens e efeitos colaterais				
Classe	Nome genérico	Nome comercial	Dose habitual (mg/dia)	Efeitos colaterais proeminentes	
Inibidores seletivos de recaptação de serotonina (ISRSs)	Citalopram	Cipramil	20-60	Náusea, diarreia, insônia, disfunção sexual, agitação/ inquietação e sedação diurna	
	Escitalopram	Lexapro	10-20		
	Fluoxetina	Prozac	20-60		
	Fluvoxamina	Luvox	100-300		
	Paroxetina	Paxil	20-50		
	Sertralina	Zoloft	50-100		
Inibidores mistos de recaptação	Bupropiona	Wellbutrin	300-450	Náuseas, vômitos, insônia, dores de cabeça, convulsões	
	Venlafaxina	Effexor	7-225	Náusea, diarreia, nervosismo, aumento da sudorese, boca seca, abalos musculares e disfunção sexual	
	Duloxetina	Cymbalta	60-80	Náuseas, diarreia, vômitos, nervosismo, aumento da sudorese, boca seca, dores de cabeça, insônia, sonolência diurna, disfunção sexual, tremor e aumento das enzimas hepáticas	

Adaptado de Thase, M. E. e Denko, T. (2008). Pharmacotherapy of mood disorders. *Annual Review of Clinical Psychology*, 4, 53-91.

cialmente graves: ingerir alimentos e bebidas que contenham tiramina, como queijo e vinho tinto ou cerveja, pode levar a episódios hipertensos graves e, ocasionalmente, à morte. Além disso, muitas outras drogas que as pessoas tomam diariamente, como medicamentos para resfriado, são perigosas e até fatais se combinadas com o inibidor da MAO. Assim, os inibidores da MAO costumam ser prescritos somente quando os tricíclicos não são efetivos.

Os *antidepressivos tricíclicos* foram os tratamentos mais utilizados para a depressão antes da introdução de ISRSs, mas hoje são utilizadas com menor frequência (Gitlin, 2009; Thase e Denko, 2008). Os variantes mais conhecidos são a imipramina (Tofranil) e a amitriptilina (Amytril). Ainda não está claro como essas drogas funcionam, mas, pelo menos inicialmente, elas bloqueiam a recaptação de certos neurotransmissores, o que lhes permite acumular-se na sinapse e, como diz a teoria, dessensibilizar ou infrarregular os receptores desse neurotransmissor particular (assim, menos neuroquímico é recaptado de volta para o interior do neurônio pré-sináptico). Os antidepressivos tricíclicos parecem ter seu maior efeito com a infrarregulação dos receptores da noradrenalina, embora outros sistemas neurotransmissores, particularmente a serotonina, também sejam afetados. Esse processo então tem um efeito complexo na regulação da atividade neurotransmissora tanto pré-sináptica quanto pós-sináptica e, consequentemente, restaura o equilíbrio adequado. Os efeitos colaterais incluem visão turva, boca seca, constipação, dificuldade para urinar, sonolência, ganho de peso (pelo menos cinco quilos, em média) e, às vezes, disfunção sexual. Por esse motivo, até 40% desses pacientes podem parar de tomar a medicação, por achar que a cura é pior que a doença. Não obstante, com uma administração cuidadosa, muitos efeitos colaterais desaparecem com o tempo. Outro elemento que os clínicos devem considerar é que os tricíclicos são *letais* se tomados em doses

excessivas; por conseguinte, devem ser prescritos com muita cautela a pacientes com tendências suicidas.

Por fim, tem havido muito interesse nas propriedades antidepressivas da erva-de-são-joão (hipericum). A erva-de-são-joão é muito popular na Europa e diversos estudos preliminares demonstraram que ela foi melhor que o placebo e funcionou quase tão bem como as doses baixas de antidepressivos (American Psychiatric Association, 2010). A erva-de-são-joão produz muito poucos efeitos colaterais e é relativamente fácil de cultivar. Ela está disponível em muitas farmácias e lojas de suplementos alimentares, mas não há garantia de que qualquer marca de erva-de-são-joão contenha os ingredientes apropriados. Algumas evidências preliminares sugerem que a erva também altera de alguma forma a função da serotonina. Mas o National Institute of Health, nos Estados Unidos, concluiu um grande estudo para analisar a sua efetividade (Hypericum Depression Trial Study Group, 2002) e, surpreendentemente, esse grande estudo não encontrou benefícios da erva-de-são-joão em comparação ao placebo.

Como os ISRSs e os outros medicamentos aliviam os sintomas da depressão em certa medida em cerca de 50% de todos os pacientes tratados, e eliminam a depressão, ou aproximam-se de fazê-lo, em apenas 25% a 30% de todos os pacientes tratados (denominado *remissão*) (Trivedi et al., 2006), permanece a questão: o que os clínicos fazem quando a depressão não responde adequadamente ao tratamento com droga, muitas vezes chamado de depressão resistente ao tratamento? Um grande estudo chamado Sequenced Treatment Alternatives to Relieve Depression (STAR*D) investigou a utilidade de adicionar outro medicamento ou trocar o fármaco dos indivíduos que não atingiram remissão dos sintomas. Entre os que estavam dispostos, cerca de 20% (para troca) a aproximadamente 30% (para a adição de uma segunda droga) alcançaram remissão. Ao repetir isso com uma terceira droga entre aqueles que não conseguiram atingir a remissão com os dois primeiros medicamentos, os resultados não foram tão bons (entre 10% e 20% de remissão alcançados) (Insel, 2006; Menza, 2006; Rush, 2007) e muito poucos clínicos iriam a uma terceira droga da mesma classe, após falhar nas duas primeiras (Gitlin, 2009). A conclusão é que vale a pena ser persistente, enquanto indivíduos com depressão ainda estão dispostos a tentar uma segunda droga, porque algumas pessoas que não melhoram com a primeira droga poderiam melhorar com uma droga diferente. Adiante, relatamos sobre a combinação de tratamentos psicológicos com drogas. Em resumo, todas as medicações antidepressivas funcionam essencialmente da mesma maneira em grandes ensaios clínicos, mas às vezes um paciente não vai bem com uma droga, mas responde melhor a outra.

Os estudos atuais indicam que os tratamentos com drogas que se mostram efetivos em adultos não são necessariamente efetivos com crianças (American Psychiatric Association, 2010; Geller et al., 1992; Kaslow, Davis e Smith, 2009; Ryan, 1992). Mortes súbitas de crianças menores de 14 anos que estavam tomando antidepressivos tricíclicos têm sido relatadas, particularmente durante o exercício, como em competições atléticas na rotina escolar (Tingelstad, 1991). Efeitos colaterais cardíacos têm sido implicados nessas mortes. Mas as evidências indicam que, ao contrário dos antidepressivos tricíclicos, pelo menos um dos ISRSs, a fluoxetina (Prozac), é segura e tem alguma evidência de eficácia com adolescentes tanto inicialmente (Kaslow et al., 2009; Treatment for Adolescents with Depression Study [TADS] Team, 2004) quanto no seguimento (TADS Team, 2009), principalmente se combinados com a terapia cognitivo-comportamental (TCC) (March e Vitiello, 2009). Tratamentos com drogas antidepressivas tradicionais são geralmente efetivos com os idosos, mas administrá-los exige considerável habilidade, porque as pessoas mais velhas podem sofrer de uma variedade de efeitos colaterais não experienciados por adultos mais jovens, incluindo comprometimento da memória e agitação física (Blazer e Hybels, 2009; Delano-Wood e Abeles, 2005; Fiske et al., 2009). A inclusão de uma pessoa (sob supervisão do médico do paciente) para gerenciar os cuidados a idosos deprimidos, incluindo incentivo para o uso dos medicamentos, monitoramento de efeitos colaterais próprios de adultos mais velhos e tratamento com psicoterapia breve foi mais efetivo do que o tratamento usual (Alexopoulos et al., 2005; Unutzer et al., 2002).

Os clínicos e os pesquisadores concluíram que a recuperação da depressão, embora importante, pode não ser o resultado terapêutico mais valioso (Frank et al., 1990; Thase, 2009). A maioria das pessoas se recupera de um episódio depressivo maior, algumas mais rapidamente. Uma meta mais importante é retardar um próximo episódio depressivo ou até preveni-lo inteiramente (National Institute of Mental Health, 2003; Thase, 2009; Thase e Kupfer, 1996). Isso é particularmente importante para pacientes que mantêm alguns sintomas de depressão ou têm um histórico de depressão crônica ou episódios depressivos múltiplos (Forand e DeRubeis, 2013; Hammen e Keenan-Miller, 2013). Como todos esses fatores colocam as pessoas em risco de recaída, recomenda-se que o tratamento com drogas vá muito além do final de um episódio depressivo, continuando talvez seis a doze meses após o episódio terminar, ou até mais (American Psychiatric Association, 2010; Insel, 2006).

A droga é então retirada gradualmente ao longo de semanas ou meses (voltaremos, mais à frente, às estratégias de manutenção dos benefícios terapêuticos). Não houve um estudo amplo sobre a administração de antidepressivos em longo prazo, e existe até alguma evidência de que o tratamento em longo prazo pode piorar o curso da depressão (Fava, 2003).

As medicações antidepressivas aliviaram a depressão grave e indubitavelmente preveniram o suicídio em dezenas de milhares de pacientes por todo o mundo, particularmente em casos de depressão mais grave. Embora esses medicamentos estejam disponíveis, muitas pessoas se recusam ou não são elegíveis para tomá-los. Alguns têm receio dos efeitos colaterais de longo prazo. Mulheres em idade fértil devem proteger-se contra a possibilidade de engravidar enquanto tomam antidepressivos, devido aos possíveis danos ao feto. Em um estudo recente de todos os nascimentos ao longo de um período de dez anos na Dinamarca, filhos de mães que estavam tomando ISRSs durante a gravidez, mas não outros antidepressivos, tiveram um risco quase duas vezes maior de ter um baixo índice de Apgar (uma medida de saúde do bebê logo após o nascimento, que prediz as pontuações de QI, o desempenho na escola, bem como a incapacidade neurológica, incluindo paralisia cerebral, epilepsia e prejuízo cognitivo com duração de muitos anos após o nascimento). A depressão materna antes ou durante a gravidez em mulheres que não tomavam antidepressivos não foi associada a baixos índices de Apgar (Jensen et al., 2013). Por outro lado, um amplo estudo prospectivo de base populacional nos EUA mostrou que mães deprimidas que usavam ISRSs durante a gestação tiveram menor risco de complicações no nascimento (por exemplo, nascimento prematuro, transferência para cesárea) do que aquelas que não fizeram uso de ISRSs, sugerindo que os ISRSs também podem ter um efeito protetor no processo de dar à luz (Malm et al., 2015). A recomendação atual é individualizar a tomada de decisão clínica.

Lítio

Outro tipo de droga antidepressiva, o carbonato de lítio, é um sal comum amplamente disponível no ambiente natural (Alda, 2015). É encontrado na água que bebemos em quantidades muito pequenas para ter qualquer efeito. No entanto, os efeitos colaterais das doses terapêuticas do lítio são potencialmente mais sérios que os de outros antidepressivos. A dosagem tem de ser cuidadosamente regulada para evitar a toxicidade (envenenamento) e a redução do funcionamento da tireoide, o que poderia intensificar a falta de energia associada com a depressão. Ganho de peso substancial também é comum. O lítio, no entanto, tem uma grande vantagem que o distingue de outros antidepressivos: é também muitas vezes efetivo na prevenção e no tratamento de episódios maníacos. Por esse motivo, é mais frequentemente chamado de **droga estabilizadora do humor**. Os antidepressivos podem induzir episódios maníacos, mesmo em indivíduos sem transtorno bipolar preexistente (Goodwin e Ghaemi, 1998; Goodwin e Jamison, 2007), e o lítio continua sendo o padrão ouro para o tratamento do transtorno bipolar (Alda, 2015; Nivoli, Murru e Vieta, 2010). Outros tratamentos farmacológicos para a depressão bipolar aguda incluem antidepressivos, anticonvulsivantes e antipsicóticos (Vazques et al., 2015).

Os resultados indicam que 50% dos pacientes bipolares respondem bem ao lítio inicialmente, isto é, uma redução de, pelo

▲ Kay Redfield Jamison, uma autoridade internacionalmente respeitada em transtorno bipolar, tem sofrido com a doença desde a adolescência.

menos, 50% nos sintomas maníacos (Goodwin e Jamison, 2007). Assim, embora efetivo, o lítio oferece a muitas pessoas um benefício terapêutico inadequado. Os pacientes que não respondem ao lítio podem tomar outras drogas com propriedades antimaníacas, incluindo anticonvulsivantes como a carbamazepina e o valproato (Depakene), bem como os bloqueadores dos canais de cálcio, como o verapamil (Keck e McElroy, 2002; Sachs e Rush, 2003; Thase e Denko, 2008). O valproato recentemente ultrapassou o lítio como o estabilizador do humor mais comumente prescrito para o transtorno bipolar (Thase e Denko, 2008) e é igualmente efetivo, mesmo em pacientes com sintomas de ciclagem rápida (Calabrese et al., 2005). Mas estudos mais recentes mostram que essas drogas têm uma desvantagem: elas são menos efetivas do que o lítio na prevenção do suicídio (Thase e Denko, 2008; Tondo, Jamison e Baldessarini, 1997). Goodwin et al. (2003) revisaram os registros de cerca de 20 mil pacientes que tomavam lítio ou valproato e descobriram que a taxa de suicídios consumados foi 2,7 vezes mais alta em pessoas que tomavam o valproato em relação às pessoas que usavam lítio. Assim, o lítio permanece a droga preferida para o transtorno bipolar, embora outras drogas estabilizadoras do humor sejam muitas vezes combinadas a doses terapêuticas de lítio (Dunlop, Rakofsky e Rapaport, 2013; Goodwin e Jamison, 2007; Nierenberg et al., 2013). Essa descoberta sobre a importância das drogas estabilizadoras do humor foi confirmada em um grande ensaio clínico, que não demonstrou nenhuma vantagem na adição de uma droga antidepressiva tradicional, como um ISRS a um estabilizador do humor, como o lítio (Sachs et al., 2007).

Para os pacientes que respondem ao lítio, estudos que acompanharam pacientes por até cinco anos relatam cerca de 70% de recidiva, mesmo que continuem a tomar o lítio (Frank et al., 1999; Hammen e Keenan-Miller, 2013). Ainda assim, para quase todos com episódios maníacos recorrentes, é recomendada a manutenção do lítio ou de uma droga relacionada para prevenir a recaída (Yatham et al., 2006). Outro problema com o tratamento com drogas do transtorno bipolar é que as pessoas geralmente gostam dos sentimentos intensos e eufóricos que a mania produz e acabam parando de tomar lítio a fim de manter ou recuperar o estado; ou seja, elas não cumprem com o regime da medicação. Pelo fato de as evidências agora indicarem claramente que os indivíduos que param a medicação correm risco considerável de recaída, outros métodos de tratamento, geralmente psicológicos, são usados para aumentar a adesão.

Eletroconvulsoterapia e estimulação magnética transcraniana

Quando alguém não responde à medicação (ou em um caso muito grave), os clínicos podem considerar um tratamento mais dramático, a **eletroconvulsoterapia (ECT)**, o tratamento mais controverso para os transtornos psicológicos depois da psicocirurgia. No Capítulo 1, descrevemos como a ECT era usada no início do século XX. Apesar de muitos abusos ao longo do caminho, a ECT está bem modificada hoje em dia. Atualmente, é um tratamento seguro e razoavelmente efetivo para os casos de depressão grave que não melhoram com outros tratamentos (American Psychiatric Association, 2010; Gitlin, 2009; Kellner et al., 2012; National Institute of Mental Health, 2003).

Nos procedimentos atuais, os pacientes são anestesiados para reduzir o desconforto e recebem drogas para relaxamento muscular para evitar a quebra de ossos durante as convulsões. O estímulo elétrico é administrado diretamente no cérebro por menos de um segundo, produzindo uma convulsão e uma série de breves contrações, que geralmente duram vários minutos. Na prática atual, o tratamento é ministrado uma vez por dia, dia sim, dia não, que totalizará entre seis e dez sessões (menos, se o humor do paciente voltar ao normal). Os efeitos colaterais são geralmente limitados à perda de memória recente e confusão, que desaparecem após uma ou duas semanas, embora alguns pacientes possam ter problemas na memória de longo prazo. Para pacientes gravemente deprimidos com características psicóticas, estudos controlados indicam que aproximadamente 50% das pessoas que *não respondem* à medicação serão beneficiadas. A continuação do tratamento com medicação ou psicoterapia é então necessária, porque a taxa de recaída se aproxima de 60% ou mais (American Psychiatric Association, 2010a; Gitlin, 2009). Por exemplo, Sackeim et al. (2001) trataram 84 pacientes com ECT e, em seguida, atribuíram-lhes aleatoriamente o acompanhamento com placebo ou com um dos vários tratamentos com drogas antidepressivas. Todos os pacientes do grupo placebo recaíram no prazo de seis meses, em comparação com 40% a 60% em uso de medicação. Assim, o acompanhamento do tratamento com drogas antidepressivas ou tratamentos psicológicos é necessário, mas a recaída ainda é alta. Não obstante, pode não ser do interesse dos pacientes internados com depressão psicótica e suicidas agudos esperar de três a seis semanas para determinar se uma droga ou um tratamento psicológico está funcionando; nesses casos, a ECT imediata pode ser mais apropriada.

Não sabemos de fato por que a ECT funciona. As convulsões repetidas induzem a mudanças massivas funcionais e talvez estruturais no cérebro, que parecem ser terapêuticas. Há evidências de que a ECT aumenta os níveis de serotonina, bloqueia os hormônios do estresse e promove a neurogênese no hipocampo. Em razão da natureza controversa desse tratamento, seu uso decaiu consideravelmente durante os anos 1970 e 1980 (American Psychiatric Association, 2001; De Raedt, Vanderhasselt e Baeken, 2015).

Recentemente, foi desenvolvido outro método para alterar a atividade elétrica no cérebro, usando um forte campo magnético. Esse procedimento é chamado de *estimulação magnética transcraniana* (EMT) e funciona por meio da colocação de uma bobina magnética sobre a cabeça do indivíduo para gerar um pulso eletromagnético precisamente localizado. A anestesia não é necessária e os efeitos colaterais são normalmente limitados a dores de cabeça. Resultados iniciais, como acontece com a maioria dos novos procedimentos, mostraram-se promissores no tratamento da depressão (George, Taylor e

Short, 2013) e as recentes observações e comentários confirmaram que a EMT pode ser efetiva (Mantovani et al., 2012; Schutter, 2009; De Raedt et al., 2015). Contudo, os resultados de vários ensaios clínicos importantes sobre depressão psicótica grave ou resistente ao tratamento relataram que a ECT é claramente mais efetiva do que a EMT (Eranti et al., 2007). Pode ser que a EMT seja mais comparável à medicação antidepressiva do que ao ECT, e um estudo relatou uma ligeira vantagem na combinação de EMT com medicação, comparada ao uso de qualquer tratamento isoladamente (Brunoni et al., 2013; Gitlin, 2009).

Várias outras abordagens não medicamentosas para o tratamento de depressão resistente estão em desenvolvimento. A estimulação do nervo vago envolve o implante de um dispositivo do tipo marcapasso, que gera impulsos ao nervo vago no pescoço que, por sua vez, acredita-se que influencie a produção de neurotransmissores no tronco cerebral e no sistema límbico (Gitlin, 2009; Marangell et al., 2002). Evidência suficiente foi acumulada para que o FDA aprovasse esse procedimento, mas os resultados são geralmente fracos e ele tem sido pouco utilizado. A estimulação cerebral profunda tem sido usada em poucos pacientes severamente deprimidos. Nesse procedimento, os eletrodos são implantados cirurgicamente no sistema límbico (o cérebro emocional). Esses eletrodos também estão ligados a um dispositivo tipo marca-passo (Mayberg et al., 2005). Os resultados iniciais mostram alguma promessa em pacientes resistentes ao tratamento, mas o tempo dirá se este é um tratamento útil (Kennedy et al., 2011; Lozano et al., 2012).

Tratamentos psicológicos para depressão

Entre os tratamentos psicológicos efetivos atualmente disponíveis para os transtornos depressivos, duas abordagens principais têm maiores evidências que apoiam a eficácia deles. A primeira é uma abordagem cognitivo-comportamental; Aaron T. Beck, fundador da terapia cognitiva, está mais intimamente associado a essa abordagem. A segunda, a psicoterapia interpessoal, foi desenvolvida por Myrna Weissman e Gerald Klerman.

Terapia cognitivo-comportamental

A **terapia cognitiva** de Beck surgiu diretamente de suas observações sobre o papel do pensamento negativo profundo para gerar a depressão (Beck, 1967, 1976; Young et al., 2014). Os pacientes são ensinados a examinar cuidadosamente seus processos de pensamento, enquanto eles estão deprimidos, e reconhecer distorções "depressivas" no pensamento. Essa tarefa nem sempre é fácil, porque muitos pensamentos são automáticos e estão além da consciência dos pacientes. Os pacientes aprendem que as distorções no pensamento podem diretamente causar a depressão. O tratamento envolve corrigir as distorções cognitivas e substituí-las por pensamentos e avaliações menos depressivos e (talvez) mais realistas. Posteriormente, na terapia, subordinar os esquemas cognitivos negativos (maneiras características de ver o mundo) que desencadeiam distorções cognitivas específicas é uma meta não somente no consultório, mas também na vida diária do paciente. O terapeuta toma propositadamente uma abordagem socrática (ensino por meio de perguntas – veja o diálogo a seguir), deixando claro que o terapeuta e o paciente estão trabalhando como uma equipe para descobrir padrões de pensamento disfuncionais e esquemas subjacentes, a partir dos quais eles são gerados. Os terapeutas devem ser habilidosos e altamente treinados. Segue-se um exemplo de uma interação real entre Beck e uma cliente deprimida chamada Irene.

BECK E IRENE... Um diálogo

Já que uma entrevista de admissão havia sido feita por outro terapeuta, Beck não gasta tempo analisando os sintomas de Irene em detalhes ou colhendo uma história. Irene começou por descrever seus "estados tristes". Beck quase imediatamente começou a provocar seus pensamentos automáticos durante esses períodos.

TERAPEUTA: Que tipo de pensamentos passou por sua mente quando você teve esses sentimentos tristes na semana passada?

PACIENTE: Bem... Eu acho que estou pensando em qual é a finalidade de tudo isso. Minha vida acabou. Simplesmente não é a mesma coisa... Eu tenho pensamentos como: "O que é que eu vou fazer?... Às vezes eu sinto raiva dele, do meu marido. Como ele poderia me deixar? Isso não é terrível da minha parte? O que há de errado comigo? Como posso ter raiva dele? Ele não queria ter uma morte horrível... Eu deveria ter feito mais. Eu deveria ter feito ele ir ao médico logo que ele começou a ter dores de cabeça... Oh, qual é a finalidade..."

T: Parece que você está se sentindo muito mal agora. Estou certo?

P: Sim.

T: Continue a me dizer o que está passando em sua mente neste momento.

P: Eu não posso mudar nada... Acabou... Eu não sei. Tudo parece tão triste e sem esperança... O que eu posso esperar do futuro... doença e, em seguida, a morte...

T: Então um dos pensamentos é que você não pode mudar as coisas e que não vai ficar melhor?

P: Sim.

T: E às vezes você acredita piamente nisso?

P: Sim, eu acredito, às vezes.

T: Neste momento, você acredita?

P: Eu acredito, sim.

T: Neste momento você acredita que não pode mudar as coisas e que não vai ficar melhor?

P: Bem, há algum vislumbre de esperança, mas, no geral, sim...

T: Existe alguma coisa em sua vida que você meio que almeja, em termos de sua própria vida, a partir de agora?

P: Bem, o que eu almejo – eu gosto de ver os meus filhos, mas eles são tão ocupados agora. Meu filho é um advogado e minha filha está na faculdade de medicina... Então, eles são muito ocupados... Eles não têm tempo para gastar comigo.

Ao indagar sobre os pensamentos automáticos de Irene, o terapeuta começou a entender o ponto de vista da paciente – que ela seguiria sua vida quase sempre sozinha. Isto ilustra a desesperança sobre o futuro, que é característica da maioria dos pacientes deprimidos. Uma segunda vantagem para essa linha de investigação é que o terapeuta introduziu Irene na ideia de olhar para seus próprios pensamentos, o que é fundamental para a terapia cognitiva (Young et al., 2014).

Abordagens cognitivo-comportamentais relacionadas para depressão incluem o Sistema de Psicoterapia de Análise Cognitivo-Comportamental (SPACC) (McCullough, 2000, 2014), que integra estratégias cognitivas, comportamentais e interpessoais e se concentra nas habilidades de resolução de problemas, em particular, no contexto de relacionamentos importantes. Esse tratamento foi concebido para indivíduos com depressão persistente (crônica) e foi testado em um grande ensaio clínico (ver a seguir). Finalmente, tem-se observado que a terapia baseada em *mindfulness* é eficaz no tratamento da depressão (Hofmann, Sawyer, Witt e Oh, 2010; Khoury et al., 2013) e na prevenção de futuras recaídas e recorrências depressivas (Kuyken et al., 2015). Essas técnicas também foram combinadas com a terapia cognitiva na terapia cognitiva baseada em *mindfulness* (TCBM) (Barnhofer et al., 2015; Michalak et al., 2015; Williams et al., 2007; Segal, Williams e Teasdale, 2002). A TCBM foi avaliada e considerada efetiva em sua maior parte no contexto da prevenção de recaídas ou recorrências em pacientes que estão em remissão de seu episódio depressivo. Esta abordagem parece ser particularmente efetiva para indivíduos com transtornos mais graves, como indicado por uma história de três ou mais episódios depressivos anteriores (Segal et al., 2002; Segal et al., 2010).

O falecido Neil Jacobson e seus pares mostraram que o aumento da atividade por si só pode melhorar o autoconceito e diminuir a depressão (Dimidjian, et al., 2014; Jacobson et al., 1996). Este tratamento mais comportamental foi reformulado, porque a avaliação inicial sugere que ele é tão efetivo quanto, ou mais, que abordagens cognitivas (Hollon, 2011; Jacobson, Martell e Dimidjian, 2001). O novo foco dessa abordagem é prevenir a fuga de situações sociais e ambientais, que produzem efeito negativo ou depressão e resultam em evitação e inatividade. Em vez disso, o indivíduo é ajudado a enfrentar as situações ou desencadeadores e trabalhar com eles e com a depressão que produzem, com o terapeuta, por meio do desenvolvimento de melhores habilidades de enfrentamento. Da mesma forma, o exercício físico programado, ao longo de semanas ou meses, é surpreendentemente efetivo no tratamento da depressão (Mead et al., 2009; Stathopoulou, Powers, Berry, Smits e Otto, 2006). Babyak et al. (2000) demonstraram que exercícios aeróbicos programados, três vezes por semana, foram tão efetivos quanto medicação antidepressiva (Zoloft) ou a combinação do exercício ao Zoloft após quatro meses. Mais importante, o exercício foi *melhor* na prevenção de recaída em seis meses de tratamento em comparação com a droga ou a combinação de tratamentos, especialmente se os pacientes continuaram exercitando-se. Foi mencionado anteriormente que há alguma evidência de que o exercício físico aumenta a neurogênese no hipocampo, conhecida por estar associada com resiliência à depressão. Esta abordagem geral de se concentrar em atividades físicas também é consistente com os resultados sobre os métodos mais poderosos para mudar emoções desreguladas (Barlow, Allen e Choate, 2004; Campbell-Sills, Ellard e Barlow, 2015) e é provável que vejamos mais pesquisas sobre essa abordagem em um futuro próximo.

Psicoterapia interpessoal

Vimos que as grandes rupturas em nossas relações interpessoais são uma categoria importante de estresse que podem desencadear transtornos do humor (Joiner e Timmons, 2009; Kendler et al., 2003). Além disso, as pessoas com poucas relações sociais importantes, quando as têm, parecem em risco de desenvolver e manter os transtornos do humor (Beach et al., 2009). A **psicoterapia interpessoal (PTI)** (Bleiberg e Markowitz, 2014; Klerman et al. 1984; Weissman, 1995) centra-se na resolução de problemas nos relacionamentos existentes e no aprendizado para formação de novas relações interpessoais importantes.

Como as abordagens cognitivo-comportamentais, a PTI é altamente estruturada e raramente demora mais que 15 a 20 sessões, geralmente agendadas uma vez por semana (Cuijpers et al., 2011). Depois de identificar fatores estressores que parecem precipitar a depressão, o terapeuta e o paciente trabalham de forma colaborativa nos atuais problemas interpessoais do paciente. Tipicamente, estes incluem um ou mais dos quatro problemas interpessoais: *lidar com disputas de papéis interpessoais*, como conflitos conjugais; *ajustar-se à perda de um relacionamento*, como o luto pela morte de um ente querido; *aquisição de novos relacionamentos*, como casar-se ou estabelecer novas relações profissionais; e *identificar e corrigir déficits nas habilidades sociais* que impedem a pessoa de iniciar ou manter relações importantes.

Como um exemplo comum, o primeiro trabalho do terapeuta é o de identificar e definir uma disputa interpessoal (Bleiberg e Markowitz, 2014; Weissman, 1995), talvez com uma esposa que espera que o seu cônjuge a sustente, mas teve de arrumar um trabalho fora para ajudar a pagar contas. O marido pode esperar que a esposa divida igualmente a geração de renda. Se essa disputa parece estar associada ao surgimento de sintomas depressivos e resultar em uma série contínua de discussões e divergências sem resolução, ela se tornaria o foco para a PTI.

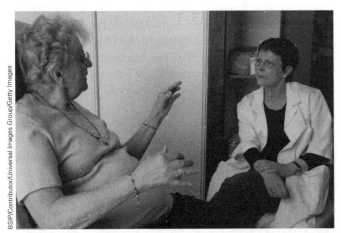

▲ Na psicoterapia interpessoal, terapeuta e paciente identificam estratégias para mitigar o conflito social e formar novas relações.

Depois de ajudar a identificar a disputa, o próximo passo é levá-la a uma resolução. Em primeiro lugar, o terapeuta ajuda o paciente a determinar o estágio da disputa.

1. *Fase de negociação.* Ambos os parceiros estão cientes de que é uma disputa, e eles estão tentando renegociá-la.
2. *Fase de impasse.* A disputa fica latente sob a superfície e resulta em baixo nível de ressentimento, mas não são feitas tentativas para resolvê-la.
3. *Fase de resolução.* Os parceiros estão tomando alguma ação, como divórcio, separação ou se comprometendo com o casamento.

O terapeuta trabalha com o paciente para definir a controvérsia, com clareza para ambas as partes, e desenvolver estratégias específicas para resolvê-la. Na mesma linha, Daniel O'Leary, Steve Beach e seus pares, assim como Neil Jacobson e colaboradores, demonstraram que a terapia conjugal é aplicável à maioria dos pacientes deprimidos, particularmente às mulheres, que estão no meio de casamentos disfuncionais (como é o caso de até 50% de todos os pacientes com depressão) (Beach e O'Leary, 1992; Praia et al., 2009; Jacobson et al., 1993).

Estudos comparando os resultados da terapia cognitiva e da PTI com os de drogas antidepressivas e outras condições de controle descobriram que as abordagens psicológicas e a medicação são igualmente efetivas imediatamente após o tratamento, e todos os tratamentos são mais efetivos que as condições de placebo, tratamentos breves psicodinâmicos ou outros controles adequados às condições, tanto para o transtorno depressivo maior quanto para o transtorno depressivo persistente (Hollon, 2011; Hollon e Dimidjian, 2009; Miller, Norman e Keitner, 1989; Paykel e Scott, 2009; Schulberg et al., 1996). Dependendo de como o "sucesso" é definido, cerca de 50% ou mais de pessoas beneficiam-se do tratamento de forma significativa, em comparação com cerca de 30% no grupo placebo ou controle (Craighead et al., 2002; Hollon, 2011; Hollon e Dimidjian, 2009).

Resultados semelhantes foram relatados em crianças e adolescentes deprimidos (Kaslow et al., 2009). Em um ensaio clínico notável, Brent et al. (2008) demonstraram que em mais de 300 adolescentes com depressão grave, que não tinham respondido a um antidepressivo ISRS, a TCC foi significativamente mais efetiva do que a troca para outro antidepressivo. Kennard et al. (2009) mostraram que isto era particularmente verdadeiro se os adolescentes recebessem pelo menos nove sessões de TCC.

Além disso, os estudos não encontraram diferenças na efetividade do tratamento com base na gravidade da depressão (Fournier et al., 2010; Hollon, Stewart e Strunk, 2006; McLean e Taylor, 1992; Stangier et al., 2013). Por exemplo, DeRubeis et al. (1999) avaliaram os efeitos da terapia cognitiva *versus* medicação apenas em pacientes gravemente deprimidos, durante quatro estudos, e não encontraram nenhuma vantagem de um tratamento sobre o outro. De modo semelhante, outra revisão quantitativa mostrou que a gravidade inicial da depressão não previu a eficácia da TCC e medicações antidepressivas (Weitz et al., 2015). Porém, acrescentar a TCC aos medicamentos antidepressivos somente aumentou a eficácia do tratamento em pacientes com depressão grave e não crônica (Hollon et al., 2014).

O'Hara et al. (2000) relataram efeitos positivos da PTI em um grupo de mulheres com depressão pós-parto, o que demonstra que esta abordagem é uma estratégia que vale a pena nas pacientes com depressão pós-parto que relutam à medicação, porque, por exemplo, estão amamentando. Em um estudo relacionado importante, Spinelli e Endicott (2003) compararam a PTI a uma abordagem psicológica alternativa em 50 mulheres grávidas deprimidas, impossibilitadas de tomar medicamentos devido ao dano potencial para o feto. Sessenta por cento dessas mulheres recuperaram-se, levando os autores a recomendar que a PTI deva ser a primeira escolha para as mulheres grávidas deprimidas, embora seja provável que a TCC produzisse resultados semelhantes. A PTI também tem sido administrada com sucesso em adolescentes deprimidos por clínicos escolares treinados para executar a PTI diretamente no ambiente escolar (Mufson et al., 2004). Esta abordagem prática mostra boa oportunidade para alcançar um maior número de adolescentes deprimidos. Em geral, esses estudos apresentam um quadro complexo, sugerindo que a depressão abrange um grupo heterogêneo de pacientes. Em um futuro próximo, nós podemos ser capazes de maximizar o resultado do tratamento designando o paciente para o tratamento mais adequado, dependendo das características individuais da pessoa, e de acordo com o movimento geral em direção à medicina de precisão.

Prevenção

Tendo em vista a gravidade dos transtornos do humor em crianças e adolescentes, começou-se a trabalhar na prevenção desses transtornos nesses grupos etários (Horowitz e Garber, 2006; Muñoz et al., 2010; Muñoz, Beardslee e Leykin, 2012). O Institute of Medicine (IOM) delineou três tipos de programas: programas *universais*, aplicados a todos; intervenções *selecionadas*, que têm como alvo os indivíduos em risco de depressão devido a fatores como divórcio, alcoolismo familiar e assim por diante; e intervenções *indicadas*, em que o indivíduo já está com sintomas leves de depressão (Muñoz et al., 2009). Como um exemplo de intervenções selecionadas, Gillham et al. (2012) ensinaram técnicas de resolução de problemas cognitivos e sociais a mais de 400 estudantes entre 10 e 15 anos, que estavam em risco de depressão devido a estilos de pensamento negativo. Em comparação com as crianças equivalentes em um grupo controle sem tratamento, o grupo de prevenção relatou menos sintomas depressivos durante o acompanhamento. Seligman et al. (1999) realizaram um curso semelhante para os estudantes universitários que estavam, também, em risco de depressão com base em um estilo cognitivo pessimista. Após três anos, os alunos que fizeram o programa de oito sessões sentiram menos ansiedade e depressão do que o grupo controle, que recebeu apenas avaliações. Isto sugere que pode ser possível "imunizar psicologicamente" contra a depressão crianças e adolescentes em risco, ensinando as habilidades cognitivas e sociais adequadas, antes que eles entrem na puberdade.

Os resultados de um grande ensaio clínico que combinou abordagens "selecionadas" e "indicadas" têm sido relatados priorizando adolescentes em risco de depressão (Garber et al.,

2009). Trezentos e dezesseis adolescentes, filhos de pais com transtornos depressivos atuais ou anteriores, foram inseridos no ensaio e randomizados para um programa de prevenção por TCC ou para cuidados habituais. Para ser incluídos, os adolescentes tinham de ter um histórico de depressão ou sintomas depressivos atuais que não fossem graves o suficiente para cumprir os critérios de um transtorno, ou ambos. Os adolescentes do grupo de prevenção por TCC receberam oito sessões semanais em grupo, assim como seis sessões mensais de continuação. O grupo de cuidados habituais incluiu o uso bastante ativo de serviços de saúde mental ou de outros serviços de saúde que, no entanto, não incluíam nenhum dos procedimentos utilizados no grupo com TCC. Os resultados, apresentados na Figura 7.8, indicam que o programa de prevenção por TCC foi significativamente mais efetivo que o tratamento usual na prevenção de futuros episódios de depressão, mas apenas para os adolescentes cujos pais não estavam em um episódio depressivo atual. Se os pais estivessem em um episódio depressivo enquanto os adolescentes estavam recebendo cuidados, os adolescentes se tornavam um pouco menos deprimidos, com base em seu próprio relato, mas não tiveram significativamente menos episódios depressivos durante o período de acompanhamento. Esses resultados são muito importantes, porque não apenas mostram que os programas de prevenção são potencialmente efetivos, mas também que estar com um dos pais deprimido diminui, em algum grau, o poder de programas preventivos (Hammen, 2009). Os resultados também sugerem que, para prevenir futuros episódios depressivos, é necessário tratar a depressão em toda a família de forma coordenada.

Outro estudo recente também demonstrou que reuniões integradas com famílias em que um dos pais tem histórico de depressão, juntamente com seus filhos entre 9 e 15 anos (que estavam em risco por causa da depressão dos pais), foram bem-sucedidas na prevenção de depressão nessas famílias durante o período de seguimento (Compas et al., 2009). Outros estudos indicaram que a prevenção da depressão é possível em adultos mais velhos, em cuidados de saúde primários (van't Veer-Tazelaar et al., 2009) e também em pacientes pós-AVC, um grupo de alto risco (Robinson et al., 2008 Reynolds, 2009). Uma revisão recente sugere que a TCC, realizada durante a fase aguda, parece ter um efeito duradouro que protege alguns pacientes contra recaída e outros contra a recorrência após o término do tratamento. Além disso, a continuação da TCC parece reduzir o risco de recaída, e a TCC de manutenção parece reduzir o risco de recorrência (Bockting et al., 2015). No entanto, são necessários mais estudos de prevenção. Tendo em vista a enorme sobrecarga que a depressão gera na sociedade, um consenso desenvolvido é que a prevenção da depressão é uma prioridade global na saúde pública (Cuijpers, Beekman e Reynolds, 2012).

Tratamentos combinados para depressão

Uma questão importante é saber se a combinação de tratamentos psicossociais com medicação é mais efetiva que qualquer tratamento isolado para tratar depressão ou prevenir recaídas. Em um grande estudo relatado por Keller et al. (2000) sobre o tratamento da depressão maior persistente (crônica), 681 pacientes de 12 clínicas em todo o país foram designados para receber medicação antidepressiva (nefazodona), TCC construída especificamente para pacientes com depressão crônica (o SPACC, discutido anteriormente) (McCullough, 2014) ou a combinação dos dois tratamentos. Os pesquisadores observaram que 48% dos pacientes que receberam cada um dos tratamentos individuais entraram em remissão ou responderam de forma clinicamente satisfatória em comparação aos 73% dos pacientes que receberam tratamento combinado. Como esse estudo foi realizado com apenas um subconjunto de pacientes deprimidos, aqueles com depressão persistente, as descobertas precisam ser replicadas antes que os pesquisadores possam dizer que o tratamento combinado seria útil para a depressão em geral. Além disso, já que o estudo não incluía uma quinta condição em que a TCC fosse combinada ao placebo, não podemos excluir que a maior efetividade do tratamento combinado possa ter sido resultado de fatores de placebo. No entanto, o consenso é de que o tratamento combinado fornece alguma vantagem. Observe como essa conclusão difere daquela no Capítulo 5, sobre transtornos de ansiedade, em que não houve vantagem aparente dos tratamentos combinados. Mas a combinação de dois tratamentos também é cara e, por isso, muitos especialistas acham que faz mais sentido usar uma estratégia sequencial, em que você começa com um tratamento (talvez o que o paciente prefere ou o que é mais conveniente) e posteriormente muda para outro tratamento, somente se a primeira escolha não for inteiramente satisfatória (ver, por exemplo, Lynch et al., 2011; Schatzberg et al., 2005).

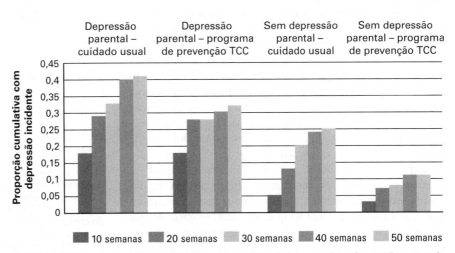

FIGURA 7.8 Risco de depressão incidente pela condição de intervenção e depressão parental inicial. (Adaptado de Garber, J. et al. [2009]. Prevention of depression in at-risk adolescents: A randomized controlled trial. *Journal of the American Medical Association, 301*, 2215-2224.)

Prevenindo a reincidência da depressão

Medicações e TCC parecem operar de modos diferentes, mas ainda é incerto qual é o mais efetivo. Pode ser que o tratamento mais efetivo dependa do indivíduo em particular, mas sabemos um pouco dessas características dos pacientes que poderiam ser usadas para personalizar as terapias. Até que desenvolvamos tais métodos, os estudos continuam a comparar grupos de indivíduos que compartilham o mesmo diagnóstico. Além do mais, é possível que a medicação, quando funciona, o faça mais rapidamente que tratamentos psicológicos, em sua maioria, o que por sua vez tem a vantagem de aumentar o funcionamento social de longo alcance do paciente (especialmente no caso de PTI) e proteger contra recaída ou recorrência (particularmente a TCC). A combinação de tratamentos, portanto, pode tirar proveito da ação rápida dos medicamentos e da proteção psicossocial contra a recorrência e a recaída, assim permitindo uma eventual descontinuação dos medicamentos.

Dada a alta taxa de recorrência da depressão, não é de estranhar que mais de 50% dos pacientes sob medicação antidepressiva reincidem se a medicação é suspensa em um prazo de quatro meses após seu último episódio depressivo maior (Thase, 1990). Portanto, uma questão importante tem a ver com o **tratamento de manutenção** para prevenir a recaída ou recorrência em longo prazo. Em uma série de estudos, a terapia cognitiva reduziu as taxas de recidiva subsequente nos pacientes deprimidos em mais de 50% em relação a grupos tratados com medicação antidepressiva (ver, por exemplo, Hollon et al., 2005, 2006; Teasdale et al., 2000). Um estudo conduzido por Jarrett et al. (2013) comparou a TCC, um ISRS (fluoxetina) e uma pílula placebo como estratégia de prevenção à recaída para pessoas com transtorno depressivo maior recorrente. O estudo, inicialmente, tratou todos participantes com TCC, e então, randomizou as pessoas para receber ou TCC continuada, ou o ISRS, ou o placebo por oito meses. Em seguida, o tratamento foi interrompido e os pacientes foram acompanhados por dois anos para examinar taxas de recidiva. O estudo mostrou que, de modo geral, tanto a TCC quanto o ISRS preveniram a recaída igualmente bem, e mais do que o placebo. Curiosamente, as taxas de recaídas após ter recebido a TCC e a fluoxetina não diferiram.

Em outro estudo, os pacientes foram tratados com medicação antidepressiva ou terapia cognitiva em comparação ao placebo (ver DeRubeis et al., 2005) e, em seguida, o estudo começou (Hollon et al, 2005; Hollon, Stewart e Strunk, 2006). Todos os pacientes que responderam bem ao tratamento foram acompanhados por dois anos. Durante o primeiro ano, um grupo de pacientes inicialmente tratado com medicação antidepressiva continuou com a medicação, mas depois a suspendeu durante o segundo ano. Também está incluído neste quadro um subgrupo de pacientes do grupo com medicação antidepressiva, que tomou a medicação exatamente como prescrita e, portanto, deve ter recebido o benefício máximo das drogas (aderência perfeita). Um segundo grupo de pacientes, que recebeu originalmente terapia cognitiva, recebeu até três sessões adicionais (de reforço) durante esse primeiro ano, mas nenhuma depois disso. Um terceiro grupo também foi tratado inicialmente com medicação antidepressiva, mas depois passou ao placebo. Os resultados destes dois anos são apresentados na Figura 7.9. Durante o primeiro ano, os pacientes que tiveram seus medicamentos suspensos e foram colocados sob pílulas placebo tiveram consideravelmente mais probabilidade de recaída, durante o intervalo de doze meses que se seguiu, do que os pacientes que continuaram em uso de medicação (23,8% não recaíram sob placebo versus 52,8% em uso de medicação). Em comparação, 69,2% dos pacientes com um histórico de terapia cognitiva não recaíram. Neste ponto, não houve diferença estatisticamente significativa nas taxas de recaída entre os pacientes que receberam terapia cognitiva versus aqueles que continuaram em uso de medicação antidepressiva. Isto sugere que a terapia cognitiva anterior tem um efeito duradouro, que é pelo menos tão grande quanto manter os pacientes com medicamentos. No segundo ano, quando todos os tratamentos tinham cessado, os pacientes que receberam medicações foram mais propensos a sofrer uma recorrência do que os pacientes que receberam originalmente terapia cognitiva. Assim, as taxas ajustadas de recorrência foram de 17,5% para a terapia cognitiva prévia contra 56,3% para a continuação anterior da medicação antidepressiva. Stangier et al. (2013) compararam os efeitos da TCC com os da psicoeducação (uma condição controle) como uma intervenção de manutenção para depressão recorrente e observaram que a TCC foi apenas mais efetiva do que a condição controle em pacientes com cin-

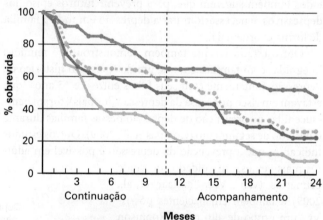

FIGURA 7.9 Proporção acumulada de pacientes deprimidos que responderam ao tratamento e que se mantiveram sem recaída durante a continuação (primeiros 12 meses), e proporção acumulada de pacientes recuperados que seguiram sem recorrência durante o acompanhamento subsequente (13-24 meses). A terapia cognitiva prévia (TC) permitiu somente três sessões de reforço após resposta aguda (primeiros 12 meses) e nenhuma sessão após a recuperação (13-24 meses). Os pacientes que continuaram com o medicamento antidepressivo (condição medicamento) continuaram com medicação ativa após respostas agudas (primeiros 12 meses) e então o remédio foi retirado após a recuperação (13-24 meses); aderência refere-se à condição que fez uso da medicação exatamente como prescrito e deve ter recebido o máximo de benefício durante a fase de continuação. Pacientes com placebo mudaram de medicações ativas para placebo após as respostas agudas (primeiros 12 meses) então retirou-se todo remédio após a recuperação (13-24 meses). (Adaptado, com permissão, de Hollon, S., Stewart, M. e Strunk, D. [2006]. Enduring effects for cognitive behavior therapy in the treatment of depression and anxiety. *Annual Review of Psychology*, 57, 285-315, 2006 American Medical Association.)

co ou mais episódios depressivos prévios. Esses estudos parecem confirmar que os tratamentos psicológicos para depressão são mais notáveis por sua capacidade duradoura de prevenir recaídas ou recorrências, principalmente para os casos mais crônicos ou graves.

A intervenção precoce em crianças e adolescentes de alto risco é uma área particularmente importante de pesquisas futuras. Um estudo recente comparou a TCC com os cuidados habituais para prevenir a depressão em adolescentes de alto risco (Beardslee et al., 2013; Brent et al., 2015). Os participantes passaram por oito sessões semanais, seguidas por seis sessões mensais de continuação. Os resultados mostraram que a TCC foi mais efetiva do que os cuidados habituais (consistindo em tratamento de saúde mental iniciado pela família) na prevenção do início da depressão em três anos (Beardslee et al., 2013) e seis anos (Brent et al., 2015) após o tratamento. Esses são resultados importantes e encorajadores.

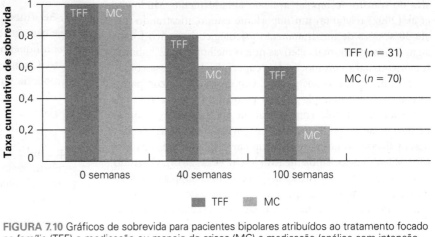

FIGURA 7.10 Gráficos de sobrevida para pacientes bipolares atribuídos ao tratamento focado na família (TFF) e medicação ou manejo de crises (MC) e medicação (análise com intenção de tratar, N = 101). A comparação das barra revelou que os pacientes submetidos à TFF tinham intervalos de sobrevida mais longos, sem cair na recidiva da doença, que pacientes submetidos a MC (Wilcoxon X^2_1 = 8.71, P = 0,003). (Baseado em Miklowitz, D. J. et al. [2003]. A randomized study of family-focused psychoeducation and pharmacotherapy in the outpatient management of bipolar disorder. *Archives of General Psychiatry, 60*, 904-912.)

Tratamentos psicológicos para o transtorno bipolar

Embora a medicação, especialmente o lítio, pareça um tratamento necessário para o transtorno bipolar, a maioria dos clínicos enfatiza a necessidade de intervenções psicológicas para gerenciar problemas interpessoais e práticos (por exemplo, dificuldades conjugais e no trabalho que resultam do transtorno) (Otto e Applebaum, 2011). Até recentemente, o principal objetivo da intervenção psicológica era aumentar a adesão aos regimes medicamentosos, como o lítio. Notava-se anteriormente que os "prazeres" de um estado maníaco faziam o paciente se recusar a tomar o lítio, gerando um grande obstáculo terapêutico. Desistir das drogas entre os episódios ou pular dosagens durante um episódio compromete significativamente o tratamento. Portanto, aumentar a adesão aos tratamentos medicamentosos é importante (Goodwin e Jamison, 2007). Por exemplo, Clarkin et al. (1998) avaliaram as vantagens da adição de um tratamento psicológico à medicação em pacientes internados e encontraram uma melhor adesão à medicação para todos os pacientes, resultando em melhores resultados globais para os pacientes mais graves em comparação com medicação isolada.

Mais recentemente, tratamentos psicológicos também foram dirigidos a aspectos psicossociais do transtorno bipolar. Ellen Frank e seus pares desenvolveram um tratamento psicológico que regula os ritmos circadianos, ajudando pacientes a regular sua alimentação e ciclos de sono e outras programações diárias, assim como lidar mais efetivamente com eventos estressantes da vida, em particular com questões interpessoais (Frank et al., 2005; Frank et al., 1997; Frank et al., 1999). Em uma avaliação desta abordagem, chamada *terapia interpessoal e de ritmo social* (TIPRS), os pacientes que receberam TIPRS viveram mais tempo sem novos episódios maníacos ou depressivos, comparados aos pacientes submetidos ao manejo clínico intensivo padrão. Os resultados iniciais com adolescentes também são promissores (Hlastala et al., 2010).

David Miklowitz e seus pares descobriram que a tensão familiar está associada à recaída do transtorno bipolar. Estudos preliminares indicam que os tratamentos dirigidos a ajudar as famílias a compreender os sintomas e desenvolver novas habilidades de enfrentamento e novos estilos de comunicação mudam os estilos de comunicação (Simoneau Miklowitz et al., 1999) e previnem a recidiva (Miklowitz, 2014). Miklowitz et al. (2003) demonstraram que o tratamento focado na família, combinado à medicação, resulta em significativamente menos recaídas em um ano após o início do tratamento do que ocorre em pacientes recebendo manejo e medicação das crises durante o mesmo período (veja a Figura 7.10). Especificamente, apenas 35% dos pacientes que receberam terapia de família junto da medicação recaíram, *versus* 54% no grupo de comparação. Da mesma forma, pacientes com terapia familiar mediaram por mais de um ano e meio (73,5 semanas) antes de haver recidivas, significativamente mais que o grupo de comparação. Rea, Tompson e Miklowitz (2003) compararam esta abordagem a uma psicoterapia individualizada em que os pacientes receberam o mesmo número de sessões durante o mesmo período e continuaram a encontrar uma vantagem para a terapia de família, após dois anos. Reilly-Harrington et al. (2007) encontraram evidências de que a TCC é efetiva para pacientes bipolares com características de ciclagem rápida. Tendo em vista a baixa efetividade relativa da medicação antidepressiva para a fase depres-

▲ Ellen Frank e seus pares desenvolveram novos tratamentos importantes para prevenir recorrências de transtornos do humor.

siva do transtorno bipolar avaliado anteriormente, Miklowitz et al. (2007) relataram um importante estudo, mostrando que até 30 sessões de um tratamento psicológico intensivo foram significativamente mais efetivas que o melhor e mais habitual tratamento para a promoção da recuperação da depressão bipolar e da manutenção dos ganhos. Um outro estudo comparou os efeitos de uma terapia familiar de quatro meses *versus* uma condição de controle educacional na prevenção de sintomas de humor, ao longo de um ano, em jovens com alto risco para desenvolvimento de transtorno bipolar com base em seus históricos familiares e ambiente (Miklowitz et al., 2013). O estudo mostrou que os participantes que receberam a terapia com foco familiar tiveram uma recuperação mais rápida de seus sintomas iniciais de humor, e com mais frequência estavam em remissão após um ano de tratamento em comparação com aqueles da condição controle educacional. A especificidade deste efeito sobre a depressão bipolar, que é a fase mais comum do transtorno bipolar, combinada à falta de efetividade dos antidepressivos, sugere que estes procedimentos constituem um contributo importante ao tratamento abrangente do transtorno bipolar. Otto et al. (2008a, 2008b) sintetizaram esses procedimentos baseados em evidências de tratamento psicológico para o transtorno bipolar em um novo protocolo de tratamento.

Voltemos agora para Katie, que, você vai se lembrar, tinha feito uma séria tentativa de suicídio em meio a um episódio depressivo maior.

KATIE... O triunfo do eu

Assim como a maioria esmagadora das pessoas com transtornos psicológicos graves, Katie nunca tinha recebido um seguimento adequado de tratamento, embora tenha sido avaliada ocasionalmente por vários profissionais da saúde mental. Ela vivia em uma área rural, onde a ajuda profissional competente não estava prontamente disponível. Sua vida tinha altos e baixos, na luta para dominar a ansiedade e a depressão. Quando podia controlar suas emoções de forma suficiente, ela fazia um curso ocasional no programa de estudo independente do ensino médio. Katie descobriu que era fascinada por aprender. Matriculou-se em uma faculdade da comunidade local com 19 anos e foi muito bem, mesmo que não tenha progredido além do seu primeiro ano no ensino médio. Na faculdade, ganhou um diploma equivalente ao ensino médio. Passou a trabalhar em uma fábrica local. Mas continuou a beber muito e tomar Valium; ocasionalmente, a ansiedade e a depressão voltavam a atrapalhar sua vida.

Finalmente, Katie saiu de casa, frequentou a faculdade em tempo integral e se apaixonou. Mas o romance não era correspondido e ela foi rejeitada.

> Uma noite, depois de uma conversa por telefone com ele, quase me embebedei até a morte. Eu morava em um quarto individual, sozinha, no dormitório. Bebi muita vodca, o mais rápido quanto podia.

> Adormeci. Quando acordei, estava coberta de vômito e não conseguia me lembrar de adormecer ou vomitar. Eu fiquei bêbada durante grande parte do dia seguinte. Quando acordei, na manhã seguinte, percebi que poderia ter me matado por asfixia com meu próprio vômito. Mais importante, eu não tinha certeza se queria morrer. Essa foi a última vez que bebi.

Katie decidiu fazer algumas mudanças. Aproveitando o que tinha aprendido durante o pequeno tratamento que recebeu, começou a olhar para a vida e para ela mesma de forma diferente. Em vez de insistir na forma inadequada e ruim em que se encontrava, começou a prestar atenção em seus pontos fortes.

> Mas agora eu percebia que precisava me aceitar como era e trabalhar com todos os obstáculos que enfrentava. Eu precisava seguir pelo mundo o mais feliz e confortavelmente que pudesse. Eu tinha direito a isso.

Outras lições aprendidas no tratamento tornaram-se preciosas e Katie tornou-se mais ciente de suas oscilações de humor:

> Aprendi a ver os períodos de depressão como [simplesmente] períodos de "sentimento". Eles são uma parte de quem sou, mas não o todo. Reconheço quando me sinto daquela maneira, e quando me sinto insegura sobre meus sentimentos, verifico minhas percepções com outra pessoa em quem confio. Tento manter a crença de que esses períodos são temporários.

Katie desenvolveu outras estratégias para enfrentar a vida com sucesso:

> Tento ficar concentrada em minhas metas e no que é importante para mim. Aprendi que se uma estratégia para alcançar alguma meta não funciona, existem outras que provavelmente funcionarão. Minha persistência é uma das minhas bênçãos. A paciência, a dedicação e a disciplina também são importantes. Nenhuma das mudanças pelas quais tenho passado aconteceu instantânea ou automaticamente. A maior parte do que consegui exigiu tempo, esforço e persistência.

Katie sonhava que se trabalhasse duro o suficiente conseguiria ajudar outras pessoas que tinham problemas semelhantes. Katie perseguiu esse sonho e recebeu o grau de Ph.D. em Psicologia.

Verificação de conceitos 7.4

Indique qual tipo de tratamento para transtornos do humor é descrito em cada declaração.

1. O tratamento controverso, mas bem sucedido, envolvendo a produção de convulsões por meio de corrente elétrica no cérebro. _____

2. Ensina clientes a examinar cuidadosamente seu processo de pensamento e reconhecer estilos "depressivos" no pensamento. _____

3. Vêm em três tipos principais (tricíclicos, inibidores da MAO e ISRSs) e são muitas vezes prescritos, mas têm inúmeros efeitos colaterais. _____

4. Este antidepressivo deve ser regulado cuidadosamente para evitar a doença, mas tem a vantagem de afetar episódios maníacos. _____

5. Esta terapia centra-se na resolução de problemas nos relacionamentos existentes e no aprendizado para formação de novas relações interpessoais. _____

6. Este é um esforço para evitar uma recaída ou reincidência de longo prazo. _____

Suicídio

Na maior parte dos dias somos confrontados com notícias sobre a guerra contra o câncer ou sobre a corrida frenética para a cura da Aids. Ouvimos também admoestações intermináveis para melhorar nossa dieta e para nos exercitarmos mais para evitarmos doenças cardíacas. Mas outra causa de morte está no mesmo nível que as condições clínicas mais assustadoras e perigosas. Esta é a decisão aparentemente inexplicável de se matar, feita por cerca de 40 mil pessoas todos os anos, somente nos Estados Unidos.

Estatísticas

Considere um grupo de mil pessoas, selecionadas aleatoriamente, da população mundial. A cada ano, quatro dessas pessoas vão cometer suicídio, sete vão fazer planos para se matar e 20 considerarão seriamente o suicídio (Borges et al., 2010).

O suicídio é oficialmente a 11ª principal causa de morte nos Estados Unidos (Nock et al., 2008) e a maioria dos epidemiologistas concorda que o número real de suicídios pode ser duas a três vezes maior do que o que é reportado. Muitos desses suicídios não reportados ocorrem quando as pessoas deliberadamente dirigem para fora de uma ponte ou de um penhasco (Blumenthal, 1990) e, no passado, não era incomum atribuírem as mortes por suicídio a causas médicas em respeito ao falecido (Marcus, 2010). Em todo o mundo, o suicídio causa mais mortes por ano do que homicídios ou HIV/Aids (Nock et al., 2008).

O suicídio é esmagadoramente um fenômeno branco. A maioria dos grupos minoritários, incluindo afro-americanos e hispânicos, raramente recorre a essa alternativa desesperada. Como é de esperar considerando a incidência de depressão em nativos norte-americanos, no entanto, a taxa de suicídio é extremamente alta, superando sobremaneira as taxas em outros grupos étnicos (Centers for Disease Control and Prevention [CDC], 2015), apesar de haver grande variabilidade entre as tribos – entre os Apaches, as taxas são quase quatro vezes a média nacional (Mullany et al., 2009). Ainda mais alarmante é o aumento dramático da morte por suicídio começan-

do na adolescência. De 1994 para 2012, a taxa de morte por suicídio aumentou de 0,5 para 0,9 no grupo etário de 10 a 14 anos e de 3 para 4,9 no grupo etário entre 20 a 24 anos (CDC, 2015). As armas de fogo representam quase metade de todos os suicídios nessa faixa etária (CDC, 2015). Infelizmente, os adolescentes que estão em risco de suicídio têm acesso tão fácil às armas de fogo (um em cada três adolescentes mora em uma casa com uma arma de fogo) quanto aqueles que não estão em risco (Simonetti et al., 2015). A prevalência das taxas de suicídio em adolescentes difere muito a depender do grupo étnico. Este fato ressalta a importância de olhar para as considerações culturais na prevenção e tratamento do suicídio de adolescentes (Goldston et al., 2008).

Há também um aumento dramático nas taxas de suicídio entre os idosos em comparação com as taxas nos grupos etários mais jovens. Esse aumento tem sido ligado à crescente incidência de doenças médicas em nossos cidadãos mais velhos, à sua crescente perda de apoio social (Conwell, Duberstein e Caine, 2002) e a depressão resultante (Fiske et al., 2009; Boen, Dalgard e Bjertness, 2012). Como observamos, existe forte relação entre a doença ou a enfermidade e o desamparo ou a depressão.

A tentativa de suicídio não ocorre apenas entre adolescentes e adultos. Existem vários relatos de crianças, de 2 a 5 anos, que haviam tentado suicídio pelo menos uma vez, muitas ferindo-se gravemente (Rosenthal e Rosenthal, 1984; Tishler, Reiss e Rhodes, 2007), e o suicídio é a quinta maior causa de morte entre 5 e 14 anos (Minino et al., 2002).

Independentemente da idade, em todos os países ao redor do mundo, exceto na China, os homens são quatro vezes mais propensos a *cometer* suicídio do que as mulheres (Nock et al., 2011; Organização Mundial da Saúde, 2010). Esse fato surpreendente parece estar relacionado, em parte, às diferenças entre gêneros nos tipos de *tentativas* de suicídio. Os homens geralmente escolhem métodos mais violentos, como armas de fogo e enforcamento; as mulheres tendem a contar com opções menos violentas, como a overdose de drogas (Callanan e Davis, 2012; Nock et al., 2011). Mais homens cometem suicídio durante a velhice e mais mulheres na meia-idade, em parte porque a maioria das tentativas por mulheres mais velhas não é bem-sucedida (Berman, 2009; Kuo, Gallo e Tien, 2001).

Exclusivamente na China, mais mulheres que homens cometem suicídio, especialmente em áreas rurais (Sun, 2011; Wu, 2009; Nock et al., 2008; Phillips, Li e Zhang, 2002). O que explica essa inversão culturalmente determinada? Cientistas chineses concordam que as taxas de suicídio da China, provavelmente as mais altas do mundo, são resultado de uma ausência de estigma. O suicídio, especialmente entre as mulheres, é frequentemente retratado na literatura clássica chinesa como uma solução razoável para os problemas. A família da mulher rural chinesa é seu mundo, e o suicídio é uma solução honrosa se a família entra em colapso. Além disso, os pesticidas agrícolas altamente tóxicos estão prontamente disponíveis e é possível que muitas mulheres, que não necessariamente pretendem se matar, morram depois de, acidentalmente, engolir veneno.

Além dos suicídios consumados, três outros índices importantes do comportamento suicida são a **ideação suicida** (pensar seriamente sobre o assunto), os **planos suicidas** (formulação de um método específico para se matar) e **tentativas**

de suicídio (a pessoa sobrevive) (Kessler et al., 2005; Nock et al., 2011). Além disso, Nock e Kessler (2006) distinguem "os que tentam" (automutiladores com intenção de morrer) "dos que sinalizam" (automutiladores que não pretendem morrer, mas influenciar ou manipular alguém ou comunicar um grito de socorro). Em um estudo nacional, cuidadosamente realizado, usando definições consistentes, a prevalência da ideação suicida foi estimada em 9,2%; 3,1% relataram um plano suicida e 2,7% tentaram se matar em algum momento durante a vida (Nock et al., 2008). Embora homens *cometam* suicídio com mais frequência que as mulheres na maior parte do mundo, as mulheres *tentam* o suicídio pelo menos três vezes mais (Berman e Jobes, 1991; Kuo et al., 2001). E a taxa global de ideação suicida não letal, planos e tentativas (sem sucesso) é 40% a 60% maior em mulheres que em homens (Nock et al., 2011). Esta alta incidência pode refletir o fato de que mais mulheres que homens estão deprimidas e que a depressão está fortemente relacionada às tentativas de suicídio (Berman, 2009). Também é interessante que, apesar da maior taxa de suicídios entre os brancos, não existem diferenças étnicas ou raciais significativas nas taxas de ideação, planos ou tentativas suicidas (Kessler et al., 2005). Entre os adolescentes, a proporção entre *ideação* e *tentativas* de suicídio é também entre 3:1 e 6:1. Em outras palavras, entre 16% e 30% dos adolescentes que pensam em se matar, na verdade, tentam fazê-lo (Kovacs, Goldston e Gatsonis, 1993; Nock et al., 2008). Os "pensamentos", neste contexto, não se referem a um tipo filosófico fugaz de consideração, mas sim a uma contemplação séria do ato. O primeiro passo no caminho perigoso para o suicídio é pensar sobre isso.

Em um estudo com estudantes universitários (entre os quais o suicídio é a segunda principal causa de morte), cerca de 12% tiveram sérios pensamentos suicidas durante os últimos doze meses (Wilcox et al., 2010). Somente uma minoria desses estudantes com pensamentos relacionados a suicídio (talvez em torno de 10%) tentou se matar e apenas alguns conseguiram (Schwartz, 2011). Não obstante, dada à enormidade do problema, os pensamentos suicidas são considerados muito seriamente pelos profissionais da saúde mental.

Causas

Na primavera de 2003, Bernard Loiseau, um dos maiores *chefs* franceses de todos os tempos, soube que um importante guia de restaurantes franceses, *Gault Millau*, reduziu a nota de avaliação de um de seus restaurantes. Esta foi a primeira vez em sua carreira que qualquer um de seus restaurantes tinha uma nota de avaliação reduzida. Mais tarde, naquela semana, ele se matou. Embora a polícia tenha rapidamente declarado sua morte como suicídio, a maioria das pessoas na França não considerou assim. Junto de seus companheiros também chefs, todos acusaram o guia de assassinato! Alegaram que ele havia sido profundamente afetado pelo rebaixamento das avaliações, assim como a especulação na imprensa de que poderia perder uma de suas três estrelas Michelin (Michelin publica o mais famoso guia de restaurantes franceses). Essa série de eventos causou sensação em toda a França e em todo o mundo culinário. Mas *Gault Millau* matou Loiseau? Vamos examinar as causas do suicídio.

Concepções passadas

O grande sociólogo Emile Durkheim (1951) definiu diversos tipos de suicídio, com base nas condições sociais ou culturais em que aconteciam. Um dos tipos são os suicídios "formalizados", que eram aprovados, tais como o antigo costume *hara-kiri* no Japão, em que se esperava que um indivíduo que trouxesse desonra para si ou para sua família se empalasse com uma espada. A esse tipo de suicídio, Durkheim chamou *suicídio altruísta*. Ele também reconheceu a perda do apoio social como um estímulo importante para o suicídio; denominou a esse tipo *suicídio egoísta* (os idosos que se matam após perder o contato com amigos ou familiares se enquadram nessa categoria). Magne-Ingvar, Ojehagen e Traskman-Bendz (1992) descobriram que somente 13% de 75 indivíduos que tentaram suicídio tinham uma rede social adequada de amigos e relacionamentos. Da mesma forma, um estudo recente descobriu que aqueles que tentavam suicídio se percebiam com menor apoio social que aqueles que não tentavam (Riihimaki et al., 2013). *Suicídios anômicos* são o resultado de rompimentos marcantes, como a perda súbita de um trabalho de alto prestígio ("anomia" é sentir-se perdido e confuso). Por fim, os *suicídios fatalistas* resultam de uma perda de controle sobre o próprio destino. O suicídio em massa dos 39 membros do culto Heaven's Gate em 1997 é um exemplo, porque as vidas daquelas pessoas estavam de certa forma nas mãos de Marshall Applewhite, líder autoritário e carismático. O trabalho de Durkheim foi importante para nos alertar sobre a contribuição social para o suicídio. Sigmund Freud (1917/ 1957) acreditava que o suicídio (e a depressão, em certo nível) indicava a hostilidade inconsciente dirigida para o *self* em vez de para fora da pessoa ou para a situação que causa raiva. As vítimas de suicídio parecem "punir" psicologicamente outras pessoas que podem tê-las rejeitado ou lhes ter causado algum dano pessoal. O pensamento atual considera os fatores sociais e psicológicos, mas também esclarece a importância potencial das contribuições biológicas.

Fatores de risco

Edward Shneidman foi o pioneiro no estudo dos fatores de risco para o suicídio (Shneidman, 1989; Shneidman, Farberow e Litman, 1970). Entre os métodos que ele e outros usaram para estudar as condições e os eventos que tornam uma pessoa vulnerável está a **autópsia psicológica**. O perfil psicológico de uma pessoa que cometeu suicídio é reconstruído por meio de entrevistas extensivas com amigos e familiares que podem ter conhecimento do que o indivíduo estava pensando e fazendo no período anterior à morte. Esse e outros métodos permitiram aos pesquisadores identificar variados fatores de risco para o suicídio.

Histórico familiar

Se um membro da família cometeu suicídio, há um aumento do risco de que mais alguém na família também o faça (Hantouche, Angst e Azorín, 2010; Berman, 2009; Kety, 1990; Mann et al., 1999; Mann et al., 2005; Nock et al., 2011). De fato, uma pesquisa recente descobriu que, entre os pacientes deprimidos, o mais forte preditor de comportamento suicida era uma história familiar de suicídio (Hantouche et al., 2010). Brent et al. (2002) observaram que os filhos de membros fami-

270 PSICOPATOLOGIA

▲ Os homens costumam escolher métodos violentos para cometer suicídio. O ator Robin Williams, mostrado aqui, enforcou-se. O cantor Kurt Cobain atirou em si mesmo.

liares que haviam tentado suicídio tinham seis vezes mais risco para tentativas de suicídio em comparação com filhos de pessoas que não tentaram. Se um irmão ou irmã também tentou suicídio, o risco aumentaria ainda mais (Brent et al., 2003). Isto pode não ser surpreendente, porque muitas pessoas que se suicidam estão deprimidas ou têm algum transtorno mental relacionado, e esses transtornos se dão nas famílias (Nock et al., 2011). Não obstante, a questão permanece: as pessoas que se matam estão adotando uma solução familiar que presenciaram em membros da família, ou um traço hereditário, como a impulsividade, contribui para o frequente comportamento suicida nas famílias? Parece que ambos os fatores podem contribuir. Se os indivíduos têm um início precoce de transtorno do humor, assim como traços agressivos ou impulsivos, então suas famílias estão em maior risco para comportamento suicida (Mann et al., 2005). A possibilidade de que seja hereditário é apoiada por diversos estudos de adoção. Descobriu-se uma taxa elevada de suicídio nos parentes biológicos de indivíduos adotados que cometeram suicídio em comparação com um grupo controle de adotados que não cometeram suicídio (Nock et al., 2011). Além disso, revisando estudos de crianças adotadas e suas famílias biológicas e adotadas, Brent e Mann (2005) descobriram que o comportamento suicida em indivíduos adotados foi predito apenas pelo comportamento suicida em seus parentes biológicos. Isto sugere uma contribuição biológica (genética) para o suicídio, mesmo que seja relativamente pequena, embora possa não ser independente da contribuição genética para a depressão ou transtornos associados.

Neurobiologia

Várias evidências sugerem que os baixos níveis de serotonina podem estar associados com o suicídio e com as tentativas violentas de suicídio (Pompili et al., 2010; Asberg, Nordstrom e Traskman-Bendz, 1986; Cremniter et al., 1999; Winchel, Stanley e Stanley, 1990). Como observamos, os níveis extremamente baixos de serotonina estão associados à impulsividade, à instabilidade e à tendência de reagir exageradamente às situações. É possível, então, que os baixos níveis de serotonina possam contribuir para a criação de uma vulnerabilidade de agir impulsivamente. Isso pode incluir tirar a própria vida, que às vezes é um ato impulsivo. Os estudos de Brent et al. (2002) e Mann et al. (2005) sugerem que a transmissão das vulnerabilidades para um transtorno do humor, incluindo o traço de impulsividade, pode mediar a transmissão familiar de tentativas de suicídio.

Transtornos psicológicos existentes e outros fatores de risco psicológicos

Mais de 80% das pessoas que se matam sofrem de um transtorno psicológico, geralmente transtorno do humor, por uso de substâncias ou transtornos do controle de impulsos (Berman, 2009; Brent e Kolko, 1990; Conwell et al., 1996; Joe et al., 2006; Nock et al., 2009). O suicídio é frequentemente associado aos transtornos do humor e por um bom motivo. Até 60% dos suicídios (75% dos suicídios de adolescentes) estão associados a um transtorno do humor existente (Berman, 2009; Brent e Kolko, 1990; Oquendo et al., 2004). Contudo, muitas pessoas com transtornos do humor não tentam suicídio e, inversamente, muitas pessoas que tentam suicídio não têm transtornos do humor. Por consequência, a depressão e o suicídio, embora muito relacionados, ainda são considerados independentes. Olhando mais de perto a relação entre transtornos do humor e suicídio, alguns pesquisadores consideram a desesperança isolada, um componente específico da depressão, como um forte preditor do suicídio (Beck, 1986; Goldston, Reboussin e Daniel, 2006). Mas a desesperança também prediz o suicídio entre os indivíduos cujo principal problema de saúde mental não é a depressão (David Klonsky et al., 2012; Simpson et al., 2011), um achado que também vale para a China (Cheung et al., 2006). Uma recente teoria importante sobre o suicídio, chamada de "teoria interpessoal do suicídio", cita uma percepção de si como um fardo para os outros e um diminuído sentimento de pertencimento como preditores poderosos de desesperança e, posteriormente, do suicídio (van Orden et al., 2010).

O uso e abuso de álcool estão associados a cerca de 25% a 50% dos suicídios e são particularmente evidentes no suicídio entre estudantes universitários (Lamis et al., 2010) e adolescentes (Pompili et al., 2012; Berman, 2009; Conwell et al., 1996, Hawton et al., 2003). De fato, Brent et al. (1988) descobriram que cerca de um terço dos adolescentes que cometeram suicídio estava intoxicado na hora da morte e que muitos mais poderiam estar sob a influência de drogas. As combinações de transtornos, como abuso de substâncias e transtornos do humor em adultos ou transtornos do humor e transtorno da conduta em crianças e adolescentes, parecem criar uma vulnerabilidade mais forte que qualquer outro transtorno isolado (Conwell et al., 1996; Nock et al., 2010; Woods et al., 1997). Por exemplo, Nock et al. (2010) observaram que a depressão por si só não predisse a ideação ou tentativas suicidas, mas a depressão combinada a problemas de controle do impulso e ansiedade/agitação, sim. Woods et al. (1997) descobriram que o abuso de substâncias com outros comportamentos de risco – como se envolver em brigas –, porte de arma, ou tabagismo, eram preditores do suicídio adolescente, possivelmente um reflexo da impulsividade de jovens problemáticos. Um traço intimamente relacionado, denominado busca de emoção, também prediz o comportamento suicida adolescente, acima e além de sua relação com a depressão e o uso de substâncias (Ortin et al., 2012). Tentativas anteriores de suicídio são outro fator de risco bastante significativo e devem ser consideradas com seriedade (Berman, 2009). Cooper et al. (2005) acompanharam quase 8 mil indivíduos que foram tratados na sala de emergência por automutilação deliberada em até quatro anos. Sessenta dessas pessoas se mataram posteriormente, o que equivale a 30 vezes a taxa para a população em geral.

▲ A terapia cognitivo-comportamental em grupo tem mostrado diminuir o comportamento suicida em indivíduos que já tentaram o suicídio previamente.

Eventos vitais estressantes

Talvez o mais importante fator de risco para o suicídio seja um evento estressante grave experimentado como vergonhoso ou humilhante, como fracassar (de verdade ou na imaginação) na escola ou no trabalho, ser preso inesperadamente ou rejeitado por uma pessoa amada (Blumenthal, 1990; Conwell et al., 2002; Joiner e Rudd, 2000). O abuso físico e sexual também é uma fonte importante do estresse (Wagner, 1997). Evidências confirmam que o estresse e as consequências das catástrofes naturais aumentam a probabilidade de suicídio (Stratta et al., 2012;. Krug et al., 1998), particularmente no caso de catástrofes extremas, como terremotos (Matsubayashi, Sawada e Ueda, 2012). Com base nos dados de 337 países que passaram por desastres naturais nos anos 1980, Krug et al. (1998) concluíram que as taxas de suicídio aumentaram 13,8% nos quatro anos após enchentes graves, 31% nos dois anos após furacões e 62,9% no primeiro ano após um terremoto. Dadas as vulnerabilidades preexistentes – incluindo os transtornos psicológicos, os traços de impulsividade e ausência de apoio social – um acontecimento estressante pode colocar uma pessoa no limite. Um modelo integrado de causas do comportamento suicida é apresentado na Figura 7.11.

Um transtorno caracterizado mais pela impulsividade do que pela depressão é o transtorno da personalidade *borderline* (ver Capítulo 12). Os indivíduos com esse transtorno, conhecido por sinalizar comportamentos suicidas manipuladores e impulsivos, sem necessariamente o desejo de destruir-se, por vezes, se matam por engano, em até 10% dos casos. A combinação entre transtorno da personalidade *borderline* e depressão é particularmente letal (Perugi et al., 2013; Soloff et al., 2000).

A associação do suicídio com os transtornos psicológicos graves, em especial a depressão, contraria o mito de que o suicídio é uma resposta ao desapontamento em pessoas que são saudáveis.

O suicídio é contagioso?

A maioria das pessoas reage ao ouvir a notícia de um suicídio com tristeza e curiosidade. Algumas reagem tentando se suicidar, frequentemente pelo mesmo método que acabaram de ouvir. Gould (1990) relatou um aumento no número de sui-

FIGURA 7.11 Modelo do limiar para comportamento suicida. 5HIAA 5 ácido 5-hidroxiindolacético. (Baseado em Blumenthal, S. J. e Kupfer, D. J. (1988). Clinical assessment and treatment of younth suicide. *Journal of youth and adolescence*, 17, 1-24.)

cídios durante um período de nove dias após ampla publicidade sobre um suicídio, e uma revisão recente encontrou uma relação positiva entre o comportamento suicida e a exposição à cobertura da mídia relacionada ao suicídio (Sisask e Varnik, 2012). Grupos de suicídios (várias pessoas copiando uma pessoa) parecem predominar entre os adolescentes, com até 5% de todos os suicídios de adolescentes refletindo uma imitação (Gould, 1990; Gould et al., 2003).

Por que alguém vai querer imitar um suicídio? Primeiro, é comum a mídia romantizar os suicídios: uma pessoa jovem e atraente, sob pressão insuportável, comete suicídio e se torna um mártir para amigos e pares, dando o troco ao mundo (adulto) por criar essa difícil situação. A mídia também costuma descrever em detalhes os métodos usados no suicídio: com isso, oferece um guia para vítimas potenciais. Pouco se relata sobre paralisia, danos cerebrais e outras consequências trágicas do suicídio incompleto ou falho, ou sobre como o suicídio é quase sempre associado a um transtorno psicológico grave. Mais importante, menos ainda é dito sobre a inutilidade desse método em resolver problemas (Gould, 1990, 2001; O'Carroll, 1990). Para evitar esse tipo de tragédia, os profissionais da área da saúde deveriam intervir imediatamente nas escolas e em outras localidades com pessoas que podem estar deprimidas ou vulneráveis ao contágio do suicídio (Boyce, 2011). No entanto, não está claro se o suicídio é "contagioso", como se fosse uma doença infecciosa. Em vez disso, o estresse provocado pelo suicídio de um amigo ou algum outro estresse importante pode afetar diversos indivíduos que são vulneráveis, em função de transtornos psicológicos existentes (Joiner, 1999; Blasco-Fontecilla, 2012).

Tratamento

Apesar da identificação de importantes fatores de risco, predizer o suicídio ainda é algo incerto. Indivíduos com muito poucos fatores precipitantes se matam de forma inesperada, e muitos que vivem com estresse e doença aparentemente insuperáveis e têm pouco apoio ou orientação social de alguma forma sobrevivem e superam suas dificuldades.

Profissionais de saúde mental são exaustivamente treinados na avaliação da possível ideação suicida (Fowler, 2012; Joiner et al., 2007). Há os que relutam em fazer questionamentos importantes por medo de colocar a ideia na cabeça de alguém. Sabemos, no entanto, que é muito mais importante verificar esses "segredos" do que não fazer nada, porque o risco de inspirar pensamentos suicidas é pequeno ou inexistente, e o risco de deixá-los não descobertos é enorme (Berman, 2009). Gould et al. (2005) constataram que mais de mil estudantes do ensino médio que foram questionados sobre pensamentos ou comportamentos suicidas durante um programa de rastreio não mostraram nenhum risco de aumento dos pensamentos suicidas em comparação a um segundo grupo, também de mil estudantes, que passou pelo programa sem as perguntas sobre suicídio. Portanto, se há alguma indicação de que alguém é suicida, o profissional de saúde mental vai perguntar: "Houve alguma situação recente em que você pensou que a vida não valia a pena, ou teve alguns pensamentos sobre machucar-se ou, eventualmente, se matar?".

Uma dificuldade com esta abordagem é que, por vezes, esses pensamentos são implícitos ou inconscientes. Atualmente, Cha et al. (2010) desenvolveram medidas de cognição implícita (inconsciente), adaptadas dos laboratórios de psicologia cognitiva, a fim de avaliar a ideação suicida implícita. Na avaliação por meio do teste Stroop, descrito no Capítulo 2, as pessoas que demonstraram uma associação implícita entre as palavras *morte/suicídio* e *eu*, mesmo que não estivessem cientes disso, foram seis vezes mais propensas a cometer uma tentativa de suicídio nos seis meses seguintes do que aqueles sem essa associação específica; assim, essa avaliação é um melhor preditor de tentativas de suicídio do que as próprias predições do paciente e as predições do clínico (Nock et al., 2010). Esses resultados estão indicados na Figura 7.12. Este procedimento é bastante promissor para melhorar o rastreamento de pessoas em risco.

O profissional da área da saúde mental também verifica possíveis humilhações recentes e determina se qualquer um dos fatores presentes poderia indicar uma alta probabilidade para o suicídio. Por exemplo, uma pessoa que está pensando em suicídio tem um plano detalhado ou apenas uma vaga fantasia? Se há um plano que inclui horário, lugar e método específico, o risco obviamente é alto. O plano detalhado envolve colocar em ordem todas as obrigações da pessoa, e pôr de lado as posses e

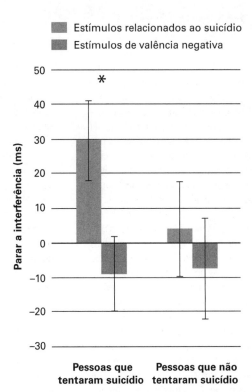

FIGURA 7.12 Vieses de atenção para estímulos relacionados a suicídio para pessoas que tentaram suicídio e para pessoas que não tentaram. Entre os adultos que se apresentaram a um serviço de urgência psiquiátrica (N = 124), aqueles que vieram na sequência de uma tentativa de suicídio apresentaram maior viés de atenção às palavras relacionadas ao suicídio (indicado por maior interferência e menor tempo de reação no teste Stroop) do que aqueles que não tentaram suicídio. (Adaptado de Cha, C. B. et al. [2010]. Attentional bias toward suicide-related stimuli predicts suicidal behavior. *Journal of Abnormal Psychology, 119*, 616-622.)

outros atos finais? Em caso positivo, o risco é ainda mais alto. Qual método a pessoa está considerando? Geralmente, quanto mais letal e violento o método (armas, enforcamento, envenenamento e assim por diante), maior o risco de ser usado. A pessoa entende o que pode realmente vir a acontecer? Muitos não conhecem os efeitos de comprimidos que tomarão, resultando uma overdose. Por fim, a pessoa tomou precauções para não ser descoberta? Em caso positivo, o risco é extremo (American Psychiatric Association, 2003). Em resumo, o clínico deve avaliar: (1) o desejo suicida (ideação, desesperança, sentir-se como um peso, sentir-se preso); (2) capacidade suicida (tentativas passadas, alta ansiedade e/ou raiva, meios disponíveis); e (3) ideação suicida (plano disponível, expressa intenção de morrer, comportamento preparatório) (Joiner et al., 2007). Se todas as três condições estão presentes, é necessária uma ação imediata.

Se um risco estiver presente, os clínicos tentam fazer que o indivíduo concorde com um "contrato de não suicídio" ou até mesmo em assiná-lo. Normalmente, esse contrato inclui uma promessa de não fazer nada remotamente relacionado a suicídio sem primeiro entrar em contato com um profissional da área da saúde mental. Embora a assinatura de um contrato não impeça uma tentativa de suicídio em alguém que esteja determinado, se a pessoa em risco recusar um contrato (ou o profissional clínico tem sérias dúvidas sobre a sinceridade do paciente) e o risco de suicídio for considerado alto, é indicada a hospitalização imediata, mesmo contra a vontade do paciente. Independentemente de a pessoa ser ou não hospitalizada, o tratamento para resolver os estressores vitais subjacentes e o tratamento para os transtornos psicológicos deve ser imediatamente iniciado.

Em vista das consequências do suicídio para a saúde pública, diversos programas foram implementados para reduzir suas taxas. A maioria das pesquisas indica que tais programas, baseados no currículo destinado à população em geral (programas universais), em escolas ou organizações, sobre como lidar com o estresse na vida ou aumentar o apoio social não são efetivos (Berman, 2009; Garfield e Zigler, 1993). Os programas mais úteis são os que focalizam os indivíduos de alto risco, incluindo adolescentes que frequentam escolas em que algum estudante cometeu suicídio. O Instituto de Medicina (The Institute of Medicine, 2002) recomenda disponibilizar de imediato os serviços aos amigos e parentes das vítimas. Um passo importante é limitar o acesso a armas letais para qualquer um sob risco de suicídio. Uma análise recente sugere que esta pode ser a parte mais forte de um programa de prevenção do suicídio (Mann et al., 2005). Os números de telefone

Controvérsias sobre o DSM: Quando o luto normal deve ser considerado um transtorno depressivo maior?

Antes do *DSM-5*, se satisfeitos os critérios para um episódio depressivo maior em dois meses após a perda, você não receberia um diagnóstico de transtorno depressivo maior mesmo se, de outra forma, fossem apresentados os critérios para isso (a menos que você tivesse sintomas muito graves, como forte ideação suicida ou características psicóticas).

Isso era chamado de "exclusão por luto". Essa exclusão foi abandonada no *DSM-5* por diversas razões (Zisook et al., 2012). Por exemplo, observou-se que episódios depressivos maiores, muitas vezes, são desencadeados por outros eventos estressantes que não a perda de um ente querido, em indivíduos vulneráveis. E se todos os critérios para um episódio depressivo maior são, de outra maneira, apresentados, parecia não haver razão para excluir as pessoas, pelo simples fato de que o evento precipitante foi a morte de um ente querido. Além disso, dados de várias fontes sugeriram que não há diferenças entre episódios depressivos desencadeados ou não desencadeados pela perda, e que os fatores biológicos, psicológicos e sociais que tornam vulneráveis a desenvolver depressão maior são os mesmos, se o desencadeador for a perda de um ente querido ou não (Shear et al., 2011; Zisook et al., 2012). Finalmente, dados indicaram que a eliminação da exclusão de luto por dois meses não aumentaria consideravelmente o número de pessoas que necessitam de tratamento para depressão maior (Gilman et al., 2012; Zisook et al., 2012).

No entanto, essa mudança foi controversa, já que algumas pessoas concluíram que o *DSM-5* faria do processo de luto natural um transtorno, resultando, entre outras coisas, em prescrições frequentes de medicação antidepressiva àqueles que poderiam estar passando por um processo normal de luto (Fox e Jones, 2013; Maj, 2008)! Esta é uma parte do grande criticismo ao *DSM-5*, que o principal objetivo do *DSM* seja aumentar os negócios aos profissionais de saúde mental e certificar-se de que as grandes empresas farmacêuticas continuem a ser rentáveis. Aqueles que desejam a exclusão do ponto sobre luto salientam que o diagnóstico de transtorno depressivo maior ou de transtorno de estresse pós-traumático, em resposta a outras grandes pressões da vida, não é controverso, assim como o desenvolvimento do transtorno depressivo maior, em algumas pessoas, em resposta à perda de um ente querido. Além disso, continuam, há diferenças entre um episódio depressivo maior e o luto. Indivíduos submetidos ao luto vivenciam sentimentos de vazio e perda, e esses sentimentos vêm em ondas, por vezes referidas como "pontadas de tristeza", sempre desencadeadas por pensamentos da perda do ente querido. Além disso, as pessoas enlutadas são mais frequentemente capazes de experimentar algumas emoções positivas e, até mesmo, seu humor e autoestima estão geralmente intactos. Em um episódio depressivo maior, sentimentos de depressão são persistentes e raramente acompanhados de quaisquer emoções positivas. Os processos de pensamento são, tipicamente, muito pessimistas e a autocrítica é acompanhada de autoestima muito baixa e um sentimento de inutilidade (APA, 2013).

Em resposta, alguns profissionais de saúde mental propõem que toda a tristeza ou estresse intensos – ou até mesmo a depressão proporcionada pela perda, pelo trauma ou pelo estresse – não devem ser considerados uma doença, uma vez que é uma experiência natural do ser humano (Wakefield et al., 2007). O tempo dirá se a remoção da exclusão de luto para o diagnóstico de transtorno depressivo maior é um desenvolvimento positivo ou negativo.

gratuitos e outros serviços de intervenção em crises também parecem ser úteis. Não obstante, como Garfield e Zigler (1993) salientam, os voluntários que atuam nos serviços telefônicos de apoio devem ser treinados por profissionais competentes da área da saúde mental que consigam identificar os riscos potencialmente sérios. Uma grande organização da manutenção da saúde fez um rastreamento cuidadoso de todos os seus membros, cerca de 200 mil, que vieram procurando serviços para risco de suicídio e, em seguida, intervieram quando houve risco. Os suicídios foram muito reduzidos nesse programa bastante promissor (Hampton, 2010).

Tratamentos específicos para pessoas que correm risco também foram desenvolvidos. Programas de prevenção do suicídio entre os idosos, por exemplo, tendem a se concentrar em diminuir os fatores de risco (como tratamento da depressão), em vez de escorar fatores de proteção, como o apoio familiar, e poderiam ser melhorados por meio de uma maior participação dos contatos sociais dos indivíduos (Lapierre et al., 2011). Outras intervenções focam em problemas específicos da saúde mental associados ao suicídio. Por exemplo, Marsha Linehan e seus pares desenvolveram um tratamento digno de observação para o transtorno da personalidade *borderline*, que aborda o comportamento suicida impulsivo associado a essa condição (ver Capítulo 12).

A pesquisa empírica indica que as intervenções cognitivo-comportamentais podem ser eficazes na diminuição do risco de suicídio. Por exemplo, David Rudd e colaboradores desenvolveram um breve tratamento psicológico cujo foco era adultos jovens que corriam risco de suicídio em função da presença da ideação suicida acompanhada por tentativas prévias de suicídio, transtornos do humor ou por uso de substância, ou ambos (Rudd et al., 1996). Os pacientes foram avaliados até dois anos após o tratamento, e os resultados apontam uma redução na ideação e no comportamento suicidas, assim como melhora acentuada na capacidade de resolver problemas. Este programa foi expandido a um tratamento psicológico para o comportamento suicida com suporte empírico para sua eficácia (Rudd, Joiner e Rajab, 2001). Um dos estudos mais importantes até o momento demonstrou que dez sessões de terapia cognitiva para tentativas de suicídio recentes reduz o risco de tentativas adicionais em 50%, ao longo dos dezoito

meses seguintes (Brown et al., 2005). Especificamente, 24% das pessoas no grupo de terapia cognitiva fizeram uma tentativa repetida em comparação a 42% no grupo com cuidado habitual. Como a terapia cognitiva é amplamente disponível, este é um desenvolvimento importante na prevenção do suicídio (Joiner, 2014).

Com o aumento da taxa de suicídio, especialmente em adolescentes, este ato trágico e paradoxal está recebendo maior controle por parte das autoridades da saúde pública. A busca vai continuar a determinar as formas mais efetivas e eficientes de prevenção de uma das mais graves consequências de qualquer transtorno psicológico, o término da própria vida.

Verificação de conceitos 7.5

Combine cada um dos seguintes resumos com o tipo de suicídio correspondente, escolhendo entre (a) altruísta, (b) egoísta, (c) anômico e (d) fatalista.

1. A esposa de Ralph o deixou e levou as crianças. Ele é um conhecido apresentador de televisão, mas, devido a um conflito com os novos proprietários da estação, foi recentemente demitido. Se Ralph se matasse, seu suicídio seria considerado _____.

2. Sam se matou enquanto era um prisioneiro de guerra no Vietnã. _____

3. Sheiba vive em uma aldeia remota na África. Recentemente, ela foi pega em um caso de adultério com um homem em uma vila próxima. Seu marido quer matá-la, mas não terá de fazê-lo, devido a um costume tribal que exige que ela se mate. Ela salta da "ribanceira da mulher pecadora" próxima ao local. _____

4. Mabel vivia em uma casa de repouso por muitos anos. No início, sua família e amigos a visitavam frequentemente; agora eles a visitam apenas no Natal. Seus dois amigos mais próximos na casa de repouso morreram recentemente. Ela não tem *hobbies* ou outros interesses. O suicídio de Mabel seria identificado como de que tipo? _____

Resumo

Compreendendo e definindo transtornos do humor

- Os transtornos do humor estão entre os transtornos psicológicos mais comuns e o risco de desenvolvê-los aumenta em todo o mundo, particularmente em pessoas mais jovens.
- Duas experiências fundamentais podem contribuir individualmente ou em combinação para todos os transtornos do humor específicos: um episódio depressivo maior e mania. Um episódio menos grave de mania que não causa prejuízo no funcionamento social ou ocupacional é conhecido como um episódio de hipomania. Um episódio de mania associado à ansiedade ou à depressão é conhecido como um episódio misto ou estado misto.

- Um indivíduo que sofre somente de episódios de depressão é dito ter um transtorno unipolar. Um indivíduo que se alterna entre depressão e mania tem um transtorno bipolar.
- O transtorno depressivo maior pode ter um episódio único ou recorrente, mas é sempre por tempo limitado; em outra forma de depressão, o transtorno depressivo persistente (distimia), os sintomas são muitas vezes um pouco mais amenos, mas permanecem relativamente inalterados durante longos períodos. Em alguns casos, menos sintomas são observados do que em um episódio depressivo maior, mas persistem por, pelo menos, dois anos (distimia); em outros casos, um episódio depressivo maior vai durar

CAPÍTULO 7 – TRANSTORNOS DO HUMOR E SUICÍDIO **275**

pelo menos dois anos (episódio depressivo maior crônico). Em casos de depressão dupla, uma forma de transtorno depressivo persistente, um indivíduo experimenta tanto episódios depressivos maiores quanto transtorno depressivo persistente (distimia).

- Cerca de 20% das pessoas enlutadas podem experimentar uma reação de luto complicado, em que a resposta ao luto normal se transforma em um transtorno do humor completo.
- A característica-chave da identificação do transtorno bipolar é uma alternância entre episódios maníacos e episódios depressivos maiores. O transtorno ciclotímico é uma versão mais suave, mas mais crônica do transtorno bipolar.
- Padrões de características adicionais que, às vezes, acompanham os transtornos do humor, chamados especificadores, podem predizer o curso ou a resposta do paciente ao tratamento, assim como o padrão temporal ou curso dos transtornos do humor. Um padrão, o transtorno afetivo sazonal, na maioria das vezes ocorre no inverno.

Prevalência dos transtornos do humor

- Os transtornos do humor em crianças são fundamentalmente semelhantes aos transtornos do humor em adultos.
- Os sintomas de depressão estão aumentando drasticamente em nossa população idosa.
- A experiência de ansiedade varia entre as culturas e pode ser difícil fazer comparações, especialmente, por exemplo, quando tentamos comparar sentimentos subjetivos de depressão.

Causas dos transtornos do humor

- As causas dos transtornos do humor se encontram em uma complexa interação de fatores biológicos, psicológicos e sociais. Do ponto de vista biológico, os pesquisadores estão particularmente interessados na hipótese do estresse e do papel dos neuro-hormônios. As teorias psicológicas da depressão focam sobre o desamparo aprendido e os esquemas cognitivos depressivos, bem como nos rompimentos interpessoais.

Tratamento dos transtornos do humor

- Uma variedade de tratamentos, tanto biológicos quanto psicológicos, revelaram-se efetivos para os transtornos do humor, pelo menos em curto prazo. Para aqueles indivíduos que não respondem às drogas antidepressivas ou tratamentos psicossociais, um tratamento físico mais dramático, a eletroconvulsoterapia, é por vezes utilizada. Dois tratamentos psicológicos – a terapia cognitiva e a psicoterapia interpessoal – parecem efetivos no tratamento de transtornos depressivos.
- Recaída e recorrência de transtornos do humor são comuns no longo prazo, e os esforços de tratamento devem se concentrar no tratamento de manutenção; isto é, na prevenção de recaída ou recorrência.

Suicídio

- O suicídio é muitas vezes associado aos transtornos do humor, mas pode ocorrer na sua ausência ou na presença de outros transtornos. É a 10ª principal causa de morte de todas as pessoas nos Estados Unidos, mas, entre os adolescentes, é a 3ª principal causa de morte.

- Na compreensão do comportamento suicida, três índices são importantes: a ideação suicida (graves pensamentos sobre cometer suicídio), os planos suicidas (um método detalhado para matar a si mesmo) e as tentativas de suicídio (que não são bem-sucedidas). Importante também, na investigação sobre os fatores de risco para o suicídio, é a autópsia psicológica, em que o perfil psicológico de um indivíduo que tenha cometido suicídio é reconstruído e examinado em busca de pistas.

Termos-chave

Alucinações
Autópsia psicológica
Características mistas
Catalepsia
Delírios
Depressão dupla
Droga estabilizadora do humor
Electroconvulsoterapia (ECT)
Episódio depressivo maior
Episódio hipomaníaco
Ideação suicida
Luto complicado
Luto integrado
Mania
Neuro-hormônios
Planos suicidas
Psicoterapia interpessoal (PTI)
Recorrente
Tentativas de suicídio

Teoria da depressão do pelo desamparo aprendido
Terapia cognitiva
Transtorno afetivo sazonal (TAS)
Transtorno bipolar tipo I
Transtorno bipolar tipo II
Transtorno ciclotímico
Transtorno depressivo maior
Transtorno depressivo persistente (distimia)
Transtorno disfórico pré--menstrual
Transtorno disruptivo da desregulação do humor
Transtornos do humor
Tratamento de manutenção
Tríade cognitiva depressiva

Respostas da verificação de conceitos

7.1
1. e; 2. a; 3. c; 4. d; 5. b

7.2
1. V; 2. F (não exige experiência de vida); 3. V; 4. V

7.3
1. genética, anormalidades do sistema neurotransmissor, sistema endócrino, ritmo circadiano ou do sono, neuro-hormônios
2. eventos vitais estressantes, desamparo aprendido, tríade depressivo-cognitiva, uma

sensação de incontrolabilidade
3. insatisfação conjugal, sexo, poucos apoios sociais

7.4
1. eletroconvulsoterapia;
2. terapia cognitiva;
3. antidepressivos;
4. lítio;
5. psicoterapia interpessoal;
6. tratamento de manutenção

7.5
1. c; 2. d; 3. a; 4. b

Explorando os transtornos do humor

Pessoas com transtornos do humor apresentam um ou os dois sintomas:
- *Mania:* Uma frenética "alta" com excesso de confiança e energia, levando muitas vezes a um comportamento imprudente.
- *Depressão:* Uma "baixa" devastadora com extrema falta de energia, interesse, confiança e alegria de viver.

Desencadeadores
- Mudanças negativas ou positivas na vida (morte de um ente querido, promoção etc.)
- Doença física

Influências biológicas
- Vulnerabilidade herdada
- Sistemas neurotransmissores e neuro-hormonais alterados
- Privação do sono
- Distúrbios do ritmo circadiano

Causas

Influências sociais
- Mulheres e minorias – desigualdade social e opressão, e uma diminuição da sensação de controle
- O apoio social pode reduzir os sintomas
- Ausência de apoio social pode agravar os sintomas

Influências comportamentais

Depressão
- Lentificação geral
- Negligência com as responsabilidades e com a aparência
- Irritabilidade; queixas sobre assuntos que antes eram levados na brincadeira

Mania
- Hiperatividade
- Comportamento imprudente ou incomum

Transtorno

Influências emocionais e cognitivas

Depressão
- Apatia emocional ou vazio
- Incapacidade de sentir prazer
- Memória prejudicada
- Incapacidade de concentração
- Desesperança e/ou desamparo aprendido
- Perda do desejo sexual
- Perda de sentimentos afetuosos pela família e amigos
- Autoculpa ou culpa exagerada
- Generalização
- Perda de autoestima
- Pensamentos ou ações suicidas

Mania
- Sentimentos exagerados de euforia e excitabilidade

Explorando os transtornos do humor (cont.)

TIPOS DE TRANSTORNOS DO HUMOR

Depressivo

Transtorno depressivo maior
Sintomas do transtorno depressivo maior:
- começam repentinamente, frequentemente desencadeados por uma crise, mudança ou perda;
- são extremamente graves, interferem no funcionamento normal;
- podem ser de longo prazo, durando meses ou anos se não for tratado.

Algumas pessoas têm apenas um episódio, mas o padrão geralmente envolve episódios repetidos ou sintomas duradouros.

Transtorno depressivo persistente (distimia)
Sintomas de depressão leve inalterados por longo prazo, às vezes duram de 20 a 30 anos se não tratados. A vida cotidiana não é tão afetada, mas, com o passar do tempo, os prejuízos são cumulativos.

Depressão dupla
Períodos alternados de depressão maior e distimia

Bipolar

As pessoas com transtorno bipolar vivem em uma montanha-russa emocional sem fim.

Tipos de transtorno bipolar
- Bipolar tipo I: depressão maior e mania completa
- Bipolar tipo II: depressão maior e hipomania
- Ciclotimia: depressão leve com hipomania, crônica e de longa duração

Durante a **fase depressiva**, a pessoa pode:
- perder todo o interesse em atividades prazerosas e amigos;
- sentir-se inútil, desamparada e sem esperança;
- ter dificuldade de concentração;
- perder ou ganhar peso sem tentar;
- ter dificuldade para dormir ou dormir mais que o habitual;
- sentir-se cansada o tempo todo;
- sentir dores físicas e dores que não têm nenhuma causa médica;
- pensar sobre morte ou tentar suicídio.

Durante a **fase maníaca**, a pessoa pode:
- sentir prazer extremo e alegria em cada atividade;
- ser extraordinariamente ativa, planejando atividades diárias excessivas;
- dormir pouco sem se cansar;
- desenvolver planos grandiosos que levam ao comportamento imprudente: surtos de compras desenfreadas, indiscrições sexuais, investimentos financeiros tolos etc.;
- ter "pensamentos acelerados" e falar sem parar;
- ficar facilmente irritável e distraída.

TRATAMENTO DOS TRANSTORNOS DO HUMOR

O tratamento para os transtornos do humor é mais efetivo e mais fácil quando é iniciado precocemente. A maioria das pessoas é tratada com uma combinação destes métodos.

Tratamento

Medicação
Os antidepressivos podem ajudar a controlar os sintomas e a restaurar o funcionamento neurotransmissor.
Tipos comuns de antidepressivos:

- Tricíclicos (Tofranil, Amytril).
- Inibidores de monoamina oxidase (inibidores de MAO): (Nardil que não é comercializado no Brasil, e Parnate); os MAO podem ter efeitos colaterais graves, especialmente quando combinados com determinados alimentos ou medicamentos vendidos sem receita.
- Os inibidores seletivos de recaptação de serotonina ou ISRSs (Prozac, Zoloft) são mais novos e causam menos efeitos colaterais que os tricíclicos ou MAO.
- O lítio é a droga preferida para o transtorno bipolar; os efeitos colaterais podem ser graves e a dosagem deve ser cuidadosamente regulada.

Tratamento cognitivo comportamental
Ajuda pessoas com depressão:
- aprender a substituir os pensamentos e atribuições depressivos negativos por outros, mais positivos;
- desenvolver mais comportamentos e habilidades de enfrentamento mais efetivos.

Psicoterapia interpessoal
Ajuda pessoas com depressão:
- focalizar nos desencadeadores sociais e interpessoais da depressão (por exemplo, a perda de um ente querido);
- desenvolver habilidades para resolver conflitos interpessoais e construir novas relações.

Eletroconvulsoterapia (ECT)
- Para a depressão grave, a ECT é utilizada quando outros tratamentos não foram efetivos. Geralmente tem efeitos colaterais temporários, como perda de memória e letargia. Em alguns pacientes, determinadas funções intelectuais e/ou memórias podem ser permanentemente perdidas.

Fototerapia
- Para o transtorno afetivo sazonal.

8 Transtornos alimentares e transtornos do sono-vigília

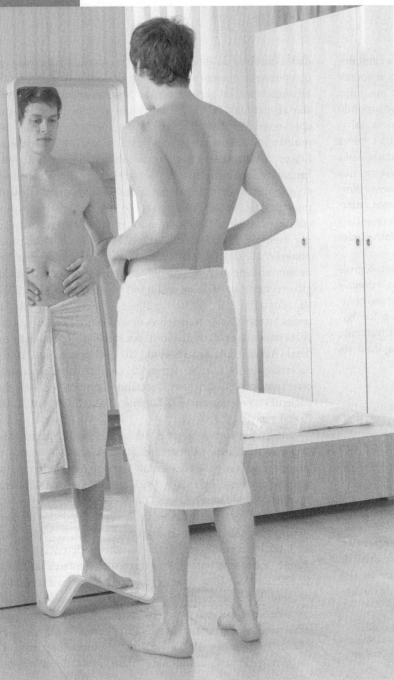

RESUMO DO CAPÍTULO

Principais tipos de transtornos alimentares
Bulimia nervosa
Anorexia nervosa
Transtorno de compulsão alimentar
Estatísticas

Causas dos transtornos alimentares
Dimensões sociais
Dimensões biológicas
Dimensões psicológicas
Modelo integrador

Tratamento dos transtornos alimentares
Tratamento com drogas
Tratamentos psicológicos
Prevenindo os transtornos alimentares

Obesidade
Estatísticas
Padrões de alimentação desordenada nos casos de obesidade
Causas
Tratamento

Transtornos do sono-vigília: as principais dissonias
Visão geral dos transtornos do sono-vigília
Transtorno de insônia
Transtornos de hipersonolência
Narcolepsia
Transtornos do sono relacionados à respiração
Transtorno do sono-vigília do ritmo circadiano

Tratamento dos transtornos do sono
Tratamentos médicos
Tratamentos ambientais
Tratamentos psicológicos
Prevenindo os transtornos do sono
Parassonias e seus tratamentos

Resultados finais de assimilação do conteúdo pelo aluno*

• **Utilizar o raciocínio científico para interpretar o comportamento:**	• Identificar os componentes biológicos, psicológicos e sociais básicos das explicações comportamentais (por exemplo, inferências, observações, definições e interpretações operacionais) [APA SLO 2.1a]
• **Pensar de forma inovadora e integrativa e participar da resolução de problemas:**	• Descrever problemas de forma operacional para estudá-los empiricamente [APA SLO 2.3a]
• **Descrever aplicações que empregam a resolução de problemas com base na disciplina:**	• Identificar corretamente os antecedentes e as consequências de comportamento e processos mentais [APA SLO 1.3b]. Descrever exemplos de aplicações práticas e relevantes de princípios psicológicos na vida diária [APA SLO 1.3a]

* Partes deste capítulo tratam dos resultados finais de aquisição de conhecimento sugeridos pela American Psychological Association (2013), inclusos nas diretrizes para bacharéis em Psicologia. O escopo do capítulo concernente aos resultados está identificado acima pela APA Goal e pela APA Suggested Learning Outcome (SLO).[1]

A partir de agora, iniciamos uma série de três capítulos sobre a interação dos fatores psicológicos e sociais com o funcionamento físico. A maioria de nós toma nosso corpo por garantido. Levantamos pela manhã supondo que estaremos alertas o suficiente para conduzir nossas atividades diárias; fazemos duas ou três refeições por dia e talvez alguns lanchinhos; podemos praticar alguma atividade física vigorosa em determinados dias e, em outros, envolvemo-nos em atividades sexuais. Não nos concentramos em nosso funcionamento a menos que sejamos afetados por alguma enfermidade ou doença. Ainda assim, fatores psicológicos e sociais podem interromper significativamente essas "atividades de sobrevivência".

Neste capítulo, discutiremos as interrupções psicológicas de dois comportamentos relativamente automáticos, comer e dormir, que afetam substancialmente o restante de nosso comportamento. No Capítulo 9, abordaremos os fatores psicológicos envolvidos no mau funcionamento físico, especificamente no caso de enfermidade ou doença. Por fim, no Capítulo 10, discutiremos o comportamento sexual desordenado.

Principais tipos de transtornos alimentares

Embora alguns dos transtornos que discutimos neste capítulo possam levar à morte, muitos de nós não têm consciência de quão disseminados esses transtornos estão entre nós. A incidência desses transtornos começou a aumentar durante a década de 1950 e no início dos anos 1960 e, então, se espalhou nas décadas seguintes. No caso da **bulimia nervosa**, episódios alimentares que fogem do controle, chamados de **compulsões**, são seguidos por vômitos autoinduzidos, uso excessivo de laxantes ou outras tentativas de purgar (colocar para fora) a comida. Na **anorexia nervosa**, a pessoa come somente quanti-

dades mínimas de alimento ou se exercita vigorosamente para compensar a ingestão alimentar, de modo que o peso corporal algumas vezes cai perigosamente. No **transtorno de compulsão alimentar (TCA)**, os indivíduos podem repetidamente apresentar episódios de compulsão alimentar e acharem isso muito aflitivo, mas não tentam purgar a comida. A característica primordial desses transtornos relacionados é um impulso generalizado e incontrolável para ser magro. Entre as pessoas com anorexia nervosa acompanhadas por um período de tempo suficiente, até 20% morrem como resultado do transtorno, com pouco mais de 5% morrendo em até dez anos (consulte, por exemplo, Franko et al., 2013; Millar et al., 2005; Papadopoulos et al., 2009). De fato, a anorexia nervosa apresenta taxa de mortalidade mais alta do que qualquer transtorno psicológico revisado neste livro, incluindo a depressão (Park, 2007; Papadopoulos et al., 2009). De 20% a 30% das mortes relacionadas à anorexia são decorrentes de suicídio, o que é cinquenta vezes maior que o risco de morte por suicídio na população em geral (Agras, 2001; Arcelus et al., 2011; Chavez e Insel, 2007). As tentativas de suicídio são muito comuns entre as pessoas com transtornos alimentares, afetando entre 30% e 40% dos pacientes ao menos uma vez durante a vida (Bulik et al., 2008; Pisetsky et al., 2013).

Um número crescente de estudos em diferentes países indica que os transtornos alimentares são disseminados e aumentaram muito nos países ocidentais durante o período que vai aproximadamente de 1960 a 1995, antes de se estabilizarem, de acordo com dados recentes (Bulik et al., 2006; Hoek, 2002; Russell, 2009; Steiger, Bruce e Israel, 2013). Os dados de bulimia nervosa são ainda mais dramáticos (Russell, 2009). Garner e Fairburn (1988) revisaram os índices referenciais de um grande centro que trata de transtornos alimentares no Canadá. Entre 1975 e 1986, as taxas de referência para anorexia se elevaram lentamente, mas as da bulimia se elevaram dramaticamente, de quase zero para cerca de 140 por ano. Foram relatados resultados semelhantes em outras partes do mundo (Hay e Hall, 1991; Lacey, 1992), embora pesquisas mais recentes sugiram que as taxas de bulimia estejam se estabilizando ou até

---

[1] NTT da tradução da 8ª edição norte-americana: No Brasil, as chamadas Diretrizes Curriculares Nacionais (DCN) para a graduação em Psicologia são instituídas via Ministério da Educação (MEC) e Conselho Federal de Psicologia (CFP).

mesmo começando a diminuir em comparação aos picos atingidos nos anos 1990 (Keel et al., 2006). Contudo, uma pesquisa populacional de grande escala (Hudson et al., 2007) continua a exibir uma maior prevalência de transtornos alimentares em grupos mais jovens nascidos entre 1972 e 1985 do que em grupos mais velhos, particularmente para bulimia. Favaro et al. (2009) também observaram que a anorexia e a bulimia iniciaram em idades mais jovens recentemente, portanto, a "estabilização", se é que existe, é recente.

Os valores sobre mortalidade mencionados representam um aumento de seis vezes nas taxas de morte por transtornos alimentares em comparação com as taxas de morte na população saudável (Arcelus et al., 2011; Franko et al., 2013; Papadopoulos et al., 2009). Os transtornos alimentares foram incluídos pela primeira vez como um grupo separado de transtornos na quarta edição do *Manual Diagnóstico e Estatístico*

de Transtornos Mentais (DSM-IV), publicado pela American Psychiatric Association, em 2000.

O aumento dos transtornos alimentares durante a segunda metade do século XX seria confuso o bastante se eles ocorressem em toda a população. O que os torna ainda mais intrigantes é que tendem a ser culturalmente específicos. Até pouco tempo, os transtornos alimentares, e particularmente a bulimia, não eram encontrados em países em desenvolvimento, onde o acesso ao alimento é uma luta diária em muitos casos; somente em alguns países no Ocidente, onde o alimento geralmente é abundante, esses transtornos eram desmedidos. Atualmente isso está mudando; evidências sugerem que os transtornos alimentares acontecem em âmbito mundial. Por exemplo, estudos recentes mostram que as estimativas de prevalência na China e no Japão se aproximam daquelas nos Estados Unidos e outros países ocidentais (Chen e Jackson,

TABELA 8.1	Situação corporal de acordo com o índice de massa corporal (IMC)
Obesidade III (mórbida)	
Obesidade II (severa)	
Obesidade I	
Acima do peso	
Peso normal	
Abaixo do peso	
Muito abaixo do peso	

MarShot/ShutterstockMarShot/Shutterstock

2008; Jackson e Chen, 2011; Chisuwa e O'Dea, 2010; Steiger et al., 2013). Nem todas as pessoas correm risco. Os transtornos alimentares tendem a acontecer em segmentos relativamente pequenos da população. Mais de 90% dos casos graves referem-se a mulheres jovens, que vivem em um ambiente socialmente competitivo. Cada vez mais, esse grupo de garotas ou mulheres jovens com transtornos alimentares buscam umas às outras na internet por meio de websites "pró-ana" (anorexia), "pró-mia" (bulimia) e "inspiração" em redes sociais, onde encontram apoio e, em alguns casos, inspiração (por exemplo, my-pró-ana-2013; Peng, 2008), o que contribui para a deterioração de sua saúde.

A verdadeira especificidade desses transtornos no que diz respeito a sexo e idade é incomparável e torna a busca pelas causas interessante. Nesses transtornos, diferentemente do que ocorre na maioria dos outros, as contribuições mais significativas para a etiologia parecem ser socioculturais em vez de psicológicas ou biológicas.

A **obesidade** não é considerada um transtorno oficial no *DSM*, mas a consideramos aqui porque se supõe que seja atualmente uma das epidemias mais perigosas enfrentadas pelas autoridades de saúde pública em todo o mundo. As últimas pesquisas indicam que aproximadamente 70% dos adultos nos Estados Unidos estão acima do peso, mais do que 35% se enquadram nos critérios para obesidade (Flegal et al., 2012) e mais de 100 milhões de pessoas, apenas nos Estados Unidos, estão fazendo dieta a qualquer momento (Mann, Tomiyama e Ward, 2015). Essas taxas estão aumentando há décadas, embora estejam agora se estabilizando, pelo menos na América do Norte (Flegal et al., 2012; Ogden et al., 2006). As definições de abaixo do peso, sobrepeso e obesidade serão discutidas adiante, mas baseiam-se em parte no índice de massa corporal (IMC), estritamente relacionado à gordura corporal. Para determinar seu IMC, consulte as tabelas disponíveis no site do Ministério da Saúde.

Obviamente, quanto mais sobrepeso considerando a altura, maiores são os riscos para a saúde (Convit, 2012). Esses riscos são amplos e envolvem o predomínio crescente de doença cardiovascular, diabetes, hipertensão, ataque cardíaco, doença da vesícula biliar, doença respiratória, problemas músculoesqueléticos e cânceres relacionados a hormônios (Convit, 2012; Flegal et al., 2005; Henderson e Brownell, 2004). A obesidade está incluída neste capítulo porque é gerada pelo consumo de uma quantidade de calorias muito maior que o gasto em energia. O comportamento que produz essa equação energética distorcida contradiz uma suposição comum: que pessoas com obesidade não necessariamente comem mais ou se exercitam menos do que seus pares magros. Elas fazem isso. Embora a tendência a comer em excesso e exercitar-se pouco tenha um componente genético, como será descrito posteriormente, a alimentação excessiva no centro do problema é um motivo pelo qual a obesidade poderia ser considerada um transtorno alimentar.

Começamos analisando a bulimia nervosa, anorexia nervosa e um transtorno intimamente relacionado, o transtorno de compulsão alimentar, em que os indivíduos comem exageradamente como na bulimia nervosa, mas não compensam com purgação. Então, revisaremos brevemente a obesidade.

Bulimia nervosa

Provavelmente você está familiarizado com a bulimia por experiência própria ou de um amigo. Trata-se de um dos transtornos psicológicos mais comuns nos *campi* universitários. Considere o caso de Phoebe.

PHOEBE ... Aparentemente perfeita

Phoebe era uma clássica garota norte-americana: popular, atraente, inteligente e talentosa. Quando era estudante no colégio já havia realizado um grande feito. Foi líder de classe durante todo o ensino médio, tornou-se princesa em seu segundo ano e rainha do baile de formatura. Ela namorava o capitão da equipe de futebol americano. Phoebe tinha muitos talentos, entre eles uma bela voz e notável habilidade para o balé. Todo ano, na época do Natal, sua companhia de dança apresentava *O Quebra-Nozes*; Phoebe atraía muita atenção por seu desempenho harmônico no papel principal. Ela jogou em diversas equipes atléticas da escola. Mantinha a média "A menos", era considerada estudante modelo e foi conduzida para uma universidade de nível excelente.

Contudo, Phoebe tinha um segredo: ela era atormentada pela crença de que era gorda e feia. Cada porção de alimento que colocava na boca era, em sua mente, um passo no caminho inexorável que a levaria ao fim de seu sucesso e popularidade. Phoebe se preocupava com seu peso desde os 11 anos. Sempre perfeccionista, começou a controlar a alimentação no ensino médio. Pulava o café da manhã (apesar dos protestos de sua mãe), comia um pedaço de *pretzel* ao meio-dia e permitia se alimentar de apenas metade do que quer que fosse servido no jantar.

Esse comportamento continuou no ensino médio. À medida que Phoebe se empenhava em restringir sua comida, ocasionalmente exagerava em comida sem qualidade, *junk food*. Algumas vezes, enfiava os dedos garganta abaixo após exagerar (uma vez, tentou com uma escova de dentes), mas essa tática não foi bem-sucedida. Durante o segundo ano do ensino médio, Phoebe atingiu sua altura adulta máxima de 1,57 metro e pesava 50 quilos; ela continuou a oscilar entre 47 e 50 quilos durante esse período. No último ano, estava obcecada em relação ao que e quando comeria. Focava sua força de vontade para restringir a alimentação, porém, ocasionalmente, falhava.

Em um dia de outono de seu último ano no ensino médio, ela voltou para casa após a escola e, sozinha, em frente da TV comeu duas caixas grandes de doce. Deprimida, culpada e desesperada, foi ao banheiro e enfiou os dedos na garganta, mais fundo do que ela já tinha feito antes. Vomitou. E continuou vomitando. Embora exaurida fisicamente ao ponto de precisar se deitar por meia hora, Phoebe nunca tinha sentido tamanha sensação de alívio da ansiedade, da culpa e da tensão que sempre acompanhava seus exageros. Ela percebeu que, mesmo depois de ter comido tantos doces, agora sua barriga estava vazia. Era a solução perfeita para seus problemas.

Phoebe aprendeu rapidamente quais alimentos vomitava com facilidade e sempre bebia muita água. Sua alimentação tornou-se mais restrita e aumentaram os episódios de alimentar-se exageradamente.

Essa rotina continuou por cerca de seis meses, até abril do último ano no colégio. Naquela época, Phoebe havia perdido muito de sua energia e sua produção escolar estava se deteriorando. Seus professores notaram isso e perceberam que ela parecia mal. Ela estava sempre cansada, a pele abatida e o rosto inchado, particularmente em volta da boca. Seus professores e sua mãe suspeitaram de que ela poderia estar com algum problema alimentar. Quando eles a confrontaram, ela ficou aliviada por seu problema finalmente ter sido compartilhado e parou com os episódios compulsivos por um tempo; no entanto, com muito medo de ganhar peso e perder a popularidade, Phoebe retomou seus hábitos, mas agora sabia escondê-los melhor. Durante seis meses, Phoebe comeu e purgou os alimentos aproximadamente 15 vezes por semana.

Quando foi para a faculdade naquele outono, as coisas ficaram mais difíceis. Agora ela tinha uma colega de quarto para enfrentar e estava mais determinada do que nunca a manter seu problema em segredo. Embora o serviço de saúde estudantil oferecesse palestras e seminários sobre transtornos alimentares aos calouros, Phoebe sabia que não poderia romper o ciclo sem o risco de ganhar peso. Para evitar o banheiro público, ela ia a um local deserto atrás de um prédio das redondezas para vomitar.

Ela manteve seu segredo até o início do segundo ano, quando seu mundo se despedaçou. Uma noite, após beber cerveja e comer frango frito em uma festa, ela tentou lidar com a ansiedade e a tensão da culpa da maneira usual, mas, quando tentou vomitar, seu reflexo de ânsia parecia ter desaparecido. Em um ataque de histeria, chamou seu namorado e lhe disse que estava pronta para se matar. O choro e os soluços altos atraíram a atenção das amigas do dormitório, que tentaram confortá-la. Phoebe confessou seu problema. Ela também ligou para os pais. Naquele momento, Phoebe percebeu que sua vida estava totalmente fora de controle e que precisava de ajuda profissional.

Descrição clínica

A marca registrada da bulimia nervosa é comer uma grande quantidade de alimentos – geralmente, mais *junk food* do que frutas e vegetais – em comparação ao que a maioria das pessoas comeria em circunstâncias semelhantes (Fairburn e Cooper, 1993; 2014). Os pacientes com bulimia se identificam prontamente com essa descrição, ainda que a ingestão calórica real dos episódios compulsivos varie significativamente de pessoa para pessoa (Franko et al., 2004). Tão importante quanto a *quantidade* de comida ingerida é o fato de que o ato de comer é experimentado como algo *fora de controle* (Fairburn e Cooper, 2014; Sysko e Wilson, 2011), um critério que é parte integral da definição de episódios de compulsão alimentar. Ambos os critérios caracterizavam Phoebe.

Outro critério importante é que o indivíduo tenta *compensar* a compulsão alimentar e o ganho de peso potencial quase sempre por meio de **técnicas de purgação**. Essas técnicas incluem vômito autoinduzido imediatamente após comer, como no caso de Phoebe, e o uso de laxantes (drogas que aliviam a prisão de ventre) e diuréticos (drogas que resultam na perda de fluidos por meio da frequência exagerada de urinar). Algumas pessoas usam ambos os métodos; e há quem tente compensar de outras maneiras. Algumas se exercitam excessivamente (embora os exercícios vigorosos sejam uma característica mais usual da anorexia nervosa. Davis et al. (1997) descobriram que 57% de um grupo de pacientes com bulimia nervosa se exercitavam em excesso, enquanto 81% do total de um grupo com anorexia o fazia). Outras pessoas jejuam por longos períodos entre os episódios de compulsão. No *DSM-IV-TR*, a bulimia nervosa está dividida em subtipos: *tipo purgativo* (por exemplo: vômito, laxantes ou diuréticos) ou *tipo não purgativo* (por exemplo: exercícios e/ou jejum). No entanto, o tipo não purgativo é bastante raro, encontrando-se somente em 6% a 8% dos pacientes com bulimia (Hay e Fairburn, 1998; Striegel-Moore et al., 2001). Além disso, esses estudos descobriram poucas evidências de diferenças entre os tipos purgativo e não purgativo de bulimia; não havendo diferenças evidentes na gravidade da psicopatologia, na frequência dos episódios de compulsão ou no predomínio da depressão grave e transtorno de pânico (van Hoeken et al., 2009). Como resultado, a distinção foi retirada do *DSM-5*.

TABELA 8.1 Critérios diagnósticos para bulimia nervosa

A. Episódios recorrentes de compulsão alimentar. Um episódio de compulsão alimentar é caracterizado pelos seguintes aspectos:

1. Ingestão, em um período de tempo determinado (p. ex., dentro de cada período de duas horas), de uma quantidade de alimento definitivamente maior do que a maioria dos indivíduos consumiria no mesmo período sob circunstâncias semelhantes.

2. Sensação de falta de controle sobre a ingestão durante o episódio (p. ex., sentimento de não conseguir parar de comer ou controlar o que e quanto se está ingerindo).

B. Comportamentos compensatórios inapropriados recorrentes a fim de impedir o ganho de peso, como vômitos autoinduzidos; uso indevido de laxantes, diuréticos ou outros medicamentos; jejum; ou exercício em excesso.

C. A compulsão alimentar e os comportamentos compensatórios inapropriados ocorrem, em média, no mínimo uma vez por semana durante três meses.

D. A autoavaliação é indevidamente influenciada pela forma e pelo peso corporais.

E. A perturbação não ocorre exclusivamente durante episódios de anorexia nervosa.

Fonte: Manual Diagnóstico e Estatístico de Transtornos Mentais, 5a ed. – DSM-5. Tab. 8.1. Artmed, Porto Alegre, 2014.

Os comportamentos purgativos não são um método particularmente eficiente para reduzir a ingestão calórica (Fairburn, 2013). Vomitar reduz aproximadamente 50% das calorias recém-consumidas, e menos se o vômito for muito posterior à ingestão (Kaye et al., 1993); os laxantes e os procedimentos relacionados têm pouco efeito, agindo, quando o fazem, muito tempo após o ato da compulsão (Fairburn, 2013).

Uma das adições mais importantes aos critérios do *DSM-IV* em 1994 foi a especificação de uma característica psicológica claramente presente em Phoebe. Apesar das realizações e sucesso, ela sentia que a continuidade de sua popularidade e autoestima seriam determinadas, em grande parte, pelo peso e por sua forma física. Garfinkel (1992) observou que, dentre 107 mulheres que procuraram tratamento para a bulimia nervosa, somente 3% não compartilharam dessa atitude. Pesquisas recentes confirmam que a maioria das características do transtorno (episódios compulsivos, comportamentos purgativos, preocupação excessiva com a forma física e assim por diante) estão "agrupadas" em um indivíduo com o problema, o que sustenta a validade da categoria diagnóstica (Bulik, Sullivan e Kendler, 2000; Fairburn e Cooper, 2014; Fairburn et al., 2003; Franko et al., 2004).

Consequências médicas

A bulimia crônica com comportamentos purgativos tem várias consequências para a saúde (Mehler et al., 2010; Russell, 2009). Uma delas é a ampliação das glândulas salivares causada por vômitos repetidos, que faz com que a face adquira uma aparência bochechuda. Isso era perceptível em Phoebe. A ação repetida de vomitar também corrói o esmalte dos dentes na superfície interna dos dentes frontais, bem como dilacera o esôfago. Mais importante, o vômito continuado pode desarranjar o equilíbrio químico dos fluidos corporais, incluindo os níveis de sódio e de potássio. Essa condição, chamada *desequilíbrio eletrolítico*, se não tratada pode resultar em complicações graves da saúde, como, por exemplo, arritmia cardíaca (batimentos cardíacos desorganizados), convulsões e falhas renais, que podem ser fatais. Surpreendentemente, mulheres jovens com bulimia também desenvolvem mais gordura corporal que as jovens controle, saudáveis, da mesma idade (Ludescher et al., 2009), justamente o efeito que tentam evitar! A normalização dos hábitos alimentares inverte o desequilíbrio rapidamente. Os problemas intestinais resultantes do abuso de laxantes também são graves; podem incluir prisão de ventre séria ou danos permanentes ao cólon. Por fim, alguns indivíduos com bulimia têm calos ósseos nos dedos ou nas costas de suas mãos, causados pela fricção no contato com os dentes e com a garganta quando colocam os dedos garganta abaixo para estimular o reflexo do vômito.

Transtornos psicológicos associados

Um indivíduo com bulimia normalmente apresenta transtornos psicológicos adicionais, particularmente ansiedade e transtorno do humor (Steiger et al., 2013; Swanson et al., 2011; Sysko e Wilson, 2011). Resultados finais de uma pesquisa nacional sobre a prevalência de transtornos alimentares e transtornos psicológicos associados observaram que 80,6% dos indivíduos com bulimia apresentavam transtorno de ansiedade em algum momento de sua vida (Hudson et al., 2007) e 66% dos adolescentes com bulimia apresentaram transtorno de ansiedade concomitante quando entrevistados (Swanson et al., 2011). Os pacientes com transtornos de ansiedade, por outro lado, não necessariamente apresentam uma taxa elevada de transtornos alimentares (Schwalberg et al., 1992). É comum os transtornos do humor, em especial a depressão, ocorrerem concomitantemente à bulimia; sendo que cerca de 20% dos pacientes com bulimia se enquadraram nos critérios de trans-

---

Lady Gaga fala sobre transtornos alimentares:
A cantora revela que teve bulimia no colégio

Lady Gaga lutou contra a bulimia durante a adolescência. Em fevereiro de 2012, ela falou sobre seu passado de transtornos alimentares em uma entrevista com Maria Shriver.

Como e por que ela teve transtornos alimentares? Gaga admitiu, "Eu costumava vomitar o tempo todo no colégio. Então, eu não sou tão confiante. Eu queria ser uma bailarina magra, mas eu era uma garota italiana sensual, cujo pai servia almôndegas no jantar toda noite.

Eu costumava ir para casa e dizer, "Pai, por que o senhor sempre nos serve essa comida? Eu preciso ficar magra". E ele dizia, "Coma seu espaguete".

Qual é seu conselho para aqueles com problemas com o peso e o corpo? Cuidadosamente, ela disse: "É muito difícil, mas... você precisa conversar com alguém sobre isso. Isso arruinou minha voz, então eu tive de parar. O ácido nas cordas vocais... é muito ruim."

Lady Gaga é famosa, bem-sucedida, talentosa e idolatrada por muitos. Mas sua luta com o peso e problemas com o corpo e a confiança continuam:

"O peso ainda é uma luta. Cada vídeo em que estou, cada capa de revista, eles esticam você – fazem você perfeita", ela confessa. "Não é a vida real. Eu vou dizer isso para as garotas: a dieta tem de parar. Todo mundo, pare com isso. Porque no fim das contas está afetando crianças e está deixando as meninas doentes."

Curiosamente, em 2010, Gaga disse à *New York Magazine*, "As estrelas pop não deveriam comer". A revista respeitosamente mencionou que Gaga "parecia debilitada por uma rigorosa dieta de fome."

Fonte: Adaptado de <http://www.huffingtonpost.com/2012/02/09/lady-gaga-reveals-she-was-bulimic-in-high-school_n_1266646.html>.

torno do humor quando entrevistados, e entre 50% e 70% satisfizeram os critérios em algum momento durante o curso de seu transtorno (Hudson et al., 2007; Swanson et al., 2011).

Por diversos anos, uma teoria proeminente sugeriu que os transtornos alimentares são apenas uma maneira de expressar a depressão. No entanto, a maior parte das evidências indica que a depressão *segue* a bulimia e pode ser uma reação a ela (Brownell e Fairburn, 1995; Hsu, 1990; Steiger et al., 2013). Por fim, o abuso de substâncias químicas costuma acompanhar a bulimia nervosa. Por exemplo, Hudson et al. (2007) relataram que 36,8% dos indivíduos com bulimia e 27% dos indivíduos com anorexia faziam uso abusivo de substâncias químicas quando entrevistados, com taxas ainda mais elevadas de abuso de substâncias ao longo da vida. Wade et al. (2004), em um estudo com gêmeos, observaram que fatores de risco comuns de busca de novidade e instabilidade emocional representavam as altas taxas de comorbidade entre bulimia e ansiedade e transtorno por uso de substância, embora esses fatores sejam de certa forma diferentes entre homens e mulheres. Em resumo, a bulimia parece estar fortemente relacionada com os transtornos de ansiedade e menos relacionada com os transtornos do humor e de abuso de substâncias químicas. Características subjacentes de instabilidade emocional e busca por novidades nesses indivíduos podem ser responsáveis por esses padrões de comorbidade.

Anorexia nervosa

Como Phoebe, a grande maioria dos indivíduos com bulimia está dentro de 10% do peso normal (Fairburn e Cooper, 2014; Hsu, 1990). Por outro lado, aqueles com anorexia nervosa (que significa literalmente "perda nervosa do apetite" – uma definição incorreta porque o apetite costuma permanecer adequado) se diferenciam de uma maneira importante dos indivíduos com bulimia. Eles são tão bem-sucedidos em perder peso que colocam suas vidas em perigo. Tanto a anorexia quanto a bulimia são caracterizadas pelo medo mórbido de ganhar peso e perder o controle do ato de comer. A principal diferença parece ser se o indivíduo consegue perder peso. Aqueles com anorexia orgulham-se de suas dietas e de seu controle extraordinário. As pessoas com bulimia sentem vergonha tanto do problema quanto da falta de controle sobre ele (Brownell e Fairburn, 1995). Considere o caso de Julie.

JULIE ... **Quanto mais magra, melhor**

Julie tinha 17 anos quando procurou ajuda pela primeira vez. Se você olhasse bem nos seus olhos fundos e sua pele pálida, poderia ver que ela um dia foi atraente. Mas, no momento, ela parecia desnutrida e indisposta. Dezoito meses atrás ela estava acima do peso, pesando 63 quilos, com 1,57 metro de altura. Sua mãe, uma mulher bem-intencionada, mas dominadora e exigente, importunava Julie incessantemente com relação à sua aparência. Seus amigos eram mais gentis, mas não menos implacáveis. Julie, que nunca havia namorado, ouviu de uma amiga que ela era bonitinha e não teria nenhum problema para namorar se perdesse um pouco de peso. Assim ela fez! Após muitas tentativas malsucedidas, ela estava decidida a conseguir desta vez.

Após várias semanas em uma dieta rigorosa, Julie notou que estava perdendo peso. Ela sentiu um controle e domínio que nunca havia experimentado antes. Não demorou até que começou a ouvir comentários positivos, não somente de suas amigas, como também de sua mãe. Julie começou a se sentir bem consigo mesma. O problema é que ela estava perdendo peso rápido demais. Ela parou de menstruar. Mas nada a fazia parar com a dieta.

Na época em que chegou à nossa clínica, pesava 34 quilos, mas achava que estava bem e que, talvez, poderia perder um pouco mais de peso. Os pais começaram a se preocupar. No início, Julie não procurou tratamento para seu comportamento alimentar. Havia desenvolvido uma dormência na parte inferior da perna esquerda e uma incapacidade de levantar a parte frontal do pé – que um neurologista determinou ser causado pela paralisia do nervo peritoneal, supostamente relacionada à nutrição inadequada. O neurologista a encaminhou para nossa clínica.

Como a maior parte das pessoas com anorexia, Julie disse que talvez devesse ganhar um pouco de peso, mas não falava sério. Ela achava que estava bem, mas tinha "perdido todo o gosto por comida", um relato talvez não verdadeiro porque a maior parte das pessoas com anorexia deseja comida pelo menos em algum momento, porém controla esse desejo. Não obstante, ela continuava com a maior parte das atividades usuais e continuava indo muito bem na escola e em suas ocupações extracurriculares. Seus pais estavam contentes em comprar para ela fitas de exercícios físicos, e ela começou se exercitando vendo uma fita de vídeo por dia, depois vendo duas. Quando seus pais sugeriram que ela talvez estivesse se exercitando talvez demais, passou a se exercitar quando não havia ninguém por perto. Após cada refeição, ela se exercitava vendo uma fita até que, em sua mente, tivesse queimado todas as calorias consumidas.

As trágicas consequências da anorexia entre as jovens celebridades e no mundo das modelos têm sido bem divulgadas na mídia. Em novembro de 2010, a modelo e atriz francesa Isabelle Caro, de 28 anos, morreu pesando 42 quilos. Com 1,65m de altura, ela tinha um IMC de 15,47 (16 é considerado inanição). Por volta de 2006, primeiro na Espanha, depois na Itália, no Brasil e na Índia, os institutos baniram de seus principais desfiles de moda modelos com IMC inferior a 18 (30% das modelos na Espanha foram rejeitadas). Ainda não está claro se as proibições afetaram a percepção popular do corpo ideal nesses países.

Descrição clínica

A anorexia nervosa é menos comum que a bulimia, mas existe uma grande sobreposição. Por exemplo, muitos indivíduos com bulimia têm histórico de anorexia; ou seja, costumavam jejuar para reduzir seu peso para níveis abaixo do aceitável (Fairburn e Cooper, 2014; Fairburn et al., 1997).

▲ Antes de sua morte, aos 28 anos de idade, a modelo francesa Isabelle Caro contribuiu com anúncios alertando sobre os perigos da anorexia nervosa.

Embora o peso corporal abaixo do normal seja a característica mais perceptível da anorexia nervosa, ele não é o cerne do transtorno. Muitas pessoas perdem peso em consequência de um estado de saúde, mas aquelas com anorexia têm um medo intenso da obesidade e buscam implacavelmente a magreza (Fairburn e Cooper, 2014; Hsu, 1990; Russell, 2009). Como no caso de Julie, é comum o transtorno começar em uma adolescente com sobrepeso ou que assim o perceba. Ela então começa uma dieta, que se torna uma preocupação obsessiva em ser magra. Conforme observado, o exercício exagerado, quase como uma punição, é comum (Davis et al., 1997; Russell, 2009), como no caso de Julie. A perda drástica de peso é atingida por meio da restrição calórica severa ou pela restrição calórica e purgação.

O *DSM-5* especifica dois tipos de anorexia nervosa. No *tipo restritivo*, os indivíduos fazem dieta para limitar a ingestão calórica; no *tipo compulsão alimentar purgativa*, eles contam com o ato de purgar. Diferentemente dos indivíduos com bulimia, aqueles com anorexia nervosa do tipo compulsão alimentar purgativa ingerem quantidades relativamente pequenas de comida e purgam mais; em alguns casos, todas as vezes que comem. Aproximadamente metade dos indivíduos que se enquadram nesses critérios de anorexia apresenta o quadro de compulsão alimentar purgativa (Fairburn e Cooper, 2014). Os dados prospectivos coletados no decorrer de oito anos, com 136 indivíduos com anorexia, revelam poucas diferenças entre esses dois tipos em relação à gravidade de sintomas ou à personalidade (Eddy et al., 2002). Naquela época, 62% do total do subtipo restritivo começou a comer e a purgar. Outro estudo mostrou poucas diferenças entre esses subtipos e comorbidades como transtornos de ansiedade (Kaye et al, 2014). Assim, essa classificação em tipos pode não ser útil para prognosticar o curso futuro do transtorno, mas reflete determinada fase ou estágio da anorexia, um achado confirmado em outro estudo (Eddy et al., 2008). Por esse motivo, os critérios para tais tipos no *DSM-5* referem-se apenas aos últimos três meses (Peat, Mitchell, Hoek e Wonderlich, 2009).

Indivíduos com anorexia nunca estão satisfeitos com o peso que perdem. Permanecer com o mesmo peso de um dia para o outro ou ganhar algum peso em qualquer caso é motivo de pânico, ansiedade e depressão intensa. Apenas a perda de peso contínua a cada dia, durante semanas, é satisfatória. Embora os critérios do *DSM-5* especifiquem que o peso corporal "significativamente baixo" corresponde a 15% abaixo do esperado, um estudo sugere que as médias de IMC estão próximas de 15,8 quando o tratamento é procurado (Berner et al., 2013). Outro critério-chave da anorexia é a notável distorção na imagem corporal. Quando Julie olhava para si mesma no espelho, ela via algo diferente do que as outras pessoas. Eles viam uma garota desfigurada, convalescente e esquelética em razão da semi-inanição. Julie via alguém que precisava perder pelo menos alguns quilos em certas partes do corpo. Para ela,

TABELA 8.2 Critérios diagnósticos para anorexia nervosa

A. Restrição da ingesta calórica em relação às necessidades, levando a um peso corporal significativamente baixo no contexto de idade, gênero, trajetória do desenvolvimento e saúde física. *Peso significativamente baixo* é definido como um peso inferior ao peso mínimo normal ou, no caso de crianças e adolescentes, menor do que o minimamente esperado.

B. Medo intenso de ganhar peso ou de engordar, ou comportamento persistente que interfere no ganho de peso, mesmo estando com peso significativamente baixo.

C. Perturbação no modo como o próprio peso ou a forma corporal são vivenciados, influência indevida do peso ou da forma corporal na autoavaliação ou ausência persistente de reconhecimento da gravidade do baixo peso corporal atual.

Determinar o subtipo:

Tipo restritivo: Durante os últimos três meses, o indivíduo não se envolveu em episódios recorrentes de compulsão alimentar ou comportamento purgativo (i.e., vômitos autoinduzidos ou uso indevido de laxantes, diuréticos ou enemas). Esse subtipo descreve apresentações nas quais a perda de peso seja conseguida essencialmente por meio de dieta, jejum e/ou exercício excessivo.

Tipo compulsão alimentar purgativa: Nos últimos três meses, o indivíduo se envolveu em episódios recorrentes de compulsão alimentar purgativa (i.e., vômitos autoinduzidos ou uso indevido de laxantes, diuréticos ou enemas).

Fonte: Manual Diagnóstico e Estatístico de Transtornos Mentais, 5a ed. – DSM-5. Tab. 8.2. Artmed, Porto Alegre, 2014.

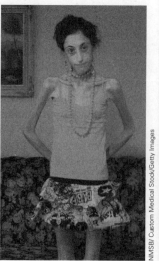

▲ Essas mulheres estão em diferentes estágios de anorexia.

rosto e nádegas eram os problemas. Há garotas que focalizam outras partes, como braços, pernas ou barriga.

Após irem a diversos médicos, pessoas como Julie se saem bem ao falar o que os outros esperam ouvir. Elas podem concordar que estão abaixo do peso e que precisam ganhar alguns quilos – mas não acreditam realmente nisso. Continue a questioná-las, e elas lhe dirão que a garota que veem no espelho está gorda. Por esse motivo, aqueles que sofrem de anorexia raramente procuram tratamento por si mesmos. Em geral, a pressão de alguém da família os leva a uma consulta inicial (Agras, 1987; Fairburn e Cooper, 2014), como no caso de Julie. Talvez como uma demonstração do absoluto controle sobre o ato de comer, alguns indivíduos anoréxicos mostram um grande interesse por culinária e alimentação. Alguns se tornaram chefs, preparando toda a comida para a família. Outros acumulam comida em seus quartos, olhando para ela de tempos em tempos.

Consequências médicas

Uma complicação comum da anorexia nervosa é a interrupção da menstruação (amenorreia), que também ocorre com frequência na bulimia (Crow et al., 2002). Essa característica pode ser um indício físico objetivo do grau da restrição alimentar, mas é inconsistente, pois não ocorre em todos os casos (Franko et al., 2004). Devido a essa inconsistência, a amenorreia foi eliminada dos critérios diagnósticos no DSM-5 (Attia e Roberto, 2009; Fairburn e Cooper, 2014). Outros sinais e sintomas de anorexia incluem pele seca, cabelos ou unhas quebradiças e sensibilidade ou intolerância a temperaturas frias. É também relativamente comum observar *lanugo*, penugem nos membros e nas bochechas. Também podem ocorrer problemas cardiovasculares, como baixa pressão sanguínea crônica e batimentos cardíacos fracos. Se vomitar fizer parte do quadro, o desequilíbrio eletrolítico e os problemas cardíacos e renais resultantes podem aparecer, como no caso da bulimia (Mehler et al., 2010).

Transtornos psicológicos associados

Como no caso da bulimia nervosa, os transtornos de ansiedade e do humor estão com frequência presentes nos indivíduos com anorexia (Agras, 2001; Russell, 2009; Sysko e Wilson, 2011), com taxas de depressão ocorrendo em algum momento durante sua vida em até 71% dos casos (Godart et al., 2007). Curiosamente, um transtorno de ansiedade que parece ocorrer com frequência na anorexia é o transtorno obsessivo-compulsivo (TOC) (ver Capítulo 5; Cederlöf et al., 2015; Keel et al., 2004; Kaye et al., 2014). Na anorexia, os pensamentos desagradáveis concentram-se no ganho de peso e os indivíduos se envolvem em uma variedade de comportamentos, alguns ritualísticos, para se livrar de tais pensamentos. Pesquisas futuras indicarão se a anorexia e o TOC são de fato semelhantes ou simplesmente parecidos. O abuso de substâncias químicas também é comum em indivíduos com anorexia nervosa (Keel et al., 2003; Root et al., 2010; Swanson et al., 2011) e, em conjunto com a anorexia, é um forte indicador de mortalidade, particularmente por suicídio.

Transtorno de compulsão alimentar

No início dos anos 1990, as pesquisas focaram em um grupo de indivíduos que apresentaram estresse marcante em razão de compulsão alimentar, mas não apresentaram comportamentos compensatórios extremos e, por conseguinte, não puderam ser diagnosticados como bulímicos (Castonguay, Eldredge e Agras, 1995; Fairburn et al., 1998). Esses indivíduos apresentam transtorno de compulsão alimentar (TCA). Após a classificação no *DSM-IV* como um transtorno necessitando de estudos adicionais, o TCA está agora incluído no *DSM-5* (Wonderlich et al., 2009). As evidências que apoiam sua elevação para a condição de transtorno incluem certos padrões de herdabilidade diferentes quando comparados com os transtornos alimentares (Bulik et al., 2000), bem como uma maior probabilidade de ocorrência em homens e com uma idade de início mais avançada. Existe também maior probabilidade de remissão e melhor resposta ao tratamento quando comparado com outros transtornos alimentares (Striegel-Moore e Franko, 2008; Wonderlich et al., 2009).

Os indivíduos que se enquadram nos critérios preliminares para o TCA com frequência são identificados em programas de controle de peso. Por exemplo, Brody, Walsh e Devlin (1994) estudaram sujeitos ligeiramente obesos em um programa de controle de peso e identificaram 18,8% que se enquadravam nos critérios para TCA. Em outros programas, com pacientes com graus variáveis de obesidade, perto de 30% se

TABELA 8.3 Critérios diagnósticos para o transtorno de compulsão alimentar

A. Episódios recorrentes de compulsão alimentar. Um episódio de compulsão alimentar é caracterizado pelos seguintes aspectos:
 1. Ingestão, em um período determinado (p. ex., dentro de cada período de duas horas), de uma quantidade de alimento definitivamente maior do que a maioria das pessoas consumiria no mesmo período sob circunstâncias semelhantes.
 2. Sensação de falta de controle sobre a ingestão durante o episódio (p. ex., sentimento de não conseguir parar de comer ou controlar o que e quanto se está ingerindo).
B. Os episódios de compulsão alimentar estão associados a três (ou mais) dos seguintes aspectos:
 1. Comer mais rapidamente do que o normal.
 2. Comer até se sentir desconfortavelmente cheio.
 3. Comer grandes quantidades de alimento na ausência da sensação física de fome.
 4. Comer sozinho por vergonha do quanto se está comendo.
 5. Sentir-se desgostoso de si mesmo, deprimido ou muito culpado em seguida.
C. Sofrimento marcante em virtude da compulsão alimentar.
D. Os episódios de compulsão alimentar ocorrem, em média, ao menos uma vez por semana durante três meses.
E. A compulsão alimentar não está associada ao uso recorrente de comportamento compensatório inapropriado como na bulimia nervosa e não ocorre exclusivamente durante o curso de bulimia nervosa ou anorexia nervosa.

Fonte: Manual Diagnóstico e Estatístico de Transtornos Mentais, 5a ed. – DSM-5. Tab. 8.3. Artmed, Porto Alegre, 2014.

enquadraram nos critérios (por exemplo, Spitzer et al., 1993). Mas Hudson et al. (2006) concluíram que o TCA é um transtorno causado por conjuntos de fatores separados da obesidade sem TCA e está associado à obesidade mais grave. O consenso é que cerca de 20% dos indivíduos obesos em programas de perda de peso se envolvem na compulsão alimentar; esse número se eleva para aproximadamente 50% entre os candidatos à cirurgia bariátrica (aquela voltada para a obesidade grave ou mórbida). Fairburn et al. (2000) identificaram 48 indivíduos com TCA e foram capazes de acompanhar prospectivamente 40 deles por cinco anos. O prognóstico foi relativamente bom para esse grupo, com apenas 18% se mantendo nos critérios totais do diagnóstico de TCA em cinco anos de acompanhamento. A porcentagem desse grupo que era obesa, entretanto, aumentou de 21% para 39% na marca dos cinco anos, e mudar para bulimia é muito comum entre os indivíduos com TCA (Allen et al., 2013; Stice, Marti e Rohde, 2013).

Cerca de metade dos indivíduos com TCA tenta uma dieta antes da compulsão e metade começa a comer compulsivamente e, então, tenta fazer dieta (Abbott et al., 1998); os que começam a comer compulsivamente são afetados mais gravemente e têm maior propensão de desenvolver transtornos adicionais (Brewerton et al., 2014; Spurrell et al., 1997). Torna-se evidente que os indivíduos com TCA mostram algumas das mesmas preocupações com forma e peso que as pessoas com anorexia e bulimia, o que os distinguem dos indivíduos que apresentam obesidade sem TCA (Fairburn e Cooper, 2014; Goldschmidt et al., 2010; Grilo, Masheb e White, 2010; Steiger et al., 2013). Da mesma forma, parece que aproximadamente 33% dos indivíduos com TCA comem compulsivamente para aliviar o "mau humor" ou o afeto negativo (veja, por exemplo, Grilo, Masheb e Wilson, 2001; Steiger et al., 2013; Stice et al., 2000). Esses indivíduos são mais perturbados psicologicamente que os 67% que não se valem da compulsão alimentar para regular o humor (Grilo et al., 2001).

Estatísticas

Casos evidentes de bulimia foram descritos por milhares de anos (Parry-Jones e Parry-Jones, 2002), mas a bulimia nervosa foi reconhecida como um transtorno psicológico distinto somente na década 1970 (Boskind-Lodahl, 1976; Russell, 1979). Por conseguinte, informações sobre sua prevalência foram obtidas recentemente.

A esmagadora maioria (de 90% a 95%) dos indivíduos que se apresentam para tratamento com bulimia é mulher. Os homens com bulimia apresentam uma idade de início mais tardia, e uma grande minoria é predominantemente formada por homens gays ou bissexuais (Matthews-Ewald, 2014; Rothblum, 2002). Por exemplo, Carlat, Camargo e Herzog (1997) reuniram informações sobre 135 pacientes do sexo masculino com transtornos alimentares, acompanhados por cerca de 13 anos, e descobriram que 42% eram homossexuais ou bissexuais, uma taxa mais alta de transtornos alimentares que a encontrada em homens heterossexuais (Feldman e Meyer, 2007). Os atletas que requerem controle rígido de peso, tais como os que praticam luta livre, são outro grupo grande de homens com transtornos alimentares (Ricciardelli e McCabe, 2004). Em 1998, foram amplamente divulgadas as mortes de três praticantes de luta livre em consequência de complicações de transtornos

alimentares. Estudos mais recentes sugerem que a incidência entre homens está aumentando (Domine et al., 2009), com um destes mostrando 0,8% de um amplo grupo de homens com ao menos alguns dos sintomas de bulimia, e outro com 2,9% tendo ao menos alguns dos sintomas de TCA (Field et al., 2014). Curiosamente, a desigualdade de gênero na bulimia nem sempre esteve presente. Os historiadores da psicopatologia observam que, por centenas de anos, a grande maioria de casos registrados (não sistematicamente) era de homens (Parry-Jones e Parry-Jones, 1994, 2002). Em razão de as mulheres com bulimia serem prevalentes hoje, a maior parte de nossos exemplos é composta por elas.

Entre as mulheres, as adolescentes apresentam o maior risco. Uma pesquisa prospectiva de oito anos com 496 garotas adolescentes relatou que mais de 13% apresentaram alguma forma de transtorno alimentar antes dos 20 anos (Stice et al., 2009; Stice et al., 2013). Em um outro sofisticado estudo prospectivo, os problemas relacionados à alimentação de 1.498 calouras em uma grande universidade foram estudados durante os quatro anos de vivência universitária. Apenas 28% a 34% não apresentaram preocupações relacionadas à alimentação. Mas 29% a 34% tentaram consistentemente limitar a ingestão alimentar devido a preocupações com peso/forma física; 14% a 18% se envolveram em excesso alimentar e alimentação compulsiva; outros 14% a 17% combinaram tentativas de limitar a ingestão com compulsão alimentar; e 6% a 7% apresentaram preocupações bulímicas insidiosas. Tais tendências permaneceram estáveis na maior parte dos quatro anos de universidade (Cain et al., 2010).

Estudos populacionais oferecem uma visão da prevalência da bulimia diferente dos estudos de grupos específicos de adolescentes, com o estudo mais importante surgindo em 2007 (Hudson et al., 2007). Os resultados da *National Comorbidity Survey* (Pesquisa Nacional de Comorbidade) refletem a prevalência acumulada de doze meses, não apenas para os três transtornos alimentares principais descritos aqui, mas também para o TCA "abaixo do limite", em que a compulsão alimentar ocorreu em uma frequência alta o suficiente, mas alguns critérios adicionais, tais como "sofrimento acentuado" com relação à compulsão alimentar, não foram satisfeitos. Portanto, o transtorno não atingiu o "limiar" do diagnóstico para o TCA. Embora o estudo tenha sido conduzido antes da publicação do *DSM-5*, foram utilizados os três meses de duração necessários para o TCA (ou TCA subliminar), encontrado no *DSM-5*, em vez dos seis meses necessários utilizados no *DSM-IV-TR*. Finalmente, se a compulsão alimentar ocorreu pelo menos duas vezes por semana durante três meses – ainda que como um sintoma dos outros quatro transtornos na Tabela 8.2 em vez de uma condição separada –, o caso foi listado como "Qualquer compulsão alimentar". Esta última categoria oferece uma visão geral da prevalência da compulsão alimentar. Todos esses dados estão apresentados na Tabela 8.2. Como pode ser observado, a prevalência acumulada foi consistentemente duas a três vezes maior em mulheres, com exceção do TCA subliminar. Essa proporção entre os sexos reflete uma proporção um pouco maior entre os homens que em outras amostras, mas como existem tão poucos homens em estudos de transtornos alimentares, esses resultados tendem a ser instáveis. Não foram encontrados casos de anorexia de doze meses nesta amostra, mas um grande estudo na Finlândia com base em uma pesquisa por telefone encontrou uma prevalência acumulada mais alta de anorexia de 2,2% e metade desses casos não foi detectada no sistema de saúde (Keski-Rahkonen et al., 2007). Sendo assim, é possível que a prevalência da anorexia seja subrepresentada em algumas pesquisas. No suplemento adolescente da *National Comorbidity Survey* (Pesquisa Nacional de Comorbidade) que relata resultados apenas para adolescentes com idade entre 13 e 18 anos, as taxas de prevalência acumulada foram de 0,3% para anorexia (comparado com 0,6% para toda a faixa etária na Tabela 8.2), 0,9% para bulimia (comparado com 1,0% na Tabela 8.2) e 1,6% para TCA (comparado com 2,8% na Tabela 8.2) (Swanson et al., 2011). Isso sugere que muitos casos de anorexia e TCA, mas não de bulimia, começam após os 18 anos.

A idade média de início para todos os transtornos relacionados à alimentação ocorreu em uma faixa estrita de 18 a 21 anos (Hudson et al., 2007), o que é consistente com achados recentes (Stice et al., 2013). Essa idade de início foi consistente para anorexia, com casos mais precoces iniciando aos 15 anos, mas o início precoce foi mais comum para casos de bulimia – 10 anos –, como foi para Phoebe.

Uma vez desenvolvida, a bulimia tende a ser crônica se não tratada (Fairburn, Stice et al., 2003; Hudson et al., 2007). Em um importante estudo do curso da bulimia, citado anteriormente, Fairburn et al. (2000) identificaram um grupo de 102 mulheres com bulimia nervosa e acompanharam 92 delas prospectivamente por cinco anos. Cerca de um terço melhorou até o ponto em que não mais se enquadrava nos critérios diagnósticos checados ano a ano, mas o outro terço que havia melhorado teve recaída. Entre 50% e 67% apresentaram sérios sintomas de transtorno alimentar no final de cada ano dos cinco anos de estudo, indicando que esse transtorno tem um prognóstico relativamente ruim. Em um estudo de acompanhamento, Fairburn et al. (2003) relataram que os indicadores mais fortes da persistência foram históricos de obesidade na infância e ênfase exagerada na importância de ser magro. Além disso, os indivíduos tendem a manter seus sintomas bulímicos, em vez de mudar para sintomas de outros transtornos alimentares (Eddy et al., 2008; Keel et al., 2000).

Da mesma forma, uma vez desenvolvida, a anorexia parece se tornar crônica – embora nem tanto quanto a bulimia, com base nos dados de Hudson et al. (2007), particularmente se detectada precocemente e tratada. Mas os indivíduos com anorexia tendem a manter um IMC baixo por um longo período, juntamente de percepções distorcidas da forma física e peso, indicando que mesmo que não satisfaçam mais os critérios para anorexia, continuam a restringir sua alimentação (Fairburn e Cooper, 2014). Talvez por isso, com base em estudos clínicos, a anorexia seja considerada mais resistente ao tratamento do que a bulimia (Vitiello e Lederhendler, 2000). Em um estudo de sete anos acompanhando indivíduos que receberam tratamento, 33% daqueles com anorexia *versus* 66% daqueles com bulimia atingiram remissão total em algum ponto durante o acompanhamento (Eddy et al., 2008).

Considerações transculturais

Já discutimos a natureza específica altamente cultural da anorexia e da bulimia. Uma constatação particularmente impressionante é que esses transtornos se desenvolvem em imigrantes que recentemente mudaram para países ocidentais (Anderson-Fye, 2009). Um dos estudos clássicos mais interessantes é a pesquisa de Nasser com cinquenta mulheres egípcias nas universidades de Londres e 60 mulheres da mesma nacionalidade nas universidades do Cairo (Nasser, 1988). Não houve nenhum exemplo de transtornos alimentares no Cairo, mas 12% das egípcias na Inglaterra desenvolveram transtornos alimentares. Mumford, Whitehouse e Platts (1991) obtiveram resultados comparáveis com mulheres asiáticas que vivem nos Estados Unidos.

Mais adiante discutiremos o aumento da obesidade entre recentes grupos imigrantes para os Estados Unidos que também parece ilustrar as contribuições culturais para os problemas alimentares (Goel et al., 2004). A prevalência dos transtornos alimentares varia entre as populações minoritárias da América do Norte, incluindo afro-americanos, hispânicos, nativos norte-americanos e asiáticos. Pesquisas iniciais revelaram que as adolescentes afro-americanas são as menos insatisfeitas em relação ao corpo, têm menos preocupações com peso, autoimagem mais positiva e se consideram mais magras do que realmente são, em comparação a adolescentes caucasianas (Celio, Zabinski e Wilfley, 2002). Outro estudo (Hoek et al., 2005) na pequena e praticamente isolada ilha caribenha de Curaçau, nas Antilhas Holandesas, onde a população é de aproximadamente 150 mil indivíduos, encontrou que a incidência de anorexia de 1995 a 1998 foi zero entre a maioria da

TABELA 8.2	Estimativas de prevalência acumulada e de 12 meses dos transtornos alimentares e problemas relacionados apontados no *DSM-IV-TR*		
	Homens	**Mulheres**	**Total**
	%	%	%
I. Prevalência acumulada			
Anorexia nervosa	0,3	0,9	0,6
Bulimia nervosa	0,5	1,5	1,0
Transtorno de compulsão alimentar	2,0	3,5	2,8
Transtorno de compulsão alimentar sublimiar	1,9	0,6	1,2
Qualquer compulsão alimentar	4,0	4,9	4,5
II. Prevalência de 12 meses*			
Bulimia nervosa	0,1	0,5	0,3
Transtorno de compulsão alimentar	0,8	1,6	1,2
Transtorno de compulsão alimentar sublimiar	0,8	0,4	0,6
Qualquer compulsão alimentar	1,7	2,5	2,1
(n) Número de participantes	(1.220)	(1.760)	(2.980)

*Nenhum dos participantes satisfez os critérios para anorexia nervosa de 12 meses.

Fonte: De Hudson et al. (2007). The prevalence and correlates of eating disorders in the National Comorbidity Survey Replication. *Biological Psychiatry, 61*, 348-358. © Society for Biological Psychiatry.

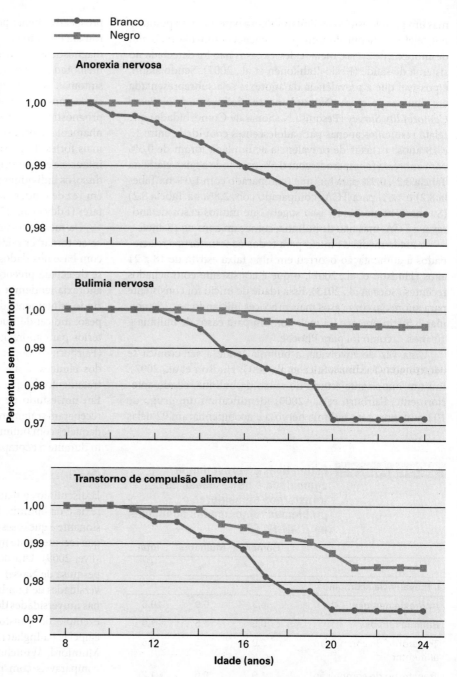

FIGURA 8.1 Tempo de início, no decorrer de dez anos, da anorexia nervosa, bulimia nervosa e TCA para 2.046 mulheres caucasianas e negras, entre 19 e 24 anos, que já se enquadravam nos critérios do *DSM-IV* para cada transtorno alimentar. (Reproduzido com permissão de Striegel-Moore et al. (2003) Eating disorders in white and black women. *American Journal of Psychiatry, 160*(7), 1329, © 2003 American Psychiatric Press.)

população negra, mas atingiu níveis como aqueles observados na Holanda e nos Estados Unidos para a maioria da população caucasiana e miscigenada.

Muitos anos atrás, Striegel-Moore et al. (2003) pesquisaram 985 mulheres caucasianas e 1.061 mulheres negras que participaram de um estudo governamental de dez anos sobre o crescimento e a saúde, e que na ocasião da pesquisa tinham em média 21 anos. O número de participantes em cada grupo que desenvolveu anorexia, bulimia ou transtorno de compulsão alimentar durante aquele período de dez anos está representado na Figura 8.1. Os principais fatores de risco para os transtornos alimentares em todos os grupos incluíram sobrepeso, classe social mais elevada e aculturação para a maioria (Crago et al., 1997; Grabe e Hyde, 2006; Wilfley e Rodin, 1995). Greenberg e LaPorte (1996) observaram em um experimento que os jovens brancos preferiam imagens femininas mais magras em comparação a homens afro-americanos, o que pode contribuir para a incidência mais baixa de transtornos alimentares nas mulheres afro-americanas. Mas uma pesquisa mais recente sugere que algumas dessas diferenças étnicas podem estar mudando. Marques et al. (2011) observaram que a prevalência de transtornos alimentares é agora mais parecida entre mulheres brancas não hispânicas, afro-americanas, americanas asiáticas e hispânicas. Os transtornos alimentares são geralmente mais comuns entre os nativos norte-americanos que em outros grupos étnicos (Crago, Shisslak e Estes, 1997).

Concluindo, a anorexia e a bulimia são relativamente homogêneas e ambas – particularmente a bulimia –, até pouco tempo, eram associadas às culturas ocidentais. Além disso, a frequência e o padrão da ocorrência entre culturas ocidentais minoritárias diferiam no passado, mas essas diferenças parecem estar diminuindo (Marques et al., 2011; Pike, Hoek e Dunne, 2014).

Considerações sobre o desenvolvimento

Devido à maioria dos casos iniciar na adolescência, está claro que anorexia e bulimia estão altamente relacionadas ao desenvolvimento (Smith et al., 2007; Steiger et al., 2013). Como salientado em estudos clássicos por Striegel-Moore, Silberstein e Rodin (1986) e Attie e Brooks-Gunn (1995), os padrões diferenciais do desenvolvimento físico em meninas e meninos interagem com as influências culturais para criar os transtornos alimentares. Após a puberdade, as garotas ganham peso primeiro no tecido adiposo, enquanto os meninos desenvolvem tecido muscular e tecido magro. Como a aparência ideal nos países ocidentais é ser alto e musculoso para os homens e magra e pré-púbere para as mulheres, o desenvolvimento físico aproxima os meninos do ideal e afasta as meninas ainda mais.

Os transtornos alimentares, em particular a anorexia nervosa, ocasionalmente acontecem em crianças abaixo dos 11 anos (Walsh, 2010). Naqueles raros casos de crianças que desenvolvem anorexia, estas provavelmente restringem a ingestão de líquidos, bem como alimentos, talvez sem entender a diferença (Gislason, 1988; Walsh, 2010). Isso é particularmente perigoso. A preocupação com o peso é menos comum em crianças mais novas. Não obstante, a atitude negativa em relação a ficar acima do peso surge logo aos 3 anos, e mais da metade das meninas entre 6 e 8 anos gostariam de ser mais magras (Striegel-Moore e Franko, 2002). Aos 9 anos, 20% das garotas relataram que tentavam perder peso e, aos 14 anos, 40% já haviam feito alguma tentativa de perder peso (Field et al., 1999). Outro estudo que acompanhou meninas e meninos por 10 anos, começando por volta dos 12 anos de idade, observou que cerca de 55% das meninas com 12 anos estavam em dieta, e cerca de 59% estavam em dieta aos 22 anos. Além disso, eles observaram que comportamentos extremos de controle de peso aumentavam ao longo do tempo neste grupo, com um aumento particular entre adolescência e jovem adulto (Neumark-Sztainer et al., 2011).

Tanto a bulimia quanto a anorexia podem ocorrer em idade tardia, em particular após os 55 anos. Hsu e Zimmer (1988) relataram que a maioria desses indivíduos apresentou um transtorno alimentar por décadas, com pouca alteração em seu comportamento. Entretanto, em alguns casos, o surgimento dos transtornos não acontecia até os anos posteriores, e ainda não está claro quais fatores estão envolvidos. Geralmente, a preocupação com a imagem do corpo diminui com a idade (Peat, Peyeri e Muehlenkamp, 2008; Tiggemann e Lynch, 2001; Whitbourne e Skultety, 2002).

Verificação de conceitos 8.1

Cheque seu entendimento sobre os transtornos alimentares, identificando o transtorno adequado nos seguintes contextos: (a) bulimia nervosa, (b) anorexia nervosa e (c) transtorno de compulsão alimentar.

1. Ultimamente, Manny tem apresentado episódios de ingestão de grandes quantidades de comida. Em razão disso, ele está ganhando muito peso. _____

2. Certo dia, sem que Elena percebesse, observei-a comendo uma torta inteira, um bolo e dois sacos de batatas fritas. Quando terminou, ela correu para o banheiro, parecia que estava vomitando. Esse transtorno pode levar a um desequilíbrio eletrolítico, resultando em sérios problemas de saúde. _____

3. Joo-Yeon come grande quantidade de comida em pouco tempo. Então toma laxantes e faz exercícios por longos períodos para evitar ganhar peso. Ela tem feito isso quase todo dia há meses e sente que se tornará inútil e feia se ganhar peso, mesmo que poucos gramas. _____

4. Kirsten perdeu muitos quilos e agora pesa menos de 40 quilos. Ela come apenas uma pequena porção de alimento que sua mãe lhe serve e teme que, se ingerir mais de 500 calorias diárias, isso a faça ficar gorda. Desde que passou a perder peso, Kirsten parou de menstruar. No espelho, ela se vê gorda. _____

Causas dos transtornos alimentares

Tal como acontece com todos os transtornos discutidos neste livro, fatores biológicos, psicológicos e sociais contribuem para o desenvolvimento desses distúrbios alimentares graves. No entanto, as evidências são cada vez mais claras de que os fatores mais substanciais são os sociais e culturais.

Dimensões sociais

Lembre-se de que a anorexia e, particularmente, a bulimia são os transtornos psicológicos mais culturalmente específicos já identificados. O que impulsiona tantas pessoas jovens a uma rotina de semi-inanição ou purgação punitiva, com risco de morte? Para muitas mulheres jovens, parecer bela é mais importante do que ser saudável. Para mulheres jovens em ambientes competitivos, a autovalorização, a felicidade e o sucesso são

▲ A anorexia raramente ocorre entre mulheres negras norte-americanas.

Anorexia nervosa: Susan

"Basicamente... EU não quero comer porque parece que, assim que eu como, eu já ganho peso, engordo... Algumas vezes eu não consigo parar, preciso parar, e então, depois que eu como, há um forte desejo de purgar ou tomar um laxante... Isso nunca para... Fica muito obsessivo, você sobe na balança dez vezes por dia... Eu peso 43 quilos atualmente".

amplamente determinados em grande parte pelas medidas corporais e pela porcentagem de gordura corporal, fatores com pouca ou nenhuma correlação com a felicidade e o sucesso pessoais no longo prazo. O imperativo cultural para ser magro resulta diretamente em fazer dieta, o primeiro passo perigoso para a bulimia e a anorexia.

Levine e Smolak (1996) referem-se à "glorificação da magreza" nas revistas e na televisão, em que a maioria das mulheres é mais magra que a média das mulheres norte-americanas. Em razão de ser duas a cinco vezes mais comum homem com sobrepeso interpretando personagens de televisão que mulheres com sobrepeso, a mensagem da mídia para ser magro é claramente direcionada ao público feminino. Grabe, Ward e Hyde (2008) revisaram 77 estudos, demonstrando haver uma forte relação entre a exposição a imagens de mídia descrevendo o ideal de corpo magro e as preocupações com a imagem física entre as mulheres. Uma análise das comédias do horário nobre revelou que 12% das personagens femininas estavam em dieta, e muitas faziam comentários depreciativos sobre sua imagem corporal (Tiggemann, 2002). É interessante notar que uma análise recente das imagens de mulheres na revista *Ebony*, com público-alvo afro-americano, geralmente não mostra a imagem de corpo magro ideal, parecendo refletir de alguma forma a menor prevalência dos distúrbios da imagem física nas mulheres afro-americanas (Thompson-Brenner, Boisseau e St. Paul, 2011). Por fim, Thompson e Stice (2001) descobriram que o risco de desenvolver transtornos alimentares estava diretamente relacionado ao nível em que as mulheres internalizavam ou acreditavam nas mensagens da mídia e nas imagens que glorificavam a magreza, um achado também confirmado por Cafri et al. (2005), assim como por Keel e Forney (2013)

O problema com os padrões atuais é que eles são cada vez mais difíceis de atingir, porque o tamanho e peso da mulher, em média, aumentou com o passar dos anos com a melhora da nutrição; existe também, historicamente, um aumento geral do tamanho (Brownell, 1991; Brownell e Rodin, 1994). Independentemente da causa, o choque entre nossa cultura e fisiologia (Brownell, 1991; Fairburn e Brownell, 2002) tem gerado efeitos muito negativos, e um deles é que as mulheres tornaram-se insatisfeitas com seus corpos.

Em um estudo de caso, Fallon e Rozin (1985), estudando alunos de graduação do sexo masculino e feminino, descobriram que os homens classificavam seu tamanho atual como o tamanho ideal e o tamanho que imaginavam que seria o mais atraente para o sexo oposto como aproximadamente iguais; de fato, eles classificavam seu peso corporal ideal como superior àquele que as mulheres achavam mais atraente nos homens (ver a Figura 8.2). As mulheres, entretanto, classificaram suas imagens atuais como muito mais pesadas do que julgavam ser o mais atraente, o que, por sua vez, foi classificado como mais pesado do que elas pensavam ser ideal. Esse conflito entre realidade e moda parece estar muito relacionado com os transtornos alimentares epidêmicos atuais.

Outros pesquisadores apresentaram dados interessantes que apoiam os achados de Fallon e Rozin de que homens têm percepções da imagem física diferentes das mulheres. Diversos estudos confirmaram que os homens geralmente desejam ser mais pesados e mais musculosos do que são (Field et al., 2014; Neumark-Sztainer e Eisenberg, 2014). Pope et al., (2000) aferiram a altura, peso e gordura corporal de homens em idade universitária em três países – Áustria, França e Estados Unidos. Eles pediram aos homens que escolhessem a imagem

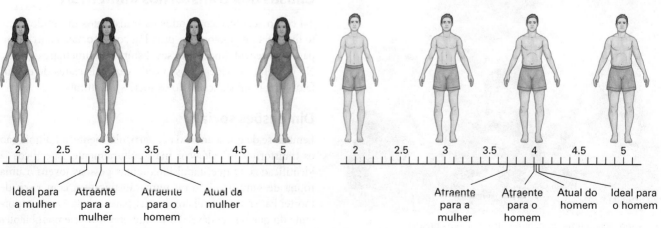

FIGURA 8.2 Classificações corporais masculinas e femininas. (Baseado em Fallon e Rozin [1985].)

corporal que eles sentiam que representava (1) seus próprios corpos, (2) o corpo que eles idealmente gostariam de ter, (3) o corpo de um homem comum de sua idade, e (4) o corpo masculino que eles acreditavam ser preferido pelas mulheres. Nos três países, os homens escolheram um peso corporal ideal que era aproximadamente 12 quilos mais musculoso que seu peso atual. Eles também estimaram que as mulheres iriam preferir um corpo masculino cerca de 13 quilos mais musculoso que seu próprio corpo atual. Contradizendo à essa impressão nos homens, Pope et al. (2000) demonstraram, em um estudo piloto, que a maioria das mulheres preferia um corpo masculino comum, sem os músculos adicionados. Os homens que fazem uso abusivo de esteroides anabolizantes e androgênicos para aumentar a massa muscular e "crescer" têm essas atitudes distorcidas em relação aos músculos, peso e "homem ideal" em um maior grau do que homens que não usam esteroides (Kanayama, Barry e Pope, 2006), e o uso dessas substâncias prejudiciais pode levar a outros graves problemas, como consumo excessivo de álcool ou adicção a outras drogas (Field et al., 2014; Neumark-Sztainer e Eisenberg, 2014).

Temos algumas informações específicas sobre como essas atitudes são socialmente transmitidas às garotas adolescentes. Em um estudo preliminar, Paxton et al. (1999) exploraram a influência dos grupos de amigos íntimos em atitudes referentes à imagem física, restrição de dieta e comportamentos extremos para perda do peso. Em um experimento bem delineado, os autores identificaram 79 "panelinhas" em um grupo de 523 garotas adolescentes. Eles descobriram que esses grupinhos tendiam a partilhar das mesmas atitudes em relação à imagem física, à restrição dietética e à importância das tentativas para perder peso. Eles concluíram a partir do estudo que essas "panelinhas" estavam significativamente associadas a preocupações com a imagem física e comportamentos alimentares. Em outras palavras, se seus amigos tendem a usar técnicas de dieta extremas ou outros métodos para perda de peso, existe uma chance maior de você também se valer deles (Hutchinson e Rapee, 2007). Um estudo recente mais conclusivo observou que, enquanto garotas jovens compartilham preocupações com a imagem física, essas amizades não necessariamente causam essas atitudes ou a alimentação desorientada que seguem. Em vez disso, as garotas adolescentes tendem a escolher amigas que já compartilham dessas atitudes (Rayner et al., 2012). Contudo, quaisquer tentativas de tratar os transtornos alimentares devem levar em consideração a influência da rede social na manutenção dessas atitudes.

A aversão à gordura pode ter trágicas consequências. Em um estudo preliminar, crianças pequenas de pais ricos apareceram em hospitais com síndrome de "falha de desenvolvimento", na qual o desenvolvimento e o crescimento são gravemente retardados em razão de nutrição inadequada. Em cada caso, os pais colocaram seus filhos jovens, saudáveis, mas rechonchudos, em dietas, na expectativa de evitar a obesidade no futuro (Pugliese et al., 1987). Mães com anorexia restringem a ingestão de alimentos não apenas para si mesmas, mas também para seus filhos, algumas vezes em prejuízo da saúde deles (Russell, 2009).

A maior parte das pessoas que faz dieta não desenvolve transtornos alimentares, mas Patton et al. (1990) verificaram em um estudo prospectivo que as adolescentes que faziam dieta estavam oito vezes mais propensas a desenvolver transtorno alimentar um ano mais tarde do que aquelas que não estavam em dieta. Telch e Agras (1993) observaram o aumento marcante da compulsão alimentar durante e após dietas rigorosas em 201 mulheres obesas.

Stice et al. (1999) demonstraram que um dos motivos que fazem as tentativas de perda de peso levar a transtornos alimentares é que os esforços para a redução de peso em adolescentes têm mais probabilidade de resultar em *ganho* do que em perda de peso! Para confirmar essa constatação, 692 garotas, inicialmente com o mesmo peso, foram acompanhadas durante quatro anos. As que tentaram fazer dieta apresentaram um risco 300% maior de obesidade do que as que não fizeram. Os resultados são apresentados na Figura 8.3.

Por que a dieta causa ganho de peso? Cottone et al. (2009) começaram a alimentar ratos com guloseimas, o que os ratos adoraram, em vez da dieta monótona de granulados. Então, eles retiraram as guloseimas, mas não os granulados. Com base nas observações da função cerebral comparada com ratos que nunca receberam guloseimas, ficou claro que esses ratos se tornaram extremamente estressados e ansiosos. Além disso, os ratos das "guloseimas" começaram a comer mais granulados que o grupo controle, o que parecia aliviar o estresse. Portanto, ciclos repetidos de "dietas" pareciam produzir mais sintomas de

▲ Kelly Brownell documentou a colisão entre a cultura e a fisiologia que resulta na enorme pressão para ser mais magro.

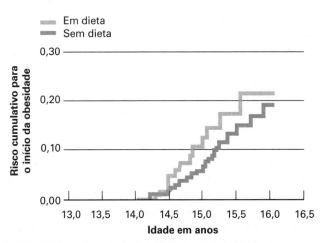

FIGURA 8.3 Surgimento da obesidade no decorrer de quatro anos para os autointitulados praticantes de dieta *versus* os autointitulados não praticantes de dietas. (De Stice et al. [1999]. Naturalistic weight-reduction efforts prospectively predict growth in relative weight and onset of obesity among female adolescents. *Journal of Consulting and Clinical Psychology, 67*, 967-974.)

▲ A mudança de conceitos de peso ideal é evidente em uma pintura do século XVII, por Peter Paul Rubens, e em uma fotografia de uma modelo atual.

abstinência relacionados ao estresse no cérebro, como acontece com substâncias químicas, resultando em maior consumo de alimento do que teria ocorrido sem a dieta.

Fairburn et al. (2005) examinaram um grupo de 2.992 mulheres jovens que estavam em dieta e identificaram 104 que desenvolveram um transtorno alimentar durante os dois anos seguintes. Foram identificados vários fatores de risco entre as praticantes de dieta. Aquelas com maior risco para desenvolver um transtorno alimentar já apresentavam compulsão alimentar e purgação, comiam escondidas, expressavam o desejo de ter o estômago vazio, preocupavam-se com comida e temiam perder o controle sobre o ato de comer.

A distorção da imagem corporal no caso de alguns homens também pode ter consequências trágicas. Olivardia, Pope e Hudson (2000) descreveram uma síndrome em homens, particularmente nos levantadores de peso, que de início foi chamada "anorexia nervosa reversa". Os homens com essa síndrome relatavam que se preocupavam muito em não parecer pequenos, ainda que fossem musculosos. Muitos desses homens evitavam ir à praia, frequentar vestiários e outros lugares onde precisariam expor o corpo. Eles também tinham propensão a usar esteroides anabólicos androgênicos, a fim de ganhar massa, arriscando-se psicológica e fisicamente quanto às consequências do uso desses medicamentos. Assim, embora seja óbvia a diferença marcante de gênero na distorção típica da imagem corporal, com mulheres achando que estão muito grandes e homens achando que estão muito pequenos, ambos os tipos de distorção podem resultar em graves consequências físicas e psicológicas (Corson e Andersen, 2002; Kanayama et al., 2006; Neumark-Sztainer e Eisenberg, 2014).

O conflito em relação à imagem corporal seria bastante ruim se o tamanho fosse infinitamente maleável, mas não é. Evidências crescentes indicam forte contribuição genética para o tamanho corporal; ou seja, alguns indivíduos nasceram para ser mais pesados que outros e todos foram formados de modo diferente. Embora muitos pareçam fisicamente bem, poucos atingem os níveis de bom estado físico e boa forma como valorizados atualmente. Biologicamente, é quase impossível (Brownell, 1991; Brownell e Fairburn, 2002).

Não obstante, muitos jovens em nossa sociedade lutam com a biologia até o ponto da inanição. Na adolescência, os padrões culturais são frequentemente experimentados como pressão dos colegas e são muito mais influentes que a razão e os fatos. À maioria de homens homossexuais, entre o pequeno número de pessoas do sexo masculino com transtornos alimentares, também são atribuídas a pressões da cultura gay para estar bem fisicamente (Carlat et al., 1997; Feldman e Meyer, 2007; Hadland et al., 2014). De modo inverso, a pressão para parecer mais adequado e musculoso também é muito aparente para uma proporção substancial dos homens (Neumark-Sztainer e Eisenberg, 2014; Pope et al., 2000).

Restrição dietética

Durante a Segunda Guerra Mundial, Keys et al. (Keys et al., 1950) conduziram um experimento de semi-inanição que se tornou um clássico. Esse experimento envolveu 36 opositores conscientes voluntários para o estudo como alternativa ao serviço militar. Durante seis meses, esses homens saudáveis receberam cerca de metade da quantidade de alimento que costumavam ingerir. Esse período foi seguido de uma fase de reabilitação de três meses, durante a qual a quantidade de comida era aumentada aos poucos. Durante a dieta, os indivíduos perderam uma média de 25% de seu peso corporal. Os resultados foram cuidadosamente documentados, em particular quanto aos efeitos psicológicos.

Os pesquisadores constataram que os indivíduos passaram a se preocupar com a comida e a alimentação. As conversas, a leitura e os devaneios giravam em torno de comida. Muitos começaram a colecionar receitas e a acumular itens relacionados à alimentação.

Se as pressões culturais para ser magro são tão importantes quanto parecem ser no desencadeamento de transtornos alimentares, então, seria de esperar que tais transtornos ocorressem em situações em que essas pressões fossem particularmente graves, que é o que acontece com os bailarinos, que vivem sob pressão para se manterem magros. Garner et al. (1987) acompanharam um grupo de estudantes do sexo feminino de 11 a 14 anos numa escola de balé. A estimativa conservadora foi de que pelo menos 25% dessas meninas desenvolveram transtornos alimentares durante os dois anos de estudo. Resultados similares surgem entre atletas, particularmente mulheres, tais como ginastas. O que acontece nas aulas de balé que tem tal efeito devastador nas meninas?

Considere o caso de Phoebe novamente.

PHOEBE... Dançando para a destruição

Phoebe se lembra muito bem de que, durante seus primeiros anos de balé, as garotas mais velhas conversavam incessantemente sobre peso. Phoebe tinha um bom desempenho e ansiava pelos raros elogios. A professora de balé parecia comentar mais sobre peso do que sobre técnicas de dança e sempre salientava: "Você dançaria melhor se perdesse peso". Se uma menina perdesse um pouco de peso durante uma dieta heroica, a professora sempre destacava: "Você fez muito bem em perder peso; o resto de vocês deveria seguir o exemplo". Certo dia, sem tomar muito cuidado, a instrutora disse a Phoebe: "Você precisa perder 2 quilos antes da próxima aula". Naquela época, Phoebe tinha 1,57 m e pesava 44 quilos. A próxima aula era em dois dias. Após uma dessas repreensões e dias de severa restrição alimentar, Phoebe experimentou seu primeiro episódio de compulsão alimentar.

No início do ensino médio, Phoebe desistiu dos rigores do balé para se dedicar a outros interesses. Ela não se esqueceu da glória que era estrear como uma jovem dançarina ou de como desempenhava os passos. Ela ainda dançava ocasionalmente sozinha e manteve a graça que os bailarinos sérios exibem sem esforço.

Entretanto, na faculdade, quando foi em direção ao vaso sanitário, vomitando, talvez pela terceira vez naquele dia, percebeu que havia aprendido uma lição na aula de balé; uma lição mais profunda e abrangente do que qualquer outra: a importância, de vida ou morte de ser magra a todo custo.

Assim, fazer dieta é um fator que pode contribuir para os transtornos alimentares (Polivy e Herman, 2002); junto da insatisfação com o corpo, é o principal fator de risco para transtornos alimentares posteriores (Stice, Ng e Shaw, 2010).

Influências familiares

Muito tem sido feito com base na importância significativa dos padrões de interação familiar nos casos de transtornos alimentares. Muitos clínicos e pesquisadores em décadas passadas (consulte, por exemplo, Attie e Brooks-Gunn, 1995; Bruch, 1985; Humphrey, 1989; Minuchin, Rosman e Baker, 1978) observaram que a família "típica" de um anoréxico é bem-sucedida, tem conduta rígida, preocupa-se com as aparências e é ávida por manter a harmonia. Para atingir essas metas, os familiares frequentemente negam ou ignoram os conflitos ou sentimentos negativos, e tendem a atribuir seus problemas a outras pessoas sem que haja uma comunicação franca entre eles (Fairburn, Shafran e Cooper, 1999; Hsu, 1990).

Pike e Rodin (1991) confirmaram algumas diferenças nas interações em famílias de garotas cuja alimentação era desordenada em comparação a famílias-controle. Basicamente, as mães das garotas que tinham uma alimentação desordenada pareciam agir como "porta-voz da sociedade" ao desejarem que suas filhas fossem magras, pelo menos no começo (Steinberg e Phares, 2001). Elas eram muito propensas a fazer dietas e, geralmente, eram mais perfeccionistas que as mães do grupo controle, de maneira que ficavam menos satisfeitas com suas famílias e com a coesão familiar (Fairburn, Cooper et al., 1999; Fairburn et al., 1997). Porém, evidências recentes minimizam a contribuição dos pais ou fatores familiares especificamente nos transtornos alimentares (Steiger et al., 2013; Russell, 2009). Em reflexo a este desenvolvimento, a Academy for Eating Disorders – AED (Academia de Transtornos Alimentares) (Le Grange et al., 2010) concluiu:

> "A posição da Academia de Transtornos Alimentares é de que fatores familiares podem influenciar a gênese e a manutenção de transtornos alimentares, o conhecimento atual nega a ideia de que eles são os mecanismos exclusivos ou ainda primários na fundamentação do risco." (p. 1)

Quaisquer que sejam as relações preexistentes, após o surgimento de um transtorno alimentar, particularmente da anorexia, as relações familiares podem se deteriorar com rapidez. Nada é mais frustrante do que observar uma filha passar fome diante de uma mesa farta. Os pais informados e educados, incluindo psicólogos e psiquiatras com completa compreensão do transtorno em questão, relataram lançar mão de violência física (por exemplo, bater ou esbofetear) em momentos de extrema frustração, na vã tentativa de fazer com que suas filhas colocassem algum alimento na boca. A culpa e a angústia dos pais eram consideráveis, e esse tipo de comportamento está associado a piores resultados do transtorno alimentar (Ducios et al., 2012).

Dimensões biológicas

Como a maior parte dos transtornos psicológicos, os transtornos alimentares acontecem em famílias, e assim parecem ter um componente genético (Trace et al., 2013). Estudos sugerem que os parentes de pacientes com transtornos alimentares têm de quatro a cinco vezes mais propensão que a população geral de desenvolver transtornos alimentares, sendo um pouco mais elevados os riscos para parentes do sexo feminino de pacientes com anorexia (consulte, por exemplo, Strober et al., 2000). Em importantes estudos entre gêmeos realizados por Kendler et al. (1991) para a bulimia e por Walters e Kendler (1995) para a anorexia, os pesquisadores usaram entrevistas estruturadas para averiguar o predomínio dos transtornos entre 2.163 gêmeas. Em 23% dos pares de gêmeas idênticas, ambas tiveram bulimia, em comparação a 9% de gêmeas fraternas. Em razão de nenhum estudo de adoção ter sido relatado, as fortes influências socioculturais não podem ser descartadas, e outros estudos produziram resultados inconsistentes (Fairburn, Cowen e Harrison, 1999). Para a anorexia, os números dos casos foram muito pequenos para estimativas precisas, mas o transtorno em uma das gêmeas realmente parecia conferir um risco significativo tanto para a anorexia quanto para a bulimia na outra gêmea. Bulik et al. (2006), em um grande estudo de gêmeos, estimou a herdabilidade em 0,56. Em todo caso, o consenso é que a composição genética constitui cerca de metade da equação entre as causas da anorexia e da bulimia (Trace et al., 2013).

Uma vez mais, não existe nenhum consenso claro sobre *o que* é hereditário (Steiger et al., 2013; Trace et al., 2013). Hsu (1990) e Steiger et al. (2013) especulam que traços de personalidade não específicos, tais como instabilidade emocional e, talvez, baixo controle de impulsos, poderiam ser hereditários. Em outras palavras, uma pessoa poderia herdar uma tendência de ser emocionalmente responsiva aos acontecimentos estressantes e, como consequência, poderia comer compulsivamente na tentativa de aliviar o estresse e a ansiedade (Kaye,

▲ Tim Walsh fez contribuições científicas significativas para nosso conhecimento sobre transtornos alimentares.

2008; Pearson, Wonderlich e Smith, 2015; Strober, 2002). Klump et al. (2001) mencionam traços perfeccionistas com o afeto negativo. Essa vulnerabilidade psicológica poderia interagir com os fatores sociais e psicológicos para produzir um transtorno alimentar. Wade et al. (2008) encontraram apoio para essa ideia em um estudo com 1.002 gêmeos do mesmo sexo no qual a anorexia era associada, e talvez um reflexo, de um traço de perfeccionismo e necessidade de ordem que ocorre nas famílias.

Os processos biológicos são bastante ativos na regulação do ato de comer e, assim, nos transtornos alimentares, e uma evidência substancial indica que o hipotálamo desempenha um papel importante. Os pesquisadores estudaram o hipotálamo e os principais sistemas neurotransmissores – incluindo a norepinefrina, a dopamina e, particularmente, a serotonina – que passam por ele, para determinar se alguma coisa está funcionando de forma inadequada quando os transtornos alimentares ocorrem (Kaye, 2008; Vitiello e Lederhendler, 2000). Os baixos níveis de atividade serotoninérgica, o sistema mais frequentemente associado aos transtornos alimentares (Russell, 2009; Steiger, Bruce e Groleau, 2011), estão associados com a impulsividade em geral e com a compulsão alimentar especificamente (ver Capítulo 2). Assim, a maior parte das drogas em estudo para tratamento de transtornos alimentares visa o sistema da serotonina (consulte, por exemplo, Grilo et al., 2012; Kaye, 2008).

Os pesquisadores de fatores biológicos também estão interessados na influência dos hormônios no comportamento alimentar, particularmente no comer compulsivo, que é um importante componente da bulimia. Em um programa de pesquisa impressionante, Kelly Klump e colaboradores observaram fortes associações entre hormônios do ovário e o ato de comer desregulado ou impulsivo em mulheres propensas a episódios de compulsão alimentar (Klump et al., 2014). Além disso, o comportamento de comer emocional (comer para aliviar o estresse ou a ansiedade) e as frequências de compulsão alimentar atingiam um pico nas fases pós-ovulatórias do ciclo menstrual para todas as mulheres, independentemente de elas comerem compulsivamente ou não durante outras fases de seu ciclo. Altos níveis de hormônio, ao menos parcialmente, contribuíram para esses picos. Em uma parte interessante da teoria proposta, Klump e seus colaboradores, notando a forte associação entre o início da bulimia e a puberdade, especulam que, o início da puberdade e as alterações hormonais associadas, podem "ativar" certos genes de risco responsivos a hormônios em mulheres propensas a compulsão alimentar, levando-as ao início da compulsão por possuírem esses padrões genéticos. Se verdadeiro, esse seria outro exemplo do tipo de interação gene-ambiente discutido no Capítulo 2.

Se os pesquisadores realmente encontram uma forte associação entre as funções neurobiológicas e os transtornos alimentares, a questão da causa ou do efeito permanece. Atualmente, o consenso é que algumas anormalidades neurobiológicas existem em pessoas com transtornos alimentares (por exemplo, Marsh et al., 2011; Mainz et al., 2012), mas elas podem ser *resultantes* da semi-inanição ou do ciclo de compulsão alimentar purgativa, e não uma causa, embora possam contribuir para a *manutenção* do transtorno, uma vez estabelecido. Bodel e Keel (2015) recentemente descobriram um exemplo interessante desse tipo de achado enquanto estudavam os efeitos biológicos das tentativas de perda de peso (supressão de peso), um conhecido fator de risco para compulsão alimentar e bulimia. Eles levantaram a hipótese de que níveis reduzidos de leptina, um hormônio com ação no hipotálamo para produzir sentimentos de saciedade (e, portanto, assim evitar que as pessoas comam em excesso), podem estar associados com esforços excessivos para manter o peso baixo, e assim levar a aumentos no valor reforçador dos alimentos e, possivelmente, à compulsão alimentar. Ao contrário de suas hipóteses, eles observaram que os pacientes com bulimia comparados com participantes controles não diferiram nos níveis de leptina, que, portanto, não estavam significativamente associados ao valor reforçador do alimento. Assim, embora esteja claro que os esforços para a supressão do peso aumentem o valor reforçador do alimento e a compulsão alimentar, em nível biológico não está claro o porquê.

Dimensões psicológicas

Observações clínicas ao longo dos anos indicaram que muitas mulheres jovens com transtornos alimentares apresentam um sentido de controle pessoal e confiança reduzidos sobre suas próprias habilidades e talentos (Bruch, 1973, 1985; Striegel-Moore, Silbersteine e Rodin, 1993; Walters e Kendler, 1995). Isso pode se manifestar contundentemente como baixa autoestima (Fairburn, Cooper e Shafran, 2003). Elas também demonstram atitudes mais perfeccionistas, aprendidas ou herdadas, talvez, de suas famílias, o que pode refletir as tentativas de exercer o controle sobre acontecimentos importantes de suas vidas (Boone et al., 2012; Bulik et al., 2014; Fairburn, Halmi et al., 2012; Mar-

▲ A Dra. Kelly Klump e seus colaboradores conduziram uma pesquisa destacando a importância dos hormônios ovarianos para prever transtornos alimentares, particularmente episódios de compulsão alimentar.

▲ Christopher Fairburn desenvolveu um tratamento psicológico efetivo para bulimia nervosa.

tinez e Craighead, 2015; Welch et al., 1997; Joiner et al., 1997). Shafran et al. (2006) aumentaram artificialmente os padrões perfeccionistas saudáveis, instruindo-as a perseguir os padrões mais altos possíveis em tudo o que faziam durante as 24 horas seguintes. Essas instruções fizeram que elas ingerissem comidas menos calóricas, restringissem sua alimentação e se arrependessem mais após comer que mulheres solicitadas a fazer o mínimo por 24 horas. Isso ocorreu mesmo quando a alimentação não era especificamente mencionada como parte dos "padrões mais altos". O perfeccionismo sozinho, no entanto, é pouco associado ao desenvolvimento do transtorno alimentar, porque os indivíduos devem se considerar acima do peso e manifestar baixa autoestima antes que o traço de perfeccionismo contribua (Vohs et al., 1999). No entanto, quando o perfeccionismo é dirigido para a percepção distorcida da imagem corporal, fica a postos um poderoso motor que aciona comportamentos do transtorno alimentar (Lilenfeld et al., 2006; Shafran, Cooper e Fairburn, 2002).

Mulheres com transtornos alimentares ficam muito preocupadas com o modo como são vistas pelos outros (Fairburn, Stice et al., 2003; Smith et al., 2007). Elas também se percebem como fraudes, considerando falsas quaisquer impressões que tenham de ser adequadas, autossuficientes e interessantes. Nesse sentido, elas se sentem impostoras em seus grupos sociais e apresentam níveis elevados de ansiedade social (Smolak e Levine, 1996), o que pode explicar por que escolhem grupos sociais com atitudes similares com relação à alimentação e forma física (Rayner et al., 2012). Striegel-Moore et al. (1993) sugerem que essas autodeficiências sociais podem aumentar como consequência do transtorno alimentar, isolando ainda mais a mulher do mundo social mais amplo.

As distorções específicas na percepção da forma física mudam frequentemente, dependendo da experiência cotidiana. McKenzie, Williamson e Cubic (1993) observaram que mulheres com bulimia julgavam seus corpos maiores após comerem um pedaço de doce e beberem um refrigerante, enquanto o julgamento das mulheres nos grupos controle não foi afetado pela ingestão de petiscos. Assim, certamente, acontecimentos menores relacionados ao ato de comer podem ativar o medo de ganhar peso, as distorções adicionais da imagem corporal e os esquemas compensatórios, como a purgação.

Outra observação importante é que ao menos um subgrupo desses pacientes tem dificuldade para tolerar qualquer emoção negativa (humor intolerante) e pode ter compulsão ou se engajar em outros comportamentos, como autoindução de vômitos ou exercícios físicos intensos, em uma tentativa de regular o humor (reduzir sua ansiedade ou angústia fazendo algo que pense que irá ajudá-lo a evitar engordar). (Haynos e Fruzzetti, 2011; Paul et al., 2002). Isso parecia ser verdade para Phoebe.

Por exemplo, Mauler et al. (2006) investigaram a reação a pistas alimentares em mulheres com bulimia e em um grupo controle que havia sido privado de alimentos. Eles observaram que mulheres com bulimia, quando estavam com fome, apresentavam reações emocionais negativas mais intensas (angústia, ansiedade e depressão) quando viam fotos de alimentos e, posteriormente, comiam mais em um bufê, provavelmente para diminuir sua ansiedade e angústia e se sentir melhores, ainda que esse excesso alimentar fosse causar problemas a longo prazo. Essas participantes, compreensivelmente, demonstraram efeito negativo ainda mais intenso depois de comer em excesso, e pareciam sentir-se ameaçadas pelas pistas alimentares, o que poderia levá-las a uma restrição alimentar extrema ou ao exercício físico intenso, como relatado. Fairburn e Cooper (2014) também observaram a importância do tratamento para controle da tendência de restringir excessivamente a ingestão alimentar, assim como as atitudes negativas associadas à imagem corporal que levam a compulsão e purgações. O que todos esses estudos têm em comum é o papel de emoções intensas desencadeadas por pistas alimentares, o medo de engordar e tentativas falhas de regular essas emoções como fatores que levam aos transtornos alimentares.

Modelo integrador

Embora os três principais transtornos alimentares sejam identificáveis por suas características únicas e os diagnósticos específicos tenham alguma validade, está cada vez mais evidente que todos os transtornos alimentares têm muito em comum no que se refere a fatores causais. Pode ser mais útil agrupar os transtornos alimentares em uma categoria de diagnóstico, simplesmente observando quais características específicas ocorrem, tais como restrição de dieta, compulsão alimentar ou purgação. Recentemente, Christopher Fairburn e colaboradores tentaram desenvolver essa abordagem (consulte, por exemplo, Fairburn et al., 2007; Fairburn e Cooper, 2014). Assim, integramos uma discussão das causas dos transtornos alimentares.

Ao organizar o que sabemos sobre os transtornos alimentares, é importante lembrar, mais uma vez, que nenhum fator parece suficiente para causá-los (ver Figura 8.4). Os indivíduos com transtornos alimentares podem ter algumas das mesmas vulnerabilidades biológicas (tais como ser altamente responsivos aos acontecimentos estressantes da vida) que indivíduos com transtornos de ansiedade (Kendler et al., 1995; Klump et al., 2014; Rojo et al., 2006). A ansiedade e os transtornos do humor são também comuns em famílias de indivíduos com transtornos alimentares (Steiger et al., 2013), e as emoções negativas advindas do "humor intolerante" parecem desencadear a compulsão alimentar em muitos pacientes. Além disso, como veremos, os tratamentos psicológicos ou medicamentosos com efetividade evidenciada nos transtornos de ansiedade são também os tratamentos de escolha para os transtornos alimentares. De fato, poderíamos conceituar os transtornos alimentares como transtornos de ansiedade focados exclusivamente no medo de ficar acima do peso.

Em todo caso, torna-se claro que pressões sociais e culturais para ser magro motivam a restrição da ingestão de alimentos, geralmente por meio de dieta severa. Lembre-se, entretanto, que muitas pessoas, incluindo garotas adolescentes, fazem dietas restritivas, mas somente uma minoria desenvolve transtor-

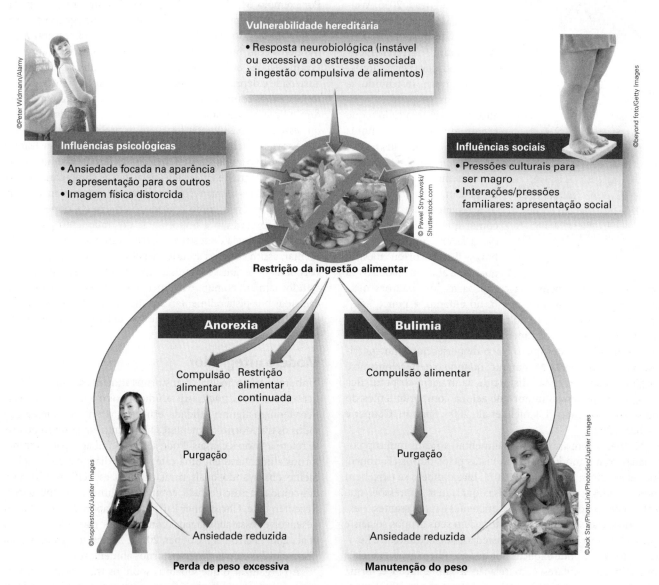

FIGURA 8.4 Um modelo causal integrado dos transtornos alimentares.

nos alimentares; portanto, a dieta por si só não é responsável pelo desenvolvimento dos transtornos. Também é importante observar que as interações sociais em famílias altamente realizadoras têm pelo menos alguma influência. A ênfase na aparência e nas realizações, presentes nessas famílias, bem como as tendências perfeccionistas, podem ajudar a estabelecer atitudes muito incisivas, com a importância excessiva da aparência física para a popularidade e para o sucesso, atitudes estas reforçadas pelos grupos de amizade. Essas atitudes resultam em um enfoque exagerado na forma e no peso corporais. Por fim, existe a questão de por que uma minoria de indivíduos com transtornos alimentares consegue controlar a ingestão por meio da restrição alimentar que resulta em uma alarmante perda de peso (anorexia), enquanto a maioria não é bem-sucedida na perda de peso e compensa isso com um ciclo de compulsão alimentar e purgação (bulimia) (Eddy et al., 2002; 2008). Essas diferenças, pelo menos inicialmente, podem ser determinadas pela biologia ou pela fisiologia, como a disposição geneticamente determinada para ser mais magro. Então, uma vez mais, é possível que as características de personalidade preexistentes, como a tendência controladora, sejam determinantes importantes para o desenvolvimento de um transtorno específico. Em qualquer caso, a maioria dos indivíduos com anorexia inicia a compulsão e a purgação em algum momento.

Tratamento dos transtornos alimentares

Somente a partir da década de 1980 surgiram tratamentos para a bulimia; os tratamentos para a anorexia já existiam há muito mais tempo, mas não foram bem desenvolvidos. Evidências acumuladas rapidamente indicam que pelo menos um e, possivelmente, dois tratamentos psicológicos são efetivos, em particular no caso da bulimia nervosa. Determinadas drogas também podem ajudar, embora não haja forte evidência.

Tratamento com drogas

Atualmente, os tratamentos com drogas não são considerados efetivos no tratamento da anorexia nervosa (consulte Crow et al., 2009; Wilson e Fairburn, 2007). Por exemplo, um estudo relatou que a fluoxetina (Prozac) não apresenta efeito na prevenção de recaída em pacientes com anorexia após a recuperação do peso (Walsh et al., 2006).

Por outro lado, há evidências de que as drogas podem ser úteis para algumas pessoas com bulimia, particularmente durante o ciclo de compulsão e purgação. As drogas consideradas mais efetivas para a bulimia são os mesmos medicamentos antidepressivos provados efetivos nos casos de transtornos do humor e de ansiedade (Broft, Berner e Walsh, 2010; Shapiro et al., 2007; Wilson e Fairburn, 2007). A Food and Drug Administration (FDA), em 1996, aprovou o Prozac como efetivo para os transtornos alimentares. A efetividade geralmente é medida pelas reduções na frequência dos episódios de compulsão alimentar, bem como pelo percentual de pacientes que param de apresentar comportamentos alimentares de compulsão e purgação associados, pelo menos por um período. Em dois estudos, um utilizando drogas antidepressivas tricíclicas e o outro utilizando Prozac, os pesquisadores observaram uma redução média nos episódios de compulsão alimentar e purgação de, respectivamente, 47% e 65% (Walsh, 1991; Walsh et al., 1991). Uma revisão mais recente (metanálise) sugeriu que os inibidores seletivos de recaptação de serotonina são úteis no tratamento da bulimia (Tortorella et al., 2014). Entretanto, embora os antidepressivos sejam mais efetivos que o placebo em curto prazo e possam aumentar os efeitos do tratamento psicológico de alguma maneira (Whittal, Agras e Gould, 1999; Wilson et al., 1999), as evidências disponíveis sugerem que as drogas antidepressivas por si só não têm efeitos substanciais de longa duração no caso da bulimia nervosa, e as opiniões atuais de especialistas sugerem que medicações são provavelmente mais úteis em conjunto com tratamentos psicológicos (Reas e Grilo, 2014; Walsh, 1995; Wilson e Fairburn, 2007).

Tratamentos psicológicos

Até a década de 1980, os tratamentos psicológicos para pessoas com transtornos alimentares eram dirigidos à baixa autoestima e dificuldades no desenvolvimento de uma identidade individual. Os padrões desordenados de interação familiar e de comunicação também eram alvo de tratamento. Entretanto, esses tratamentos isolados não tiveram a efetividade que os clínicos esperavam (por exemplo, Minuchin et al., 1978; Russell et al., 1987). Os tratamentos cognitivo-comportamentais de curto prazo têm como alvo o problema do comportamento alimentar e as atitudes associadas em relação à importância excessiva e ao significado do peso e da forma física, tornando essas estratégias a opção de tratamento para bulimia (Fairburn e Cooper, 2014; Sysko e Wilson, 2011).

Mais recentemente, esta abordagem foi atualizada e melhorada de duas formas fundamentais com base em mais de uma década de experiência. Primeiro, foi adicionada uma variedade de novos procedimentos com o objetivo de melhorar os resultados. Segundo, observando a preocupação comum com a forma física e o peso no centro de todos os transtornos alimentares, o tratamento se tornou "transdiag-nóstico", no sentido em que é aplicável com pequenas alterações a todos os transtornos alimentares. Este é um importante desenvolvimento, porque no *DSM-IV* os transtornos alimentares eram considerados, na maior parte, como mutuamente exclusivos. Por exemplo, de acordo com as diretrizes do *DSM-IV*, uma pessoa não poderia satisfazer os critérios para anorexia e bulimia ao mesmo tempo. Mas os pesquisadores que trabalham nessa área observaram que características de vários transtornos alimentares se sobrepõem consideravelmente (Fairburn, 2008; Keel et al., 2012). Além disso, uma grande parte dos pacientes, talvez até 50% ou mais, que satisfizeram os critérios para um transtorno alimentar clinicamente grave no *DSM-IV*, não satisfaz os critérios para anorexia ou bulimia e foi diagnosticada com "transtorno alimentar não especificado" (transtorno alimentar NE) (Fairburn e Bohn, 2005). Conforme descrito anteriormente neste capítulo, alguns desses pacientes agora poderiam satisfazer os critérios para "transtorno de compulsão alimentar", incluído como uma categoria diagnóstica no *DSM-5*. Conforme observado, esses transtornos alimentares apresentam influências causais muito similares, incluindo vulnerabilidades biológicas herdadas semelhantes, influências sociais (principalmente influências culturais glorificando a magreza), e uma forte influência familiar direcionada ao perfeccionismo. Finalmente, todos os transtornos alimentares parecem compartilhar a ansiedade focada na aparência e apresentação aos outros, assim como em uma imagem física distorcida.

Neste protocolo de tratamento, os componentes essenciais da terapia cognitivo-comportamental (TCC) direcionada aos fatores causais comuns de todos os transtornos alimentares são abordados de forma integrada. (Indivíduos com anorexia e peso muito baixo – IMC de 17,5 ou menos –, que precisariam de internação para tratamento, seriam excluídos até que seu peso fosse recuperado para um nível em que pudessem então se beneficiar do programa.) Assim, o foco principal deste protocolo é a avaliação distorcida da forma física e do peso, e as tentativas mal-adaptadas de controlar o peso na forma de dieta rígida, possivelmente acompanhadas de alimentação compulsiva, e métodos para compensar a ingestão excessiva, tais como purgação, abuso de laxantes etc. Fairburn se refere a este tratamento como terapia cognitivo-comportamental aperfeiçoada (TCC-A) (Fairburn e Cooper, 2014). Contudo, uma vez que existem algumas diferenças nos resultados dos transtornos alimentares, revisaremos o tratamento para cada um separadamente.

Bulimia nervosa

Na TCC-A, cujo pioneiro foi Fairburn (2008), o primeiro estágio é ensinar ao paciente as consequências físicas da compulsão alimentar e da purgação, bem como a ineficácia de vomitar e de abusar de laxantes no controle do peso. Os efeitos adversos da dieta também são descritos e os pacientes são orientados a comer pequenas porções cinco ou seis vezes por dia com não mais de 3 horas de intervalo entre as refeições planejadas e lanches, o que elimina os períodos de restrição dietética e alimentação excessiva, marcas registradas da bulimia. Em estágios posteriores do tratamento, a TCC-A se concentra na alteração de pensamentos e atitudes disfuncionais sobre a forma física, peso e ato de se alimentar. Estratégias de adaptação para resistir ao impulso alimentar e à purgação também são desenvolvidas,

▲ Stewart Agras fez várias contribuições importantes para nosso conhecimento sobre os transtornos alimentares.

incluindo a organização de atividades de maneira que o indivíduo não fique sozinho após comer durante os primeiros estágios do tratamento (Fairburn e Cooper, 2014). As avaliações das versões iniciais dos tratamentos cognitivo-comportamentais em curto prazo (aproximadamente três meses) para a bulimia têm sido muito boas, mostrando eficácia superior a tratamentos psicológicos alternativos de confiança, não apenas para a compulsão alimentar e a purgação, mas também para as atitudes distorcidas e a depressão. Além disso, esses resultados parecem ser duradouros (Pike et al., 2003; Thompson-Brenner, Glass e Westen, 2003), embora haja, naturalmente, um grupo de pacientes que melhorou muito pouco ou que não se beneficiou do tratamento.

Em um notável estudo utilizando a versão anterior do tratamento, Agras et al. (2000) designaram para 19 sessões de terapia cognitivo-comportamental (TCC) ou psicoterapia interpessoal (PIP), aleatoriamente, 220 pacientes que se enquadravam nos critérios para bulimia nervosa, visando a melhora do funcionamento interpessoal. Os pesquisadores constataram que, para os que completaram o tratamento, os resultados da TCC foram significativamente superiores aos da PIP ao fim do tratamento. A porcentagem dos que tiveram recaída (não se enquadravam mais nos critérios diagnósticos de um transtorno alimentar, mas ainda apresentavam alguns problemas) foi de 67% no grupo de TCC *versus* 40% no grupo de PIP. Após um ano, no entanto, essas diferenças eram novamente não significativas, uma vez que os pacientes no grupo PIP tenderam a "alcançar" os pacientes no grupo TCC. As avaliações mais recentes da TCC-A são muito promissoras, principalmente porque uma ampla gama de pacientes com sintomas semelhantes aos de bulimia pode ser incluída (por exemplo, Fairburn et al., 2009). Resultados de um ensaio clínico comparando vinte semanas de TCC-A com dois anos de psicoterapia psicanalítica (PP) semanal de longo prazo em 70 pacientes com bulimia, demonstraram que os pacientes de cada grupo estavam confortáveis com seus tratamentos, mas após cinco meses (quando o tratamento com TCC-A era concluído), 42% dos pacientes da TCC-A estavam recuperados, comparados a 6% dos pacientes da PP. Após dois anos (quando o tratamento em PP foi concluído), o cenário de comparação estava 44% e 15% (Poulsen et al., 2014). Portanto, a TCC-A foi mais eficiente quanto ao número de sessões necessárias e mais efetiva em cada momento avaliado, com evidência para durabilidade na melhora entre aqueles que responderam à TCC-A. Agora, foram relatados resultados de um grande ensaio clínico, semelhante ao estudo de Agras et al. (2000) descrito, mas comparando a versão transdiagnóstica da TCC (TCC-A) com a PIP em 130 pacientes com qualquer forma de transtorno alimentar (Fairburn et al., 2015).

Logo após o tratamento, 65,5% dos participantes da TCC-A preencheram critérios para remissão comparados a 33,3% dos participantes da PIP. Um ano depois, os valores foram 69,4% para TCC-A em comparação a 49% da PIP, com a PIP então se aproximando um pouco do resultado da TCC-A, mas ainda significativamente menos efetiva. Portanto, no presente momento, com base nesses estudos, a TCC-A parece ser o tratamento de escolha para adultos.

PHOEBE... Recuperando o controle

Durante o último ano de faculdade, Phoebe entrou em um programa de TCC de curto prazo similar ao discutido aqui. Fez um bom progresso durante os primeiros meses e se esforçou para comer de maneira regular e ganhar controle sobre sua alimentação. Ela também assegurou que estaria com alguém durante os momentos de alto risco e planejou atividades alternativas que reduziriam sua tentação de purgar, caso sentisse que havia comido muito em um restaurante ou bebido muita cerveja em uma festa. Durante os primeiros dois meses, Phoebe teve três recaídas; ela e seu terapeuta discutiram o que a levou à sua recidiva temporária. Para grande surpresa de Phoebe, ela não engordou durante esse programa, apesar de não ter tido tempo para aumentar a carga de atividade física. Entretanto, ela ainda estava preocupada com a alimentação, com o seu peso e com sua aparência, e tinha fortes ânsias de vômito ao pensar que havia ingerido uma mínima quantidade a mais.

Durante os nove meses após o tratamento, Phoebe relatou que suas ânsias pareciam estar diminuindo, embora tivesse cometido um deslize importante após comer uma pizza grande e beber muita cerveja. Ela relatou que estava desgostosa consigo mesma por ter purgado e foi cuidadosa o suficiente para retornar ao programa após esse episódio. Dois anos após terminar o tratamento, Phoebe relatou que suas ânsias haviam desaparecido, relato este confirmado por seus pais. Tudo o que permaneceu do seu problema foram algumas lembranças ruins cada vez mais vagas e distantes.

Também há boas evidências de que a terapia familiar direcionada aos conflitos dolorosos presentes em famílias com um adolescente que tem um transtorno alimentar pode ser útil (Le Grange et al., 2007). Integrar estratégias familiares e interpessoais na TCC é uma nova direção promissora (Sysko e Wilson, 2011). Certamente, precisamos entender melhor sobre como melhorar esses tratamentos para lidar com mais sucesso com o número crescente de pacientes com transtornos alimentares. Um dos problemas com o melhor tratamento, a TCC, é que o acesso a ele é limitado pois terapeutas treinados nem sempre estão disponíveis. Programas de autoajuda guiada que usam os princípios da TCC também parecem ser eficazes, pelo menos para casos menos graves (Schmidt et al., 2007; Wagner et al., 2013).

Transtorno de compulsão alimentar

Estudos iniciais adaptando a TCC para bulimia em indivíduos obesos com compulsão alimentar foram bem-sucedidos (Smith, Marcus e Kaye, 1992). Como um exemplo, Agras et al. (1997) acompanharam 93 indivíduos obesos com transtorno de compulsão alimentar (TCA) por um ano e descobriram que imediatamente após o tratamento com TCC 41% dos participantes se abstiveram da compulsão alimentar e 72% apresentaram compulsão menos frequente. Após um ano, a compulsão alimentar foi reduzida em 64% e 33% do grupo permaneceu abstinente. De maneira considerável, os que deixaram de apresentar compulsão alimentar durante a TCC mantiveram uma perda de peso de aproximadamente 4 quilos durante o período de acompanhamento de um ano; os que continuaram a apresentar compulsão alimentar ganharam aproximadamente 3 quilos e meio no mesmo período. Assim, a interrupção da compulsão alimentar é crítica para manter a perda de peso em pacientes obesos, constatação consistente com outros estudos de procedimentos para perda de peso (Marcus et al., 1990).

Ao contrário dos resultados com a bulimia, parece que a PIP é tão efetiva quanto a TCC no caso de compulsão alimentar. Wilfley et al. (2002) trataram 162 homens e mulheres com sobrepeso ou obesos com TCA e obtiveram resultados comparáveis em cada tratamento. Exatos 60% se abstiveram da compulsão alimentar durante um ano de acompanhamento. Mas, em um estudo examinando a efetividade da droga antidepressiva Prozac comparada à TCC para TCA, o Prozac não foi efetivo (em comparação ao placebo) e não contribuiu nada com a TCC quando os dois tratamentos foram combinados (Grilo, Masheb e Wilson, 2005). Os resultados positivos da TCC foram razoavelmente duradouros durante o acompanhamento, um ano depois (Grilo et al., 2012). Se os indivíduos começam a responder rapidamente ao tratamento com TCC (pela quarta semana), o resultado é particularmente bom, tanto no curto quanto no longo prazo (Grilo, Masheb e Wilson, 2006).

É interessante notar que programas de perda de peso amplamente disponíveis para pacientes obesos com TCA, tais como Vigilantes do Peso, apresentam alguns efeitos positivos na compulsão, mas não se aproximam do nível dos resultados alcançados com a TCC (Grilo et al., 2011). Algumas diferenças raciais e étnicas são aparentes em pessoas com TCA buscando tratamento (Franko et al., 2012). Participantes afro-americanos tendem a apresentar IMC mais alto e participantes hispânicos apresentam mais preocupações com forma física e peso que participantes caucasianos. Portanto, pareceria útil customizar o tratamento para esses grupos étnicos. Além disso, os homens podem responder ao tratamento de maneira um pouco diferente das mulheres, visto que um estudo recente demonstrou que homens com preocupações mais baixas a respeito de forma física/peso responderam bem a tratamentos breves, enquanto as mulheres com preocupações a respeito de forma física/peso em qualquer nível de gravidade, e homens em níveis mais graves, necessitaram de tratamento mais longo (Shingleton et al., 2015).

Felizmente, procedimentos de autoajuda podem ser úteis no tratamento do TCA (Carter e Fairburn, 1998; Wilson e Zandberg, 2012). Por exemplo, a TCC aplicada como autoajuda orientada demonstrou ser mais efetiva do que um programa comportamental padrão de perda de peso para TCA tanto após o tratamento como em dois anos de acompanhamento (Wilson et al., 2010), e este mesmo programa é efetivo quando aplicado fora do consultório médico em um cenário de atendimento primário (Striegel-Moore et al., 2010). Considerando esses resultados, parece que uma abordagem de autoajuda provavelmente seria o primeiro tratamento a ser oferecido para TCA antes do engajamento em tratamentos mais caros e longos conduzidos por terapeutas. Assim como na bulimia, no entanto, casos mais graves podem necessitar de tratamento mais intensivo desenvolvido por um terapeuta, particularmente os casos com vários transtornos (comorbidade) além do TCA, bem como baixa autoestima (Wilson et al., 2010). Curiosamente, um relato recente, feito após o estudo de Wilson et al. (2010), indicou que a resposta rápida (redução de pelo menos 70% na compulsão alimentar em quatro semanas) foi um indicador positivo específico de maiores taxas de remissão comparado a pacientes sem rápidas resposta em até dois anos após o tratamento de autoajuda guiado com base na TCC, mas não ao grupo PIP ou ao grupo comportamental de perda de peso (Hilbert et al., 2015). Os autores sugeriram que, uma vez que a PIP foi efetiva para pacientes com resposta rápida e pacientes sem resposta rápida, os participantes que não mostram uma resposta rápida à TCC podem ser trocados para a PIP. A combinação de tratamentos com indivíduos com base em suas características pessoais ou padrões de resposta (medicina personalizada) é considerada por muitos como o próximo passo importante para melhorar as taxas de sucesso de nossos tratamentos. Também é importante enfatizar novamente que, se uma pessoa obesa está em compulsão, os procedimentos padrões de perda de peso serão ineficientes sem o tratamento direcionado à compulsão.

Anorexia nervosa

Na anorexia, naturalmente, a meta inicial mais importante é restaurar o peso do paciente a um ponto que esteja pelo menos dentro da variação mínima normal (American Psychiatric Association, 2010b). Se o peso corporal estiver aproximadamente 75% abaixo da média saudável para dado indivíduo ou se houve perda de peso muito rápida e o indivíduo continua a recusar comida, é recomendado um tratamento com internação (Schwartz et al., 2008; Russell, 2009), em razão das complicações médicas graves, particularmente insuficiência cardíaca aguda, que podem ocorrer se a restauração do peso não for iniciada imediatamente. Se a perda de peso foi mais gradual e está estabilizada, a restauração do peso pode ser cumprida sem internação.

A restauração do peso, embora muitas vezes seja uma tarefa difícil, é provavelmente a parte mais fácil do tratamento. Os clínicos que tratam de pacientes em diferentes contextos, como relatado em vários estudos, constataram que pelo menos 85% serão capazes de ganhar peso. O ganho é geralmente de 200 a 400 gramas por dia até que o peso atinja a faixa normal. Saber que não podem deixar o hospital até que seu ganho de peso esteja adequado é geralmente suficiente para motivar as adolescentes com anorexia (Agras et al., 1974). Julie ganhou cerca de 8 quilos durante sua estada de cinco semanas no hospital. O ganho de peso é muito importante, uma vez que o jejum induz à perda de massa cinzenta e desregulação hormonal no cérebro (Mainz et al., 2012), alterações revertidas quando o peso normal é restaurado.

Então, começa o estágio difícil. Como Hsu (1988) e outros demonstraram, na anorexia, o ganho inicial de peso é um fraco indicador do resultado de longo prazo. Sem atenção para as atitudes disfuncionais subjacentes do paciente sobre a forma física, bem como para com os rompimentos interpessoais em sua vida, a pessoa quase sempre terá uma recaída. Para anoréxicas restritivas, o foco do tratamento deve mudar para sua ansiedade acentuada sobre se tornarem obesas e perderem o controle sobre o ato de se alimentar, assim como para ênfase inadequada na magreza como determinante de autovalorização, felicidade e sucesso. Nesse sentido, os tratamentos efetivos para as anoréxicas restritivas são semelhantes aos dos pacientes com bulimia nervosa, particularmente na abordagem "transdiagnóstica" (TCC-A), descrita anteriormente (Fairburn e Cooper, 2014). Em recente estudo bem delineado (Pike et al., 2003), a TCC ambulatorial ampliada (um ano) foi significativamente melhor que o aconselhamento nutricional contínuo na prevenção de recaída após a recuperação do peso; somente 22% dos pacientes fracassaram (tiveram recaída ou desistiram) com a TCC *versus* 73% com o aconselhamento nutricional. Carter et al. (2009) relataram resultados semelhantes e ambos os estudos demonstraram a não efetividade do aconselhamento nutricional isolado. Mais recentemente, resultados de 99 adultos com anorexia, tratados com TCC-A, sugerem a eficiência deste tratamento transdiagnóstico (apenas "sugerem" porque não há grupo controle ou de comparação). Nos 64% que concluíram o tratamento após 40 sessões, o peso aumentou substancialmente, e as características de transtorno alimentar melhoraram significativamente, além de esta melhora ter permanecido estável em um acompanhamento de sessenta semanas (Fairburn et al., 2013). De qualquer forma, um estudo destacou a importância de redução da ansiedade e desregulação emocional geral relacionada à forma física/peso no tratamento de indivíduos com anorexia. Racine e Wildes (2015) acompanharam 191 pacientes que tinham passado por tratamento com internação hospitalar, ou tratamento sob esquema de hospital dia, e que tinham se recuperado o suficiente para receber alta, e demonstraram que a presença de desregulação emocional contínua na alta previa um aumento na psicopatologia da anorexia no ano seguinte, enquanto baixa desregulação emocional previu uma diminuição dos sintomas de anorexia. Esses resultados são apresentados na Figura 8.5

Além disso, todo esforço é feito para incluir a família no cumprimento de duas metas. Primeiro, a comunicação negativa e disfuncional na família em relação à comida e ao ato de comer deve ser eliminada, e as refeições devem ser feitas de maneira mais estruturada e reforçadora. Segundo, atitudes sobre a forma física e a distorção da imagem são discutidas em certa extensão nas sessões familiares. A menos que o terapeuta preste atenção a essas atitudes, os indivíduos com anorexia são propensos a encarar ao longo da vida a preocupação com o peso e a forma física, a sofrer para manterem de forma margi-

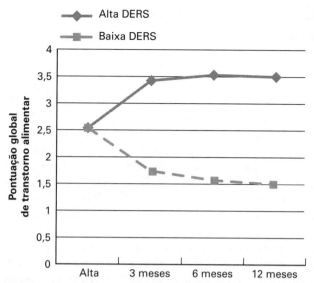

FIGURA 8.5 Pacientes com desregulação emocional (alta DERS) apresentam elevados sintomas de transtorno alimentar comparados àqueles com menos desregulação emocional (baixa DERS) ao longo do ano seguinte à alta de uma unidade de tratamento.
Fonte: Racine. S. E. e Wildes, J. E. (2015). Dynamic longitudinal relations between emotion regulation difficulties and anorexia nervosa symptoms over the year following intensive treatment. *Journal of Clinical and Consulting Psychology, 839*(4), 785-795.

nal o peso e o ajuste social e a ser submetidos à hospitalização repetida. A terapia familiar direcionada aos objetivos mencionados acima parece efetiva, particularmente com garotas jovens (com menos de 19 anos) com curto histórico do transtorno (Eisler et al., 2000; Lock et al., 2001). Até recentemente, os resultados do tratamento de longo prazo para a anorexia eram mais desencorajadores do que os para a bulimia, com taxas substancialmente menores de recuperação total do que para a bulimia em um período de 7,5 anos (Eddy et al., 2008; Herzog et al., 1999). Mas isso pode estar mudando. Em recente estudo clínico importante, 121 adolescentes com anorexia receberam 24 sessões de tratamento baseado na família (TBF), no qual os pais se envolveram intimamente no programa de tratamento com foco em facilitar o ganho de peso, ou psicoterapia individual. Na conclusão do tratamento, 42% satisfizeram os critérios para remissão na condição de TBF e 49% em um ano de acompanhamento, comparados com 23% em ambos os momentos na condição de psicoterapia individual (Lock et al., 2010). Um estudo subsequente demonstrou que a TBF foi ao menos tão eficiente e menos onerosa do que outras formas de terapia familiar que abordam processos familiares gerais (Agras et al., 2014). Como em alguns estudos sobre bulimia, uma resposta positiva precoce (ganho de pelo menos 2 quilos nas primeiras quatro semanas) prediz um melhor resultado em longo prazo (Lock et al., 2015). No momento, os ensaios clínicos apoiam muito a TBF para o tratamento de adolescentes com anorexia (Lock et al., 2015), mas há também algum apoio para sua eficácia no tratamento de bulimia (Le Grange et al., 2015). Além disso, resultados promissores foram relatados recentemente com TCC-A para adolescentes com anorexia (Dalle Grave et al., 2013).

Prevenindo os transtornos alimentares

Tentativas de prevenir o desenvolvimento de transtornos alimentares têm acontecido (Field et al., 2012; Stice et al., 2012). Se métodos bem-sucedidos forem confirmados, serão muito importantes, visto que vários casos de transtornos alimentares são resistentes ao tratamento e a maior parte dos indivíduos que não passam por tratamento sofre durante muitos anos e, em alguns casos, por toda a vida (Eddy et al., 2008). O desenvolvimento dos transtornos alimentares na adolescência é um fator de risco para uma variedade de problemas adicionais e transtornos durante a vida adulta, incluindo sintomas cardiovasculares, fadiga crônica e doenças infecciosas, consumo episódico excessivo de álcool e uso de drogas e ansiedade e transtornos do humor (Field et al., 2012; Johnson et al., 2002). Antes de implementar um programa de prevenção, entretanto, é necessário estabelecer comportamentos específicos para mudança. Stice, Shaw e Marti (2007) concluíram, após revisão dos programas de prevenção, que selecionar meninas com 15 anos ou mais e focar na eliminação de um foco exagerado na forma ou peso e encorajar a aceitação do corpo tem melhor chance de sucesso na prevenção dos transtornos alimentares. Este achado é similar aos resultados dos esforços de prevenção da depressão, em que uma abordagem "seletiva" focando indivíduos de alto risco teve mais sucesso que a abordagem "universal" com foco em todos de determinada faixa etária (Stice e Shaw, 2004). Stice et al. (2012) desenvolveram um programa utilizando essa abordagem. Chamado "Peso Saudável", foi comparado com a distribuição de material educativo para 398 estudantes universitárias em risco de desenvolvimento de transtornos alimentares devido a preocupações com o peso e a forma física. Durante sessões de grupo com 6.210 participantes e duração de uma hora por quatro semanas, essas mulheres foram orientadas sobre comida e hábitos alimentares (e motivadas a alterar esses hábitos utilizando procedimentos motivacionais). Os fatores de risco e sintomas de transtorno alimentar foram substancialmente reduzidos no grupo "Peso Saudável" em comparação ao grupo controle, particularmente para as mulheres com maior risco, tendo sido o efeito durável nos seis meses de acompanhamento.

Poderiam esses programas preventivos ser enviados pela internet? Parece que sim! Winzelberg et al. (2000) estudaram um grupo de universitárias que não tinham transtornos alimentares na época do estudo, mas estavam preocupadas com a imagem corporal e com a possibilidade de ficarem acima do peso. Universitárias geralmente são, com frequência, alvos de estudos importantes de prevenção (Becker, Smith e Ciao, 2005). Os pesquisadores desenvolveram o "Programa de Corpo Estudantil" (Winzelberg et al., 1998), um programa de educação de saúde interativo e estruturado, disponibilizado pela internet e designado para melhorar a satisfação com a imagem corporal. Os resultados indicaram que esse programa foi bem-sucedido, porque os participantes, comparados ao grupo controle, relataram melhoria significativa na imagem corporal e diminuição do impulso rumo à magreza. Posteriormente, esses pesquisadores desenvolveram inovações para melhorar a aderência desse programa para níveis de 85% (Celio et al.,

2002). Mais recentemente, os pesquisadores incluíram um grupo de discussão on-line para acompanhar o programa, com os resultados iniciais indicando redução importante nas preocupações com forma física/peso por parte de estudantes em risco para transtorno alimentar, os quais participaram desse grupo de discussão on-line (Kass et al., 2014).

Um programa mais breve e eficiente chamado "O Projeto do Corpo", desenvolvido independentemente do "Programa de Corpo Estudantil", agora foi adaptado como uma intervenção autônoma realizada pela internet (eBody Project; Stice et al., 2012), sem necessidade de profissionais clínicos. Os resultados iniciais indicam que esse programa é tão bom quanto o programa realizado em grupos por um profissional clínico, e evita problemas com a dependência de instituições (as universidades, neste caso) para sustentar esses programas após os estudos iniciais (Rohde et al., 2015), um problema com frequência encontrado na disseminação de novos programas de tratamento.

Em vista da gravidade e cronicidade dos transtornos alimentares, é preferível preveni-los por meio de amplos esforços educacionais e de intervenção do que esperar até que os transtornos se desenvolvam.

Verificação de conceitos 8.2

Marque as seguintes proposições sobre as causas e o tratamento dos transtornos alimentares como Verdadeira (V) ou Falsa (F).

1. _____ Muitas mulheres jovens com transtornos alimentares apresentam senso de controle pessoal e confiança em suas próprias habilidades e talentos diminuídos, são perfeccionistas e/ou estão intensamente preocupadas com a maneira como os outros as veem.

2. _____ Limitações biológicas, bem como a pressão social para fazer dieta e exercícios como meio de atingir metas de peso quase impossíveis, contribuem para o elevado número de pessoas com anorexia nervosa e bulimia nervosa.

3. _____ Um estudo mostrou que os homens consideram o tamanho corporal feminino menor mais atrativo do que a forma como as mulheres consideram.

4. _____ Os antidepressivos ajudam os indivíduos a superar a anorexia nervosa, mas não têm nenhum efeito na bulimia nervosa.

5. _____ A terapia cognitivo-comportamental (TCC) e a psicoterapia interpessoal (TIP) são ambas tratamentos bem-sucedidos para a bulimia nervosa, embora a TCC seja o método preferido.

6. _____ É preciso prestar atenção nas atitudes disfuncionais sobre a forma física na anorexia, ou é muito provável que ocorra recaída após o tratamento.

Obesidade

Conforme observado no início do capítulo, a obesidade não é formalmente considerada um transtorno alimentar no *DSM*. As taxas de ansiedade e transtornos do humor são apenas um pouco elevadas em relação à população saudável entre indivíduos com obesidade, e as taxas de abuso de substâncias são de fato inferiores (Phelan e Wadden, 2004; Simon et al., 2006). No entanto, em 2000, a humanidade atingiu um marco histórico. Pela primeira vez na evolução humana, mundialmente, o número de adultos com excesso de peso ultrapassou o número daqueles abaixo do peso (Caballero, 2007). De fato, o predomínio da obesidade é tão alto que poderia ser considerado estatisticamente "normal", se não fossem as graves implicações para a saúde, bem como para o funcionamento social e psicológico.

Estatísticas

A prevalência da obesidade (IMC 30 ou superior) entre adultos nos Estados Unidos em 2000 foi de 30,5% da população, aumentando para 30,6% em 2002, 32,2% em 2004, 33,8% em 2008, 35,7% em 2010 e 37,7% em 2013-2014, sem diferença de prevalência entre homens e mulheres (Flegal et al., 2010; Flegal et al., 2012; Flegal et al., 2016; Ogden et al., 2006). O que é particularmente perturbador é que essa prevalência da obesidade representa quase o triplo dos 12% de adultos nessa condição em 1991. Os custos médicos da obesidade e sobrepeso são estimados em 147 bilhões de dólares, ou 9,1% dos gastos do sistema de saúde norte-americano (Brownell et al., 2009). Essa condição é responsável por uma mortalidade significativamente mais alta em toda a população (Flegal et al., 2013). A relação direta entre obesidade e mortalidade (morrer prematuramente) é mostrada na Figura 8.6. Com IMC 30, o risco de mortalidade aumenta para 30%; se atingir 40 ou mais, o risco de mortalidade é de 100% ou mais (Manson et al., 1995; Wadden, Brownell e Foster, 2002). Uma vez que 6,3% da população adulta apresenta um IMC acima de 40 (Flegal et al., 2012), um número substancial de pessoas, talvez 10 milhões ou mais, apenas nos Estados Unidos, estão em grave perigo.

Para crianças e adolescentes, os números são ainda piores, com o número de jovens acima do peso triplicando nos últimos 25 anos (Critser, 2003). Na última década, as taxas de obesidade para crianças entre 2 e 19 anos (definida como acima do percentil 95 para IMC específico para a idade e o sexo) aumentaram de 13,9% em 2000 para 17,1% em 2004 (Ogden et al., 2006), mas elas agora podem estar se estabilizando com uma taxa de 16,9% em 2008, 2010 e 2011 (Ogden et al., 2010; Ogden et al., 2012; 2014; Ogden et al., 2016). As taxas podem ainda estar caindo um pouco em crianças em idade pré-escolar (Ogeden et al., 2016; Pan et al., 2012) indicando que, talvez, as campanhas educacionais públicas estão apenas começando a ter efeito. Se observarmos crianças e adolescentes acima do peso (acima do percentil 85 no IMC) ou obesos, a taxa é de 30,4%. O estigma da obesidade tem grande impacto na qualidade de vida (Gearhardt et al., 2012; Neumark-Sztainer e Haines, 2004). Por exemplo, a maior parte dos indivíduos acima do peso sofre preconceito e discriminação na faculdade, no trabalho e em casa (Gearhardt et al., 2012). Além disso,

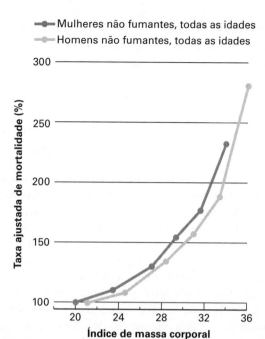

FIGURA 8.6 Taxa de mortalidade em relação ao IMC de homens não fumantes e mulheres não fumantes (de todas as idades) que participaram do estudo da Sociedade Americana de Câncer. (Reimpresso, com permissão, de Vanitallie, T. B. e Lew, E. A. [1992]. Assessment of morbidity and mortality risk in the overweight patient. In: Wadden T. A.; Vanitallie T. B. (Eds.). *Treatment of the seriously obese patient* [p. 28]. Nova York: Guilford Press, © 1992 Guilford Press.)

a experiência de discriminação de peso está associada com risco de mortalidade aumentado (Sutin, Stephan e Terracciano, 2015). Ridicularizar e provocar crianças pode aumentar a obesidade por meio de depressão e alimentação compulsiva (Schwartz e Brownell, 2007).

A obesidade não é limitada à América do Norte. As taxas de obesidade nos países do Leste e Sul Europeu chegam a 50% (Berghofer et al., 2008; Bjorntorp, 1997; Ng et al., 2014) e crescem rapidamente nos países em desenvolvimento. No Japão, embora ainda comparativamente baixas, as taxas de obesidade em homens dobraram desde 1992 e quase dobraram em mulheres jovens (Organization for Economic Co-operation and Development, 2012). Embora menos extremos, os aumentos na obesidade estão também ocorrendo na China (Henderson e Brownell, 2004), onde a proporção de chineses acima do peso aumentou de 6% para 8% em um período de sete anos (Holden, 2005). A obesidade é também o principal impulsor do diabetes tipo 2, que atingiu *status* epidêmico (Yach, Stuckler e Brownell, 2006). Fatos adicionais que documentam a epidemia global da obesidade e suas consequências são apresentados na Figura 8.7 (Brownell e Yach, 2005).

A etnia também é um fator a considerar nas taxas de obesidade. Nos Estados Unidos, exatos 47,8% das mulheres afro-americanas e 42% das hispano-americanas são obesas em comparação com 33,4% das mulheres caucasianas (Ogden et al., 2014). As taxas entre os adolescentes de minorias são ainda mais preocupantes. A Tabela 8.3 mostra taxas consideravelmente altas de obesidade e sobrepeso entre adolescentes negros e hispânicos em comparação a adolescentes caucasianos.

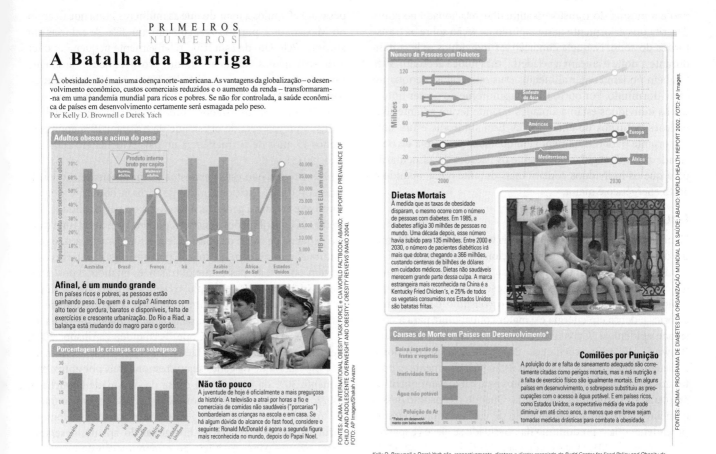

FIGURA 8.7 Prevalência mundial e consequências da obesidade. (De Brownell, K. D. e Yach, D. [2005]. *The battle of the bulge*. Foreign Policy, 26-27.) Esta figura está disponível em tamanho maior na página deste livro no site da Cengage.

TABELA 8.3	Porcentagem dos adolescentes norte-americanos entre 12 e 19 anos que estão acima do peso ou obesos por raça/etnia		
	Hispânicos	Negros	Não hispânicos Caucasianos
IMC para idade ≥ percentil 95	19,8%	24,8%	14,7%
IMC para idade ≥ percentil 85	41,9%	45,1%	27,6%

Adaptado de Ogden, C. L. et al. (2012). Prevalence of obesity and trends in body mass index among US children and adolescents, 1999-2010. *Journal of American Medical Association*, 307, 483-490.

Padrões de alimentação desordenada nos casos de obesidade

Existem duas formas de padrão alimentar mal-adaptado em pessoas com obesidade. A primeira é a compulsão alimentar; a segunda, a **síndrome do comer noturno** (Lundgren, Allison e Stunkard, 2012; Vander Wal, 2012). Discutimos o transtorno de compulsão alimentar (TCA) anteriormente neste capítulo, mas é importante observar que apenas uma minoria dos pacientes com obesidade, entre 7% e 19%, apresenta padrões de compulsão alimentar. Quando os têm, o tratamento para a compulsão alimentar deve ser integrado aos programas de perda de peso.

Mais interessante é o padrão da síndrome do comer noturno, que acomete entre 6% e 16% dos indivíduos obesos que procuram tratamento para a perda de peso, mas até 55% dos que apresentam obesidade extrema e buscam cirurgia bariátrica (discutida a seguir; Colles e Dixon, 2012; Lamberg, 2003; Sarwer, Foster e Wadden, 2004; Stunkard, Allison e Lundgren, 2008). Os indivíduos com essa síndrome consomem um terço ou mais de sua ingestão diária após a refeição noturna e saem da cama pelo menos uma vez durante a noite para comer um lanche de alta caloria. Pela manhã, entretanto, eles geralmente não estão com fome e normalmente não tomam café da manhã. Esses indivíduos não comem compulsivamente durante sua alimentação noturna e raramente purgam. Ocasionalmente, indivíduos não obesos têm alimentação noturna, mas o comportamento é predominantemente associado ao sobrepeso e obesidade (Gallant, Lundgren e Drapeau, 2012; Lundgren et al., 2012; Striegel-Moore et al., 2010). Observe a relação da síndrome do comer noturno com níveis crescentes de obesidade na Figura 8.8 (Colles, Dixon e O'Brien, 2007). Essa condição não é a mesma do transtorno alimentar relacionado ao sono, descrita posteriormente neste capítulo na seção sobre os transtornos do sono. Naquela condição, os indivíduos se levantam durante a noite e atacam a geladeira, mas nunca acordam. Eles também podem comer alimentos crus ou perigosos enquanto estão dormindo. Por outro lado, na síndrome do comer noturno, os indivíduos estão acordados quando levam adiante seus padrões noturnos de alimentação. Esta síndrome é um alvo importante para o tratamento em qualquer programa de obesidade a fim de regular novamente os padrões da alimentação para que os indivíduos comam mais durante o dia, quando o gasto energético é maior.

Causas

Henderson e Brownell (2004) observam que esta epidemia de obesidade está claramente relacionada à propagação da modernização. Em outras palavras, à medida que a tecnologia avança, ficamos mais gordos. Ou seja, a promoção de um estilo de vida sedentário, inativo e o consumo de uma dieta calórica e densa em energia é o maior contribuinte para a obesidade epidêmica (Caballero, 2007; Levine et al., 2005). Kelly Brownell (2003; Brownell et al., 2010) observa que em nossa sociedade moderna os indivíduos estão continuamente expostos aos alimentos gordurosos baratos e de baixo valor nutritivo amplamente divulgados pela mídia. Quando o consumo desses alimentos é combinado a um estilo de vida inativo, não é surpreendente que o predomínio da obesidade se eleve (Esparza-Romero et al., 2015; Gearhardt et al., 2012). Brownell se refere a isso como "ambiente tóxico" (Schwartz e Brownell, 2007). Ele observa que o melhor exemplo desse fenômeno advém de um estudo clássico dos índios Pima, do México. Parte dessa tribo de índios migrou para o Arizona em uma época relativamente recente. Examinando os resultados dessa migração, Ravussin et al. (1994) determinaram que as mulheres Pima no Arizona consumiam em média 41% de suas calorias totais em gordura e pesavam 20 quilos a mais do que as mulheres Pima que ficaram no México, que, por sua vez, consumiam 23% de calorias em gordura. Pelo fato de essa tribo relativamente pequena manter forte semelhança genética, é muito provável que o "ambiente tóxico" mais moderno nos Estados Unidos tenha contribuído para a epidemia de obesidade entre as mulheres Pima no Arizona. Imigrantes nos Estados Unidos em geral mais que dobraram sua prevalência de obesidade de 8% para 19% após pelo menos 15 anos de permanência no país (Goel et al., 2004; Ro et al., 2015).

Nem todos que estão expostos a um ambiente modernizado como nos Estados Unidos se tornam obesos, e é nesse ponto que entram a genética, a fisiologia e a personalidade. Em média, as contribuições genéticas podem constituir uma porção pequena da causa da obesidade em comparação aos fatores culturais, mas ajudam a explicar por que algumas pessoas se tornam obesas, ao passo que outras não, quando expostas ao mesmo ambiente. Por exemplo, os genes influenciam o número de células adiposas de um indivíduo, a probabilidade de armazenamento de gordura, saciedade, e, mais provavelmente, os níveis de atividade (Cope, Fernandez e Allison, 2004; Hetherington e Cecil, 2010; Llewellyn et al., 2014). Geralmente, é esperado que os genes sejam responsáveis por aproximadamente 30% da equação na causa da obesidade (Bouchard, 2002), mas isso é ilusório porque é necessário um ambiente "tóxico" para ativar esses genes. Os processos fisiológicos, particularmente a regulação hormonal do apetite, desempenham grande papel na iniciação e manutenção da alimentação e variam consideravelmente de indivíduo para indivíduo (Friedman, 2009; Smith e Gibbs, 2002; Yeo e Heisler, 2012). De fato, indivíduos com comportamento aditivo alimentar obeso, o que inclui fraco controle sobre a alimentação e sentimento de abstinência se o acesso à comida for limitado, exibem padrões de recompensa no neurocircuito cerebral similares aos indivíduos com transtornos por uso de substância (Gearhardt et al., 2011). Os processos fisiológicos da regulação emocional (por exemplo, comer para tentar melhorar o humor quando está triste), o controle do impulso, as atitudes e a motivação em relação à alimentação e a responsividade às consequências do comer também são importantes (Blundell, 2002; Stice et al., 2005). Em alguns grupos de baixa renda, particularmente nas comunidades afro-americanas, a alimentação e a bebida não saudáveis prontamente disponíveis em redes de *fast food* realmente parecem reduzir o estresse, mas causam danos físicos (Jackson, Knight e Rafferty, 2010). Muitas dessas atitudes, bem como hábitos alimentares, são altamente influenciados pela família e por amigos próximos. Em um estudo importante, Christakis e Fowler (2007) estudaram as redes de contatos sociais (amigos próximos e vizinhos) de mais de 12 mil pessoas por mais de

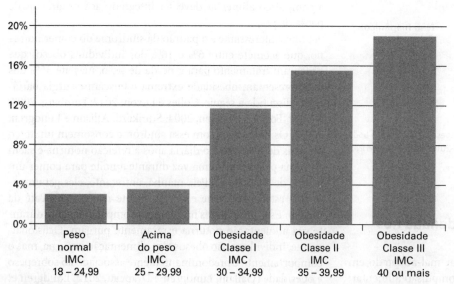

FIGURA 8.8 Prevalência da síndrome do comer noturno pelo nível de obesidade. (Coller, S. L., Dixon, J. B. e O'Brien, P. E. [2007]. Night eating syndrome and nocturnal snacking: Association with obesity, binge eating, and psychological distress. *International Journal of Obesity, 31*, 1722-1730.)

trinta anos. Eles observaram que a chance de uma pessoa se tornar obesa aumentou de 37% para 57% se o cônjuge, irmão ou mesmo um amigo próximo fosse obeso, mas isso não ocorreu se um vizinho ou colega de trabalho com quem a pessoa não socializasse tivesse essa mesma característica. Portanto, parece que a obesidade se espalha pelas redes de contatos sociais. Embora a etiologia da obesidade seja extraordinariamente complexa, como é o caso da maior parte dos transtornos, a interação de fatores biológicos e psicológicos com uma forte contribuição cultural e ambiental oferece a contribuição mais completa.

Tratamento

O tratamento da obesidade é apenas moderadamente bem-sucedido no nível individual (Bray, 2012; Ludwig, 2012), com maior evidência de sua efetividade no longo prazo em crianças do que em adultos (Sarwer et al., 2004; Waters et al., 2011). Em geral, o tratamento é organizado em séries de passos dos menos invasivos aos mais invasivos, dependendo do grau da obesidade. O primeiro passo é normalmente um programa de perda de peso autodirecionado para indivíduos que compram um livro popular de dieta. Os resultados mais comuns são que alguns indivíduos podem perder algum peso no curto prazo, mas quase todos o recuperam (Mann, Tomiyama e Ward, 2015). Além disso, esses livros fazem pouco para mudar os hábitos alimentares e de atividade física (Freedman, King e Kennedy, 2001) e poucas pessoas atingem resultados de longo prazo nessas dietas, o que é um dos motivos pelos quais a última dieta lançada está sempre na lista de *best-sellers*. De maneira semelhante, há pouca evidência de que o aconselhamento médico resulte em quaisquer mudanças (Wing, 2010). Não obstante, os médicos podem desempenhar um papel importante oferecendo recomendações específicas de tratamento, incluindo indicação de profissionais (Sarwer et al., 2004).

Vários estudos compararam os programas de dieta mais populares, tais como as dietas de Atkins (restrição de carboidratos), Ornish (restrição de gordura), Zone (equilíbrio de macronutrientes) e Vigilantes do Peso (restrição de calorias). De modo geral, houve pouca diferença entre os grupos, com a perda de peso variando de 2 a 3 quilos após um ano. Mas apenas 50% a 65% se comprometeram com a dieta (Dansinger et al., 2005; Gardiner et al., 2007; Johnston et al., 2014). A dieta de Atkins pareceu segura nesses estudos, ao contrário de algumas suposições anteriores sobre as restrições de carboidratos.

O próximo passo são os programas comerciais de autoajuda, como Vigilantes do Peso e Jenny Craig. Os Vigilantes do Peso relatam que, em 2014, mais de 800 mil pessoas compareceram às mais de 36 mil reuniões semanais ao redor do mundo (Weight Watchers International, 2014). Esses programas têm melhor chance de obter algum sucesso, pelo menos em comparação com os programas autodirigidos (Jakicic et al., 2012; Johnston et al., 2013; Wing, 2010). Em estudo anterior (Heshka et al., 2003) entre os membros que perderam peso de maneira bem-sucedida inicialmente e mantiveram esta perda por pelo menos seis semanas após a conclusão do programa, entre 19% e 37% permaneceram cerca de 2 quilos dentro de sua meta de peso pelo menos cinco anos após o tratamento (Lowe et al.,

1999; Sarwer et al., 2004). Mas isso significa que mais de 80% dos indivíduos, mesmo se bem-sucedidos no início, não mantêm o sucesso no longo prazo.

Um estudo clínico mostrou que existe uma modificação que não apenas mantém todos no programa, mas produz resultados que são até duas vezes melhores após dois anos (Rock et al., 2010). Qual é essa modificação? O programa, incluindo a comida, foi oferecido gratuitamente, fornecendo assim forte incentivo. Claro, muitos questionariam por que as pessoas seriam pagas para permanecer em programas de perda de peso. Mas dados os altos custos médicos associados à obesidade, particularmente em grupos de baixa renda, muitos profissionais de saúde pública julgariam que esses incentivos economizam mais dinheiro ao sistema de saúde e aos contribuintes do que seus custos, uma vez que outros estudos mostraram o valor dos incentivos na perda de peso inicial (John et al., 2011).

Os programas mais bem-sucedidos são os programas de modificação de comportamento dirigidos por profissionais. Um estudo recente sugeriu que a combinação de restrição da ingestão calórica, atividade física aumentada e terapia comportamental tende a levar a maior perda de peso do que qualquer um desses componentes sozinhos (Wadden et al., 2014). Outra pesquisa sugeriu que os programas de modificação comportamental são particularmente efetivos se os pacientes frequentam as sessões de manutenção em grupo, periodicamente, no ano seguinte à redução inicial do peso (Bray, 2012; Wing, 2010). Em um grande estudo, Svetkey et al. (2008) atribuíram, aleatoriamente, a 1.032 adultos acima do peso ou obesos que perderam pelo menos 4 quilos durante um programa de modificação de comportamento de seis meses uma das três condições de manutenção de perda de peso por trinta meses: (1) contato com o mentor uma vez por mês para ajudar a manter o programa (grupo de contato pessoal), (2) um website no qual eles podiam fazer o login para fazer a manutenção de seu programa (grupo de tecnologia interativa) e (3) uma comparação de controle na qual eles ficavam por conta própria. No geral, 71% permaneceram abaixo de seu peso de entrada, o que foi um resultado muito bom, mas o grupo com o contato mensal recuperou menos peso que os grupos de tecnologia interativa e controle. Contudo, mesmo esses programas não produzem resultados impressionantes. Embora os participantes tenham perdido 8 quilos em média durante o programa inicial de seis meses, os indivíduos no grupo controle e no grupo de tecnologia interativa recuperaram aproximadamente 5 quilos e aqueles no grupo de contato mensal recuperaram 4 quilos após dois anos e meio.

Para os indivíduos que se tornaram obesos de mais alto risco, são recomendadas dietas com valor calórico muito baixo e possivelmente medicamentos combinados com programas de modificação de comportamento (Yanovski e Yanovski, 2014). Os pacientes perdem cerca de 20% do peso em dietas de valor calórico muito baixo, o que geralmente consiste em substituir a alimentação regular por quatro a seis refeições líquidas de produtos ou "shakes" por dia. No final de três ou quatro meses, são colocados em uma dieta balanceada de baixa caloria. Como ocorre em todos os programas de perda de peso, no ano seguinte ao tratamento, os pacientes normalmente recuperam 50% do peso que eliminaram (Ames et al., 2014;

Wadden e Osei, 2002). Contudo, cerca de mais da metade dos indivíduos é capaz de manter a perda de peso em pelo menos 5%, o que é importante para pessoas muito obesas (Sarwer et al., 2004). De maneira semelhante, os tratamentos medicamentosos que reduzem os sinais internos indicadores da fome também podem ter algum efeito, em particular se combinados com a abordagem comportamental visando a mudança do estilo de vida; no entanto, o uso dessas medicações tem sido afetado pelas preocupações cardiovasculares (Morrato e Allison, 2012; Yanovski e Yanovski, 2014). Atualmente a FDA aprovou apenas algumas drogas para este propósito, tais como lorcaserina (Belviq) e fentermina/topiramato (Saxenda). Outra droga, sibutramina (Plenty), foi removida do mercado norte-americano em 2010 devido a efeitos colaterais cardiovasculares adversos (Kuehn, 2010).[2] Por fim, a abordagem cirúrgica para a obesidade mórbida – chamada **cirurgia bariátrica** – é uma abordagem muito popular para indivíduos com IMC de pelo menos 40 (Adams et al., 2012; Courcoulas, 2012; Livingston, 2012; Arteburn e Fisher, 2014). Essa cirurgia tem sido realizada em várias celebridades, tais como o produtor musical e jurado do programa *American Idol*, Randy Jackson, e personalidades da televisão como Sharon Osbourne e Al Roker. Conforme observado anteriormente, 6,3% da população dos Estados Unidos agora se enquadram neste IMC de 40 ou acima (Flegal et al., 2012). Até 220 mil indivíduos fizeram cirurgia bariátrica em 2009 (American Society for Metabolic e Bariatric Surgery, 2010). Além disso, ela é geralmente mais bem-sucedida que as dietas, com os pacientes perdendo aproximadamente de 20% a 30% do peso corporal no pós-operatório e mantendo o resultado ao longo de vários anos (Adams et al., 2012; Buchwald et al., 2004; Courcoulas et al., 2013). Sjostrom et al. (2012) estudaram um grande grupo de mais de 2 mil pacientes que fizeram a cirurgia e relataram em média perda de peso de 23% após dois anos e 18% após vinte anos, comparado com essencialmente nenhuma perda de peso em média por 2 mil indivíduos gravemente obesos que não fizeram a cirurgia. A cirurgia bariátrica também está associada a menor mortalidade de indivíduos obesos até catorze anos após o procedimento (Arteburn et al., 2015). Surpreendentemente, poucos estudos relatam resultados a longo prazo deste procedimento, e mais pesquisas são necessárias nesta área (Ikramuddin e Livingston, 2013; Puzziferri et al., 2014). Essa cirurgia é reservada somente para os indivíduos com obesidade mais grave, para os quais esta é um risco iminente à saúde, visto que a cirurgia é permanente. Normalmente, os pacientes devem ter uma ou mais condições físicas relacionadas à obesidade, como doença cardíaca ou diabetes. Na cirurgia mais comum, parte do estômago é retirado para criar uma estrutura tipo manga ou tipo tubo (Reames et al., 2014). Como alternativa, a operação de desvio gástrico cria um desvio no estômago, como o nome já diz, que limita não apenas a ingestão de comida, mas também a absorção de calorias.

Aproximadamente 15% dos pacientes que fizeram a cirurgia bariátrica não conseguem perder uma quantidade considerável de peso ou recuperam o peso perdido após a cirurgia (Latfi et al., 2002; Livhits et al., 2012). Uma pequena porcentagem dos indivíduos, de 0,1% a 0,5%, não sobrevive à cirurgia, e de 15% a 20% apresentam complicações graves, necessitando de hospitalização e cirurgia adicional dentro do primeiro ano após a cirurgia e em cada um dos próximos dois anos (Birkmeyer et al., 2013; O'Brien et al., 2010; Zingmond, McGory e Ko, 2005). A taxa de mortalidade pode aumentar para 2% em hospitais em que a cirurgia é realizada menos frequentemente (normalmente, menos de 100 cirurgias por cirurgião), mas a taxa de mortalidade dentro de trinta dias é, em média, em torno de 1% e aproximadamente 6% após cinco anos (Omalu et al., 2007). Existem algumas evidências de que essas taxas não diferem dos indivíduos gravemente obesos que não fazem a cirurgia, considerando-se um período de cinco anos (Livingston, 2007; Wolfe e Belle, 2014). Além disso, se a cirurgia é bem-sucedida, o risco de morte por doenças relacionadas à obesidade, tais como diabetes, é reduzido substancialmente, em até 90%, segundo alguns estudos (Adams et al., 2007). Embora dados recentes de um grande estudo de Sjostrom et al. (2012), mencionado anteriormente, também indiquem que reduções na mortalidade, pelo menos as mortes decorrentes de eventos cardiovasculares, são significativas, mas relativamente pequenas, é mais intrigante o achado de que a redução nos eventos cardiovasculares não estava relacionada apenas à perda de peso em si, o que implica que alguma outra mudança na vida pode ser responsável. Isso sugere que essa cirurgia não deve se tornar rotina até que saibamos mais sobre ela (Livingston, 2012). Por esse motivo, a exigência dos cirurgiões é que os pacientes tenham exaurido todas as opções de tratamento e se submetam a uma avaliação psicológica para determinar se podem se adaptar aos novos padrões alimentares radicais exigidos após a cirurgia (Kral, 2002; Livingston, 2010; Sarwer et al., 2004). Novos programas psicológicos têm sido desenvolvidos especificamente para preparar os pacientes para essa cirurgia e ajudá-los na adaptação após o procedimento cirúrgico (Apple, Lock e Peebles, 2006). Com esses novos programas, a cirurgia pode ser a melhor aposta para indivíduos gravemente obesos, mas apenas uma pequena proporção daqueles elegíveis consegue fazê-la, devido à sua

---

[2] NTT da tradução da 8ª edição norte-americana: No Brasil, o medicamento ainda é comercializado.

▲ As celebridades Star Jones e Al Roker admitiram ter feito a cirurgia de perda de peso para resolver sua obesidade mórbida.

natureza controversa (Livingston, 2007; Santry, Gillen e Lauderdale, 2005). Isso pode mudar nos próximos anos uma vez que os procedimentos cirúrgicos se tornem mais sofisticados e aprendamos mais sobre a natureza precisa dos seus benefícios. Mas também estamos aprendendo mais sobre programas de dieta e exercícios e, ao contrário de suposições anteriores, acreditamos que programas bem desenvolvidos beneficiarão mesmo indivíduos gravemente obesos (Goodpaster et al., 2010; Ryan e Kushner, 2010).

Voltando às abordagens de políticas de saúde pública, muitos estados estão retirando as máquinas de refrigerantes e de outros tipos de alimentos não saudáveis das escolas públicas. A cidade de Nova York tentou banir a venda de refrigerantes adoçados, em tamanho acima de 470 ml, em 2012, mas, após a oposição de grandes empresas de bebida e de outras empresas, essa proposta de regulamentação foi derrubada pelo Supremo Tribunal de Nova York (Grynbaum, 2014). Nove estados também solicitaram permissão do governo federal para eliminar a opção de compra de bebidas açucaradas com vale-refeição, uma proposta que é apoiada pela Associação Médica Americana (Brownell e Ludwig, 2011).

Os impostos sobre alimentos também têm sido discutidos como um modo de aumentar a receita que poderia ser utilizada na luta contra a epidemia de obesidade para promover educação e mudanças políticas no consumo de comida. O governo poderia tornar o consumo de alimentos saudáveis mais atrativo e o consumo de alimentos não saudáveis menos atrativo, tornando os primeiros mais baratos e os últimos mais caros? O Rudd Center for Food Policy and Obesity em Yale está estudando o assunto extensivamente. Até 2009, 40 estados dos Estados Unidos implantaram alguns impostos sobre petiscos e refrigerantes (Brownell e Frieden, 2009). O raciocínio é que os impostos deveriam ser aumentados consideravelmente para fornecer um desincentivo substancial. Muitos anos atrás, um grupo de conceituados pesquisadores propuseram no *New England Journal of Medicine* que um imposto especial de consumo de 1 centavo por 30 mL fosse aplicado a bebidas com qualquer adoçante calórico acrescentado. Isso aumentaria o custo de um refrigerante de 600 mL em aproximadamente 20%. Claro que, qualquer imposto substancial, com suas implicações de controle governamental do nosso comportamento, seria controverso e bastante criticado por muitos. Mas contra-argumentos apontam a obrigação do governo de criar uma política que apoie os esforços individuais de todas as pessoas em ser saudáveis (Brownell et al., 2010).

Esses debates agora variam pelo país e ao redor do mundo. O que você faria? Você proporia que os governos interviessem economicamente para mudar a nutrição de nossos cidadãos?

É possível prevenir a obesidade?

A sociedade está voltando sua atenção cada vez mais para os modos pelos quais é possível prevenir a continuidade da epidemia de obesidade. Os maiores benefícios vêm de estratégias que focam a prevenção por meio da alteração daqueles fatores no "ambiente tóxico" que encorajam a ingestão de alimentos não saudáveis e o estilo de vida sedentário (Brownell, 2002; Gearhardt et al., 2012).

Por exemplo, a Figura 8.9 mostra o preço relativo de açúcar e doces *versus* alimentos frescos saudáveis nos últimos trinta anos. Muitos anos atrás, Kelly Brownell, agora professora e diretora da Public Policy School, na Duke University, propôs no *New York Times* que deveríamos considerar impostos sobre alimentos de alta caloria ou alto teor de açúcar como forma de resolver a epidemia de obesidade. Essa proposta iniciou uma tempestade de controvérsias e se tornou conhecida como o "Imposto Twinkie". Ainda assim, lançar mão de impostos é uma tática poderosa e comumente utilizada pelos governos ao redor do mundo para definir políticas e moldar o comportamento de seus cidadãos (Brownell e Frieden, 2009). Um pequeno aumento nos impostos sobre cigarros tem o objetivo de reduzir o tabagismo de nossos cidadãos e melhorar a saúde. Aumentar os impostos sobre combustíveis fósseis, incluindo a gasolina, é concebido por muitos como uma ferramenta para promover a preservação e a diminuição do lançamento de químicos prejudiciais em nosso meio ambiente que contribuem para o aquecimento global. Incentivos fiscais substanciais em outras fontes alternativas de energia, como a eólica e a solar, são outra ferramenta do governo para promover essas fontes.

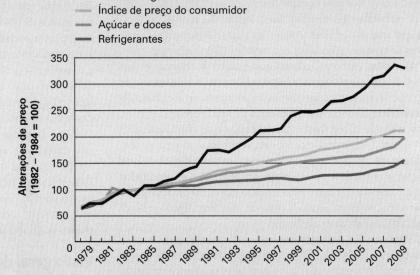

FIGURA 8.9 Alterações de preço de frutas e vegetais *versus* açúcar, doces e refrigerantes, 1978-2009. (Fonte: Brownell, K. D. e Frieden, T. R. [2009] Ounces of prevention: The public policy case for taxes on sugared beverages. *New England Journal of Medicine, 360*, 1805-1808.)

Ou você confiaria apenas na educação e em outros meios de persuasão? Os governantes deverão escolher, visto estar claro que a epidemia de obesidade é uma das maiores ameaças à saúde na história recente.

Outra abordagem de saúde pública é a arquitetura de escolha – isto é, projetar diferentes modos pelos quais as escolhas possam ser apresentadas aos consumidores. Uma linha de pesquisa explorou os efeitos de rotular os alimentos com cores de semáforo (ou seja, vermelho, amarelo ou verde) com base em seus valores nutricionais. Em dois estudos (Thorndike et al., 2012; Thorndike et al., 2014), os pesquisadores observaram que rotular os alimentos desse modo levou à diminuição na compra de alimentos vermelhos (isto é, não saudáveis) e aumento na compra dos verdes (ou seja, alimentos saudáveis). Apesar de promissora, mais pesquisas são necessárias nesse sentido.

Em contraste com os adultos, o tratamento da obesidade em crianças e adolescentes tem alcançado melhores resultados tanto no curto quanto no longo prazo (Cooperberg e Faith, 2004; Epstein et al., 1998; Oude Luttikhuis et al., 2011), particularmente para crianças. Vários estudos relatam que os programas de modificação do comportamento, em particular os que incluem os pais, podem gerar uma redução de 20% do peso extra, uma mudança mantida por pelo menos vários anos após o final do estudo. Uma vez mais, esses programas de modificação do comportamento incluem numerosas estratégias para alterar os hábitos alimentares, em especial aqueles que dizem respeito à diminuição de lanches muito calóricos e com alto nível de gordura. Esses programas também focam na redução dos hábitos sedentários em crianças e adolescentes, como ver televisão, jogar videogame e se sentar em frente a um computador. Esses programas podem ser mais bem-sucedidos que os aplicados a adultos, pois os pais geralmente se envolvem no programa de forma construtiva e oferecem um apoio constante e contínuo (Ludwig, 2012; Altman e Wilfey, 2015). Isso é importante porque muitos pais que não fazem parte do programa estruturado tendem a continuamente pressionar seus filhos acima do peso para não comer, o que tem o efeito contrário, fazendo com que eles comam mais (Agras et al., 2012). Também, os hábitos alimentares das crianças são menos enraizados que nos dos adultos. Além disso, elas costumam ser mais ativas se tiverem atividades apropriadas (Cooperberg e Faith, 2004). Assim como programas que envolvem crianças e seus pais diretamente parecem ter uma melhor chance de funcionar se eles estiverem focados apenas na alimentação e exercícios, ao contrário de focar em problemas de saúde em geral (Stice, Shaw e Marti, 2006). Para os adolescentes com obesidade mais grave, com IMC maior que 35, está sendo avaliado um procedimento de cirurgia bariátrica menos invasivo e mais seguro do que o normalmente realizado em adultos, e os resultados iniciais sugerem uma redução de peso em curto prazo, mas os efeitos em longo prazo ainda precisam ser investigados (Black et al., 2013; O'Brien et al., 2010).

A maioria das pessoas reconhece que comer é essencial para a sobrevivência. Igualmente importante é dormir, um processo ainda relativamente misterioso e crucial para o funcionamento diário e fortemente implicado em muitos transtornos psicológicos. Voltaremos nossa atenção a essa atividade adicional de sobrevivência para entender melhor como e por que podemos ser prejudicados pelas perturbações do sono.

Verificação de conceitos 8.3

Assinale as seguintes afirmações com Verdadeiro (V) ou Falso (F).

1. _____ A obesidade é o problema de saúde específico mais caro nos Estados Unidos, ultrapassando tanto o tabagismo quanto o abuso de álcool.
2. _____ Os indivíduos com síndrome do comer noturno consomem, pelo menos, metade da ingestão diária de alimentos após a refeição noturna.
3. _____ Os alimentos gordurosos e a tecnologia não são culpados pela epidemia de obesidade nos Estados Unidos.
4. _____ Os programas de modificação do comportamento orientados por profissionais representam o tratamento mais bem-sucedido para a obesidade.

Transtornos do sono-vigília: as principais dissonias

Passamos cerca de um terço de nossas vidas dormindo. Isso significa que a maioria das pessoas dorme cerca de 3 mil horas por *ano*. Para muitas, o sono é revigorante, tanto mental quanto fisicamente. Infelizmente, grande parte das pessoas não dorme o suficiente, e 28% das pessoas nos Estados Unidos relatam sentir-se com muito sono durante o dia (Ohayon, Dauvilliers e Reynolds, 2012). A maior parte de nós sabe o que é ter uma noite de sono ruim. No dia seguinte nos sentimos um pouco tontos e, à medida que o dia passa, podemos ficar irritados. Pesquisas dizem que até a menor privação do sono no decorrer de apenas 24 horas compromete nossa capacidade de pensar com clareza (Joo et al., 2012). Agora imagine, se puder, que não dorme bem há anos. Seus relacionamentos são afetados, é difícil realizar as atividades escolares e sua eficiência e produtividade no trabalho são reduzidas. A ausência de sono também o afeta fisicamente. As pessoas que não conseguem dormir o suficiente são mais susceptíveis a doenças tais como resfriado, talvez porque o funcionamento do sistema imunológico fica prejudicado com a perda de até mesmo poucas horas de sono (Ruiz et al., 2012).

Você poderia se perguntar como os transtornos do sono se encaixam em um livro sobre transtornos psicológicos. Diferentes variações do transtorno do sono claramente têm bases fisiológicas e, por conseguinte, poderiam ser consideradas preocupações específicas da área médica. Entretanto, como outros transtornos físicos, os problemas do sono interagem de maneiras importantes com os fatores psicológicos.

Visão geral dos transtornos do sono-vigília

O estudo do sono há muito tempo influencia os conceitos da psicopatologia. O tratamento moral, usado no século XIX para pessoas com doença mental grave, incluía encorajar os pacientes a ter tempo de sono suficiente como parte da terapia (Charland, 2008). Sigmund Freud enfatizou os sonhos e os discutiu com os pacientes na tentativa de compreender melhor a vida emocional deles (Ursano, Sonnenberg e Lazar, 2008). Os pesquisadores que privaram as pessoas de dormir por períodos prolongados descobriram que a privação crônica do sono tem efeitos profundos. Um estudo anterior analisou os efeitos de manter 350 voluntários acordados por 112 horas (Tyler, 1955). Sete voluntários apresentaram um comportamento bizarro, que parecia psicótico. As pesquisas subsequentes sugeriram que interferir no sono das pessoas com problemas psicológicos preexistentes pode criar esses resultados perturbadores (Brauchi e West, 1959). Vários transtornos abordados neste livro são frequentemente associados com queixas sobre o sono, incluindo transtorno do espectro autista, esquizofrenia, depressão maior, transtorno bipolar e transtornos de ansiedade. Você pode achar no início que um problema do sono é o resultado de um transtorno psicológico. Por exemplo, com que frequência você fica ansioso em relação a um acontecimento futuro (talvez um exame) e não consegue dormir? Entretanto, a relação entre as perturbações do sono e a saúde mental é mais complexa (Pires, Tufik e Andersen, 2015; McEwen e Karatsoreos, 2015). Problemas com o sono podem causar as dificuldades que as pessoas experimentam na vida cotidiana (por exemplo, Kreutzmann et al., 2015; Almklov et al., 2015; McKenna e Eyler, 2012; Talbot et al., 2012; van der Kloet et al., 2012) ou podem resultar de alguma perturbação comum ao transtorno psicológico. Por exemplo, o comportamento desorientado de pessoas com transtornos da personalidade *borderline* (consulte o Capítulo 12) pode ser atribuído aos genes associados com os ritmos circadianos (genes do relógio circadiano) (Fleischer et al., 2012).

No Capítulo 5, explicamos como um circuito cerebral no sistema límbico pode estar envolvido com a ansiedade. Sabemos que essa região do cérebro também está envolvida com a produção dos sonhos durante a **fase REM** (*rapid eye movement* – **movimentos rápidos dos olhos**) (Steiger, 2008). Essa conexão neurobiológica mútua sugere que a ansiedade e o sono podem estar inter-relacionados de maneiras importantes, embora a natureza exata da relação ainda seja desconhecida. Sono insuficiente, por exemplo, pode estimular a alimentação em excesso e pode contribuir para a epidemia de obesidade (Hanlon e Knutson, 2014). De modo semelhante, o sono REM parece estar relacionado à depressão, como observado no Capítulo 7 (Wiebe, Cassoff e Gruber, 2012). Anormalidades do sono são sinais precedentes de séria depressão clínica, o que sugere que os problemas do sono podem ajudar a prognosticar quem corre risco de apresentar transtornos do humor posteriores (Murphy e Peterson, 2015). Em um estudo intrigante, os pesquisadores descobriram que a TCC melhorava os sintomas entre um grupo de homens deprimidos e também normalizava os padrões do sono REM (Nofzinger et al., 1994). Além disso, a privação do sono tem efeitos antidepressivos temporários sobre algumas pessoas, embora naquelas ainda não deprimidas, a privação do sono possa provocar um humor deprimido (Voderhozer et al., 2014). Ainda não compreendemos por completo como os transtornos psicológicos estão relacionados ao sono e, se desejamos completar o quadro mais amplo do comportamento atípico, devemos acumular pesquisas que salientam a importância de compreender o sono.

Os transtornos do sono são divididos em duas categorias principais: **dissonias** e **parassonias** (ver Tabela 8.4). As dissonias envolvem dificuldades para dormir o suficiente, problemas com o sono quando se quer dormir (não conseguir dormir até as 2 da madrugada quando, por exemplo, se tem aulas às 9 da manhã) e reclamações sobre a qualidade do sono, como não se sentir descansado ainda que tenha dormido a noite inteira. As parassonias são caracterizadas pelos acontecimentos comportamentais ou fisiológicos atípicos que ocorrem durante o sono, como pesadelos e sonambulismo.

O quadro mais claro e abrangente dos hábitos do sono pode ser determinado somente por meio de uma **avaliação polissonográfica** (Mindell e Owens, 2015). O paciente passa uma ou mais noites dormindo em um laboratório do sono e é monitorado por diversos medidores, que incluem dessaturação do oxigênio e da respiração (uma medida do fluxo de ar); movimentos de perna; atividade das ondas cerebrais, medida por um *eletroencefalograma*; movimentos dos olhos, medidos por um *eletro-oculograma*; movimentos musculares, medidos por um *eletromiograma*; e atividade cardíaca, medida por um *eletrocardiograma*. O comportamento diário e os padrões típicos do sono também são observados – por exemplo, se a pessoa usa drogas ou álcool, está ansiosa em relação a problemas interpessoais ou profissionais, cochila à tarde ou apresenta um transtorno psicológico. A coleta de todos esses dados pode ser cara e consumir tempo, mas é importante para assegurar o diagnóstico preciso e o planejamento do tratamento. Uma alternativa para a avaliação abrangente do sono é usar um aparelho no formato de um relógio de pulso chamado

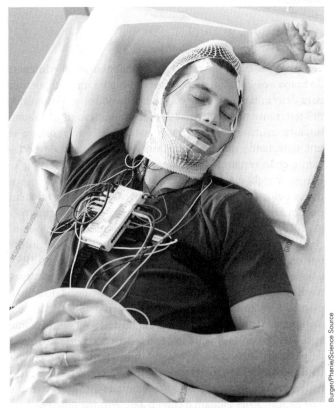

▲ Este participante está sendo submetido a uma polissonografia, avaliação elétrica dos padrões de sono feita durante a noite.

TABELA 8.4 — Resumo dos transtornos do sono no *DSM-5*

Transtornos do sono-vigília	Descrição
DISSONIAS	(transtornos na quantidade, na qualidade ou no tempo de sono)
Transtorno de insônia	Dificuldade de adormecer, problemas em permanecer dormido durante a noite, ou sono que não resulta na sensação de descanso mesmo após uma quantidade normal de sono.
Transtornos de hipersonolência	Sonolência excessiva exibida como dormir por mais tempo que o normal, ou adormecer frequentemente durante o dia.
Narcolepsia	Episódios de ataques irresistíveis de sono reparador ocorrendo diariamente, acompanhados de episódios de breve perda de tônus muscular (cataplexia).
Transtornos do sono relacionados à respiração (apneia e hipopneia obstrutivas do sono, apneia central do sono e hipoventilação relacionada ao sono)	Uma variedade de transtornos respiratórios que ocorrem durante o sono e que levam ao sono excessivo ou insônia.
Transtorno do sono-vigília do ritmo circadiano	Uma discrepância entre o tempo de sono necessário para o descanso e as necessidades do ambiente da pessoa (por exemplo, agenda de trabalho) que levam à sonolência excessiva ou insônia.
PARASSONIAS	
Transtorno de despertar do sono não REM	Movimentos motores e comportamentos que ocorrem durante o sono não REM, incluindo o despertar incompleto (despertar confuso), sonambulismo, ou terrores no sono (despertar abrupto do sono que começa com um grito de pânico).
Transtorno do pesadelo	Ser frequentemente acordado por sonhos prolongados e extremamente assustadores que causam angústia significativa e funcionamento prejudicado.
Transtorno comportamental do sono REM	Episódios de excitação durante o sono REM que resultam em comportamentos que podem prejudicar o indivíduo ou outros.
Síndrome das pernas inquietas	Necessidade irresistível de mover as pernas como resultado de sensações desagradáveis (algumas vezes identificadas como "rastejante", "puxão", "tração" nos membros) (ou referido como doença de Willis-Ekbom).
Transtorno do sono induzido por substância/medicamento	Distúrbio do sono grave resultado de intoxicação ou abstinência.

Fonte: Adaptado de American Psychiatric Association. (2013). *Diagnostic and statistical manual of mental disorders* (5. ed.). Washington, D.C.: American Psychiatric Association.

actígrafo. Esse instrumento registra o número de movimentos do braço e os dados podem ser baixados para um computador para determinar a duração e a qualidade do sono. Vários estudos testaram a utilidade desse tipo de aparelho ao medir o sono dos astronautas a bordo de uma nave espacial e ele mostrou-se útil, detectando quando eles adormeciam, quando despertavam e quão restaurador era o sono no espaço (por exemplo, Barger, Wright e Czeisler, 2008). O uso de aplicativos disponíveis pelos smartphones e dispositivos de pulseira também podem fornecer algumas dessas informações (De Zambotti et al., 2015). Além disso, os clínicos e pesquisadores acharam útil conhecer o número médio de horas que um indivíduo dorme por dia, levando em consideração a **eficiência do sono (ES)**, a porcentagem de tempo realmente gasta dormindo, não apenas deitado na cama e tentando dormir. A eficiência do sono é calculada dividindo-se a quantidade de tempo dormindo pela quantidade de tempo na cama. Uma ES de 100% significa que você cai no sono assim que coloca a cabeça no travesseiro e não desperta de forma alguma durante a noite. Por outro lado, uma ES de 50% significa que metade do seu tempo na cama é gasto tentando dormir, ou seja, você fica acordado metade do tempo. Tais mensurações ajudam o clínico a determinar objetivamente quão bem uma pessoa dorme.

Uma maneira de determinar se alguém tem problemas com o sono é observar os efeitos durante o dia, ou o comportamento quando está acordado. Por exemplo, se você gasta 90 minutos para iniciar o sono à noite, mas isso não o incomoda e você se sente descansado durante o dia, então, isso não é um problema. Um amigo que também leva 90 minutos para iniciar o sono, porém acha que esse atraso provoca ansiedade e fadiga no dia seguinte, pode ter um problema de sono. Isso é, em certo nível, uma decisão subjetiva, dependente, em parte, de como a pessoa percebe a situação e reage a ela.

Transtorno de insônia

A insônia é um dos transtornos do sono-vigília mais comuns. Uma pessoa que sofre de insônia pode ser descrita como alguém que fica acordada o tempo todo. Entretanto, não é possível ficar sem dormir. Por exemplo, após ficar acordada por uma ou duas noites, uma pessoa começa a experimentar períodos de **microssono** que duram alguns segundos ou mais (Morin et al., 2012). Nas raríssimas ocorrências de insônia familiar fatal (um transtorno cerebral degenerativo), a total ausência de sono eventualmente leva à morte (Parchi, Capellari e Gambetti, 2012). Apesar do uso comum do termo *insônia* para significar "não dormir", ele se aplica a diversas queixas. As

312 PSICOPATOLOGIA

pessoas são consideradas insones se tiverem problemas para iniciar o sono à noite, se despertarem frequentemente ou muito cedo e não conseguirem voltar a dormir (dificuldade para manter o sono) ou se dormirem um número razoável de horas, mas não se sentirem descansadas no dia seguinte (sono não restaurador). Considere o caso de Sonja.

SONJA ... Escola em sua mente

Sonja era uma estudante de Direito de 23 anos com histórico de problemas para dormir. Ela relatou que nunca tinha realmente conseguido dormir bem, enfrentava problemas para iniciar o sono à noite e geralmente despertava de manhã bem cedo. Ela vinha usando Nyquil, medicação indicada para resfriado, de uso noturno, diversas vezes por semana nos últimos anos para ajudá-la a adormecer. Infelizmente, desde que começou o curso de Direito no ano anterior, as dificuldades para dormir pioraram. Ela deitava na cama e ficava acordada até as primeiras horas da madrugada pensando na faculdade; conseguindo dormir apenas de 3 a 4 horas em uma noite normal. Pela manhã, tinha grande dificuldade para sair da cama e sempre estava atrasada para a primeira aula.

Os problemas de sono de Sonja e a maneira como interferiam no rendimento acadêmico a faziam experimentar uma depressão grave crescente. Além disso, relatava ter ataques graves de ansiedade que a despertavam no meio da noite. Todas essas dificuldades a faziam se isolar cada vez mais da família e dos amigos, que finalmente lhe convenceram a procurar ajuda.

Voltaremos ao caso de Sonja adiante neste capítulo.

Descrição clínica

Os sintomas de Sonja se enquadram nos critérios do *DSM-5* para **transtorno de insônia,** porque seus problemas não estão relacionados a outros problemas de saúde ou psiquiátricos (também referido como **insônia primária**). Olhar para os transtornos do sono como primários lembra a sobreposição dos problemas do sono com transtornos psicológicos como ansiedade e depressão. Pelo fato de não dormir deixar a pessoa ansiosa, e a ansiedade posteriormente interromper o sono, o que a torna mais ansiosa, e assim por diante, é difícil encontrar alguém com um transtorno do sono-vigília isolado, sem problemas relacionados.

O caso de Sonja é típico de insônia. Ela enfrentava problemas tanto para iniciar quanto para manter o sono. Outras pessoas dormem a noite toda, mas ainda se sentem como se tivessem ficado acordadas por horas. Embora a maioria das pessoas possa levar adiante as atividades diárias, a incapacidade para se concentrar pode ter sérias consequências, como acidentes perigosos quando é preciso dirigir por longas distâncias (no caso de motoristas de ônibus) ou quando é necessário manusear material perigoso (no caso de eletricistas). Estudantes com insônia, como Sonja, podem ter desempenho escolar insatisfatório em razão da dificuldade de concentração.

Estatísticas

Aproximadamente um terço da população relata sintomas de insônia durante o período de um ano qualquer (Chung et al., 2015). Para muitos desses indivíduos, as dificuldades do sono são uma aflição de uma vida toda (Lind et al., 2015). Aproximadamente 15% dos adultos mais velhos relatam sonolência diurna excessiva, com homens negros mais velhos relatando a maioria dos problemas, e isso contribui para o aumento do risco de queda (Green, Ndao-Brumblay e Hart-Johnson, 2009; Hayley et al., 2015).

Diversos transtornos psicológicos estão associados com a insônia. O tempo total de sono frequentemente diminui em

TABELA 8.4 Critérios diagnósticos para o transtorno de insônia

A. Queixas de insatisfação predominantes com a quantidade ou a qualidade do sono associadas a um (ou mais) dos seguintes sintomas:
  1. Dificuldade para iniciar o sono (em crianças, pode se manifestar como dificuldade para iniciar o sono sem intervenção de cuidadores).
  2. Dificuldade para manter o sono, que se caracteriza por despertares frequentes ou por problemas para retornar ao sono depois de cada despertar (em crianças, pode se manifestar como dificuldade para retornar ao sono sem intervenção de cuidadores).
  3. Despertar antes do horário habitual com incapacidade de retornar ao sono.
B. A perturbação do sono causa sofrimento clinicamente significativo e prejuízo no funcionamento social, profissional, educacional, acadêmico, comportamental ou em outras áreas importantes da vida do indivíduo.
C. As dificuldades relacionadas ao sono ocorrem pelo menos três noites por semana.
D. As dificuldades relacionadas ao sono permanecem durante pelo menos três meses.
E. As dificuldades relacionadas ao sono ocorrem a despeito de oportunidades adequadas para dormir.
F. A insônia não é mais bem explicada ou não ocorre exclusivamente durante o curso de outro transtorno do sono-vigília (p. ex., narcolepsia, transtorno do sono relacionado à respiração, transtorno do sono-vigília do ritmo circadiano, parassonia).
G. A insônia não é atribuída aos efeitos fisiológicos de alguma substância (p. ex., abuso de drogas ilícitas, medicamentos).
H. A coexistência de transtornos mentais e de condições médicas não explica adequadamente a queixa predominante de insônia.

Especificar se:
Episódico: Os sintomas duram pelo menos um mês, porém menos que três meses.
Persistente: Os sintomas duram três meses ou mais.
Recorrente: Dois (ou mais) episódios dentro do espaço de um ano.

Fonte: Manual Diagnóstico e Estatístico de Transtornos Mentais, 5a ed. – DSM-5. Tab. 8.4. Artmed, Porto Alegre, 2014.

razão da depressão, dos transtornos de uso de substâncias, dos transtornos de ansiedade e da doença de Alzheimer. A inter-relação entre o uso de álcool e os transtornos do sono pode ser perturbadora. É comum o uso de álcool para ajudar a iniciar o sono (Morin et al., 2012). Em pequenas quantidades, causa sonolência, mas também pode interromper a continuidade do sono. A interrupção do sono causa ansiedade, que acaba levando ao uso repetido do álcool, gerando um ciclo vicioso.

As mulheres relatam insônia duas vezes mais que os homens. Elas geralmente relatam problemas para iniciar o sono, o que pode estar relacionado a diferenças hormonais ou ao relato diferente dos problemas do sono, com as mulheres geralmente sendo afetadas mais negativamente pela falta de sono que os homens (Jaussent et al., 2011). É interessante notar que podem haver alguns fatores protetores que melhoram o sono nas mulheres, incluindo uso moderado de álcool e uso controlado de cafeína, assim como a adoção de uma dieta mediterrânea (ou seja, alta ingestão de vegetais, legumes, frutas e ácidos graxos insaturados principalmente na forma de azeite de oliva) (Jaussent et al., 2011). Embora as necessidades normais de sono mudem com o passar do tempo, as queixas de insônia diferem em frequência entre pessoas de idades diferentes. As crianças com dificuldade de iniciar o sono geralmente apresentam acessos de raiva na hora de dormir ou não querem ir para a cama. Muitas crianças choram quando despertam no meio da noite. Aproximadamente uma em cada cinco crianças pequenas tem insônia (Calhoun et al., 2014). Evidências crescentes apontam para explicações tanto biológicas quanto culturais para esclarecer o sono de má qualidade entre os adolescentes. À medida que as crianças passam para a adolescência, os ciclos de sono biologicamente determinados mudam e elas passam a ir para a cama mais tarde (Skeldon, Dirks e Dijk, 2015). Entretanto, pelo menos nos Estados Unidos, ainda se espera que os filhos levantem cedo para ir à escola, o que causa privação crônica do sono. Esse problema não é observado em todos os adolescentes, havendo diferenças etnoculturais relatadas em jovens de diferentes contextos. Determinado estudo, por exemplo, observou que os jovens sino-americanos relataram menos problemas com insônia, enquanto os jovens hispano-americanos relataram mais dificuldades com o sono (Roberts, Roberts e Chen, 2000). A porcentagem de indivíduos que reclamam de problemas de sono aumenta à medida que se tornam adultos mais velhos. Uma pesquisa de opinião pública descobriu que entre os adultos de 55 a 64 anos, 26% reclamam de problemas do sono, mas isso diminui para cerca de 21% entre os que têm de 65 a 84 anos (National Sleep Foundation, 2009). Essa taxa mais alta nos relatos dos problemas do sono entre pessoas mais velhas faz sentido ao considerarmos que o número de horas que dormimos diminui com a idade. Não é incomum uma pessoa acima de 65 anos dormir menos de 6 horas e acordar diversas vezes por noite.

Causas

A insônia acompanha muitos transtornos psicológicos e médicos, incluindo dor e desconforto físico, inatividade física durante o dia e problemas respiratórios. Algumas vezes, a insônia está relacionada a problemas com o relógio biológico e seu controle da temperatura. As pessoas que não conseguem dormir à noite podem ter um ritmo de temperatura atrasado: a temperatura corporal delas não cai e elas não ficam sonolentas até que seja tarde da noite. Como um grupo, as pessoas com insônia parecem ter temperatura corporal mais alta que aquelas que dormem bem, e essa temperatura parece variar menos; a ausência de flutuação na temperatura pode interferir no sono (Taylor et al., 2014).

Entre outros fatores que podem interferir no sono estão o uso de drogas e uma variedade de influências ambientais, como mudanças na luminosidade, ruídos ou temperatura. Pessoas internadas em hospitais costumam ter dificuldade para dormir porque os barulhos e a rotina diferem dos de casa. Outros transtornos do sono, como a *apneia obstrutiva do sono* (transtorno que envolve a respiração obstruída durante a noite) ou a *síndrome das pernas inquietas* (movimentos excessivos das pernas), podem causar interrupções no sono e ser semelhantes à insônia.

Por fim, o estresse psicológico também pode interromper o sono. Por exemplo, um estudo analisou como os estudantes de faculdades de Medicina e Odontologia eram afetados por um acontecimento particularmente estressante – nesse caso, participar da dissecação de um cadáver (Snelling, Sahai e Ellis, 2003). Entre os efeitos relatados estava a diminuição da capacidade de dormir.

As pessoas com insônia podem ter expectativas irreais sobre a quantidade de sono de que precisam ("Eu preciso de 8 horas completas") e sobre quão perturbador o sono interrompido pode ser ("Não conseguirei pensar ou trabalhar se eu dormir apenas 5 horas") (Hiller et al., 2015). A quantidade real de sono de que cada pessoa precisa varia e é avaliada por como isso afeta seu dia. É importante reconhecer o papel da cognição na insônia; nossos pensamentos, por si só, podem interromper o sono.

O sono ruim é um comportamento aprendido? Aceita-se que as pessoas que sofrem de problemas do sono associem o quarto e a cama com a frustração e a ansiedade que acompanham a insônia. Eventualmente, a chegada da hora de dormir pode causar ansiedade (Morin e Benca, 2012). Interações associadas ao sono podem contribuir para os problemas do sono no caso de crianças. Por exemplo, um estudo descobriu que a depressão e os pensamentos negativos de um dos pais sobre o sono da criança influenciava de forma negativa o despertar noturno dela (Teti e Crosby, 2012). Os pesquisadores acreditam que algumas crianças aprendem a iniciar o sono somente com a presença de um dos pais; se elas despertam à noite, ficam atemorizadas ao se perceberem sozinhas e o sono é interrompido. Apesar da ampla aceitação do papel da aprendizagem na insônia, relativamente pouca pesquisa tem sido feita sobre esse fenômeno, talvez em parte porque esse tipo de pesquisa envolva entrar nos lares e nos quartos em um momento privado.

A pesquisa transcultural do sono tem focalizado primeiro as crianças. Na cultura predominante nos Estados Unidos, é esperado que as crianças pequenas durmam sozinhas, em uma cama separada, se possível, em outro quarto (ver a Tabela 8.5). Entretanto, em muitas outras culturas tão diversas quanto as da Guatemala e da Coreia rurais e do Japão urbano, a criança passa os primeiros anos de sua vida no mesmo quarto e, às vezes, na mesma cama da mãe (Burnham e Gaylor, 2011). Em

▲ Nos Estados Unidos, as crianças normalmente dormem sozinhas (esquerda). Em muitas culturas, todos os membros da família compartilham a mesma cama (direita).

muitas culturas, as mães relatam que não ignoram o choro de seus filhos (Giannotti e Cortesi, 2009), em contraste com os Estados Unidos, onde a maior parte dos pediatras recomenda que os pais ignorem o choro dos filhos pequenos em certa idade durante a noite (Moore, 2012). Uma conclusão com base nessa pesquisa é que o sono pode ser afetado por normas culturais. Solicitações não satisfeitas podem resultar em estresse que afeta negativamente o resultado final do sono para as crianças (Durand, 2008, 2014).

Um modelo integrador

Uma visão integrada dos transtornos do sono inclui diversos pressupostos. O primeiro é que, em certo nível, tanto fatores biológicos quanto psicológicos estão presentes na maior parte dos casos. Um segundo pressuposto é que esses múltiplos fatores são reciprocamente relacionados. Isso pode ser visto em um estudo realizado anteriormente, em que a depressão e os pensamentos negativos de um dos pais sobre o sono da criança influenciava de forma negativa o despertar noturno dela (Teti e Crosby, 2012). Em outras palavras, as características de personalidade, as dificuldades de sono e a reação dos pais interagem de maneira recíproca para produzir e manter os problemas do sono.

As pessoas podem ser biologicamente vulneráveis ao sono prejudicado. Essa vulnerabilidade difere de pessoa para pessoa e varia das perturbações leves às mais graves. Por exemplo, alguém pode ter sono leve (desperta facilmente à noite) ou ter histórico familiar de insônia, narcolepsia e respiração obstruí-

TABELA 8.5 Diferenças culturais no sono das crianças

Quando as crianças dormem	
EUA	Crianças não caucasianas, muitas vezes, vão para a cama mais tarde, acordam mais tarde e dormem menos que as crianças caucasianas.
Itália	Crianças italianas têm uma duração do sono noturno mais curto que as crianças nos Estados Unidos, indo para a cama mais tarde e acordando mais cedo.
Japão	Crianças japonesas dormem menos, às vezes cochilando após o jantar, mas acordando para estudar até tarde da noite.
Holanda	Crianças holandesas dormem mais, indo para a cama mais cedo.
Bali	Crianças balinesas podem participar de eventuais observâncias espirituais durante toda a noite, oscilando entre dormir e acordar.
China	O sono das crianças chinesas muda de tempos em tempos, presumivelmente, para coincidir com os padrões de trabalho da família.
Rotinas da hora de dormir	
Guatemala (Maia), Espanha, Grécia e Itália	Nesses países, não existe rotina quanto à hora de dormir e as crianças são muitas vezes autorizadas a iniciar o sono durante as atividades da família e, em seguida, são colocadas na cama.
Bali	Bebês balineses ficam no colo o dia todo e dormem o quanto necessário.
Onde as crianças dormem	
Itália	É comum que as crianças italianas durmam no mesmo quarto que os pais.
Japão	Crianças japonesas muitas vezes dormem na mesma cama que os pais.

Adaptado de Durand, V. M. (2008). *When children don't sleep well*: Interventions for pediatric sleep disorders, a therapist guide. Nova York: Oxford University Press. Jenni, O. G. e O'connor, B. B. (2005). Children's sleep: An interplay between culture and biology. *Pediatrics*, 115(1), 204-216.

FIGURA 8.10 Um modelo integrado multidimensional da perturbação do sono.

da. Todos esses fatores podem levar a eventuais problemas do sono. Tais influências têm sido chamadas *condições de predisposição* (Spielman e Glovinsky 1991); por si sós, nem sempre causam problemas, mas podem se combinar com outros fatores para interferir no sono (ver Figura 8.10).

A vulnerabilidade biológica, por sua vez, pode interagir com o *estresse do sono* (Durand, 2008), que inclui numerosos eventos capazes de afetar o sono negativamente. Por exemplo, maus hábitos na hora de dormir (como ingerir muito álcool ou cafeína) podem interferir no iniciar do sono (Morin et al., 2012). Observe que a vulnerabilidade biológica e o estresse do sono se influenciam de forma mútua (como mostra a Figura 8.10). Embora possamos afirmar intuitivamente que os fatores biológicos vêm primeiro, as influências extrínsecas, como má higiene do sono (atividades diárias que afetam o modo como dormimos), podem afetar a atividade fisiológica do sono. Um dos exemplos mais surpreendentes desse fenômeno é o *jet lag*, em que os padrões de sono da pessoa são interrompidos, às vezes seriamente, quando passa por diversos fusos horários. A continuidade ou o nível de gravidade da perturbação depende de como são gerenciados. Por exemplo, muitas pessoas reagem ao sono prejudicado tomando pílulas para dormir vendidas sem prescrição médica. Infelizmente, a maior parte dos indivíduos não tem consciência da possibilidade de ocorrência da **insônia rebote** – em que os problemas do sono reaparecem, às vezes piores – quando a medicação é suspensa. Esse rebote leva as pessoas a pensar que ainda estão com o problema, então tomam novamente o medicamento e continuam o ciclo repetidamente. Em outras palavras, fazer uso de remédios para dormir pode perpetuar os problemas do sono.

Outras maneiras de reagir ao sono ruim também podem prolongar os problemas. Parece razoável que uma pessoa que não dormiu o suficiente compense essa perda cochilando durante o dia. Infelizmente, os cochilos que aliviam a fadiga podem interromper o sono à noite. A ansiedade também pode ampliar o problema. Ir para a cama preocupado com problemas familiares, escolares ou até mesmo com o fato de não ser capaz de dormir interfere no sono (O'Kearney e Pech, 2014). O comportamento dos pais também pode colaborar para a manutenção desses problemas nos filhos. Crianças que recebem muita atenção positiva à noite, quando acordam, podem despertar mais vezes (Durand, 2014). Tais reações mal-adaptativas, quando combinadas com uma predisposição biológica a problemas e estresse do sono, podem contribuir para os problemas continuarem.

Transtornos de hipersonolência

O transtorno de insônia envolve não conseguir dormir o suficiente (o prefixo *in* significa "ausência" ou "sem") e os **transtornos de hipersonolência** (ou hipersonia) referem-se ao excesso de sono (*hiper* significa "grande quantidade" ou "excesso anormal"). Muitas pessoas que dormem toda a noite sentem-se sonolentas no dia seguinte. Considere o caso de Ann.

ANN... Dormindo em público

Ann, uma estudante universitária, veio ao meu consultório para discutir seu desempenho escolar. Conversamos sobre as diversas questões em que ela errou as respostas no último exame. Quando estava saindo, disse que nunca dormia durante minha aula. Este parecia ser um elogio fraco, mas eu agradeci pelo comentário. "Não", ela disse, "você não entende. Eu geralmente durmo em *todas* as aulas, mas não nas suas". Não entendi muito bem o que ela estava tentando me dizer e falei em tom de brincadeira que ela deveria selecionar os professores com mais cuidado. Ela riu. "Provavelmente é verdade. Mas também tenho esse problema de dormir demais."

Ao falarmos mais seriamente, Ann me disse que o sono excessivo era um problema desde a adolescência.

Em situações que eram monótonas ou enfadonhas, ou quando ela não podia estar ativa, dormia. Isso poderia acontecer diversas vezes ao dia, dependendo do que estivesse fazendo. Recentemente, as aulas tornaram-se um problema, a menos que o professor fosse interessante ou animado. Assistir à televisão e dirigir por longas distâncias também era problemático.

Ann relatou que seu pai tinha um problema semelhante. Recentemente, ele havia sido diagnosticado com narcolepsia (que discutiremos a seguir) e estava então obtendo ajuda em uma clínica. Tanto ela quanto seu irmão tinham sido diagnosticados com transtorno de hipersonolência. Para Ann, havia sido prescrito Ritalina (medicação estimulante) há cerca de quatro anos; disseram-lhe que esse medicamento seria efetivo para mantê-la acordada durante o dia. Ela disse que a droga ajudava a reduzir os ataques de sono, mas não os eliminava.

Os critérios diagnósticos segndo o *DSM-5* para a hipersonolência incluem não apenas a sonolência excessiva que Ann descreveu, mas também a impressão subjetiva desse problema (American Psychiatric Association, 2013). Lembre-se de que para a insônia ser um problema depende de como ela afeta cada pessoa individualmente. Ann achava que seu transtorno era muito disruptivo porque interferia nos atos de dirigir e prestar atenção nas aulas. A hipersonolência a fazia ser menos bem-sucedida no aspecto acadêmico e a aborrecia pessoalmente, ambas características definidoras desse transtorno. Ela dormia aproximadamente 8 horas por noite, portanto, o sono que sentia durante o dia não poderia ser atribuído a sono insuficiente.

Diversos fatores que podem causar sonolência excessiva não seriam considerados hipersonolência. Por exemplo, as pessoas com transtorno de insônia (que não têm quantidade suficiente de sono) frequentemente relatam cansaço durante o dia. Por outro lado, aquelas com hipersonolência dormem toda a noite e parecem descansadas após despertar, mas ainda reclamam de cansaço durante o dia. Outro problema do sono que pode causar sonolência excessiva semelhante é a **apneia do sono**, relacionada à respiração. As pessoas com esse problema têm dificuldade para respirar enquanto dormem. Elas geralmente roncam muito alto, fazem pausas entre as respirações e despertam de manhã com a boca seca e dor de cabeça. Ao identificar a hipersonolência, os clínicos precisam descartar a insônia, a apneia do sono ou outros motivos para a sonolência durante o dia (American Psychyatric Association, 2013).

Estamos apenas começando a entender a natureza da hipersonolência, então, relativamente poucas pesquisas têm sido feitas sobre suas causas. As influências genéticas parecem estar envolvidas em uma porção dos casos, com indivíduos apresentando uma maior probabilidade de ter certos fatores genéticos (HLA-Cw2 e HLA-DR11) (Buysse et al., 2008). Um subgrupo significativo de pessoas diagnosticadas com hipersonolência foi exposto previamente a uma infecção virótica como mononucleose, hepatite e pneumonia viral, o que sugere que pode haver mais de uma causa (Hirshkowitz, Seplowitz e Sharafkhaneh, 2009).

Narcolepsia

Ann descreveu seu pai com **narcolepsia**, forma diferente do transtorno do sono que ela e seu irmão compartilhavam (Goodrick, 2014). Além da sonolência durante o dia, algumas pessoas com narcolepsia apresentam *cataplexia*, uma perda repentina de tônus muscular. A cataplexia ocorre enquanto a pessoa está acordada e pode variar de leve fraqueza nos músculos faciais até um colapso físico completo. A cataplexia dura de alguns segundos a vários minutos; geralmente é precedida por forte emoção como raiva ou felicidade. Imagine que, enquanto comemora uma vitória de seu time favorito, você repentinamente cai no sono; enquanto discute com um amigo, desmaia em sono profundo. Imagine quão perturbador esse transtorno pode ser!

A cataplexia parece resultar do surgimento súbito do sono REM. Em vez de iniciar o sono normalmente e passar pelos três estágios de não REM (NREM), que precedem o sono REM, as pessoas com narcolepsia progridem para esse estágio de sonho quase diretamente do estado de vigília. Um resultado do sono REM é a inibição da entrada de informações para os músculos, e este pode ser o processo que leva à cataplexia.

TABELA 8.5 Critérios diagnósticos para o transtorno de hipersonolência

A. Relato do próprio indivíduo de sonolência excessiva (hipersonolência) apesar de o período principal do sono durar no mínimo 7 horas, com pelo menos um entre os seguintes sintomas:
  1. Períodos recorrentes de sono ou de cair no sono no mesmo dia.
  2. Um episódio de sono principal prolongado de mais de 9 horas por dia que não é reparador (i.e., não é revigorante).
  3. Dificuldade de estar totalmente acordado depois de um despertar abrupto.
B. A hipersonolência ocorre pelo menos três vezes por semana, durante pelo menos três meses.
C. A hipersonolência é acompanhada de sofrimento significativo ou de prejuízo no funcionamento cognitivo, social, profissional ou em outras áreas importantes da vida do indivíduo.
D. A hipersonolência não é mais bem explicada por nem ocorre exclusivamente durante o curso de outro transtorno do sono (p. ex., narcolepsia, transtorno do sono relacionado à respiração, transtorno do sono-vigília do ritmo circadiano ou parassonia).
E. A hipersonolência não é atribuída aos efeitos fisiológicos de alguma substância (p. ex., abuso de drogas, medicamentos).
F. A coexistência de transtornos mentais e de condições médicas não explica adequadamente a queixa predominante de hipersonolência.

Especificar se:
Agudo: Duração de menos de 1 mês.
Subagudo: Duração de um a 3 meses.
Persistente: Duração de mais de 3 meses.
Especificar a gravidade atual:
Especificar a gravidade com base no grau de dificuldade para manter o estado de alerta durante o dia, manifestado pela ocorrência de ataques múltiplos de sonolência incontrolável em um determinado dia, ocorrendo, por exemplo, enquanto o indivíduo estiver sentado, dirigindo, visitando amigos ou trabalhando.
Leve: Dificuldade em manter o estado de alerta durante o dia por um período de 1 a 2 dias por semana.
Moderada: Dificuldade em manter o estado de alerta durante o dia por um período de 3 a 4 dias por semana.
Grave: Dificuldade em manter o estado de alerta durante o dia por um período 5 a 7 dias por semana.

Fonte: Manual Diagnóstico e Estatístico de Transtornos Mentais, 5a ed. – DSM-5. Tab. 8.5. Artmed, Porto Alegre, 2014.

Duas outras características distinguem as pessoas com narcolepsia (Ahmed e Thorpy, 2012). Elas comumente relatam *paralisia do sono*, breve período após o despertar quando não conseguem se movimentar ou falar, algo aterrorizante para os que a experimentam. A última característica da narcolepsia são as *alucinações hipnagógicas*, experiências vívidas e aterrorizantes que começam no início do sono e são muito realistas porque incluem não apenas aspectos visuais, mas também toque, audição e até a sensação de movimento do corpo. Exemplos de alucinações hipnagógicas que, como a paralisia do sono, podem ser aterrorizadoras, incluem a ilusão vívida de ser atingido por um incêndio ou de voar. A narcolepsia é relativamente rara, ocorrendo em 0,03% a 0,16% da população, com números aproximadamente iguais entre homens e mulheres. Embora alguns casos tenham sido relatados em crianças pequenas, em geral os problemas associados com a narcolepsia são vistos primeiro na adolescência. A sonolência excessiva costuma ocorrer antes, a cataplexia aparece ao mesmo tempo ou com um atraso de até trinta anos. Felizmente, a cataplexia, as alucinações hipnagógicas e a paralisia do sono diminuem em frequência com o passar do tempo, embora a sonolência durante o dia pareça não diminuir com a idade.

A paralisia do sono e as alucinações hipnagógicas podem desempenhar um papel na explicação de um fenômeno – objeto voador não identificado (OVNI) ou experiências de abdução alienígena (Sharpless e Doghramji, 2015). Todo ano muitas pessoas relatam ver OVNIs e algumas até falam mesmo da visita de habitantes de outros planetas. Um grupo de cientistas examinou pessoas que tiveram tais experiências, separando-as em grupos com experiências não intensas (ver somente luzes e formas no céu) e com experiências intensas (ver e se comunicar com alienígenas) (Spanos et al., 1993). Eles descobriram que a maior parte dos incidentes ufológicos relatados ocorria à noite e que 60% das histórias ufológicas intensas estavam associadas com episódios do sono. Especificamente, os relatos dessas intensas considerações foram descritos de tal maneira que pareciam ser de pessoas que haviam experimentado um episódio aterrorizante de paralisia do sono e alucinação hipnagógica, como ilustrado a seguir (Spanos et al., 1993):

▲ A sonolência excessiva pode ser perturbadora.

Eu estava deitado na cama em frente à parede e repentinamente meu coração começou a acelerar. Pude sentir a presença de três entidades que ficaram ao meu lado. Eu não podia mexer meu corpo, mas movia os olhos. Uma das entidades, um homem, estava rindo de mim, não verbalmente, mas pela mente. Ele me fez sentir estúpido. Ele me disse por telepatia: "Você não vê que não consegue fazer nada a não ser que deixemos?". (p. 627)

As histórias realistas e amedrontadoras de pessoas com visões ufológicas podem não ser produto de uma imaginação ativa ou resultado de uma brincadeira, mas podem ser, pelo menos em alguns casos, um distúrbio do sono. A paralisia do

TABELA 8.6 Critérios diagnósticos para narcolepsia

A. Períodos recorrentes de necessidade irresistível de dormir, cair no sono ou cochilar em um mesmo dia. Esses períodos devem estar ocorrendo pelo menos três vezes por semana nos últimos três meses.
B. Presença de pelo menos um entre os seguintes sintomas:
  1. Episódio de cataplexia, definido como (a) ou (b), que ocorre pelo menos algumas vezes por mês:
     (a) Em indivíduos com doença de longa duração, episódios breves (variando de segundos a minutos) de perda bilateral de tônus muscular, com manutenção da consciência, precipitados por risadas ou brincadeiras.
     (b) Em crianças ou em indivíduos dentro de seis meses a partir do início, episódios espontâneos de caretas ou abertura da mandíbula com projeção da língua ou hipotonia global, sem nenhum desencadeante emocional óbvio.
  2. Deficiência de hipocretina, medida usando os valores de imunorreatividade da hipocretina-1 no líquido cerebrospinal (LCS) (inferior ou igual a um terço dos valores obtidos em testes feitos em indivíduos saudáveis usando o mesmo teste ou inferior ou igual a 110 pg/mL). Níveis baixos de hipocretina-1 no LCS não devem ser observados no contexto de inflamação, infecção ou lesão cerebral aguda.
  3. Polissonografia do sono noturno demonstrando latência do sono REM inferior ou igual a 15 minutos ou teste de latência múltipla do sono demonstrando média de latência do sono inferior ou igual a 8 minutos e dois ou mais períodos de REM no início do sono.

Especificar a gravidade atual:
Leve: A cataplexia é infrequente (menos de uma vez por semana), necessidade de cochilos apenas uma ou duas vezes por dia, e sono noturno menos fragmentado.
Moderada: Cataplexia uma vez por dia ou em intervalos de alguns dias, sono noturno fragmentado e necessidade de vários cochilos por dia.
Grave: Cataplexia resistente a medicamentos, com múltiplos ataques diários, sonolência quase constante e sono noturno fragmentado (i.e., movimentos, insônia e sonhos vívidos).

Fonte: Manual Diagnóstico e Estatístico de Transtornos Mentais, 5a ed. – DSM-5. Tab. 8.6. Artmed, Porto Alegre, 2014.

sono e as alucinações hipnagógicas ocorrem em uma parcela das pessoas sem narcolepsia, fenômeno que ajuda a explicar por que nem todo mundo que vivencia experiências "sobrenaturais" tem narcolepsia. A paralisia do sono normalmente ocorre concomitantemente com transtornos de ansiedade, caso em que a condição é chamada de *paralisia isolada do sono* (ver Capítulo 5).

Estão sendo desenvolvidos modelos genéticos específicos para narcolepsia (Peall e Robertson, 2014). Pesquisas anteriores com cães das raças Doberman, Pinscher e Labrador retriever, que também herdam esse transtorno, sugerem que a narcolepsia está associada a um grupo de genes no cromossomo 6 e pode ser um traço recessivo autossômico. Parece que há uma perda significativa de um determinado tipo de célula nervosa (neurônios de hipocretina) naqueles com narcolepsia. Esses neurônios criam peptídeos que parecem desempenhar papel importante na vigília, embora não seja compreendido por que apenas esses neurônios estão ausentes nestes indivíduos (Burgess e Scammell, 2012).

Transtornos do sono relacionados à respiração

Para algumas pessoas, a sonolência durante o dia ou a interrupção do sono à noite tem origem física – a saber, problemas com a respiração enquanto estão dormindo. No *DSM-5* esses problemas são diagnosticados como **transtornos do sono relacionados à respiração**. Pessoas cuja respiração é interrompida durante o sono têm, várias vezes ao longo da noite, breves despertar e não se sentem descansadas mesmo após 8 ou 9 horas

TABELA 8.7 Critérios diagnósticos para apneia e hipopneia obstrutivas do sono

A. Alternativamente (1) ou (2):
1. Evidências polissonográficas de pelo menos cinco apneias ou hipopneias obstrutivas por hora de sono e qualquer um entre os seguintes sintomas do sono:
   (a) Perturbações na respiração noturna: ronco, respiração difícil/ofegante ou pausas respiratórias durante o sono.
   (b) Sintomas como sonolência durante o dia, fadiga ou sono não reparador a despeito de oportunidades suficientes para dormir que não podem ser mais bem explicados por qualquer outro transtorno mental (incluindo um transtorno do sono) nem ser atribuídos a alguma outra condição médica.
2. Evidências polissonográficas de 15 ou mais apneias e/ou hipopneias obstrutivas por hora de sono, independentemente da presença de sintomas.

Especificar a gravidade atual:
Leve: O índice de apneia e hipopneia é menor que 15.
Moderada: O índice de apneia e hipopneia varia de 15 a 30.
Grave: O índice de apneia e hipopneia é maior que 30.

Fonte: Manual Diagnóstico e Estatístico de Transtornos Mentais, 5a ed. – DSM-5. Tab. 8.7. Artmed, Porto Alegre, 2014.

TABELA 8.8 Critérios diagnósticos para apneia central do sono

A. Evidências polissonográficas de cinco ou mais apneias centrais por hora de sono.
B. O transtorno não é mais bem explicado por nenhum outro transtorno do sono atual.

Especificar gravidade atual:
A gravidade da apneia central do sono é classificada de acordo com a frequência das perturbações respiratórias, com a extensão da dessaturação de oxigênio associada e com a fragmentação do sono que ocorre como consequência de perturbações respiratórias repetidas.

Fonte: Manual Diagnóstico e Estatístico de Transtornos Mentais, 5a ed. – DSM-5. Tab. 8.8. Artmed, Porto Alegre, 2014.

TABELA 8.9 Critérios diagnósticos para hipoventilação relacionada ao sono

A. A polissonografia demonstra episódios de respiração reduzida associada a níveis elevados de CO_2 (**Nota:** Na ausência de medições objetivas do CO_2, níveis baixos persistentes de saturação de oxigênio na hemoglobina com eventos apneicos/hipopneicos podem ser uma indicação de hipoventilação).
B. A perturbação não é mais bem explicada por nenhum outro transtorno do sono em curso.

Especificar a gravidade atual:
A gravidade é classificada de acordo com o grau de hipoxemia e de hipercarbia durante o sono e com evidências de alterações em órgãos terminais causadas por essas anormalidades (p. ex., insuficiência cardíaca no lado direito). A presença de anormalidades nos gases sanguíneos durante a vigília é um indicador de gravidade maior.

Fonte: Manual Diagnóstico e Estatístico de Transtornos Mentais, 5a ed. – DSM-5. Tab. 8.9. Artmed, Porto Alegre, 2014.

de sono (Mindell e Owens, 2015). Para todos nós, os músculos das vias aéreas superiores relaxam durante o sono, contraindo a passagem do ar de alguma forma e tornando a respiração um pouco mais difícil. Para algumas pessoas, infelizmente, a respiração é muito restrita e pode ser bastante trabalhosa (hipoventilação) ou, em um caso extremo, a pessoa fica um curto período de tempo (de 10 a 30 segundos) sem respirar, episódios chamados de *apneia do sono*. A pessoa afetada tem pouca consciência das dificuldades respiratórias e não atribui os problemas do sono à respiração. Entretanto, um companheiro de quarto percebe os roncos altos (que é um sinal desse problema) ou observa episódios alarmantes de respiração interrompida. Outros sinais de que uma pessoa tem dificuldades respiratórias são suor intenso durante a noite, dor de cabeça pela manhã e episódios de sono repentino e incontrolável durante o dia (*ataques de sono*) sem que resultem em sensação de descanso (Overeem e Reading, 2010).

Existem três tipos de apneia, cada um com causas, queixas diurnas e tratamento diferentes: apneia do sono obstrutiva, central e mista. A *síndrome da apneia e hipopneia obstrutivas do sono* ocorre quando o fluxo de ar é interrompido apesar da atividade contínua do sistema respiratório (Mbata e Chukwuka, 2012). Em algumas pessoas, a via aérea é demasiado estreita; em outras, anormalidades ou danos interferem na continuação do esforço de respirar. Em estudo com um grupo de pessoas com síndrome da apneia obstrutiva do sono, todos relataram roncar à noite (Goel, Talwar e Jain, 2015). A obesidade está algumas vezes associada a esse problema, assim como a idade avançada. Alguns trabalhos sugerem que o uso de MDMA (*ecstasy*) pode levar à síndrome da apneia e hipopneia obstrutivas mesmo em jovens e em adultos saudáveis (McCann et al., 2009). Apneia obstrutiva do sono é mais comum em homens e acredita-se que ocorra em aproximadamente 20% da população (Franklin e Lindberg, 2015).

O segundo tipo, *apneia central do sono*, envolve a cessação completa da atividade respiratória por breves períodos e está frequentemente associado com determinados transtornos do sistema nervoso central, como doença vascular cerebral, traumatismo craniencefálico e transtornos degenerativos (Badr, 2012). Diferentemente das pessoas com síndrome da apneia e hipopneia obstrutivas do sono, aquelas com apneia central do sono despertam muitas vezes durante a noite, mas não tendem a relatar sonolência excessiva durante o dia e não sabem que têm um sério problema respiratório. Em razão da falta de sintomas durante o dia, as pessoas tendem a não procurar tratamento; assim, sabemos pouco sobre a prevalência ou curso deste tipo de distúrbio. O terceiro transtorno, *hipoventilação relacionada ao sono*, é uma redução no fluxo de ar sem uma pausa completa na respiração. Isso tende a causar um aumento nos níveis de dióxido de carbono (CO_2), uma vez que não há troca de ar suficiente com o ambiente. Todas essas dificuldades respiratórias interrompem o sono e resultam em sintomas semelhantes aos da insônia.

Transtorno do sono-vigília do ritmo circadiano

"Primavera adianta; outono atrasa": pessoas na maior parte dos Estados Unidos usam este dispositivo mnemônico para lembrar de adiantar o relógio em uma hora na primavera e atrasar novamente em uma hora no outono. A maioria de nós considera essa alteração para a economia de luz uma inconveniência insignificante e nos surpreendemos ao perceber quão perturbadora essa mudança do tempo pode ser. Por pelo menos um ou dois dias ficamos sonolentos durante o dia e temos dificuldade para pegar no sono à noite, quase como se tivéssemos sentindo o efeito de uma mudança de fuso horário. O motivo para essa perturbação não é que ganhamos ou perdemos uma hora de sono; nossos corpos se ajustam a isso facilmente. A dificuldade está relacionada a como nossos relógios biológicos se ajustam a essa mudança. A convenção nos diz para dormirmos no novo horário, ao passo que nossos cérebros nos dizem algo diferente. Se o conflito continuar por certo tempo, a pessoa pode experimentar o chamado **transtorno do sono-vigília do ritmo cir-** **cadiano**. Esse transtorno é caracterizado por uma perturbação do sono (tanto insônia quanto sonolência excessiva durante o dia) em razão da incapacidade de o cérebro sincronizar seus padrões de sono com os padrões atuais de dia e de noite.

Na década de 1960, cientistas alemães e franceses identificaram diversos ritmos corporais que parecem persistir sem sinais do ambiente, ritmos que são autorregulados (Aschoff e Wever, 1962; Siffre, 1964). Em função de esses ritmos não se equipararem exatamente ao nosso dia de 24 horas, são chamados "circadianos" (de *circa*, que significa "cerca de" e *dian*, que significa "dia"). Se nossos ritmos circadianos não se equiparam ao dia de 24 horas, por que nosso sono não é interrompido com o passar do tempo?

Felizmente, nossos cérebros têm um mecanismo que nos mantêm em sincronia com o mundo externo. Nosso relógio biológico está no *núcleo supraquiasmático* do hipotálamo. Conectada ao núcleo supraquiasmático está uma via que vem de nossos olhos. A luz que vemos de manhã e a luz diminuída pela noite assinalam ao cérebro para acertar o relógio biológico todos os dias. Algumas pessoas têm problemas para dormir quando querem em razão de problemas no ritmo circadiano. As causas podem ser externas à pessoa (por exemplo, cruzar diversos fusos horários em pouco tempo) ou internas.

Não estar sincronizado com os ciclos normais de despertar e adormecer faz com que o sono seja interrompido quando a pessoa tenta dormir durante o dia. Há vários tipos de transtornos do sono-vigília do ritmo circadiano. O *jet lag* é causado pela rápida travessia de vários fusos horários (Abbott, Soca e Zee, 2014). As pessoas com *jet lag* geralmente relatam dificuldade para dormir na hora adequada e sentem-se fatigadas durante o dia. Viajar mais de dois fusos horários para o oeste geralmente é o que mais afeta as pessoas. Viajar para o leste e/ou menos de três fusos geralmente é mais bem tolerado (Kolla, Auger e Morgenthaler, 2012). Pesquisa com ratos sugere que os efeitos do *jet lag* podem ser bastante graves, pelo menos entre os adul-

---

TABELA 8.10 Critérios diagnósticos para transtorno do sono-vigília do ritmo circadiano

A. Padrão persistente ou recorrente de interrupção do sono devido, principalmente, a alteração no sistema circadiano ou a desequilíbrio entre o ritmo circadiano endógeno e os horários de sono-vigília impostos pelos horários dos ambientes físico, social ou profissional do indivíduo.

B. A interrupção do sono leva à sonolência excessiva ou insônia, ou ambas.

C. A perturbação do sono causa sofrimento clinicamente significativo ou prejuízo no funcionamento social, profissional e em outras áreas importantes da vida do indivíduo.

Especificar se:
Episódico: Os sintomas duram pelo menos um mês, porém menos de três meses.
Persistente: Os sintomas duram três meses ou mais.
Recorrente: Dois ou mais episódios ocorrem no intervalo de um ano.

Fonte: Manual Diagnóstico e Estatístico de Transtornos Mentais, 5a ed. – DSM-5. Tab. 8.10. Artmed, Porto Alegre, 2014.

tos mais velhos. Quando os ratos mais velhos foram expostos ao *jet lag* artificial repetido, um número significativo deles vivia menos (Davidson et al., 2006), e o *jet lag* artificial também mostrou aumento de risco de câncer em ratos (van Dycke et al., 2015). Os problemas do sono do tipo *trabalho em turnos* estão associados aos nossos horários de trabalho (Abbott et al., 2012). Muitas pessoas, como funcionários de hospitais, policiais ou as que atuam em serviços de emergência, trabalham durante a noite ou em horários irregulares; como resultado, elas podem ter problemas para dormir ou apresentar sonolência excessiva durante a vigília. Infelizmente, os problemas de trabalhar (e, portanto, ficar acordado) em horários incomuns podem ir além do sono e contribuir para doença cardiovascular, úlceras e câncer de mama em mulheres (Truong et al., 2014). Trabalho em turno é sempre um preditor de sono ruim (Linton et al., 2015).

Em contraste com os problemas relacionados ao sono por *jet lag* e por trabalho em turnos, que têm como causas externas viagens por longas distâncias e emprego, os transtornos do ritmo circadiano do sono parecem surgir internamente na pessoa que experimenta os problemas. Pessoas que passam noites em claro, ou ficam acordadas até tarde e se levantam tarde podem ter um problema conhecido como *tipo fase do sono atrasada*, no qual o sono está atrasado ou o horário de dormir é mais tarde que o normal. No outro extremo, as pessoas com *tipo fase do sono avançada* do transtorno do ritmo circadiano vão "cedo para cama e se levantam cedo". Nesse caso, o sono é avançado ou antecipado em relação à hora usual de ir para a cama. Finalmente, dois outros tipos, *tipo irregular de sono-vigília* (pessoas que apresentam ciclos de sono altamente variados) e *tipo sono-vigília não de 24 horas* (ou seja, dormir em um ciclo de 25 ou 26 horas com horários cada vez mais tardios e, eventualmente, durante todo o dia), ilustram a diversidade dos problemas do ritmo circadiano do sono que algumas pessoas apresentam.

As pesquisas sobre por que nossos ritmos do sono são interrompidos avançam a passos largos e agora começamos a entender o processo do ritmo circadiano. Os cientistas acreditam que o hormônio *melatonina* contribua para ajustar nosso relógio biológico, que nos diz quando dormir. Esse hormônio é produzido pela glândula pineal, no centro do cérebro. A melatonina (não confunda com a *melanina*, substância química que determina a coloração da pele) tem o apelido de "hormônio Drácula" porque sua produção é estimulada pela escuridão e cessa com a luz do dia. Quando nossos olhos percebem que já é noite, essa informação é passada para a glândula pineal que, por sua vez, começa a produzir melatonina. Os pesquisadores acreditam que tanto a luz quanto a melatonina auxiliam no ajuste do relógio biológico (Stevens e Zhu, 2015) (ver Figura 8.11).

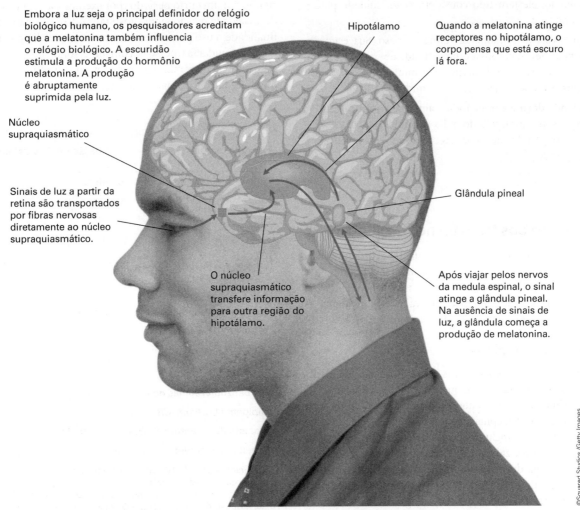

FIGURA 8.11 Entendendo o hormônio do escuro. (Baseado em *New York Times*, 3 nov. 1992).

Verificação de conceitos 8.4

Corresponda as seguintes descrições de problemas de sono com o termo correto: (a) cataplexia, (b) transtorno de hipersonolência, (c) transtorno de insônia, (d) apneia do sono, (e) paralisia do sono, (f) narcolepsia, (g) transtorno do sono-vigília do ritmo circadiano e (h) transtorno do sono relacionado à respiração.

1. Timothy acorda com frequência toda noite porque ele sente que está prestes a hiperventilar. Ele parece não conseguir respirar direito e muitas vezes sua esposa o acorda para pedir que ele pare de roncar. Ele está sofrendo de _____ .

2. Sonia tem problemas para ficar acordada durante o dia. Mesmo enquanto fala ao telefone ou no ônibus, ela inesperadamente perde o tônus muscular e adormece por um tempo. Isso é devido a _____ .

3. Jaime, por vezes, desperta e não pode se mover ou falar. Esta é uma experiência particularmente assustadora conhecida como _____ .

4. Brett começou um novo trabalho que exige que ele mude de turno mensalmente. Ele às vezes tem turnos diurnos e, em outras vezes, faz plantões noturnos. Desde então, ele tem tido considerável dificuldade para dormir _____ .

5. Rama está extremamente acima do peso. Sua esposa suspeita de que ele possa estar sofrendo de _____, porque ele ronca todas as noites e, muitas vezes, acorda exausto, como se não tivesse dormido.

6. Melinda dorme a noite toda e ainda se encontra caindo no sono durante todo o dia seguinte. Isso acontece mesmo quando ela vai para a cama cedo e se levanta o mais tarde possível.

Tratamento dos transtornos do sono

Quando não conseguimos dormir ou quando acordamos com frequência, ou quando o sono não restaura nossa energia e vitalidade, precisamos de ajuda. Variadas intervenções biológicas e psicológicas foram designadas e avaliadas para ajudar as pessoas a recuperar os benefícios do sono normal.

Tratamentos médicos

Talvez os tratamentos mais comuns para a insônia sejam medicamentosos. As pessoas que se queixam de insônia a um profissional médico provavelmente recebem a prescrição de uma das diversas benzodiazepinas ou medicamentos relacionados (ver Tabela 8.6), que incluem drogas de curta duração, como triazolam (Halcion), zaleplon (Sonata) e zolpidem (Stilnox), e drogas de longa duração, como flurazepam (Dalmadorm). Drogas de curta duração (aquelas que causam sonolência temporária) são preferidas, porque as de longa duração, algumas vezes, não perdem o efeito pela manhã e as pessoas relatam

mais sonolência durante o dia. Os medicamentos de ação prolongada são por vezes preferidos quando os efeitos negativos dos de curta duração são observados, como a ansiedade durante o dia (Neubauer, 2009). Outros medicamentos, tais como aqueles que agem diretamente no sistema da melatonina (por exemplo, ramelteon [Rozerem]), também estão sendo desenvolvidos para ajudar as pessoas a dormir e permanecer dormindo. As pessoas acima dos 65 anos são mais propensas a usar medicação para ajudá-las a dormir, embora pessoas de todas as idades, incluindo crianças pequenas (Durand, 2008), tenham recebido prescrição de medicamentos para insônia.

Existem muitas desvantagens em relação aos tratamentos medicamentosos para a insônia. Em primeiro lugar, os medicamentos benzodiazepínicos podem causar sonolência excessiva. Em segundo, as pessoas podem se tornar dependentes e usá-los inadequadamente, de maneira deliberada ou não. Em terceiro, esses medicamentos são indicados para tratamentos de curto prazo e não são recomendados para uso superior a quatro semanas. O uso mais prolongado pode causar dependência e insônia rebote. Uma preocupação mais recente para alguns medicamentos (por exemplo, Stilnox) é que eles podem aumentar a probabilidade de problemas relacionados com o sonambulismo, tais como distúrbio alimentar relacionado com o sono (Nzwalo et al., 2013). Por conseguinte, embora as medicações possam ser úteis para os problemas do sono que se corrigirão em um curto período (por exemplo, a insônia em razão de ansiedade relacionada à hospitalização), elas não têm como finalidade o uso para problemas crônicos e de longo prazo.

Para ajudar as pessoas com hipersonolência e narcolepsia, os médicos geralmente prescrevem um estimulante como metilfenidato (Ritalina, a medicação que Ann estava tomando)

TABELA 8.6 — Medicamentos para insônia

Exemplo Classe *	Eliminação (meia-vida) em horas **	
Benzodiazepinas de liberação imediata		
Estazolam/*Noctal*	8-24	
Flurazepam/*Dalmadorm*	48-120	
Quazepam/*Doral*	48-120	NRT: Fármaco não comercializado no Brasil.
Temazepam/*Restoril*	8-20	NRT: Fármaco não comercializado no Brasil.
Triazolam/*Halcion*	2-4	NRT: Fármaco não comercializado no Brasil.
Não benzodiazepinas de liberação imediata		
Eszopiclona/*Prysma*	5-7	
Zaleplon/*Sonata*	1	NRT: Fármaco não comercializado no Brasil.
Zolpidem/*Stilnox*	1,5-2,4	
Não benzodiazepinas de liberação modificada		
Zolpidem LE/*Stilnox CR*	2,8-2,9	
Agonista do receptor seletivo da melatonina		
Ramelteon/*Rozerem*	1-2,6	

LE = Liberação estendida; LC = Liberação controlada
*O nome comercial está em itálico.
** Meia-vida refere-se a quanto tempo leva para não mais afetar o usuário.
Fonte: Adaptado de Neubauer, D. (2009). New directions in the pharmacologic treatment of sleep disorders. *Primary Psychiatry*, 16(2), p. 54.

ou modafinil (Nevsimalova, 2009). A cataplexia, ou perda do tônus muscular, pode ser tratada com medicação antidepressiva, não porque as pessoas com narcolepsia sejam deprimidas, mas porque os antidepressivos suprimem o sono REM (ou sonho). Além disso, oxibato de sódio é recomendado para o tratamento de cataplexia (Bogan et al., 2014).

O tratamento dos transtornos do sono relacionados à respiração prioriza ajudar a pessoa a respirar melhor durante o sono. Para algumas pessoas, isso significa perder peso. Em alguns obesos, o tecido flácido do pescoço comprime as vias aéreas. Infelizmente, como já vimos neste capítulo, a perda voluntária de peso raramente é bem-sucedida no longo prazo; assim, não é adequada como único tratamento para transtornos respiratórios relacionados ao sono (Anandam et al., 2013).

O padrão mais alto para o tratamento da apneia obstrutiva do sono envolve o uso de um dispositivo mecânico – chamado de máquina de pressão de ar positiva contínua (*continuous positive air pressure* – CPAP) – que melhora a respiração (Patel et al., 2003). Os pacientes usam uma máscara que fornece ar ligeiramente pressurizado durante o sono e os ajuda a respirar melhor durante toda a noite. Infelizmente, muitas pessoas têm dificuldade em usar o dispositivo por causa de questões de conforto, e alguns até mesmo apresentam uma forma de claustrofobia. Para ajudar essas pessoas, uma variedade de estratégias é experimentada, incluindo o uso de intervenções psicológicas, dessensibilização de claustrofobia, orientação ao paciente e acompanhante e entrevista motivacional (técnica de aconselhamento utilizada para ajudar os pacientes a corresponder suas metas aos seus comportamentos) (Olsen et al., 2012). Problemas respiratórios graves podem requerer cirurgia para remoção dos bloqueios em algumas partes das vias aéreas.

Um tratamento interessante para as pessoas com apneia leve foi desenvolvido pelos pesquisadores, em colaboração com um instrutor suíço de *didgeridoo*, um instrumento longo construído a partir de galhos de árvores escavadas por cupins. O instrutor observou que as pessoas que praticavam este instrumento de sopro apresentavam menos sonolência diurna. As evidências apontam para a efetividade de vários meses de prática diária deste instrumento para melhorar o sono de pessoas com a respiração interrompida (Puhan et al., 2006; Sutherland e Cistulli, 2015).

Tratamentos ambientais

Em virtude de a medicação como um tratamento primário geralmente não ser recomendada, outras maneiras de ajustar as pessoas a seus ritmos de sono são tentadas. Um princípio geral para tratar os transtornos do sono-vigília do ritmo circadiano é que o *atraso de fase* (atrasar o horário de dormir) é mais fácil do que o *avanço de fase* (antecipar o horário de dormir). Em outras palavras, é mais fácil ficar acordado diversas horas a mais que o usual do que se forçar a dormir algumas horas mais cedo. As mudanças na programação de turnos no sentido horário (ir do ciclo diurno para o noturno) parece que ajudam os trabalhadores a se ajustar melhor. As pessoas podem reajustar seus padrões de sono indo para a cama algumas horas mais tarde toda noite até que o horário de dormir esteja no ponto desejado (Sack et al., 2007). Uma desvantagem dessa

abordagem é que ela requer que a pessoa durma durante o dia por vários dias, o que obviamente é difícil para pessoas que têm responsabilidades programadas.

Outra estratégia para ajudar aqueles com problemas de sono envolve o uso de luz para enganar o cérebro e reajustar o relógio biológico. (No Capítulo 7, descrevemos a terapia de luz para o transtorno afetivo sazonal.) Pesquisas indicam que a luz brilhante (também referida como *fototerapia*) pode ajudar as pessoas com problemas do ritmo circadiano a reajustar seus padrões de sono (Burkhalter et al., 2015). Nesse caso, elas geralmente se sentam em frente a um painel de lâmpadas fluorescentes que geram luz a mais de 2 mil lux, quantidade significativamente diferente da luz normal de dentro de casa (250 lux). Várias horas de exposição a essa luz branca corrigem de maneira bem-sucedida o ritmo circadiano de muitas pessoas. Esse tipo de tratamento oferece alguma esperança para quem tem problemas de sono relacionados com fases.

Tratamentos psicológicos

Como você pode imaginar, as limitações do uso de medicação para ajudar as pessoas a dormir melhor levaram ao desenvolvimento de tratamentos psicológicos. A Tabela 8.7 descreve brevemente algumas abordagens psicológicas para a insônia. Tratamentos diferentes ajudam pessoas com tipos diferentes de problemas para dormir. Por exemplo, os tratamentos de relaxamento reduzem a tensão física que parece impedir que alguns indivíduos adormeçam durante a noite. Há aqueles cuja ansiedade em relação ao trabalho, aos relacionamentos ou a outras situações os impede de dormir ou os desperta no meio da noite. Para tratar desse problema, são usados os tratamentos cognitivos. O tratamento cognitivo pode também focar nas preocupações sobre o sono em si, auxiliando os pacientes a mudar as crenças de que eles não podem funcionar bem com pouco sono, o que pode desencadear uma ansiedade que interrompe o adormecer.

Pesquisas mostram que alguns tratamentos psicológicos para a insônia podem ser mais efetivos que outros. Para os problemas de sono em adultos, o *controle de estímulo* pode ser recomendado. As pessoas são orientadas a usar o quarto somente para dormir e para sexo, *não* para trabalhar ou para outras atividades que provoquem ansiedade (por exemplo, assistir às notícias na televisão). O relaxamento progressivo ou a higiene do sono (mudanças de hábitos diários que interferem no sono) sozinhos podem não ser tão efetivos quanto o controle de estímulo para alguns (Means e Edinger, 2006). Visto serem os problemas do sono tão comuns, há um interesse crescente no desenvolvimento de tratamentos via internet para determinar se certos pacientes podem ajudar a si próprios com a orientação adequada. Um estudo, por exemplo, atribuiu aleatoriamente adultos para um grupo controle ou um grupo de orientação via internet (Ritterband et al., 2009). O grupo da internet recebeu instruções on-line sobre o uso apropriado de vários tratamentos psicológicos (por exemplo, restrição do sono, controle de estímulo, higiene do sono, reestruturação cognitiva e prevenção de recaída). Os achados foram impressionantes, sugerindo que o tratamento pode não apenas ser aplicado pela internet, mas também que o sono melhorou nesse grupo mesmo seis meses mais tarde. Sob certas circunstâncias,

TABELA 8.7 — Tratamentos psicológicos para insônia

Tratamento do sono	Descrição
Cognitivo	Essa abordagem foca na mudança das expectativas irreais e crenças sobre o sono ("Eu preciso ter 8 horas de sono por noite"; "Se eu dormir menos de 8 horas ficarei doente"). O terapeuta tenta alterar as crenças e atitudes em relação ao sono oferecendo informações sobre tópicos como a quantidade usual de sono e a capacidade de uma pessoa de compensar a perda de sono.
Relaxamento imaginativo guiado	Em razão de algumas pessoas ficarem ansiosas quando têm dificuldade para dormir, essa abordagem usa a meditação ou a imaginação para ajudar no relaxamento na hora de dormir ou após o despertar noturno.
Extinção gradual	Aplicada em crianças que têm ataques de raiva na hora de dormir ou que acordam chorando durante a noite, esse tratamento instrui o responsável a verificar a criança após períodos progressivamente maiores até que ela durma sozinha.
Intenção paradoxal	Essa técnica envolve instruir os indivíduos a adotar um comportamento oposto ao resultado desejado. Pedir às pessoas que dormem mal para se deitar na cama e tentar ficar acordadas pelo maior tempo possível que conseguirem é um meio para aliviar o desempenho dos esforços relacionados à ansiedade para tentar dormir.
Relaxamento progressivo	Essa técnica envolve relaxar os músculos do corpo em um esforço para introduzir a sonolência.

as pessoas são capazes de usar instruções *baseadas em evidências* (orientação sobre um tratamento com suporte empírico) para melhorar uma variedade de problemas psicológicos.

Frequentemente, o tratamento psicológico da insônia assume a forma de um "pacote" de diferentes habilidades, conhecidas como terapia cognitivo-comportamental para insônia (TCC-I; Trauer et al., 2015). Sonja foi orientada a limitar o tempo em que ficava na cama para cerca de 4 horas de período de sono (restrição do sono), aproximadamente a quantidade de tempo que ela dormia cada noite. O período foi ampliado quando ela começou a dormir a noite toda. Sonja foi aconselhada a não fazer trabalhos da faculdade enquanto estivesse na cama e a sair dela caso não conseguisse dormir em 15 minutos (controle de estímulo). Por fim, a terapia envolveu confrontar suas expectativas irrealistas sobre quanto sono era necessário para uma pessoa da idade dela (terapia cognitiva). Em cerca de três semanas de tratamento, Sonja estava dormindo mais (de 6 a 7 horas por noite, em oposição às 4 a 5 horas de antes) e tinha menos interrupções do sono. Ela se sentia mais restaurada pela manhã e tinha mais energia durante o dia. Os resultados de Sonja refletem os dos estudos que constatam que os tratamen-

tos combinados são efetivos em adultos mais velhos com insônia (Savard, Savard e Morin, 2011). Um importante estudo, que usou um esquema aleatório de controle-placebo, descobriu que a terapia cognitivo-comportamental (TCC) pode ter mais sucesso no tratamento dos transtornos do sono em adultos mais velhos do que a intervenção médica (drogas) (Siddiqui e D'Ambrosio, 2012). Por outro lado, uma revisão recente de tratamentos para insônia encontrou quase nenhuma diferença na eficiência das intervenções medicamentosas comparadas com as intervenções em TCC, exceto que as intervenções comportamentais foram mais efetivas para reduzir a latência do sono (Smith et al., 2014).

No caso de crianças pequenas, alguns dos tratamentos cognitivos podem não ser possíveis. Em vez disso, o tratamento inclui estabelecer rotinas na hora de dormir, como banho seguido da leitura de uma história pelo responsável, para ajudá-las a adormecer à noite. A extinção gradual (descrita na Tabela 8.8) tem sido usada com algum sucesso no caso de problemas na hora de dormir, bem como de despertar durante a noite (Durand, 2014; Hill, 2011).

Prevenindo os transtornos do sono

Os profissionais geralmente concordam que uma parcela significativa dos problemas do sono que as pessoas apresentam pode ser prevenida se adotados alguns passos durante o dia. Chamadas *higiene do sono*, essas mudanças no estilo de vida são simples e podem ajudar algumas pessoas a evitar problemas como a insônia (Goodman e Scott, 2012). Algumas das recomendações de higiene do sono estão relacionadas a permitir que o sono seja regulado pelas funções cerebrais, substituindo as restrições que aplicamos em nossas atividades e que interferem no sono. Por exemplo, estabelecer um horário

TABELA 8.8 — Bons hábitos de sono

Estabeleça uma rotina para dormir.
Desenvolva um horário regular para dormir e para acordar.
Elimine todas as comidas e bebidas com cafeína 6 horas antes de dormir.
Limite qualquer uso de álcool ou tabaco.
Tente tomar leite antes de dormir.
Alimente-se com uma dieta balanceada, limitando a gordura.
Vá para a cama apenas quando estiver com sono e saia da cama se você não conseguir adormecer ou voltar a dormir depois de 15 minutos.
Não faça exercícios ou participe de atividades vigorosas nas horas que antecedem a hora de dormir.
Inclua um programa de exercício semanal durante o dia.
Restrinja atividades na cama àquelas que ajudam a induzir o sono.
Reduza o barulho e a luz no quarto.
Aumente a exposição à luz natural durante o dia.
Evite mudanças extremas de temperaturas no quarto (ou seja, muito calor ou muito frio).

Fonte: Adaptado, com permissão, de Durand, V. M. (2014). Good sleep habits. In: Durand, V. M. (Ed.). *Sleep better*: A guide to improving sleep for children with special needs (p. 60). Baltimore: Paul H. Brookes.

regular para dormir e acordar todo dia ajuda a adormecer à noite de maneira mais fácil. Evitar o uso de cafeína e nicotina – ambas estimulantes – também ajuda a evitar problemas como despertares noturnos. Embora haja poucas pesquisas prospectivas controladas sobre a prevenção dos transtornos do sono, a prática da boa higiene do sono está entre as técnicas disponíveis mais promissoras.

Alguns estudos pesquisaram o valor de educar os pais em relação ao sono de seus filhos pequenos em um esforço de prevenir dificuldades posteriores (Malow et al., 2014). Adachi et al. (2009), por exemplo, forneceram 10 minutos de orientação em grupo e um guia educacional para os pais de crianças com 4 meses. Eles avaliaram essas crianças três meses mais tarde e descobriram que, comparadas a um grupo de crianças controle aleatoriamente selecionadas, aquelas cujos pais receberam educação sobre o sono tiveram menos problemas do sono. Em razão de muitas crianças demonstrarem problemas disruptivos do sono, esse tipo de esforço preventivo pode melhorar a vida de muitas famílias.

Parassonias e seus tratamentos

Já lhe disseram que você caminha durante o sono? Conversa dormindo? Você já teve pesadelos perturbadores? Você range os dentes enquanto dorme? Se respondeu "sim" para uma ou mais das questões (e é provável que sim), teve problemas do sono na categoria da parassonia. As parassonias não são problemas com o sono em si, mas referem-se a acontecimentos atípicos que ocorrem durante o sono ou durante o tempo de semiconsciência entre o sono e a vigília. Alguns dos acontecimentos associados à parassonia não são incomuns se acontecem enquanto você está desperto (caminhar até a cozinha e inspecionar a geladeira), mas podem ser angustiantes se acontecem enquanto você está dormindo.

O DSM-5 identifica vários tipos diferentes de parassonias (American Psychiatric Association, 2013). Como é possível supor, os **pesadelos** (ou transtorno do pesadelo) ocorrem durante o sono REM ou durante o sonho (Augedal et al., 2013). Cerca de 10% a 50% das crianças e de 9% a 30% dos adultos os apresentam regularmente (Schredl, 2010). Para serem qualificadas como um transtorno do pesadelo de acordo com os critérios do *DSM-5*, essas experiências devem ser estressantes a ponto de prejudicar a capacidade de uma pessoa executar atividades normais (tal como deixar a pessoa muito ansiosa para tentar dormir à noite). Alguns pesquisadores distinguem pesadelos de sonhos ruins pelo fato de você acordar ou não como consequência. Os pesadelos são definidos como sonhos perturbadores que despertam quem está dormindo; os sonhos ruins são aqueles que não despertam a pessoa. Com base nessa definição, os estudantes universitários relataram uma média de 30 sonhos ruins e dez pesadelos por ano (Zadra e Donderi, 2000).

Acredita-se que os pesadelos sejam influenciados pela genética (Barclay e Gregory, 2013), trauma ou uso de medicações, e estejam associados a alguns transtornos psicológicos (por exemplo, abuso de substância, ansiedade, transtorno da personalidade *borderline* e transtornos do espectro da esquizofrenia (Augedal et al., 2013). Pesquisas sobre o tratamento de pesadelos sugerem que tanto a intervenção psicológica (por exemplo, tratamento cognitivo-comportamental) quanto o tratamento farmacológico (ou seja, prazosin) podem ajudar a reduzir esses eventos desagradáveis do sono (Augedal et al., 2013; Aurora et al., 2010).

Os **transtornos de despertar do sono não REM** incluem vários movimentos motores e comportamentos durante o sono NREM, tais como sonambulismo, terror no sono e despertares incompletos. Os **terrores no sono**, que afligem, em sua maioria, as crianças, geralmente começam com um grito de pânico. A criança fica muito descontrolada, comumente suando e com batimentos cardíacos acelerados. Superficialmente, os terrores no sono são semelhantes aos pesadelos – a criança grita e parece aterrorizada –, mas eles ocorrem durante o sono NREM e, por conseguinte, não são causados por sonhos apavorantes. Durante os terrores no sono, as crianças não podem ser despertadas e confortadas com facilidade, da forma como acontece durante um pesadelo. As crianças não se recordam dos terrores no sono, apesar do efeito dramático para o observador (Durand, 2008). Cerca de um terço das crianças de 18 meses podem experienciar terrores no sono, mas esse número cai para 13% na idade de 5 anos e apenas 5% aos 13 anos (Petit et al., 2015). Sabemos relativamente pouco sobre os terrores no sono, embora diversas teorias tenham sido propostas – incluindo a possibilidade de um componente genético, uma vez que o transtorno tende a ocorrer em famílias (Durand, 2008). O tratamento para os ter-

▲ Um pesadelo é angustiante para ambos, criança e pais.

TABELA 8.11 Critérios diagnósticos para transtornos de despertar do sono não REM

A. Episódios recorrentes de despertares incompletos, em geral ocorrendo durante o primeiro terço do episódio de sono principal, acompanhados de uma entre as seguintes alternativas:
   1. **Sonambulismo:** Episódios repetidos de levantar-se da cama durante o sono e deambular. Durante o sonambulismo, o indivíduo se apresenta com o olhar fixo e o rosto vazio, praticamente não responde aos esforços de comunicação por parte de outras pessoas e pode ser acordado apenas com muita dificuldade.
   2. **Terrores no sono:** Em geral, episódios recorrentes de despertares súbitos provocados por terror que iniciam com um grito de pânico. O medo é intenso, com sinais de estimulação autonômica como midríase, taquicardia, respiração rápida e sudorese durante cada episódio. Há relativa ausência de resposta aos esforços de outras pessoas para confortar o indivíduo durante os episódios.
B. Há pouca ou nenhuma lembrança de imagens oníricas (p. ex., apenas uma cena visual).
C. Presença de amnésia em relação ao episódio.
D. Os episódios causam sofrimento clinicamente significativo ou prejuízo no funcionamento social, profissional ou em outras áreas importantes da vida do indivíduo.
E. A perturbação não é atribuída aos efeitos fisiológicos de alguma substância (p. ex., abuso de drogas ou uso de algum medicamento).
F. A coexistência de outros transtornos mentais e médicos não explica os episódios de sonambulismo ou de terrores no sono.

Fonte: Manual Diagnóstico e Estatístico de Transtornos Mentais, 5a ed. – DSM-5. Tab. 8.11. Artmed, Porto Alegre, 2014.

TABELA 8.12 Critérios diagnósticos para transtornos do pesadelo

A. Ocorrências repetidas de sonhos prolongados, extremamente disfóricos e bem lembrados que, em geral, envolvem esforços para evitar ameaças à sobrevivência, à segurança ou à integridade física e que tipicamente ocorrem na segunda metade do episódio principal do sono.
B. Ao despertar de sonhos disfóricos, o indivíduo torna-se rapidamente orientado e alerta.
C. A perturbação do sono causa sofrimento clinicamente significativo ou prejuízo no funcionamento social, profissional ou em outras áreas importantes da vida do indivíduo.
D. Os sintomas de pesadelo não são atribuíveis aos efeitos fisiológicos de alguma substância (p. ex., drogas de abuso, medicamentos).
E. A coexistência de transtornos médicos e mentais não explica adequadamente a queixa predominante de sonhos disfóricos.

Especificar a gravidade atual:
A gravidade pode ser classificada pela frequência com que ocorrem os pesadelos.
Leve: Menos de um episódio por semana em média.
Moderada: Um ou mais episódios por semana, porém menos do que todas as noites.
Grave: Episódios todas as noites.

Fonte: Manual Diagnóstico e Estatístico de Transtornos Mentais, 5a ed. – DSM-5. Tab. 8.12. Artmed, Porto Alegre, 2014.

rores no sono geralmente começa com a recomendação para esperar e observar se desaparecem espontaneamente.

Uma abordagem para reduzir os terrores no sono crônicos é o uso de *despertares programados*. No primeiro estudo controlado deste tipo, Durand e Mindell (1999) orientaram os pais de crianças que estavam apresentando terrores no sono quase toda noite a despertarem o filho aproximadamente 30 minutos antes de um episódio típico (eles normalmente ocorrem quase no mesmo horário toda noite). Essa técnica simples, minimizada no decorrer de várias semanas, foi bem-sucedida e eliminou quase completamente esses eventos perturbadores.

Você poderia ficar surpreso ao saber que o **sonambulismo** (caminhar durante a noite) ocorre durante o sono NREM (Perrault et al., 2014). Isso significa que quando as pessoas têm sonambulismo provavelmente não estão agindo como em um sonho. Essa parassonia geralmente ocorre ainda durante os primeiros estágios do sono profundo. Os critérios do *DSM-5* para o sonambulismo requerem que a pessoa deixe a cama, embora episódios menos ativos possam envolver pequenos comportamentos motores, como sentar-se na cama e recolher o cobertor ou gesticular. Uma vez que o sonambulismo ocorre durante os estágios mais profundos do sono, é difícil acordar alguém durante um episódio; se a pessoa for acordada, ela geralmente não se lembrará do que aconteceu. Não é verdade, todavia, que acordar um sonâmbulo seja perigoso.

O sonambulismo é um problema que ocorre principalmente durante a infância, afetando mais que 10% das crianças em idade escolar (Petit et al., 2015), mas uma pequena proporção de adultos é afetada. Para a maior parte, o curso do sonambulismo é curto e poucas pessoas acima dos 15 anos continuam a apresentar essa parassonia.

Não entendemos claramente por que algumas pessoas são sonâmbulas, embora determinados fatores como fadiga extrema, privação de sono, uso de drogas sedativas ou hipnóticas e estresse tenham sido envolvidos (Shatkin e Ivanenko, 2009). Ocasionalmente, os episódios de sonambulismo têm sido associados com comportamento violento, incluindo homicídio e suicídio (Cartwright, 2006). Em determinado caso, um homem se dirigiu para a casa dos pais de sua mulher, matou a sogra e tentou matar o sogro. Ele foi absolvido das acusações de assassinato usando o sonambulismo como sua defesa legal (Broughton, Billings e Cartwright, 1994). Esses casos ainda são controversos, embora haja evidência para a legitimidade de algum comportamento violento coincidente com episódios de sonambulismo. Também parece haver um componente genético para o sonambulismo, com incidência mais alta observada entre gêmeos idênticos e entre familiares (Petit et al., 2015).

Um transtorno relacionado, o *transtorno alimentar relacionado ao sono*, ocorre quando os indivíduos saem da cama

TABELA 8.13 Critérios diagnósticos para transtorno comportamental do sono REM

A. Episódios repetidos de despertar durante o sono associados a vocalização e/ou a comportamentos complexos.
B. Esses comportamentos surgem durante o sono com movimentos rápidos dos olhos (REM), portanto, em geral, mais de 90 minutos depois do início do sono, são mais frequentes durante as porções finais do período de sono e ocorrem raramente durante os cochilos diurnos.
C. Ao acordar desses episódios, o indivíduo está completamente desperto, alerta e não permanece confuso nem desorientado.
D. Qualquer uma das seguintes situações:
   1. Sono REM sem atonia nos registros polissonográficos.
   2. História sugestiva de transtorno comportamental do sono REM e um diagnóstico estabelecido de sinucleinopatia (p. ex., doença de Parkinson, atrofias sistêmicas múltiplas).
E. Os comportamentos causam sofrimento clinicamente significativo ou prejuízo no funcionamento social, profissional ou em outras áreas importantes da vida do indivíduo (que poderão incluir lesão em si próprio[a] ou no[a] parceiro[a] no leito).
F. A perturbação não é atribuível aos efeitos fisiológicos de alguma substância (p. ex., drogas de abuso, medicamentos).
G. Coexistência de transtornos mentais e médicos que não explicam os episódios.

Fonte: Manual Diagnóstico e Estatístico de Transtornos Mentais, 5a ed. – DSM-5. Tab. 8.13. Artmed, Porto Alegre, 2014.

para comer, embora ainda estejam dormindo (Yamada, 2015). Esse problema, que é diferente da *síndrome do comer noturno* discutida anteriormente neste capítulo, na seção de transtornos alimentares, pode ser mais frequente do que pensado anteriormente; foi observado em quase 6% dos indivíduos em um estudo para o qual foram encaminhados devido a queixas de insônia (Manni, Ratti e Tartara, 1997; Winkelman, 2006). Outra parassonia incomum é *sexsônia*; com comportamentos sexuais como a masturbação e as relações sexuais sem a memória do evento (Béjot et al., 2010). Esta condição rara pode causar problemas de relacionamento e, em casos extremos, problemas legais quando os casos ocorrem sem consentimento ou com menores de idade (Howell, 2012; Schenck, Arnulf e Mahowald, 2007).

Há uma consciência crescente de que o sono é importante tanto para a nossa saúde mental como para nosso bem-estar físico. Os problemas do sono também se apresentam em comorbidade com muitas outras doenças e, portanto, podem fazer parte das dificuldades de pessoas com problemas psicológicos significativos. Pesquisadores estão chegando mais perto de compreender a natureza básica do sono e seus distúrbios, e antevemos avanços significativos no tratamento nos próximos anos.

Verificação de conceitos 8.5

Parte A

Diagnostique os problemas do sono dos casos abaixo utilizando uma das seguintes opções: (a) transtorno alimentar relacionado ao sono, (b) terrores no sono e (c) pesadelos.

1. O pai de Jaclyn às vezes é despertado pelos gritos de sua filha. Ele corre para o quarto dela para confortá-la e, eventualmente, é capaz de acalmá-la. Jaclyn geralmente explica que ela estava sendo perseguida por um grande monstro roxo, que tinha um só olho. Os eventos normalmente acontecem depois de assistir a filmes de terror com os amigos. _____

2. Os pais de Sho-jen ouvem seus fortes gritos em muitas noites e correm para consolá-la, mas ela não responde. Durante estes episódios, sua frequência cardíaca é elevada e seu pijama fica embebido em suor. Quando ela se levanta no dia seguinte, no entanto, não tem nenhuma memória do evento. _____

3. Jack assumiu um compromisso sério com sua alimentação por mais de um mês, mas continua a ganhar peso. Ele não tem nenhuma lembrança de comer, mas notou que está sempre faltando comida na geladeira. _____

Parte B

Preencha os espaços em branco para tornar as seguintes afirmações corretas sobre o tratamento de transtornos do sono.

4. Karen acorda gritando todas as noites, desconsiderando os esforços dos seus pais para confortá-la. Sua frequência cardíaca fica elevada nesses episódios e seu pijama embebido em suor. No dia seguinte, no entanto, ela não tem nenhuma memória da experiência. Para ajudar a reduzir esses terrores no sono, o pediatra de Karen usou _____.

5. Após a esposa de George falecer aos 68 anos, ele não conseguia dormir. Para ajudá-lo durante a primeira semana, Dr. Brown receitou _____ para sua insônia.

6. O médico de Carl sugeriu algumas mudanças de estilo de vida relativamente simples, também conhecido como boa _____ quando ele manifestou preocupação com o desenvolvimento de um transtorno do sono.

Controvérsias sobre o DSM: Transtorno de compulsão alimentar

Transtorno de compulsão alimentar é um novo diagnóstico no *DSM-5*, mas como acontece com a maioria dos novos transtornos, sua inclusão foi cercada por controvérsias. Alan J. Frances, o psiquiatra que presidiu o grupo de trabalho que criou o *DSM-IV*, criticou o transtorno de compulsão alimentar como fez com muitos dos novos transtornos incluídos no *DSM-5*. Ele observa que a história do nosso sistema de nosologia em saúde mental tem sido repleta de diagnósticos da moda que, em retrospecto, têm feito mais mal do que bem (Frances, 2012). E, na sua opinião, o transtorno de compulsão alimentar pode ser um desses modismos. Ele observa que comer em excesso, pelo menos, 12 vezes durante um período de três meses (parte dos critérios para o transtorno de compulsão alimentar; ver *DSM-5* Tabela 8.3) poderia ser considerado apenas uma manifestação da gula moderna causada pela fácil disponibilidade de alimentos saborosos (Frances, 2012). Quantos de nós já "comeu demais" aproximadamente uma vez por semana durante o mês passado? Se você continuou com isso durante três meses, você pode ser elegível a este diagnóstico.

Mas olhe novamente para a descrição do transtorno de compulsão alimentar. Observe que apenas uma pequena minoria de indivíduos que são obesos e que aderiram a programas de controle de peso comerciais para lidar com seu problema evidencia a compulsão alimentar. Observe também que a porcentagem de indivíduos obesos com compulsão aumenta consideravelmente em grupos tão gravemente obesos que seriam candidatos à cirurgia bariátrica. Além disso, note que esses indivíduos, mas não aqueles que são obesos sem compulsão, compartilham as mesmas preocupações sobre a forma e o peso, como as pessoas com anorexia e bulimia, e sua compulsão é muitas vezes impulsionada por tentativas de aliviar o mau humor. Isto, junto de outros fatores, como a tendência de a compulsão alimentar ser transmitida em famílias e ter um componente hereditário e sua capacidade de resposta aos mesmos tipos de tratamentos efetivos para outros transtornos alimentares (algo que não é o caso de pessoas que são obesas sem comer compulsivamente) foi suficiente para convencer o grupo de trabalho de distúrbios alimentares e a força-tarefa do *DSM-5* que essa condição deve ser um diagnóstico. Com esta designação, essa condição agora obterá maior reconhecimento e seu tratamento pode ser reembolsado pelo seguro de saúde, aumentando assim a probabilidade de que os indivíduos que sofrem desse distúrbio recebam cuidados adequados.

Resumo

- A prevalência de transtornos alimentares aumentou rapidamente no decorrer da última metade do século passado. Como resultado, pela primeira vez foram incluídos como um grupo separado de transtornos no *DSM-IV*.

Bulimia nervosa, transtorno de compulsão alimentar e anorexia nervosa

- Existem três transtornos alimentares predominantes. Na bulimia nervosa, a dieta resulta em episódios de compulsão alimentar fora de controle que são muitas vezes seguidos de purgação da comida por meio de vômitos ou outros meios. No transtorno de compulsão alimentar, um padrão de compulsão alimentar não é seguido pela purgação. A anorexia nervosa, em que a ingestão de alimentos é reduzida drasticamente, resulta em perda de peso substancial e, por vezes perigosamente baixo peso corporal.

Estatísticas e curso dos transtornos alimentares

- Bulimia nervosa e anorexia nervosa são essencialmente limitadas a mulheres jovens em países desenvolvidos que buscam uma forma física magra culturalmente exigida e biologicamente inadequada, o que torna seu alcance extremamente difícil.
- Sem tratamento, os transtornos alimentares se tornam crônicos e podem resultar em morte.

Causas dos transtornos alimentares

- Além das pressões socioculturais, os fatores causais incluem possíveis vulnerabilidades biológicas e genéticas (os transtornos tendem a acontecer em famílias), fatores psicológicos (baixa autoestima), ansiedade social (medo de rejeição) e imagem distorcida do corpo (indivíduos com peso relativamente normal se veem gordos e feios).

Tratamento dos transtornos alimentares

- Diversos tratamentos psicossociais são efetivos, dentre eles as abordagens cognitivo-comportamentais combinadas com a terapia familiar e a psicoterapia interpessoal. Atualmente, os tratamentos medicamentosos são menos efetivos.

Obesidade

- A obesidade não é um transtorno no *DSM*, mas é uma das epidemias mais perigosas enfrentadas no mundo atualmente. As normas culturais que encorajam a ingestão de alimentos ricos em gordura combinam-se com fatores genéticos e outros para causar a obesidade, de difícil tratamento. Programas de modificação de comportamento profissionalmente direcionados enfatizando dieta e exercício são moderadamente bem-sucedidos, mas o esforço de prevenção na forma de mudanças na política do governo em matéria de nutrição parece o mais promissor.

Transtornos do sono-vigília

- Os transtornos do sono-vigília predominam na população geral e são de dois tipos: dissonias (perturbações do sono) e parassonias (acontecimentos atípicos como pesadelos e sonambulismo que ocorrem durante o sono).
- Entre as dissonias, o transtorno mais comum, transtorno de insônia, envolve incapacidade de iniciar o sono, problemas para a ma-

nutenção do sono e não se sentir restaurado após uma noite completa de sono. Outras dissonias incluem a hipersonolência (sono excessivo), a narcolepsia (ataques de sono repentinos e irresistíveis), os transtornos do sono-vigília do ritmo circadiano (sonolência ou insônia causada pela incapacidade do corpo de sincronizar seus padrões do sono com o dia e a noite) e os transtornos do sono relacionados à respiração (interrupções com origem física, como a apneia do sono, que leva à sonolência excessiva ou à insônia).

▶ A avaliação formal dos transtornos do sono, uma avaliação polissonográfica (PSG), geralmente é feita por meio do monitoramento do coração, músculos, respiração, ondas cerebrais e outras funções de um paciente dormindo em um laboratório. Além desse monitoramento, é útil, para determinar a eficiência do sono do indivíduo, uma porcentagem baseada no tempo que o indivíduo realmente dorme em oposição ao tempo gasto na cama tentando dormir.

▶ Medicamentos benzodiazepínicos têm sido úteis para tratamento em curto prazo de muitas das dissonias, mas devem ser usados cuidadosamente, caso contrário podem provocar insônia rebote e uma experiência de suspensão do medicamento pode causar problemas do sono piores. Qualquer tratamento dos problemas do sono em longo prazo deveria incluir intervenções psicológicas, como controle de estímulos e higiene do sono.

▶ As parassonias, por exemplo, os pesadelos, ocorrem durante o sono de movimentos rápidos dos olhos REM (ou sonho), e os terrores no sono e o sonambulismo ocorrem durante o sono sem movimentos rápidos dos olhos (NREM).

Termos-chave

actígrafo
anorexia nervosa
apneia do sono
avaliação polissonográfica
 (PSG)

bulimia nervosa
cirurgia bariátrica
compulsão
dissonias
eficiência do sono (ES)

fase (REM) movimento rápido
 dos olhos
hipersonia
insônia primária
insônia rebote
microssonos
narcolepsia
obesidade
parassonias
pesadelos
síndrome do comer noturno
sonambulismo

técnicas de purgação
terrores no sono
transtorno de compulsão
 alimentar (TCA)
transtorno de insônia
transtornos de hipersonolência
transtornos de despertar do
 sono não REM
transtornos do sono
 relacionados à respiração
transtornos do sono-vigília do
 ritmo circadiano

Respostas da verificação de conceitos

8.1
1. c; 2. a; 3. a; 4. b

8.2
1. V;
2. V;
3. F (mulheres consideram um tamanho menor mais atraente que os homens);
4. F (eles ajudam com bulimia nervosa, não anorexia);
5. V;
6. V

8.3
1. V;
2. F (é, pelo menos, um terço ou mais);
3. F;
4. V

8.4
1. h; 2. f; 3. e; 4. g; 5. d; 6. b

8.5
Parte A
1. c; 2. b; 3. a
Parte B
4. despertares programados
5. benzodiazepinas
6. higiene do sono

Explorando os transtornos alimentares

Indivíduos com transtornos alimentares:
- sentem uma incansável, incontrolável necessidade de ser magro;
- são majoritariamente jovens do sexo feminino de famílias de classe média a alta, que vivem em ambientes socialmente competitivos;
- eram somente de países ocidentais até recentemente.

Influências psicológicas
Sensação diminuída de controle pessoal e autoconfiança, causando baixa autoestima. Imagem corporal distorcida.

Influências sociais
Ênfase cultural e social em um ideal esbelto, levando à insatisfação corporal e preocupação com comida e alimentação.

Causas

Influências biológicas
Possível tendência genética a um fraco controle de impulsos, instabilidade emocional e traços perfeccionistas.

TRANSTORNOS ALIMENTARES

Transtorno	Característica	Tratamento
Bulimia nervosa	■ Consumo fora de controle de quantidades excessivas de alimentos em sua maioria não nutritivos em um curto período de tempo. ■ Eliminação da comida por meio de vômito autoinduzido e/ou abuso de laxantes ou diuréticos. ■ Para compensar a compulsão, alguns indivíduos com bulimia se exercitam excessivamente ou jejuam entre as compulsões. ■ Vômitos podem aumentar as glândulas salivares (levando a um rosto inchado), desgastar o esmalte dental e causar desequilíbrio eletrolítico que resulta em problemas nos rins ou falha cardíaca. ■ Peso geralmente dentro de 10% do normal. ■ A idade de início é tipicamente entre 18 e 21 anos de idade, embora possa surgir tão cedo quanto aos 10 anos.	■ Tratamento com drogas, tais como antidepressivos. ■ Terapia cognitivo-comportamental (TCC) de curto prazo para abordar comportamentos e atitudes sobre alimentação e forma física. ■ Psicoterapia interpessoal (PIP) para melhorar o funcionamento interpessoal. ■ Tende a ser crônica se não tratada.
Anorexia nervosa	■ Medo intenso de obesidade e persistente busca por magreza; insatisfação perpétua com a perda de peso. ■ Restrição calórica grave, muitas vezes com excesso de exercícios físicos e, por vezes, com purgação, a ponto de semi-inanição. ■ Grave limitação de ingestão calórica pode causar a cessação da menstruação, penugem nos membros e na bochecha, pele seca, cabelos e unhas quebradiços, sensibilidade ao frio, risco de insuficiência cardíaca ou renal. ■ Peso pelo menos 15% abaixo do normal. ■ Idade média de início entre 18 e 21 anos, com os casos mais jovens iniciando aos 15 anos.	■ Hospitalização (quando em casos com 70% abaixo do peso normal). ■ Tratamento ambulatorial para recuperar o peso e corrigir atitudes disfuncionais relativas a alimentação e forma física. ■ Terapia familiar. ■ Tende a ser crônica se não tratada; mais resistente ao tratamento do que a bulimia.
Compulsão alimentar	■ Similar à bulimia, com compulsões alimentares fora de controle, mas sem tentativas de purgação da comida (vômito, laxantes, diuréticos) ou compensação pela ingestão excessiva. ■ Estresse físico e emocional marcante; alguns praticam a compulsão para aliviar afetos negativos. ■ Comedores compulsivos compartilham com os indivíduos com anorexia e bulimia algumas preocupações sobre peso e forma física. ■ Tende a afetar pessoas mais velhas do que a bulimia ou anorexia.	■ TCC de curto prazo para abordar comportamento e atitudes sobre alimentação e forma física. ■ PIP para melhorar o funcionamento interpessoal. ■ Tratamentos com drogas para reduzir a sensação de fome. ■ Abordagens de autoajuda.

Transtorno	Característica	Tratamento
Obesidade 	■ Até 70% dos adultos nos EUA estão acima do peso, e mais de 35% são obesos. ■ Problema mundial; risco aumentado em áreas urbanas quando em comparação com áreas rurais. ■ Duas formas de padrões mal-adaptativos de alimentação associadas à obesidade – compulsão alimentar e síndrome do comer noturno. ■ Aumenta o risco de doença cardiovascular, diabetes, hipertensão, acidente vascular cerebral e outros problemas físicos.	■ Programas autodirigidos de perda de peso. ■ Programas de autoajuda comerciais, tais como Vigilantes do Peso. ■ Programas de modificação comportamental orientados por profissionais – são os tratamentos mais efetivos. ■ Cirurgia, como último recurso.

Influências psicológicas
Afeta o controle de impulsos, atitudes e motivação relacionados ao ato de comer, bem como à responsividade às consequências de comer.

Influências sociais
O avanço tecnológico promove sedentarismo e consumo de alimentos ricos em gordura.

Causas

Influências biológicas
Os genes influenciam o número de células de gordura de um indivíduo, tendência para o armazenamento de gordura e níveis de atividade.

Explorando os transtornos do sono-vigília

Caracterizados por interferência extrema na rotina dos indivíduos afetados, são também fator importante em muitos transtornos psicológicos.

TRANSTORNOS DO SONO-VIGÍLIA

Diagnosticando os transtornos psicológicos

Uma avaliação polissonográficas (PSG) analisa os hábitos de sono de um indivíduo com vários testes eletrofisiológicos para medir fluxo de ar, atividade cerebral, movimentos oculares, movimentos musculares e atividade cardíaca. Os resultados são ponderados com uma medida da eficiência do sono (ES), a porcentagem do tempo gasto dormindo.

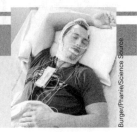

Dissonias
Perturbações na periodicidade, quantidade ou qualidade do sono.

Transtorno	Características	Causas	Tratamento
Transtorno de insônia	As características incluem dificuldade para começar a dormir, para manter o sono ou sono não restaurador.	As causas incluem dor, exercícios insuficientes, uso de drogas, influências ambientais, ansiedade, problemas respiratórios e vulnerabilidade biológica.	O tratamento pode ser médico (benzodiazepinas) ou psicológico (redução da ansiedade, melhoria da higiene do sono); a abordagem combinada geralmente é mais efetiva.
Narcolepsia	As características incluem o início repentino do sono REM durante o dia combinado com cataplexia, uma perda rápida do tônus muscular, que pode ser bastante leve ou resultar em um colapso completo. Frequentemente acompanhada por paralisia do sono e/ou por alucinações hipnagógicas.	As causas são provavelmente genéticas.	As causas são provavelmente genéticas.
Transtorno de hipersonolência	As características incluem sono e sonolência excessivos e atípicos, além de sono involuntário durante o dia. Classificada como um transtorno somente quando é subjetivamente percebida como perturbadora.	As causas podem envolver ligação genética e/ou excesso de serotonina.	O tratamento em geral é médico (drogas estimulantes).
Transtornos do sono relacionados à respiração	As características incluem sono perturbado e fadiga durante o dia resultantes de hipoventilação (respiração difícil) ou apneia do sono (respiração suspensa).	As características incluem sonolência ou insônia.	O tratamento por meio de máquinas de pressão de ar positiva contínua (CPAP) é o padrão de excelência; a perda de peso também é frequentemente recomendada.
Transtornos do sono-vigília do ritmo circadiano	As características incluem sonolência ou insônia.	Causados pela incapacidade de sincronizar os padrões de sono com o padrão atual do dia e da noite em função de *jet lag* (diferença de fusos horários), trabalho em turnos, sono atrasado ou sono avançado (ir para a cama mais cedo que o horário normal).	O tratamento inclui atrasos faseados para ajustar o horário de dormir e luz brilhante para reajustar o relógio biológico.

Parassonias
Comportamentos atípicos que ocorrem durante o sono.

Pesadelos

Sonhos aterrorizantes durante a fase REM do sono, que despertam quem está dormindo. Os pesadelos se qualificam como transtorno do pesadelo quando são estressantes o suficiente para prejudicar o funcionamento do indivíduo. As causas são desconhecidas, mas tendem a diminuir com a idade.

Terrores no sono

Ocorrem durante o sono não REM (sem sonhos) e afetam mais comumente as crianças. A criança que está dormindo grita, chora, sua e, às vezes, caminha; tem batimentos cardíacos rápidos e não consegue ser facilmente acordada ou consolada. É mais comum em meninos do que em meninas e tem uma possível ligação genética, já que tende a ser recorrente em famílias. Pode diminuir com o tempo.

Sonambulismo

Ocorre pelo menos uma vez durante o sono não REM em 15% a 30% das crianças abaixo de 15 anos. As causas podem incluir fadiga extrema, privação de sono, uso de drogas sedativas ou hipnóticas e estresse. Em geral, o sonambulismo em adultos é associado a outros transtornos psicológicos. Pode ter ligação genética.

9 Transtornos físicos e psicologia da saúde

RESUMO DO CAPÍTULO

Fatores psicológicos e sociais que influenciam a saúde
  Saúde e comportamento relacionado à saúde
  Fisiologia do estresse
  Contribuições para a resposta ao estresse
  Estresse, ansiedade, depressão e excitação
  Estresse e resposta imunológica

Efeitos psicossociais sobre os transtornos físicos
  Aids
  Câncer
  Problemas cardiovasculares
  Hipertensão
  Doença cardíaca coronariana
  Dor crônica
  Síndrome da fadiga crônica

Tratamento psicossocial dos transtornos físicos
  Biofeedback
  Relaxamento e meditação
  Programa abrangente de redução do estresse e da dor
  Drogas e programas de redução do estresse
  Negação como um meio de enfrentamento
  Modificação de comportamentos para promoção da saúde

Resultados finais de assimilação do conteúdo pelo aluno*

- **Utilizar o raciocínio científico para interpretar o comportamento:**

  - Identificar os componentes biológicos, psicológicos e sociais fundamentais das explicações comportamentais (p. ex., inferências, observações, definições e interpretações operacionais) [APA SLO 2.1a]
  - Avaliar como a mente e o corpo interagem para influenciar a saúde psicológica e física [APA SLO 1.3b]

- **Envolver-se com pensamento inovador e integrativo e resolução de problemas:**

  - Descrever os problemas operacionalmente para estudá-los empiricamente [APA SLO 2.3a]
  - Identificar corretamente os antecedentes e as consequências do comportamento e dos processos mentais [APA SLO 1.3c]

- **Descrever aplicações que empregam a resolução de problemas com base na disciplina:**

  - Resumir os fatores psicológicos que podem influenciar a busca por um estilo de vida saudável [APA SLO 1.3b]

* Partes deste capítulo tratam dos resultados finais de aquisição de conhecimento sugeridos pela American Psychological Association (2013), inclusos nas diretrizes para bacharéis em Psicologia. O escopo do capítulo concernente aos resultados está identificado acima pela APA Goal e pela APA Suggested Learning Outcome (SLO).[1]

Fatores psicológicos e sociais que influenciam a saúde

O secretário de saúde dos Estados Unidos e outras autoridades ressaltaram que, no início do século XX, as principais causas de morte eram doenças infecciosas como influenza, pneumonia, difteria, tuberculose, febre tifoide, sarampo e infecções gastrointestinais. Desde então, o índice de mortalidade relacionado a essas doenças tem reduzido consideravelmente, de 38,9% para 4% (ver Tabela 9.1). Essa redução representa a primeira revolução na saúde pública, que eliminou muitas doenças infecciosas e controlou várias outras. Mas o enorme sucesso do sistema de saúde dos Estados Unidos na redução da mortalidade por doenças revelou um problema ainda mais complexo e desafiador: no momento, alguns dos principais fatores de contribuição para doenças e morte nos EUA são *psicológicos* e *comportamentais* (Ezzati e Riboli, 2012; Marteau, Hollands e Fletcher, 2012).

No Capítulo 2, descrevemos os efeitos complexos dos fatores psicológicos e sociais sobre a estrutura e o funcionamento do cérebro. Esses fatores parecem influenciar a atividade neurotransmissora, a secreção de neuro-hormônios no sistema endócrino e, em um nível mais fundamental, a expressão gênica. Temos olhado repetidamente para a complexa interação de fatores biológicos, psicológicos e sociais na produção e manutenção de transtornos psicológicos. Mas os fatores psicológicos e sociais são importantes para um número de transtornos adicionais, incluindo transtornos endócrinos, como diabetes, transtornos cardiovasculares e transtornos do sistema imunológico, como a síndrome da imunodeficiência adquirida (Aids). Estes e outros transtornos, discutidos neste capítulo, são claramente *transtornos físicos*. Eles têm causas físicas conhecidas (ou fortemente inferidas) e, na maioria dos casos, patologia física observável (por exemplo, herpes genital, mús-

culo cardíaco comprometido, tumores malignos, hipertensão mensurável). Compare isso com os transtornos de sintomas somáticos discutidos no Capítulo 6 – em transtornos de conversão, por exemplo, os clientes se queixam de dor ou doença física, mas não exibem patologia física.

Os estudos de como fatores psicológicos e sociais afetam os transtornos físicos costumavam ser diferentes e um tanto distantes do restante da psicopatologia. No princípio, a área era denominada *medicina psicossomática* (Alexander, 1950), o que significava que fatores *psicológicos* afetavam a função *somática* (física). O rótulo *transtornos psicofisiológicos* era utilizado para comunicar uma ideia semelhante. Essas expressões são menos utilizadas atualmente por serem errôneas. Descrever um transtorno com um componente físico óbvio como psicossomático, dava a impressão de que os transtornos psicológicos (mentais) do humor e de ansiedade não tinham um forte componente biológico. Hoje, sabemos que essa suposição não é viável. Fatores biológicos, psicológicos e sociais estão envolvidos na causa e na manutenção de virtualmente todo transtorno, tanto mental como físico.

A contribuição dos fatores psicossociais para a etiologia e o tratamento dos transtornos físicos foram amplamente estudados. Algumas das descobertas estão entre as constatações mais interessantes da psicologia e da biologia. Por exemplo, descrevemos brevemente no Capítulo 2 que reduzir os níveis de estresse e ter uma rica rede social de família e amigos estão associados a uma saúde melhor, longevidade e menor declínio cognitivo com o avanço da idade (Cohen e Janicki-Deverts, 2009). Lembre-se também da deterioração física e mental trágica das pessoas idosas que são removidas das redes sociais da família e dos amigos (Hawkley e Cacioppo, 2007).

Saúde e comportamento relacionado à saúde

A mudança de foco de doença infecciosa para fatores psicológicos foi considerada a segunda revolução na saúde pública. Foram desenvolvidos dois campos de estudo intimamente relacionados. No primeiro, **medicina comportamental** (Feldman e Christensen, 2014), o conhecimento derivado da ciência

---

[1] NTT da tradução da 8ª edição norte-americana: No Brasil, as chamadas Diretrizes Curriculares Nacionais (DCN) para a graduação em Psicologia são instituídas via Ministério da Educação (MEC) e Conselho Federal de Psicologia (CFP).

TABELA 9.1 — As dez principais causas de morte nos Estados Unidos em 1900 e em 2010 (porcentagem total dos casos)

1900	Porcentagem	2010	Porcentagem
Pneumonia e gripe	11,8	Doença cardíaca	24,2
Tuberculose	11,3	Câncer	23,3
Diarreia, enterite e ulceração dos intestinos	8,3	Doenças crônicas das vias respiratórias inferiores	5,6
Doenças cardíacas	8,0	Acidente vascular cerebral (doenças cerebrovasculares)	5,2
Lesões intracranianas de origem vascular	6,2	Acidentes (lesão sem intenção)	4,9
Nefrite (doença renal)	5,2	Doença de Alzheimer	3,4
Acidentes (lesão sem intenção)	4,2	Diabetes	2,8
Câncer e outros tumores malignos	3,7	Nefrite, síndrome nefrótica e nefrose	2,0
Senilidade	2,9	Gripe e pneumonia	2,0
Difteria	2,3	Lesões autoprovocadas (suicídio)	1,6
Outros	36,1	Outros	25,0

Fonte: Figures for 1900 from Historical Tables: Center for Disease Control, National Vital Statistics System. Leading Causes of Death, 1900-1998. Figures for 2010 from Murphy, S. L., Xu, J. e Kochanek, K. D. (2013). Deaths: Final data for 2010. *National Vital Statistics Reports*, 61(4). Extraído de: http://www.cdc.gov/nchs/data/nvsr/nvsr61/nvsr61_04.pdf.

comportamental é aplicado à prevenção, ao diagnóstico e ao tratamento de problemas médicos. Esse é um campo interdisciplinar no qual psicólogos, médicos e outros profissionais da saúde trabalham em cooperação estreita para desenvolver novos tratamentos e estratégias preventivas. Um segundo campo, **psicologia da saúde**, não é interdisciplinar e costuma ser considerado um subcampo da medicina comportamental. Os psicólogos que a praticam estudam os fatores psicológicos que são importantes para a promoção e a manutenção da saúde; eles também analisam e recomendam melhorias no sistema de atendimento à saúde e na formulação de políticas de saúde no âmbito da disciplina da psicologia (Nicassio, Greenberg e Motivala 2010; Taylor, 2009).

Fatores psicológicos e sociais influenciam a saúde e os problemas físicos de *duas* maneiras distintas (ver Figura 9.1). Em primeiro lugar, podem afetar os processos biológicos básicos que conduzem à saúde e à doença. Em segundo, padrões de comportamento de longa duração podem fazer com que as pessoas corram o risco de desenvolver certos transtornos físicos. Algumas vezes, ambas as vertentes contribuem para a etiologia ou manutenção da doença (Ezzati e Riboli, 2012; Miller e Blackwell, 2006; Schneiderman, 2004; Williams, Barefoot e Schneiderman, 2003). Considere o exemplo de *herpes genital*. É possível que algum conhecido seu tenha herpes genital e não lhe contou. Não é difícil entender por que: herpes genital é uma infecção sexualmente transmissível incurável. As estimativas indicam que mais de 15,5% dos norte-americanos com idade entre 14 e 49 anos estão infectados pelo vírus herpes simples, que afeta as áreas orais ou genitais (Center of Disease Control, 2015). Porque a doença está concentrada em adultos jovens, a porcentagem nesse grupo é muito mais alta. O vírus fica latente até ser reativado periodicamente. Quando isso ocorre na região genital, os indivíduos afetados normalmente apresentam algum dos variados sintomas, incluindo dor, coceira, corrimento vaginal ou uretral e, na maioria das vezes, lesões ulcerativas (feridas abertas) na área genital. As lesões reaparecem cerca de quatro vezes por ano, mas podem ocorrer com mais frequência. Os casos de herpes genital têm aumentado consideravelmente ao longo dos anos, por razões tanto psicológicas e comportamentais quanto biológicas. Embora seja uma doença biológica, dissemina-se com muita rapidez porque as pessoas optam por não reduzir o risco por meio da mudança de comportamento, tal como simplesmente usar preservativo.

1 Fatores psicossociais (tais como emoções negativas e estresse) interferem nos processos biológicos básicos, o que pode levar a transtornos físicos e doenças.

2 Comportamentos de "risco" causam ou contribuem para uma variedade de transtornos físicos e doenças.

Tabagismo
Bebidas alcoólicas
Maus hábitos alimentares
Sedentarismo

FIGURA 9.1 Fatores psicossociais afetam diretamente a saúde física de duas maneiras.

O estresse parece desempenhar papel importante no desencadeamento da recorrência do herpes (Chida e Mao, 2009; Coe, 2010; Goldmeier, Garvey e Barton, 2008). Os procedimentos de controle do estresse, particularmente gerenciamento do estresse, parecem reduzir a recorrência de herpes genital, bem como a duração de cada episódio, provavelmente pelos efeitos positivos de tais práticas no sistema imunológico (Pereira et al., 2003; Goldmeier, Garvey e Barton, 2008).

Considere também os exemplos trágicos da Aids. A Aids é uma doença do sistema imunológico diretamente afetada pelo estresse (Kennedy, 2000), que pode então promover seu avanço fatal. Esse é um exemplo de como fatores psicológicos podem influenciar diretamente processos biológicos. Também sabemos que diversas ações que praticamos nos colocam em risco de contrair Aids – por exemplo, manter relações sexuais sem proteção ou compartilhar agulhas contaminadas. Em virtude de ainda não existir uma cura médica para a Aids, nossa melhor arma é a modificação de comportamento em grande escala para *prevenir o contágio* da doença (Fauci e Folkers, 2012; Mermin e Fenton, 2012).

Outros padrões comportamentais contribuem para a doença. As raízes de muitas das principais causas de morte, como doenças cardíacas, câncer e diabetes, podem ser atribuídas a fatores de estilo de vida, principalmente tabagismo, dieta e atividade física (Ford et al., 2013).

O tabagismo é a principal causa evitável de morte nos Estados Unidos; estima-se que cause por volta de meio milhão de mortes prematuras todos os anos no país e reduza a expectativa de vida em mais de uma década (U.S. Department of Health and Human Services, 2014). Outros comportamentos nocivos à saúde incluem hábitos alimentares inadequados, falta de exercícios físicos e controle insuficiente de danos ao organismo (não usar cinto de segurança, por exemplo). Esses comportamentos são agrupados sob o rótulo de *estilo de vida* porque são, na maioria, hábitos contínuos que compõem parte integral de um padrão de vida diário da pessoa (Lewis, Statt e Marcus, 2011; Oldenburg, de Courten e Frean, 2010). Retomaremos o assunto estilo de vida nas páginas finais deste capítulo, quando examinarmos as iniciativas para modificá-lo e promover a saúde.

Temos muito a aprender a respeito de como fatores psicológicos afetam os transtornos físicos e as doenças. Evidências indicam que os mesmos tipos de fatores causais ativos nos transtornos psicológicos – sociais, psicológicos e biológicos – desempenham um papel em alguns transtornos físicos (Mostofsky e Barlow, 2000; Uchino, 2009). Entretanto, o fator que mais atrai atenção é o *estresse*, particularmente os componentes neurobiológicos da resposta ao estresse.

Natureza do estresse

Em 1936, um jovem cientista de Montreal, Canadá, chamado Hans Selye, observou que um grupo de ratos no qual havia injetado certo composto químico desenvolveu ulcerações e outros problemas fisiológicos, incluindo atrofia dos tecidos do sistema imunológico. Todavia, um grupo controle formado por ratos que recebiam injeção salina diária (água salgada), que não deveria ter provocado nenhum efeito, desenvolveu os *mesmos* problemas físicos. Selye estudou essa constatação inesperada e descobriu que as injeções diárias em si pareciam ser as culpadas, em vez da substância injetada. Além disso, muitos tipos de alterações ambientais produziram os mesmos resultados. Tomando emprestado um termo da engenharia, ele concluiu que a causa dessa reação não específica era o *estresse*. Como costuma ocorrer na ciência, uma observação acidental ou fortuita resultou em uma nova área de estudo, nesse caso, a *fisiologia do estresse* (Selye, 1936).

Selye propôs a teoria de que o organismo passa por diversos estágios em resposta ao *estresse contínuo*. A primeira fase é um tipo de resposta de *alarme* ao perigo ou ameaça imediata. Com a continuidade do estresse, parece que passamos ao estágio de *resistência*, no qual mobilizamos vários mecanismos de adaptação para reagir ao estresse. Por fim, caso o estresse seja muito intenso ou se estenda por muito tempo, podemos entrar em um estágio de *exaustão*, no qual nosso organismo sofre dano permanente ou morte (Selye, 1936, 1950). Selye denominou essa sequência **síndrome geral de adaptação (SGA)**. Embora Selye não estivesse correto em todos os detalhes de sua teoria, a ideia de que o estresse crônico pode infligir dano permanente ao organismo ou contribuir para o surgimento de doenças tem sido confirmada e estudada nos últimos anos (Kemeny, 2003; Robles et al., 2005; Sapolsky, 1990, 2000b).

O termo *estresse* possui muitos significados na vida moderna. Na engenharia, o estresse é a tensão em uma ponte quando um caminhão pesado a atravessa; estresse é a *resposta* da ponte ao peso do caminhão. No entanto, estresse é também um *estímulo*. O caminhão é um "estressor" para a ponte, do mesmo modo que ser demitido ou passar por um exame difícil representa um estímulo ou um estressor para alguém. Esses diversos significados podem gerar confusão, porém nos concentramos no **estresse** como a resposta fisiológica do indivíduo a um estressor.

Fisiologia do estresse

Descrevemos no Capítulo 2 os efeitos fisiológicos dos estágios iniciais do estresse, observando em particular seu efeito ativador do sistema nervoso simpático, que mobiliza nossos recursos em situações de ameaça ou perigo, ativando os órgãos internos a fim de preparar o organismo para ação imediata, seja luta ou fuga. Essas mudanças aumentam nossa força e atividade mental. Também observamos no Capítulo 2 que a atividade do sistema endócrino aumenta quando estamos estressados, principalmente por meio da ativação do eixo hipotálamo-hipófise-adrenal (HHA). Embora uma variedade de neurotransmissores comece a fluir no sistema nervoso, concentrou-se muita atenção nos neuromoduladores ou neuropeptídeos do sistema endócrino, hormônios que afetam o sistema nervoso e são secretados pelas glândulas diretamente na corrente sanguínea (Chaouloff e Groc, 2010; Owens et al., 1997; Taylor et al., 2009). Esses hormônios neuromoduladores atuam de modo

▲ Hans Selye sugeriu em 1936 que o estresse contribui para certos problemas físicos.

muito similar aos neurotransmissores ao levar mensagens do cérebro para várias partes do organismo. Um dos neuro-hormônios, o *fator de liberação da corticotrofina* (CRF), é secretado pelo hipotálamo e estimula a glândula hipófise. Adiante, na cadeia do eixo HHA, a glândula hipófise (com o sistema nervoso autônomo) ativa a glândula adrenal (suprarrenal), que secreta, entre outros compostos, o hormônio *cortisol*. Em virtude de sua relação muito próxima com a resposta ao estresse, o cortisol e outros hormônios relacionados são conhecidos como *hormônios do estresse*.

Lembre-se de que o eixo HHA está intimamente relacionado ao sistema límbico. O hipotálamo, localizado acima da parte mais elevada do tronco cerebral, fica bem ao lado do sistema límbico, que contém o hipocampo, dentre outras estruturas, e parece controlar nossa memória emocional. O hipocampo é responsivo ao cortisol. Quando estimulado por esse hormônio durante a atividade do eixo HHA, o hipocampo ajuda a *desligar* a resposta de estresse, completando um circuito de *feedback* entre o sistema límbico e as diversas partes do eixo HHA (ver Figura 9.2).

Esse circuito pode ser importante por diversos motivos. Ao trabalhar com primatas, Robert Sapolsky e colaboradores (ver, por exemplo, Sapolsky e Meaney, 1986; Sapolsky, 2000b, 2007) mostraram que níveis elevados de cortisol em resposta ao estresse crônico podem destruir células nervosas no hipocampo. Se a atividade do hipocampo estiver assim comprometida, é secretado um nível excessivo de cortisol e, ao longo do tempo, a capacidade para desligar a resposta de estresse diminui, o que resulta no envelhecimento adicional do hipocampo. Essas constatações indicam que o estresse crônico que tem como consequência a secreção crônica do cortisol pode ter efeitos de longa duração sobre a função física, incluindo dano cerebral.

A morte de células pode, por sua vez, conduzir a déficits na capacidade para a resolução de problemas no caso de idosos e, por fim, à demência. Esse processo fisiológico também pode afetar a suscetibilidade a doenças infecciosas e à recuperação dessa deficiência em outros sistemas patofisiológicos. O trabalho de Sapolsky é importante porque hoje sabemos que a morte de células do hipocampo associada a estresse e ansiedade crônicos ocorre em seres humanos com transtorno de estresse pós-traumático, por exemplo (ver Capítulo 5) e depressão (ver Capítulo 7). Os efeitos em longo prazo da morte celular ainda não são conhecidos.

Contribuições para a resposta ao estresse

A fisiologia do estresse é profundamente influenciada por fatores psicológicos e sociais (Adler, 2013; Lovallo, 2010; Taylor et al., 2009). Essa conexão foi demonstrada por Sapolsky (1990, 2000b, 2007; Gesquiere et al., 2011). Ele estudou babuínos, que viviam livremente em uma reserva natural no Quênia, por causa das fontes primárias de estresse desses animais que, como as dos humanos, são mais psicológicas do que físicas. Conforme ocorre com muitas espécies, os babuínos obedecem a uma hierarquia social: os membros dominantes ficam no topo e os membros submissos, na escala inferior. E a vida é difícil lá embaixo! Os animais subordinados enfrentam dificuldades (Sapolsky considera essa situação "estressante") pelo assédio contínuo dos animais dominantes e por terem menos acesso a alimentos, a locais de descanso preferidos e a parceiras sexuais. Particularmente interessantes são os achados de Sapolsky sobre os níveis de cortisol nos babuínos em função de sua posição social em uma hierarquia de dominância. Lembre-se da nossa descrição do eixo HHA, em que a secreção de cortisol nas glândulas suprarrenais constitui o passo final em uma sequência de secreção de hormônios que se origina no sistema límbico do cérebro durante os períodos de estresse. A secreção de cortisol contribui para a excitabilidade e a mobilização de recursos no curto prazo; porém, se produzido cronicamente, pode lesar o hipocampo. Adicionalmente, a atrofia dos músculos e a fertilidade são afetadas pela diminuição de testosterona, a hipertensão se desenvolve no sistema cardiovascular e a resposta imunológica fica prejudicada. Sapolsky descobriu que os machos dominantes na hierarquia dos babuínos tinham níveis *mais baixos* de cortisol do que os machos subordinados. No entanto, quando ocorria uma emergência, os níveis de cortisol se elevavam mais rapidamente nos machos dominantes do que nos subordinados.

Sapolsky e seus colaboradores buscaram as causas dessas diferenças trabalhando em sentido inverso, de baixo para cima, no eixo HHA. Eles constataram o excesso de secreção de CRF pelo hipotálamo nos animais submissos combinado com uma menor sen-

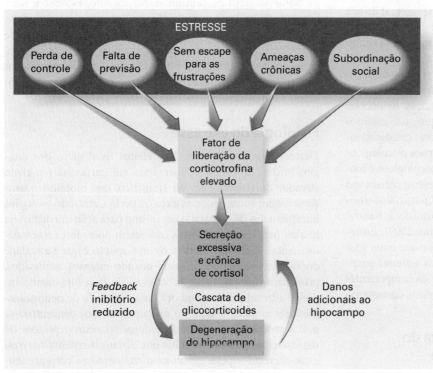

FIGURA 9.2 Efeitos do estresse psicológico no eixo HHA e no hipocampo. (Adaptado de Sapolsky [1992, 2007] e Sapolsky e Ray [1989].)

▲ Babuínos no topo da hierarquia social têm um senso de previsibilidade e controle que lhes permite lidar com os problemas e manter a saúde física; babuínos na parte inferior da hierarquia sofrem os sintomas de estresse porque eles têm pouco controle sobre o acesso a alimentos, locais de repouso e parceiras.

sibilidade da glândula hipófise (que é estimulada pelo CRF). Portanto, os animais submissos, ao contrário dos dominantes, secretam cortisol continuamente, provavelmente porque sua vida é muito estressante. Além do mais, o sistema HHA deles é menos sensível aos efeitos do cortisol e, portanto, menos eficiente na eliminação da resposta ao estresse.

Sapolsky também descobriu que os machos subordinados têm menos linfócitos (células brancas do sangue) em circulação do que os dominantes, um sinal de supressão do sistema imunológico. Além disso, os machos subordinados apresentam menos colesterol de lipoproteína de alta densidade circulante, o que os coloca em uma situação de alto risco para aterosclerose e doença cardíaca coronariana, tema que discutiremos posteriormente neste capítulo.

Por que estar no topo resulta em efeitos positivos? Sapolsky concluiu que se trata principalmente dos benefícios psicológicos de possuir *previsibilidade* e *capacidade de controle* em relação aos eventos da vida. Uma parte de seus dados foi agrupada durante os anos em que alguns babuínos machos estavam no topo da hierarquia, sem um "vencedor" definido. Embora esses machos dominassem o restante dos animais no grupo, atacavam-se mutuamente de forma constante. Sob essas condições, apresentavam perfis hormonais mais parecidos com aqueles dos machos subordinados. Portanto, dominância combinada com estabilidade resultava em perfis hormonais otimizados de estresse. No entanto, o fator mais importante na regulação da fisiologia do estresse parece ser o senso de controle (Sapolsky e Ray, 1989), descoberta confirmada em pesquisas subsequentes (Kemeny, 2003; Sapolsky, 2007). O controle das situações sociais e a capacidade para lidar com toda tensão que surge acabam com os efeitos do estresse em longo prazo.

Estresse, ansiedade, depressão e excitação

Se você leu os capítulos sobre ansiedade, humor e transtornos psicológicos relacionados, poderia concluir corretamente que eventos estressantes combinados com vulnerabilidades psicológicas, como senso de controle inadequado, representam um fator nos transtornos psicológicos e físicos. Existe alguma relação entre transtornos psicológicos e físicos? Parece existir uma forte relação. Em um estudo clássico, George Vaillant (1979) estudou, entre 1942 e 1944, mais de duzentos alunos do sexo masculino, física e mentalmente saudáveis, do segundo ano da Universidade de Harvard. Ele acompanhou esses homens de perto durante mais de trinta anos. Aqueles que desenvolveram transtornos psicológicos ou que eram muito estressados tornaram-se doentes crônicos ou morreram em uma taxa significativamente maior do que os homens que permaneceram bem ajustados e sem transtornos psicológicos, uma descoberta que foi confirmada várias vezes (ver, por exemplo, Katon, 2003; Robles et al., 2005; Scott et al., 2016). O estudo de Scott e colaboradores pesquisou mais de 47 mil indivíduos em dezessete países para investigar a relação temporal entre 16 diferentes transtornos mentais (por exemplo, transtorno do humor e transtorno de ansiedade, transtornos relacionados a substâncias etc.) e 10 condições físicas crônicas (como artrite, câncer, dor crônica, doenças cardíacas etc.). Os resultados mostraram que transtornos mentais de todos os tipos estavam associados a um aumento do risco para desenvolvimento de condições físicas crônicas. Isso sugere que os mesmos tipos de fatores psicológicos relacionados ao estresse que contribuem para os transtornos psicológicos podem contribuir para o desenvolvimento posterior de transtornos físicos, e que estresse, ansiedade e depressão estão intimamente relacionados. Você é capaz de apontar a diferença entre as sensações de estresse, ansiedade, depressão e excitação? Você poderia afirmar, "sem problemas", porém, que esses quatro estados têm muito em comum. Qual deles você experimenta pode depender de seu *senso de controle* no momento, ou do quão bem você acha que pode lidar com a ameaça ou com o desafio que está enfrentando (Barlow, 2002; Barlow et al., 2014; Suarez et al., 2009). Esse *continuum* de sentimentos, da excitação ao estresse, à ansiedade e à depressão, está representado na Figura 9.3.

Considere como você se sente quando está excitado. Pode haver batimentos cardíacos rápidos, um surto repentino de energia ou um mal-estar no estômago. No entanto, se estiver bem preparado para o desafio – por exemplo, se você for um atleta, pronto para o jogo e confiante em suas habilidades, ou um músico, certo de que fará uma excelente apresentação –, a sensação de *excitação* pode ser prazerosa e pode até mesmo aumentar seu desempenho.

Algumas vezes, quando você se defronta com uma tarefa desafiadora, acha que poderia executá-la somente se tivesse o tempo ou a ajuda necessária, mas, por não ter esses recursos, se sente sob pressão. Em resposta, você pode empenhar-se com mais afinco para se sair melhor e ser perfeito, muito embora julgue que se sentirá bem no fim. Se estiver sob muita pressão, pode tornar-se uma pessoa tensa e irritável ou sentir dor de cabeça ou mal-estar no estômago. O estresse se parece com isso. Se algo for realmente ameaçador e você acreditar que há pouco para fazer a respeito, poderá sentir *ansiedade*. A situação ameaçadora poderia ser algo desde um ataque físico a uma ridicularização na frente de alguém. À medida que seu corpo se prepara para o desafio, você também se preocupa com isso incessantemente. Em alguns casos, pode não existir uma situação difícil. Às vezes, ficamos ansiosos sem motivo, exceto por sentir que certos aspectos de nossas vidas estão fora do nosso controle. Por fim, os indivíduos que consideram a vida ameaçadora podem perder a esperança de ter contro-

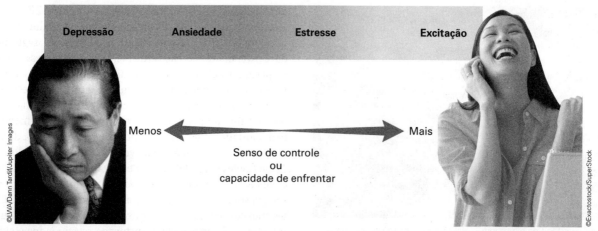

FIGURA 9.3 Respostas a ameaças e desafios. Nossos sentimentos variam ao longo de um *continuum*, da depressão à ansiedade, ao estresse e à excitação, que dependem em parte do nosso senso de controle e da capacidade de enfrentar a situação. (Adaptado, com permissão, de Barlow, D. H., Rapee, R. M. e Perini, S. (2014). *10 steps to mastering Stress:* A lifestyle approach. Nova York: Oxford University Press.)

le e passar para um estado de *depressão*, desistindo de tentar enfrentar a situação.

Em resumo, a fisiologia subjacente a esses estados emocionais parece relativamente similar em relação a alguns aspectos básicos. É por isso que nos referimos a um padrão similar de excitação do sistema nervoso simpático e de ativação de neurotransmissores e hormônios específicos ao discutir ansiedade, depressão e transtornos físicos relacionados ao estresse. Por outro lado, existem algumas diferenças. A pressão sanguínea pode aumentar quando os desafios parecem sobrepujar os recursos para enfrentá-los, resultando em um senso de controle reduzido (ansiedade, depressão), porém a pressão sanguínea permanecerá inalterada durante a excitação ou o estresse intenso (Blascovich e Tomaka, 1996). Apesar disso, são os fatores psicológicos – especificamente o senso de controle e a confiança de que podemos lidar com uma situação na presença de estresse ou desafios, denominado **autoeficácia** por Bandura (1986) – que diferem mais acentuadamente entre essas emoções, conduzindo a sensações diferentes (Taylor et al., 1997).

Estresse e resposta imunológica

Você teve um resfriado durante os últimos meses? Como você o pegou? Você passou o dia com outra pessoa que estava resfriada? Alguém espirrou perto de você na sala de aula? A exposição ao vírus do resfriado é um fator necessário para desenvolvê-lo; porém, conforme mencionado no Capítulo 2, o nível de estresse de uma pessoa nessas ocasiões parece desempenhar papel importante na possibilidade de a exposição resultar em um resfriado. Sheldon Cohen e colaboradores (Cohen, 1996; Cohen, Doyle e Skoner, 1999) expuseram participantes voluntários a uma dosagem específica de um vírus do resfriado e os acompanharam de perto. Eles constataram que a possibilidade de uma pessoa ficar doente estava diretamente relacionada ao quanto de estresse ela estava submetida durante o último ano. Cohen et al. (1995) também relacionaram a intensidade do estresse e do afeto negativo no momento da exposição à *gravidade* posterior do resfriado, medida pela produção de muco. Em uma reviravolta interessante, Cohen et al. (2003) demonstraram que o quão sociável você é – isso é, a quantidade e qualidade de suas relações sociais – o deixa menos predisposto a contrair um resfriado quando exposto ao vírus, talvez porque se socializar com os amigos alivia o estresse (Cohen e Janicki-Devarts, 2009). Finalmente, um estilo cognitivo positivo e otimista protege contra o desenvolvimento de um resfriado (Cohen e Pressman, 2006). Esses são alguns dos primeiros estudos bem controlados para demonstrar que o estresse e os fatores relacionados a ele aumentam o risco de contrair infecção.

Pense em sua última prova. Você (ou seu colega de quarto) estava resfriado? Os períodos de prova são estressores que produzem um número maior de infecções, particularmente do trato respiratório superior (Glaser et al., 1987, 1990). Portanto, se você é suscetível a resfriados, talvez uma solução seja não se submeter às provas finais! A melhor solução, porém, consiste em aprender a controlar o estresse antes e durante esses períodos. É quase certo que o efeito do estresse sobre a suscetibilidade às infecções é mediado pelo **sistema imunológico**, que protege o organismo de quaisquer corpos estranhos que possam penetrá-lo, incluindo o vírus da gripe.

Pesquisas que remontam aos relatórios originais de Selye (1936) demonstram os efeitos prejudiciais do estresse sobre o funcionamento do sistema imunológico. Seres humanos estressados apresentam taxas maiores de doenças infecciosas, incluindo resfriados, herpes e mononucleose (Coe, 2010; Taylor, 2009). Evidências diretas vinculam algumas situações

Estudando os efeitos das emoções na saúde física

"A pessoas com níveis mais baixos de sociabilidade são mais propensas a pegar um resfriado, enquanto pessoas com nível mais alto de sociabilidade são menos propensas a ficarem resfriadas."

estressantes à diminuição do funcionamento do sistema imunológico, incluindo discussões entre cônjuges ou dificuldades de relacionamento (Kiecolt-Glaser et al., 2005; Kiecolt-Glaser e Newton, 2001; Uchino, 2009), perda do emprego e morte de um ente querido (Hawkley e Cacioppo, 2007). Além disso, esses eventos estressantes afetam o sistema imunológico rapidamente. Estudos laboratoriais demonstraram uma resposta enfraquecida do sistema imunológico no intervalo de duas horas de exposição ao estresse (Glaser e Kiecolt-Glaser, 2005; Weisse et al., 1990; Zakowski et al., 1992). Cohen et al. (1999) infectaram 55 participantes com o vírus influenza A. Conforme esperado, o maior estresse psicológico estava associado a casos mais graves de gripe. Mas Cohen et al. (1999; Coe, 2010) também demonstraram que os hormônios do estresse desencadearam a citocina interleucina-6, um componente do sistema imunológico que provoca inflamação dos tecidos. Parece que essa resposta inflamatória pode ser um dos mecanismos por meio do qual o estresse quebra a resistência à infecção e lesão. Há também evidências para sugerir que o estresse precoce contribua para a inflamação na idade adulta, que, por sua vez, pode contribuir para doenças cardiovasculares, diabetes tipo 2 e até câncer (Morey et al., 2015; Fugundes e Way, 2014).

Já observamos que os transtornos psicológicos nos tornam mais suscetíveis ao desenvolvimento de transtornos físicos (Katon, 2003; Robles et al., 2005; Scott et al., 2016; Vaillant, 1979). De fato, evidências diretas indicam que a depressão reduz o funcionamento do sistema imunológico (Herbert e Cohen, 1993; Miller e Blackwell, 2006), particularmente nos idosos (Herbert e Cohen, 1993). Pode ser que o nível de depressão – e, mais importante, o senso subjacente de falta de controle que acompanha a maioria das depressões – seja o mecanismo crucial para a redução do funcionamento do sistema imunológico, mecanismo este presente durante a maioria dos eventos estressantes negativos da vida, tais como a perda de um emprego (Miller e Blackwell, 2006; Robles et al., 2005). A depressão também pode levar a um autocuidado insuficiente e a uma tendência a ter comportamentos mais arriscados. Para os humanos, de modo idêntico aos babuínos de Sapolsky, a capacidade de manter o senso de controle sobre eventos da vida pode ser uma das contribuições psicológicas mais importantes para a boa saúde.

A maioria dos estudos a respeito do estresse e do sistema imunológico analisou um estressor repentino ou agudo. Entretanto, o *estresse crônico* pode ser mais problemático porque seus efeitos, por definição, duram mais (Schneiderman, 2004). Por exemplo, foi relatado um rebaixamento do funcionamento do sistema imunológico em pessoas que cuidam de doentes crônicos da família, como pacientes com doença de Alzheimer (Holland e Gallagher-Thompson, 2011; Mills et al., 2004).

Para entender de que forma o sistema imunológico nos protege, precisamos compreender primeiro como ele opera. Em seguida, faremos uma análise resumida do sistema imunológico usando a Figura 9.4 como guia visual e examinaremos as contribuições psicológicas à biologia no caso de duas doenças fortemente relacionadas ao funcionamento do sistema imunológico: Aids e câncer.

Como o sistema imunológico opera

O sistema imunológico identifica e elimina corpos estranhos ao organismo, denominados **antígenos**, que podem ser várias substâncias, geralmente bactérias, vírus ou parasitas. Entretanto, o sistema imunológico também se dirige às próprias células do organismo que foram de algum modo alteradas ou ficaram danificadas de alguma forma, talvez como parte de um tumor maligno. Órgãos doados são estranhos, portanto, o sistema imunológico os ataca após o transplante cirúrgico; como consequência, é necessário suprimir temporariamente o sistema imunológico após a cirurgia.

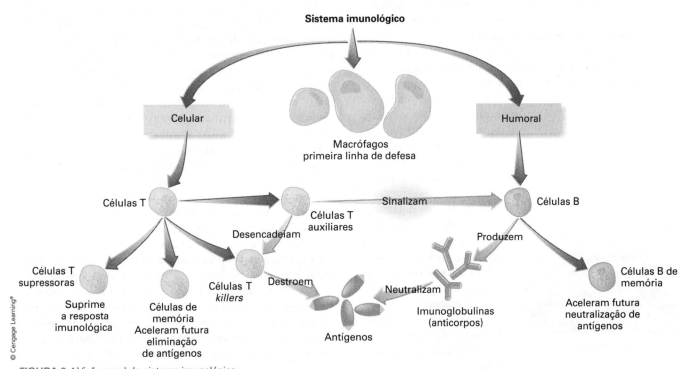

FIGURA 9.4 Visão geral do sistema imunológico.

O sistema imunológico possui duas partes principais: a humoral e a celular. Tipos específicos de células funcionam como agentes de ambas. As células brancas do sangue, denominadas *leucócitos*, fazem a maior parte do trabalho. Existem diversos tipos de leucócitos. Os *macrófagos* podem ser considerados uma das primeiras linhas de defesa do organismo: eles envolvem os antígenos identificáveis e os destroem. Eles também sinalizam os *linfócitos*, que são formados por dois grupos, células B e células T.

As *células B* operam na parte humoral do sistema imunológico, liberando moléculas que perseguem os antígenos no sangue e outros fluidos corporais com o propósito de neutralizá-los. As células B produzem moléculas altamente específicas denominadas *imunoglobulinas* que agem como *anticorpos*, que se combinam com os antígenos para neutralizá-los. Após a neutralização dos antígenos, um subgrupo denominado *células B de memória* é criado para que da próxima vez que o antígeno for encontrado, a reação do sistema imunológico seja mais rápida. Essa ação é a responsável pelo sucesso das inoculações, ou vacinações, que você possa ter recebido contra caxumba ou sarampo quando criança. Uma vacina contém pequenas quantidades do organismo estranho, porém não o suficiente para torná-lo doente. Seu sistema imunológico "se lembra" desse antígeno e impede que você contraia a doença completa quando for exposto a ela.

O segundo grupo de linfócitos, chamado *células T*, opera na parte celular do sistema imunológico. Essas células não produzem anticorpos. Como alternativa, um subgrupo, de *células T natural killers (NKT)*, destrói diretamente vírus e células cancerígenas (Dustin e Long, 2010; Wan, 2010). Quando o processo estiver completo, *células T de memória* são criadas para acelerar futuras respostas ao mesmo antígeno. Outros subgrupos de células T ajudam a regular o sistema imunológico. Por exemplo, as *células T4* são denominadas *células T auxiliares (T helper)* porque ampliam a resposta do sistema imunológico ao sinalizar às células B que produzam anticorpos e ao determinar a outras células T que destruam o antígeno. As *células T supressoras* suprimem a produção de anticorpos pelas células B quando estes não forem mais necessários.

Deveríamos ter o dobro de células T4 (auxiliares) em relação ao número de células T supressoras. Com o excesso de células T4, o sistema imunológico torna-se muito reativo e pode atacar as próprias células do organismo em vez de atacar os antígenos. Quando isso ocorre, temos o que se denomina **doença autoimune**, como a **artrite reumatoide**. Com o excesso de células T supressoras, o organismo está sujeito à invasão de alguns antígenos. O vírus da imunodeficiência humana (HIV) ataca diretamente as células T auxiliares, linfócitos fundamentais para a imunidade humoral e celular, enfraquecendo o sistema imunológico e causando a Aids.

Cortesia de Robert Ader

▲ Robert Ader demonstrou que o sistema imunológico é responsivo a estímulos ambientais.

Além das doenças autoimunes e Aids, o sistema imunológico tem se tornado um foco central para outros campos na medicina moderna. De fato, alguns dos novos tratamentos mais promissores para o câncer envolvem o sistema imune. Essa abordagem se baseia diretamente em observações clínicas ao longo de mais de um século. Os médicos, em 1880, observaram que ocasionalmente seus pacientes com câncer inesperadamente remetiam após uma infecção viral. Nas décadas de 1950 e 1960, esses relatos de caso inspiraram pesquisadores a injetar uma variedade de vírus nos pacientes com câncer. Algumas vezes, a terapia destruía o tumor, mas com frequência também matava a pessoa (Ledford, 2015). Hoje, os vírus anticâncer são geneticamente modificados para entrar especificamente nas células de câncer, estimulando o próprio sistema imunológico do paciente a destruir o câncer em todo o seu corpo. No campo da pesquisa de câncer, a imunoterapia é um dos desenvolvimentos mais promissores.

Até meados da década de 1970, a maioria dos cientistas acreditava que o cérebro e o sistema imunológico operassem de maneira independente entre si. No entanto, em 1974, o falecido Robert Ader e colaboradores (por exemplo, Ader e Cohen, 1975, 1993) fizeram uma descoberta surpreendente. Trabalhando com um paradigma de condicionamento clássico, eles deram água açucarada a ratos, juntamente com um medicamento que suprime o sistema imunológico. Ader e Cohen demonstraram, em seguida, que dar aos mesmos ratos somente água açucarada produzia mudanças similares no sistema imunológico. Em outras palavras, os ratos "aprenderam" (pelo condicionamento clássico) a responder à água suprimindo seus sistemas imunológicos. Hoje, sabemos que existem muitas conexões entre os sistemas nervoso e imunológico. Essas descobertas geraram um novo campo de estudos conhecido como **psiconeuroimunologia** ou **PNI** (Ader e Cohen, 1993; Coe, 2010), que tem como objeto de estudo as influências *psicológicas* nas respostas *neurológicas* relacionadas às nossas respostas *imunológicas*.

Os pesquisadores aprenderam muito sobre os caminhos pelos quais os fatores psicológicos e sociais podem influenciar o funcionamento do sistema imunológico. Conexões diretas entre o cérebro (sistema nervoso central), o eixo HHA (hormonal) e o sistema imunológico já foram descritas. Mudanças comportamentais em resposta a eventos estressantes, como fumar em excesso ou ter hábitos alimentares inadequados, também podem suprimir o sistema imunológico (Cohen e Herbert, 1996) (Figura 9.5). Atualmente, os cientistas descobriram uma cadeia de moléculas que conectam o estresse ao início da doença pela ativação de alguns genes (Cole et al., 2010). Basicamente, o estresse parece ativar algumas moléculas nas células que ativam os genes (chamadas fatores de transcrição), nesse caso o fator de transcrição do GABA-1 que ativa o gene da interleucina-6. Esse gene codifica uma proteína que gera a resposta inflamatória, que traz as células anti-inflamatórias do sistema imunológico para a área. Isso é ótimo se você fez um corte, mas muito perigoso se ocorre por um longo período. A resposta inflamatória crônica exacerba o câncer, a doença cardíaca e o diabetes, e encurta a vida. Claro que outros genes, tais como o gene do transportador da serotonina, mencionado no Capítulo 2, também estão implicados na vulnerabilidade a certos tipos de estressores (Way e Taylor, 2010). Sem dúvida, muitos outros grupos de genes e vias psicobiológicas integra-

340 PSICOPATOLOGIA

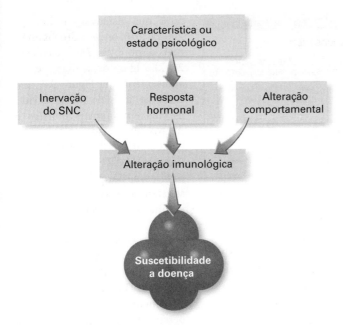

FIGURA 9.5 Caminhos pelos quais os fatores psicológicos podem influenciar o início e o avanço da doença mediada pelo sistema imunológico. Para simplificar, as setas estão traçadas somente em uma direção, da característica psicológica à doença. Não há implicação de vias alternativas ausentes. SNC = sistema nervoso central. (De Cohen, S. e Herbert, T. B. [1996]. Health psychology: Psychological factors and physical disease from the perspective of human psychoneuroimmunology. *Annual Review of Psychology, 47*, 113-142.)

das que estão implicados nos efeitos da resposta ao estresse serão descobertos (Segerstrom e Sephton, 2010).

Verificação de conceitos 9.1

Avalie o que você sabe sobre o sistema imunológico associando os componentes desse sistema com a função que têm no organismo: (a) macrófagos, (b) células B, (c) imunoglobulinas, (d) células T *natural killers*, (e) células T supressoras e (f) células B de memória.

1. Este subgrupo ataca as infecções virais no interior das células por meio da destruição direta dos antígenos. _____
2. Tipo de leucócito que envolve os antígenos identificáveis e os destrói. _____
3. Moléculas altamente específicas que agem como anticorpos. Combinam-se com os antígenos para neutralizá-los. _____
4. Linfócitos que operam na parte humoral do sistema e circulam no sangue e nos fluidos corporais. _____
5. São criadas para que a resposta imunológica seja mais rápida quando um antígeno específico for localizado no futuro. _____
6. As células T supressoras suprimem a produção de anticorpos pelas células B quando não são mais necessários. _____

Efeitos psicossociais sobre os transtornos físicos

Com maior entendimento dos efeitos dos fatores emocionais e comportamentais sobre o sistema imunológico, podemos agora examinar como esses fatores influenciam os transtornos físicos específicos. Iniciemos com a Aids.

Aids

A devastação causada pela epidemia da Aids tornou essa doença a maior prioridade do sistema de saúde pública em todo o mundo. O número total de pessoas com HIV ao redor do globo continua a crescer, atingindo uma estimativa de 34,2 milhões em 2011 (ver Figura 9.6), que é 22% maior do que em 2000 (Fundação Família Kaiser, Kates, Carbaugh, Rousseau e Jankiewicz, 2012). Apenas em 2004 o índice de morte de adultos e crianças começou a ficar estável devido ao tratamento agressivo e aos esforços de prevenção em algumas partes do mundo (Bongaarts e Over, 2010; Fauci e Folkers, 2012). Apesar desse sucesso modesto, 1,8 milhão de pessoas morreram em consequência da Aids apenas em 2010 (Fauci e Folkers, 2012). Nas regiões mais atingidas no sul da África, acredita-se que entre 15% e 28% da população adulta seja HIV positiva, o que representa dois terços dos casos de todo o mundo, com aproximadamente 18 milhões de crianças deixadas órfãs devido à doença (Kates et al., 2012; Klimas, Koneru e Fletcher, 2008). A doença está se disseminando com rapidez nas regiões densamente povoadas da Índia e China (Normile, 2009); e, na América Latina, são projetadas taxas de aumento de 2 milhões em 2006 para 3,5 milhões em 2015 (Cohen, 2006). Cerca de uma década após a pandemia de HIV/AIDS varrer a África central, a Europa, o Caribe e a América do Norte, começou a se expandir rapidamente ao sul da África, tornando essa, agora, a região com maior prioridade para a prevenção e cuidado do HIV (Vermund, Sheldon e Sidat, 2015). Ao examinar a Figura 9.6 novamente é possível observar a distribuição de pessoas vivendo com Aids ao redor do mundo, bem como as taxas de novos diagnósticos nos Estados Unidos por raça e etnia. Com exceção dos asiáticos, os grupos minoritários são desproporcionalmente afetados por esta doença mortal. De fato, a epidemia está claramente concentrada nos Estados Unidos, em minorias sexuais e comunidades negras desprivilegiadas, com poucas alternativas de tratamento efetivo (Pellowski et al., 2013). E, além disso, a urgência percebida desse problema nos Estados Unidos e ao redor do mundo tem diminuído consideravelmente ao longo da última década.

Embora o uso de drogas intravenosas e a atividade homossexual continuem a ser os principais modos de adquirir HIV nos Estados Unidos, na maior parte do mundo (e particularmente nos países em desenvolvimento) é a atividade heterossexual que coloca as pessoas em contato com o HIV (ver Tabela 9.2). Uma vez que a pessoa é infectada pelo HIV, o curso da doença é muito variável. Após meses e até anos sem sintomas, os pacientes podem desenvolver problemas de saúde menores, como perda de peso, febre e suor noturno – conjunto de sintomas que fazem parte da condição conhecida como **complexo relacionado com a Aids (CRA)**. Um diagnóstico de Aids em si não é realizado até que apareçam diversas doenças graves, como

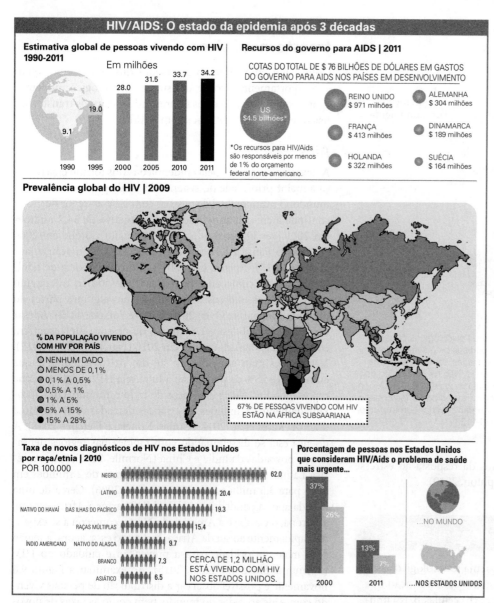

FIGURA 9.6 Prevalência mundial, distribuição do HIV e taxas de novos diagnósticos por raça nos Estados Unidos. (Family Kaiser Foundation, Kates, J., Carbaugh, A., Rousseau, D. e Jankiewicz, A. [2012]. HIV/AIDS: the state of the epidemic after 3 decades. *JAMA*, *308*(4), 330.)

pneumonia pneumocócica, câncer, demência ou uma síndrome destrutiva que leva o organismo a literalmente se debilitar. A média de tempo que decorre da infecção inicial até o desenvolvimento integral da Aids tem sido estimada entre 7,3 anos e 10 anos ou mais (Pantaleo, Graziosi e Fauci, 1993). Os cientistas clínicos desenvolveram novas combinações poderosas de drogas conhecidas como terapia antirretroviral altamente ativa (HAART), drogas que suprimem o vírus em pessoas infectadas com o HIV, mesmo em casos avançados (Hammer et al., 2006; Thompson et al., 2010). Esse foi um desenvolvimento muito positivo que retardou a progressão da doença e diminuiu a mortalidade. Por exemplo, em muitos países em desenvolvimento, a maioria das pessoas com Aids morre um ano após o diagnóstico sem tratamento (Zwahlen e Egger, 2006). Mas a proporção de pessoas que recebem esse tratamento e sobrevivem dois anos ou mais com Aids aumentou para 85% em 2005, e a taxa de morte decorrente da Aids diminuiu pelo menos 50% nos Estados Unidos, de 2002 a 2010, onde as drogas estão mais disponíveis (Fauci e Folkers 2012). Alguns desses dados estão apresentados na Figura 9.7, que exibe as taxas de morte devido à Aids em homens brancos e negros nos Estados Unidos, de 2002 a 2010 (CDC, 2013). Contudo, a HAART parece não ser uma cura, porque as evidências sugerem que o vírus não está eliminado, mas sim permanece inativo em número reduzido; portanto, os pacientes infectados enfrentam uma vida de múltiplas medicações (Buscher e Giordano, 2010; Thompson et al., 2012). Igualmente, a porcentagem de pessoas que desistem da HAART por causa de seus efeitos colaterais graves, tais como náusea e diarreia, é muito elevada – 61% em um estudo (O'Brien et al., 2003; Thompson et al., 2012). Por esse motivo, as recomendações anteriores consistiam em não aplicar o tratamento até que os infectados estivessem em perigo iminente de desenvolver as doenças sintomáticas (Cohen, 2002; Hammer et al., 2006); mas, em vista do sucesso desse regime de tratamento em casos de HIV recém-adquirido, recomenda-se, atualmente, que o tratamento seja iniciado assim que possível após a detecção da infecção e que se acompanhe o paciente de perto para aumentar a aderência ao cronograma da medicação (Mermin e Fenton, 2012; Thompson et al., 2012). Estudos mais recentes têm mostrado que esse regime de tratamento pode prevenir a contaminação do vírus em populações de alto risco (Cohen, 2011; Mermin e Fenton, 2012). Infelizmente, linhagens de HIV resistentes às drogas estão sendo transmitidas.

A Aids, por ser uma doença relativamente nova e levar pelo menos alguns anos para se desenvolver, faz que ainda estejamos aprendendo a respeito de seus fatores, incluindo os possíveis fatores psicológicos, que prolongam a sobrevida (Klimas et al., 2008; Taylor, 2009). Os pesquisadores identificaram um grupo de pessoas que haviam sido expostas repetidamente ao vírus da Aids, mas que não contraíram a doença. Uma distinção importante aplicável a essas pessoas é que seus sistemas imunológicos, particularmente o celular, são muito resistentes (Ezzel, 1993), em parte devido a fatores genéticos (Kaiser, 2006), mas os fatores psicológicos também parecem desempenhar um papel importante. Por exemplo, um estudo demons-

TABELA 9.2 Casos de Aids por modo de transmissão (mundo, 2009; Estados Unidos, 2008). Estimativas percentuais do número total de casos

Categoria de transmissão	Mundo	Estados Unidos
Contato sexual masculino-masculino	5-10%	50%
Uso de droga injetável	10%	17%
Contato sexual masculino-masculino e uso de droga injetável		5%
Contato heterossexual	59-69%	32%
Outros*	16-21%	1%

*Inclui hemofilia, transfusão de sangue, exposição perinatal, transmissão dentro de contextos de cuidados de saúde e riscos não informados ou identificados.

Fonte: Dados mundiais adaptados de Aids epidemic update (UNAIDS, 2009). Dados para os Estados Unidos adaptados de Centers for Disease Control and Prevention, Diagnosis of HIV infection and AIDS in the U.S. and dependent areas, 2008 (HIV Surveillance Report, v. 20, 2010.)

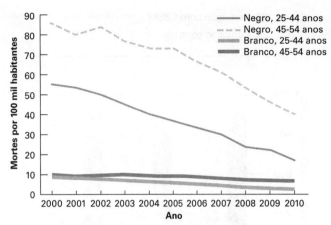

FIGURA 9.7 De 2000 a 2010, as taxas de mortalidade por doença relacionadas ao HIV diminuíram cerca de 70% para os homens negros e brancos com idade entre 25 e 44 anos. As taxas diminuíram em 53% para os homens negros com idade entre 45 e 54 anos e 34% para os homens brancos com idade entre 45 e 54 anos. Durante todo o período, as taxas de mortalidade de homens negros por doença relacionada ao HIV foram pelo menos seis vezes maior do que o índice de homens brancos. (Fonte: Centers for Disease Control and Prevention. [2013]. Human Immunodeficiency Virus (HIV) disease death rates among men aged 25-54 years, by race and age group – national vital statistics. *Morbidity and Mortality Weekly Report*, 62(9), 175.)

trou que as pessoas com o vírus que não progrediram para Aids confiavam muito em seus médicos e tinham forte apoio social de seus entes queridos, fatores que têm sido relacionados a um sistema imunológico mais forte (Ruffin et al., 2012). Portanto, as iniciativas para fortalecer o sistema imunológico podem contribuir para a prevenção da Aids.

Uma vez que os fatores psicológicos influenciam o funcionamento do sistema imunológico, os pesquisadores começaram a examinar se esses fatores influenciam a progressão do HIV. Por exemplo, altos níveis de estresse, depressão e baixos níveis de apoio social têm sido associados com a progressão mais rápida da doença (Leserman, 2008; Leserman et al., 2000). Uma razão para essa progressão mais rápida é que a depressão está fortemente associada à aderência reduzida ao tratamento medicamentoso (Gonzalez, Batchelder, Psaros e Safren, 2011). Mas uma questão ainda mais intrigante é se as intervenções psicológicas podem desacelerar a progressão da doença, mesmo entre aqueles que estão sintomáticos (Cole, 2008; Gore-Felton e Koopman, 2008). De fato, vários estudos importantes indicam que programas cognitivo-comportamentais de gerenciamento de estresse (CBSM) pode ter efeitos positivos sobre os sistemas imunológicos de pessoas que já apresentam sintomas (Antoni et al., 2000; Carrico e Antoni, 2008; Lerner, Kibler e Zeichner, 2013; Lutgendorf et al., 1997). Especificamente, Lutgendorf et al. (1997) utilizaram um programa de intervenção que diminuiu significativamente a depressão e a ansiedade em comparação a um grupo controle que não recebeu o tratamento. Mais importante, houve redução significativa nos anticorpos do vírus herpes simples 2 no grupo de tratamento em comparação ao grupo controle, o que reflete maior capacidade do componente celular do sistema imunológico para controlar o vírus. No estudo de Antoni et al. (2000), 73 homens gays ou bissexuais já infectados pelo HIV e sintomáticos foram designados para um programa CBSM ou para um grupo controle que recebeu tratamento usual sem o programa. Como em estudos anteriores, os homens que receberam o tratamento de gerenciamento de estresse apresentaram níveis de ansiedade, irritação e estresse percebido significativamente menores no pós-tratamento do que aqueles pertencentes ao grupo controle, indicando que o tratamento foi efetivo. Mais importante, um ano após o término da intervenção, os homens que haviam recebido tratamento apresentaram melhor funcionamento do sistema imunológico, conforme indicado pelos níveis mais elevados de células T. Esses resultados estão indicados na Figura 9.8. Da mesma forma, Goodkin et al. (2001) relataram que um tratamento psicológico de dez semanas protegia significativamente contra o aumento da carga viral do HIV, que é um preditor poderoso e confiável da progressão para o desenvolvimento completo da Aids, enquanto o grupo controle não teve esses resultados. Antoni et al. (2006) levaram sua linha de pesquisa mais adiante. Homens HIV positivos no regime medicamentoso HAART receberam dez semanas de treinamento sobre usar adequadamente a medicação, tomando a quantidade exata prescrita e o mais próximo possível dos horários atribuídos. Metade desse grupo também realizou o programa CBSM. Homens que passaram por CBSM de fato exibiram uma redução da carga viral quinze meses após a terapia em comparação com aqueles que realizaram apenas o tratamento com medicação, que não exibiram alterações. Essa diminuição da carga viral resultou principalmente da redução da depressão, o que, por sua vez, reduziu o hormônio do estresse, o cortisol. Portanto, mesmo em um caso de HIV com sintomas em progresso, as intervenções psicológicas podem não somente aumentar a adaptação psicológica, mas também influenciar o funcionamento do sistema imunológico, e esse efeito pode ser de longa duração.

Ainda é muito cedo para afirmar se esses resultados serão suficientemente confiáveis ou persistentes para resultar em maior tempo de sobrevida para os pacientes com Aids, embora os resultados obtidos por Antoni et al. (2000, 2006) sugiram que

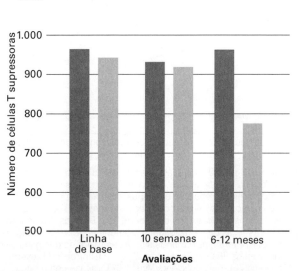

FIGURA 9.8 Médias de células T supressoras/citotóxicas na pré-intervenção (linha de base), na pós-intervenção (10 semanas) e no seguimento (6 a 12 meses) de homens gays HIV positivos designados para o programa cognitivo-comportamental de gerenciamento de estresse (CBSM; n = 47) versus grupo controle (n = 26). (Adaptado de Antoni, M. H. et al. [2000]. Cognitive-behavioral stress management intervention effects on anxiety, 24-hr urinary norepinephrine output, and T-cytotoxic/suppressor cells over time among symptomatic HIV-infected gay men. *Journal of Consulting and Clinical Psychology, 68*, 31-45.)

isso possa acontecer. Uma revisão de ensaios clínicos randomizados investigou a eficiência de intervenções psicológicas na regulação hormonal neuroendócrina e no *status* imunológico em indivíduos HIV positivos, e mostrou pouco apoio à eficácia diferencial de variadas intervenções (Antoni, 2012; Carrico e Antoni, 2008). No entanto, independente da modalidade de tratamento, aqueles bem-sucedidos na melhora do funcionamento psicológico são mais prováveis de ter efeitos benéficos na regulação neuroendócrina e no *status* imunológico. Se o estresse e as variáveis relacionadas *são* clinicamente significativos para a resposta e o funcionamento imunológicos e para a progressão da doença em pacientes infectados pelo HIV, conforme indicado por um número de estudos (Cole, 2008; Leserman, 2008), então as intervenções psicossociais para apoiar o sistema imunológico poderiam aumentar as taxas de sobrevida e, em um cenário mais otimista, impedir a deterioração lenta do sistema imunológico (Carrico e Antoni, 2008; Kennedy, 2000). É claro que as intervenções mais efetivas focariam na alteração do comportamento para prevenir o contágio pelo HIV em primeiro lugar, tais como reduzir o comportamento de risco e promover práticas sexuais seguras (Mermin e Fenton, 2012; Temoshok et al., 2008), particularmente nos grupos minoritários, tais como latinos e afro-americanos (Gonzalez et al., 2009). Além disso, e em vista das disparidades nos cuidados de saúde oferecidos aos grupos socialmente marginalizados mais propensos a adquirir o HIV, são necessárias estratégias de intervenção robustas combinadas e direcionadas a essas populações. Isso incluiria estratégias para que os pacientes fiquem cientes, o mais cedo possível, se são HIV positivos, para que iniciem o tratamento precoce e potencializem a aderência ao tratamento, todos objetivos que dependem principalmente da alteração do comportamento (Grossman et al., 2013). Poucas áreas de estudo na medicina comportamental e na psicologia da saúde requerem mais urgência.

Câncer

Entre os avanços mais surpreendentes em relação ao estudo de transtornos e doenças está a descoberta de que o desenvolvimento e o curso de diferentes variedades de **câncer** estão sujeitos a influências psicossociais (Emery, Anderson e Andersen, 2011; Fagundes et al., 2012; Giese-Davis et al., 2011; Williams e Schneiderman, 2002). Isso resultou em um novo campo de estudo denominado **psico-oncologia** (Antoni e Lutgendorf, 2007; Helgeson, 2005; Lutgendorf, Costanzo e Siegel, 2007). *Oncologia* significa o estudo do câncer. Em um estudo, David Spiegel, psiquiatra da Universidade de Stanford, e colaboradores (Spiegel et al., 1989; Spiegel, 2013) estudaram 86 mulheres com câncer de mama avançado que tinham metástase em outras áreas do organismo e com expectativa de morte em dois anos. Sem dúvida, o prognóstico era muito negativo. Embora Spiegel e colaboradores tivessem pouca esperança de influenciar a doença em si, julgaram que tratar essas pessoas por meio de psicoterapia de grupo poderia aliviar pelo menos parte da ansiedade, da depressão e da dor.

Todas as pacientes receberam atenção médica rotineira voltada ao câncer. Além disso, cinquenta pacientes (de 86) se reuniam em pequenos grupos com o terapeuta para sessões de psicoterapia uma vez por semana. Para surpresa de todos, incluindo o Dr. Spiegel, o período de sobrevida do grupo que se submeteu à terapia foi significativamente maior em comparação ao grupo controle que não fez psicoterapia, mas que se beneficiava de melhores cuidados médicos. O grupo que se submeteu à terapia viveu em média duas vezes mais (aproximadamente, três anos) do que o grupo controle (por volta de dezoito meses). Quatro anos após o início do estudo, um terço das pacientes submetidas à terapia ainda estavam vivas e todas as pacientes que receberam melhores cuidados médicos *sem* terapia haviam morrido. Subsequentemente, uma nova análise cuidadosa do tratamento médico recebido por cada grupo revelou não existir diferenças que pudessem justificar os efeitos do tratamento psicológico (Kogon et al., 1997). Essas constatações não significam que as intervenções psicológicas curaram o câncer avançado. Após dez anos, somente três pacientes do grupo da terapia estavam vivas.

Estudos posteriores pareciam apoiar essas descobertas sobre o aumento da sobrevida e a redução da recorrência em diferentes tipos de câncer (Fawzy, Cousins, et al., 1990; Fawzy, Kemeny, et al., 1990). Porém, outros estudos não replicaram a descoberta de que os tratamentos psicológicos prolongam a vida (Coyne, Ste-

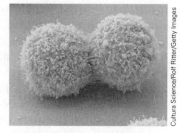

▲ Célula de câncer de mama.

Apoio e educação para o câncer de mama

"As mulheres que apresentavam baixa autoestima, imagem corporal ruim, sentimentos de baixo controle, pouco otimismo e falta de apoio em casa foram ainda mais propensas a se beneficiar de uma intervenção educativa."

fanek e Palmer, 2007). Um estudo confirmou que os tratamentos psicológicos reduziram a depressão e a dor e aumentaram o bem-estar, mas não encontrou efeitos desse tratamento que melhorassem a sobrevida (Goodwin et al., 2001).

Em outro estudo importante, Andersen et al. (2008) alocaram, randomicamente, 227 pacientes que haviam sido tratadas cirurgicamente o câncer de mama em uma intervenção psicológica e de avaliação, ou em uma condição apenas de avaliação. A intervenção incluiu estratégia para reduzir o estresse, melhorar o humor, alterar importantes comportamentos de saúde (reduzir o fumo, aumentar os exercícios físicos etc.) e manter a aderência ao tratamento e cuidados do câncer. O tratamento foi bem-sucedido na redução do estresse e no aumento do humor positivo e do comportamento saudável (Andersen et al., 2007). Mais importante, após uma média de onze anos de seguimento, as pacientes que receberam intervenção psicológica reduziram seu risco de morte por câncer de mama em 56% e seu risco de recorrência em 45%, apoiando novamente o potencial de aumento da sobrevida dos pacientes por meio de tratamentos psicológicos (ver a Figura 9.9). Da mesma forma, os efeitos positivos da redução dos sintomas depressivos na sobrevida dos pacientes com câncer de mama metastático foram demonstrados (Giese-Davis et al., 2011).

Como resultado desses estudos, o tratamento psicossocial para vários tipos de câncer, reduzir o estresse, melhorar a qualidade de vida, e talvez até melhorar a sobrevida e reduzir a recorrência, está agora mais prontamente disponível (Jacobsen e Andrykowski, 2015; Lewis et al., 2015; Lutgendorf e Andersen, 2015; Manne e Ostroff, 2008; McDonald, O'Connell e Suls, 2015; Penedo, Antoni e Schneiderman, 2008). O sucesso inicial desses tratamentos psicológicos na extensão da sobrevida, em pelo menos alguns estudos, gerou um grande interesse no modo exato como eles funcionam (Antoni et al., 2009; Antoni e Lutgendorf, 2007; Emery et al., 2011; Nemeroff, 2013). As possibilidades incluem melhores hábitos de saúde, mais aderência ao tratamento médico, melhor funcionamento endócrino e resposta ao estresse, todos os quais podem melhorar a função imunológica (Antoni et al., 2006, 2009; Foley et al., 2010; Emery et al., 2011; Nezu et al., 1999). Por exemplo, a experiência de um evento de vida gravemente estressante no ano anterior, particularmente em indivíduos com relações precoces problemáticas com seus pais, predisseram maior diminuição da reatividade do sistema imunológico a um tumor carcinoma basocelular (câncer de pele) (Fagundes et al., 2012). Assim, qualquer situação que promova relações mais próximas e de maior apoio aos pacientes com câncer é muito importante, porque pode amenizar o estresse (Hostinar, Sullivan e Gunnar, 2013) e desacelerar a progressão da doença (Antoni et al., 2006; Foley et al., 2010; Nezu et al., 1999). Existem ainda evidências preliminares de que os fatores psicológicos podem contribuir não apenas para o *curso*, mas também para o *desenvolvimento* do câncer e de outras doenças (Antoni e Lutgendorf, 2007; Lutgendorf et al., 2007). A percepção da falta de controle, as respostas de enfrentamento inadequadas, os eventos da vida altamente estressantes ou o uso de respostas de enfrentamento inapropriadas (tal como a negação) podem todos contribuir para o desenvolvimento do câncer, provavelmente por meio de mudanças na função imune e também por meio da regulação da atividade dos vírus causadores de câncer, dos processos de reparo do ácido desoxirribonucleico (DNA) e da expressão dos genes que controlam o crescimento de tumores (Antoni e Lutgendorf, 2007; Lutgendorf et al., 2007; Nemeroff, 2013). Por exemplo, o estresse psicológico crônico está associado ao envelhecimento celular avançado, que pode ocorrer por causa do encurtamento dos telômeros, que são complexos de proteína e DNA localizados nas extremidades dos cromossomos que o protegem contra danos externos. Mas, novamente, não é o nível absoluto de estresse que é responsável pelo envelhecimento celular, mas as interpretações negativas e a avaliação das situações estressantes (O'Donovan et al., 2012).

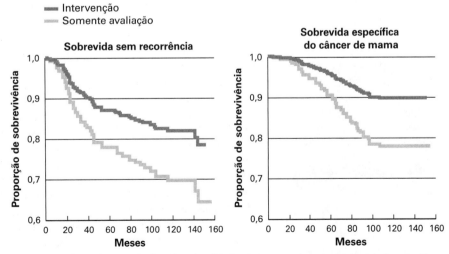

FIGURA 9.9 Taxas de recorrência e de sobrevida em meses seguindo uma intervenção psicológica para câncer de mama. (De Andersen et al. [2008]. Psychologic intervention improves survival for breast cancer patients. *Cancer, 15,* 3456.)

Esses estudos também renovaram a ênfase sobre um resultado negligenciado do câncer; isto é, algumas pessoas descobrem que pode haver consequências positivas. Por exemplo, muitos pacientes com câncer de mama apresentam objetivos de vida aprimorados, aprofundamento da espiritualidade, laços mais estreitos com os outros e as mudanças nas prioridades de vida (Lechner e Antoni, 2004; Park et al., 2008; Yanez et al., 2009). Essas experiências têm sido chamadas "percepção de benefício" (*benefit finding*) e podem refletir os tipos de traços, tais como habilidades de enfrentamento, sensação de controle e otimismo que fundamentam a resiliência e reduzem os efeitos nocivos do estresse (Bower, Moskowitz e Epel, 2009). São esses traços e habilidades que estão entre os objetivos mais importantes do tratamento psicológico. Antoni et al. (2006) visaram esses objetivos em 199 mulheres com câncer de mama não metastático sob o programa CBSM e encontraram uma melhora substancial da qualidade de vida no ano seguinte ao tratamento.

Fatores psicológicos também são proeminentes no tratamento e na recuperação do câncer em crianças (Kazak e Noll, 2015). Muitos tipos de câncer requerem procedimentos médicos invasivos e dolorosos; o sofrimento pode ser muito difícil de suportar, não somente para as crianças, mas também para os pais e profissionais da saúde. Em geral, as crianças se debatem e choram. Então, para completar muitos dos procedimentos, precisam ser imobilizadas fisicamente. Não é apenas esse comportamento que interfere na conclusão bem-sucedida do procedimento, mas também o estresse e a ansiedade associados a repetidos procedimentos dolorosos. Os procedimentos psicológicos criados para reduzir a dor e o estresse nessas crianças incluem exercícios de respiração, filmes mostrando exatamente o que acontece visando eliminar a incerteza quanto ao procedimento e ensaio dos procedimentos com bonecos, tudo para tornar as intervenções mais toleráveis e, portanto, mais bem-sucedidas em pacientes infantis (Brewer et al., 2006; Hubert et al., 1988). Grande parte desse trabalho se baseia nos esforços pioneiros de Barbara Melamed e colaboradores, que demonstraram a importância de incorporar procedimentos psicológicos aos cuidados médicos dispensados às crianças, particularmente àquelas que serão submetidas à cirurgia (ver, por exemplo, Melamed e Siegel, 1975). Seja como for, os psicólogos da infância estão fazendo uso mais rotineiro desses procedimentos.

A redução do estresse nos pais que poderiam oferecer um maior apoio é importante, pois quase todos os pais desenvolvem sintomas de estresse pós-traumático após ouvirem que seus filhos têm câncer (Kazak et al., 2005). Sahler et al. (2005) trataram mães de crianças com câncer recém-diagnosticadas utilizando uma intervenção cognitivo-comportamental de resolução de problemas e compararam os resultados ao tratamento usual disponível para essas mães. As mães que participaram dessa intervenção se tornaram menos negativas, menos estressadas e solucionaram melhor os problemas, certamente um resultado positivo para pais que precisam lidar com a tragédia do câncer em seus próprios filhos.

Problemas cardiovasculares

O *sistema cardiovascular* abrange coração, vasos sanguíneos e complexos mecanismos de controle para a regulação de suas funções. Muitas coisas podem dar errado nesse sistema e resultar em **doença cardiovascular.** Por exemplo, várias pessoas, particularmente indivíduos mais idosos, sofrem **derrame**, também denominado **acidente vascular cerebral (AVC)**. O AVC é um bloqueio temporário dos vasos sanguíneos que irrigam o cérebro, ou a ruptura de vasos sanguíneos no cérebro que resulta em dano cerebral temporário ou permanente e em perda e/ou prejuízo de funcionamento. As pessoas com a doença de Raynaud perdem a circulação nas partes periféricas do corpo, como dedos das mãos e dos pés; em razão disso, sentem dor e sensação de frio contínua nesses locais. Os problemas cardiovasculares que atualmente recebem maior atenção são hipertensão e doença cardíaca coronariana; nós examinaremos ambas. Foi mostrado que a responsividade aumentada ao estresse mental agudo tem efeitos adversos na saúde cardiovascular (Chida e Steptoe, 2010). Mas o estresse crônico e fatores de personalidade também são muito importantes. Considere o caso de John.

JOHN... Vulcão humano

John é um executivo de 55 anos, casado, com dois filhos adolescentes. Durante a maior parte de sua vida adulta, ele fumou cerca de um maço de cigarros por dia. Embora mantenha uma agenda intensa e ativa, é ligeiramente obeso, devido, em parte, às constantes refeições com parceiros de negócios e colegas. Desde os 42 anos, vem tomando diversos medicamentos para pressão alta. O médico de John o advertiu várias vezes para diminuir o número de cigarros e praticar exercícios com mais frequência, especialmente porque o pai de John morreu de ataque cardíaco. Embora John tenha episódios de dor no peito, ele mantém seu atarefado e estressante estilo de vida. Ele sente dificuldade para diminuir o ritmo em razão do excelente desempenho de sua empresa nos últimos dez anos.

Além disso, John acredita que a vida é muito curta, assim, não há tempo para diminuir o ritmo. Ele tem muito pouco contato com a família e trabalha até tarde na maioria dos dias. Mesmo quando está em casa, John normalmente trabalha durante a noite. Ele dificilmente relaxa, pois sempre sente urgência constante de fazer o maior número de coisas possível e prefere trabalhar em diversas tarefas ao mesmo tempo. Por exemplo, muitas vezes John

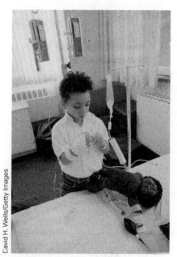

▲ A preparação psicológica reduz o sofrimento e facilita a recuperação de crianças submetidas à cirurgia.

lê o rascunho de um documento, participa de uma conversa telefônica e almoça simultaneamente. Ele atribui grande parte do sucesso de sua empresa a seu estilo de trabalho. Apesar do sucesso, John não é estimado por seus colaboradores. Seus sócios o consideram autoritário, frustra-se facilmente e, às vezes, é até hostil. Seus subordinados, em particular, alegam que ele é exageradamente impaciente e crítico em relação ao desempenho deles.

Você considera que John tem um problema? A maioria das pessoas reconheceria que os comportamentos e as atitudes dele tornam sua vida desagradável e até em risco. Alguns desses comportamentos e atitudes parecem agir diretamente no sistema cardiovascular e podem resultar em hipertensão e doença cardíaca coronariana. A personalidade de John poderia ser descrita como uma personalidade do tipo A. Nós voltaremos a isso mais adiante, quando discutirmos doenças cardíacas coronárias.

Hipertensão

A **hipertensão** (pressão sanguínea elevada) constitui um fator de risco importante não só para AVC e doença cardíaca, mas também para doenças renais. Isso torna a hipertensão uma condição médica extremamente preocupante. A pressão sanguínea aumenta quando os vasos sanguíneos que chegam aos órgãos e áreas periféricas se contraem (tornam-se mais estreitos), forçando o aumento da quantidade de sangue nos músculos das partes centrais do organismo. Em virtude de um grande número de vasos sanguíneos terem se contraído, os músculos do coração precisam trabalhar com mais intensidade para forçar o sangue a fluir para todas as partes do organismo, causando o aumento da pressão. Esses fatores produzem desgaste nos vasos sanguíneos em contração contínua e resultam em doenças cardiovasculares. Uma pequena porcentagem de casos de hipertensão pode ser relacionada a anormalidades físicas específicas, como doenças renais ou tumores nas glândulas suprarrenais (Chobanian et al., 2003; Papillo e Shapiro, 1990), porém a esmagadora maioria (próximo a 90%) não apresenta causa física identificável e é considerada um caso de **hipertensão essencial**. A pressão sanguínea é definida como elevada, segundo a Organização Mundial da Saúde, se o valor exceder 160/95 (Papillo e Shapiro, 1990), embora 140/90 ou acima seja motivo de preocupação e normalmente mais utilizado para definir hipertensão (Chobanian et al., 2003; James et al., 2013; Taylor, 2009; Wolf-Maier et al., 2003). O primeiro número reflete a *pressão sanguínea sistólica*, isto é, a pressão quando o coração bombeia sangue. O segundo número reflete a *pressão sanguínea diastólica*, isto é, a pressão quando o coração está em repouso. Os aumentos da pressão diastólica parecem ser mais preocupantes no que diz respeito ao risco de doença.

De acordo com um levantamento abrangente, 27,6% das pessoas entre 35 e 64 anos sofrem de hipertensão na América do Norte, com um alarmante valor correspondente de 44,2% em seis países europeus (Wolf-Maier et al., 2003). Uma pesquisa examinou as taxas de hipertensão por região nos Estados Unidos e encontrou uma prevalência média impressionante de 38% para homens e 40% para mulheres (Olives et al., 2013). Esses dados, juntamente com a porcentagem de pessoas que tratam e controlam a hipertensão por raça, estão apresentados na Tabela 9.3. Esses números são extraordinários quando se considera que a hipertensão contribui para um grande número de doenças fatais, sendo denominada "assassina silenciosa" porque existem poucos – se algum – sintomas e muitas pessoas nem sabem que a têm. Esses números são muito mais elevados do que para qualquer transtorno psicológico específico. Os dados que apresentam a relação entre hipertensão e risco de morte provocada por AVC em cada país são exibidos na Figura 9.10. Esses dados ilustram que a hipertensão está associada à mortalidade prematura. Até mais marcante é o fato de

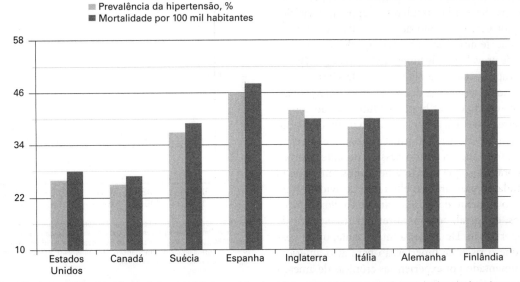

FIGURA 9.10 Prevalência (por 100 mil habitantes) da mortalidade por hipertensão *versus* acidente vascular cerebral em seis países europeus e dois da América do Norte, em homens e mulheres entre 35 e 64 anos, idade ajustada. Em oito países desenvolvidos, as taxas mais elevadas de hipertensão foram geralmente associadas à maior mortalidade por acidente vascular cerebral. (Adaptado de Wolf-Maier, K. et al. (2003). Hypertension prevalence and blood pressure levels in six European countries, Canada, and the United States. *JAMA: Journal of the American Medical Association, 289*, 2367 [Figure 4], ©2003 American Medical Association.)

TABELA 9.3 — Prevalência, tratamento e controle da hipertensão entre adultos norte-americanos, 2001-2009

	Prevalência 2001	Prevalência 2009	Tratamento 2001	Tratamento 2009	Controle 2001	Controle 2009
Homens	32,58	37,56	64,96	73,05	47,25	57,69
	(23,56-47,25)	(26,53-54,43)	(44,74-75,03)	(55,04-82,01)	(32,03-55,49)	(43,42-65,86)
Brancos	32,35	37,23	64,17	72,29	49,32	58,63
	(23,75-40,93)	(26,83-46,95)	(41,72-74,75)	(51,04-82,23)	(29,89-58,1)	(39,37-66,31)
Negros	45,57	50,84	64,73	72,24	47,07	55,68
	(34,94-54,97)	(38,67-60,92)	(43,41-74,78)	(52,19-81,77)	(29,24-54,96)	(38,12-62,7)
Hispânicos	33,65	38,13	58,99	67,41	40,95	50,46
	(25,03-42,10)	(2772-4770)	(3721-70,32)	(45,86-78,67)	(23,37-49,83)	(31,84-58,84)
Outros	36,48	41,39	61,7	69,86	45,87	55,1
	(27,27-45,29)	(30,43-51,22)	(39,63-72,52)	(48,56-80,28)	(27,26-54,61)	(36,22-62,95)
Mulheres	36,94	40,08	67,56	74,08	43,83	57,06
	(26,75-52,97)	(28,52-5788)	(50,87-81,53)	(57,68-86,43)	(30,86-53,48)	(43,04-65,46)
Brancas	35,69	38,85	68,95	75,53	43,2	57,93
	(26,6-42,95)	(28,35-48,01)	(51,62-78,76)	(59,06-84,53)	(29,78-53,46)	(43,98-67,66)
Negras	50,6	54,39	80,32	84,8	50,46	63,7
	(39,16-58,89)	(41,85-64,18)	(67,44-86,65)	(73,72-90,13)	(39,55-58,13)	(54,29-69,86)
Hispânicas	39,19	42,64	69,11	75,8	45,23	59,53
	(29,58-46,7)	(31,68-51,98)	(51,96-78,82)	(59,76-84,53)	(31,61-55,32)	(45,81-68,76)
Outras	42,66	46,03	65,12	71,98	42,16	56,10
	(33,19-50,01)	(35,27-55,16)	(4755-75,51)	(55,03-81,64)	(28,48-52,52)	(41,77-65,98)

Fonte: Adaptado de Olives, C. et al. (2013). Prevalence, awareness, treatment, and control of hypertension in United States counties, 2001-2009. *PLoS One*, 8(4), e60308. Nota: *Prevalência* refere-se às taxas de hipertensão em 2009; *Tratamento* refere-se às taxas de hipertensão tratada; e lista *Controle* refere-se às taxas de controle da hipertensão (Pressão Arterial sistólica < 140mmHg).

que os afro-americanos, homens e mulheres, apresentam 1,5 a 2 vezes mais chances em relação aos brancos de desenvolver hipertensão (CDC, 2011; Egan et al., 2010; Lewis et al., 2006; Yan et al., 2003). Além disso, entre as pessoas com hipertensão e outras preocupações cardiovasculares, grupos minoritários apresentam o pior gerenciamento dessas condições em comparação com os norte-americanos brancos (McWilliams et al., 2009). As taxas de prevalência de hipertensão em negros, brancos e latinos são apresentadas na Figura 9.11. Mais importante, os afro-americanos têm cinco a dez vezes mais doenças vasculares hipertensivas do que os brancos. Outro estudo confirmou que a hipertensão é o principal distúrbio de preocupação na população afro-americana (Safford et al., 2012). Saab et al. (1992) demonstraram em um estudo clássico, durante testes de estresse em laboratórios, que os afro-americanos sem pressão sanguínea elevada apresentaram melhor responsividade vascular, incluindo o aumento da pressão sanguínea. Portanto, os afro-americanos, em geral, podem correr um risco maior de desenvolver hipertensão. De maneira interessante, outra pesquisa sugeriu que o risco de hipertensão para afro-americanos pode ser aumentado por experiências crônicas de ameaça do estereótipo (ou seja, situações nas quais uma pessoa sinta medo de que confirmará as crenças negativas sobre seu grupo demográfico), o que aumenta a pressão sanguínea durante e após a experiência (Blascovich et al., 2001).

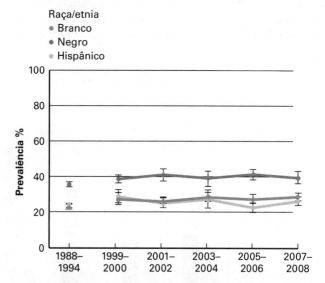

Os dados são apresentados como médias com intervalos de confiança de 95% (barras de erros). Para todas as curvas, p < 0,05 para a mudança ao longo do tempo entre 1988-1994 e 2007-2008, com exceção da prevalência de hipertensão na raça hispânica (p = 0,65), prevalência da hipertensão em mulheres (P = 0,10) e consciência da hipertensão em mulheres (p = 0,09).

FIGURA 9.11 Prevalências clínicas de hipertensão por raça em blocos de dois anos para 1988-1994 e 1999-2008. (De Egan et al. [2010]. U.S. trends in prevalence, awareness, treatment, and control of hypertension, 1988-2008. *JAMA: Journal of the American Medical Association*, 303, 2048.)

Não é surpresa que existem contribuições biológicas, psicológicas e sociais para o desenvolvimento dessa doença potencialmente mortal. Está claro há muito tempo que a hipertensão ocorre em famílias e muito provavelmente está sujeita a influências genéticas marcantes (por exemplo, Padmanabhan, Caufrield e Dominiczak, 2015). Quando estressadas em laboratório, até as pessoas com pressão sanguínea *normal* apresentam maior reatividade em sua pressão sanguínea caso seus pais tenham pressão sanguínea elevada em comparação às pessoas com pressão normal cujos pais também tenham pressão sanguínea normal (Clark, 2003; Fredrikson e Matthews, 1990). Em outras palavras, não é preciso muito para ativar uma vulnerabilidade herdada para hipertensão. Os filhos de pais com hipertensão correm o dobro de risco de desenvolver hipertensão quando crianças do que os filhos de pais com pressão sanguínea normal (Taylor, 2009). Contudo, outros estudos apontaram que a genética (ao contrário de outros fatores relatados, tal como educação) pode não ser a única causa; variações genéticas específicas contribuem apenas para uma pequena porcentagem do risco de hipertensão (Kurtz, 2010).

Estudos que analisam as causas neurobiológicas da hipertensão focam em dois fatores básicos para a regulação da pressão sanguínea: atividade do sistema nervoso autônomo e mecanismos reguladores do sódio nos rins. Quando a parte simpática do sistema nervoso autônomo torna-se ativa, uma consequência é a contração dos vasos sanguíneos, o que produz maior resistência à circulação, isto é, a pressão sanguínea se eleva (Chida e Steptoe, 2010; Joyner, Charkoudian e Wallin, 2010). Em virtude de o sistema nervoso simpático ser bastante responsivo ao estresse, muitos pesquisadores assumiram há muito tempo que o estresse é um contribuinte importante para a hipertensão essencial. A regulação do sódio e da água, uma das funções dos rins, também é importante para regular a pressão sanguínea. Reter muito sal aumenta o volume de sangue e a pressão sanguínea. Essa é uma das razões por que se recomenda às pessoas com hipertensão moderar o consumo de sal.

Fatores psicológicos, como personalidade, estilo de enfrentamento e, novamente, nível de estresse, têm sido usados para explicar as diferenças individuais na pressão arterial (Lehman et al., 2009; Taylor, 2009; Winters e Schneiderman, 2000). Além disso, apoio social surge como um importante contribuinte para a saúde cardiovascular (Cuffee et al., 2014; Hawkley et al., 2010). Assim como solidão, depressão e sentimento de incontrolabilidade são fatores psicológicos que contribuem para problemas cardiovasculares (Wooley e Wong, 2013), enquanto felicidade e otimismo estão associados com saúde cardiovascular (Boehm e Kubzansky, 2012). Por exemplo, um estudo com casais casados observou que a prática de "toque caloroso" (toque afetuoso frequente) como uma forma de comunicar amor e apoio diminuiu significativamente a pressão arterial (Holt-Lunstad, Birmingham e Light, 2008). Da mesma forma, foi demonstrado que o abraço tem um efeito de atenuação do estresse e pode evitar o surto e reduzir a gravidade dos sintomas de uma infecção viral (Cohen et al., 2015).

Um estudo de longo prazo identificou dois fatores psicológicos, cada um dos quais quase dobra o risco de hipertensão: hostilidade, particularmente em relações interpessoais, e sensação de pressa ou impaciência. Para chegar a essa conclusão, mais de 5 mil adultos (incluindo negros e brancos) foram acompanhados durante quinze anos no estudo Coronary Artery Risk Development in Young Adults (CARDIA) (Yan et al., 2003). É provável que a combinação desses dois fatores represente um risco até mais poderoso. Igualmente, a raiva e a hostilidade têm sido associadas com aumento da pressão sanguínea em laboratório e em contextos aplicados (Brondolo et al., 2009; Mezick et al., 2010; Miller et al., 1996).

A noção de que hostilidade, ou hostilidade reprimida, prediz hipertensão (e outros problemas cardiovasculares) teve origem com Alexander (1939), que sugeriu que uma incapacidade para expressar raiva poderia resultar em hipertensão e outros problemas cardiovasculares. O que pode ser mais importante não é a raiva ser suprimida, mas, de preferência, com que frequência a raiva e a hostilidade são sentidas em situações estressantes e expressas a outros (Brondolo et al., 2009; Miller et al., 1996; Winters e Schneiderman, 2000). Vamos voltar ao caso de John por um momento. John claramente sofria de hipertensão. É possível detectar qualquer raiva no estudo de caso de John? A hipertensão de John pode muito bem ser relacionada a seu estilo de vida estressante, ao nível de frustração e à hostilidade. A capacidade para controlar a raiva expressando esses sentimentos de forma construtiva está associada à pressão sanguínea marcadamente mais baixa na população geral (Haukkala et al., 2010; Taylor, 2009), indicando que essa habilidade também pode ajudar os pacientes com hipertensão. Então as causas da hipertensão parecem incluir a interação da alta reatividade ao estresse (possivelmente com base genética), alta exposição ao estresse, e habilidades de enfrentamento e reação inapropriadas, geralmente envolvendo hostilidade e raiva (Brondolo et al., 2009; al'Absi e Wittmers, 2003; Taylor, 2009).

Doença cardíaca coronariana

Não é surpresa que fatores psicológicos e sociais contribuem para a pressão sanguínea elevada, porém mudanças de comportamento e atitudes podem prevenir ataques cardíacos? As respostas ainda não são claras, mas evidências crescentes indicam que fatores psicológicos e sociais estão envolvidos na doença cardíaca coronariana (Kivimaki et al., 2012; Clark et al., 2012; Emery et al., 2011; Gulliksson et al., 2011; Winters e Schneiderman, 2000). Por que isso é importante? Doença cardíaca é a causa principal de morte nas culturas ocidentais, conforme observado na Tabela 9.1.

A **doença cardíaca coronariana (DCC)** é um bloqueio das artérias que fornecem sangue ao músculo cardíaco (*miocárdio*). Essa doença cardíaca é descrita por vários termos. A dor no peito resultante da obstrução parcial das artérias é denominada *angina pectoris*, ou apenas *angina*. A *aterosclerose* ocorre quando uma substância gordurosa ou uma placa

▲ Afro-americanos sofrem de hipertensão em números desproporcionalmente altos.

de gordura acumula-se dentro das artérias e causa obstrução. *Isquemia* é a designação para a falta de sangue em uma parte do organismo que ocorre pelo estreitamento das artérias devido ao excesso de placas. E *infarto do miocárdio* ou *ataque cardíaco* é a morte de tecido cardíaco quando uma artéria específica é completamente obstruída por placas. As artérias podem estreitar ou ser bloqueadas por diversas razões distintas da formação de placas. Por exemplo, um coágulo sanguíneo pode alojar-se na artéria.

Parece claro que herdamos uma vulnerabilidade à DCC (e a muitos outros transtornos físicos), e outros fatores como dieta, exercícios físicos e cultura são contribuições muito importantes para nossa condição cardiovascular (Allender et al., 2007; Cuffee et al., 2014). Entretanto, quais são os fatores psicológicos que contribuem para a DCC?

Diversos estudos indicam enfaticamente que estresse, ansiedade e irritação, combinados com poucas aptidões e apoio social reduzido, têm implicação na DCC (Jiang et al., 2013; Emery et al., 2011; Matthews, 2005; Suls e Bunde, 2005; Taylor, 2009). O estresse grave, como ao saber que um membro da família faleceu de maneira repentina, pode levar a uma condição chamada *atordoamento miocárdico*, que basicamente é uma insuficiência cardíaca (Wittstein et al., 2005). Algumas evidências sugerem que ataques cardíacos em resposta a desencadeadores emocionais, embora raros, são encontrados com frequência desproporcional entre indivíduos com alta afetividade negativa e inibição social prévios (Compare et al., 2013). Alguns estudos indicam que mesmo homens saudáveis que passam por estresse têm maior probabilidade de ter DCC do que grupos menos estressados (Rosengren, Tibblin e Wilhelmsen, 1991). Para esses indivíduos, os procedimentos de redução de estresse podem resultar em uma técnica preventiva importante.

Existem muitas evidências quanto ao valor dos procedimentos de redução de estresse na prevenção de ataques cardíacos futuros e prolongamento da vida (Orth-Gomer et al., 2009; Emery et al., 2011; Williams e Schneiderman, 2002). Em um trabalho que resume os resultados de 37 estudos e usa procedimentos analíticos que combinam os resultados desses estudos (metanálise), os efeitos dos programas de redução do estresse sobre a DCC foram bem evidentes. Especificamente, esses estudos resultaram na redução de 34% nas mortes por ataque cardíaco; na diminuição de 29% na recorrência de ataques cardíacos e em um efeito positivo considerável sobre a pressão sanguínea, os níveis de colesterol, o peso corporal e outros fatores de risco para a DCC (Dusseldorp et al., 1999). Estudos clínicos confirmaram os benefícios da terapia cognitivo-comportamental (TCC) com foco na redução do estresse e exercício físico na redução do sofrimento emocional e melhora da função cardíaca e risco para futuros ataques em um grupo de indivíduos com doença cardíaca estabelecida (Blumenthal et al., 2005; Gulliksson et al., 2011). Por exemplo, o estudo de Gulliksson et al. (2011) mostrou que um programa de TCC focando no manejo do estresse pode prevenir os problemas cardíacos recorrentes em pacientes que tiveram seus primeiros eventos cardiovasculares. Esse estudo randomizou 362 homens e mulheres com 75 anos ou menos, após um evento de doença cardíaca coronária, para receber vinte sessões de TCC adicionalmente aos cuidados tradicionais, ou apenas os cuidados tradicionais. Durante o período de acompanhamento de 94 meses, os pacientes que receberam a TCC apresentaram uma taxa 41% menor de recorrência fatal ou não fatal de eventos cardiovasculares (como um derrame ou ataque cardíaco) do que os que receberam apenas o atendimento tradicional. Resultados semelhantes foram relatados em um estudo sueco (Orth-Gomer et al., 2013), que randomizou 237 mulheres com 75 anos ou menos, e com um primeiro evento cardiovascular, para receber a TCC para redução de estresse ou tratamento usual. Aproximadamente sete anos após a randomização, as pacientes do grupo TCC tiveram três vezes mais probabilidade de sobreviver do que as pessoas do grupo de tratamento usual.

Isso nos conduz a uma pergunta importante: podemos identificar, antes de um ataque, pessoas submetidas a um estresse intenso a ponto de torná-las suscetíveis a um primeiro ataque cardíaco? A resposta parece ser sim, porém é mais complexa do que pensávamos inicialmente.

Pesquisadores clínicos constataram, há décadas, que certos grupos de pessoas adotam um conjunto de comportamentos em situações estressantes que parecem deixá-las em um risco considerável de DCC. Esses comportamentos incluem impulso competitivo em excesso, sensação de estar sempre pressionado pelo tempo, impaciência, quantidades incríveis de energia que podem se mostrar como discurso e atividade motora acelerados e surtos de raiva. Esse conjunto de comportamentos, conhecido como **padrão de comportamento tipo A**, foi identificado por dois cardiologistas, Meyer Friedman e Ray Rosenman (1959, 1974). O **padrão de comportamento tipo B**, também descrito por esses clínicos, aplica-se a pessoas que basicamente não possuem nenhum dos atributos do tipo A. Em outras palavras, o indivíduo tipo B é mais relaxado, menos preocupado com datas a serem cumpridas e raramente sente a pressão ou, talvez, a excitação dos desafios ou da ambição.

O conceito de personalidade ou padrão de comportamento tipo A é amplamente aceito em nossa cultura ambiciosa e orientada a metas. De fato, alguns estudos iniciais concordaram que o conceito do padrão de comportamento tipo A coloca as pessoas em risco de DCC (Friedman e Rosenman, 1974; Matthews, 2013), e os elementos individuais do padrão de comportamento tipo A, tais como a raiva, continuam a ser considerados como risco cardiovascular aumentado (Chida e

▲ Tanto o padrão de comportamento tipo A como a DCC parecem ser determinados culturalmente.

Steptoe, 2009). Mas a evidência mais convincente originou-se de dois grandes estudos prospectivos que acompanharam milhares de pacientes durante um longo período a fim de determinar a relação de seu comportamento com a doença cardíaca. O primeiro estudo foi o Western Collaborative Group Study (WCGS). Nesse projeto, 3.154 homens saudáveis, entre 39 e 59 anos, foram entrevistados no início do estudo para determinar os seus padrões comportamentais típicos. Eles foram acompanhados por oito anos. A constatação básica foi de que os homens que tinham o padrão de comportamento tipo A, no início do estudo, tiveram probabilidade no mínimo duas vezes maior de desenvolver DCC em comparação aos homens com o padrão de comportamento tipo B. Quando os pesquisadores analisaram os dados relativos aos homens mais jovens (entre 39 e 49 anos), os resultados foram marcantes, pois a DCC ocorreu seis vezes mais no grupo tipo A do que no grupo tipo B (Rosenman et al., 1975).

Uma segunda pesquisa importante é o Framingham Heart Study, que está em andamento há mais de 40 anos (Haynes, Feinleib e Kannel, 1980) e nos ensinou muito do que conhecemos sobre o desenvolvimento e o curso da DCC. Nesse estudo, 1.674 homens e mulheres saudáveis foram classificados em função do padrão de comportamento tipo A ou tipo B e acompanhados durante oito anos. Novamente, homens e mulheres com o padrão de comportamento tipo A eram duas vezes mais suscetíveis ao desenvolvimento de DCC em comparação com os do tipo B (no caso dos homens, o risco era quase três vezes maior). No caso das mulheres com padrão de comportamento tipo A, a probabilidade de desenvolver DCC foi mais alta para aquelas com menor nível de educação (Eaker, Pinsky e Castelli, 1992).

Estudos baseados em população na Europa replicaram esses resultados (De Backer et al., 1983; French-Belgian Collaborative Group, 1982). É interessante o fato de que um estudo amplo com japoneses do sexo masculino conduzido no Havaí *não* tenha replicado essas constatações (Cohen e Reed, 1985). Na realidade, a prevalência do padrão de comportamento tipo A entre homens japoneses é muito menor do que entre homens nos Estados Unidos (18,7% *versus* aproximadamente 50%). De modo similar, a prevalência da DCC é igualmente baixa em homens japoneses (4% em comparação com 13% em homens norte-americanos no estudo Framingham) (Haynes e Matthews, 1988). Em um estudo que demonstra mais os efeitos da cultura, 3.809 nipo-americanos foram classificados em grupos de acordo com o quanto eram "tradicionalmente japoneses" (em outras palavras, se falavam japonês em casa, cultivavam os valores e comportamentos tradicionais e assim por diante). Os nipo-americanos que eram "mais japoneses" tinham a menor incidência de DCC, não significativamente diferente dos homens japoneses no Japão. Em contraste, o grupo que era "menos japonês" tinha a incidência de DCC três a cinco vezes maior (Marmot e Syme, 1976; Matsumoto, 1996). Evidentemente, as diferenças socioculturais são importantes.

Apesar dos resultados positivos, pelo menos nas culturas ocidentais, o conceito do padrão de comportamento tipo A provou ser muito mais complexo do que os cientistas haviam previsto. Primeiro, é muito difícil determinar, com base em entrevistas estruturadas, questionários ou outras medidas desse constructo, se uma pessoa é do tipo A, pois, frequentemente,

as medidas diferem entre si. Muitas pessoas têm algumas das características do padrão tipo A, mas não todas, e outras apresentam uma mescla dos tipos A e B. A noção de que podemos dividir o mundo em dois tipos de pessoas – uma suposição que fundamentou a base dos trabalhos iniciais nessa área – foi abandonada há muito tempo. Como resultado, estudos mais recentes não confirmaram a relação entre seus padrões de comportamento tipo A e a DCC (Dembroski e Costa, 1987; Hollis et al., 1990).

O papel das emoções negativas crônicas

Nesse ponto, os pesquisadores decidiram que algo poderia estar errado com o constructo do padrão tipo A em si (Matthews, 1988; Rodin e Salovey 1989). Foi desenvolvido um consenso geral de que alguns comportamentos e emoções representativos da personalidade tipo A poderiam ser muito importantes no desenvolvimento das DCC, mas não todos eles. Um fator que parece ser responsável por grande parte da relação tipo A – DCC é a raiva (Chida e Steptoe, 2009; Miller et al., 1996), o que não será surpresa caso você leia o estudo de Ironson no Capítulo 2 e a seção anterior sobre hipertensão. Conforme abordado, Ironson et al. (1992) compararam o aumento dos batimentos cardíacos quando instruíam as pessoas com doença cardíaca a imaginarem situações ou eventos cotidianos que as deixaram irritadas e o número de batimentos cardíacos quando imaginassem outras situações, como exercícios físicos. Eles constataram que a raiva prejudicou a eficiência do bombeamento do coração, colocando esses indivíduos em situações de risco devido aos perigosos distúrbios no ritmo cardíaco (arritmias). Esse estudo confirma resultados anteriores relacionando a experiência frequente de raiva à DCC posterior (Houston et al., 1992; Smith, 1992). Os resultados de um estudo importante reforçam essa conclusão. Iribarren et al. (2000) avaliaram 374 adultos jovens e saudáveis – brancos e afro-americanos – ao longo de um período de dez anos. Aqueles muito hostis e irritadiços apresentaram evidências de calcificação arterial coronariana, sinal preliminar de DCC.

O padrão tipo A é irrelevante para o desenvolvimento da doença cardíaca? A maioria dos pesquisadores concluiu que alguns componentes do constructo tipo A são determinantes cruciais da DCC, particularmente com um nível de afeto negativo cronicamente elevado (como a raiva) e o fator de pressão do tempo ou de impaciência (Matthews, 2005; Thoresen e Powell, 1992; Williams, Barefoot e Schneiderman, 2003; Winters e Schneiderman, 2000). Lembre-se do caso de John, que tinha todas as características do padrão de comportamento tipo A, incluindo a pressão do tempo, mas também tinha surtos frequentes de raiva. Entretanto, o que afirmar das pessoas que experienciam variedades intimamente relacionadas ao afeto negativo crônico? Examine novamente a Figura 9.3 e observe o relacionamento muito próximo entre estresse, ansiedade e depressão. Algumas evidências indicam que os componentes fisiológicos dessas emoções e seus efeitos no sistema cardiovascular podem ser idênticos ou pelo menos muito similares (Suls e Bunde, 2005). Também sabemos que a emoção da raiva, tão comumente associada com o estresse, está relacionada à emoção do medo, conforme evidenciado pela resposta de luta ou fuga. A luta é a tendência de ação comportamental típica associada à raiva, e a fuga está associada ao medo. Porém, nossa

CAPÍTULO 9 – TRANSTORNOS FÍSICOS E PSICOLOGIA DA SAÚDE   **351** resposta de alarme orgânica, ativada por um perigo ou ameaça iminente, está associada às duas emoções.

Alguns pesquisadores, após analisar a literatura, concluíram que a ansiedade e a depressão são tão importantes quanto a raiva no desenvolvimento da DCC (Albert et al., 2005; Barlow, 1988; Frasure-Smith e Lesperance, 2005; Strike e Steptoe, 2005; Suls e Bunde, 2005), mesmo as características de ansiedade e depressão observadas em uma idade precoce (Grossardt et al., 2009). Em um estudo com 896 pessoas que haviam sofrido ataques cardíacos, Frasure-Smith et al. (1999) constataram que pacientes deprimidos tinham probabilidade três vezes maior de morrer no ano seguinte ao ataque cardíaco em relação àqueles que não estavam deprimidos, independentemente de quão grave fosse a doença cardíaca inicial. Em um estudo de 1.017 pacientes com DCC, Whooley et al. (2008) encontraram uma taxa 31% mais alta de eventos cardiovasculares, tais como ataques cardíacos ou arritmias, em pacientes com sintomas depressivos comparados com aqueles sem sintomas depressivos. A depressão grave, como em episódios depressivos maiores, implica particularmente danos cardiovasculares (Agatisa et al., 2005; Emery et al., 2011). Também em um estudo de 80 mil mulheres com idade entre 54 e 79 anos, aquelas com histórico de depressão apresentaram um risco 29% maior de ter um acidente vascular cerebral do que aquelas sem depressão (Pan et al., 2011). Portanto, pode ser que a experiência crônica das emoções negativas de estresse (raiva), ansiedade (medo) e depressão (constante) e a ativação neurobiológica que acompanha essas emoções ofereçam as contribuições psicossociais mais importantes para a DCC e, talvez, também para outros transtornos físicos. De fato, vários estudos confirmaram que não apenas a depressão, mas também a ansiedade, prediz futuras arritmias, infarto do miocárdio e outros eventos cardiovasculares em pessoas com DCC (Martens et al., 2010; Shen et al., 2008; Todaro et al., 2007). Um grande estudo que acompanhou 50 mil homens suecos durante quatro décadas verificou que a ansiedade com início precoce foi preditiva de doença cardíaca coronariana posterior (Janszky et al., 2010).

Parcialmente devido a essas descobertas, alguns investigadores estão propondo outro tipo de padrão de comportamento, o tipo D, caracterizado por inibição social e emoções negativas elevadas. O padrão de comportamento tipo D foi implicado na DCC em algumas pesquisas (Compare et al., 2013), embora nem todos os estudos tenham encontrado associação entre o comportamento tipo D e o risco cardiovascular (Larson, Barger e Sydeman, 2013), destacando a necessidade de pesquisas adicionais (Hausteiner et al., 2010).

Os pesquisadores também aprenderam mais sobre o processo por meio do qual as emoções negativas contribuem para a DCC. Mais uma vez, os processos inflamatórios associados à resposta ao estresse (e com todas as emoções negativas) desempenham um papel principal, porque a inflamação contribui diretamente para a aterosclerose e a insuficiência cardíaca (Matthews et al., 2007; Taylor, 2009). Matthews e colaboradores (Gallo e Matthews, 2003; Matthews, 2005, 2013) oferecem um modelo de contribuição de fatores psicossociais para DCC (ver Figura 9.12). O *status* socioeconômico mais baixo e recursos relativamente menores ou baixo prestígio estão no primeiro quadro. Eventos estressantes da vida estão no segundo. Habilidades de enfrentamento e apoio social contribuem para uma capacidade reserva que pode amenizar os efeitos do estresse, conforme representados no terceiro quadro. Tanto as emoções negativas como os estilos cognitivos negativos consti-

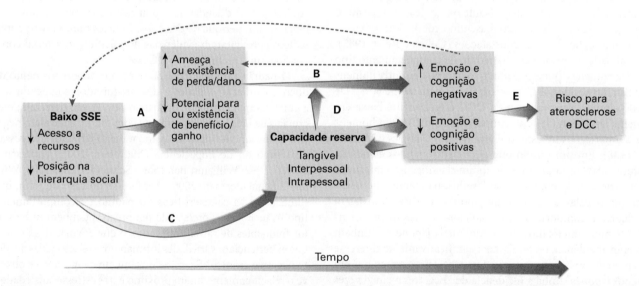

FIGURA 9.12 O modelo de capacidade de reserva para as associações entre os ambientes de baixo *status* socioeconômico (SSE), experiências estressantes, recursos psicossociais e emoções e cognições, que representam caminhos para aumento de risco para DCC. Nota: A seta A mostra a influência direta do SSE sobre a exposição a experiências estressantes. A seta B indica o impacto direto da experiência do estresse sobre a emoção e cognição. A seta C mostra que SSE condiciona e molda o banco de recursos (ou seja, a capacidade reserva) disponível para gerenciar o estresse. A seta D mostra que a capacidade reserva representa um potencial moderador da associação entre o estresse e os fatores emocionais cognitivos. A seta E indica os efeitos diretos dos fatores emocionais cognitivos intermediando as vias e os riscos para aterosclerose e DCC. As linhas tracejadas referem-se às possíveis influências reversas. (Adaptado de Gallo, L. C. e Matthews, K. A. [2003]. Understanding the association between socioeconomic status and physical health: Do negative emotions play a role? *Psychological Bulletin, 129*, 34 [Figure 1], ©2003 American Psychological Association. Reimpresso, sob permissão, de Matthews, K. A. [2005]. Psychological perspectives on the development of coronary heart disease. *American Psychologist, 60*(8), 791 [Figure 2], ©2005 American Psychological Association.)

tuem fatores de risco principais. As emoções positivas e estilo otimista, por outro lado, reduzem o risco de DCC (Davidson, Mostofsky e Whang, 2010; Giltay et al., 2004) e podem ser tão importantes quanto as emoções negativas em seus efeitos na DCC. Tanto as emoções negativas como as positivas estão no quarto quadro. Este modelo resume bem o que sabemos sobre a influência dos fatores psicossociais na DCC.

Dor crônica

A dor não é, em si, um transtorno; entretanto, para a maioria de nós ela é o sinal fundamental de lesão ou doença. A importância da dor em nossa vida não pode ser subestimada. Sem uma intensidade mínima de dor, que proporciona um *feedback* sobre o funcionamento do organismo e de seus vários sistemas, teríamos um número substancialmente maior de lesões. Uma pessoa poder expor-se ao sol por um longo tempo e ficar gravemente queimada, não se virar enquanto dorme ou não mudar a postura quando sentada, afetaria a circulação de maneira prejudicial. As reações a essas dores, na maioria das vezes, são automáticas, isto é, não estamos conscientes do desconforto. Quando a dor atravessa o limiar da consciência, o que varia consideravelmente de pessoa para pessoa, somos forçados a uma ação. Se não conseguirmos nós mesmos aliviar a dor ou se não estivermos seguros de sua causa, buscamos auxílio médico. O National Institutes of Health identificou a dor crônica como o problema médico mais caro nos Estados Unidos, afetando pelo menos 100 milhões de indivíduos e custando à nação 560 a 635 bilhões de dólares a cada ano em tratamentos médicos e perda de produtividade (Institute of Medicine, 2014). Esse relatório, que reflete dados de 2008, mostra que 2,1 milhões de pessoas, todos os anos, visitam o pronto-socorro apenas para dor de cabeça aguda, e a maioria (62%) de residentes de casas de repouso sofre de dor, sendo artrite a condição dolorosa mais comum. Claramente, a dor é um problema comum, subtratado e custoso.

Existem dois tipos de dor clínica: aguda e crônica. A **dor aguda** ocorre geralmente após uma lesão e desaparece depois da cura ou do tratamento efetivo, geralmente em um mês. A **dor crônica**, em contraste, pode ter início com um episódio agudo, mas não diminui ao longo do tempo, mesmo se a lesão for curada ou os tratamentos efetivos forem ministrados. Tipicamente, a dor crônica ocorre nos músculos, nas juntas ou nos tendões, em particular na região inferior da coluna. A dor vascular provocada por vasos sanguíneos dilatados pode ser crônica, do mesmo modo que a dor de cabeça; a dor causada pela degeneração lenta de tecidos, como no caso de algumas doenças terminais; e a dor causada pelo crescimento de tumores cancerosos que atingem os receptores de dor (Otis e Pincus, 2008; Taylor, 2009).

Para compreender melhor a experiência da dor, clínicos e pesquisadores geralmente fazem uma distinção clara entre a experiência subjetiva denominada *dor*, comunicada pelo paciente, e as manifestações observáveis dessa experiência, designadas *comportamentos de dor*. Os comportamentos de dor incluem a alteração da maneira de se sentar ou andar, queixar-se continuamente de dor para outras pessoas, fazer expressões faciais e, mais importante, evitar várias atividades, particularmente aquelas que envolvem trabalho ou lazer. Por fim, um componente emocional da dor denominado *sofrimento*, algumas vezes, acompanha a dor, outras vezes, não (Fordyce, 1988; Liebeskind, 1991). Por serem tão importantes, analisaremos inicialmente as contribuições psicológicas e sociais à dor.

Aspectos psicológicos e sociais da dor

A dor crônica, em sua forma suave, pode ser um incômodo que desgasta a pessoa e lhe tira o prazer de viver. A dor crônica grave pode fazer a pessoa perder o emprego, afastar-se da família, deixar de ter alegria de viver e focalizar toda sua atenção na busca de alívio. O interessante para nossa finalidade é que a *gravidade* da dor não parece predizer a *reação* a ela. Alguns indivíduos sentem dor intensa frequente e, no entanto, continuam a trabalhar de modo produtivo, raramente procuram atendimento médico e levam vidas normais; outros se tornam inválidos. Essas diferenças parecem ocorrer principalmente em razão de fatores psicológicos (Dersh et al., 2002; Flor e Turk, 2011; Gatchel, 2005; Gatchel e Turk, 1999). Não será surpresa se esses fatores forem iguais àqueles associados a respostas ao estresse e a outros estados emocionais negativos, como ansiedade e depressão (Ohayon e Schatzberg, 2003; Otis, Pincus e Murawski, 2011) (ver capítulos 5 e 7). O fator determinante parece ser o senso de controle geral do indivíduo sobre a situação: se é possível ou não lidar com a dor e suas consequências de maneira efetiva e significativa. Quando o senso de controle positivo é combinado com a perspectiva geral otimista a respeito do futuro, existe substancialmente menos angústia e incapacidade (Keefe e France, 1999; Otis e Pincus, 2008; Zautra, Johnson e Davis, 2005). Fatores psicológicos positivos também estão associados às tentativas ativas de enfrentamento, como exercícios e outros procedimentos, em oposição ao sofrimento passivo (Gatchel e Turk, 1999; Otis et al., 2011; Zautra et al., 2005), e o tratamento bem-sucedido da depressão diminui a experiência da dor crônica (Teh et al., 2009).

Em um exemplo clássico, Philips e Grant (1991) estudaram 117 pacientes que passaram a sofrer de dor nas costas e no pescoço após uma lesão. Esperava-se que quase todos se recuperassem rapidamente, porém 40% deles ainda se queixavam de dor intensa após seis meses, o que os qualificou para a situação de "dor crônica". Dos 60% que referiram não ter dor após seis meses, a maioria não havia sentido dor desde aproximadamente um mês após o acidente. Além disso, Philips e Grant relataram que a relação entre a experiência da dor e a incapacidade subsequente não era tão fortemente relacionada à intensidade da dor como os outros fatores, por exemplo, as diferenças socioeconômicas, de personalidade e se a pessoa planejava iniciar um processo judicial envolvendo a lesão. A ansiedade e os problemas de personalidade preexistentes predizem quem sofrerá de dor crônica (Flor e Turko, 2011; Taylor, 2009). Geralmente, um perfil de sintomas negativos, como a ansiedade e a depressão, as baixas habilidades de enfrentamento, o apoio social reduzido e a possibilidade de ser compensado pela dor, por meio da obtenção de atestado de incapacidade, predizem a maior parte dos tipos de dor crônica (Dersh et al., 2002; Gatchel et al., 2007; Gatchel e Dersh, 2002). Por outro lado, desenvolver maior senso de controle e menos ansiedade focada na dor resulta em dor menos grave e menor deficiência (Burns et al., 2003; Edwards et al., 2009; Otis et al., 2011). Por fim,

▲ Algumas pessoas com dor crônica ou deficiência enfrentam muito bem essa situação e se tornam grandes conquistadores.

Zautra et al. (2005) observaram que o afeto positivo em um grupo de 124 mulheres com dor grave de artrite ou fibromialgia causaria nelas menos dor nas semanas subsequentes do que nas mulheres com níveis menores de afeto positivo.

O fato de que a experiência da dor pode ser grandemente desvinculada da doença ou da lesão talvez seja mais bem exemplificado pela *dor do membro fantasma*. Nessa condição não rara, as pessoas que perderam um braço ou uma perna sentem dor lancinante no membro que não existe mais. Além disso, conseguem descrever com detalhes primorosos a localização exata da dor e o tipo, como uma dor maciça ou uma dor cortante intensa. Eles estão plenamente conscientes de o membro ter sido amputado, mas isso não alivia a dor. Infelizmente, as vítimas do atentado à Maratona de Boston, em abril de 2013, relataram essa experiência e se beneficiaram do compartilhamento de seus sentimentos entre si e as formas que descobriram para lidar com eles. Esses métodos de enfrentamento incluem olhar o corpo todo no espelho por vários minutos toda manhã para que o cérebro possa registrar que o membro não existe mais. As evidências sugerem que alterações no córtex sensorial no cérebro podem contribuir para esse fenômeno (Flor et al., 1995; Katz e Gagliese, 1999; Ramachandran, 1993). Geralmente, algumas pessoas que pensam que a dor é desastrosa, incontrolável ou um reflexo do fracasso pessoal experienciam dor mais intensa e maior sofrimento emocional do que as pessoas que não se sentem assim (Edwards et al., 2009; Gatchel et al., 2007). Portanto, os programas de tratamento para dor crônica concentram-se nos fatores psicológicos.

Fatores sociais também influenciam como experienciamos a dor (Koban e Wager, 2015). Por exemplo, membros da família que inicialmente eram críticos e exigentes podem tornar-se atenciosos e preocupados (Kerns, Rosenberg e Otis, 2002; Otis e Pincus, 2008). Esse fenômeno é conhecido como comportamento de controle *operante* da dor porque o comportamento parece estar sob o controle das consequências sociais (Flor e Turk, 2011). No entanto, essas consequências têm relação incerta com a quantidade de dor sentida.

Por outro lado, uma rede bem estruturada de apoio social pode reduzir a dor. Jamison e Virts (1990) estudaram 521 pacientes com dor crônica (problemas abdominais, nas costas e no peito) e constataram que aqueles sem apoio social de suas famílias queixavam-se de dores em mais locais e demonstravam mais um comportamento de dor, como permanecer na cama. Esses pacientes também apresentavam mais sofrimento emocional, *sem* classificar sua dor como mais intensa do que os participantes cujas famílias proporcionavam um grande apoio social. Os indivíduos com mais apoio retornavam ao trabalho antes, mostravam menos dependência de medicações e elevavam seus níveis de atividade mais rapidamente do que os outros. Até mesmo ter apenas uma foto de um ente querido para olhar reduz a experiência da dor (Master et al., 2009).

Embora esses resultados possam parecer uma contradição dos estudos sobre o controle da dor operante, mecanismos diferentes podem estar em ação (Burns et al., 2014). O apoio social geral pode reduzir o estresse associado à dor e às lesões e promover procedimentos mais adaptativos de enfrentamento e maior controle. No entanto, reforçar especificamente os comportamentos de dor, em particular na ausência de apoio social, pode intensificar tal comportamento.

Aspectos biológicos da dor

Ninguém considera que a dor seja inteiramente psicológica, do mesmo modo que ninguém a julga ser inteiramente física. De modo análogo a outros transtornos, precisamos analisar como os fatores psicológicos e físicos interagem.

Mecanismos da experiência e controle da dor

A *teoria da comporta do controle da dor* (Melzack e Wall, 1965, 1982) engloba ambos os fatores psicológico e físico. De acordo com essa teoria, os impulsos nervosos dos estímulos dolorosos dirigem-se para a coluna vertebral e dali para o cérebro. Uma área denominada *cornos dorsais da coluna vertebral* age como

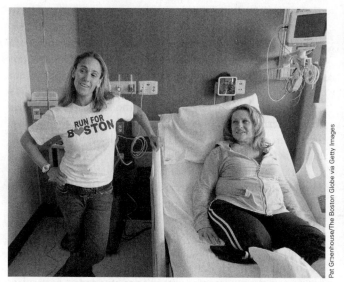

▲ Não é raro que as pessoas sintam dor específica em membros que não fazem mais parte delas.

uma "comporta" e pode abrir e transmitir as sensações de dor se a estimulação for suficientemente intensa. Fibras nervosas específicas, conhecidas como *fibras pequenas* (fibras A-delta e C) e *fibras grandes* (fibras A-beta), determinam o padrão, bem como a intensidade da estimulação. As fibras pequenas tendem a abrir a comporta, aumentando, desse modo, a transmissão dos estímulos dolorosos, ao passo que as fibras grandes tendem a fechá-la.

O mais importante para o nosso propósito é que o cérebro envia, pela medula espinhal, sinais de volta que podem afetar o mecanismo da comporta. Por exemplo, uma pessoa com fortes emoções negativas como medo ou ansiedade pode sentir dor mais intensa porque a mensagem básica do cérebro consiste em estar vigilante contra um possível perigo ou ameaça. Porém, uma pessoa cujas emoções são mais positivas ou que está totalmente envolvida em uma atividade (como um atleta empenhado em chegar ao fim de uma longa corrida), o cérebro envia um sinal inibitório que fecha a comporta, reduzindo assim a experiência da dor. Embora muitos pensem que a teoria da comporta do controle da dor seja muito simplista (ela foi atualizada periodicamente; consultar Melzack, 1999, 2005), as descobertas das pesquisas continuam a apoiar seus elementos básicos, particularmente ao descrever a interação complexa dos fatores psicológicos e biológicos na experiência de dor (Edwards et al., 2009; Gatchel et al., 2007; Otis e Pincus, 2007).

Opioides endógenos

O meio neuroquímico pelo qual o cérebro inibe a dor representa uma descoberta muito importante (Taylor, 2009). Drogas como heroína e morfina são produzidas a partir de substâncias opioides. Ocorre que os **opioides endógenos** (**naturais**) existem no interior do organismo. Denominadas *endorfinas* ou *encefalinas*, sua atuação é muito parecida com a dos neurotransmissores. Em virtude de os opioides endógenos serem distribuídos em todo organismo, eles podem estar envolvidos em diversos sintomas e condições psicopatológicos, incluindo tolerância e dependência, transtornos alimentares e reações ao estresse (Bodnar, 2012). Eles estão normalmente associados à "euforia dos esportistas" que ocorre após atividade física intensa (e algumas vezes dolorosa). O cérebro usa as endorfinas para bloquear a dor mesmo na presença de dano tecidual marcante ou lesão. Bandura et al. (1987) descobriram que pessoas com maior senso de autoeficácia e controle tinham maior tolerância à dor do que os indivíduos com baixa autoeficácia, e que eles aumentaram sua produção de opioides endógenos quando eram confrontados com um estímulo doloroso. Edwards et al. (2009) articularam os processos neurobiológicos subjacentes à efetividade dos procedimentos psicológicos de enfrentamento que alteram, com sucesso, a experiência de dor (ver Figura 9.13). Certos procedimentos, tais como a reavaliação do significado da dor em vez de pensar em catástrofe ou em algo pior ativa uma variedade de circuitos cerebrais que modulam ou diminuem a experiência da dor e permitem um funcionamento mais próximo ao normal. A Figura 9.13 ilustra esquematicamente as vias de modulação da dor. Distração ou reavaliação estão associadas à ativação de regiões do córtex pré-frontal (CPFDL = córtex pré-frontal dorsolateral, CPFVL = córtex pré-frontal ventrolateral) que modulam a atividade em regiões corticais responsáveis pelo processamento de informação relacionada à dor, incluindo a ínsula; córtex somatossensorial primário, SI; córtex somatossensorial secundário, SII; e tálamo. Além disso, áreas do tronco encefálico, tais como a substância cinzenta periaquedutal (SCPA), são regiões importantes para a inibição opiácia do impulso neural relacionado à dor ascendente (nociceptivo). O enfrentamento cognitivo adaptativo parece ter um efeito geralmente inibitório no processamento cortical da dor e um efeito excitatório na atividade da SCPA, o que reduz a entrada subsequente do impulso ascendente relacionado à dor vindo da medula. Na figura, as áreas modulatórias estão em branco e as áreas de processamento da dor estão em cinza. O córtex cingulado anterior (CCA) está envolvido no processamento e na modulação da dor.

Diferenças de gênero na dor

A maior parte dos estudos conduzidos com animais e seres humanos foi realizada com indivíduos do sexo masculino para evitar as complicações da variação hormonal. Entretanto, homens e mulheres parecem experienciar tipos diferentes de dor. De um lado, além das cólicas menstruais e das dores do parto, as mulheres sofrem de enxaqueca, artrite, síndrome do túnel carpal e dor na articulação temporomandibular (ATM) com mais frequência que os homens (Lipchik, Holroyd e Nash, 2002; Smitherman et al., 2013). Os homens, por outro lado,

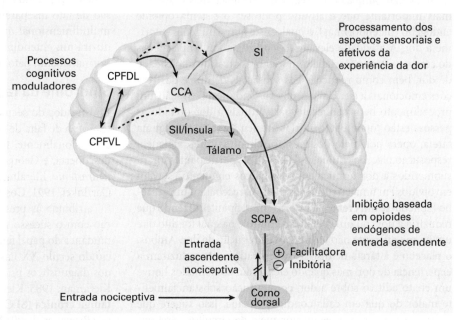

FIGURA 9.13 Os fundamentos neurobiológicos para lidar com a dor. (Adaptado de Wiech, K. M., Ploner, M. e Tracey, I. [2008]. Neurocognitive aspects of pain perception. *Trends in Cognitive Sciences*, 12, 306-313.)

sentem mais dor cardíaca e nas costas. Homens e mulheres possuem sistemas opioides endógenos, embora nos homens possam ser mais potentes. Contudo, as mulheres parecem ter mecanismos adicionais de regulação da dor que podem ser diferentes. A neuroquímica feminina pode estar baseada em um sistema neuronal dependente do estrógeno que pode ter evoluído para lidar com a dor associada à atividade reprodutiva (Mogil et al., 1993). Trata-se de um mecanismo "adicional" regulador da dor nas mulheres que, se eliminado pela remoção de hormônios, não traz consequências para os mecanismos remanescentes, que continuam a operar. Uma implicação desses resultados é que homens e mulheres podem beneficiar-se de diferentes tipos de drogas, diferentes tipos de intervenções psicológicas ou combinações únicas desses tratamentos para melhor gerenciar e controlar a dor.

A inseparabilidade das experiências psicológica e física da dor

Neste capítulo e nos anteriores, descrevemos a profunda influência dos fatores psicológicos na função e estrutura cerebrais, mostrando como, por exemplo, as intervenções psicológicas podem afetar a doença física, tais como DCC e Aids. O estudo fascinante da resposta ao placebo adiciona outro ponto à discussão. Como exemplo, as "falsas" pílulas placebo realmente diminuem a dor, ou os indivíduos apenas pensam ou relatam que estão sentindo menos dor? Esta é uma das maiores controvérsias no estudo das respostas placebo, não apenas para a dor, mas para outras condições de saúde mental, como a depressão.

Com a ajuda da mais nova tecnologia de imagem cerebral, vários experimentos demonstraram que quando a dor é induzida em alguns voluntários (por exemplo, injetando solução salina na mandíbula) após receber o placebo, seus cérebros operam de tal maneira que eles de fato sentem menos dor em oposição a quando eles apenas pensam ou relatam que sentem menos dor (Wager, 2005; Zubieta et al., 2005). Especificamente, áreas mais amplas do cérebro são afetadas, mas o sistema mais importante que é ativado pode ser o sistema opioide endógeno (ou endorfinas), o qual, entre outras funções, suprime a dor. A atividade elevada da endorfina em amplas áreas do cérebro estava associada com menores taxas de intensidade de dor, bem como reduções nas sensações de dor e das reações emocionais a ela. Um estudo examinou se a distração, um procedimento bem conhecido para reduzir a dor quando as pessoas estão totalmente absortas em seu trabalho ou alguma tarefa, opera por meio dos mesmos circuitos cerebrais que a resposta ao placebo (Buhle et al., 2012). Os participantes foram submetidos à dor térmica em seus braços enquanto estavam envolvidos em uma tarefa que os distraía, receberam um placebo (aplicou-se um creme na pele dos participantes dizendo que reduziria a dor) ou uma condição controle na qual foi dito que um creme diferente não teria efeito de redução da dor. Ambos, o placebo e a tarefa de distração, separadamente reduziram a experiência de dor, mas quando eles foram combinados houve um efeito aditivo sobre a dor, com redução substancialmente maior do que em cada condição isolada. Isso sugere que esses procedimentos operam por meio de circuitos cerebrais diferentes. Então, esses estudos mostram que o efeito placebo certamente não está "todo em sua cabeça". As pílulas "falsas"

ou outras substâncias placebo realmente induzem mudanças químicas no cérebro que reduzem a dor, mesmo que a pílula contenha apenas açúcar.

Mas isso também funciona do outro jeito? Os tratamentos médicos, tais como as drogas, afetam o que claramente são processos psicológicos, e se sim, as drogas afetam regiões diferentes do cérebro em comparação com as intervenções puramente psicológicas para atingir o mesmo objetivo? Por exemplo, sabemos que as drogas podem aliviar a ansiedade e a depressão, mas a suposição é de que essas medicações têm efeitos em áreas diferentes do cérebro em comparação com os tratamentos psicológicos. Vários estudos demonstraram que a dor física (tal como a causada pela lesão física) e a dor social (tal como a mágoa causada pela rejeição social) podem depender de alguns dos mesmos mecanismos comportamentais e neurais (DeWall et al., 2010; Eisenberger, 2012). Em um experimento, os participantes receberam a droga normalmente usada para dor física, o acetaminofeno (Tylenol), enquanto outro grupo recebeu um placebo. Eles então registraram em um formulário suas mágoas todos os dias por três semanas. Os sujeitos que tomavam acetaminofeno relataram substancialmente menos mágoas do que o grupo placebo. Em um segundo experimento, os pesquisadores observaram que o acetaminofeno reduziu as respostas neurais para rejeição social em regiões do cérebro conhecidas pela associação com as dores tanto social como física (córtex cingulado anterior dorsal e ínsula anterior). Esses achados indicam uma sobreposição substancial entre as dores social e física (Eisenberger, 2012; Wager, 2005). Finalmente, outro estudo fascinante indicou que a estimulação do córtex pré-frontal ventrolateral direito, uma área do cérebro implicada na regulação da emoção para o estímulo negativo, reduziu a dor após a exclusão social (Riva et al., 2012). Todos esses achados ilustram novamente o tema deste livro: você não consegue separar facilmente a função cerebral induzida bioquimicamente da função cerebral induzida por fatores psicológicos, incluindo expectativas e avaliações. O corpo e a mente são de fato inseparáveis, e apenas uma abordagem integrada multidimensional que trate todo o espectro da resposta produzirá um entendimento completo do comportamento, tanto normal quanto patológico.

Síndrome da fadiga crônica

Em meados do século XIX, um número crescente de pacientes sofria de falta de energia, fadiga intensa, sofrimento e dores e, ocasionalmente, febre baixa. Nenhuma patologia física foi descoberta, e George Beard (1869) denominou a condição de *neurastenia*, literalmente, "falta de potência nervosa" (Abbey e Garfinkel, 1991; Costa e Silva e De Girolamo, 1990). A doença foi atribuída às pressões da época, entre as quais, preocupação com o sucesso material, forte ênfase no trabalho árduo e mudança do papel feminino. A neurastenia desapareceu no início do século XX nas culturas ocidentais, mas permanece um dos diagnósticos psicológicos mais comuns na China (Good e Kleinman, 1985; Kleinman, 1986). Atualmente, a **síndrome da fadiga crônica (SFC)** está presente em todo o mundo ocidental (Brown et al., 2012; Jason, Fennell e Taylor, 2003; Prins, van der Meer e Bleijenberg, 2006). Os sintomas da SFC, listados na Tabela 9.4, foram inicialmente atribuídos ao XMRV (um vírus

TABELA 9.4 — Definição da síndrome de fadiga crônica

Critérios para inclusão

Fadiga clinicamente avaliada e sem explicação médica, com pelo menos seis meses de duração, e que é:

Primeiro surgimento (não ocorreu ao longo da vida)

Não resultante de esforço contínuo

Não substancialmente aliviada pelo repouso

Uma redução substancial no nível anterior de atividades

A ocorrência de quatro ou mais dos seguintes sintomas:

Prejuízo subjetivo de memória

Dor de garganta

Linfonodos doloridos

Dor muscular

Dor nas articulações

Dor de cabeça

Sono não reparador

Mal-estar após exercício que dura mais de 24 horas

Fonte: Adaptado de Fukuda, K. et al. (1994). Chronic fatigue syndrome: A comprehensive approach to its diagnosis and management. *Annals of Internal Medicine*, 121, 953-959.

relacionado ao da leucemia murina xenotrópica), um retrovírus com algumas semelhanças em relação ao HIV e ao chamado vírus da leucemia murina politrópica (pMLV) (Lombardi et al., 2009; Lo et al., 2010). No entanto, após debates científicos extraordinariamente acalorados, que resultaram até na prisão de um cientista sênior que manipulou os dados (Dr. Judy Mikovits) e uma retratação dos estudos originais (um publicado na prestigiada revista *Science*), as evidências agora claramente mostram que o XMRV e o pMlV não estão relacionados à SFC (Alter et al., 2012).

Jason et al. (1999) conduziram um estudo sofisticado da prevalência de SFC na comunidade e relataram que 0,4% de sua amostra estava determinada a ter SFC, com as taxas mais altas nos entrevistados latino-americanos e afro-americanos em comparação com os brancos. A SFC ocorre em até 3% dos pacientes em clínicas de cuidados primários, predominantemente em mulheres, e geralmente no começo da idade adulta (Afari e Buchwald, 2003), mas pode ocorrer em crianças a partir dos 7 anos (Sankey et al., 2006). Um estudo com 4.591 gêmeos obteve 2,7% de taxa de prevalência (Furberg et al., 2005), e um estudo prospectivo de uma ampla coorte de nascimento revelou que aos 53 anos, 1,1% relatou diagnóstico de SFC (Harvey et al., 2008). Para ter uma ideia melhor da prevalência, os psicólogos precisarão realizar estudos populacionais em larga escala.

Pessoas com SFC sofrem consideravelmente e muitas precisam abrir mão de suas carreiras, pois o transtorno tem curso crônico (Clayton, 2015; Taylor et al., 2003). Em um grupo de cem pacientes, acompanhados durante dezoito meses, os sintomas de fadiga crônica não diminuíram significativamente em 79% dos casos. De início, a melhora da saúde mental – bem como a menor utilização de medicação sedativa e a atribuição de causas mais "psicológicas" em oposição às médicas – conduziu a melhores resultados (Schmaling et al., 2003). Os resultados para seguimentos mais longos são um pouco mais animadores. Dos 25 pacientes diagnosticados com SFC há 25 anos, apenas cinco relataram que mantiveram um diagnóstico de SFC, enquanto vinte relataram não ter mais o diagnóstico. Mas mesmo esses vinte pacientes foram significativamente mais prejudicados do que um grupo controle que nunca apresentou o diagnóstico (Brown et al., 2012). Obviamente, este foi um estudo muito pequeno; portanto, os resultados devem ser interpretados com cautela. Os pacientes com SFC, felizmente, não parecem ter risco elevado de mortalidade por doença ou suicídio comparados à população geral (Smith, Noonan e Buchwald, 2006).

Conforme Abbey e Garfinkel (1991) e Sharpe (1997) ressaltam, a neurastenia no século XIX e a SFC no século XX e até os dias de hoje são atribuídas a um ambiente demasiadamente estressante, à mudança do papel das mulheres e à disseminação rápida de novas tecnologias e informações. Ambos os transtornos são mais comuns em mulheres. É possível que um vírus ou uma disfunção específica do sistema imunológico sejam descobertos como causa da SFC um dia, conforme observado anteriormente, mas as pesquisas têm sido muito desanimadoras até agora. Outra possibilidade sugerida por Abbey e Garfinkel (1991) é que a condição representa uma resposta um tanto inespecífica ao estresse, e Heim et al. (2006) encontraram um nível mais elevado de eventos adversos estressantes anteriores em pessoas com SFC em comparação aos grupos controle não fadigados, reminiscência dos macacos de Sapolsky (discutido anteriormente no capítulo). Além disso, um amplo estudo que avaliou quais fatores da personalidade podem contribuir para a SFC observou que o estresse preexistente e a instabilidade emocional são fatores importantes (Kato et al., 2006). Mas não está claro, porém, por que certas pessoas respondem com fadiga crônica em vez de responderem com algum outro transtorno psicológico ou físico. Michael Sharpe (1997) desenvolveu um dos primeiros modelos das causas da SFC que leva em conta todas as suas características. Sharpe teoriza que os indivíduos com estilos de vida orientados ao sucesso (impulsionados, talvez, por um senso básico de inadequação) passam por um período de estresse extremo ou doença aguda. Eles interpretam erroneamente os sintomas de fadiga, dor e incapacidade de funcionar em seus níveis usuais como uma doença contínua que é agravada pela atividade e atenuada pelo descanso. Isso resulta em evitação comportamental, desamparo, depressão e frustração. Eles consideram que deveriam ser capazes de superar o problema e lidar com os sintomas. A inatividade crônica, evidentemente, conduz à falta de energia, fraqueza e sensações mais intensas de depressão e desamparo que, por sua vez, resultam em surtos episódicos de longa atividade seguida por fadiga adicional. Fatores genéticos provavelmente influenciam o impacto do estresse e de variáveis psicológicas na causa da SFC, como é o caso de todos os transtornos (Kaiser, 2006). Harvey et al. (2008) estudaram 34 indivíduos com SFC e encontraram níveis muito altos de exercício antes do desenvolvimento da SFC, maiores e longos surtos de exercício mesmo após seu início, talvez como uma tentativa de compensar os sentimentos de fadiga. Por outro lado, a atividade física que é muito intensa pode perpetuar os sintomas da SFC (Nijs, Paul e Wallman, 2008). Como resultado, alguns pacientes restringem sua atividade física, o que também pode perpetuar a fadiga. Uma revisão de metanálise sugeriu que uma intervenção comportamental que incentive os pacientes a aumentar e manter lentamente suas atividades físicas (como exercícios aeróbicos e tarefas domésticas) sem levar a muito esforço, apresenta benefícios sustentados nos sintomas da SFC (Marques et al., 2015).

O tratamento farmacológico não provou ser efetivo para a SFC (Afari e Buchwald, 2003; Chalder et al., 2000), porém Sharpe desenvolveu um programa cognitivo-comportamental que inclui procedimentos para aumentar a atividade, regular os períodos de repouso e direcionar a terapia cognitiva a algumas situações específicas, descritas na Figura 9.14. Esse tratamento também inclui relaxamento, exercícios de respiração e procedimentos gerais de redução de estresse, intervenções que descreveremos na próxima seção (Sharpe, 1992, 1993, 1997). Em um ensaio controlado para avaliar essa abordagem, sessenta pacientes foram designados para um tratamento cognitivo-comportamental ou para o tratamento usual. No grupo de tratamento cognitivo-comportamental, 73% dos pacientes melhoraram as medidas de fadiga, incapacidade e crença em ter uma doença, resultado muito superior ao do grupo controle (Sharpe et al., 1996). Em uma segunda pesquisa, mais sofisticada, uma avaliação em grande escala de uma abordagem cognitivo-comportamental para a SFC (Deale et al. 1997), sessenta pacientes com SFC foram designados aleatoriamente à terapia cognitivo-comportamental ou somente a exercícios de relaxamento. Os resultados indicaram que a fadiga diminuiu e o funcionamento geral melhorou, de maneira significativa, no grupo submetido à terapia cognitivo-comportamental. Como evidencia a Tabela 9.5, das pessoas que completaram a terapia cognitivo-comportamental, 70% tiveram melhora substancial no funcionamento físico no seguimento de seis meses, comparado a somente 19% no grupo que praticava apenas o relaxamento. Um seguimento de cinco anos indica que grande parte dos ganhos foi mantida (Deale et al., 2001). Estudos subsequentes confirmam o valor dessa abordagem básica em adultos (Knoop et al., 2010; Price et al., 2008) e adolescentes (Chalder et al., 2010). A ênfase crescente é agora colocada na prevenção de surtos de excesso de exercícios (por exemplo, Harvey e Wessely, 2009; Jason et al., 2010). Existem evidências de que exercícios moderados e graduais podem ser úteis ao tratamento, mas a TCC parece claramente indicada quando os pacientes apresentam ansiedade e depressão comórbidas (Castell, Kazantzis e Moss-Morris, 2011; White et al., 2011), uma vez que a reavaliação cognitiva do significado da fadiga para o indivíduo e o aumento da autoeficácia parecem importantes (Friedberg e Sohl, 2009).

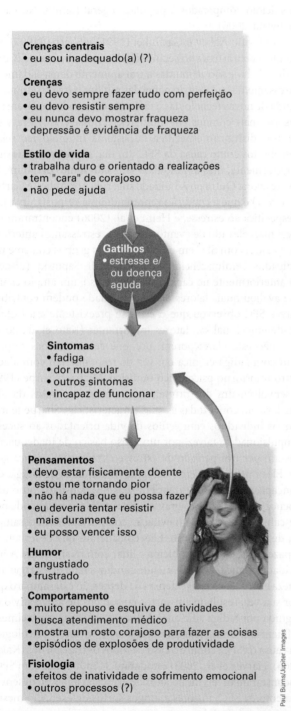

FIGURA 9.14 Um modelo complexo e específico da SFC. (Adaptado, com permissão, de Sharpe, M. [1997]. Chronic fatigue syndrome. In: D. M. Clark e C. G. Fairburn (Eds.). *Science and Practice of Cognitive Behavior Therapy*. Oxford, UK: Oxford University Press, 381-414, ©1997 Oxford University Press.)

TABELA 9.5 Pacientes com síndrome da fadiga crônica que tiveram bons resultados em um acompanhamento de 6 meses*

Grupo de estudo	N	%
Completaram tratamento		
Terapia Cognitivo-comportamental ($N = 27$)	19	70
Relaxamento ($N = 26$)	5	19
Completaram tratamento, somados aos desistentes		
Terapia Cognitivo-comportamental ($N = 30$)	19	63
Relaxamento ($N = 30$)	5	17

*Um aumento de 50 ou mais, do pré-tratamento para o acompanhamento em 6 meses, ou uma pontuação final de 83 ou mais na escala de funcionamento físico da Pesquisa Geral de Saúde em Formato de Estudo de Resultados Médicos. Fonte: Reproduzido, com permissão, de Deale, A. et al. (1997). Cognitive Behavior Therapy for chronic fatigue syndrome: a randomized controlled trial. *American Journal of Psychiatry*, 154, 408-414, © 1997 American Psychiatric Association.

Verificação de conceitos 9.2

Responda às seguintes perguntas sobre os efeitos psicológicos nos transtornos físicos.

1. Quais das seguintes situações não é considerada parte da experiência da dor?
   a. A impressão subjetiva de dor conforme indicada pelo paciente.
   b. Comportamentos de dor ou manifestações evidentes de dor.
   c. Cortes, feridas e outras lesões.
   d. Um componente emocional denominado sofrimento.

2. Algumas evidências indicam que fatores psicológicos podem contribuir para o curso e para o _____ do câncer, da Aids e de outras doenças, bem como para o tratamento e a recuperação.

3. Fatores psicossociais e biológicos contribuem para o desenvolvimento da _____, uma condição potencialmente mortal que apresenta pressão sanguínea alta e o desenvolvimento de _____, o bloqueio das artérias que irrigam sangue no músculo cardíaco.

4. Os psicólogos identificaram os "tipos" de padrão de comportamento que impactam a saúde física. O _____ está associado ao desenvolvimento de doença em uma extensão maior do que o _____.

5. Não há evidências confirmadas de que há uma causa física para a doença _____, que faz, muitas vezes, as pessoas desistirem de suas carreiras e sofrerem consideravelmente.

Tratamento psicossocial dos transtornos físicos

Certas experiências indicam que a dor não é somente prejudicial, ela pode matar uma pessoa. Muitos anos atrás, John Liebeskind e colaboradores (Page et al., 1993) demonstraram que a dor pós-cirúrgica em ratos dobra a taxa com que certo câncer se espalha (metástase) para os pulmões. Ratos submetidos à cirurgia abdominal *sem* morfina desenvolveram duas vezes o número de metástases pulmonares em relação aos ratos que receberam morfina para a mesma cirurgia. Os ratos submetidos à cirurgia com droga anestésica tinham um número menor de metástase em comparação com os que não fizeram cirurgia.

Esse efeito pode resultar da interação da dor com o sistema imunológico. A dor pode reduzir o número de células *natural killers* no sistema imunológico, talvez por causa da reação de estresse geral à dor. Desse modo, se um rato estiver sentindo dor *extrema*, o estresse associado pode fazê-la aumentar ainda mais, completando um círculo vicioso. Uma vez que essa descoberta também se aplica aos seres humanos (Flor e Turk, 2011; Taylor, 2009), ela é importante, porque o consenso é que

há muita relutância em usar medicação de combate à dor no caso de doenças crônicas, como o câncer. Algumas estimativas indicam que menos da metade de todos os pacientes com câncer nos Estados Unidos recebe alívio suficiente para a dor. Existe, atualmente, prova direta dos benefícios do alívio da dor inicial em pacientes submetidos à cirurgia (Coderre et al., 1993; Keefe e France, 1999; Taylor, 2009). Pacientes que recebem medicação para a dor antes da cirurgia informaram ter menos dor após a cirurgia e solicitaram menos medicação para a dor. Os procedimentos adequados para administrar a dor, sejam médicos ou psicológicos, constituem parte essencial do tratamento da doença crônica.

A terapia moderna da dor é baseada em um modelo biopsicossocial de dor, que envolve um plano multidimensional e interdisciplinar do manejo da dor, como descrito a seguir (Kerns, Sellinger e Goodin, 2011). Diversos tratamentos psicológicos foram desenvolvidos para transtornos físicos e dor, incluindo *biofeedback*, procedimento de relaxamento e hipnose (Kerns, Sellinger e Goodin, 2011; Otis e Pincus, 2008; Otis et al., 2011). Entretanto, por causa do papel dominante do estresse na causa e na manutenção de muitos transtornos físicos, os programas abrangentes de manejo do estresse são cada vez mais utilizados pelos centros médicos onde tais transtornos são tratados. Examinaremos resumidamente as abordagens psicossociais específicas dos transtornos físicos e descreveremos um programa abrangente de manejo do estresse.

Biofeedback

Biofeedback é um processo que torna os pacientes conscientes de funções fisiológicas específicas que comumente não perceberiam, como os batimentos cardíacos, a pressão sanguínea, a tensão muscular em áreas específicas do corpo, o ritmo do eletroencefalograma (ondas cerebrais) e os padrões do fluxo sanguíneo (Kerns et al., 2011; Schwartz e Andrasik, 2003). A percepção consciente é o primeiro passo, porém o segundo é mais notável. Na década de 1960, Neal Miller divulgou que ratos poderiam *aprender a controlar diretamente* muitas dessas respostas. Ele usou uma variante dos procedimentos de condicionamento operante em animais que recebiam reforços por acréscimos ou decréscimos em suas respostas fisiológicas (N. E. Miller, 1969). Embora fosse difícil replicar esses resultados nos animais, os clínicos aplicaram os procedimentos com algum sucesso em seres humanos que sofriam de diversos transtornos físicos ou de condições relacionadas ao estresse, como a hipertensão e a dor de cabeça.

Os clínicos empregam equipamentos de monitoramento fisiológico para tornar a resposta, como batimentos cardíacos, visível ou audível para o paciente. Este então trabalha com o terapeuta para aprender a controlar a resposta. Uma resposta bem-sucedida produz algum tipo de sinal. Por exemplo, se o paciente conseguir diminuir sua pressão sanguínea em certo valor, a medida da pressão será visível em um medidor e um som será ouvido. Não demorou muito para que os pesquisadores observassem que os seres humanos poderiam discriminar alterações na atividade do sistema nervoso autônomo com alto grau de precisão (Blanchard e Epstein, 1977). A questão passou, então, a ser: Por que as pessoas, no geral, percebem tão mal seus estados internos? Zillmann (1983) sugeriu que nossas capacidades sempre foram grandemente desenvolvidas quanto a esse aspecto, mas perdemos nossas aptidões por causa da falta de prática. Shapiro (1974) sugere que, em um sentido evolucionário, poderia ter sido muito adaptativo desviar nossa atenção do monitoramento preciso de nossas respostas internas. Ele propõe que se os seres humanos atuam como caçadores-coletores ou no lar ou no escritório, seriam muito menos eficientes caso fossem distraídos continuamente por um tumulto de estímulos internos. Em outras palavras, para se concentrar de modo bem-sucedido na tarefa a realizar, podemos ter considerado necessário desprezar nosso funcionamento interno e deixá-lo para as partes mais automáticas e menos conscientes do cérebro. Ainda, as sensações internas muitas vezes assumem o controle de nossa consciência e nos tornam plenamente conscientes de nossas necessidades. Considere, por exemplo, a sensação intensa que sinaliza a necessidade de urinar ou a insistência da sensação de fome. Em ambos os casos, parece que é por meio de um *feedback* fisiológico preciso que podemos aprender a controlar nossas respostas, embora os mecanismos pelos quais assim procedemos ainda não sejam bem conhecidos.

Uma meta do *biofeedback* tem sido reduzir a tensão nos músculos da cabeça e do escalpo (couro cabeludo), o que alivia as dores no local. Pioneiros na área, como Ed Blanchard, Ken Holroyd e Frank Andrasik, constataram que o *biofeedback* era bem-sucedido nesse campo (Holroyd, Andrasik e Noble, 1980), embora não mais do que os procedimentos de relaxamento muscular profundo (Andrasik, 2000; Blanchard e Andrasik, 1982; Holroyd e Penzien, 1986). Em virtude desses resultados, alguns pensaram que o *biofeedback* poderia alcançar seus efeitos no caso de dores de cabeça tensionais simplesmente ensinando as pessoas a relaxar. No entanto, Holroyd et al. (1984) concluíram, como alternativa, que o sucesso do *biofeedback*, pelo menos para dores de cabeça, pode depender não só da redução da tensão, mas da extensão em que os procedimentos instilam um senso de *controle* sobre a dor. (Em sua opinião, como isso se relaciona ao estudo do estresse em babuínos descrito no início do capítulo?) Seja qual for o mecanismo, *biofeedback* e relaxamento são tratamentos mais efetivos do que, por exemplo, intervenções medicamentosas com placebo, e os resultados desses dois tratamentos não são totalmente intercambiáveis, pois algumas pessoas se beneficiam mais com o *biofeedback* e outras com os procedimentos de relaxamento. Por essa razão, aplicar ambos os tratamentos constitui uma estratégia segura (Andrasik, 2000; Kerns et al., 2011). Diversas revisões constataram que entre 38% e 63% dos pacientes submetidos ao relaxamento ou *biofeedback* conseguem diminuições significativas da dor de cabeça em comparação a aproximadamente 35% que recebem placebo (Blanchard, 1992; Holroyd e Penzien, 1986). Adicionalmente, os efeitos do *biofeedback* e do relaxamento parecem ser duradouros (Kerns et al., 2011; Andrasik, 2000).

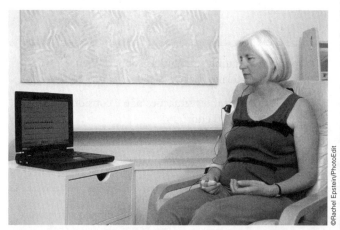
▲ No *biofeedback*, o paciente aprende a controlar as respostas fisiológicas que são visíveis em uma tela.

▲ Edward Blanchard foi o pioneiro em desenvolver e testar o *biofeedback*.

Relaxamento e meditação

Diversos tipos de procedimentos de relaxamento e meditação também têm sido empregados isoladamente ou em combinação com outros procedimentos para tratar pacientes com transtornos físicos e dor (Kerns et al., 2011). No *relaxamento muscular progressivo*, criado por Edmund Jacobson em 1938, as pessoas contraem diferentes grupos de músculos de forma sequencial (antebraço, braço etc., ver Tabela 9.6) e, em seguida, relaxam cada grupo de músculo específico. Desse modo, elas aprendem a reconhecer a tensão em diferentes grupos musculares e como reduzi-la. Vários procedimentos baseados em meditação focam a atenção em uma parte específica do corpo ou em um único pensamento ou imagem. Esse foco atencional é geralmente acompanhado de respiração regular e lentificada.

Herbert Benson desenvolveu um procedimento breve que ele chama de **resposta de relaxamento**, no qual uma pessoa repete silenciosamente um mantra (focando a atenção apenas em uma sílaba repetida) para minimizar a distração, bloqueando a mente de pensamentos intrusos. Embora Benson tenha sugerido a concentração na palavra *um*, qualquer palavra ou frase neutra serviria. Pessoas que meditam durante 10 ou 20 minutos por dia informam que se sentem mais calmas ou mais relaxadas ao longo do dia. Esses procedimentos rápidos e simples podem ser muito poderosos para reduzir o fluxo de certos neurotransmissores e hormônios do estresse, um efeito que pode ser mediado pelo aumento do senso de controle e domínio (Benson, 1975, 1984). As ideias de Benson são muito difundidas e são tradicionalmente ensinadas em 60% das faculdades de medicina dos Estados Unidos e praticadas por muitos hospitais importantes (Roush, 1997). O relaxamento possui efeitos positivos geralmente no caso de dores de cabeça, hipertensão e dor aguda e crônica, embora os resultados, algumas vezes, sejam modestos (Taylor, 2009). Apesar disso, o relaxamento e a meditação quase sempre fazem parte de um programa abrangente de manejo da dor.

TABELA 9.6	Sugestões para tensionar os músculos
Grandes grupos musculares	**Sugestões para tensionar os músculos**
Antebraço	Estenda as mãos, palma para baixo, e puxe o punho em direção ao braço.
Braço	Contraia o bíceps; com os braços posicionados lateralmente, puxe o braço para o lado sem tocá-lo? (tente não contrair o antebraço enquanto fizer isso; deixe o antebraço relaxado).
Panturrilha e pé	Direcione os dedos dos pés para os joelhos.
Coxas	Pressione com força os pés contra o chão.
Abdômen	Pressione a barriga em direção às costas.
Peito e respiração	Inspire profundamente, segure o ar durante cerca de dez segundos e então expire.
Ombros e parte inferior do pescoço	Encolha os ombros, eleve-os até quase atingir as orelhas.
Parte de trás do pescoço	Coloque a cabeça para trás e pressione contra o encosto da cadeira.
Lábios	Pressione os lábios um contra o outro; não cerre os dentes ou a mandíbula.
Olhos	Feche os olhos firmemente, porém não exerça muita pressão (tenha cuidado se usar lentes de contato).
Parte inferior da testa	Puxe as sobrancelhas para baixo e para dentro (tente fazer com que se encontrem).
Parte superior da testa	Levante as sobrancelhas e enrugue a testa.

Fonte: Adaptado, com permissão, de Barlow, D. H., Rapee, R. M. e Perini, S. (2014). *10 steps to mastering Stress:* A lifestyle approach. Nova York: Oxford University Press.

Programa abrangente de redução do estresse e da dor

Em nosso próprio programa de manejo do estresse (Barlow, Rapee e Parini, 2014), as pessoas praticam uma variedade de procedimentos de manejo do estresse apresentados em um manual. Primeiro, elas aprendem a monitorar o estresse muito de perto e a identificar os eventos estressantes em seu dia a dia (uma amostra de um registro do estresse diário está na Figura 9.15). Observe que os pacientes são instruídos a serem muito específicos sobre o registro das vezes que sentem o estresse, a intensidade e o que parece desencadeá-los. Eles também observam os sintomas somáticos e os pensamentos que ocorrem quando estão estressados. Todo esse monitoramento é importante para executar o programa, mas pode ser muito útil em si, pois revela padrões e causas precisas do estresse e ajuda os pacientes a saber quais mudanças fazer a fim de lidar melhor com a situação.

Após aprender a monitorar o estresse, o paciente aprende o relaxamento muscular profundo, o que envolve, em primeiro lugar, tensionar vários músculos para identificar a localização de grupos musculares distintos. (As instruções para contrair grupos musculares específicos fazem parte da Tabela 9.6.) Os pacientes são, então, orientados sistematicamente a relaxar os grupos musculares além do ponto de inatividade; isto é, relaxar o músculo para que não haja mais tensão. Avaliações e atitudes representam uma parte importante do estresse, e os pacientes conhecem como exageram o impacto negativo dos eventos do dia a dia. No programa, terapeuta e paciente usam a terapia cognitiva para desenvolver avaliações e atitudes mais realistas, conforme exemplificado no caso de Sally.

SALLY ... Melhorando a percepção

(Sally, 45 anos, é corretora de imóveis.)

Paciente: Minha mãe sempre me liga bem na hora em que estou fazendo algo importante; isso me irrita muito e eu fico fria com ela.

Terapeuta: Vamos tentar examinar de outro modo o que você acabou de dizer. Quando você diz que ela *sempre* lhe telefona no meio de algo, implica 100% do tempo. Isso é verdade? Qual é a real possibilidade de ela ligar toda vez que você está fazendo algo importante?

P: Bem, quando lembro as últimas dez vezes que ela ligou, a maior parte do tempo eu estava somente assistindo à televisão ou lendo. Houve uma vez, quando eu preparava o jantar, que a comida queimou porque ela me interrompeu. Outra vez, eu estava ocupada fazendo um trabalho do escritório em casa e ela me ligou. Creio que isso representa 20% das vezes.

T: Tudo bem, ótimo. Agora vamos um pouco mais longe. E se ela ligar em uma ocasião inconveniente?

P: Bem, sei que um de meus primeiros pensamentos é que ela não acha que qualquer coisa que faço seja importante. Mas antes de você dizer, eu sei que essa é uma opinião muito exagerada, pois obviamente ela não sabe o que estou fazendo quando liga. No entanto, também considero que é uma grande interrupção e inconveniência ter de parar o que estou fazendo.

T: Prossiga. Qual é a possibilidade de ser uma grande inconveniência?

P: Quando eu estava trabalhando, esqueci o que pretendia fazer e levou 10 minutos para me concentrar outra vez. Acho que não é tão ruim assim; foram apenas 10 minutos. E quando a comida do jantar queimou, realmente não ficou tão ruim, apenas um pouco queimada. De qualquer modo, parte disso foi minha culpa, porque poderia ter abaixado o fogo antes de atender o telefone.

T: Parece pouco provável que isso seja uma grande inconveniência, mesmo se sua mãe realmente a interrompe.

P: Verdade. E sei o que você dirá em seguida. Mesmo que isso seja uma grande inconveniência, não é o fim do mundo. Já me defrontei com muitos problemas maiores do que esse no trabalho.

Registro diário de estresse
(amostra)

Semana de _____

	8	Estresse extremo
	7	
	6	Muito estresse
	5	
	4	Estresse moderado
	3	
	2	Estresse leve
	1	
	0	Sem estresse

Data	(1) Horário de início	(2) Horário de término	(3) Estresse mais elevado (0-8)	(4) Desencadeadores	(5) Sintomas	(6) Pensamentos
1-5	10 horas	11 horas	7	Reunião de vendas	Dor de cabeça, sudorese	Meus números são ruins
1-7	17h15	17h35	6	Engarrafamento	Tensão, impaciência	Eu nunca vou chegar em casa
1-8	12h30	12h32	3	Chaves perdidas	Tensão	Eu não consigo encontrar minhas chaves
1-9	15h30	16h30	4	Esperando os hóspedes	Sudorese, náusea	Será que eles se perderam?

FIGURA 9.15 Métodos para monitorar o estresse. (Adaptado, com permissão, de Barlow, D. H., Rapee, R. M. e Perini, S. (2014). *10 steps to mastering Stress:* A lifestyle approach. Nova York: Oxford University Press.

Nesse programa, as pessoas esforçam-se para identificar pensamentos negativos não realistas e para desenvolver novas avaliações e atividades quase instantaneamente quando ocorrem pensamentos negativos. Muitas vezes, tais avaliações representam a parte mais difícil do programa. Logo após o início da sessão, Sally começou a usar o que havia aprendido na terapia cognitiva para reavaliar as situações estressantes. Por fim, as pessoas em programas de redução de estresse desenvolvem novas estratégias de enfrentamento, como gerenciamento do tempo e treinamento da assertividade. Durante o *treinamento de gerenciamento do tempo,* os pacientes são ensinados a priorizar suas atividades e a prestar menos atenção às demandas não essenciais. Durante o *treinamento de assertividade,* eles aprendem a se defender de modo apropriado. Os pacientes também aprendem outros procedimentos para lidar com os problemas diários.

Alguns estudos avaliam certas versões desse programa abrangente. Os resultados indicam que geralmente ele é mais efetivo do que seus componentes individuais isolados, como relaxamento ou *biofeedback,* para dor crônica (Keefe et al., 1992; Otis e Pincus, 2008; Turk e Monarch, 2002), SFC (Deale et al., 1997), dor de cabeça tensional (Lipchik et al., 2002), hipertensão (Ward, Swan e Chesney, 1987), dor da articulação temporomandibular (Turner, Mancl e Aaron, 2006) e dor do câncer (Andersen et al., 2007; Crichton e Morey, 2003). Uma metanálise de 22 estudos de tratamentos para dor crônica na parte inferior das costas também confirmou como efetivos os tratamentos psicológicos abrangentes (Hoffman et al., 2007).

Drogas e programas de redução do estresse

Já comentamos a enorme dependência, em escala nacional, de analgésicos vendidos sem receita médica, particularmente para combater a dor de cabeça. Algumas evidências indicam que a dependência *crônica* desses medicamentos diminui a eficácia dos programas abrangentes no tratamento da cefaleia e pode tornar essa dor pior, pois os pacientes sentem *mais* dor de cabeça sempre que a medicação perde o efeito ou é interrompida (dor de cabeça rebote) (Capobianco, Swanson e Dodick, 2001). Em um estudo clássico, Michultka et al. (1989) compararam usuários abusivos de analgésicos (pessoas que tomavam muitos comprimidos para dor) com usuários moderados de analgésicos (pessoas que tomavam poucos ou nenhum comprimido) pareados por idade, duração da dor de cabeça e resposta ao tratamento abrangente. Somente 29% dos usuários abusivos *versus* 55% dos moderados obtiveram redução de pelo menos 50% da dor de cabeça em uma medida de frequência e gravidade da dor.

O conselho médico tradicional para as pessoas que sofrem de dor de cabeça é evitar os gatilhos que levam à essa dor. Porém, é possível que evitar gatilhos não seja tão efetivo quanto aprender a lidar com eles (Martin e MacLeod, 2009; Martin et al., 2014), o que inclui técnicas gerais de redução de estresse e "exposições planejadas" para alcançar a dessensibilização e investigar se um suposto gatilho, de fato, precipita dores de cabeça.

A medicação para dor é uma estratégia óbvia e comumente praticada para evitá-la. Apesar do seu uso frequente, não é muito eficiente e pode levar ao uso excessivo e até à dependência. Grazzi et al. (2002) suspenderam esses medicamentos e iniciaram um regime mais abrangente de tratamento medicamentoso que não causa dependência, combinado ou não com o *biofeedback* e relaxamento. Após três anos, um número significativamente maior de pessoas na condição de apenas medicação havia retornado ao uso de analgésicos e também sentia dor de cabeça mais intensa. É importante que o tratamento psicológico parece reduzir, com duração razoável, o consumo de medicamentos, conforme ocorreu no estudo de Grazzi et al. (2002), não apenas para dores de cabeça, mas também para hipertensão grave.

Negação como um meio de enfrentamento

Temos enfatizado a importância de enfrentar sensações e lidar com elas, particularmente após eventos estressantes ou traumáticos. Desde Freud, os profissionais da saúde mental têm reconhecido a importância de reviver ou processar experiências emocionais intensas a fim de superá-las e desenvolver melhores respostas de enfrentamento. Por exemplo, pessoas que vão se submeter à cirurgia arterial coronariana que eram otimistas recuperaram-se e retornaram às atividades normais mais rapidamente, além de apresentarem uma qualidade de vida melhor seis meses após a cirurgia do que aquelas que não eram otimistas (Scheier et al., 1989). Scheier e colaboradores também observaram que as pessoas otimistas são menos propensas a usar a negação como um meio de enfrentar um estressor grave como a cirurgia. Bruce Compas et al. (2006) estudaram queixas de ansiedade e dor em 164 adolescentes com dor abdominal recorrente. Os adolescentes que regularmente utilizavam negação, esquiva e pensamento mágico tinham níveis mais elevados de ansiedade e queixas somáticas do que aqueles que tentaram enfrentar mais diretamente a dor. A maioria dos profissionais da saúde mental trabalha para eliminar a negação porque ela acarreta muitos efeitos negativos. Por exemplo, as pessoas que negam a dor grave relacionada à doença podem não perceber as variações significativas dos sintomas e normalmente evitam tratamentos ou programas de reabilitação.

Contudo, a negação é sempre prejudicial? Shelley Taylor (2009), conhecida psicóloga da saúde, ressalta que a maioria das pessoas que estão funcionando bem nega as implicações de uma condição potencialmente séria, pelo menos no início. Uma reação comum consiste em supor que não há seriedade naquilo que sentem ou que o problema passará logo. A maioria das pessoas com doenças sérias reage desse modo, incluindo aquelas com câncer e DCC. Diversos grupos de pesquisadores (por exemplo, Hackett e Cassem, 1973; Meyerowitz, 1983) constataram que, durante o período de intenso estresse, quando uma pessoa é diagnosticada, a negação pode ajudar o paciente a suportar o choque com mais facilidade. A pessoa torna-se, então, mais capaz de desenvolver respostas de enfrentamento posteriormente. Portanto, o valor da negação como um mecanismo de enfrentamento pode ser mais dependente do momento do que de qualquer outra coisa. Em longo prazo, entretanto, as evidências indicam que, em algum ponto, precisamos enfrentar a situação, processar nossas emoções e suportar aquilo que está ocorrendo (Compas et al., 2006).

Modificação de comportamentos para promoção da saúde

No início do capítulo, falamos sobre dois modos distintos nos quais os fatores psicológicos e sociais influenciam a saúde e os problemas físicos: eles afetam diretamente os processos biológicos e o fazem por meio de estilos de vida prejudiciais à saúde. Nesta seção, discutiremos os efeitos desse tipo de estilo de vida.

Já em 1991, o diretor do National Institutes of Health afirmou: "Nossas pesquisas estão nos ensinando que muitas doenças comuns podem ser prevenidas e outras postergadas ou controladas pela simples mudança do estilo de vida" (U.S. Department of Health and Human Services, 1991). Hábitos alimentares prejudiciais, falta de exercícios e o tabagismo são três dos comportamentos mais comuns que nos colocam em risco, em longo prazo, de desenvolver transtornos físicos (Lewis et al., 2011). Outros comportamentos e condições de alto risco incluem sexo sem proteção, falha na precaução para evitar lesões, uso excessivo de álcool e exposição excessiva ao sol, para nomear apenas algumas. Muitos desses comportamentos contribuem para doenças e transtornos físicos que se encontram entre as principais causas de morte, incluindo não somente a DCC e o câncer, mas também acidentes de vários tipos (relacionados ao consumo de álcool e à não utilização de medidas de segurança), cirrose hepática (relacionada ao consumo excessivo de álcool) e diversas doenças respiratórias, incluindo gripe e pneumonia (relacionadas a fumo e estresse) (Lewis et al., 2011). Mesmo atualmente, 21% dos adultos nos Estados Unidos são fumantes regulares (Centers for Disease Controls and Prevention – CDC, e o tabagismo é a principal causa de morte evitável, responsável por 20% das mortes por todas as causas e matando aproximadamente 443 mil pessoas a cada ano (CDC, 2008; Ezzati e Roboli, 2012). Um grande número de trabalhos está em andamento para desenvolver procedimentos efetivos de modificação do comportamento a fim de melhorar a dieta, aumentar a aderência a programas de tratamentos médico e medicamentosos e desenvolver programas otimizados de exercícios. Analisaremos brevemente, em seguida, quatro áreas de interesse: controle de lesões, prevenção da Aids, iniciativas para reduzir o tabagismo na China e uma intervenção importante na comunidade conhecida como Estudo Stanford *Three Comunity*.

Prevenção de lesões

Os acidentes representam a principal causa de morte de pessoas entre 1 e 45 anos e a quinta causa de todas as mortes nos Estados Unidos (ver Tabela 9.1). Além disso, a perda de produtividade para o indivíduo e a sociedade, bem como os anos de vida perdidos por causa das lesões, é muito maior do que para as outras quatro principais causas de

▲ Lizette Peterson desenvolveu procedimentos de modificação de comportamento importantes para a prevenção de lesões em crianças.

morte: doenças cardíacas, câncer, AVC e doenças respiratórias (Institute of Medicine, 1999; National Safety Council, 2013). Por exemplo, o National Safety Council estima que, quando um indivíduo morre em um acidente de automóvel, o custo médio para a sociedade, incluindo os custos econômicos e a perda da qualidade de vida, é de espantosos 4,5 milhões de dólares! Mesmo as lesões automobilísticas não fatais trazem custos entre 50 e 225 mil dólares (National Safety Council, 2013). Por essa razão, o governo dos Estados Unidos tem demonstrado muito interesse em métodos para redução de lesões (Scheidt et al., 2000; CDC, 2010). Spielberger e Frank (1992) enfatizam que as variáveis psicológicas são fundamentais para mediar virtualmente todos os fatores que resultam em lesões. Um bom exemplo é o trabalho da falecida Lizette Peterson e colaboradores (ver, por exemplo, Peterson e Roberts, 1992; Damashek et al., 2009). Peterson estava interessada, particularmente, em prevenir acidentes com crianças. Lesões matam mais crianças do que as seis causas seguintes de morte infantil combinadas (Scheidt et al., 1995; Taylor, 2009), e quase a metade de todos os casos de envenenamento por ano ocorre em crianças menores de 6 anos (CDC, 2006). E, no entanto, a maioria das pessoas, incluindo pais, não se preocupa muito com a prevenção, mesmo em se tratando de seus próprios filhos, porque, em geral, consideram as lesões como consequência do acaso e, portanto, fora de controle (Peterson e Roberts, 1992). Além disso, alguns pais acreditam que as crianças devem experimentar ferimentos leves à medida que crescem, o que pode comprometer os esforços de prevenção de lesões dos cuidadores (Lewis, DiLillo e Peterson, 2004).

Assim, diversos programas que focam a alteração do comportamento provaram ser efetivos para prevenir lesões em crianças. Por exemplo, crianças têm sido sistematicamente, e com sucesso, ensinadas a evitar queimaduras, escapar de incêndios e prevenir outros ferimentos graves (Gielen, McDonald e Shields, 2015; Gielen, Sleet e DiClemente, 2006; Kendrick et al., 2012; Sleet et al., 2003; Taylor, 2009; Turner et al., 2004). Em muitos desses programas, as crianças participantes mantiveram as habilidades de segurança que haviam aprendido durante meses após a intervenção – por tanto tempo quanto as avaliações continuaram na maioria dos casos. Como poucas evidências indicam que recomendações constantes são efetivas para prevenir ferimentos, os esforços dos programas para modificar o comportamento são muito importantes. Tais programas, contudo, não existem na maioria das comunidades. Felizmente, as respostas dos pais à lesão infantil podem melhorar por meio das intervenções cognitivo-comportamentais, apresentando mais informações sobre os cuidados para a recuperação da criança (Marsac et al., 2011).

Prevenção da Aids

Analisamos anteriormente a disseminação aterradora da Aids, particularmente nos países em desenvolvimento. A Tabela 9.2 ilustra os modos de transmissão da doença nos Estados Unidos e no mundo, conforme ocorriam entre 2008 e 2009. Nos países em desenvolvimento, como os africanos, por exemplo, a Aids está relacionada quase exclusivamente a relações heterossexuais com um(a) parceiro(a) infectado(a). Não existe vacina para a doença. *Alterar o comportamento de alto risco constitui*

a estratégia mais efetiva de prevenção (Grossman et al., 2013; Mermin e Fenton, 2012).

Programas abrangentes são particularmente importantes, porque somente realizar o teste para saber se uma pessoa é HIV positiva ou negativa representa pouco para alterar o comportamento (por exemplo, Grossman et al., 2013). Mesmo educar pessoas em risco geralmente não é efetivo para mudar o comportamento de alto risco. Um dos programas de modificação do comportamento mais bem-sucedidos foi realizado em São Francisco, mais ou menos no início do desenvolvimento da epidemia da Aids. A Tabela 9.7 indica quais comportamentos foram especificamente visados e quais métodos foram empregados para modificar o comportamento em vários grupos. Antes de esse programa ser introduzido, eram frequentes as relações sexuais sem proteção, relatadas por 37,4% de uma amostra de homens gays e 33,9% de outra amostra (Stall et al., 1986). Por ocasião de um acompanhamento em 1988, a incidência havia diminuído para 1,7% e 4,2%, respectivamente, nas mesmas duas amostras (Ekstrand e Coates, 1990). Essas alterações não ocorreram em grupos comparáveis em que um programa desse tipo não havia sido instituído.

É fundamental que esses programas sejam ampliados para incluir minorias e mulheres, as quais, com frequência, não se consideram em risco, provavelmente porque a maior parte da mídia norte-americana se concentra em homens gays brancos. Em 2003, as mulheres representavam 50% dos novos casos de Aids (Organização Mundial da Saúde, 2003). Além disso, a idade de maior risco para as mulheres corresponde à faixa etária entre 15 e 25 anos; a de maior risco para os homens ocorre por volta dos 30 anos. Em virtude das circunstâncias muito diferentes em que as mulheres se sujeitam ao risco de infecção pelo HIV – por exemplo, prostituição em resposta à privação econômica –, os programas de mudança de comportamento efetivos para elas devem ser muito diferentes daqueles desenvolvidos para homens (Organização Mundial da Saúde, 2000).

Um desses programas é o SiHLE (*Sistas Informing, Healing, Living, Empowering*), que foca adolescentes afro-americanas do centro da cidade (DiClemente et al., 2004, 2008). Está claro que o HIV e outras infecções sexualmente transmissíveis são altamente prevalentes entre adolescentes, particularmente entre as adolescentes afro-americanas (Weinstock, Berman e Cates, 2004). No programa SiHLE, o alvo são os processos interpessoais e sociais relacionados ao HIV que são mais característicos dessas adolescentes, tais como ter parceiros sexuais do sexo masculino mais velhos, que são mais exigentes, ter parceiros violentos, ser estereotipadas pela mídia, considerar a sociedade como limitada para as adolescentes afro-americanas e relutar em discutir sobre sexo seguro. Ao contrário de muitos programas de prevenção que se concentram apenas em habilidades cognitivas de tomada de decisão, o SiHLE se concentra também no desenvolvimento de habilidades relacionais – construção da motivação por meio do orgulho, autoeficácia, valor percebido e importância na comunidade e modificação das influências usuais que os pares exercem sobre essas garotas. O objetivo dessa intervenção é criar um ambiente que aumente a probabilidade de reduzir o comportamento sexual de risco e adotar e manter comportamentos preventivos. Um grupo formado por 522 meninas afro-americanas sexualmente experientes, com

TABELA 9.7 — O modelo São Francisco: programa coordenado de nível comunitário para reduzir novos casos de infecção por HIV

Informação

Mídia Educar a respeito de como o HIV é ou não transmitido.	*Centros de tratamento de doenças sexualmente transmissíveis, de abuso de drogas e de planejamento familiar* Distribuir materiais e vídeos sobre transmissão do HIV.
Instituições e provedores de serviços de saúde Fornecer materiais educacionais e aulas sobre transmissão do HIV.	*Organizações comunitárias (igrejas, clubes)* Disponibilizar palestrantes, materiais e vídeos.
Escolas Distribuir materiais sobre transmissão e prevenção do HIV.	
Locais de trabalho Distribuir materiais sobre transmissão e prevenção do HIV.	*Centros de teste de anticorpos* Distribuir materiais e informações sobre transmissão do HIV.

Motivação

Fornecer exemplos de diferentes tipos de pessoas infectadas pelo HIV.	Divulgar exemplos de colegas de trabalho infectados pelo HIV.
Perguntar aos pacientes os fatores de risco para transmissão do HIV.	Fazer uma avaliação detalhada do risco do HIV.
Aconselhar os pacientes de risco elevado a submeterem-se ao teste de anticorpos de HIV.	Aconselhar sobre o teste de anticorpos de HIV.
Divulgar exemplos de adolescentes infectados pelo HIV.	Oferecer exemplos de que indivíduos infectados por HIV são similares aos membros de clubes e organizações.

Aptidões

Instruir como limpar agulhas e usar preservativos e espermicidas.	Oferecer aulas e instruções para drogas injetáveis e sexo seguro.
Prover habilidades para negociar sexo seguro e agulhas.	Instruir sobre o sexo seguro e as práticas para o uso de drogas injetáveis durante encontros médicos e de aconselhamento.
Oferecer aulas e vídeos para demonstrar práticas de sexo seguro.	Proporcionar aulas e vídeos para habilidades de redução dos riscos de contrair Aids.

Normas

Divulgar a baixa prevalência de comportamentos de alto risco.	Divulgar as percepções dos alunos sobre a conveniência de sexo seguro.
Divulgar o anseio público por aulas sobre sexo mais seguro e por anúncios sobre preservativos.	Criar um clima de aceitação para pessoas infectadas pelo HIV.
Aconselhar os pacientes sobre as normas prevalentes da comunidade.	Proporcionar aulas e vídeos para divulgar práticas para redução dos riscos de contrair Aids.
Criar um clima de aceitação para alunos e professores infectados pelo HIV.	

Política e legislação

Gerar interesse e ação a respeito de políticas.	Mobilizar pacientes para requisitar maior disponibilidade de tratamentos e de instalações.
Defender políticas e leis que evitam a disseminação do HIV.	Defender leis e políticas benéficas.
Mobilizar alunos e professores para que atuem a fim de permitir a educação sexual nas escolas.	Defender a confidencialidade e a não discriminação.
Instalar máquinas de venda de preservativos nos banheiros públicos.	
Permitir que pessoas infectadas pelo HIV trabalhem.	

DST = doenças sexualmente transmissíveis
Fonte: Reimpresso, com permissão, de Coates, T. J. (1990). Strategies for modifying sexual behavior for primary and secondary prevention of HIV disease. *Journal of Consulting and Clinical Psychology, 58*(1), 57-69.

idade entre 14 e 18 anos, participaram desse estudo, metade do grupo foi encaminhada aleatoriamente para o SiHLE e a outra metade para a condição comparativa. O programa consistiu em quatro sessões de grupo com duração de uma hora enfatizando o orgulho étnico e de gênero, o conhecimento sobre HIV, a comunicação, as habilidades de uso de preservativo e os relacionamentos saudáveis. A condição de comparação também reuniu grupos que enfatizaram o exercício e a nutrição. Os resultados desse programa foram muito promissores (DiClemente et al., 2004, 2008). As meninas que receberam a intervenção SiHLE usaram preservativos com mais frequência, tiveram menos relações sexuais desprotegidas, menos parcei-

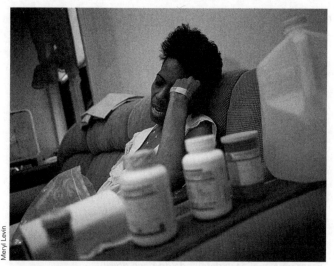
▲ As mulheres estão cada vez mais em risco de contração da Aids.

ros sexuais e reduziram as infecções sexualmente transmissíveis e a gravidez indesejada no seguimento de um ano em relação às meninas nos grupos de comparação. Algumas iniciativas em curso visam à integração da família como agentes de mudança comportamental, trabalhando em conjunto com os conselheiros para ajudar a retardar a primeira experiência sexual dos adolescentes, além de limitar o número de parceiros sexuais e apoiar os comportamentos promotores de saúde, tais como o sexo protegido.

Na África, onde o principal modo de transmissão do HIV é heterossexual, também teve início maior foco sobre o sistema interpessoal e social do indivíduo em risco. Uma nova iniciativa importante é se concentrar nas técnicas de prevenção nos casais, em vez de focar somente em um indivíduo (Grabbe e Bunnell, 2010). Isso é importante, pois estudos demonstram que apenas 22% dos adultos entre 15 e 49 anos conhecem seu estado de HIV, e o uso do preservativo pelos casais regulares é muito baixo, porque o pressuposto é que o parceiro é "seguro" e há baixo risco de contrair a doença. Uma vez que 55% a 93% das novas infecções por HIV ocorrem dentro das relações coabitantes, isso significa que a maioria das transmissões ocorre entre casais que não têm conhecimento do seu estado sorológico. O início do aconselhamento e dos testes de casais foram bem-sucedidos em Ruanda, Uganda e Quênia. O aconselhamento de casais para prevenção de HIV também oferece oportunidades para o parto e prestação de serviços mais abrangentes de saúde materna e infantil.

Tabagismo na China

Apesar das iniciativas do governo para reduzir o hábito de fumar entre seus cidadãos, a China tem uma das populações mais adictas em tabaco no mundo. Aproximadamente, 320 milhões de pessoas no país são fumantes regulares, número maior do que toda a população dos Estados Unidos. Cerca de 90% dos fumantes na China são do sexo masculino. A população chinesa consome 33% de todos os cigarros do mundo; a projeção é de que o fumo matará 100 milhões de chineses nos próximos cinquenta anos (Gu et al., 2009; Lam et al., 2001; Zhang e Cai, 2003).

Unger et al. (2001) relataram que 47% dos rapazes chineses que estavam entre o sétimo e o nono anos – porém, somente 16% das moças – já haviam fumado. Em uma tentativa inicial para atingir essas pessoas, os profissionais da saúde aproveitaram os fortes laços familiares na China e decidiram persuadir os *filhos* de fumantes que abordassem seus pais. Ao agir desse modo, conduziram o maior estudo já divulgado de tentativa de modificação do comportamento a fim de promover a saúde. Em 1989, eles desenvolveram uma campanha antifumo em 23 escolas primárias de Hangzhou, capital da província de Zhejiang. As crianças levaram para casa literatura sobre antitabagismo e questionários a quase 10 mil pais. Eles, então, escreveram cartas a seus pais, pedindo-lhes para parar de fumar, e apresentaram relatórios mensais sobre os hábitos dos seus pais às escolas. Aproximadamente nove meses mais tarde, os resultados foram avaliados. De fato, a intervenção das crianças teve algum efeito. Quase 12% dos pais no grupo de intervenção haviam abandonado o vício de fumar durante seis meses no mínimo. Em contraste, em um grupo controle de outros 10 mil homens, o índice de abandono foi de apenas 0,2%.

A partir de então, o governo chinês tem se envolvido mais nas iniciativas de prevenção do tabagismo. Por exemplo, Ma et al. (2008) identificaram vários mitos que caracterizam fumantes chineses: (1) a identificação do tabagismo como um símbolo de liberdade pessoal, (2) a percepção de que o tabaco é importante nas interações sociais e culturais, (3) a percepção de que os efeitos do tabagismo na saúde podem ser controlados por meio do uso razoável e comedido e (4) a importância do tabaco para a economia. No momento, o governo chinês está considerando maneiras de combater esses equívocos que prevaleçam como um prelúdio para o desenvolvimento de programas de prevenção mais efetivos.

Estudo Stanford *Three Comunity*

Uma das iniciativas mais conhecidas e bem-sucedidas para reduzir os fatores de risco para a doença em uma comunidade é o Estudo Stanford *Three Comunity* (Meyer et al., 1980). Apesar de ter sido realizado há várias décadas, continua a ser um programa modelo. Em vez de juntar três grupos de pessoas, esses pesquisadores estudaram três comunidades na Califórnia central, razoavelmente semelhantes em tamanho e tipo de residentes, entre 1972 e 1975. O alvo foi a redução de fatores de risco para DCC. Os comportamentos positivos que foram introduzidos focavam no tabagismo, pressão arterial alta, dieta e redução de peso. Em Tracy, a primeira comunidade, não ocorreu nenhuma intervenção, porém informações detalhadas foram obtidas de uma amostra aleatória de adultos para avaliar qualquer acréscimo no conhecimento dos fatores de risco, assim como quaisquer alterações nos fatores de risco ao longo do tempo. Além disso, os participantes de Tracy passaram por uma avaliação médica que verificou seus fatores cardiovasculares. Os residentes de Gilroy e de parte de Watsonville foram submetidos a muita divulgação pela mídia a respeito dos perigos dos fatores de risco comportamentais associados à DCC, da importância de reduzir esses fatores, e receberam sugestões úteis para isso. A maioria dos residentes de Watsonville, a terceira comunidade, também foi submetida à intervenção face a face na qual conselheiros comportamentais trabalharam com os habitantes locais considerados de risco particularmente elevado de DCC. Os participantes em todas as três comunidades eram avaliados uma vez por ano durante três anos após a intervenção e os resultados indicam que as intervenções foram bem-sucedidas na redução dos fatores de risco da DCC (ver Figura 9.16). Além disso, para os residentes de Watsonville, que também receberam aconselhamento individual, os fatores de risco foram substancialmente menores do que para as pessoas de Tracy ou mesmo de Gilroy, e para aqueles de Watsonville que foram expostos somente à divulgação pela mídia, o conhecimento sobre os fatores de risco era substancialmente mais elevado.

Um semelhante e amplo estudo de comunidade sobre DCC (Record et al., 2015) foi conduzido no município de Franklin, na zona rural do Maine, durante um período de quarenta anos (1970-2010). O município de Franklin é uma comunidade de baixa renda com menos de 31 mil habitantes. Usando subsídios modestos e muitos voluntários, um programa para toda a comunidade foi implementado para reduzir hipertensão, colesterol e tabagismo, além de melhorar a dieta e exercício físico. Em comparação com outras áreas do Maine e também com o mesmo município dez anos antes da implementação do programa, esses esforços resultaram em menos hospitalizações e taxas de mortalidade durante um período de quarenta anos. Esses resultados mostram que a realização de um esforço como esse vale a pena para os indivíduos, a comunidade e para autoridades de saúde pública, porque muitas vidas serão salvas e afastamentos por invalidez serão reduzidos ao ponto de cobrir mais que o custo original do programa. Infelizmente, a implementação desses tipos de programas ainda não é generalizada. Talvez o Affordable Care Act (Lei de Proteção e Cuidado), instituída pelo presidente Obama em 2010, e a expansão do Medicare e do Medicaid possam trazer uma mudança radical, concentrando-se na prevenção e não no tratamento de distúrbios.

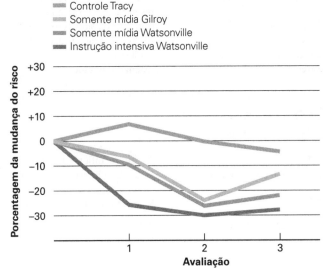

FIGURA 9.16 Resultados do Estudo Stanford *Three Comunity* (Reimpresso, com permissão, de Meyer, A. J. et al. [1980]. Skills training in a cardiovascular health education campaign. *Journal of Consulting and Clinical Psychology, 48,* 129-142, © 1980 American Psychological Association.)

Verificação de conceitos 9.3

Verifique sua compreensão acerca do tratamento psicossocial relacionando os tratamentos às afirmativas ou aos cenários corretos: (a) *biofeedback,* (b) meditação e relaxamento, (c) procedimentos cognitivos de enfrentamento, (d) negação, (e) modificar comportamentos para promoção da saúde e (f) Estudo Stanford *Three Comunity*.

1. Mary muitas vezes fica perturbada por comportamentos tolos por parte de outras pessoas. Seu médico quer que ela compreenda o exagero atribuído a esses eventos e sugere _____

2. Tyrone parece não conseguir concentrar-se no trabalho. Sente-se muito estressado. Ele precisa de _____ como uma maneira de minimizar os pensamentos intrusivos que possa ser aplicado no trabalho em um curto espaço de tempo.

3. A pressão sanguínea de Harry aumenta consideravelmente quando se sente estressado. Seu médico lhe mostrou como se tornar consciente de seus processos orgânicos a fim de controlá-los melhor usando o _____.

4. Em uma conferência mundial, os líderes reuniram-se para discutir como reduzir o risco de lesões na infância, os riscos da Aids e o número de doenças relacionadas ao tabagismo. Os profissionais sugeriram programas que incluem instruir as pessoas a _____.

5. A princípio, a intensa _____ pode ajudar um paciente a suportar o choque de más notícias; no entanto, posteriormente, pode inibir ou impedir o processo de cura.

6. O _____ é uma das iniciativas mais conhecidas para reduzir os fatores de risco de doença em uma comunidade.

Resumo

Fatores psicológicos e sociais que influenciam a saúde

▶ Os fatores psicológicos e sociais desempenham papel fundamental no desenvolvimento e na manutenção de alguns transtornos físicos.

▶ Surgiram dois campos de estudo como resultado do interesse crescente nos fatores psicológicos que contribuem para as doenças. A medicina comportamental envolve a aplicação de técnicas da ciência comportamental para prevenir, diagnosticar e tratar problemas médicos. A psicologia da saúde é um subcampo que foca nos fatores psicológicos envolvidos na promoção da saúde e do bem-estar.

▶ Os fatores psicológicos e sociais podem contribuir diretamente para as doenças por meio dos efeitos psicológicos do estresse sobre o sistema imunológico e outras funções orgânicas.

▶ Se o sistema imunológico estiver comprometido, pode perder a capacidade para atacar e eliminar efetivamente os antígenos do corpo ou pode até mesmo começar a atacar os tecidos do corpo, um processo conhecido como doença autoimune.

▶ A crescente consciência das muitas conexões entre o sistema nervoso e o sistema imunológico tem resultado em um campo de estudo chamado psiconeuroimunologia.

▶ Doenças que podem estar, em parte, relacionadas com os efeitos do estresse sobre o sistema imunológico incluem Aids, doenças cardiovasculares e câncer.

Efeitos psicossociais sobre os transtornos físicos

▶ Os padrões de comportamento de longa data ou o estilo de vida podem fazer que as pessoas corram o risco de desenvolver certos transtornos físicos. Por exemplo, práticas sexuais sem proteção podem resultar em Aids e em outras doenças sexualmente transmissíveis; os padrões comportamentais não saudáveis, como maus hábitos alimentares, falta de exercício ou padrão de comportamento tipo A podem contribuir para doenças cardiovasculares, por exemplo, AVC, hipertensão e doença cardíaca coronariana.

▶ Das dez principais causas de morte nos Estados Unidos, 50% podem ser atribuídas a comportamentos relacionados a estilos de vida.

▶ Os fatores psicológicos e sociais também contribuem para a dor crônica. O cérebro inibe a dor de forma natural por meio dos opioides endógenos, os quais também podem estar envolvidos em diversos transtornos psicológicos.

▶ A síndrome da fadiga crônica é um transtorno relativamente novo que é atribuído, pelo menos em parte, ao estresse, mas também pode ter um componente de disfunção do sistema imunológico ou viral ainda não descoberto.

Tratamento psicossocial dos transtornos físicos

▶ Diversos tratamentos psicossociais foram desenvolvidos com o objetivo de tratar ou prevenir os transtornos físicos. Entre eles estão o *biofeedback* e a resposta do relaxamento.

▶ Os programas abrangentes de redução do estresse e da dor incluem não apenas técnicas de relaxamento e outras relacionadas, mas também novos métodos para incentivar o enfrentamento efetivo, incluindo o manejo do estresse, as avaliações realistas e as melhores atitudes por meio de terapia cognitiva.

▶ Os programas abrangentes são geralmente mais efetivos do que a aplicação dos componentes de maneira individual.

▶ Outras intervenções têm como objetivo modificar comportamentos, por exemplo, práticas sexuais não seguras, tabagismo e maus hábitos alimentares. Tais iniciativas têm sido feitas em diversas áreas, incluindo aquela relacionada a controle de lesões, prevenção da Aids, campanhas antitabagistas e programas para reduzir os fatores de risco para doenças como a DCC.

Termos-chave

antígenos
artrite reumatoide
autoeficácia
biofeedback
câncer
complexo relacionado com a Aids (CRA)
derrame/acidente vascular cerebral (AVC)
doença autoimune
doença cardíaca coronariana (DCC)
doença cardiovascular
dor aguda
dor crônica
estresse

hipertensão
hipertensão essencial
medicina comportamental
opioides endógenos (naturais)
padrão de comportamento tipo A
padrão de comportamento tipo B
psico-oncologia
psicologia da saúde
psiconeuroimunologia (PNI)
resposta de relaxamento
síndrome da fadiga crônica (SFC)
síndrome geral de adaptação (SGA)
sistema imunológico

Respostas da verificação de conceitos

9.1
1. d; 2. a; 3. c; 4. b; 5. f; 6. e

9.2
1. c;
2. desenvolvimento;
3. hipertensão, doença cardíaca coronariana;

4. tipo A (inflexível, impaciente), tipo B (relaxado, menos preocupado);
5. síndrome da fadiga crônica

9.3
1. c; 2. b; 3. a; 4. e; 5. d; 6. f

Explorando os transtornos físicos e psicologia da saúde

Fatores psicológicos e comportamentais são os principais contribuintes para as doenças e para a morte.
- A medicina comportamental aplica a ciência comportamental aos problemas médicos.
- A psicologia da saúde se concentra nas influências psicológicas sobre a saúde e na melhora dos cuidados com a saúde.

FATORES PSICOLÓGICOS E SOCIAIS INFLUENCIAM A BIOLOGIA

Aids (síndrome de imunodeficiência adquirida)

- O vírus da imunodeficiência humana (em inglês, Human Immunodeficiency Virus – HIV) ataca o sistema imunológico e infecções oportunistas se desenvolvem sem controle.
- Os tratamentos psicológicos se concentram no fortalecimento do sistema imunológico e no ganho de um senso de controle.
- Embora a terapia medicamentosa possa controlar o vírus, até este momento não existem meios biológicos de prevenção e a doença ainda é sempre fatal.

Problemas cardiovasculares

- O coração e os vasos sanguíneos podem ser prejudicados por:
  - acidente vascular cerebral (AVC): bloqueio ou ruptura de vasos sanguíneos no cérebro;
  - hipertensão: constrição de vasos sanguíneos nos órgãos e nas extremidades exerce pressão adicional no coração, que enfraquece;
  - doença cardíaca coronária: bloqueio de artérias que fornecem sangue ao coração.
- Fatores biológicos, psicológicos e sociais contribuem para todas essas condições e são cuidadas no tratamento.

Dor crônica

- Pode iniciar com um episódio agudo que não melhora mesmo depois que a lesão está curada.
- Normalmente, envolve articulações, músculos e tendões; pode resultar de vasos sanguíneos dilatados, degeneração de tecidos ou tumores cancerosos.
- Influências sociais e psicológicas podem causar e manter a dor crônica em grau significativo.

Câncer

- O crescimento anormal de células produz tumores malignos.
- Os tratamentos psicológicos podem prolongar a vida, aliviar sintomas e reduzir a depressão e a dor.
- Diferentes cânceres têm taxas distintas de recuperação e mortalidade.
- A psico-oncologia é o estudo dos fatores psicossociais envolvidos no curso e no tratamento do câncer.

Explorando os transtornos físicos e psicologia da saúde (cont.)

TRATAMENTOS PSICOSSOCIAIS PARA TRANSTORNOS FÍSICOS
A reação de estresse associada à dor pode reduzir o número de células no sistema imunológico.

Doença e lesão: evolução da doença e da lesão → Dor extrema → Estresse → Causas (ciclo)

Biofeedback

- Monitores eletrônicos que fazem com que as respostas fisiológicas sejam visíveis na tela do computador, tais como batimentos cardíacos.
- Os pacientes aprendem a aumentar ou diminuir a resposta, melhorando, assim, o funcionamento (diminuição da tensão).
- Desenvolver um senso de controle pode ser terapêutico.

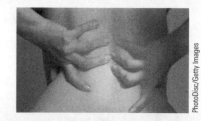

Relaxamento e meditação

- *Relaxamento muscular progressivo:* a pessoa aprende a localizar a tensão física e a neutralizá-la, relaxando um grupo muscular específico.
- *Meditação:* focar a atenção em um processo ou parte específica do corpo, ou em pensamentos ou imagens; pode também se concentrar em uma sílaba e repeti-la silenciosamente (mantra), "esvaziando a mente". Meditação deve ser executada com respiração vagarosa e regular.
  - Meditar diariamente, de 10 a 20 minutos, no mínimo, resulta em calma e relaxamento, reduzindo certos neurotransmissores e hormônios do estresse e aumentando o senso de controle.

MODIFICAÇÃO DO COMPORTAMENTO PARA PROMOVER SAÚDE
Muitos ferimentos e doenças podem ser prevenidos ou controlados por meio de alterações no estilo de vida. Isso envolve nutrição, uso de substância, exercícios e precauções com a segurança.

Controle de ferimentos

- Ferimentos são as principais causas de morte de pessoas entre 1 e 45 anos, especialmente crianças.
- A maioria das pessoas considera que se ferir não está sob seu controle e, portanto, não muda comportamentos de alto risco.
- Com as crianças, a prevenção se concentra em:
  - escapar de incêndios;
  - atravessar a rua de modo seguro;
  - usar cadeirinhas e cinto de segurança no carro e capacetes para bicicletas;
  - conhecer procedimentos de primeiros socorros.

Prevenção da Aids

- Alterar o comportamento de alto risco, por meio da educação individual ou coletiva, é a única estratégia efetiva:
  - eliminação de práticas sexuais não seguras por meio de treinamento de autogerenciamento cognitivo-comportamental e redes de apoio social.
  - mostrar àqueles que abusam de drogas como limpar agulhas e aplicar injeções de forma segura.
- Focalizar minorias e mulheres, grupos que não se consideram de risco, uma vez que:
  - a mídia se concentra em homens brancos gays.
  - mais mulheres são infectadas em relações heterossexuais que pelo uso de drogas injetáveis.

10 Disfunções sexuais, transtornos parafílicos e disforia de gênero

RESUMO DO CAPÍTULO

O que é sexualidade normal?
Diferenças de gênero
Diferenças culturais
O desenvolvimento da orientação sexual

Panorama das disfunções sexuais
Transtornos do desejo sexual
Transtornos da excitação sexual
Transtornos do orgasmo
Transtornos de dor sexual

Avaliação do comportamento sexual
Entrevistas
Exame médico
Avaliação psicofisiológica

Causas e tratamentos da disfunção sexual
Causas da disfunção sexual
Tratamento da disfunção sexual

Transtornos parafílicos: descrição clínica
Transtorno fetichista
Transtornos voyeurista e exibicionista
Transtorno transvéstico
Transtornos do sadismo sexual e do masoquismo sexual
Transtorno pedofílico e incesto
Transtornos parafílicos em mulheres
Causas dos transtornos parafílicos

Avaliação e tratamento dos transtornos parafílicos
Tratamento psicológico
Tratamento com drogas

Disforia de gênero
Definindo a disforia de gênero
Causas
Tratamento

Resultados finais de assimilação do conteúdo pelo aluno*

- **Utilizar o raciocínio científico para interpretar o comportamento:**
- Identificar os componentes biológicos, psicológicos e sociais básicos das explicações comportamentais (por exemplo: inferências, observações, definições operacionais e interpretações) [APA SLO 2.1a]

- **Empenhar-se com um pensamento integrador e inovador na resolução de problemas:**
- Descrever problemas de forma operacional para estudá-los empiricamente [APA SLO 2.3a]

- **Descrever aplicações que empregam a resolução de problemas com base na disciplina:**
- Identificar corretamente antecedentes e o que é resultado de processos comportamentais e mentais [APA SLO 1.3c]
- Descrever exemplos de aplicações relevantes e práticas de princípios psicológicos para a vida diária [APA SLO 1.3a]

* Partes deste capítulo tratam dos resultados finais de aquisição de conhecimento sugeridos pela American Psychological Association (2013), inclusos nas diretrizes para bacharéis em Psicologia. O escopo do capítulo concernente aos resultados está identificado acima pela APA Goal e pela APA Suggested Learning Outcome (SLO).[1]

O que é sexualidade normal?

Você já deve ter lido revistas ou pesquisas na internet que relatam informações sensacionalistas sobre práticas sexuais. De acordo com uma delas, os homens conseguem chegar ao orgasmo 15 ou mais vezes por dia (na verdade, essa capacidade é muito rara) e as mulheres fantasiam que estão sendo estupradas. (Mulheres têm fantasias idealizadas de que estão sendo subjugadas no contexto em que são desejadas, mas essas fantasias estão distantes de imaginar um estupro real [Critelli e Bivona, 2008].) Pesquisas na internet como estas nos iludem de dois modos: primeiro, elas pretendem descrever normas sexuais, mas na realidade estão relatando meias verdades distorcidas. Segundo, os fatos apresentados geralmente não se baseiam em uma metodologia científica que os tornam confiáveis, ainda que façam com que vendam revistas.

O que é comportamento sexual normal? Como veremos, depende. De forma mais objetiva, quando o comportamento sexual que difere da norma constitui um transtorno? Novamente, depende. Os pontos de vista atuais tendem a ser tolerantes em relação a várias formas de expressão sexual, mesmo que incomuns, a não ser que o comportamento esteja associado a prejuízo no funcionamento ou envolva indivíduos com os quais o comportamento sexual não é consentido, como com crianças. Pessoas com *disfunção sexual* têm dificuldade para alcançar um bom desempenho sexual (por exemplo, não ficam excitadas ou não atingem o orgasmo). Nos *transtornos parafílicos*, termo relativamente novo para desvio sexual, a excitação sexual está relacionada principalmente a objetos ou indivíduos inapropriados. "Filia" significa forte atração ou apreciação e "para" indica que a atração é anormal. Os padrões de excitação na parafilia tendem a ser concentrados de forma um tanto limitada e, muitas vezes, impedem padrões adultos de consentimento mútuo, mesmo se desejados. Na verdade, os transtornos parafílicos têm muito pouco a ver com as dis-

funções sexuais, exceto pelo fato de que ambos implicam comportamento sexual. Por essa razão, os transtornos parafílicos agora compõem uma categoria separada de transtornos no *Manual diagnóstico e estatístico de transtornos mentais (DSM-5)*. Outra condição que foi separada dos transtornos sexuais inteiramente é a *disforia de gênero*. Na disforia de gênero há uma incongruência, somada a um sofrimento e uma insatisfação psicológica, com o gênero sexual de nascença (menino ou menina). O transtorno não é sexual, mas envolve a percepção da pessoa de ser um homem ou uma mulher.

Antes de descrever essas três condições, retornemos à pergunta inicial (o que é comportamento sexual normal?) para ganhar uma perspectiva importante, em particular, em termos de disfunções sexuais e transtornos parafílicos. Dedicamos um pouco mais de tempo ao que é "normal" neste capítulo, comparado aos outros, pois existem muitos equívocos.

Determinar com precisão a prevalência de práticas sexuais requer pesquisas criteriosas por meio de amostras aleatórias da população. Em uma pesquisa cientificamente sólida, Mosher, Chandra e Jones (2005) levantaram dados de 12.571 homens e mulheres nos Estados Unidos com idade entre 15 e 44 anos, como parte do National Survey of Family Growth by the Centers for Disease Control and Prevention (Levantamento Nacional de Planejamento Familiar pelos Centros para Controle e Prevenção de Doenças). Esses resultados estão ilustrados na Figura 10.1. Os participantes foram entrevistados, o que é mais confiável do que fazê-los preencher um questionário, e as respostas analisadas minuciosamente. Em parte, o propósito desse levantamento era averiguar os fatores de risco para doenças sexualmente transmitidas, como a Aids, entre adultos e adolescentes. A pesquisa mais recente do Levantamento Nacional de Crescimento Familiar patrocinada pelo CDC foi publicada em 2011 (Chandra, Mosher e Copen, 2011). Mais de 13 mil homens e mulheres participaram desse estudo e, embora as amostras das áreas do comportamento sexual fossem muito limitadas, o estudo forneceu alguns dados atualizados.

Praticamente todos os homens estudados por Mosher e seus pares e por Chandra e colaboradores tinham experiência sexual; a relação sexual vaginal é uma experiência aplicável a quase todos, mesmo no caso daqueles que nunca haviam se

---

[1] NTT da tradução da 8ª edição norte-americana: No Brasil, as chamadas Diretrizes Curriculares Nacionais (DCN) para a graduação em Psicologia são instituídas via Ministério da Educação (MEC) e Conselho Federal de Psicologia (CFP).

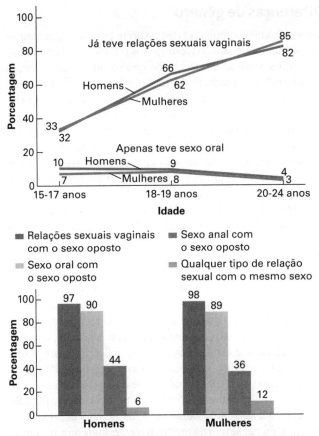

FIGURA 10.1 Resultados de um levantamento sobre as experiências sexuais masculinas e femininas: Estados Unidos, 2006-2008. (Chandra, A., Mosher, W. D. e Copen, C. [2011]. *Sexual behavior, sexual attraction, and sexual identity in the United States:* data from the 2006-2008 National Survey of Family Growth. Atlanta, GA: US Department of Health and Human Services, Centers for Disease Control and Prevention, National Center for Health Statistics.)

por mulheres, 1,0% por ambos os sexos e 2,2% tinham atração somente por homens. Entre as mulheres, esse número foi similar. De maneira parecida, em outro levantamento sofisticado, 9% das mulheres e 10% dos homens afirmaram alguma atração ou comportamento homossexual. Em adolescentes, 5% dos meninos e 11% das meninas relataram ter algum comportamento homossexual, embora a maioria relate comportamento heterossexual. Além disso, a maioria dessas adolescentes se identifica como heterossexuais (Diamond, Butterworth e Savin-Williams, 2011; Mosher, Chandra e Jones, 2005). Curiosamente, quando aparece a opção "outras", cerca de 1% dos homens e das mulheres responderam que não eram heterossexuais, nem homossexuais, nem bissexuais, o que indica que as categorias atuais ainda não preenchem a verdadeira gama de orientações sexuais (Mosher, Chandra e Jones, 2005).

Um estudo realizado na Grã-Bretanha (Johnson et al., 1992) e outro na França (Spira et al., 1992) mapearam as práticas e comportamentos sexuais de mais de 20 mil homens e mulheres em cada país. Os resultados foram surpreendentemente semelhantes àqueles realizados com a população norte-americana. Mais de 70% dos participantes de todos os grupos etários nos estudos britânico e francês declararam apenas um parceiro sexual durante o último ano. A probabilidade de as mulheres terem tido menos de dois parceiros era maior que no caso dos homens. Somente 4,1% dos homens franceses e 3,6% dos britânicos declararam já ter tido um parceiro sexual masculino, número que cai para 1,5% para os homens britânicos, caso se considere apenas os últimos cinco anos. É quase certo que a porcentagem de homens que tiveram comportamento exclusivamente homossexual é consideravelmente menor. A consistência desses dados em três países indica que os resultados representam algo próximo do padrão, pelo menos para os países ocidentais. Isso foi confirmado em pesquisas semelhantes

casado. Mesmo aos 15 anos, mais de um quarto dos homens e mulheres tinham se envolvido em relações sexuais vaginais e a taxa de prevalência aumenta com a idade. No total das amostras, 81,3% dos homens e 80,1% das mulheres do estudo de Chandra et al. (2011) também praticaram sexo oral, no entanto, 35,8% e 30,7%, respectivamente, já fizeram sexo anal, um comportamento de alto risco para a transmissão da Aids. Um tanto mais complexa foi a análise de Billy et al. (1993), que descobriram que 23,3% dos homens já haviam se relacionado com mais de vinte parceiras, o que se configura outro comportamento de alto risco. Novamente, mais de 70% tiveram um único parceiro sexual durante o ano anterior e menos que 10% tiveram quatro ou mais durante o mesmo período. A pesquisa de Fryar et al. (2007) mostrou números semelhantes, 29% dos homens tiveram relação sexual com quinze ou mais parceiras no decorrer da vida (comparado a 9% das mulheres). Ademais, apenas 17% dos homens e 10% das mulheres afirmaram terem tido dois ou mais parceiros durante o ano anterior. A grande maioria dos homens na pesquisa de Mosher et al. (2005) teve exclusivamente **comportamentos heterossexuais** (relação sexual com o sexo oposto), apenas 6,5% dos homens adultos já tiveram **comportamentos homossexuais** (relação sexual com o mesmo sexo). Nessa amostra, 92% dos homens declararam ter atração apenas pelo sexo feminino, 3,9% mais

▲ Comportamento sexual continua tendo bom desempenho na idade avançada.

(Mosher et al., 2005; Norris, Marcus e Green, 2015). Uma atualização posterior da pesquisa britânica (Johnson et al., 2001) indica um pequeno aumento no número de parceiros ao longo dos últimos cinco anos, mas também um aumento no uso de preservativos. Mesmo assim, mais de 53% dos homens e 62% das mulheres de todas as faixas etárias informaram que tiveram apenas um parceiro sexual ao longo dos últimos cinco anos. Igualmente interessante é que as práticas sexuais e os determinantes de satisfação sexual são agora notoriamente semelhantes em todo o mundo, como demonstrou uma pesquisa com chineses adultos pertencentes às áreas urbanas (Garcia et al., 2014).

Outro conjunto de dados interessantes contradiz as diversas opiniões que temos a respeito da sexualidade entre pessoas idosas. O comportamento sexual pode continuar satisfatório em idades avançadas, mesmo após os 80 anos em alguns casos. A Tabela 10.1 apresenta a porcentagem de um grupo, por faixa etária, de indivíduos mais velhos, sexualmente ativos e que continuam a ter relações sexuais (Lindau et al., 2007). Notavelmente, 38,5% dos homens e 16,7% das mulheres entre 75 e 85 anos eram sexualmente ativos. As razões para a discrepância entre homens e mulheres não são claras. No entanto, como os homens geralmente morrem mais cedo, muitas mulheres idosas não encontram parceiros adequados; também é possível que algumas mulheres estejam casadas com homens de uma faixa etária superior. Muitas mulheres também relataram que o sexo "não é tudo" e geralmente mostram menos interesse em sexo que seus companheiros. A diminuição na atividade sexual está, na maioria das vezes, correlacionada com a redução da mobilidade geral e vários processos de doenças; ainda, as ações medicamentosas podem também reduzir a excitação. Além disso, a velocidade e a intensidade de várias respostas vasocongestivas diminuem com a idade. Uma grande pesquisa com indivíduos ao redor do mundo na faixa etária de 40 a 80 anos (mais precisamente em países não ocidentais) descobriu que os homens estavam mais satisfeitos com sua sexualidade que as mulheres e que a boa saúde física e mental e o bom relacionamento com a parceira eram os melhores preditores de bem-estar sexual (Laumann et al., 2006).

TABELA 10.1 Prevalência de comportamento sexual em adultos mais velhos classificados por idade e sexo

| | Comportamento sexual com um parceiro | | | |
| | Nos 12 meses anteriores | | $\geq$ 2-3 vezes por mês | |
Idade	Homens (%)	Mulheres (%)	Homens (%)	Mulheres (%)
57-64	83,7	61,6	67,5	62,6
65-74	67,0	39,5	65,4	65,4
75-85	38,5	16,7	54,2	54,1

Foi perguntado aos participantes sobre atividade sexual quando relatavam ter tido relações sexuais nos 12 meses anteriores.

Fonte: Lindau, S. T. et al. A study of sexuality and health among older adults in the United States. *New England Journal of Medicine*, 357(8), 762-774. Copyright © 2007 Massachusetts Medical Society. Reimpresso sob permissão da Sociedade Médica de Massachusetts.

Diferenças de gênero

Embora homens e mulheres demonstrem tendência para seguir um padrão monogâmico (com apenas um parceiro) de relacionamento sexual, as diferenças de gênero no comportamento sexual existem e algumas são muito marcantes. Mais recentemente, Petersen e Hyde (2010) fizeram uma análise bem elaborada, resumindo os resultados de centenas de estudos que examinavam as diferenças de gênero em atitudes e comportamentos sexuais. Suas conclusões serão revisadas nos parágrafos seguintes. Uma constatação comum das pesquisas sobre temas sexuais é a maior porcentagem de relatos de homens que se masturbam (autoestimulação até chegar ao orgasmo) que mulheres (Oliver e Hyde, 1993; Peplau, 2003; Petersen e Hyde, 2010). Quando Richters et al. (2014) fizeram uma pesquisa com adultos australianos também encontraram essa discrepância (72% dos homens *versus* apenas 42% das mulheres relataram ter se masturbado no ano anterior).

Um estudo anterior mostrou que a masturbação não estava relacionada com o desempenho sexual posterior, isto é, ter se masturbado ou não durante a adolescência não influenciou o fato de terem tido relações sexuais, a frequência delas, o número de parceiros e outros aspectos que refletem ajuste sexual durante a vida adulta (Leitenberg, Detzer e Srebnik, 1993).

O motivo pelo qual as mulheres se masturbam com menos frequência que os homens intriga os pesquisadores, particularmente quando outras diferenças de gênero existentes no comportamento sexual há muito quase desapareceram, como a probabilidade de praticar relações pré-matrimoniais (Clement, 1990; Petersen e Hyde, 2010). Uma visão tradicional que explica as diferenças no comportamento relacionado à masturbação é que as mulheres foram ensinadas a associar sexo a romance e intimidade emocional, ao passo que os homens estão mais interessados no prazer físico. Entretanto, a discrepância continua, apesar da diminuição das atitudes específicas de gênero em relação à sexualidade. Uma razão mais provável é anatômica. Devido à natureza da resposta erétil nos homens e sua relativa facilidade de provocar estímulo suficiente até alcançar o orgasmo, a masturbação pode simplesmente ser mais conveniente aos homens do que às mulheres. Daí pode-se explicar o motivo das diferenças de gênero na masturbação que são tão evidentes em primatas e outros animais (Ford e Beach, 1951). De qualquer maneira, a incidência da masturbação continua a ser a maior diferença de gênero na sexualidade.

Outra diferença de gênero que permanece se reflete na incidência do sexo casual, atitudes em relação ao sexo pré-marital casual e uso da pornografia, em que os homens expressam mais atitudes e comportamentos permissivos que as mulheres (por exemplo, England e Bearak, 2014). "Ficar" é o termo mais atual para o sexo casual, particularmente entre estudantes de faculdade. Refere-se a especificamente uma série de comportamentos íntimos sem um relacionamento efetivo (Owen et al., 2010). Estudos sobre o "ficar" demonstram achados semelhantes a estudos mais antigos sobre sexo casual, em que geralmente acontece devido ao uso de álcool; por isso mulheres são menos propensas a considerar como uma experiência positiva do que os homens (Olmstead, Pasley e Fincham, 2013; Strokoff, Owen e Fincham, 2014). Por exemplo, Owen e Fincham (2011) concluíram que o maior uso do álcool leva a mais envolvimento em relacionamentos denominados "amizades coloridas" (um "ficar" em que se está junto como amigos, porém em contínua prática sexual), esse fator foi especialmente verdade para mulheres. Curiosamente, mesmo mulheres que deliberadamente se envolvem em sexo casual, ter um maior número de parceiros está relacionado a maior preocupação e vulnerabilidade por parte da mulher, enquanto o oposto foi verdadeiro para os homens (Furman e Collibee, 2014; Townsend e Wasserman, 2011). Então não é de surpreender que, apesar da alta prevalência de relacionamentos sexuais casuais ("ficar"), – segundo um estudo, 40% de estudantes se envolvem nesse tipo de relacionamento no primeiro ano da faculdade – o sexo como consequência de um sentimento romântico ainda é, para as jovens, duas vezes mais comum do que o "ficar" (Fielder, Carey e Carey, 2013). No entanto, estudos longitudinais mostram ausência de associação entre o número de parceiros sexuais e ansiedade ou depressão posterior, embora haja uma associação com o aumento do risco para abuso de substâncias (Ramrakha et al., 2013).

Em contraste, resultados de vários estudos sugerem que *nenhuma* diferença de gênero é visível atualmente a respeito de homossexualidade (em geral aceitável), experiência da satisfação sexual (importante para ambos) ou atitudes em relação à masturbação (em geral aceitável). As diferenças de gênero que variavam de pequenas a moderadas eram evidentes no que concernia ao sexo pré-marital, quando o casal estava noivo ou tinha um relacionamento mais sério (a aprovação dos homens é maior que a das mulheres), e em atitudes referentes ao sexo extraconjugal (sexo fora do casamento, que é mais aprovado para os homens do que para as mulheres). De modo análogo aos estudos britânico e francês, o número de parceiros sexuais e a frequência de relações eram ligeiramente maiores para os homens, e estes eram um pouco mais jovens em idade quando tiveram sua primeira relação sexual. Examinando as tendências de 1943 a 1999 observamos que quase todas as diferenças de gênero diminuíram, especialmente em relação às atitudes relativas ao sexo antes do casamento. Apenas 12% das jovens aprovavam o sexo antes do casamento em 1943 em comparação a 73% em 1999. A porcentagem para homens foi de 40% em 1943 e 79% em 1999 (Wells e Twenge, 2005). Mais recentemente, da segunda metade de 1990 e após 2000, os pesquisadores notaram uma *redução* no número de parceiros sexuais e uma tendência encontrada entre garotos adolescentes em demorar para concretizar a relação sexual, talvez pelo medo da Aids. Ao longo do tempo, poucas mudanças foram observadas entres as garotas adolescentes (Petersen e Hyde, 2010).

Embora estejam diminuindo, ainda existem diferenças entre homens e mulheres quanto a comportamento e atitudes em relação à sexualidade (Peplau, 2003; Petersen e Hyde, 2010). Por exemplo, as diferenças parecem existir nos padrões de excitação sexual (Chivers et al., 2004; Samson e Janssen, 2014). Homens são mais específicos e limitados em termos de padrões de excitação. Ou seja, homens heterossexuais ficam excitados pelo estímulo feminino, mas não pelo masculino. Para os homossexuais, acontece o oposto. Homens com disforia de gênero (discutidos a seguir) que se submeteram à cirurgia para se tornarem mulheres mantiveram essa especificidade (atraídos por homens, mas não por mulheres). Mulheres, por outro lado, tanto heterossexuais como homossexuais, sentem-se excitadas por ambos os estímulos masculinos e femininos, o que demonstra um padrão mais ampliado e geral de excitação.

Em uma série de estudos importantes, Barbara Andersen e colaboradores avaliaram as diferenças de gênero nas crenças básicas ou principais a respeito dos aspectos sexuais de si mesmo. Essas crenças básicas sobre a sexualidade são designadas por "autoesquemas sexuais". Nesses estudos (Andersen e Cyranowski, 1994; Andersen, Cyranowski e Espindle, 1999; Cyranowski, Aarestad e Andersen, 1999), Andersen e colaboradores demonstraram que as mulheres tendem a relatar sentimentos apaixonados e românticos como parte integrante de sua sexualidade, bem como uma atitude aberta em relação à experiência sexual. No entanto, um número considerável de mulheres demonstra um posicionamento constrangido, conservador ou autoconsciente que algumas vezes entra em conflito com aspectos mais positivos de suas atitudes sexuais. Os homens, por outro lado, demonstram um forte componente de sensação de poder, independência e agressividade como parte de sua sexualidade, além de serem apaixonados, amarem e serem abertos à experiência. Ainda, os homens, em geral, não têm crenças básicas negativas que reflitam autoconsciência, constrangimento ou sensação de ter comportamento inibido. Peplau (2003) resume as pesquisas sobre diferenças de gênero na sexualidade humana realizadas até então ressaltando quatro temas: (1) os homens demonstram mais desejo e excitação que as mulheres, (2) as mulheres enfatizam mais que os homens relacionamentos com comprometimento como uma condição para o sexo, (3) o autoconceito sexual dos homens, ao contrário do das mulheres, é caracterizado, em parte, por poder, independência e agressão, e (4) as crenças sexuais das mulheres são moldadas mais facilmente por fatores culturais, sociais e situacionais. Por exemplo, as mulheres têm mais probabilidade de mudar a orientação sexual ao longo do tempo (Diamond, 2007; Diamond et al., 2011; Mock e Eibach, 2012) ou demonstrar maior variação na frequência de relações sexuais, alternando períodos de frequência elevada com frequência muito reduzida se o parceiro romper a relação.

Além das diferenças de gênero no comportamento sexual, também parece haver diferenças no comportamento sexual com base na orientação sexual. Por exemplo, em uma pesquisa com estudantes universitários dos Estados Unidos (Oswalt e Wyatt, 2013), os pesquisadores observaram que homens que se identificaram como "incertos" tinham mais parceiros do que aqueles que se identificaram como gays, bissexuais ou heterossexuais, e que homens heterossexuais tinham menos parceiros que homens gays, bissexuais e "incertos". Por outro lado, as mulheres que se identificaram como bissexuais tinham mais parceiros do que mulheres que se identificaram com outras orientações.

O que aconteceu com a revolução sexual? Onde estão os efeitos da atitude "tudo pode" em relação à expressão e à satisfação sexual que supostamente iniciaram nos anos 1960 e 1970? É evidente que ocorreram mudanças. O duplo padrão desapareceu, pois as mulheres, em sua maioria, não se sentiram mais limitadas por um padrão social de conduta sexual rigoroso e conservador. Os sexos estão definitivamente se aproximando em termos de atitude e comportamento, embora algumas diferenças em atitudes, crenças básicas e comportamentos permaneçam. De qualquer forma, a maioria pratica coito heterossexual vaginal no contexto do relacionamento com um parceiro.

Com base nesses dados, grande parte da revolução sexual pode ser uma criação da mídia pelo fato de focalizar casos extremos ou sensacionalistas. Na verdade, o que nos atrai sexualmente parece ter fortes raízes evolutivas que criam a propagação das espécies. Homens com rostos "atraentes" (para mulheres) têm qualidade melhor de esperma. Mulheres com corpos atraentes (para homens) são mais férteis; e mulheres e homens com vozes "atraentes" perdem a virgindade mais cedo (Gallup e Frederick, 2010). Assim, atração sexual (e comportamento) está estritamente vinculada aos ditames da evolução que refletem a importância desses comportamentos nas espécies.

Diferenças culturais

O que é normal nos países ocidentais pode não ser necessariamente normal em outras partes do mundo (McGoldrick, Loonan e Wohlsifer, 2007). Os Sambia em Papua Nova Guiné acreditam que o sêmen é uma substância essencial para o crescimento e o desenvolvimento dos jovens da tribo. Eles também acreditam que o sêmen *não* é produzido naturalmente; isto é, o corpo é incapaz de produzi-lo espontaneamente. Portanto, todos os meninos da tribo, iniciando com aproximadamente 7 anos, tornam-se receptores de sêmen ao participar de sexo oral com garotos adolescentes. Somente práticas de sexo oral são permitidas; a masturbação é proibida e inexistente. No início da adolescência, os meninos trocam de papel e tornam-se provedores de sêmen para os meninos menores. Relações heterossexuais e mesmo o contato com o sexo oposto são proibidos até que os meninos se tornem adolescentes. No final da adolescência, espera-se que eles casem e iniciem um relacionamento exclusivamente heterossexual. E eles assim fazem, sem exceção (Herdt, 1987; Herdt e Stoller, 1989). Em contraste, os Munda, do nordeste da Índia, exigem que adolescentes e crianças vivam juntos. Meninos e meninas convivem no mesmo ambiente, e a atividade sexual consiste principalmente em carícias íntimas e masturbação heterossexual (Bancroft, 1989).

Mesmo nas culturas ocidentais existem algumas variações. Schwartz (1993) pesquisou as atividades associadas à primeira experiência de relação sexual pré-marital em cerca de duzentas mulheres que cursavam faculdade nos Estados Unidos e as compararam a uma amostra similar na Suécia, onde as práticas em relação à sexualidade são mais permissivas. A Tabela 10.2 mostra a idade média da primeira relação sexual para a mulher, a idade de seu parceiro, assim como a idade em que as mulheres julgavam ser socialmente aceitável em sua cultura manter relações sexuais. As idades consideradas aceitáveis para homens e mulheres foram menores na Suécia – e, ao contrário dos Estados Unidos, similares – porém ocorreu um número reduzido de outras

TABELA 10.2 Diferenças em relação ao sexo pré-marital em grupos de universitárias norte-americanas e suecas

Variável	Estados Unidos Média/(Desvio-padrão)	Suécia Média/(Desvio-padrão)
Idade do primeiro coito	16,97 (1,83)	16,80 (1,92)
Idade do parceiro do primeiro coito	18,77 (2,88)	19,10 (2,96)
Idade considerada socialmente aceitável para as mulheres praticarem sexo pré-marital	18,76 (2,57)	15,88 (1,43)
Idade considerada socialmente aceitável para os homens praticarem sexo pré-marital	16,33 (2,13)	15,58 (1,20)

Fonte: Schwartz, I. M. (1993). Affective reactions of American and Swedish women to their first premarital coitus: A cross-cultural comparison. *Journal of Sex Research*, *30*(1), 18-26. © 1993 Society for the Scientific Study of Sex. Reimpresso, sob permissão.

▲ John Bancroft foi um dos primeiros pesquisadores a descrever a interação da psicologia e da biologia como determinantes do comportamento sexual.

diferenças com uma exceção marcante: 73,7% das mulheres suecas e somente 56,7% das norte-americanas usaram alguma forma de contraceptivo na primeira relação sexual, uma diferença significativa. As pesquisas desde então mostram poucas mudanças (Herlitz e Forsberg, 2010; Weinberg, Lottes e Shaver, 1995). Entre mais de 100 sociedades pesquisadas no mundo todo, metade concebe que o comportamento sexual antes do casamento é culturalmente aceito e encorajado; a outra metade julga o oposto (Bancroft, 1989; Broude e Greene, 1980). Quanto ao sexo na meia-idade, seja no contexto matrimonial ou não, há também atitudes diferentes concernentes ao envolvimento sexual mesmo entre norte-americanos. Por exemplo, um amplo levantamento com mulheres de meia-idade de diversas etnias nos Estados Unidos obteve resultados de que as chinesas e japonesas eram menos susceptíveis do que as caucasianas a considerar o sexo como algo importante, enquanto as afro-americanas consideravam que sim (Cain et al., 2003). Além disso, entre aquelas que tiveram relações sexuais nos últimos seis meses, as latino-americanas foram menos propensas a dizer que foi "por prazer" o motivo pelo qual tiveram relações, em comparação a outros grupos étnicos. Portanto, o que é um comportamento sexual dentro de padrões aceitáveis em uma cultura não é necessariamente em outra, ainda que no mesmo país, e é essencial que se considere a variação da expressão sexual ao diagnosticar a presença de um transtorno.

O desenvolvimento da orientação sexual

Ao estudar o desenvolvimento da orientação sexual, a ênfase recente está na amplitude e variedade de padrões de excitação sexual em outras formas da expressão sexual normal e adaptativa. Não foi sempre esse o caso. Até a década de 1970, muitas formas de expressão sexual, incluindo a homossexualidade, eram consideradas patológicas. Após a homossexualidade ser eliminada como um diagnóstico, muitas sociedades come-

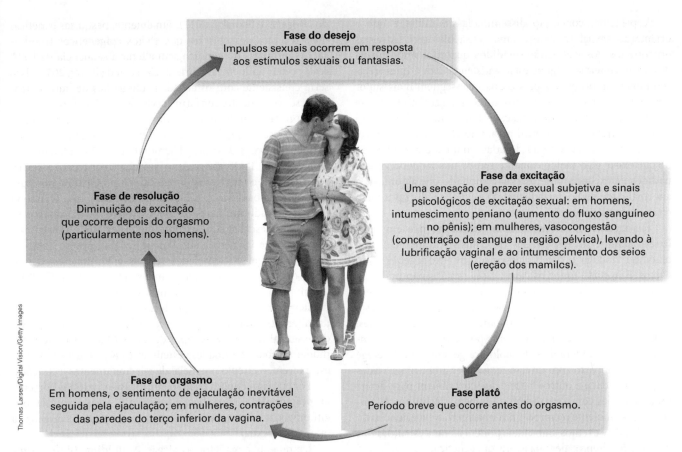

FIGURA 10.2 O ciclo da resposta sexual humana. (Baseado em Kaplan, H. S. [1979]. *Disorders of sexual desire*. Nova York: Brunner/Mazel e Masters, W. H. e Johnson, V. E. [1966]. *Human sexual response*. Boston, MA: Little, Brown.)

çaram a reavaliar a natureza e as origens do comportamento sexual consensual em adultos, mas, devido aos "tabus" da pesquisa sexual dentro das agências governamentais e outras fontes de financiamento, essa investigação ainda está engatinhando. A maioria das pesquisas até o momento ocorreu no contexto do desenvolvimento de padrões de excitação homossexual.

Alguns relatos sugerem que pode haver um componente genético na orientação sexual, devido à homossexualidade ser observada em diferentes membros de uma mesma família (Bailey e Benishay, 1993) e à concordância para homossexualidade ser mais comum entre gêmeos idênticos do que entre gêmeos fraternos ou irmãos não gêmeos (Jannini et al., 2015). Em dois consolidados estudos com gêmeos, a orientação homossexual era partilhada em quase 50% dos gêmeos idênticos, em comparação a 16% a 22% dos fraternos. Aproximadamente a mesma porcentagem ou pouco menor de irmãos ou irmãs que não eram gêmeos eram homossexuais (Bailey e Pillard, 1991; Bailey et al., 1993; Whitnam, Diamond e Martin, 1993). Outros estudos sobre as causas do comportamento homossexual revelam que, em homens, os genes são responsáveis por cerca de 34% a 39% da causa e, em mulheres, 18% a 19%; sendo que o restante pode ser devido a influências ambientais (Långström, Rahman, Carlström e Lichtenstein, 2010). Se nos reportarmos ao Capítulo 2, veremos que as influências ambientais podem incluir experiências biológicas únicas, como exposição hormonal uterina diferenciada (antes do nascimento). Outros estudos indicam que a homossexualidade e também o comportamento de gênero atípico estão associados à exposição diferenciada a hormônios, particularmente níveis atípicos de androgênio ainda dentro do útero (Auyeng et al., 2009; Ehrhardt et al., 1985; Gladue, Green e Hellman, 1984; Hershberger e Segal, 2004), e que a estrutura do cérebro poderia ser diferente em homossexuais e heterossexuais (Allen e Gorski, 1992; Byne et al., 2000; LeVay, 1991).

Diversas descobertas dão certa credibilidade à teoria da exposição diferencial a hormônios no útero. Uma delas observa que indivíduos de orientação homossexual possuem probabilidade 39% maior de serem canhotos (apenas canhotos ou ambidestros) que aqueles com orientação heterossexual (Lalumière, Blanchard e Zucker, 2000). No entanto, isso não foi replicado em um estudo posterior (Mustanski, Bailey e Kaspar, 2002). Há também constatações de que homens homossexuais/bissexuais são bem mais baixos e magros que os heterossexuais, muito embora não foram encontradas diferenças em mulheres (Bogart, 2010). Outra descoberta é de que homens heterossexuais e lésbicas masculinizadas tendem a possuir o dedo anular mais longo que o indicador (segundo), ao passo que as mulheres heterossexuais e homens homossexuais possuem diferença menor ou têm um dedo indicador maior que o anelar (Brown et al., 2002; Hall e Love, 2003), embora esse resultado pareça ser influenciado pela etnia (Loehlin et al., 2006; McFadden et al., 2005). Ainda, outro estudo da década de 1990 havia sugerido a presença de possível gene (ou genes) para a homossexualidade no cromossomo X (Hamer et al., 1993).

A principal conclusão disseminada na mídia é que a orientação sexual se deve a uma causa biológica. Ativistas dos direitos dos gays estão divididos quanto à importância dessas descobertas. Alguns estão satisfeitos com a interpretação biológica, porque as pessoas não conseguem mais supor que homossexuais optaram por uma situação "moralmente depravada" de padrões de excitação supostamente "desviantes". Outros, entretanto, observam a rapidez com que o público, particularmente nas últimas décadas, condenou a implicação de que existe algo biologicamente errado nos indivíduos com padrões de excitação homossexual, supondo que algum dia a anormalidade será detectada no feto e evitada, talvez por meio da engenharia genética.

Tais argumentos sobre causas biológicas lhe parecem familiares? Lembre-se dos estudos descritos no Capítulo 2 que tentaram vincular o comportamento complexo a genes específicos. Em quase todos os casos, esses estudos não puderam ser replicados e os pesquisadores recorreram a um modelo em que as contribuições genéticas aos traços comportamentais e aos transtornos psicológicos originaram-se de diversos genes, cada um contribuindo relativamente pouco para uma *vulnerabilidade*. Essa vulnerabilidade biológica generalizada interage de modo complexo com diversas condições ambientais, traços de personalidade e outros fatores que contribuem para determinar padrões comportamentais. Também discutimos interações gene-ambiente recíprocas nas quais certas experiências de aprendizado e eventos ambientais podem afetar a estrutura e as funções do cérebro, além da expressão genética.

O mesmo está ocorrendo com a orientação sexual. Nem Bailey e colaboradores nem Rice et al. (1999), em estudos posteriores, conseguiram replicar o estudo que sugeriu um gene específico para a homossexualidade (Hamer et al., 1993). A maior parte dos modelos teóricos que descrevem essas interações complexas para a orientação sexual implica que podem existir muitas maneiras para o desenvolvimento da heterossexualidade ou da homossexualidade, e que nenhum fator biológico ou psicológico pode predizer o resultado (Bancroft, 1994; Brakefield et al., 2014; Byne e Parsons, 1993). Um dos mais instigantes resultados dos estudos que Bailey e colaboradores realizaram com gêmeos é que aproximadamente 50% dos gêmeos idênticos, ou seja, com a mesma estrutura genética e vivência no mesmo ambiente (cresceram no mesmo lar) tiveram a mesma orientação sexual (Bailey e Pillard, 1991). Também é intrigante a observação de um estudo que, de 302 homossexuais do sexo masculino, aqueles que cresceram com irmãos mais velhos são mais propensos a serem homossexuais. Ao passo que ter irmãs mais velhas ou irmãos e irmãs mais jovens não está correlacionado com a orientação sexual posterior. Na verdade, esse estudo verificou que cada irmão mais velho adicional aumenta em um terço a probabilidade da homossexualidade. Essa descoberta, que tem sido replicada várias vezes, é denominada de hipótese de "Ordem de Nascimento Fraternal" e pode indicar a importância das influências ambientais (Blanchard, 2008; Blanchard e Bogaert, 1996, 1998; Cantor et al., 2002). Embora o mecanismo não tenha sido definitivamente identificado, algumas pesquisas têm mostrado a importância da resposta imunológica materna às proteínas ligadas ao Y (uma importante substância no desenvolvimento fetal masculino) como uma possível explicação para esse acha-

do (Bogaert e Skorska, 2011). Finalmente, pesquisas genéticas mais recentes descobriram que efeitos epigenéticos (modificações químicas do genoma sem alterar a sequência de DNA real) podem influenciar a orientação sexual (Balter, 2015). Isso seria consistente com os achados emergentes de outras áreas do desenvolvimento, conforme revisado no Capítulo 2.

É provável também que sejam descobertos diferentes tipos de homossexualidade (e, talvez, heterossexualidade), com variados padrões de causa (Diamond et al., 2011; Savin-Williams, 2006). Pode até mesmo ser que a orientação sexual seja maleável e mutável ao longo do tempo, pelo menos para algumas pessoas (Mock e Eibach, 2012). Dra. Lisa Diamond tem pesquisado mulheres ao longo do tempo (estudos longitudinais) e descobriu que os fatores interpessoais e situacionais exercem uma influência substancial em padrões de comportamento sexual e identidades sexuais em mulheres, descoberta que pouco contempla homens (Diamond, 2007, 2012; Diamond et al., 2011). Entre as mulheres que se consideraram inicialmente heterossexuais, lésbicas, bissexuais ou "nenhuma das alternativas", mais de dois terços delas mudaram sua identidade sexual algumas vezes após dez anos. Quando as mulheres mudaram suas identidades sexuais, elas ampliaram, em vez de estreitarem, o círculo potencial de relacionamentos e atrações.

Por que isso se aplica às mulheres, mas não tanto aos homens? Os pesquisadores não sabem ao certo, mas essas pesquisas longitudinais inovadoras nos ensinaram muito sobre as origens da orientação sexual.

De qualquer maneira, as alegações unidimensionais simples de que a homossexualidade é causada por um gene ou de que a heterossexualidade é causada por experiências iniciais saudáveis de desenvolvimento continuarão a encontrar eco na população em geral. Nenhuma explicação tem possibilidade de ser comprovada. É quase certo que a biologia determina limites dentro dos quais os fatores sociais e psicológicos afetam o desenvolvimento. Os cientistas, em última análise, vinculam as contribuições genéticas à formação da orientação sexual – tanto hetero como homossexual – e o ambiente e as experiências serão considerados como aqueles que influenciarão incisivamente na maneira como esses padrões de excitação sexual potencial se desenvolvem (Diamond, 1995; Diamond et al., 2011; Långström et al., 2010).

Panorama das disfunções sexuais

Antes de descrevermos as **disfunções sexuais**, observe que os problemas que surgem no contexto de interações sexuais podem ocorrer nos relacionamentos heterossexuais e homossexuais. A incapacidade para ficar excitado ou atingir o orgasmo parece ser tão comum nas relações homossexuais como nas heterossexuais, porém as discutiremos no contexto dos relacionamentos heterossexuais, que são a maioria dos casos com os quais nos deparamos em nossa clínica. Dos diferentes estágios do ciclo de resposta sexual, três deles – desejo, excitação e orgasmo (ver Figura 10.2) – estão associados, cada um deles – a disfunções sexuais específicas. Além disso, a dor pode estar relacionada ao funcionamento sexual em mulheres, o que conduz a disfunções adicionais.

Um panorama das categorias do *DSM-5* sobre as disfunções sexuais que examinamos encontra-se na Tabela 10.3. Como se

TABELA 10.3	Categorias da disfunção sexual em homens e mulheres

Disfunção sexual

Tipo de transtorno	Homens	Mulheres
Desejo	Transtorno do desejo sexual masculino hipoativo (pouco ou nenhum desejo de ter relação sexual)	Transtorno do interesse/excitação sexual feminino (pouco ou nenhum desejo de ter relação sexual)
Excitação	Transtorno erétil (dificuldade de alcançar ou manter ereções)	Transtorno do interesse/excitação sexual feminino (pouco ou nenhum desejo de ter relação sexual)
Orgasmo	Ejaculação retardada; ejaculação prematura (precoce)	Transtorno do orgasmo feminino
Dor		Transtorno da dor gênito-pélvica/penetração (dor, ansiedade e tensão associadas à atividade sexual; vaginismos, por exemplo: espasmos musculares na vagina que interferem na penetração)

Fonte: American Psychiatric Association. (2013). Diagnostic and statistical manual of mental disorders (5th ed). Washington, DC: Author.

pode notar, ambos, homens e mulheres, podem experimentar versões paralelas da maioria dos distúrbios que tomam formas específicas, determinadas pela anatomia e características específicas do sexo. No entanto, dois distúrbios são específicos do sexo: ejaculação prematura (precoce), que ocorre apenas em indivíduos do sexo masculino, e transtorno da dor gênito-pélvica/penetração – que se caracteriza pela dificuldade de penetração durante a relação sexual devido, em muitos casos, à contração dolorosa ou espasmos da vagina – que ocorre somente nas pessoas do sexo feminino. As disfunções sexuais podem ocorrer ao longo da vida ou adquiridas. *Ao longo da vida* refere-se a uma condição crônica que se faz presente durante toda a vida sexual de uma pessoa; *adquirida* refere-se a um transtorno iniciado após a atividade sexual ter sido relativamente normal. Além disso, os transtornos podem ser *generalizados* (ocorrem todas as vezes que a pessoa tenta praticar sexo), ou *situacionais* (ocorrem dependendo do parceiro e das ocasiões). Antes de descrevermos a prevalência de disfunções sexuais específicas, é preciso conhecer o importante estudo de Ellen Frank et al. (1978), que entrevistaram cuidadosamente cem casais de bom nível educacional cujo casamento era feliz e que não buscavam tratamento. Mais de 80% desses casais relataram que o relacionamento conjugal e sexual era feliz e satisfatório. De modo surpreendente, 40% dos homens relataram dificuldades eréteis e ejaculatórias ocasionais e 63% das mulheres, disfunções de excitação ou orgasmo ocasionais. Contudo, a principal observação foi que essas disfunções não prejudicavam a satisfação sexual geral dos respondentes. Em outro estudo, somente 45% das mulheres que tinham dificuldade em atingir o orgasmo consideraram isto como problemático (Fugl-Meyer e Sjogren Fugl-Meyer, 1999). Bancroft, Loftus e Long (2003) deram continuidade a esta análise em um levantamento de aproximadamente mil mulheres nos Estados Unidos que estavam envolvidas em um relacionamento heterossexual por pelo menos seis meses. Os resultados curiosamente indicam que, embora 44,3% cumpriram os critérios objetivos para um dos distúrbios ilustrados na Tabela 10.3, apenas 24,4% delas estavam aflitas com o fato. Na verdade, muitas dessas mulheres não consideravam isto um problema. De fato, o melhor preditor da angústia sexual entre essas mulheres eram os déficits no bem-estar emocional geral e no relacionamento emocional com o parceiro durante as relações sexuais, e não falta de lubrificação ou orgasmo. Esses estudos indicam que a satisfação sexual e a disfunção sexual ocasional não são categorias mutuamente exclusivas (Bradford e Meston, 2011; Graham, 2010). No contexto de um relacionamento saudável, as disfunções sexuais ocasionais ou parciais são facilmente aceitas. Mas isso levanta problemas para o diagnóstico de disfunções sexuais. Se há disfunção sexual claramente presente, mas a pessoa não sofre com isso, deve-se dar o diagnóstico de disfunção? (Balon, Segraves e Clayton, 2007; Zucker, 2010) De acordo com o *DSM-5*, os sintomas devem claramente causar sofrimento clinicamente significativo ao indivíduo ou ao casal.

Transtornos do desejo sexual

Três transtornos refletem problemas na fase de desejo ou excitação do ciclo de resposta sexual. Dois deles são caracterizados por pouco ou nenhum interesse em sexo, o que causa sofrimento significativo para o indivíduo ou o casal. Em homens, esse transtorno é chamado de **transtorno do desejo sexual masculino hipoativo**. Em mulheres, o baixo interesse sexual é quase sempre acompanhado pela diminuição da capacidade de ficar com vontade e excitada pelos estímulos eróticos ou atividade sexual. Assim, déficits no interesse ou na capacidade de ficar excitada na mulher estão relacionados a um transtorno chamado **transtorno do interesse/excitação sexual feminino** (Basson et al., 2010; Brotto, 2010a; Brotto e Luria, 2014). Para homens, há um transtorno específico de excitação – a disfunção erétil.

Transtorno do desejo sexual masculino hipoativo e transtorno do interesse/excitação sexual feminino

Homens com transtorno do desejo sexual hipoativo e mulheres com transtorno do interesse/excitação sexual têm pouco ou nenhum interesse em qualquer tipo de atividade sexual. É difícil avaliar o baixo desejo sexual e é necessário muito julgamento clínico (Leiblum, 2010; Segraves e Woodard, 2006; Wincze, Bach e Barlow, 2008; Wincze, 2009; Wincze e Weisberg, 2015). Pode-se mensurá-lo pela frequência da atividade sexual – digamos, menos que duas vezes no mês para parceiros casados.

CAPÍTULO 10 – DISFUNÇÕES SEXUAIS, TRANSTORNOS PARAFÍLICOS E DISFORIA DE GÊNERO **379**

Também pode-se determinar se pensa em sexo ou tem fantasias. Existe ainda o caso em que se pratica sexo duas vezes por semana, porém não há desejo em manter relações, e se pensa nisso apenas porque seu cônjuge está nesta circunstância para corresponder ao casamento e ter sexo com maior frequência. Essas pessoas poderiam, na realidade, não sentir desejo apesar de manter relações sexuais frequentes. Considere os casos de Judy e Ira e do Sr. e da Sra. C.

O tratamento do Sr. e da Sra. C. será discutido neste capítulo.

Os problemas do interesse ou desejo sexual costumavam ser considerados problemas conjugais em vez de dificuldades sexuais. Entretanto, desde a segunda metade dos anos 1980 – quando se reconheceu o baixo desejo sexual como um transtorno distinto –, começou a haver um aumento no número de casais que chegavam às clínicas de terapia sexual com pelo menos um dos parceiros relatando esse problema (Kleinplatz, Moser e Lev, 2012; Leiblum, 2010; Pridal e LoPiccolo, 2000). As melhores estimativas calculam que mais de 50% dos pacientes que buscam tratamento queixam-se de baixo desejo ou interesse sexual (Leiblum 2010; Pridal e LoPiccolo, 2000). Em muitas clínicas, é a queixa mais comum das mulheres; os homens procuram com mais frequência por disfunção erétil (Hawton, 1995). Um censo realizado nos Estados Unidos confirmou que 22% das mulheres e 5% dos homens sofrem de baixo interesse sexual (Transtorno do Interesse/Excitação Sexual Feminino e transtorno do desejo sexual masculino hipoativo). Porém, em um levantamento de âmbito internacional, 43% das mulheres relataram tal problema (Laumann et al., 2005). Para homens, a prevalência aumenta conforme a idade; para mulheres diminui com a idade (DeLamater e Sill, 2005; Fileborn et al., 2015; Laumann, Paik e Rosen, 1999). Schreiner-Engel e Schiavi (1986) observaram que pacientes com esse transtorno raramente têm fantasias sexuais, poucas vezes se masturbam (35% das mulheres e 52% dos homens nunca se masturbam e a maior parte do restante se masturba não mais do que uma vez por mês) e tentam manter relações uma vez por mês ou menos.

JUDY E IRA ... Um casamento cheio de amor?

Judy, casada e com pouco menos de 30 anos, falou com um profissional da clínica por telefone e declarou estar muito aborrecida porque pensava que seu marido, Ira, estava tendo um caso. A razão para suas suposições? Ele não havia demonstrado nenhum interesse em sexo durante os últimos três anos e eles não haviam tido relações durante nove meses. No entanto, Ira estava disposto a ir à clínica.

Quando foi entrevistado, ficou claro que Ira não estava tendo um caso. Na verdade, ele não se masturbava e dificilmente pensava em sexo. Sentia que amava muito sua mulher, mas não havia se preocupado com isso até ela levantar a questão. Tinha outras coisas em que pensar e supunha que, no final de tudo, voltariam a praticar sexo. Ele agora compreendia que sua mulher estava muito aborrecida com a situação, particularmente porque pensavam em ter filhos.

Embora Ira não tivesse muita experiência sexual, havia participado de diversos relacionamentos sexuais antes do casamento, e Judy sabia disso. Em uma entrevista separada, Ira confidenciou que, durante seus casos pré-maritais, seu pênis ficava erétil só de pensar em suas parceiras, que eram muito promíscuas. Sua esposa, ao contrário, era um pilar da comunidade e, sob outros aspectos, muito diferente dessas mulheres, embora atraente. Em virtude de não ter excitação ao pensar em sua mulher não iniciava as relações sexuais.

SR. E SRA. C ... Começando

A sra. C, empresária bem-sucedida de 31 anos, casou-se com um advogado de 32. Tinham dois filhos, um de 2 e outro de 5 anos. Quando completaram oito anos de casamento resolveram fazer terapia. O problema em questão era a falta de desejo sexual da sra. C. Os dois foram entrevistados separadamente durante a avaliação inicial e ambos professaram atração e amor um pelo outro. A sra. C relatou que ela conseguia desfrutar da relação sexual uma vez que estivesse envolvida e quase sempre chegava ao orgasmo. O problema era a total falta de desejo de ficar envolvida. Ela evitava as carícias íntimas de seu marido e considerava com ceticismo a afeição e o romantismo dele; geralmente havia irritação e lágrimas. A sra. C. foi criada em uma família de classe média alta que sempre lhe deu apoio e amor. No entanto, entre 6 e 12 anos, havia sido forçada repetidamente a ter atividade sexual com um primo que era cinco anos mais velho. Essa atividade sexual era iniciada sempre pelo primo, sempre contra a vontade dela. Ela não contou a seus pais porque se sentia culpada, pois o rapaz não usava de força física para fazê-la concordar. Para ela, pareceu que as atitudes românticas do sr. C desencadeava as memórias de abuso por seu primo.

Transtornos da excitação sexual

O **transtorno erétil** é específico da excitação. O problema, nesse caso, não é o desejo. Muitas pessoas com disfunção erétil têm ânsias e fantasias sexuais frequentes e forte desejo de manter relações. O problema está em ficar fisicamente excitado. Nas mulheres, que são também suscetíveis a ter baixo interesse, os déficits na excitação são refletidos na incapacidade de ter ou manter adequada lubrificação (Basson, 2007; Rosen, 2007; Wincze, 2009; Wincze et al., 2008; Wincze e Weisberg, 2015). Considere o caso de Bill, a seguir.

Os termos antigos para os transtornos erétil no homem e do interesse/excitação sexual feminino são um tanto ofensivos: *impotência* e *frigidez* são designações imprecisas que não identificam a fase específica da resposta sexual na qual os problemas estão localizados. O homem normalmente se sente mais prejudicado por seu problema que a mulher pelo proble-

TABELA 10.1 Critérios para transtorno do desejo sexual masculino hipoativo

A. Pensamentos ou fantasias sexuais/eróticas e desejo para atividade sexual deficientes (ou ausentes) de forma persistente ou recorrente. O julgamento da deficiência é feito pelo clínico, levando em conta fatores que afetam o funcionamento sexual, tais como idade e contextos gerais e socioculturais da vida do indivíduo.
B. Os sintomas do Critério A persistem por um período mínimo de aproximadamente seis meses.
C. Os sintomas do Critério A causam sofrimento clinicamente significativo para o indivíduo.
D. A disfunção sexual não é mais bem explicada por um transtorno mental não sexual ou como consequência de uma perturbação grave do relacionamento ou de outros estressores importantes e não é atribuível aos efeitos de alguma substância ou medicamento ou a outra condição médica.

Determinar o subtipo:
Ao longo da vida
Adquirido
Determinar o subtipo:
Generalizado
Situacional

Fonte: Manual Diagnóstico e Estatístico de Transtornos Mentais, 5a ed. – DSM-5. Tab. 10.1. Artmed, Porto Alegre, 2014.

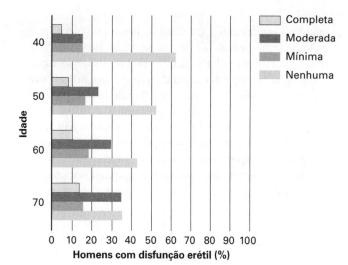

FIGURA 10.3 A prevalência estimada e a gravidade da disfunção erétil em uma amostra de 1.290 homens entre 40 e 70 anos. Adaptado de Feldman et al. (1994). Impotence and its medical and psychosocial correlates: Results of the Massachusetts male aging study. *Journal of Urology, 51*, 54-61.

ma dela. A incapacidade de alcançar e manter a ereção torna a relação sexual difícil ou impossível. Mulheres que não são capazes de alcançar uma lubrificação vaginal, contudo, podem compensar essa deficiência com lubrificante industrializado (Leiblum, 2010; Wincze, 2009). Nas mulheres, a excitação e a lubrificação podem diminuir a qualquer tempo, mas, como nos homens, os problemas tendem a acompanhar o envelhecimento (Bartlik e Goldberg, 2000; Basson, 2007; DeLamater e Sill, 2005; Rosen, 2000; Shamloul e Ghanem, 2013). Até uma época relativamente recente, algumas mulheres não se preocupavam tanto quanto os homens em ter prazer intenso durante a relação, desde que pudessem consumar o ato; este, no geral, não é mais o caso. É incomum um homem ser completamente incapaz de ter ereção. Mais usual é uma situação como a de Bill, na qual ereções totais são possíveis durante a masturbação e ereções parciais durante as tentativas de relação sexual, porém com rigidez insuficiente para permitir a penetração.

A prevalência da disfunção erétil é surpreendentemente elevada e aumenta com a idade. Embora os dados levantados em um censo nos Estados Unidos indiquem que 5% dos homens entre 18 e 59 anos atendem o rigoroso conjunto de critérios de disfunção erétil (Laumann et al., 1999), essa porcentagem certamente subestima a prevalência, visto que a disfunção erétil aumenta rapidamente em homens depois dos 60 anos. Rosen et al. (2005) revisaram as evidências em todo o mundo e descobriram que 60% dos homens com idade maior ou igual a 60 anos sofriam de disfunção erétil. Dados de outro estudo (mostrado na Figura 10.3) indicam que pelo menos algum pre-

juízo está presente em cerca de 40% dos homens na faixa dos 40 anos e em 70% na faixa dos 70 anos (Feldman, Goldstein, Hatzichristou, Krane e McKunlay, 1994; Kim e Lipshultz, 1997; Rosen, 2007); a incidência (novos casos) aumenta consideravelmente com a idade para 46 novos casos a cada ano por mil homens na faixa etária de 60 anos (Johannes et al., 2000). O transtorno erétil certamente é o problema mais comum para o qual os homens buscam ajuda, representando 50% ou mais dos homens indicados a especialistas para tratamento de problemas sexuais (Hawton, 1995).

A prevalência dos transtornos do interesse/excitação sexual feminino é um tanto mais difícil de estimar porque muitas mulheres ainda não consideram a ausência de excitação um problema, muito menos um transtorno. O censo norte-americano relata uma prevalência de 14% de mulheres que experimentam transtorno da excitação (Laumann et al., 1999). Um estudo posterior (Rosen et al., 2014) relatou a prevalência de 7,4%. Em virtude de os transtornos do desejo, da excitação e do orgasmo muitas vezes se sobreporem, é difícil estimar precisamente quantas mulheres com transtornos do interesse/excitação sexual específicos procuram clínicas especializadas em sexo (Basson, 2007; Wincze e Weisberg, 2015).

BILL ... **Casamento antigo, problema novo**

Bill, homem branco de 58 anos, chegou à nossa clínica por indicação de seu urologista. Ele era contador aposentado, casado há 29 anos; sua esposa tinha 57 anos e era nutricionista aposentada. Não tinham filhos. Durante os últimos anos Bill vinha tendo dificuldade para obter e manter ereção. Ele relatou uma rotina relativamente rígida que ele e sua mulher haviam desenvolvido para lidar com o problema. Eles programaram a relação sexual para domingo de manhã. Bill, no entanto, tinha de fazer algumas tarefas antes, incluindo soltar o cachorro, lavar a louça e barbear-se. O comportamento atual do casal consistia em estimulação manual mútua. Bill "não tinha permissão" para tentar a penetração até que sua esposa houvesse atingido o clímax. A mulher de Bill insistia que não alteraria seu comportamento sexual e "se tornaria uma prostituta". Isso incluía recusar o gel lubrificante para compensar a pouca lubrificação pós-menopausa. Ela descreveu seu comportamento como "sexo lésbico".

Bill e sua esposa concordavam que, apesar dos problemas conjugais ao longo dos anos, sempre haviam mantido um bom relacionamento sexual até o início do problema atual, e que o sexo os tinha mantido juntos durante as primeiras dificuldades. Informações úteis foram obtidas em entrevistas separadas. Bill se masturbava sábado à noite para tentar controlar a ereção na manhã seguinte; sua mulher desconhecia esse fato. Além disso, conseguia ereção plena quando via revistas eróticas na privacidade do laboratório da clínica (o que surpreendeu o auxiliar). A esposa de Bill reconhecia, em conversa confidencial, ter ficado muito irritada com seu marido devido a um caso que ele havia tido vinte anos antes.

No final da sessão, foram feitas três recomendações específicas: para que Bill parasse de se masturbar antes do sexo, para que o casal usasse um lubrificante e para ambos que protelassem a rotina da manhã até já terem tido as relações sexuais. O casal entrou em contato após um mês para informar que a atividade sexual deles havia melhorado muito.

TABELA 10.2 Critérios para transtorno do interesse/excitação sexual feminino

A. Ausência ou redução significativa do interesse ou da excitação sexual, manifestada por pelo menos três dos seguintes sintomas:
   1. Ausência ou redução do interesse pela atividade sexual.
   2. Ausência ou redução dos pensamentos ou fantasias sexuais/eróticas.
   3. Nenhuma iniciativa ou iniciativa reduzida de atividade sexual e, geralmente, ausência de receptividade às tentativas de iniciativa feitas pelo parceiro.
   4. Ausência ou redução na excitação/prazer sexual durante a atividade sexual em quase todos ou em todos (aproximadamente 75% a 100%) os encontros sexuais (em contextos situacionais identificados ou, se generalizado, em todos os contextos).
   5. Ausência ou redução do interesse/excitação sexual em resposta a quaisquer indicações sexuais ou eróticas, internas ou externas (p. ex., escritas, verbais, visuais).
   6. Ausência ou redução de sensações genitais ou não genitais durante a atividade sexual em quase todos ou em todos (aproximadamente 75% a 100%) os encontros sexuais (em contextos situacionais identificados ou, se generalizado, em todos os contextos).

B. Os sintomas do Critério A persistem por um período mínimo de aproximadamente seis meses.
C. Os sintomas do Critério A causam sofrimento clinicamente significativo para a mulher.
D. A disfunção sexual não é mais bem explicada por um transtorno mental não sexual ou como consequência de uma perturbação grave do relacionamento (p. ex., violência do parceiro) ou de outros estressores importantes e não é atribuível aos efeitos de alguma substância/medicamento ou a outra condição médica.

Determinar o subtipo:
Ao longo da vida
Adquirido
Determinar o subtipo:
Generalizado
Situacional

Fonte: Manual Diagnóstico e Estatístico de Transtornos Mentais, 5a ed. – DSM-5. Tab. 10.2. Artmed, Porto Alegre, 2014.

Transtornos do orgasmo

A fase de orgasmo do ciclo de resposta sexual pode ser prejudicada de diversas maneiras. Como resultado, o orgasmo tanto pode ocorrer em uma ocasião inapropriada como simplesmente não acontecer.

A incapacidade de chegar a um orgasmo, apesar de o desejo e a excitação sexual serem adequados, é mais comumente observada em mulheres e menos em homens.

Homens que alcançam o orgasmo apenas com grande dificuldade ou não chegam ao orgasmo cumprem os critérios para a condição chamada **ejaculação retardada**. Em mulheres a condição é denominada **transtorno do orgasmo feminino** (Kleinplatz et al., 2013; Wincze, 2009; Wincze e Weisberg, 2015).

Discutiremos o caso de Greta e Will adiante.

A incapacidade para atingir o orgasmo é a queixa mais comum entre as mulheres que buscam terapia para problemas sexuais. Embora um levantamento norte-americano não tenha estimado especificamente a prevalência do **transtorno do orgasmo feminino**, cerca de 25% das mulheres relatam ter muita dificuldade para atingir o orgasmo (Heiman, 2000; Laumann et al., 1999), apesar de as estimativas variarem consideravelmente (Graham, 2010). O problema está presente igualmente em diferentes grupos etários, e mulheres solteiras têm 1,5 vez mais probabilidade que as casadas de ter transtornos do orgasmo. Ao diagnosticar o problema, é necessário determinar que a mulher "nunca ou quase nunca" alcança o orgasmo (Wincze e Weisberg, 2015). Essa distinção é importante porque apenas aproximadamente 20% de todas as mulheres com certeza experimentam orgasmos regulares durante a relação sexual (Graham, 2010; Lloyd, 2005). Portanto, quase 80% não atingem o orgasmo em toda relação sexual, ao contrário da maioria dos homens, que tendem a ter orgasmos de forma mais contínua. Assim, a pergunta "nunca ou quase nunca" é importante, juntamente da determinação da extensão do sofrimento da mulher, para diagnosticar o transtorno do orgasmo.

Em pesquisas realizadas nos Estados Unidos, cerca de 8% dos homens relatam ter ejaculação retardada ou nenhuma durante as interações sexuais (Laumann et al., 1999).

Os homens poucas vezes buscam tratamento para esse problema. É bem possível que, em muitos casos, alguns atinjam o clímax por meio de formas alternativas de estimulação e que essa condição seja aceita pelo casal (Apfelbaum, 2000).

Alguns homens incapazes de ejacular com suas parceiras podem ter ereção e ejacular durante a masturbação. Ocasionalmente, há homens que sofrem de ejaculação retrógrada, em que os fluidos ejaculatórios vão para trás, na bexiga, em vez de ir para a frente. Esse fenômeno é quase sempre causado pelos efeitos de certas drogas, ou por uma condição médica coexistente, por isso não deve ser confundido com ejaculação retardada.

Um transtorno do orgasmo masculino muito mais comum é a **ejaculação prematura (precoce)**. Ela ocorre bem antes do que o homem e a sua parceira desejam (Althof, 2006; Polonsky, 2000; Wincze, 2009; Wincze e Weisberg, 2015). Pode-se definir que ocorre aproximadamente um minuto após a penetração, de acordo com *DSM-5* (ver tabela *DSM 10.4*). Considere o caso de Gary e sua mulher descrito mais à frente.

A frequência de ejaculação prematura parece ser muito elevada. No censo norte-americano, 21% de todos os homens preenchiam critérios para ejaculação prematura, o que a torna a disfunção sexual masculina mais comum (Laumann et al., 1999; Serefoglu e Saitz, 2012). Essa dificuldade representa uma queixa presente em 60% dos homens que buscam tratamento para disfunção sexual (Polonsky, 2000). (Entretanto, muitos deles também se queixam do transtorno erétil como principal problema.) Em determinada clínica, a ejaculação prematura era a maior queixa de 16% dos homens que buscavam tratamento (Hawton, 1995).

Embora o *DSM-5* especifique a duração de mais ou menos um minuto, é difícil definir "prematuro". A duração adequada de tempo antes de ejacular varia de indivíduo para indivíduo. Patrick et al. (2005) descobriram que homens que se queixam de ejaculação prematura ejacularam 1,8 minuto após a penetração em comparação com 7,3 minutos em indivíduos que não tinham essa queixa. No entanto, a percepção da falta de controle do orgasmo pode ser o determinante psicológico mais importante (Wincze et al., 2008). Embora a ejaculação breve ocasional seja normal, a ejaculação prematura parece ocorrer principalmente em homens inexperientes e com menos informações sobre sexo (Laumann et al., 1999).

GRETA E WILL ... Desunião com carinho

Greta, professora, e Will, engenheiro, eram um casal muito atraente. Chegaram para a primeira entrevista demonstrando claramente afeto um pelo outro. Estavam casados havia cinco anos e tinham pouco menos de 30 anos. Quando indagados a respeito dos problemas que os conduziram à clínica, Greta informou logo de início que não considerava que já tivesse alcançado um orgasmo. "Não considerava" porque realmente não estava segura do que era um orgasmo. Ela amava muito Will e ocasionalmente tomava a iniciativa da relação sexual, embora a frequência viesse diminuindo ao longo dos últimos anos.

Will não acreditava que Greta alcançasse o orgasmo. De qualquer maneira, ele relatou que estavam indo em "direções opostas" em relação ao sexo, pois Greta estava cada vez menos interessada. Se no início do casamento ela iniciava a relação sexual ocasionalmente, agora quase nunca tomava a iniciativa, exceto por uma vontade repentina a cada seis meses, quando tomava a frente duas ou três vezes na semana. Entretanto, Greta observou que a proximidade física era o que mais desejava durante essas ocasiões em vez do prazer sexual. Uma análise adicional revelou que ela ficava excitada em certas ocasiões, porém nunca havia chegado ao orgasmo, mesmo quando se masturbava, principalmente antes do casamento. Ambos relataram que o problema sexual era uma preocupação, pois tudo o mais no casamento era muito positivo.

Greta havia sido educada em uma família católica rígida, porém carinhosa e interessada, que tinha certo desprezo pela sexualidade. Os pais eram muito cuidadosos em não demonstrar afeição mútua na frente de Greta; quando a mãe flagrou a filha tocando sua própria região genital advertiu-a com severidade para evitar esse tipo de atividade.

GARY ... Amedrontado

Gary, um vendedor de 31 anos, tinha relações sexuais com sua mulher três ou quatro vezes por mês. Seu desejo era ter relações sexuais mais frequentes, porém sua rotina corrida o fazia trabalhar cerca de 80 horas por semana. A principal dificuldade dele era a incapacidade para controlar o momento de sua ejaculação. Cerca de 70% a 80% das vezes durante a relação, ele ejaculava segundos após a penetração. Esse padrão é constante desde que ele conheceu sua esposa, cerca de 13 anos atrás. A experiência prévia com outras mulheres, embora limitada, não era caracterizada por ejaculação prematura. Em uma tentativa para postergar a ejaculação, Gary se distraía pensando em temas não sexuais (resultados de jogos ou assuntos relacionados ao trabalho) e algumas vezes tentava fazer sexo logo após a tentativa anterior, porque parecia não atingir o clímax tão rapidamente nessas circunstâncias. Gary disse que raramente se masturbava (três ou quatro vezes ao ano no máximo). Quando o fazia, geralmente tentava chegar ao orgasmo rapidamente, um hábito que adquiriu na adolescência para evitar ser pego por um familiar.

Uma de suas maiores preocupações era não satisfazer sua mulher e em nenhuma circunstância desejava que ela soubesse que estava buscando tratamento. Uma análise adicional revelou que ele havia feito compras extravagantes a pedido da esposa, muito embora prejudicassem as finanças, porque desejava agradá-la. Ele julgava que, caso tivessem se conhecido recentemente, sua mulher nem aceitaria sair com ele porque estava bastante calvo; já a mulher havia reduzido o peso e estava mais atraente que antes.

TABELA 10.3 Critérios para transtorno do orgasmo feminino

A. Presença de qualquer um dos sintomas a seguir, vivenciado em quase todas ou em todas as ocasiões (aproximadamente 75 a 100%) de atividade sexual (em contextos situacionais identificados ou, se generalizado, em todos os contextos):
  1. Retardo acentuado, infrequência acentuada ou ausência de orgasmo.
  2. Intensidade muito reduzida de sensações orgásmicas.
B. Os sintomas do Critério A persistem por um período mínimo de aproximadamente seis meses.
C. Os sintomas do Critério A causam sofrimento clinicamente significativo no indivíduo.
D. A disfunção sexual não é mais bem explicada por um transtorno mental não sexual ou como consequência de uma perturbação grave do relacionamento (p. ex., violência do parceiro) ou de outros estressores importantes e não é atribuível aos efeitos de alguma substância/medicamento ou a outra condição médica.

Determinar o subtipo:

Ao longo da vida

Adquirido

Determinar o subtipo:

Generalizado

Situacional

Especificar se:

Nunca experimentou um orgasmo em nenhuma situação.

Fonte: Manual Diagnóstico e Estatístico de Transtornos Mentais, 5a ed. – DSM-5. Tab. 10.3. Artmed, Porto Alegre, 2014.

TABELA 10.4 Critérios para ejaculação prematura (precoce)

A. Padrão persistente ou recorrente de ejaculação que ocorre durante a atividade sexual com parceira dentro de aproximadamente um minuto após a penetração vaginal e antes do momento desejado pelo indivíduo. **Nota:** Embora o diagnóstico de ejaculação prematura (precoce) também possa ser aplicado a indivíduos envolvidos em atividades sexuais não vaginais, não foram estabelecidos critérios específicos para o tempo de duração dessas atividades.
B. Os sintomas do Critério A devem estar presentes por pelo menos seis meses e devem ser experimentados em quase todas ou todas as ocasiões (aproximadamente 75% a 100%) de atividade sexual (em contextos situacionais identificados ou, caso generalizada, em todos os contextos).
C. Os sintomas do Critério A causam sofrimento clinicamente significativo para o indivíduo.
D. A disfunção sexual não é mais bem explicada por um transtorno mental não sexual ou como consequência de uma perturbação grave do relacionamento ou de outros estressores importantes e não é atribuível aos efeitos de alguma substância ou medicamento ou a outra condição médica.

Determinar o subtipo:

Ao longo da vida

Adquirido

Determinar o subtipo:

Generalizado

Situacional

Fonte: Manual Diagnóstico e Estatístico de Transtornos Mentais, 5a ed. – DSM-5. Tab. 10.4. Artmed, Porto Alegre, 2014.

Transtornos de dor sexual

Uma disfunção sexual específica para as mulheres diz respeito a dificuldades com a penetração durante a tentativa do ato sexual ou dor significativa durante o ato. Esse transtorno é chamado **transtorno da dor gênito-pélvica/penetração**. Para algumas mulheres, o desejo sexual está presente e a excitação e o orgasmo são atingidos facilmente, porém a dor durante o ato é tão grave que afeta o comportamento sexual. Em outros casos, ansiedade grave ou até mesmo ataques de pânico podem ocorrer por antecipação da possível dor durante a relação sexual.

Mas a manifestação mais comum desse transtorno é denominada **vaginismo**, no qual os músculos pélvicos do terço exterior da vagina têm espasmos involuntários quando há tentativas de relação sexual (Binik et al., 2007; Kleinplatz et al., 2013). A reação de espasmo do vaginismo pode acontecer durante qualquer tentativa de penetração, até mesmo em exames ginecológicos ou inserção de um absorvente interno (Beck, 1993; Bradford e Meston, 2011). As mulheres relatam sensações de que suas vaginas parecem estar "rasgando, queimando ou se rompendo durante a tentativa da relação sexual" (Beck, 1993, p. 384). Considere o caso de Jill, a seguir.

JILL... Sexo e espasmos

Jill foi encaminhada à nossa clínica por outro terapeuta porque ela não havia consumado o casamento de um ano. Com 23 anos, era uma esposa atraente e carinhosa que gerenciava um pequeno hotel; seu marido trabalhava como contador. Apesar de numerosas tentativas em diversas posições para praticar o ato sexual, as contrações vaginais graves de Jill impediam qualquer tipo de penetração. Jill era também incapaz de usar absorventes internos. Muito relutante, ela decidiu se submeter a exames ginecológicos em intervalos pouco frequentes. O comportamento sexual com o marido consistia em masturbação mútua ou, ocasionalmente, Jill fazia que ele roçasse seu pênis em seus seios até ocorrer a ejaculação. Ela recusava o sexo oral. Jill, uma mulher jovem muito ansiosa, veio de uma família na qual os temas sexuais raramente eram discutidos e o contato sexual entre os pais havia cessado alguns anos antes. Embora apreciasse as carícias íntimas,

> a atitude adotada por Jill advinha do fato de que a relação sexual lhe provocava nojo. Adicionalmente, tinha certo receio de ficar grávida, apesar de tomar medidas contraceptivas adequadas. Ela também julgava que não teria um bom desempenho quando tivesse relação sexual e ficava constrangida com o esposo.

Embora não haja dados da prevalência do vaginismo nas amostras da comunidade, as melhores estimativas são que ele afeta 6% das mulheres (Bradford e Meston, 2011). Vinte e cinco por cento das mulheres que relatam sofrer de alguma disfunção sexual passam pela experiência do vaginismo de acordo com Crowley, Richardson e Goldmeir (2006). Visto que o vaginismo e o sintoma de dor durante a relação sexual se justapõem em mulheres, essas condições têm sido agregadas no *DSM-5* como transtorno da dor gênito-pélvica/penetração (Binik, 2010; Bradford e Meston, 2011; Payne et al., 2005). Resultados do levantamento nos Estados Unidos indicam que aproximadamente 7% das mulheres sofrem de um ou mais tipos de transtornos de dor sexual, com maior proporção de mulheres mais jovens e com menor nível educacional que declaram ter esse problema (Laumann et al., 1999). Constam no *DSM-5* estimativas um pouco mais elevadas – de 15% das mulheres na América do Norte que apresentam dor recorrente durante a relação sexual (APA, 2013).

Avaliação do comportamento sexual

Existem três aspectos principais na avaliação do comportamento sexual (Wiegel, Wincze e Barlow, 2002):

1. Entrevistas geralmente feitas com auxílio de numerosos questionários, pois os pacientes podem fornecer mais informações no papel que em uma entrevista verbal.
2. Avaliação médica completa para eliminar os diversos distúrbios clínicos que podem contribuir para os problemas sexuais.
3. Avaliação psicofisiológica para medir diretamente os aspectos fisiológicos da excitação sexual.

Entrevistas

Todos os clínicos que conduzem entrevistas para detectar problemas sexuais devem estar cientes de diversas suposições úteis (Wiegel et al., 2002; Wincze, 2009). Por exemplo, precisam demonstrar ao paciente, por meio de ações e estilo de entrevista, que estão à vontade para discutir esses temas. Em virtude de muitos pacientes não conhecerem os diversos termos médicos que os profissionais usam para descrever o ciclo de resposta sexual e vários aspectos do comportamento sexual, os clínicos devem estar preparados para usar a linguagem do paciente, considerando também que o uso de certos termos varia entre as pessoas.

Os exemplos a seguir são perguntas formuladas em entrevistas semiestruturadas em nossas clínicas de sexualidade:

> Como você descreveria seu interesse atual por sexo?
> Você evita ter envolvimento sexual com um parceiro?
> Você tem fantasias sexuais?
> Com que frequência você se masturba?
> Com que frequência você tem relações sexuais?
> Com que frequência você participa de carícias mútuas ou abraços sem relação sexual?
> Você alguma vez foi vítima de abuso sexual ou de estupro, ou teve uma experiência muito negativa associada ao sexo?
> Você tem dificuldade para conseguir ereção? (ou) Você tem dificuldade para conseguir ou manter a lubrificação vaginal?
> Você alguma vez teve dificuldade para atingir o orgasmo?
> Você alguma vez sentiu dor associada à atividade sexual?

O clínico deve ser muito cuidadoso ao formular essas perguntas de modo que mantenha o paciente à vontade. Na entrevista, que dura aproximadamente duas horas, o clínico aborda temas sobre a relação não sexual e sobre a saúde física e procura detectar outros transtornos psicológicos. Quando possível, o parceiro também é entrevistado.

Os pacientes podem se voluntariar a escrever alguma informação que não se sentem à vontade para falar. Existe então uma variedade de questionários para ajudar a falar mais abertamente sobre atos sexuais e atitudes em relação à sexualidade.

Exame médico

Todo especialista em sexualidade humana pergunta a respeito dos problemas médicos que afetam o relacionamento sexual. Diversos medicamentos, incluindo alguns comumente prescritos para hipertensão, ansiedade e depressão, prejudicam a excitação e o funcionamento sexual. Cirurgias recentes ou problemas médicos simultâneos precisam ser avaliados para determinar seu impacto no funcionamento sexual; muitas vezes, o cirurgião ou o médico que trata o paciente não informa possíveis efeitos colaterais ou o paciente não relata que determinado procedimento médico ou medicamento afetou seu desempenho sexual. Alguns homens com disfunção sexual específica, tais como disfunção erétil, já se consultaram com um urologista – médico especializado em afecções no trato genital, bexi-

▲ Ray Rosen (esquerda) e Gayle Beck (direita) foram os pioneiros na pesquisa da mensuração psicofisiológica da excitação sexual.

ga e outras estruturas associadas – antes de vir a uma clínica de sexualidade. Além disso, muitas mulheres já consultaram um ginecologista. Esses especialistas podem checar os níveis de hormônios sexuais necessários para o desempenho sexual adequado e, no caso dos homens, avaliar a função vascular necessária para uma resposta erétil.

Avaliação psicofisiológica

Por meio de medições psicofisiológicas enquanto o paciente está acordado ou dormindo, muitos clínicos avaliam a capacidade de as pessoas se excitarem sexualmente em função de uma variedade de condições. Em homens, a ereção do pênis é mensurada diretamente, utilizando um *medidor de tensão peniana* desenvolvido em nossa clínica (Barlow et al., 1970). Conforme o pênis expande, o medidor de tensão capta as mudanças e as registra no polígrafo. É importante observar que os participantes não estão cientes dessas medidas mais objetivas da excitação; ou seja, a excitação que eles relatam diferem das medidas objetivas, e essa discrepância aumenta ou diminui em função do tipo de problema sexual que eles possuem. Em caso de disfunção erétil, também é importante medir a rigidez do pênis, porque ereções com rigidez insuficiente não são adequadas para a relação sexual (Wiegel et al., 2002).

Há um dispositivo semelhante para mulheres denominado *fotopletismógrafo vaginal* desenvolvido por James Geer e colaboradores (Geer, Morokoff e Greenwood, 1974; Prause e Janssen, 2006; Rosen e Beck, 1988). Esse dispositivo, menor que um tampão, é inserido dentro da vagina pela mulher. Uma fonte de luz na ponta do dispositivo e dois fotorreceptores sensíveis a luzes laterais medem a quantidade de luz refletida pelas paredes vaginais. Em virtude de o sangue fluir para as paredes vaginais durante a excitação, a quantidade de luz que passa por elas diminui em função da maior excitação.

Em nossa clínica, as pessoas que se submetem à avaliação fisiológica assistem a um vídeo erótico durante dois a cinco minutos ou, ocasionalmente, ouvem um áudio erótico (ver, por exemplo, Bach, Brown e Barlow, 1999; Weisburg et al., 2001). A responsividade sexual dos pacientes durante esse momento é avaliada psicofisiologicamente com o medidor de tensão ou com fotopletismógrafo vaginal mencionados. Os pacientes também relatam subjetivamente o nível de excitação sexual que experimentam. Essa avaliação permite ao clínico observar de modo cuidadoso as condições sob as quais a excitação é possível para o paciente. Por exemplo, muitas pessoas com transtornos sexuais de causa psicológica podem ficar muito excitadas em laboratório, mas ser incapazes de ter excitação com um parceiro (Bancroft, 1997; Bradford e Meston, 2011; Sakheim et al., 1987).

▲ John Wincze desenvolveu novas abordagens para tratar a disfunção sexual.

Verificação de conceitos 10.1

Diagnostique as seguintes disfunções sexuais.

1. Depois que o time de futebol de Bob ganhou o campeonato, seu interesse em atividade sexual diminuiu. Todos os pensamentos e fantasias se concentravam no futebol e em ganhar novamente na próxima temporada, e nesse ínterim sua esposa ameaçava deixá-lo. Bob provavelmente mostrava
   a. transtorno do desejo sexual masculino hipoativo,
   b. vaginismo,
   c. mensuração de tensão peniana, ou
   d. transtorno do orgasmo masculino.

2. Kelly não tinha nenhum desejo real de sexo. Ela somente mantinha relações sexuais porque sentia que o marido podia abandoná-la. Kelly sofria de
   a. inseguranças sexuais,
   b. transtorno do desejo sexual hipoativo,
   c. tédio,
   d. transtorno do interesse/excitação sexual feminino.

3. Aadarsh não tem capacidade de controlar a ejaculação. Na maioria das vezes, ele ejaculava segundos depois da penetração. Ele sofre de
   a. transtorno erétil,
   b. estresse,
   c. ejaculação prematura (precoce), ou
   d. alternativas a e b estão corretas.

4. Samantha procurou um médico porque ela não conseguia ter um orgasmo. Ela amava seu marido, mas parou de iniciar a relação sexual. Ela provavelmente está sofrendo de
   a. transtorno do orgasmo feminino,
   b. transtorno do interesse/excitação sexual feminino,
   c. vaginismo, ou
   d. perdeu o interesse pelo marido.

Causas e tratamentos da disfunção sexual

Como ocorre com a maior parte dos transtornos, fatores biológicos, psicológicos e sociais contribuem para o desenvolvimento da disfunção sexual. Esses problemas podem ser tratados pela área psicológica ou médica.

Causas da disfunção sexual

As disfunções sexuais individuais raramente se apresentam isoladas. No geral, o paciente que procura uma clínica de sexualidade queixa-se de vários problemas sexuais, embora um deles possa ser o mais preocupante (Rosen, 2007; Wincze, 2009). Um homem de 45 anos encaminhado à nossa clínica não teve problemas até dez anos antes, quando estava sob grande pressão no trabalho e se preparando para submeter-se a um exame importante de certificação relacionado à carreira. Ele começou a apresentar disfunção erétil cerca de 50% do

Disfunção erétil: Clark

"No processo de ficar excitado, de repente acabava. E eu não entendia nada. Então tudo está associado a um monte de pensamentos deprimentes, como medo de falhar. E então eu começo a dizer: isso está acontecendo comigo por que estou com medo de falhar e não quero ter vergonha disso? É realmente muito difícil de lidar emocionalmente... Quanto pior me sinto sobre mim mesmo, mais devagar eu fico sexualmente, e algumas vezes descrevo isso como medo de perder a masculinidade."

tempo, um problema que evoluiu para aproximadamente 80% do tempo. Além disso, relatou que não tinha controle da ejaculação, ejaculava antes da penetração com o pênis somente meio ereto. Ao longo dos últimos cinco anos havia perdido grande parte do interesse sexual e estava buscando tratamento por insistência de sua mulher. Esse homem sofria simultaneamente de disfunção erétil, ejaculação prematura e pouco desejo sexual.

Por causa da frequência dessa combinação, discutimos as causas das diversas disfunções sexuais juntas, analisando de forma resumida as contribuições biológicas, psicológicas e sociais e especificando os fatores causais considerados associados exclusiva e especificamente a uma ou outra disfunção.

Contribuições biológicas

Uma série de condições físicas e médicas contribuem para a disfunção sexual (Basson, 2007; Bradford e Meston, 2011; Rosen, 2007; Wincze et al., 2008; Wincze e Weisburg, 2015). Embora não seja surpresa, a maioria dos pacientes, e mesmo muitos profissionais da saúde, não estão, infelizmente, cientes dessa relação. Doenças neurológicas e outros problemas que afetam o sistema nervoso, como diabetes e doenças renais, podem interferir diretamente no desempenho sexual, reduzindo a sensibilidade na área genital, e constituir uma causa comum da disfunção erétil (Rosen, 2007; Wincze, 2009; Wincze e Weisburg, 2015). Feldman et al. (1994) divulgaram que 28% dos homens com diabetes tinham falha erétil total e outros estudos têm replicado essas altas prevalências. A doença vascular é a principal causa de disfunção sexual, porque as ereções em homens e ingurgitamento nas mulheres dependem do fluxo sanguíneo adequado. Os dois problemas vasculares relevantes para os homens são insuficiência arterial (oclusão arterial periférica), que torna difícil a chegada do sangue ao pênis, e escape venoso (o sangue flui rápido demais para que seja mantida a ereção; Wincze e Carey, 2001).

Doenças crônicas também podem afetar indiretamente o funcionamento sexual. Por exemplo, não é raro que indivíduos que têm ataques cardíacos fiquem cautelosos e preocupados em relação a exercícios físicos envolvidos na atividade sexual. Eles frequentemente não são capazes de alcançar a excitação, apesar de seus médicos garantirem que a atividade sexual é segura no caso deles (Cooper, 1988). Igualmente, é comum a doença arterial coronariana e a disfunção sexual coexistirem, e recomenda-se atualmente que homens que apresentam disfunção erétil façam uma avaliação para verificar a possibilidade de doença cardiovascular (Gandaglia et al., 2014; Jackson et al., 2006).

A mais importante causa física da disfunção sexual é a prescrição de medicamentos. Os tratamentos com drogas para hipertensão, por meio de medicamentos chamados de *anti-hipertensivos*, da classe conhecida como betabloqueadores, que inclui o propranolol, podem contribuir para a disfunção sexual. Medicamentos antidepressivos inibidores seletivos de recaptação da serotonina (ISRS) e outras drogas antidepressivas e antiansiolíticas também podem interferir no desejo e na excitação sexual em homens e mulheres (Balon, 2006; Kleinplatz et al., 2013). Algumas dessas drogas, em particular as psicoativas, podem diminuir o desejo e a excitação sexual ao alterar os níveis de serotonina no cérebro. A disfunção sexual – especificamente pouco desejo sexual e dificuldades de excitação – são os efeitos colaterais mais comuns dos antidepressivos ISRS, como Prozac – fluoxetina (ver Capítulo 7), e até 80% das pessoas que tomam esses medicamentos podem apresentar algum grau de disfunção sexual, embora as estimativas mais confiáveis cheguem perto dos 50% (Balon, 2006; Clayton, Croft e Handiwala, 2014; Montejo-Gonzalez et al., 1997). Algumas pessoas estão cientes de que o álcool suprime a excitação sexual, mas desconhecem que outras drogas de abuso como cocaína e heroína também produzem disfunção sexual generalizada naqueles que usam a droga com frequência, sejam homens ou mulheres. Pesquisadores afirmam que mais de 60% de um grande número de usuários de cocaína tinham uma disfunção sexual (Cocores et al., 1988; Macdonald et al., 1988). No grupo de estudos de Cocores alguns dos pacientes também abusavam do álcool.

Existe também o conceito errôneo de que o álcool facilita a excitação e o comportamento sexual. O que de fato acontece é que a bebida, em níveis reduzidos, diminui a inibição social de modo que as pessoas sentem-se mais dispostas a ter relações sexuais (e talvez mais propensas a propô-las) (Wiegel et al., 2006). De uma perspectiva física o álcool é um depressor do sistema nervoso central, e torna-se muito mais difícil aos homens conseguirem ereção, e às mulheres lubrificação quando o sistema nervoso central está deprimido (Schiavi, 1990). O abuso crônico de álcool pode causar lesões neurológicas permanentes e praticamente eliminar o ciclo de resposta sexual. Esse abuso pode acarretar lesões no fígado e nos testículos, resultando em níveis menores de testosterona e diminuição do desejo e da excitação sexual. Esse efeito duplo do álcool (desinibição social e depressor físico) tem sido reconhecido desde Shakespeare: "Provoca-lhe o desejo, mas leva embora o desempenho" *(Macbeth,* II, iii, 29).

O alcoolismo crônico também pode causar problemas de fertilidade em homens e mulheres (Malatesta e Adams, 2001). Fahrner (1987) examinou a prevalência da disfunção sexual em homens com transtorno por uso de álcool e descobriu que 75% possuíam disfunção erétil, pouco desejo sexual e ejaculação prematura ou retardada.

Muitas pessoas declaram que a cocaína ou a maconha aumentam o prazer sexual. Embora pouco se saiba a respeito dos efeitos da maconha em virtude das várias maneiras como é consumida, é improvável que seus efeitos químicos aumentem o prazer. De certo modo, naqueles que relatam ter algum aumento do prazer sexual (e muitos não o têm) o efeito pode ser psicológico, pois a atenção dos indivíduos encontra-se focalizada completa e totalmente na estimulação sensorial (Buffum, 1982), fator que parece ser parte importante do funcionamento sexual saudável. Nesse caso, o foco das imagens e da atenção pode ser ampliado com procedimentos que não envolvam drogas, como a meditação, pela qual uma pessoa pratica a concentração em algo com o menor número de distrações possíveis. A nicotina está similarmente associada ao prejuízo no desempenho sexual. Um estudo de Mannino, Klevens e Flanders (1994), que investigou 4 mil homens veteranos do exército, concluiu que, sozinho, o tabagismo estava relacionado ao aumento da disfunção erétil, depois de outros fatores como álcool e doença vascular (Wincze et al., 2008). De modo semelhante, um outro estudo encontrou que a nicotina usada por homens antes de assistir a um filme erótico esteve associada com resposta erétil reduzida ao filme (Harte e Meston, 2008a). Um estudo paralelo também encontrou diminuição da excitação em mulheres que usaram nicotina antes de assistir ao filme (Harte e Meston, 2008b).

Contribuições psicológicas

Durante anos, a maioria dos pesquisadores e terapeutas sexuais julgou que a causa principal das disfunções sexuais era a ansiedade (por exemplo, Kaplan, 1979; Masters e Johnson, 1970). Ao avaliar em nosso próprio laboratório o papel da ansiedade e do desempenho sexual, descobrimos que isso não era tão simples. Em determinadas circunstâncias, a ansiedade *aumenta* a excitação sexual (Barlow, Sakheim e Beck, 1983). Criamos um experimento no qual homens jovens e sexualmente funcionais assistiam a filmes eróticos em três situações. Antes de assistir a um filme erótico, todos os participantes eram expostos a choque elétrico inofensivo, porém um tanto doloroso, no antebraço. Em uma das situações, tentamos reproduzir os tipos de ansiedade em relação ao desempenho que os homens poderiam vivenciar durante uma interação sexual. Durante a primeira situação, que servia como uma condição controle, foi recomendado aos participantes que relaxassem e aproveitassem o filme; também foram avisados que não haveria possibilidade de choque.

Na segunda situação, foi informado aos participantes de que havia uma probabilidade de 60% de receber choque em alguma ocasião enquanto estivessem assistindo ao filme erótico, não importando o que fizessem (ameaça de choque não contingente). Na terceira, mais parecida com os tipos de ansiedade em relação ao desempenho que alguns indivíduos poderiam ter, eles foram informados que havia a probabilidade de 60% de receber choque caso não atingissem o nível médio de ereção conseguido pelos participantes anteriores (ameaça de choque contingente). Na verdade, durante a exibição dos filmes eróticos não foi aplicado nenhum choque, embora os participantes estivessem certos de que isso pudesse ocorrer.

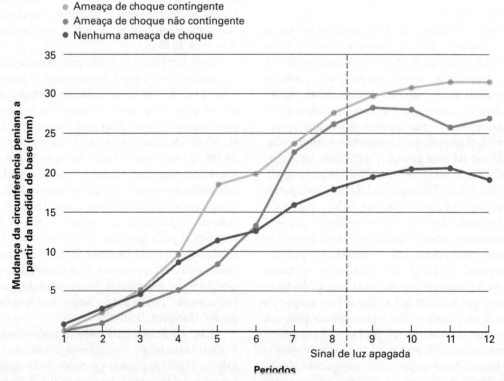

FIGURA 10.4 Ansiedades de desempenho e excitação sexual em homens. Mostram-se aqui as mudanças médias na excitação sexual masculina (mudança na circunferência do pênis) durante cada uma das três condições. Um período se refere a 10 segundos. (Fonte: Barlow, D. H., Sakheim, D. K. e Beck, J. G. [1983]. Anxiety increases sexual arousal. *Journal of Abnormal Psychology, 92,* 49-54.)

Os resultados, apresentados na Figura 10.4, indicam que a ameaça de choque não contingente *aumentou* a excitação sexual em comparação à situação de controle de ameaça de não haver choque. No entanto, no desenrolar dos fatos, o mais surpreendente foi que a condição de ameaça de choque contingente (na qual os participantes foram informados de que havia 60% de probabilidade de que recebessem um choque caso não conseguissem excitação adequada) aumentou a resposta sexual de forma até mais significativa do que na situação controle, sem ameaça de choque. Resultados similares para mulheres foram relatados por Hoon, Wincze e Hoon (1977), Palace (1995) e Palace e Gorzalka (1990), que desenvolveram paradigmas experimentais ligeiramente diferentes usando o fotopletismógrafo vaginal (Wiegel, Scepkowski e Barlow, 2006).

Essas observações contraintuitivas possuem alguns paralelos fora do laboratório. Em um estudo incomum e surpreendente, Sarrel e Masters (1982) descreveram a capacidade de homens desempenharem sexualmente sob ameaça de dano físico. Esses homens, vítimas de violência sexual por gangues de mulheres, declararam que foram capazes de conseguir ereções e manter relações sexuais repetidamente apesar de ameaçados com facas e outras armas caso falhassem. Sem dúvida, estiveram sujeitos a níveis de ansiedade extremos e ainda assim declararam que o desempenho sexual não foi prejudicado.

Se a ansiedade não diminui necessariamente a excitação e o desempenho sexual, o que diminui? Uma resposta parcial é a distração. Em um experimento, os participantes foram solicitados a ouvir uma narrativa usando fones de ouvido enquanto assistiam a um filme erótico; eles foram avisados de que posteriormente teriam de relatar a narrativa para assegurar que estavam escutando. Homens sexualmente funcionais demonstraram excitação significativamente menor no medidor de tensão peniana quando ficaram distraídos pela narrativa do que quando não estavam distraídos (Abrahamson et al., 1985). Para qualquer homem que já tentou se concentrar nos pontos do jogo de beisebol ou algum outro acontecimento não relacionado ao sexo para reduzir a excitação não desejada, este resultado não é surpresa. Homens com disfunção erétil nos quais os processos de doença física foram descartados reagiram de modo um pouco diferente dos homens funcionais em ambas as condições de ameaça de choque e distração. A ansiedade induzida por ameaça de choque ("você levará um choque se não ficar excitado") pareceu reduzir a excitação sexual em homens que sofriam de disfunção sexual. Lembre-se de que o oposto era verdadeiro para os homens que funcionavam normalmente. Em contraste, o tipo de situação de distração neutra apresentado no experimento de Abrahamson et al. (1985) não diminuiu a excitação naqueles homens que eram disfuncionais. Esse resultado é intrigante.

Duas outras observações de experimentos distintos são importantes. Uma delas revelou que pacientes com disfunção erétil subvalorizam em seus relatos seus níveis atuais de excitação, isto é, ao mesmo nível de respostas eréteis (conforme detectado pelo medidor de tensão peniana) os homens disfuncionais relataram excitação sexual muito menor do que os funcionais (Sakheim et al., 1987). Esse resultado também parece ser verdadeiro para mulheres disfuncionais (Meston e Gorzalka, 1995; Morokoff e Heiman, 1980; Wiegel et al., 2006). Outra observação mostrou que induzir um estado de ânimo positivo ou negativo tocando música alegre ou triste afeta diretamente a excitação sexual; pelo menos nos homens saudáveis a música triste diminuiu a excitação sexual (Mitchell et al., 1998). Embora os estudos originais descritos tenham sido realizados mais com homens devido à disponibilidade do medidor de tensão peniana, estudos subsequentes com mulheres revelaram um padrão similar de resultados (Bradford e Meston, 2006).

De que modo interpretamos essa série complexa de experimentos a fim de explicar a disfunção sexual de uma perspectiva psicológica? Basicamente, temos de desmembrar o conceito de ansiedade de desempenho em diversos componentes. Um componente é excitação, outro é o processo cognitivo e o terceiro é o afeto negativo (Wiegel et al., 2006; Wincze et al., 2008).

Quando confrontadas com a possibilidade de manter relações sexuais, as pessoas disfuncionais tendem a esperar o pior e a considerar a situação negativa ou desagradável (Weisburg et al., 2001). Tanto quanto for possível, evitam ter consciência de quaisquer insinuações sexuais (assim não percebem quanto estão excitadas e informam menos sua excitação). Elas também se distraem com pensamentos negativos, como "Vou fazer papel de tolo; Nunca serei capaz de ficar excitado; ela [ou ele] pensará que sou estúpido". Sabemos que, à medida que a excitação aumenta, a atenção de uma pessoa se concentra de modo mais intencional e consistente. No entanto, a pessoa que se concentra nos pensamentos negativos considera ser impossível ficar excitada sexualmente.

Pessoas com funcionamento sexual normal reagem de forma muito positiva a uma situação sexual. Elas focam a atenção nas insinuações eróticas e não se distraem. Quando excitadas, concentram-se até mais intensamente nas insinuações sexuais e eróticas, o que lhes permite ficar cada vez mais excitadas. O modelo apresentado na Figura 10.5 ilustra a excitação sexual funcional e disfuncional (Barlow, 1986; 2002). Esses experimentos demonstram que a excitação sexual é determinada predominantemente por fatores psicológicos, em particular os cognitivos e os emocionais, que são poderosos o suficiente para determinar se o sangue flui para as áreas apropriadas do corpo, como os genitais, confirmando uma vez mais a forte interação dos fatores psicológicos e biológicos na maior parte do nosso funcionamento.

Em resumo, pessoas com funcionamento normal demonstram maior excitação sexual durante situações de "exigência de desempenho", experienciam afetos positivos, não ficam distraídas por estímulos não sexuais e possuem boa noção de quanto estão excitadas. Pessoas com problemas sexuais, como a disfunção erétil nos homens, apresentam excitação menor durante a exigência de desempenho, experienciam afetos negativos, ficam distraídas por estímulos não sexuais e não têm percepção precisa de quanto estão excitadas. Esse processo parece aplicar-se à maior parte das disfunções sexuais, que, você se recordará, tendem a ocorrer juntas, porém é particularmente aplicável aos transtornos da excitação sexual (Wiegel et al., 2006).

Embora muito pouco se saiba sobre os fatores psicológicos (ou biológicos) associados à ejaculação prematura (precoce) (Althof, 2007; Bradford e Meston, 2011; Malavige e Jayawickrema, 2015; Weiner, 1996), a condição é mais prevalente em homens jovens, e a excitação fisiológica excessiva do sistema nervoso simpático pode levar à rápida ejaculação. Essas observações sugerem que alguns homens podem ter um limiar de

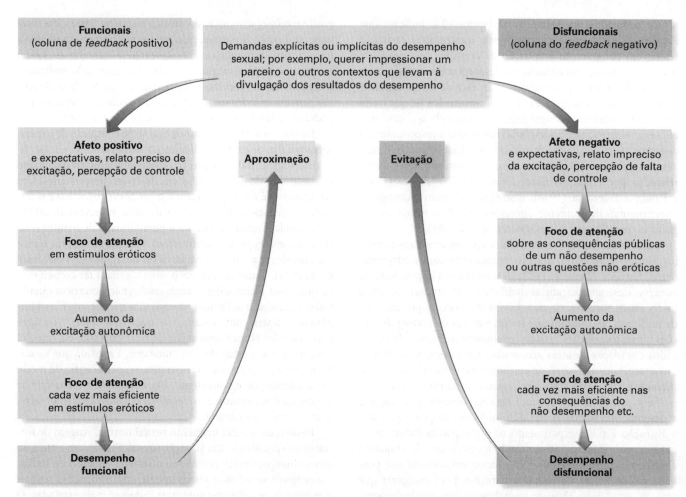

FIGURA 10.5 Um modelo de excitação sexual funcional e disfuncional. (Adaptado de Barlow, D. H. [1986]. Causes of sexual dysfunction: The role of anxiety and cognitive interference. *Journal of Consulting and Clinical Psychology, 54*, 140-148.)

ejaculação naturalmente menor, isto é, requerem menos estimulação e excitação para ejacular. Infelizmente, o fator psicológico de ansiedade também aumenta a estimulação simpática. Portanto, quando um homem fica excitado e ansioso com relação a ejacular rapidamente, sua inquietação dentro dessa determinada situação só piora o problema. Voltaremos à questão da ansiedade nas disfunções sexuais mais tarde.

Contribuições socioculturais

O modelo de disfunção sexual demonstrado na Figura 10.5 ajuda a explicar por que alguns indivíduos são disfuncionais no *presente*; no entanto, não explica o motivo pelo qual *se tornaram* assim. Embora não saibamos com certeza por que algumas pessoas desenvolvem problemas, muitas aprendem cedo que a sexualidade pode ser negativa e um tanto ameaçadora, e as respostas que adquirem refletem essa crença. Donn Byrne e colaboradores denominam esse conjunto cognitivo negativo de *erotofobia*. Esses pesquisadores demonstraram que a erotofobia, que se supõe ser aprendida na infância no seio da família, no contexto religioso ou outros, parece predizer dificuldades sexuais posteriores (Byrne e Schulte, 1990). Assim, alguns indivíduos começam cedo a associar as insinuações sexuais a afeto negativo. Em outros casos, tanto homens como mulheres podem experimentar acontecimentos específicos negativos ou traumáticos depois de um período de sexualidade relativamente bem ajustado. Esses eventos negativos podem incluir falha repentina em ficar excitado ou trauma sexual atual como estupro, bem como abuso sexual prévio.

Laumann et al. (1999), em um levantamento sobre sexo nos Estados Unidos, detectaram um impacto substancial dos eventos sexuais traumáticos prévios sobre o funcionamento sexual posterior, particularmente nas mulheres. Por exemplo, se mulheres que foram vitimizadas sexualmente por um adulto antes da puberdade ou forçadas a ter algum tipo de contato sexual tinham probabilidade duas vezes maior de apresentar disfunção do orgasmo em comparação a mulheres que não haviam sido bolinadas antes da puberdade ou forçadas a ter relações em qualquer ocasião. Para as vítimas masculinas, o fato de terem tido um contato, quando crianças, com um adulto, a probabilidade de ter disfunção erétil é três vezes maior do que se não tivessem tido. Curiosamente, homens que admitiram ter estuprado mulheres são 3,5 vezes mais propensos a relatarem disfunção erétil do que aqueles que não cometeram tal ato. Dessa forma, os atos sexuais traumáticos de todos os tipos têm efeitos duradouros no funcionamento sexual subsequente, tanto em homens como em mulheres, e às vezes assim permanecem por décadas após o ocorrido (Hall, 2007; Meston e Lorenz, 2013). Esses acontecimentos estressantes podem originar afetos negativos pelos quais as pessoas experienciam falta de controle de seu ciclo de resposta sexual, direcionando-as para o tipo de padrão disfuncional ilustrado na Figura 10.5. É comum que pessoas que vivenciam falha erétil durante um período particularmente estressante continuem tendo disfunção sexual muito tempo após a situação estressante haver cessado.

Além das atitudes e experiências de modo geral negativas associadas às interações sexuais, alguns outros fatores podem contribuir para a disfunção sexual. Entre eles, o mais comum é a deterioração acentuada em relacionamentos interpessoais mais íntimos (Burri, Spector e Rahman, 2013; Jiann et al., 2009; Wincze, Bach e Barlow, 2008; Wincze e Weisberg, 2015). É difícil ter um relacionamento sexual satisfatório em um contexto de aversão crescente pelo parceiro. Ocasionalmente, o parceiro pode não parecer mais atraente no aspecto físico. Por fim, é também importante se sentir atraente. Koch et al. (2005) constataram que, quanto mais uma mulher se vê menos atraente que antes, maior a probabilidade de ter problemas sexuais. Kelly, Strassberg e Kircher (1990) constataram que mulheres com anorgasmia, além de demonstrarem mais atitudes negativas em relação à masturbação, maior culpa relacionada ao sexo e maior aceitação de mitos sexuais, declararam não se sentir à vontade em contar a seus parceiros quais atividades sexuais, como a estimulação do clitóris, poderiam aumentar a excitação ou levá-las ao orgasmo. Aptidões sexuais deficientes também podem resultar em falhas sexuais constantes e, no final, falta de desejo. Por exemplo, homens com disfunção erétil relatam uma variedade muito restrita de comportamentos sexuais em comparação a homens livres de tais problemas (Wincze et al., 2008; Wincze e Weisberg, 2015).

Assim, fatores culturais e sociais parecem afetar o funcionamento sexual posterior. John Gagnon estudou esse fenômeno e elaborou um conceito importante denominado *teoria dos roteiros sexuais*, segundo a qual todos operamos de acordo com "roteiros" que refletem expectativas sociais e culturais que orientam nosso comportamento (Gagnon, 1990; Laumann, Gagnon, Michael e Michaels, 1994; Simon e Gagnon, 1986). Descobrir esses roteiros, nas pessoas e nas culturas, nos dirá muito a respeito do funcionamento sexual. Por exemplo, uma pessoa que aprende que a sexualidade é potencialmente perigosa, suja ou proibida está mais vulnerável a desenvolver disfunção sexual posterior. Esse padrão é mais visível nas culturas com atitudes restritivas em relação ao sexo (McGoldrick et al., 2007). Por exemplo, o vaginismo é relativamente raro na América do Norte, mas consideravelmente mais prevalente na Irlanda, na Turquia e no Irã (Doğan, 2009; Farnam et al., 2014; McGoldrick et al., 2007). Os roteiros culturais também podem contribuir para o tipo de disfunção sexual informado. Na Índia, por exemplo, Verma, Khaitan e Singh (1998) divulgaram que 77% de um grande número de pacientes masculinos em uma clínica de sexualidade na Índia declararam ter dificuldades sexuais devido à ejaculação prematura. Além disso, 71% dos pacientes do sexo masculino reclamam de ficarem extremamente preocupados com polução noturna ("sonhos molhados") associada a sonhos eróticos. Os autores notam que essa preocupação concernente a problemas com ejaculação, provavelmente, resulta de uma crença culturalmente forte da Índia segundo a qual a perda de sêmen causa esgotamento da energia física e mental. Também é interessante notar que em mil pacientes que procuraram essa clínica, apenas 36% eram mulheres. Isso reflete muito provavelmente a desvalorização das experiências sexuais das mulheres devido a razões religiosas e sociais daquele país.

Mesmo em nossa própria cultura certas expectativas e atitudes transmitidas socialmente podem permanecer conosco, apesar de nossa atitude esclarecida e permissiva em relação ao sexo. Barbara Andersen e colaboradores (ver, por exemplo, Cyranowski et al., 1999) demonstraram que ser emotivo e autoconsciente a respeito do sexo (ter um autoesquema sexual negativo, descrito previamente neste capítulo) pode posteriormente levar a dificuldades sexuais quando em situações estressantes. O falecido Bernie Zilbergeld (1999), uma das principais autoridades em sexualidade masculina, descreveu uma série de mitos sobre sexo nos quais muitos homens acreditavam; Baker e DeSilva (1988) transformaram a versão anterior dos mitos masculinos de Zilbergeld em um questionário e apresentaram-no a grupos de homens sexualmente funcionais e disfuncionais. Eles descobriram que os homens com disfunções tinham uma crença significativamente maior nos mitos do que aqueles que eram funcionais no aspecto sexual. Exploraremos tais mitos na discussão sobre tratamento.

Interações de fatores psicológicos e físicos

Após analisar as diversas causas, devemos afirmar que poucas vezes uma disfunção sexual está associada exclusivamente a fatores psicológicos ou físicos (Bancroft, 1997; Rosen, 2007; Wiegel et al., 2006; Wincze e Weisburg, 2015). Mais frequentemente há uma sutil combinação de fatores. Para ter um exemplo típico, um jovem, vulnerável para desenvolver a ansiedade e crer em certo número de mitos sexuais (contribuição social), pode inesperadamente não conseguir ter uma ereção após usar drogas ou álcool, assim como acontece com muitos homens (contribuição biológica). Ele sofrerá de ansiedade por antecipação no próximo encontro sexual por medo de que a mesma coisa aconteça novamente. Essa combinação de experiência e apreensão ativa a sequência psicológica ilustrada na Figura 10.5, independentemente de ele ter bebido alguns drinques.

Em resumo, atitudes negativas sobre sexo transmitidas socialmente podem interagir com as dificuldades de relacionamento e predisposições, gerando ansiedade pelo desempenho e, no final, resultar em disfunção sexual. Do ponto de vista psicológico, não é nítido o motivo pelo qual alguns indivíduos desenvolvem uma disfunção e não outra, embora seja comum que ocorram várias disfunções no mesmo paciente. É possível que predisposições biológicas específicas de um indivíduo interajam com fatores psicológicos e produzam determinada disfunção sexual.

Tratamento da disfunção sexual

Ao contrário de muitos outros transtornos discutidos neste livro, um tratamento simples é efetivo para um grande número de pessoas com disfunção sexual: a educação. A ignorância em relação aos aspectos mais básicos do ciclo de resposta sexual e da relação sexual resulta muitas vezes em disfunções que permanecem por bastante tempo (Bach, Wincze e Barlow, 2001;

Wincze et al., 2008; Wincze e Weisberg, 2015). Considere o caso de Carl, que visitou recentemente nossa clínica de sexualidade.

CARL ... Nunca é tarde demais

Carl, um homem branco de 55 anos, foi encaminhado a nossa clínica por um urologista em razão da dificuldade de manter a ereção. Embora nunca tenha se casado, mantinha um relacionamento íntimo com uma mulher de 50 anos. Esse era seu segundo relacionamento sexual. Ele relutava em pedir à sua parceira que fosse à clínica por causa do constrangimento que sentia ao discutir temas de natureza sexual. Uma entrevista cuidadosa revelou que Carl praticava sexo duas vezes por semana, porém a descrição passo a passo de suas atividades sexuais revelaram um padrão muito incomum: Carl não era adepto às preliminares e ia imediatamente para o ato sexual. Pelo fato de sua parceira não estar excitada e lubrificada, era incapaz de penetrá-la. O fato de forçar a penetração, algumas vezes, resultava em escoriações dolorosas para ambos. Duas sessões de extensa educação sexual, que incluíram instruções passo a passo para executar as carícias ou preliminares, deu a Carl uma nova visão sobre o sexo. Ele teve relações bem--sucedidas e prazerosas pela primeira vez na vida, para sua alegria e a de sua parceira.

No caso do transtorno do desejo sexual hipoativo, uma diferença marcante entre o casal leva o parceiro a ser considerado como aquele que possui pouco desejo sexual. Por exemplo, se um parceiro fica feliz tendo relações sexuais uma vez por semana mas o outro deseja praticar sexo todos os dias, este pode acusar aquele de ter pouco desejo e, infelizmente, o primeiro parceiro pode concordar. Proporcionar melhores condições muitas vezes esclarece essas incompreensões. Felizmente, para as pessoas com essa e outras disfunções sexuais mais complexas, tratamentos psicossociais e médicos estão disponíveis. Nos últimos anos, avanços nos tratamentos médicos, em particular no que se refere à disfunção erétil, têm sido consideráveis. Examinaremos primeiro os tratamentos psicossociais e, em seguida, os procedimentos médicos mais recentes.

Tratamentos psicossociais

Entre os muitos avanços que conhecemos sobre comportamento sexual, nenhum foi mais significativo do que a publicação em 1970 por William Masters e Virginia Johnson da obra *Human sexual inadequacy* (*A Inadequação Sexual Humana*). Os procedimentos descritos nesse livro literalmente revolucionaram a terapia sexual ao oferecer um programa terapêutico para tratamento das disfunções sexuais de curta duração direto e razoavelmente bem-sucedido. Ressaltando mais uma vez uma base comum da maior parte das disfunções sexuais, um método muito similar à terapia é adotado para todos os pacientes, homens e mulheres, com algumas pequenas variações, dependendo do problema sexual específico (por exemplo, eja-

culação prematura ou transtorno do orgasmo). Esse programa intensivo envolve um terapeuta e uma terapeuta para facilitar a comunicação entre os parceiros disfuncionais. (Masters e Johnson foram os primeiros terapeutas do sexo masculino e feminino.) A terapia é conduzida diariamente ao longo de duas semanas.

O programa é bem direto. Além de oferecer educação básica sobre funcionamento sexual, alterar mitos arraigados e dialogar cada vez mais, a principal meta dos terapeutas consiste em eliminar a ansiedade de base psicológica pelo desempenho (consultar a Figura 10.5). Para conseguir isso, Masters e Johnson introduziram o *foco sensorial* e o *coito não exigente*. Nesse exercício, os casais são instruídos a evitar o ato sexual ou as carícias genitais e a explorar e ter satisfação com o corpo um do outro por meio de toques, beijos, abraços, massagens ou comportamentos similares. Na primeira fase, o prazer não genital, seios e genitais são excluídos dos exercícios. Após completar essa fase com êxito, o casal passa a incitar o prazer genital, mas sem provocar o orgasmo e o ato sexual, e são dadas, aos homens, claras instruções de que ter ereção não é o objetivo.

Nesse ponto, a excitação deve estar restabelecida e o casal estar pronto para tentar o ato. A fim de não avançar muito rapidamente, essa fase também é desmembrada em partes. Por exemplo, um casal pode ser instruído a tentar o início da penetração, isto é, a profundidade da penetração e o tempo de sua duração aumentam aos poucos, e o prazer genital e o não genital continuam. Por fim, a relação sexual plena e a penetração total do pênis são realizadas. Depois de duas semanas de programa intensivo, Masters e Johnson relataram que houve recuperação da grande maioria dos pacientes sexualmente disfuncionais, isto é, mais de 790 indivíduos. Houve algumas diferenças nas taxas de recuperação de acordo com o tipo de transtorno. Perto de 100% dos indivíduos com ejaculação prematura se recuperaram, ao passo que o índice para casos mais difíceis de disfunção erétil generalizada de longa duração estava mais próximo de 60%.

Após esses resultados serem publicados, clínicas especializadas em sexualidade baseadas no trabalho pioneiro de Masters e Johnson foram estabelecidas em todos os Estados Unidos para aplicar essas novas técnicas de tratamento. Pesquisas subsequentes revelaram que diversos aspectos estruturais do programa pareciam não ser necessários. Por exemplo, um terapeuta pode ser tão efetivo quanto dois (LoPiccolo et al., 1985), e ver os pacientes uma vez por semana pode ser tão efetivo quanto vê-los todos os dias (Heiman e LoPiccolo, 1983). Ficou claro nas décadas seguintes que os resultados alcançados por Masters e Johnson eram melhores que aqueles obtidos por clínicas que usavam procedimentos similares ao redor do mundo. As razões para isso não são de todo conhecidas. Uma possibilidade é que eles eram altamente motivados porque os pacientes tinham de viajar a St. Louis pelo menos duas vezes por semana para se consultarem com Masters e Johnson.

Os sexólogos ampliaram e modificaram esses procedimentos ao longo dos anos para aproveitar os avanços recentes do conhecimento (ver, por exemplo, Bradford e Meston, 2011; Rosen, 2007; Weiner e Avery-Clark, 2014; Wincze, 2009; Wincze et al., 2008). Resultados da terapia sexual para a disfunção erétil indicam que 60% a 70% dos casos apresentam resultado positivo, no mínimo, por alguns anos, embora os resultados

▲ Uma sexóloga geralmente trata da disfunção de um parceiro em consultas com o casal.

sejam mistos e possa haver descontinuidade após esse período (Frühauf et al., 2013; Rosen, 2007; Segraves e Althof, 1998). Para melhor tratamento de disfunções sexuais específicas, os sexólogos integram procedimentos específicos ao contexto da terapia sexual geral. Por exemplo, para tratar a ejaculação prematura a maioria dos terapeutas usa um procedimento desenvolvido por Semans (1956) denominado algumas vezes técnica de *compressão*, pela qual o pênis é estimulado, geralmente pela parceira, até quase a ereção completa. Nesse ponto, a parceira firmemente comprime o pênis próximo à base da glande, onde fica a cabeça do pênis que se liga ao corpo, reduzindo rapidamente a excitação. Esses passos são repetidos (para parceiros heterossexuais) e por fim o pênis é brevemente penetrado na vagina sem que seja empurrado. Se a excitação ocorrer muito rápido, o pênis é retirado e a técnica da compressão é usada novamente. Desse modo, o homem desenvolve um senso de controle sobre a excitação e a ejaculação. Relatos de sucesso com esse método ao longo dos últimos vinte anos indicam que 60% a 90% dos homens se beneficiam dele; porém, os índices de sucesso diminuem para cerca de 25% após três anos ou mais de acompanhamento (Althof, 2007; Malavige e Jayawickrema, 2015; Polonsky, 2000).

Gary, o vendedor de 31 anos, foi tratado com esse método, e sua mulher cooperou bastante nos procedimentos. Uma terapia conjugal breve persuadiu Gary de que sua insegurança em relação à percepção de que sua mulher não o considerava mais atraente não possuía fundamento. Após o tratamento, passou a trabalhar menos e o relacionamento conjugal e sexual do casal melhorou.

O transtorno do orgasmo feminino ao longo da vida pode ser tratado por meio de treinamento explícito de procedimentos de masturbação (Bradford e Meston, 2011). Por exemplo, Greta era incapaz de atingir o orgasmo pela estimulação manual do marido, mesmo após avançar em todos os passos da terapia sexual. Nesse ponto, seguindo determinados programas de tratamento padronizados para esse problema (por exemplo, Heiman, 2000; Heiman e LoPiccolo, 1988), Greta e Will compraram um vibrador, e Greta foi instruída a livrar-se de suas inibições, falar em voz alta a respeito de como se sentia durante a estimulação sexual e até gritar ou gemer caso desejasse. No contexto do prazer genital apropriado e dos exercícios de desinibição, o vibrador proporcionou o primeiro orgasmo de Greta. O casal, com prática e boa comunicação, aprendeu a levar Greta ao orgasmo sem o vibrador. Embora Will e Greta estivessem ambos satisfeitos com o progresso dela, Will estava preocupado que os gritos durante o orgasmo atrairiam a atenção dos vizinhos! As conclusões dos resultados de alguns estudos indicam que de 70% a 90% das mulheres se beneficiaram com o tratamento e que esses ganhos permanecem estáveis e até aumentam ao longo do tempo (Fruhauf et al., 2013; Heiman, 2007; Heiman e Meston, 1997; Segraves e Althof, 1998).

Para tratar vaginismo e dor relacionada à penetração no transtorno da dor gênito-pélvica/penetração, a mulher, ou às vezes o parceiro, gradualmente insere dilatadores cada vez maiores conforme limite e ritmo da mulher. Depois que a mulher (e então o parceiro) consegue inserir o maior dilatador, no caso de casal heterossexual, a mulher gradualmente insere o pênis do homem. Esses exercícios são feitos nos contextos de concessão de prazer genital e não genital de modo que mantenham a excitação. Deve-se dar muita atenção a qualquer aumento de medo e ansiedade associado ao processo, o que pode desencadear lembranças de abuso sexual prévios que contribuíram para o início da condição. Esses procedimentos são muito bem-sucedidos: a grande maioria das mulheres (80% a 100%) supera o vaginismo em um período relativamente curto (Binik et al., 2007; Leiblum e Rosen, 2000; ter Kuile et al., 2007; 2013).

Diversos procedimentos para tratamento também foram desenvolvidos para o desejo sexual reduzido (ver, por exemplo, Pridal e LoPiccolo, 2000; Wincze, 2009; Wincze e Weisberg, 2015). No centro desses tratamentos encontram-se as fases padronizadas de reeducação e comunicação da terapia sexual tradicional com, possivelmente, o acréscimo de treinamento de masturbação e exposição a material erótico. Cada caso pode requerer estratégias individuais. Vamos lembrar da sra. C, que sofreu abuso sexual de seu primo. A terapia implicava ajudar o casal a entender o impacto das experiências sexuais repetidas e indesejadas do passado da sra. C para abordar o sexo de modo que ela se sentisse mais confortável com as preliminares. Ela gradualmente perdeu aquele conceito de que uma vez iniciado o ato sexual ela não teria controle sobre ele. O casal se empenhou em iniciar e interromper os encontros sexuais. A reconstrução cognitiva foi usada para ajudar a sra. C a interpretar a amorosidade e o erotismo de seu marido de forma positiva, e não de maneira cética. Em geral, aproximadamente 50% a 70% das pessoas com pouco desejo sexual se beneficia com a terapia sexual, pelo menos no início (Basson, 2007; Brotto, 2006).

Tratamentos médicos

Diversas técnicas farmacológicas e cirúrgicas foram desenvolvidas nos últimos anos para tratar disfunções sexuais, quase todas concentradas no transtorno erétil. A droga Viagra, introduzida em 1998, e outras similares, como Levitra e Cialis, que vieram depois, são as mais conhecidas. Examinamos os quatro procedimentos mais difundidos: medicação oral, injeção de substâncias vasoativas diretamente no pênis, cirurgia e terapia do dispositivo a vácuo. Antes de iniciarmos, observe que é importante combinar todo o tratamento médico com um programa educacional e de terapia sexual abrangentes para assegurar o benefício máximo.

Em 1998, a droga Sildenafil (com nome comercial *Viagra*) foi introduzida para tratamento da disfunção erétil. A aprovação FDA ocorreu no início desse mesmo ano, e os resultados de diversos ensaios clínicos indicaram que entre 50% e 80% de um grande número de homens se beneficiaram com esse tratamento (Conti, Pepine e Sweeney, 1999; Goldstein et al., 1998), pois com ele a ereção se torna suficiente para a relação sexual em comparação a cerca de 30% que se beneficiaram com o placebo. Houve resultados semelhantes com Cialis e Levitra (Carrier et al., 2005). No entanto, 30% relatam ter dor de cabeça intensa como efeito colateral, em particular no caso de doses maiores (Rosen, 2000, 2007; Virag, 1999), e os relatos de satisfação sexual não são os melhores. Por exemplo, Virag (1999) avaliou um grande número de homens tratados com Viagra e constatou que 32% deles foram bem-sucedidos, no caso de este sucesso se definir pela ereção suficiente para conseguir ter relação sexual e satisfação de pelo menos 7 em uma escala de 0 a 10. Os resultados foram classificados como razoáveis para 29% que relataram ereção adequada, porém satisfação entre 4 e 6, e insatisfatórios para 39% com ereção inadequada e satisfação entre 0 e 3. Portanto, em 61% dos homens, as ereções eram suficientemente firmes para permitir a relação sexual, resultado coerente com outros estudos, porém somente 32% avaliaram o resultado como ao menos bom, o que indica, talvez, a necessidade de medicação adicional ou tratamento psicológico. Se homens são especialmente ansiosos em relação ao sexo, os resultados não são bons com a droga (Rosen et al., 2006). Ademais, a maioria dos homens para de usar a droga depois de tentativas por vários meses ou um ano, indicando que os resultados são menos que satisfatórios no longo prazo (Rosen, 2007). Para abordar essa questão, Bach, Barlow e Wincze (2004) fizeram uma avaliação que consistia em unir a terapia cognitivo-comportamental (TCC) ao tratamento com Viagra. Os resultados foram encorajadores porque os casais, assim tratados, relataram maior satisfação e aumento da atividade sexual depois dessa combinação de TCC com terapia medicamentosa comparado a um período quando a droga era usada isoladamente.

Havia também esperanças de que o Viagra traria benefícios para a disfunção em mulheres pós-menopausa, mas os resultados foram frustrantes (Bradford e Meston, 2011; Kaplan et al., 1999). Agora o interesse está centrado em uma nova droga, a flibanserina, como um possível tratamento para o desejo sexual hipoativo em mulheres. De fato, os achados da pesquisa inicial sugerem que esse medicamento pode ser eficaz, pois há evidências preliminares de aumento do desejo sexual e diminuição do sofrimento associado ao desejo sexual hipoativo em mulheres (DeRogatis et al., 2012; Katz et al., 2013). Esses achados também são muito controversos, pois os dados mostram que os efeitos do que tem sido chamado de "Viagra rosa" são muito modestos, de modo a ser relativamente imperceptíveis por muitas mulheres, levando algumas a questionar se as empresas farmacêuticas podem estar enganando o público para lucrar com uma droga de melhora sexual para mulheres, dados os enormes lucros associados ao Viagra e medicamentos similares para homens (Brotto, 2015; Laan e Tiefer, 2014; Levine, 2015). Essa pesquisa ainda está engatinhando.

Durante algum tempo a testosterona (Schiavi et al., 1997) foi usada para tratar a disfunção erétil. Entretanto, apesar de ser segura e ter relativamente poucos efeitos colaterais, somente há relatos de efeitos insignificantes na disfunção erétil (Forti et al., 2012; Mann et al., 1996). Alguns urologistas ensinam os pacientes a injetar drogas vasodilatadoras como a *papaverina e prostaglandina* diretamente dentro do pênis quando querem ter relações sexuais. Essas drogas dilatam os vasos sanguíneos, permitindo que o sangue flua para o pênis e, assim, produza ereção em 15 minutos com duração de 1 a 4 horas (Rosen, 2007; Segraves e Althof, 1998). Em virtude de esse procedimento ser um pouco doloroso (embora nem tanto quanto se pudesse imaginar), um número considerável de homens, geralmente 50% a 60%, interrompe o uso após curto período. Em um estudo, 50 de 100 pacientes deixaram de usar a papaverina por várias razões (Lakin et al., 1990; Segraves e Althof, 1998). A cápsula macia que contém a papaverina (chamada de MUSE [sistema médico uretral para ereções]) pode ser inserida diretamente na uretra, mas é um pouco dolorosa, menos efetiva que as injeções e causa desconforto e artificialidade suficiente para impedir sua ampla aceitação (Delizonna et al., 2001). A inserção de *próteses penianas* ou implantes tem sido uma opção cirúrgica por quase cem anos; mas apenas recentemente tornaram-se boas o bastante para resultar em funcionamento sexual próximo do normal. O procedimento envolve implantar uma haste de silicone semirrígida que pode ser flexionada pelo homem na posição correta para a relação sexual e de outra maneira em outros momentos. Em um procedimento mais difundido, o homem pressiona uma pequena bomba implantada cirurgicamente na bolsa escrotal, o que força o fluido em um cilindro inflável e produz a ereção. O modelo mais recente de prótese peniana é uma haste inflável que contém o dispositivo da bomba, mais conveniente que ter uma bomba fora da haste. Os implantes cirúrgicos, no entanto, não são suficientes para restaurar o funcionamento sexual pré-cirúrgico ou assegurar a satisfação para a maioria dos pacientes (Gregoire, 1992; Kim e Lipshultz, 1997), e hoje são usados apenas se outros métodos não produzirem resultados. Por outro lado, esse procedimento tem se mostrado útil para quem tem remoção da próstata devido a tumor cancerígeno, porque essa cirurgia com frequência causa disfunção erétil, embora as mais novas cirurgias que "poupam" os nervos diminuam o efeito em certa medida (Ramsawh et al., 2005).

Outro método é a *terapia do dispositivo a vácuo*, que opera gerando um vácuo em um cilindro colocado sobre o pênis. O vácuo puxa sangue para o pênis, que então é retido por um anel colocado em torno da base do pênis. Embora usar o dispositivo a vácuo seja um tanto estranho, 70% a 100% dos usuários relatam ter ereções satisfatórias, particularmente se a terapia sexual psicológica não for efetiva (Segraves e Althof, 1998; Witherington, 1988). O procedimento é também menos invasivo que cirurgia e injeções, mas ainda é estranho e artificial (Delizonna et al., 2001). No entanto, nos últimos anos, essa terapia ganhou força

▲ Implante peniano inflável que pode ser utilizado por homens com funcionamento sexual inadequado.

como uma terapia de primeira linha para homens que tenham tratado câncer de próstata (Pahlajani et al., 2012).

Resumo

Programas de tratamento, psicossocial e médico, oferecem esperança para a maioria das pessoas que sofrem de disfunções sexuais. Infelizmente esses programas não estão prontamente disponíveis em muitas localidades porque poucos profissionais da saúde e da saúde mental são treinados para aplicá-los, embora seja ampla a disponibilidade de drogas para a disfunção erétil masculina. Além disso, agências governamentais como o National Health Investors Inc. (NIH) demoraram para financiar pesquisas dedicadas à compreensão da disfunção sexual e seus tratamentos, já que qualquer pesquisa focada em sexo, ocasionalmente, provou ser uma controversa entre alguns membros do Congresso que atuam em comitês de supervisão para financiamento do NIH. O tratamento psicológico dos transtornos da excitação sexual requer mais aperfeiçoamento e grande parte dos tratamentos para baixo desejo sexual não foi testado. A maioria dos tratamentos é invasiva e desajeitada, embora drogas como Viagra (sildenafil) e Levitra (vandenafil) tenham algum sucesso no caso da disfunção erétil. Novos desenvolvimentos médicos, incluindo medicações, cremes tópicos e terapia genética, estão sob investigação como possíveis tratamentos, mas a pesquisa sobre essas intervenções está apenas começando.

Infelizmente, a maioria dos profissionais da saúde tende a desprezar o tema da sexualidade na fase mais idosa. Juntamente da ênfase na comunicação, na educação e no foco sensorial, lubrificantes apropriados para mulheres e uma discussão dos métodos para maximizar a resposta erétil nos homens devem fazer parte de qualquer aconselhamento sexual para casais idosos. Mais importante: mesmo com capacidade física reduzida, relações sexuais contínuas que não incluam necessariamente penetração deveriam ser uma parte muito agradável e importante do relacionamento de um casal que envelhece. Pesquisas e avanços adicionais no tratamento das disfunções sexuais precisam incluir esses temas. No entanto, o consenso dominante é que uma combinação de tratamento psicológico e medicamentoso, quando indicada, continuará a ser a estratégia de tratamento preferida.

Verificação de conceitos 10.2

Determine se as seguintes informações são verdadeiras (V) ou falsas (F) em relação às causas e tratamentos de disfunções sexuais.

1. _____ Muitas condições físicas e médicas e seus tratamentos (por exemplo, prescrição de medicamentos) contribuem para a disfunção sexual; no entanto, muitos médicos não fazem essa relação.

2. _____ A ansiedade diminui e até mesmo erradica a excitação sexual.

3. _____ As disfunções sexuais podem resultar de uma aversão crescente pelo parceiro, de eventos sexuais traumáticos ou de orientações na infância trazendo consequências negativas do comportamento sexual.

4. _____ A educação é um tratamento simples e efetivo para muitos transtornos.

5. _____ Todas as disfunções são tratadas com a mesma técnica psicossocial.

6. _____ A maioria dos tratamentos cirúrgicos e farmacológicos dos últimos anos concentra-se no transtorno erétil.

Transtornos parafílicos: descrição clínica

Se você for parecido com a maioria das pessoas, seu interesse sexual é direcionado a outros adultos (ou jovens no fim da adolescência) fisicamente maduros, todos capazes de livremente aceitá-lo ou rejeitá-lo. E se sentir atração sexual por algo ou por alguém que não seja outro adulto, como animais (especialmente cavalos e cachorros; Williams e Weinberg, 2003) ou por um aspirador de pó? (Sim, isso acontece!) Ou se seu único meio de obter satisfação sexual é cometendo um assassinato brutal? Tais padrões de excitação sexual e muitos outros existem em um grande número de indivíduos, causando sofrimento humano incalculável tanto para eles como para suas vítimas, se seu comportamento envolver outras pessoas. Como afirmamos no início desse capítulo, esses transtornos da excitação sexual, se causam sofrimento ou prejuízo ao indivíduo, injúria pessoal, risco de lesão aos outros são chamados de **transtornos parafílicos.** É importante ressaltar que o *DSM-5* não considera a parafilia um transtorno, a menos que esteja associado a sofrimento, prejuízo ou danos, bem como ameaça de danos a outrem. Portanto, os padrões incomuns de atração sexual não são considerados suficientes para preencher o critério para um transtorno. Essa é uma mudança controversa do *DSM-5* (ver *Controvérsias sobre o DSM* no quadro ao final do capítulo).

Ao longo dos anos temos avaliado e tratado um grande número dessas pessoas com parafilias e transtornos parafílicos, desde casos ligeiramente excêntricos e algumas vezes lamentáveis a alguns mais perigosos de estupradores e assassinos que existe em qualquer lugar. Como visto previamente, há muitas aberrações inofensivas, tais como padrões de excitação fetichistas (ver próxima seção), que não prejudicam ninguém, não causam sofrimento ou perturbam e, portanto, não preenchem os critérios para um transtorno. Iniciamos descrevendo brevemente os principais tipos de transtornos parafílicos, valendo-nos sempre de casos de nossos próprios arquivos. De modo análogo às disfunções sexuais, é incomum uma pessoa ter apenas um padrão parafílico de excitação sexual (Bradford e Meston, 2011; Krueger e Kaplan, 2015; Laws e O'Donohue, 2008; Seto, Kingston e Bourget, 2014). Muitos de nossos casos podem apresentar dois, três ou mais padrões, embora somente um seja o dominante (Abel et al., 1988; Brownell, Hayes e Barlow, 1977; American Psychiatric Association, 2013). Não é incomum que pessoas com transtornos parafílicos também sofram de transtornos comórbidos do humor, de ansiedade e de abuso de substâncias (Kafka e Hennen, 2003; Krueger e Kaplan, 2015; Raymond et al., 1999). Embora os transtornos parafílicos não sejam amplamente prevalentes e as estimativas

▲ Um vagão de metrô superlotado é um cenário típico para atividade frotteurista, na qual uma pessoa se aproveita do contato físico forçado com estranhos para ficar excitado.

de sua frequência difíceis de encontrar, alguns transtornos, como o transtorno transvéstico (discutido mais adiante), parecem ser relativamente comuns (Bancroft, 1989; Mason, 1997). Você pode ter sido vítima de **transtorno frotteurista** em uma cidade grande, tipicamente em um metrô ou ônibus lotado (queremos dizer realmente lotado, com pessoas apertadas como sardinha em lata). Nessa situação, sabe-se que mulheres passam por experiências que vão além de uma acotovelada para lá e um empurrão para cá. O que elas percebem, para o horror de muitas, é que um homem com padrão de excitação sexual frotteurista esfrega-se nelas até que fique estimulado ao ponto de ejaculação. O ato frotteurista geralmente é bem-sucedido para quem o faz, pois as vítimas não conseguem escapar com facilidade (Lussier e Piche, 2008).

Transtorno fetichista

No **transtorno fetichista** a pessoa se sente sexualmente atraída por objetos inanimados. Os tipos de fetiche são tão variados quanto o número de objetos, embora roupas íntimas e sapatos femininos sejam muito difundidos (Darcangelo, 2008; Kafka, 2010). A excitação fetichista está associada a duas diferentes classes de objetos ou atividades: (1) objeto inanimado ou (2) uma fonte de estimulação tátil específica, como borracha, particularmente peças de vestuário feitas de borracha. O plástico preto brilhante também é utilizado (Brancroft, 1989; Junginger, 1997). A maioria das fantasias, dos impulsos e dos desejos sexuais das pessoas se concentra em objetos. Uma terceira fonte de atração (às vezes chamada *parcialismo*) é uma parte do corpo, como pé, nádegas ou cabelo.

Em uma cidade dos Estados Unidos, durante vários meses, desapareceram sutiãs do varal do quintal de uma mulher. Conversando umas com as outras, as mulheres da vizinhança descobriram que as peças foram retiradas de todos os varais em vários quarteirões. Um investigador de polícia prendeu o autor do delito, que tinha um fetiche intenso por sutiãs. Como outro exemplo de comportamento fetichista relacionado ao estímulo tátil, é comum um urologista ser chamado a uma sala de emergência a fim de remover da uretra de um indivíduo algum objeto comprido e fino como um lápis ou uma haste de óculos. Os homens que inserem esses objetos julgam que bloquear parcialmente a uretra pode aumentar a intensidade da ejaculação durante a masturbação. No entanto, se o objeto inteiro penetra no pênis, torna-se necessária uma intervenção médica maior.

Transtornos voyeurista e exibicionista

Transtorno voyeurista é a prática de observar uma pessoa, que ignora estar sendo observada, despindo-se ou nua e ficar excitado. O **transtorno exibicionista**, ao contrário, caracteriza-se em alcançar a excitação sexual e satisfação expondo os genitais para pessoas estranhas (Långström, 2010). Considere o caso de Robert.

Lembre-se de que a ansiedade aumenta a excitação em certas circunstâncias. Muitos *voyeurs* simplesmente não conseguem ter a mesma satisfação ao assistir a espetáculos de *strip-tease*. O transtorno exibicionista com frequência está associado a níveis educacionais mais baixos, porém nem sempre é o caso. Observe que o elemento estimulante do risco constitui um componente importante do transtorno exibicionista.

TABELA 10.5 Critérios para transtorno da dor gênito-pélvica/penetração

A. Dificuldades persistentes e recorrentes com uma (ou mais) das seguintes situações:
 1. Penetração vaginal durante a relação sexual.
 2. Dor vulvovaginal ou pélvica intensa durante a relação sexual vaginal ou nas tentativas de penetração.
 3. Medo ou ansiedade intensa de dor vulvovaginal ou pélvica em antecipação a, durante ou como resultado de penetração vaginal.
 4. Tensão ou contração acentuada dos músculos do assoalho pélvico durante tentativas de penetração vaginal.

B. Os sintomas do Critério A persistem por um período mínimo de aproximadamente seis meses.

C. Os sintomas do Critério A causam sofrimento clinicamente significativo para a mulher.

D. A disfunção sexual não é mais bem explicada por um transtorno mental não sexual ou como consequência de uma perturbação grave do relacionamento (p. ex., violência do parceiro) ou de outros estressores importantes e não é atribuível aos efeitos de alguma substância ou medicamento ou a outra condição médica.

Determinar o subtipo:
Ao longo da vida
Adquirido

Fonte: Manual Diagnóstico e Estatístico de Transtornos Mentais, 5a ed. – DSM-5. Tab. 10.5. Artmed, Porto Alegre, 2014.

ROBERT... Do outro lado das cortinas

Robert, operário, casado e com 31 anos, declarou que começou a olhar furtivamente pelas janelas quando tinha 14 anos. Ele andava de bicicleta à noite pela vizinhança e quando via uma mulher em uma janela parava e a fitava. Ele sentiu as primeiras sensações de excitação sexual durante um desses episódios. Por fim, passou a masturbar-se enquanto observava; expunha os genitais, embora não pudesse ser visto. Com mais idade, andava de carro pelas redondezas até ver algumas meninas pré-adolescentes. Ele estacionava o carro perto delas, abria o zíper, chamava-as e tentava manter um diálogo de ordem não sexual. Depois, algumas vezes conseguia convencer uma garota a praticar masturbação mútua e felação, ou estímulo oral do pênis. Embora tivesse sido preso diversas vezes, a ameaça de ser pego paradoxalmente aumentava sua excitação (Barlow e Wincze, 1980).

O advogado que necessitava do ônibus

Há anos, um advogado de renome relatou que precisava de ajuda e que sua carreira estava em risco. Solteiro, inteligente e atraente, falou, sem se gabar, que poderia ter relações com quantas mulheres bonitas desejasse em seu ambiente profissional. A única maneira que o tornava excitado, contudo, era sair do escritório, descer até o ponto de ônibus, dar uma volta pela cidade até que uma jovem atraente subisse no ônibus, expor seus genitais logo antes do ponto seguinte e descer rápido, muitas vezes com pessoas correndo atrás dele. Para chegar ao máximo de excitação, o ônibus não poderia estar cheio ou vazio; deveria haver algumas pessoas sentadas, e a mulher escolhida tinha de ter a idade certa. Às vezes horas se passavam até que essas circunstâncias se alinhassem corretamente. O advogado percebeu que se não fosse demitido por exibicionismo, seria por ficar muito tempo ausente do trabalho. Diversas vezes em seu apartamento pediu a namoradas que fingissem estar sentadas em um ônibus. Embora se expusesse a elas, não ficava excitado porque a atividade simplesmente não era estimulante.

Embora a prevalência seja desconhecida (Murphy e Page, 2008), em uma amostra aleatória de 2.450 adultos na Suécia, 31% relataram que houve pelo menos um incidente no qual houve excitação ao expor as genitálias para um estranho e 7,7% disseram que houve pelo menos um incidente no qual se excitou ao espiar outras pessoas tendo relações sexuais (Långström e Seto, 2006). Para preencher os critérios diagnósticos para transtorno exibicionista o comportamento deve ocorrer repetidamente, ser compulsivo e incontrolável.

TABELA 10.6 Critérios diagnósticos para transtorno frotteurista

A. Por um período de pelo menos seis meses, excitação sexual recorrente e intensa resultante de tocar ou esfregar-se em pessoa que não consentiu, conforme manifestado por fantasias, impulsos ou comportamentos.

B. O indivíduo colocou em prática esses impulsos sexuais com pessoa que não consentiu, ou os impulsos ou as fantasias sexuais causam sofrimento clinicamente significativo ou prejuízo no funcionamento social, profissional ou em outras áreas importantes da vida do indivíduo.

Fonte: Manual Diagnóstico e Estatístico de Transtornos Mentais, 5a ed. – DSM-5. Tab. 10.6. Artmed, Porto Alegre, 2014.

Transtorno transvéstico

No **transtorno transvéstico** a excitação sexual está fortemente associada ao ato (ou fantasias) de vestir-se com roupas do sexo oposto, os chamados *cross-dressings* (Blanchard, 2010; Wheeler, Newring e Draper, 2008). Considere o caso do sr. M.

SR. M... Homem forte em um vestido

Sr. M, um policial de 31 anos, casado, procurou nossa clínica para tratar de um impulso incontrolável de se vestir de mulher e aparecer em público. Ele agia assim há 16 anos e havia sido dispensado do corpo de fuzileiros navais em razão desse comportamento. A partir daí, assumiu o risco de ser descoberto em várias ocasiões, pois aparecia em público. Sua esposa ameaçou se divorciar por causa desse comportamento. No entanto, frequentemente lhe comprava roupas de mulher e era "compassiva" enquanto ele as usava.

Observe que M. pertencia ao corpo de fuzileiros navais antes de entrar para a polícia. Não é incomum homens propensos a vestir roupas femininas obterem compensação associando-se a organizações predominantemente masculinas. Alguns de nossos pacientes que se vestiam com roupas do sexo oposto faziam parte de organizações paramilitares. No entanto, a maioria dos indivíduos com esse transtorno não demonstra nenhum comportamento compensatório. A mesma pesquisa na Suécia mencionou previamente que 2,8% dos homens e 0,4% das mulheres relataram pelo menos um episódio do transtorno transvéstico (Långström e Zucker, 2005). A porcentagem de 3% de prevalência em homens, como estimativa aproximada, é geralmente aceita (APA, 2013).

É interessante o fato de que as esposas de muitos homens que se vestem com roupas femininas aceitam o comportamen-

TABELA 10.7 Critérios diagnósticos para transtorno fetichista

A. Por um período de pelo menos seis meses, excitação sexual recorrente e intensa resultante do uso de objetos inanimados ou de um foco altamente específico em uma ou mais de uma parte não genital do corpo, conforme manifestado por fantasias, impulsos ou comportamentos.

B. As fantasias, os impulsos sexuais ou os comportamentos causam sofrimento clinicamente significativo ou prejuízo no funcionamento social, profissional ou em outras áreas importantes da vida do indivíduo.

C. Os objetos de fetiche não se limitam a artigos do vestuário usados em travestismo/*cross-dressing* (como no transtorno transvéstico) ou a dispositivos especificamente criados para estimulação genital tátil (p. ex., vibrador).

Fonte: Manual Diagnóstico e Estatístico de Transtornos Mentais, 5a ed. – DSM-5. Tab. 10.7. Artmed, Porto Alegre, 2014.

to de seus maridos e oferecem apoio se for um assunto particular do casal. Docter e Prince (1997) divulgaram que, na ocasião da pesquisa, 60% de mais de mil homens com transtorno transvéstico eram casados. Algumas pessoas, casadas e solteiras, associam-se a clubes que congregam homens e mulheres que se vestem com roupas do sexo oposto e se reúnem periodicamente ou assinam boletins dedicados ao tópico. Se a excitação sexual é primariamente centrada no vestuário em si, os critérios diagnósticos exigem uma especificação "com fetichismo". As pesquisas sugerem que o travestismo desse tipo é indistinguível de outros fetiches na maioria dos aspectos (Freund, Seto e Kuban, 1996). Outro especificador para o travestismo descreve um padrão de excitação sexual associado não ao vestuário em si, mas, em vez disso, aos pensamentos ou imagens de si mesmo como uma pessoa do sexo feminino. Esse especificador é denominado "autoginefilia". Considere o caso de Ron, a seguir, que se tratou em uma de nossas clínicas.

Esse especificador é muito controverso porque a "confusão sexual" vivenciada por Ron se sobrepõe a algum grau de disforia de gênero (descrita a seguir) e alguns concebem que essa confusão se enquadra melhor no conceito de disforia de gênero. Na verdade, há um risco bem grande de que indivíduos com esse transtorno parafílico desenvolvam disforia de gênero e requeiram a transição por meio da cirurgia de redesignação sexual (Blanchard, 2010; Lawrence, 2013). Mas como se pode observar no caso de Ron/Rhonda, a disforia de gênero não é o principal componente de sua manifestação. Ele nem sequer considerava a intervenção cirúrgica. Porém, ficava intensamente excitado pelos pensamentos e imagens de si mesmo como uma mulher.

RON E RHONDA ... Confusão sexual

Ron era um homem de 47 anos, divorciado, com um filho de seis anos que morava com a mãe. Por algum tempo, Ron morou com uma namorada, a filha dela de sete anos, a mãe e a irmã. Ele era um homem robusto, musculoso, com uma barba cheia, mas curta. Sua queixa inicial era a ansiedade social grave que para ele interferia em sua capacidade de fazer amigos e progredir em seu emprego, pois procurava cargos que exigiam interação social limitada. Ele dizia que amava sua namorada e queria se casar, bem como se preocupava em dar o melhor de si para ser um bom pai para seu filho. Ele entrou para o grupo de tratamento para ansiedade social, mas apareceu na primeira sessão, para nossa surpresa, vestido de minissaia jeans, botas pretas de couro com salto alto e uma blusa feminina. Durante a sessão, ele expressou considerável confusão sobre sua sexualidade e decidimos que suas necessidades seriam mais bem atendidas em um tratamento individual.

Naquele ponto, ele pediu para ser chamado de Rhonda e começou a contar espontaneamente histórias prévias de *cross-dressing* e que frequentava boates gays de vez em quando. Ele disse que seu primeiro casamento acabou quando sua ex-esposa descobriu fotos dele usando o vestido de noiva dela. Atualmente, o cenário mais sexualmente excitante para ele era se ver como uma mulher, por exemplo, imaginar-se desempenhando os afazeres domésticos ou atividades, tais como cozinhar para um colega do sexo masculino usando um avental. Mas estava claro para ele que não eram as roupas que o excitava, mas sim o fato de se imaginar mulher. Ele também disse que se envolveu em comportamentos sexuais de risco, como sexo sem proteção, encontrou-se com estranhos para ter relações sexuais em estacionamentos, postava fotos provocativas ou nu para parceiros em potencial e se envolvia em atos sexuais em lugares públicos, como chuveiros de academia – em todos estava vestido com roupas de mulher e assumindo o papel feminino. Ele ocultava esse comportamento de sua namorada e escondia suas roupas no porta-malas do seu carro ou na parte de trás do armário do trabalho. Apesar de seu comportamento, ele mantinha um relacionamento sexual firme e frequente com sua namorada e tinha pavor de contrair Aids e infectá-la. Ele também não podia conceber a ideia de romper o relacionamento intenso que tinha com seu filho. O tratamento tinha como foco eliminar o comportamento sexual de risco e tornar claro para ele o entendimento dos valores mais importantes de sua vida. Ele escolheu sua namorada e seu filho e, depois do período do tratamento e sessões ocasionais de acompanhamento, relatou que estava em paz com sua decisão, havia desistido das infidelidades arriscadas, sem relatos de deslizes ou recaídas.

DSM 5 — TABELA 10.8 Critérios diagnósticos para os transtornos voyeurista exibicionista

Transtorno voyeurista

A. Por um período de pelo menos seis meses, excitação sexual recorrente e intensa ao observar uma pessoa que ignora estar sendo observada e que está nua, despindo-se ou em meio a atividade sexual, conforme manifestado por fantasias, impulsos ou comportamentos.

B. O indivíduo colocou em prática esses impulsos sexuais com uma pessoa que não consentiu, ou os impulsos ou as fantasias sexuais causam sofrimento clinicamente significativo ou prejuízo no funcionamento social, profissional ou em outras áreas importantes da vida do indivíduo.

C. O indivíduo que se excita e/ou coloca em prática os impulsos tem, no mínimo, 18 anos de idade.

Transtorno exibicionista

A. Por um período de pelo menos seis meses, excitação sexual recorrente e intensa decorrente da exposição dos próprios genitais a uma pessoa que não espera o fato, conforme manifestado por fantasias, impulsos ou comportamentos.

B. O indivíduo colocou em prática esses impulsos sexuais com uma pessoa que não consentiu, ou os impulsos ou as fantasias sexuais causam sofrimento clinicamente significativo ou prejuízo no funcionamento social, profissional ou em outras áreas importantes da vida do indivíduo.

Fonte: Manual Diagnóstico e Estatístico de Transtornos Mentais, 5a ed. – DSM-5. Tab. 10.8. Artmed, Porto Alegre, 2014.

Transtornos do sadismo sexual e do masoquismo sexual

Tanto o **sadismo sexual** como o **masoquismo sexual** estão relacionados com o prazer em infligir dor e humilhação (sadismo) ou prazer em sofrer dor e humilhação (masoquismo) (Hucker, 2008; Krueger, 2010a, b; Yates, Hucker e Kingston, 2008), e ficar sexualmente excitado está especificamente associado a violência e lesão nessas condições (Seto et al., 2012). Embora o Sr. M estivesse extremamente preocupado em ser um *cross-dresser*, ele também era atormentado por outro problema. Para alcançar o máximo de prazer em suas relações sexuais com sua esposa, ele fazia que ela usasse uma coleira e um guia, amarrava-a à cama e a algemava. Algumas vezes, ele se imobilizava com cordas, correntes, algemas e fios, tudo enquanto estava vestido com roupas de mulher. Sr. M preocupava-se que poderia causar-lhe lesões sérias. Como membro da força policial conheceu casos e até investigou um deles em que um indivíduo havia sido encontrado morto completamente envolto em arreios, algemas e cordas. Em grande parte desses casos algo dá errado e o indivíduo se enforca acidentalmente, fato que deve ser diferenciado de outra condição intimamente relacionada, conhecida como *asfixiofilia*, que envolve o autoestrangulamento para reduzir o fluxo de oxigênio no cérebro e aumentar a sensação de orgasmo. Pode parecer paradoxal que uma pessoa tenha de infligir ou receber dor para ficar sexualmente excitada, porém esses casos não são incomuns. Em muitas ocasiões, os comportamentos em si são bastante leves e inofensivos (Krueger, 2010a; 2010b), mas podem se tornar perigosos e prejudiciais. Não era algo incomum que o Sr. M. apresentasse três padrões diferentes de excitação anormal: masoquismo sexual, sadismo sexual e travestismo.

Estupro sádico

Depois do assassinato, o estupro é a forma mais desoladora de agressão. Não é classificado como um transtorno parafílico porque a maioria dos casos de estupro é mais bem caracterizada como uma agressão feita por um homem (ou raramente uma mulher) cujos padrões de excitação sexual não são parafílicos. Em vez disso, muitos estupradores preenchem os critérios do transtorno da personalidade antissocial (ver Capítulo 12) e podem tomar parte em diversos atos antissociais e agressivos (Bradford e Meston, 2011; Davison e Janca, 2012; McCabe e Wauchope, 2005; Rebocho e Silva, 2014; Quinsey, 2010).

Muitos estupros poderiam ser descritos como oportunistas, em que um indivíduo agressivo ou antissocial, que possui uma falta de empatia acentuada e indiferença por infligir dor em outras pessoas (Bernat, Calhoun e Adams, 1999), espontaneamente tira vantagem de uma mulher vulnerável e que não tem ciência da presença do perigo. Essas agressões não premeditadas frequentemente ocorrem durante assaltos ou outros delitos. Estupros também podem ser motivados por raiva e sentimento de vingança contra certas mulheres e, por isso, premeditados (Hucker, 1997; McCabe e Wauchope, 2005; Rebocho e Silva, 2014; Quinsey, 2010).

Alguns anos atrás constatamos, em nossa clínica de sexualidade, que certos estupradores se ajustam quase que perfeitamente às definições de transtorno parafílico e poderiam provavelmente ser descritos como sádicos, uma constatação que já foi confirmada (McCabe e Wauchope, 2005; Rebocho e Silva, 2014; Quinsey, 2010; Seto et al., 2012). Gravamos dois áudios que descreviam (1) uma relação sexual mutuamente prazerosa e (2) uma relação sexual envolvendo força por parte do homem (estupro). Cada áudio foi ouvido duas vezes por pessoas selecionadas. Os "não estupradores" ficaram sexualmente excitados com a relação mutuamente prazerosa, mas não aconteceu o mesmo quando ouviram a relação forçada. Estupradores, contudo, ficaram excitados em ambos os tipos de descrições (Abel et al., 1977).

Entre os estupradores que avaliamos, um subgrupo parecia ficar particularmente excitado quando houve força e atos de crueldade. Para avaliar essa reação de modo mais completo, gravamos outro áudio que incluía agressão sem conteúdo sexual. Alguns indivíduos demonstraram forte excitação com os temas agressivos não sexuais, bem como o estupro, e pouca ou nenhuma excitação com a relação mutuamente prazerosa. Um de nossos pacientes era o estuprador mais brutal que encontramos. De acordo com seu próprio relato, havia estuprado mais de cem vezes. Sua última vítima passou duas semanas no hospital recuperando-se dos diversos ferimentos. Ele mor-

▲ O assassino Jeffrey Dahmer se satisfazia sexualmente com atos de sadismo e canibalismo. (Na prisão, ele foi assassinado pelos companheiros de cela.)

TABELA 10.9 Critérios diagnósticos para transtorno transvéstico

A. Por um período de pelo menos seis meses, excitação sexual recorrente e intensa resultante de vestir-se como o sexo oposto (*cross-dressing*), conforme manifestado por fantasias, impulsos ou comportamentos.

B. As fantasias, os impulsos sexuais ou os comportamentos causam sofrimento clinicamente significativo ou prejuízo no funcionamento social, profissional ou em outras áreas importantes da vida do indivíduo.

Especificar se:

Com fetichismo
Com autoginefilia

Fonte: Manual Diagnóstico e Estatístico de Transtornos Mentais, 5a ed. – DSM-5. Tab. 10.9. Artmed, Porto Alegre, 2014.

▲ Em 2002, a Igreja Católica dos Estados Unidos foi forçada a reconhecer uma série de encobrimentos implicando pedofilia por um número de clérigos, inclusive um envolvendo o padre excomungado Paul Shanley (acima).

dia os seios da vítima, queimava-a com cigarros, espancava-a com cintos e varas e arrancava seus pelos púbicos enquanto lhe introduzia objetos na vagina. Embora algumas provas indicassem que ele havia assassinado pelo menos três de suas vítimas, não foram suficientes para condená-lo. No entanto, foi considerado culpado por agressões e estupros múltiplos e teve de cumprir pena de prisão perpétua em uma área de segurança máxima de uma prisão estadual. Percebendo que seu comportamento estava definitivamente fora de controle, ele mesmo estava ansioso para ir para a prisão. Declarou que todo o tempo em que estava desperto imaginava de modo descontrolado fantasias sádicas. Sabia que passaria o resto de sua vida na prisão, provavelmente confinado na solitária, mas esperava que pudéssemos livrá-lo de sua obsessão. Por definição, esse homem cumpre os critérios de transtorno do sadismo sexual.

Transtorno pedofílico e incesto

Talvez o desvio sexual mais trágico seja a atração sexual por crianças (ou jovens adolescentes geralmente na idade dos 13 anos ou mais jovem), chamado de **pedofilia** (Blanchard, 2010; Seto, 2009). As pessoas passaram a ter mais conhecimento sobre esse problema após o escândalo na Igreja Católica em que padres, muitos dos quais indubitavelmente atendiam aos critérios de transtorno pedofílico, abusaram repetidamente de crianças e tiveram como punição apenas a transferência para outras igrejas, onde agiriam de novo da mesma forma. As pessoas com esse padrão de excitação podem se sentir atraídas por meninos, meninas ou por ambos. Em um levantamento, 12% dos homens e 17% das mulheres declararam ter sido tocados inapropriadamente por adultos quando eram crianças (Fagan et al., 2002). Um estudo posterior estimou ser de 10,14% a prevalência de abuso sexual antes dos 18 anos (Pérez-Fuentes et al., 2013). Aproximadamente 90% dos abusadores eram homens e 10%, mulheres (Fagan et al., 2002; Seto, 2009). Assim como com estupro de adultos, 40% a 50% dos infratores sexuais não têm padrões de excitação pedofílicos e não cumprem os critérios do transtorno pedofílico. Em vez disso, esses crimes estão relacionados a atos oportunistas antissociais e agressivos brutais (Blanchard, 2010; Seto, 2009). Investigações sobre pornografia infantil são alvo de notícias ultimamente, e indivíduos condenados por fazer *download* de pornografia infantil, com frequência, defendem-se dizendo que estavam "apenas olhando" e não são pedófilos. Mas, atualmente, uma pesquisa importante indica que ser acusado por crime de pornografia infantil é um dos melhores indicadores diagnósticos de transtorno pedofílico (Seto, Cantor e Blanchard, 2006).

Se a criança for parente do agressor, a pedofilia assume a forma de **incesto**. Embora pedofilia e incesto tenham muito em comum, as vítimas do transtorno pedofílico tendem a ser crianças pequenas; as de incesto, meninas que estão começando a amadurecer fisicamente (Rice e Harris, 2002). Marshall, Barbaree e Christophe (1986) e Marshall (1997) demonstraram, usando o medidor de tensão peniana, que os homens incestuosos ficam, em geral, mais excitados por mulheres adultas que os homens com transtorno pedofílico, que tendem a concentrar-se exclusivamente em crianças. As relações incestuosas, portanto, podem ter maior relação com disponibilidade e temas interpessoais existentes na família do que a pedofilia, como no caso de Tony.

Retomaremos o caso de Tony, porém diversas características merecem destaque. Primeiro, ele amava a filha e estava muito desapontado e deprimido por seu comportamento. Ocasionalmente, quem molesta uma criança é abusivo e agressivo e pode matar a vítima; nesses casos, o transtorno muitas vezes é de sadismo sexual e pedofilia simultaneamente. No entanto, a maioria daqueles que molestam crianças *não* pratica abuso físico. Nem todas as vezes uma criança é forçada ou sofre ferimentos. Do ponto de vista de quem molesta, nenhum dano é causado porque não ocorre força física ou ameaça. Aqueles que molestam crianças frequentemente racionalizam seus comportamentos como "amar" a criança ou ensinar-lhe lições úteis sobre sexualidade. Os molestadores de crianças quase nunca consideram os danos psicológicos que a vítima sofre, ainda que essas interações muitas vezes destruam a confiança da criança e sua capacidade de compartilhar intimidade. Esses molestadores raramente avaliam seu poder sobre a criança, que pode participar da molestação sem questionar ou protestar, e ainda estar assustada e fazendo algo contra sua vontade. Com frequência as crianças se sentem responsáveis pelo abuso porque nenhuma força externa ou ameaça foi usada pelo adulto; somente após crescerem é que são capazes de compreender que não tiveram condição de proteger-se e que não foram responsáveis pelo que lhes foi feito.

TONY... Mais ou menos pai

Tony, técnico de televisão, casado, 52 anos, chegou à clínica muito deprimido. Cerca de dez anos antes havia iniciado atividade sexual com a filha de 12 anos. Beijos inocentes e algumas carícias evoluíram gradualmente para um contato muito íntimo e, por fim, para masturbação mútua. Quando a filha tinha 16 anos, sua mulher descobriu o relacionamento incestuoso contínuo. Ela afastou-se do marido e divorciou-se dele; levou a filha com ela. Logo

Tony casou-se novamente. Um pouco antes da primeira ida à nossa clínica, Tony visitou a filha, então com 22 anos, que vivia sozinha em outra cidade. Eles não tinham se encontrado durante cinco anos. Em uma segunda visita, logo depois da primeira, houve uma reincidência do comportamento incestuoso. A essa altura, Tony tornou-se deprimido e contou toda a história à sua esposa. Ela nos contatou, com o conhecimento de Tony; a filha buscou tratamento em sua própria cidade.

Transtornos parafílicos em mulheres

Os transtornos parafílicos raramente são observados em mulheres e nelas foram considerados totalmente ausentes durante muitos anos, com a possível exceção das práticas sadomasoquistas. Recentemente, porém, surgiram diversos relatos que descrevem casos individuais ou pequenas séries de casos (Davis, 2014; Seto, 2009). Hoje, as estimativas sugerem que aproximadamente 5% a 10% de todos os agressores sexuais são mulheres (Logan, 2009; Wiegel, 2008). Por exemplo, Federoff, Fishell e Federoff (1999) divulgaram doze casos de mulheres com transtornos parafílicos atendidas na clínica deles. Embora algumas mulheres possuíssem mais de um transtorno parafílico, cinco das doze apresentaram pedofilia, quatro com exibicionismo e três com tendências sadomasoquistas. Agressoras sexuais geralmente são tratadas de modo semelhante aos agressores sexuais homens; porém, trabalho recente sugere que é necessária mais atenção para entender as diferenças entre esses criminosos (homens e mulheres) e o melhor modo de tratá-los (Cortoni e Gannon, 2016).

Para citar alguns exemplos, uma mulher heterossexual foi condenada por molestar sexualmente um garoto de 9 anos de idade enquanto era sua babá. Parece que ela tocou o pênis do garoto e lhe pediu que ele se masturbasse na sua frente enquanto ela assistia a programas religiosos na televisão. Não é incomum que indivíduos com transtornos parafílicos

TABELA 10.11 Critérios diagnósticos para transtorno pedofílico

A. Por um período de pelo menos seis meses, fantasias sexualmente excitantes, impulsos sexuais ou comportamentos intensos e recorrentes envolvendo atividade sexual com criança ou crianças pré-púberes (em geral, 13 anos ou menos).

B. O indivíduo coloca em prática esses impulsos sexuais, ou os impulsos ou as fantasias sexuais causam sofrimento intenso ou dificuldades interpessoais.

C. O indivíduo tem, no mínimo, 16 anos de idade e é pelo menos cinco anos mais velho que a criança ou as crianças do Critério A.

Nota: Não incluir um indivíduo no fim da adolescência envolvido em relacionamento sexual contínuo com pessoa de 12 ou 13 anos de idade.

Determinar o subtipo:
Tipo exclusivo (com atração apenas por crianças)
Tipo não exclusivo
Especificar se:
Sexualmente atraído por indivíduos do sexo masculino
Sexualmente atraído por indivíduos do sexo feminino
Sexualmente atraído por ambos
Especificar se:
Limitado a incesto

Fonte: Manual Diagnóstico e Estatístico de Transtornos Mentais, 5a ed. – DSM-5. Tab. 10.11. Artmed, Porto Alegre, 2014.

TABELA 10.10 Critérios diagnósticos para transtorno do sadismo sexual e transtorno do masoquismo sexual

Transtorno do sadismo sexual

A. Por um período de pelo menos seis meses, excitação sexual recorrente e intensa resultante de sofrimento físico ou psicológico de outra pessoa, conforme manifestado por fantasias, impulsos ou comportamentos.

B. O indivíduo coloca em prática esses impulsos com pessoa que não consentiu, ou os impulsos ou as fantasias sexuais causam sofrimento clinicamente significativo ou prejuízo no funcionamento social, profissional ou em outras áreas importantes da vida do indivíduo.

Transtorno do masoquismo sexual

A. Por um período de pelo menos seis meses, excitação sexual recorrente e intensa resultante do ato de ser humilhado, espancado, amarrado ou vítima de qualquer outro tipo de sofrimento, conforme manifestado por fantasias, impulsos ou comportamentos.

B. As fantasias, os impulsos sexuais ou os comportamentos causam sofrimento clinicamente significativo ou prejuízo no funcionamento social, profissional ou em outras áreas importantes da vida do indivíduo.

Fonte: Manual Diagnóstico e Estatístico de Transtornos Mentais, 5a ed. – DSM-5. Tab. 10.10. Artmed, Porto Alegre, 2014.

TABELA 10.12 Critérios para outro transtorno parafílico especificado

Esta categoria se aplica a manifestações nas quais os sintomas característicos de um transtorno de parafilia causam sofrimento clinicamente significativo ou prejuízo social, ocupacional ou em outras esferas importantes da vida, mas não cumprem todos os critérios de qualquer um dos transtornos na categoria diagnóstica de transtornos parafílicos. Podem-se citar como exemplos (todavia não se limitam apenas a isso) escatologia telefônica (ligações obscenas), necrofilia (sexo com cadáveres), zoofilia (sexo com animais), coprofilia (excitação sexual com fezes), clismafilia (enemas) e urofilia (excitação sexual com urina).

Fonte: Manual Diagnóstico e Estatístico de Transtornos Mentais, 5a ed. – DSM-5. Tab. 10.12. Artmed, Porto Alegre, 2014.

racionalizem seu comportamento adotando, ao mesmo tempo, algumas outras práticas que consideram ser moralmente corretas ou sublimes, prática muitas vezes referida como "limpeza moral".

Ainda, outra mulher procurou tratamento porque tinha o ritual "incontrolável" de se despir em frente à janela de seu apartamento e se masturbar aproximadamente cinco vezes por mês. Além disso, ocasionalmente ela dirigia sua van pela vizinhança onde tentava aproximar-se de gatos e cães oferecendo-lhes alimento. Em seguida, ela colocava mel ou outros tipos de alimentos em sua região genital para que os animais a lambessem. Conforme ocorre no caso da maior parte dos transtornos parafílicos, a própria mulher estava horrorizada com esse comportamento e procurou tratamento para eliminá-lo, embora o considerasse sexualmente muito excitante. Wiegel (2008) reportou mais de 175 mulheres que admitiram atos de abuso sexual com crianças e adolescentes.

Causas dos transtornos parafílicos

Embora não substitua a investigação científica, o relato de casos, muitas vezes, proporciona hipóteses que podem ser testadas por observações científicas controladas. Vamos retomar os casos de Robert e Tony para ver se seus históricos trazem algumas indicações.

ROBERT ... Vingança pela repressão

Robert (que procurou ajuda para tratar do exibicionismo) foi criado em uma pequena cidade do Texas por um pai muito severo e autoritário e uma mãe passiva. Seu pai, que tinha devoção firme pela religião tradicional, muitas vezes pregava à família os males da relação sexual. Robert aprendeu pouco sobre sexo com seu pai, exceto que era algo mau, então ele suprimiu qualquer impulso e fantasias heterossexuais e, quando adolescente, não se sentia à vontade perto de garotas da sua idade. Por acaso, ele descobriu uma maneira às escondidas de obter satisfação: olhar pela janela mulheres atraentes que não sabiam que estavam sendo observadas. Essa experiência o levou à sua primeira masturbação.

Robert declarou que ser preso não era tão ruim porque prejudicaria seu pai; essa era a única maneira de vingar-se dele. Na verdade, a justiça o tratou com condescendência (o que não é incomum), e seu pai foi humilhado publicamente, o que forçou a família a mudar de cidade (Barlow e Wincze, 1980).

TONY ... Treino precoce

Tony, que procurou ajuda por causa de um relacionamento incestuoso com a filha, relatou um histórico sexual que continha alguns eventos interessantes. Embora tivesse sido criado em uma família católica carinhosa e aparentemente saudável, tinha um tio que não se enquadrava no padrão. Entre 9 e 10 anos, Tony foi incentivado pelo tio a assistir a um jogo de strip-pôquer (com *strip-tease*) em que o tio participava com a mulher de um vizinho. Durante esse período, ele também viu seu tio passar a mão em uma garçonete em um restaurante *drive-in* e pouco depois foi incitado pelo tio a passar a mão em sua prima. Assim, ele teve esse modelo de ato sexual de carícias e masturbação mútuas e conseguia ter prazer fazendo isso com garotas jovens. Embora o tio nunca tivesse tocado Tony, seu comportamento era claramente abusivo. Quando Tony tinha cerca de 13 anos, participava de manipulação mútua com uma irmã e a amiga dela, fato que recorda como prazeroso. Quando tinha 18 anos, um cunhado o levou para ter relações sexuais com uma prostituta; essa foi sua primeira relação sexual. Tony lembrou que esse encontro foi insatisfatório porque nessa e nas visitas subsequentes a prostitutas, ele ejaculava precocemente – contraste marcante com suas primeiras experiências que envolveram meninas. Outras experiências com mulheres adultas também foram insatisfatórias. Quando iniciou o serviço militar e foi enviado ao exterior, procurou prostitutas, muitas com apenas 12 anos.

Esses casos nos relembram que os padrões anormais de excitação sexual ocorrem muitas vezes no contexto de outros problemas sexuais e sociais. Tipos indesejados de excitação podem estar associados a deficiências nos níveis de excitação "desejada" com adultos consensuais; isso certamente era verdadeiro para Tony e Robert, cujos relacionamentos sexuais com adultos eram incompletos. Em muitos casos, a incapacidade para desenvolver relações sociais adequadas com pessoas apropriadas, visando relacionamentos sexuais, parece estar associada ao aparecimento da dita válvula de escape sexual inapropriada (Marshall, 1997). Na verdade, teorias integradoras das causas dos transtornos parafílicos notam a presença de relacionamentos conturbados durante a infância e a adolescência, o que resulta em déficits no desenvolvimento sexual saudável (Marshall e Barbaree, 1990; Ward e Beech, 2008). No entanto, muitas pessoas com aptidões sexuais e sociais deficientes não desenvolvem padrões anormais de excitação.

As primeiras experiências parecem ter exercido um efeito que poderia ser acidental. No caso de Tony, essas experiências precoces foram do tipo que ele considerou mais tarde serem excitantes sexualmente. Muitos indivíduos com transtorno pedofílico declaram terem sido vítimas de abuso quando crianças, o que acaba sendo um forte preditor de abuso sexual futuro pela vítima (Fagan et al., 2002; Nunes et al., 2013). A primeira experiência erótica de Robert ocorreu enquanto ele estava "espiando" janelas. Mas muitos de nós não passamos por experiências prévias que refletem nossos problemas sexuais.

Outro fator pode ser a natureza das primeiras fantasias sexuais da pessoa. Por exemplo, Rachman e Hodgson (1968; ver também Bancroft, 1989) demonstraram que a excitação sexual poderia associar-se a um objeto neutro, uma bota, por exemplo, caso estivesse repetidamente presente quando a pessoa ficasse excitada sexualmente. Um dos mecanismos mais poderosos para o desenvolvimento de uma excitação indesejada pode ser fantasias sexuais precoces reforçadas por meio de prazer sexual intenso associado à masturbação (Bradford e Meston, 2011). Antes de um indivíduo com transtorno pedofílico ou sadismo manifestar seu comportamento, pode fantasiá-lo milhares de vezes enquanto se masturba. Expresso como um paradigma clínico ou de condicionamento operante, esse é outro exemplo de um processo de aprendizagem em que um comportamento (excitação sexual por um objeto ou atividade específicos) é repetidamente reforçado por meio da associação a uma consequência prazerosa (orgasmo). Esse mecanismo pode explicar por que os transtornos parafílicos são quase exclusivamente transtornos masculinos. As diferenças básicas quanto à frequência de masturbação entre homens e mulheres que existem entre as culturas podem contribuir para o desenvolvimento diferenciado de transtornos parafílicos. Como se pode observar, em raras ocasiões os casos de mulheres com transtornos parafílicos realmente surgem (Cortoni e Gannon, 2011; Federoff et al., 1999; Ford e Cortoni, 2008; Hunter e Mathews, 1997; Logan, 2009); e existe uma pesquisa nacional abrangente de 175 mulheres molestadoras de crianças (Wiegel, 2008).

Entretanto, se as primeiras experiências contribuem para padrões de excitação sexual posteriores, então, o que dizer a respeito dos indivíduos do sexo masculino da tribo Sambia que têm um comportamento homossexual durante a infância e o princípio da adolescência e, no entanto, são exclusivamente heterossexuais quando adultos? É evidente que em sociedades tão coesas as demandas sociais ou "roteiros" relacionados às interações sexuais são muito mais intensos e rígidos do que em nossa cultura, podendo suplantar, desse modo, os efeitos das primeiras experiências (Baldwin e Baldwin, 1989).

Adicionalmente, terapeutas e pesquisadores do sexo que trabalham com transtornos parafílicos observaram o que parece ser um impulso sexual intenso. Não é incomum alguns indivíduos se masturbarem três ou quatro vezes por dia. Em um caso visto em nossa clínica, um estuprador sádico se masturbava a cada meia hora o dia todo, sempre que fisiologicamente possível. Temos especulado, por outro lado, que a atividade pode estar relacionada com os processos obsessivos do transtorno obsessivo-compulsivo (Barlow, 2002). Em ambos os casos, o próprio ato de tentar reprimir pensamentos e fantasias indesejados e com grande carga emocional parece ter o efeito paradoxal de *aumentar* sua frequência e intensidade (ver Capítulo 5).

Esse processo também ocorre continuamente em pessoas com transtornos alimentares e adições quando tentativas para restringir seus anseios conduzem ao aumento incontrolável de comportamentos indesejáveis.

Os psicopatologistas têm um especial interesse no fenômeno de prejuízo do controle inibitório presente nos transtornos parafílicos, que pode indicar uma fraqueza biológica no sistema de inibição comportamental do cérebro (na sigla em inglês, BIS) (Ward e Beech, 2008) que possivelmente poderia reprimir o funcionamento serotoninérgico (você deve se lembrar que no Capítulo 5 mencionamos que o BIS é um circuito cerebral associado a ansiedade e inibição).

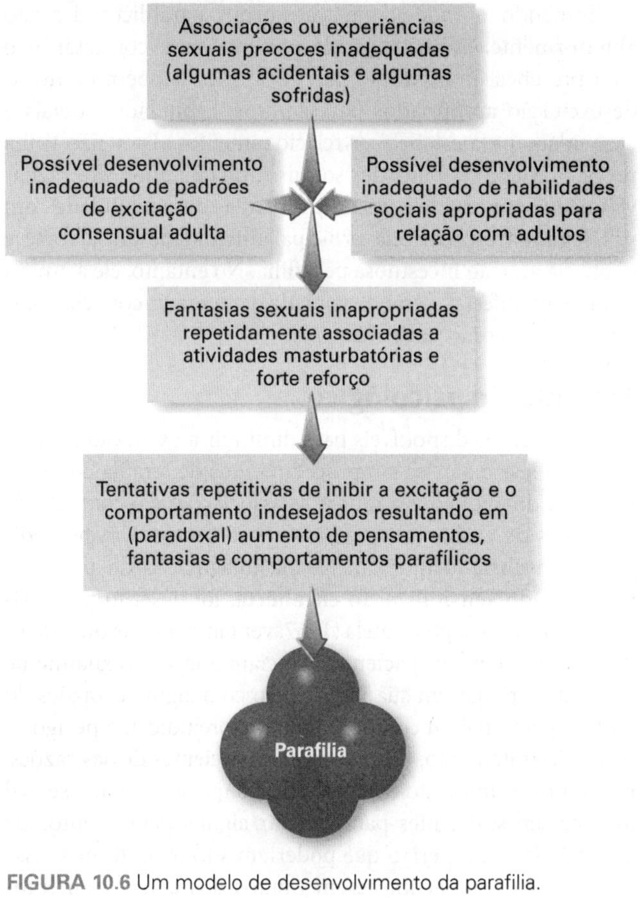

FIGURA 10.6 Um modelo de desenvolvimento da parafilia.

O modelo mostrado na Figura 10.6 demonstra os fatores que consideramos contribuir para o desenvolvimento dos transtornos parafílicos. Entretanto, hoje, incluindo as hipóteses já descritas, as especulações têm pouco suporte científico. Por exemplo, esse modelo não inclui a dimensão biológica. A excitação excessiva nos transtornos parafílicos pode ter base biológica. Antes de chegarmos a quaisquer conclusões definitivas, são necessárias mais pesquisas.

Avaliação e tratamento dos transtornos parafílicos

Nos últimos anos, os pesquisadores têm desenvolvido métodos sofisticados para avaliar os padrões específicos de excitação sexual (Ponseti et al., 2012; Wincze, 2009; Wincze e Weisberg, 2015). Esse avanço é importante para o estudo dos transtornos parafílicos porque algumas vezes a pessoa que apresenta o problema não tem consciência do que causou a excitação. Certa vez, um indivíduo chegou à clínica queixando-se de excitação incontrolável por sandálias brancas que deixavam os dedos dos pés de mulheres expostos. Ele observou que sentia atração irresistível por qualquer mulher que calçasse esse tipo de sandália e que poderia segui-la por vários quilômetros. Esses impulsos ocuparam grande parte de seu verão. Uma avaliação subsequente revelou que a sandália em si não tinha valor erótico para essa pessoa; o que ele sentia era uma forte atração por pés femininos, particularmente de mulheres que se moviam de determinada maneira.

Tomando o modelo de transtornos parafílicos descrito anteriormente, avaliamos cada paciente para constatar não só a presença de excitação parafílica, mas também os níveis de excitação apropriados para adultos, habilidades sociais e capacidade para estabelecer relacionamentos. Tony não tinha problemas com habilidades sociais: tinha 52 anos, era razoavelmente bem casado e geralmente tinha compatibilidade com sua segunda esposa. Sua principal dificuldade era a forte e contínua atração incestuosa pela filha. No entanto, ele a amava muito e manifestava grande vontade de interagir com ela comportando-se como um pai normal.

Tratamento psicológico

Há tratamentos disponíveis para diminuir a excitação indesejada. Em sua maioria, são procedimentos de terapia comportamental direcionados a mudar as associações e o contexto de sensações de excitante e prazeroso para neutro. Um procedimento, vivenciado inteiramente na imaginação do paciente, denominado **sensibilização encoberta**, foi descrito pela primeira vez por Joseph Cautela (1967; ver também Barlow, 2004). Nesse tratamento, os pacientes associam imagens sexualmente excitantes criadas em sua imaginação com algumas razões do motivo pelo qual tal comportamento é prejudicial e perigoso. Antes do tratamento, os pacientes ficam cientes dessas razões, mas o prazer imediato e o forte reforço que a atividade sexual fornece são suficientes para superar alguns pensamentos de possível dano ou perigo que poderiam surgir no futuro. Esse processo é o que acontece em muitos dos comportamentos aditivos indesejáveis, em que o prazer no curto prazo supera o dano no longo prazo, inclusive a bulimia.

Na imaginação as consequências danosas ou perigosas podem ser associadas diretamente ao comportamento e à excitação indesejados de um modo poderoso e significativo do ponto de vista emocional. Um dos aspectos negativos mais fortes do comportamento de Tony foi seu constrangimento em relação à possibilidade de ser descoberto por sua atual mulher, por outros membros da família ou, o mais importante, pelo padre da comunidade. Assim, ele foi orientado por meio das fantasias descritas a seguir.

> **TONY ... Imaginando o pior**
>
> Você está sozinho com sua filha em um trailer. Percebe que quer acariciar os seios dela. Então você coloca o braço em volta dela, desliza sua mão por dentro de sua blusa e começa a acariciar seus seios. De repente, a porta do trailer se abre e sua esposa com o padre X da família entram. Sua filha imediatamente dá um pulo e corre para fora. Sua esposa a segue. Você fica sozinho com o padre X. Ele fica olhando para você como se estivesse esperando uma explicação do que acabara de presenciar. Os segundos viram horas, não passam. Você sabe o que o padre X deve estar pensando enquanto está lá parado fitando-o. Você fica constrangido e quer dizer alguma coisa, mas não consegue achar as palavras. Então você percebe que o padre X não consegue respeitá-lo mais como antes. O padre X finalmente diz: "Eu não entendo isso; não é você". Ambos começam a chorar. Você percebe que pode ter perdido o respeito do padre X e de sua esposa que significam muito para você. O padre X pergunta: "Você tem consciência do que fez com sua filha?". Você pensa a respeito e escuta sua filha chorando, histérica. Você quer sair correndo, mas não consegue. Sente-se arrasado e com nojo de si mesmo. Você não sabe se conquistará o amor e o respeito da sua esposa e do padre X.
>
> (Reproduzido, com permissão dos autores e da editora, de Harbert, T. L. et al. [1974]. Measurement and modification of incestuous behavior: A case study. *Psychological Reports, 34,* p. 79-86, © 1974 Psychological Reports.)

Durante seis ou oito sessões, o terapeuta narra essas cenas com intensidade dramática e o paciente é instruído a imaginá-las diariamente até que toda a excitação desapareça. Os resultados do tratamento de Tony estão na Figura 10.7. "Pontuação do *card sort*" é uma medida realizada por meio de cartões que representam a avaliação de quanto Tony desejava manter interação sexual com sua filha em comparação com seu desejo de interação paterna de natureza não sexual. Muito da excitação incestuosa foi eliminada ao longo de três a quatro semanas, porém o tratamento não afetou o desejo de interagir com a filha de maneira mais saudável. Esses resultados foram confirmados pela medição psicofisiológica de sua resposta de excitação. Uma recorrência de alguma excitação, observada em uma sessão de acompanhamento de três meses, prontamente nos levou a indagar Tony se algo incomum estava acontecendo em sua vida. Ele confessou que seu casamento havia piorado e que as relações sexuais com sua esposa praticamente haviam cessado. Um período de terapia conjugal restaurou os ganhos

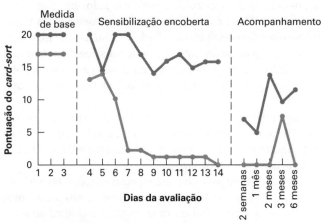

FIGURA 10.7 Avaliações dos impulsos incestuosos (anormais) de Tony e do desejo de manter interações saudáveis com a filha (normais) durante o tratamento de sensibilização encoberta. Reproduzido com permissão de Harbert, T. L. et al. [1974]. Measurement and modification of incestuous behavior: A case study. *Psychological Reports, 34,* 79-86, © 1974 Psychological Reports.)

terapêuticos (ver Figura 10.7). Anos mais tarde, após o terapeuta da filha decidir que estava preparada, ela e Tony retomaram um relacionamento não sexual, que era o desejo de ambos.

Dois aspectos principais na vida de Tony precisavam de tratamento: a excitação sexual (anormal) incestuosa e os problemas conjugais. A maioria das pessoas com padrões de excitação parafílica precisa dedicar muita atenção ao funcionamento familiar ou de outros sistemas interpessoais em que opera (Fagan et al., 2002; Rice e Harris, 2002). Adicionalmente, muitos requerem intervenção para ajudar a fortalecer os padrões apropriados de excitação. No **recondicionamento orgásmico**, os pacientes são instruídos a se masturbar pensando em suas fantasias usuais, mas substituindo-as por outras mais desejáveis um pouco antes da ejaculação. Com a prática repetida, os participantes devem ser capazes de iniciar a fantasia desejada mais cedo no processo masturbatório e ainda manter a excitação. Essa técnica, descrita inicialmente por Gerald Davison (1968), tem sido empregada com algum sucesso em uma variedade de situações (Brownell et al., 1977; Maletzky, 2002). Por fim, como no caso dos comportamentos mais prazerosos, porém indesejáveis (incluindo adições), é preciso ter cuidado ao ensinar ao paciente habilidades de enfrentamento a fim de evitar deslizes ou reincidências. O tratamento de *prevenção de reincidência* criado para adições (Laws e O'Donohue, 1997) faz precisamente isso. Os pacientes são instruídos a reconhecer os primeiros sinais de tentação e a instituir diversos procedimentos de autocontrole antes de esses impulsos se tornarem muito fortes.

As evidências dos efeitos dos tratamentos psicológicos para agressores sexuais estão definitivamente confusas neste momento. Para agressores sexuais que já foram fichados pela polícia e inclusive presos (obviamente um grupo muito grave), os resultados são no máximo modestos em termos de prevenir ocorrências posteriores do delito (chamado de recidiva). Revisões de um grande número de estudos com essas populações são dificultadas devido aos métodos e procedimentos substancialmente diferentes para avaliar as taxas de recidiva. Entretanto, grandes levantamentos estatísticos que fizeram acompanhamento de agressores sexuais por um período de quatro a cinco anos indicam reduções em recidiva sexual (ou seja, reincidência no crime) entre pacientes que receberam tratamento psicológico de 11% a 20% acima do que é esperado com o tratamento costumeiro e usual, com os programas cognitivos comportamentais mostrando ser mais efetivos na redução da recidiva (Hanson et al., 2002; Lösel e Schmucker, 2005). Por outro lado, uma grande pesquisa realizada no estado da Califórnia, que consistia em fazer um acompanhamento de presos por delito sexual durante oito anos após a libertação desses indivíduos, mostrou um efeito muito pequeno de qualquer intervenção nas taxas de crime sexual ou violência (Marques et al., 2005). Recentemente, novas técnicas têm sido incorporadas aos tratamentos psicológicos para agressores sexuais, incluindo técnicas para aumentar a motivação (entrevista motivacional) descritas no Capítulo 11, e um foco nos pontos fortes do paciente na esperança de que a adição dessas técnicas aumente a eficiência do tratamento; no entanto, é necessária a realização de mais pesquisas (Marshall e Marshall, 2014).

Em pacientes ambulatoriais, por outro lado, há pelo menos alguma evidência de sucesso quando o tratamento é realizado por um profissional experiente. Por exemplo, Barry Maletzky, um psiquiatra da Universidade da Escola de Medicina de Oregon, e sua equipe publicaram uma pesquisa sobre o tratamento de mais de 8 mil infratores sexuais de diversos tipos por mais de vinte anos (Maletzky, 2002). Durante um programa de três a quatro meses em uma clínica exclusivamente dedicada a esse tipo de tratamento, foi utilizada uma variedade de procedimentos. O que torna a pesquisa admirável é que Maletzky coletou medidas fisiológicas objetivas utilizando o medidor de tensão peniana, descrito previamente, em quase todos os participantes do programa, além do relato do paciente sobre o progresso. Em muitos casos, ele também contou com informação de familiares e autoridades legais que corroboraram seus dados.

No acompanhamento desses pacientes, Maletzky (2002) definiu o tratamento como bem-sucedido quando alguém (1) concluía todas as sessões do tratamento, (2) não demonstrava excitação sexual anormal nos testes fisiológicos objetivos em qualquer sessão de testes de seguimento realizados anualmente, (3) não relatava comportamento ou excitação anormais em qualquer momento desde o final do tratamento e (4) que não tinha nenhum registro legal de qualquer acusação de atividade sexual anormal, mesmo que inconsistente. Ele definia como falha de tratamento se qualquer paciente não cumprisse os itens. Qualquer infrator que não completasse o tratamento por alguma razão era considerado insucesso, muito embora alguns tivessem, mesmo assim, se beneficiado parcialmente do tratamento e continuado a se recuperar. Utilizando esse critério, 75% a 95% dos indivíduos, dependendo do tipo de crime sexual (como pedofilia, estupro e voyeurismo), obtiveram êxito. Entretanto, os resultados de Maletzky não advinham de ensaio clínico cientificamente controlado.

Estupradores têm a menor taxa de sucesso em tratamento dentre todos os infratores que possuem diagnóstico único (75%), e os indivíduos com múltiplos transtornos parafílicos demonstraram a menor taxa de sucesso de qualquer grupo. Maletzky (2002) também examinou os fatores associados ao fracasso. Entre os preditores mais fortes havia histórico de relacionamentos sociais instáveis, histórico de instabilidade em empregos, forte negação da existência do problema, histórico de diversas vítimas e situação em que o infrator continuava a viver com a vítima (algo usual nos casos de incesto). Muitos desses problemas caracterizam provavelmente a população encarcerada mais grave mencionada anteriormente.

Não obstante, outros grupos, usando procedimentos de tratamento semelhantes, alcançaram taxas de sucesso análogas (Abel, 1989; Becker, 1990; Fagan et al., 2002). O conhecimento e a especialidade do terapeuta parecem ser importantes para realizar com sucesso esses tratamentos a fim de prevenir crimes sexuais futuros praticados por esses pacientes.

Judith Becker utilizou os procedimentos descritos previamente em um programa para adolescentes infratores sexuais em uma cidade do interior (ver, por exemplo, Becker, 1990; Morenz e Becker, 1995). Os resultados indicam que menos de 10% daqueles que completaram o tratamento cometeram mais crimes sexuais. Essas observações foram importantes porque muitos infratores adolescentes estão infectados pelo vírus da Aids e colocam, dessa forma, em risco a vida de suas vítimas e porque a taxa de recidiva dos infratores sexuais sem tratamento é muito elevada (por exemplo, Hanson, Steffy e Gauthier, 1993; Nagayama Hall, 1995), do mesmo modo que é para todo comportamento prazeroso, porém indesejável, incluindo o abuso de drogas. Mais recentemente, um importante estudo verificou que fazer uma intervenção TCC (terapia cognitivo-comportamental) em relação ao comportamento sexual agressivo, vitimizado ou altamente inapropriado de crianças de cinco a doze anos foi efetivo em termos de prevenção de infração sexual quando chegam na fase adulta dez anos depois, se comparado ao grupo que recebeu tratamento com ludoterapia (Carpentier, Silovsky e Chaffin, 2006). Apenas 2% das crianças que receberam TCC tornaram-se infratores sexuais. Prevenir o crime sexual adulto seria um avanço importante, se esses resultados fossem replicados.

Tratamento com drogas

A droga mais difundida utilizada para tratar indivíduos com transtornos parafílicos é um antiandrógeno chamado de *acetato de ciproterona* (Bradford, 1997; Assumpção et al., 2014; Seto, 2009). Essa droga, que provoca a "castração química", elimina o desejo sexual e a fantasia, reduzindo drasticamente os níveis de testosterona, mas as fantasias e a excitação sexual retornam, caso a droga seja interrompida. A segunda droga é *medroxiprogesterona* (Depo-Provera, forma injetável), um agente hormonal que reduz a testosterona (Assumpção et al., 2014; Fagan et al., 2002). Essas drogas podem ser úteis para criminosos sexuais altamente perigosos que não respondem aos tratamentos alternativos, ou podem suprimir temporariamente a excitação sexual em pacientes que requerem isso, mas nem sempre é bem-sucedido. Em uma publicação anterior da série de Maletzky (1991), apenas oito de cerca de 5 mil pacientes requereram a droga porque eles não apresentaram nenhuma resposta aos tratamentos psicológicos. Rosler e Witztum (1998) relataram a "castração química" bem-sucedida em trinta homens com transtornos parafílicos duradouros graves usando triptorrelina, que inibe a secreção gonadotrofina em homens. Essa droga parece ser um tanto mais efetiva que as mencionadas anteriormente e tem menores efeitos colaterais, de acordo com esse estudo específico. Claro que a droga só é efetiva se tomada regularmente, mas a maioria dos indivíduos fica altamente motivada em cumprir com o tratamento quando entendem que outra alternativa é encarar a prisão. Em outro estudo, Maletzky, Tolan e McFarland (2006) constataram que entre os criminosos sexuais libertados da prisão e para os quais a medicação foi considerada possivelmente útil, um subgrupo que realmente recebeu a medicação cometeu significativamente menos crimes sexuais subsequentes do que um grupo que, por diversas razões, não recebeu a medicação.

Resumo

Com base em evidências advindas de vários cenários, a indicação para os tratamentos psicossociais de transtornos parafílicos é confusa, com maior sucesso reportado em contextos ambulatoriais, com pacientes presumivelmente menos graves e mais estáveis. No entanto, em sua maior parte, os resultados são observações não controladas advindas de um número reduzido de centros de pesquisa clínica, e parece que não são tão bons em outras clínicas e entidades. De qualquer maneira, de modo análogo ao tratamento de disfunções sexuais, os métodos psicossociais aplicados aos transtornos parafílicos não estão disponíveis fora dos centros de tratamento especializado. Enquanto isso, a perspectiva para a maioria dos indivíduos com esses transtornos é sombria, porque os transtornos parafílicos têm um curso crônico e a recorrência é comum.

Verificação de conceitos 10.3

Verifique o que compreendeu sobre os transtornos parafílicos sexuais combinando os cenários com a designação correta: (a) transtorno exibicionista, (b) transtorno voyeurista, (c) transtorno fetichista ou (d) transtorno do masoquismo sexual.

1. Mae aprecia apanhar com chicotes de couro durante as preliminares. Sem tal estimulação, ela não chega ao orgasmo durante o sexo. _____
2. Kai possui uma coleção de calcinhas que o deixam excitado. Ele adora olhar, colecionar e vestir essas peças. _____
3. Sam fica excitado quando caminha em direção a estranhos no parque e exibe-lhes os genitais. _____
4. Tom adora olhar pela janela do quarto de Susan e observá-la despir-se. Ele fica extremamente excitado à medida que ela tira a roupa. Essa prática é denominada _____
5. Tom não percebeu que Susan sabe que ele a está espiando. Ela fica excitada despindo-se lentamente enquanto outros observam e fantasiam a respeito do que estão pensando. O comportamento de Susan é conhecido como _____
6. Tom ficará chocado ao descobrir que "Susie" é, na verdade, Scott, um homem que fica excitado somente se vestir roupas femininas. O comportamento de Scott é característico do _____.

Disforia de gênero

O que o faz pensar que você é um homem? Ou uma mulher? Evidentemente, é mais que os padrões de excitação sexual ou a sua anatomia. É também mais que reações e experiências provenientes de sua família e da sociedade. A essência de sua masculinidade ou feminilidade é um sentimento pessoal profundo denominado identidade de gênero, ou o gênero que você na verdade vivencia. A **disforia de gênero** se manifesta se o sexo físico de uma pessoa (anatomia feminina ou masculina, também chamado "gênero de nascimento") não encontra compatibilidade com o que a pessoa sente que realmente é, ou não é coerente com o gênero experimentado. Enquanto a disforia de gênero pode ocorrer em um *continuum* (American Psychological Association [APA] Task Force of Gender Identity and Gender Variance, 2008; Cohen-Kettenis e Pfäfflin, 2010), na outra extremidade do *continuum* estão os indivíduos que rejeitam o gênero de nascimento e querem trocá-lo. Aqueles com esse transtorno sentem-se presos em um corpo do sexo errado. Considere o caso de Joe.

JOE ... Preso no corpo errado

Joe era um rapaz de 17 anos e o último de cinco filhos. Embora sua mãe quisesse uma menina, ele era o filho favorito. Seu pai trabalhava arduamente e tinha pouco contato com o garoto. Até onde podia se lembrar, Joe se considerava uma menina. Ele começou a usar roupas femininas por vontade própria antes dos cinco anos e continuou fazendo isso até o início do curso secundário. Passou a se interessar por culinária, tricô, crochê e bordado, aptidões que conseguiu desenvolver lendo uma enciclopédia. O irmão mais velho zombava dele pela falta de interesse em certas atividades "masculinas", como a caça.

Durante esse período, Joe se relacionava mais com garotas, embora se lembrasse de ter uma relação muito próxima com um rapaz no primeiro ano. Em suas fantasias sexuais, que começaram por volta dos 12 anos, imaginava que era mulher e mantinha relações sexuais com um homem. Aos 15 anos, quando entrou para o ensino médio, foi ridicularizado por seu comportamento extremamente efeminado. Geralmente passivo e sem firmeza, fugiu de casa e tentou o suicídio. Incapaz de continuar na escola, frequentou um curso de secretariado, no qual era o único rapaz. Durante a primeira entrevista com um terapeuta, comentou: "Sou uma mulher presa em um corpo de homem e gostaria de me submeter à cirurgia para me tornar mulher".

Se o gênero de nascimento é feminino, mas o gênero experimentado (identidade de gênero) é fortemente masculino, o indivíduo denomina-se como um homem transgênero ou "homem trans"; e, no caso de gênero de nascimento masculino mas com identidade de gênero feminina, tem-se uma mulher transgênero ou "mulher trans". Se o indivíduo fez a transição completa vivendo como seu gênero experimentado (interagindo com pessoas do seu dia a dia de uma maneira consistente em seu gênero desejado) e está se preparando para, ou se submeteu à cirurgia de redesignação sexual, então nos referimos a esse indivíduo como transexual; isto é especificado nos critérios diagnósticos para disforia de gênero (ver Tabela *DSM* 10.13). Alguns também preferem não ser referidos com um gênero específico. Por exemplo, uma pessoa que veio à nossa clínica recentemente preferiu ser referida como "hen" (um pronome sueco de gênero neutro, usado no lugar de "ele" ou "ela")

Definindo a disforia de gênero

A disforia de gênero deve ser distinguida do fetichismo transvéstico, um transtorno parafílico (discutido previamente) em que indivíduos, geralmente homens, sentem-se sexualmente excitados em vestir artigos de vestuário do sexo oposto. Existe uma preferência ocasional por parte dos homens com padrões transvésticos de excitação sexual pelo papel feminino, mas o propósito primário do *cross-dressing* é a satisfação sexual. No caso da disforia de gênero, a meta principal não é gratificação sexual, mas o desejo de viver abertamente de maneira coerente com o outro gênero.

A disforia de gênero pode também ocorrer entre indivíduos com Transtorno de Desenvolvimento Sexual (TDS), antes conhecido como *intersexualidade* ou *hermafroditismo,* para aqueles nascidos com genitália ambígua associada a outras alterações físicas ou hormonais demonstradas. Dependendo da combinação específica de características, é "atribuído" determinado sexo no nascimento do indivíduo com TDS, então o indivíduo submetido a cirurgias, bem como a tratamento hormonal para alterar a anatomia sexual. Se a disforia de gênero ocorrer no contexto do TDS, é essencial tal especificação ao fazer o diagnóstico. Porém, a maioria dos indivíduos com disforia de gênero não demonstrou alterações físicas (adiante, retornaremos ao tema do TDS).

Por fim, é preciso diferenciar a disforia de gênero dos padrões de excitação pelo mesmo sexo de um homem que, algumas vezes, se comporta de modo efeminado, ou de uma mulher com padrões de excitação pelo mesmo sexo com maneirismos masculinos. Essas pessoas não se sentem como uma mulher presa em um corpo de homem ou têm qualquer desejo de ser uma mulher (e vice-versa). Observe também que, conforme os critérios do *DSM-5*, a identidade de gênero é independente dos padrões de excitação sexual (APA, 2013; Savin-Williams, 2006). Por exemplo, uma mulher transgênero, ou mulher trans (com gênero de nascimento masculino e forte identidade de gênero feminino), pode se sentir sexualmente atraída por mulheres. Eli Coleman e colaboradores (Coleman, Bockting e Gooren, 1993) divulgaram estudos de nove casos de homens transgêneros, ou homens trans que sentiam atração sexual por homens. Portanto, as mulheres heterossexuais antes da cirurgia eram homens gays após a cirurgia. Chivers e Bailey (2000) compararam um grupo de homens transgêneros que tinham atração por homens (uma rara ocorrência) com um grupo de homens transgêneros que se sentiam atraídos por mulheres (padrão usual) antes e após cirurgia. Observaram que os grupos não se diferenciavam quanto à força de sua identidade de gênero (como homens), embora o segundo grupo mencionado tenha sido mais sexualmente assertivo, de maneira compreensível, mais interessado na cirurgia que criaria um pênis artificial.

Lawrence (2005) estudou 232 mulheres transgêneros tanto antes quanto após a cirurgia e constatou que a maioria (54%) era heterossexual (atraídas por mulheres) antes da cirurgia. Isso mudou após a cirurgia levemente para alguns e drasticamente para outros, de tal modo que apenas 25% mantiveram-se atraídos por mulheres após a cirurgia, assim tornando-se gay. Esse último grupo pode constituir um subgrupo distinto de mulheres transgêneros com um padrão diferente de desenvolvimento chamado de *autoginefilia,* no qual a disforia de gênero inicia com uma atração sexual forte e específica por si mesma (*auto*) como uma mulher (*gine*). Essa fantasia então progride para uma experiência de gênero mais completa e abrangente como mulher. Indivíduos pertencentes a esse subgrupo, de indiví-

TABELA 10.13 Critérios diagnósticos para disforia de gênero

Disforia de gênero em crianças

A. A. Incongruência acentuada entre o gênero experimentado/expresso e o gênero designado de uma pessoa, com duração de pelo menos seis meses, manifestada por no mínimo seis dos seguintes (um deles deve ser o Critério A1):.

1. Forte desejo de pertencer ao outro gênero ou insistência de que um gênero é o outro (ou algum gênero alternativo diferente do designado).
2. Em meninos (gênero designado), uma forte preferência por cross-dressing (travestismo) ou simulação de trajes femininos; em meninas (gênero designado), uma forte preferência por vestir somente roupas masculinas típicas e uma forte resistência a vestir roupas femininas típicas.
3. Forte preferência por papéis transgêneros em brincadeiras de faz de conta ou de fantasias.
4. Forte preferência por brinquedos, jogos ou atividades tipicamente usados ou preferidos pelo outro gênero.
5. Forte preferência por brincar com pares do outro gênero.
6. Em meninos (gênero designado), forte rejeição de brinquedos, jogos e atividades tipicamente masculinos e forte evitação de brincadeiras agressivas e competitivas; em meninas (gênero designado), forte rejeição de brinquedos, jogos e atividades tipicamente femininas.
7. Forte desgosto com a própria anatomia sexual.
8. Desejo intenso por características sexuais primárias e/ou secundárias compatíveis com o gênero experimentado.

B. A condição está associada a sofrimento clinicamente significativo ou a prejuízo no funcionamento social, acadêmico ou em outras áreas importantes da vida do indivíduo.

Disforia de gênero em adolescentes e adultos

A. Incongruência acentuada entre o gênero experimentado/expresso e o gênero designado de uma pessoa, com duração de pelo menos seis meses, manifestada por no mínimo dois dos seguintes:

1. Incongruência acentuada entre o gênero experimentado/expresso e as características sexuais primárias e/ou secundárias (ou, em adolescentes jovens, as características sexuais secundárias previstas).
2. Forte desejo de livrar-se das próprias características sexuais primárias e/ou secundárias em razão de incongruência acentuada com o gênero experimentado/expresso (ou, em adolescentes jovens, desejo de impedir o desenvolvimento das características sexuais secundárias previstas).
3. Forte desejo pelas características sexuais primárias e/ou secundárias do outro gênero.
4. Forte desejo de pertencer ao outro gênero (ou a algum gênero alternativo diferente do designado).
5. Forte desejo de ser tratado como o outro gênero (ou como algum gênero alternativo diferente do designado).
6. Forte convicção de ter os sentimentos e reações típicos do outro gênero (ou de algum gênero alternativo diferente do designado).

B. A condição está associada a sofrimento clinicamente significativo ou prejuízo no funcionamento social, profissional ou em outras áreas importantes da vida do indivíduo.

Fonte: Manual Diagnóstico e Estatístico de Transtornos Mentais, 5a ed. - DSM-5. Tab. 10.13. Artmed, Porto Alegre, 2014.

▲ Laverne Cox e Caitlyn Jenner são transgênero (mulher trans) e defensoras fortes e eficazes da comunidade transgênero.

duos nascidos com o sexo masculino, não eram garotos efeminados, mas tornaram-se sexualmente excitados quando faziam *cross-dressing* e tinham fantasias a respeito de si mesmos como mulher. Ao longo do tempo, essas fantasias progridem para *se tornarem* uma mulher (Bailey, 2003; Carroll, 2007; Lawrence, 2013). Essa distinção é controversa, porém fundamentada por pesquisas (Carroll, 2007; ver p. 379).

A disforia de gênero que resulta da rejeição do gênero de nascimento é relativamente rara. A prevalência estimada de gênero de nascimento masculino está entre 5 e 14 para cada mil e para gênero de nascimento feminino está entre 2 e 3 por mil (American Psychiatric Association, 2013; 2015), ocorrendo cerca de três vezes mais frequentemente em gênero de nascimento masculino do que feminino (American Psychological Association, 2008; Judge et al., 2014; Sohn e Bosinski, 2007).

Atualmente, muitos países permitem uma série de medidas legais para que uma pessoa mude de gênero. Na Alemanha, entre 2,1 e 2,4 a cada 100 mil da população deram pelo menos o primeiro passo em questões legais para mudar seus primeiros nomes na década de 1990; naquele país, a proporção homem:mulher de pessoas com disforia de gênero é de 2,3:1 (Weitze e Osburg, 1996). Desde 2006, na cidade de Nova York é permitido alterar o gênero do nascimento que constará em suas certidões de nascimento após a cirurgia.

Em algumas culturas, pessoas com experiência de gênero diferente têm o *status* de "xamãs" ou "videntes" e são tratadas como sábios. Um xamã é quase sempre um homem que adota o papel feminino (ver, por exemplo, Coleman, Colgan e Gooren, 1992). Stoller (1976) relatou o caso de dois homens nativos norte-americanos contemporâneos e efeminados que foram não somente aceitos, mas também estimados por suas tribos em virtude do conhecimento que tinham dos rituais de cura. Contrário ao respeito concedido a esses indivíduos por algumas culturas, a tolerância social em relação a eles se mantém relativamente baixa em culturas ocidentais, embora isso esteja mudando, especialmente quando indivíduos como Caitlyn Jenner e Chaz Bono abertamente discutem a disforia de gênero. Nos últimos anos, atores como Laverne Cox, livros como *Becoming Nicole* ("Tornando-se Nicole"), e filmes como *The danish girl* (*A garota dinamarquesa*) também começaram a aumentar a conscientização sobre a disforia de gênero e a incentivar mais discussões sobre esse assunto.

Causas

São ainda necessárias pesquisas para descobrir alguma contribuição biológica para a disforia de gênero ou para a experiência do gênero alternativo, muito embora pareça provável que uma predisposição biológica já tenha sido observada. Coolidge, Thede e Young (2002) estimaram que a genética contribuiu com cerca de 62% para a vulnerabilidade para disforia de gênero em uma amostra de gêmeos. Trinta e oito por cento da vulnerabilidade advêm de acontecimentos ambientais não partilhados (únicos). Em estudo realizado na Holanda com registros de gêmeos, constatou-se que 70% da vulnerabilidade para comportamento transgênero (comportar-se de maneira consistente com o sexo de nascimento oposto) foi de ordem genética em oposição a ambiental, porém esse comportamento não é o mesmo da identidade de gênero, que não foi mensurado (como explicado posteriormente) (van Beijsterveldt, Hudziak e Boomsma, 2006). Gomez-Gil et al. (2010) observaram uma prevalência mais alta de disforia de gênero do que o esperado ao acaso entre irmãos não gêmeos em um grande grupo (995) de indivíduos com disforia de gênero. Segal (2006), por outro lado, encontrou dois pares de gêmeos monozigóticos (idênticos) do sexo feminino em que uma tinha disforia de gênero e a outra não; não foi identificado nenhum histórico médico ou de vida que fosse responsável por essa diferença. Não obstante, as contribuições genéticas claramente fazem parte da situação observada (Heylens et al., 2012).

Pesquisas anteriores sugerem que, como no caso de orientação sexual, níveis levemente mais altos de testosterona ou estrogênio em certos períodos críticos do desenvolvimento podem masculinizar um feto feminino ou feminilizar um feto masculino (ver, por exemplo, Keefe, 2002). As variações nos níveis hormonais podem ocorrer naturalmente ou devido à medicação da qual a gestante faz uso. Cientistas têm investigado garotas na idade de 5 a 12 anos com uma condição intersexual conhecida como hiperplasia adrenal congênita (HAC). Na HAC, o cérebro dessas mulheres é inundado com hormônios masculinos (andrógenos), o que, entre outros resultados, produz uma genitália masculina externa, embora internamente os órgãos (ovários e assim por diante) permaneçam femininos. Meyer-Bahlburg et al. (2004) estudaram quinze meninas com HAC, que, ao nascer, eram do sexo feminino e foram criadas como tais, e observaram seu desenvolvimento. Em comparação ao grupo de meninas e meninos sem HAC, as meninas com HAC tinham o comportamento masculinizado, mas não havia diferenças em identidade de gênero. No entanto, os cientistas ainda não estabeleceram um elo entre influência hormonal pré-natal e identidade de gênero posterior, embora seja possível sua existência. Diferenças estruturais na área do cérebro que controla os hormônios sexuais masculinos são observadas em pessoas com disforia de gênero masculino para feminino (Zhou et al., 1995; Hannema et al., 2014), o que resulta em cérebros comparativamente mais "femininos". No entanto, não está claro se isso é uma causa ou um efeito.

Pelo menos algumas evidências sugerem que a identidade de gênero se firma entre 18 meses e três anos de idade (Ehrhardt e Meyer-Bahlburg, 1981; Money e Ehrhardt, 1972), e permanece relativamente fixa após esse período. Entretanto, novos estudos sugerem que é possível que o impacto de fatores biológicos preexistentes já tenha ocorrido. Um caso interessante que ilustra esse fenômeno foi relatado originalmente por Green e Money (1969); eles descreveram a sequência de eventos que ocorreu no caso de Bruce/Brenda. Há estudos de outros casos de crianças cujo gênero foi redesignado no nascimento e se adaptaram de modo bem-sucedido (por exemplo, Gearhart, 1989), mas no caso de Bruce parece que a biologia se manifestou.

> ### BRUCE/BRENDA ... Gênero e biologia
>
> Um par de gêmeos idênticos nasceu em uma família bem ajustada. Diversas semanas mais tarde ocorreu um incidente infeliz. Embora a circuncisão decorresse com normalidade em um dos meninos, a mão do médico escorregou de tal modo que a corrente elétrica no dispositivo queimou o pênis do segundo bebê. Após demonstrar hostilidade em relação ao médico, os pais consultaram especialistas em crianças com problemas intersexuais e se depararam com uma escolha. Os especialistas ressaltaram que a solução mais fácil seria de atribuir a seu filho Bruce o sexo feminino, e os pais concordaram. Nos meses que se passaram, Bruce tornou-se Brenda. Os pais compraram um novo enxoval e tratavam a criança como menina em todos os aspectos. Esses gêmeos foram acompanhados durante a infância; ao atingir a puberdade, a menina submeteu-se à

terapia de reposição hormonal. Após seis anos, os médicos não tiveram mais notícias do caso, porém presumiram que a criança havia se ajustado bem. No entanto, Brenda enfrentou uma turbulência interna quase intolerável. Sabemos disso porque dois pesquisadores clínicos encontraram esse indivíduo e fizeram um estudo de acompanhamento de longo prazo (Diamond e Sigmundson, 1997). Brenda nunca se ajustou a seu gênero atribuído. Como criança, preferia brincadeiras agressivas e resistia a usar roupas de menina. Em banheiros públicos, sempre insistia em urinar de pé, o que sempre lhe trazia problemas. Na adolescência, Brenda tinha certeza que era um menino, mas seus médicos a pressionavam a agir de modo mais feminino. Quando fez 14 anos, brigou com seus pais, dizendo a eles o quanto se sentia mal e pensava em suicídio. Nessa ocasião, contaram-lhe a história verdadeira e os pensamentos confusos começaram a ficar claros. Pouco tempo depois, Brenda submeteu-se a uma cirurgia adicional a fim de tornar-se novamente Bruce; hoje é pai de três crianças adotadas e tem um casamento feliz. Mas o caos interno vivido na sua vida anteriormente não se resolveu. Talvez foi este o motivo, pela morte de seu irmão gêmeo ou por sua demissão do emprego, pelo divórcio ou devido à combinação de todos esses fatores, David Reimer (seu nome real) cometeu suicídio aos 38 anos em 2004.

Richard Green, pesquisador pioneiro nessa área, estudou meninos que se comportavam de modo feminino e meninas que se comportavam de modo masculino. Sua análise focou no que fazia esses indivíduos agirem dessa maneira e acompanhou o que aconteceu a eles (Green, 1987). Esse conjunto de comportamentos e atitudes denomina-se **não conformidade com o gênero** (ver, por exemplo, Skidmore, Linsenmeier e Bailey, 2006). Green observou que, quando a maioria dos meninos com pouca idade espontaneamente exibe interesses e comportamentos "femininos", eles são desencorajados pela maior parte das famílias e esses comportamentos geralmente cessam. No entanto, há meninos que de forma consistente apresentam esses comportamentos e não são desencorajados, mas sim incentivados.

Outros fatores, como atenção e contato físico excessivos por parte da mãe, também exercem influência, do mesmo modo que a falta de companheiros masculinos de brincadeiras durante os primeiros anos de socialização. Estes são apenas alguns dos fatores identificados por Green como características de meninos não conformes com o gênero. Lembre-se de que fatores biológicos ainda não descobertos podem contribuir para a apresentação espontânea de comportamentos e interesses transgêneros. Por exemplo, uma pesquisa recente observou que a exposição fetal a níveis mais altos de testosterona estava associada a comportamentos que envolviam mais brincadeiras masculinas tanto em meninos como em meninas na fase da infância (Auyeng et al., 2009). Contudo, no seguimento desses meninos, Green observou que poucos pareciam desenvolver incongruência de gênero. O resultado mais provável é o

desenvolvimento de preferências homossexuais. Porém, mesmo esse padrão específico de excitação sexual parece ocorrer exclusivamente em somente 40% dos meninos não conformes com o gênero. Outros 32% apresentam algum grau de bissexualidade, atração sexual tanto por seu próprio sexo como pelo sexo oposto. Por outro lado, 60% tinham funcionamento heterossexual. Esses resultados foram replicados em estudos prospectivos subsequentes em garotos (Zucker, 2005). Garotas com comportamento não conforme com o gênero são raramente investigadas porque seus comportamentos atraem muito menos atenção nas sociedades ocidentais. Porém, um estudo prospectivo acompanhou 25 garotas a partir de quando tinham aproximadamente 9 anos cujos comportamentos as levaram a serem encaminhadas para a clínica de identidade de gênero. A maioria dessas meninas cumpriu os critérios para disforia de gênero infantil ou chegaram perto disso. No período de acompanhamento, quando essas meninas (agora mulheres) atingiram a idade média de 25 anos, apenas três preencheram os critérios para disforia de gênero. Outras seis relataram comportamento bissexual/homossexual; oito relataram ter mais fantasias homossexuais, mas não tais comportamentos. As oito mulheres restantes se tornaram heterossexuais (Drummond et al., 2008).

Esse achado, de uma relação não tão próxima entre comportamento não conforme com o gênero e desenvolvimento sexual posterior, não é peculiar para a cultura norte-americana. Os relacionamentos semelhantes entre o comportamento não conforme com o gênero e desenvolvimento sexual posterior existem entre os Fa'afafine, um grupo de homens com orientação homosexual no país da Samoa nas Ilhas do Pacífico (Bartlett e Vasey, 2006). Até mesmo na rigorosa sociedade muçulmana em que ao menor sinal de comportamento não conforme com o gênero um indivíduo é severamente desencorajado, tanto o comportamento não conforme com o gênero como a disforia de gênero podem desenvolver-se (Doğan e Doğan, 2006). Podemos afirmar com segurança que as causas do desenvolvimento da incongruência do gênero experimentado ainda permanecem obscuras.

Tratamento

Existe tratamento disponível para a disforia de gênero em algumas clínicas especializadas ao redor do mundo, embora haja muita controvérsia em relação ao tratamento (Carroll, 2007; Meyer-Bahlburg, 2010). Para adultos que solicitam transição sexual completa, as diretrizes de tratamento da Associação Americana de Psiquiatria e da Associação Americana de Psicologia agora já foram publicadas (American Psychological Association, 2015; Byne et al., 2012). As diretrizes de tratamento publicadas pela American Psychological Association (2015) destacam a diversidade dos problemas enfrentados por indivíduos não conformes ao gênero e incentivam os terapeutas a adotar uma visão holística desses pacientes (ou seja, ajudando a desenvolver resiliência, trabalhando dentro das estruturas familiares existentes e colaborando com outros prestadores de cuidados). Segundo as recomendações das diretrizes da American Psychiatric Association, quando atender pacientes adultos com disforia mais especificamente, inicie com avaliação psicológica completa e orientações edu-

▲ Depois de ter o sexo redesignado quando bebê e subsequentemente ser criado como uma menina, David Reimer recuperou sua identidade de gênero masculina na adolescência e viveu sua vida como homem. Ele falou contra a mudança de sexo em crianças até sua morte em 2004.

cativas antes de proceder aos passos, parcialmente reversíveis, como a administração de hormônios gonadais a fim de produzir as características sexuais secundárias desejadas. O passo final não reversível é alterar fisicamente a anatomia para ser coerente com a identidade de gênero por meio da **cirurgia de redesignação sexual**.

Cirurgia de redesignação sexual

Para poder submeter-se a uma cirurgia em uma clínica de boa reputação as pessoas precisam vivenciar o papel do sexo oposto por um a dois anos a fim de que possam ter certeza de que desejam mudar de sexo. Além disso, é preciso ter estabilidade psicológica, financeira e social. Para mulheres trans ou mulheres transgênero são administrados hormônios para promover a *ginecomastia* (crescimento dos seios) e o desenvolvimento de outras características sexuais secundárias. Os pelos faciais normalmente são removidos por meio de eletrólise. Se a pessoa estiver satisfeita com os eventos do período de experiência os genitais são removidos e uma vagina é construída.

Para homens transgênero, ou homens trans, normalmente é construído um pênis artificial por meio de uma cirurgia plástica que usa parte da pele e dos músculos do corpo, como da coxa. Os seios são removidos cirurgicamente. A cirurgia genital é mais difícil e complexa com o gênero de nascimento feminino. As estimativas de satisfação com a cirurgia indicam um ajustamento predominantemente bem-sucedido entre aqueles que puderam ser acompanhados (sabe-se que 75% a 100% ficam geralmente satisfeitos), sendo que, com frequência, os homens transgênero se ajustam melhor que as mulheres transgênero (Blanchard e Steiner, 1992; Bodlund e Kullgren, 1996; Byne et al., 2012; Carroll, 2007; Johansson et al., 2010). No entanto, muitas pessoas não estavam disponíveis para fazer acompanhamentos. Cerca de 1% a 7% dos indivíduos que se submetem à cirurgia de redesignação sexual e que foram acompanhados posteriormente se arrependem do procedimento até certo ponto (Bancroft, 1989; Byne et al., 2012; Dhejne et al., 2014; Johansson et al., 2010; Lundstrom, Pauly e Walinder,

1984). Isso é lamentável, porque a cirurgia é irreversível. Um percentual de até 2% tenta o suicídio após a cirurgia, proporção muito maior que entre a população em geral. Um problema pode ser o diagnóstico e a avaliação incorretos. Por exemplo, um estudo feito por 186 psiquiatras holandeses que relatou casos de 584 pacientes que apresentavam disforia de gênero revelou pouco consenso sobre as características do diagnóstico ou da idade mínima em que a cirurgia de redesignação sexual é segura. A decisão parecia basear-se, até certo ponto, em preferências pessoais do psiquiatra (Campo et al., 2003). Essas avaliações são complexas e deveriam ser feitas em clínicas de gênero altamente especializadas. Os preditores de arrependimento, além do diagnóstico equivocado, incluem a presença de diagnósticos comórbidos, tais como transtorno por uso de álcool e psicose e apoio familiar precário (Byne et al., 2012). Por outro lado, a cirurgia tornou a vida prazerosa para algumas pessoas que sofriam os efeitos de viver que entendiam como ter o corpo errado, com uma média de cerca de 90% de índice de satisfação nos últimos anos (Johansson et al., 2010).

Tratamento para não conformidade com o gênero em crianças

O tratamento para não conformidade com o gênero em crianças é ainda mais controverso. Por um lado, alguns segmentos da sociedade, particularmente em áreas mais tradicionalmente tolerantes do país, como São Francisco e Nova York, estão se tornando mais abertos para variações de gênero tanto em crianças quanto em adultos. Em algumas escolas, as crianças têm permissão e até mesmo são encorajadas a se vestirem e aparecerem de maneiras não conformes com o gênero, na suposição de que isso dê a elas maior liberdade para exporem quem elas "realmente são" (Brown, 2006). De fato, um estudo sugere que crianças não conformes ao gênero, as quais se apresentaram de acordo com sua identidade de gênero na vida cotidiana, demonstraram cognições mais consistentes com seu gênero expresso do que com seu sexo de nascimento (Olson, Key e Eaton, 2015). Por outro lado, Skidmore et al. (2006) examinaram se a não conformidade com o gênero estava ou não relacionada a sofrimento psicológico em uma amostra da comunidade LGBT. A não conformidade com o gênero foi mensurada por autorrelatos de não conformidade com o gênero na infância, bem como foram feitas avaliações do comportamento atual. Os pesquisadores observaram que a não conformidade com o gênero estava relacionada a sofrimento psicológico (depressão, ansiedade), porém em gays, não em lésbicas.

Embora apenas uma minoria de homens gays houvesse relatado a não conformidade com o gênero quando eram garotos, pesquisas indicam que muitos deles com essa condição desfeminizaram na fase adulta, talvez devido à pressão social de suas famílias e pares. Igualmente, existem intervenções para alterar o comportamento não conforme com o gênero em crianças jovens para evitar o ostracismo e o escárnio que essas crianças encontram na maioria dos ambientes escolares (por exemplo, Rekers, Kilgus e Rosen, 1990). Existem outras intervenções para desenvolver resiliência em crianças que apresentam comportamento de não conformidade ao gênero, fortalecendo seus relacionamentos com pares e cuidadores, aumentando seu senso de autocontrole e de pertencimento dentro de uma comunidade ou cultura (Allan e Ungar, 2014).

Assim a sociedade encara um dilema que exige mais pesquisas. A pergunta que se faz é: a livre expressão da não conformidade com o gênero deve ser encorajada sabendo que, na maior parte do mundo, essa condição encontrará dificuldade de adaptação social, levando a sofrimento psicológico substancial futuro, especialmente porque é improvável que a não conformidade com o gênero persista na adolescência ou na fase adulta? Ou o ajustamento psicológico seria mais positivo se a não conformidade com o gênero for permitida e facilitada? Se as pesquisas confirmarem que o ajustamento é mais positivo quando as pessoas encontram seu próprio lugar em um *continuum* de gênero, então grandes campanhas publicitárias para alterar as normas sociais podem muito bem ocorrer conforme as linhas de pensamento das bem-sucedidas campanhas das últimas décadas para os direitos dos homossexuais, depois de um consenso desenvolvido na década de 1970 de que a homossexualidade não se configurava como transtorno. As pesquisas continuam trabalhando sobre esse importante e interessante tópico.

As diretrizes terapêuticas desenvolvidas pelas American Psychiatric Association e American Psychological Association para a não conformidade com o gênero na juventude simplesmente delineiam as opções disponíveis (American Psychological Association, 2015; Byne et al., 2012).

Uma opção seria trabalhar a criança com cuidadores no sentido de diminuir a disforia de gênero e reduzir os comportamentos e a identificação transgênera, supondo que esses comportamentos provavelmente não persistam, evitando as consequências negativas de rejeição social e desestimulando o desejo pela cirurgia intrusiva. A segunda abordagem poderia ser descrita como "espera vigilante", deixando que a expressão do gênero surja naturalmente. Essa meta requer forte apoio dos cuidadores e da comunidade devido aos potenciais riscos sociais e interpessoais e à falta de integração com os grupos de pares. Ainda uma terceira abordagem defende e encoraja ativamente a identificação do transgênero, mas críticos indicam que a não conformidade com o gênero geralmente não persiste, e que tomar esse caminho aumentaria a probabilidade de persistência. Há uma escassez de informações fundamentadas cientificamente sobre qual seria o melhor caminho a ser tomado em relação à criança.

Mais recentemente, novas abordagens de tratamento têm sido desenvolvidas em algumas clínicas para crianças que se identificam mais claramente como transexuais. Dada a natureza irreversível de muitos tratamentos para disforia de gênero, o tratamento para essas crianças precisa ser administrado com cautela. Uma clínica especializada para tais crianças no conhecido Hospital Infantil de Boston tem atraído a atenção por sua abordagem de tratamento. Em crianças pré-púberes, os tratamentos de primeira linha incluem psicoeducação e terapia para ajudar a esclarecer a identidade de gênero e navegar pelas questões sociais complexas relacionadas com a identificação entre gêneros. Para indivíduos mais próximos

da puberdade a psicoterapia também é recomendada. Porém, uma intervenção médica que bloqueia a puberdade também está disponível (se, após avaliação detalhada, for determinado que tal tratamento seria o melhor para o interesse do paciente, com base na gravidade da discordância entre identidade de gênero e sexo de nascimento, assim como a família e considerações sociais). Essa medicação permite que o adolescente continue explorando questões de identidade de gênero sem o estresse de iniciar a puberdade em um gênero que é inconsistente com sua identificação. Embora esse tratamento tenha sido recebido positivamente na imprensa nos últimos anos, ainda permanece controverso em muitas partes dos Estados Unidos.

Tratamento dos transtornos do desenvolvimento sexual (intersexualidade)

Como se pôde perceber, a cirurgia e a terapia de reposição hormonal têm sido o padrão de tratamento para muitos indivíduos com TDS que podem nascer com características físicas de ambos os sexos, a fim de fazer que sua anatomia sexual combine o máximo possível com o gênero designado. Esse procedimento geralmente acontece logo após o nascimento. Todavia, anos depois, a disforia de gênero pode também se desenvolver nesses indivíduos, se assim for, uma sequência semelhante de etapas de tratamento começa com o procedimento menos intrusivo como descrito anteriormente (Byne et al., 2012). Claro, o tratamento para disforia de gênero de toda forma é sempre controverso, especialmente quando o TDS está presente. Uma alternativa tem sido proposta por Anne Fausto-Sterling. Ela sugere que existem cinco sexos: masculino; feminino; "herms", que são assim designados por serem verdadeiros hermafroditas ou pessoas nascidas com testículos e ovários; "merms", que são anatomicamente mais masculinos que femininos, porém possuem algum aspecto de genitália feminina; e "ferms", que têm ovários, mas possuem algum aspecto de genitália masculina (Fausto-Sterling, 2000a, 2000b; 2015). Ela estima, com base nas melhores evidências disponíveis, que para cada mil crianças nascidas, 17, ou 1,7%, podem ter alguma forma de TDS. O que Fausto-Sterling (2000b) e outros observaram é que os indivíduos desse grupo ficam, muitas vezes, insatisfeitos com a cirurgia, assim como Bruce, caso que descrevemos neste capítulo. Há casos em que os médicos, ao observar a ambiguidade sexual anatômica após o nascimento, procedem à cirurgia imediatamente por considerar essa ambiguidade uma emergência.

Fausto-Sterling indica que um número crescente de endocrinologistas, urologistas e psicólogos pediátricos está começando a examinar a conveniência da cirurgia genital no início, o que resulta na designação irreversível de gênero. Como alternativa, os profissionais da saúde podem querer examinar muito de perto a natureza precisa do TDS e considerar a cirurgia somente como último recurso, e apenas quando estiverem muito seguros de que a condição específica resultará em uma identidade de gênero psicológica específica. Caso contrário, poderiam ser mais apropriados os tratamentos psicológicos para ajudar as pessoas a se adaptarem à sua anatomia sexual específica ou à sua experiência de gênero emergente.

Controvérsias sobre o DSM: Parafilia ou transtorno parafílico?

No *DSM-IV*, parafilia era um diagnóstico baseado na presença de interesse sexual intenso e persistente, determinado pela presença de fortes fantasias sexuais, impulsos sexuais ou comportamentos que envolvem geralmente objetos não humanos, o sofrimento ou a humilhação de si mesmo ou de um parceiro, ou crianças ou outras pessoas sem o seu consentimento. Também foi observado que essas fantasias, estímulos ou comportamento causam sofrimento clinicamente significativo ou prejuízo. No *DSM-5* é feita uma distinção explícita entre parafilia e transtorno parafílico. O *DSM-5* denota que a parafilia é qualquer interesse sexual intenso e persistente que não aquele fenotipicamente normal, com parceiros humanos fisicamente maduros que consentem o relacionamento sexual.

O transtorno parafílico é uma parafilia que causa sofrimento ou prejuízo ao indivíduo, ou dano pessoal ou risco de danos a outrem. Assim, pode-se ter um padrão de interesse e excitação sexual forte e persistente em crianças pequenas, mas se não for atuado e não causar sofrimento pessoal, não é, por definição, um transtorno; apesar de anormal, esse padrão não é diferente de ser não normalmente alto ou baixo. Essa alteração foi feita para ajustar a alta prevalência de fantasias do tipo "parafílicas" que podem ocorrer ocasionalmente entre as pessoas que não sofrem de transtornos mentais (Ahlers et al., 2011). Um exemplo seria um fetiche inofensivo por uma peça de roupa incorporada à atividade sexual com um parceiro disposto. Nesse caso, o indivíduo teria uma parafilia, mas não um transtorno parafílico. Mas e se a parafilia se concentrar nas questões relacionadas ao sexo com crianças pequenas ou a questões que infligem danos graves em outros indivíduos? Os defensores da mudança salientam que se essas fantasias não são postas em prática de forma alguma, nenhum dano é causado e, portanto, não é um transtorno. Acreditam que é mais prejudicial patologizar esse comportamento peculiar do que chamá-lo de um transtorno mental. Os críticos apontam que é altamente improvável que qualquer pessoa com estes padrões fortes e persistentes de excitação sexual não assista a um vídeo ocasional na internet se estiver disponível e, assim, há uma susceptibilidade de ocorrência do dano. Este exemplo é outro ponto de discórdia na questão fundamental do que define um transtorno mental, discutido no Capítulo 1.

Verificação de conceitos 10.4

Responda às seguintes perguntas sobre sexualidade normal e disforia de gênero.

1. Cite algumas diferenças de gênero que existem em atitudes sexuais e comportamento sexual. _____
2. Que preferência(s) sexual(is) é(são) normal(is) e como se desenvolve(m)? _____
3. Charlie sempre se sentiu deslocado quando ficava com meninos. Com pouca idade, ele preferia brincar com as meninas e insistia para que seus pais o chamassem de "Charlene". Declarou posteriormente que sentia ser uma mulher presa em um corpo de homem. Que transtorno Charlie poderia ter? _____
4. Qual poderia ser a causa do transtorno de Charlie? _____
5. Que tratamentos poderiam ser aplicados a ele? _____

Resumo

O que é sexualidade normal?

- Os padrões de comportamento sexual, seja heterossexual, seja homossexual, variam ao redor do mundo no que se refere a comportamento e riscos. Aproximadamente 20% das pessoas pesquisadas praticam sexo com numerosos parceiros, o que as coloca em risco de contrair doenças sexualmente transmissíveis como a Aids. Levantamentos recentes também indicam que 60% das alunas norte-americanas de faculdades praticam sexo sem preservativo.
- Dois tipos de transtornos estão associados ao funcionamento sexual – disfunção sexual e transtornos parafílicos. Disforia de gênero não é um transtorno sexual, mas sim uma incongruência marcante entre o gênero de nascimento (biológico) e o gênero que o indivíduo experimenta ou com o qual se identifica.

Panorama das disfunções sexuais

- A disfunção sexual inclui uma variedade de transtornos que dificultam o funcionamento adequado durante a relação sexual.

- As disfunções sexuais específicas incluem transtornos do desejo sexual (transtorno do desejo sexual masculino hipoativo e transtorno do interesse/excitação sexual feminino), em que o interesse em ter relações sexuais é muito reduzido ou inexistente; transtornos da excitação sexual (transtorno erétil e transtorno do interesse/excitação sexual feminino), em que manter a ereção do pênis ou a excitação sexual e a lubrificação vaginal adequada é problemático; e transtornos do orgasmo (transtorno do orgasmo feminino e, em homens, ejaculação retardada ou prematura [precoce]) nos quais o orgasmo acontece muito rapidamente ou não acontece. O transtorno mais comum nessa categoria é a ejaculação prematura (precoce); o orgasmo inibido acontece comumente nas mulheres.
- Transtorno sexual doloroso, especificamente o transtorno da dor gênito-pélvica/penetração em mulheres, em que a dor insuportável é associada às relações sexuais, incluindo o vaginismo, em que os músculos pélvicos no terço externo da vagina sofrem espasmos involuntários quando se tenta a penetração na relação sexual.

CAPÍTULO 10 – DISFUNÇÕES SEXUAIS, TRANSTORNOS PARAFÍLICOS E DISFORIA DE GÊNERO **413**

Avaliação do comportamento sexual

▶ Os três componentes da avaliação são entrevista, avaliação médica completa e avaliação psicofisiológica.

Causas e tratamento da disfunção sexual

▶ A disfunção sexual está associada a atitudes negativas a respeito de sexo transmitidas socialmente, dificuldades atuais de relacionamento e ansiedade concentrada na atividade sexual.

▶ O tratamento psicossocial das disfunções sexuais geralmente é bem-sucedido, mas não está sempre disponível. Nos últimos anos, várias abordagens médicas tornaram-se acessíveis, incluindo a droga Viagra (Sildenafil) e similares. Esses tratamentos se concentram mais na disfunção erétil e são efetivos e satisfatórios em cerca de um terço dos pacientes que os experimenta. Existem algumas evidências preliminares de uma nova droga, a flibanserina, como um possível tratamento para desejo sexual hipoativo em mulheres, porém é necessário a realização de mais pesquisas.

Transtornos parafílicos: descrição clínica

▶ Parafilia é a atração sexual por pessoas inapropriadas, como crianças, ou por objetos inapropriados, como peças de vestuário. A parafilia torna-se um transtorno parafílico quando a atração sexual causa sofrimento significativo ou prejuízo ao indivíduo ou dano pessoal ou risco de danos a outrem.

▶ Os transtornos parafílicos incluem transtorno fetichista, no qual a excitação sexual está relacionada a objetos ou pessoas inapropriados; transtorno exibicionista, em que a satisfação sexual é atingida por meio da exposição dos genitais a estranhos que não desconfiam do que está ocorrendo; transtorno voyeurista, no qual a excitação origina-se da observação de pessoas nuas ou que estão se despindo sem que suspeitem disso; transtorno transvéstico, no qual os indivíduos ficam sexualmente excitados vestindo roupas do sexo oposto; transtorno do sadismo sexual, no qual a excitação sexual está associada a provocar dor e humilhação; transtorno do masoquismo sexual, em que a excitação está associada a sentir dor ou ser humilhado, e transtorno pedofílico, em que há forte atração sexual por crianças. Incesto é um tipo de pedofilia cuja vítima possui parentesco com o agressor, muitas vezes um filho ou uma filha.

▶ O desenvolvimento dos transtornos parafílicos está associado com deficiências na excitação sexual entre adultos consensuais, deficiências nas habilidades sociais consensuais de adultos, fantasias sexuais anormais que podem desenvolver-se antes ou durante a puberdade e tentativas de suprimir pensamentos associados a esses padrões de excitação.

Avaliação e tratamento dos transtornos parafílicos

▶ Tratamentos psicossociais desses transtornos são apenas modestamente efetivos, na melhor das hipóteses, entre os indivíduos que estão encarcerados, mas mais bem-sucedidos em pacientes ambulatoriais menos graves.

Disforia de gênero

▶ Disforia de gênero consiste na insatisfação que a pessoa tem com seu gênero de nascimento (biológico) e o sentimento de que pertence ao gênero oposto (por exemplo, uma mulher presa ao corpo de um homem). Uma pessoa desenvolve um senso de gênero ou identidade de gênero entre os 18 meses e os 3 anos de idade, e parece que tanto a identidade de gênero congruente quanto a identidade de gênero incongruente têm raízes biológicas influenciadas pelo aprendizado.

▶ O tratamento para adultos com incongruência de gênero marcada (transexualismo) pode incluir a cirurgia de redesignação sexual integrada com abordagens psicológicas.

Termos-chave

cirurgia de redesignação sexual
comportamento heterossexual
comportamento homossexual
disforia de gênero
disfunção sexual
ejaculação prematura (precoce)
ejaculação retardada
incesto
masoquismo sexual
não conformidade com o gênero
pedofilia
recondicionamento orgásmico
sadismo sexual
sensibilização encoberta

transtorno da dor gênito-pélvica/penetração
transtorno do desejo sexual masculino hipoativo
transtorno do interesse/excitação sexual feminino
transtorno do orgasmo feminino
transtorno erétil
transtorno exibicionista
transtorno fetichista
transtorno frotteurista
transtornos parafílicos
transtorno transvéstico
transtorno voyeurista
vaginismo

Respostas da verificação de conceitos

10.1
1. a; 2. d; 3. c; 4. a

10.2
1. V; 2. F (às vezes aumenta a excitação); 3. V; 4. V; 5. F (carícias, técnica de compressão etc.); 6. V

10.3
1. d; 2. c; 3. a; 4. b; 5. a; 6. c

10.4
1. Mais homens se masturbam e o fazem com mais frequência; homens são mais permissivos quanto ao sexo casual; as mulheres querem mais intimidade do sexo, e assim por diante.
2. Tanto a heterossexualidade como a homossexualidade são normais; a genética parece desempenhar algum papel no desenvolvimento da preferência sexual.
3. Disforia de gênero.
4. Níveis anormais de hormônios durante o desenvolvimento; influências sociais e familiares.
5. A cirurgia de redesignação sexual; tratamento psicossocial para ajustar ao gênero expresso ou desejado.

Explorando os transtornos sexuais e a disforia de gênero

- O comportamento sexual em nossa cultura é considerado típico a menos que esteja associado a um dos três tipos de prejuízo de funcionamento – disforia de gênero, disfunção sexual ou transtornos parafílicos.
- A orientação sexual provavelmente tem forte base biológica, influenciada por fatores ambientais e sociais.

DISFORIA DE GÊNERO

Está presente quando a pessoa se sente presa em um corpo que é do sexo errado, que não se encaixa com seu sentido inato de sua identidade de gênero. (A identidade de gênero não depende dos padrões de excitação sexual.).

Causas

Influências biológicas
- Ainda não confirmadas, embora seja provável que envolvam exposição pré-natal a hormônios
  - Variações hormonais podem ser naturais ou resultar de medicação

Influências psicológicas
- A identidade de gênero se desenvolve entre um ano e meio e três anos de idade
  - Comportamentos "masculinos" em garotas e "feminino" em garotos geram diferentes respostas em diferentes famílias

Tratamento
- Cirurgia de redesignação sexual: remoção dos seios ou pênis; reconstrução genital
  - Exige preparação psicológica rigorosa e estabilidade financeira e social
- Intervenção psicossocial para mudar a identidade de gênero
  - Geralmente não bem-sucedida, exceto como um alívio temporário até a cirurgia

TRANSTORNOS PARAFÍLICOS
A excitação sexual ocorre quase exclusivamente em contextos de objetos ou pessoas inadequados.

Tipos
- **Transtorno fetichista**: atração sexual por objetos inanimados.
- **Transtorno voyeurista**: excitação sexual quando vê uma pessoa que não sabe que está sendo observada nua ou se despindo.
- **Transtorno exibicionista**: gratificação sexual pela exposição dos genitais a estranhos desavisados.
- **Transtorno transvéstico**: excitação sexual por usar roupas do sexo oposto (*cross-dressing*).
- **Transtorno do sadismo sexual**: excitação sexual associada a inflingir dor física ou humilhação.
- **Transtorno do masoquismo sexual**: excitação sexual ao sentir dor física ou humilhação.
- **Transtorno pedofílico**: forte atração sexual por crianças.
- **Incesto**: atração sexual por membro da família.

Causas
- Deficiências preexistentes
  - em níveis de excitação consentida por adultos;
  - em habilidades sociais consentidas por adultos.
- Tratamento recebido por adultos na infância.
- Fantasias sexuais precoces reforçadas por masturbação.
- Impulso sexual extremamente intenso combinado a processos de pensamento incontroláveis.

Tratamento
- *Sensibilização encoberta*: revisão mental repetitiva de consequências aversivas para estabelecer associações negativas com o comportamento.
- *Prevenção de recaída*: preparação terapêutica para lidar com situações futuras.
- Recondicionamento orgásmico: empareamento apropriado de estímulos com masturbação para gerar padrões de excitação positivos.
- *Médico*: medicações que reduzem a testosterona a fim de suprimir o desejo sexual; fantasias e reincidência de excitação voltam quando a droga é interrompida.

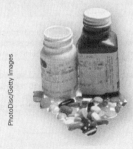

Explorando os transtornos sexuais e a disforia de gênero (cont.)

DISFUNÇÕES SEXUAIS

A disfunção sexual pode ser
- *Ao longo da vida*: presente durante toda a história sexual
- *Adquirida*: interrupção do padrão sexual normal
- *Generalizada*: presente em todos os encontros
- *Situacional*: presente apenas com parceiros ou em certas ocasiões

Ciclo de resposta sexual humana
Uma disfunção diz respeito a um prejuízo em uma das fases da resposta sexual.

Desejo → Resolução → Orgasmo → Platô → Excitação (Causas)

Tipos de disfunções sexuais

Transtorno do desejo sexual
- *Transtorno do desejo sexual masculino hipoativo*: falta de interesse visível na atividade ou fantasia sexual.

Transtornos da excitação sexual
- *Transtorno erétil*: incapacidade recorrente de alcançar ou manter ereção adequada.
- *Transtorno do interesse/excitação sexual feminino*: incapacidade recorrente de alcançar ou manter lubrificação adequada.

Transtornos do orgasmo
- *Transtorno do orgasmo feminino*: incapacidade de alcançar o orgasmo apesar do desejo e excitação adequados.
- *Ejaculação prematura (precoce)*: ejaculação antes do momento desejado com estimulação mínima.

Transtornos de dor sexual
- *Transtorno da dor gênito-pélvica/penetração*: dor intensa, ansiedade e tensão associadas à relação sexual para as quais não há causa médica; vaginismos (espasmos musculares involuntários na parte anterior da vagina que impedem a relação sexual ou interferem nela); ocorrem em mulheres.

Causas

Contribuições psicológicas
- Distração
- Excitação subestimada
- Processos de pensamento negativos

Interações físicas e psicológicas
- Uma combinação de influências está quase sempre presente
  - Predisposição biológica específica e fatores psicológicos podem gerar um transtorno em particular

Contribuições socioculturais
- Erotofobia causada pelas experiências formativas de sinais sexuais como alarmantes
- Experiências negativas, como estupro
- Deterioração do relacionamento

Contribuições biológicas
- Problemas neurológicos ou outros problemas do sistema nervoso
- Doença vascular
- Doença crônica
- Medicação prescrita
- Drogas de abuso, incluindo álcool

Tratamento

- Psicossocial: programa terapêutico para facilitar a comunicação, aperfeiçoar a educação sexual e eliminar a ansiedade. Ambos os parceiros participam integralmente.
- Médico: quase todas as intervenções se concentram no transtorno erétil no homem, incluindo medicamentos, próteses e cirurgia. O tratamento médico é combinado com educação, terapia sexual e terapia para alcançar benefício máximo.

11 Transtornos relacionados a substâncias, transtornos aditivos e transtornos do controle de impulsos

RESUMO DO CAPÍTULO

Perspectivas sobre transtornos relacionados a substâncias e transtornos aditivos
 Níveis de envolvimento
 Temas relativos ao diagnóstico

Depressores
 Transtornos relacionados ao álcool
 Transtornos relacionados a sedativos, hipnóticos e ansiolíticos

Estimulantes
 Transtornos relacionados a estimulantes
 Transtornos relacionados ao tabaco
 Transtornos relacionados à cafeína

Transtornos relacionados a opioides

Transtornos relacionados a *cannabis*

Transtornos relacionados a alucinógenos

Outras drogas de abuso

Causas dos transtornos relacionados à dependência de substâncias
 Aspectos biológicos
 Aspectos psicológicos
 Aspectos cognitivos
 Aspectos sociais
 Aspectos culturais
 Modelo integrador

Tratamento dos transtornos relacionados a substâncias
 Tratamentos biológicos
 Tratamentos psicossociais
 Prevenção

Transtorno do jogo

Transtornos do controle de impulsos
 Transtorno explosivo intermitente
 Cleptomania
 Piromania

Resultados finais de assimilação do conteúdo pelo aluno*

- **Utilizar o raciocínio científico para interpretar o comportamento:**

- **Pensar de forma inovadora e integrativa e participar da resolução de problemas:**

- **Descrever aplicações que empregam a resolução de problemas com base na disciplina:**

- Identificar os componentes biológicos, psicológicos e sociais básicos das explicações comportamentais (por exemplo: inferências, observações, definições operacionais e interpretações) [APA SLO 2.1a]

- Descrever problemas de forma operacional para estudá-los empiricamente [APA SLO 2.3a]

- Identificar corretamente antecedentes e consequências do comportamento e processos mentais [APA SLO 5.3c] Descrever exemplos de aplicações relevantes e práticas de princípios psicológicos na vida diária [APA SLO 1.3c]

* Partes deste capítulo tratam dos aprendizados sugeridos pela American Psychological Association (2013), inclusos nas diretrizes para bacharéis em Psicologia. O escopo do capítulo concernente aos resultados está identificado acima pela APA Goal e pela APA Suggested Learning Outcome (SLO).[1]

Você se surpreenderia ao saber que um grupo de transtornos psicológicos custa aos cidadãos dos Estados Unidos centenas de bilhões de dólares a cada ano, mata 500 mil norte-americanos anualmente e seus efeitos se refletem na criminalidade, na condição dos sem-teto e na violência das gangues? E ficaria mais surpreso ao saber que a maioria de nós, em algum momento da vida, comportou-se de modo característico a esses transtornos? Você não deveria ficar surpreso. Fumar cigarros, ingerir bebidas alcoólicas e usar drogas ilegais são todos relacionados a esses transtornos e são responsáveis por gastos financeiros astronômicos e pela perda trágica de centenas de milhares de vidas humanas a cada ano. Neste capítulo, exploraremos os **transtornos relacionados a substâncias e transtornos aditivos**, que estão associados ao abuso de drogas e outras substâncias utilizadas pelas pessoas para alterar seu modo de pensar, sentir e se comportar. Adicionalmente, o mais novo transtorno incluído na categoria do *DSM-5* – transtorno do jogo – também estará presente em nossas discussões. Esses transtornos representam um problema que nos aflige há milênios e continuam a afetar a maneira como vivemos, trabalhamos e nos divertimos.

Igualmente disruptivos para as pessoas afetadas, os **transtornos do controle de impulsos** representam alguns problemas relacionados que envolvem a incapacidade de resistir à ação com base em uma vontade ou tentação. Inclusos neste grupo estão aqueles que não conseguem resistir a impulsos agressivos ou desejos incontroláveis de roubar, por exemplo, ou atear fogo. Os transtornos relacionados a substâncias e os do controle de impulsos estão cercados de controvérsias, pois nossa sociedade acredita, algumas vezes, que esses problemas resultam de falta de "vontade" da pessoa afetada. Se a pessoa quisesse parar de beber, de usar cocaína ou de jogar, simplesmente ela o faria. Em um primeiro momento, examinaremos os indivíduos prejudicados pelo consumo de sustâncias químicas (transtornos relacionados a substâncias) ou seus comportamentos de dependência (transtorno do jogo). Em seguida,

voltaremos nossa atenção ao confuso leque de transtornos classificados como transtornos do controle de impulsos.

Perspectivas sobre transtornos relacionados a substâncias e transtornos aditivos

O custo em relação a vidas, dinheiro e perturbação emocional fez da questão do abuso de drogas uma preocupação mundial. Atualmente, acredita-se que cerca de 9,7% da população geral (com 12 anos ou mais) utilize drogas ilícitas (Substance Abuse and Mental Health Services Administration [SAMHSA], 2013). Muitos dos presidentes dos Estados Unidos já declararam "guerra às drogas", porém o problema permanece. Em 1992, a Igreja Católica Romana, em uma orientação universal, declarou oficialmente que abusar de drogas e dirigir embriagado eram pecados (Riding, 1992). No entanto, desde as mortes relacionadas às drogas de estrelas do rock como Jimi Hendrix e Janis Joplin em 1970, e de celebridades contemporâneas como Michael Jackson, Whitney Houston e Amy Winehouse, o uso de drogas continua a impactar negativamente a vida de muitos. E histórias como essas não incluem somente os ricos e famosos, mas também são recontadas em cada esquina da nossa sociedade.

Como vimos, um número significativo de indivíduos regularmente usa drogas ilícitas e abusa de drogas prescritas. Considere o caso de Danny, que tem o perturbardor, mas comum, **transtorno por uso de álcool** e vários transtornos por uso de substância.

DANNY ... **Transtornos por uso de substâncias comórbidas**

Danny, aos 43 anos, estava preso à espera de julgamento por acusações de homicídio ao dirigir sob efeito de substância (DUI – Drive Under Influence) e causar um acidente que levou à morte uma mulher. A história de

---

[1] NTT da tradução da 8ª edição norte-americana: no Brasil, as chamadas diretrizes curriculares nacionais (DCN) para a graduação em Psicologia são instituídas via MEC (Ministério da Educação) e Conselho Federal de Psicologia (CFP).

Danny ilustra o padrão de vida que caracteriza o comportamento de muitas pessoas que sofrem de transtornos relacionados a substâncias.

Danny cresceu nos subúrbios dos Estados Unidos e era o mais novo de três irmãos. Tinha um desempenho bom na escola e era bem quisto. Assim como muitos de seus amigos, fumava cigarro na adolescência e bebia cerveja com amigos à noite atrás do colégio que frequentava. Diferentemente da maioria de seus amigos, contudo, Danny quase sempre bebia até ficar evidentemente bêbado; também experimentou muitas outras drogas como cocaína, heroína, anfetaminas e barbitúricos.

Após o ensino médio, Danny frequentou a faculdade da comunidade local por um semestre, mas desistiu após ter sido reprovado na maioria das disciplinas. Seu péssimo desempenho escolar parecia estar relacionado mais às faltas excessivas nas aulas do que à incapacidade de aprender e entender as matérias. Ele tinha dificuldade de acordar para ir às aulas depois de passar quase toda a noite festejando, o que fazia com frequência. Seu humor variava muito e ele era, com frequência, uma pessoa desagradável. A família de Danny sabia que ele ocasionalmente bebia muito, mas não sabia (ou não queria saber) que ele usava outras drogas. Depois que sua mãe achou pequenos embrulhos de um pó branco (provavelmente cocaína) em sua gaveta de meias, ele proibiu por anos que alguém entrasse em seu quarto. Dizia que estava guardando aquilo para um amigo que logo voltaria para buscar. Ele ficara furioso ao pensar que sua família suspeitava que usava drogas. Muitas vezes quantias de dinheiro sumiam de casa e, certa vez, um aparelho de som "desapareceu", mas se a família suspeitou de Danny, nunca admitiu. Danny mantinha empregos de baixa remuneração; e quando estava trabalhando, sua família acreditava firmemente que ele havia entrado na linha e que as coisas melhorariam. Infelizmente, ele raramente se mantinha em um emprego por mais de alguns meses. O dinheiro que ganhava usualmente era convertido em drogas, e ele geralmente era demitido do emprego por mau desempenho ou faltas frequentes. Como morava na casa dos pais, Danny conseguia se manter apesar dos períodos de desemprego. Aos 20 anos, ele fez uma revelação pessoal importante. Anunciou que precisava de ajuda e que planejava ir para uma clínica de reabilitação para pessoas com transtorno por uso de álcool; mas ainda não admitia que usava outras drogas. Essa revelação foi uma alegria e alívio para a família, não havendo questionamentos quando ele pediu milhares de dólares para pagar a instituição que ele queria frequentar. Danny desapareceu por várias semanas, presumindo-se que estava no programa de reabilitação. Entretanto, uma chamada da polícia local acabou com esta fantasia da família: Danny havia sido encontrado bastante "alto" vivendo em um prédio abandonado. Como na maioria desses incidentes, nós nunca sabemos o que aconteceu em detalhes, mas aparentemente Danny gastou o dinheiro da família em drogas e passou três semanas na farra com amigos. A atitude de má-fé de Danny e sua irresponsabilidade financeira acabou prejudicando o relacionamento com sua família. Deixaram-no continuar morando na casa da família, mas foi excluído da vida emocional de seus pais e irmãos. Após isso acontecer, Danny parecia ter endireitado e conseguiu um emprego em um posto de gasolina, onde permaneceu por quase dois anos. Ele tornou-se amigo do dono do posto e do seu filho, e frequentemente saía com eles para caçar durante a temporada. Sem nenhuma razão aparente, Danny voltou a beber e a usar drogas e foi preso roubando o próprio lugar que o havia empregado.

Embora tenha recebido liberdade condicional sob a promessa de fazer um tratamento contra uso de drogas, o padrão continuou. Anos depois, enquanto dirigia sob efeito de múltiplas substâncias, ele colidiu com um carro e a motorista do outro carro, de 28 anos, morreu.

Por que o uso de drogas de Danny tornou-se tão problemático quando o uso feito por muitos dos seus amigos e irmãos não se tornou? Por que ele roubou sua família e amigos? O que, em última análise, foi feito dele? Retornaremos à história frustrante de Danny quando entrarmos na questão das causas e tratamentos de transtornos relacionados a substâncias.

Níveis de envolvimento

Embora cada droga descrita neste capítulo tenha efeitos peculiares, existem semelhanças na maneira como são usadas e como os indivíduos que delas abusam são tratados. Inicialmente, apresentaremos alguns conceitos que se aplicam a transtornos relacionados a substâncias em geral, observando importantes terminologias e abordando diversas questões diagnósticas.

Você pode usar drogas sem preencher os critérios para um transtorno? Você pode usar drogas e não se tornar adicto a elas? Para responder a essas importantes perguntas, primeiro precisamos esboçar o que entendemos por *uso de substância, intoxicação por substância, transtorno por uso de substâncias, adicção/dependência a substâncias*. O termo substância refere-se a compostos químicos que são ingeridos para alterar o humor ou o comportamento. **Substâncias psicoativas** alteram o humor, o comportamento ou ambos. Ainda que, quando se fala em drogas, pensemos em cocaína e heroína, essa definição também inclui as drogas lícitas mais comuns, como o álcool, a nicotina encontrada no tabaco e a cafeína encontrada no café, em refrigerantes e no chocolate. Como se pode perceber, essas tão chamadas drogas "seguras" afetam o humor e o comportamento, podem viciar e são responsáveis por mais problemas de saúde e maior índice de mortalidade que a combinação de todas as drogas ilegais. Essas questões poderiam ser um bom argumento para aderir a uma campanha contra drogas ou tabagismo (uso de nicotina) devido às suas propriedades e consequências negativas à saúde.

Uso de substâncias

Uso de substância é a ingestão de substâncias psicoativas em quantidades moderadas que não interferem significativamente no funcionamento social, educacional ou ocupacional. A maio-

▲ A modelo Kate Moss foi fotografada em 2005 preparando e cheirando cocaína. Há uma preocupação crescente de que o uso de drogas ilegais por celebridades glamouriza o uso de drogas sem mostrar os efeitos negativos.

ria dos que estão lendo este capítulo provavelmente usa algum tipo de substância psicoativa ocasionalmente. Beber uma xícara de café de manhã para despertar ou fumar um cigarro e tomar um drinque com um amigo para relaxar são exemplos do uso de substâncias, assim como a ingestão ocasional de drogas ilegais como *cannabis*, cocaína, anfetaminas ou barbitúricos.

Intoxicação

A reação fisiológica à ingestão de substâncias – estado de embriaguez ou alteração no nível de consciência (ficar "alto") – é **intoxicação por substância**. Para uma pessoa ficar intoxicada, muitas variáveis interagem, incluindo o tipo de droga usada, a quantidade e a reação biológica individual. Como no caso de muitas das substâncias discutidas neste capítulo, a intoxicação é experimentada como julgamento *debilitado*, alterações de humor e redução da capacidade motora (por exemplo, dificuldade para andar ou falar).

Transtornos por uso de substâncias

Definir os **transtornos por uso de substâncias** pela quantidade ingerida é uma questão problemática. Por exemplo, beber duas taças de vinho em uma hora caracteriza-se como abuso? Três taças? Seis? Injetar uma dose de heroína é considerado abuso? A quinta edição do *Manual Diagnóstico e Estatístico de Transtornos Mentais (DSM-5)* da American Psychiatric Association (2013) define o abuso de substância em termos do quão significativamente ela interfere na vida do usuário. Se as substâncias prejudicam sua educação, trabalho ou relaciona-

mentos com outras pessoas e o colocam em situações de risco físico (por exemplo, enquanto dirige), então pode-se considerar este usuário um dependente químico. Algumas evidências sugerem que o uso de drogas pode prever consequências negativas no campo do trabalho e emprego. Em um estudo, pesquisadores controlaram fatores como interesses educacionais e outros comportamentos problemáticos e descobriram que o uso intenso e repetitivo de droga (uso de uma ou mais das seguintes: anfetaminas, barbitúricos, crack, cocaína, PCP, LSD e outros psicodélicos, metanfetamina, inalantes, heroína e outros narcóticos) prevê prejuízos na carreira após a faculdade (Arria et al., 2013).

Danny parece se enquadrar nessa definição de transtorno. Sua incapacidade de concluir um semestre na faculdade foi resultado direto do uso de drogas. Ele frequentemente dirigia embriagado ou sob o efeito de drogas e já havia sido preso duas vezes. No caso de Danny, o uso de diversas substâncias era tão implacável e generalizado que ele provavelmente seria diagnosticado com formas graves dos transtornos.

O transtorno de uso de substâncias é usualmente chamado adição. Embora usemos o termo *adição* rotineiramente quando descrevemos pessoas que parecem estar sob controle de drogas, há certa divergência sobre como definir adição (Rehm et al., 2013; Edwards, 2012). Para que seja considerado um transtorno, uma pessoa deve atender aos critérios de pelo menos dois sintomas no último ano, com os sintomas interferindo em sua vida e/ou incomodando-a muito. Quando a pessoa tem quatro ou cinco sintomas, considera-se na faixa moderada do transtorno. Um transtorno por uso de substâncias grave seria alguém como Danny, que apresenta seis ou mais sintomas. Os sintomas do transtorno por uso de substâncias podem incluir uma **dependência fisiológica** à droga, ou drogas, que leva ao uso de quantidades cada vez maiores da substância para sentir o mesmo efeito (**tolerância**) e uma resposta negativa física quando a droga não é mais consumida (**abstinência**) (Higgins, Sigmon e Heil, 2014). Tolerância e abstinência são reações fisiológicas às substâncias químicas consumidas. Você já teve uma dor de cabeça quando não tomou seu café pela manhã? Provavelmente estava sob o efeito da abstinência de cafeína. Em um exemplo mais extremo, a abstinência de álcool pode causar *delirium* no qual a pessoa pode ter alucinações assustadoras e tremores no corpo (uma condição que será descri-

▲ Uso de substâncias.

▲ Intoxicação.

ta posteriormente neste capítulo). A abstinência de muitas substâncias pode produzir calafrios, febre, diarreia, náusea e vômito, mal-estar e dores. No entanto, nem todas as substâncias viciam fisiologicamente. Por exemplo, a pessoa não está sujeita a consequências físicas graves quando interrompe o uso de LSD. A abstinência de cocaína tem um padrão que inclui ansiedade, alterações de sono, falta de motivação e tédio (*DSM-5*; American Psychiatric Association, 2013), e a abstinência de *cannabis* consiste em sintomas como irritabilidade, nervosismo, alteração no apetite e distúrbio do sono (*DMS-5*). Retornaremos às formas como as drogas agem no organismo quando examinarmos as causas do abuso e da adição.

Outros sintomas que compõem um transtorno por uso de substância incluem "comportamentos de busca pela droga". O uso repetido de uma droga, a necessidade desesperada de ingerir maior quantidade da substância (furtar dinheiro para comprar drogas, permanecer ao ar livre no frio para fumar) e a possibilidade de que o uso será retomado após um período de abstinência são comportamentos que definem a extensão do transtorno por uso de substâncias. Essas reações comportamentais são diferentes das respostas fisiológicas às drogas que descrevemos anteriormente e, algumas vezes, são referidas como dependência psicológica. A versão anterior do *DSM* considerava o abuso de substâncias e a **dependência de substâncias** como diagnósticos distintos. O *DSM-5* combina as duas em uma definição geral de transtornos relacionados a substâncias, com base nas pesquisas que indicam que as duas ocorrem simultaneamente (American Psychiatric Association, 2013; Dawson, Goldstein e Grant, 2012; O'Brien, 2011).

Vamos voltar às perguntas iniciais: "Será que podemos usar drogas e não abusarmos delas?" e "Será que podemos abusar de drogas sem nos tornarmos viciados?" A resposta para a primeira pergunta é sim. Algumas pessoas bebem vinho e cerveja regularmente sem consumação em excesso. Contrariando a crença popular, algumas pessoas usam drogas, tais como heroína, cocaína ou crack (uma forma de cocaína), ocasionalmente (por exemplo, várias vezes no ano) sem que isso caracterize abuso (Ray, 2012). O que é perturbador é que não sabemos de antemão quem poderia estar propenso a perder o controle e abusar dessas drogas e quem é suscetível a se tornar um dependente apenas fazendo uso uma única vez de uma substância.

Parece contraintuitivo, mas pode haver dependência sem abuso. Por exemplo, pacientes com câncer que tomam morfina para dor podem tornar-se dependentes da droga – criar tolerância e passar pela abstinência se o uso for interrompido – sem que tenham feito uso abusivo da droga (Flemming, 2010; Portenoy e Mathur, 2009). Posteriormente, discutiremos as teorias biológicas e psicológicas das causas dos transtornos relacionados a substâncias e por que temos reações individualizadas em relação a essas substâncias.

Temas relativos ao diagnóstico

Nas primeiras edições do *DSM*, alcoolismo e abuso de drogas não eram considerados transtornos distintos. Em vez disso, eram categorizados como "distúrbios da personalidade sociopática" – um precursor do atual *transtorno da personalidade antissocial* (a ser discutido no Capítulo 12), uma vez que o uso de substâncias era visto como sintoma de outros problemas. Era considerado sinal de fraqueza moral e as influências da genética e da biologia dificilmente eram reconhecidas. Uma categoria separada foi criada para transtornos por **abuso de substâncias** no *DSM-III*, e, desde então, tem-se reconhecido a complexa natureza biológica e psicológica do problema.

O termo *transtornos relacionados a substâncias* do *DSM-5* inclui 11 sintomas que variam de relativamente leve (por exemplo, uso de substância que resulta em fracasso em concretizar as principais obrigações pessoais e sociais) a mais grave (por

▲ Abuso de substância.

exemplo, desistência ou redução das atividades ocupacionais e recreacionais em virtude do uso de substâncias). O *DSM-5* removeu o sintoma prévio que vinculava problemas legais relacionados ao uso de substâncias e adicionou um sintoma que indica a ocorrência de fissura ou forte desejo de usar a substância (Dawson et al., 2012). Essas distinções auxiliam a esclarecer o problema e focar o tratamento no aspecto mais apropriado do transtorno. Danny se enquadraria no transtorno grave de uso de cocaína devido à tolerância por ele apresentada perante a droga, ao uso em quantidades superiores às pretendidas, às tentativas fracassadas de interromper o uso e às atividades das quais ele abriu mão para comprar a droga. Seu padrão de uso era mais generalizado do que simples abuso, e o diagnóstico propiciou um quadro nítido quanto à necessidade de ajuda.

Os sintomas de outros transtornos podem complicar de maneira significativa o quadro de transtorno por uso de substância. A pergunta que se faz é: algumas pessoas usam drogas em excesso porque estão depressivas ou o uso da droga e suas consequências (por exemplo, perda de amigos e emprego) causam a depressão? Pesquisadores estimam que quase três quartos das pessoas em centros de tratamento para adições têm algum transtorno psiquiátrico associado, sendo os transtornos do humor (como depressão) observados em mais de 40% das pessoas e os de ansiedade, bem como estresse pós-traumático, observados em 25% dos casos (Dawson et al., 2012; Lieb, 2015).

O uso de substância pode ocorrer concomitantemente a outros transtornos por diversas razões. Transtornos relacionados a substâncias, ansiedade e transtornos do humor são altamente predominantes em nossa sociedade e podem ocorrer ao mesmo tempo, muitas vezes apenas por acaso. A intoxicação por droga e a abstinência podem causar sintomas de ansiedade, depressão e psicose. Transtornos como a esquizofrenia e transtorno da personalidade antissocial são fortemente associados a um problema secundário de uso de substância.

Visto que os transtornos relacionados a substâncias podem ser por demais complicados, o *DSM-5* tenta definir quando um sintoma é ou não resultado do uso de substâncias. Basicamente, quando sintomas evidentes em esquizofrenia ou em estados extremos de ansiedade aparecem durante uma intoxicação ou no período de seis semanas após a abstinência não são considerados sinais de um transtorno psiquiátrico isolado. Então, por exemplo, indivíduos que mostram sinais de depressão grave logo após terem parado de tomar doses pesadas de estimulantes não seriam diagnosticados com um transtorno do humor maior. Entretanto, aqueles que apresentaram quadro de depressão grave antes de terem usado estimulantes e aqueles que tiveram sintomas persistentes por mais de seis semanas depois de pararem com a droga podem ter um transtorno isolado (Sheperis, Lionetti e Snook, 2015).

Voltaremos nossa atenção às substâncias em si, os efeitos que causam em nosso cérebro e demais partes do corpo e como são utilizadas em nossa sociedade. Agrupamos as substâncias em seis categorias gerais.

- **Depressores**: essas substâncias resultam em sedação comportamental e podem induzir ao relaxamento. Incluem o álcool (álcool etílico) e os medicamentos de ordem sedativa e hipnótica da família dos barbitúricos (por exemplo,

Seconal) e benzodiazepinas (por exemplo, Valium, Frontal ou Apraz).

- **Estimulantes**: essas substâncias deixam as pessoas mais ativas e alertas e melhoram o humor. Nesse grupo estão as anfetaminas, a cocaína, a nicotina e a cafeína.
- **Opioides**: o principal efeito dessas substâncias é produzir analgesia (redução da dor) temporária e euforia. Heroína, ópio, codeína e morfina fazem parte deste grupo.
- **Alucinógenos**: essas substâncias alteram a percepção sensorial e podem produzir ilusões, paranoia e alucinações. *Cannabis* e LSD fazem parte desta categoria.
- **Outras drogas de abuso**: outras substâncias que não se enquadram nas categorias anteriores incluem inalantes (por exemplo, "cola de sapateiro"), esteroides anabolizantes e outros incontáveis medicamentos vendidos com e sem receita médica (por exemplo, óxido nitroso). Essas substâncias produzem uma variedade de efeitos psicoativos característicos das substâncias descritas nas categorias previamente citadas.
- **Transtorno do jogo**: assim como com a ingestão das substâncias supracitadas, os indivíduos que apresentam esse transtorno são incapazes de resistir à vontade de jogar que, por sua vez, resulta em consequências pessoais negativas (como divórcio e perda de emprego).

Depressores

Depressores, em princípio, *reduzem* a atividade do sistema nervoso central. Seu efeito principal consiste em diminuir os níveis de excitação fisiológica e ajudar no relaxamento. Fazem parte desse grupo o álcool e os medicamentos sedativos, hipnóticos e ansiolíticos, como os prescritos para insônia (ver Capítulo 8). Essas substâncias estão entre aquelas que mais provavelmente produzem sintomas de dependência física, tolerância e abstinência. Observaremos primeiro a substância mais comumente usada – **álcool** – e os **transtornos relacionados ao álcool** que podem surgir.

Transtornos relacionados ao álcool

O abuso de substância por Danny começou quando ele bebia com os amigos, um ritual de passagem para muitos adolescentes. O álcool tem sido amplamente usado ao longo da história. Por exemplo, os cientistas encontraram evidência de vinho ou cerveja em jarros de cerâmica no local de um mercado de troca da Suméria, no oeste do Irã, e na Geórgia que datam de 7 mil anos (McGovern, 2007). Por centenas de anos, os europeus beberam grandes quantidades de cerveja, vinho e bebidas destiladas. Quando chegaram à América do Norte no início de 1600, trouxeram consigo o costume de consumir álcool. Nos Estados Unidos, durante o início de 1800, o consumo de álcool (principalmente uísque) era de mais de 26.498 litros (sete galões), a cada ano, por pessoa maior de 15 anos. Esse volume é três vezes maior do que a taxa atual de uso de álcool nos Estados Unidos (Smith, 2008; Rorabaugh, 1991).

O álcool é produzido quando certas leveduras reagem com açúcar e água e causam a *fermentação*. No decorrer da história, temos sido muito criativos na produção de álcool a partir da fermentação fazendo uso de qualquer fruta ou vegetal, em par-

422 PSICOPATOLOGIA

TABELA 11.1 Critérios diagnósticos para transtorno por uso de álcool

A. Um padrão problemático de uso de álcool, levando a comprometimento ou sofrimento clinicamente significativos, manifestado por pelo menos dois dos seguintes critérios, ocorrendo durante um período de 12 meses:
   1. Álcool é frequentemente consumido em maiores quantidades ou por um período mais longo do que o pretendido.
   2. Existe um desejo persistente ou esforços malsucedidos no sentido de reduzir ou controlar o uso de álcool.
   3. Muito tempo é gasto em atividades necessárias para a obtenção de álcool, na sua utilização ou na recuperação de seus efeitos.
   4. Fissura ou um forte desejo ou necessidade de usar álcool.
   5. Uso recorrente de álcool, resultando no fracasso em desempenhar papéis importantes no trabalho, na escola ou em casa.
   6. Uso continuado de álcool, apesar de problemas sociais ou interpessoais persistentes ou recorrentes causados ou exacerbados por seus efeitos.
   7. Importantes atividades sociais, profissionais ou recreacionais são abandonadas ou reduzidas em virtude do uso de álcool.
   8. Uso recorrente de álcool em situações nas quais isso representa perigo para a integridade física.
   9. O uso de álcool é mantido apesar da consciência de ter um problema físico ou psicológico persistente ou recorrente que tende a ser causado ou exacerbado pelo álcool.
   10. Tolerância, definida por qualquer um dos seguintes aspectos:
       a. Necessidade de quantidades progressivamente maiores de álcool para alcançar a intoxicação ou o efeito desejado.
       b. Efeito acentuadamente menor com o uso continuado da mesma quantidade de álcool.
   11. Abstinência, manifestada por qualquer um dos seguintes aspectos:
       a. Síndrome de abstinência característica de álcool (critérios A e B do conjunto de critérios para abstinência de álcool).
       b. Álcool (ou uma substância estreitamente relacionada, como benzodiazepínicos) é consumido para aliviar ou evitar os sintomas de abstinência.

Especificar gravidade atual:
Leve: Presença de 2 a 3 sintomas
Moderada: Presença de 4 a 5 sintomas
Grave: Presença de 6 ou mais sintomas

Fonte: Manual Diagnóstico e Estatístico de Transtornos Mentais, 5a ed. – DSM-5. Tab. 11.1. Artmed, Porto Alegre, 2014.

---

te porque muitos alimentos contêm açúcar. Os tipos de bebidas alcoólicas incluem: hidromel, à base de mel; saquê, produzido a partir da fermentação do arroz; vinho de palma, obtido a partir da fermentação da seiva de várias espécies de palmeira; mezcal e pulque, provenientes do suco fermentado do agave ou *magueys* – como a planta é conhecida no seu local de origem e que não é um cacto, como já se acreditou, mas sim um agave –, e "cactus" mexicanos (ou, corretamente falando, dos agaves); licor de xarope de bordo; licor das frutas das matas sul-americanas; vinho produzido a partir da uva e cerveja produzida a partir de grãos (Lazare, 1989).

Descrição clínica

Estimulação aparente é o efeito inicial do álcool, embora se trate de um depressor. Geralmente experimentamos uma sensação de bem-estar, ficamos desinibidos e mais eufóricos. Isso acontece porque os centros inibitórios do cérebro são a princípio deprimidos – ou desacelerados. Entretanto, quando continuamos a beber, o álcool deprime mais áreas do cérebro, o que impede a funcionalidade adequada. A coordenação motora fica prejudicada (fala arrastada e mal articulada, embaraçada), o tempo de reação fica moroso, ficamos confusos, nossa habilidade de fazer julgamentos é reduzida e até mesmo a visão e a audição podem ser negativamente afetadas; tudo isso ajuda a explicar por que dirigir sob efeito do álcool é nitidamente perigoso.

Efeitos

O álcool afeta muitas partes do corpo (ver Figura 11.1). Depois que é ingerido, passa pelo esôfago (1 na Figura 11.1) e entra no estômago (2), onde pequenas quantidades são absorvidas. Dali, a maior parte vai para o intestino delgado (3), onde é facilmente absorvida pela corrente sanguínea. O sistema circulatório distribui o álcool por todo o corpo, fazendo que entre em contato com todos os órgãos principais, inclusive o coração (4). Parte desse álcool vai para os pulmões, onde evapora e é exalado, um fenômeno básico para o *teste do bafômetro* que mensura os níveis de intoxicação. Ao passar pelo fígado (5), o álcool é quebrado ou metabolizado em dióxido de carbono e água pelas enzimas (Maher, 1997). A Figura 11.2 ilustra quanto tempo se leva para metabolizar até quatro doses da substância. As linhas pontilhadas mostram em que momento a habilidade de dirigir fica prejudicada (Abuse and Mental Health Services Administration, 1997).

A maioria das substâncias descritas neste capítulo, incluindo *cannabis*, opioides e depressores, interage com receptores específicos das células cerebrais. Os efeitos do álcool, contudo, são mais complexos. O álcool influencia uma série de sistemas neurotransmissores, o que torna a investigação difícil (Ray, 2012). Por exemplo, o sistema ácido *gama-aminobutírico* (GABA), discutido nos capítulos 2 e 5, parece ser particularmente sensível ao álcool. O GABA, como se sabe, é um neurotransmissor

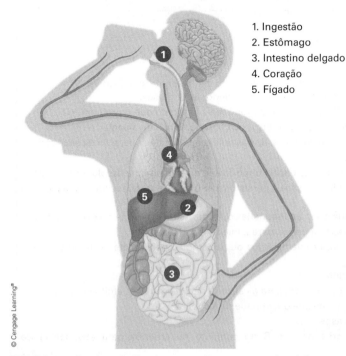

FIGURA 11.1 O trajeto do álcool no corpo (ver texto para descrição completa).

1. Ingestão
2. Estômago
3. Intestino delgado
4. Coração
5. Fígado

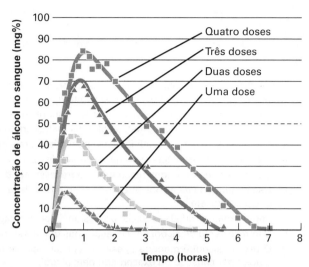

FIGURA 11.2 Concentração de álcool no sangue após um rápido consumo de diferentes quantidades de álcool por oito adultos do sexo masculino, em jejum. 100 mg% é um nível permitido por lei de intoxicação na maioria dos estados. 50 mg% é o nível em que a deterioração das habilidades de dirigir começa (Fonte: National Institute on Alcohol Abuse and Alcoholism. (1997). *Alcohol Alert: Alcohol-Metabolism*, n. 35, PH 371. Bethesda, MD: Author.)

inibitório. Seu principal papel é interferir no disparo do neurônio ao qual ele se liga. Como o sistema do GABA parece afetar o sentimento de ansiedade, as propriedades ansiolíticas do álcool podem resultar de sua interação com o sistema GABA. Além disso, quando o GABA se liga ao seu receptor, os íons cloreto entram na célula e a tornam menos sensível aos efeitos de outros neurotransmissores. O álcool parece reforçar o movimento desses íons cloreto; como resultado, os neurônios têm dificuldade para disparar. Em outras palavras, embora o álcool pareça soltar nossas línguas e nos tornar mais sociáveis, ele dificulta a comunicação entre os neurônios (Joslyn et al., 2010). Por exemplo, existem algumas evidências de pesquisas genéticas (discutidas mais adiante) de que os genes responsáveis pela comunicação entre neurônios também podem ser responsáveis por diferenças individuais na resposta ao álcool.

Estudos em andamento investigam qual a função do *sistema glutamatérgico* nos efeitos do álcool. Ao contrário do GABA, o glutamato é excitatório, ajudando no disparo dos neurônios. Suspeita-se que exista implicação na memória e na aprendizagem, podendo ser esta a via pela qual o álcool afeta nossas habilidades cognitivas. "*Blackouts*" (apagões), ou seja, a perda de memória sobre o que acontece durante a intoxicação, podem resultar da interação do álcool com o sistema glutamatérgico. O sistema de serotonina também parece ser sensível ao álcool. Este neurotransmissor afeta o humor, o sono, o apetite e os hábitos alimentares. Acredita-se que seja responsável pelo anseio por álcool (Sari, Johnson e Weedman, 2011; Strain, 2009). Uma vez que o álcool afeta tantos sistemas neurotransmissores, não é de surpreender que seus efeitos sejam complexos e generalizados.

Os efeitos a longo prazo do consumo excessivo de álcool são com frequência muito severos. A abstinência do uso crônico de álcool tipicamente inclui tremores nas mãos e, durante

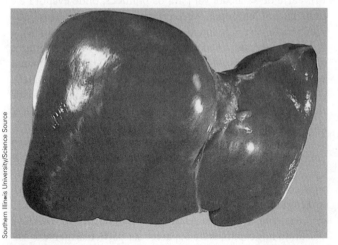
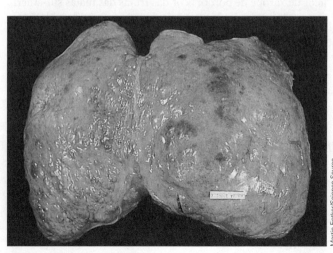

▲ Um fígado saudável (esquerda) e um fígado cirrótico cicatrizado após anos de abuso de álcool (direita).

> **Transtorno relacionado à substância: Tim**
>
> "Quando eu bebo, não me importo com nada, desde que esteja bebendo. Nada me incomoda. O mundo não me incomoda. E quando eu não estou bebendo, os problemas voltam, aí você bebe de novo. Os problemas sempre estarão lá. Você simplesmente não os percebe quando está bebendo. É por isso que as pessoas tendem a beber muito."

muitas horas, náusea ou vômito, ansiedade, alucinações transitórias, agitação, insônia e, em casos mais extremos, *delirium de abstinência* (ou *delirium tremens* do latim, que significa "delírio trêmulo" – **DTs**), uma condição que pode produzir alucinações assustadoras e tremores no corpo. A experiência devastadora do *delirium tremens* pode ser reduzida com tratamento medicamentoso adequado (Schuckit, 20014b).

A possibilidade de o álcool causar lesão orgânica depende da vulnerabilidade genética, da frequência do consumo, da duração do alto consumo episódico, dos níveis de álcool no sangue durante os períodos de ingestão e de o organismo ter tempo de se recuperar entre um alto consumo episódico e outro. As consequências do consumo excessivo de álcool no longo prazo incluem doença no fígado, pancreatite, doenças cardiovasculares e lesão cerebral.

Parte do folclore que envolve o álcool diz que ele destrói permanentemente as células do cérebro (neurônios). Veremos posteriormente que isso pode não ser verdade. Algumas indicações de lesão cerebral surgem das experiências de dependentes do álcool que apresentam lapsos de memória, convulsões e alucinações. A memória e a capacidade para realizar certas tarefas também podem ser afetadas. Mais seriamente, dois tipos de síndromes cerebrais orgânicas podem resultar do uso excessivo do álcool em longo prazo: demência e **síndrome de Wernicke-Korsakoff**. *Demência* (ou *transtorno neurocognitivo*), que discutiremos mais detalhadamente no Capítulo 15, envolve a perda geral de habilidades intelectuais e pode ser resultado direto de neurotoxicidade ou "envenenamento cerebral" pela quantidade excessiva de álcool (Ridley, Draper e Withall, 2013). A *Síndrome de Wernicke-Korsakoff* caracteriza-se por confusão, perda de coordenação muscular e fala ininteligível (Isenberg-Grzeda, Kutner e Nicolson, 2012); acredita-se ser causada pela deficiência de tiamina, vitamina mal metabolizada pelos alcoolistas. A demência causada por essa doença não tem cura, uma vez que o cérebro foi comprometido. É importante notar que a ingestão leve e moderada de álcool (especialmente vinho) pode ter um papel protetor contra a diminuição das funções cognitivas que ocorre com a idade (Panza et al., 2012).

Os efeitos do abuso de álcool estendem-se além da saúde e do bem-estar daqueles que o consomem. A **síndrome alcoólica fetal** (**SAF**) é reconhecida atualmente como a combinação de problemas que podem ocorrer em uma criança cuja mãe fez uso de álcool na gravidez. Esses problemas incluem retardo do crescimento fetal, déficit cognitivo, problemas comportamentais e dificuldades de aprendizagem (Douzgou et al., 2012). Além disso, crianças com SAF costumam apresentar traços faciais característicos.

Metabolizamos o álcool com a ajuda de uma enzima chamada **álcool desidrogenase (ADH)** (Schuckit, 2009b, 2014a). Três diferentes formas dessa enzima foram identificadas (beta-1, beta-2 e beta-3 ADH). De acordo com novas pesquisas, entre as crianças com SAF, a beta-3 ADH pode ser predominante. A beta-3 ADH também é encontrada mais comumente em afro-americanos. Essas duas descobertas sugerem que, além dos hábitos de consumo de álcool da mãe, a probabilidade de uma criança ter SAF depende da tendência genética para ter certas enzimas. Crianças de certos grupos étnicos podem ser, portanto, mais suscetíveis que outras à síndrome alcoólica fetal. Se essas pesquisas forem confirmadas, podemos identificar pais suscetíveis a gerar filhos com alto risco de desenvolvimento da SAF.

Estatísticas do uso e abuso

Pelo fato de o consumo de álcool ser legalizado nos Estados Unidos, conhecemos mais a respeito dele que de outras substâncias psicoativas que discutiremos neste capítulo (com a possível exceção da nicotina e da cafeína). Apesar de um histórico nacional de uso excessivo de álcool, a maioria dos adultos nos Estados Unidos declara beber pouco e/ou ser abstêmio. Por outro lado, cerca de metade de todos os norte-americanos

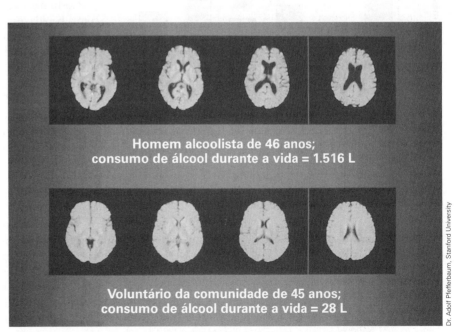

▲ As áreas escuras nas imagens do cérebro mostram a perda extensa de tecido cerebral causada pelo uso intenso do álcool.

maiores de 12 anos declarou consumir álcool, existindo distinções consideráveis entre pessoas de diferentes origens raciais e étnicas (ver Figura 11.3; SAMHSA, 2012). Os caucasianos declaram a maior frequência de consumo alcoólico (56,8%); o consumo é o mais baixo entre os asiáticos (40,0%).

Cerca de 63 milhões de norte-americanos (24,6%) com idade superior aos 18 anos relatam consumo excessivo de álcool (normalmente quatro ou mais doses para mulheres e cinco ou mais doses para homens ao longo de 2 horas) no último mês – uma estatística alarmante (SAMHSA, 2013). Novamente, há diferenças raciais, com asiáticos que relatam o menor nível de alto consumo episódico de álcool (12,4%) e caucasianos (24,0%) e hispânicos ou latinos (24,1%) relatando o mais alto. A idade também parece ser importante, dado que o pico de consumo de álcool ao longo da vida ocorre entre o início e o final da adolescência. Em pesquisas realizadas em 100 universidades e faculdades com cursos de 4 anos, em torno de 36% dos entrevistados disseram que haviam consumido álcool em excesso uma vez nas duas semanas anteriores (Johnston et al., 2012). Infelizmente, essa tendência de consumo excessivo de álcool parece ter aumentado em estudantes universitários, junto com mortes por dirigir embriagado e mortes relacionadas ao álcool (Whiteside et al., 2015). Os homens, no entanto, foram mais propensos a relatar diversos episódios de consumo excessivo no período de duas semanas (White e Hingson, 2014; Presley e Meilman, 1992). A mesma pesquisa observou que estudantes com notas médias A não consumiam mais que três doses por semana, enquanto estudantes com médias D e F consumiam em média 11 doses alcoólicas no mesmo período (Presley e Meilman, 1992). De modo geral, esses dados apontam a popularidade e a difusão da bebida em nossa sociedade (Donath et al., 2012).

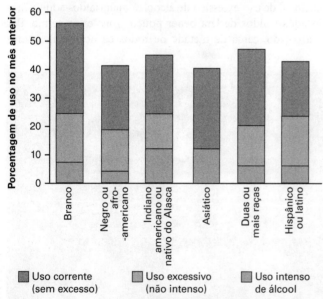

FIGURA 11.3 Uso de álcool nos grupos raciais. O alto consumo episódico de álcool é definido no limite de cinco ou mais doses numa ocasião, pelo menos uma vez por mês, e uso intenso de álcool é definido pela ocorrência de alto consumo episódico cinco dias da semana ou mais. (Fonte: Substance Abuse and Mental Health Services Administration, Office of Applied Studies. (2012). *Results from the 2011 National Survey on Drug Use and Health:* National Findings, NSDUH Series H-44, DHHS Publication n. (SMA) 12-4713. Rockville, MD: Author.)

Sabemos que nem todo mundo que bebe desenvolve um transtorno por uso de álcool. Os pesquisadores estimam, porém, que mais de 16,6 milhões de adultos com idade de 18 anos ou mais preenchem critérios para um transtorno por uso de álcool, e o mesmo se aplica para 697 mil adolescentes com idade entre 12 e 17 anos (SAMHSA, 2013). As taxas de prevalência ao longo da vida para transtornos por uso de álcool, o que significa que uma pessoa atendeu aos critérios para transtorno por uso de álcool em algum momento da sua vida, são maiores que 29% (Grant et al., 2015). Isso significa que uma em cada três pessoas preencherá critérios para transtorno por uso de álcool em algum momento de sua vida.

Fora dos Estados Unidos, as taxas de problemas e dependência do uso de álcool variam muito. A prevalência de transtornos por uso de álcool em 2004, mensurada pela Organização Mundial de Saúde, foi mais alta em países da Europa Oriental (por exemplo, na Rússia esteve próximo de 19% em 2004), seguida pela Colômbia com 13%, Coreia do Sul com 13,5% e Tailândia com 11%. A prevalência de transtornos por uso de álcool, em 2004, foi mais baixa no Norte da África (por exemplo, 0,05% na Líbia) e no Oriente Médio (por exemplo, 0,02% no Afeganistão) (World Health Organization, 2004). Tais diferenças culturais podem ser explicadas por diferentes atitudes em relação à bebida, a disponibilidade de álcool, reações fisiológicas e padrões e normas familiares.

Progressão

Lembre-se de que Danny passou por períodos de abuso de álcool e drogas, mas houve ocasiões em que permaneceu períodos sem consumir drogas. De modo similar, muitas pessoas que abusam de álcool ou são dependentes ficam entre beber em excesso, beber "socialmente" sem efeitos negativos e ser abstêmio (ficar sem beber) (McCrady, 2014). Parece que aproximadamente 20% das pessoas com dependência de álcool têm remissão espontânea (param de beber por vontade própria) e não voltam a ter problemas com bebida.

Costumava-se pensar que, uma vez surgindo problemas com a bebida, estes se tornariam piores, seguindo um padrão previsível de perdas crescentes se a pessoa continuasse bebendo (Sobell e Sobell, 1993). Em outras palavras, como qualquer doença que não é tratada de modo apropriado, o alcoolismo se tornaria progressivamente pior se não fosse combatido. Essa visão, defendida por Jellinek há mais de 50 anos, continua a influenciar o modo como as pessoas encaram e tratam o transtorno (Jellinek, 1946, 1952, 1960). Infelizmente, Jellinek baseou seu modelo de progressão do uso de álcool em um estudo hoje famoso (Jellinek, 1946), mas que apresenta falhas que revisaremos sucintamente.

Em 1945, a recém-formada organização de autoajuda Alcoólicos Anônimos (AA) enviou cerca de 1.600 formulários a seus membros solicitando-lhes que descrevessem sintomas relacionados ao consumo de álcool; por exemplo, sentimentos de culpa ou remorso e racionalizações a respeito de suas ações, bem como informações de quando essas reações ocorreram pela primeira vez. No entanto, somente 98 dos quase 1.600 formulários retornaram. Como se sabe, uma amostra insuficiente como esta pode afetar seriamente a interpretação dos dados. Um grupo de 98 pessoas pode ser diferente do grupo inteiro e, portanto, pode não representar a pessoa típica que enfren-

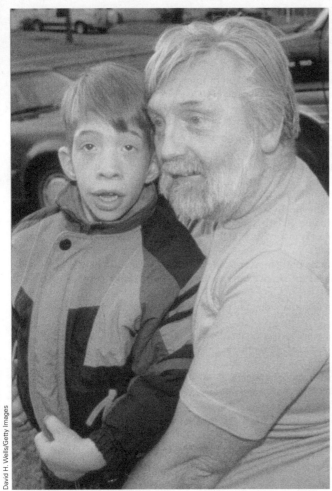

▲ As características físicas da Síndrome Alcoólica Fetal (FAS) incluem pregas epicânticas, ponte nasal baixa, nariz curto, ausência do filtro nasolabial, pequena circunferência da cabeça, abertura pequena dos olhos, terço médio da face pequeno e lábio superior fino.

ta problemas com o álcool. Também pelo fato de as respostas serem retrospectivas (os participantes estavam se lembrando de eventos passados), os resultados podem ser imprecisos. Apesar desses e de outros problemas, Jellinek concordou em analisar os dados e desenvolveu um modelo em quatro estágios para a progressão do alcoolismo com base nessas informações limitadas (Jellinek, 1952). De acordo com seu modelo, indivíduos passam por uma *fase pré-alcoólica* (bebe ocasionalmente com poucas consequências sérias), uma *fase prodrômica* (bebe excessivamente, mas com poucos sinais externos de um problema), uma *fase crucial* (perda de controle, embriaguez ocasional) e uma *fase crônica* (as atividades primárias do dia a dia envolvem conseguir e ingerir álcool). Tentativas feitas por outros pesquisadores para confirmar essa progressão não foram bem-sucedidas (Schuckit et al., 1993).

Ao invés disso, parece que o curso de um transtorno por uso de álcool grave pode ser progressivo para a maioria das pessoas. Por exemplo, o consumo precoce de álcool pode prever abuso posterior. Um estudo com quase 6 mil pessoas que beberam durante toda a vida mostrou que beber precocemente, com idades entre 11 e 14 anos, configura-se como um preditor para transtornos posteriores relacionados a álcool (DeWitt et al., 2000). De modo semelhante, um estudo que rastreou o iní-cio do uso de álcool e o uso posterior observou que aqueles que começaram a beber aos 11 anos de idade ou antes apresentaram maior risco para transtorno por uso de álcool crônico e grave (Guttmannova et al., 2011). Um terceiro estudo acompanhou 636 pacientes do sexo masculino internados em um centro de reabilitação de álcool (Schuckit et al., 1993). Entre esses homens cronicamente dependentes, a progressão geral de problemas na vida decorrentes do consumo de álcool surgiu, embora não no padrão específico proposto por Jellinek. Três quartos dos homens relataram consequências moderadas de seu consumo de álcool, como rebaixamento de cargo no trabalho, por volta dos 20 anos. Durante os 30 anos, esses indivíduos tiveram problemas mais sérios, como ausências de memória (*blackouts*) regulares e sinais de abstinência de álcool. Entre o final dos 30 e os 40 anos esses indivíduos demonstraram consequências graves de longo prazo, que incluíam alucinações, convulsões por abstinência, hepatites ou pancreatites. Esse estudo indica um padrão comum entre as pessoas com problemas crônicos de abuso de álcool e dependência com consequências cada vez mais severas. Esse padrão progressivo não é inevitável para todos que abusam de álcool, embora ainda não entendamos o que diferencia aqueles que são suscetíveis daqueles que não são (Krenek e Maisto, 2013).

Pesquisas sobre o mecanismo responsável por essas diferenças de uso precoce do álcool sugerem que a resposta aos efeitos sedativos da substância tem implicações no uso com o passar do tempo. Em outras palavras, aqueles indivíduos que não tendem a desenvolver uma fala arrastada, confusa e outros efeitos sedativos do uso do álcool são mais propensos a consumir abusivamente a substância no futuro (Chung e Martin, 2009; Schuckit, 2014a). Esse fator é particularmente preocupante dada a tendência de misturar bebidas energéticas altamente cafeinadas com o álcool (McKetin, Coen e Kaye, 2015). Essa combinação pode reduzir o efeito sedativo do álcool, o que pode aumentar a probabilidade de abuso no futuro.

Por fim, as estatísticas frequentemente ligam o álcool a comportamentos violentos (Boden, Fergusson e Horwood, 2012; Bye, 2007). Um número expressivo de estudos descobriu que muitas pessoas que cometem atos violentos, tais como assassinato, estupro e assalto, estão intoxicadas quando cometem o delito (Rossow e Bye, 2012). Esperamos que você seja cético com relação a esse tipo de correlação. Simplesmente porque a embriaguez e a violência se sobrepõem não significa que o álcool necessariamente o tornará violento. Estudos laboratoriais mostram que o álcool pode aumentar a agressividade dos participantes (Bushman, 1993). Se uma pessoa se comporta ou não de maneira agressiva fora do cenário de estudo laboratorial, no entanto, isso provavelmente envolve um número de fatores inter-re-

▲ A intoxicação está frequentemente envolvida nos casos de violência doméstica.

TABELA 11.2 Critérios diagnósticos para transtorno por uso de sedativos, hipnóticos e ansiolíticos

A. Um padrão problemático de uso de sedativos, hipnóticos ou ansiolíticos, levando a comprometimento ou sofrimento clinicamente significativo, manifestado por pelo menos dois dos seguintes critérios, ocorrendo durante um período de 12 meses:

1. Sedativos, hipnóticos ou ansiolíticos são frequentemente consumidos em maiores quantidades ou por um período mais longo do que o pretendido.
2. Existe um desejo persistente ou esforços malsucedidos no sentido de reduzir ou controlar o uso de sedativos, hipnóticos ou ansiolíticos.
3. Muito tempo é gasto em atividades necessárias para a obtenção do sedativo, hipnótico ou ansiolítico, na utilização dessas substâncias ou na recuperação de seus efeitos.
4. Fissura ou um forte desejo ou necessidade de usar o sedativo, hipnótico ou ansiolítico.
5. Uso recorrente de sedativos, hipnóticos ou ansiolíticos resultando em fracasso em cumprir obrigações importantes no trabalho, na escola ou em casa (p. ex., ausências constantes ao trabalho ou baixo rendimento do trabalho relacionado ao uso de sedativos, hipnóticos ou ansiolíticos; ausências, suspensões ou expulsões da escola relacionadas a sedativos, hipnóticos ou ansiolíticos; negligência dos filhos ou dos afazeres domésticos).
6. Uso continuado de sedativos, hipnóticos ou ansiolíticos apesar de problemas sociais ou interpessoais persistentes ou recorrentes causados ou exacerbados pelos efeitos dessas substâncias (p. ex., discussões com o cônjuge sobre as consequências da intoxicação; agressões físicas).
7. Importantes atividades sociais, profissionais ou recreacionais são abandonadas ou reduzidas em virtude do uso de sedativos, hipnóticos ou ansiolíticos.
8. Uso recorrente de sedativos, hipnóticos ou ansiolíticos em situações nas quais isso representa perigo para a integridade física (p. ex., conduzir veículos ou operar máquinas durante comprometimento decorrente do uso de sedativos, hipnóticos ou ansiolíticos).
9. O uso de sedativos, hipnóticos ou ansiolíticos é mantido apesar da consciência de ter um problema físico ou psicológico persistente ou recorrente provavelmente causado ou exacerbado por essas substâncias.
10. Tolerância, definida por qualquer um dos seguintes aspectos:
    a. Necessidade de quantidades progressivamente maiores do sedativo, hipnótico ou ansiolítico para atingir a intoxicação ou o efeito desejado.
    b. Efeito acentuadamente menor com o uso continuado da mesma quantidade do sedativo, hipnótico ou ansiolítico.

    Nota: Este critério é desconsiderado em indivíduos cujo uso de sedativo, hipnótico ou ansiolítico se dá sob supervisão médica.
11. Abstinência, manifestada por qualquer dos seguintes aspectos:
    a. Síndrome de abstinência característica de sedativos, hipnóticos ou ansiolíticos (consultar os Critérios A e B do conjunto de critérios para abstinência de sedativos, hipnóticos ou ansiolíticos).
    b. Sedativos, hipnóticos ou ansiolíticos (ou uma substância estreitamente relacionada, como álcool) são consumidos para aliviar ou evitar os sintomas de abstinência.

    Nota: Este critério é desconsiderado em indivíduos cujo uso de sedativo, hipnótico ou ansiolítico se dá sob supervisão médica.

Especificar gravidade atual:
Leve: Presença de 2 a 3 sintomas
Moderada: Presença de 4 a 5 sintomas
Grave: Presença de 6 ou mais sintomas

Fonte: Manual Diagnóstico e Estatístico de Transtornos Mentais, 5a ed. – DSM-5. Tab. 11.2. Artmed, Porto Alegre, 2014.

lacionados, tais como a quantidade e o horário em que o álcool foi consumido, o histórico pessoal de violência, expectativas sobre a bebida e o que acontece com o indivíduo enquanto está intoxicado. O álcool não *causa* a agressão, mas pode aumentar a probabilidade de a pessoa agir impulsivamente e prejudicar sua capacidade de considerar as consequências de tais atos (Bye, 2007). Em circunstâncias propícias, o pensamento racional afetado pode aumentar o risco de uma pessoa comportar-se de modo agressivo.

Transtornos relacionados a sedativos, hipnóticos e ansiolíticos

O grupo geral de depressores também inclui sedativos (calmantes), hipnóticos (soníferos) e drogas ansiolíticas (redutores da ansiedade) (Bond e Lader, 2012). Essas drogas incluem barbitúricos e benzodiazepinas. **Barbitúricos** (que incluem Amytal, Seconal e Nembutal) são uma família de drogas sedativas sintetizadas originalmente na Alemanha em 1882 (Cozanitis, 2004). Eram prescritos para ajudar as pessoas a dormir e substituíam drogas como o álcool e o ópio. Os barbitúricos eram amplamente prescritos por médicos durante os anos 1930 e 1940, antes que se tivesse uma compreensão das suas propriedades de adição. Nos anos 1950, eles estavam entre os medicamentos de maior uso abusivo por adultos nos Estados Unidos (Franklin e Frances, 1999).

Benzodiazepinas (que hoje incluem Valium, Rivotril e Frontal) têm sido utilizadas desde a década de 1960, inicialmente para reduzir a ansiedade. Esses medicamentos foram alardeados como uma cura milagrosa para a ansiedade de viver numa sociedade altamente pressionada pela tecnologia. Ainda que, nos anos 1980, o FDA dos Estados Unidos (U.S. Food and Drug Administration) tenha normatizado que não eram drogas apropriadas para reduzir a tensão e ansiedade resultantes do estresse e da pressão diários, cerca de 85 milhões de doses de benzodiazepinas são prescritas nos Estados Unidos a cada ano (Olfson, King e Schoenbaum, 2015). As benzodiazepinas são consideradas, em geral, mais seguras do que os barbitúricos, com menor risco de abuso e adição. Relatos sobre o uso inadequado do Rohypnol (flunitrazepam), no entanto, mostram como alguns medicamentos podem ser perigosos. O flunitrazepam (também conhecido como "boa noite, Cinderela") teve aceitação entre os adolescentes nos anos 1990 por possuir o mesmo efeito do álcool sem o odor que revela seu uso. Existem, entretanto, relatos preocupantes de homens que ministram a droga em mulheres sem o conhecimento delas, o que favorece situações em que possam cometer estupro num encontro (Albright, Stevens e Beussman, 2012).

Descrição clínica

Em doses baixas, os barbitúricos relaxam os músculos e podem produzir a sensação de leve bem-estar. Doses maiores podem causar resultados semelhantes aos daqueles do consumo excessivo de álcool: fala arrastada, problemas para andar, concentrar-se e trabalhar. Em doses extremamente altas, os músculos do diafragma podem relaxar a ponto de causar morte por asfixia. A overdose de barbitúricos é uma forma comum de suicídio.

De modo análogo aos barbitúricos, as benzodiazepinas são usadas para acalmar uma pessoa e induzi-la ao sono. Ademais, as drogas dessa classe são prescritas como relaxantes musculares e anticonvulsivantes (medicações anticonvulsivas) (Bond e Lader, 2012). As pessoas que as utilizam sem recomendações médicas relatam que primeiro têm uma sensação agradável de leveza e desinibição, semelhante aos efeitos da ingestão de álcool. Se houver uso contínuo, contudo, pode-se desenvolver a tolerância e a dependência. Os usuários que tentam parar de tomar a droga experimentam sintomas iguais àqueles da abstinência de álcool (ansiedade, insônia, tremores e *delirium*).

Os critérios do *DSM-5* para transtornos relacionados a sedativos, hipnóticos e ansiolíticos não diferem substancialmente daqueles dos transtornos de álcool. Ambos incluem mudanças mal-adaptativas de comportamento, tais como comportamento sexual inapropriado ou agressivo, variação de humor, senso de julgamento prejudicado, funcionamento social ou ocupacional comprometido, fala arrastada, problemas de coordenação motora e marcha instável.

As drogas sedativas, hipnóticas e ansiolíticas afetam o cérebro influenciando o sistema neurotransmissor GABA (Bond e Lader, 2012), ainda que por mecanismos levemente diferentes daqueles que envolvem o álcool. Como resultado, quando as pessoas misturam álcool com algumas dessas drogas ou combinam múltiplos tipos, podem surgir efeitos sinérgicos. Em outras palavras, se você ingerir álcool, depois de tomar benzodiazepinas ou barbitúricos ou combinar essas drogas, os efeitos podem chegar a consequências perigosas. Há uma teoria de que a morte da atriz Marilyn Monroe, em 1962, foi causada pela combinação não intencional de álcool com muitos barbitúricos. A morte do ator Heath Ledger em 2008 foi atribuída aos efeitos combinados de oxicodona e uma variedade de barbitúricos e benzodiazepinas.

Estatísticas

O uso de barbitúricos tem diminuído e o de benzodiazepinas vem aumentando desde 1960 (SAMHSA, 2012). Daqueles que buscam tratamento para problemas relacionados a substâncias, menos de 1% apresenta problemas com benzodiazepinas em comparação com outras drogas de abuso. Os que buscam ajuda por abuso de benzodiazepinas tendem a ser do sexo feminino, caucasianos e com idade superior a 35 anos.

Verificação de conceitos 11.1

Parte A

Certifique-se de que compreendeu as definições de uso de substâncias afirmando se os seguintes casos descrevem (a) uso, (b) intoxicação, (c) abuso ou (d) dependência.

1. Giya começou em um novo emprego há cinco semanas e está prestes a ser demitida. Esse é seu terceiro emprego este ano. Ela faltou ao trabalho pelo menos uma vez por semana no decorrer dessas cinco semanas. Foi repreendida há um tempo por ser vista em um bar local bêbada no horário de trabalho, embora tivesse relatado que estava doente. No emprego anterior, foi demitida depois de chegar ao trabalho incapaz de conduzir-se apropriadamente e exalando álcool. Quando confrontada sobre seus problemas, Giya ia para o bar mais próximo e bebia mais, na intenção de tentar esquecer de sua situação. _____

2. Brennan marcou o gol da vitória para a sua equipe de futebol do ensino médio e seus amigos o levaram para comemorar. Ele não fuma, mas não se importa de consumir álcool ocasionalmente. Visto que Brennan teve um bom desempenho no jogo, decide tomar alguns drinques. Apesar de seu ótimo desempenho no jogo, ele fica facilmente irritado, ri em um minuto e grita no outro. Quanto mais Brennan divaga sobre seu gol de vitória, mais difícil fica entendê-lo. _____

3. Marti é um universitário de 24 anos que começou a beber excessivamente aos 15. Ele bebe uma quantidade moderada de álcool toda noite, ao contrário de seus colegas de escola que se embebedam nas festas de fim de semana. Durante o ensino médio, ele ficava bêbado depois de tomar cerca de quatro cervejas; agora sua tolerância mais que duplicou. Marti afirma que o álcool alivia as pressões da vida na faculdade. Uma vez tentou parar de beber, mas teve calafrios, febre, diarreia, náusea, vômito e sentia dores no corpo. _____

4. Durante o ano passado, Henry adquiriu o hábito de fumar um cigarro todos os dias depois do almoço. Em vez de sentar-se no salão com seus amigos, ele passou a ir a seu local favorito do pátio para fumar um cigarro. Se por alguma razão ele não puder fumar após o almoço, ele não se sente dependente e mantém um funcionamento normal. _____

Parte B

Combine as descrições a seguir com os efeitos correspondentes: (a) transtornos relacionados a substâncias e transtornos aditivos, (b) demência, (c) transtornos do controle de impulsos, (d) transtorno por uso de álcool e (e) Síndrome de Wernicke-Korsakoff.

5. Transtorno que priva a pessoa da habilidade de resistir a uma tentação. _____
6. Transtono no qual os efeitos da droga impedem a capacidade de agir adequadamente por afetar a visão, o controle motor, o tempo de reação, a memória e a audição. _____
7. A diminuição das habilidades intelectuais, por exemplo, por consumo excessivo de álcool. _____
8. Uma classe de transtornos que afetam a maneira como as pessoas pensam, sentem e se comportam. _____

Estimulantes

De todas as **drogas psicoativas** utilizadas nos Estados Unidos, as mais comumente usadas são os estimulantes. Nesse grupo estão cafeína (presente no café, no chocolate e em muitos refrigerantes), nicotina (presente em produtos de tabaco como cigarros), anfetaminas e cocaína. Você provavelmente usou cafeína quando se levantou pela manhã. Em contraposição aos depressores, os estimulantes – como o nome sugere – o tornam mais alerta e dinâmico. Eles têm uma longa história de uso. Por mais de 5 mil anos, médicos chineses, por exemplo, prescreviam um composto de anfetamina chamado de *ma-huang (Ephedra sinica)* para doenças como cefaleias, asma e o resfriado comum (Fushimi et al., 2008). Descreveremos diversos estimulantes e seus efeitos no comportamento, humor e cognição.

Transtornos relacionados a estimulantes

Anfetaminas

Em pequenas doses, as **anfetaminas** podem induzir a sensações de euforia e vigor e podem reduzir a fadiga. Você se sente "para cima". Entretanto, depois dessa sensação, você volta a se sentir para baixo e "caído", sentido-se deprimido e cansado. As anfetaminas são produzidas em laboratórios; elas foram inicialmente sintetizadas em 1887 e mais tarde utilizadas no tratamento para asma e congestão nasal (Carvalho et al., 2012). Visto que essas substâncias reduzem o apetite, algumas pessoas as tomam para perder peso. Adolph Hitler, em parte por causa de seus outros males físicos, tornou-se dependente de anfetaminas (Judge e Rusyniak, 2009). Motoristas de caminhão que percorrem longas distâncias, pilotos e estudantes universitários que tentam ficar despertos durante toda a noite usam anfetaminas ("rebites") para obter uma dose extra de energia e permanecer acordados. As anfetaminas são prescritas para pessoas com narcolepsia, distúrbio do sono caracterizado por sonolência excessiva (discutido no Capítulo 8). Alguns desses medicamentos (Ritalina, Concerta) (metilfenidato) são administrados até para crianças com transtornos de déficit de atenção/hiperatividade (TDAH) (discutidos no Capítulo 14). As anfetaminas também estão sendo utilizadas de modo inadequado por causa de seus efeitos psicoestimulantes. Um amplo estudo descobriu que quase dois terços dos estudantes universitários do quarto ano haviam recebido ofertas de prescrições ilegais de estimulantes e 31% haviam feito uso desses estimulantes – geralmente para ter um melhor desempenho nos estudos (Garnier-Dykstra et al., 2012).

Os critérios diagnósticos adotados pelo *DSM-5* para a intoxicação nos **transtornos por uso de anfetamina** incluem sintomas comportamentais significativos, como euforia ou embotamento afetivo (ausência de expressão emocional), alterações na sociabilidade, sensibilidade interpessoal, ansiedade, tensão, raiva, comportamento estereotipado, prejuízo no senso de julgamento e no funcionamento social ou ocupacional. Adicionalmente, sintomas fisiológicos que incluem alteração dos batimentos cardíacos ou da pressão sanguínea, sudorese ou calafrios, náusea ou vômito, perda de peso, fraqueza muscular, bradipneia, dor no peito, convulsões ou coma ocorrem durante ou logo após a ingestão de anfetaminas ou substâncias correlatas. A intoxicação grave ou overdose pode causar alucinações, pânico, agitação e ilusões paranoicas (Carvalho et al., 2012). A tolerância à anfetamina se desenvolve com rapidez, tornando-a duplamente perigosa. É comum a abstinência resultar em apatia, períodos prolongados de sono, irritabilidade e depressão.

Periodicamente, surgem certas "drogas sintéticas" em miniepidemias locais. Uma anfetamina denominada metilenodioximetanfetamina (MDMA), sintetizada pela primeira vez na Alemanha, em 1912, foi usada como moderador de apetite (McCann e Ricaurte, 2009). O uso recreacional dessa droga, hoje comumente chamada de ecstasy, aumentou de modo significativo no final da década de 1980. Atrás da cocaína e da metanfetamina, a MDMA é a droga usada em festas que mais frequentemente leva as pessoas às unidades de emergência, suplantando o LSD em frequência de uso (SAMHSA, 2011). Seus efeitos são descritos por seus usuários de muitas maneiras: ecstasy faz você "ficar feliz" e "amar tudo e todos"; "a música parece melhor" e "é mais divertido de dançar"; "Você pode dizer o que vem à sua cabeça sem se preocupar com o que os outros vão pensar" (Levy et al., 2005, p. 1431). Nos últimos anos também houve aumento em uma variação do MDMA chamada "Molly", que tem sido comercializada como um pó purificado em cápsulas, em vez de comprimidos de ecstasy (National Institute of Drug Abuse, 2013).

Uma forma purificada e cristalizada de anfetamina, chamada de metanfetamina (comumente conhecida nos Estados Unidos como "*crystal meth*" ou "*ice*"), é ingerida por meio do fumo. Essa droga causa tendências agressivas marcantes e permanece no organismo muito mais tempo do que a cocaína, sendo por isso particularmente perigosa. Essa droga ganhou e caiu em popularidade desde que foi inventada na década de 1930, embora seu uso agora tenha se espalhado mais do que antes (Maxwell e Brecht, 2011). Apesar de quão agradáveis possam ser os efeitos dessas várias anfetaminas no curto prazo, o potencial de usuários tornarem-se dependentes é extremamente alto, com grande risco de dificuldades a longo prazo. Algumas pesquisas também mostram que o uso recorrente de MDMA pode causar problemas permanentes de memória (Wagner et al., 2013).

TABELA 11.3 Critérios diagnósticos para transtorno por uso de estimulantes

A. Um padrão de uso de substância tipo anfetamina, cocaína ou outro estimulante levando a comprometimento ou sofrimento clinicamente significativo, manifestado por pelo menos dois dos seguintes critérios, ocorrendo durante um período de 12 meses:
  1. O estimulante é frequentemente consumido em maiores quantidades ou por um período mais longo do que o pretendido.
  2. Existe um desejo persistente ou esforços malsucedidos no sentido de reduzir ou controlar o uso de estimulantes.
  3. Muito tempo é gasto em atividades necessárias para a obtenção do estimulante, em utilização ou na recuperação de seus efeitos.
  4. Fissura ou um forte desejo ou necessidade de usar o estimulante.
  5. Uso recorrente de estimulantes resultando em fracasso em cumprir obrigações importantes no trabalho, na escola ou em casa.
  6. Uso continuado de estimulantes apesar de problemas sociais ou interpessoais persistentes ou recorrentes causados ou exacerbados pelos efeitos do estimulante.
  7. Importantes atividades sociais, profissionais ou recreacionais são abandonadas ou reduzidas em virtude do uso de estimulantes.
  8. Uso recorrente de estimulantes em situações nas quais isso representa perigo para a integridade física.
  9. O uso de estimulantes é mantido apesar da consciência de ter um problema físico ou psicológico persistente ou recorrente que tende a ser causado ou exacerbado pelo estimulante.
  10. Tolerância, definida por qualquer um dos seguintes aspectos:
     a. Necessidade de quantidades progressivamente maiores do estimulante para atingir a intoxicação ou o efeito desejado.
     b. Efeito acentuadamente menor com o uso continuado da mesma quantidade do estimulante.

     Nota: Este critério não é considerado em indivíduos cujo uso de medicamentos estimulantes se dá unicamente sob supervisão médica adequada, como no caso de medicação para transtorno de déficit de atenção/hiperatividade ou narcolepsia.
  11. Abstinência, manifestada por qualquer dos seguintes aspectos:
     a. Síndrome de abstinência característica para o estimulante (consultar os Critérios A e B do conjunto de critérios para abstinência de estimulantes).
     b. O estimulante (ou uma substância estreitamente relacionada) é consumido para aliviar ou evitar os sintomas de abstinência.

     Nota: Este critério é desconsiderado em indivíduos cujo uso de medicamentos estimulantes se dá unicamente sob supervisão médica adequada, como no caso de medicação para transtorno de déficit de atenção/hiperatividade ou narcolepsia.

Especificar gravidade atual:
Leve: Presença de 2 a 3 sintomas
Moderada: Presença de 4 a 5 sintomas
Grave: Presença de 6 ou mais sintomas

Fonte: Manual Diagnóstico e Estatístico de Transtornos Mentais, 5a ed. – DSM-5. Tab. 11.3. Artmed, Porto Alegre, 2014.

As anfetaminas estimulam o sistema nervoso central pelo aumento da atividade da noradrenalina e da dopamina. Em específico, elas ajudam na liberação desses neurotransmissores e bloqueiam sua recaptação, fazendo com que maior quantidade deles fique disponível por todo o sistema (Carvalho et al., 2012). Anfetamina em excesso – e, portanto, dopamina e noradrenalina em demasia – pode levar a alucinações e delírios. Conforme analisaremos no Capítulo 13, esse efeito estimulou o surgimento de teorias sobre as causas da esquizofrenia, que também podem incluir alucinações e delírios.

Cocaína

O uso e abuso de drogas aumentam e diminuem de acordo com as modas sociais, humores e sanções. A cocaína substituiu a anfetamina como estimulante preferido na década de 1970 (Jaffe, Rawson e Ling, 2005). A droga deriva de folhas de coca, uma planta nativa da América do Sul. Sigmund Freud, em seu ensaio *Sobre a cocaína* (1885/1974, p. 60), escreveu sobre as propriedades mágicas da droga: "Testei [o] efeito da cocaína, que elimina a fome, o sono e a fadiga e incentiva fortemente a pessoa ao esforço intelectual, cerca de 12 vezes, no meu caso".

Os latino-americanos mascam folhas de coca há séculos para aliviar a fome e a fadiga (Daamen et al., 2012). A cocaína foi introduzida nos Estados Unidos no final do século XIX

▲ Há séculos, os latino-americanos mastigavam folhas de coca para aliviar a fome e a fadiga.

e amplamente utilizada desde então, até o início da década de 1920. Em 1885, Parke, Davis e Co. fabricaram coca e cocaína em 15 formas, incluindo cigarros de folha de coca e charutos, inalantes e cristais. Para pessoas que não tinham condições de comprar esses produtos, uma maneira mais barata de conseguir a cocaína foi por meio da Coca-Cola, que até 1903 continha uma pequena quantidade da substância (60 mg de cocaína por porção de 8 onças – 1 onça americana corresponde a aproximadamente 29,57 ml) (Daamen et al., 2012).

Descrição clínica

Como as anfetaminas, a cocaína, em pequenas quantidades, aumenta o estado de alerta, produz euforia, aumenta a pressão sanguínea e a pulsação, causa insônia e perda de apetite. Lembre-se de que Danny cheirava (inalava) cocaína quando passava a noite festejando com os amigos. Posteriormente, ele relatou que a droga o fazia se sentir poderoso e invencível – a única maneira de realmente se sentir autoconfiante. Os efeitos da cocaína têm meia-vida curta; para Danny eles duravam menos de uma hora e ele tinha que cheirar mais e mais para se manter "ligado". Durante esses momentos, ele ficava paranoico e sentia medos exagerados de que seria pego ou de que alguém roubaria sua cocaína. Tal paranoia – chamada *paranoia induzida por cocaína* – é comum entre pessoas com **transtornos por uso de cocaína**, ocorrendo em dois terços dos indivíduos ou mais (Daamen et al., 2012). A cocaína também causa taquicardia e arritmia (palpitações), podendo levar a consequências fatais, dependendo da condição física do indivíduo e da quantidade ingerida da droga.

Vimos que o álcool pode prejudicar o desenvolvimento do feto. Há suspeitas de que o uso de cocaína (em especial, o crack) por mulheres grávidas pode afetar adversamente seus bebês. Tais bebês, ao nascerem, parecem mais irritáveis e apresentam longos períodos de choro entremeados por gritos agudos. Pensava-se que essas crianças tinham lesão cerebral permanente; no entanto, outras pesquisas indicaram que os efeitos são menos intensos do que se temia (Buckingham-Howes et al., 2013; Schiller e Allen, 2005). Alguns trabalhos científicos indicam que muitas crianças nascidas de mães que usaram cocaína durante a gravidez podem ter baixo peso, menor circunferência de cabeça e estão em risco crescente de terem problemas comportamentais (Richardson, Goldschmidt e Willford, 2009). Um fator complicador na avaliação de crianças nascidas de mães que usaram cocaína é que essas mães quase sempre usaram outras substâncias concomitantemente, como álcool e nicotina. Muitas dessas crianças são criadas em lares desestruturados, o que torna o quadro mais complexo (Barthelemy et al., 2016). As pesquisas em andamento devem nos ajudar a compreender melhor os efeitos negativos da cocaína nos bebês.

Estatísticas

No mundo todo, quase 5% dos adultos relataram ter usado cocaína em algum momento da vida, e nos Estados Unidos, a cada ano, mais de 1,5 milhão de pessoas (0,6% da população do país) relataram o uso de cocaína, incluindo crack, todos os anos. As pessoas com idade entre 18 e 25 anos apresentam duas vezes mais probabilidade de usar cocaína em comparação com outras faixas etárias. Além disso, os homens têm duas vezes mais chances de fazer uso de cocaína que as mulheres (SAMH-

SA, 2014). Indivíduos negros correspondem a quase metade das admissões em emergências por problemas relacionados à cocaína (47%), seguidos por indivíduos caucasianos (37%) e indivíduos hispânicos (10%). Ademais, os homens apresentaram duas vezes mais probabilidade de admissões em emergência do que as mulheres (SAMHSA, 2011). Aproximadamente 17% dos usuários de cocaína usaram crack também (uma forma de cocaína cristalizada que é fumada) (Closser, 1992). Uma estimativa diz que cerca de 0,1% dos moradores dos Estados Unidos experimentaram crack e que uma proporção crescente dos usuários que abusam da droga e que buscam tratamento são jovens adultos desempregados vivendo em áreas urbanas (SAMHSA, 2014).

A cocaína é considerada no mesmo grupo dos estimulantes que as anfetaminas, porque tem efeitos similares no cérebro. O "ficar ligado" parece advir primariamente do efeito da cocaína no sistema de dopamina. Observe a Figura 11.4 para saber como essa ação ocorre. A cocaína entra na corrente sanguínea e é conduzida ao cérebro. Lá, as moléculas de cocaína bloqueiam a recaptação de dopamina. Como se sabe, os neurotransmissores liberados na sinapse estimulam o neurônio pós-sináptico e voltam para o neurônio original. A cocaína parece aderir aos locais de entrada dos neurotransmissores no neurônio original, bloqueando sua recaptação. A dopamina que não consegue ser recaptada permanece na sinapse, causando estimulação contínua no neurônio pós-sináptico. Essa estimulação dos neurônios na "via do prazer" (o local no cérebro que parece estar envolvido na sensação de prazer) causa euforia associada ao uso da cocaína.

Ainda na década de 1980, muitas pessoas consideravam a cocaína uma droga milagrosa que produzia sensações de euforia sem viciar (Weiss e Iannucci, 2009). Uma fonte bem conservadora como é o *Comprehensive Textbook of Psychiatry* indicava em 1980 que "consumida no máximo duas ou três vezes por semana, a cocaína não cria problemas sérios" (Grinspoon e Bakalar, 1980). Imagine uma droga que oferece à pessoa energia extra, ajuda-a a pensar de modo mais claro e criativo e permite produzir mais no dia, sem efeitos colaterais! Em nossa competitiva e complexa sociedade tecnológica, esse seria um sonho tornando-se realidade. No entanto, esses vários benefícios temporários têm custo elevado. A cocaína nos enganou. A dependência não se parece com a de muitas outras drogas no início; tipicamente, as pessoas apenas acham que são incapazes de resistir ao consumo adicional (Weiss e Iannucci, 2009). A princípio, notam-se poucos efeitos negativos; entretanto, com o uso contínuo, o sono é prejudicado, a maior tolerância gera a necessidade de doses maiores, a paranoia e outros sintomas negativos se estabelecem e o usuário gradualmente isola-se socialmente. O uso crônico resulta em envelhecimento prematuro do cérebro (Ersche et al., 2012).

Mais uma vez, o caso de Danny ilustra esse padrão. Ele foi um usuário social durante alguns anos, usando cocaína apenas com amigos e de modo ocasional. Eventualmente, passou a experimentar episódios mais frequentes de uso excessivo e sentia cada vez mais ânsia da droga entre uma farra e outra. Depois desses momentos de uso excessivo, Danny tinha uma baixa de energia e dormia. A abstinência de cocaína não é como a do álcool. Em vez de taquicardia, tremores ou náuseas, a abstinência de cocaína produz sentimentos pronunciados de apatia

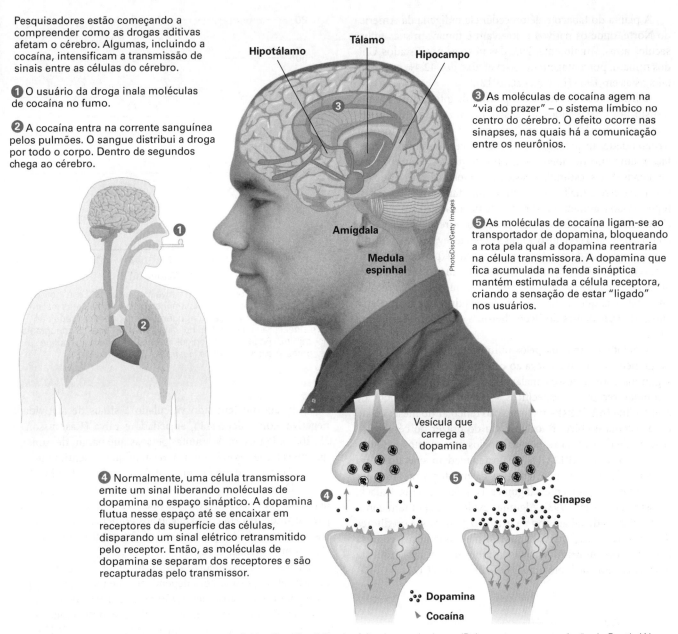

FIGURA 11.4 Anatomia do processo em que o indivíduo fica "ligado" sob efeito de uso de droga. (Reimpresso com permissão de Booth, W. (1990). The anatomy of a high. *Washington Post National Weekly Edition*, March 26–April 1, p. 38, © 1990 The Washington Post.)

e tédio. Pense por um minuto quão perigoso esse tipo de abstinência é. Primeiro, você fica entediado com tudo e encontra pouco prazer nas atividades diárias do trabalho e relacionamentos. Aquilo que pode "trazê-lo de volta à vida" é a cocaína. Como você pode imaginar, um ciclo vicioso se desenvolve: abusa-se da cocaína, abstinência causa apatia e abusa-se da cocaína, recomeçando o ciclo. O padrão atípico de abstinência leva pessoas, enganosamente, a acreditar que a cocaína não vicia. Nós agora sabemos que usuários de cocaína passam por padrões de tolerância e abstinência comparáveis àqueles experimentados por usuários de outras drogas psicoativas (Daamen et al., 2012).

Transtornos relacionados ao tabaco

Quando você pensa em dependentes, que imagem lhe vem à cabeça? Você imagina pessoas sujas e desgrenhadas amontoadas em um colchão velho em um prédio abandonado, esperando a próxima crise? Ou você cria uma imagem com empresários reunidos no exterior de um edifício da cidade em uma tarde chuvosa furtivamente fumando cigarros? Ambas as imagens são pertinentes, porque a nicotina presente no tabaco é uma substância psicoativa que produz padrões de dependência, tolerância e abstinência – **transtornos relacionados ao tabaco** – comparáveis àqueles de outras drogas que discutimos até o momento (Litvin et al., 2012). Em 1942, o médico escocês Lennox Johnson injetou-se extrato de nicotina e, após 80 injeções, descobriu que gostava mais da nicotina do que de cigarros e sentia necessidade dela (Kanigel, 1988). Esse líquido incolor e oleoso – chamado de nicotina por causa de Jean Nicot, que introduziu o tabaco na corte francesa no século XVI – é que dá ao fumo suas qualidades prazerosas.

A planta do tabaco é de procedência indígena da América do Norte, onde os nativos cultivavam e fumavam suas folhas séculos atrás. Atualmente, 20% das pessoas nos Estados Unidos fumam, porcentagem que está abaixo dos 42,4% que eram tabagistas em 1965 (Litvin et al., 2012).

O *DSM-5* não descreve um padrão de intoxicação para os transtornos relacionados ao tabaco. Em vez disso, lista os sintomas da abstinência, que incluem humor depressivo, insônia, irritabilidade, ansiedade, dificuldade de concentração, inquietação, aumento do apetite e ganho de peso. A nicotina, em pequenas doses, estimula o sistema nervoso central; pode aliviar o estresse e melhorar o humor, mas também pode causar hipertensão e aumento dos riscos de doença cardíaca e câncer (Litvin et al., 2012). Doses altas podem distorcer a visão, causar confusão, levar a convulsões e, às vezes, até levar à morte. Uma vez dependentes da nicotina, os tabagistas experimentam sintomas de abstinência quando ficam sem fumar. Se você duvida do poder viciante da nicotina, considere que a taxa de recaída entre pessoas que tentam parar com as drogas é equivalente entre os dependentes de álcool, heroína e cigarros (ver Figura 11.5).

A nicotina é inalada pelos pulmões, onde entra no fluxo sanguíneo. A nicotina chega ao cérebro somente entre 7 e 19 segundos após a pessoa inalar a fumaça. A nicotina parece estimular receptores específicos – receptores nicotínicos de acetilcolina (nAChRs) – na formação reticular do mesencéfalo e no sistema límbico, o local de via do prazer do cérebro (o sistema de dopamina responsável pelos sentimentos de euforia) (Litvin et al., 2012). Os tabagistas medem suas doses no decorrer do dia em uma tentativa de manter a nicotina em nível estável na corrente sanguínea (ver Figura 11.6; Dalack, Glassman e Covey, 1993). Algumas evidências apontam como os problemas de tabagismo na gravidez podem ser preditores de transtornos relacionados a substâncias nas crianças, embora isso pareça ser uma influência mais ambiental (p. ex., ambiente doméstico) do que biológica (D'Onofrio et al., 2012).

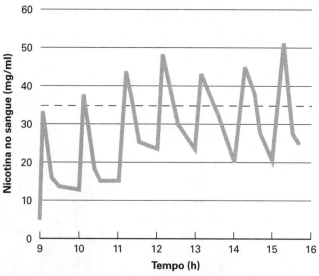

FIGURA 11.6 Padrões de fumo e níveis de nicotina. Esse indivíduo fumou um cigarro por hora, ilustrando como os tabagistas inalam mais ou menos profunda ou frequentemente, para conseguir os níveis desejáveis de nicotina no sangue – em média 35 nanogramas por mililitro. Adaptado de Kanigel, R. (1988 Out./Nov.). Nicotine becomes addictive. *Science Illustrated 2*, p. 12-14; 19-21.

O tabagismo tem sido vinculado a sinais de afetividade negativa, como depressão, ansiedade e raiva (Rasmusson et al., 2006). Por exemplo, muitas pessoas que param de fumar, e que mais tarde retomam o uso, relatam que os sentimentos de depressão e ansiedade foram os pivôs da recaída (Kahler et al., 2015). Devido a essa associação entre tabagismo e sintomas de depressão e ansiedade, a recaída pode ser especialmente maior para as mulheres em comparação aos homens, porque mulheres tendem mais do que homens a apresentar esses sintomas (Nakajima e al'Absi, 2012).

Depressão grave ocorre significativamente com mais frequência entre pessoas com dependência de nicotina. Isso quer dizer que fumar causa depressão ou que a depressão leva ao tabagismo? Há uma relação complexa e bidirecional entre fumar cigarros e afetos negativos (Litvin et al., 2012). Em outras palavras, estar deprimido aumenta o risco de se tornar dependente da nicotina e, ao mesmo tempo, ser dependente da nicotina aumentará o risco de se tornar deprimido. Estudos genéticos sugerem que uma vulnerabilidade genética combinada com certos fatores estressantes da vida podem se combinar para tornar o indivíduo vulnerável a um transtorno por uso de tabaco e à depressão (por exemplo, Edwards e Kendler, 2012). (Discutiremos evidências para a genética do tabagismo quando falarmos das causas do abuso de substâncias um pouco mais adiante neste capítulo.)

Transtornos relacionados à cafeína

A cafeína é a mais comum das substâncias psicoativas; as estimativas indicam que mais de 85% da população dos EUA tomam ao menos uma bebida cafeinada por dia (Mitchell et al., 2014). Chamada de "estimulante suave" porque é considerada a menos prejudicial de todas as drogas capazes de produzir vício, a cafeína ainda pode levar a problemas similares àqueles de outras drogas (por exemplo, interferindo nas obrigações sociais

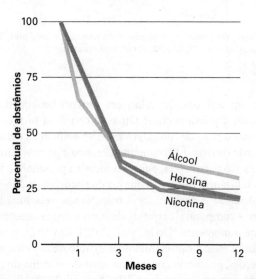

FIGURA 11.5 Taxas de recaída de nicotina comparadas às do álcool e heroína. Tabagistas tentando parar de fumar recaem quase tão frequentemente quanto os alcoolistas e adictos de heroína. Adaptado de Kanigel, R. (1988, Out./Nov.). Nicotine becomes addictive. *Science Illustrated*, 12-14; 19-21.

TABELA 11.4 Critérios diagnósticos para transtorno por uso de tabaco

A. Um padrão problemático de uso de tabaco, levando a comprometimento ou sofrimento clinicamente significativo, manifestado por pelo menos dois dos seguintes critérios, ocorrendo durante um período de 12 meses:
  1. Tabaco é frequentemente consumido em maiores quantidades ou por um período mais longo do que o pretendido.
  2. Existe um desejo persistente ou esforços malsucedidos no sentido de reduzir ou controlar o uso de tabaco.
  3. Muito tempo é gasto em atividades necessárias para a obtenção ou uso de tabaco.
  4. Fissura ou um forte desejo ou necessidade de usar tabaco.
  5. Uso recorrente de tabaco resultando em fracasso em cumprir obrigações importantes no trabalho, na escola ou em casa (p. ex., interferência no trabalho).
  6. Uso continuado de tabaco apesar de problemas sociais ou interpessoais persistentes ou recorrentes causados ou exacerbados pelos seus efeitos (p. ex., discussões com os outros sobre o uso de tabaco).
  7. Importantes atividades sociais, profissionais ou recreacionais são abandonadas ou reduzidas em virtude do uso de tabaco.
  8. Uso recorrente de tabaco em situações nas quais isso representa perigo para a integridade física (p. ex., fumar na cama).
  9. O uso de tabaco é mantido apesar da consciência de ter um problema físico ou psicológico persistente ou recorrente que tende a ser causado ou exacerbado por ele.
  10. Tolerância, definida por qualquer um dos seguintes aspectos:
      a. Síndrome de abstinência característica de tabaco (consultar os Critérios A e B do conjunto de critérios para abstinência de tabaco).
      b. Tabaco (ou uma substância estreitamente relacionada, como nicotina) é consumido para aliviar ou evitar os sintomas de abstinência.

Especificar gravidade atual:
Leve: Presença de 2 a 3 sintomas
Moderada: Presença de 4 a 5 sintomas
Grave: Presença de 6 ou mais sintomas

Fonte: Manual Diagnóstico e Estatístico de Transtornos Mentais, 5a ed. – DSM-5. Tab. 11.4. Artmed, Porto Alegre, 2014.

---

horas), o sono pode ser afetado, caso a cafeína seja ingerida algumas horas antes de dormir. Esse efeito é especialmente relatado por aqueles que já sofrem de insônia (Byrne et al., 2012). Assim como acontece com outras drogas psicoativas, as pessoas reagem de diversas formas à cafeína, algumas são sensíveis a ela e outras podem consumir relativamente grandes quantidades com mínimo efeito. Pesquisas sugerem que o uso moderado de cafeína (uma xícara de café por dia) por gestantes não prejudica o desenvolvimento do feto (Loomans et al., 2012).

O *DSM-5* contempla o transtorno por uso de cafeína – definido como uso problemático de cafeína, causador de significativos prejuízo e sofrimento – como uma condição para estudos futuros (American Psychiatric Association, 2013). Assim como para vários outros estimulantes, o uso regular de cafeína pode resultar em tolerância e dependência. Aqueles que já tiveram cefaleias, tonturas e uma leve alteração de humor quando não tomaram café pela manhã experimentaram os sintomas de abstinência característicos dessa droga (Meredith et al., 2013). O efeito da cafeína no cérebro parece implicar um neuromodulador denominado *adenosina* e, em menor extensão, o neurotransmissor *dopamina* (Juliano, Ferré e Griffiths, 2015). A cafeína parece bloquear a recaptação de adenosina. A adenosina desempenha um papel importante na liberação de dopamina e glutamato no estriado, o que pode explicar o entusiasmo e o aumento da energia que acompanham o uso da cafeína (Juliano et al., 2015).

TABELA 11.5 Critérios diagnósticos para intoxicação por cafeína

A. Consumo recente de cafeína (geralmente uma dose alta muito superior a 250 mg).
B. Cinco (ou mais) dos seguintes sinais ou sintomas, desenvolvidos durante ou logo após o uso de cafeína:
  1. Inquietação.
  2. Nervosismo.
  3. Excitação.
  4. Insônia.
  5. Rubor facial.
  6. Diurese.
  7. Perturbação gastrintestinal.
  8. Abalos musculares.
  9. Fluxo errático do pensamento e do discurso.
  10. Taquicardia ou arritmia cardíaca.
  11. Períodos de energia inesgotável.
  12. Agitação psicomotora.
C. Os sinais ou sintomas do Critério B causam sofrimento clinicamente significativo ou prejuízo no funcionamento social, profissional ou em outras áreas importantes da vida do indivíduo.
D. Os sinais e sintomas não são atribuíveis a outra condição médica nem são mais bem explicados por outro transtorno mental, incluindo intoxicação por outra substância.

Fonte: Manual Diagnóstico e Estatístico de Transtornos Mentais, 5a ed. – DSM-5. Tab. 11.5. Artmed, Porto Alegre, 2014.

---

e de trabalho; Meredith et al., 2013). Essa droga é encontrada no chá, no café, em muitos refrigerantes e em produtos derivados do cacau. Altos níveis de cafeína são adicionados às "bebidas energéticas", largamente consumidas nos Estados Unidos, mas banidas em alguns países europeus (incluindo França, Dinamarca e Noruega) devido a preocupações com a saúde (Price et al., 2010; Thorlton, Colby e Devine, 2014).

Como a maioria das pessoas já pôde experimentar em primeira mão, em pequenas doses, a cafeína pode elevar o humor e diminuir a fadiga. Em grandes doses, pode fazer a pessoa se sentir trêmula e causar insônia. Visto que a cafeína leva um tempo relativamente longo para sair do corpo (cerca de seis

"Você não pode simplesmente focar na nicotina em si. Muitas medicações fazem isso – elas se concentram em repor a nicotina, como os chicletes ou adesivos de nicotina – e isso é valioso, mas você realmente tem que se concentrar em todos os gatilhos, as deixas, o ambiente."

Transtornos relacionados a opioides

A palavra *opiáceo* refere-se às químicas naturais da papoula do ópio, que tem um efeito narcótico (aliviam a dor e induzem o sono). Em algumas circunstâncias, podem causar **transtornos relacionados a opioides**. O termo mais amplo *opioides* refere-se à família de substâncias que inclui opioides naturais, variações sintéticas (heroína, metadona, hidrocodona, oxicodona) e substâncias similares que estão presentes naturalmente no cérebro (encefalinas, betaendorfinas e dinorfinas) (Borg et al., 2015). As referências de uso do ópio como um medicamento datam de mais de 3.500 anos (Strain, Lofwall e Jaffe, 2009). Na fábula *O Mágico de Oz*, a bruxa malvada do oeste induz Dorothy, Totó e o Leão Covarde ao sono, utilizando papoulas envenenadas no caminho para Oz, uma alusão literária às papoulas de ópio utilizadas para produzir morfina, codeína e heroína.

Do mesmo modo que a papoula acalma Dorothy, o Leão Covarde e Totó, induz a euforia, sonolência e respiração mais lenta. Doses elevadas podem resultar em morte, caso a respiração seja totalmente bloqueada. Os opiáceos também são analgésicos, substâncias que ajudam a aliviar a dor. Muitas vezes, administra-se morfina à pessoa antes e depois de uma cirurgia para acalmá-la e ajudar no bloqueio da dor.

A abstinência de opioides pode ser tão desagradável que as pessoas podem continuar com o uso, apesar de um desejo genuíno de interrompê-lo. Contudo, a abstinência de barbitúricos e álcool pode ser ainda mais angustiante. Mesmo assim, os que interrompem ou reduzem o consumo de opioides começam a ter sintomas no intervalo de seis a doze horas, incluindo: bocejos excessivos, náusea e vômito, calafrios, dores musculares, diarreia e insônia – isso afeta disruptivamente os relacionamentos sociais, no trabalho e na escola, temporariamente. Os sintomas podem persistir por um a três dias e o processo de abstinência é concluído em aproximadamente uma semana.

A adição à heroína é relatada por quase meio milhão de pessoas nos Estados Unidos, o dobro do número estimado entre 2002 e 2013. O uso ilícito de medicamentos com prescrição de opioides – a classe de opiáceos mais comumente abusada – também aumentou nos últimos anos, com 4,13 milhões de pessoas acima dos 12 anos relatando o uso não medicinal (SAMHSA, 2014). Uma pesquisa observou que 12,3% dos alunos do último ano do ensino médio relataram uso de opioides (por exemplo, hidrocodona, oxicodona) por razões não medicinais (McCabe et al., 2012). O uso ilícito de prescrições contendo opioides foi o segundo tipo de droga ilícita mais usada em 2014, após a maconha. Esse aumento no uso de opioide na última década foi considerado uma epidemia de opioides e uma crise de saúde pública nos Estados Unidos. O crescimento é particularmente problemático porque 1,9 milhão de pessoas preencheram critérios para transtorno por uso de opioides em 2013 (SAMHSA, 2014). Além disso, o aumento no número de mortes devido ao uso ilícito de opioides foi a principal causa de morte de usuários de drogas em 2013, um aumento de 360% em relação a 1999 (Centers for Disease Control, National Center for Health Statistics, 2014). As pesquisas também sugerem que indivíduos que inicialmente se tornam adictos a medicamentos prescritos para dor passaram para o uso de heroína (Muhuri, Gfroerer e Davies, 2013). As pessoas que fazem uso de opioides encaram ameaças que vão além da adição e o risco de overdose. Como essas drogas são normalmente injetadas por via intravenosa, os usuários correm risco aumentado de outras doenças crônicas com risco de morte, como Hepatite C e infecção pelo HIV, e, portanto, Aids (Compton, Boyle e Wargo, 2015).

A vida de um dependente de opioide pode ser sombria. Uma pesquisa sugere que as taxas de mortalidade nesta população são de 6 a 20 vezes maiores do que a da população geral. E esses indivíduos enfrentam muitas dificuldades para se recuperar da adição, com taxas de abstinência estáveis de 30% ou menos, sendo que a maioria passa por muitas recaídas. Mesmo aqueles que descontinuam o uso dos opioides costumam usar álcool e outras drogas em seu lugar (Hser et al., 2015). Os resultados de um estudo de acompanhamento de 33 anos com mais de 80 usuários de opioides em uma cidade inglesa destacam essa visão pessimista (Rathod, Addenbrooke e Rosenbach, 2005). Ao final do acompanhamento, 22% dos usuários de opioides tinham morrido – cerca de duas vezes a taxa nacional para a população geral, que é em torno de 12%. Mais da metade das mortes foi o resultado de overdose de drogas, e vários suicidaram-se. A boa notícia desse estudo foi que, dos que sobreviveram, 80% não usavam mais opioides e os 20% restantes estavam sendo tratados com metadona. O uso persistente de opioides pode estar relacionado a transtornos mentais comórbidos e abuso sexual ou físico. A recuperação a longo prazo mostrou estar associada ao apoio familiar e social, emprego e abstinência de opioides por pelo menos cinco anos (Hser et al., 2015).

A sensação de "euforia" ou prazer que os usuários apresentam origina-se da ativação do sistema opioide natural do organismo. Em outras palavras, o cérebro já contém seu próprio opioide – encefalina e endorfina –, que possuem efeitos narcóticos (Ballantyne, 2012). Heroína, ópio, morfina e outros opioides ativam esse sistema. A descoberta do sistema opioide natural foi um grande avanço feito no campo da psicofarmacologia: não apenas nos permite estudar os efeitos das drogas aditivas, mas também nos leva a descobertas importantes que podem nos ajudar a tratar as pessoas dependentes dessas drogas.

Transtornos relacionados a *cannabis*

A ***cannabis*** (**maconha**) foi a droga da vez nas décadas de 1960 e início de 1970. Embora tenha sua popularidade reduzida, ainda é a substância ilegal mais rotineiramente utilizada, com 5%-15% de usuários dos países ocidentais afirmando uso regular (Jager, 2012). Nos Estados Unidos, 22,2 milhões de indivíduos com idade de 12 anos ou mais usaram maconha nos últimos 30 dias (SAMHSA, 2014). Maconha é o nome dado às partes secas da planta *cannabis* ou cânhamo (seu nome científico é *Cannabis sativa*). A *cannabis* cresce em estado selvagem em todas as regiões tropicais e temperadas do mundo, o que explica uma de suas designações, "erva".

Conforme demonstra a parábola a seguir, as pessoas que fumam *cannabis* apresentam percepções alteradas da realidade.

> Conta a história que, certa noite, três homens chegaram aos portões fechados de uma cidade persa. Um estava embriagado pelo álcool, outro estava sob efeito do ópio e o terceiro impregnado de *cannabis*.
>
> O primeiro bradou: "Vamos derrubar os portões".
>
> "Não", bocejou o usuário de ópio, "vamos descansar até amanhã, quando poderemos entrar pelos portões totalmente abertos".
>
> "Façam como quiserem", foi a manifestação do dependente de *cannabis*. "Eu entrarei pelo buraco da fechadura!" (Rowell e Rowell, 1939).

As reações à *cannabis* geralmente incluem oscilação de humor. Determinadas circunstâncias normais tornam-se extremamente engraçadas ou, então, a pessoa fica em um estado de sonho no qual o tempo parece não avançar. Os usuários relatam experiências sensoriais amplificadas, enxergando cores vivas ou apreciando as sutilezas de uma música. Entretanto, talvez mais do que qualquer outra droga, a *canna-*

▲ O ícone pop Prince morreu em 2016, aos 57 anos, devido a uma overdose acidental de um opioide prescrito, fentanil.

TABELA 11.6 Critérios diagnósticos para transtorno por uso de opoides

A. Um padrão problemático do uso de opioides, levando a comprometimento ou sofrimento clinicamente significativo, manifestado por pelo menos dois dos seguintes critérios, ocorrendo durante um período de 12 meses:

 1. Os opioides são frequentemente consumidos em maiores quantidades ou por um período mais longo do que o pretendido.
 2. Existe um desejo persistente ou esforços malsucedidos no sentido de reduzir ou controlar o uso de opioides.
 3. Muito tempo é gasto em atividades necessárias para a obtenção do opioide, em sua utilização ou na recuperação de seus efeitos.
 4. Fissura ou um forte desejo ou necessidade de usar opioides.
 5. Uso recorrente de opioides resultando em fracasso em cumprir obrigações importantes no trabalho, na escola ou em casa.
 6. Uso continuado de opioides apesar de problemas sociais ou interpessoais persistentes ou recorrentes causados ou exacerbados pelos seus efeitos.
 7. Importantes atividades sociais, profissionais ou recreacionais são abandonadas ou reduzidas em virtude do uso de opioides.
 8. Uso recorrente de opioides em situações nas quais isso representa perigo para a integridade física.
 9. O uso de opioides é mantido apesar da consciência de ter um problema físico ou psicológico persistente ou recorrente que tende a ser causado ou exacerbado pela substância.
 10. Tolerância, definida por qualquer um dos seguintes aspectos:
     a. Necessidade de quantidades progressivamente maiores de opioides para atingir a intoxicação ou o efeito desejado.
     b. Efeito acentuadamente menor com o uso continuado da mesma quantidade de opioide.

     Nota: Este critério é desconsiderado em indivíduos cujo uso de opioides se dá unicamente sob supervisão médica adequada.
 11. Abstinência, manifestada por qualquer dos seguintes aspectos:
     a. Síndrome de abstinência característica de opioides (consultar os Critérios A e B do conjunto de critérios para abstinência de opioides).
     b. Opioides (ou uma substância estreitamente relacionada) são consumidos para aliviar ou evitar os sintomas de abstinência.

     Nota: Este critério é desconsiderado em indivíduos cujo uso de opioides se dá unicamente sob supervisão médica adequada.

Especificar gravidade atual:
Leve: Presença de dois a três sintomas
Moderada: Presença de quatro a cinco sintomas
Grave: Presença de seis ou mais sintomas

Fonte: Manual Diagnóstico e Estatístico de Transtornos Mentais, 5a ed. – DSM-5. Tab. 11.6. Artmed, Porto Alegre, 2014..

▲ Maconha.

bis pode produzir reações muito diferentes. Não é incomum alguém afirmar não ter sentido nada ao consumir a droga pela primeira vez; também parece que as pessoas conseguem "desligar" o estado provocado pela substância, caso estejam suficientemente motivadas (Jager, 2012). Os sentimentos de bem-estar produzidos pelas pequenas doses podem virar paranoia, alucinações e tonturas quando doses maiores são consumidas. Os usuários de *cannabis* que estão em idade escolar tiram mais notas baixas e têm menos probabilidade de se formar, embora não seja claro se esse fator é o efeito direto do uso de *cannabis* ou de outras drogas utilizadas concomitantemente (Jager, 2012). As pesquisas sobre usuários frequentes de *cannabis* indicam que os prejuízos na memória, concentração, relacionamentos interpessoais e emprego podem ser resultantes negativos do uso prolongado (possivelmente levando a **transtornos por uso de** *cannabis*), embora alguns pesquisadores sugiram que parte dos problemas psicológicos precede o uso e aumenta a probabilidade de alguém se tornar usuário (Heron et al., 2013; Macleod et al., 2004). A introdução da maconha sintética (chamada de vários nomes diferentes, como "erva falsa", "K2" ou "Spice" e comercializada como "incenso herbáceo") tem causado preocupações alarmantes porque, em muitos lugares, pode ser comprada legalmente e a reação ao uso pode ser extremamente prejudicial (exemplo: alucinações, convulsões, problemas com o ritmo cardíaco etc.) (Wells e Ott, 2011).

A evidência de tolerância à *cannabis* é contraditória. Os usuários crônicos relatam tolerância, especialmente relativa ao estado de alta euforia (Mennes, Ben Abdallah e Cottler, 2009); sendo incapazes de chegar aos níveis de prazer experienciados previamente. Contudo, as evidências indicam "tolerância reversa", quando os usuários regulares experimentam mais prazer após uso repetido. Sinais significativos de abstinência não ocorrem frequentemente com *cannabis*. Usuários crônicos que interrompem o uso relatam um período de irritabilidade, inquietação, perda de apetite, náusea e dificuldade para dormir (Jager, 2012).

Controvérsias cercam o uso de *cannabis* com propósitos medicinais. Entretanto, parece haver um banco de dados crescente que documenta o uso bem-sucedido de *cannabis* e seus subprodutos para os sintomas de certas doenças. No Canadá e em 24 estados dos Estados Unidos, incluindo Washington, D.C., produtos à base de *cannabis* estão disponíveis para uso medicinal, incluindo um extrato de *cannabis* (Sativex – disponível como *spray* nasal), dronabinol (Marinol), nabilona (Cesamet) e a forma da erva de *cannabis* tipicamente fumada (Borgelt et al., 2013; Wang et al., 2008). Esses produtos derivados de *cannabis* são prescritos para náusea e vômitos provocados pela quimioterapia, anorexia associada ao HIV, dor neuropática em casos de esclerose múltipla e dor relativa ao câncer. Infelizmente, a fumaça da *cannabis* pode conter tantos carcinógenos quanto a do tabaco, embora um estudo de longo prazo que acompanhou mais de 5 mil homens e mulheres por mais de 20 anos sugira que o uso ocasional não parece causar efeitos negativos no funcionamento pulmonar (Pletcher et al., 2012).

A maioria dos usuários de *cannabis* inala a droga consumida como um cigarro, preparado com as folhas secas da erva; outros usam preparados como o haxixe, que é a forma seca da resina presente nas folhas da planta fêmea. A *cannabis* contém mais de 80 variedades das substâncias químicas denominadas *canabinoides*, responsáveis pelas alterações de humor e de comportamento. O mais comum dessas substâncias químicas inclui o *tetra-hidrocanabinol*, também conhecido como *THC*. Uma descoberta interessante na área das pesquisas sobre *cannabis* foi que o cérebro produz sua própria versão de THC, um neuroquímico denominado *anandamida*, nome derivado de *ananda*, palavra advinda do sânscrito, que significa "bênção" (Sedlak e Kaplin, 2009; Volkow et al., 2014). Pesquisas subsequentes apontam para várias outras substâncias químicas naturais, incluindo o 2-AG (2-araquidonoilglicerol), éter noladin, virodamina e N-araquidonil-dopamina (Mechoulam e Parker, 2013; Piomelli, 2003). Os cientistas continuam investigando a forma como este neuroquímico afeta o cérebro e o comportamento (Piomelli, 2014).

Transtornos relacionados a alucinógenos

Na tarde de uma segunda-feira, em abril de 1943, Albert Hoffmann, cientista de uma grande indústria química suíça, preparou-se para testar um composto há pouco sintetizado. Ele havia estudado derivados do esporão-do-centeio (ergotoxina), um fungo que cresce nas sementes doentes do grão, e percebeu que havia deixado de notar algo importante nos 25 compostos da série do ácido lisérgico. Ingeriu o que pensou ser uma infinitesimal quantidade da droga, que em suas anotações foi denominada LSD-25, e esperou para ver que mudanças sutis

TABELA 11.7 Critérios diagnósticos para transtorno por uso de *cannabis*

A. Um padrão problemático de uso de *cannabis*, levando a comprometimento ou sofrimento clinicamente significativos, manifestado por pelo menos dois dos seguintes critérios, ocorrendo durante um período de 12 meses:
   1. *Cannabis* é frequentemente consumida em maiores quantidades ou por um período mais longo do que o pretendido.
   2. Existe um desejo persistente ou esforços malsucedidos no sentido de reduzir ou controlar o uso de *cannabis*.
   3. Muito tempo é gasto em atividades necessárias para a obtenção de *cannabis*, na utilização de *cannabis* ou na recuperação de seus efeitos.
   4. Fissura ou um forte desejo ou necessidade de usar *cannabis*.
   5. Uso recorrente de *cannabis*, resultando em fracasso em desempenhar papéis importantes no trabalho, na escola ou em casa.
   6. Uso continuado de *cannabis*, apesar de problemas sociais ou interpessoais persistentes ou recorrentes causados ou exacerbados pelos efeitos da substância.
   7. Importantes atividades sociais, profissionais ou recreacionais são abandonadas ou reduzidas em virtude do uso de *cannabis*.
   8. Uso recorrente de *cannabis* em situações nas quais isso representa perigo para a integridade física.
   9. O uso de *cannabis* é mantido apesar da consciência de ter um problema físico ou psicológico persistente ou recorrente que tende a ser causado ou exacerbado pela substância.
   10. Tolerância, definida por qualquer um dos seguintes aspectos:
       a. Necessidade de quantidades progressivamente maiores de *cannabis* para atingir a intoxicação ou o efeito desejado.
       b. Efeito acentuadamente menor com o uso continuado da mesma quantidade de *cannabis*.
   11. Abstinência, manifestada por qualquer dos seguintes aspectos:
       a. Síndrome de abstinência característica de *cannabis* (consultar os Critérios A e B do conjunto de critérios para abstinência de *cannabis*).
       b. *Cannabis* (ou uma substância estreitamente relacionada) é consumida para aliviar ou evitar os sintomas de abstinência.

Especificar gravidade atual:
Leve: Presença de 2 a 3 sintomas
Moderada: Presença de 4 a 5 sintomas
Grave: Presença de 6 ou mais sintomas

Fonte: Manual Diagnóstico e Estatístico de Transtornos Mentais, 5a ed. – DSM-5. Tab. 11.7. Artmed, Porto Alegre, 2014.

---

poderiam ocorrer-lhe. Trinta minutos depois, Hoffmann relatou não ter havido alteração; porém, cerca de 40 minutos após o consumo começou a sentir tontura e um desejo perceptível de rir. Ao voltar para casa de bicicleta, teve a alucinação de que os prédios pelos quais passava estavam se movendo e derretendo. Quando chegou em casa, aterrorizou-se com a possibilidade de perder a razão. Hoffmann estava tendo a experiência da primeira "viagem" com LSD (Jones, 2009).

O **LSD (dietilamida do ácido lisérgico)**, às vezes chamado "ácido", é a droga alucinógena mais comum. É produzida sinteticamente em laboratório, embora derivados naturais desse fungo do centeio (ergotoxina) tenham sido descobertos ao longo do tempo. Na Europa, durante a Idade Média, ocorreu um surto de doenças em consequência da ingestão de centeio infectado pelo fungo. Uma versão dessa doença – mais tarde denominada ergotismo – impedia a circulação sanguínea nos braços e pernas, resultando eventualmente em gangrena e perda de membros. Outro tipo de doença resultava em convulsões, delírios e alucinações. Anos mais tarde, os cientistas relacionaram o esporão-do-centeio às doenças e começaram a estudar versões desse fungo para a descoberta de possíveis benefícios. Esse é o tipo de trabalho que Albert Hoffmann desenvolvia quando descobriu as propriedades alucinógenas do LSD.

O LSD praticamente permaneceu em laboratório até os anos 1960, quando foi produzido ilegalmente pela primeira vez para uso recreacional. No entanto, a Agência Central de Inteligência (CIA) testou LSD como um "soro da verdade" durante interrogatórios, embora a agência tenha abandonado os seus esforços após diversos incidentes graves e nenhuma evidência da verdade (Lee e Shlain, 1992). Os efeitos da alteração de atividade mental ocasionados pela droga eram compatíveis com a iniciativa social de rejeitar a cultura estabelecida, e ampliaram a busca por novos paradigmas que caracterizaram o estado de ânimo e o comportamento de muitas pessoas durante a década. O falecido Timothy Leary, naquela ocasião um professor-pesquisador em Harvard, usou LSD pela primeira vez em 1961 e iniciou imediatamente um movimento para que toda criança e adulto experimentassem a droga e *"ficassem ligados, se entregassem e desprezassem a sociedade".*

Há outros alucinógenos, parte deles encontradas na natureza em diversas plantas: *psilocibina* (encontrada em certas espécies de cogumelos), *amida de ácido lisérgico* (encontrada nas sementes da planta glória-da-manhã), *dimetiltriptamina (DMT)* (encontrada na casca da árvore virola, que cresce na América do Sul e Central); e *mescalina* (encontrada na planta cacto peyote). A fenciclidina (ou PCP) é aspirada, consumida

TABELA 11.8 Critérios diagnósticos para transtorno por uso de outros alucinógenos

A. Um padrão problemático de uso de alucinógenos (que não a fenciclidina), levando a comprometimento ou sofrimento clinicamente significativos, manifestado por pelo menos dois dos seguintes critérios, ocorrendo durante um período de 12 meses:
 1. O alucinógeno é frequentemente consumido em maiores quantidades ou por um período mais longo do que o pretendido.
 2. Existe um desejo persistente ou esforços malsucedidos no sentido de reduzir ou controlar o uso do alucinógeno.
 3. Muito tempo é gasto em atividades necessárias para a obtenção do alucinógeno, na sua utilização ou na recuperação de seus efeitos.
 4. Fissura ou um forte desejo ou necessidade de usar o alucinógeno.
 5. Uso recorrente de alucinógenos resultando em fracasso em cumprir obrigações importantes no trabalho, na escola ou em casa (p. ex., ausências repetidas ao trabalho ou baixo desempenho profissional relacionados ao uso de alucinógenos; ausências, suspensões ou expulsões da escola relacionadas a alucinógenos; negligência dos filhos ou dos afazeres domésticos).
 6. Uso continuado de alucinógenos apesar de problemas sociais ou interpessoais persistentes ou recorrentes causados ou exacerbados pelos seus efeitos (p. ex., discussões com o cônjuge sobre as consequências da intoxicação; agressões físicas).
 7. Importantes atividades sociais, profissionais ou recreacionais são abandonadas ou reduzidas em virtude do uso de alucinógenos.
 8. Uso recorrente de alucinógenos em situações nas quais isso representa perigo para a integridade física (p. ex., condução de veículos ou operação de máquinas durante comprometimento decorrente de alucinógeno).
 9. O uso de alucinógenos é mantido apesar da consciência de ter um problema físico ou psicológico persistente ou recorrente que tende a ser causado ou exacerbado pelo alucinógeno.
 10. Tolerância, definida por qualquer um dos seguintes aspectos:
   a. Necessidade de quantidades progressivamente maiores do alucinógeno para atingir a intoxicação ou o efeito desejado.
   b. Efeito acentuadamente menor com o uso continuado da mesma quantidade do alucinógeno.

Nota: Sinais e sintomas de abstinência não foram estabelecidos para alucinógenos, portanto esse critério não se aplica.

Especificar gravidade atual:
Leve: Presença de 2 a 3 sintomas
Moderada: Presença de 4 a 5 sintomas
Grave: Presença de 6 ou mais sintomas

Fonte: Manual Diagnóstico e Estatístico de Transtornos Mentais, 5a ed. – DSM-5. Tab. 11.8. Artmed, Porto Alegre, 2014.

---

como fumo ou injetada por via intravenosa e causa impulsividade e agressividade.

Os critérios e diagnóstico de *DSM-5* para intoxicação alucinógena são semelhantes àqueles descritos para *cannabis*: alterações perceptivas, como a intensificação subjetiva de percepções, despersonalização e alucinações. Os sintomas físicos incluem dilatação das pupilas, batimentos cardíacos acelerados, sudorese e visão embaçada (American Psychiatric Association, 2013). Muitos usuários escreveram sobre alucinógenos, descrevendo diversas experiências. Em estudo bem delineado com grupo controle sobre alucinógenos, os pesquisadores da Faculdade de Medicina Johns Hopkins administraram aos voluntários tanto a psilocibina alucinógena quanto uma droga controle (a medicação para TDAH, Ritalina) e avaliaram suas reações (Griffiths et al., 2006). A ingestão de psilocibina resultou em reações específicas de indivíduo para indivíduo, incluindo alterações perceptivas (por exemplo, alucinações visuais leves) e mudanças de humor (como alegria e felicidade, ansiedade ou medo). Curiosamente, a droga aumentou os relatos de experiências místicas (por exemplo, sentimento profundo de humor positivo), e mesmo 14 meses depois, muitos classificaram a experiência como tendo um significado espiritual (Griffiths et al., 2008). Mais pesquisas são necessárias para explorar como esses tipos de drogas funcionam com especificidade aumentada, e essas pesquisas podem também nos dizer como nossos cérebros processam experiências como significado pessoal e espiritualidade (Tylš, Paleniček e Horaček, 2014).

A tolerância se desenvolve rapidamente a vários alucinógenos, incluindo o LSD, a psilocibina e a mescalina (**transtornos por uso de alucinógenos**) (Passie e Halpern, 2015). Se tomadas repetidamente ao longo de um período, essas drogas perdem seus efeitos. A sensibilidade retorna após aproximadamente uma semana de abstinência. Para a maioria dos alucinógenos, não há relatos de sintomas de abstinência. Ainda assim, uma série de preocupações é expressa sobre seu uso. Uma é a possibilidade de reações psicóticas. Histórias veiculadas pela imprensa popular sobre pessoas que pularam de janelas por acreditarem poder voar ou que se impuseram no meio do tráfego de carros com a ideia equivocada de que não se machucariam, e assim por diante, transformaram-se em manchetes da mídia sensacionalista, mas poucas evidências sugerem que os alucinógenos produzam um risco superior ao de estar bêbado ou sob influência de alguma outra droga. As pessoas relatam ter "devaneios desagradáveis" (*bad trip*), um tipo de episódio assustador nos quais nuvens são vistas como monstros ameaçadores ou sentimentos profundos de paranoia se instalam. Um indivíduo que experimenta uma "*bad trip*" pode ser tranquilizado por alguém que ofereça apoio e proporcione segurança constante de que a experiência é efeito temporário da droga e que desaparecerá em algumas horas (Parrott, 2012).

Os alucinógenos parecem afetar o cérebro de modos diversos e inespecíficos, modulando vários receptores diferentes ao mesmo tempo e de maneiras opostas. Acredita-se que este amplo impacto nos receptores do cérebro possa levar à expansão da consciência sentida por algumas pessoas (Passie e Halpern, 2015). A maioria dessas drogas é semelhante em certos aspectos aos neurotransmissores; LSD, psilocibina, amida do ácido lisérgico e DMT (dimetiltriptamina) são quimicamente similares à serotonina; a mescalina se assemelha à noradrenalina, e vários outros alucinógenos que não especificamos são semelhantes à acetilcolina. A psilocibina, por exemplo, parece aumentar a serotonina como agonista nos receptores 5HT2A/C e 5HT1A para produzir efeitos alucinogênicos, mas a atividade neural restante é menos compreendida, e parece que a psilocibina pode também modular receptores de dopamina. Estudos recentes com ressonância magnética funcional mostraram ativação em "redes de estado em repouso" que são normalmente ativadas durante um estado de repouso ou introspecção, assim como redes que aumentam a atenção focada. A alternância e a ativação dessas duas redes normalmente ocorrem durante estados como meditação ou psicose. Pesquisas em laboratórios com humanos e animais mostram ausência de toxicidade em curto ou longo prazo, o que significa que o corpo processa as substâncias sem causar prejuízos aos órgãos, incluindo o cérebro. Isso pode ser em parte o motivo pelo qual alguns pesquisadores estão explorando a psilocibina como um "modelo" para a psicose, assim como uma substância com possível potencial terapêutico (Tylš et al., 2014).

Outras drogas de abuso

Uma série de outras substâncias é usada por indivíduos para alterar as experiências sensoriais. Essas drogas não se encaixam perfeitamente nas classes de substâncias que nós acabamos de descrever, mas são, de fato, preocupantes porque podem ser fisicamente prejudiciais para aqueles que as ingerem. Resumidamente descrevemos a seguir os inalantes, esteroides e um grupo de substâncias denominadas drogas "de grife".

Inalantes incluem uma variedade de substâncias encontradas em solventes voláteis – o que as torna disponíveis para entrar diretamente nos pulmões. Entre os inalantes mais comuns usados abusivamente estão a tinta em *spray*, *spray* para cabelo, tíner, gasolina, nitrato de amila, dióxido de nitrogênio ("gás hilariante"), removedor de esmaltes, marca-textos com ponta de feltro, cola de sapateiro, cimento de contato (*contact sement*), fluido para limpeza a seco e removedor de manchas (Ridenour e Howard, 2012). O uso de inalante é maior durante o início da adolescência, na idade entre 13 e 14 anos, especialmente dentre os que estão em instituições psiquiátricas ou correcionais. Além disso, taxas mais altas de uso de inalantes foram encontradas entre os nativos americanos e caucasianos, assim como entre aqueles que vivem na zona rural ou em cidades pequenas, vêm de ambientes desfavorecidos, têm altos níveis de ansiedade e depressão, e demonstram temperamentos mais impulsivos e destemidos (Garland et al., 2011; Halliburton e Bray, 2016). Essas drogas são rapidamente absorvidas na corrente sanguínea por meio dos pulmões quando inaladas de recipientes ou em um pano colocado na boca e no nariz. As sensações causadas pelo uso de inalantes se assemelham às de intoxicação por álcool, e geralmente incluem tontura, fala arrastada, falta de coordenação motora, euforia e letargia (American Psychiatric Association, 2013). Os usuários desenvolvem uma tolerância às drogas, e os sinais da retirada – que envolvem distúrbios do sono, tremores, irritabilidade e náusea – pode durar de 2 a 5 dias. Infelizmente, o uso também pode aumentar a agressividade e o comportamento antissocial, e o uso em longo prazo pode danificar a medula óssea, os rins, o fígado, o pulmão e o sistema nervoso, incluindo o cérebro (por exemplo, levando a prejuízo cognitivo para o usuário e para bebês nascidos de mães que fizeram uso durante a gestação) (Ford et al., 2014). Alguns usuários podem sofrer um evento cardíaco que, por sua vez, pode levá-los à morte (fenômeno denominado "Síndrome da morte súbita por inalação ou SSD") (Ridenour e Howard, 2012).

Os esteroides anabólicos androgênicos ou anabolizantes (mais comumente conhecidos como esteroides, "bomba" ou "*juice*") derivam da ou são substâncias sintetizadas na forma de testosterona (Pope e Kanayama, 2012). O uso médico legítimo dessas drogas destina-se a pessoas com asma, anemia, câncer de mama ou homens com disfunção sexual. Entretanto, a ação anabólica dessas drogas (que faz aumentar a massa muscular) resultou no uso ilícito por parte de pessoas que desejam melhorar a capacidade física pelo aumento de massa muscular. Esteroides podem ser consumidos por via oral ou injeta-

▲ A proliferação de novas drogas recreacionais em baladas, tais como ecstasy, inspiram ainda mais vigilância pelo sistema legal.

TABELA 11.9 Critérios diagnósticos para transtorno por uso de inalantes

A. Um padrão problemático de uso de substância inalante baseada em hidrocarbonetos levando a comprometimento ou sofrimento clinicamente significativo manifestado por pelo menos dois dos seguintes critérios, ocorrendo durante um período de 12 meses:

1. A substância inalante é frequentemente consumida em maiores quantidades ou por um período mais longo do que o pretendido.
2. Existe um desejo persistente ou esforços malsucedidos no sentido de reduzir ou controlar o uso da substância inalante.
3. Muito tempo é gasto em atividades necessárias para a obtenção da substância inalante, na sua utilização ou na recuperação de seus efeitos.
4. Fissura ou um forte desejo ou necessidade de usar a substância inalante.
5. Uso recorrente da substância inalante, resultando em fracasso em cumprir obrigações importantes no trabalho, na escola ou em casa.
6. Uso continuado da substância inalante apesar de problemas sociais ou interpessoais persistentes ou recorrentes causados ou exacerbados pelos efeitos de seu uso.
7. Importantes atividades sociais, profissionais ou recreacionais são abandonadas ou reduzidas em virtude do uso da substância inalante.
8. Uso recorrente da substância inalante em situações nas quais isso representa perigo para a integridade física.
9. O uso da substância inalante é mantido apesar da consciência de ter um problema físico ou psicológico persistente ou recorrente que tende a ser causado ou exacerbado por ela.
10. Tolerância, definida por qualquer um dos seguintes aspectos:
    a. Necessidade de quantidades progressivamente maiores da substância inalante para atingir a intoxicação ou o efeito desejado.
    b. Efeito acentuadamente menor com o uso continuado da mesma quantidade da substância inalante.

Especificar gravidade atual:
Leve: Presença de 2 a 3 sintomas
Moderada: Presença de 4 a 5 sintomas
Grave: Presença de 6 ou mais sintomas

Fonte: Manual Diagnóstico e Estatístico de Transtornos Mentais, 5a ed. – DSM-5. Tab. 11.9. Artmed, Porto Alegre, 2014.

---

dos. Estimativas indicam que aproximadamente 2% a 6% dos homens usarão a droga ilegalmente em algum momento de suas vidas (Pope e Kanayama, 2012). Algumas vezes, os usuários consomem a droga de acordo com um cronograma que se estende por várias semanas ou meses seguidos pela interrupção do uso – denominada "ciclo" – ou combinam diversos tipos de esteroides – o chamado "*stacking*". O uso do esteroide difere daquele de outras drogas porque a substância não produz um estado de euforia desejável, mas é usada para aumentar o desempenho e massa corporal. A dependência, portanto, parece implicar o desejo de manter os ganhos de desempenho obtidos em vez de uma necessidade de voltar a experimentar estados emocional ou físico alterados. Estudos sobre os efeitos a longo prazo do uso de esteroides parecem sugerir que transtornos do humor são comuns (por exemplo, depressão, ansiedade e ataques de pânico) (Pope e Kanayama, 2012), e há uma preocupação de que consequências mais graves podem resultar do uso regular da droga.

Uma outra classe de drogas – anestésicos dissociativos – causa sonolência, alívio da dor e o sentimento de estar fora do corpo (Domino e Miller, 2015; Javitt e Zukin, 2009). Algumas vezes referida como drogas de grife, esse grupo crescente de drogas foi a princípio desenvolvido pelas indústrias farmacêuticas para tratar doenças e transtornos específicos. Foi apenas uma questão de tempo para que alguns começassem a se valer das tecnologias de desenvolvimento para criar "drogas recreacionais". Já descrevemos uma das drogas de grife ilícitas mais comuns – MDMA, com nome popular de ecstasy ou molly – na seção sobre estimulantes. Esta anfetamina faz parte de uma pequena, mas temida lista de substâncias relacionadas que incluem a 3,4-metilenodioximetanfetamina (MDMA, ou Eva) e 2-(4-bromo- 2,5-dimetoxifenil)-etilamina (BDMPEA, ou Nexus) (Wu et al., 2009). O poder que essas drogas têm de ampliar a percepção auditiva e visual, bem como os sentidos de paladar e tato de uma pessoa, foi incorporado ao universo dos que frequentam clubes noturnos, festas de música eletrônica que duram a noite toda (raves), ou grandes reuniões sociais. Uma droga relacionada à fenciclidina (PCP) e que está associada à cena de drogas usadas em clubes noturnos é a cetamina (conhecida nos Estados Unidos como K, Special K e CatValium), um anestésico dissociativo que produz uma sensação de descolamento da realidade, acompanhada de sensação reduzida de dor (Wolff, 2012). O gama-hidroxibutirato (GHB ou ecstasy líquido) é um depressor do sistema nervoso central, que nos anos 1980 era vendido em lojas que comercializavam produtos naturais como estimulante do crescimento muscular. Os usuários relatam que, em doses pequenas, a substância pode produzir uma sensação de relaxamento e uma tendência crescente para a verbalização, porém em doses maiores ou em combinação com o álcool ou outras drogas, pode resultar em convulsões, diminuição grave da função respiratória e coma. Essas drogas ingeridas em altas doses podem ser especialmente perigosas para o cérebro em desenvolvimento do adolescente devido à sua alta toxicidade, o que pode causar perda irreversível de memória e outros prejuízos cognitivos (Domino e Miller, 2015).

Desde 2010, houve um aumento no uso de catinonas sintéticas ("sais de banho") *3,4-methylenedioxypyrovalerone* (MDPV), a forma sintética de um estimulante encontrado na planta khat da África Oriental e Arábia Saudita, conhecida por seus efeitos estimulantes (Baumann, 2014). Os efeitos dessas catinonas sintéticas são muito mais fortes e, embora similares aos estimulantes, possuem um efeito excitatório ou de agitação que pode incluir paranoia, delírio, alucinações e ataques de pânico (Baumann et al., 2013). O uso de todas essas drogas pode resultar em tolerância e dependência e sua crescente popularidade entre adolescentes e jovens adultos vem se tornando questão de saúde pública.

Verificação de conceitos 11.2

Assinale V (verdadeiro) ou F (falso) nas afirmativas que seguem sobre os estimulantes.

1. _____ O uso de crack por gestante sempre causa efeitos adversos no desenvolvimento do feto.
2. _____ O uso contínuo de estimulantes pode resultar em tolerância e dependência das substâncias.
3. _____ As anfetaminas têm sido usadas como supressor de apetite.
4. _____ A cafeína, comparada a todas as demais drogas, pode produzir as reações mais variadas nas pessoas.
5. _____ As anfetaminas são drogas naturalmente encontradas que induzem sensações de alegria, vigor e podem reduzir a fadiga.
6. _____ A cocaína era um ingrediente da Coca-Cola nos anos 1800.
7. _____ Os estimulantes são produzidos apenas em laboratórios.

Causas dos transtornos relacionados à dependência de substâncias

As pessoas continuam a usar drogas psicoativas por causa dos seus efeitos no humor, percepção e comportamento, mesmo sabendo das óbvias consequências negativas do abuso e da dependência. Nós observamos que, apesar do nítido potencial de Danny como um indivíduo bem-sucedido, ele continuou a usar drogas até seu detrimento. Vários fatores ajudam a explicar por que pessoas como Danny persistem no uso de drogas. O abuso e a dependência de drogas, no passado considerados resultantes de fraqueza moral, são hoje analisados sob a perspectiva de uma combinação de fatores biológicos e psicossociais.

Por que algumas pessoas fazem uso de psicoativos sem abuso ou desenvolvimento de dependência? Por que algumas pessoas interrompem o uso dessas drogas ou as consomem em quantidades moderadas ao se tornarem dependentes e outras continuam em um padrão dependente e de uso permanente apesar do empenho para abster-se? Vários pesquisadores ao redor do mundo estão voltados para essas questões.

Aspectos biológicos

Em 2007, quando a modelo americana e personalidade televisiva Anna Nicole Smith morreu de overdose aparentemente acidental de pelo menos nove prescrições médicas – incluindo metadona, Valium e o sedativo hidrato de cloral –, a infeliz notícia tornou-se sensação na mídia. A tragédia foi agravada pelo fato de que, apenas meses antes, seu único filho Daniel havia morrido também de uma aparente overdose de drogas. Teria o filho herdado da mãe uma vulnerabilidade à adição? Teria ele adquirido os hábitos de Anna Nicole por morar com ela? Ou o fato de mãe e filho serem dependentes seria apenas coincidência?

Influências familiares e genéticas

Como se pôde perceber no decorrer deste livro, muitos transtornos psicológicos são influenciados pela genética de maneira importante. Evidências crescentes indicam que o abuso de drogas segue esse padrão. Pesquisadores que vêm conduzindo estudos com gêmeos, família, adoção e outros estudos genéticos descobriram que certas pessoas são geneticamente vulneráveis ao abuso de drogas (Strain, 2009; Volkow e Warren, 2015). Estudos com gêmeos tabagistas, por exemplo, indicam uma moderada influência genética (por exemplo: Hardie, Moss e Lynch, 2006; Seglem et al., 2015). A maioria dos dados genéticos sobre o abuso de substância advém da pesquisa sobre o alcoolismo, que é amplamente estudado pelo fato de o uso do álcool ser legalizado e pelo grande número de dependentes. As pesquisas em geral indicam que os fatores de risco genéticos estão presentes para todas as drogas que alteram o humor (Kendler et al., 2012).

Em um estudo importante sobre gêmeos, o papel do ambiente, bem como o da genética, foi examinado quanto aos problemas por uso de substâncias. Os pesquisadores investigaram mais de mil pares de gêmeos do sexo masculino e os questionaram quanto ao uso de *cannabis*, cocaína, alucinógenos, sedativos, estimulantes e opioides (Kendler et al., 2003). Os resultados – que podem ter implicações importantes quanto à maneira como abordamos o tratamento e a prevenção – sugerem que há influências genéticas comuns ao uso de todas essas drogas. Embora esteja nítido que a genética desempenha um papel importante nos transtornos relacionados a substâncias, genes específicos e suas influências sobre esses transtornos ainda estão sendo explorados (Ray, 2012; Volkow e Warren, 2015). Com a busca pelos genes que influenciam os transtornos por uso de substâncias, a próxima questão óbvia é como esses genes funcionam quando ocorre a adição – um campo de pesquisa chamado genômica funcional (Demers, Bogdan e Agrawal, 2014; Khokhar et al., 2010).

▲ As mortes de Anna Nicole Smith e seu filho Daniel, ambas por complicações com drogas, levantaram a questão de como as influências ambientais e biológicas desempenharam seu papel no uso de drogas por mãe e filho.

Fatores genéticos afetam o modo como as pessoas experienciam e metabolizam certas drogas, o que, por sua vez, pode determinar parcialmente quem irá ou não se tornar um usuário regular. Apenas para ilustrar quão complexa essa relação pode ser, pesquisas descobriram que certos genes estão associados a uma probabilidade maior de dependência de heroína em populações hispânicas e afro-americanas (Nielsen et al., 2008). Outra pesquisa indica que o tratamento farmacológico para o transtorno do uso de álcool – naltrexona (um antagonista opioide) – pode ser mais efetivo com indivíduos que apresentam uma variante genética específica em seus receptores opioides (o gene OPRM1) (Ray, 2012). Em outras palavras, sua genética pode não apenas influenciar o desenvolvimento de um transtorno relacionado a substâncias, mas também ajudar a prever quais tratamentos podem ser efetivos na redução desses problemas.

Influências neurobiológicas

Em geral, a sensação de prazer que usuários de substâncias psicoativas relatam explica parcialmente porque eles continuam a usá-las. Em termos comportamentais, as pessoas são positivamente reforçadas pelo uso de drogas. Contudo, que mecanismo é responsável por essas experiências? Estudos indicam que o cérebro parece ter uma "via do prazer" que medeia nossa experiência de gratificação. Todas as substâncias parecem afetar essa central interna de recompensas, da mesma maneira que você sente prazer ao consumir certos alimentos e fazer sexo (Ray, 2012). Em outras palavras, aquilo que as drogas psicoativas podem ter em comum é sua capacidade para ativar esse centro de gratificação e proporcionar ao usuário uma experiência prazerosa, pelo menos durante um tempo.

O centro de prazer foi descoberto há mais de 50 anos por James Olds, que estudou os efeitos da estimulação elétrica em cérebros de ratos (Olds, 1956; Olds e Milner, 1954). Se certas áreas fossem estimuladas com pequenas quantidades de eletricidade, os ratos se comportavam como se tivessem recebido algo agradável como, por exemplo, o alimento. A localização exata dessa área no cérebro humano ainda está em debate. Acredita-se que o sistema dopaminérgico e seus neurônios que liberam opioide, conhecidos como receptores MOP-r, estejam envolvidos. Os opioides têm um efeito agonista em receptores MOP-r, que estão espalhados por todo o sistema nervoso central e são codificados pelo gene OPRM1 dos receptores opioides mu. Isso significa que os opioides incentivam mais produção dos próprios opioides do cérebro. O centro do prazer e recompensa que mantém os usuários de opioides em uso é composto por receptores MOP-r encontrados principalmente em áreas do estriado dorsal e ventral, e é altamente influenciado pela ativação dos sistemas dopaminérgicos mesocortical, mesolímbico e nigroestriatal (Berridge e Kringelbach, 2015; Borg et al., 2015).

De que maneira as diferentes drogas que afetam sistemas neurotransmissores distintos convergem para ativar o centro de prazer, formado principalmente por neurônios sensíveis à dopamina? Os pesquisadores estão apenas começando a selecionar as respostas a essa pergunta, porém alguns resultados surpreendentes surgiram recentemente. Por exemplo, sabemos que as anfetaminas e a cocaína agem diretamente no sistema dopaminérgico. Outras drogas, no entanto, parecem aumentar a disponibilidade de dopamina de modo mais indireto e complexo. Por exemplo, os neurônios na área tegmental ventral são mantidos continuamente sem disparos pelos neurônios GABA (lembre-se de que GABA é um sistema neurotransmissor inibitório que impede outros neurônios de enviarem informações). É a presença desses neurônios GABA, que operam como "policiais do cérebro" ou superegos do sistema neurotransmissor de recompensas, que impede a ocorrência de estados de euforia intermináveis. Os opioides (ópio, morfina, heroína) inibem a ação do GABA, o que por sua vez paralisa a inibição de dopamina pelos neurônios desse sistema, mantendo maior quantidade de dopamina disponível na via do prazer. As drogas que estimulam direta ou indiretamente o centro de recompensa incluem não somente anfetamina, cocaína e opioides, mas também nicotina e álcool (Strain, 2009; Volkow e Warren, 2015).

Esse quadro complexo ainda está longe de ser concluído. Agora entendemos que outros neurotransmissores além da dopamina – incluindo serotonina e noradrenalina – estão também envolvidos no sistema de recompensa do cérebro (Khokhar et al., 2010; Volkow e Warren, 2015). Os próximos anos deverão trazer informações mais interessantes sobre a interação entre drogas e cérebro. Um aspecto que aguarda explicação é como as drogas não apenas proporcionam experiências prazerosas (reforço positivo), mas também ajudam a eliminar experiências desagradáveis como dor, sensação de estar doente ou ansiedade (reforço negativo). A aspirina é um reforçador negativo: nós a tomamos não porque ela nos fazer sentir bem, mas porque interrompe nosso mal-estar. De modo praticamente idêntico, uma propriedade das drogas psicoativas é impedir que as pessoas se sintam mal, um efeito tão poderoso quanto fazer que se sintam bem.

Em diversas drogas, o reforço negativo está relacionado ao efeito ansiolítico, à capacidade para reduzir a ansiedade (discutida brevemente na seção sobre drogas sedativas, hipnóticas e ansiolíticas). O álcool possui efeito ansiolítico. A neurobiologia de como essas drogas reduzem a ansiedade parece envolver o sistema septo-hipocampal (Ray, 2012), que inclui um grande número de neurônios sensíveis ao GABA. Certas drogas podem reduzir a ansiedade ampliando a atividade do GABA nessa região, inibindo assim a reação normal do cérebro (ansiedade ou medo) a situações que geram ansiedade. A Figura 11.7 ilustra de que maneira uma droga como a nicotina tem um impacto multifacetado em uma variedade de sistemas de neurotransmissores e, por sua vez, em seus efeitos sobre a experiência de fumar.

Pesquisadores identificaram diferenças individuais no modo como as pessoas reagem ao álcool. Compreender essas diferenças é importante para ajudar a explicar por que alguns indivíduos continuam a usar drogas até se tornarem dependentes, ao passo que outros param antes que isso aconteça. Uma série de estudos compara indivíduos com e sem histórico familiar de transtorno por uso de álcool (Gordis, 2000). Quando comparados aos filhos de pessoas sem o transtorno, os pesquisadores concluíram que os filhos de indivíduos com o transtorno por uso de álcool podem ser mais sensíveis ao álcool quando da primeira ingestão, tornando-se menos sensíveis aos seus efeitos no decorrer das horas após a ingestão. Essa descoberta é significativa, porque os efeitos de euforia produzidos pelo álcool ocorrem logo após a ingestão, mas a experiência, passadas várias horas após a ingestão, geralmente inclui estados de tristeza e depressão. As pessoas que correm o risco de desen-

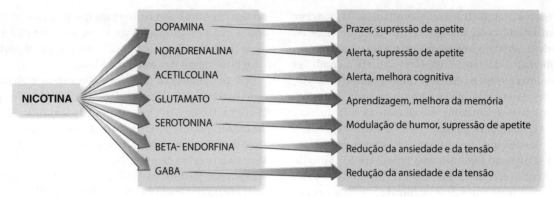

FIGURA 11.7 A nicotina influencia vários neurotransmissores, levando a diversas mudanças de humor. (Figura de Benowitz, N. (2008). Neurobiology of nicotine addiction: Implications for smoking cessation treatment. *The American Journal of Medicine, 121* (4A), 3-S10).

volverem o transtorno por uso de álcool (nesse caso, os filhos de indivíduos com transtorno por uso de álcool) podem ter maior capacidade de apreciar o estado eufórico inicial produzido pelo álcool e ser menos sensíveis aos estados depressivos que ocorrem posteriormente, o que os torna candidatos ideais para o uso recorrente da substância. Apoiando esta observação, uma pesquisa de acompanhamento que durou dez anos constatou que aqueles homens que tendiam a ser menos sensíveis ao álcool também tendiam a beber mais intensa e frequentemente (Schuckit, 1994, 1998).

Uma linha de pesquisa atual envolve a análise do padrão de ondas cerebrais das pessoas com propensão a desenvolver o transtorno por uso de álcool. Essa pesquisa está estudando os filhos de pessoas com esse transtorno devido à sua maior probabilidade de ter problemas com álcool. Aos participantes é solicitado que se sentem silenciosamente e que ouçam um tom específico. Quando ouvem o tom, devem avisar o pesquisador. Durante esse tempo, suas ondas cerebrais são monitoradas e um padrão peculiar emerge – *amplitude P300*. No intervalo de aproximadamente 300 milissegundos (a origem da designação "P300") após o tom ser apresentado, ocorre um pico característico das ondas cerebrais indicando que o cérebro está processando a informação. Em geral, os pesquisadores constatam que esse pico é mais baixo entre indivíduos com histórico familiar de transtorno por uso de álcool (Tapert e Jacobus, 2012).

Essa diferença nas ondas cerebrais está relacionada de alguma forma às razões pelas quais as pessoas desenvolvem a dependência de álcool ou é apenas um indicador que esses indivíduos têm em comum, mas sem relação com o transtorno por uso de álcool? Um indício específico que argumenta contra as diferenças do padrão P300 como um indicador do transtorno é que pessoas com uma variedade de outros problemas relacionados ao uso de substâncias (por exemplo, usuários de opiódes) e transtornos psicológicos (por exemplo, esquizofrenia e depressão) também possuem amplitude P300 mais baixa que os participantes de controle (Singh et al., 2009). Pesquisadores seguem tentando compreender esse interessante, porém enigmático fenômeno.

Aspectos psicológicos

Mostramos que as substâncias que as pessoas usam para alterar o humor e o comportamento possuem efeitos diferenciados. O estado de euforia produzido pela heroína difere de modo substancial da experiência de fumar um cigarro, que difere, por sua vez, dos efeitos das anfetaminas ou do LSD. No entanto, é importante ressaltar as similaridades no modo como as pessoas reagem psicologicamente à maioria dessas substâncias.

Reforço positivo

As sensações que resultam do uso de substâncias psicoativas são de algum modo prazerosas e as pessoas continuarão a consumi-las a fim de sentir novamente esse prazer. Pesquisas mostram claramente que muitas das drogas usadas por seres humanos também parecem ser prazerosas para os animais (Young e Herling, 1986). Animais de laboratório se empenham para que sejam injetadas em seus corpos drogas como cocaína, anfetaminas, opioides, sedativos e álcool, o que demonstra que mesmo sem influências sociais e culturais essas drogas proporcionam sensações prazerosas.

Pesquisas com seres humanos também indicam, em certo grau, que todas as drogas psicoativas proporcionam experiências prazerosas (Ray, 2012). Além disso, os contextos sociais para o consumo de drogas podem encorajar seu consumo, mesmo quando o uso isolado não for o objetivo. Um estudo descobriu que, entre os voluntários que preferiam não tomar Valium, a questão financeira do medicamento fez com que os participantes trocassem o placebo por Valium (Alessi et al., 2002). O reforço positivo do uso e as situações que cercam o consumo de drogas contribuem para que as pessoas decidam ou não por continuar o uso.

Reforço negativo

A maioria dos pesquisadores observa como as drogas ajudam a reduzir sentimentos desagradáveis por meio do reforço negativo. Muitas pessoas estão predispostas a iniciar o consumo de drogas e continuar o uso para escapar dos dissabores de suas vidas. Além da euforia inicial, muitas drogas propiciam um escape da dor física (opioides), do estresse (álcool) ou do pânico e da ansiedade (benzodiazepinas). Esses fenômenos têm sido explorados sob uma série de diferentes nomes, incluindo *redução de tensão*, *afeto negativo* e *automedicação*, cada um dos quais com um foco distinto (Ray, 2012).

Uma premissa é a de que o uso de substâncias é uma maneira encontrada pelos usuários de lidar com as sensações desagradáveis que acompanham as circunstâncias da vida. Por exemplo, um estudo observou que, entre 1.252 soldados do exército norte-americano que retornaram para casa da Operação de Libertação do Iraque, aqueles expostos a combates violentos, traumas e responsabilidade direta por tirar a vida de uma outra pessoa eram indivíduos com alto risco de expor-se a novos riscos e de consumir álcool com mais frequência e em maiores quantidades (Killgore et al., 2008; Stappenbeck et al., 2014). Pessoas que passam por outros tipos de trauma, como abuso sexual, são também mais propensas ao abuso de álcool (Breckenridge, Salter e Shaw, 2012). Essas observações enfatizam o importante papel desempenhado por cada aspecto do abuso e da dependência – biológico, psicológico, social e cultural – na determinação de quem terá ou não dificuldades com essas substâncias.

Em um estudo que investigou adolescentes que faziam uso de substâncias para aliviar o estresse (Chassin et al., 1993), pesquisadores compararam um grupo de jovens cujos pais tinham transtorno por uso de álcool a um grupo cujos pais não tinham problemas com bebida. A idade média dos adolescentes era de 12,7 anos. Os pesquisadores observaram que ter apenas um dos pais dependentes de álcool era um fator importante para prever quem faria uso de álcool e outras drogas. No entanto, constataram também que adolescentes que reportavam afetos negativos, como solidão, choro excessivo ou tensão, tinham maior probabilidade de usar drogas. Os pesquisadores afirmaram ainda que os adolescentes de ambos os grupos tendiam a usar drogas como um meio para lidar com sensações desagradáveis. Esse estudo e outros (ver, por exemplo, Pardini, Lochman e Wells, 2004) sugerem que um fator que contribui para o uso de drogas por adolescentes é o desejo de fugir dos dissabores. Também indica que, para impedir que as pessoas usem drogas, é preciso considerar influências como estresse e ansiedade, uma estratégia que discutiremos na seção sobre tratamento.

Muitas pessoas que usam substâncias psicoativas experimentam um colapso após a euforia. Se realmente entram em colapso, por que simplesmente não param de consumir drogas? Uma explicação é fornecida por Solomon e Corbit em uma integração interessante dos reforços positivos e negativos (Solomon, 1980; Solomon e Corbit, 1974). A *teoria dos processos oponentes* afirma que um aumento de sensações positivas será seguido brevemente por um aumento de sensações negativas. De modo similar, um aumento de sensações negativas será seguido por um período de sensações positivas (Ray, 2012). É comum atletas declararem sentir-se deprimidos após alcançarem uma meta há muito almejada. A teoria dos processos oponentes afirma que esse mecanismo é fortalecido pelo uso e enfraquecido pelo desuso. Logo, uma pessoa que tem consumido drogas durante certo tempo precisará aumentar a quantidade para conseguir os mesmos resultados (tolerância). Ao mesmo tempo, as sensações negativas após o uso de uma droga tendem a se intensificar. Para muitas pessoas este é o ponto no qual a motivação para o consumo de drogas passa de desejo de sensação eufórica para o alívio da prostração cada vez mais desagradável. Infelizmente, essas pessoas tendem a acreditar que a solução é usar mais da mesma droga. As pessoas que ficam de ressaca depois de beber muito, com frequência,

ouvem "Ressaca? Tome mais uma que melhora". A triste ironia aqui é que a droga que faz você se sentir tão mal é a única que pode tirar a sua dor. Você pode notar porque as pessoas se tornam prisioneiras desse ciclo insidioso.

Os pesquisadores também examinaram o abuso de substâncias como meio de automedicação para outros problemas (Bailey e Baillie, 2012). Se as pessoas têm dificuldades com a ansiedade, por exemplo, podem se sentir atraídas por barbitúricos ou pelo álcool em razão de suas propriedades ansiolíticas. Pesquisadores tiveram sucesso ao tratar um grupo de adictos em cocaína que tinham TDAH utilizando metilfenidato (Ritalina) (Dursteler et al., 2015; Levin et al., 2007). A hipótese era de que esses indivíduos usavam cocaína para aumentar a sua concentração. Após a melhora da capacidade atencional com o metilfenidato, os usuários reduziram o uso de cocaína. As pesquisas para descrever a inter-relação complexa entre estressores, sentimentos negativos, outros transtornos psicológicos e reações negativas às próprias drogas como fatores causais no uso de drogas psicoativas estão apenas no início.

Aspectos cognitivos

O que as pessoas esperam com o uso de drogas influencia o modo como reagem a elas. Uma pessoa que espera ficar menos inibida quando bebe álcool agirá de forma desinibida, quer de fato esteja usando o álcool, quer seja um placebo que acredita ser álcool (Bailey e Baillie, 2012). Essa observação sobre a influência do que pensamos a respeito do uso das drogas foi rotulado como *efeito da expectativa*, que tem recebido considerável atenção no meio científico.

As expectativas se desenvolvem antes mesmo de as pessoas usarem a droga, talvez como resultado do consumo de drogas por pais e colegas, propagandas e figuras públicas que estimulam o uso de drogas (Campbell e Oei, 2013). Participantes canadenses, alunos do 7º ao 11º ano, participaram de uma pesquisa em que foram questionados por três anos consecutivos sobre o que pensavam a respeito do uso de álcool e *cannabis* (Fulton, Krank e Stewart, 2012; Young, 2013). Nas instruções havia uma lista de três ou quatro coisas que eles esperavam que acontecesse, caso usassem uma substância em particular. Expectativas positivas sobre os efeitos do uso de álcool ou *cannabis* previram quem seria mais propenso a usar e aumentar o uso dessas drogas três anos depois. Esses resultados indicam que os adolescentes podem começar a beber ou usar outras drogas em parte porque acreditam que essas substâncias terão efeitos positivos.

As expectativas parecem mudar quando as pessoas têm mais experiências com drogas, embora suas expectativas sejam similares para o álcool, nicotina, *cannabis* e cocaína (Simons, Dvorak e Lau-Barraco, 2009; Young, 2013). Alguns indícios apontam para expectativas positivas – acreditar que irá sentir-se bem – como influência indireta nos problemas com drogas. Em outras palavras, o que essas crenças podem fazer é aumentar a possibilidade de uma pessoa consumir certas drogas, o que aumentará, por sua vez, a probabilidade do surgimento de problemas.

Uma vez que a pessoa interrompe o uso prolongado ou frequente de drogas, ânsias poderosas (fissura) podem interferir no esforço para não retomar o uso (Hollander e Kenny, 2012;

Young, 2013). O *DSM-5* inclui a fissura como um dos critérios para diagnosticar um transtorno relacionado à substância. Se você alguma vez já tentou deixar de tomar sorvete e sentiu-se impelido a consumir um pouco, tem uma pequena noção do que é a fissura pela droga. Esse desejo urgente parece ser desencadeado por fatores tais como disponibilidade da droga, contato com estímulos associados ao consumo (por exemplo, sentar-se em um bar), estados de ânimo específicos (como depressão) ou consumo de pequena dose da droga. Por exemplo, uma pesquisa usou a realidade virtual para simular pistas para três sentidos: visão, audição e olfato (tecido embebido em álcool) (Lee et al., 2009) para adultos dependentes de álcool. Os participantes podiam escolher entre opções de bebidas alcoólicas (por exemplo, cerveja, uísque e vinho), petiscos e ambientes de consumo (cervejaria, restaurante e bar). Os pesquisadores observaram aumentos na fissura por álcool sob essas condições (Lee et al., 2009). Esse tipo de tecnologia pode facilitar a avaliação médica quanto às áreas potencialmente problemáticas que precisam ser cuidadas para não haver uma recaída. Pesquisas em andamento têm como objetivo determinar como a fissura opera no cérebro e se determinadas medicações podem ser usadas para suplementar o tratamento (Hollander e Kenny, 2012).

Aspectos sociais

A exposição a drogas psicoativas é um pré-requisito para o uso e possível abuso, como previamente discutido. É possível listar algumas maneiras pelas quais as pessoas são expostas a essas substâncias – por meio de amigos, da mídia e assim por diante. Pesquisas sobre as consequências da propaganda de cigarros, por exemplo, indicam que os efeitos da mídia podem influenciar mais do que a pressão dos colegas que impele os adolescentes ao tabagismo (Jackson, Brown e L'Engle, 2007). Em um amplo estudo com 820 adolescentes (com idade entre 14 e 17 anos), avaliou-se quais fatores influenciaram a idade com que experimentam a bebida alcoólica pela primeira vez (Kuperman et al., 2013). Essa pesquisa mostrou que vários fatores previram o uso precoce de álcool: o período em que os melhores amigos começaram a beber, o alto risco de dependência de álcool na família e a presença de problemas comportamentais nessas crianças.

▲ Muitas crianças estão expostas ao uso de drogas.

Pesquisas indicam que pais dependentes de drogas dedicam menos tempo às crianças do que pais não dependentes (Dishion, Patterson e Reid, 1988) e que esta é uma contribuição importante para o uso prematuro de substâncias por adolescentes (Kerr, Stattin e Burk, 2010). Quando os pais não oferecem supervisão adequada, os filhos tendem a criar laços de amizade com colegas que apoiam o uso de drogas (Van Ryzin, Fosco e Dishion, 2012). Crianças influenciadas pelo uso de drogas em casa podem ficar vulneráveis a colegas que também usam. Um padrão que se autoperpetua parece estar associado ao uso de drogas estendendo-se além das influências genéticas discutidas previamente.

Como nossa sociedade vê os dependentes de drogas? Essa questão é de extrema importância, pois afeta os esforços para legislar a venda, fabricação, posse e uso dessas substâncias. Também dita como os indivíduos dependentes são tratados. Duas concepções de transtornos relacionadas a substâncias caracterizam o pensamento contemporâneo: a fraqueza moral e os modelos de dependência como doença. De acordo com *a concepção de fraqueza moral*, o uso da droga é visto como uma falha de autocontrole em face da tentação; esta é uma perspectiva psicossocial. Os proponentes desse modelo veem os usuários de drogas como aqueles que não têm caráter ou fibra moral para resistir à sedução das drogas. Vimos anteriormente, por exemplo, que a Igreja Católica oficializou o uso de drogas como um pecado – uma indicação de seu desdém. O *modelo de doença da dependência fisiológica*, ao contrário, admite que os transtornos por uso de substâncias são provocados por uma causa fisiológica subjacente; essa é uma perspectiva biológica. Aqueles que defendem esse modelo pensam que, assim como indivíduos com diabetes ou asma não podem ser responsabilizados pelo sofrimento causado por essas doenças, tampouco devem os transtornos por uso de substâncias ser considerados sob esse prisma. Os Alcoólicos Anônimos e organizações similares encaram transtornos por uso de substâncias como uma doença incurável sobre a qual o adicto não tem controle (Kelly et al., 2010).

Nenhuma dessas perspectivas faz jus ao complexo inter-relacionamento entre as influências psicossociais e biológicas que afetam os transtornos relacionados a substâncias. Ver o uso da droga como fraqueza moral leva à punição dos atingidos por esses transtornos, enquanto o modelo da dependência como doença inclui a busca de tratamento para o problema médico. As mensagens de que o transtorno está fora do controle do indivíduo podem ser contraproducentes. Uma visão abrangente dos transtornos relacionados a substâncias que inclua as influências psicológicas e biológicas torna-se imprescindível a fim de que essa situação tão preocupante da sociedade seja abordada adequadamente.

Aspectos culturais

A cultura é um fator difundido na influência do uso de drogas e tratamentos. Por exemplo, como e quão bem as pessoas se adaptam a novas culturas (*aculturação*) podem também ser uma fonte de força ou estresse que impacta o uso de drogas. Fatores culturais como o *machismo* (domínio do homem nas culturas latinas), *marianismo* (papel da mulher na cultura latina associada à maternidade e amamentação e identificada com

▲ Em muitas culturas, o álcool é usado como parte de certos rituais, demonstrado nesta foto em que idosos Masai estão bebendo cerveja cerimonial.

a Virgem Maria), espiritualidade, *tiu lien* ("perder a face", ou seja, perder prestígio e dignidade, entre os asiáticos, que leva à vergonha por não viver de acordo com as expectativas culturais) são apenas alguns exemplos de fatores culturais que afetam o uso de drogas e seu tratamento de forma positiva ou negativa (Castro e Nieri, 2010). Além disso, quando examinamos um comportamento à medida que aparece em culturas diferentes, é necessário rever o que é considerado anormal (Kohn, Wintrob e Alarcon, 2009). Cada cultura possui suas preferências em relação a drogas psicoativas aceitáveis, bem como proibições. Tenha em mente que, além de definir o que é ou não aceitável, as normas culturais afetam de modo importante os índices de uso de substâncias. Por exemplo, pesquisas sugerem que o álcool é mais disponibilizado em cidades mais pobres do México (isto é, há mais lojas ou pessoas vendendo álcool), o que leva a taxas maiores de transtorno por uso de álcool nessas áreas (Parker, McCaffree e Alaniz, 2013).

De outro lado, em determinadas culturas, como a coreana, por exemplo, é esperado que os indivíduos bebam exageradamente em certas ocasiões sociais (C. K. Lee, 1992). Como vimos, a exposição a essas substâncias, além da pressão social para o consumo intenso e frequente, pode facilitar o abuso, o que pode explicar os elevados índices de abuso de álcool em países como a Coreia. Essa influência cultural fornece um experimento natural interessante quando se deseja explorar as interações genético-ambientais. Os asiáticos são mais propensos a ter o gene ALDH2, que produz um intenso efeito de "rubor" (vermelhidão e ardor da face) após a ingestão de álcool. Pensava-se que esse efeito de rubor fosse o responsável por uma taxa relativamente baixa de consumo de álcool pela população (de Wit e Phillips, 2012). Entretanto, entre os anos de 1979 e 1992 – quando o aumento de consumo de bebida alcoólica em ocasiões sociais era esperado –, houve um aumento do abuso da substância (Higuchi et al., 1994). A presença do gene ALDH2 como protetor perdeu valor em função das alterações nas normas sociais (Rutter, Moffit e Caspi, 2006).

Os fatores culturais influenciam não somente os índices de abuso de substâncias, mas também determinam como é a sua manifestação. Pesquisas indicam que o consumo de álcool na Polônia e na Finlândia é relativamente baixo, porém o número de conflitos relacionados à bebida e às prisões por embriaguez nesses países é elevado em comparação ao que ocorre na Holanda, que tem aproximadamente o mesmo índice de consumo de álcool (Osterberg, 1986). Nossa discussão das expectativas pode proporcionar algum esclarecimento no modo como a mesma quantidade de bebida pode ter resultados comportamentais diferentes. As expectativas com relação aos efeitos do uso do álcool diferem entre as culturas (por exemplo: "Beber me deixa mais agressivo" *versus* "Beber me deixa mais isolado"); essas expectativas distintas podem representar parcialmente as variações das consequências do uso de bebida alcoólica na Polônia, Finlândia e na Holanda. Se o uso da substância é considerado uma disfunção prejudicial ou não depende de cada grupo cultural.

Modelo integrador

Qualquer explicação quanto aos transtornos por uso de substâncias deve levar em conta as questões básicas levantadas no início deste capítulo. Por que algumas pessoas usam drogas, mas não abusam ou não se tornam dependentes? A Figura 11.8 ilustra como as diversas influências que discutimos podem interagir para explicar esse processo. O acesso à droga é uma condição necessária, porém não suficiente para o abuso ou a dependência. A exposição possui muitas fontes, incluindo a mídia, os pais, os colegas e, indiretamente, a falta de acompanhamento. A possibilidade de consumir drogas depende também das expectativas sociais e culturais, algumas incentivadoras e outras desencorajadoras, como leis contra a posse ou a venda de drogas.

O percurso do consumo para o abuso e a dependência é mais complexo (ver Figura 11.8). Do mesmo modo que os principais estressores agravam muitos dos transtornos que discutimos, eles aumentam o risco de abuso e dependência de substâncias psicoativas. As influências genéticas podem ser de diversos tipos. Algumas pessoas podem herdar maior sensibilidade aos efeitos de certas drogas; outras podem herdar a capacidade para metabolizar substâncias mais rapidamente e, portanto, são capazes de tolerar níveis maiores (e mais perigosos) (Young-Wolff, Enoch e Prescott, 2011). Outras condições psiquiátricas podem expor indiretamente uma pessoa à situação de risco de abuso de substâncias. O transtorno da personalidade antissocial, caracterizado pela frequente violação das normas sociais (ver Capítulo 12), costuma ter um índice rebaixado de euforia associado; isso pode explicar a maior prevalência do abuso de substâncias nesse grupo. Pessoas com transtornos do humor ou de ansiedade podem automedicar-se usando drogas para aliviar os sintomas negativos dessa condição, e isso pode explicar os altos índices de abuso de substâncias nesse grupo.

Sabemos que o uso contínuo de certas substâncias altera a maneira como nosso cérebro funciona por meio de um processo que chamamos de *neuroplasticidade*. Tendemos a pensar em neuroplasticidade – tendência de o cérebro se reorganizar formando novas conexões neurais – quando ouvimos histó-

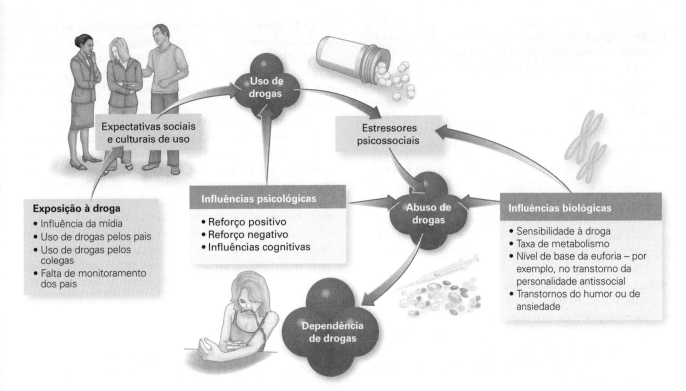

FIGURA 11.8 Um modelo integrador de transtornos relacionados a substâncias.

rias de pessoas que recuperam habilidades após algum dano cerebral. Essa capacidade de se adaptar à mudança é algo que esperamos quando uma lesão ocorre no cérebro. O outro lado dessa capacidade aparece na adição de drogas. Com o uso contínuo de substâncias, tais como álcool, cocaína ou outras drogas que exploramos neste capítulo, o cérebro se reorganiza a fim de adaptar-se. Infelizmente, essa alteração no cérebro aumenta o ímpeto de obter droga e diminui o desejo por outras experiências que não incluam drogas – ambos contribuem para uso contínuo e recaída (Russo et al., 2010).

Está claro que o abuso e a dependência não podem ser previstos com base em apenas um fator, seja ele genético, neurobiológico, psicológico ou cultural. Por exemplo, algumas pessoas com os genes comuns àqueles relacionados com problemas de abuso de substâncias não se tornam indivíduos que abusam dessas substâncias. Muitas pessoas que estão sujeitas a estressores mais graves, como pobreza ou intolerância e violência, enfrentam tais problemas sem usar drogas. Existem diferentes canais para o abuso, e somente agora estamos começando a identificar suas características básicas.

Após uma droga ter sido usada repetidamente, biologia e cognição conspiram para criar a dependência. O uso contínuo da maior parte das drogas causa tolerância, exigindo do usuário a ingestão de maior quantidade para a produção do mesmo efeito. O condicionamento também é um fator. Se experiências prazerosas com drogas estiverem associadas a certos contextos, o retorno a determinado contexto causará a ânsia por consumir, mesmo se a droga não estiver disponível.

Esse quadro obviamente complexo ainda não explica a complicação vivida por pessoas acometidas pelos transtornos relacionados a substâncias. Cada um tem seu próprio histórico e percurso até o abuso e a dependência. Estamos apenas no iní-

cio do caminho das descobertas do que existe de comum nos transtornos relacionados a substâncias; é preciso compreender muito mais a respeito de como todos os fatores interagem para produzir esses transtornos.

Verificação de conceitos 11.3

Parte A

Combine as descrições a seguir com as substâncias correspondentes: (a) opioides, (b) anfetaminas, (c) cocaína, (d) alucinógenos, (e) nicotina e (f) cafeína.

1. Essa é a substância psicoativa mais comum por ser legalizada, melhorar o estado de ânimo e diminuir a fadiga. Encontra-se facilmente em muitas bebidas. _____

2. Essa substância causa euforia, perda de apetite e estado de maior alerta. A dependência aparece após anos de uso. As mães dependentes dessa droga podem dar à luz bebês com irritabilidade. _____

3. Essas drogas, incluindo o LSD, influenciam a percepção, distorcendo sentimentos, visões, sons e odores. _____

4. Essas drogas levam a euforia, sonolência e bradipneia. São substâncias analgésicas que aliviam a dor. Os usuários tendem a ser reservados, o que dificulta as pesquisas nessa área. _____

5. Essas drogas estimulam o sistema nervoso e aliviam o estresse. O DSM-5 descreve sintomas da abstinência, em vez de um padrão de intoxicação. _____

6. Essas drogas dão sensação de euforia e vigor e diminuem a fadiga. São prescritas a pessoas com narcolepsia e transtornos de déficit de atenção/hiperatividade.

Parte B

Indique se estas afirmativas sobre as causas dos transtornos relacionados a substâncias são Verdadeiras (V) ou Falsas (F).

7. _____ O reforço negativo está envolvido na continuidade do uso de drogas porque muitas vezes, proporcionam alívio da dor, do estresse, do pânico etc.

8. _____ Pesquisas com animais e seres humanos indicam que o abuso de substâncias em geral é afetado por nossos genes, embora não por um gene em particular.

9. _____ As influências da mídia e dos pais não afetam o uso de drogas por adolescentes; o uso ocorre somente por pressão dos colegas.

10. _____ O efeito de expectativa é exemplificado quando uma pessoa que espera ficar menos inibida ao ingerir álcool recebe um placebo e age ou sente-se de modo normal.

11. _____ Todas as drogas psicoativas proporcionam, em certo grau, experiências prazerosas, o que cria reforço positivo.

Tratamento dos transtornos relacionados a substâncias

Quando mencionamos Danny pela última vez, ele estava na prisão aguardando julgamento por ter sido preso sob acusação de homicídio culposo. A essa altura, Danny precisa mais do que apoio jurídico; ele necessita livrar-se do vício em álcool e cocaína. E o primeiro passo para a recuperação precisava vir dele. Danny devia admitir que precisava de auxílio, que realmente tinha problemas com drogas e que precisava de outras pessoas para auxiliá-lo a vencer a dependência crônica. A motivação pessoal para vencer problemas com drogas parece ser importante, mas não necessariamente essencial no tratamento de abuso de substâncias (National Institute on Drug Abuse – NIDA, 2009). Infelizmente, embora a prisão de Danny parece ter feito com que ele compreendesse quão sérios eram seus problemas, ele não estava pronto para enfrentá-los. Ele passou muitas horas pesquisando como a medicação antidepressiva que também estava tomando poderia ter provocado o acidente fatal e não confessou o uso de drogas como causa.

Tratar pessoas que têm transtornos relacionados a substâncias é uma tarefa difícil. Talvez devido à combinação de influências que frequentemente trabalham em conjunto para manter as pessoas dependentes, muitas vezes as perspectivas para os dependentes de drogas não são positivas. Você verá que, no caso da heroína, a melhor saída é, muitas vezes, apenas trocar uma dependência (heroína) por outra (metadona). Mesmo as pessoas que conseguem se afastar das drogas podem sentir contínua ânsia para voltar a usá-las por toda a vida.

O tratamento de transtornos relacionados a substâncias concentra-se em áreas múltiplas (Higgins et al., 2014). O NIDA (National Institute on Drug Abuse) recomenda treze princípios de tratamento efetivo para abuso de drogas ilícitas com base em mais de 35 anos de pesquisa (NIDA, 2009) (ver Tabela 11.1). Algumas vezes, o primeiro passo consiste em ajudar alguém durante o processo de abstinência; normalmente, a meta final é a abstinência total. Em outras situações, a meta consiste em fazer uma pessoa manter certo nível de uso de uma droga sem aumentar a dose, e algumas vezes pretende evitar exposição às drogas. Em virtude de o abuso de substâncias ocorrer em função de tantas influências, não é de surpreender que o tratamento de pessoas com transtornos relacionados a substâncias não se limite apenas ao ato de prescrever o medicamento certo ou alterar pensamentos ou comportamentos.

É importante salientar que menos de 25% das pessoas que têm problemas significativos com o uso de substâncias bus-

TABELA 11.1 Princípios do tratamento efetivo
1. Não há tratamento padrão para todos os indivíduos.
2. O tratamento precisa estar prontamente disponível.
3. O tratamento efetivo abrange múltiplas necessidades do indivíduo, não apenas o uso de drogas.
4. O tratamento dos indivíduos e o planejamento de serviços devem ser avaliados continuamente e modificados para assegurar que atendam às necessidades do indivíduo.
5. Manutenção do tratamento por um período de tempo adequado é essencial para a efetividade do tratamento (exemplo: três meses ou mais).
6. Aconselhamento (individual e/ou grupo) e outras terapias comportamentais são componentes essenciais do tratamento efetivo para o dependente químico.
7. Medicação é um elemento importante do tratamento para muitos pacientes, em especial quando combinados com aconselhamento e outras terapias comportamentais.
8. Indivíduos dependentes ou que fazem uso abusivo de drogas e que têm transtornos mentais coexistentes devem ter os dois distúrbios tratados de forma integrada.
9. A desintoxicação é apenas a primeira fase do tratamento da dependência e por si só faz pouco pelas mudanças de longo prazo no que diz respeito ao uso de drogas.
10. O tratamento não precisa ser voluntário para ser efetivo.
11. A possibilidade de uso de drogas durante o tratamento deve ser monitorada continuamente.
12. Os programas de tratamento devem oferecer avaliação para HIV, hepatites B e C, tuberculose e outras doenças infecciosas, além de aconselhamento para ajudar os pacientes a modificar comportamentos que colocam a si mesmos ou a outras pessoas em risco de infecção.
13. A recuperação da dependência de drogas pode ser um processo de longo prazo e frequentemente exige episódios múltiplos de tratamento.

Fonte: National Institute on Drug Abuse (NIDA). (2009). *Principles of addiction treatment: A research-based guide*. 2. ed. (NIH Publication n. 09-4180). Rockville, MD: National Institute on Drug Abuse.

cam tratamento (Dawson et al., 2005). A fim de chegar a esses indivíduos, esforços são feitos para colocar em prática uma rotina de triagem para problemas com uso de substância em locais como consultórios médicos, emergências de hospitais e até mesmo clínicas de saúde de faculdades e universidades. Essa estratégia de abordar a comunidade é parte importante na identificação das dificuldades e oferta de tratamento para quem necessita (Tucker, Murphy e Kertesz, 2011).

Discutimos o tratamento dos transtornos relacionados a substâncias como um grupo por terem características em comum. Por exemplo, muitos programas que tratam de dependentes de múltiplas substâncias também ensinam maneiras para enfrentar estressores. Alguns tratamentos biológicos se concentram em como mascarar os efeitos das substâncias ingeridas. Discutiremos as diferenças óbvias entre as substâncias à medida que surgirem.

Tratamentos biológicos

Tem havido uma variedade de abordagens de base biológica projetadas principalmente para alterar o modo como as substâncias atuam. Em outras palavras, os cientistas estão tentando identificar meios para evitar que as pessoas experimentem estados agradáveis de euforia associados ao uso de drogas ou

descobrir substâncias alternativas que possuam alguns dos efeitos positivos (por exemplo, redução da ansiedade) sem as propriedades aditivas. A Tabela 11.2 lista os tratamentos médicos atuais recomendados para muitos dos problemas de dependência de substância mais intratáveis.

Substituição agonista

O conhecimento crescente sobre como as drogas psicoativas operam no cérebro levou os pesquisadores a explorar meios para mudar como elas são sentidas pelas pessoas que dependem delas. Um método, **substituição agonista**, implica propiciar à pessoa uma droga segura que tem uma composição química similar à da droga aditiva (por isso, o nome *agonista*). A *metadona* é um opioide agonista que frequentemente é prescrito como substituto da heroína (Schwartz et al., 2010). A metadona é um narcótico sintético desenvolvido na Alemanha durante a Segunda Guerra Mundial quando a morfina não estava disponível para o controle da dor; foi denominada originalmente *adolfine* em alusão ao nome de Adolf Hitler (Martinez-Fernandez, 2002). Embora não produza com rapidez a sensação de euforia da heroína, a metadona oferece inicialmente os mesmos efeitos analgésicos (alívio da dor) e sedativos. No entanto, quando os usuários desenvolvem tolerância à metadona, ela perde as qualidades analgésicas e sedativas. Visto que a heroína e a metadona têm *tolerância cruzada*, ou seja, agem sobre os mesmos receptores neurotransmissores, um dependente de heroína que toma metadona pode se tornar dependente de metadona, mas este nem sempre é o caso (Maremmani et al., 2009). Pesquisas indicam que quando os dependentes combinam metadona com aconselhamento psicológico muitos diminuem o consumo de heroína e a participação em atividades ilícitas (Schwartz et al., 2009). Um novo agonista – buprenorfina – bloqueia os efeitos dos opioides e parece incentivar um melhor cumprimento do que um antagonista opioide ou não opioide (Strain et al., 2009).

A dependência de cigarro é também tratada pelo processo de substituição. Para tabagistas, a **nicotina** é oferecida na forma de goma de mascar, adesivo, inalador ou *spray* nasal, que não possuem as substâncias cancerígenas incluídas na fumaça do cigarro; a dose, com o tempo, é reduzida para diminuir a abstinência da droga. Em geral, essas estratégias de substituição ajudam as pessoas a parar de fumar, embora funcionem melhor quando associadas à terapia psicológica (Carpenter et al., 2013; Hughes, 2009). Devem-se educar as pessoas a usar a goma de mascar adequadamente e, não obstante, parte daquelas pessoas que conseguem parar de fumar torna-se dependente da goma de mascar (Etter, 2009). O **adesivo de nicotina** exige menos esforço e propicia uma substituição de nicotina mais estável (Hughes, 2009). Outro tratamento médico para a adição de fumar – bupropiona (Zyban) – é também comumente prescrito sob o nome comercial de Wellbutrin, como um antidepressivo. Essa droga freia a fissura pela nicotina sem ser um agonista (em vez disso, ajuda os tabagistas em tratamento a não apresentarem quadros de depressão). Todos esses tratamentos médicos têm, *grosso modo*, a mesma efetividade no auxílio para parar de fumar, com uma taxa de abstinência de seis meses de aproximadamente 20% a 25% (Litvin et al., 2012).

TABELA 11.2 Tratamentos médicos

	Objetivo do tratamento	Abordagem do tratamento
Nicotina	Reduzir os sintomas de abstinência e fissura	Terapia de reposição de nicotina (adesivo, gomas de mascar, *spray*, pastilhas e inalador)
	Reduzir os sintomas de abstinência e fissura	Bupropiona (Zyban)
Álcool	Reduzir os efeitos de reforço do álcool	Naltrexona
	Reduzir a ânsia por álcool nos indivíduos com abstinência	Acamprosato (Campral)
	Manutenção da abstinência	Dissulfiram (Antietanol)
Cannabis		Nenhuma intervenção médica específica recomendada
Cocaína		Nenhuma intervenção médica específica recomendada
Opioides	Manutenção da abstinência	Metadona
	Manutenção da abstinência	Buprenorfina (Restiva)

Fonte: American Psychiatric Association. Practice guidelines for the treatment of patients with substance use disorders. 2. ed. *American Journal of Psychiatry*, *164*, 1-14, 2009.

Tratamentos antagonistas

Descrevemos como muitas drogas psicoativas produzem efeitos eufóricos por meio de suas interações com os sistemas neurotransmissores do cérebro. O que aconteceria se os efeitos dessas drogas fossem bloqueados para que as sensações agradáveis não fossem mais produzidas? As pessoas deixariam de usá-las? As **drogas antagonistas** bloqueiam ou neutralizam os efeitos das drogas psicoativas, e uma variedade de drogas que parecem eliminar os efeitos dos opioides tem sido ministradas a dependentes de diversas substâncias. A droga antagonista opioide mais frequentemente prescrita, a naltrexona, tem sucesso limitado com indivíduos que não participam simultaneamente de um programa de tratamento estruturado (Krupitsky e Blokhina, 2010). Quando administrada a uma pessoa dependente de opioides, produz sintomas de abstinência imediatamente, com um efeito extremamente desagradável. Uma pessoa deve estar livre de sintomas de abstinência antes de iniciar o tratamento com naltrexona, e, visto que essa substância remove os efeitos eufóricos dos opioides, os usuários devem estar muito motivados para continuar o tratamento. O acamprosato também parece diminuir a fissura em pessoas dependentes de álcool, e funciona muito bem com pessoas motivadas que estão também participando de intervenções psicossociais (Kennedy et al., 2010). Os mecanismos cerebrais causados pelos efeitos dessa droga ainda são desconhecidos (Oslin e Klaus, 2009).

Em termos gerais, a naltrexona ou as outras drogas mencionadas não são a solução mágica que impedirá a resposta aditiva às drogas psicoativas e eliminará a dependência. Elas parecem ajudar efetivamente algumas pessoas que abusam de drogas a lidar com os sintomas da abstinência e a fissura que acompanha as tentativas de interromper o uso de drogas; os antagonistas podem ser, portanto, um acréscimo útil a outros esforços terapêuticos.

Tratamento aversivo

Além de procurar formas para bloquear os efeitos eufóricos das drogas psicoativas, os médicos podem prescrever drogas que tornam a ingestão das substâncias aditivas extremamente desagradáveis. A expectativa é que a pessoa que associa a droga a sentimentos de doenças evitará usá-la. O tratamento aversivo mais comumente conhecido usa o dissulfiram (Antietanol) para pessoas que tenham transtorno por uso de álcool (Ivanov, 2009). O dissulfiram previne a decomposição do acetaldeído, um subproduto do álcool, e o acúmulo de acetaldeído causa sensação de mal-estar. Pessoas que bebem álcool após ingerir dissulfiram sentem náusea, vomitam e experimentam o aumento dos batimentos cardíacos e da respiração. O ideal é que o Antietanol seja tomado pela manhã, antes de o desejo de beber surgir. O não cumprimento do tratamento é preocupante: uma pessoa que deixa de tomar dissulfiram durante alguns dias pode retomar o vício (Ellis e Dronsfield, 2013).

Esforços para tornar o hábito de fumar aversivo incluem o uso de nitrato de prata em pastilhas ou em goma de mascar. Esse composto químico combina-se com a saliva do fumante para produzir um gosto ruim na boca. As pesquisas não demonstraram ser este um procedimento efetivo (Jensen et al., 1991). Ambos, o dissulfiram para o alcoolismo e o nitrato de prata para o tabagismo, não têm sido muito bem-sucedidos como estratégias de tratamento isoladamente, principalmente por exigirem que as pessoas estejam extremamente motivadas para continuar o uso sem o acompanhamento de um profissional de saúde mental.

Outras abordagens biológicas

A medicação geralmente é prescrita para ajudar as pessoas a lidar com os frequentes e perturbadores sintomas de abstinência. A clonidina, desenvolvida para tratar a hipertensão, tem sido administrada a pessoas em abstinência de opioides. Visto que a abstinência de certos medicamentos prescritos, como os sedativos, pode causar parada cardíaca ou convulsões, essas medicações são reduzidas gradualmente a fim de minimizar reações perigosas. Além disso, os sedativos (benzodiazepinas) muitas vezes são prescritos para ajudar a minimizar o desconforto que atinge as pessoas que estão se afastando de outras substâncias como o álcool (Sher, Martinez e Littlefield, 2011).

Tratamentos psicossociais

Muitos dos tratamentos biológicos para o abuso de substâncias são promissores para as pessoas que estão tentando abandonar o vício. No entanto, nenhum deles, se isolado, beneficia a maior parte das pessoas (Schuckit, 2009b). Muitas pesquisas apontam a necessidade de apoio social ou de intervenção terapêutica. Em virtude do grande número de pessoas que precisam de ajuda para curar-se dos transtornos relacionados a substâncias, foram desenvolvidos alguns modelos e programas. Infelizmente, em nenhum outro campo da psicologia, métodos de tratamento não validados e não testados são tão amplamente aceitos. Um lembrete: o fato de um programa não ter sido sujeito à análise por meio de pesquisas não significa que não funciona, porém o número de pessoas que se valem de serviços de valor desconhecido é motivo de preocupação. A seguir, revisaremos várias abordagens terapêuticas que *foram* avaliadas.

Instalações para internação

A primeira instituição especializada em indivíduos que abusam de substâncias foi estabelecida em 1935, quando a primeira fazenda federal para tratamento de adictos de narcóticos foi instalada em Lexington, Kentucky. Atualmente administradas em grande parte pelo setor privado, essas instituições são projetadas para auxiliar as pessoas a atravessar o período inicial de abstinência e oferecer terapia de apoio para que possam retornar a suas comunidades (Morgan, 1981). Os cuidados de internação podem ser extremamente caros (Bender, 2004). A questão que se levanta então é quão efetivo esse tipo de cuidado pode ser quando comparado a terapias sem internação, que podem custar 90% menos. Pesquisas indicam que pode não existir diferenças entre programas intensivos em ambiente residencial e tratamento de qualidade sem internação em relação aos resultados com pacientes com o transtorno por uso de álcool (Miller e Hester, 1986) ou para o tratamento de outras drogas em geral (NIDA, 2009). Embora algumas pessoas possam melhorar realmente quando internadas, elas podem igualmente se sair bem com cuidados terapêuticos fora do hospital, significativamente menos dispendioso.

Alcoólicos Anônimos e suas variações

Sem sombra de dúvida, o modelo mais popular para o tratamento do abuso de substâncias é uma variação do programa dos Doze Passos, primeiramente desenvolvido pelo Alcoólicos Anônimos (AA). Estabelecido em 1935 por dois profissionais liberais alcoolistas, William "Bill W." Wilson e Robert "Dr. Bob" Holbrook Smith, o fundamento do AA é a noção de que o transtorno por uso de álcool é uma doença e os alcoolistas precisam reconhecer sua adição e o poder destrutivo que o álcool tem sobre eles. A adição é tida como mais poderosa que qualquer pessoa; portanto, o indivíduo precisa voltar-se a um poder superior para ajudá-lo a superar as dificuldades. O ponto central no projeto do AA é sua independência da comunidade médica tradicional e a liberdade oferecida para que as pessoas se livrem do estigma do alcoolismo (Denzin, 1987; Robertson, 1988). Um componente importante é o apoio social que o AA proporciona por meio de reuniões de grupo.

Desde 1935 o AA tem se expandido constantemente e inclui 106 mil grupos em mais de 100 países (White e Kurtz, 2008). Em uma pesquisa, 9% da população adulta dos Estados Unidos declarou ter frequentado alguma vez uma reunião do AA (Room e Greenfield, 2006). Os Doze Passos do AA constituem a base de sua filosofia (ver a Tabela 11.3). Neles é possível observar o apoio na prece e a crença em Deus.

TABELA 11.3 **Doze passos do AA**

1. Admitimos que éramos impotentes perante o álcool – que tínhamos perdido o domínio sobre nossas vidas.

2. Acreditávamos que um Poder superior a nós mesmos poderia nos devolver à sanidade.

3. Decidimos entregar nossa vontade e nossa vida aos cuidados de Deus, na forma em que O concebíamos.

4. Fizemos minucioso e destemido inventário moral de nós mesmos.

5. Admitimos perante Deus, perante nós mesmos e perante outro ser humano, a natureza exata de nossas falhas.

6. Prontificamo-nos inteiramente a deixar que Deus removesse todos esses defeitos de caráter.

7. Humildemente rogamos a Ele que nos livrasse de nossas imperfeições.

8. Fizemos uma relação de todas as pessoas a quem tínhamos prejudicado e dispusemo-nos a reparar os danos a elas causados.

9. Fizemos reparações diretas dos danos causados a tais pessoas, sempre que possível, salvo quando fazê-las significasse prejudicá-las ou a outrem.

10. Continuamos fazendo o inventário pessoal e, quando estávamos errados, nós o admitíamos prontamente.

11. Procuramos, por meio da prece e da meditação, melhorar nosso contato consciente com Deus, na forma em que O concebíamos, rogando apenas o conhecimento de Sua vontade em relação a nós, e forças para realizar essa vontade.

12. Tendo experimentado um despertar espiritual, graças a estes Passos, procuramos transmitir esta mensagem aos alcoólicos e praticar estes princípios em todas as nossas atividades.

Fonte: Disponível em: <http://www.alcoolicosanonimos.org.br/index.php/os-doze-passos>. Acesso em: 6 jun. 2015.

Muitas pessoas dão crédito ao AA e organizações similares, tais como Narcóticos Anônimos, por salvar suas vidas. Apesar dos desafios de conduzir pesquisas sistemáticas com o AA, porque os participantes comparecem às reuniões anonimamente e apenas quando sentem que precisam ir, tem havido inúmeras tentativas de avaliar o efeito do programa sobre o transtorno por uso de álcool (McCrady e Tonigan, 2015). As pesquisas observaram que aqueles que participam regularmente das atividades do AA – ou abordagens de apoio semelhantes – e seguem suas diretrizes cuidadosamente são mais prováveis de ter resultados positivos, como redução no consumo de álcool e melhora da saúde psicológica (Kelly, 2013; Zemore, Subbaraman e Tonigan, 2013). Os estudos sugerem que os indivíduos mais propensos a se envolver com o AA tendem a ter problemas mais graves com uso de álcool e parecem estar mais comprometidos com a abstinência (McCrady e Tonigan, 2015). Assim, o AA pode ser um tratamento eficaz para pessoas com dependência ao álcool e altamente motivadas. As pesquisas até o momento não mostraram como o AA se compara a outros tratamentos. No entanto, evidências preliminares mostram que o AA pode ser útil para indivíduos que buscam alcançar a abstinência total, e pode ser mais econômico do que outros tratamentos. Os pesquisadores ainda estão tentando entender exatamente por que o AA e o programa de 12 passos funcionam, mas parece que o apoio social desempenha um papel importante (McCrady e Tonigan, 2015).

Alguns indivíduos têm uma experiência mais mista com o AA, como os agnósticos e ateus, mulheres e grupos minoritários (McCrady e Tonigan, 2015). Agora existem outros grupos (por exemplo, Recuperação Racional, Gestão de Moderação, Mulheres pela Sobriedade, Recuperação SMART) para pessoas que se beneficiam do apoio social de outros, mas que podem não querer o programa de 12 passos voltados à abstinência oferecido pelos grupos moldados depois do AA (Tucker et al., 2011).

Uso controlado

Um dos dogmas do AA é a total abstinência; se um indivíduo com transtorno por uso de álcool que está em tratamento toma um gole de álcool, para o AA ele falhou e, portanto, esse rótulo permanece até que consiga chegar à abstinência novamente. Alguns pesquisadores questionam essa premissa, entretanto, e acreditam que pelo menos uma parte dos usuários de várias substâncias (álcool e nicotina, especialmente) pode ser capaz de tornar-se usuários sociais sem retornar ao abuso de tais drogas.

No campo de tratamento do transtorno por uso de álcool, a noção de ensinar pessoas a **beber de maneira controlada** é extremamente controversa, em parte por causa de um estudo clássico que mostrou sucesso parcial ao ensinar pessoas que fazem uso excessivo da substância a beber de uma forma limitada (Sobell e Sobell, 1978). Os participantes eram 40 homens com transtorno por uso de álcool, que se pensava ter um bom prognóstico, em um programa de tratamento contra o transtorno em um hospital estadual. Esses participantes foram inscritos no programa que ensinava a beber com moderação (grupo experimental) ou no grupo que orientava a abstinência (grupo controle). Os pesquisadores, Mark e Linda Sobell, acompanharam esses indivíduos por mais de dois anos, mantendo contato com 98% deles. Durante o segundo ano após o tratamento,

CAPÍTULO 11 – TRANSTORNOS RELACIONADOS A SUBSTÂNCIAS, TRANSTORNOS ADITIVOS E TRANSTORNOS DO CONTROLE DE IMPULSOS **453** aqueles que participaram do grupo de ingestão controlada de bebidas estavam bem 85% do tempo, enquanto aqueles que estiveram no grupo de abstinência relataram que se saíam bem apenas 42% do tempo. Embora os resultados dos dois grupos diferissem significativamente, alguns participantes de ambos os grupos sofreram sérias recaídas e precisaram de re-hospitalização ou foram encarcerados. Os resultados desse estudo indicam que beber de maneira controlada pode ser uma alternativa viável para a abstinência de alguns indivíduos com transtorno por uso de substância, embora seja nítido que não é a cura.

A controvérsia sobre esse estudo começou com um artigo publicado na renomada revista científica *Science* (Pendery, Maltzman e West, 1982). Os autores relataram haver contatado os sujeitos da pesquisa no estudo de Sobell depois de dez anos, e descoberto que apenas um dos vinte indivíduos do grupo experimental manteve o padrão de ingestão controlada. Embora essa reavaliação tenha ido parar nas manchetes e sido assunto de um programa de televisão chamado *60 Minutes*, houve uma série de falhas (Marlatt et al., 1993). A mais séria foi a falta de dados sobre o grupo de abstinência durante o mesmo período de acompanhamento de dez anos. Visto que nenhum estudo de tratamento sobre o abuso de substâncias tem a pretensão de ajudar todos que participam, os grupos controle são adicionados para comparar o progresso da análise. Neste caso, precisamos saber quão bem o grupo que bebeu de forma controlada se saiu em comparação ao grupo de abstinência.

Essa controvérsia sobre o estudo Sobell ainda tem um efeito inibidor sobre o consumo controlado como tratamento para abuso de álcool nos Estados Unidos. Em contraste, o consumo controlado é amplamente aceito como tratamento para o transtorno por uso de álcool no Reino Unido. Apesar da oposição, a investigação sobre essa abordagem continuou sendo realizada nos anos seguintes (por exemplo, Orford e Keddie, 2006; van Amsterdam e van den Brink, 2013), e os resultados parecem mostrar que beber controladamente é pelo menos tão efetivo quanto a abstinência, mas que nem um nem outro tratamento é bem-sucedido para 70% a 80% das pessoas ao longo do tempo – uma perspectiva pouco animadora para pessoas com transtorno por uso de álcool.

Tratamento composto

A maioria dos programas de tratamento destinados a ajudar as pessoas com transtorno por uso de substâncias tem uma série de componentes projetados para aumentar a efetividade do "pacote de tratamento" (NIDA, 2009). Vimos em nossa revisão de tratamentos biológicos que sua efetividade é maior quando existe uma terapia psicológica associada. Na terapia de aversão, que usa um modelo de condicionamento, o uso da substância é empareado com algo extremamente desagradável, como um breve choque elétrico ou sensações de náuseas. Por exemplo, uma pessoa pode aceitar uma bebida de alguém e receber um choque doloroso quando o copo chega aos lábios. O objetivo é neutralizar as associações positivas ao fazer uso de substâncias e associá-las negativamente. As associações negativas podem também se dar com cenas desagradáveis por meio de uma técnica denominada *sensibilização encoberta* (Cautela, 1966); a pessoa pode se imaginar começando a cheirar cocaína e ser interrompida com visões de si mesma ficando violentamente doente (Kearney, 2006).

Um componente que parece ser parte valiosa da terapia para uso de substância é *manejo de contingência* (Higgins et al., 2014). Aqui, o médico e o paciente, juntos, selecionam os comportamentos que o paciente precisa mudar e decidem a respeito dos reforços pelos quais será recompensado ao alcançar determinados objetivos, talvez dinheiro ou pequenos itens de varejo, como CDs. Em um estudo com usuários abusivos de cocaína, os pacientes receberam vales com valor em dinheiro (até quase US$ 2 mil) por ter amostra de urina negativa para cocaína (Higgins et al., 2006). Esse estudo encontrou maiores taxas de abstinência entre os usuários dependentes de cocaína com a abordagem de gestão de contingência e treinamento de outras habilidades do que entre os usuários que participavam de um programa de aconselhamento mais tradicional, que incluiu uma abordagem de doze passos para o tratamento.

Outro pacote de tratamento é a abordagem de *reforço da comunidade* (por exemplo, Campbell et al., 2012). Ao acompanhar as múltiplas influências que afetam o uso da substância, várias facetas do problema com as drogas são abordadas a fim de ajudar a identificar e corrigir os aspectos da vida da pessoa que contribuem para o uso de substâncias ou interferem nos esforços de se abster. Em primeiro lugar, o cônjuge, amigo ou parente, que não é um usuário da substância, é chamado para participar da terapia de relacionamento, a fim de ajudar o usuário a melhorar a relação com outras pessoas importantes. Em segundo lugar, os pacientes aprendem a identificar os antecedentes e as consequências que influenciam seu consumo de drogas. Por exemplo, se são propensos a usar cocaína com certos amigos, os pacientes são ensinados a reconhecer as relações e encorajados a evitar as associações. Em terceiro lugar, os pacientes recebem assistência com emprego, educação, finanças ou de outras áreas de serviço social que podem ajudar a reduzir seu estresse. Em quarto lugar, novas opções de lazer ajudam a pessoa a substituir o uso de substâncias por novas atividades. Existe agora um forte apoio empírico para a efetividade dessa abordagem utilizada no tratamento para abuso de álcool e cocaína (Higgins et al., 2014).

A falta de consciência pessoal de que se tem um problema e a falta de vontade de mudar são obstáculos para o sucesso do tratamento de uso e dependência de substâncias. Uma forma de intervenção cada vez mais comum que aborda diretamente essas necessidades é chamada Intervenção Motivacional (Motivacional Enhancement Therapy – MET) (NIDA, 2009). A MET é baseada na obra de Miller e Rollnick (2012), que propuseram que a mudança de comportamento em adultos seria mais provável se houvesse um aconselhamento empático e otimista (o terapeuta compreende a perspectiva do paciente e acredita que ele ou ela pode mudar) e um foco na ligação pessoal com os valores centrais do paciente (por exemplo, beber e suas consequências o impede de passar mais tempo com a família). Ao lembrar o paciente sobre o que ele ou ela mais aprecia, a MET pretende melhorar a crença do indivíduo de que qualquer alteração feita (por exemplo, beber menos) terá resultados positivos (por exemplo, mais tempo para a família) e o indivíduo é, portanto, mais propenso a fazer as mudanças recomendadas. A MET é usada para ajudar pessoas com uma variedade de problemas de uso de substância e parece ser um componente útil para agregar ao tratamento psicológico (por exemplo, Manuel, Houck e Moyers, 2012).

454 PSICOPATOLOGIA

A terapia cognitivo-comportamental (TCC) é um método de tratamento efetivo para muitos transtornos psicológicos (ver Capítulo 5, por exemplo) e também é uma das abordagens mais bem concebidas e estudadas para o tratamento da dependência de substâncias (Granillo et al., 2013). Esse tratamento aborda vários aspectos da doença, incluindo as reações que uma pessoa tem e que dão pistas sobre situações que levam ao uso de substâncias (por exemplo, estar entre certos amigos) e pensamentos e comportamentos que os fazem resistir ao uso. Outro objetivo da TCC aborda o problema de recaída. O modelo de tratamento de Marlatt e Gordon (1985) para a **prevenção da recaída** examina os aspectos conhecidos e encara a reincidência como uma falha cognitiva e comportamental nas habilidades relacionadas à sobrevivência (Witkiewitz e Marlatt, 2004). A terapia envolve auxiliar as pessoas a eliminar qualquer ambivalência sobre a interrupção do uso de drogas examinando suas crenças sobre os aspectos positivos da droga ("Não há nada como a euforia proporcionada pela cocaína") e confrontando-os com as consequências negativas do uso ("Brigo com minha mulher quando estou sob efeito da droga"). As situações de alto risco são identificadas ("Ter um dinheiro extra em meu bolso") e são criadas estratégias para lidar com situações potencialmente problemáticas, bem como a fissura que surge em virtude da abstinência. Episódios de recaídas são considerados como ocorrências das quais a pessoa pode se recuperar; em vez de considerar esses episódios como condutores a um maior consumo de drogas, as pessoas tratadas são incentivadas a encará-los como episódios que lhes ocorreram em razão de um estresse temporário ou de uma situação que pode ser alterada. A investigação sobre essa técnica sugere que ela pode ser particularmente efetiva para os problemas com álcool (McCrady, 2014), bem como no tratamento de uma variedade de outros transtornos relacionados a substâncias (Marlatt e Donovan, 2005).

Prevenção

Os adolescentes apresentam o mais alto risco para adição às drogas devido às maiores taxas de sua experimentação. Quando bem-feita, a educação sobre o risco das drogas pode levar à diminuição no abuso dessas substâncias (por exemplo, ecstasy e tabaco) (Volkow e Warren, 2015). Porém, nos últimos anos, as estratégias para prevenir o abuso e a dependência de substâncias passaram de métodos baseados em educação (por exemplo, ensinar as crianças que as drogas podem ser prejudiciais) para métodos de maior abrangência, incluindo mudan-

Dois novos caminhos para a prevenção

Vimos que o problema com o abuso de drogas não é só o seu uso. Um fator complicador no abuso de drogas inclui o desejo do cérebro em continuar a usar a droga, especialmente quando na presença de estímulos e situações geralmente associadas com a substância. Essa "busca pela droga" e a recaída continuam a interferir no sucesso dos tratamentos. Uma pesquisa inovadora está hoje explorando em que lugar do cérebro esses processos ocorrem e, por sua vez, podem levar a novas abordagens a fim de ajudar pessoas a se manterem livres das drogas (Kalivas, 2005).

Ao dar um passo além, novas pesquisas com animais sugerem a possibilidade de criar "vacinas" que utilizariam o sistema imunológico para lutar contra as drogas, como a heroína, assim como o corpo ataca uma bactéria infecciosa (Anton e Leff, 2006).

Uma vacina que tiraria os aspectos prazerosos do tabagismo está hoje sendo testada com humanos (Moreno et al., 2010). Isso significa que, teoricamente, crianças poderiam ser vacinadas precocemente e que, se elas experimentassem uma droga, não sentiriam os efeitos prazerosos que encorajam o uso contínuo. Essas "vacinas contra o vício" poderiam ter a resposta para uma das questões sociais mais prementes.

Em outra extremidade do espectro de intervenções, novas abordagens de prevenção mais abrangentes podem ajudar muitos indivíduos a evitar a experiência inicial com drogas perigosas. Uma abordagem desse tipo está sendo usada em Montana – Projeto Meth Montana (Generations United, 2006). A princípio fundada por um bilionário da área de softwares, Timothy Siegel, essa iniciativa apoia programas de ações comunitárias e de divulgação para informar jovens de todo o estado sobre os efeitos devastadores do uso da metanfetamina. O projeto usa fotos dramáticas e chocantes, assim como vídeos, e o levantamento dos resultados indica que os métodos foram bem-sucedidos na mudança de atitude sobre o uso da metanfetamina em muitos jovens de 12 a 17 anos. Embora ainda não haja nenhuma pesquisa controlada, essa pode ser uma ferramenta poderosa e adicional para reduzir a dependência da droga.

▲ O projeto Meth Montana usou fotos como essas, das Faces do Meth, um projeto do gabinete do xerife do condado de Multnomah em Porland, Oregon.

ças nas leis relativas à posse e ao uso de drogas e intervenções baseadas na comunidade (Sher et al., 2011). Muitos estados, por exemplo, têm implementado programas de base educacional em escolas para tentar impedir que estudantes usem drogas. O programa Educacional de Resistência às Drogas (Drug Abuse Resistance Education – DARE), amplamente utilizado, usa a mensagem "Diga não às drogas" como maneira de uma reflexão sobre o medo das consequências, recompensas pelo compromisso de não usar drogas e estratégias para recusar ofertas dessas substâncias. Diversas avaliações detalhadas indicam que esse tipo de programa pode não gerar os efeitos desejados (Pentz, 1999). Felizmente, programas mais abrangentes que envolvem o treinamento de aptidões para evitar ou resistir às pressões sociais (como colegas) e às pressões ambientais (como a maneira pela qual a mídia mostra o uso de drogas) podem ser efetivos para prevenir o abuso de drogas em algumas pessoas. Uma pesquisa em escala longitudinal utilizou uma estratégia de intervenção comunitária para reduzir o uso excessivo de bebida alcoólica e prejuízos relacionados ao uso do álcool (por exemplo, acidentes automobilísticos e agressões) (Holder et al., 2000). Três comunidades foram mobilizadas para encorajar a venda de bebidas responsável (ou seja, não servir muita bebida alcoólica para os clientes do bar), a limitar o acesso ao álcool a clientes abaixo da idade permitida, e intensificar a aplicação das leis locais de "se dirigir não beba" para limitar o acesso à bebida. Declarações de membros de comunidades sobre consumo excessivo de bebidas e beber e dirigir diminuíram após a intervenção, assim como os acidentes com veículos e as agressões relacionados ao uso de álcool. Esses tipos de programa podem ser adotados pelas comunidades e ampliados para veículos de comunicação que exercem maior influência (por exemplo, como o uso de droga é mostrado na mídia) para que haja resultados significativos de prevenção (Newton et al., 2012).

Pode ser que nossa estratégia de prevenção mais poderosa envolva mudança cultural. Ao longo dos últimos 45 anos, passamos de uma sociedade formada por pessoas que "ficam ligadas, se entregam e desprezam a sociedade", "Se você se sente bem, vá em frente", "Eu fico alto com a ajuda dos meus amigos" a uma que defende afirmativas do tipo "Diga não às drogas". A não aceitação social do uso excessivo de álcool, tabagismo e do uso de outras drogas provavelmente é responsável por essa mudança. A desaprovação sociocultural do hábito de fumar cigarro, por exemplo, está muito evidente neste relato de um ex-fumante.

> Eu comecei a fumar (quando era escoteiro!) aos 11. Na época em que eu cursava o primeiro ano da faculdade, livre das restrições da escola e da minha casa, passei a fumar um maço por dia. Um relatório de referência sobre o *Tabagismo e a Saúde* escrito por cirurgiões gerais foi publicado naquela época (1964), mas não prestei atenção a ele. Os avisos que começaram a aparecer nos maços de cigarros dois anos mais tarde também eram fáceis de ignorar, já que eu havia crescido sabendo que o tabagismo não era saudável. Quando me formei e comecei a dar aulas, era comum eu fumar enquanto conduzia discussões em classe, assim como faziam alguns de meus

professores preferidos. Isso terminou em 1980, quando um aluno da faculdade, encorajado pelo movimento antitabagismo, pediu-me para parar de fumar porque a fumaça o incomodava. Alguns anos mais tarde era difícil haver alguma situação social remanescente em que era aceitável fumar. Até mesmo minha casa tinha deixado de ser um refúgio, pois meus filhos me pressionavam para abandonar o vício. E assim o fiz. Hoje, minha situação de ex-fumante me coloca em companhia da metade daqueles que fumaram regularmente e atualmente estão vivos. Para muitos de nós, o ambiente social deteriorado para o tabagismo tornou mais fácil abandonar o vício (Cook, 1993, p. 1750).

Implementar esse tipo de intervenção está além do escopo de um pesquisador ou mesmo de uma equipe de pesquisadores que colaboram de muitas localidades. Isso requer a cooperação de instituições governamentais, educacionais e mesmo religiosas. Podemos ter que repensar nossa abordagem de prevenção do uso e abuso de drogas (Newton et al., 2012).

Verificação de conceitos 11.4

Determine se você compreendeu como operam os tratamentos de transtornos relacionados a substâncias, combinando os exemplos com os seguintes termos e expressões: (a) dependente, (b) tolerância cruzada, (c) substituição agonista, (d) antagonistas, (e) prevenção da reincidência, (f) beber controladamente, (g) tratamento por aversão, (h) sensibilização encoberta, (i) gerenciamento contingencial e (j) anônimos.

1. _____ é um tratamento controverso para o abuso do álcool devido à descoberta de uma falha, mas também por estar em conflito com a crença na abstinência total.

2. A metadona é usada para ajudar os dependentes de heroína a se livrar do vício por meio de um método denominado _____.

3. Drogas _____ bloqueiam ou neutralizam os efeitos de drogas psicoativas e são às vezes efetivas no tratamento de dependentes.

4. Em _____, médico e paciente atuam juntos para decidir que comportamentos o paciente precisa mudar e que reforçadores serão usados como reconhecimento por atingir as metas estabelecidas.

5. Tem sido difícil avaliar rigorosamente a efetividade dos Alcoólicos Anônimos porque os participantes são _____.

6. Na _____, o uso da substância é emparelhado a algo extremamente desagradável (como álcool e êmese provocada pelo dissulfiram).

7. Heroína e metadona apresentam _____, o que significa que afetam os mesmos receptores de neurotransmissores.

8. O modelo de _____ envolve uma terapia que ajuda as pessoas a se livrar da ambivalência a respeito da

interrupção do consumo de drogas examinando suas crenças a respeito dos aspectos positivos e negativos do uso de drogas.
9. Pela imaginação de cenas desagradáveis, a técnica de _____ ajuda a pessoa a associar os efeitos negativos da droga com seu uso.
10. Infelizmente, o dependente de heroína pode tornar-se permanentemente _____ de metadona.

Transtorno do jogo

Os jogos de azar têm uma longa história – por exemplo, dados foram encontrados nas tumbas egípcias (Greenberg, 2005). O jogo é uma atividade que cresce em popularidade nos Estados Unidos e, em muitos lugares, constitui uma forma de entretenimento legal e aceitável. Talvez como resultado disso, o **transtorno do jogo** afeta um número crescente de pessoas, e segundo observação de um estudo compreendendo os anos de 1975 a 1999, 1,9% de adultos norte-americanos atendiam aos critérios para o transtorno (Shaffer & Hall 2001). As pesquisas sugerem que entre os jogadores patológicos, 14% perderam pelo menos um emprego, 19% declararam falência, 32% foram presos e 21%, encarcerados (Gerstein et al., 1999). Os critérios do *DSM-5* para o transtorno do jogo estabelecem os comportamentos associados que caracterizam as pessoas que têm esse transtorno aditivo. Esses incluem os mesmos padrões de impulsos que observamos em outros transtornos relacionados a substâncias. Observa-se também os paralelos com a dependência de substância, com a necessidade de jogar apostando quantidades cada vez maiores de dinheiro com o passar do tempo e os "sintomas de abstinência", tais como inquietação e irritabilidade ao tentar parar. Esses paralelos com os transtornos relacionados a substâncias levaram à recategorização do transtorno do jogo como um "Transtorno Aditivo" no *DSM-5* (Denis, Fatséas e Auriacombe, 2012).

Há um número crescente de pesquisas sobre a natureza e o tratamento desse transtorno. Por exemplo, os trabalhos científicos em andamento exploram as origens biológicas do impulso de jogar entre os jogadores patológicos. As pesquisas nessas e em outras áreas (por exemplo, pesquisa genética) mostram fortes semelhanças nas origens biológicas dos transtornos do jogo e por uso de substância. Em um estudo, a tecnologia por imagem do cérebro (ressonância magnética funcional ecoplanar) foi utilizada para observar a função cerebral enquanto os jogadores observavam vídeos de outras pessoas jogando (Potenza et al., 2003). Observou-se, nos jogadores, uma diminuição do nível de atividade nas regiões do cérebro envolvidas na regulação de impulsos quando comparadas com controles, sugerindo uma interação entre os estímulos ambientais para jogar e a resposta do cérebro (que diminui a habilidade de resistir ao estímulo). Os estudos observaram que o córtex pré-frontal ventromedial e orbitofrontal ("as partes de gerência" do cérebro) não funcionam normalmente em pessoas com transtorno do jogo. Controle de impulsos prejudicado e tomada de decisões arriscadas são processos que envolvem o córtex pré-frontal ventromedial, e os indivíduos com maiores problemas nessas áreas também apresentam pior resposta ao tratamento e maiores taxas de recaída (Yau, Yip e Potenza, 2015).

O tratamento dos problemas de jogo patológico é difícil. Aqueles que apresentam o transtorno do jogo exibem uma combinação de características – incluindo a negação do problema, impulsividade e otimismo contínuo ("Uma grande vitória vai cobrir minhas perdas!") – que interfere na efetividade do tratamento. Os jogadores patológicos frequentemente sentem fissuras similares àquelas experimentadas por pessoas dependentes de substâncias químicas (Wulfert et al., 2008; Wulfert, Maxson e Jardin, 2009). O tratamento é frequentemente semelhante ao de dependência de substância e existe uma instituição denominada Apostadores Anônimos, que adota o mesmo programa de doze passos previamente descrito neste capítulo. Contudo, a evidência de efetividade desse programa sugere que 70% a 90% dos participantes desistem, e que o desejo da desistência já deve existir antes da interven-

---

TABELA 11.10 Critérios diagnósticos para transtorno do jogo

A. Comportamento de jogo problemático persistente e recorrente levando a sofrimento ou comprometimento clinicamente significativo, conforme indicado pela apresentação de quatro (ou mais) dos seguintes critérios em um período de 12 meses:
 1. Necessidade de apostar quantias de dinheiro cada vez maiores a fim de atingir a excitação desejada.
 2. Inquietude ou irritabilidade quando tenta reduzir ou interromper o hábito de jogar.
 3. Fez esforços repetidos e malsucedidos no sentido de controlar, reduzir ou interromper o hábito de jogar.
 4. Preocupação frequente com o jogo (p. ex., apresenta pensamentos persistentes sobre experiências de jogo passadas, avalia possibilidades ou planeja a próxima quantia a ser apostada, pensa em modos de obter dinheiro para jogar).
 5. Frequentemente joga quando se sente angustiado (p. ex., sentimentos de impotência, culpa, ansiedade, depressão).
 6. Após perder dinheiro no jogo, frequentemente volta outro dia para ficar quite ("recuperar o prejuízo").
 7. Mente para esconder a extensão de seu envolvimento com o jogo.
 8. Prejudicou ou perdeu um relacionamento significativo, o emprego ou uma oportunidade educacional ou profissional em razão do jogo.
 9. Depende de outras pessoas para obter dinheiro a fim de saldar situações financeiras desesperadoras causadas pelo jogo.
B. O comportamento de jogo não é mais bem explicado por um episódio maníaco.

Especificar gravidade atual:
Leve: presença de 4 a 5 critérios
Moderada: presença de 6 a 7 critérios
Grave: presença de 8 a 9 critérios

Fonte: Manual Diagnóstico e Estatístico de Transtornos Mentais, 5a ed. – DSM-5. Tab. 11.10. Artmed, Porto Alegre, 2014.

ção (Ashley e Boehlke, 2012). Intervenções comportamentais e cognitivas ajudam a reduzir os sintomas do transtorno do jogo. Tratamentos breves e completos têm sido encontrados para ajudar, e ambos são recomendados. Dadas as taxas mais altas de impulsividade daqueles com esse transtorno, e, portanto, suas altas taxas de abandono do tratamento, mais pesquisas estão começando a comparar as versões breves com as de curso completo (Grant et al., 2015).

Além da inclusão do transtorno do jogo sob o título de "Transtornos Aditivos", o *DSM-5* inclui outro comportamento potencialmente aditivo, "Transtorno do jogo pela internet", como uma condição para estudos futuros (American Psychiatric Association, 2013). Há indicações de que alguns indivíduos ficam tão preocupados com jogos on-line (às vezes em um contexto social com outros jogadores) que um padrão similar de tolerância e abstinência se desenvolve (Petry e O'Brien, 2013). O objetivo de incluir esse novo comportamento potencialmente aditivo é encorajar pesquisas adicionais sobre sua natureza e tratamento.

Transtornos do controle de impulsos

Alguns dos transtornos que descrevemos neste livro iniciam com um impulso irresistível – geralmente um que ao final será prejudicial para a pessoa afetada. Normalmente, a pessoa experimenta crescente tensão precedente ao ato e, às vezes, a antecipação prazerosa de agir impulsivamente. Por exemplo, parafilias como pedofilia (atração sexual por crianças), transtornos alimentares e transtornos relacionados a substâncias, estudados neste capítulo, têm início muitas vezes com tentações ou desejos destrutivos, mas aos quais é difícil resistir. O *DSM-5* inclui mais três transtornos do controle de impulsos: transtorno explosivo intermitente, cleptomania e piromania (Muresanu, Stan e Buzoianu, 2012). No *DSM-IV-TR*, o transtorno do jogo foi incluído como um transtorno do controle de impulsos, mas, como observamos, está listado como transtorno aditivo no *DSM-5*. Por fim, tricotilomania (transtorno em que a pessoa arranca os cabelos) foi também movida dessa categoria para a categoria dos transtornos obsessivo-compulsivos (ver Capítulo 5).

Transtorno explosivo intermitente

Pessoas com **transtorno explosivo intermitente** têm episódios em que agem sob impulsos agressivos que resultam em sérios ataques ou destruição de propriedades (Coccaro e McCloskey, 2010). Embora seja comum entre a população observar rompantes agressivos, quando se elimina a influência de outros transtornos (por exemplo, transtorno da personalidade antissocial, transtorno da personalidade *borderline*, transtorno psicótico, doença de Alzheimer) ou uso de substâncias, esse transtorno não é comumente diagnosticado. Em um amplo estudo, raro e importante, pesquisadores investigaram mais de 9 mil pessoas e observaram que a prevalência desse transtorno ao longo da vida foi de 7,3% (Kessler et al., 2006).

Esse diagnóstico é controverso e foi debatido ao longo do desenvolvimento do *DSM*. Uma preocupação, entre outras, é que pela validação de uma categoria geral que abrange o comportamento agressivo, esse transtorno possa ser usado como uma defesa jurídica – insanidade – para todos os crimes violentos (Coccaro e McCloskey, 2010).

As pesquisas relativas a esse transtorno estão em estágio inicial e se concentram nas regiões cerebrais envolvidas, assim como na influência de neurotransmissores como serotonina e noradrenalina, bem como os níveis de testosterona, juntamente com a interação de influências psicossociais (estresse, vida familiar prejudicada, modo de criar os filhos). Estudos recentes têm proposto que há uma interrupção do papel do córtex orbitofrontal (as "partes de gerência" do cérebro) na inibição da ativação da amígdala (a "parte emocional" do cérebro) combinada com mudanças no sistema serotonérgico naqueles com esse transtorno (Yau et al., 2015). Essas e outras influências têm sido examinadas para explicar as origens desse transtorno (Coccaro, 2012). As intervenções cognitivo-comportamentais (por exemplo, auxiliar a pessoa a identificar e evitar os "desencadeadores" para os surtos de agressividade) e métodos espelhados em tratamentos do uso de drogas parecem ser os mais efetivos para essas pessoas, embora ainda existam poucos estudos realizados com controles (McCloskey et al., 2008).

Cleptomania

A história da atriz Winona Ryder, que, em dezembro de 2001, furtou mercadorias no valor de US$ 5.500 da Saks na Quinta Avenida, em Beverly Hills, Califórnia, foi tão enigmática quanto divertida. Por que arriscar uma carreira que rende milhões de dólares por algumas roupas que ela poderia facilmente comprar? Seria um caso de **cleptomania**, incapacidade recorrente em resistir ao desejo de furtar objetos que não são necessários

▲ Em 2002, a atriz Winona Ryder foi considerada culpada por ter furtado itens no valor de milhares de dólares de uma loja de departamentos de Beverly Hills.

para uso pessoal ou por seu valor monetário? Esse transtorno parece ser raro, e não muito bem estudado, em parte por causa do estigma social em admitir que a pessoa está cometendo um ato ilegal. Alguns estudos sugerem que esse transtorno pode ser mais comum em mulheres do que em homens, e que normalmente começa na adolescência (Yau et al., 2015). Um estudo relatou uma taxa de prevalência ao longo da vida de cerca de 1% nos Estados Unidos (Grant, 2003). Os padrões descritos por quem apresenta esse transtorno são bastante similares: a pessoa começa a sentir uma tensão pouco antes de furtar, seguida por sensações de prazer ou alívio enquanto o furto é realizado (Grant, Odlaug e Kim, 2010). Os cleptomaníacos alcançam escores altos nas avaliações de impulsividade, o que reflete sua incapacidade de julgar a imediata satisfação de furtar em comparação com consequências negativas de longo prazo (por exemplo, prisão, constrangimento) (Grant e Kim, 2002). Os pacientes que sofrem desse transtorno frequentemente relatam não se recordar (amnésia) terem furtado uma loja (Hollander, Berlin e Stein, 2009). Pesquisas com imagens cerebrais apoiam essas observações por meio de um estudo em que foram encontrados danos nas áreas do cérebro (regiões frontais inferiores) associados a tomadas de decisão inadequadas (Grant, Correia e Brennan-Krohn, 2006).

Parece existir alta comorbidade entre cleptomania e transtornos do humor e, em menor grau, também com abuso e dependência de substâncias (Grant et al., 2010). Alguns chamam a cleptomania de comportamento "antidepressivo", ou uma reação por parte de alguns indivíduos para aliviar sentimentos desagradáveis por meio do ato de furtar (Fishbain, 1987). Até o momento, existem poucos relatos de tratamentos que implicam tanto em intervenções comportamentais quanto o uso de medicamentos antidepressivos. Excepcionalmente, a naltrexona – um antagonista opioide utilizado no tratamento do alcoolismo – foi bastante efetiva na redução do impulso do furto em pessoas diagnosticadas com cleptomania (Grant, Kim e Odlaug, 2009).

Piromania

Assim como sabemos que alguém que furta não necessariamente tem cleptomania, também é verdade que nem todos que incendeiam algo sofrem de **piromania** – um transtorno do controle de impulsos que envolve uma vontade irresistível de atear fogo em algo. Mais uma vez, o padrão se assemelha ao observado na cleptomania, no qual a pessoa sente uma tensão ou euforia antes de atear fogo e um sentimento de satisfação ou alívio enquanto o fogo queima. Essas pessoas também prestam atenção a incêndios e em equipamentos que provocam ou apagam os incêndios (Dickens e Sugarman, 2012). Considerado um transtorno raro, a piromania é diagnosticada em apenas cerca de 3% dos incendiários (Lindberg et al., 2005), porque entre os incendiários incluem-se pessoas que ateiam fogo por dinheiro ou por vingança, e não para satisfazer um desejo urgente físico ou psicológico. Em virtude de tão poucas pessoas serem diagnosticadas com esse transtorno, as pesquisas sobre a etiologia e o tratamento são limitadas (Dickens e Sugarman, 2012). Os estudos realizados acompanham um grupo geral de incendiários criminosos (do qual apenas uma pequena porcentagem tem piromania) e examinam o papel de um histórico familiar de provocação de incêndios em comorbidade com transtornos de impulso (transtorno da personalidade antissocial e transtorno por uso de álcool). O tratamento geralmente é do tipo cognitivo-comportamental e envolve auxiliar a pessoa a identificar os sinais que dão início ao desejo e a ensinar estratégias para resistir à tentação de provocar incêndios (Bumpass, Fagelman e Brix, 1983; McGrath, Marshall e Prior, 1979).

Controvérsias sobre o DSM: Dependência e abuso de substâncias são a mesma coisa?

Uma das alterações feitas pelo *DSM-5* que causou inquietação entre alguns profissionais ou pesquisadores da área dos transtornos relacionados a substâncias foi a remoção da distinção entre dependência de uma substância e abuso desta (G. Edwards, 2012; Hasin, 2012; Schuckit, 2012). Embora haja consenso de que abusar de uma substância (como episódio de beber em excesso) e ser dela dependente (por exemplo, apresentar tolerância crescente ao álcool e sintomas de abstinência ao parar de beber) sejam processos diferentes, as pesquisas mostram que ambos praticamente caminham lado a lado. Em outras palavras, se uma pessoa rotineiramente abusa de uma substância, ela provavelmente se tornará dependente dela (O'Brien, 2011). De um ponto de vista científico, contudo, há uma diferença óbvia entre abuso e dependência, mas de uma perspectiva clínica (que é a função principal do *DSM*) o argumento foi de que manter a separação desses diagnósticos era mais complicado do que necessário.

Ademais, uma segunda grande alteração foi o acréscimo dos "Transtornos Aditivos" – em específico o transtorno do jogo – na seção dos transtornos relacionados a substâncias. Aqui novamente a ciência sugere que os fenômenos sejam bastante semelhantes quando se fala de transtornos relacionados a substâncias e transtorno do jogo, dados os padrões semelhantes de dependência, fissuras e vias cerebrais (Ashley e Boehlke, 2012). Entretanto, isso abre potencialmente a categoria para a inclusão de diferentes tipos de "adições". Outros problemas que causam disfunções reais para algumas pessoas estão presentes no novo *DSM-5* como condições para estudos futuros ("Transtorno do jogo pela internet" (Block, 2008; Van Rooij et al., 2011) e até mesmo o "vício de bronzeamento" (Poorsattar e Hornung, 2010), que estão sendo levados muito a sério como tipos similares de problemas. É provável que muitas atividades tenham potencial para causar dependência porque ativam os sistemas de recompensa do nosso cérebro tanto quanto as substâncias descritas neste capítulo. A diferença entre se tratar ou não de um transtorno parece estar no sofrimento causado, presente na maior parte dos diagnósticos psicológicos.

Verificação de conceitos 11.5

Combine os transtornos a seguir com seus sintomas correspondentes: (a) transtorno do jogo, (b) transtorno explosivo intermitente, (c) cleptomania e (d) piromania.

1. Raramente diagnosticado, esse transtorno é caracterizado por episódios de impulsos agressivos e pode ser tratado com intervenções cognitivo-comportamentais e/ou tratamento medicamentoso, ou ambos. _____

2. A pessoa começa com uma sensação de tensão, aliviada e seguida pelo prazer após ter cometido o furto. _____

3. Esse transtorno afeta aproximadamente entre 3% e 5% da população norte-americana adulta e é caracterizado pela necessidade de jogar. _____

4. As pessoas com esse transtorno demonstram interesse por incêndios e equipamentos empregados para provocá-los e apagá-los. _____

Resumo

Perspectivas sobre os transtornos relacionados a substâncias

- No *DSM-5*, os transtornos relacionados a substâncias e os transtornos aditivos incluem problemas com o uso de depressores (álcool, barbitúricos e benzodiazepinas), estimulantes (anfetaminas, cocaína, nicotina e cafeína), opioides (heroína, codeína e morfina) e alucinógenos (*cannabis* e LSD), assim como jogo patológico.
- Diagnósticos específicos são posteriormente classificados como intoxicação e abstinência.
- O uso não medicinal de drogas nos Estados Unidos diminuiu recentemente, embora continue a custar bilhões de dólares e a prejudicar seriamente a vida de milhões de pessoas a cada ano.

Depressores, estimulantes, opioides e alucinógenos

- Depressores formam um grupo de substâncias que diminuem a atividade do sistema nervoso central. O principal efeito consiste em reduzir os níveis de excitação fisiológica e ajudar a relaxar. Fazem parte desse grupo o álcool e sedativos, hipnóticos e ansiolíticos como aqueles prescritos para insônia.
- Estimulantes, as substâncias psicoativas mais comumente consumidas, incluem cafeína (presente no café, no chocolate e em muitos refrigerantes), nicotina (presente em produtos com tabaco, como cigarros), anfetaminas e cocaína. Em contraposição aos depressores, os estimulantes nos tornam mais alertas e dinâmicos.
- Opiáceos incluem ópio, morfina, codeína e heroína: eles têm efeito narcótico – aliviam a dor e induzem ao sono. O termo mais amplo de *opioides* é empregado para indicar a família de substâncias que inclui esses opiáceos, bem como variações sintéticas criadas por químicos (metadona, por exemplo) e as substâncias de atuação similar que ocorrem naturalmente no cérebro (encefalinas, beta-endorfinas e dinorfinas).
- Os alucinógenos alteram o modo como o usuário percebe o mundo. Visão, audição, sensações e até o olfato ficam distorcidos, algumas vezes de modo intenso, em uma pessoa sob a influência de drogas como *cannabis* e LSD.

Etiologia e tratamentos dos transtornos relacionados a substâncias

- A maioria das drogas psicotrópicas parece produzir efeitos positivos ao agir direta ou indiretamente no sistema mesolímbico dopaminérgico (a "via do prazer"). Além disso, fatores psicossociais, como expectativa, estresse e práticas culturais, interagem com os fatores biológicos para influenciar o uso de drogas.
- A dependência de substâncias é tratada com sucesso somente em uma minoria dos afetados, e os melhores resultados refletem a motivação do usuário de droga e uma combinação de tratamentos biológicos e psicossociais.
- Os programas direcionados à prevenção do uso de drogas talvez tenham a maior possibilidade de atingir significativamente os problemas com drogas.

Transtorno do jogo

- Jogadores compulsivos mostram os mesmos tipos de fissura e dependência que pessoas que apresentam transtornos relacionados a substâncias.
- Indivíduos adictos de jogos de azar e aqueles que sofrem de transtornos relacionados a substâncias parecem ter sistemas cerebrais semelhantes ativados.

Transtornos do controle de impulsos

- No *DSM-5*, o transtorno do controle de impulsos contempla três transtornos separadamente: transtorno explosivo intermitente, cleptomania e piromania.

Termos-chave

abstinência
abuso de substância
adesivo de nicotina
álcool
álcool desidrogenase (ADH)
alucinógenos
anfetaminas
barbitúricos
beber de maneira controlada
benzodiazepinas
cannabis (cannabis sativa) (maconha)
cleptomania
cocaína
delirium de *abstinência* (*delirium* tremens/DTs)
dependência de subst*ância*
dependência fisiológica
depressores
droga antagonista
droga psicoativa
estimulantes
intoxicação por substância
LSD (dietilamida do ácido lisérgico)
nicotina
opioides
outras drogas de abuso
piromania
prevenção de recaída
substituição agonista
substância psicoativa
síndrome alcoólica fetal (SAF)
síndrome Wernicke-Korsakoff
tolerância
transtorno do jogo
transtorno por uso de substâncias
transtornos do controle de impulsos
transtornos por uso de alucinógenos

transtornos por uso de anfetamina
transtornos por uso de cannabis
transtornos por uso de cocaína
transtornos por uso de substâncias
transtornos relacionados a opioides
transtornos relacionados ao tabaco

transtornos relacionados ao álcool
transtornos relacionados a substâncias e transtornos aditivos
transtornos relacionados à cafeína
uso de substância

4. Falso (*cannabis* produz as mais variadas reações nas pessoas);
5. Falso (anfetaminas são produzidas em laboratórios);
6. Verdadeiro;
7. Falso (estimulantes ocorrem naturalmente).

11.3

Parte A

1. f; 2. c; 3. d; 4. a; 5. e; 6. b

Parte B

7. V;
8. V;
9. F (todos têm um efeito);
10. F (ainda atuariam de maneira desinibida);
11. V;

11.4

1. f; 2. c; 3. d; 4. i; 5. j
6. g; 7. b; 8. e; 9. h; 10. a

11.5

1. b; 2. c; 3. a; 4. d

Respostas da verificação de conceitos

11.1

Parte A

1. c; 2. b; 3. d; 4. a

Parte B

5. c; 6. d; 7. b; 8. a

11.2

1. Falso (o uso do crack por gestantes causa efeitos adversos apenas em alguns bebês);
2. Verdadeiro;
3. Verdadeiro;

Explorando os transtornos por uso de substâncias

- Muitos tipos de problemas podem se desenvolver quando as pessoas usam e abusam de substâncias que alteram a forma como pensam, sentem e se comportam.
- Uma vez considerados como fraqueza pessoal, considera-se, agora, que o abuso de drogas e a dependência são influenciados tanto por fatores biológicos como psicológicos.

Desencadeador

Causas

Uso de drogas e Abuso de drogas

Influências sociais

- Exposição às drogas – por meio da mídia, amigos, pais ou falta de observação e monitoração dos pais – *versus* nenhuma exposição a elas
- Expectativas sociais e normas culturais de uso
- Apoio familiar/cultural/social e de amigos (todos ou alguns) *versus* não apoio ao uso das drogas

Influências psicológicas

Não uso:
- Medo dos efeitos do uso das drogas
- Decisão de não usar as drogas
- Sentimento de confiança e autoestima sem o uso das drogas

Uso:
- Uso da droga por prazer; associação ao sentimento de "sentir-se bem" (reforço positivo)
- Uso da droga para evitar a dor e fugir de aborrecimentos, por meio da sensação de entorpecimento (reforço negativo)
- Sentimento de estar no controle
- Expectativas/necessidades positivas de como será usar a droga
- Evitação dos sintomas de abstinência
- Presença de outros transtornos psicológicos: humor, ansiedade etc.

Influências biológicas

- Vulnerabilidade genética herdada que afeta:
- – Sensibilidade do corpo à droga (gene ADH)
- – Capacidade do corpo de metabolizar a droga (presença de enzimas específicas no fígado)
- Drogas que ativam o centro de recompensa natural do cérebro ("via do prazer")
- A neuroplasticidade aumenta a busca pela droga e provoca recaídas

TRATAMENTO: MELHOR USAR MÚLTIPLAS ABORDAGENS

Tratamentos psicossociais

- Terapia de aversão – criar associações negativas com o uso da droga (choques com a bebida, causar náuseas com uso da cocaína)
- Manejo de contingência para mudar comportamentos, compensando os comportamentos escolhidos
- Os Alcoólicos Anônimos e suas variações
- Tratamento hospitalar com internação (pode ser dispendioso)
- Uso controlado
- Reforço comunitário
- Prevenção de recaída

Tratamentos biológicos

- Substituição agonista
- – Substituição de uma droga por outra similar (heroína por metadona, cigarros por goma de mascar e adesivos de nicotina)
- Substituição antagonista
- – Bloquear um efeito da droga com uma outra (naltrexona para opioides e álcool)
- Tratamentos aversivos
- – Fazer com que a droga se torne muito desagradável (usando Antietanol, que causa náusea e vômitos quando misturados com álcool, para tratar do alcoolismo)
- Drogas que ajudam a pessoa a lidar com os sintomas da abstinência (clonidina para abstinência de opioides, sedativos para o álcool etc.)

TIPOS DE DROGAS

Exemplos		Efeitos
Depressores	Álcool, barbitúricos (sedativos: Amytal, Seconal, Nembutal), benzodiazepinas (ansiolíticos: Valium, Frontal, Halcion)	■ Diminuição da atividade do sistema nervoso central ■ Redução dos níveis de excitação do corpo ■ Relaxamento
Estimulantes	Anfetaminas, cocaína, nicotina, cafeína	■ Aumento da excitação física ■ Usuário sente-se mais em alerta e cheio de energia
Opioides	Heroína, morfina, codeína	■ Narcótico – reduz a dor e induz ao sono e à euforia mimetizando os opioides do cérebro (endorfinas etc.)
Alucinógenos	*Cannabis*, LSD, ecstasy	■ Altera a percepção mental e emocional ■ Distorção (às vezes dramática) das percepções sensoriais

Explorando os transtornos do controle de impulsos

Caracteriza-se pela incapacidade de resistir à tentação ou impulso de fazer algo. As pessoas que sofrem desses transtornos são consideradas pela sociedade como aquelas que têm apenas uma falta de "vontade" de mudar de atitude.

TIPOS DE TRANSTORNOS DO CONTROLE DE IMPULSOS

Transtornos			Efeitos
Explosivo intermitente		■ Agir com impulsos agressivos que resultam em ataques ou destruição de propriedades ■ Uma pesquisa recente se concentra em investigar como os neurotransmissores e os níveis de testosterona interagem com as influências psicossociais (estresse, estilos parentais na prática educativa dos filhos)	Intervenções cognitivo-comportamentais (ajuda a pessoa a identificar e evitar os desencadeadores das crises agressivas) e abordagens adaptadas após os tratamentos com as drogas parecem as mais efetivas
Cleptomania		■ Falha recorrente de resistir ao impulso de furtar itens desnecessários ao indivíduo ■ Sentimento de tensão antes de furtar, seguido de sentimentos de prazer e alívio quando comete o ato ■ Alta comorbidade com transtornos do humor e, em menor grau, com abuso/dependência de substância	Intervenções comportamentais ou medicação antidepressiva
Piromania		■ Necessidade irresistível de atear fogo ■ Sentimento de excitação antes de atear fogo seguido de sentimento de satisfação ou alívio em ver o fogo queimar ■ Raro; diagnosticado em menos de 4% dos incendiários	Intervenções cognitivo-comportamentais (ajuda a pessoa a identificar os sinais dos estímulos desencadeadores e ensina a lidar com as estratégias para resistir ao ato)

12 Transtornos da personalidade

RESUMO DO CAPÍTULO

Visão geral dos transtornos da personalidade
Aspectos dos transtornos da personalidade
Modelos categórico e dimensional
Grupos dos transtornos da personalidade
Estatísticas e desenvolvimento
Diferenças de gênero
Comorbidade
Transtornos da personalidade em estudo

Transtornos da personalidade do grupo A
Transtorno da personalidade paranoide
Transtorno da personalidade esquizoide
Transtorno da personalidade esquizotípica

Transtornos da personalidade do grupo B
Transtorno da personalidade antissocial
Transtorno da personalidade *borderline*
Transtorno da personalidade histriônica
Transtorno da personalidade narcisista

Transtornos da personalidade do grupo C
Transtorno da personalidade evitativa
Transtorno da personalidade dependente
Transtorno da personalidade obsessivo-
 -compulsiva

Resultados finais de assimilação do conteúdo pelo aluno*

- **Utilizar o raciocínio científico para interpretar o comportamento:**
  - Identificar os componentes biológicos, psicológicos e sociais básicos das explicações comportamentais (p. ex.: inferências, observações, definições operacionais e interpretações) [APA SLO 2.1a]

- **Envolver-se com pensamento inovador e integrativo e com resolução de problemas:**
  - Descrever os problemas, de forma funcional, para estudá-los empiricamente [APA SLO 2.3a]

- **Descrever aplicações que empregam a resolução de problemas com base na disciplina:**
  - Identificar corretamente antecedentes e consequências de comportamentos e processos mentais [APA SLO 1.3c]
  - Descrever exemplos de aplicações práticas e relevantes de princípios psicológicos no cotidiano [APA SLO 1.3a]

* Partes deste capítulo tratam dos aprendizados sugeridos pela American Psychological Association (2013), inclusos nas diretrizes para bacharéis em Psicologia. O escopo do capítulo concernente aos resultados está identificado acima pela APA Goal e pela APA Suggested Learning Outcome (SLO).

Visão geral dos transtornos da personalidade

Todos julgamos conhecer o que é "personalidade". É o modo característico como uma pessoa se comporta e pensa: "Michael tende a ser tímido"; "Mindy gosta de ser dramática"; "Juan é sempre muito desconfiado dos outros"; "Anna é muito extrovertida"; "Bruce é sensível e fica chateado muito facilmente por motivos fúteis"; "Sean tem a personalidade de uma alface!". Nós temos a tendência de rotular pessoas quando se comportam de determinada maneira em várias situações. Por exemplo, como Michael, muitos de nós somos tímidos com pessoas que não conhecemos, mas não agimos da mesma forma quando estamos com nossos amigos. Uma pessoa verdadeiramente tímida age assim até mesmo entre pessoas que ela conhece. A timidez é parte da maneira de como a pessoa se comporta na maioria das situações. Nós também provavelmente nos comportamos de todas as outras maneiras relatadas aqui (dramáticos, desconfiados, extrovertidos, chateia-se facilmente). Entretanto, quando as características da personalidade interferem nos relacionamentos interpessoais, causam sofrimento à pessoa, ou, no geral, interrompem as atividades da vida cotidiana, tais características recebem o nome de "transtornos da personalidade" (Skodol, 2012). Neste capítulo, examinaremos o comportamento característico em relação aos transtornos da personalidade. De início, analisaremos o conceito de transtornos da personalidade e os temas a ele relacionados; em seguida, os descreveremos.

Aspectos dos transtornos da personalidade

O que ocorre quando o modo característico de pensar e de se comportar de um indivíduo causa sofrimento significativo a si ou aos outros? E se a pessoa não consegue alterar esse modo de se relacionar com o mundo e se sente infeliz? Podemos considerar que essa pessoa tem um transtorno da personalidade. Ao contrário de muitos dos transtornos que examinamos, aqueles relacionados à personalidade são crônicos; não surgem e desaparecem, mas têm origem na infância e continuam na idade adulta (Widiger, 2012). Em virtude de esses problemas crônicos afetarem a personalidade, comprometem todos os aspectos da vida de uma pessoa. Se uma mulher for excessivamente desconfiada (sinal de um possível transtorno da personalidade paranoide), por exemplo, esse traço afetará quase tudo o que ela faz, inclusive seu trabalho (é possível que mude de emprego com frequência, caso acredite que os colegas de trabalho estejam conspirando contra ela), seus relacionamentos (pode não ser capaz de manter um relacionamento duradouro, caso não confie em ninguém), até mesmo onde reside (pode mudar-se frequentemente, caso suspeite que o locador do imóvel a esteja perseguindo).

Transtorno da personalidade é um padrão persistente de emoções, cognições e comportamentos que resulta em um sofrimento emocional duradouro para a pessoa afetada e/ou para outros e pode causar dificuldades no trabalho e nos relacionamentos (American Psychiatric Association, 2013). Segundo o *DSM-5*, um transtorno da personalidade pode causar sofrimento para a pessoa afetada. Todavia, é possível que indivíduos com transtornos da personalidade não experimentem nenhum sofrimento subjetivo, no entanto, suas ações podem causar sofrimento a outros. Isso é particularmente comum no transtorno da personalidade antissocial, porque a pessoa pode demonstrar evidente desconsideração aos direitos de outras pessoas e, mesmo assim, não ter remorso (Hare, Neumann e Widiger, 2012). Em certos casos, alguém que não seja o indivíduo com transtorno deve decidir se o transtorno está causando prejuízo funcional significativo, porque a pessoa afetada muitas vezes não consegue fazer esse julgamento.

O *DSM-5* lista dez transtornos da personalidade específicos. Embora as perspectivas de um tratamento bem-sucedido possam ser mais otimistas do que se pensava (Nelson, Beutler e Castonguay, 2012), infelizmente, conforme veremos adiante, muitas pessoas que têm transtornos da personalidade, além de outros problemas psicológicos (por exemplo, transtorno

---

[1] NTT da tradução da 8ª edição norte-americana: No Brasil, as chamadas Diretrizes Curriculares Nacionais (DCN) para a graduação em Psicologia são instituídas via Ministério da Educação (MEC) e Conselho Federal de Psicologia (CFP).

depressivo maior), tendem a não aproveitar bem o tratamento. Um fator importante para o sucesso do tratamento (ou seu fracasso) é como o terapeuta se sente a respeito do paciente. As emoções que os pacientes despertam em seus terapeutas (chamadas de "contratransferência" por Sigmund Freud) tendem a ser algo negativo para aqueles diagnosticados com transtornos da personalidade, como veremos a seguir, especialmente os do grupo A (o grupo dos estranhos ou excêntricos) e os do grupo B (o grupo dos dramáticos, emotivos ou imprevisíveis) (Liebman e Burnette, 2013). Os terapeutas não podem deixar que seus sentimentos pessoais interfiram no tratamento quando estão trabalhando com pessoas com transtornos da personalidade.

Antes do *DSM-5*, a maioria dos transtornos que discutimos neste livro pertencia ao Eixo I do *DSM-IV-TR*, no qual estavam inseridos os transtornos tradicionais. Os transtornos da personalidade eram colocados em um eixo separado, o Eixo II, porque, como um grupo, eles eram considerados distintos. Muitos consideravam que os traços característicos eram mais arraigados e inflexíveis em pessoas com transtornos da personalidade e, por isso, pouco prováveis de serem modificados com sucesso. Com as alterações feitas no *DSM-5*, esses eixos separados foram eliminados, e agora os transtornos da personalidade estão listados com os demais transtornos do *DSM-5* (American Psychiatric Association, 2013).

Você pode ficar surpreso em saber que a categoria de transtornos da personalidade é controversa por envolver alguns temas sem solução. Examinar esses temas pode ajudá-lo a compreender os transtornos descritos neste livro.

Modelos categórico e dimensional

Às vezes, muitos de nós desconfiamos das pessoas e somos um pouco paranoicos, muito dramáticos, introspectivos ou reclusivos. Felizmente, esses sentimentos não duram muito tempo, ou não são muito intensos, e não prejudicam significativamente o modo como vivemos e trabalhamos. Porém, as pessoas com transtornos da personalidade apresentam características problemáticas que duram longos períodos, em muitas situações, a ponto de causar grande sofrimento emocional para elas mesmas, para os outros ou para ambos (Widiger, 2012). A dificuldade delas, então, pode ser vista como uma questão de *grau* e não de *tipo*, isto é, os problemas que as pessoas com transtorno da personalidade têm são versões extremas dos problemas que muitos de nós experimentamos temporariamente, tais como ser ou ficar tímido em alguma situação ou suspeitar de algo ou alguém (South, Oltmanns e Krueger, 2011).

A diferença entre problemas de grau e problemas de tipo costuma ser descrita em relação a *dimensões*, em vez de *categorias*. A questão que continua em debate na área é se os transtornos da personalidade são, ou não, as versões extremas das variações de personalidade típicas (dimensões) ou formas diferentes do comportamento psicologicamente saudável (categorias) (Skodol, 2012). Você consegue ver a diferença entre dimensões e categorias na vida cotidiana. Por exemplo, encaramos o gênero como uma categoria. A sociedade geralmente considera como pertencente à categoria "feminina" ou "masculina". No entanto, muitos acreditam que é mais preciso olhar para o gênero em termos de dimensões. Por exemplo, nós sabemos que "masculino" e "feminino" podem descrever uma variedade de escolhas na expressão de gênero (por exem-

plo, aparência pessoal, traje, uso de maquiagem e outras modificações corporais). Poderíamos facilmente colocar as pessoas ao longo de um *continuum* de "masculinidade" a "feminilidade", em vez de fazê-lo em categorias absolutas de "masculino" ou "feminino". Frequentemente, atribuímos uma categoria à altura das pessoas: "alta", "média" ou "baixa". Porém, a altura também pode ser encarada de modo dimensional, em polegadas ou centímetros.

Muitos pesquisadores e clínicos dessa área encaram os transtornos da personalidade como extremos em uma ou mais dimensões da personalidade. Contudo, em virtude da maneira como os indivíduos são diagnosticados pelo *DSM,* os transtornos da personalidade – como a maioria dos outros transtornos – acabam sendo considerados em categorias. Tem-se duas escolhas, ou você tem ou não tem o transtorno. Por exemplo, ou você tem um transtorno da personalidade antissocial ou não tem. Os diagnósticos segundo critérios do *DSM* não avaliam o grau de dependência; caso a pessoa atenda aos critérios, é classificada como tendo transtorno da personalidade dependente. Não existe classificação intermediária quando se trata de transtornos da personalidade.

Existem vantagens em adotar os modelos categoriais de comportamento, sendo a mais importante a conveniência. No entanto, a simplificação gera problemas. Um deles é que o ato de empregar categorias conduz os clínicos a considerá-las concretamente, isto é, os transtornos são vistos como "coisas" verdadeiras, como se tivessem aspecto real de uma infecção ou de um braço fraturado. Algumas pessoas argumentam que os transtornos da personalidade não são coisas que existem, mas pontos em que a sociedade decide que um modo particular de relacionar-se com o mundo tornou-se um problema. Novamente, um tema importante ainda sem solução: os transtornos da personalidade são apenas uma variante extrema da personalidade típica ou transtornos indubitavelmente diferentes?

Alguns pesquisadores propuseram que a seção de transtornos da personalidade do *DSM-5* fosse substituída, ou, pelo menos, suplementada por um modelo dimensional (South et al., 2011; Widiger, 2012), em que os indivíduos não somente receberiam diagnósticos categoriais, mas também seriam avaliados em função de uma série de dimensões da personalidade. Widiger e colaboradores. (Widiger e Simonsen, 2005; Widiger e Trull, 2007; Widiger, 2011) argumentaram por décadas que esse sistema teria pelo menos três vantagens em relação a um sistema puramente categorial: (1) possuiria mais informações sobre cada indivíduo, (2) seria mais flexível porque permitiria as diferenciações dimensionais e categoriais entre os indivíduos e (3) evitaria as decisões arbitrárias envolvidas na inclusão de uma pessoa em uma categoria diagnóstica. Atualmente, há um modelo alternativo de transtornos da personalidade inserido na seção sobre "instrumentos de avaliação e modelos emergentes" no *DSM-5*, que foi incluído com o propósito de obter mais estudos (American Psychiatric Association, 2013). Esse modelo se concentra em um *continuum* de perturbações do funcionamento do "self" (isto é, como você se vê e sua capacidade de autocontrole) e interpessoal (isto é, sua capacidade de empatia e de intimidade com os outros). Resta-nos observar como esse modelo alternativo será utilizado no futuro.

Embora não haja consenso a respeito de quais seriam as dimensões básicas da personalidade, existem diversas possibi-

466 PSICOPATOLOGIA

lidades (South et al., 2011). Uma das mais amplamente aceitas é o chamado *modelo dos cinco fatores* ou *"Big Five"* – extraído de pesquisas com a personalidade típica (Hopwood e Thomas, 2012; McCrae e Costa Jr., 2008). Nesse modelo, as pessoas podem ser classificadas em razão de uma série de dimensões da personalidade e a combinação dos cinco componentes descreve a razão pela qual os indivíduos são tão diferentes. Os cinco fatores ou dimensões são *extroversão* (comunicativo, assertivo e ativo *versus* quieto, passivo e reservado); *socialização* (amável, confiável e acolhedor *versus* hostil, egoísta e não confiável); *realização* (organizado, minucioso e coerente *versus* descuidado, negligente e incoerente); *neuroticismo* (bem-humorado *versus* nervoso, temperamental e instável); *abertura à experiência* (imaginativo, curioso e criativo *versus* superficial e insensível) (McCrae e Costa Jr., 2008). Para cada dimensão, as pessoas são avaliadas em alta, baixa ou em algum ponto entre as dimensões.

As pesquisas transculturais estabelecem relativamente a natureza universal das cinco dimensões – embora haja diferenças individuais entre as culturas (Valchev et al., 2013; Carlo et al., 2014). Um estudo investigou os Cinco Grandes (*Big Five*) fatores de personalidade em estudantes do ensino médio em seis diferentes culturas e observou que, por exemplo, os jovens adultos na Turquia relataram níveis mais altos de conscienciosidade e extroversão do que os da China, enquanto os estudantes em Taiwan relataram quase tanta abertura para experiência quanto os da Eslovênia (Vazsonyi et al., 2015). Vários pesquisa-dores estão tentando determinar se as pessoas com transtornos da personalidade também podem ser classificadas de maneira significativa ao longo das cinco grandes dimensões e se o sistema irá nos ajudar a entender esses transtornos (Costa e McCrae, 2013).

Grupos dos transtornos da personalidade

O *DSM-5* divide os transtornos da personalidade em três grupos ou *clusters*; isso provavelmente continuará até que uma base científica sólida seja estabelecida para considerá-los de outro modo (American Psychiatric Association, 2013) (ver Tabela 12.1). A divisão em grupos baseia-se na semelhança. O Grupo A é o dos esquisitos ou excêntricos; inclui os transtornos da personalidade paranoide, esquizoide e esquizotípica. O grupo B é o das pessoas que se mostram dramáticas, emotivas ou imprevisíveis; abrange os transtornos da personalidade antissocial, *borderline*, histriônica e narcisista. O grupo C é o das pessoas ansiosas ou medrosas; inclui os transtornos da personalidade evitativa, dependente e obsessivo-compulsiva. Seguiremos essa ordem em nosso estudo.

Estatísticas e desenvolvimento

Visto que muitas pessoas com esses problemas não buscam ajuda por si só como fazem aquelas com muitos dos outros transtornos mencionados no *DSM-5*, juntar informação

---

TABELA 12.1 Transtornos da personalidade

Transtorno da personalidade	Descrição
Grupo A – Transtornos esquisitos ou excêntricos	
Transtorno da personalidade paranoide	Um padrão difuso de desconfiança e suspeita das pessoas, de modo que as motivações dos outros são interpretadas como malévolas.
Transtorno da personalidade esquizoide	Um padrão difuso de distanciamento de relacionamentos sociais e faixa restrita de expressão emocional em contextos interpessoais.
Transtorno da personalidade esquizotípica	Um padrão difuso de déficits sociais e interpessoais, marcado por desconforto agudo e reduzida capacidade para relacionamentos íntimos, além de distorções cognitivas ou perceptivas e excentricidades do comportamento.
Grupo B – Transtornos dramáticos, emotivos ou imprevisíveis	
Transtorno da personalidade antissocial	Um padrão difuso de desrespeito e violação dos direitos dos outros.
Transtorno da personalidade *borderline*	Um padrão difuso de instabilidade dos relacionamentos interpessoais, da autoimagem, dos afetos e acentuada impulsividade.
Transtorno da personalidade histriônica	Um padrão difuso de emocionalidade excessiva e forte necessidade de busca de atenção.
Transtorno da personalidade narcisista	Um padrão difuso de grandiosidade (em fantasia ou comportamento), necessidade de admiração e falta de empatia.
Grupo C – Ansiosos ou medrosos	
Transtorno da personalidade evitativa	Um padrão difuso de inibição social, sentimentos de inadequação e hipersensibilidade à avaliação negativa.
Transtorno da personalidade dependente	Uma necessidade difusa e excessiva de ser cuidado, que leva a um comportamento submisso e dependente e ao medo da separação.
Transtorno da personalidade obsessivo--compulsiva	Um padrão difuso de preocupação com organização, perfeccionismo e controle mental e interpessoal em detrimento da flexibilidade, abertura e eficiência.

Fonte: Reimpresso com permissão da American Psychiatric Association. *Diagnostic and statistical manual of mental disorders*. 5. ed. Washington, DC, 2013. Autor © 2013 American Psychiatric Association.

sobre a prevalência dos transtornos da personalidade torna-se difícil e, portanto, varia em grande medida. No entanto, um importante levantamento indica que um em cada 10 adultos nos Estados Unidos pode ter um transtorno da personalidade diagnosticável (Lenzenweger et al., 2007), o que os torna relativamente comuns (ver Tabela 12.2). Os números variam um pouco entre um país e outro, mas mundialmente falando, 6% dos adultos podem ter pelo menos um transtorno da personalidade (Huang et al., 2009). As diferenças nas estimativas de prevalência podem ser resultantes dos diferentes métodos de levantamento, isto é, o mapeamento em contextos clínicos *versus* o da população geral – e até mesmo daqueles que não buscam ajuda (Torgersen, 2012). Do mesmo modo, a diferença de gênero nos transtornos – para ter um exemplo, mais mulheres foram diagnosticadas com transtorno da personalidade *borderline* e mais homens identificados com transtorno da personalidade antissocial – varia extremamente quando o levantamento é realizado na população em geral. Deve haver diversas razões pelas quais existem essas diferenças diagnósticas, uma delas é o viés nos diagnósticos e outra, as diferenças no comportamento de buscar ajuda e a tolerância de comportamento em uma cultura. Discutiremos várias dessas questões posteriormente neste capítulo.

Pensava-se que os transtornos da personalidade surgiam na infância e permaneciam no decorrer da fase adulta (Cloninger e Svakic, 2009). Porém, análises mais sofisticadas sugerem que esses transtornos podem melhorar ao longo do tempo (Zanarini et al., 2006; 2014), mas serem substituídos por outros transtornos da personalidade (Torgersen, 2012). Falando de outra maneira, uma pessoa pode receber o diagnóstico de um transtorno da personalidade em uma determinada época de sua vida e anos mais tarde não cumprir mais os critérios do problema outrora diagnosticado; entretanto, passa a ter características de um segundo (ou terceiro) transtorno da personalidade. A relativa falta de informação dessas importantes características dos transtornos da personalidade e do curso de desenvolvimento constituem um tema recorrente. Os hiatos no conhecimento do curso de quase metade desses transtornos estão na Tabela 12.2. Uma razão para a escassez de pesquisas é que muitas pessoas não buscam tratamento nas fases iniciais, somente após anos de sofrimento. Isso torna difícil estudar pessoas com transtornos da personalidade desde o princípio, embora algumas pesquisas tenham nos ajudado a compreender o desenvolvimento de diversos transtornos (Hecht et al., 2014).

Os indivíduos com transtornos da personalidade *borderline* são caracterizados por relacionamentos efêmeros e instáveis; tendem a apresentar problemas persistentes nos primeiros anos da idade adulta, como hospitalizações frequentes, relacionamentos pessoais instáveis, depressão grave e atitudes suicidas. Os indivíduos com transtorno da personalidade *borderline* morrem por suicídio a uma taxa de quase 50 vezes maior do que a população geral, com a maioria das pesquisas sugerindo

TABELA 12.2 — Estatísticas e evolução dos transtornos da personalidade

Transtorno	Prevalência*	Diferenças de gênero*	Curso
Transtorno da personalidade paranoide	População clínica: 6,3%-9,6% População geral: 1,5%-1,8%	Aproximadamente igual entre homens e mulheres	Escassez de informação
Transtorno da personalidade esquizoide	População clínica: 1,4%-1,9% População geral: 0,9%-1,2%	Um pouco mais comum entre os homens	Escassez de informação
Transtorno da personalidade esquizotípica	População clínica: 6,4%-5,7% População geral: 0,7%-1,1%	Um pouco mais comum entre os homens	Crônico; alguns continuam a evolução para esquizofrenia
Transtorno da personalidade antissocial	População clínica: 3,9%-5,9% População geral: 1,0%-1,8%	Muito mais comum entre os homens	Dissipa-se depois dos 40 anos de idade (Hare, McPherson e Forth, 1988)
Transtorno da personalidade *borderline*	População clínica: 28,5% População geral: 1,4%–1,6%	Aproximadamente igual entre homens e mulheres	Os sintomas gradualmente melhoram caso o indivíduo sobreviva até os 30 anos de idade (Zanarini et al., 2006); cerca de 6% cometem suicídio (Perry, 1993)
Transtorno da personalidade histriônica	População clínica: 8,0%-9,7% População geral: 1,2%-1,3%	Um pouco mais comum entre as mulheres	Crônico
Transtorno da personalidade narcisista	População clínica: 5,1%-10,1% População geral: 0,1%-0,8%	Um pouco mais comum entre os homens	Pode melhorar com o tempo (Cooper e Ronningstam, 1992; Gunderson, Ronningstam e Smith, 1991)
Transtorno da personalidade evitativa	População clínica: 21,5%-24,6% População geral: 1,4%-2,5%	Um pouco mais comum entre as mulheres	Escassez de informação
Transtorno da personalidade dependente	População clínica: 13,0%-15,0% População geral: 0,9%-1,0%	Muito mais comum entre as mulheres	Escassez de informação
Transtorno da personalidade obsessivo-compulsiva	População clínica: 6,1%-10,5% População geral: 1,9%-2,1%	Um pouco mais comum entre os homens	Escassez de informação

* Dados populacionais e dados de gênero relatados por Torgersen, S. (2012). Epidemiology. In: Widiger, T. A. (Ed.). *The Oxford handbook of personality disorders* (186-205). Nova York: Oxford University Press.

468 PSICOPATOLOGIA

que de 8% a 10% dos pacientes com esse transtorno acabam por suicidar (Gunderson, 2011; Björkenstam et al., 2015). Pelo lado positivo, seus sintomas melhoram gradualmente se eles sobrevivem até os 30 anos (Zanarini et al., 2006; 2014), embora os idosos possam ainda ter dificuldades interpessoais superiores à média (Powers, Gleason e Oltmanns, 2013). As pessoas com transtorno da personalidade antissocial exibem um desrespeito característico pelos direitos e sentimentos dos outros; elas tendem a continuar seus comportamentos disruptivos de mentira e manipulação ao longo da vida adulta. Felizmente, alguns tendem a "dissipar" os sintomas no meio da idade adulta, refletido em um declínio na prevalência do transtorno da personalidade antissocial ao longo da vida (Vachon et al., 2013). Todavia, como um grupo, os problemas de pessoas com transtornos da personalidade continuam, conforme demonstrado por pesquisadores que fazem o acompanhamento da evolução da condição ao longo dos anos (Torgersen, 2012).

Diferenças de gênero

Homens diagnosticados com transtornos da personalidade tendem a mostrar traços mais agressivos, estruturados, autoassertivos e distantes, enquanto as mulheres tendem a apresentar características mais submissas, emotivas e inseguras (Torgersen, 2012). Então, não é de surpreender que o transtorno da personalidade antissocial seja mais frequente em homens, e o dependente seja mais presente nas mulheres. Historicamente, os transtornos da personalidade histriônica e *borderline* foram identificados pelos clínicos como mais frequente em mulheres (Dulit, Marin e Frances, 1993; Stone, 1993), porém, de acordo com estudos mais recentes da prevalência na população geral, o mesmo número de homens e mulheres pode ter transtornos da personalidade histriônica e *borderline* (ver Tabela 12.2). Se essa observação se confirmar em estudos futuros, fica a pergunta: por que esses transtornos têm sido diagnosticados predominantemente em mulheres na prática clínica e em outros estudos?

As disparidades indicam diferenças entre homens e mulheres em certas experiências básicas que são genéticas, socioculturais, ou ambas, ou representam os vieses utilizados pelo clínico que faz os diagnósticos? Considere, por exemplo, um estudo realizado por Maureen Ford e Thomas Widiger (1989), que enviaram estudos de casos fictícios para que psicólogos clínicos os diagnosticassem. Um caso descrevia uma pessoa com transtorno da personalidade antissocial, caracterizado por comportamento irresponsável e imprudente e geralmente diagnosticado em homens; o outro descrevia uma pessoa com transtorno da personalidade histriônica, caracterizado pela emocionalidade excessiva e busca de atenção, diagnosticado com mais frequência em mulheres. O paciente foi identificado como do sexo masculino em algumas versões de cada caso e do sexo feminino em outras, embora tudo o mais fosse idêntico. Conforme o gráfico da Figura 12.1 indica, quando o transtorno da personalidade antissocial foi atribuído a um homem, a maioria dos psicólogos fez o diagnóstico correto. No entanto, quando o mesmo caso foi relacionado a uma mulher, a maioria dos psicólogos o diagnosticou como transtorno da personalidade histriônica em vez do antissocial. No caso do transtorno da personalidade histriônica, a atribuição do problema a uma mulher aumentou a probabilidade daquele diagnóstico. Ford e

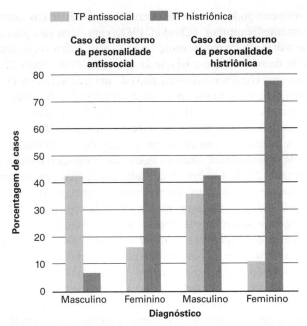

FIGURA 12.1 Vieses de gênero no diagnóstico de transtornos da personalidade (TP). Os dados são apresentados em função da porcentagem de casos que os psicólogos clínicos classificaram como transtornos da personalidade antissocial ou histriônica, dependendo de o caso ter sido relacionado a um homem ou a uma mulher. (De Ford, M. R. e Widiger, T. A. [1989]. Sex bias in the diagnosis of histrionic and antisocial personality disorders. *Journal of Consulting and Clinical Psychology, 57*, 301-305.)

Widiger (1989) concluíram que os psicólogos diagnosticaram incorretamente um número maior de mulheres com o transtorno da personalidade histriônica.

Essa diferença de gênero no diagnóstico também foi criticada por outros autores (ver, por exemplo, Kaplan, 1983) com base no fato de que o transtorno da personalidade histriônica, como diversos outros transtornos da personalidade, apresenta um viés que atinge as mulheres. Conforme Kaplan (1983) ressalta, muitas das características do transtorno da personalidade histriônica, como comportamento exagerado, vaidade, sedução e excesso de preocupação com a aparência física, são características do "estereótipo de mulher" no Ocidente. Esse

▲ Transtornos da personalidade tendem a iniciar na infância.

transtorno pode ser a simples personificação de traços extremamente "femininos" (Chodoff, 1982); considerar essa pessoa mentalmente doente, de acordo com Kaplan, reflete o viés inerente da sociedade em relação às mulheres. (Ver Tabela 12.3 para uma cômica versão masculina de um transtorno da personalidade.) De modo interessante, a personalidade "macho" (Mosher e Sirkin, 1984), na qual o indivíduo possui traços masculinos típicos, não se encontra descrita no DSM.

A questão do viés de gênero no diagnóstico do transtorno da personalidade continua a gerar controvérsia (Liebman e Burnette, 2013). Lembre-se, contudo, que apenas porque certos transtornos são mais observados em homens ou em mulheres não indica necessariamente um viés (Lilienfeld et al., 1986). Quando presente, um viés pode ocorrer em diferentes fases do processo de diagnóstico. Widiger e Spitzer (1991) ressaltam que os critérios para o transtorno podem conter eles próprios um viés (*viés de gênero nos critérios*) ou as medidas de avaliação e o modo como são usadas podem conter viés (*viés de gênero na avaliação*). No geral, os critérios em si não parecem ter um viés de gênero substancial, embora possa haver uma tendência de os clínicos estabelecerem seu próprio viés ao utilizarem os critérios e, portanto, diagnosticarem homens e mulheres de maneira diferente (Oltmanns e Powers, 2012). Conforme os estudos científicos avançam, os pesquisadores tentarão criar diagnósticos mais precisos em termos de gênero e mais úteis para os clínicos.

Comorbidade

Observando a Tabela 12.2 e somando as taxas de prevalência dos transtornos da personalidade é possível concluir que até 25% de todas as pessoas são afetadas. Na verdade, a porcentagem de pessoas na população que sofre de transtornos da personalidade provavelmente chega perto dos 10% (Huang et al., 2009; Lenzenweger et al., 2007). Qual a explicação para essa discrepância? A principal preocupação em relação aos TPs é que as pessoas tendem a ser diagnosticadas com mais de um transtorno. O termo *comorbidade* historicamente descreve uma condição em que a pessoa possui múltiplas doenças (Caron e Rutter, 1991). Existe uma expressiva e constante divergência que questiona se o termo deveria ser utilizado no contexto de transtornos psicológicos por causa da frequente sobreposição de diferentes transtornos (Skodol, 2005). Zimmerman, Rothschild e Chelminski (2005) investigaram 859 pacientes de ambulatório psiquiátrico e avaliaram quantos tinham um ou mais transtornos da personalidade. A Tabela 12.4 mostra as chances de uma pessoa com transtorno da personalidade também preencher critérios de outros transtornos. Por exemplo, uma pessoa identificada com TP *borderline* está propensa a receber o diagnóstico de TP paranoide, esquizotípica, antissocial, narcisista, evitativa ou dependente.

As pessoas de fato tendem a ter mais de um transtorno da personalidade? O modo como definimos esses transtornos é impreciso e precisamos aperfeiçoar as definições a fim de que não se sobreponham? Ou classificamos os transtornos de modo errôneo e agora é preciso repensar as categorias? Um fenômeno que complica esta questão é o de que as pessoas mudarão de diagnóstico com o tempo (Torgersen, 2012). Essas perguntas sobre comorbidade são apenas alguns dos temas importantes com os quais se defrontam os pesquisadores que estudam transtornos da personalidade.

TABELA 12.3	Critérios diagnósticos para transtorno da personalidade "independente"
Coloca o trabalho (carreira) acima dos relacionamentos com as pessoas que ama (por exemplo, viaja a negócios, trabalha até tarde e nos finais de semana).	
É relutante em levar em consideração as necessidades dos outros quando toma decisões, especialmente concernentes à carreira do indivíduo ou ao tempo de lazer; por exemplo, o indivíduo espera que o cônjuge e os filhos mudem para outra cidade por causa dos seus planos de carreira.	
Passivamente permite que outros assumam a responsabilidade das principais áreas da vida social devido à incapacidade de expressar emoção necessária (por exemplo, deixa o cônjuge assumir a responsabilidade dos cuidados com os filhos).	

Fonte: De Kaplan, M. (1983). A woman's view of DSM-III. *American Psychologist*, 38, 786-792.

Transtornos da personalidade em estudo

No início deste capítulo, ressaltamos as dificuldades para categorizar os transtornos da personalidade; por exemplo, existe sobreposição das diferentes categorias, isso indica que podem existir outros meios para organizar essas dificuldades difusas da personalidade. Não se surpreenda se você aprender que outros transtornos da personalidade são estudados para inclusão no *DSM*, como, por exemplo, transtorno da personalidade sádica, que inclui pessoas que sentem prazer ao causar dor a outras (Levesque, 2012); e transtorno da personalidade passivo-agressiva, que se refere a pessoas desafiadoras e que se recusam a cooperar com solicitações – em uma tentativa de prejudicar figuras de autoridade (Wetzler e Jose, 2012). A existência desses distintos transtornos da personalidade permanece controversa, por isso não foram incluídos no *DSM-5* (Wetzler e Jose, 2012).

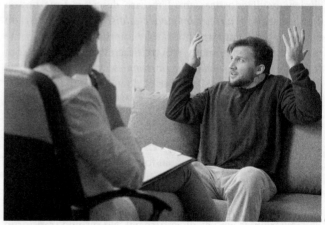

▲ Viés de gênero pode afetar o diagnóstico de clínicos que associam certas características comportamentais com as de um sexo ou outro.

TABELA 12.4 — Sobreposição de diagnósticos nos transtornos da personalidade

Odds Ratio+ de pessoas classificadas com outros diagnósticos de transtorno da personalidade

Diagnóstico	Paranoide	Esquizoide	Esquizotípica	Antissocial	Borderline	Histriônica	Narcisista	Evitativa	Dependente	Obsessivo--compulsiva
Paranoide		2,1	37,3*	2,6	12,3*	0,9	8,7*	4,0*	0,9	5,2*
Esquizoide	2,1		19,2	1,1	2,0	3,9	1,7	12,3*	2,9	5,5*
Esquizotípica	37,3*	19,2		2,7	15,2*	9,4	11,0	3,9*	7,0	7,1
Antissocial	2,6	1,1	2,7		9,5*	8,1*	14,0*	0,9	5,6	0,2
Borderline	12,3*	2,0	15,2*	9,5*		2,8	7,1*	2,5*	7,3*	2,0
Histriônica	0,9	3,9	9,4	8,1*	2,8		13,2*	0,3	9,5	1,3
Narcisista	8,7*	1,7	11,0	14,0*	7,1*	13,2*		0,3	4,0	3,7*
Evitativa	4,0*	12,3*	3,9*	0,9	2,5*	0,3	0,3		2,0	2,7
Dependente	0,9	2,9	7,0	5,6	7,3*	9,5	4,0	2,0		0,9
Obsessivo--compulsiva	5,2*	5,5*	7,1	0,2	2,0	1,3	2,0	2,7	0,9	

+ "Odds ratio" indica quão provável é uma pessoa ter ambos os transtornos. Odds ratios com um asterisco (*) indica que, estatisticamente, pessoas são propensas a serem diagnosticadas com ambos os transtornos – um número maior significa que as pessoas estão mais propensas a ter os dois. Alguns números maiores não são estatisticamente significantes, porque o número de pessoas com o transtorno nesse estudo foi relativamente pequeno.

Fonte: Reimpresso com permissão de Zimmerman, M., Rothschild, L. e Chelminski, I. (2005). The prevalence of DSM-IV personality disorders in psychiatric outpatients. *American Journal of Psychiatry*, *162*, 1911-1918, © 2005 American Psychiatric Association.

Agora, revisaremos os transtornos da personalidade que estão no atual *DSM-5*, que são dez no total. A Tabela 12.5 fornece de forma simplificada a visão de mundo das pessoas com os diferentes transtornos da personalidade.

Verificação de conceitos 12.1

Preencha as lacunas e complete as seguintes afirmações sobre os transtornos da personalidade.

1. _____ refere-se ao cumprimento de critérios diagnósticos para múltiplos transtornos, o que é particularmente comum entre os indivíduos com transtornos da personalidade.

2. Os transtornos da personalidade estão divididos em três grupos: _____ contém o esquisito ou excêntrico; _____ contém o dramático, emotivo e imprevisível; e _____ contém o ansioso e medroso.

3. Há um debate se os transtornos da personalidade são as versões extremas das variações da personalidade normal (portanto classificadas como dimensões) ou maneiras de se relacionar que são diferentes do comportamento psicologicamente saudável (classificadas como _____).

4. Os transtornos da personalidade são descritos como _____, porque, ao contrário de muitos transtornos, os da personalidade se originam na infância e persistem na fase adulta.

5. Embora as diferenças de gênero sejam evidentes nas pesquisas de transtornos da personalidade, algumas delas podem ser resultado de _____.

TABELA 12.5 — Principais crenças associadas a cada transtorno da personalidade

Transtorno da personalidade	Principais crenças
Paranoide	Eu não posso confiar nas pessoas.
Esquizotípica	É melhor estar isolado dos outros.
Esquizoide	Relacionamentos são conturbados, desagradáveis.
Histriônica	As pessoas estão aqui para me servir ou admirar.
Narcisista	Uma vez que sou especial, mereço regras especiais.
Borderline	Eu mereço ser punido.
Antissocial	Tenho o direito de quebrar regras.
Evitativa	Se as pessoas me conhecessem como realmente sou, elas me rejeitariam.
Dependente	Eu preciso das pessoas para sobreviver e ser feliz.
Obsessivo-compulsiva	As pessoas deveriam fazer melhor, tentar arduamente.

Fonte: Reimpresso com permissão de Lobbestael, J. e Arntz, A. (2012). Cognitive contributions to personality disorders. In: Widiger, T. A. (Ed.). *The Oxford handbook of personality disorders* (p. 326). Nova York: Oxford University Press.

Transtornos da personalidade do grupo A

Os três transtornos da personalidade – paranoide, esquizoide e esquizotípico – partilham de características comuns que se assemelham com alguns sintomas psicóticos vistos na esqui-

CAPÍTULO 12 – TRANSTORNOS DA PERSONALIDADE **471**

zofrenia. Essas personalidades esquisitas ou excêntricas estão descritas a seguir.

Transtorno da personalidade paranoide

Embora seja provavelmente adaptativo ser cauteloso em relação a outras pessoas e a suas motivações, ser muito desconfiado pode interferir no estabelecimento de laços de amizade, no desenvolvimento de trabalhos com outras pessoas e, no geral, na manutenção das interações diárias em uma maneira funcional. As pessoas com **transtorno da personalidade paranoide** são excessivamente desconfiadas e suspeitam dos outros, sem nenhuma justificativa. Elas presumem que outras pessoas querem prejudicá-las ou enganá-las e tendem a não confiar nos outros. Considere o caso de Jake.

JAKE ... Vítima das pesquisas

Jake cresceu em um bairro de classe média e, embora nunca tenha causado problemas, na escola secundária era conhecido por ser uma pessoa que discutia com professores e colegas de classe. Após concluir o ensino médio, matriculou-se na faculdade local, mas foi reprovado no primeiro ano. Seu fracasso era, em parte, devido à sua incapacidade de assumir a responsabilidade pelo mau desempenho. Jake começou a desenvolver teorias da conspiração relacionadas a colegas e professores, acreditando que eles agiam em conjunto para vê-lo fracassar. Mudava de emprego constantemente e cada vez queixava-se de que seu empregador o estava espionando no trabalho e em casa.

Aos 25 anos – e contra a vontade dos pais –, saiu de casa para morar em uma pequena cidade em outro estado. As frequentes cartas que Jake enviava para os pais infelizmente confirmaram o pior. Ele estava se tornando cada vez mais preocupado com as teorias de que pessoas estariam dispostas a prejudicá-lo. Jake passava muito tempo acessando sites e desenvolveu uma elaborada teoria sobre como fora objeto de pesquisas durante sua infância. Nas cartas para os pais, descrevia sua crença de que pesquisadores, trabalhando em conjunto com a Agência Central de Inteligência (Central Intelligence Agency – CIA), o drogaram quando era criança e lhe implantaram na orelha algo que emitia micro-ondas. Essas, ele acreditava, estavam sendo empregadas para causar-lhe câncer. Por dois anos, tornou-se cada vez mais preocupado com essa teoria e passou a escrever cartas para várias autoridades tentando convencê-las de que alguém o estava matando aos poucos. Depois que ele ameaçou prejudicar alguns administradores da faculdade local, seus pais foram contatados e o levaram ao psicólogo que o diagnosticou com transtorno da personalidade paranoide e depressão maior.

Descrição clínica

A característica que define as pessoas com transtorno da personalidade paranoide é a desconfiança difusa e injustificada. Certamente, há ocasiões em que alguém é fraudulento e perse-

guidor; no entanto, as pessoas com esse transtorno tornam-se desconfiadas em situações em que a maior parte das pessoas concordaria que as suspeitas não têm fundamento. Até mesmo situações que nada tem a ver com elas são interpretadas como ataques pessoais (Bernstein e Useda, 2007; APA, 2013). Esses tipos de pessoas acreditam que o latido do cachorro do vizinho ou um atraso no voo é uma tentativa deliberada de irritá-los. Infelizmente, essa desconfiança, muitas vezes, estende-se às pessoas próximas, o que dificulta muito os relacionamentos. Imagine quão solitária é a vida dessa pessoa. A suspeita e a desconfiança podem apresentar-se sob diversas formas. Pessoas com esse transtorno podem ser argumentativas, queixosas ou quietas. Esse estilo de interação é comunicado, às vezes, não verbalmente aos outros, o que resulta em desconforto entre aqueles com quem têm contato devido a essa volatilidade. Esses indivíduos são sensíveis às críticas e precisam de um nível excessivo de autonomia (APA, 2013). Ter esse transtorno aumenta o risco de tentativas de suicídio e de comportamento violento e causa má qualidade de vida geral (Hopwood e Thomas, 2012).

Causas

Evidências da contribuição biológica para o transtorno da personalidade paranoide são muito limitadas. Algumas pesquisas indicam que o transtorno pode ser um pouco mais comum entre os familiares de pessoas com esquizofrenia, embora a associação não pareça consistente (Tienari et al., 2003). Em outras palavras, os familiares de indivíduos com esquizofrenia podem ser mais suscetíveis a ter transtorno da personalidade paranoide do que aqueles que não têm um familiar com esquizofrenia. No geral, parece haver uma implicação forte da genética no transtorno da personalidade paranoide (Kendler et al., 2015). Como veremos mais adiante ao discutirmos os outros transtornos da personalidade esquisitos e excêntricos do grupo A, parece haver alguma relação com a esquizofrenia (Bolinskey et al., 2015), levando algumas pessoas a sugerir que seja eliminado como um transtorno separado no *DSM* (Triebwasser et al., 2013).

As contribuições psicológicas para esse transtorno são até mais incertas, embora haja especulações interessantes. A pesquisa retrospectiva – pedir para as pessoas com esse transtorno que se recordem de acontecimentos de sua infância – indica que maus-tratos e experiências traumáticas na infância podem implicar no desenvolvimento do transtorno da personalidade paranoide (Iacovino, Jackson e Oltmanns, 2014). Porém, deve-se ter precaução ao interpretar resultados desses tipos de pesquisa porque, claramente, pode haver um viés forte na lembrança desses indivíduos, que já estão inclinados a ver o mundo como uma ameaça.

Alguns psicólogos apontam diretamente para os pensamentos (também denominado de "esquemas") de pessoas com transtorno da personalidade paranoide como um modo de explicar seu comportamento. Uma visão é de que as pessoas com esse transtorno fazem as seguintes suposições básicas errôneas a respeito de outros: "as pessoas são maldosas e enganadoras", "o atacarão você se você der chance" e "você fica bem apenas se se mantiver alerta" (Lobbestael e Arntz, 2012). Essa é uma visão de mundo mal adaptativa que parece com-

472 PSICOPATOLOGIA

TABELA 12.1 Critérios diagnósticos para o transtorno da personalidade paranoide

A. Um padrão de desconfiança e suspeita difusa dos outros, de modo que suas motivações são interpretadas como malévolas, que surge no início da vida adulta e está presente em vários contextos, conforme indicado por quatro (ou mais) dos seguintes:

1. Suspeita, sem embasamento suficiente, de estar sendo explorado, maltratado ou enganado por outros.
2. Preocupa-se com dúvidas injustificadas acerca da lealdade ou da confiabilidade de amigos e sócios.
3. Reluta em confiar nos outros devido a medo infundado de que as informações serão usadas maldosamente contra si.
4. Percebe significados ocultos humilhantes ou ameaçadores em comentários ou eventos benignos.
5. Guarda rancores de forma persistente (isto é, não perdoa insultos, injúrias ou desprezo).
6. Percebe ataques a seu caráter ou reputação que não são percebidos pelos outros e reage com raiva ou contra-ataca rapidamente.
7. Tem suspeitas recorrentes e injustificadas acerca da fidelidade do cônjuge ou parceiro sexual.

B. Não ocorre exclusivamente durante o curso de esquizofrenia, transtorno bipolar ou depressivo com sintomas psicóticos ou outro transtorno psicótico e não é atribuível aos efeitos fisiológicos de outra condição médica.

Nota: Se os critérios são atendidos antes do surgimento de esquizofrenia, acrescentar "pré-mórbido", isto é, "transtorno da personalidade paranoide (pré-mórbido)".

Fonte: Manual Diagnóstico e Estatístico de Transtornos Mentais, 5a ed. - DSM-5. Tab. 12.1. Artmed, Porto Alegre, 2014.

▲ Pessoas com transtorno da personalidade paranoide acreditam que situações impessoais existem especificamente para irritá-las ou senão para perturbá-las.

prometer todos os aspectos da vida diária desses indivíduos. Embora não saibamos por que desenvolvem essas percepções, há hipóteses em torno da possibilidade de as raízes estarem no início da educação informal. Os pais podem ter lhes ensinado a serem cuidadosos quanto a cometer erros e incutiram-lhes a ideia de que são diferentes dos outros. Essa vigilância faz com que percebam sinais de que as outras pessoas são falsas e mal-intencionadas (Triebwasser et al., 2013). É verdade que as pessoas nem sempre são benevolentes e sinceras, e algumas vezes as interações são suficientemente ambíguas a ponto de não deixarem claras as intenções das outras pessoas. Observar muito de perto o que os outros dizem e fazem pode resultar em interpretações equivocadas.

Fatores culturais também têm sido relacionados com o transtorno da personalidade paranoide. Certos grupos de pessoas, como detentos, refugiados, indivíduos que possuem deficiência auditiva e idosos, são considerados particularmente suscetíveis em razão de suas vivências peculiares (Iacovino et al., 2014; Ryder, Sunohara e Kirmayer, 2015; Raza et al., 2014). Imagine como você encararia as outras pessoas caso fosse um imigrante que tivesse dificuldade com a língua e com os costumes da nova cultura. Eventos tão banais como outras pessoas rindo ou sussurando poderiam ser interpretados como dirigidos a você. O músico Jim Morrison do The Doors descreveu esse fenômeno em sua canção "*People are strange*" (1967), cuja tradução é "Pessoas são estranhas": "Pessoas são estranhas/Quando você é um desconhecido/Rostos olham feio/Quando você está sozinho."

Vimos como alguém pode interpretar erroneamente situações ambíguas como maléficas. Portanto, fatores cognitivos e culturais podem interagir para gerar a desconfiança observada em algumas pessoas com transtorno da personalidade paranoide.

Tratamento

Em virtude de as pessoas com transtorno da personalidade paranoide desconfiarem de todos, é improvável que busquem ajuda profissional e desenvolvam relacionamentos de confiança necessários para a terapia bem-sucedida (Sarkar e Adshead, 2012; Skodol e Gunderson, 2008). Estabelecer uma aliança terapêutica significativa entre paciente e terapeuta é o primeiro passo importante (Bender, 2005). Quando essas pessoas, por fim, buscam terapia, são motivadas, em geral, por uma crise – como as ameaças de Jake de agredir estranhos – ou por outros problemas, como ansiedade e depressão, não necessariamente pelo transtorno da personalidade (Kelly et al., 2007).

Os terapeutas tentam proporcionar uma atmosfera que conduza ao desenvolvimento de sensação de confiança (Bender, 2005). Muitas vezes, esses profissionais se valem da terapia cognitiva para neutralizar as suposições erradas que as pessoas fazem a respeito das demais, concentram-se em mudar as crenças de que todos os seres humanos são maldosos e que a maior parte deles não merece confiança (Beck, Davis e Freeman, 2015). No entanto, até hoje não há demonstrações confirmadas de que alguma forma de tratamento possa melhorar significativamente a vida das pessoas com transtorno da personalidade paranoide. Um levantamento estatístico realizado por profissionais de saúde mental indicou que apenas 11% dos terapeutas que tratam desse transtorno consideram que esses indivíduos permanecerão na terapia tempo suficiente para serem ajudados (Quality Assurance Project, 1990).

Transtorno da personalidade esquizoide

Você conhece alguém "solitário"? Alguém que preferiria passear sozinho a ir a uma festa? Uma pessoa que entra na sala de aula sozinha, senta-se sozinha e sai sozinha? Agora, amplie essa preferência por isolamento muitas e muitas vezes e você pode começar a entender o impacto do **transtorno da personalidade esquizoide** (Hopwood e Thomas, 2012). Pessoas com esse transtorno mostram um padrão de distanciamento das relações sociais e uma faixa limitada de emoções em situações interpessoais. Elas se mostram distantes, frias, indiferentes com outras pessoas. O termo *esquizoide* é relativamente antigo, foi usado por Bleuler (1924) para descrever pessoas que têm uma tendência de se voltar para dentro de si e isolar-se do mundo exterior. Diz-se que essas pessoas têm uma ausência de expressividade emocional e buscam interesses vagos. Considere o caso do Sr. Z.

SR. Z ...   Totalmente sozinho

Um cientista de 39 anos foi encaminhado para tratamento após seu retorno da excursão a trabalho na Antártica onde havia parado de cooperar com os outros, se isolado em seu quarto e começado a beber sozinho. Órfão aos 4 anos, foi criado por uma tia até os 9 anos e, na sequência, recebeu cuidados de uma governanta indiferente. Na universidade, destacou-se em física; o xadrez era o único meio pelo qual mantinha contato com os colegas. Em toda sua vida subsequente, não teve amigos próximos e preferia atividades solitárias. Até antes de partir para a Antártica, havia se saído muito bem em suas pesquisas em física. Agora, alguns meses após seu regresso, estava consumindo pelo menos uma garrafa de bebida de alto teor alcoólico por dia e seu trabalho estava se deteriorando. Agia de modo independente e distante e era difícil atuar de forma eficaz. Não conseguia explicar a irritação de seus colegas em razão do seu distanciamento na Antártica e parecia indiferente à opinião dos outros. Não aparentava precisar de nenhuma relação interpessoal, embora se queixasse de tédio e em um momento da entrevista ficou triste e expressou vontade de visitar seu tio na Alemanha, o único parente vivo.

(Casos e trechos reimpressos com permissão do Royal Australian and New Zealand College of Psychiatrists, do Quality Assurance Project (1990). Treatment outlines for paranoid, schizotypal and schizoid personality disorders. *Australian and New Zealand Journal of Psychiatry, 24*, 339-350.)

Descrição clínica

As pessoas com transtorno da personalidade esquizoide parecem não desejar se aproximar dos outros nem sentem prazer com a proximidade, inclusive relacionamentos românticos ou sexuais. Como resultado, aparentam ser frias e distantes e não parecem se importar com elogios ou críticas. Uma das mudanças no *DSM-IV-TR* quanto às versões anteriores é o reconhecimento de que pelo menos algumas pessoas com transtorno da

personalidade esquizoide são sensíveis às opiniões das demais, porém não estão dispostas ou são incapazes de expressar essa emoção. Para elas, o isolamento social pode ser muito doloroso. Infelizmente, a falta de um lar parece ser prevalente entre as pessoas com esse transtorno, talvez como resultado da falta de amizades íntimas e da ausência de insatisfação por não ter um relacionamento sexual com outra pessoa (Rouff, 2000; Angstman e Rasmussen, 2011).

Embora sejam mais extremadas, as deficiências sociais dos que têm transtorno da personalidade esquizoide são similares àquelas de pessoas com transtorno da personalidade paranoide. Como Beck e Freeman (1990, p. 125) descreveram, eles "se consideram observadores em vez de participantes do mundo ao redor deles". Eles parecem não ter processos de pensamentos incomuns que caracterizem outros transtornos do grupo A (Cloninger e Svakic, 2009) (ver Tabela 12.6). Por exemplo, pessoas com transtorno da personalidade paranoide e esquizotípica frequentemente têm *ideias de referência*, crenças errôneas de que eventos sem significado relacionam-se apenas a elas. Ao contrário disso, os esquizoides compartilham do isolamento social, falta de afinidade e afeto constrito (não mostram emoção negativa nem positiva), aspectos que podem ser vistos no transtorno da personalidade paranoide. Como veremos no Capítulo 13, essa distinção entre os sintomas do tipo psicótico é essencial para compreender pessoas com esquizofrenia, alguns dos quais mostram sintomas "positivos" (comportamentos ativamente incomuns, tais como ideias de referência) e outros apenas sintomas "negativos" (manifestações mais passivas de isolamento social ou pouca afinidade com os outros).

Causas e tratamento

Pesquisas extensivas sobre as contribuições genéticas, neurobiológicas e psicossociais para o transtorno da personalidade esquizoide ainda não foram realizadas. Na verdade, muito poucos estudos empíricos têm sido publicados sobre a natureza e a etiologia desse transtorno (Triebwasser et al., 2012). A timidez na infância é considerada precursora do transtorno da personalidade esquizoide posterior. Pode ser que esse traço da personalidade seja herdado e atue como determinante impor-

---

TABELA 12.6 Esquemas de agrupamento para transtornos do Grupo A

Transtorno da personalidade do grupo A	Sintomas tipo psicóticos	
	Positivo (por exemplo, ideias de referência, pensamento mágico, distorções perceptivas)	Negativo (por exemplo, isolamento social, falta de afinidade e afeto constrito)
Paranoide	Sim	Sim
Esquizoide	Não	Sim
Esquizotípica	Sim	Não

Fonte: Adaptado de Siever, L. J. (1992). Schizophrenia spectrum personality disorders. In: Tasman, A. e Riba, M. B. (Eds.). *Review of psychiatry* (v. 11, 25-42). Washington, DC: American Psychiatric Press.

tante no desenvolvimento desse transtorno. Abuso e negligência na infância também têm implicações nesses indivíduos com esse transtorno (Lobbestael, Arntz e Bernstein, 2010; Carr et al., 2015). Pesquisas nas últimas décadas apontam as causas biológicas do autismo (transtorno do espectro autista, um transtorno que discutiremos com mais detalhe no Capítulo 14), e demonstram sobreposição significativa na ocorrência do transtorno do espectro autista e do transtorno da personalidade esquizoide (Lugnegård, Hallerbäck e Gillberg, 2012; Hummelen et al., 2014; Coolidge et al., 2013; Vannucchi et al., 2014). É possível que uma disfunção biológica presente tanto no transtorno do espectro autista, como no transtorno da personalidade esquizoide seja combinada com a aprendizagem ou problemas precoces em termos de relacionamentos interpessoais e produzam déficits sociais que definem esse transtorno da personalidade (Hopwood e Thomas, 2012).

É raro uma pessoa com esse transtorno buscar tratamento, exceto em resposta a uma crise, como de depressão extrema ou a perda de emprego (Kelly et al., 2007). Muitas vezes, os terapeutas iniciam o tratamento ressaltando o valor dos relacionamentos sociais. É possível que seja necessário ensinar à pessoa com esse transtorno as emoções sentidas por outras pessoas para aprender a ter empatia (Skodol e Gunderson, 2008). Visto que suas habilidades sociais nunca foram estabelecidas ou se atrofiaram por falta de uso (Caballo et al., 2014), essas pessoas recebem treinamento de habilidades sociais. O terapeuta faz o papel de um amigo ou outra pessoa significativa, utilizando uma técnica conhecida como *role-playing* (que em português chamamos de *encenações*), para ajudar o paciente a praticar o estabelecimento e a manutenção das relações sociais (Skodol e Gunderson, 2008). Esse tipo de treinamento de habilidades sociais é auxiliado pela identificação de uma rede social – uma pessoa ou pessoas que darão apoio (Bender, 2005). Infelizmente, os resultados das pesquisas sobre esse tipo de método são muito limitados; portanto, é preciso ter cautela na avaliação da efetividade do tratamento para pessoas com transtorno da personalidade esquizoide.

Transtorno da personalidade esquizotípica

Pessoas com **transtorno da personalidade esquizotípica** normalmente são isoladas socialmente, assim como aquelas com transtorno da personalidade esquizoide. Além disso, comportam-se de modo incomum de acordo com os conceitos da maioria das pessoas, tendem a ser desconfiadas e a ter crenças estranhas (Rosell et al., 2014; Chemerenski et al., 2013). O transtorno da personalidade esquizotípica é considerado por alguns em um *continuum* (ou seja, no mesmo espectro) com a esquizofrenia – um transtorno grave que discutiremos no próximo capítulo –, mas sem alguns dos sintomas mais debilitantes, como alucinações e delírios. Na verdade, devido a essa estreita ligação, o *DSM-5* inclui esse transtorno sob ambos os títulos: transtorno da personalidade e transtorno do espectro da esquizofrenia (American Psychiatric Association, 2013). Considere o caso do Sr. S.

TABELA 12.2 Critérios diagnósticos para o transtorno da personalidade esquizoide

A. Um padrão difuso de distanciamento das relações sociais e uma faixa restrita de expressão de emoções em contextos interpessoais que surgem no início da vida adulta e estão presentes em vários contextos, conforme indicado por quatro (ou mais) dos seguintes:

1. Não deseja nem desfruta de relações íntimas, inclusive ser parte de uma família.
2. Quase sempre opta por atividades solitárias.
3. Manifesta pouco ou nenhum interesse em ter experiências sexuais com outra pessoa.
4. Tem prazer em poucas atividades, por vezes em nenhuma.
5. Não tem amigos próximos ou confidentes que não sejam os familiares de primeiro grau.
6. Mostra-se indiferente ao elogio ou à crítica de outros.
7. Demonstra frieza emocional, distanciamento ou embotamento afetivo.

B. Não ocorre exclusivamente durante o curso de esquizofrenia, transtorno bipolar ou depressivo com sintomas psicóticos, outro transtorno psicótico ou transtorno do espectro autista e não é atribuível aos efeitos psicológicos de outra condição médica.

Nota: Se os critérios são atendidos antes do surgimento de esquizofrenia, acrescentar "pré-mórbido", isto é, "transtorno da personalidade esquizoide (pré-mórbido)".

Fonte: Manual Diagnóstico e Estatístico de Transtornos Mentais, 5a ed. - DSM-5. Tab. 12.2. Artmed, Porto Alegre, 2014.

SR. S ... Tudo por conta própria

Sr. S. era um desempregado de 35 anos que havia sido encaminhado para um médico por causa de sua deficiência de vitamina. Isso ocorreu, pensava-se, porque o Sr. S evitava qualquer tipo de comida que "pudesse ter sido contaminada por máquina". Ele começou a desenvolver ideias alternativas a respeito de dietas aos 20 anos, e logo deixou sua família e começou a estudar uma religião oriental. "Abriu-se o terceiro olho; tudo é corrupção", ele dizia.

Agora vivia sozinho em uma pequena fazenda, cultivava seus próprios alimentos e trocava-os por itens que não conseguia produzir sozinho. Passava dias e noites analisando a origem e o mecanismo da contaminação dos alimentos e, por causa desse conhecimento, havia formado um pequeno grupo de seguidores. Nunca havia se casado e mantinha pouco contato com sua família: "Nunca fui próximo de meu pai. Sou vegetariano".

Afirmou que pretendia fazer um curso sobre ervas medicinais para melhorar sua dieta, antes de retornar à fazenda. Havia recusado a medicação prescrita pelo médico e ficou pouco à vontade quando os fatos a respeito de seu problema foram discutidos com ele.

(Casos e trechos reimpressos com permissão do Royal Australian and New Zealand College of Psychiatrists, do Quality Assurance Project (1990). Treatment outlines for paranoid, schizotypal and schizoid personality disorders. *Australian and New Zealand Journal of Psychiatry, 24*, 339-350.)

Descrição clínica

Pessoas diagnosticadas com transtorno da personalidade esquizotípica têm sintomas do tipo psicótico (mas não psicóticos), como acreditar que tudo se relaciona a eles particularmente, têm déficits sociais e, às vezes, prejuízos cognitivos ou paranoia (Kwapil e Barrantes-Vidal, 2012). Esses indivíduos são frequentemente considerados bizarros e estranhos devido ao modo como se relacionam com outras pessoas, como pensam e se comportam e até mesmo como se vestem. Eles têm *ideias de referência*; por exemplo, acham que todos em um ônibus urbano estão falando a seu respeito, no entanto, são capazes de reconhecer que isso é improvável (Rosell et al., 2014). Conforme veremos no Capítulo 13, algumas pessoas com esquizofrenia também têm ideias de referência, porém nem sempre são capazes de submeter-se ao "teste da realidade" ou de perceber a ilogicidade de suas ideias.

Pessoas com transtorno da personalidade esquizotípica também possuem crenças estranhas ou desenvolvem "pensamento mágico", acreditam, por exemplo, que são videntes ou que possuem dons telepáticos (Furnham e Crump, 2014). Além disso, declaram vivenciar experiências perceptivas incomuns, incluindo ilusões do tipo sentir a presença de outras pessoas quando estão sozinhas. Note a diferença sutil, mas importante entre *sentir* como se houvesse mais alguém na sala e a distorção perceptiva mais extrema em pessoas com esquizofrenia que pode dizer que *há* mais alguém na sala, quando na verdade não há. Ao contrário de pessoas que simplesmente têm interesses ou crenças incomuns, aqueles com transtorno da personalidade esquizotípica tendem a ser desconfiados e ter pensamentos paranoicos, expressam poucas emoções e podem se vestir ou e se comportar de maneira incomum (por exemplo, usar muitas roupas no verão ou falar sozinho) (Chemerinski et al., 2013). Pesquisas prospectivas em crianças que desenvolveram posteriormente transtorno da personalidade esquizotípica indicam tendência à passividade e ao não comprometimento, bem como hipersensibilidade a críticas (Olin et al., 1997).

Visto que pessoas com transtorno da personalidade esquizotípica frequentemente têm crenças que giram em torno de temas religiosos ou espirituais (Bennett, Shepherd e Janca, 2013), os clínicos devem estar cientes das diferentes crenças ou práticas culturais que podem conduzir a um diagnóstico equivocado desse transtorno. Por exemplo, algumas pessoas que praticam certos rituais religiosos – como falar em outras línguas, ser adeptas do vodu ou ler a mente – podem agir de de maneira que as faz parecerem extremamente incomuns, o que pode levar a um diagnóstico errado (American Psychiatric Association, 2013). Profissionais de saúde mental precisam estar atentos às práticas culturais que podem diferir de suas próprias e distorcer sua visão em relação a certos comportamentos aparentemente incomuns.

Causas

Historicamente, a palavra *esquizotípico* era empregada para descrever as pessoas propensas a desenvolver esquizofrenia (Meehl, 1962; Rado, 1962). O transtorno da personalidade esquizotípica é considerado por alguns um fenótipo de um genótipo da esquizofrenia. Lembre-se de que *fenótipo* é uma maneira de como a genética de uma pessoa se expressa. *Genótipo* é o gene ou genes que cria(m) um distúrbio em particular. No entanto, dependendo de uma variedade de outras influências, o modo como você se torna – seu fenótipo – pode variar daquele de outras pessoas com constituição genética similar. É possível que algumas pessoas tenham "genes da esquizofrenia" (o genótipo), no entanto, por causa da relativa falta de influências biológicas (por exemplo, doença pré-natal) ou do estresse ambiental (por exemplo, pobreza, maus-tratos), algumas terão transtorno da personalidade esquizotípica (o fenótipo) menos grave (Kwapil e Barrantes-Vidal, 2012).

A ideia da associação entre transtorno da personalidade esquizotípica e esquizofrenia surge em parte do modo como se comportam as pessoas com esses transtornos. Muitas características do transtorno da personalidade esquizotípica, incluindo ideias de referência, ilusões e pensamento paranoico, são similares, porém correspondem a formas mais brandas dos comportamentos observados em pessoas com esquizofrenia. As pesquisas genéticas também parecem confirmar uma relação. Estudos sobre família, gêmeos e adoção têm mostrado maior prevalência do transtorno da personalidade esquizotípica entre os parentes de pessoas com esquizofrenia que não possuem esse transtorno (Siever e Davis, 2004). No entanto, esses estudos revelam que o ambiente pode influenciar o transtorno da personalidade esquizotípica. Alguns pesquisadores sugerem que os sintomas esquizotípicos estão fortemente associados a maus-tratos na infância entre homens, e que, entre mulheres, esses maus-tratos parecem resultar em sintomas do transtorno de estresse pós-traumático (TEPT) (ver Capítulo 5) (Berenbaum et al., 2008).

A avaliação cognitiva de pessoas com esse transtorno aponta para leves a moderados decréscimos da capacidade de desempenho em testes que envolvem memória e aprendizado verbais, indicando algum dano no hemisfério esquerdo do cérebro (Siever e Davis, 2004). Outras pesquisas que utilizam imagens por ressonância magnética apontam para alterações cerebrais generalizadas nas pessoas com transtorno da personalidade esquizotípica (Modinos et al., 2009; Lener et al., 2014).

Tratamento

Algumas estimativas indicam que entre 30% e 50% das pessoas com transtorno da personalidade esquizotípica que requerem ajuda médica também cumprem os critérios do transtorno depressivo maior. O tratamento inclui algumas das terapias médicas e psicológicas utilizadas para a depressão (Cloninger e Svakic, 2009; Mulder et al., 2009).

São poucos os estudos controlados de tentativas para o tratamento de grupos com transtorno da personalidade esquizotípica. Agora, existe um interesse cada vez maior em tratar esse transtorno, porque é visto como um precursor da esquizofrenia (McClure et al., 2010). Um estudo utilizou uma combinação de abordagens que incluía medicação antipsicótica, tratamento comunitário (uma equipe de profissionais

TABELA 12.3 Critérios diagnósticos para o transtorno da personalidade esquizotípica

A. Um padrão difuso de déficits sociais e interpessoais marcado por desconforto agudo e capacidade reduzida para relacionamentos íntimos, além de distorções cognitivas ou perceptivas e comportamento excêntrico, que surge no início da vida adulta e está presente em vários contextos, conforme indicado por cinco (ou mais) dos seguintes:
 1. Ideias de referência (excluindo delírios de referência).
 2. Crenças estranhas ou pensamento mágico que influenciam o comportamento e são inconsistentes com as normas subculturais (p. ex., superstições, crença em clarividência, telepatia ou "sexto sentido"; em crianças e adolescentes, fantasias ou preocupações bizarras).
 3. Experiências perceptivas incomuns, incluindo ilusões corporais.
 4. Pensamento e discurso estranhos (p. ex., vago, circunstancial, metafórico, excessivamente elaborado ou estereotipado).
 5. Desconfiança ou ideação paranoide.
 6. Afeto inadequado ou constrito.
 7. Comportamento ou aparência estranha, excêntrica ou peculiar.
 8. Ausência de amigos próximos ou confidentes que não sejam parentes de primeiro grau.
 9. Ansiedade social excessiva que não diminui com o convívio e que tende a estar associada mais a temores paranoides do que a julgamentos negativos sobre si mesmo.

B. Não ocorre exclusivamente durante o curso de esquizofrenia, transtorno bipolar ou depressivo com sintomas psicóticos, outro transtorno psicótico ou transtorno do espectro autista.

Nota: Se os critérios são atendidos antes do surgimento de esquizofrenia, acrescentar "pré-mórbido", isto é, "transtorno da personalidade esquizotípica (pré-morbido)".

Fonte: Manual Diagnóstico e Estatístico de Transtornos Mentais, 5a ed. - DSM-5. Tab. 12.3. Artmed, Porto Alegre, 2014.

---

ná-la no trabalho. Ela tem certeza de que seu marido está secretamente planejando deixá-la e levar seus três filhos, embora não tenha nenhuma prova disso. Ela não confia em amigos ou troca informações com seus colegas de trabalho por medo de que serão usadas contra si mesma. Ela geralmente é tensa e está pronta para discutir sobre os comentários inofensivos feitos por membros da família. _____

2. Rebecca mora sozinha no campo com seus pássaros e tem pouco contato com parentes ou outras pessoas que moram nos arredores da cidade. Ela se preocupa excessivamente com a poluição, tem medo das químicas prejudiciais que estão no ar e na água. Ela desenvolveu seu próprio sistema de purificação de água e faz suas próprias roupas. Caso seja necessário sair, ela se veste com várias roupas e usa uma máscara no rosto para evitar a contaminação do ar. _____

3. Doug é um aluno universitário que não tem amigos. Ele vem às aulas todos os dias e senta-se em um canto e, às vezes, é visto almoçando sozinho no banco do parque. A maioria dos alunos acha que ele é uma pessoa difícil de se relacionar e reclama sobre sua falta de envolvimento com as atividades da classe, mas Doug parece indiferente sobre o que dizem a seu respeito. Ele nunca teve uma namorada e não expressa desejo em ter relações sexuais, e está fazendo terapia apenas porque sua família o persuadiu a isso.
_____

Transtornos da personalidade do grupo B

Pessoas diagnosticadas com transtornos da personalidade do grupo B – antissocial, *borderline*, histriônica e narcisista – têm comportamentos que são descritos como dramáticos, emotivos ou imprevisíveis. Cada transtorno será descrito a seguir.

Transtorno da personalidade antissocial

Pessoas com **transtorno da personalidade antissocial** são as mais enigmáticas para a prática clínica e caracterizam-se como aquelas pessoas que têm histórico de não cumprir normas sociais. Elas têm atitudes que a maioria de nós consideraria inaceitáveis, tais como roubar amigos e família. Também têm a tendência de serem irresponsáveis, impulsivas e traiçoeiras (De Brito e Hodgins, 2009). Robert Hare, um pioneiro do estudo sobre pessoas com psicopatia (um subgrupo de pessoas com transtorno da personalidade antissocial que esboçaremos posteriormente no capítulo), descreve-as como "predadores sociais que iludem, manipulam e impiedosamente traçam seu caminho na vida, deixando grandes rastros de corações partidos, expectativas frustradas e carteiras vazias. Demonstrando ausência completa de consciência e empatia, apossam-se de modo egoísta daquilo que desejam e fazem o que bem entendem, violam normas e expectativas sociais sem o menor senso de culpa ou arrependimento" (Hare, 1993, p. xi). Embora Philippe Pinel tenha sido o primeiro a identifi-

---

de apoio que fornece serviços terapêuticos) e treinamento de habilidades sociais para tratar dos sintomas. Os pesquisadores descobriram que essa combinação de abordagens ou reduz os sintomas ou retarda o início de uma esquizofrenia posterior (Nordentoft et al., 2006). A ideia de tratar pessoas mais jovens que têm sintomas de transtorno da personalidade esquizotípica com alguma combinação de medicação antipsicótica, terapia cognitivo-comportamental, e treinamento de habilidades sociais, a fim de evitar o início da esquizofrenia é uma estratégia de prevenção que parece promissora (Nordentoft et al., 2015; Graff, McClure e Siever, 2014; Correll et al., 2011).

Verificação de conceitos 12.2

Quais transtornos da personalidade estão descritos a seguir?

1. Heidi não confia em ninguém e acredita equivocadamente que outras pessoas querem prejudicá-la ou enga-

car esse transtorno como um "problema médico" no início do século XIX (1801-1962), as descrições de tais indivíduos com essas tendências podem ser encontradas em textos antigos mesopotâmicos escritos em pedra que datam de 670 a.C. (Abdul-Hamid e Stein, 2012). Mas quem são essas pessoas com transtorno da personalidade antissocial? Considere o caso de Ryan.

RYAN ... O caçador de emoções

Encontrei Ryan pela primeira vez em seu aniversário de 17 anos. Infelizmente, estava comemorando a data em um hospital psiquiátrico. Havia se ausentado da escola por vários meses e tinha provocado alguns problemas; o juiz que analisou o caso havia recomendado avaliação psiquiátrica mais uma vez, embora Ryan já tivesse sido hospitalizado seis vezes, sempre por problemas relacionados ao uso de drogas e negligência com os estudos. Ele era veterano do sistema e já conhecia a maioria da equipe hospitalar. Eu o entrevistei para avaliar por que havia sido internado desta vez e para recomendar um tratamento.

Minha primeira impressão foi de que Ryan era cooperativo e simpático. Apontou para uma tatuagem que ele mesmo havia feito no braço e disse que foi "estupidez" tê-la feito e que agora estava arrependido. Na verdade, arrependia-se de muitas coisas e tinha expectativa de progredir na vida. Mais tarde, descobri que ele nunca sentira verdadeiramente remorso por nada.

A segunda entrevista foi bem diferente. Durante essas 48 horas entre uma entrevista e outra, Ryan havia participado de algumas atividades que demonstraram o quanto precisava de ajuda. O incidente mais sério envolveu uma menina de 15 anos chamada Ann, que frequentava as aulas com Ryan na escola do hospital. Ryan disse a ela que sairia de alta, aprontaria algo, iria para a mesma prisão que o pai dela estava e o estupraria. A ameaça de Ryan irritou tanto Ann que ela bateu em sua professora e em vários membros da equipe. Quando comentei isso com Ryan, ele sorriu e disse que estava entediado e era divertido irritar Ann. Quando perguntei se ele ficou preocupado porque o seu comportamento poderia estender o tempo de internação de Ann, com um olhar intrigado, respondeu: "Por que devia me preocupar? É ela que vai ter que ficar neste buraco do inferno!".

Um pouco antes da internação de Ryan, um adolescente em sua cidade foi assassinado. Um grupo de jovens foi ao cemitério à noite para realizar rituais satânicos e um rapaz foi esfaqueado até morrer, aparentemente por causa de negociação de drogas. Ryan estava no grupo, embora não tivesse esfaqueado o rapaz. Ele me disse que, ocasionalmente, os amigos violavam sepulturas a fim de conseguir caveiras para festas – não por acreditarem no diabo, mas por ser divertido assustar os meninos mais novos. Eu perguntei: "E se fosse um túmulo de alguém que você conheceu, um parente ou amigo? Você ficaria aborrecido pelo fato de estranhos estarem desenterrando os restos mortais?". Ele meneou com a cabeça. "Eles estão mortos, cara; não se importam. Por que eu me importaria?".

Ryan me disse que adorava PCP, ou "pó de anjo", e que preferia ficar alucinado do que qualquer outra coisa. Com frequência, viajava duas horas até Nova York para comprar drogas em um bairro perigoso. Negou ter ficado nervoso em alguma ocasião. Isso não era machismo; ele realmente parecia despreocupado.

Ryan progrediu pouco. Discuti seu futuro em sessões de terapia com familiares e conversamos a respeito de seu padrão de demonstrar suposto arrependimento e remorso e, então, furtar dinheiro dos pais e voltar à rua. A maior parte de nossas discussões tinha como foco tentar incutir em seus pais a coragem de dizer não ao filho e de não acreditar nas mentiras dele.

Uma noite, após diversas sessões, Ryan disse que havia percebido o "erro de seu modo de ser" e que se sentia mal por ter aborrecido seus pais. Se eles o levassem para casa essa última vez, seria o filho que deveria ter sido todos esses anos. Suas palavras levaram os pais, comovidos, às lágrimas e olharam-me agradecidos por ter curado o rapaz. Quando Ryan parou de falar, eu sorri, aplaudi e disse-lhe que era a melhor *performance* que eu já tinha visto. Os pais dele olharam-me com raiva. Ryan parou por um segundo, e então ele também sorriu e disse: "valeu a tentativa". Os pais de Ryan ficaram impressionados pelo fato de o filho tê-los enganado mais uma vez; não houve sinceridade em nenhuma palavra do que acabara de dizer. Ryan foi finalmente encaminhado para um programa de reabilitação de drogas. Em quatro semanas, ele convenceu seus pais a levarem-no para casa e em dois dias roubou todo o dinheiro deles e desapareceu; ao que parece, voltou à roda de amigos e às drogas.

Aos 20 anos, após uma das várias detenções por furto, foi diagnosticado com o transtorno da personalidade antissocial. Seus pais nunca tiveram coragem de expulsá-lo ou recusar-lhe dinheiro; Ryan continua a manipulá-los a fim de que lhe deem meios para comprar mais droga.

Descrição clínica

Indivíduos com transtorno da personalidade antissocial tendem a ter um histórico bastante extenso de violação dos direitos alheios (Black, 2013; Hare et al., 2012). São descritos frequentemente como pessoas agressivas porque eles pegam o que querem, indiferentes com as preocupações de outras pessoas. Mentir e enganar parecem ser a segunda natureza deles, e quase sempre são incapazes de diferenciar a verdade da mentira que criam para alcançar seus propósitos. Não demonstram remorso ou preocupação quanto aos efeitos devastadores de suas ações. O abuso de substâncias é comum entre indivíduos com transtorno da personalidade antissocial, e este parece ser um padrão que persiste ao longo da vida (Hasin et al., 2011). O prognóstico para pessoas que sofrem de tal transtorno é ruim, independentemente do gênero (Black, 2013; Colman et al., 2009). Um estudo clássico, por exemplo, fez o acompanhamento de mil garotos delinquentes e não delinquentes por um período de 50 anos (Laub e Vaillant, 2000). Muitos dos meninos delinquentes hoje receberiam o diagnóstico de transtorno da conduta que, como veremos mais tarde, pode ser um precursor do transtorno da personalidade antissocial em adultos. Os meninos delinquentes tiveram uma probabilidade duas vezes maior de morte por causas não naturais (por exemplo, acidente, suicídio ou homicídio) do que os não delinquentes, o que pode ser atribuído a fatores como o abuso de álcool e autocuidado precário (por exemplo, infecções e comportamento imprudente).

O transtorno da personalidade antissocial teve diversas designações ao longo dos anos. Philippe Pinel (1801/1962) identificou o que denominou *manie sans délire* (mania sem delírio) para descrever as pessoas com respostas emocionais incomuns e surtos impulsivos, porém sem prejuízo da capacidade de raciocínio (Charland, 2010). Outras designações incluíram insanidade moral, egopatia, sociopatia e psicopatia. Muito tem sido escrito a respeito dessas designações; focamos nas duas que são mais presentes na pesquisa psicológica: a **psicopatia** e o transtorno da personalidade antissocial, descrito no *DSM-5*. Uma questão que ainda continua em debate é se esses dois transtornos são realmente distintos (Douglas et al., 2015; Wall, Wygant e Sellbom, 2015; Werner, Few e Buckholtz, 2015; Anderson et al., 2014; Venables, Hall e Patrick, 2014).

Definindo critérios

Hervey Cleckley (1941/1982), psiquiatra que passou grande parte de sua carreira trabalhando com a "personalidade psicopática", identificou um conjunto de 16 características principais, a maioria das quais são traços de personalidade, algumas vezes referidas como os "critérios de Cleckley". Hare e colaboradores, valendo-se do trabalho descritivo de Cleckley, pesquisaram a natureza da psicopatia (ver, por exemplo, Hare, 1970; Harpur, Hare e Hakstian, 1989) e desenvolveram uma lista com 20 itens que serve como instrumento de avaliação. Seis dos critérios que Hare (1991) inclui em seu instrumento, o *Revised Psychopathy Checklist* (PCL-R)[2] são os seguintes:

1. Loquacidade/charme superficial
2. Autoestima inflada
3. Mendacidade/mitomania (mentira patológica ou pseudologia)
4. Engambelador/manipulação de pessoas
5. Incapacidade de remorso ou culpa
6. Insensibilidade pelos sentimentos alheios/incapacidade de empatia
   (Hare et al., 2012, p. 480)

Os clínicos, com algum treinamento, são capazes de colher informações em entrevistas com a pessoa e em arquivos importantes ou institucionais (por exemplo, nos registros de penitenciárias) e atribuir à pessoa uma pontuação no PCL-R; os resultados elevados indicam psicopatia (Hare e Neumann, 2006).

Os critérios de Cleckley/Hare se concentram primeiramente nos *traços de personalidade* subjacentes (por exemplo, ser

egocêntrico ou manipulador). Critérios de versões anteriores do *DSM* para personalidade antissocial se concentraram quase totalmente em *comportamentos* observáveis (por exemplo, "mudar de emprego, residência ou parceiros sexuais de maneira impulsiva e contínua"). Os organizadores que formularam os critérios do *DSM* anterior perceberam que tentar avaliar o traço da personalidade – por exemplo, se alguém é manipulador ou não – seria mais difícil do que determinar se a pessoa incorreria ou não em certos tipos de comportamentos como, por exemplo, recorrentes brigas corporais. Entretanto, o *DSM-5* aproximou-se dos critérios baseados nos traços e inseriu alguns com a mesma linguagem do PCL-R de Hare (p. ex.: insensibilidade, manipulação e sedução). Infelizmente, pesquisas que identificam pessoas com transtorno da personalidade antissocial indicam que essa nova definição reduz a confiabilidade do diagnóstico (Regier et al., 2013). Serão necessários trabalhos científicos adicionais para aprimorar a confiabilidade desse diagnóstico, mantendo ao mesmo tempo os traços principais que caracterizam esses indivíduos.

Transtorno da personalidade antissocial e criminalidade

Embora Cleckley não negasse que muitos psicopatas correm um risco muito mais elevado de incorrer em comportamentos de natureza criminosa e antissocial, enfatizou que alguns possuem pouca ou nenhuma dificuldade para manter-se dentro da lei ou em relacionamentos interpessoais. Em outras palavras, alguns psicopatas não são criminosos e outros não têm a agressividade que era incluída nos critérios do *DSM-IV-TR* para o transtorno da personalidade antissocial. O que separa muitos desse grupo daqueles que têm problemas com a lei talvez seja o quociente de inteligência (QI). Em um estudo prospectivo e longitudinal, White, Moffitt e Silva (1989) acompanharam quase mil crianças a partir dos 5 anos de idade para verificar preditores de comportamento antissocial aos 15. Eles descobriram que, das crianças que tiveram aos 5 anos um alto risco para comportamento delinquente posterior, 16% realmente tiveram problemas com a lei aos 15 anos, e 84%, não. O que diferenciava esses dois grupos? Em geral, as crianças em risco com QIs mais baixos foram as primeiras a criar problemas. Isso indica que ter QI mais alto pode ser fator protetor para problemas mais sérios ou pode, ao menos, evitar que sejam pegas.

Alguns psicopatas atuam de modo bem-sucedido em certos segmentos da sociedade (por exemplo, em política, negócios, entretenimento). Por causa da dificuldade para identificar essas pessoas, esses psicopatas "bem-sucedidos" ou "subclínicos" (que atendem a alguns, mas não a todos os critérios de psicopatia) não têm sido o foco das pesquisas. Em uma exceção engenhosa, Widom (1977, p. 677) reuniu uma amostra de psicopatas subclínicos por meio de anúncios em jornais alternativos que solicitavam muitas das principais características da personalidade psicopata. Um dos anúncios tinha os seguintes dizeres:

Precisa-se de pessoas charmosas, agressivas e despreocupadas, que sejam impulsivamente irresponsáveis, mas possuam habilidade para lidar com pessoas e para cuidar do número um.

---

[2] NRT da tradução da 7ª edição norte-americana: No Brasil, o instrumento é comercializado pela Casa do Psicólogo com o nome de *Escala Hare PCL-R*.

Transtorno da personalidade antissocial: George

"Eu tenho ódio dentro de mim. Eu não me importo em ser alguém... Quanto mais eu ouço alguém, com mais raiva eu fico dentro de mim... Eu usei drogas quando eu tinha... provavelmente 9 ou 10 anos de idade... fumei maconha... A primeira vez que bebi um pouco de álcool eu acho que tinha provavelmente uns 3 anos... Eu agredi uma mulher... Eu fiquei com tanta raiva... Eu era como uma bomba... Só tiquetaqueando... e do jeito que eu vinha, aquela bomba explodiria dentro de mim. Eu não seria capaz de fugir disso... seria muita gente magoada... Eu não vou sair sem levar alguém comigo."

▲ Robert Hare fez extensivos estudos científicos de pessoas com personalidades psicopáticas.

Widom descobriu que sua amostra parecia conter muitas das mesmas características de psicopatas encarcerados; por exemplo, uma grande porcentagem deles teve avaliação baixa em questionários para medir a empatia e a socialização e seus pais tendiam a ter índices mais elevados de psicopatologia, incluindo transtorno por uso de álcool. Além disso, muitos desses indivíduos tinham ocupações estáveis e não haviam sido presos. O estudo de Widom, embora sem grupo controle, mostra que, pelo menos, algumas pessoas com traços psicopáticos da personalidade evitam contato repetido com os órgãos legais e até conseguem ser bem-sucedidas na sociedade.

Identificar psicopatas entre a população criminosa parece ter implicações importantes para predizer um futuro comportamento criminal (Vitacco, Neumann e Caldwell, 2014). Como você pode imaginar, características de personalidade como falta de remorso e impulsividade podem levar a dificuldades de se manter longe de problemas com a lei. No geral, pessoas com escores elevados para psicopatia têm maior índice de criminalidade do que aqueles com baixos escores e apresentam maior risco para crimes violentos e reincidências (Widiger, 2006), embora uma pesquisa recente tenha observado que a psicopatia é um indicador de criminalidade menos confiável (Colins, Andershed e Pardini, 2015).

Conforme revisamos a literatura sobre transtorno da personalidade antissocial, é possível observar que as pessoas incluídas nas pesquisas podem pertencer a somente um dos três grupos que descrevemos (aqueles com transtorno da personalidade antissocial, psicopatia e criminosos), como acabamos de descrever. Por exemplo, a pesquisa genética geralmente é conduzida com criminosos porque eles e suas famílias são mais fáceis de identificar que os membros de outros grupos. Como se sabe, o grupo criminal pode incluir pessoas que não têm transtorno da personalidade antissocial ou psicopatia. Tenha isso em mente ao continuar a leitura.

Transtorno da conduta

É importante observar a natureza do desenvolvimento do comportamento antissocial. O *DSM-5* fornece um diagnóstico separado para crianças que incorrem em comportamentos que violam as normas da sociedade: o *transtorno da conduta*. Esse transtorno inclui a designação de dois subtipos; *tipo com início na infância* (o aparecimento de, pelo menos, um critério característico de transtorno da conduta antes dos 10 anos de idade) ou *tipo com início na adolescência* (a ausência de qualquer característica dos critérios de transtorno da conduta antes dos 10 anos de idade). Um subtipo adicional, novo para o *DSM-5*, é chamado de "com emoções pró-sociais limitadas" (Barry et al., 2012). Essa designação é uma indicação de que o jovem apresenta características de personalidade similares às de um adulto com psicopatia.

Muitas crianças com transtorno da conduta – a maioria meninos – se tornam criminosos juvenis e tendem a se envolver com drogas. Ryan se enquadra nessa categoria. Mais importante, o padrão permanente do comportamento antissocial é evidente porque crianças que apresentam comportamento antissocial são suscetíveis a continuarem a tê-los quando adultos (Black, 2013; Frick, 2012). Dados de uma pesquisa de acompanhamento de longo prazo indicam que muitos adultos com transtorno da personalidade antissocial ou psicopatia tinham transtorno da conduta quando crianças (Robins, 1978; Salekin, 2006; Davidson, 2014; Kasen et al., 2014); a probabilidade de um adulto ter transtorno da personalidade antissocial aumenta se, quando criança, ele teve ambos, o transtorno da conduta e o de déficit de atenção/hiperatividade (Biederman et al., 2001; Moffitt et al., 2001). Em muitos casos, os tipos de violação de normas em que um adulto participaria – irresponsabilidade em relação ao trabalho ou à família – aparecem como versões juvenis no transtorno da conduta: cabular aulas, fugir de casa. Algumas crianças com transtorno da conduta sentem arrependimento em relação ao seu comportamento, o que justifica o motivo pelo qual o *DSM-5* incluiu o qualificador "com emoções pró-sociais limitadas" a fim de diferenciar melhor esses dois grupos.

Obviamente, existe um enorme interesse pelo estudo de um grupo que causa grande prejuízo à sociedade. Há anos, pesquisas têm sido conduzidas, portanto, conhecemos muito mais sobre o transtorno da personalidade antissocial do que sobre os demais transtornos da personalidade.

Influências genéticas

Estudos sobre família, gêmeos e adoção indicam influência genética no transtorno da personalidade antissocial e na criminalidade (Reichborn-Kjennerud et al., 2015; Checknita et al., 2015; Ficks e Waldman, 2014; Delisi e Vaughn, 2015; Kendler et al., 2014). Por exemplo, em um estudo clássico, Crowe (1974) examinou filhos cujas mães eram criminosas; as crianças foram adotadas posteriormente por outras famílias e com-

TABELA 12.4 Critérios diagnósticos para o transtorno da personalidade antissocial

A. Um padrão difuso de desconsideração e violação dos direitos das outras pessoas que ocorre desde os 15 anos de idade, conforme indicado por três (ou mais) dos seguintes:

1. Fracasso em ajustar-se às normas sociais relativas a comportamentos legais, conforme indicado pela repetição de atos que constituem motivos de detenção.
2. Tendência à falsidade, conforme indicado por mentiras repetidas, uso de nomes falsos ou de trapaça para ganho ou prazer pessoal.
3. Impulsividade ou fracasso em fazer planos para o futuro.
4. Irritabilidade e agressividade, conforme indicado por repetidas lutas corporais ou agressões físicas.
5. Descaso pela segurança de si ou de outros.
6. Irresponsabilidade reiterada, conforme indicado por falha repetida em manter uma conduta consistente no trabalho ou honrar obrigações financeiras.
7. Ausência de remorso, conforme indicado pela indiferença ou racionalização em relação a ter ferido, maltratado ou roubado outras pessoas.

B. O indivíduo tem no mínimo 18 anos de idade.
C. Há evidências de transtorno da conduta com surgimento anterior aos 15 anos de idade.
D. A ocorrência de comportamento antissocial não se dá exclusivamente durante o curso de esquizofrenia ou transtorno bipolar.

Fonte: Manual Diagnóstico e Estatístico de Transtornos Mentais, 5a ed. – DSM-5. Tab. 12.4. Artmed, Porto Alegre, 2014.

---

paradas com os filhos adotados de mães não criminosas. Todos foram separados de suas mães no nascimento, minimizando a possibilidade de que fatores ambientais das famílias biológicas fossem responsáveis pelos resultados. Crowe constatou que as crianças adotadas de mães criminosas apresentavam índices significativamente maiores de prisão, condenação e personalidade antissocial do que as crianças adotadas de mães não criminosas, o que indica pelo menos alguma influência genética na criminalidade e no comportamento antissocial.

Todavia, Crowe descobriu outra coisa muito interessante: as crianças adotadas de mães criminosas que se tornaram posteriormente criminosas tinham, nesse ínterim, passado mais tempo em orfanatos que as crianças de mães criminosas que não se tornaram criminosas ou os filhos adotivos de mães não criminosas. Conforme Crowe ressalta, isso sugere uma interação gene-ambiente; em outras palavras, os fatores genéticos podem ter importância somente na presença de determinadas influências ambientais (alternativamente, certas influências ambientais são importantes apenas na presença de determinadas predisposições genéticas). Os fatores genéticos podem apresentar vulnerabilidade, porém, o desenvolvimento efetivo da criminalidade pode requerer fatores ambientais, como falta de contato de boa qualidade na infância com pais biológicos ou substitutos.

Cadoret et al. (1995) demonstraram mais claramente essa interação gene-ambiente, investigando crianças adotadas e sua probabilidade de desenvolver problemas de condutas. Se os pais biológicos das crianças tinham histórico de transtorno da personalidade antissocial e os familiares adotivos dessas crianças as expuseram a estresse crônico por meio de problemas matrimoniais, psiquiátricos ou legais, elas tinham grande risco de evoluírem com problemas de conduta. Uma vez mais, as pesquisas demonstram que a influência genética não significa, necessariamente, que certos transtornos sejam inevitáveis. A pesquisa genética que aborda a questão do transtorno da conduta aponta para uma interação entre as influências genéticas e ambientais, tais como dificuldade acadêmica, problemas com os pares, baixa renda familiar, negligência e disciplina severa dos pais (Beaver et al., 2011; Kendler, Aggen e Patrick, 2013; Silberg, Maes e Eaves, 2012; Knopik et al., 2014).

No Capítulo 4, apresentamos o conceito de um *endofenótipo* – aspectos subjacentes de um transtorno que pode ser mais diretamente influenciado por genes. No caso do transtorno da personalidade antissocial, os geneticistas procuram diferenças genéticas que podem influenciar os fatores, como os níveis de serotonina e dopamina ou a falta relativa de ansiedade ou medo, percebidos nesses indivíduos (que discutiremos a seguir) (Hare et al., 2012). Embora essa pesquisa esteja em fase preliminar, ela está refinando a busca por genes – não para aqueles que "causam" transtorno da personalidade antissocial, mas para aqueles que criam aspectos incomuns de uma personalidade antissocial, como destemor, agressividade, impulsividade e falta de remorso.

Influências neurobiológicas

Um número expressivo de pesquisas tem se concentrado em influências neurobiológicas que podem ser específicas para o transtorno da personalidade antissocial. Uma coisa parece clara: os danos gerais no cérebro não explicam por que algumas pessoas se tornam psicopatas ou criminosas; esses indivíduos parecem ir tão bem nos testes neuropsicológicos como o restante de nós (Hart, Forth e Hare, 1990). No entanto, esses testes são criados para detectar lesões significativas no cérebro e não indicam alterações sutis na química ou na estrutura que poderiam afetar o comportamento.

Teorias da excitação

A falta do medo (destemor), a insensibilidade à punição e o comportamento de busca por emoção caracterizam aqueles com transtorno da personalidade antissocial (em especial aqueles com psicopatia) e despertaram interesse nos processos neurobiólogicos que podem contribuir para essas reações incomuns. Um trabalho teórico anterior que disserta sobre pessoas com transtorno da personalidade antissocial enfatizou duas hipóteses: hipótese da subexcitação e hipótese do destemor. De acordo com a hipótese da *subexcitação*, os psicopatas têm níveis anormalmente baixos de excitação cortical (Sylvers et al., 2009). Parece haver uma relação de U invertido entre a excitação e o desempenho, a curva Yerkes-Dodson, que sugere que pessoas com níveis altos ou baixos de excitação tendem a experimentar afeto negativo e ter mau desempenho em muitas situações, enquanto indivíduos com níveis intermediários de

TABELA 12.5 Critérios diagnósticos para transtorno da conduta

A. Um padrão de comportamento repetitivo e persistente no qual são violados direitos básicos de outras pessoas ou normas ou regras sociais relevantes e apropriadas para a idade, tal como manifestado pela presença de ao menos três dos 15 critérios seguintes, nos últimos 12 meses, de qualquer uma das categorias adiante, com ao menos um critério presente nos últimos seis meses:

Agressão a pessoas e animais
1. Frequentemente provoca, ameaça ou intimida outros.
2. Frequentemente inicia brigas físicas.
3. Usou alguma arma que pode causar danos físicos graves a outros (p. ex., bastão, tijolo, garrafa quebrada, faca, arma de fogo).
4. Foi fisicamente cruel com pessoas.
5. Foi fisicamente cruel com animais.
6. Roubou durante o confronto com uma vítima (p. ex., assalto, roubo de bolsa, extorsão, roubo à mão armada).
7. Forçou alguém a atividade sexual.

Destruição de propriedade
8. Envolveu-se deliberadamente na provocação de incêndios com a intenção de causar danos graves.
9. Destruiu deliberadamente propriedade de outras pessoas (excluindo provocação de incêndios).

Falsidade ou furto
10. Invadiu a casa, o edifício ou o carro de outra pessoa.
11. Frequentemente mente para obter bens materiais ou favores ou para evitar obrigações (p. ex., "trapaceia").
12. Furtou itens de valores consideráveis sem confrontar a vítima (p. ex., furto em lojas, mas sem invadir ou forçar a entrada; falsificação).

Violações graves de regras
13. Frequentemente fica fora de casa à noite, apesar da proibição dos pais, com início antes dos 13 anos de idade.
14. Fugiu de casa, passando a noite fora, pelo menos duas vezes enquanto morando com os pais ou em lar substituto, ou uma vez sem retornar por um longo período.
15. Com frequência falta às aulas, com início antes dos 13 anos de idade.

B. A perturbação comportamental causa prejuízos clinicamente significativos no funcionamento social, acadêmico ou profissional.
C. Se o indivíduo tem 18 anos ou mais, os critérios para transtorno da personalidade antissocial não são preenchidos.

Determinar o subtipo:
Tipo com início na infância: Os indivíduos apresentam pelo menos um sintoma característico de transtorno da conduta antes dos 10 anos de idade.
Tipo com início na adolescência: Os indivíduos não apresentam nenhum sintoma característico de transtorno da conduta antes dos 10 anos de idade.
Início não especificado: Os critérios para o diagnóstico de transtorno da conduta são preenchidos, porém não há informações suficientes disponíveis para determinar se o início do primeiro sintoma ocorreu antes ou depois dos 10 anos.

Especificar a gravidade atual:
Leve: Poucos, se algum, problemas de conduta estão presentes além daqueles necessários para fazer o diagnóstico, e estes causam danos relativamente pequenos a outros (p. ex., mentir, faltar à aula, permanecer fora à noite sem autorização, outras violações de regras).
Moderada: O número de problemas de conduta e o efeito sobre os outros estão entre aqueles especificados como "leves" e "graves" (p. ex., furtar sem confrontar a vítima, vandalismo).
Grave: Muitos problemas de conduta, além daqueles necessários para fazer o diagnóstico, estão presentes, ou os problemas de conduta causam danos consideráveis a outros (p. ex., sexo forçado, crueldade física, uso de armas, roubo com confronto à vítima, arrombamento e invasão).

Fonte: Manual Diagnóstico e Estatístico de Transtornos Mentais, 5a ed. – DSM-5. Tab. 12.5. Artmed, Porto Alegre, 2014.

excitação tendem a desempenhar de forma relativamente satisfatória na maioria das situações.

Segundo essa hipótese, os níveis anormalmente baixos de excitação cortical característicos dos psicopatas representam a principal causa dos comportamentos antissocial e de risco; eles buscam estímulo a fim de compensar os níveis cronicamente baixos de excitação. Isso significa que Ryan mentiu, consumiu drogas e violou sepulturas para alcançar o mesmo nível de excitação que nós podemos ter conversando ao telefone com um amigo ou assistindo televisão. Diversos pesquisadores examinaram os preditores psicofisiológicos, existentes na infância e adolescência, do comportamento antissocial adulto e da criminalidade. Raine, Venables e Williams (1990), por exemplo, avaliaram uma amostra de jovens com 15 anos em relação a diversas variáveis do sistema nervoso central e autônomo. Observaram que os futuros criminosos tinham menor atividade de condutância elétrica da pele, menor taxa de batimentos cardíacos quando em repouso e maior atividade das ondas cerebrais de baixa frequência, todos indicativos de baixa excitação.

De acordo com a hipótese do destemor, os psicopatas possuem um limiar mais elevado para experimentar o medo do que a maioria dos indivíduos (Lykken, 1957, 1982). Em outras palavras, coisas que amedrontariam muitos de nós pouco afetam os psicopatas (Syngelaki et al., 2013). Lembre-se de que Ryan não tinha medo de ir sozinho a bairros perigosos para comprar drogas. Para os defensores dessa hipótese, a falta de medo que os psicopatas têm dá origem a todas as outras características principais da síndrome.

Os teóricos têm tentado relacionar aquilo que se conhece a respeito do funcionamento do cérebro com as observações clínicas de pessoas com transtorno da personalidade antissocial, especialmente aquelas com psicopatia. Diversos teóricos aplicaram a essa população o modelo de funcionamento do cérebro de Jeffrey Gray (1987) (Fowles, 1988; Quay, 1993). Segundo Gray, os três principais sistemas do cérebro influenciam a aprendizagem e o comportamento emocional: o sistema de inibição comportamental (Behavioral Inhibition System – BIS), o sistema de recompensa e o sistema de luta/fuga. Dois desses sistemas, o BIS e o de recompensa, têm sido utilizados para explicar o comportamento de pessoas com psicopatia. O BIS é responsável pela nossa capacidade em parar ou diminuir as respostas quando somos confrontados com a punição iminente, ausência de recompensa, ou situações novas; a ativação desse sistema leva à ansiedade e frustração. Pensava-se que o BIS estivesse localizado no sistema septo-hipocampal e que havia implicação dos sistemas neurotransmissores serotoninérgicos e noradrenérgicos. O sistema de recompensa é responsável por como nos comportamos – em particular, nossa atitude para possíveis reforços positivos – e está associado à esperança e ao alívio. Esse sistema provavelmente envolve o sistema dopaminérgico na via mesolímbica do cérebro, que vimos anteriormente como "via do prazer" e seu papel no uso e abuso de substâncias (ver Capítulo 11).

Se você pensar no comportamento dos psicopatas, fica claro que existe um possível mau funcionamento desses sistemas. Um desequilíbrio entre o BIS e o sistema de recompensa pode fazer com que o medo e a ansiedade produzidos pelo BIS sejam menos evidentes, e os sentimentos positivos associados ao sistema de recompensa, mais proeminentes (Hoppenbrouwers et al., 2015; Byrd, Loeber e Pardini, 2014; Levenston et al., 2000; Quay, 1993). Teóricos propõem que esse tipo de disfunção neurobiológica pode explicar por que os psicopatas não se importam em cometer os atos antissociais que caracterizam seu transtorno.

Pesquisadores continuam a explorar como as diferenças na função neurotransmissora (por exemplo, serotonina) e a função neuro-hormonal (por exemplo, andrógenos como a testosterona e o neuro-hormônio do estresse cortisol) no cérebro desses indivíduos podem explicar a insensibilidade, o charme superficial, a falta de remorso e a impulsividade que caracterizam pessoas com psicopatia. Teorias integradoras que interligam essas diferenças para ambas as influências genética e ambiental estão agora começando a ser esboçadas (DeLisi e Vaughn, 2015; Poppa e Bechara, 2015; Hyde, Shaw e Hariri, 2013; Waller, Dotterer e Hyde, 2015; Hare et al., 2012) e podem levar a uma melhor compreensão e tratamentos para esse transtorno debilitante.

Dimensões psicológica e social

O que se passa na mente de um psicopata? Em um dos muitos estudos sobre como psicopatas processam a recompensa e a punição, Newman, Patterson e Kosson (1987) instalaram um jogo de cartas em um computador; eles davam cinco centavos como recompensa para as respostas corretas e multas para as respostas incorretas a criminosos psicopatas e não psicopatas. O jogo foi criado de modo que gerasse premiação em cerca de 90% das vezes e multas em cerca de 10% das vezes. Gradualmente, as chances mudaram até que a probabilidade de recompensa chegasse a 0%. Apesar do *feedback* de que não haveria mais recompensa, os psicopatas continuaram a jogar e a perder, enquanto os não psicopatas pararam de jogar. Como resultado desse e de outros estudos, os pesquisadores adotaram a hipótese de que após os psicopatas se concentrarem em uma meta de recompensa, eles apresentam menor probabilidade do que os não psicopatas de desistirem, mesmo que haja sinais de que a meta não é mais alcançável (Dvorak-Bertscha et al., 2009). Uma vez mais, considerando o comportamento imprudente e ousado de alguns psicopatas (roubo a banco sem máscara e detenção imediata), a falha em abandonar uma meta inatingível se encaixa no quadro geral.

O influente trabalho de Gerald Patterson sugere que a agressividade em crianças com transtorno da personalidade antissocial pode aumentar, em parte, por causa da interação com os pais (Granic e Patterson, 2006; Patterson, 1982). Ele descobriu que muitas vezes os pais aceitam o comportamento problemático dos filhos. Por exemplo, os pais pedem ao filho que arrume a cama e ele recusa. Um dos pais grita com o filho, que também grita e passa a insultar. Em algum momento, essa interação torna-se tão adversa a ponto de o pai (ou a mãe) parar de discutir e dar as costas, encerrando, portanto, o embate, mas também permitindo que o filho não arrume a cama. Ceder a esses problemas resulta em ganhos a curto prazo aos pais (a paz volta a reinar na casa) e à criança (consegue o que quer), mas essas atitudes resultam em problemas permanentes. A criança aprende a continuar brigando e não desistir, e os pais aprendem que a única maneira de "vencer" é ceder às demandas. Esse "processo familiar coercitivo" se alinha a outros fatores, como

▲ Muitas prisões permitem que os filhos dos detentos os visitem, em parte para ajudar a reduzir os problemas psicológicos dessas crianças.

influências genéticas, depressão parental, baixo monitoramento das atividades da criança, menos envolvimento dos pais, os quais ajudam a manter o comportamento agressivo (Chronis et al., 2007; Patterson, DeBaryshe e Ramsey, 1989). A coerção dos pais – junto com a questão genética – parece estar, no mínimo, modestamente envolvida com os traços de insensibilidade relacionados ao desenvolvimento da psicopatia (Waller et al., 2015).

Embora pouco se conheça a respeito de quais fatores ambientais exercem um papel direto que desencadeia o transtorno da personalidade antissocial e a psicopatia (em oposição aos transtornos da conduta na infância), os indícios obtidos por meio de estudos de adoção indicam que fatores ambientais partilhados – que tendem a fazer com que os membros da família sejam semelhantes – são importantes para a etiologia da criminalidade, e talvez para o transtorno da personalidade antissocial. Por exemplo, em um estudo sobre adoção, realizado por Sigvardsson et al. (1982), o baixo *status* social dos pais adotivos aumentou o risco de criminalidade não violenta entre indivíduos do sexo feminino. De modo idêntico às crianças com transtornos da conduta, as pessoas com transtorno da personalidade antissocial provêm de lares cuja disciplina imposta pelos pais é inconsistente (ver, por exemplo, Robins, 1966).

Influências do desenvolvimento

Conforme as crianças se tornam adultas, as formas de comportamento antissocial mudam – de cabular aulas e furtar de amigos para extorsão, agressão, roubo a mão armada, entre outros crimes. Felizmente, segundo o conhecimento clínico, bem como estudos empíricos disseminados (Robins, 1966) indicam, as taxas de comportamento antissocial começam a diminuir de forma um tanto marcante em torno dos 40 anos. Hare, McPherson e Forth (1988) forneceram fundamentação empírica para esse fenômeno em sua pesquisa. Eles avaliaram os índices de condenação de psicopatas e não psicopatas do sexo masculino presos por vários crimes. Esses estudiosos descobriram que, entre as idades de 16 e 45 anos, os índices de condenação de não psicopatas permaneceram relativamente constantes. Em contraposição, os índices de condenação de psicopatas permaneceram relativamente constantes até perto dos 40 anos, ocasião em que diminuíram acentuadamente (ver Figura 12.2). Permanece sem resposta o motivo pelo qual o comportamento antissocial muitas vezes diminui em torno da meia-idade (Hare et al., 2012).

Um modelo integrador

De que modo podemos agrupar todas essas informações para compreender melhor as pessoas com transtorno da personalidade antissocial? Lembre-se de que a pesquisa que acabamos de discutir, às vezes, envolveu pessoas diagnosticadas com transtorno da personalidade antissocial, mas em outros momentos incluiu pessoas com psicopatia ou até mesmo criminosos. Qualquer que seja o rótulo que essas pessoas recebem, parece que elas têm uma vulnerabilidade genética para comportamentos e traços de personalidade antissociais. Como foi possível perceber, pode haver alterações genéticas concernentes à função neurotransmissora de dopamina e serotonina que influenciam na agressividade, bem como alterações na função do neuro-hormônio cortisol, que afeta a maneira como

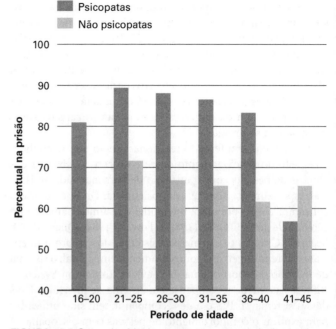

FIGURA 12.2 Curso de vida de comportamento criminal em psicopatas e não psicopatas. (Com base em Hare, R. D., McPherson, L. M. e Forth, A. E. (1988). Male psychopaths and their criminal careers. *Journal of Consulting and Clinical Psychology, 56*, 710-714.)

as pessoas lidam com o estresse; essas diferenças no cérebro podem levar a traços de personalidade como insensibilidade, impulsividade e agressividade, que caracterizam as pessoas com psicopatia (Hare et al., 2012).

Uma interação gene-ambiente em potencial pode ser vista no papel do condicionamento do medo na criança. Nos capítulos 1 e 5 discutimos como aprendemos a ter medo de coisas que nos colocam em perigo (por exemplo, um forno quente) por meio do pareamento de um estímulo incondicionado (p. ex.: o calor que queima) e um estímulo condicionado (p. ex.: o aviso da mãe ou do pai que diz "não chegue perto, está quente"), resultando na evitação do estímulo condicionado. Mas e se esse condicionamento está de alguma forma comprometido e você não aprende a evitar aquilo que pode prejudicá-lo? Um importante estudo analisou se as respostas atípicas ao condicionamento do medo quando criança poderiam ser responsáveis por comportamento antissocial quando esses indivíduos se tornassem adultos (Gao et al., 2010). Esse estudo de 20 anos avaliou o condicionamento do medo em um grupo de 1.795 crianças com 3 anos de idade e depois observou quais delas tinham registros criminais aos 23 anos. Eles constataram que as que tinham registros criminais mostraram reduzido condicionamento do medo quando tinham 3 anos de idade em comparação com crianças participantes equiparadas, sendo que algumas delas não mostraram nenhum condicionamento do medo. Supõe-se que déficits no funcionamento da amígdala fazem com que esses indivíduos sejam incapazes de reconhecer sinais de ameaça, fazendo com que sejam relativamente destemidos, o que sugere que essas crianças tinham problemas nessa área do cérebro (Sterzer, 2010). Esses resultados podem indicar um mecanismo pelo qual as influências genéticas (que conduzem aos possíveis danos na amígdala) interagem com as influências ambientais (que ensinam a sentir medo de ameaças) para produzir adultos relativamente destemidos, portanto, indivíduos que incorrem em comportamentos que causam danos a si e aos outros.

As influências biológicas ainda interagem com experiências ambientais, como as adversidades durante a primeira infância. Em uma família que já está sob estresse por causa de divórcio ou abuso de substância, pode haver um estilo de interação que encoraja o comportamento antissocial por parte da criança (Thomas, 2009). O comportamento antissocial e impulsivo da criança – parcialmente causado pelo seu temperamento difícil e impulsivo (Chronis et al., 2007; Kochanska, Aksan e Joy, 2007) – aliena outras crianças que poderiam ser bons modelos, além de atrair outros que incentivam o comportamento antissocial. Esses comportamentos podem resultar em desistência escolar e pobre histórico ocupacional quando adultos, o que ajuda a criar circunstâncias de vida cada vez mais frustrantes, e que incitam ainda mais os comportamentos nocivos contra a sociedade (Thomas, 2009).

Esta é, temos de admitir, uma versão abreviada de um cenário complexo. O elemento importante é que, nesse modelo integrador do comportamento antissocial, fatores biológicos, psicológicos e culturais combinam-se de forma complexa para criar alguém como Ryan.

Tratamento

Um dos principais problemas relacionados ao tratamento de pessoas desse grupo é típico entre os numerosos transtornos da personalidade: raramente elas acreditam que precisam de tratamento. Por causa disso e visto que essas pessoas podem ser muito manipuladoras até mesmo com seus terapeutas, a maioria dos clínicos é pessimista quanto ao resultado do tratamento de adultos que tenham transtorno da personalidade antissocial; além disso, há poucas histórias de sucesso documentadas (National Collaborating Centre for Mental Health, 2010). Em geral, os terapeutas concordam em encarcerar essas pessoas a fim de desestimular atos antissociais futuros. Os médicos incentivam a identificação de crianças de alto risco para que se tente um tratamento antes que se tornem adultos (National Collaborating Centre for Mental Health, 2010; Thomas, 2009). Outro grande estudo com criminosos violentos constatou que a terapia cognitivo-comportamental pode reduzir a probabilidade de violência cinco anos depois do início do tratamento (Olver, Lewis e Wong, 2013). É importante ressaltar, no entanto, que o sucesso do tratamento foi negativamente correlacionado com as pontuações do PCL-R para as características de "egoísta, uso insensível e sem remorsos das pessoas". Em outras palavras, quanto maior a pontuação nesse traço (o qual temos visto estar relacionado com a psicopatia), menos bem-sucedido esse grupo foi em relação a abster-se da violência após seu tratamento.

A estratégia mais comum de tratamento para crianças implica o treinamento dos pais (Scott, Briskman e O'Connor, 2014; Presnall, Webster-Stratton e Constantino, 2014; Patterson, 1986). Aos pais é ensinado reconhecer, logo no início, problemas de comportamento e usar elogios e privilégios para diminuir os problemas de comportamento e incentivar práticas que beneficiem a sociedade. Estudos sobre tratamentos normalmente mostram que esses tipos de programas melhoram de maneira significativa o comportamento antissocial de muitas crianças (Conduct Problems Prevention Research Group, 2010). Alguns fatores, entretanto, colocam famílias em situação de risco, quer seja por não serem bem-sucedidas no tratamento ou por abandono precoce; esses incluem casos com elevado grau de disfunção familiar, problemas socioeconômicos, alto estresse familiar, história parental de comportamento antissocial e transtorno da conduta grave por parte da criança (Kaminski et al., 2008).

Prevenção

Temos constatado um aumento considerável no número de pesquisas sobre estratégias de prevenção que focam crianças com risco posterior para transtorno da personalidade antissocial. O comportamento agressivo de crianças pequenas é notavelmente constante. Isso significa que crianças que agridem, insultam e ameaçam os outros têm possibilidade de continuar com esse comportamento à medida que crescem. Infelizmente, esses comportamentos tornam-se mais sérios com o tempo e, embora alguns indivíduos se tornem menos agressivos após a adolescência (Jennings e Reingle, 2012), muitas vezes são os primeiros sinais de homicídios e agressões vistos entre alguns adultos (Wright, Tibbetts e Daigle, 2015; Eron e Huesmann, 1990; Singer e Flannery, 2000).

Abordagens para mudar esse curso agressivo estão sendo implementadas principalmente em ambientes escolares e pré-escolares e enfatizam suportes para o bom comportamento e treinamento de habilidades a fim de melhorar a competência social (Reddy et al., 2009). Uma série desses programas está em avaliação, e os resultados parecem promissores. Por exemplo, a pesquisa que usa a formação dos pais para lidarem com as crianças (crianças/bebês a partir de 1½ a 2½ anos) sugere que a intervenção precoce pode ser particularmente útil (Shaw et al., 2006). Pode-se reduzir a agressão e melhorar a competência social (por exemplo, fazer amigos e compartilhar) entre as crianças pequenas, e esses resultados geralmente permanecem ao longo de alguns anos (Conduct Problems Prevention Research Group, 2010; Reddy et al., 2009). Um estudo recente encontrou que a associação entre transtorno da conduta na infância e comportamento antissocial no adulto era mais fraca entre os adolescentes que participavam de esportes no ensino médio, apontando para o possível benefício de atividades que

▲ Crianças com transtorno da conduta podem se tornar adultos com transtorno da personalidade antissocial.

rompam os hábitos delinquentes (Samek et al., 2015). Ainda é muito cedo para avaliar o sucesso de tais programas na prevenção de comportamentos antissociais de adultos, tipicamente observados em pessoas com esse transtorno da personalidade (Ingoldsby et al., 2012). Dada a não efetividade do tratamento para adultos, contudo, a prevenção pode ser a melhor abordagem para esse problema.

Transtorno da personalidade *borderline*

Pessoas com **transtorno da personalidade** *borderline* levam uma vida tumultuada. O humor e os relacionamentos são instáveis e, geralmente, têm uma autoimagem negativa. Essas pessoas muitas vezes se sentem vazias e correm grande risco de cometer suicídio. Considere o caso de Claire.

CLAIRE ... Uma estranha entre nós

Conheço Claire há mais de 40 anos e a vi passar por bons e, principalmente, maus momentos em sua vida, muitas vezes instável e imprevisível, como se fosse uma pessoa com transtorno da personalidade *borderline*. Claire e eu íamos à escola juntas, desde a oitava série do ensino fundamental até o ensino médio, e por isso estávamos sempre em contato uma com a outra. A lembrança mais antiga que tenho dela são seus cabelos, que eram curtos e desiguais. Ela me disse que quando as coisas não iam bem, ela mesma cortava seus cabelos de qualquer maneira, pois isso ajudava a "preencher o vazio". Eu descobri, mais tarde, que as blusas de manga comprida que ela usava escondiam as cicatrizes e cortes que fazia em si mesma.

Claire foi a primeira de nossas amigas a fumar. O que era incomum não era a questão de fumar ou usar drogas, o que ocorreu um pouco mais tarde (isso foi em 1960, quando o lema "Se isso lhe faz bem, use" ainda não tinha sido substituído por "Diga não às drogas"), ou porque isso aconteceu quando ela era muito jovem; mas porque ela parecia querer chamar a atenção, como todo mundo da época. Claire também foi uma das primeiras cujos pais se divorciaram, e ambos pareciam tê-la abandonado emocionalmente. Mais tarde, ela me disse que seu pai era um alcoolista e que espancava sua mãe e ela regularmente. Ela ia mal na escola e tinha uma visão péssima de si mesma. Muitas vezes ela disse que era estúpida e feia, mas ela não era nem uma coisa nem outra.

Ao longo de nossos anos de escola, Claire deixava a cidade periodicamente, sem nenhuma explicação. Eu soube, muitos anos mais tarde, que ela estava em hospitais psiquiátricos tratando de sua depressão com ideação suicida. Ela muitas vezes falava que ia se matar, mas eu não achava que ela estava falando sério.

Na adolescência, todos nós nos afastamos de Claire. Ela tinha se tornado cada vez mais imprevisível, às vezes brigava conosco por um mal-entendido ("Vocês estão andando rápido demais. Vocês não querem ser vistos comigo!") e, em outros momentos, ficava desesperada

para ficar próxima a nós. Ficávamos confusos com o comportamento dela. As explosões emocionais podem funcionar, com algumas pessoas, para trazê-las para mais perto Infelizmente para Claire, esses incidentes e seu comportamento nos fizeram sentir que não a conhecíamos. Quando todos nós crescemos, o "vazio" que ela descrevia dentro de si tornou-se avassalador e, no fim, acabou nos excluindo.

Claire se casou duas vezes e em ambas teve relações apaixonadas, mas conturbadas e interrompidas por hospitalizações. Ela tentou esfaquear seu primeiro marido durante um surto de raiva. Ela experimentou uma série de drogas, mas principalmente usava bebida alcoólica para "amortecer a dor".

Agora, perto dos seus 50 anos, as coisas se acalmaram um pouco, embora ela diga que quase nunca se sentiu feliz. Claire se sente um pouco melhor e está indo bem como agente de viagens. Apesar de estar saindo com alguém, ela está relutante em se envolver por causa de sua história pessoal. Claire foi, por fim, diagnosticada com depressão e transtorno da personalidade *borderline*.

Descrição clínica

O transtorno da personalidade *borderline* é um dos transtornos mais comuns observados nas clínicas; existe em muitas culturas e é visto em cerca de 1% a 2% da população geral (Torgersen, 2012). A vida de Claire ilustra a instabilidade característica de pessoas com transtorno da personalidade *borderline*. Elas tendem a ter relacionamentos conturbados, medo do abandono e falta de controle sobre suas emoções (Hooley, Cole e Gironde, 2012). Geralmente incorrem em comportamentos que são suicidas, automutiladores, ou ambos, cortando, queimando e batendo em si mesmas. Claire, às vezes, usava a ponta do cigarro para queimar a palma da mão e o antebraço, e ela gravou suas iniciais no braço. Como mencionado anteriormente, uma proporção significativa – cerca de 10% – morre por suicídio (Gunderson, 2011; Björkenstam et al., 2015). Felizmente, o resultado em longo prazo para pessoas com transtorno da personalidade *borderline* é encorajador (Zanarini et al., 2012). Aproximadamente nove em cada dez pacientes com transtorno da personalidade *borderline* alcançam remissão na década posterior à procura por tratamento (Gunderson et al., 2011; Keuroghlian et al., 2015).

Pessoas com esse transtorno são intensas, vão do ódio à depressão em um curto espaço de tempo. A disfunção na área da emoção é considerada uma das principais características do transtorno da personalidade *borderline* (Linehan e Dexter--Mazza, 2008) e é um dos preditores do suicídio desse grupo (McGirr et al., 2009). A instabilidade (na emoção, nos relacionamentos interpessoais, na noção de autoconceito e no comportamento) é vista como um traço central que descreve esse grupo como "estavelmente instável" (Hooley et al., 2012).

Essa instabilidade chega à impulsividade, o que consequentemente resulta no abuso de drogas e automutilação. Embora não seja tão óbvia a razão das autolesões, tais como cortar a si mesmo, elas são descritas como redutoras de tensão pelas

▲ O transtorno da personalidade *borderline* é frequentemente acompanhado de automutilação.

TABELA 12.6 Critérios diagnósticos para o transtorno da personalidade *borderline*

Um padrão difuso de instabilidade das relações interpessoais, da autoimagem e dos afetos e de impulsividade acentuada que surge no início da vida adulta e está presente em vários contextos, conforme indicado por cinco (ou mais) dos seguintes:

1. Esforços desesperados para evitar abandono real ou imaginado. (**Nota:** Não incluir comportamento suicida ou de automutilação coberto pelo Critério 5.)
2. Um padrão de relacionamentos interpessoais instáveis e intensos caracterizados pela alternância entre extremos de idealização e desvalorização.
3. Perturbação da identidade: instabilidade acentuada e persistente da autoimagem ou da percepção de si mesmo.
4. Impulsividade em pelo menos duas áreas potencialmente autodestrutivas (p. ex., gastos, sexo, abuso de substância, direção irresponsável, compulsão alimentar). (**Nota:** Não incluir comportamento suicida ou de automutilação coberto pelo Critério 5.)
5. Recorrência de comportamento, gestos ou ameaças suicidas ou de comportamento automutilante.
6. Instabilidade afetiva devida a uma acentuada reatividade de humor (p. ex., disforia episódica, irritabilidade ou ansiedade intensa com duração geralmente de poucas horas e apenas raramente de mais de alguns dias).
7. Sentimentos crônicos de vazio.
8. Raiva intensa e inapropriada ou dificuldade em controlá-la (p. ex., mostras frequentes de irritação, raiva constante, brigas físicas recorrentes).
9. Ideação paranoide transitória associada a estresse ou sintomas dissociativos intensos.

Fonte: Manual Diagnóstico e Estatístico de Transtornos Mentais, 5a ed. – DSM-5. Tab. 12.6. Artmed, Porto Alegre, 2014.

pessoas que têm esses tipos de comportamento (McKenzie e Gross, 2014; Nock, 2010). O vazio relatado por Claire é um sintoma comum; essas pessoas são vistas como cronicamente entediadas e têm dificuldades com suas próprias identidades (Linehan e Dexter-Mazza, 2008). Os transtornos do humor que discutimos no Capítulo 7 são comuns entre as pessoas com transtorno da personalidade *borderline*; um estudo com pacientes internados com esse transtorno observou que mais de 80% também apresentavam depressão maior, e, aproximadamente 10%, transtorno bipolar tipo II (Zanarini et al., 1998). Os transtornos alimentares também são comuns, especialmente a bulimia (ver Capítulo 8): aproximadamente 25% das pessoas com transtorno da personalidade *borderline* também têm bulimia, enquanto 20% preenche os critérios para anorexia (Zanarini et al., 1998). Até 64% das pessoas com esse transtorno receberam ao menos um diagnóstico de transtorno por uso de substância (Zanarini et al., 1998). De modo análogo ao transtorno da personalidade antissocial, pessoas com transtorno da personalidade *borderline* tendem a melhorar na faixa etária dos 30 aos 40 anos, embora haja a probabilidade de enfrentarem dificuldades até a velhice (Zanarini et al., 2012).

Causas

Os resultados de vários estudos de famílias indicam que o transtorno da personalidade *borderline* tem maior prevalência em famílias com o transtorno e, de alguma forma, ligada aos transtornos de humor (Amad et al., 2014). Pesquisas com gêmeos monozigóticos (idênticos) e dizigóticos (fraternais) indicaram maior índice de concordância entre gêmeos monozigóticos, apoiando ainda mais o papel da genética na expressão do transtorno da personalidade *borderline* (Calati et al., 2013).

A reatividade emocional, que é um aspecto central do transtorno da personalidade *borderline*, tem levado pesquisadores a olhar esse traço de personalidade em busca de pistas sobre as influências herdadas (endofenótipos). Estudos genéticos investigam os genes associados à serotonina porque a disfunção desse sistema se relaciona à instabilidade emocional, aos comportamentos suicidas e à impulsividade, percebidos em pessoas com esse transtorno (Soloff et al., 2014; Joyce et al., 2013). Essa pesquisa está em fase preliminar e não há ainda respostas consistentes de como as diferenças genéticas levam a sintomas do transtorno da personalidade *borderline* (Amad et al., 2014).

Estudos de neuroimagens, designados para localizar as áreas do cérebro que contribuem para o transtorno da personalidade *borderline*, apontam para o sistema límbico (Schulze, Schmahl e Niedtfeld, 2016; Stone, 2013). De maneira significativa, essa área do cérebro está envolvida com a regulação da emoção e disfunção da neurotransmissão serotoninérgica, relacionando essas observações com os achados da pesquisa genética. A atividade serotoninérgica baixa está envolvida na regulação do humor e da impulsividade, o que a torna alvo de extensos estudos desse grupo (Hooley et al., 2012).

Para maior esclarecimento sobre a natureza desse transtorno é necessário refinar o conceito de reatividade emocional no transtorno da personalidade *borderline*. Quando as pessoas com esse transtorno são questionadas sobre suas experiências, elas relatam muitas flutuações e intensidades emocionais, principalmente emoções negativas como ódio e ansiedade (Dixon-Gordon et al., 2015; Chapman et al., 2015; Linehan, 2015). Algumas pesquisas – usando a tecnologia "*morphing*"– observam quão sensíveis esses indivíduos são quanto às emoções alheias. Um estudo testou como as pessoas com e sem transtorno da personalidade *borderline* podem identificar corretamente a emoção de um rosto que foi se transformando (que seria a tecnologia *morphing*) na tela (mudando lentamente a partir de uma expressão neutra para uma expressão emocional, como raiva) e descobriu que aqueles com transtorno da personalidade *borderline* foram mais precisos do que o grupo controle (Fertuck et al., 2009).

Em um estudo, a emoção "vergonha" foi explorada em pessoas com esse transtorno (Rusch et al., 2007). Por exemplo, foram dadas às pessoas o seguinte contexto:

> Você participa da festa de boas-vindas do seu colega de trabalho e derrama vinho tinto em um novo tapete de cor creme, mas você acha que ninguém percebe.

> Pediu-se para os participantes escolherem quais das seguintes reações eles teriam:

- "Você queria estar em qualquer lugar, exceto na festa." (tendência para vergonha)
- "Você ficaria até mais tarde para ajudar a limpar a mancha depois da festa." (tendência para culpa)
- "Você acha que em uma festa tal como aquela o seu colega de trabalho deveria considerar que tais incidentes acontecem." (tendência para indiferença)
- "Você poderia perguntar por que o seu colega de trabalho escolheu servir vinho tinto com o tapete novo e de cor clara." (tendência para externalização, p. 317)

Esse estudo descobriu que mulheres com transtorno da personalidade *borderline* (nenhum homem foi sujeito da pesquisa) eram mais propensas a relatar vergonha do que mulheres saudáveis e mulheres com fobia social. É essencial salientar que os pesquisadores também observaram que essa tendência elevada para sentir vergonha estava associada à baixa autoestima, à baixa qualidade de vida e a altos níveis de raiva e hostilidade (Rusch et al., 2007). Verificou-se também que a vergonha está relacionada à lesão autoinfligida (por exemplo, cortar a si próprio) nessa população (Wiklander et al., 2012). A vergonha que tem sido interpretada em certas situações tem sido observada em crianças e jovens com características de transtorno da personalidade *borderline* (Hawes et al., 2013).

Os fatores cognitivos no transtorno da personalidade *borderline* estão começando a ser explorados. Nesse caso, a pergunta é: de que maneira as pessoas com esse transtorno processam informações e de que forma isso contribui para suas dificuldades? Em um estudo que analisou os processos de pensamento desses indivíduos, pediu-se para que pessoas com e sem o transtorno da personalidade *borderline* olhassem para as palavras projetadas em uma tela de computador e tentassem se lembrar de algumas e esquecer outras (Korfine e Hooley, 2000). Quando as palavras não possuíam relação com os sintomas do transtorno da personalidade *borderline* – por exemplo, "celebrar", "encantador", "agrupar" –, ambos os grupos se desempenharam bem. No entanto, quando lhes foram apresentadas palavras que poderiam ser relevantes para o transtorno – por exemplo, "abandonar", "suicida", "vazio" –, as pessoas com transtorno se lembraram mais dessas palavras, apesar de terem sido instruídas a esquecê-las. Esse indício preliminar de um viés de memória pode indicar a natureza desse transtorno e ser útil no delineamento de um tratamento mais efetivo (Winter, Elzinga e Schmahl, 2013; Baer et al., 2012).

Um importante fator de risco ambiental em uma explicação de interação gene-ambiente para o transtorno da personalidade *borderline* é a possível contribuição de trauma precoce, especialmente abuso físico e sexual. Vários estudos mostram que as pessoas com esse transtorno são mais propensas a relatar abuso do que as saudáveis ou com outras condições psiquiátricas (ver, por exemplo, Bandelow et al., 2005; Kuo et al., 2015; Zanarini et al., 2014). Infelizmente, esses tipos de estudos (com base na memória e na correlação entre os dois fenômenos) não nos dizem diretamente se abuso e negligência causam transtorno da personalidade *borderline* posteriormente. Em um importante estudo, pesquisadores fizeram o acompanhamento de 500 crianças que tinham documentado casos de abuso e negligência física e sexual na infância e as compararam, quando adultas, com um grupo controle (sem histórico de relatos de abuso ou negligência) (Widom, Czaja e Paris, 2009). De maneira significativa, mais crianças que sofreram abuso ou foram negligenciadas passaram a desenvolver transtorno da personalidade *borderline* em comparação com o grupo controle. Esse achado é particularmente importante para meninas e mulheres, porque meninas são duas ou três vezes mais propensas a sofrerem abuso sexual do que meninos (Bebbington et al., 2009).

Fica claro, portanto, que a maioria das pessoas que recebe o diagnóstico de transtorno da personalidade *borderline* sofreu abusos terríveis ou negligência dos pais, abuso sexual e físico de outras pessoas ou uma combinação desses contextos (Ball e Links, 2009). No caso de pessoas que não relatam essas histórias, algumas pesquisas estão investigando o modo como poderiam desenvolver o transtorno. Por exemplo, fatores como temperamento (a natureza emocional de um indivíduo, por exemplo, ser impulsivo, irritável ou hipersensível) ou prejuízos neurológicos (ser exposto a álcool ou a drogas em idade pré-natal) e interação com os estilos parentais podem contribuir para alguns casos de transtorno da personalidade *borderline* (Graybar e Boutilier, 2002).

Os sintomas do transtorno da personalidade *borderline* têm sido observados entre pessoas que passaram por rápidas mudanças culturais. Os problemas de identidade, vazio, medo do abandono e baixo limiar de ansiedade foram encontrados em crianças e adultos imigrantes (Laxenaire, Ganne-Vevonec e Streiff, 1982; Skhiri et al., 1982). Essas observações enfatizam a possibilidade de que um trauma na infância pode levar, no caso de algumas pessoas, a um transtorno da personalidade *borderline*.

Contudo, é importante lembrar que um histórico de trauma na infância, incluindo abuso físico e sexual, ocorre em pessoas com outros transtornos, como o transtorno da personalidade esquizoide, transtorno de sintomas somáticos (Capítulo 6), o transtorno de pânico (Capítulo 5) e o transtorno dissociativo de identidade (Capítulo 6). Além disso, uma parte dos indivíduos com transtorno da personalidade *borderline* não possui histórico aparente de abuso (Cloninger e Svakic, 2009). Embora seja possível que o abuso de natureza física e sexual na infância e a negligência pareçam ter um papel na etiologia do transtorno da personalidade *borderline* (Zanarini e Wedig, 2014), nenhuma dessas ocorrências parece ser necessária ou suficiente para produzir o transtorno.

Um modelo integrador

Embora não haja modelo integrador aceitável atualmente para esse transtorno, é tentador tomar emprestado um possível ponto de vista dos trabalhos sobre transtornos de ansiedade. No Capítulo 5, descrevemos a teoria da "tripla vulnerabilidade" (Barlow, 2002; Suarez et al., 2008). A primeira vulnerabilidade (ou diátese) é a vulnerabilidade biológica generalizada. Podemos perceber a vulnerabilidade genética para a reatividade emocional em pessoas com transtorno da personalidade *borderline* e como isso afeta a função específica do cérebro. A segunda vulnerabilidade é a psicológica generalizada. No caso de pessoas com esse transtorno da personalidade, elas tendem a ver o mundo como uma ameaça e reagem intensamente às ameaças reais e percebidas. A terceira é uma vulnerabilidade psicológica específica, aprendida de experiências ambientais precoces; esse é o ponto em que o trauma precoce, abuso, ou ambos, podem evoluir essa sensibilidade para ameaças. Quando uma pessoa está estressada, sua tendência biológica para ser excessivamente reativa interage com a tendência psicológica de se sentir ameaçada. Isso pode resultar em comportamentos explosivos e suicidas comumente observados nesse grupo. Esse modelo preliminar aguarda a validação e novas pesquisas.

Tratamento

Diferentemente dos indivíduos com transtorno da personalidade antissocial, que raramente reconhecem que precisam de ajuda, aqueles com transtorno da personalidade *borderline* parecem bastante angustiados e são mais suscetíveis a procurar tratamento do que pessoas com transtornos do humor e de ansiedade (Bender et al., 2014; Ansell et al., 2007). Avaliações de pesquisa sobre o uso do tratamento médico para pessoas com esse transtorno sugerem que o tratamento sintomático às vezes pode ser útil. Para perturbações afetivas (p. ex.: raiva, tristeza), drogas conhecidas como estabilizadores de humor (como algumas drogas anticonvulsivantes e antipsicóticas) podem ser efetivas (Silk e Feurino III, 2012). No entanto, as iniciativas para oferecer tratamento bem-sucedido são dificultadas por problemas como abuso de drogas, observância do tratamento e tentativas de suicídio. O resultado é que muitos clínicos relutam em atender pessoas com transtorno da personalidade *borderline*.

Um dos mais completos tratamentos cognitivo-comportamentais pesquisados foi desenvolvido por Marsha Linehan (Linehan et al., 2006; Linehan et al., 1999; Linehan e Dexter-Mazza, 2008). Esse método – denominado **TCD – terapia comportamental dialética (DBT – Dialetical Behavior Therapy)** – envolve auxiliar as pessoas a lidar com os estressores que parecem desencadear comportamentos suicidas e outras respostas não adaptativas. A prioridade no tratamento é dada primeiramente aos comportamentos que podem resultar em dano (comportamentos suicidas) e depois àqueles que interferem na terapia, e, por fim, àqueles que interferem na qualidade de vida do paciente. Sessões individuais semanais oferecem apoio, e os pacientes são ensinados a identificar e controlar as emoções. A resolução de problemas é um ponto enfatizado na terapia, pois permite que os pacientes enfrentem as dificuldades de modo mais efetivo. Além disso, recebem tratamento similar ao adotado para pessoas com transtorno de estresse pós-traumático (TEPT), no qual eventos traumáticos anteriores são reexperienciados para ajudar a eliminar o medo associado a eles (ver Capítulo 5). No estágio final da terapia, os pacientes aprendem a confiar em suas próprias respostas em vez de depender da validação de outros, imaginando a si mesmos, algumas vezes, não reagindo a críticas (Lynch e Cuper, 2012).

Os resultados de uma série de estudos sugerem que a DBT pode ajudar a reduzir as tentativas de suicídio, abandono do tratamento e internações (Linehan et al., 2015; Linehan e Dexter-Mazza, 2008; McMain et al., 2013). Um acompanhamento de 39 mulheres que receberam um ano de DBT ou apoio terapêutico geral (chamado de "tratamento usual") mostrou que, durante os primeiros seis meses de acompanhamento, as mulheres do grupo de DBT tiveram menos propensão suicida, menos raiva e melhor ajuste social (Linehan e Kehrer, 1993). Outro estudo analisou que tratar essas pessoas com DBT no contexto de internação (hospital psiquiátrico) por aproximadamente cinco dias poderia melhorar os resultados (Yen et al., 2009). Os participantes melhoraram em uma série de aspectos, tais como redução da depressão, desesperança, a expressão da raiva e dissociação. Um número expressivo de evidências está agora disponível para documentar a efetividade dessa abordagem a fim de ajudar muitas pessoas com esse transtorno debilitante (Linehan, 2014).

Provavelmente, algumas das pesquisas mais intrigantes que descrevemos neste livro envolvem o uso de técnicas de imagem cerebral para observar como os tratamentos psicológicos influenciam a função cerebral. Um estudo piloto analisou as reações emocionais de um grupo controle e de mulheres com transtorno da personalidade *borderline* ao ver fotos perturbadoras (por exemplo, fotos de mulheres sendo atacadas) (Schnell e Herpertz, 2007). Esse estudo concluiu que, entre as mulheres que se beneficiaram do tratamento, a excitação (na amígdala e no hipocampo) em relação às fotos perturbadoras melhorou ao longo do tempo em virtude do tratamento. Não ocorreram alterações no grupo controle ou em mulheres que não tiveram experiências positivas de tratamento. Esse tipo de investigação integradora é muito promissor, pois amplia a nossa compreensão sobre o transtorno da personalidade *borderline* e os mecanismos subjacentes ao tratamento bem-sucedido.

Transtorno da personalidade histriônica

Indivíduos com **transtorno da personalidade histriônica** tendem a ser excessivamente dramáticos e muitas vezes parecem estar encenando, razão pela qual o termo **histriônico**, que significa representar, é utilizado. Considere o caso de Pat.

PAT ... Sempre no palco

Quando nos conhecemos, Pat parecia irradiar alegria. Ela era solteira, com pouco mais de 30 anos, e fazia curso de mestrado à noite. Ela frequentemente se vestia de forma extravagante. Durante o dia, ministrava aulas para crianças com necessidades especiais e, quando em dias de folga, tinha encontros e ficava até tarde fora de casa. Quando falei com ela pela primeira vez, ela me disse com entusiasmo quão impressionada estava com o meu trabalho na área de deficiências do desenvolvimento e que havia sido extremamente bem-sucedida na utilização de algumas das minhas técnicas com seus alunos. Ela estava sendo claramente exagerada ao me elogiar daquela forma, mas quem não gostaria de receber tais comentários elogiosos?

Visto que parte da nossa pesquisa incluía crianças de sua sala de aula, eu via Pat com frequência. No decorrer das semanas, no entanto, nossas interações ficaram mais intensas. Ela sempre reclamava de diversas doenças e lesões (cair no estacionamento, torcer o pescoço ao olhar pela janela) que interferiam no seu trabalho. Era desorganizada, muitas vezes deixava para a última hora tarefas que exigiam planejamento considerável. Pat fazia promessas para outras pessoas que eram impossíveis de cumprir, mas parecia estar obstinada em conseguir a aprovação delas. Quando ela quebrava uma promessa, geralmente inventava uma mentira para obter simpatia e compaixão. Por exemplo, prometeu à mãe de um de seus alunos que ela daria uma festa de aniversário "enorme e única" para a filha dela, mas se esqueceu do fato até que a mãe apareceu com bolo e suco. Ao vê-la, Pat ficou furiosa e culpou o diretor de mantê-la até tarde, depois das aulas, apesar de não ser verdade essa acusação.

Pat frequentemente interrompia reuniões sobre a pesquisa para falar sobre seu mais recente namorado. Ela mudava de namorado quase semanalmente, mas seu entusiasmo ("Ele é como nenhum outro homem que eu já conheci!") e otimismo em relação ao futuro ("Ele é o cara com que eu quero passar o resto da minha vida!") eram grandes com cada um deles. Planejou o casamento seriamente com quase todos eles, apesar de serem apenas seus conhecidos. Pat era insinuante, especialmente em relação aos professores do sexo masculino, que muitas vezes a ajudavam a resolver problemas que ela havia criado por causa de sua desorganização.

Quando ficou claro que provavelmente perderia seu emprego de professora por causa de seu mau desempenho, Pat conseguiu manipular vários dos professores do sexo masculino e o assistente do diretor, pedindo para reco-mendá-la para algum distrito escolar das proximidades. Um ano depois, ela ainda estava na nova escola, mas havia sido transferida duas vezes para diferentes salas de aula. De acordo com os professores com quem trabalhava, Pat não tinha fortes relações interpessoais, embora descrevesse que estava "profundamente envolvida" no seu atual caso amoroso. Depois de um longo período de depressão, Pat procurou a ajuda de um psicólogo, que a diagnosticou como uma pessoa que tinha transtorno da personalidade histriônica.

Descrição clínica

Pessoas com transtorno da personalidade histriônica são inclinadas a expressar suas emoções de forma exagerada, por exemplo, abraça alguém que acabou de conhecer ou chora incontrolavelmente quando assiste a um filme triste (Ferguson e Negy, 2014; Blashfield, Reynolds e Stennett, 2012). Também tendem a ser vaidosas, egocêntricas e se sentem desconfortáveis quando não são o centro das atenções. São muitas vezes sedutoras na aparência e no comportamento e geralmente se preocupam com a sua imagem. (Por exemplo, Pat gastou uma grande soma de dinheiro em joias e fazia questão de que todos soubessem.) Além disso, essas pessoas procuram reasseguramento e aprovação constantemente e podem ficar chateadas ou com raiva quando os outros não as atendem ou elogiam. Pessoas com transtorno da personalidade histriônica também tendem a ser impulsivas e têm grande dificuldade em adiar gratificação.

O estilo cognitivo associado ao transtorno da personalidade histriônica baseia-se em impressões (Beck, Freeman e Davis, 2007), caracterizado por uma tendência para vislumbrar as situações em termos muito gerais e em preto e branco. O discurso costuma ser vago, com poucos detalhes e caracterizado por hipérboles (APA, 2013; Nestadt et al., 2009). Por exemplo, se perguntassem a Pat a respeito de um encontro que teve na noite anterior, ela poderia dizer que foi "extraordinário", mas não seria capaz de dar pormenores.

A proporção elevada desse diagnóstico entre mulheres em comparação aos homens levanta dúvidas sobre a natureza do transtorno e seus critérios diagnósticos (Boysen et al., 2014). Conforme discutimos no início deste capítulo, há algumas considerações de que as características do transtorno da personalidade histriônica, como comportamento exagerado, vaidade, sedução e excesso de preocupação com a aparência física, sejam características do "estereótipo de mulher" ocidental e podem resultar em um número exagerado desse diagnóstico em mulheres. Sprock (2000) examinou essa questão importante e encontrou algumas evidências de viés entre psicólogos e psiquiatras para associar o diagnóstico mais a mulheres do que a homens.

Causas

Apesar de sua longa história, poucas pesquisas têm sido feitas sobre as causas ou o tratamento do transtorno da personalidade histriônica. Os antigos filósofos gregos acreditavam que muitos problemas inexplicáveis de mulheres eram causados pelo útero (histeria), que migrava pelo corpo (Abse, 1987; Ussher, 2013).

▲ Pessoas com transtorno da personalidade histriônica tendem a ser vaidosas, extravagantes e sedutoras.

TABELA 12.7 Critérios diagnósticos para o transtorno da personalidade histriônica

Um padrão difuso de emocionalidade e busca de atenção em excesso que surge no início da vida adulta e está presente em vários contextos, conforme indicado por cinco (ou mais) dos seguintes:

1. Desconforto em situações em que não é o centro das atenções.
2. A interação com os outros é frequentemente caracterizada por comportamento sexualmente sedutor inadequado ou provocativo.
3. Exibe mudanças rápidas e expressão superficial das emoções.
4. Usa reiteradamente a aparência física para atrair a atenção para si.
5. Tem um estilo de discurso que é excessivamente impressionista e carente de detalhes.
6. Mostra autodramatização, teatralidade e expressão exagerada das emoções.
7. É sugestionável (i.e., facilmente influenciado pelos outros ou pelas circunstâncias).
8. Considera as relações pessoais mais íntimas do que na realidade são.

Fonte: Manual Diagnóstico e Estatístico de Transtornos Mentais, 5a ed. – DSM-5. Tab. 12.7. Artmed, Porto Alegre, 2014.

Entretanto, conforme vimos, esse transtorno também ocorre entre os homens.

Uma hipótese envolve a possível relação com o transtorno da personalidade antissocial. Os indícios sugerem que a personalidade histriônica e a antissocial ocorrem simultaneamente com muito mais frequência do que o acaso justificaria. Lilienfeld et al. (1986), por exemplo, descobriram que aproximadamente dois terços das pessoas com personalidade histriônica também atendiam aos critérios do transtorno da personalidade antissocial. O indício para essa associação resultou na hipótese (ver, por exemplo, Cloninger, 1978; Lilienfeld, 1992) de que a personalidade histriônica e a antissocial podem ser expressões alternativas de manifestações de ordem sexual da mesma condição subjacente não identificada. As mulheres com a condição subjacente podem ter predisposição para demonstrar um padrão predominantemente histriônico, ao passo que os homens com a condição subjacente podem ter predisposição para exibir um padrão predominantemente antissocial. Se essa associação existe é uma questão controversa ainda, porém, são necessárias mais pesquisas sobre essa relação potencial (Dolan e Völlm, 2009; Salekin, Rogers e Sewell, 1997), especialmente dado que o transtorno da personalidade *borderline* também foi conceitualizado como uma variante feminina da psicopatia (Sprague et al., 2012)

Tratamento

Embora haja muitos trabalhos escritos sobre como tratar pessoas com transtorno da personalidade histriônica, poucas pesquisas demonstram sucesso no tratamento (Cloninger e Svakic, 2009). Alguns terapeutas tentaram alterar o comportamento de busca por atenção. Kass, Silvers e Abrams (1972) trabalharam com cinco mulheres, quatro das quais haviam sido hospitalizadas por tentativa de suicídio. Todas foram diagnosticadas posteriormente com transtorno da personalidade histriônica. As mulheres eram recompensadas quando mostravam interações adequadas e penalizadas quando tinham comportamento de busca por atenção. Os terapeutas notaram melhora depois de dezoito meses de acompanhamento, mas não coletaram dados científicos para corroborar essa informação.

A maioria das terapias voltadas para o tratamento desses indivíduos geralmente se concentra nos relacionamentos interpessoais problemáticos. Eles manipulam outras pessoas por meio de crises emocionais, usando charme, sexo, sedução ou queixas (Beck et al., 2007). As pessoas com transtorno da personalidade histriônica precisam saber como os ganhos a curto prazo originários desse estilo de interação resultam em custos a longo prazo e precisam ser orientadas para adotar formas mais apropriadas de negociar seus desejos e necessidades.

Transtorno da personalidade narcisista

Todos nós conhecemos pessoas que possuem um conceito elevado de si mesmas – exagerando, talvez, suas reais capacidades. Elas se consideram diferentes das demais e acreditam que merecem tratamento especial. No **transtorno da personalidade narcisista**, essa tendência é elevada ao grau extremo. Na mitologia grega, Narciso era um jovem que desprezou o amor de Eco, tão fascinado que estava por sua própria beleza. Ele passava o dia admirando sua imagem refletida em um lago. Psicanalistas, inclusive Freud, utilizavam o termo *narcisista* para descrever pessoas que mostram um senso exagerado de sua própria importância e se preocupam em receber atenção (Ronningstam, 2012). Considere o caso de Willie.

WILLIE... Tudo sobre mim

Willie era assistente administrativo em um escritório pequeno de advocacia. Com pouco mais de 30 anos, seu histórico profissional era medíocre. Nunca havia ficado no mesmo emprego por mais de dois anos e dedicava um tempo considerável trabalhando por indicação de agências de empregos temporários. Entretanto, ao conhecê-lo, você acreditaria que era muito competente e que gerenciava o escritório. Caso você entrasse na sala de espera seria recebido por Willie, embora não fosse recepcionista. Ele seria extremamente solícito, perguntaria como poderia ajudar, ofereceria café e pediria para que se sentisse à vontade em "sua" área de recepção. Willie gostava de conversar e qualquer diálogo era redirecionado rapidamente de modo que o mantivesse como centro do assunto.

No início, esse tipo de conduta cativante foi apreciado, porém, logo incomodou os outros colaboradores. Isso era especialmente verdadeiro quando se referia aos demais funcionários do escritório como sendo sua equipe, muito embora não fosse responsável por supervisioná-los. As conversas com visitantes e funcionários consumiam grande parte de seu tempo e do tempo dos outros colaboradores, isso estava se tornando um problema.

Logo tornou-se muito controlador – um padrão que também foi revelado em seus outros cargos –, assumindo avidamente as obrigações atribuídas a outros. Infelizmente, ele não completava as tarefas de modo satisfatório e isso criava muito atrito.

Quando foi confrontado com uma dessas dificuldades, Willie culpou outras pessoas. No final, entretanto, ficou claro que seu egocentrismo e sua natureza controladora de Willie estavam na raiz de muitas das ineficiências no escritório. Durante uma reunião disciplinar com todos os sócios, uma situação incomum, Willie tornou-se ofensivo e os culpou por persegui-lo. Ele insistia que seu desempenho era excepcional como em todos os cargos que já havia ocupado antes – algo que seus outros empregadores contradiziam – e que eles estavam enganados. Depois de se acalmar, revelou que havia tido problema com alcoolismo, histórico de depressão e vários problemas familiares, todos os quais acreditava contribuir para as dificuldades que ele vivenciava.

A empresa recomendou que, como condição para manter o emprego, ele fosse atendido em um ambulatório universitário, onde foi diagnosticado com depressão maior, bem como transtorno da personalidade narcisista. Por fim, seu comportamento – atrasos e ineficiência no trabalho – resultou em sua demissão. Em uma reviravolta de acontecimentos, Willie se candidatou novamente para outro cargo na mesma empresa dois anos depois. Um lapso nos registros não conseguiu revelar sua rescisão anterior, mas ele ficou apenas três dias, pois chegou atrasado no segundo e terceiro dias de trabalho. Ele estava convencido de que poderia ser bem-sucedido, mas não conseguiu mudar seu comportamento para estar em conformidade com os padrões mínimos exigidos para ser bem-sucedido no trabalho.

Descrição clínica

Pessoas com transtorno da personalidade narcisista têm um sentimento desproposatado da própria importância e ficam tão preocupados consigo mesmos que não têm sensibilidade e compaixão em relação a outras pessoas (Caligor, Levy e Yeomans, 2015; Ronningstam, 2012). Não se sentem à vontade a não ser que alguém os esteja admirando. As sensações exageradas e as fantasias de grandeza, denominadas *grandiosidade*, criam atributos negativos. Precisam de atenção especial e esperam recebê-la – a melhor mesa em um restaurante, o local de estacionamento proibido em frente ao teatro. Também tendem a usar ou a explorar outras pessoas visando seus próprios interesses e demonstram pouca empatia. Quando se deparam com outras pessoas bem-sucedidas, são extremamente arrogantes e invejosos. E visto que não conseguem alcançar suas próprias expectativas, geralmente entram em depressão.

Causas e tratamento

O processo se inicia como crianças egocêntricas e exigentes, o que é parte da luta pela sobrevivência. No entanto, parte do processo de socialização envolve ensinar as crianças a desenvolver empatia e altruísmo. Alguns autores, como Kohut (1971, 1977), acreditam que o transtorno da personalidade narcisista advém muito do fracasso dos pais em modelar o sentimento de empatia durante o desenvolvimento da criança. Como consequência, a criança permanece fixada em um estágio do desenvolvimento egocêntrico, com sentimento de grandiosidade. Além disso, a criança (e posteriormente o adulto) torna-se um indivíduo envolto em uma essencialmente infindável e infrutífera busca pela pessoa ideal que vai atender suas necessidades empáticas frustradas.

Do ponto de vista sociológico, Christopher Lasch (1978) escreveu em seu livro *The culture of narcissism* (A cultura do narcisismo) que esse transtorno da personalidade está aumentando em prevalência na maior parte das sociedades ocidentais, principalmente como consequência das mudanças sociais em larga escala, incluindo maior ênfase no hedonismo de curto prazo, individualismo, competitividade e sucesso. De acordo com Lasch, a geração "eu" (os *baby boomers* nascidos entre 1946 e 1954) produziu mais do que sua quota de indivíduos com transtornos da personalidade narcisista. Estudos confirmam que a prevalência do transtorno da personalidade narcisista está aumentando (Huang et al., 2009). Todavia, esse crescimento visível pode ser consequência do maior interesse e do maior número de pesquisas sobre o transtorno.

As pesquisas sobre opções de tratamento são extremamente limitadas, tanto em número de estudos científicos como em relatos de sucesso (Ronningstam, 2014; Cloninger e Svakic, 2009; Dhawan et al., 2010). Quando se tenta a terapia com essas pessoas, elas costumam se concentrar na grandiosidade, hipersensibilidade à avaliação e à falta de empatia que demonstram em relação a outros (Campbell e Miller, 2011; Beck et al., 2007). A terapia cognitiva almeja substituir as fantasias focando nas experiências agradáveis do dia a dia que de fato podem acontecer. Estratégias de enfrentamento, como treino de relaxamento, são usadas para ajudar essas pessoas a enfrentar as críticas e a aceitá-las. Ajudá-las a voltar o olhar para os sentimentos alheios também constitui uma meta. Em virtude de os indivíduos com esse transtorno serem vulneráveis a episódios depressivos graves, particularmente na meia-idade, muitas vezes o tratamento é iniciado para a depressão. No entanto, é impossível tirar qualquer conclusão a respeito do impacto real desse tratamento no transtorno da personalidade narcisista.

TABELA 12.8 Critérios diagnósticos para o transtorno da personalidade narcisista

Um padrão difuso de grandiosidade (em fantasia ou comportamento), necessidade de admiração e falta de empatia que surge no início da vida adulta e está presente em vários contextos, conforme indicado por cinco (ou mais) dos seguintes:

1. Tem uma sensação grandiosa da própria importância (p. ex., exagera conquistas e talentos, espera ser reconhecido como superior sem que tenha as conquistas correspondentes).
2. É preocupado com fantasias de sucesso ilimitado, poder, brilho, beleza ou amor ideal.
3. Acredita ser "especial" e único e que pode ser somente compreendido por, ou associado a, outras pessoas (ou instituições) especiais ou com condição elevada.
4. Demanda admiração excessiva.
5. Apresenta um sentimento de possuir direitos (i.e., expectativas irracionais de tratamento especialmente favorável ou que estejam automaticamente de acordo com as próprias expectativas).
6. É explorador em relações interpessoais (i.e., tira vantagem de outros para atingir os próprios fins).
7. Carece de empatia: reluta em reconhecer ou identificar-se com os sentimentos e as necessidades dos outros.
8. É frequentemente invejoso em relação aos outros ou acredita que os outros o invejam.
9. Demonstra comportamentos ou atitudes arrogantes e insolentes.

Fonte: Manual Diagnóstico e Estatístico de Transtornos Mentais, 5a ed. – DSM-5. Tab. 12.8. Artmed, Porto Alegre, 2014.

Verificação de conceitos 12.3

Identifique corretamente os tipos de transtornos da personalidade descritos a seguir:

1. Elaine tem baixa autoestima e geralmente sente um vazio, a menos que faça coisas perigosas e excitantes. Ela se envolveu com drogas e em encontros sexuais casuais mesmo com estranhos. Ameaça cometer suicídio se seu namorado sugere procurar ajuda ou fala em terminar com ela. Em um momento é extremamente apaixonada por ele e em outro o odeia, às vezes passa de um extremo ao outro de repente.

2. Lance tem 19 anos e teve problemas com a lei nos últimos dois anos. Mente para seus pais, vandaliza prédios locais e se mete em brigas. Não demonstra remorso pelas pessoas que machuca ou pela dor que ele causa em seus pais.

3. Nancy se acha a melhor em tudo. Acredita que seu desempenho é sempre excelente e é extremamente crítica a respeito do sucesso de outra pessoa. Constantemente espera admiração e reasseguramento de outras pessoas.

4. Samantha é conhecida por ser excessivamente dramática. Chora incontrolavelmente quando assiste a filmes tristes e todos acham que ela está encenando. Ela é vaidosa e egocêntrica, interrompe muitas de nossas conversas em aula para falar de sua vida pessoal.

Transtornos da personalidade do grupo C

As pessoas diagnosticadas com os próximos três transtornos da personalidade – evitativa, dependente e obsessivo-compulsiva – partilham de características comuns àquelas com transtornos de ansiedade. Essas personalidades ansiosas ou medrosas estão descritas a seguir.

Transtorno da personalidade evitativa

Como o nome sugere, pessoas com o **transtorno da personalidade evitativa** são extremamente sensíveis às opiniões alheias, e embora elas desejem ter relacionamentos sociais, sua ansiedade faz com que evitem tais contatos. Sua excessiva baixa autoestima – junto com o medo de rejeição – faz com que sejam limitadas em suas amizades e dependentes daqueles com quem se sentem confortáveis (Eikenaes, Pedersen e Wilberg, 2015; Sanislow et al., 2012). Considere o caso de Jane.

JANE ... Não vale a pena notar

Jane foi criada por uma mãe alcoolista que tinha transtorno da personalidade *borderline* e que a tratava mal física e verbalmente. Quando criança, o tratamento abusivo dispensado por sua mãe fazia sentido para ela, pois acreditava que ela (Jane) era uma pessoa sem valor para ser tratada assim. Com quase 30 anos, Jane ainda tinha a expectativa de ser rejeitada quando outros descobrissem que era má e que não tinha valor.

Era muito autocrítica e previa que não seria aceita. Julgava que as pessoas não a apreciariam, que perceberiam que ela era uma fracassada e que ela não teria nada a dizer. Ficava aborrecida caso percebesse que alguém, mesmo em contato passageiro, estivesse reagindo de modo negativo ou neutro. Se um vendedor de jornais deixava de sorrir ou se um assistente de vendas fosse ligeiramente ríspido, Jane achava que devia ser em razão de ela não ter valor ou ser desagradável. Sentia-se então muito triste. Mesmo quando recebia *feedback* positivo de um colega, atribuía menor importância a esse fato. Como resultado, Jane tinha poucos amigos e nenhum era próximo.

(Caso e trecho reimpressos com permissão de Beck, A. T. e Freeman, A. (1990). *Cognitive therapy of personality disorders*. Nova York: Guilford Press, ©1990 Guilford Press.)

Descrição clínica

Theodore Millon (1981), o primeiro a propor esse diagnóstico, entende que é importante distinguir indivíduos que são associais porque são apáticos, afetivamente rasos e relativamente desinteressados dos relacionamentos interpessoais (comparável ao que descreve os termos do transtorno da personalidade esquizoide do *DSM-5*) daqueles que são associais porque têm ansiedade interpessoal e medo de rejeição. É este último que se enquadra nos critérios do transtorno da personalidade evitativa (Millon e Martinez, 1995). Essas pessoas sentem-se cronicamente rejeitadas pelas demais e são pessimistas sobre seu futuro.

Causas

Algumas evidências supõem que o transtorno da personalidade evitativa está relacionado aos transtornos do espectro da esquizofrenia, ocorrendo com maior frequência em parentes de pessoas que têm esquizofrenia (Fogelson et al., 2010, 2007). Algumas teorias propuseram a integração de influências biológicas e psicossociais como causa do transtorno da personalidade evitativa. Millon (1981), por exemplo, propõe que esses indivíduos nascem com temperamento ou características de personalidade difíceis. Como resultado, seus pais podem rejeitá-los ou não dar a eles suficiente amor afetuoso sem tantas críticas. Essa rejeição, por sua vez, pode resultar em baixa autoestima e alienação social, condições que persistem na fase adulta. Existe uma base limitada de estudos que diz que há influências psicossociais nas causas do transtorno da personalidade evitativa. Stravynski, Elie e Franche (1989), por exemplo, entrevistaram um grupo de pessoas com transtorno da personalidade evitativa e um grupo controle para saber como elas foram tratadas por seus pais quando crianças. Aquelas com o transtorno lembraram que seus pais as rejeitavam mais, incutiam mais culpa e eram menos afetuosos do que pais dos participantes do grupo controle, o que sugere que atitudes parentais podem contribuir para o desenvolvimento desse transtorno. De modo semelhante, a pesquisa observou consistentemente que esses indivíduos são mais propensos a relatar experiências de negligência, isolamento, rejeição e conflitos com outras pessoas na infância (Eikenaes et al., 2015; Meyer e Carver, 2000).

Tratamento

Em contraposição à escassez de pesquisas sobre a maioria dos outros transtornos da personalidade, existem alguns estudos bem controlados sobre abordagens de terapia para pessoas com transtorno da personalidade evitativa (Leahy e McGinn, 2012). As técnicas de intervenção comportamental para problemas de habilidades sociais e ansiedade obtêm algum sucesso no tratamento (p. ex.: Borge et al., 2010; Emmelkamp et al., 2006). Em virtude de os problemas experienciados pelas pessoas com transtorno da personalidade evitativa serem parecidos com os daquelas pessoas com fobia social, muitos tratamentos são empregados para ambos os grupos (ver Capítulo 5). A aliança terapêutica – um relacionamento colaborativo entre paciente e terapeuta – parece ser um importante preditor para o tratamento de sucesso nesse grupo (Strauss et al., 2006).

Transtorno da personalidade dependente

Sabemos o que significa ser dependente de outra pessoa. No entanto, pessoas com **transtorno da personalidade dependente** se apoiam em outras pessoas para tomar decisões, tanto corriqueiras como importantes, o que resulta em um medo irracional de abandono. Considere o caso de Karen.

TABELA 12.9 Critérios diagnósticos para o transtorno da personalidade evitativa

Um padrão difuso de inibição social, sentimentos de inadequação e hipersensibilidade à avaliação negativa que surge no início da vida adulta e está presente em vários contextos, conforme indicado por quatro (ou mais) dos seguintes critérios:

1. Evita atividades profissionais que envolvam contato interpessoal significativo por medo de crítica, desaprovação ou rejeição.
2. Não se dispõe a envolver-se com pessoas, a menos que tenha certeza de que será recebido de forma positiva.
3. Mostra-se reservado em relacionamentos íntimos devido ao medo de passar vergonha ou de ser ridicularizado.
4. Preocupa-se com críticas ou rejeição em situações sociais.
5. Inibe-se em situações interpessoais novas em razão de sentimentos de inadequação.
6. Vê a si mesmo como socialmente incapaz, sem atrativos pessoais ou inferior aos outros.
7. Reluta de forma incomum em assumir riscos pessoais ou se envolver em quaisquer novas atividades, pois estas podem ser constrangedoras.

Fonte: Manual Diagnóstico e Estatístico de Transtornos Mentais, 5a ed. – DSM-5. Tab. 12.9. Artmed, Porto Alegre, 2014.

KAREN ... O que quer que você diga

Karen é uma mulher de 45 anos, casada, que foi orientada por seu médico a tratar seus problemas relacionados a ataques de pânico. Durante a avaliação, aparentou ser muito preocupada, sensível e ingênua. Facilmente deixava-se dominar pela emoção e chorou de tempos em tempos durante toda a sessão. Mostrou-se autocrítica em todas as oportunidades na avaliação. Por exemplo, quando questionada sobre como era o seu relacionamento com as pessoas, ela respondeu "os outros me acham patética e inadequada", embora não apresentasse evidências de por que pensava assim. Ela disse que não gostava da escola porque "ela era burra" e sempre sentia que não era boa o suficiente.

Karen descreveu como permaneceu por dez anos em seu primeiro matrimônio, apesar de "ter sido um inferno". Seu marido tinha várias amantes e era verbalmente abusivo. Ela tentou deixá-lo muitas vezes, mas acabava cedendo aos pedidos dele para voltar. Por fim, conseguiu o divórcio; logo depois conheceu e se casou com seu atual marido, que descreveu como bondoso, sensível e solidário. Karen afirmou que preferia que outros tomassem decisões importantes e concordava com as demais pessoas a fim de evitar conflito. Preocupava-se com a possibilidade de ficar sozinha sem ninguém para ampará-la e disse que se sentia perdida sem o reasseguramento de outras pessoas. Também declarou que se ofendia facilmente; empenhava-se muito para não fazer algo que pudesse resultar em críticas.

(Caso e trecho reimpressos, sob permissão, de Beck, A. T. e Freeman, A. (1990). *Cognitive therapy of personality disorders*. Nova York: Guilford Press, ©1990 Guilford Press.)

TABELA 12.10 Critérios diagnósticos para o transtorno da personalidade dependente

Uma necessidade difusa e excessiva de ser cuidado que leva a comportamento de submissão e apego que surge no início da vida adulta e está presente em vários contextos, conforme indicado por cinco (ou mais) dos seguintes critérios:

1. Tem dificuldades em tomar decisões cotidianas sem uma quantidade excessiva de conselhos e reasseguramento de outros.
2. Precisa que outros assumam responsabilidade pela maior parte das principais áreas de sua vida.
3. Tem dificuldades em manifestar desacordo com outros devido ao medo de perder apoio ou aprovação. (**Nota:** Não incluir os medos reais de retaliação.)
4. Apresenta dificuldade em iniciar projetos ou fazer coisas por conta própria (devido mais à falta de autoconfiança em seu julgamento ou em suas capacidades do que à falta de motivação ou energia.
5. Vai a extremos para obter carinho e apoio de outros, a ponto de voluntariar-se para fazer coisas desagradáveis.
6. Sente-se desconfortável ou desamparado quando sozinho devido a temores exagerados de ser incapaz de cuidar de si mesmo.
7. Busca com urgência outro relacionamento como fonte de cuidado e amparo logo após o término de um relacionamento íntimo.
8. Tem preocupações irreais com medos de ser abandonado à própria sorte.

Fonte: Manual Diagnóstico e Estatístico de Transtornos Mentais, 5a ed. – DSM-5. Tab. 12.10. Artmed, Porto Alegre, 2014.

Descrição clínica

Indivíduos com transtorno da personalidade dependente muitas vezes concordam com outras pessoas mesmo que tenham opinião diferente para não serem rejeitados (Bornstein, 2012). Seu desejo de obter e manter relacionamentos carinhosos e de apoio pode levá-los a outros aspectos comportamentais, que incluem submissão, timidez e passividade. Pessoas com esse transtorno são parecidas com aquelas com transtorno da personalidade evitativa no que diz respeito à sensação de inadequação, sensibilidade a críticas e necessidade de reafirmação. No entanto, as pessoas com transtorno da personalidade evitativa, em resposta a esses sentimentos, evitam relacionamentos, ao passo que aquelas com o transtorno da personalidade dependente reagem apegando-se aos relacionamentos (Disney, 2013; Bornstein, 2012). É importante notar que em certas culturas (p. ex.: confucionismo do leste asiático) a dependência e a submissão podem ser vistas como um comportamento interpessoal desejado (Chen, Nettles e Chen, 2009).

Causas e tratamento

Ao nascer, dependemos das pessoas para termos alimento, proteção física e apoio. Parte do processo de socialização na maioria das culturas envolve auxiliar-nos a viver de modo independente (Bornstein, 1992). Pensava-se que a interrupção de tais socializações, como a morte precoce de um dos pais, bem como negligência e rejeição dos cuidadores, pudesse fazer com que as pessoas crescessem com medo do abandono (Stone, 1993). Entretanto, é um fato notável que as influências genéticas são importantes no desenvolvimento de tal transtorno (p. ex.: Gjerde et al., 2012). O que ainda não se consegue entender são os fatores fisiológicos subjacentes dessa influência genética e como eles interagem com as influências ambientais (Sanislow et al., 2012).

A maior parte da literatura sobre o tratamento desse transtorno é descritiva; existem poucas pesquisas que demonstram se determinado tratamento é efetivo (Borge et al., 2010; Paris, 2008). De modo superficial, por causa de sua atenção e ânsia para atribuir ao terapeuta a responsabilidade por seus problemas, as pessoas com transtorno da personalidade dependente podem parecer os pacientes ideais. No entanto, sua submissão nega uma das principais metas da terapia, que é tornar a pessoa mais independente e responsável (Leahy e McGinn, 2012). Portanto, a terapia progride à medida que o paciente desenvolve confiança em sua capacidade de tomar decisões de maneira independente (Beck et al., 2007). Existe uma particular necessidade de cuidados para que o paciente não se torne excessivamente dependente do terapeuta.

Transtorno da personalidade obsessivo-compulsiva

Pessoas que têm **transtorno da personalidade obsessivo-compulsiva** são caracterizadas pela fixação de que as coisas têm de ser feitas "da maneira certa" (Diedrich e Voderholzer, 2015). Embora possam causar inveja por sua persistência e dedicação, essa preocupação com detalhes as impede de concluir muita coisa. Considere o caso de Daniel.

DANIEL... Fazendo tudo com precisão

Todos os dias, exatamente às 8 horas, Daniel chegava em seu escritório na universidade onde frequentava o curso de pós-graduação em Psicologia. A caminho, sempre parava em uma loja 7-Eleven para tomar café e comprar o *Nova York Times*. Das 8 horas às 9h15, tomava seu café e lia o jornal. Às 9h15, reorganizava os arquivos que continham centenas de artigos relacionados à sua tese de doutorado, atrasada há anos. Das 10 às 12 horas, ele lia um de seus artigos, destacando passagens importantes. Depois, pegava o saco de papel onde estava o seu almoço (sempre um sanduíche de pasta de amendoim e geleia e uma maçã) e ia para o refeitório para comprar um refrigerante e comer sozinho. Das 13 às 17 horas, fazia reuniões, organizava sua mesa, elaborava listas das tarefas a realizar e registrava suas referências em um novo banco de dados em seu computador. Em casa, Daniel jantava com sua mulher, em seguida, trabalhava em sua tese até depois das 23 horas, embora passasse grande parte do tempo tentando dominar novas ferramentas do computador.

Daniel não estava mais próximo de concluir sua tese do que estivera há quatro anos e meio. Sua mulher ameaçava deixá-lo porque também, em casa, ele agia com rigidez e ela não queria ficar presa para sempre à conclusão do curso de pós-graduação. Quando Daniel buscou ajuda de um terapeuta para tratar a ansiedade em relação à deterioração de seu casamento, foi diagnosticado com o transtorno da personalidade obsessivo-compulsiva.

TABELA 12.11 Critérios diagnósticos para o transtorno da personalidade obsessivo-compulsiva

Um padrão difuso de preocupação com ordem, perfeccionismo e controle mental e interpessoal à custa de flexibilidade, abertura e eficiência que surge no início da vida adulta e está presente em vários contextos, conforme indicado por quatro (ou mais) dos seguintes critérios:

1. É tão preocupado com detalhes, regras, listas, ordem, organização ou horários a ponto de o objetivo principal da atividade ser perdido.
2. Demonstra perfeccionismo que interfere na conclusão de tarefas (p. ex., não consegue completar um projeto porque seus padrões próprios demasiadamente rígidos não são atingidos).
3. É excessivamente dedicado ao trabalho e à produtividade em detrimento de atividades de lazer e amizades (não explicado por uma óbvia necessidade financeira).
4. É excessivamente consciencioso, escrupuloso e inflexível quanto a assuntos de moralidade, ética ou valores (não explicado por identificação cultural ou religiosa).
5. É incapaz de descartar objetos usados ou sem valor mesmo quando não têm valor sentimental.
6. Reluta em delegar tarefas ou trabalhar com outras pessoas a menos que elas se submetam à sua forma exata de fazer as coisas.
7. Adota um estilo miserável de gastos em relação a si e a outros; o dinheiro é visto como algo a ser acumulado para futuras catástrofes.
8. Exibe rigidez e teimosia.

Fonte: Manual Diagnóstico e Estatístico de Transtornos Mentais, 5a ed. – DSM-5. Tab. 12.11. Artmed, Porto Alegre, 2014.

Descrição clínica

Como muitas pessoas com esse transtorno da personalidade, Daniel é orientado ao trabalho, dedica pouco tempo para ir ao cinema ou a festas ou para fazer algo que não seja relacionado aos seus estudos. Essas pessoas, por causa da rigidez, tendem a relacionamentos interpessoais insatisfatórios (Samuels e Costa, 2012).

Esse transtorno parece estar relacionado apenas de longe ao transtorno obsessivo-compulsivo, um dos transtornos de ansiedade que descrevemos no Capítulo 5 (Samuels e Costa, 2012). Pessoas como Daniel tendem a não ter os pensamentos obsessivos e os comportamentos compulsivos observados no transtorno obsessivo-compulsivo (TOC). Embora pessoas com o transtorno de ansiedade apresentem, algumas vezes, características do transtorno da personalidade, elas têm características de outros transtornos da personalidade também (por exemplo, evitativa, histriônica ou dependente) (Melca et al., 2015; Trull, Scheiderer e Tomko, 2012).

Uma teoria intrigante sugere que os perfis psicológicos de muitos *serial killers* apontam para o transtorno da personalidade obsessivo-compulsiva. Ferreira (2000) observa que esses indivíduos, às vezes, não se encaixam na definição de alguém com um transtorno mental grave – tal qual a esquizofrenia –, mas são os "mestres do controle" em manipular suas vítimas. A necessidade que eles têm de controlar todos os aspectos do crime se enquadra no padrão de pessoas com transtorno da personalidade obsessivo-compulsiva, e alguma combinação desse transtorno com experiências infelizes na infância podem levar a esse padrão de comportamento perturbador. O transtorno da personalidade obsessivo-compulsiva pode também desempenhar um papel entre alguns criminosos sexuais – em especial, os pedófilos. Pesquisas com imagem cerebral em pedófilos pontuam que o funcionamento do cérebro nesses indivíduos é semelhante ao daqueles com transtorno da personalidade obsessivo-compulsiva (Schiffer et al., 2007). Na outra ponta do espectro comportamental, é comum identificar o transtorno da personalidade obsessivo-compulsiva entre crianças superdotadas, cuja busca pelo perfeccionismo pode ser debilitante (Nugent, 2000).

Causas e tratamento

Parece haver uma tênue contribuição genética para o transtorno da personalidade obsessivo-compulsiva (Gjerde et al, 2015; Cloninger e Svakic, 2009). Algumas pessoas podem ser predispostas a favorecer estruturas em suas vidas, mas para alcançar o nível que Daniel alcançou é necessário o reforço parental de conformidade e de asseio.

▲ Pessoas com transtorno da personalidade obsessivo-compulsiva são preocupadas em fazer tudo "da maneira correta".

A terapia combate os receios que parecem estar na base da necessidade pela ordem (Pinto, 2015). Esses indivíduos têm medo de que o que eles fazem é inadequado, então eles procrastinam e ruminam excessivamente sobre questões importantes e pormenores igualmente. Os terapeutas ajudam o indivíduo a relaxar ou utilizam técnicas de reavaliação cognitiva para reformular pensamentos compulsivos. Essa forma de terapia cognitivo-comportamental – seguindo as linhas de tratamento para TOC (ver Capítulo 5) – parece ser efetiva para pessoas com esse transtorno da personalidade (Svartberg, Stiles e Seltzer, 2004).

Verificação de conceitos 12.4

Relacione os seguintes cenários com o transtorno da personalidade correto.

1. Durante a sessão de terapia, John levanta para pegar um copo com água. Dez minutos se passaram e John ainda não voltou. Ele primeiro teve que limpar a área do bebedouro e arrumar de maneira bem organizada os copos antes de encher seu copo com água. _____

2. Whitney é autocrítica e fala que não é inteligente, bem como que não tem habilidades. Ela também tem medo de ficar sozinha e busca constante reasseguramento de seus familiares e amigos. Ela não fala nem faz nada a respeito das infidelidades de seu marido porque pensa que se ela mostrar alguma atitude ele a abandonará e ela ficará entregue à própria sorte. _____

3. Mike não tem vida social por causa do seu intenso medo de rejeição. Ele desconsidera elogios e reage extremamente às críticas, o que apenas alimenta os seus sentimentos difusos de inadequação. Mike leva tudo para o lado pessoal. _____

Controvérsias sobre o DSM: A batalha pelos transtornos da personalidade

A discussão sobre os transtornos da personalidade no *DSM-5* incluiu propostas para uma série de mudanças essenciais para essa categoria. Como vimos, a eliminação da distinção entre os transtornos dos "Eixo I" e "Eixo II" elevou os transtornos da personalidade para a tendência dominante de problemas vividos pelos indivíduos. Entretanto, outras mudanças importantes que pareciam estar prontas para serem incluídas no *DSM-5* nunca ocorreram. A meta de criar dimensões dos diferentes traços de personalidade sob a concepção do "Big 5" em vez dos transtornos específicos esboçados neste capítulo (p. ex.: transtornos da personalidade *borderline*, transtorno da personalidade antissocial) nunca se concretizou. Em parte, essa proposta não foi incluída no *DSM-5* devido à dificuldade de fazer um diagnóstico (permutações excessivas) e aos problemas potenciais para utilizar a informação a fim de delinear tratamentos (Skodol, 2012).

Todavia, uma das maiores mudanças propostas foi eliminar completamente cinco transtornos da personalidade (paranoide, esquizoide, histriônico, evitativa e dependente). Em vez disso, pessoas previamente diagnosticadas com esses transtornos seriam identificadas como indivíduos com um transtorno da personalidade geral com traços específicos (p. ex.: desconfiança, suscetibilidade emocional, hostilidade etc.). A justificativa para a sua remoção incluiu relativa falta de pesquisa sobre esses transtornos e sobreposição significativa entre eles (comorbidade) (Skodol, 2012).

Na expectativa dessa mudança significativa, um grupo de pesquisadores publicou um artigo com o título "The death of histrionic personality disorder" (A morte do transtorno da personalidade histriônica) (Blashfield et al., 2012), e a comunidade de pesquisadores dos transtornos da personalidade em geral ficou dividida em relação a essa mudança (Pull, 2013). Por fim, o esboço final reteve esses transtornos e deixou para propostas posteriores a fim de lidar com problemas da falta de pesquisa e especificidade. Esse vai e vem sobre como definir os diagnósticos exemplifica as dificuldades que continuam a existir para o sistema diagnóstico, mesmo depois de décadas de árduas e dedicadas pesquisas.

Resumo

Visão geral dos transtornos da personalidade

▶ Os transtornos da personalidade representam modos de pensar, sentir e comportar-se há muito existentes e enraizados, que podem causar sofrimento significativo. Visto que as pessoas podem expor duas ou mais dessas maneiras mal adaptativas de interagir com o mundo, uma divergência considerável se mantém em relação a como criar categorias para os transtornos da personalidade.

▶ O *DSM-5* inclui dez transtornos da personalidade que estão divididos em três grupos: grupo A (estranho ou excêntrico) inclui os transtornos da personalidade paranoide, esquizoide e esquizotípica; grupo B (dramático, emocional ou imprevisível) inclui os transtornos da personalidade antissocial, *borderline*, histriônica e narcisista; grupo C (ansioso ou medroso) inclui transtornos da personalidade evitativa, dependente e obsessivo-compulsiva.

Transtornos da personalidade do grupo A

▶ Pessoas com transtorno da personalidade paranoide são excessivamente desconfiadas e suspeitam de outras pessoas sem nenhuma justificativa. Elas tendem a não confidenciar com outros e acham que outras pessoas irão lhes fazer mal.

▶ Pessoas com o transtorno da personalidade esquizoide mostram um padrão de isolamento das relações sociais e uma faixa limitada de emoções em situações interpessoais. Elas se mostram distantes, frias e indiferentes aos outros.

▶ Pessoas com transtorno da personalidade esquizotípica são aquelas que normalmente se isolam das atividades sociais e se comportam de uma maneira que parece incomum para a maioria de nós. Além disso, elas tendem a ser desconfiadas e têm crenças estranhas a respeito do mundo.

Transtorno da personalidade do grupo B

▶ Pessoas com transtorno da personalidade antissocial têm um histórico de não cumprir normas sociais. Elas têm atitudes que a maioria de nós consideraria inaceitáveis, tais como roubar amigos e família. Elas tendem a ser irresponsáveis, impulsivas e mentirosas.

▶ Em contraste com os critérios do *DSM-5* para personalidade antissocial, que se concentram quase que inteiramente em comportamentos observáveis (por exemplo, mudar de emprego, residência, ou parceiros sexuais impulsiva e repetidamente), o conceito relacionado de psicopatia reflete, principalmente, traços de personalidade subjacentes (por exemplo, egocentrismo ou espírito de manipulação).

▶ Pessoas com transtorno da personalidade *borderline* têm instabilidade de humor e em suas relações interpessoais e usualmente têm baixa autoestima. Essas pessoas muitas vezes se sentem vazias e correm o risco de cometer suicídio.

▶ Indivíduos com transtorno da personalidade histriônica são excessivamente dramáticos e frequentemente parecem que estão encenando.

▶ Pessoas com transtorno da personalidade narcisista têm pensamentos grandiosos sobre si mesmas – para além das suas capacidades reais. Elas se consideram diferentes das demais e acreditam que merecem tratamento especial.

Transtornos da personalidade do grupo C

▶ As pessoas com transtorno da personalidade evitativa são extremamente sensíveis às opiniões alheias e, como consequência, evitam a maior parte dos relacionamentos sociais. A extrema baixa autoestima dessas pessoas, junto com o medo de rejeição, faz com que rejeitem a atenção dos outros.

▶ Indivíduos com transtorno da personalidade dependente necessitam de outras pessoas ao extremo, a ponto de deixá-las tomar decisões, tanto corriqueiras quanto importantes; isso resulta em um medo irracional de ser abandonado.

▶ Pessoas que têm transtorno da personalidade obsessivo-compulsiva caracterizam-se pela fixação em fazer tudo "da maneira correta". Essa preocupação com pormenores as impede de concluir muita coisa.

▶ Tratar pessoas com transtornos da personalidade é geralmente difícil porque elas não percebem que suas dificuldades resultam da maneira como elas se relacionam com os outros.

▶ É importante que o clínico considere os transtornos da personalidade, porque eles interferem nos tratamentos de problemas mais específicos, como ansiedade, depressão ou abuso de substância. Infelizmente, a presença de um ou mais transtornos da personalidade está associada ao resultado insatisfatório de tratamentos e a um prognóstico geralmente negativo.

Termos-chave

psicopatia

terapia comportamental dialética (DBT)

transtorno da personalidade

transtorno da personalidade antissocial

transtorno da personalidade *borderline*

transtorno da personalidade dependente

transtorno da personalidade esquizoide

transtorno da personalidade esquizotípica

transtorno da personalidade evitativa

transtorno da personalidade histriônica

transtorno da personalidade narcisista

transtorno da personalidade obsessivo-compulsiva

transtorno da personalidade paranoide

Respostas da verificação de conceitos

12.1
1. comorbidade;
2. Grupo A. Grupo B, Grupo C;
3. categorias;
4. crônico;
5. viés

12.2
1. paranoide;
2. esquizotípica;
3. esquizoide

12.3
1. *borderline*;
2. antissocial;
3. narcisista;
4. histriônica

12.4
1. obsessivo-compulsiva;
2. dependente;
3. evitativa

Explorando os transtornos da personalidade

- As pessoas com transtornos da personalidade pensam e se comportam de maneiras que provocam desconforto para elas mesmas e/ou para as pessoas que se preocupam com elas.
- Há três grupos principais, ou agrupamentos, de transtornos da personalidade, que normalmente começam na infância.

GRUPO A
Esquisitos ou excêntricos

Esquizoides
Isolamento social

Influências psicológicas
- Variedade de emoções muito limitada
- Aparentemente frios e desconectados
- Não afetados por elogios ou críticas

Tratamento
- Aprendizagem do valor das relações sociais
- Treinamento das habilidades sociais com encenação

Influências biológicas
- Pode ser associada à densidade inferior de receptores de dopamina

Causas

Influências sociais/culturais
- Preferência por isolamento social
- Falta de habilidades sociais
- Falta de interesse em relacionamentos próximos, incluindo romântico ou sexual

Paranoide
Suspeita extrema

Influências psicológicas
- Pensamentos de que as pessoas são mal-intencionadas, falsas e ameaçadoras
- Comportamento baseado em suposições erradas sobre os outros

Influências biológicas
- Conexão possível, porém incerta com esquizofrenia

Causas

Influências sociais/culturais
- Algumas minorias podem ser suscetíveis em função das experiências únicas (p. ex., prisioneiros, refugiados, pessoas com comprometimentos auditivos e idosos)
- A educação precoce recebida dos pais pode influenciar

Tratamento
- Difícil em decorrência da desconfiança e suspeita do paciente
- Trabalho cognitivo para alterar os pensamentos
- Baixa taxa de sucesso

Esquizotípicas
Desconfiados e comportamento estranho

Influências psicológicas
- Crenças, comportamento ou vestimenta incomuns
- Desconfiança
- Acreditam que eventos insignificantes são pessoalmente relevantes ("ideias de referência")
- Expressam pouca emoção
- Sintomas do transtorno depressivo principal

Influências biológicas
- Vulnerabilidade genética para esquizofrenia, mas sem os estresses biológicos ou ambientais presentes naquele transtorno

Causas

Tratamento
- Ensino de habilidades sociais para reduzir o isolamento e a desconfiança
- Medicação (haloperidol) para reduzir as ideias de referência, comunicação estranha e isolamento
- Baixa taxa de sucesso

Influências sociais/culturais
- Preferência por isolamento social
- Ansiedade social excessiva
- Falta de habilidades sociais

GRUPO C
Ansiosos ou medrosos

Dependente
Necessidade difusa de ser cuidado

Influências psicológicas
- A "perda" precoce do cuidador (morte, rejeição ou negligência) leva ao medo do abandono
- Timidez e passividade

Causas

Influências biológicas
- Cada um de nós nasce dependente de proteção, alimentação e cuidados

Influências sociais/culturais
- Concordância para evitar conflitos
- Semelhante ao transtorno da personalidade evitativa em
  - inadequação
  - sensibilidade à crítica
  - necessidade de reasseguramento

MAS

por esses mesmos motivos compartilhados
- Os indivíduos com transtorno da personalidade evitativa se retiram
- Os indivíduos com transtorno da personalidade dependente se agarram

Tratamento
- Pouquíssima pesquisa
- Aparecem como os pacientes ideais
- A submissão nega a independência

CAPÍTULO 12 – TRANSTORNOS DA PERSONALIDADE **499**

Explorando os transtornos da personalidade

GRUPO B Dramáticos, emocionais ou imprevisíveis

Narcisista
Interesse excessivo em si mesmo

Influências psicológicas
- Pode ser influenciada pela falta de modelagem parental de empatia
- Mais tarde, influencia a capacidade da criança de ter empatia com os outros

Influências biológicas
- Não está claro como a biologia influencia este transtorno

Causas

Influências sociais/culturais
- Mudanças nas normas sociais que enfatizam o hedonismo em curto prazo, o individualismo, a competitividade e o sucesso

Tratamento
- Terapia cognitiva para concentrar-se nas experiências prazerosas possíveis do dia a dia
- Ensinar estratégias de enfrentamento para usar e aceitar críticas

Antissociais
Violação dos direitos dos outros

Influências psicológicas
- Dificuldade de aprendizagem para evitar punição
- Indiferentes à preocupação de outrem

Influências biológicas
- Vulnerabilidade genética combinada com influências ambientais
- Excitação cortical, anormalmente baixa
- Alto limiar de medo

Causas

Influências sociais/culturais
- Criminalidade
- Estresse/exposição a trauma
- Disciplina parental inconsistente
- Desvantagem socioeconômica

Tratamento
- Raramente bem-sucedido (encarceramento como alternativa)
- Treinamento dos pais, caso o problema seja capturado no início
- Prevenção por meio de programas pré-escolares

Borderline
Instabilidade tumultuosa

Influências psicológicas
- Suicídio
- Humores erráticos
- Impulsividade

Influências biológicas
- Conexão familiar aos transtornos do humor
- Tendências possivelmente herdadas (impulsividade ou volatilidade)

Causas

Influências sociais/culturais
- Trauma precoce, sobretudo abuso sexual/físico
- Mudanças culturais rápidas (imigração) podem desencadear os sintomas

Tratamento
- Terapia comportamental dialética (DBT)
- Medicação:
  – antidepressivos tricíclicos
  – tranquilizantes secundários
  – lítio

Histriônica
Excessivamente emotivos

Influências psicológicas
- Vaidosos e egocêntricos
- Irritam-se com facilidade se ignorados
- Vagos e hiperbólicos
- Impulsivos; dificuldade de retardar a gratificação

Influências biológicas
- Possível conexão com o transtorno antissocial – mulheres histriônicas/homens antissociais

Causas

Tratamento
- Pouca evidência de sucesso
- Recompensas e multas
- Foco nas relações interpessoais

Influências sociais/culturais
- O comportamento excessivamente dramático atrai atenção
- Sedutores
- Buscam por aprovação

GRUPO C (continuação)

Esquiva
Evitativa

Influências psicológicas
- Baixa autoestima
- Medo de rejeição, a crítica leva ao medo de atenção
- Sensibilidade extrema
- Assemelha-se à fobia social

Influências biológicas
- Características inatas podem causar rejeição

Causas

Influências sociais/culturais
- Afeição parental insuficiente

Tratamento
- As técnicas de intervenção comportamental, às vezes, são bem-sucedidas
  – dessensibilização sistemática
  – ensaio comportamental
- As melhoras, normalmente, são modestas

Obsessivo-compulsiva
Fixação nos detalhes

Influências psicológicas
- Geralmente rígidos
- Dependentes de rotinas
- Procrastinadores

Influências biológicas
- Relação distante ao TOC
- Papel genético fraco provável
  – predisposição à estrutura combinada ao reforço parental

Causas

Influências sociais/culturais
- Bem orientados no trabalho
- Relações interpessoais ruins

Tratamento
- Poucas informações
- Terapia
  – temores de ataque por trás da necessidade
  – técnicas de relaxamento ou distração redirecionam a compulsão à ordem

Thinkstock/Getty Images

500 PSICOPATOLOGIA

13 Espectro da esquizofrenia e outros transtornos psicóticos

RESUMO DO CAPÍTULO

Perspectivas sobre a esquizofrenia
 Personagens pioneiros no diagnóstico da esquizofrenia
 Identificando os sintomas

Descrição clínica, sintomas e subtipos
 Sintomas positivos
 Sintomas negativos
 Sintomas desorganizados
 Subtipos históricos da esquizofrenia
 Outros transtornos psicóticos

Prevalência e causas da esquizofrenia
 Estatísticas
 Desenvolvimento
 Fatores culturais
 Influências genéticas
 Influências neurobiológicas
 Influências psicológicas e sociais

Tratamento da esquizofrenia
 Intervenções biológicas
 Intervenções psicossociais
 Tratamento em diferentes culturas
 Prevenção

Resultados finais de assimilação do conteúdo pelo aluno*

- **Utilizar o raciocínio científico para interpretar o comportamento:**

- Identificar os componentes biológicos, psicológicos e sociais básicos de explicações comportamentais (p. ex., inferências, observações, definições operacionais e interpretações) [APA SLO 2.1a]

- **Desenvolver um conhecimento prático dos domínios do conteúdo da psicologia:**

- Resumir os aspectos importantes da história da psicologia, incluindo os principais dados, as preocupações centrais, os métodos utilizados e os conflitos teóricos [APA SLO 1.2c]

- **Participar da resolução de problemas por meio de pensamentos integradores e inovadores:**

- Descrever problemas de forma operacional para estudá-los empiricamente [APA SLO 2.3a]

- **Descrever as aplicações que empregam a resolução de problemas com base na disciplina:**

- Identificar corretamente os antecedentes e as consequências dos processos comportamentais e mentais [APA SLO 1.3c].
- Descrever exemplos de aplicações relevantes e práticas dos princípios psicológicos para a vida cotidiana [APA SLO 1.3a]

* Partes deste capítulo cobrem os resultados finais de aquisição de conhecimento sugeridos pela American Psychological Association (2013), inclusos nas diretrizes de bacharéis em Psicologia. O escopo do capítulo concernente aos resultados está identificado acima pela APA Goal e pela APA Suggested Learning Outcome (SLO).[1]

Perspectivas sobre a esquizofrenia

Um homem de meia-idade caminha pelas ruas da cidade de Nova York. Embaixo do chapéu que está usando há uma folha de alumínio para impedir que marcianos leiam sua mente. Uma jovem senta-se na sala de aula da faculdade e ouve a voz de Deus dizendo-lhe que ela é uma pessoa vil e repugnante. Você tenta iniciar uma conversa com o empacotador do supermercado, mas ele o encara com um olhar vago e diz uma ou duas palavras em tom monótono e inexpressivo. Cada uma dessas pessoas pode ter **esquizofrenia**, transtorno alarmante caracterizado por um amplo espectro de disfunções cognitivas e emocionais que incluem ilusões e alucinações, discurso e comportamento desorganizados e emoções inapropriadas.

Esquizofrenia é um transtorno complexo que inevitavelmente tem um efeito devastador na vida da pessoa afetada e de seus familiares. Esse transtorno pode perturbar a percepção, o pensamento, a fala e o movimento de uma pessoa – quase todos os aspectos do funcionamento diário. Muitas vezes, a sociedade desvaloriza esses indivíduos. As pessoas com estes graves problemas de saúde mental são mais passíveis de serem estigmatizadas e discriminadas por aquelas que não têm esquizofrenia (Corker et al., 2015; Farelly et al., 2014). E, apesar dos avanços importantes no tratamento, a recuperação total da esquizofrenia tem uma baixa taxa de base, de 1 em cada 7 pacientes (Jaaskelainen et al., 2013). Este transtorno cobra um enorme preço emocional de todos os envolvidos. Além dos custos emocionais, o gasto financeiro é considerável. Estima-se que o custo anual da esquizofrenia nos Estados Unidos excede os 60 bilhões de dólares quando fatores como cuidados na família, perda de salários e tratamento são considerados (Kennedy et al., 2014; Wu et al., 2005). O fato de a esquizofrenia ser amplamente disseminada (afeta aproximadamente 1 de cada 100 pessoas em algum ponto de sua vida) e de suas consequências serem tão graves, implicaram na rápida expansão da pesquisa sobre suas causas e tratamentos. Considerando a atenção que esse transtorno tem recebido, você pode pensar que a pergunta "O que é esquizofrenia?" seria facilmente respondida agora, mas isso não é verdade.

Neste capítulo, exploramos esse transtorno intrigante e revisamos os esforços para determinar se a esquizofrenia é um transtorno completo por si só ou uma combinação de transtornos. A busca é complicada em virtude da presença de subtipos: diferentes apresentações e combinações de sintomas, como alucinações, delírios e transtornos da fala, emoção e socialização. Após discutir as características das pessoas com esquizofrenia, descreveremos a pesquisa sobre suas causas e o tratamento.

Personagens pioneiros no diagnóstico da esquizofrenia

A história da esquizofrenia conforme sua evolução ao longo dos anos é incomparável a qualquer outro transtorno discutido neste livro. Conhecer um pouco dessa história vai ajudá-lo a compreender que a natureza do transtorno é multifacetada e o tratamento é complexo.

Em *Observations on madness and melancholy,* publicado em 1809, John Haslam retratou eloquentemente o que ele chamou "uma forma de insanidade". No trecho a seguir, Haslam menciona alguns sintomas que informam nossa concepção atual da esquizofrenia:

O ataque é quase imperceptível; normalmente se passam alguns meses antes de ele [a pessoa acometida pela esquizofrenia] se tornar objeto de atenção especial;

---

[1] NTT da tradução da 8ª edição norte-americana: No Brasil, as chamadas Diretrizes Curriculares Nacionais (DCN) para a graduação em Psicologia são instituídas via Ministério da Educação (MEC) e Conselho Federal de Psicologia (CFP).

e parentes queridos frequentemente são enganados pela esperança de que isto seja apenas uma redução da vivacidade excessiva, levando a uma reserva prudente e firmeza de caráter. Um grau de aparente ponderação e inatividade antecedem, junto de uma diminuição da curiosidade usual, com relação ao que está ocorrendo diante deles; e eles, portanto, negligenciam aqueles objetos e atividades que antes traziam prazer e aprendizado. A sensibilidade parece estar consideravelmente atenuada: ele não tem a mesma afeição por seus pais e entes próximos: tornam-se insensíveis à bondade e não se importam com a reprovação. (Haslam, 1809-1976)

Aproximadamente na mesma época em que Haslam redigia sua descrição na Inglaterra, o médico francês Philippe Pinel escrevia sobre pessoas que descreveríamos como tendo esquizofrenia (Pinel, 1801-1962, 1809). Cerca de 50 anos depois, outro médico, Benedict Morel, usou o termo francês *démence* (perda da mente) *précoce* (precoce, prematuro), porque o início do transtorno costuma ocorrer durante a adolescência.

No final do século XIX, o psiquiatra alemão Emil Kraepelin (1899) valeu-se dos estudos de Haslam, Pinel e Morel (entre outros) para proporcionar-nos aquilo que permanece até hoje como a descrição e classificação mais duradoura da esquizofrenia. Duas das realizações de Kraepelin são particularmente importantes. Primeiro, ele combinou diversos sintomas de insanidade considerados definidores de transtornos separados e distintos: **catatonia** (imobilidade alternante e agitação), **hebefrenia** (emocionalidade tola e imatura) e **paranoia** (delírios de grandeza ou perseguição). Kraepelin considerou que esses sintomas partilhavam características subjacentes similares e as englobou na expressão em latim *dementia praecox*. Embora a manifestação clínica possa diferir em função da pessoa, Kraepelin acreditava que o surgimento precoce dos sintomas centrais de cada transtorno constituíam uma "fraqueza mental".

Em uma segunda contribuição importante, Kraepelin (1898) diferenciou a *dementia praecox* da doença maníaco-depressiva (o que conhecemos hoje como transtorno bipolar). Para as pessoas com *dementia praecox*, uma idade precoce de início e um desfecho ruim eram característicos; por outro lado, esses padrões não eram essenciais para a depressão maníaca (Lewis, Escalona e Keith, 2009). Kraepelin também observou numerosos sintomas em pessoas com *dementia praecox*, incluindo alucinações, delírios, negativismo e comportamento estereotipado.

Uma segunda grande figura na história da esquizofrenia foi o contemporâneo de Kraepelin, Eugen Bleuler (1908), psiquiatra suíço que introduziu o termo *esquizofrenia* (Berrios, 2011; Fusar-Poli e Politi, 2008). A designação era significativa por assinalar o afastamento das teorias de Kraepelin naquilo que Bleuler julgava ser o problema central. *Esquizofrenia*, que vem da combinação das palavras gregas "dividir" *(skhizein)* e "mente" *(phren)*, refletiu a crença de Bleuler de que todos os comportamentos incomuns mostrados pelas pessoas

▲ Eugen Bleuler (1857-1939), psiquiatra suíço, introduziu o termo *esquizofrenia* e foi um pioneiro nesta área.

com esse transtorno eram uma **divisão associativa** das funções básicas da personalidade. Esse conceito enfatizou a "ruptura dos laços associativos" ou a destruição das forças que conectam uma função à seguinte. Adicionalmente, Bleuler acreditava que a dificuldade em manter uma sequência consistente de pensamentos, característica dos indivíduos com esse transtorno, levava aos muitos sintomas diferentes que eles apresentavam. Enquanto Kraepelin concentrava-se no início precoce e nos desfechos ruins, Bleuler destacou o que ele acreditava ser o problema subjacente universal. Infelizmente o conceito de "mente dividida" inspirou o uso comum, porém incorreto, do termo *esquizofrenia* para designar personalidade dividida ou múltipla. (Para um resumo dos primeiros contribuintes para o conceito de esquizofrenia, consulte a Tabela 13.1.)

Identificando os sintomas

Não é fácil apontar para um único fator que leve uma pessoa a ter esquizofrenia. À medida que ler sobre os diferentes transtornos neste livro, você terá aprendido que determinado comportamento, modo de pensar ou emoção geralmente define ou é característico de cada transtorno. Por exemplo, a depressão sempre inclui sentimentos de tristeza e o transtorno de pânico

TABELA 13.1 Personagens pioneiros na história da esquizofrenia

Data	Figura histórica	Contribuição
1801-1809	Philippe Pinel (1745-1826)	Médico francês que descreveu casos de esquizofrenia.
1809	John Haslam (1764-1844)	Superintendente de um hospital britânico. Em *Observations on madness and melancholy*, ele delineou uma descrição dos sintomas da esquizofrenia.
1852	Benedict Morel (1809-1873)	Médico em uma instituição francesa que utilizou o termo *démence précoce* (em latim, *dementia praecox*), significando a perda precoce ou prematura (*précoce*) da mente (*démence*) para descrever a esquizofrenia.
1898-1899	Emil Kraepelin (1856-1926)	Psiquiatra alemão que unificou as categorias distintas de esquizofrenia (hebefrênica, catatônica e paranoide) sob o nome *dementia praecox*.
1908	Eugen Bleuler (1857-1939)	Psiquiatra suíço que introduziu o termo esquizofrenia, significando "divisão da mente".

sempre é acompanhado por sentimentos intensos de ansiedade. Surpreendentemente, este não é o caso da esquizofrenia.

Esquizofrenia envolve um número variado de comportamentos ou sintomas não necessariamente compartilhados por todas as pessoas que recebem esse diagnóstico. Kraepelin descreveu a situação quando destacou seu ponto de vista sobre a demência precoce no final dos anos 1800:

> A complexidade das condições que observamos no domínio da *dementia praecox* é bem grande, de modo que sua conexão interna é reconhecível no início apenas por sua ocorrência uma após a outra na progressão de uma mesma doença. De qualquer forma, certos distúrbios fundamentais, apesar de não poderem, em sua maioria, ser considerados características, ainda retornam frequentemente na mesma forma, porém nas mais diversas combinações. (Kraepelin, 1919, p. 5)

Esta mistura de sintomas também foi ressaltada por Bleuler, no título de seu livro de 1911, *Dementia praecox or the group of schizophrenias,* que enfatiza a complexidade do transtorno. Abordaremos a natureza variada da esquizofrenia ao longo deste capítulo. Os indivíduos com esquizofrenia possuem sintomas variáveis, assim como suas causas.

Apesar dessas complexidades, os pesquisadores identificaram agrupamentos de sintomas que compõem o transtorno da esquizofrenia. Posteriormente, descreveremos esses sintomas dramáticos, como ver ou ouvir coisas que outros não veem ou ouvem (alucinações) ou ter crenças que são irreais, bizarras e não compartilhadas por outros da mesma cultura (delírios). Mas, antes, considere o seguinte caso de um indivíduo que teve um intenso e relativamente raro episódio curto de comportamento psicótico.

ARTHUR ... Salvando as crianças

Conhecemos Arthur, de 22 anos, em um ambulatório de um hospital psiquiátrico. A família de Arthur estava extremamente preocupada e chateada com seu comportamento incomum e foi em busca desesperada de ajuda para ele. Eles disseram que ele estava "doente" e "falando como um louco" e estavam com medo de que ele pudesse se machucar.

Arthur teve uma infância normal em um bairro suburbano de classe média. Seus pais viveram um casamento feliz até a morte do pai muitos anos antes. Arthur teve um desempenho médio na escola e havia terminado um curso de dois anos em uma faculdade. A família achava que estava arrependido por não ter continuado os estudos e obtido o diploma de bacharel. Arthur trabalhou em uma série de empregos temporários e sua mãe relatou que ele parecia satisfeito com o que estava fazendo. Viveu e trabalhou em uma cidade grande, cerca de 15 minutos distante de sua mãe e de seus irmão e irmã, já casados.

A família de Arthur relatou que aproximadamente três semanas antes de vir até a clínica, ele havia começado a falar de modo estranho. Havia sido demitido de seu emprego alguns dias antes em razão de cortes e ficou sem se comunicar com a família por dias. Quando falaram com ele, seu comportamento os alarmou. Embora ele sempre tenha sido idealista e ansioso para ajudar outras pessoas, agora ele falava sobre salvar todas as crianças famintas do mundo com seu "plano secreto". De início, a família supôs que se tratava apenas de um exemplo do espírito sarcástico de Arthur, porém sua conduta passou a retratar extrema preocupação e ele falava sem parar sobre seus planos. Começou a levar consigo diversos cadernos espiral, os quais alegava conter seu esquema de ajuda às crianças com fome; ele disse que revelaria o plano somente na ocasião oportuna e para a pessoa certa. Suspeitando que Arthur pudesse estar usando drogas, o que explicaria a mudança repentina e dramática em seu comportamento, sua família revistou seu apartamento. Embora não tivessem descoberto nenhuma evidência de uso de drogas, eles acharam seu talão de cheques com inúmeras anotações estranhas. Nas últimas semanas, a caligrafia de Arthur se deteriorou e ele havia escrito observações em vez de informações comuns nos cheques ("Iniciar para começar agora"; "Isso é importante!"; "Elas devem ser salvas"). Fez observações incomuns em muitos de seus livros mais queridos, um desenvolvimento particularmente alarmante dada sua reverência por esses livros.

Conforme os dias se passavam, Arthur demonstrava mudanças drásticas na emoção, muitas vezes chorando e agindo como se estivesse apreensivo. Parou de usar meias e roupas íntimas e, apesar do clima extremamente frio, não vestia um agasalho quando saía de casa. Por insistência da família, mudou-se para o apartamento da mãe. Dormia pouco e mantinha os familiares acordados até de manhã cedo. Sua mãe afirmou que era como viver em um pesadelo. A cada manhã, ela acordava com um nó no estômago, não tinha vontade de sair da cama e se sentia incapaz de fazer algo para tirar o filho desse sofrimento.

O senso de alerta da família crescia à medida que Arthur revelava mais detalhes de seu plano. Ele disse que iria à embaixada da Alemanha, pois esse era o único lugar onde as pessoas o escutariam. Escalaria o muro à noite quando todos estivessem dormindo e apresentaria seu plano ao embaixador alemão. Temendo que Arthur se ferisse tentando entrar na embaixada, a família contatou um hospital psiquiátrico. Descreveu a condição de Arthur e solicitou sua internação. Para surpresa e desapontamento dos familiares, foram informados de que Arthur só poderia ser internado por livre e espontânea vontade, a não ser que houvesse perigo de ferir-se ou de ferir outras pessoas. O medo de que Arthur pudesse ser ferido não foi um motivo suficiente para interná-lo involuntariamente.

Sua família finalmente convenceu Arthur a se encontrar com a equipe da clínica. Em nossa entrevista, ficou claro que ele estava delirando, acreditando firmemente em sua capacidade de ajudar todas as crianças famintas. Após um pouco de bajulação, finalmente o convenci a me deixar olhar seus cadernos. Ele havia escrito pensamentos aleatórios (por exemplo, "As almas pobres e famintas"; "A lua é o único lugar") e havia feito desenhos de foguetes. Partes de seu plano envolviam a construção de um foguete que iria para a lua, onde ele criaria uma comunidade para todas as crianças desnutridas, um lugar onde elas pudessem viver e receber ajuda. Após breves comentários sobre seu plano, comecei a questioná-lo sobre sua saúde.

"Você parece cansado; está dormindo o suficiente?"

"O sono não é realmente necessário", observou. "Meus planos me sustentarão e depois todas elas podem descansar".

"Sua família está preocupada com você", eu disse. "Você entende a preocupação deles?"

"É importante que todos os envolvidos se unam para ficarmos juntos", respondeu.

Com isso, levantou-se e saiu da sala e do prédio, após dizer a sua família que logo estaria de volta. Após cinco minutos, eles foram procurá-lo, mas Arthur havia desaparecido. Ele ficou desaparecido por dois dias, o que preocupou muito sua família com relação a sua saúde e segurança. Em uma sequência quase milagrosa de eventos, eles o encontraram andando pelas ruas da cidade. Ele agiu como se nada tivesse acontecido. Haviam desaparecido seus cadernos e a conversa sobre seu plano secreto.

O que fez Arthur agir de forma tão estranha? Foi sua demissão? Foi a morte do seu pai? Seria uma predisposição genética para esquizofrenia ou para outro transtorno que surgia em situações de estresse? Infelizmente, nunca saberemos exatamente o que aconteceu com Arthur para fazê-lo se comportar de modo tão bizarro e se recuperar tão rápida e completamente. As pesquisas que discutiremos a seguir podem lançar um pouco de luz sobre a compreensão da esquizofrenia e potencialmente ajudar outros como Arthur e suas famílias.

Descrição clínica, sintomas e subtipos

O caso de Arthur mostra a variedade de problemas vivenciados por pessoas com esquizofrenia ou outros transtornos psicóticos. O termo **comportamento psicótico** tem sido usado para caracterizar muitos comportamentos incomuns, embora em seu sentido mais estrito ele normalmente envolva delírios (crenças irracionais) e/ou alucinações (experiências sensoriais na ausência de eventos externos). A esquizofrenia é um dos transtornos que envolvem comportamento psicótico; posteriormente descreveremos outros em detalhes.

A esquizofrenia pode afetar todas as funções de que dependemos diariamente. Antes de descrevermos os sintomas, é importante examinarmos cuidadosamente as características específicas das pessoas que exibem esse comportamento, em parte porque é comum fazer uma imagem distorcida de pessoas com esquizofrenia. Manchetes como "Ex-paciente psiquiátrico assassina família" implicam falsamente que todos com esquizofrenia são perigosos e violentos. Histórias populares também contribuem para essa informação equivocada. As evidências de violência entre as pessoas com esquizofrenia sugerem que, embora possam ser mais propensas a cometer atos violentos do que a população geral, traços como raiva e personalidade antissocial são melhores preditores de violência

do que a psicose (Skeem et al., 2016). Apesar dessa informação, a maioria dos personagens com esquizofrenia em filmes na língua inglesa, entre os anos 1990 e 2010, foram retratados como violentos, com mais de um terço descritos como assassinos e um quarto como suicidas (Owen, 2012). Como na suposição errônea de que *esquizofrenia* significa "personalidade dividida", a imprensa popular deturpa a psicologia atípica em detrimento de pessoas que vivenciam esses transtornos debilitantes.

Espectro da esquizofrenia constitui o grupo de diagnósticos que cobrimos neste capítulo, como reconhecido por aqueles na área da esquizofrenia. Na verdade, Eugen Bleuler, que cunhou o termo esquizofrenia, identificou as diferentes variantes que foram incluídas nesse espectro (Ritsner e Gottesman, 2011). Edições anteriores do *Manual Diagnóstico e Estatístico de Transtornos Mentais – DSM* lutaram com esse conceito em suas variadas apresentações ao longo dos anos e, como descrevemos nesse capítulo, o *DSM-5* atualmente inclui esquizofrenia, assim como outros transtornos psicóticos relacionados, que se enquadram nesse título (incluindo transtorno psicótico esquizofreniforme, esquizoafetivo, delirante e transtorno psicótico breve). Além disso, um transtorno da personalidade (transtorno da personalidade esquizotípica, discutido no Capítulo 12) também é considerado nesse leque de transtornos do espectro da esquizofrenia. Todos esses transtornos parecem compartilhar características de distorção de realidade extrema (por exemplo, alucinações, delírios). Posteriormente, discutiremos os sintomas que a pessoa vivencia durante o transtorno (sintomas da fase ativa), o curso do transtorno e o espectro dos transtornos incluídos nesta categoria.

Os profissionais da saúde mental costumam distinguir entre sintomas *positivos* e *negativos* da esquizofrenia. Uma terceira dimensão, os sintomas *desorganizados,* também parece ser um aspecto importante do transtorno (Liddle, 2012). Os sintomas positivos geralmente se referem aos sintomas em torno da realidade distorcida. Os sintomas negativos envolvem déficit no comportamento típico em áreas como o discurso, embotamento afetivo (ou falta de reatividade emocional) e motivação (Foussias et al., 2014). Os sintomas desorganizados incluem fala desconexa, comportamento errático e afeto inadequado (por exemplo, sorrir quando se está chateado). Um diagnóstico de esquizofrenia exige que dois ou mais sintomas positivos, negativos e/ou desorganizados estejam presentes ao menos durante um mês, com pelo menos um desses sintomas incluindo delírios, alucinações ou discurso desorganizado. O *DSM-5* também inclui uma avaliação dimensional que classifica a gravidade dos sintomas do indivíduo em uma escala 0–4, com 0 indicando um sintoma que não está presente, 1 indicando evidência equivocada (isto é, incerta), 2 indicando que está presente, porém é leve, 3 que está presente e é moderado e 4 que está presente e é grave (American Psychiatric Association, 2013). Um grande número de pesquisas focalizou os diferentes sintomas da esquizofrenia, cada um dos quais é descrito a seguir com alguns detalhes.

Sintomas positivos

Descreveremos a seguir os **sintomas positivos** da esquizofrenia, que são os sinais mais óbvios de psicose. Estes incluem as perturbadoras experiências de delírios e alucinações. Entre

CAPÍTULO 13 – ESPECTRO DA ESQUIZOFRENIA E OUTROS TRANSTORNOS PSICÓTICOS **505**

50% e 70% das pessoas com esquizofrenia vivenciam alucinações, delírios ou ambos (Lindenmayer e Khan, 2006).

Delírios

Uma crença que pode ser vista pela maioria dos membros de uma sociedade como uma distorção da realidade é denominada *transtorno do conteúdo do pensamento* ou **delírio**. Por sua importância na esquizofrenia, o delírio foi considerado "a característica básica da loucura" (Jaspers, 1963). Se, por exemplo, você acreditar que esquilos são alienígenas enviados à Terra em missão de reconhecimento, seria visto como alguém que está delirando. A mídia normalmente retrata aqueles com esquizofrenia como pessoas que acreditam que são famosas ou importantes (como Napoleão ou Jesus Cristo), embora esse seja apenas um tipo de delírio. A crença de Arthur de que ele poderia acabar com a fome de todas as crianças do mundo também é um delírio de grandeza (uma crença errônea de que a pessoa é famosa ou poderosa) (Knowles, McCarthy-Jones e Rowse, 2011).

Um delírio comum nas pessoas com esquizofrenia é que os outros vão "vir atrás delas". Chamados de *delírios de perseguição*, essas crenças podem ser muito perturbadoras. Um de nós trabalhou com uma ciclista de elite que se preparava para fazer parte da equipe olímpica. Tragicamente, no entanto, ela desenvolveu uma crença de que outros competidores estavam determinados a sabotá-la, o que a forçou a interromper o esporte durante anos. Ela acreditava que os concorrentes borrifariam produtos químicos na sua bicicleta que tirariam suas forças e diminuiriam sua velocidade colocando pedrinhas na pista que percorreria. Esses pensamentos criaram um grau elevado de ansiedade e durante um período ela se recusou a chegar perto de sua bicicleta.

Outros delírios mais incomuns incluem a síndrome de Capgras, em que a pessoa acredita que alguém que conhece foi substituído por um impostor, e a síndrome de Cotard, em que a pessoa acredita que está morta (Debruyne e Audenaert, 2012; Salvatore et al., 2014).

Um homem lutando para compreender e lidar com seus pensamentos estranhos descreve honestamente suas experiências delirantes (Timlett, 2013):

> Cheguei a considerar que eu era um tipo de humano-robô (talvez gravemente autista) e estava preso na mesma rotina por anos, o que significava que todo mundo me conhecia e me reconhecia e sempre sabia exatamente o que eu estava pensando. Eu pensava que, na verdade, era objeto de algum tipo de experimento criado para curar-me da minha forma tão óbvia de pensar e

TABELA 13.1 Critérios diagnósticos para a esquizofrenia

A. Dois (ou mais) dos itens a seguir, cada um presente por uma quantidade significativa de tempo durante um período de um mês (ou menos, se tratados com sucesso). Pelo menos um deles deve ser (1), (2) ou (3):
  1. Delírios.
  2. Alucinações.
  3. Discurso desorganizado.
  4. Comportamento grosseiramente desorganizado ou catatônico.
  5. Sintomas negativos (i.e., expressão emocional diminuída ou avolia).

B. Por período significativo de tempo desde o aparecimento da perturbação, o nível de funcionamento em uma ou mais áreas importantes do funcionamento, como trabalho, relações interpessoais ou autocuidado, está acentuadamente abaixo do nível alcançado antes do início (ou, quando o início se dá na infância ou na adolescência, incapacidade de atingir o nível esperado de funcionamento interpessoal, acadêmico ou profissional).

C. Sinais contínuos de perturbação persistem durante, pelo menos, seis meses. Esse período de seis meses deve incluir no mínimo um mês de sintomas (ou menos, se tratados com sucesso) que precisam satisfazer ao Critério A (i.e., sintomas da fase ativa) e pode incluir períodos de sintomas prodrômicos ou residuais. Durante esses períodos prodrômicos ou residuais, os sinais da perturbação podem ser manifestados apenas por sintomas negativos ou por dois ou mais sintomas listados no Critério A presentes em uma forma atenuada (i.e., crenças esquisitas, experiências perceptivas incomuns).

D. Transtorno esquizoafetivo e transtorno depressivo ou transtorno bipolar com características psicóticas são descartados porque 1) não ocorreram episódios depressivos maiores ou maníacos concomitantemente com os sintomas da fase ativa, ou 2) se episódios de humor ocorreram durante os sintomas da fase ativa, sua duração total foi breve em relação aos períodos ativo e residual da doença.

E. A perturbação pode ser atribuída aos efeitos fisiológicos de uma substância (i.e., droga de abuso, medicamento) ou a outra condição médica.

F. Se há história de transtorno do espectro autista ou de um transtorno da comunicação iniciado na infância, o diagnóstico adicional de esquizofrenia é realizado somente se delírios ou alucinações proeminentes, além dos demais sintomas exigidos de esquizofrenia, estão também presentes por pelo menos um mês (ou menos, se tratados com sucesso).

Especificar se:
Os especificadores de curso a seguir devem somente ser usados após um ano de duração do transtorno e se não estiverem em contradição com os critérios de curso diagnóstico

Fonte: Manual Diagnóstico e Estatístico de Transtornos Mentais, 5a. ed. DSM-5. Tab. 13.1. Artmed, Porto Alegre, 2014.

me comportar. A caminho de casa e do trabalho, isso explicou por que eu achava que pessoas que eu não conhecia realmente me reconheciam, e também por que eu acreditava que elas estavam secretamente desejando que eu ficasse bem, e porque agora acho que posso ter sido curado porque estava me comportando de modo diferente e menos previsível. (p. 245)

Por que alguém chega a acreditar em coisas tão obviamente improváveis (por exemplo, que você era um robô humano repetindo as mesmas coisas ininterruptamente)? Há inúmeras teorias e elas podem ser resumidas em dois temas – teorias motivacionais ou do déficit (McKay, Langdon e Coltheart, 2007). Um *ponto de vista motivacional dos delírios* consideraria essas crenças como tentativas de lidar e aliviar a ansiedade e o estresse. Uma pessoa desenvolve "histórias" em torno de algum assunto – por exemplo, uma pessoa famosa está apaixonada por ela (erotomania) – que, de algum modo, ajuda a pessoa a encontrar sentido para as ansiedades incontroláveis de um mundo tumultuado. A preocupação com o delírio distrai o indivíduo dos aspectos aborrecedores do mundo, como alucinações. Por outro lado, um *ponto de vista do déficit do delírio* encara essas crenças como resultantes de disfunção cerebral que cria essas cognições e percepções desordenadas. Ainda há muito trabalho a ser desenvolvido para uma consideração integrativa para esses sintomas intrigantes, porém debilitantes da esquizofrenia (Howes e Murray, 2014).

Alucinações

Você já achou que alguém o havia chamado pelo nome e constatou que ninguém estava presente? Alguma vez achou que viu algo se mover do seu lado e no entanto nada havia acontecido? Todos temos momentos em que pensamos que vemos ou ouvimos algo que não está presente. Para muitas pessoas com esquizofrenia, no entanto, essas percepções são reais e ocorrem regularmente. A experiência de eventos sensoriais sem nenhum estímulo do ambiente circundante é chamada **alucinação**. O caso de David ilustra os fenômenos das alucinações, bem como outros transtornos do pensamento que são comuns em esquizofrênicos.

DAVID ... Sentindo saudades do tio Bill

David tinha 25 anos quando o conheci; havia passado cerca de três anos em um hospital psiquiátrico. Estava com um pouco de sobrepeso e tinha altura mediana; costumava vestir camiseta e jeans e tendia a ser ativo. A primeira vez que o encontrei, eu estava conversando com um homem que vivia no mesmo andar. David nos interrompeu tocando meu ombro. "Meu tio Bill é um bom homem. Ele me trata bem." Sem querer ser indelicado, eu disse: "Tenho certeza de que ele é. Talvez após eu terminar de falar com Michael, possamos conversar sobre seu tio." David insistiu: "Ele pode matar um peixe com uma faca. As coisas podem ficar bem claras em sua cabeça, quando você desce o rio. Eu poderia matá-lo com minhas próprias mãos – pegando as coisas com minhas mãos... Eu sei que você sabe!" Agora ele falava com muita rapidez e ficava mais emotivo à medida que falava mais rápido. Conversei com ele tranquilamente até que se acalmasse; mais tarde, examinei seu histórico clínico para obter algumas informações a seu respeito.

Ele havia sido criado pelos tios, Katie e Bill, em uma fazenda. A identidade de seu pai é desconhecida e sua mãe, que possuía deficiência intelectual, não podia cuidar dele. David também foi diagnosticado como apresentando deficiência intelectual, embora seu funcionamento fosse apenas ligeiramente afetado e ele frequentasse a escola. No ano em que o tio Bill faleceu, os professores do ensino médio, relataram a ocorrência de comportamentos incomuns. David ocasionalmente conversava com o tio falecido na sala de aula. Com o passar do tempo, foi ficando mais agitado e verbalmente agressivo com outras pessoas e recebeu o diagnóstico de esquizofrenia. Conseguiu terminar o ensino médio, mas nunca foi admitido em um emprego; morou na casa de sua tia durante muitos anos. Embora a tia desejasse que ele permanecesse na casa, o comportamento ameaçador de David piorou a ponto de ela ter de solicitar que fosse examinado no hospital psiquiátrico local.

Falei com David novamente e tive oportunidade de fazer-lhe algumas perguntas. "Por que você está aqui no hospital, David?" "Na verdade, não desejo estar aqui", respondeu. "Tenho outras coisas para fazer. A hora é esta e, como você sabe, quando surge a oportunidade...". Ele continuou por alguns minutos até eu interrompê-lo. "Sinto muito por saber que seu tio Bill faleceu há alguns anos. Como está se sentindo em relação a ele estes dias?" "Sim, ele morreu. Estava doente e partiu. Ele gosta de pescar comigo lá no rio. Vai me levar para caçar. Tenho revólveres. Posso atirar em você e você estaria morto em um minuto."

A expressão verbal de David parecia uma bola rolando colina abaixo. Como um objeto em aceleração, sua fala ganhava impulso à medida que prosseguia e, como que pulando obstáculos, os tópicos quase sempre tinham uma direção imprevisível. Se seguisse falando por muito tempo, tornava-se agitado e falava em agredir outras pessoas. Disse-me também que a voz de seu tio falava com ele repetidamente. Ouvia outras vozes, porém não conseguia identificá-las ou contar-me o que lhe diziam. Retornaremos ao caso de David ainda neste capítulo, quando discutirmos causas e tratamentos.

As alucinações podem envolver qualquer um dos sentidos, embora ouvir coisas que não estão presentes, ou *alucinação auditiva*, seja a forma mais comum vivenciada por pessoas com esquizofrenia, sendo que 70% dos que possuem o diagnóstico endossam esse tipo de alucinação (Liddle, 2012; Waters et al., 2012). David tinha alucinações auditivas frequentes, normalmente da voz de seu tio. Quando ouvia essa voz, David muitas vezes não conseguia entender o que ele estava dizendo;

em outras ocasiões, a voz era mais clara. "Ele me pediu para desligar a televisão. Ele disse: 'Está muito alto, diminua o volume, diminua'." Isso é consistente com as sugestões recentes de que alucinações estejam relacionadas com a metacognição ou "pensar sobre o pensamento". Em outras palavras, a metacognição é um termo que se refere ao exame de seus próprios pensamentos. A maioria de nós já teve um pensamento intrusivo ocasional ao qual tentamos não dar muita atenção (por exemplo, pensando: "Queria que ela estivesse morta!" quando você sabe que isso não é apropriado). As pessoas que têm alucinações parecem ter pensamentos intrusivos, mas elas acreditam que eles estão vindo de algum lugar ou de alguém (David achava que estava ouvindo a voz de seu tio quando, provavelmente, eram seus próprios pensamentos que ele estava "ouvindo"). Eles então se preocupam em ter esses pensamentos e envolvem-se na metapreocupação – ou preocupar-se com a preocupação. Infelizmente, a metapreocupação tem sido associada ao aumento dos sintomas de ansiedade e depressão para aqueles que apresentam alucinações (Oosterhout et al., 2013).

Interessantes pesquisas sobre alucinações usam técnicas sofisticadas de análise cerebral por imagens que tentam localizar esses fenômenos no cérebro. Em um dos primeiros estudos dessa natureza, pesquisadores de Londres utilizaram tomografia computadorizada por emissão de fótons (SPECT) para estudar o fluxo sanguíneo cerebral de homens com esquizofrenia que também tinham alucinações auditivas verbais e obtiveram um resultado surpreendente (McGuire, Shah e Murray, 1993). Os pesquisadores utilizaram a técnica de imagem cerebral enquanto os homens estavam tendo alucinações e enquanto não estavam, descobrindo que a parte do cérebro mais ativa durante as alucinações era a área de Broca (consulte a Figura 13.1). Isso é surpreendente, porque a área de Broca é conhecida por estar envolvida na *produção* da fala, mais do que na *compreensão* da linguagem. Como as alucinações auditivas verbais normalmente envolvem a compreensão do "discurso" de outros, seria esperado mais atividade na área de Wernicke, que envolve a compreensão da linguagem. Essas observações suportam a teoria da metacognição de que as pessoas que estão alucinando *não* estão ouvindo vozes de outros, mas estão ouvindo seus próprios pensamentos ou suas próprias vozes, e não podem reconhecer a diferença (Allen e Modinos, 2012). Uma possível explicação para esse problema é chamada de "compreensão da prosódia emocional" pobre. Prosódia é o aspecto de nossa língua falada que comunica o significado e a emoção por meio de nosso tom, amplitude, pausas etc.

Por exemplo, costumamos saber quando uma pessoa está fazendo uma pergunta não apenas pelas palavras em si, mas também pela forma como são pronunciadas (por exemplo, "Fome?"). A pesquisa sugere que a prosódia emocional é prejudicada em pessoas com alucinações auditivas verbais, o que contribui para a confusão com outros e com a interpretação das "vozes internas" (Alba-Ferrara et al., 2012).

Sintomas negativos

Ao contrário das apresentações ativas que caracterizam os sintomas positivos da esquizofrenia, os **sintomas negativos** normalmente indicam a ausência ou insuficiência do compor-

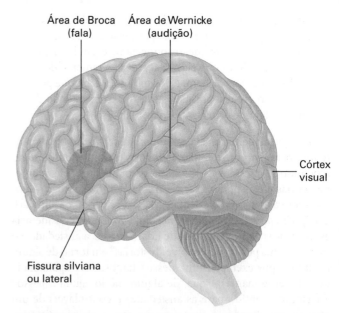

FIGURA 13.1 Principais áreas de funcionamento do córtex cerebral. Na maioria das pessoas, somente o hemisfério esquerdo é especializado para a linguagem.

tamento típico. Eles incluem apatia, pobreza de pensamento ou fala (isto é, limitação), retraimento emocional e social. Aproximadamente 25% das pessoas com esquizofrenia exibem esses sintomas (Cohen et al., 2014).

Avolia

Combinando o prefixo *a* ("sem") e *volição* ("um ato de vontade, escolha ou decisão"), **avolia** é a inabilidade de iniciar ou continuar uma atividade. Pessoas com esse sintoma (também conhecido como *apatia*) demonstram pouco interesse em realizar até mesmo as tarefas mais básicas do dia a dia, incluindo aquelas relacionadas à higiene pessoal.

Alogia

Derivada da combinação de *a* ("sem") e *logos* ("palavras"), **alogia** refere-se à ausência relativa da fala. Uma pessoa com alogia pode responder a perguntas com respostas curtas, que têm pouco conteúdo, e pode parecer desinteressada na conversa. Por exemplo, para a pergunta: "Você tem filhos?" a maioria dos pais pode responder: "Sim, tenho dois filhos lindos, um casal. Meu filho tem seis anos e minha filha, doze". No diálogo a seguir, alguém com alogia responde à mesma pergunta:

ENTREVISTADOR: Você tem filhos?
PACIENTE: Sim.
E: Quantos filhos você tem?
P: Dois.
E: Qual a idade deles?
P: Seis e doze.

Acredita-se que esse prejuízo na comunicação reflete um transtorno de pensamento negativo mais do que aptidões inadequadas de comunicação. Alguns pesquisadores, por exemplo, sugerem que as pessoas com alogia podem ter problemas em encontrar as palavras certas para formular seus pensamen-

▲ Os sintomas negativos da esquizofrenia incluem o retraimento social e a apatia.

tos (Andreasen, 2012). Algumas vezes, a alogia assume a forma de comentários atrasados ou respostas lentas às perguntas. Conversar com pessoas que manifestam esse sintoma pode ser extremamente frustrante, fazendo com que você se sinta como se estivesse "arrancando" uma resposta delas.

Anedonia

Um sintoma relacionado é a **anedonia**, que deriva da combinação de *a* ("sem") e da palavra *hedoné* ("prazer"). Anedonia é a suposta falta de prazer que algumas pessoas com esquizofrenia sentem. De modo idêntico a alguns transtornos do humor, a anedonia é sinalizada pela indiferença em relação a atividades que seriam tipicamente consideradas prazerosas, incluindo alimentar-se, interagir socialmente e ter relações sexuais.

Associabilidade

Esse sintoma pode parecer muito semelhante à avolia ou relacionado à anedonia. No entanto, a associabilidade (a significando "sem", e social, "relacionado à sociedade e sua organização") tem sido reconhecida como um sintoma distinto dos transtornos do espectro da esquizofrenia. Esse sintoma capta uma falta de interesse nas interações sociais (APA, 2013). Infelizmente, esse sintoma também pode resultar de, ou ser agravado por, oportunidades limitadas para interagir com outras pessoas, especialmente para os pacientes com as formas mais graves (Reddy, Horan e Green, 2016).

Embotamento afetivo

Imagine se as pessoas usassem máscaras o tempo todo: você poderia comunicar-se com elas verbalmente, porém não seria capaz de ver suas reações emocionais.

Aproximadamente um quarto das pessoas com esquizofrenia experimenta o que se denomina **embotamento afetivo** (Lewis et al., 2009; Simonsen et al., 2012). São parecidos com pessoas que usam máscaras porque não exteriorizam emoções quando o esperado seria que as exibissem. Esses indivíduos podem fitá-lo vagamente, falar com uma voz monótona e baixa e parecer indiferentes ao que ocorre ao redor. No entanto, embora não reajam abertamente a situações emocionais, podem estar respondendo em seu interior.

Howard Berenbaum e Thomas Oltmanns (1992) compararam as pessoas com esquizofrenia que demonstravam embotamento afetivo com aquelas que não. Os dois grupos assistiram a vídeos de comédias e dramas selecionados para criar reações emocionais no espectador. Os pesquisadores descobriram que as pessoas com embotamento afetivo demonstravam pouca alteração na expressão facial, embora declarassem sentir as emoções apropriadas. Os autores concluíram que o embotamento afetivo na esquizofrenia pode representar dificuldade de expressar emoções, e não a ausência delas. Os pesquisadores agora podem usar análises computacionais das expressões faciais para avaliar de modo mais objetivo a expressividade emocional das pessoas com transtornos como a esquizofrenia (Kring e Ellis, 2013). Um estudo desse tipo confirmou a dificuldade das pessoas com esse transtorno em se manifestar adequadamente com expressões faciais (Hamm et al., 2014). A expressão de afeto – ou sua ausência – pode ser um sintoma importante no desenvolvimento da esquizofrenia. Em um estudo particularmente inovador, pesquisadores filmaram crianças em alto risco (aquelas com um ou ambos os pais com esquizofrenia) almoçando, em 1972, e as acompanharam por quase vinte anos (Schiffman et al., 2004). Os pesquisadores puderam demonstrar que as crianças que desenvolveram posteriormente esquizofrenia exibiam, em geral, afeto menos positivo e mais negativo que aquelas que não desenvolveram o transtorno. Isso indica que a expressão emocional pode ser uma maneira para a identificação da possível esquizofrenia em crianças.

Sintomas desorganizados

Talvez os sintomas menos estudados e, portanto, os menos compreendidos da esquizofrenia são conhecidos como "sinto-

Esquizofrenia: Etta

"Se alguém entrar na casa, eles dizem que eu levaria um tiro... [Quem disse?] Essa é a águia... A águia trabalha por meio da General Motors. Elas têm alguma coisa a ver com o cheque da General Motors que eu recebo todo mês... quando você faz o 25 do relógio, significa que você sai de casa 25 depois 1 para enviar cartas pra que eles possam vigiar você... e eles sabem onde você está. Essa é a águia... Se você não faz algo que eles falam para você fazer, Jesus faz o barulho da espingarda, e então... não atenda o telefone ou a campainha... porque você levaria um tiro [pela] águia."

CAPÍTULO 13 – ESPECTRO DA ESQUIZOFRENIA E OUTROS TRANSTORNOS PSICÓTICOS

mas desorganizados". Eles incluem uma variedade de comportamentos erráticos que afetam a fala, o comportamento motor e as reações emocionais. A prevalência desses comportamentos entre os indivíduos com esquizofrenia é incerta.

Desorganização do pensamento (discurso)

O diálogo com alguém que tem esquizofrenia pode ser particularmente frustrante. Caso queira compreender o que está perturbando ou aborrecendo essa pessoa, obter informações relevantes é muito difícil. Um dos motivos é que essas pessoas muitas vezes não têm *insight*, a percepção de que têm um problema. Além disso, sentem aquilo que Bleuler denominou como "divisão associativa" e o que Paul Meehl chama de "hiato cognitivo" (Bleuler, 1908; Meehl, 1962). Essas expressões ajudam a descrever os problemas de discurso de esquizofrênicos: algumas vezes eles pulam de um tópico para outro; em outras, falam de modo ilógico. O *DSM-5* usa o termo **desorganização do pensamento (discurso)** para descrever esses problemas de comunicação. Vamos retomar nosso diálogo com David para demonstrar o sintoma.

> TERAPEUTA: Por que você está aqui no hospital, David?
> DAVID: Na verdade, não desejo estar aqui. Tenho outras coisas para fazer. A hora é esta e, como você sabe, quando surge a oportunidade...

David não chegou a responder a pergunta que lhe foi feita. Esse tipo de resposta é chamado de *tangencialidade* – ou seja, sair pela tangente em vez de responder a uma pergunta específica. David também mudou repentinamente o tópico da conversa para áreas não relacionadas, um comportamento que tem sido chamado *descarrilamento* ou *afrouxamento das associações* (Liddle, 2012).

> TERAPEUTA: Sinto muito em saber que seu tio Bill faleceu há alguns anos. Como está se sentindo em relação a ele estes dias?
> David: Sim, ele morreu. Estava doente e partiu. Ele gosta de pescar comigo lá no rio. Vai me levar para caçar. Tenho revólveres. Posso atirar em você e você estaria morto em um minuto.

Novamente, David não respondeu à minha pergunta. Não consegui afirmar se ele não entendeu a pergunta, não conseguiu se concentrar ou se considerou muito difícil falar sobre seu tio. Pode-se observar por que as pessoas dedicam muito tempo tentando interpretar todos os significados ocultos nesse tipo de diálogo. Infelizmente, tais análises ainda não nos proporcionaram informações úteis sobre a natureza da esquizofrenia ou sobre o seu tratamento.

Afeto inadequado e comportamento desorganizado

Ocasionalmente, as pessoas com esquizofrenia demonstram **afeto inadequado**, riem ou choram em ocasiões impróprias. Algumas vezes, exibem comportamentos estranhos, como acumular objetos ou agir de modo incomum em público. Pessoas com esquizofrenia exibem outros comportamentos "ativos" considerados estranhos. Por exemplo, a catatonia constitui um dos sintomas mais curiosos em alguns indivíduos com esquizofrenia; envolve disfunções motoras que variam de agitação intensa a imobilidade. O *DSM-5* agora inclui a catatonia como um transtorno específico do espectro da esquizofrenia. Do lado ativo do *continuum*, algumas pessoas seguem um ritmo animado ou movem seus dedos ou braços de maneiras estereotipadas. No outro extremo, as pessoas mantêm posturas incomuns, como se estivessem temerosas de que algo terrível aconteceria se elas se movessem (**imobilidade catatônica**). Essa manifestação também pode envolver a *flexibilidade cérea*, ou a tendência para manter corpo e membros na posição em que são colocados por outra pessoa.

Mais uma vez, para receber um diagnóstico de esquizofrenia, uma pessoa deve exibir dois ou mais dos sintomas principais (isto é, delírios, alucinações, discurso desorganizado, comportamento motor grosseiramente desorganizado ou anormal – incluindo catatonia – ou sintomas negativos, como expressão emocional reduzida ou avolia) por um período de tempo significativo (um mês). Pelo menos um dos sintomas deve incluir delírios, alucinações ou discurso desorganizado. Dependendo da combinação dos sintomas apresentados, duas pessoas poderiam receber o mesmo diagnóstico, mas comportando-se de modo muito diferente. Por exemplo, uma teria alucinações e delírios intensos, a outra demonstraria discurso desorganizado e alguns dos sintomas negativos. O tratamento apropriado depende da diferenciação dos indivíduos no que se refere aos sintomas variados que apresentam.

TABELA 13.2 Critérios diagnósticos para a catatonia associada a outro transtorno mental (especificador de catatonia)

A. O quadro clínico é dominado por três (ou mais) dos sintomas a seguir:

1. Estupor (i.e., ausência de atividade psicomotora; sem relação ativa com o ambiente).
2. Catalepsia (i.e., indução passiva de uma postura mantida contra a gravidade).
3. Flexibilidade cérea (i.e., resistência leve ao posicionamento pelo examinador).
4. Mutismo (i.e., resposta verbal ausente ou muito pouca [excluir com afasia conhecida]).
5. Negativismo (i.e., oposição ou resposta ausente a instruções ou a estímulos externos).
6. Postura (i.e., manutenção espontânea e ativa de uma postura contrária à gravidade).
7. Maneirismo (i.e., caricatura esquisita e circunstancial de ações normais).
8. Estereotipia (i.e., movimentos repetitivos, anormalmente frequentes e não voltados a metas).
9. Agitação, não influenciada por estímulos externos.
10. Caretas.
11. Ecolalia (i.e., imitação da fala de outra pessoa).
12. Ecopraxia (i.e., imitação dos movimentos de outra pessoa).

Fonte: Manual Diagnóstico e Estatístico de Transtornos Mentais, 5a. ed. – DSM-5. Tab. 13.2. Artmed, Porto Alegre, 2014.

Subtipos históricos da esquizofrenia

Conforme observamos anteriormente, a pesquisa sobre os subtipos da esquizofrenia iniciou antes mesmo de Kraepelin descrever seu conceito sobre o transtorno. Três divisões foram historicamente identificadas: paranoide (delírios de grandeza ou perseguição), desorganizado (ou hebefrênico; emocionalidade ingênua e imatura) e catatônico (alternância entre imobilidade e grande agitação). Embora essas categorias tenham continuado a ser usadas no *DSM-IV-TR*, elas foram retiradas dos critérios diagnósticos para o *DSM-5* (American Psychiatric Association, 2013). Parte da fundamentação para a omissão desses subtipos foi o não uso frequente no trabalho clínico e a natureza dos sintomas de um indivíduo apresentar a possibilidade de mudar ao longo do curso da doença; portanto, as pessoas podiam mudar de uma categoria para outra (Tandon et al., 2013). A avaliação dimensional da gravidade é agora usada no lugar dos três subtipos da esquizofrenia (Pagsberg, 2013).

Na próxima seção, descrevemos os transtornos incluídos no título mais amplo "Espectro da esquizofrenia e outros transtornos psicóticos".

Outros transtornos psicóticos

Os comportamentos psicóticos de alguns indivíduos não se enquadram perfeitamente no título de esquizofrenia que acabamos de descrever. Diversas outras categorias de transtornos retratam essas variações significativas.

Transtorno esquizofreniforme

Algumas pessoas apresentam sintomas de esquizofrenia somente durante alguns meses e voltam a ter vida normal. Por vezes, os sintomas desaparecem como resultado de um tratamento bem-sucedido, mas mais frequentemente por razões desconhecidas. A designação **transtorno esquizofreniforme** classifica esses sintomas, porém em virtude de relativamente poucos estudos sobre esse transtorno estarem disponíveis, são poucos os dados de aspectos importantes sobre ele. Parece, no entanto, que a prevalência é de 0,2% (Erich et al., 2014). Os critérios diagnósticos segundo o *DSM-5* para o transtorno esquizofreniforme incluem surgimento dos sintomas psicóticos proeminentes dentro de quatro semanas após a primeira mudança percebida no comportamento ou funcionamento habitual, confusão ou perplexidade, bom funcionamento social e ocupacional *pré-mórbidos* (antes do episódio psicótico), e ausência de afeto embotado (Garrabe e Cousin, 2012).

Transtorno esquizoafetivo

Historicamente, as pessoas que tinham sintomas de esquizofrenia e que exibiam as características dos transtornos do humor (por exemplo, depressão ou transtorno bipolar) eram incluídas na categoria da esquizofrenia. Agora, entretanto, esse conjunto de problemas diferenciados é diagnosticado como **transtorno esquizoafetivo** (Tsuang, Stone e Faraone, 2012). O prognóstico é similar àquele das pessoas com esquizofrenia – isto é, os indivíduos tendem a não melhorar por conta própria e têm possibilidade de continuar apresentando grandes dificuldades na vida durante muitos anos. Os critérios do *DSM-5* para o transtorno esquizoafetivo exigem, além da presença de um transtorno do humor, delírios ou alucinações durante pelo menos duas semanas na ausência de sintomas relevantes do transtorno do humor (American Psychiatric Association, 2013).

▲ Moradores de rua que sofrem de esquizofrenia muitas vezes carregam o fardo adicional de delírios de perseguição, que interferem nos esforços externos de ajuda.

Transtorno delirante

Delírios são crenças geralmente não manifestadas por outros membros de uma sociedade. A principal característica do **transtorno delirante** é uma crença persistente contrária à realidade, na ausência de outras características da esquizofrenia.

Por exemplo, uma mulher que acredita, sem nenhuma evidência, que os colegas de trabalho a estão atormentando, colocando veneno em sua comida e pulverizando seu apartamento com gases nocivos, pode ter um transtorno delirante. Esse transtorno é caracterizado por delírio persistente não resultante de um fator orgânico, como convulsões cerebrais ou qualquer psicose grave. Os indivíduos com transtorno delirante tendem a não apresentar embotamento afetivo, anedonia ou outros sintomas negativos da esquizofrenia; o importante é que eles podem tornar-se isolados socialmente porque desconfiam dos outros. Os delírios permanecem por um longo período, em alguns casos persistindo por muitos anos (Munro, 2012).

O *DSM-5* reconhece os seguintes subtipos delirantes: erotomaníaco, grandioso, ciumento, persecutório e somático. O

TABELA 13.3 Critérios diagnósticos para o transtorno esquizofreniforme

A. Dois (ou mais) dos itens a seguir, cada um presente por uma quantidade significativa de tempo durante um período de um mês (ou menos, se tratados com sucesso). Pelo menos um deles deve ser (1), (2) ou (3):
  1. Delírios.
  2. Alucinações.
  3. Discurso desorganizado (p. ex., descarrilamento ou incoerência frequentes).
  4. Comportamento grosseiramente desorganizado ou catatônico.
  5. Sintomas negativos (i.e., expressão emocional diminuída ou avolia).
B. Um episódio do transtorno que dura pelo menos um mês, mas menos do que seis meses. Quando deve ser feito um diagnóstico sem aguardar a recuperação, ele deve ser qualificado como "provisório".
C. Transtorno esquizoafetivo e transtorno depressivo ou transtorno bipolar com características psicóticas foram descartados porque 1) nenhum episódio depressivo maior ou maníaco ocorreu concomitantemente com os sintomas da fase ativa ou 2) se os episódios de humor ocorreram durante os sintomas da fase ativa, estiveram presentes pela menor parte da duração total dos períodos ativo e residual da doença.
D. A perturbação não é atribuível aos efeitos fisiológicos de uma substância (p. ex., droga de abuso, medicamento) ou a outra condição médica.

Especificar se:
Com características de bom prognóstico: esse especificador exige a presença de pelo menos duas das seguintes características: início de sintomas psicóticos proeminentes em quatro semanas da primeira mudança percebida no comportamento ou funcionamento habitual; confusão ou perplexidade; bom funcionamento social e profissional pré-mórbido; ausência de afeto embotado ou plano.
Sem características de bom prognóstico: esse especificador é aplicado se duas ou mais entre as características anteriores não estiverem presentes.

Especificar se:
Com catatonia

Fonte: Manual Diagnóstico e Estatístico de Transtornos Mentais, 5a ed. – DSM-5. Tab. 13.3. Artmed, Porto Alegre, 2014.

TABELA 13.4 Critérios diagnósticos para o transtorno esquizoafetivo

A. Um período ininterrupto de doença durante o qual há um episódio depressivo maior ou maníaco concomitante com o Critério A da esquizofrenia.
  Nota: O episódio depressivo maior deve incluir o Critério A1: humor deprimido.
B. Delírios ou alucinações por duas semanas ou mais na ausência de episódio depressivo maior ou maníaco durante a duração da doença ao longo da vida.
C. Os sintomas que satisfazem os critérios para um episódio de humor estão presentes na maior parte da duração total das fases ativa e residual da doença.
D. A perturbação não pode ser atribuída aos efeitos de uma substância (p. ex., droga de abuso, medicamento) ou a outra condição médica.

Determinar o subtipo:
Tipo bipolar: Esse subtipo aplica-se se um episódio maníaco fizer parte da apresentação. Podem também ocorrer episódios depressivos maiores.
Tipo depressivo: Esse subtipo aplica-se se somente episódios depressivos maiores fizerem parte da apresentação.

Especificar se:
Com catatonia

Fonte: Manual Diagnóstico e Estatístico de Transtornos Mentais, 5a ed. – DSM-5. Tab. 13.4. Artmed, Porto Alegre, 2014.

tipo erotomaníaco de delírio constitui a crença irracional de que uma pessoa é amada por outra, geralmente de *status* superior. Alguns dos indivíduos que perseguem celebridades aparentam ter o transtorno delirante erotomaníaco. O *tipo grandioso* de delírio envolve acreditar na superestimação de seu valor, poder, conhecimento, identidade ou em um relacionamento especial com uma divindade ou pessoa famosa (Knowles et al., 2011). Alguém com o *tipo ciumento* acredita que o parceiro sexual é infiel. O *tipo persecutório* de delírio envolve acreditar que ele mesmo (ou alguém próximo) está sendo malevolamente tratado de algum modo. Por fim, com os *delírios somáticos*, a pessoa julga possuir algum defeito físico ou um problema médico de ordem geral. Normalmente, esses delírios diferem daqueles tipos mais bizarros muitas vezes encontrados em pessoas com esquizofrenia, porque no transtorno delirante *os eventos imaginados poderiam estar acontecendo, mas não estão* (por exemplo, acreditar erroneamente que você está sendo seguido); na esquizofrenia, no entanto, os delírios tendem a cair na categoria bizarra (por exemplo, acreditar que suas ondas cerebrais transmitem seus pensamentos para outras pessoas do mundo). O *DSM-5* leva em consideração um delírio bizarro, que é separado de um diagnóstico de esquizofrenia, e exige a presença de mais de um delírio (Heckers et al., 2013).

As versões anteriores do DSM incluíam um transtorno delirante separado – **transtorno psicótico compartilhado** (*folie a deux*), condição em que um indivíduo desenvolve delírios simplesmente como resultado de uma relação próxima com um indivíduo delirante. O conteúdo e a natureza do delírio originam-se no parceiro e podem variar do relativamente grotesco, como acreditar que inimigos estão emitindo raios gama prejudiciais em direção à casa da pessoa, ao relativamente comum, como acreditar que a pessoa está para receber uma promoção importante apesar de indícios contrários. O *DSM-5* agora inclui esse tipo de transtorno no transtorno delirante, com um especificador para indicar se o transtorno é compartilhado (American Psychiatric Association, 2013).

O transtorno delirante parece ser relativamente raro, afetando 24 a 60 em cada 100 mil pessoas na população geral (De Portugal, et al., 2008; Ibanez-Casas e Cervilla, 2012). Das pessoas com transtornos psicóticos no geral, acredita-se que entre 2% e 8% podem ter transtorno delirante (Vahia e Cohen, 2009). Os pesquisadores não conseguem ter certeza quanto às porcen-

TABELA 13.5 Critérios diagnósticos para o transtorno delirante

A. A presença de um delírio (ou mais) com duração de um mês ou mais.
B. O Critério A para esquizofrenia jamais foi atendido.

Nota: Alucinações, quando presentes, não são proeminentes e têm relação com o tema do delírio (p. ex., a sensação de estar infestado de insetos associada a delírios de infestação).

C. Exceto pelo impacto do(s) delírio(s) ou de seus desdobramentos, o funcionamento não está acentuadamente prejudicado, e o comportamento não é claramente bizarro ou esquisito.
D. Se episódios maníacos ou depressivos ocorreram, eles foram breves em comparação com a duração dos períodos delirantes.
E. A perturbação não é atribuível aos efeitos fisiológicos de uma substância ou a outra condição médica, não sendo mais bem explicada por outro transtorno mental, como transtorno dismórfico corporal ou transtorno obsessivo-compulsivo.

Determinar o suptipo:
Tipo erotomaníaco: Esse subtipo aplica-se quando o tema central do delírio é o de que outra pessoa está apaixonada pelo indivíduo.
Tipo grandioso: Esse subtipo aplica-se quando o tema central do delírio é a convicção de ter algum grande talento (embora não reconhecido), *insight* ou ter feito uma descoberta importante.
Tipo ciumento: Esse subtipo aplica-se quando o tema central do delírio do indivíduo é o de que o cônjuge ou parceiro é infiel.
Tipo persecutório: Esse subtipo aplica-se quando o tema central do delírio envolve a crença de que o próprio indivíduo está sendo vítima de conspiração, enganado, espionado, perseguido, envenenado ou drogado, difamado maliciosamente, assediado ou obstruído na busca de objetivos de longo prazo.
Tipo somático: Esse subtipo aplica-se quando o tema central do delírio envolve funções ou sensações corporais.
Tipo misto: Esse subtipo aplica-se quando não há um tema delirante predominante.
Tipo não especificado: Esse subtipo aplica-se quando a crença delirante dominante não pode ser determinada com clareza ou não está descrita nos tipos específicos (p. ex., delírios referenciais sem um componente persecutório ou grandioso proeminente).

Fonte: Manual Diagnóstico e Estatístico de Transtornos Mentais, 5a ed. – DSM-5. Tab. 13.5. Artmed, Porto Alegre, 2014.

TABELA 13.6 Critérios diagnósticos para o transtorno psicótico induzido por substância/medicamento

A. Presença de pelo menos um dos sintomas a seguir:
   1. Delírios.
   2. Alucinações.
B. Existe evidência na história, no exame físico ou nos achados laboratoriais de (1) e (2):
   1. Os sintomas do Critério A se desenvolveram durante ou logo após intoxicação por uma substância ou abstinência ou após exposição a um medicamento.
   2. A substância/medicamento envolvida é capaz de produzir os sintomas do Critério A.
C. A perturbação não é mais bem explicada por um transtorno psicótico não induzido por substância/medicamento. Essas evidências de um transtorno psicótico independente podem incluir:
   Os sintomas antecederam o aparecimento do uso de substância/medicamento; os sintomas persistem por um período de tempo substancial (p. ex., cerca de um mês) após o término da abstinência aguda ou intoxicação grave; ou há outras evidências de um transtorno psicótico independente não induzido por substância/medicamento (p. ex., história de episódios recorrentes não relacionados a substância/medicamento).
D. A perturbação não ocorre exclusivamente durante o curso de *delirium*.
E. A perturbação causa sofrimento clinicamente significativo ou prejuízo no funcionamento social, profissional ou em outras áreas importantes da vida do indivíduo.

Nota: Esse diagnóstico deve ser feito em vez de um diagnóstico de intoxicação por substância ou abstinência de substância somente quando os sintomas do Critério A predominarem no quadro clínico e quando forem suficientemente graves para que recebam atenção clínica.

Fonte: Manual Diagnóstico e Estatístico de Transtornos Mentais, 5a ed. – DSM-5. Tab. 13.6. Artmed, Porto Alegre, 2014.

---

tagens, porque muitos desses indivíduos não têm contato com o sistema de saúde mental.

O surgimento do transtorno delirante é relativamente tardio: a idade média da primeira admissão em uma clínica psiquiátrica é entre 35 e 55 anos de idade (Ibanez-Casas e Cervilla, 2012). Como muitas pessoas com esse transtorno podem ter vidas relativamente comuns, elas podem não buscar tratamento até que seus sintomas se tornem mais perturbadores. O transtorno delirante parece afligir mais mulheres que homens (55% e 45%, respectivamente, da população afetada).

Em um importante estudo longitudinal, Opjordsmoen (1989) acompanhou 53 pessoas com transtorno delirante por uma média de 30 anos e descobriu que elas tendiam a ter uma vida melhor do que as pessoas com esquizofrenia, mas não tão boa quanto aquelas com outros transtornos psicóticos, como o transtorno esquizoafetivo. Cerca de 80% dos 53 indivíduos haviam sido casados por algum tempo e metade deles estava empregada, o que demonstra uma capacidade de funcionamento relativamente bom, apesar dos delírios.

Há muitas evidências conflitantes sobre as influências biológicas ou psicossociais no transtorno delirante (Ibanez-Casas e Cervilla, 2012). As pesquisas que envolveram famílias sugerem que as características de desconfiança, ciúme e mistério podem ocorrer com mais frequência entre parentes de pessoas com transtorno delirante do que entre a população em geral, sugerindo que algum aspecto desse transtorno pode ser herdado (Kendler e Walsh, 2007).

Inúmeros outros transtornos podem causar delírios, e sua presença deve ser descartada antes de fazer o diagnóstico de transtorno delirante. Por exemplo, o abuso de anfetaminas,

TABELA 13.7 Critérios diagnósticos para o transtorno psicótico devido a outra condição médica

A. Alucinações ou delírios proeminentes.
B. Há evidências da história, do exame físico ou de achados laboratoriais de que a perturbação é a consequência fisiopatológica direta de outra condição médica.
C. A perturbação não é mais bem explicada por outro transtorno mental.
D. A perturbação não ocorre exclusivamente durante o curso do *delirium*.
E. A perturbação causa sofrimento clinicamente significativo ou prejuízo no funcionamento social, profissional ou em outras áreas importantes da vida do indivíduo.

Fonte: Manual Diagnóstico e Estatístico de Transtornos Mentais, 5a ed. – DSM-5. Tab. 13.7. Artmed, Porto Alegre, 2014.

TABELA 13.8 Critérios diagnósticos para o transtorno psicótico breve

A. Presença de um (ou mais) dos sintomas a seguir. Pelo menos um deles deve ser (1), (2) ou (3):
   1. Delírios.
   2. Alucinações.
   3. Discurso desorganizado (p. ex., descarrilamento ou incoerência frequente).
   4. Comportamento grosseiramente desorganizado ou catatônico.

Nota: Não incluir um sintoma que seja um padrão de resposta culturalmente aceito.

B. A duração de um episódio da perturbação é de, pelo menos, um dia, mas inferior a um mês, com eventual retorno completo a um nível de funcionamento pré-mórbido.
C. A perturbação não é mais bem explicada por transtorno depressivo maior ou transtorno bipolar com características psicóticas, por outro transtorno psicótico como esquizofrenia ou catatonia, nem se deve aos efeitos fisiológicos de uma substância (p. ex., droga de abuso, medicamento) ou a outra condição médica.

Especificar se:
Com estressor(es) evidente(s): (psicose reativa breve): Se os sintomas ocorrem em resposta a eventos que, isoladamente ou em conjunto, seriam notadamente estressantes a quase todos os indivíduos daquela cultura em circunstâncias similares.
Sem estressor(es) evidente(s): Se os sintomas não ocorrem em resposta a eventos que, isoladamente ou em conjunto, seriam notadamente estressantes a quase todos os indivíduos daquela cultura em circunstâncias similares.
Com início no pós-parto: Se o início é durante a gestação ou em quatro semanas após o parto.

Especificar se:
Com catatonia

Fonte: Manual Diagnóstico e Estatístico de Transtornos Mentais, 5a ed. – DSM-5. Tab. 13.8. Artmed, Porto Alegre, 2014.

álcool e cocaína podem provocar delírios, assim como tumores cerebrais, doença de Huntington e doença de Alzheimer (Blaney, 2015). O *DSM-5* inclui duas categorias desses transtornos: **transtorno psicótico induzido por substância/medicamento** e **transtorno psicótico devido a outra condição médica** – de modo que os clínicos possam qualificar a natureza dessas dificuldades.

Transtorno psicótico breve

Lembre-se do caso enigmático de Arthur, que vivenciou repentinamente o delírio de ser capaz de salvar o mundo e cujas oscilações emocionais intensas duraram somente alguns dias. De acordo com o *DSM-5*, ele receberia o diagnóstico de **transtorno psicótico breve**, caracterizado pela presença de um ou mais sintomas positivos, como delírios, alucinações, discurso ou comportamento desorganizado durante um mês ou menos. Indivíduos como Arthur readquirem sua capacidade anterior de bom funcionamento nas atividades diárias. Muitas vezes o transtorno psicótico breve é precipitado por situações extremamente estressantes.

Síndrome psicótica atenuada

Alguns indivíduos que começam a desenvolver sintomas psicóticos como alucinações ou delírios são, muitas vezes, suficientemente afligidos para buscar ajuda de profissionais da saúde mental. Eles podem estar em alto risco de desenvolver esquizofrenia e podem estar no estágio inicial do transtorno (chamado prodrômico). Embora possam não atender a todos os critérios para esquizofrenia, podem ser bons candidatos para a intervenção inicial em um esforço de evitar que os sintomas se agravem. Para concentrar a atenção nesses indivíduos, o *DSM-5* propõe um transtorno psicótico potencialmente novo para estudo mais aprofundado – **síndrome psicótica atenuada** (Fusar-Poli et al., 2014). Mais uma vez, essas pessoas podem ter alguns dos sintomas da esquizofrenia, mas estão conscientes da natureza preocupante e bizarra desses sintomas.

O **transtorno da personalidade esquizotípica**, discutido no Capítulo 12, é um transtorno psicótico relacionado. Como você pode se lembrar, as características são similares àquelas vivenciadas por pessoas com esquizofrenia, mas são menos graves. Algumas evidências também sugerem que a esquizofrenia e o transtorno da personalidade esquizotípica podem estar geneticamente relacionados como parte de um "espectro da esquizofrenia".

Lembre-se de que, apesar de as pessoas com transtornos psicóticos relacionados exibirem muitas das características da esquizofrenia, esses transtornos diferem significativamente.

Verificação de conceitos 13.1

Parte A
Determinar quais sintomas ou tipos de transtornos do espectro da esquizofrenia são descritos em cada cenário.

1. Jane passou a última meia hora olhando para o espelho. Quando você se aproxima, ela se vira e dá risinhos.

Quando você pergunta do que ela está rindo, ela responde, mas você tem dificuldade de entender o que ela diz. _____

2. Drew teve alucinações e delírios bizarros nos últimos quatro meses. _____

3. As aptidões cognitivas e afetos de Greg estão relativamente intactos. No entanto, ele geralmente tem delírios e alucinações que o convencem de que inimigos estão lhe perseguindo. _____

4. Alice normalmente mantém uma postura incomum e, às vezes, fica fazendo caretas.

_____

5. Cameron começou a ouvir vozes e isso o está perturbando muito. Ele contou a seus pais e reconhece que precisa da ajuda de um profissional de saúde mental.

_____

Parte B

Diagnostique o tipo de transtorno psicótico descrito em cada um dos seguintes cenários. Escolha entre (a) transtorno esquizofreniforme, (b) transtorno esquizoafetivo, (c) transtorno delirante e (d) transtorno psicótico compartilhado.

6. Ultimamente, Dom tem se tornado mais isolado porque acredita que seus colegas de trabalho estão conspirando contra ele. Sempre fica agitado quando vê um grupo de funcionários conversando e rindo, porque acredita que eles estão tramando contra ele.

_____

7. Natalie revela a seu terapeuta que ouve várias vozes falando com ela e dando-lhe ordens. Seu médico havia acabado de enviá-la ao psicólogo pelo que ele acreditava ser um grande episódio depressivo. Ela começou a dormir o tempo todo e pensou em suicídio muitas vezes. _____

8. Se os sintomas esquizofrênicos de Shawn desaparecessem após aproximadamente quatro meses e ele voltasse à sua vida normal, qual diagnóstico ele poderia ter recebido? _____

9. Elias acredita que o governo está atrás dele. Ele acha que agentes o seguem todos os dias, monitoram suas ligações e leem suas correspondências. Seu colega de quarto Cedric tentou convencê-lo do contrário. Entretanto, após um ano desse episódio, Cedric começou a acreditar que Elias estava certo e que o governo estava atrás dele também. _____

Prevalência e causas da esquizofrenia

O estudo da esquizofrenia revela os muitos níveis em que devemos entender o que nos faz nos comportarmos da maneira como fazemos. Para compreender as causas desse transtorno, os pesquisadores procuram em diversas áreas: (1) possíveis genes envolvidos na esquizofrenia, (2) ação química das drogas

que ajudam muitas pessoas com esse transtorno, (3) alterações no funcionamento do cérebro das pessoas com esquizofrenia e (4) fatores de risco ambiental que podem precipitar o início dos sintomas (Harrison, 2012; Murray e Castle, 2012). À medida que fazemos o levantamento do trabalho de muitos especialistas, examinamos muitas técnicas de ponta para estudar as influências biológicas e psicossociais, um processo que pode ser lento em alguns momentos, mas que vai trazer um novo *insight* para a compreensão da psicopatologia. Agora examinaremos a natureza da esquizofrenia e aprenderemos como os pesquisadores tentaram compreender e tratar as pessoas por ela afetadas.

Estatísticas

A esquizofrenia às vezes desafia nosso desejo por simplicidade. Vimos como sintomas diferentes podem ser exibidos por indivíduos que seriam todos diagnosticados com o transtorno; em algumas pessoas os sintomas desenvolvem-se lentamente e, em outras, ocorrem repentinamente. A esquizofrenia geralmente é crônica e a maioria das pessoas com o transtorno tem dificuldades de conviver em sociedade. Isso é especialmente verdade quanto a sua capacidade de se relacionar com os outros, pois tende a não estabelecer ou manter relações significativas, portanto, muitas pessoas com esquizofrenia nunca se casam ou têm filhos. Ao contrário dos delírios de pessoas com outros transtornos psicóticos, os delírios de pessoas com esquizofrenia têm grande possibilidade de não estarem no campo da realidade. Por fim, mesmo quando as pessoas com esquizofrenia melhoram com o tratamento, é provável que passem por dificuldades ao longo da vida.

Mundialmente falando, a taxa de prevalência da esquizofrenia ao longo da vida é, *grosso modo*, equivalente para homens e mulheres e estima-se estar entre 0,2% e 1,5% da população geral, o que significa que o transtorno afetará cerca de 1% da população em algum momento (Erlich et al., 2014). A expectativa de vida é ligeiramente menor que a média, devido em parte ao maior índice de suicídios e de acidentes entre pessoas com o transtorno. Embora exista alguma discordância quanto à distribuição da esquizofrenia entre homens e mulheres, a diferença entre os sexos em relação à idade de início é conhecida. Para os homens, a possibilidade de início diminui com a idade, mas ainda assim pode ocorrer após os 75 anos. A frequência do início para as mulheres é menor que para os homens até os 36 anos, quando o risco relativo para o início muda, com mais mulheres que homens afetadas em um momento mais tardio da vida (Jablensky, 2012). As mulheres parecem ter resultados mais favoráveis que os homens.

Desenvolvimento

Os sintomas mais graves da esquizofrenia ocorrem primeiro no final da adolescência ou no início da fase adulta, embora tenhamos visto que pode haver sinais de desenvolvimento do transtorno no início da infância (Murray e Castle, 2012). As crianças que passam a desenvolver esquizofrenia demonstram características clínicas precoces, como alterações físicas leves, coordenação motora pobre e problemas cognitivos e sociais leves (Golembo-Smith et al., 2012; Matheson et al., 2013; Welham et al., 2008). Infelizmente, esses tipos de problemas precoces não são específicos o suficiente para a esquizofrenia – o que significa que eles também podem ser sinais de outros problemas, como transtorno do desenvolvimento neurológico, que revisaremos no Capítulo 14 –, não sendo possível dizer com certeza que determinada criança vai desenvolver o transtorno mais tarde.

Até 85% das pessoas que desenvolvem posteriormente a esquizofrenia passam por um **estágio prodrômico** – período de um a dois anos antes de os sintomas sérios ocorrerem, mas quando comportamentos menos graves, porém incomuns, começam a aparecer (Jablensky, 2012). Esses comportamentos (que você deve reconhecer do Capítulo 12 como os sintomas vistos nos transtornos da personalidade esquizotípica) incluem ideias de referência (pensar que eventos insignificantes estão relacionados diretamente a você), pensamento mágico (acreditar que se tem habilidades especiais, como ser vidente ou telepata) e ilusões (como sentir a presença de outra pessoa quando se está sozinho). Além disso, outros sintomas são comuns, como isolamento, comprometimento acentuado do funcionamento e falta de iniciativa, interesse ou energia (Addington et al., 2015).

Uma vez que os sintomas começam a aparecer, pode levar de dois a cerca de dez anos antes que uma pessoa em alto risco (por exemplo, sintomas positivos leves) preencha todos os critérios para um transtorno psicótico (Nelson et al., 2013). O maior período de risco para que os pacientes desenvolvam um transtorno psicótico completo é durante os dois primeiros anos após a primeira apresentação de sintomas leves. Os fatores de risco para passar de alto risco para o desenvolvimento do transtorno incluem a duração dos sintomas antes da busca por ajuda, funcionamento basal, assim como a presença de sintomas negativos e sintomas desorganizados (Addington et al., 2015, Nelson et al., 2013). Parte da demora em busca por ajuda pode ser o resultado de ocultar os sintomas de outras pessoas (às vezes em função da paranoia crescente). Fatores de personalidade e a quantidade e qualidade de apoio social também podem desempenhar um papel na quantidade de tempo que leva para uma pessoa buscar tratamento para os sintomas psicóticos (Ruiz-Veguilla et al., 2012). Uma vez tratados, os pacientes com esse transtorno frequentemente melhoram. Infelizmente, a maioria também passa por um padrão de recidiva e recuperação (Emsley et al., 2013). Essa taxa de recidiva é importante quando se discute o curso da esquizofrenia. Por exemplo, os dados de um estudo mostram o curso da esquizofrenia entre quatro grupos escolhidos como protótipos (Zubin, Steinhauer e Condray, 1992). Cerca de 22% do grupo teve um episódio de esquizofrenia e melhorou sem um comprometimento duradouro. Os outros 78% vivenciaram diversos episódios com graus diferentes de comprometimento entre eles. As pessoas com esquizofrenia têm um prognóstico pior do que aquelas com a maioria dos outros transtornos que descrevemos neste livro – incluindo do alto risco de suicídio – embora um número significativo de indivíduos possa vivenciar longos períodos de recuperação (Jablensky, 2012). As recidivas constituem um tema importante no campo da esquizofrenia; voltaremos a esse fenômeno quando discutirmos as causas e o tratamento. Para ilustrar este complexo quadro de desenvolvimento, a Figura 13.2 ilustra graficamente o curso de desenvolvimento da esquizofrenia. Os estágios da vida (de antes do nascimento ao fim da vida) estão listados na parte superior do gráfico, com as áreas mostrando os períodos de queda e de recuperação.

Fatores culturais

Em virtude de a esquizofrenia ser tão complexa, o próprio diagnóstico pode ser controverso. Alguns já argumentaram que a "esquizofrenia" não existe, mas constitui uma designação depreciativa das pessoas cujo comportamento não está adequado à norma cultural (consulte, por exemplo, Laing, 1967; Sarbin e Mancuso, 1980; Szasz, 1961). Essa preocupação nos leva de volta às discussões do primeiro capítulo sobre a dificuldade em definir o que é anormal. Embora seja provocadora a ideia de que a esquizofrenia existe apenas na mente dos profissionais de saúde mental, essa visão extrema é contestada pela experiência. Tivemos muitos contatos, tanto com pessoas com esse transtorno como com seus familiares e amigos, e podemos observar que o enorme sofrimento emocional resultante da esquizofrenia oferece credibilidade definitiva à sua existência. Em uma interessante observação histórica, Kraepelin, que descrevemos como tendo desenvolvido o ponto de vista moderno sobre a esquizofrenia, viajou para a Ásia na virada do século passado para confirmar que esse conjunto incomum de comportamentos foi vivenciado por outras culturas que não as da Europa Ocidental (Lauriello, Bustillo e Keith, 2005). Sabemos que pessoas em culturas amplamente diferentes apresentam os sintomas de esquizofrenia, o que apoia a noção de que constitui uma realidade para muitos indivíduos ao redor do mundo. Desse modo, a esquizofrenia é universal e afeta todos os grupos raciais e culturais estudados até agora. Existem até similaridades neuroanatômicas compartilhadas que fornecem evidências

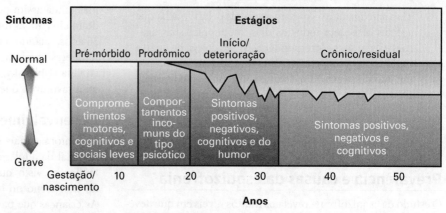

FIGURA 13.2 O curso longitudinal da esquizofrenia é ilustrado começando no nascimento até a idade mais avançada. A gravidade dos sintomas é mostrada no eixo esquerdo e as mudanças nos sintomas durante cada fase (pré-mórbida, prodrômica, início e crônica) são rotuladas. (Adaptado de Lieberman, J. A. et al. (2001). The early stages of schizophrenia: Speculations on pathogenesis, pathophysiology, and therapeutic approaches. *Biological Psychiatry, 50,* 885.)

da presença de esquizofrenia entre indivíduos de diferentes culturas (Gong et al., 2015).

O curso e o resultado da esquizofrenia variam entre as culturas. Por exemplo, os estressores associados aos problemas políticos, sociais e econômicos significativos que são prevalentes em muitas áreas da África, América Latina e Ásia podem contribuir com os piores resultados para as pessoas com esquizofrenia nesses países (Jablensky, 2012). A falta de infra-estrutura adequada de saúde mental em países de renda baixa e média é também um problema para o atendimento adequado e consistente para os pacientes com esquizofrenia. Os esforços para aumentar a capacidade de diversos países de cuidar de pessoas com esquizofrenia têm tido algum sucesso preliminar em países de renda média alta, como China e Brasil (Patel, 2015). Mais iniciativas focadas na esquizofrenia e em outros transtornos mentais em todo o mundo estão começando a ganhar impulso.

Nos Estados Unidos, proporcionalmente mais afro-americanos recebem o diagnóstico de esquizofrenia do que os caucasianos (Schwartz e Feisthamel, 2009). Pesquisas realizadas na Inglaterra e nos Estados Unidos sugerem que as pessoas de grupos de minoria étnica desvalorizada (afro-caribenhos na Inglaterra e afro-americanos e porto-riquenhos nos Estados Unidos) podem ser vítimas de preconceitos e estereótipos (Jones e Gray, 1986; Lewis, Croft-Jeffreys e Anthony, 1990); em outras palavras, elas podem ser mais passíveis de receber um diagnóstico de esquizofrenia do que os membros de um grupo dominante. Um estudo prospectivo da esquizofrenia entre diferentes grupos étnicos em Londres verificou que, embora os resultados da esquizofrenia parecessem semelhantes nos grupos, os negros eram mais propensos a ser detidos contra sua vontade, levados ao hospital pela polícia e a receber injeções de emergência (Goater et al., 1999). As taxas divergentes da esquizofrenia, portanto, podem ser parcialmente o resultado do *diagnóstico errôneo* em vez do resultado de qualquer distinção cultural real. Um fator adicional contribuinte para esse desequilíbrio pode ser o nível de estresse associado aos fatores como estigma, isolamento e discriminação (Anglin et al., 2014; Pinto, Ashworth e Jones, 2008).

▲ Irving Gottesman, psicólogo da Universidade de Virgínia, contribuiu imensamente para nossa compreensão sobre a esquizofrenia.

Influências genéticas

Poderíamos argumentar que poucas áreas da psicopatologia ilustram tão nitidamente a enorme complexidade e o mistério intrigante das influências genéticas no comportamento como faz o fenômeno da esquizofrenia (Murray e Castle, 2012). Apesar da possibilidade de a esquizofrenia poder ser vários transtornos diferentes, podemos seguramente fazer uma generalização: *os genes são responsáveis por tornar alguns indivíduos vulneráveis à esquizofrenia*. Consideramos uma variedade de resultados de pesquisas sobre famílias, gêmeos, adotados, descendentes de gêmeos e de estudos sobre ligação e associação. Concluímos, discutindo razões convincentes, que não há um gene responsável pela esquizofrenia, mas a combinação de muitas variações genéticas para originar a vulnerabilidade (Murray e Castle, 2012).

Estudos sobre famílias

Em 1938, Franz Kallmann publicou um importante estudo das famílias de pessoas com esquizofrenia (Kallmann, 1938). Ele analisou familiares de mais de mil pessoas diagnosticadas com esquizofrenia em um hospital psiquiátrico de Berlim. Muitas de suas observações continuam a orientar as pesquisas sobre o transtorno. Kallmann mostrou que a gravidade do transtorno de um genitor influenciou a possibilidade de o filho ter esquizofrenia: quanto mais grave a esquizofrenia do genitor, maior a possibilidade de os filhos a desenvolverem. Outra observação foi importante: todas as formas de esquizofrenia (por exemplo, as categorias históricas como catatonia e paranoide) foram vistas nas famílias. Em outras palavras, não parece que a pessoa herda uma predisposição para o que anteriormente foi diagnosticado como esquizofrenia paranoide. Em vez disso, ela pode herdar uma predisposição geral para a esquizofrenia, que se manifesta da mesma forma ou de modo diferente daquele manifesto nos pais. Pesquisas mais recentes confirmam essa observação e indicam que as famílias em que há um membro com esquizofrenia apresentam o risco de ter não somente esquizofrenia, mas todos os transtornos psicológicos; parece existir risco familiar para um conjunto de transtornos psicóticos relacionados à esquizofrenia.

Em uma análise clássica, Gottesman (1991) resumiu os dados de cerca de quarenta estudos sobre esquizofrenia, conforme mostra a Figura 13.3. A característica mais marcante desse gráfico é a demonstração ordenada de que o risco de ter esquizofrenia varia de acordo com quantos genes uma pessoa tem em comum com alguém que possui o transtorno. Por exemplo, é possível ter a maior chance (aproximadamente 48%) de ter esquizofrenia se isso tiver afetado seu irmão gêmeo idêntico (monozigótico), aquele que compartilha 100% de suas informações genéticas. Seus riscos caem para cerca de 17% com um gêmeo fraterno (dizigótico), que compartilha cerca de 50% das suas informações genéticas. E ter qualquer parente com esquizofrenia o deixa mais propenso a ter o transtorno do que alguém sem um parente nessa situação (cerca de 1% se você não tiver parentes com esquizofrenia). Como os estudos sobre famílias não podem separar a influência genética do impacto do ambiente, valemo-nos de estudos sobre gêmeos e adoção para ajudar-nos a avaliar o papel das experiências comuns na causa da esquizofrenia.

Estudos sobre gêmeos

Se criados juntos, os gêmeos idênticos compartilham 100% de seus genes e 100% de seu ambiente, ao passo que gêmeos fraternos compartilham apenas 50% de seus genes e 100% de seu ambiente.

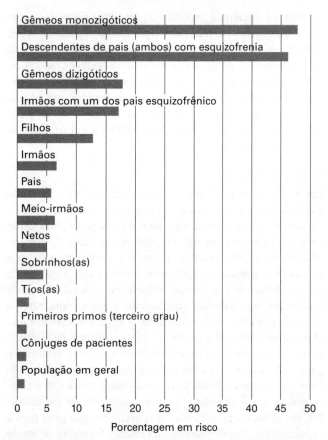

FIGURA 13.3 Risco de desenvolver esquizofrenia. (Com base em Gottesman, I. I. (1991). *Schizophrenia genesis*: The origins of madness. Nova York: W. H. Freeman.)

Caso o ambiente fosse exclusivamente responsável pela esquizofrenia, esperaríamos pouca diferença entre gêmeos idênticos e fraternos com relação a esse transtorno. Caso apenas os fatores genéticos fossem relevantes, ambos os gêmeos idênticos sempre teriam esquizofrenia (seriam concordantes) e os gêmeos fraternos apresentariam o transtorno 50% do tempo. A pesquisa dos estudos sobre gêmeos indica que a verdade está em algum lugar entre essas duas possibilidades (Braff et al., 2007; van Os, Kenis e Rutten, 2010).

Em um dos mais fascinantes "experimentos da natureza", quadrigêmeas idênticas, todas com esquizofrenia, foram estudadas extensivamente. Apelidadas de quadrigêmeas "Genain" (do grego "gene terrível"), essas mulheres foram acompanhadas por David Rosenthal et al., no National Institute of Mental Health por muitos anos (Rosenthal, 1963). Os nomes fictícios das garotas que participaram dos estudos de suas vidas – Nora, Iris, Myra e Hester – são as letras NIMH de National Institute of Mental Health. Essas mulheres representam, em certo sentido, a interação complexa entre genética e ambiente. As quatro tinham em comum a predisposição genética e todas foram criadas no mesmo lar conturbado; contudo, a ocasião de início da esquizofrenia, os sintomas e diagnósticos, o curso do transtorno e, por último, suas consequências diferiram de modo significativo entre as irmãs.

Uma explicação genética para essas diferenças pode ser a presença de mutações *de novo* nas irmãs. Estas são mutações genéticas que podem ocorrer como resultado de uma mutação em uma célula germinativa (óvulo ou espermatozoide) de um dos pais ou, talvez, no caso das irmãs, no óvulo fertilizado após a concepção. O caso das quadrigêmeas Genain revela uma consideração importante ao estudar as influências genéticas no comportamento – *ambientes não compartilhados* (Plomin, 1990). Tendemos a pensar que irmãos, especialmente os gêmeos idênticos, são criados da mesma maneira. A impressão é de que "bons" pais expõem seus filhos a ambientes favoráveis e "maus" pais lhes oferecem experiências inadequadas. No entanto, mesmo os irmãos idênticos podem ter experiências pré-natais e familiares diferentes, portanto, podem ser expostos a graus variados de estresse biológico e ambiental. Por exemplo, Hester, uma das irmãs Genain, foi descrita por seus pais como uma masturbadora habitual; à medida que cresceu, enfrentou mais problemas sociais que as irmãs. Hester foi a primeira a vivenciar graves sintomas de esquizofrenia aos 18 anos, porém sua irmã Myra não foi hospitalizada até seis anos mais tarde. Esse caso incomum demonstra que mesmo irmãos muito próximos em todos os aspectos podem estar sujeitos a experiências de natureza física e social diferentes à medida que crescem, o que pode resultar em consequências bem diversas. Um acompanhamento das vidas dessas mulheres mostrou que a progressão de seu transtorno estabilizou e, em alguns casos, melhorou, quando foram avaliadas aos 66 anos (Mirsky et al., 2000).

Estudos sobre adoção

Diversos estudos sobre adoção distinguiram os papéis do ambiente e da genética no modo como afetam a esquizofrenia. Esses estudos muitas vezes estendem-se por vários anos; como as pessoas não costumam mostrar os primeiros sinais de esquizofrenia até a meia-idade, os pesquisadores precisam ter certeza de que todos os descendentes atinjam este ponto antes de tirar conclusões. Muitos estudos de esquizofrenia são conduzidos na Europa, principalmente por causa dos registros detalhados e abrangentes mantidos nos países onde é exercida a medicina social.

O maior estudo de adoção foi conduzido na Finlândia (Tienari, 1991). De uma amostra de quase 20 mil mulheres com esquizofrenia, os pesquisadores identificaram 190 crianças entregues para adoção. Os dados desse estudo apoiam a ideia de que a esquizofrenia representa um espectro de transtornos relacionados, todos sobrepostos geneticamente. Se uma criança adotada tivesse mãe biológica com esquizofrenia, teria probabilidade de aproximadamente 5% de apresentar o transtorno (comparando-se a somente cerca de 1% da população em geral). Entretanto, se a mãe biológica teve esquizofrenia ou um dos transtornos psicóticos relacionados (por exemplo, transtorno delirante, transtorno esquizofreniforme), o risco de a criança adotada ter um desses transtornos aumentava para 22% (Tienari et al., 2003; Tienari, Wahlberg e Wynne, 2006). Mesmo quando criados longe de seus pais biológicos, os filhos de pais com esquizofrenia têm uma probabilidade muito maior de manifestarem o transtorno. Ao mesmo tempo, parece haver um fator protetor caso essas crianças sejam criadas em casas saudavelmente apoiadoras. Em outras palavras, uma interação gene-ambiente foi observada neste estudo, com um bom ambiente doméstico reduzindo o risco de esquizofrenia (Gilmore, 2010; Wynne et al., 2006).

▲ Todas as quadrigêmeas Genain tinham esquizofrenia, mas exibiram sintomas diferentes ao longo dos anos.

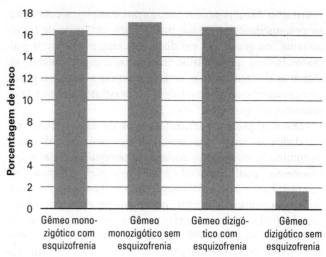

FIGURA 13.4 Risco de desenvolver esquizofrenia entre filhos de gêmeos.

A descendência de gêmeos

Estudos sobre gêmeos e adoção sugerem enfaticamente um componente genético da esquizofrenia, porém o que afirmar a respeito de crianças que desenvolvem esquizofrenia apesar de seus pais não terem o transtorno? Por exemplo, o estudo de Tienari et al. (2003, 2006) que acabamos de discutir observou que 1,7% das crianças com pais não esquizofrênicos desenvolveram esquizofrenia. Isso significa que é possível desenvolver esquizofrenia sem "genes esquizofrênicos"? Ou algumas pessoas são vetores, possuem os genes da esquizofrenia, mas, por alguma razão, não a manifestam? Uma contribuição importante para essa questão origina-se de pesquisas sobre filhos de gêmeos com esquizofrenia.

Em um estudo iniciado em 1971 de Margit Fischer e, posteriormente, conduzido por Irving Gottesman e Aksel Bertelsen, 21 pares de gêmeos idênticos e 41 pares de gêmeos fraternos com histórico de esquizofrenia foram identificados, assim como seus filhos (Fischer, 1971; Gottesman e Bertelsen, 1989). Os pesquisadores quiseram determinar a possibilidade relativa de uma criança ter esquizofrenia se o gêmeo do progenitor tinha esquizofrenia, mas não o seu progenitor. A Figura 13.4 ilustra os achados desse estudo. Por exemplo, se um dos pais for gêmeo idêntico (monozigótico) com esquizofrenia, a pessoa tem 17% de probabilidade de possuir o transtorno, um percentual que permanece caso a pessoa seja filha de um gêmeo idêntico sem o transtorno cujo irmão manifesta a doença.

Por outro lado, observe os riscos para o filho de um gêmeo fraterno (dizigótico). Se o progenitor for o gêmeo com esquizofrenia, a pessoa tem aproximadamente 17% de probabilidade de ter esquizofrenia. Entretanto, se os progenitores não têm esquizofrenia, mas o gêmeo fraterno de um deles possui, o risco é de apenas cerca de 2%. A única maneira de explicar essa constatação é por meio da genética. Os dados indicam claramente que uma pessoa pode ter genes que a predispõem à esquizofrenia, não desenvolver o transtorno e ainda assim transmitir os genes a seus filhos. Em outras palavras, você pode ser "portador" do gene da esquizofrenia. Essas são algumas das evidências mais fortes de que as pessoas são geneticamente vulneráveis à esquizofrenia. Lembre-se, entretanto, de que existe somente 17% de probabilidade de herança, isso significa que outros fatores ajudam a determinar quem desenvolverá esse transtorno.

Estudos de ligação gênica (*linkage*) e associação

No Capítulo 4, mostramos que os estudos de ligação gênica (*linkage*) e associação dependem de traços, como tipos sanguíneos (cuja localização exata no cromossomo já é conhecida), herdados pelas famílias que apresentam o transtorno estudado – nesse caso, a esquizofrenia. Em razão de conhecermos a localização dos genes para esses traços (denominados *genes marcadores*), podemos chegar a uma conclusão aproximada a respeito da localização dos genes do transtorno que são herdados. Até o presente, os pesquisadores examinaram diversas localizações dos genes que podem ser responsáveis pela esquizofrenia. Por exemplo, as regiões dos cromossomos 1, 2, 3, 5, 6, 8, 10, 11, 13, 20 e 22 são implicadas nesse transtorno (Kirov e Owen, 2009). Três das influências genéticas mais confiáveis que tornam alguém suscetível à esquizofrenia incluem secções no cromossomo 8 (chamado Neuregulina 1 ou NRG1), cromossomo 6 (chamado proteína 1 ligadora de distrobrevina ou DTNBP1) e cromossomo 22 (chamado catecolamina O-metiltransferase ou COMT) (Murray e Castle, 2012). O gene COMT é de interesse particular aos cientistas porque desempenha um papel no metabolismo da dopamina que, conforme veremos, parece ser prejudicado em pessoas com esse transtorno. Um estudo recente, que combinou uma das maiores amostras (ou seja, 36.989 casos de indivíduos com esquizofrenia e 113.075 controles), identificou 128 associações independentes e 108 *loci* que reúnem o amplo significado do genoma, 83 dos quais eram novos. Isso reforça ainda mais que o risco genético emerge a partir de muitos genes comuns, cada um com um pequeno efeito que pode ser detectado por estudos de associação do genoma (Ripke et al., 2014).

Endofenótipos

A pesquisa genética sobre esquizofrenia está evoluindo e as informações sobre os achados destes sofisticados estudos agora estão sendo combinadas com os avanços em nossa compreensão de déficits específicos encontrados nas pessoas com esse transtorno. Lembre-se, em transtornos complexos como este, os pesquisadores não estão procurando um "gene de esquizofrenia", ou genes. Em vez disso, eles tentam encontrar processos básicos que contribuem com os comportamentos ou sintomas do transtorno e, então, encontrar o gene, ou genes, que causa(m) essas dificuldades – uma estratégia chamada de *imunofenotipagem* (Braff et al., 2007).

Diversos possíveis imunofenótipos da esquizofrenia são estudados ao longo dos anos. Um dos mais pesquisados é denominado *movimentos oculares de perseguição* ou acompanhamento visual. Mantendo a cabeça imóvel, a pessoa deve acompanhar a oscilação de um pêndulo com os olhos. A capacidade de acompanhar objetos uniformemente através do campo visual é prejudicada em muitas pessoas que têm esquizofrenia (Clementz e Sweeney, 1990; Holzman e Levy, 1977; Iacono, Bassett e Jones, 1988); isso não parece ser o resultado de tratamento com drogas ou internação (Lieberman et al., 1993). Isto parece ser um problema para os parentes de pessoas com esquizofrenia (Ivleva et al., 2014). A Figura 13.5 mostra a diminuição da probabilidade de observação dessa habilidade de movimento atípico dos olhos quanto mais uma pessoa é geneticamente distante de alguém com esquizofrenia. Quando todas essas observações são combinadas, elas sugerem que um déficit do acompanhamento visual pode ser um endofenótipo para esquizofrenia que poderia ser utilizado em estudos futuros.

Outras pesquisas desse tipo concentram-se nos déficits sociais, cognitivos e emocionais característicos da esquizofrenia. Um estudo, por exemplo, concentrou-se em múltiplas gerações de famílias que tinham alguém com esquizofrenia (Gur et al., 2007). Eles os testaram em uma variedade de aptidões para os déficits cognitivos identificados em áreas descritas anteriormente – como identificação da emoção – e mostraram que os problemas específicos foram herdados da mesma maneira que a esquizofrenia (o que sugere que esses déficits cognitivos podem ser endofenótipos para a esquizofrenia). Atualmente, inúmeros endofenótipos estão sendo explorados por um grande grupo de cientistas (The Consortium on the Genetics of Schizophrenia) que estuda mais de 1.200 indivíduos com esquizofrenia e suas famílias (Greenwood et al., 2013).

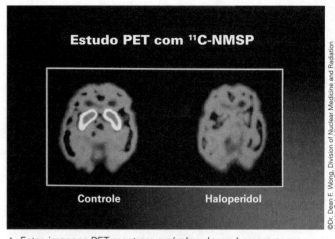

▲ Estas imagens PET mostram o cérebro de um homem com esquizofrenia que nunca havia sido medicado (esquerda) e após ter recebido haloperidol (direita). A área destacada indica atividade nos receptores D_2; o haloperidol evidentemente reduziu a atividade da dopamina.

Influências neurobiológicas

A crença de que a esquizofrenia envolve mau funcionamento do cérebro remonta aos estudos de Kraepelin (1856-1926). Portanto, não causa surpresa que muitas pesquisas focalizaram o cérebro.

Dopamina

Uma das teorias mais duradouras, porém controversa, da causa da esquizofrenia envolve o neurotransmissor *dopamina* (Harrison, 2012). Entretanto, antes de examinarmos os estudos, vamos revisar brevemente como os neurotransmissores operam no cérebro e como são afetados pela medicação neuroléptica, que reduz as alucinações e os delírios. No Capítulo 2, discutimos a sensibilidade de neurônios específicos a neurotransmissores específicos e descrevemos como eles se agrupam por todo o cérebro. A parte superior da Figura 13.6 mostra dois neurônios e a importante fenda sináptica que os separa. Os neurotransmissores são liberados das vesículas de armazenamento (vesículas sinápticas) no fim do axônio, atravessam a fenda e são absorvidos por receptores no dendrito do próximo axônio. "Mensagens" químicas são assim transmitidas entre neurônios em toda a extensão do cérebro.

Esse processo pode ser influenciado de inúmeras formas, e o restante da Figura 13.6 ilustra algumas delas. As mensagens químicas podem ser aumentadas

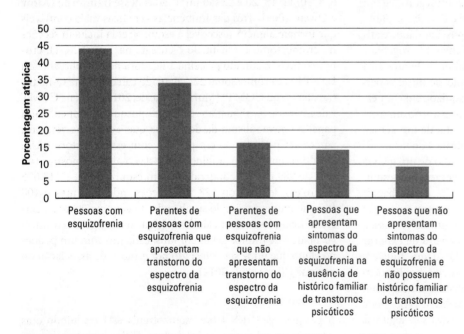

FIGURA 13.5 Alterações nos movimentos oculares de perseguição e esquizofrenia. (Adaptado, com permissão, de Thaker, G. K. e Avila, M. (2003). Schizophrenia, V: Risk markers. *American Journal of Psychiatry, 160*, 1578, © 2003 American Psychiatric Association.)

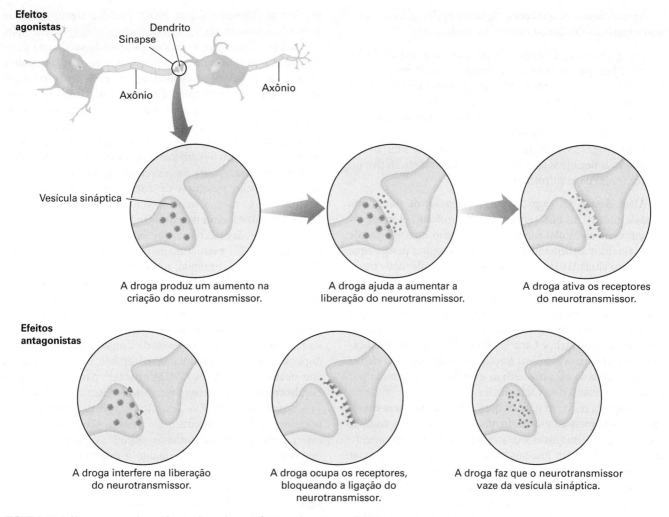

FIGURA 13.6 Algumas maneiras pelas quais as drogas afetam a neurotransmissão.

por agentes agonistas ou reduzidas por agentes antagonistas. (Lembre-se de que a palavra *antagonista* significa hostil ou não amistoso; de certo modo, esse é o efeito dos agentes antagonistas no processo de mensagens químicas.) Os efeitos antagonistas retardam ou impedem que as mensagens sejam transmitidas ao evitar a liberação do neurotransmissor, bloquear a absorção no nível do dendrito ou causar vazamentos que reduzem a quantidade de neurotransmissores liberados. Por outro lado, os efeitos agonistas auxiliam na transferência de mensagens químicas e, em caso extremo, podem gerar atividade neurotransmissora intensa aumentando a produção ou a liberação do neurotransmissor e afetando mais receptores nos dendritos.

O que aprendemos sobre medicamentos antipsicóticos indica a possibilidade de que o sistema dopaminérgico seja muito ativo em indivíduos com esquizofrenia. O quadro simplificado na Figura 13.6 não mostra que, na verdade, existem receptores distintos e que uma substância química como a dopamina produz resultados diferentes dependendo de em qual desses receptores ela se liga. Na esquizofrenia, a atenção foi direcionada a diversos receptores da dopamina, em particular àqueles chamados D_1 e D_2.

Em uma história que lembra a trama de um mistério, diversas peças de "indícios circunstanciais" informam sobre o papel da dopamina na esquizofrenia:

1. As drogas antipsicóticas (neurolépticos), muitas vezes efetivas no tratamento de pessoas com esquizofrenia, são antagonistas da dopamina, bloqueando parcialmente a sua ação no cérebro (Creese, Burt e Snyder, 1976; Seeman et al., 1976).
2. Essas drogas podem produzir efeitos colaterais indesejáveis, similares àqueles da doença de Parkinson, transtorno que decorre da insuficiência de dopamina.
3. A droga L-dopa, um agonista da dopamina utilizado para tratar pessoas com doença de Parkinson, produz sintomas semelhantes à esquizofrenia em algumas pessoas (Davidson et al., 1987).
4. Anfetaminas, que também ativam a dopamina, podem piorar os sintomas psicóticos em algumas pessoas com esquizofrenia (van Kammen, Docherty e Bunney, 1982).

Em outras palavras, quando drogas conhecidas por aumentar a atividade da dopamina (agonistas) são administradas, ocorre um aumento de comportamento esquizofrênico; quando drogas conhecidas por diminuir a atividade da dopamina (antagonistas) são utilizadas, os sintomas esquizofrênicos tendem a reduzir. Os pesquisadores, considerando todas essas observações, propuseram a teoria de que a esquizofrenia em algumas pessoas era atribuível à atividade excessiva da dopamina.

Apesar dessas observações, algumas evidências contradizem a teoria da dopamina (Javitt e Laruelle, 2006):

1. Um número significativo de pessoas com esquizofrenia não é beneficiado pelo uso de antagonistas da dopamina.
2. Embora os neurolépticos bloqueiem muito rapidamente a ligação da dopamina com seu receptor, os sintomas relevantes diminuem somente após diversos dias ou semanas, mais lentamente do que se esperaria.
3. Essas drogas são apenas parcialmente úteis na redução dos sintomas negativos (por exemplo, embotamento afetivo ou anedonia) da esquizofrenia.

Além dessas preocupações, há evidências de uma "faca de dois gumes" no que concerne à esquizofrenia. Um medicamento chamado *olanzapina* – assim como uma família de medicamentos semelhantes – é efetivo em muitas pessoas que não foram ajudadas pelos medicamentos neurolépticos tradicionais (Kane, Stroup e Marder, 2009). Essa é a boa notícia. A má notícia para a teoria da dopamina é que a olanzapina e esses outros novos medicamentos são antagonistas fracos da dopamina, bem menos capazes de bloquear os receptores que as outras drogas (Javitt e Laruelle, 2006). Por que uma medicação ineficiente para bloquear a ação da dopamina seria efetiva no tratamento da esquizofrenia se essa doença é causada por atividade excessiva dessa substância?

A resposta pode ser que, embora a dopamina esteja envolvida nos sintomas da esquizofrenia, a relação é mais complicada do que o imaginado (Harrison, 2012). O pensamento atual – com base em indícios crescentes proporcionados por técnicas de pesquisa sofisticadas – aponta para *pelo menos três alterações neuroquímicas específicas* atuando simultaneamente no cérebro de pessoas com esquizofrenia.

Fortes evidências agora nos levam a acreditar que a esquizofrenia é parcialmente o resultado do estímulo excessivo dos receptores estriatais de dopamina, os receptores D_2 (Harrison, 2012). Lembre-se de que o corpo estriado faz parte dos gânglios basais existentes em uma área profunda do cérebro. Essas células controlam o movimento, o equilíbrio e a capacidade de caminhar e dependem da dopamina para funcionar. Pesquisas sobre a doença de Huntington (que envolve o prejuízo do funcionamento motor) apontam para uma deterioração nessa área do cérebro. Como sabemos que a estimulação excessiva dos receptores D_2 está envolvida na esquizofrenia? Uma pista é que as drogas antipsicóticas mais efetivas compartilham do antagonismo do receptor de dopamina D_2 – o que significa que eles ajudam a bloquear o estímulo dos receptores D_2 (Ginovart e Kapur, 2010). Usando técnicas como a SPECT, os cientistas conseguem visualizar o cérebro *in vivo* de uma pessoa com esquizofrenia, e podem observar como os mais novos medicamentos antipsicóticos de "segunda geração" agem nesses locais de dopamina específicos. Por exemplo, uma síntese desses estudos de imageamento cerebral mostrou a importância das alterações nas regiões pré-sinápticas que aumentam a dopamina. Essa observação pode ter implicações importantes para o desenvolvimento de drogas que visam à síntese pré-sináptica de dopamina (Howes et al., 2012).

Uma segunda área de interesse para os cientistas que investigam a causa da esquizofrenia é a observação de uma deficiência na estimulação dos receptores de dopamina D_1, no córtex pré-frontal (Howes e Kapur, 2009). Embora alguns locais de dopamina possam ser excessivamente ativos (por exemplo, estriatal D_2), um segundo tipo de local de dopamina na parte do cérebro que utilizamos para pensar e raciocinar (receptores pré-frontais D_1) parece ser menos ativo e pode ser responsável por outros sintomas comuns na esquizofrenia. Conforme veremos neste capítulo, as pessoas com esquizofrenia apresentam déficits variados na região pré-frontal do cérebro, e essa área pode ser menos ativa em pessoas com esquizofrenia (transtorno conhecido como *hipofrontalidade*, discutido mais adiante).

Por fim, uma terceira e mais recente área de interesse neuroquímico inclui pesquisas de alterações da atividade pré-frontal que envolve a transmissão de glutamato (Harrison, 2012). Glutamato é um neurotransmissor excitatório existente em todas as áreas do cérebro, que tem sido estudado com mais profundidade. Da mesma maneira que constatamos no caso da dopamina (por exemplo, receptores D_1 e D_2), o glutamato possui tipos diferentes de receptores, e os que estão sendo estudados por sua atuação na esquizofrenia são os receptores N-metil-d-aspartato (NMDA). Do mesmo modo que os pesquisadores foram conduzidos para o estudo da dopamina ao fazer observações dos efeitos de drogas específicas para a dopamina no comportamento, os efeitos de certas drogas que afetam os receptores NMDA apontam para pistas sobre a esquizofrenia. Duas drogas recreativas descritas no Capítulo 11 – fenciclidina (PCP) e cetamina – podem acarretar comportamento do tipo psicótico em pessoas sem esquizofrenia, assim como exacerbar sintomas psicóticos em pessoas com esquizofrenia. Tanto a PCP quanto a cetamina são também antagonistas NMDA, sugerindo que um déficit no glutamato ou o bloqueio dos locais NMDA podem estar envolvidos em alguns sintomas da esquizofrenia (Goff e Coyle, 2001).

É possível notar que a pesquisa sobre esses dois neurotransmissores e sua relação é complexa e aguarda mais esclarecimentos. No entanto, os avanços na tecnologia estão nos deixando mais perto das pistas por trás deste enigmático transtorno e mais perto ainda de melhores tratamentos.

Estrutura cerebral

As evidências para um dano neurológico em pessoas com esquizofrenia vêm de inúmeras observações. Muitas crianças com um dos pais com o transtorno e que, portanto, estão em risco, tendem a mostrar problemas neurológicos sutis, porém observáveis, como reflexos anormais e falta de atenção (Buka et al., 2013). Essas dificuldades são persistentes: adultos com esquizofrenia mostram déficits em sua capacidade de realizar certas tarefas e desempenho em atividade de tempo de reação (Cleghorn e Albert, 1990). Descobertas como essas indicam que alterações ou disfunções cerebrais podem causar ou acompanhar a esquizofrenia, embora nenhum local específico seja provavelmente responsável por toda a gama de sintomas (Harrison, 2012).

Uma das observações mais confiáveis sobre o cérebro de uma pessoa com esquizofrenia envolve o tamanho dos ventrículos (consulte Figura 13.7). Já em 1927, foi constatado que essas cavidades com líquido apresentavam aumento de tamanho em cérebros de pessoas com o transtorno (Jacobi e Winkler, 1927). Desde então, mais técnicas sofisticadas foram desenvolvidas para observar o cérebro, e nas dezenas de estudos realizados

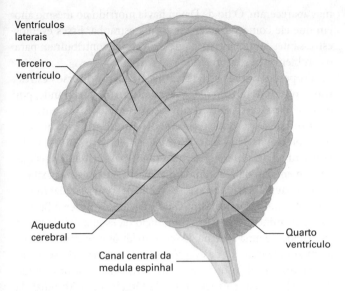

FIGURA 13.7 Localização do líquido cefalorraquidiano no cérebro humano. Este líquido cefalorraquidiano circunda e amortece o cérebro e a medula espinhal. Preenche também as quatro cavidades interconectadas (ventrículos cerebrais) no interior do cérebro e o canal central da medula espinhal.

sobre o tamanho do ventrículo, a grande maioria mostra ventrículos laterais e terceiro anormalmente grandes em pessoas com esquizofrenia (Harrison, 2012). O tamanho do ventrículo pode não ser um problema, mas a dilatação (aumento) dos ventrículos indica que as partes adjacentes do cérebro podem não ter se desenvolvido integralmente ou atrofiaram, permitindo, desse modo, que os ventrículos se tornassem maiores.

O aumento do ventrículo não é evidenciado em todas as pessoas com esquizofrenia. Diversos fatores parecem estar associados a essa observação. Por exemplo, ventrículos aumentados são vistos com mais frequência em homens do que em mulheres (Abel, Drake e Goldstein, 2010). Os ventrículos também parecem aumentar em função da idade e da duração da esquizofrenia. Um estudo verificou que os indivíduos com esquizofrenia que foram expostos à gripe (influenza) pré-natal podem ser mais propensos a terem ventrículos aumentados (Takei et al., 1996). (Descreveremos na próxima seção a possível influência da exposição pré-natal à influenza no desenvolvimento da esquizofrenia.)

Em um estudo sobre o tamanho do ventrículo, pesquisadores investigaram o possível papel da genética (van Haren et al., 2012). Usando uma técnica de obtenção de imagens cerebrais por ressonância magnética (MRI), eles reuniram dados para comparar as estruturas cerebrais entre pares de gêmeos (idênticos e fraternos) de diversos países da Europa, num total de 684 pessoas. Eles compararam pares de gêmeos nos quais ambos tinham esquizofrenia, pares de gêmeos com apenas um deles tendo esquizofrenia e pares de gêmeos saudáveis. Os resultados mostraram que menor volume de substância branca e maior volume do terceiro ventrículo estavam associados ao risco para esquizofrenia, e essas diferenças pareceram ser influenciadas por fatores genéticos.

Mencionamos o conceito de ambientes não partilhados na seção sobre genética (Jang, 2005; Plomin, 1990). Embora os gêmeos sejam geneticamente idênticos, podem vivenciar inúmeras diferenças ambientais, mesmo antes de nascerem. Por exemplo, no ambiente intrauterino, os gêmeos precisam competir por nutrientes e podem não ser igualmente bem-sucedidos. Além disso, complicações no parto, como perda de oxigênio (anoxia), podem afetar apenas um dos gêmeos (Murray e Castle, 2012). Complicações obstétricas geralmente aparecem apenas em um dos gêmeos que desenvolve esquizofrenia, e entre os mais gravemente afetados se ambos os gêmeos tiverem o transtorno (McNeil, 1987). Experiências diferentes com gêmeos que possuem predisposição para o transtorno poderiam provocar lesões cerebrais e causar os tipos de sintomas que associamos à esquizofrenia.

Os pesquisadores também mostram interesse pelos lobos frontais do cérebro na busca por problemas associados à esquizofrenia (Williams et al., 2013). Como descrevemos na seção sobre neurotransmissores, essa área pode ser menos ativa em pessoas com esquizofrenia do que em pessoas sem o transtorno, um fenômeno por vezes conhecido como *hipofrontalidade* (hipo significa "menos ativo" ou "deficiente"). Pesquisas realizadas por Weinberger e outros cientistas no National Institute for Mental Health refinaram essa observação, sugerindo que a atividade deficiente em uma área específica dos lobos frontais, o córtex pré-frontal dorsolateral (CPFDL), pode estar relacionada à esquizofrenia (Berman e Weinberger, 1990; Rasetti et al., 2011). Quando as pessoas com e sem esquizofrenia recebem tarefas que envolvem o CPFDL, menos atividade (medida pelo fluxo sanguíneo cerebral) é registrada nos cérebros daqueles com esquizofrenia. Além disso, mostrou-se que há menos conectividade entre essa região e outras regiões cerebrais, o que demonstra que o córtex pré-frontal dorsolateral está "se comunicando" menos com outras regiões cerebrais (Rasetti et al., 2011). Estudos de acompanhamento mostram que alguns indivíduos com esquizofrenia apresentam *hiperfrontalidade* (isto é, muita atividade), mas a hiperfrontalidade mostra-se de modo diferente em pessoas distintas (Callicott et al., 2003; Garrity et al., 2007).

Parece que diversos locais no cérebro estão implicados na disfunção cognitiva observada entre as pessoas com esquizofrenia, sobretudo o córtex pré-frontal e diversas regiões corticais relacionadas e circuitos subcorticais que incluem o tálamo e o estriado (Shenton e Kubicki, 2009). Lembre-se de que essa disfunção parece ocorrer *antes do início* da esquizofrenia. Em outras palavras, alterações no cérebro pode desenvolver-se progressivamente, iniciando antes de os sintomas dos transtornos tornarem-se visíveis, talvez na fase pré-natal (Harrison, 2012).

Influências pré-natais e perinatais

Há evidências de que o ambiente pré-natal (antes do nascimento) e perinatal (em torno da época do nascimento) estão correlacionados com o desenvolvimento de esquizofrenia (Murray e Castle, 2012). A exposição fetal à infecção viral, complicações na gestação e no parto estão entre as influências ambientais que parecem afetar se alguém desenvolve ou não esquizofrenia.

Diversos estudos mostraram que a esquizofrenia pode ser associada à exposição pré-natal à influenza, vírus ou infecções. Por exemplo, Sarnoff Mednick et al. acompanharam um grande número de pessoas após uma grave epidemia de influenza tipo A2 em Helsinki, Finlândia, e verificaram que aqueles cujas mães foram expostas à influenza durante o segundo trimestre de gravidez eram mais passíveis de ter esquizofrenia do que os outros (Cannon, Barr e Mednick, 1991). Essa observação foi confirmada por alguns pesquisadores (consulte, por exemplo, O'Callaghan et al., 1991; Venables, 1996), mas não por outros (Buchanan e Carpenter, 2005; Selten et al., 2009). As indicações de que doenças virais causam danos ao cérebro fetal, o que posteriormente pode ocasionar os sintomas da esquizofrenia, são sugestivas e podem ajudar a explicar por que algumas pessoas com o transtorno se comportam de determinada maneira (Murray e Castle, 2012).

As evidências de complicações na gravidez (por exemplo, sangramento) e no parto (por exemplo, asfixia ou falta de oxigênio) e sua relação com esquizofrenia posterior sugerem, superficialmente, que esse tipo de estresse ambiental combinado com variáveis genéticas e outras variáveis pode desencadear a expressão do transtorno (Kotlicka-Antczak et al., 2014; Suvisaari et al., 2013). É possível, contudo, que os genes carregados pelo feto e que o tornam vulnerável à esquizofrenia possam, eles próprios, contribuir com as complicações no parto (van Os e Allardyce, 2009).

O uso crônico e precoce de maconha (*cannabis*) também está sendo estudado como uma possível influência no início da esquizofrenia (Murray e Castle, 2012). Algumas pesquisas sugerem que pessoas com genótipos CNR1 que usam maconha em altas doses têm maior possibilidade de desenvolver esquizofrenia (Ho et al., 2011) e que pessoas com esquizofrenia são mais passíveis de ter um transtorno por uso da droga que os indivíduos sem esquizofrenia (Corcoran et al., 2008; Martins e Gorelick, 2011). A conexão entre esses dois problemas ainda não foi claramente compreendida, e há achados conflitantes sobre a possibilidade de outros fatores serem ou não responsáveis por essa correlação (Murray e Castle, 2012).

Influências psicológicas e sociais

A teoria de que um gêmeo idêntico pode desenvolver esquizofrenia e o outro não sugere que esse transtorno envolve algo além dos genes. Sabemos que lesão cerebral precoce, talvez resultante de um surto viral no segundo trimestre da gestação ou de complicações obstétricas, pode gerar estresse físico que contribui para a esquizofrenia. Todas essas observações mostram claramente que a esquizofrenia não se enquadra perfeitamente em alguns pacotes causais simples. Por exemplo, nem todas as pessoas com esquizofrenia possuem ventrículos aumentados e nem todas exibem hipofrontalidade ou atividade anormal no sistema dopaminérgico. O quadro causal pode ser complicado por fatores psicológicos e sociais. Examinaremos, a seguir, as pesquisas sobre fatores psicossociais. Estressores emocionais ou padrões de interação familiar *iniciam* os sintomas da esquizofrenia? Em caso positivo, como esses fatores poderiam fazer com que as pessoas reincidissem após um período de melhora?

Estresse

É importante saber quanto e qual tipo de estresse faz uma pessoa com predisposição para esquizofrenia desenvolver o transtorno. Lembre-se dos dois casos que apresentamos no começo deste capítulo. Você notou algum evento precipitante? O pai de Arthur tinha morrido já há muitos anos e o jovem foi dispensado de seu emprego justamente na ocasião em que os sinto-

mas apareceram. O tio de David havia morrido no mesmo ano em que ele começou a agir de forma estranha. Esses eventos estressantes foram apenas coincidências ou contribuíram para os problemas posteriores?

Os pesquisadores estudaram os efeitos de diversos estressores sobre a esquizofrenia. Viver em uma cidade grande, por exemplo, está associado a um risco elevado de desenvolver esquizofrenia – o que sugere que o estresse da vida urbana pode precipitar seu início (Boydell e Allardyce, 2012). Dohrenwend e Egri (1981) observaram que pessoas saudáveis que entram em combate durante uma guerra muitas vezes exibem sintomas temporários que se assemelham aos da esquizofrenia. Em um estudo clássico, Brown e Birley (1968; Birley e Brown, 1970) examinaram pessoas cujo início da esquizofrenia podia ser datado de uma semana. Esses indivíduos estiveram sujeitos a um grande número de eventos estressantes nas três semanas anteriores ao início dos sinais do transtorno. Em um estudo de grande escala, patrocinado pela Organização Mundial da Saúde, pesquisadores investigaram o papel dos eventos diários no início da esquizofrenia (Day et al., 1987). Esse estudo em âmbito nacional confirmou os resultados de Brown e Birley por meio de oito diferentes centros de pesquisa.

A natureza *retrospectiva* dessas pesquisas cria problemas. Cada estudo depende de testemunhos após a ocorrência dos fatos colhidos depois de a pessoa ter mostrado sinais de esquizofrenia. Há sempre a dúvida quanto a esses relatos serem tendenciosos e, de algum modo, portanto, enganosos. Ao mesmo tempo, há fortes diferenças individuais em como as pessoas vivenciam os mesmos eventos cotidianos, e pessoas com esquizofrenia podem vivenciar eventos de modo diferente do que as pessoas sem o transtorno (Murray e Castle, 2012).

Os sintomas da esquizofrenia se agravam como resultado de experiências de vida estressantes? O modelo de vulnerabilidade ao estresse da esquizofrenia sugere que esse é o caso, e pode ser útil para prever os problemas. Um estudo utilizou um desastre natural – o terremoto de 1994 em Northridge, Califórnia – para avaliar como as pessoas com esquizofrenia reagiriam a esse estresse quando comparadas com aquelas com transtorno bipolar e participantes controles saudáveis (Horan et al., 2007). Ambos os grupos de pacientes reportaram mais sintomas relacionados ao estresse em comparação ao grupo controle; no entanto, as pessoas com esquizofrenia reportaram níveis mais baixos de autoestima após o desastre e ficaram mais passíveis de adotar uma estratégia evitativa de enfrentamento (não pensando sobre o problema ou resignando-se com as dificuldades) que os outros dois grupos. Pesquisas sobre estresse sociocultural, tais como pobreza, falta de moradia, adversidades na infância, crescimento em um ambiente urbano, posição de grupo minoritário e o estresse de estar em um novo país (van Os, Kenis e Rutten, 2010; Lataster et al., 2012), sugerem que esses estressores psicossociais influenciam o início e, possivelmente, o desenvolvimento de esquizofrenia. O início dos sintomas geralmente ocorre como resultado de estressores ambientais, mostrando que esses estressores podem ter seu impacto durante períodos sensíveis do desenvolvimento. Por exemplo, os estressores no início da vida podem influenciar o desenvolvimento de psicose, possivelmente aumentando os estressores mais tarde na vida, tor-

▲ Jill Hooley, da Universidade de Harvard, é uma notável pesquisadora de emoção expressa em famílias com esquizofrenia.

nando os indivíduos mais sensíveis a estressores posteriores, ou ambos (Lataster et al., 2012).

Uma simples vulnerabilidade pode evoluir para um grave transtorno a partir do intercâmbio entre gene-ambiente. Pesquisas importantes irão isolar as interações gene-ambiente nesta área. Por exemplo, alguns estudos agora mostram que variações genéticas específicas podem predizer quais indivíduos com esquizofrenia serão mais prováveis de reagir negativamente (como recaída) com o aumento do estresse (Ascher-Svanum et al., 2010).

Esses tipos de estudo apontam como o estresse pode impactar as pessoas com esquizofrenia e podem sugerir tratamentos úteis (como terapia cognitivo-comportamental para ajudá-las a lidar com o estresse de maneira mais apropriada) (Ascher-Svanum et al., 2010).

Famílias e recidiva

Muitas pesquisas analisaram como as interações no âmbito familiar afetam as pessoas com esquizofrenia. Por exemplo, o termo **mãe esquizofrenogênica** foi empregado durante um tempo para descrever mães cuja natureza fria, dominante e caracterizada pela rejeição foi considerada causadora da esquizofrenia de seus filhos (Fromm-Reichmann, 1948). Adicionalmente, o termo **comunicação de duplo vínculo** foi adotado para descrever um estilo de comunicação que produzia mensagens conflitantes, as quais, por sua vez, causavam o desenvolvimento de esquizofrenia (Bateson, 1959). Aqui, o progenitor presumivelmente comunica mensagens conflitantes de duplo sentido; por exemplo, uma mãe responde friamente ao abraço de seu filho, mas diz: "Você não me ama mais?", quando a criança se afasta. Embora essas teorias não sejam mais apoiadas, elas foram – e em alguns casos continuam a ser – destrutivas, produzindo culpa nos pais que foram persuadidos de que seus erros anteriores provocaram consequências devastadoras.

Trabalhos recentes se concentram mais no modo como as interações familiares contribuem não para o início da esquizofrenia, mas para a reincidência após os sintomas iniciais serem observados. Você verá que essas pesquisas são semelhantes aos trabalhos sobre vulnerabilidade ao estresse em geral que acabamos de discutir. As pesquisas focalizaram determinado estilo de comunicação emocional, conhecido como **emoção expressa (EE)**. Esse conceito foi formulado por George W. Brown et al. em Londres. Os pesquisadores descobriram, acompanhando uma amostra de pessoas que haviam recebido alta do hospital após um episódio de sintomas esquizofrênicos, que os antigos pacientes que tiveram contato limitado com seus familiares tiveram desempenho superior àqueles expostos a períodos mais longos com suas famílias (Brown, 1959). Outros resultados da pesquisa indicaram que se os níveis de crítica (desaprovação), hostilidade (animosidade) e envolvimento emocional excessivo (intromissão) expressos pelas famílias fossem altos, os pacientes tendiam a recair (Brown et al., 1962).

Outros pesquisadores descobriram posteriormente que o índice elevado de emoção expressa em uma família é um bom preditor de recidiva para pessoas com esquizofrenia crônica (Cechnicki et al., 2013). Se uma pessoa tem esquizofrenia e vive em uma família que expressa emoção com mais intimidade, ela tem uma probabilidade 3,7 vezes maior de reincidir do que se vivesse em uma família cuja manifestação da emoção fosse reduzida (Kavanagh, 1992; Parker e Hadzi-Pavlovic, 1990). Apresentamos, a seguir, alguns exemplos de entrevistas que mostram como as famílias de pessoas com esquizofrenia poderiam comunicar a emoção expressa:

Emoção expressa elevada
- Sempre digo: "Por que você não pega um livro, faz palavras cruzadas ou algo parecido para distrair sua mente?". Isso chega a ser muito incômodo.
- Tenho tentado convencê-lo a esquecer e o forçado a fazer coisas. Talvez eu tenha exagerado, não sei.

Emoção expressa reduzida
- Sei que é melhor para ela agir de modo independente, afastar-se de mim e tentar fazer as coisas sozinha.
- Estarei de acordo com o que ela fizer.
- Eu simplesmente deixo passar, porque sei que quando ela quiser falar, ela o fará. (Hooley, 1985, p. 134)

Esse estilo sugere que as famílias com emoção expressa alta veem os sintomas da esquizofrenia como controláveis, e que a hostilidade surge quando os membros da família pensam que os pacientes apenas não querem ajudar a si mesmos (Hooley e Campbell, 2002; McNab, Haslam e Burnett, 2007). A literatura sobre emoção expressa é válida para nossa compreensão de por que os sintomas da esquizofrenia recorrem, e pode nos mostrar como tratar as pessoas com esse transtorno e suas famílias, de modo que elas não vivenciem outros episódios psicóticos (Cechnicki et al., 2013).

Um tema interessante que surge ao estudar as influências familiares é se aquilo que vemos é exclusivo de nossa cultura ou é universal. Observar a emoção expressa em culturas diferentes pode nos ajudar a saber se se trata de uma *causa* da esquizofrenia (Breitborde, Lopez e Kopelowicz, 2010; Kymalainen e Weisman de Mamani, 2008). Lembre-se de que esse transtorno ocorre aproximadamente na mesma proporção em escala mundial, com prevalência de cerca de 1% da população global. Se um fator como emoção expressa elevada nas famílias for um agente causal, deveríamos observar as mesmas proporções em famílias de outras culturas; entretanto, essas proporções diferem, conforme pode ser visto na Figura 13.8. Esses dados vêm de uma análise do conceito de emoção expressa em diversos estudos feitos na Índia, no México, no Reino Unido e nos Estados Unidos (Jenkins e Karno, 1992). As diferenças sugerem que há variações culturais no modo como as famílias reagem a alguém com esquizofrenia, e que suas reações não causam o transtorno (Singh, Harley e Suhail, 2013). Além do mais, o que pode parecer ser um envolvimento excessivo em uma cultura, pode ser visto como um apoio em outras.

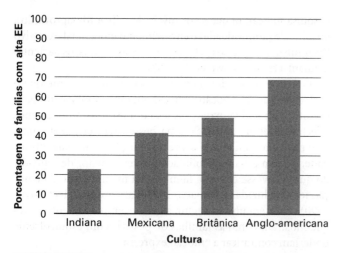

FIGURA 13.8 Diferenças culturais na emoção expressa.

Verificação de conceitos 13.2

Verifique sua compreensão da vulnerabilidade genética preenchendo as lacunas das afirmações associadas aos estudos sobre famílias, gêmeos e adoção. Escolha entre (a) maior(es), (b) menor(es), (c) igual(is), (d) gravidade, (e) tipo, (f) gêmeo idêntico, (g) específico(a), (h) gêmeo fraterno; e (i) geral.

1. O maior risco de ter esquizofrenia está naqueles que têm um(a) _____ ou _____ com esquizofrenia. As chances de qualquer parente com esquizofrenia desenvolver o transtorno serão _____ em relação à população geral.

2. Criadas em outro lar que não o de seus pais biológicos, as crianças adotadas de pais esquizofrênicos têm _____ probabilidade de manifestar o transtorno. Os filhos de pessoas com esquizofrenia adotados por famílias sem esquizofrenia têm uma possibilidade _____ que a média de terem o transtorno.

3. A possibilidade de uma criança ter esquizofrenia é influenciada pela _____ do transtorno do progenitor. É possível herdar uma predisposição para a esquizofrenia _____ que é a mesma ou diferente da do pai.

Tratamento da esquizofrenia

Se você se recorda de nossos relatos sobre Arthur e David, lembrará a preocupação das respectivas famílias. A mãe de Arthur falou sobre "viver um pesadelo" e a tia de David expressou preocupação sobre a sua segurança e a do sobrinho. Em cada caso, a família estava desesperada para ajudar, mas o que você faria por alguém que tem delírios, ouve a voz de seu tio morto ou não pode comunicar seus pensamentos completos? A busca por ajuda enveredou por muitos percursos, algumas vezes seguiu trajetórias perturbadoras; por exemplo, no século XVI, a cirurgia primitiva era realizada para retirar a "pedra da loucura", considerada responsável pelo comportamento doentio. Por mais bárbara que essa prática possa parecer, não é muito diferente da lobotomia pré-frontal feita em indivíduos com esquizofrenia ainda na década de 1950. Esse procedimento removia os lobos frontais da porção inferior do cérebro, o que algumas vezes acalmava o paciente, mas também causava déficits cognitivo e emocional. Mesmo hoje, algumas sociedades empregam procedimentos cirúrgicos grosseiros para eliminar os sintomas da esquizofrenia. No Quênia, por exemplo, os curandeiros da tribo Kiisi auscultam seus pacientes para identificar o local dos ruídos em suas cabeças (alucinações), em seguida os embebedam, cortam um pedaço do couro cabeludo e raspam o crânio na área das vozes (Mustafa, 1990).

No mundo ocidental de hoje, o tratamento normalmente começa com uma das drogas neurolépticas imprescindíveis para a redução dos sintomas da esquizofrenia, que se mostra eficaz para muitas pessoas. Normalmente, essas drogas são usadas com uma variedade de tratamentos psicossociais para reduzir a recidiva, compensar os déficits de aptidões e melhorar a cooperação para tomar os medicamentos (Cunningham Owens e Johnstone, 2012).

Intervenções biológicas

Por mais de cem anos, os pesquisadores consideraram que a esquizofrenia exige alguma forma de intervenção biológica. Emil Kraepelin, que descreveu de modo tão eloquente a *dementia praecox* no fim do século XIX, julgava o transtorno como uma doença cerebral. Na ausência de um tratamento biológico, ele recomendava ao médico que demonstrasse "muita paciência, atitude carinhosa e autocontrole" para acalmar os pacientes agitados (Nagel, 1991). O método era encarado como um paliativo para ajudar a pessoa a superar ocasiões difíceis, e não um tratamento propriamente dito.

Durante os anos 1930, diversos novos tratamentos biológicos foram experimentados. Um método consistia em injetar grandes doses de insulina – a substância ministrada em doses menores é usada no tratamento do diabetes – para induzir ao coma os que sofrem de esquizofrenia. A terapia de coma indu-

▲ Quadro do início do século XVI sobre psicocirurgia, em que parte do cérebro é removida para tratar doenças mentais.

zido por insulina foi considerada muito útil durante certa época, porém, uma análise mais detalhada mostrou que provocava um grande risco de doença grave e morte. Durante esse período, foi introduzida a *psicocirurgia*, incluindo a lobotomia pré-frontal; no fim da década de 1930, a eletroconvulsivoterapia (ECT) foi utilizada para o tratamento da esquizofrenia. Como com os primeiros tratamentos drásticos, o entusiasmo inicial com a ECT desvaneceu porque foi descoberto que ela não era benéfica para a maioria das pessoas com esquizofrenia – apesar de ainda ser usada em um número limitado de pessoas atualmente, às vezes em combinação com medicamentos antipsicóticos (Zervas, Theleritis e Soldatos, 2012). Como explicamos no Capítulo 7, a ECT às vezes é recomendada para pessoas que vivenciam episódios graves de depressão.

Medicações antipsicóticas

Um grande avanço no tratamento da esquizofrenia veio durante os anos 1950 com a introdução de diversas drogas que aliviavam os sintomas em muitas pessoas (Cunningham Owens e Johnstone, 2012). Chamados de *neurolépticos* (que significa "cuidar dos nervos"), esses medicamentos forneceram a primeira esperança real de que havia ajuda disponível para pessoas com esquizofrenia. Quando são efetivos, os neurolépticos ajudam as pessoas a pensar mais claramente e reduzem as alucinações e os delírios. Eles funcionam diminuindo os sintomas positivos (delírios, alucinações e agitação) e reduzindo a extensão dos negativos e desorganizados, como os déficits sociais. A Tabela 13.2 mostra as classes dessas drogas (com base em sua estrutura química) e seus nomes comerciais.

Lembre-se de nossa discussão sobre a teoria da dopamina da esquizofrenia, de que os neurolépticos são antagonistas da dopamina. Uma de suas principais ações no cérebro é interferir no sistema neurotransmissor dopaminérgico. Eles podem também afetar outros sistemas, como o serotonérgico e o glutamatérgico. Estamos apenas começando a entender os mecanismos pelos quais essas drogas funcionam.

No geral, cada medicamento é efetivo para algumas pessoas e não para outras. Os clínicos e os pacientes muitas vezes devem passar por um processo de tentativa e erro para encontrar o medicamento que funciona melhor, e alguns indivíduos não se beneficiam significativamente de nenhum deles. As primeiras drogas neurolépticas, chamadas antipsicóticos convencionais ou de primeira geração (como Haldol e Amplictil), são efetivas em aproximadamente 60%-70% das pessoas que os utilizam (Cunningham Owens e Johnstone, 2012). No entanto, muitas pessoas não obtiveram ajuda de antipsicóticos ou experimentaram efeitos colaterais desagradáveis. Felizmente, algumas pessoas respondem bem a medicamentos mais recentes – às vezes chamados de antipsicóticos atípicos ou de segunda geração; os mais comuns são risperidona e olanzapina. Essas medicações mais novas foram, em parte, desenvolvidas para auxiliar os pacientes que antes não respondiam aos medicamentos. Uma comparação de vários ensaios clínicos mostrou melhor eficácia, embora pequena, na prevenção do ressurgimento dos sintomas para essas medicações mais novas em relação às anteriores (Kishimoto et al., 2013). Inicialmente, pensou-se que medicamentos mais novos tinham menos efeitos colaterais mais graves do que os antipsicóticos convencionais. Entretanto, dois estudos de grande escala – um realizado nos Estados Unidos (chamado

TABELA 13.2	Medicamentos antipsicóticos de uso comum	
Classe	**Exemplo***	**Grau de efeitos colaterais extrapiramidais**
Antipsicóticos convencionais		
Fenotiazinas	Clorpromazina/*Amplictil*	Moderado
	Flufenazina/*Flufenan*	Alto
	Mesoridazina/*Serentil***	Baixo
	Perfenazina/*Trilafon***	Alto
	Tioridazina/*Melleril*	Baixo
	Trifluoperazina/*Stelazine*	Alto
Butirofenona	Haloperidol/*Haldol*	Alto
Outros	Loxapina/*Loxitane***	Alto
	Molindona/*Moban***	Baixo
	Tiotixeno/*Navane***	Alto
Agentes de segunda geração		
	Aripiprazol/*Abilify*	Baixo
	Clozapina/*Leponex*	Baixo
	Olanzapina/*Zyprexa*	Baixo
	Quetiapina/*Seroquel*	Baixo
	Risperidona/*Risperdal*	Baixo
	Ziprasidona/*Geodon*	Baixo

*O nome comercial está em itálico. ** Medicamento não comercializado no Brasil.

Fonte: Adaptado de American Psychiatric Association. (2004). Diretrizes práticas para o tratamento de pacientes com esquizofrenia. 2. ed. *American Journal of Psychiatry*, *161* (Suppl.), 1-56.

de "Clinical Antipsychotic Trials of Intervention Effectiveness" ou CATIE) (Stroup e Lieberman, 2010) e um no Reino Unido (chamado de "Cost Utility of the Latest Antipsychotic Drugs in Schizophrenia Study" ou CUtLASS) (Jones et al., 2006) – verificaram que as drogas de segunda geração não eram mais efetivas ou mais bem toleradas que as drogas mais antigas (Lieberman e Stroup, 2011). Esses resultados apontam para a relevância da importância de estudar cuidadosamente os resultados de todos os novos tratamentos.

Baixa adesão à medicação: por quê?

Apesar do otimismo gerado pela efetividade dos antipsicóticos, eles funcionam apenas quando são tomados adequadamente e muitas pessoas com esquizofrenia não seguem sua rotina de medicação. David frequentemente escondia as pílulas de Haldol – úteis na redução de suas alucinações – na boca, cuspindo-as quando ficava sozinho. Em um estudo de grande escala mencionado há pouco, 74% dos participantes estudados pararam de tomar seus medicamentos 18 meses após seu uso inicial (Lieberman e Stroup, 2011).

Inúmeros fatores parecem estar relacionados à baixa adesão dos pacientes com um regime de medicação, incluindo as relações negativas entre médico e paciente, o custo dos medicamentos e o apoio social empobrecido (Haddad, Brain e Scott,

▲ Um dos maiores obstáculos para o tratamento com drogas para a esquizofrenia é a adesão. Os pacientes descontinuam sua medicação por uma variedade de motivos, incluindo os efeitos colaterais negativos.

2014). Não é surpresa que os efeitos colaterais negativos são um grande fator na recusa do paciente. Os antipsicóticos podem produzir inúmeros sintomas físicos indesejados, como sonolência, visão turva e ressecamento da boca. Em virtude de os medicamentos afetarem os sistemas neurotransmissores, também pode haver efeitos colaterais mais sérios, os chamados *sintomas extrapiramidais* (Cunningham Owens e Johnstone, 2012). Esses sintomas incluem dificuldades motoras semelhantes àquelas vivenciadas por pessoas com doença de Parkinson, por vezes chamados sintomas parkinsonianos. A *acinesia* é um dos mais comuns; ela inclui uma face inexpressiva, atividade motora lenta e fala monótona. Outro sintoma extrapiramidal é a *discinesia tardia,* que envolve movimentos involuntários na língua, face, boca ou mandíbula, e pode incluir projeções da língua, bochechas infladas, boca franzida e movimentos de mastigação. A discinesia tardia parece resultar do uso no longo prazo de altas doses da medicação antipsicótica, e geralmente é irreversível. Os estudos mostraram que até 20% a 50% de todos os pacientes tratados com antipsicóticos desenvolvem discinesia tardia, com menor risco para pacientes mais jovens (somente 3% a 5% de pessoas mais jovens tomando essa medicação apresentam discinesia tardia, com o risco aumentando ao longo do tempo) (Waln e Jankovic, 2013). Esses efeitos colaterais sérios preocupam justificadamente as pessoas que já se beneficiaram desses medicamentos.

Para saber o que os pacientes dizem, Windgassen (1992) questionou 61 pessoas que tiveram início recente de esquizofrenia. Cerca de metade reportou o sentimento de sedação ou sonolência como um efeito colateral desagradável: "Sempre tenho que lutar para manter meus olhos abertos", "Sinto como se estivesse sob o efeito de drogas... sonolento e realmente acabado". Outras queixas incluíram deterioração da capacidade de pensar ou concentrar-se (18%), problemas com a salivação (16%) e visão embaçada (16%). Embora um terço dos pacientes sinta que os medicamentos foram benéficos, cerca de 25% tiveram uma atitude negativa em relação a eles. Um número significativo de pessoas que poderiam beneficiar-se dos medicamentos antipsicóticos acharam-nos inaceitáveis como tratamento, o que pode explicar as taxas relativamente altas de recusa e baixa adesão (Sendt, Tracy e Bhattacharyya, 2015; Yamada et al., 2006).

Os pesquisadores consideraram esse um tema importante no trabalho da esquizofrenia e concluíram que a medicação não pode ser bem-sucedida a não ser que seja tomada regularmente. Os pesquisadores esperavam que os índices de aceitação do tratamento melhorassem com a introdução de drogas injetáveis. Em vez de tomar diariamente um antipsicótico via oral, os pacientes podem tomar a medicação via intravenosa em intervalos de algumas semanas. Infelizmente, a baixa adesão ao tratamento permanece preocupante, principalmente porque os pacientes não retornam ao hospital ou à clínica para tomar novas doses (Kane et al., 2009; Kishimoto et al., 2012). As intervenções psicossociais utilizadas atualmente servem não apenas para tratar a esquizofrenia, mas também para aumentar a aceitação dos medicamentos e ajudar os pacientes a se comunicar melhor com os profissionais a respeito de suas preocupações.

Tratamentos biológicos adicionais

Um tratamento interessante para as alucinações experimentadas por muitas pessoas com esquizofrenia envolve participantes a campos magnéticos. Denominada *estimulação magnética transcraniana*, essa técnica usa fios em espiral para gerar campos magnéticos repetidamente – até 50 vezes por segundo – que atravessam o crânio e atingem o cérebro. Essa ação parece interromper temporariamente a comunicação típica àquela parte do cérebro. Hoffman et al. (2000, 2003) utilizaram essa técnica para estimular a área do cérebro envolvida nas alucinações para os indivíduos com esquizofrenia que vivenciavam alucinações auditivas. Eles descobriram que muitos deles tiveram uma melhora após a estimulação magnética transcraniana. Os estudos subsequentes também mostraram resultados promissores (Dougall et al., 2015), mas ensaios clínicos mais rigorosos são necessários para demonstrar que esse tratamento funciona. Adicionalmente, dados de acompanhamento são necessários para testar se as melhoras duram. Pesquisas preliminares mostraram que, embora essa intervenção possa melhorar modestamente as alucinações auditivas, seus efeitos duram menos de um mês (Slotema et al., 2012).

Por último, uma pesquisa recente explorou o efeito agregado da medicação modafinil quando tomada adicionalmente às medicações antipsicóticas. O modafinil é um ampliador cognitivo com baixo potencial de abuso. Na esquizofrenia, essa droga pode melhorar as funções cognitivas, como memória e resolução de problemas. Algumas pesquisas limitadas também sugerem que a droga possa melhorar o processamento emocional na esquizofrenia (Scoriels, Jones e Sahakian, 2013).

Intervenções psicossociais

Historicamente, foram experimentados inúmeros tratamentos psicossociais para a esquizofrenia, refletindo a crença de que o transtorno resulta de problemas de adaptação ao mundo devido às primeiras experiências (Cunningham Owens e Johnstone, 2012). Muitos terapeutas pensavam que as pessoas capazes de entender o papel presumido de seus históricos pessoais poderiam ser orientadas de modo seguro a lidar com sua situação atual. Embora os clínicos que adotam uma visão psicodinâmica ou psicanalítica da terapia continuem a praticar esse tipo de tratamento, as pesquisas indicam que seus esforços podem, na melhor das hipóteses, não gerar benefícios e, na pior das hipóteses, ser prejudiciais (Mueser e Berenbaum, 1990; Scott e Dixon, 1995).

Hoje, poucos acreditam que os fatores psicológicos fazem com que as pessoas tenham esquizofrenia ou que as abordagens psicoterapêuticas tradicionais irão curá-los. Todavia, você verá que os métodos psicológicos têm um papel importante. Apesar da grande promessa representada pelo tratamento com drogas, os problemas relacionados à não efetividade, ao uso inconsistente e à recidiva sugerem que as drogas, isoladamente, podem não ser efetivas em muitos casos. De modo idêntico a alguns transtornos discutidos neste livro, trabalhos recentes em intervenção psicossocial indicaram o valor de um método que use ambos os tipos de tratamento (Mueser e Marcello, 2011).

Até relativamente pouco tempo atrás, a maioria das pessoas com casos graves e crônicos de esquizofrenia era tratada em ambiente hospitalar. Durante o século XIX, o cuidado para o paciente internado envolvia o "tratamento moral", que enfatizava a melhora da socialização dos pacientes, ajudando-os a estabelecer rotinas para o autocontrole e mostrando-lhes o valor do trabalho e da religião (Tenhula et al., 2009). Vários tipos desses tratamentos "*milieu*" (alterando o ambiente físico e social – normalmente para tornar cenários institucionais mais parecidos com um lar) foram populares, mas com uma importante exceção: nenhum deles parece ter ajudado as pessoas com esquizofrenia.

Gordon Paul e Robert Lentz conduziram estudos pioneiros na década de 1970 em um centro de saúde mental em Illinois (Paul e Lentz, 1977). Valendo-se dos métodos comportamentais empregados por Ted Ayllon e Nate Azrin (1968), Paul e Lentz criaram um ambiente para pessoas internadas que incentivava a socialização adequada, a participação em sessões de grupo e a responsabilidade por cuidados pessoais, como arrumar a cama, ao mesmo tempo que desencorajava surtos violentos. Eles criaram uma **economia baseada em fichas**, por meio das quais os pacientes podiam ter acesso a refeições e pequenas conveniências caso se comportassem de modo apropriado. Um paciente podia, por exemplo, comprar cigarros com as fichas que ganhasse por manter seu quarto em ordem. Por outro lado, um paciente seria multado (perderia fichas) caso fosse agressivo ou se comportasse de forma inapropriada. Esse sistema de incentivos foi combinado com uma programação de atividades diárias. Paul e Lentz compararam a efetividade dos princípios do comportamento aplicado (ou aprendizado social) aos ambientes tradicionais de internação. Constataram, em geral, que os pacientes que se submetiam a seu programa tinham desempenho melhor do que outros no que se refere a aptidões sociais, cuidados pessoais e vocacionais, e um número maior deles poderia receber alta. Esse estudo foi um dos primeiros a mostrar que as pessoas que sofrem dos efeitos debilitantes da esquizofrenia podem aprender a realizar algumas habilidades necessárias para viver de maneira mais independente.

Durante os anos 1950, mais especificamente a partir de 1955, muitos esforços foram combinados para deter a institucionalização rotineira das pessoas com esquizofrenia nos Estados Unidos (Fakhoury e Priebe, 2007). Essa tendência ocorreu parcialmente em razão de decisões judiciais que limitam a internação involuntária (como vimos no caso de Arthur) e parcialmente por causa do sucesso relativo da medicação antipsicótica. A má notícia é que as políticas de desinstitucionalização geralmente são malconcebidas, resultando no fato de muitas pessoas com esquizofrenia ou outros transtornos psicológicos sérios tornarem-se moradores de rua – o número é estimado entre 150 mil e 200 mil pessoas só nos Estados Unidos (Foster, Gable e Buckley, 2012; Pearson, Montgomery e Locke, 2009). A boa notícia é que mais atenção está sendo dada ao apoio a essas pessoas em suas comunidades, entre seus amigos e familiares. A tendência está longe de criar melhores ambientes hospitalares e vai em direção de, talvez, uma tarefa mais difícil, a de abordar problemas complexos no mundo exterior, o que é menos previsível e inseguro. Até hoje, somente uma pequena fração do número crescente de moradores de rua com transtornos mentais está recebendo ajuda.

Um dos efeitos mais insidiosos da esquizofrenia é seu impacto negativo na capacidade de uma pessoa relacionar-se com outras. Embora não tão dramático como as alucinações e os delírios, os problemas com habilidades sociais podem ser os mais visivelmente demonstrados por pessoas com esquizofrenia e podem impedi-las de conseguir e manter empregos, assim como de fazer amizades. Os clínicos tentam ensinar novamente aptidões sociais como conversação básica, assertividade e construção de relacionamentos às pessoas com esquizofrenia (Mueser e Marcello, 2011).

Os terapeutas dividem aptidões sociais complexas em suas partes componentes, submetendo-as à modelagem. Os pacientes assumem em seguida papéis e, no final, praticam suas novas aptidões "no mundo real", enquanto recebem *feedback* e encorajamento quando ocorrem progressos. Isso não é tão fácil como parece. Por exemplo, como ensinar alguém a fazer amizade? Muitas aptidões estão envolvidas, por exemplo, manter contato visual quando a pessoa conversa com alguém e oferecer ao amigo potencial algum *feedback* positivo (porém não muito!) sobre seu próprio comportamento ("Realmente gosto de conversar com você"). Essas aptidões são praticadas e combinadas até que possam ser usadas de forma natural (Kurtz e Richardson, 2012). O desafio de ensinar habilidades sociais, como em todas as terapias, é manter os efeitos por um período maior.

Além das habilidades sociais, os programas muitas vezes ensinam uma variedade de maneiras pelas quais as pessoas podem adaptar-se ao seu transtorno e ainda viver em comunidade. No *Independent Living Skills Program* da Universidade da Califórnia, em Los Angeles, por exemplo, o foco está em ajudar as pessoas a serem responsáveis por seu próprio cuidado por meio de métodos como identificar sinais que alertam para uma recidiva e aprender como gerenciar sua medicação (ver Tabela 13.3) (Liberman, 2007). Evidências preliminares

▲ Uma mãe está feliz por ter sua filha em casa, saída de um hospital psiquiátrico, mas reconhece que "Agora a verdadeira luta começa".

TABELA 13.3 Programa de habilidades de vida independente na UCLA

Módulo	Áreas de habilidade	Objetivos de aprendizagem
Gerenciamento de sintomas	Identificação de sinais de alerta de recaída	Identificar sinais de alerta pessoal Monitorar sinais de alerta pessoal com a ajuda de outras pessoas
	Gerenciamento de sinais de alerta	Obter assistência de profissionais da saúde para diferenciar sinais de alerta pessoal de sintomas persistentes, efeitos colaterais de medicações e variações de humor; desenvolver um plano emergencial para responder aos sinais de alerta
	Enfrentamento dos sintomas persistentes	Reconhecer e monitorar sintomas pessoais persistentes; obter ajuda de profissionais da saúde para diferenciar sintomas persistentes de sinais de alerta, efeitos colaterais de medicações e variações de humor; usar técnicas específicas para lidar com os sintomas persistentes Monitorar sintomas persistentes diariamente
	Evitar álcool e drogas ilícitas	Identificar os efeitos adversos do álcool e das drogas ilícitas e os benefícios de evitá-los; recusar a oferta de álcool e drogas ilícitas; saber como resistir ao uso dessas substâncias no enfrentamento da ansiedade, baixa autoestima ou depressão; discutir abertamente o uso de álcool e drogas com os profissionais da saúde
Gerenciamento de medicação	Obtenção de informações sobre medicamentos antipsicóticos; Conhecer a autoadministração e avaliação corretas Identificação dos efeitos colaterais dos medicamentos Negociação de questões medicamentosas com os profissionais da saúde	Entender como essas medicações funcionam, por que a terapia de manutenção medicamentosa é utilizada e os benefícios de tomar a medicação Seguir os procedimentos adequados para tomar a medicação; avaliar as respostas à medicação diariamente Conhecer os efeitos colaterais específicos que algumas vezes resultam do uso da medicação e o que fazer quando esses problemas acontecerem Praticar formas de obter ajuda quando ocorrer problemas com a medicação

Fonte: Reeditado com permissão de Eckman, T. A. et al. (1992). Techniques for training schizophrenic patients in illness self-management: A controlled trial. *American Journal of Psychiatry*, *149*, 1549-1555, © 1992 American Psychiatric Association.

indicam que esse tipo de treinamento pode ajudar na prevenção de recidivas por pessoas com esquizofrenia, embora sejam necessárias mais pesquisas do resultado em prazo mais longo para identificar a duração dos efeitos (Cunningham Owens e Johnstone, 2012). Pensando em como superar alguns obstáculos a essa manutenção bastante desejada, esses programas combinam o treinamento de habilidades com o apoio de uma equipe multidisciplinar que fornece serviços diretamente na comunidade, o que parece reduzir a internação (Cunningham Owens e Johnstone, 2012). Quanto mais tempo e esforço dedicados a esses serviços, maior é a possibilidade de melhora.

Há um papel para novas tecnologias no diagnóstico e tratamento da esquizofrenia? Pesquisadores criativos estão respondendo a essa pergunta em inúmeros desenvolvimentos animadores para a área. Um estudo buscou melhorar a compreensão da esquizofrenia ao usar tecnologia de realidade virtual para estimular múltiplas tarefas cognitivas (Macedo, Marques e Queirós, 2015; Sorkin et al., 2006). Os pesquisadores criaram uma tarefa parecida com um jogo para testar os aspectos de trabalhar a memória e a perseverança (concentrar-se nas mesmas coisas repetidamente) e descobriram não apenas que essa abordagem pôde criar estímulos da vida real que revelaram déficits, mas também que as tarefas poderiam ser divertidas. Um estudo realizado no Kings College em Londres testou a natureza da paranoia em um ambiente de realidade virtual com grupos com baixa paranoia, paranoia não clínica e aqueles com delírios persecutórios (Freeman et al., 2010). Os pesquisadores construíram um cenário virtual que representa um metrô londrino e criaram avatares como passageiros que às vezes olhariam para o participante do estudo (consulte as fotos na sequência).

Houve diferenças significativas entre os grupos nos níveis de ansiedade, preocupação, sensibilidade interpessoal e depressão de acordo com os níveis anteriores de paranoia. Esse tipo de avaliação proporcionou um ambiente seguro para avaliar e estudar a paranoia persecutória nos grupos. Outra pesquisa está usando essa tecnologia para auxiliar idosos com esquizofrenia a melhorar suas habilidades cognitivas e motoras gerais (por exemplo, ao fazê-los empurrar bolas coloridas que estão flutuando em direção a eles em um mundo virtual) (Chan et al., 2010). Novamente, essas avaliações e tratamentos virtuais proporcionam aos clínicos ambientes controláveis e mais seguros para estudar e tratar pessoas com esquizofrenia.

Outra intervenção psicossocial para a esquizofrenia é a remediação cognitiva destinada a melhorar os processos cognitivos, como atenção, função executiva e memória, todos os quais estão associados com prejuízos ao longo do curso da esquizofrenia. Prejuízos nessas áreas cognitivas predizem o funcionamento geral dos pacientes e resposta inferior a outros tratamentos (por exemplo, reabilitação psicológica ou treinamento de habilidades sociais) (Mueser et al., 2013). Assim, um objetivo principal da remediação cognitiva é melhorar os processos cognitivos para os pacientes com esquizofrenia, para assim aumentar o funcionamento desses indivíduos na comunidade. A intervenção consiste em exercícios de prática cognitiva e aprendizagem de estratégias cognitivas. Essa inter-

530 PSICOPATOLOGIA

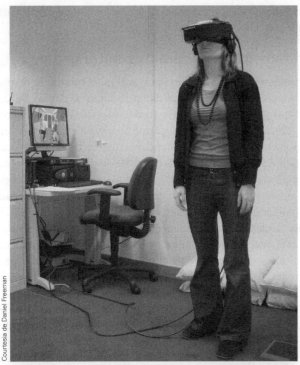

▲ Os pesquisadores estão usando tecnologia de realidade virtual para compreender melhor a complexidade da esquizofrenia. A foto na parte superior ilustra uma participante em um estudo da paranoia. A foto de baixo mostra o que a participante vê. Essa tecnologia permite que os pesquisadores controlem de perto as posições e expressões faciais das pessoas virtuais representadas no trem.

para as pessoas com esquizofrenia e que podem exibir níveis altos de emoção expressa também é uma área ativa de estudo (Cunningham Owens e Johnstone, 2012).

Em contraposição à terapia tradicional, a terapia comportamental familiar assemelha-se à educação em sala de aula (Falloon, 2015; Lefley, 2009). Os membros da família recebem esclarecimentos sobre a esquizofrenia e seu tratamento, livram-se do mito de que causaram o transtorno e lhes são ensinados fatos práticos sobre medicação antipsicótica e seus efeitos colaterais. Também recebem ajuda para desenvolver habilidades de comunicação a fim de que se tornem ouvintes mais empáticos, e aprendam modos construtivos de expressar sentimentos negativos para substituir a crítica contundente que caracteriza algumas interações na família. Aprendem, adicionalmente, habilidades para a resolução de problemas que os ajudam a lidar com conflitos que surgem. Assim como a pesquisa sobre o treinamento de habilidades sociais, resultados de pesquisas sugerem que os efeitos da terapia familiar comportamental são significativos durante o primeiro ano, mas menos robustos dois anos após a intervenção (Cunningham Owens e Johnstone, 2012). Esse tipo de terapia, portanto, deve ser contínua caso os pacientes e suas famílias se beneficiem dela.

Adultos com esquizofrenia defrontam-se com grandes obstáculos para manter um bom emprego. O déficit de habilidades sociais dificulta o desempenho confiável das funções e o relacionamento adequado com os colegas. Para tratar essas problemáticas, alguns programas se concentram na readaptação vocacional, por exemplo, um emprego apoiado. Isso envolve proporcionar técnicos que dão treinamento no ambiente de trabalho, e esses esforços podem ajudar algumas pessoas com esquizofrenia a manter trabalhos significativos (Mueser e Marcello, 2010).

Pesquisas indicam que o treinamento de habilidades sociais, a intervenção familiar e a readaptação vocacional podem ser fatores adicionais úteis ao tratamento biológico (drogas) da esquizofrenia. Recidivas significativas podem ser evitadas ou postergadas por essas intervenções psicossociais. A Figura 13.9 ilustra os estudos realizados por um grupo (Fal-

venção parece melhorar as habilidades cognitivas e o funcionamento geral, especialmente quando combinada com outros tratamentos, tais como a reabilitação psicológica (Mueser et al., 2013). Além disso, os estudos sugerem que o funcionamento dos pacientes melhora mais quando uma abordagem baseada em estratégia é adotada (Wykes et al., 2011).

Em nossa discussão sobre as influências psicossociais na esquizofrenia, revisamos alguns trabalhos ligando os ambientes sociais e emocionais da pessoa à recorrência dos episódios esquizofrênicos (McNab et al., 2007). É lógico perguntar se as famílias poderiam ser ajudadas aprendendo a reduzir seu nível de emoção expressa e se isso resultaria em menos recidivas e um melhor funcionamento geral das pessoas com esquizofrenia. Diversos estudos trataram esses temas considerando diversas abordagens (Falloon et al., 1985; Hogarty et al., 1986, 1991) e a terapia comportamental familiar foi usada para ensinar as famílias das pessoas com esquizofrenia a oferecer maior suporte (Dixon e Lehman, 1995; Mueser, Liberman e Glynn, 1990). A pesquisa sobre profissionais que fornecem cuidados

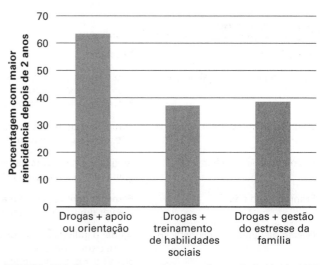

FIGURA 13.9 Estudos sobre o tratamento da esquizofrenia de 1980 a 1992. (Adaptado de Falloon, I. R. H., Brooker, C. e Graham-Hole, V. (1992). Psychosocial interventions for schizophrenia. *Behaviour Change*, *9*, 238-245.)

loon, Brooker e Graham-Hole, 1992), que mostram como tratamentos em diversos níveis diminuem o número de recidivas entre as pessoas em tratamento com drogas em comparação ao simples apoio social ou aos esforços educacionais.

Os locais do tratamento ampliaram-se ao longo dos anos de pavilhões trancados em grandes hospitais psiquiátricos a residências de famílias em comunidades locais. Além disso, os serviços aumentaram e passaram a incluir grupos de defesa dos próprios interesses e de autoajuda. Ex-pacientes organizaram programas, como o Fountain House em Nova York, a fim de proporcionar apoio mútuo. Clubes psicossociais possuem modelos diferentes, porém todos são "centrados na pessoa" e se concentram em obter experiências positivas por meio de oportunidades de emprego, amizades e empoderamento. Muitos veem esse modelo de autoajuda acionado pelo paciente como um componente adicional às intervenções mais específicas, como o treinamento de habilidades sociais, intervenção familiar e tratamento médico dos sintomas. Algumas pesquisas indicam que a participação pode ajudar a reduzir as recidivas, mas, como também é possível que os participantes desses programas sejam um grupo especial de indivíduos, é difícil interpretar as melhoras (Davidson et al., 2006; Goering et al., 2006).

Em virtude de a esquizofrenia ser um transtorno complexo que afeta múltiplas áreas de funcionamento, o tratamento efetivo é realizado em diversos níveis. A Tabela 13.4 relaciona seis estratégias de tratamento que demonstraram ser efetivas para ajudar essas pessoas a alcançar melhor qualidade de vida. Provavelmente, o programa mais extensivamente estudado é o tratamento comunitário assertivo (TCA), que surgiu do trabalho de pesquisadores de Madison, Wisconsin (Swartz et al., 2006). O TCA envolve uma equipe multidisciplinar de profissionais para fornecer um tratamento de amplo alcance em todos os domínios, incluindo tratamentos medicamentoso, psicossocial, treinamento vocacional e de apoio. Conforme você pode observar, um método isolado não é suficiente para atender às muitas necessidades das pessoas com esquizofrenia

e suas famílias (Cunningham Owens e Johnstone, 2012; Mueser e Marcello, 2011).

Tratamento em diferentes culturas

O tratamento da esquizofrenia e sua aplicação difere de país para país e também de cultura para cultura, dentro de um mesmo país. Por exemplo, a grande maioria do povo Xhosa da África do Sul que tem esquizofrenia vai a curandeiros tradicionais que às vezes recomendam o uso de tratamentos orais para induzir vômito, enemas e o abate de gado para apaziguar os espíritos (Koen et al., 2008). Os latinos, por exemplo, podem ter menos propensão que outros grupos para procurar ajuda em ambientes institucionais, preferindo apoiar-se na família (Hernandez, Barrio e Yamada, 2013; Liberman e Kopelowicz, 2009). Adaptar os tratamentos para torná-los culturalmente relevantes – nesse caso, incluindo parentes importantes para o treinamento das habilidades sociais de latinos com esquizofrenia – é essencial para a efetividade (Kopelowicz et al., 2012). Em um interessante estudo, crenças sobre os sintomas e tratamentos foram comparadas entre as populações britânica e chinesa (Furnham e Wong, 2007). Chineses nativos detêm mais crenças religiosas sobre as causas e os tratamentos da esquizofrenia do que aqueles que vivem na Inglaterra – por exemplo, endossando afirmações como "A esquizofrenia ocorre em função de um mal feito em uma vida passada" e "O culto ancestral (queimar velas e incensos) ajudará a tratar a esquizofrenia". Essas crenças diferentes traduzem-se na prática – com os britânicos utilizando mais tratamentos biológicos, psicológicos e comunitários e os chineses dependendo mais da medicina alternativa (Furnham e Wong, 2007). As crenças sobrenaturais sobre a causa da esquizofrenia entre membros familiares em Bali levam ao uso limitado da medicação antipsicótica no tratamento (Kurihara et al., 2006). Em muitos países da África, pessoas com esquizofrenia são mantidas em prisões, primariamente pela falta de alternativas adequadas (Mustafa, 1990). Em geral, na maioria dos países ocidentais, a prática de não inter-

TABELA 13.4 Uma abordagem integrativa do tratamento	
Tratamento	**Descrição**
Psicofarmacologia colaborativa	Uso de medicamentos antipsicóticos para tratar os principais sintomas do transtorno (alucinações, delírios), assim como uso de outros medicamentos para os sintomas secundários (por exemplo, medicamento antidepressivo para pessoas com depressão secundária).
Tratamento comunitário assertivo	Fornecer suporte na comunidade, com ênfase nos casos mais leves para os prestadores de cuidados médicos, serviços na comunidade e não em uma clínica com cobertura 24 horas.
Psicoeducação familiar	Auxiliar os membros da família, incluindo orientação sobre o transtorno e como administrá-lo, ajudando-os a reduzir o estresse e a tensão no lar e fornecendo apoio social.
Emprego apoiado	Fornecer apoio suficiente antes e durante o emprego, de modo que a pessoa possa encontrar e manter um trabalho significativo.
Gestão da doença e recuperação	Ajudar o indivíduo a se tornar um participante ativo no tratamento, incluindo fornecer orientação sobre o transtorno, ensinar estratégias de uso efetivo da medicação para colaborar com os clínicos e lidar com os sintomas quando eles recorrem.
Tratamento integrado de transtornos duplos	Tratar o uso coexistente de substância.

▲ O tratamento para os sintomas de esquizofrenia varia de forma ampla culturalmente – de abordagens humanas utilizando intervenções empiricamente validadas à remoção da pessoa da sociedade.

nar os indivíduos em instituições especializadas e fazer com que obtenham apoio da comunidade segue ativa.

Prevenção

Uma estratégia para prevenir um transtorno como a esquizofrenia – que normalmente aparece pela primeira vez no início da idade adulta – consiste em identificar e tratar crianças em risco de desenvolvê-la em uma fase posterior da vida. Em nossa discussão sobre genética, observamos que aproximadamente 17% das crianças nascidas de pais que têm esquizofrenia são passíveis de desenvolver o transtorno. Essas crianças em alto risco têm sido o foco de diversos estudos.

Um estudo de risco clássico com esse público foi iniciado nos anos 1960 por Sarnoff A. Mednick e Fini Schulsinger (1965,

> ### Verificação de conceitos 13.3
>
> Leia as descrições e combine-as com as palavras a seguir: (a) olanzapina, (b) sintomas extrapiramidais, (c) serotonina, (d) dopamina, (e) metabólitos, (f) economia baseada em fichas, (g) reabilitação vocacional, (h) treinamento de habilidades sociais, (i) intervenção familiar.
>
> 1. Estabelecer uma _____ elaborada em que os pacientes são multados por comportamento perturbador ou inapropriado e recompensados pelo comportamento apropriado é benéfico em hospitais.
> 2. Em _____, os clínicos tentam orientar novamente comportamentos como conversação básica, assertividade e construção da relação para pessoas com esquizofrenia.
> 3. Além do treinamento de habilidades sociais, dois tratamentos psicossociais para a esquizofrenia, _____ (orientar os membros da família para dar apoio) e _____ (orientar para trabalhos significativos), podem ser úteis.
> 4. Estudos recentes às vezes indicam que a relação dos neurotransmissores de _____ e _____ podem explicar alguns sintomas positivos da esquizofrenia.
> 5. Como os medicamentos antipsicóticos podem causar sérios efeitos colaterais, alguns pacientes param de tomá-los. Efeitos colaterais sérios são chamados de _____, que podem incluir sintomas parkinsonianos.
> 6. Casos difíceis de esquizofrenia parecem melhorar com um antagonista de serotonina e dopamina chamado _____.

1968). Eles identificaram 207 filhos de mães que tiveram graves casos de esquizofrenia e 104 crianças controle nascidas de mães sem histórico do transtorno. A idade média dessas crianças era de cerca 15 anos quando foram inicialmente identifica-

 Controvérsias sobre o DSM: Síndrome psicótica atenuada

Uma das mudanças mais discutidas no *DSM-5* relacionada ao espectro da esquizofrenia e outros transtornos psicóticos foi a possível inclusão de um novo diagnóstico, Síndrome Psicótica Atenuada. Lembre-se de que esse diagnóstico seria dado a uma pessoa que está começando a vivenciar um ou mais dos sintomas da esquizofrenia, como alucinações ou delírios, porém está ciente de que estas são experiências incomuns e não são típicas de uma pessoa saudável (por exemplo, teste de realidade relativamente intacto). Estão em alto risco de ter sintomas mais graves como os exibidos nos transtornos do espectro da esquizofrenia. O argumento para incluir esse conjunto de sintomas como um novo transtorno é que atuar com uma pessoa nesses estágios iniciais pode provar-se útil para esforços iniciais de intervenção (Pagsberg, 2013). É possível que manter os sintomas sob controle antes de eles tornarem-se graves, pode salvá-la de anos de sofrimento (Woods et al., 2010).

Por outro lado, alguns argumentaram contra o foco nesse grupo seleto de indivíduos. De uma perspectiva da saúde pública, alguns sugerem que em vez de limitar os esforços de prevenção para esse grupo, maior atenção deve ser dada à condição da saúde mental da população geral, para mapear e prestar serviços para qualquer pessoa que mostre sinais dessas perturbações (van Os, 2011). O *DSM-5* "fica em cima do muro" ao incluir o transtorno nessa seção de "condição para outros estudos". Se este conjunto de critérios vai eventualmente fazer seu caminho para entrada no DSM e qual impacto isso terá sobre o tratamento e os resultados para aqueles afetados é algo que continua a ser analisado.

das e os pesquisadores as acompanharam por mais de 10 anos para determinar se quaisquer fatores previram quem desenvolveria e quem não desenvolveria esquizofrenia. Já discutimos complicações na gravidez e no parto. Mednick e Schulsinger também identificaram a *instabilidade do ambiente familiar precoce de criação*, o que sugere que as influências ambientais podem desencadear o início da esquizofrenia (Cannon et al., 1991). Cuidados de baixa qualidade pelos pais podem adicionar mais desgaste a uma pessoa vulnerável que já está em risco.

Uma abordagem para a prevenção da esquizofrenia que tem recebido mais atenção é o tratamento de pessoas nos estágios prodrômicos do transtorno. Nele, o indivíduo está começando a mostrar sinais iniciais leves da esquizofrenia (por exemplo, alucinações, delírios), mas está ciente dessas mudanças. Os esforços em intervir nesses indivíduos estão sendo investigados como um meio de interromper a progressão do transtorno ou prevenir as recidivas (Cunningham Owens e Johnstone, 2012).

Resumo

Perspectivas sobre a esquizofrenia

▶ Esquizofrenia é uma síndrome complexa reconhecida há muitos anos.

▶ Inúmeras personagens históricas durante o século XIX e o início do século XX contribuíram para a evolução das definições e possíveis causas deste espectro de transtornos.

Descrição clínica, sintomas e subtipos

▶ A esquizofrenia é caracterizada por um amplo espectro de disfunções cognitivas e emocionais que incluem delírios e alucinações, discurso e comportamento desorganizados e emoções inapropriadas.

▶ Os sintomas da esquizofrenia podem ser classificados como positivos, negativos e desorganizados. Os sintomas positivos são manifestações ativas de comportamento atípico, ou um excesso ou distorção do comportamento típico, e incluem delírios e alucinações. Os sintomas negativos envolvem déficit nos aspectos de afeto, discurso (pensamento) e motivação. Os sintomas de desorganização incluem discurso confuso, comportamento imprevisível e emotividade inadequada.

▶ Comportamentos psicóticos como alucinações e delírios caracterizam diversos outros transtornos; estes incluem o transtorno esquizofreniforme (pessoas que apresentam sintomas de esquizofrenia há menos de seis meses); transtorno esquizoafetivo (pessoas que têm sintomas de esquizofrenia e que também exibem as características de transtorno do humor, como depressão e transtorno bipolar); transtorno delirante (pessoas com crença persistente contrária à realidade, na ausência das demais características da esquizofrenia); e transtorno psicótico breve (pessoas com um ou mais sintomas positivos do tipo delírios, alucinações ou discurso ou comportamento confuso durante menos de um mês).

▶ Um novo transtorno proposto – síndrome psicótica atenuada – que inclui um ou mais dos sintomas da esquizofrenia, como alucinações ou delírios, porém o indivíduo está ciente de que essas são experiências incomuns e atípicas para uma pessoa saudável. Isso está incluso no Apêndice do *DSM-5* como um transtorno que necessita de mais estudos.

Prevalência e causas da esquizofrenia

▶ Inúmeros fatores são considerados causadores da esquizofrenia, incluindo influências genéticas, desequilíbrio nos neurotransmissores, lesão estrutural no cérebro causada por infecção virótica pré-natal ou trauma no parto e estressores psicológicos.

▶ A recidiva parece ser provocada por ambientes familiares hostis e críticos caracterizados por emoção expressa elevada.

Tratamento da esquizofrenia

▶ O tratamento bem-sucedido raramente inclui a recuperação completa. No entanto, a qualidade de vida desses indivíduos pode ser significativamente melhorada quando combinados medicação antipsicótica e métodos psicossociais, apoio no emprego e intervenções baseadas na família e na comunidade.

▶ Normalmente, o tratamento envolve drogas antipsicóticas que costumam ser administradas com uma variedade de tratamentos psicossociais, com a meta de reduzir a recidiva e melhorar as habilidades deficientes e a adesão à medicação. A efetividade do tratamento é limitada porque a esquizofrenia é tipicamente um transtorno crônico.

Termos-chave

afeto inadequado
alogia
alucinação
anedonia
avolia
catatonia
comportamento psicótico
comunicação de duplo vínculo
delírio
dementia praecox
desorganização do pensamento (discurso)
divisão associativa
economia baseada em fichas
embotamento afetivo
emoção expressa (EE)
esquizofrenia
estágio prodrômico
hebefrenia

imobilidade catatônica
mãe esquizofrenogênica
paranoia
sintomas negativos
sintomas positivos
síndrome psicótica atenuada
transtorno da personalidade esquizotípica
transtorno delirante
transtorno esquizoafetivo
transtorno esquizofreniforme
transtorno psicótico breve
transtorno psicótico compartilhado (*folie a deux*)
transtorno psicótico devido a outra condição médica
transtorno psicótico induzido por substância/medicamento

Respostas da verificação de conceitos

13.1

Parte A
1. desorganizado;
2. Transtorno esquizofreniforme;
3. Transtorno delirante;
4. Catatônico(a);

5. Síndrome psicótica atenuada.

Parte B
6. c; 7. b; 8. a; 9. d

13.2
1. f, h, a; 2. a, a; 3. d, i

13.3
1. f; 2. h; 3. i, g; 4. d, c; 5. b; 6. a

Explorando a esquizofrenia

- A esquizofrenia perturba a percepção do mundo, o pensamento, a fala, os movimentos e quase todos os outros aspectos do funcionamento diário.
- Geralmente é crônica, com elevada taxa de reincidência; a recuperação completa da esquizofrenia é rara.

Desencadeadores
- Evento vital estressante, traumático
- Alta emoção expressa (crítica familiar, hostilidade e/ou intrusão)
- Às vezes, nenhum gatilho óbvio

Influências biológicas
- Tendência hereditária (múltiplos genes) para desenvolver a doença
- Complicações pré-natais/ao nascimento – infecção viral durante a gravidez/lesão no nascimento afetam as células do cérebro da criança
- Química cerebral (alterações nos sistemas da dopamina e glutamato)
- Estrutura cerebral (ventrículos aumentados)

Influências sociais
- Ambiente (experiências familiares precoces) pode desencadear o início
- Influências culturais na interpretação de doenças/sintomas (alucinações, delírios)

Causas

Influências comportamentais
- Sintomas positivos:
  – Manifestações ativas de comportamento atípico (delírios, alucinações, discurso desorganizado, movimentos estranhos do corpo ou catatonia)
- Sintomas negativos:
  – Afeto embotado (falta de expressão emocional)
  – Avolia (falta de iniciativa, apatia)
  – Alogia (relativa ausência do discurso em quantidade ou conteúdo)

Influências emocionais e cognitivas
- Estilos de interação que têm alta crítica, hostilidade e superenvolvimento emocional podem desencadear uma recaída

TRATAMENTO DA ESQUIZOFRENIA

Tratamento	Efeitos
Terapia individual, em grupo ou familiar	■ Podem ajudar o paciente e a família a compreender a doença e os fatores que desencadeiam os sintomas. ■ Ensinar habilidades de comunicação às famílias. ■ Proporcionar recursos para lidar com os desafios emocionais e práticos.
Treinamento de habilidades sociais	■ Pode ocorrer em ambiente hospitalar ou comunitário. ■ Ensinar à pessoa com esquizofrenia habilidades sociais, de autocuidados e vocacionais.

Medicamentos	■ Medicamentos neurolépticos podem ajudar pessoas com esquizofrenia:
	  – Clarificam o pensamento e percepções da realidade
	  – Reduzem alucinações e delírios
	■ O tratamento medicamentoso deve ser consistente para ser efetivo. Dosagens irregulares podem agravar os sintomas existentes e criar novos sintomas.

Explorando a esquizofrenia (cont.)

SINTOMAS DA ESQUIZOFRENIA
Nem todas as pessoas com esquizofrenia apresentam os mesmos tipos de sintomas.
Os sintomas variam entre as pessoas e podem ser cíclicos. Os mais comuns incluem:

Sintomas		Efeitos
Delírios		■ Crenças irrealistas e bizarras não compartilhadas por outras pessoas na cultura ■ Podem ser delírios de grandeza (você realmente é a Madre Teresa ou Napoleão) ou delírios de perseguição (o ciclista acreditava que seus concorrentes o estavam sabotando colocando pedrinhas na estrada)
Alucinações		■ Eventos sensoriais sem base em qualquer evento externo (ouvir vozes, ver pessoas que já morreram) ■ Muitos possuem alucinações auditivas (David ouve seu tio morto falando com ele)
Discurso desorganizado		■ Pular de assunto em assunto ■ Falar de modo ilógico (não responder a perguntas diretas, tangenciar assuntos) ■ Empregar palavras e sentenças ininteligíveis
Problemas comportamentais		■ Caminhar desregulado, agitação intensa ■ Imobilidade catatônica ■ Flexibilidade cérea (manter partes do corpo na mesma posição em que são colocadas por outra pessoa) ■ Vestimenta inadequada (casacos no verão, *shorts* no inverno) ■ Afeto inadequado ■ Ignorar higiene pessoal
Isolamento		■ Falta de resposta emocional (discurso embotado, pouca mudança nas expressões faciais) ■ Apatia (pouco interesse em atividades do dia a dia) ■ Respostas atrasadas e breves na conversação ■ Perda de prazer em atividades prazerosas (comer, socialização, sexo)

14 Transtornos do neurodesenvolvimento

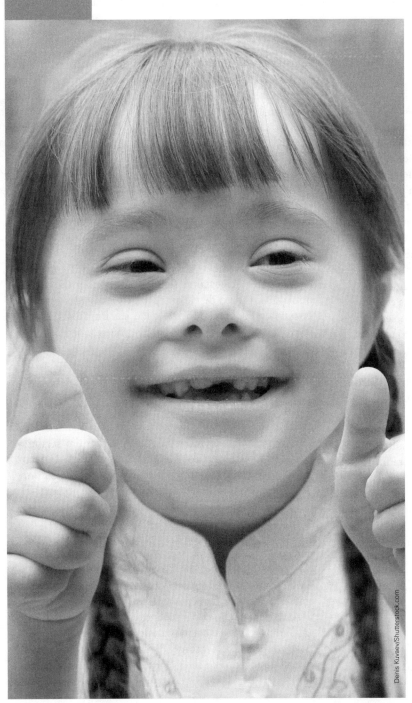

RESUMO DO CAPÍTULO

Visão geral dos transtornos do neurodesenvolvimento
O que é normal? O que é anormal?

Transtorno de déficit de atenção/hiperatividade

Transtorno específico da aprendizagem

Transtorno do espectro autista
Tratamento do transtorno do espectro autista

Deficiência intelectual (transtorno do desenvolvimento intelectual)
Causas

Prevenção de transtornos do neurodesenvolvimento

Resultados finais de assimilação do conteúdo pelo aluno*

• **Utilizar o raciocínio científico para interpretar o comportamento:**	• Identificar os componentes biológicos, psicológicos e sociais básicos das explicações comportamentais (ex.: inferências, observações, definições operacionais e interpretações) [APA SLO 2.1a]
• **Empenhar-se com um pensamento integrador e inovador na resolução de problemas:**	• Descrever problemas de forma operacional para estudá-los empiricamente [APA SLO 2.3a]
• **Descrever as aplicações que empregam a resolução de problemas com base na disciplina:**	• Identificar corretamente antecedentes e consequências de comportamento e processos mentais [APA SLO 1.3c] • Descrever exemplos de aplicações relevantes e práticas de princípios psicológicos da vida diária [APA SLO 1.3a]

* Partes deste capítulo cobrem os resultados finais de aquisição de conhecimento sugeridos pela American Psychological Association (2013), inclusos nas diretrizes de bacharéis em Psicologia. O escopo do capítulo concernente aos resultados está identificado acima pela APA Goal e pela APA Suggested Learning Outcome (SLO)[1]

Visão geral dos transtornos do neurodesenvolvimento

Quase todos os transtornos descritos neste livro são transtornos do desenvolvimento, no sentido de que eles mudam ao longo do tempo. A maior parte deles surge na infância, embora seja possível que a manifestação plena do problema não se apresente até muito mais tarde. Os transtornos que aparecem na infância muitas vezes persistem à medida que a pessoa fica mais velha; portanto, a expressão *transtornos da infância* pode ser enganosa. Como os transtornos de desenvolvimento neste grupo são todos reconhecidos como tendo base neurológica, o *DSM-5* os categorizou como **transtornos do neurodesenvolvimento** (American Psychiatric Association, 2013). Neste capítulo abordaremos transtornos que se revelam clinicamente significativos durante os anos de desenvolvimento da criança e preocupam a família e seus educadores. Lembre-se, no entanto, que essas dificuldades muitas vezes persistem até a idade adulta e são, tipicamente, um problema para toda vida, e não um problema específico de crianças.

Mais uma vez, várias dificuldades e, de fato, transtornos distintos começam na infância. Em certos transtornos, algumas crianças estão bem, exceto por dificuldades com a fala. Outras têm problemas relacionados aos seus colegas. Outras, ainda, têm uma combinação de condições que dificultam significativamente seu desenvolvimento, como ilustrado pelo caso de Timmy.

Conforme os clínicos aprendem os efeitos de longo alcance dos problemas da infância e a importância da intervenção precoce no tratamento da maioria dos transtornos, eles tornam-se mais interessados em compreender a diversidade dos graves problemas vividos no início da vida. Timmy foi diagnosticado com "autismo" (agora denominado Transtorno do Espectro Autista) no início dos anos 1970. Quatro décadas mais tarde, temos mais conhecimento – embora ainda não seja o suficiente – a respeito de como ajudar crianças com transtorno do espectro autista. Qual seria o prognóstico de Timmy hoje, especialmente se tivesse sido diagnosticado corretamente aos 2 e não aos 7 anos?

TIMMY ... O menino que olhava através de você

Timmy, um bonito bebê loiro, por ter nascido com o cordão umbilical em torno do pescoço foi privado de oxigênio durante um período indeterminado. Ainda assim parecia ser saudável. Sua mãe relatou, depois, que era uma criança que raramente chorava, embora estivesse preocupada por ele não gostar de ser segurado e aconchegado por um adulto. O fato de ele aos 2 anos não falar era motivo de muita preocupação (nessa idade, sua irmã mais velha já falava). A família observou também que ele não brincava com as outras crianças; passava a maior parte do tempo sozinho, girando placas no chão, agitando as mãos em frente ao rosto e enfileirando blocos em certa ordem.

O pediatra assegurou que o menino estava apenas se desenvolvendo em um ritmo diferente e acabaria suplantando essa condição. Aos 3 anos, o comportamento de Timmy persistia; então os pais consultaram um segundo pediatra. Exames neurológicos nada revelaram de incomum, porém indicaram, com base no atraso de Timmy para aprender aptidões básicas, como falar e alimentar-se, que ele tinha deficiência intelectual grave.

A mãe não concordou com esse diagnóstico e, ao longo dos anos seguintes, consultou muitos especialistas e obteve numerosos diagnósticos (incluindo esquizofrenia infantil, psicose infantil e atraso no desenvolvimento). Com 7 anos, Timmy ainda não falava nem brincava com outras crianças; apresentava comportamento agressivo e autolesivo. Seus pais o levaram a uma clínica para crianças com deficiências graves. Lá, Timmy recebeu o diagnóstico de autismo.

Os especialistas recomendaram um programa educacional abrangente de intervenção comportamental inten-

---

[1] NTT da tradução da 8ª edição norte-americana: No Brasil, as chamadas Diretrizes Curriculares Nacionais (DCN) para a graduação em Psicologia são instituídas via Ministério da Educação (MEC) e Conselho Federal de Psicologia (CFP).

siva para auxiliá-lo com a linguagem, com a socialização e para trabalhar a tendência agressiva. O tratamento, que acontecia na clínica e em casa, continuou por aproximadamente 10 anos. Durante esse período, Timmy aprendeu a dizer apenas três palavras: "refrigerante", "biscoito" e "mamãe". No aspecto social, aparentava gostar de outras pessoas (especialmente dos adultos), porém seu interesse parecia centralizar-se na capacidade que demonstravam para dar-lhe algo que desejava, como um alimento ou a bebida predileta. Caso o ambiente em torno dele se alterasse, mesmo ligeiramente, Timmy tornava-se irascível e violento a ponto de ferir-se; para minimizar seu comportamento autolesivo, a família fazia o possível para que tudo ao seu redor não se alterasse. No entanto, nenhum progresso real ocorreu para eliminar o comportamento violento. Conforme ele crescia e ficava mais robusto e forte, tornava-se cada vez mais difícil de lidar; em várias ocasiões feriu sua mãe fisicamente. Muito relutante, ela internou Timmy em uma instituição especializada quando ele tinha 17 anos.

O que é típico? O que é atípico?

Antes de discutirmos transtornos específicos, é preciso examinar o tópico amplo do desenvolvimento em relação aos transtornos geralmente diagnosticados nos primeiros anos de vida, na infância ou na adolescência. O que podemos aprender com crianças como Timmy e que efeito as rupturas de suas habilidades exerce ao longo das suas vidas? Tem importância em que época do período de desenvolvimento certos problemas surgem? As rupturas no desenvolvimento são permanentes, tornando incerta qualquer esperança de tratamento?

Lembre-se de que no Capítulo 2 descrevemos a psicopatologia do desenvolvimento como o estudo do modo como os transtornos aparecem e como se alteram com o tempo (Nigg, 2015). A infância é considerada particularmente importante, porque o cérebro se altera de forma significativa por vários anos após o nascimento; também é nessa época que ocorrem desenvolvimentos críticos nas áreas de competência social, emocional, cognitiva e outras. Essas mudanças seguem principalmente um padrão: a criança desenvolve uma habilidade antes de adquirir a próxima, e habilidades subsequentes, muitas vezes, desenvolvem-se umas sobre as outras. Embora esse padrão de mudança seja apenas um aspecto do desenvolvimento, é um conceito importante deste ponto, pois implica que qualquer perturbação no desenvolvimento das aptidões precoces, pela própria natureza desse processo sequencial, impedirá o desenvolvimento de aptidões posteriores. Por exemplo, alguns pesquisadores acreditam que pessoas com transtorno do espectro autista sofrem de uma ruptura no início do desenvolvimento social, o que os impede de criar relacionamentos sociais importantes, mesmo com os pais (Durand, 2014). De uma perspectiva do desenvolvimento, a ausência de relacionamentos sociais significativos em tenra idade acarreta sérias consequências. Crianças cujas motivações para interagir com outras são interrompidas podem precisar de um tempo maior para aprender a se comunicar; ou seja, podem não querer aprender a falar quando os outros ao seu redor não são importantes para elas. Os pesquisadores não sabem se um rompimento nas habilidades de comunicação é um resultado direto do transtorno ou um subproduto do desenvolvimento social precoce interrompido.

Compreender esse tipo de relação no desenvolvimento é importante por diversas razões. Saber que processos são rompidos ajudará a entender melhor o transtorno e pode nos conduzir a estratégias de intervenção mais apropriadas. Pode ser importante identificar crianças com transtorno de déficit de atenção/hiperatividade, por exemplo, porque problemas com a impulsividade podem interferir na capacidade para criar e manter amizades, uma consideração essencial no âmbito do desenvolvimento. Da mesma forma, a identificação de um transtorno como o do espectro autista em uma idade precoce é importante para essas crianças para que seus déficits sociais possam ser resolvidos antes que afetem outros domínios de habilidades, como a comunicação social. Muitas vezes, as pessoas veem rupturas precoces e difusas nas habilidades de desenvolvimento (como você viu com Timmy) e esperam um prognóstico negativo, com problemas predeterminados e permanentes. No entanto, lembre-se de que as influências biológicas e psicossociais interagem continuamente entre si. Por conseguinte, mesmo para transtornos como o de déficit de atenção/hiperatividade e o do espectro autista, que têm bases biológicas claras, a apresentação do transtorno é diferente para cada indivíduo. Alterações nos níveis biológico ou psicossocial podem reduzir o impacto do transtorno.

Uma nota de cautela é apropriada aqui. Existe uma preocupação real entre os profissionais, especialmente psicólogos do desenvolvimento, em relação ao fato de que alguns dos que atuam nessa área consideram aspectos do desenvolvimento típico como sintomas de atipicidade. Por exemplo, acreditava-se que a *ecolalia*, que envolve a repetição da fala de outras pessoas, fosse um sinal de transtorno do espectro autista. Entretanto, quando estudamos o desenvolvimento da fala em crianças sem transtornos, constatamos que a repetição é um passo intermediário no desenvolvimento da linguagem. Dessa forma, nas crianças com transtorno do espectro autista a ecolalia é apenas um sinal da aquisição tardia de aptidões de linguagem, não um sintoma do transtorno (Roberts, 2014). O conhecimento do desenvolvimento é importante para a compreensão da natureza dos transtornos psicológicos.

Com essa advertência em mente, vamos examinar vários transtornos, geralmente diagnosticados pela primeira vez na primeira infância, na infância ou na adolescência, incluindo *transtorno de déficit de atenção/hiperatividade*, que envolve características de desatenção ou hiperatividade e impulsividade, e o *transtorno específico da aprendizagem*, que é caracterizado por uma ou mais dificuldades em áreas como a leitura e a escrita. Focalizamos a seguir no *transtorno do espectro autista*, uma deficiência mais grave, na qual a criança demonstra prejuízos significativos na comunicação social e tem padrões restritos de comportamento, interesses e atividades. Por fim, examinamos a *deficiência intelectual*, que envolve déficits significativos nas capacidades cognitivas. Transtornos da comunicação e motores, que também são considerados transtornos do neurodesenvolvimento, estão descritos na Tabela 14.1.

TABELA 14.1 — Transtornos motores e de comunicação comuns

Transtorno da fluência com início na infância (gagueira)

Descrição clínica	Estatísticas	Etiologia	Tratamento
Uma perturbação na fluência da fala, que inclui uma série de problemas com a fala, como repetição de sílabas ou palavras, prolongamento de certos sons, fazer pausas óbvias ou substituir palavras que são difíceis de articular.	Ocorre com frequência duas vezes maior no sexo masculino do que no feminino. Começa com mais frequência em crianças com 6 anos de idade, e 98% dos casos ocorrem antes dos 10 anos (Maguire, Yeh e Ito, 2012). Aproximadamente 80% das crianças que gaguejam antes de entrar na escola param de gaguejar por volta de um ano após o ingresso na escola (Kroll e Beitchman, 2005).	Mais do que a ansiedade causar o transtorno da fluência com início na infância (gagueira), esse problema torna as pessoas socialmente ansiosas (Ezrati-Vinacour e Levin, 2004). Múltiplas vias cerebrais parecem estar envolvidas, e as influências genéticas podem ser um fator (Maguire et al., 2012).	Os pais são orientados sobre como falar com seus filhos. O método de regulação da respiração é um tratamento comportamental promissor em que a pessoa é instruída a parar de falar quando ocorre um episódio de gagueira e, em seguida, tomar uma respiração profunda (expirar, então inspirar) antes de prosseguir (Onslow et al., 2012). O retorno auditivo alterado (mudar eletronicamente o retorno da voz às pessoas que gaguejam) pode melhorar a fala, assim como utilizar formas de automonitoramento, em que as pessoas modificam seu próprio discurso para as palavras que gaguejam (Onslow et al., 2012).

Transtorno da linguagem

Descrição clínica	Estatísticas	Etiologia	Tratamento
Limitação da fala em todas as situações. A linguagem expressiva (o que é dito) é significativamente inferior à linguagem receptiva (o que é entendido); a última geralmente é média.	Ocorre entre 10% e 15% das crianças menores de 3 anos de idade (C. J. Johnson e Beitchman, 2005) e é quase cinco vezes mais provável de afetar os meninos do que as meninas (Whitehurst et al., 1988).	Uma explicação psicológica infundada é que os pais dessas crianças não falam com elas o suficiente. A teoria biológica é que a infecção do ouvido médio é uma causa contribuinte.	Pode se autocorrigir e não necessitar de intervenção especial (Whitehurst et al., 1988).

Transtorno da comunicação social (pragmática)

Descrição clínica	Estatísticas	Etiologia	Tratamento
Dificuldades com os aspectos sociais da comunicação verbal e não verbal, incluindo verbosidade, prosódia, mudança excessiva de temas e domínio de conversas (Adams et al., 2012). Não demonstra os comportamentos restritos e repetitivos encontrados no transtorno do espectro autista.	Estimativas exatas ainda não estão disponíveis, mas o número de casos identificados parece estar aumentando com o aumento da consciência sobre o transtorno (Baird et al., 2006; Bishop, 2000).	Informação limitada.	Treinamento individualizado de habilidades sociais (por ex., modelagem, role-playing) com ênfase no ensino de regras importantes necessárias à realização de conversas com os outros (p. ex., o que é muita e pouca informação) (Adams et al., 2012).

Transtorno de Tourette

Descrição clínica	Estatísticas	Etiologia	Tratamento
Movimentos motores involuntários (tiques), como espasmos da cabeça ou vocalizações, como grunhidos, que muitas vezes ocorrem em rápida sucessão, vêm de repente e acontecem de maneiras idiossincráticas ou estereotipadas. Os tiques vocais incluem, muitas vezes, a repetição involuntária de obscenidades.	De todas as crianças, até 20% mostram alguns tiques durante alguns anos de seu crescimento, e de uma a dez crianças a cada mil têm transtorno de Tourette (Jummani e Coffey, 2009). Geralmente se desenvolve antes dos 14 anos. Alta comorbidade entre tiques e TDAH, assim como transtorno obsessivo-compulsivo (Jummani e Coffey, 2009).	Existem vários genes prováveis de vulnerabilidade que influenciam a forma e a gravidade dos tiques (Jummani e Coffey, 2009).	Psicológico: automonitoramento, treinamento de relaxamento e reversão de hábitos.

Adaptado de Durand (2011).

Transtorno de déficit de atenção/ hiperatividade

Você conhece pessoas que mudam de atividade constantemente, que iniciam muitas tarefas mas completam poucas, que têm dificuldade de concentração e parecem não prestar atenção quando outros falam? Essas pessoas podem ter **transtorno de déficit de atenção/hiperatividade (TDAH)**, uma das razões mais comuns pelas quais crianças são encaminhadas aos serviços de saúde mental nos Estados Unidos. As principais características dessas pessoas incluem um padrão de desatenção, como ser desorganizado e esquecido em tarefas relacionadas à escola ou ao trabalho, ou de hiperatividade e impulsividade. Esses déficits podem atrapalhar significativamente a dedicação aos estudos, assim como os relacionamentos sociais. Considere o caso de Danny.

DANNY ... O menino que não podia ficar quieto

Danny, um menino de 9 anos, chegou até nós por causa de suas dificuldades na escola e em casa. Ele tinha muita energia e adorava praticar a maioria dos esportes, especialmente beisebol. Em termos escolares, ia bem, embora sua professora tenha informado que seu desempenho estava diminuindo e acreditava que ele obteria melhores notas se prestasse mais atenção nas aulas. Era raro dedicar mais de alguns minutos a uma tarefa sem alguma interrupção: ele se levantava, se remexia na carteira ou formulava perguntas constantemente. Seus colegas estavam frustrados por ele também ser impulsivo na interação com eles: ele nunca terminava um jogo e no esporte tentava jogar em todas as posições ao mesmo tempo.

Em casa, Danny era considerado uma criança problemática. Seu quarto estava constantemente uma bagunça, porque começava uma atividade para, logo em seguida, abandoná-la e começar algo diferente. Os pais de Danny relataram que muitas vezes o repreenderam por não realizar nenhuma tarefa, embora a razão parecia ser a de que ele havia esquecido o que estava fazendo, em vez de deliberadamente tentar desafiá-los. Eles também disseram que, devido a sua própria frustração, às vezes, o seguravam pelos ombros e gritavam: "Devagar!", pois sua hiperatividade os deixavam loucos.

Descrição clínica

Danny tem muitas características do TDAH. Assim como ele, as pessoas com esse transtorno têm muita dificuldade em sustentar a atenção em uma tarefa ou atividade (Barkley, 2015c). Como resultado, suas atividades muitas vezes não são finalizadas e elas parecem não escutar quando alguém está falando. Além dessa grave perturbação da atenção, algumas pessoas com TDAH apresentam hiperatividade motora. Muitas vezes as crianças com esse transtorno são descritas como irrequietas na escola, incapazes de permanecer sentadas por mais de alguns minutos. A inquietação de Danny na sala de aula era

uma preocupação constante de sua professora e seus colegas, que ficavam aborrecidos com sua impaciência e atividade excessiva. Não bastasse a hiperatividade e os problemas para sustentar a atenção, a impulsividade – agir aparentemente sem pensar – constitui uma queixa comum a respeito de pessoas com TDAH. Por exemplo, durante reuniões do time de beisebol, Danny muitas vezes respondia às perguntas do técnico antes mesmo de ele ter concluído sua sentença.

Para o TDAH, o *DSM-5* diferencia duas categorias de sintomas. A primeira inclui problemas de *desatenção*. As pessoas podem parecer não ouvir os outros; podem perder tarefas escolares necessárias, livros ou ferramentas; e podem não prestar atenção suficiente aos detalhes, cometendo erros por descuido. A segunda categoria inclui sintomas de *hiperatividade e impulsividade*. A hiperatividade inclui remexer-se, ter problemas para sentar-se por determinado período e estar sempre em movimento. A impulsividade inclui dar respostas abruptas antes de as perguntas serem concluídas e ter dificuldade para esperar sua vez. Tanto o primeiro (desatenção) como o segundo e o terceiro (hiperatividade e impulsividade) conjuntos de sintomas precisam estar presentes para que alguém seja diagnosticado com TDAH (American Psychiatric Association, 2013). Essas diferentes apresentações são chamadas de subtipos, e incluem o subtipo desatento (o que algumas pessoas podem chamar de TDA, assinalando a ausência da hiperatividade, embora essa não seja uma classificação diagnóstica oficial) e o subtipo hiperativo/impulsivo. Outros indivíduos atendem aos critérios para desatenção e para a hiperatividade/impulsividade, e esses indivíduos são classificados com o subtipo *combinado*.

Desatenção, hiperatividade e impulsividade costumam causar outros problemas que parecem ser secundários ao TDAH. O desempenho acadêmico tende a diminuir à medida que a criança avança na escola. A causa desse mau desempenho é desconhecida. Poderia ser resultado de desatenção e impulsividade e, em algumas crianças, isso pode ser agravado por fatores como dificuldades na aprendizagem. A pesquisa genética, tanto sobre o TDAH quanto sobre deficiências na aprendizagem, sugere que eles podem compartilhar uma causa biológica comum (DuPaul, Gormley e Laracy, 2013). Crianças com TDAH tendem a ser impopulares e rejeitadas por seus colegas (McQuade e Hoza, 2015). Isso também pode ser resultado de fatores genéticos, assim como influências ambientais, como um ambiente familiar hostil e interações gene-ambiente. Por exemplo, algumas pesquisas mostram que ter um genótipo específico (ou seja, alteração de um gene de um transportador de dopamina – DAT1; e alteração de um gene de um transportador de serotonina) e sofrimento psicossocial podem prever TDAH em crianças (Barkley, 2015a; Nigg, Nikolas e Burt, 2010).

Estatísticas

Uma análise importante da prevalência de TDAH sugere que o transtorno é encontrado em cerca de 5,2% das populações infantis em todas as regiões do mundo (Polanczyk et al., 2007). Este achado de taxas comparáveis de TDAH em todo o mundo é importante, porque os debates sobre a validade do TDAH como um transtorno real continuam a surgir. Algumas pessoas acreditam que crianças que são apenas "ativas" de forma normal estão sendo erroneamente diagnosticadas com TDAH. Anteriormente, foram notadas diferenças geográficas no número de

Edward: O TDAH em um estudante talentoso

"Ele é muito, muito inteligente; suas notas não refletem isso porque ele simplesmente vai esquecer de fazer uma tarefa de 240 pontos se alguém não ficar atrás dele... O que eu tento fazer com ele é fracionar 'isso é o que eu quero para amanhã, isso é o que eu quero para depois de amanhã'."

pessoas diagnosticadas com esse transtorno. As crianças tiveram mais probabilidade de serem classificadas com TDAH nos Estados Unidos do que em qualquer outro país. Por exemplo, uma análise dos dados de um levantamento feito com pais por telefone sugere que 11% das crianças nos Estados Unidos, com idade entre 4 e 17, foram classificadas com TDAH entre 2011 e 2012 (Centers for Disease Control and Prevention, 2013). Esse número maior pode sugerir que o transtorno está sendo superdiagnosticado nos Estados Unidos.

Com base nessas diferentes taxas de diagnóstico, algumas pessoas têm argumentado que o TDAH em crianças é simplesmente uma construção cultural – significando que o comportamento dessas crianças é típico de uma perspectiva de desenvolvimento, e que a intolerância da sociedade ocidental (devido à perda de apoio de outros familiares, pressão para ter sucesso acadêmico e vida familiar comprometida) é que provoca a classificação do TDAH como um transtorno (Timimi e Taylor, 2004). Os melhores dados sugerem, no entanto, que de 5% a 7% da população mundial de crianças atualmente satisfazem os critérios para TDAH, interferindo significativamente na sua qualidade de vida (Roberts, Milich e Barkley, 2015).

Os meninos são duas a três vezes mais propensos a serem diagnosticados com TDAH do que as meninas, e essa discrepância aumenta em crianças que estão sendo atendidas em clínicas (Owens, Cardoos e Hinshaw, 2015; Spencer, Biederman e Mick, 2007). A razão para essa diferença de gênero é em grande parte desconhecida. Pode ser que os adultos tenham mais tolerância com a hiperatividade das meninas, que tendem a ser menos ativas que os meninos com TDAH. Os meninos tendem a ser mais agressivos, o que é mais provável de resultar em atenção por parte dos profissionais de saúde mental (Rucklidge, 2010). Meninas com TDAH, por outro lado, tendem a apresentar mais comportamentos referidos como "internalização" – especificamente, ansiedade e depressão (Owens et al., 2015).

A maior prevalência de meninos identificados com TDAH levou alguns clínicos a questionar se os critérios diagnósticos adotados pelo *DSM-5* para esse transtorno são aplicáveis a meninas. Aqui está o dilema: a maioria das pesquisas nas décadas anteriores utilizou meninos como participantes. Este foco em meninos pode ter sido resultado de seus comportamentos ativos e disruptivos, causando preocupação entre suas famílias e funcionários da escola e, portanto, levando a uma pesquisa sobre a natureza, as causas e o tratamento desses problemas. Um maior número de meninos apresentando esses comportamentos tornou mais fácil localizar participantes para os estudos. No entanto, esse foco quase exclusivo nos meninos resulta em desprezar como as meninas com pouca idade experienciam esse transtorno?

Essa preocupação está sendo levantada por alguns psicólogos, incluindo Kathleen Nadeau (uma psicóloga clínica especializada em meninas com TDAH), que argumentam serem necessárias mais pesquisas sobre o TDAH em meninas: "As meninas têm problemas significativos que muitas vezes não são levados em consideração porque seus sintomas do TDAH apresentam pouca semelhança com os dos meninos" (Crawford, 2003, p. 28). Ela diz que as meninas com TDAH foram negligenciadas porque seus sintomas diferem de forma dramática dos apresentados pelos meninos, embora, até o momento, haja pouca evidência dessas diferenças (Owens et al., 2015). Assim como os pesquisadores estão agora explorando o TDAH em adultos, além de crianças, há mais pesquisas reparando a relativa falta de dados sobre meninas e mulheres. Essa expansão da pesquisa para a idade e o gênero é um bom augúrio para uma compreensão mais completa do transtorno.

As crianças com TDAH são primeiramente identificadas como diferentes de seus colegas em torno de seus 3 ou 4 anos; seus pais as descrevem como ativas, arteiras, lentas em aprender a usar o vaso sanitário e oposicionistas (Taylor, 2012). Os sintomas de desatenção, impulsividade e hiperatividade tornam-se cada vez mais evidentes durante os anos escolares. Apesar da percepção de que as crianças deixam de apresentar TDAH com o tempo, seus problemas geralmente continuam: estima-se que cerca de metade das crianças com TDAH têm dificuldades contínuas até a idade adulta (McGough, 2005). Com o tempo, as crianças com TDAH parecem demonstrar menos impulsividade, embora persista a desatenção. Durante a adolescência, a impulsividade manifesta-se em diferentes áreas; por exemplo, os adolescentes com TDAH estão expostos a maior risco de gravidez e a contrair infecções sexualmente transmissíveis. Eles também são mais propensos a ter problemas relacionados ao trânsito como sofrer acidentes, ser multados por excesso de velocidade e ter suas licenças suspensas (Barkley, 2015b; Fabiano e Schatz, 2015).

O que acontece com crianças e adolescentes com TDAH quando eles se tornam adultos? Rachel Klein e colaboradores acompanharam mais de 200 meninos com esse transtorno e relataram sobre seu estado 33 anos depois (Klein et al., 2012). Quando comparado a um grupo sem TDAH, a maioria desses homens (84%) estava empregada, mas em trabalhos com posições significativamente inferiores às do grupo de comparação. Eles também tinham 2,5 menos anos de escolaridade e era muito menos provável que pudessem completar graus acadêmicos mais altos. Esses homens também foram mais propensos ao divórcio e a ter problemas com uso de substâncias e transtorno da personalidade antissocial (Klein et al., 2012). Além disso, os efeitos de sua tendência à impulsividade podem contribuir para seu risco aumentado em dirigir de forma arriscada, ter uma doença sexualmente transmissível, chance aumentada de ter um traumatismo cranioencefálico e mais internações de emergência (Ramos Olazagasti et al., 2013). Em suma, embora

TABELA 14.1 Critérios diagnósticos para o transtorno de déficit de atenção/hiperatividade

A. Um padrão persistente de desatenção e/ou hiperatividade-impulsividade que interfere no funcionamento e no desenvolvimento, conforme caracterizado por (1) e/ou (2):
  1. **Desatenção:** Seis (ou mais) dos seguintes sintomas persistem por pelo menos seis meses em um grau que é inconsistente com o nível do desenvolvimento e têm impacto negativo diretamente nas atividades sociais e acadêmicas/profissionais:
    Nota: Os sintomas não são apenas uma manifestação de comportamento opositor, desafio, hostilidade ou dificuldade para compreender tarefas ou instruções. Para adolescentes mais velhos e adultos (17 anos ou mais), pelo menos cinco sintomas são necessários.
      a. Frequentemente não presta atenção em detalhes ou comete erros por descuido em tarefas escolares, no trabalho ou durante outras atividades (p. ex., negligencia ou deixa passar detalhes, o trabalho é impreciso).
      b. Frequentemente tem dificuldade de manter a atenção em tarefas ou atividades lúdicas (p. ex., dificuldade de manter o foco durante aulas, conversas ou leituras prolongadas).
      c. Frequentemente parece não escutar quando alguém lhe dirige a palavra diretamente (p. ex., parece estar com a cabeça longe, mesmo na ausência de qualquer distração óbvia).
      d. Frequentemente não segue instruções até o fim e não consegue terminar trabalhos escolares, tarefas ou deveres no local de trabalho (p. ex., começa as tarefas, mas rapidamente perde o foco e facilmente perde o rumo).
      e. Frequentemente tem dificuldade para organizar tarefas e atividades (p. ex., dificuldade em gerenciar tarefas sequenciais; dificuldade em manter materiais e objetos pessoais em ordem; trabalho desorganizado e desleixado; mau gerenciamento do tempo; dificuldade em cumprir prazos).
      f. Frequentemente evita, não gosta ou reluta em se envolver em tarefas que exijam esforço mental prolongado (p. ex., trabalhos escolares ou lições de casa; para adolescentes mais velhos e adultos, preparo de relatórios, preenchimento de formulários, revisão de trabalhos longos).
      g. Frequentemente perde coisas necessárias para tarefas ou atividades (p. ex., materiais escolares, lápis, livros, instrumentos, carteiras, chaves, documentos, óculos, celular).
      h. Com frequência é facilmente distraído por estímulos externos (para adolescentes mais velhos e adultos, pode incluir pensamentos não relacionados).
      i. Com frequência é esquecido em relação a atividades cotidianas (p. ex., realizar tarefas, obrigações; para adolescentes mais velhos e adultos, retornar ligações, pagar contas, manter horários agendados).
  2. **Hiperatividade e impulsividade:** Seis (ou mais) dos seguintes sintomas persistem por pelo menos seis meses em um grau que é inconsistente com o nível do desenvolvimento e têm impacto negativo diretamente nas atividades sociais e acadêmicas/profissionais:
    Nota: Os sintomas não são apenas uma manifestação de comportamento opositor, desafio, hostilidade ou dificuldade para compreender tarefas ou instruções. Para adolescentes mais velhos e adultos (17 anos ou mais), pelo menos cinco sintomas são necessários.
      a. Frequentemente remexe ou batuca as mãos ou os pés ou se contorce na cadeira.
      b. Frequentemente levanta da cadeira em situações em que se espera que permaneça sentado (p. ex., sai do seu lugar em sala de aula, no escritório ou em outro local de trabalho ou em outras situações que exijam que se permaneça em um mesmo lugar).
      c. Frequentemente corre ou sobe nas coisas em situações em que isso é inapropriado. (**Nota:** Em adolescentes ou adultos, pode se limitar a sensações de inquietude.)
      d. Com frequência é incapaz de brincar ou se envolver em atividades de lazer calmamente.
      e. Com frequência "não para", agindo como se estivesse "com o motor ligado" (p. ex., não consegue ou se sente desconfortável em ficar parado por muito tempo, como em restaurantes, reuniões; outros podem ver o indivíduo como inquieto ou difícil de acompanhar).
      f. Frequentemente fala demais.
      g. Frequentemente deixa escapar uma resposta antes que a pergunta tenha sido concluída (p. ex., termina frases dos outros, não consegue aguardar a vez de falar).
      h. Frequentemente tem dificuldade para esperar a sua vez (p. ex., aguardar em uma fila).
      i. Frequentemente interrompe ou se intromete (p. ex., mete-se nas conversas, jogos ou atividades; pode começar a usar as coisas de outras pessoas sem pedir ou receber permissão; para adolescentes e adultos, pode intrometer-se em ou assumir o controle sobre o que outros estão fazendo).
B. Vários sintomas de desatenção ou hiperatividade-impulsividade estavam presentes antes dos 12 anos de idade.
C. Vários sintomas de desatenção ou hiperatividade-impulsividade estão presentes em dois ou mais ambientes (p. ex., em casa, na escola, no trabalho; com amigos ou parentes; em outras atividades).
D. Há evidências claras de que os sintomas interferem no funcionamento social, acadêmico ou profissional ou de que reduzem sua qualidade.
E. Os sintomas não ocorrem exclusivamente durante o curso de esquizofrenia ou outro transtorno psicótico e não são mais bem explicados por outro transtorno mental (p. ex., transtorno do humor, transtorno de ansiedade, transtorno dissociativo, transtorno da personalidade, intoxicação ou abstinência de substância).

Determinar o subtipo:
Apresentação combinada: se tanto o Critério A1 (desatenção) quanto o Critério A2 (hiperatividade-impulsividade) são preenchidos nos últimos seis meses.
Apresentação predominantemente desatenta: se o Critério A1 (desatenção) é preenchido, mas o Critério A2 (hiperatividade-impulsividade) não é preenchido nos últimos seis meses.
Apresentação predominantemente hiperativa/impulsiva: se o Critério A2 (hiperatividade-impulsividade) é preenchido, e o Critério A1 (desatenção) não é preenchido nos últimos seis meses.

Fonte: Manual Diagnóstico e Estatístico de Transtornos Mentais, 5a ed. - DSM-5. Tab. 14.1. Artmed, Porto Alegre, 2014.

as manifestações do TDAH se alterem à medida que a idade avança, muitos de seus problemas persistem.

Diagnosticar crianças com TDAH é complicado. Vários outros transtornos do *DSM-5*, também encontrados em crianças, parecem se sobrepor significativamente a este transtorno. Especificamente, os transtornos de oposição desafiante (TOD), o transtorno da conduta e o transtorno bipolar têm características observadas em crianças com TDAH. TOD é um transtorno descrito no *DSM-5* e que inclui comportamentos como "perder a calma", "discutir com adultos", "incomodar as pessoas deliberadamente", "ser sensível e facilmente incomodar-se com outros" e "ser raivoso e ressentido" (Toth, de Lacy e King, 2016). A impulsividade e a hiperatividade observadas em crianças com TDAH podem se manifestar em alguns desses sintomas. Da mesma maneira, o transtorno da conduta, que, como você viu no Capítulo 12, pode ser um precursor do transtorno da personalidade antissocial, também é observado em muitas crianças com TDAH (Toth, de Lacy e King, 2016). O transtorno bipolar – que você viu no Capítulo 7, é um dos transtornos do humor – também se sobrepõe de forma significativa ao TDAH (Pliszka, 2015). Essa sobreposição pode complicar o diagnóstico dessas crianças.

Causas

Informações importantes sobre a genética do TDAH estão começando a ser observadas (Barkley, 2015a). Pesquisadores sabem há algum tempo que o TDAH é mais comum nas famílias em que uma pessoa tem o transtorno. Por exemplo, as crianças cujos parentes apresentam TDAH têm mais probabilidade de ter o transtorno do que o esperado na população em geral (Fliers et al., 2009). É importante observar que essas famílias mostram um aumento de psicopatologia de modo geral, incluindo transtorno da conduta, transtornos do humor, transtornos de ansiedade e abuso de substâncias (Berkley, 2015a). Esse estudo e a comorbidade em crianças, por si só, indicam que algumas alterações genéticas compartilhadas podem contribuir para os problemas com que se defrontam os indivíduos com esses transtornos (Brown, 2009).

O TDAH é considerado altamente influenciado pela genética. Influências ambientais desempenham um papel relativamente pequeno na causa do transtorno, quando comparadas a muitos outros que discutimos neste livro. Assim como acontece com outros transtornos, os pesquisadores estão descobrindo que vários genes são responsáveis pelo TDAH (Nikolas e Burt, 2010). Em sua forma mais simples, tendemos a pensar nos "problemas" genéticos como ter genes que são desligados (não produzem proteínas), quando deveriam estar ligados e vice-versa. No entanto, a investigação sobre o TDAH (e sobre outros transtornos) tem constatado que, em muitos casos, as mutações que ocorrem criam cópias adicionais de um gene em um cromossomo, ou resultam na deleção de certos genes (chamado de **variação no número de cópias** – **VNC**) (Martin et al., 2015). Como nosso DNA é estruturado para funcionar com a correspondência ou combinação de pares de genes em cada cromossomo, as adições ou deleções de um ou mais genes resultam no desenvolvimento perturbado.

A atenção aos dados está focada nos genes associados com a dopamina, apesar de a noradrenalina, a serotonina e o ácido gama-aminobutírico (GABA) também estarem envolvidos com o TDAH. Existem, mais especificamente, evidências marcantes de que o TDAH está associado ao gene do receptor de dopamina D_4, ao gene do transportador de dopamina (DAT1) e ao gene do receptor de dopamina D_5. O DAT1 é de particular interesse porque o metilfenidato (Ritalina) – um dos tratamentos médicos mais comuns para TDAH – inibe esse gene e aumenta a quantidade de dopamina disponível (Davis et al., 2007; de Azeredo et al., 2014). Esse tipo de pesquisa ajuda a entender, a um nível microscópico, o que poderia estar acontecendo de errado e como projetar novas intervenções.

Assim como acontece com vários outros transtornos que discutimos, os pesquisadores estão procurando endofenótipos, déficits básicos – como problemas de atenção específicos – característicos do TDAH. O objetivo é vincular esses déficits a disfunções cerebrais específicas. Não surpreende que áreas específicas de interesse atual ao TDAH são o sistema cerebral da atenção, as funções da memória de trabalho, a distraibilidade e a impulsividade. Os pesquisadores estão buscando associar os defeitos genéticos específicos a esses processos cognitivos, fazendo a ligação entre os genes e o comportamento. Algumas pesquisas indicam que o baixo "controle inibitório" (a capacidade de parar de responder a uma tarefa quando sinalizado) pode ser comum entre as crianças com TDAH e seus familiares não afetados (irmãos e pais) e pode ser um marcador genético (um endofenótipo) para esse transtorno (Goos et al., 2009; Nikolas e Nigg, 2015).

A forte influência genética no TDAH não descarta o papel do meio ambiente (Ficks e Waldman, 2009). Em um estudo, entre um número crescente de pesquisas de interação gene-ambiente no TDAH, por exemplo, os pesquisadores descobriram que as crianças com uma mutação específica envolvendo o sistema de dopamina (chamado de genótipo DAT1) eram mais propensas a apresentar os sintomas de TDAH se suas mães tivessem fumado durante a gravidez (Kahn et al., 2003; Russell et al., 2016). Fumar no pré-natal pareceu interagir com essa predisposição genética, aumentando o risco para o comportamento hiperativo e impulsivo. Outra pesquisa aponta para fatores ambientais adicionais, como o estresse materno e o uso de álcool, e a instabilidade conjugal e discórdia entre os pais como envolvidos nessas interações gene-ambiente (Barkley, 2015a; Ficks e Waldman, 2009).

A associação entre o TDAH e o tabagismo materno é um dos achados mais consistentes nesta área. Além disso, uma variedade de outros fatores pré e perinatais (por exemplo, o consumo de álcool materno e o baixo peso de nascimento) pode desempenhar um papel no aumento das chances de uma criança com predisposição genética para o TDAH apresentar os sintomas característicos desse transtorno (Barkley, 2006c). Infelizmente, muitos dos estudos desta área confundem fatores socioeconômicos e genéticos (por exemplo, há um aumento da probabilidade de tabagismo entre as mulheres que também têm baixo nível socioeconômico ou estão sob outros estressores) (Russell et al., 2016).

Durante muitas décadas, pensava-se que o TDAH estivesse relacionado a uma lesão no cérebro, e essa noção reflete-se no uso de designações do tipo "lesão cerebral mínima" ou "disfunção cerebral mínima" (Ross e Pelham, 1981). Os rápidos avanços na tecnologia de escaneamento cerebral agora nos permitem visualizar o envolvimento do cérebro nesse transtorno. Muitas pesquisas sobre a estrutura e a função cerebral nas crianças com TDAH têm sido conduzidas ao longo dos últimos anos. Em geral, agora os pesquisadores sabem que o volume total do cérebro em pacientes com esse transtorno é ligeiramente menor (3% a 4%) do que em crianças sem ele (Barkley, 2015a). Uma série de áreas no cérebro de pessoas com TDAH parecem afetadas, especialmente aquelas envolvidas na capacidade de auto-organização (Valera et al., 2007). Essas mudanças parecem menos pronunciadas em pessoas que receberam medicação (Taylor, 2012). Na verdade, vários estudos agora apontam para um "efeito de aumento do crescimento" da medicação estimulante, sugerindo que o desenvolvimento do cérebro progride de um modo mais típico em crianças que fazem uso da medicação para o TDAH *versus* aquelas que não o fazem (Frodl e Skokauskas, 2012; Rubia et al., 2014).

Uma variedade de toxinas, como alergênicos e aditivos alimentares, tem sido considerados como possíveis causadores do TDAH, embora poucas evidências apoiem isso. A teoria de que aditivos alimentares, como corantes artificiais, flavorizantes e conservantes, são responsáveis pelos sintomas do TDAH tem sido muito controversa. Feingold (1975) apresentou essa teoria com recomendações para eliminar essas substâncias como forma de tratamento do TDAH. Como resultado, centenas de milhares de famílias colocaram seus filhos na dieta Feingold, apesar dos argumentos de alguns pesquisadores de que a dieta tinha pouco ou nenhum efeito sobre os sintomas do TDAH (Barkley, 1990; Kavale e Forness, 1983). Algumas pesquisas de larga escala sugerem que pode haver um impacto pequeno, mas mensurável, de corantes alimentares artificiais e aditivos sobre o comportamento das crianças pequenas (Hurt e Arnold, 2015). Um estudo observou que crianças de 3 anos e entre 8 e 9 anos de idade que consumiam quantidades típicas de conservantes (benzoato de sódio) e corantes alimentares tinham níveis mais elevados de comportamentos hiperativos (desatenção, impulsividade e hiperatividade) (McCann et al., 2007). Outra pesquisa aponta para o possível papel de toxinas, como a dos pesticidas encontrados em alimentos, como contribuintes para um aumento do risco de TDAH (Barkley, 2015a; Bouchard et al., 2010).

As dimensões psicológicas e sociais do TDAH podem influenciar ainda mais o transtorno por si só – especialmente como a criança se alimenta ao longo do tempo. Respostas negativas por parte dos pais, professores e colegas à impulsividade e à hiperatividade da criança afetada podem contribuir para os sentimentos de baixa autoestima, especialmente em crianças que também estão deprimidas (Anastopoulos, Sommer e Schatz, 2009). Anos de constantes advertências, por professores e pais, para se comportar, sentar-se calmamente e prestar atenção podem criar uma autoimagem negativa nessas crianças, o que, por sua vez, pode afetar negativamente a sua capacidade para fazer amigos, e esses efeitos podem durar até a idade adulta (Murphy, 2015). Portanto, as possíveis influências biológicas na impulsividade, hiperatividade e atenção combinadas com tentativas de controlar essas crianças podem resultar em rejeição e consequente autoimagem negativa. Uma integração das influências biológicas e psicológicas sobre o TDAH sugere que ambas precisam ser abordadas ao projetar tratamentos efetivos (Barkley, 2015c).

Tratamento do TDAH

O tratamento para o TDAH tem sido feito em duas frentes: intervenções psicossociais e intervenções biológicas (Smith e Shapiro, 2015). Os tratamentos psicossociais geralmente focam em questões mais amplas, como a melhoria do desempenho acadêmico, diminuindo o comportamento disruptivo e melhorando as habilidades sociais. Normalmente, o objetivo de tratamentos biológicos é reduzir a impulsividade e a hiperatividade das crianças, melhorando suas habilidades de atenção. Pensamentos atuais nessa área apontam para o uso de intervenções comportamentais, por pais e/ou professores, com as crianças, antes de tentar o uso de medicações (Subcommittee on Attention-Deficit/Hyperactivity Disorder e Management, 2011).

Intervenções psicossociais

Os pesquisadores recomendam várias intervenções comportamentais na ajuda a essas crianças, em casa e na escola (Pfiffner e DuPaul, 2015; Robin, 2015). Em geral, os programas estabelecem metas, como aumentar o tempo que uma criança permanece sentada, o número de exercícios de matemática concluídos ou brincar apropriadamente com colegas. Programas de reforço recompensam a criança por melhorias e, às vezes, punem o mau comportamento com a perda de recompensas. Outros programas de educação parental ensinam as famílias a responder de forma construtiva aos comportamentos de seus

▲ Uma criança com TDAH provavelmente se comportará de maneira inadequada, independentemente do ambiente.

filhos e a estruturar o dia da criança para ajudar a prevenir dificuldades (por exemplo, Loren et al., 2015). O treinamento de habilidades sociais para essas crianças, incluindo ensiná-las a interagir adequadamente com os seus colegas, também parece ser um importante componente do tratamento (Watson et al., 2015). Para os adultos com TDAH, a intervenção cognitivo-comportamental, reduzindo a distraibilidade e melhorando as competências organizacionais, parece bastante útil (Knouse, 2015). A maioria dos clínicos normalmente recomenda uma combinação de abordagens criadas para individualizar o tratamento àqueles com TDAH, almejando o gerenciamento de situações de curto prazo (diminuição da hiperatividade e da impulsividade) e as preocupações a longo prazo (prevenção e reversão do mau desempenho escolar e aperfeiçoamento das aptidões sociais).

Intervenções biológicas

Os primeiros tipos de medicamentos utilizados em crianças com TDAH foram os estimulantes. Desde que a utilização de medicação estimulante em crianças com TDAH foi descrita pela primeira vez (Bradley, 1937), centenas de estudos documentaram a efetividade desse tipo de medicação na redução dos principais sintomas do transtorno (hiperatividade, impulsividade). Estima-se que 3,5% das crianças que vivem nos Estados Unidos são tratadas com medicação para os sintomas de TDAH (Zuvekas e Vitiello, 2012). Drogas como o metilfenidato (Ritalina, Concerta) e vários medicamentos não estimulantes, como a atomoxetina (Strattera), guanfacina (Tenex)[2] e clonidina, têm se revelado úteis na redução dos sintomas nucleares de hiperatividade e impulsividade, melhorando a concentração nas tarefas (Connor, 2015).

Originalmente, parecia paradoxal, ou contrário à expectativa, que crianças se acalmassem após tomar um estimulante. No entanto, com as mesmas doses pequenas, crianças e adultos com e sem TDAH reagem da mesma maneira. Parece que medicamentos estimulantes reforçam a capacidade do cérebro para concentrar a atenção durante tarefas de resolução de problemas (Connor, 2006). Embora haja controvérsia em relação ao uso de medicamentos estimulantes, especialmente em crianças, a maioria dos clínicos os recomenda por pouco tempo, em combinação com intervenções psicossociais, a fim de ajudar a melhorar as aptidões sociais e escolares das crianças.

As preocupações sobre o uso de medicamentos estimulantes agora incluem o seu potencial para o abuso. No Capítulo 11, discutimos que o abuso de drogas como a Ritalina e o Concerta ocorrem, às vezes, por sua capacidade de criar euforia e reduzir a fadiga (Varga, 2012). E o equívoco generalizado de que essas medicações prescritas possam ser utilizadas para melhorar o desempenho acadêmico (elas são frequentemente usadas para essa finalidade nas universidades) e que elas são inofensivas também é uma grande preocupação (Watson, Arcona e Antonuccio, 2015). Isso é particularmente preocupante em crianças com TDAH, porque estão sob maior risco de um posterior abuso de substâncias (Wagner e Pliszka, 2009). Como mencionado anteriormente, outros medicamentos não estimulantes, como a atomoxetina (Strattera), também parecem ser efetivos

em algumas crianças com TDAH. Esse fármaco é um inibidor seletivo da recaptação da noradrenalina e, por conseguinte, não produz os mesmos "baratos" quando utilizado em doses maiores. Estudos indicam que outros medicamentos, como antidepressivos (imipramina) e uma droga utilizada no tratamento da hipertensão arterial (clonidina), podem exercer efeitos similares à atomoxetina nas pessoas com TDAH (Connor, 2015). Nem todas as crianças com TDAH têm depressão ou hipertensão arterial (embora a depressão possa ser um problema em algumas dessas crianças), mas essas drogas atuam sobre os mesmos sistemas de neurotransmissores (noradrenalina e dopamina) envolvidos no TDAH (Subcommittee on Attention-Deficit/Hyperactivity Disorder e Management, 2011). Todas essas drogas parecem melhorar a disciplina e diminuir comportamentos indesejáveis em muitas crianças, e seus efeitos geralmente não prosseguem quando as drogas são interrompidas.

Psicofarmacogenética é o estudo de como a composição genética influencia a resposta a determinadas drogas. A esperança depositada nesse campo é a de que os medicamentos possam ser combinados, ou mesmo "projetados", individualmente para complementar as necessidades específicas de cada indivíduo (Jain, 2015). Por exemplo, um estudo analisou o uso do metilfenidato (Ritalina) em crianças e adolescentes com TDAH (Polanczyk et al., 2007b). Para aqueles que tinham uma alteração genética específica – do gene do receptor adrenérgico alfa-2A (ADRA2A) – o metilfenidato teve um forte efeito positivo, especialmente nos problemas com a falta de atenção. O mesmo não ocorreu com pessoas com TDAH que não tinham o gene ADRA2A defeituoso. Atualmente, a utilização de tratamentos medicamentosos tende a ser por tentativa e erro: a medicação é administrada em uma dose particular; se não for efetiva, a dose é alterada. Se isso não funcionar, uma medicação diferente é tentada. Esse novo estudo traz a promessa de, potencialmente, eliminar essa adivinhação, adequando o tratamento ao indivíduo.

Essa nova abordagem atrativa ao tratamento médico para o transtorno mental traz consigo algumas preocupações importantes. O centro dessas preocupações são as questões de privacidade e confidencialidade. A seleção genética para identificar defeitos é suscetível a identificar qualquer número de potenciais problemas genéticos em cada um de nós. Como as escolas, locais de trabalho e companhias de seguros verão essas informações quando tiverem acesso a elas? A preocupação é que as pessoas serão discriminadas com base nessa informação (por exemplo, ter os genes que podem ou não induzir o surgimento de TDAH ou outro transtorno). Será que o anseio por melhores tratamentos com drogas-alvo supera esses tipos de preocupações éticas e de privacidade? A maioria dos novos avanços técnicos, como aqueles que prometeram a psicofarmacogenética, também descobriu novos problemas, e é essencial que as questões éticas façam parte da discussão conforme os pesquisadores forem avançando nessa área.

Parte das crianças com TDAH não responde aos medicamentos e a maioria das que reagem demonstra melhora na capacidade de focar sua atenção, mas não nas importantes áreas de habilidades escolares e sociais. Além disso, os medicamentos muitas vezes provocam efeitos colaterais desagradáveis, como insônia, sonolência ou irritabilidade (Connor, 2015).

---

[2] NTT da tradução da 8ª edição norte-americana: A atomoxetina (Strattera) e a guanfacina (Tenex) são medicamentos não comercializados no Brasil.

Método combinado de tratamento

Para determinar se um método combinado de tratamento é ou não o mais efetivo, um estudo em grande escala, de iniciativa do National Institute of Mental Health, foi conduzido por seis equipes de pesquisadores (Jensen et al., 2001). Rotulado de *Multimodal Treatment of Attention-Deficit/Hyperactivity Disorder* (MTA, em português Tratamento Multimodal do TDAH), esse estudo durou 14 meses e incluiu 579 crianças que foram aleatoriamente designadas a um dos quatro grupos. Um grupo de crianças recebeu cuidados usuais sem medicação ou intervenções comportamentais específicas (cuidado comunitário). Os três grupos de tratamento consistiram na administração de medicamentos (normalmente metilfenidato), tratamento comportamental intensivo, e uma combinação de ambos. Resultados iniciais indicaram que a combinação de tratamentos comportamentais e medicação e somente medicação eram superiores ao tratamento comportamental isolado e às intervenções comunitárias para tratar os sintomas do TDAH. Em razão de problemas que iam além dos sintomas específicos do TDAH, como aptidões sociais, desempenho na escola, relação pais-criança, comportamento opositor e ansiedade ou depressão, os resultados indicaram pequenas vantagens da combinação em relação aos tratamentos isolados (administração de medicamentos, tratamento comportamental) e cuidado comunitário.

Há controvérsia em torno da interpretação desses resultados – especificamente se a combinação dos tratamentos comportamental e médico é ou não superior à medicação isolada (Biederman et al., 2001; Pelham, 1999). Uma das preocupações relativas ao estudo era que, embora a medicação continuasse sendo administrada, o tratamento comportamental era abandonado ao longo do tempo, o que poderia justificar as diferenças observadas.

Na prática, se não houvesse uma diferença entre os dois tratamentos, a maioria dos pais e terapeutas optaria pela simples administração de medicação a essas crianças, devido à sua facilidade de utilização e compromisso de menor duração (Connor, 2015). Porém, as intervenções comportamentais têm como benefício adicional melhorar aspectos da criança e da família não afetados diretamente pela medicação. Reinterpretações dos dados desse estudo em grande escala continuam a ser realizadas, e provavelmente serão necessárias mais pesquisas para tornar claros os efeitos combinados e separados desses dois métodos de tratamento (Connor, 2015; Ollendick e Shirk, 2010). No entanto, apesar desses avanços, crianças com TDAH ainda representam um desafio considerável para as famílias e para o sistema educacional.

Transtorno específico da aprendizagem

O bom desempenho acadêmico é muito valorizado em nossa sociedade. Costumamos comparar o desempenho de crianças em idade escolar com aquele de crianças de outras culturas, ou analisamos se estamos tendo sucesso ou fracassando como um líder mundial ou uma potência econômica. No nível pessoal, em virtude do grande investimento de tempo, recursos e energia dos pais para assegurar o sucesso acadêmico de seus filhos, pode ser extremamente embaraçoso quando uma criança sem déficit intelectual óbvio não desempenha conforme o esperado. Nesta seção, descrevemos o **transtorno específico da aprendizagem** – caracterizado pelo desempenho substancialmente inferior ao esperado, tendo em vista a idade, o quociente de inteligência (QI) e a formação educacional do indivíduo (Pierce, 2016). Também examinamos resumidamente os transtornos que envolvem a forma como nos comunicamos. Considere o caso de Alice.

ALICE ... Levando um transtorno da aprendizagem à faculdade

Alice, universitária de 20 anos, procurou ajuda por causa de sua dificuldade em diversas disciplinas. Ela relatou que tinha gostado da escola e tinha sido uma boa aluna até por volta do sétimo ano, quando suas notas diminuíram significativamente. Na época, seu professor informou aos pais que ela não estava aproveitando todo o seu potencial e precisava de mais motivação. Alice sempre se esforçou na escola e prometeu maior empenho. No entanto, a cada avaliação, suas notas baixas a faziam sentir-se pior. Ela conseguiu terminar o ensino médio, porém, na ocasião, julgava que não era tão inteligente quanto as amigas.

Alice matriculou-se em uma faculdade comunitária e novamente deparou-se com dificuldades para seguir o curso. Ao longo dos anos, ela aprendeu diversos truques que a ajudavam a estudar para pelo menos conseguir aprovação. Ela lia textos em voz alta para si mesma; havia percebido que conseguia lembrar-se muito melhor da matéria adotando esse método em vez de ler em silêncio. Fazendo leitura silenciosa, mal conseguia recordar qualquer detalhe minutos depois.

Após o segundo ano na faculdade, transferiu-se para uma universidade que considerou até mais rigorosa; foi reprovada na maior parte das disciplinas. Após nosso primeiro contato, sugeri que fosse avaliada formalmente para identificar a fonte de sua dificuldade. Conforme se suspeitou, Alice tinha transtorno específico da aprendizagem.

A avaliação por meio de um teste de QI posicionou-a pouco acima da média, porém foi constatado que tinha grande dificuldade na leitura. Sua capacidade de compreensão era deficiente e não conseguia se lembrar da maior parte do conteúdo que lia. Recomendamos que prosseguisse com o truque da leitura em voz alta porque a compreensão daquilo que ouvia era adequada. Adicionalmente, Alice foi instruída a analisar sua leitura – ou seja, ressaltar trechos e tomar notas. Foi incentivada a gravar as aulas e a escutá-las enquanto dirigia. Embora não tenha se tornado uma excelente aluna, Alice conseguiu se formar na universidade e hoje trabalha com crianças pequenas que têm deficiências de aprendizagem.

Descrição clínica

De acordo com os critérios do *DSM-5*, Alice seria diagnosticada como tendo um transtorno específico da aprendizagem (no seu caso, especialmente na área da leitura), que é definido como uma discrepância significativa entre o desempenho acadêmico de uma pessoa e o que seria esperado para alguém da mesma idade – referido por alguns como "insucesso inesperado" (Miciak, Fletcher e Stuebing, 2016; Scanlon, 2013). Mais especificamente, os critérios exigem que a pessoa tenha uma *performance* acadêmica em um nível significativamente inferior ao de alguém com a mesma idade, capacidade cognitiva (avaliada por um teste de QI) e formação escolar. Além disso, o diagnóstico de transtorno específico da aprendizagem requer que a dificuldade da pessoa não seja causada por uma alteração sensorial, como problemas com a visão ou audição, e não deve ser resultado de instrução deficiente ou ausente. O *DSM-IV-TR* listava transtornos específicos da leitura, da matemática e da expressão escrita como transtornos separados, mas, devido à sobreposição significativa nessas deficiências, elas estão combinadas, ajudando os médicos a ter uma visão mais ampla dos estilos de aprendizagem do indivíduo (Pierce, 2016). Os médicos podem usar os especificadores para *prejuízo na leitura, expressão escrita ou matemática*, para destacar problemas específicos. Assim como acontece com outros transtornos, eles avaliam o transtorno em níveis de gravidade.

Historicamente, um transtorno específico da aprendizagem pode ser definido como uma discrepância de mais de dois desvios-padrão entre escores acadêmicos e QI. Houve considerável controvérsia, no entanto, sobre o uso da discrepância entre QI e escores acadêmicos como parte do processo de identificação de crianças com transtornos da aprendizagem (Cavendish, 2013). Parte da crítica envolve o atraso entre a ocorrência dos problemas de aprendizagem e quando resultam em uma diferença grande o suficiente entre as pontuações de QI e de escores acadêmicos – que pode não ser mensurável até mais tarde na vida acadêmica de uma criança. Uma abordagem alternativa – chamada *resposta à intervenção* – agora está sendo usada por muitos clínicos (Miciak et al., 2016). Ela envolve a identificação de que uma criança tem um transtorno específico da aprendizagem quando a resposta a uma intervenção efetiva conhecida (por exemplo, um programa de leitura precoce) é significativamente inferior ao desempenho dos colegas (Cavendish, 2013; Sadler e Sugai, 2009; VanDerHeyden e Harvey, 2012). Isso proporciona um sistema de alerta precoce e concentra-se em fornecer instrução efetiva.

Estatísticas

A prevalência de transtornos específicos da aprendizagem foi estimada entre 5% e 15% entre os jovens de várias idades e culturas (American Psychiatric Association, 2013). Um estudo envolvendo mais de 1.600 estudantes do ensino fundamental na Alemanha observou que aproximadamente 7% deles apresentavam déficits significativos em leitura, 9% em ortografia (ou seja, escrita) e 5% em aritmética (Moll et al., 2014). Outro estudo, envolvendo crianças do Brasil do segundo ao sexto ano, estimou a prevalência de transtornos específicos de aprendizagem entre 5% e 8% nas categorias de expressão escrita, leitura, aritmética e prejuízo global (Fortes et al., 2015). Nos Estados Unidos, aproximadamente 6,5 milhões de estudantes com idade entre 3 e 21 anos receberam atendimento para transtorno específico da aprendizagem entre os anos de 2009 e 2010 (U.S. Department of Education, 2012). A frequência desse diagnóstico parece aumentar nas regiões mais ricas do país, sugerindo que com o melhor acesso aos serviços de diagnóstico, mais crianças são diagnosticadas (ver Figura 14.1). Parece haver diferenças raciais no diagnóstico de transtornos específicos da aprendizagem (referido como "desproporcionalidade") (Bruce e Venkatesh, 2014; Cortiella e Horowitz, 2014). Aproximadamente 1% das crianças brancas e 2,6% das crianças negras receberam atendimentos por problemas de aprendizagem em 2001 (Bradley, Danielson e Hallahan, 2002). Parece que as visões da sociedade sobre deficiência, racismo e avaliação desigual estão entre os fatores que contribuem para a desproporcionalidade (Bruce e Venkatesh, 2014). As dificuldades com leitura são os transtornos da aprendizagem mais comuns e ocorrem de alguma forma em 7% da população geral (Pennington e Bishop, 2009; Peterson e Pennington, 2012). Os transtornos da aprendizagem com prejuízo na matemática aparecem em aproximadamente 5% a 6% da população (Pierce, 2016), mas há informações limitadas sobre a prevalência do transtorno da expressão escrita entre crianças e adultos. Estudos anteriores sugeriram que os meninos eram mais propensos a ter um transtorno da leitura do que as meninas, embora outro estudo sugira que meninos e meninas podem ser igualmente afetados por esse transtorno (Feinstein e Phillips, 2006). Alunos com transtornos da aprendizagem são mais propensos a abandonar a escola (Vogel e Reder, 1998; Kearney, 2008), a maior probabilidade de ficarem desempregados (Gerber, 2012) e mais propensos a ter pensamentos suicidas e a tentar o suicídio (Daniel et al., 2006). No entanto, os resultados negativos nos adultos

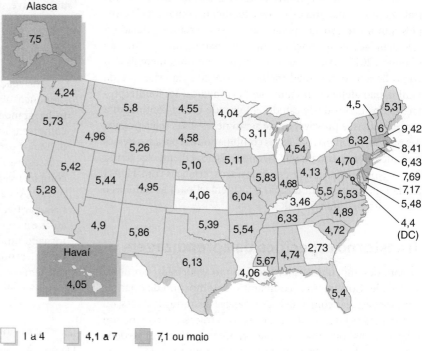

FIGURA 14.1 Exemplo de distribuição desigual nos Estados Unidos. Os maiores percentuais de crianças em idade escolar diagnosticadas com deficiência de aprendizagem estão nos estados mais ricos.

TABELA 14.2 Critérios diagnósticos para o transtorno específico da aprendizagem

A. Dificuldades na aprendizagem e no uso de habilidades acadêmicas, conforme indicado pela presença de ao menos um dos sintomas a seguir que tenha persistido por pelo menos seis meses, apesar da provisão de intervenções dirigidas a essas dificuldades:
  1. Leitura de palavras de forma imprecisa ou lenta e com esforço (p. ex., lê palavras isoladas em voz alta de forma incorreta ou lenta e hesitante, frequentemente adivinha palavras, tem dificuldade de soletrá-las).
  2. Dificuldade para compreender o sentido do que é lido (p. ex., pode ler o texto com precisão, mas não compreende a sequência, as relações, as inferências ou os sentidos mais profundos do que é lido).
  3. Dificuldades para ortografar (ou escrever ortograficamente) (p. ex., pode adicionar, omitir ou substituir vogais e consoantes).
  4. Dificuldades com a expressão escrita (p. ex., comete múltiplos erros de gramática ou pontuação nas frases; emprega organização inadequada de parágrafos; expressão escrita das ideias sem clareza).
  5. Dificuldades para dominar o senso numérico, fatos numéricos ou cálculo (p. ex., entende números, sua magnitude e relações de forma insatisfatória; conta com os dedos para adicionar números de um dígito em vez de lembrar o fato aritmético, como fazem os colegas; perde-se no meio de cálculos aritméticos e pode trocar as operações).
  6. Dificuldades no raciocínio (p. ex., tem grave dificuldade em aplicar conceitos, fatos ou operações matemáticas para solucionar problemas quantitativos).
B. As habilidades acadêmicas afetadas estão substancial e quantitativamente abaixo do esperado para a idade cronológica do indivíduo, causando interferência significativa no desempenho acadêmico ou profissional ou nas atividades cotidianas, confirmada por meio de medidas de desempenho padronizadas administradas individualmente e por avaliação clínica abrangente. Para indivíduos com 17 anos ou mais, história documentada das dificuldades de aprendizagem com prejuízo pode ser substituída por uma avaliação padronizada.
C. As dificuldades de aprendizagem iniciam-se durante os anos escolares, mas podem não se manifestar completamente até que as exigências pelas habilidades acadêmicas afetadas excedam as capacidades limitadas do indivíduo (p. ex., em testes cronometrados, em leitura ou escrita de textos complexos longos e com prazo curto, em alta sobrecarga de exigências acadêmicas).
D. As dificuldades de aprendizagem não podem ser explicadas por deficiências intelectuais, acuidade visual ou auditiva não corrigida, outros transtornos mentais ou neurológicos, adversidade psicossocial, falta de proficiência na língua de instrução acadêmica ou instrução educacional inadequada.

Nota: Os quatro critérios diagnósticos devem ser preenchidos com base em uma síntese clínica da história do indivíduo (do desenvolvimento, médica, familiar, educacional), em relatórios escolares e em avaliação psicoeducacional.

Especificar se:
Com prejuízo na leitura:
Precisão na leitura de palavras
Velocidade ou fluência da leitura
Compreensão da leitura

Com prejuízo na expressão escrita:
Precisão na ortografia
Precisão na gramática e na pontuação
Clareza ou organização da expressão escrita

Com prejuízo na matemática:
Senso numérico
Memorização de fatos aritméticos
Precisão ou fluência de cálculo
Precisão no raciocínio matemático

Fonte: Manual Diagnóstico e Estatístico de Transtornos Mentais, 5a ed. - DSM-5. Tab. 14.2. Artmed, Porto Alegre, 2014.

---

podem ser atenuados pelo fornecimento de apoio adequado, como uma relação positiva com adultos cuidadosos e adaptações em ambientes educacionais de nível superior e de emprego (Gregg, 2013).

Entrevistas com adultos com transtorno específico da aprendizagem revelam que, no geral, as experiências na escola foram negativas e, muitas vezes, os efeitos permaneceram depois de esses indivíduos estarem formados. Um homem que não recebeu cuidados especiais durante a permanência na escola declarou:

> Consegui, apesar de tudo, ser aprovado na escola, porque eu era muito inteligente. Do que mais me ressinto é ninguém ter percebido minhas fraquezas. Eu me julgo essencialmente por minhas falhas... [Eu] sempre tive autoestima baixa. Em retrospectiva, considero que tive baixa autoestima na faculdade... Eu tinha medo de me conhecer. Um golpe para minha autoestima ocorreu quando frequentava a escola e não consegui escrever um poema ou uma história... Eu não conseguia escrever com canetas nem com lápis. O computador mudou a minha vida. Eu faço tudo no meu computador. Ele atua como minha memória. Eu o utilizo para programar minha vida e para tudo que escrevo, pois minha letra e minha expressão escrita sempre foram muito ruins. (Polloway, Schewel e Patton, 1992, p. 521)

Um grupo de transtornos, vagamente identificados como *transtornos da comunicação*, parece intimamente relacionado ao transtorno específico da aprendizagem (American Psychiatric Association, 2013). Esses transtornos parecem enganosamente benignos, entretanto, sua presença nos primeiros anos de vida pode causar um grande número de problemas no futuro. Para um breve resumo desses transtornos, que incluem o **transtorno da fluência com início na infância** (anteriormente chamado de **gagueira**) e o **transtorno da linguagem** (que combina o transtorno da linguagem expressiva e o transtorno misto da linguagem receptivo-expressiva do *DSM-IV-TR*), consulte a Tabela 14.1.

Causas

Teorias sobre as causas do transtorno específico da aprendizagem incluem fatores genéticos, neurobiológicos e ambientais (Peterson e Pennigton, 2012). A pesquisa genética nessa área é particularmente complexa. Está claro que transtornos da aprendizagem ocorrem em família, e sofisticados estudos familiares e com gêmeos confirmam esse fato (p. ex., Christopher et al., 2013). No entanto, a análise dos genes envolvidos sugere que muitos efeitos não são específicos – significando que não existem diferentes genes responsáveis pelos transtornos da leitura e pelos transtornos específicos da aprendizagem com prejuízo na matemática. Em vez disso, existem genes que afetam a aprendizagem e podem contribuir para problemas em vários domínios (leitura, escrita, matemática) (Petrill, 2013; Plomin e Kovas, 2005).

Os diferentes problemas associados com a aprendizagem, por si só, têm origens diferentes. Por exemplo, as crianças (e adultos) têm muitas vezes problemas muito diferentes relacionados à leitura. Os transtornos da leitura, às vezes, são divididos em problemas com o reconhecimento de palavras (dificuldade na decodificação de palavras simples – às vezes, chamada de *dislexia*), fluência (problemas na capacidade de ler palavras e frases contínuas e automaticamente) e compreensão (dificuldade em entender o significado do que é lido) (Siegel e Mazabell, 2013; Tannock, 2009b). A maioria das pesquisas, até o momento, concentra-se em problemas com o reconhecimento de palavras, e há evidências de que alguns indivíduos desenvolvem esses problemas, principalmente, por causa de seus genes, enquanto outros os desenvolvem como resultado de fatores ambientais (Siegel e Mazabell, 2013). Genes localizados nos cromossomos 1, 2, 3, 6, 11, 12, 15 e 18 têm sido repetidamente associados a essas dificuldades (Cope et al., 2012; Zou et al., 2012). Ao mesmo tempo, as influências ambientais, como os hábitos familiares de leitura em casa, podem afetar significativamente os resultados – especialmente as habilidades de reconhecimento de palavras –, sugerindo que a leitura, para crianças em risco de transtornos da leitura, pode diminuir o impacto da influência genética (Siegel e Mazabell, 2013).

Várias formas sutis de prejuízo cerebral também foram consideradas responsáveis pelas deficiências de aprendizagem; algumas das primeiras teorias envolvem uma explicação neurológica (Hinshelwood, 1896). As pesquisas indicam diferenças estruturais, assim como funcionais, nos cérebros de pessoas com deficiência de aprendizagem. Especificamente, três áreas do hemisfério esquerdo parecem estar envolvidas em problemas com dislexia (reconhecimento de palavras) – a área de Broca (que afeta a articulação de palavras), uma área na região parieto-temporal esquerda (que afeta a análise de palavras) e uma área na região occipitotemporal esquerda (que afeta o reconhecimento da forma de palavras) (Peterson e Pennington, 2012). Uma área diferente no hemisfério esquerdo – o sulco intraparietal – parece ser crítica para o desenvolvimento de uma noção numérica e está implicada no transtorno específico da aprendizagem com prejuízo na matemática (Ashkenazi et al., 2013). Em contraste, não há nenhuma evidência atual de déficits específicos responsáveis pelo transtorno da expressão escrita.

Transtornos da leitura foram diagnosticados com mais frequência em países de língua inglesa. Embora alguns pesquisadores julgassem que isso pudesse ser uma diferença nas práticas de diagnóstico, as pesquisas com variáveis biológicas indicam atualmente que pode envolver a complexidade relativa da palavra escrita em inglês. Os pesquisadores testaram indivíduos com transtorno da leitura que falavam inglês, francês ou italiano (Paulesu et al., 2001). Embora os que falavam italiano tivessem melhor desempenho nos testes de leitura, as imagens cerebrais (tomografia com emissão de pósitrons) de quando todos os participantes estavam lendo, indicaram que cada um apresentava a mesma atividade reduzida no lóbulo temporal esquerdo. Foi hipotetizado que as características das línguas inglesa e francesa podem torná-las mais difíceis de ler, representando, assim, essas diferenças culturais nas taxas de diagnóstico para os transtornos da leitura.

Você viu que Alice persistia, apesar dos obstáculos causados por seu transtorno específico da aprendizagem e das reações dos professores e de outras pessoas. O que a ajudou a persistir em atingir sua meta quando outros optam por abandonar a escola? Fatores psicológicos e motivacionais reforçados por outras pessoas parecem desempenhar um papel importante no resultado final de indivíduos com transtornos da aprendizagem. Fatores como *status* socioeconômico, expectativas culturais, as interações e expectativas dos pais e práticas na conduta

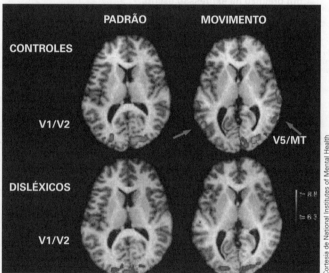

▲ Essas varreduras funcionais por MRI de dados extraídos a partir de seis adultos dislexicos e oito controles mostram um corte axial do cérebro, com a face no topo. A imagem mostra atividade cerebral atípica associada à dislexia. Os exames foram realizados durante o rastreamento visual de um padrão de pontos em movimento em uma tela de computador. A área do cérebro (V5/MT) normalmente ativa durante essas tarefas de movimento não ativou em indivíduos dislexicos (direita). Sua atividade cerebral foi mais semelhante aos controles durante uma tarefa de reconhecimento de padrões (esquerda).

das crianças juntos aos déficits neurológicos existentes e os tipos de apoio proporcionados na escola parecem determinar o resultado (Gregg, 2013).

Tratamento dos transtornos da aprendizagem

Conforme veremos no caso da deficiência intelectual, os transtornos da aprendizagem requerem principalmente intervenção educacional. O tratamento biológico (com droga) é tipicamente restrito àqueles indivíduos que possam apresentar o TDAH como comorbidade que, como discutimos, envolve impulsividade e incapacidade para sustentar a atenção e que pode ser atenuado com certos medicamentos estimulantes, como o metilfenidato (Ritalina ou Concerta). Os esforços educacionais podem ser amplamente categorizados como (1) instrução de habilidades específicas, incluindo instruções de vocabulário, como encontrar a ideia principal e como encontrar fatos durante leituras, e (2) instrução de estratégia, que inclui esforços para melhorar as habilidades cognitivas por meio da tomada de decisão e do pensamento crítico (Fletcher et al., 2006; Pierce, 2016).

Muitos programas são usados para ajudar as crianças com problemas relacionados à aprendizagem. Uma abordagem que tem recebido apoio considerável das pesquisas é chamada de Instrução Direta (Kame'enui, Fien e Korgesaar, 2013). Este programa inclui vários componentes; entre eles estão a instrução sistemática (usando planos de lições altamente roteirizados que colocam os alunos juntos, em pequenos grupos, com base em seu progresso) e o ensino para a maestria (ensinar os alunos até que eles entendam todos os conceitos). Além disso, as crianças são constantemente avaliadas e os planos são modificados com base no progresso. A Instrução Direta e vários programas de treinamento relacionados parecem melhorar significativamente as habilidades acadêmicas em crianças com transtorno específico da aprendizagem (Kame'enui, Fien e Korgesaar, 2013).

De que forma esses métodos comportamentais e educacionais ajudam as crianças com dificuldades de leitura? São apenas truques ou adaptações do aprendizado ou esses tratamentos exercem um efeito mais profundo no modo como essas crianças processam as informações? Pesquisas que utilizam tecnologia para obtenção de imagens do cérebro estão nos permitindo responder a essas importantes questões. Um estudo utilizou escaneamento por imagem de ressonância magnética funcional (fMRI) para comparar como as crianças com e sem transtornos da leitura processavam tarefas de leitura simples (Temple et al., 2003). As crianças com dificuldades de leitura foram expostas a oito semanas de treinamento intensivo por meio de um programa de computador que as ajudou a melhorar suas aptidões auditivas e de processamento da linguagem. As crianças não somente melhoraram suas aptidões de leitura, mas seus cérebros começaram a funcionar de modo similar ao de seus colegas que eram bons leitores. Este e outros estudos semelhantes (Peterson e Pennington, 2012) refletem resultados vistos com outros transtornos, ou seja, que as intervenções comportamentais podem alterar a forma como o cérebro funciona e que podemos usar essas intervenções para ajudar as pessoas com problemas significativos.

▲ Jogos de computador especialmente projetados podem ajudar as crianças com transtornos da aprendizagem a melhorar suas habilidades linguísticas.

Verificação de conceitos 14.1

Classificar cada um dos seguintes casos como: (a) TDAH, (b) transtorno da comunicação social (pragmática), (c) transtorno de Tourette ou (d) transtorno específico da aprendizagem.

1. O transtorno do neurodesenvolvimento de Trent é caracterizado por ruídos incontroláveis, como ganidos, fungadas e grunhidos. _____

2. Cole, 10 anos, pode ser frustrante para seus pais, professores e amigos. Não consegue esperar sua vez durante os jogos e faz coisas aparentemente sem pensar. Algumas vezes dá respostas antes de a pergunta completa ser formulada. _____

3. Na escola, Miley, de 6 anos, parece extremamente inábil. Ela não entende quando outras crianças estão sendo sarcásticas e não observa muitas expressões da comunicação social. _____

4. Kelly era uma boa aluna até o sétimo ano. Suas notas lentamente começaram a cair, apesar de estudar cada vez mais. Agora, como uma estudante do segundo grau, preocupada com sua graduação e com esperança de ir para a faculdade, Kelly procurou ajuda. Sua avaliação foi acima da média no teste de QI, mas ela apresenta problemas significativos de leitura e compreensão. _____

5. Chandra, 8 anos, é descrita por todos como "difícil". Ela fica inquieta durante a aula, tamborila os dedos na carteira, se contorce no banco, sentando e levantando. Tem problemas para esperar pela sua vez na escola ou na hora de brincar, e algumas vezes tem surtos violentos. _____

Transtorno do espectro autista

O **transtorno do espectro autista** (TEA) é um transtorno do neurodesenvolvimento que, em sua essência, afeta o modo como a pessoa percebe e socializa com outros (Durand, 2014).

O *DSM-5* combinou a maioria dos transtornos, anteriormente incluídos sob o termo genérico "transtornos globais do desenvolvimento" (p. ex., transtorno autista, transtorno de Asperger e **transtorno desintegrativo da infância**), e os incluiu nesta categoria (American Psychiatric Association, 2013). Além disso, a **síndrome de Rett**, uma doença genética que afeta principalmente as mulheres e é caracterizada por movimentos estereotipados das mãos e coordenação motora prejudicada, é diagnosticada como TEA, com o qualificativo "associado à síndrome de Rett" ou "associado à mutação do MeCP2" (o gene envolvido na síndrome de Rett). E a designação "sem outra especificação", que foi aplicada a outros transtornos antes do *DSM-5*, foi excluída. Um novo transtorno do *DSM-5* – Transtorno da comunicação social (pragmática) – inclui as dificuldades da comunicação social vistas no TEA, mas sem padrões restritos e repetitivos de comportamento. Esses indivíduos não aprendem facilmente as regras sociais ao se comunicar com os outros (p. ex., interrompem, falam muito alto, não ouvem os outros). Certos indivíduos previamente diagnosticados com transtorno global do desenvolvimento sem outra especificação podem se enquadrar nesta categoria.

Descrição clínica

Duas características principais do TEA são expressas no *DSM-5*: 1) prejuízos na comunicação e interação sociais, e 2) padrões restritos e repetitivos de comportamento, interesses ou atividades (American Psychiatric Association, 2013). Além disso, o *DSM-5* reconhece que os prejuízos aparecem na primeira infância e limitam o funcionamento diário. É o grau de prejuízo de cada uma dessas características que distinguem, presumivelmente, indivíduos previamente diagnosticados com transtornos distintos, o transtorno autista, o transtorno de Asperger e o **transtorno global do desenvolvimento sem outra especificação**.

Para acomodar a gama de dificuldades nos dois grupos de sintomas (comunicação e interação sociais e padrões restritos e repetitivos de comportamento, interesses ou atividades), o *DSM-5* introduziu três níveis de gravidade: 1 – "Exigindo apoio", 2 – "Exigindo apoio substancial" e 3 – "Exigindo apoio muito substancial". Classificações separadas são fornecidas para comunicação e interação sociais e para padrões restritos ou repetitivos de comportamentos. Cada nível de apoio é descrito qualitativamente e, até agora, não tem nenhum equivalente quantitativo. Essa subjetividade faz com que determinar o nível adequado de apoio necessário seja um pouco problemático, caso a pessoa com TEA não apresente os extremos dessas categorias (Durand, 2014). Considere o caso de Amy.

AMY ... Em seu próprio mundo

Amy, 3 anos, passa a maior parte de seu dia pegando fiapos. Ela solta o fiapo no ar e, em seguida, observa atentamente como ele cai no chão. Ela também lambe a parte de trás de suas mãos e observa a saliva. Ela não falou ainda e não consegue se alimentar nem se vestir. Várias vezes ao dia ela grita tão alto que os vizinhos acharam que estava sendo abusada. Ela não parece estar interessada no amor e afeto de sua mãe, mas segura a mão dela para levá-la até a geladeira. Amy gosta de comer manteiga – sachês inteiros, vários de uma vez. Sua mãe usa os sachês de manteiga que recebe em alguns restaurantes para ajudar Amy a aprender e a mantê-la bem comportada. Se Amy ajuda a se vestir, ou se se senta em silêncio por alguns minutos, sua mãe lhe dá um pouco de manteiga. A mãe de Amy sabe que a manteiga não é boa para ela, mas é a única coisa que parece funcionar com a criança. O pediatra da família tem, por algum tempo, se preocupado com os atrasos no desenvolvimento de Amy e recentemente sugeriu que ela fosse avaliada por especialistas. O pediatra acha que Amy pode ter transtorno do espectro autista, e a criança e sua família provavelmente precisarão de amplo apoio.

Déficits na comunicação social e na interação social

Uma das características que definem as pessoas com TEA é que elas não conseguem desenvolver relações sociais apropriadas à idade (Davis e Carter, 2014). Amy nunca fez amigos entre seus pares e, muitas vezes, limitou seu contato com os adultos, usando-os como ferramentas, por exemplo, segurando a mão do adulto para chegar a algo que ela queria. A pesquisa sobre os sintomas do TEA, incluindo as dificuldades de comunicação e as dificuldades sociais (que foram listadas de forma independente como parte do *DSM-IV-TR*), revelou a sobreposição considerável desses sintomas (Frazier et al., 2012; Skuse, 2012). O *DSM-5* combina essas duas áreas em um único grupo geral de sintomas (da comunicação social e interação social).

As dificuldades de comunicação e interação sociais são também definidas pela inclusão de três aspectos – problemas com a reciprocidade social (uma incapacidade de estabelecer uma conversa normal), com a comunicação não verbal e em iniciar e manter relacionamentos sociais – que devem estar presentes para o diagnóstico de TEA.

A reciprocidade social para os indivíduos com sintomas mais graves de TEA (previamente diagnosticados com transtorno autista) envolve a incapacidade de envolver-se na **atenção compartilhada** (Gillespie-Lynch et al., 2012; Schietecatte et al., 2012). Se uma criança sem TEA vê um brinquedo que ela gosta, ela pode olhar para sua mãe, sorrir, olhar para o brinquedo e olhar para sua mãe novamente. Esse ato social comunica não só o interesse no brinquedo, mas também o desejo de compartilhar esse interesse com outra pessoa. Essa ação é limitada em pessoas com TEA. Entre as pessoas com sintomas mais leves de TEA (previamente diagnosticadas com transtorno de Asperger), essa falta de reciprocidade social pode apresentar-se como comportamento autocentrado, sem mostrar interesse em coisas com as quais outras pessoas se preocupam.

Pesquisas usando tecnologias sofisticadas de rastreamento ocular mostram como os déficits sociais evoluem conforme a pessoa se desenvolve. Em um estudo clássico, cientistas mostraram algumas cenas de filmes a um homem adulto com TEA e compararam o modo como ele olhou para essas cenas sociais com a maneira como um homem sem TEA o fez (Klin et al., 2002). O homem com TEA deu atenção para aspectos não sociais da cena (boca e jaqueta do ator), enquanto o sem TEA deu atenção às partes socialmente significativas (olhando, olho no olho, para as pessoas que conversavam). Essa pesquisa sugere que as pessoas com TEA – por razões ainda não totalmente compreendidas – podem não estar interessadas em situações sociais.

Déficits na comunicação não verbal podem envolver problemas com uma série de ações em pessoas com formas graves de TEA (p. ex., não apontar para as coisas que você quer) e entre aqueles com formas mais leves de TEA (p. ex., aproximar-se excessivamente das pessoas). Indivíduos com formas menos graves de TEA podem também apresentar falta de expressões faciais ou tons de voz apropriados (também conhecido como **prosódia**; Durand, 2014) quando conversam, ou apenas aparentar uma geral inabilidade não verbal. Por fim, os déficits na reciprocidade social e na comunicação não verbal podem se combinar, influenciando o terceiro sintoma – problemas em manter relações sociais.

Aproximadamente 25% dos indivíduos com TEA não desenvolvem proficiência de discurso suficiente para comunicar suas necessidades de forma efetiva (Anderson et al., 2007). Naqueles com alguma fala, às vezes grande parte da comunicação é incomum. Alguns repetem a fala de outros, um padrão denominado ecolalia, a que nos referimos anteriormente como um sinal do desenvolvimento atrasado da fala. Se uma pessoa disser "Meu nome é Eileen, qual é o seu?", elas repetirão tudo ou parte do que foi falado: "Eileen, qual é o seu?". E, muitas vezes, não apenas as suas palavras são repetidas, mas também a sua entonação. Na outra extremidade do espectro autista, esses indivíduos podem ser muito verbais, mas devido aos déficits sociais e sua tendência a ter interesses restritos, eles muitas vezes têm conversas unilaterais sobre os temas que querem discutir.

Padrões restritos e repetitivos de comportamento, interesses ou atividades

As características mais marcantes do TEA incluem *padrões restritos e repetitivos de comportamento, interesses ou atividades*. Amy parecia gostar que as coisas se mantivessem iguais: ela ficava extremamente chateada se uma mudança, mesmo que pequena, fosse introduzida (como mover seus brinquedos em seu quarto). Essa preferência acentuada pelo *status quo* foi denominada *manutenção da mesmice*. Frequentemente, as pes-

TABELA 14.3 Critérios diagnósticos para o transtorno do espectro autista

A. Déficits persistentes na comunicação social e na interação social em múltiplos contextos, conforme manifestado pelo que segue, atualmente ou por história prévia (os exemplos são apenas ilustrativos, e não exaustivos; ver o texto):
  1. Déficits na reciprocidade socioemocional, variando, por exemplo, de abordagem social anormal e dificuldade para estabelecer uma conversa normal a compartilhamento reduzido de interesses, emoções ou afeto a dificuldade para iniciar ou responder a interações sociais.
  2. Déficits nos comportamentos comunicativos não verbais usados para interação social, variando, por exemplo, de comunicação verbal e não verbal pouco integrada à anormalidade no contato visual e linguagem corporal ou déficits na compreensão e uso de gestos, a ausência total de expressões faciais e comunicação não verbal.
  3. Déficits para desenvolver, manter e compreender relacionamentos, variando, por exemplo, de dificuldade em ajustar o comportamento para se adequar a contextos sociais diversos a dificuldade em compartilhar brincadeiras imaginativas ou em fazer amigos, a ausência de interesse por pares.
B. Padrões restritos e repetitivos de comportamento, interesses ou atividades, conforme manifestado por pelo menos dois dos seguintes critérios, atualmente ou por história prévia (os exemplos são apenas ilustrativos e não exaustivos; ver o texto):
  1. Movimentos motores, uso de objetos ou fala estereotipados ou repetitivos (p. ex., estereotipias motoras simples, alinhar brinquedos ou girar objetos, ecolalia, frases idiossincráticas).
  2. Insistência nas mesmas coisas, adesão inflexível a rotinas ou padrões ritualizados de comportamento verbal ou não verbal (p. ex., sofrimento extremo em relação a pequenas mudanças, dificuldades com transições, padrões rígidos de pensamento, rituais de saudação, necessidade de fazer o mesmo caminho ou ingerir os mesmos alimentos diariamente).
  3. Interesses fixos e altamente restritos que são anormais em intensidade ou foco (p. ex., forte apego a ou preocupação com objetos incomuns, interesses excessivamente circunscritos ou perseverativos).
  4. Hiper ou hiporreatividade a estímulos sensoriais ou interesse incomum por aspectos sensoriais do ambiente (p. ex., indiferença aparente a dor/temperatura, reação contrária a sons ou texturas específicas, cheirar ou tocar objetos de forma excessiva, fascinação visual por luzes ou movimento).
C. Os sintomas devem estar presentes precocemente no período do desenvolvimento (mas podem não se tornar plenamente manifestos até que as demandas sociais excedam as capacidades limitadas ou podem ser mascarados por estratégias aprendidas mais tarde na vida).
D. Os sintomas causam prejuízo clinicamente significativo no funcionamento social, profissional ou em outras áreas importantes da vida do indivíduo no presente.
E. Essas perturbações não são mais bem explicadas por deficiência intelectual (transtorno do desenvolvimento intelectual) ou por atraso global do desenvolvimento. Deficiência intelectual ou transtorno do espectro autista costumam ser comórbidos; para fazer o diagnóstico da comorbidade de transtorno do espectro autista e deficiência intelectual, a comunicação social deve estar abaixo do esperado para o nível geral do desenvolvimento.

Fonte: Manual Diagnóstico e Estatístico de Transtornos Mentais, 5a ed. - DSM-5. Tab. 14.3. Artmed, Porto Alegre, 2014.

soas com TEA dedicam um grande número de horas a *comportamentos estereotipados e ritualísticos*, realizando movimentos estereotipados como caminhar em círculos, abanar as mãos em frente dos olhos com a cabeça inclinada para um lado ou morder as mãos (Durand, 2014). Para indivíduos com TEA menos grave, esses comportamentos podem assumir a forma de um interesse quase obsessivo por certos assuntos muito específicos (como seguir horários de voos ou memorizar códigos postais). Essa tendência a ser muito mais interessado em fatos esotéricos do que em pessoas contribui posteriormente para a interferência nas relações sociais.

Estatísticas

As estimativas atuais das taxas de TEA são baseadas nos critérios anteriores do *DSM-IV-TR* e da *CID-10* (Lord e Bishop, 2010). No passado, o TEA era considerado um transtorno raro (p. ex., 1 em 10 mil nascimentos), embora estimativas mais recentes de sua ocorrência pareçam indicar um aumento de sua prevalência. Por exemplo, as estimativas, conforme relatado pelos Centers for Disease Control and Prevention, sugerem que uma média de 1 a cada 68 crianças de 8 anos nos Estados Unidos tiveram diagnósticos sob a categoria do TEA (Centers for Disease Control and Prevention, 2014). A maior parte do aumento das taxas pode ser resultado de mudanças entre as versões do *DSM* (Miller et al., 2013), assim como uma maior conscientização por parte dos profissionais e do público em geral. No entanto, as razões por trás dessas mudanças são complexas, e outros fatores ambientais (p. ex., exposição a toxinas durante o período pré-natal) ainda não podem ser descartados como parcialmente contribuintes ao aumento das taxas (Frombonneet al., 2011; Liu e Bearman, 2012).

As diferenças entre gêneros são aparentes no TEA, com a média de homens para mulheres relatada em 4,5 para 1 (Centers for Disease Control and Prevention, 2014). O TEA parece ser um fenômeno universal, identificado em todas as regiões do mundo, incluindo Suécia (Gillberg, 1984), Japão (Sugiyama e Abe, 1989), Rússia (Lebedinskaya e Nikolskaya, 1993) e Hong Kong (Chung, Luk e Lee, 1990).

As pessoas com TEA têm uma ampla gama de pontuação de QI. Estima-se que aproximadamente 31% dos indivíduos com TEA tenham deficiência intelectual (definida como um QI de pontuação inferior a 70, déficits comparáveis no funcionamento adaptativo e apresenta-se antes dos 18 anos) (Centers for Disease Control and Prevention, 2014). As medidas do QI são usadas para determinar o prognóstico: quanto maior a pontuação das crianças nos testes de QI, menor é a probabilidade de que elas precisem de um amplo apoio por parte de familiares ou cuidadores. Inversamente, crianças pequenas com TEA que pontuam muito baixo nos testes de QI têm maior probabilidade de apresentar grande atraso na aquisição de habilidades de comunicação e de necessitar de muito apoio educacional e social à medida que a idade aumenta. Geralmente, a capacidade linguística e os resultados dos testes de QI são preditores confiáveis de como crianças com TEA desempenharão no futuro: quanto melhores as aptidões linguísticas e o desempenho nos testes de QI, melhor o prognóstico (Ben et al., 2008).

Causas: dimensões psicológica e social

O TEA é uma condição complexa que não parece ter uma única causa (Durand, 2014). Em vez disso, uma série de contribuições biológicas pode combinar-se a influências psicossociais. Devido à importância do contexto histórico para a pesquisa, é útil examinar tanto as teorias anteriores como as mais recentes sobre o TEA. (Ao fazer isso, estamos nos afastando de nosso critério usual neste livro de primeiramente discutir os aspectos biológicos.)

Historicamente, o TEA foi erroneamente visto como o resultado de parentalidade falha (Bettelheim, 1967; Ferster, 1961; Tinbergen e Tinbergen, 1972). Mães e pais de crianças com a mais grave forma de TEA eram considerados perfeccionistas, frios e distantes (Kanner, 1949), com *status* socioeconômico relativamente alto (Allen et al., 1971; Cox et al., 1975) e QIs mais elevados do que o da população em geral (Kanner, 1943). Descrições como essas inspiraram teorias que responsabilizaram os pais pelo comportamento incomum de seus filhos. Esse modo de ver o transtorno foi arrasador para uma geração de pais que se sentiram culpados e responsáveis pelos problemas dos seus filhos. Imagine ser acusado de tamanha frieza em relação a seu próprio filho a ponto de lhe causar deficiências sérias e permanentes! Uma pesquisa mais sofisticada, utilizando amostras maiores de crianças e famílias, sugere que os pais de indivíduos com transtorno do espectro autista podem não diferir substancialmente de pais de crianças sem deficiência (Bhasin e Schendel, 2007).

Outras teorias sobre a origem do TEA foram baseadas nos padrões de fala incomuns de alguns indivíduos, que seria sua tendência em evitar pronomes de primeira pessoa, como *eu* e *mim* e usar *ele* e *ela* em seu lugar. Por exemplo, se você perguntar a uma criança com TEA, "Você quer algo para beber?", ela poderia responder: "Ela quer algo para beber" (significando "Eu quero algo para beber"). Essa observação levou alguns teóricos a considerar a possibilidade de o TEA envolver falta de autoconsciência (Goldfarb, 1963; Mahler, 1952). Imagine, se conseguir, não entender que a sua existência é distinta. Não existe um "você", só "eles". Tal visão debilitante do mundo foi usada para explicar as maneiras incomuns como as pessoas com TEA se comportavam. Teóricos sugerem que o isolamento visto entre as pessoas com TEA refletia uma falta de consciência da sua própria existência.

Pesquisas posteriores mostraram, entretanto, que algumas pessoas com TEA aparentam ter autoconsciência (Lind e Bowler, 2009) e que ela segue uma progressão do desenvolvimento. De modo idêntico às crianças sem uma deficiência, aquelas com capacidade cognitiva abaixo do nível esperado para uma criança de 18 a 24 meses apresentam pouco ou nenhum autorreconhecimento, porém as com capacidade mais avançada demonstram ter autoconsciência. O autoconceito pode estar ausente quando pessoas com TEA também têm deficiências ou atrasos cognitivos, e não por causa do próprio transtorno.

Mitos a respeito de pessoas com TEA são perpetuados quando as idiossincrasias do transtorno são ressaltadas. Essas percepções são ampliadas por representações como a de Dustin Hoffman no filme *Rain Man* – seu personagem podia, por exemplo, contar de modo instantâneo e preciso centenas de palitos que caíam no chão. Esse tipo de habilidade mental

Rebecca: Uma aluna da primeira série com transtorno do espectro autista

"Tirá-la de sua rotina é gatilho para crise... A rotina é extremamente importante para ela."

excepcional – referido como habilidades prodígio – não ocorre em todos os indivíduos com TEA. Estima-se que cerca de um terço dos indivíduos com TEA tenham essas habilidades incomuns, embora não haja pessoas com a forma mais grave de TEA que parecem ter habilidades *savant* (Howlin et al., 2010; Rutter e Pickles, 2015). Essas habilidades excepcionais parecem ser o resultado de possuir memória de trabalho superior e alta atenção concentrada (Bennett e Heaton, 2012). É importante sempre distinguir o mito da realidade e estar consciente de que essas ilustrações não representam a gama completa de manifestações desse transtorno tão complexo.

O fenômeno da ecolalia, repetição de uma palavra ou de uma frase falada por outra pessoa, era considerado característica incomum desse transtorno. O trabalho subsequente na psicopatologia do desenvolvimento, no entanto, demonstrou que repetir o discurso dos outros é parte do desenvolvimento típico das habilidades linguísticas, observadas na maioria das crianças pequenas (Dawson, Mottron e Gernsbacher, 2008). Mesmo um comportamento tão perturbador quanto o comportamento autolesivo (como bater a cabeça), por vezes visto em pessoas com TEA, é observado em formas mais brandas entre crianças com desenvolvimento típico (de Lissovoy, 1961). Esse tipo de pesquisa tem ajudado os médicos a isolar os fatos dos mitos sobre o TEA e a esclarecer o papel do desenvolvimento no transtorno. Uma conclusão geralmente aceita é que as deficiências sociais são a principal característica distintiva das pessoas com TEA.

Causas: dimensões biológicas

Os déficits de habilidades como a comunicação social e os característicos comportamentos e interesses restritos e repetitivos parecem ser de origem biológica. O papel das influências biológicas nas origens do TEA, examinado em seguida, recebeu um grande apoio empírico.

Influências genéticas

Atualmente, está claro que o TEA tem um componente genético significativo. O que também é evidente é que a genética do TEA é altamente complexa (Wang et al., 2015), com uma hereditariedade moderada (Hallmayer et al., 2011; Rutter, 2011a). Numerosos genes em vários de nossos cromossomos já foram implicados, de alguma forma, na apresentação do TEA (Li, Zou e Brown, 2012). E, como acontece com outros transtornos psicológicos, como a esquizofrenia, muitos genes estão envolvidos, mas cada um tem um efeito relativamente pequeno.

As famílias que têm uma criança com TEA têm cerca de 20% de chance de ter outra criança com esse transtorno (Ozonoff et al., 2011). Essa taxa é 100 vezes superior ao risco na população em geral, fornecendo forte evidência de um componente genético no transtorno. Os genes exatos envolvidos no desenvolvimento do TEA permanecem indefinidos. Uma área que está recebendo atenção envolve os genes responsáveis pela ocitocina, uma substância química cerebral. Como a ocitocina parece ter um papel na forma como nos relacionamos com os outros e em nossa memória social, os pesquisadores estão estudando se os genes responsáveis por essa neuroquímica estão envolvidos com o transtorno. Trabalhos preliminares identificam uma associação entre TEA e um gene do receptor de ocitocina (Wermter et al., 2010).

Parece haver um risco maior de ter uma criança com TEA entre pais mais velhos. Um grupo de pesquisadores em Israel, por exemplo, observou que pais com 40 anos ou mais tiveram mais de cinco vezes maior probabilidade de ter uma criança com TEA do que pais com idade inferior a 30 anos (Reichenberg et al., 2006). A mesma correlação parece prender-se à idade materna (Croen et al., 2007; Durkin et al., 2008; Parner et al., 2012). Esses resultados sugerem que as mutações podem ocorrer no esperma dos pais ou nos óvulos das mães (chamados de mutações *de novo*) que influenciam o desenvolvimento do TEA.

Influências neurobiológicas

Como na área da genética, muitas influências neurobiológicas estão sendo estudadas para ajudar a explicar os problemas de comunicação e de comportamento sociais observados no TEA (Fein, 2011). Uma teoria intrigante envolve a pesquisa sobre a amígdala – área do cérebro que, como você viu no Capítulo 5, está envolvida em emoções, como ansiedade e medo. Pesquisadores que estudam o cérebro de pessoas com TEA após sua morte, observaram que os adultos com e sem o transtorno têm uma amígdala aproximadamente do mesmo tamanho, mas que aqueles com TEA têm menos neurônios nessa estrutura (Schumann e Amaral, 2006). Pesquisas anteriores mostraram que crianças pequenas com TEA têm amígdala realmente maior. A teoria que está sendo proposta é que a amígdala em crianças com TEA está aumentada no início da vida – causando ansiedade e medo excessivos (talvez contribuindo para o seu isolamento social). Com o estresse continuado, a liberação do cortisol – o hormônio do estresse – danifica a amígdala, causando a relativa ausência desses neurônios na idade adulta. A amígdala danificada pode explicar os diferentes modos como as pessoas com TEA respondem a situações sociais (Lombardo, Chakrabarti e Baron-Cohen, 2009).

Uma influência neurobiológica adicional, que mencionamos na seção sobre genética, envolve o neuropeptídeo ocitocina. Lembre-se que esse é um importante neuroquímico social, que influencia a ligação interpessoal e acredita-se que aumenta a confiança e reduz o medo. Algumas pesquisas com crianças com TEA encontraram níveis mais baixos de ocitocina no sangue (Modahl et al., 1998), e administrar ocitocina a pessoas com TEA melhorou sua capacidade de lembrar e processar informações com conteúdo emocional (como lembrar de rostos felizes), um problema que é sintomático do TEA (Guastella et al., 2010). Essa é uma, de uma série de teorias que estão sendo exploradas como possíveis contribuintes para esse intrigante transtorno.

Uma teoria altamente controversa é que o mercúrio – especificamente o mercúrio anteriormente utilizado como conservante em vacinas infantis (timerosal) – seja responsável pelos aumentos observados no número de casos com TEA. Grandes estudos epidemiológicos realizados na Dinamarca mostram que não há aumento do risco de TEA em crianças vacinadas (Madsen et al., 2002; Parker et al., 2004). Pesquisas adicionais mostram que o número de vacinações – outro motivo de preocupação de algumas famílias – também não contribui para um risco aumentado de TEA (DeStefano, Price e Weintraub, 2013). Apesar dessa e de outras provas convincentes, a correlação entre quando uma criança é vacinada contra sarampo, caxumba e rubéola (12-15 meses) e quando os sintomas do TEA tornam-se evidentes pela primeira vez (antes dos 3 anos) continua a alimentar a crença, de muitas famílias, de que deve haver alguma ligação. A consequência negativa dessa preocupação é que alguns pais não estão vacinando seus filhos e isso deve contribuir para um aumento significativo dos casos de sarampo e caxumba nos Estados Unidos e em outros países (Centers for Disease Control and Prevention, 2011).

O estudo do TEA é um campo relativamente jovem e ainda aguarda uma teoria integrada de como fatores biológicos, psicológicos e sociais se associam para colocar um indivíduo em risco de desenvolver o transtorno. É provável, entretanto, que pesquisas adicionais identifiquem os mecanismos biológicos que possam explicar em caráter definitivo a aversão social experienciada por muitas pessoas com esse transtorno. Também devem ser ressaltados os fatores psicológicos e sociais que interagem muito cedo com as influências biológicas, produzindo déficits na socialização e na comunicação, assim como os comportamentos incomuns característicos.

Tratamento do transtorno do espectro autista

A maior parte das pesquisas sobre tratamento tem se concentrado em crianças com a forma mais grave de TEA, portanto, discutimos principalmente os estudos sobre o tratamento dessas pessoas. Há um número crescente de estudos destinados a pessoas que exibem formas menos graves de TEA – normalmente focados em ensinar habilidades sociais – e descrevemos também estas pesquisas. Uma generalização que pode ser feita sobre o TEA é que não existe nenhum tratamento completamente efetivo. As tentativas de eliminar os problemas da comunicação social vivenciados por esses indivíduos não têm sido bem-sucedidas até o momento. Em vez disso, a maioria dos esforços em tratar as pessoas com TEA foca em melhorar suas habilidades de comunicação e de vida diária e na redução dos comportamentos problemáticos, como birras e autolesão (Durand, 2014). Descreveremos algumas dessas abordagens a seguir, incluindo um importante trabalho sobre a intervenção precoce em crianças com TEA.

Tratamentos psicossociais

Os primeiros tratamentos psicodinâmicos baseavam-se na crença de que o TEA é resultado da atuação inadequada dos pais e incentivavam o desenvolvimento do ego (criação de uma autoimagem) (Bettelheim, 1967). Dada a nossa compreensão atual sobre a natureza do transtorno, não devemos ficar surpresos ao saber que os tratamentos baseados exclusivamente no desenvolvimento do ego não tiveram um impacto positivo sobre a vida das pessoas com TEA (Kanner e Eisenberg, 1955). Foi obtido maior sucesso com abordagens comportamentais que se concentraram na aquisição de aptidões e no tratamento de comportamentos problemáticos. Essa abordagem baseia-se no trabalho inicial de Charles Ferster e Ivar Lovaas (1961). Embora o trabalho de Ferster e Lovaas tenha sido muito refinado ao longo das últimas décadas, a premissa básica – de que as pessoas com TEA podem aprender e podem lhes ser ensinadas algumas das habilidades que lhes faltam – permanece central. Existe muita superposição entre o tratamento do TEA e o da deficiência intelectual. Ressaltamos, tendo isso em mente, diversas áreas de tratamento particularmente importantes para pessoas com TEA, incluindo comunicação e socialização.

Os problemas com comunicação e linguagem fazem parte das características definidoras desse transtorno. Uma porção significativa das pessoas com TEA, muitas vezes, não desenvolve expressão verbal significativa; tendem a uma fala muito limitada ou a empregar fala incomum, como a ecolalia. É difícil ensinar as pessoas a falar de modo eficiente. Pense sobre como ensinamos idiomas. Esse processo envolve principalmente a imitação. Imagine como você ensinaria uma criança a dizer a palavra *espaguete*. Você poderia esperar alguns dias até que ela pronunciasse uma palavra com som parecido ao de *espaguete* (*confete* talvez) e então reforçá-la. Você poderia dedicar muitos dias ou semanas tentando transformar *confete* em algo parecido com *espaguete*. Poderia simplesmente instigar, "Diga espaguete". Felizmente, a maioria das crianças consegue imitar e aprender a se comunicar de modo eficiente. No entanto, uma criança que tem TEA não consegue ou não vai imitar.

Em meados dos anos 1960, o falecido Lovaas e colaboradores deram um enorme primeiro passo para lidar com a dificuldade de fazer com que as crianças com TEA respondessem. Eles usaram procedimentos comportamentais básicos de treinamento de modelagem e de discriminação para ensinar essas

▲ Temple Grandin tem Ph.D. em ciência veterinária e uma carreira de sucesso projetando equipamentos humanos para lidar com o gado. Ela também tem transtorno do espectro autista.

crianças que não falam a imitar os outros verbalmente (Lovaas et al., 1966). A primeira habilidade que os pesquisadores lhes ensinaram foi imitar a fala de outras pessoas. Eles iniciaram reforçando uma criança com alimento e elogio ao emitir qualquer som enquanto observavam o professor. Após a criança dominar essa etapa, eles reforçavam somente se emitisse um som após o professor pedir – como a frase "Diga 'bola'" (procedimento conhecido como treinamento de discriminação). Uma vez que a criança tivesse emitido um som, de forma confiável, após a solicitação do professor, este costumava *modelar* para reforçar apenas aproximações do som solicitado, como o som da letra "b". Às vezes, o professor ajudava a criança com um auxílio físico – nesse caso, delicadamente segurando os lábios juntos, ajudando a criança a fazer o som de "b". Uma vez que a criança respondesse com sucesso, uma segunda palavra era introduzida – como "mamãe" – e o procedimento era repetido. Isso continuava até que a criança pudesse responder às diversas solicitações de forma correta, demonstrando imitação ao copiar as palavras ou as frases pronunciadas pelo professor. Quando as crianças conseguiam imitar, a fala era mais fácil e ocorria o progresso ensinando-lhes a como usar classificações, plurais, sentenças e outras formas mais complexas de linguagem (Lovaas, 1977).

Mais recentemente, várias abordagens diferentes têm "normalizado" esse tipo de ensino, levando a instrução para longe da formalidade, com uma criança e um professor em contextos regulares, em casa, na escola e na comunidade, e tentando usar mais técnicas direcionadas a crianças do que técnicas direcionadas a adultos (**estratégias naturalísticas de ensino**) (Durand, 2014). Essas estratégias de ensino incluem organizar o ambiente para que a criança desenvolva um interesse (p. ex., colocar um brinquedo favorito bem perto, mas fora do alcance) e também é usado como uma oportunidade de ensino (p. ex., dizer: "Eu quero caminhão"). Vários pacotes de tratamento baseados em evidências usam aspectos dessa abordagem, incluindo o ensino incidental (McGee, Morrier e Daly, 1999), o treinamento de resposta essencial (ou pivotal) (Koegel e Koegel, 2012) e o ensino *milieu* (Hancock e Kaiser, 2012). Essas técnicas parecem aumentar a variedade de habilidades da comunicação social (p. ex., fazer pedidos, interações com os colegas, habilidades de atenção compartilhada, habilidades para brincar) entre algumas crianças com formas mais graves do TEA (Goldstein, 2002). Apesar do sucesso de algumas crianças na aprendizagem da fala, outras não respondem a esse treinamento, e os profissionais utilizam, às vezes, alternativas à fala vocal, como apontar para as gravuras e dispositivos que produzem sons que literalmente podem "falar" pela criança (p. ex., computadores, *tablets*) (Schlosser e Koul, 2015; van der Meer et al., 2012).

Uma das características mais marcantes das pessoas com TEA consiste em reagir de forma incomum a outras pessoas. Embora os déficits sociais estejam entre os problemas mais óbvios que afetam pessoas com transtorno do espectro autista, eles podem também ser os mais difíceis de ensinar. Uma série de abordagens é utilizada para ensinar habilidades sociais (por exemplo, como manter uma conversa e fazer perguntas a outras pessoas), incluindo o uso de colegas que não têm TEA como treinadores, e há evidências de que as pessoas com TEA podem melhorar suas habilidades de socialização (Durand, 2014).

Lovaas e seus colaboradores da Universidade da Califórnia, em Los Angeles, publicaram seus esforços de intervenção precoce com crianças pequenas (Lovaas, 1987). Eles usaram o tratamento comportamental intensivo para problemas de comunicação e habilidades sociais durante 40 horas ou mais por semana, o que parecia melhorar o funcionamento intelectual e educacional. O acompanhamento sugere que essas melhorias têm longa duração (Smith e Iadarola, 2015). Pesquisas posteriores sobre a intervenção precoce em crianças com TEA incluem programas que visem especialmente a atenção compartilhada e habilidades para brincar – cuja ausência é um dos primeiros sinais de desenvolvimento social problemático. Focar nessas habilidades, nos primeiros anos, é importante para ajudar a criança a desenvolver repertórios sociais mais sofisticados (Poon et al., 2012). A crescente base de pesquisa sugere que essas habilidades podem ser facilitadas entre as crianças muito jovens com TEA (Lawton e Kasari, 2012; Wong e Kasari, 2012), e os dados preliminares do seguimento sugerem que essa abordagem pode facilitar o desenvolvimento posterior da linguagem (Kasari et al., 2012). Algumas pesquisas empolgantes sugerem que a precoce intervenção comportamental intensiva pode "normalizar" o funcionamento do cérebro em desenvolvimento dessas crianças, comparadas a crianças com TEA que não recebem esse tratamento (Dawson et al., 2012; Voos et al., 2013).

Os indivíduos com formas menos graves de TEA não têm atrasos cognitivos frequentemente encontrados em pessoas com formas mais graves e podem – com suporte – ir bem, academicamente, na escola. No entanto, suas dificuldades sociais e os comuns problemas comórbidos (p. ex. TDAH, ansiedade) complicam suas interações com colegas e professores e podem levar a problemas de comportamento disruptivo. Há uma série de diferentes programas para ajudar crianças em idade escolar a melhorar habilidades, como interação social adequada, resolução de problemas, autocontrole, reconhecimento de emoções em outras pessoas, expandindo sua gama de interesses, muitas vezes estreita, e melhorando sua compreensão de expressões idiomáticas não literais (p. ex., a compreensão de que a frase "larga do meu pé" significa algo muito diferente de seu significado literal) (p. ex., Karkhaneh et al., 2010; Koning et al., 2011). Esse trabalho está ainda em nível embrionário e pesquisas futuras devem nos dizer qual a melhor forma de melhorar essas capacidades em pessoas com TEA.

Tratamentos biológicos

A intervenção médica tem tido pouco impacto positivo sobre os sintomas centrais de dificuldades sociais e de linguagem (Durand, 2014). Muitos tratamentos farmacológicos são usados para diminuir a agitação, com tranquilizantes maiores e inibidores seletivos da recaptação da serotonina sendo os mais úteis (Greydanus, Kaplan e Patel, 2015). Em virtude de o TEA poder resultar em uma variedade de déficits, é improvável que uma droga funcione para todos que apresentam esse transtorno. Muitos trabalhos atuais concentram-se em descobrir tratamentos farmacológicos para comportamentos ou sintomas específicos.

Tratamentos integrados

A intervenção precoce em crianças muito jovens com TEA detém a maior esperança para mudanças significativas nos sintomas centrais desse transtorno. O tratamento de escolha para crianças mais velhas e àqueles que não respondem à intervenção precoce combina várias abordagens para as muitas facetas dessa doença. No caso de crianças, a terapia combina a educação escolar com apoio psicológico especial para os problemas de comunicação e socialização. Os métodos comportamentais foram os mais claramente documentados como benéficos para as crianças nessa área. Os tratamentos farmacológicos podem ajudar algumas delas de forma temporária. Os pais também precisam de apoio por causa de estressores e demandas envolvidos com a convivência e os cuidados dispensados a essas crianças. À medida que as crianças com TEA avançam em idade, a intervenção se concentra nas iniciativas para integrá-las na comunidade, muitas vezes com arranjos especiais para a vida diária e ambientes de trabalho. No entanto, por causa da ampla variedade das capacidades de pessoas com TEA, essas iniciativas diferem consideravelmente. Algumas são capazes de viver em suas próprias casas contando com apoio mínimo dos familiares. Outras, com formas mais graves de prejuízo cognitivo, exigem esforços mais amplos para apoiá-las em suas comunidades.

Verificação de conceitos 14.2

Determinar a sua capacidade de diagnosticar o transtorno em cada uma das seguintes situações, classificando-as como (a) TEA exigindo apoio muito substancial, (b) TEA exigindo apoio, (c) síndrome de Rett, (d) transtorno da comunicação social (pragmática).

1. Quando ainda criança, Dwight tornou-se preocupado com a geografia e poderia citar todas as capitais dos estados. Seu desenvolvimento da fala não foi atrasado, mas ele não gosta de brincar com outras crianças ou de ser tocado ou abraçado. _____

2. Tangelique, 6 anos, tem QI baixo e gosta de sentar em um canto, sozinha, onde organiza seus brinquedos ou gira em círculos. Ela é incapaz de se comunicar verbalmente. E faz birra quando sua rotina é alterada, mesmo que muito pouco, ou quando os pais tentam levá-la para fazer algo que ela não quer fazer. _____

3. Megan, 6 anos, experiencia muitos problemas de comunicação e não parece compreender as "regras" ao falar com outras crianças. _____

4. Alícia, 5 anos, tem uma crescente e grave deficiência intelectual e está começando a ter dificuldade em andar por conta própria. Uma das características de seu transtorno é torcer as mãos constantemente. _____

Deficiência intelectual (transtorno do desenvolvimento intelectual)

Deficiência intelectual (DI) é um transtorno do neurodesenvolvimento caracterizado pelo desempenho intelectual e funcionamento adaptativo significativamente abaixo da média (Toth et al., 2016). As pessoas com DI apresentam dificuldades com as atividades diárias em um grau que reflete a gravidade do déficit cognitivo e o tipo e a quantidade de auxílio que recebem. O *DSM-5* identifica dificuldades em três domínios: conceitual (p. ex., o déficit de habilidades em áreas como a linguagem, raciocínio, conhecimento e memória), social (p. ex., problemas com o julgamento social e a capacidade de fazer e manter amizades) e prático (p. ex., dificuldades no manejo de cuidados pessoais ou responsabilidades de trabalho) (American Psychiatric Association, 2013). Talvez mais do que qualquer outro grupo que você estudou neste texto, as pessoas com DI, ao longo da história, receberam tratamentos que podem ser descritos, sem eufemismo, como vergonhoso (Scheerenberger, 1983). Com notáveis exceções, sociedades ao longo dos tempos têm desvalorizado indivíduos cujas capacidades intelectuais são consideradas menos do que adequadas. O *DSM-IV-TR*, anteriormente, utilizava o termo "retardo mental", mas isso foi alterado no *DSM-5* para "deficiência intelectual" (ou transtorno do desenvolvimento intelectual) para ser coerente com as mudanças na terminologia neste campo (American Psychiatric Association, 2013).

▲ Lauren Potter (atriz com síndrome de Down) interpretou Becky Jackson no popular programa de televisão *Glee*.

O campo da DI passou por mudanças marcantes e fundamentais durante as últimas décadas. O que significa ter DI, como classificá-la e como as pessoas com esse transtorno são tratadas foram objeto de análise, debate e disputa de diversos grupos de interesse. Descrevemos o transtorno no contexto dessas mudanças importantes, explicando o *status* das pessoas com DI e nosso atual conhecimento de suas causas e tratamento.

São várias as manifestações da DI. Alguns indivíduos funcionam muito bem, até de forma independente, em nossa complexa sociedade. Por exemplo, Lauren Potter (uma atriz com síndrome de Down) interpretou uma líder de torcida no programa de televisão *Glee*. Outras pessoas com DI possuem deficiências cognitivas e físicas significativas e requerem apoio considerável para exercer as atividades diárias. Considere o caso de James.

JAMES ... Aceita o desafio

A mãe de James nos procurou porque ele era problemá-tico na escola e no trabalho. Ele tinha 17 anos e fre-quentava a escola secundária. Tinha síndrome de Down, era considerado muito simpático e, às vezes, malicioso. Gostava de esquiar, de andar de bicicleta e de muitas outras atividades comuns entre rapazes adolescentes. Seu desejo de participação era uma fonte de algum conflito entre ele e sua mãe: ele queria frequentar o curso para aprender a diri-gir, mas sua mãe julgava que seria reprovado; ele conhecia uma garota com a qual pretendia sair, possibilidade que também causava preocupação à sua mãe.

Os profissionais da escola se queixavam porque James não participava de certas atividades, como educação física; e no local de trabalho, que fazia parte do programa esco-lar, muitas vezes era mal-humorado, e em certas ocasiões atacava os supervisores. Os administradores da escola estavam pensando em transferi-lo para um programa com mais supervisão e menos independência.

A família de James havia se mudado muito durante sua juventude e se submeteu a diferenças marcantes no modo pelo qual cada comunidade reagia a James e a sua defi-ciência intelectual. Nas escolas de alguns bairros, ele era encaminhado imediatamente a salas de aula em que havia crianças de sua idade, e suas professoras recebiam apoio e orientação adicionais. Em outras, era recomendado logo de início que ele fosse instruído separadamente. Algumas vezes, as escolas tinham uma classe especial para crianças com deficiência intelectual. Em outras, havia programas em uma cidade diferente e James teria de viajar uma hora por dia para ir e voltar da escola. Toda vez que foi avaliado em uma nova escola, a avaliação era similar às anteriores. Seus resultados nos testes de QI situavam-se na faixa de 40 a 50, o que o classificava em um grau moderado de deficiência intelectual. Todas as escolas lhe atribuíram o mesmo diagnóstico: síndrome de Down com deficiência intelectual moderada. Nas escolas, as professoras e outros profissionais eram competentes e dedicados, desejavam o melhor para James e para sua mãe. No entanto, alguns acreditavam que, para aprender novas habilidades, James precisava de um programa separado com equipe especia-lizada. Outros achavam que não poderiam fornecer um programa com equipe especializada. Ainda, outros sen-tiram que poderiam proporcionar uma educação compa-rável em uma sala de aula regular e que ter colegas sem deficiência seria um benefício adicional.

No ensino médio, James cursou diversas disciplinas em salas de aula para jovens com problemas de aprendizado, porém participava de algumas aulas, como as de educação física, com alunos que não tinham deficiência intelectual. Suas dificuldades na educação física (não participar) e no trabalho (não cooperar) estavam prejudicando seu desem-penho em ambos os programas. Quando falei com a mãe de James, ela demonstrou frustração pelo fato de o pro-grama de trabalho estar abaixo da capacidade de seu filho,

porque lhe era solicitado realizar um trabalho entediante e repetitivo, como dobrar papel. James expressou frustração similar, afirmou que era tratado como um bebê. Ele podia se comunicar razoavelmente bem quando queria, embora ficasse confuso algumas vezes a respeito do que pretendia dizer e era difícil compreender tudo que tentava articular. Ao observá-lo na escola e no trabalho, e após falar com seus professores, concluímos que havia ocorrido um para-doxo comum. James resistia ao trabalho que julgava ser muito fácil. Suas professoras interpretaram sua resistência como uma afirmativa de que o trabalho era muito difícil e lhe atribuíam tarefas simples. James resistia ou protestava mais vigorosamente e elas respondiam com mais supervi-são e estrutura.

Descrição clínica

As pessoas com DI exibem ampla gama de capacidades e perso-nalidades. Indivíduos como James, que têm deficiências leves ou moderadas, podem, mediante preparo adequado, realizar a maior parte das atividades cotidianas esperadas de qualquer um de nós. Muitos conseguem usar o transporte público, fazer compras no supermercado e desempenhar muitas funções no trabalho. Aqueles com prejuízos mais graves podem preci-sar de auxílio para comer, banhar-se e vestir-se, embora com treinamento e apoio apropriados possam adquirir certo grau de independência. Esses indivíduos têm prejuízos que afetam a maior parte das áreas de funcionamento. As habilidades de linguagem e comunicação muitas vezes são as mais evidentes. James tinha apenas um ligeiro déficit nessa área, necessitava de ajuda com a articulação. Em contraposição, pessoas com formas mais graves de DI podem não ser capazes de aprender a usar a fala como forma de comunicação, precisam de alter-nativas como linguagem de sinais ou dispositivos especiais de comunicação para expressar suas necessidades mais básicas. Em virtude de muitos processos cognitivos serem afetados adversamente, as pessoas com DI têm dificuldade para apren-der, e o nível de desafio depende do grau de extensão da defi-ciência cognitiva.

Antes de examinar os critérios específicos da DI, observe que, analogamente aos transtornos da personalidade que des-crevemos no Capítulo 12, a DI estava previamente no Eixo II do *DSM-IV-TR*. A razão para a colocação desses transtornos em um eixo separado foi que eles tendem a ser mais crônicos e menos passíveis de tratamento e, segundo, lembrar os clínicos de considerar se esses transtornos, caso presentes, estão afetan-do um transtorno do Eixo I. As pessoas poderiam ser diagnos-ticadas em ambos os Eixos I (p. ex., transtorno de ansiedade generalizada) e Eixo II (p. ex., deficiência intelectual leve). O *DSM-5* não tem um eixo separado para esses transtornos.

Os critérios de DI do *DSM-5* já não incluem cortes numé-ricos para as pontuações de QI, que estavam presentes nas versões anteriores. Eles ainda estão na narrativa da descrição mais ampla, mas o objetivo foi tirar a ênfase desses números em favor de uma avaliação abrangente da funcionalidade. Para ser diagnosticada com DI, uma pessoa precisa ter desempe-

TABELA 14.4 Critérios diagnósticos para a deficiência intelectual (transtorno do desenvolvimento intelectual)

Deficiência intelectual (transtorno do desenvolvimento intelectual) é um transtorno com início no período do desenvolvimento que inclui déficits funcionais, tanto intelectuais quanto adaptativos, nos domínios conceitual, social e prático. Os três critérios a seguir devem ser preenchidos:

A. Déficits em funções intelectuais como raciocínio, solução de problemas, planejamento, pensamento abstrato, juízo, aprendizagem acadêmica e aprendizagem pela experiência confirmados tanto pela avaliação clínica quanto por testes de inteligência padronizados e individualizados.

B. Déficits em funções adaptativas que resultam em fracasso para atingir padrões de desenvolvimento e socioculturais em relação à independência pessoal e responsabilidade social. Sem apoio continuado, os déficits de adaptação limitam o funcionamento em uma ou mais atividades diárias, como comunicação, participação social e vida independente, e em múltiplos ambientes, como em casa, na escola, no local de trabalho e na comunidade.

C. Início dos déficits intelectuais e adaptativos durante o período do desenvolvimento.

Fonte: Manual Diagnóstico e Estatístico de Transtornos Mentais, 5a ed. - DSM-5. Tab. 14.4. Artmed, Porto Alegre, 2014.

nho intelectual significativamente abaixo da média, constatação obtida mediante um dos vários testes de QI com o índice limítrofe fixado pelo *DSM-IV-TR* em aproximadamente 70. A American Association on Intellectual and Developmental Disabilities (AAIDD, em português Associação Americana para Deficiências Intelectuais e do Desenvolvimento), que tem sua própria e semelhante, definição de deficiência intelectual, tem um índice limítrofe de aproximadamente 70 a 75 (Toth et al., 2016).

O segundo critério prevê déficits simultâneos ou prejuízo no funcionamento adaptativo. Em outras palavras, obter uma pontuação de "aproximadamente 70 ou menos" em um teste de QI não é suficiente para um diagnóstico de DI; a pessoa também precisa ter dificuldade significativa em áreas como a de comunicação, cuidados pessoais, atividades domésticas, aptidões sociais e interpessoais, uso de recursos da comunidade, autocontrole comportamental, habilidades acadêmicas funcionais, trabalho, lazer, saúde e segurança. Para ilustrar, embora James possuísse muitos pontos fortes, como capacidade para se comunicar e aptidões sociais e interpessoais (ele tinha diversos bons amigos) não era tão eficaz quanto outros adolescentes para cuidar de si mesmo em áreas como atividades domésticas, saúde e segurança ou em áreas acadêmicas. Esse aspecto da definição é importante por excluir pessoas que podem atuar razoavelmente bem na sociedade, mas, por diversos motivos, obtêm maus resultados nos testes de QI. Por exemplo, alguém cujo primeiro idioma não é o português pode ter um resultado ruim em um teste de QI, porém ainda ter desempenho em nível comparável a de seus colegas. Essa pessoa não seria considerada com DI mesmo se obtivesse resultado menor que 70 em um teste de QI em português.

O critério final para a DI é a idade de início. As características habilidades intelectuais e adaptativas abaixo da média devem ser evidentes antes que a pessoa complete 18 anos. Este corte é projetado para identificar os indivíduos afetados quando o cérebro está em desenvolvimento e, portanto, quando os problemas devem se tornar evidentes. O critério de idade desconsidera o diagnóstico de DI em adultos que tiveram lesão cerebral ou formas de demência que prejudicam suas capacidades. A idade de 18 anos é um tanto arbitrária, porém é aquela em que a maioria das crianças deixa a escola e faz nossa sociedade considerar a pessoa adulta.

A definição imprecisa de DI ressalta um aspecto importante: a deficiência intelectual, talvez mais do que qualquer outro transtorno, é definida pela sociedade. O resultado limítrofe de 70 ou 75 é baseado em um conceito estatístico (dois ou mais desvios-padrão da média) e não nas qualidades inerentes às pessoas que supostamente têm DI. Existe pouca divergência a respeito do diagnóstico para as pessoas com deficiências mais graves; entretanto, a maioria das pessoas diagnosticadas com DI classifica-se na faixa leve de prejuízo cognitivo. Elas precisam de algum apoio e assistência; lembre-se, porém, de que os critérios para usar a designação DI baseiam-se em um valor baixo um tanto arbitrário do QI que pode se alterar (e se altera) em função de mudanças de expectativas sociais.

Pessoas com DI diferem significativamente no grau de deficiência. Quase todos os sistemas de classificação diferenciaram esses indivíduos quanto a sua capacidade ou pela causa da DI (Holland, 2012). Tradicionalmente, os sistemas de classificação identificaram quatro níveis de DI: *leve*, que é identificado por um QI entre 50-55 e abaixo de 70; *moderada*, com uma gama de 35-40 a 50-55; *grave*, variando de 20-25 a 35-40; e *profunda*, que inclui pessoas com escores de QI abaixo de 20-25. É difícil categorizar cada nível de DI de acordo com a "média" de realizações individuais pelas pessoas em cada nível. Alguém com DI grave ou profunda tende a ter habilidades de comunicação formal extremamente limitadas (sem expressão verbal ou apenas uma ou duas palavras) e pode necessitar de grande

▲ Embora esse homem não possa falar, ele está aprendendo a se comunicar com o olhar por meio de um quadro de comunicação pelo olhar, apontando ou simplesmente olhando para a imagem que transmite sua mensagem.

ou mesmo total apoio para vestir-se, tomar banho e comer. No entanto, as pessoas com esses diagnósticos têm uma série de habilidades que dependem do treinamento e da disponibilidade de outros suportes. De modo similar, indivíduos como James, que possuem DI leve ou moderada, deveriam ser capazes de viver de forma independente ou sob supervisão mínima; entretanto, novamente, suas conquistas dependem em parte da escolaridade e do apoio da comunidade disponível.

Talvez a mudança mais controversa introduzida na definição de DI pela AAIDD seja a descrição dos diferentes níveis desse transtorno baseados no nível de apoio ou assistência de que as pessoas necessitam: *intermitente, limitado, extensivo* ou *difuso* (Papazoglou et al., 2014; Thompson et al., 2009). A importante diferença é que o sistema da AAIDD identifica o papel de "suportes necessários" para a determinação do nível de funcionamento, ao passo que o *DSM-5* implica que a capacidade da pessoa é o único fator determinante. O sistema da AAIDD centra-se em áreas específicas da assistência de que a pessoa precisa, que podem ser traduzidas em metas de treinamento. Considerando que o diagnóstico de James pelo *DSM-5* poderia ser "deficiência intelectual moderada", ele pode receber o seguinte diagnóstico pelo AAIDD: "uma pessoa com deficiência intelectual que precisa de apoio limitado na vida, no lar, na saúde e na segurança e em habilidades acadêmicas". A definição pela AAIDD enfatiza os tipos de apoio que James e outros podem exigir, e destaca a necessidade de identificar que tipo de assistência está disponível ao considerar as capacidades e potencialidades de uma pessoa.

Estatísticas

Aproximadamente 90% das pessoas com DI são classificadas com deficiência intelectual leve (QI de 50 a 69). Quando você adiciona os indivíduos com DI moderada, grave e profunda (QI abaixo de 50), a população total de pessoas com esse transtorno representa cerca de 1% a 3% da população geral (Toth et al., 2016).

O curso da DI é crônico, o que significa que as pessoas não passam por períodos de remissão, como com transtornos por uso de substâncias ou transtornos de ansiedade. Entretanto, o prognóstico para pessoas com esse transtorno varia de forma considerável. Ao receber treinamento e apoio adequados, os indivíduos com formas menos graves de DI podem ter vida relativamente independente e produtiva. As pessoas com prejuízos mais graves requerem mais apoio a fim de ter participação no trabalho e na vida comunitária.

Ao longo do século passado, um fato curioso ocorreu – os escores de QI aumentaram. Esse fenômeno é conhecido como efeito Flynn (Flynn, 1984). Conforme essas pontuações sobem, aqueles que compõem os testes de QI ajustam as avaliações, a cada uma ou duas décadas, para manter a pontuação média em torno de 100. Para a maioria das pessoas, essas mudanças não têm nenhum efeito prático. No entanto, para aquelas que pairam no escore mínimo para DI, isso pode significar a diferença entre receber ou não o diagnóstico (Kanaya e Ceci, 2012). Em um estudo, o número de pessoas marcando logo abaixo de 70 (o ponto de corte para DI leve) triplicou, quando lhes foi administrado um dos testes revistos de QI (Kanaya, Scullin e Ceci, 2003). Esses resultados reforçam a cautela que precisamos tomar na interpretação de quem tem ou não DI.

Causas

Existem literalmente centenas de causas conhecidas para a DI, incluindo as seguintes:

> *Ambientais:* por exemplo, privação, abuso e negligência;
> *Pré-natais:* por exemplo, exposição à doença ou a drogas enquanto ainda se está no útero;
> *Perinatais:* como dificuldades durante o trabalho de parto e o próprio parto;
> *Pós-natais:* por exemplo, infecções e lesões no encéfalo.

Como mencionamos no Capítulo 11, o consumo exagerado de álcool por mulheres grávidas pode produzir no filho um transtorno denominado *síndrome alcoólica fetal*, uma condição que resulta em grave deficiência de aprendizado (Rangmar et al., 2015). Outros fatores pré-natais que causam DI incluem a exposição da gestante a doenças, a substâncias químicas e à nutrição inadequada. Adicionalmente, a falta de oxigênio (anoxia) durante o nascimento, a má nutrição e lesões no encéfalo durante o período de desenvolvimento podem conduzir a prejuízos cognitivos graves (Toth et al., 2016).

Dimensões biológicas

A maioria das pesquisas sobre as causas de DI foca nas influências biológicas. Examinamos, a seguir, os aspectos biológicos que parecem ser responsáveis pelas formas mais comuns de DI.

Influências genéticas

Várias influências genéticas parecem contribuir para a DI, incluindo transtornos cromossômicos (p. ex., ter um cromossomo 21 extra, como na síndrome de Down), transtornos de um único gene, transtornos mitocondriais (defeitos na mitocôndria, organelas encontradas na maioria das células humanas, responsáveis por gerar a maior parte da energia necessária ao funcionamento celular) e múltiplas mutações genéticas (Toth et al., 2016). Uma parcela das pessoas com DI mais grave tem distúrbios de um único gene identificável, envolvendo

▲ A deficiência intelectual pode ser definida em relação ao nível de apoio necessário às pessoas.

um *gene dominante* (que se expressa quando emparelhado a um gene normal), um *gene recessivo* (que se expressa somente quando emparelhado a outra cópia de si mesmo) ou um *gene ligado ao X* (presente no cromossomo X ou sexual).

Antes de discutirmos as causas genéticas conhecidas de DI, é importante reconhecer que até 30% dos casos de DI não têm etiologia identificada (Toth et al., 2016). Importantes pesquisas utilizando técnicas sofisticadas de análise genética estão apontando para causas genéticas que não eram antes detectadas. Um estudo com crianças da Alemanha e da Suíça observou que uma variedade de mutações genéticas, incluindo transtornos *de novo* (mutações genéticas que ocorrem no espermatozoide, no óvulo ou após a fertilização), estavam presentes nas crianças com DI de origem desconhecida (Rauch et al., 2012). Esse trabalho é importante, não só porque ajuda a identificar novas causas de DI, mas também porque ajuda a explicar o porquê de uma criança poder ter um transtorno de base genética, sem que a mutação esteja presente em qualquer um dos pais. As mutações no material genético podem ocorrer em vários pontos do desenvolvimento e isso ajuda a explicar os casos anteriormente intrigantes de DI.

Apenas alguns genes dominantes resultam em DI, provavelmente devido à seleção natural: alguém que possua um gene dominante que resulte em DI tem menor probabilidade de passar o gene à sua prole. Esse gene, portanto, tem menor probabilidade de permanecer na população. No entanto, algumas pessoas, especialmente aquelas com DI leve, casam-se e têm filhos, passando adiante, assim, seus genes. Um exemplo de um transtorno genético dominante, a *esclerose tuberosa*, é relativamente raro, ocorrendo em cerca de 1 em cada 30 mil nascimentos. Cerca de 60% das pessoas com esse transtorno têm DI e a maioria tem convulsões (descargas elétricas descontroladas no cérebro) e protuberâncias características na pele que, durante a adolescência, se assemelham à acne (Samueli et al., 2015).

A próxima vez que você beber um refrigerante *diet*, observe a advertência "Fenilcetonúricos: contém Fenilalanina". Esta é uma advertência para pessoas com a doença recessiva chamada **fenilcetonúria (PKU)**, que afeta 1 em cada 10 mil recém-nascidos e é caracterizada pela incapacidade de metabolizar um aminoácido da nossa dieta chamado fenilalanina (Schuck et al., 2015; Toth et al., 2016). Até meados dos anos 1960, a maioria das pessoas com esse transtorno apresentava DI, convulsões e problemas de comportamento devido a níveis elevados desse aminoácido. No entanto, pesquisadores desenvolveram uma técnica de detecção que identifica a existência de PKU; hoje os bebês passam por um teste ao nascimento, e todos aqueles identificados com PKU podem ser tratados com sucesso por meio de uma dieta especial que evita a ingestão da fenilalanina. Esse é um exemplo raro de prevenção bem-sucedida de uma forma de DI.

Em virtude da possibilidade de a PKU maternal não tratada acometer o feto em desenvolvimento, há a preocupação atual de que mulheres com PKU em idade reprodutiva possam não seguir a dieta e, como consequência, que seus filhos desenvolvam a DI relacionado à PKU. Muitos médicos recomendam a restrição dietética por toda a vida da pessoa, especialmente durante a idade reprodutiva – por isso, as advertências nos produtos com fenilalanina (Widaman, 2009).

A **síndrome de Lesch-Nyhan**, transtorno vinculado ao cromossomo X, é caracterizada por DI, sinais de paralisia cerebral (espasmos ou tensão muscular) e comportamento autolesivo, incluindo morder dedos e lábios (Nyhan, 1978). Somente pessoas do sexo masculino são afetadas, porque um gene recessivo é responsável; quando está no cromossomo X dos homens, não há um gene normal para compensá-lo, pois os homens não possuem um segundo cromossomo X. As mulheres com esse gene são portadoras e não apresentam nenhum sintoma.

À medida que melhora nossa capacidade de detectar deficiências genéticas, mais transtornos serão identificados no âmbito da genética. A esperança é que o aumento do conhecimento será acompanhado por avanços na capacidade de tratar ou, como no caso da PKU, prevenir a deficiência intelectual e outras consequências negativas.

Influências cromossômicas

Há aproximadamente 60 anos, o número de cromossomos – 46 – foi corretamente identificado nas células humanas (Tjio e Levan, 1956). Três anos depois, os pesquisadores descobriram que as pessoas com síndrome de Down (transtorno que James apresentava) tinham um pequeno cromossomo adicional (Lejeune, Gauthier e Turpin, 1959). Desde aquela época, foram identificadas outras alterações cromossômicas que resultam em deficiência intelectual. Descrevemos com certo detalhe a síndrome de Down e a síndrome do X frágil, porém existem centenas de outras possibilidades pelas quais as anormalidades entre os cromossomos podem conduzir ao DI (Toth et al., 2016).

A **síndrome de Down**, que ocorre devido a alteração cromossômica comumente cursa com DI, foi identificada pela primeira vez pelo médico britânico Langdon Down em 1866. Down tentou desenvolver um sistema de classificação para pessoas com DI com base em sua semelhança com as pessoas de outras raças; ele descreveu os indivíduos com esse transtorno específico como "mongoloides" por serem parecidos com os habitantes da Mongólia (Scheerenberger, 1983). O termo *mongolismo* foi empregado durante algum tempo, porém foi substituído pela expressão *síndrome de Down*. O transtorno é causado pela presença de um cromossomo 21 adicional e, assim, é tam-

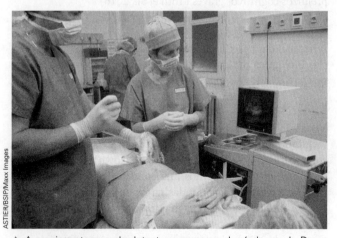

▲ A amniocentese pode detectar a presença da síndrome de Down em um feto. Guiado por uma imagem de ultrassom, o médico retira o líquido amniótico para análise.

bém denominado *trissomia do cromossomo 21*. Por razões que não entendemos completamente, durante a divisão das células, dois dos cromossomos 21 se juntam (anormalidade denominada não disjunção) criando uma célula com uma cópia, que morre, e uma célula com três cópias que se dividem para criar uma pessoa com síndrome de Down.

Pessoas com síndrome de Down possuem traços faciais característicos, incluindo pregas epicânticas, nariz achatado e boca pequena com palato achatado que provoca certa protrusão da língua. Como James, tendem à má-formação cardíaca congênita. Tragicamente, adultos com síndrome de Down têm um risco muito maior de demência do tipo Alzheimer, um transtorno cerebral degenerativo que causa prejuízos na memória e em outras funções cognitivas (Wiseman et al., 2015). Esse transtorno entre as pessoas com síndrome de Down ocorre mais cedo do que o habitual (por vezes em seus precoces 20 anos) e levou à constatação de que, pelo menos, uma forma da doença de Alzheimer é atribuível a um gene no cromossomo 21.

A incidência de crianças nascidas com a síndrome de Down tem sido relacionada à idade materna: à medida que a idade da mãe aumenta, com ela aumentam suas chances de ter uma criança com esse transtorno (ver Figura 14.2). Uma mulher aos 20 anos de idade tem uma chance de 1 em 2 mil de ter um filho com síndrome de Down, com 35 anos esse risco aumenta para 1 em 500 e, com 45 anos, esse risco aumenta novamente para 1 em cada 18 nascimentos (Girirajan, 2009). Apesar desses números, muito mais crianças com a síndrome de Down nascem de mães mais jovens, porque mulheres mais jovens têm mais filhos. A razão para o aumento da incidência em função da idade da mãe não está clara. Alguns sugerem que, em virtude de os óvulos da mulher serem produzidos todos na juventude, aqueles mais antigos estiveram expostos a toxinas, radiação e outras substâncias prejudiciais durante períodos mais longos. Essa exposição pode interferir na meiose (divisão) normal dos cromossomos, criando um cromossomo 21 adicional (Pueschel e Goldstein, 1991). Pode ser também que as mudanças hormonais que ocorrem conforme as mulheres envelhecem contribuam para esse erro na divisão celular (Pandya et al., 2013).

Já faz algum tempo que é possível detectar a presença da síndrome de Down – mas não o grau de DI – por meio da **amniocentese**, um procedimento que envolve a remoção e teste de uma amostra do líquido que envolve o feto no saco amniótico, e por meio da **amostragem das vilosidades coriônicas (AVS)**, em que um pequeno pedaço de tecido da placenta é removido e testado. Esses tipos de teste nem sempre são desejáveis, porque são procedimentos invasivos (inserção de uma agulha que pode causar danos indesejáveis ao feto em desenvolvimento). Há agora testes mais sofisticados do sangue da mãe que podem ser usados para detectar a síndrome de Down logo no primeiro trimestre da gravidez (Abele et al., 2015). No entanto, a presença dessa anomalia cromossômica não transmite informações sobre a eventual gravidade da doença. Apesar da falta dessa informação, alguns estimam que o diagnóstico pré-natal de síndrome de Down leva à escolha de aborto eletivo em mais

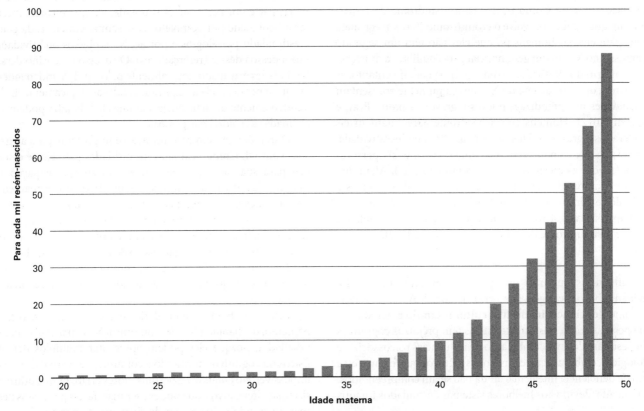

FIGURA 14.2 O aumento da probabilidade de síndrome de Down em relação à idade materna. (Com base nos dados de Hook, E. B. (1982). Epidemiology of Down syndrome. In: Pueschel, S. M.; Rynders, J. E. (Eds.). *Down syndrome:* advances in biomedicine and the behavioral sciences [p. 11-88]. Cambridge, MA: Ware Press, © 1982 WareUniversity Press.)

▲ Ao participar de um programa de formação para pessoas com dificuldades de aprendizagem específica, esse jovem com síndrome de Down está adquirindo habilidades para ganhar a vida.

de 50% das vezes (Natoli et al., 2012).[3] O teste pré-natal para a síndrome de Down não pode ajudar os pais com informações sobre os resultados futuros.

A **síndrome do X frágil** é uma segunda alteração cromossômica que comumente cursa com DI (Clarke e Deb, 2012). Como o próprio nome sugere, essa síndrome é causada por uma anormalidade no cromossomo X, uma mutação que faz com que a ponta do cromossomo pareça estar pendurada por um fio, dando-lhe a aparência de fragilidade (Lubs, Stevenson e Schwartz, 2012). Como ocorre com a síndrome de Lesch-Nyhan, que também envolve o cromossomo X, o X frágil afeta principalmente os homens porque eles não têm um segundo cromossomo X com um gene normal para equilibrar a mutação. Ao contrário dos indivíduos com Lesch-Nyhan, no entanto, as mulheres com a síndrome do X frágil comumente apresentam dificuldades de aprendizagem leves a graves (Santoro, Bray, e Warren, 2012). Homens com a síndrome apresentam níveis moderados a graves de DI e taxas mais altas de hiperatividade, baixo span atencional, desvio de contato visual e fala perseverativa (repetir as mesmas palavras continuamente). Além disso, são comuns características físicas como orelhas grandes e testículos e perímetro cefálico aumentados. As estimativas são de que 1 em cada 4 mil homens e 1 em cada 8 mil mulheres nasce com a síndrome do X frágil (Toth e King, 2010).

Dimensões psicológica e social

As influências culturais que podem contribuir para a DI incluem abuso, negligência e privação social. Às vezes referida como **deficiência intelectual cultural-familiar**, acredita-se que pessoas com essas características têm prejuízos cognitivos que resultam de uma combinação de influências psicossociais e biológicas, embora os mecanismos específicos que levam a esse tipo de deficiência intelectual ainda não sejam compreendidos. Felizmente, devido aos melhores sistemas de cuidados infantis

e identificação precoce de potenciais dificuldades familiares, hoje em dia esses casos são raros (Kaski, 2012).

Tratamento da deficiência intelectual

O tratamento biológico da DI não é, atualmente, uma opção viável. No geral, o tratamento das pessoas com DI é semelhante ao de pessoas com formas mais graves de transtornos do espectro autista, tentando ensiná-las as habilidades de que necessitam para se tornarem mais produtivas e independentes. Para indivíduos com DI leve, a intervenção é similar àquela para pessoas com transtornos da aprendizagem. Déficits de aprendizado específicos são identificados e tratados para ajudar o indivíduo a melhorar as aptidões, como leitura e escrita. Essas pessoas, muitas vezes, precisam, ao mesmo tempo, de apoio adicional para viver em comunidade. Para aquelas com deficiências mais graves, os objetivos gerais são os mesmos; no entanto, o nível de apoio de que precisam frequentemente é mais extensivo. Lembre-se de que a expectativa para todas as pessoas com DI é de que participarão, de algum modo, da vida da comunidade, frequentarão a escola e posteriormente terão um emprego e a oportunidade de manter relacionamentos sociais significativos. Avanços na tecnologia eletrônica e educacional tornaram essa meta realista, mesmo para pessoas com DI profunda.

Indivíduos com DI podem adquirir habilidades por meio de muitas inovações comportamentais, introduzidas pela primeira vez na década de 1960, para ensinar às pessoas com deficiências, até mesmo as mais graves, autocuidados básicos, como vestir-se, tomar banho, alimentar-se e ir ao banheiro (Durand, 2014). As habilidades são divididas em suas partes componentes (um procedimento chamado *análise de tarefas*) e as pessoas são ensinadas parte por parte, sucessivamente, até que possam executar a habilidade por completo. O desempenho em cada etapa é estimulado por elogios e por acesso a objetos ou atividades que a pessoa deseja (reforçadores). O sucesso no ensino dessas habilidades é avaliado normalmente pelo nível de independência que a pessoa pode atingir praticando-as. Tipicamente, independentemente da deficiência, algumas habilidades podem ser ensinadas à maioria das pessoas.

O treinamento em comunicação é importante para as pessoas com DI. Comunicar suas necessidades e desejos é essencial para sua satisfação pessoal e para sua participação na maioria das atividades sociais. Os objetivos do treinamento de comunicação diferem dependendo das habilidades existentes. Para pessoas com níveis leves de DI, os objetivos podem ser relativamente menores (p. ex., melhora da articulação) ou mais extensivos (p. ex., organização de uma conversa) (Berney, 2012; Heath et al., 2015). Alguns, como James, possuem habilidades de comunicação que já são adequadas às necessidades do dia a dia.

Para os indivíduos com deficiências mais graves, o treinamento de habilidades de comunicação é particularmente desafiador, porque eles podem apresentar múltiplos déficits físicos ou cognitivos, tornando a comunicação verbal difícil ou impossível. No entanto, há pesquisadores criativos que utilizam sistemas alternativos, que podem ser mais fáceis para essas pessoas, incluindo a linguagem de sinais usada por aqueles com deficiência auditiva e *estratégias de comunicação aumentativa*. Essas estratégias usam livros com ilustrações, ensinam a pessoa

---

[3] NRT da tradução da 7ª edição norte-americana: Isto se refere a países onde o aborto é legalizado.

a fazer um pedido apontando para uma figura – por exemplo, apontar a figura de um copo para solicitar uma bebida (Heath et al., 2015). Diversos dispositivos assistidos por computador, inclusive *tablets*, podem ser programados para que o indivíduo pressione um botão a fim de produzir sentenças orais completas (por exemplo, "Você poderia vir aqui? Preciso de sua ajuda."). Pessoas com limitadas habilidades de comunicação podem ser ensinadas a usar esses dispositivos, o que ajuda a reduzir a frustração de não ser capaz de compartilhar seus sentimentos e experiências com outras pessoas (Durand, 2011).

Os pais, professores e empregadores frequentemente expressam a preocupação de que algumas pessoas com DI podem ser física ou verbalmente agressivas, ou podem se machucar. Surgiram muitos debates sobre o modo apropriado para reduzir esses problemas de comportamento; as discussões mais acaloradas envolvem a aplicação de punição dolorosa (Repp e Singh, 1990). Alternativas à punição, que podem ser igualmente efetivas na redução de problemas de comportamento como a agressividade e a autolesão, incluem ensinar as pessoas a comunicar sua necessidade ou desejo por certas coisas, como a atenção que parecem estar recebendo com seus comportamentos problemáticos (Durand, 2012). Importantes avanços estão sendo feitos na redução significativa de, até mesmo, graves problemas de comportamento em algumas pessoas.

Os cuidadores, além de assegurar o ensino de habilidades específicas às pessoas com DI, concentram-se na tarefa importante de apoiá-las em suas comunidades. O "apoio ao emprego" envolve ajudar um indivíduo a encontrar e participar de forma satisfatória em um trabalho competitivo (Drake, Bond e Becker, 2012). Pesquisas mostraram que as pessoas com DI não só podem ser colocadas em trabalhos significativos, mas também, apesar dos custos associados ao apoio ao emprego, com boa relação custo-benefício (Cimera, 2012). São incalculáveis os benefícios para as pessoas que conseguem ter a satisfação de ser uma parte produtiva da sociedade.

Existe consenso a respeito do *que* deveria ser ensinado às pessoas com DI. A controvérsia em anos recentes tem sido sobre *onde* esse ensino deve ocorrer. Pessoas com DI, especialmente as formas graves, deveriam ser ensinadas em salas de aula ou oficinas especializadas separadamente, ou frequentar as escolas públicas nos bairros onde moram e trabalhar em empresas locais? As estratégias de ensino para auxiliar esses alunos a aprender estão sendo adotadas cada vez mais em classes comuns e na preparação desses indivíduos para funções em trabalhos na comunidade (Foley et al., 2012). Esforços atuais para prevenção e tratamento sugerem que mudanças significativas podem ser alcançadas na vida das pessoas com DI.

Prevenção de transtornos do neurodesenvolvimento

As medidas visando à prevenção dos transtornos do neurodesenvolvimento ressaltados neste capítulo ainda estão nos estágios iniciais. Um esforço deste tipo – intervenção precoce – foi descrito para TEA e parece ser consideravelmente promissor para algumas crianças. Além disso, a intervenção precoce pode direcionar e ajudar as crianças que, devido a ambientes inadequados, estão em risco de desenvolvimento de DI cultural-familiar (Eldevik et al., 2010). Nos Estados Unidos, o programa em âmbito nacional Head Start representa uma dessas iniciativas de intervenção precoce: combina apoios de ordem educacional, médica e social para as crianças e suas famílias. Um projeto identificou um grupo de crianças logo após o nascimento e forneceu-lhes um programa pré-escolar intensivo, com apoio médico e nutricional. Essa intervenção continuou até as crianças começarem a educação formal no jardim de infância (Martin, Ramey e Ramey, 1990). Os pesquisadores desse estudo observaram que de todas as crianças, à exceção de uma em um grupo controle, que receberam apoio médico e nutricional, mas não as experiências educacionais intensivas, cada uma tinha pontuações de QI abaixo de 85 aos 3 anos de idade, mas todas as crianças de 3 anos no grupo experimental pontuaram acima de 85. Esses resultados são importantes porque mostram o potencial para criar um impacto duradouro na vida das crianças com transtornos de desenvolvimento e para suas famílias.

Embora pareça que muitas crianças possam alcançar progressos significativos se as intervenções tiverem início nos primeiros anos de vida (Eldevik et al., 2010), permanecem em aberto algumas questões importantes sobre as iniciativas voltadas à intervenção em tenra idade. Nem todas as crianças, por exemplo, se beneficiam significativamente dessas iniciativas, e pesquisas futuras precisarão equacionar algumas preocupações que permanecem. Por exemplo, os pesquisadores precisam determinar a melhor maneira de identificar crianças e famílias que se beneficiariam desses programas, em que época do desenvolvimento da criança é importante iniciá-los e durante quanto tempo mantê-los para produzir resultados desejáveis.

Em virtude de avanços recentes na investigação genética e na tecnologia, talvez algum dia seja possível detectar e corrigir anormalidades genéticas e cromossômicas; investigações relacionadas em curso poderiam mudar radicalmente nossa abordagem a crianças com transtornos do desenvolvimento. Por exemplo, um estudo utilizou ratos que foram geneticamente modificados para um modelo animal da síndrome do X frágil, encontrada em muitos indivíduos com deficiência intelectual (Suvrathan et al., 2010). Os pesquisadores observaram que poderiam melhorar o funcionamento de certos receptores do

▲ Hoje, grandes esforços são feitos para manter as crianças com deficiência intelectual em suas casas e comunidades.

glutamato na amígdala desses ratos com uma droga que bloqueia esses receptores. Os resultados incluíram um funcionamento mais normalizado entre esses neurônios o que poderia representar uma potencial intervenção médica precoce para crianças com síndrome do X frágil (Krueger e Bear, 2011; Suvrathan et al., 2010). Um dia, talvez, seja possível a realização de uma pesquisa similar no pré-natal de bebês diagnosticados com síndromes associadas à DI. Por exemplo, pode, em breve, ser possível realizar uma terapia genética pré-natal, na qual um feto em desenvolvimento diagnosticado com um transtorno genético pode ser alvo de intervenção antes do nascimento. No entanto, essa perspectiva não está isenta de dificuldades.

Os avanços na tecnologia biomédica precisarão do apoio de pesquisadores psicólogos para se certificar de que todos os tratamentos necessários sejam realizados corretamente. Por exemplo, os fatores de risco biológico para diversos transtornos do desenvolvimento incluem má nutrição e exposição a toxinas, como o chumbo e o álcool. Embora os pesquisadores da área médica possam identificar o papel desses eventos biológicos no desenvolvimento cognitivo, os psicólogos precisarão apoiar essas iniciativas. A intervenção comportamental para o treinamento em segurança (por exemplo, envolvendo tintas que contêm chumbo em casas mais antigas), a prevenção e o tratamento do uso de substâncias e a medicina comportamental (por exemplo, iniciativas para o "bem-estar") são exemplos do importante papel desempenhado pelos psicólogos na prevenção de certas formas de transtorno do desenvolvimento.

Verificação de conceitos 14.3

Nas seguintes situações, classificar cada nível de deficiência intelectual como leve, moderada, grave ou profunda. Nomear também os níveis correspondentes de apoio necessário: intermitente, limitado, extensivo ou difuso.

1. Kevin obteve 20 pontos no teste de QI. Ele precisa de ajuda em todas as suas necessidades básicas, incluindo vestir-se, tomar banho e comer. _____,

2. Adam obteve 45 pontos no teste de QI. Ele vive em uma clínica com profissionais especializados e precisa de auxílio em várias tarefas. Ele está começando o treinamento para ingressar em um emprego na comunidade. _____, _____

3. Jéssica obteve 30 pontos no teste de QI. Ela vive em uma clínica com profissionais especializados onde recebe treinamento em habilidades básicas de adaptação e de comunicação. Ela está apresentando melhoras e consegue comunicar-se apontando ou usando o quadro de comunicação pelo olhar. _____, _____

4. Ledel obteve 65 pontos no teste de QI. Ele mora em uma casa, vai para a escola e está se preparando para trabalhar quando se formar. _____, _____

 Controvérsias sobre o DSM: Perdendo uma classificação valorizada

Uma das mais comentadas e discutidas mudanças no *DSM-5* foi a eliminação de categorias separadas para o "transtorno autista" e o "transtorno de Asperger" – que estavam presentes no *DSM-IV*. A lógica por trás dessa reorganização dos transtornos relacionados ao autismo, separados sob uma rubrica, foi que TEAs poderiam ser distinguidos de maneira fidedigna de outros transtornos, mas dentro desta categoria houve consideráveis inconsistências (Frazier et al., 2012; Rutter, 2011b). Em outras palavras, nem sempre foi claro se alguém tinha uma forma mais branda de autismo (por exemplo, com mais expressão verbal) ou se tinha transtorno de Asperger. Todos eles compartilham os déficits globais em habilidades da comunicação social, assim como padrões restritos de comportamentos. Argumentou-se que as principais diferenças entre os transtornos são as que envolvem a gravidade dos sintomas, níveis de linguagem e níveis de déficit intelectual e, portanto, poderiam ser agrupadas como transtorno do espectro autista, com diferentes graus de gravidade.

Uma das primeiras preocupações foi que esses novos critérios podem excluir alguns indivíduos que anteriormente preenchiam os critérios do *DSM-IV* e, por sua vez, resultar na negação de serviços de tratamento àqueles deixados de fora. Essa preocupação foi precipitada por pesquisadores que avaliaram os casos que receberam um diagnóstico de autismo ou transtorno relacionado pelo *DSM-IV* e tentaram estimar quantos cairiam na nova categoria do TEA (McPartland, Reichow e Volkmar, 2012). Seus resultados iniciais causaram alarme considerável, uma vez a análise concluída, de que quase 40% dos indivíduos não apresentariam os critérios do *DSM-5*. Embora análises posteriores mostrassem que esse número é inferior (p. ex., cerca de 9% em um estudo; Huerta et al., 2012), ainda há uma preocupação de que alguns indivíduos deixarão de ser elegíveis aos serviços necessários.

Além da preocupação com a combinação desse transtorno ao genérico transtorno do espectro autista, muitas dessas pessoas, que tinham sido previamente diagnosticadas com transtorno de Asperger, sentem que essa decisão remove parte de sua identidade (Pellicano e Stears, 2011). Em vez de sentir vergonha ou constrangimento em receber o diagnóstico, várias dessas pessoas abraçam sua particularidade. Alguns defendem a visão dessas diferenças em termos de "neurodiversidade" ou enxergar seu "transtorno" como apenas uma maneira diferente, e não anormal, de ver o mundo (Armstrong, 2010; Singer, 1999). Na verdade, a palavra "Aspies" às vezes é usada com orgulho por indivíduos com essa classificação (p. ex., Beardon e Worton, 2011) e aqueles que não têm esse transtorno são muitas vezes referidos como "neurotípicos" – às vezes de uma forma negativa. É provável que, apesar da eliminação do transtorno de Asperger do *DSM-5*, alguns nesta comunidade continuem a preservar o rótulo com orgulho.

Resumo

Visão geral dos transtornos do neurodesenvolvimento

▶ A psicopatologia do desenvolvimento é o estudo de como surgem os transtornos e como mudam com o tempo. Essas mudanças geralmente seguem um padrão, com a criança dominando uma habilidade antes de adquirir a próxima. Esse aspecto do desenvolvimento é importante por indicar que qualquer perturbação na aquisição das primeiras aptidões, pela própria natureza desse processo sequencial, interfere no desenvolvimento de aptidões posteriores.

Transtorno de déficit de atenção/hiperatividade

▶ As principais características de pessoas com transtorno de déficit de atenção/hiperatividade incluem um padrão de desatenção (como não prestar atenção a tarefas relacionadas à escola ou ao trabalho), impulsividade e/ou hiperatividade. Esses déficits podem prejudicar consideravelmente o empenho nos estudos e os relacionamentos sociais.

Transtorno específico da aprendizagem

▶ O *DSM-5* descreve o transtorno específico da aprendizagem como o desempenho acadêmico substancialmente inferior ao esperado, tendo em vista a idade, a pontuação do quociente de inteligência (QI) e a educação. Esses problemas podem ser vistos como dificuldades com leitura, matemática e/ou expressão escrita. Todos são definidos pelo desempenho muito inferior ao das expectativas baseadas na inteligência e na preparação escolar.

▶ Os transtornos motores e da comunicação parecem estar intimamente relacionados com o transtorno específico da aprendizagem. Eles incluem o transtorno da fluência com início na infância (gagueira), um transtorno na fluência da fala; transtorno da linguagem, discurso limitado em todas as situações, mas sem os tipos de déficits cognitivos que levam a problemas de linguagem em pessoas com deficiência intelectual ou um dos transtornos globais do desenvolvimento; e transtorno de Tourette, que inclui movimentos motores involuntários, como espasmos da cabeça e vocalizações, como grunhidos, que ocorrem de repente, em rápida sucessão e em formas idiossincráticas ou estereotipadas.

Transtorno do espectro autista

▶ Pessoas com TEA têm dificuldades para progredir no uso da linguagem, na socialização e na cognição. Esse não é um problema relativamente pequeno (como o transtorno específico da aprendizagem), mas é uma condição que afeta significativamente a forma como os indivíduos vivem e interagem com os outros.

▶ O transtorno do espectro autista é um transtorno da infância, caracterizado por prejuízo significativo nas habilidades da comunicação social e em padrões restritos e repetitivos de comportamento, interesses ou atividades. Esse transtorno não possui uma única causa; em vez disso, vários problemas biológicos podem contribuir, e esses, em combinação com influências psicossociais, resultam nos comportamentos incomuns das pessoas com TEA.

▶ Impressionantes avanços foram feitos para melhoria dos resultados em muitas crianças com TEA usando programas de intervenção precoce. O tratamento para crianças mais velhas envolve intervenções comportamentais, com foco em seus déficits da comunicação social e em seus padrões restritos e repetitivos de comportamento, interesses e atividades.

Deficiência intelectual

▶ A definição de deficiência intelectual possui três partes: funcionamento intelectual significativamente abaixo da média, déficits ou prejuízos simultâneos no atual funcionamento adaptativo e início antes dos 18 anos.

▶ A síndrome de Down é causada pela presença de um cromossomo 21 adicional, e pode cursar com a deficiência intelectual. É possível detectar a presença da síndrome de Down em um feto por meio de um processo conhecido como amniocentese.

▶ Dois outros tipos de fatores que podem levar à deficiência intelectual são comuns: a síndrome do X frágil, que é causada por uma anomalia cromossômica da ponta do cromossomo X, e a deficiência intelectual cultural-familiar, um problema raro resultante de condições ambientais adversas.

Termos-chave

amniocentese
amostragem das vilosidades coriônicas (AVC)
atenção compartilhada
deficiência intelectual (DI)
deficiência intelectual cultural-familiar
estratégias naturalísticas de ensino
fenilcetonúria (PKU)
gagueira
prosódia
síndrome de Down
síndrome de Lesch-Nyhan
síndrome de Rett
síndrome do X frágil
transtorno da fluência com início na infância (gagueira)

transtorno da linguagem
transtorno de déficit de atenção/hiperatividade (TDAH)
transtorno de Tourette
transtorno desintegrativo da infância
transtorno do espectro autista (TEA)
transtorno específico da aprendizagem
transtorno global do desenvolvimento sem outra especificação
transtornos do neurodesenvolvimento
variação do número de cópias

Respostas da verificação de conceitos

14.1
1. c; 2. a; 3. b; 4. d; 5. a

14.2
1. b; 2. a; 3. d; 4. c

14.3
1. profunda, apoio difuso;
2. moderada, suporte limitado;
3. grave, suporte extensivo;
4. leve, apoio intermitente.

Explorando os transtornos do neurodesenvolvimento

Transtornos que surgem nos primeiros anos de vida e interferem no curso normal do desenvolvimento.
- A interrupção ou o impedimento no desenvolvimento de uma habilidade impede o domínio da habilidade que normalmente é adquirida depois.
- Saber quais habilidades são afetadas por um determinado transtorno é essencial para desenvolver estratégias de intervenção apropriadas.

COGNIÇÃO
LINGUAGEM
SOCIALIZAÇÃO

Primeira infância — Infância — Adolescência

TIPOS DE TRANSTORNOS DO NEURODESENVOLVIMENTO

	Descrição	Causas	Tratamento
Transtorno de déficit de atenção/ hiperatividade (TDAH)	■ Desatenção, hiperatividade, comportamento impulsivo ■ Interferência na escola e nos relacionamentos ■ Sintomas podem mudar com a maturidade, mas os problemas persistem ■ Prevalência maior em meninos do que em meninas	■ Pesquisas sugerem fator hereditário ■ Anomalias neurológicas ■ Possível associação com o tabagismo materno durante a gestação ■ Baixa autoestima devido às respostas negativas de outras pessoas	■ Biológico (medicação) – melhora a disciplina – reduz comportamentos indesejáveis – não tem efeito a longo prazo ■ Psicológico (comportamental) – estabelecimento de metas e reforço
Transtorno específico da aprendizagem	■ Leitura, matemática e expressão escrita aquém da capacidade do QI, da idade e da educação ■ Pode estar acompanhada de TDAH	■ Teorias presumem fatores genéticos, neurobiológicos e ambientais	■ Intervenção educacional – processamento básico – habilidades cognitivas e comportamentais

	Tipos	Descrição	Tratamento
Transtornos da comunicação e transtornos motores Estreitamente relacionados aos transtornos da aprendizagem, mas comparativamente benigno. Surgimento precoce, uma gama de problemas no decorrer da vida.	■ Transtorno da fluência com início na infância (gagueira)	■ Perturbação na fluência da fala (repetição das palavras, sons prolongados e pausas extensas)	■ Psicológico ■ Farmacológico
	■ Transtorno da linguagem	■ Discurso limitado em todas as situações	■ Psicológico ■ Alguns casos podem se autocorrigir
	■ Transtorno da comunicação social (pragmática)	■ Problemas com os aspectos sociais da comunicação verbal e não verbal	■ Psicológico
	■ Transtorno de Tourette	■ Movimentos motores involuntários (tiques), assim como espasmos físicos ou vocalizações	■ Psicológico ■ Farmacológico

PSICOPATOLOGIA

Explorando os transtornos do neurodesenvolvimento (cont.)

TIPOS DE TRANSTORNOS DO NEURODESENVOLVIMENTO

		Descrição	Causas	Tratamento
Transtorno do espectro autista		■ Comunicação social severamente prejudicada ■ Padrões restritos e repetitivos de comportamento, interesses ou atividades ■ Sintomas frequentemente surgem antes dos 36 meses de idade ■ Manifesta-se por meio de uma gama de funções: desde indivíduos que têm habilidades comunicativas limitadas até aqueles que conseguem conversar com as outras pessoas, mas aos quais faltam habilidades pragmáticas sociais para serem capazes de fazer ou manter relacionamentos sociais significativos	■ Poucos dados conclusivos ■ Numerosos fatores biológicos – componente genético nítido – evidência de dano cerebral (déficits cognitivos) combinados com influências psicossociais	■ Foco comportamental – comunicação – socialização – habilidades de vida ■ Inclusão escolar ■ Benefícios temporários com medicação
Transtorno intelectual		■ Funcionamento intelectual e adaptativo significativamente abaixo da média ■ Prejuízos na linguagem e na comunicação ■ Ampla gama de prejuízos – de leve a profunda – nas atividades do cotidiano (90% dos indivíduos acometidos têm prejuízos leves)	■ Centenas de fatores identificados – genético – pré-natal – perinatal – pós-natal – ambiental ■ Quase 75% dos casos não podem ser atribuídos a nenhuma causa conhecida	■ Nenhuma intervenção biológica ■ O foco comportamental é similar ao tratamento para o transtorno do espectro autista ■ Prevenção – aconselhamento genético – levantamento biológico – cuidado gestacional

15 Transtornos neurocognitivos

RESUMO DO CAPÍTULO

Perspectivas sobre os transtornos neurocognitivos

Delirium
  Descrição clínica e estatísticas
  Tratamento
  Prevenção

Transtornos neurocognitivos maiores e leves
  Descrição clínica e estatísticas
  Transtorno neurocognitivo devido à doença de Alzheimer
  Transtorno neurocognitivo vascular
  Outras condições médicas que causam o transtorno neurocognitivo
  Transtorno neurocognitivo induzido por substância/medicamento
  Causas do transtorno neurocognitivo
  Tratamento
  Prevenção

Resultados finais de assimilação do conteúdo pelo aluno*

• **Utilizar o raciocínio científico para interpretar o comportamento:**	• Identificar os componentes biológicos, psicológicos e sociais básicos sobre as explicações comportamentais (ex.: inferências, observações, definições operacionais e interpretações) [APA SLO 2.1a]
• **Envolver-se com pensamento inovador e integrativo e com resolução de problemas:**	• Descrever os problemas operacionalmente para estudá-los de maneira empírica [APA SLO 2.3a]
• **Descrever as aplicações que empregam a resolução de problemas com base na disciplina:**	• Identificar corretamente os antecedentes e as consequências dos processos mentais e comportamentais [APA SLO 1.3c]. • Descrever exemplos de aplicações relevantes e práticas de princípios psicológicos para a vida cotidiana [APA SLO 1.3a]

* Partes deste capítulo cobrem os resultados finais de aquisição de conhecimento sugeridos pela American Psychological Association (2013), inclusos nas diretrizes de bacharéis em Psicologia. O escopo do capítulo concernente aos resultados está identificado acima pela APA Goal e pela APA Suggested Learning Outcome (SLO).[1]

As pesquisas sobre o cérebro e seu papel na psicopatologia caminham a passos largos, e muitos desses últimos avanços foram descritos no decorrer deste livro. Todos os transtornos são, de alguma forma, influenciados pelo cérebro. Como foi possível perceber, as mudanças sutis nos sistemas neurotransmissores podem, de maneira significativa, afetar o humor, a cognição e o comportamento. Infelizmente, muitas vezes o cérebro é profundamente afetado e, quando isso acontece, mudanças drásticas ocorrem. Nas edições anteriores deste livro, o tom deste capítulo era um tanto negativo, dada a falta de informação sobre esses transtornos cognitivos que prejudicam todos os aspectos do funcionamento mental. O prognóstico tipicamente ruim das pessoas afligidas levou a conclusões pessimistas. Entretanto, um número expressivo de pesquisas está nos conduzindo a uma visão mais otimista sobre o futuro. Por exemplo, costumávamos pensar que quando um neurônio morria não havia esperança de substituição, contudo, agora sabemos que as células do cérebro se regeneram mesmo nos cérebros já envelhecidos (Seib e Martin-Villalba, 2015; Stellos et al., 2010). Neste capítulo, examinaremos esses novos trabalhos relacionados aos transtornos cerebrais que afetam os processos neurocognitivos, tais como a aprendizagem, a memória e a consciência.

Perspectivas sobre os transtornos neurocognitivos

A maioria dos transtornos neurocognitivos se desenvolve em uma fase mais tardia da vida, enquanto a deficiência intelectual e o transtorno específico da aprendizagem supostamente estão presentes desde o nascimento (ver Capítulo 14). Neste capítulo, revisaremos duas classes de transtornos cognitivos: o *delirium*, uma condição frequentemente temporária na qual se apresentam a confusão e a desorientação; e o *transtorno neurocognitivo*

maior ou leve, uma condição progressiva marcada pela deterioração gradual de uma série de capacidades cognitivas.

A nomenclatura "transtornos neurocognitivos" encontrada no *DSM-5* reflete uma alteração na maneira como esses transtornos são considerados (American Psychiatric Association, 2013). Nas edições anteriores do *DSM*, eles eram chamados de "transtornos mentais orgânicos", juntamente com os transtornos do humor, de ansiedade, da personalidade, alucinose (um estado mental anormal que envolve alucinações) e delirantes. A palavra *orgânico* indicava que se acreditava haver o envolvimento de um dano ou disfunção cerebral. Contudo, a categoria "transtornos mentais orgânicos" abrangia tantos transtornos que a distinção não tinha sentido. Consequentemente, os transtornos orgânicos tradicionais – *delirium*, demência e transtornos amnésicos – foram mantidos juntos; e os outros – transtornos orgânicos do humor, de ansiedade, da personalidade, alucinose e delirantes – foram categorizados com os transtornos que partilhavam seus sintomas (como transtornos de ansiedade e do humor).

Quando o termo *orgânico* foi retirado, voltou-se a atenção para o desenvolvimento de uma nomenclatura melhor para *delirium*, demência e transtornos amnésicos. A classificação "transtornos cognitivos" foi utilizada no *DSM-IV* para indicar que sua característica predominante é o prejuízo das capacidades cognitivas, como memória, atenção, percepção e pensamento. Embora os transtornos como a esquizofrenia, o transtorno do espectro autista e a depressão também envolvam problemas cognitivos, não se acredita que as questões cognitivas sejam características primárias (Ganguli et al., 2011; Sachdev et al., 2014). Todavia, ainda existem problemas com a nomenclatura "transtornos cognitivos", porque embora os transtornos geralmente apareçam em adultos mais velhos, a deficiência intelectual e o transtorno específico da aprendizagem (que aparecem precocemente) também têm prejuízo cognitivo como uma característica predominante. Finalmente, no *DSM-5*, "*transtornos neurocognitivos*" é o novo nome da categoria das várias formas de demência e transtornos amnésicos, com subtipos "maior" ou "leve"; o *DSM-5* manteve a nomenclatura "*delirium*" (American Psychiatric Association, 2013).

---

[1] NTT da tradução da 8ª edição norte-americana: No Brasil, as chamadas Diretrizes Curriculares Nacionais (DCN) para a graduação em Psicologia são instituídas via Ministério da Educação (MEC) e Conselho Federal de Psicologia (CFP).

Essa nova categorização foi criada devido à sobreposição de diferentes tipos de demência (ex.: doença de Alzheimer) e do transtorno amnésico encontrado em pessoas que podem na verdade sofrer de múltiplos tipos de problemas neurocognitivos (Ganguli et al., 2011; Sachdev et al., 2014).

Tal como em certos outros transtornos, cabe esclarecer por que os transtornos neurocognitivos são discutidos em um livro sobre psicologia atípica. Porque eles possuem causas orgânicas tão nítidas que se poderia argumentar que eles são puramente uma questão médica. Entretanto, veremos que as consequências de um transtorno neurocognitivo frequentemente incluem mudanças profundas no comportamento e na personalidade de um indivíduo. A ansiedade intensa, a depressão ou ambas são comuns, em especial entre pessoas com transtorno neurocognitivo maior. Além disso, a paranoia é, com frequência, considerada como um transtorno cujos sintomas são agitação extrema e agressão. Familiares e amigos ficam profundamente afetados por tais mudanças. Imagine a angústia que você sente quando um ente querido se transforma em uma pessoa diferente, uma que não lembra quem você é ou toda a história que tiveram juntos. A deterioração da capacidade cognitiva, do comportamento, da personalidade e os efeitos que causam nos outros são as preocupações principais dos profissionais da saúde mental.

Delirium

O transtorno conhecido como ***delirium*** caracteriza-se pelo prejuízo do nível de consciência e da cognição que perdura por várias horas ou dias. É um dos primeiros transtornos mentais reconhecidos; casos de pessoas com esses sintomas foram escritos há mais de 2.400 anos (Solai, 2009). Considere o caso do Sr. J.

SR. J ...   Sofrimento repentino

O Sr. J., um idoso, foi trazido para a sala de emergência do hospital. Ele não sabia seu próprio nome e, às vezes, não parecia reconhecer sua filha, que o acompanhava. Ele parecia confuso, desorientado e um pouco agitado. Estava com dificuldade em falar claramente e não conseguia se concentrar nas respostas e até mesmo nas perguntas mais básicas. A filha do Sr. J. contou que ele começou a agir daquela maneira na noite anterior, ficou a maior parte do tempo acordado e, desde então, estava assustado e parecia um pouco mais confuso até aquele momento. Ela disse à enfermeira que esse comportamento não era o normal dele e sua preocupação era de que ele estava se tornando "senil". Ela mencionou que o médico acabara de trocar a medicação para hipertensão e estava pensando se a nova medicação não poderia ter causado essa condição em seu pai. Sr. J. foi diagnosticado com *delirium* induzido por substância (uma reação da nova medicação usada). Quando se interrompeu a medicação, ele melhorou de maneira significativa no decorrer dos dois dias seguintes.

Esse tipo de quadro clínico é comum na maioria dos prontos-socorros de hospitais metropolitanos.

Descrição clínica e estatísticas

Pessoas com *delirium* apresentam confusão, desorientação e não reconhecem o que está à sua volta. Elas não conseguem focar ou sustentar a atenção mesmo quando realizam tarefas simples. Existem prejuízos evidentes na memória e na linguagem (Meagher e Trzapacz, 2012). O Sr. J. estava com problemas para falar e apresentava não somente confusão mental, como também não conseguia se lembrar de fatos básicos, como o seu próprio nome. Como se pode perceber, os sintomas do *delirium* não aparecem gradualmente, mas se manifestam ao longo de horas ou poucos dias, e variam ao longo do curso de um dia.

Calcula-se que o *delirium* esteja presente em cerca de 20% dos idosos que são admitidos em unidades de cuidados intensivos, tais como setores de emergência hospitalar (Meagher e Trzapacz, 2012). É mais prevalente entre adultos mais velhos, pessoas que se submeteram a procedimentos médicos, pacientes oncológicos e os que têm a síndrome da imunodeficiência adquirida (Aids). O paciente evolui com melhora relativamente rápida. Inicialmente considerado um problema apenas transitório, os trabalhos científicos mais recentes indicam que os efeitos do *delirium* podem ser mais duradouros (Cole, Ciampi, Belzile e Zhong, 2009; Meagher, Adamis, Trzepacz e Leonard, 2012). Alguns indivíduos continuam a ter problemas intermitentes; alguns evoluem para coma e podem morrer. A preocupação dos profissionais da saúde é crescente – talvez devido ao aumento do número de adultos que vivem acima da expectativa – e leva alguns a recomendar que o *delirium* seja incluído como um dos "sinais vitais" (juntamente com as frequências cardíaca e respiratória, a temperatura e a pressão arterial) que os médicos rotineiramente verificam quando atendem adultos mais velhos (Flaherty, 2011).

Muitas condições médicas que prejudicam a função cerebral têm sido relacionadas com o *delirium*, incluindo intoxicação por drogas e venenos; abstinência de drogas, tais como álcool, sedativos, hipnóticos e ansiolíticos; infecções; traumatismo craniencefálico e vários outros tipos de lesão encefálica (Meagher e Trzapacz, 2012). O *DSM-5* reconhece diversas causas do *delirium* e seus subtipos. O diagnóstico do Sr. J. – *delirium* induzido por substância – bem como o *delirium* sem outra especificação se caracterizam pela incapacidade de direcionar, focar, sustentar e alternar a atenção. O aumento do uso de drogas sintéticas como o Ecstasy ou "Molly" (metileno dioximetanfetamina) e, mais recentemente, "sais de banho" (metilenodioxipirovalerona) é particularmente preocupante devido ao potencial de essas drogas produzirem *delirium* (Penders, Gestring e Vilensky 2012; Solai, 2009). O *delirium* induzido por substâncias indica a natureza frequentemente complexa dessa condição.

Como o *delirium* pode ser provocado pelo uso impróprio de medicação, esse fato é um problema em particular para pessoas de mais idade, que tendem a fazer mais uso de medicações do que outras faixas etárias. O risco de problemas entre os idosos aumenta ainda mais porque as drogas tendem a ser eliminadas de seu organismo de maneira menos eficiente do que nos mais jovens. Não é de surpreender que as reações adversas das drogas resultam em hospitalizações seis vezes mais entre idosos do que em outros grupos etários (Budnitz, Lovegrove, Shehab e Richards, 2011; Olivier et al., 2009). E acredita-se que o *delirium* é responsável por muitas quedas que resultam em debilitantes fraturas de quadril em idosos (Seitz, Adunuri, Gill e Rochon, 2011; Stenvall et al., 2006). Embora os médicos tenham aprimorado e sido cuidadosos quanto à prescrição de medicamentos para esses indivíduos em termos de dosagem e de uso concomitante com outras medicações, o uso impróprio dessas drogas continua a provocar sérios efeitos colaterais, inclusive sintomas de *delirium* (Budnitz et al., 2011; Olivier et al., 2009). Visto que as possíveis combinações de doenças e medicações são um tanto numerosas, determinar a causa do *delirium* é extremamente difícil (Solai, 2009).

O *delirium* também pode ser experienciado por crianças com febre muito alta ou que estão fazendo uso de certas medicações ou porque, por engano, ocorre algum descumprimento no uso correto (Kelly e Frosch, 2012). Essa condição também ocorre durante o curso da demência; 50% das pessoas com demência sofrem de pelo menos um episódio de *delirium* (Fong, Davis, Growdon, Albuquerque e Inouye, 2015; Kwok, Lee, Lam e Woo, 2008). Visto que muitas das condições médicas primárias podem ser tratadas, o quadro de *delirium* pode ser revertido dentro de um tempo relativamente curto. Apesar disso, aqueles que desenvolvem *delirium* enquanto estão no hospital têm risco uma vez e meia maior de morte no ano seguinte, e esse risco de mortalidade aumenta de duas a quatro vezes para aqueles sob cuidados intensivos que apresentam *delirium* (Inouye, Westendorp e Saczynski, 2014). No entanto, outros fatores além das condições médicas podem desencadear o *delirium*. A própria idade é um fator importante; adultos mais velhos são mais suscetíveis a desenvolver *delirium* como resultado de infecções leves ou mudanças em medicação (Inouye et al., 2014). A privação do sono, imobilidade e estresse excessivo podem também causar *delirium* (Solai, 2009).

▲ Pacientes com *delirium* em casas de repouso se sentem frequentemente reconfortados ao ter os pertences pessoais por perto.

Os pesquisadores que estudam o funcionamento cerebral de pessoas com ou sem *delirium* estão começando a compreender os mecanismos subjacentes desse transtorno de atenção. Em uma pesquisa, cientistas avaliaram a atividade cerebral utilizando o mapeamento por Imagem de Ressonância Magnética Funcional (fMRI) durante e após os episódios de *delirium* e encontraram tanto interrupções na conectividade entre áreas (entre o córtex pré-frontal dorsolateral e o córtex cingulado posterior) como rupturas reversíveis (tais como o tálamo e o sistema reticular ativador) (Choi et al., 2012; Slooter e de Groot, 2014). Embora realizar pesquisas nesse campo seja de essencial importância no sentido de unir esforços para prevenir e tratar o *delirium*, existem questões éticas latentes. Por exemplo, uma pessoa em *delirium* não está em condições mentais perfeitas para assinar o termo de consentimento livre e esclarecido, autorizando sua participação como voluntário de pesquisa e, portanto, outra pessoa deve dar essa permissão (um cônjuge ou parente). Além disso, o exame de fMRI pode ser ansiogênico para muitas pessoas e é possivelmente muito assustador para alguém que já está tão desorientado (Gaudreau, 2012). Discutiremos essas questões mais detalhadamente no Capítulo 16.

Tratamento

O primeiro passo para o tratamento do *delirium* é abordar as causas subjacentes. Por exemplo, o *delirium* advindo de abstinência de álcool ou outras drogas é geralmente tratado com haloperidol ou outras medicações antipsicóticas, as quais ajudam a acalmar o indivíduo. No caso de infecções, lesão cerebral e tumores, são feitas as intervenções medicamentosas necessárias e apropriadas, o que muitas vezes resolve o *delirium* que as acompanha. As drogas antipsicóticas haloperidol ou onlazapina são também prescritas para pacientes com *delirium* agudo quando a etiologia é desconhecida (Meagher e Trzapacz, 2012).

A primeira linha de tratamento recomendada para uma pessoa com *delirium* é a intervenção psicossocial. A meta desse tipo de tratamento é tranquilizar o paciente, ajudando-o a lidar com a agitação, a ansiedade e as alucinações do *delirium*. A inclusão de um familiar no cuidado aos pacientes com *delirium*, como pernoites com o paciente, pode ser um grande conforto para ele. De modo semelhante, pertences pessoais, como fotos da família, também podem ser uma intervenção fácil e reconfortante (Fearing e Inouye, 2009; van Munster e de Rooij, 2014). Além disso, o paciente que está incluído em todas

---

TABELA 15.1 Critérios diagnósticos para o *delirium*

A. Perturbação da atenção (i.e., capacidade reduzida para direcionar, focalizar, manter e mudar a atenção) e da consciência (menor orientação para o ambiente).

B. A perturbação se desenvolve em um período breve de tempo (normalmente de horas a poucos dias), representa uma mudança da atenção e da consciência basais e tende a oscilar quanto à gravidade ao longo de um dia.

C. Perturbação adicional na cognição (p. ex., déficit de memória, desorientação, linguagem, capacidade visuoespacial ou percepção).

D. As perturbações dos Critérios A e C não são mais bem explicadas por outro transtorno neurocognitivo preexistente, estabelecido ou em desenvolvimento e não ocorrem no contexto de um nível gravemente diminuído de estimulação, como no coma.

E. Há evidências a partir da história, do exame físico ou de achados laboratoriais de que a perturbação é uma consequência fisiológica direta de outra condição médica, intoxicação ou abstinência de substância (i.e., devido a uma droga de abuso ou a um medicamento), de exposição a uma toxina ou de que ela se deva a múltiplas etiologias.

Fonte: Manual Diagnóstico e Estatístico de Transtornos Mentais, 5a ed. – DSM-5. Tab. 15.1. Artmed, Porto Alegre, 2014.

as decisões do tratamento mantém um senso de controle que pode ajudá-lo na capacidade de lidar com a ansiedade e a agitação decorrentes do delírio (Katz, 1993). Esse tipo de tratamento psicossocial pode ajudar pessoas a lidar com o problema durante esses episódios até que se identifiquem as causas médicas e se aborde uma conduta (Breitbart e Alici, 2012). Alguma evidência sugere que esse tipo de suporte pode retardar a hospitalização de pacientes idosos (Rahkonen et al., 2001).

Prevenção

A prevenção pode ser a melhor assistência dada a pessoas propensas ao *delirium*. Cuidados médicos apropriados para a doença e monitorização das medicações podem exercer um papel significativo na prevenção do *delirium* (Breitbart e Alici, 2012). Por exemplo, o número crescente de idosos envolvidos no gerenciamento de cuidados e aconselhamento quanto ao uso da medicação parece conduzir ao uso mais adequado da prescrição entre os idosos (U.S. General Accounting Office, 1995). Além disso, as intervenções multidisciplinares estruturadas, que visam a prevenção do *delirium* durante a internação hospitalar em pacientes idosos, são muito efetivas (para mais informações veja o Hospital Elder Life Program, Inouye et al., 2014). Esses tipos de programas são implementados por uma equipe interdisciplinar de médicos, enfermeiros e voluntários, e consistem em: reorientação do paciente, fornecimento de aparelhos de audição e de visão conforme necessário, aumento do sono e atividade física, manutenção adequada da hidratação e nutrição, envolvimento do paciente em atividades terapêuticas e redução da dose de drogas psicoativas. Uma desvantagem é que esses programas requerem muitos recursos dos hospitais para serem implementados, de forma consistente, a todos aqueles que estão em risco de *delirium*.

▌▌▌ Verificação de conceitos 15.1

Relacione os termos das seguintes descrições do *delirium*: (a) memória, (b) causa, (c) aconselhamento, (d) confusas, (e) idosa e (f) traumas.

1. O gerenciamento de cuidados e _____ ao paciente têm sido uma conduta bem-sucedida na prevenção do *delirium* em idosos.
2. O tratamento do *delirium* depende da _____ do episódio e pode incluir medicação ou intervenções psicossociais ou ambas.
3. O *delirium* afeta gravemente a _____ das pessoas, fazendo com que tarefas simples, como lembrar o próprio nome, sejam difíceis.
4. A população _____ é a que corre maior risco de desenvolver *delirium* como resultado de uso impróprio de medicações.
5. Vários tipos de _____ no cérebro, como lesão ou infecção, têm sido associados ao *delirium*.
6. Pessoas que sofrem de *delirium* parecem estar _____ ou desorientadas em relação ao seu entorno.

Transtornos neurocognitivos maiores e leves

Nada é mais assustador do que a possibilidade de um dia não reconhecer aqueles que você ama, não ser capaz de fazer as tarefas mais básicas e, pior ainda, estar profundamente consciente disso. No momento em que os membros da família mostram esses sinais, os filhos adultos inicialmente negam qualquer dificuldade, dizendo "Eu esqueço as coisas também", para dar desculpas pelas capacidades falhas de seus pais. O **transtorno neurocognitivo maior** (previamente chamado de **demência**) é uma deterioração gradual do funcionamento do cérebro que afeta a memória, o julgamento, a linguagem e outros processos cognitivos avançados. O **transtorno neurocognitivo leve** é um novo transtorno do *DSM-5*, que foi criado para voltar a atenção às fases iniciais do declínio cognitivo. Nesse caso, a pessoa tem prejuízos discretos nas capacidades cognitivas, mas pode continuar a viver de forma independente adotando algumas atitudes como, por exemplo, escrever longas listas de coisas que precisa fazer ou organizar horários para executar tarefas.

As causas dos transtornos neurocognitivos incluem várias condições médicas e o abuso de drogas ou álcool que provocam mudanças negativas no funcionamento cognitivo. Algumas dessas condições – por exemplo, infecção ou depressão – podem causar prejuízo neurocognitivo, embora isso seja com frequência reversível por meio do tratamento da condição primária. Algumas formas do transtorno, como a doença de Alzheimer, até o momento são irreversíveis. Embora o *delirium* e o transtorno neurocognitivo possam ocorrer concomitantemente, o transtorno neurocognitivo tem uma progressão gradual em oposição ao início agudo do *delirium*; as pessoas com transtorno neurocognitivo não ficam desorientadas ou confusas nas fases iniciais, ao contrário daquelas com *delirium*. No entanto, assim como o *delirium*, o transtorno neurocognitivo tem muitas causas, incluindo uma variedade de lesões no cérebro, como AVC (que afeta os vasos sanguíneos); doenças infecciosas, como sífilis e HIV; traumatismo craniencefálico grave; ingestão de certas substâncias tóxicas ou venenosas e doenças como Parkinson, Huntington e a mais comum causa da demência, a de Alzheimer. Observe o relato pessoal de Pat Summitt, a mais bem-sucedida treinadora de basquete do NCAA de todos os tempos. Ela treinou o time de basquete Lady Vols, do Tennessee, de 1974 a 2012 – batendo o recorde de 1.098 jogos – até que os sintomas de seu transtorno neurocognitivo devido à doença de Alzheimer a impediram de trabalhar com o time em tempo integral. Infelizmente, Pat Summitt faleceu em 2016, aos 64 anos, como resultado de complicações decorrentes da doença de Alzheimer. Antes de morrer, ela corajosamente escreveu sobre suas experiências com esse transtorno (Summitt, 2013).

Após várias avaliações, nas quais estavam incluídas as neurológicas, Imagem por Ressonância Magnética (MRI), que mostra danos em várias partes do cérebro, e uma punção lombar que detecta a presença da proteína beta-amiloide, o neurologista de Pat Summitt concluiu que ela sofria de transtorno neurocognitivo de início precoce devido à doença de Alzheimer. As pessoas no mesmo estágio de declínio que ela continuarão a se deteriorar e, eventualmente, podem morrer – como ela morreu – de complicações de seus transtornos.

574 PSICOPATOLOGIA

TABELA 15.2 Critérios diagnósticos para o transtorno neurocognitivo maior

A. Evidências de declínio cognitivo importante a partir de nível anterior de desempenho em um ou mais domínios cognitivos (atenção complexa, função executiva, aprendizagem e memória, linguagem, perceptomotor ou cognição social), com base em:
  1. Preocupação do indivíduo, de um informante com conhecimento ou do clínico de que há declínio significativo na função cognitiva; e
  2. Prejuízo substancial no desempenho cognitivo, de preferência documentado por teste neuropsicológico padronizado ou, em sua falta, por outra investigação clínica quantificada.
B. Os déficits cognitivos interferem na independência em atividades da vida diária (i.e., no mínimo, necessita de assistência em atividades instrumentais complexas da vida diária, tais como pagamento de contas ou controle medicamentoso).
C. Os déficits cognitivos não ocorrem exclusivamente no contexto de delirium.
D. Os déficits cognitivos não são mais bem explicados por outro transtorno mental (p. ex., transtorno depressivo maior, esquizofrenia).

Determinar o subtipo devido a:
Doença de Alzheimer
Degeneração lobar frontotemporal
Doença com corpos de Lewy
Doença vascular
Lesão cerebral traumática
Uso de substância/medicamento
Infecção por HIV
Doença do príon
Doença de Parkinson
Doença de Huntington
Outra condição médica
Múltiplas etiologias
Não especificado

Fonte: Manual Diagnóstico e Estatístico de Transtornos Mentais, 5a ed. – DSM-5. Tab. 15.2. Artmed, Porto Alegre, 2014.

TABELA 15.3 Critérios diagnósticos para o transtorno neurocognitivo leve

A. Evidências de declínio cognitivo pequeno a partir de nível anterior de desempenho em um ou mais domínios cognitivos (atenção complexa, função executiva, aprendizagem e memória, linguagem, perceptomotor ou cognição social) com base em:
  1. Preocupação do indivíduo, de um informante com conhecimento ou do clínico de que ocorreu declínio na função cognitiva; e
  2. Prejuízo pequeno no desempenho cognitivo, de preferência documentado por teste neuropsicológico padronizado ou, em sua falta, outra avaliação quantificada.
B. Os déficits cognitivos não interferem na capacidade de ser independente nas atividades cotidianas (i.e., estão preservadas atividades instrumentais complexas da vida diária, como pagar contas ou controlar medicamentos, mas pode haver necessidade de mais esforço, estratégias compensatórias ou acomodação).
C. Os déficits cognitivos não ocorrem exclusivamente no contexto de delirium.
D. Os déficits cognitivos não são mais bem explicados por outro transtorno mental (p. ex., transtorno depressivo maior, esquizofrenia).

Determinar o subtipo devido a:
Doença de Alzheimer
Degeneração lobar frontotemporal
Doença com corpos de Lewy
Doença vascular
Lesão cerebral traumática
Uso de substância/medicamento
Infecção por HIV
Doença do príon
Doença de Parkinson
Doença de Huntington
Outra condição médica
Múltiplas etiologias
Não especificado

Fonte: Manual Diagnóstico e Estatístico de Transtornos Mentais, 5a ed. – DSM-5. Tab. 15.3. Artmed, Porto Alegre, 2014.

Descrição clínica e estatísticas

Dependendo do indivíduo e da causa, a progressão gradual do transtorno neurocognitivo pode de alguma forma ter diferentes sintomas, embora todos os aspectos do funcionamento cognitivo tornem-se comprometidos. Nos estágios iniciais, o prejuízo na memória é tipicamente visto como uma incapacidade de registrar acontecimentos em curso. Em outras palavras, uma pessoa pode se lembrar e contar eventos ocorridos há muitos anos, mas tem problemas para se lembrar o que aconteceu há uma hora. Para ter um exemplo, Pat Summitt tinha vívidas lembranças de sua infância, mas não conseguia se lembrar que direção ela tinha de tomar quando estava dirigindo em lugares que outrora eram familiares.

Pat Summitt não conseguia achar o caminho de casa porque as habilidades visuoespaciais ficam prejudicadas em pessoas que sofrem de transtorno neurocognitivo. **Agnosia**, a incapacidade de reconhecer e nomear objetos, é um dos sintomas mais comuns. **Prosopagnosia** é a incapacidade de reconhecer rostos, até mesmo familiares, o que pode ser extremamente angustiante para os membros da família. A deterioração geral da função intelectual resulta de danos na memória, na capacidade de planejamento e no raciocínio abstrato.

As pessoas que sofrem de transtorno neurocognitivo têm ciência de que estão se deteriorando mentalmente e talvez, em parte por essa razão, as mudanças emocionais também ocorram. Os efeitos colaterais comuns são delírios (crenças irracionais), depressão, agitação, agressão e apatia (Lovestone, 2012). Entretanto, é difícil estabelecer a relação causa-efeito. Não se sabe quanta mudança comportamental é causada diretamente pela progressiva deterioração cerebral e o quanto é resultado da frustração e desencorajamento que inevitavelmente acompanham a perda das funções e o isolamento pela "perda" dos entes queridos. O funcionamento cognitivo continua a deteriorar até

Pat Summitt: garra e determinação

Aos 57 anos de idade, Pat Summitt, mãe e a mais bem-sucedida treinadora de basquetebol, começou a ter lapsos de memória.

Os amigos começaram a me perguntar "Há algo de errado com a sua memória?". Finalmente eu admiti, "Às vezes me dá uns brancos". Eu não estava certa daquilo, mas depois fiquei assustada. Comecei a ficar na cama até tarde de manhã, o que não era o meu costume. Eu sempre fui ágil, era a primeira a levantar e a mais cheia de energia também e sempre chegava ao trabalho mais cedo do que qualquer um da minha equipe. Mas comecei a ficar com medo de ir ao escritório.

Apesar de ter dificuldades cognitivas, nem todas as suas memórias foram perdidas no estágio inicial da doença. Ela começou a fazer anotações em um livro daquilo que se lembrava.

Eu me lembro de um pequeno bar nas colinas do Tennessee onde o barman esguichava o resto do bourbon que estava na garrafa direto na boca dos clientes. Eu me lembro de ter dado uma palestra para outros treinadores e aberto espaço para perguntas, e um rapaz levantou a mão e perguntou se eu tinha qualquer conselho quando se tratava de "mulheres treinadoras". Eu me lembro de ter apontado para ele e dado um olhar fulminante, e depois relaxei torcendo o canto da boca e disse "Não se preocupe com as mulheres 'treinadoras'. Apenas vá para casa e treine 'basquete'".

Eu me lembro da noite em que meu filho nasceu. O médico o colocou no meu peito e eu disse "Oi, Tyler, estávamos esperando por você".

Sua memória a respeito do que aconteceu há anos ficou intacta. Entretanto, as experiências recentes e os fatos foram mais elusivos. Ela então passa a descrever algumas coisas das quais não se lembrava mais.

Às vezes, quando eu acordo, eu não lembro onde eu estou. Por um momento eu fico desorientada e inquieta e tenho que ficar deitada até que eu volte a mim.

Ocasionalmente quando me fazem uma pergunta, eu começo a responder, mas esqueço o assunto do que estava falando – como se um fio escapasse por entre os dedos.

Eu me esforço para ter um senso de direção. Há momentos que estou dirigindo para algum lugar que eu deveria saber, mas eu me pergunto "Viro à esquerda ou à direita aqui?".

Não me lembro, às vezes, em qual quarto do hotel estou hospedada. Não lembro o horário das minhas reuniões.

Muitas pessoas que começam a ter essas dificuldades cognitivas descrevem essas experiências como terrivelmente assustadoras. Todavia, Pat Summitt foi conhecida pela sua forte determinação tanto na quadra de basquete como na batalha contra a doença de Alzheimer. Sua reação ao diagnóstico e às recomendações médicas mostrou um nível incrível de coragem e força.

No meu caso, os sintomas começaram a aparecer quando tinha apenas 57 anos. Na verdade, os médicos acreditam que o início precoce da doença tem um forte preditor genético e que já vinha evoluindo de forma silenciosa há alguns anos antes do diagnóstico. Eu andava por aí como se tivesse uma bomba em contagem regressiva com um tique-taque vagaroso nas células do meu cérebro, o que apenas ficou evidente quando começou a comprometer seriamente o meu trabalho.

O médico disse que, dado o diagnóstico, ele receava, francamente, que eu não poderia mais trabalhar. Eu deveria me demitir imediatamente, porque, na opinião dele, a demência evoluiria rapidamente. Eu precisava desistir e sair de circulação o mais rápido possível, ou eu poderia ficar "constrangida" e arruinar meu legado. Quando ele falou isso, eu fechei o punho. Era tudo o que podia fazer para não voar no pescoço dele e dar-lhe um soco. Quem ele pensava que era? Mesmo se eu tivesse uma doença irreversível – mesmo se eu tivesse –, que direito ele tinha de me falar como lidar com isso? Desistir? Desistir?

Ela continuou a escrever sobre sua perspectiva prática e otimista a respeito da doença de Alzheimer – sua visão sobre essa doença degenerativa serve como modelo para milhões de pessoas acometidas por esse transtorno.

Acima de tudo, eu sei que o Alzheimer me fez chegar a um ponto a que eu chegaria de qualquer forma algum dia. Com ou sem o diagnóstico, eu iria passar por um decréscimo com a idade.

Todos nós passamos por isso, é nosso destino. Não, não consigo mais prever a posição de dez jogadores na quadra, olhar para o relógio e montar os esquemas de troca de oposição de jogadores com os outros, e pedir um contramovimento gritando "Cinco!" ou "Mexam-se!". Mas eu posso sugerir que pessoas em estágio leve ou moderado de demência têm muito mais capacidades do que incapacidades. Eu posso dizer que não é só porque certos circuitos de memória ou a rapidez das sinapses falham que o pensamento, a percepção e a consciência falham também.

Fonte: Summitt, P. H. (2013). *Sum it up*: a thousand and ninety-eight victories, a couple of irrelevant losses, and a life in perspective. Nova York: Crown Archetype.

---

que a pessoa necessite de total suporte para executar suas atividades do cotidiano. No fim, a morte ocorre em decorrência da inatividade, combinada com o surgimento de outras doenças, como a pneumonia.

De maneira global, estima-se que a cada sete segundos um novo caso de transtorno neurocognitivo maior é registrado (Ferri et al., 2005). O transtorno neurocognitivo maior pode se desenvolver em quase qualquer idade, embora esse transtorno seja mais frequente em idosos. A metodologia para estimativa do número de pessoas que sofrem de um transtorno neurocognitivo maior tem resultado em números divergentes algumas vezes (Launer, 2011). Algumas estimativas, nos Estados Unidos, sugerem uma prevalência de cerca de 5 milhões de pessoas com o transtorno neurocognitivo maior (Alzheimer's Association, 2011), com taxas de um pouco mais de 5% em pessoas com mais de 65 anos e de 20% a 40% nas pessoas com mais de 85 anos (Richards e Sweet, 2009). O aumento no número de pessoas com apenas uma forma de transtorno neurocognitivo – devido à doença de Alzheimer – é alarmante. A Figura 15.1 ilustra como a prevalência do transtorno neurocognitivo devido à doença de Alzheimer é projetada para um aumento muito grande em idosos, advindos, em parte, da era *baby boomers* e que se tornarão idosos (Hebert, Weuve, Scherr e Evans, 2013). Entre os mais idosos, uma pesquisa sobre centenários (pessoas com 100 anos de idade ou mais) indica que até 100% deles mostraram sinais de transtorno neurocognitivo (Davey et al., 2013; Imhof et al., 2007). O transtorno neurocognitivo devido à doença de Alzheimer raramente ocorre em pessoas abaixo dos 45 anos de idade.

As estimativas da prevalência do novo diagnóstico segundo critérios do *DSM-5* – transtorno neurocognitivo leve – têm sido estudadas pelo Einstein Aging Study, da Universidade Yeshiva (Katz et al., 2012). Os pesquisadores recrutaram 1.944 idosos, com 70 anos ou mais, e os avaliaram com o objetivo de averiguar tanto o transtorno neurocognitivo leve como também o transtorno neurocognitivo maior. Este último – em seu estado mais grave – constava anteriormente como um transtorno separado no *DSM* (*transtorno amnésico*), mas foi incluído no grupo geral de transtornos neurocognitivos. Quase 10% daqueles acima de 70 anos apresentaram transtorno neurocognitivo leve e 11,6% cumpriram os critérios de transtorno neurocognitivo amnésico leve. Raça parece ter sido um fator relevante, pois homens e negros têm maiores riscos de desenvolver o transtorno neurocognitivo leve do que os brancos (Katz et al., 2012).

Um problema para a confirmação das taxas de prevalência do transtorno neurocognitivo é que os índices de sobrevida alteram os resultados. Não é de surpreender que o transtorno se torna mais prevalente devido ao aumento da expectativa de vida, o que consequentemente eleva o número de pessoas em risco de desenvolver o transtorno neurocognitivo. Os estudos de incidência, que mapeiam o número de novos casos por ano, podem ser os mais confiáveis para avaliar a frequência do transtorno neurocognitivo, especialmente entre os idosos. A pesquisa pontua que o índice de novos casos dobra a cada cinco anos de idade após os 75. Outros estudos encontraram grande aumento dos transtornos neurocognitivos entre mulheres (Carter, Resnick, Mallampalli e Kalbarczyk, 2012). O transtorno neurocognitivo devido à doença de Alzheimer pode ser mais prevalente em mulheres, como discutiremos posteriormente. No conjunto, esses resultados sugerem que esse transtorno é relativamente comum entre idosos, e as chances de desenvolvê-lo aumentam rapidamente após os 75 anos de idade.

Além das perdas humanas, os custos financeiros para o tratamento desse transtorno são exorbitantes. Calcula-se que, nos Estados Unidos, são gastos cerca de 100 bilhões de dólares por ano em cuidados para pessoas com transtorno neurocognitivo devido à doença de Alzheimer. Uma estimativa indica que o custo mundial voltado para o tratamento do transtorno neurocognitivo maior é de mais de $ 604 bilhões (Wimo et al., 2013), incluindo o cuidado informal e custos médicos diretos. Além disso, muitas vezes, os familiares cuidam desses doentes 24 horas por dia, o que configura um compromisso pessoal e financeiro inestimável (Lovestone, 2012).

O *DSM-5* identifica as classes dos transtornos neurocognitivos baseados na etiologia: (1) doença de Alzheimer, (2) doença vascular, (3) degeneração lobar frontotemporal, (4) lesão cerebral traumática, (5) doença com corpos de Lewy, (6) doença de Parkinson, (7) infecção por HIV, (8) uso de substância/medicamento, (9) doença de Huntington, (10) doença do príon e (11) outra condição médica. Nós daremos ênfase

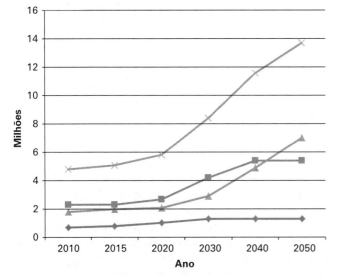

FIGURA 15.1 Com o aumento da expectativa de vida, predições indicam que os índices de pessoas com doença de Alzheimer aumentarão drasticamente em 2050. (De Hebert, L. E., Weuve, J., Scherr, P.A. e Evans, D. A. (2013). Alzheimer disease in the United States (2010-2050) estimated using the 2010 census. *Neurology*, *80*(19), 1778-1783.

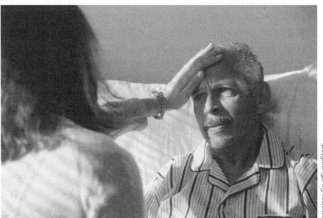

▲ Pessoas com prosopagnosia, um sintoma comum do transtorno neurocognitivo, são incapazes de reconhecer rostos, mesmo os de amigos próximos e familiares.

ao transtorno neurocognitivo devido à doença de Alzheimer por causa de sua prevalência (quase a metade daqueles que têm um transtorno neurocognitivo exibe esse tipo) e por causa do número expressivo de pesquisas conduzidas que tratam de sua etiologia e tratamento.

Transtorno neurocognitivo devido à doença de Alzheimer

Em 1907, o psiquiatra alemão Alois Alzheimer foi o primeiro a descrever o transtorno que levou o seu nome. Ele escreveu sobre uma mulher de 51 anos que tinha uma "estranha doença no córtex cerebral" que manifestava prejuízos progressivos na memória e outros problemas comportamentais e cognitivos, inclusive desconfiança (Richards e Sweet, 2009). Ele nomeou esse transtorno de "forma atípica de demência senil", chamada, logo em seguida, de **doença de Alzheimer**.

Descrição e estatísticas

Os critérios diagnósticos segundo o *DSM-5* para o **transtorno neurocognitivo devido à doença de Alzheimer** incluem múltiplos déficits cognitivos que se desenvolvem gradual e constantemente. Predomina o comprometimento da memória, da orientação, do senso de julgamento e do raciocínio. A incapacidade de integrar novas informações resulta na falta de condição de aprender novas associações. Os indivíduos com essa doença esquecem eventos importantes e perdem objetos. O interesse por atividades não rotineiras diminui. Eles tendem a perder o interesse por outras pessoas e, como resultado, tornam-se socialmente mais isolados. Quando a doença progride, eles podem se tornar agitados, confusos, depressivos, ansiosos ou até mesmo agressivos. Muitos desses sintomas tornam-se mais pronunciados no decorrer do dia – um fenômeno que denominamos de "síndrome crepuscular" – talvez resultado da fadiga ou de uma perturbação no relógio biológico do cérebro (Ferrazzoli, Sica e Sancesario, 2013; Lemay e Landreville, 2010).

Pessoas com esse transtorno também apresentam uma ou mais alterações cognitivas, como afasia (prejuízo da função da linguagem), apraxia (prejuízo em executar tarefas motoras), agnosia (fracasso em reconhecer objetos) ou dificuldades em atividades como planejar, organizar, sequenciar ou abstrair informações. Esses prejuízos cognitivos têm um sério impacto negativo no funcionamento social e ocupacional, pois representam um declínio significativo das capacidades anteriores.

Uma pesquisa que utiliza o mapeamento cerebral está sendo conduzida em pessoas com transtorno neurocognitivo leve com o propósito de detectar as mudanças das estruturas cerebrais no início do desenvolvimento da doença e, assim, abrir caminhos para que seja diagnosticada precocemente. No passado, um diagnóstico definitivo da doença de Alzheimer poderia ser feito apenas após uma autópsia na qual se podia determinar que certos tipos característicos de danos estavam presentes no cérebro. Há agora uma crescente evidência de que a utilização de escaneamentos sofisticados do cérebro, juntamente com contrastes químicos, poderá prontamente ajudar médicos a identificar a presença da doença antes que aconteça um declínio importante das capacidades cognitivas (por meio

de um projeto denominado Alzheimer's Disease Neuroimaging Initiative [ADNI]) ou óbito (Douaud et al., 2013; Weiner et al., 2012). Além disso, a pesquisa que detecta a presença de certos marcadores de Alzheimer (ex.: beta-amiloide – a substância nas placas amiloides encontradas no cérebro de pessoas com a doença) no líquido cefalorraquidiano parece aumentar a precisão do diagnóstico (Vanderstichele et al., 2012). Atualmente, para fazer um diagnóstico sem examinar diretamente o cérebro, é usada uma versão simplificada do exame do estado mental para rastrear problemas de memória, linguagem e outras funções cognitivas (ver Tabela 15.1).

Em um estudo interessante, porém controverso – chamado "Estudo das Freiras" –, as redações autobiográficas de um grupo de freiras da igreja católica coletadas ao longo de várias décadas, pareceu indicar, quando jovens, quais delas estariam mais propensas a desenvolver a doença de Alzheimer na idade avançada (Snowdon et al., 1996). Os pesquisadores observaram que as amostras dos escritos das freiras ao longo dos anos diferenciavam o número de ideias que cada um continha, o que eles chamaram de "densidade de ideias". Em outras palavras, algumas irmãs descreveram eventos em sua vida simplesmente assim: "Eu nasci em Eau Claire, Wis, em 24 de maio de 1913 e fui batizada na Igreja de St. James". Outras eram mais elaboradas em suas descrições: "O dia mais feliz da minha vida foi o da minha primeira comunhão, em junho de mil novecentos e vinte, quando eu tinha oito anos de idade; quatro anos depois, no mesmo mês, eu fui crismada pelo bispo D. D. McGavich" (Snowdon et al., 1996). Quando os achados das autópsias em 14 das freiras estavam correlacionados com a densidade de ideias, o autorrelato simples (baixa densidade de ideias) pertencia a todas as cinco freiras nas quais foi detectada a doença de Alzheimer (Snowdon et al., 1996). Essa pesquisa é interessante, pois as vidas cotidianas dessas freiras eram semelhantes, o que descarta muitas outras possíveis causas. Contudo, não se pode supergeneralizar a partir de um estudo, nem depender demais dessas observações, visto que apenas um grupo pequeno de pessoas foi examinado. Pesquisas preliminares promissoras sobre os primeiros sinais de Transtorno neurocognitivo devido à doença de Alzheimer identificaram algumas pequenas mudanças no funcionamento neurocognitivo, as quais as pesquisas continuam tentando identificar e mensurar de forma confiável. Por exemplo, pela mensuração contínua do funcionamento cognitivo de uma pessoa, pode ser possível começar a detectar quando alguma função cognitiva começa a declinar. A detecção precoce, antes que os indivíduos atendam aos critérios clínicos, é especialmente importante porque a intervenção precoce tem mostrado maior impacto (Rentz et al., 2013).

A deterioração cognitiva advinda da doença de Alzheimer é mais lenta durante os estágios inicial e final, mas mais rápida durante os estágios intermediários (Ito et al., 2011; Richards e Sweet, 2009). O tempo médio de sobrevida é estimado em cerca de 4 a 8 anos, embora muitos indivíduos vivam, de forma dependente, por mais de 20 anos. Em alguns casos, a doença pode ocorrer relativamente cedo, durante os 40 ou 50 anos de idade (às vezes chamada de *início precoce*), mas costuma se manifestar aos 60 ou 70 anos. Cerca de 50% dos casos de transtorno neurocognitivo são resultantes da doença de Alzheimer, o que se acredita acometer mais de 5,3 milhões

TABELA 15.1 — Teste para o transtorno neurocognitivo devido à doença de Alzheimer

Tipo*	Escore máximo**	Pergunta
Orientação	5	Pergunte ao paciente: "Qual é (ano) (estação) (dia/semana) (dia/mês) (mês)?"
	5	Pergunte ao paciente: "Onde estamos (estado) (país) (cidade) (hospital) (andar)?"
Registro	3	Nomeie três objetos, usando 1 segundo para dizer cada um. Depois pergunte ao paciente todos os três (dê um ponto para cada resposta correta). Depois os repita até que o paciente aprenda todos os três (conte e registre o número de tentativas).
Atenção e cálculo	5	Conte de trás para frente um dado número (como o número 100) subtraindo 7 (dê um ponto para cada resposta correta; pare depois de cinco respostas). Como alternativa, soletre a palavra "mundo" de trás para frente.
Evocação	3	Peça para o paciente nomear os três objetos aprendidos previamente (dê um ponto para cada resposta correta).
Linguagem	9	Peça para o paciente nomear lápis e relógio (1 ponto). Peça para o paciente repetir: "Nem aqui, nem ali, nem lá" (1 ponto). Peça para o paciente seguir o comando de três etapas: "Pegue um pedaço de papel com sua mão direita, dobre-o ao meio e coloque-o no chão" (3 pontos). Peça para o paciente ler e executar: "Feche os olhos" (1 ponto). Peça ao paciente que escreva uma frase (1 ponto). Peça ao paciente que copie um desenho (1 ponto).

Observação: uma parte do diagnóstico de transtorno neurocognitivo devido à doença de Alzheimer usa um teste relativamente simples do estado mental e das capacidades do paciente, chamado de Miniexame do Estado Mental. Um baixo escore em tal teste não necessariamente indica um diagnóstico médico do transtorno.
* O exame também inclui uma avaliação do nível de consciência do paciente: alerta, obinubilação, estupor ou coma.
** O total máximo de pontuação é 30.
Adaptado do Mini Mental State Inpatient Consultation Form (Folstein, Folstein e McHugh, 1975).

de norte-americanos e milhões no mundo todo (Alzheimer's Association, 2015).

Algumas pesquisas sobre prevalência preconizaram que a doença de Alzheimer pode ocorrer com mais frequência em pessoas cuja educação foi precária (Amieva et al., 2014; Fratiglioni et al., 1991). O prejuízo maior em pessoas que não receberam uma educação adequada poderia indicar um início muito mais precoce, sugerindo que a doença causa uma disfunção intelectual que por sua vez limita os esforços educacionais. Ou poderia haver algo a respeito do desempenho intelectual que impede ou retarda o início dos sintomas do transtorno. Pesquisas posteriores parecem corroborar essa última afirmação. Parece que o nível educacional pode predizer um atraso na observação dos sintomas (Amieva et al., 2014). Infelizmente, pessoas que têm um alto nível educacional também declinam mais rapidamente assim que os sintomas se tornam mais graves (Scarmeas, Albert, Manly e Stern, 2006), o que sugere que a educação não previne a doença, mas propicia um tempo extra de melhor funcionamento. O fator educação pode de alguma forma criar uma "reserva" cognitiva, um conjunto de habilidades aprendidas que ajudam a pessoa a lidar, por um período mais longo, com a deterioração cognitiva que marca o início dos déficits neurocognitivos. Algumas pessoas podem se adaptar melhor do que outras e, assim, demoram mais tempo para serem diagnosticadas com a doença. A deterioração do cérebro pode assim ser comparável nos dois grupos, mas os indivíduos com maior nível de educação podem ser capazes de funcionar de maneira bem-sucedida no cotidiano por um período maior. Essa hipótese experimental pode se mostrar útil no delineamento de estratégias de tratamento, em especial durante os estágios iniciais do transtorno.

Uma versão biológica dessa teoria – a hipótese da reserva cognitiva – sugere que quanto mais sinapses a pessoa desenvolve durante toda a vida, mais morte neuronal deve ocorrer antes que os sinais de demência se tornem óbvios (Farias et al., 2012). A atividade mental que ocorre com a educação presumivelmente constrói essa reserva de sinapses e serve como um fator protetor inicial no desenvolvimento do transtorno. É provável que tanto o desenvolvimento de habilidades como as mudanças cerebrais provocadas pela educação possam contribuir para a rapidez da progressão do transtorno.

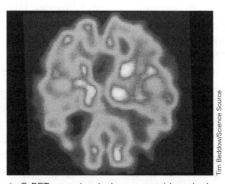 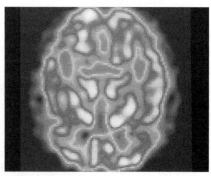

▲ O PET scan do cérebro acometido pela doença de Alzheimer (à esquerda) mostra uma deterioração importante dos tecidos em comparação ao cérebro normal (à direita).

TABELA 15.4 Critérios diagnósticos para o transtorno neurocognitivo maior ou leve devido à doença de Alzheimer

A. São atendidos os critérios para transtorno neurocognitivo maior ou leve.

B. Há surgimento insidioso e progressão gradual de prejuízo em um ou mais domínios cognitivos (no caso de transtorno neurocognitivo maior, pelo menos dois domínios devem estar prejudicados).

C. Os critérios são atendidos para doença de Alzheimer provável ou possível, do seguinte modo:

Para transtorno neurocognitivo maior:
Provável doença de Alzheimer é diagnosticada se qualquer um dos seguintes sintomas estiver presente; caso contrário, deve ser diagnosticada **possível doença de Alzheimer**.

1. Evidência de uma mutação genética causadora de doença de Alzheimer a partir de história familiar ou teste genético.
2. Todos os três a seguir estão presentes:
   a. Evidências claras de declínio na memória e na aprendizagem e em pelo menos outro domínio cognitivo (com base em história detalhada ou testes neuropsicológicos em série).
   b. Declínio constantemente progressivo e gradual na cognição, sem platôs prolongados.
   c. Ausência de evidências de etiologia mista (i.e., ausência de outra doença neurodegenerativa ou cerebrovascular ou de outra doença ou condição neurológica, mental ou sistêmica provavelmente contribuindo para o declínio cognitivo).

Para transtorno neurocognitivo leve:
Provável doença de Alzheimer é diagnosticada se há evidência de alguma mutação genética causadora de doença de Alzheimer, constatada em teste genético ou história familiar.
Possível doença de Alzheimer é diagnosticada se não há evidência de mutação genética causadora de doença de Alzheimer, de acordo com teste genético ou história familiar, com presença de todos os três sintomas a seguir:

1. Evidências claras de declínio na memória e na aprendizagem.
2. Declínio constantemente progressivo e gradual na cognição, sem platôs prolongados.
3. Ausência de evidências de etiologia mista (i.e., ausência de outra doença neurodegenerativa ou cerebrovascular ou de outra doença ou condição neurológica ou sistêmica provavelmente contribuindo para o declínio cognitivo).

D. A perturbação não é mais bem explicada por doença cerebrovascular, outra doença neurodegenerativa, efeitos de uma substância ou outro transtorno mental, neurológico ou sistêmico.

Fonte: Manual Diagnóstico e Estatístico de Transtornos Mentais, 5a ed. – DSM-5. Tab. 15.4. Artmed, Porto Alegre, 2014.

Uma pesquisa indica que a doença de Alzheimer tem maior prevalência entre mulheres (Alzheimer's Association, 2015; Craig e Murphy, 2009), até mesmo quando seus respectivos índices de sobrevida das mulheres são considerados nas estatísticas. Em outras palavras, visto que as mulheres vivem mais tempo do que os homens, na média, elas são mais suscetíveis a ter Alzheimer ou outras doenças, todavia, a longevidade isolada não responde pela alta prevalência desse transtorno em mulheres. Uma tentativa de explicar esse transtorno implica o hormônio estrógeno. As mulheres perdem estrógeno conforme envelhecem, então, talvez, esse hormônio seja protetor contra a doença. Um grande e importante estudo – the Women's Health Initiative Memory Study – investigou o uso de hormônio em mulheres e seu efeito sobre a doença de Alzheimer (Lobo, 2013; Shumaker et al., 2004). Nos estudos preliminares, os pesquisadores acompanharam mulheres com idade acima de 65 anos que usavam um composto de estrógeno e progestina conhecido como Prempro e, ao contrário do que se pensava, prescrever estrógeno não diminuiu as chances de desenvolver o transtorno neurocognitivo, mas aumentou o risco de desenvolver a doença de Alzheimer (Coker et al., 2010; Maki e Henderson, 2012). Há mais pesquisas em andamento que investigam os efeitos individuais desses dois tipos de hormônios na demência.

Ao final, parece haver questões sobre a prevalência da doença de Alzheimer de acordo com a identidade cultural e/ou racial. As primeiras pesquisas pareciam sugerir que certas populações (tais como aquelas de descendências japonesa, nigeriana, de certos norte-americanos nativos e de Amish) eram menos propensas a serem acometidas pela doença (por exemplo, ver Pericak-Vance et al., 1996; Rosenberg et al., 1996). De modo semelhante, a taxa de prevalência da doença de Alzheimer em países de renda baixa e média também tem sido mais baixa do que em países de alta renda (Sosa-Ortiz, Acosta-Castillo e Prince, 2012). Pesquisas indicam, no entanto, que algumas dessas diferenças podem ser devido ao número mais baixo daqueles que buscam por atendimento (possivelmente devido ao estigma, assim como altos níveis de assistência social prestadas pelos membros da família), assim como as diferenças em educação e em como os transtornos foram mensurados (Sosa-Ortiz et al., 2012; Wilson et al., 2010). Por exemplo, indivíduos em países de renda baixa e média não atendiam aos critérios do *DSM* para o transtorno dado que eles não tinham muito prejuízo social ou ocupacional porque suas famílias estavam cuidando deles (Sosa-Ortiz et al., 2012). A doença de Alzheimer foi encontrada aproximadamente na mesma proporção em todos os grupos étnicos, em um estudo que observou índices discretamente baixos em índios americanos (Weiner, Hynan, Beekly, Koepsell e Kukull, 2007). Como veremos, esses achados nos ajudam a aprofundar nossa compreensão sobre as causas dessa doença tão destrutiva.

Transtorno neurocognitivo vascular

Por ano, 500 mil pessoas morrem de acidente vascular cerebral (AVC), que ocorre devido a um evento que resulta em restrição ou interrupção do fluxo sanguíneo no cérebro. Embora o AVC seja a terceira causa principal de morte nos Estados Unidos, muitas pessoas sobrevivem, porém as consequências potenciais a longo prazo podem ser gravemente debilitantes. O **transtorno neurocognitivo vascular** é uma doença progressiva cerebral que é uma causa comum de déficits neurocognitivos. É uma das mais comuns causas do transtorno neurocognitivo (Erkinjuntti, 2012).

Descrição e estatísticas

A palavra *vascular* refere-se a vasos sanguíneos. Quando os vasos sanguíneos do cérebro são bloqueados ou prejudicados e não mais carregam o oxigênio e outros nutrientes para certas áreas do tecido cerebral, o resultado é um dano. Visto que as múltiplas partes do cérebro podem ser comprometidas, o perfil de degeneração – quais habilidades que ficam prejudicadas – varia de pessoa para pessoa. O *DSM-5* lista os critérios para as perturbações cognitivas do transtorno neurocognitivo vascular, tais como declínios na velocidade de processamento de informações e nas funções executivas (ex.: tomada de decisão complexa) (Erkinjuntti, 2012). Em contraste, aqueles com doença de Alzheimer têm problemas de memória como prejuízo cognitivo inicial.

Se compararmos com o tipo de pesquisa sobre o transtorno neurocognitivo devido à doença de Alzheimer, há poucos estudos sobre o transtorno neurocognitivo vascular talvez por causa de sua baixa taxa de incidência. A prevalência de transtorno neurocognitivo vascular é de aproximadamente 1,5% em pessoas entre 70 e 75 anos de idade e aumenta em 15% para aqueles indivíduos com mais de 80 anos (Neugroschi, Kolevzon, Samuels e Marin, 2005). O risco para homens é discretamente maior do que para mulheres, em oposição ao maior risco em mulheres para demência do tipo Alzheimer, e isso tem sido relatado em muitos países desenvolvidos e países em desenvolvimento (Kalaria et al., 2008). O índice relativamente alto de doença cardiovascular em homens, no geral, pode ser responsável pelo aumento de risco de transtorno neurocognitivo vascular. O início da demência vascular é tipicamente mais repentino do que a do tipo Alzheimer, provavelmente porque o transtorno, muitas vezes, é o resultado de um AVC, que inflige danos cerebrais imediatamente. Todavia, o resultado é semelhante para pessoas em ambos os tipos: em última análise, elas necessitarão de cuidados formais até que sucumbam com uma doença infecciosa, como a pneumonia, a que estão suscetíveis por causa do enfraquecimento do sistema imunológico.

Outras condições médicas que causam o transtorno neurocognitivo

Além da doença de Alzheimer e da lesão vascular, uma série de outros processos neurológicos e bioquímicos pode levar ao transtorno neurocognitivo. O *DSM-5* identifica oito causas específicas além da doença de Alzheimer e lesão vascular: degeneração lobar frontotemporal, lesão cerebral traumática, doença com corpos de Lewy, doença de Parkinson, infecção por HIV, uso de substância, doença de Huntington e doença do príon. Cada uma delas será discutida aqui. Em adição, a categoria final – o transtorno neurocognitivo devido a outra condição médica – é provida por outras causas. Outra condição médica que pode levar ao transtorno neurocognitivo inclui hidrocefalia de pressão normal (água em excesso no crânio

TABELA 15.5 Critérios diagnósticos para o transtorno neurocognitivo vascular maior ou leve

A. São atendidos os critérios para transtorno neurocognitivo maior ou leve.
B. Os aspectos clínicos são consistentes com uma etiologia vascular, conforme sugerido por um dos seguintes:
   1. O surgimento de déficits cognitivos está temporariamente relacionado com um ou mais de um evento cerebrovascular.
   2. Evidências de declínio são destacadas na atenção complexa (incluindo velocidade de processamento) e na função executiva frontal.
C. Há evidências da presença de doença cerebrovascular a partir da história, do exame físico e/ou de neuroimagem consideradas suficientes para responder pelos déficits cognitivos.
D. Os sintomas não são mais bem explicados por outra doença cerebral ou transtorno sistêmico. **Provável transtorno neurocognitivo vascular** é diagnosticado quando um dos seguintes está presente; caso contrário, deve ser diagnosticado **possível transtorno neurocognitivo vascular**:
   1. Os critérios clínicos têm apoio de evidências de neuroimagem de lesão parenquimal significativa, atribuída a doença cerebrovascular (com apoio de neuroimagem).
   2. A síndrome neurocognitiva é temporalmente relacionada com um ou mais eventos cerebrovasculares documentados.
   3. Evidências clínicas e genéticas (p. ex., arteriopatia cerebral autossômica dominante, com infartos subcorticais e leucoencefalopatia) de doença cerebrovascular estão presentes.

Possível transtorno neurocognitivo vascular é diagnosticado quando os critérios clínicos são atendidos, mas não está disponível neuroimagem, e a relação temporal da síndrome neurocognitiva com um ou mais de um evento cerebrovascular não está estabelecida.

Fonte: Manual Diagnóstico e Estatístico de Transtornos Mentais, 5a ed. – DSM-5. Tab. 15.5. Artmed, Porto Alegre, 2014.

Transtorno neurocognitivo: Mike

"Eu ainda tenho um grande problema de memória, que até trouxe um divórcio... Agora tenho uma nova namorada, que me ajuda muito. Eu até a chamo de... meu novo cérebro ou minha nova memória... Se eu quero saber algum coisa, eu posso contar com esse chamado caderno de memória, no qual eu escrevo constantemente e tenho todos os dias marcados, então eu sei o que vai acontecer ou o que esperar para esse dia."

resultando em redução cerebral), hipotireoidismo (glândula tireoide hipoativa), tumor cerebral e deficiência de vitamina B12. Há um reconhecimento crescente de transtorno neurocognitivo entre atletas que recebem repetidos golpes na cabeça. No passado, esse tipo de transtorno era chamado de *demência pugilística* (o que sugere que era restrito aos boxeadores e pugilistas), mas atualmente denomina-se encefalopatia traumática crônica (ETC). A ETC é causada por repetidos **traumas na cabeça** que podem provocar uma neurodegeneração característica (Baugh et al., 2012). Seus efeitos sobre a capacidade cognitiva são comparáveis às outras formas de transtorno neurocognitivo que discutimos até o momento.

Descrição e estatística

Transtorno neurocognitivo frontotemporal é um termo abrangente para categorizar uma variedade de transtornos cerebrais que causam prejuízos nas regiões frontal e temporal do cérebro – áreas que afetam a personalidade, a linguagem e o comportamento (Gustafson e Brun, 2012). O *DSM-5* identifica duas variantes do transtorno neurocognitivo frontotemporal – por meio dos declínios no comportamento apropriado (ex.: ações socialmente inapropriadas, apatia, fazer julgamentos pobres) ou linguagem (ex.: problemas com discurso, encontrar as palavras certas ou nomear objetos). Um dos transtornos dessa categoria de transtornos neurocognitivos é a doença de Pick, uma condição neurológica rara – que ocorre em cerca de 5% das pessoas que sofrem com comprometimento neurocognitivo – que provoca sintomas similares aos da doença de Alzheimer. Acredita-se que o curso dessa doença dura de 5 a 10 anos, e parece ter um componente genético (Gustafson e Brun, 2012). A **doença de Pick** geralmente acomete pessoas durante os 40 ou 50 anos e é, portanto, considerada um exemplo de transtorno neurocognitivo de início precoce.

Um trauma grave na cabeça produz lesões cerebrais duradouras no cérebro (a esse quadro chamamos de **lesão cerebral traumática ou LCT**) que leva ao transtorno neurocognitivo (Fleminger, 2012). O **transtorno neurocognitivo devido à lesão cerebral traumática** inclui sintomas que persistem por pelo menos uma semana após o trauma, incluindo a disfunção executiva (ex.: dificuldade em planejar atividades complexas) e problemas de aprendizagem e memória. Adultos e adolescentes são o grupo de maior risco para LCT, em especial aqueles que apresentam abuso de álcool ou que são pertencentes a classes socioeconômicas mais baixas (Fleminger, 2012). Acidentes automobilísticos, agressões, quedas e tentativas de suicídio são as causas comuns, como também a exposição a explosões de bomba em combate.

O segundo tipo mais comum de transtorno neurocognitivo (depois da doença de Alzheimer) é o **transtorno neurocognitivo devido à doença com corpos de Lewy** (Aarsland et al., 2012; McKeith et al., 2005). Os corpos de Lewy são depósitos microscópicos de uma proteína que danifica as células do cérebro ao longo do tempo. Os sinais desse transtorno são insidiosos e graduais e incluem prejuízos no estado de alerta e atenção, alucinações visuais vívidas e prejuízo motor, como na doença de Parkinson. Na verdade, existe uma sobreposição entre esse

▲ Junior Seau foi uma estrela do futebol americano que cometeu suicídio em 2012. O National Institutes of Health, a pedido de sua família, realizou exames e observou que ele tinha anormalidades cerebrais consistentes com golpes repetitivos na cabeça, resultando em encefalopatia traumática crônica (ETC).

TABELA 15.6 Critérios diagnósticos para o transtorno neurocognitivo frontotemporal maior ou leve

A. São atendidos os critérios para transtorno neurocognitivo maior ou leve.
B. A perturbação tem surgimento insidioso e progressão gradual.
C. Qualquer um entre (1) e (2):
   1. Variante comportamental:
      a. Três ou mais dos sintomas comportamentais a seguir:
         i. Desinibição comportamental.
         ii. Apatia ou inércia.
         iii. Perda de simpatia ou empatia.
         iv. Comportamento perseverante, estereotipado ou compulsivo/ritualístico.
         v. Hiperoralidade e mudanças na dieta.
      b. Declínio proeminente na cognição social e/ou nas capacidades executivas.
   2. Variante linguística:
      a. Declínio proeminente na capacidade linguística, na forma de produção da fala, no encontro de palavras, na nomeação de objetos, na gramática ou na compreensão de palavras.
D. Preservação relativa da aprendizagem e da memória e da função perceptomotora.
E. A perturbação não é mais bem explicada por doença cerebrovascular, outra doença neurodegenerativa, efeitos de uma substância ou outro transtorno mental, neurológico ou sistêmico.

Provável transtorno neurocognitivo frontotemporal é diagnosticado se algum dos seguintes sintomas estiver presente; caso contrário, deve ser diagnosticado **possível transtorno neurocognitivo frontotemporal**:

1. Evidências de uma mutação genética causadora de transtorno neurocognitivo frontotemporal, a partir da história familiar ou de testes genéticos.
2. Evidências de envolvimento desproporcional do lobo frontal e/ou lobo temporal, com base em neuroimagem.

Possível transtorno neurocognitivo frontotemporal é diagnosticado se não houver evidências de uma mutação genética e o exame de neuroimagem não tiver sido realizado.

Fonte: Manual Diagnóstico e Estatístico de Transtornos Mentais, 5a ed. – DSM-5. Tab. 15.6. Artmed, Porto Alegre, 2014.

TABELA 15.7 Critérios diagnósticos para o transtorno neurocognitivo maior ou leve devido à lesão cerebral traumática

A. São atendidos os critérios para transtorno neurocognitivo maior ou leve.
B. Há evidências de uma lesão cerebral traumática – isto é, um impacto na cabeça ou outros mecanismos de movimento rápido ou deslocamento do cérebro dentro do crânio, com um ou mais dos seguintes sintomas:
   1. Perda de consciência.
   2. Amnésia pós-traumática.
   3. Desorientação e confusão.
   4. Sinais neurológicos (p. ex., neuroimagem que mostra lesão; um novo início de convulsões; piora marcante de um transtorno convulsivo preexistente; cortes no campo visual; anosmia, hemiparesia).
C. O transtorno neurocognitivo apresenta-se imediatamente após a ocorrência da lesão cerebral traumática ou imediatamente após a recuperação da consciência, persistindo após o período agudo pós-lesão.

Fonte: Manual Diagnóstico e Estatístico de Transtornos Mentais, 5a ed. – DSM-5. Tab. 15.7. Artmed, Porto Alegre, 2014.

TABELA 15.8 Critérios diagnósticos para o transtorno neurocognitivo maior ou leve com corpos de Lewy

A. São atendidos os critérios para transtorno neurocognitivo maior ou leve.
B. O transtorno tem surgimento insidioso e progressão gradual.
C. O transtorno atende a uma combinação de características diagnósticas centrais e sugestivas para provável ou possível transtorno neurocognitivo com corpos de Lewy.

Para provável transtorno neurocognitivo maior ou leve com corpos de Lewy, o indivíduo tem duas características centrais ou uma sugestiva com um ou mais aspectos principais.
Para possível transtorno neurocognitivo maior ou leve com corpos de Lewy, o indivíduo tem apenas uma característica central ou um ou mais aspectos sugestivos.

1. Características diagnósticas centrais:
   a. Cognição oscilante, com variações acentuadas na atenção e no estado de alerta.
   b. Alucinações visuais recorrentes, bem formadas e detalhadas.
   c. Características espontâneas de parkinsonismo, com aparecimento subsequente ao desenvolvimento do declínio cognitivo.
2. Características diagnósticas sugestivas:
   a. Atende a critérios de transtorno comportamental do sono do movimento rápido dos olhos (ou sono REM – *rapid eye movement*).
   b. Sensibilidade neuroléptica grave.

D. A perturbação não é mais bem explicada por doença vascular cerebral, outra doença neurodegenerativa, efeitos de uma substância ou outro transtorno mental, neurológico ou sistêmico.

Fonte: Manual Diagnóstico e Estatístico de Transtornos Mentais, 5a ed. – DSM-5. Tab. 15.8. Artmed, Porto Alegre, 2014.

transtorno e o **transtorno neurocognitivo devido à doença de Parkinson** (Mindham e Hughes, 2012).

A **doença de Parkinson** é um transtorno degenerativo no cérebro que afeta entre 100 e 300 pessoas em cada 100 mil no mundo, embora as estimativas variem amplamente devido aos desafios no diagnóstico do transtorno (Wirdefeldt, Adami, Cole, Trichopoulos e Mandel, 2011). O ator de cinema e televisão Michael J. Fox e a ex-procuradora-geral dos Estados Unidos Janet Reno sofrem dessa doença progressiva. Os problemas motores são característicos em pessoas com a doença de Parkinson, que tendem a ter postura curvada, movimentos corporais lentos (chamados *bradicinesia*), tremores e movimentos bruscos no caminhar. A voz também é afetada; indivíduos afligidos pela doença têm um tom de voz diminuído e lento. As mudanças nos movimentos motores são resultado de danos nas vias da dopamina. Visto que a dopamina está envolvida nos movimentos complexos, a redução nesse neurotransmissor faz com que esses indivíduos afetados pela doença adquiram uma incapacidade crescente de controlar os movimentos musculares, o que conduz aos tremores e à fraqueza muscular. Além da degeneração dessas vias, os corpos de Lewy também estão presentes no cérebro das pessoas acometidas pela doença. O curso da doença tem ampla variação, e alguns indivíduos funcionam bem com o tratamento. Estima-se que aproximadamente 75% das pessoas que sobrevivem mais de dez anos com a doença de Parkinson desenvolvem transtorno neurocognitivo; estimativas conservadoras pontuam uma taxa de 4 a 6 vezes a mais daquela encontrada na população geral (Aarsland e Kurz, 2010 ; Svenningsson, Westman, Ballard e Aarsland, 2012).

O **vírus da imunodeficiência humana tipo 1 (HIV-1)**, que causa a Aids, pode também causar um transtorno neurocognitivo (chamado de **transtorno neurocognitivo devido à infecção por HIV**) (Maj, 2012). Esse prejuízo parece ser independente de outras infecções que acompanham o HIV; em outras palavras, a infecção por HIV parece ser responsável pelo prejuízo neurológico. Os primeiros sintomas do transtorno neurocognitivo resultante do HIV são lentidão cognitiva, atenção prejudicada e esquecimento. Indivíduos com este quadro tendem a ser desajeitados, mostrar movimentos repetitivos, como tremores e perda de força nos membros inferiores, e a ficar apáticos e socialmente isolados.

Pessoas com HIV parecem particularmente suscetíveis a ter o pensamento prejudicado nos estágios mais tardios da infecção, embora possam ocorrer declínios significativos nas capacidades cognitivas em estágios precoces. Os prejuízos cognitivos eram muito comuns entre as pessoas com HIV, mas com o surgimento de novas medicações (terapias antirretrovirais altamente ativas, ou HAARTs), menos de 10% dos pacientes são acometidos pelos transtornos neurocognitivos atualmente

TABELA 15.9 Critérios diagnósticos para o transtorno neurocognitivo maior ou leve devido à doença de Parkinson

A. São atendidos os critérios para transtorno neurocognitivo maior ou leve.
B. A perturbação ocorre no cenário da doença de Parkinson estabelecida.
C. Há surgimento insidioso e progressão gradual do prejuízo.
D. O transtorno neurocognitivo não é atribuível a outra condição médica, não sendo mais bem explicado por outro transtorno mental.

Transtorno neurocognitivo maior ou leve provavelmente devido à doença de Parkinson deve ser diagnosticado se tanto 1 quanto 2 forem atendidos. Transtorno neurocognitivo maior ou leve possivelmente devido à doença de Parkinson deve ser diagnosticado se 1 ou 2 for encontrado:

1. Não há evidências de etiologia mista (i.e., ausência de outra doença neurodegenerativa ou cerebrovascular ou de outra doença ou condição neurológica, mental ou sistêmica possivelmente contribuindo para o declínio cognitivo).
2. A doença de Parkinson claramente antecede o aparecimento do transtorno neurocognitivo.

Fonte: Manual Diagnóstico e Estatístico de Transtornos Mentais, 5a ed. – DSM-5. Tab. 15.9. Artmed, Porto Alegre, 2014.

TABELA 15.10 Critérios diagnósticos para o transtorno neurocognitivo maior ou leve devido à infecção por HIV

A. São atendidos os critérios diagnósticos para transtorno neurocognitivo maior ou leve.
B. Há infecção documentada pelo vírus da imunodeficiência humana (HIV).
C. O transtorno neurocognitivo não é mais bem explicado por condições não HIV, incluindo doenças cerebrais secundárias, como leucoencefalopatia multifocal progressiva ou meningite criptocócica.
D. O transtorno neurocognitivo não é passível de atribuição a outra condição médica e não é mais bem explicado por um transtorno mental.

Fonte: Manual Diagnóstico e Estatístico de Transtornos Mentais, 5a ed. – DSM-5. Tab. 15.10. Artmed, Porto Alegre, 2014.

(Maj, 2012). O HIV-1 responde por uma porcentagem relativamente pequena de pessoas com transtorno neurocognitivo comparado à doença de Alzheimer e às causas vasculares, mas sua presença pode complicar os conjuntos de condições médicas já debilitantes.

Assim como o transtorno neurocognitivo da doença de Parkinson e de várias outras causas, o transtorno neurocognitivo resultante do HIV é, às vezes, aludido como *demência*

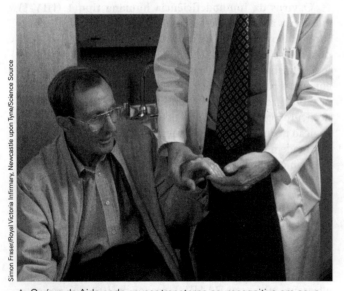

▲ O vírus da Aids pode causar transtorno neurocognitivo em seus estágios avançados.

subcortical, porque afeta primariamente as áreas mais internas no cérebro, abaixo da camada mais externa chamada de córtex (Clifford e Ances, 2013). A distinção entre a demência cortical (incluindo o transtorno neurocognitivo devido à doença de Alzheimer) e a subcortical é importante por causa das expressões diferentes dos transtornos neurocognitivos nessas duas categorias (veja Tabela 15.2). **Afasia**, que caracteriza-se pelo prejuízo nas habilidades linguísticas (fala), ocorre em indivíduos com transtorno neurocognitivo devido à doença de Alzheimer, mas não em pessoas com demência subcortical. Por outro lado, indivíduos com demência subcortical são mais propensos a depressão e ansiedade graves do que aqueles com transtorno neurocognitivo devido à doença de Alzheimer. Em geral, as habilidades motoras que incluem velocidade e coordenação ficam prejudicadas logo no início em indivíduos que sofrem de demência subcortical. Os diferentes padrões de prejuízos podem ser atribuídos às distintas áreas do cérebro afetadas pelos problemas que causam o transtorno neurocognitivo.

A **doença de Huntington** é um transtorno genético que afeta, no estágio inicial, os movimentos motores, tipicamente na forma de *coreia*, movimentos involuntários dos membros (Pringsheim et al., 2012). As pessoas com doença de Huntington têm uma sobrevida de 20 anos depois que os primeiros sinais aparecem, embora sejam necessários cuidados de enfermagem durante os estágios finais da doença. Assim como com a doença de Parkinson, somente uma parte das pessoas com a doença de Huntington apresenta déficits cognitivos – 42,5% de novos casos de doença de Huntington também apresentam comprometimento cognitivo leve (Robbins e Cools, 2014). As estimativas de quanto dos indivíduos desenvolvem transtornos neurocognitivos variam muito, de 20% a 80% – embora alguns pesquisadores acreditem que todos os pacientes com doença de Huntington acabam apresentado prejuízos neurocognitivos caso tenham uma sobrevida acima da expectativa (Marsh e Margolis, 2009). O **transtorno neurocognitivo devido à doença de Huntington** também segue um padrão subcortical.

A busca pelo gene responsável pela doença de Huntington lembra uma história de detetive. Há algum tempo, os pesqui-

TABELA 15.2 — Características dos Transtornos Neurocognitivos

Características	Demência do tipo Alzheimer	Demências subcorticais
Linguagem	Afasia (dificuldade com articulação da fala)	Sem afasia
Memória	Reconhecimento e recordação estão prejudicados	Recordação prejudicada; reconhecimento normal ou menos prejudicado
Habilidades visoespaciais	Prejudicadas	Prejudicadas
Humor	Depressão e ansiedade menos graves	Depressão e ansiedade mais graves
Velocidade motora	Normal	Lentificada
Coordenação	Normal até na progressão tardia	Prejudicada

Fonte: Adaptado, com permissão de Oxford University Press, de Cummings, J. L. (Ed.) (1990). *Subcortical dementia*. Nova York. NY: Oxford University Press, © 1990 Jeffrey L. Cummings.

TABELA 15.11 Critérios diagnósticos para o transtorno neurocognitivo maior ou leve devido à doença de Huntington

A. São atendidos os critérios para transtorno neurocognitivo maior ou leve.
B. Há surgimento insidioso e progressão gradual.
C. Há a doença de Huntington clinicamente estabelecida ou o risco dessa doença com base na história familiar ou em teste genético.
D. O transtorno neurocognitivo não pode ser atribuído a outra condição médica e não é mais bem explicado por outro transtorno mental.

Fonte: Manual Diagnóstico e Estatístico de Transtornos Mentais, 5a ed. – DSM-5. Tab. 15.11. Artmed, Porto Alegre, 2014.

▲ Michael J. Fox dedica seu tempo e fama unindo esforços para a cura da doença de Parkinson, uma doença degenerativa que afetou gravemente sua vida.

TABELA 15.12 Critérios diagnósticos para o transtorno neurocognitivo maior ou leve devido à doença do príon

A. São atendidos os critérios para transtorno neurocognitivo maior ou leve.
B. Há surgimento insidioso, sendo comum a progressão rápida de prejuízos.
C. Há aspectos motores de doença do príon, como mioclonia ou ataxia, ou evidência de biomarcadores.
D. O transtorno neurocognitivo não é atribuível a outra condição médica, não sendo mais bem explicado por outro transtorno mental.

Fonte: Manual Diagnóstico e Estatístico de Transtornos Mentais, 5a ed. – DSM-5. Tab. 15.12. Artmed, Porto Alegre, 2014.

sadores já sabiam que a doença era hereditária e que se tratava de um transtorno autossômico dominante. Isso significa que cerca de 50% da descendência de um adulto com Huntington desenvolverá a doença. Desde 1979, a cientista comportamental Nancy Wexler e sua equipe de pesquisadores estiveram estudando a maior família de que se tem notícia no mundo afetada pela doença de Huntington em vilarejos da Venezuela. Os moradores do vilarejo cooperaram com a pesquisa, em parte porque a própria Wexler perdeu sua mãe, três tios e o avô materno devido à doença, e ela, também, poderia desenvolver o transtorno (Wexler, 2012). Utilizando técnicas de ligação gênica (*linkage*; ver Capítulo 4), esses pesquisadores primeiro mapearam o déficit em uma área no cromossomo 4 (Gusella et al., 1983) e depois identificaram o gene mutante (Huntington's Disease Collaborative Research Group, 1993). Descobrir que um único gene causa uma doença não é algo comum; pesquisas que investigam outros transtornos mentais hereditários tipicamente apontam para influências poligênicas (de múltiplos genes).

O **transtorno neurocognitivo devido à doença do príon** é um raro transtorno neurodegenerativo progressivo causado por "príons" – proteínas que se reproduzem e causam danos às células cerebrais levando ao declínio neurocognitivo (Collinge, 2012). Ao contrário de outros agentes infecciosos como bactérias ou vírus, os príons não têm DNA ou RNA que possam ser destruídos por agentes químicos ou radiação. Como resultado, não há tratamento conhecido para a doença do príon e o curso da doença é sempre fatal. Um lado positivo é que os príons não são contagiosos em humanos e são apenas contraídos em caso de canibalismo (causando Kuru) ou inoculação acidental (ex.: por meio de transfusão de sangue de uma pessoa infectada) (Collinge, 2012). Preconiza-se que um tipo de doença do príon, **doença de Creutzfeldt-Jakob**, afeta apenas um de cada milhão de indivíduos (Heath et al., 2010; Sikorska, Knight, Ironside e Liberski, 2012). Um fato alarmante encontrado nos estudos sobre a doença de Creutzfeldt-Jakob é o achado de dez casos de uma nova variante que pode estar relacionada à encefalopatia espongiforme bovina, mais comumente chamada de "doença da vaca louca" (Ebringer, 2015; Neugroschi et al., 2005). Essa descoberta levou à proibição da exportação da carne bovina no Reino Unido por muitos anos porque o gado infectado poderia transmitir a doença para seres humanos. Não se tem ainda informações definitivas sobre a relação entre a doença da vaca louca e a nova forma da doença de Creutzfeldt-Jakob (Wiggins, 2009).

Transtorno neurocognitivo induzido por substância/medicamento

Uso prolongado de droga, especialmente se combinado a uma dieta pobre, pode causar danos ao cérebro e, em algumas circunstâncias, levar a um transtorno neurocognitivo. Esse prejuízo infelizmente dura além do período da intoxicação ou da abstinência dessas substâncias.

Descrição e estatísticas

De 50% a 70% dos usuários crônicos de álcool apresentam prejuízo cognitivo (Sico et al., 2014), e 7% daqueles com transtorno por uso de álcool também atendem aos critérios para transtorno neurocognitivo (Neugroschi et al., 2005). O abuso prolongado de uma série de drogas pode levar a sintomas de transtorno neurocognitivo, incluindo álcool, inalantes como cola ou gasolina (que são inalados por algumas pessoas devido à euforia que provocam) e sedativos, hipnóticos e ansiolíticos (ver Capítulo 11). Essas drogas configuram uma ameaça, pois levam à dependência fisiológica de modo que os usuários encontram dificuldades em parar de usá-las. Os prejuízos no cérebro podem ser permanentes e causar os mesmos sintomas do transtorno neurocognitivo devido à doença de Alzheimer. Os critérios estabelecidos pelo *DSM-5* para o **transtorno neurocognitivo induzido por substância/medicamento** são, em sua essência, os mesmos dos outros transtornos neurocognitivos – prejuízo da memória e pelo menos uma das seguintes alterações cognitivas: afasia (alteração da linguagem), apraxia (incapacidade de executar atividades apesar de função motora intacta), agnosia (falha do reconhecimento ou identificação de objetos apesar da função sensorial intacta), ou um prejuízo das funções executivas (tais como planejar, organizar, sequenciar e abstrair).

Causas do transtorno neurocognitivo

Os avanços tecnológicos para estudo do cérebro caminham lado a lado com a nossa compreensão das muitas e variadas causas do transtorno neurocognitivo. Uma completa descrição do que se conhece em termos de origens dos tipos de prejuízo cerebral está além do escopo deste livro, mas procuramos destacar alguns *insights* disponíveis das formas mais comuns desse transtorno.

Influências biológicas

As capacidades cognitivas podem ser comprometidas de muitas maneiras adversas. Como se pode perceber, o transtorno neurocognitivo pode ser causado por uma série de processos: doença de Alzheimer, doença de Huntington, doença de Parkinson, trauma craniano, abuso de substâncias e outros. A causa mais comum do transtorno neurocognitivo, a doença de Alzheimer, é também a mais enigmática. Visto a sua prevalência e a nossa ignorância sobre os fatores responsáveis por ela, a doença de Alzheimer chama a atenção de muitos estudiosos, que estão tentando encontrar a causa e, em última instância, um tratamento ou cura dessa condição tão devastadora.

Os resultados de pesquisas sobre a doença de Alzheimer parecem surgir quase diariamente. É necessário ter precauções ao interpretar tantos resultados propiciados por uma área tão competitiva e que caminha em ritmo acelerado; com frequência, como ocorre também em outras áreas, surgem resultados prematuros como sendo conclusivos e importantes. Lembremos de que as "descobertas" de um único gene para o transtorno bipolar, a esquizofrenia e o alcoolismo foram consideradas um pouco depois infundáveis por se basearem em respostas excessivamente simplistas. Do mesmo modo, os resultados das pesquisas sobre Alzheimer são às vezes rapidamente aprovados como verdadeiros, antes mesmo que sejam replicados, um processo de validação essencial.

Um exemplo de precaução científica advém de uma pesquisa que demonstra uma relação negativa entre o tabagismo

TABELA 15.13 Critérios diagnósticos para o transtorno neurocognitivo maior ou leve induzido por substância/medicação

A. São atendidos os critérios para transtorno neurocognitivo maior ou leve.
B. Os prejuízos neurocognitivos não ocorrem exclusivamente durante o curso de *delirium* e persistem além da duração habitual da intoxicação e da abstinência aguda.
C. A substância ou medicamento envolvido, bem como a duração e o alcance do uso, é capaz de produzir o prejuízo neurocognitivo.
D. O curso temporal dos déficits neurocognitivos é consistente com o período em que ocorreu o uso e a abstinência de uma substância ou medicamento (p. ex., os déficits continuam estáveis ou diminuem após um período de abstinência).
E. O transtorno neurocognitivo não é passível de atribuição a outra condição médica ou não é mais bem explicado por outro transtorno mental.

Fonte: Manual Diagnóstico e Estatístico de Transtornos Mentais, 5a ed. – DSM-5. Tab. 15.13. Artmed, Porto Alegre, 2014.

e a doença de Alzheimer (Brenner et al., 1993). Em outras palavras, o estudo observou que tabagistas são menos propensos a desenvolver Alzheimer do que os não tabagistas. Isso significa que o tabagismo tem um efeito protetor, serve como escudo para uma pessoa não desenvolver essa doença? Em um exame mais acurado, esse achado pode, ao contrário, servir como resultado dos índices de sobrevida diferenciais dos que fumam e dos que não. De modo geral, os não tabagistas tendem a viver mais e, portanto, têm maior probabilidade de desenvolver Alzheimer, que é uma doença típica da idade avançada. Alguns ainda acreditam que a relativa incapacidade das células em se renovar, um fator que pode ser proeminente em pessoas com doença de Alzheimer, pode interagir com o tabagismo e diminuir o tempo de sobrevida de tabagistas que têm o risco de desenvolver a doença de Alzheimer (Riggs, 1993). Colocando de outra forma, o tabagismo pode exacerbar o processo degenerativo da doença de Alzheimer, indicando que os que têm Alzheimer e são tabagistas sobrevivem menos do que os que não são tabagistas e têm a doença (Ashare, Karlawish, Wileyto, Pinto e Lerman, 2012). Esses tipos de estudos e suas conclusões deveriam deixar-nos sensíveis à complicada natureza dos transtornos.

O que sabemos sobre a doença de Alzheimer, a causa mais comum do transtorno neurocognitivo? Após a morte do paciente que Alois Alzheimer relatou ter uma "estranha doença do córtex cerebral", foi realizada uma autópsia. Ele descobriu que o cérebro tinha um grande número de emaranhados, filamentos como um tipo de fibra dentro das células do cérebro (chamados *emaranhados neurofibrilares*). Esse tipo de dano ocorre em todos com doença de Alzheimer. Um segundo tipo de degeneração resulta dos depósitos de proteína gomosa – chamada *placas amiloides* (também denominada *placas senis* ou *neuríticas*) – que se acumulam entre os neurônios no cérebro de pessoas com esse transtorno. As placas amiloides são também encontradas em idosos que não têm os sintomas de transtorno neurocognitivo, mas esses têm bem menos placas do que os indivíduos com doença de Alzheimer (Richards e Sweet, 2009). Tanto os emaranhados neurofibrilares como as placas amiloides se acumulam ao longo dos anos e acredita-se que eles produzam os transtornos cognitivos característicos descritos até então (Weiner et al., 2012).

Esses dois tipos de degeneração afetam áreas extremamente pequenas e podem ser detectados apenas com exame microscópico do cérebro. Como mencionado previamente, os cientistas estão perto de desenvolver a tecnologia de neuroimagem e medições para avaliar as proteínas amiloides no líquido cefalorraquidiano, o que pode prontamente detectar o desenvolvimento inicial desses tipos de danos nas células cerebrais sem ter que realizar uma autópsia (Weiner et al., 2012). Além de ter emaranhados neurofibrilares e placas de amiloides, ao longo do tempo o cérebro de muitas pessoas com doença de Alzheimer atrofiam (encolhem) em maior extensão em relação ao esperado no envelhecimento normal (Lovestone, 2012). Entretanto, visto que a atrofia cerebral tem muitas causas, se os emaranhados e as placas forem observados, um diagnóstico de doença de Alzheimer pode ser feito corretamente.

A ciência avança a passos largos para descobrir a base genética da doença de Alzheimer (ex.: Seshadri et al., 2010). Assim como outros transtornos comportamentais que observamos,

TABELA 15.3	Fatores genéticos na doença de Alzheimer	
Gene	Cromossomo	Idade do início (anos)
APP	21	43 a 59
Presenilina 1	14	33 a 60
Presenilina 2	1	50 a 90
apo E4	19	60

APP = proteína precursora da amiloide; *apo E4* = apoproteína E4.
Fonte: Lovestone, S. (2012). Dementia: Alzheimer's disease. In: M. G. Gelder et al. (Eds.), *New Oxford textbook of psychiatry* (2. ed., v. 1, p. 333-343). Nova York: Oxford University Press.

múltiplos genes parecem estar implicados no desenvolvimento da doença de Alzheimer. A Tabela 15.3 ilustra o que sabemos até o momento. Os genes dos cromossomos 21, 19, 14, 12 e 1 têm todos uma relação com certas formas da doença de Alzheimer (Neugroschi et al., 2005). A relação com o cromossomo 21 foi descoberta primeiro, e resultou na infeliz observação de que indivíduos com síndrome de Down – que têm três pares do cromossomo 21 em vez de dois – desenvolveram a doença a uma taxa elevada e anormal (Report of the Advisory Panel on Alzheimer's Disease, 1995). Estudos mais recentes têm localizado genes importantes em outros cromossomos. Essas descobertas indicam que há mais do que uma causa genética para a doença de Alzheimer. Algumas formas, incluindo aquelas associadas ao cromossomo 14, têm início precoce. Pat Summitt foi diagnosticada com uma forma de início precoce. Por outro lado, a doença de Alzheimer relacionada ao cromossomo 19 parece ser uma forma de início tardio da doença, que tem efeito somente após a faixa etária dos 60 anos.

Alguns genes são agora identificados como **determinantes**, o que significa que se houver a presença de um desses genes, o indivíduo tem quase 100% de chance de desenvolver a doença de Alzheimer (Bettens, Sleegers e Van Broeckhoven, 2010). Os genes determinísticos, tais como o gene precursor das pequenas proteínas chamadas de *peptídeos beta-amiloide* – também designada beta-amiloide ou Aβ – e o gene que produz as proteínas *presenilina 1* e *presenilina 2*, inevitavelmente causarão a doença de Alzheimer, mas, felizmente, esses genes são também raros na população em geral. Para fins de tratamento, isso significa que mesmo se os pesquisadores pudessem encontrar uma maneira de impedir que esses genes levem à doença de Alzheimer, ajudaria apenas um número relativamente pequeno de pessoas. Por outro lado, alguns genes – incluindo o gene da *apoliproteína E4 (apo E4)* – são conhecidos como genes de **suscetibilidade**. Esses genes aumentam discretamente o risco de desenvolver a doença de Alzheimer, mas oposto aos genes determinantes, esses são mais comuns na população geral (Lovestone, 2012). Se pesquisas futuras puderem encontrar maneiras de intervir no gene *apo E4*, muitas pessoas serão beneficiadas.

Embora as conclusões sobre as origens genéticas da doença de Alzheimer não tenham trazido implicações imediatas aos tratamentos, os pesquisadores estão cada vez mais perto de entender como a doença se desenvolve para prover intervenções médicas. As pesquisas genéticas aprimoram nosso conhecimento de como as placas amiloides se desenvolvem no cérebro de pessoas com doença de Alzheimer e podem nos dar pistas de sua origem. No núcleo das placas é encontrada uma substância sólida serosa feita de peptídeo chamada beta-amiloide ou Aβ. Da mesma forma que as placas de colesterol se prendem às paredes dos vasos sanguíneos e dificultam o suprimento de sangue, os depósitos de Aβ, para alguns pesquisadores, são a causa da morte celular associada à doença de Alzheimer (Lovestone, 2012). A questão que se coloca é: por que essa proteína se acumula nas células cerebrais de algumas pessoas e de outras não?

Dois mecanismos que podem ser responsáveis pelo acúmulo de proteína amiloide estão em estudo. O primeiro envolve a *proteína precursora amiloide* (APP), uma biomolécula maior que eventualmente se desmembra em *proteínas amiloides*, encontradas nas placas amiloides. O estudo resultou na identificação do gene responsável pela produção de APP no cromossomo 21 (Lovestone, 2012). Esse resultado pode ajudar a integrar duas observações sobre a doença de Alzheimer: (1) a APP produz a proteína amiloide, encontrada nas placas amiloides, e (2) a síndrome de Down, associada a um 21º cromossomo extra, resulta na alta incidência da doença (ver Capítulo 14). O gene que produz a APP e, em última análise, a proteína amiloide pode ser responsável pela frequência relativamente baixa da forma de início precoce da doença, e sua localização poderia explicar por que pessoas com Down que têm um cromossomo 21 a mais e, portanto, um gene APP extra, são mais propensas do que a população em geral a desenvolver a doença de Alzheimer.

O segundo, uma maneira mais indireta de a proteína amiloide se acumular nas células do cérebro é por meio da *apoliproteína E* (*apo E*), que normalmente participa do transporte de colesteróis, incluindo o da proteína amiloide pela corrente sanguínea. Existem pelo menos três formas desses transportadores de proteínas: *apo E2*, *apo E3* e *apo E4*. Indivíduos que têm início tardio da doença de Alzheimer, a forma mais comum, são suscetíveis a carregar o gene *apo E4*, localizado no cromossomo 19. Os pesquisadores observaram que a maioria das pessoas com doença de Alzheimer que tem história familiar da doença possui pelo menos um gene para *apo E4* (Lovestone, 2012). Por outro lado, aproximadamente 64% dos indivíduos com doença de Alzheimer que não têm história familiar da doença têm pelo menos um gene para *apo E4*, e apenas 31% dos não acometidos têm o gene. O fato de ter dois genes *apo E4* (um para cada par de cromossomos 19) aumenta o risco para doença de Alzheimer: não menos que 90% das pessoas com dois genes desenvolveram a doença (Reiman et al., 2007). Ademais, ter dois genes *apo E4* parece diminuir a idade média inicial de 84 para 68 anos. Esses resultados sugerem que o gene *apo E4* pode ser responsável pela doença de Alzheimer de início tardio e que um gene no cromossomo 19 é responsável por essa variante da doença.

O que não se sabe completamente é como o *apo E4* faz com que a proteína amiloide se acumule nos neurônios das pessoas com doença de Alzheimer e se esse processo é ou não responsável pela doença. Um estudo investigou o papel da pressão alta na criação de proteínas amiloides ao interagir com o genótipo *apo E4* em adultos saudáveis. O estudo observou que a hipertensão por si só, ou o *apo E4* por si só, não aumentou os depósitos amiloides. No entanto, indivíduos saudáveis com ao menos um gene *apo E4* e hipertensão não tratada tiveram maior risco para depósitos de proteínas amiloides. Além disso, quanto mais alta a pressão arterial, mais depósitos de proteínas amiloides foram encontrados. Por outro lado, aqueles com pressão arterial elevada, mas sob controle médico, apresentaram níveis apenas ligeiramente mais elevados de depósitos amiloides do que as pessoas sem pressão alta (Rodrigue et al., 2013).

De modo semelhante, os pesquisadores também estão investigando as potenciais interações gene-ambiente no desenvolvimento da doença de Alzheimer. Vários estudos têm algumas propostas promissoras. Um estudo científico mostrou que ter um genótipo *apo E4* torna um indivíduo mais suscetível a ter declínio cognitivo quando ele vive em um ambiente estressante – o que sugere uma interação gene (*apo E4*)-ambiente (estresse) (Boardman, Barnes, Wilson, Evans e de Leon, 2012). Outra pesquisa observou que entre os afro-americanos ter baixo nível de colesterol pareceu reduzir o risco da doença de Alzheimer – mas apenas entre aqueles que não carregavam o gene *apo E4* (Evans et al., 2000). Por fim, os pesquisadores descobriram que o exercício físico reduz a probabilidade de desenvolver a doença, porém, como indicou o estudo mencionado anteriormente, apenas entre aqueles que não têm o gene *apo E4* (Podewils et al., 2005). Esse tipo de pesquisa contém o potencial para melhor compreender a natureza complexa da doença de Alzheimer e pode conduzir a estratégias de prevenção importantes (tais como redução dos níveis de colesterol e prática de exercícios regulares) (Pedersen, 2010).

Para todos os transtornos descritos neste livro identificamos o papel biológico, psicológico ou ambos os tipos de estressores como parcialmente responsáveis pelo surgimento de um transtorno. O transtorno neurocognitivo devido à doença de Alzheimer – que parece ser uma doença estritamente biológica – segue o mesmo padrão? Um dos principais fatores externos que contribui para o desenvolvimento do transtorno é o traumatismo cranioencefálico. Como vimos, parece que repetidos golpes na cabeça podem provocar o transtorno neurocognitivo (encefalopatia traumática crônica ou ETC). Os lutadores que são portadores do gene *apo E4* são indivíduos de maior risco para desenvolver o transtorno neurocognitivo atribuído ao trauma cerebral (Jordan et al., 1997). Além dos pugilistas, uma nova pesquisa sugere relação entre o trauma vivido pelos jogadores da NFL e o desenvolvimento do ETC nesses ex-atle-

▲ Nancy Wexler liderou a equipe de cientistas que descobriu o gene da doença de Huntington.

tas (Stamm et al., 2015). O traumatismo cranioencefálico pode ser um dos estressores que desencadeia o início de transtorno neurocognitivo de tipos variados. Outros estressores podem ser o diabetes, a hipertensão ou o vírus do herpes simples tipo 1 (Richards e Sweet, 2009). Assim como com cada um dos transtornos discutidos, os estressores psicológicos e biológicos podem interagir com os processos fisiológicos para produzir a doença de Alzheimer.

Nós iniciamos esta seção com uma aviso de precaução que achamos necessário repetir neste ponto da discussão. Alguns dos resultados de pesquisas que acabaram de ser revisadas são considerados controversos, e muitas perguntas ainda permanecem sem respostas no que concerne ao transtorno neurocognitivo e a uma de suas causas mais comuns, a doença de Alzheimer.

Influências sociais e psicológicas

As pesquisas concentram-se, principalmente, nas condições biológicas que incidem no transtorno neurocognitivo. Apesar de alguns afirmarem que as influências psicossociais causam diretamente o tipo de deterioração cerebral visto em pessoas com transtorno neurocognitivo, elas podem, também, determinar o início e o curso. Por exemplo, o estilo de vida de uma pessoa pode envolver contato com fatores que podem causar um transtorno neurocognitivo. Vimos que, por exemplo, o abuso de substância pode incidir em um transtorno neurocognitivo e, como discutimos anteriormente (ver Capítulo 11), se a pessoa abusa de substâncias, esse abuso é determinado pela combinação de fatores biológicos e psicossociais. No caso do transtorno neurocognitivo vascular, a vulnerabilidade biológica de um indivíduo para a doença vascular influenciará as chances de AVC, o que, consequentemente, leva a essa forma do transtorno. O estilo de vida que envolve questões como alimentação, exercício físico e estresse influenciam a doença cardiovascular e, portanto, ajudam a determinar quem evoluirá com o transtorno neurocognitivo vascular (Capítulo 9).

Fatores culturais podem afetar esse processo. Por exemplo, a hipertensão e o AVC são mais prevalentes em afro-americanos e subgrupos de asiático-americanos do que brancos não hispânicos (Howard et al., 2013; King, Mainous III, Geesey, 2007). Isso explica o porquê de o transtorno neurocognitivo ser também observado com mais frequência nos indivíduos desses grupos. Em um exemplo extremo, a exposição à doença do príon pode levar ao transtorno neurocognitivo que mencionamos anteriormente como kuru. Príons podem ser transmitidos por meio do ritual de canibalismo praticado na Papua Nova Guiné como parte do luto (Collinge et al., 2006; Collinge et al., 2008). O transtorno neurocognitivo causado por trauma cranioencefálico ou má nutrição é relativamente prevalente nas sociedades rurais pré-industriais (Del Parigi, Panza, Capurso e Solfrizzi, 2006). A deficiência de vitaminas B9 e B12, em especial, parece levar ao transtorno, embora o processo ainda seja desconhecido (Michelakos et al., 2013). Esses achados indicam que a segurança do trabalho (tais como a proteção dos trabalhadores para evitar lesões na cabeça) e as condições econômicas que influenciam na qualidade da nutrição também afetam a prevalência de certas formas de transtorno neurocognitivo. É evidente que os fatores psicossociais ajudam a influenciar quem irá e quem não irá desenvolver

certas formas de transtornos neurocognitivos. A deterioração cerebral é um processo biológico, mas, como se pode perceber no transcorrer deste texto, até mesmo os processos biológicos são influenciados por fatores psicossociais.

Os fatores psicossociais em si influenciam o curso do transtorno neurocognitivo. Lembre-se de que os níveis de escolaridade podem afetar o surgimento de demência (Amieva et al., 2014). Ter certas habilidades pode ajudar algumas pessoas a lidar melhor do que outras com os estágios iniciais do transtorno neurocognitivo. Os estágios iniciais de confusão mental e perda de memória podem ser mais tolerados em culturas em que os idosos têm baixa expectativa de vida. Em determinadas culturas, inclusive a chinesa, jovens tomam para si as demandas de trabalho e cuidados dos idosos, e os sintomas de demência são vistos como um sinal normal de envelhecimento (Sun, Ong e Burnette, 2012; Hinton, Guo, Hillygus e Levkoff, 2000). Nessas sociedades o transtorno neurocognitivo pode não ser detectado por anos (Sosa-Ortiz et al., 2012).

Ainda há muito a ser aprendido sobre as causas e o curso da maioria dos tipos de transtorno neurocognitivo. Como vimos na doença de Alzheimer e na de Huntington, certos fatores genéticos tornam alguns indivíduos vulneráveis à deterioração cognitiva progressiva. Além disso, traumatismo craniencefálico, algumas doenças e exposição a certas drogas, como álcool, inalantes e sedativos, hipnóticos e ansiolíticos podem causar declínio característico das capacidades cognitivas. Notamos que os fatores psicossociais podem ajudar a determinar quem está sujeito a essas causas e como é possível lidar com a condição. Olhar o transtorno neurocognitivo a partir dessa perspectiva integrada pode ajudá-lo a ver as abordagens de tratamento de uma maneira mais otimista. Acredita-se que seja possível proteger as pessoas das condições que levam ao transtorno neurocognitivo e ajudá-las a lidar com as consequências severas que enfrentarão. A seguir, revisaremos as tentativas que visam auxiliar os indivíduos com transtorno neurocognitivo abordando ambas as perspectivas psicossociais e biológicas.

Tratamento

Para muitos transtornos discutidos aqui, as perspectivas de tratamento são boas. Os clínicos podem combinar várias estratégias para reduzir de forma significativa o sofrimento do indivíduo. Até mesmo quando o tratamento não traz as melhoras esperadas, os profissionais de saúde mental têm conseguido impedir a progressão dos problemas. Este não é o caso do tratamento do transtorno neurocognitivo.

Um fator que impede os avanços no tratamento do transtorno neurocognitivo é a natureza dos prejuízos causados por ele. O cérebro contém bilhões de neurônios, muito mais do que são usados. Quando ocorre um dano em alguns neurônios, outros fazem a compensação por causa da plasticidade. Entretanto, há um limite de onde e quantos neurônios podem ser destruídos antes que o funcionamento vital seja interrompido. Pesquisadores estão perto de saber como usar o processo de regeneração natural do cérebro para potencialmente reverter os danos causados por um transtorno neurocognitivo (por exemplo, Wright, Kawas e Harding, 2015). Todavia, atualmente, com o prejuízo cerebral extenso, nenhum tratamento

CAPÍTULO 15 – TRANSTORNOS NEUROCOGNITIVOS **589**

conhecido pode restituir as capacidades perdidas. As metas de tratamento, portanto, são (1) tentar prevenir certas condições, tais como abuso de substância e AVC, que podem provocar um transtorno neurocognitivo; (2) tentar retardar o início dos sintomas para propiciar uma qualidade de vida melhor; e (3) tentar ajudar esses indivíduos e seus cuidadores a lidar com a progressão da deterioração. Em termos de tratamentos, os esforços têm sido concentrados nas segunda e terceira metas, com intervenção biológica que objetiva retardar a deterioração cerebral e com tratamentos psicossociais direcionados a ajudar o paciente e seus cuidadores a lidar com a doença.

Uma estatística preocupante torna ainda mais complicada a trágica circunstância do transtorno neurocognitivo. Em um estudo, observou-se que mais de 60% dos cuidadores de pessoas com transtorno neurocognitivo – geralmente familiares – têm sintomas característicos de um ou mais transtornos de ansiedade (55% desses cuidadores apresentavam ansiedade) e/ou depressão clínica (37% dos cuidadores apresentavam depressão) (Joling et al., 2015). Comparados com a população geral, esses cuidadores usam mais medicações psicotrópicas (designadas para reduzir os sintomas de vários transtornos psicológicos) e relatam sintomas de estresse três vezes mais do que o índice normal. Cuidar de pessoas com transtorno neurocognitivo, especialmente em seu estágio tardio, é claramente uma experiência difícil. Na verdade, há alguma evidência que supõe que o estresse associado à tarefa de cuidar de uma pessoa nessas condições pode deixar os cuidadores mais suscetíveis a desenvolver um transtorno neurocognitivo em si mesmos (Norton et al., 2010). Como resultado, os médicos estão se tornando cada vez mais sensíveis às necessidades desses cuidadores, e as pesquisas agora estão explorando intervenções que são fáceis de disseminar (como pela internet) para apoiá-los no cuidado de pessoas com transtorno neurocognitivo. Os resultados preliminares de tais intervenções são promissores e têm implicações importantes para os cuidadores da geração "baby boomer" (Blom, Bosmans, Cuijpers, Zarit e Pot, 2013).

Tratamentos biológicos

O transtorno neurocognitivo resultante de doenças infecciosas desconhecidas, deficiências nutricionais e depressão pode ser tratável caso seja diagnosticado precocemente. Infelizmente, contudo, não existe nenhum tratamento para a maioria dos tipos de transtorno neurocognitivo. O transtorno neurocognitivo causado por AVC, doença de Parkinson ou doença de Huntington atualmente não é tratável porque não há tratamento efetivo para o transtorno primário. Entretanto, pesquisas animadoras nas várias áreas relacionadas têm nos aproximado das soluções para ajudar indivíduos com essas formas de transtorno neurocognitivo. Uma substância que pode auxiliar na preservação e talvez na restituição neuronal – fator neurotrófico derivado de células gliais – pode um dia ser usada para ajudar a reduzir ou reverter a progressão das doenças cerebrais degenerativas (Lu, Nagappan, Guan, Nathan e Wren, 2013). Pesquisadores também veem a possibilidade de transplantar células-tronco (tecido cerebral fetal) nos cérebros de pessoas com tais doenças. Os resultados iniciais desses estudos são preliminares, mas parecem promissores (Pen e Jensen, 2016). O transtorno neurocognitivo provocado por AVCs agora

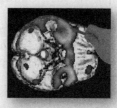

Simulação computadorizada e transtorno neurocognitivo

"Nossa atividade cognitiva emerge das redes neurais no cérebro. Quando você perde um único neurônio, não está perdendo uma ideia, apenas só um pouquinho da resolução, ou da nitidez, dessa ideia."

pode ser passível de prevenção por meio de uma nova droga que ajuda a impedir os danos que os trombos característicos do AVC provocam (Erkinjuntti, 2012). Atualmente, a atenção está voltada para o tratamento da demência do tipo Alzheimer devido ao número de pessoas acometidas pela doença. Neste caso, todavia, na melhor das hipóteses, o sucesso foi modesto.

Muitos trabalhos científicos estão empenhados em desenvolver drogas que melhorarão as capacidades cognitivas de pessoas com transtorno neurocognitivo devido à doença de Alzheimer. Várias drogas parecem ser efetivas inicialmente, mas as melhoras a longo prazo não têm sido observadas nos estudos controlados com placebo (Richards e Sweet, 2009). Diversas drogas (chamadas de *inibidores da colinesterase*) têm um impacto discreto nas capacidades cognitivas em alguns pacientes e incluem donepezil (Aricept), rivastigmina (Exelon) e galantamina (Reminyl) (Trinh, Hoblyn, Mohanty e Yaffe, 2003). O cloridrato de tacrina (Cognex), outro dessa família de drogas, é raramente utilizado hoje devido ao potencial de danos no fígado (Rabins, 2006). Essas drogas impedem a degradação do neurotransmissor acetilcolina (deficiente em pessoas com Alzheimer), aumentando sua disponibilidade no cérebro. As pesquisas preconizam que, quando se usam essas drogas, as capacidades cognitivas melhoram ao ponto em que estavam seis meses antes (Kimchi e Lyketos, 2015). Todavia, esses ganhos não são permanentes. Mesmo que os indivíduos respondam de maneira positiva, os efeitos da doença não se estabilizam, pois continuam apresentando declínio cognitivo característico da doença de Alzheimer. Além disso, se eles param de tomar a medicação – e quase 3/4 desses pacientes param, devido aos efeitos colaterais negativos, como prejuízos no fígado e náusea –, eles perdem até os ganhos obtidos (Kimchi e Lyketos, 2015). Drogas mais recentes estão sendo investigadas para o tratamento da doença de Alzheimer. São drogas que objetivam a beta-amiloide (nas placas) no cérebro, e espera-se que esses avanços finalmente propiciem um prognóstico positivo para essa devastadora doença (Lukiw, 2012; McClam, Marano, Rosenberg e Lyketsos, 2015).

Várias outras abordagens médicas estão sendo exploradas para retardar o curso da doença de Alzheimer, mas o entusiasmo inicial gerado por essas abordagens diminuiu com as conclusões dos pesquisadores. Por exemplo, muitos ouvem que o *Ginkgo biloba* (árvore-avenca) melhora a memória.

Uma pesquisa preliminar considerou que esse remédio herbáceo pode produzir uma melhora modesta na memória de pessoas com doença de Alzheimer, mas outros estudos não replicaram esse benefício (Vellas et al., 2012). Do mesmo modo, os efeitos da vitamina E têm sido avaliados. Alguns grandes estudos observaram que entre os indivíduos com prejuízos moderados a graves o uso dessa vitamina em grande quantidade (2 mil unidades por dia) retardou o progresso da doença se comparado ao placebo (Dysken et al., 2014; Sano et al., 1997), porém não impediu o desenvolvimento da doença. Muitos outros estudos, na verdade, indicam que tomar altas doses de vitamina E pode aumentar a mortalidade e, portanto, essa intervenção não é mais recomendada (Richards e Sweet, 2009). Uma modesta desaceleração no progresso da doença pode ser conseguida com a prática de exercícios (Paillard, Rolland e de Souto Barreto, 2015). Até o momento, entretanto, não há intervenção médica disponível que trate diretamente e que detenha a progressão das condições que causam os prejuízos cerebrais na doença de Alzheimer.

As intervenções médicas para o transtorno neurocognitivo também incluem o uso de drogas para alguns sintomas associados. Uma variedade de antidepressivos – tais como os inibidores de seletivos de recaptação de serotonina – são comumente recomendados para aliviar a depressão e a ansiedade que frequentemente acompanham o declínio cognitivo. Os antipsicóticos às vezes são prescritos para aqueles que apresentam um quadro inusual de agitação (Richards e Sweet, 2009).

Outros pesquisadores estão buscando o desenvolvimento de vacinas que tratariam e impediriam – em vez de retardar – os sintomas da doença de Alzheimer. Uma série de pesquisas une esforços para tentar fazer com que o sistema imunológico ataque o processo da superprodução das pequenas proteínas (Aβ) que leva à morte celular. Os empenhos de pesquisadores em desenvolver essa vacina foram abandonados devido aos seus efeitos colaterais negativos graves, como séria inflamação cerebral. Pesquisas mais recentes com humanos e animais indicam que pode haver vacinas que poderiam prevenir, de maneira efetiva, os danos causados pela formação da Aβ e, portanto, representaria o primeiro sinal de que há uma luz no fim do túnel para esses pacientes e para seus familiares (Davtyan et al., 2013).

Esse tipo de pesquisa se inicia atualmente utilizando camundongos transgênicos cujo DNA foi alterado. No caso do teste para a vacina de Alzheimer, o DNA do camundongo é delineado para produzir as pequenas proteínas que são consideradas responsáveis pelo transtorno neurocognitivo. Esses roedores são bons sujeitos de pesquisa porque envelhecem rapidamente; um camundongo com 22 meses de idade equivale a um humano com 65 anos (Davtyan et al., 2013; Morgan, 2007). Esse fator permite aos pesquisadores estudar como o cérebro reage à vacina em potencial, caso a progressão da doença de Alzheimer já tenha começado. Somente se os resultados forem promissores nesses animais, os pesquisadores fazem pequenos estudos com humanos. Os pesquisadores estão otimistas pelo fato de finalmente pode haver métodos de intervenção que reverteriam o atual aumento desenfreado do número de pessoas com transtorno neurocognitivo. A seguir discutiremos as abordagens psicossociais que são utilizadas

com as medicações para lidar com a variedade de problemas que acompanham as dificuldades de memória.

Tratamentos psicossociais

Os tratamentos psicossociais estão recebendo grande atenção por sua capacidade de retardar o início do declínio cognitivo grave. Esses esforços se concentram na melhora da vida das pessoas com transtorno neurocognitivo, bem como de seus familiares.

As pessoas acometidas por um transtorno cognitivo podem aprender algumas habilidades para compensar a perda de suas capacidades. Alguns pesquisadores têm avaliado as adaptações formais para ajudar pessoas nos estágios iniciais do transtorno. Michelle Bourgeois (2007) criou as "carteiras de memória" para ajudar pessoas com Alzheimer com as conversas do dia a dia. Em cartões em branco, inseridos em uma carteira plástica, são escritas afirmações curtas como "Meu marido John e eu temos três filhos", ou "Eu nasci em 6 de janeiro de 1921, em Pittsburgh". Em um de seus estudos, Bourgeois (1992) observou que pessoas com o transtorno neurocognitivo devido à doença de Alzheimer poderiam, com o mínimo de treino, usar esse auxílio de memória para melhorar as conversas com os outros. Os avanços tecnológicos, como os *tablets*, que podem ser programados para "falar" para a pessoa, ajudam esses indivíduos a se comunicarem com os outros, a se manterem cientes do que está ao seu redor e podem reduzir a frustração causada pelo declínio do nível de sua própria consciência (Fried-Oken et al., 2012).

A estimulação cognitiva – que encoraja as pessoas com transtorno neurocognitivo a praticar as habilidades de memória e aprendizagem – parece ser o método mais efetivo para retardar o início dos efeitos cognitivos graves desse transtorno (Aguirre, Woods, Spector e Orrell, 2013; Woods, Aguirre, Spector e Orrell, 2012). Essas atividades incluem jogos de palavras, testes de memória de rostos famosos e de familiares e prática com números (por exemplo, quanto se recebe de troco em determinada compra). Esses tipos de exercícios de desenvolvimento de habilidades podem preservar a atividade cognitiva e melhorar a qualidade de vida daqueles pacientes em comparação a grupos controle (Choi e Twamley, 2013).

Que impacto os tratamentos médicos e não médicos causam naqueles com doença de Alzheimer? A Figura 15.2 ilustra como essas intervenções podem retardar os piores sintomas – essencialmente encurtando o período de tempo em que a pessoa está mais prejudicada (Becker, Mestre, Ziolko e Lopez, 2007). A linha cinza ilustra o curso típico da doença, que resulta em três a cinco anos de prejuízo grave antes do óbito. Todavia, com as intervenções que ressaltamos (ilustradas pela linha preta), as pessoas conseguem viver mais plenamente e por um período maior, apesar dos prejuízos ainda inevitáveis e da morte. As famílias veem este tempo extra com seus entes queridos é inestimável, e temos esperança de que com os avanços em pesquisa veremos a redução nas taxas de mortalidade em razão dessa doença degenerativa.

Os indivíduos com transtorno neurocognitivo avançado não conseguem se alimentar, tomar banho ou se vestir sozinhos. Eles não conseguem se comunicar até mesmo com os membros da família ou reconhecê-los. Eles podem sair perambulando de casa e se perderem. Visto que eles não estão mais

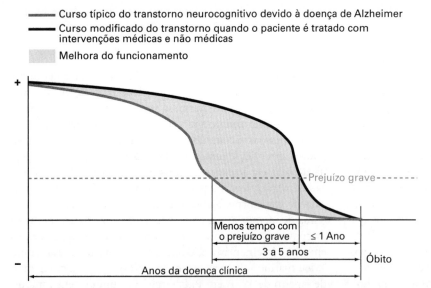

FIGURA 15.2 Melhora do curso da doença de Alzheimer com intervenções médicas e não médicas. (De Becker, J. T., Mestre, L. T., Ziolko, S. e Lopez, O. L. [2007]. Gene – environment interactions with cognition in late life and compression of morbidity. *American Journal of Psychiatry, 164*, 849-852.)

conscientes do estigma social, podem apresentar comportamentos sexuais em público, como masturbação. Eles podem ficar frequentemente agitados e até mesmo violentos. Para auxiliar a pessoa com demência, bem como o seu cuidador, os pesquisadores exploram intervenções que lidam com essas consequências do transtorno (Lovestone, 2012). Por exemplo, certas pesquisas indicam que a combinação de exercícios para o paciente e de instruções para os cuidadores de como lidar com problemas de comportamento pode melhorar o estado geral de saúde e a depressão em pessoas com doença de Alzheimer (Potter, Ellard, Rees e Thorogood, 2011; Teri et al., 2003).

A tendência que essas pessoas têm de se perder ao sair de casa é de grande preocupação. Às vezes, elas acabam em lugares ou em situações que podem ser perigosos (por exemplo, escadas ou rua). Eventualmente, pode-se conter a pessoa a uma cadeira ou cama, ou sedá-la para impedir que saia e vagueie. Infelizmente, restringir o paciente física ou à base de medicamento tem seus riscos, incluindo complicações médicas adicionais e perda de controle e independência, o que já atormenta as pessoas com transtorno neurocognitivo. O tratamento psicológico como uma alternativa à restrição muitas vezes inclui propiciar dicas a esses indivíduos, ajudando-os a se orientar ao andar perto de casa ou em outros lugares de maneira segura. Novas tecnologias de vigilância – como o *"smart home"*, que consegue monitorar a localização do paciente e avisar o cuidador – podem dar mais paz de espírito para aqueles que cuidam desses pacientes. Ao mesmo tempo, existem as preocupações éticas sobre o uso dessa tecnologia devido à sua capacidade de invadir a privacidade (Bharucha et al., 2009; Chung, Demiris, Thompson, 2016).

A pessoa com transtorno neurocognitivo pode se tornar agitada e muitas vezes verbal e fisicamente agressiva. Esse comportamento é compreensivelmente estressante para os que prestam cuidados. Nessas situações, utiliza-se a intervenção médica, muito embora forneça modestos resultados (Testad, Ballard, Brønnick e Aarsland, 2010). Algumas pesquisas sugerem que ensinar habilidades comunicativas semelhantes aos programas de pessoas que sofrem com o transtorno do espectro autista (Durand, 2012) pode ajudar a reduzir o comportamento agressivo nas pessoas com transtorno neurocognitivo (Livingston et al., 2014). Além disso, os cuidadores com frequência recebem treinamento de assertividade, que os ajuda a lidar com o comportamento hostil (veja Tabela 15.4). Alguns cuidadores podem aceitar passivamente todas as críticas ou ofensas feitas pelas pessoas com transtor-

TABELA 15.4 Modelos de Respostas Assertivas

Comportamento do Paciente	Resposta Assertiva
	Calma, mas firmemente, dizer:
O paciente se recusa a comer, tomar banho ou trocar de roupa	"Nós concordamos em fazer isso neste momento para que possamos (especifique uma atividade ou recompensa)."
O paciente quer ir para casa	"Eu sei que você sente falta de alguns dos lugares que costuma estar. Essa é a nossa casa agora, e juntos estamos seguros e felizes aqui."
O paciente exige gratificação imediata	"Não é possível ter tudo o que queremos. Assim que eu terminar (descreva a tarefa ou ação específica), nós podemos discutir outras coisas que queremos fazer."
O paciente acusa o cuidador de pegar seus pertences	"Nós dois gostamos de nossas próprias coisas. Eu vou ajudá-lo a procurar (especifique o item perdido) para que você possa aproveitá-lo assim que eu tiver terminado (descreva uma tarefa ou ação específica)."
O paciente está bravo, rebelde, ou ambos	"Eu gosto de ser tratado amistosamente, assim como você. Vamos discutir o que o está chateando para que possamos voltar ao nosso bom relacionamento de costume."

Fonte: Adaptado, com permissão, de Edwards, A. J. (1994). *When memory fails*: Helping the Alzheimer's and dementia patient. Nova York, NY: Plenum Press, p. 174, © 1994 Plenum Press.

no neurocognitivo, o que aumenta o estresse, ou podem tornar-se raivosos e agressivos em troca. Esta última resposta é preocupante em razão de um potencial para abuso do idoso. Privação de comida ou de medicação ou infligir maus-tratos é uma atitude muito comum entre os cuidadores dos idosos com déficits cognitivos. Uma pesquisa também mostrou que o abuso de idoso ocorre em casas de cuidados e instituições de longa permanência, sendo o abuso emocional e a negligência os mais comuns nesses cenários (Castle, Ferguson-Rome e Teresi, 2015; Post, Page, Conner e Prokhorov, 2010). É importante ensinar aos cuidadores como lidar com situações estressantes para que eles não cheguem ao nível de abuso. Não há um grande número de evidências objetivas que apoiem a utilidade do treinamento de assertividade em termos de reduzir o estresse do cuidador, e são necessários mais estudos para nortear futuros esforços.

No geral, as famílias de pessoas com transtorno neurocognitivo leve a moderado podem se beneficiar dos aconselhamentos de apoio para ajudá-los a lidar com a frustração, a depressão, a culpa e a perda que causam um impacto emocional intenso. Os clínicos, contudo, devem primeiro reconhecer que a capacidade de se adaptar a estressores difere entre as pessoas. Um estudo, por exemplo, encontrou diferenças culturais nos estilos de enfrentamento dos cuidadores. Numa área rural do Alabama, cuidadores brancos usavam as estratégias de enfrentamento de aceitação e humor, e cuidadores negros, religião e negação (Kosberg, Kaufman, Burgio, Leeper e Sun, 2007). Outro estudo, em grande escala, com 555 cuidadores ao longo de um período de três anos, identificou que se pode criar uma série de condutas para apoiar os cuidadores a atravessar essa dificuldade (Aneshensel, Pearlin, Mullan, Zarit e Whitlatch, 1995). Apesar dos numerosos estudos cujo objetivo é apoiar cuidadores, os resultados até o momento permanecem inconsistentes e são necessários trabalhos adicionais para determinar qual seria a melhor maneira de dar suporte para esses indivíduos (Schoenmakers, Buntinx e DeLepeleire, 2010; Tremont et al., 2015).

De início, os cuidadores necessitam de informações básicas sobre as causas e o tratamento do transtorno neurocognitivo, questões legais e financeiras e locais de auxílio ao paciente e aos familiares. Quando o transtorno progride e a pessoa afetada requer cada vez mais assistência, os cuidadores precisarão de ajuda para gerenciar essas dificuldades (quando os pacientes perambulam ou têm surtos de violência) e para desenvolver formas efetivas para se comunicar com os pacientes. Os clínicos também assistem às famílias com decisões sobre hospitalização e, finalmente, as ajudam a se adaptarem à iminência da morte. Porém, os melhores métodos para auxiliar os cuidadores a ajudar os outros ainda estão sendo investigados (Peeters, Van Beek, Meerveld, Spreeuwenberg e Francke, 2010; Zabalegui et al., 2014).

No geral, a perspectiva de reduzir (mas não parar) o declínio cognitivo característico do transtorno neurocognitivo é otimista. As melhores medicações disponíveis restituem, em parte, a função, mas não impedem a progressão da deterioração. As intervenções psicológicas podem ajudar as pessoas a lidar mais efetivamente com a perda das capacidades cogniti-

vas, em especial nos estágios iniciais da doença. Além disso, a ênfase concentra-se em fornecer suporte aos cuidadores – as outras vítimas do transtorno neurocognitivo – enquanto a pessoa a quem prestam cuidados continua a declinar.

Prevenção

Sem tratamento, temos que depositar toda a confiança nas estratégias de prevenção do transtorno neurocognitivo. Pode-se imaginar quão difícil é o esforço de prevenção para esse tipo de transtorno devido à necessidade de fazer um acompanhamento longo para investigar se os esforços são efetivos. Um importante estudo conduzido na Suécia – onde a medicina socializada fornece histórias completas de todos os seus pacientes hospitalizados – averiguou os fatores de risco (fatores que aumentam a chance de ter transtorno neurocognitivo) e os fatores protetores (aqueles que reduzem o risco) que estão em estudo atualmente (Fratiglioni e Qiu, 2009; Fratiglioni, Winblad, von Strauss, 2007). Eles observaram os registros médicos de 1.810 participantes que tinham idade acima de 75 anos no início da pesquisa e os acompanharam por 13 anos. Por meio de entrevistas e histórico médico, eles chegaram a quatro importantes conclusões: controle a pressão sanguínea, não fume, pratique exercícios físicos e tenha vida social ativa! Essas recomendações são os principais fatores que os indivíduos podem adotar para reduzir as chances de desenvolver um transtorno neurocognitivo – porque não é possível mudar a genética (Rizzuto, Orsini, Qiu, Wang e Fratiglioni, 2012). Pesquisas adicionais estão em andamento e pode haver outras áreas cujas pesquisas sejam potencialmente frutíferas e conduzir ao sucesso da prevenção desse transtorno que causa uma série de danos e prejuízos.

Verificação de conceitos 15.2

Identifique os seguintes sintomas de demência a partir das descrições: (a) prosopagnosia, (b) agnosia e (c) afasia.

1. A avó idosa de Timmy não reconhece mais a sua própria casa. _____

2. Ela não consegue mais formar sentenças completas e coerentes. _____

3. Ela não reconhece Timmy quando ele a visita mesmo ele sendo o seu único neto. _____

Identifique os transtornos cognitivos descritos.

4. Julian está se recuperando do alcoolismo. Quando questionado sobre suas aventuras quando jovem, suas histórias terminam rápido porque ele não consegue se lembrar de tudo. Ele até mesmo tem que anotar coisas que tem de fazer em um caderno de anotação; do contrário, ele provavelmente irá esquecer. _____

5. Sr. Brown tem sofrido uma série de AVCs, mas ainda consegue cuidar de si mesmo. Sua capacidade de lembrar coisas importantes, contudo, tem diminuído constantemente nos últimos anos. _____

Controvérsias sobre o DSM: O envelhecimento normal é um transtorno mental?

Os pesquisadores e clínicos, por algum tempo, reconheceram que muitos idosos começam a apresentar declínio cognitivo em certas áreas, como na memória, que é mais acentuado do que o esperado para sua idade e que isso afeta seu funcionamento cotidiano (Petersen et al., 1999). Esse interesse na distinção entre o esquecimento normal, que ocorre conforme envelhecemos, e o início de transtorno neurocognitivo é motivado pelo desejo de entender a progressão das mudanças cognitivas que acompanham o transtorno neurocognitivo, e de tentar uma intervenção precoce. Em resposta a essa preocupação, o *DSM-5* inseriu um novo transtorno mental – o transtorno neurocognitivo leve – para categorizar a condição e alertar os clínicos (Ganguli et al., 2011).

Essa distinção proposta vai ao encontro de alguns avanços diagnósticos que envolvem o aprimoramento do mapeamento do cérebro e a identificação dos biomarcadores sobre os quais falamos antes neste capítulo (Weiner et al., 2012a). Os pesquisadores estão aprimorando suas capacidades para identificar os primeiros sinais de transtorno neurocognitivo, o que permite não apenas fazer um diagnóstico precoce, como também ressaltar para os clínicos a necessidade de observar as habilidades cognitivas ao longo do tempo. Entretanto, esse novo transtorno levanta questões para alguns profissionais da área (Rabins e Lyketsos, 2011).

Primeiro, é difícil fazer a distinção entre transtorno "maior" e "leve". O *DSM-5* tenta quantificar os declínios vinculando o diagnóstico ao teste de desempenho cognitivo na faixa de 1-2 desvios-padrão abaixo do que seria esperado de uma pessoa com determinada idade (American Psychiatric Association, 2013). Contudo, o desempenho abaixo da média não necessariamente significa que uma pessoa esteja em declínio na função cognitiva. Isso pode ser avaliado apenas se o desempenho foi medido em uma avaliação cognitiva antes que o declínio ocorresse. O teste cognitivo de rotina, entretanto, não é tipicamente realizado em adultos até que surja alguma preocupação, e, por isso, faz com que as conclusões sobre as mudanças no funcionamento sejam problemáticas (Frances, 2010).

Uma segunda preocupação é também relevante para uma série de outros transtornos. A adição de novos transtornos (como o transtorno neurocognitivo leve, e como o transtorno disfórico de humor pré-menstrual) e a ampliação das definições de outros são preocupantes pelo fato de que, no fim, a maioria das pessoas atenderá a um ou mais critérios de transtornos psiquiátricos. No caso do transtorno neurocognitivo leve, será que diagnosticaremos pessoas – e talvez prescreveremos drogas – para aqueles cujo esquecimento é normal para sua idade? Como um todo, as consequências dessas alterações no *DSM-5* não são triviais (Frances, 2010). As empresas farmacêuticas são incentivadoras que sejam encontrados mais clientes para as drogas psiquiátricas e, portanto, a ampliação do número de pessoas com o diagnóstico, fazendo assim prosperar o negócio. O sistema judiciário poderia sofrer um impacto com um maior número de pessoas alegando "doença mental", como circunstância atenuante em sua defesa. Esses problemas estão longe de serem resolvidos e é importante notar que o *DSM-5* é um trabalho em desenvolvimento, e que esperançosamente virá a evoluir a partir da nossa compreensão científica da natureza e das causas de todas as enfermidades que nos afetam.

Resumo

6. Declínio, gradual e contínuo, no funcionamento cognitivo associado aos emaranhados neurofibrilares e placas amiloides. _____

Delirium

▶ *Delirium* é um estado temporário de confusão e desorientação que pode ser causado por trauma cerebral, intoxicação por drogas e venenos, cirurgia e uma variedade de outras condições estressantes, em especial em idosos.

Transtornos neurocognitivos maiores e leves

▶ O transtorno neurocognitivo é uma condição progressiva e degenerativa marcada pela gradual deterioração de uma série de capacidades cognitivas que incluem a memória, a linguagem, a capacidade de planejar, organizar, sequenciar e abstrair informações.

▶ O transtorno neurocognitivo leve é uma condição em que há os primeiros sinais de declínio cognitivo, de forma que começa a interferir nas atividades de vida diária.

▶ A doença de Alzheimer é a causa principal de transtorno neurocognitivo que afeta aproximadamente 4 milhões de pessoas nos Estados Unidos; não há atualmente causa nem cura conhecida.

▶ Até o momento, não há tratamento efetivo para os irreversíveis transtornos neurocognitivos causados por doença de Alzheimer, corpos de Lewy, doença vascular, doença de Parkinson, doença de Huntington e as diversas condições menos comuns que provocam o prejuízo cognitivo progressivo. O tratamento concentra-se em ajudar os pacientes a lidar com a contínua perda de habilidades cognitivas e ajudar os cuidadores a manejar o estresse de cuidar desses indivíduos afetados pela doença.

Termos-chave

afasia
agnosia
delirium
determinantes
doença de Alzheimer
doença de Creutzfeldt-Jakob
doença de Huntington
doença de Parkinson
doença de Pick
lesão cerebral traumática (LCT)
prosopagnosia
suscetibilidade
transtorno neurocognitivo devido à doença com corpos de Lewy
transtorno neurocognitivo devido à doença de Alzheimer
transtorno neurocognitivo devido à doença de Huntington
transtorno neurocognitivo devido à doença de Parkinson
transtorno neurocognitivo devido à infecção por HIV
transtorno neurocognitivo devido à lesão cerebral traumática
transtorno neurocognitivo frontotemporal
transtorno neurocognitivo induzido por substância/ medicamento
transtorno neurocognitivo leve
transtorno neurocognitivo maior (demência)
transtorno neurocognitivo vascular
transtorno neurocognitivo devido à doença do príon
traumas na cabeça
vírus da imunodeficiência humana tipo 1 (HIV-1)

Respostas da verificação de conceitos

15.1
1. c; **2.** b; **3.** a; **4.** e; **5.** f; **6.** d
15.2
1. b; **2.** c; **3.** a
4. transtorno neurocognitivo induzido por substância;
5. transtorno neurocognitivo vascular;
6. transtorno neurocognitivo devido à doença de Alzheimer

Explorando os transtornos neurocognitivos maiores e leves

- Quando o cérebro sofre um dano, os efeitos são irreversíveis e cumulativos até que a aprendizagem, a memória ou a consciência fiquem obviamente prejudicadas.
- Os transtornos neurocognitivos desenvolvem-se muito tempo depois que a incapacidade intelectual, bem como outros transtornos da aprendizagem, que se acredita estarem presentes desde o nascimento.

TIPOS DE TRANSTORNOS NEUROCOGNITIVOS

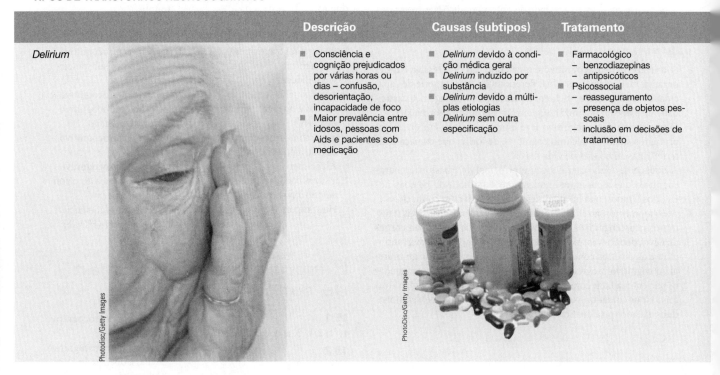

	Descrição	Causas (subtipos)	Tratamento
Delirium	■ Consciência e cognição prejudicados por várias horas ou dias – confusão, desorientação, incapacidade de foco ■ Maior prevalência entre idosos, pessoas com Aids e pacientes sob medicação	■ *Delirium* devido à condição médica geral ■ *Delirium* induzido por substância ■ *Delirium* devido a múltiplas etiologias ■ *Delirium* sem outra especificação	■ Farmacológico – benzodiazepinas – antipsicóticos ■ Psicossocial – reasseguramento – presença de objetos pessoais – inclusão em decisões de tratamento

Explorando os transtornos neurocognitivos maiores e leves (cont.)

- Deterioração gradual do funcionamento do cérebro que afeta o senso de julgamento, a memória, a linguagem e outros processos cognitivos avançados.
- Causado por condição médica ou abuso de drogas.
- Algumas formas são irreversíveis; algumas são resolvidas pelo tratamento da condição primária.

TIPOS DE TRANSTORNOS DO NEURODESENVOLVIMENTO

		Descrição	Causas	Tratamento
Transtornos neurocognitivos devido à doença de Alzheimer		■ Crescente prejuízo da memória e outros múltiplos déficits comportamentais e cognitivos que afetam a linguagem, função motora, capacidade de reconhecer pessoas ou coisas e/ou de planejamento. ■ O transtorno neurocognitivo mais prevalente. ■ Assunto da maioria das pesquisas.	■ Dano cerebral progressivo e evidente, emaranhados neurofibrilares e placas amiloides, confirmados por autópsias, porém avaliados pelo miniexame do estado mental. ■ Implica múltiplos genes.	■ Não há cura até o momento, mas há esperança de que a cura possa advir da pesquisa genética e da proteína amiloide. ■ Conduta de tratamento pode incluir listas, mapas anotações para ajudar a manter a orientação. ■ Novas medicações que impedem a degradação da acetilcolina e a terapia de vitaminas retardam, mas não interrompem, a progressão do declínio.
Transtorno neurocognitivo induzido por substância/ medicamento		■ Causado pelo dano cerebral devido ao uso prolongado de drogas, em especial em combinação com uma dieta pobre, como ocorre com a dependência do álcool; outras substâncias podem incluir inalantes e sedativos, hipnóticos e ansiolíticos. ■ O tratamento se concentra na prevenção.		
Transtorno neurocognitivo vascular		■ Deterioração permanente devido ao bloqueio ou dano dos vasos sanguíneos do cérebro (AVC). ■ Sintomas se caracterizam por lentidão no processamento de informação e nas funções executivas (ex.: tomada complexa de decisão), bem como problemas da marcha e fraqueza nos membros. ■ O tratamento se concentra no enfrentamento dessa condição.		
Transtorno neurocognitivo devido a outras condições médicas		■ Semelhança quanto aos efeitos de outros transtornos cognitivos, mas causado por: – trauma encefálico – corpos de Lewy, HIV, doenças de Parkinson, de Huntington, de Pick ou de Creutzfeldt-Jakob – Hidrocefalia, hipotireoidismo, tumor cerebral e deficiência de vitamina B12 ■ O tratamento da condição primária é, às vezes, possível.		

16 Serviços de saúde mental: questões legais e éticas

RESUMO DO CAPÍTULO

Perspectivas sobre leis de saúde mental

Restrição civil
- Critérios para a restrição civil
- Mudanças procedimentais que afetam a restrição civil
- Uma visão panorâmica da restrição civil

Custódia criminal
- Defesa por insanidade
- Reações à defesa por insanidade
- Jurisprudência terapêutica
- Competência para ser julgado
- Dever de informação
- Profissionais da saúde mental como peritos

Direitos do paciente e diretrizes para a prática clínica
- Direito ao tratamento
- Direito de recusar tratamento
- Os direitos dos participantes em pesquisas
- Diretrizes para a prática clínica e diretrizes para a prática baseada em evidências

Conclusões

> ## Resultados finais de assimilação do conteúdo pelo aluno*

- **Descrever as aplicações que empregam a resolução de problemas com base na disciplina:**

- Dar exemplos de aplicações relevantes e práticas dos princípios psicológicos na vida cotidiana [APA SLO 1.3a]

- Fazer uma articulação de como os princípios psicológicos podem ser usados para explicar as questões sociais, com vistas às necessidades societais prementes e informar a política pública [APA SLO 1.3A]

---

* Partes deste capítulo cobrem os resultados finais de aquisição de conhecimento sugeridos pela American Psychological Association (2013), inclusos nas diretrizes de bacharéis em Psicologia. O escopo do capítulo concernente aos resultados está identificado acima pela APA Goal e pela APA Suggested Learning Outcome (SLO).[1]

Perspectivas sobre leis de saúde mental[2]

Iniciamos este capítulo retomando o caso de Arthur, descrito no Capítulo 13, que tem sintomas psicóticos. A reanálise do caso sob a perspectiva da família do paciente revela as complexidades legais relacionadas à saúde mental e os aspectos éticos em relação ao trabalho com indivíduos com transtornos mentais.

ARTHUR ... O dilema da família

Como você deve se lembrar, Arthur chegou à nossa clínica por intermédio de familiares, porque falava e agia de modo estranho. Falava incessantemente a respeito de seu "plano secreto" para salvar todas as crianças desnutridas do mundo. A preocupação da sua família aumentou quando Arthur disse que estava planejando invadir a embaixada alemã para apresentar seu plano ao embaixador. A família, alarmada pelo comportamento cada vez mais inapropriado, e temendo que ele se ferisse, ficou espantada ao saber que não podia forçar sua internação em um hospital psiquiátrico. Arthur poderia internar-se voluntariamente, mas era algo improvável, pois acreditava que não havia nada de errado com ele –, no entanto, eles não tinham poder para interná-lo involuntariamente, a não ser que houvesse risco de se ferir ou de ferir outras

pessoas. Mesmo se a família realmente acreditasse que algum mal estaria prestes a acontecer, isso não era razão suficiente para interná-lo contra sua vontade. Os familiares lidaram com essa situação da melhor forma possível durante semanas, até que os piores comportamentos de Arthur começaram a diminuir.

Arthur sofria do que se conhece como transtorno psicótico breve (ver Capítulo 13). Felizmente para ele, esse é um dos poucos transtornos psicóticos que não são crônicos. O importante nesse caso é saber como o sistema de saúde mental reagiu. Em virtude de Arthur não ter se ferido ou ferido outras pessoas, ele deveria buscar ajuda por vontade própria para que o hospital o assistisse, muito embora os envolvidos compreendessem que essa iniciativa por parte dele era improvável. Esse posicionamento do sistema de saúde mental tornava pior o estado emocional da família, já desesperada. Por que a instituição não internaria Arthur, que estava claramente fora da realidade e precisando de ajuda? Por que a própria família não podia autorizar a instituição a agir? O que teria acontecido se Arthur tivesse ido à embaixada alemã e ferido ou, pior ainda, matado alguém? Ele teria sido preso ou, finalmente, teria recebido ajuda da comunidade de saúde mental? Arthur seria considerado responsável, caso ferisse outras pessoas durante seu delírio? Essas são algumas das muitas questões que surgem quando tentamos balancear os direitos das pessoas afetadas por transtornos psicológicos com a responsabilidade da sociedade de oferecer cuidados.

Profissionais de saúde mental enfrentam tais dilemas diariamente. Precisam, ao mesmo tempo, diagnosticar e tratar as pessoas, além de considerar os direitos e responsabilidades dos indivíduos e da sociedade. À medida que descrevemos como o sistema de conceitos éticos e legais se desenvolveram, lembre-se de que eles mudam ao longo do tempo em razão das alterações das perspectivas sociais e políticas relacionadas à doença mental. O modo como tratamos as pessoas com transtornos psicológicos é, em parte, em função de como a sociedade as considera. Por exemplo, as pessoas com doenças mentais precisam de ajuda e proteção ou a sociedade deve proteger-se delas? Conforme muda a opinião pública em relação aos indivíduos com doença mental, o mesmo ocorre com as leis

---

[1] NTT da tradução da 8ª edição norte-americana: No Brasil, as chamadas Diretrizes Curriculares Nacionais (DCN) para a graduação em Psicologia são instituídas via Ministério da Educação (MEC) e Conselho Federal de Psicologia (CFP).

[2] NRT da tradução da 7ª edição norte-americana: Muitas das reflexões trazidas neste capítulo são pertinentes a todos os contextos, de diversos países, por isso se justifica sua manutenção neste livro traduzido para o Brasil. No entanto, especificamente os aspectos legais e institucionais que são trazidos e comentados pelo autor são referentes aos EUA – inclusive alguns termos usados nesse país não parecem ter um equivalente no Brasil e em nossa língua. Para melhor entendimento da legislação brasileira sobre o tema em questão, recomendo a leitura do artigo: Peres, M. F. T. e Neri Filho, A. (2002). A doença mental no direito penal brasileiro: inimputabilidade, irresponsabilidade, periculosidade e medida de segurança. *História, Ciências, Saúde*, 9(2), 335-355. Disponível em: http://www.scielo.br/pdf/hcsm/v9n2/a06v9n2.pdf. Realizei discussões muito frutíferas sobre a adequação deste capítulo com duas advogadas, Elaine Alves Ferreira e Renata Moreti Pinheiro; recebi também algumas orientações da psicóloga judiciária Me. Nicole Medeiros Guimarães Eboli. Agradeço a todas pela inestimável ajuda.

CAPÍTULO 16 – SERVIÇOS DE SAÚDE MENTAL: QUESTÕES LEGAIS E ÉTICAS **599**

▲ Pessoas com doenças mentais são tratadas de forma diferente em diferentes culturas.

relevantes; e as questões legais e éticas afetam, por conseguinte, tanto a pesquisa como a prática clínica. Como você verá, essas questões são, muitas vezes, complementares. Um exemplo é a confidencialidade exigida para proteger a identidade do voluntário de pesquisa e do paciente que busca ajuda para um transtorno psicológico. Visto que as pessoas que se beneficiam dos serviços de saúde mental com frequência participam simultaneamente de pesquisas, precisamos levar em conta as preocupações de ambas as instâncias.

Restrição civil

O sistema legal exerce influência significativa sobre o sistema de saúde mental, para o bem ou para o mal. Foram criadas leis para proteger as pessoas que exibem comportamento atípico e para proteger a sociedade. Frequentemente, conseguir essa proteção exige um equilíbrio delicado, que algumas vezes tende a favorecer os direitos das pessoas e, em outras, a ir em favor da sociedade. Cada estado tem suas **leis de restrição civil** que definem quando uma pessoa pode ser legalmente declarada doente mental e ser hospitalizada para tratamento (Nunley et al., 2013). Quando a família de Arthur tentou interná-lo sem que ele quisesse, a diretoria do hospital decidiu que, em virtude de não representar perigo iminente para si mesmo e para outras pessoas, não poderia ser internado contra sua vontade. Neste caso, as leis protegeram Arthur da internação involuntária; por outro lado, colocaram-no em uma situação de risco potencial, bem como a outras pessoas, por não convencê-lo a buscar ajuda. Em um livro já clássico, La Fond e Durham (1992) argumentam que duas nítidas tendências na lei de saúde mental são evidentes na história recente dos Estados Unidos. De acordo com esses autores, uma "era liberal", entre 1960 e 1980, foi caracterizada pelo compromisso com direitos individuais e justiça. Em contraposição, de 1980 até hoje, tem prevalecido uma "era neoconservadora", parte em reação às reformas liberais das décadas de 1960 e de 1970, que tiveram como foco as preocupações da maioria do público, incluindo a lei e a ordem. Na era liberal predominavam os direitos das pessoas com doença mental; na era neoconservadora, esses direitos se limitaram a proporcionar maior proteção à sociedade.

As leis de restrição civil nos Estados Unidos datam do final do século XIX. Antes disso, quase todas as pessoas com doenças mentais graves eram cuidadas por familiares ou pela comunidade, ou então eram abandonadas à própria sorte. Uma tendência alarmante acompanhou o desenvolvimento de um amplo sistema hospitalar público dedicado a tratar tais indivíduos: a internação involuntária de pessoas por razões não relacionadas a doenças mentais (Simon e Shuman, 2009). Há até mesmo exemplos nos quais mulheres eram internadas em hospitais psiquiátricos por seus esposos simplesmente por sustentar concepções políticas e pessoais diferentes. Em 1800, E. P. W. Packard lutou por melhores leis de restrição civil após ser involuntariamente confinada em um hospital psiquiátrico por três anos porque seu marido sentia que as concepções religiosas dela eram "perigosas para os interesses espirituais de seus filhos e da comunidade" (Packard e Olsen, 1871).

Critérios para a restrição civil

Historicamente, os estados norte-americanos têm permitido a internação (restrição) se obedecidas certas condições: (1) A pessoa tem uma "doença mental" e necessita de tratamento, (2) a pessoa representa um perigo para si e para outros ou (3) a pessoa é incapaz de cuidar de si mesma, situação considerada "deficiência grave". O modo como esses problemas são interpretados tem variado ao longo dos anos e sempre foi controverso. Dois tipos de autoridade permitem o governo tomar medidas que são contra a vontade do cidadão: o poder de polícia e o *parens patriae* ("o país ou estado como pai"). No caso do poder de polícia, o governo assume a responsabilidade por proteger a saúde, a segurança e o bem-estar públicos e pode criar leis e regulamentações para assegurar essa proteção. Os criminosos ficam sob custódia, caso sejam uma ameaça à sociedade. O Estado aplica o poder de *parens patriae* nas circunstâncias em que o cidadão provavelmente não agirá em função de seus melhores interesses; por exemplo, o Estado pode assumir a tutela de crianças que não tenham pais vivos. De modo similar, costuma-se internar indivíduos com doença mental grave em instituições de saúde mental quando se entende que podem se prejudicar por serem incapazes de prover as necessidades básicas, como alimentação e abrigo (incapacidade grave) ou por não reconhecerem sua necessidade de tratamento (Nunley et al., 2013). Sob o poder de *parens patriae*, o Estado age como pai (ou mãe) substituto(a), presumivelmente visando aos melhores interesses de uma pessoa que precisa de ajuda.

Alguém que necessita de auxílio pode requisitar voluntariamente internação em uma instituição de saúde mental; após a avaliação, realizada por um profissional da área, ele pode ser aceito para tratamento. No entanto, quando um indivíduo não procura ajuda voluntariamente e outros consideram que o tratamento ou a proteção são necessários, pode ter início o processo de restrição civil. As especificidades desse processo diferem de estado para estado, mas geralmente tem início por meio de petição de um parente ou um profissional de saúde mental a um juiz. O tribunal pode exigir um exame para avaliar o estado psicológico, a capacidade de autocuidado, a necessidade de tratamento e o potencial de dano. O juiz analisa as informações e decide se a restrição é apropriada. Esse processo é similar a outros procedimentos jurídicos pelos quais a pessoa envolvida tem direitos e proteção assegurados por lei. Na maioria dos estados, a pessoa pode até requerer que um júri analise as provas e chegue a uma conclusão. Em todos os casos, a pessoa deve ser notificada de que os procedimentos de restrição civil estão ocorrendo, deve estar presente no julgamento, deve ser representada por um advogado, podendo questionar as testemunhas e solicitar uma avaliação independente. Essas salvaguardas fazem parte do processo de restrição civil a fim de garantir os direitos das pessoas que estão sendo examinadas e assegurar que ninguém seja internado (restrito) involuntariamente em uma instituição psiquiátrica por razões ilegítimas.

Outro caminho da restrição civil é adotado por alguns estados: o tratamento ambulatorial assistido por ordem judicial (Nunley et al., 2013). Nessa opção, a pessoa com grave doença mental concorda em receber tratamento sob a condição de continuar a viver em comunidade. Essas leis fornecem um equilíbrio entre os direitos do cidadão de viver independentemente e a preocupação da sociedade quanto à sua segurança (Nunley et al., 2013).

Em situações de emergência, quando claramente existe perigo iminente, a restrição de curto prazo pode ser executada sem os procedimentos formais exigidos, no caso, de restrição civil. Os familiares ou, algumas vezes, as autoridades policiais certificam-se de que a pessoa representa um "perigo real" para si mesma ou para outros (Nunley et al., 2013). A família de Arthur não conseguiu interná-lo em condição de emergência porque não estava claro se alguém estava correndo perigo iminente, somente que alguém poderia ser ferido. Decidir o que é "perigo real" requer muito julgamento subjetivo do tribunal e dos profissionais da saúde mental.

Definindo a doença mental

O conceito de doença mental consta de maneira proeminente na restrição civil e é importante entender como ela está definida. **Doença mental** é um conceito jurídico, que significa graves perturbações emocionais ou do pensamento que afetam negativamente a saúde e a segurança de um indivíduo. Cada estado possui sua própria definição. Por exemplo, em Nova York, "Doença mental" significa uma provação causada por doença ou condição mental manifestada por um transtorno ou uma perturbação no comportamento, nos sentimentos, no pensamento ou no senso de julgamento em uma extensão que acarreta à pessoa afetada a necessidade de cuidados especiais, tratamento e reabilitação." (*New York Mental Hygiene Law*, 1992). Em contrapartida, no estado de Connecticut, "Uma 'pessoa mentalmente doente' significa que tem uma condição mental ou emocional e que tem efeitos adversos substanciais em sua capacidade de funcionar, que requer cuidados e tratamento especiais e exclui o indivíduo dependente de álcool ou outras drogas" (*Connecticut General Statutes Annotated*, 1992). Muitos estados excluem da definição de doença mental a deficiência intelectual ou os transtornos relacionados a substâncias.

Doença mental *não* é sinônimo de transtorno psicológico; em outras palavras, receber um diagnóstico de acordo com o *Manual diagnóstico e estatístico de transtornos mentais* (*DSM-5*) não significa necessariamente que a condição de uma pessoa se enquadra na definição legal de doença mental. Embora o *DSM* seja bastante específico quanto aos critérios diagnósticos, existe uma ambiguidade considerável sobre o que constitui uma "condição mental" ou quais são "os efeitos adversos em sua capacidade de funcionar". Esse é um ponto que permite flexibilidade nas tomadas de decisões de modo individual, mas também mantém a possibilidade de uma impressão subjetiva e de viés como influências nas decisões.

Periculosidade

Avaliar se alguém representa um perigo para si ou para outros constitui determinante crítico do processo de restrição civil. **Periculosidade** é um conceito particularmente controverso que descreve uma pessoa com doença mental, de acordo com a opinião popular, as pessoas mentalmente doentes são mais perigosas do que as que não são (Kobau et al., 2010; Schomerus et al., 2012). Embora essa conclusão seja questionável, ainda é muito difundida, em parte por causa da mídia sensacionalista. Opiniões como estas são importantes para o processo de res-

▲ O governo pode exercer o *parens patriae* para evitar que as pessoas machuquem a si mesmas.

trição civil, caso acarretem um viés na determinação de periculosidade e a vinculem injustamente à doença mental grave.

Os resultados de pesquisas sobre periculosidade e doença mental são frequentemente mesclados, porém as evidências apontam para um aumento moderado da taxa de violência entre pessoas com doença mental (Elbogen e Johnson, 2009; Elbogen, Dennis e Johnson, 2016). Um exame mais cuidadoso desse tipo de pesquisa revela que, embora ter uma doença mental aumente no geral a probabilidade de violência futura, fatores específicos, como alta predisposição para raiva, estressores recentes (por exemplo, vitimização) e uso de substância, são provavelmente responsáveis pelo aumento do risco de violência (Elbogen et al., 2016). A presença desses fatores de risco também pode predizer a recorrência de crimes violentos cometidos pelos indivíduos com doença mental.

Infelizmente, a percepção muito equivocada de que as pessoas com doença mental são mais perigosas pode afetar de maneira diferencial as minorias étnicas (Vinkers et al., 2010). Homens negros são frequentemente considerados perigosos mesmo quando não demonstram nenhum comportamento violento, o que pode explicar em parte por que os negros estão entre aqueles que mais são internados involuntariamente em instituições psiquiátricas estaduais (Lindsey, Joe, Muroff e Ford, 2010).

Como determinar se uma pessoa é ou não perigosa para os outros? Qual o grau de precisão dos profissionais da saúde mental ao predizerem quem será ou não violento? As respostas têm relação direta com o processo de restrição civil, bem como com a proteção da sociedade. Se não somos capazes de predizer com exatidão a periculosidade, como justificar a restrição involuntária?

Uma pesquisa que utilizou tecnologias de imagem por ressonância magnética funcional revelou que nossa capacidade de "sentir a dor" de outras pessoas – empatia em relação ao sofrimento do outro – envolve ativação do córtex pré-frontal (Escobar et al., 2014; Hillis, 2014; Robertson et al., 2007). Danos nessa área do cérebro impedem as pessoas de usarem a empatia para tomar decisões relacionadas a questões morais (Damasio, 2007; Decety e Skelly, 2013). Esse tipo de pesquisa tão importante está, na atualidade, sendo utilizada em processos judiciais para ajudar a decidir se um indivíduo é culpado ou inocente (Mobbs et al., 2009). Será que surgirão argumentos de que os réus com psicopatia (ver Capítulo 12), por exemplo, não deveriam ser julgados como responsáveis pelos seus atos porque sua incapacidade de empatia com os outros tem origem no cérebro? Esse argumento, "o cérebro é o culpado", se tornará mais proeminente nos anos vindouros porque a definição que damos para a insanidade não acompanha nossa compreensão das contribuições conjugadas do ambiente e da biologia para a doença mental e o comportamento criminal (Greely e Simpson, 2012).

Numerosas ferramentas de avaliação de risco são rotineiramente utilizadas para determinar se alguém tem propensão para ser perigoso para a sociedade – incluindo a escala PCL-R (*Psychopathy Checklist Revised*) (Hare e Vertommen, 2003; Neumann, Johansson e Hare, 2013), descrita no Capítulo 12, que é utilizada para identificar pessoas com psicopatia. Segundo evidências de muitos estudos, essas ferramentas são as melhores para avaliar pessoas de baixo risco para comportamento violento, mas apenas marginalmente bem-sucedido para determinar com precisão quem será violento em algum momento (Fazel et al., 2012). Os profissionais de saúde mental podem identificar grupos de pessoas com maior risco de serem violentas do que a população em geral – como os que têm história tanto de comportamento violento quanto de dependência de álcool ou outras drogas – e podem, dessa forma, informar tal fato ao tribunal. O que os clínicos ainda não conseguem fazer é predizer com certeza se uma pessoa em particular se tornará ou não violenta.

Mudanças procedimentais que afetam a restrição civil

Existem problemas significativos em relação ao processo de restrição civil. Decidir se uma pessoa tem uma doença mental ou é perigosa requer julgamento subjetivo considerável e, por causa de variações na terminologia jurídica, essa determinação pode diferir de estado para estado. Esses problemas resultam em algumas ocorrências legais significativas. Examinaremos, a seguir, como as mudanças nos procedimentos de restrição civil provocaram consequências econômicas e sociais relevantes, incluindo o impacto em um dos quatro problemas sociais mais importantes, os sem-teto.

O Supremo Tribunal e a restrição civil

Em 1957, os pais de Kenneth Donaldson tiveram de interná-lo no hospital do estado da Flórida para tratamento de esquizofrenia paranoide. Donaldson não era considerado perigoso, mas, apesar de vários pedidos de colocação em uma semi-internação ou com um amigo, o Dr. O'Connor, o superintendente do hospital, recusou-se a dar-lhe alta durante quase 15 anos, período em que Donaldson praticamente não recebeu tratamento (Donaldson, 1976). Donaldson processou O'Connor por danos morais e recebeu indenização de 48.500 dólares.

No caso *O'Connor contra Donaldson*, o Supremo Tribunal decidiu que "o estado não podia constitucionalmente confinar [...] um indivíduo que não é perigoso e que é capaz de viver de maneira segura em liberdade por si próprio ou com a ajuda dos

▲ Larry Hogue foi involuntariamente internado em um hospital psiquiátrico porque, sem ter onde morar e sob influência de drogas (à esquerda), aterrorizou moradores de uma vizinhança da cidade de Nova York por anos. Uma vez livre das drogas (à direita), Hogue conseguiu manter o controle.

familiares e amigos dispostos e responsáveis" (*O'Connor contra Donaldson*, 1975).

Nesse caso, e em uma decisão subsequente conhecida como *Addington contra o estado do Texas* (1979), o Supremo Tribunal afirmou ser necessário mais que uma promessa de melhoria da qualidade de vida de uma pessoa para restringi-la contra a sua vontade. Se as pessoas com doença mental que não representam perigo conseguem viver em comunidade com o auxílio de outros, não devem ser detidas contra sua vontade. O fato de precisar de tratamento ou de ter uma incapacidade grave não foi suficiente para restringir alguém involuntariamente por doença mental. A repercussão dessa decisão limitou de maneira substancial a capacidade governamental de restringir indivíduos, a menos que representem um perigo para si e para a sociedade (Nunley et al., 2013).

Criminalização

Devido a algumas limitações à restrição civil involuntária que prevaleceram nos anos 1960 e 1970, muitas pessoas que normalmente teriam sido internadas em instituições de saúde mental para fins de tratamento ficaram, em vez disso, sujeitas ao sistema de justiça criminal. Em outras palavras, as pessoas com doenças mentais graves viviam na comunidade, porém muitas não tinham acesso aos serviços de saúde mental necessários e poderiam, eventualmente, entrar em conflito com a justiça por causa de seu comportamento. Essa "criminalização" das pessoas mentalmente doentes causou muita preocupação, pois o sistema judiciário não estava preparado para cuidar desses indivíduos (Chaimowitz, 2012; Lamb, 2009; Lamb e Weinberger, 2009). Os familiares ficavam cada vez mais frustrados por não conseguirem tratamento para seus entes queridos, que definhavam nas prisões sem contar com nenhuma ajuda.

Desinstitucionalização e falta de moradia

Além da criminalização, duas outras tendências surgiram no início nos anos 1980: um aumento no número de pessoas sem moradia e a **desinstitucionalização**, a mobilização de pessoas com doença mental grave sem possibilidade de internação para fins de tratamento. Há que ressaltar que a falta de moradia não é um problema exclusivamente da doença mental. Cerca de 2 a 3 milhões de pessoas passam uma noite ao relento nas ruas dos Estados Unidos a cada ano, e calcula-se que 400 mil sem-teto ficam nas ruas todas as noites (Substance Abuse and Mental Health Services Administration, 2011). As estimativas de transtornos psicológicos entre os sem-teto variam, em parte devido à dificuldade de mapear esses indivíduos. As melhores estimativas indicam que o diagnóstico de transtorno mental grave (por exemplo, esquizofrenia e transtorno bipolar) entre os sem-teto chegam a quase 30% (Substance Abuse and Mental Health Services Administration, 2011). Por razões ainda não totalmente conhecidas, a etnicidade pode também ter influência naqueles que, entre as pessoas mentalmente doentes, se tornam sem-teto. Um grande estudo realizado em San Diego mostrou que latinos e sino-americanos com doença mental são menos propensos a se tornarem sem-teto do que afro-americanos (Folsom et al., 2005).

As informações sobre as características dos sem-teto são importantes por oferecer-nos indícios a respeito do motivo pelo qual vivenciam essa situação e por afastar a noção de que os sem-teto sofrem de problemas mentais. Por um tempo, a falta de moradia foi atribuída a critérios severos do compromisso civil e da desinstitucionalização (Colp, 2009; Nooe e Patterson, 2010); ou seja, as políticas que limitavam rigorosamente quem podia ser hospitalizado involuntariamente, os limites impostos quanto a internações de pessoas com graves doenças mentais e o concomitante fechamento de grandes hospitais psiquiátricos foram responsáveis pelo aumento importante de moradores de rua durante a década de 1980. Embora uma porcentagem bem alta de pessoas sem moradia sofra de doença mental, essa alta é também resultado de fatores econômicos, como aumento do desemprego e diminuição de moradia para os de baixa renda (Nooe e Patterson, 2010). No entanto, a percepção de que limitações da restrição civil e a desinstitucionalização causaram a falta de moradia resultou em mobilizações que exigiam novas reformas nos procedimentos da restrição civil.

A reforma na restrição civil que dificultou a internação de indivíduos involuntariamente ocorreu ao mesmo tempo que a política de desinstitucionalização promoveu o fechamento de grandes hospitais psiquiátricos (Nunley et al., 2013). A desinstitucionalização tinha duas metas: (1) fechar os grandes hospitais psiquiátricos estaduais de saúde mental e (2) criar uma rede de centros de saúde mental comunitários em que o indivíduo que recebe alta possa ser tratado. Embora pareça que a primeira meta tenha sido cumprida, com a diminuição de cerca de 75% do número de pacientes hospitalizados (Kiesler e Sibulkin, 1987), o objetivo principal de proporcionar cuidados comunitários alternativos parece não ter sido alcançado. Em vez disso, ocorreu a **transinstitucionalização**, ou a mudança de pessoas com doenças mentais graves de grandes hospitais psiquiátricos para casas de repouso ou para outro tipo de instituição, incluindo centros de detenção e penitenciárias, muitos dos quais oferecem somente serviços secundários (Lamb e Weinberger, 2009; Primeau et al., 2013). Por causa da deterioração dos serviços oferecidos a muitas pessoas atendidas previamente pelo sistema hospitalar, a desinstitucionalização é considerada um fracasso. Ainda que muitos elogiem o ideal de proporcionar cuidados comunitários para as pessoas com doenças mentais graves, o apoio necessário para oferecer esse tipo de cuidado tem sido severamente deficiente.

Reações aos rigorosos procedimentos de restrição

A reação psicótica de Arthur e as iniciativas da família para tentar obter ajuda ocorreram em meados da década de 1970, período caracterizado mais pela preocupação com a liberdade individual que pelos direitos da sociedade, e pela crença de que as pessoas com doenças mentais não eram atendidas adequadamente ao serem forçadas ao tratamento. Outros indivíduos, contudo, especialmente parentes de pessoas afetadas pela doença, sentiam que, por não forçar indivíduos ao tratamento, esse sistema acabou potencializando o problema mental e passou a colocá-los em grave risco. O acontecimento de uma série de fatores – tais como o fracasso da desinstitucionalização, o aumento da falta de moradia, a criminalização de pessoas com doença mental grave – deu origem a uma reação contra as causas notórias dessas pessoas, incluindo as leis rigorosas de restrição civil. O caso de Joyce Brown revela esse choque de preocupa-

CAPÍTULO 16 – SERVIÇOS DE SAÚDE MENTAL: QUESTÕES LEGAIS E ÉTICAS **603**

▲ Pessoas passam a viver em situação de rua por fatores de condições econômicas, estado de saúde mental e uso de drogas.

ções entre as liberdades individuais dessas pessoas com doença mental e a responsabilidade da sociedade em tratá-las.

JOYCE BROWN... Sem-teto, mas amparada

Durante uma emergência no inverno de 1988 em Nova York, o prefeito Ed Koch ordenou que os sem-teto que parecessem ter doenças mentais deveriam ser internados involuntariamente em uma instituição psiquiátrica para sua própria segurança. O prefeito valeu-se do princípio legal do *parens patriae* para justificar essa ação, citando a necessidade de proteger esses indivíduos do frio e de si mesmos. Uma das pessoas removidas das ruas, Joyce Brown, com 40 anos, foi levada contra sua vontade e internada no Bellevue Hospital, onde recebeu o diagnóstico de esquizofrenia paranoide. Durante o tempo em que foi uma pessoa em situação de rua, insultava as pessoas que passavam; em certa ocasião, adotou o nome de Billie Boggs com base em uma personalidade da televisão com quem fantasiava um relacionamento. Com apoio da New York Civil Liberties Union, Joyce Brown contestou seu confinamento e foi liberada após três meses (Tushnet, 2008).

Esse caso é importante porque ilustra os interesses conflitantes em relação à restrição civil. A família de Joyce Brown, preocupada com o bem-estar dela, tentou durante um período interná-la contra sua vontade. Embora Joyce nunca tivesse ferido ninguém nem tentado cometer suicídio, os familiares julgavam que viver nas ruas de Nova York era muito arriscado e receavam pelo seu bem-estar. As autoridades da cidade demonstraram preocupação com Brown e outras pessoas como ela, especialmente durante o inverno rigoroso, embora houvesse suspeitas de que isso fosse uma desculpa para retirar pessoas com comportamento problemático de bairros residenciais de classe alta (Kasindorf, 1988). Brown optou por não procurar tratamento e resistiu às iniciativas para encaminhá-la a centros de tratamento alternativos. Algumas vezes conseguia ser bem articulada na defesa de sua liberdade de escolha. Poucas semanas após ter sido liberada do hospital, estava novamente na rua. Brown foi novamente internada involuntariamente em uma instituição de saúde mental em 1994 e liberada por insistência pouco tempo depois. Esse padrão contínuo durou anos (Failer, 2002).

As sentenças nos casos *O'Connor contra Donaldson* e *Addington contra Texas* haviam argumentado que a doença mental e a periculosidade deveriam ser critérios para internação involuntária. No entanto, por causa de casos como o de Joyce Brown e da preocupação a respeito das condições dos sem-teto e da criminalização, surgiu um movimento que exigia o retorno a procedimentos legais mais amplos, que permitissem a restrição não apenas daqueles que mostraram periculosidade para si ou para os outros, mas também de indivíduos com necessidade de tratamento e aqueles com incapacidade grave – e não perigosa –, uma opinião que continua a ser compartilhada por muitos atualmente (Gordon, 2015). Grupos como a National Alliance on Mental Illness (Aliança Nacional de Doença Mental), coligação de familiares de pessoas com doença mental, defendeu uma reforma legal que tornasse a internação involuntária mais fácil – uma resposta emocional ao fracasso em proteger e tratar pessoas mentalmente doentes. Diversos estados no final da década de 1970 e no início da década de 1980 alteraram suas leis de restrição civil na tentativa de considerar essas preocupações. O estado de Washington revisou suas leis em 1979 a fim de permitir internação de pessoas que precisavam de tratamento, o que gerou 91% no número de restrições civis involuntárias no primeiro ano em que a lei entrou em vigor (Durham e La Fond, 1985). Essencialmente, não houve mudanças no tamanho da população hospitalar nesse momento, apenas nas condições sob as quais os pacientes eram internados (La Fond e Durham, 1992). Antes as pessoas eram detidas por causa de violência, depois passaram a ser admitidas nos hospitais sob o poder do *parens patriae*; enquanto, antes a maioria das admissões nos hospitais era voluntária, agora passaria a ser involuntária. A superlotação nos hospitais por causa das longas internações e admissões recorrentes que ocorriam apenas sob a condição de serem involuntárias é resultado da facilitação do procedimento de restrição civil em relação a essas pessoas com doença mental, o que apenas alterou a autoridade sob a qual os pacientes eram admitidos.

O caso especial de criminosos sexuais tem atraído a atenção do público nos últimos anos, e a questão de como tratar esses criminosos, cujos atos são recorrentes, é o âmago das preocupações sobre restrição civil. Entre os anos 1930 e 1960, alguns estados aprovaram "leis para psicopatas sexuais" que propiciavam hospitalizações em vez de encarceramento, mas por período indefinido (Saleh et al., 2010). Os criminosos sexuais (estupradores e pedófilos) poderiam ficar internados até que demonstrassem que o tratamento foi efetivo. Contudo, visto que o tratamento, com frequência, fracassa quando utilizado com pacientes não colaborativos (ver Capítulo 10), e porque a opinião pública prefere punir que tratar, essas leis foram revogadas. As iniciativas recentes se concentram na detenção de criminosos sexuais por seus crimes e, caso se considere que ainda representem perigo após cumprirem sentença, que sejam civilmente restritos. A legislação relativa ao "predador sexual" foi promulgada inicialmente em 1990 e a versão adotada pelo estado de Kansas foi julgada constitucional pelo Supremo Tribunal dos Estados Unidos (*Kansas contra Hendricks*, 1997). Esse tipo de confinamento foi considerado aceitável pelo tribunal, pois era visto como um tratamento, muito embora os juízes admitissem que, por vezes, não era efetivo (Zonana e Buchanan, 2009). Algumas pessoas manifestam grande preocupação com esse tipo de leis por conceder ao governo excesso de flexibilidade para usar a internação (em oposição ao encarceramento) apenas como meio de manter certos indivíduos isolados da sociedade (La Fond, 2005). No entanto, aqueles que estão encarcerados e são libertados da prisão enfrentam muitas restrições legais (por exemplo, moradia), as quais podem ter efeitos negativos ao limitar a reabilitação e a reintegração na sociedade (Bonnar-Kidd, 2010).

Uma visão panorâmica da restrição civil

Quais deveriam ser os critérios para internação involuntária de pessoas com doenças mentais graves em uma instituição psiquiátrica? O perigo iminente para si mesmo ou para outros deveria ser a única justificativa ou a sociedade deveria forçar a internação de pessoas que parecem estar sofrendo e necessitando de abrigo ou segurança? De que maneira levamos em conta as preocupações de famílias como a de Arthur, que veem seus entes queridos dominados por problemas psicológicos? E quanto à nossa necessidade de não sermos molestados por pessoas como Joyce Brown? Quando esses direitos assumem precedência sobre os de um indivíduo livre ser encarcerado contra sua vontade? É uma tentação concluir que o sistema legal falhou ao tratar desses temas e que reage somente aos caprichos políticos do momento.

De um outro ponto de vista, a mudança periódica das leis é um sinal de um sistema saudável que responde às limitações das decisões anteriores. As reações do Supremo Tribunal na década de 1970 à natureza coercitiva e arbitrária da restrição civil foram tão compreensíveis quanto as recentes tentativas de facilitar a internação de pessoas que obviamente precisavam de ajuda. Quando as consequências dessas mudanças se tornam visíveis, o sistema age para corrigir injustiças. Embora as melhorias possam ser lentas demais e nem sempre consigam abordar de modo correto os temas que precisam de reforma. O fato de as leis poderem ser mudadas deveria impregnar-nos de otimismo em relação às necessidades dos indivíduos e da sociedade poderem, em última instância, ser julgadas pelos tribunais.

> ### Verificação de conceitos 16.1
>
> Verifique sua compreensão em relação à restrição civil preenchendo os espaços em branco.
>
> Diversas condições precisam ser atendidas antes de o Estado restringir um indivíduo involuntariamente: a pessoa tem um (1) _____ e precisa de tratamento, ela é considerada (2) _____ para si e para os outros e a pessoa é incapaz de cuidar de si mesma, termo também conhecido como (3) _____. A doença mental é um conceito (4) _____ que significa graves transtornos emocionais ou de pensamento que afetam negativamente a saúde e a segurança de um indivíduo, embora essa definição difira em função das leis estaduais [nos Estados Unidos]. Quando as leis sobre restrição civil surgiram, a (5) _____ (mobilização de indivíduos para fora das instituições de saúde mental) e a (6) _____ (mudança de pessoas para instituições menos rigorosas) também ocorreram.

Custódia criminal[3]

O que teria acontecido se Arthur tivesse sido preso por invadir o terreno da embaixada ou, pior, se tivesse ferido ou matado alguém como parte de seu desejo de apresentar seu plano para salvar as crianças famintas? Ele seria considerado responsável por suas ações tendo em vista seu estado mental perturbado? Qual seria a decisão do júri quando, alguns dias depois, ele parecesse normal? Caso não fosse responsabilizado por seu comportamento na ocasião, por que ele parece tão normal agora?

Essas questões são muito relevantes ao discutir se as pessoas deveriam ser responsabilizadas pelo comportamento criminoso apesar de possível existência de doença mental. Casos como o de Andrea Yates, julgada e condenada à prisão perpétua por afogar seus cinco filhos em uma banheira em 2001, mas que mais tarde foi considerada inocente por razões de insanidade (*not guilty by reason of insanity* – NGRI), motivam algumas pessoas a refletir se as leis não teriam ido longe demais. **Custódia criminal** é o processo pelo qual as pessoas são detidas porque (1) foram acusadas de cometer um crime e são recolhidas a uma instituição psiquiátrica até poderem ser avaliadas como capazes ou incapazes de participar de um processo judicial contra elas ou (2) foram inocentadas de um crime por razões de insanidade.

▲ Um número significativo de sem-teto é de indivíduos com doença mental, muitos dos quais moram com seus filhos em abrigos ou nas ruas.

---

[3] NRT da tradução da 7ª edição norte-americana: Mantenho aqui o termo usado pelos tradutores, com a ressalva de que no Brasil o termo se aproxima mais, me parece, da "medida de segurança", diferente da pena na finalidade, na causa, nas condições de aplicação e no modo de execução. Sobre isso, ver Peres & Nery Filho (2002). Disponível em: https://www.scielo.br/pdf/hcsm/v9n2/a06v9n2.pdf Acesso em: 1 mar. 2021.

Defesa por insanidade

A finalidade do sistema de justiça criminal dos Estados Unidos consiste em proteger a vida, a liberdade e a busca da felicidade, porém nem todas as pessoas são punidas por terem comportamento criminoso. A lei reconhece que, sob certas condições, as pessoas não são responsáveis por seu comportamento e seria injusto e talvez não efetivo puni-las. Os conceitos atuais originaram-se de um caso ocorrido na Inglaterra há mais de 150 anos. Daniel M'Naghten poderia ser diagnosticado hoje com esquizofrenia paranoide. Ele teve o delírio de que o Partido Conservador inglês o estava perseguindo e dispôs-se a matar o primeiro-ministro britânico. Ele confundiu o secretário do político com o ministro e assassinou o secretário. No que se tornou conhecido como a decisão M'Naghten, a justiça inglesa decidiu que as pessoas não são responsáveis por seu comportamento criminoso, caso não saibam o que estão fazendo ou não reconheçam que aquilo que está sendo feito é errado. Essa decisão, em essência, foi o início da *defesa por insanidade* (veja resumo na Tabela 16.1). Por mais de 100 anos, ela foi usada para determinar a culpabilidade quando o estado mental de uma pessoa estivesse sob suspeita.

Nos anos seguintes, outros padrões foram introduzidos para alterar essa decisão, pois muitos críticos julgaram que depender apenas de saber se uma pessoa acusada tem noção do certo e do errado era muito limitante; seria preciso uma definição mais ampla (Simon e Shuman, 2009). A doença mental altera não somente as capacidades cognitivas de uma pessoa, mas também seu funcionamento emocional, e os profissionais da saúde mental acreditam que toda a gama de funcionamento deveria ser levada em conta quando a responsabilidade de uma pessoa fosse determinada. Uma decisão influente, conhecida como decisão Durham, foi proposta pelo juiz David Bazelon da Corte de Apelação Federal do Distrito de Columbia e baseada no caso *Durham contra Estados Unidos* (1954). A decisão Durham ampliou os critérios no que concerne à responsabilidade de conhecimento entre certo e errado para o estado de que o "acusado não é criminalmente responsável se o ato ilícito foi o produto de doenças mentais ou deficiência mental". Essa decisão foi saudada inicialmente pelos profissionais da saúde mental por ter-lhes permitido apresentar a um juiz ou a um júri um quadro completo da pessoa com doença mental. Infelizmente, tornou-se logo perceptível que os profissionais de saúde mental não eram peritos para avaliar confiavelmente se a doença mental de uma pessoa causara o comportamento criminal em questão e, portanto, que as decisões eram baseadas em opiniões não científicas (Gunn e Wheat, 2012). Embora a decisão de Durham não seja mais utilizada, ela conduz a um novo exame dos critérios de defesa por insanidade mental.

Um importante estudo sobre essa questão foi conduzido na mesma época da decisão Durham por um grupo de advogados, juízes e os acadêmicos de Direito que pertenciam ao American Law Institute (ALI). O desafio imposto a eles era desenvolver critérios para determinar se a competência mental de uma pessoa a faz imputável pelo comportamento criminal. O ALI primeiro reafirmou a importância de distinguir o comporta-

TABELA 16.1	Fatores importantes na evolução da defesa da insanidade	
Fator	**Data**	**Referência**
Norma M'Naghten	1843	[I] Deve estar claramente provado que, no momento de cometer o ato, a parte acusada estava agindo sob um prejuízo da razão devido à doença da mente que a impedia de saber a natureza e a qualidade do ato que estava praticando; ou se sabia, que não entendia que o que estava fazendo era errado. (101 Cl. e F. 200, 8 Eng. Rep. 718, H.L. 1843)
Norma Durham	1954	Um acusado não é criminalmente responsável se o seu ato ilícito foi um produto de doença ou deficiência mental. (*Durham contra Estados Unidos*, 1954)
Norma American Law Institute (ALI)	1962	1. Uma pessoa não é responsável por conduta criminosa se no momento de tal conduta, como resultado de uma doença ou prejuízo mental, falta-lhe capacidade substancial para avaliar a criminalidade (ilicitude) de sua conduta ou para adequar aos requisitos da lei. 2. Conforme consta no artigo, os termos "doença mental ou prejuízo mental" não incluem uma anormalidade manifestada apenas por conduta criminal ou antissocial repetida. (American Law Institute, 1962)
Capacidade diminuída	1978	Provas de condição mental anormal seriam admissíveis para afetar o grau de crime pelo qual um acusado poderia ser condenado. Especificamente, aqueles crimes exigindo intenção ou conhecimento podem ser reduzidos, incluindo crimes que exigem somente imprudência ou negligência criminosa. (New York State Departament of Mental Hygiene, 1978)
Ato de reforma da defesa contra insanidade	1984	Uma pessoa acusada de um crime deve ser considerada inocente por motivo de insanidade se for mostrado que, devido à doença mental ou à deficiência intelectual, ela foi incapaz de avaliar a ilicitude de sua conduta no momento de seu crime. (American Psychiatric Association, 1983)

Fonte: Reimpresso, com permissão, de Silver, E., Cirincione, C. e Steadman, H. J. (1994). Desmitologizando percepções imprecisas da defesa contra insanidade. *Law and Human Behavior*, *18*, p. 63-70, © 1994 Plenum Press.

606 PSICOPATOLOGIA

▲ James Brady, secretário de imprensa de Ronald Reagan, ferido em 1981 por uma arma de fogo em um atentado ao presidente. Em 1994, Brady e sua esposa, Sarah, celebraram a aprovação da Lei Brady, que impunha controles rigorosos quanto ao porte de arma.

mento de uma pessoa com doença mental daquela sem esse tipo de transtorno. A entidade ressaltou que a ameaça de punição não tinha possibilidade de conter alguém com doença mental grave; o posicionamento do ALI era de que esses indivíduos deveriam, como alternativa, ser tratados até que melhorassem e então seriam liberados (essa recomendação será discutida adiante quando examinarmos eventos e críticas recentes da defesa por insanidade). O ALI concluiu que as pessoas não são responsáveis por seus comportamentos criminais se, devido à sua doença mental, elas não conseguem reconhecer as inadequações de seus comportamentos ou controlá-los (American Law Institute, 1962). Os critérios, conhecidos como o teste ALI, estipulam que uma pessoa deve também ser incapaz de distinguir o certo do errado – conforme estabelecido na decisão M'Naghten – ou ter incapacidade de autocontrole a fim de ser protegido das consequências legais.

O ALI também conclui provisões para o conceito de **capacidade reduzida**, que inclui a capacidade de uma pessoa de entender a natureza de seu comportamento e, assim, a intenção criminal pode ser reduzida devido à sua doença mental. A teoria da intenção criminal – *mens rea* – é importante legalmente porque, para acusar uma pessoa de um crime, deve haver provas do ato físico (*actus rea*) e do estado mental da pessoa que cometeu o ato (*mens rea*) (Gunn e Wheat, 2012). Por exemplo, se uma mulher atinge acidentalmente alguém que passa na frente de seu carro e a pessoa morre, ela não seria considerada responsável criminalmente; embora uma pessoa tenha sido morta, não houve intenção criminosa, a condutora do veículo não atingiu a pessoa de modo deliberado nem tentou assassiná-la. O conceito de redução da capacidade propõe que uma pessoa com doença mental que comete uma infração penal não pode, por causa da doença, ter intenção criminosa e, portanto, não pode ser imputável.

Reações à defesa por insanidade

As decisões judiciais durante os anos 1960 e 1970, relativas à imputabilidade, ocorreram paralelamente à evolução do conceito de restrição civil. Houve iniciativas para focalizar as necessidades das pessoas com doenças mentais que também transgrediram a lei, proporcionando-lhes tratamento em vez de punição. No entanto, o uso bem-sucedido de conceitos como insanidade ou redução da capacidade em processos criminais alarmou grandes segmentos da população. Por exemplo, em 1979, um homem alegou inocência por insanidade mental (NGRI) após ser preso por emitir cheques sem fundos. Seu caso se baseou no testemunho de um perito que alegou que ele sofria de jogo patológico e, portanto, não conseguia distinguir o certo do errado (*O Estado contra Campanaro*, 1980). Outras defesas bem-sucedidas foram baseadas em transtornos inclusos no *DSM*, tais como transtorno de estresse pós-traumático e cleptomania (Novak, 2010), e em transtornos não listados no *DSM*, como a síndrome da mulher espancada (Cookson, 2009).

Não há dúvida de que o caso que provocou a maior manifestação contra a defesa por insanidade e mais pedidos por sua abolição foi o de John W. Hinckley Jr. (Zapf, Zottoli e Pirelli, 2009). Em 31 de março de 1981, quando o presidente Ronald Reagan saía do Washington Hilton Hotel, Hinckley fez diversos disparos que atingiram e feriram seriamente o presidente, um agente do Serviço Secreto e James Brady, secretário de imprensa do presidente. Rapidamente, os agentes do Serviço Secreto agarraram e desarmaram Hinckley. Ele estava obcecado pela atriz Jodie Foster; alegou que tentou matar o presidente para impressioná-la. Hinckley foi julgado e o júri o considerou inocente por insanidade mental (NGRI) com base no padrão ALI. O veredicto provocou ondas de protesto em todo o país e na comunidade jurídica (Zapf et al., 2009). Uma das muitas consequências desse evento foi que James Brady e sua esposa Sarah tornaram-se defensores de leis que estabeleciam maior controle sobre armas e, além disso, testemunharam a aprovação da Lei Brady em 1994.

Embora a defesa por insanidade já tenha sido criticada nos Estados Unidos, cerca de 75% dos estados substancialmente mudaram as regras de defesa por insanidade após o veredicto de Hinckley, o que tornou a alegação de defesa mais difícil (Simon e Shuman, 2014). Como se pôde perceber anteriormente, tais impulsos frequentemente se baseiam mais na emoção que no ato. Casos amplamente divulgados como os de Hinckley, Charles Manson, Jeffrey Dahmer e Ted Kaczynski levam muitas pessoas a associar a doença mental com violência, criando, assim, uma percepção pública desfavorável de defesa por insanidade mental. Um levantamento realizado por telefone descobriu que 91% das pessoas concordaram com a afirmação "os juízes e o júri têm dificuldade em declarar se os acusados são insanos ou não" (Hans, 1986). Quase 90% concordaram que "alegação de insanidade é uma maneira de escapar da condenação". Em um estudo similar, 90% das pessoas concordaram que "a alegação de insanidade é aplicada em excesso. Muitos se livram da responsabilidade decorrente de crimes por alegarem insanidade" (Pasewark e Seidenzahl, 1979). Há prova concreta de que a defesa por insanidade seja aplicada com muita frequência?

Um estudo da opinião pública sobre a defesa por insanidade a comparou ao uso efetivo da defesa e de suas consequências (Silver, Cirincione e Steadman, 1994). Como a Tabela 16.2 mostra, a compreensão pública de que essa defesa é utilizada em 37% de todos os casos de felonia é uma superestimativa grosseira, o número real é menos de 1%. O público também faz uma superestimativa de quão frequente a defesa é bem-sucedida, bem como quão frequente as pessoas que alegam NGRI são postas em liberdade. As pessoas tendem a subestimar o período de hospitalização daqueles que são inocentados. Esse último aspecto é importante: em contraposição à percepção do público, o tempo pelo qual uma pessoa é confinada em um

TABELA 16.2 Comparação das percepções do público com a ocorrência real de defesa de insanidade

	Percepção do Público (%)	Ocorrência real (%)
Uso da defesa por insanidade		
Acusações criminais que resultaram em um apelo por insanidade	37,0	0,9
Pedidos de insanidade que resultaram em absolvição	44,0	26,0
Condição dos absolvidos por insanidade		
Absolvidos por insanidade enviados para um hospital psiquiátrico	50,6	84,7
Absolvidos por insanidade que foram libertados	25,6	15,3
Liberdade condicional		11,6
Tratamento ambulatorial		2,6
Libertados		1,1
Tempo de reclusão dos absolvidos por insanidade (em meses)		
Todos os crimes	21,8	32,5
Assassinato		76,4

Fonte: Reimpresso, com permissão, de Silver, E., Cirincione, C. e Steadman, H. J. (1994).Desmitologizando percepções imprecisas da defesa contra insanidade. *Law and Human Behavior, 18*, p. 63-70, © 1994 Plenum Press.

hospital após ser julgada por NGRI pode exceder o período em que ela teria permanecido na penitenciária, caso fosse condenada pelo crime (Simon e Shuman, 2014). John Hinckley, por exemplo, foi paciente do Hospital St. Elizabeth durante mais de trinta anos e somente em 2016 foi libertado. Outra pesquisa mostra que os indivíduos com doenças mentais considerados culpados de crimes *não violentos* podem ser internados por mais de oito vezes, tanto quanto as pessoas sem doenças mentais podem ser colocadas na prisão (Perlin, 2000). Em contraposição à percepção pública, as pessoas com doença mental não "se safam" do resultado do julgamento de NGRI.

Apesar das provas de que essa alegação não é excessivamente utilizada nem resulta em libertação precoce de indivíduos perigosos, foram feitas mudanças importantes nos critérios de defesa por insanidade após o veredicto de Hinckley. Tanto a American Psychiatric Association (1983) como a American Bar Association (1984) recomendaram modificações concernentes a definições de M'Naghten. Na sequência, o Congresso aprovou a Lei, de 1984, de Reforma da Defesa por Insanidade Mental que incorporou essas sugestões e dificultou a utilização bem-sucedida da defesa por insanidade mental.

Outra tentativa de fazer reformas em relação à alegação de insanidade mental é substituir o veredicto de NGRI pelo de culpado, mas mentalmente doente (*guilty but mentally ill* – GBMI) (Kimonis, 2015; Torry e Billick, 2010). Embora haja várias versões do veredito, a premissa partilhada é que as consequências para que uma pessoa seja enquadrada no GBMI são diferentes daquelas para pessoas que são NGRI. As pessoas que são consideradas NGRI são enviadas para a prisão, mas são avaliadas por uma instituição psiquiátrica até que elas sejam consideradas prontas para saírem em liberdade. Quando se determina que uma pessoa não é mentalmente doente, ela deve ganhar sua liberdade. Se Arthur tivesse cometido um crime e fosse considerado NGRI, ele teria sido libertado imediatamente por causa do seu transtorno psicótico breve ter-se resolvido rapidamente. Por outro lado, uma versão do veredicto GBMI teoricamente permitiria que o sistema tanto tratasse como punisse o indivíduo. Profere-se a sentença de prisão para uma pessoa somente se não houver questões de doença mental envolvidas. Cabe somente às autoridades legais decidirem se uma pessoa deve ou não ser encarcerada ou enviada a uma instituição de saúde mental. Caso a pessoa se recupere da doença mental antes de a sentença ser expedida, ela pode ficar em reclusão pela duração máxima da sentença. Se Arthur fosse considerado GMBI sob esse sistema, ele poderia ter sido sentenciado à prisão máxima, muito embora tivesse se recuperado do surto psicótico. Essa versão do GMBI tem sido adotada por muitos estados (Simon e Shuman, 2014).

A segunda versão é bem mais rígida em relação aos criminosos mentalmente doentes. Os indivíduos condenados são presos, e as autoridades podem propiciar serviços de saúde mental se estiverem disponíveis. O veredicto em si é simplesmente uma declaração dada pelo júri de que a pessoa estava mentalmente doente no momento em que o crime foi cometido e não resulta em tratamento diferenciado para o perpetrador. Idaho, Montana e Utah abandonaram a defesa por insanidade por completo e adotaram essa versão do GMBI (The Evolving Insanity Defense, 2006).

Como se pode perceber, o veredicto GMBI foi uma reação à lacuna notória deixada pela defesa por insanidade. Foi utilizado em vários estados por mais de quinze anos e seus efeitos são investigados por pesquisadores. Dois estudos mostraram que pessoas sentenciadas com o veredicto GMBI são mais propensas a serem presas e pegar sentenças longas que aquelas que apelam ao NGRI (Callahan et al., 1992; Keilitz, 1987). Pesquisadores também indicam que os indivíduos que recebem veredictos GMBI são mais susceptíveis de receber tratamento que outros presos que sofrem de doença mental (Keilitz, 1987; Smith e Hall, 1982). Atualmente, os tipos de veredictos disponíveis (NGRI × GBMI) dependem das leis do estado em particular onde os crimes foram cometidos. No geral, alguns calculam que há três vezes mais pessoas com doença mental

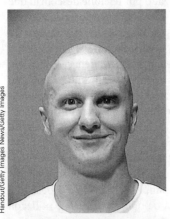

▲ Jared Loughner, que atirou na deputada Gabrielle Giffords e matou seis outras pessoas, foi forçado a tomar medicações a fim de ser considerado apto para ser julgado por seus crimes. Quando finalmente foi julgado, declarou-se culpado e foi sentenciado a prisão perpétua sem direito a condicional.

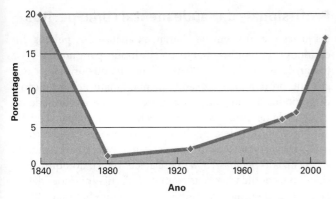

FIGURA 16.1 Porcentagem de detentos em cadeia e prisões com sérias doenças mentais. O gráfico mostra uma tendência crescente ao longo das últimas décadas de encarcerar pessoas com doença mental em vez de fornecer tratamento. Torrey, E. et al. (2010). *More mentally ill persons are in jails and prisons than hospitals*: A survey of the states (p. 13). Arlington, VA: Treatment Advocacy Center.

grave em prisões que em hospitais, indicando as consequências dessas mudanças nas leis de saúde mental (Torrey et al., 2010). A Figura 16.1 ilustra como pessoas com doença mental grave estão cada vez mais sendo levadas à prisão em vez de tratadas em instituições de saúde mental. A porcentagem de prisões se aproxima das taxas comparáveis àquelas calculadas há mais de 150 anos, antes de os serviços apropriados estarem disponíveis.

Jurisprudência terapêutica

Há uma tensão conjunta entre o sistema judicial e o sistema de saúde mental. O sistema legal é, por definição, adverso. Em outras palavras, foi criado com promotores e acusados, ganhadores e perdedores. Em contraposição, o sistema de saúde mental é estruturado a fim de encontrar soluções para problemas psicológicos sem culpar nenhuma das partes. A meta é para que ambos os lados "vençam". Felizmente, existe um reconhecimento cada vez maior no sistema legal de que o método contestatório para lidar com pessoas com problemas mentais pode, em última instância, causar danos a todos. Como resultado desse tipo de pensamento, quando indivíduos com transtornos psicológicos infringem a lei, podem agora recorrer a uma das muitas variedades de "tribunais de resolução de problemas" (Ahern e Coleman-Eufinger, 2013; Goodale, Callahan e Steadman, 2013). Esses tribunais são designados para, exclusivamente, se concentrarem nas necessidades únicas de pessoas com problemas específicos. Por exemplo, em muitos estados norte-americanos é possível encontrar tribunais especializados em tratamento de drogas, violência doméstica e saúde mental, entre outros. É interessante notar que os modelos de tribunais voltados à resolução de problemas têm raízes nos sistemas legais de sociedades tribais dos Estados Unidos, do Canadá, da Austrália e da Nova Zelândia (King e Wexler, 2010).

Esses tribunais são baseados no conceito de "jurisprudência terapêutica": adotam, em essência, aquilo que conhecemos sobre mudança de comportamento para ajudar as pessoas em conflito com a lei. No tribunal para tratamento de drogas, por exemplo, um juiz poderia ser designado para todos os processos criminais que envolvem acusados aditos de drogas. O juiz teria a flexibilidade de postergar a sentença sob a condição de o acusado obter e manter um emprego por seis meses, ter acesso a tratamento durante esse período e permanecer abstinente. De modo similar, o acusado em um tribunal de saúde mental poderia obter ajuda por meio de encaminhamento a programas existentes na comunidade e do envolvimento de membros da família. Em vez de simplesmente decidir entre prisão e liberdade, o tribunal pode atuar como instrumento de mudança social. Esse conceito em evolução é capaz de proporcionar alternativas efetivas no sistema de justiça criminal para pessoas com doença mental grave.

Há muito tempo a sociedade reconhece a necessidade de identificar criminosos que podem não ter controle sobre seu comportamento nem se beneficiar com o simples encarceramento. O desafio é tentar fazer o que pode ser impossível: determinar se uma pessoa sabia o que estava fazendo, tem noção do certo e do errado e poderia controlar o comportamento. Os profissionais da saúde mental não podem fazer uma avaliação em termos retrospectivos. Um dilema adicional é, de um lado, cuidar de pessoas com doença mental e, do outro, tratá-las como indivíduos responsáveis. Por fim, precisamos resolver os interesses simultâneos e conflitantes no que diz respeito a auxiliar pessoas com doença mental e nos protegermos delas. A tendência recente de recorrer aos tribunais de resolução de problemas pode ser uma maneira para dissipar essas preocupações. Deve-se chegar a um consenso nacional sobre o significado primordial do que são pessoas mentalmente insanas e decidir como elas devem ser tratadas sob as condições da lei. Espera-se que a tendência a contemplar a lei e a ordem em detrimento dos direitos das pessoas com doenças mentais possa ser abrandada visando dissuadir ambas as preocupações.

Competência para ser julgado

Antes de ser julgado por um crime, o acusado deve ser capaz de entender as acusações feitas contra ele e ter direito a defesa; esses são critérios estabelecidos pelo Supremo Tribunal em *Dusky contra Estados Unidos* (1960). Além de interpretar o estado mental de uma pessoa durante o ato criminal, os peritos devem também prever o estado mental durante os processos legais subsequentes. O indivíduo pode ser considerado NGRI por causa de sua doença mental na ocasião do ato criminoso e, assim mesmo, ter capacidade para ser julgado, situação que teria ocorrido no caso de Arthur, caso tivesse cometido um crime.

Uma pessoa incapaz de ser julgada normalmente perde a autoridade para tomar decisões e está sujeita à restrição. Em razão de um tribunal exigir determinação de **competência**, a maioria das pessoas com prejuízos óbvios e graves que cometem um crime nunca é julgada. Alguns observadores estimam que, para cada pessoa que recebe um veredicto NGRI, outras 45 são internadas em instituições de saúde mental com um diagnóstico de doença mental grave (Butler, 2006). A duração da permanência é o tempo necessário para que a pessoa internada recobre a competência. Em virtude da possibilidade de esse período ser prolongado, os tribunais decidiram que não pode ser indefinido e que, após um período razoável, a pessoa precisa ser julgada capaz, libertada ou restrita de acordo com a lei civil (*Jackson* contra *Estado de Indiana*, 1972). Muitas vezes, o texto legal é impreciso e a expressão "período razoável" está sujeita a várias interpretações.

Um último tema está relacionado ao conceito legal de ônus da prova: a relevância das provas necessárias para ganhar um caso. Nas decisões sobre competência para sujeitar-se a julgamento, uma decisão importante atribui ao acusado responsabilidade para arcar com o ônus da prova, nesse caso, que a pessoa é incapaz de sujeitar-se a julgamento (*Medina contra o Estado da Califórnia*, 1992). Novamente, a preocupação pública de que as pessoas perigosas com doenças mentais sejam absolvidas e vivam em sociedade após cometerem delitos violentos desafia os fatos. De uma perspectiva mais realista, uma pessoa com doença mental que comete um crime não violento recebe tratamento por meio de ações legais, como os procedimentos relacionados à competência.

Dever de informação

Os profissionais da saúde mental têm responsabilidade pelas ações das pessoas de que cuidam? Esse aspecto é especialmente importante quando consideramos o comportamento perigoso de uma minoria de pessoas com doenças mentais graves. Quais são as responsabilidades dos profissionais que suspeitam que alguém de quem estão tratando possa ferir ou até matar outra pessoa? Devem contatar as autoridades ou a possível vítima, ou estão proibidos de discutir informações reveladas durante sessões de psicoterapia?

Essas questões foram tema do caso trágico conhecido como *Tarasoff contra a Reitoria da Universidade da Califórnia* (1974, 1976). Em 1969, Prosenjit Poddar, aluno de pós-graduação da Universidade da Califórnia, matou uma colega, Tatiana Tarasoff, que havia rejeitado seus galanteios. Na época do crime, ele estava sendo tratado por dois terapeutas do Centro de Saúde da Universidade e fora diagnosticado com esquizofrenia paranoide. Em sua última sessão, Poddar insinuou que mataria Tarasoff. Seus terapeutas acreditaram que a ameaça era séria e contataram a polícia do *campus*, que investigou a alegação e recebeu garantias de Poddar de que não a molestaria. Algumas semanas depois, após diversas tentativas para contatá-la, Poddar atirou em Tatiana e a esfaqueou até a morte.

Após se inteirar do papel dos terapeutas no caso, a família de Tatiana Tarasoff processou a universidade, os terapeutas e a polícia, pois deveriam ter alertado Tatiana de que ela estava em perigo. O tribunal concordou e o caso Tarasoff passou a ser aplicado como padrão para os terapeutas em relação ao **dever de informação** das vítimas potenciais. Casos similares definiram com mais detalhes o papel do terapeuta no que diz respeito a alertar outros (Johnson, Persad e Sisti, 2014; Mason, Worsley e Coyle, 2010). Os tribunais no geral decidiram que as ameaças precisam ser específicas. No caso *Thompson contra o Condado de Alameda* (1980), o Supremo Tribunal da Califórnia decidiu que um terapeuta não tem o dever de alertar quando alguém faz ameaças não específicas contra pessoas não específicas. É difícil para os terapeutas conhecerem suas responsabilidades exatas no que se refere a proteger terceiros de seus pacientes. A boa prática clínica exige que sempre que surgir uma dúvida devem consultar colegas de profissão. Uma segunda opinião pode ser benéfica tanto para o terapeuta como para o paciente.

Profissionais da saúde mental como peritos

Os juízes e o júri têm de confiar na análise dos **peritos**, indivíduos com conhecimento especializado para auxiliá-los a tomar decisões (Mullen, 2010). Mencionamos diversos casos em que profissionais da saúde mental atuam nessa função e disponibilizam informações a respeito da periculosidade ou capacidade de uma pessoa compreender e participar da defesa. A percepção que o público tem dos peritos caracteriza-se pela ambivalência. De um lado, aceitam o valor do testemunho especializado persuasivo para esclarecer o júri; do outro, consideram os peritos "pessoas contratadas", cujas opiniões defendem o lado que paga seus honorários (Simon e Shuman, 2009). Em que grau se pode confiar no julgamento que um profissional da saúde mental faz ao atuar na condição de perito?

Para citar um exemplo, ao decidir se alguém deve se submeter à restrição civil, o avaliador precisa determinar o potencial da pessoa para cometer violência no futuro. As pesquisas indicam que os profissionais da saúde mental conseguem fazer predições confiáveis de periculosidade no curto prazo, por um período de dois a vinte dias após a avaliação (Scott et al., 2008). Eles não conseguem, entretanto, predizer com exatidão se haverá uma recorrência após um período maior de tempo (Fazel et al., 2012). Parece que as ferramentas de avaliação que os profissionais utilizam para investigar o perigo podem afetar a eficácia. As ferramentas de avaliação que foram delineadas para avaliar o perigo de violência em grupos específicos de pacientes (por exemplo, jovens infratores) foram mais precisas do que as ferramentas de avaliação geral (Singh, Grann e Fazel, 2011). Uma segunda área em que é solicitado o parecer de profissionais da saúde mental é na atribuição de diagnóstico. No Capítulo 3, discutimos o desenvolvimento de sistemas para assegurar a confiabilidade dos diagnósticos. As recentes revisões dos critérios diagnósticos, em especial no *DSM-IV-TR* e no atual *DSM-5*, trataram diretamente desse tema, o que permite aos clínicos fazer diagnósticos em geral mais confiáveis. Lembre-se de que a definição legal de doença mental não coincide com um transtorno comparável descrito no *DSM-5*. Portanto, afirmações a respeito de alguém ter uma "doença

▲ Elizabeth Loftus, psicóloga da Universidade da Califórnia (Irvine) e especialista em memória humana, testemunha durante a audiência pré-julgamento do ex-funcionário da Casa Branca Lewis "Scooter" Libby.

"mental" refletem determinações emitidas pelo tribunal e não por profissionais da saúde mental.

Os profissionais de saúde mental parecem ser especialistas para identificar a *simulação* e avaliar competências. Lembre-se de que, em uma simulação, os sintomas são fingidos ou exagerados tendo em vista a absolvição. Por exemplo, alguém pode alegar ter tido alucinações na ocasião do crime; assim, não pode ser responsabilizado. As pesquisas indicam que o Inventário Multifásico de Personalidade de Minnesota (*Minesota Multiphasic Personality Inventory* – MMPI) é, na maioria das vezes, preciso para revelar simulação em indivíduos que alegam ter sérias doenças mentais. Os examinadores procuram por sintomas verdadeiros, mas as pessoas com doença mental raramente os relatam. Os simuladores, na corrida para fingir sua doença mental, tendem a relatar sintomas excessivamente para convencer as outras pessoas de que são mentalmente doentes (Sellbom et al., 2010; Tarescavage et al., 2013). Os profissionais da saúde mental também parecem ser capazes de oferecer informações confiáveis a respeito da capacidade ou condição de uma pessoa compreender e ajudar na defesa (Shulman et al., 2007). Os profissionais da saúde mental podem oferecer a juízes e ao júri informações confiáveis e úteis em áreas específicas (Scott et al., 2008).

As pesquisas descritas nesta seção indicam qual o grau de precisão que o perito assume sob condições da vida diária. Em outras palavras, em circunstâncias corretas, os especialistas podem determinar com precisão os riscos de curto prazo de alguém cometer um ato violento, simular certos sintomas ou ser capaz de submeter-se a um julgamento, e que tipo de diagnóstico pode ser feito. Entretanto, outros conspiram para influenciar o depoimento do perito. Pareceres pessoais e profissionais que vão além da competência do perito podem influenciar seu julgamento, isto é, quais informações estão ou não apresentadas, bem como o modo como são transmitidas para o tribunal (Drogin et al., 2012). Por exemplo, se o perito acreditar que as pessoas não deveriam ser internadas involuntariamente em instituições psiquiátricas, esse posicionamento influenciará a maneira como ele apresentará as informações clínicas nos procedimentos judiciais relativos à restrição civil.

Verificação de conceitos 16.2

Verifique sua compreensão sobre custódia criminal identificando os seguintes conceitos: (a) competência para submeter-se a julgamento, (b) redução da capacidade, (c) decisão do ALI, (d) decisão Durham, (e) decisão M'Naghten, (f) simulação, (g) perito e (h) dever de informação.

1. O acusado não vai a julgamento por ser incapaz de compreender os procedimentos e ajudar na defesa. _____

2. A pessoa não conseguiu distinguir entre o certo e o errado na ocasião do crime. _____

3. A pessoa não é responsável pelo crime se não for capaz de entender a ilegalidade do comportamento devido a uma doença ou deficiência mental. _____

4. Durante a sessão de terapia de hoje, um de meus pacientes declarou o desejo de matar a própria mãe. Agora eu devo decidir se tenho um _____.

5. Um transtorno mental pode reduzir a capacidade de uma pessoa compreender o comportamento criminal e manifestar intenção criminosa. _____

6. Dr. Z testemunhou no tribunal que o acusado estava fingindo e exagerando os sintomas para escapar da responsabilidade pelos seus atos. Dr. Z está atuando como um _____ e o acusado está fazendo um _____

7. O indivíduo não é criminalmente responsável se o delito ocorreu em razão de "doença ou deficiência mental". _____

Direitos do paciente e diretrizes para a prática clínica

Até cerca de quarenta anos atrás, pessoas internadas em instituições de saúde mental tinham poucos direitos. O tratamento que recebiam, a autorização para fazer ligações telefônicas, enviar e receber correspondência ou receber visitas eram decididos pelos profissionais do hospital, que raramente consultavam o paciente. No entanto, abusos resultaram em processos judiciais e em decisões por parte dos tribunais em relação aos direitos das pessoas nessas instituições.

Direito ao tratamento

Um dos direitos mais fundamentais dos indivíduos em instituições de saúde mental é, obviamente, o direito ao tratamento (Bloch e Green, 2012). Durante muito tempo, as condições foram precárias e o tratamento era deficiente em várias das grandes instituições psiquiátricas. Com o início na década de 1970, uma série de ações judiciais coletivas (apresentada em nome de muitos indivíduos) ajudou a estabelecer os direitos de pessoas que sofriam de saúde mental e deficiência intelectual. Um caso considerado um marco, *Wyatt contra Stickney* (1972), surgiu a partir de uma ação movida pelos empregados de grandes instituições no Alabama que eram demitidos devido a dificuldades financeiras. O caso estabeleceu, pela primeira vez, os padrões mínimos que as instalações tinham de ter em relação às pessoas que eram hospitalizadas. Entre os padrões estabelecidos no caso *Wyatt contra Stickney* estavam o número mínimo de pessoal por paciente e instalações físicas adequadas, como certas quantidades de chuveiros e banheiros para um dado número de internados. O caso também ordenou que as instalações fizessem esforços positivos para alcançar as metas de tratamento de seus pacientes.

O caso *Wyatt contra Stickney* foi adiante e ampliou o conceito denominado "alternativa menos restritiva": sempre que possível, as pessoas devem receber cuidados e tratamento no ambiente que confine e limite o menos possível. Por exemplo, o tribunal observou o seguinte em relação àqueles com deficiência intelectual:

CAPÍTULO 16 – SERVIÇOS DE SAÚDE MENTAL: QUESTÕES LEGAIS E ÉTICAS **611**

Os internados têm o direito a condições menos restritivas necessárias para alcançar o propósito de habilitação. Para esse fim, a instituição deve fazer todos os esforços para transferir os pacientes: (1) de uma condição de vida estruturada para um ambiente menos estruturado; (2) de grandes instituições para menores; (3) de centros de convivência grandes para menores; (4) de residências coletivas para individuais; (5) de uma condição segregada da comunidade para uma condição mais integrada; (6) de um estilo de vida dependente para um independente. (*Wyatt contra Stickney*, 1972)

Apesar desse movimento para assegurar o tratamento de pessoas com doença mental em instituições de saúde mental, uma lacuna foi deixada quanto ao que se constituía um tratamento adequado. O caso *Youngberg contra Romeo* (1982) reafirmou a necessidade de tratar pessoas em locais não restritivos, em essencial, deixou para os profissionais a decisão sobre o tipo de tratamento a ser propiciado. Isso preocupou defensores dos pacientes porque, historicamente, fazer que o tratamento dependa do julgamento profissional nem sempre resultou na finalidade pretendida para os que precisavam de ajuda. Em 1986, o Congresso Norte-Americano indicou algumas salvaguardas mediante a aprovação de uma lei, Protection and Advocacy for Mentally Ill Individuals Act (Proteção e Defesa das Pessoas com Doença Mental) (Woodside e Legg, 1990), que estabeleceu uma série de agências em cada estado orientadas à proteção e à defesa para investigar alegações de abuso e negligência e para agir como defensores legais. Essa camada de proteção teve como resultado o equilíbrio entre a preocupação dos profissionais e as necessidades e direitos dos pacientes internados em instituições de saúde mental.

Direito de recusar tratamento

Um dos temas mais controversos em saúde mental atualmente é o direito da pessoa, em especial aquelas com doença mental grave, de recusar tratamento (Bloch e Green, 2012; Simon e Shuman, 2008). Recentemente, o argumento esteve centrado no uso de medicação antipsicótica. Uma das vertentes do tema é o profissional da saúde mental acreditar que, em certas circunstâncias, as pessoas com doenças mentais graves não são capazes de tomar uma decisão sobre o que é melhor para si e que, portanto, o clínico é responsável por proporcionar o tratamento apesar da objeção da pessoa envolvida. Por outro lado, os pacientes e seus defensores argumentam que todas as pessoas têm o direito fundamental de tomar decisões a respeito de seu próprio tratamento, mesmo se agir desse modo não atender a interesses de ordem médica.

Embora essa controvérsia ainda não esteja completamente solucionada, um processo judicial respondeu a uma questão relacionada: as pessoas podem ser "forçadas" a se tornarem competentes para submeter-se a julgamento? Este é um dilema interessante: se os acusados criminalmente estão delirantes ou têm alucinações graves e frequentes a ponto de não poder participar de procedimentos legais, podem ser obrigados a tomar medicamentos para aliviar esses sintomas, a fim de se tornarem competentes para serem submetidos a julgamento? O Supremo Tribunal na decisão *Riggins contra o estado de Nevada* (1992) afirmou que, devido aos efeitos colaterais negativos

potenciais (tais como movimentos involuntários associados com discinesia tardia), as pessoas não podem ser forçadas a tomar medicações antipsicóticas. Outras decisões, no entanto, dão subsídios para administração de medicação de maneira involuntária após uma audiência de Harper (*Washington contra Harper*, 1990) – a audiência do devido processo permite que profissionais de saúde mental defendam os méritos do uso de medicação e que o paciente forneça um contra-argumento. Esse processo foi usado para medicar involuntariamente Jared Loughner – o homem que afinal declarou-se culpado por 19 acusações de assassinato e por tentativa de assassinato em um ataque em 2011 em Tucson, Arizona, em que a deputada dos Estados Unidos Gabrielle Giffords foi gravemente ferida e mais seis pessoas foram mortas.

Os direitos dos participantes em pesquisas

Durante todo este texto, descrevemos a pesquisa conduzida ao redor do mundo com pessoas que sofrem de transtornos psicológicos. Mencionamos brevemente no Capítulo 4 a questão dos direitos desses indivíduos. Em geral, os indivíduos que participam de pesquisas psicológicas têm os seguintes direitos (American Psychological Association, 2010a, b):

1. Direito de ser informado a respeito da finalidade do estudo.
2. Direito à privacidade.
3. Direito a ser tratado com respeito e dignidade.
4. Direito de ser protegido contra danos físicos e mentais.
5. Direito de optar por participar ou de recusar-se a participar sem que seja prejudicado ou sofra represálias.
6. Direito ao anonimato na divulgação dos resultados.
7. Direito de sigilo de seus registros.

Esses direitos são importantes especialmente no caso de pessoas com transtornos psicológicos, que talvez não sejam capazes de compreendê-los integralmente (Bloch e Green, 2012). Um dos aspectos mais importantes das pesquisas é informar aos participantes sobre os riscos e benefícios do estudo. O simples consentimento não é suficiente; deve-se usar o termo de *consentimento livre e esclarecido*, ou um acordo formal concedido pelo indivíduo no qual ele concorda em participar do estudo após ter sido completamente informado sobre todos os aspectos envolvidos, incluindo qualquer possibilidade de dano. Um caso importante delimita a importância do termo *consentimento livre e esclarecido* e das áreas obscuras que às vezes existem na pesquisa aplicada.

GREG ALLER ... Preocupado com direitos

Em 1988, Greg Aller, de 28 anos, assinou um termo de consentimento concordando em participar de uma pesquisa de tratamento no Instituto Neuropsiquiátrico da Universidade da Califórnia em Los Angeles (UCLA) (Willwerth, 1993). Desde o ano anterior, Greg vinha tendo alucinações e delírios vívidos e assustadores sobre alienígenas. Seus pais contactaram a UCLA para obter assistência e foram informados de que a universidade estava iniciando um novo estudo para avaliar pessoas nos estágios iniciais da esquizofrenia e para verificar os efeitos da retirada da medicação. Se Greg participasse, poderia receber tratamento com uma droga extremamente cara e também aconselhamento gratuito. Depois de tomar a droga flufenazina (Prolixin) por três meses como parte do estudo, ele teve uma grande melhora; as alucinações e delírios tinham cessado. Ele agora era capaz de se matricular na faculdade e tinha recebido uma bolsa por suas boas notas no vestibular.

Embora muito feliz com os resultados, os pais de Greg estavam preocupados com a segunda fase do estudo, que envolvia a retirada da medicação. Eles foram tranquilizados pelos pesquisadores de que esta era uma parte importante e normal do tratamento para pessoas com esquizofrenia e que o potencial para efeitos colaterais negativos de tomar a droga por muito tempo era grande. Eles também foram informados de que os pesquisadores retomariam a medicação de Greg caso ficasse consideravelmente pior sem ela.

No fim de 1989, a medicação de Greg foi lentamente retirada, e ele logo começou a ter delírios que envolviam o ex-presidente Ronald Reagan e alienígenas. Embora sua deterioração fosse óbvia para seus pais, Greg não demonstrou aos pesquisadores que precisava da medicação nem lhes contou sobre suas alucinações e delírios. Greg continuou a deteriorar-se, chegando ao ponto de ameaçar matar seus pais. Depois de vários meses, os pais de Greg o convenceram a solicitar a medicação. Embora tenha melhorado, Greg não retornou mais ao estado que ele alcançou quando iniciou o tratamento.

Este caso ressalta os conflitos que podem surgir quando pesquisadores tentam estudar questões importantes da psicopatologia. Os administradores do National Institutes of Health afirmaram que os pesquisadores da UCLA não deram toda a informação a Greg e à sua família sobre os riscos do tratamento e da possibilidade de outras abordagens (Aller e Aller, 1997). Críticos afirmam que os termos de consentimento livre e esclarecido nesta e em outras situações semelhantes com frequência não são totalmente seguidos, e que a informação é, muitas vezes, alterada para assegurar a participação. Os pesquisadores da UCLA observam, entretanto, que a conduta não foi diferente de alguma que teria acontecido em um contexto fora da pesquisa: eles tentaram remover a medicação antipsicótica potencialmente perigosa de Greg. A controvérsia que surge desse caso deveria ser um aviso para pesquisadores quanto às responsabilidades com sujeitos de pesquisa e a obrigação de conceber meios de salvaguardar e proteger o bem-estar desses participantes. Algumas pessoas agora estão explorando métodos para avaliar formalmente se os participantes com doença mental compreendem completamente os riscos e benefícios associados a esses estudos (por exemplo, Harmell, Palmer e Jeste, 2012; Palmer et al., 2013).

▲ Greg Aller (à direita, com seus pais) participou de um estudo sobre drogas na UCLA e sofreu uma grave recaída dos sintomas psicóticos quando a medicação foi suspensa. Ele e sua família posteriormente levantaram a questão do termo de consentimento livre e esclarecido para tal pesquisa.

Diretrizes para a prática clínica e diretrizes para a prática baseada em evidências

Os sistemas de cuidados à saúde do mundo inteiro têm se tornado extremamente interessados em determinar se os tratamentos comumente utilizados para ambos os transtornos físicos e psicológicos são ou não efetivos. Essa preocupação surge parcialmente do grande aumento da despesa dos cuidados de saúde e do fato de que muito do custo é provido pelos governos do mundo todo. Como resultado, o poder Legislativo que faz as políticas de cuidados de saúde está cada vez mais promovendo a prática baseada em evidências (PBE): práticas de cuidados de saúde fundamentadas em descobertas científicas que demonstram sua efetividade. A PBE é uma daquelas ideias que chegam ocasionalmente e conquistam o mundo. Apesar de alguns princípios da PBE já existirem há décadas, apenas de 15 anos para cá ela tem sido formalmente identificada como um método sistemático de administração de cuidados clínicos (Institute of Medicine, 2011; Sackett et al., 2000). Nos Estados Unidos, a President's New Freedom Commission on Mental Health (2003, p. 21) fez uma recomendação essencial no relatório final de que são necessários avanços nas PBE e "unir forças para propiciar serviços e apoios de saúde mental com base em evidências". A Força-Tarefa Presidencial da American Psychological Association em 2006 adotou como política um relatório que descreve a PBE em psicologia e encoraja a ampla adoção da noção de basear os princípios da prática psicológica em evidências científicas (APA, 2006).

Conforme descrito no decorrer deste livro, os tratamentos psicológicos para transtornos específicos acumularam evidências de efetividade tanto em pesquisas clínicas como em clínicas que atendem o público diretamente (Barlow et al., 2013; IOM, 2015). Quando a evidência torna-se uma forma de recomendação do como tratar um problema em particular, essas recomendações são chamadas de diretrizes de prática clínica (Hollon et al., 2014; IOM, 2011). Em 1989, houve a criação por lei de um novo órgão do governo federal norte-americano denominado Agency for Health Care Policy and Research (Agência de Políticas e Pesquisas em Saúde). Em 1999, a atuação dessa agência foi reautorizada pelo Congresso sob a denominação Agency for Healthcare Research and Quality (Agência de Pesquisa e Qualidade de Saúde). A finalidade dessa agência é estabelecer uniformidade na provisão de serviços efetivos de saúde física e mental e comunicar aos profissionais, legisladores e pacientes indistintamente em todo o país os mais recentes avanços no tratamento efetivo de certos transtornos. A agência também é responsável por pesquisas que visam melhorar o sistema de saúde mental. Com a aprovação em 2010 da legislação para fornecer uma forma de seguro nacional de saúde nos Estados Unidos (*The Patient Protection and Affordable Care Act*, Lei de Proteção e Cuidado ao Paciente, ou "Obamacare"), tornar o cuidado à saúde mais eficiente e efetivo é mais importante que nunca.

O governo espera não apenas reduzir custos eliminando tratamentos desnecessários ou não efetivos, mas também facilitar a disseminação de intervenções efetivas baseadas em evidências das pesquisas mais recentes (IOM, 2015). Nos últimos anos, os governos têm investido bilhões de dólares para facilitar a disseminação e a implementação de tratamentos psicológicos baseados em evidência em vários sistemas de cuidados à saúde, tais como a Veterans Health Administration nos Estados Unidos e o National Health Service no Reino Unido (McHugh e Barlow, 2010, 2012). Tratar pessoas de modo efetivo aliviando-lhes a dor e o sofrimento é, em última instância, a maneira mais acertada para diminuir os custos com a saúde, porque essas pessoas deixarão de solicitar tratamento na busca infindável por alívio. Para este fim, como parte da Affordable Care Act, o Congresso autorizou o Patient-Centered Outcomes Research Institute (Instituto de Pesquisa de Resultados Centrados no Paciente) para facilitar a pesquisa sobre quais tratamentos para quais condições são mais efetivos e para disseminar largamente essa informação (Dickersin, 2010).

Antecipando a importância dessa tendência e a necessidade de que as diretrizes da prática clínica se tornassem sólidas e válidas, a força-tarefa da American Psychological Association compôs um modelo, ou conjunto de princípios, para construir e avaliar as diretrizes de intervenções clínicas para os transtornos psicológicos e para os aspectos psicossociais dos transtornos físicos. Esses princípios foram publicados em 1995 e revisados em 2002 com poucas alterações (American Psychological Association, 2002a).

A força-tarefa decidiu que as diretrizes de prática clínica para transtornos específicos deveriam ser construídas com base em duas considerações concomitantes, ou eixos: o de eficácia clínica e o de utilidade clínica. O **eixo de eficácia clínica** é uma consideração detalhada da evidência científica para determinar se a intervenção em questão é efetiva. Essa evidência deve responder à pergunta: o tratamento é efetivo quando comparado a um tratamento alternativo ou a nenhum tratamento em um contexto de pesquisa clínica controlada? No Capítulo 4, examinamos as várias estratégias de pesquisa adotadas para determinar se uma intervenção é efetiva.

Como você deve se lembrar, há muitas razões pelas quais um tratamento pode parecer efetivo apesar de não ser. Se os pacientes melhoram por conta própria enquanto são tratados simplesmente por conta do tempo ou do processo de cura natural, o tratamento teve pouca relação com a melhora. É possível que efeitos não específicos do tratamento, como reunir-se com um profissional da saúde, sejam suficientes para fazer alguém se sentir melhor, sem que haja a aplicação de determinada técnica de tratamento. Para determinar a eficácia clínica, os experimentos chamados de ensaios clínicos precisam estabelecer se a intervenção em questão é melhor que qualquer terapia, melhor que uma terapia não específica ou melhor do que uma terapia alternativa (a última descoberta oferece o maior grau de evidência da efetividade de um trata-

mento). Os clínicos poderiam valer-se também de informações obtidas em diversas clínicas nas quais um grande número de profissionais trata do transtorno em questão. Se esses clínicos coletam dados sistemáticos sobre a evolução de seus pacientes, eles podem determinar quantos estão "curados", quantos tiveram certa melhora sem se recuperar totalmente e quantos não responderam à intervenção. Tais dados são denominados *observações clínicas quantificadas* ou *série de replicação clínica*. Por fim, um *consenso clínico* de peritos é também uma fonte valiosa de informação, embora não tão valiosa quanto os dados de observações clínicas quantificados ou ensaios controlados randomizados (em que os indivíduos são designados aleatoriamente para um tratamento ou uma condição de controle para avaliar a eficácia do tratamento).

O **eixo de utilidade clínica** diz respeito à efetividade da intervenção no contexto da prática em que deve ser aplicada, independentemente das evidências da pesquisa ou de sua eficácia; em outras palavras, uma intervenção com eficácia demonstrada em um ambiente de pesquisa também será efetiva nos vários contextos clínicos em que será aplicada com maior frequência? A aplicação da intervenção em cenários nos quais se faz necessária é viável e tem custos compatíveis? Esse eixo tem como preocupação a validade externa, a extensão em que uma intervenção com validade interna é efetiva em contextos diferentes ou em circunstâncias distintas daquelas nas quais foi testada, e o quão facilmente pode ser implementada naqueles contextos.

O primeiro tema importante a considerar no eixo de utilidade clínica é a viabilidade. Os pacientes aceitarão a intervenção e acatarão as exigências? A intervenção é relativamente fácil de administrar? Conforme observado no Capítulo 7, em muitos casos, a eletroconvulsoterapia (ECT) é um tratamento efetivo para depressão grave, porém é amedrontadora para os pacientes, muitos dos quais a recusam. O tratamento também requer procedimentos sofisticados e supervisão constante da equipe médica, geralmente em ambiente hospitalar. Portanto, não é particularmente viável e é utilizada apenas como último recurso.

Um segundo tema relativo ao eixo de utilidade clínica é a generalizabilidade, que se refere à extensão em que uma intervenção é efetiva com pacientes de diferentes procedências (etnia, idade ou sexo), bem como em diferentes dispositivos de saúde (ambulatório, enfermaria ou comunidade), ou com terapeutas variados. Novamente, uma intervenção pode ser muito efetiva em um ambiente de pesquisa com um grupo de pacientes, porém, com pouca possibilidade de generalização para diferentes grupos étnicos. Em resumo, o tratamento pode ser altamente efetivo quando determinado pelo eixo de eficácia clínica, mas, a menos que ele seja amplamente generalizável, viável e de baixo custo, é improvável que seja disseminado e implementado. Ver a Tabela 16.3 para um resumo desses eixos.

Ao ler os capítulos sobre transtornos (Capítulos 5-15 deste livro), você deve ter notado uma série de tratamentos efetivos, tanto psicossociais como médicos. No futuro, veremos um grande número de pesquisas adicionais cujo objetivo será estabelecer a eficácia e a utilidade clínica das várias intervenções voltadas aos transtornos psicológicos e o desenvolvimento de diretrizes ainda mais sofisticadas de práticas clínicas (Barlow

TABELA 16.3 — Panorama do modelo para construir as diretrizes de intervenção psicológica

Eficácia clínica (validade interna)	Utilidade clínica (validade externa)

A. Melhor que a terapia alternativa (ensaios controlados randomizados, ECRs)
B. Melhor que uma terapia não específica (ECRs)
C. Melhor do que nenhuma terapia (RCTs)
D. Observações clínicas quantificadas
E. Consenso clínico
  1. Fortemente positivo
  2. Misto
  3. Fortemente negativo
  4. Evidência contraditória
	A. Viabilidade
	  1. Aceitabilidade do paciente (custo, dor, duração, efeitos colaterais etc.)
	  2. Escolha do paciente diante de eficácia relativamente igual
	  3. Probabilidade de adesão
	  4. Fácil de disseminar (número de profissionais com competência, requisitos de formação, oportunidades de formação, necessidade de tecnologias dispendiosas ou pessoal adicional para apoio, e assim por diante)
	B. Generalizabilidade
	  1. Características do paciente
	    a. Questões de cunho cultural
	    b. Questões de gênero
	    c. Questões de nível de desenvolvimento
	  2. Outras características relevantes do paciente
	    a. Características do terapeuta
	    b. Questões de robustez quando aplicado em cenários de prática com diferentes quadros, e assim por diante
	  3. Fatores contextuais em relação ao cenário em que o tratamento é aplicado
	C. Custos e benefícios
	  1. Custo da intervenção para o indivíduo e a sociedade
	  2. Custos para o indivíduo e a sociedade da não intervenção

Nota: A confiança na eficácia do tratamento baseia-se em ambos: (a) eficácia absoluta e relativa do tratamento e (b) qualidade e replicabilidade dos estudos em que esse julgamento foi feito.

Nota: A confiança na utilidade clínica refletida nas três dimensões deve se basear nos métodos sistemáticos e objetivos e estratégias para avaliar essas características de tratamento quando são aplicadas na prática atual. Em alguns casos, os ensaios controlados randomizados existirão. Mais frequentemente os dados estarão em forma de observações clínicas quantificadas (séries de replicação clínica) ou outras estratégias, tais como cálculos econômicos de saúde.

Fonte: American Psychological Association Board of Professional Affairs Task Force on Psychological Intervention Guidelines. (1995). *Template for developing guidelines*: Interventions for mental disorders and psychosocial aspects of physical disorders. Approved by APA Council of Representatives, February 1995. Washington, D.C.: American Psychological Association.

---

et al., 2013; IOM, 2015). Em 2010, a American Psychological Association decidiu desenvolver seu próprio conjunto de diretrizes de prática clínica propiciando melhores cuidados psicológicos com base em evidência para pessoas com transtornos psicológicos (Hollon et. al., 2014).

No Capítulo 1, analisamos diversas atividades que fazem parte do papel dos pesquisadores clínicos da área da saúde mental, que adotam um método científico para seu trabalho clínico a fim de oferecer os procedimentos de avaliação e intervenções mais efetivos. É possível que as mudanças na prestação de serviços de saúde mental sejam acompanhadas por rupturas consideráveis, porque esse é um sistema importante que afeta milhões de pessoas. Contudo, as mudanças também trarão oportunidades. Os pesquisadores clínicos contribuirão de diversas maneiras para o processo de elaboração de diretrizes. Por exemplo, à medida que forem feitas tentativas para avaliar a utilidade clínica ou a validade externa das intervenções, a experiência obtida pelos milhares de profissionais da saúde mental será muito valiosa. Na verdade, a maior parte das informações relevantes para a utilidade clínica ou para a validade externa será reunida por esses clínicos no decorrer de sua prática. Portanto, o papel deles será de pesquisadores clínicos em benefício dos pacientes tratados por questões de saúde mental.

Verificação de conceitos 16.3

Identifique as seguintes situações e utilize um destes termos: (a) consentimento informado, (b) recusa de tratamento, (c) utilidade clínica, (d) eficácia clínica e (e) redução de custos.

1. Recentemente, as diretrizes para a prática clínica foram estabelecidas em dois eixos. O eixo de _____ é uma consideração detalhada da evidência científica para determinar se a intervenção em questão é efetiva.

2. O eixo de _____ refere-se à efetividade da intervenção no cenário clínico em que será aplicado, não no cenário da pesquisa.

3. O pesquisador clínico sabe que o potencial para danos dos participantes é trivial, no entanto, é preciso ter o cuidado de informa-lhes sobre a pesquisa e perguntar-lhes se podem assinar o _____.

4. As diretrizes de prática clínica são designadas para salvaguardar pacientes e _____.

5. A decisão do Supremo Tribunal Riggins contra o estado de Nevada ajudou a sustentar os direitos do paciente para _____.

Conclusões

A terapia e o avanço científico não ocorrem em um vazio. As pessoas que estudam e tratam o comportamento atípico são responsáveis não somente por dominar o grande número de informações que mencionamos nesta obra, mas também por compreender e avaliar seu papel na sociedade e no mundo.

Todo aspecto da vida – biológico, social, político e legal – interage com os demais; se nos dispusermos a ajudar as pessoas, precisamos entender essa complexidade.

Esperamos ter-lhes dado uma boa noção dos desafios enfrentados pelos profissionais no campo da saúde mental e ter estimulado alguns de vocês a se juntarem a nós neste trabalho gratificante.

Resumo

Perspectivas sobre leis de saúde mental

▶ A concepção societal relacionada a pessoas que sofrem de doença mental muda com o tempo, frequentemente em resposta a problemas perceptíveis como melhorias intencionais das leis. De acordo com os pesquisadores, uma "era liberal" entre 1960 e 1980 nos Estados Unidos foi caracterizada pelo comprometimento com os direitos individuais e de justiça; a era "neoconservadora" que se seguiu concentrou-se nas preocupações da maioria e na ordem.

Restrição civil

▶ As leis de restrição civil determinam as condições sob as quais uma pessoa pode ser declarada legalmente insana e, portanto, internada em um hospital, às vezes em conflito com os desejos da pessoa.

▶ Historicamente, os estados norte-americanos têm permitido a restrição se obedecidas certas condições: (1) a pessoa tem uma doença mental e necessita de tratamento, (2) ela representa um perigo para si ou para outros ou (3) a pessoa é incapaz de cuidar de si mesma.

▶ *Doença mental*, termo usado no sistema legal, não é sinônimo de *transtorno psicológico*; cada estado tem sua própria definição de doença mental, geralmente significa fazer a inclusão de pessoas com perturbações graves que afetam negativamente sua saúde e segurança.

▶ Ter uma doença mental não parece aumentar a probabilidade de periculosidade, ou seja, que uma pessoa cometerá atos de violência no futuro, ainda que ter sintomas de alucinações e delírios pareça indicar maior risco de comportamento violento.

▶ A combinação do fracasso da desinstitucionalização, que era o resultado alternativo à transinstitucionalização, o aumento da falta de moradia e a criminalização de pessoas com doença mental grave deram origem a uma reação contra as causas notórias desses fatores, incluindo as rigorosas leis de restrição civil.

Custódia criminal

▶ Custódia criminal é o processo pelo qual as pessoas são detidas porque: (1) foram acusadas de cometer um crime e são detidas em uma instituição de saúde mental até poderem ser avaliadas como capazes ou incapazes de participar de um processo judicial contra elas ou (2) foram consideradas inocentadas devido à insanidade.

▶ A defesa por insanidade é definida por uma série de regras legais: a decisão M'Naghten afirma que pessoas não são responsáveis por comportamento criminal se elas não sabem o que estavam fazendo ou se não têm noção do certo e do errado. A decisão Durham ampliou os critérios de responsabilidade com base no conhecimento do certo ou do errado para incluir a presença de uma "doença ou deficiência mental". Os critérios do American Law Institute concluíram que as pessoas não são responsáveis por seus comportamentos criminais se, devido à sua doença mental, falta-lhes capacidade cognitiva para reconhecer a inapropriação de seu comportamento ou falta capacidade de controlar seu comportamento.

▶ O conceito de capacidade reduzida significa que a capacidade de uma pessoa de entender a natureza de seu comportamento e, portanto, a intenção criminal, poderia ser diminuída devido à sua doença mental.

▶ A determinação da competência deve ser feita antes que o indivíduo seja acusado por um delito criminal: para ir a julgamento, as pessoas devem ter competência, isto é, ser capazes de entender as acusações feitas contra elas e de ajudar em sua própria defesa.

▶ O dever de informação é um padrão que se refere à responsabilidade do terapeuta de informar as vítimas em potencial contra as quais os pacientes podem tentar cometer um delito (machucar ou matar).

▶ Os indivíduos que têm conhecimento especializado e que auxiliam juízes a tomar decisões, especialmente sobre questões como competência ou simulação, são chamados peritos.

Direitos dos pacientes e diretrizes para a prática clínica

▶ Um dos direitos mais fundamentais dos pacientes em instituições de saúde mental é o direito a tratamento; ou seja, eles têm um direito legal de que algum tipo de esforço contínuo exista a fim de definir e consumar as metas de tratamento. Em contraste, existe grande controvérsia quanto à capacidade de o paciente tomar a decisão de recusar o tratamento. Em especial, esse é um dilema difícil em caso de medicações antipsicóticas, que podem melhorar os sintomas, mas podem ao mesmo tempo causar efeitos colaterais negativos.

▶ Voluntários de pesquisa devem ser completamente informados dos riscos e benefícios e formalmente assinar um termo de consentimento livre e esclarecido que indique que foram informados de todos os aspectos da pesquisa envolvidos.

▶ As diretrizes de prática clínica podem exercer um papel importante, fornecendo informações sobre os tipos de intervenções provavelmente efetivos para um transtorno em específico; assim, determina o estágio da prática com base em evidência. Essenciais para tal determinação são as medidas de eficácia clínica (validade interna) e de utilidade clínica (validade externa); em outras palavras, o primeiro diz se o tratamento funciona, e o último, se o tratamento é efetivo em uma variedade de contextos, e, ainda, se pode ser implementado.

Termos-chave

capacidade reduzida	eixo de eficácia clínica
competência	eixo de utilidade clínica
custódia criminal	leis de restrição civil
desinstitucionalização	periculosidade
dever de informação	peritos
doença mental	transinstitucionalização

Respostas da verificação de conceitos

16.1
1. transtorno mental, 2. perigosa; 3. incapacidade grave;
4. legal;
5. desinstitucionalização;

6. transinstitucionalização
16.2
1. a; 2. e; 3. c; 4. h; 5. b; 6. g; f; 7. d
16.3
1. d; 2. c; 3. a; 4. e; 5. b

Apêndice
Sugestões de instrumentos para investigação dos principais transtornos mentais

Por Silmara Batistela

Ao longo deste livro, você conheceu o histórico da psicopatologia e dos transtornos mentais, sua classificação, modelos explicativos, bem como intervenções para manejo dos sintomas desses transtornos. Foram apresentados os critérios diagnósticos e as características que permitem ao profissional de saúde a identificação dos transtornos. Em alguns capítulos, também foram citados alguns testes e escalas para auxílio no diagnóstico (como o Miniexame do Estado Mental, no Capítulo 15). Além disso, a fim de auxiliar no trabalho de psicodiagnóstico do clínico, serão sugeridos aqui alguns instrumentos para rastreio e identificação dos principais transtornos mentais e/ou seus sintomas.

Inúmeros transtornos foram abordados ao longo do livro, porém, neste Apêndice foram escolhidos apenas alguns deles. Para o diagnóstico desses transtornos, sugeriu-se somente os instrumentos disponíveis em língua portuguesa (Brasil), sejam de domínio público (gratuitos) ou não (comercializados).

É importante salientar que o uso de alguns desses instrumentos são regulamentados pelo Conselho Federal de Psicologia (CFP), e que, para os psicólogos, é fundamental consultar o Sistema de Avaliação de Testes Psicológicos (Satepsi)[1] para saber se a utilização do teste ("testes favoráveis") é permitida na prática do profissional. Vale destacar também que os pareceres sobre os testes têm prazo de validade, porque os estudos de normatização e validade dos instrumentos são válidos por tempo determinado, após o qual novos dados devem ser coletados para atualização das pesquisas e, depois, para emissão de novo parecer.

Além disso, é importante atentar para instrumentos que são de aplicação exclusiva de psicólogo, ou seja, não podem ser utilizados por outros profissionais ou estudantes, como é o caso das Escalas de Inteligência Wechsler.

Também é imprescindível que o estudante e/ou profissional lembrem-se de que nenhum teste ou escala é capaz de abranger toda a dinâmica e a complexidade humana, e, portanto, sozinhos, os instrumentos não são suficientes para afirmações categóricas. Todos os resultados de testes e escalas exigem interpretação pautada em avaliação clínica abrangente. Um diagnóstico preciso sempre exige entrevistas e observações clínicas, investigação de histórico e apresentação atual dos sintomas, e, principalmente, a compreensão de como se dá a manifestação e o impacto deles no dia a dia do paciente.

Inicialmente, para investigação clínica geral (abordada no Capítulo 3), sugestiona-se as "Escalas transversais para avaliação de sintomas" (APA, 2014), disponíveis no *Manual diagnóstico e estatístico de transtornos mentais* (*DSM-5*), 5ª edição. Tratam-se de ferramentas para investigação geral de sintomas, aplicadas em entrevista inicial e ao longo do tratamento para verificar a evolução dos sintomas e os efeitos da intervenção. As escalas são autoaplicáveis, exceto em situações nas quais o paciente não disponha de maturação ou capacidades mentais para tal (como nos casos de escolaridade muito baixa ou comprometimento da compreensão, como pode ocorrer em transtorno neurocognitivo maior). As escalas (versão para adultos e para crianças-adolescentes), bem como a pontuação e a interpretação, estão disponibilizadas na Seção III do *DSM-5*.

A escala transversal de sintomas do Nível 1 consiste em rastreio de sintomas. São 13 domínios para adultos (depressão, raiva, mania, ansiedade, sintomas somáticos, ideação suicida, psicose, distúrbio do sono, memória, pensamentos e comportamentos repetitivos, dissociação, funcionamento da personalidade, uso de substância), investigados por 23 perguntas que avaliam a frequência ou intensidade do sintoma nas últimas duas semanas. Para crianças e adolescentes (de 6 a 17 anos), há 25 perguntas que abrangem 12 domínios (sintomas somáticos, distúrbio do sono, desatenção, depressão, raiva, irritabilidade, mania, ansiedade, psicose, pensamentos e comportamentos repetitivos, uso de substância, ideação suicida/tentativa de suicídio) (APA, 2014). Há, ainda, a escala transversal de sintomas do Nível 2, cujo objetivo é aprofundar a investigação em alguns domínios, no entanto, essa escala não está traduzida para o português no *DSM-5*.

No Capítulo 5, são discutidos os transtornos de ansiedade, os transtornos relacionados a trauma e a estressores, o transtorno obsessivo-compulsivo (TOC) e os transtornos relacionados. No Capítulo 3, há um modelo para avaliação do TOC, que foi extraído da "Entrevista estruturada para ansiedade e transtornos relacionados segundo critérios do *DSM-5*" (ADIS-5; Brown e Barlow, 2014). O ADIS-5 não está disponível em português. Portanto, o modelo de entrevista disponibilizado aqui não passou pelos processos de normatização para a língua portuguesa, sendo feita apenas a tradução direta.

---

[1] Disponível no site https://satepsi.cfp.org.br.

Para investigação de sintomas do transtorno de ansiedade, apesar de não apresentar estudos de análise fatorial, emprega-se a versão em português do Inventário de Ansiedade, reproduzida do livro *A mente vencendo o humor*, de Greenberger e Padesky (2016). Nele, há 24 itens autoaplicáveis que permitem a identificação e a avaliação de sintomas ansiosos. Os autores do livro sugerem aplicação semanal do inventário, o que permitiria um acompanhamento longitudinal da evolução dos sintomas. Nesse livro ainda são disponibilizadas as questões, pontuação e folha para registro semanal do escore.

Em pesquisas científicas, é frequentemente utilizado o Inventário de Ansiedade Traço-Estado (IDATE) (Spielberger, Gorsuch e Lushene, 1970; Biaggio e Natalício, 1979; Andrade et al., 2001), composto de duas escalas: escala de avaliação da intensidade da ansiedade enquanto estado (IDATE-E) e escala de avaliação da frequência dos sintomas de ansiedade enquanto traço (IDATE-T), ambas compostas de 20 itens cada. Esse é um exemplo de teste que consta na lista de "testes desfavoráveis" do Satepsi, portanto, não deve ser utilizado pelos psicólogos para avaliação clínica.

Para o transtorno de estresse pós-traumático (TEPT), muitas escalas em uso ainda são construídas de acordo com os critérios do *DSM-IV* (Berger et al., 2014; Beck et al., 1988). Segundo os critérios do *DSM-5*, um exemplo de instrumento atualizado para investigação de sintomas de TEPT é a PCL-5 (*Posttraumatic Stress Disorder Checklist-5*), que é uma escala autoaplicável e composta de 20 itens, que avaliam a intensidade dos sintomas (Weathers et al., 2013b; Blevins et al., 2015). Há três versões: (1) sem os critérios A; (2) com os critérios A; (3) com os critérios A + *checklist* para eventos estressantes do *DSM-5* (*Life Events Checklist for DSM-5* – LEC-5 – Weathers et al., 2013a). Essa escala passou por tradução e adaptação transcultural para o Brasil, possui alta confiabilidade e é disponibilizada gratuitamente (Osório et al., 2001; Pereira et al., 2019).

No Capítulo 6, foram abordados os transtornos de sintomas somáticos e transtornos relacionados e transtornos dissociativos e discutida sua complexidade, até mesmo de avaliação. Para investigação mais específica desses transtornos, sugere-se consultar o material disponível no guia *Entrevista clínica estruturada para os transtornos do DSM-5:SCID-5-CV* (First et al., 2017). Seu conteúdo aborda a avaliação dos principais transtornos referidos no *DSM-5*, ou seja, pode ser utilizado também para a investigação dos demais transtornos discutidos ao longo deste livro, bem como para rastreio diagnóstico. Trata-se de material muito rico para o clínico que trabalha com diagnóstico e tratamento de transtornos mentais, sendo as questões respondidas pelo próprio profissional com base em observação clínica, entrevista com pacientes, familiares, cuidadores ou qualquer fonte útil de informação fidedigna sobre o paciente. Sua aplicação é longa (em torno de 45 a 90 minutos, podendo perdurar por mais de uma sessão), e todas as instruções de uso, bem como classificações, estão disponíveis no próprio guia (First et al., 2017).

Para investigação do transtorno depressivo maior, a escala mais amplamente utilizada é o *Inventário de Depressão de Beck* – Segunda Edição (BDI-II) (Beck, Steer e Brown 2011). Trata-se de uma ferramenta autoadministrável que permite aplicação coletiva (útil em casos de pesquisas). Composta de 21 questões que investigam a gravidade da depressão, é útil para a avaliação e o acompanhamento longitudinal dos sintomas depressivos, e pode ser aplicada em indivíduos a partir dos 13 anos. Outra opção bastante utilizada é a versão em português do Inventário de Depressão, descrito no livro *A mente vencendo o humor* (Greenberger e Padesky, 2016). Composto de 19 itens autoaplicáveis, seu emprego é semelhante ao do Inventário de Ansiedade, também disponibilizado no livro citado anteriormente.

No Capítulo 8, foram abordados os transtornos relacionados às funções vegetativas: comportamento alimentar e sono. Como mencionado neste livro, tem-se observado aumento na incidência de transtornos alimentares nos últimos anos, até mesmo em culturas nas quais eram menos presentes. Nesse sentido, para avaliação do transtorno de compulsão alimentar, está disponível a Escala de Compulsão Alimentar Periódica (ECAP), umas das principais ferramentas para avaliação da presença e/ou gravidade da compulsão alimentar em contexto clínico ou de pesquisa (Gormally et al., 1982; Freitas et al., 2001; Freitas, Gorenstein e Appolinario, 2002). A escala (autoaplicável) é composta de 16 itens, e também é útil para verificar os efeitos das intervenções sobre os sintomas.

A respeito dos transtornos do sono-vigília, é bastante utilizado o Índice de Qualidade do Sono de Pittsburgh (PSQI), uma escala autoaplicável, que investiga a qualidade subjetiva do sono e pode ser útil também para rastreio de possíveis distúrbios (Buysse et al., 1989). A escala, traduzida e validada para a população brasileira, é composta de 19 itens, e classifica, em seu escore final, o indivíduo como "bom dormidor" ou "mau dormidor", sendo bastante utilizada tanto no meio clínico quanto em pesquisa (Bertolazi et al., 2011). Especificamente para avaliação da insônia, emprega-se o Índice de Gravidade da Insônia (*Insomnia Severity Index* – ISI), um questionário breve com sete questões que investiga a gravidade do transtorno e suas consequências no dia a dia (Bastien, Vallières e Morin, 2002; Morin et al., 2011; Castro et al., 2009).

O estresse, abordado no Capítulo 9, pode ser avaliado subjetivamente pela Escala do Estresse Percebido (EPS-10). Trata-se de uma ferramenta com adaptação transcultural para o Brasil, composta de 10 itens que avaliam a frequência de eventos estressantes para o indivíduo no último mês (Cohen, Kamarck e Mermelstein, 1983; Siqueira Reis, Hino e Rodriguez-Añez, 2010).

No Capítulo 10, são abordados disfunções sexuais, transtornos parafílicos e disforias de gênero, bem como instruções sobre a avaliação do comportamento sexual, com exemplos de perguntas realizadas em entrevista clínica. Também são sugeridos questionários, como o Índice da Função Sexual Feminina (*Female Sexual Function Index* – FSFI), validado para o português, com propriedades psicométricas adequadas e bastante utilizado para avaliação clínica (Thiel et al., 2008; Rosen et al., 2000). Trata-se de um questionário breve, multidimensional e autoaplicável, com 19 itens que compõem os seguintes domínios: desejo sexual e estímulo subjetivo, lubrificação vaginal, orgasmo, satisfação sexual e dor/desconforto.

Os diferentes transtornos relacionados ao uso de substâncias foram apresentados no Capítulo 11. O rastreio de uso de substâncias pode ser realizado por meio do Teste para Identificação de Problemas Relacionados ao Uso de Álcool e Substâncias, também chamado *Alcohol, Smoking and Substance Involvement Screening Test* (ASSIST). O questionário deve ser aplicado por meio de entrevista, sendo essa triagem importante para identificação dos padrões de uso e da necessidade e tipo de intervenção exigida. O instrumento foi desenvolvido pela Organização Mundial de Saúde (OMS) e possui versão traduzida e validada para o Brasil (Henrique et al., 2004). Para investigação do padrão de uso de álcool, é utilizado no país, tanto no âmbito clínico quanto no acadêmico, o Teste para Identificação de Problemas Relacionados ao Uso de Álcool (*Alcohol Use Disorders Identification Test* – AUDIT), também desenvolvido pela OMS (Babor et al., 2003). A escala pode ser aplicada por meio de entrevista ou autopreenchida, e identifica possíveis padrões de consumo de risco e/ou de dependência. Há duas versões disponíveis: a AUDIT, com dez questões, e a AUDIT-C, uma versão reduzida, com três questões.

Os transtornos da personalidade foram abordados no Capítulo 12, no qual foram discutidos os questionamentos persistentes a respeito de sua classificação e diferentes modelos para diagnóstico (categórico e dimensional). Também é citada a Escala Hare PCL-R, que, no Brasil, é de uso exclusivo de psicólogos, especificamente para avaliação de traços de personalidade característicos de psicopatia. Para um rastreio mais geral de todos os grupos de transtornos da personalidade, sugere-se o uso do Inventário Breve de Sintomas (BIS), que, apesar de não ser específico para avaliação de transtornos da personalidade, é uma boa ferramenta para triagem. O material permite a investigação de nove dimensões sintomatológicas primárias, entre as quais: somatização, obsessivo-compulsiva, sensibilidade interpessoal, depressão, ansiedade, hostilidade, ansiedade fóbica, ideação paranoide e psicoticismo (Derogatis, 2019). Trata-se, então, de uma medida de rastreio, e uma avaliação pormenorizada é essencial para o diagnóstico. Além disso, esse inventário também pode ser útil para investigação de outros transtornos.

O Capítulo 13 abordou o espectro da esquizofrenia e outros transtornos psicóticos, apresentando seus variados domínios sintomatológicos: pensamento, percepção, linguagem oral e comportamento motor. Como são transtornos heterogêneos, é importante ao clínico conhecer suas variadas dimensões, impacto e gravidade dos sintomas, para que possam ser traçadas as metas de intervenção e o prognóstico clínico (APA, 2014). Nesse sentido, o *DSM-5* oferece uma escala para apuração da "Gravidade das Dimensões de Sintomas de Psicose", que deve ser respondida unicamente pelo profissional no momento da avaliação (ou seja, não é autoaplicável e não contém questões a serem respondidas pelos cuidadores e/ou responsáveis). A escala possui oito itens (alucinações, delírios, discurso desorganizado, comportamento psicomotor anormal, sintomas negativos, cognição prejudicada, depressão e mania), os quais o profissional deve responder com base em sua avaliação clínica. As questões, bem como pontuação e interpretação, estão disponíveis na Seção III do *DSM-5*.

Embora tenha sido construído com base no DSM-IV, outro instrumento bastante utilizado em pesquisas científicas e meio clínico para a investigação do perfil e gravidade dos diferentes sintomas da esquizofrenia, é a "escala de avaliação das síndromes positiva e negativa para esquizofrenia" , mais conhecida como *The Positive and Negative Syndrome Scale* (PANSS) (Kay, Fiszbein e Opler, 1987; Vessoni, 1993). Composta de 30 itens (subdivididos entre sintomas positivos, sintomas negativos e sintomas gerais), é também muito utilizada para acompanhar o efeito da medicação na manifestação dos sintomas (Kay, Fiszbein e Opler, 1987; Vessoni, 1993; Chaves e Shirakawa, 1998; Higuchi et al., 2014).

Para investigação de transtornos do neurodesenvolvimento, abordados no Capítulo 14, a escala Vineland para avaliação de comportamento adaptativo é uma ferramenta muito útil. Prejuízo no comportamento adaptativo (habilidades em domínios conceituais, sociais e práticos) faz parte, por exemplo, dos critérios diagnósticos para deficiência intelectual além de ser observado em diversos outros transtornos do neurodesenvolvimento, como o transtorno do espectro autista o TDAH (APA, 2014; Farmer et al., 2020). Porém, o uso da escala Vineland não é restrito a investigação dos transtornos do neurodesenvolvimento. Além do escore geral para comportamento adaptativo, a escala fornece avaliação para quatro domínios – comunicação, atividades de vida diária, socialização e comportamento motor –, e pode ser aplicada em indivíduos de 0 a 90 anos, na forma de entrevista, que pode durar, geralmente, entre 30 e 90 minutos. A escala é comercializada no Brasil, e as informações sobre aplicação, pontuação e classificação, assim como os formulários de entrevista, estão disponibilizadas no manual (Sparrow, Cicchetti e Saulnier, 2019).

Finalmente, no Capítulo 15, que aborda os transtornos neurocognitivos, é descrito um dos principais instrumentos de rastreio para o transtorno neurocognitivo maior devido à doença de Alzheimer, o Mini Exame do Estado Mental (Mini-Mental), traduzido e validado para a população brasileira, que pode ser fácil e rapidamente administrado (Bertolucci et al., 1994; Brucki et al., 2003; Caramelli, Herrera e Nitrini, 1999). Para o diagnóstico de transtorno neurocognitivo maior, neste capítulo enfatizou-se a necessidade de comprometimento funcional do indivíduo, ou seja, na independência para a realização das atividades de vida diária. Para essa investigação, pode-se adotar a Escala de Avaliação de Incapacidade da Organização Mundial da Saúde – WHODAS 2.0 (OMS, 2012), que é autoaplicável; mas, em casos de pacientes com muito comprometimento, sugere-se entrevista e coleta de informações por meio de observação clínica, com familiares e/ou cuidadores (APA, 2014). Pode ser utilizada para avaliar indivíduos a partir dos 18 anos, portanto, seu uso não é restrito para pacientes com suspeita de transtorno neurocognitivo. A escala fornece avaliação para possíveis prejuízos em seis diferentes domínios: compreensão e comunicação, mobilidade, cuidado pessoal, relacionamento com as pessoas, atividades da vida diária (tarefas domésticas e escola/trabalho) e participação na sociedade. A escala, bem como sua pontuação e classificação, estão disponibilizados na Seção III do *Manual diagnóstico e estatístico de transtornos Mentais: (DSM-5)*, 5ª edição.

REFERÊNCIAS

American Psychiatric Association. (2014). *Manual diagnóstico e estatístico de transtornos mentais: DSM-5*. Porto Alegre: Artmed Editora.

Andrade, L., Gorenstein, C., Vieira Filho, A. H., Tung, T. C. e Artes, R. (2001). Psychometric properties of the Portuguese version of the State-Trait Anxiety Inventory applied to college students: Factor analysis and relation to the Beck Depression Inventory. *Brazilian Journal of Medical and Biological Research, 34*(3), 367-374.

Babor, T. F., Higgins-Biddle, J. C., Saunders, J. B. e Monteiro, M. G. (2003). *AUDIT: Teste para identificação de problemas relacionados ao uso de álcool: Roteiro para uso em atenção primária.* Ribeirão Preto: PAI-PAD.

Bastien, C. H., Vallières, A. e Morin, C. M. (2001). Validation of the Insomnia Severity Index as an outcome measure for insomnia research. *Sleep Medicine, 2*(4), 297-307.

Beck, A. T., Epstein, N., Brown, G. e Steer, R. A. (1988). An inventory for measuring clinical anxiety: Psychometric properties. *Journal of Consulting and Clinical Psychology, 56*(6), 893 .

Beck, A. T., Steer, R. A. e Brown, G. (2011). *Inventário Beck de depressão-II. Manual.* São Paulo: Casa do Psicólogo.

Berger, W., Mendlowicz, M. V., Souza, W. F. e Figueira, I. (2004). Equivalência semântica da versão em português da Post-Traumatic Stress Disorder Checklist-Civilian Version (PCL-C) para rastreamento do transtorno de estresse pós-traumático. *Revista de Psiquiatria do Rio Grande do Sul, 26*(2), 167-175.

Bertolazi, A. N., Fagondes, S. C., Hoff, L. S., Dartora, E. G., da Silva Miozzo, I. C., de Barba, M. E. F. e Barreto, S. S. M. (2011). Validation of the Brazilian Portuguese version of the Pittsburgh sleep quality index. *Sleep Medicine, 12*(1), 70-75.

Bertolucci, P. H., Brucki, S., Campacci, S. R. e Juliano, Y. (1994). O mini-exame do estado mental em uma população geral: Impacto da escolaridade. *Arquivos de Neuro-psiquiatria, 52*(1), 1-7.

Biaggio, A. M. B. e Natalício, L. (1979). Manual para o Inventário de Ansiedade Traço-Estado (IDATE). Rio de Janeiro: Centro de Psicologia Aplicada.

Blevins, C. A., Weathers, F. W., Davis, M. T., Witte, T. K. e Domino, J. L. (2015). The posttraumatic stress disorder checklist for DSM-5 (PCL-5): Development and initial psychometric evaluation. *Journal of Traumatic Stress, 28*(6), 489-498.

Brucki, S., Nitrini, R., Caramelli, P., Bertolucci, P. H. e Okamoto, I. H. (2003). Suggestions for utilization of the mini-mental state examination in Brazil. *Arquivos de Neuro-psiquiatria, 61*(3B), 777-781.

Buysse, Dj, B., Reynolds, C. F., Monk, T. H., Berman, S. R. e Kupfer, D. J. (1989). The Pittsburgh Sleep Quality Index: A new instrument for psychiatric practice and research. *Psychiatry Res, 28*(2), 193-213.

Caramelli, P., Herrera Jr, E. e Nitrini, R. O. (1999). Mini-Exame do Estado Mental no diagnóstico de demência em idosos analfabetos. *Arq Neuropsiquiatr, 57*(11), 7-12.

Castro, L. S., Poyares, D., Santos-Silva, R., Conway, S. G., Tufik, S. e Bittencourt, L. R. A. (2009). 072 VALIDATION OF THE INSOMNIA SEVERITY INDEX (ISI) IN THE SAO PAULO EPIDEMIOLOGIC SLEEP STUDY . *Sleep Medicine*, (10), S20.

Chaves, A. C. e Shirakawa, I. (1998). Escala das síndromes negativa e positiva--PANSS e seu uso no Brasil. *Rev. Psiquiatr. Clín.* (São Paulo), 337-343 .

Cohen, S., Kamarck, T. e Mermelstein, R. (1983). A global measure of perceived stress. *Journal of Health and Social Behavior*, 385-396 .

Derogatis, L R. (2019). *Inventário Breve de Sintomas: Manual de aplicação e correção.* São Paulo: Pearson Clinical.

Farmer, C., Adedipe, D., Bal, V. H., Chlebowski, C. e Thurm, A. (2020). Concordance of the Vineland Adaptive Behavior Scales, second and third editions. *Journal of intellectual disability research: JIDR, 64*(1), 18-26.

First, M. B., Williams, J. B., Karg, R. S. e Spitzer, R. L. (2017). *Entrevista clínica estruturada para os transtornos do DSM-5: SCID-5-CV. Versão Clínica.* Porto Alegre: Artmed Editora.

Freitas, S., Gorenstein, C. e Appolinario, J. C. (2002). Instrumentos para a avaliação dos transtornos alimentares. *Brazilian Journal of Psychiatry, 24*, 34-38.

Freitas, S., Lopes, C. S., Coutinho, W. e Appolinario, J. C. (2001). Translation and adaptation into Portuguese of the Binge-Eating Scale. *Rev Bras Psiquiatr, 23*(4), 215-20.

Gormally, J., Black, S., Daston, S. e Rardin, D. (1982). The assessment of binge eating severity among obese persons. *Addictive Behaviors, 7*(1), 47-55.

Greenberger, D. e Padesky, C. A. (2016). *A mente vencendo o humor: mude como você se sente, mudando o modo como você pensa.* Porto Alegre: Artmed Editora.

Henrique, I. F. S., De Micheli, D., Lacerda, R. B. D., Lacerda, L. A. D. e Formigoni, M. L. O. D. S. (2004). Validação da versão brasileira do teste de triagem do envolvimento com álcool, cigarro e outras substâncias (ASSIST). *Revista da Associação Médica Brasileira, 50*(2), 199-206.

Higuchi, C. H., Ortiz, B., Berberian, A. A., Noto, C., Cordeiro, Q., Belangero, S. I., ... e Bressan, R. A. (2014). Factor structure of the Positive and Negative Syndrome Scale (PANSS) in Brazil: Convergent validation of the Brazilian version. *Brazilian Journal of Psychiatry, 36*(4), 336-339.

Kay, S. R., Fiszbein, A. e Opler, L. A. (1987). The positive and negative syndrome scale (PANSS) for schizophrenia. *Schizophrenia Bulletin, 13*(2), 261-276.

Morin, C. M., Belleville, G., Bélanger, L. e Ivers, H. (2011). The Insomnia Severity Index: Psychometric indicators to detect insomnia cases and evaluate treatment response. *Sleep, 34*(5), 601-608.

Osorio, F. L., Sillva, T. D. A. D., Santos, R. G. D., Chagas, M. H. N., Chagas, N. M. S., Sanches, R. F. e Crippa, J. A. D. S. (2017). Posttraumatic Stress Disorder Checklist for DSM-5 (PCL-5): Transcultural adaptation of the Brazilian version. *Archives of Clinical Psychiatry* (São Paulo), *44*(1), 10-19.

Pereira-Lima, K., Loureiro, S. R., Bolsoni, L. M., Apolinario da Silva, T. D. e Osório, F. L. (2019). Psychometric properties and diagnostic utility of a Brazilian version of the PCL-5 (complete and abbreviated versions). *European Journal of Psychotraumatology, 10*(1), 1581020 .

Rosen, C., Brown, J., Heiman, S., Leiblum, C., Meston, R., Shabsigh, D., Ferguson e R. D'Agostino, R. (2000). The Female Sexual Function Index (FSFI): A multidimensional self-report instrument for the assessment of female sexual function. *Journal of Sex e Marital Therapy, 26*(2), 191-208.

Siqueira Reis, R., Ferreira Hino, A. A. e Rodriguez-Añez, C. R. (2010). Perceived stress scale: Reliability and validity study in Brazil. *Journal of Health Psychology, 15*(1), 107-114.

Sparrow, S. S., Cicchetti, D. V. e Saulnier, C. A. (2019). *Escalas de Comportamento Adaptativo Vineland – Vineland 3.* São Paulo: Pearson Clinical Brasil.

Spielberger, C. D., Gorsuch, R. L. e Lushene, R. E. (1970). *STAI Manual for the State* – Trait Anxiety Inventory .

Thiel, R. D. R. C., Dambros, M., Palma, P. C. R., Thiel, M., Riccetto, C. L. Z. e Ramos, M. D. F. (2008). Tradução para português, adaptação cultural e validação do Female Sexual Function Index. *Revista Brasileira de Ginecologia e Obstetrícia, 30*(10), 504-510.

Vessoni, A. L. N. (1993). *Adaptação e estudo da confiabilidade da escala de avaliação das síndromes positiva e negativa para esquizofrenia no Brasil.*

Weathers, F. W., Blake, D. D., Schnurr, P. P., Kaloupek, D. G., Marx, B. P. e Keane, T. M. (2013a). *The life events checklist for DSM-5 (LEC-5).*

Weathers, F. W., Litz, B. T., Keane, T. M., Palmieri, P. A., Marx, B. P. e Schnurr, P. P. (2013b). *The PTSD checklist for DSM-5 (PCL-5).* National Center for PTSD. Retrieved from www.ptsd.va.gov, 10 .

Glossário

Observação: Muitas palavras familiares têm significado e uso especializados na psicologia. Uma lista destas palavras, usadas neste livro, seguem neste glossário.

abordagem categorial clássica Método de **classificação** fundamentado na hipótese de diferenças nítidas entre transtornos, cada qual com causa conhecida distinta.

abordagem dimensional Método de categorização de características em um *continuum*, em vez de uma base binária, ou um ou outro, ou tudo ou nada.

abordagem multidimensional integrada Abordagem de estudo em **psicopatologia** que considera sempre **transtornos psicológicos** como os produtos de múltiplos fatores causais que interagem entre si.

abordagem prototípica Sistema para categorizar transtornos usando características definidoras essenciais e diversas variações de outras características.

abstinência Reação fisiológica gravemente negativa frente à remoção da **substância psicoativa**, que pode ser aliviada pela mesma substância ou uma substância semelhante.

abuso de substâncias Padrão de uso de **substâncias psicoativas** que conduz ao sofrimento ou prejuízo significativo nos contextos sociais e ocupacionais e em situações perigosas.

ácido gama-aminobutírico (GABA) Neurotransmissor que reduz a atividade entre as sinapses e, assim, inibe diversos comportamentos e emoções, em especial a **ansiedade** generalizada.

actigrafo Pequeno dispositivo eletrônico usado no pulso como um relógio e que registra os movimentos do corpo. Pode ser utilizado para registrar os ciclos sono-vigília.

adesivo de nicotina Adesivo colocado sobre a pele, que libera **nicotina** aos fumantes sem as substâncias cancerígenas contidas na fumaça do cigarro. Produz melhores resultados do que a goma mascar de nicotina, porque exige menos esforço por parte do usuário e libera a droga de forma mais consistente; deve ser acompanhado de aconselhamento para parar de fumar e evitar a **recaída**.

afasia Prejuízo ou perda das habilidades de linguagem resultante de dano cerebral causado por **AVC** ou lesão encefálica adquirida, **doença de Alzheimer**, ou outra doença degenerativa.

afeto Aspecto subjetivo e consciente de uma **emoção**, que acompanha a ação em dado momento.

afeto embotado Comportamento aparentemente sem emoção (incluindo fala monótona e olhar vago), quando se esperaria uma reação.

afeto inadequado Demonstrações emocionais discrepantes com a situação.

agnosia Incapacidade de reconhecer e nomear objetos; pode ser um sintoma de transtorno neurocognitivo maior, lesão encefálica adquirida ou outros transtornos cerebrais.

agonista inverso Substância química que produz os efeitos opostos de um **neurotransmissor** particular.

agonista Substância química que efetivamente aumenta a atividade de um **neurotransmissor** imitando seu efeito.

agorafobia Transtorno de ansiedade caracterizado pela ansiedade por estar em locais ou situações em que a saída poderia ser difícil caso houvesse apresentação de sintomas de pânico ou outros sintomas físicos desagradáveis (ex: incontinência).

agregação familiar Condição no transtorno encontrada entre os parentes do paciente.

álcool Subproduto da **fermentação** de leveduras, açúcar e água; a substância mais comumente usada e abusada como **depressora**.

álcool desidrogenase (ADH) Enzima que ajuda os seres humanos na metabolização do álcool. Diferentes níveis de seus subtipos podem ser responsáveis por suscetibilidades distintas a transtornos como **síndrome alcoólica fetal**.

alogia Deficiência na quantidade ou conteúdo da fala, distúrbio frequentemente visto em pessoas com **esquizofrenia**.

alters Termo abreviado para alter egos, as personalidades ou identidades diferentes presentes no **transtorno dissociativo de identidade**.

alucinações Sintomas psicóticos de perturbação perceptiva no qual coisas são vistas, ouvidas ou, de outra forma, sentidas, embora não estejam realmente presentes.

alucinógeno Qualquer substância psicoativa, como **LSD** ou **maconha**, que pode produzir **delírios**, **alucinações**, **paranoia** e percepção sensorial alterada.

amnésia dissociativa Transtorno dissociativo que se caracteriza por incapacidade de lembrar-se de informações pessoais, geralmente de natureza estressante ou traumática.

amnésia generalizada Perda de memória de todas as informações pessoais, incluindo a própria identidade.

amnésia localizada ou seletiva Perda de memória limitada a acontecimentos e eventos específicos, em especial a eventos traumáticos.

amniocentese Procedimento médico pré-natal que permite a detecção de anormalidades (por exemplo, **síndrome de Down**) no feto em desenvolvimento. Implica retirar e analisar o líquido amniótico da mãe.

amostragem das vilosidades coriônicas Teste genético realizado durante o início da gestação que retira amostras de células encontradas na placenta (vilos coriônicos) para avaliar possíveis problemas genéticos ou cromossômicos no feto.

análise de ligação gênica (*linkage*) Estudo que busca combinar o padrão de hereditariedade de um transtorno a um **marcador genético**. Essa análise auxilia os pesquisadores a estabelecer a localização do **gene** responsável pelo transtorno.

análise dos sonhos Método de terapia psicanalítica na qual os conteúdos dos sonhos são examinados como impulsos simbólicos do **id** e **conflitos intrapsíquicos**.

anedonia Prejuízo na incapacidade de sentir prazer, associada a alguns transtornos do **humor** e à esquizofrenia.

anfetamina Medicamento estimulante usado para tratar a hipersonia, mantendo a pessoa acordada durante o dia; e para tratar a **narcolepsia**, incluindo episódios de início repentino, suprimindo o sono de movimentos rápidos dos olhos (REM).

anorexia nervosa Transtorno alimentar caracterizado por recusa alimentar recorrente, levando a níveis perigosos de baixo peso corporal.

ansiedade Estado de **humor** caracterizado por **afeto negativo** acentuado e sintomas corporais de tensão, no qual a pessoa antecipa de maneira apreensiva um perigo ou infortúnio futuro. A ansiedade pode envolver respostas sentimentais, comportamentais e fisiológicas.

ansiedade de castração Em **psicanálise**, o **medo** que meninos sentem ao pensar que terão seus genitais mutilados devido ao desejo por suas mães.

antagonista Em **neurociência**, uma substância química que diminui ou bloqueia os efeitos de um **neurotransmissor**.

antígenos Matérias estranhas que entram no corpo, incluindo bactérias e parasitas.

apneia do sono Transtorno que envolve interrupções breves da respiração durante o sono.

aprendizagem preparada Uma capacidade que foi adaptativa para a evolução, que possibilita que certas associações sejam aprendidas mais facilmente do que outras.

apresentação do problema Queixa original relatada pelo paciente para o terapeuta. O problema real tratado pode às vezes sofrer modificação a partir da apresentação do problema.

artrite reumatoide Doença dolorosa, degenerativa em que o **sistema imunológico** essencialmente ataca a si mesmo, o que resulta em rigidez, inchaço, e até mesmo a destruição das articulações. **Tratamentos cognitivo-comportamentais** podem ajudar a aliviar a dor e rigidez.

associação livre Técnica de terapia psicanalítica cuja intenção é explorar conteúdos ameaçadores reprimidos no **inconsciente**. O paciente é instruído a dizer qualquer coisa que venha à mente sem censura.

ataque de pânico Experiência abrupta de intenso **medo** ou desconforto, acompanhado por uma série de sintomas físicos, como tonturas ou palpitações cardíacas.

GLOSSÁRIO **621**

atenção compartilhada Atenção compartilhada por duas pessoas para um objeto depois que uma pessoa demonstrou interesse no objeto para a outra pessoa; essa interação social está limitada ou ausente em pessoas com **transtorno do espectro autista**.

autoeficácia Percepção de ter a capacidade de lidar com o **estresse** ou desafios.

automonitoramento Ação pela qual os pacientes observam e registram os próprios comportamentos, ou também avaliam um problema e a alteração ou um procedimento de tratamento que os torna mais consciente dos comportamentos. Também chamado de auto-observação.

autópsia psicológica Perfil psicológico *post--mortem* de vítima de suicídio construído a partir de entrevistas com pessoas que conheciam a vítima antes da morte.

autorrealização Processo enfatizado na psicologia humanista em que as pessoas se esforçam para alcançar seu mais alto potencial contra experiências de vida difíceis.

avaliação clínica É a avaliação sistemática e a mensuração de fatores psicológicos, biológicos e sociais em um indivíduo que apresenta possível **transtorno psicológico**.

avaliação comportamental Mensura, observa e, sistematicamente, avalia (mais do que infere) os pensamentos, sentimentos e comportamentos do cliente no contexto ou situação atual do problema.

avaliação polissonográfica (PSG) Avaliação do sono e de transtornos do sono-vigília em que o paciente dorme no laboratório enquanto são monitorados o coração, o músculo, a respiração, as ondas cerebrais, e outras funções orgânicas.

avaliação psicofisiológica Medição de alterações no sistema nervoso que refletem eventos psicológicos ou emocionais, como **ansiedade, estresse** e excitação sexual.

AVC/derrame (acidente vascular cerebral) Bloqueio temporário dos vasos sanguíneos que irrigam o cérebro, ou ruptura de vasos no cérebro, resultando em perda temporária ou permanente do funcionamento cerebral.

avolia *Apatia* ou a incapacidade de iniciar atividades importantes ou persistir em fazê-la.

barbitúricos Drogas sedativas (e aditivas) como Amytal, Seconal e Nembutal utilizadas como hipnóticos.

beber de maneira controlada Abordagem de tratamento extremamente controversa para a dependência do álcool, em que usuários graves são ensinados a beber com moderação.

behaviorismo Explicação do comportamento humano, incluindo a sua disfunção, baseada nos princípios de aprendizagem e adaptação derivados da psicologia experimental.

benzodiazepinas Drogas ansiolíticas como Valium, Frontal, Dalmadorm, Halcion, também usadas para manejo da insônia. Efetivas contra a **ansiedade** (e, em alta potência, contra transtorno de pânico), elas causam alguns efeitos colaterais, tais como prejuízo cognitivo e motor, e podem resultar em **dependência da substância**. Índices de **recaída ou recidiva** são extremamente altos quando a droga é interrompida.

biofeedback Uso de equipamento de monitoramento fisiológico para fazer com que indivíduos estejam cientes das próprias funções corporais, tais como pressão sanguínea, ondas cerebrais, funções a que eles normalmente não têm acesso, com o propósito de controlar essas funções.

botão terminal A extremidade de um axônio (de um neurônio) onde os neurotransmissores são armazenados antes de serem liberados.

bulimia nervosa Transtorno alimentar que envolve episódios recorrentes de alimentação excessiva descontrolada (**compulsão**) seguidos de ações compensatórias para eliminar o alimento (por exemplo, vômito deliberado, abuso de laxantes e exercício físico em excesso).

câncer Categoria de condições médicas frequentemente fatal que envolve o crescimento anormal da célula e malignidade.

capacidade reduzida Evidência de condição mental anormal na qual a pessoa que responde a acusações criminais requer penas reduzidas ou diminuídas em razão de negligência ou imprudência criminal.

características mistas Condição na qual o indivíduo vivencia tanto euforia como a depressão ou a **ansiedade** ao mesmo tempo. Também conhecida como *episódio maníaco disfórico ou episódio maníaco misto*.

catalepsia Perturbação motora vista em pessoas com algumas psicoses e **transtornos do humor** em que a postura corporal é mantida contra a gravidade e pode ser "esculpida", para permanecer fixa por longos períodos.

catarse Liberação rápida ou repentina de uma tensão emocional, considerada um importante fator na terapia psicanalítica.

catatonia Perturbação motora que envolve imobilidade ou agitação motora. Algumas vezes acompanha transtornos psicóticos ou do humor.

ciência cognitiva Área de estudo que examina como os humanos e animais adquirem, processam, armazenam e recuperam informações.

circuitos cerebrais Correntes **neurotransmissoras** ou vias neurais do cérebro.

cirurgia bariátrica Abordagem cirúrgica designada para **obesidade** extrema, geralmente realizada grampeando o estômago para criar uma pequena bolsa estomacal ou isolando uma parte do estômago por meio de cirurgia de desvio gástrico.

cirurgia de redesignação sexual Procedimentos cirúrgicos para alterar a anatomia física do indivíduo a fim de prover a conformidade com a identidade de gênero do indivíduo.

classificação Atribuição de objetos ou pessoas a categorias com base em características comuns.

cleptomania Fracasso recorrente em resistir ao impulso de furtar coisas desnecessárias para uso pessoal ou sem valor monetário.

cocaína Derivado de folhas de coca utilizada de maneira medicinal como anestésico local e como narcótico; muitas vezes considerada substância de abuso.

coeficiente de correlação Estatística computada que reflete a força e a direção de qualquer associação entre duas variáveis. Ele pode variar de −1.00 a +1.00, com o valor absoluto indicando a força e o sinal refletindo a direção. Valor de 0.00 (indicando que não há associação).

comorbidade Presença simultânea de dois ou mais transtornos em um indivíduo.

competência Capacidade legal do réu de participar em sua própria defesa e entender as acusações e as funções dos participantes do julgamento.

complexo relacionado com AIDS (ARC) Grupo de problemas de saúde menores como perda de peso, febre e suor noturno que aparecem após a infecção por HIV, mas antes do desenvolvimento completo da AIDS.

comportamento anormal ou atípico Disfunção psicológica que ocorre em um indivíduo e está associada a sofrimento ou prejuízo no funcionamento, ou a uma resposta que não é típica ou culturalmente esperada.

comportamento heterossexual Atividade sexual com indivíduos do gênero sexual oposto.

comportamento homossexual Atividade sexual com indivíduos do mesmo gênero sexual.

comportamento psicótico Categoria de **transtorno psicológico** grave caracterizado por **alucinações** e perda de contato com a realidade.

compulsão alimentar (*binge*) Episódio relativamente breve de consumo excessivo e descontrolado de, geralmente, alimento ou álcool.

compulsões Comportamentos repetitivos, ritualísticos ou atos mentais que consomem a pessoa, que se sente compelida a atuar para suprimir obsessões.

comunicação duplo-cego De acordo com uma teoria obsoleta não fundamentada, pensava-se que a esquizofrenia era causada pela prática de transmissão de mensagens conflitantes.

condicionamento clássico Processo fundamental de aprendizagem descrito pela primeira vez por Ivan Pavlov. Um estímulo que elicia involuntariamente uma resposta incondicionada é emparelhado com outro estímulo que não elicia a resposta (um estímulo neutro). Depois de repetidos emparelhamentos, o estímulo neutro se torna um **estímulo condicionado** que por si só pode eliciar a resposta.

confiabilidade Grau em que uma medição é consistente, por exemplo, ao longo do tempo ou entre diferentes avaliadores.

conflitos intrapsíquicos Em **psicanálise**, conflitos entre o **id, ego** e o **superego**.

confundidor Qualquer fator que intervém no estudo que faz com que os resultados não sejam interpretáveis porque seus efeitos não podem ser separados dos efeitos das variáveis estudadas.

consideração positiva incondicional Aceitação, pelo terapeuta, dos sentimentos e ações do paciente sem julgamento ou condenação.

controle duplo-cego Procedimento utilizado em estudos que impede viés garantindo que nem os participantes da pesquisa nem os pesquisadores do tratamento experimental saibam quem está recebendo tratamento e quem está recebendo placebo.

coorte Participantes de um estudo de **desenho transversal** alocados em cada grupo etário.

correlação Grau em que duas variáveis estão associadas. Na **correlação positiva**, as duas variáveis aumentam e diminuem juntas. Na **correlação negativa**, uma variável diminui enquanto a outra aumenta.

correlação negativa Associação entre duas variáveis, em que uma aumenta à medida que a outra diminui.

correlação positiva Associação entre duas variáveis, em que uma aumenta à medida que a outra aumenta.

curso Padrão de desenvolvimento e alteração de um transtorno ao longo do tempo.

deficiência intelectual (DI) Diagnóstico recebido quando se alcança pontuação significativamente abaixo da média em um teste de inteligência, somado à limitações na capacidade de funcionamento adequado em diferentes áreas da vida diária, tendo os sintomas surgido antes dos 18 anos.

deficiência intelectual cultural-familiar Leve **deficiência intelectual** que pode ser causada por influências do ambiente.

delírio Sintoma psicótico que envolve o transtorno do conteúdo do pensamento e presença de crenças intensas que são más interpretações da realidade.

delírios somáticos Crenças falsas e infundadas sobre o corpo, por exemplo, de que partes do corpo estão apodrecendo ou se transformando em pedra.

delirium Redução repentina do nível de consciência e cognição que se caracteriza por confusão, desorientação, déficits na memória, linguagem e/ou outras funções cognitivas.

delirium **de abstinência (***delirium tremens*/ **DTs)** Alucinações, alterações cognitivas e tremores no corpo que resultam do estado de abstinência de álcool.

demência do tipo Alzheimer Termo obsoleto para **transtorno neurocognitivo devido à doença de Alzheimer.**

demência Termo obsoleto para **transtorno neurocognitivo maior.**

dementia praecox Termo em latim que significa "perda prematura da mente", uma nomenclatura utilizada anteriormente para o que agora é conhecido como **esquizofrenia**, enfatizando que a manifestação frequente do transtorno é típica da adolescência. Chamado *démence précoce* na França.

dependência de substâncias Padrão mal adaptativo de uso de substância caracterizado pela necessidade de aumento da quantidade para obter o efeito desejado, efeitos físicos negativos quando há abstinência, esforços infrutíferos para controlar o uso, e esforço substancial despendido em termos de tempo para conseguir a substância ou recuperar-se dos efeitos. Também conhecida como *adição*.

depressão dupla Transtorno do humor grave Tipificado por episódios depressivos maiores sobrepostos ao humor **distímico persistente** de base. Também denominado de "transtor-

no depressivo persistente com episódios depressivos maiores intermitentes".

depressores Substâncias psicoativas que resultam em sedação do comportamento, incluindo o álcool e drogas sedativas, hipnóticas e ansiolíticas.

desamparo aprendido Teoria de Martin Seligman na qual pessoas se tornam ansiosas e deprimidas quando fazem atribuição de que elas não têm controle sobre o **estresse** de suas vidas (elas tendo ou não na realidade).

descrição clínica Detalhes da combinação de comportamentos, pensamentos e sentimentos de um indivíduo que faz parte de um transtorno em particular.

desenho de pesquisa Plano de experimentação utilizado para testar uma **hipótese**.

desenho de retirada Processo de retirada do tratamento para observar se ele foi efetivo. Em um **desenho experimental de caso único**, um comportamento é mensurado (**linha de base**), uma **variável independente** é introduzida (intervenção), e em seguida, a intervenção é retirada. Visto que o comportamento continua a ser mensurado (medidas repetidas), qualquer efeito da intervenção pode ser notado. Também chamado *desenho reverso*.

desenho experimental de caso único Metodologia de pesquisa em que a **variável independente** é manipulada em um único indivíduo, permitindo conclusões de causa e efeito, mas com **generalizabilidade** limitada (contraste com o **método de estudo de caso**).

desenho longitudinal Estudo sistemático de mudanças ocorridas no mesmo indivíduo ou grupo e analisadas ao longo do tempo (contraste com **delineamento transversal**).

desenho sequencial Combinação dos **desenhos transversal** e **longitudinal** que envolve o estudo repetido de diferentes **coortes** ao longo do tempo.

desenho transversal Metodologia que se destina a examinar uma característica comparando indivíduos de diferentes faixas etárias (distinto do **delineamento longitudinal**).

desinstitucionalização Retirada sistemática de pessoas com graves doenças mentais ou **deficiência intelectual** das instituições como hospitais psiquiátricos.

desrealização Situação em que o indivíduo perde o senso de realidade do mundo externo.

dessensibilização sistemática Técnica de terapia comportamental cujo objetivo é diminuir os **medos** excessivos, e implica exposição gradual ao estímulo temido emparelhado com a experiência de enfrentamento positivo, geralmente relaxamento.

determinísticos Em genética, são **genes** que levam a chance perto de 100% de desenvolver o transtorno com o qual está associado. São raros na população.

dever de informação Responsabilidade do profissional de saúde mental de quebrar a confidencialidade e notificar uma vítima em potencial a quem o paciente especificamente ameaçou.

diagnóstico Processo que determina se a **apresentação do problema** atende aos critérios

estabelecidos para um **transtorno psicológico** específico.

direcionalidade Possibilidade de que quando duas variáveis, A e B, estão correlacionadas, a variável A causa a variável B ou vice-versa.

discurso desorganizado Estilo de falar muitas vezes visto em pessoas com **esquizofrenia**, envolvendo incoerência e falta de padrões lógicos típicos.

disforia de gênero Insatisfação psicológica com o gênero biológico, uma perturbação no senso da identidade como masculino ou feminino. O objetivo primário não é excitação sexual, mas sim viver a vida do gênero sexual oposto.

disfunção sexual Transtorno sexual em que o paciente tem dificuldade para funcionar adequadamente durante as relações sexuais.

dissonias Problemas para conseguir dormir ou obter qualidade suficiente de sono devido alterações ocorridas durante o sono.

divisão associativa Separação entre as funções básicas da personalidade humana (por exemplo, cognição, **emoção** e percepção) vista por alguns como a característica que define a **esquizofrenia**.

doença autoimune Condição na qual o **sistema imunológico** do corpo ataca os tecidos saudáveis em vez dos **antígenos**.

doença cardíaca coronariana (DCC) Bloqueio das artérias que fornecem suprimento de sangue ao músculo cardíaco; a principal causa de morte na cultura ocidental com implicação de fatores sociais e psicológicos.

doença cardiovascular Perturbação dos mecanismos cardiovasculares, incluindo coração, vasos sanguíneos e seus controladores, responsáveis por transportar o sangue para os tecidos do corpo e órgãos. Fatores psicológicos podem ter implicação em tais doenças e nos tratamentos.

doença de Alzheimer "Estranha doença do córtex cerebral" que causa uma "forma atípica de demência senil", descoberta em 1906 pelo **psiquiatra** alemão Alois Alzheimer.

doença de Creutzfeldt–Jakob Tipo extremamente raro de **doença do príon** que pode ser resultante de diversas fontes, incluindo consumo de carne bovina com "doença da vaca louca".

doença de Huntington Transtorno genético caracterizado por movimentos involuntários dos membros e possível progressão para **transtorno neurocognitivo maior.**

doença de Parkinson Transtorno degenerativo do cérebro que afeta principalmente o desempenho motor (por exemplo, tremores e postura curvada) associado com a redução da **dopamina**. Um **transtorno neurocognitivo maior** também pode ser um resultado.

doença de Pick Condição rara que resulta em transtorno neurocognitivo de início precoce.

doença mental Termo anteriormente utilizado para designar o **transtorno psicológico**, mas passou a ser menos preferido, porque implica que as causas da perturbação podem ser encontradas em um processo de doença médica.

GLOSSÁRIO **623**

dopamina Neurotransmissor cuja função geral é ativar outros **neurotransmissores** e auxiliar no comportamento exploratório e busca de prazer (equilibrando a **serotonina**). O excesso relativo de **dopamina** está implicado na **esquizofrenia** (embora evidências contraditórias sugiram que a relação não seja simples), e seu déficit está envolvido na **doença de Parkinson**.

dor aguda Dor que geralmente segue uma lesão e desaparece quando esta é curada ou efetivamente tratada.

dor crônica Dor persistente que não diminui ao longo do tempo; pode se manifestar em músculos, articulações e na região lombar; a etiologia pode ser causada por dilatação ou degeneração dos vasos sanguíneos ou por tecido cancerígeno. Outros fatores significativos são os sociais e psicológicos.

drogas antagonistas Medicações que bloqueiam ou neutralizam os efeitos de drogas psicoativas.

economia de fichas Sistema de modificação de comportamento de aprendizagem social em que os indivíduos recebem itens que podem ser trocados por recompensas mediante o comportamento apropriado.

efeito de coorte Observação de que pessoas de diferentes grupos etários se distinguem quanto a valores e experiências.

efeito placebo Mudança de comportamento resultante da expectativa de mudança criada pelo participante da pesquisa, não oriunda da própria manipulação experimental.

efeito transgeracional Limite da **generalizabilidade** da pesquisa longitudinal, pois o grupo sob investigação pode diferir de outros em termos de cultura e vivência.

eficiência do sono (ES) Porcentagem do tempo realmente gasto dormindo em relação ao tempo total despendido na cama.

ego Em **psicanálise**, a entidade psíquica responsável por encontrar os caminhos realistas e práticos para satisfazer os impulsos do **id**.

eixo de eficácia clínica Parte de um conjunto de diretrizes propostas para avaliar as intervenções clínicas quanto a evidências de sua efetividade (compare com **eixo de utilidade clínica**).

eixo de utilidade clínica Parte de um conjunto de diretrizes propostas para avaliar se as intervenções clínicas podem ser aplicadas de forma efetiva e a um custo efetivo em contextos clínicos reais (compare com **eixo de eficácia clínica**).

ejaculação prematura (precoce) Ejaculação que ocorre recorrentemente antes de a pessoa desejar, com o mínimo de estimulação sexual.

ejaculação retardada Transtorno em que o homem chega ao orgasmo com muita dificuldade.

eletroconvulsoterapia (ECT) Tratamento biológico para depressão crônica e grave que envolve a aplicação de impulsos elétricos no cérebro para provocar convulsões. As razões para a sua efetividade são desconhecidas.

eletroencefalograma (EEG) Mensuração dos padrões da atividade elétrica do cérebro, capturada por meio de eletrodos colocados no couro cabeludo.

emoção Padrão de ação provocada por estímulo externo e estado de sentimento, acompanhado por resposta fisiológica característica.

emoção expressa (EE) Hostilidade, críticas e envolvimento excessivo demonstrado por algumas famílias em relação a um membro da família com **transtorno psicológico**. Frequentemente pode contribuir para a **recaída** da pessoa.

endofenótipos Mecanismos genéticos que contribuem para problemas subjacentes que causam os sintomas e dificuldades vivenciadas por pessoas com **transtornos psicológicos**.

epidemiologia Método de pesquisa que, em **psicopatologia**, examina a prevalência, distribuição e consequências de transtornos na população.

epigenética Estudo dos outros fatores que não as sequências de DNA herdadas, como novos aprendizados ou estresse, que alteram a expressão fenotípica de genes.

episódio depressivo maior Experiência mais comum e grave de depressão, que inclui sentimentos de inutilidade, distúrbios em atividades corporais, como o sono, perda de interesse e incapacidade de sentir prazer, que persiste por pelo menos duas semanas.

episódio hipomaníaco Versão menos grave e menos perturbadora do **episódio maníaco**, um dos critérios para os vários **transtornos do humor**.

equifinalidade Princípio da **psicopatologia do desenvolvimento** que define que um comportamento ou transtorno pode ter diversas causas.

escoriação (transtorno de escoriação) Escoriações recorrentes na pele, de difícil controle, caracterizada pelo impulso de autoprovocar as lesões, levando a prejuízos significativos ou sofrimento.

esquizofrenia Transtorno psicótico devastador que pode envolver distúrbios característicos do pensamento (**delírios**), percepção (**alucinações**), discurso, **emoções** e comportamento.

estabilizadores do humor Medicação utilizada para o tratamento de **transtornos do humor**, particularmente o transtorno bipolar, e que é efetiva na prevenção e tratamento de mudanças patológicas do humor.

estágios psicossexuais do desenvolvimento Em **psicanálise**, é a sequência de fases pelas quais a pessoa passa durante o desenvolvimento. Cada estágio é nomeado pela localização do corpo onde a gratificação do **id** é máxima no momento.

estimulantes Substâncias psicoativas que elevam o **humor**, a atividade e o estado de alerta, incluindo **anfetaminas**, cafeína, **cocaína** e **nicotina.**

estratégia idiográfica Investigação detalhada de um indivíduo enfatizando o que faz uma pessoa ser única (compare com **estratégia nomotética**).

estratégia nomotética Identificação e análise de grandes grupos de pessoas com o mesmo transtorno para serem observadas semelhanças e desenvolver leis gerais (compare com **estratégia idiográfica**).

estratégias de ensino naturalísticas Técnicas de instrução usadas com crianças com transtornos do neurodesenvolvimento em que a instrução tradicional na carteira é evitada, de modo a promover interações sociais mais naturais.

estresse Resposta fisiológica do corpo a um estressor, que é qualquer evento ou alteração que exige adaptação.

estudo de caso Método de pesquisa no qual uma única pessoa ou um grupo pequeno é estudado minuciosamente. O método não permite conclusões de relação causa e efeito, os resultados podem ser generalizados somente com grande cautela (ao contrário do **desenho experimental de caso único**).

estudos com gêmeos Em pesquisa genética, a comparação dos gêmeos com indivíduos não aparentados ou menos intimamente relacionados. Se os gêmeos, particularmente os monozigóticos que compartilham **genótipos** idênticos, compartilham características comuns, como um transtorno, mesmo que tenham sido criados em ambientes diferentes, esta é uma forte evidência de envolvimento genético nessas características.

estudos de adoção É o estudo, no campo das pesquisas genéticas, de parentes de primeiro grau criados em diferentes famílias e ambientes. Se características forem compartilhadas entre estas pessoas, tal como um transtorno, sugere um componente genético.

estudos de associação Estratégias de pesquisa para comparar os **marcadores genéticos** em grupos de pessoas com ou sem determinado transtorno.

estudos de famílias Estudos genéticos que examinam os padrões de traços e comportamentos entre os parentes.

etiologia Causa ou origem de um transtorno.

exame do estado mental Teste preliminar relativamente breve de avaliação do paciente quanto à orientação de tempo e espaço, julgamento, estado emocional e mental; normalmente realizado durante a entrevista inicial.

excitatório O que causa excitação. Ativação.

exorcismo Ritual religioso que atribui o comportamento perturbado à possessão demoníaca e procura tratar o indivíduo tirando-lhe o demônio do corpo.

experimento Método de pesquisa que pode estabelecer a causação manipulando e controlando as variáveis em questão para explicações alternativas de qualquer efeito observado.

extinção Processo de aprendizagem no qual uma resposta, mantida por **reforço** em um **condicionamento operante** ou emparelhamento no **condicionamento clássico**, diminui quando o reforço ou emparelhamento é removido; é também o procedimento de remover o reforço ou o emparelhamento.

falso negativo Erro na avaliação em que nenhuma patologia é detectada (isto é, os resultados dos testes são negativos) quando na verdade a patologia efetivamente está presente.

falso positivo Erro de avaliação em que a patologia é detectada (ou seja, os resultados dos testes são positivos) quando a patologia não está realmente presente.

fase prodrômica Segunda fase das quatro fases identificadas por E. Morton Jellinek quanto à progressão do transtorno por uso de álcool, caracteriza-se em beber em excesso, mas com poucos sinais adicionais de problema.

fenda sináptica Espaço entre os neurônios onde os neurotransmissores químicos atuam para levar impulsos de um **neurônio** ao outro.

fenilcetonúria (PKU) Doença recessiva que envolve a incapacidade de degradar uma química dos alimentos cujo acúmulo provoca prejuízos, podendo levar até à deficiência intelectual, convulsões e problemas de comportamento. A PKU pode ser detectada por triagem infantil e prevenida por uma dieta especializada.

fenótipo Características observáveis ou comportamentos de um indivíduo.

fobia Transtorno psicológico caracterizado pelo **medo** acentuado e persistente de um objeto ou de uma situação.

fobia de ambiente natural Medo de situações ou eventos na natureza, especialmente alturas, tempestades e água.

fobia de animais Medo duradouro e irracional de animais ou insetos, que geralmente se desenvolve cedo, na infância.

fobia de sangue-injeção-ferimentos Refere-se a um **medo** irracional e evitação de situações em que há exposição a sangue, ferimentos ou a possibilidade de injeção. As pessoas apresentam desmaios e queda da pressão arterial.

fobia específica Medo irracional de um objeto ou de uma situação específica que perceptivelmente interfere na capacidade do indivíduo em exercer atividades de vida diária.

fobia situacional Ansiedade envolvendo estar em locais fechados (por exemplo, claustrofobia) ou em transportes públicos (por exemplo, o **medo** de voar).

fuga dissociativa Tipo de amnésia dissociativa que se caracteriza por uma viagem repentina e inesperada para longe de casa, junto a incapacidade de recordar do passado e, às vezes, o indivíduo assume uma nova identidade.

generalizabilidade Grau em que os resultados da pesquisa se aplicam a diversos indivíduos que não estavam inclusos no estudo.

genes Moléculas longas de ácido desoxirribonucleico (DNA), as unidades físicas básicas de hereditariedade que aparecem com localizações nos cromossomos. Um único gene é uma subunidade de DNA que determina traços herdados nos seres vivos.

genótipo Genética específica de um indivíduo.

glutamato Aminoácido **neurotransmissor** que estimula muitos **neurônios** distintos, conduzindo-os à ação.

grupo controle Grupo de indivíduos do estudo semelhantes aos sujeitos experimentais em todos os sentidos, mas não são expostos ao tratamento recebido pelo grupo experimental. O grupo controle permite a comparação de efeitos diferenciais do tratamento.

grupo controle com placebo Um **grupo controle** que não recebe a manipulação experimental, mas realiza-se um procedimento inerte, porém, semelhante, com expectativa idêntica de mudança, permitindo ao pesquisador avaliar qualquer **efeito placebo**.

hebefrenia Emotividade imatura, uma característica de alguns tipos de **esquizofrenia**.

hipertensão Principal fator de risco de **AVC** e doença renal e cardíaca, intimamente relacionada a fatores psicológicos. Também conhecida como *pressão arterial sistêmica alta*.

hipertensão essencial Pressão arterial elevada, sem causa física verificável, que afeta a maioria dos hipertensos.

hipótese Suposição ou afirmação a ser testada pela pesquisa.

hormônio Mensageiro químico produzido pelas glândulas endócrinas.

humor Período de emotividade duradoura.

id Em **psicanálise**, a entidade psíquica **inconsciente** presente no nascimento que representa os impulsos básicos da sexualidade e agressividade.

ideação suicida Pensamentos sérios sobre a cometer suicídio.

imobilidade catatônica Perturbação do comportamento motor no qual a pessoas permanece imóvel, às vezes em uma posição desajeitada, por longos períodos.

incesto Atração sexual anormal por um membro da família; frequentemente a atração do pai pela filha que está amadurecendo fisicamente.

incidência Número de novos casos de um transtorno que surgem durante período específico (compare com **prevalência**).

inconsciente Parte da constituição psíquica que está fora da consciência da pessoa.

inconsciente coletivo Sabedoria acumulada por uma cultura que é guardada e lembrada ao longo das gerações, um conceito psicodinâmico instituído por Carl Jung.

informações retrospectivas Literalmente "recordações passadas"; dados coletados pelo exame de registros ou lembranças do passado. São limitadas pela precisão, **validade** e rigor das fontes.

inibitório O que causa inibição. Supressão.

insônia primária Dificuldade de iniciar ou manter o sono ou de ter a sensação de não ter sono reparador; não está relacionada a outros problemas médicos ou psicológicos.

insônia rebote Em uma pessoa com insônia, a piora dos problemas de sono podem ocorrer quando os medicamentos usados para tratar a insônia são retirados.

introspecção No início, a abordagem não científica para o estudo da psicologia que envolvia fazer tentativas sistemáticas para relatar pensamentos e sentimentos evocados por estímulos específicos.

inventários de personalidade Questionários de autorrelato que avaliam traços pessoais, pedindo aos entrevistados para identificar as descrições que lhes são aplicáveis.

leis de restrição civil Procedimentos judiciais que determinam que um indivíduo mentalmente insano possa ser hospitalizado, mesmo involuntariamente.

lesão cerebral traumática (LCT) Dano cerebral causado por pancada na cabeça ou outro trauma que fere o cérebro e resulta em capacidade neurocognitiva diminuída.

linha de base Medida de um comportamento antes da introdução da intervenção que permite a comparação e avaliação dos efeitos da intervenção.

linha de base múltipla Desenho experimental de caso único em que são tomadas medidas em dois ou mais comportamentos ou em um único comportamento de duas ou mais situações. A intervenção em particular é realizada para cada momento diferente. Se a mudança de comportamento é coincidente em cada introdução de intervenção, essa é uma forte evidência de que a intervenção causou a mudança.

LSD (dietilamida do ácido *d*-lisérgico) Droga alucinógena mais comum; versão sintética da cravagem do fungo ergot.

luto complicado Luto caracterizado por sentimentos debilitantes de perda e emoções tão dolorosas que a pessoa passa a ter dificuldade de retomar a vida normal; designado para estudo adicional como transtorno pelo *DSM-5* (Transtorno do Luto Complexo Persistente).

luto integrado Luto que evolui da tristeza aguda para a condição em que o indivíduo aceita a finalidade da morte e se ajusta à perda.

maconha (*Cannabis sativa*) Flores e folhas secas da planta do cânhamo; um **alucinógeno** que é a substância ilícita mais amplamente utilizada.

mãe esquizofrenogênica De acordo com uma teoria obsoleta e não comprovada, pensava-se que uma mãe fria, dominadora, e que rejeitava o filho, o que poderia causar **esquizofrenia** na prole.

mania Período de alegria ou euforia excessivas associado a alguns **transtornos do humor.**

marcador genético Característica hereditária para a qual a localização cromossômica do **gene** responsável é conhecida.

masoquismo sexual Parafilia em que a excitação sexual está associada a sentir dor ou humilhação.

mecanismos de defesa Padrões comuns de comportamento, frequentemente estilos de enfrentamento adaptativos quando ocorrem com moderação, observados em resposta a situações particulares. Em **psicanálise**, são entendidos como processos inconscientes que se originam no **ego**.

medicina comportamental Abordagem interdisciplinar que aplica a ciência comportamental à prevenção, **diagnóstico** e tratamento de problemas médicos.

medidas repetidas Quando as respostas são medidas em mais de duas ocasiões (e não apenas antes e depois da intervenção) para avaliar as tendências.

medo Emoção com uma reação de alarme imediato em face do perigo ou emergências com risco de morte.

memória implícita Tipo de memória inconsciente, na qual uma pessoa não se lembra de acontecimentos do passado apesar de agir

GLOSSÁRIO **625**

em resposta a eles (contraste com **memória explícita**).

microssonos Período de sono curto e repentino que dura segundos, ocorre em pessoas privadas do sono.

mito da uniformidade do paciente Tendência de considerar todos os membros de uma categoria mais semelhantes do que eles são, ignorando as diferenças individuais.

modelação (também conhecida como "aprendizagem por observação") Aprender por meio da observação e imitação do comportamento de outros indivíduos.

modelagem No **condicionamento operante**, é um método usado para o desenvolvimento de uma nova resposta por meio do reforço sucessivo de versões mais semelhantes do que a resposta anterior. Ambos os comportamentos – desejáveis e indesejáveis – podem ser aprendidos dessa maneira.

modelo análogo Abordagem de pesquisa que utiliza indivíduos semelhantes aos pacientes clínicos, permitindo a replicação de um problema clínico sob condições controladas.

modelo circumplexo das emoções Um modelo que descreve diferentes emoções como pontos em um espaço bidimensional de valência e alerta.

modelo comportamental Explicação do comportamento humano, incluindo sua disfunção, baseada em princípios de aprendizagem e adaptação derivados da psicologia experimental.

modelo da correlação gene-ambiente Hipótese que pessoas com predisposição genética para um transtorno podem também ter tendência genética para criar fatores de risco ambientais que irão estimular o desenvolvimento do transtorno.

modelo da diátese-estresse Hipótese de que são necessárias a tendência hereditária (**vulnerabilidade**) e condições estressoras específicas para produzir um transtorno.

modelo psicanalítico Teoria complexa e abrangente originalmente desenvolvida por Sigmund Freud, que procura explicar o desenvolvimento e a estrutura da personalidade, bem como a origem do **comportamento atípico**, principalmente com base em forças e entidades internas inferidas.

movimento de higiene mental Mobilização ocorrida em meados do século XIX para melhorar o atendimento dos mentalmente insanos informando o público sobre maus-tratos recebidos por essas pessoas.

não conformidade com o gênero Fenômeno no qual indivíduos, geralmente na pré-puberdade, não se identificam com o seu sexo biológico, mas, em vez disso, identificam-se fortemente com o gênero do sexo oposto, bem como demonstram graus variados de comportamentos mais característicos do sexo oposto.

narcolepsia Distúrbio do sono que envolve **ataques de sono** súbitos e irresistíveis.

neurociência Estudo do sistema nervoso e do seu papel no comportamento, pensamentos e **emoções**.

neuro-hormônios Hormônios que afetam o cérebro e são cada vez mais o foco de estudo em **psicopatologia**.

neuroimagem Procedimentos sofisticados assistidos por computador que permitem a análise não invasiva da estrutura do sistema nervoso e de sua função.

neurônio Célula nervosa individual; responsável pela transmissão de informações.

neurose Termo psicodinâmico obsoleto para **transtorno psicológico** que era considerada decorrente de conflitos **inconscientes** e da **ansiedade** que causam.

neurotransmissores Substâncias químicas que atravessam a **fenda sináptica** entre células nervosas para transmitir impulsos de um **neurônio** para o seguinte. O excesso relativo ou deficiência está envolvido em vários **transtornos psicológicos.**

nicotina Substância tóxica e aditiva encontrada em folhas de tabaco.

nível Grau de alteração comportamental com intensidades distintas (por exemplo, alto e baixo).

nomenclatura No sistema de nomeação ou **nosologia**, os rótulos ou nomes atualmente aplicados.

noradrenalina (também norepinefrina) Neurotransmissor ativo nos **sistemas nervosos central** e **periférico** que controla a frequência cardíaca, a pressão arterial e a respiração, entre outras funções. Por causa de seu papel na reação de alarme do organismo, também pode contribuir de forma geral e indireta para **ataques de pânico** e outros transtornos.

nosologia Classificação e sistema de nomeação para fenômenos médicos e psicológicos.

obesidade Excesso de gordura corporal resultando em índice de massa corporal (IMC, uma proporção entre peso e altura) de 30 ou mais.

obsessões Pensamentos ou impulsos recorrentes e intrusivos que o paciente procura suprimir ou neutralizar, embora reconheça que não são impostos por forças externas.

opiáceos Substâncias psicoativas que causam dependência, como a heroína, ópio e **morfina**, que causam euforia temporária e analgesia (alívio da dor).

opioides endógenos Substâncias que naturalmente existem no organismo funcionando como **neurotransmissores** para cessar a sensação de dor, mesmo na presença de dano acentuado do tecido orgânico. Podem contribuir para problemas psicológicos, como distúrbios alimentares. Também conhecidos como endorfinas ou encefalinas.

outras susbstâncias de abuso Outras substâncias que são usadas de forma abusiva mas não se encaixam facilmente em uma das categorias comuns, incluindo inalantes, esteroides anabolizantes, e outras medicações de venda livre e prescrita.

padrão de comportamento tipo A Grupo de comportamentos, incluindo excessiva competitividade, impaciência com a pressão do tempo, fala acelerada e raiva; pensava-se ser um padrão que poderia promover alto risco de doença cardíaca.

padrão de comportamento tipo B Grupo de comportamentos, incluindo atitude relaxada, indiferença para com a pressão do tempo, e ambição menos vigorosa; era con-

siderado um padrão que poderia promover baixo risco para doença cardíaca.

padronização Processo no qual se estabelecem normas e requisitos específicos para uma técnica de medição, com o objetivo de garantir que sua forma de uso é consistente na ocasiões de medição. Inclui instruções para a administração da medida, avaliação das conclusões e comparações com os dados de grande número de pessoas.

pânico Medo ou terror súbito intenso.

paranoia Crenças irracionais de pessoas de que são especialmente importantes (**delírios de grandeza**), ou que as outras pessoas buscam fazer-lhes mal.

parassonias Comportamentos atípicos, como **pesadelos** ou **sonambulismo,** que ocorrem durante o sono.

pedofilia Parafilia envolvendo forte atração sexual por crianças.

periculosidade Tendência à violência que, ao contrário da opinião pública, não é mais provável entre pacientes com problemas mentais.

perito Pessoa que, em razão de treinamento especial e experiências, está autorizado a testemunhar em julgamentos judiciais.

pesquisa comparativa de tratamento Pesquisa do resultado que contrasta dois ou mais métodos de tratamento para determinar qual é mais efetivo.

pesquisador clínico Profissionais de saúde que se espera aplicar métodos científicos em seu trabalho. Eles devem se manter atualizados a respeito das últimas pesquisas sobre **diagnóstico** e tratamento, avaliar os próprios métodos para a efetividade, e podem gerar a própria investigação para descobrir novos conhecimentos sobre os transtornos e seus tratamentos.

piromania Transtorno do controle de impulsos que envolve ter impulso irresistível de atear fogo.

planos suicidas Formulação de um método específico para cometer suicídio.

potenciais de ação períodos curtos de atividade elétrica na membrana de um neurônio, responsáveis pela transmissão de sinais dentro do neurônio.

prevalência Número de pessoas na população total que apresentam um transtorno em um dado momento (compare com **incidência**).

prevenção de recaída Continuação do progresso terapêutico, ensinando o paciente como lidar com futuras situações que poderiam desencadear recaídas.

probando Em pesquisa genética, o indivíduo que tem o traço ou característica em estudo.

prognóstico Previsão quanto ao desenvolvimento do transtorno ao longo do tempo.

projeto genoma humano Trabalho científico que fez um mapeamento abrangente de todos os **genes** humanos.

prosódia Características vocais, como tom e entonação; pessoas com **transtorno do espectro autista** muitas vezes têm dificuldade para reconhecer e interpretar esses sinais vocais.

prosopagnosia Tipo de **agnosia** caracterizada pela incapacidade da pessoa em reconhecer rostos, até mesmo aqueles familiares.

psicanálise Avaliação e terapia psicanalítica que enfatiza a exploração dos processos e *insights* dos conflitos **inconscientes**, criada por Sigmund Freud.

psicologia da saúde Subárea da **medicina comportamental** que estuda os fatores psicológicos importantes na promoção e manutenção da saúde.

psicologia do ego Derivada da **psicanálise**, essa teoria ressalta o papel do **ego** no desenvolvimento e atribui os **transtornos psicológicos** ao fracasso do ego em gerenciar os impulsos e conflitos internos. Também conhecida como *psicologia do self*.

psiconeuroimunologia (PNI) Estudo das influências psicológicas na resposta neurológica envolvida na resposta imune do corpo.

Psico-oncologia Estudo de fatores psicológicos envolvidos no **curso** e tratamento do **câncer**.

psicopatia Categoria não pertencente ao *DSM-5* semelhante ao **transtorno da personalidade antissocial**, mas com menos ênfase no comportamento manifesto. Os indicadores incluem sedução, ausência de remorso e outras características de personalidade.

psicopatologia Estudo científico de **transtornos psicológicos**.

psicoterapia interpessoal (PTI) Abordagem de tratamento breve que enfatiza a resolução de problemas e de estressores interpessoais, como disputas por funções, conflito conjugal ou formação de vínculo no casamento, ou um novo emprego. Demonstrou efetividade para alguns problemas, como a depressão.

psicoterapia psicodinâmica Versão contemporânea da **psicanálise** que ainda enfatiza os processos e conflitos **inconscientes**, mas é mais breve e mais centrada em problemas específicos.

quociente de inteligência (QI) Pontuação em um teste padronizado de inteligência, estima o desvio da pessoa a partir da média de desempenho populacional no teste.

randomização Método de colocar indivíduos em grupos de pesquisa que assegura a cada um a chance igual de ser atribuído a qualquer grupo, eliminando assim quaisquer diferenças sistemáticas entre eles.

recaptação Ação pelo qual um **neurotransmissor** é rapidamente levado de volta para o **neurônio** de descarga após ter sido liberado na **fenda sináptica**.

recondicionamento orgásmico Procedimento de aprendizagem para ajudar os pacientes a fortalecer os padrões adequados de excitação sexual, emparelhando estímulos adequados com as sensações prazerosas de masturbação.

recorrente Ocorre repetidamente

reforço Em **condicionamento operante**, consequências para o comportamento que o fortalece ou aumenta a frequência. O reforço positivo envolve a introdução de um estímulo desejável, prazeroso contingente ao comportamento. Reforço negativo é a retirada da consequência aversiva pela emissão do comportamento. Comportamentos indesejados podem ser resultantes do reforço ou do fracasso em reforçar comportamentos desejados.

relações objetais Desenvolvimento moderno na teoria psicodinâmica que envolve o estudo de como as crianças incorporam as memórias e os valores das pessoas próximas e importantes para elas.

resposta de luta ou fuga Reação biológica a estressores alarmantes que mobiliza os recursos físicos (por exemplo, fluxo sanguíneo e respiração) para enfrentar uma ameaça ou fugir dela.

resposta de relaxamento Componentes ativos de métodos de meditação, incluindo pensamentos repetitivos de um som para reduzir distrações e fechar a mente para outros pensamentos intrusivos, o que diminui o fluxo de **hormônios do estresse** e determinados **neurotransmissores** e causam a sensação de calma.

restrição criminal Procedimento legal pelo qual uma pessoa que é considerada não culpada de um crime por razão de **insanidade** mental deve ser confinada em um hospital psiquiátrico.

rótulo Nome dado ao fenômeno ou padrão de comportamento. O rótulo pode adquirir conotações negativas ou ser aplicado equivocadamente para a pessoa cujos comportamentos não condizem com o rótulo utilizado.

sadismo sexual Parafilia em que a excitação sexual está associada a infligir dor ou humilhação ao outro.

sensibilização encoberta Intervenção cognitivo-comportamental que reduz comportamentos indesejados fazendo os pacientes imaginarem as consequências extremamente aversivas do comportamento e estabelecer com eles associações negativas em vez de positivas.

serotonina Neurotransmissor que tem implicações no processamento de informações e coordenação dos movimentos, bem como na inibição e no humor. Também auxilia na regulação do comportamento alimentar, sexual e agressivo, os quais podem estar envolvidos em diferentes **transtornos psicológicos**. Sua interação com a **dopamina** está implicada na **esquizofrenia**.

significância clínica Grau em que os resultados de uma pesquisa possuem aplicações úteis e significativas para problemas reais.

significância estatística Probabilidade pequena de que os resultados obtidos na pesquisa seja por mero acaso.

simulação Falsificação deliberada de um **transtorno psicológico** ou físico motivado por algum ganho.

síndrome da fadiga crônica (SFC) Exaustão incapacitante que ocorre após mínimos esforços, acompanha febre, cefaleias, dores musculares e em articulações, depressão e **ansiedade**.

síndrome de Down Tipo alteração cromossômica (cromossomo 21) que pode cursar com **deficiência intelectual**, e implica aparência física característica. Muitas vezes, conhecida como trissomia do 21.

síndrome de Lesch-Nyhan Transtorno relacionado ao cromossomo X caracterizado por **deficiência intelectual**, sinais de paralisia cerebral e comportamento **autolesivo**.

síndrome de Wernicke-Korsakoff Síndrome cerebral orgânica causada por deficiência de tiamina, a qual pode ser resultante por exemplo, de desnutrição ou do uso prolongado e abusivo de álcool. Inclui sintomas como confusão, alteração de memória, fala ininteligível, e perda de coordenação motora.

síndrome alcoólica fetal (SAF) Alterações inatas que englobam, por exemplo, problemas que inclui dificuldade de aprendizagem, déficits comportamentais e defeitos físicos característicos, resultante de mães alcoolistas que fizeram uso do álcool durante a gestação.

Síndrome de Rett Transtorno progressivo do neurodesenvolvimento caracterizado pelo ato de torcer constantemente a mão, **deficiência intelectual** e coordenação motora prejudicada.

síndrome do comer noturno Consumir um terço ou mais da ingestão diária de alimentos após a refeição da noite, e sair da cama pelo menos uma vez durante a noite para comer algo de alto teor calórico. Na parte da manhã, no entanto, os indivíduos com síndrome de comer noturno não sentem fome e não costumam tomar café da manhã. Esses indivíduos não têm **compulsão** durante a alimentação noturna e raramente purgam.

síndrome do X frágil Padrão de **anormalidade** causada por defeito no **cromossomo X** podendo resultar em **deficiência intelectual**, problemas de aprendizagem e características físicas específicas.

síndrome geral de adaptação (SGA) Sequência de reações ao **estresse** descrito por Hans Selye. Esses estágios são alerta, resistência e exaustão, que podem levar à morte.

síndrome psicótica atenuada Transtorno que envolve o início de sintomas psicóticos, como alucinações e delírios, que coloca uma pessoa em alto risco de esquizofrenia; designada para estudos posteriores no *DSM-5*.

sintomas negativos Sintomas menos extrovertidos, como **afeto embotado** e discurso pobre, apresentados por pacientes com **esquizofrenia**.

sintomas psicóticos Delírios e **alucinações** que podem aparecer, por exemplo, durante **episódio maníaco** ou depressivo.

sistema de inibição comportamental (SIC) Circuito cerebral do **sistema límbico** que responde a sinais de ameaça inibindo atividade e causando **ansiedade**.

sistema imunológico Meios corporais de identificar e eliminar qualquer material estranho no corpo (por exemplo, bactéria, parasitas e mesmo órgãos transplantados).

sistema luta/fuga (SLF) Circuito cerebral em animais que quando estimulado causa um alerta imediato e de resposta de luta ou fuga que se assemelha ao pânico nos humanos.

sonambulismo recorrente Caminhar durante o sono que ocorre durante o **sono NREM** e por isso não é a ação de um sonho. A pessoa tem dificuldade de acordar e não se recorda da experiência.

sono REM (movimento rápido dos olhos) Intervalos periódicos do sono durante os quais os olhos se movem rapidamente de um lado para outro, e os sonhos ocorrem, mas o corpo está inativo.

substâncias psicoativas Substâncias, como drogas, que alteram o **humor** ou o comportamento.

substituição agonista Substituição de uma droga da qual um indivíduo é dependente por outra que tem efeito químico semelhante, um **agonista**. Utilizado no tratamento de **dependência de substâncias**.

superego Em **psicanálise**, a entidade psíquica que representa os princípios morais internalizados dos pais e da sociedade.

suscetibilidade Em genética, **genes** que aumentam somente discretamente o risco de desenvolver o transtorno, mas, ao contrário aos genes **determinísticos**, os de suscetibilidade são mais comuns na população geral.

tamanho do efeito Medida estatística que demonstra a quantidade de diferença entre os membros de um grupo em um estudo clínico.

taxonomia Sistema de nomeação e **classificação** (por exemplo, de espécimes) na ciência.

técnicas de purgação No transtorno alimentar da **bulimia nervosa**, o vômito autoinduzido ou abuso de laxantes usados para compensar a ingestão excessiva de alimentos.

tendência Direção de mudança de comportamento ou comportamentos (por exemplo, aumenta ou diminui).

tentativas de suicídio Esforços feitos para tirar a própria vida.

teoria do desamparo aprendido para depressão A teoria segundo a qual a depressão é o resultado da falta de controle, real ou percebida, sobre a consequência de uma situação indesejada.

terapia centrada na pessoa Método de terapia em que o paciente, em vez do conselheiro, dirige o curso da discussão, buscando a autodescoberta e autorresponsabilidade.

terapia cognitiva Abordagem de tratamento que envolve identificar e alterar os estilos de pensamentos disfuncionais relacionados a **transtornos psicológicos**, como depressão e **ansiedade**, e substituí-los por crenças e atitudes mais positivas e, em última análise, por comportamento e estilos de enfrentamento mais adaptativos.

terapia comportamental dialética (DBT) Tratamento promissor para **transtorno da personalidade** *borderline* que envolve expor o paciente a estressores em uma situação controlada, bem como ajudá-lo a controlar as **emoções** e enfrentar os estressores que poderiam desencadear o comportamento suicida.

terapia comportamental Variedade de métodos de terapia baseados em princípios da **ciência cognitiva** e comportamental, bem como princípios de aprendizagem aplicados a problemas clínicos. Considera comportamentos específicos, em vez de conflitos, inferidos como metas legítimas para mudança.

terapia moral Abordagem psicossocial do século XIX que envolvia o tratar os pacientes da maneira mais normal possível em ambientes normais.

termo de consentimento livre e esclarecido Exigência ética pela qual os participantes da pesquisa concordam em participar de um estudo apenas depois que receber a informação completa sobre a natureza do estudo e do seu próprio papel nele.

terror no sono Episódios em que a pessoa desperta durante o sono, acompanhados de sinais de **pânico**, seguido de desorientação e amnésia para o incidente. Ocorrem durante o **sono NREM** e não envolvem pesadelos.

testabilidade Capacidade da **hipótese**, por exemplo, de ser submetida à investigação científica e para ser corroborada ou refutada, uma condição necessária para que a **hipótese** seja útil.

testes neuropsicológicos Avaliação do funcionamento do sistema nervoso, por meio da testagem do desempenho do indivíduo em tarefas comportamentais.

testes projetivos Medidas de base psicanalítica que apresentam estímulos ambíguos aos pacientes no pressuposto de que as suas respostas revelarão conflitos **inconscientes**. Tais testes são inferenciais e carecem de alta **confiabilidade** e **validade**.

tolerância Necessidade de aumento da quantidade de substância para alcançar o efeito desejado, e diminuição do efeito com o uso continuado da mesma quantidade.

transe dissociativo Estado alterado da consciência no qual pessoas firmemente acreditam estarem possuídas por espíritos; considerado um transtorno apenas no caso da presença de sofrimento ou disfunção.

transferência Conceito psicanalítico que sugere que os pacientes podem procurar se relacionar com o terapeuta do modo como eles fazem com figuras de autoridade importantes, especialmente seus pais.

transinstitucionalização Transferência de pessoas com transtorno mental grave de grandes hospitais psiquiátricos para residências em grupos menores.

transtorno afetivo sazonal (TAS) **Transtorno do humor** envolvendo a ciclagem de episódios de acordo com as estações do ano, normalmente com a depressão ocorrendo durante o inverno.

transtorno bipolar tipo I Há uma alternância de **episódios depressivos maiores** com **episódios maníacos** completos.

transtorno bipolar tipo II Alternância de **episódios depressivos maiores** com **episódio hipomaníacos** (episódios de mania incompletos).

transtorno ciclotímico **Transtorno do humor** crônico (pelo menos 2 anos) caracterizado pela alternância entre elevação de **humor** e depressão que não são tão graves quanto os **episódios maníacos** ou **episódios depressivos maiores**.

transtorno conversivo (transtorno de sintomas neurológicos funcionais) Mau funcionamento físico, como cegueira ou paralisia, que sugere prejuízo neurológico, porém sem patologia orgânica responsável pela condição.

transtorno da dor gênito-pélvica/penetração Disfunção sexual na qual a mulher sente dor ou dificuldade com a penetração durante a relação sexual; pode incluir **vaginismo**.

transtorno da fluência com início na infância (gagueira) Repetições de palavras ou partes de palavras, bem como prolongamentos dos sons da fala.

transtorno da personalidade antissocial **Transtorno da personalidade** do Grupo B (dramáticos, emotivos ou imprevisíveis) envolvendo um padrão insidioso de desrespeito e violação dos direitos alheios.

transtorno da personalidade *bordeline* **Transtorno da personalidade** do Grupo B (dramáticos, emotivos ou imprevisíveis) que implica um padrão difuso de instabilidade nos relacionamentos interpessoais, autoimagem, afetos e controle de impulsos.

transtorno da personalidade dependente **Transtorno da personalidade** do Grupo C (ansiosos ou medrosos) caracterizado pela necessidade difusa e excessiva de que outras pessoas cuidem dela, condição que leva à submissão e comportamento dependente e medos de separação.

transtorno da personalidade esquizoide **Transtorno da personalidade** do Grupo A (estranhos ou excêntricos) que caracteriza um padrão difuso de distanciamento das relações sociais e uma faixa restrita de expressão de **emoções**.

transtorno da personalidade esquizotípica **Transtorno da personalidade** do Grupo A (estranhos ou excêntricos) que envolve um padrão difuso de déficits interpessoais com desconforto agudo e redução da capacidade para relacionamentos íntimos, bem como distorções cognitivas ou perceptivas e excentricidades do comportamento.

transtorno da personalidade evitativa **Transtorno da personalidade** do Grupo C (ansiosos e medrosos) caracterizada por um padrão invasivo de inibição social, sentimentos de inadequação e hipersensibilidade às críticas.

transtorno da personalidade histriônica **Transtorno da personalidade** do Grupo B (dramático, emotivo ou imprevisível) que implica em um padrão difuso de emocionalidade excessiva e busca por atenção.

transtorno da personalidade narcisista **Transtorno da personalidade** do Grupo B (dramática, emocional ou imprevisível) que envolve um padrão difuso de grandiosidade na fantasia ou comportamento, necessidade de admiração e falta de **empatia**.

transtorno da personalidade obsessivo-compulsiva **Transtorno da personalidade** do Grupo C (ansioso ou medroso) que caracteriza um padrão difuso de preocupação com organização, perfeccionismo e controle mental e interpessoal em detrimento de eficiência e flexibilidade.

transtorno da personalidade paranoide **Transtorno da personalidade** do Grupo C (estranhos ou excêntricos) que envolve um opadrão difuso de desconfiança e suspeita dos outros, de tal modo que os motivos são interpretados como maldosos.

transtorno de ansiedade de doença **Transtorno de sintomas somáticos** (previamente conhecido como *transtorno somatoforme*) que envolve **ansiedade** grave sobre a crença de

628 PSICOPATOLOGIA

ter uma doença sem nenhuma causa física evidente.

transtorno de ansiedade de separação Medo excessivo e prolongado, presente em alguns indivíduos, de que algum mal acontecerá caso fique longe de seus entes queridos.

transtorno de ansiedade generalizada (TAG) Transtorno de ansiedade caracterizado por preocupação intensa e incontrolável, sem foco, crônica, contínua, que é angustiante e improdutiva, acompanhada por sintomas físicos e tensão, irritabilidade e agitação.

transtorno de ansiedade social (também chamado de fobia social) Medo irracional extremo e prolongado e evitação de situações sociais e de desempenho.

transtorno de apego reativo Transtorno de apego no qual uma criança com distúrbios de comportamento nem procura um cuidador nem responde a ofertas de ajuda de alguém; medo e tristeza são muitas vezes evidentes.

transtorno de compulsão alimentar (TCA) Padrão de alimentação que envolve episódios de **compulsão** alimentar com acentuada angústia, não seguido de comportamentos de purgação; é considerado uma nova categoria diagnóstica do *DSM*.

transtorno de déficit de atenção/hiperatividade (TDAH) Transtorno do desenvolvimento que se caracteriza por níveis mal adaptativos de desatenção, atividade excessiva e impulsividade.

transtorno de despersonalização/desrealização Transtorno dissociativo no qual os sentimentos de **despersonalização** e/ou desrealização são tão graves que dominam a vida da pessoa e a impede de funcionar normalmente.

transtorno de estresse agudo Reação grave que ocorre imediatamente após um evento estarrecedor, frequentemente acompanhada de amnésia do evento e de sensação de entorpecimento emocional e **desrealização**. Se os sintomas persistirem por mais de um mês, esses indivíduos são diagnosticados com **transtorno de estresse pós-traumático.**

transtorno de estresse pós-traumático (TEPT) Transtorno emocional prolongado e angustiante que acompanha a exposição a situação de desamparo grave ou ameaça que induz ao medo. A vítima revivencia o trauma, evita estímulos associados, e desenvolve um entorpecimento de responsividade e aumento de vigilância e excitação.

transtorno de hipersonolência Disfunção do sono que implica sonolência excessiva que interfere na rotina diária.

transtorno de insônia Condição em que o sono insuficiente interfere no funcionamento normal.

transtorno de interação social desinibida Condição em que a criança não mostra inibição alguma quando se aproxima de adultos não conhecidos.

transtorno da linguagem Prejuízo em transmitir o significado ou a mensagem para os outros (transtorno da linguagem expressiva), ou entender a mensagem vinda dos outros (transtorno da linguagem receptiva).

transtorno de pânico Ataques de pânico recorrentes e inesperados acompanhados de preocupação com ataques futuros e/ou mudança de estilo de vida para evitar futuros ataques.

transtorno de sintomas somáticos (Anteriormente conhecido como "transtorno de somatização") Transtorno que implica foco extremo e de longa duração em múltiplos sintomas físicos para os quais não há causa médica evidente.

transtorno de Tourette Transtorno do desenvolvimento que se caracteriza por **tiques** motores e vocais múltiplos e disfuncionais.

transtorno delirante Transtorno psicótico com crença persistente contrária à realidade (**delírio**), mas não há outros sintomas de **esquizofrenia**.

transtorno depressivo maior, episódio único ou recorrente Transtorno do humor que implica um (*episódio único*) ou mais (intervalos de pelo menos dois meses sem depressão, *recorrente*) **episódios depressivos maiores**.

transtorno depressivo persistente (distimia) Transtorno do humor que envolve **humor** persistentemente deprimido, com baixa autoestima, isolamento, pessimismo ou desespero, presente por pelo menos dois anos, sem ausência de sintomas por mais de dois meses.

transtorno desintegrativo da infância É um **transtorno global do desenvolvimento** que envolve regressão grave na linguagem, no comportamento adaptativo e nas habilidades motoras após um período de dois a quatro anos de desenvolvimento normal.

transtorno dismórfico corporal (TDC) Transtorno caracterizado pela preocupação excessiva com algum defeito inexistente ou mínimo na aparência física ("feiura imaginada"). Agora classificado entre transtorno obsessivo-compulsivo e transtornos relacionados; previamente agrupado com transtornos somatoformes no *DSM-IV*.

transtorno disfórico pré-menstrual Problemas de humor clinicamente significativo que podem ocorrer durante a fase pré-menstrual do ciclo reprodutivo de uma mulher.

transtorno disruptivo da desregulação do humor Condição na qual a criança tem humor negativo crônico como raiva e irritabilidade, sem a presença de mania.

transtorno dissociativo de identidade (TDI) Anteriormente conhecido como transtorno da personalidade múltipla; transtorno no qual várias personalidades, podendo ser até mais de cem, ou fragmentos de personalidade coexistem dentro de um corpo e mente.

transtorno dissociativo Transtorno no qual indivíduos se sentem deslocados de si mesmos ou de seu entorno, e a realidade, a experiência e a identidade podem se desintegrar.

transtorno do desejo sexual masculino hipoativo Disfunção em que o homem sente angústia por ter pouco ou nenhum interesse sexual.

transtorno do despertar Categoria de transtornos do sono-vigília durante o sono NREM que inclui **sonambulismo e terror no sono**.

transtorno do espectro autista (autismo) É um **transtorno do neurodesenvolvimento**

caracterizado por prejuízos significativos nas interações sociais e na comunicação, padrões restritos de comportamento, interesses e atividades.

transtorno do interesse/excitação sexual feminino Incapacidade recorrente em algumas mulheres de ter ou manter a adequada lubrificação e respostas de excitação sexual até concluir o ato sexual.

transtorno do jogo Comportamento problemático de jogo, persistente e recorrente, que leva a prejuízo ou sofrimento clinicamente significativo.

transtorno neurocognitivo induzido por substância/medicamento Dano cerebral causado pelo uso prolongado de drogas, frequentemente em combinação com uma dieta pobre.

transtorno do orgasmo feminino Recorrente ausência ou atraso do orgasmo presente em algumas mulheres depois da fase de excitação normal, em relação à experiência anterior e estimulação atual. Também conhecido como **orgasmo inibido** (feminino).

transtorno erétil Incapacidade recorrente, presente em alguns homens, que diz repeito a ter e manter a adequada ereção peniana até a conclusão da atividade sexual.

transtorno específico da aprendizagem Transtorno do neurodesenvolvimento caracterizado por desempenho acadêmico substancialmente abaixo do que o esperado para a idade da pessoa, considerando a pontuação do quociente de inteligência (QI), e a educação recebida.

transtorno esquizoafetivo Transtorno psicótico com sintomas de **esquizofrenia** e de **transtorno do humor** maior.

transtorno esquizofreniforme Transtorno psicótico envolvendo os sintomas da **esquizofrenia**, mas de duração inferior a 6 meses.

transtorno exibicionista Gratificação sexual alcançada ao expor as genitais para estranhos.

transtorno explosivo intermitente Episódios durante os quais a pessoa age com impulsos agressivos que resultam em agressões graves ou destruição de propriedade.

transtorno factício Transtorno psicológico ou físico inexistente e intencionalmente simulado sem nenhum ganho aparente exceto a possibilidade de receber atenção e simpatia.

transtorno fetichista Estímulos, fantasias ou comportamento de excitação sexual intensa, recorrente e de longo prazo que envolvem a utilização de objetos inanimados incomuns e que causam sofrimento ou prejuízo no funcionamento da vida.

transtorno frotteurista Transtorno parafílico no qual a pessoa obtém gratificação sexual, aproveitando-se do aperto em situação com multidão para se esfregar em pessoas contra a vontade delas.

transtorno invasivo do desenvolvimento não especificado Disfunções amplas, significativas e duradouras que aparecem antes dos 18 anos.

transtorno neurocognitivo com corpos de Lewy Prejuízo neurológico que afeta as pessoas com doença com corpos de Lewy, em

GLOSSÁRIO **629**

que depósitos de proteínas causam danos às células cerebrais e gradualmente causam prejuízos motores e cognitivos.

transtorno neurocognitivo de início precoce Forma de transtorno neurocognitivo relativamente rara em que os sintomas de perda de memória e outros prejuízos cognitivos ocorrem relativamente cedo, por volta dos 40 ou 50 anos.

transtorno neurocognitivo devido à doença de Alzheimer Condição resultante da doença de Alzheimer que se desenvolve mais frequentemente em pessoas com 50 anos ou mais, caracterizado por múltiplos déficits cognitivos que se desenvolvem gradualmente e de forma constante.

transtorno neurocognitivo devido à doença de Huntington Transtorno neurológico que segue o padrão subcortical e é proeminente por causar movimentos involuntários dos membros e alterações cognitivas.

transtorno neurocognitivo devido à doença de Parkinson Caracteriza-se por declínio progressivo dos movimentos motores associados às alterações cognitivas; resulta dos danos causados nas vias da dopamina.

transtorno neurocognitivo devido à doença do príon Transtorno neurodegenerativo progressivo raro causado por príons, proteínas que podem se reproduzir e causar danos às células cerebrais.

transtorno neurocognitivo devido a infecção por HIV Tipo menos comum de transtorno neurocognitivo que afeta as pessoas com HIV; pode levar ao pensamento prejudicado em estágios avançados.

transtorno neurocognitivo devido a lesão cerebral traumática Condição resultante de lesões no cérebro causadas por pancadas na cabeça ou outros impactos; os sintomas persistem por pelo menos uma semana após o trauma inicial.

transtorno neurocognitivo frontotemporal Condição em que há degeneração das regiões frontal e temporal do cérebro; afetam negativamente, de início, o comportamento e/ou a linguagem.

transtorno neurocognitivo leve Prejuízo moderado nas capacidades cognitivas que pode ser superado com estratégias como listas ou elaboração de cronogramas.

transtorno neurocognitivo maior (demência) Deterioração gradual do funcionamento do cérebro que afeta a memória, julgamento, linguagem e outros processos cognitivos avançados.

transtorno neurocognitivo vascular Transtorno cerebral progressivo envolvendo a perda do funcionamento cognitivo, causada pelo bloqueio do fluxo de sangue para o cérebro, que surge junto com outros sinais e sintomas neurológicos.

transtorno obsessivo-compulsivo (TOC) Transtorno que implica pensamentos e impulsos indesejáveis, persistentes, intrusivos, bem como em ações repetitivas destinados a suprimi-los.

transtorno por uso de cannabis Um padrão problemático de uso de *cannabis* que leva a

prejuízo ou sofrimento clinicamente significativo.

transtorno psicológico Disfunção psicológica associada a sofrimento ou prejuízo no funcionamento que não é uma resposta típica ou culturalmente esperada.

transtorno psicótico breve Perturbação psicótica que envolve **delírios**, **alucinações** ou comportamento ou **discurso desorganizado**, mas que dura menos de um mês; frequentemente ocorre como reação a um estressor.

transtorno psicótico compartilhado (*folie à deux*) Perturbação psicótica em que os indivíduos desenvolvem um **delírio** semelhante ao da pessoa com quem compartilham uma relação próxima.

transtorno psicótico devido a outra condição médica Condição caracterizada por alucinações ou delírios e que é resultado direto de outro transtorno fisiológico, como AVC ou tumor cerebral.

transtorno psicótico induzido por substância Psicose causada pela ingestão de medicamentos, drogas psicoativas ou toxinas.

transtorno transvéstico Parafilia na qual indivíduos, geralmente do sexo masculino, são sexualmente excitado ou recebem gratificação por usar roupas do sexo oposto.

transtorno voyeurista Transtorno parafílico em que a excitação sexual é derivada da observação de pessoas se despindo ou nuas, que não sabem que estão sendo observadas.

transtornos da personalidade Padrões prolongados e mal adaptativos para se relacionar com o meio e consigo mesmo, exibido em uma variedade de contextos e que causam prejuízo significativo no funcionamento ou sofrimento subjetivo.

transtornos de adaptação Sintomas emocionais e comportamentais clinicamente significativos em resposta a um ou mais estressores específicos.

transtornos de apego Comportamento inapropriado para o desenvolvimento em que a criança é incapaz de formar vínculos de apego com os adultos cuidadores.

transtornos do controle de impulsos Transtornos no quais a pessoa age sob um impulso irresistível, mas potencialmente prejudicial.

transtornos do humor Grupo de transtornos que envolvem distúrbios graves e duradouros na emotividade variando da euforia à depressão grave.

transtornos do neurodesenvolvimento Transtornos com base neurológica revelados de forma clinicamente significativa durante os anos de desenvolvimento de uma criança.

transtornos do sono relacionados à respiração Interrupção do sono que leva à sonolência ou insônia excessiva, causada por problemas como respiração diminuída (**hipoventilação**) ou respiração interrompida (**apneia do sono**).

transtornos do sono-vigília do ritmo circadiano Perturbações do sono que resultam em sonolência ou insônia, causadas pela incapacidade do organismo de sincronizar os padrões de sono com os padrões atuais de dia e noite.

transtornos parafílicos Transtornos e desvios sexuais nos quais a excitação sexual ocorre quase exclusivamente no contexto de objetos ou indivíduos inapropriados.

transtornos por uso de cafeína Problemas cognitivos, biológicos, comportamentais e sociais relacionados ao uso e abuso de cafeína.

transtornos por uso de opioides Problemas cognitivos, biológicos, comportamentais e sociais associados ao uso e abuso de **opiáceos** e seus variantes sintéticos.

transtornos relacionados a alucinógenos Problemas cognitivos, biológicos, comportamentais e sociais associados ao uso e abuso de substâncias alucinógenas.

transtornos relacionados ao álcool Problemas cognitivos, biológicos, comportamentais e sociais associados com o uso e abuso de álcool.

transtornos relacionados ao tabaco Problemas cognitivos, biológicos, comportamentais e sociais associados ao uso e abuso de **nicotina**.

transtornos relacionados a substâncias e transtornos aditivos Variedade de problemas associados ao uso e abuso de drogas como álcool, **cocaína**, heroína e outras substâncias usadas para alterar a maneira de pensar, sentir e se comportar. São extremamente dispendiosos em termos humanos e financeiros.

tratamento de manutenção Combinação de **tratamento psicossocial** continuado, medicação ou ambos, designados para prevenir **recaídas** após a terapia.

tratamento para controle do pânico (TCP) Tratamento cognitivo-comportamental para **ataques de pânico**, que envolve a exposição gradual a sensações somáticas temidas e modificação das percepções e atitudes sobre elas.

tratamento psicossocial Práticas de tratamento que se concentram em fatores sociais e culturais (como experiência de família), bem como em influências psicológicas. Essas abordagens incluem métodos cognitivos, comportamentais e interpessoais.

trauma na cabeça Lesão na cabeça que atinge o cérebro, geralmente causada por acidentes; pode levar a prejuízos cognitivos incluindo perda de memória.

tríade cognitiva depressiva Pensamentos equivocados de pessoas com depressão que se concentram de maneira negativa em três áreas: em si mesmos, no mundo imediato e no futuro.

tricotilomania Impulso de pessoas para arrancar o próprio cabelo de qualquer parte do corpo, incluindo o couro cabeludo, sobrancelhas e pelos do braço.

uso de polissubstâncias Uso de múltiplas substâncias que alteram a mente e o comportamento, tais como drogas.

uso de substância A ingestão de substâncias psicoativas em quantidades moderadas que não interfere significativamente no funcionamento social, acadêmico ou ocupacional.

vaginismo Espasmos musculares involuntários recorrentes no terço externo da vagina que interfere na relação sexual.

validade externa Extensão em que os resultados da pesquisa generaliza, ou se aplica, a pessoas e a contextos não envolvidos no estudo.

validade Grau no qual uma técnica mede o que se propõe a medir.

validade interna Medida em que os resultados do estudo podem ser atribuídos à **variável independente** após as explicações alternativas confundidoras terem sido descartadas.

variabilidade Grau de mudança de um fenômeno ao longo do tempo.

variação no número de cópias Genes excluídos como resultado de mutações; essas exclusões podem ter implicações no desenvolvimento de TDAH e outros transtornos.

variável confundidora Variável de pesquisa que não fazia parte do delineamento e que pode contribuir para mudanças na **variável dependente**.

variável dependente Em um estudo científico experimental, o fenômeno que é mensurado

e passível de ser influenciado (compare com **variável independente**).

variável independente Fenômeno manipulado pelo experimentador no estudo e que se espera influenciar a **variável dependente**.

vírus da imunodeficiência humana tipo 1 (HIV-1) Doença que causa a Aids.

vulnerabilidade Suscetibilidade ou tendência a desenvolver um transtorno.

Referências bibliográficas

Aaronson, C. J., Shear, M. K., Goetz, R. R., Allen, L. B., Barlow, D. H., White, K. S., & Gorman, J. M. (2008). Predictors and time course of response among panic disorder patients treated with cognitive-behavioral therapy. *Journal of Clinical Psychiatry, 69*(3), 418-424.

Aarsland, D., & Kurz, M. W. (2010). The epidemiology of dementia associated with Parkinson disease. *Journal of the Neurological Sciences, 289*(1-2), 18-22.

Aarsland, D., Ballard, C., Rongve, A., Broadstock, M., & Svenningsson, P. (2012). Clinical trials of dementia with Lewy bodies and Parkinson's disease dementia. *Current Neurology and Neuroscience Reports, 12*(5), 492-501.

Abbey, S. E., & Garfinkel, P. E. (1991). Neurasthenia and chronic fatigue syndrome: The role of culture in the making of a diagnosis. *American Journal of Psychiatry, 148*, 1638-1646.

Abbott, D. W., de Zwaan, M., Mussell, M. P., Raymond, N. C., Seim, H. C., Crow, S. J., & Mitchell J. E. (1998). Onset of binge eating and dieting in overweight women: Implications for etiology, associated features and treatment. *Journal of Psychosomatic Research, 44*, 367-374.

Abbott, S. M., Soca, R., & Zee, P. C. (2014). Circadian Rhythm Sleep Disorders. In *Primary Care Sleep Medicine* (pp. 297-309). Springer New York.

Abdul-Hamid, W. K., & Stein, G. (2012). The Surpu: Exorcism of antisocial personality disorder in ancient Mesopotamia. *Mental Health, Religion & Culture*. doi: 10.1080/13674676.2012.713337

Abel, G. G. (1989). Behavioral treatment of child molesters. In A. J. Stunkard & A. Baum (Eds.), *Perspectives in behavioral medicine: Eating, sleeping and sex* (pp. 223-242). Hillsdale, NJ: Erlbaum.

Abel, G. G., Barlow, D. H., Blanchard, E. B., & Guild, D. (1977). The components of rapists' sexual arousal. *Archives of General Psychiatry, 34*, 895-903.

Abel, G. G., Becker, J. V., Cunningham-Rathner, J., Mittelman, M., & Rouleau, J. L. (1988). Multiple paraphilic diagnoses among sex offenders. *Bulletin of the American Academy of Psychiatry and Law, 16*, 153-168.

Abel, K. M., Drake, R., & Goldstein, J. M. (2010). Sex differences in schizophrenia. *International Review of Psychiatry, 22*(5), 417-428.

Abela, J. R., & Skitch, S. A. (2007). Dysfunctional attitudes, self-esteem, and hassles: Cognitive vulnerability to depression in children of affectively ill parents. *Behaviour Research and Therapy, 45*(6), 1127-1140.

Abela, J. R., & Hankin, B. L. (2011). Rumination as a vulnerability factor to depression during the transition from early to middle adolescence: A multiwave longitudinal study. *Journal of Abnormal Psychology, 120*(2), 259-271.

Abela, J. R., Stolow, D., Mineka, S., Yao, S., Zhu, X. Z., & Hankin, B. L. (2011). Cognitive vulnerability to depressive symptoms in adolescents in urban and rural Hunan, China: A multiwave longitudinal study. *Journal of Abnormal Psychology, 120*(4), 765-778.

Abele, H., Wagner, P., Sonek, J., Hoopmann, M., Brucker, S., Artunc-Ulkumen, B., & Kagan, K. O. (2015). First trimester ultrasound screening for Down syndrome based on maternal age, fetal nuchal translucency and different combinations of the additional markers nasal bone, tricuspid and ductus venosus flow. *Prenatal Diagnosis, 35*(12), 1182-1186.

Abrahamson, D. J., Barlow, D. H., Sakheim, D. K., Beck, J. G., & Athanasiou, R. (1985). Effects of distraction on sexual responding in functional and dysfunctional men. *Behavior Therapy, 16*, 503-515.

Abramowitz, J. S., & Jacoby, R. J. (2015). Obsessive-compulsive and related disorders: A critical review of the new diagnostic class. *Annual Review of Clinical Psychology, 11*, 165-186.

Abramowitz, J. S., Taylor, S., & McKay, D. (2012). Exposure-based treatment for obsessive compulsive disorder. In G. Steketee (Ed.), *The Oxford handbook of obsessive compulsive and spectrum disorders* (pp. 322-364). New York, NY: Oxford University Press.

Abramson, L. Y., Metalsky, G. I., & Alloy, L. B. (1989). Hopelessness depression: A theory-based subtype of depression. *Psychological Review, 96*(2), 358-372.

Abramson, L. Y., Seligman, M. E. P., & Teasdale, J. D. (1978). Learned helplessness in humans: Critique and reformulation. *Journal of Abnormal Psychology, 87*, 49-74.

Abse, D. W. (1987). *Hysteria and related mental disorders: An approach to psychological medicine.* Bristol, UK: Wright.

Adachi, Y., Sato, C., Nishino, N., Ohryoji, F., Hayama, J., & Yamagami, T. (2009). A brief parental education for shaping sleep habits in 4-month-old infants. *Clinical Medicine & Research, 7*(3), 85-92. doi: 10.3121 /cmr.2009.814

Abdul-Hamid, W. K., & Stein, G. (2012). The Surpu: Exorcism of antisocial personality disorder in ancient Mesopotamia. *Mental Health, Religion & Culture. 16*(7), 671-685. doi: 10.1080/13674676.2012.713337

Adams, C., Lockton, E., Freed, J., Gaile, J., Earl, G., McBean, K., & Law, J. (2012). The Social Communication Intervention Project: A randomized controlled trial of the effectiveness of speech and language therapy for school-age children who have pragmatic and social communication problems with or without autism spectrum disorder. *International Journal of Language & Communication Disorders, 47*(3), 233-244. doi: 10.1111/j.1460-6984.2011.00146.x

Adams, T. D., Gress, R. E., Smith, S. C., Halverson, R. C., Simper, S. C., Rosamond, W. D., & Hunt, S. C. (2007). Long-term mortality after gastric bypass surgery. *New England Journal of Medicine, 357*(8), 753-761.

Adams, T. D., Davidson, L. E., Litwin, S. E., Kolotkin, R. L., LaMonte, M. J., Pendleton, R. C., & Hunt, S. C. (2012). Health benefits of gastric bypass surgery after 6 years. *JAMA: Journal of the American Medical Association, 308*(11), 1122-1131. doi: 10.1001/2012.jama.11164

Addington v. Texas, 99 S. Ct. 1804 (1979).

Addington, J., Liu, L., Buchy, L., Cadenhead, K. S., Cannon, T. D., Cornblatt, B. A., . . . & Woods, S. W. (2015). North American prodrome longitudinal study (NAPLS 2): the prodromal symptoms. *The Journal of Nervous and Mental Disease, 203*(5), 328-335.

Addis, M. E. (2008). Gender and depression in men. *Clinical Psychology: Science and Practice, 15*(3), 153-168.

Adler, N. E. (2013). Health Disparities Taking on the Challenge. *Perspectives on Psychological Science, 8*(6), 679-681.

Ader, R., & Cohen, N. (1975). Behaviorally conditioned immunosuppression. *Psychosomatic Medicine, 37*, 333-340.

Ader, R., & Cohen, N. (1993). Psychoneuroimmunology: Conditioning and stress. *Annual Review of Psychology, 44*, 53-85.

Adler, C. M., Côte, G., Barlow, D. H., & Hillhouse, J. J. (1994). *Phenomenological relationships between somatoform, anxiety, and psychophysiological disorders.* Unpublished manuscript.

Afari, N., & Buchwald, D. (2003). Chronic fatigue syndrome: A review. *American Journal of Psychiatry, 160*, 221-236.

Agatisa, P., Matthews, K., Bromberger, J., Edmundowicz, D., Chang, Y., & Sutton-Tyrell, K. (2005). Coronary and aortic calcification in women with major depression history. *Archives of Internal Medicine, 165*, 1229-1236.

Aggarwal, N. K., Nicasio, A. V., DeSilva, R., Boiler, M., & Lewis-Fernández, R. (2013). Barriers to implementing the *DSM-5* cultural formulation interview: A qualitative study. *Culture, Medicine, and Psychiatry, 37*(3), 505-533.

Agras, W. S. (1987). *Eating disorders: Management of obesity, bulimia, and anorexia nervosa.* Elmsford, NY: Pergamon.

Agras, W. S. (2001). The consequences and costs of eating disorders. *Psychiatric Clinics of North America, 24*, 371-379.

Agras, W. S., Sylvester, D., & Oliveau, D. (1969). The epidemiology of common fears and phobia. *Comprehensive Psychiatry, 10*, 151-156.

Agras, W. S., Telch, C. F., Arnow, B., Eldredge, K., & Marnell, M. (1997). One year follow-up of cognitive-behavioral therapy of obese individuals with binge eating disorder. *Journal of Consulting and Clinical Psychology, 65*, 343-347.

Agras, W. S., Walsh, B. T., Fairburn, C. G., Wilson, G. T., & Kraemer, H. C. (2000). A multicenter comparison of cognitive- behavioral therapy and interpersonal psychotherapy for bulimia nervosa. *Archives of General Psychiatry, 57*, 459-466.

Agras W. S., Hammer, L. D., Huffman L. C., Mascola, A., Bryson, S. W. , & Danaher, C. (2012). Improving healthy eating in families with a toddler at risk for overweight: A cluster randomized controlled trial. *Journal of Developmental and Behavioral Pediatrics, 33*(7), 529-534.

Aguirre, E., Woods, R. T., Spector, A., & Orrell, M. (2013). Cognitive stimulation for dementia: a systematic review of the evidence of effectiveness from randomised controlled trials. *Ageing Research Reviews, 12*(1), 253-262.

Ahern, R. W., & Coleman-Eufinger, C. (2013). New promises: Specialized dockets as partnerships between treatment and the criminal justice system. In K. Yeager, D. Cutler, D. Svendsen, & G. M. Sills (Eds.), *Modern community mental health: An interdisciplinary approach* (pp. 475-483). New York: Oxford University Press.

Ahima, R. S., & Lazar, M. A. (2013). The health risk of obesity–better metrics imperative. *Science, 341*(6148), 856-858.

Ahlers, C. J., Schaefer, G. A., Mundt, I. A., Roll, S., Englert, H., Willich, S. N., & Beier, K. M. (2011). How unusual are the contents of paraphilias? Paraphilia-associated sexual arousal patterns in a community based sample of men. *Journal of Sexual Medicine, 8*(5), 1362-1370.

Ahmed, A. O., Green, B. A., Goodrum, N. M., Doane, N. J., Birgenheir, D., & Buckley, P. F. (2013). Does a latent class underlie schizotypal personality disorder? Implications for schizophrenia. *Journal of Abnormal Psychology, 122*, 475-491. doi:10.1037/a0032713

Ahmed, I., & Thorpy, M. (2012). Narcolepsy and idiopathic hypersomnia. In M. S. Badr (Ed.), *Essentials of sleep medicine: An approach for clinical pulmonology* (pp. 297-314). New York: Humana Press.

Aikins, D. E., & Craske, M. G. (2001). Cognitive theories of generalized anxiety disorder. *Psychiatric Clinics of North America, 24*, 57-74.

Akiskal, H. (2006). Special issue on circular insanity and beyond: Historic contributions of French psychiatry to contemporary concepts and research on bipolar disorder. *Journal of Affective Disorders, 96*, 141-143.

Akiskal, H. S. (2009). Dysthymia, cyclothymia, and hyperthymia. In M. G. Gelder, N. C. Andreasen, J. J. López-Ibor Jr., & J. R. Geddes (Eds.), *New Oxford textbook of psychiatry* (2nd ed., Vol. 1, pp. 680-692). Oxford, UK: Oxford University Press.

Akiskal, H. S., & Cassano, G. B. (Eds.) (1997). *Dysthymia and the spectrum of chronic depressions.* New York, NY: Guilford.

al'Absi, M., & Wittmers, L. E., Jr. (2003). Enhanced adrenocortical responses to stress in hypertension-prone men and women. *Annals of Behavioral Medicine, 25*, 25-33.

Alba-Ferrara, L., Fernyhough, C., Weis, S., Mitchell, R. L. C., & Hausmann, M. (2012). Contributions of emotional prosody comprehension deficits to the formation of auditory verbal hallucinations in schizophrenia. *Clinical Psychology Review, 32*(4), 244-250. doi: 10.1016/j.cpr.2012.02.003

Albano, A. M., & Barlow, D. H. (1996). Breaking the vicious cycle: Cognitive-behavioral group treatment for socially anxious youth. In E. D. Hibbs & P. S. Jensen (Eds.), *Psychosocial treatments for child and adolescent disorders* (pp. 43-62). Washington, DC: American Psychological Association.

Albano, A. M., & Hack, S. (2004). Children and adolescents. In R. G. Heimberg, C. L. Turk, & D. S. Mennin (Eds.), *Generalized anxiety disorder: Advances in research and practice* (pp. 383-408). New York, NY: Guilford.

Albano, A. M., Chorpita, B. F., & Barlow, D. H. (1996). Childhood anxiety disorders. In E. J. Mash & R. A. Barkley (Eds.), *Child psychopathology* (pp. 196-241). New York, NY: Guilford.

Albano, A. M., Miller, P. P., Zarate, R., Côté, G., & Barlow, D. H. (1997). Behavioral assessment and treatment of PTSD in prepubertal children: Attention to development factors and innovative strategies in the case study of a family. *Cognitive and Behavioral Practice, 4*, 245-262.

Albert, C., Chae, C., Rexrode, K., Manson, J., & Kawachi, I. (2005). Phobic anxiety and risk of coronary heart disease and sudden cardiac among women. *Circulation, 111*, 480-487.

Albertini, R. S., & Phillips, K. A. (1999). Thirty-three cases of body dysmorphic disorder in children and adolescents. *Journal of the American Academy of Child and Adolescent Psychiatry, 38*(4), 453-459.

Albon, T., & Schneider, S. (2007). Psychotherapy of childhood anxiety disorders: A meta-analysis. *Psychother Psychosom, 76*, 15-24.

Albright, J. A., Stevens, S. A., & Beussman, D. J. (2012). Detecting ketamine in beverage residues: Application in date rape detection. *Drug Testing and Analysis, 4*(5), 337-341. doi: 10.1002/dta.335

Alda, M. (2015). Lithium in the treatment of bipolar disorder: Pharmacology and pharmacogenetics. *Molecular Psychiatry, 20*, 661-670.

Alessi, S. M., Roll, J. M., Reilly, M. P., & Johanson, C. E. (2002). Establishment of a diazepam preference in human volunteers following a differential- conditioning history of placebo versus diazepam choice. *Experimental and Clinical Psychopharmacology, 10*, 77-83.

Alexander, F. G. (1939). Emotional factors in essential hypertension: Presentation of a tentative hypothesis. *Psychosomatic Medicine, 1*, 175-179.

Alexander, F. G. (1950). *Psychosomatic medicine.* New York, NY: Norton.

Alexander, F. G., & Selesnick, S. T. (1966). *The history of psychiatry: An evaluation of psychiatric thought and practice from prehistoric times to the present.* New York, NY: Harper & Row.

Alexopoulos, G., Katz, I., Bruce, M., Heo, M., Have, T., Raue, P., Reynolds, C. F., III., (2005). Remission in depressed geriatric primary care patients: A report from the PROSPECT study. *American Journal of Psychiatry, 162*, 718-724.

Alexopoulos, G. S. (2005). Depression in the elderly. *Lancet, 365*, 1961-1970.

Ali, S. R., Liu, W. M., & Humedian, M. (2004). Islam 101: Understanding the religion and therapy implications. *Professional Psychology: Research and Practice, 35*(6), 635.

Alim, T. N., Feder, A., Graves, R. E., Wang, Y., Weaver, J., Westphal, M., & Charney, D. S. (2008). Trauma, resilience, and recovery in a high-risk African-American population. *The American Journal of Psychiatry, 165*(12), 1566-1575.

Allan, R. & Ungar, M. (2014). Resilience-building interventions with children, adolescents, and their families. In S. Prince-Embury & D. H., Saklofske (Eds.). *Resilience Interventions for Youth in Diverse Populations* (pp. 447-462). Springer : New York.

Allen, J., DeMyer, M. K., Norton, J. A., Pontius, W., & Yang, G. (1971). Intellectuality in parents of psychotic, subnormal, and normal children. *Journal of Autism and Childhood Schizophrenia, 1*(3), 311-326.

Allen, J. J., & Movius, H. L. (2000). The objective assessment of amnesia in dissociative identity disorder using event-related potentials. *International Journal of Psychophysiology, 38*, 21-41.

Allen, J. L., Lavallee K. L., Herren C., Ruhe, K., & Schneider, S. (2010). DSM-IV criteria for childhood separation anxiety disorder: Informant, age, and sex differences. *Journal of Anxiety Disorders, 24*(8), 946-952. doi: 10.1016/j.janxdis.2010.06.022

Allen, K., Bloscovitch, J., & Mendes, W. B. (2002). Cardiovascular reactivity in the presence of pets, friends, and spouses: The truth about cats and dogs. *Psychosomatic Medicine, 64*, 727-739.

Allen, K. L., Byrne, S. M., Oddy, W. H., & Crosby, R. D. (2013). *DSM-IV-TR* and *DSM-5* eating disorders in adolescents: Prevalence, stability, and psychosocial correlates in a population-based sample of male and female adolescents. *Journal of Abnormal Psychology, 122*(3), 720-732.

Allen, L. A., Woolfolk, R. L., Escobar, J. I., Gara, M. A., & Hamer, R. M. (2006). Cognitive-behavioral therapy for somatization disorder: A randomized controlled trial. *Archives of Internal Medicine, 166*(14), 1512-1518.

Allen, L. B., White, K. S., Barlow, D. H., Shear, M. K., Gorman, J. M., & Woods, S. W. (2010). Cognitive-behavior therapy (CBT) for panic disorder: Relationship of anxiety and depression comorbidity with treatment outcome. *Journal of Psychopathology & Behavioral Assessment, 32*(2), 185-192.

Allen, L. S., & Gorski, R. A. (1992). Sexual orientation and the size of the anterior commissure in the human brain. *Proceedings of the National Academy of Science, 89*, 7199-7202.

Allen, N. J., & Barres, B. A. (2009). Neuroscience: Glia–more than just brain glue. *Nature, 457*(7230), 675-677.

Allen, P., & Modinos, G. (2012). Structural neuroimaging in psychotic patients with auditory verbal hallucinations. In J. D. Blom & I. E. C. Sommer (Eds.), *Hallucinations* (pp. 251-265). New York, NY: Springer.

Allender, S., Peto, V., Scarborough, P., Boxer, A., and Rayner, M. (2007). *Coronary heart disease statistics.* Oxford, England: British Heart Foundation & Stroke Association.

Aller, R., & Aller, G. (1997). An institutional response to patient/family complaints. In A. E. Shamoo (Ed.), *Ethics in neurobiological research with human subjects: The Baltimore Conference on Ethics* (pp. 155-172). Amsterdam, The Netherlands: Gordon and Breach.

Alloy, L., & Abramson, L. (2006). Prospective incidence of first onsets and recurrences of depression in individuals at high and low cognitive risk for depression. *Journal of Abnormal Psychology, 115*, 145-156.

Alloy, L., Abramson, L. Y., Hogan, M. E., Whitehouse, W. G., Rose, D. T., Robinson, M. S., & Lapkin, J. B. (2000). The Temple-Wisconsin cognitive vulnerability to depression project: Lifetime history of axis I psychopathology in individuals at high and low cognitive risk for depression. *Journal of Abnormal Psychology, 109*, 403-418.

Alloy, L., Abramson, L., Safford, S., & Gibb, B. (2006). The cognitive vulnerability to depression (CVD) project: Current findings and future directions. In L. B. Alloy & J. H. Riskind (Eds.), *Cognitive vulnerability to emotional disorders* (pp. 33-61). Hillsdale, NJ: Erlbaum.

Alloy, L. B., & Abramson, L. Y. (2010). The role of the behavioral approach system (BAS) in bipolar spectrum disorders. *Current Directions in Psychological Science, 19*(3), 189-194.

Alloy, L. B., Abramson, L. Y., Urosevic, S., Bender, R. E., & Wagner, C. A. (2009). Longitudinal predictors of bipolar spectrum disorders: A behavioral approach system (BAS) perspective. *Clinical Psychology* (New York), *16*(2), 206-226.

Alloy, L. B., Bender, R. E., Whitehouse, W. G., Wagner, C. A., Liu, R. T., Grant, D. A., & Abramson, L. Y. (2012). High Behavioral Approach System (BAS) sensitivity, reward responsiveness, and goal-striving predict first onset of bipolar spectrum disorders: A prospective behavioral high-risk design. *Journal of Abnormal Psychology, 121*(2), 339-351.

Alloy, L. B., Nusslock, R., & Boland, E. M. (2015). The development and course of bipolar spectrum disorders: An integrated reward and circadian rhythm dysregulation model. *Annual Review of Clinical Psychology, 11,* 213.

Alpers, G. W. (2009). Ambulatory assessment of panic disorder and specific phobia. *Psychological Assessment, 21,* 476-485.

Alter, H. J., Mikovits, J. A., Switzer, W. M., Ruscetti, F. W., Lo, S. C., Klimas, N., Komaroff, A. L., Montoya, J. G., Bateman, L., Levine, S., Peerson, D., Levin, B., Hanson, M. R., Genfi, A., Bhat, M., Zheng, H., Wang, R., Li, B., Hung, G.-C., Lee, L. L., Sameroff, S., Heneine, W., Coffin, J., Horning, M., & Lipkin, W. I. (2012). A multicenter blinded analysis indicates no association between chronic fatigue syndrome/myalgic encephalomyelitis and either xenotropic murine leukemia virus-related virus or polytropic murine leukemia virus. *MBio, 3*(5), e00266-12.

Althof, S. (2006). The psychology of premature ejaculation: Therapies and consequences. *Journal of Sexual Medicine, 3,* 324-331.

Althof, S. E. (2007). Treatment of rapid ejaculation: Psychotherapy, pharmacotherapy, and combined therapy. In S. R. Leiblum (Ed.), *Principles and practice of sex therapy* (4th ed., pp. 212-240). New York, NY: Guilford.

Altman, M., & Wilfley, D. E. (2015). Evidence update on the treatment of overweight and obesity in children and adolescents. *Journal of Clinical Child & Adolescent Psychology, 44*(4), 521-537.

Altshuler, L. L., Kupka, R. W., Hellemann, G., Frye, M. A., Sugar, C. A., McElroy, S. L., & Suppes, T. (2010). Gender and depressive symptoms in 711 patients with bipolar disorder evaluated prospectively in the Stanley Foundation bipolar treatment outcome network. *American Journal of Psychiatry, 167*(6), 708-715.

Alzheimer's Association. (2011). Alzheimer's disease facts and figures. *Alzheimer's & Dementia: The Journal of the Alzheimer's Association, 7,* 208-244.

Alzheimer's Association, (2015). 2015 Alzheimer's disease facts and figures. *Alzheimer's & Dementia* (Vol. 11). Chicago, IL: Alzheimer's Association.

Amad, A., Ramoz, N., Thomas, P., Jardri, R., & Gorwood, P. (2014). Genetics of borderline personality disorder: systematic review and proposal of an integrative model. *Neuroscience & Biobehavioral Reviews, 40,* 6-19.

Amat, J., Baratta, B. V., Paul, E., Bland, S. T., Watkins, L. R., & Maier, S. F. (2005). Medial prefrontal cortex determines how stressor controllability affects behavior and dorsal raphe nucleus. *Nature Neuroscience, 8,* 365-371.

American Bar Association Standing Committee on Association Standards for Criminal Justice. (1984). *Criminal justice and mental health standards.* Chicago, IL: Author.

American College of Obstetricians and Gynecologists. (2002). Clinical management guidelines for obstetricians-gynecologists: Premenstrual syndrome. *ACOG Practice Bulletin.* No. 15. Washington, DC: American College of Obstetricians and Gynecologists.

American Law Institute. (1962). *Model penal code: Proposed official draft.* Philadelphia, PA: Author.

American Psychiatric Association. (1980). *Diagnostic and statistical manual of mental disorders* (3rd ed.). Washington, DC: Author.

American Psychiatric Association. (1983). American Psychiatric Association statement on the insanity defense. *American Journal of Psychiatry, 140,* 681-688.

American Psychiatric Association. (2000a). *Diagnostic and statistical manual of mental disorders* (4th ed., text revision). Washington, DC: Author.

American Psychiatric Association. (2000b). Substance use disorders: Alcohol, cocaine, opioids. In *Practice guidelines for the treatment of psychiatric disorders: Compendium 2000* (pp. 139-238). Washington, DC: Author.

American Psychiatric Association. (2004). Practice guideline for the treatment of patients with schizophrenia (2nd ed.). *American Journal of Psychiatry, 161*(Suppl.), 1-56.

American Psychiatric Association. (2006). Practice guideline for the psychiatric evaluation of adults (2nd ed.). *American Journal of Psychiatry, 163*(Suppl.), 1-36.

American Psychiatric Association. (2007). Practice guidelines for the treatment of patients with substance use disorders (2nd ed.). *American Journal of Psychiatry, 164*(Suppl.), 1-14.

American Psychiatric Association. (2010). Clinical practice guidelines. *American Journal of Psychiatry, 167*(10).

American Psychiatric Association Practice Guideline. (2010). *Practice guideline for the treatment of patients with major depressive disorder* (3rd ed.). Washington, DC: American Psychiatric Association. Retrieved from http://www.psychiatryonline.com/pracGuide / pracGuideTopic_7.aspx

American Psychiatric Association. (2010a). *APA practice guidelines for treatment of patients with eating disorders* (3rd ed.). Retrieved from http://www.psychiatryonline.com/content .aspx?aID5138866

American Psychiatric Association. (2010b). DSM-5 Development: Sleep-Wake Disorders. Retrieved November 6, 2012, from http://www.dsm5.org/ProposedRevision /Pages/Sleep-WakeDisorders.aspx

American Psychiatric Association. (2013). *Diagnostic and statistical manual of mental disorders* (5th ed.). Washington, D.C.: Author.

American Psychological Association. (2002a). Ethical principles of psychologists and code of conduct. *American Psychologist, 57,* 1060-1073.

American Psychological Association. (2010a). 2010 Amendments to the 2002 "Ethical principles of psychologists and code of conduct." *American Psychologist, 65*(5), 493-493.

American Psychological Association. (2010b). Report of the ethics committee, 2009. *American Psychologist, 65*(5), 483-492.

American Psychological Association. (2012). *The APA guidelines for the undergraduate psychology major version 2.0.* Washington, D.C.: American Psychological Association.

American Psychological Association. (2013). *APA guidelines for the undergraduate psychology major.* Washington, DC: Author.

American Psychological Association Presidential Task Force. (2006). Evidence-based practice in psychology. *American Psychologist, 61,* 271-285.

American Psychological Association Task Force on Gender Identity and Gender Variance. (2008). *Report of the Task Force on Gender Identity and Gender Variance.* Washington, DC: Author.

American Society of Plastic Surgeons. (2012). National cosmetic procedures. Retrieved from http://www.plasticsurgery.org/news-and -resources/2012-plastic-surgery-statistics.html

Ames, G. E., Patel, R. H., McMullen, J. S., Thomas, C. S., Crook, J. E., Lynch, S. A., & Lutes, L. D. (2014). Improving maintenance of lost weight following a commercial liquid meal replacement program: a preliminary study. *Eating Behaviors, 15*(1), 95-98.

Amieva, H., Mokri, H., Le Goff, M., Meillon, C., Jacqmin-Gadda, H., Foubert-Samier, A., . . . & Dartigues, J. F. (2014). Compensatory mechanisms in higher-educated subjects with Alzheimer's disease: a study of 20 years of cognitive decline. *Brain, 137*(4), 1167-1175.

Anandam, A., Akinnusi, M., Kufel, T., Porhomayon, J., & El-Solh, A. A. (2013). Effects of dietary weight loss on obstructive sleep apnea: a meta-analysis.Sleep and Breathing, 17(1), 227-234.

Anastopoulos, A., Sommer, J., & Schatz, N. (2009). ADHD and family functioning. *Current Attention Disorders Reports, 1*(4), 167-170. doi: 10.1007/s12618-009-0023-2

Andersen, B. L., & Cyranowski, J. M. (1994). Women's sexual self-schema. *Journal of Personality and Social Psychology, 67*(6), 1079-1100.

Andersen, B. L., Cyranowski, J. M., & Espindle, D. (1999). Men's sexual self-schema. *Journal of Personality and Social Psychology, 76*(4), 645-661.

Andersen, B. L., Farrar, W. B., Golden-Kreutz, D., Emery, C. F., Glaser, R., Crespin, T., & Carson, W. E., III. (2007). Distress reduction from a psychological intervention contributes to improved health for cancer patients. *Brain, Behavior, and Immunity, 21,* 953-961.

Andersen, B. L., Yang, H., Farrar, W. B., Golden-Kreutz, D. M., Emery, C. F., Thornton, L. M., & Carson, W. E., III. (2008). Psychologic intervention improves survival for breast cancer patients: A randomized clinical trial. *Cancer, 113,* 3450-3458.

Anderson, D. K., Lord, C., Risi, S., DiLavore, P. S., Shulman, C., Thurm, A., & Pickles, A. (2007). Patterns of growth in verbal abilities among children with autism spectrum disorder. *Journal of Consulting and Clinical Psychology, 75*(4), 594-604.

Anderson, J. L., Sellbom, M., Wygant, D. B., Salekin, R. T., & Krueger, R. F. (2014). Examining the associations between DSM-5 Section III antisocial personality disorder traits and psychopathy in community and university samples. *Journal of Personality Disorders, 28*(5), 675-697.

Andersson, E., Hedman, E., Enander, J., Djurfeldt, D. R., Ljótsson, B., Cervenka, S., Isung, J., Svanborg, C., Mataix-Cols, D., Kaldo, V., Andersson, G., Lindefors, N. & Rück, C. (2015). D-Cycloserine vs placebo as adjunct to cognitive behavioral therapy for obsessive-compulsive disorder and interaction with antidepressants: A randomized clinical trial. *JAMA Psychiatry, 72*(7):659-667.

Andrasik, F. (2000). Biofeedback. In D. I. Mostofsky & D. H. Barlow (Eds.), *The management of stress and anxiety in medical disorders* (pp. 66-83). Needham Heights, MA: Allyn & Bacon.

Andreasen, N. C. (1987). Creativity and mental illness: Prevalence rates in writers and their first-degree relatives. *American Journal of Psychiatry, 144*(10), 1288-1292.

Andreasen, N. C. (2012). Schizophrenia: A conceptual history. In M. G. Gelder, N. C. Andreasen, J. J. Lopez-Ibor, Jr., & J. R. Geddes (Eds.), *New Oxford textbook of psychiatry* (2nd. ed., Vol. 1, pp. 521-526). New York, NY: Oxford University Press.

Andrews, G., Hobbs, M. J., Borkovec, T. D., Beesdo, K., Craske, M. G., Heimberg, R. G., & Stanley, M. A. (2010). Generalized worry disorder: A review of DSM-IV generalized anxiety disorder and options for DSM-V. *Depression and Anxiety, 27*(2), 134-147. doi: 10.1002/da.20658

Aneshensel, C. S., Pearlin, L. I., Mullan, J. T., Zarit, S. H., & Whitlatch, C. J. (1995). *Profiles in caregiving: The unexpected career*. San Diego, CA: Academic.

Anglin, D. M., Lighty, Q., Greenspoon, M., & Ellman, L. M. (2014). Racial discrimination is associated with distressing subthreshold positive psychotic symptoms among US urban ethnic minority young adults. *Social Psychiatry and Psychiatric Epidemiology, 49*(10), 1545-1555.

Angst, J. (2009). Course and prognosis of mood disorders. In M. G. Gelder, N. C. Andreasen, J. J. López-Ibor, Jr., & J. R. Geddes (Eds.), *New Oxford textbook of psychiatry* (2nd ed., Vol. 1, pp. 665-669). Oxford, UK: Oxford University Press.

Angst, J., & Grobler, C. (2015) Unipolar mania: A necessary diagnostic concept. *European Archives of Psychiatry and Clinical Neuroscience, 265,* 273-280.

Angst, J., & Sellaro, R. (2000). Historical perspectives and natural history of bipolar disorder. *Biological Psychiatry, 48*(6), 445-457.

Angst, J., Cui, L. H., Swendsen, J., Rothen, S., Cravchik, A., & Merikangas, K. R. (2010). Major depressive disorder with subthreshold bipolarity in the National Comorbidity Survey Replication. *American Journal of Psychiatry, 167*(10), 1194-1201.

Angst, J. Azorin, J.-M., Bowden, C. L., Perugi, G., Vieta, E., Gamma, A., & Young, A. H. (2011). Prevalence and characteristics of undiagnosed bipolar disorders in patients with a major depressive episode. *Archives of General Psychiatry, 68*(8), 791-798.

Angstman, K. B., & Rasmussen, N. H. (2011). Personality disorders: review and clinical application in daily practice. *American Family Physician, 84*(11), 1253.

Anisman, H., Zaharia, M. D., Meaney, M. J., & Merali, Z. (1998). Do early life events permanently alter behavioral and hormonal responses to stressors? *International Journal of Developmental Neuroscience, 16*(3-4), 149-164.

Ansell, E., Sanislow, C., McGlashan, T., & Grilo, C. (2007). Psychosocial impairment and treatment utilization by patients with borderline personality disorder, other personality disorders, mood and anxiety disorders, and a healthy comparison group. *Comprehensive Psychiatry, 48*(4), 329-336.

Anson, M., Veale, D., & de Silva, P. (2012). Social-evaluative versus self-evaluative appearance concerns in body dysmorphic disorder. *Behavior Research and Therapy, 50*(12), 753-760. doi: 10.1016/j.brat.2012. 09.003

Anton, B., & Leff, L. P. (2006). A novel bivalent morphine/heroin vaccine that prevents relapse to heroin addiction in rodents. *Vaccine, 24*(16), 3232-3240.

Antoni, M. H. (2012). *Stress, coping, and health in HIV/AIDS.* The Oxford Handbook of Stress, Heath, and Coping. Oxford, UK: Oxford University Press.

Antoni, M. H., & Lutgendorf, S. (2007). Psychosocial factors and disease progression in cancer. *Current Directions in Psychological Science, 16,* 42-46.

Antoni, M. H., Cruess, D. G., Cruess, S., Lutgendorf, S., Kumar, M., Ironson, G., & Schneiderman, N. (2000). Cognitive-behavioral stress management intervention effects on anxiety, 24-hr urinary norepinephrine output, and T-cytotoxic/suppressor cells over time among symptomatic HIV-infected gay men. *Journal of Consulting and Clinical Psychology, 68,* 31-45.

Antoni, M. H., Lechner, S., Diaz, A., Vargas, S., Holley, H., Phillips, K., & Blombery, B. (2009). Cognitive behavioral stress management effects on psychosocial and psychological adaptation in women undergoing treatment for breast cancer. *Brain, Behavior, and Immunity, 23,* 580-591.

Antoni, M. H., Lechner, S., Kazi, A., Wimberly, S., Sifre, T., Urcuyo, K., & Carver, C. S. (2006). How stress management improves quality of life after treatment for breast cancer. *Journal of Consulting and Clinical Psychology, 74,* 1143-1152.

Antony, M. M., & Barlow, D. H. (2002). Specific phobias. In D. H. Barlow, *Anxiety and its disorders: The nature and treatment of anxiety and panic* (2nd ed.). New York, NY: Guilford.

Antony, M. M., & Barlow, D. H. (Eds.). (2010). *Handbook of assessment and treatment planning for psychological disorders* (2nd ed.). New York, NY: Guilford.

Antony, M. M., Brown, T. A., & Barlow, D. H. (1997a). Heterogeneity among specific phobia types in DSM-IV. *Behavior Research and Therapy, 35,* 1089-1100.

Antony, M. M., Brown, T. A., & Barlow, D. H. (1997b). Response to hyperventilation and 5.5% CO_2 inhalation of subjects with types of specific phobia, panic disorder, or no mental disorder. *American Journal of Psychiatry, 154,* 1089-1095.

Antony, M. M., Craske, M. G., & Barlow, D. H. (2006). *Mastering your fears and phobias: Workbook.* New York, NY: Oxford University Press.

Aouizerate, B., Rotge, J., Martin-Guehl, C., Cuny, E., Rougier, A., Guehl, D., & Tignol, J. (2006). A systematic review of psychsurgical treatments for obsessive-compulsive disorder: Does deep brain stimulation represent the future trend in psychosurgery? *Clinical Neuropsychiatry, 3*(6), 391-403.

Apfelhaum, B. (2000). Retarded ejaculation: A much misunderstood syndrome. In S. R. Leiblum & R. C. Rosen (Eds.), *Principles and practice of sex therapy* (3rd ed., pp. 205-241). New York, NY: Guilford.

Arai, J. A., Li, S., Hartley, D. M., & Feig, L. A. (2009). Transgenerational rescue of a genetic defect in long-term potentiation and memory formation by juvenile enrichment. *The Journal of Neuroscience, 29*(5), 1496-1502.

Arcelus J., Mitchell, A. J., Wales, J., & Nielsen, S. (2011). Mortality rates in patients with anorexia nervosa and other eating disorders: A meta- analysis of 36 studies. *Archives of General Psychiatry, 68*(7), 724-731. doi: 10.1001/archgenpsychiatry.2011.74

Arenkiel, B. R., & Ehlers, M. D. (2009). Molecular genetics and imaging technologies for circuit-based neuroanatomy. *Nature, 461*(7266), 900-907.

Agras, W. S., Lock, J., Brandt, H., Bryson, S. W., Dodge, E., Halmi, K. A., . . . & Woodside, B. (2014). Comparison of 2 family therapies for adolescent anorexia nervosa: a randomized parallel trial. *JAMA Psychiatry, 71*(11), 1279-1286.

Armbruster, D., Mueller, A., Moser, D. A., Lesch, K. P., Brocke, B., & Kirschbaum, C. (2009). Interaction effect of D4 dopamine receptor gene and serotonin transporter promoter polymorphism on the cortisol stress response. *Behavioral Neuroscience, 123*(6), 1288-1295.

Armstrong, T. (2010). *Neurodiversity: Discovering the extraordinary gifts of autism, ADHD, dyslexia, and other brain differences.* Boston: Da Capo Press.

Aronow, E., Weiss, K. A., & Reznikoff, M. (2013). *A practical guide to the Thematic Apperception Test: The TAT in clinical practice.* London: Routledge.

Arria, A. M., Garnier-Dykstra, L. M., Cook, E. T., Caldeira, K. M., Vincent, K. B., Baron, R. A., & O'Grady, K. E. (2013). Drug use patterns in young adulthood and post-college employment. *Drug and Alcohol Dependence, 127* (1-3), 23-30. doi: http://dx.doi.org/10.1016 /j.drugalcdep.2012.06.001

Arrindell, W. A., Eisemann, M., Richter, J., Oei, T. P. S., Caballo, V. E., van der Ende, J., & Hudson, B. L. (2003a). Phobic anxiety in 11 nations Part I: Dimensional constancy of the five-factor model. *Behaviour Research and Therapy, 41,* 461-479.

Arrindell, W. A., Eisemann, M., Richter, J., Oei, T. P. S., Caballo, V. E., van der Ende, J., & Zaldívar, F. (2003b). Masculinity-feminity as a national characteristic and its relationship with national agoraphobic fear levels: Fodor's sex role hypothesis revitalized. *Behaviour Research and Therapy, 41,* 795-807.

Arterburn, D. E., & Fisher, D. P. (2014). The current state of the evidence for bariatric surgery. *Journal of the American Medical Association, 312*(9), 898-899.

Arterburn, D. E., & Olsen, M. K., Smith, V. A., Livingston, E. H., Van Scoyoc, L., Yancy, W. S., . . . & Maciejewski, M. L. (2015). Association between bariatric surgery and long-term survival. *JAMA, 313*(1), 62-70.

Asberg, M., Nordstrom, P., & Traskman-Bendz, L. (1986). Cerebrospinal fluid studies in suicide: An overview. *Annals of the American Academy of Science, 487,* 243-255.

Ascher-Svanum, H., Zhu, B., Faries, D. E., Salkever, D., Slade, E. P., Peng, X., & Conley, R. R. (2010). The cost of relapse and the predictors of relapse in the treatment of schizophrenia. *BMC Psychiatry, 10*(1), 2.

Aschoff, J., & Wever, R. (1962). Spontanperiodik des Menschen die Ausschulus aller Zeitgeber. *Die Naturwissenschaften, 49,* 337-342.

Ashare, R. L., Karlawish, J. H., Wileyto, E. P., Pinto, A., & Lerman, C. (2012). APOE _4, an Alzheimer's disease susceptibility allele, and smoking cessation. *The Pharmacogenomics Journal*. doi: 10.1038/tpj.2012.49

Ashkenazi, S., Black, J. M., Abrams, D. A., Hoeft, F., & Menon, V. (2013). Neurobiological underpinnings of math and reading learning disabilities. *Journal of Learning Disabilities*. doi: 10.1177/0022219413483174

Ashley, L. L., & Boehlke, K. K. (2012). Pathological gambling: A general overview. *Journal of Psychoactive Drugs, 44*(1), 27-37. doi: 10.1080/02791072.2012.662078

Askew, C., Hagel, A., & Morgan, J. (2015). Vicarious learning of children's social-anxiety-related fear beliefs and emotion Stroop bias. *Emotion, 15*, 501-510.

Asmundson, G. J., & Carleton, R. N. (2009). Fear of pain. In M. M. Antony & M. B. Stein (Eds.), *Oxford handbook of anxiety and related disorders* (pp. 551-561). Oxford, UK: Oxford University Press.

Asnaani, A., Gutner, C., Hinton, D., & Hofmann, S. G. (2009). Panic disorder, panic attacks, and panic attack symptoms across race-ethnic groups: Results of the Collaborative Psychiatric Epidemiology Survey. *CNS Neuroscience and Therapeutics, 15*, 249-254.

Asnaani, A., Richey, J. A., Dimaite, R., Hinton, D. E., & Hofmann, S. G. (2010). A cross-ethnic comparison of lifetime prevalence rates of anxiety disorders. *Journal of Nervous and Mental Disease, 198*(8), 551-555. doi: 10.1097 / NMD.0b013e3181ea169f

Assumpção, A. A., Garcia, F. D., Garcia, H. D., Bradford, J. M., & Thibaut, F. (2014). Pharmacologic treatment of paraphilias. *Psychiatric Clinics of North America, 37*(2), 173-181.

Attia, E., & Roberto, C. A. (2009). Should amenorrhea be a diagnostic criterion for anorexia nervosa? *International Journal of Eating Disorders, 42*(7), 581-589.

Attie, I., & Brooks-Gunn, J. (1995). The development of eating regulation across the life span. In D. Cicchetti & D. J. Cohen (Eds.), *Developmental psychopathology* (Vol. 2) (pp. 332-368). New York, NY: Wiley.

Augedal, A. W., Hansen, K. S., Kronhaug, C. R., Harvey, A. G., & Pallesen, S. (2013). Randomized controlled trials of psychological and pharmacological treatments for nightmares: A meta-analysis. *Sleep Medicine Reviews 17*(2), 143-152. doi: 10.1016 /j.smrv.2012.06.001

Aurora, R. N., Zak, R. S., Auerbach, S. H., Casey, K. R., Chowdhuri, S., Karippot, A., & Bista, S. R. (2010). Best practice guide for the treatment of nightmare disorder in adults. *Journal of Clinical Sleep Medicine: JCSM: Official Publication of the American Academy of Sleep Medicine, 6*(4), 389.

Auyeng, B., Baron-Cohen, S., Ashwin, E., Knickmeyer, R., Taylor, K., Hackett, G., & Hines, M. (2009). Fetal testosterone predicts sexually differentiated childhood behavior in girls and boys. *Psychological Science, 20*, 144-148.

Ayala, E. S., Meuret, A. E., & Ritz, T. (2009). Treatments for blood-injury-injection phobia: A critical review of current evidence. *Journal of Psychiatric Research, 43*(15), 1235-1242.

Ayearst, L. E., & Bagby, R. M. (2010). Evaluating the psychometric properties of psychological measures. In M. M. Antony & D. H. Barlow (Eds.), *Handbook of assessment and treatment planning for psychological disorders* (2nd ed.). New York, NY: Guilford.

Ayers, C. R., Thorp, S. R., & Wetherell, J. L. (2009). Anxiety disorders and hoarding in older adults. In M. M. Antony & M. B. Stein (Eds.), *Oxford handbook of anxiety and related disorders*. (pp. 625-635). New York, NY: Oxford University Press.

Ayers, C. R., Saxena, S., Golshan, S., & Wetherell, J. L. (2010). Age at onset and clinical features of late life compulsive hoarding. *International Journal of Geriatric Psychiatry, 25*(2), 142-149. doi: 10.1002/gps.2310

Ayllon, T., & Azrin, N. H. (1968). *The token economy: A motivational system for therapy and rehabilitation*. New York, NY: Appleton-Century-Crofts.

Azmitia, E. C. (1978). The serotonin-producing neurons of the midbrain median and dorsal raphe nuclei. In L. Iverson, S. Iverson, & S. Snyder (Eds.), *Handbook of psychopharmacology: Vol. 9. Chemical pathways in the brain* (pp. 233-314). New York, NY: Plenum.

Babyak, M., Blumenthal, J. A., Herman, S., Khatri, P., Doraiswamy, M., Moore, K., & Krishnan, K. R. (2000). Exercise treatment for major depression: Maintenance of therapeutic benefit at 10 months. *Psychosomatic Medicine, 62*, 633-638.

Bach, A. K., Barlow, D., & Wincze, J. (2004). The enhancing effects of manualized treatment for erectile dysfunction among men using slidenafil: A preliminary investigation. *Behaviour Therapy, 35*, 55-73.

Bach, A. K., Brown, T. A., & Barlow, D. H. (1999). The effects of false negative feedback on efficacy expectancies and sexual arousal in sexually functional males. *Behavior Therapy, 30*, 79-95.

Bach, A. K., Wincze, J. P., & Barlow, D. H. (2001). Sexual dysfunction. In D. H. Barlow (Ed.), *Clinical handbook of psychological disorders: A step-by-step treatment manual* (3rd ed., pp. 562-608). New York, NY: Guilford.

Badr, M. S. (2012). Central sleep apnea. In M. S. Badr (Ed.), *Essentials of sleep medicine* (pp. 219-232). New York, NY: Humana Press.

Baek, J. H., Eisner, L. R., & Nierenberg, A. A. (2014). Epidemiology and course of unipolar mania: Results from the National Epidemiologic Survey on Alcohol and Related Conditions (NESARC). *Depression and Anxiety, 31*, 746-755.

Baer, R. A., Peters, J. R., Eisenlohr-Moul, T. A., Geiger, P. J., & Sauer, S. E. (2012). Emotion-related cognitive processes in borderline personality disorder: a review of the empirical literature. *Clinical Psychology Review,32*(5), 359-369.

Bailey, J. A. (2009). Addressing common risk and protective factors can prevent a wide range of adolescent risk behaviors. *Journal of Adolescent Health, 45*(2), 107-108.

Bailey, J. M. (2003). *The man who would be queen: The science of gender-bending and transsexualism*. Washington, DC: National Academy.

Bailey, J. M., & Benishay, D. S. (1993). Familial aggregation of female sexual orientation. *American Journal of Psychiatry, 150*(2), 272-277.

Bailey, J. M., & Pillard, R. C. (1991). A genetic study of male sexual orientation. *Archives of General Psychiatry, 48*, 1089-1096.

Bailey, J. M., Pillard, R. C., Dawood, K., Miller, M. B., Farrer, L. A., Trivedi, S., & Murphy, R. L. (1999). A family history study of male sexual orientation using three independent samples. *Behavior Genetics, 29*, 79-86.

Bailey, J. M., Pillard, R. C., Neale, M. C., & Agyei, Y. (1993). Heritable factors influence sexual orientation in women. *Archives of General Psychiatry, 50*, 217-223.

Bailey, R. C., & Baillie, A. J. (2012). The relationship between placebo alcohol and affect: Motives for drinking. *Drug and Alcohol Review, 32*(2), 162-169. doi: 10.1111/j.1465-3362.2012.00500.x

Baird, G., Simonoff, E., Pickles, A., Chandler, S., Loucas, T., Meldrum, D., & Charman, T. (2006). Prevalence of disorders of the autism spectrum in a population cohort of children in South Thames: The Special Needs and Autism Project (SNAP). *The Lancet, 368*(9531), 210-215.

Baker, C. D., & DeSilva, P. (1988). The relationship between male sexual dysfunction and belief in Zilbergeld's myths: An empirical investigation. *Sexual and Marital Therapy, 3*(2), 229-238.

Baldessarini, R., Pompili, M., & Tondo, L. (2006). Suicidal risk in antidepressant drug trials. *Archives of General Psychiatry, 63*, 246-248.

Baldwin, J. D., & Baldwin, J. I. (1989). The socialization of homosexuality and heterosexuality in a non-Western society. *Archives of Sexual Behavior, 18*, 13-29.

Baldwin, R. (2009). Mood disorders in the elderly. In M. G. Gelder, N. C. Andreasen, J. J. López-Ibor, Jr., & J. R. Geddes (Eds.), *New Oxford textbook of psychiatry* (2nd ed., Vol. 2, pp. 1550-1558). Oxford, UK: Oxford University Press.

Ball, J., & Links, P. (2009). Borderline personality disorder and childhood trauma: Evidence for a causal relationship. *Current Psychiatry Reports, 11*(1), 63-68. doi: 10.1007/s11920-009-0010-4

Ballantyne, J. C. (2012). Opioids and other analgesics. In J. C. Verster, K. Brady, M. Galanter, & P. Conrod (Eds.), *Drug abuse and addiction in medical illness* (pp. 241-250). New York, NY: Springer.

Balon, R. (2006). SSRI-associated sexual dysfunction. *American Journal of Psychiatry, 163*, 1504-1512.

Balon, R., Segraves, R., & Clayton, A. (2007). Issues for DSM-V: Sexual dysfunction, disorder, or variation along normal distribution–Toward rethinking DSM criteria of sexual dysfunctions. *American Journal of Psychiatry, 164*, 198-200.

Balter, M. (2015). Can epigenetics explain the homosexuality puzzle? *Science, 350*(6257), 148.

Bancroft, J. (1989). *Human sexuality and its problems* (2nd ed.). New York, NY: Churchill Livingstone.

Bancroft, J. (1994). Homosexual orientation: The search for a biological basis. *British Journal of Psychiatry, 164*, 437-440.

Bancroft, J. (1997). Sexual problems. In D. M. Clark & C. G. Fairburn (Eds.), *Science and practice of cognitive behavior therapy* (pp. 243-257). New York, NY: Oxford University Press.

Bancroft, J., Loftus, J., & Long, J. S. (2003). Distress about sex: A national survey of women in heterosexual relationships. *Archives of Sexual Behavior, 32*, 193-208.

Bandelow, B., Krause, J., Wedekind, D., Broocks, A., Hajak, G., & Ruther, E. (2005). Early traumatic life events, parental attitudes, family history, and birth risk factors in patients with borderline personality disorder and healthy controls. *Psychiatry Research, 134*, 169-179.

Bandura, A. (1973). *Aggression: A social learning analysis*. Englewood Cliffs, NJ: Prentice Hall.

Bandura, A. (1986). *Social foundations of thought and action: A social cognitive theory*. Englewood Cliffs, NJ: Prentice Hall.

Bandura, A., O'Leary, A., Taylor, C. B., Gauthier, J., & Gossard, D. (1987). Perceived self- efficacy and pain control: Opioid and nonopioid mechanisms. *Journal of Personality and Social Psychology, 53*, 563-571.

Bar-Haim, Y., Larry, D., Pergamin, L., Bakermans-Kranenburg, M. J., Van Ijzendoorn, M. H. (2007). Threat-related attentional bias in anxious and nonanxious individuals: A meta-analytic study. *Psychological Bulletin, 133*, 1-24.

Barclay, N. L., & Gregory, A. M. (2013). Quantitative genetic research on sleep: a review of normal sleep, sleep disturbances and associated emotional, behavioural, and health-related difficulties. Sleep Medicine Reviews, 17(1), 29-40.

Bardone-Cone, A. M., Schaefer, L. M., Maldonado, C. R., Fitzsimmons, E. E., Harney, M. B., Lawson, M. A., . . . & Smith, R. (2010). Aspects of self-concept and eating disorder recovery: What does the sense of self look like when an individual recovers from an eating disorder? *Journal of Social and Clinical Psychology, 29*(7), 821-846.

Bargh, J. A., & Chartrand, T. L. (1999). The unbearable automaticity of being. *American Psychologist, 54*, 462-479.

Barik, J., Marti, F., Morel, C., Fernandez, S. P., Lanteri, C., Godeheu, G., & Tronche, F. (2013). Chronic stress triggers social aversion via glucocorticoid receptor in dopaminoceptive neurons. *Science, 339*(6117), 332-335. doi: 10.1126/science.1226767

Barker, C., Pistrang, N., & Elliot, R. (2015). *Research methods in clinical psychology.* West Sussex, UK: John Wiley and Sons Inc.

Barkley, R. A. (1990). *Attention-deficit hyperactivity disorder: A handbook for diagnosis and treatment.* New York, NY: Guilford.

Barkley, R. A. (2006a). ADHD in adults: Developmental course and outcome of children with ADHD, and ADHD in clinic-referred adults. In R. A. Barkley (Ed.), *Attention-deficit hyperactivity disorder: A handbook for diagnosis and treatment* (3rd ed., pp. 248-296). New York, NY: Guilford.

Barkley, R. A. (2006b). Etiologies. In R. A. Barkley (Ed.), *Attention-deficit hyperactivity disorder: A handbook for diagnosis and treatment* (3rd ed., pp. 219-247). New York, NY: Guilford.

Barkley, R. A. (2015a). Etiologies of ADHD. In R. A. Barkley (Ed.), *Attention-deficit hyperactivity disorder: A handbook for diagnosis & treatment* (4th ed., pp. 356-390). New Yok: The Guilford Press.

Barkley, R. A. (2015b). Health problems and related impairments in children and adults with ADHD. In R. A. Barkley (Ed.), *Attention-deficit hyperactivity disorder: A handbook for diagnosis & treatment* (4th ed., pp. 267-313). New Yok: The Guilford Press.

Barkley, R. A. (Ed.). (2015c). *Attention-deficit hyperactivity disorder: A handbook for diagnosis & treatment* (4th ed.). New York: The Guilford Press.

Barlow, D. H. (1986). Causes of sexual dysfunction: The role of anxiety and cognitive interference. *Journal of Consulting and Clinical Psychology, 54*, 140-148.

Barlow, D. H. (1988). *Anxiety and its disorders: The nature and treatment of anxiety and panic.* New York, NY: Guilford.

Barlow, D. H. (1991). Disorders of emotion. *Psychological Inquiry, 2*(1), 58-71.

Barlow, D. H. (2000). Unraveling the mysteries of anxiety and its disorders from the perspective of emotion theory. *American Psychologist, 55*, 1245-1263.

Barlow, D. H. (2002). *Anxiety and its disorders: The nature and treatment of anxiety and panic* (2nd ed.). New York, NY: Guilford.

Barlow, D. H. (2004). Covert sensitization for paraphilia. In D. Wedding & R. J. Corsini (Eds.), *Case studies in psychotherapy* (4th ed., pp. 105-113). Belmont, CA: Thomson. (Reprinted from *Covert conditioning casebook* (1st ed., pp. 187-207) by J. R. Cautela & A. J. Kearney, Eds., 1993, Belmont, CA: Brooks/Cole.

Barlow, D. H., & Craske, M. G. (2007). *Mastery of your anxiety and panic* (4th ed.). New York, NY: Oxford University Press.

Barlow, D. H., & Lehman, C. L. (1996). Advances in the psychosocial treatment of anxiety disorders: Implications for national health care. *Archives of General Psychiatry, 53*, 727-735.

Barlow, D. H., & Liebowitz, M. R. (1995). Specific and social phobias. In H. I. Kaplan & B. J. Sadock (Eds.), *Comprehensive textbook of psychiatry: VI* (pp. 1204-1217). Baltimore, MD: Williams & Wilkins.

Barlow, D. H., & Nock, M. K. (2009). Why can't we be more idiographic in our research? *Perspectives on Psychological Science, 4*, 19-21.

Barlow, D. H., & Wincze, J. P. (1980). Treatment of sexual deviations. In S. R. Leiblum & L. A. Pervin (Eds.), *Principles and practice of sex therapy* (pp. 347-375). New York, NY: Guilford.

Barlow, D. H., Allen, L. B., & Basden, S. (2007). Psychological treatments for panic disorders, phobias, and generalized anxiety disorder. In P. E. Nathan & J. M. Gorman (Eds.), *A guide to treatments that work* (3rd ed.). New York, NY: Oxford University Press.

Barlow, D. H., Allen, L. B., & Choate, M. L. (2004). Toward a unified treatment for emotional disorders. *Behavior Therapy, 35*, 205-230.

Barlow, D. H., Becker, R., Leitenberg, H., & Agras, W. S. (1970). A mechanical strain gauge for recording penile circumference change. *Journal of Applied Behavior Analysis, 3*, 73-76.

Barlow, D. H., Brown, T. A., & Craske, M. G. (1994). Definitions of panic attacks and panic disorder in DSM-IV: Implications for research. *Journal of Abnormal Psychology, 103*, 553-554.

Barlow, D. H., Bullis, J. R., Comer, J. S., & Ametaj, A. A. (2013). Evidence-based psychological treatments: An update and a way forward. In S. Nolen-Hoeksema, T.D. Cannon, & T. Widiger (Eds.), *Annual Review of Clinical Psychology* (Vol. 9, pp. 1-27). Palo Alto, CA: Annual Reviews.

Barlow, D. H., Chorpita, B. F., & Turovsky, J. (1996). Fear, panic, anxiety, and disorders of emotion. In D. A. Hope (Ed.), *Perspectives on anxiety, panic and fear* (The 43rd Annual Nebraska Symposium on Motivation) (pp. 251-328). Lincoln, NE: Nebraska University Press.

Barlow, D. H., Ellard, K. K., Sauer-Zavala, S., Bullis, J. R., & Carl, J. R. (2014). The origins of neuroticism. *Perspectives on Psychological Science, 9*, 481-496.

Barlow, D. H., Farchione, T. J., Fairholme, C. P., Ellard, K. K., Boisseau, C. L., Allen, L. B., & Ehrenreich-May, J. (2012b). *Unified protocol for the transdiagnostic treatment of emotional disorders* (Therapist Guide). New York, NY: Oxford University Press.

Barlow, D. H., Gorman, J. M., Shear, K. M., & Woods, S. W. (2000). Cognitive-behavioral therapy, imipramine, or their combination for panic disorder: A randomized controlled trial. *JAMA: Journal of the American Medical Association, 283*(19), 2529-2536.

Barlow, D. H., Hayes, S. C., & Nelson, R. O. (1984). *The scientist practitioner: Research and accountability in clinical and educational settings.* Boston, MA: Allyn & Bacon.

Barlow, D. H., Levitt, J. T., & Bufka, L. F. (1999). The dissemination of empirically supported treatments: A view to the future. *Behaviour Research and Therapy, 37*(Suppl. 1), S147-162.

Barlow, D. H., Moscovitch, D. A., & Micco, J. A. (2004). Psychotherapeutic interventions for phobias: A review. In M. Maj, H. S. Akiskal, J. L. Lopez-Ibor, & A. Okasha (Eds.), *Phobias.* (pp.179-210). Hoboken, NJ: Wiley.

Barlow, D. H., Nock, M. K., & Hersen, M. (2009). *Single case experimental designs: Strategies for studying behavior change* (3rd ed.). New York, NY: Allyn & Bacon.

Barlow, D. H., Pincus, D. B., Heinrichs, N., & Choate, M. L. (2003). Anxiety disorders. In I. B. Weiner (Series Ed.), G. S. Stricker & T. A. Widiger (Vol. Eds.), *Handbook of psychology.* Hoboken, NJ: Wiley.

Barlow, D. H., Rapee, R. M., & Parini, S. (2014). *10 steps to mastering Stress: A lifestyle approach.* New York, NY: Oxford University Press.

Barlow, D. H., Sakheim, D. K., & Beck, J. G. (1983). Anxiety increases sexual arousal. *Journal of Abnormal Psychology, 92*, 49-54.

Barlow, D. H., Sauer-Zavala, S., Carl, J. R., Bullis, J. R. & Ellard, K. K. (2014). The nature, diagnosis, and treatment of neuroticism: Back to the future. *Clinical Psychological Science, 2*, 344-365.

Barmish, A.J., & Kendall, P.C. (2005). Should parents be co-clients in cognitive behavioral therapy for anxious youth? *Journal of Clinical Child and Adolescent Psychology, 34*(3), 69-581. doi: 10.1207/s15374424jccp3403

Barnard, A. (2000, September 12). When plastic surgeons should just say "no." *Boston Globe,* pp. E1, E3.

Barnhofer T, Crane C, Brennan K, Duggan DS, Crane RS, Eames C, Radford S, Silverton S, Fennell MJ, Williams JM. (2015). Mindfulness-based cognitive therapy (MBCT) reduces the association between depressive symptoms and suicidal cognitions in patients with a history of suicidal depression. *J Consult Clin Psychol, 83*(6):1013-1020.

Baron, M., Risch, N., Hamburger, R., Mandel, B., Kushner, S., Newman, M., . . . Belmaker, R. H. (1987). Genetic linkage between X-chromosome markers and bipolar affective illness. *Nature, 326*(6110), 289-292.

Barrett, L. F. (2009). Variety is the spice of life: A psychological construction approach to understanding variability in emotion. *Cognition and Emotion, 23*(7), 1284-1306.

Barrett, L. F. (2012). Emotions are real. *Emotion, 12*(3), 413-429. doi: 10.1037/a0027555

Barry, C. T., Golmaryami, F. N., Rivera-Hudson, N., & Frick, P. J. (2012). Evidence-based assessment of conduct disorder: Current considerations and preparation for DSM-5. *Professional Psychology: Research and Practice, 44*(1), 56-63.

Barsky, A. J., & Ahern, D. K. (2005). Cognitive behavior therapy for hypochondriasis: A randomized controlled trial. *JAMA: Journal of the American Medical Association, 291*, 1464-1470.

Barsky, A. J., Orav, E., & Bates, D. (2005). Somatization increases medical utilization and costs independent of psychiatric and medical comorbidity. *Archives of General Psychiatry, 62*, 903-910.

Barthelemy, O. J., Richardson, M.A., Rose-Jacobs, R., Forman, L. S., Cabral, H. J. & Frank, D. A. (2016). Effects of intrauterine substance and postnatal violence expo-sure on aggression in children. *Aggressive Behavior, 42*, 209-221.

Bartholomew, R. E., Wessely, S., & Rubin, G. J. (2012). Mass psychogenic illness and the social network: Is it changing the pattern of outbreaks? *Journal of the Royal Society of Medicine, 105*(12), 509-512.

Bartlett, N., & Vasey, P. (2006). A retrospective study of childhood gender-atypical behavior in Samoan Fa'afafine. *Archives of Sexual Behavior, 35*, 695-666.

Bartlik, B., & Goldberg, J. (2000). Female sexual arousal disorder. In S. R. Leiblum & R. C. Rosen (Eds.), *Principles and practice of sex therapy* (3rd ed., pp. 85-117). New York, NY: Guilford.

Basson, R. (2007). Sexual desire/arousal disorders in women. In S. R. Leiblum (Ed.), *Principles and practice of sex therapy* (4th ed., pp. 25-53). New York, NY: Guilford.

Basson, R., Wierman, M., van Lankveld, J., & Brotto, L. (2010). Summary of the recommendations on sexual dysfunctions in women. *Journal of Sexual Medicine, 7*(1, pt. 2), 314-326.

Bateson, G. (1959). Cultural problems posed by a study of schizophrenic process. In A. Auerback (Ed.), *Schizophrenia: An integrated approach* (pp. 125-148). New York, NY: Ronald.

Baugh, C. M., Stamm, J. M., Riley, D. O., Gavett, B. E., Shenton, M. E., Lin, A., . . . & Stern, R. A. (2012). Chronic traumatic encephalopathy: neurodegeneration following repetitive concussive and subconcussive brain trauma. *Brain Imaging and Behavior, 6*(2), 244-254.

Baumann, M. H. (2014). Awash in a sea of 'bath salts': Implications for biomedical research and public health. Addiction, 109(10), 1577-1579.

Baumann, M. H., Partilla, J. S., Lehner, K. R., Thorndike, E. B., Hoffman, A. F., Holy, M., . . . & Brandt, S. D. (2013). Powerful cocaine-like actions of 3, 4-methylenedioxypyrovalerone (MDPV), a principal constituent of psychoactive 'bath salts' products. *Neuropsychopharmacology, 38*(4), 552-562.

Baxter, L.R .(1992). Neuroimaging studies of obsessive compulsive disorder. *Psychiatric Clinics of North America, 15*(4):871-884.

Beach, S. R., & O'Leary, K. D. (1992). Treating depression in the context of marital discord: Outcome and predictors of response of marital therapy versus cognitive therapy. *Behavior Therapy, 23*(4), 507-528.

Beach, S. R. H., Jones, D. J., & Franklin, K. J. (2009). Marital, family, and interpersonal therapies for depression in adults. In I. H. Gotlib & C. L. Hammen (Eds.), *Handbook of depression* (2nd ed., pp. 624-641). New York, NY: Guilford.

Beach, S. R. H., Sandeen, E. E., & O'Leary, K. D. (1990). Depression in marriage: A model for etiology and treatment. In D. H. Barlow (Ed.), *Treatment manuals for practitioners* (pp. 53-86). New York, NY: Guilford.

Beals, J., Manson, S., Whitesell, N., Mitchell, C., Novins, D., Simpson, S., & Spicer, P. (2005). Prevalence of major depressive episode in two American Indian reservation populations:

Unexpected findings with a structured interview. *American Journal of Psychiatry, 162*, 1713-1722.

Bear, R. E., Fitzgerald, P., Rosenfeld, J. V., & Bittar, R. G. (2010). Neurosurgery for obsessive-compulsive disorder: Contemporary approaches. *Journal of Clinical Neuroscience, 17*(1), 1-5. doi: 10.1016/j.jocn.2009.02.043

Beard, G. M. (1869). Neurasthenia or nervous exhaustion. *Boston Medical Surgical Journal, 3*, 217-221.

Beardon, L., & Worton, D. (2011). *Aspies on mental health: Speaking for ourselves.* London, U.K.: Jessica Kingsley.

Beardslee, W. R., Brent, D. A., Weersing, V. R., Clarke, G. N., Porta, G., Hollon, S. D., Gladstone, T. R., Gallop, R., Lynch, F. L., Iyengar, S., DeBar, L., & Garber, J. (2013). Prevention of depression in at-risk adolescents: Longer-term effects. *JAMA Psychiatry, 70*, 1161-1170.

Beaver, K. M., Barnes, J. C., May, J. S., & Schwartz, J. A. (2011). Psychopathic personality traits, genetic risk, and gene-environment correlations. *Criminal Justice and Behavior, 38*(9), 896-912.

Bebbington, P., Cooper, C., Minot, S., Brugha, T., Jenkins, R., Meltzer, H., Dennis, M. (2009). Suicide attempts, gender, and sexual abuse: Data from the 2000 British Psychiatric Morbidity Survey. *American Journal of Psychiatry, 166*(10), 1135.

Bech, P. (2009). Clinical features of mood disorders and mania. In M. G. Gelder, N. C. Andreasen, J. J. López-Ibor, Jr., & J. R. Geddes (Eds.), *New Oxford textbook of psychiatry* (2nd ed., Vol. 1, pp. 632-637). Oxford, UK: Oxford University Press.

Beck, A. T. (1967). *Depression: Clinical, experimental and theoretical aspects.* New York, NY: Harper & Row.

Beck, A. T. (1976). *Cognitive therapy and the emotional disorders.* New York, NY: International Universities Press.

Beck, A. T. (1986). Hopelessness as a predictor of eventual suicide. *Annals of the New York Academy of Science, 487*, 90-96.

Beck, A. T., & Freeman, A. (1990). *Cognitive therapy of personality disorders.* New York, NY: Guilford.

Beck, A.T., Davis, D. D. & Freeman, A., Eds. (2015). *Cognitive therapy of personality disorders* (3rd ed.) New York: Guilford.

Beck, A. T., Epstein, N., & Harrison, R. (1983). Cognitions, attitudes and personality dimensions in depression. *British Journal of Cognitive Psychotherapy, 1*(1), 1-16.

Beck, A. T., Freeman, A., & Davis, D. D. (2007). *Cognitive therapy of personality disorders* (2nd ed.). New York, NY: Guilford.

Beck, J. G. (1993). Vaginismus. In W. O'Donohue & J. H. Geer (Eds.), *Handbook of sexual dysfunctions: Assessment and treatment* (pp. 381-397). Boston, MA: Allyn & Bacon.

Beck, J. G., & Averill, P. M. (2004). Older adults. In R.G. Heimberg, C. L. Turk, & D. S. Mennin (Eds.), *Generalized anxiety disorder: Advances in research and practice* (pp. 409-433). New York, NY: Guilford.

Beck, J. G., & Stanley, M. A. (1997). Anxiety disorders in the elderly: The emerging role of behavior therapy. *Behavior Therapy, 28*, 83-100.

Beck, J. G., & Sloan, D. M. (Eds.). (2012). *The Oxford handbook of traumatic stress disorders.* New York, NY: Oxford University Press.

Becker, C. B., Smith, L. M., & Ciao, A. C. (2005). Reducing eating disorder risk factors in sorority members: A randomized trial. *Behavior Therapy, 36*, 245-253.

Becker, J. T., Mestre, L. T., Ziolko, S., & Lopez, O. L. (2007). Gene-environment interactions with cognition in late life and compression of morbidity. *American Journal of Psychiatry, 164*(6), 849-852.

Becker, J. V. (1990). Treating adolescent sexual offenders. *Professional Psychology: Research and Practice, 21,* 362-365.

Becvar, D. S. (2013). *Handbook of family resilience.* New York, NY: Springer.

Beekman, A. T., Geerlings, S. W., Deeg, D. J., Smit, J. H., Schoevers, R. S., de Beurs, E., & van Tilberg, W. (2002). The natural history of late-life depression: A 6-year prospective study in the community. *Archives of General Psychiatry, 59,* 605-611.

Beesdo, K., Pine, D. S., Lieb, R., & Wittchen, H.-U. (2010). Incidence and risk patterns of anxiety and depressive disorders and categorization of generalized anxiety disorder. *Archives of General Psychiatry, 67*(1), 47-57.

Beesdo-Baum, K., Klotsche, J., Knappe, S., Craske, M. G., LeBeau, R. T., Hoyer, J., & Wittchen, H.-U. (2012). Psychometric properties of the dimensional anxiety scales for DSM-5 in an unselected sample of German treatment seeking patients. *Depression and Anxiety, 29*(12), 1014-1024.

Béjot, Y., Juenet, N., Garrouty, R., Maltaverne, D., Nicolleau, L., Giroud, M., & Didi-Roy, R. (2010). Sexsomnia: An uncommon variety of parasomnia. *Clinical Neurology and Neurosurgery, 112*(1), 72-75.

Belik, S. L., Sareen, J., & Stein, M. B. (2009). Anxiety disorders and physical comorbidity. In M. M. Antony & M. B. Stein (Eds.), *Oxford handbook of anxiety and related disorders.* (pp. 596-610). New York, NY: Oxford University Press.

Bell, C. C., Dixie-Bell, D. D., & Thompson, B. (1986). Further studies on the prevalence of isolated sleep paralysis in black subjects. *Journal of the National Medical Association, 78*(7), 649-659.

Bell, I. R. (1994). Somatization disorder: Health care costs in the decade of the brain. *Biological Psychiatry, 35,* 81-83.

Bellak, L. (1975). *The thematic apperception test, the children's apperception test, and the senior apperception technique in clinical use* (3rd ed.). New York, NY: Grune & Stratton.

Ben Itzchak, E., Lahat, E., Burgin, R., & Zachor, A. D. (2008). Cognitive, behavior and intervention outcome in young children with autism. *Research in Developmental Disabilities, 29*(5), 447-458.

Ben-Porath, Y. S., & Tellegen, A. (2008). *MMPI-2-RF: Manual for administration, scoring and interpretation.* Minnesota: University of Minnesota Press.

Benbadis, R. R., & Allen-Hauser, W. (2000). An estimate of the prevalence of psychogenic non-epileptic seizures. *Seizure, 9*(4), 280-281.

Bender, D. S. (2005). Therapeutic alliance. In J. M. Oldham, A. E. Skodol, & D. S. Bender (Eds.), *Textbook of personality disorders* (pp. 405-420). Washington, DC: American Psychiatric Publishing.

Bender, D. S., Dolan, R. T., Skodol, A. E., Sanislow, C. A., Dyck, I. R., McGlashan, T. H., . . . & Gunderson, J. G. (2014). Treatment utilization by patients with personality disorders. *American Journal of Psychiatry.*

Bender, E. (2004). Data show wide variation in addiction treatment costs. *Psychiatric News, 39,* 11.

Benjamin, C. L., Harrison, J. P., Settipani, C. A., Brodman, D. M., & Kendall, P. C. (2013). Anxiety and related outcomes in young adults 7 to 19 years after receiving treatment for child anxiety. *Journal of Consulting and Clinical Psychology, 81,* 865.

Bennett, E., & Heaton, P. (2012). Is talent in autism spectrum disorders associated with a specific cognitive and behavioural phenotype? *Journal of Autism and Developmental Disorders, 42*(12), 2739-2753.

Bennett, K., Shepherd, J., & Janca, A. (2013). Personality disorders and spirituality. *Current Opinion in Psychiatry, 26*(1), 79-83.

Benowitz, N. (2008). Neurobiology of nicotine addiction: Implications for smoking cessation treatment. *The American Journal of Medicine, 121* (4A), S3-S10.

Benson, H. (1975). *The relaxation response.* New York, NY: William Morrow.

Benson, H. (1984). *Beyond the relaxation response.* New York, NY: Times Books.

Berenbaum, H., & Oltmanns, T. F. (1992). Emotional experience and expression in schizophrenia and depression. *Journal of Abnormal Psychology, 101,* 37-44.

Berenbaum, H., Thompson, R. J., Milanak, M. E., Boden, M. T., & Bredemeier, K. (2008). Psychological trauma and schizotypal personality disorder. *Journal of Abnormal Psychology, 117*(3), 502-519.

Berghöfer, A., Pischon, T., Reinhold, T., Apovian, C. M., Sharma, A. M., & Willich, S. N. (2008). Obesity prevalence from a European perspective: A systematic review. *BMC Public Health, 8,* 200.

Berkman, L. F., & Syme, S. L. (1979). Social networks, host resistance, and mortality: A nine-year follow-up study of Alameda county residents. *American Journal of Epidemiology, 109,* 186.

Berman, A. L. (2009). Depression and suicide. In I. H. Gotlib & C. L. Hammen (Eds.), *Handbook of depression* (2nd ed., pp. 510-530). New York, NY: Guilford.

Berman, A. L., & Jobes, D. A. (1991). *Adolescent suicide: Assessment and intervention.* Washington, DC: American Psychological Association.

Berman, J. R., Berman, L. A., Toler, S. M., Gill, J., Haughie, S., for the Sildenafil Study Group. (2003). Safety and efficacy of sildenafil citrate for the treatment of female sexual arousal disorder: A double-blind, placebo controlled study. *The Journal of Urology, 170,* 2333-2338.

Berman, K. F., & Weinberger, D. R. (1990). Lateralization of cortical function during cognitive tasks: Regional cerebral blood flow studies of normal individuals and patients with schizophrenia. *Journal of Neurology, Neurosurgery and Psychiatry, 53,* 150-160.

Berman, M. E., McCloskey, M. S., Fanning, J. R., Schumacher, J. A., & Coccaro, E. F. (2009). Serotonin augmentation reduces response to attack in aggressive individuals. *Psychological Science, 20*(6), 714-720. doi: 10.1111/j. 1467-9280.2009.02355.x

Bernat, J. A., Calhoun, K. S., & Adams, H. E. (1999). Sexually aggressive and nonaggressive men: Sexual arousal and judgments in response to acquaintance rape and consensual analogues. *Journal of Abnormal Psychology, 108,* 662-673.

Berner, L. A., Shaw, J. A., Witt, A. A., & Lowe, M. R. (2013). The relation of weight suppression and body mass index to symptomatology and treatment response in anorexia nervosa. *Journal of Abnormal Psychology, 122*(3), 694-708.

Berney, T. P. (2012). Methods of treatment. In M. G. Gelder, N. C. Andreasen, J. J. Lopez-Ibor, Jr., & J. R. Geddes (Eds.), *New Oxford textbook of psychiatry* (2nd. ed., Vol. 2, pp. 1871-1877). New York, NY: Oxford University Press.

Bernstein, D. M., & Loftus, E. F. (2009). How to tell if a particular memory is true or false. *Perspectives on Psychological Science, 4*(4), 370-374.

Bernstein, D. P., & Useda, J. (2007). Paranoid personality disorder. In W. O'Donohue, K. Fowler, & S. Lilienfeld (Eds.), *Personality disorders: Toward the DSM-V* (pp. 41-62). Thousand Oaks, CA: Sage.

Berntsen, D., Johannessen, K. B., Thornsen, Y.D., Bertelsen, M., Hoyle, R. H., & Rubin, D. C. (2012). Peace and war: Trajectories of posttraumatic stress disorder symptoms before, during, and after military deployment in Afghanistan. *Psychological Science, 23,* 1557-1565.

Berridge, K. C., & Kringelbach, M. L. (2015). Pleasure systems in the brain. *Neuron, 86*(3), 646-664.

Berrios, G. E. (2011). Eugen Bleuler's place in the history of psychiatry. *Schizophrenia Bulletin, 37*(6), 1095-1098.

Berton, O., McClung, C. A., DiLeone, R. J., Krishnan, V., Renthal, W., Russo, S. J., & Nestler, E. J. (2006). Essential role of BDNF in the mesolimbic dopamine pathway in social defeat stress. *Science, 311,* 864-868.

Bettelheim, B. (1967). *The empty fortress.* New York, NY: Free Press.

Bettens, K., Sleegers, K., & Van Broeckhoven, C. (2010). Current status on Alzheimer disease molecular genetics: From past, to present, to future. *Human Molecular Genetics, 19*(R1), R4-11.

Bhagwanjee, A., Parekh, A., Paruk, Z., Petersen, I., & Subedar, H. (1998). Prevalence of minor psychiatric disorders in an adult African rural community in South Africa. *Psychological Medicine, 28,* 1137-1147.

Bharucha, A., Anand, V., Forlizzi, J., Dew, M., Reynolds, C., III, Stevens, S., Wactlar, H. (2009). Intelligent assistive technology applications to dementia care: Current capabilities, limitations, and future challenges. *The American Journal of Geriatric Psychiatry: Official Journal of the American Association for Geriatric Psychiatry, 17*(2), 88.

Bhasin, T., & Schendel, D. (2007). Sociodemographic risk factors for autism in a U.S. metropolitan area. *Journal of Autism and Developmental Disorders, 37,* 667-677.

Biederman, J., Faraone, S. V., Wozniak, J., Mick, E., Kwon, A., Cayton, G. A., & Clark, S. V. (2005). Clinical correlates of bipolar disorder in a large, referred sample of children and adolescents. *Journal of Psychiatric Research, 39*(6), 611-622.

Biederman, J., Mick, E., Faraone, S. V., Spencer, T., Wilens, T. E., & Wozniak, J. (2000). Pediatric mania: A developmental subtype of bipolar disorder? *Biological Psychiatry, 48*(6), 458-466.

Biederman, J., Spencer, T., Wilens, T., & Greene, R. (2001). Attention-deficit/hyperactivity di-

sorder. In G. O. Gabbard (Ed.), *Treatment of psychiatric disorders* (3rd ed., Vol. 1, pp. 145-176). Washington, DC: American Psychiatric Publishing.

Bierut, L. J., Heath, A. C., Bucholz, K. K., Dinwiddie, S. H., Madden, P. A., Statham, D. J., & Martin, N. G. (1999). Major depressive disorder in a community-based twin sample: Are there different genetic and environmental contributions for men and women? *Archives of General Psychiatry, 56*(6), 557-563.

Billy, J. O. G., Tanfer, K., Grady, W. R., & Klepinger, D. H. (1993). The sexual behavior of men in the United States. *Family Planning Perspectives, 25,* 52-60.

Binder, E. B., Bradley, R. G., Liu, W., Epstein, M. P., Deveau, T. C., Mercer, K. B., & Ressler, K. J. (2008). Association of FKBP5 polymorphisms and childhood abuse with risk of posttraumatic stress disorder symptoms in adults. *JAMA: Journal of the American Medical Association, 299*(11), 1291-1305.

Binik, Y. M. (2010). The DSM diagnostic criteria for dyspareunia. *Archives of Sexual Behavior, 39,* 292-303.

Binik, Y. M., Bergeron, S., & Kalifé, S. (2007). Dyspareunia and vaginismus: So-called sexual pain. In S. R. Leiblum (Ed.), *Principles and practice of sex therapy* (4th ed., pp. 124-156). New York, NY: Guilford.

Binzer, M., Andersen, P. M., & Kullgren, G. (1997). Clinical characteristics of patients with motor disability due to conversion disorder: A prospective control group study. Journal of Neurology, Neurosurgery, and Psychiatry, 63(1), 83-88.

Birkmeyer, J. D., Finks, J. F., O'Reilly, A., Oerline, M., Carlin, A. M., Nunn, A. R., . . . & Birkmeyer, N. J. (2013). Surgical skill and complication rates after bariatric surgery. *New England Journal of Medicine, 369*(15), 1434-1442.

Birley, J., & Brown, G. W. (1970). Crisis and life changes preceding the onset or relapse of acute schizophrenia: Clinical aspects. *British Journal of Psychiatry, 16,* 327-333.

Birmaher, B., Axelson, D., Goldstein, B., Strober, M., Gill, M. K., Hunt, J., & Keller, M. (2009). Four-year longitudinal course of children and adolescents with bipolar spectrum disorders: The Course and Outcome of Bipolar Youth (COBY) study. *American Journal of Psychiatry, 166*(7), 795-804.

Bishop, D. V. M. (2000). Pragmatic language impairment: A correlate of SLI, a distinct subgroup, or part of the autistic continuum. In D. V. M. Bishop & L. B. Leonard (Eds.), *Speech and language impairments in children: Causes, characteristics, intervention and outcome* (pp. 99-113). East Sussex, UK: Psychology Press.

Björkenstam, E., Björkenstam, C., Holm, H., Gerdin, B., & Ekselius, L. (2015). Excess cause-specific mortality in in-patient-treated individuals with personality disorder: 25-year nationwide population-based study. *The British Journal of Psychiatry, 207*(4):339-345.

Bjorntorp, P. (1997). Obesity. *Lancet, 350,* 423-426.

Black, D. W. (2013). *Bad Boys, Bad Men: Confronting Antisocial Personality Disorder (Sociopathy).* New York: Oxford University Press.

Black, J. A., White, B., Viner, R. M., & Simmons, R. K. (2013). Bariatric surgery for obese children and adolescents: a systematic review and meta-analysis. *Obesity Reviews, 14*(8), 634-644.

640 PSICOPATOLOGIA

Blacker, D. (2005). Psychiatric rating scales. In B. J. Sadock & V. A. Sadock (Eds.), *Kaplan & Sadock's comprehensive textbook of psychiatry* (pp. 929-955). Philadelphia, PA: Lippincott Williams & Wilkins.

Blagys, M. D., & Hilsenroth, M. J. (2000). Distinctive features of short-term psychodynamic-interpersonal psychotherapy: A review of the comparative psychotherapy process literature. *Clinical Psychology: Science and Practice, 7,* 167-188.

Blair, K., Shaywitz, J., Smith, B. W., Rhodes, R., Geraci, M., Jones, M., & Pine, D. S. (2008). Response to emotional expressions in generalized social phobia and generalized anxiety disorder: Evidence for separate disorders. *American Journal of Psychiatry, 165*(9), 1193-1202. doi: 10.1176/appi.ajp.2008.07071060

Blanchard, E. B. (1992). Psychological treatment of benign headache disorders. Special issue: Behavioral medicine: An update for the 1990s. *Journal of Consulting and Clinical Psychology, 60*(4), 537-551.

Blanchard, E. B., & Andrasik, F. (1982). Psychological assessment and treatment of headache: Recent developments and emerging issues. *Journal of Consulting and Clinical Psychology, 50*(6), 859-879.

Blanchard, E. B., & Epstein, L. H. (1977). *A biofeedback primer.* Reading, MA: Addison-Wesley.

Blanchard, R. (2008). Sex ration of older siblings in heterosexual and homosexual, right-handed and non-right-handed men. *Archives of Sexual Behavior, 37,* 977-981.

Blanchard, R. (2010). The DSM diagnostic criteria for pedophilia. *Archives of Sexual Behavior, 39,* 304-314.

Blanchard, R., & Bogaert, A. (1996). Homosexuality in men and number of older brothers. *American Journal of Psychiatry, 153,* 27-31.

Blanchard, R., & Bogaert, A. (1998). Birth order in homosexual versus heterosexual sex offenders against children, pubescents, and adults. *Archives of Sexual Behavior, 27*(6), 595-603.

Blanchard, R., & Steiner, B. W. (1992). *Clinical management of gender identity disorders in children and adults.* Washington, DC: American Psychiatric Press.

Blanco, C., Goodwin, R., Liebowitz, M. R., Schmidt, A. B., Lewis-Fernandez, R., & Olfson, M. (2004). Use of psychotropic medications for patients with office visits who receive a diagnosis of panic disorder. *Medical Care, 42*(12), 1242-1246.

Blanco, C., Rubio, J., Wall, M., Wang, S., Jiu, C. J., & Kendler, K. S. (2014). Risk factors for anxiety disorders: Common and specific effects in a national sample, *Depression and Anxiety, 31,* 756-774.

Blanco, C., Vesga-Lopez, O., Stewart, J. W., Liu, S.-M., Grant, B. F., & Hasin, D. S. (2012). Prevalence, correlates, comorbidity and treatment-seeking among individuals with a lifetime major depressive episode with and without atypical features: Results from the National Epidemiologic Survey on Alcohol and Related Conditions. *Journal of Clinical Psychiatry, 73*(2), 224-232.

Blaney, P. H. (2015). Paranoid and delusional disorders. In P.H. Blaney, R. F. Krueger, Robert F. & T. Millon (Eds), *Oxford textbook of psychopathology* (3rd ed., pp. 383-417). New York, NY: Oxford University Press.

Blasco-Fontecilla, H. (2013). On suicide clusters: More than contagion. *The Australian and New Zealand Journal of Psychiatry, 47*(5), 490-491.

Blascovich, J., Spencer, S. J., Quinn, D., & Steele, C. (2001). African Americans and high blood pressure: The role of stereotype threat. *Psychological Science, 12*(3), 225-229.

Blascovich, J., & Tomaka, J. (1996). The biopsychosocial model of arousal regulation. *Advances in Experimental Social Psychology, 28,* 1-51.

Blashfield, R. K., Keeley, J. W., Flanagan, E. H., & Miles, S. R. (2014). The cycle of classification: *DSM-I* through *DSM-5. Annual review of clinical psychology, 10,* 25-51. doi: 10.1146 /annurev-clinpsy-032813-153639

Blashfield, R. K., Reynolds, S. M., & Stennett, B. (2012). The death of histrionic personality disorder. In T. A. Widiger (Ed.), *The Oxford handbook of personality disorders* (pp. 603-627). New York, NY: Oxford University Press.

Blazer, D. G. (2003). Depression in late life: Review and commentary. *Journal of Gerontology – Series A Biological Sciences and Medical Science, 58,* 249-265.

Blazer, D. G., & Hybels, C. F. (2009). Depression in later life: Epidemiology, assessment, impact, and treatment. In I. H. Gotlib & C. L. Hammen (Eds.), *Handbook of depression* (2nd ed., pp. 492-509). New York, NY: Guilford.

Blazer, D. G., George, L., & Hughes, D. (1991). The epidemiology of anxiety disorders: An age comparison. In C. Salzman & B. Liebowitz (Eds.), *Anxiety disorders in the elderly* (pp. 17-30). New York, NY: Springer.

Blehar, M. C., & Rosenthal, N. E. (1989). Seasonal affective disorder and phototherapy. *Archives of General Psychiatry, 46,* 469-474.

Bleiberg, K. L., & Markowitz, J. C. (2014). Interpersonal psychotherapy for depression. In D. H. Barlow (Ed.), *Clinical handbook of psychological disorders: A step-by-step treatment manual* (5th ed.). New York, NY: Guilford.

Bleuler, E. (1908). Die prognose der dementia praecox (schizophreniegruppe). *Allgemeine Zeitschrift für Psychiatrie, 65,* 436-464.

Bleuler, E. (1911). *Dementia praecox or the group of schizophrenias* (J. Zinkin, Trans.). New York, NY: International Universities Press.

Bleuler, E. (1924). *Textbook of psychiatry* (A. A. Brill, Trans.). New York, NY: Macmillan.

Bliss, E. L. (1984). A symptom profile of patients with multiple personalities including MMPI results. *Journal of Nervous and Mental Diseases, 172,* 197-211.

Bloch, M., Schmidt, P. J., & Rubinow, D. R. (2014). Premenstrual syndrome: Evidence for symptom stability across cycles. *American Journal of Psychiatry, 154*(12), 1741-1746.

Bloch, M. H., Landeros-Weisenberger, A., Rosario, M. C., Pittenger, C., & Leckman, J. F. (2008). Meta-analysis of the symptom structure of obsessive-compulsive disorder. *American Journal of Psychiatry, 165*(12), 1532-1542. doi: 10.1176/appi.ajp.2008.08020320

Bloch, S., & Green, S. (2012). Psychiatric ethics. In M. G. Gelder, N. C. Andreasen, J. J. Lopez-Ibor, Jr., & J. R. Geddes (Eds.), *New Oxford textbook of psychiatry* (2nd. ed., Vol. 1, pp. 28-32). New York, NY: Oxford University Press.

Block, J. J. (2008). Issues for DSM-V: Internet addiction. *American Journal of Psychiatry, 165*(3), 306-307. doi: 10.1176/appi.ajp.2007 .07101556

Blom, M. M., Bosmans, J. E., Cuijpers, P., Zarit, S. H., & Pot, A. M. (2013). Effectiveness and cost-effectiveness of an internet intervention for family caregivers of people with dementia: design of a randomized controlled trial. *BMC Psychiatry, 13*(1), 1.

Bloom, F. E., & Kupfer, D. J. (1995). *Psychopharmacology: The fourth generation of progress.* New York, NY: Raven.

Bloom, F. E., Nelson, C. A., & Lazerson, A. (2001). *Brain, mind, & behavior* (3rd ed.). New York, NY: Worth.

Blumenthal, J. A., Sherwood, A., Babyak, M., Watkins, L., Waugh, R., Georgiades, A., & Hinderliter, A. (2005). Effects of exercise and stress management training on markers of cardiovascular risk in patients with ischemic heart disease. *JAMA: Journal of the American Medical Association, 293,* 1626-1634.

Blumenthal, S. J. (1990). An overview and synopsis of risk factors, assessment, and treatment of suicidal patients over the life cycle. In S. J. Blumenthal & D. J. Kupfer (Eds.), *Suicide over the life cycle: Risk factors, assessment and treatment of suicidal patients* (pp. 685-734). Washington, DC: American Psychiatric Press.

Blumenthal, S. J., & Kupfer, D. J. (1988). Clinical assessment and treatment of youth suicide. *Journal of Youth and Adolescence, 17,* 1-24.

Blundell, J. E. (2002). The psychobiological approach to appetite and weight control. In K. D. Brownell & C. G. Fairburn (Eds.), *Eating disorders and obesity: A comprehensive handbook* (2nd ed., pp. 13-20). New York, NY: Guilford.

Boardman, J. D., Barnes, L. L., Wilson, R. S., Evans, D. A., & de Leon, C. F. M. (2012). Social disorder, APOE-E4 genotype, and change in cognitive function among older adults living in Chicago. *Social Science & Medicine, 74*(10), 1584-1590. doi: http://dx.doi.org/10.1016 /j.socscimed.2012.02.012

Bob, P. (2003). Dissociation and neuroscience: History and new perspectives. *International Journal of Neuroscience, 113,* 903-914.

Bockoven, J. S. (1963). *Moral treatment in American psychiatry.* New York, NY: Springer.

Bockting, C. L., Hollon, S. D., Jarrett, R. B., Kuyken, W., & Dobson, K. (2015). A lifetime approach to major depressive disorder: The contributions of psychological interventions in preventing relapse and recurrence. *Clinical Psychology Review, 41,* 16-25.

Bodell, L. P., & Keel, P. K. (2015). Weight suppression in bulimia nervosa: Associations with biology and behavior. *Journal of Abnormal Psychology, 124*(4), 994-1002.

Boden, J. M., Fergusson, D. M., & Horwood, L. J. (2012). Alcohol misuse and violent behavior: Findings from a 30-year longitudinal study. *Drug and Alcohol Dependence, 122*(1), 135-141.

Bodlund, O., & Kullgren, G. (1996). Transsexualism–General outcome and prognostic factors: A five-year follow-up study of nineteen transsexuals in the process of changing sex. *Archives of Sexual Behavior, 25,* 303-316.

Bodnar, R. J. (2012). Endogenous opiates and behavior. *Peptides, 38*(2), 463-522.

Boehm, J. K., & Kubzansky, L. D. (2012). The heart's content: The association between positive psychological well-being and cardiovascular health. *Psychological bulletin, 138*(4), 655-691.

Bøen, H., Dalgard, O. S., & Bjertness, E. (2012). The importance of social support in the associations between psychological distress and somatic health problems and socio-economic factors among older adults living at home: a Cross sectional study. *BMC Geriatrics, 12*(1), 27.

Bogaert, A. F., & Skorska, M. (2011). Sexual orientation, fraternal birth order, and the maternal immune hypothesis: A review. *Frontiers in Neuroendocrinology, 32*(2), 247-254.

Bogan, R. K., Roth, T., Schwartz, J., & Miloslavsky, M. (2014). Time to response with sodi-um oxybate for the treatment of excessive daytime sleepiness and cataplexy in patients with narcolepsy. Journal of clinical sleep medicine: JCSM: official publication of the American Academy of Sleep Medicine, 11(4), 427-432.

Bogart, A. F. (2010). Physical development and sexual orientation in men and women: An analysis of NATSL-2000. *Archives of Sexual Behavior, 39*, 110-116.

Bögels, S. M., Alden, L., Beidel, D. C., Clark, L. A., Pine, D. S., Stein, M. B., & Voncken, M. (2010). Social anxiety disorder: Questions and answers for the DSM-V. *Depression and Anxiety, 27*(2), 168-189. doi: 10.1002/da.20670

Boland, R. J., & Keller, M. B. (2009). Course and outcome of depression. In I. H. Gotlib & C. L. Hammen (Eds.), *Handbook of depression* (2nd ed., pp. 23-43). New York, NY: Guilford.

Bolinskey, P. K., James, A. V., Cooper-Bolinskey, D., Novi, J. H., Hunter, H. K., Hudak, D. V., . . . & Lenzenweger, M. F. (2015). Revisiting the blurry boundaries of schizophrenia: Spectrum disorders in psychometrically identified schizotypes. *Psychiatry Research, 225*(3), 335-340.

Bonanno, G. (2006). Is complicated grief a valid construct? *Clinical Psychology Science Practice, 13*, 129-134.

Bonanno, G., & Kaltman, S. (1999). Toward an integrative perspective on bereavement. *Psychological Bulletin, 125*(6), 1004-1008.

Bonanno, G. A., & Kaltman, S. (2001). The varieties of grief experience. *Clinical Psychology Review, 21*, 705-734.

Bonanno, G., Wortman, C., & Nesse, R. (2004). Prospective patterns of resilience and maladjustment during widowhood. *Psychology and Aging, 19*, 260-271.

Bonanno, G. A., (2004). Loss, trauma, and human resilience: Have we underestimated the human capacity to thrive after extremely aversive events? *American Psychologist, 59*, 20-28.

Bond, A., & Lader, M. (2012). Anxiolytics and sedatives. In J. C. Verster, K. Brady, M. Galanter, & P. Conrod (Eds.), *Drug abuse and addiction in medical illness: Causes, consequences and treatment* (pp. 231-239). New York, NY: Springer.

Bongaarts, J., & Over, M. (2010). Global HIV/AIDS policy in transition. *Science, 328*, 1359-1360.

Bonnar-Kidd, K. K. (2010). Sexual offender laws and prevention of sexual violence or recidivism. *American Journal of Public Health, 100*(3), 412-419.

Booij, L., & Van der Does, A. J. (2007). Cognitive and serotonergic vulnerability to depression: Convergent findings. *Journal of Abnormal Psychology, 116*(1), 86-94.

Boon, S., & Draijer, N. (1993). Multiple personality disorder in the Netherlands: A clinical investigation of 71 cases. *American Journal of Psychiatry, 150*, 489-494.

Boone, L., Soenens, B., Vansteenkiste, M., & Braet, C. (2012). Is there a perfectionist in each of us?

An experimental study on perfectionism and eating disorder symptoms. *Appetite, 59*(2), 531-540.

Boot, W. R., Simons, D. J., Stothart, C., & Stutts, C. (2013). The pervasive problem with placebos in psychology why active control groups are not sufficient to rule out placebo effects. *Perspectives on Psychological Science, 8*(4), 445-454. doi: 10.1177/1745691613491271

Borg, L., Buonora, M., Butelman, E.R., Ducat, E., Ray, B.M., & Kreek, M. J. (2015). The pharmacology of opioids. In R.K. Ries, D.A. Fiellin, S.C. Miller, & R. Saitz (Eds.), *The ASAM principles of addiction medicine* (5th Ed., pp. 135-150). New York, NY: Wolters Kluwer.

Borge, F.-M., Hoffart, A., Sexton, H., Martinsen, E., Gude, T., Hedley, L. M., & Abrahamsen, G. (2010). Pre-treatment predictors and in- treatment factors associated with change in avoidant and dependent personality disorder traits among patients with social phobia. *Clinical Psychology & Psychotherapy, 17*(2), 87-99.

Borgelt, L. M., Franson, K. L., Nussbaum, A. M., & Wang, G. S. (2013). The pharmacologic and clinical effects of medical cannabis. *Pharmacotherapy: The Journal of Human Pharmacology and Drug Therapy, 33*(2), 195-209.

Borges, G., Nock, M. K., Abad, J. M. H., Hwang, I., Sampson, N. A., Alonso, J., & Kessler, R. C. (2010). Twelve month prevalence of and risk factors for suicide attempts in the WHO World Mental Health Surveys. *The Journal of Clinical Psychiatry, 71*(12), 1617-1628.

Borkovec, T. D., & Costello, E. (1993). Efficacy of applied relaxation and cognitive-behavioral therapy in the treatment of generalized anxiety disorder. *Journal of Consulting and Clinical Psychology, 61*(4), 611-619.

Borkovec, T. D., & Hu, S. (1990). The effect of worry on cardiovascular response to phobic imagery. *Behaviour Research and Therapy, 28*, 69-73.

Borkovec, T. D., & Ruscio, A. (2001). Psychotherapy for generalized anxiety disorder. *Journal of Clinical Psychiatry, 62*, 37-45.

Borkovec, T. D., Alcaine, O. M., & Behar, E. (2004). Avoidance theory of worry and generalized anxiety disorder. In R. G. Heimberg, C. L. Turk, & D. S. Mennin (Eds.), *Generalized anxiety disorder: Advances in research and practice* (pp. 77-108). New York, NY: Guilford.

Borkovec, T. D., Shadick, R., & Hopkins, M. (1991). The nature of normal and pathological worry. In R. M. Rapee & D. H. Barlow (Eds.), *Chronic anxiety, generalized anxiety disorder, and mixed anxiety depression*. New York, NY: Guilford.

Bornstein, R. F. (1992). The dependent personality: Developmental, social, and clinical perspectives. *Psychological Bulletin, 112*, 3-23.

Bornstein, R. F. (2012). Dependent personality disorder. In T. A. Widiger (Ed.), *The Oxford handbook of personality disorders* (pp. 505-526). New York, NY: Oxford University Press.

Borodinsky, L. N., Root, C. M., Cronin, J. A., Sann, S. B., Gu, X., & Spitzer, N. C. (2004). Activity-dependent homeostatic specification of transmitter expression in embryonic neurons. *Nature, 429*, 523-530.

Boskind-Lodahl, M. (1976). Cinderella's stepsisters: A feminist perspective on anorexia nervosa and bulimia. *Signs, 2*, 342-356.

Bosson, J. K., Parrott, D. J., Swan, S. C., Kuchynka, S. L., & Schramm, A. T. (2015). A dangerous

boomerang: Injunctive norms, hostile sexist attitudes, and male-to-female sexual aggression. *Aggressive Behavior, 41*(6), 580-593.

Bouchard, C. (2002). Genetic influences on body weight and shape. In K. D. Brownell & C. G. Fairburn (Eds.), *Eating disorders and obesity: A comprehensive handbook* (2nd ed., pp. 21-26). New York, NY: Guilford.

Bouchard, M. F., Bellinger, D. C., Wright, R. O., & Weisskopf, M. G. (2010). Attention-deficit / hyperactivity disorder and urinary metabolites of organophosphate pesticides. *Pediatrics, 125*(6), e1270-1277.

Bouchard, T. J., Jr., Lykken, D. T., McGue, M., Segal, N. L., & Tellegen, A. (1990). Sources of human psychological differences: The Minnesota study of twins reared apart. *Science, 250*, 223-228.

Bouman, T. K. (2014). Psychological treatments for hypochondriasis: A narrative review. *Current Psychiatry Reviews, 10*, 58-69.

Bourgeois, M. S. (1992). Evaluating memory wallets in conversations with persons with dementia. *Journal of Speech and Hearing Research, 35*, 1344-1357.

Bourgeois, M. S. (2007). *Memory books and other graphic cuing systems: Practical communication and memory aids for adults with dementia.* Baltimore, MD: Health Professions.

Bouton, M. E. (2005). Behavior systems and the contextual control of anxiety, fear, and panic. In L. Feldman Barrett, P. Niedenthal, & P. Winkielman (Eds.), *Emotion: Conscious and unconscious* (pp. 205-227). New York, NY: Guilford.

Bouton, M. E., Mineka, S., & Barlow, D. H. (2001). A modern learning-theory perspective on the etiology of panic disorder. *Psychological Review, 108*, 4-32.

Bower, B. (1999). Personality conflicts: A clinical upstart elbows its way into the personality-assessment fray. *Science News, 156*, 88-90.

Bower, J. E., Moskowitz, J. T., & Epel, E. (2009). Is benefit finding good for your health? Pathways linking positive life changes after stress and physical health outcomes. *Current Directions in Psychological Science, 18*, 337-341.

Bowers, J. S., & Marsolek, C. J. (2003). *Rethinking implicit memory.* New York, NY: Oxford University Press.

Bowlby, J. (1980). *Attachment and loss.* New York, NY: Basic Books.

Bowman, E. S., & Coons, P. M. (2000). The differential diagnosis of epilepsy, pseudoseizures, dissociative identity disorder, and dissociative disorder not otherwise specified. *Bulletin of the Menninger Clinic, 64*, 164-180.

Boyce, N. (2011). Suicide clusters: The undiscovered country. *The Lancet, 378*(9801), 1452.

Boydell, J., & Allardyce, J. (2011). Does urban density matter? In A. S. David, S. Kapur, P. McGuffin, & R. M. Murray (Eds.), *Schizophrenia: The final frontier–A festschrift for Robin M. Murray* (pp. 273-280). New York, NY: Routledge.

Boyer, P., & Liénard, P. (2008). Ritual behavior in obsessive and normal individuals: Moderating anxiety and reorganizing the flow of action. *Current Directions in Psychological Science, 17*(4), 291-294.

Boysen, G., Ebersole, A., Casner, R., & Coston, N. (2014). Gendered mental disorders: Masculine and feminine stereotypes about mental disorders and their relation to stigma. *The Journal of Social Psychology, 154*(6), 546-565.

Bradford, A., & Meston, C. M. (2006). The impact of anxiety on sexual arousal in women. *Behaviour Research and Therapy, 44*, 1067-1077.

Bradford, A., & Meston, C. M. (2011). Sex and gender disorders. In D. H. Barlow (Ed.), *Oxford handbook of clinical psychology*. New York, NY: Oxford University Press.

Bradford, J. (1997). Medical interventions in sexual deviance. In D. R. Laws & W. O'Donohue (Eds.), *Sexual deviance: Theory, assessment and treatment* (pp. 449-464). New York, NY: Guilford.

Bradley, B. P., Mogg, K., White, J., Groom, C., & de Bono, J. (1999). Attentional bias for emotional faces in generalized anxiety disorder. *British Journal of Clinical Psychology, 38*, 267-278.

Bradley, R., Danielson, L., & Hallahan, D. P. (Eds.). (2002). *Identification of learning disabilities: Research to practice*. Mahwah, NJ: Erlbaum.

Bradley, R. G., Binder, E. B., Epstein, M. P., Tang, Y., Nair, H. P., Liu, W., & Ressler, K. J. (2008). Influence of child abuse on adult depression: Moderation by the corticotropin-releasing hormone receptor gene. *Archives of General Psychiatry, 65*(2), 190-200.

Bradley, W. (1937). The behavior of children receiving Benzedrine. *American Journal of Psychiatry, 94*, 577-585.

Brady, J. P., & Lind, D. L. (1961). Experimental analysis of hysterical blindness. *Archives of General Psychiatry, 4*, 331-339.

Braff, D., Schork, N. J., & Gottesman, I. I. (2007). Endophenotyping schizophrenia. *American Journal of Psychiatry, 164*, 705-707.

Brakefield, T. A., Mednick, S. C., Wilson, H. W., De Neve, J. E., Christakis, N. A., & Fowler, J. H. (2014). Same-sex sexual attraction does not spread in adolescent social networks. *Archives of Sexual Behavior, 43*(2), 335-344.

Brand, B., Classen, C., Lanins, R., Loewenstein, R., McNary, S., Pain, C., & Putnam, F. (2009). A naturalistic study of dissociative identity disorder and dissociative disorder not otherwise specified patients treated by community clinicians. *Psychological Trauma: Theory, Research, Practice, and Policy, 1*(2), 153-171.

Brannigan, G. G., & Decker, S. L. (2006). The Bender-Gestalt II. *American Journal of Orthopsychiatry, 76*(1), 10-12.

Brawman-Mintzer, O. (2001). Pharmacologic treatment of generalized anxiety disorder. *Psychiatric Clinics of North America, 24*, 119-137.

Bray, G. A. (2012). Diet and exercise for weight loss. *Journal of American Medical Association, 307*(24), 2641-2642.

Breckenridge, J., Salter, M., & Shaw, E. (2012). *Use and abuse: Understanding the intersections of childhood abuse, alcohol and drug use and mental health*. Sydney, Australia: University of New South Wales.

Breitbart, W., & Alici, Y. (2012). Evidence-based treatment of delirium in patients with cancer. *Journal of Clinical Oncology, 30*(11), 1206-1214. doi: 10.1200/jco.2011.39.8784

Breitborde, N. J., López, S. R., & Kopelowicz, A. (2010). Expressed emotion and health outcomes among Mexican-Americans with schizophrenia and their caregiving relatives. *The Journal of Nervous and Mental Disease, 198*(2), 105-109.

Bremner, J. D. (1999). Does stress damage the brain? *Biological Psychiatry, 45*, 797-805.

Bremner, J. D., Randall, P. R., Scott, T. M., Bronen, R. A., Seibyl, J. P., Southwick, S. M., & Innis, R. R. (1995). MRI-based measurement of hippocampal volume in patients with combat-related posttraumatic stress disorder. *American Journal of Psychiatry, 152*, 973-981.

Brenes, G. A., Miller, M. E., Stanley, M. A., Williamson, J. D., Knudson, M., & McCall, W. V. (2009). Insomnia in older adults with generalized anxiety disorder. *American Journal of Geriatric Psychiatry, 17*, 465-472.

Brenner, D. E., Kukull, W. A., van Belle, G., Bowen, J. D., McCormick, W. C., Teri, L., & Larson, E. B. (1993). Relationship between cigarette smoking and Alzheimer's disease in a population-based case-control study. *Neurology, 43*, 293-300.

Brent, D., & Birmaher, B. (2009). Paediatric mood disorders. In M. G. Gelder, N. C. Andreasen, J. J. López-Ibor, Jr., & J. R. Geddes (Eds.), *New Oxford textbook of psychiatry* (2nd ed., Vol. 2, pp. 1669-1680). Oxford, UK: Oxford University Press.

Brent, D., Emslie, G., Clarke, G., Wagner, K. D., Asarnow, J. R., Keller, M., & Zelazny, J. (2008). Switching to another SSRI or to venlafaxine with or without cognitive behavioral therapy for adolescents with SSRI-resistant depression: The TORDIA randomized controlled trial. *JAMA: Journal of the American Medical Association, 299*(8), 901-913.

Brent, D., Melhem, N., Donohoe, M. B., & Walker, M. (2009). The incidence and course of depression in bereaved youth 21 months after the loss of a parent to suicide, accident, or sudden natural death. *American Journal of Psychiatry, 166*(7), 786-794.

Brent, D. A., & Kolko, D. J. (1990). The assessment and treatment of children and adolescents at risk for suicide. In S. J. Blumenthal & D. J. Kupfer (Eds.), *Suicide over the life cycle: Risk factors, assessment and treatment of suicidal patients*. Washington, DC: American Psychiatric Press.

Brent, D. A., & Mann, J. J. (2005). Family genetic studies, suicide, and suicidal behavior. *American Journal of Medical Genetics, 133*(1), 13-24.

Brent, D. A., Brunwasser, S. M., Hollon, S. D., Weersing, V. R., Clarke, G. N., Beardless, W. R., Gladstone, T. R. G., Porta, G., Lynch, F. L., Iyengar, S., & Garber, J. (2015). Effect of a cognitive-behavioral prevention program on depression 6 years after implementation among at-risk adolescents: A randomized clinical trial. *JAMA Psychiatry, 72*, 1110-1118.

Brent, D. A., Melhem, N. M., Oquendo, M., Burke, A., Birmaher, B., Stanley, B., Biernesser, C., Keilp, J., Kalka, D., Ellis, S., Porta, G., Zelazny, J., Iyengar, S., & Mann, J. J. (2015). Familial pathways to early-onset suicide attempt: A 5.6-year prospective study. *JAMA Psychiatry, 72*, 160-168.

Brent, D. A., Oquendo, M., Birmaher, B., Greenhill, L., Kolko, D., Stanley, B., & Mann, J. J. (2002). Familial pathways to early-onset suicide attempt risk for suicidal behavior in offspring of mood-disordered suicide attempters. *Archives of General Psychiatry, 59*, 801-807.

Brent, D. A., Oquendo, M., Birmaher, B., Greenhill, L., Kolko, D., Stanley, B., & Mann, J. J. (2003). Peripubertal suicide attempts in offspring of suicide attempters with siblings concordant for suicidal behavior. *American Journal of Psychiatry, 160*, 1486-1493.

Brent, D. A., Perper, J. A., Goldstein, C. E., Kolko, D. J., Allan, M. J., Allman, C. J., & Zellenak, J. P. (1988). Risk factors for adolescent suicide: A comparison of adolescent suicide victims with suicidal inpatients. *Archives of General Psychiatry, 45*, 581-588.

Brentjens, M. H., Yeung-Yue, K. A., Lee, P. C., & Tyring, S. K. (2003). Recurrent genital herpes treatments and their impact on quality of life. *Pharmacoeconomics, 21*, 853-863.

Breslau, N. (2012). Epidemiology of posttraumatic stress disorder in adults. In J. G. Beck & D. M. Sloan (Eds.), *The Oxford handbook of traumatic stress disorders* (pp. 84-97). New York, NY: Oxford University Press.

Breslau, N., Davis, G. C., & Andreski, M. A. (1995). Risk factors for PTSD-related traumatic events: A prospective analysis. *American Journal of Psychiatry, 152*, 529-535.

Breslau, N., Lucia, V. C., & Alvarado, G. F. (2006). Intelligence and other predisposing factors in exposure to trauma and posttraumatic stress disorder. *Archives of General Psychiatry, 63*, 1238-1245.

Breuer, J., & Freud, S. (1957). *Studies on hysteria*. New York, NY: Basic Books. (Original work published 1895.)

Brewer, S., Gleditsch, S. L., Syblik, D., Tietjens, M. E., & Vacik, H. W. (2006). Pediatric anxiety: Child life intervention in day surgery. *Journal of Pediatric Nursing, 21*, 13-22.

Brewerton, T. D., Rance, S. J., Dansky, B. S., O'Neil, P. M., & Kilpatrick, D. G. (2014). A comparison of women with child-adolescent versus adult onset binge eating: Results from the National Women's Study. *International Journal of Eating Disorders, 47*(7), 836-843.

Britton, J. C., & Rauch, S. L. (2009). Neuroanatomy and neuroimaging of anxiety disorders. In M. M. Antony & M. B. Stein (Eds.), *Oxford handbook of anxiety and related disorders* (pp. 97-110). Oxford, UK: Oxford University Press.

Britton, J. C., Grillon, C., Lissek, S., Norcross, M. A., Szuhany, K., Chen, G., Ernst, M., Nelson, E. E., Leibenluft, E., Shechner, T., & Pine, D. S. (2013). Response to learned threat: An fMRI study in adolescent and adult anxiety. *American Journal of Psychiatry, 170*, 1195-1204.

Brody, A. L., Saxena, S., Stoessel, P., Gillies, L. A., Fairbanks, L. A., Alborzian, S., & Baxter, L. R., Jr. (2001). Regional brain metabolic changes in patients with major depression treated with either paroxetine or interpersonal therapy. *Archives of General Psychiatry, 48*, 631-640.

Brody, H., & Miller, F. G. (2011). Lessons from recent research about the placebo effect–from art to science. *JAMA: Journal of the American Medical Association, 306*(23), 2612-2613. doi: 10.1001/jama.2011.1850

Brody, M. J., Walsh, B. T., & Devlin, M. J. (1994). Binge eating disorder: Reliability and validity of a new diagnostic category. *Journal of Consulting and Clinical Psychology, 62*, 381-386.

Broft, A., Berner, L. A., & Walsh, B. T. (2010). Pharmacotherapy for bulimia nervosa. In C. M. Grilo & J. E. Mitchell (Eds.), *The treatment of eating disorders: A clinical handbook*. (pp. 388-401). New York, NY: Guilford.

Bromet, E., Andrade, L. H., Hwang, I., Sampson, N. A., Alonso, J., de Girolamo, G., & Kessler, R. C. (2011). Cross-national epidemiology of DSM-IV major depressive episode. *BMC Medicine, 9*(1), 90.

Brondolo, E., Grantham, K. I., Karlin, W., Taravella, J., Mencia-Ripley, A., Schwartz, J. E., &

Contrada, R. J. (2009). Trait hostility and ambulatory blood pressure among traffic enforcement agents: The effects of stressful social interactions. *Journal of Occupational Health Psychology, 14*(2), 110-121.

Brotman, M. A., Schmajuk, M., Rich, B. A., Dickstein, D. P., Guyer, A. E., Costello, E. J., & Leibenluft, E. (2006). Prevalence, clinical correlates, and longitudinal course of severe mood dysregulation in children. *Biological Psychiatry, 60*(9), 991-997.

Brotto, L. A. (2006). Psychologic-based desire and arousal disorders: Treatment strategies and outcome results. In I. Goldstein, C. M. Meston, S. R. Davis, & A. M. Traish (Eds.), *Women's sexual function and dysfunction: Study, diagnosis, and treatment* (pp. 441-448). New York, NY: Taylor and Francis.

Brotto, L. A. (2010). The DSM diagnostic criteria for hypoactive sexual desire disorder in women. *Archives of Sexual Behavior, 39*, 222-239.

Brotto, L. (2015). Filbanserin. *Archives of Sexual Behavior, 44*(8), 2103-2105. DOI 10.1007 / s10508-015-0643-9

Brotto, L., & Luria, M. (2014). *Sexual interest / arousal disorder in women.* In Y. M. Binik & K. S. K. Hall (Eds.). Principles and Practice of Sex Therapy 5th edition (pp. 17-42). The Guildford Press: New York.

Broude, G. J., & Greene, S. J. (1980). Cross-cultural codes on 20 sexual attitudes and practices. In H. Barry, III, & A. Schlegel (Eds.), *Cross-cultural samples and codes* (pp. 313-333). Pittsburgh, PA: University of Pittsburgh Press.

Broughton, R., Billings, R., & Cartwright, R. (1994). Homicidal somnambulism: A case report. *Sleep, 17*, 253-264.

Broughton, R. J. (2000). NREM arousal parasomnias. In M. H. Kryger, T. Roth, & W. C. Dement (Eds.), *Principles and practice of sleep medicine* (3rd ed., pp. 693-706). Philadelphia, PA: W. B. Saunders.

Brown, A., Scales, U., Beever, W., Rickards, B., Rowley, K., & O'Dea, K. (2012). Exploring the expression of depression and distress in aboriginal men in central Australia: A qualitative study. *BMC Psychiatry, 12*(1), 97.

Brown, D. R., Ahmed, F., Gary, L. E., & Milburn, N. G. (1995). Major depression in a community sample of African Americans. *American Journal of Psychiatry, 152*, 373-378.

Brown, G. W. (1959). Experiences of discharged chronic schizophrenic mental hospital patients in various types of living group. *Millbank Memorial Fund Quarterly, 37*, 105-131.

Brown, G. W., & Birley, J. L. T. (1968). Crisis and life change and the onset of schizophrenia. *Journal of Health and Social Behavior, 9*, 203-214.

Brown, G. W., Monck, E. M., Carstairs, G. M., & Wing, J. K. (1962). Influence of family life on the course of schizophrenic illness. *British Journal of Preventive and Social Medicine, 16*, 55-68.

Brown, J., & Finn, P. (1982). Drinking to get drunk: Findings of a survey of junior and senior high school students. *Journal of Alcohol and Drug Education, 27*, 13-25.

Brown, M. M., Bell, D. S., Jason, L. A., Christos, C., & Bell, D. F. (2012). Understanding long term outcomes of chronic fatigue syndrome. *Journal of Clinical Psychology, 68*(9), 1028-1035.

Brown, P. L. (2006, December 2). Supporting boys or girls when the line isn't clear. *New York*

Times. Retrieved from http://www.nytimes.com/2006/12/02/us/02child.html

Brown, R. J., & Lewis-Fernandez, R. (2011). Culture and conversion disorder: Implications for DSM-5. *Psychiatry, 74*(3), 187-206. doi: 10.1521/psyc.2011.74.3.187

Brown, T. A., & Barlow, D. H. (2005). Dimensional versus categorical classification of mental disorders in the fifth edition of the diagnostic and statistical manual of mental disorders and beyond: Comment on the special section. Special issue: Toward a dimensionally based taxonomy of psychopathology. *Journal of Abnormal Psychology, 114*(4), 551-556.

Brown, T. A., & Barlow, D. H. (2009). A proposal for a dimensional classification system based on the shared features of the DSM-IV anxiety and mood disorders: Implications for assessment and treatment. *Psychological Assessment, 21*(3), 256-271.

Brown, T. A., & Barlow, D. H. (2014). *Anxiety and related disorders interview schedule for DSM-5 (ADIS-5L): Client interview schedule.* New York: Oxford University Press.

Brown, T. A., & Barlow, D. H. (2014). *Anxiety Disorders Interview Schedule for DSM-5 (ADIS.5).* New York: Oxford University Press.

Brown, T. A., & Naragon-Gainey, K. (2013). Evaluation of the unique and specific contributions of dimensions of the triple vulnerability model to the prediction of DSM-IV anxiety and mood disorder constructs. *Behavior Therapy, 44*(2), 277-292.

Brown, T. A., Barlow, D. H., & Liebowitz, M. R. (1994). The empirical basis of generalized anxiety disorder. *American Journal of Psychiatry, 15*(9), 1272-1280.

Brown, T. A., Campbell, L. A., Lehman, C. L., Grisham, J. R., & Mancill, R. B. (2001). Current and lifetime comorbidity of the DSM-IV anxiety and mood disorders in a large clinical sample. *Journal of Abnormal Psychology.*

Brown, T. A., Chorpita, B. F., & Barlow, D. H. (1998). Structural relationships among dimensions of the DSM-IV anxiety and mood disorders and dimensions of negative affect, positive affect, and autonomic arousal. *Journal of Abnormal Psychology, 107*(2), 179-192.

Brown, T. A., Marten, P. A., & Barlow, D. H. (1995). Discriminant validity of the symptoms comprising the DSM-III-R and DSM-IV associated symptom criterion of generalized anxiety disorder. *Journal of Anxiety Disorders, 9*, 317-328.

Brown, T. A., White, K. S., & Barlow, D. H. (2005). A psychometric reanalysis of the Albany panic and phobia questionnaire. *Behaviour Research and Therapy, 43*, 337-355.

Brown, T. E. (Ed.). (2009). *ADHD comorbidities: Handbook for ADHD complications in children and adults.* Arlington, VA: American Psychiatric Publishing.

Brown, W. M., Finn, C. J., Cooke, B. M., & Breedlove, S. M. (2002). Differences in finger length ratios between self-identified "butch" and "femme" lesbians. *Archives of Sexual Behavior, 31*, 123-127.

Browne, H. A., Hansen, S. N., Buxbaum, J. D., Gair, S. L., Nissen, J. B., Nikolajsen, K. H., Schendel, D. E., Reichenberg, A., Parner, E. T., & Grice, D. E. (2015). Familial clustering of tic disorders and obsessive-compulsive disorder. *JAMA psychiatry,72,* 359-366.

Brownell, K. D. (1991). Dieting and the search for the perfect body: Where physiology and culture collide. *Behavior Therapy, 22,* 1-12.

Brownell, K. D. (2002). Eating disorders in athletes. In K. D. Brownell & C. G. Fairburn (Eds.), *Eating disorders and obesity: A comprehensive handbook* (2nd ed., pp. 191-196). New York, NY: Guilford.

Brownell, K. D. (2003). *Food fight: The inside story of the food industry, America's obesity crisis and what we can do about it.* New York, NY: Mc-Graw-Hill.

Brownell, K. D., & Fairburn, C. G. (Eds.) (1995). *Eating disorders and obesity: A comprehensive handbook.* New York, NY: Guilford.

Brownell, K. D., & Frieden, T. R. (2009). Ounces of prevention–the public policy case for taxes on sugared beverages. *New England Journal of Medicine, 360*(18), 1805-1808.

Brownell, K. D. & Ludwig, D. S. (2011). The supplemental nutrition assistance program, soda, and USDA policy: Who benefits? *Journal of American Medical Association, 306*, 1370-1371.

Brownell, K. D., & Rodin, J. (1994). The dieting maelstrom: Is it possible and advisable to lose weight? *American Psychologist, 49*(9), 781-791.

Brownell, K. D., & Yach, D. (2005). The battle of the bulge. *Foreign Policy, 26-27.*

Brownell, K. D., Farley, T., Willett, W. C., Popkin, B. M., Chaloupka, F. J., Thompson, J. W., & Ludwig, D. S. (2009). The public health and economic benefits of taxing sugar-sweetened beverages. *New England Journal of Medicine, 361*(16), 1599-1605.

Brownell, K. D., Hayes, S. C., & Barlow, D. H. (1977). Patterns of appropriate and deviant sexual arousal: The behavioral treatment of multiple sexual deviations. *Journal of Consulting and Clinical Psychology, 45*(6), 1144-1155.

Brownell, K. D., Kersh, R., Ludwig, D. S., Post, R. C., Puhl, R. M., Schwartz, M. B., & Willett, W. C. (2010). Personal responsibility and obesity: A constructive approach to a controversial issue. *Health Affairs, 29*(3), 379-387.

Bruce, M. L. (2002). Psychosocial risk factors for depressive disorders in late life. *Biological Psychiatry, 52*, 175-184.

Bruce, M. L., & Kim, K. M. (1992). Differences in the effects of divorce on major depression in men and women. *American Journal of Psychiatry, 149*(7), 914-917.

Bruce, S. E., Yonkers, K. A., Otto, M. W., Eisen, J. L., Weisberg, R. B., Pagano, M., & Keller, M. B. (2005). Influence of psychiatric comorbidity on recovery and recurrence in generalized anxiety disorder, social phobia, and panic disorder: A 12-year prospective study. *American Journal of Psychiatry, 162*, 1179-1187.

Bruce, S., M., & Venkatesh, K. (2014). Special education disproportionality in the United States, Germany, Kenya, and India. *Disability & Society, 29*(6), 908-921. doi: 10.1080/09687599 .2014.880330

Bruch, H. (1973). *Eating disorders: Obesity, anorexia nervosa, and the person within.* New York, NY: Basic Books.

Bruch, H. (1985). Four decades of eating disorders. In D. M. Garner & P. E. Garfinkel (Eds.), *Handbook of psychotherapy for anorexia nervosa and bulimia* (pp. 7-18). New York, NY: Guilford.

Bruch, M. A., & Heimberg, R. G. (1994). Differences in perceptions of parental and personal characteristics between generalized and non-generalized social phobics. *Journal of Anxiety Disorders, 8,* 155-168.

Bruck, M., Ceci, S., Francouer, E., & Renick, A. (1995). Anatomically detailed dolls do not facilitate preschoolers' reports of a pediatric examination involving genital touching. *Journal of Experimental Psychology: Applied, 1,* 95-109.

Brunoni, A. R., Valiengo, L., Baccaro, A., Zanao, T., de Oliveira, J. F., Goulart, A., & Fregni, F. (2013). The sertraline versus electrical current therapy for treating depression clinical study: Results from a factorial, randomized, controlled trial. *JAMA Psychiatry, 70*(4), 383-391.

Bryant, R. A. (2010). The complexity of complex PTSD. *American Journal of Psychiatry, 167,* 879-881.

Bryant, R. A., Moulds, M. L., & Nixon, R. V. D. (2003). Cognitive behavior therapy of acute stress disorder: A four-year follow-up. *Behaviour Research and Therapy, 41,* 489-494.

Bryant, R. A., & Das, P. (2012). The neural circuitry of conversion disorder and its recovery. *Journal of Abnormal Psychology, 121*(1), 289-296. doi: 10.1037/a0025076

Bryant, R. A., Kenny, L., Joscelyne, A., Rawson, N., Maccallum, F., Cahill, C., Hopwood, S., Aderka, I., & Nickerson, A. (2014). Treating prolonged grief disorder: A randomized clinical trial. *JAMA Psychiatry, 71,* 1332-1339.

Bryant, R. A., Friedman, M. J., Spiegel, D., Ursano, R., & Strain, J. (2011). A review of acute stress disorder in DSM-5. *Depression and Anxiety, 28*(9), 802-817. doi: 10.1002/da.20737

Bryant, R. A., O'Donnell, M. L., Creamer, M., McFarlane, A., & Silove, D. (2013). A multisite analysis of the fluctuating course of posttraumatic stress disorder. *JAMA Psychiatry, 70,* 839-846.

Buchanan, R. W., & Carpenter, W. T. (2005). Schizophrenia and other psychotic disorders. In B. J. Sadock & V. A. Sadock (Eds.), *Kaplan & Sadock's comprehensive textbook of psychiatry* (pp. 1329-1345). Philadelphia, PA: Lippincott, Williams & Wilkins.

Buchwald, A. M., & Rudick-Davis, D. (1993). The symptoms of major depression. *Journal of Abnormal Psychology, 102*(2), 197-205.

Buchwald, H., Avidor, Y., Braunwald, E., Jensen, M. D., Pories, W., Fahrbach, K., & Schoelles, K. (2004). Bariatric surgery: A systematic review and meta-analysis. *JAMA: Journal of the American Medical Association, 292,* 1724-1737.

Buckingham-Howes, S., Berger, S. S., Scaletti, L. A., & Black, M. M. (2013). Systematic review of prenatal cocaine exposure and adolescent development. *Pediatrics, 131* (6), e1917-e1936.

Budnitz, D. S., Lovegrove, M. C., Shehab, N., & Richards, C. L. (2011). Emergency hospitalizations for adverse drug events in older Americans. *New England Journal of Medicine, 365*(21), 2002-2012.

Bufferd, S. J., Dougherty, L. R., Carlson, G. A., Rose, S., Klein, D. N. (2012). Psychiatric disorders in preschoolers: Continuity from ages 3 to 6. *American Journal of Psychiatry, 169,* 1157-1164.

Buffum, J. (1982). Pharmacosexology: The effects of drugs on sexual function–A review. *Journal of Psychoactive Drugs, 14,* 5-44.

Buhle, J. T., Stevens, B. L., Friedman, J. J., & Wager, T. D. (2012). Distraction and placebo: two separate routes to pain control. *Psychological Science, 23*(3), 246-253.

Buhlmann, U., Reese, H. E., Renaud, S., & Wilhelm, S. (2008). Clinical considerations for the treatment of body dysmorphic disorder with cognitive-behavioral therapy. *Body Image, 5*(1), 39-49.

Buka, S. L., Seidman, L. J., Tsuang, M. T., & Goldstein, J. M. (2013). The New England family study high-risk project: Neurological impairments among offspring of parents with schizophrenia and other psychoses. *American Journal of Medical Genetics Part B: Neuropsychiatric Genetics, 162*(7), 653-660.

Bulik, C. M., Sullivan, P. F., & Kendler, K. S. (2000). An empirical study of the classification of eating disorders. *American Journal of Psychiatry, 157*(6), 886-895.

Bulik, C. M., Sullivan, P. F., Tozzi, F., Furberg, H., Lichtenstin, P., & Pedersen, N. L. (2006). Prevalence, heritability, and prospective risk factors, for anorexia nervosa. *Archives of General Psychiatry, 63*(3), 305-312.

Bulik, C. M., Thornton, L., Pinheiro, A. P., Plotnicov, K., Klump, K. L., Brandt, H., . . . & Kaye, W. H. (2008). Suicide attempts in anorexia nervosa. *Psychosomatic Medicine, 70*(3), 378-383.

Bumpass, E. R., Fagelman, F. D., & Brix, R. J. (1983). Intervention with children who set fires. *American Journal of Psychotherapy, 37*(3), 328-345.

Burgess, C. R., & Scammell, T. E. (2012). Narcolepsy: neural mechanisms of sleepiness and cataplexy. *The Journal of Neuroscience, 32*(36), 12305-12311.

Burkhalter, H., Wirz-Justice, A., Denhaerynck, K., Fehr, T., Steiger, J., Venzin, R. M., . . . & De Geest, S. (2015). The effect of bright light therapy on sleep and circadian rhythms in renal transplant recipients: A pilot randomized, multicentre wait-list controlled trial. *Transplant International, 28*(1), 59-70.

Burnette, M. M., Koehn, K. A., Kenyon-Jump, R., Hutton, K., & Stark, C. (1991). Control of genital herpes recurrences using progressive muscle relaxation. *Behavior Therapy, 22,* 237-247.

Burnham, M. M., & Gaylor, E. E. (2011). Sleep environments of young children in post-industrial societies. In M. El-Sheikh (Ed.), *Sleep and development: Familial and socio- cultural considerations* (pp. 195-218). New York: Oxford University Press.

Burns, J. W., Glenn, B., Bruehl, S., Harden, R. N., & Lofland, K. (2003). Cognitive factors influence outcome following multidisciplinary chronic pain treatment: A replication and extension of a cross-lagged panel analysis. *Behaviour Research and Therapy, 41,* 1163-1182.

Burns, J. W., Nielson, W. R., Jensen, M. P., Heapy, A., Czlapinski, R., & Kerns, R. D. (2015). Specific and general therapeutic mechanisms in cognitive behavioral treatment of chronic pain. *Journal of Consulting and Clinical Psychology, 83*(1), 1-11.

Burri, A., Spector, T., & Rahman, Q. (2013). A discordant monozygotic twin approach to testing environmental influences on sexual dysfunction in women. *Archives of Sexual Behavior, 42*(6), 961-972.

Burton, R. (1977). *Anatomy of melancholy.* (Reprint edition). New York, NY: Random House. (Original work published 1621.)

Busatto, G. F. (2013). Structural and functional neuroimaging studies in major depressive disorder with psychotic features: A critical review. *Schizophrenia Bulletin, 39*(4), 776-786. doi: 10.1093/schbul/sbt054

Buscher, A. L., & Giordano, T. P. (2010). Gaps in knowledge in caring for HIV survivors long-term. *JAMA: Journal of the American Medical Association, 304,* 340-341.

Bushman, B. J. (1993). Human aggression while under the influence of alcohol and other drugs: An integrative research review. *Psychological Science, 2,* 148-152.

Butcher, J. N. (2009). Clinical personality assessment: History, evolution, contemporary models, and practical applications. In J. N. Butcher (Ed.), *Oxford handbook of personality assessment* (pp. 5-21). New York, NY: Oxford University Press.

Butcher, J. N., Graham, J. R., Williams, C. L., & Ben-Porath, Y. S. (1990). *Development and use of the MMPI-2 content scales.* Minneapolis: University of Minnesota Press.

Butler, B. (2006). NGRI revisited: Venirepersons' attitudes toward the insanity defense. *Journal of Applied Social Psychology, 36,* 1833-1847.

Butler, L. D., Duran, R. E. F., Jasiukaitis, P., Koopman, C., & Spiegel, D. (1996). Hypnotizability and traumatic experience: A diathesis stress model of dissociative symptomatology. *American Journal of Psychiatry, 153,* 42-63.

Buysse, D. J., Strollo, P. J., Black, J. E., Zee, P. G., & Winkelman, J. W. (2008). Sleep disorders. In R. E. Hales, S. C. Yudofsky, & G. O. Gabbard (Eds.), *The American Psychiatric Publishing textbook of psychiatry* (5th ed., pp. 921-969). Arlington, VA: American Psychiatric Publishing.

Buzzella, B. A., Ehrenreich-May, J. T., & Pincus, D. B. (2011). Comorbidity and family factors associated with selective mutism. *Child Development Research,* 2011, 1-9.

Bye, E. K. (2007). Alcohol and violence: Use of possible confounders in a time-series analysis. *Addiction, 102,* 369-376.

Byers, A. L., Yaffe, K., Covinsky, K. E., Friedman, M. B., & Bruce, M. L. (2010). High occurrence of mood and anxiety disorders among older adults: The National Comorbidity Survey Replication. *Archives of General Psychiatry, 67*(5), 489-496. doi: 10.1001/archgenpsychiatry.2010.35

Byne, W., & Parsons, B. (1993). Human sexual orientation: The biologic theories reappraised. *Archives of General Psychiatry, 50,* 228-239.

Byne, W., Lasco, M. S., Kemether, E., Edgar, M. A., Morgello, S., Jones, L. B., & Tobet, S. (2000). The interstitial nuclei of the human anterior hypothalamus: An investigation of sexual variation in volume and cell size, number and density. *Brain Research, 856,* 254-258.

Byne, W., Bradley, S. J., Coleman, E., Eyler, A. E., Green, R., Menvielle, E. J., & Tompkins, D. A. (2012). Report of the American Psychiatric Association Task Force on treatment of gender identity disorder. *Archives of Sexual Behavior, 41*(4), 759-796.

Byrd, A. L., Loeber, R., & Pardini, D. A. (2014). Antisocial behavior, psychopathic features and abnormalities in reward and punishment processing in youth. *Clinical Child and Family Psychology review, 17*(2), 125-156.

Byrne, D., & Schulte, L. (1990). Personality dispositions as mediators of sexual responses. *Annual Review of Sex Research, 1,* 93-117.

Byrne, E. M., Johnson, J., McRae, A. F., Nyholt, D. R., Medland, S. E., Gehrman, P. R., & Chenevix-Trench, G. (2012). A genome-wide association study of caffeine-related sleep disturbance: Confirmation of a role for a common variant in the adenosine receptor. *Sleep, 35*(7), 967-975.

Caballero, B. (2007). The global epidemic of obesity: An overview. *Epidemiologic Reviews, 29*, 1-5.

Caballo, V. E., Salazar, I. C., Irurtia, M. J., Olivares, P., & Olivares, J. (2014). The relationship between social skills and social anxiety and personality styles/disorders. *Behavioral Psychology, 22*, 401-422.

Cacioppo, J. T., Amaral, D. G., Blanchard, J. J., Cameron, J. L., Carter, C. S., Crews, D., & Quinn, K. J. (2007). Social neuroscience: Progress and implications for mental health. *Perspectives on Psychological Science, 2*(2), 99-123.

Cacioppo, J. T., & Patrick, W. (2008). *Loneliness: Human nature and the need for social connection.* New York, NY: Norton.

Cadoret, R. J. (1978). Psychopathology in the adopted-away offspring of biologic parents with antisocial behavior. *Archives of General Psychiatry, 35*, 176-184.

Cadoret, R. J., Yates, W. R., Troughton, E., Woodworth, G., & Stewart, M. A. (1995). Genetic-environment interaction in the genesis of aggressivity and conduct disorders. *Archives of General Psychiatry, 52*, 916-924.

Cafri, G., Yamamiya, Y., Brannick, M., & Thompson, J. K. (2005). The influence of sociocultural factors on body image: A meta-analysis. *Clinical Psychology: Science and Practice, 12*, 421-433.

Caglayan, A. O. (2010). Genetic causes of syndromic and non-syndromic autism. *Developmental Medicine & Child Neurology, 52*(2), 130-138. doi: 10.1111/j.1469-8749.2009.03523.x

Cain, A. S., Epler, A. J., Steinley, D., & Sher, K. J. (2010). Stability and change in patterns of concerns related to eating, weight, and shape in young adult women: A latent transition analysis. *Journal of Abnormal Psychology, 119*(2), 255-267.

Cain, V. S., Johannes, C. B., Avis, N. E., Mohr, B., Schocken, M., Skurnick, J., & Ory, M. (2003). Sexual functioning and practices in a multi-ethnic study of midlife women: Baseline results from SWAN. *Journal of Sex Research, 40*(3), 266-276.

Calabrese, J., Shelton, M., Rapport, D., Youngstrom, E., Jackson, K., Bilali, S., & Findling, R. L. (2005). A 20-month, double-blind, maintenance trial of lithium versus divalproex, in rapid-cycling bipolar disorder. *American Journal of Psychiatry, 162*, 2152-2161.

Calamari, J. E., Wiegartz, P. S., Riemann, B. C., Cohen, R. J., Greer, A., Jacobi, D. M., & Carmin, C. (2004). Obsessive-compulsive disorder subtypes: An attempted replication and extension of symptom-based taxonomy. *Behavior Research and Therapy, 42*, 647-670.

Calamari, J. E., Chik, H. M., Pontarelli, N. K., & DeJong, B. L. (2012). Phenomenology and epidemiology of obsessive compulsive disorder. In G. Steketee (Ed.), *The Oxford handbook of obsessive compulsive and spectrum disorders* (pp. 11-47). New York, NY: Oxford University Press.

Calati, R., Gressier, F., Balestri, M., & Serretti, A. (2013). Genetic modulation of borderline personality disorder: systematic review and meta-analysis. *Journal of Psychiatric Research, 47*(10), 1275-1287.

Caligor, E., Levy, K. N., & Yeomans, F. E. (2015). Narcissistic personality disorder: diagnostic and clinical challenges. *American Journal of Psychiatry, 172*(5).

Callahan, L. A., McGreevy, M. A., Cirincione, C., & Steadman, H. (1992). Measuring the effects of the guilty but mentally ill (GBMI) verdict: Georgia's 1982 GBMI reform. *Law and Human Behavior, 16*, 447-462.

Callanan, V. J., & Davis, M. S. (2012). Gender differences in suicide methods. *Social Psychiatry and Psychiatric Epidemiology, 47*(6), 857-869.

Callicott, J. H., Mattay, V. S., Verchinski, B. A., Marenco, S., Egan, M. F., & Weinberger, D. R. (2003). Complexity of prefrontal cortical dysfunction in schizophrenia: More than up or down. *American Journal of Psychiatry, 160*, 2209-2215.

Cameron, N. M., Champagne, F. A., Parent, C., Fish, E. W., Ozaki-Kuroda, K., & Meaney, M. J. (2005). The programming of individual differences in defensive responses and reproductive strategies in the rat through variations in maternal care. *Neuroscience and Biobehavioral Reviews, 29*, 843-865.

Campbell, A. N., Miele, G. M., Nunes, E. V., McCrimmon, S., & Ghitza, U. E. (2012). Web-based, psychosocial treatment for substance use disorders in community treatment settings. *Psychological Services, 9*(2), 212.

Campbell, J. M., & Oei, T. P. (2010). A cognitive model for the intergenerational transference of alcohol use behavior. *Addictive Behaviors, 35*(2), 73-83. doi: 10.1016/j.addbeh.2009.09.013

Campbell, J., & Oei, T. P. (2013). The intergenerational transference of addiction. In P.M. Miller, A.W. Blume, D.J. Kavanagh, K.M. Kampman, M.E. Bates, M.E. Larimer, N. M. Petry, P. De Witte, & S.A. Ball (Eds), *Principles of addiction: Comprehensive addictive behaviors and disorders,* (Vol.1, 313-322). Waltham, MA: Elsevier Academic Press.

Campbell, W. K., & Miller, J. D. (2011). *The handbook of narcissism and narcissistic personality disorder: Theoretical approaches, empirical findings, and treatments.* John Wiley & Sons.

Campbell-Sills, L., & Brown, T. A. (2010). Generalized anxiety disorder. In M. M. Antony & D. H. Barlow (Eds.), *Handbook of assessment and treatment planning for psychological disorders* (2nd ed., pp. 224-266). New York, NY: Guilford.

Campbell-Sills, L., Ellard, K. K., & Barlow, D. H. (2015). Emotion regulation in anxiety disorders. In J. J. Gross (Ed.), *Handbook of Emotion Regulation* (2nd ed.). New York, NY: Guilford.

Campo, J. A., Nijman, H., Merckelbach, H., & Evers, C. (2003). Psychiatric comorbidity of gender identity disorders: A survey among Dutch psychiatrists. *American Journal of Psychiatry, 160*, 1332-1336.

Campo, J. V., & Negrini, B. J. (2000). Case study: Negative reinforcement and behavioral management of conversion disorder. *Journal of the American Academy of Child and Adolescent Psychiatry, 39*(6), 787-790.

Canli, T., & Lesch, K.-P. (2007). Long story short: The serotonin transporter in emotion regulation and social cognition. *Nature Neuroscience, 10*, 1103-1109.

Cannon, T. D., Barr, C. E., & Mednick, S. A. (1991). Genetic and perinatal factors in the etiology of schizophrenia. In E. F. Walker (Ed.), *Schizophrenia: A life-course developmental perspective* (pp. 9-31). New York, NY: Academic.

Cannon, W. B. (1929). *Bodily changes in pain, hunger, fear and rage* (2nd ed.). New York, NY: Appleton-Century-Crofts.

Cannon, W. B. (1942). Voodoo death. *American Anthropologist, 44*, 169-181.

Cantor, J. M., Blanchard, R., Paterson, A. D., & Bogaert, A. F. (2002). How many gay men owe their sexual orientation to fraternal birth order? *Archives of Sexual Behavior, 31*, 63-71.

Capobianco, D. J., Swanson, J. W., & Dodick, D. W. (2001). Medication-induced (analgesic rebound) headache: Historical aspects and initial descriptions of the North American experience. *Headache, 41*, 500-502.

Cardeña, E., & Carlson, E. (2011). Acute stress disorder revisited. *Annual Review of Clinical Psychology, 7*, 245-267. doi: 10.1146 /annurev--clinpsy-032210-104502

Cardeña, E., Lewis-Fernandez, R., Bear, D., Pakianathan, I., & Spiegel, D. (1996). Dissociative disorders. In T. A. Widiger, A. J. Frances, H. A. Pincus, R. Ross, M. B. First, & W. W. Davis (Eds.), *DSM-IV sourcebook* (Vol. 2, pp. 973-1005). Washington, DC: American Psychiatric Press.

Cardeña, E. A., & Gleaves, D. H. (2003). Dissociative disorders: Phantoms of the self. In M. Hersen & S. M. Turner (Eds.), *Adult psychopathology and diagnosis* (4th ed., pp. 476-404). Hoboken, NJ: Wiley.

Cardi, V., Esposito, M., Clarke, A., Schifano, S., & Treasure, J. (2015). The impact of induced positive mood on symptomatic behaviour in eating disorders. An experimental, AB /BA crossover design testing a multimodal presentation during a test-meal. *Appetite, 87*, 192-198.

Carlo, G., Knight, G. P., Roesch, S. C., Opal, D., & Davis, A. (2014). Personality across cultures: A critical analysis of Big Five research and current directions. In F. T. L. Leong, L. Comas- Díaz, G. C. Nagayama Hall, V. C. McLoyd, & J. E. (Eds.) *APA handbook of multicultural psychology, Vol. 1: Theory and research,* (pp. 285-298). Washington, DC: American Psychological Association.

Carlson, G. A. (1990). Annotation: Child and adolescent mania–Diagnostic considerations. *Journal of Child Psychology and Psychiatry, 31*(3), 331-341.

Carlson, G. A., & Klein, D. N. (2014). How to understand divergent views on bipolar disorder in youth. *Annual Review of Clinical Psychology, 10*, 529-551.

Carlson, G. A., & Meyer S. E. (2006). Phenomenology and diagnosis of bipolar disorder in children, adolescents, and adults: Complexities and developmental issues. *Development and Psychopathology, 18*, 939-969.

Caron, C., & Rutter, M. (1991). Comorbidity in childhood psychopathology: Concepts, issues, and research strategies. *Journal of Child Psychology and Psychiatry, 32*, 1063-1080.

Carpenter, A. L., Pulfiafico, A. C., Kurtz, S. M., Pincus, D. B., & Comer, J. S. (2014). Extending parent-child interaction therapy for early childhood internalizing problems: New advances for ana overlooked population. *Clinical Child and Family Psychology Review, 17*, 340-356.

Carpenter, M. J., Jardin, B. F., Burris, J. L., Mathew, A. R., Schnoll, R. A., Rigotti, N. A., & Cummings, K. M. (2013). Clinical strategies to enhance the efficacy of nicotine replacement therapy for smoking cessation: a review of the literature. *Drugs, 73*(5), 407-426.

646   PSICOPATOLOGIA

Carpenter, W. T., & van Os, J. (2011). Should attenuated psychosis syndrome be a DSM-5 diagnosis? *American Journal of Psychiatry, 168*(5), 460-463.

Carpentier, M., Silovsky, J., & Chaffin, M. (2006). Randomized trial of treatment for children with sexual behavior problems: Ten-year follow-up. *Journal of Consulting and Clinical Psychology, 74*, 482-488.

Carr, A., Keenleyside, M., & Fitzhenry, M. (2015). *The Waterford Mental Health Survey.* University College Dublin School of Psychology, Health Services Executive.

Carr, E. G., & Durand, V. M. (1985). Reducing behavior problems through functional communication training. *Journal of Applied Behavior Analysis, 18*, 111-126.

Carrico, A. W., & Antoni, M. H. (2008). Effects of psychological interventions on neuroendocrine hormone regulation and immune states in HIV-positive persons: A review of randomized controlled trials. *Psychosomatic Medicine, 70*, 575-584.

Carrier, S., Brock, G. B., Pommerville, P. J., Shin, J., Anglin, G., Whittaker, S., & Beasley, C. M., Jr. (2005). Efficacy and safety of oral tadalafil in the treatment of men in Canada with erectile dysfunction: A randomized, double-blind, parallel, placebo-controlled clinical trial. *Journal of Sexual Medicine, 2*, 685-698.

Carroll, B. J., Feinberg, M., Greden, J. F., Haskett, R. F., James, N. M., Steiner, M., & Tarika, J. (1980). Diagnosis of endogenous depression: Comparison of clinical, research, and neuroendocrine criteria. *Journal of Affective Disorders, 2*, 177-194.

Carroll, B. J., Martin, F. I., & Davies, B. (1968). Resistance to suppression by dexamethasone of plasma 11-O.H.C.S. levels in severe depressive illness. *British Medical Journal, 3*, 285-287.

Carroll, R. A. (2007). Gender dysphoria and transgender experiences. In S. R. Leiblum (Ed.), *Principles and practice of sex therapy* (4th ed., pp. 477-508). New York, NY: Guilford.

Carson, R. C. (1991). Discussion: Dilemmas in the pathway of DSM-IV. *Journal of Abnormal Psychology, 100*, 302-307.

Carson, R. C. (1996). Aristotle, Galileo, and the *DSM* taxonomy: The case of schizophrenia. *Journal of Consulting and Clinical Psychology, 64*(6), 1133-1139.

Carstensen, L. L., Charles, S. T., Isaacowitz, D., & Kennedy, Q. (2003). Life-span personality development and emotion. In R. J. Davidson, K. Scherer, & H. H. Goldsmith (Eds.), *Handbook of affective sciences* (pp. 931-951). Oxford, UK: Oxford University Press.

Carstensen, L. L., Turan, B. Scheibe, S., Ram, N., Ersner-Hershfield, H., Samanez-Larkin, G. R., Brooks, K. P., & Nesselroad, J. R. (2011). Emotional experience improves with age: Evidence based on over 10 years of experience sampling. *Psychology and Aging, 26*, 21-33.

Carter, C. L., Resnick, E. M., Mallampalli, M., & Kalbarczyk, A. (2012). Sex and gender differences in Alzheimer's disease: Recommendations for future research. *Journal of Women's Health, 21*(10), 1018-1023.

Carter, J. C., & Fairburn, C. G. (1998). Cognitive-behavioral self-help for binge eating disorder: A controlled effectiveness study. *Journal of Consulting and Clinical Psychology, 66*, 616-623.

Carter, J. C., McFarlane, T. L., Bewell, C., Olmsted, M. P., Woodside, D. B., Kaplan, A. S., & Crosby,

R. D. (2009). Maintenance treatment for anorexia nervosa: A comparison of cognitive behavior therapy and treatment as usual. *International Journal of Eating Disorders, 42*(3), 202-207.

Carter, J. S., Garber, J., Cielsa, J., & Cole, D. (2006). Modeling relations between hassles and internalizing and externalizing symptoms in adolescents: A four-year prospective study. *Journal of Abnormal Psychology, 115*, 428-442.

Carter, J. S., & Garber, J. (2011). Predictors of the first onset of a major depressive episode and changes in depressive symptoms across adolescence: Stress and negative cognitions. *Journal of Abnormal Psychology, 120*(4), 779-796.

Carter, R. M., Wittchen, H.-U., Pfister, H., & Kessler, R. C. (2001). One-year prevalence of sub-threshold and threshold DSM-IV generalized anxiety disorder in a nationally representative sample. *Depression & Anxiety, 13*, 78-88.

Cartwright, R. D. (2006). Sleepwalking. In T. Lee-Chiong (Ed.), *Sleep: A comprehensive handbook* (pp. 429-433). Hoboken, NJ: Wiley.

Carvalho, M., Carmo, H., Costa, V., Capela, J., Pontes, H., Remião, F., & Bastos, M. D. (2012). Toxicity of amphetamines: An update. *Archives of Toxicology, 86*(8), 1167-1231. doi: 10.1007/s00204-012-0815-5

Carver, C. S., Johnson, S. L., & Joormann, J. (2009). Two-mode models of self-regulation as a tool for conceptualizing effects of the serotonin system in normal behavior and diverse disorders. *Current Directions in Psychological Science, 18*(4), 195-199.

Caspi, A., McClay, J., Moffitt, T. E., Mill, J., Martin, J., Craig, I. W., & Poulton, R. (2002). Role of genotype in the cycle of violence in maltreated children. *Science, 297*, 851-853.

Caspi, A., Sugden, K., Moffitt, T. E., Taylor, A., Craig, I. W., Harrington, H., & Poulton, R. (2003). Influence of life stress on depression: Moderation by a polymorphism in the 5-HTT gene. *Science, 301*, 386-389.

Cassano, G., Rucci, P., Frank, E., Fagiolini, A., Dell'Osso, L., Shear, K., & Kupfer, D. J. (2004). The mood spectrum in unipolar and bipolar disorder: Arguments for a unitary approach. *American Journal of Psychiatry, 161*, 1264-1269.

Cassidy, F., Yatham, L. N., Berk, M., & Grof, P. (2008). Pure and mixed manic subtypes: A review of diagnostic classification and validation. *Bipolar Disorders, 10*, 131-143.

Castell, B. D., Kazantzis, N., & Moss-Morris, R. E. (2011). Cognitive behavioral therapy and graded exercise for chronic fatigue syndrome: A meta-analysis. *Clinical Psychology: Science and Practice, 18*(4), 311-324.

Castle, N., Ferguson-Rome, J. C., & Teresi, J. A. (2015). Elder abuse in residential long-term care: An update to the 2003 National Research Council Report. *Journal of Applied Gerontology, 34*(4), 407-443.

Castonguay, L. G., Eldredge, K. L., & Agras, W. S. (1995). Binge eating disorder: Current state and directions. *Clinical Psychology Review, 15*, 815-890.

Castro, F. G., & Nieri, T. (2010). Cultural factors in drug use etiology: Concepts, methods, and recent findings. In L. M. Scheier (Ed.), *Handbook of drug use etiology: Theory, methods, and empirical findings* (pp. 305-324). Washington, DC: American Psychological Association.

Cautela, J. R. (1966). Treatment of compulsive behavior by covert sensitization. *Psychological Record, 16*, 33-41.

Cautela, J. R. (1967). Covert sensitization. *Psychological Reports, 20*, 459-468.

Cavendish, W. (2013). Identification of learning disabilities: Implications of proposed DSM-5 criteria for school-based Assessment. *Journal of Learning Disabilities, 46*(1), 52-57. doi: 10.1177/0022219412464352

Cechnicki, A., Bielańska, A., Hanuszkiewicz, I., & Daren, A. (2013). The predictive validity of Expressed Emotions (EE) in schizophrenia. A 20-year prospective study. *Journal of Psychiatric Research, 47*(2), 208-214. doi: http://dx.doi.org/10.1016/j.jpsychires.2012.10.004

Ceci, S. J. (1995). False beliefs: Some developmental and clinical considerations. In D. L. Schacter (Ed.), *Memory distortion: How minds, brains, and societies reconstruct the past* (pp. 91-125). Cambridge, MA: Harvard University Press.

Ceci, S. J. (2003). Cast in six ponds and you'll reel in something: Looking back on 25 years of research. *American Psychologist, 58*, 855-867.

Cederlöf, M., Thornton, L. M., Baker, J., Lichtenstein, P., Larsson, H., Rück, C., . . . & Mataix-Cols, D. (2015). Etiological overlap between obsessive-compulsive disorder and anorexia nervosa: a longitudinal cohort, multigenerational family and twin study. *World Psychiatry, 14*(3), 333-338.

Celio, A. A., Winzelberg, A. J., Dev, P., & Taylor, C. B. (2002). Improving compliance in on-line, structured self-help programs: Evaluation of an eating disorder prevention program. *Journal of Psychiatric Practice, 8*, 14-20.

Celio, A. A., Zabinski, M. F., & Wilfley, D. E. (2002). African American body images. In T. F. Cash & T. Pruzinsky (Eds.), *Body image: A handbook of theory, research and clinical practice* (pp. 234-242). New York, NY: Guilford.

Centers for Disease Control, National Center for Health Statistics. (2014). *Multiple cause-of-death data, 1999-2013.* Retrieved from (http://wonder.cdc.gov.ezproxy.bu.edu/mcd.html.

Centers for Disease Control and Prevention. (2007). Cigarette smoking among adults–United States, 2006. *Morbidity and Mortality Weekly Report* [serial online]; *56*(44): 1157-1161. Retrieved from http://www.cdc.gov / mmwr/preview/mmwrhtml/mm5644a2.htm

Centers for Disease Control and Prevention. (2008). Annual smoking-attributable mortality, year, and potential life lost, and productivity losses–United States, 2000-2004. *Morbidity and Mortality Weekly Report* [serial online]; *57*(45): 1226-1228. Retrieved from http://www.cdc.gov/mmwr/preview /mmwrhtml/mm5745a3.htm

Centers for Disease Control and Prevention. (2010a). *Diagnosis of HIV infection and AIDS in the United States and dependent areas, 2008* (HIV Surveillance Report, Volume 20). Retrieved from http://www.cdc.gov/hiv /surveillance/resources/reports/2008report /index.htm

Centers for Disease Control and Prevention. (2010b). Fatal injury data. Retrieved from http://www.cdc.gov/injury/wisqars/fatal.html

Centers for Disease Control and Prevention. (2010c). Web-based Injury Statistics Query and Reporting System (WISQARS). Retrieved from http://www.cdc.gov/ncipc/wisqars

Centers for Disease Control and Prevention. (2011a). Prevalence of hypertension and controlled hypertension–United States, 2005-2008. *Morbidity and Mortality Weekly Report, 60*(1), 94-97.

Centers for Disease Control and Prevention. (2011b). Measles–United States, January-May 20, 2011. *Morbidity and Mortality Weekly Report, 60*(20), 666-668.

Centers for Disease Control and Prevention. (2012). Prevalence of autism spectrum disorders–Autism and Developmental Disabilities Monitoring Network, 14 sites, United States, 2008. *Morbity and Mortality Weekly Report, 61*(SS-03), 1-19. Retrieved from http://www.cdc.gov/mmwr/preview /mmwrhtml/ss6103a1.htm?s_cid=ss6103a1_e

Centers for Disease Control and Prevention. (2013a). *National Center for Health Statistics, State and Local Area Integrated Telephone Survey. 2011-2012 National Survey of Children's Health*. Rockville, M.D.: U.S. Department of Health and Human Services.

Centers for Disease Control and Prevention. (2013b). Human immunodeficiency virus (HIV) disease death rates among men aged 25-54 years, by race and age group–national vital statistics. *Morbidity and Mortality Weekly Report, 62*(9), 175.

Centers for Disease Control and Prevention. (2013c). Suicide among adults aged 35-64 Years–United States, 1999-2010. *Morbidity and Mortality Weekly Report, 62*(17), 321-325.

Centers for Disease Control and Prevention. (2014). *Prevalence of Autism Spectrum Disorders Among Children 8 Years – Autism and Developmental Disabilities Monitoring Network, 11 Sites, United States, 2010*. MMWR 2014;63, (No. SS-02):1-19. Retrieved from: http://www.cdc.gov/mmwr/preview /mmwrhtml/ss6103a1.htm?s_cid=ss6103a1_e

Centers for Disease Control and Prevention (2015). *Incidence, prevalence, and cost of sexually transmitted infections in the United States*. http://www.cdc.gov/std/herpes /stdfact--herpes-detailed.htm.

Cha, C. B., Najmi, S., Park, J. M., Finn, C. T., & Nock, M. J. (2010). Attentional bias toward suicide-related stimuli predicts suicidal behavior. *Journal of Abnormal Psychology, 119*, 616-622.

Chaimowitz, G. (2012). The criminalization of people with mental illness. *Canadian Journal of Psychiatry, 57*(2), 129.

Chalder, T., Deary, V., Husain, K., & Walwyn, R. (2010). Family-focused cognitive behavior therapy versus psycho-education for chronic fatigue syndrome in 11- to 18-year-olds: A randomized controlled treatment trial. *Psychological Medicine, 40*(8), 1269-1279.

Chalder, T., Cleare, A., & Wessely, S. (2000). The management of stress and anxiety in chronic fatigue syndrome. In D. I. Mostofsky & D. H. Barlow (Eds.), *The management of stress and anxiety in medical disorders* (pp. 160-179). Needham Heights, MA: Allyn & Bacon.

Chamberlain, S. R., Menzies, L., Hampshire, A., Suckling, J., Fineberg, N. A., Campo, N., & Sahakien, B. J. (2008). Orbitofrontal dysfunction in patients with obsessive- compulsive disorder and their unaffected relatives. *Science, 321*, 421-422.

Chamberlain, S. R., Menzies, L., Sahakian, B. J., & Fineberg, N. A. (2007). Lifting the veil on trichotillomania. *American Journal of Psychiatry, 164*, 568-574.

Chan, C., Ngai, E., Leung, P., & Wong, S. (2010). Effect of the adapted virtual reality cognitive training program among Chinese older adults

with chronic schizophrenia: A pilot study. *International Journal of Geriatric Psychiatry, 25*(6), 643-649.

Chandra, A., Mosher, W. D., & Casey, C. (2011). *Sexual behavior, sexual attraction, and sexual identity in the United States: data from the 2006-2008 National Survey of Family Growth*. Atlanta, GA: US Department of Health and Human Services, Centers for Disease Control and Prevention, National Center for Health Statistics.

Chaoulloff, F., & Groc, L. (2010). Temporal modulation of hippocampal excitatory transmission by corticosteroids and stress. *Frontiers in Neuroendocrinology*. Advance online publication. *32*(1), 25-42 doi: 10.1016/j.yfrne .2010.07.004

Chapman, A. L., Dixon-Gordon, K. L., Butler, S. M., & Walters, K. N. (2015). Emotional reactivity to social rejection versus a frustration induction among persons with borderline personality features. *Personality Disorders: Theory, Research, and Treatment, 6*(1), 88.

Charland, L. C. (2008). A moral line in the sand: Alexander Crichton and Philippe Pinel on the psychopathology of the passions. In L. C. Charland & P. Zachar (Eds.), *Fact and value in emotion* (pp. 15-34). Amsterdam, The Netherlands: John Benjamins.

Charland, L. C. (2010). Science and morals in the affective psychopathology of Philippe Pinel. *History of Psychiatry, 21*(1), 38-53.

Charles, S. T., & Carstensen, L. L. (2010). Social and emotional aging. *Annual Review of Psychology, 61*, 383-409.

Charney, D. S. (2004). Psychobiological mechanisms of resilience and vulnerability: Implications for successful adaptation to extreme stress. *The American Journal of Psychiatry, 161*(2), 195-216.

Charney, D. S., & Drevets, W. C. (2002). Neurobiological basis of anxiety disorders. In K. L. Davis, D. Charney, J. T. Coyle, & C. Nemeroff (Eds.), *Neuropsychopharmacology: The fifth generation of progress* (pp. 901-951). Philadelphia, PA: Lippincott Williams & Wilkins.

Charney, D. S., Barlow, D. H., Botteron, K., Cohen, J. D., Goldman, D., Raquel, E. G., & Zalcman, S. J. (2002). Neuroscience research agenda to guide development of a pathophysiologically based classification system. In D. J. Kupfer, M. B. First, & D. A. Regier (Eds.), *A research agenda for DSM-V* (pp. 31-83). Washington, DC: American Psychiatric Association.

Charney, D. S., Woods, S. W., Price, L. H., Goodman, W. K., Glazer, W. M., & Heninger, G. R. (1990). Noradrenergic dysregulation in panic disorder. In J. C. Ballenger (Ed.), *Neurobiology of panic disorder* (pp. 91-105). New York, NY: Wiley-Liss.

Chartrand, H., Sareen, J., Toews, M., & Bolton, J. M. (2012). Suicide attempts versus nonsuicidal self-injury among individuals with anxiety disorders in a nationally representative sample. *Depression and Anxiety, 29*, 172-179.

Chassin, L., Pillow, D. R., Curran, P. J., Molina, B. S. G., & Barrera, M. (1993). Relation of parental alcoholism to early adolescent substance use: A test of three mediating mechanisms. *Journal of Abnormal Psychology, 102*, 3-19.

Chassin, L., Presson, C. C., Rose, J. S., & Sherman, S. J. (2001). From adolescence to adulthood: Age-related changes in beliefs about cigarette smoking in a Midwestern community sample. *Health Psychology, 20*(5), 377-386.

Chasson, G. S., Buhlmann, U., Tolin, D. F., Rao, S. R., Reese, H. E., Welsh, K. S., & Wilhelm, S. (2010). Need for speed: Evaluating slopes of OCD recovery in behavior therapy enhanced with d-cycloserine. *Behavior Research and Therapy, 48*, 675-679.

Chavez, M., & Insel, T. R. (2007). Eating disorders: National Institute of Mental Health perspective. *American Psychologist, 62*, 159-166.

Check, J. R. (1998). Munchausen syndrome by proxy: An atypical form of child abuse. *Journal of Practical Behavioral Health, 4*, 340-345.

Checknita, D., Maussion, G., Labonté, B., Comai, S., Tremblay, R. E., Vitaro, F., . . . & Turecki, G. (2015). Monoamine oxidase A gene promoter methylation and transcriptional downregulation in an offender population with antisocial personality disorder. *The British Journal of Psychiatry, 206*(3), 216-222.

Chemerinski, E., Triebwasser, J., Roussos, P., & Siever, L. J. (2013). Schizotypal personality disorder. *Journal of Personality Disorders, 27*(5), 652-679.

Chen, M. C., Hamilton, J. P., & Gotlib, I. H. (2010). Decreased hippocampal volume in healthy girls at risk of depression. *Archives of General Psychiatry, 67*(3), 270-276.

Chen, Y., Nettles, M. E., & Chen, S.-W. (2009). Rethinking dependent personality disorder: Comparing different human relatedness in cultural contexts. *Journal of Nervous and Mental Disease, 197*(11), 793-800.

Chesney, M. A. (1986, November). *Type A behavior: The biobehavioral interface*. Keynote address presented at the annual meeting of the Association for Advancement of Behavior Therapy, Chicago.

Cheung, F. M. (1995). Facts and myths about somatization among the Chinese. In T. Y. Lin, W. S. Tseng, & E. K. Yeh (Eds.), *Chinese societies and mental health* (pp. 156-166). Hong Kong: Oxford University Press.

Cheung, F. M. (2012). Mainstreaming culture in psychology. *American Psychologist, 67*(8), 721-730. doi: 10.1037/a0029876

Cheung, F. M., van de Vijver, F. J., & Leong, F. T. (2011). Toward a new approach to the study of personality in culture. *American Psychologist, 66*(7), 593-603. doi: 10.1037/a0022389

Cheung, Y., Law, C., Chan, B., Liu, K., & Yip, P. (2006). Suicidal ideation and suicidal attempts in a population based study of Chinese people: Risk attributable to hopelessness, depression, and social factors. *Journal of Affective Disorders, 90*, 193-199.

Chevalier, J. M., & Buckles, D. J. (2013). *Participatory action research: Theory and methods for engaged inquiry*. New York, NY: Routledge.

Chida, Y., & Mao, X. (2009). Does psychosocial stress predict symptomatic herpes simplex virus recurrence? A meta-analytic investigation on prospective studies. *Brain, Behavior, and Immunity, 23*, 917-925.

Chida, Y., & Steptoe, A. (2009). The association of anger and hostility with future coronary heart disease: A meta-analytic review of prospective evidence. *Journal of the American College of Cardiology, 53*(11), 936-946.

Chida, Y., & Steptoe, A. (2010). Greater cardiovascular responses to laboratory mental stress are associated with poor subsequent cardiovascular risk status: A meta-analysis of prospective evidence. *Hypertension, 55*(4), 1026-1032.

Chioqueta, A., & Stiles, T. (2004). Suicide risk in patients with somatization disorder. *Crisis: The Journal of Crisis Intervention and Suicide Prevention, 25*(1), 3-7.

Chisuwa, N., & O'Dea, J. A. (2010). Body image and eating disorders amongst Japanese adolescents: A review of the literature. *Appetite, 54,* 5-15.

Chivers, M. L., & Bailey, J. M. (2000). Sexual orientation of female-to-male transsexuals: A comparison of homosexual and nonhomosexual types. *Archives of Sexual Behavior, 29*(3), 259-279.

Chivers, M. L., Rieger, G., Latty, E., & Bailey, M. (2004). A sex difference in the specificity of sexual arousal. *Psychological Science, 15,* 736-744.

Chmielewski, M., Clark, L. A., Bagby, R. M., & Watson, D. (2015). Method matters: Understanding diagnostic reliability in *DSM-IV* and *DSM-5. Journal of Abnormal Psychology, 124*(3), 764-769. http://dx.doi .org/10.1037/ abn0000069

Cho, H. J., Lavretsky, H., Olmstead, R., Levin, M. J., Oxman, M. N., & Irwin, M. R. (2008). Sleep disturbance and depression recurrence in community-dwelling older adults: A prospective study. *American Journal of Psychiatry, 165*(12), 1543-1550.

Choate, M. L., Pincus, D. B., Eyberg, S. M., & Barlow, D. B. (2005). Parent-child interaction therapy for treatment of separation anxiety disorder: A pilot study. *Cognitive and Behavioral Practice, 12*(1), 126-135.

Chobanian, A. V., Bakris, G. L., Black, H. R., Cushman, W. C., Green, L. A., Izzo, J. L., & National High Blood Pressure Education Program Coordinating Committee. (2003). Seventh report of the Joint National Committee on prevention, detection, evaluation, and treatment of high blood pressure. *Hypertension, 42,* 1206-1252.

Chodoff, P. (1982). Hysteria in women. *American Journal of Psychiatry, 139,* 545-551.

Choi, J., & Twamley, E. W. (2013). Cognitive rehabilitation therapies for Alzheimer's disease: A review of methods to improve treatment engagement and self-efficacy. *Neuropsychology Review, 23*(1), 48-62. doi: 10.1007 /s11065-013-9227-4

Choi, S.-H., Lee, H., Chung, T.-S., Park, K.-M., Jung, Y.-C., Kim, S. I., & Kim, J.-J. (2012). Neural network functional connectivity during and after an episode of delirium. *American Journal of Psychiatry, 169*(5), 498-507. doi: 10.1176/ appi.ajp.2012.11060976

Chorpita, B. F., & Barlow, D. H. (1998). The development of anxiety: The role of control in the early environment. *Psychological Bulletin, 124*(1), 3-21.

Chosak, A., Marques, L., Greenberg, J. L., Jenike, E., Dougherty, D. D., & Wilhelm, S. (2008). Body dysmorphic disorder and obsessive-compulsive disorder: Similarities, differences and the classification debate. *Expert Review of Neurotherapeutics, 8*(8), 1209-1218.

Christakis, N. A., & Fowler, J. H. (2007). The spread of obesity in a large social network over 32 years. *New England Journal of Medicine, 357*(4), 370-379.

Christopher, J. C., Wendt, D. C., Marecek, J., & Goodman, D. M. (2014). Critical cultural awareness: Contributions to a globalizing psychology. *American Psychologist, 69*(7), 645-655.

Christopher, M. E., Hulslander, J., Byrne, B., Samuelsson, S., Keenan, J. M., Pennington, B., & Olson, R. K. (2013). Modeling the etiology of individual differences in early reading development: Evidence for strong genetic influences. *Scientific Studies of Reading, 17*(5), 350-368.

Chronis, A. M., Lahey, B. B., Pelham, W. E., Jr., Williams, S. H., Baumann, B. L., Kipp, H., & Rathouz, P. J. (2007). Maternal depression and early positive parenting predict future conduct problems in young children with attention--deficit/hyperactivity disorder. *Developmental Psychology, 43,* 70-82.

Chung, J., Demiris, G., & Thompson, H. J. (2016). Ethical Considerations Regarding the Use of Smart Home Technologies for Older Adults: An Integrative Review. *Annual Review of Nursing Research, 34*(1), 155-181.

Chung, S. Y., Luk, S. L., & Lee, P. W. H. (1990). A follow-up study of infantile autism in Hong Kong. *Journal of Autism and Developmental Disorders, 20,* 221-232.

Chung, T., & Martin, C. S. (2009). Subjective stimulant and sedative effects of alcohol during early drinking experiences predict alcohol involvement in treated adolescents. *Journal of Studies on Alcohol and Drugs, 70*(5), 660-667.

Cicchetti, D. (1991). A historical perspective on the discipline of developmental psychopathology. In J. Rolf, A. S. Masten, D. Cicchetti, K. H. Nuechterlein, & S. Weintraub (Eds.), *Risk and protective factors in the development of psychopathology* (pp. 2-28). New York, NY: Cambridge University Press.

Cimera, R. E. (2012). The economics of supported employment: What new data tell us. *Journal of Vocational Rehabilitation, 37*(2), 109.

Ciraulo, D. A., Barlow, D. H., Gulliver, S. B., Farchione, T., Morissette, S. B., Kamholz, B. W., Eisenmenger, K., Brown, B., Devine, E., Brown, T. A., & Knapp, C. M. (2013). The effects of venlafaxine and cognitive behavioral therapy alone and combined in the treatment of co-morbid alcohol use-anxiety disorders. *Behaviour Research and Therapy, 51,* 729-735.

Clance, P. R., & Imes, S. A. (1978). The imposter phenomenon in high achieving women: Dynamics and therapeutic intervention. *Psychotherapy: Theory, Research & Practice, 15*(3), 241-247.

Clancy, S. A., McNally, R. J., Schacter, D. L., Lenzenweger, M. F., & Pitman, R. K. (2002). Memory distortion in people reporting abduction by aliens. *Journal of Abnormal Psychology, 111,* 455-461.

Clark, C. J., Henderson, K. M., de Leon, C. F., Guo, H., Lunos, S., Evans, D. A., & Everso Rose, S. A. (2012). Latent constructs in psychosocial factors associated with cardiovascular disease: An examination by race and sex. *Frontiers in Psychiatry, 3,* 5.

Clark, D. A., & O'Connor, K. (2005). Thinking is believing: Ego-dystonic intrusive thoughts in obsessive-compulsive disorder. In D. A. Clark (Ed.), *Intrusive thoughts in clinical disorders* (pp. 145-174). New York, NY: Guilford.

Clark, D. A., & Rhyno, S. (2005). Unwanted intrusive thoughts in nonclinical individuals: Implications for clinical disorders. In D. A. Clark (Ed.), *Intrusive thoughts in clinical disorders* (pp. 1-29). New York, NY: Guilford.

Clark, D. M. (1986). A cognitive approach to panic. *Behaviour Research and Therapy, 24,* 461-470.

Clark, D. M. (1996). Panic disorder: From theory to therapy. In P. Salkovskis (Ed.), *Frontiers of cognitive therapy* (pp. 318-344). New York, NY: Guilford.

Clark, D. M., Ehlers, A., Hackman, A., McManus, F., Fennell, M., Grey, N., & Wild, J. (2006). Cognitive therapy versus exposure and applied relaxation in social phobia: A randomized controlled trial. *Journal of Consulting and Clinical Psychology, 74,* 568-578.

Clark, D. M., Ehlers, A., McManus, F., Hackman, A., Fennell, M. J. V., Campbell, H., & Louis, B. (2003). Cognitive therapy versus fluoxetine in generalized social phobia: A randomized placebo-controlled trial. *Journal of Consulting and Clinical Psychology, 71,* 1058-1067.

Clark, D. M., Salkovskis, P. M., Hackmann, A., Middleton, H., Anastasiades, P., & Gelder, M. (1994). A comparison of cognitive therapy, applied relaxation and imipramine in the treatment of panic disorder. *British Journal of Psychiatry, 164*(6), 759-769.

Clark, L. A. (2005). Temperament as a unifying basis for personality and psychopathology [Special issue]. *Journal of Abnormal Psychology, 114,* 505-521.

Clark, R. (2003). Parental history of hypertension and coping responses predict blood pressure changes in black college volunteers undergoing a speaking task about perceptions of racism. *Psychosomatic Medicine, 65,* 1012-1019.

Clarke, D. M., & Deb, S. (2012). Syndromes causing intellectual disability. In M. G. Gelder, N. C. Andreasen, J. J. Lopez Jr. & J. R. Geddes (Eds.), *New Oxford Textbook of Psychiatry* (2nd. ed., Vol. 2, pp. 1838-1848). New York, NY: Oxford University Press.

Clarkin, J. F., Howieson, D. B., & McClough, J. (2008). The role of psychiatric measures in assessment and treatment. In R. E. Hales, S. C. Yudofsky, & G. O. Gabbard (Eds.), *The American Psychiatric Publishing textbook of psychiatry* (5th ed., pp. 73-110). Arlington, VA: American Psychiatric Publishing.

Clayton, A. H., Croft, H. A., & Handiwala, L. (2014). Antidepressants and sexual dysfunction: Mechanisms and clinical implications. *Postgraduate Medicine, 126*(2), 91-99.

Clayton, E. W. (2015). Beyond myalgic encephalomyelitis/chronic fatigue syndrome: An IOM report on redefining an illness. *JAMA, 313*(11), 1101-1102.

Cleckley, H. M. (1982). *The mask of sanity* (6th ed.). St. Louis, MO: Mosby. (Original work published 1941.)

Cleghorn, J. M., & Albert, M. L. (1990). Modular disjunction in schizophrenia: A framework for a pathological psychophysiology. In A. Kales, C. N. Stefanis, & J. A. Talbot (Eds.), *Recent advances in schizophrenia* (pp. 59-80). New York, NY: Springer-Verlag.

Clement, U. (1990). Surveys of heterosexual behavior. *Annual Review of Sex Research, 1,* 45-74.

Clementz, B. A., & Sweeney, J. A. (1990). Is eye movement dysfunction a biological marker for schizophrenia? A methodological review. *Psychological Bulletin, 108,* 77-92.

Clifford, D. B., & Ances, B. M. (2013). HIV-associated neurocognitive disorder. *The Lancet Infectious Diseases, 13*(11), 976-986.

Cloninger, C. R. (1978). The link between hysteria and sociopathy: An integrative model of pathogenesis based on clinical, genetic, and neu-

REFERÊNCIAS BIBLIOGRÁFICAS 649

rophysiological observations. In H. S. Akiskal & W. L. Webb (Eds.), *Psychiatric diagnosis: Exploration of biological predictors* (pp. 189-218). New York, NY: Spectrum.

Cloninger, C. R., & Svakic, D. M. (2009). Personality disorders. In B. J. Sadock, V. A. Sadock, & P. Ruiz (Eds.), *Kaplan & Sadock's comprehensive textbook of psychiatry* (9th ed., Vol. II, pp. 2197-2240). Philadelphia, PA: Lippincott Williams & Wilkins.

Closser, M. H. (1992). Cocaine epidemiology. In T. R. Kosten & H. D. Kleber (Eds.), *Clinician's guide to cocaine addiction: Theory, research, and treatment* (pp. 225-240). New York, NY: Guilford.

Coates, T. J. (1990). Strategies for modifying sexual behavior for primary and secondary prevention of HIV disease. *Journal of Consulting and Clinical Psychology, 58*(1), 57-69.

Cobb, S. (1976). Social support as a moderator of life stress. *Psychosomatic Medicine, 38,* 300.

Cobham, V. E., Dadds, M. R., Spence, S. H., & McDermott, B. (2010). Parental anxiety in the treatment of childhood anxiety: A different story three years later. *Journal of Clinical Child and Adolescent Psychology, 39*(3), 410-420. PMID 20419581

Coccaro, E. F. (2012). Intermittent explosive disorder as a disorder of impulsive aggression for DSM-5. *American Journal of Psychiatry, 169*(6), 577-588.

Coccaro, E. F., & McCloskey, M. (2010). Intermittent explosive disorder: Clinical aspects. In E. Aboujaoude & L. M. Koran (Eds.), *Impulse control disorders* (pp. 221-232). New York, NY: Cambridge University Press.

Cocores, J. A., Miller, N. S., Pottash, A. C., & Gold, M. S. (1988). Sexual dysfunction in abusers of cocaine and alcohol. *American Journal of Drug and Alcohol Abuse, 14,* 169-173.

Coderre, T. J., Katz, J., Vaccarino, A. L., & Melzack, R. (1993). Contribution of central neuroplasticity to pathological pain: Review of clinical and experimental evidence. *Pain, 52,* 259-285.

Coe, C. L. (2010). Immunity in primates within a psychobiological perspective. In Demas, G. E., & Nelson, R. J. (Eds.) *Ecoimmunology.* New York, NY: Oxford University Press.

Cohen, A. S., Barlow, D. H., & Blanchard, E. B. (1985). Psychophysiology of relaxation- associated panic attacks. *Journal of Abnormal Psychology, 94,* 98.

Cohen, C. I., Natarajan, N., Araujo, M., & Solanki, D. (2013). Prevalence of negative symptoms and associated factors in older adults with schizophrenia spectrum disorder. *American Journal of Geriatric Psychiatry, 21*(2), 100-107. doi: 10.1097/JGP.1090b1013e3182447b3182443

Cohen, D., & Pressman, S. D. (2006). Positive affect and health. *Current Directions in Psychological Science, 15,* 122-125.

Cohen, J. (2002). Confronting the limits of success. *Science, 296,* 2320-2324.

Cohen, J. (2011). AIDS research: Complexity surrounds HIV prevention advances. *Science, 333*(6041), 393.

Cohen, J. B., & Reed, D. (1985). Type A behavior and coronary heart disease among Japanese men in Hawaii. *Journal of Behavioral Medicine, 8,* 343-352.

Cohen, J. S., Edmunds, J. M., Brodman, D. M., Benjamin, C. L., & Kendall, P. C. (2012). Using self-monitoring: Implementation of collabo-

rative empiricism in cognitive-behavioral therapy. *Cognitive and Behavioral Practice. 20*(4), 419-428. doi: 10.1016/j .cbpra.2012.06.002

Cohen, L., Soares, C., Vitonis, A., Otto, M., & Harlow, B. (2006). Risk for new onset of depression during the menopausal transition. *Archive General Psychiatry, 63,* 385-390.

Cohen, S. (1996). Psychological stress, immunity, and upper respiratory infections. *Current Directions in Psychological Science, 5,* 86-90.

Cohen, S., & Herbert, T. B. (1996). Health psychology: Psychological factors and physical disease from the perspective of human psychoneuroimmunology. *Annual Review of Psychology, 47,* 113-142.

Cohen, S., & Janicki-Deverts, D. (2009). Can we improve our physical health by altering our social networks? *Perspectives on Psychological Science, 4,* 375-378.

Cohen, S., Doyle, W. J., & Skoner, D. P. (1999). Psychological stress, cytokine production, and severity of upper respiratory illness. *Psychosomatic Medicine, 61,* 175-180.

Cohen, S., Doyle, W. J., Skoner, D. P., Fireman, P., Gwaltney, J. M., Jr., & Newsome, J. T. (1995). State and trait negative affect as predictors of objective and subjective symptoms of respiratory viral infections. *Journal of Personality and Social Psychology, 68,* 159-169.

Cohen, S., Doyle, W. J., Turner, R., Alper, C. M., & Skoner, D. P. (2003). Sociability and susceptibility to the common cold. *Psychological Science, 14*(5), 389-395.

Cohen, S., Doyle, W., Skoner, D. P., Rabin, B. S., & Gwaltney, J. M. (1997). Social ties and susceptibility to the common cold. *JAMA: Journal of the American Medical Association, 277,* 1940-1944.

Cohen-Kettenis, P. T., & Pfäfflin, F. (2010). The DSM diagnostic criteria for gender identity disorder in adolescents and adults. *Archives of Sexual Behavior, 39,* 499-513.

Coker, L. H., Espeland, M. A., Rapp, S. R., Legault, C., Resnick, S. M., Hogan, P., . . . Shumaker, S. A. (2010). Postmenopausal hormone therapy and cognitive outcomes: The Women's Health Initiative Memory Study (WHIMS). *The Journal of Steroid Biochemistry and Molecular Biology, 118*(4-5), 304-310.

Cole, M. G., Ciampi, A., Belzile, E., & Zhong, L. (2009). Persistent delirium in older hospital patients: A systematic review of frequency and prognosis. *Age and Ageing, 38*(1), 19-26.

Cole, S. W. (2008). Psychosocial influences on HIV-1 disease progression: Neural, endocrine, and virologic mechanisms. *Psychosomatic Medicine, 70,* 562-568.

Cole, S. W. (2011). Socioenvironmental effects on gene expression. In K. S. Kendler, S. Jaffee, & D. Romer (Eds.), *The dynamic genome and mental health: The role of genes and environments in youth development* (pp. 195-228). New York, NY: Oxford University Press.

Coleman, E., Bockting, W. O., & Gooren, L. (1993). Homosexual and bisexual identity in sex- reassigned female-to-male transsexuals. *Archives of Sexual Behavior, 22,* 37-50.

Coleman, E., Colgan, P., & Gooren, L. (1992). Male cross-gender behavior in Myanmar (Burma): A description of the acault. *Archives of Sexual Behavior, 21*(3), 313-321.

Colins, O. F., Andershed, H., & Pardini, D. A. (2015). Psychopathic traits as predictors of future criminality, intimate partner aggression,

and substance use in young adult men. *Law & Human Behavior, 39*(6), 547-558.

Colles, S. L., & Dixon, J. B. (2012). The relationship of night eating syndrome with obesity, bariatric surgery, and physical health. In J. D. Lundgren, K. C. Allison, & A. J. Stunkard (Eds.), *Night eating syndrome: Research, assessment and treatment* (pp. 85-107). New York, NY: Guilford.

Colles, S. L., Dixon, J. B., & O'Brien, P. E. (2007). Night eating syndrome and nocturnal snacking: Association with obesity, binge eating, and psychological distress. *International Journal of Obesity, 31,* 1722-1730.

Collinge, J. (2012). Prion disease. In M. G. Gelder, N. C. Andreasen, J. J. Lopez, Jr., & J. R. Geddes (Eds.), *New Oxford textbook of psychiatry* (2nd. ed., Vol. 1, pp. 351-361). New York, NY: Oxford University Press.

Collinge, J., Whitfield, J., McKintosh, E., Beck, J., Mead, S., Thomas, D. J., & Alpers, M. P. (2006). Kuru in the 21st century: An acquired human prion disease with very long incubation periods. *Lancet, 367*(9528), 2068-2074.

Collinge, J., Whitfield, J., McKintosh, E., Frosh, A., Mead, S., Hill, A. F., . . . & Alpers, M. P. (2008). A clinical study of kuru patients with long incubation periods at the end of the epidemic in Papua New Guinea. Philosophical Transactions of the Royal Society of London B: *Biological Sciences, 363*(1510), 3725-3739.

Colloca, L., Lopiano, L., Lanotte, M., & Benedetti, F. (2004). Overt versus covert treatment for pain, anxiety, and Parkinson's disease. *Lancet Neurology, 3*(11), 679-684. doi: 10.1016 /S1474-4422(04)00908-1

Colman, I., Murray, J., Abbott, R., Maughan, B., Kuh, D., Croudace, T., & Jones, P. B. (2009). Outcomes of conduct problems in adolescence: 40 year follow-up of national cohort. *British Medical Journal, 338,* a2981.

Colp, R. (2009). History of psychiatry. In B. J. Sadock, V. A. Sadock, & P. Ruiz (Eds.), *Kaplan & Sadock's comprehensive textbook of psychiatry* (9th ed., Vol. II, pp. 4474-4509). Philadelphia, PA: Lippincott Williams & Wilkins.

Comas-Diaz, L. (1981). Puerto Rican *espiritismo* and psychotherapy. *American Journal of Orthopsychiatry, 51*(4), 636-645.

Comer, J. S., Blanco, C., Hasin, D. S., Liu, S.-M., Grant, B. F., Turner, J. B., & Olfson, M. (2011). Health-related quality of life across the anxiety disorders: results from the national epidemiologic survey on alcohol and related conditions (NESARC). *Journal of Clinical Psychiatry, 72,* 43-50.

Comer, J. S., Mojtabai, R., & Olfson, M. (2011). National trends in the antipsychotic treatment of psychiatric outpatients with anxiety disorders. *American Journal of Psychiatry, 168,* 1057-1065.

Compare, A., Bigi, R., Orrego, P. S., Proietti, R., Grossi, E., & Steptoe, A. (2013). Type d personality is associated with the development of stress cardiomyopathy following emotional triggers. *Annals of Behavioral Medicine, 45*(3), 299-307.

Compas, B. E., Boyer, M., Stanger, C., Colletti, R., & Thomsen, A. (2006). Latent variable analysis of coping, anxiety/depression, and somatic symptoms in adolescents with chronic pain. *Journal of Consulting and Clinical Psychology, 74,* 1132-1142.

Compas, B. E., Forehand, R., Keller, G., Champion, J. E., Rakow, A., Reeslund, K. L., & Cole,

D. A. (2009). Randomized controlled trial of a family cognitive-behavioral preventive intervention for children of depressed parents. *Journal of Consulting and Clinical Psychology, 77*(6), 1007-1020.

Compas, B. E., Oppedisano, G., Connor, J. K., Gerhardt, C. A., Hinden, B. R., Achenbach, T. M., & Hammen, C. (1997). Gender differences in depressive symptoms in adolescence: Comparison of national samples of clinically referred and nonreferred youths. *Journal of Consulting and Clinical Psychology, 65,* 617-626.

Compton, S. N., Peris, T. S., Almirall, D., Birmaher, B., Sherrill, J., Kendall, P. C., March, J. S., Gosch, E. A., Ginsburg, G. S., Rynn, M. A., Piacentini, J. C., McCracken, J. T., Keeton, C. P., Suveg, C. M., Aschenbrand, S. G., Sakolsky, D., Iyengar, S., Walkup, J. T., & Albano, A. M. (2014). Predictors and moderators of treatment response in childhood anxiety disorders: results from the CAMS trial. *Journal of Consulting and Clinical Psychology, 82*(2), 212-224.

Compton, W. M., Boyle, M., & Wargo, E. (2015). Prescription opioid abuse: problems and responses. *Preventive Medicine, 80,* 5-9.

Condon, W., Ogston, W., & Pacoe, L. (1969). Three faces of Eve revisited: A study of transient microstrabismus. *Journal of Abnormal Psychology, 74,* 618-620.

Conduct Problems Prevention Research Group. (2010). The effects of a multiyear universal social-emotional learning program: The role of student and school characteristics. *Journal of Consulting and Clinical Psychology, 78*(2), 156-168.

Connecticut General Statutes Annotated, 319: Part II, 17a-495 (1992).

Connor, D. F. (2006). Stimulants. In R. A. Barkley (Ed.), *Attention-deficit hyperactivity disorder: A handbook for diagnosis and treatment* (3rd ed., pp. 608-647). New York, NY: Guilford.

Connor, D. F. (2015). Stimulant and nonstimulant medications for childhood ADHD. In R. A. Barkley (Ed.), *Attention-deficit hyperactivity disorder: A handbook for diagnosis & treatment* (4th ed., pp. 666-685). New Yok: The Guilford Press.

Conti, C. R., Pepine, C. J., & Sweeney, M. (1999). Efficacy and safety of sildenafil citrate in the treatment of erectile dysfunction in patients with ischemic heart disease. *American Journal of Cardiology, 83,* 29C-34C.

Convit, A. (2012). Obesity is associated with structural and functional brain abnormalities: Where do we go from here? *Psychosomatic Medicine, 74,* 673-674.

Conwell, Y., Duberstein, P. R., & Caine, E. D. (2002). Risk factors for suicide in later life. *Biological Psychiatry, 52,* 193-204.

Conwell, Y., Duberstein, P. R., Cox, C., Hermmann, J. H., Forbes, N. T., & Caine, E. D. (1996). Relationships of age and axis I diagnoses in victims of completed suicide: A psychological autopsy study. *American Journal of Psychiatry, 153,* 1001-1008.

Cook, P. J. (1993). The matter of tobacco use. *Science, 262,* 1750-1751.

Cookson, C. (2009). Confronting our fear: Legislating beyond battered woman syndrome and the law of self-defense in Vermont. *Vermont Law Review, 34,* 415.

Coolidge, F., Thede, L., & Young, S. (2002). The heritability of gender identity disorder in a child and adolescent twin sample. *Behavior Genetics, 32,* 251-257.

Coolidge, F. L., Marle, P. D., Rhoades, C. S., Monaghan, P., & Segal, D. L. (2013). Psychometric properties of a new measure to assess autism spectrum disorder in DSM-5. *American Journal of Orthopsychiatry, 83*(1), 126.

Coons, P. M. (1994). Confirmation of childhood abuse in child and adolescent cases of multiple personality disorder not otherwise specified. *Journal of Nervous & Mental Disease, 182,* 461-464.

Coons, P. M., Bowman, E. S., Kluft, R. P., & Milstein, V. (1991). The cross cultural occurrence of NPD: Additional cases from a recent survey. *Dissociation, 4,* 124-128.

Cooper, A. J. (1988). Sexual dysfunction and cardiovascular disease. *Stress Medicine, 4,* 273-281.

Cooper, A. M., & Ronningstam, E. (1992). Narcissistic personality disorder. In A. Tasman & M. B. Riba (Eds.), *Review of psychiatry* (Vol. 11, pp. 80-97). Washington, DC: American Psychiatric Press.

Cooper, J., Kapur, N., Webb, R., Lawlor, M., Guthrie, E., Mackway-Jones, K., & Appleby, L. (2005). Suicide after deliberate self-harm: A 4-year cohort study. *American Journal of Psychiatry, 162,* 297-303.

Cooper, N. S., Feder, A., Southwick, S. M., & Charney, D. S. (2007). Resilience and vulnerability to trauma: Psychobiological mechanisms. In D. Romer & E. F. Walker (Eds.), *Adolescent psychopathology and the developing brain: Integrating brain and prevention science* (pp. 347-372). New York, NY: Oxford University Press.

Cooper, S.-A., & Smiley, E. (2012). Prevalence of intellectual disabilities and epidemiology of mental ill-health in adults with intellectual disabilities. In M. G. Gelder, N. C. Andreasen, J. J. Lopez-Ibor, Jr., & J. R. Geddes (Eds.), *New Oxford textbook of psychiatry* (2nd. ed., Vol. 2, pp. 1825-1829). New York, NY: Oxford University Press.

Cooperberg, J., & Faith, M. S. (2004). Treatment of obesity II: Childhood and adolescent obesity. In J. K. Thompson (Ed.), *Handbook of eating disorders and obesity* (pp. 443-450). New York, NY: Wiley.

Cope, M. B., Fernandez, J. R., & Allison, D. (2004). Genetic and biological risk factors. In J. K. Thompson (Ed.), *Handbook of eating disorders and obesity* (pp. 323-338). New York, NY: Wiley.

Cope, N., Eicher, J. D., Meng, H., Gibson, C. J., Hager, K., Lacadie, C., & Gruen, J. R. (2012). Variants in the DYX2 locus are associated with altered brain activation in reading-related brain regions in subjects with reading disability. *NeuroImage, 63*(1), 148-156. doi: http://dx.doi.org/10.1016/j.neuroimage.2012.06.037

Coplan, J. D., Trost, R. C., Owens, M. J., Cooper, T. B., Gorman, J. M., Nemeroff, C. B., & Rosenblum, L. A. (1998). Cerebrospinal fluid concentrations of somatostatin and biogenic amines in grown primates reared by mothers exposed to manipulated foraging conditions. *Archives of General Psychiatry, 55,* 473-477.

Copeland, W. E., Shanahan, L., Egger, H., Angold, A., & Costello, E. J. (2014). Adult diagnostic and functional outcomes of DSM-5 disruptive mood dysregulation disorder. *American Journal of Psychiatry, 171,* 668-674.

Corcoran, C. M., Kimhy, D., Stanford, A., Khan, S., Walsh, J., Thompson, J., & Malaspina, D. (2008). Temporal association of cannabis use with symptoms in individuals at clinical high risk for psychosis. *Schizophrenia Research, 106,* 286-293.

Corker, E. A., Beldie, A., Brain, C., Jakovljevic, M., Jarema, M., Karamustafalioglu, O., . . . & Waern, M. (2015). Experience of stigma and discrimination reported by people experiencing the first episode of schizophrenia and those with a first episode of depression: The FEDORA project. *International Journal of Social Psychiatry, 61*(5), 438-445.

Correll, C. U., Hauser, M., Auther, A. M., & Cornblatt, B. A. (2010). Research in people with psychosis risk syndrome: A review of the current evidence and future directions. *Journal of Child Psychology and Psychiatry, 51*(4), 390-431.

Corrigan, P. W., Druss, B. G., & Perlick, D. A. (2014). The impact of mental illness stigma on seeking and participating in mental health care. *Psychological Science in the Public Interest, 15*(2), 37-70. doi: 10.1177/1529100614531398

Corson, P. W., & Andersen, A. E. (2002). Body image issues among boys and men. In T. F. Cash & T. Pruzinsky (Eds.), *Body image: A handbook of theory, research and clinical practice* (pp. 192-199). New York, NY: Guilford.

Cortiella, C., & Horowitz, S. H. (2014). *The State of Learning Disabilities: Facts, Trends and Emerging Issues* (3rd ed.). New York: National Center for Learning Disabilities.

Cortoni, F., & Gannon, T. A. (2011). Female sexual offenders. In D. P. Boer, R. Eher, L. A. Craig, M. H. Miner, & F. Pfafflin (eds.). *International perspectives on the assessment and treatment of sex offenders: Theory, practice and research,* (pp. 35-54). John Wiley & Sons: New York.

Cortoni, F., & Gannon, T. A. (2016). Female Sexual Offenders: An Overview. In A. Phenix & H. M. Hoberman (Eds.). *Sexual Offending* (pp. 213-224). Springer: New York.

Coryell, W., Endicott, J., & Keller, M. (1992). Rapid cycling affective disorder: Demo-graphics, diagnosis, family history, and course. *Archives of General Psychiatry, 49,* 126-131.

Coryell, W., Endicott, J., Maser, J. D., Keller, M. B., Leon, A. C., & Akiskal, H. S. (1995). Long-term stability of polarity distinctions in the affective disorders. *American Journal of Psychiatry, 152,* 385-390.

Coryell, W., Solomon, D., Turvey, C., Keller, M., Leon, A. C., Endicott, J., & Mueller, T. (2003). The long-term course of rapid-cycling bipolar disorder. *Archives of General Psychiatry, 60,* 914-920.

Costa, E. (1985). Benzodiazepine-GABA interactions: A model to investigate the neurobiology of anxiety. In A. H. Tuma & J. D. Maser (Eds.), *Anxiety and the anxiety disorders.* Hillsdale, NJ: Erlbaum.

Costa e Silva, J. A., & De Girolamo, G. (1990). Neurasthenia: History of a concept. In N. Sartorius, D. Goldberg, G. De Girolamo, J. A. Costa e Silva, Y. Lecrubier, & U. Wittchen (Eds.), *Psychological disorders in general medical settings* (pp. 699-81). Toronto, Canada: Hogrefe and Huber.

Costa Jr, P. T., & McCrae, R. R. (2013). The five-factor model of personality and its relevance to personality disorders. *Personality and Personality Disorders: The Science of Mental Health, 7,* 17.

Costantino, A., Cerpolini, S., Alvisi, S., Morselli, P. G., Venturoli, S., & Meriggiola, M. C. (2013). A prospective study on sexual function and mood in female-to-male transsexuals during testosterone administration and after sex reassignment surgery. *Journal of Sex & Marital Therapy, 39*(4), 321-335.

Cottone, P., Sabino, V., Roberto, M., Bajo, M., Pockros, L., Frihauf, J. B., & Zorrilla, E. P. (2009). CRF system recruitment mediates dark side of compulsive eating. *PNAS: Proceedings of the National Academy of Sciences of the United States of America, 106,* 20016-20020.

Courchesne, E. (1997). Brainstem, cerebellar and limbic neuroanatomical abnormalities in autism. *Current Opinion in Neurobiology, 7,* 269-278.

Courcoulas, A. P. (2012). Progress in filling the gaps in bariatric surgery. *JAMA: Journal of the American Medical Association, 308,* 1160-1161. doi: 10.1001/jama.2012.12337

Courcoulas, A. P., Christian, N. J., Belle, S. H., Berk, P. D., Flum, D. R., Garcia, L., . . . & Wolfe, B. M. (2013). Weight change and health outcomes at 3 years after bariatric surgery among individuals with severe obesity. *JAMA, 310*(22), 2416-2425.

Cowley, G., & Spingen, K. (1990, March). The promise of Prozac. *Newsweek, 115*(13), 38.

Cox, A., Rutter, M., Newman, S., & Bartak, L. (1975). A comparative study of infantile autism and specific developmental receptive language disorder: II. Parental characteristics. *British Journal of Psychiatry, 126,* 146-159.

Cox, A. C., Weed, N. C., & Butcher, J. N. (2009). The MMPI-2: History, interpretation, and clinical issues. In J. N. Butcher (Ed.), *Oxford handbook of personality assessment* (pp. 250-276). New York, NY: Oxford University Press.

Cox, B. C., Swinson, R. P., Schulman, I. D., Kuch, K., & Reikman, J. T. (1993). Gender effects in alcohol use in panic disorder with agoraphobia. *BRAT, 31*(4), 413-416.

Coyne, J. C., Stefanek, M., & Palmer, S. C. (2007). Psychotherapy and survival in cancer: The conflict between hope and evidence. *Psychological Bulletin, 133,* 367-394.

Cozanitis, D. A. (2004). One hundred years of barbiturates and their saint. *Journal of the Royal Society of Medicine, 97,* 594-598.

Crabbe, J. C., Wahlsten, D., & Dudek, B. C. (1999). Genetics of mouse behavior: Interactions with laboratory environment. *Science, 284,* 1670-1672.

Craddock, N., & Jones, I. (2001). Molecular genetics of bipolar disorder. *British Journal of Psychiatry, 41,* 128-133.

Crago, M., Shisslak, C. M., & Estes, L. S. (1997). Eating disturbances among American minority groups: A review. *The International Journal of Eating Disorders, 19,* 239-248.

Craig, M. C., & Murphy, D. G. M. (2009). Alzheimer's disease in women. *Best Practice & Research Clinical Obstetrics & Gynaecology, 23*(1), 53-61.

Craighead, W. E., Hart, A. B., Craighead, L. W., & Ilardi, S. S. (2002). Psychosocial treatments for major depressive disorder. In P. E. Nathan & J. M. Gorman (Eds.), *A guide to treatments that work* (2nd ed., pp. 245-261). New York, NY: Oxford University Press.

Craske, M. G., & Barlow, D. H. (1988). A review of the relationship between panic and avoidance. *Clinical Psychology Review, 8,* 667-685.

Craske, M. G., & Barlow, D. H. (2006). *Mastery of your anxiety and worry.* New York, New York, NY: Oxford University Press.

Craske, M. G., & Barlow, D. H. (2014). Panic disorder and agoraphobia. In D. H. Barlow, *Clinical handbook of psychological disorders* (pp. 1-61). New York, NY: Guilford Press.

Craske, M. G., & Rowe, M. K. (1997). Nocturnal panic. *Clinical Psychology: Science & Practice, 4,* 153-174.

Craske, M. G., Antony, M. M., & Barlow, D. H. (2006). *Mastering your fears and phobias: Therapist guide.* New York, NY: Oxford University Press.

Craske, M. G., Barlow, D. H., Clark, D. M., Curtis, G. C., Hill, E. M., Himle, J. A., & Warwick, H. M. C. (1996). Specific (simple) phobia. In T. A. Widiger, A. J. Frances, H. A. Pincus, R. Ross, M. B. First, & W. W. Davis (Eds.), *DSM-IV sourcebook* (Vol. 2, pp. 473-506). Washington, DC: American Psychiatric Association.

Craske, M. G., Brown, T. A., & Barlow, D. H. (1991). Behavioral treatment of panic disorder: A two-year follow-up. *Behavior Therapy, 22,* 289-304.

Craske, M. G., Hermans, D., & Vansteenwegen, D. (2006). *Fear and learning.* Washington, DC: American Psychological Association.

Craske, M. G., Kircanski, K., Epstein, A., Wittchen, H.-U., Pine, D. S., Lewis-Fernández, R., & Hinton, D. (2010). Panic disorder: A review of DSM-IV panic disorder and proposals for DSM-V. *Depression and Anxiety, 27*(2), 93-112.

Craske, M. G., Lang, A. J., Mystkowski, J. L., Zucker, B. G., & Bystritsky, A. (2002). Does nocturnal panic represent a more severe form of panic disorder? *Journal of Nervous and Mental Disease, 190,* 611-618.

Craske, M. G., Rauch, S. L., Ursano, R., Prenoveau, J., Pine, D. S., & Zinbarg, R. E. (2009). What is an anxiety disorder? *Depression and Anxiety, 26,* 1066-1085.

Craske, M. G., Stein, M. B., Sullivan, G., Sherbourne, C., Bystritsky, A., Rose, R. D., & Roy-Byrne, P. (2011). Disorder-specific impact of coordinated anxiety learning and management treatment for anxiety disorders in primary care. *Archives of General Psychiatry, 68,* 378-388. doi: 10.1001/archgenpsychiatry .2011.25

Craske, M. G., & Barlow, D. H. (2014). Panic disorder. In D. H. Barlow (Ed.), *Clinical handbook of psychological disorders* (pp. 1-61). New York, NY: Guilford.

Crawford, N. (2003). ADHD: A women's issue. *Monitor on Psychology, 35,* 28-30.

Creed, F., & Barsky, A. (2004). A systematic review of the epidemiology of somatisation disorder and hypochondriasis. *Journal of Psychosomatic Research, 56,* 391-408.

Creese, I., Burt, D. R., & Snyder, S. H. (1976). Dopamine receptor binding predicts clinical and pharmacological potencies of antischizophrenic drugs. *Science, 192,* 481-483.

Cremniter, D., Jamin, S., Kollenbach, K., Alvarez, J. C., Lecrubier, Y., Gilton, A., & Spreux-Varoquaux, O. (1999). CSF 5-HIAA levels are lower in impulsive as compared to nonimpulsive violent suicide attempts and control subjects. *Biological Psychiatry, 45*(12), 1572-1579.

Crerand, C., Sarwer, D., Magee, L., Gibbons, L., Lowe, M., Bartlett, S., & Whitaker, L. A. (2004). Rate of body dysmorphic disorder among patients seeking facial plastic surgery. *Psychiatric Annals, 34, 958-965.*

Crichton, P., & Morey, S. (2003). Treating pain in cancer patients. In D. C. Turk & R. J. Gatchel (Eds.), *Psychological approaches to pain management: A practitioner's handbook* (2nd ed., pp. 501-514). New York, NY: Guilford.

Crisp, A. H., Callender, J. S., Halek, C., & Hsu, L. K. G. (1992). Long-term mortality in anorexia nervosa: A 20-year follow-up of the St. George's and Aberdeen cohorts. *British Journal of Psychiatry, 161,* 104-107.

Cristancho, M. A., Kocsis, J. H., & Thase, M. E. (2012). Dysthymic disorder and other chronic depressions. *FOCUS, 10,* 422-427.

Critelli, J. W., & Bivona, J. M. (2008). Women's erotic rape fantasies: An evaluation of theory and research. *Journal of Sex Research, 45,* 57-70.

Critser, G. (2003). *Fat land: How Americans became the fattest people in the world.* Boston, MA: Houghton Mifflin.

Croen, L. A., Najjar, D. V., Fireman, B., & Grether, J. K. (2007). Maternal and paternal age and risk of autism spectrum disorders. *Archives of Pediatrics & Adolescent Medicine, 161*(4), 334.

Crouse, K. (2013, January 3). A fun-loving, carefree, spirit becomes the face of anxiety. *New York Times.* Retrieved from http://www .nytimes.com/2013/01/04/sports/golf/charlie -beljan-lives-a-life-of-high-anxiety-and -low-golf -scores.html?pagewanted=all

Crow, S. J., Mitchell, J. E., Roerig, J. D., & Steffen, K. (2009). What potential role is there for medication treatment in anorexia nervosa? *International Journal of Eating Disorders, 42*(1), 1-8.

Crow, S. J., Thuras, P., Keel, P. K., & Mitchell, J. E. (2002). Long-term menstrual and reproductive function in patients with bulimia nervosa. *American Journal of Psychiatry, 159,* 1048-1050.

Crowe, R. R. (1974). An adoption study of antisocial personality. *Archives of General Psychiatry, 31,* 785-791.

Crowley, T., Richardson, D., & Goldmeir, D. (2006). Recommendation for the management of vaginismus: BASHH special interest group for sexual dysfunction. *International Journal of STD and AIDS, 17,* 14-18.

Crump C, Sundquist K, Winkleby MA, Sundquist J. (2013). Comorbidities and mortality in bipolar disorder: a Swedish national cohort study. *JAMA Psychiatry, 70*(9):931-939.

Csordas, T. J. (2015). Cultural phenomenology and psychiatric illness. In L. J. Kirmayer, R. Lemelson, & C. A. Cummings (Eds.). *Re-visioning psychiatry: Cultural phenomenology, critical neuroscience, and global mental health* (117-140). New York: Cambridge University Press.

Cuffee, Y., Ogedegbe, C., Williams, N. J., Ogedegbe, G., & Schoenthaler, A. (2014). Psychosocial risk factors for hypertension: An update of the literature. *Current hypertension reports, 16*(10), 1-11.

Cuijpers, P. (2015). Psychotherapies for adult depression: Recent developments. *Current Opinion in Psychiatry, 28,* 24-29.

Cuijpers, P., Beekman, A. T., & Reynolds III, C. F. (2012). Preventing depression: A global priority. *JAMA: The Journal of the American Medical Association, 307*(10), 1033-1034.

Cuijpers, P., Geraedts, A. S., van Oppen, P., Andersson, G., Markowitz, J. C., & van Straten, A. (2011). Interpersonal psychotherapy for depression: a meta-analysis. *American Journal of Psychiatry, 168*(6), 581-592.

Cuijpers, P., Sijbrandji, M., Koole, S., Huibers, M., Berking, M., & Andersson, G. (2014). Psychological treatment of generalized anxiety disorder: A meta-analysis. *Clinical Psychology Review, 34,* 130-140.

Cummings, J. L. (Ed.). (1990). *Subcortical dementia.* New York, NY: Oxford University Press.

Cunningham, J., Yonkers, K. A., O'Brien, S., & Eriksson, E. (2009). Update on research and treatment of premenstrual dysphoric disorder. *Harvard Review of Psychiatry, 17*(2), 120-137.

Cunningham Owens, D. G., & Johnstone, E. C. (2012). Treatment and management of schizophrenia. In M. G. Gelder, N. C. Andreasen, J. J. López-Ibor, Jr., & J. R. Geddes (Eds.), *New Oxford textbook of psychiatry* (2nd. ed., Vol. 1, pp. 578-595). New York, NY: Oxford University Press.

Curatolo, P., Bombardieri, R., & Jozwiak, S. (2008). Tuberous sclerosis. *The Lancet, 372*(9639), 657-668.

Currier, J. M., Neimeyer, R. A., & Berman, J. S. (2008). The effectiveness of psychotherapeutic interventions for bereaved persons: A comprehensive quantitative review. *Psychological Bulletin, 134*(5), 648-661.

Curtis, G. C., Hill, E. M., & Lewis, J. A. (1990). *Heterogeneity of DSM-III-R simple phobia and the simple phobia/agoraphobia boundary: Evidence from the ECA study.* Preliminary report to the Simple Phobia subcommittee of the DSM-IV Anxiety Disorders Work Group.

Curtis, G. C., Himle, J. A., Lewis, J. A., & Lee, Y.-J. (1989). *Specific situational phobias: Variant of agoraphobia?* Paper requested by the Simple Phobia subcommittee of the DSM-IV Anxiety Disorders Work Group.

Cuthbert, B. N. (2014). The RDoC framework: facilitating transition from ICD/DSM to dimensional approaches that integrate neuroscience and psychopathology. *World Psychiatry, 13*(1), 28-35.

Cyranowski, J. M., Aarestad, S. L., & Andersen, B. L. (1999). The role of sexual self-schema in a diathesis-stress model of sexual dysfunction. *Applied & Preventative Psychology, 8,* 217-228.

Cyranowski, J. M., Frank, E., Young, E., & Shear, M. K. (2000). Adolescent onset of the gender difference in lifetime rates of major depression. *Archives of General Psychiatry, 57,* 21-27.

D'Hulst, C., Atack, J. R., & Kooy, R. F. (2009). The complexity of the GABAA receptor shapes unique pharmacological profiles. *Drug Discovery Today, 14*(17-18), 866-875. doi: 10.1016/j.drudis.2009.06.009

D'Onofrio, B. M., Turkheimer, E., Emery, R. E., Slutske, W. S., Heath, A. C., Madden, P. A., & Martin, N. G. (2006). A genetically informed study of the processes underlying the association between parental marital instability and offspring adjustment. *Developmental Psychology, 42,* 486-499.

D'Onofrio, B. M., Rickert, M. E., Langström, N., Donahue, K. L., Coyne, C. A., Larsson, H., & Rathouz, P. J. (2012). Familial confounding of the association between maternal smoking during pregnancy and offspring substance use and problems. *JAMA Psychiatry, 69*(11), 1140-1150.

Daamen, A. P., Penning, R., Brunt, T., & Verster, J. C. (2012). Cocaine. In J. C. Verster, K. Brady, M. Galanter, & P. Conrod (Eds.), *Drug abuse and addiction in medical illness* (pp. 163-173). New York, NY: Springer.

Dalack, G. W., Glassman, A. H., & Covey, L. S. (1993). Nicotine use. In D. L. Dunner (Ed.),

Current psychiatric therapy (pp. 114-118). Philadelphia, PA: W. B. Saunders.

Dalenberg, C. J., Brand, B. L., Gleaves, D. H., Dorahy, M. J., Loewenstein, R. J., Cardeña, E., Frewen, P. A., Carlson, E. B., Spiegel, D. (2012). Evaluation of the evidence for the trauma and fantasy models of dissociation. *Psychological Bulletin, 138*(3), 550-588.

Dalle Grave, R., Calugi, S., Doll, H. A., & Fairburn, C. G. (2013). Enhanced cognitive behaviour therapy for adolescents with anorexia nervosa: An alternative to family therapy? *Behaviour Research and Therapy, 51,* R9-R12.

Daly, R. J. (1983). Samuel Pepys and post traumatic stress disorder. *British Journal of Psychiatry, 143,* 64-68.

Damasio, A. (2007). Neuroscience and ethics: Intersections. *American Journal of Bioethics, 7*(1), 3-7.

Dan, O., Sagi-Schwartz, A., Bar-haim, Y., & Eshel, Y. (2011). Effects of early relationships on children's perceived control: A longitudinal study. *International Journal of Behavioral Development, 35*(5), 449-456.

Dana, R. H. (1996). The Thematic Apperception Test (TAT). In C. S. Newmark (Ed.), *Major psychological assessment instruments* (pp. 166-205). Boston, MA: Allyn & Bacon.

Daniel, S. S., Walsh, A. K., Goldston, D. B., Arnold, E. M., Reboussin, B. A., & Wood, F. B. (2006). Suicidality, school dropout, and reading problems among adolescents. *Journal of Learning Disabilities, 39,* 507-514.

Daniels, A., Adams, N., Carroll, C., & Beinecke, R. (2009). A conceptual model for behavioral health and primary care integration: Emerging challenges and strategies for improving international mental health services. *International Journal of Mental Health, 38*(1), 100-112.

Dansinger, M. L., Gleason, J. A., Griffith, J. L., Selker, H. P., & Schaefer, E. J. (2005). Comparison of the Atkins, Ornish, Weight Watchers, and Zone diets for weight loss and heart disease risk reduction: A randomized trial. *JAMA: Journal of the American Medical Association, 293,* 43-53.

Darcangelo, S. (2008). Fetishism: Psychopathology and theory. In D. R. Laws & W. T. O'Donohue (Eds.), *Sexual deviance: Theory, assessment, and treatment* (2nd ed., pp. 108-118). New York, NY: Guilford.

Darwin, C. R. (1872). *The expression of emotions in man and animals.* London, UK: John Murray.

Davey, A., Dai, T., Woodard, J. L., Miller, L. S., Gondo, Y., Johnson, M. A., . . . & Stabler, S. P. (2013). Profiles of cognitive functioning in a population-based sample of centenarians using factor mixture analysis. *Experimental Aging Research, 39*(2), 125-144.

Davey, G. (2006). Cognitive mechanisms in fear acquisition and maintenance. In M. G. Craske, D. Hermans, & D. Vansteenwegen (Eds.), *Fear and learning from basic processes to clinical implications.* (pp. 99-116). Washington, DC: American Psychological Association.

David Klonsky, E., Kotov, R., Bakst, S., Rabinowitz, J., & Bromet, E. J. (2012). Hopelessness as a predictor of attempted suicide among first admission patients with psychosis: A 10-year cohort study. *Suicide and Life-Threatening Behavior, 42*(1), 1-10.

Davidson, A. J., Sellix, M. T., Daniel, J., Yamazaki, S., Menaker, M., & Block, G. D. (2006). Chronic

jet-lag increases mortality in aged mice. *Current Biology, 16,* R914-R916.

Davidson, J. R. T., Foa, E. B., & Huppert, J. D. (2004). Fluoxetine, comprehensive Cognitive behavioral therapy, and placebo in generalized social phobia. *Archives of General Psychiatry, 61,* 1005-1013.

Davidson, K., MacGregor, M. W., Stuhr, J., Dixon, K., & MacLean, D. (2000). Constructive anger verbal behavior predicts blood pressure in a population-based sample. *Health Psychology, 19,* 55-64.

Davidson, K. W., Mostofsky, E., & Whang, W. (2010). Don't worry, be happy: Positive affect and reduced 10-year incident coronary heart disease: The Canadian Nova Scotia Health Survey. *European Heart Journal, 31*(9), 1065-1070.

Davidson, L., Chinman, M., Sells, D., & Rowe, M. (2006). Peer support among adults with serious mental illness: a report from the field. *Schizophrenia Bulletin, 32*(3), 443-450.

Davidson, M., Keefe, R. S. E., Mohs, R. C., Siever, L. J., Losonczy, M. F., Horvath, T. B., & Davis, K. L. (1987). L-Dopa challenge and relapse in schizophrenia. *American Journal of Psychiatry, 144,* 934-938.

Davidson, R., Pizzagalli, D., Nitschke, J., & Putnam, K. (2002). Depression: Perspectives from affective neuroscience. *Annual Review of Psychology, 53,* 545-574.

Davidson, R. J. (1993). Cerebral asymmetry and emotion: Methodological conundrums. *Cognition and Emotion, 7,* 115-138.

Davidson, R. J., Pizzagalli, D. A., & Nitschke, J. B. (2009). Representation and regulation of emotion in depression: Perspectives from affective neuroscience. In I. H. Gotlib & C. L. Hammen (Eds.), *Handbook of depression* (2nd ed., pp. 218-248). New York, NY: Guilford.

Davidson, S. L. (2014). Relationship between Childhood Conduct Disorder and Antisocial Personality Disorder in Adulthood: An Argument in Favor of Mandatory Life Sentences without Parole for Juvenile Homicide Offenders. *Law and Psychology Review, 39,* 239.

Davies, M. N., Verdi, S., Burri, A.,Trzaskowski, M., Lee, M., Hettema, J. M., Jansen, R., Boomsma, D. I., & Spector, T. D. (2015). Generalized anxiety disorder: A twin study of genetic architecture, genome-wide association and differential gene expression. *PlosOne, 10*(8), e0134865

Davis, C., Levitan, R. D., Kaplan, A. S., Carter, J., Reid, C., Curtis, C., & Kennedy, J. L. (2007). Dopamine transporter gene (DAT1) associated with appetite suppression to methylphenidate in a case-control study of binge eating disorder. *Neuropsychopharmacology, 32*(10), 2199-2206.

Davis, L. (2014). Paraphilic Disorders in Women: Mental Illness or a Reaction to Untreated Trauma?. In N. L., Ishibashi (Eds.). *Arguing with the DSM-5: Reflections for the perspective of social work,* (pp. 29-39). Lulu.com: Chicago, Il.

Davis, M. (2002). Neural circuitry of anxiety and stress disorders. In K. L. Davis, D. Charney, J. T. Coyle, & C. Nemeroff (Eds.), *Neuropsychopharmacology: The fifth generation of progress* (pp. 901-930). Philadelphia, PA: Lippincott Williams & Wilkins.

Davis, N. O., & Carter, A. S. (2014). Social development in autism. In F. Volkmar, S. Rogers, R. Paul, & K. A. Pelphrey (Eds.), *Handbook of autism and pervasive developmental disorders* (4th ed., pp. 212-229). New York: Wiley.

REFERÊNCIAS BIBLIOGRÁFICAS **653**

Davison, G. C. (1968). Elimination of a sadistic fantasy by a client-controlled counter- conditioning technique: A case study. *Journal of Abnormal Psychology, 73*, 91-99.

Davison, S., & Janca, A. (2012). Personality disorder and criminal behaviour: what is the nature of the relationship? *Current Opinion in Psychiatry, 25*(1), 39-45.

Davtyan, H., Ghochikyan, A., Petrushina, I., Hovakimyan, A., Davtyan, A., Poghosyan, A., . . . & Larsen, A. K. (2013). Immunogenicity, efficacy, safety, and mechanism of action of epitope vaccine (Lu AF20513) for Alzheimer's disease: prelude to a clinical trial. *The Journal of Neuroscience, 33*(11), 4923-4934.

Dawson, D. A., Grant, B. F., Stinson, F. S., Chou, P. S., Huang, B., & Ruan, W. J. (2005). Recovery from DSM-IV alcohol dependence: United States, 2001-2002. *Addiction, 100*, 281-292.

Dawson, D. A., Goldstein, R. B., & Grant, B. F. (2012). Differences in the profiles of DSM-IV and DSM-5 alcohol use disorders: Implications for clinicians. *Alcoholism: Cinical and Experimental Research*, Volume 37, Issue Supplement S1, pages E305-E313 doi: 10.1111/j.1530-0277.2012.01930.x

Dawson, G., Jones, E. J. H., Merkle, K., Venema, K., Lowy, R., Faja, S., & Webb, S. J. (2012). Early behavioral intervention is associated with normalized brain activity in young children with autism. *Journal of the American Academy of Child and Adolescent Psychiatry, 51*(11), 1150-1159.

Dawson, M., Mottron, L., & Gernsbacher, M. (2008). Learning in autism. In J. H. Byrne & H. L. Roediger (Eds.), *Learning and memory: A comprehensive reference: Cognitive psychology* (pp. 759-772). New York, NY: Elsevier.

Day, R., Nielsen, J. A., Korten, A., Ernberg, G., Dube, K. C., Gebhart, J., & Olatawura, M. (1987). Stressful life events preceding the acute onset of schizophrenia: A cross-national study from the World Health Organization. *Cultural Medicine and Psychiatry, 11*, 123-205.

de Azeredo, L. A., Rovaris, D. L., Mota, N. R., Polina, E. R., Marques, F. Z., Contini, V., . . . Grevet, E. H. (2014). Further evidence for the association between a polymorphism in the promoter region of SLC6A3/DAT1 and ADHD: findings from a sample of adults. *European archives of psychiatry and clinical neuroscience, 264*(5), 401-408.

De Backer, G., Kittel, F., Kornitzer, M., & Dramaix, M. (1983). Behavior, stress, and psychosocial traits as risk factors. *Preventative Medicine, 12*, 32-36.

De Brito, S. A., & Hodgins, S. (2009). Antisocial personality disorder. In M. McMurran & R. C. Howard (Eds.), *Personality, personality disorder and violence: An evidence based approach* (pp. 133-154). New York, NY: Wiley.

De Dios, J. A. A., & Brass, S. D. (2012). New and unconventional treatments for obstructive sleep apnea. *Neurotherapeutics, 9*(4), 702-709.

de Kleine, R. A., Hendriks, G. J., Kusters, W. J., Broekman, T. G., & van Minnen, A. (2012): A randomized placebo-controlled trial of d-cycloserine to enhance exposure therapy for posttraumatic stress disorder. *Biological Psychiatry, 71*, 962-968,

de Lissovoy, V. (1961). Head banging in early childhood. *Child Development, 33*, 43-56.

de Portugal, E., González, N., Haro, J. M., Autonell, J., & Cervilla, J. A. (2008). A descriptive case-register study of delusional disorder. *European Psychiatry, 23*(2), 125-133.

De Raedt, R., Vanderhasselt, M.-A., & Baeken, C. (2015). Neurostimulation as an intervention for treatment resistant depression: From research on mechanisms towards targeted neurocognitive strategies. *Clinical Psychology Review, 41*, 61-69.

de Wit, H., & Phillips, T. J. (2012). Do initial responses to drugs predict future use or abuse? *Neuroscience & Biobehavioral Reviews, 36*(6), 1565-1576. doi: http://dx.doi.org/10.1016 /j.neubiorev.2012.04.005

de Zambotti, M., Claudatos, S., Inkelis, S., Colrain, I. M., & Baker, F. C. (2015). Evaluation of a consumer fitness-tracking device to assess sleep in adults. *Chronobiology international, 32*(7), 1024-1028.

Deakin, J. F. W., & Graeff, F. G. (1991). Critique: 5-HT and mechanisms of defence. *Journal of Psychopharmacology, 5*(4), 305-315.

Deale, A., Chalder, T., Marks, I., & Wessely, S. (1997). Cognitive behavior therapy for chronic fatigue syndrome: A randomized controlled trial. *American Journal of Psychiatry, 154*, 408-414.

Deale, A., Husain, K., Chalder, T., & Wessely, S. (2001). Long-term outcome of cognitive behavioral therapy versus relaxation therapy for chronic fatigue syndrome: A 5-year follow-up study. *American Journal of Psychiatry, 158*, 2038-2042.

Debruyne, H., & Audenaert, K. (2012). Towards understanding Cotard's syndrome: An overview. *Neuropsychiatry, 2*(6), 481-486.

Decety, J., & Skelly, L. R. (2013). The neural underpinnings of the experience of empathy: Lessons for psychopathy. In K. N. Ochsner & S. M. Kosslyn (Eds), *The Oxford handbook of cognitive neuroscience, volume 2: The cutting edges* (pp. 228-243). New York, NY: Oxford University Press.

Deckersbach, T., Moshier, S. J., Tuschen-Caffier, B., & Otto, M. W. (2011). Memory dysfunction in panic disorder: An investigation of the role of chronic benzodiazepine use. *Depression and Anxiety, 28*, 999-1007. doi: 10.1002/da.20891

Deckersbach, T., Peters, A. T., Sylvia, L., Urdahl, A., Magalhães, P. V., Otto, M. W., . . . & Nierenberg, A. (2014). Do comorbid anxiety disorders moderate the effects of psychotherapy for bipolar disorder? Results from STEP-BD. *American Journal of Psychiatry, 171*(2), 178-186.

Del Parigi, A., Panza, F., Capurso, C., & Solfrizzi, V. (2006). Nutritional factors, cognitive decline, and dementia. *Brain Research Bulletin, 69*(1), 1-19.

DeLamater, J., & Sill, M. (2005). Sexual desire in latter life. *Journal of Sex Research, 42*, 138-149.

Delano-Wood, L., & Abeles, N. (2005). Late-life depression: Detection, risk, reduction, and somatic intervention. *Clinical Psychology Science Practice, 12*, 207-217.

DeLisi, M., & Vaughn, M. G. (2015). Ingredients for criminality require genes, temperament, and psychopathic personality. *Journal of Criminal Justice, 43*(4), 290-294.

Delizonna, L. L., Wincze, J. P., Litz, B. T., Brown, T. A., & Barlow, D. H. (2001). A comparison of subjective and physiological measures of mechanically produced and erotically produced erections. (Or, is an erection an erection?) *Journal of Sex and Marital Therapy, 27*, 21-31.

Dell, P. F. (1998). Axis II pathology in outpatients with dissociative identity disorder. *Journal of Nervous and Mental Disease, 186*(6), 352-356.

Dell, P. F., & O'Neil, J. A. (Eds.). (2009). *Dissociation and the dissociative disorders.* New York, NY: Routledge.

Dembroski, T. M., & Costa, P. T., Jr. (1987). Coronary prone behavior: Components of the Type A pattern and hostility. *Journal of Personality, 55*(2), 211-235.

Demers, C. H., Bogdan, R., & Agrawal, A. (2014). The genetics, neurogenetics and pharmacogenetics of addiction. *Current Behavioral Neuroscience Reports, 1*(1), 33-44.

Denis, C., Fatséas, M., & Auriacombe, M. (2012). Analyses related to the development of DSM-5 criteria for substance use related disorders: 3. An assessment of pathological gambling criteria. *Drug and Alcohol Dependence, 122*(1-2), 22-27. doi: http://dx.doi.org/10.1016/j .drugalcdep.2011.09.006

Dent, M. F., & Bremner, J. D. (2009). Pharmacotherapy for posttraumatic stress disorder and other trauma-related disorders. In M. M. Antony & M. B. Stein (Eds.), *Oxford handbook of anxiety and related disorders.* (pp. 405-416). New York, NY: Oxford University Press.

Denys, D., Mantione, M., Figee, M., van den Munckhof, P., Koerselman, F., Westenberg, H., & Schuurman, R. (2010). Deep brain stimulation of the nucleus accumbens for treatment-refractory obsessive-compulsive disorder. *Archives of General Psychiatry, 67*(10), 1061-1068. doi: 10.1001 /archgenpsychiatry.2010.122

Denzin, N. K. (1987). *The recovering alcoholic.* Newbury Park, CA: Sage.

Depue, R. A., Luciana, M., Arbisi, P., Collins, P., & Leon, A. (1994). Dopamine and the structure of personality: Relation of agonist-induced dopamine activity to positive emotionality. *Journal of Personality and Social Psychology, 67*, 485-498.

DeRogatis, L. R., Komer, L., Katz, M., Moreau, M., Kimura, T., Garcia, M. J., & . . . Pyke, R. (2012). Treatment of Hypoactive Sexual Desire Disorder in premenopausal women: Efficacy of flibanserin in the VIOLET Study. *Journal Of Sexual Medicine, 9*, 1074-1085. doi:10.1111/j.1743-6109.2011.02626.x

Dersh, J., Polatin, P. B., & Gatchel, R. J. (2002). Chronic pain and psychopathology: Research findings and theoretical considerations. *Psychosomatic Medicine, 64*, 773-786.

DeRubeis, R., Gelfand, L. A., Tang, T. Z., & Simons, A. D. (1999). Medications versus cognitive behavior therapy for severely depressed outpatients: Mega-analysis of four randomized comparisons. *American Journal of Psychiatry, 156*, 1007-1013.

DeRubeis, R., Hollon, S., Amsterdam, J., Shelton, R., Young, P., & Gallop, R. (2005). Cognitive therapy vs. medications in the treatment of moderate to severe depression. *Archives of General Psychiatry, 62*, 409-416.

Desantis, A., & Hane, A. (2010). "Adderall is definitely not a drug": Justifications for the illegal use of ADHD stimulants. *Substance Use & Misuse, 45*(1-2), 31-46.

DeStefano, F., Price, C. S., & Weintraub, E. S. (2013). Increasing exposure to antibody-stimulating proteins and polysaccharides in vaccines is not associated with risk of autism. *Journal of Pediatrics, 163*(2), 561-567. doi: http://dx.doi.org/10.1016/j.jpeds.2013.02.001

Devanand, D. P. (2002). Comorbid psychiatric disorders in late life depression. *Biological Psychiatry, 52,* 236-242.

Deveci, A., Taskin, O., Dinc, G., Yilmaz, H., Demet, M. M., Erbay-Dundar, P., & Ozman, E. (2007). Prevalence of pseudoneurologic conversion disorder in an urban community in Manisa, Turkey. *Social Psychiatry and Psychiatric Epidemiology, 42*(11), 857-864.

DeWall, C. N., MacDonald, G., Webster, G. D., Masten, C. L., Baumeister, R. F., Powell, C., & Eisenberger, N. I. (2010). Acetaminophen reduces social pain: Behavioral and neural evidence. *Psychological Science, 21,* 931-937.

DeWitt, D. J., Adlaf, E. M., Offord, D. R., & Ogborne, A. C. (2000). Age at first alcohol use: A risk factor for the development of alcohol disorders. *American Journal of Psychiatry, 157,* 745-750.

Dhawan, N., Kunik, M. E., Oldham, J., & Coverdale, J. (2010). Prevalence and treatment of narcissistic personality disorder in the community: A systematic review. *Comprehensive Psychiatry, 51*(4), 333-339. doi: 10.1016/j .comppsych.2009.09.003

Dhejne, C., Öberg, K., Arver, S., & Landén, M. (2014). An analysis of all applications for sex reassignment surgery in Sweden, 1960-2010: Prevalence, incidence, and regrets. *Archives of Sexual Behavior, 43*(8), 1535-1545.

Diamond, L. M. (2007). A dynamical systems approach to the development and expression of female same-sex sexuality. *Perspectives on Psychological Science, 2,* 142-161.

Diamond, L. M. (2012). The desire disorder in research on sexual orientation in women: Contributions of dynamical systems theory. *Archives of Sexual Behavior, 41*(1), 73-83.

Diamond, L. M., Butterworth, M. R., & Savin-Williams, R. C. (2011). Working with sexual-minority individuals. In D. H. Barlow (Ed.), *Oxford handbook of clinical psychology.* New York, NY: Oxford University Press.

Diamond, M. (1995). Biological aspects of sexual orientation and identity. In L. Diamant & R. D. McAnulty (Eds.), *The psychology of sexual orientation, behavior, and identity.* Westport, CT: Greenwood Press.

Diamond, M., & Sigmundson, K. (1997). Sex reassignment at birth: Long-term review and clinical implications. *Archives of Pediatric and Adolescent Medicine, 151,* 298-304.

Dick, D. M. (2011). Gene-environment interaction in psychological traits and disorders. *Annual Review of Clinical Psychology, 7,* 383-409. doi: 10.1146/annurev-clinpsy-032210-104518

Dickens, G., & Sugarman, P. (2012). Adult firesetters: Prevalence, characteristics and psychopathology. In G. L. Dickens, P. A. Sugarman & T. A. Gannon (Eds.), *Firesetting and mental health: Theory, research and practice* (pp. 3-27). London: RCPsych Publications.

Dickens, W. T., Turkheimer, E., & Beam, C. (2011). The social dynamics of the expression of genes for cognitive ability. In K. S. Kendler, S. Jaffee, & D. Romer (Eds.), *The dynamic genome and mental health: The role of genes and environments in youth development* (pp. 103-127). New York, NY: Oxford University Press.

Dickersin, K. (2010). To reform U.S. health care, start with systematic reviews. *Science, 329,* 516.

DiClemente, R. J., Crittenden, C. P., Rose, E., Sales, J. M., Wingood, G. M., Crosby, R. A., & Salazar, L. F. (2008). Psychosocial predictors of HIV-associated sexual behaviors and the efficacy of prevention interventions in adolescents at-risk for HIV infection: What works and what doesn't work? *Psychosomatic Medicine, 70,* 598-605.

DiClemente, R. J., Wingwood, G. M., Harrington, K. F., Lang, D. L., Davies, S. L., Hook, E. W., & Robillard, A. (2004). Efficacy of an HIV prevention intervention for African American adolescent girls: A randomized controlled trial. *JAMA: Journal of the American Medical Association, 292,* 171-179.

Diedrich, A., & Voderholzer, U. (2015). Obsessive-compulsive personality disorder: A current review. *Current Psychiatry Reports, 17*(2), 1-10.

Diener, E. (2000). Subjective well-being: The science of happiness, and a proposal for a national index. *American Psychologist, 55,* 34-43.

Diener, E., Oishi, S., & Lucas, R. E. (2003). Personality, culture, and subjective well-being: Emotional and cognitive evaluations of life. *Annual Review of Psychology, 54,* 403-425.

Dimberg, U., & Öhman, A. (1983). The effects of directional facial cues on electrodermal conditioning to facial stimuli. *Psychophysiology, 20,* 160-167.

Dimidjian, S., Barrera Jr., M., Martell, C., Muñoz, R. F., Lewinsohn, P. M. (2011). The origins and current status of behavioral activation treatments for depression. *Annual Review of Clinical Psychology, 7,* 1-38.

Dimidjian, S., Martell, C., Herman-Dunn, R., & Hubley, S. (2014). Behavior activation for depression. In D. H. Barlow (Ed.), *Clinical handbook of psychological disorders: A step-by-step treatment manual* (5th ed.). New York, NY: Guilford.

Dimon, L. (2013). What witchcraft is Facebook? *The Atlantic.* Retrieved October 19, 2015 from http: //www.theatlantic.com/health/ archive/2013 /09/what-witchcraft-is-facebook/279499/

Dimsdale, J. E., Creed, F., Escobar, J., Sharpe, M., Wulsin, L., Barsky, A., Lee, S., Irwin, M. R., & Levenson, J. (2013) Somatic symptom disorder: An important change in *DSM. Journal of Psychosomatic Research, 75,* 223-228.

DiNardo, P. A., Guzy, L. T., Jenkins, J. A., Bak, R. M., Tomasi, S. F., & Copeland, M. (1988). Etiology and maintenance of dog fears. *Behaviour Research and Therapy, 26,* 241-244.

Dinnel, D. L., Kleinknecht, R. A., & Tanaka-Matsumi, J. (2002). A cross-cultural comparison of social phobia symptoms. *Journal of Psychopathology and Behavioral Assessment, 24,* 75-82.

Dishion, T. J., Patterson, G. R., & Reid, J. R. (1988). Parent and peer factors associated with drug sampling in early adolescence: Implications for treatment. In E. R. Rahdert & J. Gabowski (Eds.), *Adolescent drug abuse: Analyses of treatment research* (NIDA Research Monograph No. 77, DHHS Publication No. ADM88-1523, pp. 69-93). Rockville, MD: National Institute on Drug Abuse.

Disney, K. L. (2013). Dependent personality disorder: A critical review. *Clinical Psychology Review, 33*(8), 1184-1196.

Dixon, L. B., & Lehman, A. F. (1995). Family interventions for schizophrenia. *Schizophrenia Bulletin, 21,* 631-643.

Dixon-Gordon, K. L., Weiss, N. H., Tull, M. T., DiLillo, D., Messman-Moore, T., & Gratz, K. L. (2015). Characterizing emotional dysfunc-tion in borderline personality, major depression, and their co-occurrence. *Comprehensive Psychiatry, 62,* 187-203.

Djernes, J. K. (2006). Prevalence and predictors of depression in populations of elderly: A review. *Acta Psychiatrica Scandinavica, 113*(5), 372-387.

Docter, R. F., & Prince, V. (1997). Transvestism: A survey of 1032 cross-dressers. *Archives of Sexual Behavior, 26,* 589-605.

Doehrmann, O., Ghosh, S. S., Polli, F. E., Reynolds, G. O., Whitfield-Gabrieli, S., Hofmann, S. G., Pollack, M., & Gabrieli, J. D. (2013). Predicting treatment response in social anxiety disorder from functional magnetic resonance imaging. *JAMA Psychiatry, 70,* 87-97.

Dogan, S. (2009). Vaginismus and accompanying sexual dysfunctions in a Turkish clinical sample. *Journal of Sexual Medicine, 6,* 184-192.

Dohrenwend, B. P., & Dohrenwend, B. S. (1981). Socioenvironmental factors, stress and psychopathology. *American Journal of Community Psychology, 9*(2), 128-164.

Dohrenwend, B. P., & Egri, G. (1981). Recent stressful life events and episodes of schizophrenia. *Schizophrenia Bulletin, 7,* 12-23.

Dohrenwend, B. P., Turner, J. B., & Turse, N. A. (2006). The psychological risks of Vietnam for U.S. veterans: A revisit with new data and methods. *Science, 313,* 979-982.

Dohrenwend, B. P. Yager, T. J., Wall, M. M., & Adams, B. G. (2012). The roles of combat exposure, personal vulnerability, and involvement in harm to civilians or prisoners in Vietnam-war-related posttraumatic stress disorder. *Clinical Psychological Science, 1,* 223-238.

Dolan, M., & Völlm, B. (2009). Antisocial personality disorder and psychopathy in women: A literature review on the reliability and validity of assessment instruments. *International Journal of Law and Psychiatry, 32*(1), 2-9.

Dominé, F., Berchtold, A., Akré, C., Michaud, P.-A., & Suris, J.-C. (2009). Disordered eating behaviors: What about boys? *Journal of Adolescent Health, 44*(2), 111-117.

Domino, E. F. & Miller, S. C. (2015). The pharmacology of dissociatives. In R.K. Ries, D.A. Fiellin, S.C. Miller, & R. Saitz (Eds.), *The ASAM principles of addiction medicine* (5th Ed., pp. 256-266). New York, NY: Wolters Kluwer.

Domschke, K., & Dannlowski, U. (2010). Imaging genetics of anxiety disorders. *NeuroImage, 53,* 822-831.

Donaldson, K. (1976). *Insanity inside out.* New York, NY: Crown.

Donath, C., Gräßel, E., Baier, D., Pfeiffer, C., Bleich, S., & Hillemacher, T. (2012). Predictors of binge drinking in adolescents: ultimate and distal factors–a representative study. *BMC Public Health, 12*(1), 263-278.

Douaud, G., Menke, R. A. L., Gass, A., Monsch, A. U., Rao, A., Whitcher, B., & Smith, S. (2013). Brain microstructure reveals early abnormalities more than two years prior to clinical progression from mild cognitive impairment to Alzheimer's disease. *The Journal of Neuroscience, 33*(5), 2147-2155.

Dougall, N., Maayan, N., Soares-Weiser, K., McDermott, L. M., & McIntosh, A. (2015). Transcranial magnetic stimulation for schizophrenia. *Schizophrenia Bulletin, 41*(6), 1220-1222.

Dougherty, D. D., Rauch, S. L., & Jenike, M. A. (2012). Pharmacological treatments for obsessive compulsive disorder. In G. Steketee (Ed.), *The Oxford handbook of obsessive compulsive and spectrum disorders* (pp. 291-306). New York, NY: Oxford University Press.

Douglas, K. S., Guy, L. S., & Hart, S. D. (2009). Psychosis as a risk factor for violence to others: A meta-analysis. *Psychological Bulletin, 135*(5), 679-706. doi: 10.1037/a0016311

Douglas, K. S., Nikolova, N. L., Kelley, S. E., Edens, J. F., Cutler, B. L. (Ed.), & Zapf, P. A. (Ed.). (2015). *APA handbook of forensic psychology, Vol. 1: Individual and situational influences in criminal and civil contexts.* Washington, DC: American Psychological Association.

Douzgou, S., Breen, C., Crow, Y. J., Chandler, K., Metcalfe, K., Jones, E., & Clayton-Smith, J. (2012). Diagnosing fetal alcohol syndrome: new insights from newer genetic technologies. *Archives of Disease in Childhood, 97*(9), 812-817. doi: 10.1136/archdischild-2012-302125

Dowling, N., Smith, D., & Thomas, T. (2007). A comparison of individual and group cognitive-behavioural treatment for female pathological gambling. *Behaviour Research and Therapy 45*(9), 2192-2202.

Dragioti, E., Dimoliatis, I., Fountoulakis, K. N., & Evangelou, E. (2015). A systematic appraisal of allegiance effect in randomized controlled trials of psychotherapy. *Annals of General Psychiatry, 14*(1), 25-33. doi:10.1186 /s12991-015-0063-1

Drake, R., Bond, G. & Becker, D. (2012). *Individual placement and support: An evidence-based approach to supported employment.* New York: Oxford.

Drogin, E. Y., Commons, M. L., Gutheil, T. G., Meyer, D. J., & Norris, D. M. (2012). "Certainty" and expert mental health opinions in legal proceedings. *International Journal of Law and Psychiatry, 35*(5-6), 348-353. doi: http://dx.doi.org/10.1016/j.ijlp.2012.09.002

Drummond, K. D., Bradley, S. J., Peterson-Badali, M., & Zucker, K. J. (2008). A follow-up study of girls with gender identity disorder. *Developmental Psychology, 44*, 34-45.

Dubovsky, S. L. (1983). Psychiatry in Saudi Arabia. *American Journal of Psychiatry, 140*(11), 1455-1459.

Duclos, J., Vibert, S., Mattar, L., & Godart, N. (2012). Expressed emotion in families of patients with eating disorders: a review of the literature. *Current Psychiatry Reviews, 8*(3), 183-202.

Dugas, M. J., Schwartz, A., & Francis, K. (2012). Intolerance of uncertainty, fear of anxiety, and adolescent worry. *Journal of Abnormal Child Psychology, 40*, 863-870.

Dulit, R. A., Marin, D. B., & Frances, A. J. (1993). Cluster B personality disorders. In D. L. Dunner (Ed.), *Current psychiatric therapy* (pp. 405-411). Philadelphia, PA: W. B. Saunders.

Duman, R. (2004). Depression: A case of neuronal life and death? *Biological Psychiatry, 56*, 140-145.

Dummit, E. S., 3rd, Klein, R. G., Tancer, N. K., Asche, B., Martin, J., & Fairbanks, J. A. (1997). Systematic assessment of 50 children with selective mutism. *Journal of the American Academy of Child and Adolescent Psychiatry, 36*(5), 653-660. doi: 10.1097/00004583-199705000-00016

Dunlop, B. W., & Nemeroff, C. B. (2007). The role of dopamine in the pathophysiology of depression. *Archives of General Psychiatry, 64*(3), 327-337.

DuPaul, G. J., Gormley, M. J., & Laracy, S. D. (2013). Comorbidity of LD and ADHD: Implications of DSM-5 for assessment and treatment. *Journal of Learning Disabilities, 46*(1), 43-51. doi: 10.1177/0022219412464351

Durand, V. M. (1990). *Severe behavior problems: A functional communication training approach.* New York, NY: Guilford.

Durand, V. M. (1998). *Sleep better: A guide to improving the sleep of children with special needs.* Baltimore, MD: Paul H. Brookes.

Durand, V. M. (1999). Functional communication training using assistive devices: Recruiting natural communities of reinforcement. *Journal of Applied Behavior Analysis, 32*(3), 247-267.

Durand, V. M. (2001). Future directions for children and adolescents with mental retardation. *Behavior Therapy, 32*, 633-650.

Durand, V. M. (2006). Sleep terrors. In J. E. Fisher & W. T. O'Donohue (Eds.), *Evidence-based psychotherapy* (pp. 654-659). Reno, NV: Springer.

Durand, V. M. (2008). *When children don't sleep well: Interventions for pediatric sleep disorders, Therapist guide.* New York, NY: Oxford University Press.

Durand, V. M. (2011). Disorders of development. In D.H. Barlow, (Ed.), *Oxford handbook of clinical psychology* (pp., 551-573). New York: Oxford University Press.

Durand, V. M. (2012). Functional communication training: Treating challenging behavior. In P. Prelock & R. McCauley (Eds.), *Treatment of autism spectrum disorders: Evidence-based intervention strategies for communication & social interaction* (pp. 107-138). Baltimore, MD: Paul H. Brookes.

Durand, V.M. (2014a). *Autism spectrum disorder: A clinical guide for general practitioners.* Washington, D.C.: American Psychological Association.

Durand, V. M. (2014b). *Disorders of development.* In D. H. Barlow (Ed.), Oxford handbook of clinical psychology: Revised edition (pp. 558-581). New York: Oxford University.

Durand, V.M. (2014c). *Sleep better!: A guide to improving sleep for children with special needs (revised edition).* Baltimore, MD: Paul H. Brookes.

Durand, V. M., & Carr, E. G. (1992). An analysis of maintenance following functional communication training. *Journal of Applied Behavior Analysis, 25*(4), 777-794.

Durand, V. M., & Hieneman, M. (2008). *Helping parents with challenging children: Positive family intervention, Facilitator's guide.* New York, NY: Oxford University Press.

Durand, V. M., & Mindell, J. A. (1999). Behavioral intervention for childhood sleep terrors. *Behavior Therapy, 30*, 705-715.

Durand, V. M., & Wang, M. (2011). Clinical trials. In J. C. Thomas & M. Hersen (Eds.), *Understanding research in clinical and counseling psychology,* (pp. 201-228). New York, NY: Routledge.

Durand, V. M., Hieneman, M., Clarke, S., Wang, M., & Rinaldi, M. (2013). Positive family intervention for severe challenging behavior I: A multi-site randomized clinical trial. *Journal of Positive Behavior Interventions, 15*(3), 133-143.

Durant, C., Christmas, D., & Nutt, D. (2010). The pharmacology of anxiety. *Current Topics in Behavioral Neurosciences, 2*, 303-330.

Durham, M. L., & La Fond, J. Q. (1985). The empirical consequences and policy implications of broadening the statutory criteria for civil commitment. *Yale Law and Policy Review, 3*, 395-446.

Durham v. United States, 214 F.2d, 862, 874-875 (D.C. Cir., 1954).

Durkheim, E. (1951). *Suicide: A study in sociology.* (J. A. Spaulding & G. Simpson, Trans.). New York, NY: Free Press.

Durkin, M. S., Maenner, M. J., Newschaffer, C. J., Lee, L. C., Cunniff, C. M., Daniels, J. L., & Zahorodny, W. (2008). Advanced parental age and the risk of autism spectrum disorder. *American Journal of Epidemiology, 168*(11), 1268-1276.

Dürsteler, K. M., Berger, E. M., Strasser, J., Caflisch, C., Mutschler, J., Herdener, M., & Vogel, M. (2015). Clinical potential of methylphenidate in the treatment of cocaine addiction: a review of the current evidence. *Substance abuse and rehabilitation, 6*, 61-74.

Dusky v. United States, 362 U.S. 402 (1960).

Dusseldorp, E., van Elderen, T., Maes, S., Meulman, J., & Kraaij, V. (1999). A meta- analysis of psychoeducational programs for coronary heart disease patients. *Health Psychology, 18*, 506-519.

Dustin, M. L., & Long, E. O. (2010). Cytotoxic immunological synapses. *Immunological Review, 235*, 24-34.

Dvorak-Bertscha, J., Curtin, J., Rubinstein, T., & Newman, J. (2009). Psychopathic traits moderate the interaction between cognitive and affective processing. *Psychophysiology, 46*(5), 913.

Dysken, M. W., Sano, M., Asthana, S., Vertrees, J. E., Pallaki, M., Llorente, M., . . . & Prieto, S. (2014). Effect of vitamin E and memantine on functional decline in Alzheimer disease: the TEAM-AD VA cooperative randomized trial. *JAMA, 311*(1), 33-44.

Dzau, V. J., & Pizzo, P. A. (2014). Relieving Pain in America: Insights from an Institute of Medicine committee. *JAMA, 312*(15), 1507-1508.

Eaker, E. D., Pinsky, J., & Castelli, W. P. (1992). Myocardial infarction and coronary death among women: Psychosocial predictors from a 20-year follow-up of women in the Framingham study. *American Journal of Epidemiology, 135*, 854-864.

Eastman, C. I., Young, M. A., Fogg, L. F., Liu, L., & Meaden, P. M. (1998). Bright light treatment of winter depression: A placebo-controlled trial. *Archives of General Psychiatry, 55*(10), 883-889.

Eaton, W. W., Kessler, R. C., Wittchen, H.-U., & McGee, W. J. (1994). Panic and panic disorder in the United States. *American Journal of Psychiatry, 151*, 413-420.

Eaton, W. W., Shao, H., Nestadt, G., Lee, H. B., Bienvenu, O. J., & Zandi, P. (2008). Population-based study of first onset and chronicity in major depressive disorder. *Archives of General Psychiatry, 65*(5), 513-520.

Ebigno, P. (1982). Development of a culture- specific screening scale of somatic complaints indicating psychiatric disturbance. *Culture, Medicine, and Psychiatry, 6*(1), 29-43.

Ebigno, P. O. (1986). A cross sectional study of somatic complaints of Nigerian females using the Enugu Somatization Scale. *Culture, Medicine, and Psychiatry, 10*, 167-186.

Ebringer, A. (2015). *Creutzfeldt-Jakob Disease and its variants.* In Multiple sclerosis, mad cow disease and acinetobacter (pp. 141-152). London, UK: Springer International Publishing.

Eckman, T. A., Wirshing, W. C., Marder, S. R., Liberman, R. P., Johnston-Cronk, K., Zimmermann, K., & Mintz, J. (1992). Techniques for training schizophrenic patients in illness self-management: A controlled trial. *American Journal of Psychiatry, 149*, 1549-1555.

Eddy, K. T., Dorer, D. J., Franko, D. L., Tahilani, K., Thompson-Brenner, H., & Herzog, D. B. (2008). Diagnostic crossover in anorexia nervosa and bulimia nervosa: Implications for DSM-V. *American Journal of Psychiatry, 165*(2), 245-250.

Eddy, K. T., Keel, P. K., Dorer, D. J., Delinsky, S. S., Franko, D. L., & Herzog, D. B. (2002). A longitudinal comparison of anorexia nervosa subtypes. *International Journal of Eating Disorders, 31*, 191-201.

Edwards, A. C., & Kendler, K. S. (2012). A twin study of depression and nicotine dependence: Shared liability or causal relationship? *Journal of Affective Disorders, 142*(1-3), 90-97. doi: http://dx.doi.org/10.1016/j.jad.2012.03.048

Edwards, A. J. (1994). *When memory fails: Helping the Alzheimer's and dementia patient.* New York, NY: Plenum Press.

Edwards, G. (2012). "The Evil Genius of the Habit": DSM-5 seen in historical context. *Journal of Studies on Alcohol and Drugs, 73*(4), 699.

Edwards, R. R., Campbell, C., Jamison, R. N., & Wiech, K. (2009). The neurobiological underpinnings of coping with pain. *Current Directions in Psychological Science, 18*, 237-241.

Eelen, P., & Vervliet, B. (2006). Fear conditioning and clinical implications: What can we learn from the past? In M. G. Craske, D. Hermans, & D. Vansteenwegen, *Fear and learning: From basic processes to clinical implications* (pp. 17-35). Washington, DC: American Psychological Association.

Eftekhari, A., Ruzek, J. L., Crowley, J. J., Rosen, C. S., Greenbaum, M. A., & Karlin, B. E. (2013). Effectiveness of national implementation of prolonged exposure therapy in veterans affairs care. *JAMA Psychiatry, 70*, 949-955.

Egan, B. M., Zhao, Y., & Axon, R. N. (2010). US trends in prevalence, awareness, treatment, and control of hypertension. *JAMA: Journal of the American Medical Association, 303*, 2043-2050.

Egeland, J. A., Gerhard, D. S., Pauls, D. L., Sussex, J. N., Kidd, K. K., Alien, C. R., . . . & Housman, D. E. (1987). Bipolar affective disorders linked to DNA markers on chromosome 11. *Nature, 325*(6107), 783-787.

Ehlers, A., & Clark, D. M. (2003). Early psychological interventions for adult survivors of trauma: A review. *Biological Psychiatry, 53*, 817-826.

Ehlers, A., Clark, D. M., Hackmann, A., McManus, F., Fennell, M., Herbert, C., & Mayou, R. (2003). A randomized controlled trial of cognitive therapy, a self-help booklet, and repeated assessments as early interventions for posttraumatic stress disorder. *Archives of General Psychiatry, 60*, 1024-1032.

Ehlers, A., Hackmann, A., Grey, N., Wild, J., Liness, S., Albert, I., Deale, A., Stott, R., & Clark, D. M. (2014). A randomized controlled trial of 7-day intensive and standard weekly cognitive therapy for PTSD and emotion-focused supportive therapy. *American Journal of Psychiatry, 171*, 294-304.

Ehlers, A., Hofmann, S. G., Herda, C. A., & Roth, W. T. (1994). Clinical characteristics of driving phobia. *Journal of Anxiety Disorders, 8*, 323-339.

Ehrenreich, J. T., Goldstein, C. R., Wright, L. R., & Barlow, D. H. (2009). Development of a unified protocol for the treatment of emotional disorders in youth. *Child & Family Behavior Therapy, 31*(1), 20-37.

Ehrhardt, A. A., & Meyer-Bahlburg, H. F. L. (1981). Effects of prenatal sex hormones on gender-related behavior. *Science, 211*, 1312-1318.

Ehrhardt, A. A., Meyer-Bahlburg, H. F. L., Rosen, L. R., Feldman, J. F., Veridiano, N. P., Zimmerman, I., & McEwen, B. (1985). Sexual orientation after prenatal exposure to exogenous estrogen. *Archives of Sexual Behavior, 14*(1), 57-77.

Eikenaes, I., Egeland, J., Hummelen, B., & Wilberg, T. (2015). Avoidant Personality Disorder versus Social Phobia: The Significance of Childhood Neglect. *PloS one, 10*(3), e0122846.

Eikenæs, I., Pedersen, G., & Wilberg, T. (2016). Attachment styles in patients with avoidant personality disorder compared with social phobia. *Psychology and Psychotherapy: Theory, Research and Practice. 89*(3), 245-260.

Eisenberger, N. I. (2012). The neural bases of social pain: Evidence for shared representations with physical pain. *Psychosomatic Medicine, 74*(2), 126-135.

Eisler, I., Dare, C., Hodes, M., Russell, G. F. M., Dodge, E., & Le Grange, D. (2000). Family therapy for adolescent anorexia nervosa: The results of a controlled comparison of two family interventions. *Journal of Child Psychology and Psychiatry, 41*, 727-736.

Ekstrand, M. L., & Coates, T. J. (1990). Maintenance of safer sexual behaviors and predictors of risky sex: The San Francisco men's health study. *American Journal of Public Health, 80*, 973-977.

El-Gabalawy, R., Mackenzie, C. S., Thibodeau, M. A., Asmundson, G. J. G., & Sareen, J. (2013). Health anxiety disorders in older adults: Conceptualizing complex conditions in late life. *Clinical Psychology Review, 33*, 1096-1105.

Elbedour, S., Shulman, S., & Kedem, P. (1997). Children's fears: Cultural and developmental perspectives. *Behavior Research and Therapy, 35*, 491-496.

Elbogen, E., & Johnson, S. (2009). The intricate link between violence and mental disorder: Results from the National Epidemiologic Survey on Alcohol and Related Conditions. *Archives of General Psychiatry, 66*(2), 152.

Elbogen, E. B., Dennis, P. A., & Johnson, S. C. (2016). Beyond mental illness targeting stronger and more direct pathways to violence. *Clinical Psychological Science, 4*(5), 747-759.

Eldevik, S., Jahr, E., Eikeseth, S., Hastings, R. P., & Hughes, C. J. (2010). Cognitive and adaptive behavior outcomes of behavioral intervention for young children with intellectual disability. *Behavior Modification, 34*(1), 16-34.

Eley, T. C. (2011). The interplay between genes and environment in the development of anxiety and depression. In K. S. Kendler, S. Jaffee, & D. Romer (Eds.), *The dynamic genome and mental health: The role of genes and environments in youth development* (pp. 229-254). New York, NY: Oxford University Press.

Ellard, K. K. (2013). *An examination of the neural correlates of emotion acceptance versus worry in generalized anxiety disorder.* (Unpublished doctoral dissertation). Boston University, Boston, Massachusetts.

Ellason, J. W., & Ross, C. A. (1997). Two-year follow up of inpatients with dissociative identity disorder. *American Journal of Psychiatry, 154*, 832-839.

Ellis, P. M., & Dronsfield, A. T. (2013). Antabuse's diamond anniversary: Still sparkling on? *Drug and Alcohol Review, 32*(4), 342-344.

Emery, C. F., Anderson, D. R., & Andersen, B. L. (2011). Psychological interventions in health care settings. In D. H. Barlow (Ed.), *Oxford handbook of clinical psychology.* (pp. 701-716). New York: Oxford University Press.

Emmelkamp, P. M. G., Benner, A., Kuipers, A., Feiertag, G. A., Koster, H. C., & van Apeldoorn, F. J. (2006). Comparison of brief dynamic and cognitive-behavioural therapies in avoidant personality disorder. *The British Journal of Psychiatry, 189*(1), 60-64.

Emsley, R., Chiliza, B., Asmal, L., & Harvey, B. H. (2013). The nature of relapse in schizophrenia. *BMC Psychiatry, 13*(1), 50.

England, P., & Bearak, J. (2014). The sexual double standard and gender differences in attitudes toward casual sex among US university students. *Demographic Research, 30*, 1327-1338.

Epperson, C. N., Steiner, M., Hartlage, S. A., Eriksson, E., Schmidt, P. J., Jones, I., & Yonkers, K. A. (2012). Premenstrual dysphoric disorder: Evidence for a new category for DSM-5. *American Journal of Psychiatry, 169*(5), 465-475.

Epstein, D. R., Sidani, S., Bootzin, R. R., & Belyea, M. J. (2012). Dismantling multicomponent behavioral treatment for insomnia in older adults: A randomized controlled trial. *Sleep, 35*(6), 797-805.

Epstein, L. H., Myers, M. D., Raynor, H., & Saelens, B. E. (1998). Treatment of pediatric obesity. *Pediatrics, 101*, 554-570.

Eranti, S., Mogg, A., Pluck, G., Landau, S., Purvis, R., Brown, R. G., & McLoughlin, D. M. (2007). A randomized, controlled trial with 6-month follow-up of repetitive transcranial magnetic stimulation and electroconvulsive therapy for severe depression. *American Journal of Psychiatry, 164*(1), 73-81.

Erath, S. A., Bierman, K. L., & Conduct Problems Prevention Research Group. (2006). Aggressive marital conflict, maternal harsh punishment, and child aggressive-disruptive behavior: Evidence for direct and mediated relations. *Journal of Family Psychology, 20*, 217-226.

Erikson, E. (1982). *The life cycle completed.* New York, NY: Norton.

Erkinjuntti, T. (2012). Vascular dementia. In M. G. Gelder, N. C. Andreasen, J. J. Lopez-Ibor, Jr., & J. R. Geddes (Eds.), *New Oxford textbook of psychiatry* (2nd. ed., Vol. 1, pp. 375-384). New York, NY: Oxford University Press.

Erlich, M. D., Smith, T. E., Horwath, E., & Cournos, F. (2014). Schizophrenia and other psychotic disorders. In J. L. Cutler (Ed), *Psychiatry* (pp. 97-128). New York, NY: Oxford University Press.

Eroglu, C., & Barres, B. A. (2010). Regulation of synaptic connectivity by glia. *Nature, 468*(7321), 223-231. doi: 10.1038/nature09612

Eron, L., & Huesmann, R. (1990). The stability of aggressive behavior: Even unto the third generation. In M. Lewis & S. Miller (Eds.), *Handbook of developmental psychopathology* (pp. 147-156). New York, NY: Plenum.

Ersche, K. D., Jones, P. S., Williams, G. B., Robbins, T. W., & Bullmore, E. T. (2012). Cocaine dependence: A fast-track for brain ageing? *Molecular Psychiatry. 18*, 134-135. doi: http://www.nature.com/mp/journal/vaop /ncurrent/suppinfo/mp201231s1.html

REFERÊNCIAS BIBLIOGRÁFICAS **657**

Escobar, J. I., Gara, M. A., Diaz-Martinez, A. M., Interian, A., Warman, M., Allen, L. A., & Rodgers, D. (2007). Effectiveness of a time-limited cognitive behavior therapy type intervention among primary care patients with medically unexplained symptoms. *Annals of Family Medicine, 5*(4), 328-335.

Escobar, M. J., Huepe, D., Decety, J., Sedeño, L., Messow, M. K., Baez, S., . . . & Schröeder, J. (2014). Brain signatures of moral sensitivity in adolescents with early social deprivation. *Scientific Reports, 4*.

Eser, D., Schule, C., Baghai, T. C., Romeo, E., & Rupprecht, R. (2006). Neuroactive steroids in depression and anxiety disorders: Clinical studies. *Neuroendocrinology, 84*(4), 244-254.

Eslinger, P. J., & Damasio, A. R. (1985). Severe disturbance of higher cognition after bilateral frontal lobe ablation: Patient EVR. *Neurology, 35*, 1731-1741.

Esparza-Romero, J., Valencia, M. E., Urquidez--Romero, R., Chaudhari, L. S., Hanson, R. L., Knowler, W. C., . . . & Schulz, L. O. (2015). Environmentally driven increases in type 2 diabetes and obesity in Pima Indians and non-Pimas in Mexico over a 15-year period: the Maycoba Project. *Diabetes Care, 38*(11), 2075-2082.

Essex, M. J., Klein, M. H., Slattery, M. J., Goldsmith, H. H., & Kalin, N. H. (2010). Early risk factors and developmental pathways to chronic high inhibition and social anxiety disorder in adolescence. *American Journal of Psychiatry, 167*(1), 40-46. doi: 10.1176 /appi. ajp.2009.07010051

Eth, S. (1990). Posttraumatic stress disorder in childhood. In M. Hersen & C. G. Last (Ed.), *Handbook of child and adult psychopathology: A longitudinal perspective.* Elmsford, NY: Pergamon Press.

Etkin, A., & Schatzberg, A. F. (2011). Common abnormalities and disorder-specific compensation during implicit regulation of emotional processing in generalized anxiety and major depressive disorders. *American Journal of Psychiatry, 168*(9), 968-978.

Etter, J. (2009). Dependence on the nicotine gum in former smokers. *Addictive Behaviors, 34*(3), 246-251.

Ettinger, A. B., Devinsky, O., Weisbrot, D. M., Ramakrishna, R. K., & Goyal, A. (1999). A comprehensive profile of clinical, psychiatric, and psychosocial characteristics of patients with psychogenic nonepileptic seizures. *Epilepsia, 40*(9), 1292-1298.

Evans, R. M., Emsley, C. L., Gao, S., Sahota, A., Hall, K., Farlow, M. R., Hendrie, H. (2000). Serum cholesterol, APOE genotype, and the risk of Alzheimer's disease: A population-based study of African Americans. *Neurology, 54*, 240-242.

Exner, J. E. (2003). *The Rorschach: A comprehensive system. Basic foundations and principles of interpretation* (4th ed.). New York, NY: Wiley.

Eysenck, H. J. (Ed.) (1967). *The biological basis of personality.* Springfield, IL: Charles C. Thomas.

Ezrati-Vinacour, R., & Levin, I. (2004). The relationship between anxiety and stuttering: A multidimensional approach. *Journal of Fluency Disorders, 29*(2), 135 148.

Ezzati, M., & Riboli, E. (2012). Can noncommunicable diseases be prevented? Lessons from studies of populations and individuals. *Science, 337*(6101), 1482-1487.

Ezzel, C. (1993). On borrowed time: Long-term survivors of HIV-l infection. *Journal of NIH Research, 5,* 77-82.

Fabiano, G. A., & Schatz, N. K. (2015). Driving risk interventions for teens with ADHD. In R. A. Barkley (Ed.), *Attention-deficit hyperactivity disorder: A handbook for diagnosis & treatment* (4th ed., pp. 705-727). New Yok: The Guilford Press.

Fagan, P. J., Wise, T. N., Schmidt, C. W., & Berlin, M. D. (2002). Pedophilia. *JAMA: Journal of the American Medical Association, 288,* 2458-2465.

Fagundes, C. P., & Way, B. (2014). Early-life stress and adult inflammation. *Current Directions in Psychological Science, 23*(4), 277-283.

Fagundes, C. P., Glaser, R., Johnson, S. L., Andridge, R. R., Yang, E. V., Di Gregorio, M. P., & Kiecolt-Glaser, J. K. (2012). Basal cell carcinoma: Stressful life events and the tumor environment. *Archives of General Psychiatry, 69*(6), 618-626.

Fahrner, E. M. (1987). Sexual dysfunction in male alcohol addicts: Prevalence and treatment. *Archives of Sexual Behavior, 16*(3), 247-257.

Failer, J. L. (2002). *Who qualifies for rights? Homelessness, mental illness, and civil commitment.* Ithaca, NY: Cornell University Press.

Fairburn, C. G. (1985). Cognitive-behavioral treatment for bulimia. In D. M. Garner & P. E. Garfinkel (Eds.), *Handbook of psychotherapy for anorexia nervosa and bulimia* (pp. 160-192). New York, NY: Guilford.

Fairburn, C. G. (2008). *Cognitive behavior therapy and eating disorders.* New York, NY: Guilford.

Fairburn, C. G. (2013). *Overcoming binge eating* (2nd ed.). New York, NY: Guilford.

Fairburn, C. G., & Bohn, K. (2005). Eating disorder NOS (EDNOS): An example of the troublesome 'not otherwise specified' (NOS) category in DSM-IV. *Behaviour Research and Therapy, 43*(6), 691-701.

Fairburn, C. G., & Brownell, K. D. (2002). *Eating disorders and obesity: A comprehensive handbook* (2nd ed.). New York, NY: Guilford.

Fairburn, C. G., & Cooper, Z. (1993). The eating disorder examination. In C. G. Fairburn & G. T. Wilson (Eds.), *Binge eating: Nature, assessment, and treatment.* (pp. 317-360). New York, NY: Guilford.

Fairburn, C. G., Cooper, Z., Doll, H. A., O'Connor, M. E., Bohn, K., Hawker, D. M., Palmer, R. L. (2009). Transdiagnostic cognitive-behavioral therapy for patients with eating disorders: A two-site trial with 60-week follow-up. *American Journal of Psychiatry, 166,* 311-319.

Fairburn, C. G., & Cooper, Z. (2014). Eating disorders: A transdiagnostic protocol. In D. H. Barlow (Ed.), *Clinical handbook of psychological disorders: A step-by-step treatment manual* (5th ed.). New York, NY: Guilford.

Fairburn, C. G., Agras, W. S., & Wilson, G. T. (1992). The research on the treatment of bulimia nervosa: Practical and theoretical implications. In G. H. Anderson & S. H. Kennedy (Eds.), *The biology of feast and famine: Relevance to eating disorders* (pp. 317-340). New York, NY: Academic Press.

Fairburn, C. G., Cooper, Z., & Cooper, P. J. (1986). The clinical features and maintenance of bulimia nervosa. In K. D. Brownell & J. P. Foreyt (Eds.), *Handbook of eating disorders: Physiology, psychology, and treatment of obesity, anorexia, and bulimia* (pp. 389-404). New York, NY: Basic Books.

Fairburn, C. G., Cooper, Z., & Shafran, R. (2003). Cognitive behavior therapy for eating disorders: A "transdiagnostic" theory and treatment. *Behaviour Research and Therapy, 41*, 509-528.

Fairburn, C. G., Cooper, Z., Bohn, K., O'Connor, M. E., Doll, H. A., & Palmer, R. L. (2007). The severity and status of eating disorder NOS: Implications for DSM-V. *Behavior Research and Therapy, 45*, 1705-1715.

Fairburn, C. G., Cooper, Z., Doll, H. A., & Davies, B. A. (2005). Identifying dieters who will develop an eating disorder: A prospective, population-based study. *American Journal of Psychiatry, 162,* 2249-2255.

Fairburn, C. G., Cooper, Z., Doll, H. A., & Welch, S. L. (1999). Risk factors for anorexia nervosa: Three integrated case-control comparisons. *Archives of General Psychiatry, 56,* 468-476.

Fairburn, C. G., Cooper, Z., Doll, H. A., Norman, P., & O'Connor, M. (2000). The natural course of bulimia nervosa and binge eating disorder in young women. *Archives of General Psychiatry, 57,* 659-665.

Fairburn, C. G., Cooper, Z., Doll, H. A., Palmer, R. L., Dalle Grave, R. (2013). Enhanced cognitive behaviour therapy for adults with anorexia nervosa: A UK-Italy study. *Behaviour Research and Therapy, 51*(1), R2-R8.

Fairburn, C. G., Cowen, P. J., & Harrison, P. J. (1999). Twin studies and the etiology of eating disorders. *International Journal of Eating Disorders, 26*(4), 349-358.

Fairburn, C. G., Doll, H. A., Welch, S. L., Hay, P. J., Davies, B. A., & O'Connor, M. E. (1998). Risk factors for binge eating disorder. *Archives of General Psychiatry, 55,* 425-432.

Fairburn, C. G., Jones, R., Peveler, R. C., Hope, R. A., & O'Connor, M. (1993). Psychotherapy and bulimia nervosa: The longer-term effects of interpersonal psychotherapy, behaviour therapy and cognitive behaviour therapy. *Archives of General Psychiatry, 50,* 419-428.

Fairburn, C. G., Shafran, R., & Cooper, Z. (1999). A cognitive behavioural theory of anorexia nervosa. *Behaviour Research and Therapy, 37,* 1-13.

Fairburn, C. G., Stice, E., Cooper, Z., Doll, H. A., Norman, P. A., & O'Connor, M. E. (2003). Understanding persistence in bulimia nervosa: A 5-year naturalistic study. *Journal of Consulting and Clinical Psychology, 71,* 103-109.

Fairburn, C. G., Welch, S. L., Doll, S. A., Davies, B. A., & O'Connor, M. E. (1997). Risk factors for bulimia nervosa: A community-based case--control study. *Archives of General Psychiatry, 54,* 509-517.

Fairholme, C. P., Boisseau, C. L., Ellard, K. K., Ehrenreich, J. T., & Barlow, D. H. (2010). Emotions, emotion regulation, and psychological treatment: A unified perspective. In A. M. Kring & D. M. Sloan (Eds.), *Emotion regulation and psychopathology: A transdiagnostic approach to etiology and treatment* (pp. 283-309). New York, NY: Guilford.

Fakhoury, W., & Priebe, S. (2007). Deinstitutionalization and reinstitutionalization: Major changes in the provision of mental healthcare. *Psychiatry, 6*(8), 313-316. doi: 10.1016/j. mppsy.2007.05.008

Fallon, A. E., & Rozin, P. (1985). Sex differences in perceptions of desirable body shape. *Journal of Abnormal Psychology, 94,* 102-105.

Fallon, B. A., Altamash, I., Qureshi, A. I., Schneier, F. R., Sanchez-Lacay, A., Vermes, D., & Liebowitz, M. R. (2003). An open trial of fluvoxamine for hypochondriasis. *Psychosomatics, 44*, 298-303.

Falloon, I. R. (Ed.). (2015). *Handbook of behavioural family therapy.* London, UK: Routledge.

Falloon, I. R. H., Boyd, J. L., McGill, C. W., Williamson, M., Razani, J., Moss, H. B., & Simpson, G. M. (1985). Family management in the prevention of morbidity of schizophrenia. *Archives of General Psychiatry, 42*, 887-896.

Falloon, I. R. H., Brooker, C., & Graham-Hole, V. (1992). Psychosocial interventions for schizophrenia. *Behaviour Change, 9*, 238-245.

Fang, A., & Hofmann, S. G. (2010). Relationship between social anxiety disorder and body dysmorphic disorder. *Clinical Psychology Review, 30*, 1040-1048.

Fang, A., & Wilhelm, S. (2015). Clinical features, cognitive biases, and treatment of body dysmorphic disorder. *Annual Review of Clinical Psychology, 11*, 187-212.

Farias, S. T., Chand, V., Bonnici, L., Baynes, K., Harvey, D., Mungas, D., & Reed, B. (2012). Idea density measured in late life predicts subsequent cognitive trajectories: Implications for the measurement of cognitive reserve. *The Journals of Gerontology Series B: Psychological Sciences and Social Sciences, 67*(6), 677-686. doi: 10.1093/geronb/gbr162

Farnam, F., Janghorbani, M., Merghati-Khoei, E., & Raisi, F. (2014). Vaginismus and its correlates in an Iranian clinical sample. *International Journal of Impotence Research, 26*(6), 230-234.

Farrelly, S., Clement, S., Gabbidon, J., Jeffery, D., Dockery, L., Lassman, F., . . . & Thornicroft, G. (2014). Anticipated and experienced discrimination amongst people with schizophrenia, bipolar disorder and major depressive disorder: A cross sectional study. *BMC Psychiatry, 14*(1), 157.

Fatemi, S. H., Aldinger, K. A., Ashwood, P., Bauman, M. L., Blaha, C. D., Blatt, G. J., & Welsh, J. P. (2012). Consensus paper: Pathological role of the cerebellum in autism. *Cerebellum, 11*(3), 777-807. doi: 10.1007 /s12311-012-0355-9

Fauci, A. S., & Folkers, G. K. (2012). Toward an AIDS-free generation. *JAMA: Journal of the American Medical Association, 308*(4), 343-344.

Faurholt-Jepsen, M., Frost, M., Ritz, C., Christensen, E. M., Jacoby, A. S., Mikkelsen, R. L., . . . & Kessing, L. V. (2015). Daily electronic self-monitoring in bipolar disorder using smartphones-the MONARCA I trial: a randomized, placebo-controlled, single-blind, parallel group trial. *Psychological Medicine, 45*(13):2691-2704.

Fausto-Sterling, A. (2000a). The five sexes, revisited. *The Sciences, 40*(4), 19-23.

Fausto-Sterling, A. (2000b). *Sexing the body.* New York, NY: Basic.

Fausto-Sterling, A. (2015). Intersex: Concept of multiple sexes is not new. *Nature, 519*(7543), 291-291.

Fava, G. A., Grandi, S., Rafanelli, C., Fabbri, S., & Cazzaro, M. (2000). Explanatory therapy in hypochondriasis. *Journal of Clinical Psychiatry, 61*(4), 317-322.

Fava, G. A., Ruini, C., Rafanelli, C., Finos, L., Conti, S., & Grandi, S. (2004). Six-year outcome of cognitive behavior therapy for prevention of recurrent depression. *American Journal of Psychiatry, 161*, 1872-1876.

Fawzy, F. I., Cousins, N., Fawzy, N. W., Kemeny, M. E., Elashoff, R., & Morton, D. (1990). A

structured psychiatric intervention for cancer patients: I. Changes over time in methods of coping and affective disturbance. *Archives of General Psychiatry, 47*, 720-728.

Fawzy, F. I., Kemeny, M. E., Fawzy, N. W., Elashoff, R., Morton, D., Cousins, N., & Fahey, J. L. (1990). A structured psychiatric intervention for cancer patients: II. Changes over time in immunological measures. *Archives of General Psychiatry, 47*, 729-735.

Fazel, S., Singh, J. P., Doll, H., & Grann, M. (2012). Use of risk assessment instruments to predict violence and antisocial behaviour in 73 samples involving 24,827 people: Systematic review and meta-analysis. *BMJ: British Medical Journal, 345*, e4692. doi: http: //dx.doi.org/10.1136/bmj. e4692

Fearing, M. A., & Inouye, S. K. (2009). Delirium. In D. G. Blazer & D. C. Steffens (Eds.), *The American Psychiatric Publishing textbook of geriatric psychiatry* (4th ed., pp. 229-242). Arlington, VA: American Psychiatric Publishing.

Federoff, J. P., Fishell, A., & Federoff, B. (1999). A case series of women evaluated for paraphilic sexual disorders. *Canadian Journal of Human Sexuality, 8*(2), 127-140.

Fein, D. A. (2011). *The neuropsychology of autism.* New York, NY: Oxford University Press.

Feinberg, M., & Carroll, B. J. (1984). Biological "markers" for endogenous depression: Effect of age, severity of illness, weight loss and polarity. *Archives of General Psychiatry, 41*, 1080-1085.

Feingold, B. F. (1975). *Why your child is hyperactive.* New York, NY: Random House.

Feinstein, C., & Phillips, J. M. (2006). Developmental disorders of communication, motor skills, and learning. In M. K. Dulcan & J. M. Wiener (Eds.), *Essentials of child and adolescent psychiatry* (pp. 203-231). Washington, DC: American Psychiatric Publishing.

Feldman, H. A., Goldstein, I., Hatzichristou, D. G., Krane, R. J., & McKunlay, J. B. (1994). Impotence and its medical and psychosocial correlates: Results of the Massachusetts Male Aging Study. *Journal of Urology, 151*, 54-61.

Feldman, M. B., & Meyer, I. H. (2007). Childhood abuse and eating disorders in gay and bisexual men. *International Journal of Eating Disorders, 40*(5), 418-423.

Feldman, M. D., & Christensen, J. F. (Eds.). (2014). *Behavioral medicine: A guide for clinical practice,* 4th edition. McGraw-Hill Medical.

Fergus, T. A., & Valentiner, D. P. (2010). Disease phobia and disease conviction are separate dimensions underlying hypochondriasis. *Journal of Behavior Therapy and Experimental Psychiatry, 41*, 438-444.

Ferguson, C. J., & Negy, C. (2014). Development of a brief screening questionnaire for histrionic personality symptoms. *Personality and Individual Differences, 66*, 124-127.

Fergusson, D., & Woodward, L. J. (2002). Mental health, educational, and social role outcomes of adolescents with depression. *Archives of General Psychiatry, 59*, 225-231.

Fergusson, D., Horwood, J., Ridder, E., & Beautrais, A. (2005). Subthreshold depression in adolescence and mental health outcomes in adulthood. *Archives of General Psychiatry, 62*, 66-72.

Ferrazzoli, D., Sica, F., & Sancesario, G. (2013). Sundowning Syndrome: A possible marker of frailty in Alzheimer's disease? *CNS & Neurolo-*

gical Disorders-Drug Targets (Formerly Current Drug Targets-CNS & Neurological Disorders), 12(4), 525-528.

Ferreira, C. (2000). Serial killers: Victims of compulsion or masters of control? In D. H. Fishbein (Ed.), *The science, treatment, and prevention of antisocial behaviors: Application to the criminal justice system* (pp. 15-1-15-18). Kingston, NJ: Civic Research Institute.

Ferri, C. P., Prince, M., Brayne, C., Brodaty, H., Fratiglioni, L., Ganguli, M., & Scazufca, M. (2005). Global prevalence of dementia: A Delphi consensus study. *The Lancet, 366*(9503), 2112-2117. doi: http://dx.doi .org/10.1016/ S0140-6736(05)67889-0

Ferster, C. B. (1961). Positive reinforcement and behavioral deficits of autistic children. *Child Development, 32*, 437-456.

Ferster, C. B., & Skinner, B. F. (1957). *Schedules of reinforcement.* New York, NY: Appleton-Century-Crofts.

Fertuck, E. A., Jekal, A., Song, I., Wyman, B., Morris, M. C., Wilson, S. T., & Stanley, B. (2009). Enhanced "Reading the Mind in the Eyes" in borderline personality disorder compared to healthy controls. *Psychological Medicine, 39*(12), 1979-1988.

Feusner, J. D., Phillips, K. A., & Stein, D. J. (2010). Olfactory reference syndrome: Issues for DSM--V. *Depression and Anxiety, 27*(6), 592-599. doi: 10.1002/da.20688

Ficks, C., & Waldman, I. (2009). Gene-environment interactions in attention-deficit /hyperactivity disorder. *Current Psychiatry Reports, 11*(5), 387-392. doi: 10.1007 /s11920-009-0058-1

Ficks, C. A., & Waldman, I. D. (2014). Candidate genes for aggression and antisocial behavior: a meta-analysis of association studies of the 5HTTLPR and MAOA-uVNTR. *Behavior Genetics, 44*(5), 427-444.

Field, A. E., Cheung, L., Wolf, A. M., Herzog, D. B., Gortmaker, S. L., & Colditz, G. A. (1999). Exposure to the mass media and weight concerns among girls. *Pediatrics, 103*, e36.

Field, A. E., Sonneville, K. R., Crosby, R. D., Swanson, S. A., Eddy, K. T., Camargo, C. A., . . . & Micali, N. (2014). Prospective associations of concerns about physique and the development of obesity, binge drinking, and drug use among adolescent boys and young adult men. *JAMA Pediatrics, 168*(1), 34-39.

Fielder, R. L., Carey, K. B., & Carey, M. P. (2013). Are hookups replacing romantic relationships? A longitudinal study of first-year female college students. *Journal of Adolescent Health, 52*(3), 657-659.

Fields, B. W., & Fristad, M. A. (2009). Assessment of childhood bipolar disorder. *Clinical Psychology: Science and Practice, 16*(2), 166-181.

Fileborn, B., Thorpe, R., Hawkes, G., Minichiello, V., Pitts, M., & Dune, T. (2015). Sex, desire and pleasure: Considering the experiences of older Australian women. *Sexual and Relationship Therapy, 30*(1), 117-130.

Filippi, M. (Ed.). (2015). *Oxford textbook of neuroimaging.* Oxford, UK: Oxford University Press.

Fincham, F. D., Beach, S. R. H., Harold, G. T., & Osborne, L. N. (1997). Marital satisfaction and depression: Different causal relationships for men and women? *Psychological Science, 8*(5), 351-357.

Fineberg, N. A., Potenza, M. N., Chamberlain, S. R., Berlin, H. A., Menzies, L., Bechara, A., & Hollander, E. (2010). Probing compulsive and impulsive behaviors, from animal models to endophenotypes: A narrative review. *Neuropsychopharmacology, 35*(3), 591-604.

Finger, S., & Zaromb, F. (2006). Benjamin Franklin and shock-induced amnesia. *American Psychologist, 61,* 240-248.

Finkenbine, R., & Miele, V. J. (2004). Globus hystericus: A brief review. *General Hospital Psychiatry, 26, 78-82.*

First, M. B., & Pincus, H. A. (2002). The DSM-IV text revision: Rationale and potential impact on clinical practice. *Psychiatric Services, 53,* 288-292.

Fischer, M. (1971). Psychoses in the offspring of schizophrenic monozygotic twins and their normal co-twins. *British Journal of Psychiatry, 118,* 43-52.

Fishbain, D. A. (1987). Kleptomania as risk-taking behavior in response to depression. *American Journal of Psychotherapy, 41,* 598-603.

Fisher, C. B., & Vacanti-Shova, K. (2012). The responsible conduct of psychological research: An overview of ethical principles, APA Ethics Code standards, and federal regulations. In S. J. Knapp, M. C., Gottlieb, M. M. Handelsman, & L. D. VandeCreek (Eds.), *APA handbook of ethics in psychology, Vol 2: Practice, teaching, and research* (pp. 335-369). Washington, DC: American Psychological Association.

Fisher, P. L., & Wells, A. (2009). Psychological models of worry and generalized anxiety disorder. In M. M. Antony & M. B. Stein (Eds.), *Oxford handbook of anxiety and related disorders* (pp. 225-237). New York, NY: Oxford University Press.

Fiske, A., Wetherell, J. L., & Gatz, M. (2009). Depression in older adults. *Annual Review of Clinical Psychology, 5,* 363-389.

Fitts, S. N., Gibson, P., Redding, C. A., & Deiter, P. J. (1989). Body dysmorphic disorder: Implications for its validity as a DSM-III-R clinical syndrome. *Psychological Reports, 64,* 655-658.

Flaherty, J. H. (2011). The evaluation and management of delirium among older persons. *Medical Clinics of North America, 95*(3), 555-577.

Flanagan, J. (2015). Epigenome-wide association studies (EWAS): Past, present, and future. In M. Verma (Ed.), *Cancer Epigenetics* (Vol. 1238, pp. 51-63). New York: Springer.

Flegal, K. M., Carroll, M. D., Kit, B. K., & Ogden, C. L. (2012). Prevalence of obesity and trends in the distribution of body mass index among US adults, 1999-2010. *JAMA: Journal of the American Medical Association, 307*(5), 491-497.

Flegal, K. M., Kit, B. K., Orpana, H., & Graubard, B. I. (2013). Association of all-cause mortality with overweight and obesity using standard body mass index categories: A systematic review and meta-analysis. *JAMA: Journal of the American Medical Association, 309*(1), 71-82. doi: 10.1001/jama.2012.113905

Flegal, K. M., Kruszon-Moran, D., Carroll, M. D., Fryar, C. D., & Ogden, C. L. (2016). Trends in obesity among adults in the United States, 2005 to 2014. *JAMA, 315*(21), 2284-2291.

Flegal, K. M., Carroll, M. D., Ogden, C. L., & Curtin, L. R. (2010). Prevalence and trends in obesity among US adults, 1999-2008. *JAMA: Journal of the American Medical Association, 303*(3), 235-241.

Flegal, K. M., Graubard, B. I., Williamson, D. F., & Gail, M. H. (2005). Excess deaths associated with underweight, overweight, and obesity. *JAMA: Journal of the American Medical Association, 293,* 1861-1867.

Fleischer, M., Schäfer, M., Coogan, A., Häßler, F., & Thome, J. (2012). Sleep disturbances and circadian CLOCK genes in borderline personality disorder. *Journal of Neural Transmission, 119*(10), 1105-1110. doi: 10.1007/s00702 -012-0860-5

Fleminger, S. (2012). The neuropsychiatry of head injury. In M. G. Gelder, N. C. Andreasen, J. J. Lopez-Ibor, Jr., & J. R. Geddes (Eds.), *New Oxford Textbook of Psychiatry* (2nd. ed., Vol. 1, pp. 387-399). New York, NY: Oxford University Press.

Flemming, K. (2010). The use of morphine to treat cancer-related pain: A synthesis of quantitative and qualitative research. *Journal of Pain and Symptom Management, 39*(1), 139-154.

Fletcher, J. M., Lyon, G. R., Fuchs, L. S., & Barnes, M. A. (2007). *Learning disabilities: From identification to intervention.* New York, NY: Guilford.

Fletcher, R. B., & Hattie, J. (2011). *Intelligence and intelligence testing.* New York, NY: Routledge.

Fliers, E., Vermeulen, S., Rijsdijk, F., Altink, M., Buschgens, C., Rommelse, N., & Franke, B. (2009). ADHD and poor motor performance from a family genetic perspective. *Journal of the American Academy of Child & Adolescent Psychiatry, 48*(1), 25-34.

Flint, A., Schaffer, A., Meyers, B., Rothschild, A., & Mulsant, B. (2006). Research assessment of patients with psychotic depression: The STOP-PD approach. *Psychiatric Annals, 36,* 48-56.

Flint, J. (2009). Molecular genetics. In M. G. Gelder, N. C. Andreasen, J. J. Lopez-Ibor, Jr., & J. R. Geddes (Eds.), *New Oxford textbook of psychiatry* (2nd ed., Vol. 1, pp. 222-233). Oxford, UK: Oxford University Press.

Flor, H., & Turk, D. C. (2011). *Chronic Pain: An Integrated Biobehavioral Approach.* Seattle: International Association for the Study of Pain Press.

Flor, H., Elbert, T., Kenecht, S., Weinbruch, C., Pantev, C., Birbaumer, N., & Taub, E. (1995). Phantom limb pain as a perceptual correlate of cortical reorganization following arm amputation. *Nature, 375,* 482-484.

Flores, B., & Schatzberg, A. (2006). Psychotic depression. In D. J. Stein, D. J. Kupfer, & A. F. Schatzberg (Eds.). *The American Psychiatric Publishing textbook of mood disorders* (pp. 561-571). Arlington, VA: American Psychiatric Publishing.

Flynn, J. R. (1984). The mean IQ of Americans: Massive gains 1932 to 1978. *Psychological Bulletin, 95,* 29-51.

Foa, E. B., Gillihan, S. J., & Bryant, R. A. (2013). Challenge and successes in dissemination of evidence-based treatment for posttraumatic stress: Lessons learned from prolonged exposure therapy for PTSD. *Psychological Science in the Public Interest (Supplement), 14,* 65-11.

Foa, E. B., Jenike, M., Kozak, M. J., Joffe, R., Baer, L., Pauls, D., & Turner, S. M. (1996). Obsessive-compulsive disorder. In T. A. Widiger, A. J. Frances, H. A. Pincus, M. R. Ross, M. B. First, & W. W. Davis (Eds.), *DSM-IV sourcebook* (Vol. 2, pp. 549-576). Washington, DC: American Psychiatric Association.

Foa, E. B., Liebowitz, M. R., Kozak, M. J., Davies, S., Campeas, R., Franklin, M. E., & Tu, X. (2005). Randomized, placebo- controlled trial of exposure and ritual prevention, clomipramine, and their combination in the treatment of obsessive-compulsive disorder. *American Journal of Psychiatry, 162,* 151-161.

Foa, E. B., McLean, C. P., Capaldi, S., & Rosenfield, D. (2013). Prolonged exposure vs. supportive counseling for sexual abuse-related PTSD in adolescent girls: A ranomized controlled trial. *JAMA, 310,* 2650-2657.

Fogelson, D. L., Asarnow, R. A., Sugar, C. A., Subotnik, K. L., Jacobson, K. C., Neale, M. C., . . . & Nuechterlein, K. H. (2010). Avoidant personality disorder symptoms in first-degree relatives of schizophrenia patients predict performance on neurocognitive measures: the UCLA family study. *Schizophrenia Research, 120*(1), 113-120.

Fogelson, D. L., Nuechterlein, K. H., Asarnow, R. A., Payne, D. L., Subotnik, K. L., Jacobson, K. C., & Kendler, K. S. (2007). Avoidant personality disorder is a separable schizophrenia-spectrum personality disorder even when controlling for the presence of paranoid and schizotypal personality disorders: The UCLA family study. *Schizophrenia Research, 91,* 192-199.

Foley, E., Baillie, A., Huxter, M., Price, M., & Sinclair, E. (2010). Mindfulness-based cognitive therapy for individuals whose lives have been affected by cancer: A randomized controlled-trial. *Journal of Consulting and Clinical Psychology, 78,* 72-79.

Foley, K. R., Dyke, P., Girdler, S., Bourke, J., & Leonard, H. (2012). Young adults with intellectual disability transitioning from school to post-school: A literature review framed within the ICF. *Disability and Rehabilitation, 34*(20), 1747-1764.

Folsom, D. P., Hawthorne, W., Lindamer, L., Gilmer, T., Bailey, A., Golshan, S., & Jeste, D. V. (2005). Prevalence and risk factors for homelessness and utilization of mental health services among 10,340 patients with serious mental illness in a large public mental health system. *American Journal of Psychiatry, 162,* 370-376.

Folstein, M. F., Folstein, S. E., & McHugh, P. R. (1975). "Mini-mental state": a practical method for grading the cognitive state of patients for the clinician. *Journal of Psychiatric Research, 12*(3), 189-198.

Fong, T. G., Davis, D., Growdon, M. E., Albuquerque, A., & Inouye, S. K. (2015). The interface between delirium and dementia in elderly adults. *The Lancet Neurology, 14*(8), 823-832.

Forand, N. R., & Derubeis, R. J. (2013). Pretreatment anxiety predicts patterns of change in cognitive behavioral therapy and medications for depression. *Journal of Consulting and Clinical Psychology. 81*(5), 774-782. doi: 10.1037/a0032985

Ford, C., & Beach, F. (1951). *Patterns of sexual behavior.* New York, NY: Harper & Row.

Ford, E.S, Croft, J.B., Posner, S.F., Goodman, R.A., & Giles, W.H. (2013). Co-Occurrence of Leading Lifestyle-Related Chronic Conditions Among Adults in the United States, 2002-2009. *Preving Chronic Disease.* 2013 Apr 25;10:E6. http://www.cdc.gov/pcd /issues/2013/12_0316.htm

Ford, H., & Cortoni, F. (2008). Sexual deviance in females: Assessment and treatment. In D. R. Laws & W. T. O'Donohue (Eds.), *Sexual devian-*

ce: Theory, assessment, and treatment (2nd ed., pp. 508-526). New York, NY: Guilford.

Ford, J. B., Sutter, M. E., Owen, K. P., & Albertson, T. E. (2014). Volatile substance misuse: an updated review of toxicity and treatment. *Clinical Reviews in Allergy & Immunology, 46*(1), 19-33.

Ford, M. R., & Widiger, T. A. (1989). Sex bias in the diagnosis of histrionic and antisocial personality disorders. *Journal of Consulting and Clinical Psychology, 57*, 301-305.

Fordyce, W. E. (1988). Pain and suffering: A reappraisal. *American Psychologist, 43*(4), 276-283.

Fortes, I. S., Paula, C. S., Oliveira, M. C., Bordin, I. A., de Jesus Mari, J., & Rohde, L. A. (2015). A cross-sectional study to assess the prevalence of DSM-5 specific learning disorders in representative school samples from the second to sixth grade in Brazil. *European Child & Adolescent Psychiatry*, 1-13.

Forti, G., Corona, G., Vignozzi, L. & Maggi, M. (2011) Testosterone and Other Hormonal Therapies (Antiestrogen, DHEA, Thyroid Hormones) for Erectile Dysfunction. In M. Maggi (Eds). *Hormonal Therapy for Male Sexual Dysfunction* (pp. 42-54). Wiley-Blackwell: Oxford, UK.

Foster, A., Gable, J., & Buckley, J. (2012). Homelessness in schizophrenia. *The Psychiatric Clinics of North America, 35*(3), 717.

Foussias, G., Agid, O., Fervaha, G., & Remington, G. (2014). Negative symptoms of schizophrenia: clinical features, relevance to real world functioning and specificity versus other CNS disorders. *European Neuropsychopharmacology, 24*(5), 693-709.

Fournier, J. C., DeRubeis, R. J., Hollon, S. D., Dimidjian, S., Amsterdam, J. D., Shelton, R. C., & Fawcett, J. (2010). Antidepressant drug effects and depression severity: A patient-level meta-analysis. *JAMA: Journal of the American Medical Association, 303*(1), 47-53.

Fowler, J. C. (2012). Suicide risk assessment in clinical practice: Pragmatic guidelines for imperfect assessments. *Psychotherapy, 49*(1), 81-90.

Fowles, D. C. (1988). Psychophysiology and psychopathy: A motivational approach. *Psychophysiology, 25*, 373-391.

Fox, E., & Damjanovic, L. (2006) The eyes are sufficient to produce a threat superiority effect. *Emotion, 6*, 534-539.

Foy, D. W., Resnick, H. S., Sipprelle, R. C., & Carroll, E. M. (1987). Premilitary, military and postmilitary factors in the development of combat related posttraumatic stress disorder. *The Behavior Therapist, 10*, 3-9.

Frances, A. (2009). Whither DSM-V? *British Journal of Psychiatry, 195*, 391-392.

Frances, A. (2010, February 11). Opening pandora's box: The 19 worst suggestions for DSM-5. *Psychiatric Times.*

Frances, A., & Widiger, T. A. (1986). Methodological issues in personality disorder diagnosis. In T. Millon & G. L. Klerman (Eds.), *Contemporary directions in psychopathology: Toward the DSM-IV* (pp. 381-400). New York, NY: Guilford.

Frances, A. J. (2012). DSM 5 is guide not bible– Ignore its ten worst changes. *Psychology Today.* Retrieved from http://www.psychologytoday.com/blog/dsm5-in-distress/201212/dsm-5-is-guide-not-bible-ignore-its-ten- worst -changes/comments

Frances, A. J., & Widiger, T. (2012). Psychiatric diagnosis: Lessons from the *DSM-IV* past and

cautions for the *DSM-5* future. In S. Nolen-Hoeksema, T.D. Cannon, & T. Widiger (Eds.), *Annual review of clinical psychology* (Vol. 8, pp. 109-130). Palo Alto, CA: Annual Reviews.

Francis, D., Diorio, J., Liu, D., & Meaney, M. J. (1999). Nongenomic transmission across generations of maternal behavior and stress responses in the rat. *Science, 286*, 1155-1158.

Francis, D. D., Diorio, J., Plotsky, P. M., & Meaney, M. J. (2002). Environmental enrichment reverses the effects of maternal separation on stress reactivity. *Journal of Neuroscience, 22*, 7840-7843.

Frank, E., Anderson, C., & Rubinstein, D. (1978). Frequency of sexual dysfunction in "normal" couples. *New England Journal of Medicine, 299*, 111-115.

Frank, E., Nimgaonkar, V. L., Philips, M. L., & Kupfer, D. J. (2015). All the world's a (clinical) stage: Rethinking bipolar disorder from a longitudinal perspective. *Molecular Psychiatry, 20*, 23-31.

Frank, E., Swartz, H. A., Mallinger, A. G., Thase, M. E., Weaver, E. V., & Kupfer, D. J. (1999). Adjunctive psychotherapy for bipolar disorder: Effects of changing treatment modality. *Journal of Abnormal Psychology, 108*(4), 579-587.

Franklin, J. E., & Frances, R. J. (1999). Alcohol and other psychoactive substance use disorders. In R. E. Hales, S. C. Yudofsky, & J. A. Talbott (Eds.), *Textbook of psychiatry* (3rd ed., pp. 363-423). Washington, DC: American Psychiatric Press.

Franklin, K. A., & Lindberg, E. (2015). Obstructive sleep apnea is a common disorder in the population–a review on the epidemiology of sleep apnea. *Journal of Thoracic Disease, 7*(8), 1311.

Franklin, M. E., & Foa, E. B. (2014). Obsessive-compulsive disorder. In D. H. Barlow (Ed.), *Clinical handbook of psychological disorders: A step-by-step treatment manual* (5th ed.). New York, NY: Guilford.

Franko, D. L., Keshaviah, A., Eddy, K. T., Krishna, M., Davis, M. C., Keel, P. K., & Herzog, D. B. (2013). A longitudinal investigation of mortality in anorexia nervosa and bulimia nervosa. *American Journal of Psychiatry, 170*(8), 917-925.

Franko, D. L., Wonderlich, S. A., Little, D., & Herzog, D. B. (2004). Diagnosis and classification of eating disorders. In J. K. Thompson (Ed.), *Handbook of eating disorders and obesity* (pp. 58-80). New York, NY: Wiley.

Franko, D. L., Thompson-Brenner, H., Thompson, D. R., Boisseau, C. L., Davis, A., Forbush, K. T., & Wilson, G. T. (2012). Racial /ethnic differences in adult participants in randomized clinical trials of binge eating disorder. *Journal of Consulting and Clinical Psychology, 80*, 186-195.

Frasure-Smith, N., & Lesperance, F. (2005). Depression and coronary heart disease: Complex synergism of mind, body, and environment. *Current Directions in Psychological Science, 14*, 39-43.

Frasure-Smith, N., Lesperance, F., Juneau, M., Talajic, M., & Bourassa, M. G. (1999). Gender, depression, and one-year prognosis after myocardial infarction. *Psychosomatic Medicine, 61*, 26-37.

Fratiglioni, L., & Qiu, C. (2009). Prevention of common neurodegenerative disorders in the elderly. *Experimental Gerontology, 44*(1), 46-50.

Fratiglioni, L., Grut, M., Forsell, Y., Viitanen, M., Grafstrom, M., Holmen, K., & Winblad, B.

(1991). Prevalence of Alzheimer's disease and other dementias in an elderly urban population: Relationship with age, sex and education. *Neurology, 41*, 1886-1892.

Fratiglioni, L., Winblad, B., & von Strauss, E. (2007). Prevention of Alzheimer's disease and dementia: Major findings from the Kungsholmen Project. *Physiology & Behavior, 92*(1-2), 98-104.

Frazier, T. W., Youngstrom, E. A., Speer, L., Embacher, R., Law, P., Constantino, J. N., & Eng, C. (2012). Validation of proposed DSM-5 criteria for autism spectrum disorder. *Journal of the American Academy of Child & Adolescent Psychiatry, 51*(1), 28-40.e23. doi: 10.1016/j.jaac.2011.09.021

Fredrikson, M., & Matthews, K. A. (1990). Cardiovascular responses to behavioral stress and hypertension: A meta-analytic review. *Annals of Behavioral Medicine, 12*(1), 30-39.

Fredrikson, M., Annas, P., & Wik, G. (1997). Parental history, aversive exposure and the development of snake and spider phobia in women. *Behavior Research and Therapy, 35*, 23-28.

Freedman, M., King, J., & Kennedy, E. (2001). Popular diets: A scientific review. *Obesity Research, 9*(Suppl.), S1-S38.

Freeman, D., Pugh, K., Vorontsova, N., Antley, A., & Slater, M. (2010). Testing the continuum of delusional beliefs: An experimental study using virtual reality. *Journal of Abnormal Psychology, 119*(1), 83-92.

Freeman, E., Sammel, M., Lin, H., & Nelson, D. (2006). Associations of hormones and menopausal status with depressed mood in women with no history of depression. *Archive General Psychiatry, 63*, 375-382.

Freeman, E. W., Rickels, K., Sammel, M. D., Lin, H., & Sondheimer, S. J. (2009). Time to relapse after short- or long-term treatment of severe premenstrual syndrome with sertraline. *Archives of General Psychiatry, 66*(5), 537-544.

Freinkel, A., Koopman, C., & Spiegel, D. (1994). Dissociative symptoms in media eyewitnesses of an execution. *American Journal of Psychiatry, 151*, 1335-1339.

French-Belgian Collaborative Group. (1982). Ischemic heart disease and psychological patterns: Prevalence and incidence studies in Belgium and France. *Advances in Cardiology, 29*, 25-31.

Frenda, S. J., Nichols, R. M., & Loftus, E. F. (2011). Current issues and advances in misinformation research. *Current Directions in Psychological Science, 20*(1), 20-23. doi: 10.1177/0963721410396620

Freud, A. (1946). *Ego and the mechanisms of defense*. New York, NY: International Universities Press.

Freud, S. (1974). On coca. In R. Byck (Ed.), *Cocaine papers by Sigmund Freud* (pp. 49-73). New York, NY: Stonehill. (Original work published 1885.)

Freund, K., Seto, M. C., & Kuban, M. (1996). Two types of fetishism. *Behaviour Research and Therapy, 34*, 687-694.

Frick, P. J. (2012). Developmental pathways to conduct disorder: Implications for future directions in research, assessment, and treatment. *Journal of Clinical Child & Adolescent Psychology, 41*(3), 378-389. doi: 10.1080/15374416.2012.664815

Fridlund, A. J., Beck, H. P., Goldie, W. D., & Irons, G. (2012). Little Albert: A neurologically impaired child. *History of Psychology, 15*(4), 302-327.

REFERÊNCIAS BIBLIOGRÁFICAS **661**

Friedberg, F., & Sohl, S. (2009). Cognitive-behavior therapy in chronic fatigue syndrome: Is improvement related to physical activity? *Journal of Clinical Psychology, 65*, 423-442.

Fried-Oken, M., Rowland, C., Daniels, D., Dixon, M., Fuller, B., Mills, C., & Oken, B. (2012). AAC to support conversation in persons with moderate Alzheimer's disease. *Augmentative and Alternative Communication, 28*(4), 219-231.

Friedl, M. C., & Draijer, N. (2000). Dissociative disorders in Dutch psychiatric inpatients. *American Journal of Psychiatry, 157*(6), 1012-1013.

Friedman, A. F., Bolinskey, P. K., Levak, R. W., & Nichols, D. S. (2014). *Psychological Assessment with the MMPI-2/MMPI-2-RF*. London: Routledge.

Friedman, J. M. (2009). Obesity: Causes and control of excess body fat. *Nature, 459*(7245), 340-342.

Friedman, M., & Rosenman, R. H. (1959). Association of specific overt behavior pattern with blood and cardiovascular findings. *JAMA: Journal of the American Medical Association, 169*, 1286.

Friedman, M., & Rosenman, R. H. (1974). *Type A behavior and your heart*. New York, NY: Knopf.

Friedman, M. J. (2009). Phenomenology of posttraumatic stress disorder and acute stress disorder. In M. M. Antony & M. B. Stein (Eds.), *Oxford handbook of anxiety and related disorders* (pp. 65-72). New York, NY: Oxford University Press.

Friedman, M. J., Resick, P. A., Bryant, R. A., Strain, J., Horowitz, M., & Spiegel, D. (2011). Classification of trauma and stressor-related disorders in DSM-5. *Depression and Anxiety, 28*(9), 737-749. doi: 10.1002/da.20845

Fritz, C. O., Morris, P. E., & Richler, J. J. (2012). Effect size estimates: Current use, calculations, and interpretation. *Journal of Experimental Psychology: General, 141*(1), 2-18.

Frodl, T., & Skokauskas, N. (2012). Meta-analysis of structural MRI studies in children and adults with attention deficit hyperactivity disorder indicates treatment effects. *Acta Psychiatrica Scandinavica, 125*(2), 114-126.

Frombonne, E., Quirke, S., & Hagen, A. (2011). Epidemiology of pervasive developmental disorders. In D. G. Amaral, G. Dawson, & D. Geschwind (Eds.), *Autism spectrum disorders* (pp. 90-111). New York, NY: Oxford University Press.

Fromm-Reichmann, F. (1948). Notes on the development of treatment of schizophrenics by psychoanalytic psychotherapy. *Psychiatry, 11*, 263-273.

Frost, R. O., & Rasmussen, J. L. (2012). Phenomenology and characteristics of compulsive hoarding. In G. Steketee (Ed.), *The Oxford handbook of obsessive compulsive and spectrum disorders* (pp. 70-88). New York, NY: Oxford University Press.

Frost, R. O., Patronek, G., & Rosenfield, E. (2011). Comparison of object and animal hoarding. *Depression and Anxiety, 28*(10), 885-891. doi: 10.1002/da.20826

Frost, R. O., Steketee, G., & Tolin, D. F. (2012). Diagnosis and assessment of hoarding disorder *Annual Review of Clinical Psychology, 8*, 219-242. doi: 10.1146 /annurev-clinpsy-032511-143116

Frühauf, S., Gerger, H., Schmidt, H. M., Munder, T., & Barth, J. (2013). Efficacy of psychological interventions for sexual dysfunction: a systematic review and meta-analysis. *Archives of Sexual Behavior, 42*(6), 915-933.

Fugl-Meyer, A. R., & Sjogren Fugl-Meyer, K. (1999). Sexual disabilities, problems, and satisfaction in 18-74 year old Swedes. *Scandinavian Journal of Sexology, 3*, 79-105.

Fuji, D. E., Tsushima, V., Murakami-Brundage, J., & Kamath, V. (2014). *Assessing for schizophrenia in Asian Americans. In guide to psychological assessment with Asians* (pp. 305-326). Springer New York.

Fukuda, K., Straus, S. E., Hickie, I., Sharpe, M. B., Dobbins, J. G., & Komaroff, A. L. (1994). Chronic fatigue syndrome: A comprehensive approach to its diagnosis and management. *Annals of Internal Medicine, 121*, 953-959.

Fullana, M. A., Mataix-Cols, D., Caspi, A., Harrington, H., Grisham, J. R., Moffitt, T. E., & Poulton, R. (2009). Obsessions and compulsions in the community: Prevalence, interference, help-seeking, developmental stability, and co-occurring psychiatric conditions. *American Journal of Psychiatry, 166*(3), 329-336. doi: 10.1176/appi.ajp.2008.08071006

Fulton, J. J., Kiel, E. J., Tull, M. T., & Gratz, K. L. (2014). Associations between perceived parental overprotection, experiential avoidance, and anxiety. *Journal of Experimental Psychology, 5*, 200-211. doi: 10.5127 /jep.034813

Fulton, H. G., Krank, M. D., & Stewart, S. H. (2012). Outcome expectancy liking: A self-generated, self-coded measure predicts adolescent substance use trajectories. *Psychology of Addictive Behaviors, 26*(4), 870.

Furberg, H., Olarte, M., Afari, N., Goldberg, J., Buchwald, D., & Sullivan, P. (2005). The prevalence of self-reported chronic fatigue in a U.S. twin registry. *Journal of Psychosomatic Research, 59*, 283-290.

Furman, W., & Collibee, C. (2014). Sexual activity with romantic and nonromantic partners and psychosocial adjustment in young adults. *Archives of Sexual Behavior, 43*(7), 1327-1341.

Furnham, A., & Crump, J. (2014). A bright side, facet analysis of Schizotypal Personality Disorder: The relationship between the HDS Imaginative Factor, the NEO-PI-R personality trait facets in a large adult sample. *Thinking Skills and Creativity, 11*, 42-47.

Furnham, A., & Wong, L. (2007). A cross-cultural comparison of British and Chinese beliefs about the causes, behaviour manifestations and treatment of schizophrenia. *Psychiatry Research, 151*, 123-138.

Furr, J. M., Tiwari, S., Suveg, C., & Kendall, P. C. (2009). Anxiety disorders in children and adolescents. In M. M. Antony & M. B. Stein (Eds.), *Oxford handbook of anxiety and related disorders* (pp. 636-656). New York, NY: Oxford University Press.

Furr, J. M., Comer, J. S., Sacks, H., Chan, P. T., Kerns, C. E., Feinberg, L., & Kurtz, S.M.S. (2012, November). *The Boston University Brave Buddies Program: A replication of the Brave Buddies intensive, outpatient treatment program for children with selective mutism*. Paper presented at the 46th annual meeting of the Association for Behavioral and Cognitive Therapies, National Harbor, MD.

Fusar-Poli, P., & Politi, P. (2008). Paul Eugen Bleuler and the birth of schizophrenia (1908). *American Journal of Psychiatry, 165*(11), 1407. doi: 10.1176/appi.ajp.2008.08050714

Fusar-Poli, P., Carpenter, W. T., Woods, S. W., & McGlashan, T. H. (2014). Attenuated psychosis syndrome: ready for DSM-5.1? *Annual review of clinical psychology, 10*, 155-192.

Fushimi, N., Wang, L., Ebisui, S., Cai, S., & Mikage, M. (2008). Studies of ephedra plants in Asia. Part 4.1. Morphological differences between Ephedra sinica Stapf and E. intermedia Schrenk et C.A. Meyer, and the botanical origin of Ma--huang produced in Qinghai Province. *Journal of Traditional Medicines, 25*(3), 61-66.

Fyer, A., Liebowitz, M., Gorman, J., Compeas, R., Levin, A., Davies, S., et al. (1987). Discontinuation of alprazolam treatment in panic patients. *American Journal of Psychiatry, 144*, 303-308.

Fyer, A. J., Mannuzza, S., Chapman, T. F., Liebowitz, M. R., & Klein, D. F. (1993). A direct interview family study of social phobia. *Archives of General Psychiatry, 50*, 286-293.

Fyer, A. J., Mannuzza, S., Gallops, M. S., Martin, L. Y., Aaronson, C., Gorman, J. M., et al. (1990). Familial transmission of simple phobias and fears: A preliminary report. *Archives of General Psychiatry, 47*, 252-256.

Gagnon, J. H. (1990). The explicit and implicit use of the scripting perspective in sex research. *Annual Review of Sex Research, 1*, 1-43.

Galatzer-Levy, I. R., & Bonanno, G. A. (2014). Optimism and death predicting the course and consequences of depression trajectories in response to heart attack. *Psychological Science, 25*, 2177-2178.

Galea, S., Ahern, J., Resnick, H., Kilpatrick, D., Bucuvalas, M., Gold, J., and Vlahov, D. (2002). Psychological sequelae of the September 11 terrorist attacks in New York City. *New England Journal of Medicine, 346*, 982-987.

Gallagher, M. W., Bentley, K. H., & Barlow, D. H. (2014). Perceived control and vulnerability to anxiety disorders: A meta-analytic review. *Cognitive Therapy and Research, 38*, 571-584.

Gallant, A. R., Lundgren, J., & Drapeau, V. (2012). The night-eating syndrome and obesity. *Obesity Reviews, 13*(6), 528-536.

Galletta, A. (2013). *Mastering the semi-structured interview and beyond: From research design to analysis and publication*. New York : NYU Press.

Gallo, L., & Matthews, K. (2003). Understanding the association between socioeconomic status and physical health: Do negative emotions play a role? *Psychological Bulletin, 129*, 10-51.

Gandaglia, G., Briganti, A., Jackson, G., Kloner, R. A., Montorsi, F., Montorsi, P., & Vlachopoulos, C. (2014). A systematic review of the association between erectile dysfunction and cardiovascular disease. *European Urology, 65*(5), 968-978.

Ganguli, M., Blacker, D., Blazer, D. G., Grant, I., Jeste, D. V., Paulsen, J. S., & Sachdev, P. S. (2011). Classification of neurocognitive disorders in DSM-5: A work in progress. *American Journal of Geriatric Psychiatry, 19*(3), 205-210.

Gansler, D. A., McLaughlin, N. C., Iguchi, L., Jerram, M., Moore, D. W., Bhadelia, R., et al. (2009). A multivariate approach to aggression and the orbital frontal cortex in psychiatric patients. *Psychiatry Research: Neuroimaging, 171*(3), 145-154.

Gao, Y., Raine, A., Venables, P. H., Dawson, M. E., & Mednick, S. A. (2010). Association of poor childhood fear conditioning and adult crime. *American Journal of Psychiatry, 167*(1), 56-60. doi: 10.1176/appi.ajp.2009.09040499

Garber, J., & Carter, J. S. (2006). Major depression. In R. T. Ammerman (Ed.), *Comprehensive handbook of personality and psychopathology. Volume III: Child psychopathology* (pp. 165-216). Hoboken, NJ: Wiley.

Garber, J., Clarke, G. N., Weersing, V. R., Beardslee, W. R., Brent, D. A., Gladstone, T. R., & Iyengar, S. (2009). Prevention of depression in at-risk adolescents: A randomized controlled trial. *JAMA: Journal of the American Medical Association, 301*(21), 2215-2224.

Garber, J., Gallerani, C. M., & Frankel, S. A. (2009). Depression in children. In I. H. Gotlib & C. L. Hammen (Eds.), *Handbook of depression* (2nd ed., pp. 405-443). New York, NY: Guilford.

Garcia, G., Kincannon, H. T., Poston Jr, D. L., & Walther, C. S. (2014). *Patterns of Sexual Activity in China and the United States*. In D. L. Poston, Jr., W.S. Yang, & D. N. Farris (Eds.), The Family and Social Change in Chinese Societies (pp. 99-116). Springer: Netherlands.

Garcia, J., McGowan, B. K., & Green, K. F. (1972). Biological constraints on conditioning. In A. H. Black & W. F. Prokasy (Eds.), *Classical conditioning II: Current research and theory*. New York, NY: Appleton-Century-Crofts.

Garcia-Campayo, J., Claraco, L. M., Sanz-Carrillo, C., Arevalo, E., & Monton, C. (2002). Assessment of a pilot course on the management of somatization disorder for family doctors. *General Hospital Psychiatry, 24,* 101-105.

Garcia-Lopez, L.J., Olivares, J., Beidel, D., Albano, A., Turner, S., & Rosa, A. (2006). Efficacy of three treatment protocols for adolescents with social anxiety disorder: A 5-year follow-up assessment. *Journal of Anxiety Disorders,* 20(2), 175-191. doi: 10.1016/j .janxdis.2005.01.003

Gardiner, C., Kiazand, A., Alhassan, S., Soowon, K., Stafford, R., Balise, R., & King, A. C. (2007). Comparison of the Atkins, Zone, Ornish, and LEARN diets for change in weight and related risk factors among overweight premenopausal women. *JAMA: Journal of the American Medical Association, 297,* 969-977.

Garfield, A. F., & Zigler, E. (1993). Adolescent suicide prevention: Current research and social policy implications. *American Psychologist, 48*(2), 169-182.

Garfinkel, P. E. (1992). Evidence in support of attitudes to shape and weight as a diagnostic criterion of bulimia nervosa. *International Journal of Eating Disorders, 11*(4), 321-325.

Garland, E. L., Howard, M. O., Vaughn, M. G., & Perron, B. E. (2011). Volatile substance misuse in the United States. *Substance Use & Misuse, 46*(Supplement 1), 8-20.

Garlow, S., & Nemeroff, C. B. (2003). Neurobiology of depressive disorders. In R. J. Davidson, K. R. Scherer, & H. H. Goldsmith (Eds.)., *Handbook of affective sciences* (pp. 1021-1043). New York, NY: Oxford University Press.

Garlow, S., Boone, E., Li, W., Owens, M., & Nemeroff, C. (2005). Genetic analysis of the hypothalamic corticotrophin releasing factor system. *Endocrinology, 146,* 2362-2368.

Garmezy, N., & Rutter, M. (Eds.) (1983). *Stress, coping and development in children*. New York, NY: McGraw-Hill.

Garner, D. M., & Fairburn, C. G. (1988). Relationship between anorexia nervosa and bulimia nervosa: Diagnostic implications. In D. M. Garner & P. E. Garfinkel (Eds.), *Diagnostic issues in anorexia nervosa and bulimia nervosa*. New York, NY: Brunner/Mazel.

Garner, D. M., Garfinkel, P. E., Rockert, W., & Olmsted, M. P. (1987). A prospective study of eating disturbances in the ballet. Ninth World Congress of the International College of Psychosomatic Medicine, Sydney, Australia. *Psychotherapy and Psychosomatics, 48*(1-4), 170-175.

Garnier-Dykstra, L. M., Caldeira, K. M., Vincent, K. B., O'Grady, K. E., & Arria, A. M. (2012). Nonmedical use of prescription stimulants during college: Four-year trends in exposure opportunity, use, motives, and sources. *Journal of American College Health, 60*(3), 226-234. doi: 10.1080/07448481.2011.589876

Garrabe, J., & Cousin, F. R. (2012). Acute and transient psychotic disorders. In M. G. Gelder, N. C. Andreasen, J. J. Lopez-Ibor, Jr., & J. R. Geddes (Eds.), *New Oxford textbook of psychiatry* (2nd. ed., Vol. 1, pp. 602-608). New York, NY: Oxford University Press.

Garrity, A. G., Pearlson, G. D., McKiernan, K., Lloyd, D., Kiehl, K. A., & Calhoun, V. D. (2007). Aberrant "default mode" functional connectivity in schizophrenia. *American Journal of Psychiatry, 164*(3), 450-457.

Gatchel, R. (2005). *Clinical essentials of pain management*. Washington, DC: American Psychological Association.

Gatchel, R. J., & Dersh, J. (2002). Psychological disorders and chronic pain: Are there cause--and-effect relationships? In D. C. Turk & R. J. Gatchel (Eds.), *Psychological approaches to pain management: A practitioner's handbook* (2nd ed., pp. 30-51). New York, NY: Guilford.

Gatchel, R. J., & Turk, D. C. (Eds.) (1999). *Psychosocial factors in pain: Critical perspectives*. New York, NY: Guilford.

Gatchel, R. J., Peng, Y. B., Peters, M. L., Fuchs, P. N., & Turk, D. C. (2007). The biopsychosocial approach to chronic pain: Scientific advances and future directions. *Psychological Bulletin, 133,* 581-624.

Gaudreau, J.-D. (2012). Insights into the neural mechanisms underlying delirium. *American Journal of Psychiatry, 169*(5), 450-451. doi: 10.1176/appi.ajp.2012.12020256

Gavin, A. M. (2003). The asylum at Quaise: Nantucket's antebellum poor farm. *Historic Nantucket, 52*(4), 17-20.

Gavin, N. I., Gaynes, B. N., Lohr, K. N., Meltzer-Brody, S., Gartlehner, G., & Swinson, T. (2005). Perinatal depression–A systematic review of prevalence and incidence. *Obstetrics and Gynecology, 106*(5), 1071-1083.

Gaw, A. C. (2008). Cultural issues. In R. E. Hales, S. C. Yudofsky, & G. O. Gabbard (Eds.), *The American Psychiatric Publishing textbook of psychiatry* (5th ed., pp. 1529-1547). Arlington, VA: American Psychiatric Publishing.

Ge, X., Conger, R., & Elder, G. (1996). Coming of age too early: Pubertal influences on girls' vulnerability to psychological distress. *Child Development, 67,* 3386-3400.

Gearhardt, A. N., Bragg, M. A., Pearl, R. L., Schvey, N. A., Roberto, C. A., & Brownell, K. D. (2012). Obesity and public policy. In S. Nolen-Hoeksema, T. D. Cannon, & T. Widiger (Eds.), *Annual review of clinical psychology* (Vol. 8, pp. 404-430). Palo Alto, CA: Annual Reviews.

Gearhardt, A. N., Yokum, S., Orr, P. T., Stice, E., Corbin, W. R., & Brownell, K. D. (2011). Neural correlates of food addiction. *Archives of General Psychiatry, 68*(8), 808-815.

Gearhart, J. P. (1989). Total ablation of the penis after circumcision electrocautery: A method of management and long term follow-up. *Journal of Urology, 42,* 789-801.

Geer, J. H., Morokoff, P., & Greenwood, P. (1974). Sexual arousal in women: The development of a measurement device for vaginal blood volume. *Archives of Sexual Behavior, 3,* 559-564.

Gelernter, J., & Stein, M. B. (2009). Heritability and genetics of anxiety disorders. In M. M. Antony & M. B. Stein (Eds.), *Oxford handbook of anxiety and related disorders*. Oxford, UK: Oxford University Press.

Geller, B., Cooper, T. B., Graham, D. L., Fetaer, H. M., Marsteller, F. A., & Wells, J. M. (1992). Pharmacokinetically designed double blind placebo controlled study of nortriptyline in 6-12 year olds with major depressive disorder: Outcome: Nortriptyline and hydroxy-nortriptyline plasma levels; EKG, BP and side effect measurements. *Journal of the American Academy of Child and Adolescent Psychiatry, 31,* 33-44.

Gendron, M., & Feldman Barrett, L. (2009). Reconstructing the past: A century of ideas about emotion in psychology. *Emotion Review, 1*(4), 316-339.

Generations United. (2006). *Meth and child welfare: Promising solutions for children, their parents and grandparents*. Washington, DC: Author.

George, M. S., Taylor, J. J., & Short, E. B. (2013). The expanding evidence base for rTMS of depression. *Current Opinions in Psychiatry, 26,* 13-18.

Geraerts, E., Lindsay, D. S., Merckelbach, H., Jelicic, M., Raymaekers, L., Arnold, M. M., & Schooler, J. S. (2009). Cognitive mechanisms underlying recovered memory experiences of childhood sexual abuse. *Psychological Science, 20,* 92-98.

Gerard, D. L. (1997). Chiarugi and Pinel considered: Soul's brain/person's mind. *Journal of the History of the Behavioral Sciences, 33*(4), 381-403.

Gerber PJ: The impact of learning disabilities on adulthood: a review of the evidenced-based literature for research and practice in adult education. *Journal of Learning Disabilities, 45*(1), 31-46, 201210.1177/002221 94114266858

Gershon, E. S., Kelsoe, J. R., Kendler, K. S., & Watson, J. D. (2001). It's time to search for susceptibility genes for major mental illnesses. *Science, 294,* 5.

Gerstein, D. R., Volberg, R. A., Toce, M. T., Harwood, H., Johnson, R. A., & Bule, T., & Tucker, A. (1999). *Gambling impact and behavior study: Report to the national gambling impact study commission*. Chicago, IL: National Opinion Research Center at the University of Chicago.

Geschwind, D. H. & Flint, J. (2015). Genetics and genomics of psychiatric disease. *Science, 349,* 1489-1494.

Gesquiere, L. R., Learn, N. H., Simao, M. C. M., Onyango, P. O., Alberts, S. C., & Altmann, J. (2011). Life at the top: Rank and stress in wild male baboons. *Science, 333*(6040), 357-360.

Gershoff, E. T.; Lansford, J. E.; Sexton, H. R.; Davis-Kean, P.; Sameroff, A. J. (2012 May-Jun.). Longitudinal links between spanking and children's externalizing behaviors in a national sample of White, Black, Hispanic, and Asian American families. Child Development, 83(3), 838-843.

Giannotti, F., & Cortesi, F. (2009). Family and cultural influences on sleep development. *Child and Adolescent Psychiatric Clinics of North America, 18*(4), 849-861. doi: 10.1016/j.chc.2009.04.003

Gibbons, R., Hur, K., Bhaumik, D., & Mann, J. (2006). The relationship between antidepressant prescription rates and rate of early adolescent suicide. *American Journal of Psychiatry, 163,* 1898-1904.

Giedke, H., & Schwarzler, F. (2002). Therapeutic use of sleep deprivation in depression. *Sleep Medicine Reviews, 6,* 361-377.

Gielen, A. C., McDonald, E. M., & Shields, W. (20154). Unintentional home injuries across the life span: Problems and solutions. *Annual Review of Public Health, 36,* 231-253.

Gielen, A.C., Sleet, D., & DiClemente, R. (Eds). 2006. *Injury and Violence Prevention: Behavioral Science Theories, Methods, and Applications.* San Francisco, CA: Jossey-Bass.

Giesbrecht, T., Lynn, S. J., Lilienfeld, S. O., & Merckelbach, H. (2008). Cognitive processes in dissociation: An analysis of core theoretical assumptions. *Psychological Bulletin, 134*(5), 617-647.

Giesbrecht, T., Smeets, T., Leppink, J., Jelicic, M., & Merckelbach, H. (2007). Acute dissociation after 1 night of sleep loss. *Journal of Abnormal Psychology, 116*(3), 599-606.

Giese-Davis, J., Collie, K., Rancourt, K. M., Neri, E., Kraemer, H. C., & Spiegel, D. (2011). Decrease in depression symptoms is associated with longer survival in patients with metastatic breast cancer: A secondary analysis. *Journal of Clinical Oncology, 29*(4), 413-420.

Gillberg, C. (1984). Infantile autism and other childhood psychoses in a Swedish urban region: Epidemiological aspects. *Journal of Child Psychology and Psychiatry, 25,* 35-43.

Gillespie, C. F., & Nemeroff, C. B. (2007). Corticotropin-releasing factor and the psychobiology of early-life stress. *Current Directions in Psychological Science, 16*(2), 85-89.

Gillespie-Lynch, K., Sepeta, L., Wang, Y., Marshall, S., Gomez, L., Sigman, M., & Hutman, T. (2012). Early childhood predictors of the social competence of adults with autism. *Journal of Autism and Developmental Disorders, 42*(2), 161-174. doi: 10.1007 /s10803-011-1222-0

Gilmore, J. H. (2010). Understanding what causes schizophrenia: A developmental perspective. *American Journal of Psychiatry, 167*(1), 8-10. doi: 10.1176/appi.ajp.2009.09111588

Giltay, E., Geleijnse, J., Zitman, F., Hoekstra, T., & Schouten, E. (2004). Dispositional optimism and all-cause and cardiovascular mortality in a prospective cohort of elderly Dutch men and women. *Archives of the General Psychiatry, 61,* 1126-1135.

Ginovart, N., & Kapur, S. (2010). Dopamine receptors and the treatment of schizophrenia. In K. A. Neve (Ed.), *The dopamine receptors* (2nd ed., pp. 431-477). New York, NY: Humana Press.

Ginsburg, G. S., & Silverman, W. K. (2000). Gender role orientation and fearfulness in children with anxiety disorders. *Journal of Anxiety Disorders, 14*(1), 57-67.

Ginsburg, G. S., Becker, E. M., Keeton, C. P., Sakolsky, D., Piacentini, J., Albano, A. M., Compton, S. N., Iyengar, S., Sullivan, K., Caporino, N., Peris, T., Birmaher, B., Rynn, M., March, J., & Kendall, P.C. (2014). Naturalistic follow-up of youths treated for pediatric anxiety disorders. *JAMA Psychiatry, 71,* 310.

Ginsburg, G. S., Drake, K. L., Tein, J-Y, Teetsel, R., & Riddle, M. A. (2015). Preventing onset of anxiety disorders in offspring of anxious parents: A randomized controlled trial of a family-based intervention. *American Journal of Psychiatry, 172,* 1207-1214.

Girault, J. A., & Greengard, P. (2004). The neurobiology of dopamine signaling. *Archives of Neurology, 61*(5), 641-644.

Girirajan, S. (2009). Parental-age effects in Down syndrome. *Journal of Genetics, 88*(1), 1-7. doi: 10.1007/s12041-009-0001-6

Gislason, I. L. (1988). Eating disorders in childhood (ages 4 through 11 years). In B. J. Blinder, B. F. Chaitin, & R. S. Goldstein (Eds.), *The eating disorders: Medical and psychological bases of diagnosis and treatment* (pp. 285-293). New York, NY: PMA.

Gitlin, M. J. (2009). Pharmacotherapy and other somatic treatments for depression. In I. H. Gotlib & C. L. Hammen (Eds.), *Handbook of depression* (2nd ed., pp. 554-585). New York, NY: Guilford.

Gjerde, L. C., Czajkowski, N., Røysamb, E., Ørstavik, R. E., Knudsen, G. P., Østby, K., & Reichborn-Kjennerud, T. (2012). The heritability of avoidant and dependent personality disorder assessed by personal interview and questionnaire. *Acta Psychiatrica Scandinavica, 126*(6), 448-457. doi: 10.1111/j.1600-0447.2012.01862.x

Gjerde, L. C., Czajkowski, N., Røysamb, E., Ystrom, E., Tambs, K., Aggen, S. H., . . . & Knudsen, G. P. (2015). A longitudinal, population-based twin study of avoidant and obsessive-compulsive personality disorder traits from early to middle adulthood. *Psychological Medicine, 45*(16), 3539-3548.

Glaser, R., & Kiecolt-Glaser, J. K. (2005). Stress-induced immune dysfunction: Implications for health. *Nature Reviews Immunology, 5*(3), 243-251.

Glaser, R., Kennedy, S., Lafuse, W. P., Bonneau, R. H., Speicher, C. E., Hillhouse, J., & Kiecolt-Glaser, J. K. (1990). Psychological stress-induced modulation of IL-2 receptor gene expression and IL-2 production in peripheral blood leukocytes. *Archives of General Psychiatry, 47,* 707-712.

Glaser, R., Rice, J., Sheridan, J., Fertel, R., Stout, J., Speicher, C., et al. (1987). Stress-related immune suppression: Health implications. *Brain, Behavior, and Immunity, 1,* 7-20.

Glasper, E. R., Schoenfeld, T. J., & Gould, E. (2012). Adult neurogenesis: Optimizing hippocampal function to suit the environment. *Behavioural Brain Research, 227*(2), 380-383.

Glaus, J., Vandeleur, C., Gholam-Rezaee, M., Castelao, E., Perrin, M., Rothen, S., & Preisig, M. (2012). Atypical depression and alcohol misuse are related to the cardiovascular risk in the general population. *Acta Psychiatrica Scandinavica,* 1-12.

Gleason, M. M., Fox, N. A., Drury, S., Smyke, A., Egger, H. L., Nelson, C. A., 3rd, & Zeanah, C. H. (2011). Validity of evidence-derived criteria for reactive attachment disorder: Indiscriminately social/disinhibited and emotionally withdrawn/inhibited types. *Journal of the American Academy of Child and Adolescent Psychiatry, 50*(3), 216-231.e3. doi: 10.1016/j.jaac.2010.12.012

Gleaves, D. H. (1996). The sociocognitive model of dissociative identity disorder: A reexamination of the evidence. *Psychological Bulletin, 120,* 42-59.

Gleaves, D. H., Smith, S. M., Butler, L. D., & Spiegel, D. (2004). False and recovered memories in the laboratory and clinic: A review of experimental and clinical evidence. *Clinical Psychology: Science and Practice. 11*(1), 3-28.

Goater, N., King, M., Cole, E., Leavey, G., Johnson-Sabine, E., Blizard, R., & Hoar, A. (1999). Ethnicity and outcomes of psychosis. *British Journal of Psychiatry, 175,* 34-42.

Godart, N. T., Perdereau, F., Rein, Z., Berthoz, S., Wallier, J., Jeammet, P., & Falment, M. F. (2007). Comorbidity studies of eating disorders and mood disorders. Critical review of the literature. *Journal of Affective Disorders, 97*(1-3), 37-49.

Goel, M. S., McCarthy, E. P., Phillips, R. S., & Wee, C. C. (2004). Obesity among U.S. immigrant subgroups by duration of residence. *JAMA: Journal of the American Medical Association, 292,* 2860-2867.

Goel, A. K., Talwar, D., & Jain, S. K. (2015). Evaluation of short-term use of nocturnal nasal continuous positive airway pressure for a clinical profile and exercise capacity in adult patients with obstructive sleep apnea- hypopnea syndrome. *Lung India, 32*(3), 225.

Goering, P., Durbin, J., Sheldon, C. T., Ochocka, J., Nelson, G., & Krupa, T. (2006). Who uses consumer-run self-help organizations? *American Journal of Orthopsychiatry, 76,* 367-373.

Goff, D. C., & Coyle, J. T. (2001). The emerging role of glutamate in the pathophysiology and treatment of schizophrenia. *American Journal of Psychiatry, 158,* 1367-1377.

Gold, J. H. (1997). Premenstrual dysphoric disorder: What's that? *JAMA: Journal of the American Medical Association, 278,* 1024-1025.

Gold, J. H. (1999). Premenstrual dysphoric disorder: An update. *Journal of Practical Psychiatry and Behavioral Health, 5,* 209-215.

Gold, J. H., Endicott, J., Parry, B. L., Severino, S. K., Stotland, N., & Frank, E. (1996). Late luteal phase dysphoric disorder. In T. A. Widiger, A. J. Frances, H. A. Pincus, Ross, R., First, M. B., & Davis, W. W. (Eds.), *DSM-IV sourcebook* (Vol. 2, pp. 317-394). Washington, DC: American Psychiatric Association.

Gold, S. N., & Seibel, S. L. (2009). Treating dissociation: A contextual approach. In P. F. Dell & J. A. O'Neil (Eds.), *Dissociation and the dissociative disorders: DSM-V and beyond.* (pp. 625-636). New York, NY: Routledge /Taylor & Francis Group.

Goldberg, D., & Fawcett, J. (2012). The importance of anxiety in both major depression and bipolar disorder. *Depression and Anxiety, 29*(6), 471-478.

Goldberg, J. F., Perlis, R. H., Bowden, C. L., Thase, M. E., Miklowitz, D. J., Marangell, L. B., Sachs, G. S. (2009). Manic symptoms during depressive episodes in 1,380 patients with bipolar disorder: Findings from the STEP-BD. *American Journal of Psychiatry, 166*(2), 173-181.

Golden, C. J., Hammeke, T. A., & Purisch, A. D. (1980). *The Luria-Nebraska Battery manual.* Palo Alto, CA: Western Psychological Services.

Golden, R., Gaynes, B., Ekstrom, R., Hmaer, R., Jacobsen, F., Nemeroff, C. B. (2005). The efficacy of light therapy in the treatment of mood disorders: A review and meta-analysis of the evidence. *American Journal of Psychiatry, 162,* 656-662.

Goldfarb, W. (1963). Self-awareness in schizophrenic children. *Archives of General Psychiatry, 8,* 63-76.

Goldin, P. R., Manber, T., Hakimi, S., Canli, T., & Gross, J. J. (2009). Neural bases of social anxiety disorder: Emotional reactivity and cognitive regulation during social and physical threat. *Archives of General Psychiatry, 66*(2), 170-180.

Goldin, P. R., Ziv, M., Jazaieri, H., Hahn, K., Heimberg, R., & Gross, J. J. (2013). Impact of cognitive behavioral therapy for social anxiety disorder on the neural dynamics of cognitive reappraisal of negative self-beliefs: randomized clinical trial. *JAMA Psychiatry , 70*(10), 1048-1056.

Goldman, N., Glei, D. A., Lin, Y., & Weinstein, M. (2010). The serotonin transporter polymorphism (5-HTTLPR): Allelic variation and links with depressive symptoms. *Depression and Anxiety, 27*(3), 260-269.

Goldmeier, D., Garvey, L., & Barton, S. (2008). Does chronic stress lead to increased rates of recurrences of genital herpes?–A review of the psychoneuroimmunilogical evidence. *International Journal of STD and AIDS, 19,* 359-362.

Goldschmidt, A. B., Hilbert, A., Manwaring, J. L., Wilfley, D. E., Pike, K. M., Fairburn, C. G., & Striegel-Moore, R. (2010). The significance of overvaluation of shape and weight in binge eating disorder. *Behaviour Research and Therapy, 48*(3), 187-193.

Goldstein, G., & Shelly, C. (1984). Discriminative validity of various intelligence and neuropsychological tests. *Journal of Consulting and Clinical Psychology, 52,* 383-389.

Goldstein, H. (2002). Communication intervention for children with autism: A review of treatment efficacy. *Journal of Autism and Developmental Disorders, 32*(5), 373-396. doi: 10.1023/a:1020589821992

Goldstein, I., Lue, T. F., Padma-Nathan, H., Rosen, R. C., Steers, W. D., & Wicker, P. A., for the Sildenafil Study Group. (1998). Oral sildenafil in the treatment of erectile dysfunction. *New England Journal of Medicine, 338,* 1397-1404.

Goldstein, J. M., & Lewine, R. R. J. (2000). Overview of sex differences in schizophrenia: Where have we been and where do we go from here? In D. J. Castle, J. McGrath, & J. Kulkarni (Eds.), *Women and schizophrenia* (pp. 111-143). Cambridge, UK: Cambridge University Press.

Goldstein, S., & Brooks, R. B. (Eds.). (2013). *Handbook of resilience in children* (2nd ed.). New York, NY: Springer.

Goldston, D., Reboussin, B., & Daniel, S. (2006). Predictors of suicide attempts: State and trait components. *Journal of Abnormal Psychology, 115,* 842-849.

Goldston, D. B., Molock, S. D., Whitbeck, L. B., Murakami, J. L., Zayas, L. H., & Hall, G. C. N. (2008). Cultural considerations in adolescent suicide prevention and psychosocial treatment. *American Psychologist, 63*(1), 14-31.

Golembo-Smith, S., Schiffman, J., Kline, E., Sørensen, H. J., Mortensen, E. L., Stapleton, L., . . . & Mednick, S. (2012). Premorbid multivariate markers of neurodevelopmental instability in the prediction of adult schizophrenia-spectrum disorder: a high-risk prospective investigation. *Schizophrenia Research, 139*(1), 129-135.

Golier, J., Yehuda, R., Lupien, S., Harvey, P., Grossman, R., & Elkin, A. (2002). Memory performance in Holocaust survivors with post-traumatic stress disorder. *American Journal of Psychiatry, 159,* 1682-1688.

Gomez-Caminero, A., Blumentals, W. A., Russo, L., Brown, R. R., & Castilla-Puentes, R. (2005). Does panic disorder increase the risk of coronary heart disease? A cohort study of a national managed care database. *Psychosomatic Medicine, 67,* 688-691.

Gomez-Gil, E., Steva, I., Almaraz, M. C., Pasara, E., Segovia, S., & Guillamon, A. (2010). Familiality of gender identity disorder in non-twin siblings. *Archives of Sexual Behavior, 39,* 546-552.

Gong, Q., Dazzan, P., Scarpazza, C., Kasai, K., Hu, X., Marques, T. R., . . . & David, A. S. (2015). A neuroanatomical signature for schizophrenia across different ethnic groups. *Schizophrenia Bulletin,* sbv109.

Gonzalez, J. S., Batchelder, A. W., Psaros, C. P., & Safren, S. A. (2011). Depression and HIV/AIDS treatment nonadherence: A review and meta-analysis. *Journal of Acquired Immune Deficiency Syndromes, 58*(2), 181-187.

Gonzalez, J. S., Hendriksen, E. S., Collins, E. M., Duran, R. E., & Safren, S. A. (2009). Latinos and HIV/AIDS: Examining factors related to disparity and identifying opportunities for psychosocial intervention research. *AIDS and Behavior, 13*(3), 582-602.

Good, B. J., & Kleinman, A. M. (1985). Culture and anxiety: Cross-cultural evidence for the patterning of anxiety disorders. In A. H. Tuma & J. D. Maser (Eds.), *Anxiety and the anxiety disorders* (pp. 297-313). Hillsdale, NJ: Erlbaum.

Goodale, G., Callahan, L., & Steadman, H. J. (2013). Law and psychiatry: What can we say about mental health courts today? *Psychiatric Services, 64*(4), 298-300.

Goodkin, K., Baldewicz, T. T., Asthana, D., Khamis, I., Blaney, N. T., Kumar, M., & Shapshak, P. (2001). A bereavement support group intervention affects plasma burden of human immunodeficiency virus type 1. Report of a randomized controlled trial. *Journal of Human Virology, 4,* 44-54.

Goodman, G. S., Ghetti, S., Quas, J. A., Edelstein, R. S., Alexander, K. W., Redlich, A. D., Cordon, I. M., & Jones, D. P. H. (2003). A prospective study of memory for child sexual abuse: New findings relevant to the repressed /lost memory controversy. *Psychological Science, 14*(2), 113-118.

Goodman, G. S., Quas, J. A., & Ogle, C. M. (2010). Child maltreatment and memory. *Annual Reviews of Psychology, 61,* 325-351. doi: 10.1146/annurev.psych.093008.100403

Goodman, R., & Scott, S. (2012). Sleep disorders. In R. Goodman & S. Scott (Eds.), *Child and adolescent psychiatry* (3rd ed., pp. 163-170).

Goodnough, A. (2002). Post-9/11 pain found to linger in young minds. Available at http://www.nytimes.com/2002/05/02 /health/02SCHO.html?todaysheadlines

Goodrick, S. (2014). Defining narcolepsy. *The Lancet Neurology, 13*(6), 542.

Goodwin, D. W., & Gabrielli, W. F. (1997). Alcohol: Clinical aspects. In J. H. Lowinson, P. Ruiz, R. B. Millman, & J. G. Langrod (Eds.), *Substance abuse: A comprehensive textbook* (pp. 142-148). Baltimore, MD: Williams & Wilkins.

Goodwin, D. W., & Guze, S. B. (1984). *Psychiatric diagnosis* (3rd ed.). New York, NY: Oxford University Press.

Goodwin, F. K., & Ghaemi, S. N. (1998). Understanding manic-depressive illness. *Archives of General Psychiatry, 55*(1), 23-25.

Goodwin, F. K., & Jamison, K. R. (Eds.) (2007). *Manic depressive illness: Bipolar disorders and recurrent depression* (2nd ed.). New York, NY: Oxford University Press.

Goodwin, F. K., Fireman, B., Simon, G. E., Hunkeler, E. M., Lee, J., & Revicki, D. (2003). Suicide risk in bipolar disorder during treatment with lithium and divalproex. *JAMA: Journal of the American Medical Association, 290,* 1467-1473.

Goodwin, G. M. (2009). Neurobiological aetiology of mood disorders. In M. G. Gelder, N. C. Andreasen, J. J. Lopez-Ibor, Jr., & J. R. Geddes (Eds.), *New Oxford textbook of psychiatry* (2nd ed., Vol. 1, pp. 658-664). Oxford, UK: Oxford University Press.

Goodwin, P. J., Leszcz, M., Ennis, M., Koopmans, J., Vincent, L., Guther, H., & Hunter, J. (2001). The effect of group psychosocial support on survival in metastatic breast cancer. *New England Journal of Medicine, 345,* 1719-1726.

Goos, L. M., Crosbie, J., Payne, S., & Schachar, R. (2009). Validation and extension of the endophenotype model in ADHD patterns of inheritance in a family study of inhibitory control. *American Journal of Psychiatry, 166*(6), 711-717.

Gordis, E. (2000). Alcohol, the brain, and behavior: Mechanisms of addiction. *Alcohol Research & Health, 24*(1), 12-15.

Gordon, J. A. (2002). Anxiolytic drug targets: Beyond the usual suspects. *Journal of Clinical Investigation, 110*(7), 915-917.

Gordon, S. (2015). The danger zone: How the dangerousness standard in civil commitment proceedings harms people with serious mental illness. *Utah Law Review,* paper 911.

Gordon, L., Joo, J. E., Powell, J. E., Ollikainen, M., Novakovic, B., Li, X., & Saffery, R. (2012). Neonatal DNA methylation profile in human twins is specified by a complex interplay between intrauterine environmental and genetic factors, subject to tissue-specific influence. *Genome Research, 22*(8), 1395-1406. doi: 10.1101/gr.136598.111

Gore-Felton, C., & Koopman, C. (2008). Behavioral mediation of the relationship between psychosocial factors and HIV disease progression. *Psychosomatic Medicine, 70,* 569-574.

Gorenstein, E. E., & Newman, J. P. (1980). Disinhibitory psychopathology: A new perspective and a model for research. *Psychological Review, 87,* 301-315.

Gotlib, I. H., & Abramson, L. Y. (1999). Attributional theories of emotion. In T. Dagleish & M. J. Power (Eds.), *Handbook of cognition and emotion* (pp. 613-636). Chichester, U.K: Wiley.

Gotlib, I. H., & Hammen, C. L. (2009). *Handbook of depression* (2nd ed.). New York, NY: Guilford.

Gotlib, I. H., & Joormann, J. (2010). Cognition and depression: Current status and future directions. *Annual Review of Clinical Psychology, 6,* 285-312.

Gotlib, I. H., & Krasnoperova, E. (1998). Biased information processing as a vulnerability factor for depression. *Behavior Therapy, 29,* 603-617.

Gotlib, I. H., & Nolan, S. A. (2001). Depression. In A. S. Bellack & M. Hersen (Eds.), *Psychopathology in adulthood* (2nd ed., pp. 252-277). Boston, MA: Allyn & Bacon.

Gotlib, I. H., Joormann, J., & Foland-Ross, L. C. (2014). Understanding familial risk for depres-

REFERÊNCIAS BIBLIOGRÁFICAS **665**

sion: A 25-year perspective. *Perspectives on Psychological Science, 9*, 94-108.

Gotlib, I. H., Ranganath, C., & Rosenfeld, J. P. (1998). Frontal EEG alpha asymmetry, depression, and cognitive functioning. *Cognition and Emotion, 12*, 449-478.

Gotlib, I. H., Roberts, J. E., & Gilboa, E. (1996). Cognitive interference in depression. In I. G. Sarason, G. R. Pierce, & B. R. Sarason (Eds.), *Cognitive interference: Theories, methods, and findings* (pp. 347-377). Mahwah, NJ: Erlbaum.

Gottesman, I. I. (1991). *Schizophrenia genesis: The origins of madness.* New York, NY: W. H. Freeman.

Gottesman, I. I., & Bertelsen, A. (1989). Dual mating studies in psychiatry: Offspring of inpatients with examples from reactive (psychogenic) psychoses. *International Review of Psychiatry, 1*, 287-296.

Gottfredson, L., & Saklofske, D. H. (2009). Intelligence: Foundations and issues in assessment. *Canadian Psychology/Psychologie canadienne, 50*(3), 183-195.

Gottlieb, G. (1998). Normally occurring environmental and behavioral influences on gene activity: From central dogma to probabilistic epigenesis. *Psychological Review, 105*, 492-802.

Gould, M. (1990). Suicide clusters and media exposure. In S. J. Blumenthal & D. J. Kupfer (Eds.), *Suicide over the life cycle: Risk factors, assessment and treatment of suicidal patients* (pp. 517-532). Washington, DC: American Psychiatric Press.

Gould, M., Marrocco, F., Kleinman, M., Thomas, J., Mostkoff, K., Cote, J., & Davies, M. (2005). Evaluating iatrogenic risk of youth suicide screening programs. *JAMA: Journal of the American Medical Association, 293*, 1635-1643.

Gould, M. S. (2001). Suicide and the media. *Annals of the New York Academy of Sciences, 932*, 200-221; discussion 221-224.

Gould, M. S., Greenberg, T., Velting, D. M., & Shaffer, D. (2003). Youth suicide risk and preventive interventions: A review of the past 10 years. *Journal of the American Academy of Child and Adolescent Psychiatry, 42*(4), 386-405.

Gould, S. J. (1991). The chain of reason versus the chain of thumbs. In *Bully for brontosaurus: Reflections in natural history* (pp. 182-197). New York, NY: Norton.

Goyal, M., Singh, S., Sibinga, E. M., Gould, N. F., Rowland-Seymour, A., Sharma, R., Berger, Z., Sleicher, D., Maron, D. D., Shihab, H. M., Ranasinghe, P. D., Linn, S., Saha, S., Bass, E. B., & Haythornwaite, J. A. (2014). Meditation programs for psychological stress and well-being: A systematic review and meta-analysis. *JAMA Internal Medicine, 174*(3), 357-368.

Grabbe, K. L., & Bunnell, R. (2010). Reframing HIV prevention in sub-saharan Africa using couple-centered approaches. *JAMA: Journal of the American Medical Association, 304*, 346-347.

Grabe, S., & Hyde, J. S. (2006). Ethnicity and body dissatisfaction among women in the United States: A meta-analysis. *Psychological Bulletin, 132*, 622-640.

Grabe, S., Ward, L. M., & Hyde, J. S. (2008). The role of the media in body image concerns among women. A meta-analysis of experimental and correlational studies. *Psychological Bulletin, 134*(3), 460-476.

Grados, M. A., Riddle, M. A., Samuels, J. F., Liang, K-Y., Hoehn-Saric, R., Bienvenu, O. J., & Nes-

tadt, J. (2001). The familial phenotype of obsessive-compulsive disorder in relation to tic disorders: The Hopkins OCD family study. *Biological Psychiatry, 50*, 559-565.

Grady-Weliky, T. (2003). Premenstrual dysphoric disorder. *New England Journal of Medicine, 345*, 433-438.

Graeff, F. G. (1993). Role of 5-ht in defensive behavior and anxiety. *Review in the Neurosciences, 4*, 181-211.

Graeff, F. G. (2004). Serotonin, the periaqueductal gray and panic. *Neuroscience and Biobehavioral Reviews, 28*, 239-259.

Graff, F. S., McClure, M. M., & Siever, L. J. (2014). Remediation and Cognitive Enhancers in Schizotypal Personality Disorder. *Current Treatment Options in Psychiatry, 1*(4), 369-375.

Graham, C. A. (2010). The DSM criteria for female orgasmic disorder. *Archives of Sexual Behavior, 39*, 256-270.

Granic, I., & Patterson, G. R. (2006). Toward a comprehensive model of antisocial development: A dynamic systems approach. *Psychological Review, 113*, 101-131.

Granillo, M. T., Perron, B. E., Jarman, C., & Gutowski, S. M. (2013). Cognitive behavioral therapy with substance use disorders: Theory, evidence, and practice. In M. G. Vaughn & B. E. Perron (Eds.), *Social work practice in the addictions* (pp. 101-118). New York, NY: Springer.

Grant, B., Chou, S., Goldstein, R., Huang, B., Stinson, F., Saha, T., & Pickering, R, P. (2008). Prevalence, correlates, disability, and comorbidity of DSM-IV borderline personality disorder: Results from the Wave 2 National Epidemiologic Survey on Alcohol and Related Conditions. *The Journal of Clinical Psychiatry, 69*(4), 533.

Grant, B. F., Hasin, D. S., Stinson, F. S., Dawson, D. A., Ruan, J., Goldstein, R. B., Smith, S. M., Saha, T. D., & Huang, B. (2005). Prevalence, correlates, comorbidity, and comparative disability of DSM-IV generalized anxiety disorder in the USA: Results from the National Epidemiological Survey of Alcohol and Related Conditions. *Psychological Medicine, 35*, 747-759.

Grant, B. F., Stinson, F. S., Dawson, D. A., Chou, S. P., DuFour, M. C., Compton, W., Pickering, R. P., & Kaplan, K. (2004). Prevalence and co-occurrence of substance use disorders and independent mood and anxiety disorders: Results from the national survey on alcohol and related conditions. *Archives of General Psychiatry, 61*, 807-816.

Grant, I., Patterson, T. L., & Yager, J. (1988). Social supports in relation to physical health and symptoms of depression in the elderly. *American Journal of Psychiatry, 145*(10), 1254-1258.

Grant, J. E., & Kim, S. W. (2002). Temperament and early environmental influences in kleptomania. *Comprehensive Psychiatry, 43*, 223-229.

Grant, J. E., Correia, S., & Brennan-Krohn, T. (2006). White matter integrity in kleptomania: A pilot study. *Psychiatry Research: Neuroimaging, 147*, 233-237.

Grant, K. E., Compas, B. E., Thurm, A. E., McMahon, S. D., & Gipson, P. Y. (2004). Stressors and child and adolescent psychopathology: Measurement issues and prospective effects. *Journal of Clinical Child and Adolescent Psychology, 33*(2), 412-425.

Grant, J. E. (2003). Family history and psychiatric comorbidity in persons with kleptomania. *Comprehensive Psychiatry, 44*(6), 437-441.

Grant, J. E., Kim, S. W., & Odlaug, B. L. (2009). A double-blind, placebo-controlled study of the opiate antagonist, naltrexone, in the treatment of kleptomania. *Biological Psychiatry, 65*(7), 600-606.

Grant, J. E., Odlaug, B. L., & Kim, S. W. (2010). Kleptomania: Clinical characteristics and relationship to substance use disorders. *The American Journal of Drug and Alcohol Abuse, 36*(5), 291-295.

Grant, J.E., Odlaug, B. L. & Schreiber, L.R.N. (2015). Pathologic gambling: Clinical characteristics and treatment. In R.K. Ries, D.A. Fiellin, S.C. Miller, & R. Saitz (Eds.), *The ASAM principles of addiction medicine* (5th Ed., pp. 575-587). New York, NY: Wolters Kluwer.

Grant, J. E., Stein, D. J., Woods, D. W., & Keuthen, N. J. (Eds.). (2012). *Trichotillomania, skin picking, and other body-focused repetitive behaviors.* Arlington, VA: American Psychiatric Publishing.

Gratten, J., Wray, N. R., Keller, M. C., & Visscher, P. M. (2014). Large-scale genomics unveils the genetic architecture of psychiatric disorders. *Nature Neuroscience, 17*, 782-790.

Gray, J. A. (1982). *The neuropsychology of anxiety.* New York, NY: Oxford University Press.

Gray, J. A. (1985). Issues in the neuropsychology of anxiety. In A. H. Tuma & J. D. Maser (Eds.), *Anxiety and the anxiety disorders* (pp. 5-25). Hillside, NJ: Erlbaum.

Gray, J. A. (1987). *The psychology of fear and stress* (2nd ed.). New York, NY: Cambridge University Press.

Gray, J. A., & Buffery, A. W. H. (1971). Sex differences in emotional and cognitive behavior in mammals including man: Adaptive and neural bases. *Acta Psychologica, 35*, 89-111.

Gray, J. A., & McNaughton, N. (1996). The neuropsychology of anxiety: Reprise. In D. A. Hope (Ed.), *Perspectives on anxiety, panic and fear* (The 43rd Annual Nebraska Symposium on Motivation) (pp. 61-134). Lincoln: Nebraska University Press.

Gray, J. A., & McNaughton, N. (2003). *The neuropsychology of anxiety: An enquiry into the function of the septo-hippocampal system.* Oxford, UK: Oxford University Press.

Graybar, S. R., & Boutilier, L. R. (2002). Nontraumatic pathways to borderline personality disorder. *Psychotherapy: Theory /Research/Practice/ Training, 39*, 152-162.

Grazzi, L., Andrasik, F., D'Amico, D., Leone, M., Usai, S., Kass, S. J., & Bussone, G. (2002). Behavioral and pharmacologic treatment of transformed migraine with analgesic overuse: Outcome at 3 years. *Headache, 42*, 483-490.

Grebb, J. A., & Carlsson, A. (2009). Introduction and considerations for a brain-based diagnostic system in psychiatry. In B. J. Sadock, V. A. Sadock, & P. Ruiz (Eds.), *Kaplan & Sadock's comprehensive textbook of psychiatry* (9th ed., Vol. I, pp. 1-5). Philadelphia, PA: Lippincott Williams & Wilkins.

Greely, H., & Simpson, J. R. (2012). *Neuroimaging in forensic psychiatry: From the clinic to the courtroom.* New York, NY: Wiley.

Green, B. L., Grace, M. C., Lindy, J. D., Titchener, J. L., & Lindy, J. G. (1983). Levels of functional impairment following a civilian disaster: The Beverly Hills Supper Club fire. *Journal of Consulting and Clinical Psychology, 51*, 573-580.

Green, C. R., Ndao-Brumblay, S. K., & Hart-Johnson, T. (2009). Sleep problems in a racially diverse chronic pain population. *The Clinical Journal of Pain, 25*(5), 423-430.

Green, R. (1987). *The "sissy boy syndrome" and the development of homosexuality.* New Haven, CT: Yale University Press.

Green, R., & Money, J. (1969). *Transsexualism and sex reassignment.* Baltimore, MD: Johns Hopkins Press.

Green McDonald, P., O'Connell, M., & Suls, J. (2015). Cancer control falls squarely within the province of the psychological sciences. *American Psychologist, 70*(2), 61.

Greenberg, B. D., Rauch, S. L., & Haber, S. N. (2010). Invasive circuitry-based neurotherapeutics: Stereotactic ablation and deep brain stimulation for OCD. *Neuropsychopharmacology, 35*(1), 317-336. doi: 10.1038/npp.2009.128

Greenberg, D. R., & LaPorte, D. L. (1996). Racial differences in body type preferences of men for women. *International Journal of Eating Disorders, 19,* 275-278.

Greenberg, H. R. (2005). Impulse-control disorders not elsewhere classified. In B. J. Sadock & V. A. Sadock (Eds.), *Kaplan & Sadock's comprehensive textbook of psychiatry* (8th ed., pp. 2035-2054). Philadelphia, PA: Lippincott, Williams & Wilkins.

Greenough, W. T., Withers, G. S., & Wallace, C. S. (1990). Morphological changes in the nervous system arising from behavioral experience: What is the evidence that they are involved in learning and memory? In L. R. Squire & E. Lindenlaub (Eds.), *The biology of memory, Symposia Medica Hoescht 23* (pp. 159-183). Stuttgart/ New York, NY: Schattauer Verlag.

Greenwood, T. A., Lazzeroni, L. C., Calkins, M. E., Freedman, R., Green, M. F., Gur, R. E., . . . & Radant, A. D. (2016). Genetic assessment of additional endophenotypes from the Consortium on the Genetics of Schizophrenia Family Study. *Schizophrenia Research, 170*(1), 30-40.

Greenwood, T. A., Lazzeroni, L. C., Murray, S. S., Cadenhead, K. S., Calkins, M. E., Dobie, D. J., . . . & Braff, D. L. (2014). Analysis of 94 candidate genes and 12 endophenotypes for schizophrenia from the Consortium on the Genetics of Schizophrenia. *American Journal of Psychiatry, 168*(9), 930-946. http://dx.doi.org/10.1176/appi.ajp.2011.10050723

Greenwood, T. A., Swerdlow, N. R., Gur, R. E., Cadenhead, K. S., Calkins, M. E., Dobie, D. J., & Braff, D. L. (2013). Genome-wide linkage analyses of 12 endophenotypes for schizophrenia from the Consortium on the Genetics of Schizophrenia. *American Journal of Psychiatry, 170*(5), 521-532.

Greeven, A., Van Balkom, A., Visser, S., Merkelbach, J., Van Rood, Y., Van Dyck, R., & Spinhoven, P. (2007). Cognitive behavior therapy and paroxetine in the treatment of hypochondriasis: A randomized controlled trial. *American Journal of Psychiatry, 164,* 91-99.

Gregg, N. (2013). Adults with learning disabilities: Factors contributing to persistence. In H. L. Swanson, K. R. Harris, & S. Graham (Eds.), *Handbook of learning disabilities* (2nd ed., pp. 85-103). New York, NY: Guilford.

Gregoire, A. (1992). New treatments for erectile impotence. *British Journal of Psychiatry, 160,* 315-326.

Greydanus, D. E., Kaplan, G., & Patel, D. R. (2015). Pharmacology of autism spectrum disorder. In S. H. Fatemi (Ed.), *Molecular basis of autism* (pp. 173-194). New York: Springer.

Griffith, E. E. H., English, T., & Mayfield, U. (1980). Possession, prayer and testimony: Therapeutic aspects of the Wednesday night meeting in a black church. *Psychiatry, 43*(5), 120-128.

Griffiths, R., Richards, W., Johnson, M., McCann, U., & Jesse, R. (2008). Mystical-type experiences occasioned by psilocybin mediate the attribution of personal meaning and spiritual significance 14 months later. *Journal of Psychopharmacology, 22*(6), 621.

Griffiths, R. R., Richards, W. A., McCann, U., & Jesse, R. (2006). Psilocybin can occasion mystic-type experiences having substantial and sustained personal meaning and spiritual significance. *Psychopharmacology, 187,* 268-283.

Grilo, C. M., Crosby, R. D., Wilson, G. T., & Masheb, R. M. (2012). 12-Month follow-up of fluoxetine and cognitive behavioral therapy for binge eating disorder. *Journal of Consulting and Clinical Psychology, 80*(6), 1108-1113.

Grilo, C. M., Masheb, R. M., & White, M. A. (2010). Significance of overvaluation of shape /weight in binge-eating disorder: Comparative study with overweight and bulimia nervosa. *Obesity, 18,* 499-504.

Grilo, C. M., Masheb, R. M., & Wilson, G. T. (2001). Subtyping binge eating disorder. *Journal of Consulting and Clinical Psychology, 69,* 1066-1072.

Grilo, C. M., Masheb, R. M., & Wilson, G. T. (2005). Efficacy of cognitive behavioral therapy and fluoxetine for the treatment of binge eating disorder: A randomized double-blind placebo-controlled comparison. *Biological Psychiatry, 57*(3), 301-309.

Grilo, C. M., Masheb, R. M., & Wilson, G. T. (2006). Rapid response to treatment for binge eating disorder. *Journal of Consulting and Clinical Psychology, 74,* 602-613.

Grilo, C. M., Masheb, R. M., Wilson, G. T., Gueorguieva, R., & White, M. A. (2011). Cognitive-behavioral therapy, behavioral weight loss, and sequential treatment for obese patients with binge-eating disorder: A randomized controlled trial. *Journal of Consulting and Clinical Psychology, 79*(5), 675-685.

Grinspoon, L., & Bakalar, J. B. (1980). Drug dependence: Non-narcotic agents. In H. I. Kaplan, A. M. Freedman, & B. J. Sadock (Eds.), *Comprehensive textbook of psychiatry* (3rd ed., pp. 1614-1629). Baltimore, MD: Williams & Wilkins.

Grisham, J., Frost, R. O., Steketee, G., Kim, H. J., & Hood, S. (2006). Age of onset of compulsive hoarding. *Journal of Anxiety Disorders, 20,* 675-686.

Grisham, J. R., & Barlow, D. H. (2005). Compulsive hoarding: Current research and theory. *Journal of Psychopathology and Behavioral Assessment, 27,* 45-52.

Grisham, J. R., Norberg, M. M., & Certoma, S. P. (2012). Treatment of compulsive hoarding. In G. Steketee (Ed.), *The Oxford handbook of obsessive compulsive and spectrum disorders* (pp. 422-435). New York, NY: Oxford University Press.

Grizenko, N., Fortier, M.-E., Zadorozny, C., Thakur, G., Schmitz, N., Duval, R., & Joober, R. (2012). Maternal stress during pregnancy, ADHD symptomatology in children and genotype: Gene-environment interaction. *Journal of the Canadian Academy of Child and Adolescent Psychiatry, 21*(1), 9.

Gross, J. J. (2014). *Handbook of emotion regulation* (2nd ed.). New York, NY: Guilford.

Grossardt, B. R., Bower, J. H., Geda, Y. E., Colligan, R. C., & Rocca, W. A. (2009). Pessimistic, anxious, and depressive personality traits predict all-cause mortality: The Mayo Clinic Cohort Study of Personality and Aging. *Psychosomatic Medicine, 71,* 491-500.

Grossman, C. I., Purcell, D. W., Rotheram-Borus, M. J., & Veniegas, R. (2013). Opportunities for HIV combination prevention to reduce racial and ethnic health disparities. *American Psychologist, 68*(4), 237-246.

Grosz, H. J., & Zimmerman, J. (1965). Experimental analysis of hysterical blindness: A follow-up report and new experimental data. *Archives of General Psychiatry, 13,* 255-260.

Grosz, H. J., & Zimmerman, J. (1970). A second detailed case study of functional blindness: Further demonstration of the contribution of objective psychological laboratory data. *Behavior Therapy, 1,* 115-123.

Gruber, J., Johnson, S. L., Oveis, C., & Keltner, D. (2008). Risk for mania and positive emotional responding: Too much of a good thing? *Emotion, 8*(1), 23-33.

Gu, D., Kelly, T. N., Wu. X., Chen, J., Samet, J. M., Huang, J. F., & He, J. (2009). Mortality attributable to smoking in China. *New England Journal of Medicine, 360,* 150-159.

Guastella, A. J., Einfeld, S. L., Gray, K. M., Rinehart, N. J., Tonge, B. J., Lambert, T. J., Hickie, I. (2010). Intranasal oxytocin improves emotion recognition for youth with autism spectrum disorders. *Biological Psychiatry, 67*(7), 692-694.

Guedeney, N. (2007). Withdrawal behavior and depression in infancy. *Infant Mental Health Journal, 28,* 393-408.

Guilleminault, C. (1989). Clinical features and evaluation of obstructive sleep apnea. In M. H. Kryger, T. Roth, & W. C. Dement (Eds.), *Principles and practice of sleep medicine* (pp. 552-558). Philadelphia, PA: W. B. Saunders.

Gulliksson, M., Burell, G., Vessby, B., Lundin, L., Toss, H., & Svärdsudd, K. (2011). Randomized controlled trial of cognitive behavioral therapy vs standard treatment to prevent recurrent cardiovascular events in patients with coronary heart disease: Secondary Prevention in Uppsala Primary Health Care project (SUPRIM). *Archives of Internal Medicine, 171*(2), 134-140.

Gündel, H., O'Connor, M. F., Littrell, L., Fort, C., & Lane, R. D. (2003). Functional neuroanatomy of grief: An FMRI study. *American Journal of Psychiatry, 160,* 1946-1953.

Gunderson, J. G. (2011). Borderline personality disorder. *New England Journal of Medicine, 364,* 2037-2042.

Gunderson, J. G., Ronningstam, E., & Smith, L. E. (1991). Narcissistic personality disorder: A review of data on DSM-III-R descriptions. *Journal of Personality Disorders, 5,* 167-177.

Gunderson, J. G., Stout, R. L., McGlashan, T. H., Shea, M. T., Morey, L.C., ... & Zanarini, M.C. (2011). Ten-year course of borderline personality disorder: psychopathology and function from the Collaborative Longitudinal Personality Disorders study. *Archives of General Psychiatry, 68*(8), 827-837.

Gunn, M., & Wheat, K. (2012). General principles of law relating to people with mental disorder. In M. G. Gelder, N. C. Andreasen, J. J. Lopez-Ibor, Jr., & J. R. Geddes (Eds.), *New Oxford Textbook of Psychiatry* (2nd. ed., Vol. 2, pp. 1895-1907). New York, NY: Oxford University Press.

Gunnar, M. R., & Fisher, P. A. (2006). Bringing basic research on early experience and stress neurobiology to bear on preventive interventions for neglected and maltreated children. *Development and Psychopathology, 18*(3), 651-677.

Gunnar, M. R., Hostinar, C. E., Sanches, M. M., Tottenam, N., & Sullivan, R. M. (2015). Parental buffering of fear and stress neurobiology: Reviewing parallels across rodent, monkey, and human models. *Social Neuroscience, 10*, 474-478.

Gupta, S., & Bonanno, G. A. (2011). Complicated grief and deficits in emotional expressive flexibility. *Journal of Abnormal Psychology, 120*(3), 635-643.

Gur, R. E., Nimgaonkar, V. L., Almasy, L., Calkins, M. E., Ragland, J. D., Pogue-Geile, M. F., & Gur, R. C. (2007). Neurocognitive endophenotypes in a multiplex multigenerational family study of schizophrenia. *American Journal of Psychiatry, 164*, 813-819.

Guralnik, O., Giesbrecht, T., Knutelska, M., Sirroff, B., & Simeon, D. (2007). Cognitive functioning in depersonalization disorder. *Journal of Nervous and Mental Disease, 195*(12), 983-988.

Guralnik, O., Schmeidler, J., & Simeon, D. (2000). Feeling unreal: Cognitive processes in depersonalization. *American Journal of Psychiatry, 157*(1), 103-109.

Gureje, O. (2004). What can we learn from a cross-national study of somatic distress? *Journal of Psychosomatic Research, 56*, 409-412.

Gureje, O., Simon, G. E., Ustun, T. B., & Goldberg, D. P. (1997). Somatization in cross-cultural perspective: A World Health Organization study in primary care. *American Journal of Psychiatry, 154*, 989-995.

Gurvits, T. V., Shenton, M. E., Hokama, H., Ohta, H., Lasko, N. B., Gilbertson, M. W., & Pitman, R. K. (1996). Magnetic resonance imaging study of hippocampal volume in chronic, combat-related posttraumatic stress disorder. *Biological Psychiatry, 40*, 1091-1099.

Gusella, J. F., Wexler, N. S., Conneally, P. M., Naylor, S. L., Anderson, M. A., Tanzi, R. E., & Martin, J. B. (1983). A polymorphic DNA marker genetically linked to Huntington's disease. *Nature, 306*, 234-239.

Gustad, J., & Phillips, K. A. (2003). Axis I comorbidity in body dysmorphic disorder. *Comprehensive Psychiatry, 44*, 270-276.

Gustafson, L., & Brun, A. (2012). Frontotemporal dementias. In M. G. Gelder, N. C. Andreasen, J. J. Lopez-Ibor, Jr., & J. R. Geddes (Eds.), *New Oxford Textbook of Psychiatry* (2nd. ed., Vol. 1, pp. 344-350). New York, NY: Oxford University Press.

Guttmannova, K., Bailey, J. A., Hill, K. G., Lee, J. O., Hawkins, J. D., Woods, M. L., & Catalano, R. F. (2011). Sensitive periods for adolescent alcohol use initiation: Predicting the lifetime occurrence and chronicity of alcohol problems in adulthood. *Journal of Studies on Alcohol and Drugs, 72*(2), 221-231.

Guze, S. B., Cloninger, C. R., Martin, R. L., & Clayton, P. J. (1986). A follow up and family study of Briquet's syndrome. *British Journal of Psychiatry, 149*, 17-23.

Hackett, T. P., & Cassem, N. H. (1973). Psychological adaptation to convalescence in myocar-

dial infarction patients. In J. P. Naughton, H. K. Hellerstein, & I. C. Mohler (Eds.), *Exercise testing and exercise training in coronary heart disease.* New York, NY: Academic Press.

Haddad, P. M., Brain, C., & Scott, J. (2014). Nonadherence with antipsychotic medication in schizophrenia: challenges and management strategies. *Patient Related Outcome Measures, 5*, 43-62.

Hadland, S. E., Austin, S. B., Goodenow, C. S., & Calzo, J. P. (2014). Weight misperception and unhealthy weight control behaviors among sexual minorities in the general adolescent population. *Journal of Adolescent Health, 54*(3), 296-303.

Hadley, S., Kim, S., Priday, L., & Hollander, E. (2006). Pharmacologic treatment of body dysmorphic disorder. *Primary Psychiatry, 13*, 61-69.

Haeffel, G. J., & Hames, J. L. (2014). Cognitive vulnerability to depression can be contagious. *Clinical Psychological Science, 2*, 75-85.

Haenen, M. A., de Jong, P. J., Schmidt, A. J. M., Stevens, S., & Visser, L. (2000). Hypochondriacs' estimation of negative outcomes: Domain-specificity and responsiveness to reassuring and alarming information. *Behaviour Research and Therapy, 38*, 819-833.

Hahn, T., Kircher, T., Straube, B., Wittchen, H-U., Konrad, C., Ströhle, A., Wittmann, A., Pfleiderer, B., Reif, A., Arolt, V., & Lueken, U. (2015). Predicting treatment response to cognitive behavioral therapy in panic disorder with agoraphobia by integrating local neural information. *JAMA Psychiatry, 72*, 68-74.

Hall, D. E., Eubanks, L., Meyyazhagan, S., Kenney, R. D., & Cochran Johnson, S. (2000). Evaluation of covert video surveillance in the diagnosis of Munchausen syndrome by proxy: Lessons from 41 cases. *Pediatrics, 6*, 1305-1312.

Hall, K. (2007). Sexual dysfunction and childhood sexual abuse: Gender differences and treatment implications. In S. R. Leiblum (Ed.), *Principles and practice of sex therapy* (4th ed., pp. 350-378). New York, NY: Guilford.

Hall, L. S., & Love, C. T. (2003). Finger-length ratios in female monozygotic twins discordant for sexual orientation. *Archives of Sexual Behavior, 32*, 23-28.

Halliburton, A. E., & Bray, B. C. (2016). Long-Term Prevalence and Demographic Trends in US Adolescent Inhalant Use: Implications for Clinicians and Prevention Scientists. *Substance Use & Misuse*, 1-14.

Hallmayer, J., Cleveland, S., Torres, A., Phillips, J., Cohen, B., Torigoe, T., & Smith, K. (2011). Genetic heritability and shared environmental factors among twin pairs with autism. *Archives of General Psychiatry*, archgenpsychiatry. 2011.2076 v2011.

Hamer, D. H., Hu, S., Magnuson, V. L., Hu, N., & Pattatucci, A. M. (1993). A linkage between DNA markers on the X chromosome and male sexual orientation. *Science, 261*, 321-327.

Halmi, K. A., Bellace, D., Berthod, S., Ghosh, S., Berrettini, W., Brandt, H. A., . . . & Strober, M. (2012). An examination of early childhood perfectionism across anorexia nervosa subtypes. *International Journal of Eating Disorders, 45*(6), 800-807.

Hamilton, J. L., Stange, J. P., Abramson, L. Y., & Alloy, L. B. (2014). Stress and the development of cognitive vulnerabilities to depression explain

sex differences in depressive symptoms during adolescence. *Clinical Psychological Science, 3*(5), 702-714.

Hamm, J., Pinkham, A., Gur, R. C., Verma, R., & Kohler, C. G. (2014). Dimensional information-theoretic measurement of facial emotion expressions in schizophrenia. *Schizophrenia Research and Treatment, 2014*, ID 243907.

Hammen, C. (2005). Stress and depression. *Annual Review of Clinical Psychology, 1*, 293-319.

Hammen, C. (2009). Children of depressed parents. In I. H. Gotlib & C. Hammen (Eds.), *Handbook of depression* (2nd ed., pp. 275-297). New York, NY: Guilford.

Hammen, C., & Keenan-Miller, D. (2013). In G. Stricker, T. A. Widiger, & I. B. Weiner (Eds.), *Handbook of psychology, Volume 8: Clinical psychology* (pp. 121-146). Hoboken, NJ: Wiley.

Hammer, S., Saag, M., Scheechter, M., Montaner, J., Schooley, R., Jacobsen, D., & the International AIDS Society-USA Panel. (2006). Treatment for adult HIV infection: 2006 recommendations of the International AIDS Society-USA panel. *JAMA: Journal of the American Medical Association, 296*, 827-843.

Hampton, T. (2010). Depression care effort brings dramatic drop in large HMO population's suicide rate. *JAMA: Journal of the American Medical Association, 303*(19), 1903-1905.

Hancock, T. B., & Kaiser, A. P. (2012). Implementing enhanced milieu teaching with children who have autism spectrum disorders. In P. A. Prelock & R. J. McCauley (Eds.), *Treatment of autism spectrum disorders: Evidence based-intervention strategies for communication and social interactions* (pp. 163-187). Baltimore, MD: Paul H. Brookes.

Hankin, B. L., & Abramson, L. Y. (2001). Development of gender differences in depression: An elaborated cognitive vulnerability-transactional stress theory. *Psychological Bulletin, 127*, 773-796.

Hankin, B. L., Wetter, E., & Cheely, C. (2007). Sex differences in adolescent depression: A developmental psychopathological approach. In J. R. Z. Abela & B. L. Hankin (Eds.), *Handbook of depression in children and adolescents* (pp. 377-414). New York, NY: Guilford.

Hanlon, E. C., & Van Cauter, E. (2011). Quantification of sleep behavior and of its impact on the cross-talk between the brain and peripheral metabolism. *Proceedings of the National Academy of Sciences, 108*(Supplement 3), 15609-15616. doi: 10.1073/pnas.1101338108

Hanna, G. L. (1995). Demographic and clinical features of obsessive-compulsive disorder in children and adolescents. *Journal of the American Academy of Child and Adolescent Psychiatry, 34*, 19-27.

Hannema, S., Schagen, S., Hoekzema, E., Kreukels, B., Veltman, D., Cohen-Kettenis, P., & Bakker, J. (2014). *Brain Structure and Function in Gender Dysphoric Adolescents.* Poster presented at 53rd Annual ESPE Meeting, Dublin, Ireland.

Hans, V. P. (1986). An analysis of public attitudes toward the insanity defense. *Criminology, 4*, 393-415.

Hanson, R. K., Gordon, A., Harris, A. J. R., Marques, J. K., Murphy, W., Quinsey, V. L., & Seto, M. C. (2002). First report on the collaborative outcome data project on the effectiveness of psychological treatment for sex offenders. *Sexual Abuse: A Journal of Research and Treatment, 14*, 169-194.

Hanson, R. K., Steffy, R. A., & Gauthier, R. (1993). Long-term recidivism of child molesters. *Journal of Consulting and Clinical Psychology, 61,* 646-652.

Hantouche, E., Akiskal, H., Azorin, J., Chatenet-Duchene, L., & Lancrenon, S. (2006). Clinical and psychometric characterization of depression in mixed mania: A report from the French National Cohort of 1090 manic patients. *Journal of Affective Disorders, 96,* 225-232.

Hara, K., Adachi, N., Akanuma, N., Ito, M., Okazaki, M., Matsubara, R., Adachi, T., Ishii, R., Kanemoto, K., Matsuura, M., Hara, J., Kato, M., & Onuma, T. (2015). Dissociative experiences in epilepsy: Effects of epilepsy-related factors on pathological dissociation. *Epilepsy and Behavior, 44,* 185-191.

Harbert, T. L., Barlow, D. H., Hersen, M., & Austin, J. B. (1974). Measurement and modification of incestuous behavior: A case study. *Psychological Reports, 34,* 79-86.

Harburg, E., Kaciroti, N., Gleiberman, L., Julius, M., & Schork, M. A. (2008). Marital pair anger-coping types may act as an entity to affect mortality: Preliminary findings from a prospective study (Tecumseh, Michigan, 1971-1988). *Journal of Family Communication, 8*(1), 44-61.

Hardie, T. L., Moss, H. B., & Lynch, K. G. (2006). Genetic correlations between smoking initiation and smoking behaviors in a twin sample. *Addictive Behaviors, 31*(11), 2030-2037.

Hare, R. D. (1970). *Psychopathy: Theory and research.* New York, NY: Wiley.

Hare, R. D. (1993). *Without conscience: The disturbing world of the psychopaths among us.* New York, NY: Pocket Books.

Hare, R. D., & Neumann, C. S. (2006). The PCL-R assessment of psychopathology: Development, structural properties, and new directions. In C. J. Patrick (Ed.), *Handbook of psychopathy* (pp. 58-88). New York, NY: Guilford.

Hare, R. D., & Vertommen, H. (2003). *The Hare psychopathy checklist–revised.* Toronto, Canada: Multi-Health Systems.

Hare, R. D., McPherson, L. M., & Forth, A. E. (1988). Male psychopaths and their criminal careers. *Journal of Consulting and Clinical Psychology, 56,* 710-714.

Hare, R. D., Neumann, C. S., & Widiger, T. A. (2012). Psychopathy. In T. A. Widiger (Ed.), *The Oxford handbook of personality disorders* (pp. 478-504). New York, NY: Oxford University Press.

Hariri, A. R., Mattay, V. S., Tessitore, A., Kolachana, B., Fera, F., Goldman, D., & Weinberger, D. R. (2002). Serotonin transporter genetic variation and the response of the human amygdala. *Science, 297,* 400-402.

Harmell, A. L., Palmer, B. W., & Jeste, D. V. (2012). Preliminary study of a web-based tool for enhancing the informed consent process in schizophrenia research. *Schizophrenia Research, 141*(2-3), 247-250. doi: http: //dx.doi. org/10.1016/j.schres.2012.08.001

Harmer, C. J. (2008). Serotonin and emotional processing: Does it help explain antidepressant drug action? *Neuropharmacology, 55*(6), 1023-1028.

Harmer, C. J., O'Sullivan, U., Favaron, E., Massey-Chase, R., Ayres, R., Reinecke, A., & Cowen, P. J. (2009). Effect of acute antidepressant administration on negative affective bias in depressed patients. *The American Journal of Psychiatry, 166*(10), 1178-1184.

Harper, L. V. (2005). Epigenetic inheritance and the intergenerational transfer of experience. *Psychological Bulletin, 131,* 340-360.

Harpur, T. J., Hare, R. D., & Hakstian, A. R. (1989). Two-factor conceptualization of psychopathy: Construct validity and assessment implications. *Psychological Assessment: A Journal of Consulting and Clinical Psychology, 1,* 6-17.

Harrison, B. J., Pujol, J., Cardoner, N., Deus, J., Alonso, P., Lopez-Sola, M., & Soriano-Mas, C. (2013). Brain corticostriatal systems and the major clinical symptom dimensions of obsessive-compulsive disorder. *Biological Psychiatry, 73*(4), 321-328. doi: 10.1016/j .biop-sych.2012.10.006

Harrison, P. J. (2012). The neurobiology of schizophrenia. In M. G. Gelder, N. C. Andreasen, J. J. Lopez-Ibor, Jr., & J. R. Geddes (Eds.), *New Oxford Textbook of Psychiatry* (2nd. ed., Vol. 1, pp. 561-568). New York, NY: Oxford University Press.

Hart, S. D., Forth, A. E., & Hare, R. D. (1990). Performance of criminal psychopaths on selected neuropsychological tests. *Journal of Abnormal Psychology, 99,* 374-379.

Harte, C. B. & Meston, C. M. (2008a). Acute effects of nicotine on physiological and subjective sexual arousal in nonsmoking men: A randomized, double-blind, placebo-controlled trial. *The Journal of Sexual Medicine, 5*(1), 110-121.

Harte, C. B. & Meston, C. M. (2008b). The inhibitory effects of nicotine on physiological sexual arousal in nonsmoking women: Results from a randomized, double-blind, placebo- controlled, cross-over trial. *The Journal of Sexual Medicine, 5*(5), 1184-1197.

Hartlage, S. A., Freels, S., Gotman, N., & Yonkers, K. (2012). Criteria for premenstrual dysphoric disorder: Secondary analyses of relevant data sets. *Archives of General Psychiatry, 69*(3), 300-305.

Harvey, A. G. (2008). Sleep and circadian rhythms in bipolar disorder: Seeking synchrony, harmony, and regulation. *The American Journal of Psychiatry, 165*(7), 820-829.

Harvey, A. G., Soehner, A. M., Kaplan, K. A., Hein, K., Lee, J., Kanady, J., Li, D., Rabe-Hesketh, S., Ketter, T. A., Nylan, T. C., & Buysse, D. J. (2015). Treating insomnia improves mood state, sleep, and functioning in bipolar disorder: A pilot randomized controlled trial. *Journal of Consulting and Clinical Psychology, 83,* 564-577.

Harvey, A. G., Talbot, L. S., & Gershon, A. (2009). Sleep disturbance in bipolar disorder across the lifespan. *Clinical Psychology: Science and Practice, 16*(2), 256-277.

Harvey, P. D., & Bowie, C. R. (2013). Schizophrenia spectrum conditions. In I. B. Weiner (Series Ed.), G. Stricker & T. A. Widiger (Vol. Eds.), *Handbook of psychology: Vol. 8, Clinical psychology* (pp. 240-261). Hoboken, NJ: John Wiley & Sons.

Harvey, S. B., & Wessely, S. (2009). Chronic fatigue syndrome: Identifying zebras among the horses. *BMC Medicine, 7,* 58. doi: 10.1186/1741-7015-7-58

Harvey, S. B., Wadsworth, M., Wessely, S., & Hotopf, M. (2008). Etiology of chronic fatigue syndrome: Testing popular hypotheses using a national birth cohort study. *Psychosomatic Medicine, 70,* 488-495.

Hasin, D., Fenton, M. C., Skodol, A., Krueger, R., Keyes, K., ... & Grant, B. Personality disorders and the 3-year course of alcohol, drug, and nicotine use disorders. *Archives of General Psychiatry, 68*(11), 68, 1158-1167.

Hasin, D., Goodwin, R., Stinson, F., & Grant, B. (2005). Epidemiology of major depressive disorder. *Archives of General Psychiatry, 62,* 1097-1106.

Hasin, D. S. (2012). Combining abuse and dependence in DSM-5. *Journal of studies on alcohol and drugs, 73*(4), 702-704.

Haslam, J. (1976). *Observations on madness and melancholy.* New York, NY: Arno Press. (Original work published in 1809.)

Hatfield, E., Cacioppo, J. T., & Rapson, R. L. (1994). *Emotional contagion.* Cambridge: Cambridge University Press.

Hathaway, S. R., & McKinley, J. C. (1943). *Manual for the Minnesota Multiphasic Personality Inventory.* New York, NY: Psychological Corporation.

Haukkala, A., Konttinen, H., Laatikainen, T., Kawachi, I., & Uutela, A. (2010). Hostility, anger control, and anger expression as predictors of cardiovascular disease. *Psychosomatic Medicine, 72*(6), 556-562.

Hauner, K. K., Mineka, S., Voss, J. L., & Paller, K. A. (2012). Exposure therapy triggers lasting reorganization of neural fear processing. *Proceedings of the National Academy of Sciences of the United States, 109*(23), 9203-9208. doi: 10.1073/pnas.1205242109

Hausteiner, C., Klupsch, D., Emeny, R., Baumert, J., Ladwig, K. H., & Investigators (2010). Clustering of negative affectivity and social inhibition in the community: Prevalence of type D personality as a cardiovascular risk marker. *Psychosomatic Medicine, 72*(2), 163-171.

Hawes, D. J., Helyer, R., Herlianto, E. C., & Willing, J. (2013). Borderline personality features and implicit shame-prone self-concept in middle childhood and early adolescence. *Journal of Clinical Child & Adolescent Psychology, 42*(3), 302-308. doi: 10.1080/15374416 .2012.723264

Hawkley, L. C., & Cacioppo, J. T. (2007). Aging and loneliness: Downhill quickly? *Current Directions in Psychological Science, 16,* 187-191.

Hawkley, L. C., Thisted, R. A., Masi, C. M., & Cacioppo, J. T. (2010). Loneliness predicts increased blood pressure: 5-year cross-lagged analyses in middle-aged and older adults. *Psychology and Aging, 25*(1), 132-141.

Hawton, K. (1995). Treatment of sexual dysfunctions of sex therapy and other approaches. *British Journal of Psychiatry, 167,* 307-314.

Hawton, K., Houston, K., Haw, C., Townsend, E., & Harriss, L. (2003). Comorbidity of axis I and axis II disorders in patients who attempted suicide. *American Journal of Psychiatry, 160,* 1494-1500.

Hay, P. J., & Fairburn, C. (1998). The validity of the DSM-IV scheme for classifying bulimic eating disorders. *International Journal of Eating Disorders, 23,* 7-15.

Hay, P. J., & Hall, A. (1991). The prevalence of eating disorders in recently admitted psychiatric in-patients. *British Journal of Psychiatry, 159,* 562-565.

Hayes, S. C., Barlow, D. H., & Nelson-Gray, R. O. (1999). *The scientist-practitioner: Research and accountability in the age of managed care* (2nd ed.). Boston, MA: Allyn & Bacon.

Hayes-Skelton, S. A., Roemer, L., & Orsillo, S. M. (2013), A randomized clinical trial comparing an acceptance-based behavior therapy to applied relaxation for generalized anxiety disorder. *Journal of Consulting and Clinical Psychology, 81,* 761-773.

Haynes, S. G., & Matthews, K. A. (1988). Area review: Coronary-prone behavior: Continuing evolution of the concept: Review and methodologic critique of recent studies on type A behavior and cardiovascular disease. *Annals of Behavioral Medicine, 10*(2), 47-59.

Haynes, S. G., Feinleib, M., & Kannel, W. B. (1980). The relationship of psychosocial factors to coronary heart disease in the Framingham study: III. Eight-year incidence of coronary heart disease. *American Journal of Epidemiology, 111,* 37-58.

Haynes, S. N., O'Brien, W., & Kaholokula, J. (2011). *Behavioral assessment and case formulation.* New York, NY: Wiley.

Haynes, S. N., Yoshioka, D. T., Kloezeman, K., & Bello, I. (2009). Clinical applications of behavioral assessment. In J. N. Butcher (Ed.), *Oxford handbook of personality assessment* (pp. 226-249). New York: Oxford University Press.

Haynos, A. F., & Fruzzetti, A. E. (2011). Anorexia nervosa as a disorder of emotion dysregulation: Evidence and treatment implications. *Clinical Psychology: Science and Practice, 18*(3), 183-202.

Hazell, P., O'Connell, D., Heathcote, D., Robertson, J., & Henry, D. (1995). Efficacy of tricyclic drugs in treating child and adolescent depression: A meta-analysis. *British Medical Journal, 8,* 897-901.

Hazlett-Stevens, H., & Bernstein, D. A. (2012). Relaxation. In W. T. O'Donohue & J. E. Fisher (Eds.), *Cognitive Behavior Therapy: Core Principles for Practice* (pp. 105-132). Hoboken, NJ: Wiley

Heath, A. K., Ganz, J. B., Parker, R., Burke, M., & Ninci, J. (2015). A Meta-analytic Review of Functional Communication Training Across Mode of Communication, Age, and Disability. *Review Journal of Autism and Developmental Disorders, 2*(2), 155-166.

Heath, C. A., Cooper, S. A., Murray, K., Lowman, A., Henry, C., MacLeod, M. A., . . . Will, R. G. (2010). Validation of diagnostic criteria for variant Creutzfeldt-Jakob disease. *Annals of Neurology, 67*(6), 761-770.

Hebert, L. E., Weuve, J., Scherr, P. A., & Evans, D. A. (2013). Alzheimer disease in the United States (2010-2050) estimated using the 2010 census. *Neurology, 80*(19), 1778-1783.

Hecht, K. F., Cicchetti, D., Rogosch, F. A., & Crick, N. R. (2014). Borderline personality features in childhood: The role of subtype, developmental timing, and chronicity of child maltreatment. *Development and Psychopathology, 26*(03), 805-815.

Heckers, S., Barch, D. M., Bustillo, J., Gaebel, W., Gur, R., Malaspina, D., . . . & Van Os, J. (2013). Structure of the psychotic disorders classification in DSM-5. *Schizophrenia Research, 150*(1), 11-14.

Heim, C., Plotsky, P., & Nemeroff, C. (2004). Importance of studying the contributions of early adverse experience to neurobiological findings in depression. *Neuropsychopharmacology, 29,* 641-648.

Heim, C., Wagner, D., Maloney, E., Papanicolaou, D., Dimitris, A., Solomon, L., & Reeves, W. C. (2006). Early adverse experience and risk for chronic fatigue syndrome. *Archives of General Psychiatry, 63,* 1258-1266.

Heiman, J. R. (2000). Orgasmic disorders in women. In S. R. Leiblum & R. C. Rosen (Eds.), *Principles and practice of sex therapy* (3rd ed., pp. 118-153). New York, NY: Guilford.

Heiman, J. R. (2007). Orgasmic disorders in women. In S. R. Leiblum (Ed.), *Principles and practice of sex therapy* (4th ed., pp. 84-123). New York, NY: Guilford.

Heiman, J. R., & LoPiccolo, J. (1983). Clinical outcome of sex therapy: Effects of daily versus weekly treatment. *Archives of General Psychiatry, 40,* 443-449.

Heiman, J. R., & LoPiccolo, J. (1988). *Becoming orgasmic: A sexual and personal growth program for women* (rev. ed.). New York, NY: Prentice Hall.

Heiman, J. R., & Meston, C. M. (1997). Empirically validated treatment for sexual dysfunction. *Annual Review of Sex Research, 8,* 148-195.

Heimberg, R. G., & Magee, L. (2014). Social anxiety disorder. In D. H. Barlow (Ed.), *Clinical handbook of psychological disorders: A step-by-step treatment manual* (5th ed.). New York, NY: Guilford

Heintzelman, S. J., & King, L. A. (2014). (The Feeling of) Meaning-as-information. *Personality and Social Psychology Review,* 1088868313518487.

Helgeson, V. (2005). Recent advances in psychosocial oncology. *Journal of Consulting and Clinical Psychology, 73,* 268-271.

Heller, W., & Nitschke, J. B. (1997). Regional brain activity in emotion: A framework for understanding cognition in depression. *Cognition and Emotion, 11*(5-6), 737-661.

Helzer, J. E., Wittchen, H.-U., Krueger, R. F., & Kraemer, H. C. (2008). Dimensional options for DSM-V: The way forward. In J. E. Helzer, H. C. Kraemer, R. F. Krueger, H.-U. Wittchen, P. J. Sirovatka, & D. A. Regier (Eds.), *Dimensional approaches in diagnostic classification: Refining the research agenda for DSM-V* (pp. 115-127). Washington, D.C.: American Psychiatric Association.

Helzer, J. E., Kraemer, H. C., Krueger, R. F., Wittchen, H.-U., Sirovatka, P. J., & Regier, D. A. (Eds.) (2008). *Dimensional approaches in diagnostic classification: Refining the research agenda for DSM-V.* Washington, DC: American Psychiatric Association.

Henderson, K. E., & Brownell, K. D. (2004). The toxic environment and obesity: Contribution and cure. In J. K. Thompson (Ed.), *Handbook of eating disorders and obesity* (pp. 339-348). New York, NY: Wiley.

Hendriks, G. J., Kampman, M., Keijsers, G. P., Hoogduin, C. A., & Voshaar, R. C. O. (2014). Cognitive-behavioral therapy for panic disorder with agoraphobia in older people: A comparison with younger patients. *Depression and Anxiety, 31,* 669-677.

Henquet, C., Krabbendam, L., Spauwen, J., Kaplan, C., Lieb, R., Wittchen, H.-U., & van Os, J. (2005). Prospective cohort study of cannabis use, predisposition for psychosis, and psychotic symptoms in young people. *British Medical Journal, 330,* 11.

Herbert, T. B., & Cohen, S. (1993). Depression and immunity: A meta-analytic review. *Psychological Bulletin, 113*(3), 472-486.

Herdt, G. H. (1987). *The Sambia: Ritual and gender in New Guinea.* New York, NY: Holt, Rinehart and Winston.

Herdt, G. H., & Stoller, R. J. (1989). Commentary to "The socialization of homosexuality and heterosexuality in a non-Western society." *Archives of Sexual Behavior, 18,* 31-34.

Herlitz, C. A., & Forsberg, M. (2010). Sexual behavior and risk assessment in different age cohorts in the general population of Sweden (1989-2007). *Scandinavian Journal of Public Health, 38,* 32-39.

Hermans, E. J., Henckens, M. J. A. G., Joels, M., & Fernandez, G. (2014). Dynamic adaptation of large-scale brain networks in response to acute stressors. *Trends in Neurosciences, 37,* 304-314.

Hermans, E. J., van Marle, H. J., Ossewaarde, L., Henckens, M. J., Qin, S., van Kesteren, M. T., & Fernández, G. (2011). Stress-related noradrenergic activity prompts large-scale neural network reconfiguration. *Science, 334*(6059), 1151-1153. doi: 10.1126 /science.1209603

Hernandez, M., Barrio, C., & Yamada, A. M. (2013). Hope and burden among Latino families of adults with schizophrenia. *Family Process, 52*(4), 697-708.

Heron, J., Barker, E. D., Joinson, C., Lewis, G., Hickman, M., Munafò, M., & Macleod, J. (2013). Childhood conduct disorder trajectories, prior risk factors and cannabis use at age 16: birth cohort study. *Addiction, 108*(12), 2129-2138.

Hershberger, S., & Segal, N. (2004). The cognitive, behavioral, and personality profiles of a male monozygotic triplet set discordant for sexual orientation. *Archives of Sexual Behavior, 33,* 497-514.

Herzog, D. B., Dorer, D. J., Keel, P. K., Selwyn, S. E., Ekeblad, E. R., Flores, A. T., & Keller, M. B. (1999). Recovery and relapse in anorexia and bulimia nervosa: A 7.5-year follow-up study. *Journal of the American Academy of Child and Adolescent Psychiatry, 38*(7), 829-837.

Heshka, S., Anderson, J. W., Atkinson, R. L., Greenway, F. L., Hill, J. O., Phinney, S. D., & Pi-Sunyer, F. X. (2003). Weight loss with self-help compared with a structured commercial program: A randomized trial. *JAMA: Journal of the American Medical Association, 289,* 1792-1798.

Hetherington, M. M., & Cecil, J. E. (2010). Gene-environment interactions in obesity. *Forum of Nutrition, 63,* 195-203.

Hettema, J. M., Neale, M. C., & Kendler, K. S. (2001). A review and meta-analysis of the genetic epidemiology of anxiety disorders. *American Journal of Psychiatry, 158,* 1568-1578.

Hettema, J. M., Prescott, C. A., Myers, J. M., Neale, M. C., & Kendler, K. S. (2005). The structure of genetic and environmental risk factors for anxiety disorders in men and women. *Archives of General Psychiatry, 62,* 182-189.

Heylens, G., De Cuypere, G., Zucker, K. J., Schelfaut, C., Elaut, E., Vanden Bossche, H., . . . & T'Sjoen, G. (2012). Gender identity disorder in twins: A review of the case report literature. *The Journal of Sexual Medicine, 9*(3), 751-757.

Higgins, S. T., Heil, S. H., Dantona, R., Donham, R., Matthews, M., & Badger, G. J. (2006). Effects of varying the monetary value of voucher-based incentives on abstinence achieved during and following treatment among cocaine- dependent outpatients. *Addiction, 102,* 271-281.

Higgins, S. T., Sigmon, S. C., & Heil, S. H. (2014). Drug use disorders. In D. H. Barlow (Ed.), *Clinical handbook of psychological disorders: A step-by-step treatment manual.* New York, NY: Guilford.

Higuchi, S., Matsushita, S., Imazeki, H., Kinoshita, T., Takagi, S., & Kono, H. (1994). Aldehyde dehydrogenase genotypes in Japanese alcoholics. *Lancet, 343*, 741-742.

Hilgard, E. R. (1992). Divided consciousness and dissociation. *Consciousness & Cognition, 1*, 16-31.

Hilbert, A., Hildebrandt, T., Agras, W. S., Wilfley, D. E., & Wilson, G. T. (2015). Rapid response in psychological treatments for binge eating disorder. *Journal of consulting and clinical psychology, 83*(3), 649-654.

Hill, C. (2011). Practitioner Review: Effective treatment of behavioural insomnia in children. *Journal of Child Psychology and Psychiatry, 52*(7), 731-740.

Hill, K. G., Bailey, J. A., Hawkins, J. D., Catalano, R. F., Kosterman, R., Oesterle, S., & Abbott, R. D. (2014). The onset of STI diagnosis through age 30: Results from the Seattle Social Development Project intervention. *Prevention Science, 15*(1), 19-32.

Hiller, W., Fichter, M. M., & Rief, W. (2003). A controlled treatment study of somatoform disorders including analysis of healthcare utilization and cost-effectiveness. *Journal of Psychosomatic Research, 54*, 369-380.

Hiller, W., Leibbrand, R., Rief, W., & Fichter, M. (2005). Differentiating hypochondriasis from panic disorder. *Journal of Anxiety Disorders, 19*, 29-49.

Hillis, A. E. (2014). Inability to empathize: brain lesions that disrupt sharing and understanding another's emotions. *Brain, 137*(4), 981-997.

Hindmarch, I. (1990). Cognitive impairment with anti-anxiety agents: A solvable problem? In D. Wheatley (Ed.), *The anxiolytic jungle: Where, next?* (pp. 49-61). Chichester, UK: Wiley.

Hinshaw, S. P., & Stier, A. (2008). Stigma as related to mental disorders. *Annual Review of Clinical Psychology, 4*, 367-393.

Hinshelwood, J. A. (1896). A case of dyslexia: A peculiar form of word-blindness. *Lancet, 2*, 1451-1454.

Hinton, D., Pich, V., Chhean, D., Pollack, M. H., & Barlow, D. H. (2004). Olfactory-triggered panic attacks among Cambodian refugees attending a psychiatric clinic. *General Hospital Psychiatry, 26*(5), 390-397.

Hinton, D., Pollack, M. H., Pich, V., Fama, J. M., & Barlow, D. H. (2005). Orthostatically induced panic attacks among Cambodian refugees: Flashbacks, catastrophic cognitions, and associated psychopathology. *Cognitive Behavioral Practice, 12*, 301-311.

Hinton, D. E., & Good, B. J. (Eds.). (2009). *Culture and panic disorder*. Stanford: Stanford University Press.

Hinton, D. E., Chong, R., Pollack, M. H., Barlow, D. H., & McNally, R. J. (2008). Ataque de nervios: Relationship to anxiety sensitivity and dissociation predisposition. *Depression and Anxiety, 25*, 489-495.

Hinton, D. E., Hofmann, S. G., Pitman, R. K., Pollack, M. H., & Barlow, D. H. (2008). The panic attack-posttraumatic stress disorder model: Applicability to orthostatic panic among Cambodian refugees. *Cognitive Behavioral Therapy, 37*(2), 101-16.

Hinton, D. E., Lewis-Fernandez, R., & Pollack, M. H. (2009). A model of the generation of ataque de nervios: The role of fear of negative affect and fear of arousal symptoms. *CNS Neuroscience Therapeutics, 15*(3), 264-275.

Hinton, D. E., Park, L., Hsia, C., Hofmann, S., & Pollack, M. H. (2009). Anxiety disorder presentations in Asian populations: A review. *CNS Neuroscience & Therapeutics, 15*(3), 295-303.

Hinton, L., Guo, Z., Hillygus, J., & Levkoff, S. (2000). Working with culture: A qualitative analysis of barriers to the recruitment of Chinese-American family caregivers for dementia research. *Journal of Cross-Cultural Gerontology, 15*(2), 119-137. doi: 10.1023/A:1006798316654

Hirschfeld, D. R., Rosenbaum, J. F., Biederman, J., Bolduc, E. A., Farone, S. V., Snidman, N., & Kagan, J. (1992). Stable behavioral inhibition and its association with anxiety disorder. *Journal of the American Academy of Child and Adolescent Psychiatry, 31*, 103-111.

Hirschfeld, R. M. A., Keller, M. M., Panico, S., Arons, B. S., Barlow, D., Davidoff, F., & Wyatt, R. J. (1997). The National Depressive and Manic-Depressive Association consensus statement on the undertreatment of depression. *JAMA: Journal of the American Medical Association, 277*(4), 333-340.

Hirshkowitz, M., Seplowitz, R. G., & Sharafkhaneh, A. (2009). Sleep disorders. In B. J. Sadock, V. A. Sadock, & P. Ruiz (Eds.), *Kaplan & Sadock's comprehensive textbook of psychiatry* (9th ed., Vol. I, pp. 2150-2177). Philadelphia, PA: Lippincott Williams & Wilkins.

Hitchcock, P. B., & Mathews, A. (1992). Interpretation of bodily symptoms in hypochondriasis. *Behaviour Research and Therapy, 30*(3), 223-234.

Hlastala, S. A., Kotler, J. S., McClellan, J. M., & McCauley, E. A. (2010). Interpersonal and social rhythm therapy for adolescents with bipolar disorder: Treatment development and results from an open trial. *Depression and Anxiety, 27*(5), 457-464.

Ho, B. C., Wassink, T. H., Ziebell, S., & Andreasen, N. C. (2011). Cannabinoid receptor 1 gene polymorphisms and marijuana misuse interactions on white matter and cognitive deficits in schizophrenia. *Schizophrenia Research, 128*(1), 66-75.

Hodgson, K., & McGuffin, P. (2013). The genetic basis of depression. *Current Topics in Behavioral Neurosciences, 14*, 81-99.

Hoek, H. W. (2002). The distribution of eating disorders. In K. D. Brownell & C. G. Fairburn (Eds.), *Eating disorders and obesity: A comprehensive handbook* (2nd ed., pp. 207-211). New York, NY: Guilford.

Hoek, H. W., van Harten, P. N., Hermans, K., M. E., Katzman, M. A., Matroos, G. E., & Susser, E. S. (2005). The incidence of anorexia nervosa on Curacao. *American Journal of Psychiatry, 162*, 748-752.

Hoffman, B., Papas, R., Chatkoff, D., & Kerns, R. (2007). Meta-analysis of psychological interventions for chronic low back pain. *Health Psychology, 26*, 1-9.

Hoffman, R. E., Boutros, N. N., Hu, S., Berman, R. M., Krystal, J. H., & Charney, D. S. (2000). Transcranial magnetic stimulation and auditory hallucinations in schizophrenia. *Lancet, 355*, 1073-1075.

Hoffman, R. E., Hawkins, K. A., Gueorguieva, R., Boutros, N. N., Rachid, F., Carroll, K., & Krystal, J. H. (2003). Transcranial magnetic stimulation of left temporoparietal cortex and medication-resistant auditory hallucinations. *Archives of General Psychiatry, 60*, 49-56.

Hofmann, S. G. (2007a). Enhancing exposure-based therapy from a translational research perspective. *Behaviour Research and Therapy, 45*(9), 1987-2001.

Hofmann, S. G. (2007b). Cognitive factors that maintain social anxiety disorder: A comprehensive model and its treatment implications. *Cognitive Behaviour Therapy, 36*(4), 195-209.

Hofmann, S. G. (2014). D-cycloserine for treating anxiety disorders: Making good exposures better and bad exposures worse. *Depression and Anxiety, 31*, 175.

Hofmann, S. G., & Barlow, D. H. (1996). Ambulatory psychophysiological monitoring: A potentially useful tool when treating panic relapse. *Cognitive and Behavioral Practice, 3*, 53-61.

Hofmann, S. G., & Barlow, D. H. (2002). Social phobia (social anxiety disorder). In D. H. Barlow, *Anxiety and its disorders: The nature and treatment of anxiety and panic* (2nd ed.). New York, NY: Guilford.

Hofmann, S. G., & Hinton, D. E. (2014). Cross-cultural aspects of anxiety disorders. *Current Psychiatry Reports, 16*, 450.

Hofmann S. G., & Otto, M. W. (2008). *Cognitive-behavior therapy of social anxiety disorder: Evidence-based and disorder specific treatment techniques.* New York, NY: Routledge.

Hofmann, S. G., Sawyer, A. T., Witt, A., & Oh, D. (2010). The effect of mindfulness-based therapy on anxiety and depression: A meta-analytic review. *Journal of Consulting and Clinical Psychology, 78*, 169-183.

Hofmann, S. G., & Smits, J. A. (2008). Cognitive-behavioral therapy for adult anxiety disorders: A meta-analysis of randomized placebo-controlled trials. *Journal of Clinical Psychiatry, 69*(4), 621-632.

Hofmann, S. G., Alpers, G. W., & Pauli, P. (2009). Phenomenology of panic and phobic disorders. In M. M. Antony & M. B. Stein (Eds.), *Oxford handbook of anxiety and related disorders* (pp. 34-46). New York, NY: Oxford University Press.

Hofmann, S. G., Asnaani, A., & Hinton, D. E. (2010). Cultural aspects in social anxiety and social anxiety disorder. *Depression and Anxiety, 27*(12), 1117-1127.

Hofmann, S. G., Asnaani, A., Vonk, J. J., Sawyer, A. T., & Fang, A. (2012). The efficacy of cognitive behavioral therapy: A review of meta-analyses. *Cognitive Therapy and Research, 36*, 427-440.

Hofmann, S. G., Lehman, C. L., & Barlow, D. H. (1997). How specific are specific phobias? *Journal of Behavior Therapy and Experimental Psychiatry, 28*, 233-240.

Hofmann, S. G., Moscovitch, D. A., Litz, B. T., Kim, H.-J., Davis, L., & Pizzagalli, D. A. (2005). The worried mind: Autonomic and prefrontal activation during worrying. *Emotion, 5*, 464-475.

Hofmann, S. G., Meuret, A. E., Smitts, J. A. J., Simon, N. M., Pollack, M. H., Eisenmenger, K., & Otto, M. W. (2006). Augmentation of exposure therapy with D-cycloserine for social anxiety disorder. *Archives of General Psychiatry, 63*(3), 298-304.

Hofmann, S. G., Sawyer, A. T., & Asnaani, A. (2012). D-cycloserine as an augmentation strategy for cognitive behavioral therapy of anxiety disorders: An update. *Current Pharmaceutical Design, 18*(35), 5659-5662.

Hofmann, S. G., Sawyer, A. T., Witt, A., & Oh, D. (2010). The effect of mindfulness-based therapy on anxiety and depression: A meta-analytic review. *Journal of Consulting and Clinical Psychology, 78,* 169-183.

Hofmann, S. G., Smits, J. A., Rosenfield, D., Simon, N., Otto, M. W., Meuret, A. E., & Pollack, M. H. (2013). D-cycloserine as an augmentation strategy with cognitive-behavioral therapy for social anxiety disorder. *American Journal of Psychiatry, 170*(7), 751-758. doi: 10.1176/appi.ajp.2013

Hogarty, G. E., Anderson, C. M., Reiss, D. J., Kornblith, S. J., Greenwald, D. P., Javna, C. D., & Madonia, M. J. (1986). Family psychoeducation, social skills training, and maintenance chemotherapy in the aftercare treatment of schizophrenia: I. One year effects of a controlled study on relapse and expressed emotion. *Archives of General Psychiatry, 43,* 633-642.

Hogarty, G. E., Anderson, C. M., Reiss, D. J., Kornblith, S. J., Greenwald, D. P., Ulrich, R. F., Carter, M., & The Environmental-Personal Indicators in the Course of Schizophrenia (EPICS) Research Group. (1991). Family psychoeducation, social skills training, and maintenance chemotherapy in the aftercare treatment of schizophrenia. *Archives of General Psychiatry, 48,* 340-347.

Holden, C. (2005). Obesity in the east. *Science, 307,* 38.

Holder, H. D., Gruenewald, P. J., Ponicki, W. R., Treno, A. J., Grube, J. W., Saltz, R. F., & Roeper, P. (2000). Effect of community-based interventions on high-risk drinking and alcohol-related injuries. *JAMA: Journal of the American Medical Association, 284,* 2341-2347.

Holland, A. J. (2012). Classification, diagnosis, psychiatric assessment, and needs assessment. In M. G. Gelder, N. C. Andreasen, J. J. Lopez-Ibor, Jr., & J. R. Geddes (Eds.), *New Oxford textbook of psychiatry* (2nd. ed., Vol. 2, pp. 1819-1824). New York: Oxford University Press.

Holland, J. M., & Gallagher-Thompson, D. (2011). Interventions for mental health problems in later life. In D. H. Barlow (Ed.), *Oxford handbook of clinical psychology* (pp. 810-836). New York, NY: Oxford University Press.

Hollander, E., Allen, A., Kwon, J., Aronwoitz, B., Schmeidler, J., Wong, C., & Simeon, D. (1999). Clomipramine vs. desipramine crossover trial in body dysmorphic disorder: Selective efficacy of a serotonin reuptake inhibitor in imagined ugliness. *Archives of General Psychiatry, 56*(11), 1033-1039.

Hollander, E., Berlin, H. A., & Stein, D. J. (2009). Impulse-control disorders not elsewhere classified. In J. A. Bourgeois, R. E. Hales, J. S. Young, & S. C. Yudofsky (Eds.), *The American Psychiatric Publishing Board review guide for psychiatry* (pp. 469-482). Arlington, VA: American Psychiatric Publishing.

Hollander, J. A., & Kenny, P. J. (2012). Compulsive drug use and brain reward systems. In J. C. Verster, K. Brady, M. Galanter, & P. Conrod (Eds.), *Drug Abuse and Addiction in Medical Illness* (pp. 63-72). New York: Springer.

Hollis, J. F., Connett, J. E., Stevens, V. J., & Greenlick, M. R. (1990). Stressful life events, Type A behavior, and the prediction of cardiovascular and total mortality over six years. *Journal of Behavioral Medicine, 13*(3), 263-280.

Hollon, S. D. (2011). Cognitive and behavior therapy in the treatment and prevention of depression. *Depression and Anxiety, 28*(4), 263-266.

Hollon, S. D., & Dimidjian, S. (2009). Cognitive and behavioral treatment of depression. In I.

H. Gotlib & C. L. Hammen (Eds.), *Handbook of depression* (2nd ed., pp. 586-603). New York, NY: Guilford.

Hollon, S. D., Areán, P. A., Craske, M. G., Crawford, K. A., Kivlahan, D. R., Magnavita, J. J., . . . Kurtzman, H. (2014). Development of Clinical Practice Guidelines. *Annual Review of Clinical Psychology, 10*(1), 213-241. doi: doi:10.1146/annurev-clinpsy-050212-185529

Hollon, S. D, DeRubeis, R. J., Fawcett, J., Amsterdam, J. D., Shelton, R. C., Zajecka, J., Young, P. R., & Gallop, R. (2014). Effect of cognitive therapy with antidepressant medications vs antidepressants alone on the rate of recovery in major depressive disorder: A randomized clinical trial. *JAMA Psychiatry, 71,* 1157-1164.

Hollon, S. D., DeRubeis, R. J., Shelton, R. C., Amsterdam, J. D., Salomon, R. M., O'Reardon, J. P., & Gallop, R. (2005). Prevention of relapse following cognitive therapy vs. medications in moderate to severe depression. *Archives of General Psychiatry, 62,* 417-422.

Hollon, S. D., Stewart, M. O., & Strunk, D. (2006). Cognitive behavior therapy has enduring effects in the treatment of depression and anxiety. *Annual Review of Psychology, 57,* 285-315.

Holroyd, K. A., & Penzien, D. B. (1986). Client variables in the behavioral treatment of current tension headache: A meta-analytic review. *Journal of Behavioral Medicine, 9,* 515-536.

Holroyd, K. A., Andrasik, F., & Noble, J. (1980). A comparison of EMG biofeedback and a credible pseudotherapy in treating tension headache. *Journal of Behavioral Medicine, 3,* 29-39.

Holroyd, K. A., Penzien, D. B., Hursey, K. G., Tobin, D. L., Rogers, L., Holm, J. E., & Chila, A. G. (1984). Change mechanisms in EMG biofeedback training. Cognitive changes underlying improvements in tension headache. *Journal of Consulting and Clinical Psychology, 52,* 1039-1053.

Holt-Lunstad, J., Birmingham, W. A., & Light, K. C. (2008). Influence of a "warm touch" support enhancement intervention among married couples on ambulatory blood pressure, oxytocin, alpha amylase, & cortisol. *Psychosomatic Medicine, 70,* 976-985.

Holt-Lunstad, J., Smith, T. B., & Layton, J. B. (2010). Social relationships and mortality risk: A meta-analytic review. *PLoS Med, 7*(7), e1000316. doi: 10.1371/journal.pmed.1000316

Holzman, P. S., & Levy, D. L. (1977). Smooth pursuit eye movements and functional psychoses: A review. *Schizophrenia Bulletin, 3,* 15-27.

Hook, E. B. (1982). Epidemiology of Down syndrome. In S. M. P. J. E. Rynders (Ed.), *Down syndrome: Advances in biomedicine and the behavioral sciences* (pp. 11-88). Cambridge, MA: Ware Press.

Hooley, J. M. (1985). Expressed emotion: A review of the critical literature. *Clinical Psychology Review, 5,* 119-139.

Hooley, J. M., & Campbell, C. (2002). Control and controllability: Beliefs and behaviour in high and low expressed emotion relatives. *Psychological Medicine, 32,* 1091-1099.

Hooley, J. M., Cole, S. H., & Gironde, S. (2012). Borderline personality disorder. In T. A. Widiger (Ed.), *The Oxford handbook of personality disorders* (pp. 409-436). New York: Oxford University Press.

Hoon, P. W., Wincze, J. P., & Hoon, E. F. (1977). A test of reciprocal inhibition: Are anxiety and

sexual arousal in women mutually inhibitory? *Journal of Abnormal Psychology, 86,* 65-74.

Hoppenbrouwers, S., Neumann, C. S., Lewis, J., & Johansson, P. (2015). A latent variable analysis of the Psychopathy Checklist-Revised and behavioral inhibition system/behavioral activation system factors in North American and Swedish offenders. *Personality Disorders: Theory, Research, and Treatment, 6*(3), 251-260.

Hopwood, C. J., & Thomas, K. M. (2012). Paranoid and schizoid personality disorders. In T. A. Widiger (Ed.), *The Oxford handbook of personality disorders* (pp. 582-602). New York: Oxford University Press.

Horan, W. P., Ventura, J., Mintz, J., Kopelowicz, A., Wirshing, D., Christian-Herman, J., Foy, D., & Liberman, R. P. (2007). Stress and coping responses to a natural disaster in people with schizophrenia. *Psychiatry Research, 151,* 77-86.

Horowitz, J., & Garber, J. (2006). The prevention of depressive symptoms in children and adolescents: A meta-analytic review. *Journal of Consulting and Clinical Psychology, 74,* 401-415.

Horwath, E., & Weissman, M. (1997). Epidemiology of anxiety disorders across cultural groups. In S. Friedman (Ed.), *Cultural issues in the treatment of anxiety* (pp. 21-39). New York, NY: Guilford.

Horwath, E., & Weissman, M. M. (2000). The epidemiology and cross-national presentation of obsessive-compulsive disorder. *Psychiatric Clinics of North America, 23*(3), 493-507.

Hostinar, C. E., Sullivan, R. M., & Gunnar, M. R. (2013 April 22). Psychobiological mechanisms: Review of animal models and human studies across development. *Psychological Bulletin.* Advance online publication.

House, J. S., Landis, K. R., & Umberson, D. (1988). Social relationships and health. *Science, 241,* 540-545.

House, J. S., Robbins, C., & Metzner, H. M. (1982). The association of social relationships and activities with mortality: Prospective evidence from the Tecumseh community health study. *American Journal of Epidemiology, 116,* 123.

Houston, B. K., Chesney, M. A., Black, G. W., Cates, D. S., & Hecker, M. H. L. (1992). Behavioral clusters and coronary heart disease risk. *Psychosomatic Medicine, 54*(4), 447-461.

Howard, G., Lackland, D. T., Kleindorfer, D. O., Kissela, B. M., Moy, C. S., Judd, S. E., . . . & Howard, V. J. (2013). Racial differences in the impact of elevated systolic blood pressure on stroke risk. *JAMA Internal Medicine,173*(1), 46-51.

Howe, M. L. (2007). Children's emotional false memories. *Psychological Science, 18*(10), 856-860.

Howell, M. (2012). Parasomnias: An updated review. *Neurotherapeutics, 9*(4), 753-775. doi: 10.1007/s13311-012-0143-8

Howes, O. D., & Kapur, S. (2009). The dopamine hypothesis of schizophrenia: Version III– The final common pathway. *Schizophrenia Bulletin, 35*(3), 549-562. doi: 10.1093 /schbul/sbp006

Howes, O. D., & Murray, R. M. (2014). Schizophrenia: an integrated sociodevelopmental-cognitive model. *The Lancet, 383*(9929), 1677-1687.

Howes, O. D., Kambeitz, J., Kim, E., Stahl, D., Slifstein, M., Abi-Dargham, A., & Kapur, S. (2012). The nature of dopamine dysfunction in schizophrenia and what this means for treatment: meta-analysis of imaging studies. *Archives of General Psychiatry, 69*(8), 776-786.

Howland, R. H., Rush, A. J., Wisniewski, S. R., Trivedi, M. H., Warden, D., Fava, M., & Gallop, R. (2009). Concurrent anxiety and substance use disorders among outpatients with major depression: Clinical features and effect on treatment outcome. *Drug and Alcohol Dependence, 99*(1-3), 248-260.

Howlin, P., Goode, S., Hutton, J., & Rutter, M. (2010). Savant skills in autism: Psychometric approaches and parental reports. In F. Happé & U. Frith (Eds.), *Autism and talent* (pp. 13-24). New York, NY: Oxford University Press.

Hser, Y. I., Evans, E., Grella, C., Ling, W., & Anglin, D. (2015). Long-term course of opioid addiction. *Harvard Review of Psychiatry, 23*(2), 76-89.

Hsu, L. K. G. (1988). The outcome of anorexia nervosa: A reappraisal. *Psychological Medicine, 18*, 807-812.

Hsu, L. K. G. (1990). *Eating disorders.* New York, NY: Guilford.

Hsu, L. K. G., & Zimmer, B. (1988). Eating disorders in old age. *International Journal of Eating Disorders, 7*, 133-138.

Huang, Y., Kotov, R., de Girolamo, G., Preti, A., Angermeyer, M., Benjet, C., & Kessler, R. C. (2009). DSM-IV personality disorders in the WHO World Mental Health Surveys. *The British Journal of Psychiatry, 195*(1), 46-53. doi: 10.1192/bjp.bp.108.058552

Huang, Y. C., Lin, C. C., Hung, Y. Y., & Huang, T. L. (2013). Rapid relief of catatonia in mood disorder by lorazepam and diazepam. *Biomedical Journal, 36*(1), 35-39.

Hubert, N. C., Jay, S. M., Saltoun, M., & Hayes, M. (1988). Approach-avoidance and distress in children undergoing preparation for painful medical procedures. *Journal of Clinical Child Psychology, 17*(3), 194-202.

Hucker, S. J. (1997). Sexual sadism: Psychopathology and theory. In D. R. Laws & W. T. O'Donohue (Eds.), *Sexual deviance: Theory, assessment, and treatment* (pp. 194-209). New York, NY: Guilford.

Hucker, S. J. (2008). Sexual masochism: Psychopathology and theory. In D. R. Laws & W. T. O'Donohue (Eds.), *Sexual deviance: Theory, assessment, and treatment* (2nd ed., pp. 250-263). New York, NY: Guilford.

Hudson, J. I., Hiripi, E., Pope, H. G., Jr., & Kessler, R. C. (2007). The prevalence and correlates of eating disorders in the national comorbidity survey replication. *Biological Psychiatry, 61*, 348-358.

Hudson, J. I., Lalonde, J. K., Berry, J. M., Pindych, L. J., Bulik, C. M., Crow, S. J., & Pope, H. G. (2006). Binge-eating disorder as a distinct familial phenotype in obese individuals. *Archives of General Psychiatry, 63*, 313-319.

Hudson, J. I., Mangweth, B., Pope, H. G., Jr., De Col, C., Hausmann, A., Gutweniger, S., & Tsaung, M. T. (2003). Family study of affective spectrum disorder. *Archives of General Psychiatry, 60*, 170-177.

Huerta, M., Bishop, S. L., Duncan, A., Hus, V., & Lord, C. (2012). Application of DSM-5 criteria for autism spectrum disorder to three samples of children with DSM-IV diagnoses of pervasive developmental disorders. *American Journal of Psychiatry, 169*(10), 1056-1064.

Hughes, J. R. (2009). Nicotine-related disorders. In B. J. Sadock, V. A. Sadock, & P. Ruiz (Eds.), *Kaplan & Sadock's comprehensive textbook of psychiatry* (9th ed., Vol. I, pp. 1353-1360). Philadelphia, PA: Lippincott Williams & Wilkins.

Hummelen, B., Pedersen, G., Wilberg, T., & Karterud, S. (2014). Poor Validity of the DSM-IV Schizoid Personality Disorder Construct as a Diagnostic Category. *Journal of Personality Disorders*, 1-13.

Humphrey, L. L. (1989). Observed family interactions among subtypes of eating disorders using structural analysis of social behavior. *Journal of Consulting and Clinical Psychology, 57*, 206-214.

Hunsley, J., & Mash, E. J. (2011). Evidence based assessment. In D. H. Barlow (Ed.), *Oxford handbook of clinical psychology.* (pp. 76-97). New York, NY: Oxford University Press.

Hunt, W. A. (1980). History and classification. In A. E. Kazdin, A. S. Bellack, & M. Hersen (Eds.), *New perspectives in abnormal psychology.* New York, NY: Oxford University Press.

Hunter, E., Sierra, M., & David, A. (2004). The epidemiology of depersonalisation and derealisation: A systematic review. *Social Psychiatry and Psychiatric Epidemiology, 39*, 9-18.

Hunter, J. A., Jr., & Mathews, R. (1997). Sexual deviance in females. In D. R. Laws & W. T. O'Donohue (Eds.), *Sexual deviance: Theory, assessment, and treatment* (pp. 465-490). New York, NY: Guilford.

Huntington's Disease Collaborative Research Group. (1993). A novel gene containing a trinucleotide repeat that is expanded and unstable on Huntington's disease chromosomes. *Cell, 72*, 971-983.

Huntjens, R. J., Peters, M., Woertman, L., Bovenschen, L., Loes, M., Martin, R., & Postma, A. (2006). Inter-identity amnesia in dissociative identity disorder: A simulated memory impairment? *Psychological Medicine, 36*, 857-863.

Huntjens, R. J., Postma, A., Hamaker, E. L., Woertman, L., van der Hart, O., & Peters, M. (2002). Perceptual and conceptual priming in patients with dissociative identity disorder. *Memory & Cognition, 30*, 1033-1043.

Huntjens, R. J., Postma, A., Peters, M., Woertman, L., & van der Hart, O. (2003). Interidentity amnesia for neutral, episodic information in dissociative identity disorder. *Abnormal Psychology, 112*, 290-297.

Huppert, J. D. (2009). Anxiety disorders and depression comorbidity. In M. M. Antony & M. B. Stein (Eds.), *Oxford handbook of anxiety and related disorders* (pp. 576-586). New York, NY: Oxford University Press.

Hurt, S. W., Schnurr, P. P., Severino, S. K., Freeman, E. W., Gise, L. H., Rivera-Tovar, A., & Steege, J. F. (1992). Late luteal phase dysphoric disorder in 670 women evaluated for premenstrual complaints. *American Journal of Psychiatry, 149*(4), 525-530.

Hurt, E., & Arnold, L. E. (2015). Dietary management of ADHD. In R. A. Barkley (Ed.), *Attention-deficit hyperactivity disorder: A handbook for diagnosis & treatment* (4th ed., pp. 630-640). New Yok: The Guilford Press.

Hutchinson, D. M., & Rapee, R. M. (2007). Do friends share similar body image and eating problems? The role of social networks and peer influences in early adolescence. *Behaviour Research and Therapy, 45*(7), 1557-1577.

Hyde, L. W., Shaw, D. S., & Hariri, A. R. (2013). Understanding youth antisocial behavior using neuroscience through a developmental psychopathology lens: review, integration, and directions for research. *Developmental Review, 33*(3), 168-223.

Hyman, S. E. (2009). How adversity gets under the skin. *Nature Neuroscience, 12*(3), 241-243.

Hyman, S. E. (2010). The diagnosis of mental disorders: The problem of reification. *Annual Review of Clinical Psychology, 6*, 155-179. doi:10.1146/annurev.clinpsy.3.022806.091532

Hypericum Depression Trial Study Group. (2002). Effect of *Hypericum perforatum* (St John's wort) in major depressive disorder: A randomized controlled trial. *JAMA: Journal of the American Medical Association, 287*, 1853-1854.

Iacono, W. G., Bassett, A. S., & Jones, B. D. (1988). Eye tracking dysfunction is associated with partial trisomy of chromosome 5 and schizophrenia. *Archives of General Psychiatry, 45*(12), 1140-1141.

Iacovino, J. M., Jackson, J. J., & Oltmanns, T. F. (2014). The relative impact of socioeconomic status and childhood trauma on Black-White differences in paranoid personality disorder symptoms. *Journal of Abnormal Psychology,123*(1), 225.

Ibanez-Casas, I., & Cervilla, J. A. (2012). Neuropsychological research in delusional disorder: A comprehensive review. *Psychopathology, 45*(2), 78-95.

Ikramuddin, S., & Livingston, E. H. (2013). New insights on bariatric surgery outcomes. *JAMA, 310*(22), 2401-2402.

Imhof, A., Kovari, E., von Gunten, A., Gold, G., Rivara, C.-B., Herrmann, F. R., & Giannakopoulos, P. (2007). Morphological substrates of cognitive decline in nonagenarians and centenarians: A new paradigm? *Journal of the Neurological Sciences, 257*(1-2), 72-79.

Ingoldsby, E. M., Shelleby, E., Lane, T., & Shaw, D. S. (2012). Extrafamilial contexts and children's conduct problems. In V. Maholmes & R. B. King (Eds.), *The Oxford handbook of poverty and child development* (pp. 404-422). New York, NY: Oxford University Press.

Ingram, R., Miranda, J., & Segal, Z. (2006). Cognitive vulnerability to depression. In L. B. Alloy and J. H. Riskind (Eds.), *Cognitive vulnerability to emotional disorders* (pp. 63-91). Mahwah, NJ: Erlbaum.

Inouye, S. K., Westendorp, R. G., & Saczynski, J. S. (2014). Delirium in elderly people. *The Lancet, 383*(9920), 911-922.

Insel, T., Cuthbert, B., Garvey, M., Heinssen, R., Pine, D. S., Quinn, K., . . . & Wang, P. (2010). Research domain criteria (RDoC): Toward a new classification framework for research on mental disorders. *American Journal of Psychiatry, 167*(7), 748-751. http://dx.doi .org/10.1176/ appi.ajp.2010.09091379

Insel, T. R. (1992). Toward a neuroanatomy of obsessive-compulsive disorder. *Archives of General Psychiatry, 49*, 739-744.

Insel, T. R. (2006). Beyond efficacy: The STAR*D trial. *American Journal of Psychiatry, 163*, 5-7.

Insel, T. R. (2009). Translating scientific opportunity into public health impact: A strategic plan for research on mental illness. *Archives of General Psychiatry, 66*(2), 128-133.

Insel, T. R. (2014). The NIMH research domain criteria (RDoC) project: precision medicine for psychiatry. *American Journal of Psychiatry, 171*(4), 395-397.

Insel, T. R., Scanlan, J., Champoux, M., & Suomi, S. J. (1988). Rearing paradigm in a nonhuman primate affects response to B-CCE challenge. *Psychopharmacology, 96*, 81-86.

Institute of Medicine. (1999). *Reducing the burden of injury: Advancing prevention and treatment.* Washington, DC: National Academies Press.

Institute of Medicine. (2001). *Crossing the quality chasm: A new health system for the 21st century.* Washington, DC: National Academies Press.

Institute of Medicine. (2002). *Reducing suicide: A national imperative.* Washington, DC: National Academies Press.

IOM. (2011). *Clinical Practice Guidelines We Can Trust.* Washington, DC: The National Academies Press.

IOM. (2015). *Psychosocial interventions for mental and substance use disorders: A framework for establishing evidence-based standards.* Washington, DC: The National Academies Press.

Iribarren, C., Sidney, S., Bild, D. E., Liu, K., Markovitz, J. H., Roseman, J. M., & Matthews, K. (2000). Association of hostility with coronary artery calcification in young adults. *JAMA: Journal of the American Medical Association, 283*(19), 2546-2551.

Ironson, G., Taylor, C. B., Boltwood, M., Bartzokis, T., Dennis, C., Chesney, M., & Segal, G. M. (1992). Effects of anger on left ventricular ejection fraction in coronary artery disease. *American Journal of Cardiology, 70,* 281-285.

Isaacowitz, D., Smith, T. T., & Carstensen, L. L. (2003). Socioemotional selectivity, positive bias, and mental health among trauma survivors in old age. *Ageing International, 28,* 181-199.

Isenberg-Grzeda, E., Kutner, H. E., & Nicolson, S. E. (2012). Wernicke-Korsakoff-syndrome: Under-recognized and under-treated. *Psychosomatics, 53*(6), 507-516. doi: http: //dx.doi.org/10.1016/j.psym.2012.04.008

Ito, K., Corrigan, B., Zhao, Q., French, J., Miller, R., Soares, H., . . . & Fullerton, T. (2011). Disease progression model for cognitive deterioration from Alzheimer's Disease Neuroimaging Initiative database. *Alzheimer's & Dementia, 7*(2), 151-160.

Ivanov, I. (2009). Disulfiram and acamprosate. In B. J. Sadock, V. A. Sadock, & P. Ruiz (Eds.), *Kaplan & Sadock's comprehensive textbook of psychiatry* (9th ed., Vol. II, pp. 3099-3105). Philadelphia, PA: Lippincott Williams & Wilkins.

Iverson, L. (2006). Neurotransmitter transporters and their impact on the development of psychopharmacology. *British Journal of Pharmacology, 147*(Suppl. 1), S82-S88.

Ivleva, E. I., Moates, A. F., Hamm, J. P., Bernstein, I. H., O'Neill, H. B., Cole, D., . . . & Tamminga, C. A. (2014). Smooth pursuit eye movement, prepulse inhibition, and auditory paired stimuli processing endophenotypes across the schizophrenia-bipolar disorder psychosis dimension. *Schizophrenia Bulletin, 40*(3), 642-652.

Izard, C. E. (1992). Basic emotions, relations among emotions, and emotion-cognition relations. *Psychological Review, 99*(3), 561-565.

Jääskeläinen, E., Juola, P., Hirvonen, N., McGrath, J. J., Saha, S., Isohanni, M., . . . & Miettunen, J. (2013). A systematic review and meta-analysis of recovery in schizophrenia. *Schizophrenia Bulletin, 39*(6), 1296-1306.

Jablensky, A. (2012). Epidemiology of schizophrenia. In M. G. Gelder, N. C. Andreasen, J. J. Lopez-Ibor, Jr., & J. R. Geddes (Eds.), *New Oxford Textbook of Psychiatry* (2nd. ed., Vol. 1, pp. 540-553). New York, NY: Oxford University Press.

Jackson, C., Brown, J. D., & L'Engle, K. L. (2007). R-rated movies, bedroom televisions, and initiation of smoking by white and black adolescents. *Archives of Pediatrics & Adolescent Medicine, 161,* 260-268.

Jackson, G., Rosen, R., Kloner, R., & Kostis, J. (2006). The second Princeton consensus on sexual dysfunction and cardiac risk: New guidelines for sexual medicine. *Journal of Sexual Medicine, 3*(1), 28-36.

Jackson, J. S., Knight, K.M., & Rafferty, J. A. (2010). Race and unhealthy behaviors: Chronic stress, the HPA axis, and physical and mental health disparities over the life course. *American Journal of Public Health, 100*(5), 933-939. doi: 10.2105/AJPH.2008.143446

Jackson, T., & Chen, H. (2011). Risk factors for disordered eating during early and middle adolescence: Prospective evidence from mainland Chinese boys and girls. *Journal of Abnormal Psychology, 120*(2), 454-464.

Jackson v. Indiana, 406 U.S. 715 (1972).

Jacobi, W., & Winkler, H. (1927). Encephalographische studien an chronischen schizophrenen. *Archives fur Psychiarrie und Nervenkrunkheiten, 81*(1), 299-332.

Jacobson, N. S., Dobson, K. S., Truax, P. A., Addis, M. E., Koerner, K., Gollan, J. K., & Prince, S. E. (1996). A component analysis of cognitive-behavioral treatment for depression. *Journal of Consulting and Clinical Psychology, 64,* 295-304.

Jacobson, N. S., Fruzzetti, A. E., Dobson, K., Whisman, M., & Hops, H. (1993). Couple therapy as a treatment for depression: II. The effects of relationship quality and therapy on depressive relapse. *Journal of Consulting and Clinical Psychology, 61*(3), 516-519.

Jacobson, N. S., Martell, C. R., & Dimidjian, S. (2001). Behavioral activation treatment for depression: Returning to contextual roots. *Clinical Psychology: Science and Practice, 8*(3), 255-270.

Jacobsen, P. B., & Andrykowski, M. A. (2015). Tertiary prevention in cancer care: Understanding and addressing the psychological dimensions of cancer during the active treatment period. *American Psychologist, 70*(2), 134-145.

Jaffe, J. H., Rawson, R. A., & Ling, W. (2005). Cocaine-related disorders. In B. J. Sadock & V. A. Sadock (Eds.), *Kaplan & Sadock's comprehensive textbook of psychiatry* (8th ed., pp. 1220-1238). Philadelphia, PA: Lippincott, Williams & Wilkins.

Jaffee, S. (2011). Genotype-environment correlations: Definitions, methods of measurement, and implications for research on adolescent psychopathology. In K. S. Kendler, S. Jaffee, & D. Romer (Eds.), *The dynamic genome and mental health: The role of genes and environments in youth development* (pp. 79-102). New York, NY: Oxford University Press.

Jager, G. (2012). Cannabis. In J. C. Verster, K. Brady, M. Galanter, & P. Conrod (Eds.), *Drug abuse and addiction in medical illness* (pp. 151-162). New York, NY: Springer.

Jain, K. K. (2015). Personalized management of psychiatric disorders. In K. K. Jain (Ed.), *Textbook of Personalized Medicine* (2nd ed., pp. 461-478): Springer New York.

Jakicic, J. M., Tate, D. F., Lang, W., Davis, K. K., Polzien, K., Rickman, A. D., & Finkelstein, E. A. (2012). Effect of a stepped-care intervention approach on weight loss in adults: A randomi-

zed clinical trial. *JAMA: Journal of the American Medical Association, 307*(24), 2617-2626.

James, B. O., Jenkins, R., & Lawani, A. O. (2012). Depression in primary care: the knowledge, attitudes and practice of general practitioners in Benin City, Nigeria. *South African Family Practice, 54*(1), 55-60.

James, P. A., Oparil, S., Carter, B. L., Cushman, W. C., Dennison-Himmelfarb, C., Handler, J., Lackland, D. T., LeFevre, M. L., MacKenzie, T. D., Ogedegbe, O., Smith Jr., S. C., Svetkey, LP., Taler, S. J., Townsend, R. R., Wright Jr., J. T., Narva, A. S., & Ortiz, E. (2014). 2014 evidence-based guideline for the management of high blood pressure in adults: report from the panel members appointed to the Eighth Joint National Committee (JNC 8). *JAMA, 311*(5), 507-520.

Jamison, K. R. (1989). Mood disorders and patterns of creativity in British writers and artists. *Psychiatry, 52*(2), 125-134.

Jamison, K. R. (1993). *Touched with fire: Manic depressive illness and the artistic temperament.* New York, NY: Macmillan.

Jamison, R. N., & Virts, K. L. (1990). The influence of family support on chronic pain. *Behaviour Research and Therapy, 28*(4), 283-287.

Jang, K. L. (2005). *The behavioral genetics of psychopathology: A clinical guide.* Mahwah, NJ: Lawrence Erlbaum Associates.

Jang, S. H., Kim, D. I., & Choi, M. S. (2014). Effects and treatment methods of acupuncture and herbal medicine for premenstrual syndrome/premenstrual dysphoric disorder: systematic review. *BMC Complementary and Alternative Medicine, 14*(1), 11. doi:10.1186/1472-6882-14-11

Jannini, E. A., Burri, A., Jern, P., & Novelli, G. (2015). Genetics of human sexual behavior: Where we are, where we are going. *Sexual Medicine Reviews, 3*(2), 65-77.

Jansen, A. G., Mous, S. E., White, T., Posthuma, D., & Polderman, T. J. (2015). What twin studies tell us about the heritability of brain development, morphology, and function: A review. *Neuropsychology Review, 25*(1), 27-46.

Janszky, I., Ahnve, S., Lundberg, I., & Hemmingsson, T. (2010). Early-onset depression, anxiety, and risk of subsequent coronary heart disease: 37-year follow-up of 49,321 young Swedish men. *Journal of the American College of Cardiology, 56*(1), 31-37.

Jarrett, R. B., Minhajuddin, A., Gershenfeld, H., Friedman, E. S., & Thase, M. E. (2013). Preventing depressive relapse and recurrence in higher-risk cognitive therapy responders: a randomized trial of continuation phase cognitive therapy, fluoxetine, or matched pill placebo. *JAMA Psychiatry, 70,* 1152-1160.

Jason, L. A., Fennell, P. A., & Taylor, R. R. (2003). *Handbook of chronic fatigue syndrome.* Hoboken, NJ: Wiley.

Jason, L. A., Richman, J. A., Rademaker, A. W., Jordan, K. M., Plioplys, A. V., Taylor, R. R., & Plioplys, S. (1999). A community-based study of chronic fatigue syndrome. *Archives of Internal Medicine, 159,* 2129-2137.

Jason, L. A., Roesner, N., Porter, N., Parenti, B., Mortensen, J., & Till, L. (2010). Provision of social support to individuals with chronic fatigue syndrome. *Journal of Clinical Psychology, 66,* 249-258.

Jaspers, K. (1963). *General psychopathology* (J. Hoenig & M. W. Hamilton, Trans.). Manchester, UK: Manchester University Press.

674 Psicopatologia

Jaussent, I., Dauvilliers, Y., Ancelin, M. L., Dartigues, J. F., Tavernier, B., Touchon, J., & Besset, A. (2011). Insomnia symptoms in older adults: Associated factors and gender differences. *The American Journal of Geriatric Psychiatry, 19*(1), 88.

Javitt, D. C., & Laruelle, M. (2006). Neurochemical theories. In J. A. Lieberman, T. S. Stroup, & D. O. Perkins (Eds.), *The American Psychiatric Publishing textbook of schizophrenia* (pp. 85-116). Washington, DC: American Psychiatric Publishing.

Javitt, D. C., & Zukin, S. R. (2009). Phencyclidine (or phencyclidine-like)-related disorders. In B. J. Sadock, V. A. Sadock, & P. Ruiz (Eds.), *Kaplan & Sadock's comprehensive textbook of psychiatry* (9th ed., Vol. I, pp. 1337-1397). Philadelphia, PA: Lippincott Williams & Wilkins.

Jellinek, E. M. (1946). Phases in the drinking histories of alcoholics. *Quarterly Journal of Studies on Alcohol, 7,* 1-88.

Jellinek, E. M. (1952). Phases of alcohol addiction. *Quarterly Journal of Studies on Alcohol, 13,* 673-684.

Jellinek, E. M. (1960). *The disease concept of alcohol.* New Brunswick, NJ: Hillhouse Press.

Jenike, M. A., Baer, L., Ballantine, H. T., Martuza, R. L., Tynes, S., Giriunas, I., & Cassem, N. H. (1991). Cingulotomy for refractory obsessive-compulsive disorder: A long-term follow-up of 33 patients. *Archives of General Psychiatry, 48,* 548-555.

Jenkins, J. H., & Karno, M. (1992). The meaning of expressed emotion: Theoretical issues raised by cross-cultural research. *American Journal of Psychiatry, 149,* 9-21.

Jenni, O. G., & O'Connor, B. B. (2005). Children's sleep: An interplay between culture and biology. *Pediatrics, 115*(1), 204-216. doi: 10.1542 / peds.2004-0815B

Jennings, W. G., & Reingle, J. M. (2012). On the number and shape of developmental/life -course violence, aggression, and delinquency trajectories: A state-of-the-art review. *Journal of Criminal Justice, 40*(6), 472-489.

Jensen, E., Schmidt, E., Pedersen, B., & Dahl, R. (1991). Effect on smoking cessation of silver acetate, nicotine and ordinary chewing gum. *Psychopharmacology, 104*(4), 470-474.

Jensen, H. M., Gron, R., Lidegaard, O., Pedersen, L. H., Andersen, P. K., & Kessing, L. V. (2013). Maternal depression, antidepressant use in pregnancy and Apgar scores in infants. *British Journal of Psychiatry, 202*(5), 347-351.

Jensen, P. S., Hinshaw, S. P., Swanson, J. M., Greenhill, L. L., Conners, C. K., Arnold, L. E., & Wigal, T. (2001). Findings from the NIMH Multimodal Treatment Study of ADHD (MTA): Implications and applications for primary care providers. *Journal of Developmental and Behavioral Pediatrics, 22*(1), 60-73.

Jiang, W., Samad, Z., Boyle, S., Becker, R. C., Williams, R., Kuhn, C., & Velazquez, E. J. (2013). Prevalence and clinical characteristics of mental stress-induced myocardial ischemia in patients with coronary heart disease. *Journal of the American College of Cardiology, 61*(7), 714-722.

Jiann, B. P., Su, C. C., Yu, C. C., Wu, T. T., & Huang, J. K. (2009). Risk factors for individual domains of female sexual function. *The Journal of Sexual Medicine, 6*(12), 3364-3375.

Jilek, W. G. (1982). Altered states of consciousness in North American Indian ceremonials. *Ethos, 10*(4), 326-343.

Jindal, R. D., Thase, M. E., Fasiczka, A. L., Friedman, E. S., Buysse, D. J., Frank, E., & Kupfer, D.J. (2002). Electroencephalographic sleep profiles in single-episode and recurrent unipolar forms of major depression: II. Comparison during remission. *Biological Psychiatry, 1,* 230-236.

Jockin, V., McGue, M., & Lykken, D. T. (1996). Personality and divorce: A genetic analysis. *Journal of Personality and Social Psychology, 71,* 288-299.

Joe, S., Baser, R., Breeden, G., Neighbors, H., & Jackson, J. (2006). Prevalence of and risk factors for lifetime suicide attempts among blacks in the United States. *JAMA: Journal of the American Medical Association, 296,* 2112-2123.

Johannes, C. B., Araujo, A. B., Feldman, H. A., Derby, C. A., Kleinman, K. P., & McKinlay, J. B. (2000). Incidence of erectile dysfunction in men 40 to 69 years old: Longitudinal results from the Massachusetts male aging study. *Journal of Urology, 163,* 460-463.

Johansson, A., Sundbom, E., Höjerback, T., & Bodlund, O. (2010). A five-year follow-up study of Swedish adults with gender identity disorder. *Archives of Sexual Behavior, 39*(6), 1429-1437.

Johnson, A. M., Mercer, C. H., Erens, B., Copas, A. J., McManus, S., Wellings, K., & Field, J. (2001). Sexual behaviour in Britain: Partnerships, practices, and HIV risk behaviours. *The Lancet, 358,* 1835-1842.

Johnson, A. M., Wadsworth, J., Wellings, K., Bradshaw, S., & Field, J. (1992). Sexual lifestyles and HIV risk. *Nature, 360,* 410-412.

Johnson, C. J., & Beitchman, J. H. (2005). Expressive language disorder. In B. J. Sadock & V. A. Sadock (Eds.), *Kaplan & Sadock's comprehensive textbook of psychiatry* (pp. 3136-3142). Philadelphia: Lippincott, Williams & Wilkins.

Johnson, J. G., Cohen, P., Kasen, S., & Brook, J. S. (2002). Eating disorders during adolescence and the risk for physical and mental disorders during early adulthood. *Archives of General Psychiatry, 59,* 545-552.

Johnson, J. G., Cohen, P., Kasen, S., & Brook, J. S. (2006). Dissociative disorders among adults in the community, impaired functioning, and Axis I and Axis II comorbidity. *Journal of Psychiatric Research, 40,* 131-140.

Johnson, J. G., Cohen, P., Pine, D. S., Klein, D. F., Kasen, S., & Brook, J. S. (2000). Association between cigarette smoking and anxiety disorders during adolescence and early adulthood. *JAMA: Journal of the American Medical Association, 284,* 2348-2351.

Johnson, J. G., Weissman, M. M., & Klerman, G. L. (1990). Panic disorder, comorbidity and suicide attempts. *Archives of General Psychiatry, 47,* 805-808.

Johnson, R., Persad, G., & Sisti, D. (2014). The Tarasoff rule: The implications of interstate variation and gaps in professional training. *Journal of the American Academy of Psychiatry and the Law Online, 42*(4), 469-477.

Johnson, S. L., & Miller, I. (1997). Negative life events and time to recovery from episodes of bipolar disorder. *Journal of Abnormal Psychology, 106*(3), 449-457.

Johnson, S. L., Cuellar, A. K., & Miller, C. (2009). Bipolar and unipolar depression: A comparison of clinical phenomenology, biological vulnerability, and psychosocial predictors. In I. H. Gotlib & C. L. Hammen (Eds.), *Handbook of depression* (2nd ed., pp. 142-162). New York, NY: Guilford.

Johnson, S. L., Cuellar, A. K., Ruggero, C., Winett-Perlman, C., Goodnick, P., White, R., & Miller, I. (2008). Life events as predictors of mania and depression in bipolar I disorder. *Journal of Abnormal Psychology, 117*(2), 268-277.

Johnson, S. L., Gruber, J. L., & Eisner, L. R. (2007). Emotion and bipolar disorder. In J. Rottenberg & S. L. Johnson (Eds.), *Emotion and psychopathology* (pp. 123-150). Washington, DC: American Psychological Association.

Johnson, S. L., Winett, C. A., Meyer, B., Greenhouse, W. J., & Miller, I. (1999). Social support and the course of bipolar disorder. *American Psychological Association, 180*(4), 558-566.

Johnson, W., Turkheimer, E., Gottesman, I. I., & Bouchard, T. J., Jr. (2009). Beyond heritability: Twin studies in behavioral research. *Current Directions in Psychological Science, 18*(4), 217-220.

Johnston, B. C., Kanters, S., Bandayrel, K., Wu, P., Naji, F., Siemieniuk, R. A., . . . & Mills, E. J. (2014). Comparison of weight loss among named diet programs in overweight and obese adults: a meta-analysis. *JAMA, 312*(9), 923-933.

Johnston, C. A., Rost, S., Miller-Kovach, K., Moreno, J. P., & Foreyt, J. P. (2013). Multi-component access to a commercially available weight loss program: A randomized controlled trial. *The FASEB Journal, 27*(1_MeetingAbstracts), 851-852.

Johnston, L. D., O'Malley, P. M., Bachman, J. G., & Schulenberg, J. E. (2012). *Monitoring the future: National survey results on drug use, 1975-2011. Volume II: College Students & Adults Ages 19-50.* Ann Arbor MI: Institute for Social Research, University of Michigan.

Joiner, T., Kalafat, J., Draper, J., Stokes, H., Knudson, M., Berman, A. L., & McKeon, R. (2007). Establishing standards for the assessment of suicide risk among callers to the national suicide prevention lifeline. *Suicide and Life-Threatening Behavior, 37*(3), 353-365.

Joiner, T. E., Jr. (1997). Shyness and low social support as interactive diatheses, with loneliness as mediator: Testing an interpersonal-personality view of vulnerability to depressive symptoms. *Journal of Abnormal Psychology, 106*(3), 386-394.

Joiner, T. E. (2014). *The perversion of virtue: Understanding murder-suicide.* New York, NY: Oxford University Press.

Joiner, T. E., Jr. (1999). A test of interpersonal theory of depression in youth psychiatric inpatients. *Journal of Abnormal Child Psychology, 27*(1), 77-85.

Joiner, T. E., Jr., & Rudd, M. D. (1996). Toward a categorization of depression-related psychological constructs. *Cognitive Therapy and Research, 20,* 51-68.

Joiner, T. E., Jr., & Rudd, M. D. (2000). Intensity and duration of suicidal crises vary as a function of previous suicide attempts and negative life events. *Journal of Consulting and Clinical Psychology, 68*(5), 909-916.

Joiner, T. E., Jr., & Timmons, K. A. (2009). Depression in its interpersonal context. In I. H. Gotlib & C. L. Hammen (Eds.), *Handbook of depression* (2nd ed., pp. 322-339). New York, NY: Guilford.

Joiner, T. E., Jr., Heatherton, T. F., & Keel, P. K. (1997). Ten year stability and predictive validity of five bulimia-related indicators. *American Journal of Psychiatry, 154,* 1133-1138.

Joling, K. J., van Marwijk, H. W., Veldhuijzen, A. E., van der Horst, H. E., Scheltens, P., Smit, F., & van Hout, H. P. (2015). The two-year incidence of depression and anxiety disorders in spousal caregivers of persons with dementia: who is at the greatest risk? *The American Journal of Geriatric Psychiatry, 23*(3), 293-303.

Jones, B. E., & Gray, B. A. (1986). Problems in diagnosing schizophrenia and affective disorders in blacks. *Hospital and Community Psychiatry, 37,* 61-65.

Jones, J. C., & Barlow, D. H. (1990). The etiology of posttraumatic stress disorder. *Clinical Psychology Review, 10,* 299-328.

Jones, P., Barnes, T., Davies, L., Dunn, G., Lloyd, H., Hayhurst, K., & Lewis, S. W. (2006). Randomized controlled trial of the effect on quality of life of second- vs first-generation antipsychotic drugs in schizophrenia: Cost Utility of the Latest Antipsychotic Drugs in Schizophrenia Study (CUtLASS 1). *Archives of General Psychiatry, 63*(10), 1079.

Jones, R. T. (2009). Hallucinogen-related disorders. In B. J. Sadock, V. A. Sadock, & P. Ruiz (Eds.), *Kaplan & Sadock's comprehensive textbook of psychiatry* (9th ed., Vol. I, pp. 1331-1340). Philadelphia, PA: Lippincott Williams & Wilkins.

Joo, E. Y., Yoon, C. W., Koo, D. L., Kim, D., & Hong, S. B. (2012). Adverse effects of 24 hours of sleep deprivation on cognition and stress hormones. *Journal of Clinical Neurology, 8*(2), 146-150.

Joormann, J. (2009). Cognitive aspects of depression. In I. H. Gotlib & C. L. Hammen (Eds.), *Handbook of depression* (2nd ed., pp. 298-321). New York, NY: Guilford.

Jordan, B. D., Relkin, N. R., Ravdin, L. D., Jacobs, A. R., Bennett, A., & Gandy, S. (1997). Apolipoprotein E Epsilon 4 associated with chronic traumatic brain injury in boxing. *JAMA: Journal of the American Medical Association, 278,* 136-140.

Joyce, P. R., Stephenson, J., Kennedy, M., Mulder, R. T., & McHugh, P. C. (2013). The presence of both serotonin 1A receptor (HTR1A) and dopamine transporter (DAT1) gene variants increase the risk of borderline personality disorder. *Frontiers in Genetics, 4,* 313.

Joyner, M. J., Charkoudian, N., & Wallin, B. G. (2010). Sympathetic nervous system and blood pressure in humans: Individualized patterns of regulation and their implications. *Hypertension, 56*(1), 10-16.

Judd, L. L. (2000). Course and chronicity of unipolar major depressive disorder: Commentary on Joiner. *Child Psychology Science and Practice, 7*(2), 219-223.

Judd, L. L. (2012). Dimensional paradigm of the long-term course of unipolar major depressive disorder. *Depression and Anxiety, 29*(3), 167-171.

Judd, L. L., Akiskal, H., Schettler, P., Coryell, W., Endicott, J., Maser, J., & Keller, M. B. (2003). A prospective investigation of the natural history of the long-term weekly symptomatic status of bipolar II disorder. *Archives of General Psychiatry, 60,* 261-269.

Judge, B., & Rusyniak, D. (2009). Illicit drugs I: Amphetamines. In M. R. Dobbs (Ed.), *Clinical neurotoxicology: Syndromes, substances, environments, expert consult* (pp. 303-313). Philadelphia, PA: WB Saunders.

Judge, C., O'Donovan, C., Callaghan, G., Gaoatswe, G., & O'Shea, D. (2014). Gender dysphoria-prevalence and co-morbidities in an Irish adult population. *Frontiers in Endocrinology, 5*(87), 1-5.

Juliano, L.M., Ferré, S. & Griffiths, R. R. (2015). Tha pharmacology of caffeine. In R.K. Ries, D.A. Fiellin, S.C. Miller, & R. Saitz (Eds.), *The ASAM principles of addiction medicine* (5th Ed., pp. 180-200). New York, NY: Wolters Kluwer.

Jummani, R., & Coffey, B. J. (2009). Tic disorders. In B. J. Sadock, V. A. Sadock, & P. Ruiz (Eds.), *Kaplan & Sadock's comprehensive textbook of psychiatry* (9th ed., Vol. II, pp. 3609-3623). Philadelphia, PA: Lippincott Williams & Wilkins.

Junginger, J. (1997). Fetishism: Assessment and treatment. In D. R. Laws & W. O'Donohue (Eds.), *Sexual deviance: Theory, assessment and treatment* (pp. 92-110). New York, NY: Guilford.

Kafka, M. P. (2010). The DSM diagnostic criteria for fetishism. *Archives of sexual behavior, 39*(2), 357-362.

Kafka, M. P., & Hennen, J. (2003). Hypersexual desire in males: Are males with paraphilias difference from males with paraphilia-related disorders? *Sexual Abuse: A Journal of Research & Treatment, 4,* 307-321.

Kagan, J. (2014a). Temperamental contributions to the development of psychological profiles: I. Basic issues. In S. G. Hofmann and P. D. DiBartolo (Eds.), *Social anxiety: Clinical, developmental, and social perspectives (third edition)* (pp. 377-418). Amsterdam, The Netherlands: Elsevier/Academic Press.

Kagan, J. (2014b). Temperamental contributions to the development of psychological profiles: II. Two candidates. In S. G. Hofmann and P. D. DiBartolo (Eds.), *Social anxiety: Clinical, developmental, and social perspectives (third edition)* (pp. 419-450). Amsterdam, The Netherlands: Elsevier/Academic Press.

Kahler, C. W., Litvin Bloom, E., Leventhal, A.M. & Brown, R. A. (2015). Behavioral interventions in smoking cessation. In R.K. Ries, D.A. Fiellin, S.C. Miller, & R. Saitz (Eds.), *The ASAM principles of addiction medicine* (5th Ed., pp. 894-911). New York, NY: Wolters Kluwer.

Kahn, R. S., Khoury, J., Nichols, W. C., & Lanphear, B. P. (2003). Role of dopamine transporter genotype and maternal prenatal smoking in childhood hyperactive-impulsive, inattentive, and oppositional behaviors. *The Journal of Pediatrics, 143*(1), 104-110.

Kahn, X., King, X., Abelson, X., & Liberzon, X. (2009). Au to provide reference.

Kaiser, J. (2006). Differences in immune cell "brakes" may explain chimp-human split on AIDS. *Science Magazine, 312,* 672-673.

Kalaria, R., Maestre, G., Arizaga, R., Friedland, R., Galasko, D., Hall, K., & Potocnik, F. (2008). Alzheimer's disease and vascular dementia in developing countries: Prevalence, management, and risk factors. *Lancet Neurology, 7*(9), 812.

Kalat, J. W. (2013). *Biological psychology* (11th ed.). Belmont, CA: Wadsworth, Cengage Learning.

Kalivas, P. W. (2005). New directions pharmacotherapy for addiction or can we forget to be addicted? *Clinical Neuroscience Research, 5,* 147-150.

Kallmann, F. J. (1938). *The genetics of schizophrenia.* New York, NY: Augustin.

Kalra, G., Christodoulou, G., Jenkins, R., Tsipas, V., Christodoulou, N., Lecic- Tosevski, D., . . .

& Bhugra, D. (2012). Mental health promotion: guidance and strategies. *European Psychiatry, 27*(2), 81-86. doi:10.1016/j.eurpsy.2011.10.001

Kame'enui, E. J., Fien, H., & Korgesaar, J. (2013). Direct instruction as *eo nomine* and contronym: Why the right words and the details matter. In H. L. Swanson, K. R. Harris, & S. Graham (Eds.), *Handbook of learning disabilities* (2nd ed.). New York, NY: Guilford.

Kamen, C., Tejani, M. A., Chandwani, K., Janelsins, M., Peoples, A. R., Roscoe, J. A., & Morrow, G. R. (2014). Anticipatory nausea and vomiting due to chemotherapy. *European journal of pharmacology, 722,* 172-179.

Kaminski, J. W., Valle, L., Filene, J., & Boyle, C. (2008). A meta-analytic review of components associated with parent training program effectiveness. *Journal of Abnormal Child Psychology, 36*(4), 567-589.

Kanai, R., Bahrami, B., Roylance, R., & Rees, G. (2012). Online social network size is reflected in human brain structure. *Proceedings of the Royal Society: Biological Sciences, 279*(1732), 1327-1334. doi: 10.1098/rspb.2011.1959

Kanaya, T., & Ceci, S. (2012). The impact of the Flynn effect on LD diagnoses in special education. *Journal of Learning Disabilities, 45*(4), 319-326. doi: 10.1177/0022219410392044

Kanaya, T., Scullin, M. H., & Ceci, S. J. (2003). The Flynn effect and U.S. policies: The impact of rising IQ scores on American society via mental retardation diagnoses. *American Psychologist, 58,* 778-790.

Kanayama, G., Barry, S., & Pope, H. G. (2006). Body image and attitudes toward male roles in anabolic-androgenic steroid users. *American Journal of Psychiatry, 163,* 697-703.

Kandel, E. R., Schwartz, J., & Jessell, T. M. (2000). *Principles of neural science* (4th ed.). New York, NY: McGraw-Hill.

Kane, J. M., Stroup, S., & Marder, S. R. (2009). Schizophrenia: Pharmacological treatment. In B. J. Sadock, V. A. Sadock, & P. Ruiz (Eds.), *Kaplan & Sadock's comprehensive textbook of psychiatry* (9th ed., Vol. I, pp. 1547-1556). Philadelphia, PA: Lippincott Williams & Wilkins.

Kanigel, R. (1988, October/November). Nicotine becomes addictive. *Science Illustrated, 2,* 19-21.

Kanner, L. (1943). Autistic disturbances of affective contact. *Nervous Child, 2,* 217-250.

Kanner, L. (1949). Problems of nosology and psychodynamics of early infantile autism. *American Journal of Orthopsychiatry, 19,* 416-426.

Kanner, L., & Eisenberg, L. (1955). Notes on the follow-up studies of autistic children. In P. H. J. Zubin (Ed.), *Psychopathology of childhood* (pp. 227-239). New York, NY: Grune & Stratton.

Kansas v. Hendricks, 117 S. Ct. 2072 (1997).

Kaplan, H. S. (1979). *Disorders of sexual desire.* New York, NY: Brunner/Mazel.

Kaplan, M. (1983). A woman's view of DSM-III. *American Psychologist, 38,* 786-792.

Kaplan, S. A., Reis, R. B., Kohn, I. J., Ikeguchi, E. F., Laor, E., Te, A. E., & Martins, A. C. (1999). Safety and efficacy of sildenafil in postmenopausal women with sexual dysfunction. *Urology, 53,* 481-486.

Kaptchuk, T. J., Kelley, J. M., Conboy, L. A., Davis, R. B., Kerr, C. E., & Lembo, A. J. (2008). Components of placebo effect: Randomised controlled trial in patients with irritable bowel syndrome. *BMJ, 336*(7651), 999-1003. doi: 10.1136/bmj.39524.439618.25

676 Psicopatologia

Kariuki-Nyuthe, C. & Stein, D. J. (2015). Anxiety and related disorders and physical illness. *Key Issues in Mental Health, 179,* 81-97.

Karg, K., Burmeister, M., Shedden, K., & Sen, S. (2011). The serotonin transporter promoter variant (5-HTTLPR), stress, and depression meta-analysis revisited: Evidence of genetic moderation. *Archives of General Psychiatry, 68*(5), 444-454. doi: 10.1001 /archgenpsychiatry.2010.189

Karkhaneh, M., Clark, B., Ospina, M. B., Seida, J. C., Smith, V., & Hartling, L. (2010). Social Stories™ to improve social skills in children with autism spectrum disorder. *Autism, 14*(6), 641-662. doi: 10.1177/1362361310373057

Karlin, B. E., Trockel, M., Spira, A. P., Taylor, C. B., & Manber, R. (2015). National evaluation of the effectiveness of cognitive behavioral therapy for insomnia among older versus younger veterans. *International Journal of Geriatric Psychiatry, 30*(3), 308-315.

Kasari, C., Gulsrud, A., Freeman, S., Paparella, T., & Hellemann, G. (2012). Longitudinal follow-up of children with autism receiving targeted interventions on joint attention and play. *Journal of the American Academy of Child & Adolescent Psychiatry, 51*(5), 487-495. doi: http://dx.doi.org/10.1016/j.jaac.2012.02.019

Kasen, S., Cohen, P., Skodol, A. E., Johnson, J. G., & Brook, J. S. (1999). Influence of child and adolescent psychiatric disorders on young adult personality disorder. *American Journal of Psychiatry, 156*(10), 1529-1535.

Kasindorf, J. (1988, May 2). The real story of Billie Boggs: Was Koch right–Or the civil libertarians? *New York,* pp. 36-44.

Kaski, M. (2012). Aetiology of intellectual disability: General issues and prevention. In M. G. Gelder, N. C. Andreasen, J. J. Lopez-Ibor, Jr., & J. R. Geddes (Eds.), *New Oxford textbook of psychiatry* (2nd. ed., Vol. 2, pp. 1830-1837). New York, NY: Oxford University Press.

Kaslow, N. J., Davis, S. P., & Smith, C. O. (2009). Biological and psychosocial interventions for depression in children and adolescents. In I. H. Gotlib & C. L. Hammen (Eds.), *Handbook of depression* (2nd ed., pp. 642-672). New York, NY: Guilford.

Kass, A. E., Trockel, M., Safer, D. L., Sinton, M. M., Cunning, D., Rizk, M. T., . . . & Taylor, C. B. (2014). Internet-based preventive intervention for reducing eating disorder risk: A randomized controlled trial comparing guided with unguided self-help. *Behaviour Research and Therapy, 63,* 90-98.

Kass, D. J., Silvers, F. M., & Abrams, G. M. (1972). Behavioral group treatment of hysteria. *Archives of General Psychiatry, 26,* 42-50.

Kato, K., Sullivan, P., Evengard, B., & Pederson, N. (2006). Premorbid predictors of chronic fatigue. *Archives of General Psychiatry, 63,* 1267-1272.

Katon, W. (1993). Somatization disorder, hypochondriasis, and conversion disorder. In D. L. Dunner (Ed.), *Current psychiatric therapy* (pp. 314-320). Philadelphia, PA: W. B. Saunders.

Katon, W. J. (2003). Clinical and health services relationships between major depression, depressive symptoms, and general medical illness. *Biological Psychiatry, 54,* 216-226.

Katz, I. R. (1993). Delirium. In D. L. Dunner (Ed.), *Current psychiatric therapy* (pp. 65-73). Philadelphia, PA: W. B Saunders.

Katz, J., & Gagliese, L. (1999). Phantom limb pain: A continuing puzzle. In R. J. Gatchel & D. C. Turk (Eds.), *Psychosocial factors in pain: Critical perspectives* (pp. 284-300). New York, NY: Guilford.

Katz, M., DeRogatis, L. R., Ackerman, R., Hedges, P., Lesko, L., Garcia, M. J., & Sand, M. (2013). Efficacy of flibanserin in women with hypoactive sexual desire disorder: Results from the BEGONIA trial. *Journal Of Sexual Medicine, 10,* 1807-1815. doi:10.1111/jsm.12189

Katz, M. J., Lipton, R. B., Hall, C. B., Zimmerman, M. E., Sanders, A. E., Verghese, J., & Derby, C. A. (2012). Age-specific and sex-specific prevalence and incidence of mild cognitive impairment, dementia, and Alzheimer dementia in blacks and whites: A report from the Einstein Aging Study. *Alzheimer Disease & Associated Disorders, 26*(4), 335-343. doi: 310.1097/WAD.1090b1013e31823dbcfc

Kaufman, C. E., Beals, J., Croy, C., Jiang, L., Novins, D. K., & The AI-SUPERPFP Team (2013). Multilevel context of depression in two American Indian tribes. *Journal of Consulting and Clinical Psychology, 81,* 1040-1051.

Kaufman, J. C. (2001). The Sylvia Plath effect: Mental illness in eminent creative writers. *The Journal of Creative Behavior, 35,* 37-50.

Kaufman, J. C. (2002). Creativity and confidence: Price of achievement. *American Psychologist, 57,* 375-376.

Kaufman, J. C., & Baer, J. (2002). I bask in dreams of suicide: Mental illness, poetry, and women. *Review of General Psychology, 6,* 271-286.

Kavale, K. A., & Forness, S. R. (1983). Hyperactivity and diet treatment: A meta-analysis of the Feingold hypothesis. *Journal of Learning Disabilities, 16,* 324-330.

Kavanagh, D. J. (1992). Recent developments in expressed emotion and schizophrenia. *British Journal of Psychiatry, 160,* 601-620.

Kay, C., & Green, J. (2013). Reactive attachment disorder following early maltreatment: Systematic evidence beyond the institution. *Journal of Abnormal Child Psychology, 41*(4), 571-586. doi: 10.1007/s10802-012-9705-9

Kaye, W. (2008). Neurobiology of anorexia and bulimia nervosa. *Physiology and Behavior, 94*(1), 121-135.

Kaye, W. H., Bulik, C. M., Thornton, L., Barbarich, N., Masters, K., & Price Foundation Collaborative Group. (2014). Comorbidity of anxiety disorders with anorexia and bulimia nervosa. *American Journal of Psychiatry, 161*(12), 2215-2221.

Kaye, W. H., Weltzin, T. E., Hsu, L. K. G., McConaha, C. W., & Bolton, B. (1993). Amount of calories retained after binge eating and vomiting. *American Journal of Psychiatry, 150*(6), 969-971.

Kazak, A. E., & Noll, R. B. (2015). The integration of psychology in pediatric oncology research and practice: Collaboration to improve care and outcomes for children and families. *American Psychologist, 70*(2), 146-158.

Kazak, A. E., Boeving, C. A., Alderfer, M. A., Hwang, W., & Reilly, A. (2005). Posttraumatic stress symptoms during treatment in parents of children with cancer. *Journal of Clinical Oncology, 23,* 7405-7410.

Kazdin, A. E. (2011). *Single-case research designs: Methods for clinical and applied settings.* New York: Oxford University Press.

Keane, T. M., & Barlow, D. H. (2002). Post-traumatic stress disorder. In D. H. Barlow, *Anxiety and its disorders: The nature and treatment of anxiety and panic.* (2nd ed., pp. 418-453). New York, NY: Guilford.

Keane, T. M., & Miller, M. W. (2012). Future of classification in posttraumatic stress disorder. In J. G. Beck & D. M. Sloan (Eds.), *The Oxford handbook of traumatic stress disorders* (pp. 54-66). New York, NY: Oxford University Press.

Keane, T. M., Marx, B. P., Sloan, D. M., & DePrince, A. (2011). Trauma, dissociation, and post-traumatic stress disorder. In D. H. Barlow (Ed.), *The Oxford handbook of clinical psychology* (pp. 359-386). New York, NY: Oxford University Press.

Kearney, A. J. (2006). A primer of covert sensitization. *Cognitive and Behavioral Practice, 13*(2), 167-175. doi: 10.1016/j.cbpra.2006.02.002

Kearney, C. A., Albano, A. M., Eisen, A. R., Allan, W. D., & Barlow, D. H. (1997). The phenomenology of panic disorder in youngsters: An empirical study of a clinical sample. *Journal of Anxiety Disorders, 11*(10), 49-62.

Kearns, M. C., Ressler, K. J., Zatzick, D., & Rothbaum, B. O. (2012). Early interventions for PTSD: A review. *Depression and Anxiety, 29,* 833-842. doi: 10.1002/da.21997

Keck, P. E., & McElroy, S. L. (2002). Pharmacological treatments for bipolar disorder. In P. E. Nathan & J. M. Gorman (Eds.), *A guide to treatments that work* (2nd ed., pp. 277-299). New York, NY: Oxford University Press.

Keefe, D. L. (2002). Sex hormones and neural mechanisms. *Archives of Sexual Behavior, 31*(5), 401-403.

Keefe, F. J., & France, C. R. (1999). Pain: Biopsychosocial mechanisms and management. *Current Directions in Psychological Science, 8,* 137-141.

Keefe, F. J., Dunsmore, J., & Burnett, R. (1992). Behavioral and cognitive-behavioral approaches to chronic pain: Recent advances and future directions. Special issue: Behavioral medicine: An update for the 1990s. *Journal of Consulting and Clinical Psychology, 60*(4), 528-536.

Keel, P. K., & Forney, K. J. (2013). Psychosocial risk factors for eating disorders. *International Journal of Eating Disorders, 46*(5), 433-439.

Keel, P. K., Brown, T. A., Holland, L. A., & Bodell, L. P. (2012). Empirical classification of eating disorders. *Annual Review of Clinical Psychology, 8,* 381-404.

Keel, P. K., Dorer, D. J., Eddy, K. T., Franko, D., Charatan, D. L., & Herzog, D. B. (2003). Predictors of mortality in eating disorders. *Archives of General Psychiatry, 60,* 179-183.

Keel, P. K., Fichter, M., Quadflieg, N., Bulik, C. M., Baxter, M. G., Thornton, L., & Kaye, W. H. (2004). Application of a latent class analysis to empirically define eating disorder phenotypes. *Archives of General Psychiatry, 61,* 192-200.

Keel, P. K., Heatherton, T. F., Dorer, D. J., Joiner, T. E., & Zalta, A. K. (2006). Point prevalence of bulimia nervosa in 1982, 1992, and 2002. *Psychological Medicine, 36,* 119-127.

Keel, P. K., Mitchell, J. E., Miller, K. B., Davis, T. L., & Crow, S. J. (2000). Predictive validity of bulimia nervosa as a diagnostic strategy. *American Journal of Psychiatry 157*(1), 136-138.

Keilitz, I. (1987). Researching and reforming the insanity defense. *Rutgers Law Review, 39,* 289-322.

Keitner, G. I., Ryan, C. E., Miller, I. W., Kohn, R., Bishop, D. S., & Epstein, N. B. (1995). Role of the family in recovery and major depression. *American Journal of Psychiatry, 152,* 1002-1008.

Keller, M. B., & Wunder, J. (1990). Bipolar disorder in childhood. In M. Hersen & C. G. Last (Eds.), *Handbook of child and adult psychopathology: A longitudinal perspective.* Elmsford, NY: Pergamon Press.

Keller, M. B., Klein, D. N., Hirschfeld, R. M. A., Kocsis, J. H., McCullough, J. P., Miller, I., & Marin, D. B. (1995). Results of the DSM-IV mood disorders field trial. *American Journal of Psychiatry, 152,* 843-849.

Keller, M. B., Lavori, P. W., Endicott, J., Coryell, W., & Klerman, G. L. (1983). "Double depression": Two year follow-up. *American Journal of Psychiatry, 140*(6), 689-694.

Keller, M. B., McCollough, J. P., Klein, D. N., Arnow, B., Dunner, D. L., Gelenberg, A. J., & Zajecka, J. (2000). A comparison of nefazodone, the cognitive behavioral-analysis system of psychotherapy, and their combination for the treatment of chronic depression. *New England Journal of Medicine, 342*(20), 1462-1470.

Kellner, C. H., Greenberg, R. M., Murrough, J. W., Bryson, E. O., Briggs, M. C., & Pasculli, R. M. (2012). ECT in treatment-resistant depression. *American Journal of Psychiatry, 169*(12), 1238-1244.

Kellner, D. (2008). Media spectacle and the "massacre at Virginia Tech." In B. Agger & T. W. Luke (Eds.), *There is a gunman on campus: Tragedy and terror at Virginia Tech* (pp. 29-54). Lanham, MD: Rowman & Littlefield.

Kellner, R. (1992). Diagnosis and treatments of hypochondriacal syndromes. *Psychosomatics, 33*(3), 278-279.

Kelly, B. D., Casey, P., Dunn, G., Ayuso-Mateos, J. L., & Dowrick, C. (2007). The role of personality disorder in "difficult to reach" patients with depression: Findings from the ODIN study. *European Psychiatry, 22,* 153-159.

Kelly, J. F. (2013). Alcoholics Anonymous science update: Introduction to the special issue. *Substance Abuse, 34*(1), 1-3. doi: 10.1080/08897077.2012.691447

Kelly, J. F., Stout, R. L., Magill, M., Tonigan, J. S., & Pagano, M. E. (2010). Mechanisms of behavior change in alcoholics anonymous: Does Alcoholics Anonymous lead to better alcohol use outcomes by reducing depression symptoms? *Addiction, 105*(4), 626-636.

Kelly, M. P., Strassberg, D. S., & Kircher, J. R. (1990). Attitudinal and experiential correlates of anorgasmia. *Archives of Sexual Behavior, 19*(2), 165-177.

Kelly, P., & Frosch, E. (2012). Recognition of delirium on pediatric hospital services. *Psychosomatics, 53*(5), 446-451.

Kemeny, M. E. (2003). The psychobiology of stress. *Current Directions in Psychological Science, 12*(4), 124-129.

Kemp, S. (1990). *Medieval psychology.* New York, NY: Greenwood Press.

Kendall, P. C., & Comer, J. S. (2014). Research methods in clinical psychology: Updated edition. In D. H. Barlow (Ed.), *Oxford handbook of clinical psychology* (pp. 52-75). New York: Oxford University.

Kendall, P. C., & Peterman, J. S. (2015). CBT for adolescents with anxiety: Mature yet still developing. *American Journal of Psychiatry, 172,* 519-530.

Kendall, P. C., Hudson, J. L., Gosch, E., Flannery-Schroeder, E., & Suveg, C. (2008). Cognitive behavioral therapy for anxiety disordered youth: A randomized clinical trial evaluating child and family modalities. *Journal of Consulting and Clinical Psychology, 76*(2), 282-297. doi: 10.1037/0022-006X .76.2.282

Kendler, K., & Walsh, D. (2007). Schizophreniform disorder, delusional disorder and psychotic disorder not otherwise specified: Clinical features, outcome and familial psychopathology. *Acta Psychiatrica Scandinavica, 91*(6), 370-378.

Kendler, K. S. (2001). Twin studies of psychiatric illness. *Archives of General Psychiatry, 58,* 1005-1013.

Kendler, K. S. (2005). Psychiatric genetics: A methodological critique. In N. C. Andreasen (Ed.), *Research advances in genetics and genomics: Implications for psychiatry* (pp. 5-25). Washington, DC: American Psychiatric Publishing.

Kendler, K. S. (2006). Reflections on the relationship between psychiatric genetics and psychiatric nosology. *American Journal of Psychiatry, 163,* 1138-1146.

Kendler, K. S. (2011). A conceptual overview of gene-environment interaction and correlation in a developmental context. In K. S. Kendler, S. Jaffee, & D. Romer (Eds.), *The dynamic genome and mental health: The role of genes and environments in youth development* (pp. 5-28). New York, NY: Oxford University Press.

Kendler, K. S. (2013). What psychiatric genetics has taught us about the nature of psychiatric illness and what is left to learn. *Molecular Psychiatry, 18*(10), 1058-1066. doi: 10.1038 / mp.1013.50

Kendler, K. S., & Gardner, C. O. (2010). Dependent stressful life events and prior depressive episodes in the prediction of major depression: the problem of causal inference in psychiatric epidemiology. *Archives of General Psychiatry, 67*(11), 1120-1127.

Kendler, K. S., & Gardner, C. O. (2014). Sex differences in the pathways to major depression: A study of opposite-sex twin Pairs. *American Journal of Psychiatry, 171,* 426-435.

Kendler, K. S., & Prescott, C. A. (2006). *Genes, environment, and psychopathology: Understanding the causes of psychiatric and substance use disorders.* New York, NY: Guilford.

Kendler, K. S., Aggen, S. H., & Neale, M. C. (2013). Evidence for multiple genetic factors underlying DSM-IV criteria for major depression. *JAMA Psychiatry, 70*(6), 599-607. doi: 10.1001/jamapsychiatry.2013.751

Kendler, K. S., Aggen, S. H., & Patrick, C. J. (2013). Familial influences on conduct disorder reflect 2 genetic factors and 1 shared environmental factor. *JAMA Psychiatry, 70*(1), 78-86.

Kendler, K. S., Aggen, S. H., Neale, M. C., Knudsen, G. P., Krueger, R. F., Tambs, K., . . . & Reichborn-Kjennerud, T. (2015). A longitudinal twin study of cluster A personality disorders. *Psychological Medicine, 45*(07), 1531-1538.

Kendler, K. S., Chen, X., Dick, D., Maes, H., Gillespie, N., Neale, M. C., & Riley, B. (2012). Recent advances in the genetic epidemiology and molecular genetics of substance use disorders. *Nature Neuroscience, 15*(2), 181-189. doi: 10.1038/nn.3018.

Kendler, K. S., Czajkowski, N., Tambs, K., Torgersen, S., Aggen, S. H., Neale, M. C., & Rei-

chborn-Kjennerud, T. (2006). Dimensional representations of DSM-IV cluster A personality disorders in a population-based sample of Norwegian twins: A multivariate study. *Psychological Medicine, 36,* 1583-1591.

Kendler, K. S., Gatz, M., Gardner, C. O., & Pedersen, N. L. (2007). Clinical indices of familial depression in the Swedish Twin Registry. *Acta Psychiatrica Scandinavica, 115*(3), 214-220.

Kendler, K. S., Heath, A. C., Martin, N. G., & Eaves, L. J. (1987). Symptoms of anxiety and symptoms of depression: Same genes, different environments? *Archives of General Psychiatry, 44*(5), 451-457.

Kendler, K. S., Hettema, J. M., Butera, F., Gardner, C. O., & Prescott, C. A. (2003). Life event dimensions of loss, humiliation, entrapment, and danger in the prediction of onsets of major depression and generalized anxiety. *Archives of General Psychiatry, 60,* 789-796.

Kendler, K. S., Jacobson, K. C., Prescott, C. A., & Neale, M. C. (2003). Specificity of genetic and environmental risk factors for use and abuse/dependence of cannabis, cocaine, hallucinogens, sedatives, stimulants, and opiates in male twins. *American Journal of Psychiatry, 160,* 687-695.

Kendler, K. S., Jaffee, S., & Romer, D. (2011). *The dynamic genome and mental health: The role of genes and environments in youth development.* New York, NY: Oxford University Press.

Kendler, K. S., Karkowski, L. M., & Prescott, C. A. (1999a). The assessment of dependence in the study of stressful life events: Validation using a twin design. *Psychological Medicine, 29*(6), 1455-1460.

Kendler, K. S., Karkowski, L. M., & Prescott, C. A. (1999b). Causal relationship between stressful life events and the onset of major depression. *American Journal of Psychiatry, 156*(6), 837-841.

Kendler, K. S., Kessler, R. C., Walters, E. E., MacLean, C., Neale, M. C., Heath, A. C., & Eaves, L. J. (1995). Stressful life events, genetic liability, and onset of an episode of major depression in women. *American Journal of Psychiatry, 152,* 833-842.

Kendler, K. S., Kuhn, J., Vittum, J., Prescott, C. A., & Riley, B. (2005). The interaction of stressful life events and a serotonin transporter polymorphism in the prediction of episodes of major depression. *Archives of General Psychiatry, 62,* 529-535.

Kendler, K. S., Larsson Lönn, S., Morris, N. A., Sundquist, J., Långström, N., & Sundquist, K. (2014). A Swedish national adoption study of criminality. *Psychological Medicine, 44*(09), 1913-1925.

Kendler, K. S., MacLean, C., Neale, M., Kessler, R., Heath, A., & Eaves, L. (1991). The genetic epidemiology of bulimia nervosa. *American Journal of Psychiatry, 148*(12), 1627-1637.

Kendler, K. S., Myers, J., & Prescott, C. A. (2005). Sex differences in the relationship between social support and risk for major depression: A longitudinal study of opposite-sex twin pairs. *American Journal of Psychiatry, 162,* 250-256.

Kendler, K. S., Myers, J., & Zisook, S. (2008). Does bereavement-related major depression differ from major depression associated with other stressful life events? *American Journal of Psychiatry, 165*(11), 1449-1455.

Kendler, K. S., Neale, M. C., Kessler, R. C., Heath, A. C., & Eaves, L. J. (1992a). Generalized anxiety disorder in women: A population-based twin study. *Archives of General Psychiatry, 49,* 267-272.

Kendler, K. S., Neale, M. C., Kessler, R. C., Heath, A. C., & Eaves, L. J. (1992b). Major depression and generalized anxiety disorder: Same genes, (partly) different environments? *Archives of General Psychiatry, 49,* 716-722.

Kendler, K. S., Neale, M. C., Kessler, R. C., Heath, A. C., & Eaves, L. J. (1993). A longitudinal twin study of 1-year prevalence of major depression in women. *Archives of General Psychiatry, 50,* 843-852.

Kendler, K. S., Neale, M. C., MacLean, C. J., Heath, A. C., Eaves, L. J., & Kessler, R. C. (1993). Smoking and major depression: A causal analysis. *Archives of General Psychiatry, 50,* 36-43.

Kendrick, D., Young, B., Mason-Jones, A.J., Ilyas, N., Achana, F.A., et al. (2012). Home safety education and provision of safety equipment for injury prevention. Cochrane Database Syst. Rev. 9:CD005014.

Kennard, B. D., Clarke, G. N., Weersing, V. R., Asarnow, J. R., Shamseddeen, W., Porta, G., & Brent, D. A. (2009). Effective components of TORDIA cognitive-behavioral therapy for adolescent depression: Preliminary findings. *Journal of Consulting and Clinical Psychology, 77*(6), 1033-1041.

Kennedy, K. A., & Barlow, D. H. (2017). The Unified Protocol for Transdiagnostic Treatment of Emotional Disorders: An introduction. In T. J. Farchione, & D. H. Barlow (Eds.), *Applications of the Unified Protocol for Transdiagnostic Treatment of Emotional Disorders.* New York: Oxford University Press.

Kennedy, J. L., Altar, C. A., Taylor, D. L., Degtiar, I., & Hornberger, J. C. (2014). The social and economic burden of treatment-resistant schizophrenia: A systematic literature review. *International Clinical Psychopharmacology, 29*(2), 63-76.

Kennedy, S. (2000). Psychological factors and immunity in HIV infection: Stress, coping, social support, and intervention outcomes. In D. I. Mostofsky & D. H. Barlow (Eds.), *The management of stress and anxiety in medical disorders* (pp. 194-205). Needham Heights, MA: Allyn & Bacon.

Kennedy, S. H., Giacobbe, P., Rizvi, S. J., Placenza, F. M., Nishikawa, Y., Mayberg, H. S., & Lozano, A. M. (2011). Deep brain stimulation for treatment-resistant depression: Follow-up after 3 to 6 years. *American Journal of Psychiatry, 168*(5), 502-510.

Kennedy, S. H., Konarski, J. Z., Segal, Z. V., Lau, M. A., Bieling, P. J., McIntyre, R. S., & Mayberg, H. S. (2007). Differences in brain glucose metabolism between responders to CBT and venlafaxine in a 16-week randomized controlled trial. *The American Journal of Psychiatry, 164*(5), 778-788.

Kennedy, W. K., Leloux, M., Kutscher, E. C., Price, P. L., Morstad, A. E., & Carnahan, R. M. (2010). Acamprosate. *Expert Opinion on Drug Metabolism & Toxicology, 6*(3), 363-380.

Kerns, R. D., Rosenberg, R., & Otis, J. D. (2002). Self-appraised problem solving and pain-relevant social support as predictors of the experience of chronic pain. *Annals of Behavioral Medicine, 24,* 100-105.

Kerns, R. D., Sellinger, J., & Goodin, B. R. (2011). Psychological treatment of chronic pain. *Annual Review of Clinical Psychology, 7,* 411-434.

Kerr, M., Stattin, H., & Burk, W. J. (2010). A reinterpretation of parental monitoring in longitudinal perspective. *Journal of Research on Adolescence, 20*(1), 39-64. doi: 10.1111/j.1532-7795.2009.00623.x

Kersting, A., Brahler, E., Glaesmer, H., & Wagner, B. (2011). Prevalence of complicated grief in a representative population-based sample. *Journal of Affective Disorders, 131*(1-3), 339-343.

Keski-Rahkonen, A., Hoek, H. W., Susser, E. S., Linna, M. S., Sihvola, E., Raevuori, A., & Rissanen, A. (2007). Epidemiology and course of anorexia nervosa in the community. *American Journal of Psychiatry, 164*(8), 1259-1265.

Kessler, R. C. (2006). The epidemiology of depression among women. In C. Keyes &, S. Goodman (Eds.), *A handbook for the social, behavioral, and biomedical sciences: Women and depression* (pp. 22-37). New York, NY: Cambridge University Press.

Kessler, R. C., & Bromet, E. J. (2013). The epidemiology of depression across cultures. *Annual Review of Public Health, 34,* 119-138.

Kessler, R. C., Avenevoli, S., Costello, H., Georgiades, K., Green, J. G., Gruber, M. J., & Merikangas, K. R. (2012). Prevalence, persistence, and sociodemographic correlates of DSM-IV disorders in the National Comorbidity Survey Replication Adolescent Supplement. *Archives of General Psychiatry, 69*(4), 372-380. doi: 10.1001/archgenpsychiatry.2011.160

Kessler, R. C., Coccaro, E. F., Fava, M., Jaeger, S., Jin, R., & Walters, E. (2006a). The prevalence and correlates of DSM-IV intermittent explosive disorder in the National Comorbidity Survey Replication. *Archives of General Psychiatry, 63*(6), 669-679.

Kessler, R. C., & Wang, P. S. (2009). Epidemiology of depression. In I. H. Gotlib & C. L. Hammen (Eds.), *Handbook of depression* (2nd ed., pp. 5-22). New York, NY: Guilford.

Kessler, R. C., Avenevoli, S., & Ries Merikangas, K. (2001). Mood disorders in children and adolescents: An epidemiologic perspective. *Biological Psychiatry, 49*(12), 1002-1014.

Kessler, R. C., Berglund, P., Borges, G., Nock, M., & Wang, P. (2005a). Trends in suicide ideation, plans, gestures, and attempts in the United States, 1990-1992 to 2001-2003. *JAMA: Journal of the American Medical Association, 293,* 2487-2495.

Kessler, R. C., Berglund, P., Demler, O., Jin, R., Merikangas, K. R., & Walters, E. E. (2005b). Lifetime prevalence and age-of-onset distributions of DSM-IV disorders in the National Comorbidity Survey Replication. *Archives of General Psychiatry, 62,* 593-602.

Kessler, R. C., Berglund, P., Demler, O., Jin, R., Koretz, D., Merikangas, K. R., & National Comorbidity Survey Replication. (2003). The epidemiology of major depressive disorder: Results from the National Comorbidity Survey Replication (NCS-R). *JAMA: Journal of the American Medical Association, 289,* 3095-3105.

Kessler, R. C., Chiu, W. T., Demler, O., & Walters, E. E. (2005c). Prevalence, severity, and comorbidity of 12-month DSM-IV disorders in the National Comorbidity Survey replication. *Archives of General Psychiatry, 62,* 617-627.

Kessler, R. C., Chiu, W. T., Jin, R., Ruscio, A. M., Shear, K., & Walters, E. E. (2006b). The epidemiology of panic attacks, panic disorder, and agoraphobia in the National Comorbidity Sur-

vey Replication. *Archives of General Psychiatry, 63*(4), 415-424. doi: 10.1001 /archpsyc.63.4.415

Kessler, R. C., Galea, S., Jones, R. T., & Parker, H. A. (2006). *Mental illness and suicidality after Hurricane Katrina.* Bulletin of the World Health Organization (WHO Publication No. 06-033019).

Kessler, R. C., McGonagle, K. A., Zhao, S., Nelson, C. B., Hughes, M., Eshleman, S., & Kendler, K. S. (1994). Lifetime and 12-month prevalence of DSM-III-R psychiatric disorders among persons aged 15-54 in the United States: Results from the National Comorbidity Survey. *Archives of General Psychiatry, 5,* 8-19.

Kessler, R. C., Petukhova, M., Sampson, N.A., Zaslavsky, A.M., & Wittchen, H.U. (2012). Twelve-month and lifetime prevalence and lifetime morbid risk of anxiety and mood disorders in the United States. *International Journal of Methods in Psychiatric Research, 21,* 169.

Keuroghlian, A. S., Gunderson, J. G., Pagano, M. E., Markowitz, J. C., Ansell, E. B., Shea, M. T., . . . & Stout, R. L. (2015). Interactions of Borderline Personality Disorder and Anxiety Disorders Over 10 Years. *The Journal of Clinical Psychiatry, 76*(11), 1-478.

Keys, A., Brozek, J., Henschel, A., Michelson, O., & Taylor, H. L. (1950). *The biology of human starvation* (Vol. 1). Minneapolis: University of Minnesota Press.

Khachaturian, Z. S. (2007). Alzheimer's 101. *Alzheimer's and Dementia, 3,* 1-2.

Khan, S., King, A.P., Abelson, J.L, & Liberzon, I. (2009). Neuroendocrinology of anxiety disorders. In M. M. Antony & M. B. Stein (Eds.), *Oxford handbook of anxiety and related disorders.* Oxford, UK: Oxford University Press.

Khokhar, J., Ferguson, C., Zhu, A., & Tyndale, R. (2010). Pharmacogenetics of drug dependence: Role of gene variations in susceptibility and treatment. *Annual Review of Pharmacology and Toxicology, 50*(1), 39-61.

Khoury, B., Lecomte, T., Fortin, G., Masse, M., Therien, P., Bouchard, V., Chapleau, M.-A., Paquin, K., & Hofmann, S. G. (2013). Mindfulness-based therapy: A comprehensive meta-analysis. *Clinical Psychology Review, 33,* 763-771.

Kiecolt-Glaser, J. K., & Newton, T. L. (2001). Marriage and health: His and hers. *Psychological Bulletin, 127,* 475-503.

Kiecolt-Glaser, J. K., Loving, T., Stowell, J., Malarkey, W., Lemeshow, S., & Dickinson, S., & Glaser, R. (2005). Hostile marital interactions, proinflammatory cytokine production, and wound healing. *Archives of General Psychiatry, 62,* 1377-1384.

Kiesler, C. A., & Sibulkin, A. E. (1987). *Mental hospitalization: Myths and facts about a national crisis.* Beverly Hills, CA: Sage.

Kiesler, D. J. (1966). Some myths of psychotherapy research and the search for a paradigm. *Psychological Bulletin, 65,* 110-136.

Kihlstrom, J. F. (1992). Dissociation and dissociations: A commentary on consciousness and cognition. *Consciousness & Cognition, 1,* 47-53.

Kihlstrom, J. F. (1997). Memory, abuse, and science. *American Psychologist, 52,* 994-995.

Kihlstrom, J. F. (2005a). Dissociative disorders. In S. Nolen-Hoeksema, T. D. Cannon, & T. Widiger (Eds.), *Annual review of clinical psychology* (Vol. 1). Palo Alto, CA: Annual Reviews.

Kihlstrom, J. F. (2005b). Dissociative disorders. *Annual Review of Clinical Psychology, 1,* 227-253.

Kihlstrom, J. F., Glisky, M. L., & Anguilo, M. J. (1994). Dissociative tendencies and dissociative disorders. *Journal of Abnormal Psychology, 103,* 117-124.

Killerman, S. (2015). Retrieved from: http: //its-pronouncedmetrosexual.com/2013/01/a -comprehensive-list-of-lgbtq-term-definitions/

Killgore, W. D. S., Cotting, D. I., Thomas, J. L., Cox, A. L., McGurk, D., Vo, A. H., & Hoge, C. W. (2008). Post-combat invincibility: Violent combat experiences are associated with increased risk-taking propensity following deployment. *Journal of Psychiatric Research, 42*(13), 1112-1121. doi: 10.1016/j.jpsychires .2008.01.001

Kilpatrick, D. G., Resnick, H. S., & Friedman, M. J. (2010). National Stressful Events Survey PTSD Short Scale (NSESSS-PTSD).

Kilpatrick, D. G., Koenen, K. C., Ruggiero, K. J., Acierno, R., Galea, S., Resnick, H. S., & Gelernter, J. (2007). The serotonin transporter genotype and social support and moderation of posttraumatic stress disorder and depression in hurricane-exposed adults. *The American Journal of Psychiatry, 164*(11), 1693-1699.

Kilzieh, N., & Akiskal, H. S. (1999). Rapid-cycling bipolar disorder: An overview of research and clinical experience. *Psychiatric Clinics of North America, 22*(3), 585-607.

Kim, E. D., & Lipshultz, L. I. (1997, April 15). Advances in the treatment of organic erectile dysfunction. *Hospital Practice,* 101-120.

Kim, H. F., Schulz, P. E., Wilde, E. A., & Yudofsky, S. C. (2008). Laboratory testing and imaging studies in psychiatry. In R. E. Hales, S. C. Yudofsky, & G. O. Gabbard (Eds.), *The American Psychiatric Publishing textbook of psychiatry* (5th ed., pp. 19-72). Arlington, VA: American Psychiatric Publishing.

Kim, J. M., & López, S. R. (2014). The expression of depression in Asian Americans and European Americans. *Journal of Abnormal Psychology, 123,* 745-763.

Kimchi, E.Z. & Lyketos, C. G. (2015). Dementia and milder cognitive symptoms. In D.C. Steffens, D. G. Blazer, & M. E. Thakur (Eds.), *The American Psychiatric Publishing textbook of geriatric psychiatry* (5th ed., pp.177-242). Washington, D.C.: American Psychiatric Publishing.

Kimonis, E. R. (2015). Insanity defense/guilty but mentally ill. In *The Encyclopedia of Clinical Psychology.* John Wiley & Sons.

King, D. E., Mainous III, A. G., & Geesey, M. E. (2007). Turning back the clock: Adopting a healthy lifestyle in middle age. *The American Journal of Medicine, 120*(7), 598-603.

King, D. W., King, L. A., Foy, D. W., & Gudanowski, D. M. (1996). Prewar factors in combat related posttraumatic stress disorder: Structural equation modeling with a national sample of female and male Vietnam veterans. *Journal of Consulting and Clinical Psychology, 64,* 520-531.

King, L. A., Pless, A. P., Schuster, J. L., Potter, C. M., Park, C. L., Spiro, A., & King, D. W. (2012). Risk and protective factors for traumatic stress disorder. In J. G. Beck & D. M. Sloan (Eds.), *The Oxford handbook of traumatic stress disorders* (pp. 333-346). New York, NY: Oxford University Press.

King, M., & Wexler, D. (2010). Therapeutic jurisprudence. In J. M. Brown & E. A. Campbell (Eds.), *The Cambridge handbook of forensic*

psychology (pp. 126-132). Cambridge, UK: Cambridge University Press.

Kinzie, J. D., Leung, P. K., Boehnlein, J., & Matsunaga, D. (1992). Psychiatric epidemiology of an Indian village: A 19-year replication study. *Journal of Nervous and Mental Disease, 180*(1), 33-39.

Kirmayer, L. J., & Sartorius, N. (2007). Cultural models and somatic syndromes. *Psychosomatic Medicine, 69*(9), 832-840.

Kirmayer, L. J., & Weiss, M. (1993). *On cultural considerations for somatoform disorders in the DSM-IV.* In cultural proposals and supporting papers for DSM-IV. Submitted to the DSM-IV Task Force by the Steering Committee, NIMH--Sponsored Group on Culture and Diagnosis.

Kirmayer, L. J., Looper, K. J., & Taillefer, S. (2003). Somatoform disorders. In M. Hersen & S. M. Turner (Eds.), *Adult psychopathology and diagnosis* (4th ed., pp. 420-475). New York, NY: Wiley.

Kirov, G., & Owen, M. J. (2009). Genetics of schizophrenia. In B. J. Sadock, V. A. Sadock, & P. Ruiz (Eds.), *Kaplan & Sadock's comprehensive textbook of psychiatry* (9th ed., Vol. I, pp. 1462-1475). Philadelphia, PA: Lippincott Williams & Wilkins.

Kishimoto, T., Agarwal, V., Kishi, T., Leucht, S., Kane, J. M., & Correll, C. U. (2013). Relapse prevention in schizophrenia: a systematic review and meta-analysis of second-generation antipsychotics versus first-generation antipsychotics. *Molecular Psychiatry, 18*(1), 53-66.

Kishimoto, T., Robenzadeh, A., Leucht, C., Leucht, S., Watanabe, K., Mimura, M., . . . & Correll, C. U. (2012). Long-acting injectable vs oral antipsychotics for relapse prevention in schizophrenia: A meta-analysis of randomized trials. *Schizophrenia Bulletin,* sbs150.

Kistner, J. A. (2009). Sex differences in child and adolescent psychopathology: An introduction to the special section. *Journal of Clinical Child and Adolescent Psychology, 38*(4), 453-459.

Kivimaki, M., Nyberg, S. T., Batty, G. D., Fransson, E. I., Heikkila, K., Alfredsson, L., & Consortium, I. P.-W. (2012). Job strain as a risk factor for coronary heart disease: a collaborative meta-analysis of individual participant data. *Lancet, 380*(9852), 1491-1497.

Kjernisted, K. D., Enns, M. W., & Lander, M. (2002). An open-label clinical trial of nefazodone in hypochondriasis. *Psychosomatics, 43,* 290-294.

Klaus, K., Rief, W., Brähler, E., Martin, A., Glaesmer, H., & Mewes, R. (2015). Validating psychological classification criteria in the context of somatoform disorders: A one-and four--year follow-up. *Journal of Abnormal Psychology, 124*(4):1092-1101.

Klein, D. F. (1989). The pharmacological validation of psychiatric diagnosis. In L. Robins & J. Barrett (Eds.), *Validity of psychiatric diagnosis.* New York, NY: Raven Press.

Klein, D. N. (2008). Classification of depressive disorders in the DSM-V: Proposal for a two-dimension system. *Journal of Abnormal Psychology, 117*(3), 552-560.

Klein, D. N. (2010). Chronic depression: Diagnosis and classification. *Current Directions in Psychological Science, 19*(2), 96-100.

Klein, D.N., Glenn, C. R., Kosty, D. B., Seeley, J. R., Rohde, P., & Lewinsohn, P. M. (2013). Predictors of first lifetime onset of major depressive

disorder in young adulthood. *Journal of Abnormal Psychology, 122,* 1-6.

Klein, D. N., Lewinsohn, P. M., Rohde, P., Seeley, J. R., & Durbin, C. E. (2002). Clinical features of major depressive disorder in adolescents and their relatives: Impact on familial aggregation, implications for phenotype definition, and specificity of transmission. *Journal of Abnormal Psychology, 111,* 98-106.

Klein, D. N., Schwartz, J. E., Rose, S., & Leader, J. B. (2000). Five-year course and outcome of dysthymic disorder: A prospective, naturalistic follow-up study. *American Journal of Psychiatry, 157*(6), 931-939.

Klein, D. N., Shankman, S., & Rose, S. (2006). Ten--year prospective follow-up study of the naturalistic course of dysthymic disorder and double depression. *American Journal of Psychiatry, 163,* 872-880.

Klein, D. N., Taylor, E. B., Dickstein, S., & Harding, K. (1988). The early-late onset distinction in DSM-III-R dysthymia. *Journal of Affective Disorders, 14*(1), 25-33.

Klein, R. G., Mannuzza, S., Ramos Olazagasti, M. A., Roizen, E., Jesse A. Hutchison, J. A., Lashua, E. C., & Castellanos, F. X. (2012). Clinical and functional outcome of childhood attention-deficit /hyperactivity disorder 33 years later. *Archives of General Psychiatry, 69*(12), 1295-1303. doi: 10.1001/archgenpsychiatry.2012.271

Kleinknecht, R. A., Dinnel, D. L., Kleinknecht, E. E., Hiruma, N., & Harada, N. (1997). Cultural factors in social anxiety: A comparison of social phobia symptoms and *taijin kyofusho. Journal of Anxiety Disorders, 11,* 157-177.

Kleinman, A. (1986). *Social origins of distress and disease: Depression, neurasthenia, and pain in modern China.* New Haven, CT: Yale University Press.

Kleinman, A. (2004). Culture and depression. *New England Journal of Medicine, 351,* 951-953.

Kleinplatz, F. J., Moser, C., & Lev, A. I. (2012). Sex and gender identity disorders. In I. B. Weiner, G. Stricker, & T. A. Widiger (Eds.), *Handbook of psychology, Clinical psychology* (2nd ed., Vol. 8, pp. 171-192). Hoboken, NJ: Wiley.

Kleinstäuber, M., Witthöft, M., & Hiller, W. (2011). Efficacy of short-term psychotherapy for multiple medically unexplained physical symptoms: A meta-analysis. *Clinical Psychology Review, 31,* 146-160.

Klerman, G. L., & Weissman, M. M. (1989). Increasing rates of depression. *JAMA: Journal of the American Medical Association, 261,* 2229-2235.

Klerman, G. L., Weissman, M. M., Rounsaville, B. J., & Chevron, E. S. (1984). *Interpersonal psychotherapy of depression.* New York, NY: Basic Books.

Klimas, N., Koneru, A. O., & Fletcher, M. A. (2008). Overview of HIV. *Psychosomatic Medicine, 70,* 523-530.

Klin, A., Jones, W., Schultz, R., Volkmar, F., & Cohen, D. (2002). Defining and quantifying the social phenotype in autism. *American Journal of Psychiatry, 159,* 895-908.

Kluft, R. P. (1984). Treatment of multiple personality disorder. *Psychiatric Clinics of North America, 7,* 9-29.

Kluft, R. P. (1991). Multiple personality disorder. In A. Tasman & S. W. Goldinger (Eds.), *Review of psychiatry* (Vol. 10). Washington, DC: American Psychiatric Press.

Kluft, R. P. (1996). Treating the traumatic memories of patients with dissociative identity disorder. *American Journal of Psychiatry, 153,* 103-110.

Kluft, R. P. (1999). Current issues in dissociative identity disorder. *Journal of Practical Psychology and Behavioral Health, 5,* 3-19.

Kluft, R. P. (2009). A clinician's understanding of dissociation: Fragments of an acquaintance. In P. F. Dell & J. A. O'Neil (Eds.), *Dissociation and the dissociative disorders.* New York, NY: Routledge.

Klump, K. L., Kaye, W. H., & Strober, M. (2001). The evolving genetic foundations of eating disorders. *The Psychiatric Clinics of North America, 24,* 215-225.

Klump, K. L., Racine, S. E., Hildebrandt, B., Burt, S. A., Neale, M., Sisk, C. L., . . . & Keel, P. K. (2014). Influences of Ovarian Hormones on Dysregulated Eating A Comparison of Associations in Women With Versus Women Without Binge Episodes. *Clinical Psychological Science, 2*(5), 545-559.

Klumpp, H., Fitzgerald, D. A., & Phan, K. L. (2013). Neural predictors and mechanisms of cognitive behavioral therapy on threat processing in social anxiety disorder. *Progress in Neuro-Psychopharmacology & Biological Psychiatry, 45,* 83-91.

Knapp, S. J., Gottlieb, M. C., Handelsman, M. M., & VandeCreek, L. D. (2012a). *APA handbook of ethics in psychology, Vol 1: Moral foundations and common themes.* Washington, DC: American Psychological Association.

Knapp, S. J., Gottlieb, M. C., Handelsman, M. M., & VandeCreek, L. D. (2012b). *APA handbook of ethics in psychology, Vol 2: Practice, teaching, and research.* Washington, DC: American Psychological Association.

Knappe, S., Beesdo-Baum, K., Nocon, A., & Wittchen, H.-U. (2012). Re-examining the differential familial liability of agoraphobia and panic disorder. *Depression and Anxiety, 29*(11), 931-938.

Knoop, H., Prins, J. B., Moss-Morris, R., & Bleijenberg, G. (2010). The central role of cognitive processes in the perpetuation of chronic fatigue syndrome. *Journal of Psychosomatic Research, 68,* 489-494.

Knopik, V. S., Bidwell, L. C., Flessner, C., Nugent, N., Swenson, L., Bucholz, K. K., . . . & Heath, A. C. (2014). DSM-IV defined conduct disorder and oppositional defiant disorder: an investigation of shared liability in female twins. *Psychological Medicine, 44*(05), 1053-1064.

Knouse, L. E. (2015). Cognitive-behavioral therapies for ADHD. In R. A. Barkley (Ed.), *Attention-deficit hyperactivity disorder: A handbook for diagnosis & treatment* (4th ed., pp. 757-773). New Yok: The Guilford Press.

Knowles, R., McCarthy-Jones, S., & Rowse, G. (2011). Grandiose delusions: A review and theoretical integration of cognitive and affective perspectives. *Clinical Psychology Review, 31*(4), 684-696. doi: 10.1016/j.cpr.2011.02.009

Ko, H-C., Lee, L-R., Chang, R-B., & Huang, K-E. (1996). Comorbidity of premenstrual depression and postpartum blues among Chinese women. *Biological Psychiatry, 39,* 648.

Kobau, R., DiIorio, C., Chapman, D., & Delvecchio, P. (2010). Attitudes about mental illness and its treatment: Validation of a generic scale for public health surveillance of mental illness

associated stigma. *Community Mental Health Journal, 46*(2), 164-176.

Koch, P., Mansfield, P., Thurau, D., & Carey, M. (2005). "Feeling frumpy": The relationship between body image and sexual response changes in midlife women. *Journal of Sex Research, 42,* 215-223.

Kochanska, G., Aksan, N., & Joy, M. E. (2007). Children's fearfulness as a moderator of parenting in early socialization: Two longitudinal studies. *Developmental Psychology, 43,* 222-237.

Kochman, F. J., Hantouche, E. G., Ferrari, P., Lancrenon, S., Bayart, D., & Akiskal, H. S. (2005). Cyclothymic temperament as a prospective predictor of bipolarity and suicidality in children and adolescents with major depressive disorder. *Journal of Affective Disorders, 85,* 181-189.

Koegel, R. L., & Koegel, L. K. (2012). *The PRT pocket guide: Pivotal response treatment for autism spectrum disorders.* Baltimore, MD: Paul H. Brookes.

Koen, L., Niehaus, D., Muller, J., & Laurent, C. (2008). Use of traditional treatment methods in a Xhosa schizophrenia population. *South African Medical Journal, 93*(6), 443.

Kogon, M. M., Biswas, A., Pearl, D., Carlson, R. W. L., & Spiegel, D. (1997). Effects of medical and psychotherapeutic treatment on the survival of women with metastatic breast carcinoma. *Cancer, 80,* 225-230.

Kohn, R., Wintrob, R. M., & Alarcón, R. D. (2009). Transcultural psychiatry. In B. J. Sadock, V. A. Sadock, & P. Ruiz (Eds.), *Kaplan & Sadock's comprehensive textbook of psychiatry* (9th ed., Vol. I, pp. 734-753). Philadelphia, PA: Lippincott Williams & Wilkins.

Kohut, H. (1971). *The analysis of self.* New York, NY: International Universities Press.

Kohut, H. (1977). *The restoration of the self.* Chicago, IL: University of Chicago Press.

Kolb, B., & Whishaw, I. Q. (1998). Possible regeneration of rat medial front cortex following neonatal frontal lesions. *Behavioral Brain Research, 91,* 127-141.

Kolb, B., Gibb, R., & Gorny, G. (2003). Experience-dependent changes in dendritic arbor and spine density in neocortex vary qualitatively with age and sex. *Neurobiology of Learning & Memory, 79,* 1-10.

Kolb, B., Gibb, R., & Robinson, T. E. (2003). Brain plasticity and behavior. *Current Directions in Psychological Science, 12*(1), 1-5.

Kolla, B. P., Auger, R., & Morgenthaler, T. (2012). Circadian rhythm sleep disorders. *ChronoPhysiology and Therapy, 2,* 19-34.

Kollei, I., Schieber, K., de Zwaan, M., Svitak, M., & Martin, A. (2013). Body dysmorphic disorder and nonweight-related body image concerns in individuals with eating disorders. *International Journal of Eating Disorders, 46*(1), 52-59. doi: 10.1002/eat.22067

Kollins, S. (2008). ADHD, substance use disorders, and psychostimulant treatment: Current literature and treatment guidelines. *Journal of Attention Disorders, 12*(2), 115.

Kong, L. L., Allen, J. J., & Glisky, E. L. (2008). Interidentity memory transfer in dissociative identity disorder. *Journal of Abnormal Psychology, 117*(3), 686-692.

Koning, C., Magill-Evans, J., Volden, J., & Dick, B. (2011 September 15). Efficacy of cognitive behavior therapy-based social skills intervention for school-aged boys with autism spec-

trum disorders. *Research in Autism Spectrum Disorders.* doi: 10.1016/j.rasd.2011.07.011

Koob, A. (2009). *The root of thought.* Upper Saddle River, NJ: FT Press.

Kopelowicz, A., Zarate, R., Wallace, C. J., Liberman, R. P., Lopez, S. R., & Mintz, J. (2012). The ability of multifamily groups to improve treatment adherence in Mexican Americans with schizophrenia. *Archives of General Psychiatry, 69*(3), 265.

Koran, L. M., Abujaoude, E., Large, M. D., & Serpe, R. T. (2008). The prevalence of body dysmorphic disorder in the United States adult population. *CNS Spectrums, 13*(4), 316-322.

Korfine, L., & Hooley, J. M. (2000). Directed forgetting of emotional stimuli in borderline personality disorder. *Journal of Abnormal Psychology, 109,* 214-221.

Kosberg, J. I., Kaufman, A. V., Burgio, L. D., Leeper, J. D., & Sun, F. (2007). Family caregiving to those with dementia in rural Alabama: Racial similarities and differences. *Journal of Aging and Health, 19,* 3-21.

Kovacs, M., Akiskal, H. S., Gatsonis, C., & Parrone, P. L. (1994). Childhood-onset dysthymic disorder. *Archives of General Psychiatry, 51,* 365-374.

Kovacs, M., Goldston, D., & Gatsonis, C. (1993). Suicidal behaviors and childhood-onset depressive disorders: A longitudinal investigation. *Journal of the American Academy of Child and Adolescent Psychiatry, 32,* 8-20.

Kotlicka-Antczak, M., Pawełczyk, A., Rabe-Jabłońska, J., Śmigielski, J., & Pawełczyk, T. (2014). Obstetrical complications and Apgar score in subjects at risk of psychosis. *Journal of Psychiatric Research, 48*(1), 79-85.

Kraemer, H. C. (2014). The reliability of clinical diagnoses: State of the art. *Annual Review of Clinical Psychology, 10,* 111-130. doi: 10.1146 / annurev-clinpsy-032813-153739

Kraepelin, E. (1898). *The diagnosis and prognosis of dementia praecox.* Paper presented at the 29th Congress of Southwestern German Psychiatry, Heidelberg.

Kraepelin, E. (1899). *Kompendium der psychiatrie* (6th ed.). Leipzig, Germany: Abel.

Kraepelin, E. (1913). *Psychiatry: A textbook for students and physicians.* Leipzig, Germany: Barth.

Kraepelin, E. (1919). *Dementia praecox and paraphrenia* (R. M. Barclay & G. M. Robertson, Trans.). New York, NY: R. E. Krieger.

Kral, J. G. (2002). Surgical interventions for obesity. In K. D. Brownell & C. G. Fairburn (Eds.), *Eating disorders and obesity: A comprehensive handbook* (2nd ed., pp. 510-515). New York, NY: Guilford.

Krenek, M., & Maisto, S. A. (2013). Life events and treatment outcomes among individuals with substance use disorders: A narrative review. *Clinical Psychology Review, 33*(3), 470-483. doi: http://dx.doi.org/10.1016/j .cpr.2013.01.012

Kring, A. M. (2012). Emotion deficits in people with schizophrenia. *Annual Review of Clinical Psychology, 9,* 409-433.

Kring, A. M., & Elis, O. (2013). Emotion deficits in people with schizophrenia. Annual review of clinical psychology, 9, 409-433.

Kring, A. M., & Sloan, D. M. (2010). *Emotion regulation and psychopathology: A transdiagnostic approach to etiology and treatment.* New York, NY: Guilford.

Kroenke, K. (2007). Efficacy of treatment for somatoform disorders: A review of randomized controlled trials. *Psychosomatic Medicine, 69*(9), 881-888.

Kroll, R., & Beitchman, J. H. (2009). Stuttering. In B. J. Sadock, V. A. Sadock, & P. Ruiz (Eds.), *Kaplan & Sadock's comprehensive textbook of psychiatry* (9th ed., Vol. II, pp. 3528-3533). Philadelphia, PA: Lippincott Williams & Wilkins.

Krueger, D. D., & Bear, M. F. (2011). Toward fulfilling the promise of molecular medicine in fragile X syndrome. *Annual Review of Medicine, 62*, 411.

Krueger, R. B. (2010a). The DSM diagnostic criteria for sexual sadism. *Archives of Sexual Behavior, 39*(2), 325-345.

Krueger, R. B. (2010b). The DSM diagnostic criteria for sexual masochism. *Archives of sexual behavior, 39*(2), 346-356.

Krueger, R. B., & Kaplan, M. S. (2015). Paraphilic Disorders. In A. Tasman, J. Kay, J. A. Lieberman, M. B. First, & M. B. Riba (Eds.). *Psychiatry, Fourth Edition* (pp.1749-1758). John Wiley & Sons, Ltd: Chichester, UK.

Krueger, R. F., Hopwood, C. J., Wright, A. G., & Markon, K. E. (2014). *DSM-5* and the path toward empirically based and clinically useful conceptualization of personality and psychopathology. *Clinical Psychology: Science and Practice, 21*(3), 245-261. doi: 10.1111 /cpsp.12073

Krueger, R. F., & Markon, K. E. (2014). The role of the *DSM-5* personality trait model in moving toward a quantitative and empirically based approach to classifying personality and psychopathology. *Annual Review of Clinical Psychology, 10*, 477-501. doi: 10.1146 /annurev-clinpsy-032813-153732

Krueger, R. F., Markon, K. E., Patrick, C. J., & Iacono, W. G. (2005). Externalizing psychopathology in adulthood: A dimensional-spectrum conceptualization and its implications for DSM-V. *Journal of Abnormal Psychology, 114*(4), 537-550. doi:10.1037/0021-843x.114.4.537

Krueger, R. F., Watson, D., & Barlow, D. H. (2005). Introduction to the special section: Toward a dimensionally based taxonomy of psychopathology [Special issue]. *Journal of Abnormal Psychology, 114*, 491-493.

Krug, E. G., Kresnow, M.-J., Peddicord, J. P., Dahlberg, L. L., Powell, K. E., Crosby, A. E., & Annest, J. L. (1998). Suicide after natural disasters. *New England Journal of Medicine, 338*(6), 373-378.

Krupitsky, E., & Blokhina, E. (2010). Long-acting depot formulations of naltrexone for heroin dependence: A review. *Current Opinion in Psychiatry, 23*(3), 210.

Kuehn, B. M. (2010). Sibutramine warning. *JAMA: Journal of the American Medical Association, 303*, 322.

Kumpulainen, K. (2002). Phenomenology and treatment of selective mutism. *CNS Drugs, 16*(3), 175-180.

Kuo, W. H., Gallo, J. J., & Tien, A. Y. (2001). Incidence of suicide ideation and attempts in adults: The 13-year follow-up of a community sample in Baltimore, Maryland. *Psychological Medicine, 31*, 1181-91.

Kuo, J. R., Khoury, J. E., Metcalfe, R., Fitzpatrick, S., & Goodwill, A. (2015). An examination of the relationship between childhood emotional abuse and borderline personality disorder features: The role of difficulties with emotion regulation. *Child Abuse and Neglect, 39*, 147-155.

Kuperman, S., Chan, G., Kramer, J. R., Wetherill, L., Bucholz, K. K., Dick, D., & Schuckit, M. A. (2013). A model to determine the likely age of an adolescent's first drink of alcohol. *Pediatrics, 131*(2), 242-248. doi: 10.1542 /peds.2012-0880

Kupfer, D. J. (1995). Sleep research in depressive illness: Clinical implications–A tasting menu. *Biological Psychiatry, 38*, 391-403.

Kupfer, D. J., First, M. B., & Regier, D. A. (2002). *A research agenda for DSM-V*. Washington, DC: American Psychiatric Association.

Kupfer, D. J., Frank, E., & Ritchey, F. C. (2015). Staging bipolar disorder: What data and what models are needed? *Lancet Psychiatry, 6*, 564-570.

Kupka, R., Luckenbaugh, D., Post, R., Suppes, T., Altshuler, L., Keck, P., & Nolen, W. A. (2005). Comparison of rapid-cycling and non-rapid-cycling bipolar disorder based on prospective mood ratings in 539 outpatients. *American Journal of Psychiatry, 162*, 1273-1280.

Kurihara, T., Kato, M., Reverger, R., & Gusti Rai Tirta, I. (2006). Beliefs about causes of schizophrenia among family members: A community-based survey in Bali. *Psychiatric Services, 57*, 1795-1799.

Kurtz, M. M., & Richardson, C. L. (2012). Social cognitive training for schizophrenia: A meta-analytic investigation of controlled research. *Schizophrenia Bulletin, 38*(5), 1092-1104.

Kurtz, T. W. (2010). Genome-wide association studies will unlock the genetic basis of hypertension: Con side of the argument. *Hypertension, 56*(6), 1021-1025.

Kuyken, W., Hayes, R., Barrett, B., Byng, R., Dalgleish, T., Kessler, D., Lewis, G., Watkins, E., Brejcha, C., Cardy, J., Causley, A., Cowderoy, S., Evans, A., Gradinger, F., Kaur, S., Lanham, P., Morant, N., Richards, J., Shah, P., Sutton H., Vicary, R., Weaver, A., Wilks, J., Williams, M., Taylor, R. S., Byford, S. (2015). Effectiveness and cost-effectiveness of mindfulness-based cognitive therapy compared with maintenance antidepressant treatment in the prevention of depressive relapse or recurrence (PREVENT): a randomised controlled trial. *Lancet, 386*, 63-73.

Kwapil, T. R., & Barrantes-Vidal, N. (2012). Schizotypal personality disorder: An integrative review. In T. A. Widiger (Ed.), *The Oxford handbook of personality disorders* (pp. 437-477). New York, NY: Oxford University Press.

Kwok, T., Lee, J., Lam, L., & Woo, J. (2008). Vitamin B12 supplementation did not improve cognition but reduced delirium in demented patients with vitamin B12 deficiency. *Archives of Gerontology and Geriatrics, 46*(3), 273-282.

Kymalainen, J., & Weisman de Mamani, A. G. (2008). Expressed emotion, communication deviance, and culture in families of patients with schizophrenia: A review of the literature. *Cultural Diversity and Ethnic Minority Psychology, 14*(2), 85-91.

La Fond, J. Q. (2005). *Preventing sexual violence: How society should cope with sex offenders*. Washington, DC: American Psychological Association.

La Fond, J. Q., & Durham, M. L. (1992). *Back to the asylum: The future of mental health law and policy in the United States*. New York, NY: Oxford University Press.

La Greca, A. M., & Prinstein, M. J. (2002). Hurricanes and earthquakes. In A. N. La Greca, W. K. Silverman, & M. C. Roberts (Eds.), *Helping Children Cope with Disasters and Terrorism*

(Vol. 1, pp. 107-138). Washington, DC: American Psychological Association.

La Greca, A. M., Silverman, W. K., Lai, B., & Jaccard, J. (2010). Hurricane-related exposure experiences and stressors, other life events, and social support: Concurrent and prospective impact on children's persistent posttraumatic stress symptoms. *Journal of Consulting and Clinical Psychology, 78*, 794-805. doi: 10.1037/ a0020775

Laan, E. & Tiefer, L. (2014). *The sham drug idea of the year: Pink Viagra*. L. A. Times. Retrieved from http://www.latimes.com/opinion/op-ed / la-oe-laan-tiefer-pink-viagra-20141114 -story. html

Lacey, J. H. (1992). The treatment demand for bulimia: A catchment area report of referral rates and demography. *Psychiatric Bulletin, 16*, 203-205.

Lack, L. C., Gradisar, M., Van Someren, E. J. W., Wright, H. R., & Lushington, K. (2008). The relationship between insomnia and body temperatures. *Sleep Medicine Reviews, 12*(4), 307-317.

Lader, M., & Sartorius, N. (1968). Anxiety in patients with hysterical conversion symptoms. *Journal of Neurology, Neurosurgery, and Psychiatry, 31*, 490-495.

Lader, M. H. (1975). *The psychophysiology of mental illness*. London, U.K.: Routledge & Kegan Paul.

Laing, R. D. (1967). *The politics of experience*. New York, NY: Pantheon.

Lakes, K., Vaughan, E., Jones, M., Burke, W., Baker, D., & Swanson, J. (2012). Diverse perceptions of the informed consent process: Implications for the recruitment and participation of diverse communities in the National Children's Study. *American Journal of Community Psychology, 49*(1), 215-232. doi: 10.1007/s10464-011-9450-1

Lakin, M. M., Montague, D. K., Vanderbrug Medendorp, S., Tesar, L., & Schover, L. R. (1990). Intracavernous injection therapy: Analysis of results and complications. *Journal of Urology, 143*, 1138-1141.

Lalumière, M. L., Blanchard, R., & Zucker, K. J. (2000). Sexual orientation and handedness in men and women: A meta-analysis. *Psychological Bulletin, 126*, 575-592.

Lam, R. W., & Lavitan, R. D. (2000). Pathophysiology of seasonal affective disorder: A review. *Journal of Psychiatry and Neuroscience, 25*, 469-480.

Lam, R., Levitt, A., Levitan, R., Enns, M., Morehouse, R., Michalak, E., & Tam, S. E. (2006). The Can-Sad study: A randomized controlled trial of the effectiveness of light therapy and fluoxetine in patients with winter seasonal affective disorder. *American Journal of Psychiatry, 163*, 805-812.

Lam, T. H., Ho, S. Y., Hedley, A. J., Mak, K. H., & Peto, R. (2001). Mortality and smoking in Hong Kong: Case-control study of all adult deaths in 1998. *British Medical Journal, 323*, 361-362.

Lamb, H. R. (2009). Reversing criminalization. *American Journal of Psychiatry, 166*(1), 8-10. doi: 10.1176/appi.ajp.2008.08101515

Lamb, H. R., & Weinberger, L. E. (2009). Criminalization of persons with severe mental illness. In B. J. Sadock, V. A. Sadock, & P. Ruiz (Eds.), *Kaplan & Sadock's comprehensive textbook of psychiatry* (9th ed., Vol. II, pp. 4380-4395). Philadelphia, PA: Lippincott Williams & Wilkins.

Lamberg, L. (2003). All night diners: Researchers take a new look at night eating syndrome. *JAMA: Journal of the American Medical Association, 290,* 1442.

Lamis, D. A., Malone, P. S., Langhinrichsen-Rohling, J., & Ellis, T. E. (2010). Body investment, depression, and alcohol use as risk factors for suicide proneness in college students. *Crisis: The Journal of Crisis Intervention and Suicide Prevention, 31*(3), 118-127.

Landis, S., & Insel, T. R. (2008, November 7). The "neuro" in neurogenetics. *Science, 322,* 821.

Lang, P. J. (1985). The cognitive psychophysiology of emotion: Fear and anxiety. In A. H. Tuma & J. D. Maser (Eds.), *Anxiety and the anxiety disorders.* Hillsdale, NJ: Erlbaum.

Lang, P. J. (1995). The emotion probe: Studies of motivation and attention. *American Psychologist, 50,* 372-385.

Lang, P. J., Bradley, M. M., & Cuthbert, B. N. (1998). Emotion, motivation, and anxiety: Brain mechanisms and psychophysiology. *Biological Psychiatry, 44,* 1248-1263.

Långström, N., & Seto, M. (2006). Exhibitionistic and voyeuristic in a Swedish national population survey. *Archives of Sexual Behavior, 35,* 427-435.

Långström, N., & Zucker, K. (2005). Transvestic fetishism in the general population: Prevalence and correlates. *Journal of Sex & Marital Therapy, 31,* 87-95.

Långström, N., Rahman, Q., Carlström, E., & Lichtenstein, P. (2010). Genetic and environmental effects on same-sex sexual behavior: A population study of twins in Sweden. *Archives of Sexual Behavior, 39,* 75-80.

Lanius, R. A., Brand, B., Vermetten, E., Frewen, P. A., & Spiegel, D. (2012). The dissociative subtype of posttraumatic stress disorder: Rationale, clinical and neurobiological evidence, and implications. *Depression and Anxiety, 29,* 701-708. doi: 10.1002/da.21889

Lapierre, S., Erlangsen, A., Waern, M., De Leo, D., Oyama, H., Scocco, P., & Quinnett, P. (2011). A systematic review of elderly suicide prevention programs. *Crisis: The Journal of Crisis Intervention and Suicide Prevention, 32*(2), 88-98.

Larsen, B. A., Darby, R. S., Harris, C. R., Nelkin, D. K., Milam, P. E., & Christenfeld, N. J. (2012). The immediate and delayed cardiovascular benefits of forgiving. *Psychosomatic Medicine, 74*(7), 745-750. doi: 10.1097/PSY.0b013e-31825fe96c

Larson, N. C., Barger, S. D., & Sydeman, S. J. (2013). Type D personality is not associated with coronary heart disease risk in a North American sample of retirement-aged adults. *International Journal of Behavioral Medicine, 20*(2), 277-285.

Lasch, C. (1978). *The culture of narcissism: American life in an age of diminishing expectations.* New York, NY: W. W. Norton.

Lataster, J., Myin-Germeys, I., Lieb, R., Wittchen, H. U., & Van Os, J. (2012). Adversity and psychosis: A 10-year prospective study investigating synergism between early and recent adversity in psychosis. *Acta Psychiatrica Scandinavica, 125*(5), 388-399.

Latfi, R., Kellum, J. M., DeMaria, E. J., & Sugarman, H. J. (2002). Surgical treatment of obesity. In T. A. Wadden & A. J. Stunkard (Eds.), *Handbook of obesity treatment* (pp. 339-356). New York, NY: Guilford.

Lau, J. Y. F., & Eley, T. C. (2010). The genetics of mood disorders. *Annual Review of Clinical Psychology, 6,* 313-337.

Laub, J. H., & Vaillant, G. E. (2000). Delinquency and mortality: A 50-year follow-up study of 1,000 delinquent and nondelinquent boys. *American Journal of Psychiatry, 157,* 96-102.

Laumann, E., Gagnon, J., Michael, R., & Michaels, S. (1994). *The social organization of sexuality: Sexual practices in the United States.* Chicago, IL: University of Chicago Press.

Laumann, E., Paik, A., & Rosen, R. C. (1999). Sexual dysfunction in the United States. Prevalence and predictors. *JAMA: Journal of the American Medical Association, 281,* 537-544.

Laumann, E., Paik, A., Glasser, D., Kang, J., Wang, T., Levinson, B., & Gingell, C. (2006). A cross-national study of subjective sexual well-being among older women and men: Findings from the global study of sexual attitudes and behaviors. *Archives of Sexual Behavior, 35,* 145-161.

Laumann, E. O., Nicolosi, A., Glasser, D. B., Paik, A., Gingell, C., Moreira, E., & Wang, T. (2005). Sexual problems among women and men aged 40-80 years: Prevalence and correlates identified by the Global Study of Sexual Attitudes and Behaviors. *International Journal of Impotence Research, 17,* 39-57.

Launer, L. J. (2011). Counting dementia: there is no one "best" way. *Alzheimer's & Dementia, 7*(1), 10-14.

Lauriello, J., Bustillo, J. R., & Keith, S. J. (2005). Schizophrenia: Scope of the problem. In B. J. Sadock & V. A. Sadock (Eds.), *Kaplan & Sadock's comprehensive textbook of psychiatry* (pp. 1345-1354). Philadelphia, PA: Lippincott, Williams & Wilkins.

Lawrence, A. (2005). Sexuality before and after male-to-female sex reassignment surgery. *Archives of Sexual Behavior, 34,* 147-166.

Lawrence, A. A. (2013). Debating the Meaning of Autogynephilia. In A. A. Lawrence (Eds.). *Men Trapped in Men's Bodies* (pp. 95-110; 161-178). Springer: New York.

Laws, D. R., & O'Donohue, W. (Eds.) (1997). *Sexual deviance: Theory, assessment and treatment.* New York, NY: Guilford.

Laws, D. R., & O'Donohue, W. T. (2008). Introduction. In D. R. Laws & W. T. O'Donohue (Eds.), *Sexual deviance: Theory, assessment, and treatment* (2nd ed., pp. 1-20). New York, NY: Guilford.

Lawton, K., & Kasari, C. (2012). Teacher-implemented joint attention intervention: Pilot randomized controlled study for preschoolers with autism. *Journal of Consulting and Clinical Psychology, 80*(4), 687.

Laxenaire, M., Ganne-Vevonec, M. O., & Streiff, O. (1982). Les problèmes d'identité chez les enfants des migrants. *Annales Medico-Psychologiques, 140,* 602-605.

Lazare, D. (1989, October 14). Drugs 'R' Us. *In These Times,* 12-13.

Lazarus, R. S. (1968). Emotions and adaptation: Conceptual and empirical relations. In W. J. Arnold (Ed.), *Nebraska Symposium on Motivation* (Vol. 16). Lincoln: University of Nebraska Press.

Lazarus, R. S. (1991). Progress on a cognitive-motivational relational theory of emotion. *American Psychologist, 46*(8), 819-834.

Lazarus, R. S. (1995). Psychological stress in the workplace. In R. Crandall & P. L. Perrewe

(Eds.), *Occupational stress: A handbook* (pp. 3-14). Philadelphia, PA: Taylor & Francis.

Le Foll, B., Gallo, A., Le Strat, Y., Lu, L., & Gorwood, P. (2009). Genetics of dopamine receptors and drug addiction: A comprehensive review. *Behavioural Pharmacology, 20*(1), 1-17.

le Grange, D., Crosby, R. D., Rathouz, P. J., & Leventhal, B. L. (2007). A randomized controlled comparison of family-based treatment and supportive psychotherapy for adolescent bulimia nervosa. *Archives of General Psychiatry, 64*(9), 1049-1056.

le Grange, D., Lock, J., Loeb, K., & Nicholls, D. (2010). Academy for eating disorders position paper: The role of the family in eating disorders. *International Journal of Eating Disorders, 43,* 1-5.

Leahy, R. L., & McGinn, L. K. (2012). Cognitive therapy for personality disorders. In T. A. Widiger (Ed.), *The Oxford handbook of personality disorders* (pp. 727-750). New York, NY: Oxford University Press.

LeBeau, R., Bogels, S., Moller, E., & Craske, M. (2015). Integrating dimensional assessment and categorical diagnosis in *DSM-5*: The benefits and challenges of the paradigm shift for the anxiety disorders. *Psychopathology Review, 2*(1), 83-99.

LeBeau, R., Mischel, E., Resnick, H., Kilpatrick, D., Friedman, M., & Craske, M. (2014). Dimensional assessment of posttraumatic stress disorder in *DSM-5*. *Psychiatry Research, 218*(1), 143-147. doi:10.1016/j.psychres .2014.03.032

LeBeau, R. T., Glenn, D., Liao, B., Wittchen, H.-U., Beesdo-Baum, K., Ollendick, T., & Craske, M. G. (2010). Specific phobia: A review of DSM-IV specific phobia and preliminary recommendations for DSM-V. *Depression and Anxiety, 27*(2), 148-167.

LeBeau, R. T., Glenn, D. E., Hanover, L. N., Beesdo-Baum, K., Wittchen, H.-U., & Craske, M. G. (2012). A dimensional approach to measuring anxiety for DSM-5. *International Journal of Methods in Psychiatric Research, 21*(4), 258-272.

LeBeau, R. T., Mischel, E. R., Simpson, H. B., Mataix-Cols, D., Phillips, K. A., Stein, D. J., & Craske, M. G. (2013). Preliminary assessment of obsessive-compulsive spectrum disorder scales for *DSM-5*. *Journal of Obsessive-Compulsive and Related Disorders, 2*(2), 114-118.

Lebedinskaya, K. S., & Nikolskaya, O. S. (1993). Brief report: Analysis of autism and its treatment in modern Russian defectology. *Journal of Autism and Developmental Disorders, 23,* 675-697.

Lechner, S., Antoni, M. (2004). Posttraumatic growth and group based intervention for persons dealing with cancer: What have we learned so far? *Psychological Inquiry, 15,* 35-41.

Leckman, J. F., Denys, D., Simpson, H. B., Mataix-Cols, D., Hollander, E., Saxena, S., & Stein, D. (2010). Obsessive-compulsive disorder: A review of the diagnostic criteria and possible subtypes and dimensional specifiers for DSM-V. *Depression and Anxiety, 27*(6), 507-527. doi: 10.1002/da.20669

Leckman, J. F., Grice, D. E., Boardman, J., Zhang, H., Vitali, A., Bondi, C., & Pauls, D. (1997). Symptoms of obsessive-compulsive disorder. *American Journal of Psychiatry, 154,* 911-917.

Lecrubier, Y., Bakker, A., Dunbar, G., & the Collaborative Paroxetine Panic Study Investigators. (1997a). A comparison of paroxetine, clomipramine and placebo in the treatment of panic disorder. *Acta Psychiatrica Scandinavica, 95,* 145-152.

Lecrubier, Y., Judge, R., & and the Collaborative Paroxetine Panic Study Investigators. (1997b). Long term evaluation of paroxetine, clomipramine and placebo in panic disorder. *Acta Psychiatrica Scandinavica, 95,* 153-160.

Ledford, H. (2015). First cancer-fighting virus approved. *Nature, 526,* 622-623.

LeDoux, J. E. (1996). *The emotional brain: The mysterious underpinnings of emotional life.* New York, NY: Simon & Schuster.

LeDoux, J. E. (2002). *Synaptic self: How our brains become who we are.* New York, NY: Penguin Books.

LeDoux, J. (2015). *Anxious: Using the brain to understand and treat fear and anxiety.* New York, NY: Viking.

Lee, C. C., Czaja, S. J., & Schulz, R. (2010). The moderating influence of demographic characteristics, social support, and religious coping on the effectiveness of a multicomponent psychosocial caregiver intervention in three racial ethnic groups. *The Journals of Gerontology Series B: Psychological Sciences and Social Sciences,* 65B(2), 185-194.

Lee, C. K. (1992). Alcoholism in Korea. In J. Helzer & G. Canino (Eds.), *Alcoholism–North America, Europe and Asia: A coordinated analysis of population data from ten regions* (pp. 247-262). London, U.K.: Oxford University Press.

Lee, M., Martin-Ruiz, C., Graham, A., Court, J., Jaros, E., Perry, R., & Perry, E. (2002). Nicotinic receptor abnormalities in the cerebellar cortex in autism. *Brain, 125,* 1483-1495.

Lee, M. A., & Shlain, B. (1992). *Acid dreams: The complete social history of LSD: The CIA, the sixties, and beyond.* New York, NY: Grove Press.

Lee, S. H., Han, D. H., Oh, S., Lyoo, I. K., Lee, Y. S., Renshaw, P., & Lukas, S. (2009). Quantitative electroencephalographic (qEEG) correlates of craving during virtual reality therapy in alcohol-dependent patients. *Pharmacology Biochemistry and Behavior, 91*(3), 393-397. doi: 10.1016/j.pbb.2008.08.014

Lee, T. M., Chen, E. Y., Chan, C. C., Paterson, J. G., Janzen, H. L., & Blashko, C. A. (1998). Seasonal affective disorder. *Clinical Psychology: Science and Practice, 5,* 275-290.

Lefley, H. (2009). *Family psychoeducation in serious mental illness: Models, outcomes, applications.* New York, NY: Oxford University Press.

Lefrancois, G. R. (1990). *The lifespan* (3rd ed.). Belmont, CA: Wadsworth.

Le Grange, D., Lock, J., Agras, W. S., Bryson, S. W., & Jo, B. (2015). Randomized Clinical Trial of Family-Based Treatment and Cognitive-Behavioral Therapy for Adolescent Bulimia Nervosa. *Journal of the American Academy of Child & Adolescent Psychiatry, 54*(11), 886-894.

Lehman, B. J., Taylor, S. E., Kiefe, C. I., & Seeman, T. E. (2009). Relationship of early life stress and psychological functioning to blood pressure in the CARDIA study. *Health Psychology, 28*(3), 338-346.

Leibbrand, R., Hiller, W., & Fichter, M. M. (2000). Hypochondriasis and somatization: Two distinct aspects of somatoform disorders? *Journal of Clinical Psychology, 56,* 63-72.

Leibenluft, E. (2011). Severe mood dysregulation, irritability, and the diagnostic boundaries of bipolar disorder in youths. *American Journal of Psychiatry, 168*(2), 129-142.

Leibenluft, E., & Rich, B. A. (2008). Pediatric bipolar disorder. *Annual Review of Clinical Psychology, 4,* 163-187.

Leiblum, S. R. (2010). *Treating sexual desire disorders: A clinical casebook.* New York, NY: Guilford.

Leiblum, S. R., & Rosen, R. C. (Eds.) (2000). *Principles and practice of sex therapy* (3rd ed.). New York, NY: Guilford.

Leitenberg, H., Detzer, M. J., & Srebnik, D. (1993). Gender differences in masturbation and the relation of masturbation experience in preadolescence and/or early adolescence to sexual behavior and sexual adjustment in young adulthood. *Archives of Sexual Behavior, 22*(2), 87-98.

Lejeune, J., Gauthier, M., & Turpin, R. (1959). Étude des chromosomes somatiques de neuf enfants mongoliens. *Comptes Rendus Hebdomadaires des Séances de l' Académie des Sciences. D: Sciences Naturelles (Paris), 248,* 1721-1722.

Lemay, M., & Landreville, P. (2010). Verbal agitation in dementia: The role of discomfort. *American Journal of Alzheimer's Disease and Other Dementias, 25*(3), 193-201. doi: 10.1177/1533317509356687.

Lener, M. S., Wong, E., Tang, C. Y., Byne, W., Goldstein, K. E., Blair, N. J., . . . & Hazlett, E. A. (2014). White matter abnormalities in schizophrenia and schizotypal personality disorder. *Schizophrenia Bulletin, 41*(1), 300-310.

Lenze, E. J., Miller, A. R., Munir, Z. B., Pornoppadol, C., & North, C. S. (1999). Psychiatric symptoms endorsed by somatization disorder patients in a psychiatric clinic. *Annals of Clinical Psychiatry, 11*(2), 73-79.

Lenze EJ, Mulsant BH, Shear MK, Schulberg HC, Dew MA, Begley AE, Pollock BG, Reynolds CF 3rd. (2000). Comorbid anxiety disorders in depressed elderly patients. *Am J Psychiatry, 157*(5):722-728.

Lenzenweger, M., Lane, M., Loranger, A., & Kessler, R. (2007). DSM-IV personality disorders in the National Comorbidity Survey Replication. *Biological Psychiatry, 62*(6), 553-564.

Lenzenweger, M. F., & Dworkin, R. H. (1996). The dimensions of schizophrenia phenomenology. Note one or two, at least three, perhaps four. *British Journal of Psychiatry, 168,* 432-440.

Lenzenweger, M. F., McLachlan, G., & Rubin, D. B. (2007). Resolving the latent structure of schizophrenia endophenotypes using expectation-maximization-based finite mixture modeling. *Journal of Abnormal Psychology, 116,* 16-29.

Lerner, R., Kibler, J. L. & Zeichner, S. B. (2013). Relationship between mindfulness-based stress reduction and immune function in cancer and HIV/AIDS. *Cancer and Clinical Oncology, 2*(1), 62-72.

Leserman, J. (2008). Role of depression, stress, and trauma in HIV disease progression. *Psychosomatic Medicine, 70,* 539-545.

Leserman, J., Petitto, J. M., Golden, R. N., Gaynes, B. N., Gu, H., Perkins, D. O., & Evans, D. L. (2000). Impact of stressful life events, depression, social support, coping, and cortisol on progression to AIDS. *American Journal of Psychiatry, 157,* 1221-1228.

Leuchter, A. F., Cook, I. A., Witte, E. A., Morgan, M., & Abrams, M. (2002). Changes in brain function of depressed subjects during treatment with placebo. *American Journal of Psychiatry, 159*(1)122-129.

LeVay, S. (1991). A difference in hypothalamic structure between heterosexual and homosexual men. *Science, 253,* 1034-1037.

Levenston, G. K., Patrick, C. J., Bradley, M. M., & Lang, P. J. (2000). The psychopath as observer: emotion and attention in picture processing. *Journal of Abnormal Psychology, 109*(3), 373.

Leventhal, A. M., & Zvolensky, M. J. (2015). Anxiety, deperssion, and cigarette smoking: A transdiagnostc vulnerability framework to understand emotion-smoking comorbidity. *Psychological Bulletin, 141,* 176-212.

Levesque, R. J. (2012). Sadistic personality disorder. In *Encyclopedia of Adolescence* (pp. 2445-2446). Springer US.

Levin, F. R., Evans, S. M., Brooks, D. J., & Garawi, F. (2007). Treatment of cocaine dependent treatment seekers with adult ADHD: Double-blind comparison of methylphenidate and placebo. *Drug and Alcohol Dependence, 87,* 20-29.

Levine, J. A., Lanningham-Foster, L. M., McCrady, S. K., Krizan, A. C., Olson, L. R., Kane, P. H., Jensen, M. D., & Clark, M. M. (2005). Interindividual variation in posture allocation: Possible role in human obesity. *Science, 307,* 584-586.

Levine, M. P., & Smolak, L. (1996). Media as a context for the development of disordered eating. In L. Smolak, M. P. Levine, & R. Striegel-Moore (Eds.), *The developmental psychopathology of eating disorders: Implications for research, prevention, and treatment* (pp. 235-257). Mahwah, NJ: Erlbaum.

Levine, S. B., (2015). Filbanserin. *Archives of Sexual Behavior, 44*(8), 2107-2109. Doi: 10.1007 / s10508-015-0617-y

Levinson, D. F. (2009). Genetics of major depression. In I. H. Gotlib & C. L. Hammen (Eds.), *Handbook of depression* (2nd ed., pp. 165-186). New York, NY: Guilford.

Levitt, A., & Boyle, M. (2002). The impact of latitude on the prevalence of seasonal depression. *Canadian Journal of Psychiatry, 46,* 650-654.

Levitt, A. J., Joffe, R. T., Moul, D. F., Lam, R. W., Teicher, M. H., Lebegue, B., & Buchanan, A. (1993). Side effects of light therapy in seasonal affective disorder. *American Journal of Psychiatry, 150,* 650-652.

Levy, B. R., Slade, M. D., Kunkel, S. R., & Kasl, S. V. (2002). Longevity increased by positive self-perceptions of aging. *Journal of Personality and Social Psychology, 83,* 261-270.

Levy, K. B., O'Grady, K. E., Wish, E. D., & Arria, A. M. (2005). An in-depth qualitative examination of the ecstasy experience: Results of a focus group with Ecstasy-using college students. *Substance Use and Misuse, 40*(9-10), 1427-1441. doi: 10.1081/ja-200066886

Lewinsohn, P. M., Allen, N. B., Seeley, J. R., & Gotlib, I. H. (1999). First onset versus recurrence of depression: Differential processes of psychosocial risk. *Journal of Abnormal Psychology, 108*(3), 483-489.

Lewis, B. A., Statt, E., & Marcus, B. H. (2011). Behavioral interventions in public health settings: Physical activity, weight loss, and smoking. In D. H. Barlow (Ed.), *Oxford handbook of clinical psychology* (pp. 717-738). New York, NY: Oxford University Press.

Lewis, D. O., Yeager, C. A., Swica, Y., Pincus, J. H., & Lewis, M. (1997). Objective documentation of child abuse and dissociation in 12 murderers with dissociative identity disorder. *American Journal of Psychiatry, 154,* 1703-1710.

Lewis, F. M., Brandt, P. A., Cochrane, B. B., Griffith, K. A., Grant, M., Haase, J. E., Houldin, A. D., Post-White, J., Zahlis, E. H., & Shands, M. E. (2015). The Enhancing Connections Program: A six-state randomized clinical trial of a cancer parenting program. *Journal of Consulting and Clinical Psychology, 83*(1), 1-12.

Lewis, G., Croft-Jeffreys, C., & Anthony, D. (1990). Are British psychiatrists racist? *British Journal of Psychiatry, 157,* 410-415.

Lewis, G., David, A., Andreasson, S., & Allsbeck, P. (1992). Schizophrenia and city life. *Lancet, 340,* 137-140.

Lewis, S., Escalona, R., & Keith, S. J. (2009). Phenomenology of schizophrenia. In B. J. Sadock, V. A. Sadock, & P. Ruiz (Eds.), *Kaplan & Sadock's comprehensive textbook of psychiatry* (9th ed., Vol. I, pp. 1433-1451). Philadelphia, PA: Lippincott Williams & Wilkins.

Lewis, T., DiLillo, D., & Peterson, L. (2004). Parental beliefs regarding developmental benefits of childhood injuries. *American Journal of Health Behavior, 28*(Suppl. 1) S61-S68.

Lewis, T. T., Everson-Rose, S. A., Powell, L. H., Matthews, K. A., Brown, C., & Wesley, D. (2006). Chronic exposure to everyday discrimination and coronary artery calcification in African-American women: The SWAN heart study. *Psychosomatic Medicine, 68,* 362-368.

Lewis-Fernández, R., Hinton, D. E., Laria, A. J., Patterson, E. H., Hofmann, S. G., Craske, M. G., & Liao, B. (2010). Culture and the anxiety disorders: Recommendations for DSM-V. *Depression and Anxiety, 27*(2), 212-229.

Lewy, A. J., & Sack, R. L. (1987). Light therapy of chronobiological disorders. In A. Halaris (Ed.), *Chronobiology and psychiatric disorders* (pp. 181-206). New York, NY: Elsevier.

Lewy, A. J., Bauer, V. K., Cutler, N. L., Ahmed, S., Thomas, K. H., Blood, M. L., & Letham Jackson, J. M. (1998). Morning vs. evening light treatment of patients with winter depression. *Archives of General Psychiatry, 55,* 890-896.

Lewy, A. J., Kern, H. E., Rosenthal, N. E., & Wehr, T. A. (1982). Bright artificial light treatment of a manic-depressive patient with a seasonal mood cycle. *American Journal of Psychiatry, 139,* 1496-1498.

Lewy, A. J., Tutek, J., Havel, L. L., & Nikia, M. N. (2014). The role of circadian rhythms, light and melatonin in SAD and nonseasonal affective and anxiety disorders. *Current Psychiatry Reviews, 10,* 214-222.

Leyfer, O., & Brown, T.A. (2011). The anxiety-depression spectrum. In D. H. Barlow (Ed.), *Oxford handbook of clinical psychology* (pp. 279-293). New York, NY: Oxford University Press.

Lezak, M. D., Howieson, D. B., Bigler, E. D., & Tranel, D. (2012). *Neuropsychological assessment* (5th ed.). New York, NY: Oxford University Press.

Li, X., Zou, H., & Brown, W. T. (2012). Genes associated with autism spectrum disorder. *Brain Research Bulletin, 88*(6), 543-552. doi: 10.1016/j.brainresbull.2012.05.017

Liberman, R., & Kopelowicz, A. (2009). Training skills for illness self-management in the rehabilitation of schizophrenia: A family-assisted program for Latinos in California. *Salud Mental, 31,* 93-105.

Liberman, R. P. (2007). Dissemination and adoption of social skills training: Social validation of an evidence-based treatment for the mentally disabled. *Journal of Mental Health, 16,* 595-623.

Liddell, H. S. (1949). The role of vigilance in the development of animal neurosis. In P. Hoch & J. Zubin (Eds.), *Anxiety.* New York, NY: Grune & Stratton.

Liddle, P. F. (2012). Descriptive clinical features of schizophrenia. In M. G. Gelder, N. C. Andreasen, J. J. Lopez-Ibor, Jr., & J. R. Geddes (Eds.), *New Oxford textbook of psychiatry* (2nd. ed., Vol. 1, pp. 526-531). New York, NY: Oxford University Press.

Lieb, R. (2015). Epidemiological perspectives on comorbidity between substance use disorders and other mental disorders. In G. Dom & F. Moggy (Eds),*Co-occurring addictive and psychiatric disorders* (pp. 3-12). Berlin, Germany: Springer Heidelberg.

Lieb, R., Wittchen, H-U., Hofler, M., Fuetsch, M., Stein, M. B., & Merikangas, K. R. (2000). Parental psychopathology, parenting styles, and the risk of social phobia in offspring. *Archives of General Psychiatry, 57,* 859-866.

Lieb, R., Zimmermann, P., Friis, R. H., Hofler, M., Tholen, S., & Wittchen, H.-U. (2002). The natural course of DSM-IV somatoform disorders and syndromes among adolescents and young adults: A prospective-longitudinal community study. *European Psychiatry, 17,* 321-331.

Lieberman, J. A., & Stroup, T. S. (2011). The NIMH-CATIE schizophrenia study: What did we learn? *American Journal of Psychiatry, 168*(8), 770-775. doi: 10.1176/appi.ajp.2011.11010039

Lieberman, J. A., Jody, D., Alvir, J. M. J., Ashtari, M., Levy, D. L., Bogerts, B., & Cooper, T. (1993). Brain morphology, dopamine, and eye-tracking abnormalities in first-episode schizophrenia. *Archives of General Psychiatry, 50,* 357-368.

Lieberman, J. A., Perkins, D., Belger, A., Chakos, M., Jarskog, F., Boteva, K., & Gilmore, J. (2001). The early stages of schizophrenia: Speculations on pathogenesis, pathophysiology, and therapeutic approaches. *Biological Psychiatry, 50,* 885.

Liebeskind, J. (1991). Pain can kill. *Pain, 44,* 3-4.

Liebman, R. E., & Burnette, M. (2013). It's not you, it's me: An examination of clinician- and client-level influences on countertransference toward borderline personality disorder. *American Journal of Orthopsychiatry, 83*(1), 115-125. doi: 10.1111/ajop.12002

Liebowitz, M. R., Schneier, F., Campeas, R., Hollander, E., Hatterer, J., Fyer, A., Gully, R. (1992). Phenelzine vs. atenolol in social phobia: A placebo controlled comparison. *Archives of General Psychiatry, 49,* 290-300.

Lilenfeld, L. R. R., Wonderlich, S., Riso, L. P., Crosby, R., & Mitchell, J. (2006). Eating disorders and personality: A methodological and empirical review. *Clinical Psychology Review, 26,* 299-320.

Lilienfeld, S. O. (1992). The association between antisocial personality and somatization disorders: A review and integration of theoretical models. *Clinical Psychology Review, 12,* 641-662.

Lilienfeld, S. O. (2014). *DSM-5:* Centripetal scientific and centrifugal antiscientific forces. *Clinical Psychology: Science and Practice, 21*(3), 269-279. doi: 10.1111/cpsp.12075

Lilienfeld, S. O., & Hess, T. H. (2001). Psychopathic personality traits and somatization: Sex differences and the mediating role of negative emotionality. *Journal of Psychopathology and Behavioral Assessment, 23,* 11-24.

Lilienfeld, S. O., & Lynn, S. J. (2003). Dissociative identity disorder: Multiple personalities, multiple controversies. In S. O. Lilienfeld, S. J. Lynn, & J. M. Lohr (Eds.), *Science and pseudoscience in clinical psychology* (pp. 109-142). New York, NY: Guilford.

Lilienfeld, S. O., & Marino, L. (1995). Mental disorder as a Roschian concept: A critique of Wakefield's 'harmful dysfunction' analysis. *Journal of Abnormal Psychology, 104*(3), 411-420.

Lilienfeld, S. O., & Marino, L. (1999). Essentialism revisited: Evolutionary theory and the concept of mental disorder. *Journal of Abnormal Psychology, 108,* 400-411.

Lilienfeld, S. O., Kirsch, I., Sarbin, T. R., Lynn, S. J., Chaves, J. F., & Ganaway, G. K. (1999). Dissociative identity disorder and the sociocognitive model: Recalling the lessons of the past. *Psychological Bulletin, 125*(5), 507-523.

Lilienfeld, S. O., VanValkenburg, C., Larntz, K., & Akiskal, H. S. (1986). The relationship of histrionic personality to antisocial personality and somatization disorders. *American Journal of Psychiatry, 143,* 718-722.

Lima, E. N., Stanley, S., Kaboski, B., Reitzel, L. R., Richey, A., Castro, Y., & Jakobsons, L. J. (2005). The incremental validity of the MMPI-2: When does therapist access not enhance treatment outcome? *Psychological Assessment, 17*(4), 462-468.

Lin, K. M., Hwu, H. G., & Tsuang, M. T. (2012). Schizophrenia and other psychosis in Asians and Asian Americans. In E. C. Chang (Ed.), *Handbook of Adult Psychopathology in Asians: Theory, Diagnosis, and Treatment* (p. 83). New York, NY: Oxford University Press.

Lind, S., & Bowler, D. (2009). Delayed self- recognition in children with autism spectrum disorder. *Journal of Autism and Developmental Disorders, 39*(4), 643-650. doi: 10.1007 / s10803-008-0670-7

Lindau, S. T., Schumm, L. P., Laumann, E. O., Levinson, W., O'Muircheartaigh, C. A., & Waite, L. J. (2007). A study of sexuality and health among older adults in the United States. *New England Journal of Medicine, 357*(8), 762-774.

Lindberg, N., Holi, M. M., Tani, P., & Virkkunen, M. (2005). Looking for pyromania: Characteristics of a consecutive sample of Finnish male criminals with histories of recidivist fire-setting between 1973 and 1993. *BMC Psychiatry, 5*(1), 47-52.

Lindblad, F., & Hjern, A. (2010). ADHD after fetal exposure to maternal smoking. *Nicotine & Tobacco Research, 12*(4), 408-415.

Lindenmayer, J., & Khan, A. (2006). Psychopathology. In J. A. Lieberman, T. S. Stroup & D. O. Perkins (Eds.), *Textbook of schizophrenia* (pp. 187-221). Washington, DC: American Psychiatric Publishing.

Lindsey, M., Joe, S., Muroff, J., & Ford, B. (2010). Social and clinical factors associated with psychiatric emergency service use and civil commitment among African-American youth. *General Hospital Psychiatry, 32,* 300-309.

Linehan, M., Comtois, K., Murray, A., Brown, M., Gallop, R., Heard, H., & Lindenboim, N. (2006). Two-year randomized controlled trial and follow-up of dialectical behavior therapy vs therapy by experts for suicidal behaviors and borderline personality disorder. *Archives of General Psychiatry, 63*(7), 757.

Linehan, M., Schmidt, H., Dimeff, L., Craft, J., Kanter, J., & Comtois, K. (1999). Dialectical behavior therapy for patients with borderline personality disorder and drug-dependence. *American Journal on Addictions, 8*(4), 279-292.

Linehan, M. M. (2015). *DBT® Skills Training Manual*. New York: Guilford.

Linehan, M. M., & Dexter-Mazza, E. T. (2008). Dialectical behavior therapy for borderline personality disorder. In D. H. Barlow (Ed.), *Clinical handbook of psychological disorders* (4th ed., pp. 365-420). New York, NY: Guilford.

Linehan, M. M., & Kehrer, C. A. (1993). Borderline personality disorder. In D. H. Barlow (Ed.), *Clinical handbook of psychological disorders: A step by step treatment manual* (pp. 396-441). New York, NY: Guilford.

Linton, S. J., Kecklund, G., Franklin, K. A., Leissner, L. C., Sivertsen, B., Lindberg, E., . . . & Björkelund, C. (2015). The effect of the work environment on future sleep disturbances: a systematic review. *Sleep Medicine Reviews, 23,* 10-19.

Liotti, M., Mayberg, H. S., McGinnis, S., Brannan, S. L., & Jerabek, P. (2002). Unmasking disease- specific cerebral blood flow abnormalities: Mood challenge in patients with remitted unipolar depression. *American Journal of Psychiatry, 159,* 1807-1808.

Lipchik, G. L., Holroyd, K. A., & Nash, J. M. (2002). Cognitive-behavioral management of recurrent headache disorders: A minimal-therapist-contact approach. In D. C. Turk & R. J. Gatchel (Eds.), *Psychological approaches to pain management: A practitioner's handbook* (2nd ed.) (pp. 365-389). New York, NY: Guilford.

Lissek, S., & Grillon, C. (2012). Learning models of PTSD. In J. G. Beck & D. M. Sloan (Eds.), *The Oxford handbook of traumatic stress disorders* (pp. 175-190). New York, NY: Oxford University Press.

Lissek, S., Kaczkurkin, A. N., Rabin, S., Geraci, M., Pine, D. S., & Grillon, C. (2014). Generalized anxiety disorder is associated with overgeneralization of classically conditioned fear. *Biological psychiatry, 75*(11), 909-915.

Litvin, E. B., Ditre, J. W., Heckman, B. W., & Brandon, T. H. (2012). Nicotine. In J. C. Verster, K. Brady, M. Galanter, & P. Conrod (Eds.), *Drug abuse and addiction in medical illness* (pp. 137-150). New York, NY: Springer.

Litz, B. T., Salters-Pedneault, K., Steenkamp, M., Hermos, J. A., Bryant, R. A., Otto, M. W., & Hofmann, S. G. (2012). A randomized placebo-controlled trial of d-cycloserine and exposure therapy for post-traumatic stress disorder. *Journal of Psychiatric Research, 46,* 1184-1190.

Liu, K., & Bearman, P. S. (2012, September 19). Focal points, endogenous processes, and exogenous shocks in the autism epidemic. *Sociological Methods & Research.* doi: 10.1177/0049124112460369

Livhits, M., Mercado, C., Yermilov, I., Parikh, J. A., Dutson, E., Mehran, A., . . . & Gibbons, M. M. (2012). Preoperative predictors of weight loss following bariatric surgery: systematic review. *Obesity Surgery, 22*(1), 70-89.

Livesley, W. J., & Jang, K. L. (2008). The behavioral genetics of personality disorder. *Annual Review of Clinical Psychology, 4,* 247-274.

Livesley, W. J., Jang, K. L., & Vernon, P. A. (1998). Phenotypic and genotypic structure of traits delineating personality disorder. *Archives of General Psychiatry, 55,* 941-948.

Livingston, E. H. (2007). Obesity, mortality, and bariatric surgery death rates. *JAMA: Journal*

of the American Medical Association, 298(20), 2406-2408.

Livingston, E. H. (2010). Surgical treatment of obesity in adolescence. *JAMA: Journal of the American Medical Association, 303*(6), 559-560.

Livingston, E. H. (2012). Inadequacy of BMI as an indicator for bariatric surgery. *Journal of American Medical Association, 307,* 88-89.

Llewellyn, C. H., Trzaskowski, M., van Jaarsveld, C. H., Plomin, R., & Wardle, J. (2014). Satiety mechanisms in genetic risk of obesity. *JAMA Pediatrics, 168*(4), 338-344.

Lloyd, E. A. (2005). *The case of the female orgasm: Bias in the science of evolution.* Cambridge, MA: Harvard University Press.

Lo, S. C., Pripuzova, N., Li, B., Komaroff, A. L., Hung, G. C., Wang, R., & Alter, H. J. (2010). Detection of MLV-related virus gene sequences in blood of patients with chronic fatigue syndrome and healthy blood donors. *Proceedings of the National Academy of Sciences, 107*(36), 15874-15879.

Lo, S. C., Pripuzova, N., Li, B., Komaroff, A. L., Hung, G. C., Wang, R., & Alter, H. J. (2012). Retraction for Lo et al., Detection of MLV-related virus gene sequences in blood of patients with chronic fatigue syndrome and healthy blood donors. *Proceedings of the National Academy of Sciences of the United States of America, 109*(1), 346-346.

Lobbestael, J., & Arntz, A. (2012). Cognitive contributions to personality disorders. In T. A. Widiger (Ed.), *The Oxford handbook of personality disorders* (pp. 325-344). New York, NY: Oxford University Press.

Lobbestael, J., Arntz, A. & Bernstein, D. P. (2010). Disentangling the relationship between different types of childhood maltreatment and personality disorders. *Journal of Personality Disorders, 24,* 285-295.

Lobo, R. A. (2013). Where are we 10 years after the Women's Health Initiative? *The Journal of Clinical Endocrinology & Metabolism, 98*(5), 1771-1780.

Lochner, C., Grant, J. E., Odlaug, B. L., Woods, D. W., Keuthen, N. J., & Stein, D. J. (2012). DSM-5 field survey: Hair-pulling disorder (trichotillomania). *Depression and Anxiety, 29,* 1025-1031. doi: 10.1002/da.22011

Lock, J., Le Grange, D., Agras, W. S., & Dare, C. (2001). *Treatment manual for anorexia nervosa: A family-based approach.* New York, NY: Guilford.

Lock, J., Le Grange, D., Agras, W. S., Fitzpatrick, K. K., Jo, B., Accurso, E., . . . & Stainer, M. (2015). Can adaptive treatment improve outcomes in family-based therapy for adolescents with anorexia nervosa? Feasibility and treatment effects of a multi-site treatment study. *Behaviour Research and Therapy, 73,* 90-95.

Lock, J., Le Grange, D., Agras, S., Moye, A., Byrson, S. W., & Jo, B. (2010). Randomized clinical trial comparing family-based treatment with adolescent-focused individual therapy for adolescents with anorexia nervosa. *Archives of General Psychiatry, 67*(10), 1025-1032.

Loehlin, J. C. (1992). *Genes and environment in personality development.* Newbury Park, CA: Sage.

Loehlin, J., McFadden, D., Medland, S., & Martin, N. (2006). Population differences in finger-length ratios: Ethnicity or latitude? *Archives of Sexual Behavior, 35,* 739-742.

Loftus, E., & Davis, D. (2006). Recovered memories. *Annual Review of Clinical Psychology, 2,* 469-498.

Loftus, E. F. (2003). Make-believe memories. *American Psychologist, 58,* 867-873.

Loftus, E. F., Coan, J. A., & Pickrell, J. E. (1996). Manufacturing false memories using bits of reality. In L. Reder (Ed.), *Implicit memory and metacognition* (pp. 195-220). Mahwah, NJ: Erlbaum.

Logan, C. (2009). Sexual deviance in females: Psychopathology and theory. In D. R. Laws & W. T. O'Donohue (Eds.), *Sexual deviance: Theory, assessment, and treatment* (2nd ed., pp. 486-507). New York, NY: Guilford.

Lombardi, V. C., Ruscetti, F. W., Gupta, J. D., Pfost, M. A., Hagen, K. S., Peterson, D. L., Ruscetti, S. K., Bagni, R. K., Petrow-Sadowski, C., Gold, B., Dean, M. Silverman, R. H., & Mikovits, J. A. (2009). Detection of an infectious retrovirus, XMRV, in blood cells of patients with chronic fatigue syndrome. *Science, 326*(5952), 585-589.

Lombardo, M. V., Chakrabarti, B., & Baron-Cohen, S. (2009). The amygdala in autism: not adapting to faces? *American Journal of Psychiatry, 166*(4), 395-397.

Lonczak, H. S. P., Abbott, R. D. P., Hawkins, J. D. P., Kosterman, R. P., & Catalano, R. F. P. (2002). Effects of the Seattle Social Development Project on sexual behavior, pregnancy, birth, and sexually transmitted disease outcomes by age 21 years. *Archives of Pediatrics & Adolescent Medicine, 156*(5), 438-447.

Loomans, E. M., Hofland, L., van der Stelt, O., van der Wal, M. F., Koot, H. M., Van den Bergh, B. R. H., & Vrijkotte, T. G. M. (2012). Caffeine intake during pregnancy and risk of problem behavior in 5- to 6-year-old children. *Pediatrics, 130*(2), e305-e313. doi: 10.1542 /peds.2011-3361

López, S. R., & Guarnaccia, P. J. (2012). Cultural dimensions of psychopathology: The social world's impact on mental disorders. In J. E. Maddux & B. A. Winstead (Eds.), *Psychopathology: Foundations for a contemporary understanding* (pp. 45-68). New York, NY: Routledge.

LoPiccolo, J., Heiman, J. R., Hogan, D. R., & Roberts, C. W. (1985). Effectiveness of single therapists versus cotherapy teams in sex therapy. *Journal of Consulting and Clinical Psychology, 53*(3), 287-294.

Lord, C., & Bishop, S. L. (2010). Autism spectrum disorders. *Social Policy Report, 24*(2), 3-21.

Loren, R. E. A., Vaughn, A. J., Langberg, J. M., Cyran, J. E. M., Proano-Raps, T., Smolyansky, B. H., . . . Epstein, J. N. (2015). Effects of an 8-session behavioral parent training group for parents of children with ADHD on child impairment and parenting confidence. *Journal of Attention Disorders, 19*(2), 158-166. doi: 10.1177/1087054713484175

Lösel, F., & Schmucker, M. (2005). The effectiveness of treatment for sexual offenders: A comprehensive meta-analysis. *Journal of Experimental Criminology, 1,* 117-146.

Lovaas, O. I. (1977). *The autistic child: Language development through behavior modification.* New York, NY: Irvington.

Lovaas, O. I. (1987). Behavioral treatment and normal educational and intellectual functioning in young autistic children. *Journal of Consulting and Clinical Psychology, 55,* 3-9.

Lovaas, O. I., Berberich, J. P., Perloff, B. F., & Schaeffer, B. (1966). Acquisition of imitative speech by schizophrenic children. *Science, 151,* 705-707.

Lovallo, W. R. (2010). Cardiovascular responses to stress and disease outcomes: a test of the reactivity hypothesis. *Hypertension, 55*(4), 842-843.

Lovestone, S. (2012). Dementia: Alzheimer's disease. In M. G. Gelder, N. C. Andreasen, J. J. Lopez-Ibor, Jr., & J. R. Geddes (Eds.), *New Oxford textbook of psychiatry* (2nd. ed., Vol. 1, pp. 333-343). New York, NY: Oxford University Press.

Lovibond, P. (2006). Fear and avoidance: An integrated expectancy model. In M. G. Craske, D. Hermans, & D. Vansteenwegen, *Fear and learning: From basic processes to clinical implications* (pp. 117-132). Washington, DC: American Psychological Association.

Lowe, M. R., Miller-Kovach, K., Frie, N., & Phelan, S. P. (1999). An initial evaluation of a commercial weight loss program: Short-term effects on weight, eating behavior, and mood. *Obesity Research, 7,* 51-59.

Lozano, A. M., Giacobbe, P., Hamani, C., Rizvi, S. J., Kennedy, S. H., Kolivakis, T. T., Debonnel, G., Sadikot, A. F., Lam, R. W., Howard, A. K., Ilcewicz-Klimek, M., Honey, C. R., Mayberg, H. S. (2012). A multicenter pilot study of subcallosal cingulate area deep brain stimulation for treatment-resistant depression. *Journal of Neurosurgery, 116,* 15-22.

Lu, B., Nagappan, G., Guan, X., Nathan, P. J., & Wren, P. (2013). BDNF-based synaptic repair as a disease-modifying strategy for neurodegenerative diseases. *Nature Reviews Neuroscience, 14*(6), 401-416.

Lubinski, D. (2004). Introduction to the special section of cognitive abilities: 100 years after Spearman's (1904) "'General intelligence,' objectively determined and measured." *Journal of Personality and Social Psychology, 86,* 96-111.

Lubs, H. A., Stevenson, R. E., & Schwartz, C. E. (2012). Fragile X and X-linked intellectual disability: Four decades of discovery. *The American Journal of Human Genetics, 90*(4), 579-590. doi: http://dx.doi.org/10.1016/j .ajhg.2012.02.018

Luby, J. L. (2012). Dispelling the "They'll Grow Out of It" myth: Implications for intervention. *American Journal of Psychiatry, 169,* 1128-1129.

Luby, J. L., Gaffrey, M. S., Tillman, R., April, L. M., Belden, A. C. (2014). Trajectories of preschool disorders to full DSM depression at school age and early adolescence: Continuity of preschool depression. *American Journal of Psychiatry, 171,* 768-776.

Luby, J. L., Mrakotsky, C., Heffelfinger, A., Brown, K., Hessler, M., & Spitznagel, E. (2003). Modification of DSM-IV criteria for depressed preschool children. *American Journal of Psychiatry, 160,* 1169-1172.

Ludescher, B., Leitlein, G., Schaefer, J. E., Vanhoeffen, S., Baar, S., Machann, J., & Eschweiler, G. (2009). Changes of body composition in bulimia nervosa: Increased visceral fat and adrenal gland size. *Psychosomatic Medicine, 71*(1), 93-97.

Ludwig, A., Brandsma, J., Wilbur, C., Bendfeldt, F., & Jameson, D. (1972). The objective study of a multiple personality. *Archives of General Psychiatry, 26,* 298-310.

Ludwig, A. M. (1995). *The price of greatness: Resolving the creativity and madness controversy.* New York, NY: Guilford Publications.

Ludwig, D. S. (2012). Weight loss strategies for adolescents: A 14-year-old struggling to lose weight. *JAMA: Journal of the American Medical Association, 307,* 498-508.

Lugnegård, T., Hallerbäck, M. U., & Gillberg, C. (2012). Personality disorders and autism spectrum disorders: what are the connections? *Comprehensive Psychiatry, 53*(4), 333-340.

Lukiw, W. J. (2012). Amyloid beta (Ab) peptide modulators and other current treatment strategies for Alzheimer's disease (AD). *Expert Opinion on Emerging Drugs, 17*(1), 43-60.

Lundgren, J. D., Allison, K. C., & Stunkard, A. J. (Eds.)(2012). *Night eating syndrome: Research, assessment and treatment.* New York, NY: Guilford.

Lundh, L.-G., & Öst, L.-G. (1996). Recognition bias for critical faces in social phobics. *BRAT, 34,* 787-794.

Lundstrom, B., Pauly, I., & Walinder, J. (1984). Outcome of sex reassignment surgery. *Acta Psychiatrica Scandinavica, 70,* 289-294.

Lurigio, A., & Harris, A. (2009). Mental illness, violence, and risk assessment: An evidence-based review. *Victims & Offenders, 4*(4), 341-347.

Lussier, P., & Piché, L. (2008). Frotteurism: Psychopathology and theory. In D. R. Laws & W. T. O'Donohue (Eds.), *Sexual deviance: Theory, assessment, and treatment* (2nd ed., pp. 131-149). New York, NY: Guilford.

Lutgendorf, S., Costanzo, E., & Siegel, S. (2007). Psychosocial influences in oncology: An expanded model of biobehavioral mechanisms. In R. Ader, R. Glaser, N. Cohen, & M. Irwin (Eds.), *Psychoneuroimmunology* (4th ed., pp. 869-895). New York, NY: Academic Press.

Lutgendorf, S. K., & Andersen, B. L. (2015). Biobehavioral approaches to cancer progression and survival: Mechanisms and interventions. *American Psychologist, 70*(2), 186-197

Lutgendorf, S. K., Antoni, M. H., Ironson, G., Klimas, N., Kumar, M., Starr, K., & Schneiderman, N. (1997). Cognitive-behavioral stress management decreases dysphoric mood and herpes simplex virus-type 2 antibody titers in symptomatic HIV-seropositive gay men. *Journal of Consulting and Clinical Psychology, 65,* 31-43.

Lydiard, R. B., Brawman-Mintzer, O., & Ballenger, J. C. (1996). Recent developments in the psychopharmacology of anxiety disorders. *Journal of Consulting & Clinical Psychology, 64,* 660-668.

Lyketsos, C. G., & Olin, J. (2002). Depression in Alzheimer's disease: Overview and treatment. *Biological Psychiatry, 52,* 243-252.

Lykken, D. T. (1957). A study of anxiety in the sociopathic personality. *Journal of Abnormal and Social Psychology, 55,* 6-10.

Lykken, D. T. (1982). Fearfulness: Its carefree charms and deadly risks. *Psychology Today, 16,* 20-28.

Lynam, D. R., & Vachon, D. D. (2012). Antisocial personality disorder in DSM-5: Missteps and missed opportunities. *Personality Disorders: Theory, Research, and Treatment, 3*(4), 483-495. doi: 10.1037/per0000006

Lynch, F. L., Dickerson, J. F., Clarke, G., Vitiello, B., Porta, G., Wagner, K. D., & Brent, D. (2011). Incremental cost-effectiveness of combined therapy vs medication only for youth with selective serotonin reuptake inhibitor-resistant depression: Treatment of SSRI-resistant depression in adolescents trial findings. *Archives of General Psychiatry, 68*(3), 253.

Lynch, S. K., Turkheimer, E., D'Onofrio, B. M., Mendle, J., Emery, R. E., Slutske, W. S., & Martin, N. G. (2006). A genetically informed study of the association between harsh punishment and offspring behavioral problems. *Journal of Family Psychology, 20,* 190-198.

Lynch, T. R., & Cuper, P. F. (2012). Dialectical behavior therapy of borderline and other personality disorders. In T. A. Widiger (Ed.), *The Oxford handbook of personality disorders* (pp. 785-793). New York, NY: Oxford University Press.

Lynn, S. J., Lilienfeld, S. O., Merckelbach, H., Giesbach T., McNally, R. J., Loftus, E. F., Bruck, M., Garry, M., & Malaktaris, A. (2014). The trauma model of dissociation: Inconvenient truths and stubborn fictions. Comment on Dahlberg et al. (2012). *Psychological Bulletin, 140,* 896-910.

Lyons, M. J., Eisen, S. A., Goldberg, J., True, W., Lin, N., Meyer, J. M., & Tsuang, M. T. (1998). A registry-based twin study of depression in men. *Archives of General Psychiatry, 55,* 468-472.

Lyons, M. J., True, W. R., Eisen, S. A., Goldberg, J., Meyer, J. M., Faraone, S. V., & Tsuang, M. (1995). Differential heritability of adult and juvenile antisocial traits. *Archives of General Psychiatry, 52,* 906-915.

Lyons, M. J., York, T. P., Franz, C. E., Grant, M. D., Eaves, L. J., Jacobson, K. C., & Kremen, W. S. (2009). Genes determine stability and the environment determines change in cognitive ability during 35 years of adulthood. *Psychological Science, 20*(9), 1146-1152.

Lyubomirsky, S. (2001). Why are some people happier than others? The role of cognitive and motivational processes in well-being. *American Psychologist, 56,* 239-249.

Ma, S., Hoang, M. A., Samet, J. M., Wang, J., Mei, C., Xu, X., & Stillman, F. A. (2008). Myths and attitudes that sustain smoking in China. *Journal of Health Communication, 13,* 654-666.

Maccallum, F. & Bryant, R. A. (2011). Imagining the future in complicated grief. *Depression and Anxiety, 28*(8), 658-665.

Macdonald, P. T., Waldorf, D., Reinarman, C., & Murphy, S. (1988). Heavy cocaine use and sexual behavior. *Journal of Drug Issues, 18,* 437-455.

MacDougall, J. M., Dembroski, T. M., Dimsdale, J. E., & Hackett, T. P. (1985). Components of Type A, hostility, and anger-in: Further relationships to angiographic findings. *Health Psychology, 4*(2), 137-152.

Mace, C. J. (1992). Hysterical conversion II: A critique. *British Journal of Psychiatry, 161,* 378-389.

Macedo, M., Marques, A., & Queirós, C. (2015). Virtual reality in assessment and treatment of schizophrenia: a systematic review. *Jornal Brasileiro de Psiquiatria, 64*(1), 70-81.

Maciejewski, P., Zhang, B., Block, S., & Prigerson, H. (2007). An empirical examination of the stage theory of grief. *JAMA: Journal of the American Medical Association, 297*(7), 716-723.

MacKinnon, D. F., Zandi, P. P., Gershon, E. S., Nurnberger, J. I., & DePaulo, J. R. (2003). Association of rapid mood switching with panic disorder and familial panic risk in familial bipolar disorder. *American Journal of Psychiatry, 160,* 1696-1698.

MacLeod, C., & Mathews, A. M. (1991). Cognitive-experimental approaches to the emotional disorders. In P. R. Martin (Ed.), *Handbook of behavior therapy and psychological science: An integrative approach* (pp. 116-150). Elmsford, NY: Pergamon Press.

Macleod, J., Oakes, R., Copello, A., Crome, I., Egger, M., & Hickman, M., & Davey Smith, G. (2004). Psychological and social sequelae of cannabis and other illicit drug use by young people: A systematic review of longitudinal, general population studies. *Lancet, 363,* 1579-1588.

Macy, J. T., Chassin, L., & Presson, C. C. (2012). The association between implicit and explicit attitudes toward smoking and support for tobacco control measures. *Nicotine & Tobacco Research.* doi: 10.1093/ntr/nts117

Madsen, K. M., Hviid, A., Vestergaard, M., Schendel, D., Wohlfahrt, J., Thorsen, P., & Melbye, M. (2002). A population-based study of measles, mumps, and rubella vaccination and autism. *New England Journal of Medicine, 347,* 1477-1482.

Magee, W. J., Eaton, W. W., Wittchen, H.-U., McGonagle, K. A., & Kessler, R. C. (1996). Agoraphobia, simple phobia, and social phobia in the National Comorbidity Survey. *Archives of General Psychiatry, 53,* 159-168.

Magne-Ingvar, U., Ojehagen, A., & Traskman-Bendz, L. (1992). The social network of people who attempt suicide. *Acta Psychiatrica Scandinavica, 86,* 153-158.

Magruder, K., Serpi, T., Kimerling, R., Kilbourne, A. M., Collins, J. F., Cypel, Y., Frayne, S. M., Furey, J., Huang, G. D., Gleason, T., Reinhard, M. J., Spiro, A., & Kang, H. (2015). Prevalence of posttraumatic stress disorder in Vietnam-era women veterans: The health of Vietnam-era Women's Study (HealthVIEWS). *JAMA Psychiatry, 72,* 1127-1134.

Maguire, G. A., Yeh, C. Y., & Ito, B. S. (2012). Overview of the diagnosis and treatment of stuttering. *Journal of Experimental & Clinical Medicine, 4*(2), 92-97.

Maher, B. A., & Maher, W. B. (1985a). Psychopathology: I. From ancient times to the eighteenth century. In G. A. Kimble & K. Schlesinger (Eds.), *Topics in the history of psychology* (pp. 251-294). Hillsdale, NJ: Erlbaum.

Maher, B. A., & Maher, W. B. (1985b). Psychopathology: II. From the eighteenth century to modern times. In G. A. Kimble & K. Schlesinger (Eds.), *Topics in the history of psychology* (pp. 295-329). Hillsdale, NJ: Erlbaum.

Maher, J. J. (1997). Exploring alcohol's effects on liver function. *Alcohol Health & Research World, 21,* 5-12.

Mahler, M. (1952). On childhood psychosis and schizophrenia: Autistic and symbiotic infantile psychosis. *Psychoanalytic Study of the Child, 7,* 286-305.

Mahoney, D. F., Purtilo, R. B., Webbe, F. M., Alwan, M., Bharucha, A. J., Adlam, T. D., Becker S. A. (2007). In-home monitoring of persons with dementia: Ethical guidelines for technology research and development. *Alzheimer's & Dementia, 3*(3), 217-226.

Mai, F. (2004). Somatization disorder: A practical review. *Canadian Journal of Psychiatry, 49,* 652-662.

Maier, S. F., & Seligman, M. E. (1976). Learned helplessness: Theory and evidence. *Journal of Experimental Psychology: General, 105*(1), 3-46.

Mainz, V., Schulte-Rüther, M., Fink, G. R., Herpertz-Dahlmann, B., & Konrad, K. (2012). Structural brain abnormalities in adolescent anorexia nervosa before and after weight recovery and associated hormonal changes. *Psychosomatic Medicine, 74,* 574-582.

Maj, M., Pirozzi, R., Magliano, L., & Bartoli, L. (2002). The prognostic significance of "switching" in patients with bipolar disorder: A 10-year prospective follow-up study. *American Journal of Psychiatry, 159,* 1711-1717.

Maj, M. (2008). Depression, bereavement and "understandable" intense sadness: Should the DSM-IV approach be revised? *American Journal of Psychiatry, 165*(11), 1373-1375.

Maj, M. (2012). Dementia due to HIV disease. In M. G. Gelder, N. C. Andreasen, J. J. Lopez-Ibor, Jr., & J. R. Geddes (Eds.), *New Oxford textbook of psychiatry* (2nd. ed., Vol. 1, pp. 384-386). New York, NY: Oxford University Press.

Maki, P. M., & Henderson, V. W. (2012). Hormone therapy, dementia, and cognition: the Women's Health Initiative 10 years on. *Climacteric, 15*(3), 256-262.

Malatesta, V. J., & Adams, H. E. (2001). Sexual dysfunctions. In H. E. Adams & P. B. Sutker (Eds.), *Comprehensive handbook of psychopathology* (3rd ed., pp. 713-748). New York, NY: Kluwer Academic/Plenum.

Malavige, L. S., & Jayawickrema, S. (2015). Premature ejaculation and its management. *Sri Lanka Journal of Diabetes Endocrinology and Metabolism, 5*(1), 13-19.

Maldonado, J. R., Butler, L. D., & Spiegel, D. (1998). Treatments for dissociative disorders. In P. E. Nathan & J. M. Gorman (Eds.), *A guide to treatments that work.* New York, NY: Oxford University Press.

Maletzky, B. (2002). The paraphilias: Research and treatment. In P. E. Nathan & J. M. Gorman (Eds.), *A guide to treatments that work* (2nd ed., pp. 525-557). New York, NY: Oxford University Press.

Maletzky, B. M. (1991). *Treating the sexual offender.* Newbury Park, CA: Sage.

Malm, H., Sourander, A., Gissler, M., Gyllenberg, D., Hinkka-Yli-Salomäki, S., McKeague, I. W., Artama, M., & Brown, A. S. (2015). Pregnancy complications following prenatal exposure to SSRIs or maternal psychiatric disorders: Results from population-based national register data. *American Journal of Psychiatry.* doi: 10.1176/appi.ajp.2015.14121575

Manber, R., Edinger, J. D., Gress, J. L., San Pedro-Salcedo, M. G., Kuo, T. F., & Kalista, T. (2008). Cognitive behavioral therapy for insomnia enhances depression outcome in patients with comorbid major depressive disorder and insomnia. *Sleep, 31*(4), 489-495.

Mancuso, S., Knoesen, N., & Castle, D.J. (2010). Delusional vs. nondelusional body dysmorphic disorder. *Comprehensive Psychiatry, 51*(2), 177-182.

Mandalos, G. E., & Szarek, B. L. (1990). Dose-related paranoid reaction associated with fluoxetine. *Journal of Nervous and Mental Disease, 178*(1), 57-58.

Mandell, D. S., Thompson, W. W., Weintraub, E. S., DeStefano, F., & Blank, M. B. (2005). Trends in Diagnosis Rates for Autism and ADHD at Hospital Discharge in the Context of Other Psychiatric Diagnoses. *Psychiatric Services, 56*(1), 56-62. doi: doi:10.1176/appi.ps.56.1.56

Manicavasagar, V., Marnane, C., Pini, S., Abelli, M., Rees, S., Eapen, V., & Silove, D. (2010). Adult separation anxiety disorder: A disorder comes of age. *Current Psychiatry Reports, 12*(4), 290-297. doi: 10.1007/s11920-010-0131-9

Mann, J., Apter, A., Bertolote, J., Beautrais, A., Currier, D., Haas, A., & Hendin, H. (2005). Suicide prevention strategies: A systematic review. *JAMA: Journal of the American Medical Association, 294,* 2064-2074.

Mann, J. J., Brent, D. A., & Arango, V. (2001). The neurobiology and genetics of suicide and attempted suicide: a focus on the serotonergic system. *Neuropsychopharmacology, 24*(5), 467-477.

Mann, J. J., Malone, K. M., Diehl, D. J., Perel, J., Cooper, T. B., & Mintun, M. A. (1996). Demonstration in vivo of reduced serotonin responsivity in the brain of untreated depressed patients. *American Journal of Psychiatry, 153,* 174-182.

Mann, J. J., Waternaux, C., Haas, G. L., & Malone, K. M. (1999). Toward a clinical model of suicidal behavior in psychiatric patients. *American Journal of Psychiatry, 156*(2), 181-189.

Mann, K., Klingler, T., Noe, S., Röschke, J., Müller, S., & Benkert, O. (1996). Effects of yohimbine on sexual experiences and nocturnal penile tumescence and rigidity in erectile dysfunction. *Archives of Sexual Behavior, 25,* 1-16.

Mann, T., Tomiyama, A. J., & Ward, A. (2015). Promoting Public Health in the Context of the "Obesity Epidemic" False Starts and Promising New Directions. *Perspectives on Psychological Science, 10*(6), 706-710.

Manne, S. L., & Ostroff, J. S. (2008). *Coping with breast cancer: A couples-focused group intervention: Therapist guide.* New York, NY: Oxford University Press.

Manni, R., Ratti, M. T., & Tartara, A. (1997). Nocturnal eating: Prevalence and features in 120 insomniac referrals. *Sleep, 20,* 734-738.

Mannino, D. M., Klevens, R. M., & Flanders, W. D. (1994). Cigarette smoking: An independent risk factor for impotence? *American Journal of Epidemiology, 140,* 1003-1008.

Manson, J. E., Willett, W. C., Stampfer, M. J., Colditz, G. A., Hunter, D. J., Hankinson, S. E., & Speizer, F. E. (1995). Body weight and mortality among women. *New England Journal of Medicine, 333,* 677-685.

Manson, S. M., & Good, B. J. (1993, January). *Cultural considerations in the diagnosis of DSM-IV mood disorders.* Cultural proposals and supporting papers for DSM-IV. Submitted to the DSM-IV Task Force by the Steering Committee, NIMH-Sponsored Group on Culture and Diagnosis.

Månsson, K. N. T., Carlbring, P., Frick, A., Engman, J., Olsson, C. J., Bodlund, O., Furmark, T., & Andersson, G. (2013). Altered neural correlates of affective processing after internet-delivered cognitive behavior therapy for social anxiety disorder. *Psychiatry Research, 214*(3), 229-237.

Mantovani, A., Pavlicova, M., Avery, D., Nahas, Z., McDonald, W. M., Wajdik, C. D., & Lisanby, S. H. (2012). Long-term efficacy of repeated daily prefrontal transcranial magnetic stimulation (TMS) in treatment- resistant depression. *Depression and Anxiety, 29*(10), 883-890.

Manuel, J. K., Houck, J. M., & Moyers, T. B. (2012). The impact of significant others in motivational enhancement therapy: Findings from Project MATCH. *Behavioural and cognitive psychotherapy, 40*(3), 297.

Marangell, L., Rush, A., George, M., Sackheim, H., Johnson, C, Husain, M., & Lisanby, S. H. (2002). Vagus nerve stimulation (VNS) for major depressive episodes: One year outcomes. *Biological Psychiatry, 51,* 280-287.

March, J. S., & Vitiello, B. (2009). Clinical messages from the Treatment for Adolescents with Depression Study (TADS). *American Journal of Psychiatry, 166*(10), 1118-1123.

Marcus, E. (2010). *Why suicide? Questions and answers about suicide, suicide prevention and coping with the suicide of someone you Know.* New York, NY: Harper Collins.

Marcus, S. C., & Olfson, M. (2010). National trends in the treatment for depression from 1998 to 2007. *Archives of General Psychiatry, 67*(12), 1265-1273.

Maremmani, I., Pacini, M., Pani, P. P., Popovic, D., Romano, A., Maremmani, A. G. I., & Perugi, G. (2009). Use of street methadone in Italian heroin addicts presenting for opioid agonist treatment. *Journal of Addictive Diseases, 28*(4), 382-388.

Markon, K. E. (2013). Epistemological pluralism and scientific development: An argument against authoritative nosologies. *Journal of Personality Disorders, 27*(5), 554-579.

Marks, I. M. (1969). *Fears and phobias.* New York, NY: Academic.

Marks, I. M. (1985). Behavioural treatment of social phobia. *Psychopharmacology Bulletin, 21*, 615-618.

Marlatt, G. A., & Gordon, J. R. (1985). *Relapse prevention: Maintenance strategies in the treatment of addictive behaviors.* New York, NY: Guilford.

Marlatt, G. A., Larimer, M. E., Baer, J. S., & Quigley, L. A. (1993). Harm reduction for alcohol problems: Moving beyond the controlled drinking controversy. *Behavior Therapy, 24*, 461-504.

Marlatt, G. A., & Donovan, D. M. (2005). *Relapse prevention: Maintenance strategies in the treatment of addictive behaviors.* New York, NY: Guilford.

Marmar, C. R., Schlenger, W., Henn-Haase, C., Qian, M., Purchia, E., Li, M., Corry, N., Williams, C. S., Ho, C.-L., Horesh, D., Karstoft, K.-I., Shalev, A., & Kulka,R. A. (2015). Course of posttraumatic stress disorder 40 years after the Vietnam war. Findings from the National Vietnam Veterans Longitudinal Study. *JAMA Psychiatry, 72*, 875-881.

Marmot, M. G., & Syme, S. L. (1976). Acculturation and coronary heart disease in Japanese Americans. *American Journal of Epidemiology, 104*, 225-247.

Marques, J. K., Wiederanders, M., Day, D. M., Nelson, C., & van Ommeren, A. (2005). Effects of a relapse prevention program on sexual recidivism: Final results from California's Sex Offender Treatment and Evaluation Project (SOTEP). *Sexual Abuse: A Journal of Research and Treatment, 17*(1), 79-107.

Marques, L., Alegria, M., Becker, A. E., Chen, C.-N., Fang, A., Chosak, A., & Diniz, J. B. (2011). Comparative prevalence, correlates of impairment, and service utilization for eating disorders across US ethnic groups: Implications for reducing ethnic disparities in health care access for eating disorders. *International Journal of Eating Disorders, 44*(5), 412-420.

Marques, M. M., De Gucht, V. Gouveia, M. J., Leal, I., & Maes, S. (2015). Differential effects of behavioral interventions with a graded physical activity componenet in patients suffering from chronic fatigue (syndrome): An updated systematic review and meta-analysis. *Clinical Psychology Review, 40*, 123-137.

Marsac, M. L., Kassam-Adams, N., Hildenbrand, A. K., Kohser, K. L., & Winston, F. K. (2011). After the injury: Initial evaluation of a web-based intervention for parents of injured children. *Health Education Research, 26*(1), 1-12.

Marsh, L., & Margolis, R. L. (2009). Neuropsychiatric aspects of movement disorders. In B. J. Sadock, V. A. Sadock, & P. Ruiz (Eds.), *Kaplan & Sadock's comprehensive textbook of psychiatry* (9th ed., Vol. I, pp. 481-503). Philadelphia, PA: Lippincott Williams & Wilkins.

Marsh, R., Horga, G., Wang, Z., Wang, P., Klahr, K. W., Berner, L. A., & Peterson, B. S. (2011). An fMRI study of self-regulatory control and conflict resolution in adolescents with bulimia nervosa. *American Journal of Psychiatry, 168*, 1210-1220.

Marshall, W. L. (1997). Pedophilia: Psychopathology and theory. In D. R. Laws & W. O'Donohue (Eds.), *Sexual deviance: Theory, assessment and treatment* (pp. 152-174). New York, NY: Guilford.

Marshall, W. L., & Barbaree, H. E. (1990). An integrated theory of the etiology of sexual offending. In W. L. Marshall, D. R. Laws, & H. E. Barbaree (Eds.), *Handbook of sexual assault: Issues, theories, and treatment of the offender* (pp. 257-725). New York, NY: Plenum.

Marshall, W. L., Barbaree, H. E., & Christophe, D. (1986). Sexual offenders against female children: Sexual preferences for age of victims and type of behavior. *Canadian Journal of Behavioral Science, 18*, 424-439.

Marteau, T. M., Hollands, G. J., & Fletcher, P. C. (2012). Changing human behavior to prevent disease: The importance of targeting automatic processes. *Science, 337*(6101), 1492-1495.

Marten, P. A., Brown, T. A., Barlow, D. H., Borkovec, T. D., Shear, M. K., & Lydiard, R. B. (1993). Evaluation of the ratings comprising the associated symptom criterion of DSM-III-R generalized anxiety disorder. *Journal of Nervous and Mental Disease, 181*(11), 676-682.

Martens, E. J., de Jonge, P., Na, B., Cohen, B. E., Lett, H., & Whooley, M. A. (2010). Scared to death? Generalized anxiety disorder and cardiovascular events in patients with stable coronary heart disease. *Archives of General Psychiatry, 67*, 750-758.

Martensson, B., Petterson, A., Berglund,L., & Ekselius, L. (2015). Bright white light therapy in depression: A critical review of the evidence. *Journal of Affective Disorders, 182*, 1-7.

Martin, I. (1983). Human classical conditioning. In A. Gale & J. A. Edward (Eds.), *Physiological correlates of human behavior: Vol. 2. Attention and performance.* London, UK: Academic Press.

Martin, J., O'Donovan, M. C., Thapar, A., Langley, K., & Williams, N. (2015). The relative contribution of common and rare genetic variants to ADHD. *Transl Psychiatry, 5*, e506. doi: 10.1038/tp.2015.5

Martin, P. R., & MacLeod, C. (2009). Behavioral management of headache triggers: avoidance of triggers is an inadequate strategy. *Clinical Psychology Review, 29*, 483-495.

Martin, P. R., Reece, J., Callan, M., MacLeod, C., Kaur, A., Gregg, K., & Goadsby, P. J. (2014). Behaviorl management of the triggers of recurrent headache: A randomized controlled trial. *Behavioural Research and Therapy, 61*, 1-11.

Martin, S. D., Martin, E., Rai, S. S., Richardson, M. A., & Royall, R. (2001). Brain blood flow changes in depressed patients treated with interpersonal psychotherapy or venlafaxine hydrochloride. *Archives of General Psychiatry, 58*, 641-648.

Martin, S. L., Ramey, C. T., & Ramey, S. L. (1990). The prevention of intellectual impairment in children of impoverished families: Findings of a randomized trial of educational daycare. *American Journal of Public Health, 80*, 844-847.

Martin-Pichora, A. L., & Antony, M. M. (2011). Successful treatment of olfactory reference syndrome with cognitive behavioral therapy: A case study. *Cognitive and Behavioral Practice, 18*, 545-554.

Martinez, A. G., Piff, P. K., Mendoza-Denton, R., & Hinshaw, S. P. (2011). The power of a label: Mental illness diagnoses, ascribed humanity, and social rejection. *Journal of Social and Clinical Psychology, 30*(1), 1-23. doi: 10.1521 / jscp.2011.30.1.1

Martinez, M. A., & Craighead, L. W. (2015). Toward Person (ality)-Centered Treatment: How Consideration of Personality and Individual Differences in Anorexia Nervosa May Improve Treatment Outcome. *Clinical Psychology: Science and Practice, 22*(3), 296-314.

Martínez-Fernández, E., Aragón-Poce, F., Márquez-Espinós, C., Pérez-Pérez, A., Pérez-Bustamante, F., & Torres-Morera, L. (2002). The history of opiates. In J. C. Diz, A. Franco, D. R. Bacon, J. Rupreht, & J. Alvarez (Eds.), *The history of anesthesia: Proceedings of the fifth International Symposium on the History of Anesthesia, Santiago, Spain, September 19-23, 2001* (pp. 75-77). Amsterdam, The Netherlands: Elsevier Science.

Martins, S. S., & Gorelick, D. A. (2011). Conditional substance abuse and dependence by diagnosis of mood or anxiety disorder or schizophrenia in the US population. *Drug and Alcohol Dependence, 119*(1), 28-36.

Maser, J. D. (1985). List of phobias. In A. H. Tuma & J. D. Maser (Eds.), *Anxiety and the anxiety disorders.* Hillsdale, NJ: Erlbaum.

Maser, J. D., Kaelber, C., & Weise, R. E. (1991). International use and attitudes toward DSM-III and DSM-III-R: Growing consensus in psychiatric classification. *Journal of Abnormal Psychology, 100*(3), 271-279.

Masia-Warner, C., Klein, R. G., Dent, H. C., Fisher, P. H., Alvir, J., Albano, A., & Guardino, M. (2005). School-based intervention for adolescents with social anxiety disorder: Results of a controlled study. *Journal of Abnormal Child Psychology, 33*(6), 707-722. doi: 10.1007 /s10802-005-7649-z

Mason, F. L. (1997). Fetishism: Psychopathology and theory. In D. R. Laws & W. O'Donohue (Eds.), *Sexual deviance: Theory, assessment and treatment* (pp. 75-91). New York, NY: Guilford.

Mason, T., Worsley, A., & Coyle, D. (2010). Forensic multidisciplinary perspectives of Tarasoff liability: A vignette study. *Journal of Forensic Psychiatry & Psychology, 21*(4), 549-554.

Master, S. L., Eisenberger, N. I., Taylor, S. E., Naliboff, B. D., Shirinyan, D., & Lieberman, M. D. (2009). A picture's worth: Partner photographs reduce experimentally induced pain. *Psychological Science, 20*, 1316-1318.

Masters, W. H., & Johnson, V. E. (1966). *Human sexual response.* Boston, MA: Little, Brown.

Masters, W. H., & Johnson, V. E. (1970). *Human sexual inadequacy.* Boston, MA: Little, Brown.

Mataix-Cols, D., Boman, M., Monzani, B., Rück, C., Serlachius, E., Långström, N., & Lichtenstein, P. (2013). Population-based, multigenerational family clustering study of obsessive-compulsive disorder. *JAMA psychiatry, 70,* 709-717.

Mataix-Cols, D., Frost, R. O., Pertusa, A., Clark, L. A., Saxena, S., Leckman, J. F., & Wilhelm, S. (2010). Hoarding disorder: A new diagnosis for DSM-V? *Depression and Anxiety, 27*(6), 556-572. doi: 10.1002/da.20693

Matheson, S. L., Vijayan, H., Dickson, H., Shepherd, A. M., Carr, V. J., & Laurens, K. R. (2013). Systematic meta-analysis of childhood social withdrawal in schizophrenia, and comparison with data from at-risk children aged 9-14 years. *Journal of Psychiatric Research, 47*(8), 1061-1068.

Mathew, S. J., & Hoffman, E. J. (2009). Pharmacotherapy for generalized anxiety disorder. In M. M. Antony & M. B. Stein (Eds.), *Oxford handbook of anxiety and related disorders* (pp. 350-363). New York, NY: Oxford University Press.

Mathews, C.A. (2009). Phenomenology of obsessive-compulsive disorder. In M. M. Antony & M. B. Stein (Eds.), *Oxford handbook of anxiety and related disorders.* Oxford, UK: Oxford University Press.

Matsubayashi, T., Sawada, Y., & Ueda, M. (2012). Natural disasters and suicide: Evidence from Japan. *Social Science & Medicine, 82,* 126-133.

Matsumoto, D. (1996). *Culture and psychology.* Pacific Grove, CA: Brooks/Cole.

Matthews, K. (2005). Psychological perspectives on the development of coronary heart disease. *American Psychologist, 60,* 780-796.

Matthews, K. A. (2013). Matters of the heart: Advancing psychological perspectives on cardiovascular diseases. *Perspectives on Psychological Science, 8,* 676-678.

Matthews, K. A. (1988). Coronary heart disease and Type A behaviors: Update on and alternative to the Booth-Kewley and Friedman (1987) quantitative review. *Psychological Bulletin, 104*(3), 373-380.

Matthews, K. A., Schott, L. L., Bromberger, J., Cyranowski, J., Everson-Rose, S. A., & Sowers, M. F. (2007). Associations between depressive symptoms and inflammatory/hemostatic markers in women during the menopausal transition. *Psychosomatic Medicine, 69,* 124-130.

Matthews-Ewald, M. R., Zullig, K. J., & Ward, R. M. (2014). Sexual orientation and disordered eating behaviors among self-identified male and female college students. *Eating Behaviors, 15*(3), 441-444.

Mattis, S. G., & Ollendick, T. H. (2002). Nonclinical panic attacks in late adolescence prevalence and associated psychopathology. *Journal of Anxiety Disorders, 16,* 351-367.

Matza, L. S., Revicki, D. A., Davidson, J. R., & Stewart, J. W. (2003). Depression with atypical features in the National Comorbidity Survey: Classification, description, and consequences. *Archives of General Psychiatry, 60,* 817-826.

Mauler, B. I., Hamm, A. O., Weike, A. I., & Tuschen-Caffier, B. (2006). Affect regulation and food intake in bulimia nervosa: Emotional responding to food cues after deprivation and subsequent eating. *Journal of Abnormal Psychology, 115,* 567-579.

Maust, D., Cristancho, M., Gray, L., Rushing, S., Tjoa, C., & Thase, M. E. (2012). *Psychiatric rating scales.* In T. E. Schlaepfer & C. B. Nemeroff

(eds.). Handbook of Clinical Neurology (pp. 227-237) Amsterdam: Elsevier

Maxwell, J. C., & Brecht, M.-L. (2011). Methamphetamine: Here we go again? *Addictive Behaviors, 36*(12), 1168-1173. doi: 10.1016/j.addbeh.2011.07.017

Mayberg, H., Lozano, A., Voon, V., McNeely, H., Seminowicz, D., Hanani, C., & Kennedy, S. H. (2005). Deep brain stimulation for treatment resistant depression. *Neuron, 45,* 651-660.

Mayou, R., Phil, M., Kirmayer, L., Simon, G., Kroenke, G., & Sharpe, M. (2005). Somatoform disorders: Time for a new approach in DSM-V. *American Journal of Psychiatry, 162,* 847-855.

Mayville, S., Katz, R. C., Gipson, M. T., & Cabral, K. (1999). Assessing the prevalence of body dysmorphic disorder in an ethnically diverse group of adolescents. *Journal of Child and Family Studies, 8*(3), 357-362.

Mazure, C. M. (1998). Life stressors as risk factors in depression. *Clinical Psychology: Science and Practice, 5*(3), 291-313.

Mazure, C. M., Bruce, M. L., Maciejewski, P. K., & Jacobs, S. C. (2000). Adverse life events and cognitive-personality characteristics in the prediction of major depression and antidepressant response. *American Journal of Psychiatry, 157*(6), 896-903.

Mbata, G., & Chukwuka, J. (2012). Obstructive sleep apnea hypopnea syndrome. *Annals of Medical and Health Sciences Research, 2*(1), 74-77.

McCabe, M., & Wauchope, M. (2005). Behavioral characteristics of men accused of rape: Evidence for different types of rapists. *Archives of Sexual Behavior, 34,* 241-253.

McCabe, R., Antony, M. M., Summerfeldt, L. J., Liss, A., & Swinson, R. P. (2003). Preliminary examination of the relationship between anxiety disorders in adults and self-reported history of teasing or bullying experiences. *Cognitive Behaviour Therapy, 32,* 187-193.

McCabe, S. E., West, B. T., Teter, C. J., & Boyd, C. J. (2012). Co-ingestion of prescription opioids and other drugs among high school seniors: Results from a national study. *Drug and Alcohol Dependence, 126*(1-2), 65-70. doi: http://dx.doi.org/10.1016/j .drugalcdep.2012.04.017

McCaffery, J. M., Papandonatos, G. D., Stanton, C., Lloyd-Richardson, E. E., & Niaura, R. (2008). Depressive symptoms and cigarette smoking in twins from the national longitudinal study of adolescent health. *Health Psychology, 27* (3, Supplement 1), S207-S215.

McCaffrey, R. J., Lynch, J. K., & Westervelt, H. J. (2011). Clinical neuropsychology. In D. H. Barlow (Ed.), *Oxford handbook of clinical psychology* (pp. 680-700). New York, NY: Oxford University.

McCann, D., Barrett, A., Cooper, A., Crumpler, D., Dalen, L., Grimshaw, K., & Prince, E. (2007). Food additives and hyperactive behaviour in 3-year-old and 8/9-year-old children in the community: A randomised, double-blinded, placebo-controlled trial. *The Lancet, 370*(9598), 1560-1567.

McCann, U. D., & Ricaurte, G. A. (2009). Amphetamine (or amphetamine-like)-related disorders. In B. J. Sadock, V. A. Sadock, & P. Ruiz (Eds.), *Kaplan & Sadock's comprehensive textbook of psychiatry* (9th ed., Vol. I, pp. 1288-1296). Philadelphia, PA: Lippincott Williams & Wilkins.

McCann, U. D., Sgambati, F. P., Schwartz, A. R., & Ricaurte, G. A. (2009). Sleep apnea in young abstinent recreational MDMA ("ecstasy") consumers. *Neurology, 73*(23), 2011-2017.

McClam, T. D., Marano, C. M., Rosenberg, P. B., & Lyketsos, C. G. (2015). Interventions for neuropsychiatric symptoms in neurocognitive impairment due to Alzheimer's disease: A Review of the Literature. *Harvard Review of Psychiatry, 23*(5), 377-393.

McClearn, G. E., Johansson, B., Berg, S., Pedersen, N. L., Ahern, F., Petrill, S. A., & Plomin, R. (1997). Substantial genetic influence on cognitive abilities in twins 80 or more years old. *Science, 276,* 1560-1563.

McClellan, J., & King, M. C. (2010). Genomic analysis of mental illness: A changing landscape. *JAMA: Journal of the American Medical Association, 303*(24), 2523-2524.

McClellan, J., Kowatch, R., & Findling, R. L. (2007). Practice parameter for the assessment and treatment of children and adolescents with bipolar disorder. *Journal of the American Academy of Child and Adolescent Psychiatry, 46*(1), 107-125.

McCloskey, M. S., Noblett, K. L., Deffenbacher, J. L., Gollan, J. K., & Coccaro, E. F. (2008). Cognitive-behavioral therapy for intermittent explosive disorder: A pilot randomized clinical trial. *Journal of Consulting and Clinical Psychology, 76*(5), 876-886.

McClure, M., Harvey, P., Goodman, M., Triebwasser, J., New, A., Koenigsberg, H., & Siever, L. J. (2010). Pergolide treatment of cognitive deficits associated with schizotypal personality disorder: Continued evidence of the importance of the dopamine system in the schizophrenia spectrum. *Neuropsychopharmacology, 35,* 1356-1362.

McCrady, B. S. (2014). Alcohol use disorders. In D. H. Barlow (Ed.), *Clinical handbook of psychological disorders: A step-by-step treatment manual.* New York, NY: Guilford.

McCrady, B. S. & Tonigan, J.S. (2015). Recent research into the Twelve-Step programs. In R.K. Ries, D.A. Fiellin, S.C. Miller, & R. Saitz (Eds.), *The ASAM principles of addiction medicine* (5th Ed., pp. 1043-1059). New York, NY: Wolters Kluwer.

McCrae, R., & Costa P., Jr., (2008). The five-factor theory of personality. In O. P. John, R. W. Robins, & L. A. Pervin (Eds.), *Handbook of personality: Theory and research* (3rd ed., pp. 159-181). New York, NY: Guilford.

McCrae, R. R. (2002). NEO PI-R data from 36 cultures: Further intercultural comparisons. In R. McCrae & J. Allik (Eds.), *The five-factor model of personality across cultures* (pp. 105-126). New York, NY: Kluwer Academic/Plenum.

McCullough, J. P., Jr. (2000). *Treatment for chronic depression: Cognitive Behavioral Analysis System of Psychotherapy (CBASP).* New York, NY: Guilford.

McCullough, J. P., Jr. (2012). Introduction and state-of-the-art issues for CBASP. In M. Belz, F. Caspar & E. Schramm (Eds.), *CBASP in Practice: Basic concepts and new developments.* Munich, Germany: Elsevier.

McCullough, J. P., Jr., Klein, D. N., Keller, M. B., Holzer, C. E., III, Davis, S. M., Kornstein, S. G., & Harrison, W. M. (2000). Comparison of DSM-III-R chronic major depression and major depression superimposed on dysthymia (double depression): Validity of the distinction. *Journal of Abnormal Psychology, 109,* 419-427.

McEwen, B. S., & Magarinos, A. M. (2004). Does stress damage the brain? In J. M. Gorman, *Fear and anxiety: The benefits of translational research* (pp. 23-45). Washington, DC: American Psychiatric Publishing.

McFadden, D., Loehlin, J., Breedlove, S., Lippa, R., Manning, J., & Rahman, Q. (2005). A reanalysis of five studies on sexual orientation and the relative length of the 2nd and 4th fingers (the 2D: 4D ratio). *Archives of Sexual Behavior, 34,* 341-356.

McGee, G. G., Morrier, M. J., & Daly, T. (1999). An incidental teaching approach to early intervention for toddlers with autism. *Research and Practice for Persons with Severe Disabilities, 24*(3), 133-146.

McGirr, A., Paris, J., Lesage, A., Renaud, J., & Turecki, G. (2009). An examination of DSM-IV borderline personality disorder symptoms and risk for death by suicide: A psychological autopsy study. *Canadian Journal of Psychiatry, 54*(2), 87.

McGoldrick, M., Loonan, R., & Wohlsifer, D. (2007). Sexuality and culture. In S. R. Leiblum (Ed.), *Principles and practice of sex therapy* (4th ed., pp. 416-441). New York, NY: Guilford.

McGough, J. J. (2005). Adult manifestations of attention-deficit/hyperactivity disorder. In B. J. Sadock & V. A. Sadock (Eds.), *Kaplan & Sadock's comprehensive textbook of psychiatry* (pp. 3198-3204). Philadelphia, PA: Lippincott, Williams & Wilkins.

McGovern, M. P., Xie, H., Segal, S. R., Siembab, L., & Drake, R. E. (2006). Addiction treatment services and co-occurring disorders: Prevalence estimates, treatment practices, and barriers. *Journal of Substance Abuse Treatment, 31*(3), 267-275.

McGovern, P. E. (2007). *Ancient wine: The search for the origins of viniculture.* Princeton, NJ: Princeton University Press.

McGrath, P., Marshall, P. G., & Prior, K. (1979). A comprehensive treatment program for a fire setting child. *Journal of Behavior Therapy and Experimental Psychiatry, 10*(1), 69-72.

McGrath, R. E., & Carroll, E. J. (2012). The current status of "projective" "tests." In H. Cooper, P. M. Camic, D. L. Long, A. T. Panter, D. Rindskopf, & K. Sher (Eds.), *APA handbook of research methods in psychology, Vol 1: Foundations, planning, measures, and psychometrics* (pp. 329-348). Washington, D.C.: American Psychological Association.

McGue, M., & Lykken, D. T. (1992). Genetic influence on risk of divorce. *Psychological Science, 3*(6), 368-373.

McGuffin, P., Rijsdijk, F., Andrew, M., Sham, P., Katz, R., & Cardno, A. (2003). The heritability of bipolar affective disorder and the genetic relationship to unipolar depression. *Archives of General Psychiatry, 60,* 497-502.

McGuire, J. F., Piacentini, J., Scahill, L., Woods, D. W., Villarreal, R., Wilhelm, S., Walkup, J. T., & Peterson, A. L. (2015). Bothersome tics in patients with chronic tic disorders: Characteristics and individualized treatment response to behavior therapy. *Behaviour Reearch and Therapy, 70,* 56-62.

McGuire, P. K., Shah, G. M. S., & Murray, R. M. (1993). Increased blood flow in Broca's area during auditory hallucinations in schizophrenia. *Lancet, 342,* 703-706.

McHugh, R. K. (2015). Treatment of co-occurring anxiety disorders and substance use disorders. *Harvard Review of Psychiatry, 23,* 99-111.

McHugh, R. K., & Barlow, D. H. (2010). The dissemination and implementation of evidence-based psychological treatments: A review of current efforts. *American Psychologist, 65,* 73-84.

McHugh, R. K., & Barlow, D. H., Eds. (2012). *Dissemination and implementation of evidence-based psychological interventions.* New York: Oxford University Press.

McKay, D., Todaro, J., Neziroglu, F., Campisi, T., Moritz, E. K., & Yaryura-Tobias, J. A. (1997). Body dysmorphic disorder: A preliminary evaluation of treatment and maintenance using exposure with response prevention. *Behaviour Research and Therapy, 35,* 67-70.

McKay, R., & Dennett, D. (2010). The evolution of misbelief. *Behavioral and Brain Sciences, 32*(6), 493-510.

McKay, R., Langdon, R., & Coltheart, M. (2007). Models of misbelief: Integrating motivational and deficit theories of delusions. *Consciousness and Cognition, 16*(4), 932-941.

McKeith, I. G., Dickson, D. W., Lowe, J., Emre, M., O'Brien, J. T., Feldman, H., & Perry, E. K. (2005). Diagnosis and management of dementia with Lewy bodies: Third report of the DLB consortium. *Neurology, 65*(12), 1863-1872.

McKenna, B. S., & Eyler, L. T. (2012). Overlapping prefrontal systems involved in cognitive and emotional processing in euthymic bipolar disorder and following sleep deprivation: A review of functional neuroimaging studies. *Clinical Psychology Review, 32*(7), 650-663. doi: 10.1016/j.cpr.2012.07.003

McKenzie, K. C., & Gross, J. J. (2014). Nonsuicidal self-injury: an emotion regulation perspective. *Psychopathology, 47*(4), 207-219.

McKenzie, S. J., Williamson, D. A., & Cubic, B. A. (1993). Stable and reactive body image disturbances in bulimia nervosa. *Behavior Therapy, 24,* 195-207.

McKetin, R., Coen, A., & Kaye, S. (2015). A comprehensive review of the effects of mixing caffeinated energy drinks with alcohol. *Drug and Alcohol Dependence, 151,* 15-30.

McLaughlin, N. C. R., & Greenberg, B. D. (2012). In G. Steketee (Ed.), *The Oxford handbook of obsessive compulsive and spectrum disorders* (pp. 307-321). New York, NY: Oxford University Press.

McLean, P., & Taylor, S. (1992). Severity of unipolar depression and choice of treatment. *Behaviour Research and Therapy, 30*(5), 443-451.

McMain, S., Links, P. S., Guimond, T., Wnuk, S., Eynan, R., Bergmans, Y., & Warwar, S. (2013). An exploratory study of the relationship between changes in emotion and cognitive processes and treatment outcome in borderline personality disorder. *Psychotherapy Research, 23*(6), 658-673.

McMain, S. F., Guimond, T., Streiner, D. L., Cardish, R. J., & Links, P. S. (2014). Dialectical behavior therapy compared with general psychiatric management for borderline personality disorder: clinical outcomes and functioning over a 2-year follow-up. *American Journal of Psychiatry, 169,* 650-671.

McNab, C., Haslam, N., & Burnett, P. (2007). Expressed emotion, attributions, utility beliefs, and distress in parents of young people with first episode psychosis. *Psychiatry Research, 151,* 97-106.

McNally, R. (2003). *Remembering trauma.* Cambridge, MA: Belknap Press.

McNally, R. J. (1996). Cognitive bias in the anxiety disorders. In D. A. Hope (Ed.), *Perspectives on anxiety, panic and fear* (The 43rd Annual Nebraska Symposium on Motivation) (pp. 211-250). Lincoln, NE: Nebraska University Press.

McNally, R. J. (1999). EMDR and mesmerism: A comparative historical analysis. *Journal of Anxiety Disorders, 13,* 225-236.

McNally, R. J. (2011). *What is mental illness?* Cambridge, MA: Harvard University Press.

McNally, R. J., & Geraerts, E. (2009). A new solution to the recovered memory debate. *Perspectives on Psychological Science, 4*(2), 126-134.

McNally, R. J. (2012a). Explaining "memories" of space alien abduction and past lives: An experimental psychopathology approach. *Journal of Experimental Psychopathology, 3*(1), 2-16.

McNally, R. J. (2012b). Are we winning the war against posttraumatic stress disorder? *Science, 336*(6083), 872-874. doi: 10.1126 /science.1222069

McNeil, T. F. (1987). Perinatal influences in the development of schizophrenia. In H. Helmchen & F. A. Henn (Eds.), *Biological perspectives of schizophrenia* (pp. 125-138). New York, NY: Wiley.

McPartland, J. C., Reichow, B., & Volkmar, F. R. (2012). Sensitivity and specificity of proposed DSM-5 diagnostic criteria for autism spectrum disorder. *Journal of the American Academy of Child & Adolescent Psychiatry, 51*(4), 368-383. doi: 10.1016/j.jaac.2012.01.007

McQuade, J. D., & Hoza, B. (2015). Peer relationships of children with ADHD. In R. A. Barkley (Ed.), *Attention-deficit hyperactivity disorder: A handbook for diagnosis & treatment* (4th ed., pp. 210-222). New Yok: The Guilford Press.

McWilliams, J. M., Meara, E., Zaslavsky, A. M., & Ayanian, J. Z. (2009). Differences in control of cardiovascular disease and diabetes by race, ethnicity, and education: U.S. trends from 1999 to 2006 and effects of Medicare coverage. *Annals of Internal Medicine, 150*(8), 505-515.

Mead, G. E., Morley, W., Campbell, P., Greig, C. A., McMurdo, M., & Lawlor, D. A. (2009). Exercise for depression. *Cochrane Database of Systematic Reviews, 3,* CD004366. doi: 10.1002/14651858. CD004366.pub4

Meagher, D., & Trzapacz, P. (2012). Delirium. In M. G. Gelder, N. C. Andreasen, J. J. Lopez-Ibor, Jr., & J. R. Geddes (Eds.), *New Oxford textbook of psychiatry* (2nd. ed., Vol. 1, pp. 325-333). New York, NY: Oxford University Press.

Meagher, D., Adamis, D., Trzepacz, P., & Leonard, M. (2012). Features of subsyndromal and persistent delirium. *The British Journal of Psychiatry, 200*(1), 37-44.

Meaney, M. J., & Szyf, M. (2005). Maternal care as a model for experience-dependent chromatin plasticity? *Trends in Neurosciences, 28*(9), 456-463.

Means, M. K., & Edinger, J. D. (2006). Nonpharmacologic therapy of insomnia. In T. Lee-Chiong (Ed.), *Sleep: A comprehensive handbook* (pp. 133-136). Hoboken, NJ: Wiley.

Mechoulam, R., & Parker, L. A. (2013). The endocannabinoid system and the brain. *Annual Review of Psychology, 64,* 21-47.

Medina v. California, 112 S. Ct. 2575 (1992).

Mednick, S. A., & Schulsinger, F. (1965). A longitudinal study of children with a high risk for schizophrenia: A preliminary report. In S. Vandenberg (Ed.), *Methods and goals in human behavior genetics* (pp. 255-296). New York, NY: Academic Press.

Mednick, S. A., & Schulsinger, F. (1968). Some premorbid characteristics related to breakdown in children with schizophrenic mothers. *Journal of Psychiatric Research, 6,* 267-291.

Meehl, P. E. (1945). The dynamics of "structured" personality tests. *Journal of Clinical Psychology, 1,* 296-303.

Meehl, P. E. (1962). Schizotaxia, schizotypy, schizophrenia. *American Psychologist, 17,* 827-838.

Meehl, P. E. (1989). Schizotaxia revisited. *Archives of General Psychiatry, 46,* 935-944.

Mehler, P. S., Birmingham, L. C., Crow, S. J., & Jahraus, J. P. (2010). Medical complications of eating disorders. In C. M. Grilo & J. E. Mitchell (Eds.), *The treatment of eating disorders: A clinical handbook* (pp. 66-80). New York, NY: Guilford.

Melamed, B. G., & Siegel, L. J. (1975). Reduction of anxiety in children facing hospitalization and surgery by use of filmed modeling. *Journal of Consulting and Clinical Psychology, 43*(4), 511-521.

Melca, I. A., Yücel, M., Mendlowicz, M. V., de Oliveira-Souza, R., & Fontenelle, L. F. (2015). The correlates of obsessive-compulsive, schizotypal, and borderline personality disorders in obsessive-compulsive disorder. *Journal of Anxiety Disorders, 33,* 15-24.

Melhem, N. M., Porta, G., Shamseddeen, W., Payne, M. W., & Brent, D. A. (2011). Grief in adolescents bereaved by sudden parental death. *Archives of General Psychiatry, 68*(9), 911-919.

Meltzer-Brody, S., Stuebe, A., Dole, N., Savitz, D., Rubinow, D., & Thorp, J. (2011). Elevated corticotropin releasing hormone (CRH) during pregnancy and risk of postpartum depression (PPD). *Journal of Clinical Endocrinology & Metabolism, 96*(1), E40-E47.

Melzack, R. (1999). From the gate to the neuromatrix. *Pain* (Suppl. 6), S121-S126.

Melzack, R. (2005). Evolution of the neuromatrix theory of pain. *Pain Practice, 5,* 85-94.

Melzack, R., & Wall, P. D. (1965). Pain mechanisms: A new theory. *Science, 150,* 971-979.

Melzack, R., & Wall, P. D. (1982). *The challenge of pain.* New York, NY: Basic Books.

Mennes, C. E., Ben Abdallah, A., & Cottler, L. B. (2009). The reliability of self-reported cannabis abuse, dependence and withdrawal symptoms: Multisite study of differences between general population and treatment groups. *Addictive Behaviors, 34*(2), 223-226. doi: 10.1016/j.addbeh.2008.10.003

Menza, M. (2006). STAR*D: The results begin to roll in. *American Journal of Psychiatry, 163,* 1123-1125.

Mercer, K. B., Orcutt, H. K., Quinn, J. F., Fitzgerald, C. A., Conneely, K. N., Barfield, R. T., & Ressler, K. J. (2012). Acute and posttraumatic stress symptoms in a prospective gene x environment study of a university campus shooting. *Archives of General Psychiatry, 69*(1), 89-97. doi: 10.1001/archgenpsychiatry .2011.109

Meredith, S. E., Juliano, L. M., Hughes, J. R., & Griffiths, R. R. (2013). Caffeine use disorder: a comprehensive review and research agenda. *Journal of Caffeine Research, 3*(3), 114-130.

Merens, W., Willem Van der Does, A. J., & Spinhoven, P. (2007). The effects of serotonin manipulations on emotional information processing and mood. *Journal of Affective Disorders, 103*(1-3), 43-62.

Merikangas, K. R., & Pato, M. (2009). Recent developments in the epidemiology of bipolar disorder in adults and children: Magnitude, correlates, and future directions. *Clinical Psychology: Science and Practice, 16*(2), 121-133.

Merikangas, K. R., & Risch, N. (2014). Will the genomics revolution revolutionize psychiatry?. *American Journal of Psychiatry 160*(4), 625-635. http://dx.doi.org/10.1176/appi .ajp.160.4.625

Merikangas, K. R., Akiskal, H. S., Angst, J., Greenberg, P. E., Hirschfeld, R. M., Petukhova, M., & Kessler, R. C. (2007). Lifetime and 12-month prevalence of bipolar spectrum disorder in the National Comorbidity Survey Replication. *Archives of General Psychiatry, 64*(5), 543-552.

Merikangas, K. R., Cui, L., Kattan, G., Carlson, G. A., Youngstrom, E. A., & Angst, J. (2012). Mania with and without depression in a community sample of US adolescents. *Archives of General Psychiatry, 69*(9), 943-951.

Merikangas, K. R., Jin, R., He, J. P., Kessler, R. C., Lee, S., Sampson, N. A., & Zarkov, Z. (2011). Prevalence and correlates of bipolar spectrum disorder in the World Mental Health Survey Initiative. *Archives of General Psychiatry, 68*(3), 241-251.

Mermin, J., & Fenton, K. A. (2012). The future of HIV prevention in the United States. *JAMA: Journal of the American Medical Association, 308*(4), 347-348.

Meston, C. M., & Gorzalka, B. B. (1995). The effects of sympathetic activation on physiological and subjective sexual arousal in women. *Behaviour Research and Therapy, 33,* 651-664.

Meston, C. M. & Lorenz, T. A. (2013). Physiological stress responses predict sexual functioning and satisfaction differently in women who have and have not been sexually abused in childhood. *Psychological Trauma: Theory, Research, Practice, and Policy, 5*(4), 350-358.

Meuret, A. E., Rosenfield, D., Wilhelm, F. H., Zhou, E., Conrad, A., Ritz, T., & Roth, W. T. (2011). Do unexpected panic attacks occur spontaneously? *Biological Psychiatry, 70,* 985-991. doi: 10.1016/j.biopsych.2011.05.027

Meyer, A. J., Nash, J. D., McAlister, A. L., Maccoby, M., & Farquhar, J. W. (1980). Skills training in a cardiovascular health education campaign. *Journal of Consulting and Clinical Psychology, 2,* 129-142.

Meyer, B., & Carver, C. S. (2000). Negative childhood accounts, sensitivity and pessimism: A study of avoidant personality disorder features in college students. *Journal of Personality Disorders, 14,* 233-248.

Meyer-Bahlburg, H., Dolezal, C., Baker, S., Carlson, A., Obeid, J., & New, M. (2004). Prenatal androgenization affects gender-related behavior but not gender identity in 5-12 year old girls with congenital adrenal hyperplasia. *Archives of Sexual Behavior, 33,* 97-104.

Meyer-Bahlburg, H. F. (2010). From mental disorder to iatrogenic hypogonadism: Dilemmas in conceptualizing gender identity variants as psychiatric conditions. *Archives of Sexual Behavior, 39*(2), 461-476.

Meyerowitz, B. E. (1983). Postmastectomy coping strategies and quality of life. *Health Psychology, 2,* 117-132.

Mezick, E. J., Matthews, K. A., Hall, M., Kamarck, T. W., Strollo, P. J., Buysse, D. J., & Reis, S. E.

(2010). Low life purpose and high hostility are related to an attenuated decline in nocturnal blood pressure. *Health Psychology, 29*(2), 196-204.

Mezzich, J. E., Kleinman, A., Fabrega, H., Jr., Good, B., Johnson-Powell, G., Lin, K. M., & Parron, D. (1992). *Cultural proposals for DSM-IV.* Submitted to the DSM-IV Task Force by the Steering Committee, NIMH-Sponsored Group on Culture and Diagnosis.

Michalak, J., Schultze, M., Heidenreich, T., & Schramm, E. (2015). A randomized controlled trial on the efficacy of mindfulness-based cognitive therapy and a group version of cognitive behavioral analysis system for chronically depressed patients. *Journal of Consulting and Clinical Psychology, 83,* 951-963.

Michelakos, T., Kousoulis, A. A., Katsiardanis, K., Dessypris, N., Anastasiou, A., Katsiardani, K.-P., & Petridou, E. T. (2013). Serum folate and B12 levels in association with cognitive impairment among seniors: Results from the VELESTINO study in Greece and meta-analysis. *Journal of Aging and Health, 25*(4), 589-616. doi: 10.1177/0898264313482488

Michultka, D. M., Blanchard, E. B., Appelbaum, K. A., Jaccard, J., & Dentinger, M. P. (1989). The refractory headache patient: II. High medication consumption (analgesic rebound) headache. *Behaviour Research and Therapy, 27,* 411-420.

Miciak, J., Fletcher, J. M., & Stuebing, K. K. (2016). Accuracy and validity of methods for identifying learning disabilities in a response-to-intervention service delivery framework. In S. R. Jimerson, M. K. Burns, & A. M. VanDerHeyden (Eds.), *Handbook of response to intervention: The science and practice of multi-tiered systems of support* (pp. 421-440). New York: Springer.

Mihura, J. L., Meyer, G. J., Dumitrascu, N., & Bombel, G. (2012). The validity of individual Rorschach variables: Systematic reviews and meta-analyses of the Comprehensive System. *Psychological Bulletin 139*(3), 548-605. doi: 10.1037/10029406

Miklowitz, D. J. (2014). Bipolar disorder. In D. H. Barlow (Ed.), *Clinical handbook of psychological disorders: A step-by-step treatment manual* (5th ed.). New York, NY: Guilford.

Miklowitz, D. J., George, E. L., Richards, J. A., Simoneau, T. L., & Suddath, R. L. (2003). A randomized study of family-focused psychoeducation and pharmacotherapy in the outpatient management of bipolar disorder. *Archives of General Psychiatry, 60,* 904-912.

Miklowitz DJ, Otto MW, Frank E, Reilly-Harrington NA, Wisniewski SR, Kogan JN, Nierenberg AA, Calabrese JR, Marangell LB, Gyulai L, Araga M, Gonzalez JM, Shirley ER, Thase ME, Sachs GS. (2007). Psychosocial treatments for bipolar depression: a 1-year randomized trial from the Systematic Treatment Enhancement Program. *Arch Gen Psychiatry, 64*(4):419-426.

Miklowitz, D. J., Schneck, C. D., Singh, M. K., Taylor, D. O., George, E. L., Cosgrove, M. E., Howe, M. E., Dickinson, L. M., Garber, J., & Chang, K. D. (2013). Early intervention for symptomatic youth for bipolar disorder: A randomized trial of family-focused therapy. *Journal of the American Academy of Child and Adolescent Psychiatry, 52,* 121-131.

Mill, J. (2011). Epigenetic effects on gene function and their role in mediating gene-enviroment interactions. In K. S. Kendler, S. Jaffee, & D. Romer (Eds.), *The dynamic genome and mental health: The role of genes and environments in youth development* (pp. 145-171). New York, NY: Oxford University Press.

Millan, M. J., Fone, K., Steckler, T., & Horan, W. P. (2014). Negative symptoms of schizophrenia: Clinical characteristics, pathophysiological substrates, experimental models and prospects for improved treatment. *European Neuropsychopharmacology, 24*(5), 645-692.

Millar, H. R., Qrdell, F., Vyvyan, J. P., Naji, S. A., Prescott, G. J., & Eagles, J. M. (2005). Anorexia nervosa mortality in northeast Scotland 1965-1999. *American Journal of Psychiatry, 162,* 753-757.

Miller, G. (2011). Social neuroscience. Why loneliness is hazardous to your health. *Science, 331*(6014), 138-140. doi: 10.1126 /science.331.6014.138

Miller, G., & Blackwell, E. (2006). Turning up the heat: Inflammation as a mechanism linking chronic stress, depression, and heart disease. *Current Directions in Psychological Science, 15,* 269-277.

Miller, I. W., & Norman, W. H. (1979). Learned helplessness in humans: A review and attribution- theory model. *Psychological Bulletin, 86*(1), 93-118.

Miller, I. W., Norman, W. H., & Keitner, G. I. (1989). Cognitive-behavioral treatment of depressed inpatients: Six- and twelve-month follow-up. *American Journal of Psychiatry, 146,* 1274-1279.

Miller, J., Bilder, D., Farley, M., Coon, H., Pinborough-Zimmerman, J., Jenson, W., & McMahon, W. (2013). Autism spectrum disorder reclassified: A second look at the 1980s Utah/UCLA Autism Epidemiologic Study. *Journal of Autism and Developmental Disorders 43*(1), 200-210. doi: 10.1007 /s10803-012-1566-0

Miller, M. W., Wolf, E. J., Keane, T. M. (2014). Posttraumatic stress disorder in DSM-5: New criteria and controversies. *Clinical Psychology: Science and Practice, 21,* 208-220.

Miller, N. E. (1969). Learning of visceral and glandular responses. *Science, 163,* 434-445.

Miller, S. D. (1989). Optical differences in cases of multiple personality disorder. *Journal of Nervous and Mental Disease, 177*(8), 480-486.

Miller, T. Q., Smith, T. W., Turner, C. W., Guijarro, M. L., & Hallet, A. J. (1996). A meta-analytic review of research on hostility and physical health. *Psychological Bulletin, 119*(2), 322-348.

Miller, W. R., & Hester, R. K. (1986). Inpatient alcoholism treatment: Who benefits? *American Psychologist, 41,* 794-805.

Miller, W. R., & Rollnick, S. (2002). *Motivational interviewing: Lessons preparing people for change.* New York, NY: Guildford.

Miller, W.R. & Rollnick, S. (2012). *Motivational interviewing: Helping people change.* New York, NY: Guilford Press.

Millon, T. (1981). *Disorders of personality: DSM-III, Axis II.* New York, NY: Wiley.

Millon, T. (1991). Classification in psychopathology: Rationale, alternatives, and standards. *Journal of Abnormal Psychology, 100*(3), 245-261.

Millon, T. (2004). *Masters of the mind.* Hoboken, NJ: Wiley.

Millon, T., & Martinez, A. (1995). Avoidant personality disorder. In W. J. Livesley (Ed.), *The DSM-IV personality disorders* (pp. 218-233). New York, NY: Guilford.

Mills, P. J., Adler, K. A., Dimsdale, J. E., Perez, C. J., Ziegler, M. G., Ancoli-Israel, S., & Grant, I. (2004). Vulnerable caregivers of Alzheimer disease patients have a deficit in beta 2-adrenergic receptor sensitivity and density. *American Journal of Geriatric Psychiatry, 12,* 281-286.

Mindell, J. A., & Owens, J. A. (2015). *A clinical guide to pediatric sleep: diagnosis and management of sleep problems* (3rd ed.). Philadelphia, PA: Lippincott Williams & Wilkins.

Mindham, R. H. S., & Hughes, T. A. (2012). Dementia in Parkinson's disease. In M. G. Gelder, N. C. Andreasen, J. J. Lopez-Ibor, Jr., & J. R. Geddes (Eds.), *New Oxford textbook of psychiatry* (2nd. ed., Vol. 1, pp. 368-371). New York, NY: Oxford University Press.

Mineka, S. (1985). The frightful complexity of the origins of fears. In F. R. Bruch & J. B. Overmier (Eds.), *Affect, conditioning, and cognition: Essays on the determinants of behavior.* Hillsdale, NJ: Erlbaum.

Mineka, S., & Sutton, J. (2006). In M. G. Craske, D. Hermans, & D. Vansteenwegen, *Fear and learning: From basic processes to clinical implications* (pp. 75-97), Washington, DC: American Psychological Association.

Mineka, S., Watson, D., & Clark, L. A. (1998). Comorbidity of anxiety and unipolar mood disorders. *Annual Review of Psychology, 49,* 377-412.

Mineka, S., & Zinbarg, R. (1996). Conditioning and ethological models of anxiety disorders: Stress-in-dynamic-context anxiety models. In D. A. Hope (Ed.), *Perspectives on anxiety, panic and fear* (The 43rd Annual Nebraska Symposium on Motivation) (pp. 135-210). Lincoln, NE: Nebraska University Press.

Mineka, S., & Zinbarg, R. (1998). Experimental approaches to understanding the mood and anxiety disorders. In J. Adair (Ed.), *Advances in psychological research, Vol. 2: Social, personal, and cultural aspects* (pp. 429-454). Hove, UK: Psychology Press/Erlbaum.

Mineka, S., & Zinbarg, R. (2006). A contemporary learning theory perspective on the etiology of anxiety disorders. *American Psychologist, 61,* 10-26.

Minino, A. M., Arias, E., Kochanek, K. D., Murphy, S. L., & Smith, B. L. (2002). Deaths: Final data for 2000. *National Vital Statistics Reports, 50,* 1-119.

Minuchin, S., Rosman, B. L., & Baker, L. (1978). *Psychosomatic families.* Cambridge, MA: Harvard University Press.

Mirsky, A. F., Bieliauskas, L. A., French, L. M., van Kammen, D. P., Jonsson, E., & Sedvall, G. (2000). A 39-year follow-up of the Genain quadruplets. *Schizophrenia Bulletin, 26,* 699-708.

Mistry, H., Bhugra, D., Chaleby, K., Khan, F., & Sauer, J. (2009). Veiled communication: is uncovering necessary for psychiatric assessment? *Transcultural Psychiatry, 46*(4), 642-650. doi: 10.1177/1363461509351366

Mitchell, D. C., Knight, C. A., Hockenberry, J., Teplansky, R., & Hartman, T. J. (2014). Beverage caffeine intakes in the US. *Food and Chemical Toxicology, 63,* 136-142.

Mitchell, W. B., DiBartolo, P. M., Brown, T. A., & Barlow, D. H. (1998). Effects of positive and negative mood on sexual arousal in sexually functional males. *Archives of Sexual Behavior, 27*(2), 197-207.

Mobbs, D., Lau, H., Jones, O., & Frith, C. (2009). Law, responsibility, and the brain. In N. Murphy, G. Ellis, & T. O'Connor (Eds.), *Downward causation and the neurobiology of free will* (pp. 243-260). New York, NY: Springer.

Mock, S. E., & Eibach, R. P. (2012). Stability and change in sexual orientation identity over a 10-year period in adulthood. *Archives of sexual behavior, 41*(3), 641-648.

Modahl, C., Green, L., Fein, D., Morris, M., Waterhouse, L., Feinstein, C., & Levin, H. (1998). Plasma oxytocin levels in autistic children. *Biological Psychiatry, 43,* 270-277.

Modinos, G., Mechelli, A., Ormel, J., Groenewold, N., Aleman, A., & McGuire, P. (2009). Schizotypy and brain structure: A voxel-based morphometry study. *Psychological Medicine, 40,* 1423-1431.

Modrego, P. J. (2010). Depression in Alzheimer's disease. Pathophysiology, diagnosis, and treatment. *Journal of Alzheimer's Disease, 21,* 1077-1087.

Moene, F. C., Landberg, E. H., Hoogduin, K. A., Spinhoven, P., Hertzberger, L. I., Kleyweg, R. P., & Weeda, J. (2000). Organic syndromes diagnosed as conversion disorder: Identification and frequency in a study of 85 patients. *Journal of Psychosomatic Research, 49,* 7-12.

Moene, F. C., Spinhoven, P., Hoogduin, K. A., & van Dyck, R. (2002). A randomised controlled clinical trial on the additional effect of hypnosis in a comprehensive treatment programme for in-patients with conversion disorder of the motor type. *Psychotherapy and psychosomatics, 71,* 66-76.

Moene, F. C., Spinhoven, P., Hoogduin, K. A., & van Dyck, R. (2003). A randomized controlled clinical trial of a hypnosis-based treatment for patients with conversion disorder, motor type. *International Journal of Clinical and Experimental Hypnosis, 51*(1), 29-50.

Moffitt, T. E., Caspi, A., Rutter, M., & Silva, P. A. (2001). *Sex differences in antisocial behaviour: Conduct disorder, delinquency, and violence in the Dunedin longitudinal study.* Cambridge, UK: Cambridge University Press.

Mogg, K., Bradley, B. P., Millar, N., & White, J. (1995). A follow-up study of cognitive bias in generalized anxiety disorder. *BRAT, 33,* 927-935.

Mogg, K., Philippot, P., & Bradley, B. P. (2004). Selective attention to angry faces in clinical social phobia. *Journal of Abnormal Psychology, 113,* 160-165.

Mogil, J. S., Sternberg, W. F., Kest, B., Marek, P., & Liebeskind, J. C. (1993). Sex differences in the antagonism of swim stress-induced analgesia: Effects of gonadectomy and estrogen replacement. *Pain, 53,* 17-25.

Mohlman, J., Bryant, C., Lenze, E. J., Stanley, M. A., Gum, A., Flit, A., & Craske, M. G. (2012). Improving recognition of late life anxiety disorders in Diagnostic and Statistical Manual of Mental Disorders, Fifth Edition: Observations and recommendations of the Advisory Committee to the Lifespan Disorders Work Group. *International Journal of Geriatric Psychiatry, 27,* 549-556. doi: 10.1002/gps.2752

Moll K, Kunze S, Neuhoff N, Bruder J, Schulte-Körne G (2014) Specific Learning Disorder: Prevalence and Gender Differences. *PLoS ONE 9*(7): e103537.

Money, J., & Ehrhardt, A. (1972). *Man and woman, boy and girl.* Baltimore, MD: Johns Hopkins University Press.

Monroe, S. M., & Reid, M. W. (2009). Life stress and major depression. *Current Directions in Psychological Science, 18*(2), 68-72.

Monroe, S. M., Kupfer, D. J., & Frank, E. (1992). Life stress and treatment course of recurrent depression: I. Response during index episode. *Journal of Consulting and Clinical Psychology, 60*(5), 718-724.

Monroe, S. M., Roberts, J. E., Kupfer, D. J., & Frank, E. (1996). Life stress and treatment course of recurrent depression: II. Postrecovery associations with attrition, symptom course, and recurrence over 3 years. *Journal of Abnormal Psychology, 105*(3), 313-328.

Monroe, S. M., Rohde, P., Seeley, J. R., & Lewinsohn, P. M. (1999). Life events and depression in adolescence: For first onset of major depressive disorder. *Journal of Abnormal Psychology, 108*(4), 606-614.

Monroe, S. M., Slavich, G. M., & Georgiades, K. (2009). The social environment and life stress in depression. In I. H. Gotlib & C. L. Hammen (Eds.), *Handbook of depression* (2nd ed., pp. 340-360). New York, NY: Guilford.

Monson, C. M., Fredman, S. J., Macdonald, A., Pukay-Martin, N. D., Resick, P. A., & Schnurr, P. P. (2012). Effect of cognitive-behavioral couple therapy for PTSD: A randomized controlled trial. *Journal of American Medical Association, 308*, 700-709. doi: 10.1001 /jama.2012.9307

Monson, C. M., Resick, P. A., & Rizvi, S. L. (2014). Posttraumatic stress disorder. In D.H. Barlow (Ed.), *Clinical handbook of psychological disorders: A step-by-step treatment manual* (5th ed.). New York, NY: Guilford.

Montejo-Gonzalez, A. L., Liorca, G., Izquierdo, J. A., Ledesma, A., Bousono, M., Calcedo, A., & Vincens, E. (1997). SSRI-induced sexual dysfunction: Fluoxetine, paroxetine, sertraline, and fluvoxamine in a prospective, multicenter, and descriptive clinical study of 344 patients. *Journal of Sex and Marital Therapy, 23*, 176-194.

Moore, D. S. (2001). *The dependent gene: The fallacy of "nature vs. nurture."* New York, NY: Henry Holt.

Moore, M. (2012). Behavioral sleep problems in children and adolescents. *Journal of Clinical Psychology in Medical Settings, 19*(1), 77-83.

Moreno, A., Azar, M., Warren, N., Dickerson, T., Koob, G., & Janda, K. (2010). A critical evaluation of a nicotine vaccine within a self-administration behavioral model. *Molecular pharmaceutics, 7*(2), 431-441.

Moreno, C., Laje, G., Blanco, C., Jiang, H., Schmidt, A. B., & Olfson, M. (2007). National trends in the outpatient diagnosis and treatment of bipolar disorder in youth. *Archives of General Psychiatry, 64*(9), 1032-1039.

Morenz, B., & Becker, J. (1995). The treatment of youthful sexual offenders. *Applied & Preventive Psychology, 4*, 247-256.

Morey, L. C., & Ochoa, E. S. (1989). An investigation of adherence to diagnostic criteria: Clinical diagnosis of the DSM-III personality disorders. *Journal of Personality Disorders, 3*(3), 180-192.

Morey, J. N., Boggero, I. A., Scott, A. B., & Segerstrom, S. C. (2015). Current directions in stress and human immune function, *Current Opinion in Psychology, 5*, 13-17.

Morgan, D. (2007). The rationale for an immunological approach to Alzheimer's therapeutics. In A. C. Cuello (Ed.), *Pharmacological mecha-*

nisms in Alzheimer's therapeutics (pp. 141-148). New York, NY: Springer.

Morgan, H. W. (1981). *Drugs in America: A social history, 1800-1980*. Syracuse, NY: Syracuse University Press.

Morin, C. M., & Benca, R. (2012). Chronic insomnia. *The Lancet, 379*(9821), 1129-1141. doi: 10.1016/s0140-6736(11)60750-2

Morin, C. M., Savard, J., & Ouellet, M. C. (2012). Nature and treatment of insomnia. In I. B. Weiner, A. M. Nezu, C. M. Nezu, & P. A. Geller (Eds.), *Handbook of psychology, Health psychology* (Vol. 9, pp. 318-339).

Morokoff, P. J., & Heiman, J. R. (1980). Effects of erotic stimuli on sexually functional and dysfunctional women: Multiple measures before and after sex therapy. *Behaviour Research and Therapy, 18*, 127-137.

Morrato, E. H., & Allison, D. B. (2012). FDA approval of obesity drugs: A difference in risk-benefit perceptions. *JAMA: Journal of the American Medical Association, 308*, 1097-1098. doi: 10.1001/jama.2012.10007

Morris, J. K., Cook, D. G., & Shaper, A. G. (1994). Loss of employment and mortality. *British Medical Journal, 308*, 1135-1139.

Morris, J. S., Öhman, A., & Dolan, R. J. (1998). Conscious and unconscious emotion learning in the human amygdala. *Nature, 393*, 467-470.

Morrison, A. S. & Heimberg, R. G. (2013). Social anxiety and social anxiety disorder. *Annual Review of Clinical Psychology, 9*, 249-274.

Morrow, G. R., & Dobkin, P. L. (1988). Anticipatory nausea and vomiting in cancer patients undergoing chemotherapy treatment: Prevalence, etiology, and behavioral interventions. *Clinical Psychology Review, 8*, 517-556.

Mortberg, E., Clark, D. M., & Bejerot, S. (2011). Intensive group cognitive therapy and individual cognitive therapy for social phobia: Sustained improvement at 5-year follow-up. *Journal of Anxiety Disorders, 25*, 994-1000. doi: 10.1016/j.janxdis.2011.06.007

Mosher, D. L., & Sirkin, M. (1984). Measuring a macho personality constellation. *Journal of Research in Personality, 18*, 150-163.

Mosher, W. D., Chandra, A., & Jones, J. (2005). Sexual behavior and selected health measures: Men and women 15-44 years of age, United States, 2002. *Advance Data from Vital and Health Statistics, 362*, 1-55. Hyattsville, MD: National Center for Health Statistics.

Moskowitz, A. (2004). "Scared stiff": Catatonia as an evolutionary based fear response. *Psychological Review, 111*, 984-1002.

Mostofsky, D. I., & Barlow, D. H. (Eds.) (2000). *The management of stress and anxiety in medical disorders*. Needham Heights, MA: Allyn & Bacon.

Mucha, T. F., & Reinhardt, R. F. (1970). Conversion reactions in student aviators. *American Journal of Psychiatry, 127*, 493-497.

Mueller, T., Keller, M. B., Leon, A. C., Solomon, D. A., Shea, M. T., Coryell, W., & Endicott, J. (1996). Recovery after 5 years of unremitting major depressive disorder. *Archives of General Psychiatry, 53*, 794-799.

Mueser, K. T., & Berenbaum, H. (1990). Psychodynamic treatment of schizophrenia: Is there a future? *Psychological Medicine, 20*, 253-262.

Mueser, K. T., & Marcello, S. (2011). Schizophrenia. In D. H. Barlow (Ed.), *Oxford handbook of clinical psychology* (pp. 469-503). New York, NY: Oxford University.

Mueser, K. T., Deavers, F., Penn, D. L., & Cassisi, J. E. (2013). Psychosocial treatments for schizophrenia. *Annual Review of Clinical Psychology, 9*, 465-497.

Mueser, K. T., Liberman, R. P., & Glynn, S. M. (1990). Psychosocial interventions in schizophrenia. In A. Kales, C. N. Stefanis, & J. A. Talbott (Eds.), *Recent advances in schizophrenia* (pp. 213-235). New York, NY: Springer-Verlag.

Mufson, L., Pollack-Dorta, K., Wickramaratne, P., Nomura, Y., Olfson, M., & Weismann, M. (2004). A randomized effectiveness trial of interpersonal psychotherapy for depressed adolescents. *Archives of General Psychiatry, 61*, 577-584.

Muhuri, P.K., Gfroerer, J.C., Davies, M.C. (2013). *Associations of nonmedical pain reliever use and initiation of heroin use in the United States Center for Behavioral Health Statistics and Quality.* Retrieved from http://www.samhsa.gov/ data/2k13/DataReview/DR006 /nonmedical-pain-reliever-use-2013.htm.

Mulder, R., Frampton, C., Luty, S., & Joyce, P. (2009). Eighteen months of drug treatment for depression: Predicting relapse and recovery. *Journal of Affective Disorders, 114*(1-3), 263-270.

Mullany, B., Barlow, A., Goklish, N., Larzelere-Hinton, F., Cwik, M., Craig, M., & Walkup, J. T. (2009). Toward understanding suicide among youths: Results from the White Mountain Apache tribally mandated suicide surveillance system, 2001-2006. *American Journal of Public Health, 99*(10), 1840-1848.

Mullen, P. (2010). The psychiatric expert witness in the criminal justice system. *Criminal Behaviour and Mental Health, 20*(3), 165-176.

Mumford, D. B., Whitehouse, A. M., & Platts, M. (1991). Sociocultural correlates of eating disorders among Asian schoolgirls in Bradford. *British Journal of Psychiatry, 158*, 222-228.

Munder, T., Flückiger, C., Gerger, H., Wampold, B. E., & Barth, J. (2012). Is the allegiance effect an epiphenomenon of true efficacy differences between treatments? A meta-analysis. *Journal of Counseling Psychology, 59*(4), 631-637.

Munjack, D. J. (1984). The onset of driving phobias. *Journal of Behavior Therapy and Experimental Psychiatry, 15*, 305-308.

Muñoz, R. F., Le, H.-N., Clarke, G. N., Barrera, A. Z., & Torres, L. D. (2009). Preventing first onset and recurrence of major depressive episodes. In I. H. Gotlib & C. L. Hammen (Eds.), *Handbook of depression* (2nd ed., pp. 533-553). New York, NY: Guilford.

Muñoz, R. F., Beardslee, W. R., Leykin, Y. (2012). Major depression can be prevented. *American Psychologist, 67*(4), 285-295.

Muñoz, R. F., Cuijpers, P., Smit, F., Barrera, A. Z., & Leykin, Y. (2010). Prevention of major depression. *Annual Review of Clinical Psychology, 6*, 181-212.

Munro, A. (2012). Persistent delusional symptoms and disorders. In M. G. Gelder, N. C. Andreasen, J. J. Lopez-Ibor, Jr., & J. R. Geddes (Eds.), *New Oxford textbook of psychiatry* (2nd. ed., Vol. 1, pp. 609-628). New York, NY: Oxford University Press.

Muresanu, D. F., Stan, A., & Buzoianu, A. (2012). Neuroplasticity and impulse control disorders. *Journal of the Neurological Sciences, 316*(1-2), 15-20. doi: http://dx.doi.org/10.1016/j .jns.2012.01.016

Muris, P., & Field, A. P. (2010). The role of verbal threat information in the development of childhood fear. "Beware the Jabberwock." *Clinical Child and Family Psychology Review, 13*, 129-150.

Murphy, J. A., & Byrne, G. J. (2012). Prevalence and correlates of the proposed DSM-5 diagnosis of chronic depressive disorder. *Journal of Affective Disorders, 139*, 172-180.

Murphy, K. R. (2015). Psychological counseling of adults with ADHD. In R. A. Barkley (Ed.), *Attention-deficit hyperactivity disorder: A handbook for diagnosis & treatment* (4th ed., pp. 741-756). New Yok: The Guilford Press.

Murphy, S. L., Xu, J., & Kochanek, K. D. (2013). *Deaths: Final data for 2010*. National Vital Statisctics Reports, *61*,(4).

Murphy, T. K., Storch, E. A., Lewin, A. B., Edge, P. J., & Goodman, W. K. (2012). Clinical factors associated with pediatric autoimmune neuropsychiatric disorders associated with streptococcal infections. *Journal of Pediatrics, 160*, 314-319. doi: 10.1016/j.jpeds.2011.07.012

Murphy, W. D., & Page, I. J. (2008). Exhibitionism: Psychopathology and theory. In D. R. Laws & W. T. O'Donohue (Eds.), *Sexual deviance: Theory, assessment, and treatment* (2nd ed., pp. 61-75). New York, NY: Guilford.

Murray, R. M., & Castle, D. J. (2012). Genetic and environmental risk factors for schizophrenia. In M. G. Gelder, N. C. Andreasen, J. J. Lopez-Ibor, Jr., & J. R. Geddes (Eds.), *New Oxford textbook of psychiatry* (2nd. ed., Vol. 1, pp. 553-561). New York, NY: Oxford University Press.

Mustafa, G. (1990). Delivery systems for the care of schizophrenic patients in Africa-Sub-Sahara. In A. Kales, C. N. Stefanis, & J. A. Talbot (Eds.), *Recent advances in schizophrenia* (pp. 353-371). New York, NY: Springer-Verlag.

Mustanski, B. S., Bailey, J. M., & Kaspar, S. (2002). Dermatoglyphics, handedness, sex, and sexual orientation. *Archives of Sexual Behavior, 31*, 113-122.

Mustian, K. M., Devine, K., Ryan, J. L., Janelsins, M. C., Sprod, L. K., Peppone, L.J., Candelario, G. D., Mohile, S. G., & Morrow, G. R. (2011). Treatment of nausea and vomiting during chemotherapy. *U.S. Oncology & Hematology, 7*(2), 91-97.

My-pro-ana. (2013). Home page. Retrieved July 19, 2013, from http://www.myproana.com/

Myers, J. K., Weissman, M. M., Tischler, C. E., Holzer, C. E., III Orvaschel, H., Anthony, J. C., & Stoltzman, R. (1984). Six-month prevalence of psychiatric disorders in three communities. *Archives of General Psychiatry, 41*, 959-967.

Nagayama Hall, G. C. (1995). The preliminary development of theory-based community treatment for sexual offenders. *Professional Psychology: Research and Practice, 26*(5), 478-483.

Nagel, D. B. (1991). Psychotherapy of schizophrenia: 1900-1920. In J. G. Howells (Ed.), *The concept of schizophrenia: Historical perspectives* (pp. 191-201). Washington, DC: American Psychiatric Press.

Najavits, L. M. (2007). Psychosocial treatments for posttraumatic stress disorder. In P. E. Nathan & J. M. Gorman (Eds.), *A guide to treatments that work* (3rd ed.). New York, NY: Oxford University Press.

Nakajima, M., & al'Absi, M. (2012). Predictors of risk for smoking relapse in men and women: A prospective examination. *Psychology of Addictive Behaviors, 26*(3), 633-637.

Narrow, W. E., Clarke, D. E., Kuramoto, S. J., Kraemer, H. C., Kupfer, D. J., Greiner, L., & Regier, D. A. (2013). *DSM-5* field trials in the United States and Canada, Part III: Development and reliability testing of a cross-cutting symptom assessment for *DSM-5*. *American Journal of Psychiatry, 170*(1), 71-82.

Nash, W. P., Boasso, A. M., Steenkamp, M. M., Larson, J. L., Lubin, R. E., & Litz, B. T. (2014). Posttraumatic stress in deployed marines: Prospective trajectories of early adaptation. *Journal of Abnormal Psychology, 124*, 155-171.

Nasser, M. (1988). Eating disorders: The cultural dimension. *Social Psychiatry and Psychiatric Epidemiology, 23*, 184-187.

National Collaborating Centre for Mental Health. (2009). *Borderline personality disorder: The NICE GUIDELINE on treatment and management, Clinical practice guideline no. 78*. London, UK: British Psychological Society & Royal College of Psychiatrists.

National Institute of Drug Abuse (2013) ([field_revisiondate_1]). MDMA (Ecstasy or Molly) Retrieved from http://www.drugabuse.gov/publications/drugfacts/mdma-ecstasy-or -molly on September 14, 2014

National Institute of Mental Health. (2003). *Breaking ground, breaking through: The strategic plan for mood disorders research* (NIH Publication No. 03-5121). Washington, DC: U.S. Government Printing Office.

National Institute on Alcohol Abuse and Alcoholism. (1997). *Alcohol alert: Alcohol-metabolism* (No. 35, PH 371). Bethesda, MD: Author.

National Institute on Drug Abuse (NIDA). (2009). *Principles of addiction treatment: A research-based guide, 2nd edition* (NIH Publication No. 09-4180). Rockville, MD: National Institute on Drug Abuse.

National Safety Council. (2013). Estimating the cost of unintentional injuries. Retrieved from http://www.nsc.org/news_resources/injury_and_death_statistics/Pages/Estimatingthe CostofUnintentional Injuries.aspx

National Sleep Foundation. (2005). *2005 sleep in America poll*. Washington, DC: Author.

National Sleep Foundation. (2009). *2009 sleep in America poll*. Washington, DC: Author.

Natoli, J. L., Ackerman, D. L., McDermott, S., & Edwards, J. G. (2012). Prenatal diagnosis of Down syndrome: A systematic review of termination rates (1995-2011). *Prenatal diagnosis, 32*(2), 142-153.

Navarrete, C. D., Olsson, A., Ho, A. K., Mendes, W. B., Thomsen, L., & Sidanius, J. (2009). Fear extinction to an out-group face: The role of target gender. *Psychological Science, 20*(2), 155-158. doi: 10.1111/j.1467-9280.2009.02273.x

Neal-Barnett, A. M., & Smith, J., Sr. (1997). African Americans. In S. Friedman (Ed.), *Cultural issues in the treatment of anxiety* (pp. 154-174). New York, NY: Guilford.

Neimeyer, R. A., & Currier, J. M. (2009). Grief therapy: Evidence of efficacy and emerging directions. *Current Directions in Psychological Science, 18*(6), 352-356.

Nelles, W. B. N., & Barlow, D. H. (1988). Do children panic? *Clinical Psychology Review, 8*(4), 359-372.

Nelson, B., Yuen, H. P., Wood, S. J., Lin, A., Spiliotacopoulos, D., Bruxner, A., . . . & Francey, S. M. (2013). Long-term follow-up of a group at ultra high risk ("prodromal") for psychosis:

The PACE 400 study. *JAMA Psychiatry, 70*(8), 793-802.

Nelson, D. L., Beutler, L. E., & Castonguay, L. G. (2012). Psychotherapy integration in the treatment of personality disorders: A commentary. *Journal of Personality Disorders, 26*(1), 7-16.

Nelson, R. O., & Barlow, D. H. (1981). Behavioral assessment: Basic strategies and initial procedures. In D. H. Barlow (Ed.), *Behavioral assessment of adult disorders*. New York, NY: Guilford.

Nemeroff, C. (2004). Early-life adversity, CRF dysregulation, and vulnerability to mood and anxiety disorders. *Psychopharmacology Bulletin, 38*, 14-20.

Nemeroff, C. B. (2013). Psychoneuroimmunoendocrinology: The biological basis of mind-body physiology and pathophysiology. *Depression and Anxiety, 30*(4), 285-287.

Nepon, J., Belik, S. L., Bolton, J., & Sareen, J. (2010). The relationship between anxiety disorders and suicide attempts: Findings from the national epidemiologic survey on alcohol and related conditions. *Depression and Anxiety, 27*, 791-798.

Nestadt, G., Romanoski, A., Chahal, R., Merchant, A., Folstein, M., Gruenberg, E., McHugh, P. R. (2009). An epidemiological study of histrionic personality disorder. *Psychological Medicine, 20*(2), 413-422.

Nestler, E. J., Hyman, S. E., & Malenka, R. C. (2008). *Molecular neuropharmacology* (2nd ed.). New York, NY: McGraw-Hill.

Neubauer, D. (2009). New directions in the pharmacologic treatment of sleep disorders. *Primary Psychiatry, 16*(2), 52-58.

Neugroschi, J. A., Kolevzon, A., Samuels, S. C., & Marin, D. B. (2005). Dementia. In B. J. Sadock & V. A. Sadock (Eds.), *Kaplan & Sadock's comprehensive textbook of psychiatry* (pp. 1068-1093). Philadelphia, PA: Lippincott, Williams & Wilkins.

Neumann, C. S., Johansson, P. T., & Hare, R. D. (2013). The Psychopathy Checklist-Revised (PCL-R), low anxiety, and fearlessness: A structural equation modeling analysis. *Personality Disorders: Theory, Research, and Treatment, 4*(2), 129-137.

Neumark-Sztainer, D., & Eisenberg, M. E. (2014). Body Image Concerns, Muscle-Enhancing Behaviors, and Eating Disorders in Males. *JAMA, 312*(20), 2156-2157.

Neumark-Sztainer, D., & Haines, J. (2004). Psychosocial and behavioral consequences of obesity. In J. K. Thompson (Ed.), *Handbook of eating disorders and obesity* (pp. 349-371). New York, NY: Wiley.

Neumark-Sztainer, D., Wall, M., Larson, N. I., Eisenberg, M. E., & Loth, K. (2011). Dieting and disordered eating behaviors from adolescence to young adulthood: findings from a 10-year longitudinal study. *Journal of the American Dietetic Association, 111*(7), 1004-1011.

Nevsimalova, S. (2009). Narcolepsy in childhood. *Sleep Medicine Reviews, 13*(2), 169-180. doi: 10.1016/j.smrv.2008.04.007

New York Mental Hygiene Law § 1.03 (20) (1992).

Newman, M. G., Castonguay, L. G., Borkovec, T. D., Fisher, A. J., Boswell, J. F., Szkodny, L. E., & Nordberg, S. S. (2011). A randomized controlled trial of cognitive-behavioral therapy for generalized anxiety disorder with integrated techniques from emotion-focused and interper-

REFERÊNCIAS BIBLIOGRÁFICAS **695**

sonal therapies. *Journal of Consulting and Clinical Psychology, 79*(2), 171-181. doi: 10.1037/a0022489

Newman, J. P., Patterson, C. M., & Kosson, D. S. (1987). Response perseveration in psychopaths. *Journal of Abnormal Psychology, 96*, 145-148.

Newman, J. P., Widom, C. S., & Nathan, S. (1985). Passive-avoidance in syndromes of disinhibition: Psychopathy and extraversion. *Journal of Personality and Social Psychology, 50*, 624-630.

Newton, N. C., Conrod, P., Teesson, M., & Faggiano, F. (2012). School-based alcohol and other drug prevention. In J. C. Verster, K. Brady, M. Galanter, & P. Conrod (Eds.), *Drug abuse and addiction in medical illness* (pp. 545-560). New York, NY: Springer.

Neylan, T. C., Reynolds, C. F., III, & Kupfer, D. J. (2003). Sleep disorders. In R. E. Hales & S. C. Yudofsky (Eds.), *Textbook of clinical psychiatry* (4th ed., pp. 975-1000). Washington, DC: American Psychiatric Publishing.

Nezu, C. M., Nezu, A. M., Friedman, S. H., Houts, P. S., DelliCarpini, L., Bildner, C., & Faddis, S. (1999). Cancer and psychological distress: Two investigations regarding the role of social problem-solving. *Journal of Psychosocial Oncology, 16*(3-4), 27-40.

Ng, B. Y., Yap, A. K., Su, A., Lim, D., & Ong, S. H. (2002). Personality profiles of patients with dissociative trance disorder in Singapore. *Comprehensive psychiatry, 43*, 121-126.

Ng, M., Fleming, T., Robinson, M., Thomson, B., Graetz, N., Margono, C., ... & Gupta, R. (2014). Global, regional and national prevalence of overweight and obesity in children and adults 1980-2013: A systematic analysis. *Lancet (London, England), 384*(9945), 766-781.

Nicassio, P. M., Greenberg, M. A. & Motivala, S. J. (2010). Clinical psychology and health psychology: Toward an integrated perspective on health. In J. M. Suls, Davidson, K. W., & Kaplan, R. M. (Eds.) *Handbook of health psychology and behavioral medicine.* New York, NY: Guilford.

Nichols, D. S. (2011). *Essentials of MMPI-2 assessment* (2nd ed.). Hoboken, NJ: Wiley.

Nierenberg, A. A., Fava, M., Trivedi, M. H., Wisniewski, S. R., Thase, M. E., McGrath, P. J., & Rush, A. J. (2006). Comparison of lithium and T3 augmentation following two failed medication treatments for depression: A STAR*D report. *The American Journal of Psychiatry, 163*(9), 1519-1530.

Nierenberg, A. A., Akiskal, H. S., Angst, J., Hirschfeld, R. M., Merikangas, K. R., Petukhova, M., & Kessler, R. C. (2010). Bipolar disorder with frequent mood episodes in the National Comorbidity Survey Replication (NCS-R). *Molecular Psychiatry, 15*(11), 1075-1087.

Nierenberg, A. A., Friedman, E. S., Bowden, C. L., Sylvia, L. G., Thase, M. E., Ketter, T., & Calabrese, J. R. (2013). Lithium treatment moderate-dose use study (LiTMUS) for bipolar disorder: A randomized comparative effectiveness trial of optimized personalized treatment with and without lithium. *American Journal of Psychiatry, 170*(1), 102-110.

Nigg, J. T. (2015). Editorial: The shape of the nosology to come in developmental psychopathology. *Journal of Child Psychology and Psychiatry, 56*(4), 397-399. doi: 10.1111/jcpp.12408

Nigg, J. T., Nikolas, M., & Burt, S. A. (2010). Measured gene-by-environment interaction in relation to Attention-Deficit/Hyperactivity

Disorder. *Journal of the American Academy of Child & Adolescent Psychiatry, 49*(9), 863-873. doi: 10.1016/j.jaac.2010.01.025

Nijmeijer, J. S., Minderaa, R. B., Buitelaar, J. K., Mulligan, A., Hartman, C. A., & Hoekstra, P. J. (2008). Attention-deficit/hyperactivity disorder and social dysfunctioning. *Clinical Psychology Review, 28*(4), 692-708.

Nijs, J., Paul, L., & Wallman, K. (2008). Chronic fatigue syndrome: An approach combining self-management with graded exercise to avoid exacerbations. *Journal of Rehabilitation Medicine, 40*, 241-247.

Nikolas, M., & Burt, S. (2010). Genetic and environmental influences on ADHD symptom dimensions of inattention and hyperactivity: A meta-analysis. *Journal of Abnormal Psychology, 119*(1), 1.

Nikolas, M. A., & Nigg, J. T. (2015). Moderators of neuropsychological mechanism in Attention-Deficit Hyperactivity Disorder. *Journal of Abnormal Child Psychology, 43*(2), 271-281. doi: 10.1007/s10802-014-9904-7

Nisbett, R. E., & Ross, L. (1980). *Human inference: Strategies and shortcomings in social judgment.* New York, NY: Century.

Nivard, M. G., Dolan, C. V., Kendler, K. S., Kan, K.-J., Willemsen, G., Van Beijsterveldt, C. E. M.. Lindauer, R. J. L., Van Beek, J. H. D. A., Geels, L. M., Bartels, M., Middeldorp, C. M., Boomsma, D. I. (2015). Stability in symptoms of anxiety and depression as a function of genotype and environment: A longitudinal twin study from ages 3 to 63 years. *Psychological Medicine, 45*, 1039-1049.

Nivoli, A. M., Murru, A., & Vieta, E. (2010). Lithium: Still a cornerstone in the long-term treatment in bipolar disorder? *Neuropsychobiology, 62*(1), 27-35.

Nock, M., & Kessler, R. (2006). Prevalence of and risk factors for suicide attempts versus suicide gestures: Analysis of the National Comorbidity Survey. *Journal of Abnormal Psychology, 115*, 616-623.

Nock, M. K. (2010). Self-injury. *Annual Review of Clinical Psychology, 6*, 339-363.

Nock, M. K., Borges, G., Bromet, E. J., Alonso, J., Angermeyer, M., Beautrais, A., & Williams, D. (2008). Cross-national prevalence and risk factors for suicidal ideation, plans and attempts. *British Journal of Psychiatry, 192*(2), 98-105.

Nock, M. K., Borges, G., Bromet, E. J., Cha, C. B., Kessler, R. C., & Lee, S. (2008). Suicide and suicidal behavior. *Epidemiologic Reviews, 30*, 133-154.

Nock, M. K., Cha, C. B., & Dour, H. J. (2011). Disorders of impulse-control and self-harm. In D. H. Barlow (Ed.), *Oxford handbook of clinical psychology* (pp. 504-529). New York, NY: Oxford University.

Nock, M. K., Hwang, I., Sampson, N. A., & Kessler, R. C. (2010a). Mental disorders, comorbidity and suicidal behavior: Results from the National Comorbidity Survey Replication. *Molecular Psychiatry, 15*, 868-876.

Nock, M. K., Kazdin, A. E., Hiripi, E., & Kessler, R. C. (2006). Prevalence, subtypes, and correlates of DSM-IV conduct disorder in the National Comorbidity Survey Replication. *Psychological Medicine, 36*(05), 699-710.

Nock, M. K., Park, J. M., Finn, C. T., Deliberto, T. L., Dour, H. J., & Banaji, M. R. (2010b). Measuring the suicidal mind: Implicit cognition

predicts suicidal behavior. *Psychological Science, 21*(4), 511-517.

Nock, M. K., Cha, C. B., & Dour, H. J. (2011). Disorders of impulse-control and self-harm. In D. H. Barlow (Ed.), *Handbook of clinical psychology.* (pp. 504-529). New York, NY: Oxford University Press.

Nofzinger, E. A., Schwartz, C. F., Reynolds, C. F., Thase, M. E., Jennings, J. R., Frank, E., & Kupfer, D. J. (1994). Affect intensity and phasic REM sleep in depressed men before and after treatment with cognitive-behavior therapy. *Journal of Consulting and Clinical Psychology, 62*, 83-91.

Nolen-Hoeksema, S. (1990). *Sex differences in depression.* Stanford, CA: Stanford University Press.

Nolen-Hoeksema, S. (2000). Further evidence for the role of psychosocial factors in depression chronicity. *Clinical Psychology: Science and Practice, 7*(2), 224-227.

Nolen-Hoeksema, S., & Hilt, L. M. (2009). Gender differences in depression. In I. H. Gotlib & C. L. Hammen (Eds.), *Handbook of depression* (2nd ed., pp. 386-404). New York, NY: Guilford.

Nolen-Hoeksema, S., Girgus, J. S., & Seligman, M. E. P. (1992). Predictors and consequences of childhood depressive symptoms: A 5-year longitudinal study. *Journal of Abnormal Psychology, 101*(3), 405-422.

Nolen-Hoeksema, S., Wisco, B. E., & Lyubomirsky, S. (2008). Rethinking rumination. *Perspectives on Psychological Science, 3*(5), 400-424.

Nooe, R. M., & Patterson, D. A. (2010). The ecology of homelessness. *Journal of Human Behavior in the Social Environment, 20*(2), 105-152.

Nordentoft, M., Melau, M., Iversen, T., Petersen, L., Jeppesen, P., Thorup, A., ... & Jørgensen, P. (2015). From research to practice: how OPUS treatment was accepted and implemented throughout Denmark. *Early Intervention in Psychiatry, 9*(2), 156-162.

Nooe, R. M., & Patterson, D. A. (2010). The ecology of homelessness. *Journal of Human Behavior in the Social Environment, 20*(2), 105-152.

Nordentoft, M., Thorup, A., Petersen, L., Ohlenschlaeger, J., Melau, M., Christensen, T. O., & Jeppesen, P. (2006). Transition rates from schizotypal disorder to psychotic disorder for first-contact patients included in the opus trial: A randomized clinical trial of integrated treatment and standard treatment. *Schizophrenia Research, 83*, 29-40.

Normile, D. (2009). Asia grapples with unexpected wave of HIV infections. *Science, 27*, 1174.

Norrholm, S. D., & Ressler, K. J. (2009). Genetics of anxiety and trauma-related disorders. *Neuroscience, 164*(1), 272-287.

Norris, A. L., Marcus, D. K., & Green, B. A. (2015). Homosexuality as a discrete class. *Psychological Science, 26*(12), 1843-1853.

Norton, G. R., Harrison, B., Hauch, J., & Rhodes, L. (1985). Characteristics of people with infrequent panic attacks. *Journal of Abnormal Psychology, 94*, 216-221.

Norton, M. C., Smith, K. R., Østbye, T., Tschanz, J. T., Corcoran, C., Schwartz, S., & Welsh-Bohmer, K. A. (2010). Greater risk of dementia when spouse has dementia? The Cache County Study. *Journal of the American Geriatrics Society, 58*(5), 895-900.

Novak, B. (2010). Kleptomania and the law. In E. Aboujaoude (Ed.), *Impulse control disorders* (pp. 45-50). New York, NY: Cambridge University Press.

Noyes, R., & Kletti, R. (1977). Depersonalization in response to life-threatening danger. *Comprehensive Psychiatry, 18*, 375-384.

Noyes, R., Garvey, M. J., Cook, B., & Suelzer, M. (1991). Controlled discontinuation of benzodiazepine treatment for patients with panic disorder. *American Journal of Psychiatry, 148*, 517-523.

Noyes, R., Stuart, S. P., Langbehn, D. R., Happel, R. L., Longley, S. L., Muller, B. A., Yagla, S. J. (2003). Test of an interpersonal model of hypochondriasis. *Psychomatic Medicine, 65*, 292-300.

Noyes, R., Watson, D., Carney, C., Letuchy, E., Peloso, P., Black, D., & Doebbeling, B. N. (2004). Risk factors for hypochondriacal concerns in a sample of military veterans. *Journal of Psychosomatic Research, 57*, 529-539.

Noyes, R., Jr., Stuart, S. P., & Watson, D. B. (2008). A reconceptualization of the somatoform disorders. *Psychosomatics, 49*(1), 14-22.

Ntika, M., Sakellariou, I., Kefalas, P., & Stamatopoulou, I. (2014, June). Experiments with emotion contagion in emergency evacuation simulation. In *Proceedings of the 4th International Conference on Web Intelligence, Mining and Semantics (WIMS14)* (p. 49). ACM.

Nugent, S. A. (2000). Perfectionism: Its manifestations and classroom-based interventions. *Journal of Secondary Gifted Education, 11*, 215-221.

Nunes, K. L., Hermann, C. A., Malcom, J. R., & Lavoie, K. (2013). Childhood sexual victimization, pedophilic interest, and sexual recidivism. *Child Abuse & Neglect, 37*(9), 703-711.

Nunes, P., Wenzel, A., Borges, K., Porto, C., Caminha, R., & de Oliveira, I. (2009). Volumes of the hippocampus and amygdala in patients with borderline personality disorder: A meta-analysis. *Journal of Personality Disorders, 23*(4), 333-345.

Nunley, W., Nunley, B., Cutleh, D. L., Dentingeh, J., & McFahland, B. (2013). Involuntary civil commitment. In K. Yeager, D. Cutler, D. Svendsen, & G. M. Sills (Eds.), *Modern community mental health: An interdisciplinary approach* (pp. 49-61). New York, NY: Oxford University Press.

Nurnberger, J. I. (2012). Genetics of bipolar disorder: Where we are and where we are going. *Depression and Anxiety, 29*, 991-993.

Nurnberger, J. I., & Gershon, E. S. (1992). Genetics. In E. S. Paykel (Ed.), *Handbook of affective disorders* (pp. 126-145). New York, NY: Guilford.

Nusslock, R., Harmon-Jones, E., Alloy, L. B., Urosevic, S., Goldstein, K., & Abramson, L. Y. (2012). Elevated left mid-frontal cortical activity prospectively predicts conversion to bipolar I disorder. *Journal of Abnormal Psychology, 121*(3), 592-601.

Nyhan, W. L. (1978). The Lesch-Nyhan syndrome. *Developmental Medicine and Child Neurology, 20*, 376-387.

Nzwalo, H., Ferreira, L., Peralta, R., & Bentes, C. (2013). Sleep-related eating disorder secondary to zolpidem. *BMJ Case Reports*, bcr2012008003.

O'Brien, C. (2011). Addiction and dependence in DSM-V. *Addiction, 106*(5), 866-867.

O'Brien, M. E., Clark, R. A., Besch, C. L., Myers, L., & Kissinger, P. (2003). Patterns and correlates of discontinuation of the initial HAART regimen in an urban outpatient cohort. *Journal of*

Acquired Immune Deficiency Syndrome, 34(4), 407-414.

O'Brien, P. E., Sawyer, S. M., Laurie, C., Brown, W. A., Skinner, S., Veit, F., & Dixon, J. B. (2010). Laparoscopic adjustable gastric banding in severely obese adolescents: A randomized trial. *JAMA: Journal of the American Medical Association, 303*(6), 519-526.

O'Brien, P. M., Backstrom, T., Brown, C., Dennerstein, L., Endicott, J., Epperson, C. N., & Yonkers, K. (2011). Towards a consensus on diagnostic criteria, measurement and trial design of the premenstrual disorders: The ISPMD Montreal consensus. *Archives of Women's Mental Health, 14*(1), 13-21. doi: 10.1007/s00737-010-0201-3

O'Callaghan, E., Sham, P., Takei, N., Glover, G., & Murray, R. M. (1991). Schizophrenia after prenatal exposure to 1957 A2 influenza epidemic. *Lancet, 337*, 1248-1250.

O'Carroll, P. W. (1990). Community strategies for suicide prevention and intervention. In S. J. Blumenthal & D. J. Kupfer (Eds.), *Suicide over the life cycle: Risk factors, assessment and treatment of suicidal patients*. Washington, DC: American Psychiatric Press.

O'Connor, M. F., Wellisch, D. K., Stanton, A. L., Eisenberger, N. I., Irwin, M. R., & Lieberman, M. D. (2008). Craving love? Enduring grief activates brain's reward center. *Neuroimage, 42*(2), 969-972.

O'Connor v. Donaldson, 95 S. Ct. 2486 (1975).

O'Donnell, M. L., Varker, T., Creamer, M., Fletcher, S., McFarlane, A. C., Silove, D., & Forbes, D. (2013). Exploration of delayed-onset posttraumatic stress disorder after severe injury. *Psychosomatic Medicine, 75*, 68-75. doi: 10.1097/PSY.0b013e3182761e8b

O'Donovan, A., Tomiyama, A. J., Lin, J., Puterman, E., Adler, N. E., Kemeny, M., & Epel, E. S. (2012). Stress appraisals and cellular aging: A key role for anticipatory threat in the relationship between psychological stress and telomere length. *Brain, Behavior and Immunity, 26*(4), 573-579.

O'Hara, M. W., & McCabe, J. E. (2013). Postpartum depression: Current status and future directions. *Annual Review of Clinical Psychology, 9*, 379-407.

O'Hara, M. W., Stuart, S., Gorman, L. L., & Wenzel, A. (2000). Efficacy of interpersonal psychotherapy for postpartum depression. *Archives of General Psychiatry, 57*, 1039-1045.

Oades, R. D. (1985). The role of noradrenaline in tuning and dopamine in switching between signals in the CNS. *Neuroscience and Biobehavioral Reviews, 9*, 261-282.

Oakley, D. A., & Halligan, P. W. (2009). Hypnotic suggestion and cognitive neuroscience. *Trends in Cognitive Sciences, 13*(6), 264-270.

Oar, E. L., Farrell, L. J., Waters, A. M., Conlon, E. G., & Ollendick, T. H. (2015). One session treatment for pediatric blood-injection-injury phobia: A controlled multiple baseline trial. *Behaviour Research and Therapy, 73*, 131-142.

Ochsner, K. N., Ray, R. R., Hughes, B., McRae, K., Cooper, J. C., Weber, J., & Gross, J. J. (2009). Bottom-up and top-down processes in emotion generation: Common and distinct neural mechanisms. *Psychological Science, 20*(11), 1322-1331. doi: 10.1111/j.1467-9280.2009.02459.x

Odlaug, B. L., & Grant, J. E. (2012). Pathological skin picking. In J. E. Grant, D. J. Stein, D. W.

Woods, N. J. Keuthen (Eds.), *Trichotillomania, skin picking, and other body-focused repetitive behaviors* (pp. 21-41). Arlington, VA: American Psychiatric Publishing.

Ogden, C. L., Carroll, M. D., Curtin, L. R., Lamb, M. M., & Flegal, K. M. (2010). Prevalence of high body mass index in US children and adolescents, 2007-2008. *JAMA: Journal of the American Medical Association, 303*(3), 242-249.

Ogden, C. L., Carroll, M. D., Curtin, L. R., McDowell, M. A., Tabak, C. J., & Flegal, K. M. (2006). Prevalence of overweight and obesity in the United States, 1999-2004. *JAMA: Journal of the American Medical Association, 295*, 1549-1555.

Ogden, C. L., Carroll, M. D., Kit, B. K., & Flegal, K. M. (2012). Prevalence of obesity and trends in body mass index among US children and adolescents, 1999-2010. *JAMA: Journal of American Medical Association, 307*, 483-490.

Ogden, C. L., Carroll, M. D., Kit, B. K., & Flegal, K. M. (2014). Prevalence of childhood and adult obesity in the United States, 2011-2012. *JAMA, 311*(8), 806-814.

Ogden, C. L., Carroll, M. D., Lawman, H. G., Fryar, C. D., Kruszon-Moran, D., Kit, B. K., & Flegal, K. M. (2016). Trends in obesity prevalence among children and adolescents in the United States, 1988-1994 through 2013-2014. *JAMA, 315*(21), 2292-2299.

Ohayon, M. M., & Schatzberg, A. F. (2002). Prevalence of depressive episodes with psychotic features in the general population. *American Journal of Psychiatry, 159*, 1855-1861.

Ohayon, M. M., & Schatzberg, A. F. (2003). Using chronic pain to predict depressive morbidity in the general population. *Archives of General Psychiatry, 60*, 39-47.

Ohayon, M. M., Dauvilliers, Y., & Reynolds, C. F. (2012). Operational definitions and algorithms for excessive sleepiness in the general population: Implications for DSM-5 nosology. *Archives of General Psychiatry, 69*(1), 71-79. doi: 10.1001/archgenpsychiatry.2011.1240

Öhman, A. (1996). Preferential pre-attentive processing of threat in anxiety: Preparedness and attentional biases. In R. Rapee (Ed.), *Current controversies in the anxiety disorders* (pp. 253-290). New York, NY: Guilford.

Öhman, A., & Dimberg, U. (1978). Facial expressions as conditioned stimuli for electrodermal responses: A case of preparedness? *Journal of Personality and Social Psychology, 36*(11), 1251-1258.

Öhman, A., & Mineka, S. (2001). Fears, phobias, and preparedness: Toward an evolved model of fear and fear learning. *Psychological Review, 108*(3), 483-522.

Öhman, A., Flykt, A., & Lundqvist, D. (2000). Unconscious emotion: Evolutionary perspective, psychophysiological data, and neuropsychological mechanisms. In R. Lane & L. Nadel (Eds.), *The cognitive neuroscience of emotion* (pp. 296-327). New York, NY: Oxford University Press.

Okazaki, S., Okazaki, M., & Sue, S. (2009). Clinical personality assessment with Asian Americans. In J. N. Butcher (Ed.), *Oxford handbook of personality assessment* (pp. 377-395). New York, NY: Oxford University Press.

olde Hartman, T. C., Borghuis, M. S., Lucassen, P. L., van de Laar, F. A., Speckens, A. E., & van Weel, C. (2009). Medically unexplained symptoms, somatisation disorder and hypochondriasis: Course and prognosis. A systematic review. *Journal of Psychosomatic Research, 66*(5), 363-377.

Oldenburg, B., de Courten, M. & Frean, E. (2010). The contribution of health psychology to the advancement of global health. In J. M. Suls, K. W. Davidson, & R. M. Kaplan, (Eds.), *Handbook of health psychology and behavioral medicine*. New York, NY: Guilford.

Olds, J. (1956). Pleasure centers in the brain. *Scientific American, 195,* 105-116.

Olds, J., & Milner, P. M. (1954). Positive reinforcement produced by electrical stimulation of septal area and other regions of rat brain. *Journal of Comparative and Physiological Psychology, 47,* 419-427.

Olfson, M., King, M. & Schoenbaum, M. (2015). Benzodiazepine use in the United States. *JAMA Psychiatry, 72,* 136-142.

Olfson, M., Marcus, S., & Schaffer, D. (2006). Antidepressant drug therapy and suicide in severely depressed children and adolescents. *Archives of General Psychiatry, 63,* 865-872.

Olfson, M., Shaffer, D., Marcus, S. C., & Greenberg, T. (2003). Relationship between antidepressant medication treatment and suicide in adolescents. *Archives of General Psychiatry, 60,* 978-82.

Olin, S. S., Raine, A., Cannon, T. D., Parnas, J., Schulsinger, F., & Mednick, S. A. (1997). Childhood behavior precursors of schizotypal personality disorder. *Schizophrenia Bulletin, 23,* 93-103.

Olivardia, R., Pope, H. G., & Hudson, J. I. (2000). Muscle dysmorphia in male weightlifters: A case-control study. *American Journal of Psychiatry, 157,* 1291-1296.

Oliver, M. B., & Hyde, J. S. (1993). Gender differences in sexuality: A meta-analysis. *Psychological Bulletin, 114*(1), 29-51.

Olives, C., Myerson, R., Mokdad, A. H., Murray, C. J., & Lim, S. S. (2013). Prevalence, awareness, treatment, and control of hypertension in United States counties, 2001-2009. *PLoS One, 8*(4), e60308.

Olivier, P., Bertrand, L., Tubery, M., Lauque, D., Montastruc, J.-L., & Lapeyre-Mestre, M. (2009). Hospitalizations because of adverse drug reactions in elderly patients admitted through the emergency department: A prospective survey. *Drugs & Aging, 26*(6), 475-482.

Ollendick, T. H., & Muris, P. (2015). The scientific legacy of Little Hans and Little Albert: Future directions for research on specific phobias in youth. *Journal of Clinical Child and Adolescent Psychology, 44,* 689-706.

Ollendick, T. H., & Shirk, S. R. (2010). Clinical interventions with children and adolescents: Current status, future directions. In D. H. Barlow (Ed.), *Oxford handbook of clinical psychology* (pp. 762-788). New York, NY: Oxford University Press.

Olmstead, S. B., Pasley, K., & Fincham, F. D. (2013). Hooking up and penetrative hookups: Correlates that differentiate college men. *Archives of Sexual Behavior, 42*(4), 573-583.

Olsen, S., Smith, S. S., Oei, T. P. S., & Douglas, J. (2012). Motivational interviewing (MINT) improves continuous positive airway pressure (CPAP) acceptance and adherence: A randomized controlled trial. *Journal of Consulting and Clinical Psychology, 80*(1), 151.

Olson, K. R., Key, A. C., & Eaton, N. R. (2015). Gender cognition in transgender children. *Psychological Science, 26,* 476-474.

Oltmanns, T. F., & Powers, A. D. (2012). Gender and personality disorders. In T. A. Widiger (Ed.), *The Oxford handbook of personality disorders* (pp. 206-218). New York, NY: Oxford University Press.

Olver, M. E., Lewis, K., & Wong, S. C. P. (2013). Risk reduction treatment of high-risk psychopathic offenders: The relationship of psychopathy and treatment change to violent recidivism. *Personality Disorders: Theory, Research, and Treatment, 4*(2), 160-167.

Omalu, B. I., Ives, D. G., Buhari, A. M., Lindner, J. L., Schauer, P. R., Wecht, C. H., & Kuller, L. H. (2007). Death rates and causes of death after bariatric surgery for Pennsylvania residents, 1995 to 2004. *Archives of Surgery, 142*(10), 923-928; discussion 929.

Onslow, M., Jones, M., O'Brian, S., Packman, A., & Menzies, R. (2012). Stuttering. In P. Sturmey & M. Hersen (Eds.), *Handbook of evidence-based practice in clinical psychology* (Vol. 1, pp. 185-208). New York: John Wiley & Sons, Inc.

Opara, F., Hawkins, K., Sundaram, A., Merchant, M., Rasmussen, S. & Holmes, L., Jr. (2013). Impact of comorbidities on racial/ethnic disparities in hypertension in the United States. *ISRN Public Health, 2013,* e967518. doi: 10.1155/2013/967518.

Opjordsmoen, S. (1989). Delusional disorders: I. Comparative long-term outcome. *Acta Psychiatrica Scandinavica, 80,* 603-612.

Oquendo, M., Galfalvy, H., Russo, S., Ellis, S., Grunebaum, M., Burke, A., & Mann, J. J. (2004). Prospective study of clinical predictors of suicidal acts after a major depressive episode in patients with major depressive disorder or bipolar disorder. *American Journal of Psychiatry, 161,* 1433-1441.

The Oregon Research Institute. (2013). *eBody Project.* Retrieved from https://www.ebodyproject.org/

Orford, J., & Keddie, A. (2006). Abstinence or controlled drinking in clinical practice: A test of the dependence and persuasion hypotheses. *Addiction, 81*(4), 495-504.

Organization for Economic Co-operation and Development (2012). *Obesity Update 2012.* Retrieved from http://www.oecd.org / health/49716427.pdf

Orne, M. T., Dinges, D. F., & Orne, E. C. (1984). On the differential diagnosis of multiple personality in the forensic context. *International Journal of Clinical and Experimental Hypnosis, 32,* 118-169.

Orsillo, S. M., & Roemer, L. (2011). *The mindful way through anxiety: Break free from chronic worry and reclaim your life.* New York, NY: Guilford.

Orth-Gomer, K., Schneiderman, N., Wang, H. X., Walldin, C., Blom, M., & Jernberg, T. (2009). Stress reduction prolongs life in women with coronary disease: The Stockholm Women's Intervention Trial for Coronary Heart Disease (SWITCHD). *Circulation Cardiovascular Quality and Outcomes, 2*(1), 25-32.

Ortin, A., Lake, A. M., Kleinman, M., & Gould, M. S. (2012). Sensation seeking as risk factor for suicidal ideation and suicide attempts in adolescence. *Journal of Affective Disorders, 143,* 214-222.

Oslin, D. W., & Klaus, J. R. (2009). Drug and alcohol abuse. In B. J. Sadock & V. A. Sadock (Eds.), *Kaplan & Sadock's comprehensive textbook of psychiatry* (9th ed., Vol. 2, pp. 4088-4095). Philadelphia, PA: Lippincott Williams & Wilkins.

Öst, L. G. (1985). Mode of acquisition of phobias. *Acta Universitatis Uppsaliensis* (Abstracts of Uppsala Dissertations from the Faculty of Medicine), *529,* 1-45.

Öst, L. G. (1989). *Blood phobia: A specific phobia subtype in DSM-IV.* Paper requested by the Simple Phobia subcommittee of the DSM-IV Anxiety Disorders Work Group.

Öst, L. G. (1992). Blood and injection phobia: Background and cognitive, physiological, and behavioral variables. *Journal of Abnormal Psychology, 101*(1), 68-74.

Öst, L. G., & Sterner, U. (1987). Applied tension: A specific behavioural method for treatment of blood phobia. *Behaviour Research and Therapy, 25,* 25-30.

Öst, L. G., Svensson, L., Hellström, K., & Lindwall, R. (2001). One-session treatment of specific phobia in youths: A randomized clinical trial. *Journal of Consulting and Clinical Psychology, 69,* 814-824.

Osterberg, E. (1986). Alcohol-related problems in cross-national perspectives: Results of the ISACE study. Special issue: Alcohol and culture: Comparative perspectives from Europe and America. (T. Babot, Ed.). *Annals of the New York Academy of Sciences, 472,* 10-20.

Oswalt, S. B., & Wyatt, T. J. (2013). Sexual health behaviors and sexual orientation in a US national sample of college students. *Archives of Sexual Behavior, 42*(8), 1561-1572.

Otis, J., Macdonald, A., & Dobscha, A. (2006). Integration and coordination of pain management in primary care. *Journal of Clinical Psychology, 62,* 1333-1343.

Otis, J. D., & Pincus, D. B. (2008). Chronic pain. In B. A. Boyer & I. Paharia (Eds.), *Comprehensive handbook of clinical health psychology* (pp. 349-370). Hoboken, NJ: Wiley.

Otis, J. D., Pincus, D. B., & Murawksi, M. E. (2011). Cognitive behavioral therapy in pain management. In M. E. Ebert & R. D. Kerns (Eds.), *Behavioral and psychopharmacological therapeutics in pain management* (pp. 184-200). New York, NY: Cambridge University Press.

Otto, M. W., & Applebaum, A. J. (2011). The nature and treatment of bipolar disorder and the bipolar spectrum. In D. H. Barlow (Ed.), *Handbook of clinical psychology.* New York, NY: Oxford University Press.

Otto, M. W., Behar, E., Smits, J. A. J., & Hofmann, S. G. (2009). Combining pharmacological and cognitive behavioral therapy in the treatment of anxiety disorders. In M. M. Antony & M. B. Stein (Eds.), *Oxford handbook of anxiety and related disorders* (pp. 429-440). New York, NY: Oxford University Press.

Otto, M. W., Reilly-Harrington, N. A., Knauz, R. O., Henin, A., Kogan, J. N., & Sachs, G. S. (2008a). *Managing bipolar disorder: A cognitive-behavioral approach. (Therapist Guide).* New York, NY: Oxford University Press.

Otto, M. W., Reilly-Harrington, N. A., Knauz, R. O., Henin, A., Kogan, J. N., & Sachs, G. S. (2008b). *Managing bipolar disorder: A cognitive-behavioral approach. (Workbook).* New York, NY: Oxford University Press.

Otto, M. W., Tolin, D. F., Simon, N. M., Pearlson, G. D., Basden, S., Meunier, S. A., & Pollack, M. H. (2010). Efficacy of D-cycloserine for enhancing response to cognitive-behavior therapy for panic disorder. *Biological Psychiatry, 67*(4), 365-370.

Oude Luttikhuis, H., Baur, L., Jansen, H., Shrewsbury, V. A., O'Malley, C., Stolk, R. P., & Summerbell, C. D. (2009). Interventions for treating obesity in children: Review. *Cochrane Database System Review, 1*: CD001871.

Ouellet-Morin, I., Boivin, M., Dionne, G., Lupien, S. J., Arseneault, L., Barr, R. G., & Tremblay, R. E. (2008). Variations in heritability of cortisol reactivity to stress as a function of early familial adversity among 19-month-old twins. *Archives of General Psychiatry, 65*(2), 211-218.

Overeem, S., & Reading, P. (Eds.). (2010). *Sleep disorders in neurology: A practical approach*. New York: Wiley-Blackwell.

Ovsiew, F. (2005). Neuropsychiatry and behavioral neurology. In B. J. Sadock & V. A. Sadock (Eds.), *Kaplan & Sadock's comprehensive textbook of psychiatry* (pp. 323-349). Philadelphia: Lippincott Williams & Wilkins.

Owen, J., & Fincham, F. D. (2011). Effects of gender and psychosocial factors on "friends with benefits" relationships among young adults. *Archives of Sexual Behavior, 40*(2), 311-320.

Owen, J. J., Rhoades, G. K., Stanley, S. M., & Fincham, F. D. (2010). "Hooking up" among college students: Demographic and psychosocial correlates. *Archives of Sexual Behavior, 39*, 653-663.

Owen, P. R. (2012). Portrayals of schizophrenia by entertainment media: a content analysis of contemporary movies. *Psychiatric Services, 63* (7), 655-659.

Owens, E. B., Cardoos, S. L., & Hinshaw, S. P. (2015). Developmental progression and gender differences among individuals with ADHD. In R. A. Barkley (Ed.), *Attention-deficit hyperactivity disorder: A handbook for diagnosis & treatment* (4th ed., pp. 223-255). New Yok: The Guilford Press.

Owens, M., Goodyer, I. M., Wilkinson, P., Bhardwaj, A., Abbott, R., Croudace, T., & Sahakian, B. J. (2012). 5-HTTLPR and early childhood adversities moderate cognitive and emotional processing in adolescence. *PLoS One, 7*(11), e48482. doi: 10.1371/journal .pone.0048482

Owens, Mulchahey, Taylor, Maloney, Dearborn, & Weiss 2009 ref from Chapter 9, MSP 8

Ozbay, F., Johnson, D. C., Dimoulas, E., Morgan, C. A., III, Charney, D., & Southwick, S. (2007). Social support and resilience to stress: From neurobiology to clinical practice. *Psychiatry, 4*(5), 35-40.

Ozonoff, S., Young, G. S., Carter, A., Messinger, D., Yirmiya, N., Zwaigenbaum, L., & Stone, W. L. (2011). Recurrence risk for autism spectrum disorders: A baby siblings research consortium study. *Pediatrics, 128*(3), e488-e495. doi: 10.1542/peds.2010-2825

Pace-Schott, E.F., Germain, A. Milad, M.R. (2015). Effects of sleep on memory for conditioned fear and fear extinction. *Psychological Bulletin, 141*, 835.

Packard, E. P. W., & Olsen, S. N. B. (1871). *The prisoners' hidden life, or insane asylums unveiled: As demonstrated by the report of the investigating committee of the legislature of Illinois, together with Mrs. Packard's coadjutors' testimony*. Chicago, IL: J. N. Clarke.

Padmanabhan, S., Caulfield, M., & Dominiczak, A. F. (2015). Genetic and molecular aspects of hypertension. *Circulation Research, 116*(6), 937-959.

Page, A. C., & Martin, N. G. (1998). Testing a genetic structure of blood-injury-injection fears. *American Journal of Medical Genetics (Neuropsychiatric Genetics), 81*, 377-384.

Page, G. G., Ben-Eliyahu, S., Yirmiya, R., & Liebeskind, J. C. (1993). Morphine attenuates surgery-induced enhancement of metastatic colonization in rats. *Pain, 54*(1), 21-28.

Pagsberg, A. K. (2013). Schizophrenia spectrum and other psychotic disorders. *European Child & Adolescent Psychiatry, 22*(1), 3-9. doi: 10.1007/s00787-012-0354-x

Pahlajani, G., Raina, R., Jones, S., Ali, M., & Zippe, C. (2012). Vacuum erection devices revisited: Its emerging role in the treatment of erectile dysfunction and early penile rehabilitation following prostate cancer therapy. *The Journal of Sexual Medicine, 9*(4), 1182-1189.

Paillard, T., Rolland, Y., & de Souto Barreto, P. (2015). Protective effects of physical exercise in Alzheimer's disease and Parkinson's disease: A narrative review. *Journal of Clinical Neurology, 11*(3), 212-219.

Palace, E. M. (1995). Modification of dysfunctional patterns of sexual response through autonomic arousal and false physiological feedback. *Journal of Consulting and Clinical Psychology, 63*, 604-615.

Palace, E. M., & Gorzalka, B. B. (1990). The enhancing effects of anxiety on arousal in sexually dysfunctional and functional women. *Journal of Abnormal Psychology, 99*(4), 403-411.

Palamar, J. J., & Barratt, M. J. (2016). Synthetic cannabinoids: undesirable alternatives to natural marijuana. *The American Journal of Drug and Alcohol Abuse,* Advance online publication. doi:# 10.3109/00952990.2016.1139584.

Palmer, B. W., Savla, G. N., Roesch, S. C., & Jeste, D. V. (2013). Changes in capacity to consent over time in patients involved in psychiatric research. *The British Journal of Psychiatry, 202*(6), 454-458.

Pan, A., Sun, Q., Okereke, O. I., Rexrode, K. M., & Hu, F. B. (2011). Depression and risk of stroke morbidity and mortality: A meta-analysis and systematic review. *JAMA: Journal of the American Medical Association, 306*(11), 1241-1249.

Pan, L., Blanck, H. M., Sherry, B., Dalenius, K., & Grummer-Strawn, L. M. (2012). Trends in the prevalence of extreme obesity among US preschool-aged children living in low-income families, 1998-2010. *JAMA: Journal of American Medical Association, 308*, 2563-2565.

Pandya, N. H., Mevada, A., Patel, V., & Suthar, M. (2013). Study of effects of advanced maternal age related risks for Down syndrome & other trisomies. *International Journal of Biomedical and Advance Research, 4*(2), 123-127.

Paniagua, F. A., & Yamada, A. M. (Eds.). (2013). *Handbook of multicultural mental health: Assessment and treatment of diverse populations.* Academic Press.

Pantaleo, G., Graziosi, C., & Fauci, A. S. (1993). The immunopathogenesis of human immunodeficiency virus infection. *New England Journal of Medicine, 328*, 327-335.

Panza, F., Frisardi, V., Seripa, D., Logroscino, G., Santamato, A., Imbimbo, B. P., & Solfrizzi, V. (2012). Alcohol consumption in mild cognitive impairment and dementia: Harmful or neuroprotective? *International Journal of Geriatric Psychiatry, 27*(12), 1218-1238. doi: 10.1002/gps.3772

Papadopoulos, F. C., Ekbom, A., Brandt, L., & Ekselius, L. (2009). Excess mortality, causes of death and prognostic factors in anorexia nervosa. *British Journal of Psychiatry, 194*(1), 10-17.

Papazoglou, A., Jacobson, L. A., McCabe, M., Kaufmann, W., & Zabel, T. A. (2014). To ID or not to ID? Changes in classification rates of intellectual disability using DSM-5. *Mental Retardation, 52*(3), 165-174.

Papillo, J. F., & Shapiro, D. (1990). The cardiovascular system. In J. T. Cacioppo & L. G. Tassinaryo (Eds.), *Principles of psychophysiology: Physical, social, and inferential elements*. New York, NY: Cambridge University Press.

Paquette, V., Lévesque, J., Mensour, B., Leroux, J-M., Beudoin, G., Bourgouin, P., Beauregard, M. (2003). "Change the mind and you change the brain": Effects of cognitive-behavioral therapy on the neural correlates of spider phobia. *Neuroimage, 18*, 401-409.

Parcesepe, A. M., & Cabassa, L. J. (2013). Public stigma of mental illness in the United States: A systematic literature review. *Administration and Policy in Mental Health and Mental Health Services Research, 40*(5), 384-399.

Parchi, P., Capellari, S., & Gambetti, P. (2012). Fatal familial and sporadic insomnia. In W. Dickson & R. O. Weller (Eds.), *Neurodegeneration: The molecular pathology of dementia and movement disorders* (2nd ed., pp. 346-349). Oxford, UK: Wiley-Blackwell.

Pardini, D., Lochman, J., & Wells, K. (2004). Negative emotions and alcohol use initiation in high-risk boys: The moderating effect of good inhibitory control. *Journal of Abnormal Child Psychology, 32*, 505-518.

Pardini, D. A., Frick, P. J., & Moffitt, T. E. (2010). Building an evidence base for DSM-5 conceptualizations of oppositional defiant disorder and conduct disorder: Introduction to the special section. *Journal of Abnormal Psychology, 119*(4), 683-688.

Paris, J. (2008). Clinical trials of treatment for personality disorders. *Psychiatric Clinics of North America, 31*(3), 517-526. doi: 10.1016/j.psc.2008.03.013

Park, C. L., Edmondson, D., Fenster, J. R., & Blank, T. O. (2008). Meaning making and psychological adjustment following cancer: The mediating roles of growth, life meaning, and restored just-t-world beliefs. *Journal of Consulting and Clinical Psychology, 76*, 863-875.

Park, D. C. (2007). Eating disorders: A call to arms. *American Psychologist, 62*, 158.

Parker, G., & Hadzi-Pavlovic, D. (1990). Expressed emotion as a predictor of schizophrenic relapse: An analysis of aggregated data. *Psychological Medicine, 20*, 961-965.

Parker, G., McCraw, S., Blanch, B., Hadzi-Pavlovic, D., Synnot, H., & Rees, A. (2013). Discriminating melancholic and non- melancholic depression by prototypic clinical features. *Journal of Affective Disorders, 144*, 199-207.

Parker, G., McCraw, S., & Fletcher, K. (2012). Cyclothymia. *Depression and Anxiety, 29*(6), 487-494.

Parker, R. N., McCaffree, K. J., & Alaniz, M. L. (2013). Alcohol availability and violence among Mexican American youth. In R. N. Parker & K. J. McCaffree (Eds.), *Alcohol and violence: The nature of the relationship and the promise of prevention* (pp. 31-38). Plymouth, U.K.: Lexington.

REFERÊNCIAS BIBLIOGRÁFICAS **699**

Parker, S., Schwartz, B., Todd, J., & Pickering, L. (2004). Thimerosal-containing vaccines and autistic spectrum disorder: A critical review of published original data. *Pediatrics, 114*(3), 793.

Parkinson, L., & Rachman, S. (1981a). Intrusive thoughts: The effects of an uncontrived stress. *Advances in Behaviour Research and Therapy, 3,* 111-118.

Parkinson, L., & Rachman, S. (1981b). Speed of recovery from an uncontrived stress. *Advances in Behaviour Research and Therapy, 3,* 119-123.

Parner, E. T., Baron-Cohen, S., Lauritsen, M. B., Jørgensen, M., Schieve, L. A., Yeargin-Allsopp, M., & Obel, C. (2012). Parental age and autism spectrum disorders. *Annals of Epidemiology, 22*(3), 143-150.

Parrott, A. C. (2012). MDMA and LSD. In J. C. Verster, K. Brady, M. Galanter, & P. Conrod (Eds.), *Drug abuse and addiction in medical illness* (pp. 175-188). New York, NY: Springer.

Parrott, D. J., Tharp, A. T., Swartout, K. M., Miller, C. A., Hall, G. C. N., & George, W. H. (2012). Validity for an integrated laboratory analogue of sexual aggression and bystander intervention. *Aggressive Behavior, 38*(4), 309-321. doi: 10.1002/ab.21429

Parry-Jones, B., & Parry-Jones, W. L. (2002). History of bulimia and bulimia nervosa. In K. D. Brownell & C. G. Fairburn (Eds.), *Eating disorders and obesity: A comprehensive handbook* (2nd ed., pp. 145-150). New York, NY: Guilford.

Parry-Jones, W. L., & Parry-Jones, B. (1994). Implications of historical evidence for the classification of eating disorders. *British Journal of Psychiatry, 165,* 287-292.

Pasewark, R. A., & Seidenzahl, D. (1979). Opinions concerning the insanity plea and criminality among mental patients. *Bulletin of the American Academy of Psychiatry and Law, 7,* 199-202.

Passie, T. & Halpern, J. H. (2015). The pharmacology of hallucinogens. In R.K. Ries, D.A. Fiellin, S.C. Miller, & R. Saitz (Eds.), *The ASAM principles of addiction medicine* (5th Ed., pp. 235-255). New York, NY: Wolters Kluwer.

Patel, S. R., White, D. P., Malhotra, A., Stanchina, M. L., & Ayas, N. T. (2003). Continuous positive airway pressure therapy for treating gess in a diverse population with obstructive sleep apnea: Results of a meta-analysis. *Archives of Internal Medicine, 163*(5), 565-571. doi: 10.1001/archinte.163.5.565

Patrick, D., Althof, S., Pryor, J., Rosen, R., Rowland, D., Ho, K., & Jamieson, C. (2005). Premature ejaculation: An observational study of men and their partners. *Journal of Sexual Medicine, 2,* 358-367.

Patterson, G. R. (1982). *Coercive family process.* Eugene, OR: Castalia.

Patterson, G. R. (1986). Performance models for antisocial boys. *American Psychologist, 41,* 432-444.

Patterson, G. R., DeBaryshe, B. D., & Ramsey, E. (1989). A developmental perspective on antisocial behavior. *American Psychologist, 44,* 329-335.

Patton, G. C., Johnson-Sabine, E., Wood, K., Mann, A. H., & Wakeling, A. (1990). Abnormal eating attitudes in London school girls–A prospective epidemiological study: Outcome at twelve month follow-up. *Psychological Medicine, 20,* 383-394.

Paul, G. L., & Lentz, R. J. (1977). *Psychosocial treatment of chronic mental patients: Milieu ver-*

sus social learning programs. Cambridge, MA: Harvard University Press.

Paul, T., Schroeter, K., Dahme, B., & Nutzinger, D. O. (2002). Self-injurious behavior in women with eating disorders. *American Journal of Psychiatry, 159,* 408-411.

Paulesu, E., Démonet, J. F., Fazio, F., McCrory, E., Chanoine, V., Brunswick, N., & Frith, U. (2001). Dyslexia: Cultural diversity and biological unity. *Science, 291*(5511), 2165-2167. doi: 10.1126/science.1057179

Pauli, P., & Alpers, G. W. (2002). Memory bias in patients with hypochondriasis and somatoform pain disorder. *Journal of Psychosomatic Research, 52,* 45-53.

Paulson, J. F., & Bazemore, S. D. (2010). Prenatal and postpartum depression in fathers and its association with maternal depression: A meta-analysis. *JAMA: Journal of the American Medical Association, 303*(19), 1961-1969.

Paxton, S. J., Schutz, H. K., Wertheim, E. H., & Muir, S. L. (1999). Friendship clique and peer influences on body image concerns, dietary restraint, extreme weight-loss behaviors, and binge eating in adolescent girls. *Journal of Abnormal Psychology, 108*(2), 255-266.

Paykel, E. S., & Scott, J. (2009). Treatment of mood disorders. In M. G. Gelder, N. C. Andreasen, J. J. López-Ibor, Jr., & J. R. Geddes (Eds.), *New Oxford textbook of psychiatry* (2nd ed., Vol. 1, pp. 669-680). Oxford, UK: Oxford University Press.

Payne, K., Reissing, E., Lahaie, M., Binik, Y., Amsel, R., & Khalife, S. (2005). What is sexual pain? A critique of DSM's classification of dyspareunia and vaginismus. In D. Karasic & J. Drescher (Eds.), *Sexual and gender diagnoses of the Diagnostic and Statistical Manual (DSM): A reevaluation* (pp. 141-154). New York, NY: Haworth.

Payne, L. A., White., K. S., Gallagher, M. W., Woods, S. W., Shear, M. K., Gorman, J. M., Farchione, T. J., & Barlow, D. H. (2016). Second-stage treatments for relative non-responders to cognitive-behavioral therapy (CBT) for panic disorder with or without agoraphobia: Continued CBT versus SSRI: A randomized controlled trial. *Depression and Anxiety, 33,* 392-399.

Payne, L. A., White, K. S., Gallagher, M. W., Woods, S. W., Shear, K. M., Gorman, J. M., Farchione, T. J., & Barlow, D. H. (2016). Second-stage treatments for relative non-responders to cognitive-behavioral therapy (CBT) for panic disorder with or without agoraphobia–Continued CBT versus paroxetine: A randomized controlled trial. *Depression and Anxiety.* 33(5) 392-399.

Peall, K. J., & Robertson, N. P. (2014). Narcolepsy: environment, genes and treatment. *Journal of Neurology, 261*(8), 1644-1646.

Pearlstein, T. (2010). Premenstrual dysphoric disorder: Out of the appendix. *Archives of Women's Mental Health, 13*(1), 21-23.

Pearlstein, T., & Steiner, M. (2008). Premenstrual dysphoric disorder: Burden of illness and treatment update. *Journal of Psychiatry & Neuroscience, 33*(4), 291-301.

Pearlstein, T., Yonkers, K. A., Fayyad, R., & Gillespie, J. A. (2005). Pretreatment pattern of symptom expression in premenstrual dysphoric disorder. *Journal of Affective Disorder, 85,* 275-282.

Pearson, C., Montgomery, A., & Locke, G. (2009). Housing stability among homeless individuals

with serious mental illness participating in Housing First programs. *Journal of Community Psychology, 37*(3), 404-417.

Pearson, C. M., Wonderlich, S. A., & Smith, G. T. (2015). A Risk and Maintenance Model for Bulimia Nervosa: From Impulsive Action to Compulsive Behavior, *Psychological Review, 122*(3), 516-533.

Peat, C., Mitchell, J. E., Hoek, H. W., & Wonderlich, S. A. (2009). Validity and utility of subtyping anorexia nervosa. *International Journal of Eating Disorders, 42*(7), 590-594.

Peat, C. M., Peyerl, N. L., & Muehlenkamp, J. J. (2008). Body image and eating disorders in older adults: A review. *The Journal of General Psychology, 135*(4), 343-358.

Pedersen, C. B., & Mortensen, P. B. (2006). Are the cause(s) responsible for urban-rural differences in schizophrenia risk rooted in families or in individuals? *American Journal of Epidemiology, 163*(11), 971-978.

Pedersen, N. L. (2010). Reaching the limits of genome-wide significance in Alzheimer disease: Back to the environment. *JAMA: Journal of the American Medical Association, 303*(18), 1864-1865.

Peeters, J., Van Beek, A., Meerveld, J., Spreeuwenberg, P., & Francke, A. (2010). Informal caregivers of persons with dementia, their use of and needs for specific professional support: A survey of the National Dementia Programme. *BMC Nursing, 9*(1), 9. doi: 10.1186/1472-6955-9-9

Pehlivanturk, B., & Unal, F. (2002). Conversion disorder in children and adolescents: A 4-year follow-up study. *Journal of Psychosomatic Research, 52,* 187-191.

Pelham, W. E., Jr. (1999). The NIMH Multimodal Treatment Study for attention-deficit hyperactivity disorder: Just say yes to drugs alone? *Canadian Journal of Psychiatry, 44,* 981-990.

Pellicano, E., & Stears, M. (2011). Bridging autism, science and society: Moving toward an ethically informed approach to autism research. *Autism Research, 4*(4), 271-282. doi: 10.1002 /aur.201

Pellowski, J. A., Kalichman, S. C., Matthews, K. A., & Adler, N. (2013). A pandemic of the poor: Social disadvantage and the U.S. HIV epidemic. *American Psychologist, 68*(4), 197-209.

Pen, A. E., & Jensen, U. B. (2016). Current status of treating neurodegenerative disease with induced pluripotent stem cells. *Acta Neurologica Scandinavica.* doi: 10.1111 /ane.12545. [Epub ahead of print]

Penders, T. M., Gestring, R. E., & Vilensky, D. A. (2012). Intoxication delirium following use of synthetic cathinone derivatives. *The American Journal of Drug and Alcohol Abuse, 38*(6), 616-617.

Pendery, M. L., Maltzman, I. M., & West, L. J. (1982). Controlled drinking by alcoholics? New findings and a reevaluation of a major affirmative study. *Science, 217,* 169-175.

Penedo, F. J., Antoni, M. H., & Schneiderman, N. (2008). *Cognitive-behavioral stress management for prostate cancer recovery: Facilitator guide.* New York, NY: Oxford University Press.

Peng, T. (2008, November 23). Out of the Shadows. *Newsweek.*

Pennington, B., & Bishop, D. (2009). Relations among speech, language, and reading disorders. *Annual Review of Psychology, 60,* 283-306.

Pentz, M. A. (1999). Prevention. In M. Galanter & H. D. Kleber (Eds.), *Textbook of substance abuse*

700 PSICOPATOLOGIA

treatment (2nd ed., pp. 535-544). Washington, DC: American Psychiatric Press.

Peplau, L. A. (2003). Human sexuality: How do men and women differ? *Current Directions in Psychological Science, 12*, 37-40.

Perea, G., & Araque, A. (2007). Astrocytes potentiate transmitter release at single hippocampal synapses. *Science, 317*, 1083-1087.

Pereira, D. B., Antoni, M. H., Danielson, A., Simon, T., Efantis-Potter, J., Carver, C. S., & O'Sullivan, M. J. (2003). Stress as a predictor of symptomatic genital herpes virus recurrence in women with human immunodeficiency virus. *Journal of Psychosomatic Research, 54*(3), 237-244.

Pérez-Fuentes, G., Olfson, M., Villegas, L., Morcillo, C., Wang, S., & Blanco, C. (2013). Prevalence and correlates of child sexual abuse: A national study. *Comprehensive Psychiatry, 54*(1), 16-27.

Perez-Sales, P. (1990). Camptocormia. *British Journal of Psychiatry, 157*, 765-767.

Pericak-Vance, M. A., Johnson, C. C., Rimmler, J. B., Saunders, A. M., Robinson, L. C., D'Hondt, E. G., & Haines, J. L. (1996). Alzheimer's disease and apolipoprotein E-4 allele in an Amish population. *Annals of Neurology, 39*, 700-704.

Peris, T. S., Compton, S. N., Kendall, P. C., Birmaher, B., Sherrill, J., March, J., . . . & Piacentini, J. (2015). Trajectories of change in youth anxiety during cognitive–behavior therapy. *Journal of Consulting and Clinical Psychology, 83*(2), 239.

Perkonigg, A., Pfister, H., Stein, M. B., Hofler, M., Lieb, R., Maercker, A., & Wittchen, H.-U. (2005). Longitudinal course of posttraumatic stress disorder and posttraumatic stress disorder symptoms in a community sample of adolescents and young adults. *American Journal of Psychiatry, 162*, 1320-1327.

Perlin, M. L. (2000). *The hidden prejudice: Mental disability on trial*. Washington, DC: American Psychological Association.

Perlis, M. L., Smith, L. J., Lyness, J. M., Matteson, S. R., Pigeon, W. R., Jungquist, C. R., & Tu, X. (2006). Insomnia as a risk factor for onset of depression in the elderly. *Behavioral Sleep Medicine, 4*(2), 104-113.

Perneczky, R., Wagenpfeil, S., Lunetta, K. L., Cupples, L. A., Green, R. C., DeCarli, C., & Kurz, A. (2009). Education attenuates the effect of medial temporal lobe atrophy on cognitive function in Alzheimer's disease: The MIRAGE Study. *Journal of Alzheimer's Disease, 17*(4), 855-862.

Perrault, R., Carrier, J., Desautels, A., Montplaisir, J., & Zadra, A. (2014). Electroencephalographic slow waves prior to sleepwalking episodes. *Sleep Medicine, 15*(12), 1468-1472.

Perron, B., & Howard, M. (2009). Adolescent inhalant use, abuse, and dependence. *Addiction, 104*(7), 1185-1192.

Perry, J. C. (1993). Longitudinal studies of personality disorders. *Journal of Personality Disorders, 7*, 63-85.

Perry, J. C., & Bond, M. (2012). Change in defense mechanisms during long-term dynamic psychotherapy and five-year outcome. *American Journal of Psychiatry, 169*(9), 916-925.

Perry, J. C., & Bond, M. (2014). Change in defense mechanisms during long-term dynamic psychotherapy and five-year outcome. *American Journal of Psychiatry, 169*(9), 916-925.

Person, D. C., & Borkovec, T. D. (1995, August). *Anxiety disorders among the elderly: Patterns and issues*. Paper presented at the 103rd annual meeting of the American Psychological Association. New York.

Perugi, G., Angst, J., Azorin, J. M., Bowden, C., Vieta, E., & Young, A. H. (2013). Is comorbid borderline personality disorder in patients with major depressive episode and bipolarity a developmental subtype? Findings from the international BRIDGE study. *Journal of Affective Disorders, 144*, 72-78.

Petersen, J. L., & Hyde, J. S. (2010). A meta-analytic review of research on gender differences in sexuality, 1993-2007. *Psychological Bulletin, 136*, 21-38.

Petersen, R. C., Smith, G. E., Waring, S. C., Ivnik, R. J., Tangalos, E. G., & Kokmen, E. (1999). Mild cognitive impairment: Clinical characterization and outcome. *Archives of Neurology, 56*(3), 303-308. doi: 10.1001 /archneur.56.3.303

Peterson, L., & Roberts, M. C. (1992). Complacency, misdirection, and effective prevention of children's injuries. *American Psychologist, 47*(8), 1040-1044.

Peterson, L., & Thiele, C. (1988). Home safety at school. *Child and Family Behavior Therapy, 10*(1), 1-8.

Peterson, R. L., & Pennington, B. F. (2012). Developmental dyslexia. *The Lancet, 379*(9830), 1997-2007. doi: http://dx.doi .org/10.1016/S0140-6736(12)60198-6

Petit, D., Pennestri, M. H., Paquet, J., Desautels, A., Zadra, A., Vitaro, F., . . . & Montplaisir, J. (2015). Childhood sleepwalking and sleep terrors: a longitudinal study of prevalence and familial aggregation. *JAMA Pediatrics, 169*(7), 653--658.

Petrill, S. A. (2013). Behavioral genetics, learning abilities, and disabilities. In H. L. Swanson, K. R. Harris, & S. Graham (Eds.), *Handbook of learning disabilities* (2nd ed., pp. 293-306). New York, NY: Guilford.

Petrovic, P., Kalso, E., Petersson, K. M., & Ingvar, M. (2002). Placebo and opioid analgesia–imaging a shared neuronal network. *Science, 295*(5560), 1737-1740.

Petry, N. M., & O'Brien, C. P. (2013). Internet gaming disorder and the *DSM-5*. *Addiction, 108*(7), 1186-1187. doi: 10.1111/add.12162

Pfiffner, L. J., & DuPaul, G. J. (2015). Treatment of ADHD in school settings. In R. A. Barkley (Ed.), *Attention-deficit hyperactivity disorder: A handbook for diagnosis & treatment* (4th ed., pp. 596-629). New Yok: The Guilford Press.

Phé, V., & Rouprêt, M. (2012). Erectile dysfunction and diabetes: a review of the current evidence-based medicine and a synthesis of the main available therapies. *Diabetes & metabolism, 38*(1), 1-13.

Phelan, S., & Wadden, T. A. (2004). Behavioral assessment of obesity. In J. K. Thompson (Ed.), *Handbook of eating disorders and obesity* (pp. 393-420). New York, NY: Wiley.

Philips, H. C., & Grant, L. (1991). Acute back pain: A psychological analysis. *Behaviour Research and Therapy, 29*, 429-434.

Phillips, K. A. (1991). Body dysmorphic disorder: The distress of imagined ugliness. *American Journal of Psychiatry, 148*, 1138-1149.

Phillips, K. A. (2005). *The broken mirror: Understanding and treating body dysmorphic disorder* (Rev. & expanded ed.). New York, NY: Oxford University Press.

Phillips, K. A., & Stout, R. (2006). Association in the longitudinal course of body dysmorphic disorder with major depression, obsessive compulsive disorder, and social phobia. *Journal of Psychiatric Research, 40*, 360-369.

Phillips, K. A., Albertini, R. S., & Rasmussen, S. A. (2002). A randomized placebo-controlled trial of fluoxetine in body dysmorphic disorder. *Evidence-Based Mental Health, 5*, 119.

Phillips, K. A., Dufresne, R. G., Wilkel, C. S., & Vittorio, C. C. (2000). Rate of body dysmorphic disorder in dermatology patients. *Journal of the American Academy of Dermatology, 42*, 436-441.

Phillips, K. A., Grant, J., Siniscalchi, J., & Albertini, R. S. (2001). Surgical and nonpsychiatric medical treatment of patients with body dysmorphic disorder. *Psychosomatics, 42*, 504-510.

Phillips, K. A., McElroy, S. L., Keck, P. E., Jr., Pope, H. G., Jr., & Hudson, J. I. (1993). Body dysmorphic disorder: 30 cases of imagined ugliness. *American Journal of Psychiatry, 150*, 302-308.

Phillips, K. A., Menard, W., & Fay, C. (2006c). Gender similarities and differences in 200 individuals with body dysmorphic disorder. *Comprehensive Psychiatry, 47*, 77-87.

Phillips, K. A., Menard, W., Fay, C., & Pagano, M. E. (2005a). Psychosocial functioning and quality of life in body dysmorphic disorder. *Comprehensive Psychiatry, 46*(4), 254-260.

Phillips, K. A., Menard, W., Fay, C., & Weisberg, R. (2005b). Demographic characteristics, phenomenology, comorbidity, and family history in 200 individuals with body dysmorphic disorder. *Psychosomatics, 46*, 317-325.

Phillips, K. A., Menard, W., Pagano, M., Fay, C., & Stout, R. (2006a). Delusional versus nondelusional body dysmorphic disorder: Clinical features and course of illness. *Journal of Psychiatric Research, 40*, 95-104.

Phillips, K. A., Pagano, M., Menard, W., & Stout, R. (2006b). A 12-month follow-up study of the course of body dysmorphic disorder. *American Journal of Psychiatry, 163*, 907-912.

Phillips, K. A., Pinto, A., Hart, A. S., Coles, M. E., Eisen, J. L., Menard, W., & Rasmussen, S. A. (2012). A comparison of insight in body dysmorphic disorder and obsessive-compulsive disorder. *Journal of Psychiatric Research, 46*, 1293-1299. doi: 10.1016/j.jpsychires .2012.05.016

Phillips, K. A., Wilhelm, S., Koran, L. M., Didie, E., Fallon, B., Feusner, J., & Stein, D. J. (2010). Body dysmorphic disorder: Some key issues for DSM-V. *Depression and Anxiety, 27*, 573-591. doi: 10.1002/da.20709.

Phillips, K. A., Yen, S., & Gunderson, J. G. (2003). Personality disorders. In R. E. Hales & S. C. Yudofsky (Eds.), *Textbook of clinical psychiatry* (4th ed., pp. 804-832). Washington, DC: American Psychiatric Publishing.

Phillips, L. J., Francey, S. M., Edwards, J., & McMurray, N. (2007). Stress and psychosis: Towards the development of new models of investigation. *Clinical Psychology Review, 27*, 307-317.

Phillips, M. R., Li, X., & Zhang, Y. (2002). Suicide rates in China, 1995-99. *Lancet, 359*, 835-840.

Phillips, M. R., Shen, Q., Liu, X., Pritker, S., Streiner, D., Conner, K., & Yang, G. (2007). Assessing depressive symptoms in persons who die of suicide in mainland China. *Journal of Affective Disorders, 98*, 73-82.

Pierce, K. (2016). Neurodevelopmental disorders: Specific learning disorder, communication disorders, and motor disorders. In M. K. Dulcan (Ed.), *Dulcan's Textbook of Child and Adolescent*

Psychiatry (2nd ed., pp. 157-171). Arlington, VA: American Psychiatric Publishing.

Pierce, K. A., & Kirkpatrick, D. R. (1992). Do men lie on fear surveys? *Behaviour Research and Therapy, 30,* 415-418.

Pike, K. M., & Rodin, J. (1991). Mothers, daughters, and disordered eating. *Journal of Abnormal Psychology, 100*(2), 198-204.

Pike, K. M., Hoek, H. W., & Dunne, P. E. (2014). Cultural trends and eating disorders. *Current Opinion in Psychiatry, 27*(6), 436-442.

Pike, K. M., Walsh, B. T., Vitousek, K., Wilson, G. T., & Bauer, J. (2003). Cognitive behavior therapy in the posthospitalization treatment of anorexia nervosa. *American Journal of Psychiatry, 160,* 2046-2048.

Pincus, D. B., Santucci, L. C., Ehrenreich, J. T., & Eyberg, S. M. (2008). The implementation of modified parent-child interaction therapy for youth with separation anxiety disorder. *Cognitive and Behavioral Practice, 15*(2), 118-125.

Pinel, P. (1962). *A treatise on insanity.* New York, NY: Hafner. (Original work published in 1801.)

Pinel, P. H. (1809). *Traité medico-philosophique sur l'aliénation mentale.* Paris, France: J. A. Brosson.

Pinto, A. (2015). Treatment of obsessive- compulsive personality disorder. In *Clinical Handbook of Obsessive-Compulsive and Related Disorders* (pp. 415-429). Springer International Publishing.

Pinto, R., Ashworth, M., & Jones, R. (2008). Schizophrenia in black Caribbeans living in the UK: An exploration of underlying causes of the high incidence rate. *The British Journal of General Practice, 58*(551), 429.

Piomelli, D. (2003). The molecular logic of endocannabinoid signalling. *Nature Reviews: Neuroscience, 4*(11), 873-884.

Piomelli, D. (2014). More surprises lying ahead. The endocannabinoids keep us guessing. *Neuropharmacology, 76,* 228-234.

Pisetsky, E. M., Thornton, L. M., Lichtenstein, P., Pedersen, N. L., & Bulik, C. M. (2013). Suicide attempts in women with eating disorders. *Journal of Abnormal Psychology, 122*(4), 1042-1056.

Pizzagalli, D. A. (2014). Depression, stress, and anhedonia: Toward a synthesis and integrated model. *Annual Review of Clinical Psychology, 10,* 393-432.

Pletcher, M. J., Vittinghoff, E., Kalhan, R., Richman, J., Safford, M., Sidney, S., & Kertesz, S. (2012). Association between marijuana exposure and pulmonary function over 20 years. *JAMA: Journal of the American Medical Association, 307*(2), 173-181. doi: 10.1001 / jama.2011.1961

Pliszka, S. R. (2015). Comorbid psychiatric disorders in children with ADHD. In R. A. Barkley (Ed.), *Attention-deficit hyperactivity disorder: A handbook for diagnosis & treatment* (4th ed., pp. 140-168). New Yok: The Guilford Press.

Plomin, R. (1990). The role of inheritance in behavior. *Science, 248,* 183-188.

Plomin, R., & Davis, O. S. P. (2009). The future of genetics in psychology and psychiatry: Microarrays, genome-wide association, and non-coding RNA. *Journal of Child Psychology and Psychiatry, 50*(1-2), 63-71.

Plomin, R., & Kovas, Y. (2005). Generalist genes and learning disabilities. *Psychological Bulletin, 131*(4), 592-617.

Plomin, R., DeFries, J. C., McClearn, G. E., & Rutter, M. (1997). *Behavioral genetics: A primer* (3rd ed.). New York, NY: Freeman.

Plomin, R., McClearn, G. E., Smith, D. L., Skuder, P., Vignetti, S., Chorney, M. J., & McGuffin, P. (1995). Allelic association between 100 DNA markers and high versus low IQ. *Intelligence, 21,* 31-48.

Pocock, S. J. (2013). *Clinical trials: a practical approach.* Hoboken, Nj: John Wiley & Sons.

Podewils, L. J., Guallar, E., Kuller, L. H., Fried, L. P., Lopez, O. L., Carlson, M., & Lyketsos, C. G. (2005). Physical activity, APOE genotype, and dementia risk: Findings from the Cardiovascular Health Cognition Study. *American Journal of Epidemiology, 161,* 639-651.

Polanczyk, G., de Lima, M. S., Horta, B. L., Biederman, J., & Rohde, L. A. (2007a). The worldwide prevalence of ADHD: A systematic review and metaregression analysis. *American Journal of Psychiatry, 164,* 942-948.

Polanczyk, G., Zeni, C., Genro, J. P., Guimaraes, A. P., Roman, T., Hutz, M. H., & Rohde, L. A. (2007b). Association of the adrenergic a2A receptor gene with methylphenidate improvement of inattentive symptoms in children and adolescents with attention-deficit/hyperactivity disorder. *Archives of General Psychiatry, 64,* 218-224.

Polivy, J., & Herman, C. P. (2002). Dieting and its relation to eating disorder. In K. D. Brownell & C. G. Fairburn (Eds.), *Eating disorders and obesity: A comprehensive handbook* (2nd ed., pp. 83-86). New York, NY: Guilford.

Polivy, J. M., & Herman, C. P. (1993). Etiology of binge eating: Psychological mechanisms. In C. G. Fairburn & G. T. Wilson (Eds.), *Binge eating: Nature, assessment, and treatment.* New York, NY: Guilford.

Pollack, M. H. (2005). The pharmacotherapy of panic disorder. *Journal of Clinical Psychiatry, 66,* 23-27.

Pollack, M. H., & Simon, N. M. (2009). Pharmacotherapy for panic disorder and agoraphobia. In M. M. Antony & M. B. Stein (Eds.), *Oxford handbook of anxiety and related disorders* (pp. 295-307). New York, NY: Oxford University Press.

Polloway, E. A., Schewel, R., & Patton, J. R. (1992). Learning disabilities in adulthood: Personal perspectives. *Journal of Learning Disabilities, 25,* 520-522.

Polonsky, D. C. (2000). Premature ejaculation. In S. R. Leiblum & R. C. Rosen (Eds.), *Principles and practice of sex therapy* (3rd ed., pp. 305-332). New York, NY: Guilford.

Pompili, M., Serafini, G., Innamorati, M., Biondi, M., Siracusano, A., Di Giannantonio, M., & Möller-Leimkühler, A. M. (2012). Substance abuse and suicide risk among adolescents. *European Archives of Psychiatry and Clinical Neuroscience, 262*(6), 469-485.

Pompili, M., Serafini, G., Innamorati, M., Möller-Leimkühler, A. M., Giupponi, G., Girardi, P., & Lester, D. (2010). The hypothalamic-pituitary-adrenal axis and serotonin abnormalities: A selective overview for the implications of suicide prevention. *European Archives of Psychiatry and Clinical Neuroscience, 260*(8), 583-600.

Ponseti, J., Granert, O., Jansen, O., Wolff, S., Beier, K., Neutze, J., & Bosinski, H. (2012). Assessment of pedophilia using hemodynamic brain response to sexual stimuli. *Archives of General Psychiatry, 69*(2), 187.

Poon, K., Watson, L., Baranek, G., & Poe, M. D. (2012). To what extent do joint attention, imitation, and object play behaviors in infancy predict later communication and intellectual functioning in ASD? *Journal of Autism and Developmental Disorders, 42*(6), 1064-1074. doi: 10.1007/s10803-011-1349-z

Poorsattar, S., & Hornung, R. (2010). Tanning addiction: Current trends and future treatment. *Expert Review of Dermatology, 5*(2), 123-125.

Pope, C., Pope, H., Menard, W., Fay, C., Olivardia, R., & Phillips, K. (2005). Clinical features of muscle dysmorphia among males with body dysmorphic disorder. *Body Image, 4,* 395-400.

Pope, H. G., Jr., Oliva, P. S., Hudson, J. I., Bodkin, J. A., & Gruber, A. J. (1999). Attitudes toward DSM-IV dissociative disorders diagnoses among board-certified American psychiatrists. *American Journal of Psychiatry, 156*(2), 321-323.

Pope, H. G., Jr., & Kanayama, G. (2012). Anabolic-androgenic steroids. In J. C. Verster, K. Brady, M. Galanter, & P. Conrod (Eds.), *Drug Abuse and Addiction in Medical Illness* (pp. 251-264). New York, NY: Springer.

Pope, H. G., Jr., Cohane, G. H., Kanayama, G., Siegel, A. J., & Hudson, J. I. (2003). Testosterone gel supplementation for men with refractory depression: A randomized, placebo-controlled trial. *The American Journal of Psychiatry, 160*(1), 105-111.

Pope, H. G., Jr., Gruber, A. J., Mangweth, B., Bureau, B., deCol, C., Jouvent, R., & Hudson, J. I. (2000). Body image perception among men in three countries. *American Journal of Psychiatry, 157,* 1297-1301.

Pope Jr, H. G., Gruber, A. J., Mangweth, B., Bureau, B., Jouvent, R., & Hudson, J. I. (2014). Body image perception among men in three countries. *American Journal of Psychiatry, 157*(8), 1297-1301.

Pope, K. S. (1996). Memory, abuse and science: Questioning claims about the false memory syndrome epidemic. *American Psychologist, 51,* 957-974.

Pope, K. S. (1997). Science as careful questioning: Are claims of a false memory syndrome epidemic based on empirical evidence? *American Psychologist, 52,* 997-1006.

Poppa, T., & Bechara, A. (2015). A neural perspective of immoral behavior and psychopathy. *AJOB Neuroscience, 6*(3), 15-24.

Portenoy, R., & Mathur, G. (2009). Cancer pain. In S.-C. J. Yeung, C. P. Escalante, & R. F. Gagel (Eds.), *Medical care of the cancer patient* (pp. 60-71). Shelton, CT: PMPH USA Ltd.

Post, L., Page, C., Conner, T., & Prokhorov, A. (2010). Elder abuse in long-term care: Types, patterns, and risk factors. *Research on Aging, 32*(3), 323.

Post, R. M. (1992). Transduction of psychosocial stress into the neurobiology of recurrent affective disorder. *American Journal of Psychiatry, 149*(8), 999-1010.

Post, R. M., Rubinow, D. R., Uhde, T. W., Roy-Byrne, P. P., Linnoila, M., Rosoff, A., & Cowdry, R. (1989). Dysphoric mania: Clinical and biological correlates. *Archives of General Psychiatry, 46,* 353-358.

Potenza, M. N., Steinberg, M. A., Skudlarski, P., Fulbright, R. K., Lacadie, C. M., Wilber, M. K., & Wexler, B. E. (2003). Gambling urges in pathological gambling: A functional magnetic resonance imaging study. *Archives of General Psychiatry, 60,* 828-836.

Potter, R., Ellard, D., Rees, K., & Thorogood, M. (2011). A systematic review of the effects of physical activity on physical functioning, quality of life and depression in older people with dementia. *International Journal of Geriatric Psychiatry, 26*(10), 1000-1011.

Poulsen, S., Lunn, S., Daniel, S. I. F., Folke, S., Mathiesen, B. B., Katznelson, H., & Fairburn, C. G. (2014). A randomized controlled trial of psychoanalytic psychotherapy versus cognitive behavior therapy for bulimia nervosa. *American Journal of Psychiatry, 171*, 109-116.

Powell, R. A., & Howell, A. J. (1998). Effectiveness of treatment for dissociative identity disorder. *Psychological Reports, 83*, 483-490.

Powers, A. D., Gleason, M. E., & Oltmanns, T. F. (2013). Symptoms of borderline personality disorder predict interpersonal (but not independent) stressful life events in a community sample of older adults. *Journal of Abnormal Psychology, 122*(2), 469.

Prause, N., & Janssen, E. (2006). Blood flow: Vaginal photoplethysmography. In Goldstein, I., Meston, C. M., Davis, S. R., & Traish, A. M. (Eds.), *Women's sexual function and dysfunction: Study, diagnostic and treatment* (pp. 359-367). New York, NY: Taylor and Francis.

Prelior, E. F., Yutzy, S. H., Dean, J. T., & Wetzel, R. D. (1993). Briquet's syndrome, dissociation and abuse. *American Journal of Psychiatry, 150*, 1507-1511.

Prenoveau, J. M., Craske, M. G., Liao, B., & Ornitz, E. M. (2013). Human fear conditioning and extinction: Timing is everything... or is it? *Biological psychology, 92*(1), 59-68.

President's New Freedom Commission on Mental Health. (2003). *Achieving the promise: Transforming mental health care in America–Final report* (DHHS Pub. No. SMA-03-3832). Rockville, MD: Substance Abuse and Mental Health Services Administration.

Presley, C. A., & Meilman, P. W. (1992). *Alcohol and drugs on American college campuses: A report to college presidents.* Carbondale: Southern Illinois University Press.

Presnall, N., Webster-Stratton, C. H., & Constantino, J. N. (2014). Parent training: Equivalent improvement in externalizing behavior for children with and without familial risk. *Journal of the American Academy of Child & Adolescent Psychiatry, 53*(8), 879-887.

Price, A. M. H., Wake, M., Ukoumunne, O. C., & Hiscock, H. (2012). Outcomes at six years of age for children with infant sleep problems: Longitudinal community-based study. *Sleep Medicine, 13*(8), 991-998. doi: 10.1016/j.sleep.2012.04.014

Price, J. R., Mitchell, E., Tidy, E., & Hunot, V. (2008). Cognitive behaviour therapy for chronic fatigue syndrome in adults. *Cochrane Database of Systematic Reviews, 3*, CD001027. doi: 10.1002/14651858.CD001027.pub2

Price, S. R., Hilchey, C. A., Darredeau, C., Fulton, H. G., & Barrett, S. P. (2010). Energy drink co-administration is associated with increased reported alcohol ingestion. *Drug and Alcohol Review, 29*(3), 331-333.

Pridal, C. G., & LoPiccolo, J. (2000). Multielement treatment of desire disorders: Integration of cognitive, behavioral and systemic therapy. In S. R. Leiblum & R. C. Rosen (Eds.), *Principles and practice of sex therapy* (3rd ed., pp. 57-81). New York, NY: Guilford.

Prince, M. (1906-1907). Hysteria from the point of view of dissociated personality. *Journal of Abnormal Psychology, 1*, 170-187.

Primeau, A., Bowers, T. G., Harrison, M. A., & XuXu. (2013). Deinstitutionalization of the mentally ill: Evidence for transinstitutionalization from psychiatric hospitals to penal institutions. *Comprehensive Psychology, 2*(1), Article-2.

Pringsheim, T., Wiltshire, K., Day, L., Dykeman, J., Steeves, T., & Jette, N. (2012). The incidence and prevalence of Huntington's disease: A systematic review and meta-analysis. *Movement Disorders, 27*(9), 1083-1091.

Prins, J., van der Meer, J., & Bleijenberg, G. (2006). Chronic fatigue syndrome. *Lancet, 367*, 346-355.

pro-ana-nation. (2010). Home page. Retrieved April 28, 2010, from http://www.pro-ana-nation.com/v1/index.php

Proulx, T., & Heine, S. J. (2009). Connections from Kafka: Exposure to meaning threats improves implicit learning of an artificial grammar. *Psychological Science, 20*(9), 1125-1131.

Pruzinsky, T. (1988). Collaboration of plastic surgeon and medical psychotherapist: Elective cosmetic surgery. *Medical Psychotherapy, 1*, 1-13.

Pueschel, S. M., & Goldstein, A. (1991). Genetic counseling. In J. L. Matson & J. A. Mulick (Eds.), *Handbook of mental retardation* (2nd ed., pp. 279-291). Elmsford, NY: Pergamon Press.

Pugliese, M. T., Weyman-Daun, M., Moses, N., & Lifshitz, F. (1987). Parental health beliefs as a cause of nonorganic failure to thrive. *Pediatrics, 80*, 175-182.

Puhan, M. A., Suarez, A., Cascio, C. L., Zahn, A., Heitz, M., & Braendli, O. (2006). Didgeridoo playing as alternative treatment for obstructive sleep apnoea syndrome: randomised controlled trial. *BMJ 332*(7536), 266-270.

Puliafico, A. C., Comer, J. S., & Pincus, D. B. (2012). Adapting parent-child interaction therapy to treat anxiety disorders in young children. *Child and Adolescent Psychiatry Clinics of North America, 21*, 607-619.

Pulkki-Råbåck, L., Kivimäki, M., Ahola, K., Joutsenniemi, K., Elovainio, M., & Virtanen, M. (2012). Living alone and antidepressant medication use: A prospective study in a working-age population. *BMC Public Health, 12*(1), 236. doi: 10.1186/1471-2458-12-236

Pull, C. B. (2013). Too few or too many? Reactions to removing versus retaining specific personality disorders in DSM-5. *Current Opinion in Psychiatry, 26*(1), 73-78.

Purdy, D., & Frank, E. (1993). Should postpartum mood disorders be given a more prominent or distinct place in DSM-IV? *Depression, 1*, 59-70.

Pury, C. L. S., & Mineka, S. (1997). Covariation bias for blood-injury stimuli and aversion outcomes. *Behavior Research and Therapy, 35*, 35-47.

Putnam, F. W. (1991). Dissociative phenomena. In A. Tasman & S. M. Goldinger (Eds.), *American Psychiatric Press review of psychiatry* (Vol. 10). Washington, DC: American Psychiatric Press.

Putnam, F. W. (1992). Altered states: Peeling away the layers of a multiple personality. *Sciences, 32*(6), 30-36.

Putnam, F. W. (1997). *Dissociation in children and adolescents: A developmental perspective.* New York, NY: Guilford.

Putnam, F. W., & Loewenstein, R. J. (1993). Treatment of multiple personality disorder: A sur-

vey of current practices. *American Journal of Psychiatry, 150*, 1048-1052.

Putnam, F. W., Guroff, J. J., Silberman, E. K., Barban, L., & Post, R. M. (1986). The clinical phenomenology of multiple personality disorder: Review of 100 recent cases. *Journal of Clinical Psychiatry, 47*, 285-293.

Puzziferri, N., Roshek, T. B., Mayo, H. G., Gallagher, R., Belle, S. H., & Livingston, E. H. (2014). Long-term follow-up after bariatric surgery: a systematic review. *JAMA, 312*(9), 934-942.

Quality Assurance Project. (1990). Treatment outlines for paranoid, schizotypal and schizoid personality disorders. *Australian and New Zealand Journal of Psychiatry, 24*, 339-350.

Quay, H. C. (1993). The psychobiology of undersocialized aggressive conduct disorder: A theoretical perspective. *Development and Psychopathology, 5*, 165-180.

Quinsey, V. L. (2010). Coercive paraphilic disorder. *Archives of Sexual Behavior, 39*, 405-410.

Quoidbach, J., Gilbert, D. T., & Wilson, T. D. (2013). The end of history illusion. *Science, 339*(6115), 96-98. doi: 10.1126/science.1229294

Rabe, S., Zoellner, T., Beauducel, A., Maercker, A., & Karl, A. (2008). Changes in brain electrical activity after cognitive behavioral therapy for posttraumatic stress disorder in patients injured in motor vehicle accidents. *Psychosomatic Medicine, 70*(1), 13-19.

Rabins, P. V. (2006). *Guideline watch: Practice guidelines for the treatment of patients with Alzheimer's disease and other dementias of late life.* Washington, DC: American Psychiatric Association.

Rabins, P. V., & Lyketsos, C. G. (2011). A commentary on the proposed DSM revision regarding the classification of cognitive disorders. *American Journal of Geriatric Psychiatry, 19*(3), 201-204.

Rachman, S. (1978). *Fear and courage.* San Francisco: W. H. Freeman.

Rachman, S. (1991). Neo-conditioning and the classical theory of fear acquisition. *Clinical Psychology Review, 11*, 155-173.

Rachman, S. (2006). *Fear of contamination.* New York, NY: Oxford University Press.

Rachman, S., & de Silva, P. (1978). Abnormal and normal obsessions. *Behaviour Research and Therapy, 16*, 233-248.

Rachman, S., & Hodgson, R. (1968). Experimentally induced "sexual fetishism": Replication and development. *Psychological Record, 18*(1), 25-27.

Racine, S. E., & Wildes, J. E. (2015). Dynamic longitudinal relations between emotion regulation difficulties and anorexia nervosa symptoms over the year following intensive treatment. *Journal of Clinical and Consulting Psychology, 83*(4), 785-795.

Rado, S. (1962). Theory and therapy: The theory of schizotypal organization and its application to the treatment of decompensated schizotypal behavior. In S. Rado (Ed.), *Psychoanalysis of behavior* (Vol. 2, pp. 127-140). New York, NY: Grune & Stratton.

Radomsky, A. S., & Taylor, S. (2005). Subtyping OCD: Prospects and problems. *Behavior Therapy, 36*, 371-379.

Rahkonen, T., Eloniemi-Sulkava, U., Paanila, S., Halonen, P., Sivenius, J., & Sulkava, R.

(2001). Systematic intervention for supporting community care of elderly people after a delirium episode. *International Psychogeriatrics, 13*(1), 37-49.

Raine, A., Venables, P. H., & Williams, M. (1990). Relationships between central and autonomic measures of arousal at age 15 years and criminality at age 24 years. *Archives of General Psychiatry, 47*, 1003-1007.

Raison, C. L., Klein, H. M., & Steckler, M. (1999). The moon and madness reconsidered. *Journal of Affective Disorders, 53*(1), 99-106.

Rakison, D. H. (2009). Does women's greater fear of snakes and spiders originate in infancy? *Evolution and Human Behavior, 30*(6), 438-444.

Ramachandran, V. S. (1993). Filling in the gaps in perception II: Scotomas and phantom limbs. *Current Directions in Psychological Science, 2*, 56-65.

Ramchandani, P., Stein, A., Evans, J., O'Connor, T., & the ALSPAC Study Team. (2005). Paternal depression in the postnatal period and child development: A prospective population study. *Lancet, 365*, 2201-2205.

Ramos Olazagasti, M. A., Klein, R. G., Mannuzza, S., Belsky, E. R., Hutchison, J. A., Lashua-Shriftman, E. C., & Xavier Castellanos, F. (2013). Does childhood attention-deficit /hyperactivity disorder predict risk-taking and medical illnesses in adulthood? *Journal of the American Academy of Child & Adolescent Psychiatry, 52*(2), 153-162.e154. doi: http://dx.doi.org/10.1016/j.jaac.2012.11.012

Ramrakha, S., Paul, C., Bell, M. L., Dickson, N., Moffitt, T. E., & Caspi, A. (2013). The relationship between multiple sex partners and anxiety, depression, and substance dependence disorders: A cohort study. *Archives of Sexual Behavior, 42*(5), 863-872.

Ramsawh, H. J., Morgentaler, A., Covino, N., Barlow, D. H., & DeWolf, W. C. (2005). Quality of life following simultaneous placement of penile prosthesis with radical prostatectomy. *Journal of Urology, 174*(4, Part 1 of 2), 1395-1398.

Ramsawh, H., Raffa, S. D., White, K. S., & Barlow, D. H. (2008). Risk factors for isolated sleep paralysis in an African American sample: A preliminary study. *Behavior Therapy 39*(4), 386-397. doi: 10.1016/j.beth.2007.11.002.

Rangmar, J., Hjern, A., Vinnerljung, B., Strömland, K., Aronson, M., & Fahlke, C. (2015). Psychosocial outcomes of fetal alcohol syndrome in adulthood. *Pediatrics, 135*(1), e52-e58.

Ranjith, G., & Mohan, R. (2004). Dhat syndrome: A functional somatic syndrome? (Letter to the editor). *British Journal of Psychiatry*, pp. 200-209.

Ranson, M. B., Nichols, D. S., Rouse, S. V., & Harrington, J. L. (2009). Changing or replacing an established psychological assessment standard: Issues, goals, and problems with special reference to recent developments in the MMPI-2. In J. N. Butcher (Ed.), *Oxford handbook of personality assessment* (pp. 112-139). New York, NY: Oxford University Press.

Rapee, R. M., & Melville, L. F. (1997). Recall of family factors in social phobia and panic disorder: Comparison of mother and offspring reports. *Depression and Anxiety, 5*, 7-11

Rapee, R. M., Schniering, C. A., & Hudson, J. L. (2009). Anxiety disorders during childhood and adolescence: Origins and treatment. *Annual Review of Clinical Psychology, 5*, 311-341.

Rapkin, A. J., Chang, L. C., & Reading, A. E. (1989). Mood and cognitive style in premenstrual syndrome. *Obstetrics and Gynecology, 74*, 644-649.

Rasetti, R., Sambataro, F., Chen, Q., Callicott, J. H., Mattay, V. S., & Weinberger, D. R. (2011). Altered cortical network dynamics: a potential intermediate phenotype for schizophrenia and association with ZNF804A. *Archives of General Psychiatry, 68*(12), 1207-1217.

Rasmussen, S. A., & Eisen, J. L. (1990). Epidemiology of obsessive-compulsive disorder. *Journal of Clinical Psychiatry, 51*, 10-14.

Rasmusson, A. M., Anderson, G. M., Krishnan-Sarin, S., Wu, R., & Paliwal, P. (2006). A decrease in plasma DHEA to cortisol ratio during smoking abstinence may predict relapse: A preliminary study. *Psychopharmacology, 186*, 473-480.

Rassin, E., & Koster, E. (2003). The correlation between thought-action fusion and religiosity in a normal sample. *Behaviour Research and Therapy, 41*, 361-368.

Rathod, N. H., Addenbrooke, W. M., & Rosenbach, A. F. (2005). Heroin dependence in an English town: 33-year follow-up. *British Journal of Psychiatry, 187*, 421-425.

Rauch, A., Wieczorek, D., Graf, E. R., Wieland, T., Endele, S., Schwarzmayr, T., & Strom, T., M. (2012). Range of genetic mutations associated with severe non-syndromic sporadic intellectual disability: An exome sequencing study. *The Lancet, 380*(9854), 1674-1682.

Rauch, S. A. M., King, A. P., Abelson, J., Tuerk, P. W., Smith, E., Rothbaum, B. O., Clifton, E., Defever, A, & Liberzon, I. (2014). Biological and symptom changes in posttraumatic disorder treatment: A randomized clinical trial. *Depression and Anxiety, 32*, 204-212.

Rauch, S. L., Phillips, K. A., Segal, E., Markis, N., Shin, L. M., Whalen, P. J., & Kennedy, D. N. (2003). A preliminary morphometric magnetic resonance imaging study of regional brain volumes in body dysmorphic disorder. *Psychiatry Research, 122*, 13-19.

Ravussin, E., Valencia, M. E., Esparza, J., Bennett, P. H., & Schulz, L. O. (1994). Effects of a traditional lifestyle on obesity in Pima Indians. *Diabetes Care, 17*, 1067-1074.

Ray, L. A. (2012). Clinical neuroscience of addiction: Applications to psychological science and practice. *Clinical Psychology: Science and Practice, 19*(2), 154-166. doi: 10.1111/j.1468-2850.2012.01280.x

Ray, W. A., Gurwitz, J., Decker, M. D., & Kennedy, D. L. (1992). Medications and the safety of the older driver: Is there a basis for concern? Special issue: Safety and mobility of elderly drivers: II. *Human Factors, 34*(1), 33-47.

Raymond, N. C., Coleman, E., Ohlerking, F., Christenson, G. A., & Miner, M. (1999). Psychiatric comorbidity in pedophilic sex offenders. *American Journal of Psychiatry, 156*, 786-788.

Rayner, K. E., Schniering, C. A., Rapee, R. M., Taylor, A., & Hutchinson, D. M. (2012). Adolescent girls' friendship networks, body dissatisfaction, and disordered eating: Examining selection and socialization processes. *Journal of Abnormal Psychology, 122*(1), 93-104. doi: 10.1037/a0029304

Raza, G. T., DeMarce, J. M., Lash, S. J., & Parker, J. D. (2014). Paranoid Personality Disorder in the United States: The Role of Race, Illicit Drug Use, and Income. *Journal of Ethnicity in Substance Abuse, 13*(3), 247-257.

Razran, G. (1961). The observable unconscious and the inferable conscious in current Soviet psychophysiology: Interoceptive conditioning, semantic conditioning, and the orienting reflex. *Psychological Review, 68*, 81-150.

Rea, M., Tompson, M. C., & Miklowitz, D. J. (2003). Family-focused treatment versus individual treatment for bipolar disorder: Results of a randomized clinical trial. *Journal of Consulting and Clinical Psychology, 71*, 482-492.

Reames, B. N., Finks, J. F., Bacal, D., Carlin, A. M., & Dimick, J. B. (2014). Changes in bariatric surgery procedure use in Michigan, 2006-2013. *JAMA, 312*(9), 959-961.

Reas, D. L., & Grilo, C. M. (2014). Current and emerging drug treatments for binge eating disorder. *Expert Opinion on Emerging Drugs, 19*(1), 99-142.

Rebocho, M. F., & Silva, P. (2014). Target selection in rapists: The role of environmental and contextual factors. *Aggression and Violent Behavior, 19*(1), 42-49.

Record, N. B., Onion, D. K., Prior, R. E., Dixon, D. C., Record, S. S., Fowler, F. L., Cayer, G. R., Amos, C. I., & Pearson, T. A. (2015). Community-wide cardiovascular disease prevention programs and health outcomes in a rural county, 1970-2010. *JAMA, 313*(2), 147-155.

Redd, W. H., & Andrykowski, M. A. (1982). Behavioral intervention in cancer treatment: Controlling aversion reactions to chemotherapy. *Journal of Consulting and Clinical Psychology, 50*, 1018-1029.

Reddy, L. A., Newman, E., De Thomas, C. A., & Chun, V. (2009). Effectiveness of school-based prevention and intervention programs for children and adolescents with emotional disturbance: A meta-analysis. *Journal of School Psychology, 47*(2), 77-99.

Reddy, L. F., Horan, W. P., & Green, M. F. (2016). Motivational deficits and negative symptoms in schizophrenia: Concepts and assessments. *Current Topics in Behavioral Neuroscience, 27*, 357-373.

Reeves, G. M., Nijjar, G. V., Langenberg, P., Johnson, M. A., Khabazghazvini, B., Sleemi, A., & Postolache, T. T. (2012). Improvement in depression scores after 1 hour of light therapy treatment in patients with seasonal affective disorder. *The Journal of Nervous and Mental Disease, 200*(1), 51-54.

Regier, D. A., Narrow, W. E., Kuhl, E. A., & Kupfer, D. J. (2009). The conceptual development of DSM-V. *American Journal of Psychiatry, 166*(6), 645-650.

Regier, D. A., Narrow, W. E., Clarke, D. E., Kraemer, H. C., Kuramoto, S. J., Kuhl, E. A., & Kupfer, D. J. (2013). DSM-5 field trials in the United States and Canada, part II: Test-retest reliability of selected categorical diagnoses. *American Journal of Psychiatry, 170*(1), 59-70.

Rehm, J., Marmet, S., Anderson, P., Gual, A., Kraus, L., Nutt, D. J., . . . & Wiers, R. W. (2013). Defining substance use disorders: Do we really need more than heavy use? *Alcohol and Alcoholism, 48*(6), 633-640.

Reichenberg, A., Gross, R., Weiser, M., Bresnahan, M., Silverman, J., Harlap, S., Lubin, G. (2006). Advancing paternal age and autism. *Archives of General Psychiatry, 63*(9), 1026.

Reichborn-Kjennerud, T., Czajkowski, N., Ystrøm, E., Ørstavik, R., Aggen, S. H., Tambs, K.,

... & Kendler, K. S. (2015). A longitudinal twin study of borderline and antisocial personality disorder traits in early to middle adulthood. *Psychological Medicine, 45*(14), 3121-3131.

Reilly-Harrington, N. A., Alloy, L. B., Fresco, D. M., & Whitehouse, W. G. (1999). Cognitive styles and life events interact to predict bipolar and unipolar symptomatology. *Journal of Abnormal Psychology, 108*(4), 567-578.

Reilly-Harrington, N. A., Deckersbach, T., Knauz, R., Wu, Y., Tran, T., Eidelman, P., & Nierenberg, A. A. (2007). Cognitive behavioral therapy for rapid-cycling bipolar disorder: A pilot study. *Journal of Psychiatric Practice, 13*(5), 291-297.

Reiman, E. M., Webster, J. A., Myers, A. J., Hardy, J., Dunckley, T., Zismann, V. L., & Stephan, D. (2007). GAB2 alleles modify Alzheimer's risk in APOE ´4 carriers. *Neuron, 54*(5), 713-720.

Reiss, S. (1991). Expectancy model of fear, anxiety and panic. *Clinical Psychology Review, 11,* 141-153.

Reitan, R. M., & Davison, I. A. (1974). *Clinical neuropsychology: Current status and applications.* Washington, DC: V. H. Winston.

Rekers, G. A., Kilgus, M., & Rosen, A. C. (1990). Long-term effects of treatment for gender identity disorder of childhood. *Journal of Psychology & Human Sexuality, 3*(2), 121-153.

Rentz, D. M., Parra Rodriguez, M. A., Amariglio, R., Stern, Y., Sperling, R., & Ferris, S. (2013). Promising developments in neuropsychological approaches for the detection of preclinical Alzheimer's disease: a selective review. *Alzheimers Research & Therapy, 5*(6), 58.

Report of the Advisory Panel on Alzheimer's Disease. (1995). *Alzheimer's disease and related dementias: Biomedical update.* U.S. Department of Health and Human Services. Washington, DC: U.S. Government Printing Office.

Repp, A. C., & Singh, N. N. (1990). *Perspectives on the use of nonaversive and aversive interventions for persons with developmental disabilities.* Sycamore, IL: Sycamore.

Rescorla, R. A. (1988). Pavlovian conditioning: It's not what you think it is. *American Psychologist, 43*(3), 151-160.

Resick, P. A., Williams, L. F., Suvak, M. K., Monson, C. M., & Gradus, J. L. (2012). Long-term outcomes of cognitive-behavioral treatments for posttraumatic stress disorder among female rape survivors. *Journal of Consulting and Clinical Psychology, 80,* 201-210. doi: 10.1037/a0026602

Ressler, K. J., & Rothbaum, B. O. (2013). Augmenting obsessive-compulsive disorder treatment from brain to mind. *JAMA Psychiatry, 70,* 1129-1131.

Reynolds, C. F., III. (2009). Prevention of depressive disorders: A brave new world. *Depression and Anxiety, 26*(12), 1062-1065.

Reynolds, C. F. (2011). Troubled sleep, troubled minds, and DSM-5. *Archives of General Psychiatry, 68*(10), 990-991. doi: 10.1001 /archgenpsychiatry.2011.104

Rhebergen, D., & Graham, R. (2014). The re-labelling of dysthymic disorder to persistent depressive disorder in DSM-5: Old wine in new bottles? *Current Opinions in Psychiatry, 27,* 27-31.

Ricciardelli, L. A., & McCabe, M. P. (2004). A biopsychosocial model of disordered eating and the pursuit of muscularity in adolescent boys. *Psychological Bulletin, 130,* 170-205.

Rice, G., Anderson, C., Risch, N., & Ebers, G. (1999). Male homosexuality: Absence of linkage to microsatellite markers at Xq28. *Science, 284,* 665-667.

Rice, M. E., & Harris, G. T. (2002). Men who molest their sexually immature daughters: Is a special explanation required? *Journal of Abnormal Psychology, 111,* 329-339.

Richards, R., Kinney, D. K., Lunde, I., Benet, M., & Merzel, A. P. C. (1988). Creativity in manic depressives, cyclothymes, their normal relatives, and control subjects. *Journal of Abnormal Psychology, 97*(3), 281-288.

Richards, S. S., & Sweet, R. A. (2009). Dementia. In B. J. Sadock, V. A. Sadock, & P. Ruiz (Eds.), *Kaplan & Sadock's comprehensive textbook of psychiatry* (9th ed., Vol. I, pp. 1167-1198). Philadelphia, PA: Lippincott Williams & Wilkins.

Richardson, G., Goldschmidt, L., & Willford, J. (2009). Continued effects of prenatal cocaine use: Preschool development. *Neurotoxicology and Teratology, 31*(6), 325-333.

Richardson, G. S. (2006). Shift work sleep disorder. In T. Lee-Chiong (Ed.), *Sleep: A comprehensive handbook* (pp. 395-399). Hoboken, NJ: Wiley.

Richters, J., de Visser, R. O., Badcock, P. B., Smith, A. M., Rissel, C., Simpson, J. M., & Grulich, A. E. (2014). Masturbation, paying for sex, and other sexual activities: the Second Australian Study of Health and Relationships. *Sexual Health, 11*(5), 461-471.

Rickels, K., Rynn, M., Ivengar, M., & Duff, D. (2006). Remission of generalized anxiety disorder: A review of the paroxetine clinical trials database. *Journal of Clinical Psychiatry, 67,* 41-47.

Rickels, K., Schweizer, E., Case, W. G., & Greenblatt, D. J. (1990). Long-term therapeutic use of benzodiazepines: I. Effects of abrupt discontinuation. *Archives of General Psychiatry, 47,* 899-907.

Ridenour, T. A., & Howard, M. O. (2012). Inhalants abuse: Status of etiology and intervention. In J. C. Verster, K. Brady, M. Galanter, & P. Conrod (Eds.), *Drug abuse and addiction in medical illness* (pp. 189-199). New York, NY: Springer.

Riding, A. (1992, November 17). New catechism for Catholics defines sins of modern world. *New York Times,* pp. A1, A16.

Ridley, N. J., Draper, B., & Withall, A. (2013). Alcohol-related dementia: An update of the evidence. *Alzheimers Research & Therapy, 5*(3), 1-8.

Rief, W., & Martin, A. (2014). How to use the new DSM-5 somatic symptom disorder diagnosis in research and practice: A critical evaluation and a proposal for modifications. *Annual Review of Clinical Psychology, 10,* 339-367.

Rief, W., Hiller, W., & Margraf, J. (1998). Cognitive aspects of hypochondriasis and the somatization syndrome. *Journal of Abnormal Psychology, 107,* 587-595.

Rieger, G., & Savin-Williams, R. C. (2012). Gender nonconformity, sexual orientation, and psychological well-being. *Archives of Sexual Behavior, 41*(3), 611-621.

Riemann, D., Berger, M., & Voderholzer, U. (2001). Sleep and depression–Results from psychobiological studies: An overview. *Biological Psychology, 57,* 67-103.

Riggins v. Nevada, 112 S. Ct. 1810 (1992).

Riggs, J. E. (1993). Smoking and Alzheimer's disease: Protective effect or differential survival bias? *Lancet, 342,* 793-794.

Riihimäki, K., Vuorilehto, M., Melartin, T., Haukka, J., & Isometsä, E. (2013). Incidence and predictors of suicide attempts among primary-care patients with depressive disorders: A 5-year prospective study. *Psychological Medicine,* 1-12.

Ripke, S., Neale, B. M., Corvin, A., Walters, J. T., Farh, K. H., Holmans, P. A., . . . & Pers, T. H. (2014). Biological insights from 108 schizophrenia-associated genetic loci. *Nature, 511*(7510), 421.

Risch, N., Herrell, R., Lehner, T., Liang, K. Y., Eaves, L., Hoh, J., & Merikangas, K. R. (2009). Interaction between the serotonin transporter gene (5-HTTLPR), stressful life events, and risk of depression: A meta-analysis. *Journal of American Medical Association, 301*(23), 2462-2471. doi: 10.1001/jama.2009.878

Ritsner, M.S., & Gottesman, I.I.(2011). The schizophrenia construct after 100 years of challenges. In M.S. Ritsner (Ed), *Handbook of schizophrenia spectrum disorders* (Vol 1, pp. 1-44). Heidelberg, Germany: Springer.

Ritterband, L. M., Thorndike, F. P., Gonder-Frederick, L. A., Magee, J. C., Bailey, E. T., Saylor, D. K., Morin, C. M. (2009). Efficacy of an internet-based behavioral intervention for adults with insomnia. *Arch Gen Psychiatry, 66*(7), 692-698. doi: 10.1001/archgenpsychiatry.2009.66

Ritz, T., Meuret, A. E., & Ayala, E. S. (2010). The psychophysiology of blood-injection-injury phobia: Looking beyond the diphasic response. *International Journal of Psychophysiology, 78,* 50-67.

Riva, P., Romero Lauro, L. J., Dewall, C. N., & Bushman, B. J. (2012). Buffer the pain away: Stimulating the right ventrolateral prefrontal cortex reduces pain following social exclusion. *Psychological Science, 23*(12), 1473-1475.

Rivera-Tovar, A. D., & Frank, E. (1990). Late luteal phase dysphoric disorder in young women. *American Journal of Psychiatry, 147,* 1634-1636.

Rivera-Tovar, A. D., Pilkonis, P., & Frank, E. (1992). Symptom patterns in late luteal-phase dysphoric disorder. *Journal of Psychopathology and Behavioral Assessment, 14,* 189-199.

Rizzuto, D., Orsini, N., Qiu, C., Wang, H.-X., & Fratiglioni, L. (2012). Lifestyle, social factors, and survival after age 75: Population based study. *BMJ: British Medical Journal, 345,* e5568.

Ro, A., Geronimus, A., Bound, J., Griffith, D., & Gee, G. (2015). Cohort and Duration Patterns Among Asian Immigrants: Comparing Trends in Obesity and Self-Rated Health. *Biodemography and Social Biology, 61*(1), 65-80.

Robbins, T. W., & Cools, R. (2014). Cognitive deficits in Parkinson's disease: a cognitive neuroscience perspective. *Movement Disorders, 29*(5), 597-607.

Roberts, A., Cash, T., Feingold, A., & Johnson, B. (2006). Are black-white differences in females' body dissatisfaction decreasing? A meta- analytic review. *Journal of Consulting and Clinical Psychology, 74,* 1121-1131.

Roberts, J. M. (2014). Echolalia and language development in children with autism. In J. Arciuli & J. Brock (Eds.), *Communication in Autism* (Vol. 11, pp. 55-74). Philadelphia: John Benjamins Publishing Company.

Roberts, R. E., Kaplan, G. A., Shema, S. J., & Strawbridge, W. J. (1997). Does growing old increase the risk for depression? *American Journal of Psychiatry, 154,* 1384-1390.

Roberts, R. E., Roberts, C. R., & Chen, I. G. (2000). Ethnocultural differences in sleep complaints among adolescents. *The Journal of Nervous and Mental Disease, 188*, 222-229.

Roberts, W., Milich, R., & Barkley, R. A. (2015). Primary symptoms, diagnostic criteria, subtyping, and prevalence of ADHD. In R. A. Barkley (Ed.), *Attention-deficit hyperactivity disorder: A handbook for diagnosis & treatment* (4th ed., pp. 51-80). New Yok: The Guilford Press.

Robertson, D., Snarey, J., Ousley, O., Harenski, K., Bowman, F. D., Gilkey, R., Kilts, C. (2007). The neural processing of moral sensitivity to issues of justice and care. *Neuropsychologia, 45*(4), 755-766.

Robertson, N. (1988). *Getting better: Inside Alcoholics Anonymous.* New York, NY: William Morrow.

Robin, A. L. (2015). Training families of adolecents with ADHD. In R. A. Barkley (Ed.), *Attention-deficit hyperactivity disorder: A handbook for diagnosis & treatment* (4th ed., pp. 537-568). New Yok: The Guilford Press.

Robinaugh, D. J., & McNally, R. J. (2013). Remembering the past and envisioning the future in bereaved adults with and without complicated grief. *Clinical Psychological Science, 1*(3), 290-300. doi: 10.1177/2167702613476027.

Robins, L. N. (1966). *Deviant children grown up: A sociological and psychiatric study of sociopathic personality.* Baltimore, MD: Williams & Wilkins.

Robins, L. N. (1978). Sturdy childhood predictors of adult antisocial behavior: Replications from longitudinal studies. *Psychological Medicine, 8*, 611-622.

Robinson, G. E., Fernald, R. D., & Clayton, D. F. (2008, November 7). Genes and social behavior. *Science, 322*, 896-899.

Robinson, R. G., Jorge, R. E., Moser, D. J., Acion, L., Solodkin, A., Small, S. L., & Arndt, S. (2008). Escitalopram and problem-solving therapy for prevention of poststroke depression: A randomized controlled trial: Correction. *JAMA: Journal of the American Medical Association, 301*(10).

Robles, T., Glaser, R., & Kiecolt-Glaser, J. (2005). Out of balance: A new look at chronic stress, depression, and immunity. *Current Directions in Psychological Science, 14*, 111-115.

Rock, C. L., Flatt, S. W., Sherwood, N. E., Karanja, N., Pakiz, B., & Thomson, C. A. (2010). Effect of a free prepared meal and incentivized weight loss program on weight loss and weight loss maintenance in obese and overweight women: A randomized controlled trial. *JAMA: Journal of American Medical Association, 304*, 1803-1810.

Rockney, R. M., & Lemke, T. (1992). Casualties from a junior-senior high school during the Persian Gulf war: Toxic poisoning or mass hysteria? *Developmental and Behavioral Pediatrics, 13*(5), 339-342.

Rodin, J., & Langer, E. J. (1977). Long-term effects of a controlled relevant intervention with the institutionalized aged. *Journal of Personality and Social Psychology, 35*(12), 897-902.

Rodin, J., & Salovey, P. (1989). Health psychology. *Annual Review of Psychology, 40*, 533-579.

Rodrigue, K. M., Rieck, J. R., Kennedy, K. M., Devous, M. D., Diaz-Arrastia, R., & Park, D. C. (2013). Risk factors for β-amyloid deposition

in healthy aging: vascular and genetic effects. *JAMA Neurology, 70*(5), 600-606.

Roelofs, K., Keijsers, G. P., Hoogduin, K. A., Naring, G. W., & Moene, F. C. (2002). Childhood abuse in patients with conversion disorder. *American Journal of Psychiatry, 159*, 1908-1913.

Roemer, L., & Orsillo, S. M. (2013). An acceptance- based behavioral therapy for generalized anxiety disorder. In D. H. Barlow (Ed.), *Clinical handbook of psychological disorders: A step-by--step treatment manual* (5th ed.). New York, NY: Guilford.

Roemer, L., Orsillo, S. M., & Barlow, D. H. (2002). Generalized anxiety disorder. In D. H. Barlow, *Anxiety and its disorders: The nature and treatment of anxiety and panic* (2nd ed.). New York, NY: Guilford.

Rohan, K. J. (2009). *Coping with the seasons: A cognitive-behavioral approach to seasonal affective disorder: Therapist guide.* New York, NY: Oxford University Press.

Rohan, K. J., Roecklein, K. A., Lacy, T. J., & Vacek, P. M. (2009). Winter depression recurrence one year after cognitive- behavioral therapy, light therapy, or combination treatment. *Behavioral Therapy, 40*(3), 225-238.

Rohan, K. J., Roecklein, K. A., Tierney Lindsey, K., Johnson, L. G., Lippy, R. D., Lacy, T. M., & Barton, F. B. (2007). A randomized controlled trial of cognitive-behavioral therapy, light therapy, and their combination for seasonal affective disorder. *Journal of Consulting and Clinical Psychology, 75*, 489-500.

Rohan, K. J., Sigmon, S. T., & Dorhofer, D. M. (2003). Cognitive-behavioral factors in seasonal affective disorder. *Journal of Consulting and Clinical Psychology, 71*, 22-30.

Rohan, M. J., Meyerhoff, J., Ho, S. Y., Evans, M., Postolache, T. T., & Vacek, P. M. (2015). Outcomes one and two winters following cognitive-behavioral therapy or light therapy for seasonal affective disorder. *American Journal of Psychiatry.* doi: appiajp201515060773

Rohde, P., Lewinsohn, P. M., Klein, D. N., Seeley, J. R., & Gau, J. M. (2013). Key characteristics of major depressive disorder occurring in childhood, adolescence, emerging adulthood, and adulthood. *Clinical Psychological Science, 1*(1), 41-53.

Roid, G. H. (2003). *Stanford-binet intelligence scales (SB5).* Rolling Meadows, IL: Riverside.

Roid, G. H., & Pomplun, M. (2005). Interpreting the Stanford-Binet intelligence scales (5th ed.). In D. P. Flanagan & P. L. Harrison (Eds.), *Contemporary intellectual assessment: Theories, tests, and issues* (2nd ed., pp. 325-343). New York, NY: Guilford.

Rojo, L., Conesa, L., Bermudez, O., & Livianos, L. (2006). Influence of stress in the onset of eating disorders: Data from a two stage epidemiologic controlled study. (2006). *Psychosomatic Medicine, 68*, 628-635.

Rollman, B. L., Belnap, B. H., Mazumdar, S., Houck, P. R., Zhu, F., Gardner, W., & Shear, M. K. (2005). A randomized trial to improve the quality of treatment for panic and generalized anxiety disorders in primary care. *Archives of General Psychiatry, 62*, 1332-1341. doi: 10.1001/archpsyc.62.12.1332

Romanelli, R. J., Wu, F. M., Gamba, R., Mojtabai, R., & Segal, J. B. (2014). Behavioral therapy and serotonin reuptake inhibitor pharmacotherapy in the treatment of obsessive-compulsive di-

sorder: A systematic review and meta-analysis of head-to-head randomized controlled trials, *Depression and Anxiety, 31*, 641-652.

Ronningstam, E. (2012). Narcissistic personality disorder: The diagnostic process. In T. A. Widiger (Ed.), *The Oxford handbook of personality disorders* (pp. 527-548). New York, NY: Oxford University Press.

Ronningstam, E. (2014). Introduction to the special series on "Narcissistic personality disorder–New perspectives on diagnosis and treatment." *Personality Disorders: Theory, Research, and Treatment, 5*(4), 419.

Room, R., & Greenfield, T. (2006). Alcoholics Anonymous, other 12-step movements and psychotherapy in the US population, 1990. *Addiction, 88*(4), 555-562.

Root, T. L., Pinheiro, A. P., Thornton, L., Strober, M., Fernandez-Aranda, F., Brandt, H., & Bulk, C. M. (2010). Substance use disorders in women with anorexia nervosa. *International Journal of Eating Disorders, 43*(1), 14-21.

Rorabaugh, W. J. (1991). Alcohol in America. *OAH Magazine of History, 6*(2), 17-19.

Rorschach, H. (1951). *Psychodiagnostics.* New York, NY: Grune & Stratton. (Original work published 1921.)

Roscoe, J. A., Morrow, G. R., Aapro, M. S., Molassiotis, A., & Olver, I. (2011). Anticipatory nausea and vomiting. *Support Care Cancer, 19*(10), 1533-1538.

Rosell, D. R., Futterman, S. E., McMaster, A., & Siever, L. J. (2014). Schizotypal personality disorder: a current review. *Current Psychiatry Reports, 16*(7), 1-12.

Rosellini, A. J., Boettcher, H., Brown, T. A., & Barlow, D. H. (2015). A transdiagnostic temperament-phenotype profile approach to emotional disorder classification: An update. *Psychopathology Review, 2*(1), 110-128.

Rosen, J. C., Reiter, J., & Orosan, P. (1995). Cognitive-behavioral body image therapy for body dysmorphic disorder. *Journal of Consulting Clinical Psychology, 63*, 263-269.

Rosen, R., Janssen, E., Wiegel, M., Bancroft, J., Althof, S., Wincze, J., & Barlow, D. H. (2006). Psychological and interpersonal correlates in men with erectile dysfunction and their partners: A pilot study of treatment outcome with sildenafil. *Journal of Sex & Marital Therapy, 32*, 215-234.

Rosen, R., Wing, R., Schneider, S., & Gendrano, N. (2005). Epidemiology of erectile dysfunction: The role of medical comorbidities and lifestyle factors. *Urological Clinics of North America, 32*, 403-417.

Rosen, R. C. (2000). Medical and psychological interventions for erectile dysfunction: Toward a combined treatment approach. In S. R. Leiblum & R. C. Rosen (Eds.), *Principles and practice of sex therapy* (3rd ed., pp. 276-304). New York, NY: Guilford.

Rosen, R. C. (2007). Erectile dysfunction: Integration of medical and psychological approaches. In S. R. Leiblum (Ed.), *Principles and practice of sex therapy* (4th ed., pp. 277-312). New York, NY: Guilford.

Rosen, R. C., & Beck, J. G. (1988). *Patterns of sexual arousal: Psychophysiological processes and clinical applications.* New York, NY: Guilford.

Rosen, R. C., Connor, M. K., Miyasato, G., Link, C., Shifren, J. L., Fisher, W. A., . . . & Schobelock, M. J. (2012). Sexual desire problems in women seeking healthcare: a novel study design for ascertaining prevalence of hypoactive sexual desire disorder in clinic-based samples of US women. *Journal of Women's Health, 21*(5), 505-515.

Rosenberg, R. N., Richter, R. W., Risser, R. C., Taubman, K., Prado-Farmer, I., Ebalo, E., & Schellenberg, G. D. (1996). Genetic factors for the development of Alzheimer's disease in the Cherokee Indian. *Archives of Neurology, 53,* 997-1000.

Rosengren, A., Tibblin, G., & Wilhelmsen, L. (1991). Self-perceived psychological stress and incidence of coronary artery disease in middle-aged men. *American Journal of Cardiology, 68,* 1171-1175.

Rosenman, R. H., Brand, R. J., Jenkins, C. D., Friedman, M., Straus, R., & Wurm, M. (1975). Coronary heart disease in the Western Collaborative Group Study: Final follow-up experience of 8 years. *JAMA: Journal of the American Medical Association, 233,* 872-877.

Rosenthal, D. (Ed.). (1963). *The Genain quadruplets: A case study and theoretical analysis of heredity and environment in schizophrenia.* New York, NY: Basic Books.

Rosenthal, M., Gratz, K., Kosson, D., Cheavens, J., Lejuez, C., & Lynch, T. (2008). Borderline personality disorder and emotional responding: A review of the research literature. *Clinical Psychology Review, 28*(1), 75-91.

Rosenthal, P. A., & Rosenthal, S. (1984). Suicidal behavior by preschool children. *American Journal of Psychiatry, 141,* 520-525.

Rösler, A., & Witztum, M. D. (1998). Treatment of men with paraphilia with a long-acting analogue of gonadotropin-releasing hormone. *New England Journal of Medicine, 338,* 416-422.

Ross, A. O., & Pelham, W. E. (1981). Child psychopathology. *Annual Review of Psychology, 32,* 243-278.

Ross, C. A. (1997). *Dissociative identity disorder.* New York, NY: Wiley.

Ross, C. A. (2009). Dissociative amnesia and dissociative fugue. In P. F. Dell & J. A. O'Neil (Eds.), *Dissociation and the dissociative disorders* (pp. 429-434). New York, NY: Routledge.

Ross, C. A., Anderson, G., Fleisher, W. P., & Norton, G. R. (1991). The frequency of multiple personality disorder among psychiatric inpatients. *American Journal of Psychiatry, 148,* 1717-1720.

Ross, C. A., Miller, S. D., Reagor, P., Bjornson, L., Fraser, G. A., & Anderson, G. (1990). Structured interview data on 102 cases of multiple personality disorder from four centers. *American Journal of Psychiatry, 147,* 596-601.

Rossow, I., & Bye, E. K. (2012). The problem of alcohol-related violence: An epidemiological and public health perspective. In M. McMurran (Ed.), *Alcohol-related violence* (pp. 1-18). Chichester, U.K.: Wiley.

Rothbaum, B. O., Price, M., Jovanovic, T., Norrholm, S. D., Gerardi, M., Dunlop, B., Davis, M., Bradley, B., Duncan, E. J., Rizzo, A., Ressler, K. J. (2014): A randomized, double-blind evaluation of D-cycloserine or alprazolam combined with virtual reality exposure therapy for posttraumatic stress disorder in Iraq and Afghanistan War veterans. *American Journal of Psychiatry, 171,* 640-648.

Rothblum, E. D. (2002). Gay and lesbian body images. In T. F. Cash & T. Pruzinsky (Eds.),

Body image: A handbook of theory, research and clinical practice (pp. 257-265). New York, NY: Guilford.

Rothschild, A. J. (2013). Challenges in the treatment of major depressive disorder with psychotic features. *Schizophrenia Bulletin, 39*(4), 787-796. doi: 10.1093/schbul/sbt046

Rottenberg, J., & Johnson, S. L. (2007). *Emotion and psychopathology: Bridging affective and clinical science.* Washington, DC: American Psychological Association.

Rotton, J., & Kelly, I. W. (1985). Much ado about the full moon: A meta-analysis of lunar-lunacy research. *Psychological Bulletin, 97*(2), 286-306.

Rouff, L. (2000). Schizoid personality traits among the homeless mentally ill: A quantitative and qualitative report. *Journal of Social Distress and the Homeless, 9,* 127-141.

Roush, W. (1997). Herbert Benson: Mind-body maverick pushes the envelope. *Science, 276,* 357-359.

Rowe, J. B. (2010). Conversion disorder: Understanding the pathogenic links between emotion and motor systems in the brain. *Brain, 133*(Pt 5), 1295-1297.

Rowell, E. A., & Rowell, R. (1939). *On the trail of marihuana: The weed of madness.* Mountain View, CA: Pacific Press.

Roy, A. K., Lopes, V., & Klein, R. G. (2014). Disruptive mood dysregulation disorder: A new diagnostic approach to chronic irritability in youth. *American Journal of Psychiatry, 171,* 918-924.

Roy-Byrne, P. P., & Katon, W. (2000). Anxiety management in the medical setting: Rationale, barriers to diagnosis and treatment, and proposed solutions. In D. I. Mostofsky & D. H. Barlow (Eds.), *The management of stress and anxiety in medical disorders* (pp. 1-14). Needham Heights, MA: Allyn & Bacon.

Rubia, K., Alegria, A. A., Cubillo, A. I., Smith, A. B., Brammer, M. J., & Radua, J. (2014). Effects of stimulants on brain function in Attention-Deficit/Hyperactivity Disorder: A systematic review and meta-analysis. *Biological Psychiatry, 76*(8), 616-628. doi: 10.1016/j .biopsych.2013.10.016

Rubin, R. T. (1982). Koro (Shook Yang): A culture-bound psychogenic syndrome. In C. T. H. Friedmann & R. A. Fauger (Eds.), *Extraordinary disorders of human behavior* (pp. 155-172). New York, NY: Plenum Press.

Rubio, J. M., Markowitz, J. C., Alegria, A., Perez-Fuentes, G., Liu, S.-M., Lin, K.-H., & Blanco, C. (2011). Epidemiology of chronic and non-chronic major depressive disorder: Results from the national epidemiology survey on alcohol and related conditions. *Depression and Anxiety, 28,* 622-631.

Ruchkin, V., Schwab-Stone, M., Jones, S., Cicchetti, D. V., Koposov, R., & Vermeiren, R. (2005). Is posttraumatic stress in youth a culture-bound phenomenon? A comparison of symptom trends in selected U.S. and Russian communities. *American Journal of Psychiatry, 162,* 538-544.

Rück, C., Karlsson, A., Steele, J. D., Edman, G., Meyerson, B. A., Ericson, K., & Svanborg, P. (2008). Capsulotomy for obsessive-compulsive disorder: Long-term follow-up of 25 patients. *Archives of General Psychiatry, 65*(8), 914-921. doi: 10.1001/archpsyc.65.8.914.

Rucklidge, J. J. (2010). Gender differences in attention-deficit/hyperactivity disorder. *The*

Psychiatric Clinics of North America, 33(2), 357-373.

Rudaz, M., Craske, M. G., Becker, E. S., Ledermann, T., & Margraf, J. (2010). Health anxiety and fear of fear in panic disorder and agoraphobia vs. social phobia: A prospective longitudinal study. *Depression and Anxiety, 27,* 404-411.

Rudd, M. D., Joiner, Y., & Rajab, M. H. (2001). *Treating suicidal behavior.* New York, NY: Guilford.

Rudd, M. D., Rajab, M. H., Orman, D. T., Stulman, D. A., Joiner, T., & Dixon, W. (1996). Effectiveness of an outpatient intervention targeting suicidal young adults: Preliminary results. *Journal of Consulting and Clinical Psychology, 64,* 179-190.

Rudolph, K. D. (2009). Adolescent depression. In I. H. Gotlib & C. L. Hammen (Eds.), *Handbook of depression* (2nd ed., pp. 444-466). New York, NY: Guilford.

Ruffin, R., Ironson, G., Fletcher, M. A., Balbin, E., & Schneiderman, N. (2012). Health locus of control beliefs and healthy survival with AIDS. *International Journal of Behavioral Medicine, 19*(4), 512-517.

Ruiz, F. S., Andersen, M. L., Martins, R. C. S., Zager, A., Lopes, J. D., & Tufik, S. (2012). Immune alterations after selective rapid eye movement or total sleep deprivation in healthy male volunteers. *Innate Immunity, 18*(1), 44-54.

Ruiz-Veguilla, M., Luisa Barrigón, M., Diaz, F. J., Ferrin, M., Moreno-Granados, J., Dolores Salcedo, M., & Gurpegui, M. (2012). The duration of untreated psychosis is associated with social support and temperament. *Psychiatry Research, 200*(2-3), 687-692. doi: http://dx.doi.org/10.1016/j.psychres.2012.03.024

Rupprecht, R., Rammes, G., Eser, D., Baghai, T. C., Schule, C., Nothdurfter, C., & Kucher, K. (2009). Translocator protein (18 kD) as target for anxiolytics without benzodiazepine-like side effects. *Science, 325*(5939), 490-493.

Rusch, N., Lieb, K., Gottler, I., Hermann, C., Schramm, E., Richter, H., & Bohus, M. (2007). Shame and implicit self-concept in women with borderline personality disorder. *American Journal of Psychiatry, 164*(3), 500-508.

Ruscio, J. (2004). Diagnoses and the behaviors they denote: A critical evaluation of the labeling theory of mental illness. *Scientific Review of Mental Health Practice, 3,* 5-22.

Rush, A. (2007). STAR *D: What have we learned? *American Journal of Psychiatry, 164,* 201-204.

Rush, A. J., Erman, M. K., Giles, D. E., Schlesser, M. A., Carpenter, G., Vasavada, N., & Roffwarg, H. P. (1986). Polysomnographic findings in recently drug-free and clinically remitted depressed patients. *Archives of General Psychiatry, 43,* 878-884.

Rush, A. J., Giles, D. E., Schlesser, M. A., Orsulak, P. J., Weissenburger, J. E., Fulton, C. L., & Roffwarg, P. (1997). Dexamethasone response, thyrotropin-releasing hormone stimulation, rapid eye movement latency, and subtypes of depression. *Biological Psychiatry, 41,* 915-928.

Rush, B. (1812). *Medical inquiries and observations upon the diseases of the mind.* Philadelphia, PA: Kimber and Richardson.

Russell, A. E., Ford, T., Williams, R., & Russell, G. (2016). The association between socioeconomic disadvantage and Attention Deficit / Hyperactivity Disorder (ADHD): A systematic review. *Child Psychiatry & Human Development, 47,* 440-458.

Russell, G. (2009). Disorders of eating: Anorexia nervosa. In M. G. Gelder, N. C. Andreasen, J. J. López-Ibor, Jr., & J. R. Geddes (Eds.), *New Oxford textbook of psychiatry* (2nd ed., pp. 777-800). New York: Oxford University Press.

Russell, G. F. M. (1979). Bulimia nervosa: An ominous variant of anorexia nervosa. *Psychological Medicine, 9,* 429-448.

Russell, G. F. M. (2009). Disorders of Eating: Anorexia Nervosa. In M. G. Gelder, N. C. Andreasen, J. J. López-Ibor, Jr., & J. R. Geddes (Eds.), *New Oxford textbook of psychiatry* (2nd ed., pp. 777-800). New York, NY: Oford University Press.

Russell, G. F. M., Szmukler, G. I., Dare, C., & Eisler, I. (1987). An evaluation of family therapy in anorexia nervosa and bulimia nervosa. *Archives of General Psychiatry, 44,* 1047-1056.

Russo, S. J., Dietz, D. M., Dumitriu, D., Morrison, J. H., Malenka, R. C., & Nestler, E. J. (2010). The addicted synapse: mechanisms of synaptic and structural plasticity in nucleus accumbens. *Trends in neurosciences, 33*(6), 267-276.

Rutledge, T., Groesz, L., Linke, S., Woods, G., & Herbst, K. (2011). Behavioural weight management for the primary careprovider. *Obesity Reviews, 12*(5), e290-e297.

Rutter, M. (2002). The interplay of nature, nurture, and developmental influences: The challenge ahead for mental health. *Archives of General Psychiatry, 59,* 996-1000.

Rutter, M. (2006). *Genes and behavior: Nature-nurture interplay.* Oxford, UK: Blackwell.

Rutter, M. (2010). Gene-environment interplay. *Depression and Anxiety, 27*(1), 1-4.

Rutter, M. (2011a). Progress in understanding autism: 2007-2010. *Journal of Autism and Developmental Disorders, 41*(4), 395-404. doi: 10.1007/s10803-011-1184-2

Rutter, M. (2011b). Research review: Child psychiatric diagnosis and classification: Concepts, findings, challenges and potential. *Journal of Child Psychology and Psychiatry, 52*(6), 647-660. doi: 10.1111/j.1469-7610.2011.02367.x

Rutter, M., & Giller, H. (1984). *Juvenile delinquency: Trends and perspectives.* New York, NY: Guilford.

Rutter, M., Moffitt, T. E., & Caspi, A. (2006). Gene-environment interplay and psychopathology: Multiple varieties but real effects. *Journal of Child Psychology and Psychiatry, 47,* 226-261.

Rutter, M., & Pickles, A. (2016). Annual Research Review: Threats to the validity of child psychiatry and psychology. *Journal of Child Psychology and Psychiatry 57*(3), 398-416.

Ruzek, J. I. (2012). Community-based early intervention with trauma survivors. In J. G. Beck & D. M. Sloan (Eds.), *The Oxford handbook of traumatic stress disorders* (pp. 347-362). New York, NY: Oxford University Press.

Ruzek, J. I., Karlin, B. E., & Zeiss, A. (2012). Implementation of evidence-based psychological treatments in the Veterans Health Administration. In R. K. McHugh & D. H. Barlow (Eds.), *Dissemination and implementation of evidence-based psychological interventions* (pp. 78-96). New York, NY: Oxford University Press.

Ryan, D. H., & Kushner, R. (2010). The state of obesity and obesity research. *JAMA: Journal of American Medical Association, 304,* 1835-1836.

Ryan, W. D. (1992). The pharmacologic treatment of child and adolescent depression. *Psychiatric Clinics of North America, 15,* 29-40.

Ryder, A. G., Sunohara, M., & Kirmayer, L. J. (2015). Culture and personality disorder: from a fragmented literature to a contextually grounded alternative. *Current opinion in psychiatry, 28*(1), 40-45.

Ryder, A. G., Yang, J., Zhu, X., Yao, S., Yi, J., Heine, S. J., & Bagby, R. M. (2008). The cultural shaping of depression: Somatic symptoms in China, psychological symptoms in North America? *Journal of Abnormal Psychology, 117*(2), 300-313.

Saab, P. G., Llabre, M. M., Hurwitz, B. E., Frame, C. A., Reineke, I., Fins, A. I., & Schneiderman, N. (1992). Myocardial and peripheral vascular responses to behavioral challenges and their stability in black and white Americans. *Psychophysiology, 29*(4), 384-397.

Sachdev, P. S., Blacker, D., Blazer, D. G., Ganguli, M., Jeste, D. V., Paulsen, J. S., & Petersen, R. C. (2014). Classifying neurocognitive disorders: The DSM-5 approach. *Nature Reviews Neurology, 10*(11), 634-642.

Sachs, G. S., & Rush, A. J. (2003). Response, remission, and recovery in bipolar disorders: What are the realistic treatment goals? *Journal of Clinical Psychiatry, 64,* 18-22.

Sachs, G. S., Nierenberg, A. A., Calabrese, J. R., Marangell, L. B., Wisniewski, S. R., Gyulai, L., & Thase, M. E. (2007). Effectiveness of adjunctive antidepressant treatment for bipolar depression. *New England Journal of Medicine, 356*(17), 1711-1722.

Sack, R. L., Auckley, D., Auger, R. R., Carskadon, M. A., Wright, K. P., Jr., Vitiello, M. V., & American Academy of Sleep Medicine. (2007). Circadian rhythm sleep disorders: Part II, Advanced sleep phase disorder, delayed sleep phase disorder, free-running disorder, and irregular sleep-wake rhythm. *Sleep, 30*(11), 1484-1501.

Sackeim, H. A., & Devanand, D. P. (1991). Dissociative disorders. In M. Hersen & S. M. Turner (Eds.), *Adult psychopathology & diagnosis* (2nd ed., pp. 279-322). New York, NY: Wiley.

Sackeim, H. A., Nordlie, J. W., & Gur, R. C. (1979). A model of hysterical and hypnotic blindness: Cognition, motivation and awareness. *Journal of Abnormal Psychology, 88,* 474-489.

Sackett, D. L., Strauss, S. E., Richardson, W. S., Rosenberg, W., & Haynes, R. B. (2000). *Evidence-based medicine: How to practice and teach EBM* (2nd ed.). London, UK: Churchill Livingstone.

Sacks, H., Comer, J. S., Pincus, D. B., Comacho, M., & Hunter, L. (2013). Effective interventions for students with separation anxiety disorder. In C. Franklin, M.B. Harris, & P. Allen-Meares (Eds.), *The school services sourcebook* (2nd ed.). New York, NY: Oxford University Press.

Sacks, J. A., Comer, J. S., Furr, J. M., Pincus, D. B., & Kurtz, S. M. S. (2011, November). *Daily speech changes across an intensive group behavioral treatment program for early childhood selective mutism.* Poster presented at the 45th annual meeting of the Association of Behavioral and Cognitive Therapies, Child and Adolescent Anxiety Special Interest Group Exposition. Toronto, Canada.

Sadler, C., & Sugai, G. (2009). Effective behavior and instructional support: A district model for early identification and prevention of reading and behavior problems. *Journal of Positive Behavior Interventions, 11*(1), 35-46. doi: 10.1177/1098300708322444

Safford, M. M., Brown, T. M., Muntner, P. M., Durant, R. W., Glasser, S., Halanych, J. H., Shikany, J. M., Prineas, R. J., Samdarshi, T., Bittner, V. A., Lewis, C. E., Gamboa, C., Cushman, M., Howard, V., Howard, G. (2012). Association of race and sex with risk of incident acute coronary heart disease events. *JAMA, 308*(17), 1768-1774.

Sahler, O., Fairclough, D., Phipps, S., Mukhern, R., Dolgin, M., & Noll, R. (2005). Using problem solving skills training to reduce negative affectivity in mothers of children with newly diagnosed cancer: Report of a multisite randomized trial. *Journal of Consulting and Clinical Psychology, 73,* 272-283.

Saigh, P. A. (1984). Pre- and postinvasion anxiety in Lebanon. *Behavior Therapy, 15,* 185-190.

Sakheim, D. K., Barlow, D. H., Abrahamson, D. J., & Beck, J. G. (1987). Distinguishing between organogenic and psychogenic erectile dysfunction. *Behaviour Research and Therapy, 25,* 379-390.

Saleh, F., Malin, H., Grudzinskas, A., Jr., & Vitacco, M. (2010). Paraphilias with co- morbid psychopathy: The clinical and legal significance to sex offender assessments. *Behavioral Sciences & the Law, 28*(2), 211-223.

Salekin, R. T. (2006). Psychopathy in children and adolescents: Key issues in conceptualization and assessment. In C. J. Patrick (Ed.), *Handbook of psychopathy* (pp. 389-414). New York, NY: Guilford.

Salekin, R. T., Rogers, R., & Sewell, K. W. (1997). Construct validity of psychopathy in a female offender sample: A multitrait- multimethod evaluation. *Journal of Abnormal Psychology, 106*(4), 576-585. doi: 10.1037/0021-843x.106.4.576

Salkovskis, P., Warwick, H., & Deale, A. (2003). Cognitive-behavioral treatment for severe and persistent health anxiety. *Brief Treatment and Crisis Intervention, 3,* 353-367.

Salkovskis, P. M., & Campbell, P. (1994). Thought suppression induces intrusion in naturally occurring negative intrusive thoughts. *Behaviour Research and Therapy, 32*(1), 1-8.

Sallet, J., Mars, R. B., Noonan, M. P., Andersson, J. L., O'Reilly, J. X., & Rushworth, M. F. (2011). Social network size affects neural circuits in macaques. *Science, 334*(6056), 697-700. doi: 10.1126/science.1210027

Salvatore, P., Bhuvaneswar, C., Tohen, M., Khalsa, H. M., Maggini, C., & Baldessarini, R. J. (2014). Capgras' syndrome in first-episode psychotic disorders. *Psychopathology, 47*(4), 261-269.

Samek, D. R., Elkins, I. J., Keyes, M. A., Iacono, W. G., & McGue, M. (2015). High school sports involvement diminishes the association between childhood conduct disorder and adult antisocial behavior. *Journal of Adolescent Health, 57*(1), 107-112.

Samson, L., & Janssen, E. (2014). Sexual and affective responses to same-and opposite-sex stimuli in heterosexual and homosexual men: Assessment and manipulation of visual attention. *Archives of Sexual Behavior, 43*(5), 917-930.

Samueli, S., Abraham, K., Dressler, A., Groeppel, G., Jonak, C., Muehlebner, A., . . . Feucht, M. (2015). Tuberous Sclerosis Complex: new criteria for diagnostic work-up and management. *Wiener klinische Wochenschrift, 127*(15-16), 619-630. doi: 10.1007/s00508-015-0758-y

Samuels, J., & Costa, P. T. (2012). Obsessive-compulsive personality disorder. In T. A. Widiger (Ed.), *The Oxford handbook of personality di-*

708 PSICOPATOLOGIA

sorders (pp. 566-581). New York, NY: Oxford University Press.

Sanderson, W. C., & Barlow, D. H. (1990). A description of patients diagnosed with DSM-III-R generalized anxiety disorder. *Journal of Nervous and Mental Disease, 178*, 588-591.

Sandin, B., Chorot, P., Santed, M., & Valiente, R. (2004). Differences in negative life events between patients with anxiety disorders, depression and hypochondriasis. *Anxiety, Stress & Coping: An International Journal, 17*, 37-47.

Sanislow, C. A., da Cruz, K. L., Gianoli, M. O., & Reagan, E. M. (2012). Avoidant personality disorder, traits, and type. In T. A. Widiger (Ed.), *The Oxford handbook of personality disorders* (pp. 549-565). New York, NY: Oxford University Press.

Sanislow, C. A., Quinn, K. J., & Sypher, I. (2015). NIMH Research Domain Criteria (RDoC). *The encyclopedia of clinical psychology.* Hoboken, NJ: John Wiley & Sons, Inc. doi: 10.1002/9781118625392.wbecp541

Sankey, A., Hill, C., Brown, J., Quinn, L., & Fletcher, A. (2006). A follow-up study of chronic fatigue syndrome in children and adolescents: Symptoms persistence and school absenteeism. *Clinical Child Psychology and Psychiatry, 11*, 126-138.

Sano, M., Ernesto, C., Thomas, R. G., Klauber, M. R., Schafer, K., Grundman, M., & Thal, L. J. (1997). A controlled trial of selegiline, alpha-tocopherol, or both as treatment for Alzheimer's disease. *New England Journal of Medicine, 336*, 1216-1222.

Santarelli, L., Saxe, M., Gross, C., Surget, A., Battaglia, F., Dulawa, S., & Hen, R. (2003). Requirement of hippocampal neurogenesis for the behavioral effects of antidepressants. *Science, 301*, 805-809.

Santoro, M. R., Bray, S. M., & Warren, S. T. (2012). Molecular mechanisms of fragile X syndrome: A twenty-year perspective. *Annual Review of Pathology: Mechanisms of Disease, 7*, 219-245.

Santosa, C. M., Strong, C. M., Nowakowska, C., Wang, P. W., Rennicke, C. M., & Ketter, T. A. (2007). Enhanced creativity in bipolar disorder patients: A controlled study. *Journal of Affective Disorders, 100*(1-3), 31-39.

Santosh, P. J. (2009). Medication for children and adolescents: Current issues. In M. G. Gelder, N. C. Andreasen, J. J. Lopez-Ibor, Jr., & J. R. Geddes (Eds.), *New Oxford textbook of psychiatry* (2nd ed., Vol. 2, pp. 1793-1798). Oxford, UK: Oxford University Press.

Santry, H. P., Gillen, D. L., & Lauderdale, D. S. (2005). Trends in bariatric surgical procedures. *JAMA: Journal of the American Medical Association, 294*, 1909-1917.

Santucci, L. C., Ehrenreich, J. T., Trosper, S. E., Bennett, S. M., & Pincus, D. B. (2009). Development and preliminary evaluation of a one-week summer treatment program for separation anxiety disorder. *Cognitive and Behavioral Practice, 16*, 317-331. doi: 10.1016/j.cbpra.2008.12.005

Sapolsky, R. (2004). Is impaired neurogenesis relevant to the affective symptoms of depression? *Biological Psychiatry, 56*, 137-139.

Sapolsky, R. M. (1990). Stress in the wild. *Scientific American, 262*, 116-123.

Sapolsky, R. M. (2000). Genetic hyping. *The Sciences, 40*(2), 12-15.

Sapolsky, R. M. (2002). *A primate's memoir.* New York, NY: Simon & Schuster.

Sapolsky, R. M. (2007). Stress, stress-related disease, and emotional regulation. In J. J. Gross (Ed.), *Handbook of emotion regulation* (pp. 606-615). New York, NY: Guilford.

Sapolsky, R. M., & Meaney, M. J. (1986). Maturation of the adrenal stress response: Neuroendocrine control mechanisms and the stress hyporesponsive period. *Brain Research Review, 11*, 65-76.

Sapolsky, R. M., & Ray, J. C. (1989). Styles of dominance and their endocrine correlates among wild, live baboons. *American Journal of Primatology, 18*(1), 1-13.

Sarbin, T., & Mancuso, J. (1980). *Schizophrenia: Medical diagnosis or moral verdict?* Elmsford, NY: Pergamon Press.

Sareen, J., Jacobi, F., Cox, B. J., Belik, S., Clara, I., & Stein, B. M. (2006). Disability and poor quality of life associated with comorbid anxiety disorders and physical conditions. *Archives of Internal Medicine, 166*, 2109-2116.

Sari, Y., Johnson, V. R., & Weedman, J. M. (2011). Role of the serotonergic system in alcohol dependence: from animal models to clinics. *Progress in Molecular Biology and Translational Science, 98*, 401-443.

Sarkar, A. & Adshead, G., Eds. (2012). *Clinical Topics in Personality Disorder.* London: RJPsych Publications.

Sarrel, P. M., & Masters, W. H. (1982). Sexual molestation of men by women. *Archives of Sexual Behavior, 11*, 117-131.

Sarwer, D. B., Foster, G. D., & Wadden, T. A. (2004). Treatment of obesity I: Adult obesity. In J. K. Thompson (ed.), *Handbook of eating disorders and obesity* (pp. 421-442). New York, NY: Wiley.

Saudino, J. J., Pedersen, N. L., Lichenstein, P., McClearn, G. E., & Plomin, R. (1997). Can personality explain genetic influence on life events? *Journal of Personality & Social Psychology, 72*(1), 196-206.

Saudino, K. J., & Plomin, R. (1996). Personality and behavioral genetics: Where have we been and where are we going? *Journal of Research in Personality, 30*, 335-347.

Saudino, K. J., Plomin, R., & DeFries, J. C. (1996). Tester-rated temperament at 14, 20, and 24 months: Environmental change and genetic continuity. *British Journal of Developmental Psychology, 14*, 129-144.

Savard, J., Savard, M.-H., & Morin, C. M. (2011). Insomnia. In M. M. Antony & D. H. Barlow (Eds.), *Handbook of assessment and treatment planning for psychological disorders* (2nd ed. pp. 633-670). New York, NY: Guilford.

Savin-Williams, R. (2006). Who's gay? Does it matter? *Current Directions in Psychological Science, 15*, 40-44.

Saxe, G. N., Stoddard, F., Hall, E., Chawla, N., Lopez, C., Sheridan, R., & Yehuda, R. (2005). Pathways to PTSD: Part I. Children with burns. *American Journal of Psychiatry, 162*, 1299-1304.

Saxe, G. N., van der Kolk, B. A., Berkowitz, R., Chinman, G., Hall, K., Leiberg, G., & Schwartz, J. (1993). Dissociative disorders in psychiatric inpatients. *American Journal of Psychiatry, 150*, 1037-1042.

Saxena, S., & Prasad, K. (1989). DSM-III subclassifications of dissociative disorders applied to psychiatric outpatients in India. *American Journal of Psychiatry, 146*, 261-262.

Saxena, S., Winograd, A., Dunkin, J. J., Maidment, K., Rosen, R., Vapnik, T., & Bystritsky, A. (2001). A retrospective review of clinical characteristics and treatment response in body dysmorphic disorder versus obsessive-compulsive disorder. *Journal of Clinical Psychiatry, 62*, 67-72.

Scanlon, D. (2013). Specific learning disability and its newest definition: Which is comprehensive? and which is insufficient? *Journal of Learning Disabilities, 46*(1), 26-33. doi: 10.1177/0022219412464342

Scarmeas, N., Albert, S. M., Manly, J. J., & Stern, Y. (2006). Education and rates of cognitive decline in incident Alzheimer's disease. *Journal of Neurology, Neurosurgery, and Psychiatry, 77*(3), 308-316.

Schacter, D. L., Chiu, P., & Ochsner, K. N. (1993). Implicit memory: A selective review. *Annual Review of Neuroscience, 16*, 159-182.

Schaffer, A., Isometsä, E. T., Tondo, L. H., Moreno, D., Turecki, G., Reis, C., Cassidy, F., Sinyor, M., Azorin, J. M., Kessing, L. V., Ha, K., Goldstein, T., Weizman, A., Beautrais, A., Chou, Y. H., Diazgranados, N., Levitt, A. J., Zarate Jr., C. A., Rihmer, Z., & Yatham, L. N. (2015). International Society for Bipolar Disorders Task Force on Suicide: Meta-analyses and meta-regression of correlates of suicide attempts and suicide deaths in bipolar disorder. *Bipolar Disorders, 17*, 1-16.

Scharfstein, L. A., Beidel, D., Finnell, L. R., Distler, A., & Carter, N. T. (2011). Do pharmacological and behavioral interventions differentially affect treatment outcome for children with social phobia? *Behavior Modification, 35*(5), 451-467. Doi: 10.1177/0145445511408590

Schatzberg, A. (2000). New indications for antidepressants. *Journal of Clinical Psychiatry, 61*(Suppl. 11), 9-17.

Schatzberg, A., Rush, J., Arnow, B., Banks, P., Blalock, J., Borian, F., Howland, R., & Keller, M. B. (2005). Chronic depression: Medication (Nefazodone) or psychotherapy (CBASP) is effective when the other is not. *Archives of General Psychiatry, 62*, 513-520.

Scheerenberger, R. C. (1983). *A history of mental retardation.* Baltimore, MD: Paul H. Brookes.

Scheidt, P. C., Harel, Y., Trumble, A. C., Jones, D. H., Overpeck, M. D., & Bijur, P. E. (1995). The epidemiology of nonfatal injuries among U.S. children and youth. *American Journal of Public Health, 85*, 932-938.

Scheidt, P. C., Overpeck, M. D., Trifiletti, L. B., & Cheng, T. (2000). Child and adolescent injury research in 1998: A summary of abstracts submitted to the Ambulatory Pediatrics Association and the American Public Health Association. *Archives of Pediatrics and Adolescent Medicine, 154*, 442-445.

Scheier, M. F., Matthews, K. A., Owens, J. F., Magovern, G. J., Sr., Lefebvre, R. C., Abbott, R. A., & Carver, C. S. (1989). Dispositional optimism and recovery from coronary artery bypass surgery: The beneficial effects on physical and psychological well-being. *Journal of Personality and Social Psychology, 57*(6), 1024-1040.

Schenck, C. H., Arnulf, I., & Mahowald, M. W. (2007). Sleep and sex: What can go wrong? A review of the literature on sleep related disorders and abnormal sexual behaviors and experiences. *Sleep, 30*(6), 683.

Schiavi, R. C. (1990). Chronic alcoholism and male sexual dysfunction. *Journal of Sex and Marital Therapy, 16*, 23-33.

Schiavi, R. C., White, D., Mandeli, J., & Levine, A. C. (1997). Effect of testosterone administration on sexual behavior and mood in men with erectile dysfunction. *Archives of Sexual Behavior, 26*, 231-241.

Schietecatte, I., Roeyers, H., & Warreyn, P. (2012). Exploring the nature of joint attention impairments in young children with autism spectrum disorder: Associated social and cognitive skills. *Journal of Autism and Developmental Disorders, 42*(1), 1-12. doi: 10.1007 /s10803-011-1209-x

Schiffer, B., Peschel, T., Paul, T., Gizewski, E., Forsting, M., Leygraf, N., & Krueger, T. H. C. (2007). Structural brain abnormalities in the frontostriatal system and cerebellum in pedophilia. *Journal of Psychiatric Research, 41*, 753-762.

Schiffman, J., Walker, E., Ekstrom, M., Schulsinger, F., Sorensen, H., & Mednick, S. (2004). Childhood videotaped social and neuromotor precursors of schizophrenia: A prospective investigation. *American Journal of Psychiatry, 161*(11), 2021-2027.

Schildkraut, J. J. (1965). The catecholamine hypothesis of affective disorders: A review of supporting evidence. *American Journal of Psychiatry, 122*, 509-522.

Schiller, C., & Allen, P. J. (2005). Follow-up of infants prenatally exposed to cocaine. *Pediatric Nursing, 31*, 427-436.

Schlosser, R. W., & Koul, R. K. (2015). Speech output technologies in interventions for individuals with autism spectrum disorders: A scoping review. *Augmentative and Alternative Communication, 31*(4), 285-309.

Schmaling, K. B., Fiedelak, J. I., Katon, W. J., Bader, J. O., & Buchwald, D. S. (2003). Prospective study of the prognosis of unexplained chronic fatigue in a clinic-based cohort. *Psychosomatic Medicine, 65*, 1047-1054.

Schmidt, U., Lee, S., Beecham, J., Perkins, S., Treasure, J., Yi, I., & Eisler, I. (2007). A randomized controlled trial of family therapy and cognitive behavior therapy guided self-care for adolescents with bulimia nervosa and related disorders. *American Journal of Psychiatry, 164*(4), 591-598.

Schneck, C., Miklowitz, D., Calabrese, J., Allen, M., Thomas, M., Wisniewski, S., & Sachs, G. S. (2004). Phenomenology of rapid-cycling bipolar disorder: Data from the first 500 participants in the systematic treatment enhancement program. *American Journal of Psychiatry, 161*, 1902-1908.

Schneck, C. D., Miklowitz, D. J., Miyahara, S., Araga, M., Wisniewski, S., Gyulai, L., & Sachs, G. S. (2008). The prospective course of rapid-cycling bipolar disorder: Findings from the STEP-BD. *American Journal of Psychiatry, 165*(3), 370-377; quiz 410.

Schneider, S., Blatter-Meunier, J., Herren, C., In-Albon, T., Adornetto, C., Meyer, A., & Lavallee, K. L. (2013). The efficacy of a family-based cognitive-behavioral treatment for separation anxiety disorder in children aged 8-13: A randomized comparison with a general anxiety program. *Journal of Consulting and Clinical Psychology, 81*, 932.

Schneiderman, N. (2004). Psychosocial, behavioral, and biological aspects of chronic diseases. *Current Directions in Psychological Science, 13*, 247-251.

Schneier, F. R., Neria, Y., Pavlicova, M., Hembree, E., Suh, E. J., Amsel, L., & Marshall, R. D. (2012). Combined prolonged exposure therapy and paroxetine for PTSD related to the World Trade Center attack: A randomized controlled trial. *American Journal of Psychiatry, 169*, 80-88. doi: 10.1176/appi .ajp.2011.11020321

Schnell, K., & Herpertz, S. C. (2007). Effects of dialectic-behavioral-therapy on the neural correlates of affective hyperarousal in borderline personality disorder. *Journal of Psychiatric Research, 41*, 837-847.

Schoenbach, V. J., Kaplan, B. H., Fredman, L., & Kleinbaum, D. G. (1986). Social ties and mortality in Evans County, Georgia. *American Journal of Epidemiology, 123*, 577.

Schoenberg, M. R., Marsh, P. J., & Benbadis, S. R. (2012). Where are somatoform disorders going? An update on the DSM-V. *Expert Review of Neurotherapeutics, 12*, 1371-1374. doi: 10.1586/ern.12.136

Schoeneman, T. J. (1977). The role of mental illness in the European witchhunts of the sixteenth and seventeenth centuries: An assessment. *Journal of the History of the Behavioral Sciences, 13*, 337-351.

Schoenmakers, B., Buntinx, F., & DeLepeleire, J. (2010). Supporting the dementia family caregiver: The effect of home care intervention on general well-being. *Aging & Mental Health, 14*(1), 44-56.

Schomerus, G., Schwahn, C., Holzinger, A., Corrigan, P. W., Grabe, H. J., Carta, M. G., & Angermeyer, M. C. (2012). Evolution of public attitudes about mental illness: A systematic review and meta-analysis. *Acta Psychiatrica Scandinavica, 125*(6), 440-452.

Schredl, M. (2010). Nightmare frequency and nightmare topics in a representative German sample. *European Archives of Psychiatry and Clinical Neuroscience, 260*(8), 565-570.

Schreiner-Engel, P., & Schiavi, R. C. (1986). Lifetime psychopathology in individuals with low sexual desire. *Journal of Nervous and Mental Disease, 174*, 646-651.

Schuck, P. F., Malgarin, F., Cararo, J. H., Cardoso, F., Streck, E. L., & Ferreira, G. C. (2015). Phenylketonuria pathophysiology: On the role of metabolic alterations. *Aging and disease, 6*(5), 390-399.

Schuckit, M. A. (1994). Low level of response to alcohol as a predictor of future alcoholism. *American Journal of Psychiatry, 151*, 184-189.

Schuckit, M. A. (1998). Biological, psychological and environmental predictors of alcoholism risk: A longitudinal study. *Journal of Studies on Alcohol, 59*, 485-494.

Schuckit, M. A. (2009b). Alcohol-use disorders. *The Lancet, 373*(9662), 492-501.

Schuckit, M. A. (2012). Editor's corner: Editorial in reply to the comments of Griffith Edwards. *Journal of Studies on Alcohol and Drugs, 73*(4), 521.

Schuckit, M. A. (2014a). A brief history of research on the genetics of alcohol and other drug use disorders. *Journal of Studies on Alcohol and Drugs: Supplement, 75*(Suppl 17), 59-67.

Schuckit, M. A. (2014b). Recognition and management of withdrawal delirium (delirium tremens). *New England Journal of Medicine, 371*(22), 2109 2113.

Schuckit, M. A., Smith, T. L., Anthenelli, R., & Irwin, M. (1993). Clinical course of alcoholism in 636 male inpatients. *American Journal of Psychiatry, 150*, 786-792.

Schulberg, H. C., Block, M. R., Madonia, M. J., Scott, C. P., Rodriguez, E., Imber, S. D., & Coulehan, J. L. (1996). Treating major depression in primary care practice: Eight-month clinical outcomes. *Archives of General Psychiatry, 53*, 913-919.

Schulz, R., Drayer, R. A., & Rollman, B. L. (2002). Depression as a risk factor for non-suicide mortality in the elderly. *Biological Psychiatry, 52*, 205-225.

Schulze, L., Schmahl, C., & Niedtfeld, I. (2016). Neural correlates of disturbed emotion processing in borderline personality disorder: a multimodal meta-analysis. *Biological psychiatry, 79*(2), 97-106.

Schumann, C. M., & Amaral, D. G. (2006). Stereological analysis of amygdala neuron number in autism. *Journal of Neuroscience, 26*, 7674-7679.

Schurger, A., Pereira, F., Treisman, A., & Cohen, J. D. (2010). Reproducibility distinguishes conscious from nonconscious neural representations. *Science, 327*, 97-99.

Schutter, D. J. (2009). Antidepressant efficacy of high-frequency transcranial magnetic stimulation over the left dorsolateral prefrontal cortex in double-blind sham-controlled designs: A meta-analysis. *Psychological Medicine, 39*(1), 65-75.

Schwalberg, M. D., Barlow, D. H., Alger, S. A., & Howard, L. J. (1992). Comparison of bulimics, obese binge eaters, social phobics, and individuals with panic disorder or comorbidity across DSM-III-R anxiety. *Journal of Abnormal Psychology, 101*, 675-681.

Schwartz, A. J. (2011). Rate, relative risk, and method of suicide by students at 4-year colleges and universities in the United States, 2004-2005 through 2008-2009. *Suicide and Life-Threatening Behavior, 41*(4), 353-371.

Schwartz, B. I., Mansbach, J. M., Marion, J. G., Katzman, D. K., & Forman, S. (2008). Variations in admission practices for adolescents with anorexia nervosa: North American sample. *Journal of Adolescent Health, 43*(5), 425-431.

Schwartz, I. M. (1993). Affective reactions of American and Swedish women to the first premarital coitus: A cross-cultural comparison. *Journal of Sex Research, 30*(1), 18-26.

Schwartz, M. B., & Brownell, K. D. (2007). Actions necessary to prevent childhood obesity: Creating the climate for change. *Journal of Law, Medicine, & Ethics, 35*, 78-89.

Schwartz, M. S., & Andrasik, F. (Eds.) (2003). *Biofeedback: A practitioner's guide* (3rd ed.). New York, NY: Guilford.

Schwartz, P. J., Brown, C., Wehr, T. A., & Rosenthal, N. E. (1996). Winter seasonal affective disorder: A follow-up study of the first 59 patients of the National Institute of Mental Health seasonal studies program. *American Journal of Psychiatry, 153*, 1028-1036.

Schwartz, R., & Feisthamel, K. (2009). Disproportionate diagnosis of mental disorders among African American versus European American clients: Implications for counseling theory, research, and practice. *Journal of Counseling & Development, 87*(3), 295-301.

Schwartz, R. P., Brooner, R. K., Montoya, I. D., Currens, M., & Hayes, M. (2010). A 12-year follow-up of a methadone medical maintenance program. *The American Journal on Addictions, 8*(4), 293-299.

Schwartz, R. P., Jaffe, J. H., O'Grady, K. E., Das, B., Highfield, D. A., & Wilson, M. E. (2009). Scaling-up interim methadone maintenance: Treatment for 1,000 heroin-addicted individuals. *Journal of Substance Abuse Treatment, 37*(4), 362-367. doi: 10.1016/j.jsat.2009.04.002

Schwarzkopf, D. S., & Rees, G. (2010). Brain activity to rely on? *Science, 327,* 43-44.

Scoriels, L., Jones, P. B., & Sahakian, B. J. (2013). Modafinil effects on cognition and emotion in schizophrenia and its neurochemical modulation in the brain. *Neuropharmacology, 64,* 168-184.

Scott, C. L., Hilty, D. M., & Brook, M. (2003). Impulse-control disorders not elsewhere classified. In R. E. Hales & S. C. Yudofsky (Eds.), *Textbook of clinical psychiatry* (4th ed., pp. 781-802). Washington, DC: American Psychiatric Publishing.

Scott, C. L., Quanbeck, C. D., & Resnick, P. J. (2008). Assessment of dangerousness. In R. E. Hales, S. C. Yudofsky, & G. O. Gabbard (Eds.), *The American Psychiatric Publishing textbook of psychiatry* (5th ed., pp. 1655-1672). Arlington, VA: American Psychiatric Publishing.

Scott, J. E., & Dixon, L. B. (1995). Psychological interventions for schizophrenia. *Schizophrenia Bulletin, 21,* 621-630.

Scott, K.M., Lim, C., Al-Hamzawi, A., Alonso, J., Bruffaerts, R., Caldas-de-Almeida, J.M., Florescu, S., de Girolamo, G., Hu, C., de Jonge, P., Kawakami, N., Medina-Mora, M.E., Moskalewicz, J., Navarro-Mateu, F., O'Neill, S., Piazza, M., Posada-Villa, J., Torres, Y., & Kessler R.C. (2016, Feb.). Association of mental disorders with subsequent chronic physical conditions: World mental health surveys from 17 countries. *JAMA Psychiatry, 73*(2), 150-158

Scott, S., Briskman, J., & O'Connor, T. G. (2014). Early prevention of antisocial personality: long-term follow-up of two randomized controlled trials comparing indicated and selective approaches. *American Journal of Psychiatry, 171*(6), 649-657.

Sedlak, T. W., & Kaplin, A. I. (2009). Novel neurotransmitters. In B. J. Sadock, V. A. Sadock, & P. Ruiz (Eds.), *Kaplan & Sadock's comprehensive textbook of psychiatry* (9th ed., Vol. I, pp. 102-118). Philadelphia, PA: Lippincott Williams & Wilkins.

Seedat, S., Scott, K. M., Angermeyer, M. C., Berglund, P., Bromet, E. J., Brugha, T. S., & Kessler, R. C. (2009). Cross-national associations between gender and mental disorders in the WHO World Mental Health Surveys. *Archives of General Psychiatry, 66*(7), 785.

Seeman, P., Lee, T., Chau Wong, M., & Wong, K. (1976). Antipsychotic drug doses and neuroleptic/dopamine receptors. *Nature, 261,* 717-719.

Segal, N. (2006). Two monozygotic twin pairs discordant for female to male transsexualism. *Archives of Sexual Behavior, 35,* 347-358.

Segal, Z. V., Williams, J. M. G., Teasdale, J. D. (2002). *Mindfulness-based cognitive therapy for depression: A new approach to preventing relapse.* New York, NY: Guilford.

Segal, Z. V., Bieling, P., Young, T., MacQueen, G., Cooke, R., Martin, L., & & Levitan, R. D. (2010). Antidepressant monotherapy vs sequential pharmacotherapy and mindfulness-based cognitive therapy, or placebo, for relapse

prophylaxis in recurrent depression. *Archives of General Psychiatry, 67*(12), 1256.

Segerstrom, S. C., & Sephton, S. E. (2010). Optimistic expectancies and cell-mediated immunity: The role of positive affect. *Psychological Science, 21,* 448-455.

Seglem, K. B., Waaktaar, T., Ask, H., & Torgersen, S. (2015). Genetic and environmental influences on adolescents' smoking involvement: a multi-informant twin study. *Behavior Genetics, 45*(2), 171-180.

Segraves, R., & Althof, S. (1998). Psychotherapy and pharmacotherapy of sexual dysfunctions. In P. E. Nathan & J. M. Gorman (Eds.), *A guide to treatments that work* (pp. 447-471). New York, NY: Oxford University Press.

Segraves, R., & Woodard, T. (2006). Female hypoactive sexual desire disorder: History and current status. *Journal of Sexual Medicine, 3,* 408-418.

Seib, D. R., & Martin-Villalba, A. (2015). Neurogenesis in the normal ageing hippocampus: A mini-review. *Gerontology, 61*(4), 327-335.

Seitz, D. P., Adunuri, N., Gill, S. S., & Rochon, P. A. (2011). Prevalence of dementia and cognitive impairment among older adults with hip fractures. *Journal of the American Medical Directors Association, 12*(8), 556-564.

Seligman, M. E. P. (1971). Phobias and preparedness. *Behavior Therapy, 2,* 307-320.

Seligman, M. E. P. (1975). *Helplessness: On depression, development and death.* San Francisco, CA: W. H. Freeman.

Seligman, M. E. P. (1998). *Learned optimism* (2nd ed.). New York, NY: Simon & Schuster.

Seligman, M. E. P. (2002). *Authentic happiness: Using the new positive psychology to realize your potential for lasting fulfillment.* New York, NY: Free Press/Simon & Schuster.

Seligman, M. E. P., Schulman, P., DeRubeis, R. J., & Hollon, S. D. (1999). The prevention of depression and anxiety. *Prevention and Treatment, 2,* 8.

Sellbom, M., Toomey, J. A., Wygant, D. B., Kucharski, L. T., & Duncan, S. (2010). Utility of the MMPI-2-RF (restructured form) validity scales in detecting malingering in a criminal forensic setting: A known-groups design. *Psychological Assessment, 22*(1), 22-31.

Selten, J. P., Frissen, A., Lensvelt-Mulders, G., & Morgan, V. A. (2009). Schizophrenia and 1957 pandemic of influenza: meta-analysis. *Schizophrenia Bulletin,* sbp147.

Selye, H. (1936). A syndrome produced by diverse noxious agents. *Nature, 138,* 32.

Selye, H. (1950). *The physiology and pathology of exposure to stress.* Montreal, Canada: Acta.

Semans, J. H. (1956). Premature ejaculation: A new approach. *Southern Medical Journal, 49,* 353-358.

Semple, R. J., & Burke, C.A. (2012). Mindfulness based treatment for children and adolescents. In P. C. Kendall (Ed.), *Child and adolescent therapy: Cognitive-behavioral procedures* (4th ed., pp. 411-426). New York, NY: Guilford.

Sendt, K. V., Tracy, D. K., & Bhattacharyya, S. (2015). A systematic review of factors influencing adherence to antipsychotic medication in schizophrenia-spectrum disorders. *Psychiatry Research, 225*(1), 14-30.

Serefoglu, E. C. & Saitz, T. R. (2012). New insights on premature ejaculation: a review of definition, classification, prevalence and treatment. *Asian J Androl, 14*(6), 822-829.

Seshadri, S., Fitzpatrick, A. L., Ikram, M. A., DeStefano, A. L., Gudnason, V., Boada, M., & Breteler, M. M. (2010). Genome-wide analysis of genetic loci associated with Alzheimer disease. *JAMA: Journal of the American Medical Association, 303*(18), 1832-1840.

Seto, M., Cantor, J., & Blanchard, R. (2006). Child pornography offenses are a valid diagnostic indicator of pedophilia. *Journal of Abnormal Psychology, 115,* 610-615.

Seto, M. C. (2009). Pedophilia. In S. Nolen-Hoeksema, T. D. Cannon, & T. Widiger, (Eds.), *Annual review of clinical psychology* (Vol. 5, pp. 391-408). Palo Alto, CA: Annual Reviews.

Seto, M. C. (2012). Is pedophilia a sexual orientation? *Archives of Sexual Behavior, 41*(1), 231-236.

Seto, M. C., Kingston, D. A., & Bourget, D. (2014). Assessment of the Paraphilias. *Psychiatric Clinics of North America, 37*(2), 149-161.

Seto, M. C., Lalumière, M. L., Harris, G. T., & Chivers, M. L. (2012). The sexual responses of sexual sadists. *Journal of abnormal psychology, 121,* 739-753.

Severino, S. K., & Moline, M. L. (1989). *Premenstrual syndrome: A clinician's guide.* New York, NY: Guilford.

Shaffer, D. R. (1993). *Developmental psychology: Childhood and adolescence* (3rd ed.). Pacific Grove, CA: Brooks/Cole.

Shafran, R., Cooper, Z., & Fairburn, C. G. (2002). Clinical perfectionism: A cognitive-behavioural analysis. *Behaviour Research Therapy, 40,* 773-791.

Shafran, R., Lee, M., Payne, E., & Fairburn, C. G. (2006). The impact of manipulating personal standards on eating attitudes and behaviour. *Behaviour Research and Therapy, 44,* 897-906.

Shaffer, H.J. & Hall, M.N. 2001. Updating and refining prevalence estimates of disordered gambling behavior in the United States and Canada. Canadian Journal of Public Health 92 (3): 168-172.

Shalev, A. Y., Ankri, Y., Israeli-Shalev, Y., Peleg, T., Adessky, R., & Freedman, S. (2012). Prevention of posttraumatic stress disorder by early treatment: Results from the Jerusalem Trauma Outreach and Prevention study. *Archives of General Psychiatry, 69,* 166-176. doi: 10.1001/archgenpsychiatry.2011.127

Shamloul, R. & Ghanem, H. (2013). Erectile dysfunction. *The Lancet, 381*(9861), 153-165.

Shapiro, D. (1974). Operant-feedback control of human blood pressure: Some clinical issues. In P. A. Obrist, A. H. Black, J. Brener, & L. V. DiCara (Eds.), *Cardiovascular psychophysiology: Current issues in response mechanisms, biofeedback, and methodology.* Chicago, IL: Aldine.

Shapiro, J. R., Berkman, N. D., Brownley, K. A., Sedway, J. A., Lohr, K. N., & Bulik, C. M. (2007). Bulimia nervosa treatment: A systematic review of randomized controlled trials. *International Journal of Eating Disorders, 40*(4), 321-336.

Sharma, M. P., & Manjula, M. (2013). Behavioral and psychological management of somatic symptom disorder: An overview. *International Review of Psychiatry, 25,* 116-124.

Sharpe, M. (1992). Fatigue and chronic fatigue syndrome. *Current Opinion in Psychiatry, 5,* 207-212.

Sharpe, M. (1993). *Chronic fatigue syndrome* (pp. 298-317). Chichester, UK: Wiley.

Sharpe, M. (1997). Chronic fatigue. In D. M. Clark & C. G. Fairburn (Eds.), *Science and practice of cognitive behavior therapy* (pp. 381-414). Oxford, UK: Oxford University Press.

Sharpe, M., Clements, A., Hawton, K., Young, A., Sargent, P., & Cowen, P. (1996). Increased prolactin response to buspirone in chronic fatigue syndrome. *Journal of Affective Disorders, 41,* 71-76.

Sharpless, B. A. & Barber, J. P. (2011). Lifetime prevalence rates of sleep paralysis: A systematic review. *Sleep Medicine Reviews, 15,* 311-315.

Sharpless, B., & Doghramji, K. (2015). *Sleep Paralysis: Historical, Psychological, and Medical Perspectives.* Oxford University Press.

Shatkin, J. P., & Ivanenko, A. (2009). Pediatric sleep disorders. In B. J. Sadock, V. A. Sadock, & P. Ruiz (Eds.), *Kaplan & Sadock's comprehensive textbook of psychiatry* (9th ed., Vol. I, pp. 3903-3908). Philadelphia, PA: Lippincott Williams & Wilkins.

Shaw, D. S., Dishion, T. J., Supplee, L., Gardner, F., & Arnds, K. (2006). Randomized trial of a family-centered approach to the prevention of early conduct problems: 2-year effects of the family check-up in early childhood. *Journal of Consulting and Clinical Psychology, 74,* 1-9.

Shaw, J., & Porter, S. (2015). Constructing rich false memories of committing crime. *Psychological Science, 26,* 291-301.

Shear, K., Jin, R., Ruscio, A. M., Walters, E. E., & Kessler, R. C. (2006). Prevalence and correlates of estimated DSM-IV child and adult separation anxiety disorder in the National Comorbidity Survey Replication. *American Journal of Psychiatry, 163*(6), 1074-1083. doi: 10.1176/appi.ajp.163.6.107

Shear, M. K. (2012). Getting straight about grief. *Depression and Anxiety, 29,* 461-464.

Shear, M. K., Brown, T. A., Barlow, D. H., Money, R., Sholomskas, D. E., Woods, S. W., & Papp, L.A. (1997). Multicenter collaborative panic disorder severity scale. *American Journal of Psychiatry, 154,* 1571-1575.

Shear, M. K., Simon, N., Wall, M., Zisook, S., Neimeyer, R., Duan, N., & Keshaviah, A. (2011). Complicated grief and related bereavement issues for DSM-5. *Depression and Anxiety, 28,* 103-117.

Shear, M. K., Wang, Y., Skritskaya, N., Duan, N., Mauro, C., & Ghesquiere, A. (2014). Treatment of complicated grief in elderly persons: A randomized clinical trial. *JAMA Psychiatry, 71,* 1287-1295.

Sheets, E. S., & Craighead, W. E. (2014). Comparing chronic interpersonal and noninterpersonal stress domains as predictors of depression recurrence in emerging adults, *Behaviour Research and Therapy, 63,* 36-42.

Sheikh, J. I. (1992). Anxiety and its disorders in old age. In J. E. Birren, K. Sloan, & G. D. Cohen (Eds.), *Handbook of mental health and aging* (pp. 410-432). New York, NY: Academic Press.

Shen, B., Avivi, Y. E., Todaro, J. F., Spiro, A., III., Laurenceau, J., Ward, K. D., & Niaura, R. (2008). Anxiety characteristics independently and prospectively predict myocardial infarction in men: The unique contribution of anxiety among psychologic factors. *Journal of the American College of Cardiology, 51,* 113-119.

Shenton, M. E., & Kubicki, M. (2009). Structural brain imaging in schizophrenia. In B. J. Sadock, V. A. Sadock, & P. Ruiz (Eds.), *Kaplan & Sa-*

dock's comprehensive textbook of psychiatry (9th ed., Vol. I, pp. 1494-1507). Philadelphia, PA: Lippincott Williams & Wilkins.

Sheperis, C. J., Lionetti, T. M., & Snook, J. (2015). Substance-related disorders. In B. Flamez & C. J. Sheperis (Eds), *Diagnosing and treating children and adolescents: A guide for mental health professionals* (pp. 413-440). Hoboken, NJ: Wiley & Sons.

Sheppes, G., Luria, R., Fukuda, K., & Gross, J. J. (2013). There's more to anxiety than meets the eye: Isolating threat-related attentional engagement and disengagement biases. *Emotion, 13,* 520-528.

Sher, K. J., Martinez, J. A., & Littlefield, A. K. (2011). Alcohol use and alcohol use disorders. In D. H. Barlow (Ed.), *Oxford handbook of clinical psychology.* New York, NY: Oxford University.

Sherbourne, C. D., Hays, R. D., & Wells, K. B. (1995). Personal and psychosocial risk factors for physical and mental health outcomes and course of depression among depressed patients. *Journal of Consulting and Clinical Psychology, 63,* 345-355.

Shin, L. M., & Liberzon, I. (2010). The neurocircuitry of fear, stress, and anxiety disorders. *Neuropsychopharmacology, 35*(1), 169-191.

Shin, L. M., Lasko, N. B., Macklin, M. L., Karpf, R. D., Milad, M. R., Orr, S. P., & Pitman, R. K. (2009). Resting metabolic activity in the cingulate cortex and vulnerability to posttraumatic stress disorder. *Archives of General Psychiatry, 66*(10), 1099-1107. doi: 10.1001/archgenpsychiatry.2009.138

Shin, L. M., Shin, P. S., Heckers, S., Krangel, T. S., Macklin, M. L., Orr, S. P., & Rauch, S. L. (2004). Hippocampal function in posttraumatic stress disorder. *Hippocampus, 14,* 292-300.

Shingleton, R. M., Thompson-Brenner, H., Thompson, D. R., Pratt, E. M., & Franko, D. L. (2015). Gender differences in clinical trials of binge eating disorder: An analysis of aggregated data. *Journal of Consulting and Clinical Psychology, 83*(2), 382-386.

Shneidman, E. S. (1989). Approaches and commonalities of suicide. In R. F. W. Diekstra, R. Mariss, S. Platt, A. Schmidtke, & G. Sonneck (Eds.), *Suicide and its prevention: The role of attitude and imitation. Advances in Suicidology* (Vol. 1). Leiden, Netherlands: E. J. Brill.

Shneidman, E. S., Farberow, N. L., & Litman, R. E. (Eds.) (1970). *The psychology of suicide.* New York, NY: Science House.

Shulman, K. I., Cohen, C. A., Kirsh, F. C., Hull, I. M., & Champine, P. R. (2007). Assessment of testamentary capacity and vulnerability to undue influence. *American Journal of Psychiatry, 164*(5), 722-727.

Shumaker, S. A., Legault, C., Kuller, L., Rapp, S. R., Thal, L., Lane, D. S., Coker, L. H., & Women's Health Initiative Memory Study. (2004). Conjugated equine estrogens and incidence of probable dementia and mild cognitive impairment in postmenopausal women: Women's Health Initiative Memory Study. *JAMA: Journal of the American Medical Association, 291,* 3005-3007.

Sibrava, N. J., Beard, C., Bjornsson, A. S., Moitra, E., Weisberg, R. B., & Keller, M. B. (2013). Two-year course of generalized anxiety disorder, social anxiety disorder, and panic disorder in a longitudinal sample of African American adults. *Journal of Consulting and Clinical Psychology, 81,* 1052.

Sico, J.J., Amin, H., Sorokin, A., Volpe, D. C., Hamid, H., Machado, D., ... Brust, J. C. M. (2014). Neurologic disorders related to alcohol and other drug use. In R. K. Ries, D. A. Fiellin, S. C. Miller, & R. Saitz (Eds.), *The ASAM principles of addiction medicine,* (5th ed., pp. 1178-1194). New York, NY: Wolters Kluwer.

Siddiqui, F., & D'Ambrosio, C. (2012). Sleep disorders in older patients. In M. Pisani (Ed.), *Aging and lung disease* (pp. 173-188). New York: Humana Press.

Siegel, L. S., & Mazabell, S. (2013). Basic cognitive processes and reading disabilities. In H. L. Swanson, K. R. Harris, & S. Graham (Eds.), *Handbook of learning disabilities* (2nd ed., pp. 186-213). New York, NY: Guilford.

Sierra, M., & Berrios, G. E. (1998). Depersonalization: Neurobiological perspectives. *Society of Biological Psychiatry, 44,* 898-908.

Sierra, M., Senior, C., Dalton, J., McDonough, M., Bond, A., Phillips, M. L., & David, A. S. (2002). Autonomic response in depersonalization disorder. *Archives of General Psychiatry, 59,* 833-838.

Siever, L. J., & Davis, K. L. (2004). The pathophysiology of schizophrenia disorders: Perspectives from the spectrum. *American Journal of Psychiatry, 161,* 398-413.

Siever, L. J., Davis, K. L., & Gorman, L. K. (1991). Pathogenesis of mood disorders. In K. Davis, H. Klar, & J. T. Coyle (Eds.), *Foundations of psychiatry.* Philadelphia, PA: W. B. Saunders.

Siffre, M. (1964). *Beyond time* (H. Briffaul, Trans.). New York, NY: McGraw-Hill.

Sigafoos, J., Green, V. A., Schlosser, R., O'Reilly, M. F., Lancioni, G. E., Rispoli, M., Lang, R. (2009). Communication intervention in Rett syndrome: A systematic review. *Research in Autism Spectrum Disorders, 3*(2), 304-318. doi: 10.1016/j.rasd.2008.09.006

Sikorska, B., Knight, R., Ironside, J. W., & Liberski, P. P. (2012). Creutzfeldt-Jakob disease. In S.I. Ahmad (ed), *Neurodegenerative diseases* (pp. 76-90). New York, NY: Springer US.

Silberg, J. L., Maes, H., & Eaves, L. J. (2012). Unraveling the effect of genes and environment in the transmission of parental antisocial behavior to children's conduct disturbance, depression and hyperactivity. *Journal of Child Psychology and Psychiatry, 53*(6), 668-677.

Silk, K. R., & Feurino III, L. (2012). Psychopharmacology of personality disorders. In T. A. Widiger (Ed.), *The Oxford handbook of personality disorders* (pp. 713-726). New York, NY: Oxford University Press.

Silove, D. M., Marnane, C. L., Wagner, R., Manicavasagar, V. L., & Rees, S. (2010). The prevalence and correlates of adult separation anxiety disorder in an anxiety clinic. *BMC Psychiatry, 10,* 21.

Silver, E., Cirincione, C., & Steadman, H. J. (1994). Demythologizing inaccurate perceptions of the insanity defense. *Law and Human Behavior, 18,* 63-70.

Silverman, W. K., & La Greca, A. M. (2002). Children experiencing disasters: Definitions, reactions and predictors of outcomes. In A. N. La Greca, W. K. Silverman, & M. C. Roberts (Eds.), *Helping children cope with disasters and terrorism* (Vol. 1, pp. 11-33). Washington, DC: American Psychological Association.

Silverman, W. K., & Rabian, B. (1993). Simple phobias. *Child and Adolescent Psychiatric Clinics of North America, 2,* 603-622.

Silverstone, T. (1985). Dopamine in manic depressive illness: A pharmacological synthesis. *Journal of Affective Disorders, 8*(3), 225-231.

Simeon, D. (2009). Neurobiology of depersonalization disorder. In P. F. Dell & J. A. O'Neil (Eds.), *Dissociation and the dissociative disorders* (pp. 367-372). New York, NY: Routledge.

Simeon, D., & Abugal, J. (2006). *Feeling unreal: Depersonalization disorder and the loss of the self.* Oxford, UK: Oxford University Press.

Simeon, D., Guralnik, O., Hazlett, E. A., Spiegel-Cohen, J., Hollander, E., & Buchsbaum, M. S. (2000). Feeling unreal: A PET study of depersonalization disorder. *American Journal of Psychiatry, 157,* 1782-1788.

Simeon, D., Guralnik, O., Knutelska, M., Hollander, E., & Schmeidler, J. (2001). Hypothalamic-pituitary-adrenal axis dysregulation in depersonalization disorder. *Neuropsychopharmacology, 25,* 793-795.

Simeon, D., Guralnik, O., Schmeidler, J., & Knutelska, M. (2004). Fluoxetine therapy in depersonalization disorder: Randomised controlled trial. *British Journal of Psychiatry, 185,* 31-36.

Simeon, D., Knutelska, M., Nelson, D., & Guralnik, O. (2003). Feeling unreal: A depersonalization disorder update of 117 cases. *Journal of Clinical Psychiatry, 64,* 990-997.

Simmons, R., & Blyth, D. (1987). *Moving into adolescence: The impact of pubertal change and school context.* New York, NY: Aldine de Gruyter.

Simms, L. J., Prisciandaro, J. J., Krueger, R. F., & Goldberg, D. P. (2012). The structure of depression, anxiety, and somatic symptoms in primary care. *Psychological Medicine, 42,* 15-28.

Simon, G. (2006). How can we know whether antidepressants increase suicide risk? *American Journal of Psychiatry, 163,* 1861-1863.

Simon, G. E., Gureje, O., & Fullerton, C. (2001). Course of hypochondriasis in an international primary care study. *General Hospital Psychiatry, 23,* 51-55.

Simon, G. E., von Koff, M., Saunders, K., Miglioretti, D. L., Crane, P. K., van Belle, G., & Kessler, R. C. (2006). Association between obesity and psychiatric disorders in the U.S. adult population. *Archives of General Psychiatry, 63,* 824-830.

Simon, N. M. (2012). Is complicated grief a post-loss stress disorder? *Depression and Anxiety, 29,* 541-544.

Simon, N. M. (2013). Treating complicated grief. *JAMA, 310,* 416-423.

Simon, R. I., & Shuman, D. W. (2008). Psychiatry and the law. In R. E. Hales, S. C. Yudofsky, & G. O. Gabbard (Eds.), *The American Psychiatric Publishing textbook of psychiatry* (5th ed., pp. 1555-1599). Arlington, VA: American Psychiatric Publishing.

Simon, R. I., & Shuman, D. W. (2009). Clinical-legal issues in psychiatry. In B. J. Sadock, V. A. Sadock, & P. Ruiz (Eds.), *Kaplan & Sadock's comprehensive textbook of psychiatry* (9th ed., Vol. II, pp. 4427-4439). Philadelphia, PA: Lippincott Williams & Wilkins.

Simon, R. I. & Shuman, D. W. (2014). Clinical issues in psychiatry and the law. In R. E. Hales, S. C. Yudofsky, & L. Weiss Roberts (Eds) *The American Psychiatric Publishing textbook of psychiatry* (6th ed., pp.175-204). Washington, DC: American Psychiatric Publishing, Inc.

Simon, W., & Gagnon, J. H. (1986). Sexual scripts: Permanence and change. *Archives of Sexual Behavior, 15*(2), 97-120.

Simoneau, T. L., Miklowitz, D. J., Richards, J. A., Saleem R., & George, E. L. (1999). Bipolar disorder and family communication: Effects of a psychoeducational treatment program. *Journal of Abnormal Psychology, 108,* 588-597.

Simonetti, J. A., Mackelprang, J. L., Rowhani-Rahbar, A., Zatzick, D., & Rivara, F. P. (2015). Psychiatric comorbidity, suicidality, and in-home firearm access among a nationally representative sample of adolescents. *JAMA Psychiatry, 72,* 152-159.

Simons, J. S., Dvorak, R. D., & Lau-Barraco, C. (2009). Behavioral inhibition and activation systems: Differences in substance use expectancy organization and activation in memory. *Psychology of Addictive Behaviors, 23*(2), 315-328. doi:10.1037/a0015834

Simpson, G. K., Tate, R. L., Whiting, D. L., & Cotter, R. E. (2011). Suicide prevention after traumatic brain injury: A randomized controlled trial of a program for the psychological treatment of hopelessness. *The Journal of Head Trauma Rehabilitation, 26*(4), 290-300.

Simpson, H. B., Foa, E. B., Liebowitz, M. R., Huppert, J. D., Cahill, S., Maher, M. J., McLean, C. P., Bender, J., Marcus, S. M., Williams, M. T., Weaver, J., Vermes, D., Van Meter, P., Rodriguez, C. I., Powers, M., Pinto, A., Imms, P., Hahn, C.-G., & Campeas, R. (2013). Cognitive-behavioral therapy vs. resperidone for augmenting serotonin reuptake inhibitors in obsessive-compulsive disorder: A randomized clinical trial. *JAMA Psychiatry, 70,* 1190-1199.

Singer, J. (1999). "Why can't you be normal for once in your life?" From a "problem with no name" to the emergence of a new category of difference. In M. Corker & S. French (Eds.), *Disability discourse* (pp. 59-67). Buckingham, U.K.: Open University Press.

Singer, M., & Flannery, D. J. (2000). The relationship between children's threats of violence and violent behaviors. *Archives of Pediatrics and Adolescent Medicine, 154,* 785-790.

Singh, J. P., Grann, M., & Fazel, S. (2011). A comparative study of violence risk assessment tools: A systematic review and metaregression analysis of 68 studies involving 25,980 participants. *Clinical Psychology Review, 31*(3), 499-513.

Singh, S., Basu, D., Kohli, A., & Prabhakar, S. (2009). Auditory P300 event-related potentials and neurocognitive functions in opioid dependent men and their brothers. *American Journal on Addictions, 18*(3), 198-205.

Singh, S. P., Harley, K., & Suhail, K. (2013). Cultural specificity of emotional overinvolvement: A systematic review. *Schizophrenia Bulletin, 39*(2), 449-463. doi: 10.1093/schbul/sbr170

Sisask, M., & Värnik, A. (2012). Media roles in suicide prevention: A systematic review. *International Journal of Environmental Research and Public Health, 9*(1), 123-138.

Sit, D., Rothschild, A. J., & Wisner, K. L. (2006). A review of postpartum psychosis. *Journal of Womens Health, 15*(4), 352-368.

Sjöström, L., Peltonen, M., Jacobson, P., Sjöström, C. D., Karason, K., Wedel, H., . . . Carlsson, L. M. S. (2012). Bariatric surgery and long-term cardiovascular events. *JAMA: Journal of American Medical Association, 307,* 56-65.

Skeem, J., Kennealy, P., Monahan, J., Peterson, J., & Appelbaum, P. (2016). Psychosis uncommonly and inconsistently precedes violence among high-risk individuals. *Clinical Psychological Science, 4*(1), 40-49.

Skhiri, D., Annabi, S., Bi, S., & Allani, D. (1982). Enfants d'immigrés: Facteurs de liens ou de rupture? *Annales Medico-Psychologiques, 140,* 597-602.

Skidmore, W., Linsenmeier, J., & Bailey, J. (2006). Gender nonconformity and psychological distress in lesbians and gay men. *Archives of Sexual Behavior, 35,* 685-697.

Skinner, B. F. (1938). *The behavior of organisms: An experimental analysis.* Appleton-Century. Oxford: England.

Skinner, B. F. (1948). *Walden two.* New York, NY: Macmillan.

Skinner, B. F. (1971). *Beyond freedom and dignity.* New York, NY: Knopf.

Skodol, A. E. (2005). Manifestations, clinical diagnosis, and comorbidity. In J. M. Oldham, A. E. Skodol, & D. S. Bender (Eds.), *Textbook of personality disorders* (pp. 57-87). Washington, DC: American Psychiatric Publishing.

Skodol, A. E. (2012). Personality disorders in DSM-5. *Annual Review of Clinical Psychology, 8,* 317-344.

Skodol, A. E., Bender, D. S., Morey, L. C., Clark, L. A., Oldham, J. M., Alarcon, R. D., & Siever, L. J. (2011). Personality disorder types proposed for DSM-5. *Journal of Personality Disorders, 25*(2), 136-169.

Skodol, A. E., & Gunderson, J. G. (2008). Personality disorders. In R. E. Hales, S. C. Yudofsky, & G. O. Gabbard (Eds.), *The American Psychiatric Publishing textbook of psychiatry* (5th ed., pp. 821-860). Arlington, VA: American Psychiatric Publishing.

Skodol, A. E., Grilo, C. M., Keyes, K. M., Geier, T., Grant, B. F., & Hasin, D. S. (2011). Relationship of personality disorders to the course of major depressive disorder in a nationally representative sample. *American Journal of Psychiatry, 168*(3), 257-264.

Skuse, D. H. (2012). DSM-5's conceptualization of autistic disorders. *Journal of the American Academy of Child and Adolescent Psychiatry, 51*(4), 344-346. doi: 10.1016/j.jaac.2012.02.009

Slavich, G. M., & Irwin, M. R. (2014). From stress to inflammation and major depressive disorder: A social signal transduction theory of depression? *Psychological Bulletin, 140,* 774-815.

Sleet, D. A., Hammond, R., Jones, R., Thomas, N., & Whitt, B. (2003). Using psychology for injury and violence prevention in the community. In R. H. Rozensky, N. G. Johnson, C. D. Goodheart, & R. Hammond (Eds.), *Psychology builds a healthy world* (pp. 185-216). Washington, DC: American Psychological Association.

Slooter, A. J. C., & de Groot, J.-C. (2014). Neuroimaging of delirium. In R. A. J. O. Dierckx, A. Otte, E. F.J. de Vries, A. van Waarde (Eds), *PET and SPECT in psychiatry* (pp. 463-470). Berlin, Germany: Springer Berlin Heidelberg.

Slotema, C. W., Aleman, A., Daskalakis, Z. J., & Sommer, I. E. (2012). Meta-analysis of repetitive transcranial magnetic stimulation in the treatment of auditory verbal hallucinations: Update and effects after one month. *Schizophrenia Research, 142*(1-3), 40-45. doi: http://dx.doi.org/10.1016/j.schres.2012.08.025

Smeets, G., de Jong, P. J., & Mayer, B. (2000). If you suffer from a headache, then you have a brain tumour: Domain-specific reasoning "bias" and hypochondriasis. *Behaviour Research and Therapy, 38,* 763-776.

Smith, B. H., & Shapiro, C. J. (2015). Combined treatments for ADHD. In R. A. Barkley (Ed.),

Attention-deficit hyperactivity disorder: A handbook for diagnosis & treatment (4th ed., pp. 686-704). New Yok: The Guilford Press.

Smith, D. E., Marcus, M. D., & Kaye, W. (1992). Cognitive-behavioral treatment of obese binge eaters. *International Journal of Eating Disorders, 12*, 257-262.

Smith, Frederick H. (2008). *The archaeology of alcohol and drinking.* Gainesville, FL: University of Florida Press.

Smith, G. A., & Hall, J. A. (1982). Evaluating Michigan's guilty but mentally ill verdict: An empirical study. *Journal of Law Reform, 16*, 75-112.

Smith, G. P., & Gibbs, J. (2002). Peripheral physiological determinants for eating and body weight. In K. D. Brownell & C. G. Fairburn (Eds.), *Eating disorders and obesity: A comprehensive handbook* (2nd ed., pp. 8-12). New York, NY: Guilford.

Smith, G. T., & Oltmanns, T. F. (2009). Scientific advances in the diagnosis of psychopathology: Introduction to the special section. *Psychological Assessment, 21*(3), 241-242.

Smith, G. T., Simmons, J. R., Flory, K., Annus, A. M., & Hill, K. K. (2007). Thinness and eating expectancies predict subsequent binge-eating and purging behavior among adolescent girls. *Journal of Abnormal Psychology, 116*, 188-197.

Smith, T., Horwath, E., & Cournos, F. (2010). Scizophrenia and other psychotic disorders. In J. L. Cutler & E. R. Marcus (Eds.), *Psychiatry* (2nd ed., pp. 101-131). New York, NY: Oxford University Press.

Smith, T., & Iadarola, S. (2015). Evidence base update for autism spectrum disorder. *Journal of Clinical Child & Adolescent Psychology, 44*(6), 897-922. doi: 10.1080/15374416 .2015.1077448

Smith, T. C., Ryan, M. A., Wingard, D. L., Slymen, D. J., Sallis, J. F., Kritz-Silverstein, D., & Millennium Cohort Study Team (2008). New onset and persistent symptoms of post-traumatic stress disorder self reported after deployment and combat exposures: Prospective population based US military cohort study. *BMJ: British Medical Journal, 336*(7640), 366-371. doi: 10.1136/bmj.39430.638241.AE

Smith, T. W. (1992). Hostility and health: Current status of a psychosomatic hypothesis. *Health Psychology, 11*(3), 139-150.

Smith, W., Noonan, C., & Buchwald, D. (2006). Mortality in a cohort of chronically fatigued patients. *Psychological Medicine, 36*, 1301-1306.

Smitherman, T. A., Burch, R., Sheikh, H., & Loder, E. (2013). The prevalence, impact, and treatment of migraine and severe headaches in the United States: A review of statistics from national surveillance studies. *Headache, 53*(3), 427-436.

Smolak, L., & Levine, M. P. (1996). Adolescent transitions and the development of eating problems. In L. Smolak, M. P. Levine, & R. Striegel-Moore (Eds.), *The developmental psychopathology of eating disorders: Implications for research, prevention, and treatment* (pp. 207-233). Mahwah, NJ: Erlbaum.

Smoller, J. W. (2013). Disorders and borders: Psychiatric genetics and nosology. American Journal of Medical Genetics, Part B: *Neuropsychiatric Genetics, 162, 559-570.*

Smoller, J. W., Block, S. R., & Young, M. M. (2009). Genetics of anxiety disorders: The complex road from DSM to DNA. *Depression and Anxiety, 26*(11), 965-975. doi: 10.1002 /da.20623

Smoller, J. W., Yamaki, L. H., & Fagerness, J. A. (2005). The corticotropin-releasing hormone gene and behavioral inhibition in children at risk for panic disorder. *Biological Psychiatry, 57*, 1485-1492.

Snelling, J., Sahai, A., & Ellis, H. (2003). Attitudes of medical and dental students to dissection. *Clinical Anatomy, 16*, 165-172.

Snowdon, D. A., Kemper, S. J. , Mortimer, J. A., Greiner, L. H., Wekstein, D. R., & Markesbery, W. R. (1996). Linguistic ability in early life and cognitive function and Alzheimer's disease in late life: Findings from the nun study. *JAMA: Journal of the American Medical Association, 275*(7), 528-532.

Snyder, J. S., Soumier, A., Brewer, M., Pickel, J., & Cameron, H. A. (2011). Adult hippocampal neurogenesis buffers stress responses and depressive behaviour. *Nature, 476*(7361), 458-U112.

Snyder, L. (2012). American College of Physicians ethics manual. *Annals of Internal Medicine, 156*(1_Part_2), 73-104. doi:10.7326/0003 -4819-156-1-201201031-00001

Snyder, S. H. (1976). The dopamine hypothesis of schizophrenia: Focus on the dopamine receptor. *American Journal of Psychiatry, 133*, 197-202.

Snyder, S. H. (1981). Opiate and benzodiazepine receptors. *Psychosomatics, 22*(11), 986-989.

Snyder, S. H., Burt, D. R., & Creese, I. (1976). Dopamine receptor of mammalian brain: Direct demonstration of binding to agonist and antagonist states. *Neuroscience Symposia, 1*, 28-49.

Sobell, M. B., & Sobell, L. C. (1978). *Behavioral treatment of alcohol problems.* New York, NY: Plenum Press.

Sobell, M. B., & Sobell, L. C. (1993). *Problem drinkers: Guided self-change treatment.* New York, NY: Guilford.

Society for Research in Child Development. (2007). *Ethical standards for research with children.* Available from www.srcd.org /ethicalstandards.html.

Soeiro-de-Souza, M. G., Dias, V. V., Bio, D. S., Post, R. M., & Moreno, R. A. (2011). Creativity and executive function across manic, mixed and depressive episodes in bipolar I disorder. *Journal of Affective Disorders, 135*(1-3), 292-297.

Sohn, C., & Lam, R. (2005). Update on the biology of seasonal affective disorder. *CNS Spectrums, 10*, 635-646.

Sohn, M., & Bosinski, H. A. G. (2007). Gender identity disorders: Diagnostic and surgical aspects. *Journal of Sexual Medicine, 4*, 1193-1208.

Solai, L. K. K. (2009). Delirium. In B. J. Sadock, V. A. Sadock, & P. Ruiz (Eds.), *Kaplan & Sadock's comprehensive textbook of psychiatry* (9th ed., Vol. I, pp. 1153-1167). Philadelphia, PA: Lippincott Williams & Wilkins.

Soloff, P. H., Chiappetta, L., Mason, N. S., Becker, C., & Price, J. C. (2014). Effects of serotonin-2A receptor binding and gender on personality traits and suicidal behavior in borderline personality disorder. *Psychiatry Research: Neuroimaging, 222*(3), 140-148.

Soloff, P. H., Lynch, K. G., Kelley, T. M., Malone, K. M., & Mann, J. J. (2000). Characteristics of suicide attempts of patients with major depressive episode and borderline personality disorder: A comparative study. *American Journal of Psychiatry, 157*(4), 601-608.

Solomon, D. A., Leon, A. C., Coryell, W. H., Endicott, J., Li, C., Fiedorowicz, J. G., & Keller, M.

B. (2010). Longitudinal course of bipolar I disorder: Duration of mood episodes. *Archives of General Psychiatry, 67*(4), 339-347.

Solomon, D. A., Leon, A. C., Endicott, J., Coryell, W. H., Mueller, T. I., Posternak, M. A., & Keller, M. B. (2003). Unipolar mania over the course of a 20-year follow-up study. *American Journal of Psychiatry, 160*, 2049-2051.

Solomon, R. L. (1980). The opponent-process theory of acquired motivation: The costs of pleasure and the benefits of pain. *American Psychologist, 35*, 691-712.

Solomon, R. L., & Corbit, J. D. (1974). An opponent process theory of motivation: I. Temporal dynamics of affect. *Psychological Review, 81*, 119-145.

Soreca, I., Frank, E., & Kupfer, D. J. (2009). The phenomenology of bipolar disorder: What drives the high rate of medical burden and determines long-term prognosis? *Depression and Anxiety, 26*(1), 73-82.

Sorkin, A., Weinshall, D., Modai, I., & Peled, A. (2006). Improving the accuracy of the diagnosis of schizophrenia by means of virtual reality. *American Journal of Psychiatry, 163*, 512-520.

Sosa-Ortiz, A. L., Acosta-Castillo, I., & Prince, M. J. (2012). Epidemiology of dementias and Alzheimer's disease. *Archives of Medical Research, 43*(8), 600-608.

Souery, D., Zaninotto, L., Calati, R., Linotte, S., Mendlewicz, J., Sentissi, O., & Serretti, A. (2012). Depression across mood disorders: Review and analysis in a clinical sample. *Comprehensive Psychiatry, 53*, 24-38.

South, S. C., Oltmanns, T. F., & Krueger, R. F. (2011). The spectrum of personality disorders. In D. H. Barlow (Ed.), *Oxford handbook of clinical psychology* (pp. 530-550). New York, NY: Oxford University.

Spangler, D. L., Simons, A. D., Monroe, S. M., & Thase, M. E. (1996). Gender differences in cognitive diathesis-stress domain match: Implications for differential pathways to depression. *Journal of Abnormal Psychology, 105*, 653-657.

Spangler, D. L., Simons, A. D., Monroe, S. M., & Thase, M. E. (1997). Comparison of cognitive models of depression: Relationships between cognitive constructs and cognitive diathesis-stress match. *Journal of Abnormal Psychology, 106*, 395-403.

Spanos, N. P. (1996). *Multiple identities and false memories: A sociocognitive prospective.* Washington, DC: American Psychological Association.

Spanos, N. P., Cross, P. A., Dickson, K., & DuBreuil, S. C. (1993). Close encounters: An examination of UFO experiences. *Journal of Abnormal Psychology, 102*, 624-632.

Spanos, N. P., Weeks, J. R., & Bertrand, L. D. (1985). Multiple personality: A social psychological perspective. *Journal of Abnormal Psychology, 92*, 362-376.

Speisman, R. B., Kumar, A., Rani, A., Foster, T. C., & Ormerod, B. K. (2013). Daily exercise improves memory, stimulates hippocampal neurogenesis and modulates immune and neuroimmune cytokines in aging rats. *Brain, Behavior and Immunity, 28*, 25-43. doi: 10.1016/j. bbi.2012.09.013.

Spencer, T. J., Biederman, J., & Mick, E. (2007). Attention-deficit/hyperactivity disorder: Diagnosis, lifespan, comorbidities, and neurobiology. *Ambulatory Pediatrics, 7*(1, Suppl. 1), 73-81.

Spiegel, D. (2010). Dissociation in DSM-5. *Journal of Trauma and Dissociation, 11*(3), 261-265.

Spiegel, D. (2013). Tranceformations: Hypnosis in brain and body. *Depression and Anxiety, 30,* 342-352.

Spiegel, D., Bloom, J. R., Kramer, H. C., & Gotheil, E. (1989). Effect of psychosocial treatment on survival of patients with metastatic breast cancer. *Lancet, 14,* 888-891.

Spiegel, D., Lewis-Fernandez, R., Lanius, R., Vermetten, E., Simeon, D., & Friedman, M. (2013). Dissociative disorders in DSM-5. *Annual Review of Clinical Psychology, 9,* 299-326.

Spiegel, D., Loewenstein, R. J., Lewis-Fernandez, R., Sar, V., Simeon, D., Vermetten, E., & Dell, P. F. (2011). Dissociative disorders in DSM-5. *Depression and Anxiety, 28,* 824-852. doi: 10.1002/da.20874

Spielberger, C. D., & Frank, R. G. (1992). Injury control: A promising field for psychologists. *American Psychologist, 47*(8), 1029-1030.

Spielman, A. J., & Glovinsky, P. (1991). The varied nature of insomnia. In P. J. Hauri (Ed.), *Case studies in insomnia* (pp. 1-15). New York, NY: Plenum Press.

Spinella, M. (2005). Mood in relation to subclinical symptoms. *International Journal of Neuroscience, 115,* 433-443.

Spinelli, M. G., & Endicott, J. (2003). Controlled clinical trial of interpersonal psychotherapy versus parenting education program for depressed pregnant women. *American Journal of Psychiatry, 160,* 555-562.

Spinelli, S., Chefer, S., Suomi, S. J., Higley, J. D., Barr, C. S., & Stein, E. (2009). Early-life stress induces long-term morphologic changes in primate brain. *Archives of General Psychiatry, 66*(6), 658-665.

Spira, A., Bajos, N., Bejin, A., Beltzer, N., Bozon, M., Ducot, M., & Touzard, H. (1992). AIDS and sexual behavior in France. *Nature, 360,* 407-409.

Spitzer, C., Spelsberg, B., Grabe, H. J., Mundt, B., & Freyberger, H. J. (1999). Dissociative experiences and psychopathology in conversion disorders. *Journal of Psychosomatic Research, 46*(3), 291-294.

Spitzer, R. L. (1999). Harmful dysfunction and the DSM definition of mental disorder. *Journal of Abnormal Psychology, 108,* 430-432.

Spitzer, R. L., Yanovski, S. Z., Wadden, T., Wing, R., Marcus, M., Stunkard, A., & Horne, R. L. (1993). Binge eating disorder: Its further validation in a multi-site study. *International Journal of Eating Disorders, 13,* 137-153.

Spoont, M. R. (1992). Modulatory role of serotonin in neural information processing: Implications for human psychopathology. *Psychological Bulletin, 112*(2), 330-350.

Sprague, J., Javdani, S., Sadeh, N., Newman, J. P., & Verona, E. (2012). Borderline personality disorder as a female phenotypic expression of psychopathy? *Personality Disorders: Theory, Research, and Treatment, 3*(2), 127.

Sprock, J. (2000). Gender-typed behavioral examples of histrionic personality disorder. *Journal of Psychopathology and Behavioral Assessment, 22,* 107-122.

Spurrell, E. B., Wilfley, D. E., Tanofsky, M. B., & Brownell, K. D. (1997). Age of onset for binge eating: Are there different pathways to binge eating? *International Journal of Eating Disorders, 21,* 55-65.

Srivastava, S., Childers, M. E., Baek, J. H., Strong, C. M., Hill, S. J., Warsett, K. S., & Ketter, T. A. (2010). Toward interaction of affective and cognitive contributors to creativity in bipolar disorders: A controlled study. *Journal of Affective Disorders, 125,* 27-34.

Staal, W. G., Pol, H. E. H., Schnack, H. G., Hoogendoorn, M. L. C., Jellema, K., & Kahn, R. S. (2000). Structural brain abnormalities in patients with schizophrenia and their healthy siblings. *American Journal of Psychiatry, 157,* 416-421.

Stahl, S. M. (2008). *Stahl's essential psychopharmacology* (3rd ed.). New York, NY: Cambridge University Press.

Stall, R., McKusick, L., Wiley, J., Coates, T. J., & Ostrow, D. G. (1986). Alcohol and drug use during sexual activity and compliance with safe sex guidelines for AIDS. *Health Education Quarterly, 13,* 359-371.

Stamm, J. M., Bourlas, A. P., Baugh, C. M., Fritts, N. G., Daneshvar, D. H., Martin, B. M., . . . Stern, R. A. (2015). Age of first exposure to football and later-life cognitive impairment in former NFL players. *Neurology, 84*(11), 1114-1120.

Stangier, U., Hilling, C., Heidenreich, T., Risch, A. K., Barocka, A., Schlösser, R., Kronfeld, K., Ruckes, C., Berger, H., Röschke, J., Weck, F., Volk, S., Hambrecht, M., Serfling, R., Erkwoh, R., Stirn, A., Sobanski, T., & Hautzinger, M. (2013). Maintenance Cognitive-Behavioral Therapy and Manualized Psychoeducation in the Treatment of Recurrent Depression: A Multicenter Prospective Randomized Controlled Trial. *American Journal of Psychiatry, 170,* 624-632.

Stangier, U., Schramm, E., Heidenreich, T., Berger, M., & Clark, D. M. (2011). Cognitive therapy vs. interpersonal therapy in social anxiety disorder: A randomized controlled trial. *Archives of General Psychiatry, 68,* 692-700. doi: 10.1001/archgenpsychiatry.2011.67

Stanley, M. A., Beck, J. G., Novy, D. M., Averill, P. M., Swann, A. C., Diefenbach, G. J., & Hopko, D. R. (2003). Cognitive-behavioral treatment of late-life generalized anxiety disorder. *Journal of Consulting and Clinical Psychology, 71*(2), 309-319.

Stanley, M. A., Wilson, N. L., Novy, D. M., Rhodes, H. M., Wagener, P. D., Greisinger, A. J., & Kunik, M. E. (2009). Cognitive behavior therapy for generalized anxiety disorder among older adults in primary care: A randomized clinical trial. *JAMA: Journal of the American Medical Association, 301*(14), 1460-1467. doi: 10.1001/jama.2009.458

Stappenbeck, C. A., Hellmuth, J. C., Simpson, T., & Jakupcak, M. (2014). The effects of alcohol problems, PTSD, and combat exposure on nonphysical and physical aggression among Iraq and Afghanistan war veterans. *Psychological Trauma: Theory, Research, Practice, and Policy, 6*(1), 65-72.

Starkman, M. N., Giordani, B., Gebarski, S. S., Berent, S., Schork, M. A., & Schteingart, D. E. (1999). Decrease in cortisol reverses human hippocampal atrophy following treatment of Cushing's disease. *Biological Psychiatry, 46,* 1595-1602.

State v. Campanaro, Nos. 632-79, 1309-79, 1317-79, 514-80, & 707-80 (S. Ct. N.J. Criminal Division, Union County 1980).

Stathopoulou, G., Powers, M. B., Berry, A. C., Smits, J. A. J., & Otto, M. W. (2006). Exercise interventions for mental health: A quantitative and qualitative review. *Clinical Psychology: Science and Practice, 13*(2), 179-193.

Steiger, A. (2008). Hormones and sleep. In S. R. Pandi-Perumal & J. Verster (Eds.), *Sleep disorders: Diagnosis and therapeutics* (pp. 457-466). Boca Raton, FL: Taylor & Francis.

Steiger, H., Bruce, K. R., & Groleau, P. (2011). Neural circuits, neurotransmitters, and behavior: Seratonin and temperament in bulimic syndromes. *Current Topics in Behavioral Neurosciences, 6,* 125-138.

Steiger, H., Bruce, K. R., & Israël, M. (2013). Eating disorders: Anorexia nervosa, bulimia nervosa, and binge eating disorder. In I. B. Weiner (Series Ed.), G. Stricker & T. A. Widiger (Vol. Eds.), *Handbook of psychology: Vol. 8 Clinical psychology* (pp. 147-170). Hoboken, NJ: Wiley.

Stein, D. J., Phillips, K. A., Bolton, D., Fulford, K. W. M., Sadler, J. Z., & Kendler, K.S. (2010). What is a mental/psychiatric disorder? From DSM-IV to DSM-V. *Psychological Medicine, 40*(11), 1759-1765.

Stein, M., Hilsenroth, M., Slavin-Mulford, J., & Pinsker, J. (2011). *Social Cognition and Object Relations Scale: Global Rating Method (SCOR-S-G).*Unpublished manuscript, Massachusetts General Hospital and Harvard Medical School, Boston, MA, 1(2).

Stein, M. B., Goldin, P. R., Sareen, J., Zorrilla, L. T., & Brown, G. G. (2002). Increased amygdala activation to angry and contemptuous faces in generalized social phobia. *Archives of General Psychiatry, 59,* 1027-1034.

Stein, M. B., Liebowitz, M. R., Lydiard, R. B., Pitts, C. D., Bushnell, W., & Gergel, I. (1998). Paroxetine treatment of generalized social phobia (social anxiety disorder). A randomized clinical trial. *JAMA: Journal of the American Medical Association, 280,* 708-713.

Stein, M. B., Schork, N. J., & Gelernter, J. (2007). Gene-by-environment (serotonin transporter and childhood maltreatment) interaction for anxiety sensitivity, an intermediate phenotype for anxiety disorders. *Neuropsychopharmacology, 33*(2), 312-319.

Stein, M. I. (1978). Thematic apperception test and related methods. In B. B. Wolman (Ed.), *Clinical diagnosis of mental disorders: A handbook* (pp. 179-235). New York, NY: Plenum Press.

Steinberg, A. B., & Phares, V. (2001). Family functioning, body image, and eating disturbances. In J. K. Thompson & L. Smolak (Eds.), *Body image, eating disorders, and obesity in youth: Assessment, prevention and treatment* (127-147). Washington, DC: American Psychological Association.

Steinglass, P., Weisstub, E., & Kaplan De-Nour, A. K. (1988). Perceived personal networks as mediators of stress reactions. *American Journal of Psychiatry, 145,* 1259-1264.

Steketee, G., & Barlow, D. H. (2002). Obsessive-compulsive disorder. In D. H. Barlow, *Anxiety and its disorders: The nature and treatment of anxiety and panic* (2nd ed.). New York, NY: Guilford.

Steketee, G., & Frost, R. O. (2007a). *Compulsive hoarding and acquiring: Client workbook.* New York, NY: Oxford University Press.

Steketee, G., & Frost, R. O. (2007b). *Compulsive hoarding and acquiring: Therapist guide.* New York, NY: Oxford University Press.

Steketee, G., Gibson, A., Frost, R. O., Alabiso, J., Arluke, A., & Patronek, G. (2011). Characteristics and antecedents of people who hoard animals: An exploratory comparative interview study. *Review of General Psychology, 15(2)*, 114-124.

Steketee, G., Quay, S., & White, K. (1991). Religion and guilt in OCD patients. *Journal of Anxiety Disorders, 5*, 359-367.

Stellos, K., Panagiota, V., Sachsenmaier, S., Trunk, T., Straten, G., Leyhe, T., . . . Laske, C. (2010). Increased circulating progenitor cells in Alzheimer's disease patients with moderate to severe dementia: Evidence for vascular repair and tissue regeneration? *Journal of Alzheimer's Disease, 19(2)*, 591-600.

Stenvall, M., Olofsson, B., Lundstrom, M., Svensson, O., Nyberg, L., & Gustafson, Y. (2006). Inpatient falls and injuries in older patients treated for femoral neck fracture. *Archives of Gerontology and Geriatrics, 43(3)*, 389-399.

Steptoe, A., & Wardle, J. (2012). Enjoying life and living longer. *Archives of Internal Medicine, 172(3)*, 273-275. doi: 10.1001 /archinternmed.2011.1028

Sterzer, P. (2010). Born to be criminal? What to make of early biological risk factors for criminal behavior. *American Journal of Psychiatry, 167(1)*, 1-3. doi:10.1176/appi .ajp.2009.09111601

Stevens, R. G., & Zhu, Y. (2015). Electric light, particularly at night, disrupts human circadian rhythmicity: is that a problem? *Philosophical Transactions of the Royal Society of London B: Biological Sciences, 370(1667)*, 20140120.

Stewart, S. E., Jenike, E., & Jenike, M. A. (2009). Biological treatment for obsessive-compulsive disorder. In M. M. Antony & M. B. Stein (Eds.), *Oxford handbook of anxiety and related disorders* (pp. 375-390). New York, NY: Oxford University Press.

Stice, E., & Shaw, H. (2004). Eating disorder prevention programs: A meta-analytic review. *Psychological Bulletin, 130*, 206-227.

Stice, E., Akutagawa, D., Gaggar, A., & Agras, W. S. (2000). Negative affect moderates the relation between dieting and binge eating. *International Journal of Eating Disorders, 27*, 218-229.

Stice, E., Cameron, R. P., Killen, J. D., Hayward, C., & Taylor, C. B. (1999). Naturalistic weight-reduction efforts prospectively predict growth in relative weight and onset of obesity among female adolescents. *Journal of Consulting and Clinical Psychology, 67*, 967-974.

Stice, E., Marti, C. N., & Rohde, P. (2013). Prevalence, incidence, impairment, and course of the proposed DSM-5 eating disorder diagnoses in an 8-year prospective community study of young women. *Journal of Abnormal Psychology, 122(2)*, 445-457.

Stice, E., Marti, C. N., Shaw, H., & Jaconis, M. (2009). An 8-year longitudinal study of the natural history of threshold, subthreshold, and partial eating disorders from a community sample of adolescents. *Journal of Abnormal Psychology, 118(3)*, 587-597.

Stice, E., Ng, J., & Shaw, H. (2010). Risk factors and prodromal eating pathology. *Journal of Child Psychology and Psychiatry and Allied Disciplines, 51(4)*, 518-525.

Stice, E., Presnell, K., Shaw, H., & Rohde, P. (2005). Psychological and behavioral risk factors for obesity onset in adolescent girls: A prospective study. *Journal of Consulting and Clinical Psychology, 73*, 195-202.

Stice, E., Rohde, P., Butryn, M. L., Shaw, H., & Marti, C. N. (2015). Effectiveness Trial of a Selective Dissonance-based Eating Disorder Prevention Program with Female College Students: Effects at 2-and 3-Year Follow-up. *Behaviour Research and Therapy, 71*, 21-26.

Stice, E., Rohde, P., Durant, S., & Shaw, H. (2012). A preliminary trial of a prototype internet dissonance-based eating disorder prevention program for young women with body image concerns. *Journal of Consulting and Clinical Psychology, 80*, 907-916.

Stice, E., Rohde, P., Shaw, H., & Marti, C. N. (2012). Efficacy trial of a selective prevention program targeting both eating disorder symptoms and unhealthy weight gain among female college students. *Journal of Consulting and Clinical Psychology, 80*, 164-170.

Stice, E., Shaw, H., & Marti, C. N. (2006). A meta-analytic review of obesity prevention programs for children and adolescents: The skinny on interventions that work. *Psychological Bulletin, 132(5)*, 667-691.

Stice, E., Shaw, H., & Marti, C. N. (2007). A meta-analytic review of eating disorder prevention programs: Encouraging findings. *Annual Review of Clinical Psychology, 3*, 207-231.

Stinson, F. S., Dawson, D. A., Goldstein, R. B., Chou, S. P., Huang, B., Smith, S. M., & Pickering, R. P. (2008). Prevalence, correlates, disability, and comorbidity of DSM-IV narcissistic personality disorder: Results from the Wave 2 National Epidemiologic Survey on Alcohol and Related Conditions. *Journal of Clinical Psychiatry, 69(7)*, 1033.

Stokes, A., & Preston, S. H. (2016). Revealing the burden of obesity using weight histories. *Proceedings of the National Academy of Sciences, 113(3)*, 572-577.

Stoller, R. J. (1976). Two feminized male American Indians. *Archives of Sexual Behavior, 5*, 529-538.

Stone, A. B., Pearlstein, T. B., & Brown, W. A. (1991). Fluoxetine in the treatment of late luteal phase dysphoric disorder. *Journal of Clinical Psychiatry, 52(7)*, 290-293.

Stone, J., Carson, A., Aditya, H., Prescott, R., Zaubi, M., Warlow, C., Sharpe, M. (2009). The role of physical injury in motor and sensory conversion symptoms: A systematic and narrative review. *Journal of Psychosomatic Research, 66(5)*, 383-390.

Stone, J., Carson, A., Duncan, R., Coleman, R., Roberts, R., Warlow, C., Hibberd, C., Murray, G., Cull, R., Pelosi, A., Cavanagh, J., Matthews, K., Goldbeck, R., Smyth, R., Walker, J., MacMahon, A.D. & Sharpe, M.(2009). Symptoms 'unexplained by organic disease' in 1144 new neurology out-patients: How often does the diagnosis change at follow-up? *Brain*, 132(Pt 10), 2878-2888.

Stone, J., Kotoula, V., Dietrich, C., De Simoni, S., Krystal, J. H., & Mehta, M. A. (2015). Perceptual distortions and delusional thinking following ketamine administration are related to increased pharmacological MRI signal changes in the parietal lobe. *Journal of Psychopharmacology, 29(9)*, 1025-1028.

Stone, J., LaFrance, W. C., Levenson, J. L., & Sharpe, M. (2010). Issues for DSM-5: Conversion disorder. *American Journal of Psychiatry, 167*, 626-627.

Stone, J., Smyth, R., Carson, A., Lewis, S., Prescott, R., Warlow, C., & Sharpe, M. (2005). Systematic review of misdiagnosis of conversion symptoms and hysteria. *British Medical Journal, 331, no pagination specified*.

Stone, J., Smyth, R., Carson, A., Warlow, C., & Sharpe, M. (2006). La belle indifference in conversion symptoms and hysteria: Systematic review. *British Journal of Psychiatry, 188*, 204-209.

Stone, M. H. (1993). Cluster C personality disorders. In D. L. Dunner (Ed.), *Current psychiatric therapy* (pp. 411-417). Philadelphia, PA: W. B. Saunders.

Stone, M. H. (2013). A new look at borderline personality disorder and related disorders: hyper-reactivity in the limbic system and lower centers. *Psychodynamic Psychiatry, 41(3)*, 437-466.

Strain, E. C. (2009). Substance-related disorders. In B. J. Sadock, V. A. Sadock, & P. Ruiz (Eds.), *Kaplan & Sadock's comprehensive textbook of psychiatry* (9th ed., Vol. I, pp. 1237-1268). Philadelphia, PA: Lippincott Williams & Wilkins.

Strain, E. C., Lofwall, M. R., & Jaffe, J. H. (2009). Opioid-related disorders. In B. J. Sadock, V. A. Sadock, & P. Ruiz (Eds.), *Kaplan & Sadock's comprehensive textbook of psychiatry* (9th ed., Vol. I, pp. 1360-1387). Philadelphia, PA: Lippincott Williams & Wilkins.

Strain, J. J., & Friedman, M. J. (2011). Considering adjustment disorders as stress response syndromes for DSM-5. *Depression and Anxiety, 28*, 818-823. doi: 10.1002/da.20782

Stratta, P., Capanna, C., Riccardi, I., Carmassi, C., Piccinni, A., Dell'Osso, L., & Rossi, A. (2012). Suicidal intention and negative spiritual coping one year after the earthquake of L'Aquila (Italy). *Journal of Affective Disorders, 136(3)*, 1227-1231.

Straus, S. E., Tosato, G., Armstrong, G., Lawley, T., Preble, O. T., Henle, W., & Blaese, R. M. (1985). Persisting illness and fatigue in adults with evidence of Epstein Barr virus infection. *Annals of Internal Medicine, 102*, 7-16.

Strauss, J. L., Hayes, A. M., Johnson, S. L., Newman, C. F., Brown, G. K., Barber, J. P., & Beck, A. T. (2006). Early alliance, alliance ruptures, and symptom change in a nonrandomized trial of cognitive therapy for avoidant and obsessive-compulsive personality disorders. *Journal of Consulting and Clinical Psychology, 74*, 337-345.

Stravynski, A., Elie, R., & Franche, R. L. (1989). Perception of early parenting by patients diagnosed with avoidant personality disorder: A test of the overprotection hypothesis. *Acta Psychiatrica Scandinavica, 80*, 415-420.

Striegel-Moore, R. H., & Franko, D. L. (2002). Body image issues among girls and women. In T. F. Cash & T. Pruzinsky (Eds.), *Body image: A handbook of theory, research and clinical practice* (pp. 183-191). New York, NY: Guilford.

Striegel-Moore, R. H., & Franko, D. L. (2008). Should binge eating disorder be included in the DSM-V? A critical review of the state of the evidence. *Annual Review of Clinical Psychology, 4*, 305-324.

Striegel-Moore, R. H., Cachelin, F. M., Dohm, F. A., Pike, M., Wilfley, D. E., & Fairburn, C. G. (2001). Comparison of binge eating disorder and bulimia nervosa in a community sample. *International Journal of Eating Disorders, 29*, 157-165.

Striegel-Moore, R. H., Dohm, F. A., Kraemer, H. C., Taylor, C. B., Daniels, S., Crawford, P. B.,

& Schreiber, G. B. (2003). Eating disorders in white and black women. *American Journal of Psychiatry, 160*, 1326-1331.

Striegel-Moore, R. H., Franko, D. L., & Garcia, J. (2009). The validity and clinical utility of night eating syndrome. *International Journal of Eating Disorders, 42*(8), 720-738.

Striegel-Moore, R. H., Silberstein, L. R., & Rodin, J. (1986). Toward an understanding of risk factors for bulimia. *American Psychologist, 3*, 246-263.

Striegel-Moore, R. H., Silberstein, L. R., & Rodin, J. (1993). The social self in bulimia nervosa: Public self-consciousness, social anxiety, and perceived fraudulence. *Journal of Abnormal Psychology, 102*(2), 297-303.

Striegel-Moore, R. H., Wilson, G. T., DeBar, L., Perrin, N., Lynch, F., Rosselli, F., & Kraemer, H.C. (2010). Cognitive behavioral guided self-help for the treatment of recurrent binge eating. *Journal of Consulting and Clinical Psychology, 78*(3), 312-321.

Striegel-Moore, R., Rosselli, F., Wilson, G., Perrin, N., Harvey, K., & DeBar, L. (2010). Nocturnal eating: Association with binge eating, obesity, and psychological distress. *Clinical Psychology & Psychotherapy, 11*, 13.

Strike, P. C., & Steptoe, A. (2005). Behavioral and emotional triggers of acute coronary syndromes: A systematic review and critique. *Psychosomatic Medicine, 67*, 179-186.

Strober, M. (2002). Family-genetic perspectives on anorexia nervosa and bulimia nervosa. In K. D. Brownell & C. G. Fairburn (Eds.), *Eating disorders and obesity: A comprehensive handbook* (2nd ed., pp. 212-218). New York, NY: Guilford.

Strober, M., Freeman, R., Lampert, C., Diamond, J., & Kaye, W. (2000). Controlled family study of anorexia nervosa and bulimia nervosa: Evidence of shared liability and transmission of partial syndromes. *American Journal of Psychiatry, 157*, 393-401.

Stroebe, M., Stroebe, W., & Abakoumkin, G. (2005). The broken heart: Suicidal ideation in bereavement. *American Journal of Psychiatry, 162*, 2178-2180.

Strokoff, J., Owen, J., & Fincham, F. D. (2014). Diverse reactions to hooking up among US university students. *Archives of Sexual Behavior, 44*(4), 935-943.

Strong, C. M., Nowakowska, C., Santosa, C. M., Wang, P. W., Kraemer, H. C., & Ketter, T. A. (2007). Temperament-creativity relationships in mood disorder patients, healthy controls and highly creative individuals. *Journal of Affective Disorders, 100*(1-3), 41-48.

Stroup, T. S., & Lieberman, J. A. (Eds.). (2010). *Antipsychotic trials in schizophrenia: The CATIE project*. Cambridge, UK: Cambridge University Press.

Stunkard, A., Allison, K., & Lundgren, J. (2008). Issues for DSM-V: Night eating syndrome. *American Journal of Psychiatry, 165*(4), 424.

Suarez, E. C., Lewis, J. G., & Kuhn, C. (2002). The relation of aggression, hostility, and anger to lipopolysaccharide-stimulated tumor necrosis factor (TNF) by blood monocytes from normal men. *Behavior and Immunity, 16*, 675-684.

Suárez, L., Bennett, S., Goldstein, C., & Barlow, D. H. (2009). Understanding anxiety disorders from a "triple vulnerabilities" framework. In M. M. Antony & M. B. Stein (Eds.), *Oxford handbook of anxiety and related disorders* (pp. 153-172). New York, NY: Oxford University Press.

Subcommittee on Attention-Deficit/Hyperactivity Disorder, Steering Committee on Quality Improvement, & Management. (2011). ADHD: Clinical practice guidelines for the diagnosis, evaluation, and treatment of attention- deficit/hyperactivity disorder in children and adolescents. *Pediatrics, 128*(5), 1007-1022. doi: 10.1542/peds.2011-2654

Subramanian, S., Bandopadhyay, D., Mishra, P. K., Mathew, M., & John, M. (2010). Design and development of non-fibrillar amyloid b as a potential Alzheimer vaccine. *Biochemical and Biophysical Research Communications, 394*(2), 393-397.

Substance Abuse and Mental Health Services Administration. (2014). *Results from the 2013 National Survey on Drug Use and Health: Summary of National Findings*, NSDUH Series H-48, HHS Publication No. (SMA) 14-4863. Rockville, MD: Substance Abuse and Mental Health Services Administration.

Substance Abuse and Mental Health Services Administration, Office of Applied Studies. (2002). *Emergency department trends from the Drug Abuse Warning Network, final estimates 1994-2001*. (DAWN Series D-21, DHHS Publication No. (SMA) 02-3635). Rockville, MD: Author.

Substance Abuse and Mental Health Services Administration, Office of Applied Studies. (2009). *Results from the 2008 National Survey on Drug Use and Health: National findings* (NSDUH Series H-36, DHHS Publication No. (SMA) 09-4434). Rockville, MD: Author.

Substance Abuse and Mental Health Services Administration. (2011, July). Current statistics on the prevalence and characteristics of people experiencing homelessness in the United States. Retrieved May 12, 2013, from http://homeless .samhsa.gov/ResourceFiles/hrc_factsheet.pdf

Substance Abuse and Mental Health Services Administration (SAMHSA). (2011). *The DAWN Report: Trends in Emergency Department Visits Involving Underage Alcohol Use: 2005 to 2009*. Rockville, MD: Substance Abuse and Mental Health Services Administration; 2011.

Substance Abuse and Mental Health Services Administration. (2012). *Results from the 2011 National Survey on Drug Use and Health: Summary of national findings* (NSDUH Series H-44, DHHS Publication No. (SMA) 12-4713). Rockville, MD: Author.

Substance Abuse and Mental Health Services Administration (SAMHSA). (2013). *National Survey on Drug Use and Health (NSDUH). Table 2.41B–Alcohol Use in Lifetime, Past Year, and Past Month among Persons Aged 18 or Older, by Demographic Characteristics: Percentages, 2012 and 2013*. Available at: http://www.samhsa.gov/ data/sites/default /files/NSDUH-DetTabsPD-FWHTML2013 /Web/HTML/NSDUH-DetTabsSect2 peTabs1to42-2013.htm#tab2.41b

Substance Abuse and Mental Health Services Administration. (2014). *National Survey on Drug Use and Health*. Retrieved from: http://www. samhsa.gov/data/sites/default/files/NSDUH-FRR1-2014/NSDUH-FRR1-2014.pdf

Sue, S., Yan Cheng, J. K., Saad, C. S., & Chu, J. P. (2012). Asian American mental health: A call to action. *American Psychologist, 67*(7), 532.

Sugiyama, T., & Abe, T. (1989). The prevalence of autism in Nagoya, Japan: A total population study. *Journal of Autism and Developmental Disorders, 19*, 87-96.

Sullivan, G. M., & LeDoux, J. E. (2004). Synaptic self: Conditioned fear, developed adversity, and the anxious individual. In J. M. Gorman (Ed.), *Fear and anxiety: The benefits of translational research* (pp. 1-22). Washington, DC: American Psychiatric Publishing.

Sullivan, G. M., Kent, J. M., & Coplan, J. D. (2000). The neurobiology of stress and anxiety. In D. I. Mostofsky & D. H. Barlow (Eds.), *The management of stress and anxiety in medical disorders* (pp. 15-35). Needham Heights, MA: Allyn & Bacon.

Sullivan, P. F., Neale, M. C., Kendler, K. S. (2000). Genetic epidemiology of major depression: Review and meta-analysis, *American Journal of Psychiatry, 157*, 1552-1562.

Sullivan, S. (2012). Update on emerging drugs for insomnia. *Expert Opinion on Emerging Drugs, 17*(3), 295-298. doi: 10.1517/14728214 .2012.693158

Sullivan, S., & Guilleminault, C. (2009). Emerging drugs for insomnia: New frontiers for old and novel targets. *Expert Opinion on Emerging Drugs, 14*(3), 411-422.

Sulloway, F. (1979). *Freud, biologist of the mind*. London, UK: Burnett.

Suls, J., & Bunde, J. (2005). Anger, anxiety, and depression as risk factors for cardiovascular disease: The problems and implications of overlapping affective dispositions. *Psychological Bulletin, 131*, 260-300.

Summerfeldt, L. J., Kloosterman, P. H., & Antony, M. M. (2010). Structured and semi-structured interviews. In M. M. Antony & D. H. Barlow (Eds.), *Handbook of assessment and treatment planning for psychological disorders* (2nd ed.). New York, NY: Guilford.

Summitt, P. H. (2013). *Sum it up: A thousand and ninety-eight victories, a couple of irrelevant losses, and a life in perspective*. New York, NY: Crown Archetype.

Sun, F., Ong, R., & Burnette, D. (2012). The influence of ethnicity and culture on dementia caregiving a review of empirical studies on Chinese Americans. *American Journal of Alzheimer's disease and Other Dementias, 27*(1), 13-22.

Sun, J. (2011). Seasonality of suicide in Shandong, China, 991-2009: Associations with gender, age, area and methods of suicide. *Journal of Affective Disorders, 135*(1-3), 258-266.

Sun, N., Li, Y., Cai, Y., Chen, J., Shen, Y., Sun, J., & Zhang, K. (2012). A comparison of melancholic and nonmelacholic recurrent major depression in Han Chinese women. *Depression and Anxiety, 29*, 4-9.

Suomi, S. J. (1999). Attachment in rhesus monkeys. In J. Cassidy & P. Shaver (Eds.), *Handbook of attachment: Theory, research, and clinical applications* (pp. 181-197). New York, NY: Guilford.

Suomi, S. J. (2000). A biobehavioral perspective on developmental psychopathology. In A. J. Sameroff, J. Lewis, & S. M. Miller (Eds.), *Handbook of developmental psychopathology* (pp. 237-256). New York, NY: Kluwer Academic/ Plenum.

Sutherland, K., & Cistulli, P. A. (2015). Recent advances in obstructive sleep apnea pathophysiology and treatment. *Sleep and Biological Rhythms, 13*(1), 26-40.

Sutin, A. R., Stephan, Y., & Terracciano, A. (2015). Weight Discrimination and Risk of Mortality. *Psychological Science, 26*(11), 1803-1811.

Sutin, A. R., Terracciano, A., Milaneschi, Y., An, Y., Ferrucci, L., & Zonderman, A. B. (2013). The trajectory of depressive symptoms across the adult life span. *JAMA Psychiatry, 70*, 803-811.

Suvrathan, A., Hoeffer, C. A., Wong, H., Klann, E., & Chattarji, S. (2010). Characterization and reversal of synaptic defects in the amygdala in a mouse model of fragile X syndrome. *Proceedings of the National Academy of Sciences, 107*(25), 11591-11596.

Suvisaari, J. M., Taxell-Lassas, V., Pankakoski, M., Haukka, J. K., Lönnqvist, J. K., & Häkkinen, L. T. (2013). Obstetric complications as risk factors for schizophrenia spectrum psychoses in offspring of mothers with psychotic disorder. *Schizophrenia Bulletin, 39*(5), 1056-1066.

Svartberg, M., Stiles, T. C., & Seltzer, M. H. (2004). Randomized, controlled trial of the effectiveness of short-term dynamic psychotherapy and cognitive therapy for cluster C personality disorders. *American Journal of Psychiatry, 161*, 810-817.

Svenningsson, P., Westman, E., Ballard, C., & Aarsland, D. (2012). Cognitive impairment in patients with Parkinson's disease: diagnosis, biomarkers, and treatment. *The Lancet Neurology, 11*(8), 697-707.

Svetkey, L. P., Stevens, V. J., Brantley, P. J., Appel, L. J., Hollis, J. F., Loria, C. M., & Aicher, K. (2008). Comparison of strategies for sustaining weight loss: The weight loss maintenance randomized controlled trial. *JAMA: Journal of the American Medical Association, 299*(10), 1139-1148.

Swann, A. C., Lafer, B., Perugi, G., Frye, M., Bauer, M., Bahk, W.-M., & Suppes, T. (2013). Bipolar mixed states: An international society for bipolar disorders task force report on symptom structure, course of illness, and diagnosis. *American Journal of Psychiatry, 170*(1), 31-42.

Swanson, S. A., Crow, S. J., Le Grange, D., Swendsen, J., & Merikangas, K. R. (2011). Prevalence and correlates of eating disorders in adolescents. *Archives of General Psychiatry, 68*, 714-723.

Swartz, M., Blazer, D., George, L., & Landerman, R. (1986). Somatization disorder in a community population. *American Journal of Psychiatry, 143*, 1403-1408.

Swartz, M. S., Lauriello, J., & Drake, R. E. (2006). Psychosocial therapies. In J. A. Lieberman, T. S. Stroup, & D. O. Perkins (Eds.), *The American Psychiatric Publishing textbook of schizophrenia* (pp. 327-340). Washington, DC: American Psychiatric Publishing.

Swedo S. E., Leckman J. F., & Rose, N. R. (2012). From research subgroup to clinical syndrome: Modifying the PANDAS criteria to describe PANS (pediatric acute-onset neuropsychiatric syndrome). *Pediatrics & Therapeutics, 2*(2), 1-8. doi: 10.4172/2161-0665.1000113

Swedo, S. E., Pleeter, J. D., Richter, D. M., Hoffman, C. L., Allen, A. J., Hamburger, S. D., & Rosenthal, N. E. (1995). Rates of seasonal affective disorder in children and adolescents. *American Journal of Psychiatry, 152*, 1016-1019.

Swendeman, D., Ramanathan, N., Baetscher, L., Medich, M., Scheffler, A., Comulada, W. S., & Estrin, D. (2015). Smartphone self-monitoring to support self-management among people living with HIV: perceived benefits and theory of change from a mixed-methods randomized pilot study. *JAIDS Journal of Acquired Immune Deficiency Syndromes, 69*, S80-S91.

Sylvers, P., Ryan, S., Alden, S., & Brennan, P. (2009). Biological factors and the development of persistent criminality. In J. Savage (Ed.), *The development of persistent criminality* (pp. 141-162). New York, NY: Oxford University Press.

Syngelaki, E. M., Fairchild, G., Moore, S. C., Savage, J. C., & Goozen, S. H. M. (2013). Fearlessness in juvenile offenders is associated with offending rate. *Developmental Science, 16*(1), 84-90.

Sysko, R., & Wilson, G. T. (2011). Eating disorders. In D. H. Barlow (Ed.), *Handbook of clinical psychology.* (pp. 387-404). New York, NY: Oxford University Press.

Szasz, T. (1961). *The myth of mental illness: Foundations of a theory of personal conduct.* New York, NY: Hoeber-Harper.

Takahasi, T. (1989). Social phobia syndrome in Japan. *Comprehensive Psychiatry, 30*, 45-52.

Takei, N., Lewis, S., Jones, P., Harvey, I., & Murray, R. M. (1996). Prenatal exposure to influenza and increased cerebrospinal fluid spaces in schizophrenia. *Schizophrenia Bulletin, 22*, 521-534.

Talbot, L. S., Stone, S., Gruber, J., Hairston, I. S., Eidelman, P., & Harvey, A. G. (2012). A test of the bidirectional association between sleep and mood in bipolar disorder and insomnia. *Journal of Abnormal Psychology, 121*(1), 39-50.

Tan, E. S. (1980). Transcultural aspects of anxiety. In G. D. Burrows & B. Davies (Eds.), *Handbook of studies on anxiety.* Amsterdam, The Netherlands: Elsevier/North-Holland.

Tandon, R., & Carpenter, W. T. (2012). DSM-5 status of psychotic disorders: 1 year prepublication. *Schizophrenia Bulletin, 38*(3), 369-370. doi: 10.1093/schbul/sbs048

Tandon, R., Gaebel, W., Barch, D. M., Bustillo, J., Gur, R. E., Heckers, S., . . . & Van Os, J. (2013). Definition and description of schizophrenia in the DSM-5. *Schizophrenia research, 150*(1), 3-10.

Tannock, R. (2009a). Mathematics disorder. In B. J. Sadock, V. A. Sadock, & P. Ruiz (Eds.), *Kaplan & Sadock's comprehensive textbook of psychiatry* (9th ed., Vol. II, pp. 3485-3493). Philadelphia, PA: Lippincott Williams & Wilkins.

Tannock, R. (2009b). Reading disorder. In B. J. Sadock, V. A. Sadock, & P. Ruiz (Eds.), *Kaplan & Sadock's comprehensive textbook of psychiatry* (9th ed., Vol. II, pp. 3475-3485). Philadelphia, PA: Lippincott Williams & Wilkins.

Tapert, S. F., & Jacobus, J. (2012). Neurotoxic effects of alcohol in adolescence. *Annual review of clinical psychology, 9*(1).

Tarasoff v. Regents of University of California ("Tarasoff I"), 529 P.2d 553 (Cal. S. Ct. 1974).

Tarasoff v. Regents of University of California ("Tarasoff II"), 551 P.2d 334 (Cal. S. Ct. 1976).

Tarescavage, A. M., Wygant, D. B., Gervais, R. O., & Ben-Porath, Y. S. (2013). Association between the MMPI-2 Restructured Form (MMPI-2-RF) and malingered neurocognitive dysfunction among non-head injury disability claimants. *The Clinical Neuropsychologist, 27*(2), 313-335.

Tarullo, A. R., & Gunnar, M.R. (2006). Child maltreatment and the developing HPA axis. *Hormones and Behavior, 50*, 632-639.

Tau, G. Z., & Peterson, B. S. (2010). Normal development of brain circuits. *Neuro psychopharmacology, 35*(1), 147-168.

Taylor, D., Gehrman, P., Dautovich, N. D., Lichstein, K. L., & McCrae, C. S. (2014). Causes of Insomnia. In D. Taylor, P. Gehrman, N. D. Dautovich, K. L. Lichstein, & C. S. McCrae (Eds.), *Handbook of Insomnia* (pp. 11-27). New York: Springer.

Taylor, E. (2012). Attention deficit and hyperkinetic disorders in childhood and adolescence. In M. G. Gelder, N. C. Andreasen, J. J. Lopez-Ibor, Jr., & J. R. Geddes (Eds.), *New Oxford textbook of psychiatry* (2nd. ed., Vol. 2, pp. 1643-1654). New York, NY: Oxford University Press.

Taylor, G. T., Maloney, S., Dearborn, J., & Weiss, J. (2009). Hormones in the mentally disturbed brain: Steroids and peptides in the development and treatment of psychopathology. *Central Nervous System Agents in Medicinal Chemistry, 9*, 331-360.

Taylor, J., & Lang, A. R. (2006). Psychopathy and substance use disorders. In C. J. Patrick (Ed.), *Handbook of psychopathy* (pp. 495-511). New York, NY: Guilford.

Taylor, R. R., Jason, L. A., Richman, J. A., Torres-Harding, S. R., King, C., & Song, S. (2003). Epidemiology. In L. A. Jason, P. A. Fennell, & R. R. Taylor (Eds.), *Handbook of chronic fatigue syndrome* (pp. 3-25). Hoboken, NJ: Wiley.

Taylor, S., & Asmundson, G. J. G. (2004). *Treating health anxiety: A cognitive behavioral approach.* New York, NY: Guilford.

Taylor, S., & Asmundson, G. J. G. (2009). Hypochondriasis and health anxiety. In M. M. Antony & M. B. Stein (Eds.), *Oxford handbook of anxiety and related disorders* (pp. 525-540). Oxford, UK: Oxford University Press.

Taylor, S., Abramowitz, J. S., McKay, D., & Cuttler, C. (2012). Cognitive approaches to understanding obsessive compulsive and related disorders. In G. Steketee (Ed.), *The Oxford handbook of obsessive compulsive and spectrum disorders* (pp. 233-252). New York, NY: Oxford University Press.

Taylor, S., Asmundson, G., & Coons, M. (2005). Current directions in the treatment of hypochondriasis. *Journal of Cognitive Psychotherapy: An International Quarterly, 19*, 285-304.

Taylor, S., Thordarson, D. S., Jang, K. L., & Asmundson, G. J. (2006). Genetic and environmental origins of health anxiety: A twin study. *World Psychiatry, 5*(1), 47-50.

Taylor, S. E. (2002). *The tending instinct: How nurturing is essential to who we are and how we live.* New York, NY: Henry Holt.

Taylor, S. E. (2006). Tend and befriend: Biobehavioral bases of affiliation under stress. *Current Directions in Psychological Science, 15*(6), 273-277.

Taylor, S. E. (2009). *Health psychology* (7th ed.). New York, NY: McGraw-Hill.

Taylor, S. E., Klein, L. C., Lewis, B. P., Gruenewald, T. L., Gurung, R. A. R., & Updegraff, J. A. (2000). Biobehavioral responses to stress in females: Tend-and-befriend, not fight- or-flight. *Psychological Review, 107*, 411-429.

Taylor, S. E., Repetti, R. L., & Seeman, T. (1997). Health psychology: What is an unhealthy environment and how does it get under the skin? *Annual Review of Psychology, 48*, 411-447.

Tazici, O. (2014). Unipolar mania: A distinct entity. *Journal of Affective Disorders, 152-154*, 52-56.

Teachman, B. A., Joormann, J., Steinman, S. A., & Gotlib, I. H. (2012). Automaticity in anxiety disorders and depressive disorder. *Clinical Psychology Review, 32*, 575-603.

Teasdale, J. D. (1993). Emotion and two kinds of meaning: Cognitive therapy and applied cognitive science. *Behaviour Research and Therapy, 31*(4), 339-354.

Teasdale, J. D., Scott, J., Moore, R. G., Hayhurst, H., Pope, M., & Paykel, E. S. (2001). How does cognitive therapy prevent relapse in residual depression? Evidence from a controlled trial. *Journal of Consulting and Clinical Psychology, 69*, 347-357.

Teasdale, J. D., Segal, Z. V., Williams, J. M., Ridgeway, V. A., Soulsby, J. M., & Lau, M. A. (2000). Prevention of relapse/recurrence in major depression by mindfulness-based cognitive therapy. *Journal of Consulting and Clinical Psychology, 4*, 615-623.

Teh, C. F., Zaslavsky, A. M., Reynolds, C. F., & Cleary, P. D. (2009). Effect of depression treatment on chronic pain outcomes. *Psychosomatic Medicine, 72*, 61-67.

Teicher, M. H., Glod, C., & Cole, J. O. (1990). Emergence of intense suicidal preoccupation during fluoxetine treatment. *American Journal of Psychiatry, 147*(1), 207-210.

Telch, C. F., & Agras, W. S. (1993). The effects of a very low calorie diet on binge eating. *Behavior Therapy, 24*, 177-193.

Telch, M. J., Lucas, J. A., & Nelson, P. (1989). Nonclinical panic in college students: An investigation of prevalence and symptomatology. *Journal of Abnormal Psychology, 98*, 300-306.

Telch, M. J., Rosenfield, D., Lee, H.-J., & Pai, A. (2012). Emotional reactivity to a single inhalation of 35% carbon dioxide and its association with later symptoms of posttraumtic stress disorders and anxiety n soldiers deployed to Iraq. *Archives of General Psychiatry, 69*, 1161-1168.

Temoshok, L. R., Wald, R. L., Synowski, S., & Garzino-Demo, A. (2008). Coping as a multisystem construct associated with pathways mediating HIV-relevant immune function and disease progression. *Psychosomatic Medicine, 70*, 555-561.

Temple, E., Deutisch, G. K., Poldrack, R. A., Miler, S. L., Tallal, P., Merzenich, M. M., Gabrieli, J. (2003). Neural deficits in children with dyslexia ameliorated by behavioral remediation: Evidence from functional MRI. *Proceedings of the National Academy of Sciences, 100*, 2860-2865.

Tenhula, W. N., Bellack, A. S., & Drake, R. E. (2009). Schizophrenia: Psychosocial approaches. In B. J. Sadock, V. A. Sadock, & P. Ruiz (Eds.), *Kaplan & Sadock's comprehensive textbook of psychiatry* (9th ed., Vol. I, pp. 1557-1572). Philadelphia, PA: Lippincott Williams & Wilkins.

ter Kuile, M. M., Melles, R., de Groot, H. E., Tuijnman-Raasveld, C. C., & van Lankveld, J. J. (2013). Therapist-aided exposure for women with lifelong vaginismus: A randomized waiting-list control trial of efficacy. *Journal of Consulting and Clinical Psychology, 81*(6), 1127-1136.

ter Kuile, M., van Lankveld, J., Jacques, J., de Groot, E., Melles, R., Neffs, J., & Zanbergen, M. (2007). Cognitive-behavioral therapy for women with lifelong vaginismus: Process and prognostic factors. *Behaviour Research and Therapy, 45*, 359-373.

Teri, L., Gibbons, L. E., McCurry, S. M., Logsdon, R. G., Buchner, D. M., Barlow, W. E., & Larson, E. B. (2003). Exercise plus behavioral management in patients with Alzheimer disease: A randomized controlled trial. *JAMA: Journal of the American Medical Association, 290*(15), 2015-2022.

Terman, J. S., Terman, M., Lo, E., & Cooper, T. B. (2001). Circadian time of morning light administration and therapeutic response in winter depression. *Archives of General Psychiatry, 58*, 69-75.

Terman, M., Terman, J. S., & Ross, D. C. (1998). A controlled trial of timed bright light and negative air ionization of treatment of winter depression. *Archives of General Psychiatry, 55*, 875-882.

Testad, I., Ballard, C., Brønnick, K., & Aarsland, D. (2010). The effect of staff training on agitation and use of restraint in nursing home residents with dementia: A single-blind, randomized controlled trial. *The Journal of Clinical Psychiatry, 71*(1), 80.

Teti, D. M., & Crosby, B. (2012). Maternal depressive symptoms, dysfunctional cognitions, and infant night waking: The role of maternal night-time behavior. *Child Development, 83*(3), 939-953. doi: 10.1111/j.1467-8624.2012.01760.x

Thaker, G. K., & Avila, M. (2003). Schizophrenia, V: Risk markers. *American Journal of Psychiatry, 160*, 1578.

Thapar, A., & McGuffin, P. (2009). Quantitative genetics. In M. G. Gelder, N. C. Andreasen, J. J. Lopez-Ibor, Jr., & J. R. Geddes (Eds.), *New Oxford textbook of psychiatry* (2nd ed., Vol. 1, pp. 212-221). Oxford, UK: Oxford University Press.

Thase, M. E. (1990). Relapse and recurrence in unipolar major depression: Short-term and long-term approaches. *Journal of Clinical Psychiatry, 51*(Suppl. 6), 51-57.

Thase, M. E. (2005). Major depressive disorder. In F. Andrasik (Ed.), *Comprehensive handbook of personality and psychopathology. Volume 2: Adult psychopathology* (pp. 207-230). New York, NY: Wiley.

Thase, M. E. (2009). Neurobiological aspects of depression. In I. H. Gotlib & C. L. Hammen (Eds.), *Handbook of depression* (2nd ed., pp. 187-217). New York, NY: Guilford.

Thase, M. E., & Denko, T. (2008). Pharmacotherapy of mood disorders. *Annual Review of Clinical Psychology, 4*, 53-91.

Thase, M. E., & Kupfer, D. J. (1996). Recent developments in the pharmacotherapy of mood disorders. *Journal of Consulting and Clinical Psychology, 64*, 646-659.

Thase, M. E., Simons, A. D., & Reynolds, C. F., III. (1996). Abnormal electroencephalographic sleep profiles in major depression. *Archives of General Psychiatry, 53*, 99-108.

Thayer, J. F., Friedman, B. H., & Borkovec, T. D. (1996). Autonomic characteristics of generalized anxiety disorder and worry. *Biological Psychiatry, 39*, 255-266.

The Evolving Insanity Defense. (2006). *ABA Journal, 92*, 37.

Thibodeau, M. A., Welch, P. G., Sareen, J., & Asmundson, G. L. G. (2013). Anxiety disorders are independently associated with suicide ideation and attempts: Propensity score matching in two epidemiological samples. *Depression and Anxiety, 30*, 947-954.

Thirthalli, J., & Rajkumar, R. P. (2009). Statistical versus clinical significance in psychiatric research–An overview for beginners. *Asian Journal of Psychiatry, 2*(2), 74-79.

Thomas, C. R. (2009). Oppositional defiant disorder and conduct disorder. In M. K. Dulcan (Ed.), *Dulcan's textbook of child and adolescent psychiatry* (pp. 223-239). Arlington, VA: American Psychiatric Publishing.

Thompson v. County of Alameda, 614 P.2d 728 (Cal. S. Ct. 1980).

Thompson, J. K., & Kinder, B. (2003). Eating disorders. In M. Hersen & S. Turner (Eds.), *Handbook of adult psychopathology* (4th ed., pp. 555-582). New York, NY: Plenum.

Thompson, J. K., & Stice, E. (2001). Thin-idea internalization: Mounting evidence for a new risk factor for body-image disturbance and eating pathology. *Current Directions in Psychological Science, 11*, 181-183.

Thompson, J. R., Bradley, V. J., Buntinx, W. H. E., Schalock, R. L., Shogren, K. A., Snell, M. E., & Yeager, M. (2009). Conceptualizing supports and the support needs of people with intellectual disability. *Intellectual and Developmental Disabilities, 47*(2), 135-146.

Thompson, M. A., Aberg, J. A., Cahn, P., Montaner, J. S. G., Rizzardini, G., Telenti, A., & Schooley, R. T. (2010). Antiretroviral treatment of adult HIV infection. *JAMA: Journal of the American Medical Association, 304*, 321-333.

Thompson, M. A., Mugavero, M. J., Amico, K. R., Cargill, V. A., Chang, L. W., Gross, R., & Nachega, J. B. (2012). Guidelines for improving entry into and retention in care and antiretroviral adherence for persons with HIV: Evidence-based recommendations from an International Association of Physicians in AIDS Care panel. *Annals of Internal Medicine, 156*(11), 817-833, W-284-W-294.

Thompson-Brenner, H., Boisseau, C. L., & St. Paul, M. S. (2011). Representations of ideal figure-size in *Ebony* magazine: A content analysis. *Body Image, 8*(4), 373-378.

Thompson-Brenner, H., Glass, S., & Westen, D. (2003). A multidimensional meta-analysis of psychotherapy for bulimia nervosa. *Clinical Psychology: Science and Practice, 10*, 269-287.

Thoresen, C. E., & Powell, L. H. (1992). Type A behavior pattern: New perspectives on theory, assessment and intervention. Special issue: Behavioral medicine: An update for the 1990s. *Journal of Consulting and Clinical Psychology, 60*(4), 595-604.

Thorlton, J., Colby, D. A., & Devine, P. (2014). Proposed actions for the US Food and Drug Administration to implement to minimize adverse effects associated with energy drink consumption. *American Journal of Public Health, 104*(7), 1175-1180.

Thorndike, A. N., Riis, J., Sonnenberg, L. M., & Levy, D. E. (2014). Traffic-light labels and choice architecture: promoting healthy food choices. *American journal of Preventive Medicine, 46*(2), 143-149.

Thorndike, A. N., Sonnenberg, L., Riis, J., Barraclough, S., & Levy, D. E. (2012). A 2-phase labeling and choice architecture intervention to improve healthy food and beverage choices. *American Journal of Public Health, 102*(3), 527-533.

Thorpe, G. L., & Burns, L. E. (1983). *The agoraphobic syndrome.* New York, NY: Wiley.

Thurston, R. C., & Kubzansky, L. D. (2009). Women, loneliness, and incident coronary heart disease. *Psychosomatic Medicine, 71*(8), 836-842.

Thyer, B. A. (1993). Childhood separation anxiety disorder and adult-onset agoraphobia: Review of evidence. In C. Last (Ed.), *Anxiety across the lifespan: A developmental perspective* (pp. 128-145). New York, NY: Springer.

Tienari, P. (1991). Interaction between genetic vulnerability and family environment: The Finnish adoptive family study of schizophrenia. *Acta Psychiatrica Scandinavica, 84,* 460-465.

Tienari, P., Wahlberg, K.-E., & Wynne, L. C. (2006). Finnish adoption study of schizophrenia: Implications for family interventions. *Families, Systems & Health, 24,* 442-451.

Tienari, P., Wynne, L. C., Laksy, K., Moring, J., Nieminen, P., & Sorri, A., & Wahlberg, K. E. (2003). Genetic boundaries of the schizophrenia spectrum: Evidence from the Finnish adoptive family study of schizophrenia. *American Journal of Psychiatry, 160,* 1567-1594.

Tienari, P., Wynne, L. C., Moring, J., Lahti, I., Naarala, M., Sorri, A., & Moring, J. (1994). The Finnish adoptive family study of schizophrenia: Implications for family research. *British Journal of Psychiatry, 23*(Suppl. 164), 20-26.

Tiggemann, M. (2002). Media influences on body image development. In T. F. Cash & T. Pruzinsky (Eds.), *Body image: A handbook of theory, research and clinical practice* (pp. 91-98). New York, NY: Guilford.

Tiggemann, M., & Lynch, J. E. (2001). Body image across the life span in adult women: The role of self-objectification. *Developmental Psychology, 37,* 243-253.

Timimi, S., & Taylor, E. (2004). ADHD is best understood as a cultural construct. *British Journal of Psychiatry, 184,* 8-9.

Timlett, A. (2013). Controlling bizarre delusions. *Schizophrenia Bulletin, 39*(2), 244-246. doi: 10.1093/schbul/sbs137

Tinbergen, E. A., & Tinbergen, N. (1972). *Early childhood autism: An ethological approach.* Berlin, Germany: Parey.

Tingelstad, J. B. (1991). The cardiotoxicity of the tricyclics. *Journal of the American Academy of Child and Adolescent Psychiatry, 30,* 845-846.

Tishelman, A. C., Kaufman, R., Edwards-Leeper, L., Mandel, F. H., Shumer, D. E., & Spack, N. P. (2015). Serving transgender youth: Challenges, dilemmas, and clinical examples. *Professional Psychology: Research and Practice, 46*(1), 37-45.

Tishler, C. L., Reiss, N. S., & Rhodes, A. R. (2007). Suicidal behavior in children younger than twelve: A diagnostic challenge for emergency department personnel. *Academic Emergency Medicine, 14*(9), 810-818.

Tjio, J. H., & Levan, A. (1956). The chromosome number of man. *Hereditas, 42,* 1-6.

Tober, D. M., & Budiani, D. (2014). Introduction: Why Islam health and body? *Body and Society, 13*(3), 1-13.

Todaro, J. F., Shen, B., Raffa, S. D., Tilkemeier, P. L., & Niaura, R. (2007). Prevalence of anxiety disorders in men and women with established coronary heart disease. *Journal of Cardiopulmonary Rehabilitation and Prevention, 27,* 86-91.

Tolin, D. F. (2011). Challenges and advances in treating hoarding. *Journal of Clinical Psychology, 67,* 451-455. doi: 10.1002 /jclp.20796

Tolin, D. F., Frost, R. O., Steketee, G., & Muroff, J. (2015). Cognitive behavioral therapy for hoarding disorder: A meta-analysis. *Depression and Anxiety, 32,* 158-166.

Tolin, D. F., Stevens, M. C., Villavicencio, A. L., Norberg, M. M., Calhoun, V. D., Frost, R. O., &

Pearlson, G. D. (2012). Neural mechanisms of decision making in hoarding disorder. *Archives of General Psychiatry, 69,* 832-841. doi: 10.1001/ archgenpsychiatry.2011.1980

Tomarken, A., & Keener, A. (1998). Frontal brain asymmetry and depression: A self-regulatory perspective. *Cognition and Emotion, 12,* 387-420.

Tomarken, A., Dichter, G., Garber, J., & Simien, C. (2004). Relative left frontal hypo- activation in adolescents at risk for depression. *Biological Psychology, 67,* 77-102.

Tomenson, B., McBeth, J., Chew-Graham, C. A., MacFarlane, G., Davies, I., Jackson, J., & Creed, F. H. (2012). Somatization and health anxiety as predictors of health care use. *Psychosomatic Medicine, 74*(6), 656-664. doi: 10.1097/ PSY.0b013e31825cb140

Tondo, L., Jamison, K. R., & Baldessarini, R. J. (1997). Effect of lithium maintenance on suicidal behavior in major mood disorders. In D. M. Stoff & J. J. Mann (Eds.), *The neurobiology of suicide: From the bench to the clinic* (Vol. 836, pp. 339-351). New York, NY: Academy of Sciences.

Toomey, R., Faraone, S. V., Simpson, J. C., & Tsuang, M. T. (1998). Negative, positive, and disorganized symptom dimensions in schizophrenia, major depression, and bipolar disorder. *Journal of Nervous and Mental Disorders, 186,* 470-476.

Torgersen, S. (1986). Genetics of somatoform disorder. *Archives of General Psychiatry, 43,* 502-505.

Torgersen, S. (2012). Epidemiology. In T. A. Widiger (Ed.), *The Oxford handbook of personality disorders* (pp. 186-205). New York, NY: Oxford University Press.

Torrey, E., Eslinger, S., Lamb, R., & Pavle, J. (2010). *More mentally ill persons are in jails and prisons than hospitals: A survey of the states.* Arlington, VA: Treatment Advocacy Center.

Tortorella, A., Fabrazzo, M., Monteleone, A. M., Steardo, L., & Monteleone, P. (2014). The role of drug therapies in the treatment of anorexia and bulimia nervosa: a review of the literature. *Journal of Psychopathology, 20,* 50-65.

Torry, Z., & Billick, S. (2010). Overlapping universe: Understanding legal insanity and psychosis. *Psychiatric Quarterly,* 1-10.

Toth, K., & King, B. H. (2010). Intellectual disability (mental retardation). In M. K. Dulcan (Ed.), *Dulcan's textbook of child and adolescent psychiatry* (5th ed., pp. 151-172). Arlington, VA: American Psychiatric Publishing.

Toth, K., de Lacy, N., & King, B. H. (2016). Intelectual disability. In M. K. Dulcan (Ed.), *Dulcan's Textbook of Child and Adolescent Psychiatry* (2nd ed., pp. 105-133). Arlington, VA: American Psychiatric Publishing.

Toth, S. L., Harris, L. S., Goodman, G. S., & Cicchetti, D. (2011). Influence of violence and aggression on children's psychological development: Trauma, attachment, and memory. In P. R. Shaver & M. Mikulincer (Eds.), *Human aggression and violence: Causes, manifestations, and consequences* (pp. 351-365). Washington, DC: American Psychological Association. doi: 10.1037/12346-019

Tovote, P., Fadok, J. P., & Lüthi, A. (2015). Neuronal circuits of fear and anxiety. *Nature Reviews Neuroscience, 16,* 317-331.

Townsend, J. M., & Wasserman, T. H. (2011). Sexual hookups among college students: Sex

differences in emotional reactions. *Archives of Sexual Behavior, 40*(6), 1173-1181.

Tracey, S. A., Chorpita, B. F., Douban, J., & Barlow, D. H. (1997). Empirical evaluation of DSM-IV generalized anxiety disorder criteria in children and adolescents. *Journal of Clinical Child Psychology, 26,* 404-414.

Trauer, J. M., Qian, M. Y., Doyle, J. S., Rajaratnam, S. M., & Cunnington, D. (2015). Cognitive Behavioral Therapy for Chronic Insomnia: A Systematic Review and Meta-analysis. *Annals of Internal Medicine, 163*(3), 191-204.

Treatment for Adolescents with Depression Study Team (TADS). (2004). Fluoxetine, cognitive--behavioral therapy, and their combination for adolescents with depression. *JAMA: Journal of the American Medical Association, 292,* 807-820.

Treatment for Adolescents with Depression Study Team. (2009). The Treatment for Adolescents with Depression Study (TADS): Outcomes over 1 year of naturalistic follow-up. *American Journal of Psychiatry, 166,* 1141-1149.

Tremont, G., Davis, J. D., Papandonatos, G. D., Ott, B. R., Fortinsky, R. H., Gozalo, P., . . . & Bishop, D. S. (2015). Psychosocial telephone intervention for dementia caregivers: A randomized, controlled trial. *Alzheimer's & Dementia, 11*(5), 541-548.

Triebwasser, J., Chemerinski, E., Roussos, P., & Siever, L. J. (2013). Paranoid personality disorder. *Journal of Personality Disorders, 27*(6), 795-805.

Trinh, N., Hoblyn, J., Mohanty, S., & Yaffe, K. (2003). Efficacy of cholinesterase inhibitors in the treatment of neuropsychiatric symptoms and functional impairment in Alzheimer disease: A meta-analysis. *JAMA, 289*(2), 210-216. doi: 10.1001/jama.289.2.210

Trivedi, M., Rush, A., Wisniewski, S., Nierenberg, A., Warden, D., Ritz, L., & STAR*D Study Team. (2006). Evaluation of outcomes with citalopram for depression using measurement-based care in STAR *D: Implications for clinical practice. *American Journal of Psychiatry, 163,* 28-40.

True, W. R., Rice, J., Eisen, S. A., Heath, A. C., Goldberg, J., Lyons, M. J., & Nowak, J. (1993). A twin study of genetic and environmental contributions to liability for posttraumatic stress symptoms. *Archives of General Psychiatry, 50,* 257-264.

Trull, T.J., Carpenter, R. W., & Widiger, T. A. (2013). Personality disorders. In I. B. Weiner (Series Ed.), G. Stricker & T. A. Widiger (Vol. Eds.), *Handbook of psychology: Vol. 8 Clinical psychology* (pp. 94-120). Hoboken, NJ: John Wiley & Sons.

Trull, T. J., Scheiderer, E. M., & Tomko, R. L. (2012). Axis II comorbidity. In T. A. Widiger (Ed.), *The Oxford handbook of personality disorders* (pp. 566-581). New York, NY: Oxford University Press.

Truong, T., Liquet, B., Menegaux, F., Plancoulaine, S., Laurent-Puig, P., Mulot, C., . . . & Guénel, P. (2014). Breast cancer risk, nightwork, and circadian clock gene polymorphisms. *Endocrine-related cancer, 21*(4), 629-638.

Tsai, A. C., Lucas, M., & Kawachi, I. (2015). Association between social integration and suicide among women in the United States. *JAMA Psychiatry, 72,* 987.

Tsai, G. E., Condie, D., Wu, M. T., & Chang, I. W. (1999). Functional magnetic resonance imaging of personality switches in a woman with dissociative identity disorder. *Harvard Review of Psychiatry, 7*(2), 119-122.

Tsao, J. C. I., Mystkowski, J. L., Zucker, B. G., & Craske, M. G. (2002). Effects of cognitive-behavioral therapy for panic disorder on comorbid conditions: Replication and extension. *Behavior Therapy, 33,* 493-509.

Tsuang, M. T., Stone, W. S., & Faraone, S. V. (2012). Schizoaffective and schizotypal disorders. In M. G. Gelder, N. C. Andreasen, J. J. Lopez-Ibor, Jr., & J. R. Geddes (Eds.), *New Oxford textbook of psychiatry* (2nd. ed., Vol. 1, pp. 595-602). New York, NY: Oxford University Press.

Tuchman, B. (1978). *A distant mirror.* New York, NY: Ballantine Books.

Tucker, J. A., Murphy, J. G., & Kertesz, S. G. (2011). Substance use disorders. In M. Antony & D. H. Barlow (Eds.), *Handbook of assessment and treatment planning for psychological disorders* (2nd ed.). New York, NY: Guilford.

Turk, D. C., & Monarch, E. S. (2002). Biopsychosocial perspective on chronic pain. In D. C. Turk & R. J. Gatchel (Eds.), *Psychological approaches to pain management: A practitioner's handbook* (2nd ed., pp. 3-29). New York, NY: Guilford.

Turkheimer, E. (1998). Heritability and biological explanation. *Psychological Review, 105,* 782-791.

Turkheimer, E., & Waldron, M. C. (2000). Nonshared environment: A theoretical, methodological, and quantitative review. *Psychological Bulletin, 126,* 78-108.

Turkheimer, E., Haley, A., Waldron, M., D'Onofrio, B., & Gottesman, I. I. (2003). Socioeconomic status modifies heritability of IQ in young children. *Psychological Science, 14,* 623-628.

Turner, C., Spinks, A., McClure, R., Nixon, J. (2004). Community-based interventions for the prevention of burns and scalds in children. *Cochrane Database Syst. Rev. 3*:CD004335

Turner, J., Mancl, L., & Aaron, L. (2006). Short- and long-term efficacy of brief cognitive behavioral therapy for patients with chronic temporomandibular disorder pain: A randomized, controlled trial. *Pain, 121,* 181-194.

Turner, S. M., Beidel, D. C., & Jacob, R. G. (1994). Social phobia: A comparison of behavior therapy and atenolol. *Journal of Consulting Psychology, 62,* 350-358.

Turovsky, J., & Barlow, D. H. (1996). Generalized anxiety disorder. In J. Margraf (Ed.), *Textbook of behavior therapy* (pp. 87-106). Berlin: Springer-Verlag.

Tushnet, M. (2008). Who qualifies for rights? [Review of the book *Homelessness, mental illness and civil commitment*]. *The Journal of Politics, 66*(02), 626-628.

Tyler, D. B. (1955). Psychological changes during experimental sleep deprivation. *Diseases of the Nervous System, 16,* 293-299.

Tylš, F., Páleníček, T., & Horáček, J. (2014). Psilocybin-summary of knowledge and new perspectives. *European Neuropsychopharmacology, 24*(3), 342-356.

Tynes, L. L., White, K., & Steketee, G. S. (1990). Toward a new nosology of obsessive- compulsive disorder. *Comprehensive Psychiatry, 31,* 465-480.

U.S. Department of Education, National Center for Education Statistics. (2012). *Digest of education statistics, 2011*(NCES 2012-001).

U.S. Department of Energy Office of Science. (2009). *Human genome project information.* Re-

trieved from http://www.ornl.gov/sci /techresources/Human_Genome/home.shtml

U.S. Department of Health and Human Services. (1991). *Health and behavior research.* National Institutes of Health: Report to Congress.

U.S. General Accounting Office. (1995). *Prescription drugs and the elderly: Many still receive potentially harmful drugs despite recent improvements.* (GOA/HEHS-95-152). United States General Accounting Office: Report to Congress.

Uchino, B. N. (2009). Understanding the link between social support and physical health: A life-span perspective with emphasis on the separability of perceived and received support. *Perspectives on Psychological Science, 4,* 236-255.

Uddin, M., Amstadter, A. B., Nugent, N. R., & Koenen, K. C. (2012). Genetics and genomics of posttraumatic stress disorder. In J. G. Beck & D. M. Sloan (Eds.), *The Oxford handbook of traumatic stress disorders* (pp. 143-158). New York, NY: Oxford University Press.

Uebelacker, L., & Whisman, M. (2006). Moderators of the association between relationship discord and major depression in a national population-based sample. *Journal of Family Psychology, 20,* 40-46.

Uehara, T., Yamasaki, T., Okamoto, T., Koike, T., Kan, S., Miyauchi, S., & Tobimatsu, S. (2013). Efficiency of a "small-world" brain network depends on consciousness level: A resting-state fMRI study. *Cerebral Cortex.* doi: 10.1093/cercor/bht004

Uhde, T. (1994). The anxiety disorder: Phenomenology and treatment of core symptoms and associated sleep disturbance. In M. Kryger, T. Roth, & W. Dement (Eds.), *Principles and practice of sleep medicine* (pp. 871-898). Philadelphia, PA: Saunders.

Uher, R. (2011). Gene-enviroment interactions. In K. S. Kendler, S. Jaffee, & D. Romer (Eds.), *The dynamic genome and mental health: The role of genes and environments in youth development* (pp. 29-58). New York, NY: Oxford University Press.

Uleman, J. S., Saribay, S. A., & Gonzalez, C. M. (2008). Spontaneous inferences, implicit impressions, and implicit theories. *Annual Review of Psychology, 59,* 329-360.

UNAIDS (2009). *AIDS epidemic update 2009.* Geneva: Joint United Nations Programme on HIV/AIDS (UNAIDS). Retrieved from http://www.who.int/hiv/pub/epidemiology /epidemic/en/index.html

Unger, J. B., Yan, L., Chen, X., Jiang, X., Azen, S., Qian, G., & Johnson, C. (2001). Adolescent smoking in Wuhan, China: Baseline data from the Wuhan Smoking Prevention Trial. *American Journal of Preventive Medicine, 21*(3), 162-169.

Unutzer, J., Katon, W., Callahan, C. M., Williams, J. W., Hunkeler, E., Harpole, L., & Langston, C. (2002). Collaborative care management of late--life depression in the primary care setting: A randomized controlled trial. *JAMA: Journal of the American Medical Association, 288,* 2836-2845.

Urbina, S. (2014). *Essentials of psychological testing.* Hoboken, NJ: John Wiley & Sons.

Ursano, R. J., Sonnenberg, S. M., & Lazar, S. G. (2008). Psychodynamic psychotherapy. In R. E. Hales, S. C. Yudofsky, & G. O. Gabbard (Eds.),

The American Psychiatric Publishing textbook of psychiatry (5th ed., pp. 1171-1190). Arlington, VA: American Psychiatric Publishing.

U.S. Department of Health and Human Services. The Health Consequences of Smoking–50 Years of Progress: A Report of the Surgeon General. Atlanta, GA: U.S. Department of Health and Human Services, Centers for Disease Control and Prevention, National Center for Chronic Disease Prevention and Health Promotion, Office on Smoking and Health, 2014. http:// www.surgeongeneral .gov/library/reports/ 50-years-of-progress /exec-summary.pdf

Ussher, J. M. (2013). Diagnosing difficult women and pathologising femininity: Gender bias in psychiatric nosology. *Feminism & Psychology, 23*(1), 63-69.

Vachon, D. D., Lynam, D. R., Widiger, T. A., Miller, J. D., McCrae, R. R., & Costa, P. T. (2013). Basic Traits Predict the Prevalence of Personality Disorder Across the Life Span The Example of Psychopathy. *Psychological Science, 24*(5), 698-705.

Vahia, I. V., & Cohen, C. I. (2009). Schizophrenia and delusional disorders. In B. J. Sadock, V. A. Sadock, & P. Ruiz (Eds.), *Kaplan & Sadock's comprehensive textbook of psychiatry* (9th ed., Vol. II, pp. 4073-4081). Philadelphia, PA: Lippincott Williams & Wilkins.

Vaillant, G. E. (1979). Natural history of male psychological health. *New England Journal of Medicine, 301,* 1249-1254.

Vaillant, G. E. (1992). *Ego mechanisms of defense: A guide for clinicians and researchers.* Washington, D.C.: American Psychiatric Press.

Vaillant, G. E. (2012). Lifting the field's "repression" of defenses. *American Journal of Psychiatry, 169*(9), 885-887.

Valchev, V. H., Nel, J. A., Van de Vijver, F. J., Meiring, D., De Bruin, G. P., & Rothmann, S. (2013). Similarities and differences in implicit personality concepts across Ethnocultural groups in South Africa. *Journal of Cross-Cultural Psychology, 44*(3), 365-388.

Valera, E. M., Faraone, S. V., Murray, K. E., & Seidman, L. J. (2007). Meta-analysis of structural imaging findings in attention-deficit/ hyperactivity disorder. *Biological Psychiatry, 61,* 1361-1369.

Valtonen, H. M., Suominen, K., Mantere, O., Leppämäki, S., Arvilommi, P., & Isometsä, E. (2007). Suicidal behaviour during different phases of bipolar disorder. *Journal of Affective Disorders, 97,* 101-107.

Van Ameringen, M., Mancini, C., Patterson, B., & Simpson, W. (2009). Pharmacotherapy for social anxiety disorder: An update. *The Israel Journal of Psychiatry and Related Sciences, 46*(1), 53-61.

van Amsterdam, J., & van den Brink, W. (2013). Reduced-risk drinking as a viable treatment goal in problematic alcohol use and alcohol dependence. *Journal of Psychopharmacology, 27*(11), 987-997.

van Beijsterveldt, C., Hudziak, J., & Boomsma, D. (2006). Genetic and environmental influences on cross-gender behavior and relation to behavior problems: A study of Dutch twins at ages 7 and 10 years. *Archives of Sexual Behavior, 35,* 647-658.

van der Hart, O., & Nijenhuis, E. R. S. (2009). Dissociative disorders. In P. H. Blaney & T. Millon (Eds.), *Oxford textbook of psychopathology* (2nd ed., pp. 452-481). New York, NY: Oxford University Press.

van der Kloet, D., Giesbrecht, T., Lynn, S. J., Merckelbach, H., & de Zutter, A. (2012). Sleep normalization and decrease in dissociative experiences: Evaluation in an inpatient sample. *Journal of Abnormal Psychology, 121,* 140-150. doi: 10.1037/a0024781

van der Meer, L., Sutherland, D., O'Reilly, M. F., Lancioni, G. E., & Sigafoos, J. (2012). A further comparison of manual signing, picture exchange, and speech-generating devices as communication modes for children with autism spectrum disorders. *Research in Autism Spectrum Disorders, 6*(4), 1247-1257.

van Dongen, J., Ehli, E. A., Slieker, R. C., Bartels, M., Weber, Z. M., Davies, G. E., . . . & Boomsma, D. I. (2014). Epigenetic variation in monozygotic twins: a genome-wide analysis of DNA methylation in buccal cells. *Genes, 5*(2), 347-365. doi:10.3390/genes5020347

van Duijil, M., Cardena, E., & de Jong, J. (2005). The validity of DSM-IV dissociative disorders in southwest Uganda. *Transcultural Psychiatry, 42,* 219-241.

Van Dycke, K. C., Rodenburg, W., van Oostrom, C. T., van Kerkhof, L. W., Pennings, J. L., Roenneberg, T., . . . & van der Horst, G. T. (2015). Chronically Alternating Light Cycles Increase Breast Cancer Risk in Mice. *Current Biology, 25*(14), 1932-1937.

van Haren, N. E., Rijsdijk, F., Schnack, H. G., Picchioni, M. M., Toulopoulou, T., Weisbrod, M., . . . & Boomsma, D. I. (2012). The genetic and environmental determinants of the association between brain abnormalities and schizophrenia: the schizophrenia twins and relatives consortium. *Biological Psychiatry, 71*(10), 915-921.

van Hoeken, D., Veling, W., Sinke, S., Mitchell, J. E., & Hoek, H. W. (2009). The validity and utility of subtyping bulimia nervosa. *International Journal of Eating Disorders, 42*(7), 595-602.

van Kammen, D. P., Docherty, J. P., & Bunney, W. E. (1982). Prediction of early relapse after pimozide discontinuation by response to d-amphetamine during pimozide treatment. *Biological Psychiatry, 17,* 223-242.

van Laar, M., Volkerts, E., & Verbaten, M. (2001). Subchronic effects of the GABA-agonist lorazepam and the 5-HT2A/2C antagonist ritanserin on driving performance, slow wave sleep and daytime sleepiness in healthy volunteers. *Psychopharmacology (Berlin), 154,* 189-197.

van Munster, B. C., & de Rooij, S. E. (2014). Delirium: A synthesis of current knowledge. *Clinical Medicine, 14*(2), 192-195.

Van Orden, K. A., Witte, T. K., Cukrowicz, K. C., Braithwaite, S. R., Selby, E. A., & Joiner, T. E., Jr. (2010). The interpersonal theory of suicide. *Psychological Review, 117*(2), 575-600.

van Os, J. (2011). Should attenuated psychosis syndrome be a DSM-5 diagnosis? *American Journal of Psychiatry, 168*(5), 460-463.

van Os, J., & Allardyce, J. (2009). The clinical epidemiology of schizophrenia. In B. J. Sadock, V. A. Sadock, & P. Ruiz (Eds.), *Kaplan & Sadock's comprehensive textbook of psychiatry* (9th ed., Vol. I, pp. 1475-1487). Philadelphia, PA: Lippincott Williams & Wilkins.

van Os, J., Kenis, G., & Rutten, B. P. (2010). The environment and schizophrenia. *Nature, 468*(7321), 203-212.

van Overveld, M., de Jong, P. J., & Peters, M. L. (2011). The Multi-Dimensional Blood/Injury

Phobia Inventory: Its psychometric properties and relationship with disgust propensity and disgust sensitivity. *Journal of Anxiety Disorders, 25*(3), 319-325. doi: http://dx.doi .org/10.1016/j.janxdis.2010.10.004

Van Praag, H. M., & Korf, J. (1975). Central monamine deficiency in depressions: Causative of secondary phenomenon? *Pharmakopsychiatr Neuropsychopharmakol, 8,* 322-326.

Van Rooij, A. J., Schoenmakers, T. M., Vermulst, A. A., Van Den Eijnden, R. J. J. M., & Van De Mheen, D. (2011). Online video game addiction: Identification of addicted adolescent gamers. *Addiction, 106*(1), 205-212. doi: 10.1111/j.1360-0443.2010.03104.x

Van Ryzin, M. J., Fosco, G. M., & Dishion, T. J. (2012). Family and peer predictors of substance use from early adolescence to early adulthood: An 11-year prospective analysis. *Addictive Behaviors, 37*(12), 1314-1324. doi: 10.1016/j. addbeh.2012.06.020

Vander Wal, J. S. (2012). Night eating syndrome: a critical review of the literature. *Clinical Psychology Review, 32*(1), 49-59.

VanDerHeyden, A., & Harvey, M. (2012). Using data to advance learning outcomes in schools. *Journal of Positive Behavior Interventions.* doi: 10.1177/1098300712442387

Vanderstichele, H., Bibl, M., Engelborghs, S., Le Bastard, N., Lewczuk, P., Molinuevo, J. L., & Blennow, K. (2012). Standardization of preanalytical aspects of cerebrospinal fluid biomarker testing for Alzheimer's disease diagnosis: A consensus paper from the Alzheimer's Biomarkers Standardization Initiative. *Alzheimer's & Dementia, 8*(1), 65-73. doi: http://dx.doi.org/10.1016/j .jalz.2011.07.004

Vanitallie, T. B., & Lew, E. A. (1992). Assessment of morbidity and mortality risk in the overweight patient. In T. A. Wadden and T. B. Vanitallie (Eds.), *Treatment of the seriously obese patient.* New York, NY: Guilford.

Vannucchi, G., Masi, G., Toni, C., Dell'Osso, L., Marazziti, D., & Perugi, G. (2014). Clinical features, developmental course, and psychiatric comorbidity of adult autism spectrum disorders. *CNS Spectrums, 19*(02), 157-164.

van't Veer-Tazelaar, P. J., van Marwijk, H. W. J., van Oppen, P., van Hout, H. P. J., van der Horst, H. E., Cuijpers, P., & Beekman, A. T. (2009). Stepped-care prevention of anxiety and depression in late life: A randomized controlled trial. *Archives of General Psychiatry, 66*(3), 297-304.

Varga, M. D. (2012). Adderall abuse on college campuses: A comprehensive literature review. *Journal of Evidence-Based Social Work, 9*(3), 293-313.

Vasterling, J. J., Brailey, K., Constans, J. I., & Sotker, P. B. (1998). Attention and memory dysfunction in posttraumatic stress disorders. *Neuropsychology, 12*(1), 125-133.

Vazsonyi, A. T., Ksinan, A., Mikuška, J., & Jiskrova, G. (2015). The Big Five and adolescent adjustment: An empirical test across six cultures. *Personality and Individual Differences, 83,* 234-244.

Vazques, G. H., Holtzman, J. N., Tondo, L., & Baldessarini, R. J. (2015). Efficacy and tolerability of treatment for bipolar depression. *Journal of Affective Disorders, 183,* 258-262.

Veale, D. (2000). Outcome of cosmetic surgery and "DIY" surgery inpatients with body dysmorphic disorder. *Psychiatric Bulletin, 24*(6), 218-221.

Veale, D., & Riley, S. (2001). Mirror, mirror on the wall, who is the ugliest of them all? The psychopathology of mirror gazing in body dysmorphic disorder. *Behaviour Research and Therapy, 39,* 1381-1393.

Veale, D., Boocock, A., Gournay, K., Dryden, W., Shah, F., & Walburn, J. (1996). Body dysmorphic disorder: A survey of 50 cases. *British Journal of Psychiatry, 169,* 196-201.

Veale, D., Ennis, M., & Lambrou, C. (2002). Possible association of body dysmorphic disorder with an occupation or education in art and design. *American Journal of Psychiatry, 159,* 1788-1790.

Veale, D., Gournay, K., Dryden, W., Boocock, A., Shah, F., Willson, R., & Walburn, J. (1996). Body dysmorphic disorder: A cognitive behavioral model and pilot randomized control trial. *Behaviour Research and Therapy, 34,* 717-729.

Veith, I. (1965). Hysteria: *The history of a disease.* Chicago: University of Chicago Press.

Vellas, B., Coley, N., Ousset, P. J., Berrut, G., Dartigues, J. F., Dubois, B., . . . & Touchon, J. (2012). Long-term use of standardised Ginkgo biloba extract for the prevention of Alzheimer's disease (GuidAge): a randomised placebo-controlled trial. *The Lancet Neurology, 11*(10), 851-859.

Venables, P. H. (1996). Schizotypy and maternal exposure to influenza and to cold temperature: The Mauritius study. *Journal of Abnormal Psychology, 105,* 53-60.

Venables, N. C., Hall, J. R., & Patrick, C. J. (2014). Differentiating psychopathy from antisocial personality disorder: A triarchic model perspective. *Psychological Medicine, 44*(05), 1005-1013.

Verma, K. K., Khaitan, B. K., & Singh, O. P. (1998). The frequency of sexual dysfunction in patients attending a sex therapy clinic in North India. *Archives of Sexual Behavior, 27,* 309-314.

Vermetten, E., Schmahl, C., Lindner, S., Loewenstein, R., & Bremner, J. (2006). Hippocampal and amygdalar volumes in dissociative identity disorder. *American Journal of Psychiatry, 163,* 630-636.

Vermund, S. H., Sheldon, E. K., & Sidat, M. (2015). Southern Africa: The highest priority region for HIV prevention and care interventions. *Current HIV/AIDS Report, 12,* 191-195.

Vernberg, E. M., LaGreca, A. M., Silverman, W. K., & Prinstein, M. J. (1996). Prediction of posttraumatic stress symptoms in children after Hurricane Andrew. *Journal of Abnormal Psychology, 105,* 237-248.

Viana, A. G., Beidel, D. C., & Rabian, B. (2009). Selective mutism: A review and integration of the last 15 years. *Clinical Psychology Review, 29*(1), 57-67. doi: 10.1016/j.cpr.2008.09.009

Viguera, A. C., Tondo, L., Koukopoulos, A. E., Reginaldi, D., Lepri, B., & Baldessarini, R. (2011). Episodes of mood disorders in 2,252 pregnancies and postpartum periods. *American Journal of Psychiatry, 168*(11), 1179-1185.

Vingerhoets, A. J. J. M., Rottenberg, J., Cevaal, A., & Nelson, J. K. (2007). Is there a relationship between depression and crying? A review. *Acta Psychiatrica Scandinavica, 115,* 340-351.

Vinkers, D., de Vries, S., van Baars, A., & Mulder, C. (2010). Ethnicity and dangerousness criteria for court ordered admission to a psychiatric hospital. *Social Psychiatry and Psychiatric Epidemiology, 45*(2), 221-224.

Virag, R. (1999). Indications and early results of sildenafil (Viagra) in erectile dysfunction. *Urology, 54*, 1073-1077.

Vitacco, M. J., Neumann, C. S., & Caldwell, M. F. (2010). Predicting antisocial behavior in high-risk male adolescents: Contributions of psychopathy and instrumental violence. *Criminal Justice and Behavior, 37*(8), 833-846.

Vitacco, M. J., Neumann, C. S., & Pardini, D. A. (2014). Predicting future criminal offending in a community-based sample of males using self-reported psychopathy. *Criminal Justice and Behavior, 41*(3), 345-363.

Vitiello, B., & Lederhendler, I. (2000). Research on eating disorders: Current status and future prospects. *Biological Psychiatry, 47*, 777-786.

Vogel, S. A., & Reder, S. (1998). Educational attainment of adults with learning disabilities. In S. A. Vogel & S. Reder (Eds.), *Learning disabilities, literacy, and adult education* (pp. 5-28). Baltimore, MD: Paul H. Brookes.

Vohs, K. D., Bardone, A. M., Joiner, T. E., Jr., Abramson, L. Y., & Heatherton, T. F. (1999). Perfectionism, perceived weight status, and self-esteem interact to predict bulimic symptoms: A model of bulimic symptom development. *Journal of Abnormal Psychology, 108*, 695-700.

Voigt, K., Nagel, A., Meyer, B., Langs, G., Braukhaus, C., & Lowe, B. (2010). Towards positive diagnostic criteria: A systematic review of somatoform disorder diagnoses and suggestions for future classification. *Journal of Psychosomatic Research, 68*(5), 403-414.

Voigt, K., Wollburg, E., Weinmann, N., Herzog, A., Meyer, B., Langs, G., & Lowe, B. (2012). Predictive validity and clinical utility of DSM-5 somatic symptom disorder–Comparison with DSM-IV somatoform disorders and additional criteria for consideration. *Journal of Psychosomatic Research, 73*(5), 345-350. doi: 10.1016/j.jpsychores.2012.08.020

Volkow, N. D., Baler, R. D., Compton, W. M., & Weiss, S. R. (2014). Adverse health effects of marijuana use. *New England Journal of Medicine, 370*(23), 2219-2227.

Volkow, N. D., Wang, G. J., Kollins, S. H., Wigal, T. L., Newcorn, J. H., Telang, F., & Swanson, J. M. (2009). Evaluating dopamine reward pathway in ADHD: Clinical implications. *JAMA: Journal of the American Medical Association, 302*(10), 1084-1091.

Voon, V., Gallea, C., Hattori, N., Bruno, M., Ekanayake, V., & Hallett, M. (2010). The involuntary nature of conversion disorder. *Neurology, 74*(3), 223-228.

Voos, A., Pelphrey, K., Tirrell, J., Bolling, D., Wyk, B., Kaiser, M., & Ventola, P. (2013). Neural mechanisms of improvements in social motivation after pivotal response treatment: Two case studies. *Journal of Autism and Developmental Disorders, 43*(1), 1-10. doi: 10.1007/s10803-012-1683-9

Vriends, N., Pfaltz, M. C., Novianti, P., & Hadiyono, J. (2013). Taijin kyofusho and social anxiety and their clinical relevance in Indonesia and Switzerland. *Frontiers in Psychology, 4*, 3. doi: 10.3389/fpsyg.2013.00003

Vrshek-Schallhorn, S., Stroud, C.B., Mineka, S., Hammen, C., Zinbarg, R.E., Wolitzky-Taylor, K., Craske, M.G. (2015). Chronic and episodic interpersonal stress as statistically unique predictors of depression in two samples of emerging adults. *Journal of Abnormal Psychology, 124*(4), 918.

Waddell, J., Morris, R. W., & Bouton, M. E. (2006). Effects of bed nucleus of the stria terminalis lesions on conditioned anxiety: Aversive conditioning with long-duration conditional stimuli and reinstatement of extinguished fear. *Behavioral Neuroscience, 120*, 324-336.

Wadden, T. A., & Osei, S. (2002). The treatment of obesity: An overview. In T. A. Wadden & A. J. Stunkard (Eds.), *Handbook of obesity treatment* (pp. 229-248). New York, NY: Guilford.

Wadden, T. A., Brownell, K. D., & Foster, G. D. (2002). Obesity: Responding to the global epidemic. *Journal of Consulting and Clinical Psychology, 70*, 510-525.

Wadden, T. A., Butryn, M. L., Hong, P. S., & Tsai, A. G. (2014). Behavioral treatment of obesity in patients encountered in primary care settings: a systematic review. *JAMA, 312*(17), 1779-1791.

Wade, T. D., Bulik, C. M., Prescott, C. A., & Kendler, K. S. (2004). Sex influences on shared risk factors for bulimia nervosa and other psychiatric disorders. *Archives of General Psychiatry, 61*, 251-256.

Wade, T. D., Tiggemann, M., Bulik, C. M., Fairburn, C. G., Wray, N. R., & Martin, N. G. (2008). Shared temperament risk factors for anorexia nervosa: A twin study. *Psychosomatic Medicine, 70*(2), 239-244.

Wager, T. (2005). The neural bases of placebo effects in pain. *Current Directions in Psychological Science, 14*, 175-179.

Wagner, B. M. (1997). Family risk factors for child and adolescent suicidal behavior. *Psychological Bulletin, 121*, 246-298.

Wagner, G., Penelo, E., Wanner, C., Gwinner, P., Trofaier, M. L., Imgart, H., ... & Karwautz, A. F. (2013). Internet-delivered cognitive-behavioural therapy v. conventional guided self-help for bulimia nervosa: long-term evaluation of a randomised controlled trial. *The British Journal of Psychiatry, 202*(2), 135-141.

Wagner, D., Becker, B., Koester, P., Gouzoulis-Mayfrank, E., & Daumann, J. (2012). A prospective study of learning, memory, and executive function in new MDMA users. *Addiction, 108*(1), 136-145. doi: 10.1111/j.1360-0443.2012.03977.x

Wagner, K. D., & Pliszka, S. R. (2009). Treatment of child and adolescent disorders. In A. F. Schatzberg & C. B. Nemeroff (Eds.), *The American Psychiatric Publishing textbook of psychopharmacology* (4th ed., pp. 1309-1372). Arlington, VA: American Psychiatry Publishing.

Wakefield, J. C. (1999). Evolutionary versus prototype analyses of the concept of disorder. *Journal of Abnormal Psychology, 108*, 3, 374-399.

Wakefield, J. C. (2003). Dysfunction as a factual component of disorder. *Behavior Research and Therapy, 41*, 969-990.

Wakefield, J. C. (2009). Mental disorder and moral responsibility: Disorders of personhood as harmful dysfunctions, with special reference to alcoholism. *Philosophy, Psychiatry, & Psychology, 16*(1), 91-99.

Wakefield, J.C., Schmitz, M. F., First, M. B., & Horwitz, A. V. (2007). Extending the bereavement exclusion for major depression to other losses: Evidence from the national comorbidity survey. *Archives of General Psychiatry, 64*, 433-440

Walker, D. L., Ressler, K. J., Lu, K.-T., & Davis, M. (2002). Facilitation of conditioned fear extinction by systemic administration or intra-amyg-

dala infusions of D-cycloserine assessed with fear-potentiated startle. *Journal of Neuroscience, 22*, 2343-2351.

Walkup, J. T., Albano, A. M., Piacentini, J., Birmaher, B., Compton, S. N., Sherrill, J. T., & Kendall, P. C. (2008). Cognitive behavioral therapy, sertraline, or a combination in childhood anxiety. *New England Journal of Medicine, 359*(26), 2753-2766. doi: 10.1056 /NEJMoa0804633

Wall, T. D., Wygant, D. B., & Sellbom, M. (2015). Boldness explains a key difference between psychopathy and antisocial personality disorder. *Psychiatry, Psychology and Law, 22*(1), 94-105.

Wallace, C. S., Kilman, V. L., Withers, G. S., & Greenough, W. T. (1992). Increases in dendritic length in occipital cortex after 4 days of differential housing in weanling rats. *Behavioral and Neural Biology, 58*, 64-68.

Wallace, J., & O'Hara, M. W. (1992). Increases in depressive symptomatology in the rural elderly: Results from a cross-sectional and longitudinal study. *Journal of Abnormal Psychology, 101*(3), 398-404.

Waller, N. G., & Ross, C. A. (1997). The prevalence and biometric structure of pathological dissociation in the general population: Taxometric and behavior genetic findings. *Journal of Abnormal Psychology, 106*, 499-510.

Waller, N. G., Putnam, F. W., & Carlson, E. B. (1996). Types of dissociation and dissociative types: A taxometric analysis of dissociative experiences. *Psychological Methods, 1*, 300-321.

Waller, R., Dotterer, H. L., & Hyde, L. W. (2015). A Gene-Environment Approach to Understanding Youth Antisocial Behavior. *Emerging Trends in the Social and Behavioral Sciences: An Interdisciplinary, Searchable, and Linkable Resource.* 1-33.

Waller, R., Gardner, F., Hyde, L. W., Shaw, D. S., Dishion, T. J., & Wilson, M. N. (2012). Do harsh and positive parenting predict parent reports of deceitful-callous behavior in early childhood? *Journal of Child Psychology and Psychiatry, 53*(9), 946-953.

Waller, R., Gardner, F., Shaw, D. S., Dishion, T. J., Wilson, M. N., & Hyde, L. W. (2015). Callous-unemotional behavior and early-childhood onset of behavior problems: the role of parental harshness and warmth. *Journal of Clinical Child & Adolescent Psychology, 44*(4), 655-667.

Waln, O., & Jankovic, J. (2013). An update on tardive dyskinesia: From phenomenology to treatment. *Tremor and Other Hyperkinetic Movements, 3*, pii: tre-03-161-4138-1.

Walsh, B. T. (1991). Fluoxetine treatment of bulimia nervosa. *Journal of Psychosomatic Research, 35*, 471-475.

Walsh, B. T. (1995). Pharmacotherapy of eating disorders. In K. D. Brownell & C. G. Fairburn (Eds.), *Eating disorders and obesity: A comprehensive handbook* (pp. 313-317). New York, NY: Guilford.

Walsh, B. T. (2010). Eating disorders in DSM-V: Review of existing literature (Part 3). *International Journal of Eating Disorders, 43*(2), 97.

Walsh, B. T., Agras, W. S., Devlin, M. J., Fairburn, C. G., Wilson, G. T., Kahn, C., & Chally, M. K. (2000). Fluoxetine for bulimia nervosa following poor response to psychotherapy. *American Journal of Psychiatry, 157*, 1332-1334.

Walsh, B. T., Hadigan, C. M., Devlin, M. J., Gladis, M., & Roose, S. P. (1991). Long-term outcome of antidepressant treatment of bulimia nervosa. *Archives of General Psychiatry, 148,* 1206-1212.

Walsh, B. T., Kaplan, A. S., Attia, E., Olmsted, M., Parides, M., Carter, J. C., & Rockert, W. (2006). Fluoxetine after weight restoration in anorexia nervosa. *JAMA: Journal of the American Medical Association, 295,* 2605-2612.

Walsh, B. T., Wilson, G. T., Loeb, K. L., Devlin, M. J., Pike, K. M., Roose, S. P., Fleiss, J., & Waternaux, C. (1997). Medication and psychotherapy in the treatment of bulimia nervosa. *American Journal of Psychiatry, 154,* 523-531.

Walsh, J. K., Mayleben, D., Guico-Pabia, C., Vandormael, K., Martinez, R., & Deacon, S. (2008). Efficacy of the selective extrasynaptic GABA A agonist, gaboxadol, in a model of transient insomnia: A randomized, controlled clinical trial. *Sleep Medicine, 9*(4), 393-402.

Walsh, K., Danielson, C. K., McCauley, J. L., Saunders, B. E., Kilpatrick, D. G., & Resnick, H. S. (2012). National prevalence of posttraumatic stress disorder among sexually revictimized adolescent, college, and adult household-residing women. *Archives of General Psychiatry, 69*(9), 935-942. doi: 10.1001/archgenpsychiatry.2012.132

Walters, E. E., & Kendler, K. S. (1995). Anorexia nervosa and anorexia-like syndromes in a population based female twin sample. *American Journal of Psychiatry, 152,* 64-71.

Wan, M., Abel, K., & Green, J. (2008). The transmission of risk to children from mothers with schizophrenia: A developmental psychopathology model. *Clinical Psychology Review, 28*(4), 613-637.

Wan, Y. Y. (2010). Multitasking of helper T cells. *Immunology, 130,* 166-171.

Wang, H., Troy, L. M., Rogers, G. T., Fox, C. S., McKeown, N. M., Meigs, J. B., & Jacques, P. F. (2014). Longitudinal association between dairy consumption and changes of body weight and waist circumference: *The Framingham Heart Study. International Journal of Obesity, 38*(2), 299-305. doi:10.1038/ijo.2013.78

Wang, P. S., Berglund, P., Olfson, M., Pincus, H. A., Wells, K. B., & Kessler, R. C. (2005). Failure and delay in initial treatment contact after first onset of mental disorders in the national comorbidity survey replication. *Archives of General Psychiatry, 62,* 603-613.

Wang, P. S., Bohn, R. L., Glynn, R. J., Mogun, H., & Avorn, J. (2001). Hazardous benzodiazepine regimens in the elderly: Effects of half-life, dosage, and duration on risk of hip fracture. *American Journal of Psychiatry, 158,* 892-898.

Wang, S. (2006). Contagious behavior. *Psychological Science, 19,* 22-26.

Wang, S., & Blazer, D.G. (2015). Depression and cognition in the elderly. *Annual Review of Clinical Psychology, 11,* 331.

Wang, T., Collet, J.-P., Shapiro, S., & Ware, M. A. (2008). Adverse effects of medical cannabinoids: A systematic review. *CMAJ, 178*(13), 1669-1678. doi: 10.1503/cmaj.071178

Wang, X., Wang, D., & Shen, J. (2006). The effects of social support on depression in the aged. *Chinese Journal of Clinical Psychology, 14,* 73.

Wang, Y., Wang, P., Xu, X., Goldstein, J., McConkie, A., Cheung, S. W., & Jiang, Y.-H. (2015). Genetics of autism spectrum disorders: The opportunity and challenge in the genetics clinic. In S. H. Fatemi (Ed.), *Molecular basis of autism* (pp. 33-66). New York: Springer.

Wang, Z., Baker, D. G., Harrer, J., Hamner, M., Price, M., & Amstadter, A. (2011). The relationship between combat-related posttraumatic stress disorder and the 5-HTTLPR /rs25531 polymorphism. *Depression and Anxiety, 28,* 1067-1073. doi: 10.1002/da.20872

Wang, Z., Neylan, T. C., Mueller, S. G., Lenoci, M., Truran, D., Marmar, C. R., & Schuff, N. (2010). Magnetic resonance imaging of hippocampal subfields in posttraumatic stress disorder. *Archives of General Psychiatry, 67*(3), 296-303. doi: 10.1001/archgenpsychiatry .2009.205

Ward, M. M., Swan, G. E., & Chesney, M. A. (1987). Arousal-reduction treatments for mild hypertension: A meta-analysis of recent studies. *Handbook of Hypertension, 9,* 285-302.

Ward, T., & Beech, A. R. (2008). An integrated theory of sexual offending. In D. R. Laws & W. T. O'Donohue (Eds.), *Sexual deviance: Theory, assessment, and treatment* (2nd ed., pp. 21-36). New York, NY: Guilford.

Warshaw, M. G., Dolan, R. T., Keller, M. B. (2000). Suicidal behavior in patients with current or past panic disorder: Five years of prospective data from the Harvard/Brown Anxiety Research Program. *American Journal of Psychiatry, 157,* 1876-1878.

Warwick, H. M., & Salkovskis, P. M. (1990). Hypochondriasis. *Behavior Research Therapy, 28,* 105-117.

Washington v. Harper, 494 U.S. 210 C.F.R. (1990).

Waters, E., de Silva-Sanigorski, A., Hall, B. J., Brown, T. Campbell, K. J., Gao, Y., & Summerbell, C. D. (2011). Interventions for preventing obesity in children. *Cochrane Database System Review, 12:* CD001871.

Waters, F., Allen, P., Aleman, A., Fernyhough, C., Woodward, T. S., Badcock, J. C., . . . & Vercammen, A. (2012). Auditory hallucinations in schizophrenia and nonschizophrenia populations: a review and integrated model of cognitive mechanisms. *Schizophrenia Bulletin, 38*(4), 683-693.

Watson, G. L., Arcona, A. P., & Antonuccio, D. O. (2015). The ADHD drug abuse crisis on American college campuses. *Ethical Human Psychology and Psychiatry, 17*(1), 5-21.

Watson, J. B. (1913). Psychology as a behaviorist views it. *Psychology Review, 20,* 158-177.

Watson, S. M. R., Richels, C., Michalek, A. P., & Raymer, A. (2015). Psychosocial treatments for ADHD: A systematic appraisal of the evidence. *Journal of Attention Disorders, 19*(1), 3-10. doi: 10.1177/1087054712447857

Weaver, J. C. G., Cervoni, N., Champagne, F. A., D'Alessio, A. C., Charma, S., Seckl, J., & Meaney, M. J. (2004). Epigenetic programming by maternal behavior. *Nature Neuroscience, 7,* 847-854.

Wechsler, H., Lee, J.E., Kuo, M., Seibring, M., Nelson, T.F., & Lee, H. (2002). Trends in college binge drinking during a period of increased prevention efforts: Findings from 4 Harvard School of Public Health College Alcohol Study surveys: 1993-2001. *Journal of American College Health, 50*(5):203-217.

Weck, F., Neng, J. M. B., Richtberg, S., Jakob, M., & Stangier, U. (2015). Cognitive therapy versus exposure therapy for hypochondriasis (health anxiety): A randomized controlled trial. *Journal of Consulting and Clinical Psychology, 83,* 665-676.

Weems, C. F., Silverman, W. K., & La Greca, A. M. (2000). What do youths referred for anxiety problems worry about?: Worry and its relation to anxiety and anxiety disorders in children and adolescents. *Journal of Abnormal Child Psychology, 28,* 63-72.

Wegner, D. (1989). *White bears and other unwanted thoughts.* New York, NY: Viking.

Wehr, T. A., Duncan, W. C., Jr., Sher, L., Aeschbach, D., Schwartz, P. J., Turner, E. H., & Rosenthal, N. E. (2001). A circadian signal of change of season in patients with seasonal affective disorder. *Archives of General Psychiatry, 58,* 1108-1114.

Weight Watchers International. (2010). Company overview. Retrieved from http://www .weightwatchersinternational.com/phoenix .zhtml?-c5130178&p5irol-irhome

Weinberg, M. S., Lottes, I. L., & Shaver, F. M. (1995). Swedish or American youth: Who is more permissive? *Archives of Sexual Behavior, 24,* 409-437.

Weinberger, D. R., Berman, K. F., & Chase, T. N. (1988). Mesocortical dopaminergic function and human cognition. *Annals of the New York Academy of Sciences, 537,* 330-338.

Weiner, D. B. (1979). The apprenticeship of Philippe Pinel: A new document, 'Observations of Citizen Pussin on the insane.' *The American Journal of Psychiatry, 136*(9), 1128-1134.

Weiner, D. N. (1996). *Premature ejaculation: An evaluation of sensitivity to erotica.* Unpublished doctoral dissertation, State University of New York, Albany.

Weiner, L., & Avery-Clark, C. (2014). Sensate Focus: clarifying the Masters and Johnson's model. *Sexual and Relationship Therapy, 29*(3), 307-319.

Weiner, M. F., Hynan, L. S., Beekly, D., Koepsell, T. D., & Kukull, W. A. (2007). Comparison of Alzheimer's disease in American Indians, whites, and African Americans. *Alzheimer's & Dementia, 3*(3), 211-216.

Weiner, M. W., Aisen, P. S., Jack, Jr., C. R., Jagust, W. J., Trojanowski, J. Q., Shaw, L., & Schmidt, M. (2010). The Alzheimer's Disease Neuroimaging Initiative: Progress report and future plans. *Alzheimer's and Dementia, 6*(3), 202-211, e207.

Weiner, M. W., Veitch, D. P., Aisen, P. S., Beckett, L. A., Cairns, N. J., Green, R. C., & Trojanowski, J. Q. (2012). The Alzheimer's Disease Neuroimaging Initiative: A review of papers published since its inception. *Alzheimer's & Dementia, 8*(1, Supplement), S1-S68. doi: http://dx.doi.org/10.1016/j .jalz.2011.09.172

Weinstock, H., Berman, S., & Cates, W. (2004). Sexually transmitted diseases in American youth: Incidence and prevalence estimates. *Perspectives on Sexual and Reproductive Health, 36,* 6-10.

Weisberg, R. B., Maki, K. M., Culpepper, L., & Keller, M. B. (2005). Is anyone really M.A.D.?: The occurrence and course of mixed anxiety-depressive disorder in a sample of primary care patients. *Journal of Nervous and Mental Disease, 193*(4), 223-230.

Weisburg, R. B., Brown, T. A., Wincze, J. P., & Barlow, D. H. (2001). Causal attributions and male sexual arousal: The impact of attributions for a bogus erectile difficulty on sexual arousal, cognitions, and affect. *Journal of Abnormal Psychology, 110*(2), 324-334.

Weiser, M. (2011). Early intervention for schizophrenia. The risk benefit ratio of antipsychotic treatment in the prodromal phase. *American Journal of Psychiatry, 168*(8), 761-763. doi: 10.1176/appi.ajp.2011.11050765

Weiskrantz, L. (1980). Varieties of residual experience. *Quarterly Journal of Experimental Psychology, 32,* 365-386.

Weiskrantz, L. (1992, September/October). Unconscious vision: The strange phenomenon of blindsight. *The Sciences,* pp. 23-28.

Weiss, B., & Garber, J. (2003). Developmental differences in the phenomenology of depression. *Development and Psychopathology, 15,* 403-430.

Weiss, L. G., Locke, V., Pan, T., Harris, J. G., Saklofske, D. H., & Prifitera, A. (2015). WISC-V Use in Societal Context. In L. G. Weiss, D. H. Saklofske, J. A. Holdnack & A. Prifitera (Eds.), *WISC-V Assessment and Interpretation: Scientist-Practitioner Perspectives,* 123-176. San Diego, CA: Elsevier.

Weiss, R. D., & Iannucci, R. A. (2009). Cocaine-related disorders. In B. J. Sadock, V. A. Sadock, & P. Ruiz (Eds.), *Kaplan & Sadock's comprehensive textbook of psychiatry* (9th ed., Vol. I, pp. 1318-1331). Philadelphia, PA: Lippincott Williams & Wilkins.

Weisse, C. S., Pato, C. W., McAllister, C. G., Littman, R., & Breier, A. (1990). Differential effects of controllable and uncontrollable acute stress on lymphocyte proliferation and leukocyte percentages in humans. *Brain, Behavior, and Immunity, 4,* 339-351.

Weissman, M. (1995). *Mastering depression: A patient's guide to interpersonal psychotherapy.* New York, NY: Oxford University Press.

Weissman, M., Bland, R., Canino, G., Greenwald, S., Hwo, H., Lee, C., & Eng-Kung, Y. (1994). The cross national epidemiology of obsessive compulsive disorder. *Journal of Clinical Psychiatry, 55,* 5-10.

Weissman, M., Wickramaratne, P., Nomura, Y., Verdeli, H., Pilowsky, D., Grillon, C., & Bruder, G. (2005). Families at high and low risk for depression: A 3-generation study. *Archives of General Psychiatry, 62,* 29-36.

Weissman, M. M., & Olfson, M. (1995). Depression in women: Implications for health care research. *Science, 269,* 799-801.

Weissman, M. M., Bland, R. C., Canino, G. J., Greenwald, S., Hwu, H. G., Lee, C. K., & et al. (1994). The cross national epidemiology of obsessive compulsive disorder. The Cross National Collaborative Group. *Journal of Clinical Psychiatry, 55*(Supplement), 5-10.

Weissman, M. M., Bruce, M. L., Leaf, P. J., Florio, L. P., & Holzer, C. (1991). Affective disorders. In L. N. Robins & D. A. Regier (Eds.), *Psychiatric disorders of America: The epidemiologic catchment area study* (pp. 53-80). New York, NY: Free Press.

Weissman, M. M., Klerman, G. L., Markowitz, J. S., & Ouellette, R. (1989). Suicidal ideation and suicide attempts in panic disorder and attacks. *New England Journal of Medicine, 321,* 1209-1214.

Weissman, M. M., Wolk, S., Wickramaratne, P., Goldstein, R. B., Adams, P., Greenwald, S., & Steinberg, D. (1999). Children with prepubertal-onset major depressive disorder and anxiety grow up. *Archives of General Psychiatry, 56,* 794-801.

Weitz, E. S., Hollon, S. D., Twisk, J., van Straten, A., Huibers, M. J., David, D., DeRubeis, R. J., Dimidjian, S., Dunlop, B. W., Cristea, I. A., Faramarzi, M., Hegerl, U., Jarrett, R. B., Kheirkhah, F., Kennedy, S. H., Mergl, R., Miranda, J., Mohr, D. C., Rush, A. J., Segal, Z. V., Siddique, J., Simons, A. D., Vittengl, J. R., & Cuijpers, P. (2015). Baseline depression severity as moderator of depression outcomes between cognitive behavioral therapy vs pharmacotherapy: An individual patient data meta-analysis. *JAMA Psychiatry, 72*(11), 1102-1109.

Weitze, C., & Osburg, S. (1996). Transsexualism in Germany: Empirical data on epidemiology and application of the German transsexuals' act during its first ten years. *Archives of Sexual Behavior, 25,* 409-465.

Welch, P. G., Carleton, R. N., & Asmundson, G. J. (2009). Measuring health anxiety: Moving past the dichotomous response option of the original Whiteley Index. *Journal of Anxiety Disorders, 23,* 1002-1007. doi: 10.1016/j .janxdis.2009.05.006

Welham, J., Scott, J., Williams, G., Najman, J., Bor, W., O'Callaghan, M., McGrath, J. (2008). Emotional and behavioural antecedents of young adults who screen positive for non-affective psychosis: A 21-year birth cohort study. *Psychological Medicine, 39*(4), 625-634.

Wells, A.,Welford, M., King, P., Papageorgiou, C., Wisely, J., & Mendel, E. (2010). A pilot randomized trial of metacognitive therapy vs applied relaxation in the treatment of adults with generalized anxiety disorder. *Behaviour Research and Therapy, 48,* 429-434.

Wells, B., & Twenge, J. (2005). Changes in young people's sexual behavior and attitudes, 1943-1999: A cross-temporal meta-analysis. *Review of General Psychology, 9,* 249-261.

Wells, D. L., & Ott, C. A. (2011). The "new" marijuana. *The Annals of Pharmacotherapy, 45*(3), 414-417. doi: 10.1345/aph.1P580

Wells, K. B., Stewart, A., Hays, R. D., Burnam, M. A., Rogers, W., Daniels, M., & Ware J. (1989). The functioning and well-being of depressed patients: Results from the medical outcomes study. *JAMA: Journal of the American Medical Association, 262*(7), 914-919.

Wermter, A.-K., Kamp-Becker, I., Hesse, P., Schulte-Körne, G., Strauch, K., & Remschmidt, H. (2010). Evidence for the involvement of genetic variation in the *oxytocin receptor gene* (*OXTR*) in the etiology of autistic disorders on high-functioning level. *American Journal of Medical Genetics Part B: Neuropsychiatric Genetics, 153B*(2), 629-639.

Werner, K. B., Few, L. R., & Bucholz, K. K. (2015). Epidemiology, Comorbidity, and Behavioral Genetics of Antisocial Personality Disorder and Psychopathy. *Psychiatric Annals, 45*(4), 195.

Westen, D. (1991). Social cognition and object relations. *Psychological Bulletin, 109,* 429-455.

Wetherell, J. L., Ayers, C. R., Nuevo, R., Stein, M. B., Ramsdell, J., & Patterson, T. L. (2010). Medical conditions and depressive, anxiety, and somatic symptoms in older adults with and without generalized anxiety disorder. *Aging and Mental Health, 14,* 764-768.

Wetherell, J. L., Gatz, M., & Craske, M. G. (2003). Treatment of generalized anxiety disorder in older adults. *Journal of Consulting and Clinical Psychology, 71,* 31-40.

Wetherell, J. L., Lenze, E. J., & Stanley, M. (2005). Evidence-based treatment of geriatric anxiety disorders. *Psychiatric Clinics of North America, 28,* 871-896.

Wetherell, J. L., Thorp, S. R., Patterson, T. L., Golshan, S., Jeste, D. V., & Gatz, M. (2004). Quality of life in geriatric generalized anxiety disorder: A preliminary investigation. *Journal of Psychiatric Research, 38,* 305-312.

Wetzler, S., & Jose, A. (2012). Passive-aggressive personality disorder: The demise of a syndrome. In T. A. Widiger (Ed.), *The Oxford handbook of personality disorders* (pp. 674-693). New York, NY: Oxford University Press.

Wexler, N. S. (2012). Huntington's disease: Advocacy driving science. *Annual Review of Medicine, 63,* 1-22.

Wheeler, J., Newring, K. A. B., Draper, C. (2008). Transvestic fetishism: Psychopathology and theory. In D. R. Laws & W. T. O'Donohue (Eds.), *Sexual deviance: Theory, assessment, and treatment* (2nd ed., pp. 286-304). New York, NY: Guilford.

Whisman, M., Weinstock, L., & Tolejko, N. (2006). Marriage and depression. In L. M. Corey & S. Goodman (Eds.), *A handbook for the social, behavioral, and biomedical sciences* (pp. 219-240). Boulder, CO: Cambridge University Press.

Whisman, M. A., Johnson, D. P., & Smolen, A. (2011). Dysfunctional attitudes and the serotonin transporter promoter polymorphism (5-HTTLPR). *Behavior Therapy, 42*(2), 300-305.

Whitbourne, S. K., & Skultety, K. M. (2002). Body image development: Adulthood and aging. In T. M. Cash & T. Pruzinsky (Eds.), *Body image: A handbook of theory, research, and clinical practice* (pp. 83-90). New York, NY: Guilford.

White, A., & Hingson, R. (2014). The burden of alcohol use: Excessive alcohol consumption and related consequences among college students. *Alcohol Research: Current Reviews, 35*(2), 201-218.

White, J. L., Moffitt, T. E., & Silva, P. A. (1989). A prospective replication of the protective effects of IQ in subjects at high risk for juvenile delinquency. *Journal of Consulting and Clinical Psychology, 57,* 719-724.

White, K. S., & Barlow, D. H. (2002). In D. H. Barlow (Ed.), *Anxiety and its disorders: The nature and treatment of anxiety and panic* (2nd ed.). New York, NY: Guilford.

White, K. S., Brown, T. A., Somers, T. J., & Barlow, D. H. (2006). Avoidance behavior in panic disorder: The moderating influence of perceived control. *Behaviour Research and Therapy, 44,* 147-157.

White, K. S., Payne, L. A., Gorman, J. M., Shear, M. K., Woods, S. W., Saksa, J. R., & Barlow, D. H. (2013). Does maintenance CBT contribute to long-term treatment response of panic disorder with or without agoraphobia? A randomized controlled clinical trial. *Journal of Consulting and Clinical Psychology, 81,* 47-57.

White, P. D., Goldsmith, K. A., Johnson, A. L., Potts, L., Walwyn, R., DeCesare, J. C., & Group, P. T. M. (2011). Comparison of adaptive pacing therapy, cognitive behavior therapy, graded exercise therapy, and specialist medical care for chronic fatigue syndrome (PACE): A randomised trial. *Lancet, 377*(9768), 823-836.

White, W., & Kurtz, E. (2008). Twelve defining moments in the history of Alcoholics Anonymous. In M. Galanter & L. A. Kaskutas (Eds.), *Research on Alcoholics Anonymous and spirituality in addiction recovery: The twelve-step program model, spiritually oriented recovery, twelve-step membership, effectiveness and outco-*

me research (pp. 37-57). New York, NY: Springer Verlag.

Whitehurst, G. J., Fischel, J. E., Lonigan, C. J., Valdez-Menchaca, M. C., DeBaryshe, B. D., & Caulfield, M. B. (1988). Verbal interaction in families of normal and expressive-language--delayed children. *Developmental Psychology, 24,* 690-699.

Whiteside, U., Bittinger, J. N., Kilmer, J. R., Lostutter, T. W. & Larimer, M. E. (2015). College student drinking. In R.K. Ries, D.A. Fiellin, S.C. Miller, & R. Saitz (Eds.), *The ASAM principles of addiction medicine* (5th Ed., pp. 562-574). New York, NY: Wolters Kluwer.

Whitfield-Gabrieli, S., Ghosh, S. S., Nieto-Castanon, A., Saygin, Z., Doehrmann, O., Chai, X. J., Reynold, G. O., Hofmann, S. G., Pollack, M. H., & Gabrieli, J. D. E. (2016). Brain connectomics predict response to treatment in social anxiety disorder. *Molecular Psychiatry, 21*(5), 680-685.

Whitnam, F. L., Diamond, M., & Martin, J. (1993). Homosexual orientation in twins: A report on 61 pairs and three triplet sets. *Archives of Sexual Behavior, 22*(3), 187-206.

Whittal, M. L., Agras, W. S., & Gould, R. A. (1999). *Behavior Therapy, 30,* 117-135.

Whittal, M. L., & Robichaud, M. (2012). Cognitive treatment for OCD. In G. Steketee (Ed.), *The Oxford handbook of obsessive compulsive and spectrum disorders* (pp. 345-364). New York, NY: Oxford University Press.

Whooley, M. A., & Wong, J. M. (2013). Depression and cardiovascular disorders. *Annual Review of Clinical Psychology, 9,* 327-354.

Whooley, M. A., de Jonge, P., Vittinghoff, E., Otte, C., Moos, R., Carney, R. M., & Browner, W. S. (2008). Depressive symptoms, health behaviors, and risk of cardiovascular events in patients with coronary heart disease. *JAMA: Journal of the American Medical Association, 300,* 2379-2388.

Widaman, K. F. (2009). Phenylketonuria in children and mothers: Genes, environments, behavior. *Current Directions in Psychological Science, 18*(1), 48c52.

Widiger, T. A. (1991). Personality disorder dimensional models proposed for the DSM-IV. *Journal of Personality Disorders, 5,* 386-398.

Widiger, T. A. (2006). Psychopathy and DSM-IV psychopathology. In C. J. Patrick (Ed.), *Handbook of psychopathy* (pp. 156-171). New York, NY: Guilford.

Widiger, T. A. (2011). The DSM-5 dimensional model of personality disorder: Rationale and empirical support. *Journal of Personality Disorders, 25*(2), 222-234.

Widiger, T. A. (2012). Historical developments and current issues. In T. A. Widiger (Ed.), *The Oxford handbook of personality disorders* (pp. 13-34). New York, NY: Oxford University Press.

Widiger, T.A. (2013). Classification and diagnosis: Historical development and contemporary issues. In J. Maddux & B. Winstead (Eds.), *Psychopathology: Foundations for a contemporary understanding* (3rd ed.). New York, NY: Erlbaum.

Widiger, T. A., & Coker, L. A. (2003). Mental disorders as discrete clinical conditions: Dimensional versus categorical classification. In M. Hersen & S. M. Turner (Eds.), *Adult psychopathology and diagnosis* (4th ed., pp. 3-35). New York, NY: Wiley.

Widiger, T. A., & Crego, C. (2013). Diagnosis and classification. In I. B. Weiner (Series Ed.), G. Stricker & T. A. Widiger (Vol. Eds.), *Handbook of psychology: Vol. 8 Clinical psychology* (pp. 3-18). Hoboken, NJ: John Wiley & Sons.

Widiger, T. A., & Edmundson, M. (2011). Diagnoses, dimensions, and DSM V. In D. H. Barlow (Ed.), *Handbook of clinical psychology.* New York, NY: Oxford University Press.

Widiger, T. A., & Samuel, D. B. (2005). Diagnostic categories or dimensions? A question for the diagnostic and statistical manual of mental disorders (5th ed.). *Journal of Abnormal Psychology, 114,* 494-504.

Widiger, T. A., & Sankis, L. M. (2000). Adult psychopathology: Issues and controversies. *Annual Review of Psychology, 51,* 377-404.

Widiger, T. A., & Simonsen, E. (2005). Alternative dimensional models of personality disorder: Finding a common ground. *Journal of Personality Disorders, 19*(2), 110-130.

Widiger, T. A., & Spitzer, R. L. (1991). Sex bias in the diagnosis of personality disorders: Conceptual and methodological issues. *Clinical Psychology Review, 11,* 1-22.

Widiger, T. A., Cadoret, R., Hare, R., Robins, L., Rutherford, M., Zanarini, M., . . . & Hart, S. (1996). DSM–IV antisocial personality disorder field trial. *Journal of Abnormal Psychology, 105*(1), 3.

Widiger, T. A., Frances, A. J., Pincus, H. A., Ross, R., First, M. B., Davis, W., & Kline, M. (Eds.) (1998). *DSM-IV sourcebook* (Vol. 4). Washington, DC: American Psychiatric Association.

Widiger, T. A., Livesley, W. J., & Clark, L. A. (2009). An integrative dimensional classification of personality disorder. *Psychological Assessment, 21*(3), 243-255.

Widiger, T., & Trull, T. (2007). Plate tectonics in the classification of personality disorder: Shifting to a dimensional model. *American Psychologist, 62*(2), 71.

Widom, C. S. (1977). A methodology for studying noninstitutionalized psychopaths. *Journal of Consulting and Clinical Psychology, 45,* 674-683.

Widom, C. S. (1984). Sex roles, criminality, and psychopathology. In C. S. Widom (Ed.), *Sex roles and psychopathology* (pp. 183-217). New York, NY: Plenum Press.

Widom, C. S., Czaja, S. J., & Paris, J. (2009). A prospective investigation of borderline personality disorder in abused and neglected children followed up into adulthood. *Journal of Personality Disorders, 23*(5), 433-446.

Wiebe, S. T., Cassoff, J., & Gruber, R. (2012). Sleep patterns and the risk for unipolar depression: A review. *Nature and Science of Sleep, 4,* 63-71.

Wiech, K., Ploner, M., & Tracey, I. (2008). Neurocognitive Aspects of Pain Perception. *Trends in Cognitive Sciences, 12,* 306-313.

Wiegel, M. (2008). *Women who sexually abuse minors: Description and instrument validation.* (Unpublished doctoral dissertation). Boston University, Boston, MA.

Wiegel, M., Scepkowski, L., & Barlow, D. (2006). Cognitive and affective processes in female sexual dysfunctions. In I. Goldstein, C. Meston, S. Davis, & A. Traish (Eds.), *Women's sexual function and dysfunction: Study, diagnosis and treatment* (pp. 85-92). London, UK: Taylor & Francis.

Wiegel, M., Wincze, J. P., & Barlow, D. H. (2002). Sexual dysfunction. In M. M. Antony & D. H.

Barlow (Eds.), *Handbook of assessment and treatment planning for psychological disorders* (pp. 481-522). New York, NY: Guilford.

Wiger, D. E., & Mooney, N. B. (2015). Mental Status Exam. In R. L. Cautin (Eds.), *The Encyclopedia of Clinical Psychology* (1-5). Hoboken, NJ : John Wiley & Sons. doi 10.1002/9781118625392. wbecp104

Wiggins, R. (2009). Prion stability and infectivity in the environment. *Neurochemical Research, 34*(1), 158-168.

Wiklander, M., Samuelsson, M., Jokinen, J., Nilsonne, Å., Wilczek, A., Rylander, G., & Åsberg, M. (2012). Shame-proneness in attempted suicide patients. *BMC Psychiatry, 12*(1), 50.

Wilcox, H. C., Arria, A. M., Caldeira, K. M., Vincent, K. B., Pinchevsky, G. M., & O'Grady, K. E. (2010). Prevalence and predictors of persistent suicide ideation, plans, and attempts during college. *Journal of Affective Disorders, 127*(1), 287-294.

Wilcox, H. C., Storr, C. L., & Breslau, N. (2009). Posttraumatic stress disorder and suicide attempts in a community sample of urban American young adults. *Archives of General Psychiatry, 66*(3), 305-311. doi: 10.1001 /archgenpsychiatry.2008.557

Wilfley, D. E., & Rodin, J. (1995). Cultural influences on eating disorders. In K. D. Brownell & C. G. Fairburn (Eds.), *Eating disorders and obesity: A comprehensive handbook.* New York, NY: Guilford, pp. 78-82.

Wilfley, D. E., Welch, R., Stein, R. I., Spurrell, E. B., Cohen, L. R., Saelens, B. E., & Matt, G. E. (2002). A randomized comparison of group cognitive-behavioral and group interpersonal psychotherapy for treatment of overweight individuals with binge-eating disorder. *Archives of General Psychiatry, 59,* 713-721.

Wilhelm, S., Buhlmann, U., Tolin, D. F., Meunier, S. A., Pearlson, G. D., Reese, H. E., Cannistraro, P., Jenike, M. A., Rauch, S. L. (2008). Augmentation of behavior therapy with D-cycloserine for obsessive-compulsive disorder. *American Journal of Psychiatry. 165,* 335-341.

Wilhelm, S., Otto, M. W., Lohr, B., & Deckersbach, T. (1999). Cognitive behavior group therapy for body dysmorphic disorder: A case series. *Behaviour Research and Therapy, 37,* 71-75.

Wilk, K., & Hegerl, U. (2010). Time of mood switches in ultra-rapid cycling disorder: A brief review. *Psychiatry Research, 180,* 1-4.

Williams, C. J., & Weinberg, M. S. (2003). Zoophilia in men: A study of sexual interest in animals. *Archives of Sexual Behavior, 32,* 523-535.

Williams, J., Hadjistavropoulos, T., & Sharpe, D. (2006). A meta-analysis of psychological and pharmacological treatments for body dysmorphic disorder. *Behaviour Research and Therapy, 44,* 99-111.

Williams, J. M. G., Teasdale, J. D., Segal, Z. V., & Kabat-Zinn, J. (2007). *The mindful way through depression: Freeing yourself from chronic unhappiness.* New York, NY: Guilford.

Williams, L. (1994). Recall of childhood trauma: A prospective study of women's memories of child sexual abuse. *Journal of Consulting and Clinical Psychology, 62,* 1167-1176.

Williams, M. R., Chaudhry, R., Perera, S., Pearce, R. K. B., Hirsch, S. R., Ansorge, O., . . . & Maier, M. (2013). Changes in cortical thickness in the frontal lobes in schizophrenia are a result of thinning of pyramidal cell layers. *European Ar-*

chives of Psychiatry and Clinical Neuroscience, 263(1), 25-39.

Williams, R. B., & Schneiderman, N. (2002). Resolved: Psychosocial interventions can improve clinical outcomes in organic disease (Pro). Psychosomatic Medicine, 64, 552-557.

Williams, R. B., Barefoot, J. C., & Schneiderman, N. (2003). Psychosocial risk factors for cardiovascular disease; More than one culprit at work. JAMA: Journal of the American Medical Association, 290, 2190-2192.

Williams, R. B., Marchuk, D. A., Gadde, K. M., Barefoot, J. C., Grichnik, K., Helms, M. J., & Siegler, I.C. (2001). Central nervous system serotonin function and cardiovascular responses to stress. Psychosomatic Medicine, 63, 300-305.

Willwerth, J. (1993, August 30). Tinkering with madness. Time, pp. 40-42.

Wilson, B. M., Mickes, L., Stolarz-Fantino, S., Evrard, M., & Fantino, E. (2015). Increased false-memory susceptibility after mindfulness meditation. Psychological Science, 26, 1567-1573.

Wilson, G. T., & Fairburn, C. G. (2007). Treatments for eating disorders. In P. E. Nathan & J. M. Gorman (Eds.), A guide to treatments that work (3rd ed., pp. 579-610). New York, NY: Oxford University Press.

Wilson, G. T., & Zandberg, L. (2012). Cognitive-behavioral guided self-help for eating disorders: Effectiveness and scalability. Clinical Psychology Review, 32, 343-357.

Wilson, G. T., Loeb, K. L., Walsh, B. T., Labouvie, E., Petkova, E., Liu, S., & Waternaux, C. (1999). Psychological versus pharmacological treatments of bulimia nervosa: Predictors and processes of change. Journal of Consulting and Clinical Psychology, 67, 451-459.

Wilson, G. T., Wilfley, D. E., Agras, W. S., & Bryson, S. W. (2010). Psychological treatments of binge eating disorder. Archives of General Psychiatry, 67(1), 94-101.

Wilson, R. S., Aggarwal, N. T., Barnes, L. L., Mendes de Leon, C. F., Hebert, L. E., & Evans, D. A. (2010). Cognitive decline in incident Alzheimer disease in a community population. Neurology, 74(12), 951-955.

Wimo, A., Jönsson, L., Bond, J., Prince, M., Winblad, B., & Alzheimer's Disease International. (2013). The worldwide economic impact of dementia 2010. Alzheimer's & Dementia, 9(1), 1-11.

Winchel, R. M., Stanley, B., & Stanley, M. (1990). Biochemical aspects of suicide. In S. J. Blumenthal & D. J. Kupfer (Eds.), Suicide over the life cycle: Risk factors, assessment and treatment of suicidal patterns (pp. 97-126). Washington, DC: American Psychiatric Press.

Wincze, J. P. (2009). Enhancing sexuality: A problem-solving approach to treating dysfunction: Therapist guide (2nd ed). New York, NY: Oxford University Press.

Wincze, J. P., & Carey, M. P. (2001). Sexual dysfunction: A guide for assessment and treatment. New York, NY: Guilford.

Wincze, J. P., & Weisberg, R. B. (2015). Sexual dysfunction: A guide for assessment and treatment. Guilford Publications: New York.

Wincze, J. P., Bach, A., & Barlow, D. H. (2008). Sexual dysfunction. In D. H. Barlow (Ed.), Clinical handbook of psychological disorders: A step-by-step treatment manual (4th ed., pp. 615-661). New York, NY: Guilford.

Windgassen, K. (1992). Treatment with neuroleptics: The patient's perspective. Acta Psychiatrica Scandinavica, 86, 405-410.

Wing, J. K., Cooper, J. E., & Sartorius, N. (1974). The measurement and classification of psychiatric symptoms. Cambridge, UK: Cambridge University Press.

Wing, R. R. (2010). Treatment options for obesity: Do commercial weight loss programs have a role? Journal of American Medical Association, 304, 1837-1838.

Winkelman, J. W. (2006). Efficacy and tolerability of open-label topiramate in the treatment of sleep-related eating disorder: A retrospective case series. Journal of Clinical Psychiatry, 67, 1729-1734.

Winter, A. (1998). Mesmerized powers of mind in Victorian Britain. University of Chicago Press: Chicago.

Winter, D., Elzinga, B., & Schmahl, C. (2013). Emotions and memory in borderline personality disorder. Psychopathology, 47(2), 71-85.

Winters, R. W., & Schneiderman, N. (2000). Anxiety and coronary heart disease. In D. I. Mostofsky & D. H. Barlow (Eds.), The management of stress and anxiety in medical disorders (pp. 206-219). Needham Heights, MA: Allyn & Bacon.

Winzelberg, A. J., Eppstein, D., Eldredge, K. L., Wilfley, D., Dasmahapatra, R., Dev, P., & Taylor, C. B. (2000). Effectiveness of an Internet-based program for reducing risk factors for eating disorders. Journal of Consulting and Clinical Psychology, 68, 346-350.

Winzelberg, A. J., Taylor, C. B., Sharpe, T., Eldredge, K. L., Dev, P., & Constantinou, P. S. (1998). Evaluation of a computer- mediated eating disorder intervention program. International Journal of Eating Disorders, 24, 339-349.

Wirdefeldt, K., Adami, H. O., Cole, P., Trichopoulos, D., & Mandel, J. (2011). Epidemiology and etiology of Parkinson's disease: A review of the evidence. European Journal of Epidemiology, 26(1), 1-58.

Wirz-Justice, A. (1998). Beginning to see the light. Archives of General Psychiatry, 55, 861-862.

Wise, M. G., Hilty, D. M., & Cerda, G. M. (2001). Delirium due to a general medical condition, delirium due to multiple etiologies, and delirium not otherwise specified. In G. O. Gabbard (Ed.), Treatment of psychiatric disorders (3rd ed., Vol. 1, pp. 387-412). Washington, DC: American Psychiatric Publishing.

Wiseman, F. K., Al-Janabi, T., Hardy, J., Karmiloff-Smith, A., Nizetic, D., Tybulewicz, V. L., . . . Strydom, A. (2015). A genetic cause of Alzheimer disease: mechanistic insights from Down syndrome. Nature Reviews Neuroscience, 16, 564-574.

Wiseman, F. K., Alford, K. A., Tybulewicz, V. L. J., & Fisher, E. M. C. (2009). Down syndrome-recent progress and future prospects. Human Molecular Genetics, 18(R1), R75-83.

Wisner, K. L, Bogen, D. L., Sit, D., McShea, M., Hughes, C., Rizzo, D., Confer, A., Luther, J., Eng, H., & Wisniewski, S. W. (2013). Does fetal exposure to SSRIs or maternal depression impact infant growth? American Journal of Psychiatry, 170(5), 485-493.

Wisner, K. L., Moses-Kolko, E. L., & Sit, D. K. (2010). Postpartum depression: A disorder in search of a definition. Archives of Women's Mental Health, 13(1), 37-40.

Wisner, K. L., Parry, B. L., & Piontek, C. M. (2002). Postpartum depression. New England Journal of Medicine, 347, 194-199.

Wisner, K. L., Sit, D. K. Y., McShea, M. C., Rizzo, D., Zoretich, R. A., Hughes, C., L. . . . Hanusa, B. H. (2013). Onset timing, thoughts of self-harm, and diagnoses in postpartum women with screen-positive depression findings. JAMA Psychiatry, 70(5), 490-498.

Witherington, R. (1988). Suction device therapy in the management of erectile impotence. Urologic Clinics of North America, 15, 123-128.

Witkiewitz, K., & Marlatt, G. A. (2004). Relapse prevention for alcohol and drug problems: That was Zen, this is Tao. American Psychologist, 59, 224-235.

Wittchen, H.-U. (2002). Generalized anxiety disorder: Prevalence, burden, and cost to society. Depression and Anxiety, 16, 162-171.

Wittchen, H.-U. (2012). The burden of mood disorders. Science, 338, 15.

Wittchen, H.-U., Gloster, A. T., Beesdo-Baum, K., Fava, G. A., & Craske, M. G. (2010). Agoraphobia: A review of the diagnostic classificatory position and criteria. Depression and Anxiety, 27, 113-133.

Wittchen, H.-U., Knäuper, B., & Kessler, R. C. (1994). Lifetime risk of depression. British Journal of Psychiatry, 165(Suppl. 26), 116-122.

Wittchen, H.-U., Zhao, S., Kessler, R. C., & Eaton, W. W. (1994). DSM-III-R generalized anxiety disorder in the national comorbidity survey. Archives of General Psychiatry, 51, 355-364.

Witthöft, M., & Hiller, W. (2010). Psychological approaches to origins and treatments of somatoform disorders. Annual Review of Clinical Psychology, 6, 257-283.

Wittstein, I., Thiemann, D., Lima, J., Baughman, K., Sculman, S., Gerstenblith, G., & Champion, H. C. (2005). Neurohumoral features of myocardial stunning due to sudden emotional stress. New England Journal of Medicine, 352, 539-548.

Wolf, E. J., Lunney, C. A., Miller, M. W., Resick, P. A., Friedman, M. J., & Schnurr, P. P. (2012). The dissociative subtype of PTSD: A replication and extension. Depression and Anxiety, 29, 679-688. doi: 10.1002/da.21946

Wolf, E. J., Miller, M. W., Reardon, A. F., Ryabchenko, K. A., Castillo, D., & Freund, R. (2012). A latent class analysis of dissociation and posttraumatic stress disorder: Evidence for a dissociative subtype. Archives of General Psychiatry, 69, 698-705. doi: 10.1001 /archgenpsychiatry.2011.1574

Wolf, M. M. (1978). Social validity: The case for subjective measurement or how applied behavior analysis is finding its heart. Journal of Applied Behavior Analysis, 11, 203-214.

Wolf-Maier, K., Cooper, R. S., Banegas, J. R., Giampaoli, S., Hense, H., Joffres, M., & Vescio, F. (2003). Hypertension prevalence and blood pressure levels in 6 European countries, Canada, and the United States. JAMA: Journal of the American Medical Association, 289, 2362-2369.

Wolfe, B. M., & Belle, S. H. (2014). Long-term risks and benefits of bariatric surgery: A research challenge. JAMA, 312(17), 1792-1793.

Wolff, K. (2012). Ketamine. In J. C. Verster, K. Brady, M. Galanter & P. Conrod (Eds.), Drug Abuse and Addiction in Medical Illness (pp. 201-211). New York, NY: Springer.

Wolitzky-Taylor, K. B., Castriotta, N., Lenze, E. J., Stanley, M. A., & Craske, M. G. (2010). Anxiety disorders in older adults: A comprehensive review. *Depression and Anxiety, 27*(2), 190-211. doi: 10.1002/da.20653

Wollburg, E., Voigt, K., Braukhaus, C., Herzog, A., & Lowe, B. (2013). Construct validity and descriptive validity of somatoform disorders in light of proposed changes for the DSM-5. *Journal of Psychosomatic Research, 74*(1), 18-24. doi: 10.1016/j.jpsychores.2012.09.015

Wolpe, J. (1958). *Psychotherapy by reciprocal inhibition*. Stanford, CA: Stanford University Press.

Wonderlich, S. A., Gordon, K. H., Mitchell, J. E., Crosby, R. D., & Engel, S. G. (2009). The validity and clinical utility of binge eating disorder. *International Journal of Eating Disorders, 42*(8), 687-705.

Wong, C., & Kasari, C. (2012). Play and joint attention of children with autism in the preschool special education classroom. *Journal of Autism and Developmental Disorders, 42*(10), 2152-2161. doi: 10.1007/s10803-012-1467-2

Wood, J. M., Garb, H. N., Nezworski, M. T., Lilienfeld, S. O., & Duke, M. C. (2015). A second look at the validity of widely used Rorschach indices: Comment on Mihura, Meyer, Dumitrascu, and Bombel (2013). *Psychology Bulletin, 141*(1):236-249.

Woodman, C. L., Noyes, R., Black, D. W., Schlosser, S., & Yagla, S. J. (1999). A 5-year follow-up study of generalized anxiety disorder and panic disorder. *Journal of Nervous and Mental Disease, 187*, 3-9.

Woods, B., Aguirre, E., Spector, A. E., & Orrell, M. (2012). Cognitive stimulation to improve cognitive functioning in people with dementia. *Cochrane Database Systematic Review, 2*, CD005562.

Woods, E. R., Lin, Y. G., Middleman, A., Beckford, P., Chase, L., & DuRant, R. H. (1997). The associations of suicide attempts in adolescents. *Pediatrics, 99*, 791-796.

Woods, S. W., Miller, T. J., Davidson, L., Hawkins, K. A., Sernyak, M. J., & McGlashan, T. H. (2001). Estimated yield of early detection of prodromal or first episode patients by screening first-degree relatives of schizophrenic patients. *Schizophrenia Research, 52*, 21-27.

Woods, S. W., Walsh, B. C., Saksa, J. R., & McGlashan, T. H. (2010). The case for including attenuated psychotic symptoms syndrome in DSM-5 as a psychosis risk syndrome. *Schizophrenia Research, 123*(2-3), 199.

Woodside, M. R., & Legg, B. H. (1990). Patient advocacy: A mental health perspective. *Journal of Mental Health Counseling, 12*, 38-50.

Woolfolk, R. L., & Allen, L. A. (2011). Somatoform and physical disorders. In D. H. Barlow (Ed.), *Oxford handbook of clinical psychology* (pp. 334-358). New York, NY: Oxford University Press.

Worell, J., & Remer, P. (1992). *Feminist perspectives in therapy: An empowerment model for women*. New York, NY: Wiley.

Workman, J. L., Barha, C. K., & Galea, L. A. M. (2012). Endocrine substrates of cognitive and affective changes during pregnancy and postpartum. *Behavioral Neuroscience, 126*(1), 54-72.

World Health Organization. (1992), *The ICD-10 classification of mental and behavioural disorders: Clinical descriptions and diagnostic guidelines*. Geneva, Switzerland: World Health Organization.

World Health Organization. (2000). *Women and HIV/AIDS: Fact sheet no. 242*. Retrieved from http://www.who.int/inf-fs/en/fact242.html

World Health Organization. (2001). *Mental Health: New Understanding, New Hope*. Geneva, Switzerland: World Health Organization.

World Health Organization. (2003). Global summary of the HIV/AIDS epidemic, December 2003. Retrieved from http://www.who.int/hiv /pub/epidemiology/epi2003/en

World Health Organization. (2004). *Global status report on alcohol 2004* (2nd ed.). Geneva, Switzerland: World Health Organization.

World Health Organization. (2011). Mental health atlas: 2011. Italy: World Health Organization. doi:10.1093/schbul/sbp137

Wright, J. (2009). *Address unknown: The homeless in America*. New Brunswick, NJ: Transaction.

Wright, J. P., Tibbetts, S. G., & Daigle, L. E. (2015). *Criminals in the making: Criminality across the life course*. Sage Publications.

Wright, J. W., Kawas, L. H., & Harding, J. W. (2015). The development of small molecule angiotensin IV analogs to treat Alzheimer's and Parkinson's diseases. *Progress in Neurobiology, 125*, 26-46.

Wu, E., Birnbaum, H., Shi, L., Ball, D., Kessler, R., Moulis, M., Aggarwal, J. (2005). The economic burden of schizophrenia in the United States in 2002. *Journal of Clinical Psychiatry, 66*(9), 1122-1129.

Wu, F. (2009). *Suicide and Justice: A Chinese Perspective*. New York, NY: Routledge.

Wu, L.-T., Blazer, D. G., Li, T.-K., & Woody, G. E. (2011). Treatment use and barriers among adolescents with prescription opioid use disorders. *Addictive Behaviors, 36*(12), 1233-1239. doi: 10.1016/j.addbeh.2011.07.033

Wu, L.-T., Parrott, A., Ringwalt, C., Patkar, A., Mannelli, P., & Blazer, D. (2009). The high prevalence of substance use disorders among recent MDMA users compared with other drug users: Implications for intervention. *Addictive Behaviors, 34*(8), 654-661.

Wulfert, E., Franco, C., Williams, K., Roland, B., & Maxson, J. H. (2008). The role of money in the excitement of gambling. *Psychology of Addictive Behaviors, 22*(3), 380-390.

Wulfert, E., Maxson, J., & Jardin, B. (2009). Cue-specific reactivity in experienced gamblers. *Psychology of Addictive Behaviors, 23*(4), 731-735. doi: 10.1037/a0017134

Wyatt v. Stickney, 344 F. Supp. 373 (Ala. 1972).

Wykes, T., Huddy, V., Cellard, C., McGurk, S. R., & Czobor, P. (2011). A meta-analysis of cognitive remediation for schizophrenia: methodology and effect sizes. *American Journal of Psychiatry, 168*, 472-485.

Wyllie, E., Glazer, J. P., Benbadis, S., Kotagal, P., & Wolgamuth, B. (1999). Psychiatric features of children and adolescents with pseudoseizures. *Archives of Pediatrics and Adolescent Medicine, 153*, 244-248.

Wynick, S., Hobson, R. P., & Jones, R. B. (1997). Psychogenic disorders of vision in childhood ("visual conversion reaction"): Perspectives from adolescence: A research note. *Journal of Child Psychology and Psychiatry, 38*(3), 375-379.

Wynne, L. C., Tienari, P., Niemlnen, P., Sorri, A., Lahti, I. O., Moring, J., & Miettunen, J. (2006). I. Genotype-environment interaction in the schizophrenia spectrum: Genetic liability and

global family ratings in the Finnish Adoption Study. *Family Process, 45*(4), 419-434.

Xing, G., Zhang, L., Russell, S., & Post, R. (2006). *Schizophrenia Research, 84*, 36-56.

Yach, D., Struckler, D., & Brownell, K. D. (2006). Epidemiologic and economic consequences of the global epidemics of obesity and diabetes. *Nature Medicine, 12*(1), 62-66.

Yamada, K., Watanabe, K., Nemoto, N., Fujita, H., Chikaraishi, C., Yamauchi, K., & Kanba, S. (2006). Prediction of medication noncompliance in outpatients with schizophrenia: 2-year follow-up study. *Psychiatry Research, 141*, 61-69.

Yamamoto, J., Silva, A., Sasao, T., Wang, C., & Nguyen, L. (1993). Alcoholism in Peru. *American Journal of Psychiatry, 150*, 1059-1062.

Yan, L. L., Liu, K., Matthews, K. A., Daviglus, M. L., Ferguson, T. F., & Kiefe, C. I. (2003). Psychosocial risk factors and risk of hypertension: The coronary artery risk development in young adults (CARDIA) study. *JAMA: Journal of the American Medical Association, 290*, 2138-2148.

Yanez, B., Edmondson, D., Stanton, A. L., Park, C. L., Kwan, L., Ganz, P. A., & Blank, T. O. (2009). Facets of spirituality as predictors of adjustment to cancer: Relative contributions of having faith and finding meaning. *Journal of Consulting and Clinical Psychology, 77*, 730-741.

Yanovski, S. Z., & Yanovski, J. A. (2014). Long-term drug treatment for obesity: A systematic and clinical review. *JAMA, 311*(1), 74-86.

Yates, P. M., Hucker, S. J., & Kingston, D. A. (2008). Sexual sadism: Psychopathology and theory. In D. R. Laws & W. T. O'Donohue (Eds.), *Sexual deviance: Theory, assessment, and treatment* (2nd ed., pp. 213-230). New York, NY: Guilford.

Yatham, L. N., Kennedy, S., O'Donovan, C., Parikh, Sagar, V., MacQueen, G., & Beaulieu, S. (2006). Canadian Network for Mood and Anxiety Treatments (CANMAT) guidelines for the management of patients with bipolar disorder: Update 2007. *Bipolar Disorders, 8*, 721-739.

Yatham, L. N., Liddle, P. F., Sossi, V., Erez, J., Vafai, N., Lam, R. W., & Blinder, S. (2012). Positron emission tomography study of the effects of tryptophan depletion on brain serotonin2 receptors in subjects recently remitted from major depression. *Archives of General Psychiatry, 69*(6), 601-609.

Yau, Y. H.C., Yip, S.W. & Potenza, M.N. (2015). Understanding "behavioral addictions": insights from research. In R.K. Ries, D.A. Fiellin, S.C. Miller, & R. Saitz (Eds.), *The ASAM principles of addiction medicine* (5th Ed., pp. 55-81). New York, NY: Wolters Kluwer.

Yeaton, W. H., & Bailey, J. S. (1978). Teaching pedestrian safety skills to young children: An analysis and one-year follow-up. *Journal of Applied Behavior Analysis, 11*, 315-329.

Yeh, S.-R., Fricke, R. A., & Edwards, D. H. (1996, January 19). The effect of social experience on serotonergic modulation of escape circuit of crayfish. *Science, 271*, 355-369.

Yehuda, R., Pratchett, L., & Pelcovitz, M. (2012). Biological contributions to PTSD: Differentiating normative from pathological response. In J. G. Beck & D. M. Sloan (Eds.), *The Oxford handbook of traumatic stress disorders* (pp. 159-174). New York, NY: Oxford University Press.

Yen, S., Johnson, J., Costello, E., & Simpson, E. (2009). A 5-day dialectical behavior therapy partial hospital program for women with borderline personality disorder: Predictors of outcome from a 3-month follow-up study. *Journal of Psychiatric Practice, 15*(3), 173.

Yeo, G. S., & Heisler, L. K. (2012). Unraveling the brain regulation of appetite: lessons from genetics. *Nature Neuroscience, 15*(10), 1343-1349.

Yerkes, R. M., & Dodson, J. D. (1908). The relation of strength of stimulus to rapidity of habit-formation. *Journal of Comparative Neurology and Psychology, 18,* 459-482.

Yim, I. S., Glynn, L. M., Dunkel-Schetter, C., Hobel, C. J., Chicz-DeMet, A., & Sandman, C. A. (2009). Risk of postpartum depressive symptoms with elevated corticotropin-releasing hormone in human pregnancy. *Archives of General Psychiatry, 66*(2), 162-169.

Yin, R. K. (2012). *Applications of case study research* (3rd ed.). Thousand Oaks, CA: Sage.

Yonkers, K. A., Kornstein, S. G., Gueorguieva, R., Merry, B., Van Steenburgh, K., & Altemus, M. (2015). Symptom-onset dosing of sertraline for the treatment of premenstrual dysphoric disorder: A randomized clinical trial. *JAMA Psychiatry, 72*(10):1037-1044.

Yonkers, K. A., Warshaw, M., Massion, A. O., & Keller, M. B. (1996). Phenomenology and course of generalized anxiety disorder. *British Journal of Psychiatry, 168,* 308-313.

Yoo, J. A., & Huang, C. C. (2012). The effects of domestic violence on children's behavior problems: Assessing the moderating roles of poverty and marital status. *Children and Youth Services Review, 34*(12), 2462-2473.

Young, A. M., & Herling, S. (1986). Drugs as reinforcers: Studies in laboratory animals. In S. R. Goldberg & I. P. Stolerman (Eds.), *Behavioral analysis of drug dependence* (pp. 9-67). Orlando, FL: Academic Press.

Young, J. E., Rygh, J. L., Weinberger, A. D., & Beck, A. T. (2014). Cognitive therapy for depression. In D. H. Barlow (Ed.), *Clinical handbook of psychological disorders: A step-by-step treatment manual* (5th ed.). New York, NY: Guilford.

Young, R. M. (2013). Cravings and expectancies. In P.M. Miller, A.W. Blume, D.J. Kavanagh, K.M. Kampman, M.E. Bates, M.E. Larimer, N. M. Petry, P. De Witte, & S.A. Ball (Eds), *Principles of addiction: Comprehensive addictive behaviors and disorders,* (Vol.1, 425-434). Waltham, MA: Elsevier Academic Press.

Young-Wolff, K. C., Enoch, M.-A., & Prescott, C. A. (2011). The influence of gene-environment interactions on alcohol consumption and alcohol use disorders: A comprehensive review. *Clinical Psychology Review, 31*(5), 800-816. doi: 10.1016/j.cpr.2011.03.005

Youngberg v. Romeo, 457 U.S. 307 (1982).

Youngstrom, E. A. (2009). Definitional issues in bipolar disorder across the life cycle. *Clinical Psychology: Science and Practice, 16*(2), 140-160.

Yu, X., Tam, W. W., Wong, P. T., Lam, T. H., & Stewart, S. M. (2012). The Patient Health Questionnaire-9 for measuring depressive symptoms among the general population in Hong Kong. *Comprehensive Psychiatry, 53*(1), 95-102. doi:10.1016/j.comppsych.2010.11.002

Zabalegui, A., Hamers, J. P., Karlsson, S., Leino-Kilpi, H., Renom-Guiteras, A., Saks, K., . . . & Cabrera, E. (2014). Best practices interventions to improve quality of care of people with dementia living at home. *Patient Education and Counseling, 95*(2), 175-184.

Zachar, P., & Kendler, K. S. (2014). A diagnostic and statistical manual of mental disorders history of premenstrual dysphoric disorder. *The Journal of Nervous and Mental Disease, 202*(4), 346-352. doi: 10.1097/NMD .0000000000000128

Zadra, A., & Donderi, D. C. (2000). Nightmares and bad dreams: Their prevalence and relationship to well-being. *Journal of Abnormal Psychology, 109,* 273-281.

Zajonc, R. B. (1984). On the primacy of affect. *American Psychologist, 39*(2), 117-123.

Zajonc, R. B. (1998). Emotions. In D. Gilbert, S. T. Fiske, & G. Lindzey (Eds.), *Handbook of social psychology* (Vol. 1, 4th ed., pp. 591-632). New York, NY: McGraw-Hill.

Zakowski, S. G., McAllister, C. G., Deal, M., & Baum, A. (1992). Stress, reactivity, and immune function in healthy men. *Health Psychology, 11,* 223-232.

Zanarini, M. C., & Wedig, M. M. (2014). Childhood adversity and the development of borderline personality disorder. In *Handbook of Borderline Personality Disorder in Children and Adolescents* (pp. 265-276). Springer New York.

Zanarini, M. C., Frankenburg, F. R., Dubo, E. D., Sickel, A. E., Trikha, A., Levin, A., & Reynolds, V. Weiss, L. G., Locke, V., Pan, T., Harris, J. G., Saklofske, D. H., & Prifitera, A. (2015). WISC-V Use in Societal Context. In L. G. Weiss, D. H. Saklofske, J. A. Holdnack & A. Prifitera (Eds.), *WISC-V Assessment and Interpretation: Scientist-Practitioner Perspectives,* 123-176. San Diego, CA: Elsevier.

Zanarini, M. C., Frankenburg, F. R., Hennen, J., Reich, D. B., & Silk, K. R. (2006). Prediction of the 10-year course of borderline personality disorder. *American Journal of Psychiatry, 163,* 827-832.

Zanarini, M. C., Frankenburg, F. R., Reich, D. B., & Fitzmaurice, G. (2012). Attainment and stability of sustained symptomatic remission and recovery among patients with borderline personality disorder and axis II comparison subjects: a 16-year prospective follow-up study. *American Journal of Psychiatry, 169*(5), 476-483.

Zanarini, M. C., Frankenburg, F. R., & Fitzmaurice, G. M. (2014). Severity of anxiety symptoms reported by borderline patients and Axis II comparison subjects: description and prediction over 16 years of prospective follow-up. *Journal of Personality Disorders, 28*(6), 767-777.

Zanarini, M. C., Reichman, C. A., Frankenburg, F. R., Reich, D. B., & Fitzmaurice, G. (2010). The course of eating disorders in patients with borderline personality disorder: A 10-year follow-up study. *International Journal of Eating Disorders, 43*(3), 226-232.

Zapf, P., Zottoli, T., & Pirelli, G. (2009). Insanity in the courtroom: Issues of criminal responsibility and competency to stand trial. In D. A. Krauss & J. D. Lieberman (Eds.), *Psychological expertise in court: Psychology in the courtroom* (pp. 79-101). Surrey, England: Ashgate.

Zautra, A., Johnson, L., & Davis, M. (2005). Positive affect as a source of resilience for women in chronic pain. *Journal of Consulting and Clinical Psychology, 73,* 212-220.

Zeanah, C. H., & Gleason, M. M. (2010). *Reactive attachment disorders: A review for DSM-V.* Retrieved December 29, 2010 from http://stage. dsm5.org/Proposed%20Revision%20Attach-

ments/APA%20DSM-5%20Reactive%20Attachment%20Disorder%20Review.pdf

Zemore, S. E., Subbaraman, M., & Tonigan, J. S. (2013). Involvement in 12-step activities and treatment outcomes. *Substance Abuse, 34*(1), 60-69. doi: 10.1080/08897077.2012.691452

Zervas, I. M., Theleritis, C., & Soldatos, C. R. (2012). Using ECT in schizophrenia: A review from a clinical perspective. *World Journal of Biological Psychiatry, 13*(2), 96-105.

Zhai, L., Zhang, H., & Zhang, D. (2015). Sleep duration and depression among adults: A meta-analysis of prospective studies. *Depression and Anxiety, 32,* 644-670.

Zhang, H., & Cai, B. (2003). The impact of tobacco on lung health in China. *Respirology, 8,* 17-21.

Zheng, G., Yang, Y., Zhu, X., & Elston, R. C. (2012). *Analysis of genetic association studies.* New York, NY: Springer.

Zhou, J. N., Hofman, M. A., Gooren, L. J., & Swaab, D. F. (1995). A sex difference in the human brain and its relation to transsexuality. *Nature, 378,* 68-70.

Zigler, E., & Hodapp, R. M. (1986). *Understanding mental retardation.* Cambridge, UK: Cambridge University Press.

Zilbergeld, B. (1999). *The new male sexuality.* New York, NY: Bantam Books.

Zilboorg, G., & Henry, G. (1941). *A history of medical psychology.* New York, NY: W. W. Norton.

Zillmann, D. (1983). Arousal and aggression. In R. G. Geen & E. Donnerstein (Eds.), *Aggression: Theoretical and empirical reviews* (Vol. 1, pp. 75-102). New York, NY: Academic Press.

Zimmerman, M., & Mattia, J. I. (1998). Body dysmorphic disorder in psychiatric outpatients: Recognition, prevalence, comorbidity, demographic, and clinical correlates. *Comprehensive Psychiatry, 39*(5), 265-270.

Zimmerman, M., Rothschild, L., & Chelminski, I. (2005). The prevalence of DSM-IV personality disorders in psychiatric outpatients. *American Journal of Psychiatry, 162,* 1911-1918.

Zinbarg, R. E., & Barlow, D. H. (1996). Structure of anxiety and the anxiety disorders: A hierarchical model. *Journal of Abnormal Psychology, 105,* 181-193.

Zinbarg, R. E., Barlow, D. H., Liebowitz, M. R., Street, L., Broadhead, E., Katon, W., & Kraemer, H. (1998). The DSM-IV field trial for mixed anxiety-depression. In T. A. Widiger, A. J. Frances, H. A. Pincus, R. Ross, M. B. First, W. Davis, & M. Kline (Eds.), *DSM-IV sourcebook* (Vol. 4, pp. 735-799). Washington, DC: American Psychiatric Association.

Zinbarg, R. E., Barlow, D. H., Liebowitz, M., Street, L., Broadhead, E., Katon, W., & Kraemer, H. (1994). The DSM-IV field trial for mixed anxiety depression. *American Journal of Psychiatry, 151,* 1153-1162.

Zinbarg, R. E., Craske, M. G., & Barlow, D. H. (2006). *Mastery of your anxiety and worry: Therapist guide.* New York, NY: Oxford University Press.

Zingmond, D. S., McGory, M. L., & Ko, C. Y. (2005). Hospitalization before and after gastric bypass surgery. *JAMA: Journal of the American Medical Association,* 294, 1918-1924.

Zisook, S., Corruble, E., Duan, N., Inglewicz, A., Karam, E., Lanouette, N., & Young, I. T. (2012). The bereavement exclusion and DSM-5. *Depression and Anxiety, 29,* 425-443.

Zonana, H., & Buchanan, A. (2009). Ethical issues in the treatment of sex offenders. In F. M. Saleh,

A. J. Grudzinskas, J. M. Bradford, & B. D. M. (Eds.), *Sex offenders: Identification, risk assessment, treatment, and legal issues* (pp. 425-440). New York, NY: Oxford University Press.

Zou, L., Chen, W., Shao, S., Sun, Z., Zhong, R., Shi, J., & Song, R. (2012). Genetic variant in KIAA0319, but not in DYX1C1, is associated with risk of dyslexia: An integrated meta-analysis. *American Journal of Medical Genetics Part B: Neuropsychiatric Genetics, 159B*(8), 970-976. doi: 10.1002/ajmg.b.32102

Zubieta, J., Bueller, J., Jackson, L., Scott, D., Xu, Y., & Koeppe, R., & Stohler, C. S. (2005). Placebo effects mediated by endogenous opioid activity on u-opioid receptors. *Journal of Neuroscience, 25*, 7754-7762.

Zubin, J., Steinhauer, S. R., & Condray, R. (1992). Vulnerability to relapse in schizophrenia. *British Journal of Psychiatry, 161*, 13-18.

Zuccato, C., & Cattaneo, E. (2009). Brain-derived neurotrophic factor in neurodegenerative diseases. *Nature Reviews Neurology, 5*(6), 311-322.

Zuchner, S., Cuccaro, M. L., Tran-Viet, K. N., Cope, H., Krishnan, R. R., Pericak-Vance, M. A., & Ashley-Koch, A. (2006). SLITRK1 mutations in trichotillomania. *Molecular Psychiatry, 11*, 887-889.

Zucker, K. J. (2005). Measurement of psychosexual differentiation. *Archives of Sexual Behavior, 34*, 375-388.

Zucker, K. J. (2010). The DSM diagnostic criteria for gender identity disorder in children. *Archives of Sexual Behavior, 39*, 477-498.

Zuvekas, S. H., & Vitiello, B. (2012). Stimulant medication use in children: A 12-year perspective. *American Journal of Psychiatry, 169*(2), 160-166. doi: doi:10.1176/appi .ajp.2011.11030387

Zwahlen, M., & Egger, M. (2006). *Progression and mortality of untreated HIV-positive individuals living in resource-limited settings: Update of literature review and evidence synthesis* (UNAIDS Obligation HQ/05/42204). Retrieved from http://data.unaids.org/pub/periodical/2006/zwahlen_unaids _hq_05_422204_2007_en.pdf

Zwaigenbaum, L., Bryson, S., & Garon, N. (2013). Early identification of autism spectrum disorders. *Behavioural Brain Research, 251*, 133-146.

Índice de nomes

A

Aapro, M. S., 24
Aarestad, S. L., 375
Aaron, L., 362
Aaronson, C. J., 146
Aarsland, D., 582, 583, 592
Abakoumkin, G., 232
Abba, X., 321
Abbey, S. E., 320, 321
Abbott, D. W., 288
Abbott, R. D. P., 120
Abdul-Hamid, W. K., 478
Abe, T., 554
Abel, G. G., 395, 399, 405
Abel, K. M., 523
Abela, J. R., 246, 257, 260
Abele, H., 563
Abeles, N., 241, 242, 251, 253
Abelson, J. L., 130
Abelson, X., 130
Abrahamson, D. J., 389
Abramowitz, J. S., 170, 174
Abrams, D. A., 550
Abrams, G. M., 491
Abrams, M., 55
Abramson, L., 240, 248
Abramson, L. Y., 58, 250, 251, 252,
  253, 254, 256
Abse, D. W., 490
Abugal, J., 213
Abujaoude, E., 177
Ackerman, D. L., 564
Acosta-Castillo, I., 580
Adachi, Y., 325
Adami, H. O., 583
Adamis, D., 572
Adams, B. G., 163
Adams, C., 308, 540
Adams, H. E., 387, 399
Adams, T. D., 308, 540
Addenbrooke, W. M., 436
Addington v. Texas, 603, 604
Addington, J., 516
Addis, M. E., 254
Ader, R., 340
Aditya, H., 197, 200
Adlaf, E. M., 427
Adler, C. M., 193
Adler, N., 336
Adler, N. E., 336
Adshead, G., 473
Adunuri, N., 573
Afari, N., 357, 358
Agatisa, P., 352
Aggarwal, N. K., 96
Aggen, S. H., 245, 481
Agras, W. S., 150, 280, 287, 288,
  293, 299, 300, 301, 302, 310, 386
Agrawal, A., 443
Aguirre, E., 591
Agyei, Y., 377
Ahern, D. K., 195
Ahern, R. W., 609
Ahima, R. S., 304
Ahlers, C. J., 413
Ahmed, A. O., 100

Ahmed, F., 240
Ahmed, I., 317
Ahnve, S., 352
Aikins, D. E., 136
Akiskal, H., 237
Akiskal, H. S., 232, 237, 238, 239,
  470
Akré, C., 288
Aksan, N., 485
Akutagawa, D., 288
al'Absi, M., 349
Alaniz, M. L., 448
Alarcon, R. D., 448
Alba-Ferrara, L., 508
Albano, A. M., 135, 138, 140, 151,
  159, 162, 168, 173
Albert, C., 352
Albert, M. L., 522
Albert, S. M., 579
Albertini, R. S., 175, 176, 177
Albertson, T. E., 441
Albon, T., 146
Albright, J. A., 429 Albuquerque,
  A., 573
Alcaine, O. M., 136
Alda, M., 260
Alden, S., 481
Alderfer, M. A., 346
Alegria, A., 225
Aleman, A., 528
Alessi, S. M., 445
Alexander, F. G., 9, 13, 14, 333, 349
Alexopoulos, G. S., 241
Alexopoulos, G., 260
Alger, S. A., 284
Ali, S. R., 121
Alici, Y., 574
Alim, T. N., 70
Allan, R., 412
Allan, W. D., 140
Allani, D., 489
Allardyce, J., 66, 524
Allen, A., 177
Allen, J., 554
Allen, J. J., 209
Allen, J. L., 96, 132, 209
Allen, K., 66
Allen, K. L., 288
Allen, L. A., 177, 179, 188, 191,
  192, 195, 201
Allen, L. B., 63, 96, 137
Allen, L. S., 377
Allen, N. J., 42
Allen, P., 508
Allen, P. J., 432
Allender, S., 350
Allen-Hauser, W., 200
Aller, G., 613
Aller, R., 613
Allison, D., 305, 306
Allison, D. B., 308
Allison, K., 305
Allison, K. C., 305, 306
Alloy, L., 240, 250, 251
Alloy, L. B., 250, 251, 252, 253, 256
Allsbeck, P., 66

Alonso, J., 270
Alper, C. M., 338
Alpers, G. W., 128, 149, 155, 156,
  194
Altar, C. A., 502
Alter, H. J., 357
Althof, S., 383, 393, 394
Althof, S. E., 383, 392
Altman, M., 310
Altshuler, L. L., 238, 240
Alvarado, G. F., 166
Alzheimer's Association, 577, 579,
  580
Amad, A., 487
Amaral, D. G., 556
Amat, J., 167
American Law Institute (ALI), 607
American Psychiatric Association, 5,
  14, 22, 72, 81, 90, 92, 93, 94, 95,
  96, 97, 126, 128, 129, 134, 142,
  148, 156, 161, 165, 171, 176,
  188, 189, 190, 192, 193, 197,
  198, 204, 205, 208, 222, 232,
  234, 235, 237, 239, 258, 259,
  260, 261, 274, 281, 283, 286,
  287, 301, 316, 325, 395, 399,
  408, 412, 420, 421, 440, 441,
  458, 465, 466, 467, 475, 476,
  505, 511, 512, 538, 541, 549,
  552, 558, 559, 571, 594, 606, 608
American Psychological Associa-
  tion, 410, 412, 612, 613, 614
American Psychological Association
  Presidential Task Force, 613
American Society of Plastic Sur-
  geons, 179
Ames, G. E., 307
Ametaj, A. A., 613
Amieva, H., 579, 589
Amstadter, A. B., 166
Ances, B. M., 584
Andersen, A. E., 294
Andersen, B. L., 344, 362, 375
Andersen, P. M., 201
Andershed, H., 480
Anderson, C., 358
Anderson, D. K., 553
Anderson, D. R., 345
Anderson, G., 289
Anderson, J. L., 479
Andersson, E., 159
Andersson, G., 138
Andrasik, F., 359, 360
Andreasen, N. C., 243, 508, 587
Andreasson, S., 66
Andreski, M. A., 166
Andrews, G., 136
Andrykowski, M. A., 345
Aneshensel, C. S., 593
Anglin, D., 517
Anglin, D. M., 517
Angold, A., 235
Angst, J., 223, 224, 225, 231, 238,
  239, 270
Angstman, K. B., 474
Anisman, H., 39

Annabi, S., 471
Annas, P., 59
Annus, A. M., 291
Ansell, E., 489
Anson, M., 179
Anthenelli, R., 427
Anthony, D., 517
Antley, A., 530
Anton, B., 455
Antoni, M., 343, 344, 345, 346
Antoni, M. H., 346
Antonuccio, D. O., 546
Antony, M. M., 31, 73, 148, 149,
  150, 151, 153, 1541 147
Aouizerate, B., 53
Apfelbaum, B., 383
Appelbaum, K. A., 362
Appelbaum, P., 505
Arai, J. A., 40
Araque, A., 42
Araujo, M., 508
Arbisi, P., 51
Arcelus, J., 280, 281
Arcona, A. P., 529
Arenkiel, B. R., 47
Arevalo, E., 196
Armbruster, D., 51
Armstrong, T., 566
Arnds, K., 485
Arnold, L. E., 545
Arnow, B., 301
Arntz, A., 473, 475
Arnulf, I., 327
Aronow, E., 82
Arria, A. M., 420, 430
Arrindell, W. A., 141, 150, 153
Asberg, M., 271
Ascher-Svanum, H., 525
Aschoff, J., 320
Ashare, R. L., 597
Ashkenazi, S., 550
Ashley, L. L., 457, 458, 459
Ashworth, M., 517
Ask, H., 443
Askew, C., 152
Asmal, L., 516
Asmundson, G., 190
Asmundson, G. J., 190, 193
Asmundson, G. J. G., 193
Asmundson, G. L. G., 133
Asnaani, A., 63, 130, 141, 156, 160
Assumpção, A. A., 406
Atack, J. R., 49
Athanasiou, R., 389
Attia, E., 287
Attie, I., 291, 295
Audenaert, K., 506
Augedal, A. W., 325
Auger, R., 320
Auriacombe, M., 457
Aurora, R. N., 325
Austin, S. B., 404
Auther, A. M., 477
Autonell, J., 512
Auyeng, B., 377, 410
Avenevoli, S., 240

Averill, P. M., 135
Avery, D., 392
Avery-Clark, C., 392
Avorn, J., 137
Ayala, E. S., 31, 153, 154
Ayanian, J. Z., 348
Ayas, N. T., 323
Ayearst, L. E., 74
Ayers, C. R., 135, 151, 180
Ayllon, T., 529
Ayuso-Mateos, J. L., 473
Azmitia, E. C., 49
Azorin, J., 270
Azrin, N. H., 529

B

Babyak, M., 263
Bacal, D., 308
Bach, A., 386, 391
Bach, A. K., 394
Bachman, J. G., 426
Bader, J. O., 357
Badr, M. S., 320
Baek, J. H., 223
Baeken, C., 261
Baer, J., 244
Baer, J. S., 454
Baer, R. A., 488
Bagby, R. M., 74, 92
Baghai, T. C., 50
Bahrami, B., 56
Bailey, J., 408,410
Bailey, J. A., 118
Bailey, J. M., 377, 378, 407, 408
Bailey, M., 446
Bailey, R. C., 446
Baillie, A., 345
Baillie, A. J., 446
Baird, G., 540
Bakalar, J. B., 432
Baker, C. D., 391
Baker, F. C., 312
Baker, L., 295
Bakermans-Kranenburg, M. J., 58, 136
Bakker, A., 145
Balbin, E., 343
Baldessarini, R., 258
Baldessarini, R. J., 261 Baldwin, J. D., 403
Baldwin, J. I., 403
Baldwin, R., 242
Baler, R. D., 438
Balestri, M., 487
Ball, J., 488
Ballantyne, J. C., 436
Ballard, C., 582, 592
Ballenger, J. C., 174
Balon, R., 379, 387
Balter, M., 378
Bancroft, J., 376, 378, 379, 386, 391, 396, 403, 411
Bandelow, B., 488
Bandura, A., 58, 130, 338, 355
Baranek, G., 557
Barban, L., 208
Barbaree, H. E.,400
Barber, J. P., 143
Barclay, X., 325
Bardone, A. M., 297
Bardone-Cone, A. M., 297
Barefoot, J. C., 334, 351
Barger, S. D., 312, 352

Bargh, J. A., 59
Barha, C. K., 229
Bar-haim, Y., 136
Barik, J., 55
Barker, C., 81
Barkley, R. A., 541, 542, 544, 545
Barlow, D., 385, 386. 391,
Barlow, D. B., 153, 154
Barlow, D. H., 6, 11, 31, 56, 57, 58, 59, 61, 63, 73, 75, 77, 89, 90, 91, 95, 96, 98, 100, 126, 127, 128, 129, 130, 131, 132, 134, 135, 136, 137, 138, 139, 140, 141, 142, 143, 144, 145, 146, 147, 148, 149, 150, 151, 156, 159, 163, 166, 167, 171, 173, 174, 179, 181, 182, 194, 202, 223, 250, 251, 254, 255, 256, 263, 337, 352, 361, 379, 388, 389, 394, 395, 399, 403, 404, 489, 613, 614
Barmish, A. J., 159
Barnard, A., 179
Barnes, J. C., 481
Barnes, L. L., 588
Barnes, M. A., 533
Barnhofer, T., 263
Baron, M., 117
Baron-Cohen, S., 556
Barr, C. E., 524
Barraclough, S., 310
Barrantes-Vidal, N., 476
Barratt, M. J., 438
Barrera, A. Z., 264
Barrera, M., 222, 446
Barres, B. A., 42
Barrett, L. F., 60
Barrett, S. P., 435
Barrio, C., 532
Barry, C. T., 480
Barry, S., 293
Barsky, A., 195, 196
Barsky, A. J., 191, 192
Bartak, L., 554
Barth, J., 392
Barthelemy, O. J., 432
Bartholomew, R. E., 12
Bartlett, N., 410
Bartlik, B., 381
Bartoli, L., 238
Barton, S., 335
Basden, S., 137
Baser, R., 271
Bassett, A. S., 520
Basson, R., 379, 380, 381, 387, 393
Basu, D., 445
Batchelder, A. W., 343
Bates, D., 192
Bateson, G., 525
Bauer, J., 300, 302
Baugh, C. M., 582
Baum, A., 328
Baumann, M. H., 442
Baumert, J., 351
Baxter, L. R., 53
Bazemore, S. D., 229
Beach, F., 374
Beach, S. R., 253, 264
Beach, S R H., 253, 255, 263,
Beals, J., 240
Beam, C., 35
Bear, D., 212
Bear, M. F., 566

Bear, R. E., 55
Bearak, J., 374
Beard, C., 356
Beardon, L., 566
Beardslee, W. R., 264, 267
Bearman, P. S., 554
Beaulieu, S., 53
Beautrais, A., 242
Beaver, K. M., 481
Bebbington, P., 488
Bech, P., 222, 229
Bechara, A., 483
Beck, A. T., 135, 138, 168, 251, 252, 262, 271, 384, 474, 490, 491, 492, 495
Beck, H. P., 25
Beck, J., 135, 138, 168, 165, 372
Beck, J. G., 384, 386, 388
Becker, B., 104
Becker, C., 487
Becker, C. B., 303
Becker, D., 565
Becker, E. S., 143
Becker, J., 405
Becker, J. T., 591
Becker, J. V., 405
Becker, R., 386
Becvar, D. S., 69
Beech, A. R., 402, 403
Beekly, D., 580
Beekman, A. T., 241, 242, 265
Beesdo, K., 135
Beesdo-Baum, K., 5, 140
Behar, E., 136, 145
Beidel, D., 159
Beidel, D. C., 159
Beitchman, J. H., 540
Bejerot, S., 159
Béjot, Y., 327
Belik, S. L., 132, 134
Bell, C. C., 143
Bell, D. S., 356
Bell, I. R., 194
Bellak, L., 82
Belle, S. H., 308
Bellinger, D. C., 545
Bello, I., 79
Belzile, E., 572
Ben Abdallah, A., 438
Ben Itzchak, E., 554
Benbadis, R. R., 200
Benbadis, S., 200
Benbadis, S. R., 200
Benca, R., 314
Bender, D. S., 452, 473
Bender, E., 474, 475
Bender, R. E., 250
Bendfeldt, F., 207
Benedetti, F., 53
Ben-Eliyahu, S., 359
Benet, M., 244
Benishay, D. S., 377
Benjamin, C. L., 81
Bennett, E., 555
Bennett, K., 476
Bennett, P. H., 306
Bennett, S., 337
Bennett, S. M., 154
Ben-Porath, Y. S., 84, 611
Benson, H., 360
Bentley, K. H., 130
Berberich, J. P., 557
Berchtold, A., 288

Berenbaum, H., 476
Berger, M., 247, 158
Berger, S. S., 432
Berghöfer, A., 304
Berglund, P., 135, 140, 150, 156, 163, 173
Berglund, L., 156
Berk, M., 224
Berking, M., 138
Berkman, L. F., 65
Berlin, H. A., 459
Berlin, M. D., 400
Berman, A. L., 258, 269, 270, 271, 273, 274
Berman, J. R., 523
Berman, J. S., 233
Berman, M. E., 49, 258, 269, 271, 273, 274
Berman, S., 364
Bermudez, O., 297
Bernat, J. A., 399
Berner, L. A., 286, 299
Berney, T. P., 564
Bernstein, D. A., 89
Bernstein, D. M., 213, 214
Bernstein, D. P., 472, 475
Berntsen, D., 165
Berridge, K. C., 444
Berrios, G. E., 204, 503
Berry, A. C., 263
Bertelsen, A., 519
Berton, O., 55
Bertrand, L. D., 209
Besch, C. L., 342
Bettelheim, B., 554, 556
Bettens, K., 587
Beussman, D. J., 429
Beutler, L. E., 465
Bhagwanjee, A., 135
Bharucha, A., 592
Bhasin, T., 554
Bhattacharyya, S., 528
Bhaumik, D., 258
Bhugra, D., 121
Bi, S., 489
Biederman, J., 235, 480, 542, 547
Bielańska, A., 525
Bierut, L. J., 245
Bigler, E. D., 86
Billick, S., 608
Billings, R., 326
Billy, J. O. G., 373
Binder, E. B., 37
Binik, Y. M., 384, 385, 393
Binzer, M., 201
Bio, D. S., 244
Birkmeyer, J. D., 308
Birley, J. L. T., 524
Birley, J., 524
Birmaher, B., 238, 240, 241, 248
Birmingham, L. C., 284
Birmingham, W. A., 349
Bishop, D., 540
Bishop, D. V. M., 540
Bishop, S. L., 548, 554
Biswas, A., 344
Bittar, R. G., 53
Bittinger, J. N., 426
Bivona, J. M., 372
Bjertness, E., 269
Björkenstam, C., 469, 486
Björkenstam, E., 469, 486
Bjorntorp, P., 304

Black, D. W., 480, 478
Black, J. A., 310
Black, J. M., 550
Black, M. M., 432
Blackwell, E., 334, 339
Blagys, M. D., 22
Blair, K., 157
Blanchard, E. B., 359, 360, 397
Blanchard, R., 377, 378, 397, 398
Blanck, H. M., 304
Blanco, C., 132, 145, 225, 229
Blaney, P. H., 514
Blank, T. O., 346
Blasco-Fontecilla, H., 273
Blascovich, J., 338, 348
Blashfield, R. K., 6, 90, 91, 93, 100, 490, 497
Blazer, D. G., 151, 241, 242, 260
Bleiberg, K. L., 263
Bleijenberg, G., 356
Bleuler, E., 474, 503, 510
Bliss, E. L., 208
Bloch, M., 99
Bloch, M. H., 171
Bloch, S., 611, 612
Block, J. J., 459
Block, S., 232
Blokhina, E., 452
Blom, M. M., 590
Bloom, F. E., 47, 434
Bloom, J. R., 344
Bloscovitch, J., 66
Blumentals, W. A., 132
Blumenthal, J. A., 350
Blumenthal, S. J., 62, 269, 272
Blundell, J. E., 306
Blyth, D., 254
Boardman, J. D., 588
Boasso, A. M., 165
Bob, P., 212
Bockoven, J. S., 13, 16, 17
Bockting, C. L., 265
Bockting, W. O., 407
Bodell, L. P., 296, 299
Boden, J. M., 427
Boden, M. T., 476
Bodkin, J. A., 209
Bodlund, O., 411
Bodnar, R. J., 355
Boehlke, K. K., 457
Boehm, J. K., 349
Boehnlein, J., 243
Boettcher, H., 96
Boeving, C. A., 346
Bogaert, A., 378
Bogaert, A. F., 378
Bogdan, R., 443
Bogels, S., 6, 93
Bögels, S. M., 155, 160
Bohn, K., 299
Bohn, R. L., 137
Boiler, M., 96
Boisseau, C. L., 61, 63, 292
Boland, E. M., 250
Boland, R. J., 225, 231, 232
Bolinskey, P. K., 472
Bolton, B., 284
Bolton, D., 3
Bolton, J. M., 133
Bolton, J., 133
Bombel, G., 232
Bonanno, G., 233, 242
Bonanno, G. A., 232

Bond, A., 49, 428, 429
Bond, G., 565
Bond, M., 20
Bongaarts, J., 341
Bonnano, G. A., 165
Boocock, A., 177
Booij, L., 256
Boomsma, D., 409
Boomsma, D. I., 136
Boon, S., 211
Boone, E., 245
Boone, L., 296
Boot, W. R., 122
Borg, L., 436, 444
Borge, F.-M., 494, 495
Borgelt, L. M., 438
Borges, G., 269
Borkovec, T. D., 135, 136, 137
Bornstein, R. F., 495
Borodinsky, L. N., 47
Bosinski, H. A. G., 409
Boskind-Lodahl, M., 288
Bosmans, J. E., 590
Bosson, J. K., 80
Boteva, K., 516
Bouchard, C., 306
Bouchard, M. F., 545
Bouchard, T. J., 36, 117
Bouman, T. K., 195
Bound, J., 306
Bourassa, M. G., 352
Bourgeois, M. S., 591
Bourget, D., 395
Bourke, J., 565
Boutilier, L. R., 488
Bouton, M. E., 24, 57, 127, 128, 130, 131, 143
Bower, J. E., 346
Bower, J. H., 346
Bowers, J. S., 61, 603
Bowie, C. R., 100
Bowlby, J., 131
Bowler, D., 555
Bowman, E. S., 212
Boxer, A., 350
Boyce, N., 273
Boyd, C. J., 436
Boydell, J., 524
Boyer, P., 173
Boyle, C., 485
Boyle, M., 230, 436
Boysen, G., 490
Bradford, A., 379, 384, 385, 386, 387, 389, 392, 393, 394, 395, 399, 403, 406
Bradford, J., 406
Bradford, J. M., 406
Bradley, B. P., 136, 157
Bradley, M. M., 61, 483
Bradley, R., 548
Bradley, R. G., 245, 247
Bradley, S. J., 410
Bradley, W., 546
Bradshaw, S., 373
Brady, J. P., 201
Braet, C., 296
Braff, D., 518, 520
Brähler, E., 232
Brailey, K., 167
Brain, C., 527
Brakefield, T. A., 378
Brand, B., 161, 215
Brandon, T. H., 433

Brandsma, J., 207
Brandt, L., 280
Brannan, S. L., 256
Brannick, M., 292
Brannigan, G. G., 86
Braukhaus, C., 191
Brawman-Mintzer, O., 137, 174
Bray, B. C., 441
Bray, G. A., 307
Bray, S. M., 564
Brecht, M.-L., 430
Breckenridge, J., 446
Bredemeier, K., 476
Breeden, G., 271
Breedlove, S. M., 377
Breier, A., 339
Breitbart, W., 574
Breitborde, N. J., 525
Bremner, J., 212
Bremner, J. D., 167, 169
Brenes, G. A., 135
Brennan, P., 481
Brennan-Krohn, T., 459
Brenner, D. E., 587
Brent, D., 233, 240, 241, 248, 264
Brent, D. A., 267, 270, 271
Breslau, N., 163, 165
Breuer, J., 19
Brewer, M., 247
Brewer, S., 346
Brewerton, T. D., 288
Briskman, J., 485
Britton, J. C., 129, 130, 246
Brix, R. J., 459
Broadstock, M., 582
Brodman, D. M., 81, 159
Brody, A. L., 287
Brody, H., 53
Brody, M. J., 229
Broekman, T. G., 169
Broft, A., 299
Bromet, E., 269
Bromet, E. J., 240, 243, 253, 269
Brondolo, E., 349
Brønnick, K., 592
Brook, J. S., 203, 303, 480
Brook, M., 181
Brooker, C., 531
Brooks, D. J., 446
Brooks, R. B., 69
Brooks-Gunn, J., 291, 295
Brooner, R. K., 451
Brotman, M. A., 235
Brotto, L., 379, 393, 394
Brotto, L. A., 393, 394
Broude, G. J., 376
Broughton, R., 326
Brown, A., 255
Brown, C., 200
Brown, D. R., 249
Brown, G. G., 172
Brown, G. W., 524, 525
Brown, J., 119, 346
Brown, J. D., 447
Brown, M. M., 386
Brown, P. L. 394
Brown, R. A., 411
Brown, R. J., 200, 201
Brown, R. R., 131
Brown, T. A., 90, 91, 95, 96, 99, 100, 126, 127, 132, 134, 135, 140, 146, 149, 181, 240, 282, 356, 377, 395

Brown, T. E., 524
Brown, W. A., 99
Brown, W. T., 555
Browne, H. A., 172
Brownell, K. D., 282, 285, 292, 293, 296, 304, 306, 309, 363, 409
Brozek, J., 294
Bruce, K. R., 280, 295
Bruce, M. L., 132, 235, 237,253
Bruce, S. E., 135
Bruce, S. M., 548
Bruch, H., 295, 296
Bruch, M. A., 158
Bruck, M., 214
Bruder, G., 548
Bruder, J., 548
Bruehl, S., 353
Brun, A., 582
Brunoni, A. R., 262
Brunt, T., 431
Bryant, R. A., 65, 162, 165, 168, 201, 232, 233
Bryson, S., 118
Bryson, S. W., 301, 302
Buchanan, A., 605
Buchwald, A. M., 222
Buchwald, D., 357, 358
Buchwald, D. S., 357
Buchwald, H., 308
Buckingham-Howes, S., 432
Buckles, D. J., 123
Buckley, J., 529
Budiani, D., 121
Budnitz, D. S., 572
Bufferd, S. J., 241
Buffum, J., 388
Bufha, L. F., 146
Buhle, J. T., 356
Buhlmann, U., 178
Buka, S. L., 522
Bulik, C. M., 280, 284, 287, 295, 296
Bullis, J. R., 56, 63, 182, 337, 614
Bullmore, E. T., 419
Bumpass, E. R., 459
Bunde, J., 350, 351
Bunnell, R., 366
Bunney, W. E., 521
Buntinx, F., 593
Burch, R., 355
Burgess, C. R., 319
Burgin, R., 554
Burgio, L. D., 593
Burk, W. J., 447
Burke, C. A., 38
Burke, M., 564
Burkhalter, X., 323
Burmeister, M., 40
Burnett, P., 525
Burnette, D., 589
Burnette, M., 466, 470
Burnham, M. M., 314
Burns, J. W., 353
Burns, L. E., 141
Burri, A., 391
Burri, A., 136
Burt, D. R., 51, 521
Burt, S., 544
Burt, S. A., 541
Busatto, G. F., 227
Bushman, B. J., 356, 427
Bustillo, J. R., 516
Butcher, J. N., 81

ÍNDICE DE NOMES **733**

Butera, F., 249
Butler, B., 609
Butler, L. D., 206, 207, 208, 209
Butler, S. M., 488
Butryn, M. L., 303, 307
Butterworth, M. R., 373
Buysse, D. J., 248, 317
Buzoianu, A., 458
Buzzella, B. A., 160
Bye, E. K., 427
Byers, A. L., 135, 241
Byne, W., 377, 378, 410, 411
Byrd, A. L., 483
Byrne, D., 390
Byrne, E. M., 435
Byrne, G. J., 225, 227
Byrne, S. M., 288
Bystritsky, A., 142

C
Caballero, B., 304, 306
Caballo, V. E., 475
Cabassa, L. J., 97
Cabral, H. J., 177
Cacioppo, J. T., 11, 55, 58, 62, 65, 66, 333, 339
Cadoret, R. J., 481
Cafri, G., 292
Cai, B., 366
Cai, S., 430
Cain, A. S., 288
Cain, V. S., 376
Caine, E. D., 242, 269
Calabrese, J., 261
Calamari, J. E., 172, 173
Calati, R., 487
Caldeira, K. M., 430
Calhoun, K. S., 399
Caligor, E., 492
Callaghan, G., 409
Callahan, L., 608
Callahan, L. A., 609
Callanan, V. J., 269
Callicott, J. H., 523
Calugi, S., 303
Calzo, J. P., 294
Camargo, C. A., 288
Cameron, H. A., 247
Cameron, N. M., 39, 40, 55, 68
Campbell, A. N., 492
Campbell, C., 525
Campbell, J., 446
Campbell, L. A., 132
Campbell, P., 174
Campbell, W. K., 492
Campbell-Sills, L., 61, 63, 135, 174, 263
Campo, J. A., 411
Campo, J. V., 201
Canli, T., 129, 157
Cannon, T. D., 524, 534
Cannon, W. B., 62, 64, 65
Cantor, J., 400
Cantor, J. M., 378
Capaldi, S., 168
Capellari, S., 312
Capobianco, D. J., 362
Capurso, C., 589
Cardeña, E., 162, 204, 207
Cardeña, E. A., 210, 212
Cardi, V., 106
Cardish, R. J., 489
Cardoos, S. L., 542

Carey, K. B., 375
Carey, M., 391
Carey, M. P., 387
Carl, J. R., 56, 63, 182, 337
Carleton, R. N., 190
Carlo, G., 467
Carlson, E., 162
Carlson, E. B., 212
Carlson, G. A., 242
Carlson, R. W. L., 344
Carlström, E., 377
Caron, C., 470
Carpenter, A. L., 160
Carpenter, M. J., 451
Carpenter, R. W., 100
Carpenter, W. T., 503, 524
Carpentier, M., 406
Carr, A., 475
Carr, E. G., 121
Carrico, A. W., 343, 344
Carrier, S., 410, 411
Carrier, X., 326
Carroll, B. J., 247
Carroll, E. J., 82
Carroll, E. M., 166
Carroll, M. D., 273, 295
Carroll, R. A., 408
Carson, A., 197, 199, 200
Carstairs, G. M., 525
Carstensen, L. L., 66
Carter, A. S., 552
Carter, C. L., 577
Carter, J. C., 301, 302
Carter, J., 249
Carter, J. S., 240, 249, 250, 251, 252
Carter, N. T., 159
Cartwright, R., 326
Cartwright, R. D., 326
Carvalho, M., 430, 431
Carver, C. S., 246, 325, 476
Case, W. G., 138
Casey, P., 457
Cash, T., 177
Casner, R., 490
Caspi, A., 35, 37, 38, 40, 41, 49, 56, 64, 100, 128, 166, 245, 448, 480
Cassano, G., 238
Cassem, N. H., 363
Cassidy, F., 224
Cassisi, J. E., 530
Cassoff, J., 311
Castell, B. D., 358
Castelli, W. P., 351
Castilla-Puentes, R., 132
Castillo, D., 580
Castle, D. J., 177, 515, 517, 519, 523, 524
Castle, N., 591
Castonguay, L. G., 287, 465
Castriotta, N., 141
Castro, F. G., 448
Catalano, R. F. P., 120
Cates, D. S., 364
Cates, W., 364
Cautela, J. R., 404, 454
Cavendish, W., 548
Cazzaro, M., 195
Cechnicki, A., 525
Ceci, S., 214, 561
Ceci, S. J., 214, 561
Cecil, J. E., 306
Cederlöf, M., 287
Celio, A. A., 289, 303

Cellard, C., 531
Centers for Disease Control, 436
Centers for Disease Control and Prevention, 269, 363, 372, 542, 554, 556
Certoma, S. P., 180
Cervilla, J. A., 512, 513
Cevaal, A., 223
Cha, C. B., 181, 269, 273
Chae, C., 352
Chaffin, M., 406
Chaimowitz, G., 603
Chakrabarti, B., 556
Chalder, T., 358
Chaleby, K., 121
Chamberlain, S. R., 52, 181
Champine, P. R., 611
Champoux, M., 56, 57
Chan, B., 271
Chan, C., 530
Chandra, A., 372, 373
Chang, I. W., 210
Chang, L. C., 99
Chang, R-B., 101
Chaouloff, F., 335
Chapman, A. L., 488
Chapman, D., 601
Chapman, T. F., 157
Charkoudian, N., 349
Charland, L. C., 310, 479
Charles, S. T., 62, 68, 69, 70, 538
Charney, D. S., 48, 50, 69, 100, 246
Chartrand, H., 133
Chartrand, T. L., 59
Chassin, L., 120, 446
Chasson, G. S., 159
Chatenet-Duchene, L., 224
Chatkoff, D., 362
Chattarji, S., 565
Chau Wong, M., 521
Chavez, M., 280
Check, J. R., 198
Checknita, D., 480
Cheely, C., 68
Chelminski, I., 470
Chemerinski, E., 472, 473, 475
Chen, H., 282
Chen, I. G., 314
Chen, M. C., 247
Chen, S.-W., 495
Chen, Y., 495
Cheng, T., 364
Chesney, M., 351
Chesney, M. A., 62, 362
Cheung, F. M., 66, 192
Cheung, Y., 271
Chevalier, J. M., 123
Chevron, E. S., 263
Chhean, D., 151
Chiappetta, L., 487
Chida, Y., 334, 346, 349, 350, 351
Chik, H. M., 173
Chiliza, B., 516
Chinman, M., 532
Chioqueta, A., 192
Chisuwa, N., 282
Chiu, P., 59
Chiu, W. T., 135, 140, 144, 156, 163, 173, 240
Chivers, M. L., 375, 399, 407
Chmielewski, M., 92
Cho, H. J., 112
Choate, M. L., 63, 154, 263

Chobanian, A. V., 347
Chodoff, P., 470
Choi, J., 591
Choi, M. S., 99
Choi, S.-H., 573
Chong, R., 141
Chorot, P., 194
Chorpita, B. F., 100, 128, 130, 136, 140, 166, 251, 254, 256
Chosak, A., 176
Christakis, N. A., 306
Christensen, J. F., 333
Christenson, G. A., 395
Christmas, D., 129
Christophe, D., 400
Christopher, J. C., 120
Christopher, M. E., 550
Christos, C., 356
Chronis, A. M., 484, 485
Chukwuka, J., 320
Chun, V., 485
Chung, J., 592
Chung, S. Y., 554
Chung, T., 427
Ciampi, A., 572
Ciao, A. C., 303
Cicchetti, D., 68, 209, 452
Cielsa, J., 250
Cimera, R. E., 565
Ciraulo, D. A., 132
Cirincione, C., 607, 608
Cistulli, X., 323
Clance, P. R., 297
Clancy, S. A., 214
Claraco, L. M., 196
Clark, C. J., 349
Clark, D. A., 170, 174, 175
Clark, D. M., 144, 145, 158, 159, 168
Clark, L. A., 92, 100, 126, 131
Clark, R., 349
Clark, R. A., 342
Clarke, A., 106
Clarke, D. M., 564
Clarke, G. N., 240
Clarke, S., 80, 122
Clarkin, J. F., 80, 82, 297
Claudatos, S., 312
Clayton, A., 387
Clayton, A. H., 379
Clayton, D. F., 36
Clayton, E. W., 357
Clayton, P. J., 194
Cleary, P. D., 353
Cleckley, H. M., 479
Cleghorn, J. M., 522
Clement, U., 374
Clementz, B. A., 520
Clifford, D. B., 584
Cloninger, C. R., 194, 468, 474, 477, 484, 489, 491, 492, 496
Closser, M. H., 432
Coan, J. A., 213
Coates, T. J., 364
Cobb, S., 65
Cobham, V. E., 159
Coccaro, E. F., 458
Cochran Johnson, S., 198
Cochrane, B. B., 59
Cocores, J. A., 387
Coderre, T. J., 359
Coe, C. L., 334, 339, 340
Coen, A., 427

Coffey, B. J., 540
Cohane, G. H., 48
Cohen, C. A., 611
Cohen, C. I., 508, 512
Cohen, D., 338, 341, 552
Cohen, J., 339
Cohen, J. B., 338
Cohen, J. D., 65
Cohen, J. S., 81
Cohen, L., 242
Cohen, N., 338
Cohen, P., 203, 303
Cohen, S., 65, 333, 338, 339, 340
Cohen-Kettenis, P. T., 407
Coker, L. H., 580
Colby, D. A., 435
Cole, D., 250
Cole, J. O., 258
Cole, M. G., 572
Cole, P., 572
Cole, S. H., 486
Cole, S. W., 37, 343, 344
Coleman, E., 407, 409, 609
Coleman-Eufinger, C., 605
Colgan, P., 409
Colins, O. F., 480
Colles, S. L., 305
Collet, J.-P., 438
Collibee, C., 375
Colligan, R. C., 375
Collinge, J., 585, 586, 589,
Collins, E. M., 344
Collins, P., 51
Colloca, L., 53
Colman, I., 479
Colp, R., 109, 121, 603
Colrain, I. M., 312
Coltheart, M., 507
Comacho, M., 155
Comas-Diaz, L., 207
Comer, J. S., 110, 111, 145, 154,
    159, 594
Commons, M. L., 611
Compare, A., 350, 352
Compas, B. E., 68, 249, 265, 363
Compton, S. N., 138
Compton, W. M., 436, 438
Condie, D., 209
Condon, W., 209
Condray, R., 516
Conduct Problems Prevention
    Research Group, 485
Conesa, L., 297
Conger, R., 254
Conlon, E. G., 154
Conner, T., 592
Connett, J. E., 351
Connor, D. F., 546, 547
Conrod, P., 456
Constans, J. I., 167
Constantino, J. N., 485
Conti, C. R., 394
Convit, A., 282
Conwell, Y.,242, 269,271, 272
Coogan, A., 311
Cook, B., 137
Cook, I. A., 59
Cook, P. J., 459
Cooke, B. M., 377
Cookson, C., 607
Coolidge, F. L., 475
Coolidge, F., 409
Cools, R., 584

Coons, M., 195
Coons, P. M., 211, 212, 214
Cooper, A. J., 387
Cooper, A. M., 468
Cooper, J., 271
Cooper, J. E., 75
Cooper, N. S., 69
Cooper, T. B., 231
Cooper, Z., 283, 288, 294, 295, 296
Cooperberg, J., 310
Cope, M. B., 306
Cope, N., 550
Copeland, W. E., 235
Coplan, J. D., 56, 129
Corbit, J. D., 446
Corcoran, C. M., 524
Corker, E. A., 502
Cornblatt, B. A., 477
Corona, G., 394
Correia, S., 459
Correll, C. U., 477
Corrigan, P. W., 121
Corson, P. W., 294
Cortesi, F., 315
Cortiella, C., 548
Cortoni, F., 401, 403
Coryell, W., 238
Costa, E., 44
Costa, P., 466
Costa, P. T., 351, 496, 478
Costa e Silva, J. A., 356
Costantino, A., 411
Costanzo, E., 344
Costello, E., 137, 489
Costello, E. J., 235
Coston, N., 490
Côté, G., 162, 168, 193, 194
Cotter, R. E., 271
Cottler, L. B., 438
Cottone, P., 293
Courchesne, E., 43
Courcoulas, A. P., 308
Cournos, F., 511
Cousin, F. R., 511
Cousins, N., 344
Coverdale, J., 492
Covey, L. S., 434
Covino, N., 394
Covinsky, K. E., 135, 241
Cowen, P. J., 295
Cowley, G., 258
Cowley, G., 258
Cox, A., 554
Cox, A. C., 84
Coyle, D., 610
Coyle, J. T., 522
Coyne, J. C., 344
Cozanitis, D. A., 428
Crabbe, J. C., 41
Crago, M., 290
Craig, M. C., 580
Craighead, L. W.,, 264, 296
Craighead, W. E., 264, 296
Craske, M., 5, 90
Craske, M. G., 24, 126, 127, 128,
    132, 137, 138, 139, 141, 142,
    143, 145, 146, 147, 149, 150,
    151, 154, 191
Crawford, N., 542
Creamer, M., 165
Creed, F., 191, 192
Creese, I., 51, 521
Crego, C., 3, 5, 90, 100
Cremniter, D., 271

Crerand, C., 179
Crichton, P., 362
Crick, N. R., 468
Cristancho, M. A., 225
Critelli, J. W., 372
Critser, G., 304
Croen, L. A., 555
Croft, H. A., 387, 499
Croft, J. B., 387
Croft-Jeffreys, C., 517
Crosbie, J., 544
Crosby, B., 314
Crosby, R., 297
Crosby, R. D., 287, 288, 296, 302
Cross, P. A., 318
Crouse, K., 144
Crow, S. J., 284, 284, 299
Crowe, R. R., 480
Crowley, T., 385
Crump, C., 239
Crump, J., 476
Csordas, T. J., 120
Cubic, B. A., 297
Cuffee, Y., 349, 350
Cuijpers, P., 138, 224, 263, 265,590
Culpepper, L., 100
Cunningham, J., 99, 100
Cunningham Owens, D. G., 526,
    527, 528, 530, 531, 532, 534
Cunningham-Rathner, J., 395
Cunnington, X., 324
Cuper, P. F., 489
Curran, P. J., 446
Currens, M., 451
Currier, J. M., 232, 233
Curtin, J., 483
Curtin, L. R., 304
Curtis, G. C., 149
Cuthbert, B. N., 27, 61
Cutleh, D. L., 600
Cyranowski, J. M., 254, 375, 391
Czaja, S. J., 488
Czobor, P., 531

D
da Cruz, K. L., 493
Daamen, A. P., 431, 432, 433
Dadds, M. R., 159
Dahl, R., 452
Dahme, B., 297
Daigle, L. E., 485
Dalack, G. W., 434
Dalenius, K., 304
Dalgard, O. S., 269
Dalle Grave, R., 303
Daly, R. J., 161
Daly, T., 557
Damasio, A., 602
Damasio, A. R., 52
Damjanovic, L., 157
Dan, O., 130
Dana, R. H., 82
Daniel, S., 271
Daniel, S. S., 548
Danielson, A., 335
Danielson, L., 548
Dannlowski, U., 129
Dansinger, M. L., 307
Dansky, B. S., 288
Darcangelo, S., 396
Dare, C., 299, 302
Daren, A., 525
Darredeau, C., 435

Darwin, C. R., 60
Das, P., 201
Daskalakis, Z. J., 528
Daumann, J., 104, 430
Dautovich, N. D., 314
Dauvilliers, Y., 310
Davey, A., 577
Davey, G., 58
David Klonsky, E., 271
David, A., 68, 202
Davidson, J. R. T., 158
Davidson, K. W., 353
Davidson, L., 321, 513
Davidson, M., 521
Davidson, R., 248
Davidson, R. J., 248, 256
Davidson, S. L., 480
Davies, B., 247
Davies, B. A., 294
Davies, M. N., 136
Davies, M. C., 436
Davis, C., 544
Davis, D., 213, 215
Davis, D. D., 474, 476
Davis, K. L., 42, 460
Davis, L., 401
Davis, M., 57, 353
Davis, M. S., 269
Davis, N. O., 544
Davis, O. S. P., 35
Davis, S. P., 260
Davison, G. C., 399
Davison, I. A., 86
Davison, S., 399
Davtyan, H., 591
Dawson, D. A., 421, 451
Dawson, G., 421, 422, 555
Dawson, M. E., 484
Dawson, M., 557
Day, R., 524
de Azeredo, L. A., 544
De Backer, G., 351
de Bono, J., 136
De Brito, S. A., 477
de Courten, M., 335
de Girolamo, G., 356
de Groot, H. E., 393
de Groot, J.-C., 573
De Gucht, V., 358
de Jong, J., 207
de Jong, P. J., 32, 194, 207
de Kleine, R. A., 167
de Lacy, N., 544
de Leon, C. F. M., 588
de Lima, M. S., 541
de Lissovoy, V., 555
De Raedt, R., 261
de Rooij, S. E., 573
de Silva, P., 179
de Souto Barreto, P., 591
De Thomas, C. A., 485
de Vries, S., 602
de Wit, H., 448
de Zambotti, M., 312
de Zutter, A., 213, 311
de Zwaan, M., 178
Deal, M., 339
Deale, A., 194, 358, 362
Dean, J. T., 188
Dearborn, J., 335
Deary, V., 358
Deavers, F., 530
Deb, S., 564

DeBaryshe, B. D., 484
Debruyne, H., 506
Decker, M. D., 138
Decker, S. L., 86
Deckersbach, T., 94, 147, 178
Deffenbacher, J. L., 458
DeFries, J. C., 36, 246
Degtiar, I., 502
Deiter, P. J., 177
DeJong, B. L., 173
Del Parigi, A., 589
DeLamater, J., 380, 381
Delano-Wood, L., 241, 257, 260
DeLepeleire, J., 593
DeLisi, M., 109, 480, 483
Delizonna, L. L., 394
Dell, P. F., 203, 211
Delvecchio, P., 601
DeMarce, J. M., 473
DeMaria, E. J., 308
Dembroski, T. M., 64, 351
Demers, C. H., 443
Demiris, G., 592
Demler, O., 135, 140, 150, 156, 163, 173, 240
DeMyer, M. K., 554
Denis, C., 457
Denko, T., 258, 259, 261
Dent, M. F., 167
Dentingeh, J., 600
Denys, D., 53
Denzin, N. K., 453
DePaulo, J. R., 238
DePrince, A., 161, 202
Depue, R. A., 51
DeRogatis, L. R., 394
Dersh, J., 190, 353
DeRubeis, R., 260, 264
DeRubeis, R. J., 266
Desautels, X., 326
DeSilva, P., 391
DeSilva, R., 98
DeStefano, F., 556
Detzer, M. J., 374
Dev, P., 303
Devanand, D. P., 204, 206, 210, 212, 242
Deveci, A., 200
Devine, P., 435
Devinsky, O., 200
Devlin, M. J., 287, 290
DeWall, C. N., 356
DeWitt, D. J., 427
DeWolf, W. C., 394
Dexter-Mazza, E. T., 486, 489
Dhawan, N., 492
Dhejne, C., 411
Diamond, J., 295
Diamond, L. M., 373, 375, 377, 378
Diamond, M., 377
Dias, V. V., 244
DiBartolo, P. M., 389
Dichter, G., 248
Dick, D. M., 36, 558
Dickens, G., 459
Dickens, W. T., 35, 40
Dickersin, K., 614
Dickson, K., 318
DiClemente, R., 364
DiClemente, R. J., 365
Diedrich, A., 495
Diener, E., 58, 63

DiIorio, C., 601
Dimaite, R., 156
Dimberg, U., 157
Dimick, J. B., 308
Dimidjian, S., 222, 254, 263, 264
Dimon, L., 12
Dimsdale, J. E., 64, 188
DiNardo, P. A., 152
Dinges, D. F., 209
Dinnel, D. L., 157
Diorio, J., 41, 131
Dishion, T. J., 447, 485
Disney, K. L., 495
Distler, A., 158
Ditre, J. W., 433
Dixie-Bell, D. D., 143
Dixon, J. B., 305, 488
Dixon, L. B., 529, 531
Dixon-Gordon, K. L., 488
Djernes, J. K., 242
Dobkin, P. L., 24
Dobson, K., 264, 265
Docherty, J. P., 521
Docter, R. F., 398
Dodick, D. W., 362
Dodson, J. D., 126
Doehrmann, O., 54, 159
Dogan, S., 391, 410
Doghramji, X., 318
Dohrenwend, B. P., 163, 166, 524
Dohrenwend, B. S., 249
Dolan, M., 491
Dolan, R. J., 58
Dolan, R. T., 133
Doll, H., 602
Doll, H. A., 288, 294, 303
Dominé, F., 288
Dominiczak, A. F., 349
Domino, E. F., 442
Domschke, K., 129
Donaldson, K., 602
Donath, C., 426
Donderi, D. C., 325
D'Onofrio, B. M., 108, 434
Donohoe, M. B., 233
Donovan, D. M., 455
Dorer, D. J., 280
Dorhofer, D. M., 230
Dotterer, H. L., 483
Douaud, G., 578
Douban, J., 135
Dougall, N., 528
Dougherty, D. D., 174
Douglas, J., 323
Douglas, K. S., 479
Dour, H. J., 181
Douzgou, S., 425
Dowrick, C., 473
Doyle, W. J., 65, 338
Doyle, X., 324
Draijer, N., 211
Drake, K. L., 158
Drake, R., 523, 565
Dramaix, M., 351
Drapeau, V., 305
Draper, B., 425
Draper, C., 397
Drayer, R. A., 242
Drevets, W. C., 48, 50, 246
Drogin, E. Y., 611
Dronsfield, A. T., 452
Drummond, K. D., 410
Druss, B. G., 121

Duberstein, P. R., 242, 269
Dubovsky, S. L., 121
DuBreuil, S. C., 318
Dudek, B. C., 39
Duff, D., 138
Dufresne, R. G., 177
Dugas, M. J., 138
Duke, M. C., 85
Dulit, R. A., 469
Dulit, R., 247
Dumitrascu, N., 85
Dummit, E. S., 160
Dunbar, G., 145
Duncan, A., 611
Duncan, R., 200
Duncan, S., 611
Dunlop, B. W., 51, 246
Dunn, G., 291, 473
Dunne, P. E., 291
DuPaul, G. J., 541, 545 Duran, R. E., 344
Duran, R. E. F., 211
Durand, V. M., 80, 106, 110, 114, 121, 122, 143, 315, 316, 322, 324, 325, 326, 539, 551, 552, 553, 554, 556, 557, 558, 564, 565, 592
Durant, C., 129
Durant, S., 303
Durbin, C. E., 245
Durham v. United States, 606
Durham, M. L., 600, 604
Durkheim, E., 270
Durkin, M. S., 555
Dürsteler, K. M., 446
Dusky v. United States, 609
Dusseldorp, E., 350
Dustin, M. L., 340
Dvorak, R. D., 446, 483
Dvorak-Bertscha, J., 483
Dyck, I. R., 201
Dycke, X., 321
Dyke, P., 565
Dysken, M. W., 591

E
Eaker, E. D., 351
Eastman, C. I., 230
Eaton, N. R., 411
Eaton, W. W., 135, 140, 151, 225
Eaves, L. J., 245, 246, 481
Ebers, G., 378
Ebersole, A., 490
Ebigno, P., 120
Ebigno, P. O., 192
Ebisui, S., 430
Ebringer, A., 586
Eddy, K. T., 286, 289, 298, 302, 303
Edge, P. J., 170
Edinger, J. D., 323
Edmondson, D., 346
Edmunds, J. M., 84
Edmundson, M., 91, 100
Edwards, A. C., 434
Edwards, D. H., 55
Edwards, G., 434, 459
Edwards, J. G., 545
Edwards, R. R., 354, 355
Eelen, P., 57
Efantis-Potter, J., 335
Eftekhari, A., 168
Egan, B. M., 348
Egeland, J. A., 117

Egeland, J., 494
Egger, H., 235
Egger, M., 342
Egri, G., 524
Ehlers, A., 151, 159, 168
Ehlers, M. D., 47
Ehrenreich, J. T., 61, 63, 154, 160, 235
Ehrenreich-May, J. T., 160
Ehrhardt, A., 377
Ehrhardt, A. A., 377, 409
Eibach, R. P., 375, 378
Eikenaes, I., 493
Eikeseth, S., 565
Eisen, A. R., 173
Eisen, J. L., 173
Eisenberg, L., 556
Eisenberg, M. E., 292, 293
Eisenberger, N. I., 356
Eisenlohr-Moul, T. A., 488
Eisler, I., 302
Eisner, L. R., 223, 250
Ekbom, A., 281
Ekselius, L., 230, 281, 469, 486
Ekstrand, M. L., 364
Elbedour, S., 64
Elbogen, E., 602
Elder, G., 254
Eldevik, S., 565
Eldredge, K., 287, 301
Eldredge, K. L., 287, 301
Eley, T. C., 38, 245, 246, 250
El-Gabalawy, R., 192
Elie, R., 494
Elis, O., 509
Elkins, I. J., 486
Ellard, D., 592
Ellard, K. K., 61, 65, 130, 178, 263, 327
Ellason, J. W., 211, 215
Elliot, R., 81
Ellis, H., 314
Ellis, P. M., 452
Ellis, T. E., 271
Ellman, L. M., 517
Elovainio, M., 51
Elzinga, B., 488
Emeny, R., 352
Emery, C. F., 349, 350, 352
Emmelkamp, P. M. G., 494
Emsley, R., 516
Endicott, J., 264
Engel, S. G., 287, 380
England, P., 374
English, T., 200
Ennis, M., 177
Enns, M. W., 196
Enoch, M.-A., 448
Epel, E., 346
Epler, A. J., 288
Epperson, C. N., 99, 234
Epstein, L. H., 310, 359
Epstein, N., 252
Eranti, S., 262
Erikson, E., 68
Eriksson, E., 101
Erkinjuntti, T., 580, 581, 590
Erlich, M. D., 511, 515
Eroglu, C., 42
Eron, L., 485
Ersche, K. D., 432
Escalona, R., 503
Escobar, J. I., 195, 602

Eser, D., 50
Eshel, Y., 131
Eslinger, P. J., 52
Eslinger, S., 609
Esparza, J., 306
Esparza-Romero, J., 306
Espindle, D., 375
Esposito, M., 108
Essex, M. J., 129, 157
Estes, L. S., 290
Eth, S., 161
Etkin, A., 137
Etter, J., 451
Ettinger, A. B., 200
Eubanks, L., 198
Evans, D. A., 577
Evans, E., 436
Evans, J., 229
Evans, R. M., 588
Evans, S. M., 446
Evengard, B., 357
Evers, C., 411
Evrard, M., 213
Exner, J. E., 85
Eyberg, S. M., 153, 154
Eyler, L. T., 311
Eysenck, H. J., 63, 128
Ezrati-Vinacour, R., 540
Ezzati, M., 333, 334, 363
Ezzel, C., 342

F
Fabbri, S., 191
Fabiano, G. A., 542
Fabrazzo, M., 299
Fadok, J. P., 128
Fagan, P. J., 400, 402, 405, 406
Fagelman, F. D., 459
Fagerness, J. A., 129
Faggiano, F., 456
Fagundes, C. P., 344, 345
Fahrner, E. M., 387
Failer, J. L., 604
Fairburn, C., 282
Fairburn, C. G., 280, 282, 283, 284, 285, 286, 287, 288, 289, 292, 294, 295, 296, 297, 299, 300, 301, 302
Fairchild, G., 489
Fairholme, C. P., 61, 63
Faith, M. S., 310
Fakhoury, W., 529
Fallon, A. E., 292
Fallon, B. A., 196
Falloon, I. R., 531
Falloon, I. R. H., 531
Fama, J. M., 142
Fang, A., 65, 131, 175, 179
Fanning, J. R., 51
Fantino, E., 213
Faraone, S. V., 480, 511, 545
Farberow, N. L., 270
Farias, S. T., 579
Farnam, F., 391
Farquhar, J. W., 366
Farrell, L. J., 153
Fatemi, S. H., 43
Fatséas, M., 457
Fauci, A. S., 335, 341, 342
Faurholt-Jepsen, M., 80
Fausto-Sterling, A., 412
Fava, G. A., 195, 224, 258
Fawcett, J., 227

Fawzy, F. I., 344
Fay, C., 173, 174, 175, 177
Fayyad, R., 101
Fazel, S., 602, 610
Fearing, M. A., 573
Feder, A., 70
Federoff, J. P., 401, 403
Feig, L. A., 42
Fein, D. A., 555
Feinberg, M., 247
Feingold, A., 174
Feingold, B. F., 545
Feinleib, M., 351
Feinstein, C., 548
Feisthamel, K., 517
Feldman, H. A., 381, 387
Feldman, M. B., 288, 294
Feldman, M. D., 333
Fennell, M. J. V., 159
Fennell, P. A., 356
Fenster, J. R., 346
Fenton, K. A., 335, 342, 344, 364
Fergus, T. A., 191
Ferguson, C., 443
Ferguson, C. J., 490
Ferguson-Rome, J. C., 592
Fergusson, D., 242
Fergusson, D. M., 427
Fernald, R. D., 36
Fernandez, J. R., 306
Fernyhough, C., 501
Ferrazzoli, D., 578
Ferré, S., 435
Ferreira, C., 496
Ferri, C. P., 576
Ferster, C. B., 26, 554, 556
Fertuck, E. A., 488
Feurino III, L., 489
Feusner, J. D., 157
Fichter, M., 192
Fichter, M. M., 191, 193
Ficks, C., 544
Ficks, C. A., 480
Fiedelak, J. I., 357
Field, A. E., 288, 291, 292
Field, A. P., 152
Fielder, R. L., 375
Fields, B. W., 241
Fien, H., 551
Fileborn, B., 380
Filene, J., 485
Filippi, M., 86, 87, 88
Fincham, F. D., 253, 374
Fineberg, N. A., 47, 48, 178
Finger, S., 14
Fink, G. R., 296
Finkenbine, R., 197
Finks, J. F., 308
Finn, C. J., 377
Finn, C. T., 273
Finn, P., 119
Finnell, L. R., 158
Fireman, B., 555
First, M. B., 92, 94, 98, 100
Fischer, M., 519
Fishbain, D. A., 459
Fishell, A., 401
Fisher, C. B., 123
Fisher, D. P., 308
Fisher, P. A., 130
Fisher, P. L., 137
Fiske, A., 241, 242, 243, 248, 260, 269

Fitts, S. N., 177
Fitzgerald, D. A., 159
Fitzgerald, P., 55
Fitzhenry, M., 475
Fitzmaurice, G., 486
Fitzpatrick, S., 488
Flaherty, J. H., 572
Flanagan, E. H., 6, 92
Flanagan, J., 117
Flanders, W. D., 388
Flannery, D. J., 158, 485
Flannery-Schroeder, E., 158
Flegal, K. M., 282, 304, 308
Fleischer, M., 311
Fleisher, W. P., 206
Fleminger, S., 582
Flemming, K., 421
Fletcher, A., 357
Fletcher, J. M., 547, 551
Fletcher, K., 237
Fletcher, M. A., 333, 341 Fletcher, P. C., 333
Fletcher, R. B., 85
Fliers, E., 544
Flint, A., 227
Flint, J., 35, 36
Flor, H., 353, 359
Flores, B., 227
Flory, K., 291
Flykt, A., 58, 61, 62
Flynn, J. R., 561
Foa, E. B., 158, 165, 168, 174
Fogelson, D. L., 494
Fogg, L. F., 230
Foland-Ross, L. C., 252
Foley, E., 345
Foley, K. R., 565
Folkers, G. K., 335, 341, 342
Folsom, D. P., 603
Folstein, M. F., 579
Folstein, S. E., 579
Fone, K., 508
Fong, T. G., 573
Fontenelle, L. F., 496
Forand, N. R., 260
Ford, B., 602
Ford, C., 374
Ford, E. S., 335
Ford, H., 403
Ford, J. B., 441
Ford, M. R., 469
Ford, T., 544
Fordyce, W. E., 353
Foreyt, J. P., 307
Forness, S. R., 545
Forney, K. J., 292
Forsberg, M., 376
Fort, C., 233
Fortes, I. S., 548
Forth, A. E., 468, 481, 484
Forti, G., 394
Fosco, G. M., 447
Foster, A., 529
Foster, G. D., 304, 305
Foster, T. C., 247
Fournier, J. C., 258, 264
Foussias, G., 505
Fowler, J. C., 273
Fowles, D. C., 483
Fox, E., 156
Foy, D. W., 164
Frampton, C., 477
France, C. R., 353, 359

Frances, A., 91, 100, 594
Frances, A. J., 98, 101, 328, 469
Frances, R. J., 428
Franche, R. L., 494
Francis, D., 41
Francis, D. D., 138
Francis, K., 139
Francke, A., 593
Francouer, E., 209
Frank, E., 98, 99, 224, 229, 248, 249, 254, 267, 379
Frank, R. G., 364
Frankel, S. A., 231
Frankenburg, F. R., 468, 486
Franklin, J. E., 428
Franklin, K. J., 253
Franklin, M. E., 174, 172
Franklin, X., 320
Franko, D. L., 280, 281, 283, 287, 291, 301
Franson, K. L., 438
Frasure-Smith, N., 352
Fratiglioni, L., 579, 593
Frazier, T. W., 552, 566
Frean, E., 335
Fredman, L., 67
Fredrikson, M., 59, 349
Freedman, M., 307
Freels, S., 99, 234
Freeman, A., 474, 490, 530, 477
Freeman, D., 530
Freeman, E., 242
Freeman, E. W., 99
Freeman, R., 295
Freeman, S., 557
Freinkel, A., 202
French-Belgian Collaborative Group, 351
Frenda, S. J., 213, 215
Freud, S., 19
Freund, K., 398
Frewen, P. A., 160
Freyberger, H. J., 200
Frick, P. J., 480
Fricke, R. A., 55
Fridlund, A. J., 25
Frie, N., 307
Fried, L. P., 591
Friedberg, F., 358
Frieden, T. R., 309
Friedl, M. C., 206
Friedman, A. F., 84
Friedman, B. H., 94
Friedman, J. J., 356
Friedman, J. M., 163, 166, 306
Friedman, M., 350
Friedman, M. B., 196, 235
Friedman, M. J., 161
Fried-Oken, M., 591
Frissen, A., 506
Fristad, M. A., 241
Frith, C., 602
Fritz, C. O., 106
Frodl, T., 545
Frombonne, E., 554
Fromm-Reichmann, F., 525
Frosch, E., 573
Frost, R. O., 180
Frühauf, S., 392
Fruzzetti, A. E., 264, 297
Fryar, C. D., 373
Fuchs, L. S., 551
Fugl-Meyer, A. R., 379

ÍNDICE DE NOMES **737**

Fuji, D. E., 121
Fukuda, K., 137
Fulford, K. W. M., 4
Fullana, M. A., 173
Fullerton, C., 191
Fulton, H. G., 446, 432
Fulton, J. J., 130
Furberg, H., 357
Furman, W., 375
Furnham, A., 476, 532
Furr, J. M., 135, 138, 160
Fusar-Poli, P., 503, 514
Fushimi, N., 430
Futterman, S. E., 475
Fyer, A., 145
Fyer, A. J., 149, 153, 158

G

Gable, J., 529
Gaggar, A., 288
Gagliese, L., 354
Gagnon, J., 391
Gagnon, J. H., 391
Gail, M. H., 282
Galatzer-Levy, I. R., 242
Galea, L. A. M., 229
Galea, S., 163
Gallagher, M. W., 130
Gallagher-Thompson, D., 66, 67, 339
Gallant, A. R., 305
Gallerani, C. M., 231
Galletta, A., 77
Gallo, A., 51
Gallo, J. J., 269
Gallo, L., 352
Gamba, R., 172
Gambetti, P., 312
Gandaglia, G., 387
Ganguli, M., 571, 572, 594
Ganne-Vevonec, M. O., 489
Gannon, T. A., 401, 403
Gansler, D. A., 52
Ganz, J. B., 564
Gao, Y., 484
Gaoatswe, G., 409
Gara, M. A., 192
Garawi, F., 446
Garb, H. N., 85
Garber, J., 231, 240, 241, 242, 248, 249, 251, 252, 264
Garcia, F. D., 406
Garcia, G., 374
Garcia, H. D., 406
Garcia, J., 61
Garcia-Campayo, J., 196
Garcia-Lopez, L. J., 159
Gardiner, C., 307
Gardner, C. O., 249, 254
Gardner, F., 485
Garfield, A. F., 274
Garfinkel, P. E., 284, 356, 357
Garland, E. L., 441
Garlow, S., 245, 246, 247
Garmezy, N., 69
Garner, D. M., 280, 394
Garnier-Dykstra, L. M., 430
Garon, N., 118
Garrabe, J., 511
Garrity, A. G., 523
Garvey, L., 138, 335
Garvey, M. J., 138
Gary, L. E., 240

Garzino-Demo, A., 344
Gatchel, R., 353, 354, 355
Gatchel, R. J., 190
Gatsonis, C., 270
Gatz, M., 138, 241, 245
Gau, J. M., 232
Gaudreau, J.-D., 573
Gauthier, M., 562
Gauthier, R., 406
Gavin, A. M., 16
Gavin, N. I., 229
Gaylor, E. E., 314
Ge, X., 254
Gearhardt, A. N., 304, 306, 309
Gearhart, J. P., 409
Geda, Y. E., 352
Gee, G., 306
Geer, J. H., 386
Geesey, M. E., 589
Gehrman, P., 314
Geiger, P. J., 488
Geleijnse, J., 353
Gelernter, J., 128, 130
Gelfand, L. A., 264
Geller, B., 260
Gendrano, N., 381
Gendron, M., 62
George, E. L., 261
George, L., 150
George, M. S., 261
Georgiades, K., 249
Geraerts, E., 213
Gerard, D. L., 16
Gerber, P. J., 548
Gerdin, B., 469, 486
Gerger, H., 391
Germain, A., 168
Gernsbacher, M., 555
Geronimus, A., 306
Gershenfeld, H., 266
Gershon, A., 245
Gershon, E. S., 36, 248
Gerstein, D. R., 457
Geschwind, D. H., 35
Gesquiere, L. R., 336
Gestring, R. E., 572
Gfroerer, J. C., 436
Ghaemi, S. N., 250, 260
Ghanem, H., 381
Ghitza, U. E., 454
Giannotti, F., 315
Gianoli, M. O., 493
Gibb, B., 252
Gibb, R., 55, 56, 60
Gibbons, R., 258
Gibbs, J., 306
Gibson, P., 177
Giedke, H., 248
Gielen, A. C., 364
Giesbrecht, T., 202, 203, 208, 211, 212, 213
Giese-Davis, J., 344
Gilbert, D. T., 68
Gill, S. S., 573
Gillberg, C., 475, 554
Gillen, D. L., 308
Giller, H., 108
Gillespie, C. F., 56
Gillespie, J. A., 101
Gillespie-Lynch, K., 552
Gillihan, S. J., 168
Gilmore, J. H., 518
Giltay, E., 353

Ginovart, N., 522
Ginsburg, G. S., 153, 159
Giordano, T. P., 342
Gipson, M. T., 174
Gipson, P. Y., 249
Girdler, S., 565
Girgus, J. S., 251
Girirajan, S., 563
Gironde, S., 486
Gislason, I. L., 291
Gitlin, M. J., 258, 259, 260, 261, 262,
Gjerde, L. C., 495
Gladis, M., 299
Gladstone, T. R., 265
Glaesmer, H., 232
Glaser, R., 335, 338, 339
Glasper, E. R., 247
Glass, S., 300
Glassman, A. H., 434
Glaus, J., 229
Glazer, J. P., 197
Gleason, J. A., 307
Gleason, M. E., 469
Gleason, M. M., 170, 168
Gleason, T., 170
Gleaves, D. H., 204, 210, 211, 213
Gleditsch, S. L., 346
Glei, D. A., 40
Gleiberman, L., 64
Glenn, B., 353
Glisky, E. L., 188, 209, 212
Glod, C., 258
Gloster, A. T., 139
Glover, G., 524
Glovinsky, P., 316
Glynn, R. J., 137
Glynn, S. M., 531
Godart, N., 295
Godart, N. T., 287
Goel, M. S., 289, 306
Goel, X., 320
Goering, P., 532
Goff, D. C., 522
Gold, J. H., 100
Gold, M. S., 387
Gold, S. N., 215
Goldberg, D., 224
Goldberg, D. P., 192, 193
Goldberg, J., 381
Goldberg, J. F., 227
Golden, C. J., 86
Golden, R., 230, 231
Goldfarb, W., 554
Goldie, W. D., 25
Goldin, P. R., 157, 158
Goldman, D., 40
Goldmeier, D., 156, 159
Goldmeir, D., 385
Goldschmidt, A. B., 288
Goldschmidt, L., 421
Goldsmith, H. H., 130
Goldstein, A., 564
Goldstein, C., 381
Goldstein, C. R., 235
Goldstein, G., 86
Goldstein, H., 557
Goldstein, I., 381, 394
Goldstein, J. M., 522, 523
Goldstein, R. B., 421
Goldstein, S., 69
Goldston, D., 270, 271
Goldston, D. B., 270

Golembo-Smith, S., 515
Golier, J., 167
Gollan, J. K., 458
Golmaryami, F. N., 480
Golshan, S., 180
Gomez, L., 132, 409
Gomez-Caminero, A., 132
Gomez-Gil, E., 409
Gong, Q., 517
Gonzalez, C. M., 59
Gonzalez, J. S., 343, 344
González, N., 512
Good, B. J., 64, 141, 151, 243, 346
Goodale, G., 609
Goode, S., 555
Goodenow, C. S., 294
Goodin, B. R., 359
Goodman, D. M., 121
Goodman, G. S., 214, 215
Goodman, R., 324
Goodman, W. K., 170
Goodnough, A., 165
Goodrick, X. X., 317
Goodwill, A., 488
Goodwin, F. K., 230, 237, 238, 238, 241, 243, 244, 247, 248, 250, 260, 261, 267
Goodwin, G. M., 54
Goodwin, P. J., 345
Goodwin, R., 223
Gooren, L., 407, 409
Gooren, L. J., 409
Goos, L. M., 544
Goozen, S. H. M., 483
Gordis, E., 444
Gordon, J. A., 50
Gordon, K. H., 287
Gore-Felton, C., 343
Gorelick, D. A., 524
Gorman, J. M., 146
Gorman, L. K., 42
Gorman, L. L., 264
Gormley, M. J., 541
Gorny, G., 56, 68
Gorski, R. A., 377
Gorwood, P., 51, 470
Gorzalka, B. B., 389
Gosch, E., 158
Gotheil, E., 344
Gotlib, I. H., 47, 241, 247, 248, 252, 256
Gotman, N., 101, 229
Gottesman, I. I., 36, 505, 517, 519
Gottfredson, L., 86
Gottlieb, M. C., 124
Gould, E., 247
Gould, M., 272, 273
Gould, M. S., 272, 273
Gould, R. A., 299
Gould, S. J., 18
Gournay, K., 176
Gouveia, M. J., 358
Gouzoulis-Mayfrank, E., 104, 430
Goyal, A., 200
Goyal, M., 360
Grabbe, K. L., 366
Grabe, H. J., 196
Grabe, S., 290, 292
Grace, M. C., 161
Gradisar, M., 314
Grados, M. A., 172
Gradus, J. L., 167

Graeff, F. G., 129
Graff, F. S., 477
Graham, C. A., 379, 382
Graham, J. R., 87
Graham, R., 221
Graham-Hole, V., 531
Grandi, S., 191
Granic, I., 483
Granillo, M. T., 455
Grann, M., 602, 610
Grant, B., 223
Grant, B. F., 135, 141, 421
Grant, I., 66
Grant, J. E., 177, 181, 459
Grant, K. E., 249
Grant, L., 353
Gratten, J., 130
Gratz, K. L. 131
Graubard, B. I., 282, 304
Gray, B. A., 517
Gray, J. A., 49, 50, 128, 129, 130, 517
Graybar, S. R., 488
Graziosi, C., 342
Grazzi, L., 363
Greely, H., 602
Green, B. A., 377
Green, B. L., 163
Green, C. R., 313
Green, J., 169
Green, K. F., 59
Green, M. F., 509
Green, R., 409, 410
Green, S., 611, 612
Greenberg, B. D., 53, 175
Greenberg, D. R., 290
Greenberg, H. R., 457
Greenberg, M. A., 334
Greenberg, T., 258, 273
Greenblatt, D. J., 138
Greene, R., 547
Greene, S. J., 376
Greenfield, T., 453
Greenhouse, W. J., 255
Greenlick, M. R., 351
Greenough, W. T., 55, 56
Greenspoon, M., 499
Greenwood, P., 386
Greenwood, T. A., 520
Greeven, A., 196
Gregg, N., 548, 550
Gregoire, A., 394
Gregory, X., 325
Grella, C., 436
Gressier, F., 487
Grether, J. K., 555
Greydanus, D. E., 558
Griffith, D., 306
Griffith, E. E. H., 200, 207
Griffith, J. L., 307
Griffiths, R., 435
Griffiths, R. R., 440
Grillon, C., 167
Grilo, C., 489
Grilo, C. M., 288, 299, 301, 489
Grinspoon, L., 432
Grisham, J., 179
Grisham, J. R., 132, 180
Grobler, C., 223
Groc, L., 335
Grof, P., 224
Groleau, P., 296
Groom, C., 137

Gross, J. J., 136, 157, 487
Grossardt, B. R., 352
Grossman, C. I., 344, 364
Grosz, H. J., 199
Growdon, M. E., 573
Gruber, A. J., 205
Gruber, J. L., 256
Gruber, J., 256
Gruber, R., 311
Grudzinskas, A., 604
Grummer-Strawn, L. M., 304
Gu, D., 366
Guan, X., 590
Guarnaccia, P. J., 120
Guastella, A. J., 556
Guedeney, N., 241
Gueorguieva, R., 301
Guijarro, M. L., 349
Guild, D., 399
Guilleminault, C., 49
Guimond, T., 489
Gulliksson, M., 349, 350
Gulsrud, A., 557
Gündel, H., 233
Gunderson, J. G., 468, 469, 473, 475, 486
Gunn, M., 291, 295, 606, 607
Gunnar, M. R., 130, 167, 345
Guo, Z., 589
Gupta, S., 232
Gur, R. C., 195, 509
Gur, R. E., 520
Guralnik, O., 203
Gureje, O., 191, 192, 193
Guroff, J. J., 204
Gurvits, T. V., 165
Gurwitz, J., 167
Gusella, J. F., 585
Gustad, J., 176, 177
Gustafson, L., 582
Gusti Rai Tirta, I., 532
Gutheil, T. G., 611
Gutner, C., 141
Gutowski, S. M., 455
Guttmannova, K., 427
Guze, S. B., 194
Gwaltney, J. M., 67

H

Haber, S. N., 55, 66, 175
Hack, S., 135, 138
Hackett, T. P., 64, 363
Haddad, P. M., 527
Hadigan, C. M., 299
Hadiyono, J., 156
Hadjistavropoulos, T., 178
Hadland, S. E., 294
Hadley, S., 178
Hadzi-Pavlovic, D., 525
Haeffel, G. J., 250, 253
Haenen, M. A., 191, 194, 195
Hagel, A., 152
Hahn, T., 129
Haines, J., 304
Hakimi, S., 156
Hakstian, A. R., 479
Haley, A., 37
Hall, A., 280
Hall, D. E., 195
Hall, J. A., 608
Hall, J. R., 479
Hall, K., 406
Hall, L. S., 390

Hallahan, D. P., 548
Hallerbäck, M. U., 475
Hallet, A. J., 349
Halliburton, A. E., 441
Halligan, P. W., 80
Hallmayer, J., 555
Halmi, K. A., 296
Halpern, J. H., 440
Hamer, D. H., 377
Hamer, R. M., 192
Hames, J. L., 250, 253
Hamid, H., 478
Hamilton, J. L., 240
Hamilton, J. P., 247
Hamm, A. O., 297
Hamm, J., 509
Hammeke, T. A., 89
Hammen, C., 247, 249, 252, 260, 261, 265
Hammen, C. L., 240
Hammer, S., 342, 332
Hammond, R., 364
Hampton, T., 275
Hancock, T. B., 557
Handelsman, M. M., 124
Handiwala, L., 387
Hankin, B. L., 68, 251, 253, 254
Hanlon, E. C., 311
Hanna, G. L., 170
Hannema, S., 409
Hans, V. P., 607
Hansen, K. S., 325
Hanson, R. K., 405
Hantouche, E., 224, 270
Hanuszkiewicz, I., 525
Hara, K., 212
Harada, N., 157
Harbert, T. L., 405
Harburg, E., 64
Harden, R. N., 353
Hardie, T. L., 443
Harding, J. W., 589
Hare, R. D., 465, 468, 479, 481, 483, 484, 602
Hariri, A. R., 35, 483
Harley, K., 525
Harlow, B., 242
Harmell, A. L., 613
Harmer, C. J., 47, 49
Haro, J. M., 512
Harold, G. T., 253
Harper, L. V., 39, 612
Harpur, T. J., 479
Harrington, J. L., 87
Harris, G. T., 399, 400, 405
Harris, L. S., 249
Harrison, B., 144
Harrison, B. J., 52
Harrison, J. P., 158
Harrison, P. J., 295, 515, 520, 522, 523
Harrison, R., 252
Harriss, L., 271
Hart, A. B., 264
Hart, S. D., 481
Harte, C. B., 388
Hart-Johnson, T., 313
Hartlage, S. A., 99, 234
Hartley, D. M., 42
Hartman, T. J., 434
Harvey, A. G., 248, 250, 315
Harvey, B. H., 516
Harvey, I., 523

Harvey, M., 548
Harvey, P. D., 102
Harvey, S. B., 357, 358
Hasin, D., 223, 240, 241, 243, 479
Hasin, D. S., 459
Haslam, N., 525
Häßler, F., 311
Hastings, R. P., 565
Hatfield, E., 11, 62
Hathaway, S. R., 82, 85
Hattie, J., 85
Hatzichristou, D. G., 381
Hauch, J., 144
Haukka, J., 270
Haukkala, A., 349
Hauner, K. K., 53, 154
Hauser, M., 200, 477
Hausmann, M., 508
Hausteiner, C., 352
Havel, L. L., 230
Haw, C., 271
Hawes, D. J., 488
Hawkins, J. D. P., 120
Hawkley, L. C., 333, 339, 349
Hawton, K., 271, 380, 381, 383
Hay, P. J., 280, 283
Hayes, M., 346, 451
Hayes, S. C., 6, 395
Hayes-Skelton, S. A., 138
Haynes, R. B., 613
Haynes, S. G., 351
Haynes, S. N., 82, 83
Haynos, A. F., 297
Hays, R. D., 255
Hazell, P., 68
Hazlett-Stevens, H., 89
Heath, A. C., 245, 246
Heath, A. K., 564
Heath, C. A., 586
Heathcote, D., 70
Heatherton, T. F., 280, 297
Heaton, P., 555
Hebert, L. E., 577
Hecht, K. F., 468
Hecker, M. H. L., 351
Heckers, S., 512
Heckman, B. W., 433
Hedley, A. J., 366
Hegerl, U., 238
Heidenreich, T., 158, 263
Heil, S. H., 420
Heim, C., 247, 357
Heiman, J. R., 382, 389, 392, 393
Heimberg, R. G., 154, 158
Heinrichs, N., 154
Heintzelman, S. J., 104
Heisler, L. K., 306
Helgeson, V., 344
Hellemann, G., 557
Heller, W., 49, 248
Hellmuth, J. C., 446
Hellström, K., 153
Helyer, R., 488
Helzer, J. E., 5, 90
Hemmingsson, T., 352
Henckens, M. J. A. G., 130
Henderson, K. E., 282, 304, 306
Henderson, V. W., 580
Hendriks, G. J., 146, 169
Hendriksen, E. S., 334
Hennen, J., 395, 468
Henry, D., 70

Henry, G., 10, 16
Henschel, A., 286
Herbert, T. B., 339, 340
Herda, C. A., 151
Herdt, G. H., 376
Herlianto, E. C., 488
Herling, S., 445
Herlitz, C. A., 376
Herman, C. P., 295
Herman-Dunn, R., 254
Hermann, C. A., 402
Hermans, D., 24
Hermans, E. J., 130
Hernandez, M., 532
Heron, J., 438
Herpertz, S. C., 296, 489
Herpertz-Dahlmann, B., 296
Herren, C., 154
Hersen, M., 112
Hershberger, S., 377
Herzog, A., 191
Herzog, D. B., 288, 302
Heshka, S., 307
Hester, R. K., 452
Hetherington, M. M., 306
Hettema, J. M., 36, 136, 153, 249
Heylens, G., 409
Hieneman, M., 80, 122
Higgins, S. T., 420, 450, 454
Higuchi, S., 448
Hilbert, A., 301
Hilchey, C. A., 435
Hildebrandt, T., 301
Hildenbrand, A. K., 364
Hilgard, E. R., 59
Hill, C., 357
Hill, E. M., 149
Hill, K. G., 118
Hill, K. K., 291
Hill, X., 324
Hiller, W., 189, 191, 192, 193, 195,
    196, 314
Hillhouse, J. J., 193
Hillygus, J., 589
Hilsenroth, M., 82
Hilsenroth, M. J., 23
Hilt, L. M., 240, 254
Hilty, D. M., 181
Himle, J. A., 149
Hindmarch, I., 137
Hingson, R., 426
Hinshaw, S. P., 97, 542
Hinshelwood, J. A., 550
Hinton, D., 141, 142, 151
Hinton, D. E., 141, 151, 156, 157,
    589
Hinton, L., 589
Hiripi, E., 280
Hirschfeld, D. R., 157
Hirschfeld, R. M. A., 257
Hirshkowitz, M., 317
Hiruma, N., 156
Hitchcock, P. B., 194
Ho, B. C., 524
Ho, S. Y., 366
Hoblyn, J., 590
Hobson, R. P., 201
Hockenberry, J., 434
Hodes, M., 61
Hodgins, S., 477
Hodgson, K., 245
Hodgson, R., 403

Hoeffer, C. A., 566
Hoeft, F., 550
Hoek, H. W., 280, 284, 286, 289,
    291
Hoekstra, T., 353
Hoffman, B., 362
Hoffman, E. J., 136, 137
Hoffman, R. E., 528
Hofman, M. A., 409
Hofmann, S., 150
Hofmann, S. G., 61, 62, 63, 128,
    130, 136, 138, 141, 149, 155,
    156, 158, 159, 160, 169, 179, 263
Hogan, D. R., 392
Hogarty, G. E., 531
Höjerback, T., 411
Holden, C., 304
Holder, H. D., 456
Holi, M. M., 459
Holland, A. J., 561
Holland, J. M., 66, 333
Holland, L. A., 299
Hollander, E., 178, 200, 447
Hollander, J. A., 446, 459
Hollands, G. J., 339
Hollis, J. F., 351
Hollon, S. D., 145, 224, 263, 264,
    266, 613, 615
Holm, H., 469, 486
Holmes, L., 48
Holroyd, K. A., 355, 360
Holt-Lunstad, J., 65, 349
Holtzman, J. N., 260
Holzman, P. S., 520
Hong, P. S., 307
Hong, S. B., 310
Hood, S., 179
Hoogduin, C. A., 146
Hoogduin, K. A., 200, 201
Hooley, J. M., 486, 488, 525
Hoon, P. W., 389
Hopkins, M., 137
Hoppenbrouwers, S., 487
Hops, H., 264
Hopwood, C. J., 93, 466, 472, 474,
    475
Horáček, J., 440
Horan, W. P., 508, 509, 524
Hornberger, J. C., 502
Hornung, R., 459
Horowitz, J., 257
Horowitz, S. H., 548
Horta, B. L., 541
Horwath, E., 173, 515
Horwitz, A. V., 274
Horwood, J., 242
Horwood, L. J., 427
Hostinar, C. E., 131, 345
Hotopf, M., 357
Houck, J. M., 454
House, J. S., 65, 66
Houston, B. K., 351
Houston, K., 271
Howard, G., 589
Howard, L. J., 284
Howard, M. O., 441
Howard, V. J., 570
Howe, M. L., 209
Howell, A. J., 210
Howell, M., 316
Howes, O. D., 432, 507, 522
Howieson, D. B., 81, 88
Howland, R. H., 94

Howlin, P., 555
Hoza, B., 541
Hser, Y. I., 436
Hsia, C., 151
Hsu, L. K. G., 285, 286, 295
Hu, N., 377
Hu, S., 136, 377
Huang, C. C., 109
Huang, J. K., 391
Huang, K-E., 101
Huang, T. L., 229
Huang, Y., 468, 470, 492
Huang, Y. C., 229
Hubert, N. C., 346
Hubley, S., 254
Hucker, S. J., 399
Huddy, V., 531
Hudson, J. I., 45, 177, 209, 285,
    288, 289, 294
Hudson, J. L., 154
Hudziak, J., 409
Huerta, M., 566
Huesmann, R., 485
Hughes, C. J., 582
Hughes, D., 150
Hughes, J. R., 435, 451
Hughes, T. A., 582
Huibers, M., 138
Hull, I. M., 267, 611
Humedian, M., 121
Hummelen, B., 475
Humphrey, L. L., 295
Hung, Y. Y., 229
Hunot, V., 358
Hunsley, J., 73, 82
Hunt, W. A., 15
Hunter, E., 202
Hunter, J. A., 403
Hunter, L., 154
Huntington's Disease Collaborati-
    ve Research Group, 585
Huntjens, R. J., 209
Huppert, J. D., 133, 158
Hur, K., 258
Hurt, E., 545
Hurt, S. W., 99
Hus, V., 566
Husain, K., 358
Hutchinson, D. M., 293
Hutton, J., 555
Huxter, M., 345, 346
Hwang, I., 271
Hwang, W., 335
Hybels, C. F., 241, 242, 260
Hyde, J. S., 290, 292, 374, 375
Hyde, L. W., 483
Hyman, S. E., 35, 47, 100
Hynan, L. S., 580
Hypericum Depression Trial Study
    Group, 259

I

Iacono, W. G., 486, 520
Iacovino, J. M., 473
Iadarola, S., 557
Iannucci, R. A., 432
Ibanez-Casas, I., 512, 513
Ikramuddin, S., 308
Ilardi, S. S., 264
Imes, S. A., 297
Imhof, A., 577
Ingoldsby, E. M., 486
Ingram, R., 252

Ingvar, M., 54, 270
Inkelis, S., 312
Inouye, S. K., 573, 574
Insel, T., 100, 280
Insel, T. R., 27, 36, 40, 54, 55, 260
Institute of Medicine, 67, 274, 353,
    364, 613
Iribarren, C., 351
Irons, G., 25
Ironside, J. W., 586
Ironson, G., 63, 343, 351
Irurtia, M. J., 475
Irwin, M., 425
Irwin, M. R., 246
Isaacowitz, D., 70
Isenberg-Grzeda, E., 425
Isometsä, E., 270
Israël, M., 65, 280
Ito, B. S., 540
Ito, K., 578
Ivanenko, A., 326
Ivanov, I., 452
Ivengar, M., 138
Iverson, L., 47
Ivleva, E. I., 520
Izard, C. E., 62

J

Jääskeläinen, E., 502
Jablensky, A., 515
Jaccard, J., 167, 362
Jackson v. Indiana, 609
Jackson, C., 447
Jackson, G., 387
Jackson, J., 271
Jackson, J. J., 473
Jackson, J. S., 306
Jackson, T., 281
Jacob, R. G., 159
Jacobi, W., 522
Jacobs, S. C., 252
Jacobsen, P. B., 345
Jacobson, K. C., 429
Jacobson, L. A., 561
Jacobson, N. S., 254, 263, 264
Jacobus, J., 445
Jacoby, R. J., 170
Jaconis, M., 288
Jaffe, J. H., 431, 436
Jaffee, S., 35, 38, 246, 250
Jager, G., 437, 438
Jahr, E., 565
Jahraus, J. P., 284
Jain, K. K., 320, 546
Jain, X., 320, 546
Jakicic, J. M., 307
Jakob, M., 195
Jakupcak, M., 446
James, B. O., 120
Jameson, D., 207
Jamison, K. R., 230, 237, 238, 239,
    243, 244, 247, 248, 250, 260,
    261, 267
Jamison, R. N., 354
Janca, A., 399, 476
Jang, K. L., 99, 100, 523
Jang, S. H., 98
Janghorbani, M., 391
Janicki-Deverts, D., 333
Jankovic, J., 528
Jannini, E. A., 377
Jansen, A. G., 117
Jansen, R., 136

Janssen, E., 375, 386
Janszky, I., 352
Jardri, R., 485
Jarman, C., 455
Jarrett, R. B., 265, 266
Jasiukaitis, P., 211
Jason, L. A., 356
Jaspers, K., 506
Jaussent, I., 314
Javdani, S., 491
Javitt, D. C., 442, 522
Jay, S. M., 346
Jayawickrema, S., 389, 393
Jelicic, M., 202
Jellinek, E. M., 426, 427
Jenike, E., 174
Jenike, M. A., 174
Jenkins, J. H., 525
Jenkins, R., 121
Jennings, W. G., 485
Jensen, E., 452
Jensen, H. M., 260
Jensen, P. S., 547
Jensen, U. B., 590
Jerabek, P., 256
Jern, P., 377
Jesse, R., 439, 440
Jessell, T. M., 47
Jeste, D. V., 613
Jiang, W., 350
Jiann, B. P., 391
Jilek, W. G., 207
Jin, R., 136, 141, 154
Jindal, R. D., 247
Jiskrova, G., 467
Jiu, C. J., 133
Jo, B., 302
Jobes, D. A., 270
Jockin, V., 38
Joe, S., 271, 602
Joels, M., 129
Johannes, C. B., 381
Johanson, C. E., 445
Johansson, A., 411
Johansson, P., 483
John, M., 307
Johnson, A. M., 373
Johnson, B., 177
Johnson, C. J., 602
Johnson, D. P., 255, 256
Johnson, J., 489
Johnson, J. G., 130, 203, 303, 480
Johnson, L., 353
Johnson, M., 440
Johnson, S., 602
Johnson, S. L., 60, 63, 228, 238, 239, 246, 248, 250, 252
Johnson, V. E., 107,117, 388
Johnson, V. R., 424
Johnson, W., 238, 248, 255
Johnson-Sabine, E., 293
Johnston, B. C., 307
Johnston, C. A., 307
Johnston, L. D., 426
Johnstone, E. C., 526, 527, 528, 530, 531, 532, 534
Joiner, T., 272
Joiner, T. E., 252, 253, 255, 263, 272, 273, 275, 280, 296
Joiner, Y., 295
Joling, K. J., 590
Jones, B. D., 520
Jones, B. E., 517

Jones, D. J., 253
Jones, J., 372
Jones, J. C., 165
Jones, O., 602
Jones, P., 523, 527
Jones, P. B., 528
Jones, R., 364, 517
Jones, R. B., 201
Jones, R. T., 163, 439
Jones, S., 395
Jones, W., 552
Joo, E. Y., 310
Joormann, J., 135, 246, 252
Jordan, B. D., 588
Jose, A., 471
Joy, M. E., 485
Joyce, P., 477
Joyce, P. R., 487
Joyner, M. J., 349
Judd, L. L., 225, 231, 238
Judge, B., 430
Judge, C., 409
Juliano, L. M., 435
Julius, M., 64
Jummani, R., 540
Juneau, M., 352
Junginger, J., 396

K
Kabat-Zinn, J., 263
Kaciroti, N., 64
Kaelber, C., 93
Kafha, M. P., 396
Kagan, J., 157
Kahler, C. W., 434
Kahn, R. S., 544
Kaholokula, J., 80
Kaiser, A. P., 557
Kaiser, J., 341, 342
Kalaria, R., 581
Kalat, J. W., 47
Kalbarczyk, A., 577
Kalichman, S. C., 341
Kalin, N. H., 130
Kalivas, P. W., 455
Kallmann, F. J., 517
Kalra, G., 118
Kalso, E., 55
Kaltman, S., 232
Kamath, V., 122
Kameʻenui, E. J., 551
Kamen, C., 24
Kaminski, J. W., 485
Kampman, M., 146
Kanai, R., 56
Kanaya, T., 561
Kanayama, G., 48, 293, 294, 441, 442
Kandel, E. R., 47, 55, 59
Kane, J. M., 522, 528
Kanigel, R., 433
Kannel, W. B., 351
Kanner, L., 554, 556
Kansas v. Hendricks, 605
Kaplan, H. S., 388
Kaplan De-Nour, A. K., 66
Kaplan, B. H., 67
Kaplan, G., 558
Kaplan, M., 464
Kaplan, M. S., 388
Kaplan, S. A., 394
Kaplin, A. I., 438 Kaptchuk, T. J., 53

Kapur, S., 522
Karg, K., 37, 47
Kariuki-Nyuthe, C., 132
Karkhaneh, M., 558
Karkowski, L. M., 153
Karlawish, J. H., 587
Karlin, B. E., 110
Karno, M., 525
Karterud, S., 475
Kasen, S., 199, 294, 480
Kasindorf, J., 604
Kaski, M., 564
Kasl, S. V., 60
Kaslow, N. J., 260, 264
Kaspar, S., 377
Kass, A. E., 303
Kass, D. J., 491
Kassam-Adams, N., 364
Kato, K., 357
Kato, M., 514
Katon, W., 135, 194,
Katon, W. J., 337, 339
Katz, I. R., 577
Katz, J., 354, 359
Katz, M., 394
Katz, M. J., 573, 577
Katz, R. C., 174
Kaufman, A. V., 593
Kaufman, J. C., 243
Kaufmann, W., 240, 561
Kavale, K. A., 545
Kavanagh, D. J., 525
Kawachi, I., 256, 349, 352
Kawas, L. H., 589
Kay, C., 169
Kaye, S., 427
Kaye, W., 284, 286
Kaye, W. H., 287, 295, 296, 301
Kazak, A. E., 346
Kazantzis, N., 358
Kazdin, A. E., 112
Keane, T. M., 161, 163, 167, 202, 215
Kearney, A. J., 141, 454, 548
Kearney, C. A., 141, 454, 548
Kearns, M. C., 168
Keck, P. E., 174, 261
Keddie, A., 454
Kedem, P., 64
Keefe, D. L., 409
Keefe, F. J., 353, 359, 362
Keel, P. K., 280, 287, 289, 296, 299
Keeley, J. W., 6, 92
Keenan, J. M., 251, 253, 256, 264
Keenan-Miller, D., 247, 249, 252, 260, 261
Keener, A., 248
Keenleyside, M., 475
Kefalas, P., 12
Kehrer, C. A., 489
Keijsers, G. P., 199
Keilitz, I., 608
Keith, S. J., 503, 516
Keitner, G. I., 255, 264
Keller, M. B., 133, 222, 225, 231, 232, 265
Keller, M. C., 130
Kellner, C. H., 261
Kellner, D., 107
Kellner, R., 195
Kellum, J. M., 306
Kelly, B. D., 475
Kelly, I. W. 11, 12

Kelly, J. F., 447, 453
Kelly, P., 573
Kelsoe, J. R., 38
Keltner, D., 256
Kemeny, M. E., 335, 337, 344
Kemp, S., 10, 11, 13
Kendall, P. C., 110, 111, 130, 159
Kendler, K., 513
Kendler, K. S., 5, 35, 36, 38, 40, 99, 116, 128, 136, 153, 245, 246, 249, 250, 254, 255, 263, 284, 295, 296, 297, 434, 443, 472, 480, 481
Kendrick, D., 364
Kenis, G., 518, 524
Kennard, B. D., 264
Kennealy, P., 505
Kennedy, D. L., 138
Kennedy, E., 307
Kennedy, J. L., 502
Kennedy, K. A., 100
Kennedy, M., 487
Kennedy, Q., 54
Kennedy, S., 335, 344
Kennedy, S. H., 54, 262
Kennedy, W. K., 452
Kenney, R. D., 195
Kenny, P. J., 446, 447
Kent, J. M., 129
Kerns, R., 354
Kerns, R. D., 359, 360
Kerr, M., 447
Kersting, A., 232
Kertesz, S. G., 447
Keski-Rahkonen, A., 289
Kessler, R., 253, 254
Kessler, R. C., 126, 132, 135, 140, 141, 144, 150, 151, 156, 163, 173, 222, 223, 225, 229, 230, 231, 240, 241, 243, 270, 283, 458, 468
Kest, B., 356
Keuroghlian, A. S., 486
Keuthen, N. J., 181
Key, A. C., 411
Keyes, M. A., 486
Keys, A., 294
Khaitan, B. K., 391
Khan, A., 506
Khan, F., 121
Khan, S., 129
Khokhar, J., 443, 444
Khoury, B., 138, 263, 349
Khoury, J., 544
Khoury, J. E., 488
Kibler, J. L., 343
Kidd, K. K., 605
Kiecolt-Glaser, J. K., 335, 339
Kiefe, C. I., 349
Kiel, E. J., 131
Kiesler, C. A., 603
Kiesler, D. J., 106
Kihlstrom, J. F., 61, 188, 199, 203, 208, 209, 212, 215
Kilgus, M., 411
Killerman, S., 373
Killgore, W. D. S., 446 Kilman, V. L., 56
Kilmer, J. R., 426
Kilpatrick, D. G., 37, 94, 246
Kilzieh, N., 238
Kim, D., 310
Kim, D. I., 99
Kim, E. D., 381, 394

Kim, H. F., 90
Kim, H. J., 136, 180
Kim, J. M., 243
Kim, K. M., 253, 254
Kim, S., 178
Kim, S. W., 459
Kimchi, E. Z., 590
Kincannon, H. T., 374
King, B. H., 544, 564
King, D. E., 589
King, D. W., 106, 164, 165
King, J., 307
King, L. A., 104, 166
King, M., 429, 609
King, M. C., 246
King, X., 130
Kingston, D. A., 395, 399
Kinney, D. K., 244
Kinzie, J. D., 243
Kircher, J. R., 391
Kirkpatrick, D. R., 153, 313
Kirmayer, L. J., 192, 194, 201, 473
Kirov, G., 519
Kirsh, F. C., 611
Kishimoto, T., 527, 528
Kissinger, P., 342
Kistner, J. A., 64
Kit, B. K., 282, 304
Kittel, F., 351
Kivimäki, M., 53, 349
Kjernisted, K. D., 196
Klann, E., 565
Klaus, J. R., 452
Klaus, K., 93
Klein, D. F., 157
Klein, D. N., 225, 228, 231, 232, 235, 242, 245, 249
Klein, H. M., 12
Klein, M. H., 130
Klein, R. G., 235, 542
Kleinbaum, D. G., 67
Kleinknecht, E. E., 157
Kleinknecht, R. A., 157
Kleinman, A., 243, 356
Kleinman, A. M., 65
Kleinman, M., 271
Kleinplatz, P. J., 380, 382, 384, 387
Kleinstäuber, M., 195
Klerman, G. L., 98, 132, 263
Kletti, R., 211
Klevens, R. M., 388
Klimas, N., 341, 342
Klin, A., 552
Kloezeman, K., 82
Kloner, R., 387
Kloosterman, P. H., 80
Kluft, R. P., 208, 209, 210, 211, 213, 215
Klump, K. L., 296, 297
Klumpp, H., 159
Klupsch, D., 352
Knapp, S. J., 123
Knight, C. A., 434
Knight, G. P., 467
Knight, K. M., 306
Knight, R., 586
Knoesen, N., 177
Knoop, H., 358
Knopik, V. S., 181
Knouse, L. E., 546
Knowles, R., 506, 512
Knudson, M., 135
Knutelska, M., 203

Ko, C. Y., 308
Ko, H-C., 101
Kobau, R., 601
Koch, P., 391
Kochanska, G., 485
Kochman, F. J., 239
Kocsis, J. H., 225
Koegel, L. K., 557
Koegel, R. L., 557
Koen, L., 532
Koenen, K. C., 164
Koepsell, T. D., 580
Koester, P., 106
Kogon, M. M., 344
Kohler, C. G., 509
Kohli, A., 445
Kohn, R., 448
Kohser, K. L., 364
Kohut, H., 21, 492
Kolb, B., 55, 56, 68
Kolevzon, A., 581
Kolko, D. J., 271
Kolla, B. P., 320
Kollei, I., 178
Koneru, A. O., 341
Kong, L. L., 64, 209, 554
Koning, C., 558
Konrad, K., 296
Konttinen, H., 349
Koo, D. L., 310
Koob, A., 43
Koole, S., 138
Koopman, C., 202, 211, 343
Kooy, R. F., 51
Kopelowicz, A., 525, 532
Koran, L. M., 174
Korf, J., 251
Korfine, L., 489
Korgesaar, J., 551
Kornitzer, M., 351
Kosberg, J. I., 593
Kosson, D. S., 483
Koster, E., 483
Kosterman, R. P., 120
Kostis, J., 387
Kotagal, P., 200
Kotler, J. S., 267
Kotlicka-Antczak, M., 524 Koul, R. K., 557
Kovacs, M., 231, 270
Kovas, Y., 550
Kraaij, V., 350
Krabbendam, L., 508
Kraemer, H. C., 5, 92, 300
Kraepelin, E., 15, 93, 504, 520
Kral, J. G., 308
Kramer, H. C., 344
Krane, R. J., 381
Krank, M. D., 446
Krasnoperova, E., 252
Krenek, M., 427
Kring, A. M., 63, 65, 509
Kringelbach, M. L., 444
Krishnan-Sarin, S., 434
Kroenke, K., 196
Kroll, R., 540
Kronhaug, C. R., 325
Krueger, D. D., 566
Krueger, R. B., 395, 399
Krueger, R. F., 5, 90, 92, 96, 100, 192, 466, 479
Krug, E. G., 272
Krupitsky, E., 452

Kruszon-Moran, D., 304
Ksinan, A., 467
Kuban, M., 398
Kubicki, M., 523
Kubzansky, L. D., 349
Kucharski, L. T., 611
Kuehn, B. M., 308
Kuhl, E. A., 5
Kuhn, J., 251, 255
Kukull, W. A., 580
Kullgren, G., 201, 411
Kumar, A., 247
Kumpulainen, K., 160
Kunik, M. E., 492
Kunkel, S. R., 60
Kunze, S., 548
Kuo, J. R., 488
Kuo, W. H., 269
Kuperman, S., 447
Kupfer, D. J., 6, 47, 92, 95, 224, 247, 248, 249, 258, 260
Kupka, R., 238
Kurihara, T., 532
Kurtz, E., 453
Kurtz, M. M., 529
Kurtz, S. M., 159
Kurtz, S. M. S., 159
Kurtz, T. W., 349
Kurz, M. W., 583
Kushner, R., 309
Kusters, W. J., 167
Kutner, H. E., 425
Kuyken, W., 263, 265, 360
Kwapil, T. R., 476
Kwok, T., 573
Kymalainen, J., 525

L
La Fond, J. Q., 600, 604, 605
La Greca, A. M., 135, 162, 167
Laan, E., 394
Laatikainen, T., 349
Lacey, J. H., 280
Lader, M., 201, 428, 429
Lader, M. H., 49
Ladwig, K. H., 352
LaFrance, W. C., 196
Lahat, E., 554
Lai, B., 167
Laing, R. D., 516
Lake, A. M., 122
Lakes, K., 122
Lakin, M. M., 394
Lalumière, M. L., 377, 399
Lam, L., 573
Lam, R., 248
Lam, R. W., 121, 225
Lam, T. H., 366
Lamb, H. R., 603
Lamb, M. M., 609
Lamb, R., 609
Lamberg, L., 305
Lambrou, C., 177
Lamis, D. A., 271
Lampert, C., 295
Lancioni, G. E., 557
Lancrenon, S., 224
Lander, M., 196
Landeros-Weisenberger, A., 171
Landis, K. R., 65, 66
Landis, S., 36, 40
Landreville, P., 578
Lane, M., 468

Lane, R. D., 233
Lane, T., 486
Lang, A. J., 142
Lang, P. J., 61, 483
Langdon, R., 507
Langer, E. J., 135
Langhinrichsen-Rohling, J., 271
Langley, K., 544
Långström, N., 377, 378, 396, 397
Lanius, R. A., 161
Lanotte, M., 53
Lanphear, B. P., 544
Lapierre, S., 275
LaPorte, D. L., 290
Laracy, S. D., 541
Large, M. D., 177
Larimer, M. E., 426, 454
Larntz, K., 466
Larsen, B. A., 62
Larson, J. L., 165
Larson, N. C., 352
Larson, N. I., 291
Laruelle, M., 522
Lasch, C., 492
Lash, S. J., 473
Lataster, J., 524
Latfi, R., 308
Latty, E., 375
Lau, H., 446, 602
Lau, J. Y. F., 245, 246
Laub, J. H., 479
Lau-Barraco, C., 446
Lauderdale, D. S., 308
Laumann, E., 374, 380, 381, 382, 383, 385, 391
Laumann, E. O., 380
Launer, L. J., 577
Laurent, C., 532
Lauriello, J., 516
Lavallee, K. L., 154 Lavitan, R. D., 230
Lavoie, K., 402
Law, C., 271
Lawani, A. O., 121
Lawrence, A., 407
Lawrence, A. A., 398
Laws, D. R., 395, 405
Lawton, K., 557
Laxenaire, M., 489
Layton, J. B., 65
Lazar, M. A., 304
Lazar, S. G., 311
Lazare, D., 423
Lazarus, R. S., 60, 61
Lazerson, A., 49
Lazzeroni, X, 115
Le Foll, B., 53
Le Grange, D., 284, 295, 300, 302
Le Strat, Y., 53
Leader, J. B., 231
Leahy, R. L., 494, 495
Leal, I., 358
L'Engle, K. L., 447
LeBeau, R., 5, 94
LeBeau, R. T., 5, 95, 149, 150
Lebedinskaya, K. S., 554
Lechner, S., 346
Leckman, J. F., 171, 175
Lecrubier, Y., 145
Lederhendler, I., 289, 296
Ledermann, T., 143
LeDoux, J., 47, 127, 126, 131

LeDoux, J. E., 47, 48, 50, 52, 62, 126
Lee, C. K., 448
Lee, H.-J., 166
Lee, L-R., 99
Lee, M. A., 439
Lee, P. W. H., 554
Lee, S. H., 447
Lee, T., 521
Lee, T. M., 230
Lee, Y. S., 447
Lee, Y-J., 149
Leeper, J. D., 593
Leff, L. P., 455
Lefley, H., 531
Lefrancois, G. R., 104
Legg, B. H., 612
Lehman, A. F., 531
Lehman, B. J., 349
Lehman, C. L., 149, 158
Leibbrand, R., 190, 191
Leibenluft, E., 234, 241
Leiblum, S. R., 379, 380, 381
Leitenberg, H., 302, 374, 386
Lejeune, J., 562
Lemay, M., 578
Lemke, T., 11
Lener, M. S., 476
Lensvelt-Mulders, G., 524
Lentz, R. J., 529
Lenze, E. J., 138, 141, 192, 242
Lenzenweger, M., 468
Lenzenweger, M. F., 468
Leon, A., 53
Leonard, H., 572
Leonard, M., 572
Leong, F. T., 66
Leppink, J., 202
Lerman, C., 587
Lerner, R., 343
Lesch, K. P., 130
Leserman, J., 65, 66, 343, 344
Lesperance, F., 352
Leuchter, A. F., 53
Leung, P., 530
Leung, P. K., 243
Lev, A. I., 380
Levak, R. W., 84
Levan, A., 462
LeVay, S., 377
Levenson, J. L., 196
Levenston, G. K., 483
Leventhal, A. M., 130, 300, 434
Leventhal, B. L., 130, 300, 434
Lévesque, J., 471
Levesque, R. J., 471
Levin, F. R., 446
Levin, I., 540
Levine, A. C., 394
Levine, J. A., 306
Levine, M. P., 297
Levine, S. B., 394
Levinson, D. F., 245
Levitt, A., 230
Levitt, A. J., 230
Levitt, J. T., 146
Levkoff, S., 589
Levy, B. R., 60
Levy, D. E., 310
Levy, D. L., 520
Levy, K. B., 430
Levy, K. N., 492
Lew, E. A., 304

Lewin, A. B., 172
Lewinsohn, P. M., 222, 230, 245, 249
Lewis, B. A., 363
Lewis, D. O., 211
Lewis, F. M., 345
Lewis, G., 517
Lewis, J. A., 149
Lewis, K., 485
Lewis, M., 211
Lewis, S., 509, 523
Lewis, T., 363
Lewis, T. T., 348
Lewis-Fernández, R., 96
Lewy, A. J., 229, 230
Leyfer, O., 181, 246
Leykin, Y., 264
Lezak, M. D., 86
Li, S., 42
Li, W., 245
Li, X., 555
Liao, B., 24, 314
Liberman, R., 529
Liberman, R. P., 531
Liberski, P. P., 589
Liberzon, I., 130, 131
Liberzon, X., 130
Lichstein, K. L., 314
Lichtenstein, P., 38, 280, 378
Liddell, H. S., 126
Liddle, P. F., 505, 507, 510
Lieb, R., 135, 158, 192, 422, 524
Lieberman, J. A., 520, 527
Liebeskind, J., 353
Liebeskind, J. C., 356, 359
Liebman, R. E., 466, 470
Liebowitz, M. R., 134, 149
Liénard, P., 173
Lifshitz, F., 293
Light, K. C., 349
Lighty, Q., 517
Lilenfeld, L. R. R., 297
Lim, D., 207
Lim, S. S., 347, 348
Lin, C. C., 229
Lin, H., 99, 242
Lin, K.-H., 225
Lind, D. L., 201
Lind, S., 555
Lindau, S. T., 374
Lindberg, N., 459
Lindberg, X., 320
Lindenmayer, J., 506
Lindner, S., 212
Lindwall, R., 154
Lindy, J. D., 163
Lindy, J. G., 163
Linehan, M., 489
Linehan, M. M., 486, 487, 488, 489
Ling, W., 431
Links, P., 488
Links, P. S., 489
Linsenmeier, J., 410
Linton, X., 321
Lionetti, T. M., 422
Liotti, M., 256
Lipchik, G. L., 355, 362
Lipshultz, L. I., 381, 394
Liss, A., 156
Lissek, S., 24, 167
Litman, R. E., 270
Little, D., 283
Littlefield, A. K., 452

Littman, R., 339
Littrell, L., 233
Litvin Bloom, E., 451
Litvin, E. B., 433,434
Litz, B. T., 169, 162, 167, 394
Liu, D., 41
Liu, K., 554
Liu, S.-M., 225
Liu, W. M., 122
Livesley, W. J., 100
Livhits, M., 308
Livianos, L., 297
Livingston, E. H., 308, 592
Llewellyn, C. H., 306
Lloyd, E. A., 382
Lo, E., 231
Lo, S. C., 357
Lobbestael, J., 472, 473, 475
Lobo, R. A., 580
Lochman, J., 446
Lochner, C., 181
Lock, J., 295, 302, 308
Locke, G., 529
Loder, E., 355
Loeb, K., 295
Loeber, R., 483
Loehlin, J., 36, 377
Loehlin, J. C., 36, 377
Loewenstein, R. J., 216
Lofland, K., 355
Loftus, E., 213
Loftus, E. F., 213, 379
Loftus, J., 213
Lofwall, M. R., 436
Logan, C., 401, 403
Lohr, B., 178
Lombardi, V. C., 357
Lombardo, M. V., 556
Lonczak, H. S. P., 118
Long, E. O., 340
Long, J. S., 379
Loomans, E. M., 435
Loonan, R., 376
Looper, K. J., 194
Lopes, V., 243
Lopez, O. L., 591
Lopiano, L., 55
LoPiccolo, J., 380, 393
Loranger, A., 468
Lord, C., 554, 566
Loren, R. E. A., 546
Lorenz, T. A., 390
Lösel, F., 405
Lostutter, T. W., 426
Loth, K., 291
Lottes, I. L., 376
Louis, B., 158
Lovaas, O. I., 557
Lovallo, W. R., 336
Love, C. T., 377
Lovegrove, M. C., 572
Lovestone, S., 575
Lovibond, P., 58
Lowe, B., 188, 307
Lowe, M. R., 286, 307
Lozano, A. M., 262
Lu, B., 590
Lu, K.-T., 158
Lu, L., 53
Lubin, R. E., 165
Lubs, H. A., 564
Luby, J. L., 241
Lucas, J. A., 144

Lucas, M., 256
Lucas, R. E., 65
Lucia, V. C., 166
Luciana, M., 53
Ludescher, B., 284
Ludwig, A., 207
Ludwig, A. M., 244
Ludwig, D. S., 307
Lugnegård, T., 475
Luk, S. L., 554
Lukiw, W. J., 590
Lundberg, I., 352
Lunde, I., 244
Lundgren, J., 305
Lundgren, J. D., 305
Lundh, L.-G., 157
Lundqvist, D., 58, 62
Lundstrom, B., 411
Lunney, C. A., 161
Luria, M., 379
Luria, R., 137
Lussier, P., 396
Lutgendorf, S., 345
Lutgendorf, S. K., 343, 345
Lüthi, A., 128
Luty, S., 477
Lydiard, R. B., 137, 174
Lyketsos, C. G., 242, 590, 594
Lykken, D. T., 38, 40, 41, 483
Lynch, F. L., 265
Lynch, J. K., 89
Lynch, K. G., 291
Lynch, S. K., 108
Lynch, T. R., 489
Lynn, S. J., 202, 211, 213, 215, 311
Lyon, G. R., 551
Lyons, M. J., 35, 36, 117, 245
Lyubomirsky, S., 60, 254

M

Ma, S., 366
Maayan, N., 528
Maccallum, F., 232
Maccoby, M., 366
Macdonald, P. T., 387
MacDougall, J. M., 62
Mace, C. J., 196
Macedo, M., 530
Maciejewski, P., 232
Maciejewski, P. K., 232
Mackenzie, C. S., 192
MacKinnon, D. F., 238
MacLeod, C., 136
Macleod, J., 438
Macy, J. T., 120
Madsen, K. M., 556
Maes, H., 481
Maes, S., 358
Magarinos, A. M., 167
Magee, W. J., 151, 156
Maggi, M., 394
Magill, M., 447, 558
Magill-Evans, J., 558
Magliano, L., 238
Magne-Ingvar, U., 270
Magnuson, V. L., 337
Magruder, K., 163
Maguire, G. A., 540
Maher, B. A., 9, 12, 15
Maher, J. J., 423
Maher, W. B., 10, 13, 16
Mahler, M., 554
Mahowald, M. W., 327

Mai, F., 196
Maier, S. F., 59
Mainous III, A. G., 589
Mainz, V., 296, 302
Maisto, S. A., 427
Maj, M., 238, 274, 583
Mak, K. H., 366
Maki, K. M., 98
Maki, P. M., 580
Malatesta, V. J., 387
Malavige, L. S., 389, 393
Malcom, J. R., 402
Maldonado, J. R., 211, 215
Malenka, R. C., 49
Maletzky, B., 405
Maletzky, B. M., 406
Malhotra, A., 323
Malin, H., 604
Malm, H., 253
Malone, K. M., 272
Malone, P. S., 272
Maloney, S., 335
Maltzman, I. M., 454
Manber, R., 110, 248
Manber, T., 157
Mancill, R. B., 133
Mancini, C., 158
Mancl, L., 362
Mancuso, J., 516
Mancuso, S., 177
Mandalos, G. E., 258
Mandel, J., 583
Mandeli, J., 394
Manicavasagar, V., 154
Manicavasagar, V. L., 154
Manjula, M., 195
Manly, J. J., 579
Mann, A. H., 293
Mann, J., 258, 271
Mann, J. J., 271, 394
Mann, K., 394
Mann, T., 282
Manne, S. L., 345
Manni, R., 327
Mannino, D. M., 388
Mannuzza, S., 158
Mansfield, P., 394
Manson, J., 352
Manson, J. E., 304
Manson, S. M., 243
Månsson, K. N. T., 159
Mantovani, A., 262
Manuel, J. K., 454
Mao, X., 334
Marangell, L., 262
Marano, C. M., 590
Marcello, S., 529, 531, 532
March, J. S., 260
Marcus, B. H., 335
Marcus, D. K., 373
Marcus, E., 269
Marcus, M. D., 301
Marcus, S., 257
Marcus, S. C., 258
Marder, S. R., 522
Marecek, J., 121
Marek, P., 356
Maremmani, A. G. I., 451
Maremmani, I., 451
Margraf, J., 143, 189, 191
Marin, D. B., 469, 581
Marino, L., 5
Markon, K. E., 96, 100, 102

Marks, I., 362
Marks, I. M., 93
Marlatt, G. A., 454, 455
Marle, P. D., 475
Marmar, C. R., 165
Marmot, M. G., 351
Marnane, C. L., 154
Marnell, M., 301
Marques, A., 530
Marques, L., 290
Marques, M. M., 358
Marsac, M. L., 364
Marsh, L., 584
Marsh, P. J., 200
Marsh, R., 296
Marshall, P. G., 454
Marshall, W. L., 402
Marsolek, C. J., 59
Marteau, T. M., 333
Martell, C., 254
Martell, C. R., 263
Marten, P. A., 134, 136
Martens, E. J., 352
Martensson, B., 230
Marti, C. N., 288, 303
Martin, A., 178, 190
Martin, C. S., 427
Martin, F. I., 247
Martin, N., 377
Martin, P. R., 362
Martin, R. L., 194
Martin, S. L., 565
Martinez, A., 494
Martinez, A. G., 99
Martinez, M. A., 296
Martínez-Fernández, E., 451
Martin-Pichora, A. L., 157
Martins, S. S., 524
Martin-Villalba, A., 571
Marx, B. P., 161, 202
Maser, J. D., 93, 148
Mash, E. J., 77, 85
Masheb, R. M., 288, 296, 301
Masi, C. M., 349
Masia-Warner, C., 159
Mason, F. L., 396
Mason, N. S., 487
Mason, T., 610
Master, S. L., 354
Masters, W. H., 107, 388
Mataix-Cols, D., 172, 180
Matheson, S. L., 515
Mathew, S. J., 136, 138
Mathews, A., 190
Mathews, A. M., 137
Mathews, C. A., 171
Mathews, R., 403
Mathur, G., 421
Matsubayashi, T., 271
Matsumoto, D., 351
Matsunaga, D., 272
Matt, G. E., 115
Mattar, L., 295
Matthews, K., 350, 351
Matthews, K. A., 349, 350, 351
Matthews-Ewald, M. R., 288
Mattia, J. I., 176, 177
Mattis, S. G., 144
Matza, L. S., 229
Mauler, B. I., 297
Maust, D., 80
Maxwell, J. C., 430
May, J. S., 481

Mayberg, H., 262
Mayberg, H. S., 256
Mayer, B., 194
Mayfield, U., 200
Mayou, R., 216
Mayville, S., 177
Mazabell, S., 550
Mazure, C. M., 249, 246
Mbata, G., 320
McAlister, A. L., 366
McCabe, J. E., 229
McCabe, M., 399, 561
McCabe, M. P., 288
McCabe, S. E., 436
McCaffree, K. J., 448
McCaffrey, R. J., 86
McCall, W. V., 135
McCann, D., 545
McCann, U., 430
McCann, U. D., 320, 430
McCarthy, E. P., 289, 506
McCarthy-Jones, S., 506
McCauley, E. A., 267
McClam, T. D., 590
McClearn, G. E., 35, 39, 246
McClellan, J., 246
McClellan, J. M., 267
McCloskey, M., 458
McCloskey, M. S., 49, 458
McClough, J., 80
McClure, M., 477
McClure, M. M., 477
McCrady, B. S., 426, 448
McCrae, C. S., 314
McCrae, R., 466
McCrae, R. R., 466
McCraw, S., 223, 237
McCrimmon, S., 454
McCullough, J. P., 263, 265
McDermott, B., 158
McDermott, L. M., 528
McDermott, S., 564
McDonald, E. M., 364
McElroy, S. L., 174, 261
McEwen, B. S., 167
McFadden, D., 377
McFahland, B., 600
McFarlane, A., 165
McGee, G. G., 557
McGinn, L. K., 494, 495
McGinnis, S., 256
McGirr, A., 486
McGlashan, T., 489
McGlashan, T. H., 514
McGoldrick, M., 376, 391
McGonagle, K. A., 151
McGory, M. L., 308
McGough, J. J., 542
McGovern, P. E., 422
McGowan, B. K., 59
McGrath, P., 459
McGrath, R. E., 85
McGreevy, M. A., 608
McGue, M., 35, 38, 486
McGuffin, P., 35, 38, 245
McGuire, J. F., 172
McGuire, P. K., 508
McGurk, S. R., 531
McHugh, P. C., 487
McHugh, P. R., 579
McHugh, R. K., 141, 146, 614
McIntosh, A., 528
McKay, D., 174, 178

McKay, R., 507
McKeith, I. G., 582
McKenna, B. S., 311
McKenzie, K. C., 487
McKenzie, S. J., 297
McKetin, R., 427
McKinley, J. C., 82, 85
McKunlay, J. B., 381
McKusick, L., 364
McLaughlin, N. C. R., 175
McLean, C. P., 165
McLean, P., 264
McMahon, S. D., 249
McMain, S., 489
McManus, F., 159
McMaster, A., 475
McNab, C., 525, 531
McNally, R., 214
McNally, R. J., 3, 5, 18, 59, 142, 163, 213, 214, 215,
McNaughton, N., 50, 128, 129
McNeil, T. F., 523
McPartland, J. C., 566
McPherson, L. M., 468, 484
McQuade, J. D., 541
McWilliams, J. M., 348
Mead, G. E., 263
Meaden, P. M., 230
Meagher, D., 572, 573
Meaney, M. J., 35, 39, 130, 336
Means, M. K., 323
Meara, E., 348
Mechelli, A., 55
Mechoulam, R., 438
Medina v. California, 610
Mednick, S. A., 484, 523, 533
Medland, S., 377
Mednick, S. A., 484, 523, 533
Meehl, P. E., 82, 96, 476, 510
Meerveld, J., 593
Mehler, P. S., 284, 287
Meilman, P. W., 426
Melamed, B. G., 346
Melartin, T., 270
Melca, I. A., 496
Melhem, N., 233
Melhem, N. M., 233
Melles, R., 393
Meltzer, H., 229
Meltzer-Brody, S., 229
Melville, L. F., 158
Melzack, R., 354, 359
Menard, W., 176, 177, 179
Mendel, E., 139
Mendes, W. B., 67
Mendlowicz, M. V., 496
Mendoza-Denton, R., 99
Mennes, C. E., 438
Menon, V., 550
Menza, M., 260
Menzies, L., 181
Menzies, R., 240
Merali, Z., 41
Mercer, K. B., 40, 164
Merckelbach, H., 202, 213, 311, 411
Meredith, S. E., 435
Merens, W., 51
Merghati-Khoei, E., 391
Merikangas, K. R., 117, 140, 223, 238, 240, 241, 284
Mermin, J., 335, 342, 344, 364
Merzel, A. P. C., 244
Meston, C. M., 379, 384, 385, 386,

387, 388, 389, 390, 392, 393, 394, 395, 399, 403
Mestre, L. T., 591
Metalsky, G. I., 251
Metzner, H. M., 65
Meulman, J., 350
Meuret, A. E., 31, 128, 131, 154
Mevada, A., 564
Meyer, D. J., 611
Meyer, I. H., 288
Meyer, S. E., 242
Meyer-Bahlburg, H., 409
Meyer-Bahlburg, H. F., 410
Meyer-Bahlburg, H. F. L., 409
Meyerowitz, B. E., 363
Meyers, B., 57, 227
Meyyazhagan, S., 198
Mezick, E. J., 349
Mezzich, J. E., 207
Micco, J. A., 153
Michael, R., 117, 391
Michaels, S., 391
Michalak, J., 263
Michalek, A. P., 546
Michaud, P.-A., 288
Michelakos, T., 589
Michelson, O., 294
Michultka, D. M., 362
Miciak, J., 548
Mick, E., 480, 542
Mickes, L., 213
Miele, G. M., 454
Miele, V. J., 197
Mihura, J. L., 82
Mikage, M., 430
Miklowitz, D. J., 267, 268
Mikovits, J. A., 357
Mikuška, J., 467
Milad, M. R., 168
Milanak, M. E., 476
Milburn, N. G., 240
Miles, S. R., 5, 90
Milich, R., 542
Mill, J., 39, 40
Millan, M. J., 508
Millar, H. R., 280
Miller, C., 228
Miller, G., 55, 65, 334, 339
Miller, I., 250
Miller, I. W., 264
Miller, J., 554
Miller, M. W., 161
Miller, N. E., 359
Miller, S. C., 442
Miller-Kovach, K., 307
Millon, T., 9, 16, 91, 96, 98, 494
Mills, P. J., 339
Milner, P. M., 444
Milstein, V., 444
Mindell, J. A., 311, 319, 326
Mindham, R. H. S., 582
Mineka, S., 58, 59, 60, 130, 137, 157
Miner, M., 395
Minhajuddin, A., 266
Minino, A. M., 269
Mintz, J., 530
Minuchin, S., 295, 299
Miranda, J., 252
Mirsky, A. F., 518
Mistry, H., 121
Mitchell, A. J., 286
Mitchell, D. C., 434
Mitchell, E., 358

Mitchell, J., 297
Mitchell, J. E., 286
Mitchell, R. L. C., 508
Mitchell, W. B., 389
Mittelman, M., 395
Mobbs, D., 602
Mock, S. E., 375, 378
Modahl, C., 556
Modai, I., 530
Modinos, G., 476, 508
Modrego, P. J., 242
Moene, F. C., 197, 201, 202
Moffitt, T. E., 35, 64, 100, 128, 479, 480
Mogg, K., 157
Mogil, J. S., 356
Mogun, H., 137
Mohan, R., 192
Mohanty, S., 590
Mohlman, J., 141
Mojtabai, R., 145, 175
Mokdad, A. H., 347, 348
Molassiotis, A., 24
Molina, B. S. G., 446
Moline, M. L., 99
Moll, K., 548
Moller, E., 5, 90
Monaghan, P., 475
Monahan, J., 505
Monarch, E. S., 362
Monck, E. M., 525
Money, J., 409
Monroe, S. M., 278, 249, 253, 255
Monson, C. M., 168, 169
Montague, D. K., 394
Montejo-Gonzalez, A. L., 387
Monteleone, A. M., 299
Monteleone, P., 299
Montgomery, A., 529
Monton, C., 196
Montoya, I. D., 451
Montplaisir, X., 326
Mooney, N. B., 75
Moore, D. S., 39, 40
Moore, M., 315
Moore, R. G., 283
Moore, S. C., 483
Moreno, A., 455
Moreno, C., 234
Moreno, J. P., 307
Moreno, R. A., 244
Morenz, B., 405
Morey, J. N., 339
Morey, S., 92, 339, 362
Morgan, C. A., 591
Morgan, H. W., 452
Morgan, J., 152
Morgan, M., 53
Morgan, V. A., 524
Morgentaler, A., 394
Morgenthaler, T., 320
Morin, C. M., 40, 312, 314, 316, 324
Morokoff, P., 386
Morokoff, P. J., 389
Morrato, E. H., 308
Morrier, M. J., 557
Morris, J. S., 58
Morris, P. E., 106
Morris, R. W., 127
Morrison, A. S., 155
Morrow, G. R., 24
Mortberg, E., 159

Mortensen, P. B., 66
Moscovitch, D. A., 136, 153
Moser, C., 380
Moses, N., 293
Moses-Kolko, E. L., 229
Mosher, D. L., 470
Mosher, W. D., 372
Moshier, S. J., 147
Moskowitz, A., 229
Moskowitz, J. T., 346
Moss, H. B., 443
Moss-Morris, R., 358
Moss-Morris, R. E., 358
Mostofsky, D. I., 335
Mostofsky, E., 353
Motivala, S. J., 334
Mottron, L., 555
Moul, D. F., 488
Moulds, M. L., 168
Mous, S. E., 117
Movius, H. L., 209
Moyers, T. B., 454
Mucha, T. F., 200
Muehlenkamp, J. J., 291
Mueller, T., 231
Mueser, K. T., 529, 530, 531, 532
Mufson, L., 264
Muhuri, P. K., 436
Muir, S. L., 293
Mulder, C., 602
Mulder, R., 477
Mulder, R. T., 487
Mullan, J. T., 593
Mullany, B., 269
Mullen, P., 610
Muller, J., 532
Müller, S., 532
Mulsant, B., 227
Mumford, D. B., 289
Munder, T., 392
Mundt, B., 200
Munir, Z. B., 192
Muñoz, R. F., 222, 264
Munro, A., 511
Murakami-Brundage, J., 121
Muresanu, D. F., 458
Muris, P., 128, 152
Muroff, J., 180, 602
Murphy, D. G. M., 580
Murphy, J. A., 225
Murphy, J. G., 451
Murphy, K. R., 545
Murphy, S., 387
Murphy, T. K., 172
Murphy, W. D., 397
Murray, C. J., 348
Murray, K. E., 545
Murray, R. M., 515, 517, 519, 523, 524
Murru, A., 260
Mustafa, G., 526, 532
Mustanski, B. S., 377
Mustian, K. M., 24
Myers, J., 36, 136
Myers, J. K., 36, 136
Myers, J. M., 148
Myers, L., 342
Myers, M. D., 310
Myerson, R., 347
Mystkowski, J. L., 132, 142

N

Nagappan, G., 590

Nagayama Hall, G. C., 406
Nagel, D. B., 526
Najavits, L. M., 168
Najjar, D. V., 555
Najmi, S., 273
Nakajima, M., 434
Naragon-Gainey, K., 131
Naring, G. W., 200
Narrow, W. E., 5, 91, 94
Nash, J. D., 366
Nash, J. M., 355
Nash, W. P., 165
Nasser, M., 289
Natarajan, N., 508
Nathan, P. J., 590
National Collaborating Centre for Mental Health, 485
National Institute of Drug Abuse, 430
National Institute of Mental Health, 260, 261
National Institute on Alcohol Abuse and Alcoholism, 424
National Safety Council, 364
National Sleep Foundation, 314
Natoli, J. L., 564
Navarrete, C. D., 157
Ndao-Brumblay, S. K., 313
Neal-Barnett, A. M., 143
Neale, M. C., 36, 136, 245, 246, 377, 443
Negrini, B. J., 201
Negy, C., 490
Neighbors, H., 271
Neimeyer, R. A., 232
Nelles, W. B. N., 141
Nelson, B., 516
Nelson, C., 405
Nelson, C. A., 47
Nelson, D., 242
Nelson, D. L., 465
Nelson, E. E., 516
Nelson, J. K., 223
Nelson, P., 144
Nelson, R. O., 6, 75
Nelson-Gray, R. O., 6
Nemeroff, C., 245, 247
Nemeroff, C. B., 51, 56, 245, 247, 345
Neng, J. M. B., 195
Nepon, J., 133
Nesse, R., 133
Nestadt, G., 490
Nestler, E. J., 47
Nettles, M. E., 495
Neubauer, D., 322
Neuhoff, N., 548
Neugroschi, J. A., 581, 586, 587
Neumann, C. S., 465, 479, 480, 483, 602
Neumark-Sztainer, D., 291, 292, 293, 304
Nevsimalova, S., 323
Newman, C. F., 491
Newman, E., 485
Newman, J. 483
Newman, J. P., 483, 491
Newman, M. G., 137
Newman, S., 554
Newring, K. A. B., 397
Newton, N. C., 456
Newton, T. L., 339
Nezu, A. M., 345

Nezu, C. M., 345
Nezworski, M. T., 82
Ngai, E., 530
Niaura, R., 352
Nicasio, A. V., 96
Nicassio, P. M., 334
Nicholls, D., 295
Nichols, D. S., 83, 84, 85
Nichols, R. M., 213
Nichols, W. C., 544
Nicolson, S. E., 425
Niedtfeld, I., 488
Niehaus, D., 532
Nielsen, S., 280
Nierenberg, A. A., 45, 223, 238, 261
Nieri, T., 448
Nigg, J. T., 539, 541, 544
Nijenhuis, E. R. S., 203
Nijman, H., 411
Nijs, J., 357
Nikia, M. N., 230
Nikolas, M., 541, 544
Nikolas, M. A., 544
Nikolskaya, O. S., 554
Nimgaonkar, V. L., 224
Ninci, J., 564
Nisbett, R. E., 107
Nitschke, J., 248
Nitschke, J. B., 248
Nivard, M. G., 250
Nivoli, A. M., 260
Nixon, R. V. D., 168
Noble, J., 360
Noblett, K. L., 458
Nock, M., 269
Nock, M. J., 273
Nock, M. K., 90, 112, 181, 269, 270, 271, 273, 487
Nofzinger, E. A., 311
Nolan, S. A., 241
Nolen-Hoeksema, S., 240, 251, 254
Noll, R. B., 346
Noonan, C., 357
Norberg, M. M., 180
Nordentoft, M., 477
Nordlie, J. W., 199
Nordstrom, P., 271
Norman, P., 288
Norman, W. H., 58, 251, 264
Normile, D., 341
Norrholm, S. D., 166
Norris, A. L., 373
Norris, D. M., 611
North, C. S., 192
Norton, G. R., 144, 211
Norton, J. A., 554
Norton, M. C., 590
Novak, B., 607
Novelli, G., 377
Novianti, P., 157
Noyes, R., 137, 194, 211, 216
Ntika, M., 11
Nugent, N. R., 166
Nugent, S. A., 496
Nunes, E. V., 454
Nunes, K. L., 402
Nunley, B., 600
Nunley, W., 600, 601, 603
Nurnberger, J. I., 238, 245
Nussbaum, A. M., 438
Nusslock, R., 248, 250
Nutt, D., 129

Nutzinger, D. O., 297
Nyhan, W. L. 562

O
Oades, R. D., 51
Oakley, D. A., 80
Oar, E. L., 154
Öberg, K., 411
O'Brien, P. E., 308, 310
O'Brien, P. M., 99
Ochoa, E. S., 92
Ochsner, K. N., 59, 130
O'Connor, M., 288
O'Connor, M. F., 233
Oddy, W. H., 288
Odlaug, B. L., 181, 459
O'Donnell, M. L., 162
O'Donovan, A., 345
O'Donovan, M. C., 345
Oei, T. P., 446
Oei, T. P. S., 323
Offord, D. R., 427
Ogborne, A. C., 427
Ogden, C. L., 282, 304
Ogle, C. M., 215
Ogston, W., 209
Oh, D., 138, 263
O'Hara, M. W., 229, 242
Ohayon, M. M., 227, 310, 353
Ohlerking, F., 395
Öhman, A., 58, 61, 157
Oishi, S., 63
Ojehagen, A., 270
Okazaki, S., 83
Oken, B., 591
olde Hartman, T. C., 193
Oldenburg, B., 335
Oldham, J., 492
Olds, J., 444
Olfson, M., 444
Olin, J., 242
Olin, S. S., 476
Oliva, P. S., 209
Olivardia, R., 294
Olivares, J., 475
Olivares, P., 475
Oliveau, D., 150
Oliver, M. B., 374
Olives, C., 347
Olivier, P., 572, 573
Ollendick, T. H., 128, 144, 154, 547
Olmstead, S. B., 374
Olsen, S., 323
Olsen, S. N. B., 600
Oltmanns, T. F., 96, 466, 469, 470, 473, 509
Olver, I., 24
Olver, M. E., 485
Omalu, B. I., 308
Ong, R., 589
Ong, S. H., 207
Opal, D., 467
Opjordsmoen, S., 513
Oquendo, M., 271
Orav, E., 192
Orford, J., 454
Organization for Economic Co-operation and Development, 304
Ormerod, B. K., 247
Orne, E. C., 209
Orne, M. T., 209
Ornitz, E. M., 24

Orosan, P., 178
Orpana, H., 304
Orrell, M., 591
Orsillo, S. M., 136, 138
Orsini, N., 593
Orth-Gomer, K., 350
Ortin, A., 271
Ortiz, E., 580
Osborne, L. N., 253
Osburg, S., 405
Osei, S., 308
Oslin, D. W., 452
Öst, L.-G., 32, 149, 153, 157
Osterberg, E., 448
Ostroff, J. S., 345
Ostrow, D. G., 364
Oswalt, S. B., 375
Otis, J. D., 353, 354
Otte, C., 47
Otto, M., 242
Otto, M. W., 147, 158, 179, 237, 263
Oude Luttikhuis, H., 310
Ouellet, M. C., 40
Ouellet-Morin, I., 40
Ouellette, R., 132
Oveis, C., 256
Over, M., 341
Overeem, S., 320
Overpeck, M. D., 364
Ovsiew, F., 89
Owen, J., 374
Owen, J. J., 374
Owen, K. P., 441
Owen, M. J., 519
Owen, P. R., 505
Ozbay, F., 69
Ozonoff, S., 555

P
Pace-Schott, E. F., 168
Packard, E. P. W., 600
Pacoe, L., 209
Padmanabhan, S., 349
Pagano, M., 177
Pagano, M. E., 177, 447
Page, A. C., 153
Page, C., 592
Page, G. G., 359
Page, I. J., 397
Pagsberg, A. K., 511, 533
Pahlajani, G., 395
Pai, A., 166
Paik, A., 380
Paillard, T., 591
Pakianathan, I., 212
Palace, E. M., 389
Palamar, J. J., 438
Páleníček, T., 440
Paliwal, P., 434
Paller, K. A., 53, 154
Pallesen, S., 325
Palmer, B. W., 613
Palmer, S. C., 345
Pan, A., 352
Pan, L., 304
Pandya, N. H., 564
Paniagua, F. A., 120, 121
Pantaleo, G., 342
Panza, F., 425, 589
Papadopoulos, F. C., 280, 281
Papageorgiou, C., 138
Paparella, T., 557

Papas, R., 362
Papazoglou, A., 561
Papillo, J. F., 347
Paquette, V., 154
Parcesepe, A. M., 97
Parchi, P., 312
Pardini, D., 446
Pardini, D. A., 480, 483
Parekh, A., 135
Parini, S., 361
Paris, J., 488, 495
Park, C. L., 346
Park, D. C., 280
Park, J. M., 273
Park, L., 151
Parker, G., 228, 237, 525
Parker, H. A., 163
Parker, J. D., 473
Parker, L. A., 438
Parker, R., 564
Parker, R. N., 448
Parker, S., 556
Parkinson, L., 174, 175
Parner, E. T., 555
Parrone, P. L., 231
Parrott, A. C., 439, 441
Parry, B. L., 229, 288
Parry-Jones, B., 288
Parry-Jones, W. L., 288
Parsons, B., 378
Paruk, Z., 135
Pasewark, R. A., 607
Pasley, K., 374
Passie, T., 440
Patel, D. R., 558
Patel, S. R., 323
Patel, V., 564
Paterson, A. D., 378
Pato, C. W., 339
Pato, M., 238
Patrick, C. J., 481, 483
Patronek, G., 180
Pattatucci, A. M., 377
Patterson, B., 159
Patterson, C. M., 483
Patterson, G. R., 447, 483, 484, 485
Patterson, T. L., 66
Patton, G. C., 293
Patton, J. R., 549
Paul, G. L., 529
Paul, L., 357
Paul, T., 297
Paulesu, E., 550
Pauli, P., 149, 155, 156, 194
Paulson, J. F., 229
Pauly, I., 411
Pavle, J., 609
Paxton, S. J., 293
Paykel, E. S., 264
Payne, E., 297
Payne, K., 385
Payne, L. A., 147
Payne, M. W., 233
Payne, S., 544
Pearl, D., 334
Pearlin, L. I., 593
Pearlstein, T., 99
Pearlstein, T. B., 99
Pearson, C., 529
Pearson, C. M., 295
Pearson, T. A., 295
Peat, C., 286
Peat, C. M., 291

746 Psicopatologia

Pedersen, B., 452
Pedersen, C. B., 66
Pedersen, G., 475, 493
Pedersen, N. L., 38, 245, 280, 588
Pederson, N., 66, 357
Peeters, J., 593
Pehlivanturk, B., 199
Pelcovitz, M., 167
Peled, A., 530
Pelham, W. E., 544, 547
Pellicano, E., 566
Pellowski, J. A., 341
Penders, T. M., 572
Pendery, M. L., 454
Penedo, F. J., 345
Peng, T., 282
Penn, D. L., 530
Penning, R., 431
Pennington, B. F., 548
Pentz, M. A., 456
Penzien, D. B., 360
Pepine, C. J., 394
Peplau, L. A., 374, 375
Perea, G., 42
Pereira, D. B., 335
Pereira, F., 60
Perez, C. J., 200, 225, 400
Pérez-Fuentes, G., 225, 400
Perez-Sales, P., 200
Pergamin, L., 58, 136
Pericak-Vance, M. A., 580
Peris, T. S., 112
Perkonigg, A., 165
Perlick, D. A., 121
Perlin, M. L., 608
Perlis, M. L., 248
Perloff, B. F., 557
Perrault, X., 326
Perron, B. E., 441, 455
Perry, J. C., 20, 468
Person, D. C., 135
Perugi, G., 272
Peterman, J. S., 130
Peters, J. R., 488
Peters, M., 209
Peters, M. L., 32
Petersen, I., 135
Petersen, J. L., 374, 375
Petersen, R. C., 594
Peterson-Badali, M., 410
Petersson, K. M., 54
Petit, X., 325, 326
Peto, R., 366
Peto, V., 350
Petrill, S. A., 550
Petrovic, P., 54
Petry, N. M., 458
Petterson, A., 230
Petukhova, M., 126, 150
Pfäfflin, F., 407
Pfiffner, L. J., 545
Phan, K. L., 159
Phares, V., 295
Phé, V., 387
Phelan, S., 304
Phelan, S. P., 307
Philippot, P., 157
Philips, H. C., 353
Philips, M. L., 224
Phillips, J. M., 548
Phillips, K. A., 157, 176, 177, 178,
    179, 204, 205, 353
Phillips, M. R., 269

Phillips, R. S., 289
Phillips, T. J., 448
Pich, V., 141, 151
Piché, L., 396
Pickel, J., 247
Pickles, A., 555
Pickrell, J. E., 213
Pierce, K., 547, 548, 551
Pierce, K. A., 153
Piff, P. K., 97
Pike, K. M., 291, 295, 300, 302
Pilkonis, P., 98
Pillard, R. C., 377, 378
Pillow, D. R., 446
Pincus, D. B., 154, 160, 355
Pincus, H. A., 94
Pincus, J. H., 211
Pine, D. S., 135
Pinel, P., 479
Pinel, P. H., 503
Pinkham, A., 509
Pinsky, J., 351
Pinto, A., 497, 587
Pinto, R., 516
Piomelli, D., 438
Piontek, C. M., 229
Pirelli, G., 607
Pirozzi, R., 238
Pisetsky, E. M., 280
Pistrang, N., 81
Pitman, R. K., 141, 214
Pittenger, C., 171
Pizzagalli, D., 248
Pizzagalli, D. A., 136, 223, 248
Platts, M., 289
Pletcher, M. J., 438
Pliszka, S. R., 544, 546
Plomin, R., 35, 38, 117, 246, 306,
    518, 523, 550
Plotsky, P., 247
Plotsky, P. M., 130
Pocock, S. J., 110
Podewils, L. J., 588
Poe, M. D., 557
Polanczyk, G., 541, 546
Polatin, P. B., 190
Polderman, T. J., 117
Politi, P., 503
Polivy, J., 295
Pollack, M. H., 141, 145, 151
Polloway, E. A., 549
Polonsky, D. C., 383, 393
Pompili, M., 258, 271
Ponseti, J., 403
Pontarelli, N. K., 173
Pontius, W., 554
Poon, K., 557
Poorsattar, S., 459
Pope, C., 177
Pope, H. G., 45, 177, 209, 280, 293,
    294, 441, 442
Pope, K. S., 215
Poppa, T., 483
Pornoppadol, C., 192
Porta, G., 233
Portenoy, R., 421
Porter, S., 213
Post, L., 592
Post, R., 48
Post, R. M., 208, 244, 250
Posthuma, D., 117
Postma, A., 209
Poston Jr, D. L., 374

Pot, A. M., 590
Potenza, M. N., 457
Pottash, A. C., 387
Potter, R., 592
Poulsen, S., 300
Powell, L. H., 351
Powell, R. A., 215
Powers, A. D., 470
Powers, M., 469
Powers, M. B., 263
Prabhakar, S., 445
Prasad, K., 207
Pratchett, L., 167
Pratt, E. M., 301
Prause, N., 386
Prelior, E. F., 188
Prenoveau, J. M., 24
President's New Freedom Com-
    mission on Mental Health, 613
Presley, C. A., 426
Presnall, N., 485
Pressman, S. D., 338
Price, C. S., 556
Price, J. C., 487
Price, J. R., 358
Price, M., 345
Price, S. R., 435
Pridal, C. G., 380, 393
Priday, L., 179
Prigerson, H., 232
Prince, M., 202
Prince, M. J., 580
Prince, V., 398
Pringsheim, T., 584
Prins, J., 356
Prins, J. B., 358
Prinstein, M. J., 166
Prior, K., 459
Prisciandaro, J. J., 192
Prokhorov, A., 592
Pruzinsky, T., 179
Psaros, C. P., 343
Pueschel, S. M., 564
Pugh, K., 530
Pugliese, M. T., 293
Puhan, X., 323
Puliafico, A. C., 155, 160
Pulkki-Raback, L., 65, 255
Pull, C. B., 497
Purcell, D. W., 344
Purdy, D., 229
Purisch, A. D., 86
Pury, C. L. S., 59
Putnam, F. W., 208, 210, 211, 212,
    216
Putnam, K., 248
Puzziferri, N., 308

Q
Qian, X., 324
Qiu, C., 593
Quality Assurance Project, 474,
    476
Quas, J. A., 215
Quay, H. C., 483
Quay, S., 174
Queirós, C., 530
Quigley, L. A., 454
Quinn, D., 348
Quinn, K. J., 27
Quinn, L., 357
Quinsey, V. L., 399
Quoidbach, J., 68

R
Rabe, S., 524
Rabian, B., 151, 160
Rabin, B. S., 65
Rabins, P. V., 590, 594
Rachman, S., 163, 172, 173, 174,
    403
Racine, S. E., 302
Rado, S., 476
Radomsky, A. S., 172
Rafanelli, C., 195
Raffa, S. D., 143, 352
Rafferty, J. A., 306
Rahkonen, T., 289, 574
Rahman, Q., 377, 391
Rai, S. S., 532
Raina, R., 395
Raine, A., 482, 484
Raisi, F., 391
Raison, C. L., 12
Rajab, M. H., 275
Rajaratnam, X., 324
Rajkumar, R. P., 106
Rakison, D. H., 58
Ramachandran, V. S., 354
Ramakrishna, R. K., 200
Ramchandani, P., 229
Ramey, C. T., 565
Ramey, S. L., 565
Ramos Olazagasti, M. A., 542
Ramoz, N., 487
Ramrakha, S., 375
Ramsawh, H., 143
Ramsawh, H. J., 394
Ramsey, E., 484
Rance, S. J., 288
Ranganath, C., 248
Rangmar, J., 561
Rani, A., 247
Ranjith, G., 192
Ranson, M. B., 85
Rapee, R. M., 154, 158, 293, 361
Rapkin, A. J., 99
Rapson, R. L., 11, 62
Rasetti, R., 523
Rasmussen, J. L., 180
Rasmussen, N. H., 474
Rasmussen, S. A., 173, 179
Rasmusson, A. M., 434
Rassin, E., 174
Rathod, N. H., 436
Rathouz, P. J., 300
Ratti, M. T., 327
Rauch, A., 562
Rauch, S. A. M., 167
Rauch, S. L., 129, 174, 175
Ravussin, E., 306
Rawson, R. A., 431
Ray, J. C., 336
Ray, L. A., 421, 423, 444, 445, 446
Ray, W. A., 137
Raymer, A., 546
Raymond, N. C., 395
Rayner, K. E., 293
Rayner, M., 293, 350
Raynor, H., 310
Raza, G. T., 473
Razran, G., 130
Rea, M., 267
Reading, A. E., 99
Reading, P., 320
Reagan, E. M., 493
Reames, B. N., 308

ÍNDICE DE NOMES **747**

Reas, D. L., 299
Rebocho, M. F., 399
Reboussin, B., 271
Record, N. B., 367
Redding, C. A., 177
Reddy, L. A., 485
Reddy, L. F., 509
Reder, S., 548
Reed, B., 351
Rees, G., 56, 60
Rees, K., 592
Rees, S., 154
Reese, H. E., 178
Reeves, G. M., 230
Regier, D. A., 5, 91, 92, 96, 100, 479
Rehm, J., 420
Reich, D. B., 486
Reichborn-Kjennerud, T., 480
Reichenberg, A., 555
Reichow, B., 566
Reid, J. R., 447
Reid, M. W., 249
Reilly, A., 346
Reilly, M. P., 445
Reilly-Harrington, N. A., 252
Reiman, E. M., 588
Reinarman, C., 387
Reingle, J. M., 485
Reinhardt, R. F., 200
Reitan, R. M., 86
Reiter, J., 178
Rekers, G. A., 411
Remer, P., 85
Renaud, J., 178
Renick, A., 214
Rentz, D. M., 578
Repp, A. C., 565
Rescorla, R. A., 24, 57
Resick, P. A., 168, 169
Resnick, E. M., 577
Resnick, H. S., 94
Ressler, K. J., 159, 166, 168, 175
Reverger, R., 532
Revicki, D. A., 229
Rexrode, K., 352
Reynolds, C. F., 248, 265, 310, 353
Reynolds, S. M., 490
Reznikoff, M., 82
Rhebergen, D., 225
Rhoades, C. S., 475
Rhoades, G. K., 374
Rhodes, A. R., 269
Rhodes, L., 144
Rhyno, S., 173
Riboli, E., 333, 334
Ricaurte, G. A., 320, 430
Ricciardelli, L. A., 288
Rice, G., 378
Rice, M. E., 400, 405
Rich, B. A., 234, 241
Richards, J. A., 267
Richards, S. S., 577, 578, 587, 589, 590, 591
Richards, W., 440
Richards, W. A., 440
Richardson, C. L., 529
Richardson, D., 385
Richardson, G., 432
Richardson, W. S., 613
Richels, C., 546
Richey, J. A., 156
Richler, J. J., 106

Richtberg, S., 195
Richters, J., 374
Rickels, K., 99, 137
Ridder, E., 242
Riddle, M. A., 159
Ridenour, T. A., 441
Riding, A., 418
Ridley, N. J., 425
Rief, W., 189, 190, 191, 192, 194
Rieger, G., 375, 411
Riemann, D., 247
Ries Merikangas, K., 240
Riggs, J. E., 587
Riihimäki, K., 270
Riis, J., 310
Riley, B., 250
Riley, S., 176
Rinaldi, M., 80, 122
Ripke, S., 519
Risch, N., 38, 117, 378
Riso, L. P., 397
Ritchey, F. C., 224
Ritsner, M. S., 505
Ritterband, L. M., 323
Ritz, T., 31, 153
Riva, P., 356
Rivera-Hudson, N., 48
Rivera-Tovar, A. D., 98, 99
Rizvi, S. L., 168
Rizzuto, D., 593
Ro, A., 306
Robbins, C., 65
Robbins, T. W., 432, 584
Roberto, C. A., 287
Roberts, A., 177
Roberts, C. R., 314
Roberts, C. W., 392
Roberts, J. E., 249
Roberts, J. M., 539
Roberts, M. C., 364
Roberts, R. E., 314
Roberts, W., 542
Robertson, D., 602
Robertson, J., 68
Robertson, N., 453
Robertson, X., 319
Robichaud, M., 175
Robin, A. L., 545
Robinaugh, D. J., 232
Robins, L. N., 480, 484
Robinson, G. E., 36
Robinson, R. G., 265
Robinson, T. E., 55, 68
Robles, T., 335, 337, 339
Rocca, W. A., 352
Rochon, P. A., 573
Rock, C. L., 307
Rockert, W., 294
Rockney, R. M., 11
Rodin, J., 135, 290, 291, 292, 295, 296, 351
Rodrigue, K. M., 588
Roelofs, K., 200
Roemer, L., 35, 136, 137, 246, 250
Roerig, J. D., 299
Roesch, S. C., 467, 613
Rogers, R., 491
Rogosch, F. A., 468
Rohan, K. J., 230, 231
Rohan, M. J., 231
Roid, G. H., 85
Rojo, L., 297
Roll, J. M., 445

Rolland, Y., 591
Rollman, B. L., 138
Rollnick, S., 454
Romanelli, R. J., 175
Romeo, E., 48, 612
Rongve, A., 582
Ronningstam, E., 491, 492
Room, R., 453
Roose, S. P., 299
Root, T. L., 287
Rorabaugh, W. J., 422
Rorschach, H., 81
Roscoe, J. A., 24
Rose, J. S., 120
Rose, N. R., 173
Rose, S., 231
Rosell, D. R., 475
Rosellini, A. J., 96, 100
Rosen, A. C., 411
Rosen, J. C., 178
Rosenbach, A. F., 436
Rosenbaum, J. F., 258
Rosenberg, P. B., 590
Rosenberg, R., 354
Rosenberg, R. N., 580
Rosenberg, W., 613
Rosenfeld, J. P., 248
Rosenfeld, J. V., 53
Rosenfield, D., 168
Rosenfield, E., 180
Rosengren, A., 350
Rosenman, R. H., 350
Rosenthal, D., 518
Rosenthal, N. E., 230
Rosenthal, P. A., 269
Rosenthal, S., 269
Rösler, A., 406
Rosman, B. L., 295
Ross, A. O., 544
Ross, C. A., 205, 210
Ross, D. C., 230
Ross, L., 107
Rossow, I., 427
Rost, S., 307
Roth, W. T., 151, 323
Rothbaum, B. O., 169, 175
Rothblum, E. D., 65, 288
Rotheram-Borus, M. J., 344, 364
Rothschild, A., 227
Rothschild, A. J., 227, 229
Rottenberg, J., 60, 63, 223
Rotton, J., 11
Rouff, L., 474
Rouleau, J. L., 395
Rounsaville, B. J., 263
Rouprêt, M., 387
Rouse, S. V., 85
Roush, W., 360
Roussos, P., 472, 473, 475
Rowe, J. B., 199, 200, 201
Rowe, M., 532
Rowe, M. K., 141
Rowell, E. A., 437
Rowell, R., 437
Rowse, G., 506
Roy, A. K., 135, 235
Roy-Byrne, P. P., 135
Roylance, R., 56
Rozin, P., 292
Rubia, K., 545
Rubin, G. J., 11
Rubin, R. T., 192
Rubinow, D. R., 99

Rubinstein, T., 483
Rubio, J., 132
Rubio, J. M., 225
Ruchkin, V., 166
Rück, C., 175
Rucklidge, J. J., 542
Rudaz, M., 143
Rudd, M. D., 252, 272, 275
Rudick-Davis, D., 222
Rudolph, K. D., 240
Ruffin, R., 343
Ruhe, K., 154
Ruiz, F. S., 310
Ruiz-Veguilla, M., 516
Rupprecht, R., 48
Rusch, N., 488
Ruscio, A. M., 154
Ruscio, J., 97
Rush, A., 260
Rush, A. J., 247
Rush, B., 243
Rush, J., 261
Russell, A. E., 544
Russell, G., 280, 284, 286, 287, 295, 544
Russell, G. F. M., 280, 284, 286, 287, 295, 299
Russell, S., 47
Russo, L., 132
Russo, S. J., 449
Rusyniak, D., 430
Ruther, E., 296
Rutten, B. P., 518, 524
Rutter, M., 36, 39, 40, 64, 68, 69, 100, 108, 128, 246, 448, 470, 555
Ruzek, J. I., 166
Ryan, D. H., 309
Ryan, W. D., 260
Ryder, A. G., 243, 473
Rygh, J. L., 252
Rynn, M., 137

S

Saab, P. G., 348
Sachdev, P. S., 571
Sachs, G. S., 261
Sack, R. L., 323
Sackeim, H. A., 199, 204, 206, 210, 211, 261
Sackett, D. L., 613
Sacks, H., 155
Sacks, J. A., 160
Saczynski, J. S., 573
Sadeh, N., 491
Sadler, C., 548
Sadler, J. Z., 3
Saelens, B. E., 310
Safford, M. M., 348
Safford, S., 252
Safren, S. A., 343, 344
Sagi-Schwartz, A., 130
Sahai, A., 314
Sahler, O., 316
Saigh, P. A., 163
Saitz, T. R., 383
Sakellariou, I., 11
Sakheim, D. K., 386, 388, 389
Saklofske, D. H., 86
Sakolsky, D., 85
Saksa, J. R., 533
Salazar, I. C., 475
Saleem, R., 267
Saleh, F., 604

Salekin, R. T., 479, 480, 491
Sales, J. M., 200
Salkovskis, P., 194
Salkovskis, P. M., 174, 194
Sallet, J., 56
Salovey, P., 351
Salter, M., 446
Saltoun, M., 346
Salvatore, P., 506
Samek, D. R., 486
Sammel, M., 242
Sammel, M. D., 99
Sampson, N. A., 126, 271
Samson, L., 375
Samuel, D. B., 91, 100
Samueli, S., 562
Samuels, J., 496
Samuels, S. C., 581
Sancesario, G., 578
Sanches, M. M., 130
Sandeen, E. E., 253
Sanderson, W. C., 135
Sandin, B., 194
Sanislow, C., 493
Sanislow, C. A., 27, 495
Sankey, A., 357
Sankis, L. M., 5
Sano, M., 591
Santarelli, L., 247
Santed, M., 194
Santoro, M. R., 564
Santosa, C. M., 244
Santosh, P. J., 68
Santry, H. P., 308
Santucci, L. C., 154, 155
Sanz-Carrillo, C., 196
Sapolsky, R., 247
Sapolsky, R. M., 4, 39, 335, 336, 337
Sarbin, T., 516
Sareen, J., 132, 133, 157, 192
Sari, Y., 424
Saribay, S. A., 59
Sarkar, A., 473
Sarrel, P. M., 399
Sartorius, N., 75, 192, 201
Sarwer, D. B., 305, 307, 308
Saudino, J. J., 38
Saudino, K. J., 36
Sauer, J., 121
Sauer, S. E., 488
Sauer-Zavala, S., 63, 181, 337
Savage, J. C., 483
Savard, J., 324
Savin-Williams, R., 378, 407
Savin-Williams, R. C., 373, 411
Sawada, Y., 272
Sawyer, A. T., 61, 160, 263
Saxe, G. N., 166, 211
Saxena, S., 178, 207
Scales, U., 243
Scaletti, L. A., 432
Scammell, T. E., 319
Scanlan, J., 54, 55
Scanlon, D., 547
Scarborough, P., 350
Scarmeas, N., 579
Scepkowski, L., 387, 389
Schachar, R., 544
Schacter, D. L., 59, 214
Schaefer, E. J., 307
Schaeffer, B., 557
Scharfstein, L. A., 159

Schatz, N. K., 542, 545
Schatzberg, A., 137, 227, 265
Schatzberg, A. F., 227, 352
Scheerenberger, R. C., 558, 563
Scheiderer, E. M., 496
Scheidt, P. C., 364
Scheier, M. F., 363
Schenck, C. H., 327
Schendel, D., 554
Scherr, P. A., 577
Schewel, R., 549
Schiavi, R. C., 380, 387, 394
Schieber, K., 178
Schietecatte, I., 552
Schifano, S., 106
Schiffer, B., 496
Schiffman, J., 509
Schildkraut, J. J., 42
Schiller, C., 432
Schlosser, R. W., 557
Schmahl, C., 212, 488
Schmaling, K. B., 357
Schmeidler, J., 203
Schmidt, A. B., 301
Schmidt, A. J. M., 191
Schmidt, C. W., 400
Schmidt, E., 452
Schmidt, H. M., 392
Schmidt, P. J., 99
Schmidt, U., 301
Schmitz, M. F., 274
Schmucker, M., 405
Schneck, C., 238
Schneck, C. D., 238
Schneider, S., 146, 154, 159, 204, 381
Schneiderman, N., 334, 339, 344, 345, 349, 350, 351
Schneier, F. R., 169
Schnell, K., 489
Schniering, C. A., 154, 293
Schoenbach, V. J., 65
Schoenbaum, M., 135, 429
Schoenberg, M. R., 200
Schoeneman, T. J., 9
Schoenfeld, T. J., 247
Schoenmakers, B., 593
Schoenmakers, T. M., 459
Schork, M. A., 62
Schork, N. J., 130
Schott, L. L., 168
Schouten, E., 353
Schover, L. R., 394
Schramm, A. T., 263
Schramm, E., 158
Schredl, M., 325
Schreiber, G. B., 290
Schreiber, L. R. N., 457
Schreiner-Engel, P., 380
Schroeter, K., 297
Schuck, P. F., 562
Schuckit, M. A., 425, 427, 445, 452, 459
Schulberg, H. C., 264
Schule, C., 48
Schulenberg, J. E., 426
Schulman, P., 264
Schulsinger, F., 533
Schulte, L., 390
Schulte-Körne, G., 548
Schulte-Rüther, M., 296
Schultz, R., 552
Schulz, L. O., 306

Schulz, P. E., 88
Schulz, R., 242
Schulze, L., 488
Schumacher, J. A., 49
Schumann, C. M., 556
Schurger, A., 60
Schutter, D. J., 262
Schutz, H. K., 293
Schwalberg, M. D., 284
Schwartz, A. J., 270
Schwartz, A. R., 320
Schwartz, B., 556
Schwartz, C. E., 564
Schwartz, I. M., 376
Schwartz, J., 47
Schwartz, J. A., 481
Schwartz, M. B., 306
Schwartz, M. S., 359
Schwartz, P. J., 53
Schwartz, R., 517
Schwartz, R. P., 451
Schwarzkopf, D. S., 60
Schwarzler, F., 248
Schweizer, E., 137
Scoriels, L., 528
Scott, C. L., 181, 610, 611
Scott, C. P., 264
Scott, J., 264, 527
Scott, J. E., 529
Scott, K. M., 337
Scott, S., 485
Scullin, M. H., 561
Sedlak, T. W., 438
Seedat, S., 253
Seeley, J. R., 231. 245, 249
Seeman, P., 521
Seeman, T. E., 349
Segal, D. L., 475
Segal, J. B., 175
Segal, N., 377, 409
Segal, N. L., 35
Segal, Z., 252
Segal, Z. V., 339, 341
Segerstrom, S. C., 339, 341
Seglem, K. B., 443
Segraves, R., 379, 392, 393, 394
Seib, D. R., 571
Seibel, S. L., 215
Seidenzahl, D., 607
Seidman, L. J., 522, 545
Seitz, D. P., 573
Selesnick, S. T., 9, 13, 14, 15
Seligman, M. E., 58
Seligman, M. E. P., 58, 251
Selker, H. P., 9, 13, 14
Sellaro, R., 238
Sellbom, M., 479, 611
Sellinger, J., 359
Sells, D., 532
Selten, J. P., 524
Seltzer, M. H., 497
Selye, H., 335, 338
Semans, J. H., 393
Semple, R. J., 138
Sen, S., 37
Sendt, K. V., 528
Sephton, S. E., 339, 341
Seplowitz, R. G., 317
Serefoglu, E. C., 383
Serpe, R. T., 177
Serretti, A., 487
Seshadri, S., 587
Seto, M., 397, 400

Seto, M. C., 395, 398, 399, 400
Settipani, C. A., 159
Severino, S. K., 99
Sewell, K. W., 491
Sgambati, F. P., 320
Shadick, R., 136
Shaffer, D., 258, 273
Shaffer, D. R., 68
Shafran, R., 295, 297
Shah, G. M. S., 508
Shalev, A. Y., 168
Sham, P., 524
Shamloul, R., 381
Shamseddeen, W., 233
Shanahan, L., 235
Shankman, S., 225
Shapiro, C. J., 545
Shapiro, D., 347, 360
Shapiro, J. R., 299
Shapiro, S., 438
Sharafhhaneh, A., 317
Sharma, M. P., 195
Sharpe, D., 178
Sharpe, M., 196, 357
Sharpless, B. A., 143, 318
Shatkin, J. P., 326
Shaver, F. M., 376
Shaw, D. S., 483, 485
Shaw, E., 446
Shaw, H., 303
Shaw, J., 213
Shaw, J. A., 286
Shear, K., 154
Shear, K. M., 146
Shear, M. K., 136, 140, 232, 233
Shedden, K., 37
Sheets, E. S., 253
Shehab, N., 572
Sheikh, H., 355
Sheikh, J. I., 151
Sheldon, E. K., 341
Shelleby, E., 486
Shelly, C., 86
Shen, B., 352
Shen, J., 255
Shen, Q., 352
Shenton, M. E., 523
Sheperis, C. J., 422
Shepherd, J., 476
Sheppes, G., 136
Sher, K. J., 288, 456
Sherbourne, C. D., 255
Sherman, S. J., 120
Sherry, B., 304
Shields, W., 364
Shin, L. M., 130, 167
Shingleton, R. M., 301
Shirk, S. R., 547
Shisslak, C. M., 290
Shlain, B., 439
Shneidman, E. S., 270
Short, E. B., 262
Shulman, C., 611
Shulman, S., 64
Shumaker, S. A., 580
Shuman, D. W., 600, 606, 607, 608, 610
Sibrava, N. J., 141
Sibulkin, A. E., 603
Sica, F., 578
Sico, J. J., 586
Sidat, M., 341
Siddiqui, F., 324

Siegel, A. J., 45
Siegel, L. J., 346
Siegel, L. S., 550
Siegel, S., 344
Sierra, M., 202, 204
Siever, L. J., 42, 474, 475, 476, 477
Siffre, M., 320
Sigafoos, J., 557
Sigmon, S. C., 420
Sigmon, S. T., 230
Sigmundson, K., 410
Sikorska, B., 586
Silberg, J. L., 481
Silberman, E. K., 208
Silberstein, L. R., 291, 296
Silk, K. R., 468, 489
Sill, M., 380, 381
Silove, D., 154, 165
Silove, D. M., 154
Silovsky, J., 406
Silva, P., 179, 399
Silva, P. A., 479, 480
Silver, E., 607
Silverman, W. K., 135, 151, 162, 166
Silvers, F. M., 491
Silverstone, T., 246
Simeon, D., 203, 204, 213
Simien, C., 248
Simmons, J. R., 291
Simmons, R., 254
Simmons, R. K., 310
Simms, L. J., 192
Simon, G., 258
Simon, G. E., 304
Simon, N. M., 145, 232, 233
Simon, R. I., 600, 606
Simon, W., 391
Simoneau, T. L., 267
Simonetti, J. A., 269
Simons, A. D., 253, 264
Simons, D. J., 122
Simons, J. S., 446
Simonsen, E., 466, 502
Simpson, E., 489
Simpson, G. K., 271
Simpson, H. B., 175
Simpson, J. R., 602
Simpson, T., 446
Sinclair, E., 345
Singer, J., 566
Singer, M., 485
Siniscalchi, J., 179
Sinke, S., 284
Sipprelle, R. C., 166
Sirkin, M., 470
Sirroff, B., 203
Sisask, M., 273
Sit, D., 229
Sit, D. K., 229
Sjogren Fugl-Meyer, K., 379
Sjöström, C. D., 308
Sjöström, L., 308
Skeem, J., 505
Skhiri, D., 489
Skidmore, W., 410, 411
Skinner, B. F., 25
Skitch, S. A., 253
Skodol, A. F., 465, 466, 470, 473, 475
Skokauskas, N., 549
Skoner, D. P., 65, 338
Skorska, M., 378
Skultety, K. M., 291

Skuse, D. H., 552
Slade, M. D., 58
Slater, M., 530
Slattery, M. J., 129
Slavich, G. M., 246, 249
Slavin-Mulford, J., 82
Sleegers, K., 587
Sleet, D., 364
Sleet, D. A., 364
Sloan, D. M., 60, 63, 161, 168, 202
Slooter, A. J. C., 573
Slotema, C. W., 528
Smeets, G., 194
Smeets, T., 202
Śmigielski, J., 524
Smit, F., 264
Smith, B. H., 545
Smith, D. E., 351
Smith, G. A., 608
Smith, G. E., 352
Smith, G. P., 306
Smith, G. T., 96, 297
Smith, L. M., 303
Smith, S. S., 323
Smith, T. C., 163
Smith, T. E., 515
Smith, T. L., 427
Smith, T. T., 68
Smith, T. W., 349
Smith, W., 357
Smits, J. A., 158
Smits, J. A. J., 145, 263
Smolak, L., 292, 297
Smolen, A., 246, 256
Smoller, J. W., 128, 153
Smyth, R., 197
Snelling, J., 314
Snook, J., 422
Snowdon, D. A., 578
Snyder, J. S., 247
Snyder, L., 122
Snyder, S. H., 42
Soares, C., 242
Soares-Weiser, K., 528
Sobell, L. C., 453
Sobell, M. B., 426
Soca, X., 320
Soeiro-de-Souza, M. G., 244
Soenens, B., 296
Sohl, S., 358
Sohn, C., 230, 248
Sohn, M., 409
Solai, L. K. K., 572
Solanki, D., 508
Soldatos, C. R., 527
Solfrizzi, V., 589
Soloff, P. H., 272, 487
Solomon, D. A., 223
Solomon, R. L., 446
Somers, T. J., 130
Sommer, I. E., 528, 545
Sondheimer, S. J., 99
Sonnenberg, L., 310
Sonnenberg, L. M., 310
Sonnenberg, S. M., 311
Soreca, I., 248, 250
Sorkin, A., 530
Sosa-Ortiz, A. L., 580, 589
Sotker, P. B., 167
Souery, D., 225
Soumier, A., 247
South, S. C., 466
Southwick, S. M., 69

Spangler, D. L., 252, 253
Spanos, N. P., 209, 318
Spector, A., 591
Spector, A. E., 591
Spector, T., 399
Spector, T. D., 136
Speisman, R. B., 247
Spelsberg, B., 200
Spence, S. H., 159
Spencer, S. J., 348
Spencer, T., 547
Spencer, T. J., 542
Spiegel, D., 161, 162, 202, 204, 206, 208, 211, 212, 213, 344
Spielberger, C. D., 364
Spielman, A. J., 316
Spinella, M., 173
Spinelli, M. G., 264
Spinelli, S., 55
Spinhoven, P., 49, 201
Spira, A., 373
Spira, A. P., 110
Spitzer, C., 200
Spitzer, R. L., 5, 288, 470
Spoont, M. R., 49, 51
Sprague, J., 491
Spreeuwenberg, P., 593
Sprock, J., 490
Spurrell, E. B., 288
Srebnik, D., 374
Srivastava, S., 244
St. Paul, M. S., 292
Stahl, S. M., 47, 48, 51
Stall, R., 364
Stamm, J. M., 588
Stan, A., 458
Stanchina, M. L., 323
Stange, J. P., 240
Stangier, U., 158, 196, 264, 266
Stanley, B., 135, 138, 141, 271, 374
Stanley, M., 138, 271
Stanley, M. A., 135, 138, 141
Stanley, S. M., 374
Stappenbeck, C. A., 446
Starkman, M. N., 167
Starr, K., 253
Stathopoulou, G., 263
Statt, E., 335
Stattin, H., 447
Steadman, H., 607
Steadman, H. J., 608
Steardo, L., 299
Stears, M., 566
Steckler, M., 12
Steckler, T., 508
Steele, C., 348
Steenkamp, M. M., 165
Stefanek, M., 344
Steffen, K., 299
Steffy, R. A., 406
Steiger, A., 311
Steiger, H., 295
Stein, D. J., 157
Stein, G., 478
Stein, M. B., 157, 159
Stein, M. I., 82
Stein, R. I., 157
Steinberg, A. B., 295
Steiner, B. W., 411
Steiner, M., 99
Steinglass, P., 66
Steinhauer, S. R., 516
Steinley, D., 288

Steinman, S. A., 136
Steketee, G., 171, 174, 180
Steketee, G. S., 176
Stellos, K., 571
Stennett, B., 490
Stenvall, M., 573
Stephan, Y., 304
Stephenson, J., 487
Steptoe, A., 58, 346, 349, 350, 352
Stern, Y., 579
Sternberg, W. F., 356
Sterner, U., 154
Sterzer, P., 484
Stevens, B. L., 356
Stevens, S., 191
Stevens, S. A., 429
Stevens, V. J., 351
Stevens, X., 321
Stevenson, R. E., 564
Stewart, J. W., 229
Stewart, M. A., 481
Stewart, M. O., 264, 266
Stewart, S. E., 174
Stewart, S. H., 446
Stewart, S. M., 121
Stice, E., 284, 288, 289, 292, 293, 295, 297, 303, 306, 310
Stier, A., 67, 97
Stiles, T., 192
Stiles, T. C., 497
Stinson, F., 223
Stinson, F. S., 141
Stoessel, P., 53
Stolarz-Fantino, S., 213
Stoller, R. J., 376, 409
Stone, A. B., 99
Stone, J., 80, 197, 199, 200
Stone, M. H., 495
Stone, W. S., 511
Storch, E. A., 172
Storr, C. L., 165
Stout, R., 176, 177, 179
Stout, R. L., 447
Strain, E. C., 424, 436
Strain, J., 162
Strain, J. J., 169
Strassberg, D. S., 391
Stratta, P., 272
Strauss, J. L., 494
Strauss, S. E., 613
Stravynski, A., 494
Streiff, O., 489
Striegel-Moore, R., 305
Striegel-Moore, R. H., 287, 290, 291, 296, 297, 301
Strike, P. C., 352
Stroebe, M., 232
Strokoff, J., 374
Strong, C. M., 244
Stroud, C. B., 253
Stroup, S., 522
Stroup, T. S., 527
Strunk, D., 224, 264, 266
Stuart, S., 264
Stuart, S. P., 216
Stuebing, K. K., 547
Stunkard, A., 305
Stunkard, A. J., 305
Stutts, C., 122
Su, A., 207
Su, C. C., 391
Suarez, E. C., 63
Suárez, L., 55, 131, 143, 144, 166,

174, 254, 337, 489
Subbaraman, M., 453
Subedar, H., 135
Substance Abuse and Mental
 Health Services Administration,
 109, 418, 603
Suddath, R. L., 267
Sue, S., 83
Suelzer, M., 137
Sugai, G., 548
Sugarman, H. J., 308
Sugarman, P., 459
Sugiyama, T., 554
Sullivan, G. M., 47, 51, 129
Sullivan, P., 357
Sullivan, P. F., 245, 284
Sullivan, R. M., 130, 345
Sullivan, S., 49
Sulloway, F., 210
Suls, J., 345, 350, 351
Summerfeldt, L. J., 77, 157
Summitt, P. H., 574
Sun, F., 589, 593
Sun, J., 228, 269
Sun, N., 228
Sundbom, E., 411
Sundquist, J., 239
Sundquist, K., 239
Sunohara, M., 473
Suomi, S. J., 39, 40, 55, 56
Supplee, L., 485
Suris, J.-C., 288
Suthar, M., 564
Sutherland, D., 557
Sutherland, X., 323
Sutin, A. R., 231, 304
Sutter, M. E., 441
Sutton, J., 58
Suvak, M. K., 169
Suveg, C., 135, 159
Suvisaari, J. M., 524
Suvrathan, A., 565
Svakic, D. M., 468, 474, 477, 489,
 491, 492, 496
Svartberg, M., 497
Svenningsson, P., 582, 583
Svensson, L., 154
Svetkey, L. P., 307
Svitak, M., 178
Swaab, D. F., 409
Swan, G. E., 362
Swann, A. C., 224
Swanson, J. W., 362
Swanson, S. A., 284, 285, 287
Swartz, M. S., 532
Swedo, S. E., 173, 230
Sweeney, J. A., 520
Sweeney, M., 394
Sweet, R. A., 577, 578, 587, 589,
 590, 591
Swendsen, J., 284
Swica, Y., 211
Swinson, R. P., 157
Syblik, D., 346
Sydeman, S. J., 352
Sylvers, P., 481
Sylvester, D., 150
Syme, S. L., 65, 351
Syngelaki, E. M., 483
Synowski, S., 344
Sypher, I., 27
Sysko, R., 283, 284, 287, 299
Szarek, B. L., 258

Szasz, T., 516
Szmukler, G. I., 299
Szyf, M., 35

T
Taillefer, S., 194
Takahasi, T., 157
Takei, N., 523
Talajic, M., 352
Talbot, L. S., 248, 311
Talwar, X., 320
Tam, W. W., 121
Tan, E. S., 64, 151
Tanaka-Matsumi, J., 157
Tandon, R., 511
Tang, T. Z., 264
Tani, P., 459
Tannock, R., 550
Tanofsky, M. B., 288
Tapert, S. F., 445
Tartara, A., 327
Tarullo, A. R., 167
Tate, R. L., 271
Tau, G. Z., 47
Taylor, A., 293
Taylor, C. B., 110, 303
Taylor, D., 314
Taylor, D. L., 502
Taylor, E., 542, 545
Taylor, G. T., 349, 352, 353, 354, 355
Taylor, H. L., 294
Taylor, J. J., 261
Taylor, R. R., 356
Taylor, S., 172, 174, 193, 196, 264
Taylor, S. E., 65, 314, 338, 349, 359,
 360, 363
Tazici, O., 223
Teachman, B. A., 136
Teasdale, J. D., 58, 62, 63, 224, 251,
 263, 266
Teesson, M., 456
Teh, C. F., 353
Teicher, M. H., 258
Tein, J-Y, Teetsel, R., 159
Telch, C. F., 293, 301
Telch, M. J., 144, 166
Tellegen, A., 35, 84
Temoshok, L. R., 344
Temple, E., 551
Tenhula, W. N., 529
Teplansky, R., 434
ter Kuile, M., 393
Teresi, J. A., 592
Teri, L., 592
Terman, J. S., 230
Terman, M., 230
Terracciano, A., 304
Tesar, L., 394
Testad, I., 592
Teter, C. J., 436
Teti, D. M., 314
Thaker, G. K., 520
Thapar, A., 35, 38, 544
Thase, M. E., 225, 246, 247, 248,
 250, 252, 253, 256, 258, 260,
 261, 266
Thayer, J. F., 136
Thede, L., 409
Theleritis, C., 527
Thibaut, F., 406
Thibodeau, M. A., 133, 192
Thirthalli, J., 106
Thisted, R. A., 349

Thomas, C. R., 485
Thomas, K. M., 466, 472, 474, 475
Thomas, N., 364
Thomas, P., 487
Thome, J., 311
Thompson v. County of Alameda,
 610
Thompson, B., 143
Thompson, H. J., 592
Thompson, J. K., 292
Thompson, J. R., 561
Thompson, M. A., 342
Thompson, R. J., 476
Thompson-Brenner, H.,292, 300,
 301
Thordarson, D. S., 194
Thoresen, C. E., 351
Thorlton, J., 435
Thorndike, A. N., 310
Thornton, L. M., 280
Thorogood, M., 592
Thorp, S. R., 135
Thorpe, G. L., 141
Thorpy, M., 317
Thuras, P., 287
Thurau, D., 391
Thurm, A. E., 249
Thurston, R. C., 65
Thyer, B. A., 145
Tibbetts, S. G., 485
Tibblin, G., 350
Tidy, E., 358
Tiefer, L., 394
Tien, A. Y., 269
Tienari, P., 40, 472, 518, 519
Tietjens, M. E., 346
Tiggemann, M., 291, 292
Tilkemeier, P. L., 352
TillTimimi, S., 541
Timlett, A., 506
Timmons, K. A., 253, 263
Tinbergen, E. A., 554
Tinbergen, N., 554
Tingelstad, J. B., 260
Tishelman, A. C., 412
Tishler, C. L., 269
Titchener, J. L., 24, 163
Tiwari, S., 135
Tjio, J. H., 562
Tober, D. M., 121
Todaro, J. F., 352
Todd, J., 556
Toews, M., 133
Tolejko, N., 253
Tolin, D. F., 175, 179
Tomaka, J., 338
Tomarken, A., 248
Tomenson, B., 190
Tomiyama, A. J., 282, 307
Tomko, R. L., 496
Tompson, M. C., 261
Tondo, L., 258, 261
Tonigan, J. S., 447, 453
Toomey, J. A., 611
Torgersen, S., 468, 469, 470, 486
TorigoeTorrey, E., 608
Torry, Z., 608
Tortorella, A., 299
Toth, K.,544, 560, 561, 562, 564
Toth, S. L., 213, 215
Tottenam, N., 130
Tovote, P., 127, 129
Townsend, E., 271

Townsend, J. M., 375
Tracey, S. A., 135
Tracy, D. K., 528
Tranel, D., 86
Traskman-Bendz, L., 270, 271
Trauer, X., 324
Treasure, J., 106
Treatment for Adolescents
 with Depression Study Team
 (TADS), 260
Treisman, A., 60
Tremont, G., 593
Trichopoulos, D., 583
Triebwasser, J., 472, 473, 475
Trifiletti, L. B., 364
Trinh, N., 590
Trivedi, M., 259
Trockel, M., 110
Trosper, S. E., 154
Troughton, E., 481
True, W. R., 166
Trull, T., 466
Trull, T. J., 100, 496
Truong, X., 321
Trzapacz, P., 572, 573
Trzaskowski, M., 136, 306
Trzepacz, P., 572
Tsai, A. C., 256
Tsai, A. G., 307
Tsai, G. E., 210
Tsao, J. C. I., 132
Tsuang, M. T., 511, 522
Tsushima, V., 121
Tuchman, B., 9, 10
Tucker, J. A., 451, 453
Tufik, S., 311
Tuijnman-Raasveld, C. C., 393
Tull, M. T., 130
Turk, D. C., 353, 354, 359, 362
Turkheimer, E., 36, 39, 40, 117
Turner, C., 364
Turner, C. W., 349
Turner, J., 362
Turner, J. B., 163
Turner, R., 338
Turner, S. M., 159
Turovsky, J., 128
Turpin, R., 562
Turse, N. A., 163
Tuschen-Caffier, B., 147, 297
Tushnet, M., 604
Tutek, J., 230
Twamley, E. W., 591
Twenge, J., 375
Tyler, D. B., 311
Tylš, F., 440
Tyndale, R., 443
Tynes, L. L., 176

U
U.S. Department of Energy Office
 of Science, 35
U.S. Department of Health and
 Human Services, 335, 363
U.S. General Accounting Office, 574
Uchino, B. N., 335, 339
Uddin, M., 166
Uebelacker, L., 253
Ueda, M., 272
Uehara, T., 60
Uhde, T., 141
Uher, R., 38
Uleman, J. S., 59

Umberson, D., 65, 66
Unal, F., 199
Ungar, M., 412
Unger, J. B., 366
Unutzer, J., 260
Urbina, S., 73
Urosevic, S., 250
Ursano, R., 162
Ursano, R. J., 311
Useda, J., 472
Ussher, J. M., 490
Ustun, T. B., 193

V

Vacanti-Shova, K., 123
Vaccarino, A. L., 359
Vachon, D. D., 462
Vacik, H. W., 346
Vahia, I. V., 512
Vaillant, G. E., 20, 337, 339, 479
Valchev, V. H., 467
Valencia, M. E., 306
Valentiner, D. P., 191
Valera, E. M., 545
Valiente, R., 194
Valle, L., 485
Valtonen, H. M., 239
Van Ameringen, M., 159
van Amsterdam, J., 454
van Baars, A., 602
Van Beek, A., 593
van Beijsterveldt, C., 409
Van Broeckhoven, C., 587
Van De Mheen, D., 459
Van de Vijver, F. J., 66
van den Brink, W., 454
Van Den Eijnden, R. J. J. M., 459
Van der Does, A. J., 49, 256
van der Hart, O., 203, 209
van der Kloet, D., 213, 311
van der Meer, J., 356, 557
van Dongen, J., 117
van Duijil, M., 207
Van Dyck, R., 201
van Elderen, T., 350
van Haren, N. E., 523
van Hoeken, D., 284
Van Ijzendoorn, M. H., 58, 136
van Kammen, D. P., 521
van Laar, M., 137
van Lankveld, J., 379
van Lankveld, J. J., 393
van Minnen, A., 169
van Munster, B. C., 573
van Ommeren, A., 405
Van Orden, K. A., 271
van Os, J., 518, 524, 533
van Overveld, M., 32
Van Praag, H. M., 246
Van Rooij, A. J., 459
Van Ryzin, M. J., 447
van't Veer-Tazelaar, P. J., 265
VandeCreek, L. D., 123
Vander Wal, J. S., 305
Vanderbrug Medendorp, S., 394
Vanderhasselt, M.-A., 261
VanDerHeyden, A., 548
Vanderstichele, H., 578
Vannucchi, G., 475
Vansteenkiste, M., 296
Vansteenwegen, D., 24
VanValkenburg, C., 470
Varga, M. D., 546

Värnik, A., 273
Vasey, P., 410
Vasterling, J. J., 167
Vaughn, M. G., 441, 480, 483
Vazques, G. H., 260
Vazsonyi, A. T., 467
Veale, D., 176, 177, 178
Veith, I., 11
Veling, W., 284
Vellas, B., 590
Velting, D. M., 273
Venables, N. C., 479
Venables, P. H., 482, 484, 524
Veniegas, R., 344, 364
Venkatesh, K., 548
Verbaten, M., 137
Verdi, S., 136
Verma, K. K., 391
Verma, R., 509
Vermetten, E., 161, 212
Vermulst, A. A., 459
Vermund, S. H., 341
Vernberg, E. M., 166
Vernon, P. A., 100
Verona, E., 491
Verster, J. C., 431
Vertommen, H., 602
Vervliet, B., 57
Viana, A. G., 160
Vibert, S., 295
Vieta, E., 260
Vignozzi, L., 394
Viguera, A. C., 229
Vilensky, D. A., 572
Vincent, K. B., 430
Viner, R. M., 310
Vingerhoets, A. J. J. M., 223
Vinkers, D., 602
Virag, R., 394
Virkkunen, M., 459
Virts, K. L., 354
Visscher, P. M., 128
Visser, L., 191
Vitacco, M., 604
Vitacco, M. J., 480
Vitiello, B., 260, 289, 296, 546
Vitonis, A., 242
Vitousek, K., 300, 302
Vittorio, C. C., 177
Vittum, J., 250
Voderholzer, U., 247, 495
Vogel, S. A., 548
Vohs, K. D., 297
Voigt, K., 190, 216
Volden, J., 558
Volkerts, E., 137
Volkmar, F., 552
Volkmar, F. R., 566
Volkow, N. D., 51, 438, 443, 444, 455
Völlm, B., 491
Vonk, J. J., 130
Voon, V., 198, 201
Voos, A., 557
Vorontsova, N., 530
Voshaar, R. C. O., 146
Voss, J. L., 53, 154
Vriends, N., 157
Vrshek Schallhorn, S., 253
Vuorilehto, M., 270

W

Waaktaar, T., 443

Waddell, J., 127
Wadden, T. A., 304, 307
Wade, T. D., 285, 296
Wadsworth, J., 373
Wadsworth, M., 357
Wager, T., 354
Wager, T. D., 354
Wagner, B., 232
Wagner, B. M., 272
Wagner, C. A., 250
Wagner, D., 104
Wagner, G., 306
Wagner, K. D., 546
Wagner, R., 154
Wahlberg, K. E., 518
Wahlsten, D., 39
Wakefield, J. C., 4, 5, 274
Wakeling, A., 293
Wald, R. L., 344
Waldman, I., 544
Waldman, I. D., 480
Waldorf, D., 387
Waldron, M., 36
Waldron, M. C., 39
Wales, J., 280
Walinder, J., 411
Walker, D. L., 159
Walker, M., 233
Walkup, J. T., 138
Wall, M., 132, 291
Wall, M. M., 166
Wall, P. D., 354
Wall, T. D., 479
Wallace, C. S., 55
Wallace, J., 242
Waller, N. G., 212
Waller, R., 483, 484
Wallin, B. G., 349
Wallman, K., 247
Waln, O., 528
Walsh, B. C., 533
Walsh, B. T., 287, 291, 299, 300
Walsh, D., 513
Walsh, J. K., 49
Walsh, K., 163
Walters, E. E., 135, 154, 295, 296
Walters, K. N., 488
Walther, C. S., 374
Walwyn, R., 358
Wan, Y. Y., 340
Wang, D., 255
Wang, G. S., 438
Wang, H., 119
Wang, H. X., 593
Wang, L., 430
Wang, M., 80
Wang, P. S., 222, 223, 225, 229, 230, 231, 240
Wang, T., 11, 62
Wang, X., 255
Wang, Y., 555
Wang, Z., 166, 167
Ward, A., 282, 292, 307, 362, 402, 403
Ward, L. M., 292
Ward, M. M., 362
Ward, T., 402, 403
Wardle, J., 58
Ware, M. A., 438
Wargo, E., 436
Warlow, C., 197
Warren, S. T., 564
Warshaw, M. G., 133

Warwick, H., 194
Warwick, H. M., 194
Warwick, H. M. C., 194
Wasserman, T. H., 375
Wassink, T. H., 524
Waters, A. M., 154
Waters, F., 507
Watkins, E., 307
Watson, D., 92, 100
Watson, D. B., 216
Watson, G. L., 546
Watson, J. B., 24
Watson, J. D., 36
Watson, L., 557
Watson, S. M. R., 546
Wauchope, M., 399
Way, B., 339, 340
Weaver, J. C. G., 39
Webster-Stratton, C. H., 485
Weck, F., 195
Wedig, M. M., 489
Wee, C. C., 289
Weed, N. C., 84
Weedman, J. M., 424
Weeks, J. R., 209
Weems, C. F., 135
Wegner, D., 174
Wehr, T. A., 230
Vigilantes do peso, 307
Weike, A. I., 297
Weinberg, M. S., 376, 395
Weinberger, A. D., 252
Weinberger, D. R., 523
Weinberger, L. E., 603
Weiner, D. B., 16
Weiner, D. N., 389
Weiner, L., 392
Weiner, M. F., 580
Weinshall, D., 530
Weinstein, M., 38
Weinstock, H., 364
Weinstock, L., 253
Weintraub, E. S., 556
Weis, S., 508
Weisberg, R., 176, 177
Weisberg, R. B., 98, 379, 380, 381, 382, 383, 391, 393, 403
Weisbrot, D. M., 200
Weisburg, R. B., 386, 387, 389, 391
Weise, R. E., 93
Weiser, M., 477, 528
Weiskrantz, L., 59, 199
Weisman de Mamani, A. G., 525
Weiss, B., 241
Weiss, J., 335
Weiss, K. A., 82
Weiss, L. G., 85
Weiss, M., 192
Weiss, R. D., 432
Weiss, S. R., 438
Weisse, C. S., 339
Weisskopf, M. G., 545
Weissman, M., 253, 262
Weissman, M. M., 132, 173
Weisstub, E., 66
Weitze, C., 409
Welch, P. G., 133
Welch, S. L., 285, 295
Welham, J., 515
Wellings, K., 373
Wells, A., 137, 138
Welford, M., 138
Wells, B., 375

Wells, D. L., 438
Wells, K., 446
Wells, K. B., 98, 255
Weltzin, T. E., 284
Wendt, D. C., 120
Wenzel, A., 264
Wermter, A.-K., 555
Werner, K. B., 479
Wertheim, E. H., 293
Wessely, S., 11, 357, 358
West, B. T., 436
West, L. J., 454
Westen, D., 82, 300
Westendorp, R. G., 573
Westervelt, H. J., 86
Westman, E., 583
Wetherell, J. L., 135, 138, 180, 241
Wetter, E., 68
Wetzel, R. D., 188
Wetzler, S., 471
Weuve, J., 577
Wever, R., 320
Wexler, D., 609
Wexler, N. S., 585
Weyman-Daun, M., 293
Whang, W., 353
Wheat, K., 606, 607
Wheeler, J., 397
Whishaw, I. Q., 55
Whisman, M., 246, 256
Whisman, M. A., 253
Whitbourne, S. K., 291
White, A., 426
White, B., 310
White, D., 394
White, J., 139
White, J. L., 479
White, K., 174
White, K. S., 130, 140, 146
White, M. A., 301
White, P. D., 358
White, W., 453
Whitehouse, A. M., 289
Whiteside, U., 426
Whitfield, J., 54, 159
Whitfield-Gabrieli, S., 52, 54, 159
Whiting, D. L., 271
Whitlatch, C. J., 593
Whitnam, F. L., 377
Whitt, B., 364
Whittal, M. L., 175, 299
Whooley, M. A., 242, 352
Widaman, K. F., 562
Widiger, T., 96, 466
Widiger, T. A., 3, 5, 91, 94, 100,
    465, 466, 469, 480
Widom, C. S., 480, 488
Wiebe, S. T., 311
Wiederanders, M., 405
Wiegel, M., 385, 386, 387, 389,
    391, 401, 402, 403
Wierman, M., 379
Wiger, D. E., 75
Wiggins, R., 586
Wik, G., 59
Wiklander, M., 488
Wilberg, T., 475, 493
Wilbur, C., 207
Wilcox, H. C., 165, 270
Wilde, E. A., 88
Wildes, J. E., 302
Wilens, T., 547
Wiley, J., 364

Wileyto, E. P., 587
Wilfley, D. E., 289, 290, 301
Wilhelm, S., 159, 175, 178
Wilhelmsen, L., 350
Wilk, K., 238
Wilkel, C. S., 177
Willem Van der Does, A. J., 49
Willford, J., 432
Williams, C. J., 395
Williams, C. L., 85
Williams, G. B., 432
Williams, J., 178
Williams, J. M. G., 263
Williams, L., 214
Williams, L. F., 169
Williams, M., 482
Williams, M. R., 523
Williams, N., 544
Williams, R. B., 334, 344, 350, 351
Williamson, D. A., 297
Williamson, D. F., 282
Williamson, J. D., 135
Willing, J., 488
Willwerth, J., 612
Wilson, B. M., 123
Wilson, G. T., 283, 284, 288, 296,
    299, 300, 301, 302
Wilson, R. S., 580, 588
Wilson, T. D., 68
Wimo, A., 577
Winblad, B., 593
Winchel, R. M., 271
Wincze, J., 394
Wincze, J. P., 379, 380, 381, 382,
    383, 385, 386, 387, 388, 389,
    391, 392, 393, 394, 397, 402, 403
Windgassen, K., 528
Winett, C. A., 255
Wing, J. K., 75, 525
Wing, R., 381
Wing, R. R., 307
Winkelman, J. W., 327
Winkleby, M. A., 239
Winkler, H., 522
Winston, F. K., 364
Winter, A., 17
Winter, D., 488
Winters, R. W., 349, 351
Wintrob, R. M., 448
Winzelberg, A. J., 303
Wirdefeldt, K., 583
Wisco, B. E., 254
Wise, T. N., 400
Wisely, J., 138
Wiseman, F. K., 563
Wish, E. D., 430
Wisner, K. L., 229
Withall, A., 425
Witherington, R., 394
Withers, G. S., 55
Witkiewitz, K., 455
Witt, A., 138, 263
Witt, A. A., 286
Wittchen, H-U., 5, 126, 135, 139,
    140, 151, 242, 524
Witte, E. A., 53
Witthöft, M., 193, 195, 196
Wittstein, I., 350
Witztum, M. D., 406
Woertman, L., 209
Wohlsifer, D., 376
Wolf, E. J., 161
Wolfe, B. M., 308

Wolff, K., 442
Wolf-Maier, K., 347
Wolgamuth, B., 200
Wolitzky-Taylor, K. B., 141
Wollburg, E., 191, 216
Wolpe, J., 25, 26
Wonderlich, S., 297
Wonderlich, S. A., 283, 286, 287,
    296
Wong, C., 557
Wong, H., 565
Wong, J. M., 242, 349
Wong, K., 521
Wong, L., 532
Wong, P. T., 121
Wong, S., 530
Wong, S. C. P., 485
Woo, J., 573
Wood, J. M., 82
Wood, K., 293
Woodard, T., 379
Woods, D. W., 181
Woods, E. R., 271
Woods, R. T., 591
Woods, S. W., 146, 514, 533
Woodside, M. R., 612
Woodward, L. J., 242
Woodworth, G., 481
Woolfolk, R. L., 177, 179, 188, 191,
    192, 195, 196, 201
Worell, J., 85
Workman, J. L., 229
Organização Mundial da Saúde,
    93, 94, 269, 347, 364, 426
Worsley, A., 610
Wortman, C., 233
Worton, D., 566
Wray, N. R., 128
Wren, P., 590
Wright, A. G., 91
Wright, J. P., 458
Wright, J. W., 589
Wright, L. R., 235
Wright, R. O., 545
Wu, E., 502
Wu, F. M., 175
Wu, L.-T., 442
Wu, M. T., 210
Wu, R., 434
Wu, T. T., 391
Wyatt, T. J., 375
Wygant, D. B., 479, 611
Wykes, T., 531
Wyllie, E., 200
Wynick, S., 201
Wynne, L. C., 518

X
Xing, G., 48

Y
Yach, D., 304
Yaffe, K., 135, 241, 590
Yager, J., 66
Yager, T. J., 166
Yamada, A. M., 120, 121, 532
Yamada, K., 528
Yamaki, L. H., 129
Yamamiya, Y., 292
Yanez, B., 346
Yang, G. 554
Yanovski, J. A., 307
Yap, A. K., 207

Yates, P. M., 399
Yates, W. R., 481
Yatham, L. N., 224, 246, 261
Yau, Y. H. C., 457, 458
Yeager, C. A., 211
Yeh, C. Y., 540
Yeh, S.-R., 55
Yehuda, R., 167
Yen, S., 489
Yeo, G. S., 53, 306
Yeomans, F. E., 492
Yerkes, R. M., 126, 481
Yim, I. S., 229
Yin, R. K., 13, 107, 151
Yip, P., 271
Yip, S. W., 457
Yirmiya, R., 359
Yonkers, K., 99
Yonkers, K. A., 99, 135
Yoo, J. A., 107
Yoon, C. W., 310
Yoshioka, D. T., 79
Young, A. H., 446
Young, A. M., 445
Young, E., 254
Young, M. A., 230
Young, P. R., 262, 263
Young, R. M., 446
Young, S., 409
Youngberg v. Romeo, 612
Youngstrom, E. A., 241
Young-Wolff, K. C., 448
Yu, C. C., 391
Yu, X., 121
Yücel, M., 496
Yudofsky, S. C., 88
Yutzy, S. H., 188

Z
Zabalegui, A., 593
Zabel, T. A., 561
Zabinski, M. F., 289
Zachar, P., 5, 99
Zachor, A. D., 554
Zadra, A., 325
Zadra, X., 326
Zaharia, M. D., 39
Zajonc, R. B., 62
Zakowski, S. G., 339
Zalta, A. K., 280
Zanarini, M. C., 468, 486, 487, 489
Zandberg, L., 301
Zandi, P. P., 238
Zapf, P., 607
Zarate, R., 162, 168
Zarit, S. H., 590, 593
Zaromb, F., 14
Zaslavsky, A. M., 126, 348, 353
Zatzick, D., 168
Zautra, A., 353
Zeanah, C. H., 170
Zee, X., 320
Zeichner, S. B., 343
Zemore, S. E., 453
Zeni, C., 546
Zervas, I. M., 527
Zhai, L., 247
Zhang, B., 232
Zhang, D., 247
Zhang, H., 247, 366
Zhang, L., 48
Zhang, Y., 269
Zhao, S., 135

Zhou, J. N., 409
Zhu, A., 443
Ziebell, S., 524
Zigler, E., 274
Zilbergeld, B., 391
Zilboorg, G., 10, 16
Zillmann, D., 359
Zimmer, B., 291
Zimmerman, J., 199

Zimmerman, M., 176, 177, 470
Zimmermann, K., 530
Zinbarg, R., 57, 137, 157
Zinbarg, R. E., 94, 98, 137, 157
Zingmond, D. S., 308
Ziolko, S., 591
Zippe, C., 395
Zisook, S., 274
Zitman, F., 353

Zonana, H., 605
Zorrilla, L. T., 157
Zottoli, T., 607
Zou, H., 555
Zou, L., 550
Zubieta, J., 356
Zubin, J., 516
Zuchner, S., 181
Zucker, B. G., 132, 142

Zucker, K., 410
Zucker, K. J., 132, 142, 377, 379, 397, 410
Zukin, S. R., 442
Zuvekas, S. H., 546
Zvolensky, M. J., 130
Zwahlen, M., 342
Zwaigenbaum, L., 118

Índice remissivo

3,4-methylenedioxypyrovalerone (MDPV), 442
5-hidroxitriptamina (5HT), 49

A

Abordagem dimensional, 91
Abordagem integrativa multidimensional, 31
Abordagem prototípica, 91
Abordagens categóricas clássicas, 90-91
Abordagens categóricas, 90-91
Abstinência
  cocaína, 432-433
  delirium, 420
  desenhos de retirada, 112-113
  maconha, 424
  nicotina, 433-434
  opioides, 436
Abuso de álcool
  agressão e, 427-428
  descrição clínica, 423
  disfunção sexual e, 387-388
  efeitos, 423-425
  estatísticas, 425-426
  origens, 422-423
  progressão, 426-428
  suicídio e, 271
  tratamentos, 450-451
  uso precoce de álcool e, 427
Abuso de substâncias
  definição, 421
  dependência de substâncias *versus*, 459
  disfunção sexual e, 387-388
Abuso sexual, 213, 488-489
Acamprosato, 452
Acetato de ciproterona, 406
Acidentes vasculares cerebrais (AVCs), 346
Ácido gama-aminobutírico (GABA), 42
  abuso de substâncias e, 444
  benzodiazepinas e, 48
  caracterização, 48-49
  função, 48-49
  resposta ao estresse e, 340
  sedativos, 429
  substâncias ansiolíticas, 429
  substâncias hipnóticas, 429
  TDAH e, 544
  transtornos de ansiedade e, 129
  uso de álcool e, 423-424
Acinesia, 528
Actígrafo, 311
Actus rea, 607
Addington versus Texas, 603, 604
Adesivo de nicotina, 451
Adler, Alfred, 21
Adoção cruzada, 39
Adolescentes
  bulimia, 288-289
  início da esquizofrenia, 515
  obesidade, 304
  suicídio, 269-270, 271
  transtornos da conduta, 480-481
  transtorno conversivo, 200-201

transtornos do humor, 240-241
transtornos de sintomas somáticos, 192-193
Adolfine, 451
Afasia, 584
Afeto
  definição, 61, 75
  exame do estado mental, 75
  inadequado, 510
Afeto inapropriado, 510
Afrouxamento das associações, 75
Agency for Health Care Policy and Research, 613
Agency for Healthcare Research and Quality, 613
Agnosia, 575
Agonistas, 48
Agonistas inversos, 48
Agorafobia
  descrição clínica, 139-140
  desenvolvimento, 139-143
  estatísticas, 140-141
  estudo de caso, 139
  evitação situacional e, 141
  evolução, 144-145
  tratamento, 145-147
Agregação familiar, 92
Alarmes aprendidos, 143
Álcool
  absorção pelo corpo, 423-425
  concentrações no sangue, 424
  metabolismo, 425
  produção, 422-423
  resposta, 444
Álcool desidrogenase (ADH), 425
Alcoólicos anônimos, 452-453
Alelo curto (SS), 37
Alelo longo (LL), 37
Alelos, 37
Aliança terapêutica, 23
Alma, definição, 8
Alogia, 508
Alprazolam, 145
Alters, 207
Alucinação congruente com o humor, 227
Alucinação incongruente com o humor, 227
Alucinações
  caracterização, 507-508
  definição, 75, 227
  imagem de SPECT, 508
  tipos, 507-508
  tratamentos, 527
Alucinações auditivas, 227, 507
Alucinações hipnagógicas, 317
Alucinógenos, 422
Ambiente
  distúrbios do sono e, 323
  interação entre genes e, 36-38
  psicopatia e, 484
  TDAH e, 544
  transtornos da aprendizagem e, 550
American Association on Intellectual and Development Disabilities, 560-561

American Journal of Insanity, 13
Amida do ácido lisérgico, 439
Amígdala, 43
Aminoácidos, 48
Amitriptilina (amytril), 259
Amnésia generalizada, 204
Amnésia localizada, 204
Amnésia seletiva, 204
Amniocêntese, 564
Amok, 207
Amostragem de vilosidades coriônicas (AVS), 564
Amplitude P300, 445
Análise de ligação gênica, 117-118
Análise de sonhos, 22
Análise de tarefa, 564
Anandamida, 438
Anatomia da melancolia, 13
Anedonia, 222, 509
Anfetaminas
  caracterização, 430
  dopamina e, 521
  efeitos no SNC, 430-431
  intoxicação, 430
  uso recreacional, 430, 441-442
Angina pectoris, 349
Anna O., 18, 19, 199, 210
Ansiedade
  de castração, 21
  definição, 126
  disfunção sexual e, 388
  efeitos, 126-128
  estresse e, 337-338
  estudo de caso, 250-251
  excitação sexual e, 388-389
  medo e, 127
  neurobiologia da, 130
  pânico e, 63, 139-140
  transtorno conversivo e, 199-200
Anomia, 270
Anorexia nervosa
  associada à Aids, 438
  caracterização, 285
  consequências médicas, 287
  critérios diagnósticos, 286
  curso da, 288-289
  definição, 280
  descrição clínica, 285-287
  estudo de caso, 285
  fatores culturais, 289-291
  transtornos psicológicos associados, 287
  tratamentos com drogas, 299
  tratamentos, 301-302
Anorexia nervosa tipo compulsão alimentar purgativa, 286
Ansiedade de castração, 21
Ansiedade e transtornos relacionados segundo critérios do *DSM-5*, 77
Antagonistas, 48
Anticorpos, 340
Antidepressivos

aumento do uso terapêutico, 257-258
eficácia, 258
mais prescritos, 259
transtornos do humor, 257-260
Antidepressivos tricíclicos, 259
Antígenos, 339
Aparência, exame do estado mental, 75
Apatia, definição, 9
Apneia central do sono, 320
critérios diagnósticos, 319
Apneia do sono, 314, 317, 319
central, 320
transtorno de pânico, 142-143
Apneias do sono mistas, 320
Apolipoproteína E4 (apo E4), 587, 588
Aprendizagem de experiência única, 59
Aprendizagem observacional, 58
Aprendizagem preparada, 58-59
Aprendizagem social, 58
Apresentação do problema, 6
Arco barorreflexo sinoaórtico, 32
Área de Broca, 550
As três faces de Eva, 209
Asfixiofilia, 339
Associabilidade, 509
Associação livre, 22
Ataque cardíaco, 350
Ataque de pânico esperado, 127
Ataque de pânico inesperado, 127
Ataques de nervios, 141
Ataques de pânico, 320
causas, 146-147
critérios diagnósticos, 128
definição, 127
diferenças de gênero, 141
prevalência, 141
tipos, 127
Aterosclerose, 349
Ato de reforma da defesa por insanidade, 606
Atomoxetina, 546
Atordoamento miocárdico, 350
Atrasos de fase, 323
Audiência de Harper, 612
Aumento do ventrículo, 523
Autoeficácia, 338
Autoesquemas sexuais, 375
Autoginefilia, 398, 407
Automonitoramento, 80-81
Autópsia psicológica, 270
Autorrealização, 23
Avaliação clínica
comportamento, 77-81
conceitos, 73-74
entrevistas, 74-77
estudo de caso, 72-73
exames físicos, 77
neuroimagens, 86-88
observações, 80
processo, 72
psicofisiológica, 88-89
resumo, 101
teste de inteligência, 85-86
testes neuropsicológicos, 86
testes psicológicos, 81-86
Avaliação comportamental, 77-80
Avaliação observacional, 80
Avaliação polissonográfica, 311
Avaliação psicofisiológica, 88-89

Avanços de fase, 323
Avolia, 508
Axônios, 46

B

Baby blues, 229
Barbitúricos
definição, 428
descrição clínica, 428-429
estatísticas, 429
Bateria neuropsicológica de Halstead-Reitan, 86
Bateria neuropsicológica de Luria-Nebraska, 86
Beber de maneira controlada, 453-454
Behaviorismo, 17, 24-25
Benzodiazepinas, 14
definição, 428
descrição clínica, 429
estatísticas, 429
TAG, 137
transtorno de pânico, 145
Beta-amiloide, 587
Betabloqueadores, 50, 159, 387
Bianchi, Kenneth, 209
Bini, Lucio, 14
Biofeedback, 89, 359-360
Bissexualidade, 410
Bleuler, Eugen, 503
Botão terminal, 41
Bradicinesia, 583
Brady, James, 607-608
Breuer, Josef, 18
Brief Psychiatric Rating Scale, 80
Bruxas, 9
Bulimia nervosa
consequências médicas, 284
critérios diagnósticos, 283
curso da, 289
definição, 280
descrição clínica, 283-284
diferenças de gêneros, 64-65
estatísticas, 288-289
estudo de caso, 282-283
transtornos psicológicos associados, 284-285
tratamentos com drogas, 299
tratamentos, 298-301
Bupropiona, 451

C

Caixa-preta, 59
Canabinoides, 438
Câncer, 344-346
Capacidade reduzida, 607
Carbamazepina, 261
Carbonato de lítio, 260-261
Carlos VI, 10, 13, 27
Catalepsia, 229
Cataplexia, 317
Catarse, 18, 168, 199
Catatonia, 503
Catecolamina, 51
Causa e efeito, 7-8
Células B, 340
Células B de memória, 340
Células da glia, 41-42
Células T auxiliares, 340

Células T de memória, 340
Células T *natural killers*, 340
Células T supressoras, 340
Células T, 340
Células-tronco, 590
Centro do prazer, 444
Cerebelo, 43
Cerletti, Ugo, 14
Charcot, Jean-Martin, 18
Cialis, 393-394
Ciclo de resposta sexual, 378-379
Ciência cognitiva, 57
Cigarro
doença de Alzheimer e, 586-587
na China, 366
no pré-natal, TDAH e, 544
substituição agonista, 451
vício, 433-434
Circuitos cerebrais, 47
Cirurgia bariátrica, 308
Cirurgia de redesignação sexual, 411
Cirurgia plástica, 179
Classificação Internacional de Doenças (CID-10), 94
Classificação Internacional de Doenças e Problemas de Saúde Relacionados (CID), 93
Classificação, 90
Claustrofobia, 149
Cleckley, Hervey, 479
Cleptomania, 458-459
Clonidina, 452
Cloridrato de tacrina, 590
Coito não exigente, 392
Comitês de ética, 123
como tratamento para a esquizofrenia, 527
Comorbidade
definição, 96
TDAH, 544
transtornos de ansiedade, 131-132
transtornos da personalidade, 470-471
transtornos físicos, 132
transtornos parafílicos, 395
Competência para ser julgado, 609-610
Complexo de Édipo, 21
Complexo de Electra, 21
Complexo de inferioridade, 22
Complexo relacionado com a Aids (CRA), 341
Comportamento
abstinência, 421
avaliação, 77, 79
de busca de drogas, 421
desorganizado, 510
e genes, avanços no estudo, 35-36
entre culturas, 114-117
escalas de classificação, 80-81
exame do estado mental e, 75
herança não genômica e, 39-40
heterossexual, 373
homossexual, 373
modificação do, 363-364
pesquisas ao longo do tempo, 118
tipos, 350
transtorno da personalidade e, 467
Comportamento atípico
concepções históricas, 8
definição, 3
modelos, 8
tradição biológica, 12-15

756 PSICOPATOLOGIA

tradição sobrenatural, 9-12
Comportamento atípico, 4
Comportamento homossexual, 373
Comportamento típico
  na infância, 539
  padrão social de, 4
  sexualidade, 372-378
Comportamento psicótico, 505
Comportamento relacionado com a saúde
  exemplo da Aids, 335
  foco no, 333-335
Comportamentos de dor, 353
Compreensão da prosódia emocional, 508
Compulsões, 170, 172
Comunicação de duplo vínculo, 525
Comunicação privilegiada, 76
Condição médica, fatores psicológicos que
  afetam a, 196
Condicionamento, 24
  exemplos, 57
  função, 57-58
  operante, 25-26
Condicionamento clássico, 24
Condicionamento operante, 25
Confiabilidade entre avaliadores, 74, 82
Confiabilidade teste-reteste, 74
Confiabilidade, 74, 92
Conflitos intrapsíquicos, 19
Confusão sexual, 398
Conselheiros de saúde mental, 6
Consideração positiva incondicional, 23
Contágio emocional, 11
Contratransferência, 22
Controle placebo duplo-cego, 111
Controle duplo-cego, 111
Controle operante da dor, 354
Coortes, 119
Cornos dorsais da coluna vertebral, 354
Corpo estriado, 522
Corpo hipocrático, 12
Correlação
  coeficiente, 108
  definição, 107
  desenhos, 110
  problemas de interpretação, 108
  tipos, 108-109
Correlação negativa, 108
Correlação positiva, 108
Córtex adrenal, 246-247
Córtex cerebral, 43-45
  subdivisões e funções primárias, 45
Córtex pré-frontal, 45
Cortisol, 247
Crianças
  abuso sexual, 400
  ansiedade, 7
  comportamento típico, 539
  em risco para crimes, 480
  esquizofrênicas, 533-544
  falsas memórias, 213
  hábitos de sono, 314-315
  não conformidade com o gênero, 411-412
  obesas, 301
  pânico, 7
  suicídio, 269-270
  tabagismo, 366
  TAG, 134-135
  TEPT, 166

TOC, 172
transtorno de ansiedade de separação, 154-155
transtorno da conduta, 480
transtorno da fluência com início na infância, 540
transtorno da personalidade antissocial, 479
transtornos alimentares, 291
transtornos do humor, 241
Criatividade, 243-244
Cromossomos
  deficiência intelectual e, 562-564
  doença de Alzheimer e, 587
  sexuais, 34
Cromossomos sexuais, 34
Cromossomo X, 34, 562
Cromossomo Y, 31
Culpado, mas mentalmente doente (GBMI), 608-609
Curso antecipado, 7
Curso crônico, 7
Curso episódico, 7
Curso limitado, 7
Custódia criminal
competência para julgamento e, 609-610
  defesas por insanidade, 606-607
  definição, 605
jurisprudência terapêutica, 609
  NGRI, 605-606

D

Dahmer, Jeffrey, 607
Dança de São Vito, 11
D-cicloserina (DCS), 159-160
Decisão Durham, 606
Decisão M'Naghten, 606
Decisões da Suprema Corte, 602-603, 605
Deficiência intelectual
  causas, 561-564
  critérios diagnósticos, 560
  definição, 558
  descrição clínica, 559-561
  estatísticas, 561
  estudo de caso, 559
  fatores psicossociais, 564
  graus, 561
  habilidades de comunicação e, 560
  influências biológicas, 562
  influências cromossômicas, 562-563
  influências genéticas, 562
  síndrome de Down, 563-564
  síndrome de Lesch-Nyhan, 562
  síndrome do X frágil, 562, 567
  transtornos de novo, 562
  tratamentos, 564-565
Deficiência intelectual cultural-familiar, 564
Definição operacional, 80
Delírios
  caracterização, 506-507
  de grandeza, 237, 506
  definição, 227
  típicos, 75
  tipos, 511-514
  transtornos delirantes, 511-514
Delírios do tipo persecutório, 512
Delírios físicos, 227
Delírios somáticos, 512
Delirium

critérios diagnósticos, 573
definição, 573
descrição clínica, 572-573
estatísticas, 572-573
estudo de caso, 572
prevenção, 574
tratamento, 573-574
Delirium tremens (DTs), 425
Demência pugilística, 582
Demência subcortical, 584
Dementia Praecox or the Group of Schizophrenias (Bleuler), 504
Dementia praecox, 93, 503
Demônios, 9
Dendritos, 41
Dependência de substâncias
  abuso de substâncias versus, 459
  caracterização, 420-421
  definição, 420
  estatísticas, 425-426
  fraqueza moral, 447
  modelo de doença, 447
  nicotina, 433-434
Depleção aguda de triptofano (ATD), 256
Depressão
  abstinência de nicotina e, 433-434
  anorexia nervosa associada à, 287
  bulimia nervosa associada à, 284-285
  dupla, 225
  emoção e, 63
  estudos de caso, 221-222, 268
  eventos estressantes da vida e, 249, 339
  experiência da, 277
  explicação sobrenatural, 9
  fatores genéticos, 246
  hipótese do estresse, 246
  idade de início, 242
  isolamento social, 65-66
  luto e, 232-233, 275-276
  prevenindo a reincidência, 266-267
  TDAH e, 546
  teoria do desamparo aprendido, 251
  transtornos de ansiedade e, 241
  tratamentos combinados, 265
  visão geral, 225-226
  vulnerabilidade cognitiva, 252-253
Depressão dupla, 225-226
Depressão periparto, 229
Depressores
  álcool como depressor, 422-428
  caracterização, 422
  sedativos, 428-430
  substâncias ansiolíticas, 428-430
  substâncias hipnóticas, 428-430
Derrames, 346
Desamparo aprendido, 58, 251
Desatenção, 541
Descarrilamento, 75
Descoberta sobre genes, 115-116
Descrição clínica, 6-7
Desenho sequencial, 120
Desenho transversal, 118-119
Desenhos de caso único
  conceito, 112
  desenhos de retirada, 112-113
  experimentos, 112-114
  medidas repetidas, 112
Desenhos longitudinais, 119-120

Desenvolvimento
 agorafobia, 138-140, 143
 anormal *versus* normal, 539
 condicionamento operante, 25
 drogas antipsicóticas, 527-528
 esquizofrenia, 515-516
 estágios psicossexuais, 20-21
 estratégias de desenvolvimento positivas, 118
 hipóteses, 104
 MMPI, 82-85
 orientação sexual, 376-378
 psicopatia, 484
 teste de inteligência, 85-86
 transtornos alimentares, 291
 Transtornos da personalidade, 467-469
Desenvolvimento do ciclo de vida, 7
 foco do, 67-68
 princípios, 67-69
 transtorno do humor e, 241-242
Desequilíbrio eletrolítico, 284
Desinstitucionalização, 529, 603
Deslocamento, 20
Despersonalização, 202-203
Despertares programados, 326
Desregulação, 203
Dessensibilização sistemática, 25
Dessensibilização, 25
Dever de informação, 610
Dhat, 192
Diagnóstico, 72
 abordagem categorial, 90-91
 abordagem dimensional, 90-91
 abordagem prototípica, 91
 confiabilidade, 92
 estigma e, 96-97
 estratégias, 89-90
 problemas de classificação, 90
 resumo, 101
 rotulação, 96-97
 sistema anterior à 1980
 validade, 92-93
Diátese, 36
Dieta
 ganho de peso durante a, 293
 programas de perda de peso, 307-310
Diferenças de gênero
 ataque de pânico, 141
 bulimia nervosa, 64-65, 288-289
 cirurgia de redesignação sexual, 411
 comportamento homosexual, 373
 depressão, 64-65
 disfunção sexual, 379
 doença de Alzheimer, 580
 dor crônica, 355-356
 esquizofrenia, 515
 no sexo casual, 374-376
 psicopatologia e, 64-65
 sexualidade, 374-376
 tamanho corporal, 292
 TDAH, 542
 TDC, 177
 terapia de exposição para TEPT, resposta à, 64-65
 TOC, 64-65
 transtorno conversivo, 200
 transtorno de insônia, 314
 transtorno da personalidade antissocial, 469-470

transtorno da personalidade histriônica, 490-491
transtorno de sintoma somático, 193
transtornos da aprendizagem, 548
transtornos do humor, 64-65, 253-255
transtornos da personalidade, 469-470
transtornos parafílicos, 401-402
Dimetriltriptamina (DMT), 441
Direcionalidade, 108
Direitos dos pacientes, 611-615
Diretrizes para a prática clínica, 613-615
Diretrizes para intervenção, 614
Discinesia tardia, 612
Discurso desorganizado, 510
Disforia de gênero, 372, 406
 causas, 409-410
 critérios de definição, 407-409
 critérios diagnósticos, 408
 definição, 372
 estudos de caso, 409
 exploração, 415
 tratamentos, 410-412
Disfunção erétil, 389, 394
Disfunção psicológica, 3
Disfunção sexual
 abordagem integrativa, 391
 abuso de álcool e, 387-388
 avaliação psicofisiológica, 386
 categorias, 379
 causas, 386-391
 entrevistas, 385
 estudos de caso, 384-385, 392
 exame médico, 385-386
 exploração, 416
 fatores biológicos, 387-388
 fatores psicológicos, 388-390
 fatores socioculturais, 390-391
 panorama, 378-379
 resumo, 413-414
 transtorno da excitação, 380-382
 transtornos do desejo, 379-380
 transtornos do orgasmo, 382-384
 tratamentos médicos, 393-395
 tratamentos psicossociais, 392-393
 tratamentos, 391-395
Dislexia, 550
Dismorfofobia, 176
Dissociação, 188
Dissonias, 311
Disulfiram, 452
Divisão associativa, 503
Dix, Dorothea, 17
DNA *microarrays*, 35
DNA, 34
Doença cardíaca, 62
Doença cardíaca coronariana (DCC)
 caracterização, 349
 emoções negativas crônicas e, 351-353
 fatores psicossociais, 349-350
Doença cardiovascular, 346
 raiva e, 62-63
Doença de Alzheimer
 descrição clínica, 578-580
 distúrbio de insônia, 314
 estatísticas, 575-578
 estudos, 578-580
 fatores biológicos, 586-587
 testes, 579

tipos de degeneração, 587
 transtorno neurocognitivo devido à, 578-580
 tratamentos, 590-591
 vacinas, 591
Doença de Creutzfeldt-Jakob, 588
Doença de Huntington, 34, 584
 transtorno neurocognitivo devido à, 584
Doença de Parkinson, 582-583, 584
 critérios diagnósticos, 584
 transtorno neurocognitivo devido à, 582-583
Doença de Pick, 582
Doença do príon, transtorno neurocognitivo devido à, 585-586
Doença mental
 criminalização, 603, 605-611
 custódia criminal, 605-611
 definição, 601
Doença com corpos de Lewy, transtorno neurocognitivo devido a, 582
Dopamina, 42
 caracterização, 51
 cocaína e, 431-432
 esquizofrenia e, 520-522, 527
 função, 51
 interação de drogas com, 520-522
 TDAH e, 544
 transtornos do humor e, 246
 vias, 51
Dor
 experiência de dor física e psicológica, 353
 sexual, 354-358
Dor aguda, 353
Dor crônica
 aspectos biológicos, 354
 diferenças de gênero, 355-356
 drogas para, 362-363
 fatores psicossexuais, 353-354
 modelo de capacidade de reserva, 352
 negação, 363
 redução de estresse, 362-363
 redução, programa compreensivo para, 361-362
 SFC e, 356-358
 tipos, 353
 visão geral, 353
Dor do membro fantasma, 354
Down, Langdon, 563
Droga estabilizadora do humor, 260
Drogas ansiolíticas, 428
Drogas antipsicóticas
 baixa adesão, 527-528
 categorias, 14-15
 desenvolvimento, 527
 efeitos colaterais, 527-528
 eficácia, 521-522, 527
 mais usadas, 527
Drogas hipnóticas, 428-429
Drogas sintéticas, 430
Durham *versus* Estados Unidos, 606
Dusky *versus* Estados Unidos, 609

E
Ecolalia, 539, 553
Economia de fichas, 529
Édipo Rei, 21
Efeito coorte, 119
Efeito da expectativa, 446
Efeito do experimentador, 111

758 PSICOPATOLOGIA

Efeito frustro, 110
Efeito placebo, 110
 sobre o funcionamento do cérebro, 53
Efeito poligênico, 35
Efeito transgeracional, 120
Eficiência do sono (ES), 312
Ego, 19
Eixo de eficácia clínica, 614
Eixo de utilidade clínica, 614
Eixo hipotalâmico-hipofisário-adrenal
 (HHA), 46
 estresse, 335
 TEPT, 167
 transtornos de ansiedade e, 129
 transtornos do humor, 246
Ejaculação
 precoce, 383
 retardada, 582
 retrógrada, 383
Ejaculação prematura, 383
Ejaculação retrógrada, 383
Eletrocardiograma, 311
Eletroconvulsoterapia (ECT), 14, 261-262
Eletroencefalograma (EEG)
 definição, 88
 padrões, 88-89
 transtornos do sono e, 311
Eletromiograma, 311
Eletro-oculograma, 311
Emaranhados neurofibrilares, 587
Embotamento afetivo, 509
Emoção expressa, 525
Emoções
 componentes, 61-62
 contágio, 11
 definição, 60
 função, 60
 medo, 60-61
 negativas crônicas, 351-353
Emoções pró-sociais limitadas, 480
Empatia, 23
Encefalopatia traumática crônica (ETC), 582,
 588
Endofenotipagem, 520
Endofenótipos, 115, 481, 519-520
Enfermeiros da área de psiquiatria, 6
Ensaio clínico randomizado, 110
Ensaios clínicos, 110
Entrevista motivacional, 323
Entrevistas
 avaliação clínica, 75-77
 clínicas semiestruturadas, 77
 de comportamento sexual, 385
 exame do estado mental, 75-77
 função, 75-77
 modelo de questões para TOC, 78-79
 motivacionais, 323
Entrevistas clínicas semiestruturadas, 77
Ephedra sinica, 430
Epidemiologia genética avançada, 116
Epidemiologia genética básica, 116
Epidemiologia, 108
Epigenética, 39
Epinefrina, 45
Episódio hipomaníaco, 223
Episódios depressivos maiores critérios
 diagnósticos, 92, 223
 definição, 222

duração, 221, 223
Episódios maníacos, 224
Ergotismo, 439
Erikson, Erik, 22
Erotrofobia, 390
Escalas de classificação do comportamento,
 80-81
Escalas de execução, 85
Escoriação, 180-181
Especificador de características atípicas, 229
Especificador de características catatônicas,
 228-229
Especificador de características melancólicas,
 227-228
Especificador de características mistas, 227,
 237
Especificador de ciclagem rápida, 238
Especificador de início no periparto, 229
Especificador de início no pós-parto, 229
Especificador de padrão sazonal, 229
Especificador de sintomas ansiosos, 227
Especificadores de características psicóticas,
 227
Esquemas de reforço, 26
Esquiva interoceptiva, 140
Esquizofrenia
 critérios diagnósticos, 506
 descrição clínica, 505-510
 desenvolvimento, 515-516
 dopamina e, 520-522
 endofenótipos, 519-520
 estágios prodrômicos, tratamento durante,
 534
 estatísticas, 515
 estudos com descendentes de gêmeos, 517
 estudos de adoção, 518
 estudos de associação, 519
 estudos de caso, 504-505, 507
 estudos de gêmeos, 517-518
 estudos de ligação, 519
 exploração, 535-536
 fatores neurobiológicos, 520-522
 história, 502-503
 identificação precoce dos sintomas, 503-505
 influências pré-natais, 523-524
 institucionalização e, 529
 intervenções biológicas, 526-528
 intervenções psicológicas, 524-526
 prevenção, 533-534
 programas de habilidades sociais, 529
 recidiva, 516
 relacionamentos, 529
 resumo, 534
 sintomas desorganizados, 509-510
 sintomas negativos, 508-509
 sintomas positivos, 505-508
 sintomas, 505-510, 515-516
 transtorno da personalidade esquizotípica,
 475-477
 transtorno da personalidade evitativa, 493
 transtorno da personalidade paranoide, 472
 transtornos relacionados, 511-514
 tratamento com realidade virtual, 530, 531
 tratamento integrativo, 532
 tratamentos, 526-534
Estado *versus* Campanaro, 607
Estágios psicossexuais, 20-21
Esteroides anabólicos androgênicos, 441

Estigma social, 67
Estilo afetivo, 61
Estilos cognitivos negativos, 251-252
Estilos de enfrentamento, 20
Estimulação do nervo vago, 262
Estimulação magnética transcraniana (EMT),
 261-262, 528
Estimulantes, 422
 anfetaminas, 434-435
 cocaína, 431-433
 opioides, 435-436
 tabaco, 433-434
 tratamento de TDAH com, 545
Estímulo condicionado, 24
Estímulo incondicionado, 24
Estratégia ideográfica, 90
Estratégia nomotética, 90
Estratégias de comunicação aumentativa, 564
Estratégias de desenvolvimento positivas, 118
Estratégias de prevenção universal, 118
Estratégias naturalistas de ensino, 557
Estresse
 ansiedade e, 337-338
 causas, 336-337
 definição, 335
 depressão e, 250, 337-338
 esquizofrenia e, 525
 estágios, 335
 estudo de caso, 361
 excitação, 337-338
 explicação sobrenatural, 9-10
 fisiologia do, 335-336
 pânico e, 131
 resposta de cuidar e ajudar, 65
 resposta imune e, 338-341
 suicídio e, 272
 TDC e, 177-178
 transtorno bipolar e, 250
 transtorno de ansiedade de doença e, 194
 transtorno conversivo, 199-200
Estresse contínuo, 335
Estresse crônico, 339
Estrutura cerebral
 componentes, 43-45
 divisões, 44
 esquizofrenia, 522-523
 implicações para a, 51-52
 influências psicossociais, 52-54
 neuroimagens, 86
 TOC, 54
 transtorno da personalidade esquizotípica,
 476
 transtornos de ansiedade e, 129
 transtornos do humor, 247-248
Estudo das freiras, 578
Estudo *Stanford Three Community*, 366-367
Estudos com gêmeos, 517-518
 abuso de substâncias, 443-444
 complicações em, 116-117
 esquizofrenia, 517-518
 fatores genéticos, 34
 função, 117
 orientação sexual, 377
 TEPT, 166
 transtorno da personalidade antissocial,
 480-481
 transtornos alimentares, 295-296
 transtornos do humor, 245-246

ÍNDICE REMISSIVO **759**

Estudos de ligação gênica, 519
Estudos de adoção, 116, 518-519
Estudos de associação, 117, 519-520
Estupro
excitação erétil no, 399-400
fatores sociais, 405
sádico, 399-400
Ethical Principles of Psychologists and Code of Conduct, 123
Ética, 122-123
Etiologia, 7, 103
Eusenck, Hans, 25
Exame do estado mental
categorias, 75
componentes, 76
confidencialidade, 76-77
definição, 75
interpretação, 76
Exames físicos, 77
Excitação, 337-338
ansiedade e, 388-389
transtorno da personalidade antissocial, 481-483
transtorno pedofílico e, 400
Exner, John, 82
Exorcismo, 9
Experiência com um objeto voador não identificado, 318
Experiência direta, 151
Experiência vicária, 151-152
Experimentos
definição, 109
desenhos de caso único, 112-114
desenhos de grupos, 110
grupos controle, 110-111
tratamento comparativo, 111-112
Exposição e prevenção da resposta, 53
Exposição e prevenção de ritual, 174
Exposição imaginária, 168
Extinção gradual, 324
Extinção, 25

F

Falsos negativos, 86
Falsos positivos, 86
Falta de moradia, 603
Fator liberador de corticotrofina (CRF)
Estresse e, 336
TEPT e, 167
transtornos de ansiedade e, 129
Fator neurotrófico derivado do cérebro (BDNF), 55
Fatores familiares
abuso de substâncias, 443-444
caracterização, 116
esquizofrenia, 517, 525
psicopatia, 485
suicídio, 270-271
transtorno da personalidade *borderline* e, 487-489
transtornos alimentares, 295
Fatores neurobiológicos
abuso de substâncias, 444-445
ansiedade, 130
esquizofrenia, 520-524
hipertensão, 349
pânico, 130
transtorno da personalidade antissocial, 481

transtorno do espectro autista, 555-556
Fatores psicológicos que afetam a condição médica, 196
Fatores psicossociais
câncer, 344-346
deficiência intelectual, 564
doença cardíaca coronariana, 349-350
esquizofrenia, 524-526
funcionamento/estrutura cerebral, 52-54, 55-56
HIV/Aids, 341-344
psicopatia, 483-484
transtorno de déficit de atenção/hiperatividade, 545-546
transtorno da personalidade antissocial, 483-484
transtorno do espectro autista, 554-555
transtorno neurocognitivo, 589, 591-593
transtornos físicos, 359-360
Fatores sociais
disfunção sexual, 390-391
fobias específicas, 153
transtornos alimentares, 291-294
transtornos de ansiedade, 131
transtornos do humor, 253-255
transtornos relacionados a substâncias, 447
Fatores transculturais
abuso de substâncias, 447-448
características, 120-121
cigarro, 366
comportamento, 120-121
disfunção sexual, 391
DSM-5 e, 95-96
esquizofrenia, 516-517
fobia específica, 151
fobia social e, 156-157
metabolismo do álcool, 426
modelos dimensionais, 466-467
obesidade, 306
psicopatologia e, 64
sexualidade, 376
sono das crianças, 314-315
suicídio, 269-270
TDC, 178-179
TOC, 174
transtorno de ansiedade de doença, 192
transtorno da personalidade esquizotípica, 476
transtorno da personalidade paranoide, 473
transe dissociativo, 211
transtornos alimentares, 289-291
transtornos do humor, 243, 253-255
transtorno de pânico, 141
transtornos da personalidade, 467
tratamento da esquizofrenia, 532
Febre da cabana, 230
Fenciclidina (PCP), 439, 522
Fenda sináptica, 41
Fenilalanina, 562
Fenilcetonúria (PKU)
caracterização, 34
incidência, 562
Férias da medicação, 113
Filmes eróticos, 388-389
Fisiologia do estresse, 335-336
Fixação, 21
Flebotomia, 13
Flibanserina, 394

Fluoxetina, 259, 299
fMRI dependente do nível de oxigênio no sangue (BOLD *fMRI*), 87
Fobia de ambiente natural, 149-150
Fobia de sangue-injeção-ferimentos, 2, 31-33, 149
Fobia situacional, 149
Fobias
aspectos culturais, 64
definição, 2
específica, 148-155
sangue-injeção-ferimento, 2-3
sintomas, 20
social, 155-160
Fobias de animais, 150
Fobias específicas
causas, 151-153
critérios diagnósticos, 148
descrição clínica, 148-149
estatísticas, 150-151
tipos, 149-150
tratamentos, 153-155
Fobias sociais
causas, 157-158
critérios diagnósticos, 156
descrição clínica, 155-156
estatísticas, 156-157
estudos de caso, 155
tratamento, 158-160
Foco sensorial, 392
Folie à deux, 512
Formação reativa, 20
Formato multiaxial, 93
Formulação cultural, 95
Foster, Jodie, 607
Fotopletismógrafo vaginal, 386
Fototerapia, 231, 323
Fox, Michael J., 583
Franklin, Benjamin, 14, 17
Frenzy witchcraft, 207
Freud, Anna, 20, 21
Freud, Sigmund, 17, 431-432
observações básicas, 19
teoria da estrutura da mente, 19
teoria dos mecanismos de defesa, 19
teoria psicossexual, 20-21
Frigo phobia, 151
Fromm, Erich, 22
Fuga de ideias, 223
Fuga dissociativa, 205-207
Funcionamento do cérebro
alterado, TOC, 52
delirium e, 572
psicopatia e, 483
TDAH, 544-545
transtorno de despersonalização/desrealização, 204
transtornos da aprendizagem, 550
uso de álcool e, 445
Funcionamento intelectual, 75
Fusão pensamento-ação, 174

G

Gagueira, 550
Galeno, 12
Gama-hidroxibutirato (GHB), 442
Gânglios basais, 43, 44
Gene ALDH2, 448

Gene ligado ao cromossomo X, 562
Generalizabilidade, 105
Generalização de estímulo, 24
Generalização, 252
Genes, 34
    abuso de substâncias, 443-444, 447-448
    associados à doença de Alzheimer, 588
    comportamento, desenvolvimento, 35-36
    efeitos, 34
    expressão, 35
    influências independentes, 39
    ligação entre depressão e ansiedade, 246
    natureza, 34-35
Genes da esquizofrenia, 476
Genes de suscetibilidade, 587
Genes dominantes, 34, 562
Genes marcadores, 519
Genes recessivos, 34, 562
Genética
    abuso de substâncias, 443-444, 447-448
    análises, 117-118
    deficiência intelectual, 562
    doença de Alzheimer, 587-588
    esquizofrenia, 517-519
    estudo da, 114-117
    estudos familiares, 116
    TDAH, 544
    transtorno de hipersonolência, 317
    transtorno da personalidade antissocial,
        480-481
    transtorno da personalidade *borderline*,
        487-488
    transtorno da personalidade esquizotípica,
        476
    transtorno de sintoma somático, 194
    transtorno do espectro autista, 555
    transtornos do humor, 245-246
Genética molecular, 35, 116
Genética quantitativa, 35
Genoma, 34, 115
Genômica funcional, 443
Genótipos, 114, 476
Ginecomastia, 411
Ginkgo biloba, 590
Giro do cíngulo, 43
Glicocorticoide, 247
Globus hystericus, 197
Glutamato, 42, 48-49, 522
    uso de álcool e, 424
Glutamato monossódico (MSG), 48
Grandeza, delírios de, 75, 237, 506
Grandiosidade, 494
Grey, John P., 13-14
Grupo controle placebo, 110
Grupo de lista de espera, 105
Grupo simples-cego, 111
Grupos controle
    definição, 105
    função, 110-111
    randomizados, 110
    tipos, 110-111
Grupos de tratamento, 105

H

Hábitos de sono, 324
Hara-kiri, 270
Harris, Robert Alton, 202
Haslam, John, 502

Hebefrenia, 503
Herança não genômica, 39-40
Hermafroditismo, 407
Herpes genital, 334
Hierarquia de necessidades, 23
Hinckley Jr., John W., 607
Hiperfrontalidade, 523
Hiperplasia adrenal congênita (HAC), 409
Hipertensão
    caracterização, 347-349
    causas neurobiológicas, 349
    e morte prematura, 347
    fatores psicológicos, 349
    minorias e, 348
    prevalência, 347, 348
Hipertensão essencial, 347
Hipertireoidismo, 77
Hipnose, 18
Hipocampo
    definição, 43
    estresse e, 247, 336
    transtornos do humor e, 247
Hipócrates, 12
Hipofrontalidade, 522, 523
Hipotálamo, 43, 320
Hipótese
    definição, 104
    desenvolvimento, 104
Hipótese da mudança de fase, 230
Hipótese da ordem de nascimento fraterna, 378
Hipótese de subexcitação, 481
Hipótese do destemor, 481-482
Hipótese do estresse, 246
Hipoventilação relacionada ao sono, 319, 320
Hipoventilação, 319
Histeria de conversão, 188
Histeria em massa, 11
Histeria, 13, 188
Hitler, Adolph, 430, 451
HIV/Aids
    caracterização, 335
    critérios diagnósticos, 584
    estudos epidemiológicos, 109
    explicação sobrenatural, 10
    fatores psicossociais, 341-344
    maconha e, 438
    padrões comportamentais e, 335
    prevenção, 364-366
    sistema imunológico e, 340
    taxa de mortalidade, 342
    transtorno neurocognitivo devido à infec-
        ção por, 583-584
Hoffman, Albert, 438
Holbrook Smith, Robert "Dr. Bob", 453
Homofobia, 75
Hormônios do estresse, 247, 336
Hormônios, 45
Horney, Karen, 22
Hospital Salpêtrière, 18
Human Sexual Inadequacy (Masters e John-
    son), 392
Humor, 61
    exame do estado mental e, 75
Humores, 61, 75
Hypericum, 259

I

Id, 19

Idade
    da mãe, síndrome de Down e, 563
    início da ansiedade de doença, 192
    início da deficiência intelectual, 560
    início da depressão, 231-232, 242-243
    início da esquizofrenia, 515
    início da fobia específica, 150-151
    início do TDAH, 541-543
    início do TDC, 177
    início do transtorno alimentar, 288-289, 290
    início do transtorno do humor, 241-242, 594
    início do transtorno de sintoma somático,
        192-193
    início do transtorno neurocognitivo, 576-
        578
    pontuação de QI e, 88
    velhice, 22
Ideação suicida, 269
Ideias de referência, 75, 474, 476
Idosos
    ansiedade entre os, 141
    influências sobre, 66-67
    prevalência do TAG entre os, 135-136
    suicídio entre, 269
    transtornos do humor e, 241-242
Igreja Católica, 9
Imipramina (Trofanil), 146, 259
Imobilidade catatônica, 510
Impostos sobre alimentos, 309
Impulsividade
    fatores biológicos, 542
    suicídio e, 271-272
    TDAH, 539, 542
Imunoglobulinas, 348
Incapacidade grave, 600
Incenso herbáceo, 438
Incesto, 400
Incidência, definição, 6, 109
Inconsciente coletivo, 22
Inconsciente, 18, 59-60
Índice de massa corporal (IMC), 282
Infarto do miocárdio, 349
Inferência arbitrária, 252
Inflexibilidade autônoma, 136
Informação retrospectiva, 119
Inibidores da colinesterase, 590
Inibidores de MAO, 258-259
Inibidores de monoamina oxidase (MAO),
    258-259
Inibidores mistos de receptação, 258
Inibidores seletivos de recaptação de serotoni-
    na (ISR's)
    disfunção sexual, 387
    fobia social, 387
    transtorno de ansiedade de doença, 196
    transtornos do humor, 257-260
    transtorno de pânico, 145
    uso, 49
Iniciativa BRAIN, 41
Início agudo, 7
Início insidioso, 7
Inocente por razões de insanidade (NGRI)
    efeitos das reformas, 608
    fatores, 606
    histórico, 606-607
    reações públicas, 608
Insight, 18
Insônia

medicações para, 322-323
rebote, 316
Insônia primária, 313
Insônia rebote, 316
Instalações para internação, 452
Instituições de atenção primária, 97
Instrução baseada em evidências, 324
Instrução direta, 551
Intenção paradoxal, 324
Interação gene-ambiente
abordagens básicas, 116
doença de Alzheimer, 588
estudos com gêmeos, 116-117
estudos de adoção, 116
modelo diátese-estresse e, 36-38
transtorno da conduta, 480-481
transtorno da personalidade *borderline* e, 488
Intersexualidade, 407, 412
Intervenção motivacional (MET), 454
Intoxicação
álcool, 423
anfetamina, 430-431
cannabis, 436-438
caracterização, 420
critérios diagnósticos, 423
drogas ansiolíticas, 428-429
drogas hipnóticas, 428-429
opioides, 436
sedativos, 428-429
Intoxicação por substâncias, 420
Introspecção, 24
Inveja do pênis, 21
Inventário Multifásico de Personalidade de
Minnesota (MMPI)
desenvolvimento, 82
detecção de simulação, 610-611
escalas, 83
formulário de perfil, 84
pesquisas sobre, 84-85
Inventários de personalidade
popularidade, 82
testes neuropsicológicos, 86
tipos, 82-85
Isquemia, 349

J
Jackson *versus* Indiana, 609
Johnson, Lennox, 433
Jones, Mary Cover, 25
Jung, Carl, 21
Jurisprudência terapêutica, 609

K
K2, 438
Kaczynski, Ted, 607
Kansas *versus* Hendricks, 605
Ketamina, 522
Kohut, Heinz, 21
Koro, 192
Kraepelin, Emil, 15, 90, 503
Kyol goeu, 141

L
La belle indifférence, 197, 201
Lady Gaga, 4
Leary, Timothy, 439
Lei Brady, 607
Lei de saúde mental

custódia criminal, 605-611
direitos do paciente, 611-616
diretrizes para a prática clínica, 613-615
pesquisa, 122-123
prática clínica, 613-615
restrição civil, 600-605
resumo, 616
visão geral, 599-600
Lei do efeito, 26
Leis para psicopatas sexuais, 604
Lesão cerebral traumática (LCT), 582
critérios diagnósticos, 583
transtorno neurocognitivo devido a uma,
582
Leucócitos, 340
Levitra, 393-394
Libido, 19
Limiar, 95, 98
Linfócitos, 340
Linha de base, 112
Linhas de base múltiplas, 113-114
Lítio, 260-261
Lobo occipital, 45
Lobo parietal, 45
Lobo temporal, 45
Lobo frontal, 45, 523
Lobotomias pré-frontais, 526
LSD (dietilamida do ácido lisérgico), 439
Lunático, 12
Luto complicado, 232-233
Luto integrado, 232
Luto, 232-233, 275

M
Maconha
abstinência, 420
medicinal, 438
reações, 436-438
sintética, 438
transtornos relacionados ao uso, 436-438
uso de, 436-438
Maconha sintética, 438
Macrófagos, 340
Madden, John, 127
Mãe esquizofrenogênica, 525
Ma-huang (Ephedra sinica), 430
Manejo de contingência, 454
Mania
apoio social para, 255
compreensão de, 221-222
criatividade e, 243-244
desamparo aprendido e, 251
diferenças culturais, 243
dimensões biológicas, 244-248
dimensões culturais, 253-255
dimensões psicológicas, 248-253
duração, 231-232
ECT para, 261-262
emoção, 63
EMT para, 261-262
estilos cognitivos negativos e, 251-252
estimulação do nervo vago, 262
estrutura, 223-224
experiência de, 277
fatores genéticos, 245-246
influências do desenvolvimento do ciclo de
vida, 241-243
influências familiares, 245-246

início, 231-232
medicações para, 257-261
poetas com, 243-244
prevalência, 240-241
prevenção, 264-265
resumo, 275-276
ritmos circadianos e, 247-248
severa, 240
sistemas neurotransmissores, 246
sono e, 247-248
teoria integrativa, 255-2256
tratamentos para, 278
visão geral, 222-223
Manicômios, 16
Manie sans délire, 479
Manipulando uma variável, 110
Mann, Horace, 16
Manson, Charles, 607
Mantra, 360
Manual Diagnóstico e Estatístico (DSM-I), 93
Manual Diagnóstico e Estatístico (DSM-II), 93
Manual Diagnóstico e Estatístico (DSM-III/
III-R), 93, 610
Manual Diagnóstico e Estatístico (DSM-IV/
IV-TR), 93-94, 100-101
Manual Diagnóstico e Estatístico (DSM-5), 94
considerações culturais/sociais, 95-96
critério do sadismo, 399
critérios de avaliação, 72
críticas, 96
entrevista de formulação cultural, 95-96
estudo de caso, 95
fatores culturais, 95-96
força-tarefa, 99
formato multiaxial, 93
mecanismos de defesa, 20
mudanças na classificação, 216
Máquina de pressão do ar positiva contínua
(CPAP), 323
Marcadores genéticos, 117
Maslow, Abraham, 23
Masoquismo, 399-400
Masturbação, 374
Mau-olhado, 64
Mecanismos de defesa
definição, 20
exemplos, 20
uso de, 20
Medicamentos anti-hipertensivos, 387
Medicina comportamental, 333
Medicina psicossomática, 333
Medidas repetidas
definição, 112
processo de, 112
tendências, 112
variabilidade, 112
Medidor de tensão peniana, 386
Medina *versus* Califórnia, 610
Meditação, 360
Medos
aspectos culturais, 64-65
definição, 127
emoções, 61
fisiologia, 60-61
prevalência, 150
reação, 127-128
Medroxiprogesterona, 406
Medula, 43

Melancolia, 9, 12
Melancólico, 12
Melatonina, 321
Memória
explícita, 59
falsa, 213-215
fuga dissociativa e, 205
TEPT, 168
Memória explícita, 59
Memória implícita, 59
Mendel, Gregor, 34
Mens rea, 607
Mente, estrutura da, 19
Mescalina, 439
Mesencéfalo, 43
Mesmer, Anton, 17, 18
Metacognições, 138
Metadona, 451
Metilenodioximetanfetamina (MDMA), 430
teste de hipóteses, 104
Metilfenidato, 546, 551
Método de estudo de caso, 107
Microssono, 312
Millau, Gault, 270
Miocárdio, 349
Mito da uniformidade do paciente, 106
Modafinil, 528
Modelação, 58
Modelagem, 26
Modelo auto-hipnótico, 212
Modelo biológico
transtorno do espectro autista, 555
chinês, 13
consequências, 15
deficiência intelectual, 562
definição, 8
desenvolvimento do tratamento, 14-15
grego, 12-13
norte-americano, 13-14
romanos, 12-13
século XIX, 13-14
TDI e, 212
TEPT, 167
transtorno neurocognitivo, 586-589
transtornos alimentares, 295-296
transtornos de ansiedade, 128-130
transtornos do humor, 244-248
transtorno de pânico e, 143
transtornos relacionados a substâncias, 443
Modelo circumplexo, 61
Modelo cognitivo-comportamental, 24
Modelo complexo-específico, 358
Modelo comportamental
behaviorismo e, 24-25
condicionamento clássico, 24
condicionamento operante, 25-26
contribuições, 25
definição, 24
origens da terapia, 25
Modelo de aprendizagem social, 24
Modelo de capacidade de reserva, 352
Modelo de correlação gene-ambiente, 38, 250
Modelo diátese-estresse
definição, 36
estudo de referência, 37-38
interação entre gene e ambiente, 36-38
processos, 36-37
Modelo dos cinco fatores, 466-467

Modelo integrador
abuso de substâncias, 448-449
caracterização, 27
comportamento suicida, 272-273
estudo de caso, 31-33
estudos das funções cerebrais, 54-55
hipocondria, 194
multidimensional, 31-33
transtorno de ansiedade generalizada, 137
transtorno de insônia, 315-316
transtorno da personalidade antissocial, 484-485
transtorno da personalidade *borderline*, 489
transtornos alimentares, 297-298
transtornos de ansiedade, 131
transtornos do humor, 257
transtorno de pânico, 146-147
tratamento da esquizofrenia, 532
Modelo psicanalítico, 19
Modelo psicológico, 8
Modelo recíproco gene-ambiente, 38
Modelo São Francisco, 365
Modelo sobrenatural, 8
Modelos análogos, 105
Monoaminas, 48
Morel, Benedict, 503
Morte, principais causas, 334
Movimento da higiene mental, 17
Movimento não rápido dos olhos (NREM), 317, 325
Movimentos oculares de perseguição, 520
Mudança "de cima para baixo", 54
Mudança rápida de humor, 238
Mutações *de novo*, 555, 562
Mutismo seletivo, 160

N

Naltrexona, 444, 452
Não conformidade de gênero, 410
Narcolepsia, 317-319
National Health Service do Reino Unido, 614
National Institute of Mental Health (NIMH), 27
Negação, definição, 20
Neurastenia, 357-358
Neurociência, 41
Neurocirurgia, 53, 170, 175
Neuro-hormônios, 247
Neuroimagem
definição, 86
estrutura do cérebro, 86-87
funcionamento do cérebro, 87-88
Neurolépticos, 14, 521-522, 527
Neurônios, 41
transmissão de informações, 43
Neuroplasticidade, 448-449
Neurose, 21, 22, 188
Neuroses, 21
Neurotransmissores
atividade atípica, 47-48
caminhos, 47
definição, 41
descoberta dos, 47
excitatórios, 42
inibitórios, 42
liberação de, 48
tipos, 48-51
transtornos do humor e, 246

Neurotransmissores excitatórios, 42
Neurotransmissores inibitórios, 42
Nicotina
abstinência, 433-434
caracterização, 433-434
efeitos negativos, 433-434
N-metil-d-aspartato (NMDA), 522
Nomenclatura, 90
Norepinefrina, 42, 49-51
Norma American Law Institute (ALI), 606-607
Nosologia, 90
Núcleo caudado, 43
Núcleo supraquiasmático, 320

O

O apanhador no campo de centeio, 4
O comportamento dos organismos (Skinner), 25
O ego e os mecanismos de defesa (A. Freud), 21
O'Connor versus Donaldson, 602, 604
Obesidade
causas, 306-307
estatísticas, 304
início, 293
padrões alimentares, 305-306
prevenção, 309
transtornos alimentares, 282
tratamentos, 307-310
Observação formal, 80
Observação informal, 80
Observations on Madness and Melancholy (Haslam), 502
Obsessões, 170, 172
Olanzapina, 522
Oncologia, 344
Ondas alfa, 88
Ondas delta, 88
Opioides, 422
abstinência, 436
caracterização, 436
endógenos, 355
maconha, 436
Opioides endógenos, 355
Opioides naturais, 355
Oresme, Nicholas, 9
Orientação sexual, 375, 376-378
Orientação, 75-76
Otimismo aprendido, 58

P

Padrão de comportamento tipo A, 350
Padrão de comportamento tipo B, 350
Padrões de excitação homossexual, 378
Padronização, 74
Pa-leng, 151
Pânico
aspectos psicológicos, 130-131
definição, 127
estresse e, 131
neurobiologia, 130
noturno, 141-143
transtornos de ansiedade e, 63, 139
Pânico noturno, 141-143
Papaverina, 394
Papéis de gênero, 64-65
Para além da liberdade e da dignidade (Skinner), 26
Paracelso, 11

ÍNDICE REMISSIVO **763**

Paradigma Stroop de nomeação de cores, 59-60
Parafilia
exploração, 415-416
transtorno parafílico *versus*, 413
Paralisia do sono, 143, 317, 318, 319
Paranoia
definição, 503
tratamento com realidade virtual, 530-532
Parassonias
caracterização, 311, 325-326
tipos, 325
Parens patriae, 600, 604
Paresia geral, 13
Paroxetina, 196
Patient Protection and Affordable Care Act, 614
Pavlov, Ivan, 17, 24
Pensamento mágico, 476
Peptídeos beta-amiloide, 587
Periculosidade, 601-602
Peritos, 610-611
Perseguição, delírios de, 75, 506
Padrão de comportamento tipo D, 352
Peso corporal
avaliação, 282
cirurgia para reduzir, 308
comparações de gêneros, 292
controle do, estudo de caso, 282-283
dieta e ganho de peso, 293
fatores culturais, 289-291, 292
preocupações com o, 303
programas de perda de peso, 307-310
Pesquisa
casos individuais, 107
comportamento ao longo do tempo, 118-120
comportamento entre culturas, 120-121
conceitos básicos, 103-106
correlação, 107-108
desenho, 103
direitos dos participantes, 122-123, 612-613
epidemiológica, 108-109
ética e, 122-123
experimental, 109-112
poder da, 121-122
regulamentação governamental, 613
replicação, 122
resumo, 124
Pesquisa comparativa de tratamento, 111
Pesquisa epidemiológica
aplicações, 108-109
definição, 108
objetivo, 109
Pesquisador clínico, 6
Pessoa colérica, 13
Pessoa fleumática, 13
Phii pob, 207
Pinel, Philippe, 16, 503
Piromania, 459
Placas amiloides, 587
Poddar, Prosenjit, 610
Políticas de institucionalização, 529
Ponte, 43
Possessão, 10
Potenciais de ação, 11
Potencial relacionado a evento (ERP), 88
Prática baseada em evidências, 613-614
Prejuízo psicológico, 123
Prejuízo, conceito de, 3

Presenilina 1 e 2, 587
Pressão sanguínea diastólica, 347
Pressão sanguínea sistólica, 347
Pressão sanguínea, 347-348
Pressuposto, 58
Prevalência, 6, 109
Prevenção
delirium, 574
esquizofrenia, 533-534
estratégias universais, 118
exposição e resposta, 53
exposição e ritual, 175
HIV/Aids, 364-366
indicada, 118
lesões, 363-364
obesidade, 309
pesquisa, 118
recaída, 266-267, 455
reincidência da depressão, 266-267
seletiva, 118
transtorno da personalidade antissocial, 485-486
transtorno neurocognitivo, 593
transtornos alimentares, 303
transtornos do humor, 264-265
transtornos do desenvolvimento, 565-566
transtornos do sono, 324-325
transtornos relacionados a substâncias, 455-456
Prevenção à recaída, 266-267, 405, 455
Prevenção de lesões, 363-364
Prevenção indicada, 118
Prevenção seletiva, 118
Princípio da equifinalidade, 68, 244
Princípio da realidade, 19
Princípio do prazer, 19
Princípios morais, 19
Probando, 116, 245
Problema do sono do tipo trabalho em turnos, 321
Processo de pesquisa, 111
Processo de tratamento, 112
Processo primário, 19
Processo secundário, 19
Processos de pensamento, 75
Prognóstico, 7, 89
Programa Calm Tools for Living, 146
Programa dos Doze Passos, 452-453
Programa Educacional de Resistência às Drogas (DARE), 456
Programa Independent living skills, 529
Programa Sistas Informing, Healing, Living, Empowering (SiHLE), 364
Programas de perda de peso, 307-310
Projeção, 20
Projeto do Genoma Humano, 41, 115
Promoção da saúde, 118
Proporção entre sexos, 6
Prosencéfalo, 43
Prosopagnosia, 575
Prostaglandina, 394
Protection and Advocacy for Mentally Ill Individuals Act, 612
Proteína precursora amiloide, 588
Prótese peniana, 394
Psicanálise, 17
Psicanalista, 22
como perito, 610-611

dever da informação, 610
Psicocirurgia, 55, 175, 527
Psicofarmacogenética, 546
Psicofisiologia, 88
Psicologia da saúde
Aids, 341-344
biofeedback, 359-360
câncer, 344-346
DCC, 349-351
definição, 334
dor crônica, 353-356
exploração, 369-370
importância, 334
meditação, 360
relaxamento, 360
resumo, 368
SFC e, 356-358
tipos de comportamento, 350
visão geral, 333
Psicologia das massas, 11
Psicologia do desenvolvimento, 7
Psicologia do ego, 21
Psicologia do *self*, 21
Psicologia humanista, 23
Psicologia positiva, 58
Psicólogos clínicos, 5
Psicólogos de aconselhamento, 5
Psicólogos, 5
Psiconeuroendocrinologia, 45
Psiconeuroimunologia (PNI), 340
Psico-oncologia, 344
Psicopatia, 472
Psicopatologia
abordagem integrativa, 27
condicionamento e, 57-58
definição, 5
descrição clínica, 6-7
desenvolvimento no ciclo de vida, 67-68
efeitos sociais, 65-67
emoções e, 61-64
estrutura do cérebro, 43-49
etiologia, 7
fatores culturais, 64
fatores genéticos, 34-41
incidência global, 67
linha do tempo, 29
modelos unidimensionais *versus* multidimensionais, 31-33
neurotransmissores e, 47-48
processos cognitivos e, 57-58
profissionais, 5-6
resumo, 28
SNC e, 41-42
SNP e, 45-47
tradição biológica, 12-15
tradição psicológica, 15-26
tradição sobrenatural, 9-12
Psicopatologia do desenvolvimento do ciclo de vida, 7
Psicopatologia do desenvolvimento, 7
Psicose maníaco-depressiva, 93
Psicose, 13
Psicoterapia interpessoal (PIP), 263
bulimia nervosa, 299-300
depressão, 264, 266
idosos e, 66-67
transtornos do humor, 263-264
Psicoterapia psicanalítica, 22

Psicoterapia psicodinâmica, 22
Psilocibina, 439
Psique, definição, 8
Psiquiatras, 5
Psychiatry: A Textbook for Students and Physicians (Kraepelin), 93
Psychotherapy by Reciprocal Inhibition (Wolpe), 107

Q

Quociente de inteligência (QI)
    cálculo, 85
    deficiência intelectual, 561
    transtorno da personalidade antissocial e, 479
    transtorno específico da aprendizagem e, 548

R

Rachman, Stanley, 25
Racionalização, 20
Randomização, 105
Rave, 11
Rawolfia serpentine (reserpina), 14
Rayner, Rosalie, 25
Reação de alarme, 167
Reagan, Ronald, 607, 613
Reatividade, 81
Recaptação, 48
Receptores alfa-adrenérgicos, 50
Receptores beta-adrenérgicos, 50
Receptores, 41
Recondicionamento orgásmico, 405
Reconsolidação da memória do medo, 169
Redução do estresse
    abordagem abrangente, 361-362
    drogas para, 362-363
    TCC para, 361
Reforço da comunidade, 454
Reforço negativo, 445-446
Reforço positivo, 445
Reforço, 26
Reforma psiquiátrica, 17
Relações objetais, 21
Relações sociais
    envelhecimento e, 67
    estudo, 65-67
    idosos e, 66-67
Relaxamento imaginativo guiado, 324
Relaxamento muscular progressivo, 360
Relaxamento progressivo, 323
Reno, Janet, 583
Replicação, 122
Repressão, 20
Restrição civil
    critérios para, 600-602
    definição, 600
    doença mental, definição, 601
    efeitos da desinstitucionalização, 603
    estudo de caso, 599, 604
    histórico, 600-601
    legislação, 602-603
    mudanças que afetam a, 602-605
    periculosidade, definição, 601-602
    visão geral, 605
Resposta à intervenção, 548
Resposta condicionada, 24
Resposta de cuidar e ajudar, 65

Resposta de luta, 60
Resposta de relaxamento, 360
Resposta eletrodérmica, 88
Resposta galvânica da pele (GSR), 88
Resposta incondicionada, 24
Ressonância magnética (MRI), 87
Ressonância magnética funcional (*fMRI*), 60, 87
Restritores autônomos, 136
Resultado do tratamento, 112
Retardo psicomotor, 75
Riggins versus Nevada, 612
Ritmos circadianos, 247-248
Rogers, Carl, 23
Rombencéfalo, 43
Rotulação, 96, 542
Ryder, Winona, 458

S

Sadismo, 399-400
Sakel, Manfred, 14
Sakit gila, 120
Salinger, J. D., 4
Sanguíneo, 12
Sedativos, 428-429
Sensibilidade à ansiedade, 130, 136
Sensibilização encoberta, 404
Senso de controle, 337
Septo, 43
Serial killers, 496
Serotonina, 37, 42
    caminhos, 49
    caracterização, 49
    função, 49
    suicídio e, 271
Sertralina, 138
Sexsônia, 327
Sexualidade
    diferenças culturais, 376
    diferenças de gênero, 374-376
    meia-idade, 376
    normal, 372-374
    práticas masculinas, 372-373
    resumo, 413-414
Shakespeare, William, 27
Shinkeishitsu, 156
Sífilis avançada, 13
Sífilis, 13
Significância clínica, 106
Significância estatística, 106
Sildenafil, 393
Simulação, 197, 610
Simuladores, 198
Sinapses, 41
Síncope vasovagal, 32
Síndrome alcoólica fetal (SAF), 425, 561
Síndrome crepuscular, 578
Síndrome da apneia e hipopneia obstrutiva do sono, 320
Síndrome da fadiga crônica (SFC)
    bons resultados, 358
    caracterização, 356-357
    critérios de inclusão, 357
    modelo complexo-específico da, 358
    tratamento, 358
Síndrome da falsa memória, 214-215
Síndrome das pernas inquietas, 314
Síndrome de Asperger, 100, 566
Síndrome de Down, 562-564

Síndrome de Lesch-Nyhan, 562
Síndrome de Munchausen por procuração, 198
Síndrome de referência olfativa, 157
Síndrome de Rett, 552
Síndrome de Tourette, 540
Síndrome de Wernicke-Korsakoff, 425
Síndrome do comer noturno, 305
Síndrome pré-menstrual (SPM), 99
Síndrome psicótica atenuada, 514, 533
Sintomas extrapiramidais, 528
Sistema ativador reticular, 43
Sistema compreensivo, 82
Sistema de aproximação comportamental (SAC), 256
Sistema de inibição comportamental (SIC), 129, 483
Sistema de luta/fuga (SLF), 129
Sistema de Psicoterapia de Análise Cognitivo-Comportamental (SPACC), 263, 265
Sistema endócrino, 45, 46-47, 246-247
Sistema GABA-benzodiazepina, 48, 129
Sistema imunológico
    definição, 338
    estresse e, 338-339
    função, 339-341
Sistema límbico, 43, 44
Sistema nervoso autônomo, 45
Sistema nervoso central (SNC)
    componentes, 41-42
    efeitos da anfetamina, 430-431
    função, 41
Sistema nervoso parassimpático, 45, 46
Sistema nervoso periférico (SNP), 41, 45-47
Sistema nervoso simpático, 45, 46
Sistema nervoso somático, 45
Sistema nervoso, divisões, 42
Sizemore, Chris, 210
Skinner, B. F., 17, 25-26
Society for Research in Child Development, 123
Sofrimento subjetivo, 3
Sonambulismo, 326
Sono com movimento rápido dos olhos (REM)
    definição, 311
    narcolepsia e, 317-319
    transtornos do humor, 247
    transtorno de pânico, 142
"*Spice*", 438
Sublimação, 20
Subliminar, 95
Substâncias psicoativas, 419
Substituição agonista, 451
Substituição de sintomas, 22
Sugestionabilidade, 212
Suicídio altruísta, 270
Suicídio egoísta, 270
Suicídio fatalista, 270
Suicídios
    causas, 270
    estatísticas, 269-270
    fatores de risco para, 270-272
    imitação, 272-273
    planejamento, 269-270
    DBT e, 489
    teoria interpessoal e, 271
    tipos, 270
    transtorno da personalidade paranoide e, 472

transtornos de ansiedade e, 132-133
tratamentos, 273-275
Suicídios anômicos, 270
Superego, 19
Superfície orbital, 52
Susto, 64

T

Tabaco
planta, 433
uso de, 433
Taijin kyofusho, 156, 178
Tálamo, 43
Tamanho do efeito, 106
Tânatos, 19
Tarantismo, 11
Tarasoff *versus* Reitoria da Universidade da
Califórnia, 610
Tarasoff, Tatiana, 610
Tarefas de exposição a situações, 145
Taxonomia, 90
Técnicas de purgação, 283
Técnicas de relaxamento muscular, 360
Técnicas de relaxamento, 360
Telômero, 47
Templos de Asclepíades, 16
Tendência de ação, 61
Tendências, 112
Tentativas de suicídio, 269-270
Teoria da tripla vulnerabilidade, 131
Teoria da comporta do controle da dor, 354-
355
Teoria do processo oponente, 446
Teoria dos roteiros sexuais, 391
Teoria humanista, 23
Teoria humoral dos transtornos, 12
Teoria interpessoal do suicídio, 271
Teoria psicanalítica
caracterização, 17-18
estágios psicossexuais, 20-21
estruturas da mente, 19-20
mecanismos de defesa, 20
pioneiros, 18-19
pós-Freudiana, 21-22
profissionais, 22
psicoterapia psicodinâmica, 22
Terapeutas de casais e familiares, 6
Terapia antirretroviral altamente ativa
(HAART), 342, 583
Terapia centrada na pessoa, 23
Terapia cognitiva baseada em *mindfulness*
(TCBM), 263
Terapia cognitivo-comportamental (TCC)
abuso de substâncias, 455
anorexia nervosa, 302
bulimia nervosa, 299-301
depressão, 265
disfunção erétil, 394
estrutura cerebral e, 53
TAG, 137
TAS, 231
TCA, 301
transtorno de ansiedade de doença, 195
transtorno conversivo, 201-202
transtorno de sintoma somático, 195-196
transtornos do humor, 262-263
transtorno de pânico, 146-147
transtornos do sono, 324

Terapia comportamental dialética (DBT), 489
Terapia comportamental, 25
Terapia de choque insulínico, 14
Terapia do dispositivo a vácuo, 394
Terapia explicativa, 195-196
Terapia genética, 566
Terapia interpessoal e de ritmo social (TIPRS),
267
Terapia moral, 15-17
Termo de consentimento livre e esclarecido,
122, 612
Terror no sono, 143, 325-326
Testabilidade, 104
Teste das manchas de tinta de Rorschach,
81-82
Teste de apercepção infantil (CAT), 82
Teste de apercepção para idosos (SAT), 82
Teste de apercepção temática (TAT), 82
Teste de desempenho tátil, 86
Teste de inteligência, 85
Teste de preensão manual, 86
Teste de supressão com dexametasona (TSD),
247
Teste do bafômetro, 423
Teste Gestáltico Visomotor de Bender, 86
Teste rítmico, 86
Teste Stanford-Binet, 85
Testes neuropsicológicos, 86
Testes projetivos, 81-82
Testes psicológicos
inventários de personalidade, 82-85
objetivo, 81
projetivos, 81-82
tipos, 81
Testosterona, 394
Tetra-hidrocanabinol (THC), 438
The Culture of Narcissism (Lasch), 492
Thompson *versus* Condado de Alameda, 610
Thorndike, Edward L., 26
Tipo fase do sono atrasada, 321
Tipo fase do sono avançada, 321
Tipo irregular de sono-vigília, 321
Tipo sono-vigília não de 24 horas, 321
Tiroxina, 45
Tolerância, 420, 440
Tomografia axial computadorizada (TAC), 86
Tomografia computadorizada por emissão de
fóton único (SPECT), 87
Tomografia por emissão de pósitron (PET), 87
Trabalhadores da psiquiatria social
como peritos, 610-611
dever de informação, 610
formação, 6
Tradição psicológica
abuso de substâncias, 445-446
disfunção sexual, 388-390
esquizofrenia, 524-526
modelo comportamental, 24-26
origens históricas, 15
reforma psiquiátrica, 17
teoria humanista, 23
teoria psicanalítica, 17-19
terapia moral, 15-17
transtorno bipolar, 267-269
transtornos alimentares, 296-297, 298-303
transtornos de ansiedade, 130-131
transtornos do humor, 262-264
transtorno de pânico, 145-146

transtornos do sono, 323-234
Tradição sobrenatural
bruxas e, 9
demônios e, 9
estresse e, 9-10
estudo de caso, 10
histeria em massa, 11
manifestações modernas, 11
melancolia, 9-10
possessão e, 10-11
Transe dissociativo, 207
Transe hipnótico, 212
Transferência, 22
Transinstitucionalização, 603
Transmissão de informação, 152
Transporte químico, 37
Transsexuais, 407
Transtorno afetivo sazonal (TAS), 229-231
Transtorno alimentar relacionado ao sono,
327-328
Transtorno ciclotímico, 237
Transtorno conversivo (transtorno de sintomas neurológicos funcionais)
causas, 200-201
critérios diagnósticos, 197
descrição clínica, 196-197
estatísticas, 199-200
estudo de caso, 197, 199
tratamento, 201-202
Transtorno da fluência com início na infância,
550
Transtorno de acumulação, 179-180
Transtorno de ansiedade de doença, 188, 190
causas, 193-195
critérios diagnósticos, 193
descrição clínica, 191-192
estatísticas, 192-193
estudo de caso, 190-191
tratamento, 195-196
Transtorno de ansiedade de separação, 154-
155
Transtorno de ansiedade generalizada (TAG)
causas, 136-137
critérios diagnósticos, 134
descrição clínica, 134-135
estatísticas, 135
estudo de caso, 133-134
início, 135
modelo integrador, 137
sintomas, 134-135
tônus vagal cardíaco, 136
tratamento, 137-138
Transtorno de apego reativo, 170
Transtorno de arrancar o cabelo, 180-181
Transtorno de compulsão alimentar (TCA)
caracterização, 287-288
controvérsia da inclusão no *DSM-5*, 327
critérios diagnósticos, 287
definição, 280
fatores culturais, 289-291
tratamento com drogas, 299
tratamentos, 292
Transtorno da comunicação pragmática, 540
Transtorno da comunicação social, 540
Transtorno da conduta, 480
critérios diagnósticos, 481
tipo com início na adolescência, 480
tipo com início na infância, 480

766 PSICOPATOLOGIA

Transtorno do conteúdo do pensamento, 506
Transtorno de déficit de atenção/hiperatividade (TDAH)
    adultos com, 546
    causas, 544-545
    critérios diagnósticos, 543
    definição, 541
    descrição clínica, 541
    diagnóstico, 541-544
    estatísticas, 541-544
    estudo de caso, 541
    intervenções biológicas, 546
    intervenções psicossociais, 545-546
    transtornos da aprendizagem e, 551
    transtornos do humor e, 242
    tratamentos, 545
Transtorno do desejo sexual masculino hipoativo, 379
Transtorno de despersonalização/desrealização, 203-204
Transtorno de despertar do sono não REM, 325
Transtorno da dor gênito-pélvica/penetração, 384
Transtorno da ejaculação retardada, 382
Transtorno de escoriação, 180-181
Transtorno de estresse agudo, 162
Transtorno de estresse pós-traumático (TEPT)
    causas, 165-167
    critérios diagnósticos, 164
    descrição clínica, 161-163
    estatísticas, 163-165
    estudo de caso, 162
    fatores genéticos, 37-38
    modelo diátese-estresse, 166
    risco associado a transtornos específicos, 165
    sintomas, 162
    DBT para, 489
    TDI, 212
    tratamentos, 167-170
Transtorno da excitação sexual
    estudo de caso, 381-382
    prevalência, 381
    tipos, 380-381
Transtorno da fluência com início na infância, 540, 550
Transtorno de hipersonolência, 316-317
Transtorno do humor unipolar, 223
Transtorno de insônia
    causas, 314-315
    descrição clínica, 313
    estatísticas, 313-314
    estudo de caso, 313
    modelo integrador, 315-316
Transtorno de interação social desinibida, 170
Transtorno do jogo, 422, 457-458
Transtorno da linguagem, 540, 550
Transtorno de oposição desafiante (TOD), 544
Transtorno da penetração, 384
Transtorno da personalidade antissocial
    abuso de substâncias e, 421-422
    confiabilidade do diagnóstico, 479
    criminalidade, 479-480
    critérios de definição, 479
    critérios diagnósticos, 481, 482
    descrição clínica, 478-479
    diferenças de gênero, 468, 469

estudos de caso, 477-488, 480
fatores psicossociais, 483-484
influências de desenvolvimento, 484
influências genéticas, 480-481
influências neurobiológicas, 481
modelo integrador, 484-485
prevenção, 485-486
psicopatia, 479
teorias da excitação, 481-483
transtorno da conduta e, 480
tratamentos, 485
Transtorno da personalidade *borderline*
    causas, 487-489
    critérios diagnósticos, 487
    descrição clínica, 486-487
    estudo de caso, 486
    modelo integrador, 489
    tratamentos, 489
Transtorno da personalidade esquizoide
    causas, 475
    critérios diagnósticos, 475
    descrição clínica, 474-475
    estudo de caso, 474
    tratamento, 475
Transtorno da personalidade esquizotípica, 514
    causas, 476
    descrição clínica, 476
    esquizofrenia *versus*, 514
    estudo de caso, 475-476
    tratamentos, 477
Transtorno da personalidade evitativa
    causas, 494
    critérios diagnósticos, 494
    descrição clínica, 494
    estudo de caso, 493
    tratamentos, 494
Transtorno da personalidade histriônica
    causas, 490-491
    critérios diagnósticos, 491
    descrição clínica, 490
    diferenças de gênero, 490
    estudo de caso, 490
    tratamento, 491
Transtorno da personalidade dependente
    estudo de caso, 477
    causas de, 477–478
    descrição clínica de, 477
    diferenças culturais, 477
    critérios diagnósticos para, 477
    tratamento para, 477–478
Transtorno da personalidade obsessivo-compulsiva
    causas, 496-497
    critérios diagnósticos, 496
    descrição clínica, 496
    estudo de caso, 496
    pedófilos e, 496
    serial killers e, 496
    tratamento, 496-497
Transtorno da personalidade paranoide
    causas, 472-473
    critérios diagnósticos, 473
    descrição clínica, 472
    estudo de caso, 472
    tratamentos, 473-474
Transtorno da personalidade passivo-agressiva, 471

Transtorno de pânico
    causas, 143-145
    critérios diagnósticos, 142
    descrição clínica, 139-140
    estatísticas, 140-141
    estudo de caso, 139
    evolução, 144-145
    fatores culturais, 141
    intervenção psicológica, 145-146
    na infância, 7
    tratamentos, 145-147
Transtorno de sintomas neurológicos funcionais, 196-198
Transtorno de tique, 172-173
Transtorno de transe dissociativo, 207
Transtorno depressivo persistente (distimia)
    caracterização, 225
    critérios diagnósticos, 228
    duração, 231-232
    subtipos, 231-232
Transtorno desintegrativo da infância, 552
Transtorno disfórico da fase lútea tardia (TDFLT), 99
Transtorno disfórico pré-menstrual (TDPM), 98-100, 233-234
    critérios diagnósticos, 234
Transtorno dismórfico corporal (TDC)
    causas, 178-179
    cirurgia plástica e, 179
    critérios diagnósticos, 176
    descrição clínica, 176-177
    estatísticas, 177-178
    estudo de caso, 175, 178
    histórico, 176
    localização dos defeitos, 176
    TOC e, 176, 178
    tratamento, 178
Transtorno dissociativo de identidade (TDI)
    características, 208
    causas, 211-212
    critérios diagnósticos, 208
    descrição clínica, 207-208
    estatísticas, 210-211
    estudos de caso, 207-208
    simulação, 208-210
    sugestionabilidade e, 212
    tratamento, 215-216
Transtorno disruptivo da desregulação do humor, 233, 234-235
    critérios diagnósticos, 235
Transtorno do espectro autista, 551
    características, 553-554
    critérios diagnósticos, 553
    déficits na comunicação social, 552-553
    déficits na interação social, 552-553
    definição, 551-552
    descrição clínica, 552
    estatísticas, 554
    estudo de caso, 552
    fatores biológicos, 595
    fatores neurobiológicos, 555-556
    fatores psicossociais, 554-555
    histórico, 554-555
    influências genéticas, 555
    síndrome de Asperger *versus*, 566
    tratamentos, 556-558
Transtorno do interesse/excitação feminino, 379

critérios diagnósticos, 382
Transtorno do sono do tipo *jet lag*, 320
Transtorno erétil, 380
Transtorno específico da aprendizagem com prejuízo na expressão escrita, 548
Transtorno específico da aprendizagem com prejuízo na leitura, 547-548, 568
Transtorno específico da aprendizagem com prejuízo na matemática, 548
Transtorno esquizoafetivo, 511
Transtorno esquizofreniforme, 511
Transtorno exibicionista, 396
Transtorno explosivo intermitente, 458
Transtorno da linguagem expressiva, 550
Transtorno fetichista, 396
Transtorno frotteurista, 396, 397
Transtorno global do desenvolvimento sem outra especificação, 552
Transtorno misto ansioso e depressivo, 97-98
Transtorno neurocognitivo
    associado a condições médicas, 581-586
    classes, 571, 577-578
    critérios diagnósticos, 575, 580, 584, 585
    delirium, 572
    doença de Alzheimer, 578-580
    exploração, 596
    induzido por substâncias/medicação, 586
    leve, 574-575, 594
    maior, 574-575
    prevalência, 575-578
    relacionado à doença de Huntington, 584
    relacionado à Doença do príon, 585-586
    relacionado à infecção por HIV/Aids, 583-584
    resumo, 594-595
    vascular, 580-581
    visão geral, 571-572
Transtorno neurocognitivo induzido por substâncias/medicamentos, 586
Transtorno neurocognitivo frontotemporal, 582
    critérios diagnósticos, 582
Transtorno neurocognitivo leve
    características, 585
    categorias, 577-578
    causas, 586-589
    critérios diagnósticos, 571
    definição, 571
    descrição clínica, 575-578
    estatísticas, 575-578
    exploração, 597
    fatores psicossociais, 5898
    induzido por substâncias, 586
    prevenção, 593
    subcortical, 584
    tratamentos biológicos, 590-591
    tratamentos psicossociais, 591-593
    tratamentos, 589-593
Transtorno neurocognitivo maior
    abuso de álcool e, 425
    características, 585
    categorias, 577-578
    causas, 586-589
    critérios diagnósticos, 571
    definição, 571
    descrição clínica, 575-578
    estatísticas, 575-578
    exploração, 596
    fatores psicossociais, 589
    induzido por substâncias, 586

subcortical, 584
    tratamentos biológicos, 590-591
    tratamentos psicossociais, 591-593
    tratamentos, 589-593
Transtorno neurocognitivo vascular, 580
Transtorno obsessivo-compulsivo (TOC), 76
    acumulação e, 179-180
    associado à anorexia nervosa, 287
    causas, 173-174
    critérios diagnósticos, 171
    definição, 170
    descrição clínica, 170
    estatísticas, 173
    estudo de caso, 170-171
    funcionamento do cérebro, 51-53
    questionário de avaliação, 78-79
    TDC e, 176, 178, 179
    tipos, 171-173
    transtorno de tique, 172
    tratamento, 174-175
Transtorno do orgasmo feminino, 382-383
Transtorno pedofílico, 400, 496
Transtorno por uso de inalantes, 441-442
Transtorno por uso de tabaco, 433-434
Transtorno psicótico associado a uma condição médica, 514
Transtorno psicótico breve, 514
Transtorno psicótico compartilhado, 512
Transtorno psicótico induzido por medicação, 513
Transtorno psicótico induzido por substâncias, 514
    critérios diagnósticos, 586
Transtorno relacionado ao tabaco, 433-434
Transtorno relacionado ao uso de alucinógenos, 438-441
Transtorno relacionado ao uso de cafeína, 434-435
Transtorno relacionado ao uso de cocaína
    descrição clínica, 432
    efeitos para o feto, 432
    estatística, 432-433
    problemas de abstinência, 433
Transtorno transvéstico, 397-398
Transtorno voyeurista, 396-397
Transtornos alimentares
    bulimia nervosa, 282-285, 299-301
    considerações sobre o desenvolvimento, 291
    dietas e, 295
    dimensões biológicas, 295-296
    dimensões psicológicas, 296-297
    dimensões sociais, 291-294
    entrevista de Lady Gaga sobre, 284
    estimativas de prevalência, 288-289
    estudos de caso, 294-295, 300
    exploração, 330
    fatores familiares, 295
    modelo integrativo para, 297-298
    obesidade e, 282, 293, 305-310
    prevenção, 303
    tipos, 280
    tratamentos psicológicos, 299-302
    tratamentos, 298-302
    visão geral, 280-282
Transtornos amnésicos
    tipos, 204-205
    transtorno neurocognitivo e, 581
Transtornos bipolares

características de identificação, 236
    critérios de definição, 237-239
    critérios diagnósticos, 237
    curva de sobrevida, 267
    duração, 238-239
    emoções e, 63
    especificador de ciclagem rápida, 238
    estresse e, 250
    estudos de caso, 236
    início, 238-239
    sono e humor, 247-248
    tipo I e II, 236
    tratamentos psicológicos, 267-268
Transtornos de adaptação, 169
Transtornos de ansiedade, 126
    caracterização, 51-52
    causas, 128-131
    comorbidades dos, 131-132
    conceitos emergentes, 181-182
    contribuições biológicas, 128-130
    crianças com, 7
    depressão e, 242
    distúrbios físicos e, 132
    estrutura cerebral e, 129
    fatores genéticos, 246
    fatores psicológicos, 130-131
    fatores sociais, 131
    fobia específica, 148-155
    fobias sociais, 155-160
    generalizada, 133-138
    modelo integrado para, 131
    pânico e, 63
    resumo, 183-184
    suicídio e, 132-133
    termos, definições, 126-128
    transtorno de ansiedade de doença, 193
    transtorno de insônia e, 313-314
Transtornos de apego, 169
Transtornos da aprendizagem
    causas, 550
    critérios diagnósticos, 549
    descrição clínica, 547-548
    estatísticas, 548-550
    tratamentos, 551
Transtornos da comunicação, 540, 549, 568
Transtornos de controle dos impulsos
    caracterização, 458
    cleptomania, 458-459
    definição, 418
    exploração, 463
    explosivo intermitente, 458
    piromania, 459
    transtorno do jogo, 457-458
    tricotilomania, 180-181
Transtornos do desejo sexual, 379
Transtornos do neurodesenvolvimento
    aprendizagem, 547-551
    deficiência intelectual, 558-565
    estudo de caso, 538-539
    exploração, 568-569
    prevenção, 565-566
    resumo, 567
    TDAH, 539-547
    transtorno do espectro autista, 551-558
    transtorno específico da aprendizagem, 547-551
    visão geral, 538
Transtornos da personalidade

aspectos, 465-466
comorbidade, 470
crenças sobre, 472
desenvolvimento, 467-469
diferenças de gênero, 469-470
DSM-5, 465-466, 494
estatísticas, 467-469
exploração, 499-500
grupo A, 471-477
grupo B, 477-493
grupo C, 493-497
grupos, 467
modelos categoriais, 466-467
modelos dimensionais, 466-467
novos estudos sobre, 470-471
resumo, 498
sobreposição de diagnóstico, 471
visão geral, 465
Transtornos da personalidade dependente
causas, 495
critérios diagnósticos, 495
descrição clínica, 495
diferenças culturais, 495
estudo de caso, 494-495
tratamento, 495
Transtornos da personalidade do grupo A
esquizoide, 474-475
esquizotípica, 475-477, 514
exploração, 498
paranoide, 471-474
Transtornos da personalidade do grupo B
borderline, 486-489
exploração, 498
histriônica, 490-491
narcisista, 491-493
antissocial, 477-486
Transtornos da personalidade do grupo C
dependente, 494-495
evitativa, 493-494
exploração, 498
obsessivo-compulsiva, 495-497
Transtornos da personalidade narcisista
causas, 492
critérios diagnósticos, 493
descrição clínica, 492
estudo de caso, 491-492
tratamentos, 492
Transtornos de medo, 64
Transtornos de sintomas somáticos, 13, 188
características comuns entre, 196-202
causas, 193-195
critérios diagnósticos, 190
definição, 188
estatísticas, 192-193
estudo de caso, 189
frequência das formas, 193
história, 188
resumo, 217
TDC, 176-179
transtornos do humor, 243
transtornos factícios, 198
tratamento, 195-196
Transtornos depressivos
bipolar, 236-239
critério de definição, 226-231
depressão dupla, 225-226
descrição clínica, 225-226
duração, 231-232

especificadores, 227-230
início, 231-232
luto *versus*, 232-233
transtornos do humor *versus*, 230-231
Transtornos depressivos maiores recorrentes,
225
fatores genéticos, 246
Transtornos dissociativos
amnésia, 204-207
anestésicos, 442
características comuns, 219
definição, 188
despersonalização-desrealização, 203-204
fuga, 205
resumo, 217
TDI, 207-216
tipos de, 202-203
transe, 207
Transtornos do espectro da esquizofrenia,
505, 523
Transtornos do humor, 61
causas, 244
definição, 221
depressão e, 222-223
dimensões biológicas, 244-248
dimensões psicológicas, 248-253
dimensões socioculturais, 253-255
estrutura, 223-224
estudo de caso, 221-222
mania e, 222-223
modelo integrador, 255-256
prevalência, 240-244
prevenção, 264-265
tratamento, 257-265
Transtornos do orgasmo, 382-384
Transtornos do pesadelo, 325
Transtornos do Sono-Vigília do Ritmo Circadiano
caracterização, 320-321
critérios diagnósticos, 320
pesquisas sobre, 321
tipos, 320-321
Transtornos do neurodesenvolvimento, 538
Transtornos do sono-vigília
categorias, 311
exploração, 331
fase NREM nos, 325-326
movimento rápido dos olhos nos, 327
narcolepsia, 317-319
parassonias, 325-327
prevenção, 324-325
relacionados à respiração, 319-320
resumo, 328-329
transtorno de hipersonolência, 316-317
transtornos do humor, 247-248
tratamentos ambientais, 323
tratamentos médicos, 322-323
tratamentos psicológicos, 323-324
visão geral, 310-312
Transtornos do sono relacionados à respiração, 319-320
definição, 319-320
tipos, 319-321
tratamentos, 322-324
Transtornos emocionais, 61
Transtornos específicos da aprendizagem, 547
causas, 550
critérios diagnósticos, 549

descrição clínica, 547-548
estatísticas, 548-550
estudo de caso, 547
tratamentos, 551
Transtornos factícios, 198
Transtornos físicos
caracterização, 333
delirium, 572
disfunção sexual, 387-388
efeitos psicossociais, 341-358
estudo *Stanford Three Community*, 366-367
modificação do comportamento para, 363-367
mortes associadas a, 334
prevenção a lesões, 363-364
resumo, 368
SPM, 99
tratamentos antigos para, 12-13
tratamentos psicossociais, 359-360
Transtornos parafílicos
avaliação, 403-406
causas, 402-403
comorbidade e, 395
definição, 395
descrição clínica, 395-396
diferenças de gênero, 401-402
estudos de caso, 396-398, 402
incesto, 400
masoquismo, 399-400
parafilia *versus*, 413
sadismo, 399-400
transtorno exibicionista, 396-397
transtorno fetichista, 396
transtorno pedofílico, 400, 496
transtorno transvéstico, 397-398
transtorno voyeurista, 396-397
tratamento, 403-406
tratamentos com drogas, 406
Transtornos psicofisiológicos, 333
Transtornos psicológicos
estudo de caso, 2
definição, 2
categorização, 3-5
Transtornos relacionados a estressores, 161
Transtornos relacionados a substâncias
abordagens inovadoras, 455
abuso, 421
associados a anestésicos, 442
associados a depressivos, 422-429
associados a estimulantes, 430-435
causas, 443-450
custos, 418
definição, 418
dependência, 419-421
disfunção sexual, 387-388
esteroides anabólicos androgênicos, 441-
442
estudo de caso, 418-419
exploração, 462
fatores biológicos, 443-445
fatores cognitivos, 446-447
fatores culturais, 447-448
fatores neurobiológicos, 444-445
fatores psicológicos, 445-446
fatores sociais, 447
intoxicação, 420
modelo integrador, 448-449
níveis de envolvimento, 419-421
prevenção, 455-456

resumo, 460-461
temas relativos a diagnósticos, 421-422
transtorno neurocognitivo, 586-587
tratamentos biológicos, 451-452
tratamentos psicossociais, 452-455
tratamentos, 450-456
Transtornos relacionados ao uso de *cannabis*, 436-438
Transtornos de dor sexual, 384-385
Tratamento aversivo, 452
Tratamento composto, 454-455
Tratamento de controle do pânico (TCP), 145
Tratamento de manutenção, 266
Tratamentos antagonistas, 437
Tratamentos psicossociais
  abuso de substâncias, 452-455
  definição, 15
  disfunção sexual, 392-393
Trauma, 161
  na cabeça, 572
  TEPT e, 161, 164
  tratamento, 167-170
Trauma na cabeça, 582
Treinamento de assertividade, 362
Treinamento de comunicação funcional
  crianças com deficiência intelectual, 564
  definição, 114
Treinamento de discriminação, 557
Tremores, 198
Tríade cognitiva depressiva, 252
Tribunais de resolução de problemas, 609
Tricotilomania, 180-181
Trissomia do cromossomo 21, 563
Tronco encefálico, 43
Tuke, William, 16

U

Um espelho distante, 9
Uso de substâncias, 419-420

V

Vaginismo, 384
Validade concorrente, 74
Validade de constructo, 92
Validade de conteúdo, 93
Validade de critério, 92
Validade de face, 82
Validade descritiva, 74
Validade externa, 105-106
Validade interna, 104
Validade preditiva, 74, 92
Validade social, 106
Validade, 74, 92-93, 105
Valproato (Depakene), 261
Variação no número de cópias, 544
Variáveis, 109
Variável confundidora, 105
Variável dependente, 103
Variável independente, 103
Velhice, 22
Veterans Health Administration, 614
Vias da noradrenalina, 50
Viés de gênero na avaliação, 470
Viés de gênero nos critérios, 470
Vinvusa, 207
Visão cega, 59
Visão inconsciente, 59
von Meduna, Joseph, 14
Vulnerabilidade
  associada à ansiedade, 131-132

associada à depressão, 252-253
biológica, 131
modelo diástese-estresse, 36-38
orientação sexual, 378
psicológica específica, 131
psicológica generalizada, 131
Vulnerabilidade biológica generalizada, 131, 137, 143
Vulnerabilidade psicológica específica, 131
Vulnerabilidade psicológica generalizada
  ansiedade, 131
  TEPT, 166
  transtorno de pânico, 144

W

Walden Two (Skinner), 26
Watson, John B., 17, 24-25
Wechsler Adult Intelligence Scale (*WAIS-IV*), 85
Wechsler Intelligence Scale for Children (*WISC-V*), 85
Wechsler Preschool and Primary Scale of Intelligence (*WPPSI-IV*), 85
Wilson, William "Bill W.", 453
Wolpe, Joseph, 25
Wyatt versus Stickney, 611-612

Y

Yang, 13, 151
Yates, Andrea, 605
Yin, 13, 151
Youngberg versus Romeo, 612

Z

Zyban, 451

Classificações do *DSM-5*

Transtornos do Neurodesenvolvimento

Deficiências Intelectuais

Deficiência Intelectual (Transtorno do Desenvolvimento Intelectual)/ Atraso Global do Desenvolvimento/Deficiência Intelectual (Transtorno do Desenvolvimento Intelectual) Não Especificada

Transtornos da Comunicação

Transtorno da Linguagem/Transtorno da Fala/Transtorno da Fluência com Início na Infância (Gagueira)/Transtorno da Comunicação Social (Pragmática)/Transtorno da Comunicação Não Especificado

Transtorno do Espectro Autista

Transtorno do Espectro Autista

Transtorno de Déficit de Atenção/ Hiperatividade

Transtorno de Déficit de Atenção/Hiperatividade/Outro Transtorno de Déficit de Atenção/Hiperatividade Especificado/ Transtorno de Déficit de Atenção/Hiperatividade Não Especificado

Transtorno Específico da Aprendizagem

Transtornos Motores

Transtorno do Desenvolvimento da Coordenação/Transtorno do Movimento Estereotipado

Transtornos de Tique

Transtorno de Tourette/Transtorno de Tique Motor ou Vocal Persistente (Crônico)/Transtorno de Tique Transitório/Outro Transtorno de Tique Especificado/Transtorno de Tique Não Especificado

Outros Transtornos do Neurodesenvolvimento

Outro Transtorno do Neurodesenvolvimento Especificado/Transtorno do Neurodesenvolvimento Não Especificado

Espectro da Esquizofrenia e Outros Transtornos Psicóticos

Transtorno (da Personalidade) Esquizotípica
Transtorno Delirante
Transtorno Psicótico Breve
Transtorno Esquizofreniforme
Esquizofrenia
Transtorno Esquizoafetivo
Transtorno Psicótico Induzido por Substância/Medicamento
Transtorno Psicótico Devido a Outra Condição Médica
Catatonia Associada a Outro Transtorno Mental (Especificador de Catatonia)
Transtorno Catatônico Devido a Outra Condição Médica
Catatonia Não Especificada
Outro Transtorno do Espectro da Esquizofrenia e Outro Transtorno Psicótico Especificado
Transtorno do Espectro da Esquizofrenia e Outro Transtorno Psicótico Não Especificado

Transtorno Bipolar e Transtornos Relacionados

Transtorno Bipolar Tipo I/Transtorno Bipolar Tipo II/Transtorno Ciclotímico/Transtorno Bipolar e Transtorno Relacionado Induzido por Substância/Medicamento/Transtorno Bipolar e Transtorno Relacionado Devido a Outra Condição Médica/Outro Transtorno Bipolar e Transtorno Relacionado Especificado/Transtorno Bipolar e Transtorno Relacionado Não Especificado

Transtornos Depressivos

Transtorno Disruptivo da Desregulação do Humor/Transtorno Depressivo Maior/Transtorno Depressivo Persistente (Distimia)/ Transtorno Disfórico Pré-menstrual/Transtorno Depressivo Induzido por Substância/Medicamento/Transtorno Depressivo Devido a Outra Condição Médica/Outro Transtorno Depressivo Especificado/Transtorno Depressivo Não Especificado

Transtornos de Ansiedade

Transtorno de Ansiedade de Separação/Mutismo Seletivo/Fobia Específica/Transtorno de Ansiedade Social (Fobia Social)/Transtorno de Pânico/Especificador de Ataque de Pânico/Agorafobia/ Transtorno de Ansiedade Generalizada/Transtorno de Ansiedade Induzido por Substância/Medicamento/Transtorno de Ansiedade Devido a Outra Condição Médica/Outro Transtorno de Ansiedade Especificado/Transtorno de Ansiedade Não Especificado

Transtorno Obsessivo-Compulsivo e Transtornos Relacionados

Transtorno Obsessivo-compulsivo/Transtorno Dismórfico Corporal/ Transtorno de Acumulação/Tricotilomania (Transtorno de Arrancar o Cabelo)/Transtorno de Escoriação (*Skin-picking*)/Transtorno Obsessivo-Compulsivo e Transtorno Relacionado Induzido por Substância/Medicamento/Transtorno Obsessivo-Compulsivo e Transtorno Relacionado Devido a Outra Condição Médica/ Outro Transtorno Obsessivo-Compulsivo e Transtorno Relacionado Especificado/Transtorno Obsessivo-Compulsivo e Transtorno Relacionado Não Especificado

Transtornos Relacionados a Trauma e a Estressores

Transtorno de Apego Reativo/Transtorno de Interação Social Desinibida/Transtorno de Estresse Pós-traumático (inclui Transtorno de Estresse Pós-traumático em crianças de 6 anos ou menos)/ Transtorno de Estresse Agudo/Transtornos de Adaptação/Outro Transtorno Relacionado a Trauma e a Estressores Especificado/ Transtorno Relacionado a Trauma e a Estressores Não Especificado

Classificações do *DSM-5*

Transtornos Dissociativos

Transtorno Dissociativo de Identidade/Amnésia Dissociativa/Transtorno de Despersonalização/Desrealização/Outro Transtorno Dissociativo Especificado/Transtorno Dissociativo Não Especificado

Transtorno de Sintomas Somáticos e Transtornos Relacionados

Transtorno de Sintomas Somáticos/Transtorno de Ansiedade de Doença/Transtorno Conversivo (Transtorno de Sintomas Neurológicos Funcionais)/Fatores Psicológicos que Afetam Outras Condições Médicas/Transtorno Factício (inclui Transtorno Factício Autoimposto, Transtorno Factício Imposto a Outro)/Outro Transtorno de Sintomas Somáticos e Transtorno Relacionado Especificado/Transtorno de Sintomas Somáticos e Transtorno Relacionado Não Especificado

Transtornos Alimentares

Pica/Transtorno de Ruminação/Transtorno Alimentar Restritivo/Evitativo/Anorexia Nervosa (Tipo restritivo, Tipo Compulsão Alimentar Purgativa)/Bulimia Nervosa/Transtorno de Compulsão Alimentar/Outro Transtorno Alimentar Especificado/Transtorno Alimentar Não Especificado

Transtornos da Eliminação

Enurese/Encoprese/Outro Transtorno da Eliminação Especificado/Transtorno da Eliminação Não Especificado

Transtornos do Sono-Vigília

Transtorno de Insônia/Transtorno de Hipersonolência/Narcolepsia

Transtornos do Sono Relacionados à Respiração

Apneia e Hipopneia Obstrutivas do Sono/Apneia Central do Sono/Hipoventilação Relacionada ao Sono/Transtornos do Sono-Vigília do Ritmo Circadiano

Parassonias

Transtornos de Despertar do Sono Não REM/Transtorno do Pesadelo/Transtorno Comportamental do Sono REM/Síndrome das Pernas Inquietas/Transtorno do Sono Induzido por Substância/Medicamento/Outro Transtorno de Insônia Especificado/Transtorno de Insônia Não Especificado/Outro Transtorno de Hipersonolência Especificado/Transtorno de Hipersonolência Não Especificado/Outro Transtorno do Sono-Vigília Especificado/Transtorno do Sono-Vigília Não Especificado

Disfunções Sexuais

Ejaculação Retardada/Transtorno Erétil/Transtorno do Orgasmo Feminino/Transtorno do Interesse/Excitação Sexual Feminino/Transtorno da Dor Gênito-Pélvica/Penetração/Transtorno do Desejo Sexual Masculino Hipoativo/Ejaculação Prematura (Precoce)/Disfunção Sexual Induzida por Substância/Medicamento/Outra Disfunção Sexual Especificada/Disfunção Sexual Não Especificada

Disforia de Gênero

Disforia de Gênero/Outra Disforia de Gênero Especificada/Disforia de Gênero Não Especificada

Transtornos Disruptivos, do Controle de Impulsos e da Conduta

Transtorno de Oposição Desafiante/Transtorno Explosivo Intermitente/Transtorno da Conduta/Transtorno da Personalidade Antissocial/Piromania/Cleptomania/Outro Transtorno Disruptivo, do Controle de Impulsos ou da Conduta Especificado/Transtorno Disruptivo, do Controle de Impulsos e da Conduta Não Especificado

Transtornos Relacionados a Substâncias e Transtornos Aditivos

Transtornos Relacionados a Substâncias

Transtornos Relacionados ao Álcool: Transtorno por Uso de Álcool/Intoxicação por Álcool/Abstinência de Álcool/Outros Transtornos Induzidos por Álcool/Transtorno Relacionado ao Álcool Não Especificado

Transtornos Relacionados à Cafeína: Intoxicação por Cafeína/Abstinência de Cafeína/Outros Transtornos Induzidos por Cafeína/Transtorno Relacionado à Cafeína Não Especificado

Transtornos Relacionados a *Cannabis*: Transtorno por Uso de *Cannabis*/Intoxicação por *Cannabis*/Abstinência de *Cannabis*/Outros Transtornos Induzidos por *Cannabis*/Transtorno Relacionado a *Cannabis* Não Especificado

Transtornos Relacionados a Alucinógenos: Transtorno por Uso de Fenciclidina/Transtorno por Uso de Outros Alucinógenos/Intoxicação por Fenciclidina/Intoxicação por Outros Alucinógenos/Transtorno Persistente da Percepção Induzido por Alucinógenos/Outros Transtornos Induzidos por Fenciclidina/Outros Transtornos Induzidos por Alucinógenos/Transtorno Relacionado a Fenciclidina Não Especificado/Transtorno Relacionado a Alucinógenos Não Especificado

Transtornos Relacionados a Inalantes: Transtorno por Uso de Inalantes/Intoxicação por Inalantes/Outros Transtornos Induzidos por Inalantes/Transtorno Relacionado a Inalantes Não Especificado

Transtornos Relacionados a Opioides: Transtorno por Uso de Opioides/Intoxicação por Opioides/Abstinência de Opioides/Outros Transtornos Induzidos por Opioides/Transtorno Relacionado a Opioides Não Especificado

Transtornos Relacionados a Sedativos, Hipnóticos ou Ansiolíticos: Transtorno por Uso de Sedativos, Hipnóticos ou Ansiolíticos/Intoxicação por Sedativos, Hipnóticos ou Ansiolíticos/Abstinência de Sedativos, Hipnóticos ou Ansiolíticos/Outros Transtornos Induzi-

Classificações do *DSM-5*

dos por Sedativos, Hipnóticos ou Ansiolíticos/Transtorno Relacionado a Sedativos, Hipnóticos ou Ansiolíticos Não Especificado

Transtornos Relacionados a Estimulantes: Transtorno por Uso de Estimulantes/Intoxicação por Estimulantes/Abstinência de Estimulantes/Outros Transtornos Induzidos por Estimulantes/Transtorno Relacionado a Estimulantes Não Especificado

Transtornos Relacionados ao Tabaco: Transtorno por Uso de Tabaco/Abstinência de Tabaco/Outros Transtornos Induzidos por Tabaco/Transtorno Relacionado a Tabaco Não Especificado

Transtornos Relacionados a Outras Substâncias (ou Substâncias Desconhecidas): Transtorno por Uso de Outra Substância (ou Substância Desconhecida)/Intoxicação por Outra Substância (ou Substância Desconhecida)/Abstinência de Outra Substância (ou Substância Desconhecida)/Transtornos Induzidos por Outra Substância (ou Substância Desconhecida)/Transtorno Relacionado a Outra Substância (ou Substância Desconhecida) Não Especificado

Transtornos Não Relacionados a Substância

Transtorno do Jogo

Transtornos Neurocognitivos

Delirium

Transtorno Neurocognitivo Maior ou Leve Devido à Doença de Alzheimer

Transtorno Neurocognitivo Frontotemporal Maior ou Leve

Transtorno Neurocognitivo Maior ou Leve com Corpos de Lewy

Transtorno Neurocognitivo Vascular Maior ou Leve

Transtorno Neurocognitivo Maior ou Leve Devido à Lesão Cerebral Traumática

Transtorno Neurocognitivo Maior ou Leve Induzido por Substância/Medicamento

Transtorno Neurocognitivo Maior ou Leve Devido à Infecção por HIV

Transtorno Neurocognitivo Maior ou Leve Devido à Doença do Príon

Transtorno Neurocognitivo Maior ou Leve Devido à Doença de Parkinson

Transtorno Neurocognitivo Maior ou Leve Devido à Doença de Huntington

Transtorno Neurocognitivo Maior ou Leve Devido a Outra Condição Médica

Transtorno Neurocognitivo Maior ou Leve Devido a Múltiplas Etiologias

Transtorno Neurocognitivo Não Especificado

Transtornos da Personalidade

Transtornos da Personalidade do Grupo A

Transtorno da Personalidade Paranoide/Transtorno da Personalidade Esquizoide/Transtorno da Personalidade Esquizotípica

Transtornos da Personalidade do Grupo B

Transtorno da Personalidade Antissocial/Transtorno da Personalidade *borderline*/ Transtorno da Personalidade Histriônica/Transtorno da Personalidade Narcisista

Transtornos da Personalidade do Grupo C

Transtorno da Personalidade Evitativa/Transtorno da Personalidade Dependente/Transtorno da Personalidade Obsessivo-Compulsiva

Outros Transtornos da Personalidade

Mudança de Personalidade Devido a Outra Condição Médica/Outro Transtorno da Personalidade Especificado/Transtorno da Personalidade Não Especificado

Transtornos Parafílicos

Transtorno Voyeurista/Transtorno Exibicionista/Transtorno Frotteurista/Transtorno do Masoquismo Sexual/Transtorno do Sadismo Sexual/Transtorno Pedofílico/Transtorno Fetichista/Transtorno Transvéstico/Outro Transtorno Parafílico Especificado/Transtorno Parafílico Não Especificado

Outros Transtornos Mentais

Outro Transtorno Mental Especificado Devido a Outra Condição Médica/Transtorno Mental Não Especificado Devido a Outra Condição Médica/Outro Transtorno Mental Especificado/Transtorno Mental Não Especificado

Transtornos do Movimento Induzidos por Medicamentos e Outros Efeitos Adversos de Medicamentos

Parkinsonismo Induzido por Neuroléptico/ Parkinsonismo Induzido por Outro Medicamento/Síndrome Neuroléptica Maligna/Distonia Aguda Induzida por Medicamento/Acatisia Aguda Induzida por Medicamento/Discinesia Tardia/Distonia Tardia/Acatisia Tardia/Tremor Postural Induzido por Medicamento/Outro Transtorno do Movimento Induzido por Medicamento/Síndrome da Descontinuação de Antidepressivos/Outros Efeitos Adversos dos Medicamentos

Outras Condições que Podem Ser Foco da Atenção Clínica

Problemas de Relacionamento

Problemas Relacionados à Educação Familiar/Outros Problemas Relacionados a Grupo de Apoio Primário

Abuso e Negligência

Problemas de Maus-tratos e Negligência Infantil

Problemas de Maus-tratos e Negligência de Adultos

Classificações do *DSM-5*

Problemas Educacionais ou Profissionais
Problemas Educacionais
Problemas Profissionais

Problemas de Moradia e Econômicos
Problemas de Moradia
Problemas Econômicos

Outros Problemas Relacionados ao Ambiente Social

Problemas Relacionados a Crimes ou Interação com o Sistema Legal

Outras Consultas de Serviços de Saúde para Aconselhamento e Opinião Médica

Problemas Relacionados a Outras Circunstâncias Psicossociais, Pessoais e Ambientais

Outras Circunstâncias da História Pessoal
Problemas Relacionados a Acesso a Atendimento Médico ou Outro Atendimento de Saúde
Não Adesão a Tratamento Médico

Condições para estudos posteriores do *DSM-5*

A força-tarefa do *DSM-5* determinou que estes transtornos possuem evidências insuficientes para inclusão no *DSM-5* e, portanto, precisam de mais estudos. Na realidade, somente alguns desses transtornos propostos virão a atender os critérios, e outros serão excluídos de futuras considerações. Muitos dos transtornos mais interessantes são discutidos em um ou mais capítulos apropriados.

Síndrome de Psicose Atenuada

As características principais incluem delírios, alucinações ou discurso desorganizado que causam sofrimento e comprometem o indivíduo; os sintomas são semelhantes à psicose, mas não são extremos o suficiente para serem considerados um transtorno psicótico completo.

Episódios Depressivos com Hipomania de Curta Duração

As características principais deste transtorno são episódios depressivos e episódios que se assemelham a episódios hipomaníacos, mas com uma duração menor (pelo menos dois dias, mas abaixo do mínimo de quatro dias para os episódios hipomaníacos).

Transtorno do Luto Complexo Persistente

A principal característica é o luto intenso por um ano ou mais após a morte de alguém próximo ao indivíduo enlutado.

Transtorno por Uso de Cafeína

As características principais deste transtorno são uso constante de cafeína e incapacidade de controlar esse uso.

Transtorno do Jogo pela Internet

As características principais deste transtorno são a fixação por jogos de internet e jogá-los continuamente, à custa da escola, do trabalho e/ou das interações sociais.

Transtorno Neurocomportamental Associado a Exposição Pré-natal ao Álcool

A principal característica é o prejuízo no funcionamento comportamental, cognitivo ou adaptativo em decorrência da exposição pré-natal ao álcool.

Transtorno do Comportamento Suicida

A principal característica é uma tentativa de suicídio nos últimos dois anos que não esteja relacionada a confusão ou *delirium*.

Autolesão Não Suicida

A principal característica é o dano corporal autoinfligido repetido, porém não grave. O indivíduo se engaja nesse ato em decorrência de problemas interpessoais, sentimentos negativos ou pensamentos incontroláveis e/ou intensos sobre o ato de ferir a si mesmo.

Fontes: American Psychiatric Association. (2013). *Diagnostic and statistical manual of mental disorders* (5th ed.). Arlington, VA: American Psychiatric Association ; Manual Diagnóstico e Estatístico de Transtornos Mentais, 5a ed. – DSM-5. Artmed, Porto Alegre, 2014.